U0488744

崤函古道史（上）

李久昌 著

中原出版传媒集团
中原传媒股份公司
大象出版社
·郑州·

图书在版编目(CIP)数据

峭函古道史 : 上下册 / 李久昌著. — 郑州 : 大象出版社, 2024. 8
ISBN 978-7-5711-1881-5

Ⅰ. ①崤… Ⅱ. ①李… Ⅲ. ①古道-历史-陕县
Ⅳ. ①K928. 6

中国国家版本馆 CIP 数据核字(2023)第 192266 号

崤函古道史

XIAOHAN GUDAO SHI

李久昌 著

出 版 人 汪林中
责任编辑 包 卉 何 姗 侯金芳 邓 杨
责任校对 张迎娟 毛 路 乔 瑞 代亚丽 马 宁 陶媛媛
封面设计 黎 明
版式设计 黎 明

出版发行 大象出版社(郑州市郑东新区祥盛街 27 号 邮政编码 450016)
发行科 0371-63863551 总编室 0371-65597936
网 址 www. daxiang. cn
印 刷 北京汇林印务有限公司
经 销 各地新华书店经销
开 本 720 mm×1020 mm 1/16
印 张 86. 75
字 数 1515 千字
版 次 2024 年 8 月第 1 版 2024 年 8 月第 1 次印刷
定 价 498. 00 元
审 图 号 国审字(2023)第 05007 号
若发现印、装质量问题,影响阅读,请与承印厂联系调换。
印厂地址 北京市大兴区黄村镇南六环磁各庄立交桥南 200 米(中轴路东侧)
邮政编码 102600 电话 010-61264834

序一

○王子今

李久昌教授所著《崤函古道史》的面世,是中国古代交通史研究和中国历史交通地理研究领域的喜事。

《史记》卷六十八《商君列传》裴骃《集解》引《新序》论曰:“秦孝公保崤函之固,以广雍州之地,东并河西,北收上郡,国富兵强,长雄诸侯,周室归籍,四方来贺,为战国霸君,秦遂以强,六世而并诸侯,亦皆商君之谋也。”①这是比较早使用“崤函”这一地理标志符号的文例。《三国志》卷六《魏书·董卓传》记载:“(董卓)徙天子都长安。”裴松之注引《续汉书》说,司徒杨彪等反对,“(董)卓作色曰:‘杨公欲沮国家计邪?关东方乱,所在贼起。崤函险固,国之重防。又陇右取材,功夫不难。杜陵南山下有孝武故陶处,作砖瓦,一朝可办。宫室官府,盖何足言!百姓小民,何足与议。若有前却,我以大兵驱之,岂得自在。’”②所谓“崤函之固”“崤函险固”,提示了“崤函”的交通地理地位。③ 后来史籍所谓“崤函险涩”④、崤函“险塞”⑤、“崤

① 〔汉〕司马迁:《史记》,中华书局,1982,第2238页。

② 〔晋〕陈寿撰,〔南朝宋〕裴松之注:《三国志》,中华书局,1982,第176~177页。

③ “崤函之固”,亦见于《周书》卷十八《王思政传》,中华书局,1971,第294页;《北史》卷六十二《王思政传》,中华书局,1974,第2205页。前者标点为“崤、函之固”。

④ 〔唐〕房玄龄等:《晋书》卷六十一《周馥传》,中华书局,1974,第1664页。

⑤ 〔唐〕房玄龄等:《晋书》卷一百十二《苻生载记》(“贵州险塞,孰若崤函?”),中华书局,1974,第2874页。

函阻凭”[1]、“崤函隔绝”[2]、“崤函之险”[3]等，也都强调了大致的意思。

秦武王三年（前308），秦武王曾经对甘茂说：“寡人欲容车通三川，窥周室，死不恨矣。”[4]《史记》卷七十一《樗里子甘茂列传》写作：“寡人欲容车通三川，以窥周室，而寡人死不朽矣。”“车通”字样，表达了秦武王抵达“三川”“周室”的交通愿望。甘茂则陈说了秦东进的困难：“宜阳，大县也，上党、南阳积之久矣。名曰县，其实郡也。今王倍数险，行千里攻之，难。”关于所谓“倍数险”，张守节《正义》：“谓函谷及三崤、五谷。”[5]所谓“函谷及三崤、五谷”，大略说明了“崤函”交通的“险”；在班固笔下，又称作“函谷、二崤之阻”[6]。

《崤函古道史》全面考察了这条古代重要交通干线的开通、利用、养护和经营的历史信息，叙说了相关文化作用和社会影响，在多方面提出了新见，就一条古代道路的线路走向的变迁，进行了细致的探析和说明，对其历史演进进行了全景式的描绘和比较具体的考论。《崤函古道史》是并不多见的成功的学术论著。

这条古代道路联系着长安和洛阳两个政治、经济、文化重心地区。在汉唐时代，“崤函古道”其实可以看作是大一统王朝的生命线，王文楚《西安洛阳间陆路交通的历史发展》、辛德勇《崤山古道琐证》就此都曾经有所论说。[7] 从生态环境视角对“崤函古道”进行考察，拙文《秦汉驿道虎灾——兼质疑几种旧题“田猎”图像的

① 〔唐〕姚思廉：《陈书》卷一《高祖本纪》，中华书局，1972，第17页。

② 〔后晋〕刘昫等：《旧唐书》卷二《太宗本纪》，中华书局，1975，第28页。

③ 〔元〕脱脱等：《宋史》卷四百四十七《忠义传·唐重》，中华书局，1985，第13187页。

④ 〔汉〕司马迁：《史记》卷五《秦本纪》，中华书局，1982，第209页。

⑤ 〔汉〕司马迁：《史记》卷七十一《樗里子甘茂列传》，中华书局，1982，第2311~2312页。

⑥ 〔南朝宋〕范晔：《后汉书》卷四十《班固传》，中华书局，1965，第1335页。

⑦ 王文楚：《西安洛阳间陆路交通的历史发展》，复旦大学中国历史地理研究所：《历史地理研究》(1)，复旦大学出版社，1986，收入《古代交通地理丛考》，中华书局，1996；辛德勇：《崤山古道琐证》，《中国历史地理论丛》1989年第4辑，收入《古代交通与地理文献研究》，中华书局，1996。

命名》亦曾尝试。[①] 而李久昌《崤函古道史》则对诸多相关问题进行了更为周到的考察和更为细致的论述。在第一章“崤函古道发展的基础要素”的第一节，特别就自然地理环境特征有所说明，分析了地貌特征、河流与水文、气候特征与植被状况以及自然环境对崤函古道交通的影响多个方面。这样的研究视角，是以往一些交通史学术论著容易忽略的。

我们说“崤函古道”交通路线堪称汉唐王朝的生命线，可以通过《隋书》卷二《帝纪第二·高祖下》“上率户口就食于洛阳”，“关中户口就食洛阳者，道路相属”，《隋书》卷二十四《食货志》“上幸洛阳，因令百姓就食”等记载[②]，得以深化认识，增益理解。《史记》卷三十《平准书》记载：“孝惠、高后时，为天下初定……量吏禄，度官用，以赋于民。而山川园池市井租税之入，自天子以至于封君汤沐邑，皆各为私奉养焉，不领于天下之经费。漕转山东粟，以给中都官，岁不过数十万石。”汉武帝时，“下河漕度四百万石，及官自籴乃足”。漕运最繁盛时，“山东漕益岁六百万石”。[③] “崤函古道”与“河漕”属于同一交通系统。《崤函古道史》专门讨论了三门峡黄河漕运。我们曾经注意过秦“厎柱丞印”封泥所提示秦时可能已经开发“厎柱”“河漕”的信息。[④] 而《崤函古道史》在“秦汉三门峡黄河漕运的兴起”一节的第一部分论及“先秦三门峡黄河漕运的发轫”，将“河漕”史的“发轫”提前到先秦。这当然是关心漕运史与黄河史的朋友们应当认真阅读的。

《崤函古道史》全书坚持实证原则，重视文献资料、考古收获与实地考察所得的结合，表现出很好的学风。“崤函唐诗之路”一节的论述，亦别开生面。其中“唐代崤函本土诗人与文学世家”部分所给予读者的文学地理知识，是富有特别的文化意义的。

---

① 王子今：《秦汉驿道虎灾——兼质疑几种旧题“田猎”图像的命名》，《中国历史文物》2004年第6期，收入李久昌主编：《崤函古道研究》，三秦出版社，2009。

② 〔唐〕魏征等：《隋书》，中华书局，1973，第39、54、685页。

③ 〔汉〕司马迁：《史记》，中华书局，1982，第1418、1436、1441页。

④ 王子今：《说秦“厎柱丞印”封泥》，《故宫博物院院刊》2019年第3期。

“崤函古道”于经济史、军事史、行政史、文化史的地位，作者均一一涉及，予以多角度、全方位的考察。“隋唐崤函古道与丝绸之路”一节的设计，也将这段古道历史文化意义的研究予以学术价值的扩展和延伸。所论“隋唐丝绸之路交通与崤函古道”“崤函古道沿线的蚕桑丝织业及其西输”“考古遗迹所见崤函古道沿线的中外文化交流”等主题，均各有深意。所发表的意见是可以充实有关隋唐丝绸之路史的认识的。

苏轼诗有“惊风击面黄沙走，西出崤函脱尘垢”，“十里长亭闻鼓角，一川秀色明花柳”句。[①] 麻革写道：“万古津茅据上游，崤函西去接秦头。悲风鼓角重城暮，落日关河百战秋。”[②]宋祁作品则可见如下诗句：“月枢残白伴征轮，雪岭萧萧久垫巾。此去崤函天设险，古来京洛地多尘。翠含山气犹疑夜，紫动林梢已放春。自笑衰翁应分定，宠光行役两平均。”[③]古来途经“崤函古道”行走“京洛”，有很多艰险和辛苦，会体验到“悲风”“落日”的冷漠，但是也会体验到目中有“秀色”，心底有“宠光”，“紫动林梢已放春”的欢快感觉。李久昌教授的崤函古道史研究，或许也有多年辛劳之后，终于完成厚重成果，将“春”“林”“花柳”捧送学界的欣喜。

谨此致贺《崤函古道史》面世。也预祝李久昌教授继续努力，获得更多优秀的学术成就。

2022 年 1 月 25 日

腊月二十三小年日

于北京大有北里

（作者为中国人民大学荣誉一级教授，西北大学教授、博士生导师）

---

① 〔宋〕苏轼：《送孔郎中赴陕郊》，《施注苏诗》卷十三，清文渊阁《四库全书》本，第 206 页。

② 〔金〕麻革：《过陕》，〔元〕房祺：《河汾诸老诗集》卷一，《四部丛刊》景元钞本，第 4 页。

③ 〔宋〕宋祁：《渑池道中》，《景文集》卷十四，清《武英殿聚珍版丛书》本，第 98 页。

序二

○张　萍

崤函古道主要位于今天的河南省三门峡市，由东向西，是穿越豫西山地，进入渭河谷地的主要交通路线，其所连接的东部是伊洛盆地，西部是中国最早的“天府之国”关中平原。由崤函古道西进，是中国地势三级阶梯中，从第三阶梯迈向第二阶梯的过渡地带，西部海拔 1500～2000 米，是河南省地势最高的地方；东部海拔仅为 100～500 米，地势平缓，河谷开阔。东西地势落差有 1000 米左右，地貌条件非常复杂。由晚更新世以来形成的隆起、侵蚀（山地、高原）、沉降、堆积（盆地、平原），构成了大面积的黄土地貌和一部分石质中、低山地。小秦岭、崤山、熊耳山、外方山、伏牛山丛集于豫西，绵延起伏，面积广大。这样复杂的地貌条件，为交通发展带来不便，其中道路多沿河流走向延伸，而黄河在此区流域面积最大。黄河自晋陕峡谷而下，本为北向南流，至潼关附近，受秦岭阻挡，流向向东急转，形成 90°大折转，冲向东方，在崤山和中条山之间，冲开黄土峡谷，形成东西向流路。河道北岸狭窄，交通不便，南岸地面广阔，自然形成大道。这条道路也就成为联系西部关中平原与东部伊洛盆地最便捷的通道，道路笔直，距离最短，构成崤函古道的主体线路。

从历史交通地理的角度来看，没有哪条古道的地位能够超越崤函古道。它前后延续了近五千年，从远古人类活动遗迹，至彩陶文化的传播，都可见证这条古道在人类文明传播史上的作用与效力。西周时期，正因崤函古道的兴修与拓展，才支持了周王朝东西两京制度的建立。而两京制度的形成与崤函古道的大规模开通互为表里，又成为中国古代都城制度创新的源泉。西汉张骞出使西域，开辟了横贯东西的丝绸之路，崤函古道承担了由丝绸之路西部起点长安延伸进入洛阳的重任。随着东汉刘秀定都洛阳，丝绸之路起点东移至洛阳，崤函古道又成为由丝绸之路东部起点洛阳通往西域、罗马进行经济文化交流的重要通道，这一时期崤函古道的地位更加突出，由原来的境内通道，发展成为国际丝绸之路重要的起始路段，留下一系列的历史遗迹与文化遗产，几乎贯穿崤函地区古代文明发展历史的全过程。2014 年，中国、吉尔吉斯斯坦、哈萨克斯坦三国联合申报的“丝绸之路:长安—天山廊道的路网”，入选联合国教科文组织《世界遗产名录》。汉魏洛阳故城遗址、隋唐洛阳城定鼎门遗址、新安函谷关遗址、崤函古道石壕段遗址、汉长安城未央宫遗址、唐长安城大明宫遗址、大雁塔、小雁塔、兴教寺塔等文化地标沿崤函古道东西延展，历经千载而不朽，成为世界文化遗产的重要组成部分。

从中华文明形成的历史来看，崤函古道串联起远古炎黄部落的历史，打通了中华民族的形成之路。具有标志意义的庙底沟文化呈现出与炎黄部落活动的时代和地域的一致性，并且在诸多历史文献记载当中得到印证。如学者考证多认同文献所记黄帝铸鼎塬位于灵宝阳平，近年考古发掘和研究证明，铸鼎塬一带是庙底沟文化的中心区域。在铸鼎塬周围 300 平方里的范围内，分布有 48 处仰韶文化遗址，80%属于庙底沟文化，该地是我国目前已发现的仰韶文化中晚期遗址中数量最多、遗址等级最全、文化年代最集中的聚落遗址群，也是黄帝部落活动的中心。

从历史文化地理上看，崤函古道是中国最早文化区域划分的界标。有了崤山与函谷关，才有了关东、关西以及山东、山西的地理划分，这一地理划分在秦汉时期影响深远，是关中本位政策影响之下所形成的政治地理格局。正因为秦汉立国关中，崤山、函谷一线才成为拱卫关中最重要的防线，也成为防止关东军事力量西侵最稳固的屏障。从秦函谷关到汉（新）函谷关，再到东汉以后发展起来的潼关，不管关址如何移动，始终不离崤山，因而崤函并称，关中成为国之命脉所在，关东则成为关中政治中心的经济来源。基于此又形成影响一时的文化地理区划，班固在《汉书》中屡次提到“关东（山东）出相，关西（山西）出将”，成为文化地理学上具有标志意义的地域人群特征的体现。

从历史经济地理上讲，崤函古道是中古以前沟通中原地区最重要的两大经济区——关中渭河盆地与伊洛盆地的纽带与桥梁，这两大经济区分别以长安、洛阳为其中心城市，长安、洛阳也是中国历史上最重要的都城所在地。自公元前11世纪的西周初年，周公创立丰镐和洛邑东西两京制度，直至10世纪初的北宋，只要国家不陷入分裂，历代基本上是以长安、洛阳轮流作为全国政治中心、都城所在地。除去作为陪都时代，两大都城都历时13朝，历史悠久，是中国历史上最重要的两大古都。

基于此，为这一古道撰写一部历史长卷，十分必要。久昌教授长期从事隋唐两京制度研究，撰写有《两京与两京之间历史地理研究》。由于身在三门峡市，他对崤函古道进行过多年的考察与研究，十余年前就主编了《崤函古道研究》一书，这部巨著分门别类，全面收集了学界相关研究论文，为崤函古道研究之集大成者。之后又主编出版了《三门峡地区考古集成》《三门峡仰韶文化研究》《虢史与虢文化研究》，这些书都围绕崤函古道展开，从考古、历史与文献等多个方向收集、整理前人相关成果，在今天看来，作者都是在为《崤函古道史》的研究积累素材，也能看出作者关注这一选题已非短时之事。十年磨一剑，有这样的用心，才有今天这部鸿篇巨制《崤函古道史》的产出。总结《崤函古道史》一书的贡献，至少应有以下三点：

第一，将古道作为一个文明走廊来研究，立意高远。从内容的编排不难看出，该书不仅就崤函古道而谈道路，事实上，道路的复原只是串联起历史事件的基本线索。从考古学时期的彩陶之路，到打通中西的丝绸之路，再到近代以来铁路、公路对古道的传承与延续，道路系统的形成与开拓都与文明发展相始终。从物质层面看，这条古道是一条或数条道路，以及沿途文化遗产的保留；从文明发展层面审视，这条古道串起了中华文化上下五千年的历史，是中华文明历史发展的一个缩影，这中间有文明传递、战争风云、经济往来、诗词景观、民族迁徙、宗教传播等，其复杂程度非一般道路可比，也是崤函古道之所以为历代王朝所重视的根本原因。

第二，重视早期崤函古道形成的溯源研究。利用考古、史前文献复原早期崤函古道，如旧石器时代崤函地区最早的人类交通线路、裴李岗文化时期崤函地区的文化交流之路、仰韶文化在崤函地区的兴盛与分布、庙底沟文化的传播与彩陶之路、崤函炎黄传说与炎黄族群的迁徙融合之路、龙山时代豫晋陕间的文化交流及通道、尧舜传说与崤函地区交通发展的信息、夏商时期崤函古道的初创等。通过以上考古学与文献互证，将崤函古道的历史向上延伸，突显了这条路线在中华文明形成过程中的中流砥柱作用。

第三，注重对崤函古道内涵的挖掘，特别是针对中古时期作为丝绸之路重要组成部分的道路系统与文化的研究。周秦汉唐是崤函古道发展最重要的历史时期，也是水陆交通成熟、文化交流最为繁忙的阶段，崤函古道居两京核心区，既是联系两京的经济走廊，也是文化传递的枢纽，还是各种制度、政策形成与发布的中心。作者一方面复原了这一时期作为漕运体系的崤函古道的道路系统，同时又梳理出佛教东传路线、唐诗之路，以及在这一时期"关中本位"战略条件下，函谷关与关中区域的变迁。

由于作者立意不局限于古道本身，在写作过程中也没有受到崤函古道的限制，而是将一部道路交通史写成了纵横捭阖的区域文明史，让我们对崤函古道有了更深刻的理解。

久昌教授与我同出一门，知我了解其工作初衷和困苦，且我近年也在做丝绸之路历史地理信息系统架构。2020 年，还专门陪我考察崤函古道，一路介绍，对道路遗迹如数家珍，不时流露出对古道研究的心得与见识，也谈到他正在撰写的这部书稿。我虽对这一路段未做研究，但听其言，观其著，亦心向往之。年前大作终于杀青，特打来电话，嘱我先行一阅，希望能够说上几句。承其厚意，实难推辞，故不揣浅陋，勉为此序，荐为同道赏读。

2022 年 3 月 3 日于京中陋室

（作者为首都师范大学历史学院教授、博士生导师，北京市特聘教授）

目 录

绪 论

第一节 崤函古道释义 …… 3
一、“崤函”概念阐释 …… 4
二、崤函古道时空结构与交通体系 …… 15
第二节 既往研究简史 …… 21
一、崤函古道陆路交通线路研究 …… 21
二、崤函古道水路:三门峡黄河漕运研究 …… 26
三、崤函古道历史演进和功能研究 …… 29
四、崤函古道考古发现与研究 …… 36
第三节 研究思路与方法 …… 38
一、基本思路 …… 38
二、研究方法 …… 40

第一章 崤函古道发展的基础要素

第一节 自然地理环境特征 …… 45
一、地貌特征 …… 45
二、河流与水文 …… 52
三、气候特征与植被状况 …… 55

四、自然环境对崤函古道交通的影响 …… 57
第二节 社会人文因素 …… 66
一、长安洛阳东西两京体制与崤函古道 …… 66
二、军事争战与崤函古道 …… 70
三、经济发展需求与崤函古道 …… 72
四、丝绸之路与崤函古道 …… 73
五、黄河南北交流与崤函古道 …… 74

第二章 史前时代崤函古道的孕育

第一节 前仰韶时代崤函地区文化交流途径 …… 79
一、旧石器时代崤函地区最早的人类交通线路 …… 79
二、裴李岗文化时期崤函地区的文化交流之路 …… 83
第二节 仰韶时代的彩陶之路 …… 86
一、仰韶文化在崤函地区的兴盛与分布 …… 87
二、庙底沟文化的传播与彩陶之路 …… 90
三、崤函炎黄传说与炎黄族群的迁徙融合之路 …… 101
第三节 龙山时代崤函地区的文化交流通道 …… 110
一、龙山时代豫晋陕间的文化交流及通道 …… 110
二、尧舜传说与崤函地区交通发展的信息 …… 115

第三章 夏商时期崤函古道的初创

第一节 夏朝崤函古道的初步开发 …… 123
一、大禹治水与崤函早期水陆交通网 …… 123
二、二里头文化西进关中北上晋南的通道 …… 128
三、启征有扈氏与崤山南路的初步开发 …… 134
四、夏后期经略晋南与崤山北路的初步开发 …… 138

第二节　商代崤函古道的进一步开发 …………………………… 146
一、商汤革夏之路 …………………………… 146
二、商朝经略崤函与商文化西渐关中北播晋南 …………… 149
三、商代交通网络中的崤函古道线路及走向 …………… 162

第四章　两周时期崤函古道的形成与发展

第一节　西周时期崤函古道的形成 …………………………… 167
一、文王东进、武王灭商之路 …………………………… 167
二、西周两京制创立的交通基础 …………………………… 174
三、崤函古道的形成与运行状况 …………………………… 180
第二节　春秋诸侯争霸与崤函古道 …………………………… 190
一、虢国的崤函古道经营 …………………………… 190
二、晋国的霸业与对崤函古道的控制 …………………………… 206
三、秦晋河西争霸中的崤函古道 …………………………… 212
第三节　战国时期的崤函古道与秦统一 …………………………… 227
一、崤函古道与魏国经略河西 …………………………… 227
二、崤函古道与秦东进崤函的战争 …………………………… 231
三、三门峡秦人墓与秦文化的东播 …………………………… 244
四、诸子名士的求功成名与学术传播之路 …………………………… 250
五、秦建函谷关及其对秦统一的意义 …………………………… 261
第四节　崤函古道支线及连接线的开拓 …………………………… 282
一、崤山北路线路延伸与支线的形成 …………………………… 282
二、崤山南路支线的形成 …………………………… 291

第五章　秦汉时期的崤函古道

第一节　秦及秦楚之际的崤函古道 …………………………… 299

一、秦“驰道”中的崤函古道建设与运行 …… 299
二、“函谷举”:反秦灭秦的崤函古道 …… 315
三、楚汉相争中的崤函古道 …… 321
第二节 西汉时期的崤函古道 …… 325
一、汉初“关中本位”战略与崤函古道控制 …… 325
二、汉武帝“广关”:函谷关东迁和弘农郡的设置 …… 337
三、武帝以降崤函古道的道路拓修与管理 …… 353
四、崤函古道的社会经济效应 …… 366
第三节 东汉时期的崤函古道 …… 372
一、崤函古道与更始、赤眉及刘秀争夺帝业的战争 …… 372
二、东汉在崤函古道的经营 …… 380
三、丝路起点东移与崤函古道的国际化 …… 394
四、崤函古道与东汉崤函文化的勃兴 …… 399
五、东汉王朝的崩离与崤函古道 …… 409
第四节 秦汉三门峡黄河漕运的兴起 …… 414
一、先秦三门峡黄河漕运的发轫 …… 414
二、秦及秦代开创的黄河漕运系统 …… 422
三、两汉时期三门峡黄河漕运的发展 …… 429

第六章 魏晋南北朝时期的崤函古道

第一节 曹魏西晋时期的崤函古道 …… 457
一、曹魏时期崤函古道线路的新变化 …… 457
二、潼关、魏函谷关的兴起 …… 463
三、潘岳《西征赋》笔下的崤函古道 …… 474
第二节 十六国北朝时期的崤函古道 …… 486
一、十六国北朝时期崤函政区设置与交通格局 …… 486

二、民族迁徙、人口迁移与崤函古道交通 …… 505

第三节 魏晋南北朝争战中的崤函古道 …… 512

一、崤函地区主要战事及特点 …… 512

二、围绕崤函要地争夺形成的军事交通 …… 520

第四节 佛教文化在崤函地区的传播 …… 532

一、崤函古道与佛教东传中原线路 …… 532

二、崤函古道沿线的佛教史迹 …… 537

第五节 魏晋南北朝时期的三门峡黄河漕运 …… 545

一、魏晋时期三门峡黄河漕运的整治 …… 545

二、十六国北朝时期的三门峡黄河漕运经营 …… 553

第七章 隋唐时期崤函古道的繁荣

第一节 隋唐两京与崤函古道驿路建设 …… 567

一、隋唐两京制的建立及特点 …… 567

二、崤函古道西段驿路建设与线路变化 …… 573

三、莎栅道开通与崤函古道东段主线路的移换 …… 578

四、道路整修与维护 …… 584

第二节 崤函古道上的隋唐行宫与馆驿 …… 601

一、行宫 …… 601

二、馆驿 …… 628

第三节 崤函古道与隋唐两京军事经略 …… 653

一、隋末唐初李渊父子控制崤函古道与平定中原 …… 653

二、崤函古道与平定安史之乱 …… 662

三、唐代宗幸陕与神策军的崛起 …… 672

四、唐末黄巢攻取长安之路 …… 677

第四节 崤函唐诗之路 …… 680

一、崤函唐诗之路的形成 …… 680
二、唐人笔下的崤函古道景观 …… 685
三、杜甫、韦庄的崤函古道经历与两部诗史的诞生 …… 711
四、唐代崤函本土诗人与文学世家 …… 720
第五节 隋唐崤函古道与丝绸之路 …… 730
一、隋唐丝绸之路交通与崤函古道 …… 730
二、崤函古道沿线的蚕桑丝织业及其西输 …… 735
三、考古遗迹所见崤函古道沿线的中外文化交流 …… 742
第六节 隋唐三门峡黄河漕运的繁荣 …… 754
一、隋朝的三门峡黄河漕运 …… 754
二、唐朝前期三门峡漕运的整治与开元盛世 …… 763
三、唐朝后期的三门峡漕运与王朝兴衰 …… 799
四、黄河漕运枢纽陕州 …… 820

第八章 五代宋金时期的崤函古道

第一节 五代宋金时期崤函古道的演变 …… 845
一、五代时期崤函古道线路走向与运行状况 …… 845
二、北宋崤函古道线路变化与驿递设置 …… 854
三、郑刚中《西征道里记》所记崤函古道交通地理 …… 881
第二节 崤函古道与区域经济文化的发展 …… 887
一、城镇经济的兴起 …… 887
二、农林牧产品商品化的发展 …… 898
三、手工业的进步 …… 903
四、地域文化的新发展 …… 922
第三节 宋金、金蒙时期的崤函古道战事 …… 936
一、宋金时期的崤函古道战事 …… 936

二、金蒙之间的崤函古道战事 …… 950
第四节　宋金时期的三门峡黄河漕运 …… 958
一、北宋的三门峡黄河漕运 …… 958
二、金代的三门峡黄河漕运 …… 982

第九章　元明清时期的崤函古道

第一节　元代的崤函古道 …… 989
一、崤函古道驿路走向与站赤设置 …… 989
二、崤函古道的整修与运营状况 …… 996
三、崤函古道与红巾军北伐和朱元璋灭元 …… 1006
第二节　明代的崤函古道 …… 1011
一、崤函古道驿路走向与驿站设置 …… 1011
二、递运所和急递铺交通线路 …… 1028
三、崤函古道的控制与整修 …… 1037
四、崤函古道的运行及驿递的败坏 …… 1051
五、崤函古道商路的形成与商品经济的活跃 …… 1062
六、崤函古道与阳明心学的传播和兴盛 …… 1074
七、明末李自成农民军在崤函古道的活动 …… 1080
第三节　清代的崤函古道 …… 1089
一、官路系统中的崤函古道驿路与驿站 …… 1089
二、铺递线路的变化 …… 1108
三、崤函古道的整修 …… 1118
四、康熙西巡长安和慈禧、光绪西狩及回銮中的崤函古道 …… 1145
五、崤函古道的兵差运输 …… 1156
六、崤函古道商路的拓展 …… 1162
七、城镇和集市的发展与分布 …… 1173

第四节　元明清时期的三门峡黄河漕运和水运 …………………………… 1203
一、元代三门峡黄河漕运的开发…………………………………………… 1203
二、明代三门峡黄河漕运的发展…………………………………………… 1205
三、清代三门峡黄河漕运的兴衰…………………………………………… 1213

第十章　崤函古道的近代化变革

第一节　清末崤函古道近代邮政的兴起 ……………………………………… 1231
一、清末崤函古道驿传的衰败………………………………………………… 1231
二、清末崤函古道近代邮政的发展…………………………………………… 1237
第二节　清末民国时期近代交通的兴筑 …………………………………… 1244
一、陇海铁路在崤函的修筑…………………………………………………… 1244
二、洛潼公路建设……………………………………………………………… 1253
三、近代交通对传统交通的冲击与崤函经济格局的重塑…………………… 1263
四、血色交通与最后的驿运…………………………………………………… 1278
第三节　近代交通对崤函古道的承袭与发展 ……………………………… 1286
一、近代交通对崤函古道的历史地理承袭…………………………………… 1286
二、绚丽多彩的文化线路遗产………………………………………………… 1290

参考书目 ……………………………………………………………………… 1296
后记 …………………………………………………………………………… 1355

图表目录

一、插图

图 0-1　函谷关、潼关及其所在区域示意图 …… 12
图 0-2　崤函古道交通体系示意图 …… 18
图 0-3　崤函古道交通线路(陆路)示意图
图 1-1　崤函地区及其周围的地理形势 …… 47
图 1-2　崤函地区主要河流分布图 …… 55
图 2-1　三门峡地区仰韶文化遗址分布图 …… 88
图 2-2　陕县(今三门峡陕州区)庙底沟遗址出土彩陶盆 …… 92
图 2-3　庙底沟时代文化上的最早中国(前 4200—前 3500) …… 99
图 2-4　灵宝黄帝陵 …… 103
图 2-5　夸父逐日图 …… 106
图 2-6　三门峡地区龙山文化遗址分布图 …… 113
图 3-1　明代仇英《帝王道统万年图册》之大禹治水图 …… 126
图 3-2　豫西二里头文化向晋南扩张态势图 …… 133
图 3-3　甘之战示意图 …… 135
图 3-4　夏后皋墓 …… 138
图 3-5　商汤伐桀进军路线图 …… 148
图 4-1　周文王避风雨处 …… 171

图 4-2　武王伐纣示意图 …… 173
图 4-3　立于陕州北城墙时的周召分陕石柱 …… 179
图 4-4　虢国车马坑遗迹 …… 202
图 4-5　虢国墓地二号车马坑 15 号车复原图 …… 204
图 4-6　秦晋崤之战示意图 …… 220
图 4-7　韩都宜阳故城交通示意图 …… 238
图 4-8　渑池秦赵会盟台 …… 243
图 4-9　明代张路《老子出关图》 …… 258
图 4-10　函谷关遗址形势图 …… 274
图 5-1　秦驰道示意图 …… 301
图 5-2　秦始皇陵兵马俑二号铜车马 …… 306
图 5-3　函谷关出土战国秦闟玺 …… 311
图 5-4　函谷关出土战国秦“函关钱府”封泥 …… 312
图 5-5　刘邦、项羽分路进关经过示意图 …… 318
图 5-6　汉初五关形势示意图 …… 328
图 5-7　函谷关出土汉“中侯”瓦当 …… 330
图 5-8　西汉弘农郡示意图 …… 347
图 5-9　秦函谷关出土汉弘农郡封泥 …… 352
图 5-10　灵宝豫灵底董村戾太子冢 …… 356
图 5-11　秦函谷关遗址遗迹分布示意图 …… 359
图 5-12　秦函谷关秦汉代路基 …… 360
图 5-13　函谷关烽燧遗址 …… 361
图 5-14　汉函谷关关城遗址遗迹分布示意图 …… 363
图 5-15　赤眉与新市平林下江诸路军进攻关中图 …… 376
图 5-16　崤底之战示意图 …… 379

图 5-17　汉石刻函谷关 …… 383
图 5-18　新莽“函谷关门”画像石 …… 384
图 5-19　东汉弘农郡示意图 …… 387
图 5-20　东汉《李翕黾池五瑞碑》拓片 …… 391
图 5-21　明代朱端《弘农渡虎图》 …… 393
图 5-22　灵宝市文物保护管理所藏绿釉胡人灯俑 …… 398
图 5-23　大坝修建前三门峡形势图 …… 417
图 5-24　秦“底柱丞印”封泥及拓片 …… 425
图 5-25　西汉漕运与三门峡图 …… 430
图 5-26　秦函谷关出土汉“弘农郧庾丞印”封泥及拓片 …… 439
图 5-27　新安盐东汉函谷关仓基址 …… 440
图 5-28　三门峡栈道遗迹 …… 448
图 5-29　垣曲五福涧村栈道建武十一年题刻 …… 450
图 5-30　三门峡栈道复原示意图 …… 452
图 5-31　三门峡栈道桥槽孔遗迹 …… 453
图 6-1　曹操北山高道线路走向示意图 …… 461
图 6-2　东汉潼关遗址示意图 …… 468
图 6-3　魏函谷关遗址 …… 471
图 6-4　三门峡博物馆藏西晋陶牛车 …… 476
图 6-5　曹操与马超潼关之战图 …… 521
图 6-6　东晋刘裕与后秦潼关之战示意图 …… 522
图 6-7　东魏高欢进攻关中图 …… 524
图 6-8　东、西魏沙苑之战示意图 …… 525
图 6-9　陕州区空相寺达摩塔 …… 543
图 6-10　黄河八里胡同栈道分段示意图 …… 549

图 6-11　新安八里胡同正始九年题刻拓片 …… 550
图 6-12　晋武帝开凿陕县运河示意图 …… 552
图 6-13　平陆老鸦石栈道北魏熙平元年题刻 …… 556
图 6-14　从黄河上远眺西沃石窟全景 …… 557
图 7-1　崤函古道石壕段遗迹 …… 588
图 7-2　崤函古道石壕段蓄水池遗迹 …… 589
图 7-3　潼关关址迁徙示意图 …… 595
图 7-4　陕州故城唐大阳桥遗址 …… 600
图 7-5　唐新修大通寺阁下故硖石县令敬公真形之碣并叙碑拓片 …… 607
图 7-6　兰峰宫遗址 …… 610
图 7-7　兴泰宫遗址 …… 617
图 7-8　临泉驿诗碑拓片 …… 641
图 7-9　李渊起兵克潼关取长安之战图 …… 658
图 7-10　西原之战示意图 …… 666
图 7-11　新店之战示意图 …… 669
图 7-12　黄巢起义军攻潼关取长安之战图 …… 679
图 7-13　毛泽东书韩愈《次潼关先寄张十二阁老使君贾》…… 696
图 7-14　陕州区张茅姚崇故里遗址纪念碑 …… 725
图 7-15　宜阳三乡李贺塑像 …… 726
图 7-16　三门峡张弘庆墓出土唐越窑青釉瓷四系刻花扁壶 …… 733
图 7-17　三门峡庙底沟唐墓出土绿釉背壶 …… 734
图 7-18　陕县刘家渠隋刘伟墓出土波斯萨珊王朝库思老一世银币 …… 743
图 7-19　三门峡开发区山富果业出土唐三彩胡人俑 …… 748
图 7-20　三门峡庙底沟出土唐三彩胡人面埙 …… 748
图 7-21　三门峡人行工地出土唐瑞兽葡萄镜 …… 750

图 7-22　三门峡市区张弘庆墓出土唐银耳杯 …… 751
图 7-23　三门峡市印染厂出土唐黑釉白斑花口执壶 …… 752
图 7-24　三门峡市区唐墓出土绿釉瓷注子 …… 753
图 7-25　隋代南北大运河分布示意图 …… 760
图 7-26　大坝修建前三门峡黄河原貌 …… 767
图 7-27　三门峡砥柱今貌 …… 768
图 7-28　垣曲五福涧贞观十六年题刻 …… 769
图 7-29　栈道侧壁被纤绳磨沏的痕迹 …… 774
图 7-30　栈道上的牛鼻形壁孔遗迹 …… 776
图 7-31　牛鼻形壁孔使用复原图 …… 777
图 7-32　栈道上的立式转筒遗迹 …… 777
图 7-33　立式转筒复原示意图 …… 777
图 7-34　隋唐运河主要转运仓分布示意图 …… 783
图 7-35　裴耀卿分段转运航线示意图 …… 784
图 7-36　集津仓遗址 …… 786
图 7-37　盐仓遗址 …… 787
图 7-38　渑池黄河阏流小堆堆台 …… 788
图 7-39　开元新河全景 …… 792
图 7-40　唐代漕运与三门峡图 …… 819
图 8-1　宋真宗西祀汾阴线路示意图 …… 859
图 8-2　唐紫石带盖风字砚瓦 …… 915
图 8-3　宋虢州法造澄泥抄手砚 …… 920
图 8-4　宋“三堂”澄泥抄手砚 …… 921
图 8-5　陕州“草堂春晓”图 …… 923
图 8-6　义马矿务局机修厂金墓出土杂剧人物砖雕 …… 932

图 8-7 洛宁介村金墓出土散乐杂剧人物砖雕 …… 933
图 8-8 绍兴六年岳飞第二次北伐进军路线图 …… 946
图 8-9 绍兴十一年任天锡北伐路线图 …… 949
图 8-10 贞祐四年蒙金之战图 …… 954
图 8-11 北宋漕运四河图 …… 959
图 8-12 八里胡同段恭题刻 …… 971
图 8-13 北宋元祐七年垣曲县店下样 …… 981
图 9-1 元代崤函古道驿路站赤图 …… 993
图 9-2 明军北伐克陕州潼关之战示意图 …… 1009
图 9-3 明代河南驿路示意图 …… 1015
图 9-4 潼关禁沟十二连城 …… 1040
图 9-5 雁翎关东关口 …… 1046
图 9-6 明万历年间以河南为中心的递运线路示意图 …… 1053
图 9-7 明末李自成克潼关取西安之战示意图 …… 1087
图 9-8 清代河南驿路交通图 …… 1091
图 9-9 锡良档存《陕州属东至渑池西至潼关路图》…… 1123
图 9-10 张茅董达桥 …… 1143
图 9-11 陕州区宫前乡头峪村头峪桥 …… 1145
图 9-12 清《河南省行盐三十二厅府州县图》 …… 1169
图 9-13 光绪二十八年四盛合豫省官盐发票 …… 1189
图 9-14 会兴镇商铸银锭 …… 1191
图 9-15 明洪武十年三门峡北岸建上仓题刻(开东 T16) …… 1207
图 9-16 康熙三十一年阎兴邦考察三门峡时的题刻(狮子头 T3) …… 1216
图 9-17 平陆西河头道光廿九年题刻 …… 1226
图 10-1 清末灵宝函谷关驿路 …… 1235

图 10-2 1914 年的函谷关 …… 1236
图 10-3 商办河南洛潼铁路示意图 …… 1247
图 10-4 观音堂车站 …… 1249
图 10-5 硖石驿四号隧道 …… 1250
图 10-6 函谷关附近新落成之陕潼公路 …… 1258
图 10-7 灵宝新路种树工竣 …… 1259
图 10-8 陕县南关涧河桥 …… 1260
图 10-9 华阌交通沟 …… 1284
图 10-10 函谷关一带陇海铁路与驿路关系图 …… 1287
图 10-11 函谷关弘农涧河铁路桥与魏函谷关 …… 1288

二、列表

表 1-1 崤函地区地形分区 …… 51
表 1-2 长安、洛阳都城建置表 …… 67
表 5-1 崤函地区秦置县简表 …… 313
表 5-2 灵宝秦函谷关出土汉弘农郡官印封泥简表 …… 351
表 5-3 东汉皇帝西幸长安简表 …… 388
表 6-1 十六国北朝时期崤函地区州级政区设置简表 …… 487
表 6-2 魏晋南北朝崤函地区重要战事简表 …… 513
表 6-3 魏晋三门峡漕运整治情况简表 …… 546
表 7-1 唐帝驻跸东都洛阳简表 …… 569
表 7-2 隋唐崤函古道行宫设置表 …… 624
表 7-3 隋唐崤函古道馆驿设置表 …… 647
表 7-4 唐代崤函籍作家简表 …… 720
表 7-5 唐代陕州虢州丝织品贡赋表 …… 739
表 7-6 崤函古道沿线出土唐代骆驼俑、胡人俑简表 …… 745

表 7-7　唐代陕州人口简表 …… 829
表 8-1　北宋陕州漏泽园递铺兵墓志砖情况表 …… 874
表 8-2　北宋崤函地区县级行政机构表 …… 888
表 8-3　北宋熙宁十年崤函地区县城商税、酒税表 …… 889
表 8-4　崤函地区北宋市镇表 …… 894
表 9-1　元代崤函古道站赤及站马数额表 …… 992
表 9-2　明代崤函古道驿站设置表 …… 1026
表 9-3　明代崤函古道递运所设置表 …… 1029
表 9-4　明代崤函地区急递铺设置表 …… 1034
表 9-5　弘治年间崤函地区市镇统计表 …… 1071
表 9-6　清代崤函地区递铺设置表 …… 1110
表 9-7　清代崤函地区城镇统计表 …… 1178
表 9-8　清代崤函地区集市统计表 …… 1194
表 9-9　崤函地区明清会馆统计表 …… 1199
表 10-1　清末崤函地区邮政机构设置概况表 …… 1240
表 10-2　陇海铁路洛阳潼关段车站设置表 …… 1251
表 10-3　1932 年陇海铁路崤函地区车站货物运输概况表 …… 1269
表 10-4　崤函古道沿线全国文物保护单位一览表 …… 1293

绪　论

崤函古道是古代中原通往关中、西域的咽喉要道，也是襟带两京，沟通长安、洛阳两大都城的锁钥。在中国古代数千年历史进程中，崤函古道曾在支撑周、汉、隋、唐等重要王朝对内对外之政治控御、军事攻防、商贸交易、文化交流等诸多方面都发挥过关键性的作用，具有重要的研究意义和价值。因此，近世以来，研究、关注崤函古道者代不乏人。本章拟首先概述崤函古道历史地理，回顾以往研究成果，借此夯实研究基础，拓展研究思路。

第一节 崤函古道释义

崤函古道虽然形成时间甚早，作用重要，但这条古代道路很长时间都有实无名，以崤函古道作为这条古道的名称，是近些年学者在总结研究基础上提出的。同时我们还看到，一些文献和研究者还赋予这条道路“崤、黾驿道”[①]“函道”[②]“成皋之路”[③]“崤函、潼关道”[④]“崤山古道”[⑤]“函谷关路”[⑥]“函谷道”[⑦]“石壕古道”[⑧]等名称。也有以“长安洛阳驿道”[⑨]“东方大道”[⑩]“两京古道”[⑪]或“两京驿路”“豫西通

① ［南朝宋］范晔：《后汉书》卷七十九《儒林列传》，中华书局，1965，第 2550 页。

② ［北魏］郦道元著，陈桥驿校证：《水经注校证》卷四《河水》，中华书局，2007，第 109 页。

③ ［西汉］刘向集录，范祥雍笺证：《战国策笺证》卷五《秦三》，上海古籍出版社，2006，第 314 页。成皋之路，指从成皋（今河南荥阳西北）沿黄河到函谷关的道路。

④ 李孝聪：《中国区域历史地理》，北京大学出版社，2004，第 176～179 页。

⑤ 辛德勇：《崤山古道琐证》，《中国历史地理论丛》1989 年第 4 辑。

⑥ 史念海：《历史时期黄土高原沟壑的演变》，《中国历史地理论丛》1987 年第 2 辑。

⑦ 张波、王双怀：《西部交通的历史考察》，《中国历史地理论丛》2003 年第 1 辑。

⑧ 见于当地文化文物部门早期的有关介绍材料。

⑨ 严耕望：《唐代交通图考》第 1 卷《京都关内区》，上海古籍出版社，2007，第 17 页。

⑩ 王开：《陕西古代道路交通史》，人民交通出版社，1989，第 41 页。

⑪ 胡德经：《两京古道考辨》，《史学月刊》1986 年第 2 期。

道”[①]“陕洛道”[②]“长洛大道”[③]等称之的。

道路名称是人类历史文化的“活化石”，道路命名应当遵循历史性、独特性等原则。以此而论，前一种意见仅指这条古道某段陆路交通路线，不能概括它的道路主体和本质特点；后一种意见指的是长安至洛阳的古代交通道路，而我们所说的崤函古道仅是这条道路的一部分，而且此种意见易混淆整体与部分的关系，同样显示不出崤函古道的独特性。对这条古道名称的歧见，提醒我们确认“崤函古道”的准确含义，也许还有讨论的必要，这也是我们今天研究崤函古道交通的基础。

一、“崤函”概念阐释

“崤函”一作“肴函”“殽函”。《说文》无“崤”字，唐人陆德明《经典释文》曰：“殽，本又作崤。”[④]“崤”为“肴”加“山”，意为山关错杂相出。崤，同殽，通肴。

“崤函”一词，最早见于《战国策·秦一》苏秦始将连横说秦惠王：“大王之国，西有巴、蜀、汉中之利，北有胡貉、代马之用，南有巫山、黔中之限，东有肴、函之固。”[⑤]自苏秦之后，“崤函”这一概念，屡见于后世史籍。如西汉贾谊《新书·过秦论》：“秦孝公据殽函之固，拥雍州之地，君臣固守以窥周室，有席卷天下，包举宇内，囊括四海之意，并吞八荒之心。”[⑥]《盐铁论·论勇》：“秦兼六国之师，据崤、函而御宇内。”[⑦]刘向《战国策·书录》：“是故秦始皇因四塞之故，据崤函之阻，跨陇、蜀之

① 宋杰：《秦对六国战争中的函谷关和豫西通道》，《首都师范大学学报（社会科学版）》1997年第3期；董平均：《出土秦律汉律所见封君食邑制度研究》，黑龙江人民出版社，2007，第232页。

② 李孝聪：《中国区域历史地理》，北京大学出版社，2004，第176~179页。

③ 关治中：《函谷关考证——关中要塞研究之二》，《渭南师专学报》1998年第6期。

④ 〔唐〕陆德明撰，张一弓点校：《经典释文》卷十六，上海古籍出版社，2012，第370页。

⑤ 〔西汉〕刘向集录，范祥雍笺证：《战国策笺证》卷三《秦一》，上海古籍出版社，2006，第141页。

⑥ 〔汉〕贾谊撰，阎振益、钟夏校注：《新书校注》，中华书局，2000，第3页。

⑦ 〔汉〕桓宽撰集，王利器校注：《盐铁论校注》卷九《论勇》，中华书局，1992，第536页。

饶。"[①]《史记·留侯世家》:"夫关中左殽函,右陇蜀。"[②]东汉崔骃《反都赋》:"昔崤函之固,即周洛之中。"[③]班固《西都赋》:"汉之西都……左据函谷二崤之阻。"[④]又如《三国志·董卓传》:"崤函险固,国之重防。"[⑤]同书《贺邵传》:"昔秦建皇帝之号,据殽函之阻。"[⑥]西晋左思《蜀都赋》:"崤函有帝皇之宅,河洛为王者之里。"[⑦]《魏书·任城王云传附子澄传》:"崤函帝宅,河洛王里,因兹大举,光宅中原。"[⑧]唐太宗李世民《入潼关》诗:"崤函称地险,襟带壮两京。"[⑨]凡此等等,不胜枚举。可见自战国开始,"崤函"已经成为一个有特定含义的通用名词,为后世习用。

仔细考察古人对"崤函"的运用,含义并非完全相同,有关塞交通地名和区域地理概念的区别。前者可称为狭义之"崤函",后者则为广义之"崤函"。

检索史籍,最初使用较多的是狭义的"崤函"概念。如《战国策》高诱注"肴、函之固"云:"肴在渑池西。函关旧在弘农城北门外,今在新安东。"[⑩]崤山,古称嵚崟山[⑪]、二崤[⑫]、三崤[⑬]、崤阸[⑭]、崤陵[⑮]、崤塞[⑯]、崤嵚[⑰]等,系秦岭山脉东段的支脉,位于

---

① 〔西汉〕刘向集录,范祥雍笺证:《战国策笺证》,上海古籍出版社,2006,第2页。

② 〔汉〕司马迁:《史记》卷五十五《留侯世家》,中华书局,1982,第2044页。

③ 〔清〕严可均:《全上古三代秦汉三国六朝文·全后汉文》卷四十四,中华书局,1958,第711页。

④ 〔清〕严可均:《全上古三代秦汉三国六朝文·全后汉文》卷二十四,中华书局,1958,第602页。

⑤ 〔晋〕陈寿撰,〔南朝宋〕裴松之注:《三国志》卷六《魏书·董卓传》,中华书局,1982,第177页。

⑥ 〔晋〕陈寿撰,〔南朝宋〕裴松之注:《三国志》卷六十五《吴书·贺邵传》,中华书局,1982,第1458页。

⑦ 〔清〕严可均:《全上古三代秦汉三国六朝文·全晋文》卷七十四,中华书局,1958,第1882页。

⑧ 〔北齐〕魏收:《魏书》卷十九《任城王云传附子澄传》,中华书局,1974,第464页。

⑨ 〔唐〕李世民:《入潼关》,〔清〕彭定求等编:《全唐诗(增订本)》卷一,中华书局,1999,第5页。

⑩ 〔西汉〕刘向集录,范祥雍笺证:《战国策笺证》卷三《秦一》,上海古籍出版社,2006,第146页。

⑪ 〔唐〕李吉甫撰,贺次君点校:《元和郡县图志》卷五《河南道一》,中华书局,1983,第141页。

⑫ 〔汉〕班固:《汉书》卷二十五《郊祀志》,中华书局,1962,第1207页。

⑬ 〔北魏〕郦道元著,陈桥驿校证:《水经注校证》卷十六《谷水》,中华书局,2007,第388页。

⑭ 〔汉〕班固:《汉书》卷二十七《五行志》,中华书局,1962,第1428页。

⑮ 〔唐〕杨炯:《唐上骑都尉高君神道碑》,〔清〕董诰等编:《全唐文》卷一百九十四,中华书局,1983,第1960页。

⑯ 〔清〕王先慎撰,钟哲点校:《韩非子集解》卷一《存韩第二》,中华书局,1998,第17页。

⑰ 〔宋〕曾巩:《汉武都太守汉阳阿阳李翕西狭颂》,《曾巩集》卷五十,中华书局,1984,第687页。

河南省西部,分布在弘农涧河与洛河之间的卢氏县北、灵宝、陕州区南,洛宁北部至渑池县西北部,自西南向东北一直延伸至黄河岸边。

殽之本字为“爻”。霍世休云:“爻为殽乱之殽本字。殽下曰:‘相杂错形。’音义并同。”①朱芳圃《殷周文字释丛》:“盖象织文之交错。甲文网字从此,是其证矣。孳乳为殽。”②本义为“乱”。《说文·殳部》:“殽,相杂乱也。”③《广雅·释诂》:“殽,乱也。”④可见崤山因山势杂乱无章而得名。深圳市南山博物馆征集传是广东北江出土的铸造于战国时期韩桓惠王七年(前266)的韩阳戈,背面内铭“崤山”字样,是秦人携戈在崤山驻守期间加刻,也是最早记载“崤山”的文物⑤。崤山是崤函古道上最为崎岖的一段,其险厄素与函谷并称。函谷关位于今河南灵宝市北15公里处的函谷关镇王垛村,地处崤山山间谷道,始建于战国秦惠文王时,因关设在函谷之中而得名,它控制着穿行崤山北麓的东西向通道。高诱、班固等上述所说之“崤函”,即为崤山与函谷关之合称或连称。作为关塞交通地名,二者系并列关系。中华书局版《史记》点校后记对此曾解释说:“凡并列关系较为明确,不致引起误会的就不用顿号……习惯上往往连称的,地名如‘巴蜀’‘崤函’……两名之间都不用顿号。”⑥

然而,实际情况却比今人想象的更复杂一些,因为在古人笔下,崤山所指并不是广义的崤山全部,而是指南北二陵,即夏后皋墓和周文王避雨台所在的崤山。《左传》僖公三十二年:“蹇叔之子与师,哭而送之曰:‘晋人御师必于殽,殽有二陵焉。’”杜注:“殽,在弘农渑池县西。”西晋弘农渑池县在今洛宁西北。《汉书》颜注“崤函之固”曰:“殽谓殽山,今陕县东二殽是也。函谓函谷,今桃林县南洪溜涧是

① 马叙伦:《说文解字六书疏证》卷六,上海书店出版社,1985,第168页。

② 朱芳圃:《殷周文字释丛》,中华书局,1962,第127页。

③ 〔汉〕许慎撰,〔清〕段玉裁注:《说文解字注》,上海古籍出版社,1981,第120页。

④ 〔魏〕张揖撰,〔隋〕曹宪音:《广雅》卷三《释诂》,商务印书馆,1936,第29页。

⑤ 戚鑫:《南山博物馆收藏一件秦始皇平定岭南的兵器》,《中国文物报》2017年5月30日第7版。

⑥ 〔汉〕司马迁:《史记》第十册《点校后记·三》,中华书局,1982,第18页。

也。”[①]类似的认识也见于清代学者江永的《春秋地理考实》[②]。可见古称崤山主要指南北二陵，亦称二崤。顾祖禹考云：“三崤山，亦曰二崤，在今河南府永宁县北六十里。其地或谓之崤渑，或谓之渑隘，或谓之崤塞。”[③]

函谷，亦有狭义和广义两种解释。狭义是说函谷东西 15 里，绝岸壁立，崖上柏林荫谷，殆不见天日；广义是说东自崤山，西至潼关，通名函谷。如此函谷西伸并东延，将崤山包含在内。两说均见于《元和郡县图志》卷六《陕州》[④]，皆有其合理性。依史念海所说，二者还可以合而为一，后说可以包括前说在内[⑤]。杨向奎对此稍有异议，认为最初的“函谷”，仅指函谷附近东西 15 里的险要地区，而广义的“函谷”概念，是在秦汉一统后才形成的[⑥]。揆度情势，杨说似乎更为严谨，狭义、广义“函谷”反映的当是不同阶段的情形。《吕氏春秋·有始览》和《淮南子·墬形训》等先秦文献，列当时天下九塞，只有崤、崤阪，即崤山，而无函谷。郦道元《水经注》“函谷”“二陵”也被分别隶于华阴潼关和砥柱之下，两者相距尚远。其中“二陵”的叙述是：“河之右侧，崤水注之……历涧东北流，与石崤水合，水出石崤山。山有二陵：南陵，夏后皋之墓也；北陵，文王所避风雨矣。”[⑦]也是只指崤山而不包括函谷。函

---

① ［汉］班固：《汉书》卷三十一《项籍传》，中华书局，1962，第 1821 页。

② 江永《春秋地理考实》卷一：“崤，《传》晋人御师必于崤，崤有二陵焉，其南陵夏后皋之墓也，其北陵文王之所避风雨也……此道在二崤之间南谷中，谷深委曲，两山相嵚，故可以避风雨，古道由此，魏武帝西讨巴、汉，恶其险而更开北山高道疏此，道见在崤。是山名俗呼为土崤、石崤。《汇纂》魏太和十一年置崤县，唐改硖石，废崤县为石壕镇，其北有崤山，今崤县故城在河南府永宁县北五十里。”清代河南府永宁县即今洛宁县，可证清代地理学家与西晋杜预所言相同。

③ ［清］顾祖禹撰，贺次君、施和金点校：《读史方舆纪要》卷四十六《河南一》，中华书局，2005，第 2097 页。

④ 《元和郡县图志》卷六《河南道二·陕州·灵宝》：“函谷故城，在县南十里。秦函谷关城，汉弘农县也。《西征记》曰：‘函谷关城，路在谷中，深险如函，故以为名。其中劣通，东西十五里，绝岸壁立，崖上柏林荫谷中，殆不见日。关去长安四百里。日入则闭，鸡鸣则开，秦法也。东自崤山，西至潼津，通名函谷，号曰天险。所谓秦得百二也’。隗嚣将王元说嚣曰‘请以一丸泥，东封函谷关’，即此也。”

⑤ 史念海：《函谷关和新函谷关》，《河山集》（四集），陕西师范大学出版社，1991，第 385 页。

⑥ 杨向奎：《读〈水经注〉》，《中国历史地理论丛》1993 年第 1 辑。

⑦ ［北魏］郦道元著，陈桥驿校证：《水经注校证》卷四《河水》，中华书局，2007，第 117 页。

谷以西至潼关以东之间的狭长地带,《左传·文公十三年》称为"桃林之塞":"晋侯使詹嘉处瑕,以守桃林之塞。"孔颖达正义:"桃林之塞在南河之南,远处晋之南竟。从秦适周,乃由此路。使詹嘉守此塞者,以秦与东方诸侯远结恩好。及西乞聘鲁,亦应更交余国,虑其要结外援,东西图己,故使守此厄塞,欲断其来往也。"①

崤山和函谷关都是古代著名的关塞,同以控御与阻遏为目的,但二者亦有区别。崤山既称山又称塞。《吕氏春秋·有始览》高诱注"山有九塞":"险阻曰塞。"②《说文·土部》:"塞,隔也。"③《礼记·月令》:孟冬"备边境,完要塞"。郑玄注:"要塞,边城要害处也。"④强调的是国之厄险,大体是以范围而论,指可据守的险要之处。关是定点设置。《说文·门部》:"关,以木横持门户也。"段注:"引申之,《周礼》注曰:'关,界上之门。'又引申之,凡曰关闭,曰机关,曰关白,曰关藏皆是。凡立乎此而交彼曰关。"⑤塞与关虽有时互用,如《广雅·释诂》:"关,塞也。"⑥但关是通道,强调的是门关或城关。《文心雕龙·书记》:"关者,闭也。出入由门,关闭当审。"⑦文献记录战国时期秦与六国战事,对此分得也较清楚。如《史记·楚世家》:"(楚怀王)十一年,苏秦约从山东六国共攻秦,楚怀王为从长。至函谷关。秦出兵击六国。六国兵皆引而归。"⑧同书《春申君列传》:"春申君相二十二年,诸侯患秦攻伐无已时,乃相与合从,西伐秦,而楚王为从长,春申君用事。至函谷关,

---

① 〔周〕左丘明传,〔晋〕杜预注,〔唐〕孔颖达正义:《春秋左传正义》(十三经注疏)卷十九"文公十三年",北京大学出版社,2000,第625页。

② 许维遹:《吕氏春秋集释》卷十三《有始览》,中华书局,2009,第276页。

③ 〔汉〕许慎撰,〔清〕段玉裁注:《说文解字注》,上海古籍出版社,1981,第689页。

④ 〔汉〕郑玄注,〔唐〕孔颖达疏:《礼记正义》(十三经注疏)卷十七《月令》,北京大学出版社,2000,第639页。

⑤ 〔汉〕许慎撰,〔清〕段玉裁注:《说文解字注》,上海古籍出版社,1981,第590页。

⑥ 〔魏〕张揖撰,〔隋〕曹宪音:《广雅》卷三《释诂》,商务印书馆,1936,第28页。

⑦ 〔南朝梁〕刘勰著,黄叔琳注,李详补注,杨明照校注拾遗:《增订文心雕龙校注》卷五《书记》,中华书局,2012,第344页。

⑧ 〔汉〕司马迁:《史记》卷四十《楚世家》,中华书局,1982,第1722~1723页。

秦出兵攻,诸侯兵皆败走。”①《战国策·韩二》:“楚围雍氏,五月,韩令使者求救于秦,冠盖相望也。秦师不下殽。……韩王遣张翠……果下师于殽以救韩。”②同书《燕一》苏代谓燕昭王曰:“以自忧为足,则秦不出殽塞,齐不出营丘,楚不出疏章。”③可见,至少在先秦和秦汉人笔下,崤、函并非像一些学者所言的一开始就合二为一。所以,班固《西都赋》云:“汉之西都……左据函谷二崤之阻。”张衡《西京赋》曰:“左有崤函重险桃林之塞。”④重险即双重的险阻,指崤、函二险。班固、张衡等的说法,同样是取狭义“崤函”之义。

狭义“崤函”的概念,尽管属关塞交通地名,是崤山、函谷关的合称或连称,但古代关塞与交通道路密切相关。《尚书·秦誓序》注云:“筑城守道谓之‘塞’。”⑤《淮南子·兵略训》:“硖路津关……一人守隘,而千人弗敢过也,此谓地势。”⑥唐人崔融更明确指出:“四海之广,九州之杂,关必据险路。”⑦元人胡三省亦云:“关、梁,设于水、陆要会之处。因山狭而设塞以讥陆行者为关,或立石,或架木,或维舟绝水以讥舟行者为梁。”⑧可见,有交通道路不一定有关,但有关则必有交通道路经过,关是交通道路发展到一定程度的产物,其建置利用山川险要,扼守交通路线,以实现政治控御与军事防卫的目的。古人选择崤、函这两个雄关要塞作为地名,已经说明关中平原和洛阳盆地之间有一条东西向的交通道路,设置、修建崤、函这两个雄关

---

① 〔汉〕司马迁:《史记》卷七十八《春申君列传》,中华书局,1982,第2395页。

② 〔西汉〕刘向集录,范祥雍笺证:《战国策笺证》卷二十七《韩二》,上海古籍出版社,2006,第1540~1541页。

③ 〔西汉〕刘向集录,范祥雍笺证:《战国策笺证》卷二十九《燕一》,上海古籍出版社,2006,第1698~1699页。

④ 〔清〕严可均:《全上古三代秦汉三国六朝文·全后汉文》卷五十二,中华书局,1958,第761页。

⑤ 〔汉〕孔安国传,〔唐〕孔颖达疏:《尚书正义》(十三经注疏)卷二十《秦誓》,北京大学出版社,2000,第668页。

⑥ 刘文典撰,冯逸、乔华点校:《淮南鸿烈集解》卷十五《兵略训》,中华书局,2013,第504页。

⑦ 〔后晋〕刘昫等:《旧唐书》卷九十四《崔融传》,中华书局,1975,第2997页。

⑧ 〔宋〕司马光编著,〔元〕胡三省音注:《资治通鉴》卷二十九《汉纪二十一》,汉元帝竟宁元年,中华书局,1956,第943页。

要塞与这条古道密切相关,更与古道两端在中国历史上有着重要地位的长安、洛阳关系密切。崤函合称或连称较客观地道出了崤山至函谷东西相接,关山相倚,关塞交错,相辅相成的交通地理特征,即"崤函重险""崤函之险"。这一说法其实已经隐含有"崤函"是在特定交通史阶段形成的具有较明确指向的交通线路,即穿越崤山、函谷关东出中原道路的寓意。

秦汉以降,广义崤函的概念逐步流行。由最初狭义的关塞地名引申发展为广义的区域地理概念,既缘于崤、函两地在地理上的密切关系,也是战国秦汉以来天下逐渐一统形势之必然。秦国崛起之时,最大对手便是东方六国,故商鞅为秦孝公规划帝王之业,核心就是"东乡以制诸侯",关键是"据河山之固"。[①] 这里的河指黄河,山即崤山。秦国出兵东向,其进军路线正好为崤山阻挡,只有函谷关一条通道,成为穿越崤山的最佳路径。秦惠文王更元元年(前 324),秦攻取位于崤山中的陕(今三门峡陕州区),崤山和函谷关险要从此落入秦人之手,秦建函谷关,以崤山、函谷关与东方六国对峙,崤山是秦国东方的屏障,函谷关则是秦之东大门。正是掌握了易守难攻的函谷关,加之崎岖险厄的崤山道路交通,秦国才能据险而东击,最终横扫六国,一统天下。何景明《雍大记》云:"秦人据崤函之阻,以临山东,自穆公以来,常雄诸侯,卒至于并天下而王之,岂其君世贤邪?亦以得其形便之居故也。"[②] 中国古代历史上流行的人文地理概念"关东""关西""山东""山西"及"关中"也正是从这一时期开始出现的[③]。其中,山东一词常与关东或关外互用,山西又可与关西、关内、关中、关右互用。研究者认为,这些概念不仅指涉自然地理的范围,更有丰富的人文地理的意涵。它们的出现和流行,也透露出崤函地域概念的明确形成。在当时人眼里,关和山自应在同一区域内,否则山东、关东指涉的范围必不相同,也

① 〔汉〕司马迁:《史记》卷六十八《商君列传》,中华书局,1982,第 2232 页。

② 〔明〕何景明纂修,吴敏霞主编:《雍大记校注》卷三十二《志贡》,三秦出版社,2010,第 441~442 页。

③ 王子今:《秦汉区域地理学的"大关中"概念》,《人文杂志》2003 年第 1 期。

就不能互用了。

西汉与秦一样,最大的威胁还是来自崤函以东的关东地区,崤山、函谷一线因此成为拱卫关中的防御重心。元鼎三年(前114)冬,汉武帝徙函谷关于新安,建汉(新)函谷关,以故关为弘农郡。东汉以后,潼关的战略地位逐渐抬升,并最终取代函谷关为关中的东大门。但不管关址怎样移动,始终不离崤山。如史念海所说:"新函谷关在崤山东端,潼关近于崤山的西端。可以说不论关址如何移徙,都离不开崤山,因而崤函往往并称。"①朱士光亦说:"崤山因先后有此三关而益增其险;而三关因建在崤山之中或其两端而倍添其雄。彼此间实互为表里,相得益彰。"②相继建立的秦函谷关、汉函谷关和潼关,与崤山一起形成交通隘道控御与山地要塞防御的共同体,成为东向进取中原的基地和守御关中的坚固屏障,在秦汉以来的东西对立和军事纷争中发挥了至关重要的作用,也成就了立都关中的诸王朝。长安和洛阳正是依赖崤函连接而形成"双都轴心",联袂主导了我国古代辉煌的文明发展阶段。

在此背景下,广义的崤函地域概念逐渐确定,并益发流行。如西晋左思《蜀都赋》:"崤函有帝皇之宅,河洛为王者之里。"③《魏书·任城王云传附子澄传》:"崤函帝宅,河洛王里,因兹大举,光宅中原。"④隋人王胄诗:"河洛称朝市,崤函实奥区。"⑤按照这几句话提供的顺序,"帝皇(宅)"被崤函限定,"王里"被河洛限定,中原则明显是以前两者为中心形成的地理区域的进一步展开。"河洛"一词指以洛阳为中心的黄河、洛河共同流经的地区。"崤函"与"河洛"相对,显然在古人眼里是因其同样具有地理区域概念之意义的缘故。这里的"崤函"已不是一个普通的关塞

① 史念海:《论我国历史上东西对立的局面和南北对立的局面》,《中国历史地理论丛》1992年第1辑。

② 朱士光:《序二》,李久昌主编:《崤函古道研究》,三秦出版社,2008,第5页。

③ 〔清〕严可均:《全上古三代秦汉三国六朝文·全晋文》卷七十四,中华书局,1958,第1882页。

④ 〔北齐〕魏收:《魏书》卷十九《任城王云传附子澄传》,中华书局,1974,第464页。

⑤ 〔唐〕魏征等:《隋书》卷七十六《王胄传》,中华书局,1973,第1741页。

交通地名,而是一个区域性的大地名,具有区域地理、人文地理上的代表性。其后,这种认识并未因隋唐时代多指太行山以东之地为山东,山与关的位置东西分离而改变,地处崤山西端的潼关仍是关中的东大门,是东西分野的标志,并且在社会生活层面,关东一词似乎更贴切和流行。唐都长安与陪都洛阳正是依靠崤函连接,所以唐太宗李世民在《入潼关》诗中才有"崤函称地险,襟带壮两京"的说法。宋人赵彦若在《长安志》序中则径称"崤函"为"崤函之区":"近代建国,率繇西迁,崤函之区,陶冶渭洛,实上游要会最重之地。"①

由此可见,广义崤函概念的流行,反映了秦汉以来古人对这一地区地理特征与交通形势认识的深入,是古人对这一地区山峰险陡,深谷如函,关山相倚,关塞结合的地理特征和交通特点的形象表达。

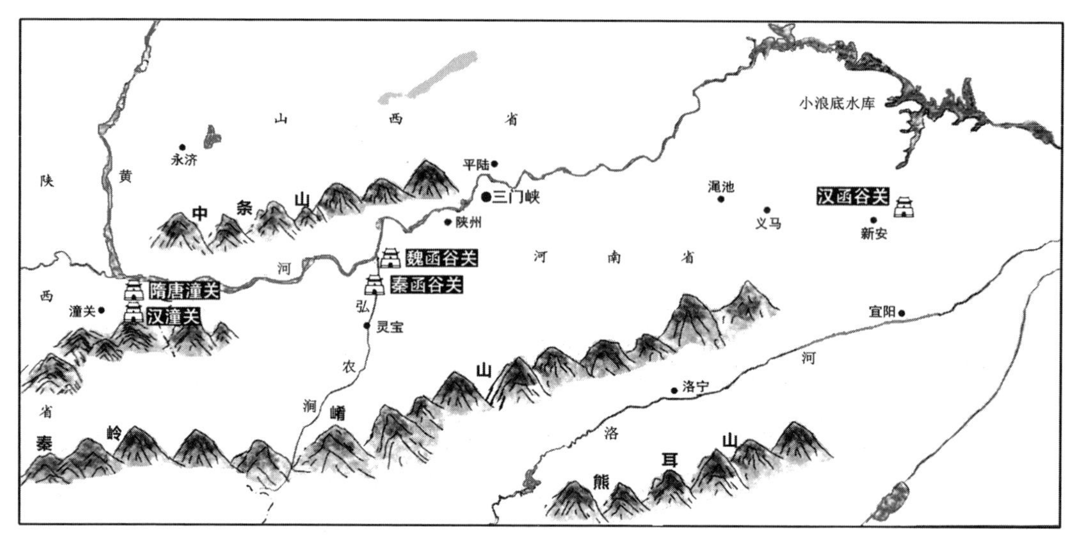

图 0-1　函谷关、潼关及其所在区域示意图②

① 赵彦若:《长安志》序,〔宋〕宋敏求、〔元〕李好文撰,辛德勇、郎洁点校:《长安志　长安志图》,三秦出版社,2013,第 4 页。

② 据白马《函谷关:西行第一关》(《中华遗产》2018 年第 3 期)改绘。

“崤函”区域的范围，古人亦有论及，并且主要是从崤函交通线路着眼立论的。顾祖禹《读史方舆纪要·河南一》说：“自新安西至潼关殆四百里，重冈叠阜，连绵不绝，终日走硖中，无方轨列骑处。其间硖石。及灵宝、阌乡尤为险要，古之崤、函在此，真所谓百二重关也。”同书同卷又云：“今自新安以西，历渑池、硖石、陕州灵宝、阌乡而至于潼关，凡四百八十里。其地皆河流翼岸，巍峰插天，绝谷深委，峻坂纡回，崤、函之险，实甲于天下矣。”①咸丰七年(1857)，清人王庆云在谈到崤函时也说：“崤函地势，有南岸陕州、会镇，北岸平陆、茅津包络其中。”②新安、渑池、硖石、陕州、灵宝、阌乡以及平陆等正是连接崤函古道水陆交通体系中的重要城镇和交通节点，崤函是沟通这条东西大道的中心地区。顾、王二氏所言崤函，正是以崤函古道水陆交通所涉及的区域为范围的。这样一种表达深谙崤函区域地理之特征。

翻开地图，我们不难发现：崤函古道所在区域以豫西山地和黄河谷地大体呈西南—东北、西北—东南走向的山川为自然地理基础，自然地形因黄河谷地呈东西敞口，南北以中条山、熊耳山为其屏障，平面呈东西长、南北窄的狭长走廊形状。古人以崤函并列合称或连称崤山和函谷关这两个关塞所在区域，客观地道出了崤山、函谷之间关山相倚，东西相接，关塞交错，相辅相成的地理特征，其中所蕴含的交通形势的内容同样也是很明显的。

以今天观之，这一区域的范围大体以崤函古道为轴线，以今河南省三门峡市政区为主体，包括毗邻的部分地带，涉及三门峡市的灵宝市、陕州区、湖滨区、义马市、渑池县、卢氏县，洛阳市新安县、洛宁县、宜阳县，陕西省潼关县和山西省平陆县、夏县、垣曲县的沿黄地带，计3省13个县(市、区)。本书所指“崤函区域”或“崤函古道所在区域”即以此为基准并兼顾历史。

---

① 〔清〕顾祖禹撰，贺次君、施和金点校：《读史方舆纪要》卷四十六《河南一》，中华书局，2005，第2091、2100页。

② 〔清〕王庆云：《荆花馆日记》，商务印书馆，2015，第896页。

通过以上对古人“崤函”概念的解读，可以清晰地看到，自先秦以来，在黄河三门峡河段南岸崤山之中，有一条连接关中平原和伊洛盆地的东西向交通大道，古人虽然一直没有赋予这条古道概括性名称，但却以古道上崤山这一自然地理坐标和函谷关这一人文地理坐标来指代它们所在的区域，明确揭示了这一区域关山相倚，东西相接，关塞交错，相辅相成的自然地理特征和交通形势。这就为我们明确地将这条古道命名为“崤函古道”提供了充分的历史依据。

而之所以称之为“崤函古道”，意在强调时光的久远、古老。这样的一种用法，最早见于《水经注·河水》：“晋太康三年，弘农太守梁柳修复旧道。”[①]《左传》杜注：“此道在二殽之间，南谷中谷深委曲，两山相嵚，故可以辟风雨。古道由此，魏武帝西讨巴汉，恶其险，而更开北山高道。”[②]杜注将“旧道”作“古道”解，表现了“二崤”之间的道路是古老、久远的道路，这是文献中最早以“古道”解“旧道”的。而两书所记的“旧道”“古道”正是崤函古道崤山北路段。

综上，一条道路的形成和发展，与其所在地区的自然环境和人文历史有着千丝万缕的联系，交通道路的命名往往会以此为依据，以保证其命名的历史性、独特性和稳定性。综合各方面因素，我们认为以久已存在和习用的崤函地理概念为依据，将历史时期崤函地区连接关中平原和伊洛盆地之间的东西向交通大道命名为“崤函古道”是最为贴切的，既有历史文化依据，也符合命名的特殊性原则，比“崤、黾驿道”“函道”“崤函、潼关道”“崤山古道”“豫西通道”等更加符合古道命名的原理。

① 〔北魏〕郦道元著，陈桥驿校证：《水经注校证》卷四《河水》，中华书局，2007，第117页。

② 〔周〕左丘明传，〔晋〕杜预注，〔唐〕孔颖达正义：《春秋左传正义》（十三经注疏）卷十七“僖公三十二年”，北京大学出版社，2000，第542页。

二、崤函古道时空结构与交通体系

1. 时间:崤函古道前后延续三千多年,几乎贯穿崤函地区古代人类文明的发展史

崤函古道的历史非常悠久,从史前时代崤函古道的萌芽,到秦汉隋唐崤函古道交通线路的开通和演变,再到民国时期修建陇海铁路、洛潼公路,崤函古道向近代交通转变,崤函古道可以说几乎贯穿崤函地区古代人类文明的发展史,伴随了中国古代文明发展的全部历程。

具体来说,崤函古道的兴起在时间上有两方面的含义:一是考古新发现已把崤函古道的开端追溯到新石器时代中晚期的仰韶文化时期甚至更早。彩陶是仰韶文化最重要的文化内涵和表征。庙底沟文化构筑起的庞大的彩陶之路,是崤函古道的最初形态,同时也是炎黄部落的迁徙之路、中华民族的融合之路,对崤函古道的形成产生了至关重要的影响。二是崤函古道大规模的开通和形成是在西周初期。西周两京制度的建立和完善,决定了由西周中央政府直接介入、有计划地在两京间开辟修建宽阔平直的道路,并实现了道路的全线贯通。秦汉时期,出于解决关中地区的粮食和物资运输问题,满足京师巨大的物质消费与西北边关的军粮供给的需要,又引起了大规模的黄河漕运和黄河古栈道的兴起与修建,成为崤函古道上的特殊道路工程。

崤函古道衰落的时间是明确的,在清末民初的 20 世纪上半叶。宣统二年(1910),清政府分段建设洛阳至潼关铁路(后归入陇海铁路),至 1931 年底通车潼关,后又西通至西安、天水。洛潼公路(洛阳—潼关)也在 1923—1925 年间贯通。陇海铁路和洛潼公路线路走向基本上是明清崤函古道驿路的翻版,尤其洛潼公路更是高度依赖原有崤函古道驿路,并对崤函古道传统运输方式产生了重大冲击和

挤压，致使崤函古道随着近代交通道路的建设，不可逆转地走向衰落。

2. 空间：崤函古道是一个庞大的水陆交通体系

崤函古道伴随着古代中国社会的发展兴衰，在不同阶段得到了或快速或缓慢的发展，逐步形成一个由陆路交通和水路黄河三门峡漕运共同构成的庞大的水陆“双轨”交通体系。

具体来说，崤函古道陆路交通西始于关中盆地东侧门户陕西潼关，东至洛阳的新安、宜阳县，以陕州故城（今三门峡陕州公园）为中心分为西段“函谷道”和东段“崤山道”两段。

西段函谷道自潼关进入豫西山地，沿黄河南岸东行，经古桃林塞、阌乡、函谷关、灵宝故城至陕州故城，全长约130公里。因其主要路段行进于黄河长廊谷地，谷道深险狭窄如函，秦国设关于此而得名。又因其道路主要沿黄河南侧而行，亦称“黄河南岸道”。

东段崤山道从陕州到洛阳，因其主要线路穿行于崤山山脉之中而得名，分为南北两道。北道称“崤山北路”或“北崤道”。由陕州故城沿青龙涧河东南至交口，溯青龙涧河支流交口河（古称渎谷水）而上至崤山，沿崤山山峰间隙狭道至崤山东，再沿源于马头山的谷水河谷，经渑池、义马、新安，穿越低山丘陵，直达洛阳，全程约140公里。唐时称之为“北路”。《唐会要》载，开元五年（717）正月十日，唐玄宗行幸东都，褚无量上表曰：“陛下将幸东都。仍从北路，岂不观览圣迹，想象遗风？且人主行幸，礼必有名，请下制书，晓示天下，知取北路之意。”①开元六年（718），唐玄宗《幸长安制》：“可以今年十月取北路幸长安。”②开元十五年（727），《北路幸长安制》：“可以今年闰九月十日取北路幸长安。”③

① 〔宋〕王溥：《唐会要》卷二十七《行幸》，中华书局，1960，第519页。

② 〔宋〕宋敏求：《唐大诏令集》卷七十九《幸长安制》，中华书局，2008，第453页。

③ 〔宋〕宋敏求：《唐大诏令集》卷七十九《北路幸长安制》，中华书局，2008，第454页。

南道称“崤山南路”或“南崤道”，由陕州故城沿青龙涧河东南行，过交口、菜园，溯雁翎关水（古称安阳溪水）穿过崤山垭口雁翎关，沿源于雁翎关的连昌（永昌）河东南至宜阳县三乡，再经洛河谷地，北上至洛阳，全程约130公里。唐时称为“南路”。《唐大诏令集》载，开元二十三年（735）十月，唐玄宗在东都下诏曰：“宜以来年正月七日取南路幸西京。”①开元二十四年（736）正月敕：“前取今年十月幸西京者，以其月三日发东都，取南路。”②

以上是崤函古道陆路交通的主要路线，也是长期以来人们对崤函古道的一种约定俗成的认识和理解。实际上，除陆路交通道路外，崤函古道还有水路，即三门峡黄河漕运。

自秦汉至唐末，三门峡一直是古代东西漕运的枢纽。三门峡是黄河干流上最后一段峡谷，是关东漕运关中的必经要道，不仅扼守黄河漕运大运脉的咽喉，还控制两京东西陆路交通大道崤函古道，人称“控两京水陆二运”③“控二京舟车之会”④。三门峡谷中又有著名的“三门天险”“砥柱之限”，向为黄河航行最大的自然障碍。交通上的“必经要道”和地理上的“最大障碍”构成三门峡黄河最为突出的特征，形成黄河漕运的咽喉要道。沿途南岸涉及今陕西潼关，河南三门峡灵宝、湖滨区、陕州区、渑池和洛阳新安等区县，北岸涉及山西芮城、平陆、夏县、垣曲等县。

三门峡黄河漕运与陆上崤函古道南北平行并列，紧密相邻，从汉、隋、唐等朝崤函古道所发挥的实际作用看，三门峡黄河漕运与陆上崤函古道是密切组合在一起的。它们相互配合，水陆联运，船车换行，运输功能大为增强，对两京政治、军事、经济、文化功能的发挥具有至关重要的作用。因此，历史时期的三门峡黄河漕运应包

---

① 〔宋〕宋敏求：《唐大诏令集》卷七十九《南路幸西京敕》，中华书局，2008，第454页。

② 〔唐〕玄宗皇帝：《幸西京敕》，〔清〕董诰等编：《全唐文》卷三十五，中华书局，1983，第389页。

③ 〔后晋〕刘昫等：《旧唐书》卷一百八十五《姜师度传》，中华书局，1975，第4816页。

④ 〔唐〕李商隐：《上河中郑尚书状》，〔清〕董诰等编：《全唐文》卷七百七十五，中华书局，1983，第8080页。

含在崤函古道交通体系之中，是崤函古道的特殊道路形式。从严格意义上讲，没有黄河漕运这个水运条件，崤函古道的历史作用也会大打折扣。因此，崤函古道不仅是一条沟通长安与洛阳两京之间人、物流动的陆上交通要道，而且是一条包括三门峡黄河漕运在内的水陆“双轨”交通体系。

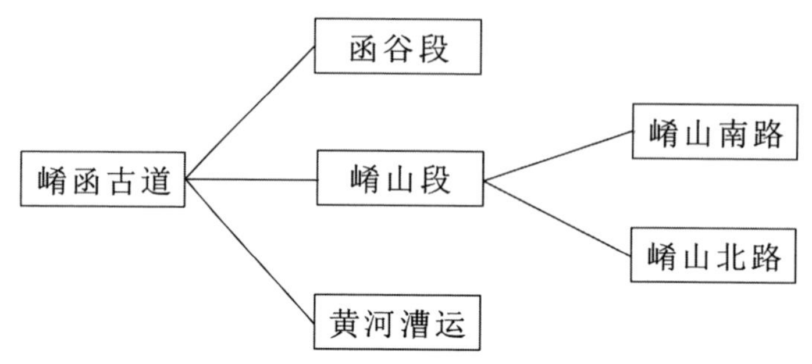

图 0-2　崤函古道交通体系示意图

除以上主干线路之外，崤函古道还有一些支线和连接线曾起过重要作用，如宜阳至卢氏的宜卢古道，从晋南垣曲古城南渡黄河入渑池达洛阳的阳壶古道等。而从晋南运城经平陆的虞坂颠軨道和从晋南运城经芮城的洰津道，在过黄河后与崤函古道路段连接、交叉，连通东西部的广大地区。

以上道路虽然各自的形成时间及在各个历史时期的作用不一样，但它们都是崤函古道交通体系中不可分割的组成部分。丰富多样的支线和连接线，扩大和丰富了崤函古道的功能与作用，使其不仅具有区域性通道的意义，更在全国交通网络中具有举足轻重的地位和作用。

3. 距离：崤函古道的线路里程

崤函古道全程的距离，史籍无明确记载。唐宋文献记载有陕州的“四至八到”，其中《元和郡县图志 · 河南道二》记陕州西至潼关 200 里。《太平寰宇记 · 河南道六》记陕州西至华州华阴界 225 里，界在潼关东。两说略异。据严耕望《唐代交通图考》分析,此因所取路线而异。陕州以西经虢州,共 225 里(严说 235 里),不经虢州则 200 里(严说约 218 里)[①]。陕州东至洛阳,《元和郡县图志》和《太平寰宇记》皆记 350 里,《旧唐书·地理一》记 300 里。前者是指经宜阳之南路里程,后者是指经渑池之北路里程。《古今图书集成·职方典》记洛阳西南至陕州 340 里,西至陕州 300 里,其中,西南至宜阳 70 里,西至新安 70 里,与唐宋史籍所记里程大致相合。如此,《元和郡县图志》等所记崤函古道里程,西段函谷道,经虢州里程为 225 里,不经者为 200 里。东段崤山道,陕州至洛阳取南路者,里程为 350 里,取北路者为 300 里。

唐代里与现今通用里数不尽相同。据陈梦家等学者研究,唐里有大小之分,大里一里为 531 米,合今 1.06 里。小里一里为 442.5 米,合今 0.88 里[②]。依此来换算:

潼关至陕州,经虢州里程为 225 里。

(1)大里 1.06×225=238.5(里)=119.25(公里)

(2)小里 0.88×225=198(里)=99(公里)

潼关至陕州,不经虢州里程为 200 里。

(1)大里 1.06×200=212(里)=106(公里)

(2)小里 0.88×200=176(里)=88(公里)

陕州至洛阳,南路为 350 里。

(1)大里 1.06×350=371(里)=185.5(公里)

(2)小里 0.88×350=308(里)=154(公里)

---

① 严耕望:《唐代交通图考》第 1 卷《京都关内区》,上海古籍出版社,2007,第 87~88 页。

② 陈梦家利用长安城和洛阳城周里实测数、传世唐尺实测数和文献比对,确定唐代一大里约为 531 米(《亩制与里制》,《考古》1966 年第 1 期);胡戟依据传世与出土唐尺,主张唐代一小里为 442.5 米,一大里为 531 米(《唐代度量衡与亩里制度》,《西北大学学报(哲学社会科学版)》1980 年第 4 期);闻人军根据传世和出土的唐量地尺长度数据,确定唐代一大里为 531.486 米,一小里为 442.905 米(《中国古代里亩制度概述》,《杭州大学学报(哲学社会科学版)》1989 年第 3 期)。

陕州至洛阳,北路为300里。

(1)大里1.06×300=318(里)=159(公里)

(2)小里0.88×300=264(里)=132(公里)

依此计算,崤函古道里程,走崤山北路,不经虢州,大里为530里,即265公里,小里为440里,即220公里;经虢州,大里为556.5里,即278.25公里,小里为462里,即231公里。取崤山南路,不经虢州,大里为583里,即291.5公里,小里为484里,即242公里;经虢州,大里为609.5里,即304.75公里,小里为506里,即253公里。今310国道从三门峡至潼关里程是134公里,三门峡至洛阳是152公里,合计286公里。陇海铁路从洛阳至潼关是257公里。310国道三门峡至洛阳段前身是崤山北路,三门峡至潼关段虽为新道路,但大致在函谷道左近。由此可见,以大里来换算是较符合实际里程的。严耕望考证,长安、洛阳间里程,以八百五六十里最为标准①。长安至潼关里程,大里为292.56里,即146.28公里,小里为242.88里,即121.44公里②。若此,崤函古道以走南路不经虢州按大里计,全程约291.5公里,约占长安、洛阳两京道全程的65.2%,即约占2/3。

综上所述,我们把崤函古道定义为古代连接长安和洛阳的货物运输、文化交融、经济贸易的水陆交通大道,它是古代沟通长安与洛阳两大京都的交通枢纽路段,是我国历史记载最早、最重要的沟通关中和中原的主要东西交通干道,也是闻名于世的丝绸之路的重要组成部分。

---

① 严耕望:《唐代交通图考》第1卷《京都关内区》,上海古籍出版社,2007,第20页。

② 孙福喜:《长安至潼关古道考证》,周俭主编:《丝绸之路交通线路(中国段)历史地理研究》,江苏人民出版社,2012,第23页。

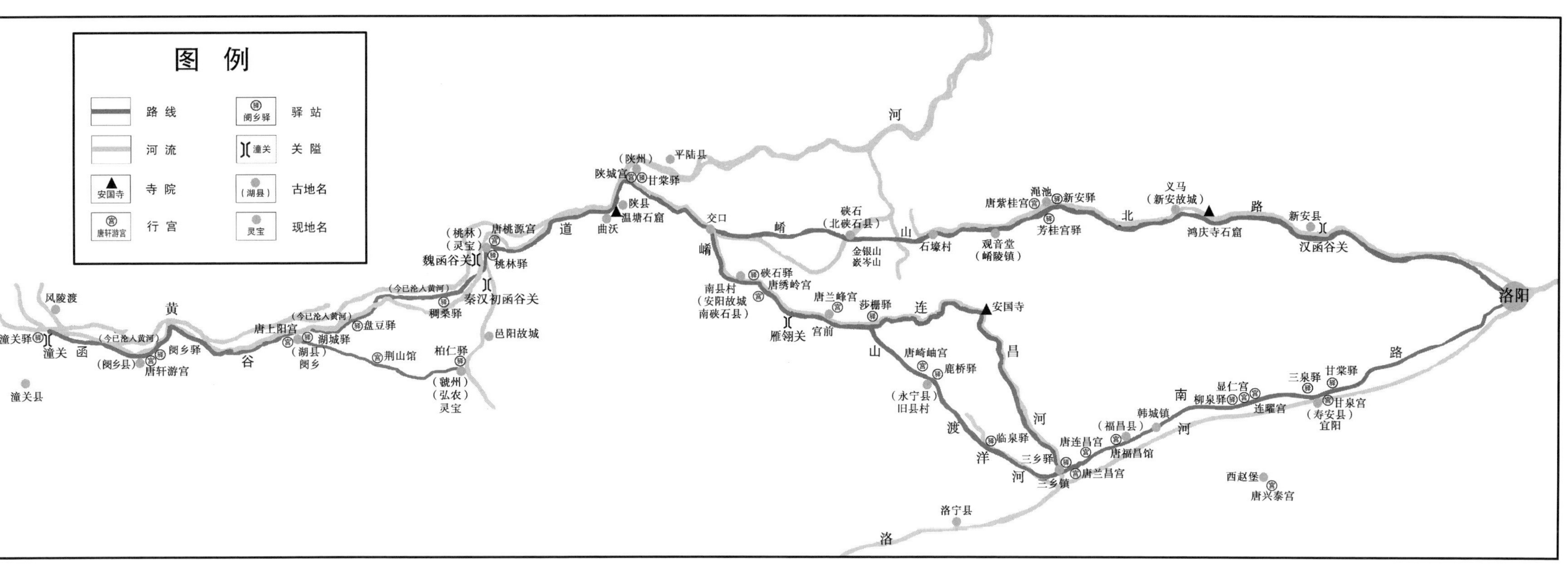

图 0-3　崤函古道交通线路（陆路）示意图

第二节　既往研究简史

有关崤函古道交通的研究，可以追溯到中国古代文献的相关记载。但由于传统史学中长期以来并没有交通史的地位，因此，有关崤函古道交通的内容虽然丰富，却多限于对其沿线地区之人、事、景、物等的记述。就官修正史来看，其相关记述散见于各类历史事例的记述中，且多是片段的、不完整的，往往令今人扼腕喟叹。系统、科学的崤函古道研究发轫于20世纪中后期，这里拟从崤函古道的交通线路、三门峡黄河漕运、古道历史演进和功能、古道考古发现与研究四个方面梳理学界的主要成果。

一、崤函古道陆路交通线路研究

线路研究是历史交通地理和交通史的基础课题。严耕望《唐代交通图考》第1卷《京都关内区》分别研究了唐代长安洛阳驿道、中条山脉诸陉道交通线路沿途所经州府军镇、馆驿津梁、山川形势、道里远近，不仅大量涉及崤函古道交通干线和交通网络问题，而且引证史料丰富，考论精严，堪称这一领域研究最具代表性、权威性的成果。王文楚《唐代两京驿路考》《西安洛阳间陆路交通的历史发展》①考证历史时期长安洛阳间的陆路交通线路,其中尤以汉唐时期崤函古道最为详尽。辛德勇《崤山古道琐证》②对崤山古道若干重要地名、交通节点和事件进行了深入考证。他还在汉唐长安交通地理的系列论文③中对包括崤函古道在内的西汉至隋唐时期长安通洛阳方向的交通路线作了详尽考证。胡德经《两京古道考辨》④利用野外实地考察资料,梳理考证了两京古道上 8 条有重要历史影响和价值的古道的走向和演变情况。谭宗义《汉代国内陆路交通考》⑤有专篇考证汉代崤函古道交通线路。李健超《崤山南道考察记》⑥从宏观地理形势和微观地理特征,基本厘清了唐代崤山南道的走向、路况。李久昌《崤函古道交通线路的形成与变迁》《崤函古道历史地理调查与研究》以文献与考古材料、碑传墓志互证,并通过实地考察,考述了崤函古道交通线路的形成、变迁以及沿途的地理景观⑦。洛阳市文物考古研究院等对崤函古道硖石至观音堂段的古代道路及烽火台遗迹进行了实地探查,基本摸清了该段古道的路网结构⑧。

关隘是控扼交通线路的重要军事设施,也是交通线路发展到一定阶段的产物。

---

① 王文楚:《唐代两京驿路考》,《历史研究》1983 年第 6 期;王文楚:《西安洛阳间陆路交通的历史发展》,复旦大学中国历史地理研究所:《历史地理研究》(1),复旦大学出版社,1986。收入《古代交通地理丛考》,中华书局,1996。

② 辛德勇:《崤山古道琐证》,《中国历史地理论丛》1989 年第 4 辑;辛德勇:《三崤山补证》,《中国历史地理论丛》1991 年第 1 辑。收入《古代交通与地理文献研究》,中华书局,1996。

③ 辛德勇:《古代交通与地理文献研究》,中华书局,1996,第 113~185 页。

④ 胡德经:《两京古道考辨》,《史学月刊》1986 年第 2 期。

⑤ 谭宗义:《汉代国内陆路交通考》,新亚研究所,1967。

⑥ 李健超:《崤山南道考察记》,《三门峡职业技术学院学报》2008 年第 4 期。

⑦ 李久昌:《崤函古道交通线路的形成与变迁》,《丝绸之路》2009 年第 6 期;李久昌:《崤函古道历史地理调查与研究》,周俭主编:《丝绸之路交通线路(中国段)历史地理研究》,江苏人民出版社,2012,第 28~71 页。

⑧ 洛阳市文物考古研究院、陕县崤函古道文物保护管理所:《陕县崤函古道遗址考古调查与试掘的初步收获》,《洛阳考古》2016 年第 1 期。

有关崤函古道关隘的研究,主要集中在最负盛名的函谷关和潼关。史念海《函谷关和新函谷关》[①]考证复原了秦汉时函谷关的建置、地理形势及其在古代军事攻防中的战略意义。其《论我国历史上东西对立的局面和南北对立的局面》[②]深入分析了函谷关、潼关在隋唐以前东西对立中的历史作用及军事攻守情况。其《关中的历史军事地理》[③]则围绕历代对函谷关、潼关的军事攻防战,论述了函谷关和潼关在关中防卫战中的重要作用。关治中《函谷关考证——关中要塞研究之二》[④]论述了秦汉函谷关的建关时间、迁关原因、关城位置、关城状态以及发生的重大军事活动等。王咸秋依据考古发现材料,探讨了汉函谷关关城遗址布局、结构和功能问题[⑤]。蔡坤伦考证了函谷关名称、设置与迁徙、联官、通关文书等问题。[⑥] 李久昌运用传世文献与考古资料二重证据法,结合实地考察进行分析,考订秦函谷关建于秦惠文王八年至更元元年(前330—前324)[⑦]。张维慎考证了崤函古道上的"桃林塞"和"瑕"的问题[⑧]。崔在容、曾谦、胡方分别考察分析了汉武帝"广关"和函谷关东迁原因和影响[⑨],而这方面最为系统的研究成果当属辛德勇的《汉武帝"广关"与西汉前期地域控制的变迁》[⑩],该文从秦至西汉前期国家地域控制变迁角度,论述汉武帝时期向东推延函谷关这一事件的政治和军事意义。艾冲、关治中等考证了潼关的位置、

---

① 史念海:《函谷关和新函谷关》,《河山集》(四集),陕西师范大学出版社,1991,第381~401页。

② 史念海:《论我国历史上东西对立的局面和南北对立的局面》,《中国历史地理论丛》1992年第1辑。

③ 史念海:《关中的历史军事地理》,《河山集》(四集),陕西师范大学出版社,1991,第145~244页。

④ 关治中:《函谷关考证——关中要塞研究之二》,《渭南师专学报(社会科学版)》1998年第6期。

⑤ 王咸秋:《汉函谷关遗址相关问题的初步研究》,《洛阳考古》2016年第3期。

⑥ 蔡坤伦:《汉代函谷关研究》,台湾中兴大学硕士论文,2009。

⑦ 李久昌:《桃林之野·桃林塞·秦函谷关:秦函谷关创建年代与背景考》,《中国历史地理论丛》2019年第1辑。

⑧ 张维慎:《"桃林塞"位置考辨》,《兰州大学学报(社会科学版)》2001年第5期。

⑨ [韩]崔在容:《西汉京畿制度的特征》,《历史研究》1996年第4期;曾谦:《论西汉时期的函谷关东迁》,《洛阳师范学院学报》2009年第6期;胡方:《汉武帝"广关"措置与西汉地缘政策的变化——以长安、洛阳之间地域结构为视角》,《中国历史地理论丛》2015年第3辑。

⑩ 辛德勇:《汉武帝"广关"与西汉前期地域控制的变迁》,《中国历史地理论丛》2008年第2辑。

地理形势、关城变迁和交通线路等[①]。史念海《历史时期黄河在中游的下切》《历史时期黄土高原沟壑的演变》从环境变迁角度分析了黄河下切、沟壑形成和演变对旧函谷关、潼关古城等的位置移动的影响[②]。李健超、穆渭生等则从政治、军事和地理形势等分析了函谷关与潼关兴替的原因[③]。李均明、董平均、曹旅宁、陈伟、龚留柱、臧知非、王子今等以张家山汉简《津关令》为主体材料,研究了秦汉尤其是西汉初的关隘制度[④]。杨建《西汉初期津关制度研究:附〈津关令〉简释》[⑤]对西汉初期津关制度的形成与演变、津关的主要功能、汉初中央政权与地方诸侯的关系等作了深入研究,是近年来以《津关令》为主体材料进行制度层面研究的集大成之作。

驿站和行宫是重要的交通设施,它们的分布和兴废在很大程度上印证了交通线路的走向。严耕望《唐代交通图考》第1卷篇壹“两京馆驿”是研究唐代两京尤其是崤函古道上馆驿的专文。前述王文楚、李健超、李久昌等人的研究成果也涉及两京馆驿问题,并论证了其运营与交通线路走向之间的密切关系。此外,李健超《唐代交通史研究的重要发现——崤山南道临泉驿》考证洛宁东宋乡官庄村新发现

---

① 艾冲:《潼关创建年代考辨》,《渭南师专学报(社会科学版)》2000年第1期;艾冲:《古代潼关城址的变迁》,《历史地理》(第18辑),上海人民出版社,2002,第122~129页;关治中:《潼关天险考证——关中要塞研究之三》,《渭南师专学报(社会科学版)》1999年第3期。

② 史念海:《历史时期黄河在中游的下切》,《河山集》(二集),生活·读书·新知三联书店,1981,第159~185页;《历史时期黄土高原沟壑的演变》,《河山集》(五集),山西人民出版社,1991,第1~57页。

③ 李健超:《函谷关与潼关》,《汉唐两京及丝绸之路历史地理论集》,三秦出版社,2007,第595~605页;穆渭生:《森林、道路与关隘——试说函谷关与潼关之兴替》,《黄土高原地区历史环境与治理对策会议文集》,《中国历史地理论丛》增刊,2001,第190~197页。

④ 李均明:《汉简所见出入符、传与出入名籍》,《文史》1983年第19辑;董平均:《〈津关令〉与汉初关禁制度论考》,《中华文化论坛》2007年第3期;曹旅宁:《〈津关令〉考述》,《张家山汉律研究》,中华书局,2005,第249~266页;陈伟:《张家山汉简〈津关令〉涉马诸令研究》,《考古学报》2003年第1期;龚留柱:《论张家山汉简〈津关令〉之“禁马出关”——兼与陈伟先生商榷》,《史学月刊》2004年第11期;臧知非:《张家山汉简所见汉初马政及相关问题》,《史林》2004年第6期;王子今、刘华祝:《说张家山汉简〈二年律令·津关令〉所见五关》,《中国历史文物》2003年第1期。

⑤ 杨建:《西汉初期津关制度研究:附〈津关令〉简释》,上海古籍出版社,2010。

的临泉驿刻石问题[1]。李久昌《隋唐崤函古道驿站考略》《崤函古道隋唐行宫调查与研究》系统考察了隋唐崤函古道上的驿站、行宫[2]。吴宏岐《隋唐帝王行宫的地域分布》[3]、介永强《唐代行宫考逸》[4]、严辉《洛阳地区隋唐离宫遗址调查与考证》[5]等也是研究隋唐崤函古道行宫分布、功用、兴废的重要成果。贾洲杰《河南元代站赤交通及意义》探讨了元代河南的通道和站赤设置情况[6]。默书民《蒙元邮驿研究》[7]、杨正泰《明代驿站考(增订本)》[8]、刘文鹏《清代驿站考》[9]分别系统考证了元、明、清全国各地驿站位置和驿道线路,其中都有涉及崤函古道方面的内容。

在中国古代交通史和经济史的研究论著中,对崤函古道交通线路也有不同程度的涉及。如史念海的石器时代至隋唐时代交通的研究[10],杨升南《说"周行""周道"——西周时期的交通初探》[11],陈槃《春秋列国的交通》[12],卢云《战国时期主要

① 李健超:《唐代交通史研究的重要发现——崤山南道临泉驿》,《三门峡职业技术学院学报》2012年第3期。

② 李久昌:《崤函古道隋唐行宫调查与研究》,《三门峡职业技术学院学报》2018年第4期。

③ 吴宏岐:《隋唐帝王行宫的地域分布》,《中国历史地理论丛》1994年第2辑。

④ 介永强:《唐代行宫考逸》,《中国历史地理论丛》2001年第2辑。

⑤ 严辉:《洛阳地区隋唐离宫遗址调查与考证》,《河南科技大学学报(社会科学版)》2004年第4期。

⑥ 贾洲杰:《河南元代站赤交通及意义》,《郑州大学学报(哲学社会科学版)》1988年第5期。

⑦ 默书民:《蒙元邮驿研究》,暨南大学博士论文,2004。

⑧ 杨正泰:《明代驿站考(增订本)》,上海古籍出版社,2006。

⑨ 刘文鹏:《清代驿站考》,人民出版社,2017。

⑩ 史念海:《石器时代人们的居地及其聚落分布》,《人文杂志》1959年第3期;史念海:《春秋时代的交通道路》,《人文杂志》1960年第3期;史念海:《春秋以前的交通道路》,《中国历史地理论丛》1990年第3辑;史念海:《战国时期的交通道路》,《中国历史地理论丛》1991年第1辑;史念海:《秦汉时期国内之交通路线》,《河山集》(四集),陕西师范大学出版社,1991,第536~600页;史念海:《隋唐时期的交通与都会》,《唐史论丛》(第6辑),陕西人民出版社,1995,第1~57页。

⑪ 杨升南:《说"周行""周道"——西周时期的交通初探》,《西周史研究》(人文杂志丛刊第2辑),1984。

⑫ 陈槃:《春秋列国的交通》,台湾《"中研院"历史语言研究所集刊》第37本下册,1967年6月,第881~932页。

陆路交通初探》[1],章巽《秦帝国的主要交通线》[2],王子今《秦汉交通史稿》(增订版)[3],马晓峰《魏晋南北朝交通研究》[4],陶希圣《唐代之交通》[5],刘希为《隋唐交通》[6],郑若葵《中国古代交通图典》[7],刘广生、赵梅庄《中国古代邮驿史》(修订版)[8]等论著,都把崤函古道放在全国范围加以考察、评估。沿线地方交通行政部门组织编写的地方交通史志,如《三门峡市交通志》[9]《洛阳地区交通志》[10]《洛阳市交通志》[11]《陕西古代道路交通史》[12]《西安古代交通志》[13]《运城地区交通志》[14]等亦有部分涉及。

二、崤函古道水路:三门峡黄河漕运研究

20世纪50年代和90年代,考古学者在三门峡及三门峡大坝以东附近、渑池与洛阳新安八里胡同和山西境内三门峡大坝以东黄河北岸的平陆、夏县、垣曲三县考古勘查中发现了大量的黄河漕运遗迹,并出版有《三门峡漕运遗迹》[15]《黄河小浪底

---

① 卢云:《战国时期主要陆路交通初探》,复旦大学中国历史地理研究所:《历史地理研究》(1),复旦大学出版社,1986,第33~47页。

② 章巽:《秦帝国的主要交通线》,《学术月刊》1957年第2期。

③ 王子今:《秦汉交通史稿》(增订版),中国人民大学出版社,2013。

④ 马晓峰:《魏晋南北朝交通研究》,花木兰文化出版社,2012。

⑤ 陶希圣:《唐代之交通》,食货出版社,1969。

⑥ 刘希为:《隋唐交通》,新文丰出版公司,1992。

⑦ 郑若葵:《中国古代交通图典》,云南人民出版社,2007。

⑧ 刘广生、赵梅庄:《中国古代邮驿史》(修订版),人民邮电出版社,1999。

⑨ 三门峡市交通志编纂委员会:《三门峡市交通志》,人民交通出版社,1991。

⑩ 《洛阳地区交通志》编委会:《洛阳地区交通志》,当代中国出版社,1995。

⑪ 洛阳市交通志编纂委员会:《洛阳市交通志》,河南人民出版社,1986。

⑫ 王开:《陕西古代道路交通史》,人民交通出版社,1989。

⑬ 西安市交通局史志编纂委员会:《西安古代交通志》,陕西人民出版社,1997。

⑭ 运城地区行政公署交通局交通史志编纂委员会:《运城地区交通志》,山西人民出版社,1992。

⑮ 中国科学院考古研究所:《三门峡漕运遗迹》,科学出版社,1959。

水库文物考古报告集》[1]《黄河漕运遗迹(山西段)》[2]《黄河八里胡同栈道的勘测》[3]等考古报告。俞伟超《三门峡漕运简史》运用文献和考古资料第一次勾勒了从西汉至北朝、隋唐时期和北宋以后各个阶段的三门峡黄河漕运历史概貌[4]。史念海《三门峡与古代漕运》认为,三门峡是历代关东西漕运的枢纽,是漕粮运输的必经之路,他详论了秦汉隋唐历朝对三门峡漕运所实施的各种解决办法[5]。张庆捷、赵瑞民、段鹏琦、孙丽娟、姚汉源、赵炜等也对三门峡黄河漕运作了较深入的研究[6]。潘京京、沈颂金、马晓峰、杨希义、何汝泉等对秦汉隋唐间的漕运情况进行了考察[7]。潘镛、郭崇伦探讨了唐代的漕运改革[8],何汝泉考察了唐代转运使制的设置、治所等问题[9]。其中都不同程度地涉及了三门峡黄河漕运问题,从而更清晰地呈现出三门峡黄河漕运在全国范围内的整体面貌与作用。

---

① 河南省文物管理局等:《黄河小浪底水库文物考古报告集》,黄河水利出版社,1998。

② 山西省考古研究所、山西大学考古专业、运城市文物工作站:《黄河漕运遗迹(山西段)》,科学技术文献出版社,2004。

③ 洛阳市第二文物工作队:《黄河八里胡同栈道的勘测》,《文物》2002 年第 11 期。

④ 俞伟超:《三门峡漕运简史》,中国科学院考古研究所编著:《三门峡漕运遗迹》,科学出版社,1959,第 62~75 页。

⑤ 史念海:《三门峡与古代漕运》,《河山集》,生活·读书·新知三联书店,1963,第 232~252 页。

⑥ 张庆捷、赵瑞民:《黄河古栈道的新发现与初步研究》,《文物》1998 年第 8 期;段鹏琦:《黄河三门峡邻近地区新发现汉魏漕运遗迹浅议》,《宿白先生八秩华诞纪念文集》编辑委员会编:《宿白先生八秩华诞纪念文集》(上),文物出版社,2002,第 121~134 页;孙丽娟:《豫晋峡谷黄河漕运遗迹》,河南省古代建筑保护研究所编:《文物建筑》(第 3 辑),科学出版社,2009,第 131~139 页;姚汉源:《黄河三门峡以下峡谷段两岸的堆台》,《人民黄河》1982 年第 4 期;赵炜:《黄河漕运述论》,《黄河文明与可持续发展》2012 年第 1 期。

⑦ 潘京京:《略论秦汉时代的运河和漕运》,《云南师范大学学报(哲学社会科学版)》1993 年第 2 期;沈颂金:《秦代漕运初探》,《中国经济史研究》2000 年第 4 期;马晓峰:《魏晋南北朝时期的漕运与管理》,《西北师大学报(社会科学版)》2003 年第 5 期;杨希义:《略论唐代的漕运》,《中国史研究》1984 年第 2 期;何汝泉:《唐代河南漕路述论》,唐宋运河考察队编:《运河访古》,上海人民出版社,1986,第 187~202 页;何汝泉:《唐代河南漕路续论》,《西南大学学报(社会科学版)》2010 年第 2 期。

⑧ 潘镛:《中晚唐漕运史略》,《云南师范大学学报(哲学社会科学版)》1986 年第 1 期;郭崇伦:《试论唐朝刘晏的漕运改革》,台湾成功大学硕士论文,2006。

⑨ 何汝泉:《唐代转运使初探》,西南师范大学出版社,1987;《唐财政三司使研究》,中华书局,2013。

为提高三门峡黄河漕运的能力,历代多在漕运沿线建设漕仓,形成转相灌注、逐级转运的漕仓系统。邹逸麟《从含嘉仓的发掘谈隋唐时期的漕运和粮仓》对唐代以含嘉仓为中心的漕运体系进行了深入细致的研究,考证了隋唐时期的漕运线路及其沿路设置的大型官仓,并对这些官仓内储粮的来源地和官仓布局与漕运路线的关系进行了深入讨论[①]。艾冲、朱亮、薛瑞泽等对洛阳及其周边地区的漕运路线、漕仓分布及作用进行了论述[②]。

一些以漕运和交通史为主题的通论性或断代史著作,也对三门峡黄河漕运进行了分析和研究。如全汉昇《唐宋帝国与运河》[③]、潘镛《隋唐时期的运河和漕运》[④]、李治亭《中国漕运史》[⑤]、王子今《秦汉交通史稿》、张晓东《汉唐漕运与军事》[⑥]、马晓峰《魏晋南北朝交通研究》等,内容涉及三门峡漕运工程的开凿与疏浚、漕运与经济、漕运与交通、漕运与政治军事等。此外,《中国运河开发史》[⑦]《黄河水利史述要》[⑧]《河南航运史》[⑨]《山西航运史》[⑩]《陕西航运史》[⑪]等水利史和航运史志著作也都对三门峡黄河漕运有所论述。

---

① 邹逸麟:《从含嘉仓的发掘谈隋唐时期的漕运和粮仓》,《文物》1974 年第 2 期。

② 艾冲:《隋唐永丰仓考论》,《陕西师范大学学报(哲学社会科学版)》1997 年第 2 期;朱亮:《试论盐东建筑遗址及相关问题》,《文物》2001 年第 6 期;薛瑞泽:《先秦至北朝河洛地区的漕运与仓储》,《洛阳工学院学报(社会科学版)》2000 年第 3 期。

③ 全汉昇:《唐宋帝国与运河》,《中国经济史研究》(1),中华书局,2011,第 206~329 页。

④ 潘镛:《隋唐时期的运河和漕运》,三秦出版社,1987。

⑤ 李治亭:《中国漕运史》,文津出版社,1997。

⑥ 张晓东:《汉唐漕运与军事》,上海书店出版社,2010。

⑦ 陈桥驿:《中国运河开发史》,中华书局,2008。

⑧ 水利部黄河水利委员会《黄河水利史述要》编写组:《黄河水利史述要》,水利电力出版社,1982。

⑨ 河南省交通厅交通史志编审委员会:《河南航运史》,人民交通出版社,1989。

⑩ 吕荣民:《山西航运史》,人民交通出版社,1998。

⑪ 王开:《陕西航运史》,人民交通出版社,1997。

三、崤函古道历史演进和功能研究

崤函古道起源、形成于何时，学界没有统一意见，但多认为当起源于先秦时期。史前时期的崤函古道是彩陶、玉石等器物文化的传播交通要道，故以“彩陶之路”“玉石之路”等命名之。裴文中《史前时期之东西交通》最早论述了以彩陶为代表的早期中国文化在东西交通中的地位和作用①。李久昌《崤函古道的起源与早期形态研究》探讨了仰韶时代庙底沟文化编织起的大范围彩陶分布网路，这也是炎黄部落的迁徙之路、中华民族的融合之路，认为它是崤函古道的最初形态，对崤函古道的最终形成产生了至关重要的影响。郭胜强《商周之际东西方商贸和交往的重要通道——崤函古道》主要根据甲骨资料，认为殷商时代崤函古道得到进一步的利用和开发，成为沟通商王朝和以周为代表的方国部族的一条通道，其商业运输、友好交往和军事作用日益重要②。王晖《论文王平虞芮之讼与商周战略形势之遽变》认为周文王通过平虞芮之讼而控制了潼关至崤函一带的函谷关天险，从而形成三分天下有其二的战略格局，奠定了克商的战略优势③。李久昌《西周两京制度与崤函古道交通》认为西周两京制度的创立，使崤函古道开始表现出成熟的固定性的道路特质，并确立了国家主干交通道路的地位，标志着崤函古道的形成④。

有关西周时期崤函古道的研究，主要包含在周道的研究之中。雷晋豪《周道：封建时代的官道》综合有关史籍和出土材料，界定周道为西周王朝的官道，讨论了

① 裴文中：《史前时期之东西交通》，《边政公论》1948 年第 7 卷 4 期。

② 郭胜强：《商周之际东西方商贸和交往的重要通道——崤函古道》，《三门峡职业技术学院学报》2017 年第 2 期。

③ 王晖：《论文王平虞芮之讼与商周战略形势之遽变》，《社会科学战线》2003 年第 1 期。

④ 李久昌：《西周两京制度与崤函古道交通》，中国古都学会等编：《嵩山文明与中国早期王都：2014 中国古都学会（郑州）年会论文集》，科学出版社，2016，第 279～290 页。

“周道”的形成原因、兴衰过程及主要道路走向①。李峰、郑若葵等的研究也涉及西周时期崤函古道的交通网络、历史功能等问题②。后者更明确地提出西周交通具有征伐之路、封国之路、贡纳之路、驿传之路、烽火之路等功能。前述李久昌《西周两京制度与崤函古道交通》也重点讨论了西周两京制与崤函古道关系的问题。

春秋战国时期是崤函古道的重要发展期，崤函古道交通上的通道作用、军事上的基地作用、文化上的交流作用愈加凸显。蒋若是、杨向奎、蔡锋、姚双年、李久昌等分别论述了春秋战国时期发生在这里的重要战事及其影响③。宋杰《秦对六国战争中的函谷关和豫西通道》分析了战国时函谷关在秦对六国战争中的重要性④。薛瑞泽、李随森《简论河洛地区的秦文化》讨论了秦文化东进河洛地区的经过及影响⑤。刘曙光《三门峡上村岭秦人墓的初步研究》考察了秦人东进三门峡及其遗迹等问题⑥。李学勤《东周与秦代文明》(增订本)⑦、滕铭予《秦文化:从封国到帝国的考古学观察》⑧、日本藤田胜久《战国时秦的领域形成和交通路线》⑨等也涉及秦

① 雷晋豪:《周道:封建时代的官道》,社会科学文献出版社,2011。

② 李峰著,徐峰译,汤惠生校:《西周的灭亡:中国早期国家的地理和政治危机》,上海古籍出版社,2007;郑若葵:《中国古代交通图典》,云南人民出版社,2007。

③ 蒋若是:《春秋“殽之战”战地考实》,《史学月刊》1987年第1期;杨向奎:《读〈水经注〉》,《中国历史地理论丛》1993年第1辑;杨向奎:《宗周社会与礼乐文明》,人民出版社,1992,第60~80页;蔡锋:《春秋战国时的秦晋河西之争》,《青海师范大学学报(哲学社会科学版)》1988年第4期;姚双年:《秦魏“河西”之争与当地的水陆交通》,《文博》1989年第6期;李久昌:《春秋秦晋河西之争中的崤函古道战事》,《三门峡职业技术学院学报》2014年第4期;李久昌:《战国时期秦国的崤函古道攻略》,《三门峡职业技术学院学报》2016年第1期。

④ 宋杰:《秦对六国战争中的函谷关和豫西通道》,《首都师范大学学报(社会科学版)》1997年第3期。收入《先秦战略地理研究》,首都师范大学出版社,1999。

⑤ 薛瑞泽、李随森:《简论河洛地区的秦文化》,洛阳市文物局、洛阳博物馆编:《洛阳博物馆建馆四十周年纪念文集(1958—1998)》,科学出版社,1999,第96~103页。

⑥ 刘曙光:《三门峡上村岭秦人墓的初步研究》,《中原文物》1985年第4期。

⑦ 李学勤:《东周与秦代文明》(增订本),文物出版社,1991。

⑧ 滕铭予:《秦文化:从封国到帝国的考古学观察》,学苑出版社,2002。

⑨ [日]藤田胜久著,李淑萍译:《战国时秦的领域形成和交通路线》,秦始皇兵马俑博物馆《论丛》编委会:《秦文化论丛》(第6辑),西北大学出版社,1998,第358~405页。

文化东进中原的问题。李久昌《战国诸子名士的求功成名之路与学术传播之路》[①]认为崤函古道交通发展为诸子百家访学交流提供了便利条件。众多士人叩关入秦，获得重用，为秦由西部的一个落后小诸侯国发展成七雄之一，并最终统一中国提供了重要的人才和思想支撑，同时也使诸子百家学说得以在秦国传播并交融，实现了各家学说发展和秦国迅速强盛的互赢。而崤函古道也因为他们长期的、艰苦的交通实践和学术实践，具有了传播文化、磨砺人才的荣光。罗琨、张永山等的《中国军事通史》第 1~3 卷[②]专节讨论了这一时期崤函古道沿线的主要战争。靳生禾、谢鸿喜考察了晋国假虞伐虢进军路线及战争影响，卫斯对此持有不同意见，并与二人商榷[③]。前述蔡锋、宋杰、李久昌等也对这一时期崤函古道沿线重要战事及对秦统一六国的影响等问题进行了讨论。

秦汉大一统为崤函古道大发展创造了新的动力。王子今《秦汉交通史稿》对秦汉时期的交通建设及其对政治、经济、文化等方面的功能和影响作了深入细致的研究，其中涉及这一时期的崤函古道。胡方在《汉唐时期长安、洛阳之间地域空间研究》中专章讨论了两汉崤函古道交通建设和功能。辛德勇、尤佳讨论了楚汉之际刘邦灭秦中的函谷关交通问题[④]。西汉武帝时东迁函谷关于新安是崤函古道交通建设的一件大事，也使函谷关及崤函地区的功能发生了变化。有关这方面的研究成果见前节。东汉时，随着丝绸之路起点东移洛阳，崤函古道呈现国际化通道功能。

---

① 李久昌：《战国诸子名士的求功成名之路与学术传播之路》，《三门峡职业技术学院学报》2015 年第 4 期。

② 罗琨、张永山：《中国军事通史》第 1 卷《夏商西周军事史》，黄朴民：《中国军事通史》第 2 卷《春秋军事史》，吴如嵩、黄朴民、任力等：《中国军事通史》第 3 卷《战国军事史》，军事科学出版社，1998。

③ 靳生禾、谢鸿喜：《晋"假虞伐虢"古战场考察报告》，《太原大学学报》2007 年第 1 期；卫斯：《晋"假虞伐虢"的道路和战场问题的再探讨——兼与靳生禾、谢鸿喜二先生商榷》，《中国历史地理论丛》2010 年第 2 辑。

④ 辛德勇：《论刘邦进出汉中的地理意义及其行军路线》，《传统文化与现代化》1997 年第 4 期；尤佳：《刘邦西征灭秦前期行兵函谷道探因》，《军事历史研究》2011 年第 4 期；尤佳：《刘邦循武关道入秦原因新解》，《河南大学学报(社会科学版)》2010 年第 6 期。

胡国强分析三门峡地区东汉墓葬中出土的胡人灯俑,认为其产生与西域少数民族文化影响有关[①]。关于崤函古道在丝绸之路中作用的研究更多散见于丝绸之路研究成果之中,如《洛阳——丝绸之路的起点》[②]《洛阳与丝绸之路》[③]《丝绸之路洛阳考》[④]等。随着秦汉黄河漕运的大规模兴起,崤函古道也在这一时期形成水陆"双轨"的交通体系。有不少研究成果涉及秦汉三门峡黄河漕运的问题,具体可见前节三门峡黄河漕运研究的相关内容。

魏晋南北朝时期由于军事斗争的需要,地处东西交争中心的崤函古道交通建设依然保持蓬勃发展的势头。马晓峰《魏晋南北朝交通研究》[⑤]从陆路交通、漕运、邮驿、关津等方面全面考察了这一时期的交通建设和管理,其中有不少内容涉及崤函古道,他指出这一时期的交通和管理表现出浓厚的军事性,这与当时的时代特点有密切关系。关治中《论曹操平定关陇的奠基战役——潼关之战》讨论了汉献帝建安十六年(211)潼关之战的过程及其重要影响[⑥]。宋杰《两魏周齐战争中的河东》、朱叶俊《两魏周齐河南之争》[⑦]分别对两魏周齐时期河东、河南主要战争的原因、经过和影响进行了讨论,不少内容涉及崤函古道。有关佛教东传中原的路线,多数学者认为是通过陆上丝绸之路传播的,崤函古道是重要的佛教东传通道,至魏晋南北朝时期,崤函古道沿线已建有不少佛教寺院和石窟。有学者研究了新安西沃石窟、义马鸿

---

① 胡国强:《河南三门峡地区胡人灯俑》,《中原文物》2008年第4期。

② 洛阳市地方史志编纂委员会办公室:《洛阳——丝绸之路的起点》,中州古籍出版社,1992。

③ 张乃翥、张成渝:《洛阳与丝绸之路》,国家图书馆出版社,2009。

④ 郭引强:《丝绸之路洛阳考》,中州古籍出版社,2009。

⑤ 马晓峰:《魏晋南北朝交通研究》,花木兰文化出版社,2012。

⑥ 关治中:《论曹操平定关陇的奠基战役——潼关之战》,《西北大学学报(哲学社会科学版)》1992年第1期。

⑦ 宋杰:《两魏周齐战争中的河东》,中国社会科学出版社,2006;朱叶俊:《两魏周齐河南之争》,南京大学硕士论文,2011。

庆寺石窟、渑池石佛寺石窟、宜阳虎头寺石窟等①。空相寺作为禅祖达摩的圆寂地，小岛岱山、纪华传主要研究了寺内保存的署名梁武帝的《菩提达摩大师碑》②。

隋唐时期崤函古道进入繁盛阶段。严耕望认为:“隋唐两代都长安,而建洛阳为东都,两都之交通至繁,称为大路驿,为唐代第一重要驿道。”又说:“长安、洛阳为西东两都,交通至繁,沿途馆驿相次,榆柳荫翳,轩骑翩翩,铃铎应和,固唐代之第一大驿道也。”③隋唐皇帝经常利用此道路往来于两京,尤其是唐高宗、玄宗。陈寅恪考论隋唐“帝王之由长安迁居洛阳”,认为主要是“经济供给之原因”④。岑仲勉《隋唐史》分析高、玄二宗频幸东都及武后长期留居问题,认为多数情况下恰非主要出于经济考虑⑤。胡方《汉唐时期长安、洛阳之间地域空间研究》有专章讨论隋唐两朝对长安、洛阳之间地域空间的控制利用问题,内容涉及两京体系、行政建置、漕运体系和军事防御等⑥。两京馆驿和行宫方面,严耕望考订两京馆驿和行宫的分布,认为“一般行旅及帝王行幸,陕县以东多取南道,盖南道为交通主线,北道则不经常置驿。然就行军事例观之,则取途北道者为多,盖利其径捷焉”⑦。吴宏岐、介永强考察两京行宫的数量、位置和兴废,认为隋唐行宫分布集中于两京附近,既是出于政治中心的考虑,同时也是两京经济、文化中心的体现,行宫的存在使得中央政治空间产生了转移或是延伸,由此导致了政治格局的变化。行宫的兴废与整个社会

---

① 李中翔:《西沃石窟的调查与迁移保护》,河南省古代建筑保护研究所:《文物建筑》(第2辑),科学出版社,2009,第126~138页;刘园园:《西沃石窟及相关问题研究》,《许昌学院学报》2007年第4期;贺玉萍:《北魏洛阳石窟文化研究》,河南大学出版社,2010;河南省古代建筑保护研究所:《鸿庆寺石窟》,中州古籍出版社,2008;杨超杰:《河南渑池石佛寺石窟调查》,《中原文物》2010年第5期。

② [日]小岛岱山:《菩提达摩石碑碑文并参考资料》,《世界宗教研究》2001年第1期;纪华传:《菩提达摩碑文考释》,《世界宗教研究》2002年第4期。

③ 严耕望:《唐代交通图考》第1卷《京都关内区》,上海古籍出版社,2007,第84、6页。

④ 陈寅恪:《隋唐制度渊源略论稿》,生活·读书·新知三联书店,1954,第146页。

⑤ 岑仲勉:《隋唐史》,河北教育出版社,2000,第138~143页。

⑥ 胡方:《汉唐时期长安、洛阳之间地域空间研究》,陕西师范大学博士论文,2012。

⑦ 严耕望:《唐代交通图考》第1卷《京都关内区》,上海古籍出版社,2007,第88页。

政治经济的形势息息相关[①]。军事战争方面，任士英、刘树友等分析了安史之乱中潼关之战唐军失利的原因、后果及战争前后朝廷内外形势等[②]。穆渭生、孙锋等对唐代崤函军事地理也有较深入的探讨[③]。黄河漕运方面，全汉昇《唐宋帝国与运河》考察了唐宋时期漕运与大一统国家兴衰存亡的历史发展曲线，认为漕运的畅通与停滞直接关涉唐宋帝国命运的盛衰隆替。这方面的成果相对较多，除前述史念海《三门峡与古代漕运》、杨希义《略论唐代的漕运》、潘镛《隋唐时期的运河和漕运》、张晓东《汉唐漕运与军事》等，赵冈、马正林、赵瑞民、张庆捷、朱德军、李志刚等人也对隋唐时期的漕运进行了考察[④]。日本清木场东《唐代财政史研究·运输篇》、英国杜希德《唐代财政》也是研究唐代漕运与财政等的重要著作[⑤]。文学创作和传播方面，李德辉以文学为本位，探讨了唐代交通与文学、唐宋馆驿制度与文学之间的关系，其中不少内容涉及两京驿路，认为"在这条路上经行的唐文人最多，沿线景观密集，产生的唐诗众多，可以说这条路与唐诗创作有着密切的关系，无论从文学创作

---

① 吴宏岐：《隋唐帝王行宫的地域分布》，《中国历史地理论丛》1994 年第 2 辑；吴宏岐、郝红暖：《隋唐行宫制度与中央政治空间格局的变化》，《暨南史学》2007 年第 1 期；吴宏岐：《隋唐行宫制度与宫廷革命——兼论陈寅恪"玄武门学说"之拓展》，《陕西师范大学学报（哲学社会科学版）》2008 年第 3 期。介永强：《唐代行宫考逸》，《中国历史地理论丛》2001 年第 2 辑；介永强：《唐代行宫三题》，《唐都学刊》2001 年第 4 期；介永强：《唐代行宫文化透视》，《陕西师范大学学报（哲学社会科学版）》2001 年第 1 期。

② 任士英：《潼关战局与天宝中枢政局之关系发覆》，《烟台师范学院学报（哲学社会科学版）》1994 年第 4 期；刘树友：《"哥舒白谷两英雄，痛哭催军万年泪"——唐军与安史叛军的潼关、灵宝之战探析》，《渭南师专学报（社会科学版）》1997 年第 1 期。

③ 穆渭生：《唐代关内道军事地理研究》，陕西人民出版社，2008；孙锋：《唐两京之间的军事布防与政治关系演变研究》，陕西师范大学硕士论文，2009。

④ 赵冈：《中国城市发展史论集》，新星出版社，2006；马正林：《渭河水运和关中漕渠》，《陕西师大学报（哲学社会科学版）》1983 年第 4 期；赵瑞民、张庆捷：《关于黄河古栈道的若干问题》，山西省考古学会等编：《山西省考古学会论文集》（3），山西古籍出版社，2000，第 383~389 页；朱德军：《唐代中原藩镇两税"上供"问题初探》，《中国经济史研究》2012 年第 1 期；李志刚：《论唐代后期藩镇对漕运的保障》，《江南大学学报（人文社会科学版）》2014 年第 5 期；李志刚：《安史乱后藩镇对漕运交通线路的保障和维护》，《地方文化研究》2014 年第 5 期。

⑤ ［英］杜希德著，丁俊译：《唐代财政》，中西书局，2016。

功能上看还是从实际效果上看，它都是一条真正的唐诗之路，其对唐诗发展的重要意义有待我们重新认识”①。还有学者认为它也是一条名副其实的“小说之路”②。

宋元明清时期，随着长安洛阳两京体系的解体，崤函古道沟通两京的功能逐渐消失，而弱化为区域通道。有关这一时期崤函古道演进和功能的专题研究并不多见，主要散见于一些其他研究之中。如曹家齐《宋代交通管理制度研究》③、赵效宣《宋代驿站制度》④、贾洲杰《河南元代站赤交通及意义》⑤、德山《元代交通史》⑥、杨正泰《明代驿站考（增订本）》、苏同炳《明代驿递制度》⑦、张艳芳《明代交通路设施管理研究》⑧、郑宁《明代递运所考论》⑨等。明清时期，包括崤函古道沿线的中原商业有了一定的发展。张民服、张鹏伟研究了明清中原商路与商品经济发展关系问题⑩。王兴亚、徐春燕、邓玉娜等考察了明清河南商业和城镇问题⑪。刘艳、丁德超等从不同角度论述了这一时期崤函古道商路和沿线城镇市集问题⑫。陈德鹏《慈

---

① 李德辉：《唐代交通与文学》，湖南人民出版社，2003；李德辉：《唐宋时期馆驿制度及其与文学之关系研究》，人民文学出版社，2008。

② 杨为刚、吴晓婷：《唐代的小说之路：京洛大道行役小说研究》，《汕头大学学报（人文社会科学版）》2016 年第 9 期。

③ 曹家齐：《宋代交通管理制度研究》，河南大学出版社，2002。

④ 赵效宣：《宋代驿站制度》，联经出版事业公司，1983。

⑤ 贾洲杰：《河南元代站赤交通及意义》，《郑州大学学报（哲学社会科学版）》1988 年第 5 期。

⑥ 德山：《元代交通史》，远方出版社，1995。

⑦ 苏同炳：《明代驿递制度》，中华丛书编审委员会，1969。

⑧ 张艳芳：《明代交通设施管理研究》，天津人民出版社，2009。

⑨ 郑宁：《明代递运所考论》，《中国历史地理论丛》2017 年第 1 辑。

⑩ 张民服：《明代中原商路与商品经济》，《史学月刊》2004 年第 11 期；张鹏伟：《清代中原商路与商品经济的发展》，郑州大学硕士论文，2007。

⑪ 王兴亚：《明清河南集市庙会会馆》，中州古籍出版社，1998；徐春燕：《明清时期中原城镇发展研究》，社会科学文献出版社，2017；邓玉娜：《清代河南的城镇化发展》，《中国经济史研究》2005 年第 3 期；邓玉娜：《清代河南集镇的发展特征》，《陕西师范大学学报（哲学社会科学版）》2005 年第 4 期；邓玉娜：《清代河南集镇的空间分布——基于距县里程方面的分析》，《中国社会经济史研究》2006 年第 1 期。

⑫ 刘艳：《明清豫西北小城镇时空特征研究》，陕西师范大学硕士论文，2004；丁德超：《近代豫西北农村市场与社会转型》，陕西师范大学硕士论文，2008。

禧、光绪“庚子西狩”对河南民间的骚扰》讨论了“庚子西狩”中的河南交通及迎接回銮之累问题①。郭少丹《清末陇海铁路研究(1899—1911)》厘清了陇海铁路建设初期的历史过程②。刘晖《略论铁路与民国时期河南省植棉业的现代转型》探讨了铁路与河南棉业的现代转型问题③。漕运方面,随着北宋以后全国政治中心东迁北移,黄河主要作为商业航运水道发挥作用。柴继光、郭正忠讨论了宋代“垣曲县店下样”所记载的宋代黄河中游商人运输队问题④。吴宏岐《略论金代的漕运》论述了贞祐南渡后河南、陕西漕运发展状况⑤。李治亭《中国漕运史》、彭云鹤《明清漕运史》等对这一时期的黄河漕运问题也有涉及⑥。

四、崤函古道考古发现与研究

考古工作的收获,是推动古代交通史研究取得进步的重要条件。新中国成立以来,崤函古道沿线地区相继发现了一批重要的遗址、遗物,其中有不少与交通有直接或间接的关系。除前述20世纪50年代、90年代三门峡黄河漕运遗迹考古发现外,与漕运有关的还有陕县鱼里村发现的唐代渔淋城遗址,新安县西村发现的唐初为漕运而设置的长泉县城址等⑦。20世纪50年代和90年代三门峡虢国墓地出土了一批车马遗迹和遗物,为研究两周时期崤函古道道路交通及交通工具提供了

---

① 陈德鹏:《慈禧、光绪“庚子西狩”对河南民间的骚扰》,《天中学刊》2016年第1期。

② 郭少丹:《清末陇海铁路研究(1899—1911)》,苏州大学博士论文,2015。

③ 刘晖:《略论铁路与民国时期河南省植棉业的现代转型》,《历史教学》2009年第16期。

④ 柴继光:《宋代“垣曲县店下样”初识》,《盐业史研究》1989年第2期;郭正忠:《宋代黄河中游的商人运输队——略论“垣曲县店下样”的社会经济意义》,《中州学刊》1987年第3期。

⑤ 吴宏岐:《略论金代的漕运》,《中国历史地理论丛》1994年第3辑。

⑥ 李治亭:《中国漕运史》,文津出版社,1997;彭云鹤:《明清漕运史》,首都师范大学出版社,1995。

⑦ 任留政、赵小灿、曹铁刚:《陕县渔淋城遗址考古调查与试掘》,李久昌主编:《三门峡地区考古集成》(下),大象出版社,2011,第586~590页;杨育彬、孙广清:《黄河小浪底水库区古遗址古墓葬概述》,《河南考古探索》,中州古籍出版社,2002,第129~132页。

重要实物[①]。此外,还有 1988 年灵宝秦函谷关遗址的初步勘定和 2008 年函谷关古道遗迹的考古发现、2007 年陕县石壕古道的考古发现、2010 年洛宁官庄村唐临泉驿古碑的发现等[②],尤其 2001 年和 2011 年进行的新安函谷关遗址考古调查发掘,发现了汉代函谷关关城、盐东大型仓储遗址等,揭露了城墙、道路和建筑遗址等重要遗迹,出土遗物很丰富[③],这些重要考古发现为崤函古道研究提供了宝贵的资料。

综上,学界关于崤函古道交通研究已取得较多成果,特别是对汉代和唐代崤函古道的研究已经较为仔细深入。不过,目前还没有系统研究崤函古道的专著,有些研究内容仍然比较薄弱,如汉唐之前和之后崤函古道的线路变迁、历史演进和功能等问题还需要深入研究。既有的一些问题仍有许多疑点或不同见解没有解决,需要进一步审视,这为我们进一步深入研究提供了难得的学术空间。

---

① 中国科学院考古研究所:《上村岭虢国墓地》,科学出版社,1959;河南省文物考古研究所、三门峡市文物工作队:《三门峡虢国墓》(第 1 卷),文物出版社,1999。

② 夏麦陵:《秦函谷关遗址初步勘定》,《文物报》1987 年 1 月 30 日;谢巍:《灵宝县秦汉函谷关及井式窖藏箭库遗址》,中国考古学会编:《中国考古学年鉴(1987)》,文物出版社,1988,第 188 页;胡小平、郭九行:《灵宝函谷关发现古道遗迹》,《三门峡职业技术学院学报》2009 年第 3 期;陕县文物管理局:《丝绸之路遗产崤函古道石壕段遗址考古调查勘探报告》,《河南文物工作》2013 年第 1 期;洛阳市文物考古研究院、陕县崤函古道文物保护管理所:《陕县崤函古道遗址考古调查与试掘的初步收获》,《洛阳考古》2016 年第 1 期;《洛宁发现唐代"临泉驿"碑刻》,崔为工主编:《河南文化文物年鉴(2011)》,中州古籍出版社,2011,第 226 页。

③ 洛阳市第二文物工作队:《黄河小浪底盐东村汉函谷关仓库建筑遗址发掘简报》,《文物》2000 年第 10 期;洛阳市文物考古研究院:《新安函谷关遗址考古调查发掘获得重大收获》,《中国文物报》2013 年 10 月 25 日,第 006 版;严辉、王咸秋:《洛阳新安汉函谷关遗址考古工作综述》,《洛阳考古》2014 年第 2 期。

第三节 研究思路与方法

本书拟在前贤时俊丰富的研究成果基础上，借鉴他们在历史交通地理和交通史上的可行性研究方法，以千年的时间和空间维度对崤函古道交通线路、历史演进及功能，进行长时段、全方位的系统研究，以期建构崤函古道新的历史文本。

一、基本思路

在研究思路上，一方面关注崤函古道交通要素中最基本的线路走向的空间变迁，同时避免重复研究和简单的描述，而是力求探析这些线路空间变迁的社会和自然驱动因素，考察这种变迁形成的自然和社会影响因素，寻找出这些线路空间变迁最重要的时代特征；另一方面关注崤函古道历史演进和功能变化，探讨崤函古道交通与社会、制度、技术层面的关系，力求在纵向考察中寻找出崤函古道历史演进和功能变化与中国古代社会尤其是两京及崤函区域社会发展的互动规律。为此，本书将研究目标主要设定为三个方面。

其一，线路。崤函古道作为古代连接长安洛阳两京的大动脉，中原通达西北乃至西域的大通道，沿用时间长，跨越地域广，受自然、社会诸多因素的影响，在不同的历史阶段，线路复杂多变，走向和沿线所经也不完全相同。本书在充分吸收前人研究的基础上，利用文献、考古和实地考察资料，以线路所经的城镇、驿站、行宫、宗教遗存、关隘等为着眼点，研究各个遗址的性质、位置、时代、历史、沿革、地理以及相邻两个遗址的连线状况，考证崤函古道走向和沿线所经，全面系统地梳理崤函古道干道和交通网络线路，力图复原历史时期崤函古道沿线所经及其变化状况。时间上涵盖了崤函古道从史前到近代萌芽、形成、演变和衰落的各个阶段。空间上既包括干道，也包括历史时期形成的支线、连接线。同时重视三门峡黄河漕运，将其作为崤函古道交通体系的重要组成部分，纳入研究视野，探讨三门峡黄河漕运在崤函古道交通体系中的地位及其与陆路交通的关系，拓展通常认为崤函古道单一“陆路交通”的内涵，实现对崤函古道交通体系的整体研究。

其二，变迁。历史上崤函古道线路走向的空间变迁并非单纯的交通线路问题，它受到不同时期社会和自然因素的影响，尤其是长安洛阳两京体系的影响，而呈现出沿时序轴的空间发生、发展和演变过程。本书以宏观的历史发展为经，以广阔的区域为纬，将历史上崤函古道线路走向的空间变迁纳入古代政治、经济、文化、军事及中外交流，特别是在长安洛阳两京格局的大视野下展开考察，结合当时的历史事件，从交通活动、交通资源和交通行为的空间格局和空间联系在时间轴上发生、发展和演变的动态变化过程来研究崤函古道形成演变的历史过程和变化趋势，探析其演进的主要特征，分析影响这一演变过程的直接驱动因素和制约因素，以清晰地展现崤函古道线路走向的空间变迁的历史全景脉络。

其三，功能。“历史上各个社会条件下使用交通线，在交通运输方面会呈现出不同的社会功用。”而“各种功用还会因社会条件变化而发生转变”。[①] 本书紧密联系崤函古道的演变历程，对其在历史时期不同阶段的功能进行分析和解读。在路径上，一是通过对崤函古道演进历程和机制的研究，探讨各个阶段崤函古道的主要功能及变化态势，包括交通功能、经济功能、文化功能、军事功能等，并探寻崤函古

---

① 侯甬坚：《历史交通地理研究的方法与途径》，《经济地理》1987 年第 4 期。

道主要功能与古代社会发展、两京格局之间的互动关系与规律。二是以交通运行系统为视角，通过具体的历史事件，分析崤函古道的行程时间、通行条件、通行能力、通行质量等主要交通功能要素及变化，以进一步反映历史时期崤函古道交通演进和交通功能变化的特点，这也是以往研究相对较少注意的较为内在的历史交通地理问题。三是从交通与区域社会响应的视角，探讨崤函古道演进和功能与区域社会经济发展的关系，考察崤函古道演进和功能变化所形成的区域社会响应，以及这种变化对崤函古道沿线区域社会发展的促进或制约作用，揭示崤函古道沿线地区社会发展的特点、规律。

以上三个方面的目标有机融合在本书的各个章节中。全书除绪论外，第一章至第十章，分时段探讨崤函古道的历史演进，并有机融合了对崤函古道交通线路和交通功能的考察，从而较为全面、客观地呈现了历史时期崤函古道的发展历程及规律，以期发挥历史交通地理和交通史研究对现实社会所具有的借鉴和启迪作用。

二、研究方法

研究方法是完成研究内容、实现研究目标不可或缺的基本手段、途径和规则。崤函古道历史地理研究，须采用多学科相结合的研究方法，并充分吸收相关学科的研究成果。具体而言，本书主要采用以下三种方法。

其一，历史地理学的方法。历史地理学最常用的研究方法是文献分析与实地考察相结合。历史文献中包含丰富的崤函古道资料，笔者不断收集、检索、整理，收获颇丰，不仅使原先文献资料零乱分散和不足的问题得到较大改善，还发现了一些新的资料，成为本书研究的核心依据。近年，笔者利用地缘优势，先后做了 4 次有计划的、系统性的实地考察，考察内容包括古道遗迹、古遗址、古城址、古关隘、古寺院、古栈道、古渡口、古碑刻及沿途风土人情等，算下来整个行程有近 1500 公里，不仅获得了丰富的感性认识，还记录和积累了一批实地考察资料，发现了一些新的古代遗迹。这些遗迹和资料与文献相印证，充实和完善了相关论点。

其二，考古资料的运用。近几十年来，考古发现了大量与崤函古道有关的遗迹遗物，所获资料大部分已经正式发表，大大弥补了文献资料的不足。此外，在本书研究中，笔者通过当地考古部门的帮助，多次对古道部分遗迹和遗址进行考古调查，掌握了一批一手考古调查资料。由于崤函古道是由一系列点、线连缀而成的，要了解和确定这些点、线之中的城址、遗址、关隘等的方位、年代、性质和内涵，同样也必须运用考古学的方法和资料。考古资料的掌握和运用，可以更加深刻地理解崤函古道交通，进一步论证文献资料尚不能完全证实的历史地理问题，或可以纠正此前以文献资料为依据所得出的不符合历史事实的结论。

其三，文化线路研究的方法。今天，崤函古道作为实体的交通线路已经不复存在，对它的认知往往依赖于沿线一些重要的可识别的与交通线路密切关联的参照物和环境。在认识路径上，按照文化线路的理论和方法，既可以通过遗留的物质文化遗存探析其本身的构成过程和内涵，也可以在物质遗存难以观察的情况下，依据相关的宗教、手工艺、民俗、地名、文化传承关系，即“通过对无形遗产的连续性及其影响范围的考证，可能确证‘文化线路’曾经的物质存在”①。本书的研究，引入“文化线路”的概念，从“文化线路”的观念与视角来看待和研究崤函古道某些现象，并据此补充了以往被人忽视的诸多崤函古道交通的细节情况，避免研究视野的不足。

① 姚雅欣、李小青：《“文化线路”的多维度内涵》，《文物世界》2006年第1期。

第一章　崤函古道发展的基础要素

交通线路的开通发展，最基本的两个要素是自然地理环境和社会人文因素。自然地理环境在一定程度上决定了交通线路的走向、道里、路况及通行条件，而社会人文因素则决定了国家或地区对建设该交通线路所投入人力、物力的程度，从而影响交通线路的发展进程，决定其发展功能与趋向。二者互为表里，相互影响。因此，要明了崤函古道的形成和发展，首先必须考察其所在区域乃至周边地区的自然地理环境和社会历史状况，以期对影响崤函古道的自然环境和社会因素有一个清晰的认识和明确的判断。如此，许多问题才更容易梳理。

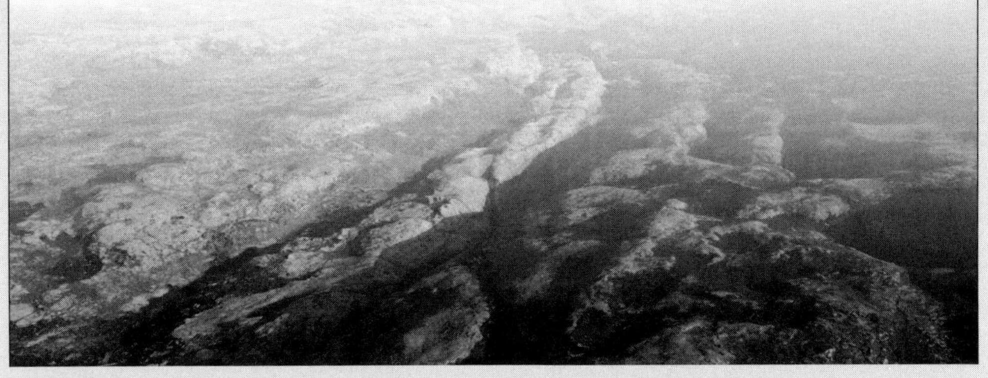

第一节　自然地理环境特征

自然地理环境特征是交通线路形成的基础,也是交通线路发展的约束因素。崤函古道所在地区地处黄河中游,位于豫、晋、陕三省交界地带和中国中西部地区的接合部,东接洛阳盆地,与洛阳相邻,西连关中平原,与西安相望,南依伏牛山,与河南南阳接壤,北跨黄河,与山西运城盆地交界,其形成发展深受地貌地形、河流水文、气候等因素的影响①。

一、地貌特征

崤函地区属于中国地势第二阶梯向第三阶梯过渡的边坡地带,地势西高东低,西部海拔1500~2000米,是河南省地势最高的地方,山势陡峻,东部海拔仅100~500米,地势相对平缓,河谷开阔。东西差异明显,地表起伏大。从地貌地形上看,

① 本节崤函区域自然环境主要参考河南师范大学地理系、河南自然地理研究室:《豫西中部山地区自然条件与自然资源》,河南师大学报丛书,1983;三门峡市地方史志编纂委员会:《三门峡市志》第1卷第3篇《地质、地貌、资源》,中州古籍出版社,1997;李永文主编:《河南地理》,北京师范大学出版社,2010;张忠慧、张良、仝长水等:《黄河贯通八里峡的时代研究》,中国大地出版社,2006;王现国、葛雁、吴东民等:《河南省小秦岭矿区地质灾害研究》,中国地质大学出版社,2010。

大面积的黄土地貌和一部分石质中、低山为主的复杂形态，以及大面积的隆起、侵蚀（山地、高原）和沉降、堆积（盆地、平原）相间的山盆构造构成了崤函地区的地貌格局。据地质学研究，崤函地区的地貌轮廓和山川大势基本形成于晚更新世，全新世以来，山川地貌基本没有大的改变①。山地丘陵、山间盆地和黄土是崤函地貌地形的三大基本特征。

1. 绵延起伏的山地丘陵

秦岭经陕西南部延伸到河南西部后，山脉分成两系，呈爪状展开，构成面积广大的豫西山地。其北为小秦岭、崤山及其余脉邙山，中为熊耳山及外方山，南为伏牛山。各山脉丛集于豫西，或是由西向东，或是由西南向东北，或是由西北向东南延伸，构成海拔 2000 米的山岭，向东则地势逐渐降低，山体变得分散、破碎，构成低山丘陵地，最后没于河南东部的冲积平原。

小秦岭即《山海经》之“中次五经”，是西岳华山的东延部分，蜿蜒至灵宝弘农涧河西岸，长约 50 公里。山体雄伟高峻，海拔多在 2000 米左右。主峰老鸦岔海拔 2413. 8 米，是本区也是河南省最高山峰。

崤山又名嵚崟山，属《山海经》之“中次六经”，分布在弘农涧河与洛河之间，其西南连接华山山脉，自灵宝和卢氏西部边境向东北蜿蜒伸展，山势由西南向东北渐趋低缓，至陕州区和渑池交界地带山体变得低缓破碎，到渑池北部山势又逐渐增高。海拔多在 1200~1800 米。崤山东西长 160 余公里，宽 40~50 公里，把崤函地区与东部伊洛地区分割成两个相对独立的地理单元，也成为黄河与洛河的分水岭。崤山隔黄河与中条山相望，共同构成一段岩石峡谷，著名的黄河三门峡即在峡谷的谷口位置。主要山峰为陕州区境内的千山，海拔 1902. 6 米，渑池境内的岱眉山，海拔 1346. 6 米。民谚说：“崤山无头，秦岭无尾。”意即崤山西接秦岭，东连邙山，南合

① 张光业：《河南省第四纪古地理的演变》，《河南大学学报（自然科学版）》1985 年第 3 期。

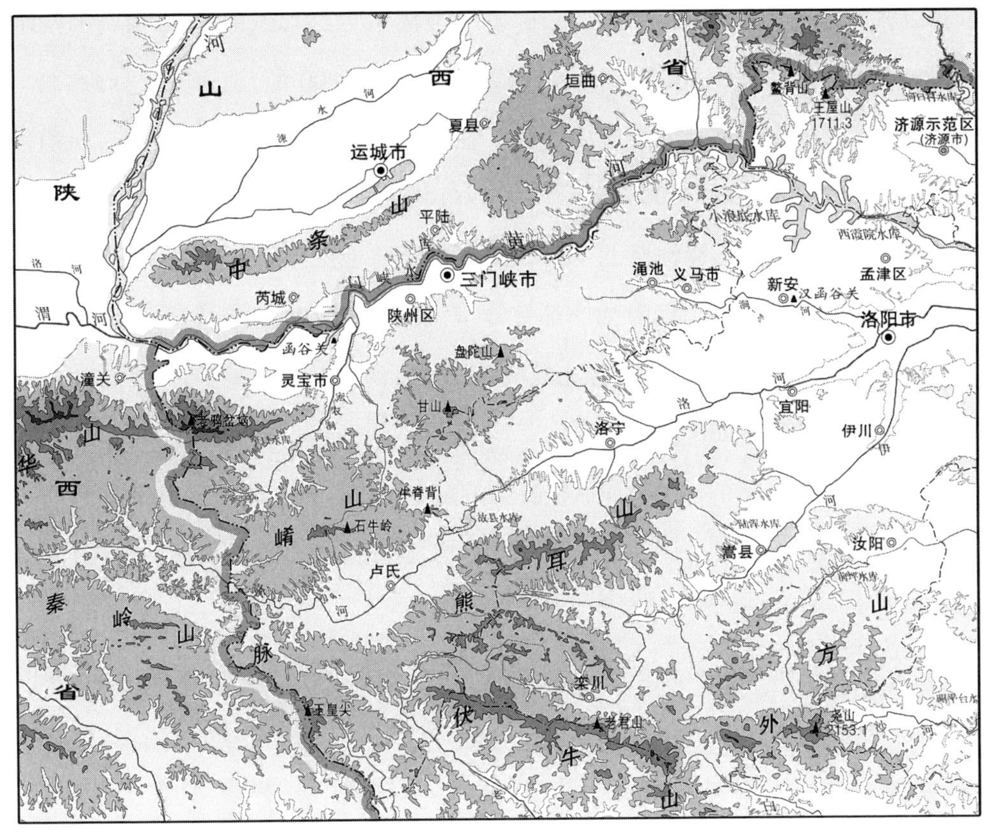

图 1-1　崤函地区及其周围的地理形势①

伏牛，北临黄河，巍峨横亘数百里。

熊耳山即《山海经》之“中次四经”，位于洛河与伊河之间，构成两河的分水岭，大体起自卢氏西南，向东北抵宜阳县东部。海拔多在 1500～2000 米，主峰全宝山海拔 2130.2 米，山势愈东愈低，至伊川境内已成丘陵。然而宜阳县附近的锦屏山，因断层作用山势又突然升起，高出附近的洛阳盆地约 300 米。

伏牛山为《山海经》之“中次八经”和“中次十一经”，是秦岭在豫西南规模最大

① 采自国家地理信息公共服务平台“天地图”（国家测绘局，2019 年 12 月）

的一支山脉，与熊耳山交会，沿卢氏南部向东南伸展，绵延 400 余公里，抵南阳盆地东北边缘，形如卧牛，故名伏牛山，向有“八百里伏牛”之称，是黄河、淮河与长江水系的分水岭，海拔高度 1500～2000 米，相对高度 600～1200 米。

上述五列大山大部分属于中山类型。在这些中山附近还有低山分布，面积仅次于中山，海拔多在 500～1000 米，呈片状或带状分布。前者主要分布在灵宝市西南部、湖滨区、陕州区至渑池县北部以及洛河中上游地区。后者在灵宝市、渑池县北部、新安县以及洛宁县、宜阳县等都有分布，表层为浅黄色黄土和红色黄土。低山地貌特征主要是山岭起伏，山势比较破碎、低缓，沟谷遍布。

2. 串珠相连的山间盆地

崤函山地之间分布有大小和形状各异的多个山间盆地。较大的盆地有三门峡盆地、渑池盆地、宜洛盆地等。受线形构造影响，这些盆地多呈狭长形，与河流呈串珠状相连。

三门峡盆地构造上是一东西向、三角形断陷盆地，南邻小秦岭和崤山，北邻中条山，东接韶山，西连渭河谷地，东西长约 120 公里，南北宽 40 多公里。盆地内部嵌套有次级盆地，包括灵宝、潼关等几个小盆地。盆地内河谷平原、塬地、黄土丘陵、山麓冲洪积平原，与盆地一致呈东西向延伸，南北排列，井然有序，海拔一般为 300～400 米。由黄土组成的三级河谷阶地，自西向东沿河分布，由南向北地势梯级逐渐降低。河谷阶地被一系列南北向冲沟和河流切割，比高较大，一般为 50～80 米。

渑池盆地位于洛河支流涧河的中下游地区，包括渑池、义马和新安县东部、山西垣曲沿黄地带，西靠三门峡，东接洛阳盆地。盆地地处豫西浅山丘陵地带，南、北部均以崤山为主体，北部为中低山区，形成盆地北部的天然屏障，南部为丘陵地区。中部的涧河两岸较低，形成一个向中间倾斜的槽形盆地。盆地整体地势北高南低，涧河由西向东横贯盆地，以涧河为界，向北海拔由 500 米上升到 1000 米以上，山脉连绵数十里后降为黄河谷地，海拔只有 200 米。涧河以南突兀成岭，沟壑纵横，呈东西向起伏，由西向东，从海拔 700 米降至 400 米左右，形成山地、丘陵、河川缓坡三种类型。

宜洛盆地是一个相对封闭的地理单元，熊耳山位其南，崤山位其北，这两座西南东北走向的山脉形成两座大的地理屏障，阻碍了南北方向的交通，形成宜阳洛宁盆地。盆地上缘狭窄，但仍能通过洛河与卢氏盆地联系，并进一步与汉水流域沟通，下缘开阔，与洛阳盆地相接，是对外交通的主要方向。盆地地貌有山地、丘陵和河谷阶地、黄土塬等类型，其中黄土塬最为广泛，主要分布在河谷两侧阶地的后缘，与浅山相接。自长水至洛阳市西，洛河河谷展开，沿河平原宽 1000～3000 米，最宽达 5000 米。盆地地势由西北向东南倾斜，西部洛宁县山多河窄，有“七山二原一分川”之说[①]，东部的宜阳县河谷渐宽，丘陵盆地比例增加，但也有“三山六丘一分川”之说[②]。

上述盆地内部河谷两侧或分布有晚更新世黄土堆积，或在晚更新世至全新世冲积、洪积层上形成一二级阶地。由于谷地和盆地相连，形成地势低凹的开阔地带，低凹地带又与山脉相间分布，这就改变了单一的峰峦叠嶂的山地地貌景观。这些盆地分布在各山脉之间，既相互独立，又能通过河流与外界交往，人们生活十分便利。

3. 堆积广泛的黄土地貌

崤函地区地处黄土高原东南部的边缘，在西南部山地与北部黄河之间，有大面积的黄土地貌分布，其发育虽不及西部黄土高原地区典型，但黄土地貌的特征也比较明显，根据形态和成因不同，可分成黄土塬、黄土丘陵、黄土低山、黄土梁和黄土阶地等地貌单元。

黄土塬是一种经流水的强烈侵蚀而保留下来的一部分地势高坦、呈台地形态的黄土地貌。崤函地区的黄土塬可分为三个分布单元。一是黄河两岸。灵宝市、陕州区黄土塬沿黄河河谷阶地的后缘呈东西向带状分布，面积较大的有灵宝市的

---

① 洛宁县志编纂委员会：《洛宁县志》，生活·读书·新知三联书店，1991，第 59～61 页。

② 河南省宜阳县地方志编纂委员会：《宜阳县志》，生活·读书·新知三联书店，1996，第 158～160 页。

铁岭塬、衡岭塬(其南称焦村塬)、铸鼎塬、程村塬、牛头塬、皇天塬和陕州区的张村塬、张汴塬、东凡塬等。黄河南岸黄土塬上接低山,下连黄河河谷阶地,海拔450~600米,塬面平坦,坡度在1°~2°,大都向北倾斜,塬地北缘以30~50米的陡壁与黄河河谷阶地相连,东西两边为切割深沟或河谷地带。由于河流的常年下切,黄土塬处于相对抬升的状态。黄河北岸的平陆县,黄土塬主要分布在沿山、沿河的中间地带,塬面由北向南倾斜。因冲沟发育,整个黄土塬被分割成多个小面积的黄土塬。二是渑池盆地。黄土塬分布在涧河谷地两侧,以15~20米高的陡坎与河谷阶地相连,以较陡斜坡向黄土丘陵过渡,塬面平坦,坡度一般在2°以下,面积较小。三是宜洛盆地。黄土塬分布于洛河谷地两侧阶地,其中谷地左侧的黄土塬,自西南向东北沿谷地分布较长,由洛宁县的长水附近直到洛阳市西。右侧的黄土塬,仅在洛宁县境内,分布较短。但无论左侧或右侧,这里的黄土塬南、北两边均以较陡斜坡分别与河谷阶地、黄土丘陵或低山相连接。塬面受洛河等一系列的平行状支流或冲沟所深切,面积较小,坡度较大,一般在2°~3°。黄土塬系中更新世洪积黄土组成,土层深厚,地势较平坦,适宜种植,但其地下水埋藏较深,引用附近河水也较困难。

黄土丘陵是崤函地区常见的另一种黄土地貌形态,主要分布在灵宝市、陕州区、湖滨区和渑池县以及洛河谷地北侧洛宁、宜阳一线,依崤山和小秦岭北麓低山地段展开。黄土丘陵土层深厚,丘坡较为平缓,丘间地形较平坦宽阔,有利于交通。

黄土梁是黄土塬经流水强烈侵蚀而形成的一种竖状黄土地貌类型,分布在小秦岭北麓和黄河沿岸的黄土阶地上。因其延伸方向与黄河横交或斜交,当地群众称其为“岭”,如虢国墓地所在的上村岭等。

黄土阶地则分布在小秦岭、崤山和中条山之间,各阶地与山间盆地串珠相连,又与山脉相间排列,土壤肥沃,呈明显的两级台地形态,高居于河流之上,其黄土具有质地细匀、垂直节理发育、碳酸钙丰富等特性,适宜旱作农业。

综合上述地形地貌形态及第四纪沉积特征,可将崤函地区划分为四个地形区,见表1-1。

表 1-1　崤函地区地形分区

分区	分区范围	区域地形特征
三门峡—灵宝黄土塬和黄土丘陵区	位于三门峡和灵宝的黄河以南、小秦岭和崤山以北地带	地势自南向北倾斜，洪积、坡积和冲积黄土广泛分布，主要地貌类型有黄土塬、黄土丘陵、黄土低山和黄土物质组成的河谷平原
渑池—王屋中、低山区	主要位于崤山山地东部，包括渑池和新安大部、陕州区东部	区内地形较复杂，地貌类型较多，除部分黄土低山、黄土丘陵和黄土塬以外，还有较大面积的石质深中山、浅中山、深低山和浅低山
洛河中游黄土塬和黄土丘陵区	位于洛河中游，西至上戈、长水，东到洛阳市西，北连崤山山地，南接熊耳山区。以宜洛盆地为主体，包括洛宁和宜阳大部、新安和渑池南部、洛阳的西部	区内主要地貌类型有黄土塬、黄土丘陵和黄土物质组成的河谷平原
黄河北岸谷地区	包括山西芮城、平陆、夏县、垣曲的黄河以北地带	区内主要地貌类型有山地、盆地、黄土塬、黄土丘陵和黄土物质组成的河谷平原

从表中可见，崤函地区整体地貌以山地丘陵、山间盆地和黄土地貌为主，但是内部各个区域之间存在着一定的差异。三门峡—灵宝黄土塬和黄土丘陵区，面积最大，在构造上是一个地势低洼的地垫盆地，系黄河长廊谷地，黄河沿岸计有四级阶地，地势呈阶梯状，级级上升至黄土台面，塬面两侧是石质山地。洛河中游黄土塬和黄土丘陵区虽也属黄土塬和黄土丘陵区，但面积不大，属洛河谷地，洛河出长

水后,脱离山区,水面渐宽,阶地面较宽广平坦。渑池—王屋中、低山区地形复杂,以中、低山为主,受崤山两侧断层影响,山势陡峻,山间有不少小型盆地和起伏的黄土丘陵。黄河北岸谷地区自潼关至三门峡为黄土峡谷,三门峡至八里胡同为基岩山谷。黄河三门峡峡谷先后跨越了三门峡盆地、渑池盆地及其间的基岩山地等地貌单元。盆地区和基岩山地宽谷地带发育了湖积台地和河流阶地两种地貌类型;基岩山地区则发育了多级河流阶地。崤函地区上述区域环境的差异,直接影响到交通地理的分布和演变,使崤函古道在西部、中部、南部、北部有着不同的发展演变脉络。

二、河流与水文

崤函地区正、负地形的空间分布具有明显的规律性,主要的分支山脉之间,都有独立水系分布,每条较大河流又都与一些山间盆地相连通。河流沟溪众多,有大小近 4000 条河流,较大的河流有 30 余条,以熊耳山为界分为黄河、长江两大流域,以黄河流域面积最大。

黄河是流经崤函地区的最大河流。发源于青藏高原巴颜喀拉山的黄河进入中游后,自晋陕峡谷北向南流至潼关附近,因秦岭阻挡,流向向东急转,进入河南、山西境内,流经河南灵宝、陕州区、湖滨区、渑池、新安和山西芮城、平陆、夏县、垣曲,进入洛阳境内。根据河道水文及水环境特征,以黄河三门峡为界,分为两大河段。

潼关以下到三门峡段,长 113. 5 公里。左岸为山西芮城、平陆两县,右岸为陕西潼关和河南三门峡市的灵宝市、陕州区、湖滨区。黄河出潼关后,转折东流,在崤山和中条山间的黄土塬上穿过,河谷宽 1~6 公里,两岸为黄土台塬,属黄土峡谷型河道,河面较为宽阔,水流相对平缓,但河床左右摆动的余地很大,历史上对南岸侵蚀(包括下切、侧蚀)冲刷严重,造成阌乡县城、潼关城址的多次迁移,对灵宝老城、陕州故城也形成较大威胁。就通航条件而言，由于河道相对稳定，水域宽阔，逆流而上虽有一定困难，但航道基本畅通。

三门峡以下至新安八里胡同段，长约129公里。左岸为山西平陆、夏县、垣曲三县和河南济源市，右岸为河南三门峡市湖滨区、陕州区、渑池县和洛阳市新安县。河道深切崤山，穿行于崤山、熊耳山与中条山之间，是黄河的最后一个峡谷，属岩石峡谷型河道，河谷宽200~800米。因界于山西、河南之间，故称晋豫峡谷，出露基岩除三门峡为闪长玢岩，八里胡同为石灰岩外，其余多为三叠、二叠系砂岩层。这段黄河又可分为三门峡（三门砥柱）、三门峡以东至垣曲玉福涧、八里胡同三段，构成黄河最为险峻的一段。其中尤以三门峡最为著名，号称“三门天险”。三门峡以东至玉福涧，即《水经注》之阏流，长约60公里，河道狭窄，水流湍急，且随山势洄绕，正流时左时右。河中有大小险碛（即明礁暗石）不下40个，一些险碛长度达几百米，甚至有达2公里者。河水经险碛处形成的落差，最大者可达七八米之高。而且这些险碛，在大、中、小水时期各有不同的危险状况，成为航行的障碍。八里胡同全长约6公里，入口谷宽约200米，出口谷宽增至400米以上。水流湍急，潜漩暗礁，被自古行船者视为畏途。黄河出八里胡同后，20余公里出小浪底，即出晋豫峡谷，河流渐复其漫流状态，向东而去。

黄河流经崤函地区沿途吸纳众多河流，但两岸支流分布极不均匀。潼关以东北岸支流不多，仅在平陆附近才开始有小支流注入黄河。南岸支流较多而且长，分布极为密集，呈不对称状的羽毛状水系，多以直角形式注入黄河，这在整个黄河流域都是罕见的。重要的支流有弘农涧河、青龙涧河（古橐水）、苍龙涧河（古焦水）、好阳河（古曹阳河）、枣乡河（古盘豆河）、阳平河（古湖水）等。其中弘农涧河长约88公里，发源于灵宝朱阳镇芋园西，《水经注》称其为“门水”“烛水”，由南向北流经朱阳、五亩、城关镇、函谷关镇，至大王镇老城村西北入黄河，函谷天险即建在该河下游西岸的二级阶地上。上述支流枯水期干涸或少水，洪水期则流量很大，具有涨落陡、洪峰高、历时短的特点。

洛河发源于陕西蓝田，在卢氏河口入境，沿崤山与熊耳山之间自西南流向东北，穿过宜洛盆地进入洛阳盆地，在偃师与伊河交汇，继续往东偏北流到巩义注入黄河。上游为狭窄深切河谷，多呈V形，中游山间盆地与深切U形峡谷相间分布。洛河自洛宁长水流出后，河面渐宽。自宜阳县三乡镇连昌河口至洛阳，海拔120~250米，地势平坦，洛河水流平缓，适合航行。洛河在洛宁、宜阳南北两岸都有来自南北高山、丘陵的数十条支流注入，基本呈羽毛状分布。其中仅洛河北岸即有连昌河、渡洋河、杜阳河、韩城河等22条支流，由北向南注入洛河。连昌河即《水经注·洛水》之昌涧水，又称莲昌河、永昌河，源出陕州区宫前岳家村，东南流经宫前、西李乡、洛宁杨坡、窑头，入宜阳三乡，南注于洛河，长约54公里。渡洋河又称大石涧，发源于陕州区店子乡寅坪村银洞及界上，东南流经店子、大石涧，至宫前乡下河湾出境，于洛宁县境内注入洛河，长约26公里。杜阳河一名可乐湾河，发源于陕州区店子乡摩天岭，东南流经店子、宫前、洛宁中河、东宋，入宜阳，在三乡可乐湾村南入洛河，长约52公里，系宜阳、洛宁界河。韩城河即《水经注·洛水》之西度水，源出渑池白阜，自北而南，至洛宁河底自西向东，经高河，入宜阳，至韩城南入洛河，长约50公里。涧河是洛河最大的支流，明以前称谷水，后称涧河，发源于陕州区观音堂，自西向东流，横穿崤山北部，至洛阳瞿家屯汇入洛河。涧河谷地贯穿渑池和新安盆地，上游谷地狭窄，入盆地后，河谷宽阔，阶地发达，谷地海拔130~150米。谷水发源于渑池县崤山以东的马头山谷，长约90公里，经渑池、新安，至洛阳注入洛河，现与涧河汇为一流，通称涧河。

“两山之间必有川，两川之间必是山。”崤函地区主要分支山脉之间，都有独立水系分布，山脉和水系相间排列，山间盆地广布，较宽广的河谷平原是当地农业集中分布地带，有星罗棋布的村庄城镇。这种河流分布的状况对交通线路分布及通行条件均有一定的影响。

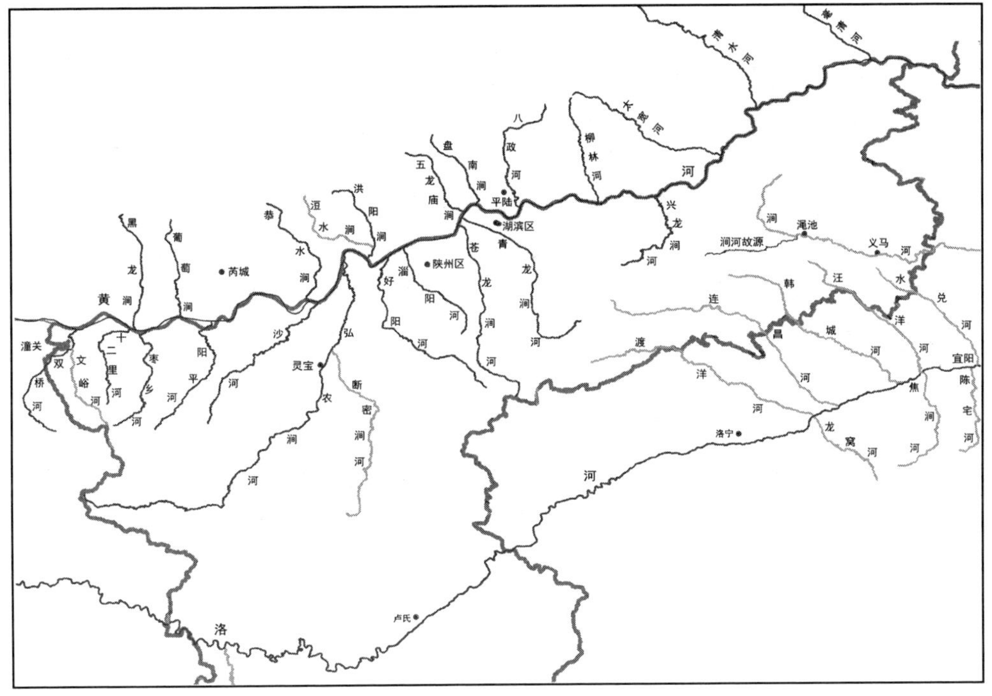

图 1-2　崤函地区主要河流分布图

三、气候特征与植被状况

气候是影响交通发展的重要因素。竺可桢研究我国近 5000 年气候的变化，提出了中国气候变迁的“四寒四暖”模式，并根据资料将近 5000 年的时间划分为四个时期，即公元前 3000 年至公元前 1100 年的考古时期（温暖期）、公元前 1100 年至 1400 年的物候时期（寒暖交替期）、1400 年至 1900 年的方志时期（寒冷期）和 1900 年以来的仪器观测时期（气候波动期），每个时期内又有着不同的特点①。盛福尧、周克前对河南历史气候的研究进一步证实了这一模式的可信度②。就崤函地区气

① 竺可桢：《中国近五千年来气候变迁的初步研究》，《考古学报》1972 年第 1 期。

② 盛福尧、周克前：《河南历史气候研究》，气象出版社，1990，第 35～59 页。

候的历史动态变化而言,其基本特征是,在经历了仰韶、殷墟时代的温暖气候后,由亚热带气候变为以暖温带大陆性季风气候为主,其间虽也出现过多次气温回暖,如春秋战国至隋唐间,但总趋势是气温逐步降低。从距今 600~500 年开始,同近代气候情况已无显著区别①。

崤函地区气候属暖温带大陆性季风气候,四季分明,气候温暖,阳光充足,因地处黄土高原前缘,又具有半干旱性气候特点。常年平均气温在 14℃左右,但气温的年较差和日较差都较大,最热的 7 月极端气温可达 40℃,最冷的 1 月极端气温可达-13℃,季节气温变化明显。从降水量看,年降水量在 560~640 毫米。但年际变化大,年内分布不均匀,降水主要集中在 6—9 月,且多暴雨,强度较大,冬春缺雨,较为干旱。受季风气候影响,冬季多西北风,夏季多偏东风,大风集中在冬春干旱季节。

崤函地区因地形复杂,气候区域性较强,各地小气候差异十分明显,总的趋势是从黄河谷地向秦岭海拔高度由 200 米以下逐步递增至 2000 米以上。气温随海拔的上升而递减,一般海拔每升高 100 米,温度下降 0.6~0.8℃。沿山地区比黄土塬同期气温低 1~4℃,黄土塬比沿河地区同期气温低 1~3℃。而降水在一定高度范围内,随海拔上升而递增,表现出自东北向西南降水逐渐增多的趋势。民间"伏天隔犁沟下雨"和"沿河到沿山,十里一层天"的说法,正是本地区小气候差异明显的写照。

受气候变化和气候特征的影响,加之地形起伏较大,地貌多样,崤函地区植被状况也呈现一些变化特征。在仰韶、殷墟时代,包括崤函地区在内的黄土高原东部为亚热带林区,植被覆盖良好。《诗经》《山海经》记载,至西周时,尚有竹、漆、棕、楠等亚热带树种生长于崤山、中条山。西周初期以后,气候的一系列冷暖变化,使黄土高原东部植被逐步变为暖温带落叶阔叶林,其分布的地带性格局至今未有多

① 黄以柱:《略论豫西地区环境的变迁与对策》,《河南大学学报(自然科学版)》1985 年第 1 期。

大改变,具有四个特点:其一,崤函地区位于暖温带南缘向亚热带过渡的地带,基本上在全国植物区系划分的南北界线上,其植物大部分属于暖温带植物区系。但在小秦岭、崤山、熊耳山等山地垂直带也有许多热带起源的植物,显示出其植物区系起源古老的特点。其二,植物种类繁多,但其优势种和建群种仍然明显,如优势种中豆科、禾本科、菊科、蔷薇科等最占优势,建群种中大多属于华北植物区系成分。其三,植物区系成分复杂,与周围各植物区系的联系极为密切,南北过渡性特点明显。其四,受小秦岭、崤山等高大山体的影响,气候、土壤都随着海拔升高而发生明显的变化,与之密切相关的植物也发生相应的变化,形成了明显的植被垂直分布带。

总之,崤函地区植物区系的起源和发展很早,历史时期有一个动态的变化过程,才形成了今天的轮廓:以暖温带植物区系成分为主,亚热带、西部高山、西北黄土高原等植物区系成分为辅的混生杂居的植物区系。

此外,受气候的影响,干旱、水涝、大风、冰雹、霜冻等气象灾害发生频繁,也是本地区气候的一大特点,给崤函古道发展带来一些不稳定的因素。

四、自然环境对崤函古道交通的影响

崤函地区自然环境的特殊性和复杂性,对崤函古道的形成与发展影响很大,亦导致了人类在此发展交通的复杂性和艰巨性。

1. 自然地理环境决定了崤函古道是连接古代中原与关中最便近的道路

由陕西关中东出,沿渭河南岸行至华阴市孟塬,进入豫西山地,从黄河、渭河交汇处向东至郑州以西的这片山地都称作豫西山地,包括秦岭的北坡、崤山、熊耳山、外方山东部和嵩山。崤山南麓以洛河为界,洛河以南有熊耳山、外方山、伏牛山横亘,山峰尖耸,山坡陡峭,这三条山脉相互连接、交会,其间没有明显的界线,故熊耳山、外方山亦被视为伏牛山的一部分。要翻越这样的高山难度较大。崤山北麓紧接黄河,隔河就是中条山。黄河自晋陕峡谷南流至潼关受秦岭山地阻挡,形成一个

90°的大折转，冲向东方，在崤山和中条山之间冲开一道黄土峡谷。河道北岸狭窄，南岸地面广阔，自成坦途。无论是崤山以北或是以南，河流纵横，重峦叠嶂，行旅都极为困难，由此绕道南北联系长安、洛阳两大古都，都是比较困难的。历史时期，从长安东出的大道主要有三条，即濒渭河南岸、黄河南侧而东趋向洛阳的两京驿路（崤函古道），沿丹灞谷地趋于东南的武关道和自蒲津东渡黄河的蒲关道。这三条大道均可以抵达洛阳，进入广袤的东部平原，但只有濒渭河南岸、黄河南侧而东的崤函古道距离最短，路线几乎是笔直的，并且它的开辟也是最早的，是东西往来最为捷近易行的道路。而进入洛阳后，则可以向三个方向进出：东北在孟津渡过黄河，可以沿太行山东麓北上；东向沿黄河南岸，经郑州、开封东去；东南穿过嵩山、沿颍水东去，或经临汝，沿汝水而至淮河流域。所以，自然地理环境决定了历史时期关中至中原最便近的对外交通必须经由黄河南岸的崤函地区来沟通。

2. 自然地理环境控制着崤函古道线路的分布

崤函地区在历史上经历了多次地质构造运动与变动，从而形成明显的向斜构造和大面积分布的褶皱，褶皱由西南向东北伸展。在褶皱作用的同时，伴有较强烈的断裂活动，常常发生在背斜的两翼。背斜主体形成崤山、熊耳山等地垒式山地，向斜则构造出地堑式盆地和谷地，三门峡盆地、宜洛盆地等都为向斜构造盆地，灵宝市、陕州区、洛宁县为洛河上游的地堑谷地。崤函古道线路便利用了这些谷地和盆地，打破了褶皱断块山地对交通的阻碍。河流谷地为其周边地区提供了通道，而盆地的持续特性，使河谷成为人类居住的理想地区和交通要道，崤函古道线路即主要分布在盆地和谷地中。在地面隆起的褶皱断块山地崤山，交通线路主要沿褶皱方向分布，由西南向东北伸展，沿线尽量避开山体东侧岩层断开面所形成的陡峻山坡，而利用山体西侧岩层倾斜面所构成的和缓的山坡。

3. 自然地理环境制约着崤函古道线路的走向

崤函地区地貌以山地、丘陵为主，是秦岭主干的东延，地形复杂，地势多有险恶，给交通事业发展带来了不少困难与阻碍。但另一方面崤函地区大部分为中山、丘陵，逐步降低的地势和东西展布的地貌格局，为人类的交通活动提供了天然通道。崤函地区在主要分支山脉之间都有较长的河流谷地和与河谷呈串珠状相连的山间盆地。同时域内奔腾着黄河、洛河等大的河流，山麓、丘陵与河谷广泛覆盖着的黄土，受河流的冲蚀、切割，形成隘口、深沟，它们都为人类提供了天然的交通孔道，可以形成相应的交通网点。

由潼关向东沿小秦岭和黄河南岸至灵宝境内分布着六大黄土塬，均向北微倾，一直延伸到黄河岸边，与河谷阶地相接，黄河擦着塬的边缘流过，侧蚀强烈，形成了高出阶地数十米的黄土陡崖，使得黄土塬下、河水之滨不能形成东西向交通路线，东西交通道路只能横穿黄土塬顶面，别无选择。著名的焦村塬，历史上曾称稠桑塬、西塬，受弘农涧河和沙河长期侵蚀、切割，塬的东西两面形成隘口、冲沟，沟底与塬顶相对高度有 300~500 米不等，绝岸壁立，极难攀登，因此，古代道路通过焦村塬只能依赖 V 形冲沟。秦函谷关便是利用这一地形建在了这条冲沟的沟口。自秦函谷关以东至陕州故城，黄河南岸阶地地势平缓，古代道路便利用这一有利地形沿阶地行进，由陕州故城向东入崤山。崤山区域主谷与山体平行相间，并穿过一系列的山间盆地。发源于崤山的河流在山脉两侧分流，向西北注入黄河，向东南流入洛河。切穿崤山的河流是没有的，因此，为了地形上的便利，不得不选择比较长一点的河谷和与河谷呈串珠状相连的山间盆地开辟道路。也正因此，由陕州故城东出至洛阳的道路便分成南北两途。北路是沿着源于崤山的青龙涧河东经硖石，再利用洛河支流涧河河谷至洛阳。南路是沿着青龙涧河东南行，再溯青龙涧支流雁翎关河穿崤山，沿洛河支流连昌河东南行至宜阳三乡镇，再沿洛河谷地直达洛阳。沿途的河流谷地为这两条道路的形成发展提供了自然地理基础，也反映了自然地理环境对交通线路分布和走向的制约作用。

4. 自然地理环境决定了崤函古道交通方式和发展规模

崤函古道包括陆路和水路。尽管水运比陆运成本低的优势一直诱惑着古代当政者，但古代生产技术不能完全克服自然地理特别是河流地理的局限性。因此，崤函古道交通的发展呈现出明显的水陆兼用性和水陆交通的不平衡性。一方面,横贯崤函的黄河,是历史时期开发最早的水上运输河道,并发挥过至关重要的作用。但受自然地理环境的影响,黄河三门峡河道狭窄,水流迅急,限制了黄河漕运的发展。历代多采用水陆转运的方式,避开三门峡险阻,再由水路运抵长安。因此,尽管三门峡黄河漕运曾颇为发达,却不能取代陆运,而陆运由于成本及道路的艰难性,也不能取代黄河水运。历史时期,关中与中原的人员往来,主要靠陆路运输,黄河漕运则主要承担了物资运输。而如何处理水陆转运,始终是这一地区漕运成败的关键。另一方面,崤函地区虽然河流众多,但受自然地理环境的影响,峡谷河段多,落差大,主要河流窄谷和宽谷交替出现,水运颇为困难。因此,除黄河外,崤函地区水上交通相对落后。唐以后,随着政治中心的转移,国家对黄河河道疏浚投入日渐衰竭,辉煌一时的黄河漕运也逐步衰落。有时候,即使朝廷有意恢复三门峡黄河漕运,也限于自然条件而无能为力,交通运输只能主要依靠陆路来完成。

5. 自然地理环境影响着崤函古道的通行条件

崤函古道之所以能够成为古代王朝重要的交通线路乃至生命线,不仅仅是因它的区位,还因它的险峻难行。崤函地区自古以险峻闻名。古代文献中对此有许多精彩而客观的记述。北魏郦道元《水经注》描述函谷段形势:“河水自潼关东北流,水侧有长坂,谓之黄巷坂。坂傍绝涧,陟此坂以升潼关,所谓泝黄巷以济潼矣。历北出东崤,通谓之函谷关也。邃岸天高,空谷幽深,涧道之峡,车不方轨,号曰天险。故西京赋曰:岩险周固,衿带易守,所谓秦得百二,并吞诸侯也。是以王元说隗嚣曰:请以一丸泥,东封函谷关,图王不成,其弊足霸矣。”[①]晋人戴延之《西征记》具状崤山道险峻:“崤山上不得鸣鼓角,鸣则风雨总至。自东崤至西崤三十里,东崤长

① 〔北魏〕郦道元著,陈桥驿校证:《水经注校证》卷四《河水》,中华书局,2007,第109页。

坂数里,峻阜绝涧,车不得方轨。西崤全是石坂十二里,险绝不异东崤。”[①]清人赵炳麟《硖石道》诗具言其难行:“陕州硖石道,孤磴如梯悬。路狭不盈丈,危崖逼两边。泥涂径尺深,中含碛与砖。车行苦凸凹,欹侧多不前。我车本三马,又加三马牵。仆夫催马上,难于上青天。呼号累半日,始得登其巅。”[②]管世铭《硖石谣》:“驱车上张茅,车尾何摇摇！怒马上硖石,马蹄不得直。敲断鞭梢,上得张茅。宁逢戈壁,勿行硖石。硖石岧嶤犹自可,风雨三崤愁煞我。覆车何异覆舟危,不辨波澜生道左。”[③]此外,文献中常见的“崤函之固”、“崤函之险”[④]、“崤函重险”[⑤]、“崤函之阻”[⑥]、“崤函阻凭”[⑦]、“崤函隔绝”[⑧]、“殽函之险”[⑨]、“崤函险涩”[⑩]、崤函“险塞”、

① 〔宋〕李昉编纂,夏剑钦、王巽斋校点:《太平御览》(第1册)卷四十二《地部七》崤山条引,河北教育出版社,1994,第365页。

② 〔清〕赵炳麟:《硖石道》,〔清〕赵炳麟著,余瑾、刘深校注:《赵柏岩诗集校注》,巴蜀书社,2014,第90页。

③ 〔清〕管世铭:《硖石谣》,〔清〕管世铭著,马振君、孙景莲校点:《管世铭集》卷三,凤凰出版社,2017,第69页。

④ 〔元〕脱脱等:《宋史》卷四百四十七《唐重传》,中华书局,1985,第13187页;〔宋〕程珌:《代作三贤堂记》,曾枣庄、刘琳主编:《全宋文》(第298册)卷六七九二,上海辞书出版社、安徽教育出版社,2006,第107页;〔唐〕虞世南:《论略》,〔清〕董诰等编:《全唐文·唐文拾遗》卷十三,中华书局,1983,第10507页;〔元〕陈谟:《送陈守道就养序》,李修生主编:《全元文》卷一四四七,凤凰出版社,1998,第158页;〔清〕李鸿章:《复曾宫保》,顾廷龙、戴逸主编:《李鸿章全集(信函一)》,安徽教育出版社,2008,第515页。

⑤ 〔汉〕张衡:《西京赋》,〔清〕严可均校辑:《全上古三代秦汉三国六朝文·全后汉文》卷五十二,中华书局,1958,第761页。

⑥ 《刘向书录》,〔西汉〕刘向集录,范祥雍笺证:《战国策笺证》,上海古籍出版社,2006,第2页。

⑦ 〔唐〕姚思廉:《陈书》卷一《高祖本纪》,中华书局,1972,第17页。

⑧ 〔后晋〕刘昫等:《旧唐书》卷二《太宗本纪》,中华书局,1975,第28页。

⑨ 〔宋〕唐重:《致范致虚第二书》,曾枣庄、刘琳主编:《全宋文》(第173册)卷三七七一,上海辞书出版社、安徽教育出版社,2006,第53页;〔宋〕洪适:《刘锜等檄契丹西夏高丽渤海鞑靼诸国及河北河东等路书》,曾枣庄、刘琳主编:《全宋文》(第222册)卷四九一五,上海辞书出版社、安徽教育出版社,2006,第16页;〔元〕吕溥:《论秦》,李修生主编:《全元文》卷一八三四,凤凰出版社,1998,第220页。

⑩ 〔唐〕房玄龄等:《晋书》卷六十一《周馥传》,中华书局,1974,第1664页;〔南朝陈〕江总:《别南海宾化侯》,丁福保编:《全汉三国晋南北朝诗·全陈诗》卷三,中华书局,1959,第1416页;〔唐〕阙名:《大唐故处士霍君(恭)墓志铭》,吴钢主编:《全唐文补遗》第4辑,三秦出版社,1997,第306页。

“崤函险厄”[①]、“陒陋崤函险”[②]、“崤函重嶂”[③]、“崤函障塞”[④]、“崤函之塞”[⑤]、“崤函之隘”[⑥]、殽函“之瀚之屏”[⑦]等词句，强调的大体都是同样的意思。

因为道路崎岖、狭窄，通行条件甚为恶劣，影响交通活动和交通运输正常进行。据《唐国史补》记载，某次在“渑池道中，有车载瓦瓮塞于隘路，属天寒，冰雪峻滑，进退不得。日向暮，官私客旅群队，铃铎数千，罗拥在后，无可奈何”[⑧]。因“车载瓦瓮”之故，就能把道路阻塞。《旧唐书·宋璟传》亦载，开元五年(717)秋，唐玄宗“驾幸东都，次永宁之崤谷，驰道隘狭，车骑停拥，河南尹李朝隐、知顿使王怡并失于部伍，上令黜其官爵”[⑨]。可见道路通行条件之差，也反映了自然地理环境对历史时期崤函古道交通的发展所具有的影响力和杀伤力。直至明清，这种状况依然如故。明陕西巡抚张瀚《松窗梦语》记其亲身经历：“由沔池至陕州之桃林，经硖石，皆从山径中行。至硖石，两山相夹，危石嵯峨，中一泥泞路耳。由灵宝、阌乡至潼关，亦皆山路。沿河至关，则河流山峙，自昔称雄，非复向所见之山冈关隘矣。”[⑩]明陕州知州张天德《硖石山修路记》亦云：“自硖石抵乾壕往东来者称苦，不啻走孟门、太行间，盖其山尽石，崄巇巉岩，峣屼崎岖。居平风日，晴明望之，且魂摇而目

---

① 〔清〕王定安：《求阙斋弟子记》，太平天国历史博物馆编：《太平天国史料汇编》第30册《参考资料·记事》，凤凰出版社，2018，第12866页。

② 〔明〕张瀚：《函谷道中》，〔明〕张瀚撰，程志兵点校：《奚囊蠹余》卷六，浙江古籍出版社，2019，第84页。

③ 〔北周〕庾信：《周大将军襄城公郑伟墓志铭》，〔清〕严可均校辑：《全上古三代秦汉三国六朝文·全后周文》卷十六，中华书局，1958，第3960页。

④ 〔唐〕元载：《故相国杜鸿渐神道碑》，〔清〕董诰等编：《全唐文》卷三百六十九，中华书局，1983，第3747页。

⑤ 〔唐〕王棨：《武关赋》，〔清〕董诰等编：《全唐文》卷七百七十，中华书局，1983，第8028页。

⑥ 〔宋〕傅共：《南都赋》，曾枣庄、刘琳主编：《全宋文》(第194册)卷四二九一，上海辞书出版社、安徽教育出版社，2006，第315页。

⑦ 〔清〕丁丙辑：《武林坊巷志》卷四十三《东西坊一》，浙江古籍出版社，2018，第4658页。

⑧ 〔唐〕李肇：《唐国史补》卷上，陶敏主编：《全唐五代笔记》(第1册)，三秦出版社，2012，第811页。

⑨ 〔后晋〕刘昫等：《旧唐书》卷九十六《宋璟传》，中华书局，1975，第3032页。

⑩ 〔明〕张瀚：《松窗梦语》卷二《北游记》，中华书局，1985，第34页。

悸,值阴雨则益甚。且其地北达燕赵,东通齐鲁,南下郧襄,西则走秦陇滇蜀,称苦者宁一二已也。”[①]陆路艰险如此,黄河三门峡河段亦素称“天险”。《水经注·河水》云:“自砥柱以下,五户已上,其间百二十里,河中竦石杰出,势连襄陆,盖亦禹凿以通河,疑此阏流也。其山虽辟,尚梗湍流,激石云洄,澴波怒溢,合有十九滩,水流迅急,势同三峡,破害舟船,自古所患。”[②]在生产力发展水平相对较低的历史条件下,这样的自然地理环境,严重影响了黄河漕运的通航能力。

崤函地区频发的自然灾害也给崤函古道交通发展带来了深刻影响,客观上增加了通行的难度和艰巨性。

历史上崤函地区属于自然灾害多发区,主要有气象灾害、地质灾害和生物灾害等。气象灾害以干旱、水灾最多,不仅发生频繁,发生范围广,而且持续时间长。崤函地区素有“十年九旱”之称。据历史资料统计,从1484年到1985年的501年中,灵宝出现全年性及季节性的大面积干旱37次。洛河流域自公元前873年至1946年的2819年间,发生旱灾513次,平均5.5年一次。其中大旱灾160次,平均18年一次;特大旱灾11次,平均256年一次。干旱造成水资源短缺,对以畜力为主要交通工具的古代交通和物资供应造成了严重影响。

旱灾与水灾往往相伴而来,暴雨洪水在崤函地区同样发生频率高、范围广,且多集中在5—10月份,以6—9月份最多。西汉阳朔二年(前23),陕县、渑池县因暴雨引发大水灾,致使饥民涌入函谷关。这是文献上有关崤函地区暴雨洪灾的最早记录。根据文献记载,从明万历十七年(1589)至1985年,灵宝共发生涝灾37次,其中秋涝14次,夏涝4次。洛河流域自公元前873年至1946年的2819年间,共发生水灾412次,其中大水灾168次,特大水灾14次。暴雨洪灾对道路及其沿

① 〔明〕张天德:《硖石山修路记》,〔清〕吴世英修,王用肃纂:顺治《陕州志》卷八《艺文志》,《河南历代方志集成·三门峡卷》(1),大象出版社,2017,第126页。

② 〔北魏〕郦道元著,陈桥驿校证:《水经注校证》卷四《河水》,中华书局,2007,第117页。

线的影响涉及路基、路面、桥梁、护坡、房屋等许多方面，其中影响较大、损失较严重的是路基、路面。

大风即八级或八级以上的风，是一种影响范围广、危害性较大的灾害天气类型，受气压因素影响，渑池县、义马市、湖滨区和陕州区等地在冬春两季易形成大风天气，随寒潮出现，持续时间长，风向较固定。唐开元四年（716）六月辛未，陕州大风拔树。清咸丰元年（1851）二月初六，灵宝县和卢氏县大风骤起，热如酷暑；四月初八，大风再起，冷若三冬，日降雨雹。

地质灾害则以滑坡、塌方对交通影响最大。灵宝市、陕州区、渑池县和义马市中部是滑坡、塌方、泥石流等地质灾害易发区。隋开皇九年（589），杨广开“晋王斜路”便是原函谷关路滨河段常年受河水侵蚀坍塌受阻的缘故。唐天宝八载（749），馆驿使宋浑在稠桑以西新开道路，《新唐书·地理二》明确记载，起因是“县东故道滨河，不井汲，马多渴死”[①]。直到今天，地质灾害仍是影响崤函地区国道交通的主要因素。

行进在古道上，还要提防有害生物的侵袭。历史上，崤函古道交通安全曾因虎患猖獗受到严重的威胁。最典型的史例是《后汉书·儒林列传》记载的汉光武帝建武年间，“崤、黾驿道多虎灾，行旅不通”[②]。史书中甚至把后来“虎负子渡河”视为弘农太守刘昆的“仁政”予以称颂，进一步说明虎患猖獗对当地交通乃至社会生活造成了严重影响。

综上可见，崤函地区自然地理环境无疑为崤函古道的形成发展提供了最基础的要素。崤函古道交通线路的走向、道里、路况、通行条件等无不与崤函地区自然地理环境有密切的关系。一方面，自然地理环境为崤函古道交通提供了足以形成发展的基本条件。崤函古道经过的地区，地处黄土高原东部边缘，大部分为中山丘

① 〔宋〕欧阳修等：《新唐书》卷三十八《地理二》，中华书局，1975，第986页。

② 〔南朝宋〕范晔：《后汉书》卷七十九《儒林列传》，中华书局，1965，第2550页。

陵，逐步降低的地势和东西展布的地貌格局，为人类的迁移和流动提供了通道。全区属于暖温带大陆性季风气候，并有明显的垂直变化。区域内河流纵横交错，众多的黄河支流将黄土分割成数个巨大的黄土塬，土壤肥沃，形成旱作农业，山地和低湿地林木茂盛，成为多种植物区系交会地带，这些为崤函古道上的艰难跋涉者提供了较充足的食物和饮水补给。而过了崤函古道，向西或者向东，便可以较顺畅地直达长安、洛阳两大古都了。另一方面，自然地理环境的某些要素给崤函古道发展带来不少困难与阻碍，造成和加剧了通行条件的艰难，制约了崤函古道交通的发展。

第二节　社会人文因素

仅有独特的自然地理环境,并不能形成声息相通的交通脉络。交通道路的形成与发展,是人地关系的一种体现,离不开相应的社会人文因素的影响。就崤函古道交通而言,同样如此。

一、长安洛阳东西两京体制与崤函古道

自夏商至唐宋的三千多年间,西起关中泾渭流域连接华北大平原的三河地区,东经齐鲁以达海滨的黄河中下游这一狭长地带,既是全国经济最发达的地区,也是王朝统治的政治中心所在。西周初,周、召二公以崤山之“陕”为界将西周版图划分为东、西两部分,分陕而治。战国以降,人们以函谷关为界,将黄河中下游地区这一文明核心区分为“关东”“关中”,或以崤山或华山为界,分为“山东”“山西”。司马迁考察全国的经济布局,提出山东、山西、江南和龙门碣石以北“四大经济区”概念,其中的“山东”“山西”即源于此。研究者认为“这些名词不仅指涉自然地理范围”,

而且“有丰富的人文地理意义”。① 崤函地区正处在“关东”“关西”或“山东”“山西”之间。长安(包括丰镐和咸阳)和洛阳则是坐落于这一文明核心区的两大都城。

自公元前11世纪的西周初年,周公创立丰镐和洛邑东西两京制度,直至10世纪初的北宋,只要国家不陷入分裂,历代基本上都是将洛阳、长安轮换作为全国政治中心之都城。更为神奇的是,当一方作为首都时,另一方也往往成为对方的陪都(表1-2)。其间,虽然也有在长安、洛阳两京之外再设一个或多个陪都的,如东汉除陪都长安外,又以南阳为南都,唐又设有北都太原府、中都河中府、西京凤翔和南京成都,但大都只具象征性意义。所以,就其主流而言,不论哪种情况,这两座都城都互为辅翼,构成我国古代历史上十分奇特的“双都轴心”,形成一条横贯东西的中国古代政治经济文化的中轴地带,强化了都城在国家政治、经济、军事中的地位和作用,联袂主导了我国古代最为辉煌的文明发展阶段,成就了西周—东周、西汉—东汉以及隋、唐等王朝之隆盛气象。

表1-2 长安、洛阳都城建置表

(★首都、☆陪都)

	夏	商	西周	东周	秦	西汉	新莽	东汉	曹魏	西晋	北魏
长安			★		★	★	★	☆★	☆	☆★	
洛阳	★	★	☆★	★		★	☆	★	★	★	★

① 邢义田:《试释汉代的关东、关西与山东、山西》,《秦汉史论稿》,东大图书公司,1987,第85页。有关“关东”及“关西”的讨论,还可参劳榦《关于“关东”及“关西”讨论》(《古代中国的历史与文化》,中华书局,2006,第131~134页)、张荣芳《试论隋唐的山东与关东》[《唐代研究论集》(第3辑),新文丰出版公司,1992,第737~765页]、辛德勇《两汉州制新考》(《文史》2007年第1辑)。

续表

	前赵	后赵	前秦	后秦	大夏	西魏	北周	隋	唐	后梁	后唐
长安	★	☆	★	★	☆	★	★	★	★		☆
洛阳		☆					☆	☆★	☆★	★	★

资料来源：据李久昌《国家、空间与社会——古代洛阳都城空间演变研究》(三秦出版社,2007,第156页)相关内容整理。

崤函地区处在长安与洛阳两京之间,东距洛阳140余公里,西距长安约240公里,这一独特的地理位置使其成为两地沟通和交往不可或缺的中间环节和媒介。崤函古道大规模的开通和形成即是在西周初期。西周东西两京制度的建立,使两京间交通需求骤增,促使西周中央政府直接介入、有计划地在两京间开辟修建宽阔平直的道路,并使崤函古道成为连接两京最重要的国道——周道的枢纽路段。秦汉时期,为满足关中粮食和物资供给的需要,又开始大规模地修建黄河漕运和黄河古栈道。至隋唐时期崤函古道臻于极盛。长安与洛阳“双都轴心”宛若一个哑铃,长安、洛阳分处哑铃的两端,两京之间的东西大道——崤函古道像铃杠一样将两京连接在一起,使其彼此相互呼应,相互补充,相互配合,发挥全国轴心的作用。而对王朝交通版图来说,亦因此形成以长安、洛阳为核心区向四方伸展的巨大交通网络。如果把这个巨大交通网络比喻为密布人体的血管,那么两京之间的东西大道就好比连通心脏的那条最粗壮的管道,在整个交通体系中居于关键位置。唐太宗曾形象地描述:“崤函称地险,襟带壮两京。”“冠盖往来合,风尘朝夕惊。”

长安、洛阳“双都轴心”的密切关系为崤函古道的发展提供了政治上的保证和经济上的助力,也直接影响和推动了这条通衢要道的发展进程。历史上东西两京之间的人员往返、货物运输、文化交流,无不以崤函古道为通道。“崤函古道作为联结两京最重要的交通孔道的枢纽路段,在两千年之历史进程中,曾在支撑周、汉、隋、唐等重要王朝对内对外之政治控驭、军事攻防、商贸交易、文化交流等诸多方面都发挥过关键性的作用。可以毫不夸张地说,崤函古道的通塞安危,维系着这些王朝的盛衰存亡。”①

正因为如此,西周以降建都在长安、洛阳的王朝与政权,无不着力经营两京驿路,特别是其中的枢纽路段崤函古道。一方面,在维护安全、修缮路面、增补设施甚至另建新道上可以说是倾力而为。如隋代开辟的莎栅道,便是隋炀帝为营建东京洛阳,以交通建设推进两京联系的典范。另一方面,道路沿线还设有以备不虞的攻防设施与应变系统,如关隘之设、烽燧之备、粮械之储,以及接待往来人使和互通商贸的机构——馆驿系统。同时,为保证这条道路畅通还实施了其他措施,如政区设置、政权建设、水利建设、城镇建设等。古代王朝的政策与措施不仅影响着崤函古道的兴衰,也直接影响着崤函地区的政治、经济和文化生活,可以说,古道畅通与否也是反映该地区社会治乱、生活安忧的“寒暑表”。

崤函古道一头担着长安和关中平原,一头担着洛阳和伊洛平原,既是东西陆路通衢要道,又是黄河漕运的重要中转站,也是中原腹地通向西北和晋中以北陆路、水路交通的咽喉之地,还是两京文化东传西递的大陆桥。一条小小的道路就把中国古代史上最为辉煌的两大古都串联在一起,演绎出古代文明的发展史,这不能不说是一大奇迹。

崤函古道的形成、繁盛与两京体制有直接关系,其地位和作用的变化也与两京体制息息相关。唐以后,长安、洛阳两京体制崩解,政治中心移向东南而后又定位于北京。崤函古道交通因此受到巨大的冲击和影响。都城东移后的崤函古道交通格局虽然没有大的改变,依然是当时人注重、青睐的横贯东西的交通大动脉,历代亦多有维修,但其全国最重要的驿道地位不复存在,沦为区域性交通线路,交通功能和作用发生了根本性变化,远不及长安、洛阳两京时代那般繁荣。这进一步证明了长安、洛阳东西两京体制对崤函古道兴衰消长的重要影响。

① 朱士光:《序二》,李久昌:《崤函古道研究》,三秦出版社,2009,第3~7页。

二、军事争战与崤函古道

崤函古道作为长期连接两京、沟通中原和关中的最近捷通道,其所经过的地区有崤山和函谷两大险阻,地势险要,向有“崤函之固”“两京襟带”“金汤之地”[①]之称,军事战略地位历来备受推崇。可以说,崤函古道自形成之初,即以军事化色彩强烈、国家干预与管制社会的力量强大而著称。顾祖禹《读史方舆纪要》评价陕州形势:“内屏关中,外维河、洛,履崤坂而戴华山,负大河而肘函谷,贾生所云‘崤、函之国’也。戴延之云:其地‘南倚山原,北临大河,良为形势’。崔浩曰:‘东自崤山,西至潼津,通名函谷,号为天险。’所谓秦得百二者,此地是也……盖据关、河之肘腋,扼四方之噤要,先得者强,后至者散,自古及今不能易也。”[②]可以说,在古代王朝之间、集团之间的竞争中,谁能有效地控制和利用这条交通线,谁就会处于有利地位,这在中国古代历史上长期的东西对峙中表现得尤为突出和典型。

东西对峙是中国古代史上一个突出的地理现象。据史念海研究,在隋唐以前的中国历史上,东西对立或分峙的局面一再发生:整个先秦时代如此,楚汉相争,西汉王朝和东方诸侯国的对立,东魏、北齐与西魏、北周的分峙,都表现为东西相抗。而在东西对峙中,地理上的山(崤山、太行山等)、河(晋陕黄河等)、关(函谷关、潼关等)、塞(桃林塞等)之险,又往往起着重要的作用。[③]

从地理上看,东西对峙主要在我国第二和第三阶梯之间进行,其争夺的关键是黄河流域两级阶梯之间的边缘地带,但是两级阶梯之间的边缘地带有豫西山地阻隔,周秦以来,又在山地险要地段设置函谷关、潼关等关隘,使之形势愈加险要,交

① 〔宋〕宋敏求:《唐大诏令集》卷七十九《行幸东都诏》,中华书局,2008,第451页。

② 〔清〕顾祖禹撰,贺次君、施和金点校:《读史方舆纪要》卷四十八《河南三》,中华书局,2005,第2270~2271页。

③ 史念海:《论我国历史上东西对立的局面和南北对立的局面》,《中国历史地理论丛》1992年第1辑。

通极为不便,故而崤函地区的战略地位十分重要。西周时期,周、召二公以陕原为界分陕而治,陕原以东称陕东,陕原以西称陕西,但其自然地理分界线仍在崤山。战国秦汉时期,人们又以函谷关为界分为“关东”和“关中”,或以崤山或华山为界,分为“山东”和“山西”。函谷关遂成为东西分野的标志,直到东汉末年,潼关取代函谷关成为东西分野的分界线。不过潼关虽在函谷关以西,却离函谷关不远,也属崤函地区。东西对峙双方之间的军事争夺与战争,不论是走陆路还是走水运,崤函古道始终是必经之途。为取得争夺与战争的优势和胜利,对峙的双方莫不重视对崤函古道交通线的有效控制,包括直接控制交通线,注意选择进军路线,注意了解道路情况及破坏或建设道路等内容。在长期的东西对峙过程中,有效控制崤函古道交通线而改变整个战局乃至历史发展进程的战例层出不穷。春秋时期的崤之战、唐安史之乱时的西原大战等,都堪称其中的典型。

交通影响战争,战争也影响着交通,二者存在密切的互动关系。战争促使崤函古道分布格局的形成,促进崤函古道交通线路的开辟、修复和设施的修缮。崤函古道崤山南路和北路的初步开发,是缘于夏王启征有扈氏和夏后期经略晋南的需要,北山高道的建成则是因为曹操西征关中的军事行动。战国时秦设函谷关,东汉后期潼关以及魏函谷关的设立,北周通洛防的建立,都首先是出于军事需要,而成为崤函古道的重要组成部分。正是因对崤函古道交通线的有效控制,有函谷关、潼关这样一些关隘的凭借,历史上四次大的东西对峙局面,都以西部取得胜利而告结束。可见,崤函地理优势与古道交通为西部军事争夺与战争的胜利提供了地理和交通的条件。

崤函古道作为重要交通线路,在战争进程中发挥了重要的作用,其自身也从战争中获得了发展的动力。军事争战与崤函古道交通的辩证关系,构成影响崤函古道历史变迁的一个不可忽略的因素。

三、经济发展需求与崤函古道

交通道路与经济发展息息相关。经济因素是崤函古道形成发展的一个重要推力。崤函地区开发早,由于其地处古代关东、关中两大经济区中间地带,很早就是两大经济区经济往来的必经之地。西周初以洛邑为东都,主要就是由于“此天下之中,四方入贡道里均”①。而沟通丰镐与洛邑东西两京的周王朝国道——周道的大规模修建开通,便是为了满足两京之间物资运输的需要。此后,秦汉定都长安,随着人口增加和军政供给需求扩大,崤函古道陆路交通已不能满足大量运输的需求,统治者遂开始在黄河三门峡整治漕运河道,通过漕运将关东粮食等运至长安。崤函古道因此由单一的陆路交通发展成为水陆“双轨”交通体系。隋唐时长安高度繁荣,军事、经济供给需求旺盛,进一步促进了崤函古道水陆交通的发展。西汉武帝时年漕运量600万石,折合今约18.5万吨,按汉代运车“一车载二十五斛”载重指标计,陆运需用车24万辆;若以一船承载大约相当于20车核算,则需用船12000艘②。至唐天宝三载(744),漕入长安的粮粟最高达400万石(汉、唐度量衡不同),折合今约28.6万吨,又比汉武帝时多了10万多吨。除漕粮外,还有大量江淮土特产品即“轻货”,通过黄河漕运运至长安。所谓“轻货”,全汉昇说:“物品种类虽然不少,事实上以布帛为主。”③

由此可见,黄河漕运已然成为隋唐王朝的生命线。这一时期开元盛世的开创,与黄河漕运的保障是分不开的。为保证漕运的正常通行,历代都十分重视对黄河三门峡河道的疏治,其重要措施便是疏浚河道,开凿栈道,建立漕仓。至今在三门

---

① 〔汉〕司马迁:《史记》卷四《周本纪》,中华书局,1982,第133页。

② 王子今:《秦汉时期的内河航运》,《历史研究》1990年第2期。

③ 全汉昇:《唐宋帝国与运河》,《中国经济史研究》(1),中华书局,2011,第244页注1。

峡、八里胡同的黄河两岸岩壁上依然保留着古代漕运纤索磨勒的沟槽、方形壁孔、底孔、牛鼻形壁孔和立式转筒等大量遗迹。三门峡黄河漕运对保证我国东西部地区粮食和物资运输、救灾备荒、巩固统治等，都起到了积极的作用，同时也大大促进了崤函古道交通的发展。

四、丝绸之路与崤函古道

丝绸之路是贯通中西方的商贸和文化交流之路。丝绸之路的形成是由点连成了线，纵横交叉的线又形成了网络。早在新石器时代晚期的仰韶文化时代，庙底沟文化就有大规模波澜壮阔的西渐过程，甘肃、青海、四川、新疆甚至西藏此后绵长延续的彩陶文化，均以此为根基。其传播之路，裴文中称之为史前“丝绸之路”①，近年来被学界称为史前彩陶之路。“彩陶的西传实际就是早期中国文化的西传”，彩陶之路是早期中国文化向西拓展之路，是“早期中西文化交流的首要通道”。②

西汉武帝时，张骞出使西域，开辟横贯东西的丝绸之路后，崤函古道开始承担由丝绸之路西部起点长安延伸进入中原的重任。随着东汉刘秀定都洛阳，丝绸之路起点东移至洛阳，崤函古道又成为由丝绸之路东部起点洛阳往西域、亚欧进行经贸文化交流的重要通道。崤函古道因此由原来的境内通道，发展成为国际丝绸之路起始段的重要路段。加上隋唐时海上丝绸之路连接大运河，直通洛阳、长安，从而使陆上和海上两条丝绸之路衔接，直接或间接地连接起更为广阔的文化交流空间。在丝绸之路历时 2000 年之久的东西经济文化交流中，崤函古道作为交通要道，为商人、使节及其他旅客提供了旅途所需物资、食宿以及商品交易的场所，大大

---

① 裴文中：《中国西北甘肃走廊和青海地区的考古调查》，《裴文中史前考古学论文集》，文物出版社，1987，第 256~273 页。

② 王仁湘：《庙底沟文化彩陶向南方两湖地区的传播》，《江汉考古》2009 年第 2 期；韩建业：《“彩陶之路”与早期中西文化交流》，《考古与文物》2013 年第 1 期。

便利了丝绸之路东西经济文化往来,为丝绸之路的繁荣做出了突出贡献。东汉李尤《函谷关赋》用“会万国之玉帛,徕百蛮之贡琛。冠盖纷其云合,车马动而雷奔”①描述汉代外国使节和商人会集于函谷关前,车马人员喧嚣的繁荣景象。崤函古道沿线还出土了不少反映东西方文化交流的遗迹、遗物,如唐三彩骆驼、胡商俑、波斯萨珊王朝银币、胡人灯俑等。大量的海内外商品由崤函古道转输往来,众多的胡商蕃客云集而来,不仅进一步刺激了崤函地区经济、文化的发展,同时也需要进一步加强崤函古道的开拓与管理,保证路线的畅通,以适应道路国际化的需要,这在客观上促进了崤函古道交通建设和管理水平的提升。

五、黄河南北交流与崤函古道

崤函古道交通虽以东西向交流为主,但研究其在黄河南北向交流中的作用,对理解其形成和发展,亦具有重要意义。

崤函地区南北向交通主要是与黄河以北晋南运城地区即古之河东进行的。崤函与晋南曾经是一个整体,后来随着地质变化,被隆起的山脉、高地和黄河干流隔开。河东是秦、晋、豫交通要冲,拥有丰富的盐、铜等资源。河东盐池借助风和太阳蒸发自然生成食盐,史称“解盐”“潞盐”或“河东盐”。河东盐、铜等开采历史十分久远,而崤函地区与河东地区仅黄河一水之隔,地域相连,文化相通,从史前到先秦,两地一直同为我国政治中心与经济、文化最为发达的地区之一,文化基本同步发展,属于同一个大的文化区系,彼此的盛衰有千丝万缕的联系。围绕着河东盐、铜等资源的开发、利用,不同时期不同势力的竞争和冲突一直不断,进而促进了崤函地区和河东地区跨黄河的南北交通道路的开拓与发展。“假虞灭虢”“唇亡齿

① 〔东汉〕李尤:《函谷关赋》,〔清〕严可均校辑:《全上古三代秦汉三国六朝文·全后汉文》卷五十,中华书局,1958,第746页。

寒”的历史典故,真实反映了两岸关系之密切。西汉以来,两地在高层政区上又长期隶属司隶校尉部,是中原王朝所依赖的重要的政治中心区。北魏和唐代,陕州甚至拥有跨黄河之县,奄有今山西平陆、夏县、芮城等地,至金代,陕州辖境才复归黄河以南。这种建置便利了黄河两岸的交通与治理。黄河三门峡漕运即是由两岸百姓共同开发和承担的,也是两地联系的主要通道,黄河上更有风陵渡、浢津、太阳渡、茅津渡、济民渡等著名渡口。自河东南渡黄河,循崤函古道西可入关中,东可越崤山达洛阳,再东至华北或南方。军事争战中,则可以利用沿岸渡口调兵遣将,亦可利用或横断崤函古道影响整个大局。春秋之时,晋献公假途灭虢,抢占崤函,秦穆公因此无法东进中原与诸侯争霸。东汉末,曹操西征马超、韩遂,一路沿崤函古道大修道路佯进,主力则由黄河以北向西迂回,渡临晋关,攻克潼关。这样的史例同样见于北朝后期西魏北周与东魏北齐长达数十年的对峙攻战中。崤函古道是著名的解盐和中条山铜矿南运的主要中转通道,并在黄河两岸逐步形成了虞坂颠軨道、浢津道、阳壶道等连接崤函古道的盐道网络,直接推动了崤函古道交通的发展。黄河南北持续而频繁的交流交往,对崤函古道的形成和发展具有的重要影响,值得研究者关注。

第二章　史前时代崤函古道的孕育

崤函古道的起源可以追溯到史前时代，包括考古学上的旧石器时代和新石器时代两个时期。考古发现证实，崤函地区是史前时代人类活动最频繁、文化最发达的地区之一。在人类奋力突破自然生态分布局限所进行的种种尝试与探索下，崤函古道在史前时代逐步萌芽，形成了早期道路形态——“彩陶之路”，为中华文明的起源与发展发挥了重要的作用，也为文明时代崤函古道的开辟和建设奠定了最初的基础。借助考古发现和各种典籍的记载，我们能够看到崤函古道随着史前人类发展逐渐进步而起源及萌芽的基本轮廓。

第一节　前仰韶时代崤函地区文化交流途径

考古发现证实,旧石器时代崤函地区的人类早期族群,在采集、狩猎和迁居等生产生活中,已开辟了本地区最早的人类陆路交通线路。裴李岗文化时期,崤函地区初步开辟了与东部伊洛河流域、西部渭河流域进行交流的简单的陆路交通线路。

一、旧石器时代崤函地区最早的人类交通线路

崤函地区是我国较早有远古人类居住和开发的地区之一。渑池任村、上河及垣曲古城和安窝"曙猿化石"(克氏假猿化石)[①]的发现,证明早在4500万年前人类远祖就已在渑池、垣曲盆地出现,这一带很可能是人类最早起源地区之一。20世纪60年代,在崤函地区黄河北岸的山西芮城西侯度发现的古人类遗址是目前所知我国境内最早的人类及其文化之一,距今约180万年。2007年,灵宝朱阳镇匣里发现的石器和哺乳动物化石,证明距今约100万年古人类已在三门峡一带活动,这也是河南境内已知最早的人类活动遗存。迄今在崤函地区已找到上百处旧石器时代

① 王胜昔:《上河曙猿化石遗址在河南渑池立碑　类人猿出现前推1000万年》,《光明日报》2017年4月20日第09版;黄学诗:《山西垣曲曙猿化石的发现》,《化石》1997年第4期。

遗址或地点①,其中仅三门峡辖区便有40余处,是河南省发现旧石器时代遗址或地点最多的地区,遗存既有各种打制石器和第四纪动物化石,也有早期古人类化石。其中距今15万年左右的中更新世晚期的“豫灵人”、距今10万年前晚更新世晚期的“卢氏人”,都是河南省发现的最早智人之一②。更为重要的是,生活在崤函地区的古人类,从100多万年前到1万多年前,一直没有间断,几乎涵盖旧石器时代早、中、晚整个阶段。如在湖滨区水磨沟、会兴沟,陕州区侯家坡、赵家湾、仙沟、三岔沟,渑池任村、青山,灵宝朱阳、营里、谢家坡,潼关张家湾、卧龙铺,平陆七里坡、庙后、罗家岭、枣树堙等地,发现有旧石器时代早期文化遗存。在陕州区张家湾(3处)、赵家湾,渑池南村、任村,卢氏段家窑,灵宝营里,洛宁上沃、明珠村、洛三公路,宜阳涧河村等地发现有旧石器时代中期文化遗存。在卢氏刘家岭,灵宝函谷关、邢家庄等地发现有旧石器时代晚期文化遗存。旧石器时代文化遗存在崤函地区广阔的空间连续分布,说明崤函地区是古人类长期生存与活动的重要地区,也是人类文明的重要发源地。

根据旧石器文化的空间分布及其遗物分析,旧石器时代的崤函地区呈现出森林、丛林、草原、沙丘、山地、河流等自然景观,气候由暖湿向干凉转变。现已发现的崤函地区旧石器时代文化遗存均为旷野型遗址,古人类早期族群主要活动在黄河及其支流的岸边、山麓的缓坡,以临时营地为聚落,居住在简陋、临时性的建筑里,所用工具为选用附近河滩上的石片制成的各种石制品,以季节性的流动来获取实

① 张森水、张松林主编:《河南旧石器考古与第四纪研究论文集》,科学出版社,2005;河南省文物局:《河南文物》,文心出版社,2008;贾兰坡、王择义、邱中郎:《山西旧石器》,科学出版社,1961;山西省考古研究所:《山西旧石器时代考古文集》,山西经济出版社,1993;冯兴祥、周华山、巴志刚等:《“豫灵人”头骨化石的发现与研究》,《地域研究与开发》1993年增刊;杜水生、刘富良、朱世伟等:《河南卢氏发现黄土旧石器》,《第四纪研究》2008年第6期;陕西省考古研究院史前考古研究部:《陕西史前考古的发现和研究》,《考古与文物》2008年第6期;李占扬:《河南境内古人类及旧石器遗存的发现及其问题》,《华夏考古》2012年第2期。

② 冯兴祥、周华山、巴志刚等:《“豫灵人”头骨化石的发现与研究》,《地域研究与开发》1993年增刊;季楠、牛树森:《河南省卢氏县发现人类化石》,《人类学学报》1983年第4期。

物资源,过着采集和狩猎的不定居生活。

道路交通是伴随着人类活动开始的。为了寻找果实、渔猎动物,生活在崤函地区的古人类早期族群不得不经常过着流动的生活,道路的探索和开辟对他们而言也就具有了至关重要的意义。天然的山间小路、河谷和平原坦途成为他们利用的主要路径。从居住地到丛林、草原和黄河岸边,不断踩踏出来的采集之路、狩猎之路以及生活之路,形成了崤函地区古人类最原始、最简单的道路和交通网,也是人类文明在这个地区留下的最初的交通印迹。

从崤函地区旧石器时代文化的特点来看,崤函地区古人类与周边地区存在着密切的人员往来与文化互动。据贾兰坡等的研究,中国旧石器文化以秦岭及其东延的崤山、伏牛山、桐柏山、淮河为界,形成了华北石片石器工业和华南砾石石器工业两大文化区。崤函地区旧石器文化属于华北区的“匼河-丁村系”,或称为“大石片砍砸器——三棱大尖状器传统”[①],基本特征是利用宽大石片,制造出各种类型的大砍砸器、尖状器和手斧等。秦岭北麓的豫晋陕交界地区是这一文化传统的策源地,构成中原一带旧石器文化的主流和中心。早在水磨沟、会兴沟遗址发现之初,研究者就注意到水磨沟、会兴沟遗址虽比山西襄汾的丁村遗址时代要早,但从石器的制作和类型上看,二者却又有许多相似的地方,反映出它们在文化上存在一定的承袭关系[②]。灵宝营里遗址发现后,研究者再次注意到营里与丁村、三门峡的打片技术乃至石器加工有诸多相似之处,三地均出土有三棱尖状器,尤其是丁村的大三棱尖状器同营里的三棱尖状器在加工方法上高度一致,反映了两者在文化性质上的亲缘关系,这为探索丁村文化的渊源及演变提供了重要的佐证[③]。还有学者

① 贾兰坡、盖培、尤玉柱:《山西峙峪旧石器时代遗址发掘报告》,《考古学报》1972 年第 1 期。

② 黄慰文:《豫西三门峡地区的旧石器》,《古脊椎动物与古人类》1964 年第 2 期。

③ 河南省文物研究所、灵宝县文管会:《河南灵宝营里旧石器地点调查简报》,《华夏考古》1990 年第 2 期。

指出,渑池任村和青山村所出土的石制品埋藏层位和加工技术与邻近的垣曲一致①。丁村文化遗址位于山西襄汾县城南汾河东岸,距今约15万~10万年,是继承匼河文化发展起来的分布很广的原始文化。这种现象至少说明,早于丁村的水磨沟、会兴沟人类早期族群的活动足迹已不仅仅局限于水磨沟、会兴沟一带,他们已经克服了黄河的阻隔,踏到了汾河畔,实现了文化的交流。直至旧石器时代中期,在灵宝营里,陕州区张家湾、赵家湾,渑池南村、任村,卢氏段家窑,洛宁上沃与襄汾丁村文化之间仍然保持着某种联系,石器的制作和类型有许多相似的地方。这种文化早晚的源流联系、较大地域范围内的文化特征雷同,说明尽管人类早期族群的活动范围极其有限,但经常的迁徙流动使不同血缘族群间的相互联系和交往成为可能,出现了一些大范围、远距离原始人类为寻找新的食物和居住地、与外族群交流石器产品或工艺以及进行联姻活动等的走东西、行南北的区域性迁徙之路、文化传播与交流之路。

这种现象还十分明显地反映在崤函地区与伊洛河流域、关中东部旧石器时代文化关系上。有研究者表述,伊洛河流域的洛阳市区、宜阳、洛宁以及偃师、嵩县的旧石器文化特征十分一致,和三门峡、蓝田一带发现的旧石器文化连成一片。洛宁发现的"砍砸器、三棱大尖状器特点鲜明,可能与近邻洛南、三门峡以及蓝田、匼河的文化性质有更多的相似性"②。有关研究表明,崤函地区旧石器文化还常见南方旧石器文化体系技术因素,具有华南砾石石器工业成分,呈现出一种南北文化融合的面貌③。如灵宝营里所出三棱尖状器与丁村出土的同类器物相似,但包括尖状器在内的多数石器采用砾石加工,制作工艺受汉水流域石器制作技术的影响,呈现出

① 贾兰坡、王择义、邱中郎:《山西旧石器》,科学出版社,1961,第18页;白寿彝:《中国通史》第2卷《远古时代》,上海人民出版社,1994,第24~25页;黄慰文:《豫西三门峡区的旧石器》,《古脊椎动物与古人类》1964年第2期;张维华:《河南省新发现的旧石器和人类化石》,《中原文物》1986年第2期;河南省文物研究所、灵宝县文管会:《河南灵宝营里旧石器地点调查简报》,《华夏考古》1990年第2期。

② 杜水生、刘富良等:《洛宁县发现黄土石器工业》,《考古与文物》2010年第2期。

③ 吕遵谔:《从巩义和洛南之行浅谈砾石石器工业》,《考古与文物》1999年第1期。

南北文化交汇的一些特点①。卢氏、洛宁旧石器文化选取古洛河河床的砾石为原料，直接进行打片或加工，工具中以砍砸器、手镐、原手斧、重型刮削器为主，刮削器、尖状器等轻型工具不占主要地位，这都和华南地区的砾石工业有相似之处。崤函地区位于我国旧石器时代南北两大文化圈中部的过渡地带，自然成为连接两大文化圈的重要一环。南北方文化交互融合以及古人类的迁徙活动，必然影响到崤函地区的原始文化。崤函地区旧石器文化很可能是北方石片石器工业和南方砾石石器工业在地理位置上的交叉、镶嵌，在工业性质上互相交流甚至融合后形成的，并成为我国南北方文化融合、扩散的一个重要“跳板”。

这些现象至少说明在旧石器时代的不同阶段，崤函地区古人类通过采集、狩猎、迁居与近邻地区古人类交流石器产品或工艺以及联姻等活动，开发并建立起往来崤函地区的中远程区域性道路和区域性交通网络。这些进行迁徙和实现交流的通道，有可能就是后来历史时期十分繁荣的崤函古道最初的基础。

二、裴李岗文化时期崤函地区的文化交流之路

距今 1 万年左右，人类步入新石器时代，开启了以长期定居的聚落，使用磨光石器、烧制陶器和经营原始种植农业及饲养家畜为特征的经济生活。

裴李岗文化和老官台文化，是黄河中游地区已知最早的新石器文化遗存。前者最早发现于河南新郑，以嵩山周围为中心，主要分布于河南中西部，“基本属于豫中黄淮、豫西南的平原地带和豫西、豫北的浅山丘陵地带两类”，距今约 8200 ~ 7500 年②。后者主要分布在甘肃陇东和陕西关中地区，“以渭河下游地区较为密集”，在

① 李占扬：《河南境内古人类及旧石器遗存的发现及其问题》，《华夏考古》2012 年第 2 期。

② 中国社会科学院考古研究所：《中国考古学·新石器时代卷》，中国社会科学出版社，2010，第 132、134 页。

公元前7900年—前7000年左右[①]。崤函地区处于东部裴李岗文化和西部老官台文化接壤地带,总体上可归入裴李岗文化范围。已发现的遗址有灵宝荆山、官庄,渑池班村、仁村、鹿寺、任村、陵上、关家,新安荒坡,卢氏薛家岭、祁树湾等。这种分布态势,基本上反映了这一时期崤函地区交通开发和交通路线的辐射状况。

渑池班村遗址是其中最大的一座,位于渑池东北南村乡班村,北靠黄河,西临涧河,面积约4.5万平方米,遗址最下层发现有裴李岗文化的房基、窖穴和用于烧烤食物的室外灶坑,出土有三足钵、筒形带把罐等陶片,还有一些石器、骨器等,年代距今大约8000~6900年。考古发掘表明,班村陶器主要器形有罐、钵、碗、缸、器盖等,"器形与河南境内的裴李岗文化所出陶器大致相同,又与渭水流域的老官台文化陶器有相似之处"[②]。这说明班村古人类与裴李岗、老官台古人类曾发生过文化的交流。

新石器时代的文化交流通常是通过人员往来和迁徙实现的。裴李岗文化西渐,有学者认为,其一支沿汉水经汉中到达渭河流域的宝鸡地区,与老官台文化一道创造了仰韶文化半坡类型[③]。老官台文化最早发现于陕西华县(今渭南华州区)西南的老官台遗址,在渭河下游的重要遗址有北刘遗址、白家遗址等,它们都与崤函地区相邻,空间距离较短。而崤函地区裴李岗文化遗存又都分布在黄河南岸谷地,因此,裴李岗文化西渐可能是经过崤函地区达到关中。而老官台文化对裴李岗、磁山文化的影响主要也应是通过崤函走廊进行的。如"班村陶器以夹砂陶为主,流行绳纹,钵类器表多饰绳纹等,即应是其位置偏西北、在地域上邻近关中地区,受白家文化影响所致"[④]。这表明在崤函裴李岗文化的区域道路中,还存在与

① 中国社会科学院考古研究所:《中国考古学·新石器时代卷》,中国社会科学出版社,2010,第114、121页。

② 张居中、赵清:《渑池县班村遗址》,河南省文物管理局等编:《黄河小浪底水库文物考古报告集》,黄河水利出版社,1998,第7页。

③ 袁广阔:《关于裴李岗文化一支西迁的几个问题》,《华夏考古》1994年第3期。

④ 魏兴涛:《豫西晋西南地区新石器时代文化与社会》,北京大学博士论文,2010,第22页。

近邻地区进行交流的远程道路和路线。

但崤函地区裴李岗时期遗址数量不足 10 个,面积都不大,仅数千平方米,范围极其有限,可能还是散点式的,彼此之间还存在着大片“空白”区域。而在黄河南岸的晋西南至今尚未发现明确的此类文化遗存。班村遗址发掘显示,其文化虽与裴李岗文化有一定的共同因素,但其自身独特的风格一直占据主导地位。“班村的石器除打制的燧石箭头比较精致,还有少量磨制石斧外,其他器物甚为罕见。陶器以夹砂红褐陶为主……多滚饰竖绳纹或交错绳纹,绳纹密而稍粗,与老官台文化截然不同,也不同于贾湖一期的滚绳纹……器物组合中,具有典型特征的是作为炊器的大量角把罐和钵形釜。角把罐的把多呈圆柱形,对称置于罐中部,与贾湖者不同。器表饰绳纹的钵形釜也为这里所仅见。”①因此,有学者视其为裴李岗文化的一支亲缘文化,称其为“班村类型”。由此可以看出,裴李岗时期崤函地区与周边的文化交流还处于比较原始、松散的状态,与伊洛河流域、渭河流域交通的开发依然是初步的,尚不能实现经常的、密切的文化联系。

① 张居中:《试论河南省前仰韶文化》,河南省文物考古学会编:《河南文物考古论集》,河南人民出版社,1996,第 5 页。

第二节　仰韶时代的彩陶之路

距今7000～5000年的新石器时代晚期，崤函地区进入考古学上的“仰韶时代”，文化呈勃兴之势。仰韶时代是史前文化的一个辉煌时代，也是中华民族由鸿蒙时代走向文明的曙光泛起时代。仰韶文化“主要分布在黄土高原及附近地区，中心分布区是在关中—陕南—晋南—豫西”[①]。关于中心分布区的“关中—陕南—晋南—豫西”，一些学者又有“陕晋豫邻境地区”“豫陕晋相邻地区”概念[②]，认为这一地区的仰韶文化是“整个中国古代文明实际上的源头和发展轨迹的主线”[③]，并且“在多个文明的发源地中，豫陕晋相邻地区又是唯一一支从不间断的文明，是中华民族总根系中的直根，也是中国古代文明形成和发展的主流”[④]。崤函地区正处在

---

① 中国社会科学院考古研究所：《中国考古学·新石器时代卷》，中国社会科学出版社，2010，第208页。

② 苏秉琦、殷玮璋：《关于考古学文化的区系类型问题》，《文物》1981年第5期；张国硕：《豫陕晋相邻地区与中国古代文明起源》，中国社会科学院考古研究所、中国社会科学院古代文明研究中心编：《古代文明研究》(第1辑)，文物出版社，2005，第60～69页。又严文明把新石器时代的文化划分为燕辽、甘青、中原、山东、长江和江浙六大文化区域。他认为中原文化区像花心，其他五个文化区像花瓣，围绕着中原文化区。至于中原文化区的范围，是以渭河流域和晋陕豫三省邻接地区为中心，几乎遍及陕西、山西、河北、河南全境。

③ 张国硕：《豫陕晋相邻地区与中国古代文明起源》，中国社会科学院考古研究所、中国社会科学院古代文明研究中心编：《古代文明研究》(第1辑)，文物出版社，2005，第69页。

④ 魏继印：《豫陕晋相邻地区与文明起源研究》，郑州大学博士论文，2008，第241页。

这一地区的核心区域。这使得崤函地区文化发展无论是在广度还是在深度方面都达到了前所未有的程度,由此开启了与周边及更广大区域频繁的文化交流与交融,由庙底沟彩陶文化编织起的彩陶之路,是崤函古道的最早形态,对中华文明的形成和发展起过极其重要的作用。

一、仰韶文化在崤函地区的兴盛与分布

仰韶文化因 1921 年最早发现于渑池县仰韶村而得名。此后,仅在三门峡辖区内已发现仰韶文化遗址 300 余处,占河南总数的 1/5,占全国总数的 1/25。超过 50 万平方米的特级聚落,三门峡地区有 6 处,占河南总数的一半,且多是比较单纯的仰韶文化遗址。种种迹象表明,崤函地区是仰韶文化的主要策源地和中心分布区,在空间分布上呈现三个明显特点。

一是在分布位置上,这些遗址多分布在大小河流中游两岸的塬地边缘和河谷阶地,尤其以三门峡青龙涧河、苍龙涧河,灵宝阳平河、沙河、弘农涧河及渑池涧河两岸分布较密集,属于河谷阶地型聚落,利于用水,又能免于水难。

二是在空间布局上,同时间共存的聚落往往以河流为基础形成聚落群,大的河流还可以划出两个聚落群来。许顺湛曾将崤函地区黄河南岸的仰韶文化聚落归纳为 10 个聚落群:陕县聚落群(含三门峡市郊,共 34 处)、灵宝川口聚落群(27 处)、灵宝铸鼎塬聚落群(25 处)、灵宝豫灵镇聚落群(9 处)、灵宝五亩朱阳聚落群(10 处)、渑池仰韶村聚落群(27 处)、卢氏洛河聚落群(21 处)、新安涧河聚落群(含洛阳 3 处、渑池 2 处,共 21 处)、新安西沃聚落群(含孟津 2 处,共 11 处)、洛宁宜阳洛河聚落群(29 处)。这十大聚落群主要密集分布在三门峡青龙涧河流域以及陕州区直接注入黄河的苍龙涧河等小流域,灵宝境内沙河阳平河流域和弘农涧河流域,

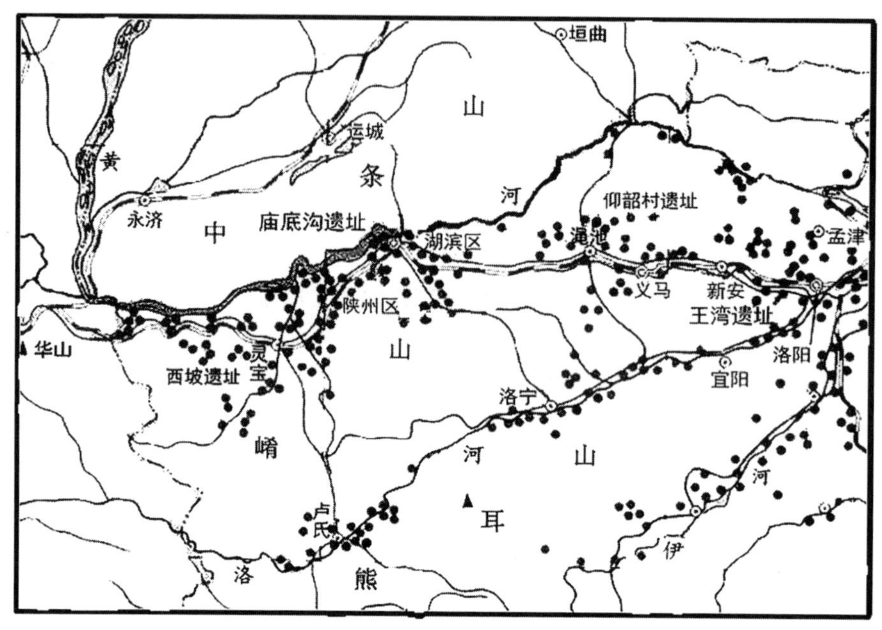

图 2-1　三门峡地区仰韶文化遗址分布图①

渑池、义马以及新安境内涧河流域,卢氏、洛宁和宜阳境内洛河流域等四大流域,沿河流两岸呈线状分布,可称之为"一"字形(线状)聚落。

三是在分布范围上,聚落群与聚落群之间相对距离较近,聚落多分布在半径20公里的区域内。如五亩朱阳聚落群的五亩与川口聚落群的川口,其直线距离只有15公里。川口聚落群的巴娄遗址与铸鼎塬聚落群交叉,而铸鼎塬聚落群的程村乡与豫灵镇聚落群中的故县镇直线距离不到10公里,故县镇距豫灵镇直线距离也只有10多公里,显示出罕见的密集分布状态。因此,许顺湛认为,灵宝仰韶文化遗址虽然分为数个聚落群,但因聚落群之间距离太近,各聚落群之间很难明显地断开,"实际上可以合并为一个聚落群"整体。"这个整体的东边是大王乡,与陕县的

① 据国家文物局主编《中国文物地图集·河南分册》绘,中国地图出版社,1991,第32页。

聚落群相邻,又形成一个大的聚落群体。"[①]刘莉统计灵宝境内仰韶文化遗址6个中心聚落间的距离:杨家沟距五帝村25公里,五帝村距川口17公里,川口距南村14公里,南村距北阳平19公里,北阳平距东双桥25公里,"相邻中心之间的距离大约为14~25公里,平均20公里"[②]。一般来说,20公里大约是一天步行一个来回的距离。

交通地理是沟通文化关系的重要条件。仰韶文化中期以来,崤函地区文化的兴起和统一,与区域内部交通的发展和文化交流有着至为密切的关系。

现有研究表明,三门峡盆地各个聚落内都有自己的彩陶生产、制作体系,不存在较大区域范围内统一生产、分配和流通的体制,但在文化面貌和特征上,又具有高度的一致性,形成一个大的文化区域。如果没有古人对自然的认识、对交通的开发,想必很难实现聚落的整合和域内文化的统一。考古所见仰韶文化在崤函地区的广泛分布,体现崤函严重的交通阻障已经能够被初步克服,具备文化传播、融合和一体化的基本条件,反映跨越崤函险阻的早期道路已承担文化沟通的职能。上述遗址分布状况和特点,清晰地呈现了仰韶时代崤函地区人类沿河流和河谷阶地生活的情形,显示出此一时期人类尝试和探求开辟崤函交通道路的情况,适如史念海所说:"当时的人选择居住地址……是离不开水的。这除过生活饮用之外,便利的交通也应是具中不能不加以考虑的因素。一苇之航远较翻山越岭为容易。河流沿岸遗址较为繁多,就是具体的说明。"[③]

随着聚落的不断发展,聚落内的人口日益增多,人类为满足生存和生活的需要,不断地去开辟新的生活领地,同一地域或相邻地区聚落联合或整合呈快速增强之势,形成多个大型、特大型聚落及围绕这些大型、特大型聚落的聚落群。此时所

① 许顺湛:《豫晋陕史前聚落研究》,中州古籍出版社,2012,第79~86页。

② [澳]刘莉著,陈星灿等译:《中国新石器时代:迈向早期国家之路》,文物出版社,2007,第151、244页。

③ 史念海:《春秋以前的交通道路》,《河山集》(七集),陕西师范大学出版社,1999,第101页。

见崤函地区沿河流分布的“一”字形(线状)聚落群现象,应就是这种聚落群整合的直接反映。聚落群整合不仅从整体上扩大了居住区,扩大了聚落群的经济实力和地域势力,而且扩大了当时人们日常活动的范围和距离,原来仅建立在单一氏族内部和有限的氏族外部的道路和交通网也因此得到更大幅度的拓展。“居住地区既已扩大,交换的范围就相应广泛,交通道路也就难免随之延长,而且逐渐趋于形成较为主要的交通道路。”①

这条主要的交通道路并不仅以遗址所在的小河流域为限。从遗址分布图上看,由新安经渑池、义马、陕州区、湖滨区,而至灵宝,可以清晰地显示出一条沿黄河谷地的主要的东西向互相往来的交通道路。而由卢氏经洛宁至宜阳,同样也显示出一条沿洛河河谷的相互联系、相互往来的交通道路。新的连接流域性聚落群或大区域性的道路开辟和交通网络的扩张,无疑为更大范围的区域外文化交流与持续传播提供了重要的交通保障。以彩陶为特征的文化传播与交流成为此时这条通道交往的主要内容。庙底沟“彩陶之路”的出现便是很好的证明。

二、庙底沟文化的传播与彩陶之路

考古学家将仰韶文化时代划分为早、中、晚三个时期,崤函地区的仰韶文化遗址大多属于中期的庙底沟文化。庙底沟文化因最早发现于三门峡湖滨区韩庄村的庙底沟遗址而得名,距今约 5900~4800 年,主要分布在华山以东、崤山以西的豫西地区以及汾河下游的晋南地区和渭河谷地的关中东部地区,强盛时影响遍及大半个中国。崤函地区是庙底沟文化的发端地和核心区。

庙底沟文化是仰韶文化的繁盛时期,彩陶是庙底沟文化最具代表性的器物和重要文化特征。1921 年,瑞典科学家安特生在渑池仰韶村遗址发现大量的彩陶,

① 史念海:《春秋以前的交通道路》,《河山集》(七集),陕西师范大学出版社,1999,第 102~103 页。

他将其与东南欧的特里波里、中亚安诺等遗址的彩陶相比，认为“以河南与安诺之相较，其器形相似之点既多且切，实令吾人不能不起同一源之感想。两地艺术彼此流传未可知也。诚知河南距安诺道里极远，然两地之间实不乏交通孔道”[①]，进而提出了“中国文化西来说”或者“彩陶文化西来说”。这一说法已被科学的考古发现所否定，但安特生敏锐地发现了古代中国与欧洲文明之间存在着一条以彩陶为纽带的交通孔道，则是他的一大贡献。

考古发现，彩陶最早起源于老官台文化，陕西华县元君庙、老官台，宝鸡北首岭和甘肃秦安大地湾遗址的彩陶是迄今发现最早的彩陶。这时的彩陶艺术还比较原始，处在萌芽阶段。仰韶中期半坡文化向东扩展，彩陶技术也随着半坡族群的东迁，传播到崤函地区。庙底沟人继承和吸收了半坡文化彩陶的精华，加以发展，创造出以成熟的双唇小口尖底瓶与构图严谨、线条流畅、设色典雅的花瓣纹图案组合为其基本特征的庙底沟文化，将彩陶推向了新石器时代彩陶发展的高峰。庙底沟文化首先兴起于豫西晋西南，这一区域的大部都属于我们所说的崤函地区范围。庙底沟文化之所以首先在豫西晋西南形成，戴向明认为，是因为这里属半坡文化的边缘区，其文化传统较淡，而自然环境又较优越，所以容易孕育生长出一种新的考古学文化[②]。

庙底沟文化形成后不久就壮大成熟起来，并旋即踏上了规模宏大、浩浩荡荡的文化传播与扩张之路，整个黄河中游及邻近地带的文化面貌、文化格局因此而发生了根本转变。在中国史前文化中，庙底沟文化是最具扩张力的，其大规模的文化扩张集中体现在彩陶文化的传播上，它以崤函地区为起点和枢纽，以彩陶为特征编织起了大范围的分布网和复杂分布路线，同时亦构筑起庞大的交通网络和复杂的行

① ［瑞典］安特生著，袁复礼节译：《中华远古之文化》，《地质汇报》第五号第1册，北京京华印书局，1923，第23页。

② 戴向明：《试论庙底沟文化的起源》，吉林大学考古系编：《青果集——吉林大学考古系建系十周年纪念文集》，知识出版社，1998，第18~26页。

图 2-2　陕县(今三门峡陕州区)庙底沟遗址出土彩陶盆

近走远的大道小路。这就是著名的“彩陶之路”①。

考古发现和研究表明,庙底沟文化时期崤函地区彩陶的传播路线主要沿西、北、东3个方向伸展。其中,最早开辟并相互形成组合关系的东西向原始通道应是自陕州区经灵宝、潼关至关中的道路,即后来的函谷道,而由陕州区经渑池、新安至伊洛盆地的道路,即后来的崤山道则略晚些。

向西即向关中地区,是庙底沟文化传播的主要方向。与崤函地域相邻的渭河流域,本来就与豫西晋南存在着天然的文化亲缘关系。这里已然衰老的半坡文化在来自东方的生机勃勃的庙底沟新文化的冲击下,很快就发生了转变,在充分吸收双唇小口尖底瓶、曲腹盆、钵、釜、灶,以及华丽繁缛的花卉型彩陶花纹等典型因素的同时,又保留沿用从本地前期承袭下来的不同形态的夹砂罐、瓮和素面盆、钵等器物,形成了本地区内容丰富,既具典型性又有自身特点的庙底沟文化②。它与发源地的庙底沟文化有许多相似之处,以至于苏秉琦主张“庙底沟类型的文化遗存的发达中心不出西安—陕县之间”③。不过,关中地区庙底沟文化在时间上晚于豫西晋西南,属于庙底沟文化的发展区或称次生区。庙底沟文化创造了关中史前彩陶新的辉煌,积蓄了新的力量后,继续西进,强劲进入陇东,并沿西南方向南下和西进,到达天水、陇南和陇中部分区域,成为马家窑文化的重要来源。

有学者指出,庙底沟文化向西扩张主要以驱逐和替代为形式④,也就是一部分

---

① “彩陶之路”一词最早由李济于1960年提出,用来概括和质疑安特生“中国文化西来说”或者“彩陶文化西来说”。经过裴文中、夏鼐、苏秉琦、严文明等学者的研究,证实了彩陶传播的主导方向是西去而非西来。“彩陶之路”一词成为早期中国文化向西传播之路的代名词,主要指以彩陶为代表的早期中国文化向西拓展渗透之路,也包括顺此通道西方文化的反向传播。不过,学者关注的主要是陕甘新地区的彩陶之路及其早期中西文化交流,而对崤函地区彩陶之路鲜有论述。

② 戴向明:《庙底沟文化的时空结构》,文物研究编辑部编:《文物研究》(第14辑),黄山书社,2005,第26~44页。

③ 魏兴涛:《豫西晋西南地区新石器时代文化与社会》,北京大学博士论文,2010,第143页。

④ 戴向明:《庙底沟文化的时空结构》,文物研究编辑部编:《文物研究》(第14辑),黄山书社,2005,第26~44页。

庙底沟文化人群从豫西晋南向西迁移,进入关中渭河流域逐步成为这一区域文化的主体。其迁移路线,主要应是沿石器时代崤函黄河谷地形成的东西向原始道路。研究表明,关中新石器时代遗址以渭河两岸最为稠密,以西安为界,西安以西大都分布在渭河以北地区,西安以东则大部分分布在渭河以南地区,其中华阴仰韶中期聚落群和华县仰韶早中期聚落群与灵宝豫灵镇聚落群相邻,说明崤函地区沿黄河谷地的东西向原始道路,其东段已经和渭河流域的原始道路相连接①。这表现了清晰的东西交通线的特征,正与后世崤函古道主要东西交通道路的布局走线相吻合。这条线路上的遗址较多,作为证据的代表性遗址有潼关南寨遗址、张家湾遗址、华阴西关遗址、瓦渣梁遗址、西泉店遗址、华县安家河遗址、铁王遗址、雍家湾遗址、东尧遗址、泉护遗址、西寨遗址、太平庄遗址等。

向北即向晋中以北及内蒙古中南部地区,也是庙底沟文化形成后扩张的主要方向之一。据戴向明的研究,庙底沟文化形成后,"一部分人很快就沿汾河谷地、黄河谷地及其他通道北上,迁移到了晋北和内蒙古中南部,这部分人所带来的庙底沟文化与当地土著文化相结合,同时自身产生变异,形成了本地富有特色的庙底沟文化。因此,庙底沟文化向北的传播应是一种类似'殖民'的方式直接进入的"②。这里的"黄河谷地",不仅指晋陕黄河谷地,还包括崤函地区黄河谷地。作为证据的代表性遗址,平陆有盘南、郑沟、前柳树凹、王沟等4处,基本沿道路分布,1处在黄河岸边,3处集中于北部的颠軨附近。过黄河即是由30多个聚落组成的"陕县聚落群"。芮城有许八坡、南疙瘩、牛皋、杨庄、坑南、灰土坡、赵家坪、清凉寺(寺里-坡头遗址)、庄头等,这9处遗址呈南北条带状,延绵分布于清凉寺至洹津渡。过黄河是著名的灵宝铸鼎塬聚落群。大量迹象表明,庙底沟文化的核心在灵宝北阳平、西

① 史念海:《春秋以前的交通道路》,《河山集》(七集),陕西师范大学出版社,1999,第101页。西安市交通局史志编纂委员会:《西安古代交通志》,陕西人民出版社,1997,第12~14页。

② 戴向明:《庙底沟文化的时空结构》,文物研究编辑部编:《文物研究》(第14辑),黄山书社,2005,第26~44页。

坡遗址一带，作为核心区其传播力和辐射力是不可低估的。自陕州平陆间的茅津渡经虞坂颠軨道，自灵宝芮城间的洹津渡经洹津道，以及渑池垣曲间的济民渡（阳壶渡）都可以较便利地进入运城、垣曲、临汾盆地，并继续北上。晋中及内蒙古中南部地区也属于庙底沟文化的发展区或次生区。

庙底沟文化向东即向郑洛地区的传播，时间上略晚于西、北两个方向。考古发现，郑洛地区仰韶文化既表现出浓厚的庙底沟文化特征，同时也保留有本地仰韶早期的一些传统，最富特征的就是各种形态的鼎，说明庙底沟文化对郑洛地区的影响主要是技术和文化输出而非大规模移民或“殖民”方式。受文化传播距离衰减规律的影响，洛阳王湾左近因靠近豫西，其内涵基本不出典型庙底沟文化的范畴，郑州附近则强调了庙底沟文化的某些因素而又生发出一些新特点。因此，郑洛地区属于庙底沟文化的分布区，是庙底沟文化向东扩张的外部播散区。

从郑洛地区庙底沟文化遗址分布看，其传播的途径一是沿涧河进入洛阳，然后再继续东进。其证据是，陕州区以东、渑池及义马境内的涧河两岸有27处遗址，新安沿涧河流域有21处遗址，因为距离较近，洛阳的3处遗址、渑池的2处遗址被划入新安涧河聚落群，即新安涧河聚落群已深入到洛阳市郊，与洛阳境内的孟津聚落群、偃师伊洛河聚落群连接。二是沿洛河经洛宁、宜阳进入洛阳。这条线路沿途都有庙底沟文化遗址可以作证。洛河上游有卢氏聚落群，中下游有洛宁、宜阳聚落群，它们正好接连在一起，属“一”字形聚落群。沿洛河入伊洛河，洛阳市郊有仰韶遗址15处[①]，与偃师聚落群连为一体，组成偃师伊洛河聚落群。这些聚落群的分布，很好地说明了沿涧河、洛河两条文化带的存在，而这两条文化带便是彩陶文化传播的通道，可以说是庙底沟人向东扩展的交通地理空间表现。

这样，彩陶就给我们提供了一把关键性的钥匙，证明至迟从庙底沟文化时起，由崤函地区西至关中及其以远，东到郑洛地区及其以远，存在着实实在在的以彩陶

① 许顺湛：《豫晋陕史前聚落研究》，中州古籍出版社，2012，第79~86页。

为特征的文化传播及交通线路。由崤函地区越中条山进入晋南及其以远的通道也在这一时期开辟。这样的一条彩陶之路虽然是沿着石器时代的天然通道而行，但已经勾画出了较明确的道路走向，具体线路虽有许多，但大致可概括为以崤函地区为核心区的西道、东道和北道，分别连接着关中、河洛和晋南及其以远地区，承担着人员迁徙、文化传播交流的职能。

通过这条彩陶之路，源自庙底沟的彩陶等旱作农业文化因素渐次西播东传、北上南下，各区域文化也顺道逐渐渗入崤函地区。庙底沟文化之后，豫西、关中和晋南主要分布着西王村文化，原来庙底沟文化的旧地许多变成西王村文化的新居，庙底沟人开辟的彩陶之路并未因居民文化的变换而废弃，反而一直延续至新石器时代晚期。因此，我们将这一过程视作崤函古道漫长的形成历史的起源，将这条道路看作崤函古道的雏形或早期形态，它为文明时代崤函古道的形成奠定了基础。

对这条彩陶之路更远的走向和编织的交通网络，王仁湘有过专门的精彩论述：

在仰韶文化的庙底沟时期，曾出现过一次大规模的文化扩张。黄河中游地区的庙底沟文化，影响远及东部黄河下游的大汶口文化、北部辽河地区的红山文化、南部长江中游的大溪文化，还有西北部地区的前马家窑文化，这一广大的地区都发现过一些具有庙底沟文化风格的彩陶。其中对西北部地区的影响最为明显，那是一种明确的文化传播，彩陶的器形与纹饰基本上没有明显变化……

这些发现让我们有理由相信，在丝绸之路形成之前，连接中原与西北地区的彩陶之路已经比较通畅，这条路的长度以直线距离计算也不会短于1500公里。考古发现证实，彩陶在这个通道上的传播，远比向平坦的东部和南部要畅通得多。

……

史前源自黄河中游的彩陶之路，在完成向西传播的历程的同时，又转向南传播，进入长江上游地区……

> 这是一条南下的彩陶之路，它甚至一直沿着横断山脉向南传播，在公元前2000年前后到达云南和越南北部，这条通道的长度已经超过了2000公里……这样的一条通道到后来发挥了越来越明显的作用，它便是研究者认定的南方丝绸之路的前身。①

交通道路从来就是不同人群及其观念扩散的基本途径，也是文化或民族共同体形成发展的基础条件。强势的庙底沟文化以豫晋陕交界地区为中心，超越地理单元和文化屏障，向周围强力辐射，使差不多整个黄河中上游地区，西到甘肃、青海和四川西北部，东到河南东部，北过河套，南达江汉，都卷入庙底沟文化之中，文化上达到了空前一致的局面。其影响甚至北及内蒙古东南部和辽宁西部，东达渤海和黄海之滨的山东和江苏北部，南则跨过长江，深入长江中游地区。

彩陶既是庙底沟人创造使用的一种生活器物，也是庙底沟文化的载体，因而，通过彩陶之路传播的不仅是一种器物制作技术和艺术形式，还是一种认知体系。②“随着彩陶的播散，我们看到了一种大范围的文化扩展，这种扩展的意义与作用，大大超过了彩陶自身。”③“庙底沟的彩陶不仅是仰韶文化的奇葩，而且远播到黄河上下游以及长江流域和北方的大部分地区，辐射至大半个中国，可视为中国史前文化第一次大规模的整合运动的标志。”④庙底沟人通过彩陶传导的是他们的信仰与情怀，所获得的是一种深刻的文化认同。

“在仰韶文化庙底沟类型时期，也就是在公元前4000年前后，远古华夏族共同

---

① 王仁湘：《彩陶与玉石——前丝绸之路探索（摘要）》，杨伯达主编：《中国玉文化玉学论丛（三编·下）》，紫禁城出版社，2005，第608~610页。

② 王仁湘：《庙底沟文化彩陶向南方两湖地区的传播》，《江汉考古》2009年第2期。

③ 王仁湘：《庙底沟文化彩陶向西南的传播》，《四川文物》2011年第1期。

④ 中国社会科学院考古研究所：《考古中华——中国社会科学院考古研究所成立六十年成果荟萃》，科学出版社，2010，第85页。

体的形成已经迈开了坚实的步伐,花瓣纹的流行便是鲜明的标志之一。”[①]据苏秉琦的研究,庙底沟花瓣纹,可能与“华”“华山”“华夏族”的得名有关,“花”“华”“华山”“华夏”在远古具有密切的联系[②]。刘庆柱亦分析说:“以中原地区为核心的庙底沟文化花瓣纹(‘华’的象征)彩陶,是此后‘中华文明’的物化表征。‘华’即‘花’,《诗经·国风·周南》:‘桃之夭夭,灼灼其华。’魏晋南北朝之前,只有‘华’字,没有‘花’字。人们讲‘华’时,指的就是‘花’。‘华’的繁体字,就似一簇盛开似锦的繁花,比后来出现的‘花’字更为形似。‘中’即‘华’(‘华’即‘花’),‘中’与‘华’等同,‘中’为‘空间’,‘华’为‘中’之‘文化’内涵,庙底沟文化将其‘空间’之‘中’与‘文化’之‘华’相连,成为最早‘中华’。”[③]庙底沟人以绚丽多姿的彩绘“花”纹为旗帜,在瓦解各地固有文化格局的同时,造就了诸多族群的重组与融合,开启了华夏族群浩荡洪流的先河,促成了早期中国文化圈的形成。有学者把这个文化圈分成三个层次,豫西晋西南及关中东部拥有典型流畅的花瓣纹彩陶,为“核心区”,向外的黄河中游地区的花瓣纹饰略显稚嫩迟滞,为“主体区”,再向外的黄河下游、长江中下游和东北等地区则出现了变体的花瓣纹装饰,是为“边缘区”。研究者发现,这一文化圈的空间范围,已经涵盖了历史上中国的主体区域,不仅具备有中心有主体的多元一体结构,而且与商代政治地理范围和结构惊人地相似,这无论是在地理上还是在文化上都为夏商乃至秦汉以后的中国奠定了政治文化的基础,因此可称为“最早中国”,或“早期中国”[④]“中国相互作用圈”[⑤]。

---

① 王仁湘:《论我国新石器时代彩绘花瓣纹图案》,《中国史前考古论集》,科学出版社,2003,第451~462页。

② 苏秉琦:《关于仰韶文化的若干问题》,《苏秉琦考古学论述选集》,文物出版社,1984,第157~189页。

③ 刘庆柱:《新郑与黄帝 黄帝与中国》,《人民政协报》2018年3月14日第008版。

④ 韩建业:《庙底沟时代与“早期中国”》,《考古》2012年第3期;韩建业:《最早中国:多元一体早期中国的形成》,《中原文物》2019年第5期。

⑤ 张光直:《中国相互作用圈与文明的形成》,《中国考古学论文集》,生活·读书·新知三联书店,2013,第149、167页。

文化交流向来是以交通地理为基础的。庙底沟文化的兴起、繁盛和强力辐射，与交通的发展和文化交流有着至为密切的关系。“文化圈”“相互作用圈”的概念，本身即是对当时人类社会流动、文化交流和物品交换等行为方式的概括，在很大程度上也可以说是对这一时期已经出现较大范围和较远路程的陆路与水路交通发展状况的直接注解。

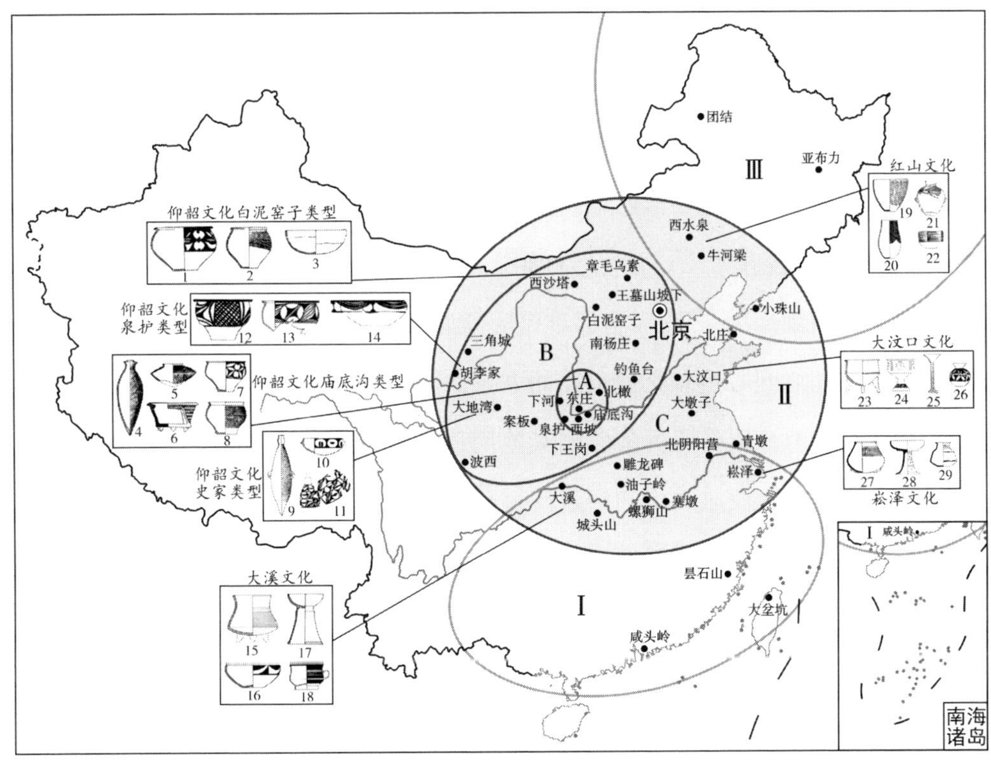

图 2-3　庙底沟时代文化上的最早中国（前 4200—前 3500）①

Ⅰ. 釜-圈足盘-豆文化系统　Ⅱ. 早期中国文化圈　Ⅲ. 筒形罐文化系统

A. 核心区　B. 主体区　C. 边缘区

① 采自韩建业《最早中国：多元一体早期中国的形成》，《中原文物》2019 年第 5 期。

综上，庙底沟文化时期，崤函地区内部已形成了一个连接流域性聚落群的道路及交通网络，这使得崤函地区文化无论是在广度还是深度方面都达到前所未有的程度，以此为中心，以彩陶为特征，庙底沟文化逐步向西、北、东方向扩张和传播，先后开辟了通往关中及其以西地区、晋南及其以北地区和郑洛及其以东地区的通道，由近及远，编织起了大范围的彩陶分布网和复杂分布路线，同时，亦构筑起庞大的交通网络和复杂的行近走远的彩陶之路。这条彩陶之路，是崤函地区东西向文化交流的主要通道，它与后来的崤函古道线路有相当程度的联系与相似，可以说是崤函古道的主要前身和早期形态。它对崤函地区内部文化融合和一体化的趋势加强，对中华文明的形成发展和早期中西方文明交流都产生过重要影响。

继庙底沟文化之后，在豫西晋西南地区发展而起的是西王村文化。西王村文化得名于山西芮城县西王村遗址，主要分布在关中、豫西和晋西南地区。这一时期，三地文化面貌高度一致，以至很难再区分为不同的文化类型。这种文化的高度一致，显示三地之间必然有交通道路相联系。西王村文化时期是崤函地区的变革时期，由庙底沟时期以豫西晋南影响其他周边地区为主变为以周边地区影响豫西晋南为主，尤其是大汶口文化和屈家岭文化由东向西大举挺进。外来文化逐步改变了豫西晋南的文化面貌，促使西王村文化向庙底沟二期文化转变。西王村文化遗址在关中主要有西安半坡（晚期）、临潼姜寨（四期）、宝鸡福临堡等，豫西除渑池仰韶村（二期）、庙底沟遗址外，还有新安麻峪（二期）和马河遗址，灵宝涧口（一期）等，晋南则有垣曲古城关（仰韶晚期）、平陆盘南村、夏县东下冯、襄汾陶寺、芮城西王村（仰韶晚期）等。在陇东的秦安大地湾和陕北地区也有发现。西王村文化是庙底沟文化的继承和发展，从主要遗址分布看，由崤函直至关中、陇东，皆有分布，原来庙底沟文化的旧地许多都成了西王村文化的新居。这说明庙底沟人开辟的彩陶之路并不因居人文化的不同而有所兴废。

三、崤函炎黄传说与炎黄族群的迁徙融合之路

庙底沟文化的强势发展和传播,说明其背后有一个很强大的族群及维系这一族群的强势核心组织。值得注意的是,《史记》所记载的黄帝、炎帝及其所在族群主要的活动地域与庙底沟文化分布范围,在空间上具有高度的一致性,一般认为考古学上的庙底沟文化即是黄帝、炎帝开创的物质文化。文献材料提供了黄帝时代黄帝、炎帝及其所在族群在崤函地区活动,并主导和参与开拓崤函地区史前交通的信息。

《国语·晋语四》载:“昔少典娶于有蟜氏,生黄帝、炎帝。黄帝以姬水成,炎帝以姜水成。成而异德,故黄帝为姬,炎帝为姜。”[①]徐旭生推断,姬水在今陕西东北部。黄帝所在族群在姬水壮大后,沿黄河向东发展,其迁徙路线,是沿北洛水南下,到今大荔、朝邑一带,东渡黄河,沿着中条山及太行山边逐渐向东北迁移,到华北平原的北部[②]。文献记载和当地传说都表明黄河东转折处的崤函地区与黄帝及黄帝所在族群有关。

位于灵宝阳平的黄帝铸鼎塬南依荆山、夸父山,北濒黄河边的鼎湖,是司马迁笔下黄帝铸鼎象物,最后升仙的地方。《史记·封禅书》载:“黄帝采首山铜,铸鼎于荆山下。鼎既成,有龙垂胡髯下迎黄帝。黄帝上骑,群臣后宫从上者七十余人,龙乃上去。余小臣不得上,乃悉持龙髯,龙髯拔,堕,堕黄帝之弓。百姓仰望黄帝既上天,乃抱其弓与胡髯号,故后世因名其处曰鼎湖,其弓曰乌号。”[③]在距今5000年前,黄帝联合炎帝在涿鹿之战中战胜九黎族首领蚩尤,并乘胜统一了中原各部,实

① [春秋]左丘明撰,徐元诰集解,王树民、沈长云点校:《国语集解》卷十《晋语四》,中华书局,2002,第336~337页。

② 徐旭生:《中国古史的传说时代》,广西师范大学出版社,2003,第50~52页。

③ [汉]司马迁:《史记》卷二十八《封禅书》,中华书局,1982,第1394页。

现了中华文明史上的第一次族群大融合,“诸侯咸尊轩辕为天子,代神农氏,是为黄帝”[①]。于是,黄帝“采首山铜,铸鼎于荆山之阳”,“作宝鼎三,象天地人”[②],铭功记盛,设庙祭祀天地祖先。《水经注·河水》引《魏土地记》记述其事发生的具体地点和故事:“弘农湖县有轩辕黄帝登仙处。黄帝采首山之铜,铸鼎于荆山之下,有龙垂胡于鼎,黄帝登龙,从登者七十人,遂升于天。故名其地为鼎胡。荆山在冯翊,首山在蒲坂,与湖县相连。《晋书地道记》、《太康记》并言胡县也。汉武帝改作湖。俗云黄帝自此乘龙上天也。”[③]司马贞《索隐》:“鼎湖,县名,属京兆,后属弘农。昔黄帝采首阳山铜铸鼎于湖,曰鼎湖,即今之湖城县也。”[④]汉之胡县即唐湖城县,在今灵宝西。荆山在灵宝西,距铸鼎塬 8 公里。首阳山即今山西永济西南的中条山西段,与荆山隔河相望。

铸鼎塬又有黄帝陵。《纲鉴易知录·五帝纪》:“帝采首山之铜,铸三鼎于荆山之阳。鼎成,崩焉;其臣左彻取衣、冠、几、杖而庙祀之。”[⑤]黄帝在铸鼎塬“铸鼎”设庙大业后即“升天”。其臣左彻感念黄帝丰功伟绩,率群臣建立祠庙,削木为黄帝像,并将其几杖、衣冠等陈列于庙,祭祀黄帝。古本《竹书纪年》引《汲冢书》亦载:“黄帝仙去,其臣有左彻者,削木作黄帝之像,帅诸侯奉之。”[⑥]晋张华《博物志·史补》:“黄帝登仙,其臣左彻者削木象黄帝,帅诸侯以朝之。七年不还。”[⑦]左彻等在铸鼎塬上建立的黄帝祠庙,是历史上文献记载的建立最早的黄帝祠庙,也是最早的祭祀黄帝的场所。其后,历代多有修葺。黄方《鼎原黄帝庙奎阁记》记载:“阌乡县

① 〔汉〕司马迁:《史记》卷一《五帝本纪》,中华书局,1982,第 3 页。

② 〔汉〕司马迁:《史记》卷十二《孝武本纪》,中华书局,1982,第 465 页。

③ 〔北魏〕郦道元著,陈桥驿校证:《水经注校证》卷四《河水》,中华书局,2007,第 111 页。

④ 〔汉〕司马迁:《史记》卷十二《孝武本纪》,中华书局,1982,第 460 页。

⑤ 〔清〕吴乘权等辑,施意周点校:《纲鉴易知录》卷一《五帝纪·黄帝有熊氏》,中华书局,1960,第 13 页。

⑥ 方诗铭、王修龄:《古本竹书纪年辑证》,上海古籍出版社,1981,第 62 页。

⑦ 〔晋〕张华撰,范宁校证:《博物志校证》卷八《史补》,中华书局,2014,第 93 页。

治之东南冈峦一带,若起若伏,逶迤而来者,黄帝铸鼎原也……维此有庙,创自汉唐,断碑可识也。”①黄帝陵前现存唐贞元十七年(801)虢州刺史王颜撰文,华州刺史兼御史中丞袁滋籀书的《轩辕黄帝铸鼎碑》,是迄今所见最早的记载黄帝铸鼎升天的碑刻。铸鼎塬之南的山、沟、村落,如荆山、蚩尤山、轩辕台、夸父山、太阳沟、炉底村、三圣村、五帝村、鼎湖等多与黄帝时代的人名或事迹有关,足见其历史影响的久远。

图 2-4　灵宝黄帝陵(於春艳提供)

近年考古发掘和研究证明,铸鼎塬一带是庙底沟文化的中心区域。在铸鼎塬周围 300 平方里的范围内,分布有 48 处仰韶文化遗址,80%属于庙底沟文化,是我国目前已发现的仰韶文化中晚期遗址中数量最多、遗址等级最全、文化年代最集中

① 〔清〕梁溥纂修:乾隆《阌乡县志》卷六《碑铭》,《河南历代方志集成·三门峡卷》(9),大象出版社,2017,第 429 页。

的聚落遗址群。最大的北阳平遗址面积近100万平方米,次一级的西坡遗址面积40多万平方米。距铸鼎塬13公里的秦岭之首——荆山锯齿壕发现了荆山古采铜遗址,高6米,宽6米,进深9米,洞口和洞中存留有粗笨的开采工具、开采痕迹和品位较高的铜矿石。锯齿壕东北300米处有一块1200平方米平地,为存放铜矿石的地方。北阳平遗址试掘中也发现有似人工开采的铜矿石块。这些证明铸鼎塬聚落群已经掌握了炼铜技术,进入了铜石并用时代。

西坡遗址发现有特大房址、公益设施区、居住区、作坊区、墓葬群、大型人工壕沟等,并出土了大量的石器、骨器、陶器、玉器、编织物以及成套的生活器具①。遗址中心是4000多平方米的广场,广场四角各有一座大型半地穴式建筑。西北角的F106室内面积约240平方米,西南角的F105室内面积约204平方米,外有回廊,占地面积达516平方米,是仰韶文化时期所见面积最大、结构最为复杂、规格最高的房屋基址,也是中国古典回廊式建筑中发现最早的一座。有学者推测,像F106这样的大房子,大概需要100个劳动力连续工作3个月才能完成,应是具有原始宫殿性质的公共活动场所,是王权及军权的象征。它们和这里发现的大型墓葬、发达的制陶技术和刻画符号,以及荆山古采铜遗址和人工开采的铜矿石块,连同聚落群遗址一起,证明其文明已发展到苏秉琦所说的“古国”阶段。有学者称其为“崤山古国”,其文化发展模式体现出一种“务实进取”的特质,强调“军权和王权,讲究气派(如大型房屋和大型墓葬),却不尚浮华”②,反映了中国文明起源中的“中原模

① 中国社会科学院考古研究所、河南省文物考古研究所:《灵宝西坡墓地》,文物出版社,2010,第8~12页。

② 严文明:《重建早期中国的历史》,《中华文明的始原》,文物出版社,2011,第46页。

式”[①]的质朴习俗。考古发现与文献记载相互印证，说明铸鼎塬一带很可能是黄帝时代的政治、经济和文化中心，西坡遗址可能是一处仰韶文化中期核心地区具有政治意义的大型聚落遗址[②]。西坡遗址发现的大型建筑和大型墓葬，真切地反映了黄帝时代的文明景象，展示了“最早中国”的瑰丽与繁华。

炎帝也是公认的中华民族始祖，与黄帝同出一源，共同构成早期华夏集团的主体。炎帝兴盛早于黄帝，最初兴起于今渭水上游宝鸡一带的姜水，其后逐渐东移。徐旭生考察炎帝族群东移的路线，大约是顺着渭水东下，再沿黄河南岸东去，进入豫西晋南，最后东移至山东地区[③]。在漫长的迁徙过程中，炎帝族群沿途留下的孑遗，分衍出许多新的氏族。文献中有八代炎帝的说法，其中第二代炎帝临魁又称魁隗氏、块隗氏，据《山海经》记载，其生活于宜阳、新安一带；第三代炎帝承的故里在陕州区与灵宝之间的常烝之山；第八代炎帝榆罔居地迁至陕州区境内的“空桑”[④]。据《史记》记载，西周初年的姜姓焦国，便是神农氏炎帝后裔在三门峡建立的国家。

在炎帝族群迁徙的过程中，夸父部落的迁徙最为引人注目。《山海经》一书录有“夸父逐日”传说：“夸父与日逐走，入日。渴欲得饮，饮于河渭；河渭不足，北饮大泽。未至，道渴而死。弃其杖，化为邓林。”[⑤]一般认为，这则神行故事反映了源

① 李伯谦：《中国古代文明演进的两种模式——红山、良渚、仰韶大墓随葬玉器观察随想》，《文物》2009年第3期；中国社会科学院考古研究所、河南省文物考古研究所：《灵宝西坡墓地》，文物出版社，2010，第208页；严文明：《重建早期中国的历史》，《中华文明的始原》，文物出版社，2011，第36~56页；韩建业：《西坡墓葬与“中原模式”》，《先秦考古研究：聚落形态、人地关系与早期中国》，文物出版社，2013，第84~97页。

② 中国社会科学院考古研究所、河南省文物考古研究所：《灵宝西坡墓地》，文物出版社，2010；李新伟、马萧林、杨海青：《河南灵宝西坡遗址发现仰韶文化中期大型墓葬》，《中国文物报》2007年2月16日第2版；魏兴涛、张小虎、胡小平：《河南灵宝铸鼎塬史前聚落调查取得重要成果》，《中国文物报》2007年6月29日，第2版。

③ 徐旭生：《中国古史的传说时代》，广西师范大学出版社，2003，第52~55页。

④ 杨作龙：《炎帝文化发端伊洛论》，《洛阳师范学院学报》2007年第6期。

⑤ 袁珂校注：《山海经校注》，上海古籍出版社，1980，第238页。

图 2-5　夸父逐日图①

自西北的夸父部落所进行的溯河、渭而上的迁徙活动。部落迁徙是原始时代最大规模的交通活动。从神话中可见，夸父部落的迁徙既由于当时河渭流域的一次严重干旱，也与他们当时在争夺生存空间的战斗中失败有关。在干旱与战争的双重作用下，夸父部落举族沿渭河、黄河迁徙。其中所谓“弃其杖，化为邓林”的地方，就在灵宝西南夸父山的北面，又叫桃林，即古代著名的桃林塞。《山海经·中次六经》云：“夸父之山……其北有林焉，名曰桃林，是广员三百里，其中多马。湖水出焉，而北流注于河。”②《水经注·河水》：“湖水出桃林塞之夸父山，广圆三百仞。武王伐纣，天下既定，王巡岳渎，放马华阳，散牛桃林，即此处也。”③尽管夸父的“逐日”或“迁徙”行为以失败告终，但“夸父逐日”这一行走壮举反映了史前人类顽强开辟从

① 采自袁珂校注《山海经校注》，上海古籍出版社，1980，第 239 页。

② 袁珂校注：《山海经校注》，上海古籍出版社，1980，第 139 页。

③ ［北魏］郦道元著，陈桥驿校证：《水经注校证》卷四《河水》，中华书局，2007，第 111 页。

西到东交通路线的拼搏精神。至今在灵宝还有许多与夸父逐日相关的地名,如夸父峪、夸父茔、夸父营、夸父河、夸父泉、夸父山等,足见其历史影响久远,也从侧面证明夸父部落对崤函道路交通的开拓有重要贡献。

文献记载为我们描绘了一幅黄帝时代众多部落族群沿崤函古道自西向东或由东而西大规模迁徙的场景。炎帝、黄帝族群相继在这一地区活动,共同进行了崤函古道的开发。有学者指出,炎帝的中心地域早期在渭河(包括汉水)上游宝鸡一带,恰好是属仰韶文化一期的半坡类型的发源地,半坡文化应属于炎帝族群的遗存。庙底沟文化则属于黄帝族群的遗存。先是炎帝族群一部分进入豫西晋南,带来了半坡早期文化。介于半坡和庙底沟文化之间的东庄类型,便是半坡类型东进与当地土著文化融合的结果。如此正可解释炎黄同源且兴盛早晚有别的说法。炎帝族群沿着黄河南北岸向今华北大平原西部地带发展,与兴起于今冀、鲁、豫交界地区由东向西发展的蚩尤族群相遇,炎帝战败,企图重回原居地。而这时原居地已为黄帝族群所占领,炎、黄两族群间在阪泉发生了重大冲突,最后炎帝战败归附于黄帝,炎、黄两大族群联合起来,组成强大的部落联盟,共同与西进的以蚩尤族群为代表的东夷集团作战,在涿鹿大败蚩尤。阪泉、涿鹿所在地,有学者指在今河北涿鹿,钱穆等考订涿鹿在运城解池附近,阪泉在涿鹿东北①。钱穆说:“阪泉应在今山西省南部解县境。大抵这两部族的势力均在向北伸展,渡过黄河。解县附近有著名的盐池,或为古代中国中原各部族共同争夺的一个目标。因此占到盐池的,便表示他有为各部族间共同领袖之资格。黄、农两部族在此战争,殆亦为此。”②通过旷日持久的远征,炎、黄两大部落终于开拓了沿黄河两岸由西向东的交通道路,并在崤函古道西端联合起来,组成强大的部落联盟,大败蚩尤,扼制了东夷集团的西进,确立

① 钱穆:《中国文化史导论》(修订本),商务印书馆,1994,第26页;李元庆:《三晋古文化源流》,山西古籍出版社,1997,第135~140页;吴晓东:《〈山海经〉语境重建与神话解读》,中国社会科学出版社,2013,第281~282页。

② 钱穆:《中国文化史导论》(修订本),商务印书馆,1994,第26页。

了庙底沟文化所代表的华夏集团的主导地位。于是“诸侯咸尊轩辕为天子,代神农氏,是为黄帝”①。

族群迁徙、部落战争毫无疑问地开拓了人们的地理视野,其中也包括对交通条件的认识。罗泌《路史》记载:黄帝“命共鼓化狐作舟车,以济不通。命竖亥通道路、正里候。命风后方割万里,画野分疆”②。班固《东都赋》写道:“分州土,立市朝,作舟舆,造器械,斯乃轩辕氏之所以开帝功也。”③“舟车”“舟舆”等交通工具的创造,被认为是“轩辕氏之所以开帝功”的基本条件。据说黄帝名号“轩辕”,即与其创制车辆的功业有关④。《史记》记载黄帝在涿鹿之战后倾力开拓交通:“天下有不顺者,黄帝从而征之,平者去之,披山通道,未尝宁居。东至于海,登丸山,及岱宗。西至于空桐,登鸡头。南至于江,登熊、湘。北逐荤粥,合符釜山,而邑于涿鹿之阿。”⑤“合符釜山”是说黄帝召集诸侯在釜山这个地方朝会,届时验合其“符契圭瑞”。《索隐》云:“合诸侯符契圭瑞,而朝之于釜山,犹禹会诸侯于涂山然也。”⑥釜山又名覆釜山、荆山,一说在今灵宝。《路史》云:黄帝“合符于釜山,以观其会”。注云:釜山“覆釜山也……在荆山之前,帝铸鼎处”⑦。黄帝选择在黄帝铸鼎处举行朝会,说明这里与四方各地已有交通道路连接,可以相互往来。黄帝后期,在今新安青要山建“密都”。《山海经·中次三经》:“又东十里,曰青要之山,实惟帝之密都。”袁珂注云:“例以《西次三经》‘昆仑之丘,实惟帝之下都’语,此天帝盖即黄帝

① 〔汉〕司马迁:《史记》卷一《五帝本纪》,中华书局,1982,第3页。

② 〔宋〕罗泌:《路史》卷十四《后记五·黄帝纪上》,四部备要本,中华书局,1985,第87页。

③ 〔汉〕班固:《东都赋》,〔清〕严可均校辑:《全上古三代秦汉三国六朝文·全后汉文》卷二十四,中华书局,1958,第604页。

④ 刘起釪:《古史词条四则》,《古史续辨》,中国社会科学出版社,1991,第122页;王子今:《轩辕传说与早期交通的发展》,刘云峰主编:《黄陵文典·黄帝研究卷》,陕西人民出版社,2008,第121页。

⑤ 〔汉〕司马迁:《史记》卷一《五帝本纪》,中华书局,1982,第3、6页。

⑥ 〔汉〕司马迁:《史记》卷一《五帝本纪》,中华书局,1982,第7页。

⑦ 〔宋〕罗泌:《路史》卷十四《后记五·黄帝纪上》,四部备要本,中华书局,1985,第88页。

也。”[①]有学者认为,青要山或为黄帝降服诸氏族的会盟之处,与黄帝铸鼎的荆山同为军事重地[②]。据此而言,崤函地区与郑洛地区以及黄河流域都可以相互往来。

据传,作为中华民族的人文始祖,黄帝“披山开道”,开辟出连接东西、沟通南北的道路,实现了“协和万国”的局面。后人追述说:“昔在黄帝,作舟车以济不通,旁行天下,方制万里,画野分州,得百里之国万区。是故易称‘先王(以)建万国,亲诸侯’,书云‘协和万国’,此之谓也。”[③]由黄帝的迁徙路线和活动中心地区看,崤函地区的道路当是其中最早开辟的路段,一方面,这条道路是炎、黄两大族群的迁徙之路、华夏集团的融合之路。炎黄族群的兴盛和融合是在征服包括崤函在内的豫西晋南地区东西通道过程中完成的,而融合后的华夏集团更迅速地扩大到黄河流域,加速了对崤函交通的开发。先民们沿着渭河、黄河往复迁徙,逐渐“履窄为宽”,“披山开道”,奠定了此后崤函古道形成的基础。另一方面,这条道路也是贯穿中原文化区的交通干线,是沟通黄河流域乃至整个周围地域文化的枢纽。黄帝时代崤函道路交通的开拓,以及炎黄族群在这条道路上的逐渐融合,铸造了以炎黄为主体的华夏民族,为早期国家的形成打下了最重要的基础,在中国史前文化乃至整个中国文明发展史上有着深远的意义。

① 袁珂校注:《山海经校注》,上海古籍出版社,1980,第125页。

② 杨作龙:《河洛上古历史文化考论》,《洛阳师范学院学报》2006年第1期。

③ 〔汉〕班固:《汉书》卷二十八《地理志上》,中华书局,1962,第1523页。

第三节　龙山时代崤函地区的文化交流通道

龙山时代起于仰韶时代之后，止于夏王朝建立，距今约 5000～4000 年，持续达 1000 年。崤函地区是黄河中游最先进入龙山时代的地区。建立在庙底沟二期文化、三里桥文化等基础上的崤函龙山文化交通，也因此呈现出重点向东、向北发展的趋势，崤函龙山文化交通所承担的文化传播交流功能，对中原地区龙山文化的融合同化和创新变革起过重要的作用。

一、龙山时代豫晋陕间的文化交流及通道

崤函地区早期龙山文化又被称为庙底沟二期文化，因 1956 年首先发现于庙底沟遗址第二期文化遗存中而得名，距今约 4900～4600 年，分布在豫西晋中南和关中地区，其中心区域在三门峡盆地、洛阳西部山区、晋南垣曲盆地和关中东部[①]，并向西、向北强势扩张，进而影响到关中西部和晋中，对东面的豫中地区也有一定的冲击。同时，庙底沟二期文化也不断吸收其他文化的某些因素，其突出特征是鼎这种从前罕见的三足器此时成为庙底沟二期文化中的重要组成因素，而该文化从早

① 中国社会科学院考古研究所：《中国考古学·新石器时代卷》，中国社会科学出版社，2010，第 519 页。

到晚由盆形鼎为主转变为罐形鼎为主，又反映了来自遥远的东方大汶口文化的持续渗透和影响。[①] 新出现的釜形斝，当是“豫、晋、陕交界一带的仰韶文化西王类型——庙底沟二期文化的居民将秦王寨类型釜形鼎和鬶加以融合而创制出具有深远意义的全新的器物”。流行的豆，则“应是大汶口文化和屈家岭文化共同影响而致”。文化来源的多样性和文化成分的复杂化是庙底沟二期文化的显著特点。

既有研究表明，崤函地区庙底沟二期文化“是仰韶文化晚期的发展和大汶口文化、屈家岭文化影响共同作用的结果，而吸纳周边文化成就又是庙底沟二期文化发展过程中的主要内容，是其发展前进的基本策略和动力之一”[②]。正是此时周围强盛的大汶口文化、屈家岭文化等先进文化因素的汇聚，崤函地区的文化在仰韶文化晚期衰落之际有机会获取新鲜血液而得以新生，庙底沟二期文化也因此具有较强的融合同化和创新变革能力，成为中原新石器时代的一支重要文化，并代表了一个非常关键的发展阶段，促进了中原史前文化的繁荣兴盛。这在很大程度上说明了崤函地区这一时期依然具有较发达的道路交通，不仅能够通畅地吸纳、融合周围先进的文化因素，成为文化荟萃之地，而且具有较远的辐射能力，能够对周边地区的文化产生一定的影响。

龙山时代晚期，分布在郑洛地区的是王湾三期文化，关中地区的为客省庄二期文化，临汾盆地的是陶寺文化，它们都是在当地庙底沟二期文化的基础上发展起来的。而在崤函地区以三门峡盆地为中心形成的则是三里桥文化，或称三里桥类型。三里桥文化首先发现于陕县三里桥（今属湖滨区），主要分布在以渑池为东界的豫西地区、晋南涑水流域和中条山南麓黄河沿岸以及关中东部潼关至华山一带[③]，主要遗址有陕县三里桥、夏县东下冯、芮城南礼教、华阴横阵村等。三里桥文化分布

① 戴向明：《中原地区龙山时代社会复杂化的进程》，北京大学考古文博学院、北京大学中国考古学研究中心编：《考古学研究》（10），科学出版社，2012，第540页。

② 魏兴涛：《庙底沟二期文化再研究——以豫西晋西南地区为中心》，《考古与文物》2016年第5期。

③ 中国社会科学院考古研究所：《中国考古学·夏商卷》，中国社会科学出版社，2003，第57~58页。

范围较小,也缺乏龙山时代早期阶段的文化遗存,因此有学者认为三里桥文化是一种外来文化,是有虞氏自晋南迁入崤函地区后的文化遗存①。

在多极并立的文化格局中,王湾三期文化、客省庄二期文化、陶寺文化显示出强势文化的姿态,主导演绎着龙山时代晚期黄河中游地区群雄争霸的主旋律。崤函地区成为这几大文化势力争夺和影响之地,因而也成为这几支文化的交汇之地,以至三里桥文化最初曾被一些学者归入客省庄二期文化,近来又有学者将其划入王湾三期文化,还有人将其称为“陶寺·三里桥文化”②,这正说明它们之间确实存在着很多共同因素,文化面貌有诸多相似之处。如“皆以泥质和夹砂灰陶为主;都存在轮制、手制和模制等陶器制法,袋足器发达;纹饰都有绳纹、篮纹、方格纹、附加堆纹等;都有鬲、斝、鼎、盆、豆、罐等器类,有些器型十分接近”③。但总的来说,三里桥文化与王湾三期文化、陶寺文化关系更紧密,文化面貌更相近,文化交流、交融的方向呈现向东、向北的特点。三里桥文化和王湾三期文化二者之间“有着十分密切的亲缘关系”,“属同一个大的居民集团”④。从这一时期遗址看,王湾三期文化和客省庄二期文化的输入通道仍是分别从崤函通道东西两侧进入。

陶寺文化因1978年山西襄汾陶寺遗址的发掘而得名,其早期遗存是从庙底沟二期文化母体中分离出来并结合其他文化因素而独立发展的一个新文化⑤,至中期发生重大变异。如墓葬及其习俗的根本性改变,陶器上,“轮制陶器增多,新出现了绳纹罐、圈足盘、双耳折腹盆、素面斜腹盆、单耳杯、单耳小罐、圈足盆、浅腹

① 张国硕:《先秦人口流动民族迁徙与民族认同研究》,大象出版社,2011,第64~65页。

② 戴向明:《黄河流域新石器时代文化格局之演变》,《考古学报》1998年第4期。

③ 张国硕:《先秦人口流动民族迁徙与民族认同研究》,大象出版社,2011,第58~59页。

④ 中国社会科学院考古研究所:《中国考古学·夏商卷》,中国社会科学出版社,2003,第58页。

⑤ 何驽:《陶寺文化谱系研究综论》,北京大学中国考古学研究中心、北京大学震旦古代文明研究中心编:《古代文明》(第3卷),文物出版社,2004,第54~86页。

豆、高领圆腹小罐、带环状捉手的陶垫等器物”。有学者分析导致变异的原因，认为“这些文化因素，尤其是单耳和双耳的作风与来自南邻的三里桥文化类型之文化面貌基本一致”①。说明在陶寺文化中期形成过程中，三里桥文化扮演了重要角色，后者的北上强势介入，直接导致陶寺文化中期发生重大变异。凡此皆说明崤函地区与东部的伊洛河流域、黄河北岸的晋南地区存在着密切的互通往来，道路交通也比较通畅，这一紧密关系亦在崤函地区龙山文化聚落遗址分布态势上得到了反映和证明。

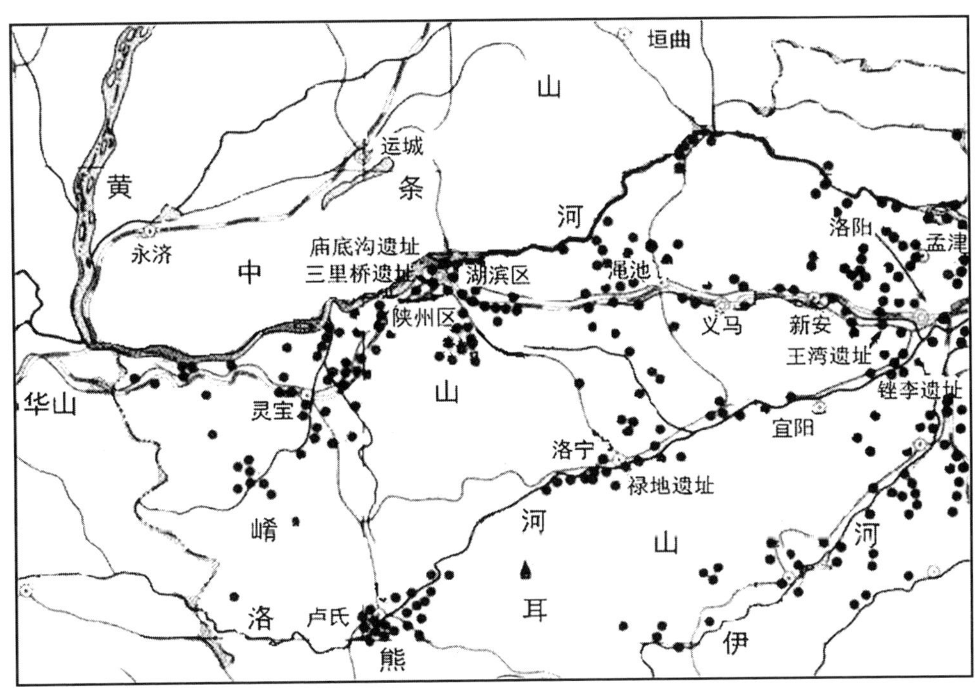

图 2-6　三门峡地区龙山文化遗址分布图②

① 张国硕：《先秦人口流动民族迁徙与民族认同研究》，大象出版社，2011，第 65 页。

② 据国家文物局主编《中国文物地图集 · 河南分册》绘，中国地图出版社，1991，第 36 页。

总体来看,龙山时代崤函地区聚落遗址的数量较仰韶时代有所下降,单个遗址的面积也大大缩小,表现出明显的衰落气象。初步推测,这很可能跟仰韶时代特别是仰韶中期崤函地区人口的快速增长、对环境的过度开发以及由此而来的水土流失、环境恶化有关,这一过程与距今5000年和距今4000年左右的两次明显而短暂的干冷期——气温降低,气候干凉,雨量减少的大趋势交织在一起,造成了人口的东移或外移。龙山文化遗址数量的减少和遗址面积的缩小,大约就是这一人口移动过程的具体体现①。

但是,龙山时代崤函地区聚落遗址分布规律仍如仰韶文化遗址一样,主要分布于大小河流的两岸和河谷阶地。据许顺湛的研究,崤函地区黄河南岸的龙山文化聚落群有陕县聚落群(34处,含三门峡市郊10处)、灵宝朱阳聚落群(8处)、灵宝沿黄河聚落群(40处)、渑池聚落群(34处,含义马4处、陕县东部6处)、卢氏洛河聚落群(25处),洛阳市辖区有新安聚落群(18处)、洛宁宜阳聚落群(26处)等。这七大聚落群主要分布于大小河流的两岸和河谷阶地。如陕县聚落群的34处遗址,有6处全在陕县东境边缘,与渑池相邻,24处分布在县西北的黄土台地,三门峡市郊有10处,在陕县西北黄土台地,同时也在青龙涧、苍龙涧河流域。新安的8处遗址主要分布在县东和县南,亦与渑池相邻。灵宝沿黄河聚落群,沿黄河南岸分布约70公里,有的相互交叉,有的紧密相连,分布基本上是东西一线,又沿诸小河两岸南北分布。洛宁宜阳聚落群主要沿洛河及其支流分布,其中洛宁的分布在东部,宜阳的在西部,正好接连在一起②。而同期在关中东部发现的龙山文化遗址数量很少。潼关迄今尚未发现龙山文化遗址,华阴境内也仅有2处龙山文化遗址,都构不成聚落群。考古材料证明,“庙底沟二期文化遗址主要分布在三门峡和洛阳地

① 韩建业:《距今5000年和4000年气候事件对中国北方地区文化的影响》,周昆叔等主编:《环境考古研究》(第3辑),北京大学出版社,2006,第159~163页;施雅风、孔昭宸、王苏民等:《中国全新世大暖期的气候波动与重要事件》,《中国科学(B辑)》,1992年第12期。

② 许顺湛:《豫晋陕史前聚落研究》,中州古籍出版社,2012,第134~137页。

区……在山西的中南部显示了重要地位，成为当时一统天下的文化，没有其他任何文化类型与之抗衡。后来的三里桥类型文化也是在晋西南地区得到了大发展”①。可见，龙山时代崤函地区主要交通道路既基本承继仰韶时代“彩陶之路”，又大力强化了向东、向北两个方向，该地区文化交流十分频繁，聚落群之间关系密切，说明豫晋陕相邻地区显然“存在一种较为密切的联盟关系，这与文献记载尧舜时代存在的‘豫陕晋相邻地区联盟’也是完全吻合的”②。

至龙山时代末期，东部地区的王湾三期文化逐渐演化为二里头文化，并迅速向西扩展，三里桥文化被迫向北退缩至晋西南一隅，在与二里头文化接触中转变为东下冯类型，而客省庄二期文化一部分向西退缩至渭水上游及邻近地区。二里头文化的膨胀和殖民式扩展，直接导致黄河中上游地区文化格局发生巨大变迁，从而加速了龙山时代的终结，标志着中国进入青铜时代和王国时期。发生在崤函地区龙山时代的这些巨大变迁，显然是以这一地区存在的较为发达的交通为基础的。

二、尧舜传说与崤函地区交通发展的信息

传说黄帝时代以后是尧舜时代。司马迁《史记》将尧、舜记入五帝之列。一般认为，尧舜时代与考古学龙山文化时代相对应，距今大约4500~4000年。

尧、舜都是黄帝的后裔。与黄帝时代炎黄族群多次迁徙一样，尧、舜在其发展过程中，亦有多次大规模的迁徙。尧，号陶唐氏，又称唐尧。早年主要活动在今豫东北、鲁西和冀中南一带，后迁居晋中一带，经过短暂停留，沿汾河河谷南下，徙至晋南一带。《帝王世纪》云：“尧始封于唐。今中山唐县是也。后徙晋阳。及为天

① 许顺湛：《豫晋陕史前聚落研究》，中州古籍出版社，2012，第144页。

② 张国硕：《先秦人口流动民族迁徙与民族认同研究》，大象出版社，2011，第58~59页。

子，都平阳。”[1]平阳在今山西临汾西南，亦有学者认为陶寺遗址即为平阳，陶寺文化是尧舜都邑文化[2]。舜，号有虞氏，又称虞舜。初居今豫东北与鲁西南相邻地区，后沿黄河经郑州、洛阳到豫西晋南一带，都于“蒲坂”，即今山西永济一带，与尧相邻。舜活动地区北至侯马以南的峨嵋岭，东至闻喜以东，西达河西以远，南已逾豫西。据多年来的考古试掘与调查，在这个范围内遗址众多，遗存丰富，数量在百处以上[3]。主要为豫晋陕相邻地区的三里桥文化，即可能是有虞氏舜部落的文化遗存。前文已述，陶寺文化中期的重大变异被认为与有虞氏舜的强势进入有直接关系。古本《竹书纪年》载：“舜囚尧于平阳，取之帝位。”[4]舜自晋南及豫晋陕相邻地区向北迁徙至今临汾盆地一带，取得了对陶寺原尧都的控制权。舜十分擅于通过交通行为来取得成功和发展。《尸子》卷下说：“舜一徙成邑，再徙成都，三徙成国。”[5]传舜一生有三次大的迁徙活动，每一次都取得了成功和发展。其中后两次，即迁至豫西晋南，都蒲坂和迁至陶寺代尧位，当都利用或部分利用了崤函通道，其作用是不能忽视的。

尧舜时代，尧、舜已在豫晋陕相邻地区结成部落联盟，成员包括夏先祖禹、商先祖契、周先祖弃（稷）等，具有初步的国家性质和形态，道路开辟也取得了较之黄帝时代更为出色的成就。古籍中有“尧舜通四裔”的说法，即尧舜时代开辟了都邑通往四方边裔的交通道路。《周易 · 系辞下》：“刳木为舟，剡木为楫。舟楫之利，以

---

① 〔晋〕皇甫谧撰，徐宗元辑：《帝王世纪辑存》，中华书局，1964，第 8 页。

② 何驽：《陶寺文化谱系研究综论》，北京大学中国考古学研究中心、北京大学震旦古代文明研究中心：《古代文明》（第 3 卷），文物出版社，2004，第 54~86 页；程平山：《论陶寺古城的发展阶段与性质》，《江汉考古》2005 年第 3 期；张国硕：《先秦人口流动民族迁徙与民族认同研究》，大象出版社，2011，第 65~66 页。

③ 王克林：《晋西南龙山文化与有虞氏——虞舜部族起源的探索》，《文物世界》2002 年第 1 期；张国硕：《先秦人口流动民族迁徙与民族认同研究》，大象出版社，2011，第 64~65 页。

④ 方诗铭、王修龄：《古本竹书纪年辑证》，上海古籍出版社，1981，第 63 页。

⑤ 〔清〕汪继培辑，魏代富疏证：《尸子疏证》，凤凰出版社，2018，第 101 页。

济不通，致远以利天下……服牛乘马，引重致远，以利天下。”[①]反映了尧舜时代交通的基本状况。今本《竹书纪年》载，帝尧陶唐氏“五十年，帝游于首山”，“五十三年，帝祭于洛”。[②] 地点都在今洛阳附近。舜“七十四年”，“初巡狩四岳”，建立五年一巡狩制度。《尚书·舜典》：“岁二月，东巡守，至于岱宗，柴……五月南巡守，至于南岳，如岱礼。八月西巡守，至于西岳，如初。十有一月朔巡守，至于北岳，如西礼……五载一巡守，群后四朝。敷奏以言，明试以功，车服以庸。”[③]另据《绎史》引汉伏生《尚书大传·有虞纪》也记载舜“唯元祀巡狩”，“五载一巡狩”，“圣王巡十有二州，观其风俗，习其性情”，[④]即每五年定期巡狩各地，接受四方诸侯的朝觐。有学者指出，“‘巡狩’，是一种政治交通实践，通过这样的交通行为，使天下四方可以真正归为一统”。帝舜巡狩故事，可以看作“反映了交通实践与执政能力的关系。秦汉时期被儒学学者经典化了的‘巡狩’传说，其实可能部分反映了远古交通进步的真实历史”[⑤]。这一进步自然包含舜巡狩中屡被使用的崤函通道。

文献记载，尧舜时代共工部落也参与了崤函地区交通的开发。共工部落为炎帝后裔，曾在黄帝、炎帝之后而王天下，繁盛一时，其活动中心初在渭河流域，后移到中原地区，在尧舜时代又兴盛起来。《国语·鲁语上》：“共工氏之伯九有也。”[⑥]“九有”即“九州”。《礼记·祭法》：“共工氏之霸九州也。”[⑦]王震中考证说：“当时

---

① ［魏］王弼注，［唐］孔颖达疏：《周易正义》（十三经注疏）卷八《系辞下》，北京大学出版社，2000，第354页。

② 王国维：《今本竹书纪年疏证》，方诗铭、王修龄：《古本竹书纪年辑证》，上海古籍出版社，1981，第194页。

③ ［汉］孔安国传，［唐］孔颖达疏：《尚书正义》（十三经注疏）卷三《舜典》，北京大学出版社，2000，第71~72页。

④ ［清］马骕撰，王利器整理：《绎史》卷十《太古第十·有虞纪》，中华书局，2002，第116页。

⑤ 王子今：《“巡狩”：文明初期的交通史记忆》，《中原文化研究》2016年第6期。

⑥ ［春秋］左丘明撰，徐元诰集解，王树民、沈长云点校：《国语集解》卷十《鲁语上》，中华书局，2002，第155页。

⑦ ［汉］郑玄注，［唐］孔颖达疏：《礼记正义》（十三经注疏）卷四十六《祭法》，北京大学出版社，2000，第1524页。

九州之区域，其核心地区大概西自陕西之秦岭，北至晋南，东到河南中部之嵩山，南达豫西南。”[1]豫西和晋南之间的黄河两岸正好是“九州”的中心地带，也就是共工氏由渭河流域东迁到中原后的活动中心。

共工氏长期在崤函地区黄河两岸活动。《国语·鲁语上》韦昭注云：“共工氏，伯者，在戏、农之闲有域也。”[2]《汉书·地理志》弘农郡有析县，或析戏一音之转。明道本作“共工氏，伯者，名戏，弘农之间有城”[3]。《路史·国名记巳》：“共工，地在弘农。虞帝时，共工或云居此。”[4]弘农即今灵宝。可知共工氏在崤函地区“有地”“有城”，是以弘农为中心，拥有很大地域的古帝王。共工氏拥有发达的灌溉农业，以治水闻名。《淮南子·本经训》：“舜之时，共工振滔洪水，以薄空桑。”[5]《路史·共工氏传》注：“空桑，莘陕之间，于女娲之都为近，故共工决水灌之，欲以止之，犹后世智伯梁武所为者。”[6]“莘陕之间”又作“莘虢之间”。莘为莘原，《左传·庄公三十二年》：“有神降于莘。”杜注：“虢地。”[7]在今陕州区硖石乡西十五里。徐旭生据此认为空桑是共工的建国地，其地在莘、虢之间，即今灵宝、陕州区境内[8]。空桑亦曾是第八代炎帝榆罔的居地。《路史·炎帝纪下》：“炎帝参卢，是曰榆罔，居空桑。”[9]又《山海经·中次六经》云：“长石之山……其西有谷焉，名曰共谷，多竹。共水出焉，西南流注于洛。”[10]长石之山，郝懿行和毕沅注《山海经》，皆认为在今新安

---

① 王震中：《共工氏主要活动地区考辨》，《人文杂志》1985年第2期。

② 〔春秋〕左丘明撰，徐元诰集解，王树民、沈长云点校：《国语集解》卷十《鲁语上》，中华书局，2002，第155页。

③ 〔战国〕左丘明著，〔三国吴〕韦昭注：《国语》卷四《鲁语上》，上海古籍出版社，2015，第110页。

④ 〔宋〕罗泌：《路史》卷二十九《国名纪巳·共工》，四部备要本，中华书局，1985，第376页。

⑤ 刘文典撰，冯逸、乔华点校：《淮南鸿烈集解》卷八《本经训》，中华书局，2013，第255页。

⑥ 〔宋〕罗泌：《路史》卷十一《后记二·共工氏传》，四部备要本，中华书局，1985，第67页。

⑦ 〔周〕左丘明传，〔晋〕杜预注，〔唐〕孔颖达正义：《春秋左传正义》（十三经注疏）卷十“庄公三十二年”，北京大学出版社，2000，第341页。

⑧ 徐旭生：《中国古史的传说时代》，广西师范大学出版社，2003，第53页。

⑨ 〔宋〕罗泌：《路史》卷十三《后记四·炎帝纪下》，四部备要本，中华书局，1985，第78页。

⑩ 袁珂校注：《山海经校注》，上海古籍出版社，1980，第138页。

县。徐旭生云:"地在河南新安县境内。西离莘、虢之间不过一二百里。"①还有学者认为,"《山海经》所记,今河南新安县及山西芮城县的共水以及《汉书·地理志》河内郡共县,乃至于今山西五台山的共水,它们的得名,全有可能与共工部落由西向东的发展有关"②。新安在崤函古道西段。出新安,经洛阳,可达河内郡共县即今辉县。"共工世为诸侯之强,自伏羲以来,下至伯禹,常为中国患。"③传说中的帝喾、尧、舜等先后与共工氏发生冲突,至禹时与共工氏展开激战,将共工氏流徙到遥远的地方。

共工氏事迹上及三皇,下至虞夏,曾长期活动在以崤函地区为中心的豫西和晋南之间的黄河两岸,在此期间,共工部落参与了对崤函道路交通的开拓,应是没有问题的。

文献记载的尧舜时代从都邑通往四裔的道路,今已大都渺茫难稽,只有通往崤函地区黄河南岸的一条道路,尚有线索可寻。《尚书·尧典》载:尧为考察舜之品行,"厘降二女于妫汭,嫔于虞"④。王夫之《尚书稗疏》:"尧以妫汭二水之地,为二女食邑,使即封于彼,而其归而为嫔,则在舜所复封先代虞幕之旧邑,平陆之虞城也。"⑤传说,尧将两个女儿娥皇、女英嫁给舜,今平陆县北张店镇东南古城村,即尧给舜的封地虞城。城北有"虞坡",又名盐坂、吴坂。《水经注·河水》:"其城北对长坂二十许里,谓之虞坂。"⑥今名青石槽,在车锕谷、二郎山之间。南面地势较平,称"虞原"。由运城盆地南行,经虞城,顺虞原南行,越中条山,过圣人涧,至茅津渡

① 徐旭生:《中国古史的传说时代》,广西师范大学出版社,2003,第54页。

② 王震中:《共工氏主要活动地区考辨》,《人文杂志》1985年第2期。

③ 蒙文通:《古史甄微》,巴蜀书社,1999,第44页。

④ 〔汉〕孔安国传,〔唐〕孔颖达疏:《尚书正义》(十三经注疏)卷二《尧典》,北京大学出版社,2000,第54页。

⑤ 〔明〕王夫之著,船山全书编辑委员会编校:《船山全书》第2册《尚书稗疏》卷一《虞书·妫汭》,岳麓书社,1988,第28页。

⑥ 〔北魏〕郦道元著,陈桥驿校证:《水经注校证》卷四《河水》,中华书局,2007,第116页。

(今太阳渡),渡过黄河,便可进入豫西崤函地区。

舜时开辟这条道路,与运输运城池盐有密切关系。舜时代,人们已经能利用季风特点,靠阳光晒盐,捞取天然结晶。除自用外,还运到外地换取自己需要的产品。古乐府《南风歌》:“南风之熏兮,可以解吾民之愠兮。南方之时兮,可以阜吾民之财兮。”[①]传就是舜为运城池盐而作。而舜时开辟这条道路,与黄河南岸道路相接,进入崤函地区,显然说明此时南岸的崤函通道也曾得到开发,道路是畅达的。这条道路后来成为运城池盐南运的重要通道。

以尧舜为主体的豫晋陕相邻地区部落联盟的形成及其活动,是继炎黄部落东迁和华夏集团形成后崤函道路交通早期开发史上的又一次高潮,对中国文明社会的形成和发展同样有着重大的意义。

当然,新石器时代崤函通道与后来的崤函古道走向和性质并非完全相同,零散的考古和文献资料也仅给我们勾画出一个模糊、多变的道路轮廓,在其长期使用过程中,线路不断调整,沿线所经不断更新,使之更加适宜于崤函与邻近地区的交通,这对崤函古道的最终形成产生了至关重要的影响。

① 〔宋〕郭茂倩编撰,聂世美、仓阳卿校点:《乐府诗集》卷五十七《琴曲歌辞一》,上海古籍出版社,2016,第720页。

第三章　夏商时期崤函古道的初创

夏王朝的建立，标志着中国古代社会开始进入文明社会发展阶段。随着早期国家制度的初兴与发展及生产力水平的提高，从夏代到商代，开创了国家动员社会集体力量有意识经营交通的先河。史前初露雏形的崤函古道，在夏商时期得到开发而初步成形，并为中华文明的形成和早期繁荣，做出了历史性的贡献。

第一节　夏朝崤函古道的初步开发

距今4000年前，一场特大洪水席卷了黄河流域，历代文献记载了大禹治水的故事。大禹治水建立了以运送贡品为主体的水陆贡路交通网，崤函地区是这一网络的重要节点。夏王朝建立后，频繁的军事斗争和对晋南、关中青铜原料及盐等重要资源的需求，促使建设崤函古道上升为国家具体的实政之一，崤函古道得到有意识的开发，成为沟通东西，进入晋南的交通枢纽，在军事征伐、战略物资运送乃至文化互动交流中起着重要的作用。

一、大禹治水与崤函早期水陆交通网

夏王朝的奠基者是禹，其治水功绩历来为人们所称道。大禹治水不仅有效平息了洪水之患，同时也对当时水陆交通的开发与完善起到了重要的作用。《史记·夏本纪》记载，大禹导山导水，“命诸侯百姓兴人徒以傅土”，大规模人工修筑交通道路,“以开九州,通九道,陂九泽,度九山”[①],因此相应形成了九条陆道和九条水道。水道以黄河为轴线,联络各河川通往“九州”。陆道以各地有名山岳作地标,依山地循行,再将各地水系和陆路连通,构成“九州”互通的交通联络网[②]。

对大禹治水的范围,历来纷争不一。钱穆在《周初地理考》中曾有大禹治水之说大约始于蒲、解之间的认识。因为这一带“东西北三面俱高,惟南最下。河水环带,自蒲潼以下迄于陕津砥柱。上有迅湍,下有阏流”,最容易发生水患,“民实受其害”。而“唐、虞故都正在其地,所谓鸿水之患者,其殆在斯也……依实论之,禹之治河,上不及龙门,下不至碣石,当在伊阙底柱之间耳”。[③] 崤函地区交通道路在夏禹开创编织的“九州”交通网中占据重要位置。

《史记·河渠书》引《夏书》记载大禹凿治黄河河道情况:“河菑衍溢,害中国也尤甚。唯是为务。故道河自积石历龙门,南到华阴,东下砥柱,及孟津、雒汭,至于大邳。”[④]凿通黄河三门峡砥柱是大禹治水重要的工程项目。根据大禹治水的传说,三门峡的形成归功于大禹,人门、鬼门、神门俱为大禹凿开。《水经注·河水》:“砥柱,山名也。昔禹治洪水,山陵当水者凿之,故破山以通河。河水分流,包山而过,山见水中若柱然,故曰砥柱也。三穿既决,水流疏分,指状表目,亦谓之三门矣。”[⑤]原置三门峡西黄河北岸大禹庙的明天顺三年(1459)《重修大禹庙记》载:“当唐虞秋,洚水弥漫,九有一壑,民其鱼鳖,咸作怨咨。天闵厥下,俾神禹出,不辞胼胝之苦,舟车辅樏之是载,八年在外,荒度土功……其底柱,即今底柱三门也。然柱固当中流,三门则南北两山,巑岏险窄,门石横截坚竖,远望之若封闭然。河水经

---

① 〔汉〕司马迁:《史记》卷二《夏本纪》,中华书局,1982,第51页。

② 孙雄:《从〈禹贡〉记载试论大禹治水修路对交换经济的促进作用》,中国先秦史学会等编:《禹城与大禹文化文集》,中国文联出版社,2007,第99~118页。

③ 钱穆:《周初地理考》,《燕京学报》1931年第10期。

④ 〔汉〕司马迁:《史记》卷二十九《河渠书》,中华书局,1982,第1405页。

⑤ 〔北魏〕郦道元著,陈桥驿校证:《水经注校证》卷四《河水》,中华书局,2007,第116页。

逝，柱碍石湮，汹涌不泄，实为扼水之喉咽。当是时也，禹则凿之排之，决之沦之，分为三门。三门辟，则冀之水患息而民无氿鮠，府事修治而世享其利矣。”[①]据碑文所记，此庙建于唐天宝二年（743），历代多有重修，足见其历史影响之深远。

我国第一部区域地理著作《禹贡》记述的禹开通的崤函地区交通线有三条，其中陆路一条，即“厎柱、析城，至于王屋”。厎柱即砥柱，在三门峡黄河峡谷，析城山在山西阳城，也叫析津山，王屋山在今济源西。这条陆路依山地循行，自砥柱山东向经析城山，通达中条山地的王屋山。《汉书·沟洫志》：“昔大禹治水，山陵当路者毁之，故……析厎柱。”颜注：“析，分也。”[②]其余两条皆为水路。一是黄河水路：“导河积石，至于龙门，南至于华阴，东至于厎柱，又东至于孟津，东过洛汭，至于大伾。”[③]洛汭是洛水入黄河处，在巩义河洛镇。大伾即大伾山，在今鹤壁浚县城东。这条水路的上游与雍州“浮于积石，至于龙门西河，会于渭汭”的黄河贡道相通，连接黄河、渭河。渭汭即渭河入黄河处，在潼关。下游则向东最终达于渤海。二是洛河水路：“导洛自熊耳，东北会于涧瀍，又东会于伊，又东北入于河。”熊耳即今卢氏南熊耳岭，卢氏范里镇山河口尚存有“大禹导洛处”遗迹。这条水路由洛河行船进入黄河，“浮于洛，达于河”。[④] 黄河、洛河河道的疏浚属于水利治理和水路交通建设，因其工程浩大，施工人员分布在黄河沿线，为输运给养保证施工，必然要求沿线交通道路的畅通。《史记·夏本纪》称大禹治水，奔走四方，“陆行乘车，水行乘舟，泥行乘橇，山行乘檋”[⑤]。同书《河渠书》引《夏书》作“陆行载车，水行载舟，泥行蹈

---

① 中国科学院考古研究所：《三门峡漕运遗迹》，科学出版社，1959，第 55 页。

② 〔汉〕班固：《汉书》卷二十九《沟洫志》，中华书局，1962，第 1694 页。

③ 〔汉〕孔安国传，〔唐〕孔颖达疏：《尚书正义》（十三经注疏）卷六《禹贡》，北京大学出版社，2000，第 192～193 页。

④ 〔汉〕孔安国传，〔唐〕孔颖达疏：《尚书正义》（十三经注疏）卷六《禹贡》，北京大学出版社，2000，第 197、183 页。

⑤ 〔汉〕司马迁：《史记》卷二《夏本纪》，中华书局，1982，第 51 页。

毳，山行即桥”[①]。说明禹时已有舟、车，形成了适用于不同交通条件的多种交通形式。由《禹贡》记述的夏代崤函地区三条交通线，可见禹在崤函地区导山导水，亦当形成了崤函地区最早的“陆行乘车，水行乘舟”的水陆交通网络。此当是我国古文献中开发崤函古道的最早记载。

图 3-1　明代仇英《帝王道统万年图册》之大禹治水图

据文献记载，禹因治水之功，继舜之后成为“豫晋陕相邻地区联盟”首领。《帝王世纪》云：禹“代摄天子事。五年舜崩，禹除舜丧，明年始即真，以金承土，都平阳，或都安邑”[②]。平阳即今山西临汾，安邑在今山西夏县，都属于与崤函地区毗邻的

① 〔汉〕司马迁：《史记》卷二十九《河渠书》，中华书局，1982，第 1405 页。

② 〔晋〕皇甫谧撰，徐宗元辑：《帝王世纪辑存》夏第二，中华书局，1964，第 49 页。

晋南地区。禹开通的九州之道，是以运送贡品为主体的水陆贡路交通，经黄河行船把贡品运到崤函黄河北岸，然后登陆北行，通过中条山路运贡品到晋南禹都，再统一进行调剂。“食少，调有余相给，以均诸侯。禹乃行相地宜所有以贡，及山川之便利。”[①]禹治水，“开九州，通九道”的交通建设，保障了“九州”社会经济秩序与行政控制的稳定。“于是九州攸同，四奥既居，九山刊旅，九川涤原，九泽既陂，四海会同。”裴骃《集解》引孔安国注曰：“四奥既居”，“四方之宅已可居也”。“九山刊旅”，“九州名山已槎木通道而旅祭也”。“九川涤原”，“九州之川已涤除无壅塞也”。“九泽既陂”，“九州之泽皆已陂障无决溢也”。[②]

文献记载的夏后氏部落迁徙和禹时军事征伐，提供了禹利用崤函通道的一些信息。禹继舜任“豫晋陕相邻地区联盟”首长，遭到舜之子商均的强烈反对，被迫离开晋南，避居阳城。《史记·封禅书》正义引《世本》云：“夏禹都阳城，避商均也。”[③]《孟子·万章上》：“舜崩，三年之丧毕，禹避舜之子于阳城，天下之民从之。”[④]登封告成镇发现的王城岗龙山文化城址，多数学者判断与禹都之阳城有关。禹迁阳城是夏文化发展的一个转折点，标志着夏后氏的势力从晋南发展到豫西。顾颉刚考证说：“夏后氏这一部落联盟的活动区域，首先当在较西的陕西、山西一带，是逐渐向东发展的……可能在启以前，其活动区域基本在平阳、安邑、晋阳等山西省境，再东向就达到河南。”[⑤]既是夏之政治中心转移，必当有一定的规模，说明是夏后氏部落一次迁徙的交通大行动。有学者考证，“夏族的迁徙发展，是从北向南，首先崛起于襄汾古之崇山，然后沿汾、涑水流域至夏县、平陆，随后越过黄河而

① 〔汉〕司马迁：《史记》卷二《夏本纪》，中华书局，1982，第 51 页。

② 〔汉〕司马迁：《史记》卷二《夏本纪》，中华书局，1982，第 75 页。

③ 〔汉〕司马迁：《史记》卷二十八《封禅书》，中华书局，1982，第 1371 页。

④ 〔汉〕赵岐注，〔宋〕孙奭疏：《孟子注疏》卷九《万章章句上》，北京大学出版社，2000，第 304 页。

⑤ 顾颉刚、刘起釪：《〈尚书·甘誓〉校释译论》，《中国史研究》1979 年第 1 期。

达豫西伊、洛流域"[①]。由晋南越过黄河,南下入豫西,取道崤函,是最佳选择。李民认为,夏族的迁徙,极有可能是从汾、浍、安邑的中心地区沿芮城东北中条山巅路南下,至黄河边,再经大禹渡等渡口过河而到达河对岸的"南河""禹甸"等地[②]。这里的"南河""禹甸"具体地望,已难确指,但肯定在灵宝黄河北岸,由此向东的道路只有一条,即沿黄河谷地向东,到达嵩山一带,而这条道路的前段就是崤函古道。

传禹曾对主要活动于豫西和晋南黄河两岸的共工、有扈氏等进行过多次征伐。《山海经·大荒西经》:"有禹攻共工国山。"[③]《荀子·成相篇》:"禹有功,抑下鸿,辟除民害逐共工。"[④]这场战争很可能发生在共工曾长期活动的崤函地区。禹时甚至大规模南下,对活动在江汉平原的三苗进行了一次毁灭性打击。《墨子·非攻下》:"昔者三苗大乱,天命殛之……禹亲把天之瑞令,以征有苗……苗师大乱,后乃遂几。"[⑤]新出郭店楚墓竹简《唐虞之道》:"虞用威,夏用戈,政不服也。爱而征之,虞夏之治也。"[⑥]孔子评价禹说:"举皋陶与益以赞其身,举干戈以征不享不庭无道之民,四海之内,舟车所至,莫不宾服。"[⑦]禹通过征伐,树立起威信,最后成就天下共主之功。这些征伐行动,大体发生在禹任"豫晋陕相邻地区联盟"首长前后。禹军事行动的顺利实施,显然借助了包括崤函通道在内的九道开辟所带来的便利。

二、二里头文化西进关中北上晋南的通道

在考古学上,二里头文化被认为是夏人创造的一种文化,因1959年首先发现

① 王克林:《论夏族的起源》,《文物季刊》1997年第3期。

② 李民:《试探夏族的起源与播迁》,《郑州大学学报(哲学社会科学版)》1985年第2期。

③ 袁珂校注:《山海经校注》,上海古籍出版社,1980,第387页。

④ 〔清〕王先谦撰,沈啸寰、王星贤点校:《荀子集解》卷十八《成相篇》,中华书局,1988,第463页。

⑤ 〔清〕孙诒让撰,孙启治点校:《墨子闲诂》卷五《非攻下》,中华书局,2001,第145~146页。

⑥ 荆门市博物馆:《郭店楚墓竹简》,文物出版社,1998,第157页。

⑦ 〔清〕王聘珍撰,王文锦点校:《大戴礼记解诂》卷七《五帝德》,中华书局,1983,第125页。

于偃师二里头遗址而得名，距今3800~3500年，夏人的中心地域在豫西和晋南，二里头遗址是夏代晚期的都城遗址[①]。在二里头文化的对外扩张中，崤函地区既是其进入晋南、关中的一个重要通道，也是伊洛盆地和这两地同时期文化进行交流的中介地带。

据考古发现，在二里头文化一期，遗址分布范围局限在今河南中西部，西至崤山，北以黄河为界，东未及郑州、新郑一线，南不过伏牛山。崤函地区经过正式发掘的重要遗址只有位于渑池的郑窑，位于县城西约1公里，遗址中仅见灰坑和水井，出土有少量陶、石、骨器等，陶器均为二里头文化一期的常见器形[②]。至二期，二里头文化开始突破自然地理障碍的阻隔，向西大举扩张，最西到达灵宝地区。崤函地区的二期遗址数量明显增多，这无疑是二里头文化向西扩张势头迅猛的一个重要体现。

二里头文化二期是二里头文化的发展阶段，出土的陶器群较一期有了重大变化，如绳纹陶的流行，圈沿和圜底器的增多，鬲、甗和蛋形器等新型器类的出现等。有学者认为，二里头文化二期陶器群出现的新的因素应与西方三里桥类型和东下冯类型文化有着密切的关系，它应是二里头一期文化和这两个类型文化互相融合的产物。[③] 这说明崤函地区是二里头文化与这两个不同类型文化进行交流与融合的重要连接区，同时也是二里头文化向西扩张的必经之路。崤函地区经正式发掘的二里头文化二期重要遗址有新安太涧、盐东，渑池郑窑、鹿寺，陕县七里铺(今属湖滨区)、西崖村，湖滨区南家庄、南交口及灵宝晓坞，洛宁坡头，宜阳庄家门等。从这些遗址分布看，二里头文化扩张在陕州区以东主要是沿着洛河的支流涧河，在陕州区以西则主要是沿着青龙涧河流域进行的，其扩张态势往往以抢占战略要地为

---

① 邹衡：《试论夏文化》，《夏商周考古学论文集》，文物出版社，2001，第89~170页。

② 河南省文物研究所、渑池县文化馆：《渑池县郑窑遗址发掘报告》，《华夏考古》1987年第2期。

③ 郑杰祥：《新石器文化与夏代文明》，江苏教育出版社，2005，第352~353页。

主要目的，非常注意把握交通要道，从而掌控经济文化交流和军事行动的重要途径，所以崤函区域二里头文化遗址的布局特点是以点为主，点线结合。

二里头文化自崤函地区继续向西进入关中。考古发现，在二里头文化三四期时，二里头文化与东下冯文化携手进入了渭河流域中下游地区，侵占了盘踞于渭河流域的客省庄文化领地，将其纳入夏王朝的势力范围[①]。典型遗址有西安老牛坡，华县元君庙、南沙村，华阴横阵村、蓝田泄湖，大荔白村、赵庄等。根据这些遗址所包含的文化内涵，有学者判断，二里头文化进入关中的方式，不仅是文化传播或文化影响，还掀起了一场“排他性的殖民风暴”[②]，其中包括了相当规模的军事征伐和人员迁徙类的交通活动。从关中二里头文化遗址分布位置看，这场持续的“排他性的殖民风暴”的通道主要有两条：一条是沿黄河南岸，经蒲津渡、风陵渡过河进入关中；另一条则是经由崤函道路入关中。有学者指出，虽然二里头文化进入关中是与东下冯文化携手进行的，但在对渭河下游地区的争夺过程中，东下冯文化占了上风，至晚期，二里头文化已由西安附近退缩到了华县附近。因此，我们有理由相信，东下冯文化主要经由晋南黄河南岸通道进入关中，二里头文化则主要是经由崤函通道进入的。

二里头文化向北进入晋南，是其扩张的主要方向。晋南二里头文化遗址主要有二里头和东下冯两大类型，大体以中条山为界，前者分布在中条山南麓的垣曲盆地及平陆芮城一带，沿黄河北岸呈长条状分布。后者分布于中条山以北的运城盆地和临汾盆地。考古发现，大抵在二里头文化二期，二里头文化跨过黄河，首先到

① 段天璟：《二里头文化时期渭河流域的文化变迁——从“老牛坡类型远古文化”遗存谈起》，《中原文物》2006 年第 6 期；张天恩：《论关中东部的夏代早期文化遗存》，《中国历史文物》2009 年第 1 期。

② 张忠培、杨晶：《客省庄与三里桥文化的单把鬲及其相关问题》，《宿白先生八秩华诞纪念文集》编辑委员会编：《宿白先生八秩华诞纪念文集》，文物出版社，2002，第 43 页；段天璟：《从文化变迁看二里头文化的排他式殖民扩张及影响——以中条山南北和江汉平原地区为例》，吉林大学边疆考古研究中心编：《新果集：庆祝林沄先生七十华诞论文集》，科学出版社，2009，第 160~175 页。

达垣曲盆地，三期时开始呈明显的繁盛和扩张的趋势，遗址数量由早期的 6 处增加到 41 处，分布范围由早期的亳清河流域扩张到整个垣曲盆地，形成庞大的聚落群。古城南关是垣曲盆地的中心聚落遗址，也是夏王朝在黄河北岸设立的控制垣曲盆地的统治中心。“鉴于垣曲盆地二里头文化的面貌与豫西的二里头文化具有很强的共性，应是由豫西迁徙而来并与当地文化融合后形成的。”[①]其由豫西迁徙的路线，有学者认为主要是由伊洛北渡黄河自济源翻越王屋山至垣曲盆地。不过，考古学家在垣曲对面黄河南岸的渑池发现有郑窑、鹿寺二里头文化遗址，由此推断，从伊洛北渡黄河进入垣曲盆地的夏人群体也可能先西进，至渑池经南村北渡黄河进入垣曲盆地。黄河南岸的渑池沿黄地带地理上属于垣曲盆地。夏商时开辟的阳壶古道，即曾利用这一渡口和部分通道，连接黄河南北。有学者分析，垣曲古城东关遗址“龙山文化面貌接近豫西，与晋南区别较大，这也是垣曲盆地内从庙底沟二期文化到二里头、二里岗期各不同阶段的古代文化的总体特征”，虽然“这里与中条山西北的晋南和黄河以南的豫西都同样存在着山水之隔，中条山的崇山峻岭很可能成了古代文化往来的阻隔，而黄河却未能阻挡南北两岸的交流，这是值得我们注意的现象”。[②] 由此推断，垣曲及河对面渑池南村的确是一个非常重要的渡口，那么这条通道既是连接垣曲城与渑池的桥梁，同时也是二里头文化传播的途径之一。

中条山以北的运城和临汾两个盆地的二里头文化遗址，分布着东下冯类型遗址，数量有 200 多处。据李伯谦研究，“东下冯类型开始形成的时间晚于二里头类型开始形成的时间，东下冯类型主要文化因素来源于二里头类型，它是在二里头类型发展到一定阶段向晋南地区传播并与当地原居文化逐渐融合而形成的。如果说

---

① 佟伟华：《二里头文化向晋南的扩张》，杜金鹏、许宏主编：《二里头遗址与二里头文化研究》，科学出版社，2006，第 362、367 页。

② 张素琳、佟伟华：《垣曲古城东关遗址庙底沟二期文化和龙山文化遗存》，山西省考古研究所、山西省考古学会编：《三晋考古》（第 2 辑），山西人民出版社，1996，第 190 页。

二里头类型是二里头文化的原生类型,那么,东下冯类型则是二里头文化的派生类型"[1]。学者们普遍认为,晋南二里头文化的产生是由豫西二里头核心地区人民的殖民所致,即这一文化扩张可能意味着夏人向晋南的迁徙[2]。有学者称之为"夏族的第二次大规模北迁"[3],说明迁徙人数当有较大的数量和规模。二里头文化向中条山运城、临汾盆地扩张的路线,主要有两条:一是由伊洛北渡黄河自济源翻越王屋山至垣曲盆地,再越过中条山东段入运城盆地;二是由伊洛向西北,由茅津北渡黄河,循虞坂颠軨道进入运城盆地。东下冯类型遗址与垣曲盆地的二里头文化虽有不少相同点,但之间的差异鲜明而突出,因而,运城、临汾二盆地二里头文化,应主要是通过虞坂颠軨道,先进入运城盆地,然后向北进入临汾盆地传入的。在崤函地区的三门峡与平陆相对处的黄河南北有较多的二里头文化遗址,如陕县七里铺、西崖村,湖滨区南家庄、小交口,平陆中条山南麓山前地带有东太臣、柴庄、北横涧、晴岚、王沟、高家滩、庙坪等,证明这里的确是一个非常重要的传播通道。与之相似,在灵宝与山西芮城相对处的黄河南北也有不少二里头文化遗址,如灵宝阳店晓坞,芮城南崖、庙家、洞沟、南凸头、寺里—坡头、阎家等遗址,此处亦不失为一个相当重要的传播通道。二里头文化向晋南的扩张,在黄河南岸无疑都利用了崤函古道的部分路段,因而,崤函沿黄河南岸地带无疑是二里头文化从伊洛向晋南扩张的最前沿,也是从伊洛向晋南扩张的必经之路。

二里头文化自伊洛盆地由东向西深入关中及北上晋南,证明夏代崤函道路交通已经得到初步开发的事实,通行能力已经可以服务于长距离远征关中、晋南这种较大规模的军事扩张活动。

---

① 李伯谦:《东下冯类型的初步分析》,《中原文物》1981 年第 1 期。

② 李维明:《再议东下冯类型》,《中原文物》1997 年第 2 期。

③ 张国硕:《从夏族北上晋南看夏族的起源》,《郑州大学学报(哲学社会科学版)》1998 年第 6 期。

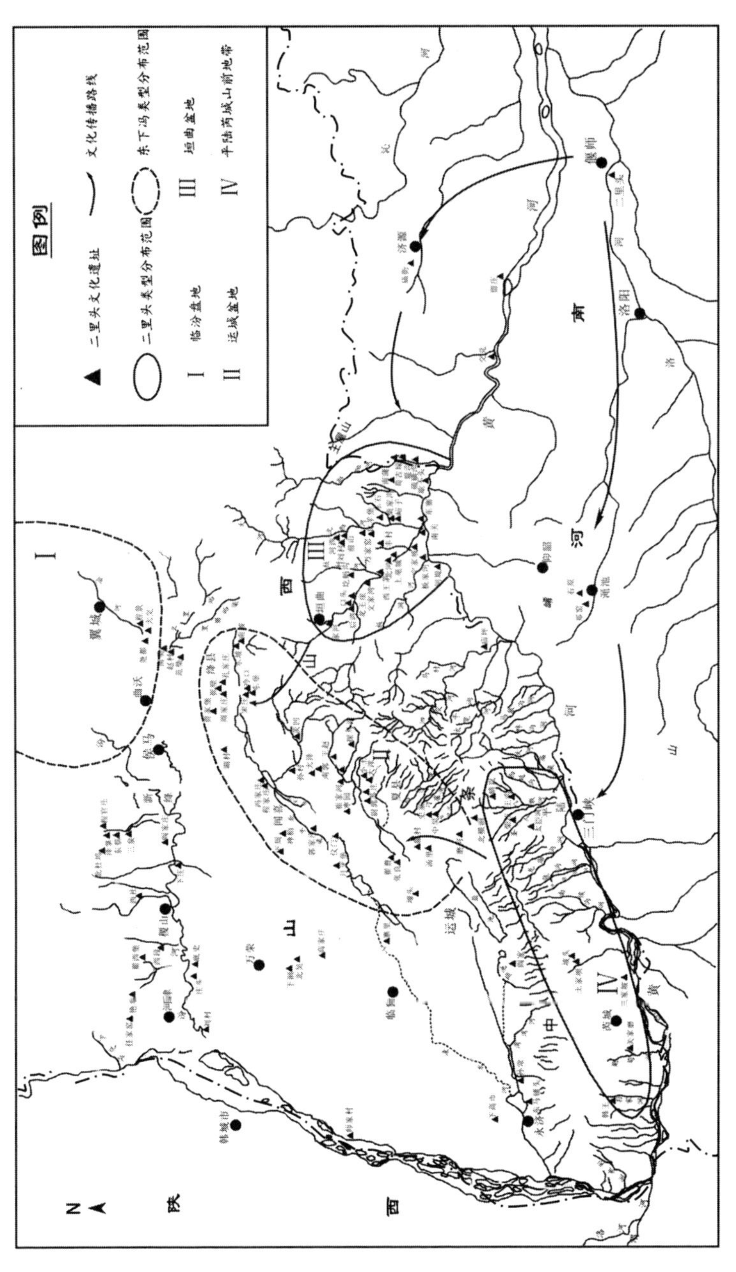

图 3-2 豫西二里头文化向晋南扩张态势图①

① 采自佟伟华《二里头文化向晋南的扩张》,杜金鹏、许宏主编:《二里头遗址与二里头文化研究》,科学出版社,2006,第 365 页。

三、启征有扈氏与崤山南路的初步开发

禹死后，子启继位。“有扈氏不服，启伐之，大战于甘……遂灭有扈氏。天下咸朝。”[①]启征有扈氏是夏初西扩的一次重要战役。有扈氏的地望，学界多认为在陕西户县（今西安鄠邑区）境内，甘之战发生在户县南郊附近，并以《汉书·地理志》等文献所载扶风鄠现有“扈谷”“甘亭”为证。还有学者据考古发现，推测客省庄二期文化有很大可能就是有扈氏文化[②]。客省庄在沣河西，往西不远就进入今户县。客省庄二期文化分布东至华阴左近，东南至今商州市商州区、商南，北至尚不清楚，西至岐山双庵。上述分布与文献记载的古扈国地望大体相合。也有学者提出有扈氏故地在今郑州北黄河北岸的原武一带，甘地在今洛阳西南，或在今郑州以西的古荥一带[③]。这些看法基本是基于夏势力西不出潼关的认识得出的。启征有扈氏的行军路线，一般认为，约起自洛阳，沿洛河西行，穿越崤山后，滨黄河经桃林，沿华山北麓然后抵于甘[④]。这条“启征有扈氏路线”的前半段，从洛阳，经行洛河—黄河谷地，实际上就是我们所说的崤函古道崤山南路，中段滨黄河经桃林，至华山，则属崤函古道函谷段。

启征有扈氏的“甘之战”在交通史上的一项积极成果便是开辟了一条从洛阳经洛宁前往关中平原的军事交通道路，这无疑是崤函古道交通史上一次重要的创举。有学者认为，启征有扈氏线路是一条新辟的通道。理由主要是当时渑池一带水网

① 〔汉〕司马迁：《史记》卷二《夏本纪》，中华书局，1982，第84页。

② 李民：《〈尚书〉与古史研究》，河南人民出版社，1981，第65~74页；张天恩、刘军社：《关于客省庄二期文化几个问题的探讨》，《文物》1995年第2期。

③ 顾颉刚、刘起釪：《〈尚书·甘誓〉校释译论》，《中国史研究》1979年第1期；郑杰祥：《“甘”地辨》，《夏史初探》，中州古籍出版社，1988，第110~115页。

④ 郑若葵：《中国古代交通图典》，云南人民出版社，2007，第95~96页。

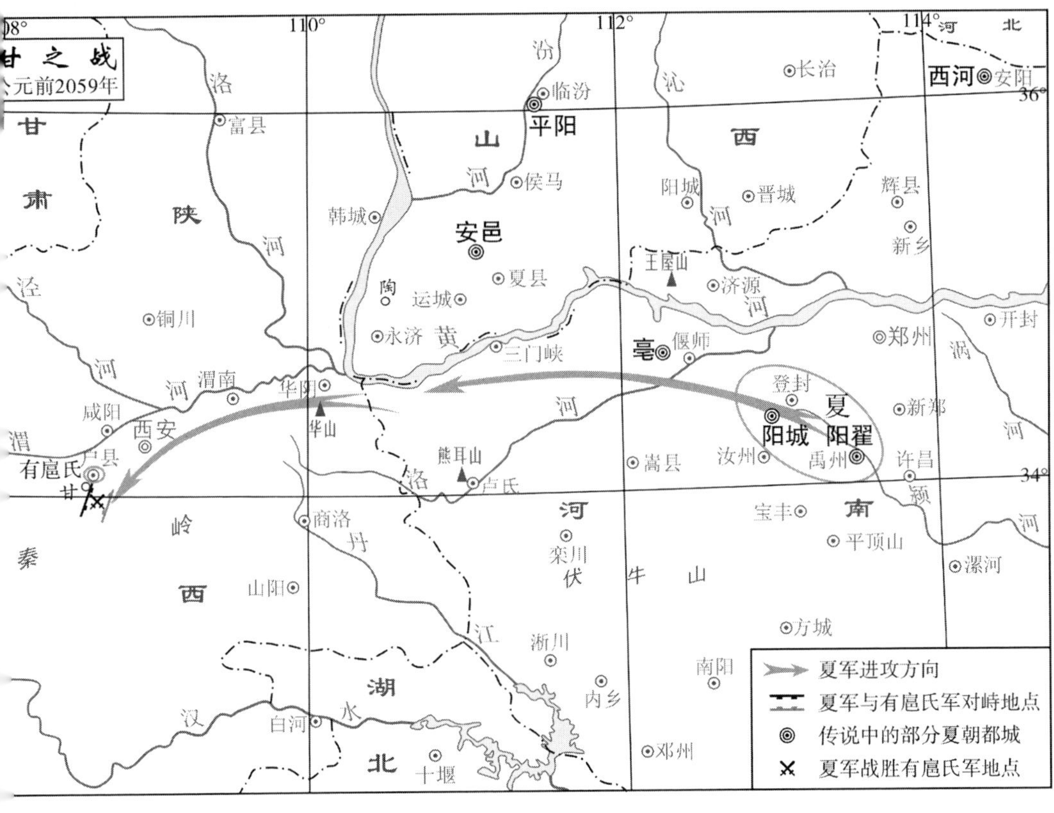

图 3-3　甘之战示意图①

尚未消除，所以为避开黄河边走廊的复杂地形和众多的天堑、河口而新辟此道②。此说不确切。文献记载，尧曾命夏禹之父鲧治水，鲧用息壤堙塞洪水。《山海经·海内经》云："洪水滔天，鲧窃帝之息壤以堙洪水。"郭璞注云："息壤者言土自长息无限，故可以塞洪水也。"③息壤地望，古籍记载不一。《战国策·秦二》载：秦武王"欲车通三川，以窥周室"，甘茂为此"请之魏约伐韩"，"王迎甘茂于息壤"。甘茂排

① 采自中国人民革命军事博物馆《中国战争史地图集》，星球地图出版社，2007，第 12 页。

② 胡德经：《两京古道考辨》，《史学月刊》1986 年第 2 期。

③ 袁珂校注：《山海经校注》，上海古籍出版社，1980，第 472 页。

除疑议,“王曰:‘寡人不听也,请与子盟。’于是与之盟于息壤”。因攻宜阳,“五月而不能拔也”。王欲罢兵,“召甘茂而告之。甘茂对曰:‘息壤在彼。’王曰:‘有之。’因悉起兵,复使甘茂攻之,遂拔宜阳”。[①] 此一史事,又见于《史记·樗里子甘茂列传》。《索隐》说:“《山海经》《启筮》云‘昔伯鲧窃帝之息壤以堙洪水’,或是此也。”张守节《正义》则指“息壤”为“秦邑”[②]。有学者推断息壤在今宜阳县境[③]。若此说不误,则鲧既在宜阳取息壤堙塞洪水,对这一带交通当有一定治理。联系《禹贡》记载的大禹治水时开通的洛河水路交通,则崤山南路的开辟自当早于启征有扈氏之时。启征有扈氏是文献记载夏初规模较大的一场战争,因应战争需要,启当是在鲧、禹基础上对崤山南路加以整治,形成了可以行军通车的大道。

史载,启晚年还利用这条道路平息了“武观之乱”。今本《竹书纪年》载:“(启)十一年,放王季子武观于西河。十五年,武观以西河叛。彭伯寿帅师征西河,武观来归。”[④]《逸周书·尝麦解》:“其在殷之五子,忘伯禹之命,假国无正,用胥兴作乱,遂凶厥国。皇天哀禹,赐以彭寿,思正夏略。”[⑤]朱右曾云“殷”当“启”之误,“五子,五观也,亦曰武观,启子”。[⑥]《国语·楚语上》韦昭注:“五观,启子,太康昆弟也。”[⑦]可知,启晚年发生诸子争立动乱,武观被放逐西河,武观据此发动叛乱,几乎瓦解夏统治。幸有“彭伯寿帅师征西河”,才平定叛乱。《北堂书钞》引《竹书纪年》

① 〔西汉〕刘向集录,范祥雍笺证:《战国策笺证》卷四《秦二》,上海古籍出版社,2006,第252~253页。

② 〔汉〕司马迁:《史记》卷七十一《樗里子甘茂列传》,中华书局,1982,第2312页。

③ 何光岳:《夏源流史》,江苏教育出版社,1992,第61页。

④ 王国维:《今本竹书纪年疏证》,方诗铭、王修龄:《古本竹书纪年辑证》,上海古籍出版社,1981,第202页。

⑤ 黄怀信、张懋镕、田旭东:《逸周书汇校集注》卷六《尝麦解》,上海古籍出版社,1995,第786~787页。

⑥ 方诗铭、王修龄:《古本竹书纪年辑证》,上海古籍出版社,1981,第3页。

⑦ 〔春秋〕左丘明撰,徐元诰集解,王树民、沈长云点校:《国语集解》卷十七《楚语上》,中华书局,2002,第484页。

将此次平乱称为“启征西河”[①]。古本《竹书纪年》作“西河，后启征之”[②]。《路史》亦谓：启“既征西河”[③]。无论怎样，启放武观，武观可依此而叛，说明有一定的经济、军事实力。西河当在今渑池县西至三门峡市东一带。此次夏军征西河平武观之乱，距启征有扈氏时间不长，今本《竹书纪年》将征有扈氏系于启二年，十五年，启征西河应是沿用征有扈氏的老路。夏初接连沿崤函古道南线向西征伐，说明当时的交通条件已具有相当的规模和质量。自启征西河之后至胤甲之前，文献中不再见有西河的记载，说明夏代前期西河地区归顺了夏王朝。

《左传》僖公三十二年：“殽有二陵焉：其南陵，夏后皋之墓也。”[④]《水经注·河水》：“水出石崤山。山有二陵：南陵，夏后皋之墓也。”[⑤]夏后皋墓今仍存，在今陕州区菜园乡雁翎关村东约 2 里的高阜上，坐北朝南，正东朝向雁翎关，距雁翎关口约 1 里。此地正处于启征有扈氏行军走过的大道旁。帝皋为孔甲之子，第十五世夏王。《史记·夏本纪》：“帝孔甲立，好方鬼神，事淫乱。夏后氏德衰，诸侯畔之。”[⑥]《国语·周语下》：“昔孔甲乱夏，四世而陨。”[⑦]在长期政治动荡、“诸侯畔之”的形势下，夏后皋很可能是在平定叛乱，转战崤函途中死亡并下葬于此的。也有学者推测，夏后皋葬于南陵，与夏人西进关中有关：“崤山地区是通向关中的咽喉要塞，为兵家必争之地。夏人将他们国王的坟墓葬在这个掌控东西咽喉要道的地方，是夏人欲西进关中的决定。太康失国后，夏人东走，西部根据地丧失。少康中兴后，夏人一直在东部活动，孔甲开始向西回归‘居西河’，帝皋把坟墓选在豫陕之间

---

① 〔隋〕虞世南：《北堂书钞》卷十三《帝王部》，天津古籍出版社，1988，第 59 页。

② 方诗铭、王修龄：《古本竹书纪年辑证》，上海古籍出版社，1981，第 173 页。

③ 〔宋〕罗泌：《路史》卷二十二《后纪十三·夏后纪下》，四部备要本，中华书局，1985，第 149 页。

④ 〔周〕左丘明传，〔晋〕杜预注，〔唐〕孔颖达正义：《春秋左传正义》（十三经注疏）卷第十七“僖公三十二年”，北京大学出版社，2000，第 542 页。

⑤ 〔北魏〕郦道元著，陈桥驿校证：《水经注校证》卷四《河水》，中华书局，2007，第 117 页。

⑥ 〔汉〕司马迁：《史记》卷二《夏本纪》，中华书局，1982，第 86 页。

⑦ 〔春秋〕左丘明撰，徐元诰集解，王树民、沈长云点校：《国语集解》卷三《周语下》，中华书局，2002，第 130 页。

图 3-4　夏后皋墓(田永强摄)

的崤山谷,说明帝皋时期,不仅收复太康时期失去的地盘,并打算向西部关中地区发展。"[①]无论如何,古人陵墓与居处当相距不远,与交通道路亦不能过于悬远。夏后皋墓佐证了崤山南路的开辟和存在。

四、夏后期经略晋南与崤山北路的初步开发

夏朝曾发生多次迁都的交通大行动。第十三世夏王胤甲即位后,将都城从老丘(今河南陈留北老丘故城)迁至西河。古本《竹书纪年》载:"帝廑一名胤甲,即位居西河。"[②]继任夏王孔甲仍都西河。今本《竹书纪年》:"元年乙巳,帝即位,居西

① 杨升南、朱玲玲:《远古中华》,上海书店出版社,2015,第 298 页。

② 方诗铭、王修龄:《古本竹书纪年辑证》,上海古籍出版社,1981,第 13 页。

河。"[①]第十五、十六两世夏王皋和发(又名敬或发惠)的都城,文献无载,从夏后皋葬于崤山南陵、桀都斟寻来看,皋、发两王可能也从胤甲都西河。西河先后有四王立都,时间长达80余年,约占夏王朝三分之一的时间,足见西河在夏代历史地位的重要。

西河地望,有豫北东部、龙门至华阴一带、洛阳至陕西华阴等多种说法。其中,范文澜首倡的河南洛阳至陕西华阴通称西河的观点为更多人所赞同[②]。张国硕进一步推定西河在"今渑池县西至三门峡市东一带"。其理由主要是,作为夏的都城,在没有大规模异族入侵的前提下,西河理应在夏族的势力范围之内,而不能远离其统治的中心区域。豫北地区在夏后期已属先商文化分布区,夏已不能有效地控制这一地区。而山西西部至陕西东部地区多为山地、丘陵地貌,生态环境恶劣,且偏离夏统治的中心区域。相比之下,豫西西部至陕西华阴以东历来皆为夏朝统治区域,故西河位于此间某地的可能性最大。"因主都斟寻在今偃师一带,若把辅都设在今洛阳以西至新安一带,主、辅都相距较近,辅都的设立没有实际意义。但也不可能把辅都设在今华阴以东至潼关一带,因这里远离夏王朝中心统治区,现今这里发现的二里头文化遗存较少,说明夏王朝并未有效地控制这一地区。相比之下,今三门峡地区发现较丰富的二里头文化遗存,说明这里属于夏王朝控制区的西缘……夏后皋墓在今河南渑池县西南方属陕县、洛宁交界处的雁翎关北。古人陵墓与居处当相距不远。"因此,胤甲所居"西河",最大的可能性应在"今渑池县西至三门峡市东一带"。[③] 夏商时期是否实行的是主辅都制度,还需讨论,但其有关西河地望的意见是可取的。

史籍又见孔甲墓在今渑池县境崤山之中的记载。《大明一统志》卷二十九

① 王国维:《今本竹书纪年疏证》,方诗铭、王修龄:《古本竹书纪年辑证》,上海古籍出版社,1981,第210页。

② 范文澜:《中国通史》(第1册),人民出版社,1978,第32页。

③ 张国硕:《夏商时代都城制度研究》,河南人民出版社,2001,第113~114页。

《河南府》陵墓条："孔甲陵在永宁县东北三崤山。孔甲，夏王也。"[①]明永宁县即今洛宁县。顾祖禹考证："三崤山，亦曰二崤(一名嵚岑山)。在今河南府永宁县北六十里。其地或谓之崤渑，或谓之渑隘，或谓之崤塞。"[②]三崤山，西接今陕州区，东接今渑池，因崤山道上有石崤(西崤)、千崤(东崤)和土崤三山，合称"三崤山"或"三崤"。孔甲和夏后皋两座陵墓皆在崤山，且两人死亡时间相继，埋葬地点相近。渑池又称"西河外"。《史记·廉颇蔺相如列传》："秦王使使者告赵王，欲与王为好会于西河外渑池。"《索隐》："在西河之南，故云'外'。"[③]因此，西河地望在今渑池县以西至陕州区以东的崤山一带是可信的。这一带地势险要，是通向关中、晋南的咽喉，为兵家必争之地。"既可作为讨伐今陕西关中及豫西诸方国、部落叛乱的前沿基地，又可为控制晋西南地区建立一个稳固的政治、军事中心。"[④]

胤甲迁都西河，与夏重新经营晋南有关。中国古代建都历来有与对外发展相联系的传统。诚如史念海所说："一国首都的选择，是应接近于当时最大的敌人的，而不应该迁就于当时的经济中心。"[⑤]尤其是在"当时的交通、运输等条件下……要跋涉远征毕竟是比较困难的。因此，当时选择王都的地点，不能不考虑到作战的方便，就是说，不能不从军事的角度上考虑迁都的问题"[⑥]。由于"后羿代夏""太康失国"，夏人东走，晋南根据地丧失。"少康中兴"后，夏人一直在东部活动。胤甲开始向西回归"居西河"，将活动中心由东部移至西部，孔甲、皋、发诸王继之都西河，暗示出西河或周边地区可能又发生了某种动乱，在夏后期历

① 〔明〕李贤等：《大明一统志》卷二十九《河南府》，三秦出版社，1990，第494页。

② 〔清〕顾祖禹撰，贺次君、施和金点校：《读史方舆纪要》卷四十六《河南一》，中华书局，2005，第2097页。

③ 〔汉〕司马迁：《史记》卷八十一《廉颇蔺相如列传》，中华书局，1982，第2442页。

④ 张国硕：《夏商时代都城制度研究》，河南人民出版社，2001，第87页。

⑤ 史念海：《娄敬和汉朝的建都》，《河山集》(四集)，陕西师范大学出版社，1991，第379页。

⑥ 邹衡：《夏商周考古学论文集》，文物出版社，1980，第210页。

史上,可能还存在一系列史籍失载的战争。这与帝宁(即帝杼)先都原再迁老丘是基于领土扩张或保持领土完整的军事考虑一样,反映了夏王朝安抚西境的意图。胤甲等四王“居西河”,表明夏不仅有意收复太康时期失去的地盘,并打算向西部晋南、关中地区发展。

事实证明,夏都西河的目的基本达到了,夏王朝可能又取得了对西河以及周边地区的控制权,将豫西、晋南连成了一片。考古发现证明,“晋南夏文化的复兴是在胤甲居西河之后”。东下冯遗址文化经历过产生、间断、复苏的过程。“夏后征服胜利使晋南大本营重新复兴,其特征表现于受二里头影响的东下冯中、晚期文化层中。”“在东下冯发掘的遗物中,据测定有的年代晚于二里头同期遗物并吸收其大量因素,这说明夏中、后期东方对西方有较大的影响。”[①]东下冯类型形成的时间约当二里头文化二期稍晚。从三期开始,东下冯发展成为运城盆地的中心聚落和国家控制的手工业中心,此与胤甲开始至桀以前经略西河地区年代基本相当。

夏迁都西河,并长期经营,虽然在主观上是受当时政治军事形势影响所致,但伴随都城的迁徙必然会出现较大规模的人口迁移,因此迁都本身在客观上显示了夏人极强的交通能力。另外,由于西河跃升为夏朝政治和军事指挥中心,且时间较长,夏朝以此为契机,运用公共权力和整个社会集体力量,有可能组织起较大规模的人力物力,在军事斗争的同时,对西河及其通往周边的交通道路进行规划和建设,直接推动和促进西河地区交通道路及其交通网络的开辟或形成。

《国语·晋语八》载:“昔者鲧违帝命,殛之于羽山,化为黄熊,以入于羽渊,寔

① 史道祥:《关于夏文化源的探索——由古本〈竹书纪年〉夏代“西河”地望谈起》,《郑州大学学报(哲学社会科学版)》1989年第2期。

为夏郊，三代举之。”[①]《山海经·中次三经》：“又东十里，曰青要之山。实惟帝之密都，是多驾鸟。南望墠渚，禹父之所化。”[②]清郝懿行谓青要之山在今新安县西北二十里[③]，即在崤山北路的东段。三门峡地区二里头文化遗址主要分布在涧河、青龙涧河流域，洛阳谷水也多有分布，说明自洛阳沿谷水河谷西进，沿涧河、青龙涧河，进入今陕州区的道路是客观存在的。史载孔甲死后葬于三崤山，此地正在崤山北路大道附近，与我们所说的西河夏都位置大体在同一范围。孔甲当是都西河期间死亡，遂就近葬于此，这同其子帝皋死后葬于殽山南陵交通大道旁颇为类似。崤山北路当与西河都城相通。这条道路很可能是沿用了鲧、禹父子治水的路段，在夏初已被利用，而不应如胡德经等所说的迟至商末才开发出来[④]。

夏朝对崤函交通尤其是北路的开发，不仅与频繁开展的军事活动密切相关，对重要资源的攫取和管理的经济需求，也是其重要动力。有学者指出：“二里头文化的扩张可能正是国家政治—经济战略的物化形式，而这个战略的目的就是获得国家所需要的铜、锡、铅、盐和其他自然资源。”“国家对资源丰富地区的殖民企图，显然是为了控制和运输各种各样的资源，以支持首都地区日益集中的手工业生产和大量人口。”[⑤]研究表明，崤函地区本身的丰富资源在二里头时期似还未被发现和重视，但与之相邻的晋南和关中则存在已被发现和利用的丰富资源，尤其是青铜冶炼所必需的铜、锡、铅及人们生活不可或缺的食盐。

晋南中条山有丰富的铜、铅、锡资源。其铜矿东南距夏都二里头仅约 150 公

---

① 〔春秋〕左丘明撰，徐元诰集解，王树民、沈长云点校：《国语集解》卷八《晋语八》，中华书局，2002，第 437 页。

② 袁珂校注：《山海经校注》，上海古籍出版社，1980，第 125 页。

③ 〔清〕郝懿行：《山海经笺疏》，巴蜀书社，1985，第 230 页。

④ 胡德经：《两京古道考辨》，《史学月刊》1986 年第 2 期。

⑤ 刘莉、陈星灿：《中国早期国家的形成——从二里头和二里岗时期的中心和边缘之间的关系谈起》，北京大学中国考古学研究中心、北京大学古代文明研究中心编：《古代文明》（第 1 卷），文物出版社，2002，第 102~103 页。

里，是距离二里头最近的铜矿资源。运城盐池则是当时整个黄河中游地区最主要的池盐产地。对这些重要战略资源的控制、开发和利用，在早期国家的形成和发展时期尤为重要[①]。从晋南二里头文化遗址分布情况看，垣曲古城南关和夏县东下冯是二里头文化在晋南的两个区域中心，均位于发源于中条山的河流边上，对当地的铜、池盐等重要资源当负有开采与运输的重要职责。两地都发现了铜器和冶炼铜的遗迹遗物，在晋南其他二里头遗址也多有发现。古城南关位于亳清河与黄河交汇处，亳清河就发源于铜矿资源丰富的中条山区。东下冯地处中条山铜矿和运城盐池之间的平原地带，距运城盐池仅 30 多公里。发源于中条山的青龙河、亳清河等河流形成自然的通道，可以从矿区或盐池把附近的铜、池盐等运至东下冯和古城南关，然后通过黄河和其他支流，转运到夏都二里头。

由晋南进入豫西的主要交通道路有以下几条：一是南路，自运城盆地向南跨越中条山西段至平陆，在茅津渡过黄河，沿崤函古道西至夏都二里头；二是东路，自运城盆地经夏县、闻喜和绛县，折向东南方向，穿越中条山东段的横岭关到达垣曲东滩，渡过黄河，经渑池、新安，东至二里头；三是北路，由运城盆地越过中条山东段经垣曲盆地翻越王屋山，经济源渡黄河，至二里头。三条道路中，南、东两条线路在渡过黄河后，均与崤函古道相连接。有学者分析，分布于洛阳以东的二里头文化主要由北路进入晋南，位于中条山南麓的垣曲盆地正处于这条交通要冲上。分布于洛阳以西的二里头文化则主要取南路和东路进入晋南，位于中条山南麓的平陆和芮城地区也处于豫西向晋南运城盆地移动的最前沿。垣曲盆地以南、黄河以北的渑池郑窑发现有二里头三期的遗存，很可能是崤函与垣曲盆地之间相

---

① 刘莉、陈星灿：《中国早期国家的形成——从二里头和二里岗时期的中心和边缘之间的关系谈起》，北京大学中国考古学研究中心、北京大学古代文明研究中心编：《古代文明》（第 1 卷），文物出版社，2002，第 98~99 页。

互往来的驿站①。

综上可以看到,进入文明时代以后,崤函古道得以迅速开发和发展起来。在夏王朝对外扩张中,无论是北上晋南,还是西向关中,崤函地区都是连接伊洛平原与上述地区的中间地带。出于对青铜原料和池盐等重要资源的需求,二里头文化的人们往来于伊洛、崤函、晋南、关中诸地区之间,崤函古道交通因此上升为国家具体的实政之一,得以有意识地开发和扩展。而崤函北路由于靠近黄河,从晋南运输过来的铜、池盐等可以方便地利用崤函北路,沿黄河谷地、涧河谷地运至首都二里头,而不必绕道更远的崤山南路。夏中后期,又在今渑池以西陕州区以东的崤山一带建立新都西河,强力经营晋南,进一步强化和巩固了崤山北路的交通地位。由此观之,夏中后期以来,崤山北路的地位可能比南路更重要些。

此外,在陕县七里铺遗址二里头文化灰坑中考古发现一件骨贝,渑池郑窑遗址出土有蚌贝。有考古学家指出:"贝在当时仅仅作为装饰品,抑或已具有一般等价物的社会功能,尚待研究。惟海贝在二里头等遗址的出土,意味着中原地区与遥远的沿海居民存在着某种交往和联系,这是肯定无疑的。"②崤函地区不产的海贝,有可能是通过商业贸易获得的。而骨贝的发现,有研究者认为,它表明"流通中的海贝的数量已供不应求,而出现了用骨仿制的贝币,说明当时贝币的使用是比较普遍的"③。骨贝、蚌贝在崤函的相继出现,是夏代商业经济发展和人口往来的一种反映。这为我们理解崤函古道交通的远程联系和贸易往来提供了很好的遐想空间。

郑若葵总结夏代交通发展的特点,认为"夏代的重要交通道路和设施建设,基

① 佟伟华:《二里头文化向晋南的扩张》,杜金鹏、许宏主编:《二里头遗址与二里头文化研究》,科学出版社,2006,第 361~373 页。

② 中国社会科学院考古研究所:《中国考古学·夏商卷》,中国社会科学出版社,2003,第 123 页。

③ 杨寿川:《贝币研究》,云南大学出版社,1997,第 3 页。

本上是围绕治理洪水地域和军事征战路线来进行的"①。通过相关研究,可以了解到夏代治理洪水和军事征战等行为持续地刺激和促进了崤函古道的开辟,而晋南铜、池盐等的南运,同样也是这一时期推动和促进崤函古道开辟的重要因素。我们对夏代交通发展特点的认识和理解,也因此得以深化。夏王朝时期初步获得开发的崤函古道,不仅滋润着本地区二里头文化的发展,而且为夏王朝的建立与发展提供了重要的交通基础。

① 郑若葵:《中国古代交通图典》,云南人民出版社,2007,第 90 页。

第二节　商代崤函古道的进一步开发

崤函古道在商王朝时期得到进一步的开发和运用。作为商王朝的战略要地，崤函地区有较丰富的商文化遗存，在商文化版图中扮演着重要角色。无论是商汤革夏，还是商文化进入崤函，西渐关中，北上晋南，崤函古道都是重要的通道。它既是商王朝与崤函地区建立与保持政治、经济和文化关系的纽带，也是商核心区（先是郑洛地区，后是安阳地区）与关中、晋南之间文化交流的地理舞台。

一、商汤革夏之路

商汤革夏是中国古代史上的第一次改朝换代。夏末，夏王桀失德，众叛亲离，商汤趁机先征战统一了周边诸侯，而后举兵伐夏，推翻夏王，建立商朝。

有关商汤伐夏、夏桀逃亡路线，学界有决战豫东，南逃江淮；决战豫中，再战豫南，南逃安徽等多种说法。随着晋南夏商考古的进展和战国上博楚简《容成氏》的发现，晋南说为多数人认可。因此，在交通史上，这可以看作一个著名的有助于考察夏末商初崤函古道道路通行和军事功用的史例。上博藏楚简《容成氏》记载：

汤聓（闻）之，于是虗（乎）新（慎）戒坒（登）臤（贤）。悳惠而不𠧙，𢽰三十尸而能之。女(如)是而不可,然(然)句(后)从而攻之,陞(升)自戎(?)述(遂),内(入)自北门,立于中□。杰(桀)乃逃之鬲(鬲)山是(氏)。汤或(又)从而攻之,隆(降)自鸣攸(条)之述(遂),己伐高神之门。杰(桀)乃逃之南菓(巢)是(氏)。汤或(又)从而攻之,述(遂)逃,迲(去)之桑(苍)虐(梧)之埜(野)。汤于是虐(乎)諻(征)九州之市(师),己雹四海海之内,于是虐(乎)天下之兵大记(起),于是虐(乎)毀(亡)宗鹿(戮)族戔(残)群焉备(服)。①

据简文可知,商汤自东向西伐桀凡三战,初战于戎遂,鬲山为夏桀首战败亡之地;再战于鸣条,南巢为夏桀二战败亡之地;夏桀三战败亡于苍梧之野。

首战之地戎遂,即戎山的通道。戎山,《尚书·汤誓》称"陑"②,在中条山麓,《太平寰宇记》指在今山西永济③。《尚书·汤誓》:"伊尹相汤,伐桀,升而陑。"孔传说:"桀都安邑,汤升道从陑……陑在河曲之南。"孔疏解释说:"桀都在亳西,当从东而往,今乃升道从陑。'升'者,从下向上之名。言陑当是山阜之地,历险迂路,为出其不意故也。陑在河曲之南,盖今潼关左右。"④"河曲"即潼关黄河转弯的地方。鬲山即历山。《史记·五帝本纪》:"舜耕历山。"《正义》引《括地志》云:"蒲州河东县雷首山,一名中条山,亦名历山。"⑤历山和陑山、戎遂一样,都是中条山的别名或其一段。二战之地鸣条,《正义》引《括地志》:"高涯原,在蒲州安邑县北三十里南阪口,即古鸣条陌也。鸣条战地,在安邑西。"⑥现代学者多赞同此说。如孙淼

① 李零:《〈容成氏〉释文考释》,马承源主编:《上海博物馆藏战国楚竹书》(二),上海古籍出版社,2005,第280~282页。

② 许全胜:《〈容成氏〉篇释地》,上海大学古代文明研究中心、清华大学思想文化研究所编:《上博馆藏战国楚竹书研究续编》,上海书店出版社,2004,第372~378页。

③ 〔宋〕乐史撰,王文楚等点校:《太平寰宇记》卷四十六《河东道七》,中华书局,2007,第953页。

④ 〔汉〕孔安国传,〔唐〕孔颖达疏:《尚书正义》(十三经注疏)卷八《汤誓》,北京大学出版社,1999,第189页。

⑤ 〔汉〕司马迁:《史记》卷一《五帝本纪》,中华书局,1982,第33页。

⑥ 〔汉〕司马迁:《史记》卷三《殷本纪》,中华书局,1982,第96页。

说："综合各方面情况看来，鸣条在今山西境内，比较适当。"[①]古鸣条今称鸣条岗，在今山西运城夏县西南和安邑镇以北地带中条山下。南巢所在，学者多指在鸣条附近。郑杰祥则从音韵通假角度，认为焦、巢古字相通，则南巢也就是南焦，又称作"焦门"[②]，因此，南巢可能就是古代的焦国。古焦国在今三门峡开发区，北距古鸣条约 50 公里，它应当就是夏桀逃亡之"南巢氏"。桀三战败亡于苍梧之野，其事不见诸史籍。自《山海经 · 海内南经》置苍梧于南方，说帝舜葬于苍梧之山之阳以来，历来定苍梧即九嶷山，在今湖南永州。实际上，桀是绝不可能远逃到那里的。桀逃至南巢之后，又逃到苍梧之野，说明苍梧距离南巢不会很远。钱穆认为这个"苍梧"就是苍野，相其地望，当在今陕西省商洛市商州区东南[③]，距南巢即古焦国约 150 公里。

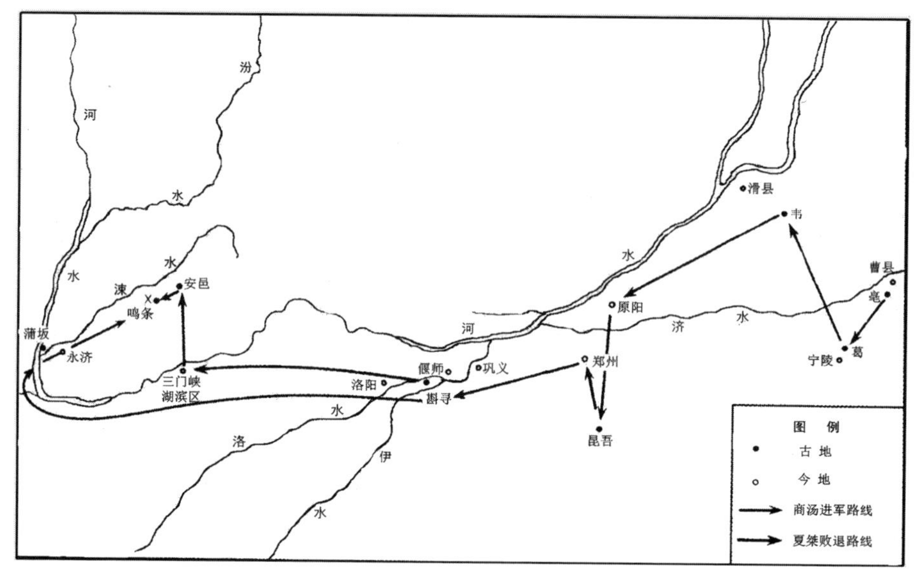

图 3-5 商汤伐桀进军路线图[④]

① 孙森：《夏商史稿》，文物出版社，1987，第 316 页。

② 郑杰祥：《新石器文化与夏代文明》，江苏教育出版社，2005，第 573 页；郑杰祥：《商汤伐桀路线新探》，《中原文物》2007 年第 2 期。

③ 钱穆：《古史地理论丛》，生活 · 读书 · 新知三联书店，2004，第 280 页。

④ 采自罗琨、张永山《中国军事通史》第 1 卷《夏商西周军事史》，军事科学出版社，1998，附图 1-2。

如此说来,商汤伐夏、夏桀逃亡的路线应当是:夏桀从斟寻而出,沿黄河南岸崤函古道西行,至今三门峡陕州区附近渡河,逃入晋南中条山区。商汤则西行迂回至山西永济西的黄河古渡蒲坂(即后来的蒲津关)渡河,至陑进入运城盆地。首战戎遂,桀战败逃往鬲山氏,商汤沿涑水及其支流青龙河上溯追击,直达今夏县东下冯,与陈兵鸣条的桀决战,夏军又败,桀乃北渡黄河逃亡南巢。商汤乘胜追击,桀战败后,循崤函古道进入关中,逃至苍梧之野。桀三战皆败,最终而亡。《帝王世纪》说:桀"喜及诸嬖妾同舟浮海,奔于南巢之山而死"①,基本是可信的,唯桀最后确切死亡地可能为苍梧之野,南巢之说不够准确。跟随桀逃到晋南的部分夏族人则被迫散居于晋南。有学者将这部分夏族人的迁移称为"夏族第三次大规模的北上行动"②,显见这部分人数量当不少。由此可见,在夏末商初,连接东西的崤函古道都是畅通的,它既是夏王朝的灭亡之路,也是商汤伐桀的胜利之路。

二、商朝经略崤函与商文化西渐关中北播晋南

商族对崤函地区的认识和经营由来已久。史载,从契至汤,商族曾八迁其都。契子昭明迁至砥石为第二迁。《荀子·成相篇》记载:"契玄王,生昭明,居于砥石迁于商。"王先谦注云:"砥石,地名……或曰:即砥柱也。"③顾颉刚亦认为昭明所居之砥石,"疑近砥柱,在今陕州"。有学者考证,砥石当在今三门峡大坝以东砥柱附近,具体指山西平陆粮宿村为中心,西至砥柱,东到鱼林村,大约15公里范围之内的沿河一带,平陆坡底乡的粮宿商城即是"昭明之都"④。在商族兴起的过程中,崤

① 〔晋〕皇甫谧撰,徐宗元辑:《帝王世纪辑存》夏第二,中华书局,1964,第58页。

② 张国硕:《从夏族北上晋南看夏族的起源》,《郑州大学学报(哲学社会科学版)》1998年第6期。

③ 〔清〕王先谦撰,沈啸寰、王星贤点校:《荀子集解》卷十八《成相篇》,中华书局,1988,第464页。

④ 卫斯:《商"先王"昭明之都"砥石"初探——砥柱东部山区考古调查随想》,宋镇豪、宫长为编:《中华傅圣文化研究文集》,文物出版社,2010,第215~221页。

函地区曾发挥过重要作用。因此,在商汤大军消灭残留夏族势力的过程中,商王朝迅即控制了这一地区,开始了对崤函地区的经营。

崤函地区迄今已发现商文化遗址近50处,其中崤函古道周边遗址分布相对密集,呈现沿崤函古道聚合之态。自东向西有新安磁涧镇孝水、奎门、城关镇安乐村、暖泉沟、铁门镇土古洞、南岗村、南里乡十里、郭庄、五头镇五头遗址,义马千秋乡付村、常村乡常村、焦沟、南河遗址,渑池郑窑、笃忠乡鹿寺,陕州区观音堂镇北张村、东凡乡北阳村,湖滨区交口乡朱家沟、会兴乡上村、东坡、王官、崖底乡西斜桥遗址,陕州区张湾乡七里铺、南关、大营乡五原、原店镇郭家庄、张汴乡段家寨、曹村,灵宝大王乡阎家坪、阳平乡磨上、川口乡赵家沟、尹庄镇涧口王家湾、豫灵镇东桥遗址等。把上述地点连起来,大致就是连通郑洛与崤函的交通道路,这条路线与后世的崤函古道大致相似。

沿崤函古道分布是商文化遗址分布的最大空间特点之一,这不仅仅是交通的需要,也是当时政治、经济、文化等社会交流与发展的需要。经正式发掘的新安南岗村、陕州区七里铺、渑池鹿寺遗址,出土文物以石器、陶器为主,不见青铜器,属于商代早期文化遗址,文化面貌与郑州洛达庙和洛阳东干沟文化有相同或相似之处,并且与龙山文化、二里头文化有一定的联系。这种现象同样见于洛宁坡头遗址。这说明生活在崤函地区的商朝臣民可能是龙山文化乃至二里头文化创造者的后裔,在与郑洛地区密切的文化交往与交流中,改变了原有文化面貌,形成了具有地域特点的商文化。

商代青铜器目前仅见于灵宝川口赵家沟、尹庄涧口王家湾、豫灵镇东桥遗址,其形制和纹饰与二里岗或殷墟遗址同类器几乎完全相同,属于典型商文化青铜器①。赵家沟、王家湾和东桥都在崤函古道附近,这一带迄今未发现有铸铜作坊遗

① 河南省博物馆、灵宝县文化馆:《河南灵宝出土一批商代青铜器》,《考古》1979年第1期;杨育彬:《灵宝考古的新发现》,《河南文博通讯》1979年第1期。

迹,因此,有理由相信,这批数量较大,器型众多,制造工艺高超的商代青铜器,很可能来自外地,而且灵宝也并非这批青铜器的最终目的地。它们的发现,为研究商王朝控制和利用崤函地区及其通道增添了物证,反映崤函东西交通已经实现了物资运输和文化沟通的功能。

商王朝十分重视对崤函地区的控制。卜辞见有地名“殽”。《甲骨文合集》20050:“戊戌卜,雀芻于殽?”是说“雀”到“崤”地押解护送粮草(或畜牲)。同书28008:“其殽戍?”是问要不要到殽地戍守。卜辞中“殽”又写作“爻”。《甲骨文合集》139 正:“……旬亡祸? ……[己未,寇]H 芻,I 自爻,圉六人。八月。”记某日有敌寇劫掠 H 国粮草(或畜牲),从爻地掠获去,并抓走六人。有学者据此分析“殽”必是要塞关卡之处,即后世之崤山,有东西相通的要道。[①] 殷墟甲骨和商代铜器记载有爻族的材料,可知爻族是商代重要的世家贵族,做过商王的小臣,与商王朝关系密切。据丁山考证,卜辞和金文中爻氏乃爻敢氏的省称,爻即崤,爻敢应读为爻函,爻族的地望应在春秋战国时期的崤函一带[②]。若此说无误,则武丁时世家贵族爻敢氏已镇守崤函,扼守商朝西土。“三门”地名亦见于卜辞。祭岳是商王的重要祭祀活动。《甲骨文合集》34219 载:“甲申卜,于社牢。取岳于三门,肆。”又同书34220:“岳于南单,岳于三门,岳于楚。”[③]言商王于三门等地祭祀岳神。郭沫若考释“三门当即砥柱”[④]。1990 年,在砥柱以东的山西平陆前庄曾出土一批商代祭祀铜器方鼎、圆鼎、罍、爵及石磬等,随后在大祁村沿河一带的二级台地上发现了爵、斝等商代早期和中期遗物。前庄、大祁遗址出土的铜器,特征上与商代二里岗上层同类器物极为接近,亦有学者认为属于二里岗下层。其与郑州商城遗址西墙外出

① 詹鄞鑫:《卜辞傅说事迹考》,宋镇豪、宫长为编:《中华傅圣文化研究文集》,文物出版社,2010,第7页。

② 丁山:《甲骨文所见氏族及其制度》,中华书局,1988,第 69~72 页。

③ 胡厚宣:《甲骨文合集释文》,中国社会科学出版社,1999。

④ 郭沫若:《殷契粹编考释》,科学出版社,1965,第 15 页。

土的青铜礼器一样，都属于商王室拥有，器物主人的身份和地位属一个级别。2003年，在距前庄东1.5公里的东粮宿村又调查发现了一座商代前期城址，面积约6万平方米。"筑城技术上既与河南偃师商城、郑州商城和湖北盘龙城有相似之处，又有不同之处，文化内涵与前庄遗址基本一致。"调查者认为，粮宿商城即"昭明之都"[①]。前庄一带至今未见铸铜作坊遗迹遗物，在百里之内也无铜矿可采。研究者判断，商定中原后，"砥石"仍是一个与商王室保持直接联系的重要"故都"。前庄出土的这批祭祀铜器，当是商王室赏赐给留居在砥石的早商部落后裔，用来在三门黄河拐弯处祭祀黄河的遗存[②]。这在一定程度上反映了崤函地区在商王朝政治地理结构中的地位。

崤函地区也是商代方国部落分布较为集中的地区之一。商代方国部落的史事多见于殷墟甲骨卜辞，其中以商王武丁时期的卜辞记载最为详赡。据陈梦家考证，武丁卜辞中所见建于崤函地区的方国有夹方（今陕州区）、郭（今平陆、陕州区）、沚（今陕州区境内）、雀（晋南，近豫西）、髳（今平陆、陕州区）等[③]。另有学者考证，崤函地区还有卢方（今卢氏境内）、莞方（今陕西、河南、山西交界处）、祭方（今山西东南至河南西部一带）、湔方（今平陆东北）、阜（今平陆东，即傅岩）、戈方（原居豫西，后迁泾阳）、羌方（陕东、晋南、豫西三省接合部）、[illegible]国（在晋南豫西）、甾（今陕州区西南）、蜀（噣，今灵宝西北）、吕（今山西西南或豫西）、冥（春秋虞国冥地或旧渑池

① 卫斯：《商"先王"昭明之都"砥石"初探——砥柱东部山区考古调查随想》，宋镇豪、宫长为编：《中华傅圣文化研究文集》，文物出版社，2010，第217页。

② 卫斯：《前庄遗址的历史地望及相关问题》，《卫斯考古论文集》，山西古籍出版社，1998，第111～116页；卫斯：《山西平陆前庄方鼎的历史归属与年代问题》，《中国历史文物》2007年第2期；陶正刚、范宏：《山西平陆前庄村商代遗址及青铜方鼎铸造的研究》，宋镇豪、宫长为编：《中华傅圣文化研究文集》，文物出版社，2010，第222～223页。

③ 陈梦家：《殷墟卜辞综述》，中华书局，1988，第269～300页。

县)等方国部落[①]。崤函邻近的晋南地区更是商代方国较多的一个地区,著名者如方方、土方、舌方、鬼方、亘方等。

方国是当时人口最为集中的聚居地,也是当地的政治、经济中心。上述方国与商王朝关系时好时坏,飘忽不定:有时臣服于商王朝,纳贡朝拜;有时则与其处于敌对状态,干戈相向。面对方国或臣属或敌对的复杂关系,商王朝则分别以羁縻与战争相应对。从甲骨文看,武丁时期的主要威胁来自西部,晋南豫西是主要战场之一。如缶方即古陶国,在今山西永济,兼有黄河南岸今灵宝西部地区,是商王朝的西部劲敌。武丁中期某年十一月,武丁亲率商军从殷都安阳出发,渡河后向西挺进,首先攻占了位于今陕州区西南的甾,接着进据在今灵宝西北的蜀(噣),并以此为大本营,进击缶方,历时七个多月,最后取得胜利。武丁"渡河后向西挺进,直到蜀(噣)地的这条进军道路,和后来武王伐纣时的进军道路基本相合,只是方向不同罢了"[②]。这条进军道路即崤函古道。对那些臣属的方国部族,商王朝则通过商业贸易、和亲联姻等保持友好相处的亲和关系。臣属的方国部族须向商王贡纳祭祀用品、占卜材料、礼乐用品,为商王提供女子、士兵等。如《甲骨文合集》9176:"贞:戠不我其来白马?"谓祉向商王入贡白马。殷墟妇好墓出土的卢方玉戈,上刻"卢

① 郑杰祥:《商代地理概论》,中州古籍出版社,1994,第283~323页;孙亚冰、林欢:《商代地理与方国》(商代史·卷十),中国社会科学出版社,2010,第260~363页;李雪山:《卜辞所见商代晚期封国分布考》,郭旭东:《殷商文明论集》,中国社会科学出版社,2008,第290~296页;李雪山:《晚商晋南封国、方国地望考》,李雪山等主编:《甲骨学110年:回顾与展望——王宇信教授师友国际学术研究会论文集》,中国社会科学出版社,2009,第217~230页;张亚初:《殷墟都城与山西方国考略》,山西省文物局考古研究所编:《古文字研究》(第10辑),中华书局,1983,第388~404页;沈建华:《甲骨文所见晋南方国考》,张政烺先生九十华诞纪念文集编委会编:《揖芬集——张政烺先生九十华诞纪念文集》,社会科学文献出版社,2002,第205~212页;钟柏生:《殷商卜辞地理论丛》,艺文印书馆,1989;胡厚宣:《殷代舌方考》,《甲骨学商史论丛初集:外一种》,河北教育出版社,2002,第158~205页;蔡运章:《卜辞中的龙方》《武丁伐缶方的进军路线和沿途所伐诸方国的地望问题——兼释卜辞中的"噣"字》,《甲骨金文与古史研究》,中州古籍出版社,1993,第1~27页。

② 蔡运章:《武丁伐缶方的进军路线和沿途所伐诸方国的地望问题——兼释卜辞中的"噣"字》,《甲骨金文与古史研究》,中州古籍出版社,1993,第13~28页。

方皆入戈五"六字,载卢方首领皆向商王入贡玉戈五件。商王亦常去一些方国巡视,进行祭祀、田猎等活动。同书29296:"壬午卜,王其田卢,湄……"记商王到卢方进行田猎。同书28095:"卢伯漅其延呼飨。"言商王和卢方伯一起享用祭食。同书24349:"贞:无忧,在十二月,在沚卜。"说商王在沚占卜。商王与这些方国频繁的互动引起了大量的政治、经济和军事交通行为。换言之,商王朝与这些方国的政治、经济往来及战争是通过崤函古道实现的。有学者指出:"商王朝与方国之间的互动关系,是商代历史与文化发展的动力之一。"[①]表现在交通史上,它同样持续地刺激和推动着崤函交通的进一步发展。由上述考古和文献记载来看,崤函交通也确实起到了商王朝征讨之路、田猎之路、贡纳之路和商贸之路的作用。

商王朝重视经营崤函地区的动因,与夏代相仿佛,可能与青铜原料、盐矿的交通运输路线有关。有学者指出,商王朝对外扩张的"政治经济的动力与二里头文化的扩张一样,即获得重要的自然资源特别是铜、铅、锡和盐"[②]。商代青铜文化呈高速发展的态势,对铜、铅、锡和盐等重要资源需求远超于夏代。这"意味着国家对铜、锡、铅矿开发和供应的控制能力在逐步加强"[③]。在商前期,即二里岗时期,南方长江中下游地区和东方沿海地区的铜、铅、锡和盐等尚未得到发展,晋南地区是商王朝必不可少的战略物资铜、铅、锡和盐的主要来源地之一。关中东部则是又一个铜矿资源地,并一直保持到晚商时期。[④] 因此,在商代,和二里头时期一样,崤函地区仍然发挥着国家核心区郑洛地区(后是安阳地区)和西部关中、北部晋南地区

① 王巍:《商王朝与方国》,荆志淳、唐际根编:《多维视域:商王朝与中国早期文明研究》,科学出版社,2009,第246~254页。

② 刘莉、陈星灿:《中国早期国家的形成——从二里头和二里岗时期的中心和边缘之间的关系谈起》,北京大学中国考古学研究中心、北京大学古代文明研究中心编:《古代文明》(第1卷),文物出版社,2002,第124页。

③ 刘莉、陈星灿:《中国早期国家的形成——从二里头和二里岗时期的中心和边缘之间的关系谈起》,北京大学中国考古学研究中心、北京大学古代文明研究中心编:《古代文明》(第1卷),文物出版社,2002,第83页。

④ 刘莉、陈星灿:《城:夏商时期对自然资源的控制问题》,《东南文化》2000年第3期。

之间往来的中介地带作用。不同的是,随着商都迁往郑州、安阳一带,崤函地区已不再属于王朝王畿的范围,这使它在商代的地缘政治结构和交通地位变得更为单纯和突出。考古资料与文献载述表明,无论是商文化西渐关中、北进晋南,还是获取这两个地区的铜、铅、锡和盐等重要资源,崤函古道都是其主要途径和通道。

对关中东部商文化的研究表明,在成汤摧毁了夏桀统治之后,商王朝即自崤函挥师关中,直至今西安、铜川以东地区。其后,以此为依托,在二里岗上层时期进行新一轮的扩张,深入关中西部和陕南地区。反映在文化遗存上,大体以西安为界,分为两种类型:西安、铜川一线以东分布的是多属于典型二里岗下层早段的遗存,典型遗址有渭南华州区瓜坡镇南沙村,渭南临渭区姜河、花园镇花园,西安灞桥区老牛坡、长安区郭杜羊元坊,蓝田怀珍坊等,其文化面貌与郑州、洛阳的早商文化保持了多方面的一致性。西安以西地区分布的则多属于二里岗上层和殷墟前期遗存,文化特征以商文化为主,但也含有地方文化元素的“京当型”商文化。研究者称这种分布状况反映了商文化西渐的过程①。

商代由中原通往关中的道路,虽然北部可经今山西由孟门(白陉)、滏口陉等“太行八陉”,穿越太行山到达太行山东麓的商都,但道路难行,而且长期与商王朝为敌的土方等部族盘踞在这一带。东南为秦岭山脉所阻挡,崇山峻岭,沟壑纵横,难于逾越。因此,商文化西渐关中,主要是沿崤函古道,先占据西安、铜川一线以东,然后才向西推进到岐山、扶风一带的。这可以从崤函古道沿途发现的二里岗时期商文化遗址得到证明,如新安(磁涧镇孝水、奎门、城关镇安乐村、暖泉沟、铁门镇土古洞、南岗村、南里乡十里、郭庄、五头镇五头遗址)—义马(千秋乡付村、常村乡常村、焦沟、南河遗址)—渑池(郑窑、笃忠乡鹿寺遗址)—三门峡陕州区(观音堂镇北张村、东凡乡北阳村遗址)—三门峡湖滨区(交口乡朱家沟、会兴乡上村、东坡、王

① 徐天进:《试论关中地区的商文化》,北京大学考古系编:《纪念北京大学考古专业三十周年论文集(1952—1982)》,文物出版社,1990,第211~242页。

官、崖底乡西斜桥遗址)—三门峡陕州区(张湾乡七里铺、南关、大营乡五原、原店镇郭家庄、张汴乡段家寨、曹村遗址)—灵宝(大王乡阎家坪、阳平乡磨上、川口乡赵家沟、尹庄镇涧口王家湾、豫灵镇东桥遗址)—渭南(华州区瓜坡镇南沙村、临渭区姜河、花园镇花园遗址)—西安(灞桥区老牛坡、长安区郭杜羊元坊遗址)—蓝田(怀珍坊遗址),基本上是沿着崤函古道,由东向西发展,进入渭河谷地,继而越过秦岭山脉进入汉中盆地,通过渭北地区直接影响陕北高原。

晚商阶段,即武乙以后,随着周族的兴起,商人势力退回至西安、铜川以东,并最终退出了关中地区。但商王朝与关中的联系并未中断。除与奠、犬方等方国关系密切外,与周族的交通往来也很频繁。邹衡将武王灭商以前的周文化称作先周文化,指出:“先周文化的形成是由多种文化因素相互融合的过程。这些文化因素的主要组成部分有三”,第一因素便是“来自以殷墟为代表的商文化。这主要是指先周文化中大量存在的商式铜器。根据铜器族徽铭来分析,其中有直接来自(掳掠、赏赐,也可能通过婚姻关系)商文化分布区域者;也有周人(或俘虏的商工奴)在陕西仿商器铸造者”[①]。殷墟甲骨文中也常见商周往来或对抗的记载,既有友好相处的“呼周”“令周”“周入”“周疾”“周妇”等,也有敌对的“征周”“伐周”“璞周”“寇周”等[②]。古本《竹书纪年》载:武乙“三十四年,周王季历来朝。武乙赐地三十里,玉十瑴,马八匹”[③]。随着周人的崛起,商周关系进入激烈对抗期。武乙出兵西征。《甲骨文合集》33093:“酉,贞王惟西方征。”结果“武乙猎于河渭之间,暴雷,武乙震死”[④]。周原西周甲骨 H11:3:“衣王田,至于帛,王获田。”[⑤]“衣王”即殷王,帛

① 邹衡:《论先周文化(摘要)》,《夏商周考古学论文集(续集)》,科学出版社,1998,第 256~257 页。

② 郭胜强、李慧芬:《商周关系探微》,王晖主编:《西周金文与西周史研究暨第十届中国先秦史学会年会论文集》,三秦出版社,2018,第 484 页。

③ 方诗铭、王修龄:《古本竹书纪年辑证》,上海古籍出版社,1981,第 33 页。

④ 〔汉〕司马迁:《史记》卷三《殷本纪》,中华书局,1982,第 104 页。

⑤ 陕西周原考古队:《陕西岐山凤雏村发现周初甲骨文》,《文物》1979 年第 10 期。

在今华山附近,这与《史记》所载武乙游猎于河渭之间比较吻合。丁山认为:“武乙之死于河、渭,似乎不是田猎,可能是去征伐周王季,兵败被杀,殷商史官乃讳言‘暴雷震死’而已。”[①]关中商文化主要分布在东部渭河下游,武乙田猎在河、渭之间,说明直至商后期,商文化由商都核心区进入关中的途径,仍是主要经由崤函古道线路。

与商文化进入关中东部一样,商文化北播晋南,也是伴随着商汤灭夏的凯歌迅速展开的。晋南既是商族的发源地,又是原夏族活动的主要区域。商汤灭夏后,商王朝将其作为经略重点,开始向晋南挺进,并在垣曲古城镇及夏县东下冯修建商城,以此为中心,很快覆盖了整个晋南,继而又以晋南为通道进入晋中及其以北的区域。

根据晋南二里岗期早商文化遗址分布状况,有学者推断,早商文化由伊洛商都核心区传播至晋南的线路如下:一条是虞坂颠軨道。自伊洛盆地向西,经新安、渑池至湖滨区,于今茅津渡、太阳渡北渡黄河,至平陆,循颠軨、虞坂越中条山,抵夏县东下冯商城,进而向运城盆地其他地方传播;另一条是阳壶道。自伊洛盆地向西北行,于孟津、新安北部沿黄河南岸行至渑池北部南村附近,经阳壶渡北渡黄河,进入垣曲,再西北行,越中条山,到达运城盆地。[②] 可见,早商文化首先是经崤函通道渡黄河,以茅津渡及垣曲商城附近渡口为起点,向晋南扩展与传播的。所以这一带的商文化遗存分布的特点,一是集中分布在茅津渡、阳壶渡这类重要的黄河渡口地区,二是沿山前地带,也就是山地与盆地中间的过渡地区,主要是崤山北麓及涧河和青龙涧河的河流阶地。其中,垣曲黄河北岸的主要遗址有垣曲古城南关、西滩、寨里、关家、河堤白泉遗址等;黄河南岸有新安峪里镇太涧,渑池南村乡陵上、洋湖、

① 丁山:《商周史料考证》,中华书局,1988,第153页。

② 孙亚冰、林欢:《商代地理与方国》(商代史·卷十),中国社会科学出版社,2010,第239页;马保春:《由晋南二里岗期早商文化的分布论其进入、传播》,《中原文物》2004年第6期。

白崖、杨家、关家及段村乡丁阳沟遗址等。在茅津渡黄河北岸有平陆前庄、常乐村、油房沟，黄河南岸有三门峡会兴上村、东坡、王官遗址等。从这些遗址的分布态势可看出商王朝对上述两条重要通道占领和控制的地理表现。

商代最典型的手工业是青铜铸造业。青铜器多是铜锡铅合金，主要原料是铜矿和锡矿。随着大量青铜礼器与青铜兵器的生产，商人对铜、锡等资源的需求不断增加。早在夏代，晋南就已是当时主要的铜矿和池盐的生产与供应地。入商后，这里同样也受到商人的特别重视。东下冯和垣曲两座商城是商王朝控制晋南的中心，它们都是在夏朝基础上发展起来的，至商代前期仍在使用。

东下冯商城位于运城盆地西缘，涑水支流青龙河上游的河边开阔地上，面积约13万平方米。垣曲商城在东下冯商城东南，紧濒黄河北岸，踞守岸边高台，与东下冯直线距离约60千米，面积与东下冯相当。在这两座商城遗址均发现了与铸铜相关的遗迹，出土有铜渣、铸铜石范等遗物。在东下冯商城遗址西南角还发现了一组形制独特，横成列、纵成行的40余座圆形建筑基址，结构与《天工开物》描绘的古代盐仓十分相似，当为商代储盐使用的盐仓建筑。有研究者分析认为，东下冯商城当是商王朝控制运城盆地自然资源的集散地，也是商王朝把运城盐池之盐运至东部和北部地区的重要据点①。垣曲商城则是商王朝在晋南的地区统治中心，其城墙双层城垣的夹墙建设，带有浓重的军事色彩，喻示其肩负着控制黄河北岸、保卫黄河以南商王朝中心区域的重要职责，同时也因水路交通而成为晋南地区铜矿、盐等重要资源输往偃师、郑州一带的转运站。就后一点来讲，其作为地区中心的功能与二里头时期的南关遗址似乎没有区别。稍有不同的是，盐的运输量有所增加。因为东下冯盐储设备的大量增加，从东下冯至垣曲一线运抵东部地区的盐当有很大规

① 刘莉、陈星灿：《城：夏商时期对自然资源的控制问题》，《东南文化》2000年第3期；刘莉、陈星灿：《中国早期国家的形成——从二里头和二里岗时期的中心和边缘之间的关系谈起》，北京大学中国考古学研究中心、北京大学古代文明研究中心编：《古代文明》（第1卷），文物出版社，2002，第71~132页。

模,有学者认为,这也许意味着国都郑州地区不断增加的人口对盐的需求量日益增长[①],另外也暗示了渡过黄河前往郑洛地区的交通运输任务的繁忙。

与垣曲商城关系密切的还有属于二里岗上层晚段的山西平陆坡底乡崖底村前庄遗址,东距垣曲商城约50公里,西距茅津渡40多公里。遗址坐落在高出黄河河岸20多米的台地上,夹在石膏河与黄河之间。前庄遗址只有1000多平方米,但这里却发现了迄今山西地区形体最大、数量最多的早商时期青铜器,说明前庄遗址的作用颇为特别,很可能也是商王朝设在铜矿和盐池附近水路交通要冲上的一个据点,在控制和运输铜、盐资源上担当着重要角色。"如果将垣曲商城和平陆前庄统一起来观察,可以发现商王朝对黄河西北地带的重视程度,同时又说明早商王朝以控制黄河为政治、军事目的,通过黄河水道向外扩张。"[②]二者都可以视作驻守险要通道的商代遗址[③]。

甲骨文中称盐为卤,有学者认为,"卤"读作"盐",即指运城盐池[④]。商王将盐池所产天然之卤奉为帝赐之资,称为"帝盐",设专职盐官"卤小臣"进行控制和管理,又使重臣专赴盐池取获盐卤。甚至不惜通过战争形式讨伐打击掠夺盐池的敌对方伯势力。田猎是历代商王经常性的活动之一。有学者整理卜辞中商王的田猎地多达276个[⑤],其中豫西、晋南是商王最重要的田猎地。"卜辞反映商王田猎之地多选在豫西晋南,应该并非出于偶然,它似乎暗示了商王为保证盐道的畅通,于

① 刘莉、陈星灿:《中国早期国家的形成——从二里头和二里岗时期的中心和边缘之间的关系谈起》,北京大学中国考古学研究中心、北京大学古代文明研究中心编:《古代文明》(第1卷),文物出版社,2002,第111页。

② 胡建、朗保利、赵曙光:《山西商代考古学文化的若干问题》,山西大学历史文化学院编:《山西大学历史文化学院学术论文集》(历史卷上),北岳文艺出版社,2008,第73页。

③ 张永山:《傅岩与商代兵要地理》,宋镇豪、宫长为编:《中华傅圣文化研究文集》,文物出版社,2010,第158~223页。

④ 冯时:《古文字所见之商周盐政》,《南方文物》2009年第1期。

⑤ 陈炜湛:《甲骨文田猎刻辞研究》,广西教育出版社,1995,第40~59页。

大邑商至盐池的中间地带苦心经营的真实情况。”[①]垣曲、东下冯和粮宿三座商城的存在，使从整个晋南输送到商都核心区的物资运输获得了较为可靠的保证。

老牛坡、东龙山早商遗址是商王朝设置在关中渭河和秦岭山区通往重要矿产资源地区主要交通线路上的两座枢纽。东龙山位于陕西商洛商州区东龙山村东南，在二里岗文化取代二里头文化之后，发展成为一个面积达 30 万平方米的地区中心聚落，继续充当南北物资交流西线上的重要交通枢纽。老牛坡遗址位于西安灞桥区燎原村，地处渭河支流灞河和沙河的交汇处，是商王朝在关中东部最早建立的聚落之一，经历了商代早期到晚期约五六百年的历史。由于老牛坡所在的灞河北岸是古代连接渭河和秦岭山区的交通要道，由这里可以南通陕南，也可东运至渭河然后通过黄河抵达商都核心区。因此，可能是早商王朝为运送从秦岭山区获得的货物(包括蓝田怀珍坊冶炼的铜)而设立的，后来逐步发展成为面积达 200 万平方米的商王朝西部地区的中心聚落。二里岗期之后，东龙山被废弃，老牛坡的聚落中心和交通枢纽地位变得独一无二并越发重要和关键[②]。

考古发现，垣曲商城和东下冯商城的兴建和使用是与偃师商城、郑州商城的兴衰连在一起的，随着商都从豫西与豫中迁徙他处，垣曲、东下冯商城即被废弃，与其有关的大规模盐业生产和运输、铜矿开采和冶炼也随之沉寂。值得注意的是，二里岗上层时期晋南商文化遗址的消失与商文化向东、南部地区的扩张同步，江南地区一些重要遗址的设立和古矿被开采的时间也恰好始于晋南商文化遗址衰落之时；而商王朝成功控制东方沿海地区新盐产地则与晋南盐业生产的衰落同步[③]。这一

---

① 冯时：《古文字所见之商周盐政》，《南方文物》2009 年第 1 期。

② 刘莉、陈星灿：《中国早期国家的形成——从二里头和二里岗时期的中心和边缘之间的关系谈起》，北京大学中国考古学研究中心、北京大学古代文明研究中心编：《古代文明》(第 1 卷)，文物出版社，2002，第 114~116 页。

③ 刘莉、陈星灿：《中国早期国家的形成——从二里头和二里岗时期的中心和边缘之间的关系谈起》，北京大学中国考古学研究中心、北京大学古代文明研究中心编：《古代文明》(第 1 卷)，文物出版社，2002，第 117~118 页。

兴一衰,说明二者之间很可能是互相关联的事件,即晚商时期垣曲商城、东下冯等晋南的手工业人口向南、向东迁徙至商王朝新控制的南方和东方铜、盐产地。湖北盘龙城在二里岗上层时聚落规模剧增,青铜器在遗址南部的作坊里进行生产。长江流域江西瑞昌铜岭矿和湖北大冶铜绿山矿两大铜矿也被商人开发利用。凡此皆表明大量的商人可能在很短的时期内涌入上述地区。而商代晚期盐业生产的考古学证据也已在沿海地区被发现。发生在二里岗上层时期对商王朝具有战略意义的手工业移民,在渡过黄河,进入崤函地区时应该使用了部分崤函古道线路。重要的是,这一事件更证明了商人经略晋南的目的,是把垣曲商城、东下冯商城作为水陆要冲的一个地区中心,以控制铜、盐的生产与交通运输。

上述情况表明,由于商王朝所需要的铜、盐也主要仰仗晋南中条山、盐池和关中地区,因此形成了经由崤函地区连接关中、晋南的输送铜、盐的交通线。无论是商文化西渐关中、北播晋南,还是控制和转运铜、盐等重要矿产物资,崤函地区都是商王朝与关中、晋南地区联系的中间地带和交通走廊。商人将晋南、关中大量的铜、盐等资源,通过水陆等交通方式经崤函通道运送至中原商都核心区。正是基于这些丰富的资源,商王朝得以巩固壮大,奠定了商文化传播扩张的基础。

文献记载了商王朝修治这一带道路交通的一些情况。《尚书·说命上》:"高宗梦得说,使百工营求诸野,得诸傅岩,作《说命》三篇。"[①]傅说以所居傅岩为氏。傅岩又叫傅险,地处平陆南。傅说在得到武丁赏识前,作为胥靡或刑徒,在今平陆一带修治山道。武丁因得傅说而实现了殷道复兴,开创了"武丁中兴"的辉煌盛世。《吕氏春秋·求人》:"傅说,殷之胥靡也。"高诱注:"胥靡,刑罪之名也。"[②]《史记·殷本纪》记之更详:"武丁夜梦得圣人,名曰说。以梦所见视群臣百吏,皆非也。于

① 〔汉〕孔安国传,〔唐〕孔颖达疏:《尚书正义》(十三经注疏)卷十《说命上》,北京大学出版社,2000,第252页。

② 许维遹:《吕氏春秋集释》卷二十二《慎行论》,中华书局,2009,第614页。

是乃使百工营求之野，得说于傅险中。是时说为胥靡，筑于傅险。见于武丁，武丁曰是也。得而与之语，果圣人，举以为相，殷国大治。故遂以傅险姓之，号曰傅说。"《集解》孔安国曰："傅氏之岩在虞虢之界，通道所经，有涧水坏道，常使胥靡刑人筑护此道。说贤而隐，代胥靡筑之，以供食也。"《正义》引《括地志》："傅险即傅说版筑之处，所隐之处窟名圣人窟，在今陕州河北县北七里，即虞国虢国之界。又有傅说祠。注水经云沙涧水北出虞山，东南径傅岩，历傅说隐室前，俗名圣人窟。"①卫斯考察傅说在平陆的遗迹，以为"傅险与傅岩为一地，其具体地望为今平陆县圣人涧的傅岩山"②。傅岩是解盐销往黄河以南地区的必经之道，也是商都核心地区与晋西南的重要通道，因此处东西两山高耸，涧水中流，常常冲坏路面，导致行旅被阻。商王十分重视，将对这条道路的筑护上升为国家的具体实政，变为带有强制性的政治劳役，形成筑护制度，役使胥靡常年在那里筑护道路。傅说在此创造了"版筑"营造技术，解决了多年因洪水冲刷毁坏道路的问题。这就是后人所称的虞坂颠軨道。商王朝开凿修筑这条道路的目的，自然是为了更方便地连接黄河南岸的崤函古道。由此可以推知，商王朝对黄河南岸崤函古道的修凿和养护，无疑也是不会忽略的，也当有所制度规定。

三、商代交通网络中的崤函古道线路及走向

商代交通比夏代发达，至商代晚期以殷墟为中心，形成了向四方辐射的国家道路交通网络。彭邦炯据甲骨卜辞资料和商代大型遗址的分布，列出商代 6 条交通干道，其中与周等方国的西部干道，从周邑沿渭水而东出陕西入河南，在孟津渡河，

① 〔汉〕司马迁：《史记》卷三《殷本纪》，中华书局，1982，第 102~103 页。

② 卫斯：《傅说在平陆的遗迹及傅说的历史功绩》，《卫斯考古论文集》，山西古籍出版社，1998，第 117 页。

东北到淇县(即朝歌)、安阳[1]。周人至商朝贡即循此道而至商都,武王伐纣走的也是这条道路。郑若葵则以西亳为中心,归纳出殷商时代的贡纳道路,其中西线是:经洛(今河南洛阳)、焦(今河南三门峡)、湖(今河南灵宝),过桃林塞(今陕西潼关县境内),至杜亳(今西安市东南),最后到达于甘(今陕西西安鄠邑区)[2]。各家对经由崤函地区的道路路线的复原基本是一致的。由此可以看到,商朝通往周等方国的西行干道,在崤函地区是由今洛阳,经新安、渑池、陕州区、灵宝,过桃林塞,入关中。从自然地理上看,这条东西交通道路在陕州区以东主要是沿着浅山梁和缓山坡上行进,较之南路宜阳—洛宁一线的河川和红土丘陵更易行,因此成为商都通向西方的交通干道。

据相关文献记载,这条道路的规格有的已达到可以驾车行驶的较高标准。商汤灭桀时曾出动大批战车。《淮南子·主术训》:"汤革车三百乘,困之鸣条,擒之焦门。"[3]《帝王世纪》谓汤"革车三万,伐桀于鸣条"[4]。其说战车数量虽不可确信,但商代前期已使用马车作战之事,汤以车战战胜夏王朝,则确凿无疑。商王从晋南、关中运输铜铅矿料和池盐,也都需要有适于长途载重的交通工具和较为平坦的道路。安阳殷墟、西安老牛坡等众多的商代遗址中发现的大量的车马坑,殷墟甲骨卜辞中出现的大量有关车马的资料,为此提供了有力的证据。有车必有路,能通车辆,绝非小径。吕思勉尝言:"车之兴,必有较平坦之道,故其时之文明程度必更高。"[5]这在很大程度上也反映了商代崤山北路交通路况的进步。

据考古发现,位于洛河上游的卢氏县,二里头时期洛河沿岸只有 3 个遗址,商代时聚落增至 18 个,西周时期遗址数量又下降到 9 个。有研究者分析,卢氏地处

① 彭邦炯:《商史探微》,重庆出版社,1988,第 269 页。

② 郑若葵:《中国古代交通图典》,云南人民出版社,2007,第 126 页。

③ 刘文典撰,冯逸、乔华点校:《淮南鸿烈集解》卷九《主术训》,中华书局,2013,第 279 页。

④ 〔晋〕皇甫谧撰,徐宗元辑:《帝王世纪辑存》殷商第三,中华书局,1964,第 69 页。

⑤ 吕思勉:《先秦史》,上海古籍出版社,1982,第 363 页。

深山,可耕地很少。但这里又是河南少有的铜、铅矿资源比较丰富的地区之一。尽管铜矿少而分散,铅的含量却很丰富。这里的商代遗址都很小,但都靠近铜、铅矿资源。据此他们认为,洛河从秦岭东流而下,把资源丰富的山区和偃师商城连为一体。卢氏商代遗址数量上的突然增加,当与早商时期为获得资源而采取的殖民政策有关。有迹象表明,在郑州商城崛起后,偃师商城可能沦落为第二级中心,其作用在于控制伊洛盆地和陕西丹江地区的自然资源。伊洛河很可能是把周围地区的资源运抵偃师然后又转运至郑州的主要交通路线[①]。但另一方面,同时期洛河下游的洛宁、宜阳境内仅有陈吴乡坡头、赵村乡西王村南、丰李乡疙瘩、莲庄乡阎家桥 4 处商代遗址;陕州区洛河和黄河支流上有菜园乡中庄、过村,西李乡界牌沟、彦沟、泉沟 5 处商代遗址。这一现象说明从洛阳沿洛河谷地越崤山的崤山南路在此时的作用很可能不如崤山北路。崤山北路是当时崤函古道的主线路,也是殷商时期重要的东西交通干道,在商王朝建立与发展、经济进步和文化传播过程中,发挥了重要的功用,也为西周时期崤函古道的规范建设和形成奠定了坚实的基础。

① 刘莉、陈星灿:《中国早期国家的形成——从二里头和二里岗时期的中心和边缘之间的关系谈起》,北京大学中国考古学研究中心、北京大学古代文明研究中心编:《古代文明》(第 1 卷),文物出版社,2002,第 112 页。

第四章　两周时期崤函古道的形成与发展

经过夏商两朝长期的开拓努力，西周时期，随着两京制度的确立和“周道”的大规模建设，崤函古道交通线路得以形成，表现出稳固而成熟的道路特质，并确立了国家主干交通道路的地位。春秋战国时期，崤函古道因诸侯列国的称雄争霸活动而发展，并在秦统一六国的历史进程中发挥了重要的作用。

第一节　西周时期崤函古道的形成

在崤函古道交通发展史上,西周是重要的形成阶段。西周不仅创立了丰镐、洛邑东西两京制度,而且还建立和开拓出以两京为中心辐射全国的道路交通网。崤函古道作为连接两京的最为便捷的交通线,获得了更高的重视和更好的发展条件,崤函古道的基本格局由此得以奠定。

一、文王东进、武王灭商之路

商代后期,周先公亶父率族人从豳地(今陕西旬邑)迁至岐山之阳的周原(今陕西岐山、凤翔一带),至亶父少子季历时,国力逐渐强盛起来,开始向东推进,“实始翦商”。钱穆研究西周立国大势,指出:“周人立国,是一个坐西朝东的形势,其国力的移动,大势可分两道。第一道由陕西出潼关,向河、洛,达东都,经营黄河下流。此武王伐殷、周公东征之一线。”①所谓“出潼关,向河、洛,达东都”一线即崤函古道,此为周人东进灭商的关键,因为“要进攻大邑商,非走崤函险道不可。这是先秦时期关中至伊洛地区唯一通道”。“周人控制了东出的天险,方能抵达伊洛,越过黄

① 钱穆:《国史大纲》,商务印书馆,1995,第45页。

河袭击大邑商。尤其是行军作战水平较为低下的商周时代,大军出潼关到商王国中心地区,晋豫交界的河道水流湍急,且多礁石,渡河北上危险性极大。若从潼关北渡河至大邑商,又需翻越中条山和王屋山,征途同样艰险,何况晋南还有一些忠实于商王国的与国。所以,周人要想推翻商王朝,就必须把崤函险道牢牢控制住。"①

周人对崤函地区及其通道的控制,是在平王时分两步先北后南完成的。第一步侧翼迂回,首先控制崤函黄河北岸。《史记·周本纪》记载,文王一年,虞、芮两国争地致讼,"有狱不能决,乃如周。入界,耕者皆让畔,民俗皆让长。虞、芮之人未见西伯,皆惭,相谓曰:'吾所争,周人所耻,何往为,祇取辱耳'。遂还,俱让而去。诸侯闻之,曰:'西伯盖受命之君。'"在文王"积善累德"感召下,虞、芮及附近40余个方国归服于周。《正义》引《括地志》云:"故虞城在陕州河北县东北五十里虞山之上,古虞国也。故芮城在芮城县西二十里,古芮国也……闲原在河北县西六十五里。"②唐之河北县即今山西平陆,虞城在今平陆张店镇古城村,故芮城在今山西芮城。两国同处黄河北岸,比邻而居,既可控制和威胁崤函古道、晋南通道两条东西陆路交通干线,又扼守黄河水路和汾河谷地,交通地理形势重要。杨宽分析说:"从虞国既可以向北开拓,向东又可以进入商朝京畿地区,向南越过黄河可以进入洛水流域,这样,就可以成为周向东方开拓的重要据点。"③文王断虞芮之讼,既争取了大批与国,打通了黄河北岸进军道路,又解除了崤函古道来自黄河北岸的侧翼威胁。周人利用虞芮与周往来的道路,在文王断虞芮之讼的第四年,"败耆国……明年,伐邘"④。耆国即黎国,在今山西壶关,邘在今河南沁阳。两国是商王在黄河北岸的重要属国,也是商都越太行山,往晋南及西土方国的重要关口。周文王败耆、

① 罗琨、张永山:《中国军事通史》第1卷《夏商西周军事史》,军事科学出版社,1998,第228~229页。
② 〔汉〕司马迁:《史记》卷四《周本纪》,中华书局,1982,第117页。
③ 杨宽:《西周史》,上海人民出版社,1999,第63页。
④ 〔汉〕司马迁:《史记》卷四《周本纪》,中华书局,1982,第118页。

伐邗,等于切断了商王畿与晋南及西土方国联系的重要通道[①],在军事上形成对商都的包围。

第二步挥师黄河南岸,直接控制崤函险道。周人何时占领崤函险道,文献无载。欧阳修、方苞、梁玉绳等皆以为文王在世时柔服商王,从未越过崤函向东发展[②]。杨向奎等则认为在武王伐商前周人已占有崤函险道和洛邑,具体来说很可能是在武王第一次伐商自孟津返回丰镐前完成的[③]。现在看来,这样的时间判断,都失之过晚。《史记·周本纪》载,文王伐邗次年,即兴兵"伐崇侯虎。而作丰邑,自岐下而徙都丰。明年,西伯崩"。崇国地望,《史记》正义引皇甫谧谓"盖在丰镐之间"[④]。刘起釪考订崇在今河南嵩县一带[⑤]。从当时对峙态势看,刘说更为合理。上海博物馆藏楚简《容成氏》记文王平商末诸侯,共有"丰、镐、舟、石、于、鹿、耆、崇、密须氏"九邦,崇是崇,丰是丰,二者并非一地,简文记载,画然有别,也否定了丰在崇国故地之说。崇国在崤函以东,商王畿之南,与商王朝关系亲密,是商王朝安排在伊洛河流域用来对付周人东进的一颗重要棋子。文王伐崇历来被视为文王最大的战功,原因就在于自此后,周人向东开拓了以崇国为中心的今河南中部和西部广大地区,进入商王畿西缘,以压倒性优势对殷商都城虎视眈眈。"自灭崇后,周始强盛,通于河洛淮汉之间,然后关东诸侯得被其化而归之耳。"[⑥]崇是文王生前征伐的最后一个方国,文王伐崇,显然应是周人占领崤函之后的进一步发展。

文王伐崇前已占有崤函地区,有文王避风雨处资料相印证。文王避风雨处又

① 罗琨、张永山:《中国军事通史》第1卷《夏商西周军事史》,军事科学出版社,1998,第224~226页。

② 〔宋〕欧阳修:《泰誓论》,《欧阳修全集·居士集》卷十八,中国书店,1986,第135~136页;〔清〕方苞著,刘季高校点:《方苞集》卷一《读尚书又记》,上海古籍出版社,1983,第4~5页;〔清〕梁玉绳:《史记志疑》卷二《殷本纪第三》、卷三《周本纪第四》,中华书局,1981,第66、78~81页。

③ 杨向奎:《宗周社会与礼乐文明》,人民出版社,1992,第71~72页;罗琨、张永山:《中国军事通史》第1卷《夏商西周军事史》,军事科学出版社,1998,第229~230页。

④ 〔汉〕司马迁:《史记》卷四《周本纪》,中华书局,1982,第118页。

⑤ 刘起釪:《周文王的向东略地》,《古史续辨》,中国社会科学出版社,1991,第511页。

⑥ 〔清〕崔述:《丰镐考信录》卷一,中华书局,1985,第18~19页。

称“文王避雨台”“文王避雨陵”，即《左传》之北陵，遗址在今三门峡陕州区硖石乡硖石村东街北，距陕州故城东27公里。《括地志》记载：“二崤山又名嵚岑山，在谷州永宁县西北二十八里，即古殽道也……按文王所避风雨即东殽山也，俗亦号曰文王山。”[①]嵚岑亦作“嵚崟”“嵚岩”“岩吟”“钦吟”，因山貌险峻而得名。嵚岑山即今陕州区硖石乡东侧之金银山。金银山为“嵚岑山”音转而来。杨向奎分析说：文王避风雨处，“即文王山由此而得名，它不是后人的伪造，因为《公羊》早出，非伪造。至少在战国时代已有秦晋之战在嵚岑的理解，而嵚岑即文王避风雨处。文王驱驰于此，说明这是殷周之间的古通道”[②]。此地何以能“避风雨”？《公羊传》“僖公三十三年”何休注：“其处险阻溢，势一人可要百，故文王过之驱驰，常若辟风雨。”[③]《左传》杜注：“此道在二殽之间，南谷中谷深委曲，两山相嵚，故可以辟风雨。”孔疏：“其阨道在两殽之间，山高而曲，两山参差，相映其下，雨所不及，故可以辟风雨也。”[④]古人的解释多从地理形势着眼，而未能揭示文王何以非要在此避风雨。

周原甲骨文H11：18有“出自黾”的记载。徐锡台考释，黾即今渑池[⑤]，已为多数学者接受。古人所言崤山多指南北二陵所在的崤山。杜注：“殽在弘农渑池县西。”[⑥]《风俗通义·山泽第十》：“殽在弘农渑池县，其语曰：‘东殽、西殽，渑池所高。’”[⑦]文王既然能自黾地出入往来，又能在黾之左近“避风雨”，那么，此时渑池一

---

① 〔唐〕李泰等著，贺次君辑校：《括地志辑校》卷三《谷州》，中华书局，1980，第116~117页。

② 杨向奎：《宗周社会与礼乐文明》，人民出版社，1992，第69页。

③ 〔汉〕公羊寿传，〔汉〕何休解诂，〔唐〕徐彦疏：《春秋公羊传注疏》（十三经注疏）卷十二“僖公三十三年”，北京大学出版社，2000，第315页。

④ 〔周〕左丘明传，〔晋〕杜预注，〔唐〕孔颖达正义：《春秋左传正义》（十三经注疏）卷十七“僖公三十二年”，北京大学出版社，2000，第542页。

⑤ 徐锡台：《周原出土的甲骨文所见人名、官名、方国、地名浅释》，《古文字研究》（第1辑），中华书局，1979，第184~202页；严一萍：《周原甲骨》，《中国文字》（新1期），中国文字社，1980，第157~185页。

⑥ 〔周〕左丘明传，〔晋〕杜预注，〔唐〕孔颖达正义：《春秋左传正义》（十三经注疏）卷十七“僖公三十二年”，北京大学出版社，2000，第542页。

⑦ 〔汉〕应劭撰，王利器校注：《风俗通义校注》，中华书局，1981，第467页。

带当已为周人控制。由于这一带是崤山北路必经之地,地势最为险要,“岩险周固,衿带易守”[①],周人很可能在这一带设立军事据点,加以镇守。这一带的重要性,直到西周中期依然如故。陕西扶风庄白出土微氏家族窖藏铜器三年痶壶铭云:“唯三年九月丁巳,王在奠(郑),飨醴,呼虢叔召痶,……己丑,王在句陵。”[②]杨升南考证,“句陵”可能就是指崤山南北二陵[③],是周王来往两京的必经之地。

图 4-1　周文王避风雨处[④]

按照《史记》的说法,文王断虞芮之讼当年受命称王,事约在前 1058 年[⑤]。以此推之,伐崇之年当在前 1052 年,则周人占领和控制崤函,至迟应在文王受命的第六年即前 1052 年之前。武王伐纣,从潼关,过崤函,大军一路长驱直入,行动急速,

① 〔汉〕张衡:《西京赋》,〔清〕严可均校辑:《全上古三代秦汉三国六朝文·全后汉文》卷五十二,中华书局,1958,第 764 页。

② 陕西周原考古队:《陕西扶风庄白一号西周青铜器窖藏发掘简报》,《文物》1978 年第 3 期。

③ 杨升南:《说“周行”“周道”——西周时期的交通初探》,《西周史研究》(人文杂志丛刊第 2 辑),1984 年。

④ 采自欧阳珍修,韩嘉会撰民国《陕县志》卷十九《古迹》,《河南历代方志集成·三门峡卷》(4),大象出版社,2017,第 204 页。

⑤ 王晖:《周文王受命称王考》,《陕西师范大学学报(哲学社会科学版)》2002 年第 4 期。

也说明周人占领崤函不可能晚到武王第一次伐商自孟津返回丰镐前。

随着文王对崤函险道的占领,周人完全控制了东出关中的通道,战略上取得完全的主动权。徐中舒认为:"这些地方的陷落,使殷人在西方无险可守了,周都迁丰以后,由崇渡河向殷都朝歌进攻,沿途皆属平坦大道,比由中条山东进更为便利。"[①]伐崇后,文王"自岐下而徙都丰"[②],完成了灭商的准备,只待对商最后一击。

据《史记·周本纪》记载,武王继位后曾两次起兵伐商。第一次在武王二年,即文王九年,"东观兵,至于盟津"。第二次在武王四年,即文王十一年,"率戎车三百乘,虎贲三千人,甲士四万五千人,以东伐纣。十一年十二月戊午,师毕渡盟津"。[③]牧野之战,一举灭商。有关武王两次伐商的出师地点,杨向奎认为从丰镐来朝歌,过崤函,渡黄河,路长约500余公里,而千辛万苦,艰险异常,到孟津后再回丰镐,两年的时间恐怕不可能。因而提出第一次会师孟津,周军"返后驻兵成师(洛邑),二次遂自成师起兵"的观点[④]。但无论怎样,崤函古道无疑都是武王伐纣的必经之路。孙亚冰等考证武王伐纣路线,其中宗周至孟津段是从宗周(今西安一带)出发,沿渭河河谷东行,越潼关,过崤函古道,师渡孟津(在今孟津区东,或曰师渡汜水,即今荥阳汜水)[⑤]。郑若葵的复原与此差不多:周武王率军从丰京、镐京出发,向北折东经骊山(在今临潼境内),沿黄河南岸东进经郑(今华县),出桃林塞,过焦(今三门峡)至洛(今洛阳),然后北折孟津渡黄河[⑥]。两种意见都明确崤函古道是武王伐纣进军线路的先行路段。

灭商后,武王沿着这条道路班师归丰镐,途中又相继镇压了一批负隅顽抗的商

① 徐中舒:《西周史论述》(上),《四川大学学报(哲学社会科学版)》1979年第3期。

② 〔汉〕司马迁:《史记》卷四《周本纪》,中华书局,1982,第118页。

③ 〔汉〕司马迁:《史记》卷四《周本纪》,中华书局,1982,第120~121页。

④ 杨向奎:《宗周社会与礼乐文明》,人民出版社,1992,第70~72页。

⑤ 孙亚冰、林欢:《商代地理与方国》(商代史·卷十),中国社会科学出版社,2010,第204~205页。

⑥ 郑若葵:《中国古代交通图典》,云南人民出版社,2007,第190页。

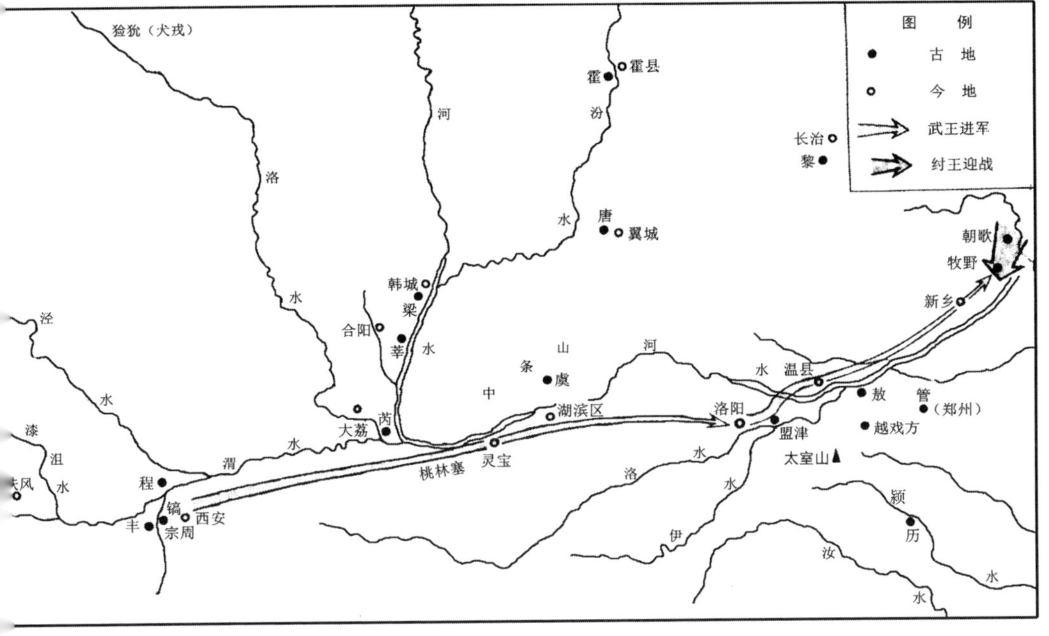

图 4-2 武王伐纣示意图①

旧属国。《逸周书·世俘解》所说"庚子,陈本命伐磨,百韦命伐宣方,新荒命伐蜀"事②,就发生在崤函古道沿线及附近。磨为"磿"字之讹,即"历",在今永济北,宣方即《汉书·地理志》之垣,在今垣曲东南,霍即今霍州。研究者说:"'蜀'在今河南灵宝县西的黄河南岸,是武王伐纣返回宗周的必经要道,它与黄河北岸的'历'隔河相望,盖因'霍侯那时率众南逃,占领两地',企图拦截武王西归而终被周人所获",又说"蜀、历两地之人也参与了战败霍侯的军事,故随陈本等同来归降"③。为彻底控制这些商旧属国曾经占据的崤函古道要塞区,武王灭商后,"济河而西,马散华山

① 采自罗琨《商代战争与军制》(商代史·卷九),中国社会科学出版社,2010,第 364 页。

② 黄怀信、张懋镕、田旭东:《逸周书汇校集注》卷四《世俘解》,上海古籍出版社,1995,第 456~457 页。

③ 蔡运章:《武丁伐舌方的进军路线和沿途所伐诸方国的地望问题——兼释卜辞中的"蜀"字》,《甲骨金文与古史研究》,中州古籍出版社,1993,第 21~22 页。

之阳而弗复乘;牛散桃林之野而不复服"①。《尚书·武成》亦载:"(武)王来自商,至于丰。乃偃武修文,归马于华山之阳,放牛于桃林之野,示天下弗服。"②华山在今华阴南,桃林在今灵宝。"归马放牛"是周初一件具有标志性意义的大事件,向为后世津津乐道。后世学者多认为武王这一举措,是在宣示天下太平,战争止息。如孔颖达疏:"此是战时牛马,故放之,示天下不复乘用。"③但将原本用于作战的牛马,特意选放在崤函古道西端,关中东出险道上的华山和桃林一带,显然也有以此震慑天下,控扼崤函通往关中通道之意图,同时很可能也考虑到了这条交通道路在信息传播和交流上的畅达。

孙、郑二氏均未指明武王伐纣过崤山,究竟走的是北路还是南路。从文王避雨台遗迹推测,武王伐纣过崤山,与文王朝见商王时往来的道路一样,也是取道崤山北路。牧野一战,一举灭亡了商王朝,中国历史上又一强盛的王朝——西周得以确立。在文王东进和武王灭商过程中,崤函古道作为重要的历史构成要素参与了历史的书写,堪称周人从西向东灭商建周、主宰中原的胜利之路。

二、西周两京制创立的交通基础

西周丰镐、洛邑东西两京制是周人对中国古代都城制度的一项伟大创造,它的产生是西周国家重大战略需要与地理现实相协调的产物。

周人偏居西方,武王灭商,始得东方即原殷商地区,疆域的扩张,必然在政治及地理上带来如何进行控制的新问题。为此灭商后武王有意在洛邑营建新都,以加

---

① 〔汉〕司马迁:《史记》卷二十四《乐书》,中华书局,1982,第1229页。

② 〔汉〕孔安国传,〔唐〕孔颖达疏:《尚书正义》(十三经注疏)卷十一《武成》,北京大学出版社,2000,第341页。

③ 〔汉〕孔安国传,〔唐〕孔颖达疏:《尚书正义》(十三经注疏)卷十一《武成》,北京大学出版社,2000,第343页。

强对东部地区的统治。何尊铭文云:“唯武王既克大邑商,则廷告于天曰,余其宅兹中国,自兹乂民。”①“宅兹中国”既指在“中国”(土中)即洛邑一带营建新都,在此治理天下。武王灭商后两年病逝,成王年幼,周公摄政,发生了三监和武庚叛乱。周公花费三年时间,虽最终赢得东征胜利,但严酷的现实也使西周统治者更加明确:丰镐对已经拥有广大东方和天下四土的周王室来说,位置相对偏西。如果东部缺乏较大的统治中心,单凭渭河平原的力量来遥控东部平原,实属鞭长莫及。尤其是受崤函多山与险要地形的影响,从丰镐到洛邑的道路相当费时②,西周政治中心与东部平原实际上处于一种隔绝状态。三监叛乱,部分也是因驻扎在东部平原的管叔、蔡叔等诸侯与京畿内周公等新领导层之间缺乏交流而产生猜忌导致的。为有效控制东方,客观上需要周人的政治中心东移,兴建一个新的政治、军事中心,即

① 马承源:《何尊铭文初释》,《文物》1976 年第 1 期。

② 有关丰镐至洛邑路程所需时间,李峰曾举金文和文献中的 3 项记录作为代表:《晋侯稣编钟》载周厉王从镐京出发抵成周,历时 44 天;《令方彝》载明保走同样道路,费时 56 天;《尚书·召诰》载召公从二月乙未至三月戊申,完成两京之间的旅程,用时 14 天。李峰认为,如果在第二个月与第三个月之间有一个闰月,则召公所费时间与前两人也将符合,而这种情况是很可能的。因此,他认为西周时期横越豫西崎岖的山路,大约需耗费 40~60 天的时间。而一旦叛乱爆发,将军队带出渭河谷地并且布置在东部平原之上,则需近两个月(《西周的灭亡:中国早期国家的地理和政治危机》,上海古籍出版社,2007,第 77 页及脚注①)。这一判断可能并不准确。以武王伐纣为例,王国维《生霸死霸考》推断:1 月 26 日癸巳,武王兴师伐纣;2 月 27 日甲子,牧野之战,克商。凡历时 32 天(《观堂集林(外二种)》,河北教育出版社,2003,第 9 页)。江晓原、钮卫星谓:前 1045 年 12 月 4 日戊子,周师出发;前 1044 年 1 月 3 日戊午,师渡孟(盟)津;前 1044 年 1 月 9 日甲子,牧野之战,克商。凡历时 37 天(《回天——武王伐纣与天文历史年代学》,上海人民出版社,2000,第 146 页)。罗琨考证,驻于宗周的部分军队于一月戊子(二十一日)先行,癸巳(二十六日)武王始发,第十四日丙午(二月九日)抵洛邑,与大军汇合。(《从〈世俘〉探索武王伐商日谱》,《周秦文化研究》编委会编:《周秦文化研究》,陕西人民出版社,1998,第 134~144 页)。赵光贤所列武王伐商日程,是殷一月二十七日(癸巳)武王率师自宗周出发东征,二月二十三日(戊午)周师渡孟津(《说〈逸周书·世俘〉篇并拟武王伐纣日程表》,《历史研究》1986 年第 6 期)。蔡运章考证,从武王十年殷十一月戊子到十一年周正月丙午,周师由镐京出发抵达孟津,历时 19 天(《周初金文与武王定都洛邑——兼论武王伐纣的往返日程问题》,《中原文物》1987 年第 3 期)。诸家推断的时间虽有不同,但都明显低于李峰的估计,可见李峰之说虽有所据,可能并不是通过这条道路的常态。但无论如何,在当时交通条件下,从丰镐到洛邑需要花费较长时间是肯定的。

武王所说的“定天保,依天室”[1]。于是周公遵照武王遗愿,开始营建新都洛邑。

《史记·周本纪》载:“成王在丰,使召公复营洛邑,如武王之意。周公复卜申视,卒营筑,居九鼎焉。曰:‘此天下之中,四方入贡道里均。’”[2]洛邑因其位于“天下之中”,便于对四方的统治,可以弥补丰镐远在西方,远离主要威胁源和可能的扩张方向的地理缺陷,而被营建为东都。《汉书·地理志》:“昔周公营雒邑,以为在于土中,诸侯蕃屏四方,故立京师。”[3]新建的都城洛邑称“成周”,与都城镐称“宗周”相对。由此可见,两京制的形成是西周国家的重大战略需要,而崤函险要崎岖的形势,也是促成这一重大战略实现的地理和交通因素。

西周东西两京制的建立,奠定了西周“邦畿千里”的格局,使东都洛邑与西都丰镐构成了西周王朝统治中心的两极,亦标明了整个国家的发展轴线。洛邑与宗周两京东西呼应,相互依存,功能互补,将周人统治中心由关中延向中原,执一中而控全局。如此既不失周人立国的根本,又便于加强对广大东部地区的统治,从而使西周统治力量的分布达到一种较佳状态。周王适时往来其间,根据政治军事形势的变化而不断调整统治重心。其情形适如清人顾栋高所云:“四面环峙。而王畿则东西长,南北短,短长相覆方千里。无事则都洛阳,宅土中以号令天下;有事则居关内,阻四塞以守,曷尝不据形胜以临制天下哉!”[4]西周东西两京制的建立,保持和强化了都城的轴心地位和作用,使周人的统治可以有效地覆盖全国,最终决定了西周二百余年的发展方向和进程,如钱穆所说“武王灭殷,把黄河东西两都更紧密地绾合起来,造成中国古史上更灿烂更伟大的王朝是为西周”[5]。此后,汉唐的东西两京长安与洛阳格局完全是西周两京的重复。从西周至北宋两千余年,古代王朝

---

① 黄怀信、张懋镕、田旭东:《逸周书汇校集注》卷五《度邑解》,上海古籍出版社,1995,第503页。

② 〔汉〕司马迁:《史记》卷四《周本纪》,中华书局,1982,第133页。

③ 〔汉〕班固:《汉书》卷二十八《地理志》,中华书局,1962,第1650页。

④ 〔清〕顾栋高辑,吴树平、李解民点校:《春秋大事表》卷四《春秋列国疆域表后叙》,中华书局,1993,第548~549页。

⑤ 钱穆:《国史大纲》,商务印书馆,1995,第36页。

虽然不停地更迭,但国家的发展始终是围绕着东西轴线运转的。

两京制的建立,客观上要求两京以及两京与诸侯国之间都必须保持密切而畅通的联系。换言之,西周两京制的建立,尽管最初是出于巩固周王朝统治的考虑,但一旦东西两京结构形成之后,便会对当时的政治、军事、经济、文化等诸方面产生广泛而深远的影响,因而也不可能不引起交通的联动效应,尤其是沟通和连接东西两大都城之间的王畿通道。因为两京制作用的发挥,一方面取决于两京自身的政治、军事、经济、文化实力和地理优势,另一方面也取决于两京之间的信道是否畅通,信道愈畅通,两京的内聚力与对外辐射力也愈强,反之,则愈弱。

根据文献和金文记载,连接东西两京的王畿通道,为“周道”或“周行”。朱熹《诗集传》释“周道”为“大道”“大路”,即“适周之路也”[①]。杨升南也认为:“周道应是指由周王室修筑,通向王室各地(各类诸侯国境内)的一种道路的专称。”[②]顾颉刚则将诸侯国境内道路与王畿大道加以区分,认为“当时诸侯之国亦皆有其境内之大道,各以其国名或邑名冠之,用以示其下于‘周道’之级别也”。而“‘周道’者,周王畿之大道,殆自岐山至丰、镐,又东行至成周者。”[③]其说甚是。“周道”是由周王室主持修筑的连接东西两京的国家级交通干道。它西起丰镐,向北折东经骊山,然后沿渭水南岸东下,经郑,出桃林塞,过焦,东抵成周。周道不仅将宗周、成周结为一体,快捷地协调王朝政令,而且在两端又分别形成以宗周为西核心、成周为东核心的双核心放射状交通格局,通向诸侯国都和战略要地。《墨子·兼爱》曾引周诗细致描绘了周道的宏壮场面:“王道荡荡,不偏不党,王道平平,不党不偏。其直若矢,其易若砥,君子之所履,小人之所视。”[④]《诗·小雅·大东》诗云:“维北有斗,西柄之揭!”[⑤]周道如同

---

① 〔宋〕朱熹注,王逸注、洪兴祖补注:《诗集传　楚辞章句》,岳麓书社,1989,第4、97、114、200页。

② 杨升南:《说“周行”“周道”——西周时期的交通初探》,《西周史研究》(人文杂志丛刊第2辑),1984年。

③ 顾颉刚:《“周道”与“周行”》,《史林杂识初编》,中华书局,1963,第121~124页。

④ 〔清〕孙诒让撰,孙启治点校:《墨子闲诂》卷四《兼爱下》,中华书局,2001,第123页。

⑤ 程俊英、蒋见元:《诗经注析》,中华书局,1991,第635页。

北斗之柄,紧握在周王手上,周王的政令资讯、财税贡赋、军事征伐和礼仪祭典等攸关王朝命脉的交通需求,皆经由周道完成。它既是平时最重要的"朝觐""贡纳"之路和"驿传"之路,也是征战时期重要的军用道路。因此有学者称周道"既是西周王室的生命线,也是甸服交通的中轴线"[①]。

在西周两京体制中,崤函地区具有东西中点和分界线的重要地位。《公羊传》隐公五年记载:"天子三公称公……天子三公者何?天子之相也。天子之相,则何以三?自陕而东者,周公主之;自陕而西者,召公主之;一相处乎内。"[②]《史记·燕召公世家》亦载:"成王时,召公为三公,自陕以西,召公主之;自陕以东,周公主之。"《集解》引何休曰:"陕者,盖今弘农陕县是也。"[③]《玉海》引《正义》佚文:"《括地志》云:陕原陕州在陕县西南二十五里,分陕不因其城,乃从原为界。"[④]《元和郡县图志·河南道二》陕州陕县条:"陕原,在县西南二十五里"[⑤]。"陕原"即陕塬,今称张汴塬。"周召分陕"以"陕塬"为分界线。

"分陕而治"反映了崤函地理形势对西周政治地理格局的深刻影响,它将西周统治区划分为"东土""西土"两大部分,崤函地区正处于两者之间。孔颖达《尚书正义》解释说:"陕县者汉之弘农郡所治,其地居二京之中,故以为二伯分掌之界。"[⑥]《白虎通·封公侯》引《王制》云:"所以分陕者,是国中也。"[⑦]杨宽分析说,当

① 郑若葵:《中国古代交通图典》,云南人民出版社,2007,第199页。

② 〔汉〕公羊寿传,〔汉〕何休解诂,〔唐〕徐彦疏:《春秋公羊传注疏》(十三经注疏)卷三"隐公五年",北京大学出版社,2000,第59页。

③ 〔汉〕司马迁:《史记》卷三十四《燕召公世家》,中华书局,1982,第1549页。

④ 〔宋〕王应麟:《玉海》卷二十五《周畿封》,广陵书社,2007,第497页。

⑤ 〔唐〕李吉甫撰,贺次君点校:《元和郡县图志》卷六《河南道二》,中华书局,1983,第156页。

⑥ 〔汉〕孔安国传,〔唐〕孔颖达疏:《尚书正义》(十三经注疏)卷十八《顾命》,北京大学出版社,2000,第583页。

⑦ 〔清〕陈立撰,吴则虞点校:《白虎通疏证》卷四《封公侯·论设牧伯》,中华书局,1994,第138页。

图 4-3　立于陕州北城墙时的周召分陕石柱[①]

时两京王畿是通连的，东西长而南北短，即所谓“邦畿千里”，分界线“陕”，正当东西都王畿的中心点[②]。陕以西，为周之本土，由召公以太保之职主持政务；陕以东为周人新拓展的领土，由周公以太师之职主管政务。由分陕而治史实，可见陕在西周两京制中的特殊地位。战国秦汉时期以崤函划分关东、关西或山东、山西的做法，实滥觞于此。今日之陕西省，即因位于陕塬以西而得名。今存三门峡市虢国车马坑博物馆的“周召分陕石柱”，用青石凿成，圆形，高 3.5 米。传即周召分陕而治时所设的界碑，石柱上所刻文字，已漫漶不清。王应麟《诗地理考》引《集古录》：“陕

① 采自欧阳珍修，韩嘉会撰民国《陕县志》卷十九《古迹》，《河南历代方志集成 · 三门峡卷》(4)，大象出版社，2017，第 205 页。

② 杨宽：《西周史》，上海人民出版社，1999，第 321 页。

州石柱，相传以为周召分陕所立，以别地理。”[①]石柱原立于陕塬，唐时移至陕州北城墙上，后辗转移存于今处。

在以宗周、成周两京为核心的周道交通格局中，崤函古道不仅在里程上占两京道路一半以上，而且因有“崤函之固”，也是最为崎岖的一段，在周道系统中地位十分重要。可以说，如果没有周道，宗周、成周两京难以连接在一起，更不可能驾驭东方广大地区内分散的诸侯和淮夷诸邦。而如果没有崤函古道，周道也不可能很好地发挥上述作用。崤函古道在西周两京体系的交通作用，由此可以得知。

三、崤函古道的形成与运行状况

周道是为满足周王政治控制与军事战争的需求而有计划、有目的地修建的，其建设始于古公亶父经营周原时期，随着周人的兴起及向东发展，周道也步步向东延伸。周人武力征服的范围，即是周道的延伸之所。孙作云称周道为周人的“军用公路”[②]，既道出了周道的重要功能，也表明了周道随着周人扩张而逐步形成的历史轨迹。周道对崤函古道的改进，始于周文王东进崤函之时。而商末周初以来，战车和车战的盛行，也在客观上推动了这一过程。

文献记载，夏商时期已有战车使用。夏商的考古遗址中也发现有车痕和车马坑。但直到商晚期战车始终未被大规模应用于战争。车战正式登上历史舞台，成为主要的作战方式，是周人在军事史上的一大贡献[③]。《诗·大雅·皇矣》描写文王伐崇之战，已使用“冲”“临冲”两种战车攻城：“帝谓文王，予怀明德，不大声以

---

① 〔宋〕王应麟著，王京州、江合友点校：《诗考　诗地理考》卷一《周南》，中华书局，2011，第 186 页。

② 孙作云：《小雅大东篇释义》，《孙作云文集》第 2 卷《〈诗经〉研究》，河南大学出版社，2003，第 405～422 页。

③ 杨英杰：《论车战的兴衰》，《辽宁师院学报（社会科学版）》1983 年第 5 期；杨英杰：《先秦战车编制探讨》，《辽宁师范大学学报（社会科学版）》1986 年第 3 期；杨泓：《战车与车战二论》，《故宫博物院院刊》2000 年第 3 期；郭妍利：《夏商时期的作战方式蠡测》，《人文杂志》2008 年第 4 期。

色,不长夏以革;不识不知,顺帝之则。帝谓文王,询尔仇方,同尔弟兄;以尔钩援,与尔临冲,以伐崇墉。"[①]武王灭商,更是首次投入了"戎车三百乘"。战车的成功运用,不仅是人类对马力利用的一个具有划时代意义的进步和重要发明,而且对道路建设水平也提出了更高的要求。对以车战为主要形式,且驾车的战马已由商代的二匹增至四匹的西周大军来说,道路与军事活动相互依存,利于高速运兵和运载辎重的车马大道,不仅是极为重要的硬件设施之一,同时也可以说是军队的生命之道和胜利之路。因此,为军事行动开辟道路,或战前开辟、疏通道路便成为当时一项重要工作。西周金文称之为"省道""贯行"。

昭王时铜器中甗铭载:"王令中先省南或(国)贯行,埶(蓺)应在曾。"[②]中方鼎铭:"唯王令南宫伐反(叛)虎方之年,王令中先省南或(国)贯行,埶(蓺)王应,在夒障真山。"[③]静方鼎铭:"唯十月甲子王在宗周,令师中眔静省南或(国)相□(设)应。"[④]铭文记载了昭王南征江汉之前,委派中、静等臣属先行"省道""贯行""设应",开辟周道的完整过程。此外,昭王时器史强盘、穆王时器师雍父鼎也有"省道""贯行"的记载。所谓"省道"即巡视、视察道路状况;"贯行"即据所勘路况,分别进行开路、拓宽或夷平等工作,以便战车通行,"设应"则是在王所要经过的地方设立行宫。[⑤] 可见,除"设应"在周王亲征时才有外,"省道""贯行"是西周重大军事行动之前一种较为普遍的交通道路开辟和拓展行为。昭王南征时,"南国"西部区域尚未完全在周人有效控制之下,故无论交通、安全性均要通过"先省""贯行"

① 程俊英、蒋见元:《诗经注析》,中华书局,1991,第784页。

② 中国社会科学院考古研究所:《殷周金文集成(修订增补本)》第1册,中华书局,2007,第754页。

③ 中国社会科学院考古研究所:《殷周金文集成(修订增补本)》第2册,中华书局,2007,第1419、1420页。

④ 徐天进:《日本出光美术馆收藏的静方鼎》,《文物》1998年第5期。

⑤ 唐兰:《西周青铜器铭文分代史征》,中华书局,1986,第283、285页;黄盛璋:《关于柞伯鼎关键问题质疑解难》,《中原文物》2011年第5期;李学勤、李伯谦、朱凤瀚等:《湖北随州叶家山西周墓地笔谈》,《文物》2011年第11期。

才能保障。文王占领崤函，东征邘、崇，很可能也带有疏通和拓展进军道路的目的，以保障大部队进军商都的交通基础。杨向奎分析历史上所谓“崤函之固”的地理形势，指出在“三千年前，挟带重兵而度险关，按常规行程绝不可能，地方是‘车不能放轨’，而当时的主要武器已是战车……周人是如何以重车度此险途？……只能是‘筚路蓝缕以启山林’了”①。可见，文王占领崤函不仅取得了政治、军事上的重大胜利，而且也取得了重新开通与拓展崤函历史通道和新建大道的重大成果。

随着东西两京制的建立，为满足两京频繁交通和政治控制的需要，西周又早早按照周道的规格和标准对这条道路进行了系统的规划和修治。《逸周书·大聚解》记载：“武王胜殷，抚国绥民，乃观于殷政”，周公告之以“道别其阴阳之利，相土地之宜、水土之便，营邑制，命之曰大聚……劈开修道，五里有郊，十里有井，二十里有舍”②。所谓“观于殷政”，当包括效法殷商的路政，而“劈开修道”，则主要是指规整和修治成周地区交通道路，以与前朝业已建起的交通网络合成一体③。“五里有郊”云云则是建立长距离的交通补给设施。崤函古道作为连接两京交通“周道”的重要路段自然包括在内。从道路走向判断，周对崤函古道的规整和修治，基本是在夏商原有道路基础上改筑或整治而成的。

据文献记载，周道有以下五大特点：一是路面平、路身直。《诗·小雅·大东》云：“周道如砥，其直如矢”④，形容它像磨刀石一样平坦和牢固，像箭杆一样挺直。二是路幅较宽，四马战车可以通行无阻。《诗·小雅·四牡》：“四牡骓骓，周道倭迟。”⑤《诗·小雅·何草不黄》还记有载重车行驶于周道的情况：“有栈之车，行彼

① 杨向奎：《宗周社会与礼乐文明》，人民出版社，1992，第75页。

② 黄怀信、张懋镕、田旭东：《逸周书汇校集注》卷四《大聚解》，上海古籍出版社，1995，第413～417页。

③ 宋镇豪：《夏商社会生活史》，中国社会科学出版社，1994，第285页。

④ 程俊英、蒋见元：《诗经注析》，中华书局，1991，第630页。

⑤ 程俊英、蒋见元：《诗经注析》，中华书局，1991，第442页。

周道。”①三是周道两侧植有树木。《诗·大雅·绵》:“柞棫拔矣!行道兑矣。”②孔疏:“柞、棫生柯叶拔然。”周道旁植树起标识、遮阴和加固地基作用。《国语·周语》:“周制有之曰:‘列树以表道,立鄙食以守路。’”③行道树以甘棠、杨柳、臭椿为主。《诗·召南·甘棠》描述今陕州区一带道路树林成荫景象:“蔽芾甘棠,勿翦勿伐,召伯所茇。蔽芾甘棠,勿翦勿败,召伯所憩。蔽芾甘棠,勿翦勿拜,召伯所说。”④说路旁树木茂盛,是行旅憩息之处,人人要爱护行道林,勿伐勿毁勿折。四是周道利用有等级规定。《诗·小雅·大东》:“周道如砥,其直如矢。君子所履,小人所视。”⑤只有“君子”即贵族才有资格在周道上行走,一般平民只有出征打仗或服劳役时才能行于周道。五是周道沿途交通设施相当完备,分为庐、宿、候馆三个等级和种类。《周礼·遗人》:“凡国野之道,十里有庐,庐有饮食;三十里有宿,宿有路室,路室有委;五十里有市,市有候馆,候馆有积。”郑注:“庐,若今野候,徒有庌也。宿,可止宿,若今亭有室矣。候馆,楼可以观望者也。一市之间,有三庐一宿。”⑥庐是路旁三数间屏蔽人马的小屋,条件最简陋,只可昼息;宿内有房室及各种生活设施和物资,可以夜息,条件较好,制度较完善;候馆之制等级最高,最为详备,“不徒有室,又有高明楼榭,足供候望观眺”⑦。周王下属的野庐氏“掌达国道路”,掌固“掌修城郭、沟池、树渠之固”⑧,司险管理各种险隘障碍设施等事宜,中国

① 程俊英、蒋见元:《诗经注析》,中华书局,1991,第744页。

② 程俊英、蒋见元:《诗经注析》,中华书局,1991,第764页。

③ 〔春秋〕左丘明撰,徐元诰集解,王树民、沈长云点校:《国语集解》卷二《周语中》,中华书局,2002,第66页。

④ 程俊英、蒋见元:《诗经注析》,中华书局,1991,第39~40页。

⑤ 程俊英、蒋见元:《诗经注析》,中华书局,1991,第630页。

⑥ 〔汉〕郑玄注,〔唐〕贾公彦疏:《周礼注疏》(十三经注疏)卷十三《地官·遗人》,北京大学出版社,2000,第408页。

⑦ 〔清〕孙诒让撰,王文锦、陈玉霞点校:《周礼正义》卷二十五《地官·遗人》,中华书局,2013,第991页。

⑧ 〔汉〕郑玄注,〔唐〕贾公彦疏:《周礼注疏》(十三经注疏)卷三十《夏官·掌固》,北京大学出版社,2000,第937页。

古代驿传制度因周道初具规模。

周道的这些特点,表明其建设与管理已达到相当水准。文献和金文虽然没有明确说明崤函古道的具体形态,且其受制于地形,可能还会与平原河谷周道有所差别,但其作为周道主要路段,无疑也当建立了一套具有上述形态和特点的道路系统。

在崤函黄河两岸,周王室还先后分封了一批诸侯:黄河南岸有焦(今三门峡)、虢(今三门峡、平陆),北岸有虞(今平陆)、魏(今芮城东北)、韩(今芮城西)等。周人封建诸侯的过程,也是开拓新道路和激活老道路的过程[①]。上述封国沿黄河两岸,呈明显带状分布,其位置与崤函古道、晋南通道交通线路相重叠,南岸焦、虢,足以把守崤函古道险关隘道,保障两京交通畅通,防止敌人向东西两面偷袭。北岸虞、魏、韩三国分别把守茅津渡、风陵渡等,越过黄河可与焦、虢联合。这种分布态势,说明是周王室为确保崤函古道交通要冲而有意识地做出的安排,不仅保障了崤函古道交通线路的畅通,而且也在建立王朝政治秩序和屏藩周室方面起到了支撑作用。

崤函古道的重新规整和修治,为西周两京制的运作提供了交通便利。金文中常见周王经营和施政于成周,或周王派使臣到成周会见诸侯的记载。梁晓景曾历举57件西周铜器铭文,说明西周诸王(除康王外)都曾施政于洛邑[②]。不过这57件铜器中有一些涉及"周""康宫"所在,新近研究证明西周金文中的"周""康宫",并非全部指成周洛邑[③],因此有必要对此问题做一番梳理。经过重新统计,西周金文中明确涉及"成周"的铜器有38件,即成王时期的何尊、鸣士卿尊、圉鼎、司鼎、小臣易鼎、史兽鼎、小臣单觯、叔夨方鼎,昭王时期的静方鼎、鲜钟、德方鼎、厚趠方鼎、伯窦父盨、令方尊、鸿叔簋、作册申卣、士上卣,穆王时期的丰卣、录卣、兢卣,恭王时期的应侯

① 郑若葵:《中国古代交通图典》,云南人民出版社,2007,第197页。

② 梁晓景:《西周建都洛邑浅论》,中国古都学会编:《中国古都研究》(第4辑),浙江人民出版社,1989,第198~213页。

③ 李学勤:《柞伯簋铭考释》,《文物》1998年第11期;刘士莪、尹盛平:《微氏家族青铜器群研究》,尹盛平主编:《西周微氏家族青铜器群研究》,文物出版社,1992,第93~108页。

视工钟、询簋，厉王时期的颂鼎、敔簋、十三年痶壶、曶壶盖、晋侯稣编钟、史颂鼎、小克鼎、颂鼎、𧽊簋、颂簋、虢仲盨，宣王时期的叔专父盨、兮甲盘，以及西周早期的小臣夌鼎、盂爵和西周中期的格伯簋铭等。以上各器，涉及周王在洛邑进行册命、赏赐、征伐、祼祭、土地交换等重大政治、军事活动，或令大臣管理成周事宜，或自此征伐等，说明周王及贵族大臣经常奔走于两京之间。而周王每次往返于两京之间，自然还会有大批贵族大臣、军队及随从人员和物资相随。前引三年痶壶铭云："唯三年九月丁巳，王在奠(郑)，飨醴，呼虢叔召痶……己丑，王在句陵。"①不仅证明周夷王亦曾往来于两京，还说明了当时周王往返两京是取道崤函古道的。周王经常性地往来两京，施政成周，反映崤函古道已经具备了较好的通行条件和政治控制功能。

周王朝通过在各地分封诸侯，以屏藩王室，来实现王朝统治。这种政治体制要求诸侯与周王保持密切的联系。分封于各地建国的诸侯，按制要定期朝觐周王。《礼记·王制》云："诸侯之于天子也，比年一小聘，三年一大聘，五年一朝。"②还要向周王缴纳贡赋，听从周王室的召唤派兵随从周王作战。遇有王室的重大祭祀，诸侯要亲自前往助祭。遇到周王有死丧、嫁娶和出巡，各国都有特定的义务。西周主要军事力量是分别驻扎在丰镐和洛邑的西六师和成周八师，除分别拱卫两京外，遇有战事，还需随王出征。从武王伐纣灭商，到周公东征平叛，以及对西戎的进攻和对淮夷、荆楚的征伐，西六师和成周八师都是主要征战部队，西六师东调与成周八师配合作战，崤函古道是其东出西归的主要交通道路。频繁的政治与军事活动成为西周崤函古道上人员往复的主要交通现象。《诗·小雅·鹿鸣》"人之好我，示我周行"③，《诗·小雅·大东》"佻佻公子，行彼周行。既往既来，使我心疚"④，描

① 陕西周原考古队：《陕西扶风庄白一号西周青铜器窖藏发掘简报》，《文物》1978年第3期。

② 〔汉〕郑玄注，〔唐〕孔颖达疏：《礼记正义》(十三经注疏)卷十一《王制》，北京大学出版社，2000，第422页。

③ 程俊英、蒋见元：《诗经注析》，中华书局，1991，第438页。

④ 程俊英、蒋见元：《诗经注析》，中华书局，1991，第631页。

写的正是行人在“周道”上来往如梭的情景。

分封各地的诸侯除定期朝觐周王外,周天子不时到诸侯国进行巡狩、赏罚活动,约见诸侯进行会盟,以保持天子与诸侯间的经常性联系和国家结构的正常运转。盟会的名目繁多,有春朝、秋觐、夏宗、冬遇、时会、殷同等。《左传》载有西周几次著名的盟会:“周武有孟津之誓,成有岐阳之搜,康有酆宫之朝,穆有涂山之会。”①此外,还有成王时的成周之会,幽王时的太室之盟。这几次著名的盟会,都发生在两京或其附近。其中尤以东都洛邑落成时成王“合诸侯于成周”的规模最为盛大。《逸周书·王会解》记述说,参加者除来自各地的诸侯外,还有四方不少部族、国家的使臣,其中即有西北及西域的义渠(今甘肃庆阳)、央林(今陕西泾阳)、卜卢(西北戎)、规矩(今甘肃天水)、氐羌(今甘肃陇东一带)、奇干(今青海境内)、屠州(今甘肃凉州)、禺氏(今甘肃敦煌、祁连山间)、犬戎(今陇西一带)、数楚(今甘肃陇县一带)、大夏、莎草、旦略、匈奴、月氏、孅犁等十多个部族、国家,并各自向成王进献珍贵的特产②。我们不知道这些来自西北及西域的部族行历的具体情形,但这次成周之会的行程,无疑经过了崤函古道。文献记载对此也有所透露。《尚书·旅獒》曰:“惟克商,遂通道于九夷八蛮,西旅底贡厥獒,太保乃作《旅獒》,用训于王。曰:‘呜呼!明王慎德,四夷咸宾。无有远迩,毕献方物……’”③《国语·鲁语》引孔子语曰:“昔武王克商,通道于九夷百蛮,使各以其方贿来贡,使无忘职业。”④所谓“九夷八蛮”“九夷百蛮”,泛指周王朝周边的少数民族。九夷,即东夷,泛指东

① 〔周〕左丘明传,〔晋〕杜预注,〔唐〕孔颖达正义:《春秋左传正义》(十三经注疏)卷四十二“昭公四年”,北京大学出版社,2000,第 1381 页。

② 黄怀信、张懋镕、田旭东:《逸周书汇校集注》卷七《王会解》,上海古籍出版社,1995,第 903~947、980~982 页;黄怀信:《逸周书校补注译·王会解》(修订本),三秦出版社,2006,第 325~333 页。

③ 〔汉〕孔安国传,〔唐〕孔颖达疏:《尚书正义》(十三经注疏)卷十三《旅獒》,北京大学出版社,2000,第 386 页。

④ 〔春秋〕左丘明撰,徐元诰集解,王树民、沈长云点校:《国语集解》卷五《鲁语下》,中华书局,2002,第 204 页。

方的少数民族。八蛮，即南蛮、百蛮，泛指南方的少数民族。《尚书》孔传："四夷慕化，贡其方贿。九、八言非一，皆通道路，无远不服。"孔疏："惟武王既克商，华夏既定，遂开通道路于九夷八蛮。"[①]上引文字相互印证，表明至少从周初，周王朝已经开辟了与周围各部族来往的通道，以方便王命传达和蛮夷朝贡。王夫之《尚书稗疏》考证说："八蛮自商、雒取道，九夷从殽、函取道，皆西向而旅进于宗周，以致贡其獒焉。"[②]可见崤函古道所联通的交通范围已经十分广阔。

在西周东西两京制度设计中，洛邑因居"天下之中，四方入贡道里均"，承担着东方诸侯、诸淮夷贡赋输往丰镐的中转站的重要职能。宣王时的兮甲盘铭载："王令甲政𤔲（嗣）成周四方责（积）……毋敢不出其貟（帛）、其责（积）、其进人……敢不用令（命），则即井（刑）𢽙（扑）伐。"[③]是说宣王命兮甲尹吉甫主管"成周四方"诸侯及受王朝统治的方国、部族贡赋的征收，不得欠缴，否则即要兴兵讨伐。贡赋成为周道最大宗的物资运输，主要有布帛、粟米、铜、锡等。《诗·小雅·大东》描写的就是谭国大夫见东方各国贡赋由周道运往王都，感叹财富自周道流向王都的情形。林林总总的贡赋和贡品在成周聚集后，往往还要经崤函古道转运至宗周。《管子·轻重丁》说"昔莱人善染"[④]，司马迁也说齐地"人民多文彩布帛"[⑤]。齐国贡献周王的文采鲜艳的布帛，即是沿济水、黄河、崤函的东方大道运至宗周的。

除贡赋和贡品运输外，各地长途贸易也是当时崤函古道运输的重要组成部分。春秋初年的晋姜鼎记载了晋姜主持与淮夷的盐铜贸易之事："嘉遣我，锡赐卤责（渍）千两，勿灋（废）文侯覭命，卑（俾）贯通□，征繁汤（阳）𩁹，取厥吉金，用乍

① 〔汉〕孔安国传，〔唐〕孔颖达疏：《尚书正义》（十三经注疏）卷十三《旅獒》，北京大学出版社，2000，第387页。

② 〔明〕王夫之著，船山全书编辑委员会编校：《船山全书》第2册《尚书稗疏》卷四《周书·旅獒》，岳麓书社，1988，第150页。

③ 中国社会科学院考古研究所：《殷周金文集成（修订增补本）》第7册，中华书局，2007，第5483页。

④ 黎翔凤撰，梁运华整理：《管子校注》卷二十四《轻重丁》，中华书局，2004，第1481页。

⑤ 〔汉〕司马迁：《史记》卷一百二十九《货殖列传》，中华书局，1982，第3265页。

(作)宝尊鼎。”[①]戎生钟铭亦载:“嘉遣卤积,俾譖(潜)征繁汤,取厥吉金,用作宝协钟。”李学勤认为两器记载的为同一件事,即“晋国派遣大批车队运输食盐,前往繁汤交换铜料”。此贸易活动由晋文侯夫人晋姜主持,戎生编钟的器主戎生参与其中。繁汤在今河南新蔡以北的繁阳,位于淮水北面,是古代南方铜锡北运的会聚地点[②]。晋姜主持的盐铜贸易规模巨大,仅盐卤运车即达千辆之巨,堪称当时规模最大的贸易交通行为。晋文侯时晋都在绛(今山西翼城天马至曲村一带),运城盐池在绛西南,运盐到繁汤,崤函古道是必经之途。晋姜贸易的运输路线是从运城盐池翻过中条山,过黄河,循崤函古道,经成周,至繁汤。

上述交通设置和行为,为我们呈现了西周崤函古道日渐发达的交通状况,既反映了当时古道交通的主要功能,更说明两京间交通任务大为增加,道路交通条件较前代大为改观,否则便无法承担如此繁重的交通流量,更不可能有效地发挥两京制的作用。《史记·乐书》载录孔子语,颂扬周武王“克殷反商”之后政治建设的成功:“周道四达,礼乐交通,则夫武之迟久,不亦宜乎?”[③]武王政治建设的成功,“四达”的周道交通无疑是发挥了重要作用的。

在中华文明的早期发展历程中,西周是一个重要时期。“西周以蕞尔小国取代商崛起渭上,开八百年基业,肇华夏意识端倪,创华夏文化本体,成华夏社会基石,是中国古代史上一个重要的历史阶段。”[④]就交通史而言,西周亦代表着一个重要的历史时期。李约瑟《中国之科学与文明》中写道:“我们可以追溯公路的起源至史前时代的小径,铜器时代的山溪等,但直到强大而集权的政府兴起,始建设复杂而令人印象深刻的道路体系。”[⑤]周道就是最早的由“强大而集权的政府”修建的“复杂而令人印

① 中国社会科学院考古研究所:《殷周金文集成(修订增补本)》第2册,中华书局,2007,第1496页。

② 李学勤:《戎生编钟论释》,《文物》1999年第9期。

③ 〔汉〕司马迁:《史记》卷二十四《乐书》,中华书局,1982,第1230页。

④ 许倬云:《西周史(增补本)》,生活·读书·新知三联书店,2001,封底。

⑤ [英]李约瑟著,陈立夫主译:《中国之科学与文明》(第10册),台湾商务印书馆,1980,第4页。

象深刻”的道路体系。西周时期最高级、最快速的交通工具——马车，与最高水平的交通设施——“周道”相配合，使得宗周、成周间的交通往来较为便捷，由此，也奠定了崤函古道交通道路的基本格局。从那时起，直至近代公路兴起前，崤函古道一直得到沿用，其间后世在此基础上不断丰富和发展，持续改进道路通行状况和交通工具。但崤函古道交通路线所在地理位置，却在自然环境和人文背景制约下呈现出显著的历史继承性，不再随时局的变化而轻易改移，总趋向一直没有从根本上被改变。

从交通兴起到道路形成，是道路发展的第一步，而由偶然踩踏形成的小径到固定的道路，并受制度化管理，则是道路发展的又一大进步。崤函古道的起源和早期开发可以追溯到史前及夏商，但是，还没有哪一个时代(朝代)完成了横贯东西的道路建设。西周东西两京制的创立，使两京间交通需求骤增，导致了由西周中央政府直接介入，有计划、有组织地按一定计划、规格、布局在两京间开辟修建宽阔平直的道路。包括崤函古道在内的周道，既是西周王室的生命线，也是国家交通的中轴线。“周道”成为政府统治力和社会秩序稳定与否的指标。“它的修整与否，也就象征着周人政治势力的消长。”①“不仅如此，由于这条周道具有独特的历史地理和人文环境的优越性，致使西周而后的东周、秦、汉和大唐等朝的政治经济文化重心，都特别刻意地置放在这条轴线上，乃至宋、元、明、清时期，这条交通线路仍然是受时人注重青睐的横贯东西的大动脉。周道可谓是中国古代一条最负盛名且最富政治、军事魅力和经济价值的东西大干道，它对中国古代东西道路干线的发展和完善无疑具有重要开山作用和影响意义。”②正是在这个意义上，我们说，西周时期崤函古道交通线路获得定型稳固，是崤函古道的形成期，而这一时期也正与西周东西两京制的形成基本同时。

① 孙作云：《小雅大东篇释义》，《孙作云文集》第2卷《〈诗经〉研究》，河南大学出版社，2003，第405~422页。

② 郑若葵：《中国古代交通图典》，云南人民出版社，2007，第199~200页。

第二节　春秋诸侯争霸与崤函古道

春秋时期,中国出现了自夏商西周以来的第一次大分裂局面。原来至高无上的周王室自东迁洛阳后,逐步走向衰微,出现了诸侯兼并、大国争霸的局面。虢国因最早占据崤函地区,成为当时最活跃、最有代表性的诸侯国之一。晋国崛起后利用抢先占领和控制崤函古道的优势,遏制了秦国东进的势头。崤函古道交通围绕着虢晋争斗、秦晋争霸而发展。

一、虢国的崤函古道经营

虢国是周初分封的姬姓诸侯国,始祖虢仲,本周文王异母弟,文王时封于今陕西宝鸡附近,史称西虢。西周晚期,西虢为避难而举国东迁至三门峡-平陆一带,称虢国。围绕建国与东迁,虢国表现出以交通建设和控制促成政治军事进取条件的努力,体现出对崤函古道的突出历史贡献。

1. 东迁与相关交通活动

虢国素有镇守险要、控制交通的传统,其始祖虢仲所封之地西虢,即是一处紧依宗周外围、扼据丰镐西大门的军事要地,对捍卫周室西大门的安全,有着重要的意义。后世所筑的散关、陈仓故城皆邻近其境。西虢早期习于武勇,追随文王东进翦商。周原甲骨卜辞中有“于尚桄”(H11:23)的记载,徐锡台释“尚桄”为“上虢”,认为在东虢[①]。王晖则认为“尚”(上)是一个具体地名,在今三门峡上村岭一带,即古虢国。春秋时虢都“上阳”即是因“上”这一地名而得名。“正是因为此地为东西必经之地,且地势险要”,故周文王在平虞芮之讼后,分封虢仲于上村岭一带。这“对稳固后方、阻击来犯的殷人,所起作用所建功勋当然是重大的”。故《左传》云虢仲虢叔“勋在王室”,盖与此有关。[②] 认为虢国是虢仲族在“文王时代就分封在今陕县上村岭一带”,虽不缜密,但虢仲因“在周文王东伐中功勋显著”受封的见解则颇合理。“于尚桄”甲骨的发现,进一步反映了虢仲势力已随着文王经略崤函而深入到这一带,并在崤函黄河南岸取得了一块采邑。武王灭商后,西虢又在黄河北岸获封下阳。《史记·晋世家》正义引马融云:“周武王克商,封文王异母弟虢仲于夏阳。”[③]夏阳即下阳,在今平陆张村镇太阳渡村南金鸡堡与门里自然村。西虢在下阳不仅建立了自己的邑落,还建有宗庙,故后世屡以“虢都”称之。《水经注·河水》:“(沙涧)水北出虞山,东南径傅岩,历傅说隐室前,俗名之为圣人窟。孔安国《传》:傅说隐于虞、虢之间,即此处也。”[④]可知虢在黄河北岸的领土主要分布在盘南以西至洪阳沿河一带,东西约长 30 公里,南北宽 3 至 5 公里[⑤]。由下阳位置,可知这同样“是有意识地为确保其交通要地而采取的配置”[⑥],既有扼守黄河交通之意,也是监视黄河南岸姜姓焦国的据点。

虢国在崤函立国,也直接与一次重要的军事交通活动有关。今本《竹书纪年》

---

① 徐锡台:《周原甲骨文综述》,三秦出版社,1987,第 30 页。

② 王晖:《古文字与商周史新证》,中华书局,2003,第 107~108 页。

③ [汉]司马迁:《史记》卷三十九《晋世家》,中华书局,1982,第 1640 页。

④ [北魏]郦道元著,陈桥驿校证:《水经注校证》卷四《河水》,中华书局,2007,第 115 页。

⑤ 卫斯:《晋“假虞伐虢”的道路和战场问题的再探讨——兼与靳生禾、谢鸿喜二先生商榷》,《中国历史地理论丛》2010 年第 2 辑。

⑥ [日]伊藤道治著,江蓝生译:《中国古代王朝的形成——以出土资料为主的殷周史研究》,中华书局,2002,第 215 页。

谓幽王"七年,虢人灭焦"[①],历经多年,虢国最终完成了东迁和扩张。"幽王七年"即前775年。"焦",《汉书·地理志》弘农郡:"陕,故虢国。有焦城,故焦国也。"[②]据考古发现,焦国都城在三门峡市开发区陕州故城东北,与下阳隔河相望。虢人灭焦自当是利用经营已久的"尚桃""下阳"为基地,但由下阳到焦国,需要兵渡黄河,而其后西虢自宝鸡举国东迁,更是一次大规模的迁徙活动。

东迁后的虢国,雄踞黄河两岸,控制着中原交通中轴线崤函古道及黄河的渡河津口,很快便表现出善于利用险要形势与交通优势,参与和影响当时周王室和列国政局的态势。

《史记·周本纪》:"幽王以虢石父为卿,用事,国人皆怨。石父为人佞巧善谀好利,王用之。"虢石父又与王妃褒姒结党,引发申国等反叛。前771年,申侯等联合犬戎杀幽王骊山下,西周灭亡。虢石父可能亦与幽王同时被杀。"于是诸侯乃即申侯而共立故幽王太子宜臼,是为平王,以奉周祀。"[③]继任的虢国君虢公翰则率"邦君诸正乃立幽王之弟余臣于虢,是携惠王。"[④]"邦君"即诸侯,"诸正"是朝臣。古本《竹书纪年》亦载:"幽王既死,而虢公翰又立王子余臣于携,周二王并立。"[⑤]携地当在今陕西大荔朝邑镇,春秋时称"王城",为虢地。余臣因立于携而称"携王"。

"二王并立"是影响两周之际历史进程的关键事件之一。起初,虢公翰拥立携王得到多数诸侯的支持和认同,但后期形势剧变,原拥立携王的"邦君诸正",如郑、晋、卫、秦等转而拥立平王,在他们支持下,前758年,平王东迁洛邑,前750年,晋文侯诛杀携王于虢地,"二王并立"局面结束。清华简《系年》载:"立二十又一年,

① 王国维:《今本竹书纪年疏证》,方诗铭、王修龄:《古本竹书纪年辑证》,上海古籍出版社,1981,第259页。

② 〔汉〕班固:《汉书》卷二十八《地理志》,中华书局,1962,第1549页。

③ 〔汉〕司马迁:《史记》卷四《周本纪》,中华书局,1959,第149页。

④ 清华大学出土文献研究与保护中心:《清华大学藏战国竹简》(贰),中西书局,2011,第178页。

⑤ 方诗铭、王修龄:《古本竹书纪年辑证》,上海古籍出版社,1981,第60页。

晋文侯仇乃杀惠王于虢。"[①]"二十一年"即携惠王立二十一年,亦即晋文侯三十一年。如此一系列的巨变,研究者多谓是因周平王在爵位和土地等方面满足了郑、晋、卫、秦等诸侯要求的缘故。其实,还有一个基本情况,即从空间分布来看,当时支持平王的诸侯,如郑、晋、卫等都分布在洛邑周围,距平王所在的关中距离较远,而携王的拥立者以虢公翰为代表的畿内诸侯和宗周朝廷群臣,则占据着华山以北河南、河东及河西部分土地,控制着连接关中平原、伊洛河平原和山西高原的崤函通道。这既给了虢公翰等挟天子以自重,与平王一派争天下的资本,也给平王寻求和获得郑、晋、卫等诸侯支持的努力造成严重不便和障碍。"三门峡位于东西部交通的一个关键位置,而平王领导下的新王室要获得东部众多诸侯们的支持则必须穿越三门峡。所以这样看来,越过虢氏宗族的障碍,离开渭河谷地,向东寻求东部诸侯们的直接保护实为平王的明智之举。"[②]东迁洛邑靠近郑、晋、卫诸国,既可得诸侯藩屏,又居于天下之中,何况洛邑本是西周之东都,经济发达。于是,前758年,平王在晋侯、卫侯、郑伯以及秦伯等众多诸侯的护送下东迁洛邑。平王东迁标志着西周王朝的彻底覆亡和绵延五百多年的东周王朝的开始。在这一直接影响先秦历史发展的关键事件中,崤函古道再一次发挥了重要的作用。

2. 虢国的两大交通主干道

春秋初期,虢国凭借崤函有利的形势,不断张大国势,疆域东起今渑池,西至灵宝、潼关、大荔、华州区一带,北到山西平陆、芮城,南达卢氏[③],雄踞黄河两岸,控制崤函之固,其交通建设既是巩固政权的需要,也是在列国争霸的复杂激荡形势下发挥影响力所必须。虢国在其泱泱疆域内建立起了以上阳为中心的发达的水陆交通网,其中,陆路交通是最主要的交通方式,有东西、南北两大主干道。

---

① 清华大学出土文献研究与保护中心:《清华大学藏战国竹简》(贰),中西书局,2011,第178页。

② 魏栋:《清华简〈系年〉与携王之谜》,《文史知识》2013年第6期。

③ 李久昌、张彦修:《二千年前的神秘古国——虢国的历史与文化》,陕西人民出版社,1995,第21~27页。

东西主干道即崤函古道，从关中贯穿虢国东西直达成周，并向东延伸通往中原各国，它是虢国最重要、使用最频繁的交通道路。这条道路在虢国内的走向与西周时基本相同，但随着社会经济的发展，在沿线及附近出现了一些新的地名，除虢都上阳外，又有渭汭（今渭南华州区渭河入河口地带）、桑田（今灵宝函谷关镇稠桑）、虢略（今灵宝市区）、莘（今陕州东凡乡南阳村一带）、玤（今渑池英豪乡王都村与东城角之间）、酒泉（今渑池仰韶乡）、桓王山（今渑池东北凤凰山）等。这些地名或是城邑，或是行宫，或是聚落，或是军事要地，还有的可能是虢人生活的聚落。它们之所以被载入史籍，无非是因为它们大都居于崤函古道交通线上，并承载着与虢国历史相关的某些重要事件。

虢公忌父是春秋时期见于文献记载的虢国第一位国君，周桓王五年（前715）夏，任王朝卿士。周桓王死后，传葬在今渑池凤凰山顶，又称桓王山。嘉庆《渑池县志》："《寰宇记》：'桓王山在县东北一百二十里'。李《通志》：'桓王山在渑池县北一百里，以山岭有周桓王陵故名'。"[①]《左传》庄公十八年（前676）载："春，虢公、晋侯朝王。王飨醴，命之宥。皆赐玉五珏，马三匹。"[②]此为东迁后虢君第一次朝觐周王，周惠王对其优待，并以厚礼相赠。同年，虢公作为宗伯又和晋侯、郑伯一起到陈国为周惠王迎接王后。庄公二十一年（前673），"（周惠）王巡虢守。虢公为王宫于玤，王与之酒泉……虢公请器，王予之爵……冬，王归自虢"[③]。这是春秋时期周王第一次，也是唯一一次巡狩诸侯。虢公丑在"玤"地建造"玤宫"作为周惠王行宫，具备苑囿等可供游玩的功能。为表感谢，周惠王将"酒泉"赏赐给他。周王巡狩和虢公朝觐，都是当时重要的交通活动。

春秋时期，诸侯互相征伐，战事四起，军事活动十分频繁。东迁后的虢国依赖

① 〔清〕甘扬声修，〔清〕刘文运纂：嘉庆《渑池县志》卷二《建置》，《河南历代方志集成·三门峡卷》（5），大象出版社，2017，第194页。

② 杨伯峻：《春秋左传注》庄公十八年，中华书局，1990，第206~207页。

③ 杨伯峻：《春秋左传注》庄公二十一年，中华书局，1990，第217~218页。

新的环境和广袤疆域,继续担负着为周王东征西讨、以伐不庭的重任。顾栋高谓“虢于王室无役不供,凡讨伐之事,悉虢公主之,是王之爪牙也”①。军事交通成为这一时期虢国东西交通的主要内容。《左传》隐公元年(前722)冬,“郑人以王师、虢师伐卫南鄙”②。卫国在今河南淇县一带。隐公十一年(前712),“冬十月,郑伯以虢师伐宋”③。宋国在今商丘一带。桓公五年(前707),“秋,王以诸侯伐郑,郑伯御之。王为中军,虢公林父将右军,蔡人、卫人属焉;周公黑肩将左军,陈人属焉……战于繻葛……王卒大败”④。繻葛在今河南长葛北。庄公二十一年(前673)王子颓及五大夫叛乱,虢叔与郑伯,“同伐王城。郑伯将王自圉门入。虢叔自北门入。杀王子颓及五大夫”⑤,帮助周惠王复位。王城在今洛阳市内。庄公三十年(前664),“春,王命虢公讨樊皮。夏四月丙辰,虢公入樊,执樊仲皮,归于京师”⑥。樊国在今济源西南。此外,闵公二年(前660),“春,虢公败犬戎于渭汭”⑦。僖公二年(前658)秋,“虢公败戎于桑田”⑧。虢国战车东出崤函,入洛邑,达郑、卫、宋等国,西至陕西东部渭水下游,其参战路线,定是沿崤函古道出发前往,并且是以与中原诸国便利的交通为前提条件的。

除军事交通外,婚姻交通是这一时期虢国崤函古道交通的又一重要内容。周制同姓百世不婚,故嫁娶均自异姓。婚姻因此成为各国加强联系的重要政治、军事和外交手段,有学者认为:“婚姻是周代政治体制的另一个支撑点。”⑨因为重要,因

---

① 〔清〕顾栋高辑,吴树平、李解民点校:《春秋大事表》卷二十《春秋王迹拾遗表》,中华书局,1993,第1683页。

② 杨伯峻:《春秋左传注》隐公元年,中华书局,1990,第18页。

③ 杨伯峻:《春秋左传注》隐公十一年,中华书局,1990,第78页。

④ 杨伯峻:《春秋左传注》桓公五年,中华书局,1990,第104~106页。

⑤ 杨伯峻:《春秋左传注》庄公二十一年,中华书局,1990,第216~217页。

⑥ 杨伯峻:《春秋左传注》庄公三十年,中华书局,1990,第247页。

⑦ 杨伯峻:《春秋左传注》闵公二年,中华书局,1990,第261页。

⑧ 杨伯峻:《春秋左传注》僖公二年,中华书局,1990,第283页。

⑨ 林鹄:《宗法、婚姻与周代政治——以青铜礼器为视角》,《中国历史文物》2003年第2期。

婚嫁导致的跨国交通行为不断发生。有研究者统计,与虢国通婚的主要有妃、嬴、姜、姞四姓,涉及齐、丑、苏、梁、遣、兽(单)、尹等国[①]。齐国是周代重要的封国,在今山东东部,丑国亦在今山东境内。苏国在今河南温县。梁国在今陕西韩城。遣国地不详。兽(单)国原在今陕西眉县,后迁至孟津东南。尹国在今河南新安。上述与虢国通婚的国家除梁国在虢国西面外,其余皆在虢国以东,各国皆与虢国东西向交通相通。而诸侯或贵族迎娶队伍总是浩浩荡荡,极尽排场。宣王时,韩侯娶妻,《诗·大雅·韩奕》记其迎娶场面:“韩侯娶妻,汾王之甥,蹶父之子。韩侯迎止,于蹶之里。百两彭彭,八鸾锵锵,不显其光。诸娣从之,祁祁如云。韩侯顾之,烂其盈门。”[②]百辆的车队与众多的陪嫁,浩浩荡荡,构成周道上一道壮观的景象。它虽不是常态化的交通活动,但其壮观的场面实际也反映了当时道路交通的发达。婚娶历来是不同文化交流融合中最基本、最经常、最温馨的方式。不同的血缘、地域存在着一定的文化差异。女子出嫁,离开娘家,理所当然地会将母邦风情、礼俗播撒开去,从而促进各种文化的交流和融合。虢国墓地出土以及传世记载虢国与他国通婚的青铜器,在形制、纹饰、工艺等方面的不同表现与特点,即是这种文化交流融合的具体表现。

南北主干道是虢国通往黄河北岸晋南的主要交通线路。虢国地跨黄河北岸至平陆西沿河一带,上阳与下阳隔河相望,南北主干道即由水陆交通干线贯通,一条跨越茅津渡,抵下阳,再向北穿越中条山虞坂颠軨道,通往闻喜、新田。春秋时的茅津渡在今三门峡陕州故城与今山西平陆东北张村镇之间,北岸为下阳,南岸为陕城。另一条在今灵宝函谷关附近,从洹津渡渡河,进入芮城。这两条交通线都在黄河南岸与虢国东西主干道连接,东进中原,西入关中。渡河离不开船只,两周之际

---

① 刘社刚:《铭记虢国对外联姻的青铜器》,《中华文化画报》2010 年第 9 期;李清丽、乔红伟:《从金文看虢国女贵族的称谓》,《三门峡职业技术学院学报》2011 年第 3 期。

② 程俊英、蒋见元:《诗经注析》,中华书局,1991,第 906 页。

船只制造已达到较高水平,民间有快速的轻舟、扁舟,还有适用于短途运输的舱船,以及供国君乘坐的"艅艎"。虢国考古尚未发现船只遗迹,但史载虢国频繁使用这条道路,船是渡河的必用工具。《左传》隐公五年(前718)秋,"曲沃叛王。秋,王命虢公伐曲沃,而立哀侯于翼"①。桓公七年(前705)"周桓王使虢仲伐曲沃武公"②。八年(前704)"冬,王命虢仲立晋哀侯之弟缗于晋"③。九年(前703)秋,"虢仲、芮伯、梁伯、荀侯、贾伯伐曲沃"④。庄公十六年(前678),"王使虢公命曲沃伯以一军为晋侯"⑤。曲沃在今山西曲沃县境,翼在今山西翼城。庄公二十六年(前668),"秋,虢人侵晋","冬,虢人又侵晋"。⑥ 晋侯也曾利用这条道路,与虢君一起到成周朝觐周王。如前引庄公十八年(前676)春"虢公、晋侯朝王"。此外,晋武公八年(前708),"周师、虢师围魏,取芮伯万而东"⑦。魏国在今山西芮城东北。周师、虢师应是自上阳渡河,至下阳,再沿黄河岸边向西攻魏。也有可能是西行至今灵宝函谷关附近,从洹津渡河。

虢国南北主干道还是运城池盐南运中原的重要通道。源源不断的池盐通过此道运入虢国,再经崤函古道运往中原各国。前引戎生编钟、晋姜鼎即反映了晋国派遣"千辆"大车载运食盐,经虞坂颠軨道、黄河、崤函古道,前往繁汤交换铜料的史实,也说明虢国南北主干道在推进区际商贸交流和长途贸易方面的重要作用,不容忽视。虢国南北主干道既是军事运输线,也是池盐外运的商贸之路,大大促进了虢国与晋国以及东部中原各国的文化、经济交往。

虢国都城上阳城是东西和南北两条主干道的交会点,也是虢国最重要的交通

① 杨伯峻:《春秋左传注》隐公五年,中华书局,1990,第45页。

② 〔汉〕司马迁:《史记》卷三十九《晋世家》,中华书局,1982,第1639页。

③ 杨伯峻:《春秋左传注》桓公八年,中华书局,1990,第123页。

④ 杨伯峻:《春秋左传注》桓公九年,中华书局,1990,第125页。

⑤ 杨伯峻:《春秋左传注》庄公十六年,中华书局,1990,第203页。

⑥ 杨伯峻:《春秋左传注》庄公二十六年,中华书局,1990,第234页。

⑦ 〔北魏〕郦道元著,陈桥驿校证:《水经注校证》卷四《河水》,中华书局,2007,第110页。

枢纽和政治经济中心。《左传》僖公五年杜注:"上阳,虢国都,在弘农陕县东南。"①三门峡市区李家窑发现一座古城遗址,由城垣、城壕、宫城、宫殿以及制骨、制陶、冶铜作坊和粮库等组成。现存城垣平面呈长方形,东西长 1000~1050 米,南北残宽 560~610 米,周长约 3200 米。城垣外平行环绕两道城壕,内城壕宽 13 米左右,外城壕宽 15~20 米,深 4.3~6 米。宫城和城垣之间分布着制骨、制陶、冶铜作坊和粮库。根据考古发掘的层位关系及出土器物特征推断城垣使用年代在西周末期至春秋中期之初,有学者认为这就是虢都上阳城②。亦有学者认为,上阳位于陕州故城的东部,首先是它的地望与文献记载相一致,其次是有西周、春秋时期的城墙,其三是其地理形势优于李家窑。但上阳是在虢国东迁以前在焦国都邑的基础上扩建而成的③,而三门峡开发区内极可能是焦国都城遗址的发现,为第一种说法提供了新的有利佐证。所以二者孰为上阳的论定还有待于更多新资料的发现。但无论如何,李家窑与陕州故城东部当都是当时虢国的大型城邑,也是虢国交通网络的中心。

虢国充分利用东西、南北两条主干道交通条件开展经济交往,促进本国经济发展。贝在商周时期是最重要的实物货币。上村岭虢国墓地第一次发掘出土石贝 794 件,陶贝 216 件,贝 275 件④。石贝、陶贝可能属于明器,275 件贝则是实用品。虢国手工业颇为发达,原料来源广泛。例如,有研究者在论证虢国墓地青铜器矿料来源时写道:"虢国墓地不同墓葬的青铜器具有相同的矿料来源",但"使用的矿料来自豫西南之外的其他地区"。"铅同位素比值对比发现,虢墓地与山西中条山及铜绿山都有重叠,与安徽南陵地区相接近",虽然"虢国墓地的矿料来源于哪个地方

---

① 〔周〕左丘明传,〔晋〕杜预注,〔唐〕孔颖达正义:《春秋左传正义》(十三经注疏)卷十二"僖公五年",北京大学出版社,2000,第 394 页。

② 李家窑遗址考古发掘队:《三门峡发现虢都上阳城》,《中国文物报》2001 年 1 月 10 日,第 1 版;魏兴涛等:《三门峡虢都上阳城发现大型宫殿性建筑基址》,《中国文物报》2002 年 1 月 25 日,第 1 版。

③ 李久昌、张彦修:《二千年前的神秘古国——虢国的历史与文化》,陕西人民出版社,1995,第 15~21 页。

④ 中国科学院考古研究所:《上村岭虢国墓地》,科学出版社,1959,第 22~23 页。

还需结合微量元素等其他手段以及考古上的发现来进一步判断”①,但虢国墓地青铜器主要使用的矿料并不采自本地是可以确定的。这一发现指示了崤函古道对于这一时期交通活动的作用。又如玉器,虢国墓地两次大规模发掘,共出土3300多件(组),包括礼器、佩饰、实用玉器、殓玉等。其生产制作大部分都出自虢君治下专门的手工作坊匠人之手,也有小部分源自周王室玉作坊。玉器材质多样,其中90%以上制品为软玉,尤以和田玉为主,兼有岫岩玉、独山玉、碧玉等。其中,软玉、岫玉制作璧、璜、琮、玦、环、柄形器、佩饰、刀、戈之类;绿松石、玛瑙、琉璃则以制作串珠为主;砗磲多制作棺饰或其他装饰。M2009虢仲墓出土的一件羊脂玉龙纹璧,M2001虢季墓出土的数十粒口含玉,其质地均是上好的和田玉。虢国墓地中所出土的软玉制品多数为新疆和田玉,另有少量白玉类制品,比新疆和田玉透明度更高,并非纯白色,带有“褐色色调”,当另有产地。绿松石原料除今湖北郧县“襄阳甸子”所产外,也有可能产自新疆“河西甸子”。砗磲则属于海产,当出自南海②。虢国墓地出土玉器中还包含有不少前朝玉器,如属于红山文化的鹰形佩、猪龙形佩、青玉猪龙、勾云形佩等,属于晚商的刻铭玉琮、玉钺等。这些前朝玉器或可能是虢国在征战中缴获和掠夺的战利品,或可能是周王的赏赐或奖励,还有可能是诸侯间相互馈赠,辗转流传,也可能是与邻国交换或买卖所得。但无论如何,这些前朝玉器跨越时空,辗转来到虢人手中。它们同虢国玉材产地多元化一样,如果没有中远程的交通贸易和人员往来,都是不可能的。可见虢国的交通贸易关系确实已经延伸到非常广阔的区域。

3. 邮驿与养马业

虢国不仅建立起沟通东西连接南北的交通网络,还建立了相应的邮驿制度。

① 魏强兵等:《三门峡虢国墓地出土青铜器的材质与矿料来源分析》,《有色金属(冶炼部分)》2019年第1期。

② 栾秉璈:《三门峡上村岭虢国墓出土玉器玉质问题》,杨伯达主编:《中国玉文化玉学论丛》,紫禁城出版社,2002,第120~130页。

当时中原列国大致都遵循周制,按照道路远近隔段设置交通驿站,并建立了传车、乘驿之制。僖公三十三年(前627)崤之战中,郑商人弦高在洛阳附近路遇秦军,“使遽告于郑”。杜注:“遽,传车。”孔疏:“《释言》云:‘驲,遽传也。’孙炎曰:‘传车,驿马也。’”[①]所谓传车即驿马拉的使车,以车传递曰传,以马传递曰驿。虢国官办的邮驿状况,文献缺载,但有私人逆旅的记载。《左传》“僖公二年”载,晋人假道于虞以伐虢,曰:“今虢为不道,保于逆旅,以侵敝邑之南鄙。”杜注:“逆旅,客舍也。”孔疏:“逆,迎也。旅,客也。迎止宾客之处也。”[②]逆旅属于私人旅店业,为官办邮驿不接待的普通非公务往来的人员如游士、商贾及普通百姓等提供服务。逆旅的出现,反映了虢国非公务人员往来的繁多,也佐证了虢国邮驿制度及设施的存在。这些私人逆旅和官办邮驿往往成为所在地方信息和交通的重要交会点。所以当虢国“保于逆旅”,“谓于逆旅作碉楼,可瞭望,可固守”[③],即将道路公用设施军事化后,自然引起公愤,甚至成为晋国灭虢的一大借口。

虢国在交通上的经营,促进了马牛养殖业等的发展。崤函地区很早就有野生马匹。渑池、新安及山西芮城等地,发现有各国公认的现代马的祖先——三门马化石[④],属地质时代的更新世早期。商末周初,桃林是周人主要的官营畜牧区。《山海经·中次六经》载:“夸父之山……其北有林焉,名曰桃林,是广员三百里,其中多马。”郭璞注云:“桃林,今宏农湖县阌乡南谷中是也;饶野马山羊山牛也。”[⑤]周武王灭商后,“营周居于雒邑而后去。纵马于华山之阳,放牛于桃林之虚;偃干戈,振兵

① 〔周〕左丘明传,〔晋〕杜预注,〔唐〕孔颖达正义:《春秋左传正义》(十三经注疏)卷十七“僖公三十三年”,北京大学出版社,2000,第545页。

② 〔周〕左丘明传,〔晋〕杜预注,〔唐〕孔颖达正义:《春秋左传正义》(十三经注疏)卷十二“僖公二年”,北京大学出版社,2000,第371页。

③ 杨伯峻:《春秋左传注》僖公二年,中华书局,1990,第282页。

④ 谢成侠:《中国养马史》,科学出版社,1959,第14~15页。

⑤ 袁珂校注:《山海经校注》,上海古籍出版社,1980,第139~140页。

释旅:示天下不复用也"[①]。《尚书·武成》:"武王伐殷,往伐归兽。"孔安国传:"往诛纣克定,偃武修文,归马牛于华山桃林之牧地。"[②]西周中期桃林已发展成一个具有相当规模、盛产优良马种的著名牧场。《史记·赵世家》记云:"造父幸于周缪王。造父取骥之乘匹,与桃林盗骊、骅骝、绿耳,献之缪王。缪王使造父御,西巡狩,见西王母,乐之忘归。而徐偃王反,缪王日驰千里马,攻徐偃王,大破之。"[③]造父是交通史上的著名善御者,为赵氏和嬴氏始祖。周穆王西游见西王母更是交通史上著名的传说事件,而促成周穆王成为我国古代传说中游历西方的第一个君王的赤骥、盗骊、华骝、绿耳等八骏,即由造父精选自桃林。秦穆公时,又有伯乐相马于桃林对岸的虞坂道的故事。周平王东迁洛邑后,桃林的养马机构直到魏国时似仍存在[④]。可见,虢国也应当在此有官营养马业。

4. 虢国制车技术的提高与车轨距特点

最能体现虢国成功经营崤函古道的事例,是给人以深刻印象的发达的车辆制造技术,以及由此而带来的别具一格的崤函古道道路形态。这一情形通过考古发现的虢国车得到证实与说明。

自20世纪50年代以来,考古学者在三门峡上村岭虢国墓地已发现和发掘虢国车马坑40余座,最大的M2001墓陪葬一号车马坑,长47.6米,葬车13辆,马64匹,葬车数量最多的M2012墓陪葬二号车马坑,葬车19辆。就已发现的车马数量来讲,上村岭虢国墓地无疑是西周春秋时期最大的车马坑之一。当时的车除为虢君贵族服务外,还是体现军队实力的主要军事装备。而虢国众多车马遗迹的出土,也从一个侧面反映其对于交通的重视。

---

① 〔汉〕司马迁:《史记》卷四《周本纪》,中华书局,1959,第129页。

② 〔汉〕孔安国传,〔唐〕孔颖达疏:《尚书正义》(十三经注疏)卷十一《武成》,北京大学出版社,2000,第340页。

③ 〔汉〕司马迁:《史记》卷四十三《赵世家》,中华书局,1982,第1779页。

④ 薛瑞泽:《古代河南经济史》(上),河南大学出版社,2012,第178页。

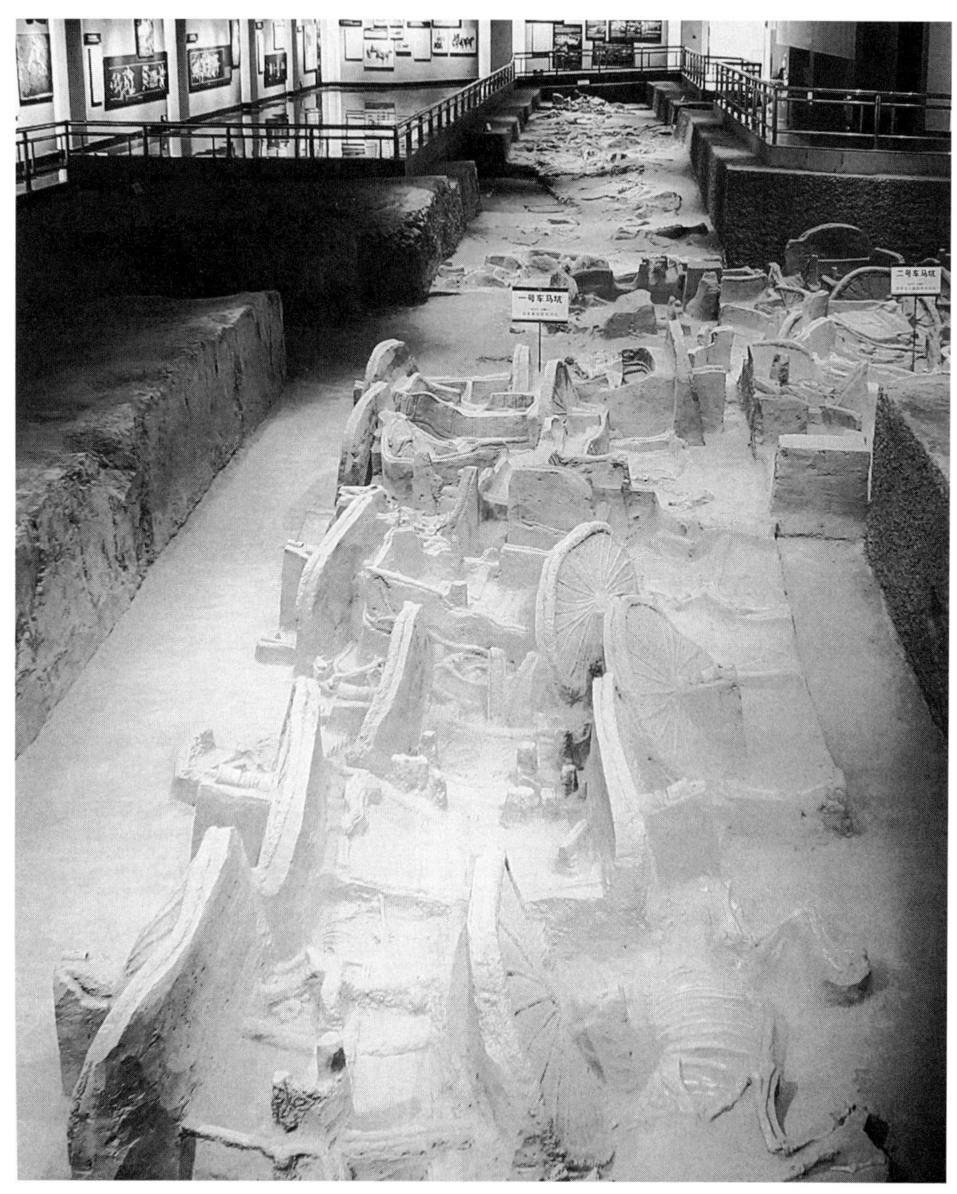

图 4-4　虢国车马坑遗迹

虢国车的形制与构造，与其他诸侯国所造之车，在原理、样式方面大同小异，但制车技艺在中原堪称首屈一指。从虢国考古出土车辆复原结构来看，虢国车为木质结构，双轮独辕，两轮之间贯以轴木，辕的前端置衡，衡的两侧各有一轭。车厢放在辕木和带伏兔的轴木上，车厢四周有栏杆，后面有缺口，可供乘车上下。

与前代相比，虢国制车技术有明显的进步：一是车的形制结构基本一致，具体部件尺寸有差别但又不是很大，显示出逐渐向车同轨方向发展的趋势。二是车的整体设计、部件加工配置更加趋向完善合理。车轮轨宽明显缩小，提高了车辆对路面的适应能力；辐条由商后期 18 根、西周早中期 21~22 根，最大增到 28 根，加强了车轮的抗震强度和支撑力，降低了因轨宽缩小可能产生的车辆失衡问题；车舆增大，增加了车的荷载量，保证乘员有充分的活动余地，便于战场厮杀；车轴变短，使驾驶更趋于灵活；支撑车舆的毂长缩短，方便战场布置车阵，还可防止毂击轴折；车马器辖軎轪联用，可以更好地保护车毂。三是青铜部件制作和装饰更加趋于坚固美观。虢国墓地车马坑中已发现青铜车饰件十几种，主要有铜軎、铜辖、铜毂饰、铜轭饰、铜轴饰、铜辋饰、铜銮、铜辖、铜軏、铜軝等。青铜部件和饰件的大量使用，使虢国车更加坚固、美观、耐用，同时也使制车技术更加复杂化、专业化。《考工记》有“周人上舆。故一器而工聚焉者，车为多”[①]之说。《后汉书・舆服志》亦云：“一器而群工致巧者，车最多。”[②]由于车辆制作工艺繁复，故需要许多人配合进行，《考工记》列述的制车木工就有制作车轮的轮人、制作车舆的舆人、制作车辕的辀人等，可见当时制车业内部分工非常细密。虢国墓葬出土青铜车饰件达十几种，说明青铜制作等手工业技术的进步，更加促进了虢国车性能和质量的提高。虢国制车业较为集中地体现了手工业部门各个行业的生产技能，是当时社会生产力发展的重要标志之一。

---

① 〔汉〕郑玄注，〔唐〕贾公彦疏：《周礼注疏》（十三经注疏）卷三十九《冬官・考工记》，北京大学出版社，2000，第 1248 页。

② 〔南朝宋〕范晔：《后汉书》志二十九《舆服上》，中华书局，1965，第 3642 页。

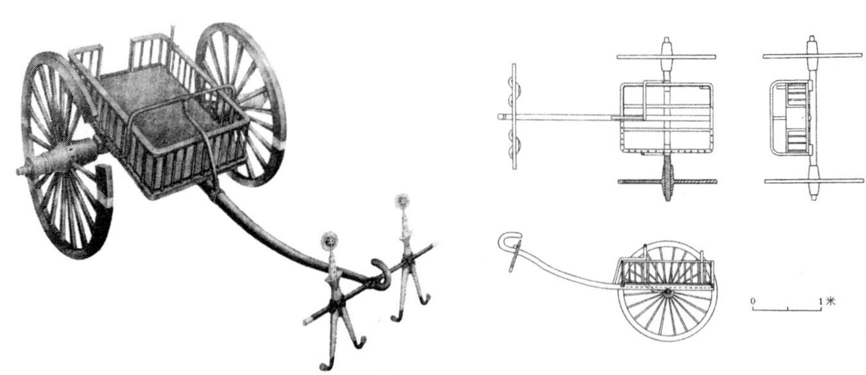

图 4-5　虢国墓地二号车马坑 15 号车复原图①

与虢国车的制造相适应,虢国道路宽度较窄,在中原列国别具一格,成为虢国经营崤函古道的又一突出特点。

据考古发现,商代车轨距有宽、窄两种,前者在 240~244 厘米或以上,后者在 225~230 厘米。长安张家坡西周墓出土车轨距在 220~240 厘米,少数轨距小于 220 厘米,但罕见小于 200 厘米者②。西周中晚期轨距平均在 203 厘米。而虢国墓地出土马车的轨距绝大部分在 170~190 厘米,除 M1051 墓 5 号车外,没有大于 200 厘米者。有研究者认为:"虢国马车轨距波动幅度颇大,如果当作一种规格来计算,其平均值为 180 厘米,以正负 15 厘米为宽容值",在列国之中"虢国马车的轨距特窄"③。车轨距的宽窄是古人衡量道路宽度的标准④。虢国马车轨距"特窄",反映的是虢国道路规格"特窄"。有研究者将其归结为虢国据险阻路系人为操作的结果,这样的解释似仍可作进一步讨论。

---

① 采自三门峡市虢国博物馆《周风虢韵:虢国历史文化陈列》,科学出版社,2019,第 176 页。

② 岳洪彬、岳占伟:《关于商周马车轨距的思考》,中国社会科学院考古研究所、夏商周考古研究室:《三代考古》(四),科学出版社,2011,第 511~516 页。

③ 雷晋豪:《周道:封建时代的官道》,社会科学文献出版社,2011,第 351 页。

④ 吴琦幸:《"车同轨"考》,《华东师范大学学报(哲学社会科学版)》2010 年第 4 期。

首先，一般而言，轨距的缩减，与车轴长度的递减有关。自西周至春秋，车轴变短，已呈趋势。郭宝钧曾指出："殷和西周时期，社会发展尚处于较低的水平，车辆必不及其后的时期多，车轴虽长，而车辆较少，相互摩击情况尚不会多，故可从容行驶而不虑轴断。东周而后，社会已逐渐发展到更高的水平，人口增加，车辆必会随之增多，顺逆拥挤，道路多阻，车轴过长，相互摩击，欲速反迟。"①车轴因社会发展、城市繁荣而逐渐缩短，虢国车轴变短，轨距缩减，也是顺应这一发展，提高交通便利性的必然结果，只是在时间上可能更早一些，表现得更突出一些。

其次，马车是西周春秋的主要交通工具，对道路条件有较高要求，同样道路条件对马车的要求和限制也较高，二者相辅而行。虢国地处崤函山区，地形复杂而艰险，与中原列国交通必须经过狭窄的崤函古道，本身就颇为难行。随着车辆密度增大，在路狭或两车相错时车轴长更易发生碰撞、"毂击"等问题，甚至必须断毂而行。因此，车轨距改革势在必行。虢国有意大幅度缩短车轴和轨距，不仅可以减少和避免车辆在崎岖山路上行驶时的碰撞，提升行车稳定性和安全性，而且可以适当减少山区道路开发和维护的成本。

再次，西周晚期以来，周室衰微，诸侯争霸，作为国家基础设施的道路交通建设成为各国经济政策和国家安全的重要考虑因素。虢国车轨变窄，与其实施的道路交通军事化相互配合。因为经年累月、川流不息的马车交通，会在土质路面磨蚀出两道凹陷的深堑，即车辙。对崎岖狭窄的山道而言，车辙的引导和安全功能格外重要。而轨距是由车轴和车毂的嵌合位置决定的，并在制造时已经固定，不能任意调整。若要前往不同轨距的地方，必须事先备妥适行的车辆。虢国车轨变窄，与他国车轨距离不同，在道路运输上给予他国不便，尤其是在运送辎重等军用物资时，更加崎岖难行。这样轨距在战争中就具有便利内部动员和防御外部进攻的功能。这同近代发明铁路后，一些国家或地区运用车轨的不同，来避免道路被外敌利用是一

① 郭宝钧：《殷周车器研究》，文物出版社，1998，第23页。

样的道理。由此可见,虢国车轨距缩短、道路变窄是虢国人适应时代发展,依据崤函地理形势和军事交通需要而作出的变革,并形成别具一格的一套标准和特色。

自厉宣之际东迁,虢国统治崤函地区近200年。虢国利用崤函地理和交通优势,对周王室及中原列国进行了较为频繁的政治交往、婚姻外交、商贸联系和战争活动,成为西周晚期和春秋早期十分活跃的国家,促进了以上阳为中心,以崤函古道为主道的交通网络的形成,以及道路形制和交通工具的改进与提高。虢国的崤函古道经营,反映了西周晚期至春秋早期崤函古道的交通状况,也在崤函古道道路建设史上留下了浓墨重彩的一页。

二、晋国的霸业与对崤函古道的控制

虢国亡国,因“假虞灭虢”的著名故事而为人熟知。虢国亡国原因,论者多谓是晋献公为报虢国多次兵伐晋国和藏匿前晋国诸公子之仇。其实,尤应关注的是晋国长期以来南下夺取崤函,控制交通,图霸中原的战略企图。虢国所处的崤函区位和交通优势,影响和牵引着晋军南下的战略思维。

晋国对崤函之地觊觎已久。前750年晋文侯西进虢之携地,诛杀携王,结束“二王并立”局面,“晋文侯于是乎定天子”[①]。晋文侯拥立平王,目的并不单纯。钱穆曾分析说:“晋文侯觊觎黄河西岸之土地,乃起兵杀携王,自为兼并。”[②]前676年,晋献公继位,国力逐渐上升,开始踏上对外扩张的快车道,晋国疆域迅速推进至黄河以南、中条山北麓一线。晋南诸侯只剩虞、虢二国。

由于中条山横亘在黄河北岸,晋国南进路线实际只有两条可供选择。一是绕

---

① 〔春秋〕左丘明撰,徐元诰集解,王树民、沈长云点校:《国语集解》卷十六《郑语》,中华书局,2002,第477页。

② 钱穆:《国史大纲》,商务印书馆,1995,第48页。

道永济中条山西端,沿蒲津渡、风陵渡南行至黄河北岸,再东进虢国。这条路线虽较平缓,但距离较远。另一条则必经虞国。虞为周初武王所封姬姓诸侯,虞都虞城,也作"吴城",即"虞公故城",遗址在今平陆张店镇古城村,掌控着穿越中条山的虞坂颠軨道。虞国与虢国毗邻。虢国在黄河北岸的领土主要分布在盘南以西至洪阳沿河一带,故都下阳,与虢都上阳隔河相望,掌控着黄河南北两岸及茅津渡口。从空间位置上,晋居虞、虢之北,虢居晋、虞之南,虞居中。所以,晋国要南下进军中原,唯有斜穿中条山绝顶西北—东南走向的虞坂颠軨道,南渡黄河,控制崤函古道,才可东向中原,西入秦。《韩非子·喻老》"以城与地为罪,虞、虢是也"[①],说的正是虞、虢地理位置的重要。不仅如此,虢国掌控的中原战略通道崤函古道,和虞国掌控的穿越中条山的虞坂颠軨道,又恰巧呈南北方向排列,形成唇齿相依关系。虞国的核心区建在中条山中古称"虞原"的一小块平原之上,其特别之处在于虞国可以比较容易地在中条山南北两侧穿行,并且只要控制住平原南北两头的山口谷道,就可以阻断外敌的侵袭。虞、虢两国同为姬姓,关系密切。晋军如果从北进攻虞国,虢国可从南面支援,如绕道永济中条山西端,东南进攻虢国,虞国同样可以施援虢国。因此,晋献公等人确定的战略方针是打破虞虢"联盟",假道虞国,逐个击破。

晋"假虞灭虢"分为两步。第一步晋献公十九年(前658)灭下阳。《左传》载:"晋荀息请以屈产之乘与垂棘之璧假道于虞以伐虢……乃使荀息假道于虞,曰:'冀为不道,入自颠軨,伐鄍三门。冀之既病,则亦唯君故。今虢为不道,保于逆旅,以侵敝邑之南鄙。敢请假道,以请罪于虢。'虞公许之,且请先伐虢。宫之奇谏,不听,遂起师。夏,晋里克、荀息帅师会虞师,伐虢,灭下阳。"[②]下阳,《穀梁传》作"虞、虢之塞邑也"。注云:"其地险要,故二国以为塞邑。"[③]下阳为二国边境扼要之区,也

① 〔清〕王先慎撰,钟哲点校:《韩非子集解》卷七《喻老》,中华书局,1998,第156页。

② 杨伯峻:《春秋左传注》僖公二年,中华书局,1990,第282~283页。

③ 〔晋〕范宁集解,〔唐〕杨士勋疏:《春秋穀梁传注疏》卷七"僖公二年",北京大学出版社,2000,第127页。

是虞至虢之要塞,犹如虢之门户,门户既破,则虢无险可守,国必亡。只是晋军攻克下阳后,由于国内发生骊姬逼走诸公子之乱,暂时无暇南顾。

第二步晋献公二十二年(前655)灭虢。《左传》:"晋侯复假道于虞以伐虢。宫之奇谏曰:'虢,虞之表也;虢亡,虞必从之。晋不可启,寇不可玩。一之谓甚,其可再乎?谚所谓'辅车相依,唇亡齿寒'者,其虞、虢之谓也'。……弗听,许晋使。宫之奇以其族行,曰:'虞不腊矣。在此行也,晋不更举矣。'八月甲午,晋侯围上阳……冬十二月丙子,朔,晋灭虢。虢公丑奔京师。师还,馆于虞,遂袭虞,灭之。"①

据此,可将晋进军路线复原为:第一次"假道于虞以伐虢"取下阳路线,是从晋都绛发兵,经虞坂—虞城—颠軨—傅岩—盘南—下阳;第二次"复假道于虞以伐虢"路线,是重走第一次"虞道"经傅岩、盘南至下阳,再从茅津渡(今太阳渡)过黄河,围取虢都上阳,后原路还师,顺道灭虞,返晋都绛②。

晋"假虞伐虢"之战,论规模,在春秋数百次战争中并不算大,但却引起了具有全局意义的两大后果:

其一,晋国取得战略主动权,改变了春秋争霸的形势。晋通过"假虞伐虢",不仅夺取了古虞坂道之塞,控制了渡河南去的重要通道,而且更灭亡了一个较为强势的宿敌,首次实现了对黄河南岸崤函地区的领土扩张,从而控制了当时中原最重要的东西通道,死死地扼守住了秦国东进的出口,为晋国称霸中原并长期维持霸业创造了必要的条件。古今史家都高度评价这次战役的重要意义。顾栋高《春秋大事表》说:"晋之始封太原,百里之地耳。其后献公灭耿、灭霍、灭魏,拓地渐广。而最得便利者,莫如伐虢之役,自渑池迄灵宝以东崤、函四百余里,尽虢略之地。晋之得以西向制秦,秦人抑首而不敢出者,以先得虢扼其咽喉也。"又云:"秦当春秋时,疆域褊小,非特隔于

① 杨伯峻:《春秋左传注》僖公五年,中华书局,1990,第307~311页。

② 卫斯:《晋"假虞伐虢"的道路和战场问题的再探讨——兼与靳生禾、谢鸿喜二先生商榷》,《中国历史地理论丛》2010年第2辑。

函关之外，为晋所限阂而不得出也。”“晋自献公灭虢以后，固守桃林之塞，主伯天下者二百年。”[①]以顾氏看来，春秋晋国称霸天下是从灭虢而占有崤函之险开始的。正是晋国占据了崤函等“扼塞巩固之区”，才有条件长霸于列国之间。梁启超认为，晋武、献两代灭国者众，“而其关系最大者莫如灭虢，晋自是扼殽函之险，周所以不能西归者以此，秦所以不能东略者亦以此”[②]。童书业也说：“虞、虢两国地势最为险要：虞扼茅津，虢据殽函，可惜两国地小势孤，反被晋人所灭。晋国得到了虞、虢，便西向足以制秦，东向足以争霸。晋国在春秋时为第一强国，便是这个原因！”[③]

其二，晋灭虢国成为“东周盛衰一大关键”。顾栋高尝云：“东迁后，王畿疆域……有虢国桃林之隘，以呼吸西京。”[④]周平王东迁最初还能控制两京并沟通两者之间联系，维持周王的身份尊严，对西周故土也曾有意经营，并未完全放弃。但虢国被灭后，“表里山河俱属晋”，东周王室不仅从此失去支柱之国，与西周故土的交通联系也随之被切断。“自晋灭虢，而畿内始迫狭，东、西都隔绝矣。”[⑤]复兴希望被彻底打破。“自是王朝不复能出一旅，与初年声势大异矣。”[⑥]“晋献公灭虢，而周室无复有西归之计。”[⑦]从此，周王只能仰仗诸侯大国鼻息来打发日子。吕思勉谓“晋灭虢，是为东周盛衰一大关键”[⑧]，乃精当深刻之见。晋灭虢，是周王朝在春秋

① ［清］顾栋高辑，吴树平、李解民点校：《春秋大事表》卷四《春秋列国疆域表叙》，中华书局，1993，第495、540~541、549页。

② ［清］梁启超：《春秋载记》，《梁启超全集》（第6册），北京出版社，1999，第3496页。

③ 童书业：《春秋史》，上海古籍出版社，2010，第166页。

④ ［清］顾栋高辑，吴树平、李解民点校：《春秋大事表》卷四《春秋列国疆域表》，中华书局，1993，第501页。

⑤ ［清］顾栋高辑，吴树平、李解民点校：《春秋大事表》卷四《春秋列国疆域表》，中华书局，1993，第498页。

⑥ ［清］顾栋高辑，吴树平、李解民点校：《春秋大事表》卷二十《春秋王迹拾遗表》，中华书局，1993，第1673页。

⑦ ［清］顾栋高辑，吴树平、李解民点校：《春秋大事表》卷三十一《春秋秦晋交兵表叙》，中华书局，1993，第2040页。

⑧ 吕思勉：《先秦史》，上海古籍出版社，2005，第167页。

时期由平稳发展到日趋衰微的转折点。通过这一历史过程,我们可以看到崤函古道在春秋时期的战略枢纽地位及其左右当时政治军事态势的事实。

晋灭虢国取得崤函后,陆续在原虢国疆域内设置了若干县一级的地方行政机构,筑城防守。过去学者对此未能加以注意,甚为可惜。这一举措在阻止秦人东出崤函并为晋人称霸诸侯屡建奇功中战略意义甚大,故应予以探讨。

据《国语·晋语二》,晋献公死后,晋公子夷吾流亡在外,求秦国助其回国继位,许诺割让"河外列城五":"亡人苟入,扫宗庙,定社稷,亡人何国之与有,君实有郡县,且入河外列城五。"[①]研究者谓,此系文献明确言及晋县之始[②],也是最早的郡县合称之说[③]。夷吾即晋惠公。据文意,至迟在其归国前一年即前 651 年,"河外列城五"已为晋所有。夷吾流亡在献公二十二年(前 655),其流亡路线是从永济向南翻越中条山,自洹津渡河,至柏谷(今灵宝西阎乡东古驿村一带)。因此,"河外列城五"当在晋献公时已纳入晋国版图,且很可能与灭虢是同一时间或稍后。其筑城置县,当在晋献公灭虢取上阳后、晋惠公回国前。

"河外列城五"所在,《左传》《国语·晋语》均记载是:"东尽虢略,南及华山,内及解梁城。"[④]可知列城在顺黄河沿华山北麓而东至虢。文献明确记载的有焦、瑕二邑。《左传》"僖公三十年"杜注:"焦、瑕,晋河外五城之二邑。"[⑤]孔疏:"正义曰:河自龙门而南,至华阴而东,晋在西河之东,南河之北,以河北为内,河南为外。虢略,虢之竟界也,献公灭虢而有之,今许以赂秦。列城五者,自华山而东尽虢之东

① 〔春秋〕左丘明撰,徐元诰集解,王树民、沈长云点校:《国语集解》卷八《晋语二》,中华书局,2002,第 296 页。

② 马保春:《晋国历史地理研究》,文物出版社,2007,第 162 页。

③ 卫文选:《晋国县郡考释》,《山西师大学报(社会科学版)》1991 年第 2 期。

④ 〔春秋〕左丘明撰,徐元诰集解,王树民、沈长云点校:《国语集解》卷八《晋语二》,中华书局,2002,第 296 页。

⑤ 〔周〕左丘明传,〔晋〕杜预注,〔唐〕孔颖达正义:《春秋左传正义》(十三经注疏)卷十七"僖公三十年",北京大学出版社,2000,第 533 页。

界，其间有五城也。传称许君焦、瑕。盖焦、瑕是其二，其余三城不可知也。列城，犹列国，言是城之大者。解梁城，则在河北，非此河外五城之数也。”[①]焦在今三门峡陕州故城西，瑕在今灵宝阳平镇附近。还有研究者分析，虢略是河外列城五之东界，若焦、瑕为晋县，虢略亦当为晋县[②]。焦、瑕、虢略原属虢国，由瑕至焦正位于崤函古道上，晋据其地可西向伐秦，南向与楚争锋，不利则可凭险固守。因此，晋献公灭虢后，依拓土灭国置县之例，在此置“河外列城五”。因为战略地位重要，所以夷吾回国继位后，不仅背信食言，拒让列城，且“朝济而夕设版焉”，筑城防守。杜注：“朝济河而夕设版筑以距秦，言背秦之速。”[③]刘向《新序》：“朝得入，而夕设版而画界焉。”[④]春秋秦晋两国之衅端由此开启。

县制是中国地方行政史上一大创举。晋国是春秋诸国中最早推行县制的国家之一。早在取下阳之后，晋献公即“命瑕父、吕甥邑于虢都”[⑤]，把下阳改建成晋邑。占领黄河以南虢地后，又新建焦、瑕等为县邑。这也是崤函地区最早的县级建制，体现了晋国对崤函地区及其交通道路管理的加强。《左传》成公十三年（前578）记载：三月“公及诸侯朝王，遂从刘康公、成肃公会晋侯伐秦”，即麻隧之战，五月“肃公卒于瑕”。[⑥] 鲁成公、刘康公、成肃公等到成周朝王之后与晋侯会合，以图伐秦，则鲁、刘、成三公从成周向西北行，晋侯自晋都西南行，瑕正是两军相会之处，后成肃公卒于瑕，都从侧面证实了该地为通秦的一个重要据点，当为晋之县邑。据葛志毅的研究，晋县也

---

① 〔周〕左丘明传，〔晋〕杜预注，〔唐〕孔颖达正义：《春秋左传正义》（十三经注疏）卷十四“僖公十五年”，北京大学出版社，2000，第428页。

② 马保春：《晋国历史地理研究》，文物出版社，2007，第169页。

③ 〔周〕左丘明传，〔晋〕杜预注，〔唐〕孔颖达正义：《春秋左传正义》（十三经注疏）卷十七“僖公三十年”，北京大学出版社，2000，第533页。

④ 〔汉〕刘向编著，石光瑛校释，陈新整理：《新序校释》卷九《善谋》，中华书局，2009，第1117页。

⑤ 王国维：《今本竹书纪年疏证》，方诗铭、王修龄：《古本竹书纪年辑证》，上海古籍出版社，2005，第269页。

⑥ 〔周〕左丘明传，〔晋〕杜预注，〔唐〕孔颖达正义：《春秋左传正义》（十三经注疏）卷二十七“成公十三年”，北京大学出版社，2000，第867、875页。

是军赋征发单位，保有一定的军队和兵车征发数额，是晋军的重要组成来源[①]。《左传》昭公二十二年（前520）："冬十月丁巳，晋籍谈、荀跞帅九州之戎及焦、瑕、温、原之师，以纳王于王城。"[②]所谓焦、瑕之师，即是出自这两个县邑的军队。这对加强这一地区的战略防御和进攻同样具有重要意义。

总之，从前655年晋国最终占领这一地区，终春秋之世，数百年间秦国虽屡争而不得，说明晋对崤函地区的控制是十分牢固的。从国家政治体制层面来认识，这与晋国在崤函地区推行县制不无关系。这也是笔者所想强调的一点，晋国所以能够拒秦，使之难以越出崤函以西，并非仅靠崤函地理上的险要，而是在占据了这一地区后采取了较大规模的政治改造，设置县邑，强化地方行政管理作为其基础与保障。如顾栋高所总结："终春秋之世，而国之灭为县邑者强半天下，而诸国卒以强盛。"[③]

三、秦晋河西争霸中的崤函古道

春秋初期的战略形势版图，在司马迁笔下有过精彩的描绘："晋阻三河，齐负东海，楚介江淮，秦因雍州之固，四海迭兴，更为伯主。"[④]四强中，秦、晋是相邻的两个西部强国，都想向东发展。晋国灭虢吞虞，占领和控制崤函后，形成了"西向足以制秦，东向足以争霸"的战略优势，这使得以东进图霸中原为基本国策的秦国犹骨鲠在喉，必欲取之。双方因争霸政略冲突演变成军事战争，黄河之滨的河西地区因是秦、晋两国利益的汇合点，"河西之争"著于史册，崤之战则是这场旷日持久战争中最著名、影响也最深远的战役。崤函古道在秦晋河西之争中的作用，值得关注。

---

① 葛志毅：《周代分封制度研究（修订本）》，黑龙江人民出版社，2005，第259~260页。

② 杨伯峻：《春秋左传注》昭公二十二年，中华书局，1990，第1438页。

③ 〔清〕顾栋高辑，吴树平、李解民点校：《春秋大事表》卷五《春秋列国爵姓及存灭表叙》，中华书局，1993，第561页。

④ 〔汉〕司马迁：《史记》卷十四《十二诸侯年表》，中华书局，1982，第509页。

1. 秦晋河西之争与崤之战

河西又称西河，春秋战国时的河西是指今陕西与山西两省之间黄河南段之西，即今黄河“几”字形的右边南段之西这块地方，包括陕西渭北地区、渭南河曲地带和西至华阴东抵陕州区的崤函地带。

从地理区位上分析，秦晋两国东西接壤，对两国来说，连接秦晋边界的河西之地，是两国称霸的关键地理因素。有学者谓：“河西之地与关中秦地相连，蔚为一体。秦有其地则可东进与中原各国争雄，晋据河西犹如在秦国心脏插入一把尖刀，晋可以以此作为进攻秦国的军事基地或者说是桥头堡；而崤函则是秦东进的主要通道，它的归晋犹如秦之肘腋之患。”[①]反之，“苟秦能得之，则晋之地险尽失”[②]。因此，围绕河西之地，秦晋两国展开了长达 70 年旷日持久的争霸战争。战争的焦点是争夺对战略要地桃林、崤山的控制。顾栋高《春秋大事表》说：“考春秋之世，秦、晋七十年之战伐，以争崤、函。而秦之所以终不得逞者，以不得崤、函。”“桃林、二殽、茅津之为西北险也，以秦、晋七十年之战争著也。”[③]梁启超《春秋载记》亦云：“晋之与秦，世婚也，然六十九年间十五战，晋伐秦者七，秦伐晋者八，而韩原之役尚不与焉。……秦所亟欲得者崤函也，而又晋之所必争也。秦晋之所以兵连祸结者以此。”[④]又有研究者谓：“这些战争的根本症结是秦要克服东进争霸的障碍，将自己的势力延伸到中原腹心地区；而晋国则千方百计要挫败秦的战略企图，维护自己在中原的根本利益。双方作战的焦点，是争夺对战略要地桃林、崤山的控制。”[⑤]

对崤函地区的战略地位和晋国的企图，秦国君臣从一开始就有清醒认识和应对。

---

① 郭淑珍、王关成：《秦军事史》，陕西人民教育出版社，2000，第 26、223 页。

② 马非百：《秦集史》，中华书局，1982，第 21 页。

③ 〔清〕顾栋高辑，吴树平、李解民点校：《春秋大事表》，中华书局，1993，第 2039、969 页。

④ 〔清〕梁启超：《春秋载记》，《梁启超全集》（第 6 册），北京出版社，1999，第 3501～3502 页。

⑤ 黄朴民：《兵要地理与春秋列国的战略格局》，罗世烈等主编：《先秦史与巴蜀文化论集》，历史教学社，1995，第 141 页。

前659年,雄才大略的秦穆公甫一继位,即率军东伐茅津之戎。《史记·秦本纪》载:“缪公任好元年,自将伐茅津,胜之。”《正义》:“刘伯庄云:‘戎号也。’《括地志》云:‘茅津及茅城在陕州河北县西二十里。注水经云茅亭,茅戎号。’”[①]陕州河北县即今山西平陆县。“茅津”又称陕津,今称太阳渡,与明清以后的茅津渡并非一处。[②] 茅

① 〔汉〕司马迁:《史记》卷五《秦本纪》,中华书局,1982,第186页。

② 有研究者常将明清以后的茅津渡与太阳渡混淆为一地,以为茅津渡历来就在今湖滨区会兴街道之位置。其实,明清以前茅津渡指的是今太阳渡,在陕州故城西北三里。茅津渡至迟在西周时已泛舟设渡,其得名与茅亭有关。《水经注·河水》:河水“又东过陕县北……河北对茅城,故茅亭,茅戎邑也。公羊曰:‘晋败之大阳者也。’津亦取名焉”(《水经注校证》卷四《河水》,中华书局,2007,第114页)。《括地志》亦有相关记载:“茅津及茅城,在陕州河北县西二十里。注水经云茅亭,茅戎邑”(《括地志辑校》卷三《陕州·河北县》,中华书局,1980,第114页)。茅戎是商周时期聚居在今平陆县西南的少数民族,又作贸戎。河北即西汉大阳县,北周天和二年(567)改称河北县,唐天宝元年(742)再改为平陆县。茅津又称陕津、大阳津。《资治通鉴》胡注:“陕州陕县北有大阳关,黄河津济之要也,即左传秦孟明伐晋,自茅津济,封殽尸之路也,亦曰陕津。”(《资治通鉴》卷二百二十二《唐纪三十八》唐肃宗宝应元年,中华书局,1956,第7131~7132页)《元和郡县图志》陕州陕县:“太阳故关,在县西北四里,后周大象元年置,即茅津也。”(《元和郡县图志》卷六《河南道·陕州》,中华书局,1983,第157页)高士奇《春秋地名考略》:“大阳,汉县,以在大河之阳而名……县东南有茅城,春秋晋邑,亦曰茅亭,水经其南,即茅津也。河之南为陕州州治,距河三里,乃黄河津济处,亦谓之为大阳津,又为陕津……大阳津实大河冲要也。”(《春秋地名考略》,贾贵荣、宋志英辑:《春秋战国史研究文献丛刊》第3册,国家图书馆出版社,2009,第304页)贞观十一年(637)唐太宗命丘行恭在茅津渡黄河上架浮桥,称“大阳桥”,又称“太阳桥”,茅津渡后又因此称“太阳渡”。道光二十三年(1843)七月黄河中游发生“千年一遇”特大洪水,太阳渡被冲毁。陕县民谣有称“道光二十三,黄河涨上天,冲走太阳渡,捎带万锦滩”。明清以后所称茅津渡,与对岸湖滨区会兴渡相对,位于今平陆县城南5公里,距旧平陆县城东南10公里。明时先称沙涧渡,后更名沙涧茅津渡。乾隆《平陆县志》载:“茅津渡在县东二十里,先为沙涧渡,后更名沙涧茅津渡。”(乾隆《解州平陆县志》卷一《关津》,《中国地方志集成·山西府县志辑》,凤凰出版社,2005,第332页)清人康基田《晋乘搜略》称:“洪武三年,平陆县东二十里傅岩设巡检司,守茅津渡。《通志》:茅津先为沙涧渡,后更名,如古渡。茅津堡在县东二十里茅津镇黄河北岸,设游击署,设兵驻防。按:……黄河自北南流,复折而东,过平陆之南古沙涧入河处。春秋茅津在沙涧之西,今平陆县南之大阳渡也。县西南崇冈之上十二连城南临大河,即古茅城故戎邑。《公羊传》所云‘晋败之大阳’者也,津亦取名焉。”(《晋乘搜略》,三晋出版社,2015,第1445页)看来沙涧渡改称茅津渡,与茅津镇设置有关。茅津镇设于明代。康熙时以“平垣营游击一员,驻扎茅津镇”(《大清会典(康熙朝)》卷八十七《兵部七》,凤凰出版社,2016,第1146页),“乾隆二十八年,以县丞驻之”(光绪《山西通志》卷四十九《关梁考六·河东道属地》,三晋出版社,2015,第2504页),地位日显重要,故“清时土人因茅津镇而称沙涧渡为茅津渡”(《山西志辑要》卷九《芮城县》,中华书局,2000,第658页)。而原在陕州故城西北三里的茅津渡,则被称为太阳渡。

津渡自古是山西高原南渡黄河的主要渡口,对岸数十里是桃林函谷天险。秦穆公在其即位之年就亲征茅津,显然这是一次重大的战略决策,目标指向是茅津和桃林函谷天险。从进军路线看,秦穆公此次东伐,当是借道于虢国,从崤函古道东行而至,并就古道地理形势作了一次军事性试探。前655年秋,秦穆公又"自将伐晋,战于河曲"①。河曲在今山西风陵渡一带②,地处崤函古道西端,扼古道西进口。两次战役在时间上基本与晋献公两次"假虞灭虢"之战同时,二者的关联性显而易见。秦穆公伐茅津戎,觊觎崤函,次年,晋献公即发动第一次"假虞灭虢"之战,取下阳。秦发起河曲之战,正值晋献公第二次"假虞灭虢",围攻上阳正酣之际,表明此战有应对晋灭虢吞虞,控制崤函通道的不利局势,从东南方向另辟黄河西岸通道的战略意图。

如果说秦伐茅津戎和河曲之战,还带有战略试探应对性质,前645年的韩原之战则是秦以强硬姿态发动的对晋据河西的第一场大战。韩原在今陕西韩城西南。战争导火索源于晋惠公背弃割让"河外列城五"的许诺,甚至还要兴兵伐秦。结果晋大败,晋惠公被俘。战后,秦"归晋君夷吾,夷吾献其河西地……是时秦地东至河"③。秦领土扩展到黄河西岸。然而限于实力不足,两年后,秦又退守河西,河东及崤函天险重回晋人手中。

秦穆公屡次东略河西,但因综合实力不如晋,所以崤之战以前,总体上还是采取和晋战略,希望以此达到笼络和控制晋国,获得进入中原通道的目的。然而,秦穆公三置晋君而不成功,与晋协同作战,无役不从,却鲜有所获,反倒是晋文公在僖公二十八年(前632)城濮之战"一战而霸"④,秦国却仍僻居于关中。"(晋)文公枭

① 〔汉〕司马迁:《史记》卷五《秦本纪》,中华书局,1982,第186页。

② 靳生禾、谢鸿喜:《春秋战略重镇羁马遗址考》,《中国史研究》1994年第1期。

③ 〔汉〕司马迁:《史记》卷五《秦本纪》,中华书局,1982,第189页。

④ 〔周〕左丘明传,〔晋〕杜预注,〔唐〕孔颖达正义:《春秋左传正义》(十三经注疏)卷十六"僖公二十八年",北京大学出版社,2000,第503页。

雄,赖秦之力而实阴忌之。"[1]秦处处受到晋国巧妙的遏制与防范,没有机会染指中原。晋国霸权的确立改变了秦晋之间的战略态势,强大的晋国已成为秦国安全与扩张的巨大威胁与障碍。双方关系因随后的崤之战而彻底破裂。

崤之战的直接起因是秦晋争夺郑国。城濮之战后不久,前 630 年秦晋两国联合出兵攻打郑国。正当郑都指日可下的关键时刻,郑文公遣烛之武缒城而出,夜见秦穆公游说,烛之武抓住秦晋两国图霸战略的利害,所言甚辩而动听,"盖知秦久蓄憾于晋,又窥其东侵之念未息,故耸以利害而言遽入也"[2]。秦穆公遂与郑结盟,留杞子等戍郑都,撤军回国。由此埋下秦晋决裂的伏笔。

僖公三十二年(前 628),郑文公与晋文公相继死去。此时一个偶然事件推动了秦晋决裂的到来。被秦穆公留在郑国戍守的秦将杞子此时"自郑使告于秦曰:'郑人使我掌其北门之管,若潜师以来,国可得也。'"在是否出兵问题上,上大夫(一说右庶长)蹇叔与秦穆公发生了争论,并有"蹇叔哭师"之事。《左传》僖公三十二年:"穆公访诸蹇叔,蹇叔曰:'劳师以袭远,非所闻也。师劳力竭,远主备之,无乃不可乎!师之所为,郑必知之,勤而无所,必有悖心。且行千里,其谁不知?'"秦穆公不听,坚持出兵袭郑。同年冬,"召孟明、西乞、白乙,使出师于东门之外。……蹇叔之子与师,哭而送之曰:'晋人御师必于殽。殽有二陵焉:其南陵,夏后皋之墓也;其北陵,文王之所辟风雨也。必死是间,余收尔骨焉。'秦师遂东。"[3]《公羊传》等说与蹇叔一同"哭师"的还有百里奚。"蹇叔哭师",尤其应当关注的是蹇叔、百里奚以为秦军"劳师以袭远"时"晋人御师必于殽"的预见。《吕氏春秋》《淮南子》等皆称崤(崤阪)为中国最早出现的先秦"九塞"之一。孔颖达《尚书正义》曰:"杜预云:

① 〔清〕顾栋高辑,吴树平、李解民点校:《春秋大事表》卷四《春秋列国疆域表叙》,中华书局,1993,第 541 页。

② 〔清〕梁启超:《战国载记》,《梁启超全集》(第 6 册),北京出版社,1999,第 3540 页。

③ 〔周〕左丘明传,〔晋〕杜预注,〔唐〕孔颖达正义:《春秋左传正义》(十三经注疏)卷十七"僖公三十二年",北京大学出版社,2000,第 541~542 页。

'殽在弘农渑池县西。'筑城守道谓之'塞',言其要塞盗贼之路也。崤山险阨,是晋之要道关塞也。从秦向郑,路经晋之南境,于南河之南崤关而东适郑。"[①]来自山东诸国的蹇叔、百里奚通晓军机,熟悉天下山川地理和各国政治态势。百里奚原为虞国大夫,晋灭虞后,作为媵臣陪嫁到秦,后得到穆公赏识,官至上大夫,与蹇叔并称"二老"。对崤山的险要地形和通行条件的了解,影响着"二老"的战略思维和对秦伐郑之役胜负的分析,是"晋人御师必于殽。殽有二陵……必死是间"两个"必"字的地理根据。此后,战争的进程和结局,完全是按照"二老"的预料发展。

《史记·秦本纪》记述袭郑秦军行军路线,出雍城(今陕西凤翔南)后,"秦兵遂东,更晋地,过周北门"[②]。顾栋高谓:"秦人袭郑,道自华阴出函谷关,经历二崤及周之轘辕、伊阙,而后至河南之偃师,行嵚岩深谷中二千余里。"[③]秦军从雍都出发后,沿渭水而下,越桃林塞,沿崤函古道东进,出函谷,东入崤山。这里是晋国南疆要地。秦军的行军速度似乎十分缓慢,"三十三年春,秦师过周北门……及滑"。这时一个商人的偶然出现,改变了整个战局的进程。"郑商人弦高将市于周,遇之。以乘韦先,牛十二,犒师……且使遽告于郑……孟明曰:'郑有备矣,不可冀也。攻之不克,围之不继,吾其还也。'灭滑而还。"[④]滑,晋之边邑,在今偃师西南府店村北。此时晋文公死而未葬,继位新君襄公尚在缞绖之中,他采纳先轸"必伐秦师""一日纵敌,数世之患也"的意见,穿丧服率晋军,联合姜戎出战,利用崤山有利地形,"晋御其上,戎亢其下,秦师不复,我诸戎实然。譬如捕鹿,晋人角之,诸戎掎之,

---

① 〔汉〕孔安国传,〔唐〕孔颖达疏:《尚书正义》(十三经注疏)卷二十《秦誓》,北京大学出版社,2000,第 668 页。

② 〔汉〕司马迁:《史记》卷五《秦本纪》,中华书局,1982,第 191 页。

③ 〔清〕顾栋高辑,吴树平、李解民点校:《春秋大事表》卷九《春秋列国地形险要表》,中华书局,1993,第 996 页。

④ 〔周〕左丘明传,〔晋〕杜预注,〔唐〕孔颖达正义:《春秋左传正义》(十三经注疏)卷十七"僖公三十三年",北京大学出版社,2000,第 544~547 页。

与晋踣之”[①]。晋军与姜戎封住崤山狭窄山谷的两头，把秦军装在口袋里，阻绝道路，前后夹击，秦军三百辆战车身陷隘道，进退不能，被歼于谷中。“夏，四月，辛巳，败秦师于殽，获百里孟明视、西乞术、白乙丙以归。”[②]“晋人与姜戎，要之殽而击之，匹马只轮无反者。”[③]可知秦军败得很惨。崤函古道交通地理为晋国大败秦军的军事行动提供了条件。

崤之战中秦军与晋军都必然经由崤函古道进军，晋“败秦师于崤”的战场也必然在崤函古道上，但究竟是在北道还是南道素有分歧。有学者认为秦伐郑走的是南道，崤之战战场在南道上，即在自今陕州区南县村以下经南陵（夏后皋墓）至今宫前村，这15公里长的峡谷绝地之中[④]。而多数有关崤之战战场地望的记载，则是在北道上。

《左传》僖公三十三年载：“秦师过周北门，左右免胄而下，超乘者三百乘。”[⑤]“周北门”，即周都洛邑北门。既然秦军东进途经洛邑北门，那么秦军走北道的可能性也就最大。《左传》僖公三十二年杜注：“殽在弘农渑池县西。”[⑥]《吕氏春秋·悔过》高诱注：“殽，渑池县西崤塞是也。”[⑦]两注皆称殽在渑池县西。年代更早的文献，也取这一倾向。《穀梁传》僖公三十三年：“师行，百里子与蹇叔子送其子而戒

---

① 〔周〕左丘明传，〔晋〕杜预注，〔唐〕孔颖达正义：《春秋左传正义》（十三经注疏）卷三十二“襄公十四年”，北京大学出版社，2000，第1053页。

② 〔周〕左丘明传，〔晋〕杜预注，〔唐〕孔颖达正义：《春秋左传正义》（十三经注疏）卷十七“僖公三十三年”，北京大学出版社，2000，第544~547页。

③ 〔汉〕公羊寿传，〔汉〕何休解诂，〔唐〕徐彦疏：《春秋公羊传注疏》（十三经注疏）卷十二“僖公三十三年”，北京大学出版社，2000，第316页。

④ 蒋若是：《春秋“殽之战”战地考实》，《史学月刊》1987年第1期。

⑤ 〔周〕左丘明传，〔晋〕杜预注，〔唐〕孔颖达正义：《春秋左传正义》（十三经注疏）卷十七“僖公三十三年”，北京大学出版社，2000，第544页。

⑥ 〔周〕左丘明传，〔晋〕杜预注，〔唐〕孔颖达正义：《春秋左传正义》（十三经注疏）卷十七“僖公三十二年”，北京大学出版社，2000，第542页。

⑦ 许维遹：《吕氏春秋集释》卷十六《先识览》，中华书局，2009，第409页。

之曰：‘女死，必于殽之岩唫之下。我将尸女于是。’”[①]《公羊传》僖公三十三年：“师出，百里子与蹇叔子送其子而戒之曰：‘尔即死，必于殽之嵚岩，是文王之所辟风雨者也，吾将尸尔焉。”[②]所谓“殽之岩唫之下”“殽之嵚岩”“文王之所辟风雨者也”，这些崤之战战场地望的标志性地标都在崤山北路，北陵在今陕州区硖石乡。杨向奎考证，《公羊传》之“嵚岩”即“嵚岑山”，又作嵚崟山，在今文王山及硖石南。“而文王避风雨处，更可以说明两地为一，即文王山由此而得名”，并且“它不是后人的伪造，因为《公羊》早出，非伪造。至少在战国时代已有秦晋之战在嵚岑的理解，而嵚岑即文王辟风雨处，文王驱驰于此，说明这是殷周之间的古通道”。[③] 辛德勇亦认为：“南北二陵中崤山北陵侧临大道，为周文王所曾经历，也是《春秋》僖公三十三年秦军千里奔袭郑国，在中途全军覆没的地方。《水经注》关于崤山南北二陵这一段记述是兼采《左传》及杜预注写成的。《春秋公羊传》记蹇叔送子时曰：‘尔必死于崤之嵚岩，是文王之所避风雨者也。’《春秋穀梁传》作‘女死必于崤之岩唫之下’。汉高诱注《淮南子·地形训》崤坂云：‘钦吟是也。’《说文解字》山部有‘岑崟’，乃形容山貌之词。除《穀梁传》‘岩崟’疑当为‘嵚崟’之讹外，余几处读音均相近，当是同音讹转。崤山北陵当由山貌‘岑崟’而得其名。今陕县硖石乡东南有‘金银山’，北侧古道，山势险峻，疑即‘钦吟’音转，可将其比定为崤山北陵。”[④]综合文献和诸家考证，崤之战战场具有特殊意义的地标嵚岑山（今称金银山）和文王避风雨处都在崤山北路上，具体地望在后世所称北陵硖石一带，而不在南陵雁翎关一带，崤之战与崤山南路无涉。

崤之战是发生在崤函古道上的最著名的战争之一，有学者从军事角度论曰：

① 〔晋〕范宁集解，〔唐〕杨士勋疏：《春秋穀梁传注疏》（十三经注疏）卷九“僖公三十三年”，北京大学出版社，2000，第 179 页。

② 〔汉〕公羊寿传，何休解诂，〔唐〕徐彦疏：《春秋公羊传注疏》（十三经注疏）卷十二“僖公三十三年”，北京大学出版社，2000，第 315 页。

③ 杨向奎：《宗周社会与礼乐文明》，人民出版社，1992，第 68~69 页。

④ 辛德勇：《古代交通地理与文献研究》，商务印书馆，2018，第 18 页。

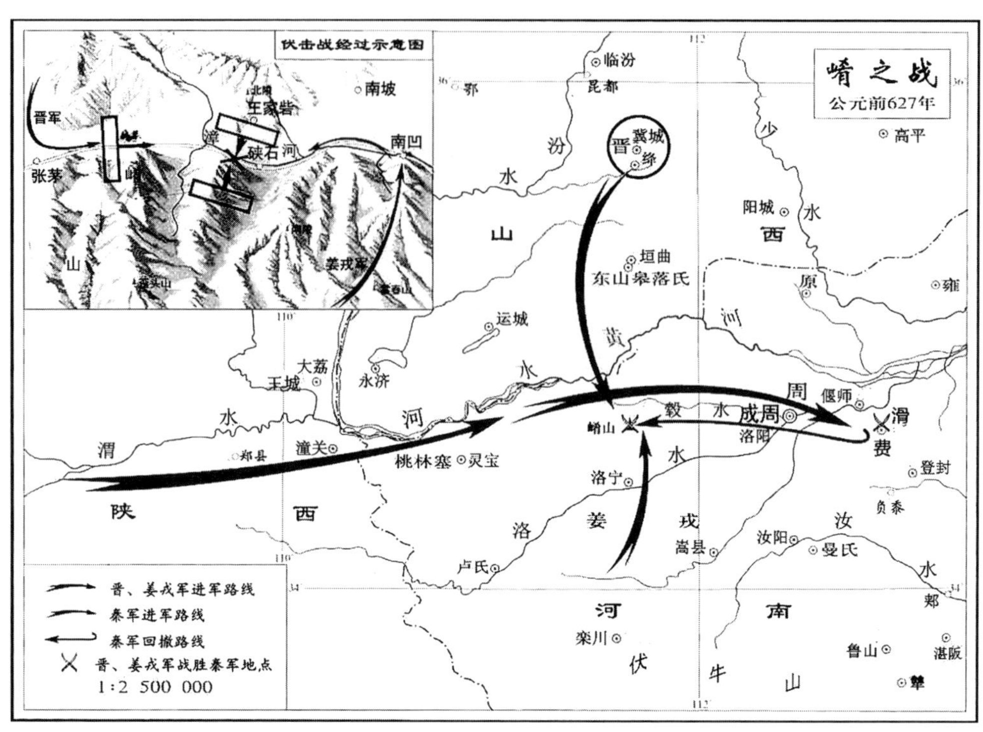

图 4-6　秦晋崤之战示意图①

秦、晋崤之战，是“春秋时期一次彻底的大歼灭战，是役晋国大获全胜，对于扼制秦国东出争霸中原，保持自己的霸主地位，具有重要的战略意义。同时，它也是中国古代利用山地复杂地形伏击车兵部队而取胜的著名战例，对于春秋时期军队装备和兵种的发展变化，具有深远的影响”②。其实，崤之战的意义远不止此，它对秦晋两国和整个春秋战略格局改变有重大的意义。

首先，秦国调整战略，转而经营西方，“遂霸西戎”。崤之战后，秦穆公又先后发动彭衙（今陕西白水东北）、王官（今山西闻喜西）和新城（今陕西澄城东北）之战，

① 采自中国人民革命军事博物馆《中国战争史地图集》，星球地图出版社，2007，第 19 页。

② 郭淑珍、王关成：《秦军事史》，陕西人民教育出版社，2000，第 221～222 页。

表面是为报崤之战之仇，其实是仍未放弃其东进方略。但三战仅王官之战获胜。王官之战中，秦穆公亲“将兵伐晋，渡河焚船，大败晋人，取王官及鄗，以报殽之役”。随后从茅津渡河南下，进抵崤山，“封殽中尸，为发丧，哭之三日”。[①] 然后循崤函古道班师回国。秦穆公多年处心积虑突破崤函，东进中原，以图霸业，然而这却是他最后一次利用崤函古道奋力进行的东征。“在晋称霸之时，秦也很想向东扩展自己的势力……但秦的国力终究不如晋，特别是秦东进的道路被晋所牢牢地扼住，所以秦无法向东迈出一步。”[②]于是，秦穆公调整战略，改东进为西征。《史记·秦本纪》载：“（穆公）三十七年，秦用由余谋，伐戎王，益国十二，开地千里，遂霸西戎。”[③]秦取得了西北地区的实际控制权。后世对秦穆公调整战略主攻方向评价甚高，认为是“知时之变”，审时度势的“善谋”之举，并多将调整的原因，归诸崤函地理因素，认为是受阻于晋国防守崤函之地、桃林之塞的缘故。刘向《新序》说：“秦穆公都雍郊，地方三百里，知时之变，攻取西戎，辟地千里，并国十二，陇西北地是也。”[④]《汉书·韩安国传》则作“知时宜之变”，语义更为完整。历史证明秦穆公的战略调整是正确的，秦“霸西戎”，巩固扩大了秦国后方基地，为战国时代秦的东进和统一奠定了基础。

其次，崤之战使晋、秦彻底决裂，开始了秦晋之间的长期对峙，秦转而联楚抗晋。清华简《系年》云：“秦焉始与晋执乱，与楚为好。”[⑤]春秋战略格局由此重新分化、重组。晋秦结盟，“秦晋焉始会好，勠力同心”[⑥]，本是晋文公霸业最重要的外部因素。崤之战后，秦晋交恶，双方战事频繁，晋国因此失去了抵抗楚北进的重要援

① 〔汉〕司马迁：《史记》卷五《秦本纪》，中华书局，1982，第193~194页。

② 翦伯赞：《中国史纲要》（上册），人民出版社，1983，第59页。

③ 〔汉〕司马迁：《史记》卷五《秦本纪》，中华书局，1982，第194页。

④ 〔汉〕刘向编著，石光瑛校释，陈新整理：《新序校释》卷十《善谋下》，中华书局，2009，第1392页。

⑤ 清华大学出土文献研究与保护中心：《清华大学藏战国竹简》（贰），中西书局，2011，第155页。

⑥ 清华大学出土文献研究与保护中心：《清华大学藏战国竹简》（贰），中西书局，2011，第138页。

手和稳固安全的后方,而始终无法与楚全力相争,终于首尾难顾,霸业难继。春秋整个战略格局因崤之战而发生了巨大转折,进入晋楚二强南北对峙长期争霸的局面。诚如顾栋高所说:“一自殽之师起,而秦、晋之仇不解,楚且乘闲以合于秦,使晋力疲于西,不得复致力于东,楚得日翦东诸侯而无忌……殽师扼之而秦患不至,而晋势孤力分,不能抗楚,而楚祸方深,厥后秦、晋之仇二百年不解。”①吕祖谦亦称:“盖当时天下强国四:晋、楚、齐、秦,互相角立。自殽之役后,齐却与晋为一,秦却与楚为一。虽其间自有曲折不同,然至春秋末,大势分为二,却自此始。”②

2. “晋侯使詹嘉处瑕,以守桃林之塞”

崤之战后,秦晋河西之争进入了长达半个多世纪的对峙和战争时期。顾栋高分析说:“秦晋兵争始此,嗣后报复无已,秦之伐晋八,晋之伐秦七,直至襄十四年十三国之伐然后止,首尾历七十年。”③马骕《绎史》:“秦、晋兵争六十九年,始于殽而终于十三国之伐……秦历五君,晋历六君,干戈日寻,疆场暴骨,兵连祸结,未有如二国者也。”④在长达半个多世纪的时间里,秦晋围绕河西,兵争不断,各有胜负,战场主要在今陕西渭北及渭南的河曲地带,基本回到了秦穆公时秦晋争夺河西的格局,其中仅有的一次对崤函瑕地的争夺,意义重大,进一步巩固和强化了晋对秦东进阻隔的优势。

《左传》文公十二年(前615),“冬,秦伯伐晋,取羁马。晋人御之……秦师夜遁。复侵晋,入瑕”⑤。战前秦康公曾派西乞术出使鲁国,“秦伯使西乞术来聘,且

---

① 〔清〕顾栋高辑,吴树平、李解民点校:《春秋大事表》卷四十九《郑烛之武论》,中华书局,1993,第2622页。

② 〔宋〕吕祖谦:《左氏传续说》卷六,《吕祖谦全集》第7册,浙江古籍出版社,2008,第138页。

③ 〔清〕顾栋高辑,吴树平、李解民点校:《春秋大事表》卷三十一《春秋秦晋交兵表》,中华书局,1993,第2044页。

④ 〔清〕马骕撰,王利器整理:《绎史》卷六十《秦晋为成》,中华书局,2002,第1389页。

⑤ 〔周〕左丘明传,〔晋〕杜预注,〔唐〕孔颖达正义:《春秋左传正义》(十三经注疏)卷十九“文公十二年”,北京大学出版社,2000,第621~624页。

言将伐晋”[①]。可见秦为河曲之战,做了多方面准备。而秦军战后,“复侵晋,入瑕”,应是秦对晋精心组织的又一次战役。于是晋国震动,恐秦军乘胜东进,迅速派军夺回,并使詹嘉驻守。《左传》文公十三年(前614),“春,晋侯使詹嘉处瑕,以守桃林之塞”[②]。这是桃林塞首见于春秋,也是史书明确记载桃林塞设戍驻军之始。

瑕是晋国著名的河外列城之一。据顾炎武考证,瑕、胡音同,瑕、胡是同地异名,瑕即《汉书·地理志》之湖。“古瑕、胡二字通用,《礼记》引《诗》‘心乎爱矣,瑕不谓矣’,郑氏注云‘瑕之言胡也,瑕、胡音同,故《记》用其字’,是‘瑕’转为‘胡’,又改为‘湖’,而瑕邑即桃林之塞也,今为阌乡县治。而成公十三年,‘伐秦,成肃公卒于瑕’,亦此地也。”[③]瑕在今灵宝阳平镇王家岭北南寨子村附近,北依黄河,东临湖水(今阳平平河),西、南两面紧靠高达百余米的王家岭断崖。桃林塞在今灵宝秦函谷关以西至潼关以东,是晋国在桃林范围凭险据要建立的一道防御体系。《水经注·河水》引《三秦记》曰:“桃林塞在长安东四百里,若有军马经过,好行则牧华山,休息林下;恶行则决河漫延,人马不得过矣。”[④]《类编长安志·关塞》桃林塞条:“春秋时晋詹嘉处桃林之塞。《三秦记》:‘塞在长安东四百里。’虢之阌乡矣。县东南十里有桃源,古之桃林,周武王放牛之地。函谷间皆厄束河、山,故云塞耳。”[⑤]而瑕正处在桃林塞西端,向西约40余公里即依傍绝涧的黄巷阪和形势险峻的古潼关,构成瑕东端的保护和屏障。向东10余公里,是道路“劣通”东西十五里的函谷道,构成瑕西端的依托与支持。古代要想东去洛阳和西去关中,都须经过此地。

① 〔周〕左丘明传,〔晋〕杜预注,〔唐〕孔颖达正义:《春秋左传正义》(十三经注疏)卷十九“文公十二年”,北京大学出版社,2000,第620页。

② 〔周〕左丘明传,〔晋〕杜预注,〔唐〕孔颖达正义:《春秋左传正义》(十三经注疏)卷十九“文公十三年”,北京大学出版社,2000,第625页。

③ 〔清〕顾炎武著,〔清〕黄汝成集释,栾保群校点:《日知录集释》卷三十一“瑕”,上海古籍出版社,2006,第1774页。

④ 〔北魏〕郦道元著,陈桥驿校证:《水经注校证》卷四《河水》,中华书局,2007,第111页。

⑤ 〔元〕骆天骧撰,黄永年点校:《类编长安志》卷七《关塞》,中华书局,1990,第211页。

瑕所在大体居于二者之间靠西的位置,可以方便地控制灵宝至潼关纵深的黄河南岸之狭长谷地,在交通上具有绾毂东西大道的价值。在南寨子村北150米处,尚存有一条宽10余米、高100余米,两壁峭立的壕沟,当地老人称为周秦古道,亦叫老洛潼公路。古代东西交通,即循此壕沟而行。依托瑕地为据点,再借助桃林塞本身绵延的险要,可达到据险与扼要的军事防守目的,形成点线结合、互为依托的整体防御体系。

由于瑕地交通和防御地位十分重要,所以晋献公灭虢后,为守卫新辟疆域,遂在此筑城置县,属晋惠公"赂秦伯以河外列城五"之一。"列城,犹列国,言是城之大者。"[①]春秋中后期,随着秦国国势的日趋兴盛,以及由此触发的晋秦矛盾的激化,晋利用原有的瑕邑,很可能还作了必要的补苴和加固,使之成为戍守和控扼桃林塞防御体系的中心和前沿要地,派军驻守,自当是一种很合理的选择。顾炎武《左传杜解补正》谓"瑕邑即桃林之塞"[②],正道出了瑕在整个桃林塞防御体系的中心地位。而具体的防御形式,应是利用桃林"厄束河、山,状皆数函"[③]的天然隘道和人工城邑,共同组成了一道绵延的"城""道"结合的边境防御体系。

"詹嘉处瑕"的目的是"守桃林以备秦"。晋大夫吕相《绝秦书》谓:秦"剪我羁马,我是以有河曲之战。东道之不通,则是康公绝我好也"[④]。"东道"即崤函古道西段函谷道。秦国利用函谷道侵晋,交通东方诸侯,晋因此断绝道路,据险以守。《左传》杜注:"詹嘉,晋大夫。赐其瑕邑令,帅众守桃林以备秦。"孔疏:"桃林之塞在南河之南,远处晋之南竟。从秦适周,乃由此路。使詹嘉守此塞者,以秦与东方

① 〔周〕左丘明传,〔晋〕杜预注,〔唐〕孔颖达正义:《春秋左传正义》(十三经注疏)卷十四"僖公十五年",北京大学出版社,2000,第428页。

② 〔清〕顾炎武:《左传杜解补正》卷中,《顾炎武全集》(1),上海古籍出版社,2012,第46页。

③ 〔宋〕程大昌撰,黄永年点校:《雍录》卷六《函潼关要图》,中华书局,2002,第114页。

④ 〔周〕左丘明传,〔晋〕杜预注,〔唐〕孔颖达正义:《春秋左传正义》(十三经注疏)卷二十七"成公十三年",北京大学出版社,2000,第871页。

诸侯远结恩好。及西乞聘鲁,亦应更交余国,虑其要结外援,东西图已,故使守此厄塞,欲断其来往也。"[①]"詹嘉处瑕",不仅是防秦军东进,而且还有断绝秦"结外援,东西图已"的意图。日本学者竹添光鸿曾论道:"秦与晋接壤,东南皆晋境,惟潼关一路,在晋南境。从秦适周,乃由此道。秦与东诸侯交通,其命使往来之所必经也。始则聘列国,以离盟主之交;后且图诸侯,以肆东封之略,大为中国患。乃自有此戍,秦使不能出关,转从巴蜀通楚,而东诸侯不受其毒。"据说詹嘉处瑕系晋大夫赵盾等所谋。竹添光鸿接着称赞:"赵盾此一着为晋百年来绝大之功,想亦臾骈之谋也……然则赵盾之功不独在晋,而且在天下,不独在一时,而终春秋之世也。"[②]晋因"詹嘉处瑕"设防,更加牢固地控制了桃林塞与崤山等战略要地,"秦之门户在晋肘腋中矣"。其结果诚如顾栋高所说:"盖有桃林以塞秦之门户,而河西之地复犬牙于秦之境内,秦之声息,晋无不知。二百年来秦人屏息而不敢出气者,以此故也。"[③]

"詹嘉处瑕"守桃林塞,历来被认为是中国关塞建设史上的一件大事。顾栋高曾发表著名的"春秋列国不守关塞论":"春秋时列国用兵相斗争,天下骚然。然其时禁防疏阔,凡一切关隘厄塞之处,多不遣兵设守,敌国之兵平行往来如入空虚之境,其见于左传者班班可考也。"而"詹嘉处瑕"之举,则"必待纷纭有事而后遣将设守"。因为这改变了以往交通要道上关塞平日不设防的传统,所以《左传》才要大大地"重书于册"。[④] "詹嘉处瑕"守桃林塞为此后历代统治者在函谷关乃至潼关设关筑城开了先河,成为国内著名的战略要地。

顾栋高总结春秋时期秦晋交兵形势,云:"考春秋之世,秦、晋七十年之战伐,以

---

① 〔周〕左丘明传,〔晋〕杜预注,〔唐〕孔颖达正义:《春秋左传正义》(十三经注疏)卷十九"文公十三年",北京大学出版社,2000,第 625 页。

② 〔日〕竹添光鸿注:《左氏会笺》,巴蜀书社,2008,第 759 页。

③ 〔清〕顾栋高辑,吴树平、李解民点校:《春秋大事表》卷四《春秋列国疆域表》,中华书局,1993,第 541 页。

④ 〔清〕顾栋高辑,吴树平、李解民点校:《春秋大事表》卷九《春秋列国地形险要表》,中华书局,1993,第 995 页。

争崤、函。而秦之所以终不得逞者,以不得崤、函。”[①]又云:“桃林、二殽、茅津之为西北险也,以秦、晋七十年之战争著也。”[②]梁启超《春秋载记》亦云:“晋之与秦,世婚也,然六十九年间十五战,晋伐秦者七,秦伐晋者八,而韩原之役尚不与焉。……秦所亟欲得者崤函也,而又晋之所必争也。秦晋之所以兵连祸结者以此。”[③]“七十年”“六十九年”指鲁僖公三十三年(前627)崤之战至鲁襄公十四年(前559)棫林之战这段时间,是秦晋河西之争战事激烈频发时期。秦晋以争夺崤函为焦点的河西之争,一直持续到战国中期。其时间之长、战争之激烈、战争地区之广,在先秦战争史上都是罕见的。这场长期对峙或争夺的战争,也使崤函地区开始真正体现出“枢纽锁匙区域”[④]的性质和作用,也就是“兵学之祖”孙武所说的“诸侯之地三属”的“衢地”[⑤]。而崤函“枢纽锁匙区域”“衢地”的形成,其主要原因就在于崤函地当要冲,扼制了东西方交通干道,能够阻塞大规模军队、给养的运输调动。所谓“枢纽锁匙区域”“衢地”也都可以理解为崤函古道交通功能的体现。

① 〔清〕顾栋高辑,吴树平、李解民点校:《春秋大事表》卷三十一《春秋秦晋交兵表》,中华书局,1993,第2039页。

② 〔清〕顾栋高辑,吴树平、李解民点校:《春秋大事表》卷九《春秋列国地形险要表》,中华书局,1993,第969页。

③ 〔清〕梁启超:《春秋载记》,《梁启超全集》(第6册),北京出版社,1999,第3501~3502页。

④ 所谓“枢纽锁钥区域”,即军事地理学上的“兵家必争之地”,它是交战双方对峙争夺的热点,其得失对战争结局影响甚大,不仅关系着对峙双方强弱转变,甚至很大程度上决定着双方的存亡。若战时率先夺取、控制了这一区域,便会先得地利,使自己处于有利的地位,进可以长驱直入对方腹地,退则能扼守要道拒敌于境外,先敌占领就能使其他势力被迫服从及支持。它有最高的战略价值,占有之即可直接造成优势局面。详参宋杰:《古代中国战争的地理枢纽》,中国社会科学出版社,2009,第1~16页。

⑤ 〔春秋〕孙武撰,〔三国〕曹操等注,杨丙安校理:《十一家注孙子校理》,中华书局,1999,第234页。

第三节　战国时期的崤函古道与秦统一

战国时代的特点就是一个“战”字,但战争目的已是“务在强兵并敌”①,战争格局的主轴也由春秋时期南北对抗演变为山东六国与西部秦国的东西对抗。东西交通轴线崤函古道因此成为双方殊死相争的战略通道和枢纽。秦国因占有崤函,改变了数百年来被阻河西的局面,为灭六国、一统天下打下了基础。崤函古道堪称秦灭六国、并天下的统一之路。

一、崤函古道与魏国经略河西

进入战国,从春秋开始的秦晋河西之争,演变为秦国、魏国之争。魏国是战国初期最先强盛的国家。三家分晋后,魏国据有今山西西南部,与秦毗邻。魏文侯重用李悝、吴起等,变法图强,一跃成为战国初年诸强之首。从前 419 年魏军越过黄河,筑城少梁(今陕西韩城南),至前 408 年,魏仅用十余年,即全部占有河西之地,并设河西郡,以吴起为郡守。秦国被迫退守洛水,沿河修长城以拒魏军。

河西郡又称西河郡,北界在今陕西黄龙、宜川一带,南界在今陕西洛南、河南卢

① 〔汉〕司马迁:《史记》卷十五《六国年表》,中华书局,1982,第 685 页。

氏一带,包括上洛、卢氏等城邑。据全祖望考证:“西河,魏故郡,文侯以来即有之。然魏之西河,自焦虢、桃林之塞,西抵关洛,其界最广。”[①]还有学者认为,河西郡“至少应包括临近黄河的蒲阪、汾阴、封陵、魏、奇氏等,以及位于晋、豫两省交界处黄河南岸的焦、曲沃、陕等城邑”[②]。考古发现佐证了文献记载。陕州区后川和李家窑考古发现了上百座魏国墓地和两座车马坑,年代从战国早期到中期,墓葬形制和随葬器物都具三晋风格,大部属于一般平民,也有不同层级的贵族[③]。魏据西河,一举控制崤函西部和黄河两道天险,既保护了崤函古道西出口,切断了秦国向东发展的通道,又能威胁无险可守的关中平原,战略上占据十分有利的位置。《史记·吴起列传》记载:“(魏)武侯浮西河而下,中流,顾而谓吴起曰:‘美哉乎山河之固,此魏国之宝也。’”[④]随侍的王钟也以为“此晋国之所以强也。若善修之,则霸王之业具矣”[⑤]。吴起因任西河守,“善修之”,使“秦兵不敢东乡,韩赵宾从”。[⑥] 可见战国初年魏置河西郡,控制崤函古道要枢,对魏国率先崛起具有重要的战略意义。

秦丢失河西,根本原因在于自穆公以来内乱频仍,政局不稳。随着前 384 年秦献公继位,实行改革,将国都从泾阳迁至关中东部的栎阳(今陕西临潼武家屯附近),秦国国势开始上升,在河西之争中逐渐占据上风,至秦孝公继位,商鞅变法取得成功后,形势发生逆转,秦军凭借强盛国力,转守为攻,连连进攻魏黄河以西,渭水和洛水南北各城,并取得一系列胜利。为避开秦之威胁,前 364 年,魏惠王从安邑(今山西夏县西北)迁都大梁(今河南开封)。随后又筑河西、河南和硖石长城,以阻御秦军。

---

① 〔清〕全祖望:《汉书地理志稽疑》卷一《秦三十六郡名》,朱铸禹汇校集注:《全祖望集汇校集注》,上海古籍出版社,2000,第 2484 页。

② 吴良宝:《战国时期魏国西河与上郡考》,《中国史研究》2006 年第 4 期。

③ 中国社会科学院考古研究所:《中国考古学·两周卷》,中国社会科学出版社,2004,第 278 页。

④ 〔汉〕司马迁:《史记》卷六十五《吴起列传》,中华书局,1982,第 2166 页。

⑤ 〔西汉〕刘向集录,范祥雍笺证:《战国策笺证》卷二十二《魏一》,上海古籍出版社,2006,第 1252 页。

⑥ 〔汉〕司马迁:《史记》卷六十五《吴起列传》,中华书局,1982,第 2166 页。

魏河西长城位于黄河之西、洛河之滨，南段起于华山南麓，向北至今大荔[①]，界于魏秦之间，处崤函古道西口侧。河南长城，亦称卷长城，北起今原阳西，南至今新密东北，为魏都大梁西门户。硖石长城则在崤函腹地，处于上述两长城之间。

《元和郡县图志·河南道二》陕州硖石县载："魏长城，在县北二十二里。魏惠王十九年所筑，东南起崤山，西北至河，三十七里。"[②]魏惠王十九年即前352年，硖石县在今陕州区硖石乡硖石村，西距陕州故城约35公里。1956年陕县刘家渠出土的两方唐人墓志对此亦有记载。张琐墓志称墓主与夫人"以开元十五年十月十六日合葬于信义乡长城北原"，尚君墓志称墓主"开元廿四年十一月廿七日葬于长城北原"。两方唐人墓志与《元和郡县图志》记载互为印证，对确认和复原硖石长城具有重要价值。有学者认为："陕县唐开元以前的长城，以从前各代的政治形势和领域度之，似当属于战国魏。而且此地正是魏和韩的争夺地区，并曾与秦交界，在此筑长城符合魏的军事防御要求。墓志证实了《元和郡县图志》的记载不妄，魏应在此筑有长城。"[③]但《元和郡县图志》将硖石长城作为魏河西长城的起始地点，程恩泽《国策地名考》则指硖石长城与河南长城相连，自卷筑起，直至崤山大河为止。张维华、景爱等已辨其说之非[④]。硖石长城当为一独立的军事防御工程，与河西长城、河南长城均无涉。其大致位置和走向，当自今陕州区观音堂镇西南向西北经硖石乡东，至王家后乡之黄河南岸，扼守崤山北路东端和黄河南岸。这一段的距离不止"三十七里"。

魏修硖石长城主要还是防范秦军越过崤山进攻大梁。魏迁都大梁后，实际面

① 中国社会科学院考古研究所陕西工作队：《陕西华阴、大荔魏长城勘查记》，《考古》1980年第6期；史党社：《陕西渭南地区的秦魏长城及城址考察》，《秦文化论丛》（第10辑），三秦出版社，2003，第226~251页。

② 〔唐〕李吉甫撰，贺次君点校：《元和郡县图志》卷六《河南道二》，中华书局，1983，第158页。

③ 叶小燕：《中国早期长城的探索与存疑》，《文物》1987年第7期。

④ 张维华：《中国长城建置考》（上编），中华书局，1979，第68~69页；景爱：《中国长城史》，上海人民出版社，2006，第94~96页。

临着如何保持河内与河东两大区域的联系问题。《淮南子·说林训》云:“秦通崤塞,而魏筑城也。”高诱注:“魏徙都于大梁,闻秦通治崤关,知欲来东兼之,故筑城设守备也。”[①]李晓杰推断,其时魏河东是南过河水经韩国南部与河内的魏国领土相沟通的,而非如杨宽以为的走上党[②]。而由南过河经韩南部来沟通联系,则必经崤山北路部分路段。而秦攻魏,按李氏所言,亦当是从崤塞(关)沿黄河进军,即沿崤山道东进。河西之争中,秦攻魏主要有两条线路,一是从阴晋(宁秦)沿黄河入崤函古道;二是以黄河龙门以南渡口为突破口,渡河进入河东魏国腹地,再前行由茅津渡河即可入陕进崤山。陕及以东崤山一带直至前314年以前都为魏国领土,也是秦魏必争之地。无论是为保持河内与河东的联系,还是为备秦,魏国都需要在崤山一带加强防御措施。《淮南子》及高诱注将魏“筑城设守备”与“秦通崤塞”“秦通治崤关”相联系,论者多以为它记述的是魏筑河南长城事,其实该文只是说修长城在魏徙都大梁之后,并未言明修于何地。辛德勇认为:“魏国随着其军事退缩而屡次修筑长城,也就可能在同一方向上有不止一重长城。”[③]沿这一思路,从当时魏之防御、交通需要和秦攻魏路线看,魏“筑城设守备”应当包括筑硖石长城。硖石长城是魏为御秦和保持河内与河东区域之间联系的门户,与崤山形成拱卫的屏障。

然而,魏修长城未能阻止秦军东进。秦惠文王继位后,更锐意向东进取,前330年,在雕阴(今陕西甘泉南)大败魏军,俘魏将龙贾,魏防卫河西、上郡的主力全军覆没,被迫将河西拱手献秦。《史记·秦本纪》记载:惠文王更元“七年,公子卬与魏战,虏其将龙贾,斩首八万。八年,魏纳河西地”[④]。同书《魏世家》亦载:魏惠王后元五年,“秦败我龙贾军四万五千于雕阴,围我焦、曲沃。予秦河西地”。《正

① 刘文典撰,冯逸、乔华点校:《淮南鸿烈集解》卷十七《说林训》,中华书局,2013,第568页。

② 周振鹤、李晓杰:《中国行政区划通史·总论、先秦卷》,复旦大学出版社,2009,第301页。

③ 辛德勇:《论魏国西长城的走向》,《历史的空间与空间的历史——中国历史地理与地理学史研究》,北京师范大学出版社,2005,第56页。

④ 〔汉〕司马迁:《史记》卷五《秦本纪》,中华书局,1982,第205~206页。

义》:“自华州北至同州,并魏河北之地,尽入秦也。”①从此魏国退出一流强国的行列,充当齐、秦附庸,走上江河日下的衰亡之路。秦国则改变了数百年来被阻河西而难以向东发展的不利局面,从此,奏响大规模东进的序曲,走上了“车通三川,窥周室”②的统一之路。

二、崤函古道与秦东进崤函的战争

秦对崤函地区的争夺,主要是围绕对崤函古道交通道路的夺取和控制展开的。大体分为两个阶段。

1. 秦对崤函古道西段的攻略

雕阴之战后,魏丧失了今陕西渭北和渭南河曲地带的河西之地,在河外沿黄河南岸仍控制着陕、焦和曲沃等城邑。陕、焦、曲沃的归属不仅直接关系到河西之争的胜负,而且也与秦东进中原统一天下的战略目标休戚相关。

陕、焦、曲沃地理位置十分重要。陕即陕城,今三门峡陕州故城,位于崤函地区核心位置,西临桃林函谷,东面崤山,南靠秦岭,北望黄河,战略地位历来为人称道。焦即焦国都焦城,在今三门峡陕州故城东北。曲沃在陕之西南,今陕州区大营镇菑阳河东岸黄村和南曲村一带。三地相近相邻,都处在崤函古道中间位置,占领其地,不仅能够掌控古道西段,控制与东段的联系,沿崤山南北两路向东推进,还可以控制黄河上的茅津等重要渡口,掌控黄河天险及南北交通要道。春秋前期晋献公假途灭虢,占领陕、焦及曲沃等地后,便堵住了秦东进中原的门户。三家分晋后,陕、焦和曲沃归魏,魏于焦城置焦县③,与焦城近在咫尺的陕县后川墓地即是这一时

① 〔汉〕司马迁:《史记》卷四十四《魏世家》,中华书局,1982,第 1848 页。

② 〔西汉〕刘向集录,范祥雍笺证:《战国策笺证》卷四《秦二》,上海古籍出版社,2006,第 251 页。

③ 后晓荣:《战国兵器铭文所见魏国置县考》,《首都师范大学学报(社会科学版)》2011 年第 6 期;吴良宝:《战国文字所见三晋置县辑考》,《中国史研究》2002 年第 4 期。

期魏人墓地,“上百座东周墓启示了其附近一个繁荣城市的存在”[①]。焦同样亦成为秦人东进的羁绊。

对陕、焦和曲沃与东进的利害关系,秦统治集团早有共识。史载马陵战后商鞅为孝公规划帝王之业,核心是“秦据河山之固,东乡以制诸侯”[②]。所谓“据河山之固”,一方面是将魏国势力逐过黄河,控制黄河这道天然防线,以保证关中的完整与稳定,另一方面是要在陕城一带的崤山建立东进据点。商鞅把“据河山之固”作为“东乡以制诸侯”的前提,看重的便是崤函的战略枢纽地位。因此,对秦来讲,无论是河西之争,还是成就帝王之业,陕、焦和曲沃地区都是秦首先攻取、志在必得的目标。

秦夺取陕、焦和曲沃,大体分为两个阶段。第一个阶段是自秦惠公至秦孝公初的军事试探期。《史记·六国年表》载:秦惠公十年(前390),“与晋战武城。县陕”[③]。这里的“晋”即魏。此役情况,因史文简缺不能详悉,然秦“县陕”同一年,有“战武城”。武城在今渭南华州区东,已近崤函古道西入口。前一年(前391)又有伐韩宜阳,取六邑之役。伐宜阳、“战武城”和“县陕”当是秦惠公组织的打通崤函古道关涉多重战场的系列战役。战国时代的“县”与“城”往往通用,“城”某地与“县”某地同义[④]。秦惠公十年“县陕”为秦设置陕县并筑城之始。此战秦虽得以在陕置县筑城,但因是越境突击进攻,只是短暂占领,未能久据,“县陕”也仅是以陕部分之地而设,魏不久即重新夺回。因此,30年后秦又有“东围陕城”之战。《史记·秦本纪》载,孝公元年(前361)秦“乃出兵东围陕城”。《史记》将此战系于孝公元年下求贤令之后,并用连词“于是”,表示二者的因果联系。孝公用“东围陕城”的实际行动,对自己奋发图强,“振孤寡,招战士,明功赏”,师法穆公东伐的扩张战略

① 中国社会科学院考古研究所:《陕县东周秦汉墓》,科学出版社,1994,第201~202页。

② 〔汉〕司马迁:《史记》卷六十八《商君列传》,中华书局,1982,第2232页。

③ 〔汉〕司马迁:《史记》卷十五《六国年表》,中华书局,1982,第713页。

④ 李晓杰:《战国秦县新考》,《历史地理》(第22辑),上海人民出版社,2007,第61页。

和渴求“能出奇计强秦者”①的紧迫意识,做了最有力的诠释和宣示。或许正因如此,此战规模可能不是很大,结果也未获成功。

秦两次攻陕,旋得旋失,关键在于此时河外之地还为魏国所据,将秦与陕隔断,给秦兵力运转带来极大困难。因此,此后秦将用兵重点放在渭河南北地带,以打通关中与河外之地。秦孝公十二年(前350),秦迁都咸阳(今咸阳东)。这是秦史上具有重大意义的事件,秦交通战略也因此有了新的思路。以咸阳为起点,沿渭水、黄河南岸东行至函谷关的道路,秦称“华阴平舒道”②。魏在此建有武城和阴晋(今华阴东南)二邑。因东向进取的需要,这段道路首先受到重视。秦孝公十九年(前343),秦取武城。秦惠文王六年(前332),取阴晋,更名宁秦。至此秦打通了渭河南岸东趋崤函古道的交通线。在攻取河西大部之后,秦惠文王决心实施东进崤函战略,将主力南调,重点攻击魏在河外之地的陕、焦和曲沃最后几个据点,以全力打通崤函古道西段。秦对陕、焦和曲沃的夺取进入第二个阶段,即军事占领和经营期。

此一时期,因秦国的迅速崛起和东进,关东诸国十分忧虑,遂以结盟“合纵”相对抗,秦则“连横”以破“合纵”,其目标已不限于魏,而是整个东方,着眼于全局,将军事进攻与“连横”“散纵”外交相配合,对一时一地的取舍服从于最高战略利益,或者说把一时一地的取舍当作达到战略目标的一种筹码,从而分化、孤立敌人,达到各个击破的目的。对陕、焦及曲沃的占领和经营策略即是如此。而且对三地,也依据不同形势,采取不同的军事和外交手段,体现出高超的政治军事谋略,最终获得成功。

《史记·樗里子列传》记载,秦惠文王八年(前330)“爵樗里子右更,使将而伐

① 〔汉〕司马迁:《史记》卷五《秦本纪》,中华书局,1982,第202页。
② 〔汉〕司马迁:《史记》卷六《秦始皇本纪》,中华书局,1982,第259页。

曲沃,尽出其人,取其城,地入秦"[①]。同书《魏世家》则作:魏惠王后元五年,"秦败我龙贾军四万五千于雕阴,围我焦、曲沃"。又《六国年表》:"与秦河西地少梁。秦围我焦、曲沃。"[②]三文相较,《樗里子列传》"曲沃"前当失书"焦"字。是为秦的第一次焦、曲沃之役,此役与雕阴之战为秦在河西南北两个方向同时发动的两场战役。杨宽分析当时军事形势:"是年秦分南北两路向魏进攻,南路以樗里疾为主将,出函谷关进围曲沃与焦……北路以公孙衍为主将,大举进攻魏上郡之雕阴,在今陕西甘泉南。结果焦与曲沃为秦所攻取,魏之主将龙贾在雕阴大败。"[③]两场战役交相配合,大败魏军。但三年之后,秦惠文王十一年(前 327),秦又"归魏焦、曲沃"[④]。《资治通鉴》胡三省注说:"既取而复归之。秦之于魏,若玩弄婴儿于掌股之上耳。"[⑤]事情远非如此。前 329 年魏国乘楚国国丧伐楚,占领陉山。次年张仪入秦任相,积极推行助魏攻楚及连横策略,秦则以战争相配合。杨宽分析:"盖张仪'欲以秦、韩与魏之势伐齐、荆'之连横策略,达到对外兼并之目的,又欲于下年召开秦惠称王并与韩、魏相王之会,以此拉拢魏、韩之君。"又说:"张仪尝为秦攻取魏之曲沃等地,旋而以曲沃等地归还于魏,迫使魏与秦连横,并为魏相而逐走惠施。"[⑥]可见,此时秦"归魏焦、曲沃",实为连横外交的进一步展开。

对陕城,秦则是直接一次性军事占领。《史记·秦本纪》记载:秦惠文王十三年(前 325)"使张仪伐取陕,出其人与魏"[⑦]。《六国年表》置其事于秦惠文王更元元年(前 324)[⑧]。《史记·张仪列传》:"仪相秦四岁,立惠王为王。居一岁,为秦将,

① 〔汉〕司马迁:《史记》卷七十一《樗里子甘茂列传》,中华书局,1982,第 2307 页。

② 〔汉〕司马迁:《史记》卷十五《六国年表》,中华书局,1982,第 729 页。

③ 杨宽:《战国史料编年辑证》,上海人民出版社,2001,第 454 页。

④ 〔汉〕司马迁:《史记》卷五《秦本纪》,中华书局,1982,第 206 页。

⑤ 〔宋〕司马光编著,〔元〕胡三省音注:《资治通鉴》卷二《周纪二》,周显王四十二年,中华书局,1956,第 74 页。

⑥ 杨宽:《战国史料编年辑证》,上海人民出版社,2001,第 466 页。

⑦ 〔汉〕司马迁:《史记》卷五《秦本纪》,中华书局,1982,第 206 页。

⑧ 〔汉〕司马迁:《史记》卷十五《六国年表》,中华书局,1982,第 730 页。

取陕。”[①]惠文王称王为前 325 年，“居一岁”为前 324 年，当以前 324 年为是。从地理上看，焦和曲沃虽也是交通要枢，但其战略位置稍逊于陕。秦占陕等于在焦与曲沃之间打进一楔子，监视并断绝了两地联系，这当是秦对陕城采取不同于焦和曲沃“既取而复归之”战略的地理原因。从秦惠公十年（前 390）首次“县陕”，再到孝公元年（前 361）“东围陕城”，直到此次“取陕”，秦历时 66 年终将陕城纳入秦土。杨宽评论道：“是时秦已占有河西、上郡，并在河东占有汾阴、皮氏等邑，更在河南占有陕，从此黄河天险全为秦所掌握，对东方六国压力甚大。”[②]陕城从此成为秦人东进中原的战略基地。

秦惠文王更元三年（前 322），秦再次出兵取曲沃，并重演了“既取而复归之”。《史记·张仪列传》记载秦伐取魏之曲沃、平周（今山西介休西）的来龙去脉：“（仪）使与齐、楚之相会啮桑。东还而免相，相魏以为秦，欲令魏先事秦而诸侯效之。魏王不肯听仪。秦王怒，伐取魏之曲沃、平周。”[③]为拉拢魏国，打破公孙衍发起的“五国相王”合纵抗秦军事外交活动，秦派张仪赴魏，兼为秦、魏之相，欲推行“令魏先事秦而诸侯效之”，遭到拒绝，于是秦分两路同时攻击河东、河南，占领曲沃、平周，迫使魏与秦连横，并以张仪为魏相而逐走主张合纵的惠施。秦达目的后，再次采取灵活策略，将曲沃还魏。此战未涉及焦，很可能与此前秦已占领了与之毗邻的陕城有关。

不久，魏“复背秦为从”[④]，魏相公孙衍发动声势浩大的第一次五国合纵伐秦之战，失败后，韩、魏再谋合纵。秦惠文王更元十一年（前 314），樗里子第三次攻取焦和曲沃。《史记·秦本纪》：“樗里疾攻魏焦，降之。败韩岸门，斩首万，其将犀首走。”[⑤]同书《六国年表》载：魏襄王“秦拔我曲沃，归其人。走犀首岸门”[⑥]。同书

① 〔汉〕司马迁：《史记》卷七十《张仪列传》，中华书局，1982，第 2284 页。

② 杨宽：《战国史料编年辑证》，上海人民出版社，2001，第 437 页。

③ 〔汉〕司马迁：《史记》卷七十《张仪列传》，中华书局，1982，第 2283～2284 页。

④ 〔汉〕司马迁：《史记》卷七十《张仪列传》，中华书局，1982，第 2287 页。

⑤ 〔汉〕司马迁：《史记》卷五《秦本纪》，中华书局，1982，第 207 页。

⑥ 〔汉〕司马迁：《史记》卷十五《六国年表》，中华书局，1982，第 733 页。

《魏世家》所载与此略同。又《张仪列传》："张仪归，复相秦。三岁而魏复背秦为从。秦攻魏，取曲沃。明年，魏复事秦。"[①]综合来看，此战秦军进攻路线是先取曲沃，接着攻占相邻的焦，魏将犀首不降，逃至岸门（今河南许昌西北），秦军追击，败魏军于岸门，斩首万人。至此，秦不仅最终完全占据焦、曲沃，疆域东拓至今陕州区，而且迫使魏、韩不得不屈从于秦，造就秦、魏、韩三国与楚、齐两国对峙之形势。历时数百年的秦晋、秦魏河西争夺战，终以秦的全面胜利画上句号。

以前314年秦最终占领焦和曲沃为标志，秦不仅再度占领黄河南岸地带，完全占有了河西之地，疆域东展至今陕县，而且完全控制了崤函古道西段，据桃林塞，获得进可攻、退可守的有利战略地位，奠定了"东乡以制诸侯"的基础，这在秦国发展史上具有重大转折意义。至此，秦结束了战略防御阶段，而进入了以蚕食、削弱关东诸侯为主要目标的战略相持阶段。

2. 秦对崤函古道东段的攻略

在占领陕、焦和曲沃，完全控制崤函古道西段之后，秦国挥师东向，将进攻重点转向韩国，意欲攻取崤函古道东段，打通崤函古道全线交通。

崤函古道出陕城，进入崤山，道路分为南北两路，南路沿崤山南麓经洛宁宜阳入洛阳，北路经渑池新安往洛阳。韩国都郑（今新郑郑韩故城），"北有巩、洛、成皋之固，西有宜阳、常阪之塞"[②]，控扼崤山南北两路。"秦非得之，则无以尽殽函之险，而通三川之道。"[③]赵、齐等关东列国也以韩为屏障联合抗秦，诸国合纵攻秦也主要是经由韩国控制的崤函古道东段。所以，出于攻防两方面的需要，秦都要出兵攻韩，夺取对崤函古道东段的控制。

崤山南路是秦伐韩的主攻方向。宜阳是韩与秦接壤的最大城池，"名曰县，其

---

① 〔汉〕司马迁：《史记》卷七十《张仪列传》，中华书局，1982，第2287页。

② 〔西汉〕刘向集录，范祥雍笺证：《战国策笺证》卷二十六《韩一》，上海古籍出版社，2006，第1479页。

③ 〔清〕梁启超：《战国载记》，《梁启超全集》（第6册），北京出版社，1999，第3544页。

实郡也”[①],包括渑池、新安的崤山山地及以东的伊洛地区皆在宜阳境内。战国初,韩武子都宜阳,故城在今宜阳韩城镇东关村。1988—1990 年曾经进行过勘探和试掘,城呈长方形,由宫城和郭城组成,宫城在郭城西北部,郭城外有护城河,郭城略呈长方形,总面积约 310 万平方米,规模相当可观。宜阳是战国时期著名的商业城市,其繁荣程度甚至可与东周洛邑及齐都临淄、秦都咸阳媲美。《战国策·秦一》张仪曰:“臣闻‘争名者于朝,争利者于市。’今三川、周室天下之市朝也。”高诱注:“三川,宜阳也。周室,洛邑,王城也。”[②]宜阳城人口稠密,储积丰富。《战国策·东周》东周君曰:“宜阳城方八里,材士十万,粟支数年。”[③]首都博物馆藏战国宜阳右仓簋,又称宜阳右仓敦[④],仓即仓库、仓廪,“右仓”二字,所指正是韩宜阳城内的粮仓之一,这从一个侧面反映了宜阳城内仓廪设施的完备。韩城镇城角村农民在村南发现的一件铜戈,属战国中晚期,有“宜阳库”“冶市”等 13 字铭文[⑤],亦证明韩国在宜阳城内有兵器铸造和贮藏机构。

宜阳是韩国西部的军事要塞和崤山南路重要的交通枢纽,东通洛阳,往西北经雁翎关入陕,通关中;由宜阳西南行,沿洛河可达卢氏,又北行,沿弘农涧河谷可至函谷关,是崤山南路的一条支线;由宜阳北上,有道路经渑池,通往黄河北岸武遂,并可直达韩之旧都平阳(今临汾西南)。对秦国来说,若攻取宜阳,可谓一举多得,既可控制崤山南路,东“塞成皋”,北“断韩之上地”,削弱韩国,又能顺势“临二周之郊”,“据九鼎,案图籍,挟天子以令于天下”[⑥],时机成熟即取而代之,名正言顺地易

---

① 〔汉〕司马迁:《史记》卷七十一《樗里子甘茂列传》,中华书局,1982,第 2311 页。

② 〔西汉〕刘向集录,范祥雍笺证:《战国策笺证》卷三《秦一》,上海古籍出版社,2006,第 202 页。

③ 〔西汉〕刘向集录,范祥雍笺证:《战国策笺证》卷一《东周》,上海古籍出版社,2006,第 12 页。

④ 程长新:《北京市拣选的春秋战国青铜器》,《文物》1987 年第 11 期;李健:《宜阳右仓簋(敦)考》,《首都博物馆论丛》2021 年第 1 期。

⑤ 蔡运章:《论新发现的一件宜阳铜戈》,《文物》2001 年第 1 期。

⑥ 〔汉〕司马迁:《史记》卷七十《张仪列传》,中华书局,1982,第 2282、2294 页。

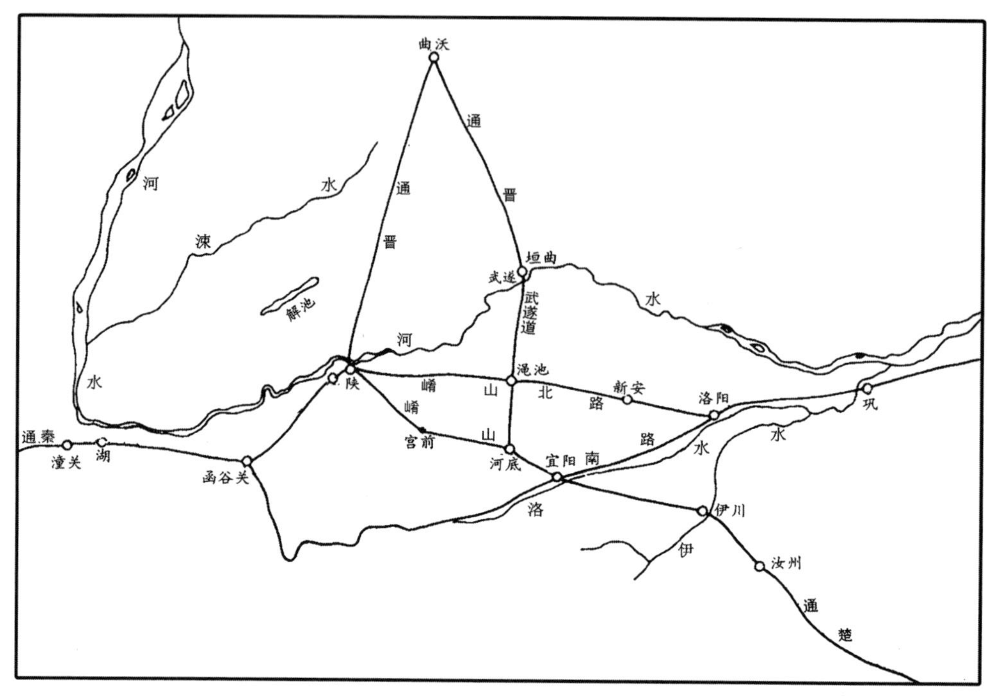

图 4-7　韩都宜阳故城交通示意图①

鼎登极。这正是历代秦君日思夜梦，终生奋斗的目标，故秦武王说："寡人欲车通三川，以窥周室，而寡人死不朽乎？"②可见宜阳对整个中原地区的战争形势有着关乎全局的意义。

秦国在早期东进中，曾数番出兵伐韩。韩列侯九年（前 391），"秦伐我宜阳，取六邑"；韩昭侯元年（前 362），"秦败我西山"，西山指今宜阳、鲁山一带山岭；韩昭侯二十四年（前 339），"秦来拔我宜阳"③。但不久均被韩军夺回。梁启超分析当时

① 据蔡运章《韩都宜阳故城及其相关问题》图绘，《甲骨金文与古史研究》，中州古籍出版社，1993，第 308 页。

② 〔西汉〕刘向集录，范祥雍笺证：《战国策笺证》卷四《秦二》，上海古籍出版社，2006，第 251 页。

③ 〔汉〕司马迁：《史记》卷四十五《韩世家》，中华书局，1982，第 1867~1869 页。

形势，“盖有魏之阴晋、焦、瑕为之屏蔽，秦未有越境而据也”[①]。随着秦东控陕、焦和曲沃之后，秦攻取宜阳的条件随之成熟。秦武王三年（前 308），“其秋，使甘茂、庶长封伐宜阳”。经 5 个多月激战，“四年，拔宜阳，斩首六万”。[②]

有学者据洛宁东境之东王村、南洞村和红崖村一线南侧山地多处出土秦半两钱，推测秦取宜阳的进军路线是由卢氏，沿洛河东下宜阳[③]，此说并不确切。《史记·甘茂列传》记甘茂回答秦武王问话说：“今王倍数险，行千里攻之，难。”《正义》：“谓函谷及三崤、五谷。”[④]《资治通鉴》胡三省亦谓：“数险，谓函谷及三崤之险。”[⑤]三崤即石崤（西崤）、千崤（东崤）和土崤，在今陕州区硖石乡一带，从西到东一字并排，是崤山北道上的险段[⑥]。五谷地不详，估计当于三崤侧近。是则甘茂进军路线是出函谷，循崤函古道东段，过陕县，入崤山北路，至硖石附近，转趋崤山南路，兵临宜阳城下。秦拔宜阳既控制了崤山南路，使中原门户豁然洞开，实现了“通三川”“窥周室”的战略目标，也开创了秦人占领伊洛地区的先河。宜阳之战结束后，秦即兴师临周，“令樗里疾以车百乘入周，周君迎之以卒，甚敬”[⑦]。失去宜阳屏障的东周王室已如惊弓之鸟。八月，秦武王亲往周都，“窥周室”，观周鼎。秦武王、樗里子都应是循崤山南路入洛阳的。

秦拔宜阳后，遣大将向寿镇守。新出秦封泥有“河外府丞”“宜阳丞印”，证明秦拔宜阳后不仅在此设河外郡，同时设宜阳县。马非百分析：“宜阳拔后，以向寿受之，足证当时曾立为郡。后地土东展，另设三川郡，始将宜阳并入耳。”“此时宜阳甫

---

① 〔清〕梁启超：《战国载记》，《梁启超全集》（第 6 册），北京出版社，1999，第 3544 页。

② 〔汉〕司马迁：《史记》卷五《秦本纪》，中华书局，1982，第 209 页。

③ 蒋若是：《秦汉钱币研究》，中华书局，1997，第 49 页。

④ 〔汉〕司马迁：《史记》卷七十一《樗里子甘茂列传》，中华书局，1982，第 2311～2312 页。

⑤ 〔宋〕司马光编著，〔元〕胡三省音注：《资治通鉴》卷三《周纪三》，周赧王七年，中华书局，1956，第 102 页。

⑥ 辛德勇：《崤山古道琐证》，《中国历史地理论丛》1989 年第 4 辑。

⑦ 〔西汉〕刘向集录，范祥雍笺证：《战国策笺证》卷二《西周》，上海古籍出版社，2006，第 89 页。

入秦,而边于韩,又为秦人东出之主要通道。事急为郡,实有必要。”[①]秦在此置“宜阳工”官,掌冶铸铜器;置“宜阳津”官,掌宜阳关津及物资中转。秦昭王也曾几度前往宜阳。《史记·秦本纪》记载,秦昭王十七年(前290),韩国城阳君与东周君朝秦,“王之宜阳”;秦昭王二十三年(前284),“王与魏王会宜阳,与韩王会新城”;秦昭王二十五年(前282),“与韩王会新城,与魏王会新明邑”。[②] 新城在今伊川城关镇一带,新明邑当也在河洛之地。秦王屡次赴宜阳会韩、魏国君,说明宜阳应已建有行宫。宜阳成为函谷关外秦国又一个向东扩张的重要战略基地。

在控制崤山南路前后,秦对崤山北路的攻取也在激烈进行之中,其最早的努力当在秦惠文王九年(前329)。《战国策·韩二》记载:“楚威王攻梁,张仪谓秦王曰:‘与楚攻梁,魏折而入于楚,韩固其与国也,是秦孤也,故不如出兵以劲魏。’于是攻皮氏,魏氏劲,威王怒。楚与魏大战,秦取西河之外以归。”[③]同书《秦一》记载有所不同:“楚攻魏,张仪谓秦王曰:‘不如与魏以劲之。魏战胜,复德于秦,必入西河之外。不胜,魏不能守,王必取之。’”“王用仪言,取皮氏。卒万人、车百乘,以与魏犀首战胜威王。魏兵罢弊恐畏秦,果献西河之外。”[④]杨宽分析当时军事形势:“是年秦渡河取得汾阴皮氏,旋又以皮氏卒万人、车百乘以与魏,助魏伐楚,败之陉山,秦因而迫使魏献西河,于是西河之外全为秦有。”[⑤]“西河之外”学者多释为“河西郡”[⑥]。“河西”与“西河”是同地异名,但“西河之外”却另有所指。“西河之外”亦作“西河外”。《史记·赵世家》:赵惠文王二十年(前279),“王与秦昭王遇西河外”[⑦]。《集解》:“徐广曰:‘年表云与秦会渑池。’”同书《蔺相如列传》作“秦王使使

① 马非百:《秦集史》,中华书局,1982,第592、588~589页。

② 〔汉〕司马迁:《史记》卷五《秦本纪》,中华书局,1959,第212~213页。

③ 〔西汉〕刘向集录,范祥雍笺证:《战国策笺证》卷二十七《韩二》,上海古籍出版社,2006,第1544页。

④ 〔西汉〕刘向集录,范祥雍笺证:《战国策笺证》卷三《秦一》,上海古籍出版社,2006,第214页。

⑤ 杨宽:《战国史料编年辑证》,上海人民出版社,2001,第422页。

⑥ 〔西汉〕刘向集录,范祥雍笺证:《战国策笺证》卷三《秦一》,上海古籍出版社,2006,第216页注11。

⑦ 〔汉〕司马迁:《史记》卷四十三《赵世家》,中华书局,1982,第1821页。

者告赵王，欲与王为好会于西河外渑池。”《索隐》：“在西河之南，故云‘外’。”[①]战国时渑池在黄河以南，今渑池县西，称这一带为“西河外”，应是以秦人的地理方位观而言[②]。渑池地处崤山北路，北与宜阳相邻，西靠陕县，东接洛阳。崤函古道东段最险地段即在北路渑池陕县间，历史上有“崤塞”“崤阪”“崤陒”“崤黾”“崤关”“渑崤厄狭间”“渑隘之塞”之称。这一带商业交通亦较繁盛，韩国铸有“土爻（崤）”方足布币流通。从前 330 年樗里子攻取曲沃与焦，控制崤函古道西段的军事态势和东进战略看，秦占渑池当是乘取曲沃与焦之胜利之势，一鼓作气而取之。《史记·张仪列传》记张仪说赵王：“今秦有敝甲凋兵，军于渑池”，“今秦发三将军，其一军塞午道……一军军成皋……一军军于渑池。”[③]午道在魏东、齐西和赵国之南。可知，秦占渑池后，已将该地建设成为重要的军事基地，并与成皋、午道形成有利于军事行动的交通线。

秦第二次占领渑池在拔宜阳之后。《史记·秦本纪》：武王四年（前 307）“拔宜阳，斩首六万。涉河，城武遂”[④]。秦拔宜阳后，从渑池北上渡过黄河，占领韩国武遂并筑城防守。据杨宽考订，武遂在今山西垣曲东南古城镇一带，正当宜阳之北，是韩国黄河南北两岸重要的交通枢纽，也是韩国的重要关塞。由武遂南过黄河可通宜阳，北上可直达韩之旧都平阳（今山西临汾西南）。秦占武遂而筑城防守，正是为控制韩之重要关塞和贯通黄河南北的交通要道，切断韩国通往旧都平阳的道路，以此作为要挟韩国屈服之手段[⑤]。而由武遂渡河南下至宜阳，有白里之遥，必经由渑池。据此推论，在此过程中，秦亦必占领宜阳—渑池—武遂沿线，进而再度控制了崤山北路。

---

① 〔汉〕司马迁：《史记》卷八十一《廉颇蔺相如列传》，中华书局，1982，第 2442 页。

② 晏昌贵：《秦简“十二郡”“考”》，北京大学中国古代史研究中心：《舆地、考古与史学新说——李孝聪教授荣休纪念论文集》，中华书局，2012，第 123 页。

③ 〔汉〕司马迁：《史记》卷七十《张仪列传》，中华书局，1982，第 2296 页。

④ 〔汉〕司马迁：《史记》卷五《秦本纪》，中华书局，1982，第 209 页。

⑤ 杨宽：《战国史料编年辑证》，上海人民出版社，2001，第 586~587 页。

秦最终控制崤山北路，当在伊阙之战后。秦占武遂后，秦韩围绕武遂争夺激烈，武遂在十几年间几次易手，秦对崤山北路的控制因此呈不稳定状态，影响其东出中原。秦昭王十三年(前294)，秦军白起为主将攻韩要塞新城，以向寿攻取韩武始(今洛阳西)。新城在今洛阳龙门镇南。武始，《史记集解》指在邯郸西南，误，当在今新安与洛阳之间，崤山北路上[①]。翌年，秦军在伊阙(今洛阳龙门)大破韩魏联军，斩首24万，拔宜阳地区及附近五座城池。魏被迫割河东地四百里于秦，韩亦割武遂二百里地，韩、魏精锐尽失，自此一蹶不振。东周君亦朝秦，甘为附庸。秦国疆域推进到东至今孟津，南至伊川，北至济源的中原腹地。史载伊阙之战中白起曾在新安筑城屯兵。《读史方舆纪要·河南三》河南府新安县条载："白起城，在县西三十里。相传白起尝屯兵于此，因名。"[②]乾隆《新安县志》亦载："白起城，县西三十里，凤凰山北，故址尚存，秦白起屯兵于此。"[③]白起城在今新安西铁门镇西北15公里凤凰山，北依邙山，南临涧水，地扼崤函古道。今登上凤凰山顶，白起城石墙还依稀可辨。

以伊阙之战攻占渑池、新安为标志，秦完全控制了崤山北路，这一道路随后成为秦与关东诸国攻守的主要交通线路。从秦昭王二十八年(前279)的秦赵"渑池会盟"可以看到相关情形。《史记·蔺相如列传》记载："秦王使使者告赵王，欲与王为好会于西河外渑池。赵王畏秦，欲毋行。廉颇、蔺相如计曰：'王不行，示赵弱且怯也。'赵王遂行，相如从。廉颇送至境，与王诀曰：'王行，度道里会遇之礼毕，还，不过三十日。三十日不还，则请立太子为王，以绝秦望。'王许之，遂与秦王会渑

① 台湾三军大学：《中国历代战争史》(第2册)附图五九，中信出版社，2012。

② 〔清〕顾祖禹撰，贺次君、施和金点校：《读史方舆纪要》卷四十八《河南三》，中华书局，2005，第2259页。

③ 〔清〕邱峨修，吕宣纂：乾隆《新安县志》卷一《封域八》，《河南历代方志集成·洛阳卷》(24)，大象出版社，2017，第41页。

池。”[①]渑池会上，秦昭王本想以威势压服赵国依附，但赵惠文王得蔺相如之助，挫败了秦的挑衅。《元和郡县图志·河南道一》渑池县：“谷水，南去县二百步。东经秦、赵二城，俗谓之俱利城，东城在县西十三里，西城在县西十四里，昔秦、赵会于渑池之处。”[②]今渑池县城西池底乡朱城村尚存东城和西城二遗址，西南约1公里的渑水与羊河之间，有秦赵会盟台。赵王从邯郸远赴渑池，应是由邯郸往南，经当时太行山东麓的南北大道，抵洛阳，西循崤山北路至渑池。而秦赵会盟之所以选择在渑池，主要是因为它在秦韩边界上，是崤山北路的重要节点，属于秦国的势力范围，可作为会盟依托之所，强化秦的政治威慑力。史念海认为，这显示了崤山北路的重要意义[③]，其说甚是。从通行状况看，崤山北路虽较南路险隘，但却直接联系陕县和洛阳，路程较短。在秦势力已经深入到汾水流域的形势下，还可与河北岸同样沿黄河而行的晋南通道形成跨河连通和隔河响应的效应。因此，秦与关东诸国攻守，多以崤山北路为主要交通线。

图4-8　渑池秦赵会盟台

① 〔汉〕司马迁：《史记》卷八十一《廉颇蔺相如列传》，中华书局，1982，第2442页。

② 〔唐〕李吉甫撰，贺次君点校：《元和郡县图志》卷五《河南道一》，中华书局，1983，第141页。

③ 史念海：《战国时期的交通道路》，《河山集》（七集），陕西师范大学出版社，1999，第135页。

秦占领渑池、新安,控制崤山北路,打通了东进的又一条东西通道,在东取中原的军事交通路线上又多了一种选择。至此,秦国彻底完成了对崤函古道的攻略。这一重大胜利,开始了秦人凯歌东进的历程,也宣告历史进入了秦逐步实现统一的阶段。从此,秦军出函谷关东进,或走南路,或走北路,两条线路相互呼应,战略态势十分主动。从历史进程看,在秦对六国近百年的战争中,也正是以崤函古道为主要的进军路线和作战方向的。

三、三门峡秦人墓与秦文化的东播

在秦人利用崤函古道大举东进的同时,秦文化也沿着崤函古道大规模涌进崤函地区,以此为中介,深入中原腹地,影响中原文化,绘就了一幅波澜壮阔的文化传播交流、碰撞融合的画卷。

伴随着秦对崤函地区的军事占领和政治征服,首当其冲的是秦移民的大量迁入。文献记载,"秦惠王八年,爵樗里子右更,使将而伐曲沃,尽出其人,取其城,地入秦"[①]。秦惠文王十三年(前325),"张仪伐取陕,出其人与魏"[②]。魏襄王五年(前314),"秦拔我曲沃,归其人"[③]。秦昭王元年(前306),"甘茂许公仲以武遂,反宜阳之民"。《正义》:"令其民得反归居之。"[④]

"出其人"或曰"归其人",是秦在逐步东进的进程中一种极具特色的人口流动现象,也是"中国移民史上值得注意的新事物"[⑤]。有学者认为"出其人"是驱逐原居民而仅占有其土地,"取其城,地入秦"的政策。其实,秦"出其人"并非是毫无选

① 〔汉〕司马迁:《史记》卷七十一《樗里子甘茂列传》,中华书局,1982,第2307页。

② 〔汉〕司马迁:《史记》卷五《秦本纪》,中华书局,1982,第206页。

③ 〔汉〕司马迁:《史记》卷十五《六国年表》,中华书局,1982,第733页。

④ 〔汉〕司马迁:《史记》卷七十一《樗里子甘茂列传》,中华书局,1982,第2314~2315页。

⑤ 葛剑雄:《中国移民史》(第2卷),福建人民出版社,1997,第35页。

择地一概逐之,被驱逐者的态度和立场是重要因素之一。据杨宽的研究,陕、焦和曲沃被秦驱逐的原居民主要是一些难于治理的旧贵族及大商人,而“决非农民”。陕城曾是虢国故都、晋魏重镇,残余贵族势力尚存,“其俗刚武,上气力”,爱好“游侠通奸”。大工商业者也较多,依仗财势,“商贾为利”,滋生畸形农商观念与社会习气,直接破坏秦以农为本的立国基础,使秦颇感“难制御”。因此便对这些人实施打击和驱逐。[①] 刘向《列女传》记有曲沃老妇魏大夫如耳母陈列纪纲,劝谏魏襄王的故事,即反映了这一带贵族势力的根深蒂固。尤其是,陕、焦和曲沃地处崤函古道要冲,“为出大河南北要地……皆是形胜要害之区”[②]。秦人占领崤函之初,残余旧势力尚强,秦要在此建立巩固的东进基地,稳定东进战略通道,不驱逐这些“难制御”的旧贵族及大商人,是很难成功的。因此,秦在东进过程中,对首先占领的崤函地区采取“出其人”政策,“旨在破坏新占领地上的旧的传统秩序,否定那里原有的族的结合的继续存在”[③],以巩固对新占领区的统治。

对“出其人”所造成的空白,秦又有以本国移民充实之的政策。马非百论秦惠文王八年(前330)伐曲沃“尽出其人”时指出:“出其人,则必移秦民实之可知,下取陕,拔曲沃,归其人,皆与此同。”[④]限于文献阙载,不能确知这几次迁出魏人和迁入秦人数量,但陕、焦和曲沃原是魏国西部重镇,宜阳人口稠密,估计迁出迁入者都不会少。三门峡秦人墓的大量考古发现提供了相关佐证材料。

迄今三门峡地区考古发现的秦人墓地有十几处,近4000座墓葬。时间上从战

① 杨宽:《战国史(增订本)》,上海人民出版社,1998,第439页。

② 施之勉:《秦人迁人说》,〔清〕孙楷著,徐复订补:《秦会要订补(修订本)》附录,中华书局,1959,第454~455页。

③ [日]西嶋定生著,武尚清译:《中国古代帝国的形成与结构:二十等爵制研究》,中华书局,2004,第494页。

④ 马非百:《秦集史》,中华书局,1982,第919页。

国晚期，一直延续至西汉早期[①]，分布上大体可划分为东、中、西三个片区：

东片区：主要分布在湖滨区上村岭及南侧坡地上，距陕州故城3公里，在六峰路以西、黄河路以北，至甘棠路西约400米的范围内，发现秦人墓葬约1300座。大致分为早、中、晚三期，早期约相当于战国晚期，上限在前325年秦伐取陕以后[②]。根据墓葬规模及出土随葬品分析，墓主人当是秦国士兵及拔陕后的秦移民或获赦免的罪人。

中片区：集中分布在陕州区大营镇黄村和南曲村之间的大唐火电厂工地，东南距陕县老城约16公里。已发掘墓葬2000余座，其中秦人墓1700余座，分为南北两区。北区为战国晚期小型秦墓区，排列十分密集，多为长方形竖井墓道侧向洞室墓，葬式几乎全为程度不同的屈下肢葬，墓主性别以男性为多，考古学者推断北区可能为战国晚期秦军人墓地。南区是秦代和西汉初的秦人墓。南北两区秦人墓差别明显，时代上前后衔接，分布井然。整个墓区墓葬排列密集有序，几乎没有打破关系，推测经过详细规划，并有专人严格管理。

西片区：在灵宝阳平镇王家岭，东北距今灵宝10公里，东距函谷关30多公里，西距战国秦胡县2~3公里。王家岭秦人墓是一处由专人负责管理的公共墓地，规

---

① 中国社会科学院考古研究所：《陕县东周秦汉墓》，科学出版社，1994；黄士斌：《上村岭秦墓和汉墓》，《中原文物》1981年特刊；刘曙光：《三门峡上村岭秦人墓的初步研究》，《中原文物》1985年第4期；三门峡市文物工作队：《三门峡市司法局、刚玉砂厂秦人墓发掘简报》，《华夏考古》1993年第4期；三门峡市文物工作队：《三门峡市三里桥秦人墓发掘简报》，《华夏考古》1993年第4期；三门峡市文物工作队：《三门峡市火电厂秦人墓发掘简报》，《华夏考古》1993年第4期；来坤、有维：《灵宝发现我国最大秦人墓葬群》，《中国文物报》1999年11月3日，第1版；宁文阁、赵小灿、王光有：《三门峡573干休所秦人墓发掘简报》，许海星、李书谦：《三门峡文物考古与研究》，燕山出版社，2003，第19~31页；张怀银、何耀鹏：《灵宝王家岭秦汉墓地的发现及其意义》，河南省文物考古学会：《中原文物考古研究》，大象出版社，2003，第236~238页；赵成玉：《三门峡秦人墓的发现与研究》，《三门峡职业技术学院学报》2008年第1期；李书谦：《试论三门峡秦人墓》，《中原文物》2013年第2期；马俊才、史智民：《河南三门峡火电厂工地发现大规模秦人墓地》，《中国文物报》2015年4月24日，第8版。

② 中国社会科学院考古研究所：《陕县东周秦汉墓》，科学出版社，1994，第202页；黄士斌：《上村岭秦墓和汉墓》，《中原文物》1981年特刊。

模庞大，东达阳平河西岸，西至故县镇高柏村，东西长5公里，南北宽3公里，总面积15平方公里，是目前发现的我国最大的战国时期秦人墓葬区[①]。在王家岭村北，一条东西长1075米、南北宽50米的路基中，考古学者依自然壕沟，由西向东划分为四个发掘区，钻探发掘出战国墓763座。墓葬均为竖穴方坑墓、单人仰面直肢或侧身屈肢葬。其中，第一、二区为战国晚期，第三区为秦末至西汉初年，属典型的秦人墓，第四区为西汉早期，已无秦人墓的明显特征。发掘者判断，第一、二区秦人墓当为驻守的秦军将士墓。

上述表明，三门峡秦人墓在空间分布上具有两大特点：

其一，集中分布在崤函古道线路上，与秦人攻取崤函地区的进军路线和过程相吻合。灵宝王家岭秦人墓所在为春秋著名的瑕邑，也是战国后期秦东进崤函首先占领的地方。大唐火电厂工地秦人墓所在是魏国的重要城邑曲沃，秦与魏曾反复争夺此地。陕、焦地处崤函古道核心位置，也是军事争夺的要地。崤函古道东段出土秦人墓则相对较少，但在宜阳、洛宁、新安等地出土有相当数量的秦半两钱，有随葬，也有窑藏[②]。研究者认为，“战国铸行之半两，于始皇统一之前已逾百年，而半两钱不见于六国。今之出土者除秦国故地外，几皆与秦军对外之战争有关”，“出于秦之四方者，大多不离秦对外之经略路线”。[③] 宜阳、洛宁、新安分别在崤山南路和北路上，也是秦东向攻城略地的必经之地，所出秦半两钱应与秦东取韩、魏战争有密切的关系，是秦国东进军事行动中的一些遗留物。

---

① 来坤、有维：《灵宝发现我国最大秦人墓葬群》，《中国文物报》1999年11月3日，第1版；林剑鸣、吴永琪：《秦汉文化史大辞典》，汉语大词典出版社，2002，第423页；张怀银、何耀鹏：《灵宝王家岭秦汉墓地的发现及其意义》，河南省文物考古学会编：《中原文物考古研究》，大象出版社，2003，第236~238页。

② 洛阳地区文管会：《洛宁故县秦墓发掘简报》，《中原文物》1985第4期；张玉芳：《河南卢氏出土秦半两》，《中国钱币》1999年第2期；刘长胜：《灵宝县发现的半两钱》，《陕西金融（钱币专辑）》第10期；人青、王兴水：《洛阳市新安县八陡山出土秦国半两钱》，《中州钱币（金融理论与实践钱币增刊二）》，1988年第2期。

③ 蒋若是：《秦汉钱币研究》，中华书局，1997，第42~64页；蔡运章、李运兴、赵振华等：《洛阳钱币发现与研究》，中华书局，1998，第109页；石俊志：《半两钱制度研究》，中国金融出版社，2010，第12~20页。

其二,秦人墓中军人墓较多,且多集中分布在崤函古道具有重要战略意义的军事要地及附近。迁入三门峡地区的秦移民主要是军人、贫民和罪隶。大唐火电厂和王家岭两个片区可明确为秦军人墓地或以秦军人为主的墓葬区,湖滨区秦人墓成分复杂,很可能贫民、罪隶墓较多,但也有不少军人墓存在。这种分布是秦攻取崤函后要将崤函古道打造为东进战略要道在军事驻防上的表现。大唐火电厂秦人墓所在正当函谷关东北,是秦从函谷关伸向关东的矛头[①],秦派军驻守在所难免。王家岭秦人墓的形成,则与秦之胡县(湖关)设置相关。据顾炎武考证,胡即《左传》之瑕。出土秦封泥中有"胡印"[②]"胡丞之印"[③]。秦置胡县当在秦惠文王六年(前332)秦夺取魏之阴晋或稍后,最晚不迟于秦惠文王八年(前330),秦攻取焦与曲沃。胡县又称"湖关",为秦之关塞亭障[④]。秦于此设关,可以方便地控制灵宝至潼关间大纵深的黄河南岸狭长谷地。胡既为县,亦为关,秦军大量在此扼守,也是理所当然。王家岭秦人墓的形成,突出体现了秦人以对具有重要战略意义交通节点的控制,促成交通线的通行和政治军事进取条件成功的努力。

三门峡秦人墓的分布集中反映了秦对崤函地区控制和建设的特点,即首先着眼于对崤函交通的控制,同时将其建设为秦东进中原的战略基地和护卫关中的军事屏障。而在崤函地区实行的"出其人"迁徙政策,"强化区域行政、区域开发和区域防卫的意义,是行政史的创造"[⑤]。

大量秦移民的涌入开启了崤函地区的"秦化"过程。随着秦军事行动和移民活动深入崤函,秦文化因素不可避免地从关中地区延伸到这里。有研究者注意到,战

---

① 杨宽:《战国史料编年辑证》,上海人民出版社,2001,第571页。

② 陈晓捷、周晓陆:《新见秦封泥五十例考略》,西安碑林博物馆:《碑林集刊》(十一),陕西人民美术出版社,2005,第318页。

③ 王伟:《秦玺印封泥职官地理研究》,中国社会科学出版社,2014,第560页。

④ 杨宽、吴浩坤:《战国会要》,上海古籍出版社,2005,第1441页。

⑤ 王子今:《秦兼并战争中的"出其人"政策——上古移民史的特例》,《文史哲》2015年第4期。

国中晚期三门峡地区在墓葬形制、葬式和随葬品的器物组合上出现巨变。三门峡秦人墓与关中同时期如西安半坡、大荔朝邑等秦墓在文化面貌上表现出极大相似性。如墓葬形制，战国中晚期前，三门峡传统墓葬形制是竖穴土坑式，战国晚期开始出现洞室墓（土洞墓），并很快成为当地墓葬形制的大宗。洞室墓流行于关中，关中秦墓中洞室墓所占比例达 70%。三门峡洞室墓形制和关中秦墓相仿，占该地区秦人墓 80%左右①，使用时间上却比关中要晚，说明它应是随秦人军事势力东渐传入的，具体讲，"应该是受大荔、西安地区秦人的影响或者说是这两个地方移居三门峡者所带来的"。葬俗上，关中秦墓最引人注目的是其独特的屈肢葬式。战国中期晚段的三门峡秦人墓秦式屈肢葬，占比达 90%。② 其蜷曲程度与关中的客省庄、斗鸡台、朝邑、半坡等地秦墓屈肢葬相同。此外三门峡秦人墓中普遍缺少兵器和秦币，陶器趋于简单化、实用化、组合不固定，这些都与秦人重生轻死、尚武重利的实用主义和开放性相关。究其原因，在于三门峡地近秦文化中心区，被秦占领早，时间长，以及占领以后实行"出其人"政策，秦文化影响较深。

秦文化的输入，甚至还影响到战国中晚期崤函地区乐器的变化。缶是秦人喜爱的一种敲击乐器。"缶者，瓦器，所以盛酒浆，秦人鼓之以节歌也。"③三门峡刚玉砂厂秦人墓考古出土有大小缶 24 件，其中 1 件肩部印有陶文"陕市"，说明作为秦声主乐器的缶已经传入并风行于崤函地区。表明秦文化已影响改变着当地人的精神生活层面。

三门峡秦人墓中的秦文化因素从战国中晚期一直延续到西汉中期。研究表明，直到西汉初年，三门峡秦人墓无论墓葬形制或随葬器物，仍与关中地区基本相同，保留着十分浓厚的秦文化因素，所以仍称之为秦人墓④。这一现象，显示了秦大规模移民政策对文化传播和交流的深刻而持续的作用，影响着崤函地域文化的发

---

① 张剑：《洛阳秦墓的探讨》，《考古与文物》1999 年第 5 期。

② 赵成玉：《三门峡秦人墓的发现与研究》，《三门峡职业技术学院学报》2008 年第 1 期。

③ 〔汉〕司马迁：《史记》卷八十一《廉颇蔺相如列传》，中华书局，1982，第 2443 页。

④ 中国社会科学院考古研究所：《陕县东周秦汉墓》，科学出版社，1994，第 202~203 页。

展进程。

崤函地区是秦人东进中原过程中最先进入和控制的地区,秦文化与中原文化的相互交融初始于此。在秦文化由关中向中原腹地传播过程中,崤函地区起到了中介作用。有研究表明,三门峡秦人墓与洛阳、郑州秦人墓有较大区别。后者虽具有不少秦文化因素,但还保留着较多的中原文化因素。这很可能与后者长期处于周文化核心区,当地人对秦文化采取了一种排斥状态有关[①]。就秦文化和中原联系的整体趋势而言,离关中愈近,时间愈早,秦文化因素就愈多,反之亦然[②]。此外,崤函地区还是秦文化南下的中间站,文化特色呈现出多种文化交融汇聚的过渡特征。有研究者分析三门峡秦人墓出土的 21 面秦镜特征,认为其中既有秦典型的弦纹镜,又有北上的楚文化的蟠螭纹、凤鸟纹镜,二者基本势均力敌,文化的交流、对抗与融合在这里表现得十分突出。由此可以看到,崤函地区串接起中部中原文化、北部晋文化、南方楚文化和西部秦文化,并创造出独具特色的地域文化。而崤函古道正是沟通这些文化的要道,它有利于秦人由东西南北全方位地接触和吸取其他地区文化的积极因素,促进了秦文化的开放性和进取性,崤函地区也在这种沟通与交流中,逐步创造出独具特色的地域文化。

四、诸子名士的求功成名与学术传播之路

战国时期,出于争雄称霸的需要,各国纷纷重视用人,所谓“夫争天下者,必先争人”[③],争夺的对象主要是士人。士人是春秋战国时期崛起的一个特殊阶层,以有特定知识技能为特征,他们为出仕从政建功立业,“足迹接乎诸侯之境,车轨结乎

① 薛瑞泽、李随森:《简论河洛地区的秦文化》,洛阳市文物局、洛阳博物馆编:《洛阳博物馆建馆四十周年纪念文集(1958—1998)》,科学出版社,1999,第 96~103 页。

② 叶小燕:《秦墓初探》,《考古》1982 年第 1 期。

③ 黎翔凤撰,梁运华整理:《管子校注》卷九《霸言》,中华书局,2004,第 465 页。

千里之外"[①],成为这一时期特殊的交通现象,促进了战国政治的发展和学术的传播与进步。秦国以其求士任贤历史之长,规模之大,效果之显著,为同一时期其他各国所不可比拟,堪称大规模吸引和使用人才最为成功的范例。这样的成功,相当部分是通过崤函古道实现的。

崤函古道作为秦求士任贤的人才引进通路,从秦实施人才强国战略开始就显现出重要的作用。秦国求士任贤,最早始于秦穆公。李斯说:"昔缪公求士,西取由余于戎,东得百里奚于宛,迎蹇叔于宋,来丕豹、公孙支于晋。此五子者,不产于秦,而缪公用之,并国二十,遂霸西戎。"[②]"五子"中的百里奚原为虞国大夫,虞亡后,作为媵臣陪嫁至秦,后欲往宋国会蹇叔,迷路而逃至楚地宛,沦为贩牛奴隶,被秦穆公用五张羊皮赎回,"授之国政,号曰五羖大夫"[③]。"相秦六七年,而东伐郑,三置晋国之君,一救荆国之祸。发教封内,而巴人致贡;施德诸侯,而八戎来服。"[④]在其由虞至秦和由宛至秦的曲折传奇的经历中,百里奚至少两次经行崤函古道。后来秦穆公伐郑,他与蹇叔哭谏,表现出他对崤函古道的熟知。"五子"中来自宋的蹇叔和来自晋的丕豹、公孙支,按照当时的东西交通,也应是经崤函古道赴秦的。秦穆公"好用异国人",正式确立了秦国的人才强国谋略,使秦初步改变了长期以来的落后面貌,奠定了秦国的发展基业。

进入战国,秦求士任贤大幅提速。前361年,秦孝公继位伊始,即下令求贤:"宾客群臣有能出奇计强秦者,吾且尊官,与之分土。"[⑤]一时入秦而为宾客,图谋发展,成为风尚。如李斯所言:"今秦王欲吞天下,称帝而治,此布衣驰骛之时而游说者之秋也。"[⑥]他们中有许多著名士人有过由崤函古道入秦的经历,其人生因此也

---

① 〔清〕王先谦撰,沈啸寰点校:《庄子集解》卷三《胠箧》,中华书局,1987,第88页。

② 〔汉〕司马迁:《史记》卷八十七《李斯列传》,中华书局,1982,第2541~2542页。

③ 〔汉〕司马迁:《史记》卷五《秦本纪》,中华书局,1982,第186页。

④ 〔汉〕司马迁:《史记》卷六十八《商君列传》,中华书局,1982,第2234页。

⑤ 〔汉〕司马迁:《史记》卷五《秦本纪》,中华书局,1982,第202页。

⑥ 〔汉〕司马迁:《史记》卷八十七《李斯列传》,中华书局,1982,第2539页。

达到成功的境界。

法家是对秦政治影响最大的思想派别。商鞅是西向入秦最早也最著名的法家人物,“闻秦孝公下令国中求贤者,将修缪公之业,东复侵地,乃遂西入秦”①,得到秦孝公信任,先后两次实行变法,使得秦国“移风易俗,民以殷盛,国以富强,百姓乐用,诸侯亲服”②,逐渐强大起来。商鞅本人也达到了事业巅峰。“秦封之於、商十五邑,号为商君”③。商鞅由魏入秦,时魏都在安邑,必然有崤函古道之行。商鞅通过崤函古道,实现了人生的重大转折,也改变了秦国乃至整个战国史。但孝公一死,商鞅命运急转直下,其个人最后的悲惨结局,也发生在崤函古道上。

秦孝公二十四年(前338),孝公死,惠文王立,商鞅被诬谋反,为避害曾两次由秦归魏落魄逃亡。《战国策·秦一》载:“孝公已死,惠王代后,莅政有倾,商君告归。”④《吕氏春秋·慎行论》所记稍详一些:“秦孝公薨,惠王立,以此疑公孙鞅之行,欲加罪焉。公孙鞅以其私属与母归魏。襄疵不受。”⑤襄疵是魏国邺令,邺在今河北临漳西南。商鞅的第一次避害归魏之旅,因襄疵的坚拒而告终,商鞅不得已重返秦国。由其行程看,商鞅此次无疑应当两次穿行崤函古道。商鞅从魏归秦后,“公子虔之徒告商君欲反,发吏捕商君”,商鞅被迫再次踏上崤函古道,一路向东,“亡至关下,欲舍客舍。客人不知其是商君也,曰:‘商君之法,舍人无验者坐之。’商君喟然叹曰:‘嗟乎,为法之敝一至此哉!’”“关”即函谷关,“验”是有关身份的文书证明。商鞅因无“验”而不能住宿,无奈又“去之魏。魏人怨其欺公子卬而破魏师,弗受。商君欲之他国。魏人曰:‘商君,秦之贼。秦强而贼入魏,弗归,不可。’遂内秦”。商鞅甫入魏即被拒,且还被强制遣返。于是商鞅“复入秦,走商邑,与其徒

---

① 〔汉〕司马迁:《史记》卷六十八《商君列传》,中华书局,1982,第2228页。

② 〔汉〕司马迁:《史记》卷八十七《李斯列传》,中华书局,1982,第2542页。

③ 〔汉〕司马迁:《史记》卷六十八《商君列传》,中华书局,1982,第2233页。

④ 〔西汉〕刘向集录,范祥雍笺证:《战国策笺证》卷三《秦一》,上海古籍出版社,2006,第136页。

⑤ 许维遹:《吕氏春秋集释》卷二十二《慎行论》,中华书局,2009,第604~605页。

属发邑兵北出击郑。秦发兵攻商君,杀之于郑黾池”。《索隐》:“郑黾池者,时黾池属郑故也。”《正义》:“黾池去郑三百里,盖秦兵至郑破商邑兵,而商君东走至黾,乃擒杀之。”[①]黾池即渑池,在今渑池西。可见商鞅逃亡路线,是咸阳—函谷关—魏边境—秦—商邑—郑—黾池,除商邑外,大致是以崤函古道为轴线的,其被擒杀之地渑池在崤山北路上。商鞅的成名、成功之路,与日后逃亡及被诛都在同一条道路上。

商鞅之后,李斯、韩非等法家代表性人物先后西行入秦。李斯,楚国上蔡(今河南上蔡县西南)人,曾“从荀卿学帝王之术”。学成后,辞别荀子“西入秦”[②]。其时荀子任楚兰陵(今山东枣庄东南)令,聚徒讲学。从兰陵到咸阳,沿途要经过彭城(今徐州)、砀山(今商丘)、大梁(今开封)、虎牢(今荥阳)、洛阳,由此进入崤函古道,过函谷关,方到咸阳。入秦后的李斯由长史一直升到丞相,最终助秦始皇完成统一中国之伟业。《史记·李斯列传》称“明法度,定律令,皆以始皇起。同文书。治离宫别馆,周遍天下。明年,又巡狩,外攘四夷,斯皆有力焉”[③]。李斯经崤函古道入秦,实现了人生的重大转折。

韩非,韩国郑(今河南新郑)人,作为法家集大成者,也因行历崤函古道入秦而人生获得改变。据司马迁的记载,当秦王嬴政读了韩非《孤愤》《五蠹》等著作后大加赞赏,说:“嗟呼,寡人得见此人与之游,死不恨矣。”[④]遂即发兵攻韩。韩王不得已,派韩非出使秦国,时为前234年。韩非作为韩国使臣,自韩都新郑出发至咸阳,自当行经崤函古道。韩非入秦不久,即因李斯等人的谗毁而遭毒杀。但其法治学说却被秦付诸实践,成为秦国君臣人人必读的治国宝典。

战国中后期,最为人称道的外交策略是合纵连横,或称纵横。张仪是连横策的

---

① 〔汉〕司马迁:《史记》卷六十八《商君列传》,中华书局,1982,第2236~2237页。

② 〔汉〕司马迁:《史记》卷八十七《李斯列传》,中华书局,1982,第2539页。

③ 〔汉〕司马迁:《史记》卷八十七《李斯列传》,中华书局,1982,第2546~2547页。

④ 〔汉〕司马迁:《史记》卷六十三《老子韩非列传》,中华书局,1982,第2155页。

首创者,也是战国中期最早经行崤函古道入秦的著名纵横家。《吕氏春秋·慎大览》云:“张仪,魏氏余子也,将西游于秦,过东周……至于秦,留有间,惠王说而相之。”[①]张仪于秦惠文王五年(前333)入秦后,运用雄辩的口才,诡谲的谋略,纵横捭阖,游说诸侯,“散六国之从,使之西面事秦”。张仪入秦后,秦国正式开启了扩张之路,东“拔三川之地,西并巴、蜀,北收上郡,南取汉中”[②],为秦国最终吞并六国、统一全国奠定了基础。

继张仪之后入秦为相的另一位纵横家范雎同样经过了崤函古道,其过程更为艰辛曲折。范雎本为魏大夫须贾的客卿,因触怒须贾而遭迫害,受郑安平之助,易名张禄,与秦使王稽私约离魏入秦。当车驾行驶到秦国边境湖关(今灵宝阳平镇南寨子)时,恰遇穰侯魏冉东巡。《史记·范雎列传》记其情形说:“王稽辞魏去,过载范雎入秦。至湖,望见车骑从西来。范雎曰:‘彼来者为谁?’王稽曰:‘秦相穰侯东行县邑。’范雎曰:‘吾闻穰侯专秦权,恶内诸侯客,此恐辱我,我宁且匿车中。’有顷,穰侯果至,劳王稽,因立车而语曰:‘关东有何变?’曰:‘无有。’又谓王稽曰:‘谒君得无与诸侯客子俱来乎?无益,徒乱人国耳。’王稽曰:‘不敢。’即别去。范雎曰:‘吾闻穰侯智士也,其见事迟,乡者疑车中有人,忘索之。’于是范雎下车走,曰:‘此必悔之。’行十余里,果使骑还索车中,无客,乃已。王稽遂与范雎入咸阳。”范雎机智地躲过了魏冉的盘查搜索,最终平安到达咸阳。前271年,秦昭王“拜范雎为客卿,谋兵事”[③]。范雎任秦相11年,定“远交近攻”为国策,加速了秦统一的进程。南宋林少颖评价说:“秦之所以得天下,不外远交近攻之策。是策出于司马错,成于范雎。秦取六国,谓之蚕食。蚕之所食,由近及远。”[④]

范雎之后,蔡泽接任秦相。“蔡泽者,燕人也。游学干诸侯小大甚众,不遇……

---

① 许维遹:《吕氏春秋集释》卷第十五《慎大览》,中华书局,2009,第376页。

② 〔汉〕司马迁:《史记》卷八十七《李斯列传》,中华书局,1982,第2542页。

③ 〔汉〕司马迁:《史记》卷七十九《范雎蔡泽列传》,中华书局,1982,第2402~2403页。

④ 缪文远:《战国史系年辑证》,巴蜀书社,1997,第197页。

闻应侯任郑安平、王稽皆负重罪于秦,应侯内惭,蔡泽乃西入秦。”蔡泽也是秦昭王时代行历崤函古道入秦的著名纵横家,与范雎、李斯并称秦国三相。

战国中后期是纵横家在秦最为活跃的时期。除前述张仪、范雎、蔡泽之外,见诸史册的知名纵横家还有三晋人陈轸,魏国人公孙衍(犀首)、姚贾,赵国人楼缓,楚国人甘茂等。他们具体入秦路线未详,但从其原居地和致仕情况看,则都应由崤函古道入秦。

此外,合纵策略的炮制者苏秦早期也曾有西向入秦“始将连横”的经历。《史记·苏秦列传》记载:“苏秦者,东周雒阳人也。东事师于齐,而习之于鬼谷先生。”初出道游说,“求说周显王。显王左右素习知苏秦,皆少之。弗信。乃西至秦”。[①]“始将连横说秦惠王”,终不为惠王所用。苏秦“说秦王书十上,而说不行。黑貂之裘弊,黄金百斤尽,资用乏绝,去秦而归。羸縢履蹻,负书担橐,形容枯槁,面目犁黑,状有归色。归至家,妻不下纴,嫂不为炊,父母不与言”[②]。苏秦由洛阳前往咸阳,又由咸阳返回洛阳家中,两次行经崤函古道。这次行旅经历,彻底改变了苏秦的政治主张,“连横”说秦不成的苏秦开始转向“合纵”说六国,人生轨迹也因此伸展到成功的境界。

同样得到秦统治者青睐,并对秦国社会、政治产生重大影响的,还有军事思想突出,善于军事技术的墨家和兵家。

据载,秦惠文王之世,墨家巨子居秦,“墨学的中心已转入秦国”,以至形成学术史上著名的“秦墨”,他们是战国中后期墨家学派最活跃的群体,“与秦之关系,除法家外,似为他家所不及”。[③] 墨家学人擅长城防技术,在秦主要从事兵法应用研究,提供军事技术服务,或从事官营手工业的生产管理与技术支持等[④],对秦国产生

① 〔汉〕司马迁:《史记》卷六十九《苏秦列传》,中华书局,1959,第2242页。

② 〔西汉〕刘向集录,范祥雍笺证:《战国策笺证》卷三《秦一》,上海古籍出版社,2006,第142页。

③ 严耕望:《战国学术地理与人才分布》,《严耕望史学论文集》,上海古籍出版社,2009,第538页。

④ 臧知非:《〈墨子〉、墨家与秦国政治》,《人文杂志》2002年第2期。

了重要的影响。现有《墨子·备城门》各篇即为秦国墨者所作[①]。秦墨来自关东,虽然不能一一明确数量众多的秦墨原居地,但是不能排除其经由崤函古道西行的可能。

兵家学者西渐对秦国政治、军事影响颇大。《史记·秦始皇本纪》云:秦始皇十年(前237),"大梁人尉缭来,说秦王……秦王从其计……以为秦国尉,卒用其计策"[②]。尉缭入秦前曾积极献策于魏,却没有任何回应,因而离魏入秦,这样的经历,必然要经由崤函古道西行。有研究者评价尉缭对秦国的贡献说:"除了向秦王所献的离间计策之外,还在于他所著的《尉缭子》一书。该书既是对秦国军事经验和法制建设经验的总结,对秦国的军事实践曾起过指导作用;同时,它又是时代的产物,是吸收前辈和当时其他军事理论成果而写成的,因此是中国军事理论宝库中的一枝奇葩。"[③]

入秦士人主要来自法、纵横、墨、兵等学派。但秦国国力的迅速增强、优厚的人才政策,也吸引着其他学派士人长途跋涉,不避艰险叩关入秦。"士不产于秦,而愿忠者众。"[④]儒、道、名、杂等主要学派的许多重要人物前往或曾经到过秦国,或找寻实现自己政治理想的乐土,或从事文化活动和著书立说。

儒家是春秋战国百家中的显学。荀子,或称荀卿、孙卿,是先秦儒学的集大成者。刘向《孙卿书序录》云:"孙卿之应聘于诸侯,见秦昭王,昭王方喜战伐,而孙卿以三王之法说之,及秦相应侯,皆不能用也。至赵。"[⑤]荀子在秦曾谒见秦昭王和相国范雎,讨论治国之道。又考察秦的政治、军事、民情习俗以及自然形势,对秦国的成功发出了由衷的赞叹。《荀子》之《儒效篇》和《强国篇》记载的秦昭王、范雎与荀卿的问答之语,就是此次入秦的言论。荀子入秦表明了东方士人对秦看法的改变,是战国后期儒学西渐中具有特殊意义的大事。荀子入秦时间,学者较普遍的看法

① 李学勤:《秦简与〈墨子〉城守各篇》,中华书局编辑部:《云梦秦简研究》,中华书局,1981,第324~335页。

② 〔汉〕司马迁:《史记》卷六《秦始皇本纪》,中华书局,1982,第230页。

③ 郭志坤:《秦始皇大传》,上海人民出版社,2018,第86页。

④ 〔汉〕司马迁:《史记》卷八十七《李斯列传》,中华书局,1982,第2545页。

⑤ 〔清〕王先谦撰,沈啸寰、王星贤点校:《荀子集解·荀卿新书三十二篇》,中华书局,1988,第558页。

是前266年,前后在秦逗留约三年。有研究者考证,荀子是因“魏齐事件”随赵国平原君一起入秦,又一起出秦的[①]。这样的旅程,自然以崤函古道最为便捷。秦函谷关被称为“松柏之塞”,即出自荀子的《强国篇》。可见,荀子入秦和出秦,都曾行经崤函古道。荀子的思想也因此番经历得到丰富,能够礼法并重,用礼补法之不足。荀子入秦,对儒学在秦国传播也产生了作用。孔安国说:“当秦昭王时,孙卿入秦,昭王从之问儒术。孙卿以孔子之语及诸国事、七十二弟子之言凡百余篇与之,由是秦悉有焉。”[②]此后,为数众多的儒士入秦,到吕不韦为相时,已达到相当数量,这从《吕氏春秋》一书多采儒学即可看出。

名家是专门研究“名实”问题的哲学流派。名家重要创始人公孙龙在函谷关前纵论“白马非马”的故事是名家学者行历崤函古道的典型史例。刘向《七略》曰:“公孙龙持白马之论以度关。”[③]此“关”即函谷关。战国兵争,马至贵重,故各国设关而守,禁马出关。白马尤其是马中之佼佼者。公孙龙无视马不能出关的法令,公然驾着白马赴函谷关。《公孙龙子事辑》云:“尝度关,关司禁曰:‘马不得过。’公孙曰:‘我马白,非马。’遂过。”[④]还有学者说“公孙龙乃唱白马非马之说,遽得乘白马而度关,此其所以驰名一世也”[⑤]。公孙龙以其辩才折服关司而得驾白马通过函谷关[⑥],他也因发展了“白马非马”这一先秦哲学命题而著称于世。

道家入秦,早在春秋之世,由其创始人老子率其先。《史记·老子列传》云:

① 刘全志:《荀子“居赵入秦”考》,《管子学刊》2014年第1期。

② 杨朝明、宋立林:《孔子家语通解》,齐鲁书社,2009,第578页。

③ 〔唐〕徐坚等:《初学记》卷七《地部下》,中华书局,1962,第160页。

④ 〔战国〕公孙龙著,王琯撰:《公孙龙子悬解·公孙龙子事辑》,中华书局,1992,第3页。

⑤ 顾实:《重考古今伪书考》卷三《子类·公孙龙子》,山西人民出版社,2014,第48页。

⑥ 也有学者认为公孙龙并未能过关。桓谭《新论》云:“公孙龙常争论曰:‘白马非马’,人不能屈。后乘白马,无符传,欲出关,关吏不听。此虚言难以夺实也。”《吕氏春秋·淫辞》高诱注说:“龙乘白马,禁不得度关,因言马白非马。”还有学者说公孙龙是交了马税过关。《韩非子·外储说左上》:“儿说,宋人,善辩者也。持‘白马非马’也,服齐稷下之辩者。”三国刘邵《人物志》凉刘昞注:“以白马非马,马上原衍白字。一朝而服千人;及其至关禁锢,直而后过也。”无论怎样,都说明公孙龙曾行经函谷关。

“老子修道德,其学以自隐无名为务。居周久之,见周之衰,乃遂去。至关,关令尹喜曰:‘子将隐矣,强为我著书。’于是老子乃著书上下篇,言道德之意五千余言而去,莫知其所终。”①老子至关,为关令尹喜所请,著《道德经》而去。老子出关,遂隐居,不知所终。《庄子·寓言》称“老聃西游于秦”②。《庄子·养生主》云:“老聃死,秦失吊之,三号而出。”③老子可能隐居并终老于秦地。《道德经》在函谷关诞生,又经崤函古道传入秦国,并对秦政治思想产生了显著影响。秦官吏必读守则睡虎地秦简《为吏之道》中不仅直接引用了《道德经》之句,还包含了诸多道家思想的内容,是代表官方要求各级官吏的守则,同样也是如何做官为吏的一些准则④。老子开创了中国古代哲学思想的先河,创立了与儒家学说相埒的道家学说,并被后来道教尊为始祖,其影响长久不衰。

图 4-9　明代张路《老子出关图》

诸子百家源源不断入秦,战国末年的文化中心从齐国转移到秦国,这为诸子学说在秦地的融合创造了条件。而其中身为秦相的吕不韦居中倡导,厥功甚伟。吕

① 〔汉〕司马迁:《史记》卷六十三《老子韩非列传》,中华书局,1982,第 2141 页。
② 〔清〕王先谦撰,沈啸寰点校:《庄子集解》卷七《寓言》,中华书局,1987,第 249 页。
③ 〔清〕王先谦撰,沈啸寰点校:《庄子集解》卷一《养生主》,中华书局,1987,第 30 页。
④ 刘天奇:《黄老政治的初次实践——从秦简〈为吏之道〉看秦国的黄老政治》,《唐都学刊》1994 年第 5 期;余宗发:《先秦诸子学说在秦地之发展》,文津出版社,1998,第 270~273 页。

不韦是濮阳人,在阳翟发家,“以阳翟大贾”蜚声列国。因成功将在赵国邯郸作人质的异人(子楚)运作成了秦庄襄王而受重用,在秦专权十二年。司马迁曾用一句话概括吕不韦功绩:“结子楚亲,使诸侯之士斐然争入事秦。”[①]秦文化实力因此得到空前扩充,并取得历史性跃进,其突出标志即《吕氏春秋》的问世。

《史记·吕不韦列传》载:“当是时,魏有信陵君,楚有春申君,赵有平原君,齐有孟尝君,皆下士喜宾客以相倾。吕不韦以秦之强,羞不如,亦招致士,厚遇之,至食客三千人。是时诸侯多辩士,如荀卿之徒,著书布天下。吕不韦乃使其客人人著所闻,集论以为八览、六论、十二纪,二十余万言。以为备天地万物古今之事,号曰《吕氏春秋》。”[②]《吕氏春秋》“兼儒、墨,合名、法”[③],取百家思想之精华,实现了对东方文化成熟内容的成功汲取和整合,“更标榜着先秦诸子思想学说交融的完成,对于当时及日后中国学术思想的发展,所带来的影响更是既深且巨”[④]。参与《吕氏春秋》编纂的吕不韦门客主要是秦晋和齐鲁士人,其中来自齐鲁的门客与稷下学宫有密切关联,在《吕氏春秋》编撰队伍中占较大比重。有学者考订:“在《吕氏春秋》的一百六十篇文章中,至少三分之一与稷下学有关。”[⑤]由齐入秦,由东至西,虽不能确定必然经行崤函古道,但由秦经崤函古道东达成皋,东北经卫都濮阳达于齐都临淄,是战国时期秦齐之间最主要的交通道路[⑥]。齐愍王亡国之后稷下学士四散各国,由齐入秦的大批稷下学士中相当部分经崤函古道来到秦国是完全可能的。

崤函古道上除个体诸子入秦外,还有群体性的入秦,以“战国四君子”之一的齐国孟尝君相秦为典型。

---

① 〔汉〕司马迁:《史记》卷一百三十《太史公自序》,中华书局,1982,第 3315 页。

② 〔汉〕司马迁:《史记》卷八十五《吕不韦列传》,中华书局,1982,第 2510 页。

③ 〔汉〕班固:《汉书》卷三十《艺文志》,中华书局,1962,第 1742 页。

④ 余宗发:《先秦诸子学说在秦地之发展》,文津出版社,1998,第 287 页。

⑤ 刘蔚华、苗润田:《稷下学史》,中国广播电视出版社,1992,第 398 页。

⑥ 卢云:《战国时期主要陆路交通初探》,复旦大学中国历史地理研究所:《历史地理研究》(1),复旦大学出版社,1986,第 38~39 页。

孟尝君田文是战国中期一位叱咤风云的人物，豢养食客三千人，一时有倾天下士的美名。前299年受邀入秦为相，不久又被秦废黜而且囚禁欲杀之，幸因孟尝君重用门客才得以逃离咸阳。《史记·孟尝君列传》云："孟尝君得出，即驰去，更封传，变名姓以出关。夜半至函谷关。秦昭王后悔出孟尝君，求之已去，即使人驰传逐之。孟尝君至关，关法鸡鸣而出客，孟尝君恐追至，客之居下坐者有能为鸡鸣，而鸡齐鸣，遂发传出。出如食顷，秦追果至关，已后孟尝君出，乃还。"《战国策·燕二》的说法则是："外孙之难，薛公释戴，逃出于关，三晋称以为士。"[①]"薛公"即孟尝君。"戴"鲍彪本作"载"，注："不乘车也。"于鬯《战国策注》："'载''戴'通，依'戴'字义，盖谓不冠。""外孙"当为秦函谷关守将之名号[②]。可见，孟尝君逃关之狼狈。这支由"食客数千人"组成的庞大士人群体，追随其主人"入秦"与"出关"离秦，是一典型的士人群体性往返崤函古道的史例，在交通史上，又可以看作一个有助于考察崤函古道通行条件的史例。因为如此庞大的队伍行动，没有良好的道路状况是不可想象的。这支庞大的士人群体在秦昭王捕捉之前，得以"驰去"，与《史记·穰侯列传》载秦相魏冉东行县邑出函谷关时，拥有各种车辆"一千余乘"，都证明这一时期的崤函古道道路宽敞、通行条件良好，这为士人入秦提供了很大的便利，是士人竞相入秦的交通基础。

大批士人长途跋涉，不避艰险经崤函古道入秦求功名、传播学说，是全面了解和认识春秋战国时期崤函古道交通形态和作用的不可忽视的重要社会文化现象。崤函古道交通发展为诸子百家访学交流提供了便利条件。"传播学研究表明，道路对一个地方的经济文化发展起着十分重要的作用。只有拥有安全、通达的道路，人们才能远距离外出交往，学子才能更多地拜访名师，学者之间才能有更多的交流，

① 〔西汉〕刘向集录，范祥雍笺证：《战国策笺证》卷三十《燕二》，上海古籍出版社，2006，第1721页。

② 晁福林：《孟尝君考》，《学习与探索》1997年第4期。

各学派之间才有更多的通融机会。这对学术的发展有着重要影响。”[①]大批士人叩关入秦，获得重用，成为秦由西部一个落后小诸侯国发展成七雄之一，并最终统一中国的重要人才和思想支撑，同时也使诸子百家学说得以在秦国传播，并最终在秦交融，实现了学说传播和秦国迅速强盛的互赢，而崤函古道也因此具有了传播文化、磨砺人才的荣光。

五、秦建函谷关及其对秦统一的意义

函谷关是中国古代史上最著名的雄关要塞之一，故址在今河南灵宝函谷关镇王垛村，后世统称“函谷关”“秦函谷关”，以别于汉武帝迁至今河南新安的“汉函谷关”。

1. 函谷关建立的时间及背景

函谷关的建立是战国时代崤函古道交通建设最突出的成就，也是中国古代关隘史上的一件大事。

函谷关之名最早见于《史记·楚世家》：怀王“十一年，苏秦约从山东六国共攻秦，楚怀王为从长。至函谷关，秦出兵击六国，六国兵皆引而归”[②]。楚怀王十一年即秦惠文王更元七年（前318），则函谷关设置的时间当早于此。

有研究者指函谷关始建于周，西周的桃林之野是秦函谷关或其前身。具体又有周康王、周昭王、周敬王时建关等不同说法，也有的笼统称建于春秋战国时期。

“桃林之野”首见于西周，最早与周武王克商休牛放马联系在一起。《尚书·武成》载：武王灭商，“至于丰。乃偃武修文，归马于华山之阳，放牛于桃林之野，示天下弗服”[③]。《史记》《汉书》等所载与此略同。追本溯源，桃林之野即“夸父逐

① 陈荣庆：《荀子与战国学术思潮》，中国社会科学出版社，2012，第25页。

② 〔汉〕司马迁：《史记》卷四十《楚世家》，中华书局，1982，第1722~1723页。

③ 〔汉〕孔安国传，〔唐〕孔颖达疏：《尚书正义》（十三经注疏）卷十一《武成》，北京大学出版社，1999，第288页。

日”神话夸父弃杖所化之“桃林”。《山海经·海外北经》记云:“夸父与日逐走,入日,渴欲得饮,饮于河渭。河渭不足,北饮大泽。未至,道渴而死。弃其杖,化为邓林。”[①]同书《中次六经》亦云:“又西九十里,曰夸父之山……其北有林焉,名曰桃林,是广员三百里,其中多马。湖水出焉,而北流注于河。”[②]据清人毕沅考证:“邓林即桃林也,邓、桃音相近。……盖即《中山经》所云夸父之山,北有桃林矣。”[③]这就是说,桃林既是一森林名,“是神话中夸父弃杖所化而成林者”[④],又是一地名,在夸父山北。“桃林”所在,东晋郭璞注释《山海经》,最早明确记录了桃林的具体位置和景观特征:“桃林,宏农湖县阌乡南谷中是也,饶野马山羊山牛也。”[⑤]其后,历代史籍多有记载。如《水经注·河水》:“河水又东径阌乡城北,东与全鸠涧水合,水出南山,北径皇天原东。《述征记》曰:‘全节,地名也。其西名桃园,古之桃林,周开王克殷,休牛之地矣。’《西征赋》曰:‘咸征名于桃原者也’。”[⑥]《元和郡县图志·河南道二》虢州阌乡县:“桃源,在县东北十里。古之桃林,周武王放牛之地也。”[⑦]“桃原”“桃源”及“桃园”,盖系东晋以后,受陶渊明《桃花源记》影响而出现的“桃林”地名别称。夸父山地望,毕沅云:“山,一名秦山,在今河南灵宝县东南。《水经注》云:盘涧水出湖县夸父山。《元和郡县图志》云:湖城县,夸父山在县南三十五里。”[⑧]顾祖禹《读史方舆纪要》:“夸父山一名秦山。谚曰:‘秦为头,虢为尾。’

---

① 袁珂:《山海经校注》,上海古籍出版社,1980,第238页。

② 袁珂:《山海经校注》,上海古籍出版社,1980,第139页。

③ 〔晋〕郭璞注,〔清〕毕沅校:《山海经》,上海古籍出版社,1989,第62页。

④ 袁珂:《山海经校注》,上海古籍出版社,1980,第140页。

⑤ 〔晋〕郭璞传,〔清〕黄丕烈校勘:《山海经》,李勇先主编:《山海经穆天子传集成》(1),上海交通大学出版社,2009,第103页。

⑥ 〔北魏〕郦道元著,陈桥驿校证:《水经注校证》卷四《河水》,中华书局,2007,第109页。

⑦ 〔唐〕李吉甫著,贺次君点校:《元和郡县图志》卷六《河南道二》,中华书局,1983,第163页。

⑧ 〔晋〕郭璞注,〔清〕毕沅校:《山海经》,上海古籍出版社,1989,第62页。

与太华相连，中有大谷关。”[①]吴任臣《山海经广注》：“夸父山，一名秦山，在阌乡县东南二十五里……与太华山相连。”[②]今灵宝阳平镇东南20余里有夸父山，北临黄河、渭水，属小秦岭山脉，山势与《山海经》所记“夸父之山”大致相同。

桃林地望既在胡县（湖城、阌乡）县境，又在灵宝（桃林）县境，而胡县与灵宝毗邻，故桃林在灵宝、胡县东西逶迤相连，约是今灵宝市西北一带，历史上是一个桃树成林，草地开阔，可以栖息牛马羊，面积较为广阔的区域。

弄清楚桃林的由来，便很容易理解，周武王克商休牛放马的所谓“桃林之野”与《山海经》桃林指代的为同一区域地名。

据文献载述，桃林在商末周初已是周人主要的官营畜牧区。《尚书·武成》载：“武王伐殷，往伐归兽。”孔传：“往诛纣克定，偃武修文，归马牛于华山桃林之牧地。”[③]《礼记·乐记》：“武王克殷反商……济河而西，马散之华山之阳而弗复乘，牛散之桃林之野而弗复服，车甲衅，而藏之府库而弗复用，倒载干戈，包之以虎皮，将帅之士使为诸侯，名之曰‘建櫜’。”[④]《史记·留侯世家》正义：“桃林在华山之旁，此二处并是牛马放生地，初伐就此取之，今事竟归之前处，故《尚书·武成篇》序云‘武王伐殷，往伐归兽’是也。”[⑤]《尚书正义》孔疏：“此是战时牛马，故放之，示天下不复乘用。”[⑥]这些牛马既然是“战时牛马”，说明绝非野生。以武王伐纣时取之于华山之南和桃林地区，胜利返程时又归马放牛于此来看，桃林在商末周初已是周人

① 〔清〕顾祖禹撰，贺次君、施和金点校：《读史方舆纪要》卷四十八《河南三》，中华书局，2005，第2279页。

② 〔清〕吴任臣：《山海经广注》，中华书局，1980，第251页。

③ 〔汉〕孔安国传，〔唐〕孔颖达疏：《尚书正义》（十三经注疏）卷十一《武成》，北京大学出版社，2000，第340页。

④ 〔汉〕郑玄注，〔唐〕孔颖达疏：《礼记正义》（十三经注疏）卷三十九《乐记》，北京大学出版社，2000，第1322~1323页。

⑤ 〔汉〕司马迁：《史记》卷二十四《乐书》，中华书局，1982，第1233页。

⑥ 〔汉〕孔安国传，〔唐〕孔颖达疏：《尚书正义》（十三经注疏）卷十一《武成》，北京大学出版社，2000，第343页。

主要的官营畜牧区。这里马多成群,又杂少许野马,因而西周时屡出良马。《史记·赵世家》记云:“造父幸于周缪王。造父取骥之乘匹,与桃林盗骊、骅骝、绿耳,献之缪王。缪王使造父御,西巡狩,见西王母,乐之忘归。而徐偃王反,缪王日驰千里马,攻徐偃王,大破之。”[①]《水经注·河水》:“湖水出桃林塞之夸父山,武王伐纣,天下既定,王巡狱渎,放马华阳,散牛桃林,即此处也。其中多野马,造父于此得骅骝、绿耳、盗骊之乘,以献周穆王,使之驭,以见西王母。”[②]这就是说,至西周中期桃林已发展成为一个具有相当规模、盛产优良马种的著名牧场,深受周天子青睐。后世的函谷关虽建在衡岭原东麓,即桃林塞东端入口处,但这只能说明函谷关所在属于桃林之野(桃林)的范围,并不能证明周武王时已在此设关。

还有学者举《左传》文公十三年(前614),“春,晋侯使詹嘉处瑕,以守桃林之塞”[③]说函谷关建于此时,同样也是缺乏根据的。《水经注·河水》引《三秦记》曰:“桃林塞在长安东四百里,若有军马经过,好行则牧华山休息林下,恶行则决河漫延,人马不得过矣。”[④]《雍录》卷六《桃林》:“塞以厄塞为义,……函、关之间,凡数百里,其中行路,皆扼束河、山,状皆数函,故名之为塞。”[⑤]《类编长安志》卷七《关塞》桃林塞条载:“春秋时晋詹嘉处桃林之塞。《三秦记》:‘塞在长安东四百里。’虢之阌乡矣。县东南十里有桃源,古之桃林,周武王放牛之地。函谷间皆扼束河、山,故云塞尔。”[⑥]可见,《左传》所言桃林塞非指某一具体关隘,而是晋国在桃林范围内凭险据要建立的一道绵延的防御体系。史念海说:“桃林在今陕西潼关,迤东且至

① 〔汉〕司马迁:《史记》卷四十三《赵世家》,中华书局,1982,第1799页。

② 〔北魏〕郦道元著,陈桥驿校证:《水经注校证》卷四《河水》,中华书局,2007,第111页。

③ 〔周〕左丘明传,〔晋〕杜预注,〔唐〕孔颖达正义:《春秋左传正义》(十三经注疏)卷十九“文公十三年”,北京大学出版社,2000,第625页。

④ 〔北魏〕郦道元著,陈桥驿校证:《水经注校证》卷四《河水》,中华书局,2007,第111页。

⑤ 〔宋〕程大昌撰,黄永年点校:《雍录》卷六《桃林》,中华书局,2002,第113~114页。

⑥ 〔元〕骆天骧撰,黄永年点校:《类编长安志》,中华书局,1990,第211页。

于河南灵宝。这个桃林曾长期成为要塞，面积是不小的。”[①]谭其骧《中国历史地图集》第一册《西周时期中心分区图》《西周·宗周、成周附近》《春秋·晋秦》图，将桃林塞地望标注在灵宝函谷关以西至潼关以东地区[②]，是正确的。

至于以老子“至关”之事来证明函谷关为周关，更是一种误读。《史记·老子列传》未记载老子“至关”是哪一年，也未说明是何关。《索隐》《正义》解“关”为函谷关或散关。散关远在关中西端的宝鸡，为自秦入蜀要隘。函谷关在关中东端灵宝，正当由周至秦之路，故现今学者基本同意此关为函谷关。“至关”时间，《太平经》《郡斋读书志》说是在平王四十二年（前 729）或四十三年（前 728），《混元圣纪》《太上老君年谱》等道书则称是在昭王二十三年或二十五年。函谷关现存《元大德四年重修太初宫碑》云在昭王二十五年。西周昭王在位只有十九年，没有二十三年或二十五年，此昭王若以楚昭王论，则分别是前 493 年或前 491 年。老子是春秋时人，与孔子同时代，已为学界共识。当老子之世，尚未置函谷关。清代学者汪中说：“函谷之置，书无明文。当孔子之时，二崤犹为晋地，桃林之塞，詹瑕实守之。”[③]蒋伯潜亦说：“函谷关不知置于何年。但孔子之时，二崤固尚属晋也。老子如与孔子同时，固尚无函谷关也。”[④]既无函谷关，何言老子“至关”？不过，函谷关所在自古就是一个重要的交通险隘，司马迁泛指为关，也不为过，但要因此认为老子之世已设置函谷关，就当别论了。

既然战国以前有“桃林之野”“桃林塞”，却无函谷关，周时置关说与史实有诸多抵牾之处，因此，秦时置关便成为学术界的主流看法，具体来说，又有三种不同观点：一是秦献公时，即前 384 年至前 362 年，以汪中、史念海[⑤]为代表；二是秦孝公

① 史念海：《西周春秋战国时代的森林》，《河山集》（二集），生活·读书·新知三联书店，1981，第 244 页。

② 谭其骧：《中国历史地图集》（第 1 册），中国地图出版社，1982，第 17～18、19、22～23 页。

③ 〔清〕汪中著，李金松校笺：《述学补遗·老子考异》，中华书局，2014，第 603 页。

④ 蒋伯潜：《诸子通考》，上海古籍出版社，2013，第 133 页。

⑤ 〔清〕汪中著，田汉云点校：《新编汪中集》，广陵书社，2005，第 407 页；史念海：《关中的历史军事地理》，《河山集》（四集），陕西师范大学出版社，1991，第 165 页注①。

时，即前 361 年至前 338 年，以顾栋高、梁启超①为代表；三是秦惠文王时，即前 338 年至前 311 年，以王文楚、李健超、宋杰②等为代表。前两种观点虽有不同，但其共同的重要立论基础都是贾谊在《新书·过秦》中说的“秦孝公据殽函之固，拥雍州之地”③。类似的话也见于《战国策·秦一》“苏秦始将连横说秦惠王”。但贾谊所言“殽函之固”，究竟是以西汉时期说明秦国所处之地理形势，还是指秦孝公当时的地理形势，未免令人疑虑，难以确定。史念海也说：“如贾谊所说不是以当时之地论古事，则秦孝公时已有函谷关了。”由此等条件性词语可知这只是一种臆测，缺乏充分的史实依据。秦孝公时，崤函尚属魏国，而非秦所有。清人张琦《战国策释地》对此辨之甚明：“惠文六年，魏纳阴晋。九年，围焦。十一年归魏焦、曲沃。十三年，张仪取陕，出其人与魏。后十一年，樗里疾攻魏焦，拔之……阴晋东至陕，正崤、函之道。自惠文六年至后十一年，始克有之。”他认为，贾谊所言，本意是“秦之强，始自孝公，所不暇详耳。孝公元年出兵东围陕，殆出武关，由卢氏以北，实欲取崤、函而未能也”，而“苏秦说时，在惠王元年，巴蜀、汉中、崤、函皆未入秦”。④ 其言甚是。所以，函谷关创建当以第三种意见为是，而具体时间则当在秦惠文王八年至更元元年（前 330—前 324）间，理由有四。

其一，从秦占据函谷关时间看。函谷关地处桃林塞东端，战国初期，这一地区连同渭河下游的阴晋等地皆属魏国，为魏国河西之地。自秦穆公以来，秦虽锐意东进，但直到秦惠文王六年（前 332），才越过魏河西长城，占领阴晋，更名宁秦，打通了自咸阳沿渭河南岸东趋崤函的交通线。秦惠文王八年（前 330），秦以樗里疾为

---

① 〔清〕顾栋高辑，吴树平、李解民点校：《春秋大事表》卷九《春秋列国险要表》，中华书局，1993，第 1009 页；〔清〕梁启超：《战国载记》，《梁启超全集》（第 6 册），北京出版社，1999，第 3542 页。

② 王文楚：《西安洛阳间陆路交通的历史发展》，《古代交通地理丛考》，中华书局，1996，第 100 页注 6；李健超：《函谷关与潼关》，《汉唐两京及丝绸之路历史地理论集》，三秦出版社，2007，第 595～605 页；宋杰：《秦对六国战争中的函谷关和豫西通道》，《首都师范大学学报（社会科学版）》1997 年第 3 期。

③ 〔汉〕贾谊撰，阎振益、钟夏校注：《新书校注》，中华书局，2000，第 1 页。

④ 〔清〕张琦：《战国策释地》卷上，中华书局，1986，第 9～10 页。

主将，历经两年先后攻取了曲沃、焦。从秦进军路线和战后魏被迫予秦河西之地看，函谷关地区当在此时始属秦。“函谷”“函谷关”之名，在《史记》等文献中也最早见于秦惠文王时期，客观上印证了这一史实。随着秦惠文王八年秦占有函谷关地区，秦始具备了建立函谷关的地理基础。而在此前，秦国既无可能、也无必要到敌对的魏国控制区去建筑函谷关。

其二，从秦占函谷关地区后的军事攻守态势看。秦占函谷关后，魏国仍据有函谷关以东的陕城。秦惠文王十一年（前 327），秦“归魏焦、曲沃”[①]，三地又重新连成一片，与秦形成对峙。如此，秦占函谷关虽控制了东西交通的咽喉要地，但秦东部关防仍存在重大缺陷。据有陕、焦和曲沃的魏国，仍可以随时堵塞崤函古道西段交通，阻止秦军出关东进，也可以很方便地沿古道西进威胁函谷关。对东进势头正炽的秦国而言，如不夺取陕、焦和曲沃，即便拥有函谷关，也无法完全控制崤函古道西段，向东方推进。同时，函谷关虽扼守东西交通咽喉，但在函谷关以东陕城以西之间，还有几条岔路，可以转入他途。陕、焦附近，可由茅津北渡黄河，越中条山，而至于河东。春秋崤之战，晋军由茅津渡南渡黄河伏击秦军。三年后，秦雪耻伐晋，亦于此南渡，至崤陵封尸而还。往西，在灵宝可溯函谷关所傍弘农河，越崤山而至于洛河上游。这几条岔路，距函谷关都不很远，虽不适于使用较大的兵力，但都可以不经过函谷关，而迂回进攻关中，从而分散秦对关东诸侯的防御力量，减弱函谷关对东西交通的控御程度。

函谷关防御战略的最大特点是将交通隘道控御与山地要塞防御连为一体，函谷关和陕、焦、曲沃，基本沿黄河处于一条直线上，从东而来必须经过陕、焦和曲沃。陕、焦和曲沃三地与函谷关相互依存，关系紧密。正因如此，一些史学家将战国时期的崤山、函谷关一带的军事防线通称为函谷关。《水经注 · 河水》：“河水自潼关

① 〔汉〕司马迁：《史记》卷五《秦本纪》，中华书局，1982，第 206 页。

东北流……历北出东崤，通谓之函谷关也。”[①]《读史方舆纪要·河南三》引崔浩曰：“东自崤山，西至潼津，通名函谷，号为天险。”[②]就攻守战略而言，关东欲入关中，只有越过崤山，攻破陕、焦和曲沃，才能立马函谷关下，而秦得陕、焦和曲沃，不仅可以在函谷关以东再形成一道外围防御线，与函谷关防线一起共同构成一个庞大而完整的战略防御区，又可因事乘便从函谷关东出，以陕、焦和曲沃为基地和跳板，进取中原。而后者，对于东进势头正炽的秦国而言，其意义尤为重要和迫切。所以，秦国在占有函谷关地区的同时，即开始对陕、焦和曲沃三地全力攻取，不能简单地理解为东进拓土，将函谷关控御和陕、焦及曲沃城邑防御有机联系起来，形成交通隘道控御与山地要塞防御的共同体，并营建向东进取中原的基地和跳板，这两件大事相辅相成，函谷关的设置也如影随形，顺理成章地成为综合其事的集中反映。

其三，从秦占有陕、焦和曲沃时间看。自秦惠文王八年至更元十一年（前330—前314），秦曾先后三次攻取焦和曲沃，第一次在前330年，三年后秦又还二地于魏；第二次是前322年秦取曲沃，不久又还于魏；第三次是前314年最终攻占了焦和曲沃。函谷关之名最早见诸记载在前318年，而秦第三次攻占焦和曲沃已超出函谷关置关下限，因此，秦置函谷关当与第一次和第二次攻取焦和曲沃有关。有学者推定函谷关置关是在秦惠文王更元三年至七年（前322—前318）[③]，即秦第二次攻取曲沃至前318年五国合纵攻秦期间，似有不妥。因为这一见解只注意到了秦占焦和曲沃与秦置函谷关的关系，而忽视了秦“取陕”的意义，而这恰可成为秦置函谷关的重要时间坐标。《史记·六国年表》云：秦惠文王更元元年（前324），“相张仪将兵取陕”。[④] 与焦和曲沃相比，陕城的战略位置显然更重要一些，这从秦对陕、焦和曲沃三地不同的占领和控制方式可以看出。对陕城，秦是争而必得，得而必据，

① ［北魏］郦道元著，陈桥驿校证：《水经注校证》卷四《河水》，中华书局，2007，第109页。

② ［清］顾祖禹撰，贺次君、施和金点校：《读史方舆纪要》卷四十八《河南三》，中华书局，2005，第2270页。

③ 蔡坤伦：《汉代函谷关研究》，台湾中兴大学硕士论文，2009年，第26页。

④ ［汉］司马迁：《史记》卷十五《六国年表》，中华书局，1982，第730页。

采取的是一次性直接军事占领的方式。对焦和曲沃则是取而复归,归而再占,前后三次,历时 26 年,取与归既取决于秦"连横""散纵"外交考虑与需要,也与秦占陕所获得的巨大战略优势有关。秦占陕之举,可谓一箭双雕。既在函谷关以东建立一个楔入中原的桥头堡,成为秦人东进中原战略基地,又在焦和曲沃之间插进一个楔子,截断并监视两地联系,使之不敢轻举妄动,也为尔后秦以焦和曲沃为诱饵,拉拢魏国,破坏合纵联盟提供了现实条件。秦自前 330 年占函谷关后,即便是在前 327 年采纳张仪连横策略,将第一次攻取的焦、曲沃归还魏国,但函谷关仍一直掌握在秦国手中。秦"取陕"在第二次攻取曲沃前两年,揆度情理,秦占函谷关后,当已有建关计划和行动,秦在将焦和曲沃归还魏国不久,即"取陕",并得而据之,当与建函谷关,构筑关城有关,故建关时间下限应与秦"取陕"有关,即秦惠文王更元元年。因此,将秦建函谷关的时间推定在秦惠文王八年至更元元年(前 330—前 324),是合乎情理的。

其四,从秦建函谷关目的看。古人设关,首要目的在于凭险阻以求固国安邦。春秋时,晋国主要对手是秦国,争夺的焦点在桃林、崤山。晋为防秦,断其东西通道,将防御重心置于桃林塞西端,瑕成为其戍守和控御桃林塞的中心和前沿要地。战国后期,秦东进扩张,最大的敌人初是毗邻的魏国,后是山东六国。秦惠文王时秦占领函谷关及陕、焦和曲沃地区后,疆域向东拓展,防护地域也大大向东延伸,桃林塞西端的旧瑕邑已然成为内地,失去了边防隘口的作用,自然需要在更靠近东方的地方新建关防。贾谊云:"所为建武关、函谷、临晋关者,大抵为备山东诸侯也。"①因而秦选择在靠近桃林塞东入口的函谷建关,实是必为之策。

文献记载,秦建函谷关后,桃林塞及瑕仍然存在。秦封泥有"桃林丞印",有学者称,此当为桃林塞之丞,为秦内史属县②。战国后期,秦占瑕之后,更名为胡,置

---

① 〔汉〕贾谊撰,阎振益、钟夏校注:《新书校注》,中华书局,2000,第 113 页。

② 周晓陆、陈晓捷、汤超、李凯:《于京新见秦封泥中的地理内容》,《西北大学学报(哲学社会科学版)》2005 年第 4 期。

县。秦封泥有“胡印”[①]“胡丞之印”[②]。胡又称“湖关”。《水经注·河水》记载:“河水又东径湖县故城北,昔范叔入关,遇穰侯于此矣。”[③]《汉书补注》亦载:“《范雎传》王稽载雎入秦,过湖关。《索隐》云:‘湖,京兆县。’先谦按:秦时因其地有鼎胡,以名关耳。初县名胡,《索隐》语未晰。”[④]《读史方舆纪要·河南三》:“湖城,县东四十里。秦曰湖关。王稽载范雎入秦,至湖关,即此。”[⑤]秦之胡县即由晋之瑕邑发展而来,所置时间当在秦惠文王六年(前332)秦取魏阴晋之际或稍后,最晚不迟于秦惠文王八年秦取焦与曲沃。灵宝阳平镇王家岭秦人墓地,东距秦函谷关30余公里,西距秦胡县东南2~3公里。考古发现一、二区为战国晚期驻守的秦军将士墓,三区为秦末至西汉初年墓,出土有“胡市”印记的战国陶釜,第四区为西汉早期墓。在南寨子村附近还发现部分夯土城墙遗迹及大量战国和秦汉时期的筒瓦及板瓦残片等遗物。由瑕、胡关系和王家岭秦人墓地考古发现看,秦当置有湖关,至少胡县又称湖关,为秦之关塞亭障。只不过它原来桃林塞防御中心的地位,随着函谷关建立,已被取而代之。但它作为函谷关的后卫,地位依然重要。约在秦置三川郡之后,胡县(湖关)已然发展成为一座相当繁荣的城邑。

2. 函谷关的名义与地理形势

函谷关的位置,文献记载较为清楚。《史记·项羽本纪》载:项羽“行略定秦地。函谷关有兵守关,不得入”。《集解》引文颖曰:“时关在弘农县衡山岭。”此“时”即秦末,衡山岭即今灵宝衡岭塬,又称稠桑塬。《正义》引《括地志》云:“函谷

① 陈晓捷、周晓陆:《新见秦封泥五十例考略》,《碑林集刊》(十一),陕西人民美术出版社,2005年,第318年。

② 王伟:《秦玺印封泥职官地理研究》,中国社会科学出版社,2014,第560页。

③ 〔北魏〕郦道元著,陈桥驿校证:《水经注校证》卷四《河水》,中华书局,2007,第110~111页。

④ 〔清〕王先谦:《汉书补注》(伍),上海古籍出版社,2008,第2184~2185页。

⑤ 〔清〕顾祖禹撰,贺次君、施和金点校:《读史方舆纪要》卷四十八《河南三》,中华书局,2005,第2279页。

关在陕州桃林县西南十二里,秦函谷关也。”[①]1987 年,灵宝函谷关镇王垛村附近断崖上考古发现战国城墙夯土层和一处箭镞窖藏,确定了函谷关南、西、东三面城墙基址,后又在王垛村东约 500 米土崖下出土一批汉弘农郡封泥。考古发现和文献记载相互印证,确定函谷关故址在今灵宝东北弘农河西岸函谷关镇王垛村梁家沟口,西南距今灵宝县城 16 公里,东北距灵宝老城约 12 公里。

函谷关的得名,一般多认为因关在深险如函的山谷中。其实不然。《水经注·河水》云:“烛水又北入门水,水之左右,即函谷山也。”又引《开山图》曰:“衙山在函谷山西南。”[②]衙山即衡岭塬。《太平御览》引《本草经》曰:“麦门冬……生函谷山。”[③]《后汉书·光武帝纪上》李贤注:“函谷,谷名,因谷以名关。”[④]可知“函谷山”“函谷”都是当地历史上已有地名,函谷关即以此名之,而非临事新造。

“函谷”之含义,文献有两种解释。一曰“山形如函”。《史记·项羽本纪》司马贞《索隐》引颜师古曰:“山形如函,故称函关。”[⑤]二曰“道形如函”。《史记·高祖本纪》张守节《正义》引《西征记》:“道形如函也。其水山原壁立数十仞,谷中容一车。”[⑥]《元和郡县图志·河南道一》:“秦函谷关……以其道险隘,其形如函,故曰函谷。”[⑦]两种解释侧重点不同,前者着重的是函谷关四周之地理形势,后者强调的是函谷关城及其道路位处“谷”中。其实这两种解释可以合而为一。

先说“函谷”字词之义。“函”,本字“圅”。《说文·马部》:“圅,舌也。”[⑧]但据研究,“函”字,甲骨文作“[illegible]”,金文作“[illegible]”。吴大澂《说文古籀补》谓“器中容物谓

---

① 〔汉〕司马迁:《史记》卷七《项羽本纪》,中华书局,1982,第 310~311 页。

② 〔北魏〕郦道元著,陈桥驿校证:《水经注校证》卷四《河水》,中华书局,2007,第 111、112 页。

③ 〔宋〕李昉编纂,孙雍长、熊毓兰校点:《太平御览》(第 8 册)卷九八九《药部六》,河北教育出版社,1994,第 916 页。

④ 〔南朝宋〕范晔:《后汉书》卷一《光武帝纪》,中华书局,1965,第 18 页。

⑤ 〔汉〕司马迁:《史记》卷七《项羽本纪》,中华书局,1982,第 311 页。

⑥ 〔汉〕司马迁:《史记》卷八《高祖本纪》,中华书局,1982,第 364 页。

⑦ 〔唐〕李吉甫撰,贺次君点校:《元和郡县图志》卷五《河南道一》,中华书局,1983,第 143 页。

⑧ 〔汉〕许慎撰,〔清〕段玉裁注:《说文解字注》,上海古籍出版社,1981,第 316 页。

之函,缄其口,使不能出也。”[①]王国维《不𡢁敦盖铭考释》认为字形“象倒矢在函中”,是古人藏箭的口袋,“藏矢所用者为函,则全矢皆藏其中”[②]。引申为凡能容物者皆谓之函。《说文》段注:“函之言含也,含于口中也。”[③]引申为包含义。“谷”,甲骨文作“谷”,金文作“谷”,《说文·谷部》:“泉出通川为谷。从水半见出于口。”[④]本义指两山或两块高地中间的狭长而有出口的地带。“函谷”合称,蔡坤伦曾有精当解意,“函”如匣,外高内凹,从外不易窥探内盛之物,具有密布周围,形成保卫圈神秘之意。“谷”者,相对四周而言,状似凹陷。古人所说“山形如函”是函外高之形,“道形如函”是函内凹之状,内凹之状如“谷”。“山形”加“道形”构成“函”字完整含义。所以,“函”字深义已包括“谷”义,说明了函谷关的地理形势,但若缺“谷”字,直云“函关”,语义又较模糊。[⑤] 所以,从字词释义看,“函谷”即“山、道皆如函”之义。

再看函谷关的地理形势,构成函谷关险要地形的要素主要是山、道、河、林,其突出特点也是山、道皆如函。就山而言,函谷关四周山地环绕。西南的小秦岭为西岳华山东延部分,山势高峻陡峭,直抵弘农河西岸;东南的崤山,山势起伏平缓,自华山趋向东北。西倚的衡岭塬,南北长 20 公里,东西宽约 5 公里,地势相当高峻。20 世纪 70 年代史念海考察时,衡岭塬最高处较王垛村犹高 287 米[⑥]。北面黄河,有中条山脉,山势狭长。这些山脉、台塬环绕函谷关,从四周观函谷关地理形势,外高内凹,其形如函(匣),恰如颜师古所云“山形如函”。

就道路而论,函谷关背倚衡岭塬,由于衡岭塬向北一直伸延到黄河岸边,黄河紧贴塬壁流过,中间没有任何隙地可以通行,所以东西通行只能横穿衡岭塬。经由函谷关的道路即是利用“设关以前早已存在的,甚或是历史时期早期旧有的”冲沟

---

① 〔清〕吴大澂:《说文古籀补》,朝华出版社,2018,第 138 页。

② 谢维扬、房鑫亮主编:《王国维全集》(第 11 卷),浙江教育出版社,2010,第 321 页。

③ 〔汉〕许慎撰,〔清〕段玉裁注:《说文解字注》,上海古籍出版社,1981,第 316 页。

④ 〔汉〕许慎撰,〔清〕段玉裁注:《说文解字注》,上海古籍出版社,1981,第 570 页。

⑤ 蔡坤伦:《汉代函谷关研究》,台湾中兴大学硕士论文,2009 年,第 47~51 页。

⑥ 史念海:《函谷关和新函谷关》,《河山集》(四集),陕西师范大学出版社,1991,第 391 页。

开拓而成,即“原来的大路就是一条深壕”[①],左右都是陡峭的崖壁。据测算,虽历经长年雨水冲刷,现今这段古道沟的中部沟面宽仍有95~130米,底宽2~5米,垂直深度达50~70米。古道沟东端出口处沟面较中部宽,两壁的坡度略有减缓。因水土流失严重,沟内有多处淤土形成的台地和断崖。《西征记》曰:“函谷关城,路在谷中,深险如函,故以为名。其中劣通,东西十五里,绝岸壁立,崖上柏林荫谷中,殆不见日。”[②]《水经注·河水》:“邃岸天高,空谷幽深,涧道之峡,车不方轨,号曰天险。”[③]人行其中就像走在封闭的匣子中,即“深险如函”“道形如函”。

再就林木而言,森林地带是影响军事行动的重要因素,森林密度、树木平均高度、树干粗细等直接影响着通行难度。函谷关一称“松柏之塞”[④],向西即桃林之塞,皆以松柏、桃树成林而得名,属于覆盖率50%以上的密林地带。漫山遍野的森林使东西交通除函谷一道外,很难在他处通过,更不利于大规模军事行动的展开。

最后言河。函谷关傍弘农河而建。史念海考察的时代,弘农河因上游修窄口水库的原因,常水位时仅宽50米,河谷却宽达900米,河畔陡崖高5米左右。减去两千多年河流的侧蚀和下切作用,则战国时的弘农河谷远较现今狭窄而低浅[⑤]。至宋时,王得臣在《麈史》中写道:“陕州灵宝县之西,有涧曰‘淇溜’,自东南直注西北,入于河。平时可涉,遇涨湍暴下,不可以舟。”[⑥]弘农河也就成为函谷关天然的护城河,紧倚西侧的衡岭塬,河岸和关城之间只有一条狭窄的道路。秦临河置关,关城俯瞰河谷。贾谊云:关东诸国“尝以十倍之地,百万之师,仰关而攻秦”[⑦],李善《文选》注引孔安国

---

① 史念海:《历史时期黄土高原沟壑的演变》,《中国历史地理论丛》1987年第2辑。

② 〔唐〕李吉甫撰,贺次君点校:《元和郡县图志》卷六《河南道二》,中华书局,1983,第158页。

③ 〔北魏〕郦道元著,陈桥驿校证:《水经注校证》卷四《河水》,中华书局,2007,第109页。

④ 〔清〕王先谦撰,沈啸寰、王星贤点校:《荀子集解》卷十一《强国篇》,中华书局,1988,第301页。

⑤ 史念海:《函谷关和新函谷关》,《河山集》(四集),陕西师范大学出版社,1991,第393页。

⑥ 〔北宋〕王得臣:《麈史》卷中《辨误》,《全宋笔记》(第1编第10册),大象出版社,2019,第242页。

⑦ 〔汉〕贾谊撰,阎振益、钟夏校注:《新书校注》卷一《过秦上》,中华书局,2000,第1页。

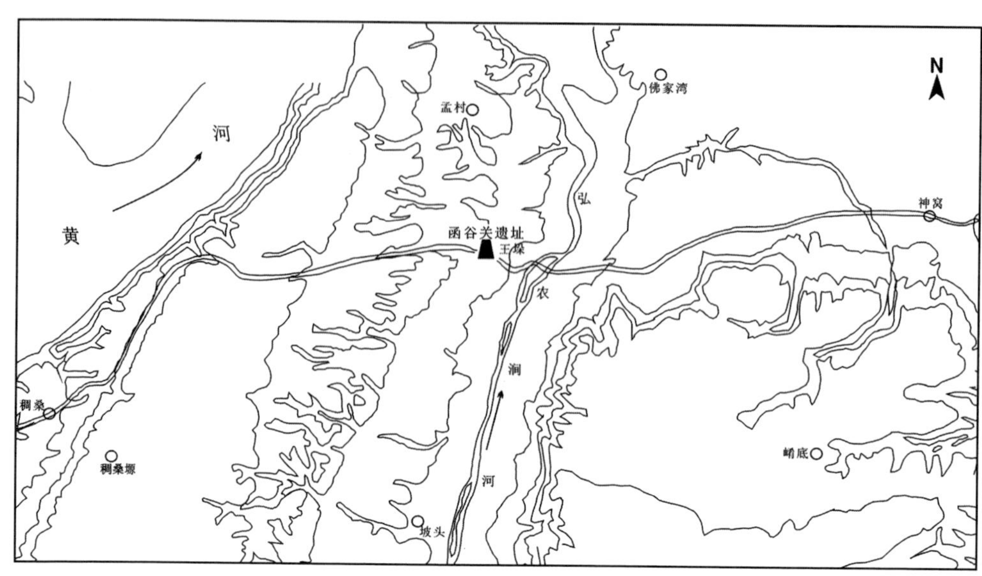

图 4-10　函谷关遗址形势图①

曰:“叩,击也。叩或为仰,言秦地高,故曰仰攻之。”②《汉书》颜注:“秦之地形高,而诸侯之兵欲攻关中者皆仰向,故云仰关也。今流俗书本仰字作叩,非也。”③居高临下,更增加了函谷关地理形势的优越,强化了函谷关山、道皆如函之意。

山、道皆如函的地理形势对函谷关具有重要的意义。“函谷关南依崤山,北濒黄河,山麓河滨皆无他路可行。稠桑塬上到处都是森林,仅有一条函谷关路,又相当窄狭,而关前还横着一条弘农河,就是千军万马在此确是难以得逞的,这样多的人马部队在弘农河东是不易驻扎得下的,又等闲不能渡过弘农河,即令过了弘农河,打不开关门,也只能徒唤奈何。”④可见,秦以“函谷”来命名这座关隘,既深得“函谷”字词之精要,又凸显了其山、道皆如函的地理特征,可谓名副其实。

① 采自史念海《函谷关和新函谷关》,《河山集》(四集),陕西师范大学出版社,1991,第 384 页。
② 〔梁〕萧统编,〔唐〕李善注:《文选》卷五十一,上海古籍出版社,1986,第 2235 页。
③ 〔汉〕班固:《汉书》卷三十一《陈胜项籍传》,中华书局,1962,第 1822 页。
④ 史念海:《函谷关和新函谷关》,《河山集》(四集),陕西师范大学出版社,1991,第 396~397 页。

秦立国的基础关中,本就是一个有河山之险的封闭地形区,函谷关的设立,如同在封闭地形区的东部安装了一座大门,从此,关中平原始有"关中"之名,"秦东有崤函之固"[1],形成秦与关东六国争战中"利则出攻,不利则入守"[2]的地形优势。

秦在函谷关派驻有重兵。关内考古已发现有井式窖藏箭库、驻军营房及其他生活设施的遗迹遗物。箭库位于函谷关东门内南侧约30米处崖壁上,井深5.1米,直径约1米。井壁有脚磴窝,供人攀登上下。藏箭长约50厘米,箭杆铁质,直径约0.5米。箭镞呈三角锥形,三面均为平面,带有凹槽,长约0.3米,后端宽0.12米。箭每30支为一束,成捆分层叠放在窖中,数量十分可观。根据箭镞造型、质地、铸造方法以及存放方式来看,此处应为战国时期守城士兵的兵器库。在函谷关南墙外约500米处,当地群众还曾捡到完整的一箭袋箭,袋已朽毁,箭为铁杆铜箭头,长约尺半。在这一地区的土崖上下还经常发现有箭杆、箭头等。西墙外向南分别发现有2处"杀戮场",一处为"埋首"地,另一处为"埋身"地。1987年,一位农户修整崖面时发现一具白骨,骨架上深嵌着16枚箭镞[3],可见当年战争之惨烈。

函谷关西侧有战国时期的烽火台遗址。一座在函谷关镇西寨村西,平面呈方形,台高5米,边长5米。夯土筑成,南与函谷关古道相邻。另一座位于西阎乡东古驿村东北。北临黄河,台高3米余,平面略呈方形,周长18米,夯筑,夯层厚8厘米。烽火台主要用来传递烽火信号,是函谷关军事交通防御系统的一部分,其预警功能可以保护函谷关交通不会轻易被敌军所用。

3. 函谷关对秦实现统一的意义

函谷关自设立后,便成为秦与关东六国抗衡争夺的焦点。战国后期,双方合纵

---

① 〔西汉〕刘向集录,范祥雍笺证:《战国策笺证》卷三《秦一》,上海古籍出版社,2006,第141页。

② 〔汉〕司马迁:《史记》卷七十九《范雎列传》,中华书局,1982,第2408页。

③ 谢巍:《灵宝县秦汉函谷关及井式窖藏箭库遗址》,中国考古学会:《中国考古学年鉴(1987)》,文物出版社,1988,第188~189页;赵来坤:《函谷关箭窖遗址发掘简报》,《老子与函谷关》,中州古籍出版社,1993,第13页。

连横战争一直围绕着函谷关一线展开,秦关中防御的重心也一直在函谷关。秦惠文王更元七年(前318)至秦王政七年(前240),关东六国多次发动合纵伐秦之战,其中有四次战于函谷关。

第一次,秦惠文王更元七年至八年(前318—前317)楚怀王约五国合纵攻秦。《史记·楚世家》载:“(怀王)十一年,苏秦约从山东六国共攻秦,楚怀王为从长。至函谷关,秦出兵击六国,六国兵皆引而归。”此段记载多有歧处。其一是称此次合纵由苏秦约合。宋以来,苏澈、姚宽、梁玉绳等已辨其误[①]。杨宽进一步论之说:“考苏秦在齐湣王时用事,此时非已死,尚年幼也。此时约五国攻秦者,固非苏秦……主其事者谁何?曰:犀首是也。”[②]犀首即公孙衍。唐兰等则认为约纵者当为苏秦之兄苏代[③]。无论如何,此役与苏秦无关,是《史记·楚世家》误以前288—前287年苏秦合纵五国之事附会之。其二是所载合纵之国,《楚世家》谓“山东六国”,《六国年表》《燕世家》无齐国,《魏世家》《犀首传》但云“五国”。《战国策·楚三》亦称“五国伐秦”。这五国,《资治通鉴》指为“楚、赵、魏、韩、燕”[④],但出兵的仅有韩、赵、魏三国。联军进至函谷关,秦国震恐,全国紧急动员迎敌。据出土文献《诅楚文》记载,当时秦国形势是“唯是秦邦之羸众敝赋,鞼輸栈舆,礼使介老将之,以自救殹”[⑤]。秦大庶长樗里子开关迎敌,联军大败而退,秦军追击,至修鱼(今河南

① 〔宋〕苏澈:《古史卷十七·楚世家》,曾枣庄、舒大刚主编:《三苏全书》第四册《史部二》,语文出版社,2001,第37页;〔宋〕姚宽撰,孔凡礼点校:《西溪丛语》,中华书局,1993,第44页;〔清〕梁玉绳:《史记志疑》卷二十二《楚世家》,中华书局,1981,第1023页。

② 杨宽:《战国史料编年辑证》,上海人民出版社,2001,第521~522页;罗运环:《〈史记·楚世家〉怀王十一年史事考证》,《出土文献与楚史研究》,商务印书馆,2011,第387~394页。

③ 唐兰:《司马迁所没有见过的珍贵史料》,马王堆汉墓帛书整理小组编:《战国纵横家书》,文物出版社,1976,第123~153页;晁福林:《五国攻秦与修鱼之战考》,《安徽史学》1996年第1期。

④ 〔宋〕司马光编著,〔元〕胡三省音注:《资治通鉴》卷三《周纪三》,周慎靓王三年,中华书局,1956,第83页。

⑤ 〔清〕严可均:《全上古三代秦汉三国六朝文·全上古三代文》卷十四,中华书局,1958,第102页。

原阳西南)大败联军。“虏其将申差,败赵公子渴,韩太子奂,斩首八万二千。”[①]

第二次,秦昭王九年至十一年(前298—前296)齐孟尝君约三国合纵攻秦。孟尝君自秦归齐任相后,联合韩、魏两国攻秦。《史记·孟尝君列传》:“孟尝君怨秦,将以齐为韩、魏攻楚,因与韩、魏攻秦。”《集解》引徐广曰:“年表曰韩、魏、齐共击秦军于函谷。”[②]前298年,联军攻秦“至函谷而军焉”[③]。《战国策·东周》作“三国隘秦”,鲍彪注“隘,谓隔绝之”[④],即封锁阻隔了函谷关,与守关秦军形成对峙。前296年,三国攻破函谷关。此时赵武灵王亦与宋国、中山国合兵攻秦河东及盐氏。“三国入函谷,咸阳必危。”[⑤]秦昭王听从公子池的建议,权衡利害,为避免咸阳被攻决定将此前所占的韩、魏三城归还求和,三国始退兵。“这是东方诸国合纵攻秦第一次攻入函谷关迫使秦归还重要侵地的胜利。”[⑥]

第三次,秦庄襄王三年(前247)魏信陵君无忌约五国合纵攻秦。因秦将蒙骜“日夜出兵东伐魏。魏王患之。”魏安釐王以信陵君无忌为上将军,约赵、魏、韩、燕、齐五国将兵救魏。“公子率五国之兵破秦军于河外,走蒙骜。遂乘胜逐秦军至函谷关,抑秦兵,秦兵不敢出。”[⑦]信陵君率五国联军破秦军于河外,函谷关以东黄河以南土地一时又尽归韩、魏。蒙骜率秦军退守函谷关,凭关而守。信陵君无计可施,不久又因魏王中吕不韦反间计而被撤职,合纵联军遂之瓦解。

第四次,秦王政六年(前241)楚春申君约五国合纵伐秦。《史记·春申君列传》载:“春申君相二十二年,诸侯患秦攻伐无已时,乃相与合从,西伐秦,而楚王为从长,

① 〔汉〕司马迁:《史记》卷五《秦本纪》,中华书局,1982,第207页。
② 〔汉〕司马迁:《史记》卷七十五《孟尝君列传》,中华书局,1982,第2356页。
③ 〔汉〕司马迁:《史记》卷四十五《韩世家》,中华书局,1982,第1876页。
④ 〔西汉〕刘向集录,范祥雍笺证:《战国策笺证》卷一《东周》,上海古籍出版社,2006,第79页。
⑤ 〔西汉〕刘向集录,范祥雍笺证:《战国策笺证》卷六《秦四》,上海古籍出版社,2006,第379页。
⑥ 杨宽:《战国史》,上海人民出版社,2019,第405页。
⑦ 〔汉〕司马迁:《史记》卷七十七《魏公子列传》,中华书局,1982,第2383~2384页。

春申君用事。至函谷关,秦出兵攻,诸侯兵皆败走。"①同书《赵世家》则载:"四年,庞煖将赵、楚、魏、燕之锐师,攻秦蕞,不拔。"②又《秦始皇本纪》云:"六年,韩、魏、赵、卫、楚共击秦,取寿陵,秦出兵,五国兵罢。"③三段文字在攻秦国家和是否突破函谷关上记载不一。梁玉绳《史记志疑》考订"盖燕、楚、赵、韩、魏五国伐秦耳","至取寿陵之说,更非,无论不胜而罢,未尝取秦寸土,而五国所攻者乃新丰之蕞非寿陵也"。④ 杨宽则认为,"蕞在今陕西临潼北,已深入秦地,非此时五国之师所能攻及"⑤。其说可从。是役燕、楚、赵、魏、韩五国推楚考烈王为纵长,春申君主其事,赵将庞煖为联军统帅,攻至函谷关,被秦军击退。此役也是战国时期关东诸国的最后一次合纵攻秦,它表明,关东诸国再也没有力量能够联合起来改变秦统一天下这个总的趋势了。

以上关东诸国四次合纵攻秦,从进军路线上看,主要是自荥阳、成皋西行,经巩、洛,穿过崤山后攻打函谷关,以求攻入秦之腹地。从时间上看,四次攻秦几乎纵贯战国中后期。除两次突破函谷关外,其余两次均止步于关前,说明此时函谷关基本发挥了一夫当关,万夫莫敌的作用。

史籍中还有两次关东诸国合纵攻秦的记载,但均未至函谷关。其一是前287年苏秦奉齐湣王之命约五国合纵攻秦。《战国策·赵四》载:"齐欲攻宋,秦令起贾禁之,齐乃救赵以伐宋。秦王怒,属怨于赵。李兑约五国以伐秦,无功,留天下之兵于成皋,而阴构于秦;又欲与秦攻魏,以解其怨而取封焉。""五国伐秦,无功,罢于成皋。赵欲构于秦,楚与魏、韩将应之,秦弗欲。苏代谓齐王曰:'臣以为足下见奉阳君矣。'"⑥唐兰等据《战国纵横家书》,认为此"苏代"乃"苏秦"之误,攻秦者为韩、

① 〔汉〕司马迁:《史记》卷七十八《春申君列传》,中华书局,1982,第2395页。
② 〔汉〕司马迁:《史记》卷四十三《赵世家》,中华书局,1982,第1831页。
③ 〔汉〕司马迁:《史记》卷六《秦始皇本纪》,中华书局,1982,第224页。
④ 〔清〕梁玉绳:《史记志疑》卷五《秦始皇本纪》,中华书局,1981,第169页。
⑤ 杨宽:《战国史料编年辑证》,上海人民出版社,2001,第1178页。
⑥ 〔西汉〕刘向集录,范祥雍笺证:《战国策笺证》卷二十一《赵四》,上海古籍出版社,2006,第1171、1189页。

赵、魏、燕、齐五国。此次合纵虽有“西兵以禁强秦”的浩大声势，但各国各有打算，貌合神离，在成皋、荥阳集结后，即长期滞留，观望不前，最终无功而返。[①] 其二是前256年西周君、韩、赵、魏、楚合纵伐秦。《史记·周本纪》载：“五十九年，秦取韩阳城负黍，西周恐，倍秦，与诸侯约从，将天下锐师出伊阙攻秦，令秦无得通阳城。秦昭王怒，使将军摎攻西周。西周君犇秦，顿首受罪，尽献其邑三十六，口三万。秦受其献，归其君于周。”[②]这两次攻秦主要发生在崤函古道东端，有长驱函谷关之势，但尚未攻至函谷关即告失败。

这一时期的函谷关，毫无疑问是当时关东诸国与秦殊死相争的战略枢纽，崤函古道则是这一时期关东诸国合纵伐秦的主要通道。秦国成功之处，在于有力地扼守了函谷关这一出入关中的咽喉要地，最终确保了关中平原的安全。秦凭借函谷关优势，实现了与关东诸国攻守的转换，最终完成了“扫六合”的统一大业。

宋杰考察秦与关东六国战争的进军路线，认为在秦对六国近百年的战争中，受形势变化影响，前段即秦占领函谷到前270年范雎拜相，秦以函谷关、崤函古道（宋称“豫西通道”）为主要作战方向；后段即范雎拜相后，秦行远交近攻之策，改以黄河北岸晋南豫北通道为主要进军路线，保证了统一战争的顺利完成[③]。宋杰的考察，有助于我们认识函谷关及崤函古道在不同时段及不同形势下所起的军事地理作用。然而，对范雎拜相后的函谷关及崤函古道的重要作用也不容忽视。

其一，函谷关及崤函古道一线始终是秦国拱卫关中的屏障和防御重心。前270年范雎拜相后，关东诸国先后三次合纵伐秦，攻击函谷关，即是明证。贾谊说：“秦地被山带河以为固，四塞之国也。自缪公以来，至于秦王二十余君，常为诸侯

① 唐兰：《司马迁所没有见过的珍贵史料》，马王堆汉墓帛书整理小组编：《战国纵横家书》，文物出版社，1976，第123~153页；林剑鸣：《秦史稿》，上海人民出版社，1981，第253~254页。

② 〔汉〕司马迁：《史记》卷四《周本纪》，中华书局，1982，第168~169页。

③ 宋杰：《秦对六国战争中的函谷关和豫西通道》，《首都师范大学学报（社会科学版）》1997年第3期。

雄,此岂世贤哉?其势居然也。且天下尝昔日同心并力攻秦矣,当此之世,贤智并列,良将行其师,贤相通其谋,然困于阻险而不能进,秦乃延入战而为之开关,百万之徒逃北而遂坏。然困于阻险而不能进者,岂勇力智慧不足哉?形不利,势不便也。"①对关东诸国而言"形不利,势不便""不能进"的正是函谷关。考秦庄襄王以来东出中原方略,计有北攻赵、中攻韩魏、南攻楚三条路线。其对应的交通道路,即北路晋南豫北道,中路崤函古道,南路武关道。魏冉为相,采取先出中路与南路,通过军事与外交手段双重努力,已形成韩长期追随秦,魏、楚不断被削弱的有利形势。范雎拜相后,秦又屡次挫败关东诸国合纵攻秦计策,不仅确保了关中腹地安全,也使秦在以晋南豫北通道为主攻方向时,凭依崤函之险、嵩山及伏牛山脉之掩护,使魏、韩、楚诸国无法威胁其后方,秦军因此可以泰然在黄河以北用兵,从而避开两面作战。此前张仪一直担心的"秦不敢举兵甲而伐赵者,何也?畏韩、魏之议其后也。然则韩、魏,赵之南蔽也"②问题不复存在。由此观之,秦之所以能在改变战略进攻方向和进军路线后取得成功,与秦始终把函谷关作为主要的防御重心,形成突出的战略优势有直接的关系。

其二,范雎拜相后,秦并未放弃函谷关及崤函古道这一战略方向和进军路线。事实上范雎远交近攻之策,首选目标便是韩、魏。在他看来,韩、魏地处天下中枢,若拿下,则统一天下指日可待。后来,秦统一六国的进程,基本也是按范雎设计的蓝图进行的。自前 265 年始,秦连续不断地攻击韩国。前 256—前 249 年灭西、东两周,取韩之荥阳、成皋、巩,完全控制伊、洛、河"三川"之地,打通了从崤函到成皋、荥阳的东西大道。史载这些战役,秦军或是兵出函谷关,行经崤函古道,或是由宜阳发兵。其后,虽因信陵君合纵伐秦,蒙骜兵败,兵退函谷关,但秦国很快收复失地,继续东进。秦王政三年(前 244),蒙骜取韩十三城;五年(前 242),取魏二十

① 〔汉〕贾谊撰,阎振益、钟夏校注:《新书校注》卷一《过秦下》,中华书局,2000,第 16 页。

② 〔西汉〕刘向集录,范祥雍笺证:《战国策笺证》卷十九《赵二》,上海古籍出版社,2006,第 1017 页。

城,“断山东之脊也”[①],“绝从亲之要”[②];七年(前240),击败春申君主导的最后一次合纵攻秦,至此,秦距成就“帝王之业”只剩最后一步。于此观之,秦攻韩伐魏的战略方针并未因范雎拜相而改变。另外,秦对赵作战,往往与攻韩伐魏交织在一起。据《战国策·秦一》张仪说秦王,当时纵横家们很早就注意到“举赵,则韩必亡”[③]这种战略上的关联性。秦始皇统一全国,对赵用兵,始于李斯诱降韩王安未成之后。在四次攻赵无果情况下,秦始皇及时采纳李斯建议,前230年首先灭韩,然后于前228年对赵作最后一击,一举灭赵。沿这一思路,我们应当关注函谷关及崤函古道在其中表现出的重要军事价值。秦楚间虽有武关道连接咸阳与鄢郢地区,秦王政二十三年(前224),王翦伐楚,六十万大军却不走武关道,而是东出函谷关,再南下灭楚,这可以看作函谷关及崤函古道发挥作用的又一类史例。

总之,秦置函谷关,扼崤函古道东西交通要冲,为秦拱卫关中,东向发展的军事行动提供了条件。秦国凭借函谷关,进可以出关攻取关东,退可以闭关自守,确保安全。所以,后世人们谈到秦统一六国原因时,总要提到函谷关的重要战略作用。其中尤以西汉贾谊所说最负盛名,其《过秦》开篇即点明:“秦孝公据崤函之固,拥雍州之地”,凭借这样优越的地理基础,当山东诸国“尝以十倍之地,百万之众,叩关而攻秦”,“秦人开关延敌”,但九国之师,却“逡巡而不敢进”,于是“秦无亡矢遗镞之费,而天下诸侯已困矣”,最终只落得“从散约败,争割地而赂秦”的结果。随后“秦有余力而制其弊,追亡逐北,伏尸百万,流血漂橹。因利乘便,宰割天下,分裂山河。强国请服,弱国入朝”,秦国凭借函谷关险要与关东诸国展开长达近百年的战争,逐步走向强大。“及至始皇,奋六世之余烈,振长策而御宇内,吞二周而亡诸侯,履至尊而制六合,执敲朴而鞭笞天下,威振四海”[④],最后完成了统一天下的伟业。

① 〔西汉〕刘向集录,范祥雍笺证:《战国策笺证》卷二十五《魏四》,上海古籍出版社,2006,第1413页。

② 〔西汉〕刘向集录,范祥雍笺证:《战国策笺证》卷六《秦四》,上海古籍出版社,2006,第400页。

③ 〔西汉〕刘向集录,范祥雍笺证:《战国策笺证》卷三《秦一》,上海古籍出版社,2006,第174页。

④ 〔汉〕贾谊撰,阎振益、钟夏校注:《新书校注》卷一《过秦上》,中华书局,2000,第1~2页。

第四节　崤函古道支线及连接线的开拓

在崤函古道主线路发展的同时,随着各国间外交和军事上的频繁活动,以及社会生产力的逐步提高,商业贸易活动的展开,崤函古道支线也得到开拓,连接线进一步延伸,支线、连接线与主线辗转相接,纵横交织,形成沟通崤函,连通周边区域的崤函古道陆路交通网络。

一、崤山北路线路延伸与支线的形成

崤函地区与山西南部地缘相近,两地来往密切,晋南有若干交通线路与崤函古道相连,是崤函古道线路的重要延伸或连接线。

1. 虞坂颠軨道

虞坂颠軨道亦称虞坂古道,是从运城盆地翻越中条山到茅津渡(今太阳渡)渡河东行进入崤函古道的一条道路,因主要经过险峻的虞坂、颠軨而得名。虞坂,一名盐坂,俗名青石槽,北自今山西运城盐湖区东郭镇磨河村,南至今山西平陆张店镇卸牛坪西北的坪头铺,全长约 10 公里。颠軨,又作巅軨,北起自今山西平陆张店镇軨桥村南坡口,南至今山西平陆圣人涧镇太宽村“太宽壕”南出口,全长约 4 公里。二者都是该线路上最为险峻关键的路段。《水经注 · 河水》记述说:“河水又东径大阳县故城南……河水又东，沙涧水注之，水北出虞山，东南径傅岩，历傅说隐室前，俗名之为圣人窟……傅岩东北十余里，即颠軨坂也……有东、西绝涧，左右幽空穷深，地壑中则筑以成道，指南北之路，谓之軨桥也……桥之东北有虞原，原上道东有虞城……其城北对长坂二十许里，谓之虞坂。戴延之曰：自上及下，七山相重……桥之东北山溪中，有小水西南注沙涧，乱流径大阳城东，河北郡治也。沙涧水南流注于河。河水又东，左合积石、土柱二溪，并北发大阳之山，南流入于河。是山也，亦通谓之为薄山矣。"[①]

有关虞坂颠軨道线路走向，学者已有较多讨论[②]，对东郭镇磨河村山底—虞坂—虞城—颠軨—傅岩（圣人涧）段认识基本一致，对圣人涧南下到黄河渡口线路则有不同意见。一种认为是从傅岩直至今茅津渡过河。而据卫斯的研究，颠軨不可能延伸到今茅津渡，过傅岩后应是向西北，经盘南，至下阳太阳渡河。晋国假虞灭虢进军线路便是一个典型史例。卫斯所言甚是。春秋时的茅津渡在今太阳渡，而非他地。据《左传·文公三年》记载，崤之战后，"秦伯伐晋，济河焚舟，取王官及郊。晋人不出。遂自茅津济，封殽尸而还"。杜注："茅津在河东大阳县西。"[③]《史记·秦本纪》："三十六年，缪公复益厚孟明等，使将兵伐晋，渡河焚船，大败晋人，取王官及鄗，以报殽之役。晋人皆城守不敢出。于是缪公乃自茅津渡河，封殽中尸，为发丧，哭之三日。"《集解》引徐广曰："在大阳。"《正义》引《括地志》云："茅津在陕州河北县、大阳县也。"[④]可以看出此"茅津"即今太阳渡。

---

① ［北魏］郦道元著，陈桥驿校证：《水经注校证》卷四《河水》，中华书局，2007，第115~116页。

② 宋万忠、陆峰波：《晋国的虞坂古道》，李元庆：《三晋文化学术研讨会论文专集》，山西古籍出版社，1999，第360~363页；靳生禾、谢鸿喜：《晋"假虞伐虢"古战场考察报告》，《太原大学学报》2007年第1期；卫斯：《晋"假虞伐虢"的道路和战场问题的再探讨——兼与靳生禾、谢鸿喜二先生商榷》，《中国历史地理论丛》2010年第2辑；高江涛：《洛阳盆地与晋南早期交通道路之"虞坂巅軨道"》，《中原文物》2019年第2期。

③ ［周］左丘明传，［晋］杜预注，［唐］孔颖达正义：《春秋左传正义》（十三经注疏）卷十八"文公三年"，北京大学出版社，2000，第575页。

④ ［汉］司马迁：《史记》卷五《秦本纪》，中华书局，1982，第193~194页。

已有研究表明,虞坂颠軨道形成时间甚早,至少在史前时期的庙底沟文化以来就已存在。“从庙底沟文化始,这条道路的南段近黄河北岸就有聚落存在,如王崖与盘南遗址,其中盘南遗址还历时多个不同时期,这很可能与史前时期这条道路南下北上的黄河渡口密切相关。”①考古资料业已证明,从庙底沟文化到二里头文化的遗址较为密集地呈条带状分布在虞坂颠軨道两侧,尤其龙山文化时代和二里头文化时代表现得最为明显。在平陆与三门峡相对处的黄河南北有较多二里岗期商文化分布,证明这里的确是一个非常重要的渡口②。《尚书》中也有傅说在圣人涧修路的记载,可与考古材料相印证。

从现有材料看,盐道和军用很可能是史前和夏商时期虞坂颠軨道重要的功用。春秋时虞坂颠軨道更发展成为晋国南下进入中原的必经之道。鲁僖公二年(前658)和五年(前655)晋国“假虞伐虢”之战,鲁僖公二十八年(前632)晋、楚“城濮之战”,鲁僖公三十三年(前627)晋、秦“崤之战”,以及鲁宣公十二年(前597)晋、楚“邲之战”等几场决定晋国兴衰的关键性战役,晋军都是从虞坂颠軨道向南出击,赢得了战争主动权。此外,将河东池盐南运中原仍是其重要功用。《水经注·河水》有“战国策曰:昔骐骥驾盐车上于虞坂,迁延负辕而不能进。此盖其困处也”的记述③。著名的“伯乐相马”故事也发生在这条道路上。

晋献公十六年(前661),晋灭魏,“赐毕万魏,以为大夫”④,“而毕万之世弥大,从其国名为魏氏”⑤,由此逐步强大,魏悼子时迁都至霍(今山西霍州),再迁安邑(今山西夏县西北)。三家分晋后,魏国最先崛起,“夺秦河西地”⑥,置西河郡,从而

① 高江涛:《洛阳盆地与晋南早期交通道路之“虞坂巅軨道”》,《中原文物》2019年第2期。

② 马保春:《由晋南二里岗期早商文化的分布论其进入、传播》,《中原文物》2004年第6期。

③ 〔北魏〕郦道元著,陈桥驿校证:《水经注校证》卷四《河水》,中华书局,2007,第116页。

④ 〔汉〕司马迁:《史记》卷三十九《晋世家》,中华书局,1982,第1641页。

⑤ 〔汉〕司马迁:《史记》卷四十四《魏世家》,中华书局,1982,第1836页。

⑥ 〔汉〕司马迁:《史记》卷五《秦本纪》,中华书局,1982,第200页。

控制了这一带黄河的主要渡口,由茅津渡河,即可循崤函古道东进洛阳,西入关中。南北向虞坂颠軨道成为魏国连通东西向崤函古道的重要通道,也奠定了魏国霸业的交通基础。在魏与秦长达七十多年的河西之争中,这条道路曾是魏军出晋南的交通道路之一。严耕望在《唐代交通图考》中写道:"颠軨、虞坂道为陕州北逾中条山脉通汾、浍、绛、晋之主线。"[①]这样的判断值得重视。这一交通线路,自当可以归入崤函古道交通体系之中。

2. 沍津道

沍津道也是晋南通向崤函地区,连接崤函古道的一条南北向交通线路。其走向是从运城向南翻越中条山,进入芮城,入南北向中条山沟谷地带,经庙后村、清凉寺、陌南镇,至沍津渡,过黄河,进入灵宝,与崤函古道相接,东向陕州、洛阳,西向关中。沍津又名郖津或窦津,是黄河上有名的渡口,在芮城陌南柳湾村和灵宝老城(今大王后地村一带)之间。两岸的渡口,均称沍津渡。

沍津道的形成也较早。有研究者分析芮城仰韶文化至二里头文化时期聚落遗址,发现其具有分布相对密集,呈现沿中条沍津道聚合之态的特点,故而以为"这种聚落的空间形态很可能反映了这条道路的实际存在",即"这条古道至少在史前时期的庙底沟文化以来就已存在,并逐渐发展成繁盛之态。道路之上的寺里—坡头遗址很可能就是当时的交通控制点。而盐道很可能是其史前时期重要的功用之一"。[②] 同样的发现,也见于黄河北岸的灵宝,自庙底沟文化至龙山文化时期,灵宝沿黄河形成了较大的密集聚落群,与对岸芮城同期文化面貌基本相同,属于同一考古学文化,相互间有相应的文化交流。进入两周,这条道路的利用逐渐活跃起来。

鲁僖公五年(前655),晋公子重耳自蒲地出亡后,第一站到达的是"柏谷"。《国语·晋语二》载:"二十二年,公子重耳出亡,及柏谷,卜适齐、楚。"韦注:"公使

① 严耕望:《唐代交通图考》第1卷《京都关内区》,上海古籍出版社,2007,第166页。

② 高江涛:《洛阳盆地与晋南早期交通道路之"中条沍津道"》,《中原文物》2019年第1期。

寺人披伐蒲城,重耳自蒲出奔。"[①]柏谷在今灵宝沙河西岸柏谷岭下东古驿村一带。自蒲(今永济)到柏谷,最近最易之路便是翻越中条山,取洹津道,经洹津渡河至柏谷。这是文献最早使用洹津道的记载。殷商时期,芮城一带有芮国,即《诗经·大雅》"虞芮质厥成"之芮,姜姓。武王克商后,又封姬姓之芮于大荔朝邑镇,至西周晚期迁至韩城梁带村一带[②]。《左传》桓公三年(前709):"芮伯万之母芮姜恶芮伯之多宠人也,故逐之,出居于魏。"[③]魏是周武王封于今芮城的姬姓诸侯国,国都在芮城县东北七里之河北城。芮伯万逃到魏国,筑城居之,后称芮伯城,遗址在今芮城县西二十里郑村。围绕这一恶性政治事件,秦国首先出兵干涉,因轻敌而失败,又联合周王室和虢国发兵干预。《左传》桓公四年(前708):"秋,秦师侵芮,败焉,小之也。冬,王师、秦师围魏,执芮伯以归。"[④]古本《竹书纪年》:"周师、虢师围魏,取芮伯万而东之。"[⑤]参加围魏的王师(即周师)、虢师自东而南渡河至魏,很可能是利用了洹津道。晋献公十六年(前661),晋国出兵灭魏国,封给毕国后裔毕万,仍号魏国,洹津道为魏国控制。

3. 阳壶道

阳壶道是从垣曲盆地经阳壶北渡黄河入崤函北部达洛阳的一条重要通道。有学者将其划归在轵关陉道(或称成周晋绛道)交通系统[⑥]。轵关陉道大体由太原南向,经侯马后改东南向,自绛县冷口入山,经横岭关进入垣曲盆地皋落,沿亳清河河

---

① 〔春秋〕左丘明撰,徐元诰集解,王树民、沈长云点校:《国语集解》卷八《晋语二》,中华书局,2002,第281页。

② 史党社、田静:《梁带村的考古新发现与古芮国——一个基于文献的考察》,《文博》2007年第5期;李竞恒:《商周时代的芮国》,《文史知识》2012年第3期。

③ 〔周〕左丘明传,〔晋〕杜预注,〔唐〕孔颖达正义:《春秋左传正义》(十三经注疏)卷六"桓公三年",北京大学出版社,2000,第184页。

④ 〔周〕左丘明传,〔晋〕杜预注,〔唐〕孔颖达正义:《春秋左传正义》(十三经注疏)卷六"桓公四年",北京大学出版社,2000,第186页。

⑤ 方诗铭、王修龄:《古本竹书纪年辑证》,上海古籍出版社,1981,第44页。

⑥ 高江涛:《洛阳盆地与晋南早期交通道路之"轵关陉道"》,《中原文物》2019年第3期。

谷东南行至垣曲古城,由此分为两路,其一东向,经轵关陉翻太行山至济源。其二南向行 2.5 公里,至位于东滩村的黄河渡口济民渡(阳壶渡)过黄河,从阳壶村东峡谷入山南行,经渑池下关底、金灯河,新安石井、仓头、孟津横水元庄,进入洛阳,长 90 多公里。渑池黄河沿岸在地理上属于垣曲盆地,这条南向的道路,是垣曲经崤函北部至洛阳的交通线,因行经重要古城阳壶而得名。有学者将它称为轵关陉道的"支道"。其实,阳壶道应当看作是另一条交通线路,可以归入崤函古道交通体系之中。今渑池东关村至砂窝间保存有 20 公里的阳壶道遗迹,路面全为片石和卵石铺砌,宽 2~3 米。

阳壶又作阳狐、阳胡,一名瓠丘、壶丘,在山西垣曲黄河岸边。《太平寰宇记·河东道八》绛州垣县条载:"古阳壶城,南临大河。左传襄公元年春:'晋围宋彭城,晋人以宋五大夫在彭城归,置诸瓠丘。'杜注云:'瓠丘,晋地,河东东垣县东南有壶丘。'水经注云:'清水又东南经阳壶城东,即垣县之壶丘亭也。'"[①]《读史方舆纪要》六:"阳胡城,在县东南二十里,近大河。亦曰阳壶,即崤谷之北岸。春秋时谓之壶丘。"[②]《中国历史地图集》第一册中晋秦图在今垣曲县东南原东滩村一带标绘有"瓠丘"[③]。有研究者据《左传》襄公元年(前 572)"晋人以宋五大夫在彭城者归,置诸瓠丘"[④]记载,以为该道形成于春秋时期。这一判断恐失之过晚。

考古发现,自仰韶文化时期至夏商,在这条道路的黄河沿岸都发现了数量颇多的遗址。黄河北岸的"垣曲古城镇以北山前地带密集分布有大量聚落;垣曲县东南皋落乡一带密集分布多处聚落",而将"从垣曲东南而下流入黄河的亳清河两岸密集分布的聚落点联结起来显然是一条道路"。[⑤] 渑池、新安北靠黄河的文化遗址则

---

① [宋]乐史撰,王文楚等点校:《太平寰宇记》卷四十七《河东道八》,中华书局,2007,第 994 页。

② [清]顾祖禹撰,贺次君、施和金点校:《读史方舆纪要》卷四十一《山西三》,中华书局,2005,第 1921 页。

③ 谭其骧主编:《中国历史地图集》(第 1 册),中国地图出版社,1996,第 22~23 页。

④ [周]左丘明传,[晋]杜预注,[唐]孔颖达正义:《春秋左传正义》(十三经注疏)卷二十九"襄公元年",北京大学出版社,2000,第 934 页。

⑤ 高江涛:《洛阳盆地与晋南早期交通道路之"轵关陉道"》,《中原文物》2019 年第 3 期。

呈沿岸聚合分布,渑池关家、杨家、陵上、沙沟、南村、白崖及新安太涧等早商文化遗址沿黄河岸线状排布特征明显。垣曲南关和垣曲商城分别是夏、商王朝建立在晋南的区域统治中心,承担着保卫黄河,转输晋南铜、盐等重要资源往夏商核心区的功能。有学者通过二里岗时期各个具有代表性的考古遗址、遗存所属文化期别的纵向对比和遗址地理位置的横向比较,判断晋西南、晋南地区在商代二里岗时期,商文化是首先通过茅津渡、渑池南村进入的。其中后一条道路的走向即伊洛—孟津县北—新安北部—渑池南村—垣曲商城—横岭关—绛县,然后自南向北扩展和传播①。由此可以看到,阳壶道至少在二里头文化与二里岗文化时期均已存在,是夏商王朝军事扩张以及控制晋南中条山资源的重要道路之一。

相对于虞坂颠軨道、洹津道而言,阳壶道距离较长,过黄河后又穿行于山中,多为崎岖山路、羊肠小道,通行条件艰险,春秋战国时期相关使用记载不多,最早见载于史册是因晋国在此筑城关押宋国五大夫。鲁桓公十五年(前697)周桓王死后,传其葬地在阳壶道旁的渑池凤凰山顶,今称桓王山。嘉庆《渑池县志》云:"《寰宇记》:'桓王山在县东北一百二十里。'《李通志》:'桓王山在渑池县北一百里,以山岭有周桓王陵故名。'"②又《资治通鉴》记载:周安王元年(前401)"秦伐魏,至阳孤"③。《史记·六国年表》与《魏世家》俱作"阳狐",《水经注·河水》又作"阳壶"。清人汪之昌《阳孤阳狐阳壶辨略》已证此"阳孤"绝非"阳狐"④。按《史记·正义》引《括地志》,秦所至的"阳狐郭在魏州元城县东北三十里也"⑤,即今河北大名东北,与阳壶道无涉。这些或许从侧面反映了这条道路较偏僻。

---

① 马保春:《由晋南二里岗期早商文化的分布论其进入、传播》,《中原文物》2004年第6期。

② 〔清〕甘扬声修,〔清〕刘文运纂:嘉庆《渑池县志》卷二《建置》,《河南历代方志集成·三门峡卷》(5),大象出版社,2017,第194页。

③ 〔宋〕司马光编著,〔元〕胡三省音注:《资治通鉴》卷一《周纪一》,周安王三年,中华书局,1956,第22页。

④ 〔清〕汪之昌:《阳孤阳狐阳壶辨略》,谭其骧主编:《清人文集地理类汇编》(第1册),浙江人民出版社,1986,第414~415页。

⑤ 〔汉〕司马迁:《史记》卷四十四《魏世家》,中华书局,1982,第1839页。

4. 武遂道

武遂道是战国时期韩国西部从垣曲盆地经渑池北渡黄河达宜阳的一条重要的南北交通要道。杨宽认为,“遂”当读作“隧”,武遂是穿凿山岭地带而成,用以贯通韩国黄河南北两区,并具有关塞的性质。[①] 武遂在今山西垣曲东南。作为韩国西部贯通南北的要道和关塞,武遂南过黄河达宜阳,东可经轵关至济源,北上直通韩故都平阳。《史记·楚世家》记楚臣昭雎对楚怀王说:“秦破韩宜阳,而韩犹复事秦者,以先王墓在平阳,而秦之武遂去之七十里,以故尤畏秦。”[②]秦武王三年(前308)秦在攻下韩国宜阳后即“涉河,城武遂”[③],此事反映了这条道路的重要性。

值得注意的是,战国武遂所在,正与春秋阳壶城处于同一位置。《中国历史地图集》第一册中韩魏图将“阳狐”“武遂”标绘在今垣曲县东南原东滩村一带同一地点[④]。《山西省历史地图集》及《山西历史地名通检》亦认定其在古城镇南2.5公里东滩村[⑤]。这一位置,又恰与垣曲商城相邻。垣曲商城建在古城南关洪庆观台地上,阳壶城则在商城西侧高地上。有研究显示,垣曲商城在经历了二里岗上层的繁荣后,到二里岗上层最晚段,多次遭到黄河洪水袭击,洪庆观台地在黄河的冲刷和侵蚀下不断塌落、后退,城址南部首先出现缺口,南城墙倒塌,迫使商人放弃垣曲商城[⑥]。这或可解释春秋阳壶城、战国武遂城选址在商城东侧城垣下、亳清河西侧的台地上兴筑的原因。《水经注·河水》所记“清水又东南径阳壶城东,即垣县之壶丘亭,晋迁宋五大夫所居也。清水又东南流注于河”[⑦],说的正是这次迁城的情形。

---

① 杨宽:《战国史》,上海人民出版社,2019,第114页。

② 〔汉〕司马迁:《史记》卷四十《楚世家》,中华书局,1982,第1726页。

③ 〔汉〕司马迁:《史记》卷五《秦本纪》,中华书局,1982,第209页。

④ 谭其骧主编:《中国历史地图集》(第1册),中国地图出版社,1982,第35~36页。

⑤ 山西省地图集编纂委员会:《山西省历史地图集》,中国地图出版社,2000,第19、338页;刘纬毅:《山西历史地名通检》,山西教育出版社,1990,第215页。

⑥ 佟伟华:《垣曲商城兴衰始末》,北京大学考古文博学院、北京大学中国考古学研究中心编:《考古学研究》(10),科学出版社,2012,第446~454页。

⑦ 〔北魏〕郦道元著,陈桥驿校证:《水经注校证》卷四《河水》,中华书局,2007,第118页。

换句话说,春秋阳壶城、战国武遂城与垣曲商城具有一定的相承关系,而武遂城很可能是直接建在阳壶城的旧址上的。有研究者认为垣曲商城犹如半岛伏卧在黄河与亳清河的台地之间,南部紧濒黄河,城址南面即有东滩等黄河渡口。这样的设计,显然有控制水陆交通与要津的作用①。这样的见解其实也适用于阳壶和武遂。不同的是,武遂所控制的黄河南岸交通并非阳壶道,而是经渑池至宜阳的交通线。虽然因文献记载缺乏,这段交通的具体走向无法确指,但渑池池底乡有战国朱城村遗址,又称俱利城,因秦赵会盟时各据一城,东西并立,秦王击缶,赵王鼓瑟,俱称有利而得名。城关镇西南有秦赵会盟故地。又山西省博物馆藏有桓惠王时兵器"二十七年安阳令戈"②,铸于前246年。《殷周金文集成》有韩王安时兵器"六年安阳令矛"③,铸于前233年。此二器均为韩国官造兵器。"安阳"所在,有学者认为在今河南信阳东北,但也有学者据《水经注·河水》记载"橐水北流出谷,谓之漫涧矣。与安阳溪水合,水出石崤南,西径安阳城南"④,以为韩安阳即安阳溪所经过的安阳,在今三门峡陕州区菜园乡南县村崤山南路上。若此,上述几则材料或可约略显示这段交通线上的若干要点。

战国时期,秦、韩围绕武遂展开了激烈的争夺。秦在武王三年夺取武遂后,《史记·韩世家》记载,韩襄王"六年,秦复与我武遂。九年,秦复取我武遂"。"十六年,秦与我河外及武遂"。秦一再攻取、复与韩之武遂,就是因为这是韩贯通南北的要道和关塞所在,以此拉拢、要挟韩国屈从。伊阙之战,韩、魏联军大败,精锐尽失,秦昭王十七年(前290),韩不得不"与秦武遂地二百里"。⑤ 杨宽以为,此指自武遂

---

① 王震中:《商代都邑》(商代史·卷五),中国社会科学出版社,2010,第174~175页。

② 张德光:《试谈山西省博物馆拣选的几件珍贵铜器》,《考古》1988年第7期。

③ 中国社会科学院考古研究所编:《殷周金文集成(修订增补本)》第8册,中华书局,2007,第6328页。

④ [北魏]郦道元著,陈桥驿校证:《水经注校证》卷四《河水》,中华书局,2007,第114页。

⑤ [汉]司马迁:《史记》卷四十五《韩世家》,中华书局,1982,第1872、1876页。

北上至韩旧都平阳之间二百里地。[①] 秦通过伊阙之战，不仅完全控制了崤山北路，而且控制了武遂以北至平阳的交通线。

二、崤山南路支线的形成

崤山南路以宜阳为枢纽，除北上通陕州这条主线外，还延伸形成了通往洛河上游的宜卢道、卢武道等支线。

宜卢道即宜阳经洛宁至卢氏的道路，是从崤山南路枢纽宜阳向西南沿洛河谷地，经洛宁抵卢氏的一条交通线路，自宜阳至长水线路大抵沿洛河谷地，沿途无崎岖险峻之处。自长水至卢氏的线路进入洛河中游，自长水渡河而南，经洛宁兴华、崇阳、故县，进入卢氏，过十八盘，入范里镇，继而北上至卢氏县城。沿途皆为山径，巉峻叠嶂，峰峦纡转，甚为难行。清代严如熤《三省边防备览》记述清代时这条道路路况，仍直言多"坡路""路极崎岖""重山叠嶂，极其崎岖"等[②]。

宜卢道开发时间较早。宜阳到卢氏境内的洛河两岸，已发现仰韶和龙山时期文化遗址近百处，表明新石器时代先民们沿着洛河两岸谷地扩展的态势。大禹治水，熊耳山和洛河是导山治水的重点之一。《禹贡》记载说：禹导"熊耳、外方、桐柏，至于陪尾"。孔疏："熊耳山在弘农卢氏县东，伊水所出。嵩高山在颍川嵩高县，古文以为外方山。桐柏山在南阳平氏县东南。横尾山在江夏安陆县东北，古文以为陪尾山，是四山接华山而相连，东南皆在豫州界也。"[③]《禹贡》所谓夏禹导洛，据说就在今卢氏范里镇山河口。《禹贡》又云："导洛自熊耳，东北会于涧瀍，又东会

① 杨宽：《战国史料编年辑证》，上海人民出版社，2001，第739页。

② 〔清〕严如熤：《三省边防备览》卷二《道路考上》，贾三强主编：《陕西古代文献集成》(4)，陕西人民出版社，2017，第46页。

③ 〔汉〕孔安国传，〔唐〕孔颖达疏：《尚书正义》(十三经注疏)卷六《禹贡》，北京大学出版社，2000，第189~190页。

于伊，又东北入于河。”①通过导山治水，打通了熊耳山腹地至洛阳盆地的水陆交通。自卢氏行船循洛河而下直入黄河，“浮于洛，达于河”。

夏商时期，卢氏作为河南少有的铜、铅矿资源较丰富地区，得到王朝青睐，卢氏及附近秦岭山区的铜、铅矿产通过洛河运至商都核心区。洛河成为“把周围地区的资源运抵偃师后又转运至郑州的主要交通线。”②这个“周围地区的资源”包括陕西商州一带秦岭山区，也包括经由汉水、丹水运送抵陕西的南方货物，其数量当有相当的规模，由此也必然会带动这一带水、陆交通的进步。据统计，二里头时期，卢氏洛河沿岸聚落遗址仅 3 个，商代则增至 18 个，增速颇大，其分布相对密集，呈现沿洛河聚合之态，透露出沿河陆路交通开拓进步的信息。诚如有学者所分析的：“卢氏地处深山，可耕地很少。但是，这里是河南少有的铜、铅矿资源比较丰富的地区之一。尽管铜矿少而分散，铅的含量却很丰富。这里的商代遗址都很小，最大的遗址曲里仅 4 万平方米，但都靠近铜、铅矿资源。洛河从秦岭东流而下，把资源丰富的山区和偃师商城连为一体。”③不过同时期的洛宁、宜阳遗址较少，似说明沿河陆路尚处起步阶段。

春秋时期，活动在伊洛河流域的主要是内迁的戎人，如陆浑戎、蛮戎、扬巨、泉皋、阴戎、允姓、姜戎等。陆浑戎、蛮戎主要活动在伊河、汝河流域，扬巨、泉皋主要在洛河流域，今洛宁县西和宜阳西渠谷水有扬巨兴筑的两座戎邑。阴戎、允姓之戎

① 〔汉〕孔安国传，〔唐〕孔颖达疏：《尚书正义》（十三经注疏）卷六《禹贡》，北京大学出版社，2000，第 197 页。

② 刘莉、陈星灿：《中国早期国家的形成——从二里头和二里岗时期的中心和边缘之间的关系谈起》，北京大学中国考古学研究中心、北京大学古代文明研究中心编：《古代文明》（第 1 卷），文物出版社，2002，第 124 页。

③ 刘莉、陈星灿：《中国早期国家的形成——从二里头和二里岗时期的中心和边缘之间的关系谈起》，北京大学中国考古学研究中心、北京大学古代文明研究中心编：《古代文明》（第 1 卷），文物出版社，2002，第 112 页。

则主要分布在晋国河南山北之地[①],即所谓的阴地。广义之阴地指西自今陕西商州,东至嵩县,南至熊耳山,北达黄河的地区。《左传》鲁宣公二年(前607):"秦师伐晋,以报崇也,遂围焦。夏,晋赵盾救焦,遂自阴地,及诸侯之师侵郑。"杜注:"阴地,晋河南山北,自上洛以东至陆浑。"[②]狭义之阴地则指阴地城。今卢氏县东北有阴地城,传即赵盾之戍所。《左传》鲁哀公四年(前491)记有"阴地之命大夫",孔疏:"阴地者,河南山北东西横长其间非一邑也。若是典邑大夫,则当以邑冠之,乃言'阴地之命大夫',则是特命大夫,使总监阴地,故以为别县监尹也。以其地去国遥远,别为置监。"[③]李晓杰据此认为晋国至迟在鲁宣公二年已在卢氏置阴地县[④]。而赵盾能从阴地出兵攻打郑国,说明卢氏经洛宁、宜阳到今新郑一带的交通是通达的。春秋时,晋国曾多次从阴地发兵东进。《左传》鲁昭公九年(前533):"晋梁丙、张超率阴戎伐颍。"杜注:"阴戎,陆浑之戎。颍,周邑。"[⑤]颍在登封之东。同书鲁昭公二十二年(前520)"十二月庚戌,晋籍谈、荀跞、贾辛、司马督帅师军于阴,于侯氏,于溪泉。次于社。"杜注:阴,"籍谈所军";侯氏,"荀跞所军";溪泉,"贾辛所军";"巩县西南有䍐泉"。[⑥] 这进一步证实了卢氏至宜阳及以东洛阳、巩义有道路可通。揆度情形,晋国未必在这里修筑道路,但这条道路能够行军,是毋庸置疑的。晋顷公元年(前525),晋国出兵南下灭陆浑戎。余众逃到熊耳山区,以卢氏为基

---

① 严辉:《陆浑之戎地名地望通考》,《洛阳考古》2015年第3期;吴业恒:《河南伊川徐阳墓地初步研究》,北京大学出土文献研究所:《青铜器与金文》(第2辑),上海古籍出版社,2018,第423~431页。

② 〔周〕左丘明传,〔晋〕杜预注,〔唐〕孔颖达正义:《春秋左传正义》(十三经注疏)卷二十一"宣公二年",北京大学出版社,2000,第684页。

③ 〔周〕左丘明传,〔晋〕杜预注,〔唐〕孔颖达正义:《春秋左传正义》(十三经注疏)卷五十七"哀公四年",北京大学出版社,2000,第1876页。

④ 李晓杰:《春秋晋县考》,中国地理学会历史地理专业委员会、《历史地理》编辑委员会:《历史地理》(第16辑),上海人民出版社,2000,第118页。

⑤ 〔周〕左丘明传,〔晋〕杜预注,〔唐〕孔颖达正义:《春秋左传正义》(十三经注疏)卷第四十五"昭公九年",北京大学出版社,2000,第1459页。

⑥ 〔周〕左丘明传,〔晋〕杜预注,〔唐〕孔颖达正义:《春秋左传正义》(十三经注疏)卷五十"昭公二十二年",北京大学出版社,2000,第1644页。

地，东攻洛阳，北扰晋国。晋出公十九年（前456），“晋韩庞取卢氏城”[①]。

三家分晋前，韩国就积极向南攻取伊洛地区，扫清诸戎。《后汉书·西羌传》记载：“至周贞王八年，秦厉公灭大荔，取其地。赵亦灭代戎，即北戎也。韩、魏复共稍并伊、洛、阴戎，灭之。其遗脱者皆逃走，西逾汧、陇。自是中国无戎寇，唯余义渠种焉。”[②]三家分晋后，韩国更积极南下，韩武子时将都城从平阳迁至宜阳。这是韩国最早在中原地区建立的都城，也是韩国灭亡郑国，扩张中原战略实施的第一步。其后，随着战争形势的发展，韩景侯迁都阳翟，哀侯又迁郑，但宜阳始终是韩国处心经营的大城邑及扼要之地。“名曰县，其实郡也。”[③]在韩国的经营下，崤山南路支线建设进入一个新阶段。宜卢道、卢武道相继形成。这从《战国策》等材料中可以得到证实。

《战国策·韩一》载苏秦游说韩王与楚合纵曰：“韩北有巩、洛、成皋之固，西有宜阳、常阪之塞……大王事秦，秦必求宜阳、成皋。”[④]常阪即商阪，《史记·苏秦列传》记载同上。《集解》引徐广曰：“商，一作‘常’。”《索隐》引刘氏云“盖在商洛之间，适秦楚之险塞”是也。《正义》：“商阪即商山也，在商洛县南一里，亦曰楚山，武关在焉。”[⑤]武关本为春秋时晋国少习，属晋上洛地，在今陕西丹凤东南、商南西北的武关镇附近。

《战国策·韩一》又载张仪游说韩王曰：“大王不事秦，秦下甲据宜阳，断绝韩之上地，东取成皋、宜阳，则鸿台之宫、桑林之菀，非王之有已。”[⑥]

《战国策·赵二》苏秦游说赵王合纵曰：“秦攻楚，齐、魏各出锐师以佐之，韩绝

① 方诗铭、王修龄：《古本竹书纪年辑证》，上海古籍出版社，1981，第82页。

② ［南朝宋］范晔：《后汉书》卷八十七《西羌传》，中华书局，1962，第2874页。

③ ［汉］司马迁：《史记》卷七十一《樗里子甘茂列传》，中华书局，1982，第2311页。

④ ［西汉］刘向集录，范祥雍笺证：《战国策笺证》卷二十六《韩一》，上海古籍出版社，2006，第1479～1480页。

⑤ ［汉］司马迁：《史记》卷六十九《苏秦列传》，中华书局，1982，第2251页。

⑥ ［西汉］刘向集录，范祥雍笺证：《战国策笺证》卷二十六《韩一》，上海古籍出版社，2006，第1492页。

食道。”[①]“食道”,《史记·苏秦列传》作“粮道”。《索隐》:“谓拥兵于峣关之外,又守宜阳也。”[②]峣关在今蓝田附近,时在秦境内,故张琦《战国策释地》主张韩军是从宜阳经过卢氏向西绝秦军粮道:“按是时秦未有巴、蜀、汉中,伐楚必出武关。韩自宜阳道卢氏而西可绝其食道。峣关在今蓝田县二十里,武关内四百里。索隐说,非也。”[③]其说甚是。

上述基本反映了韩国西境即宜阳至洛河上游的交通情形。由此可以看出,其一,宜卢道是西向洛河上游的重要交通线路。四川荥经出土有韩国“七年卢氏令戈”,吴良宝考定为韩宣惠王七年(前326)时兵器[④]。韩国在此还铸有卢氏百涅锐角布、卢氏半斤等钱币。“百涅”即“百通”,无所不通或“百盈”的意思。这些兵器和钱币铭文表明卢氏已成为韩国西向洛河上游交通的重要枢纽和经略熊耳山地区的中心。由卢氏通往灵宝的道路即灵卢道,此时也已成为坦途。该线路自卢氏县城北上,经柳关、杜关,上下铁岭险路10公里,过官道口,入灵宝,经川口,至灵宝函谷关。

其二,从卢氏沿洛河到武关的道路已然形成。这条道路可以认为是宜卢道线路的延伸。对宜阳来说,它是通往重要的战略要地商坂地区的最重要的交通线。武关初设于晋国,时称少习关,与楚国毗邻,战国时秦改称武关。《左传》哀公四年(前491)记载:楚国“单浮余围蛮氏,蛮氏溃。蛮子赤奔晋阴地。司马起丰、析与狄戎,以临上雒,左师于菟和,右师军于仓野,使谓阴地之命大夫士蔑,曰:‘晋、楚有盟,好恶同之。若将不废,寡君之愿也。不然,将通于少习以听命。’……士蔑乃致九州之戎,将裂田以与蛮子而城之,且将为之卜。蛮子听卜,遂执之,与其五大夫,以畀楚师于三户。司马致邑立宗焉,以诱其遗民,而尽俘以归。”蛮氏即蛮戎,活动

① 〔西汉〕刘向集录,范祥雍笺证:《战国策笺证》卷十九《赵二》,上海古籍出版社,2006,第1008页。
② 〔汉〕司马迁:《史记》卷六十九《苏秦列传》,中华书局,1982,第2249页。
③ 〔清〕张琦:《战国策释地》卷下,中华书局,1986,第9~10页。
④ 吴良宝:《〈战国时期韩国疆域变迁考〉补正》,《中国史研究》2003年第3期。

在伊河、汝河流域,上雒、菟和、仓野均在今陕西丹凤一带,原属晋地。杜注:"少习,商县武关也。将大开武关道以伐晋。"①蛮子赤能逃奔到晋之阴地谋求避难,楚能开武关道以伐晋,表明卢武道可以通往南阳、江汉。卢武道这样的路线,应看作宜阳到洛河上游交通体系的构成部分。

商鞅变法之后,秦立志东进,在攻取陕城之后,多次出兵攻打宜阳,其进军路线以崤山北路为主线,但对宜卢、卢武道也有利用。宜卢道南侧山地曾发现有多处秦半两钱。"其地集中分布在洛宁县东境之东王村、南洞村和红崖村一线上,其北紧靠洛河。再东即达宜阳之韩城。"②1980 年,洛宁故县镇寻峪村洛河西岸曾发现一座年代约秦始皇末年的秦人土洞墓,葬式为蜷曲特甚的屈肢葬,出土秦代风格的陶蒜头壶等。据称附近还有类似墓葬③。

上述支线作为崤山南路联系秦楚地区的交通要道,在崤函古道交通格局中有重要的地位,在其后的历史进程中亦表现出相当突出的作用。

---

① 〔周〕左丘明传,〔晋〕杜预注,〔唐〕孔颖达正义:《春秋左传正义》(十三经注疏)卷五十七"哀公四年",北京大学出版社,2000,第 1876~1877 页。

② 蒋若是:《秦汉钱币研究》,中华书局,1997,第 49 页。

③ 洛阳地区文管会:《洛宁故县秦墓发掘简报》,《中原文物》1985 年第 4 期。

第五章　秦汉时期的崤函古道

秦汉时期是中国历史上第一个大统一的时代。为巩固来之不易的全国统一的社会局面，秦汉两朝在交通建设上表现出积极进取的精神，交通条件得到空前改善，交通作用受到空前重视。对崤函古道交通条件的控制和利用，始终是秦汉统治者长驾远驭的有效手段。秦汉崤函古道交通运输的主要形式，为以后两千年交通事业的发展奠定了基本格局。

第一节　秦及秦楚之际的崤函古道

公元前221年，秦始皇铲尽诸侯，包举九州，建立中央集权制的大一统国家，开创了中国历史的新纪元。因大一统政治格局的形成，交通道路进入了大规模的建设期，而崤函古道作为秦都咸阳通往东方驰道的重要路段，其交通条件得到了很大的改善。秦代控制东方的许多历史事件与崤函古道的高效能使用有关。秦楚之际，它又成为陈胜农民起义军和楚汉两大集团争霸的重要舞台。

一、秦“驰道”中的崤函古道建设与运行

秦素有以交通建设促成政治军事进取条件的成功传统。早在统一六国的战争中，秦就初步疏通了全国的交通道路。统一后，在秦始皇一系列新政中，“车同轨”，即要求各处车辆轮距划一，成为“巩固统一，加强控制之最要政策”①。统一后的第二年（前220），大规模“治驰道”②，以咸阳为中心，“为驰道于天下，东穷燕齐，南极

① 马非百：《秦始皇帝传》，江苏古籍出版社，1985，第524页。

② 〔汉〕司马迁：《史记》卷六《秦始皇本纪》，中华书局，1982，第241页。

吴楚,江湖之上,滨海之观毕至”①,形成连接全国的交通网络的主脉。秦二世继位后,继续“治直(道)、驰道”②。驰道的修筑,构成秦王朝行政活动的主要内容之一,也是秦王朝交通建设最具有时代特色的成就③。

1. 秦驰道对崤函古道的改进

驰道是不同于普通道路的高速驰马走车道路,许多路段是在原有战国交通道路基础上,决通川防,夷去险阻,按照严格统一的技术规范改筑或整治而成,“广五十步,三丈而树,厚筑其外,隐以金椎,树以青松,为驰道之丽至于此”④。秦代六尺为一步,除山路外,驰道一般宽300尺(约合今69米),修筑强调坚实,外部以土厚筑,内以“金椎”夯实,使路基牢靠。路面似鱼骨形,中间略高,两边低,以便于排水,防止水淤积在路面破坏道路或者通行困难。道路两边每隔三丈(约合今6.93米)种植一棵青松,栉比排列,绿荫蔽日。路面宽阔平坦,有三条分形线以区分等级,中央三丈为“中道”,专供皇帝车马驰驱,未经特许,他人不得擅自进入,只能沿“中道”两侧的“旁道”行驶。这种交通道路规则固然体现了等级尊卑关系,但却形成了路面分划为三的具有分隔带的多车道道路,且两侧路权对社会民生开放,较西周周道“君子所履,小人所视”那样服务于贵族的交通是一大进步。

从咸阳向东通往今江苏、山东间海滨的驰道,后世称三川东海道,是秦朝最重要的东西向陆路交通干线,其与黄河并行的区段,主要就是崤函古道。三川东海道从咸阳东出后,沿渭水南岸,经丽邑(今临潼)、郑县(今华县)、宁秦(今华阴东),进入崤函,循崤函古道,抵三川郡治洛阳。从船司空至陕,经行崤函古道东段即函谷道,陕至洛阳间经行崤函古道西段的崤山北路。抵洛阳后,驰道又分北、中、南三个

---

① 〔汉〕班固:《汉书》卷五十一《贾山传》,中华书局,1962,第25页。

② 〔汉〕司马迁:《史记》卷八十七《李斯列传》,中华书局,1982,第2553页。

③ 王子今:《秦汉交通史稿》(增订版),中国人民大学出版社,2013,第32页。

④ 〔汉〕班固:《汉书》卷五十一《贾山传》,中华书局,1962,第2328页。

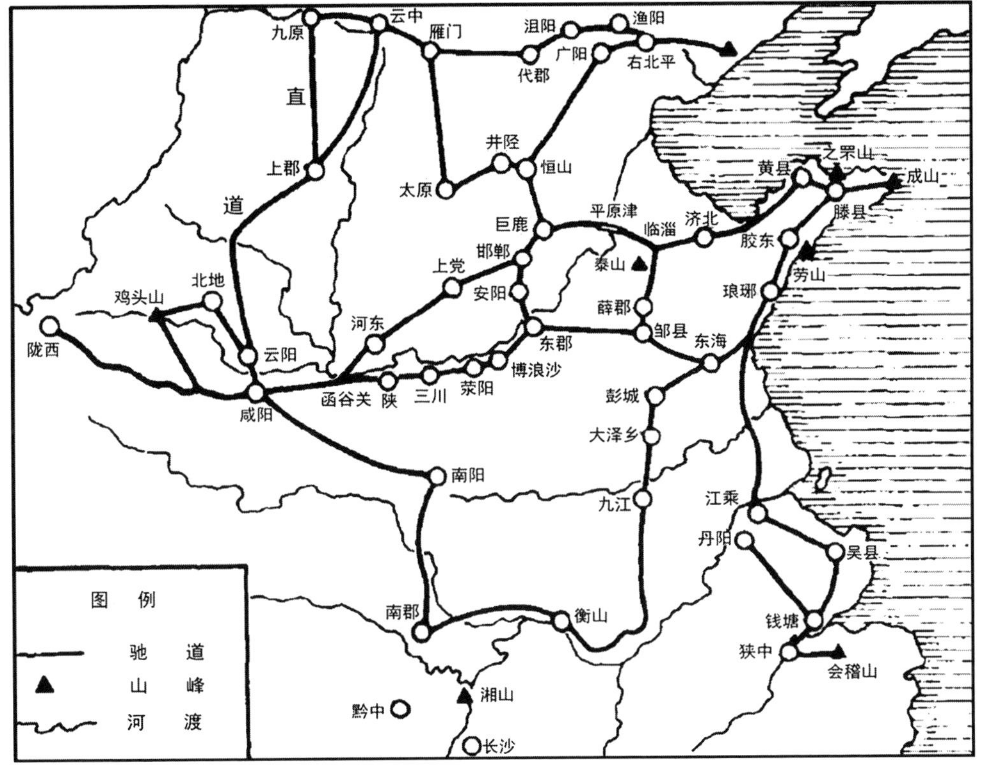

图 5-1　秦驰道示意图①

方向，通达原燕赵、齐鲁和荆楚等关东诸地。其中，函谷关至成皋、荥阳的道路，曾有“成皋之道”②之称。三川东海道东通东方各地，横贯当时最发达的关中和关东两大经济区，经济活跃，人口密集，是秦王朝运输量最大的交通干线。崤函古道既是三川东海道东出关中进入关东的首段，也是秦都咸阳至洛阳驰道的必经之路，在三川东海道中具有控制性干线的地位，起着连接关东纽带和稳定秦王朝东西主要战略交通线的作用。

① 采自中国公路交通史编审委员会《中国公路史》（第1册），人民交通出版社，1990，第12页。

② 〔汉〕司马迁：《史记》卷七十九《范雎列传》，中华书局，1982，第2410页。

崤函古道由于被纳入驰道交通系统，又接近秦都，获得了空前的开拓和完善。经学界的多年研究和实地调查，我们可以初步总结出秦代崤函古道交通线的大致走向：自潼关东出，经黄巷坂过十里铺、沙坡村、西北村、西堡头村、金鸡岭（鸡子岭）入灵宝，经豫灵文底南原村北（阌乡）、王家村、杜家村，过十二里河（古称泉鸠涧、全节水、全鸠水、全鸠涧水、鸠水），经庙上村、故县镇城东村、神树村、盘豆村、盘西村，过阳平河（古称湖水），经高柏村、阳平镇王家岭，入南寨子（湖县城），向东经西阎乡阌东村七里铺、雷家营双坟、杨家湾、东西吕店、东西古驿，过沙河（古称柏谷水），经函谷关镇稠桑、西寨，进入函谷关，出关，经大王镇沙坡、西王村、五帝村、东西南朝、三官村，入陕县，经五原村、原店、温塘、南曲村（曲沃）、辛店（新店）、吕家崖、桥头沟（曹阳墟），入陕县城，出城向东经交口、张茅、硖石、句陵、渑池（俱利城）、楚坑、新安故城（义马石河）、缺门（铁门）、新安县，至洛阳。崤函古道南线走向为：陕县—交口—雁翎关—城头村—三乡—韩城（宜阳故城）—宜阳县—洛阳。由于这条秦代崤函古道线路直到汉代仍被使用，故亦称为秦汉崤函古道。

多年来，在崤函古道函谷段发现了多处秦汉时期古道路槽、秦人墓、烽火台等遗迹。其中，潼关至阌乡县故城间尚存部分古道遗迹。在潼关秦东镇陶家庄汉潼关城遗址北门前数百米处古道遗迹，当地称之为“官道壕”，经实地丈量残宽在 45 米以上。潼关沙坡村附近路槽遗迹明显，高 3～10 米，槽底最宽处 45 米，其他处在 20 米左右。沙坡村南路土层向西一直延续到潼关十里铺，路基宽 40 米左右。灵宝豫灵镇西杨家村北有一烽火台，台高 3 米，周长 4 米，夯土筑成。台旁有东汉杨震玄孙杨修之墓。文底以东古道转入一深 50 米的沟壑之中，直通金鸡岭，沿途可见部分路土层。金鸡岭以东王家村南至杜家村南，路槽明显，深 25 米。自庙上村北至城东村北古道槽深 8 米，路基宽 12 米。盘西村北也发现有路土层。

1999 年，考古学者在今灵宝阳平镇阌西村东北约 3 里的黄河南岸，阳平河（湖水）西岸王家岭北的南寨子村南发现一处秦汉大型公共墓地，规模庞大，东达阳平河西岸，西至故县镇高柏村，东西长 5 公里，南北宽 3 公里，总面积 15 平方公里，是目前发现的我国最大的战国时期秦人墓葬区[①]。在王家岭村北，一条东西长 1075 米、南北宽 50 米的路基中，考古学者钻探发掘出战国墓 763 座。墓葬均为竖穴方坑墓、单人仰面直肢或侧身屈肢墓。其中，第一、二区为战国晚期，第三区为秦末至西汉初年，属典型的秦人墓，第四区为西汉早期，已无秦人墓的明显特征。南寨子村北 150 米处有一条宽 10 余米、高 100 余米，两壁峭立的壕沟通往岭西。当地老人将此壕沟称为周秦古道，亦叫老洛潼公路。在壕沟南、北两侧断壁及地面上，曾发现大量战国和秦汉时期的筒瓦及板瓦残片，与南塬上王家岭秦汉墓出土的陶器，无论质地或纹饰都相同。另外，在老洛潼公路附近还发现了部分夯土城墙遗迹。考古与文献相印证，湖县旧址即“古胡城”当在南寨子村附近。

秦函谷关所在的“函道”，“东西十五里，绝岸壁立，崖上柏林荫谷中，殆不见日，关在谷中，深险如函”[②]。实际上是一处沟深坡陡且距离较长的大峡谷，东西长 2800 余米，两侧多为悬崖峭壁。由于经年水土流失严重，古道已被湮没在淤土下，或被洪水冲毁，但 2007 年考古学者在沟口西端的南侧，距西寨村东 170 米的断壁上发现一段古路基和车辙遗迹，路土分五层，第五层即最下层年代为汉代至春秋战国，路层面距今地表深 6. 3 米。路土由数十层厚薄不等的车轮碾轧层和踩踏面叠压而成，厚度达 1. 6 米，夹杂较多的淤土层、砂粒层和水锈土等。路土上层两条车辙碾轧轨迹明显，呈东西走向，间隔 1. 6~1. 8 米[③]。从考古发现看，该路基位置处在函谷关古道由沟底走上平路的过渡路段，自然可归入驰道交通系统。

自函谷关西至稠桑西沙河边，全长 7500 米的函谷关古道旁残存有秦汉时期的

---

① 来坤、有维：《灵宝发现我国最大秦人墓葬群》，《中国文物报》1999 年 11 月 3 日，第 1 版；林剑鸣、吴永琪：《秦汉文化史大辞典》，汉语大词典出版社，2002，第 423 页；张怀银、何耀鹏：《灵宝王家岭秦汉墓地的发现及其意义》，河南省文物考古学会编：《中原文物考古研究》，大象出版社，2003，第 236~238 页。

② ［唐］李吉甫撰，贺次君点校：《元和郡县图志》卷六《河南道二》，中华书局，1983，第 158 页。

③ 胡小平、郭九行：《灵宝函谷关发现古道遗迹》，《三门峡职业技术学院学报》2009 年第 3 期；河南省文研所、三门峡文研所、灵宝市文管会、函谷关管理处：《灵宝市函谷关古道遗迹剖析记录》，2007 年 12 月 30 日。

3座烽燧遗址,东西连成一线,遥遥相望。出秦函谷关,渡弘农涧河,在沙坡村坡根东北有一段深1.5米、宽5米的路槽,路土层厚72厘米,距崖顶1米,槽长200米,槽底和槽顶均较平坦,已栽上树木。古道继续向东北,经西王村、好阳河、五帝村龙王庙。龙王庙亦有一段古路槽,槽深约10米,宽5米,长72米,路槽两壁陡峭。

由崤函古道函谷段道路遗迹看,路面宽度一般在40米以上,最宽处在45米以上。当然,驰道并非都是等宽的,尤其在山区丘陵地带会因地而异。修筑方法主要是采取人工填垫。以秦函谷关西寨村古路基为例,垫土当为就地取材,沙粒层可能是从附近河床运来用以填垫路基。经过夯打,土质坚硬致密,符合秦驰道"隐以金椎"即铁夯加固的修建方法。因填垫、夯打次数较多,路基厚度也很大,层层填垫碾轧和踩踏痕迹清晰可辨,质地上特别坚硬,显示了较强的道路抗压性。从剖断面看,既好像被切开的千层饼,又似水面上的水波纹。这种填垫细沙的做法,与陕西省考古研究院2016年在西安邓家村秦汉古道路遗址秦代道路遗存中所揭示的在加路基中加细沙的方法大体相同①,有同功之效,既可以增大路基的渗水性,又可使其在干燥的环境下越发坚硬。说明秦代道路修筑已有了一套较先进、成规制的方法,即填垫、加固路基防止人、车长久行驶压坏道路,同时将沙粒加入增加透水性,防止雨水冲刷破坏路面。由路基的三层分布和路基厚度、碾轧坚实度及年代,说明这条古道的长期沿用,也说明驰道选线的合理性经受住了历史的考验。

由于道路质量高,路况好,函谷关以西的路段甚至夜间也可驰行。《史记·秦始皇本纪》载,秦始皇三十六年(前211)秋,有"使者从关东夜过华阴平舒道,有人持璧遮使者"。《正义》引《括地志》:"平舒故城在华州华阴县西北六里。"②《春秋

① 陕西省考古研究院:《陕西西安邓家村秦汉古道路调查试掘简报》,《文博》2019年第6期;王博凯:《秦代道路安全问题及其治理》,《中州学刊》2021年第7期。

② 〔汉〕司马迁:《史记》卷六《秦始皇本纪》,中华书局,1982,第259页。

后传》则言:“使者郑容入柏谷关,至平舒置。”杨守敬《水经注疏》作“入函谷关”,考曰:“《河水注》有柏谷亭,然无柏谷关之名。据《书钞》《初学记》《御览》引,并作函谷关,则柏为函之误无疑。”[①]秦驰道修筑过程中对崤函古道的改进,使崤函古道道路形制和通行条件获得新的进步,也为此后的发展奠定了坚实基础。

2. 秦始皇经行崤函古道东巡

驰道的修筑为秦始皇巡行提供了很大便利。秦始皇可称是中国古代出巡最频繁的皇帝。早在秦统一战争期间,秦始皇就曾三次经行崤函古道出巡东方新占领地:“十三年……王之河南。”“十九年……秦王之邯郸。”“二十三年……秦王游至郢陈。”统一后五次巡行郡县,其中四次出巡关东,三次经由崤函古道。

第一次东巡在秦始皇二十八年(前 219),东巡路线大致是从咸阳出发,出函谷关,循崤函古道,过洛阳,抵山东半岛,登泰山封禅,东抵海滨后转而向南,经原楚国疆域,由南部线路,经武关返咸阳,足迹遍及关东中部、南部主要地区。二十九年(前 218)春,秦始皇二次东巡山东半岛,车队行至阳武博浪沙遭遇袭击。博浪沙在今河南原阳,证明秦始皇此次东巡,仍是自咸阳出发,东出函谷关,循崤函古道,入洛阳,经阳武到琅邪(今山东胶南)、之罘(今山东烟台北),从上党(今山西长治)归。三十二年(前 215),秦始皇第三次东巡,“之碣石,……巡北边,从上郡入”[②]。碣石在今河北昌黎北。由咸阳到碣石当时最便捷的路线是出函谷关走太行山脉以东,北上经恒山到碣石。秦始皇此次东巡亦当是从咸阳东出函谷关后,循崤函古道,至洛阳,在孟津过黄河,往北入河北,到碣石。返回沿长城向南行,由上党返回咸阳[③]。秦二世继位后,亦效仿秦始皇,“东行郡县,李斯从。到碣石,并海,南至会

① 杨守敬、熊会贞疏,杨苏宏、杨世灿、杨未冬补:《水经注疏补》卷十九《渭水下》,中华书局,2016,第 549 页。

② 〔汉〕司马迁:《史记》卷六《秦始皇本纪》,中华书局,1982,第 251~252 页。

③ 王京阳:《关于秦始皇几次出巡路线的探讨》,《人文杂志》1980 年第 3 期。

稽”后，“遂至辽东而还”[①]。其东巡路线与秦始皇东巡路线大体相同，即由咸阳出发后，东出函谷关，循崤函古道，过洛阳，一路向东。

秦始皇巡行郡县，既是一种宣传方式，“示强，威服海内”[②]，也是一种行政方式，具有行政视察和树立政治威权的意义。因此，每次出巡，必然随从庞大车驾，侍从浩荡：“大驾属车八十一乘，法驾半之。属车皆皁盖赤里，朱轓，戈矛弩箙，尚书、御史所载。最后一车悬豹尾，豹尾以前比省中。”[③]这对道路通行速度和行旅质量无疑都是一种考验。秦始皇父子东巡，屡经崤函古道，说明崤函古道已具备了适应皇帝车舆通行的规模和条件。

图 5-2　秦始皇陵兵马俑二号铜车马(张天柱摄)

① 〔汉〕司马迁：《史记》卷六《秦始皇本纪》，中华书局，1982，第 267 页。

② 〔汉〕司马迁：《史记》卷六《秦始皇本纪》，中华书局，1982，第 267 页。

③ 〔南朝宋〕范晔：《后汉书》志二十九《舆服志》，中华书局，1965，第 3649 页。

3. 崤函古道的运行

驰道虽然主要为秦帝出行巡游各地提供便捷，但驰道修成后，被广泛运用于各种交通运输方面，对促进秦交通运输事业发展具有重要的作用。

贡赋及军需运输是驰道运输的重要内容。秦征收谷粟等实物田租，纳租人要将田租运到国家指定的粮仓。秦都咸阳及其附近积贮着大量从全国运来的粮食。睡虎地秦墓竹简《秦律・仓律》载："栎阳二万石一积，咸阳十万石一积。"①有学者从经济角度分析，秦人在东方修筑四通八达的交通网，是要控扼东方粮源，以整个东方为粮食基地，去支持秦在南北的拓边事业②。秦军每次出征都要转输大批粮草，其来源主要是关东，运输途径主要是陆运和黄河漕运。秦在黄河三门峡北岸的平陆龙岩村建有粮仓③，并以粮仓作为漕运的交通站点和储备点。沿驰道建有陈留—敖仓—函谷关外诸仓—关中仓群等，自西向东接入秦本土。此外，秦大兴工程，用人多，耗费大，也需要国家长途调运粮草。秦二世时曾"尽征其材士五万人为屯卫咸阳，令教射狗马禽兽。当食者多，度不足，下调郡县转输菽粟刍藁，皆令自赍粮食，咸阳三百里内不得食其谷"④，这里的"下调郡县转输"，指关东向咸阳的粮食运输。秦末农民起义后，李斯等以为"盗多，皆以戍漕转作事苦，赋税大也"⑤，其中漕、转两种皆与秦粮草转运直接有关。漕即漕运，转即陆运车转。秦的粮草长途转运，给人民带来了沉重的灾难，也加速了秦王朝的灭亡。

伴随繁重徭役而来的还有规模惊人的人口流动。《史记・秦始皇本纪》："始

---

① 睡虎地秦墓竹简整理小组：《睡虎地秦墓竹简》，文物出版社，1990，第 25 页。

② 熊永：《王国秩序与帝国战略：秦"出其人"问题的历史考察》，《史学月刊》2018 年第 7 期。

③ 中国科学院考古研究所：《三门峡漕运遗迹》，科学出版社，1959，第 38 页；张董心、宁立新：《平陆县龙岩遗址的发掘及考证》，山西省考古学会等编：《山西省考古学会论文集》（3），山西古籍出版社，2000，第 113～118 页。

④ 〔汉〕司马迁：《史记》卷六《秦始皇本纪》，中华书局，1982，第 269 页。

⑤ 〔汉〕司马迁：《史记》卷六《秦始皇本纪》，中华书局，1982，第 271 页。

皇初即位,穿治郦山,及并天下,天下徒送诣七十余万人。”[①]秦二世作“骊山、阿房之役,各七十余万”[②]。据统计,秦每年征发徭役超过300万人,占总人口的十分之一以上,而承受繁重徭役负担的主要是关东人[③]。沛人刘邦“以亭长为县送徒郦山”“常繇咸阳”[④]。六人黥布“论输丽山”[⑤]。齐人娄敬“戍陇西,过洛阳”[⑥]。秦始皇陵西侧赵背户村秦刑徒墓发现的瓦文墓志,也证明“修建始皇陵的大批刑徒,都从原山东六国诏调而来”[⑦]。数百万负担繁重徭役的关东人背井离乡,致使关东到咸阳道路上长年累月形成了频繁而规模惊人的交通往返现象,于是“赭衣半道”[⑧],“赭衣塞路,囹圄成市”[⑨],“道路死者相望”[⑩],“丁男被甲,丁女转输,苦不聊生,自经于道树,死者相望”[⑪]。从他们出发地分布和崤函古道所联系的区域看,关东人服役经由崤函古道至咸阳的可能性最大。

秦在兼并战争中和统一之后,进行了一系列规模庞大的移民活动,主要方式是将大量关山以东的原山东六国居民引入关山以西的秦本土。史载,秦灭赵,迁赵王于汉中郡房陵,迁赵贵族赵奢后裔入咸阳。秦灭楚,迁楚国大姓于陇西,居天水。秦始皇二十六年(前221)“徙天下豪富于咸阳十二万户”[⑫]。这12万户,主要是六国宗室、关东工商业者和大地主。此类移民活动规模尤为宏大。一次迁移12万

① 〔汉〕司马迁:《史记》卷六《秦始皇本纪》,中华书局,1982,第265页。

② 〔元〕马端临撰,上海师范大学古籍研究所等点校:《文献通考》卷一百四十九《兵考一》,中华书局,2011,第4487页。

③ 王子今:《秦王朝关东政策的失败与秦的覆亡》,《史林》1986年第2期。

④ 〔汉〕司马迁:《史记》卷八《高祖本纪》,中华书局,1982,第347页。

⑤ 〔汉〕司马迁:《史记》卷九十一《黥布列传》,中华书局,1982,第2579页。

⑥ 〔汉〕司马迁:《史记》卷九十九《刘敬叔孙通列传》,中华书局,1982,第2715页。

⑦ 始皇陵秦俑坑考古发掘队:《秦始皇陵西侧赵背户村秦刑徒墓》,《文物》1982年第3期。

⑧ 〔汉〕班固:《汉书》卷五十一《贾山》,中华书局,1962,第2327页。

⑨ 〔汉〕班固:《汉书》卷二十三《刑法志》,中华书局,1962,第1096页。

⑩ 〔汉〕司马迁:《史记》卷一百一十二《平津侯主父列传》,中华书局,1982,第2954页。

⑪ 〔汉〕班固:《汉书》卷六十四《严安》,中华书局,1962,第2812页。

⑫ 〔汉〕司马迁:《史记》卷六《秦始皇本纪》,中华书局,1982,第239页。

户，按一户5口计，保底也在60万众。崤函古道是当时进入关中最便捷的道路，关东移民迁徙咸阳、蜀郡及西北地区，当有相当数量经由崤函古道向西，形成移民充塞，经年络绎不绝的交通景象。

秦开创性地将交通管理、交通设施与邮传网络建设纳入军政管理体制，细密严峻。据睡虎地秦墓竹简《为吏之道》载，主干道路由郡守县令负责及时修治保养。四川青川秦墓出土秦更修《为田律》木牍中，也有关于定期整修道路和桥梁的规定，要求“九月，大除道及坂险；十月，为桥，修陂池、利津梁，鲜草离。非除道之时，而有陷败不可行，辄为之”[①]。遇到皇帝出行，更形成预先修缮道路的制度。史念海论及秦汉交通建设说：“帝王之巡幸，类皆先期治道，平夷整齐，必求完美”[②]。

在大规模交通建设的同时，秦在驰道沿线设置邮、传、亭、置、驿等，形成了统一而通达的邮传网络，大体五里一邮，十里一亭，三十里一传，主要用以文书传递、官吏过往停留食宿等。邮传制度也在逐步完善。据《晋书·刑法志》，秦代的邮传制度，包括“厩置、乘传、副车、食厨”四部分，厩置、食厨指驿站及其内部的生活设施，乘传、副车指传车和传车的驾驶员。秦律有关于文书传递的《传书令》，又有《传食律》规定行传人员米、酱、菜羹、盐及刍藁的定量[③]。崤函古道亦建有相应的邮传设施。《史记·陈涉世家》载：“周文败，走出关，止次曹阳二三月。”《索隐》引晋灼曰：“亭名也，在弘农东十二里。”《正义》引《括地志》：“曹阳故亭亦名好阳亭，在陕州桃林县东南十四里。崔浩云：‘曹阳，坑名，自南出，北通于河。’按：魏武帝改曰好阳也。”[④]即今灵宝大王镇神窝村附近。秦时亭的种类很多，有学者认为邮亭主要设置于京师与郡国、郡国与县邑的主要交通沿线，乡亭主要设置于聚落附近和郡国辖

① 四川省博物馆、青川县文化馆：《青川县出土秦更修为田律木牍——四川青川县战国墓发掘简报》，《文物》1982年第1期。

② 史念海：《秦汉时期国内之交通路线》，《河山集》（四集），陕西师范大学出版社，1991，第538页。

③ 睡虎地秦墓竹简整理小组：《睡虎地秦墓竹简》，文物出版社，1990，第60、61页。

④ 〔汉〕司马迁：《史记》卷四十八《陈涉世家》，中华书局，1982，第1954~1955页。

域的次级交通道路。无论哪种亭,其设置原则一是不能远离聚落,二是不能脱离交通。《汉书·百官公卿表》载:“大率十里一亭,亭有长。……皆秦制也。”[①]《汉书·高祖纪》颜师古注:“秦法十里一亭。亭长者,主亭之吏也。亭谓停留行旅宿食之馆。”[②]可见曹阳亭建于秦时,正当秦汉崤函古道。而周文能在曹阳亭停留二三个月,想见该亭当有一定规模[③]。秦在崤函古道沿线设置的亭自然不会仅曹阳亭一处。学界对“十里一亭”中“里”的含义比较一致的意见是认为“里”指道路的长度,即里程,大约每隔十“里”左右设置一个亭[④]。以此而论,崤函古道当有不少的邮亭设置。说明战国时期的崤函古道已经是秦邮传网络的重要节点。

函谷关既是秦重要的交通设置,也是崤函古道交通线路的控制节点。在秦维护国家安全和社会稳定,进行人口和经济调控等方面发挥了重要作用。秦在函谷关设关都尉。《汉书·百官公卿表》云:“关都尉,秦官。”[⑤]出入关均需持有通关文书,“日入则闭,鸡鸣则开,秦法也”[⑥]。前 299 年,孟尝君受邀入秦为相,不久被废,孟尝君急忙偷逃,至函谷关。《史记·孟尝君列传》:“孟尝君得出,即驰去,更封传,变名姓以出关。夜半至函谷关。秦昭王后悔出孟尝君,求之已去,即使人驰传逐之。孟尝君至关,关法鸡鸣而出客,孟尝君恐追至,客之居下坐者有能为鸡鸣,而鸡齐鸣,遂发传出。出如食顷,秦追果至关,已后孟尝君出,乃还。”这里几次提到的“传”即是通关的凭信。“更封传”,《索隐》注:“更者,改也。改前封传而易姓名,不

---

① 〔汉〕班固:《汉书》卷十九《百官公卿表》,中华书局,1962,第 742 页。

② 〔汉〕班固:《汉书》卷一《高祖纪》,中华书局,1962,第 3 页。

③ 《陶文图录》著录有“曹市”陶文,俞伟超推测是“曹阳”的简称(《汉代的“亭”“市”陶文》,《考古》1963 年第 2 期),裘锡圭推测“也许曹阳在秦和汉初曾设过县”,《汉书·地理志》不见记载,当是在西汉早中期已被废(《啬夫初探》,载《云梦秦简研究》,中华书局,1981,第 270 页)。若是如此,则秦末周文农民军选择在曹阳“止次二三月”,就有了更客观的解释。

④ 周振鹤:《从汉代“部”的概念释县乡亭里制度》,《历史研究》1995 年第 5 期。

⑤ 〔汉〕班固:《汉书》卷十九《百官公卿表》,中华书局,1962,第 742 页。

⑥ 〔唐〕李吉甫:《元和郡县图志》卷六《河南道二》,中华书局,1983,第 158 页。

言是孟尝之名。封传犹今之驿券。”[①]与孟尝君鸡鸣狗盗过关如出一辙的还有燕丹子鸡鸣诈关故事:“燕太子丹质于秦,秦王遇之无礼,不得意,欲求归。……秦王不得已而遣之,……夜到关,关门未开。丹为鸡鸣,众鸡皆鸣,遂得逃归。”[②]两则故事都反映了秦“关法”制度对函谷关控制的严苛。

对函谷关通关凭信,秦有专门的玺印用于封缄。近年弘农郡官署故址出土一方战国秦半通印,印文作“閸玺”。据研究者分析,“閸”字“有两种释读,一是以战国文字作国名、地名、姓氏用字时往往赘增‘邑’旁之例,‘閸’是函谷关之门关的专用字,即‘函’字赘增‘门’旁,门指门关,故其字构形从‘门’;二是‘閸’是‘函门’二字的合文,但省略了合文符号”,而“合文的可能性最大。函谷关本来就是隘口门关,所以其有专门的机构用印”。此玺“为秦低阶官印”。“閸玺”的用途有二,一是如一般的通行凭信,相当于通门关时所用符节;二是与征收商业税有关。[③] 睡虎地秦墓竹简有《关市律》,整理者认为是管理关税征收的法律[④],或可说明秦曾对过往商旅征敛关税。

图 5-3 函谷关出土战国秦閸玺[⑤]

① 〔汉〕司马迁:《史记》卷七十五《孟尝君列传》,中华书局,1982,第 2355 页。

② 无名氏撰,〔晋〕葛洪撰,程毅中点校:《燕丹子·西京杂记》,中华书局,1985,第 3 页。

③ 曹锦炎:《秦“函关钱府”封泥小考》,《西泠艺丛》2021 年第 5 期。

④ 睡虎地秦墓竹简整理小组:《睡虎地秦墓竹简》,文物出版社,1990,第 42 页。

⑤ 采自曹锦炎《秦“函关钱府”封泥小考》,《西泠艺丛》2021 年第 5 期。

弘农郡官署故址秦封泥发现中还可以看到年代为战国晚期的秦“函关钱府”封泥，印文作“圅(函)闗(关)钱府”。“圅”即“函”之本字，“闗”是战国文字中“关”字的另一种写法，亦见于安徽大学藏战国楚简《诗经》。“钱府”即《周礼·地官》之官名“泉府”。《国语·周语》韦注：“钱者，金币之名，所以贸货物，通财用者也。古曰泉，后转曰钱。”[①]《史记·平准书》索隐：“钱本名泉，言货之流如泉也，故周有泉府之官。”[②]《周礼·地官》：“泉府掌以市之征布敛市之不售货之滞于民用者，以其贾买之，物楬而书之，以待不时而买者。买者各从其抵，都鄙从其主，国人郊人从其有司，然后予之。”郑玄注：“物楬而书之，物物为揃书，书其贾，楬著其物也。不时买者，谓急求者也。抵，故贾也。主者，别治大夫也。然后予之，为封符信，然后予之。”[③]泉府掌收购市上滞销物资并管理借贷收息等市场交易事务。秦规定有关货

图 5-4　函谷关出土战国秦“函关钱府”封泥[④]

① 〔春秋〕左丘明撰，徐元诰集解，王树民、沈长云点校：《国语集解》卷五《周语下》，中华书局，2002，第 105 页。

② 〔汉〕司马迁：《史记》卷三十《平准书》，中华书局，1982，第 1443 页。

③ 〔汉〕郑玄注，〔唐〕贾公彦疏：《周礼注疏》（十三经注疏）卷十五《地官·泉府》，北京大学出版社，2000，第 450 页。

④ 采自曹锦炎《秦“函关钱府”封泥小考》，《西泠艺丛》2021 年第 5 期。

物通关须挂有写明价格之签牌并用玺印封缄,故“函关钱府”即是秦在函谷关专设的机构,“函关钱府”封泥是该机构玺印封缄的专门之印。它的发现,凸显了函谷关在秦国经济流通中的重要地位。

秦人素有以行政机器促成交通建设的传统。崤函是秦人东进过程中最先占领的地区,秦人从这里不断向东进取,最终完成一统天下的伟业。据文献和考古文物,秦占据崤函之后,积极推行县制,置陕、胡、船司空、新安、黾池、焦、卢氏、宜阳等八县,形成崤函地区最早的较为完善的县制体系。

表 5-1　崤函地区秦置县简表

县	今地	县	今地
陕	三门峡陕州故城	焦	三门峡陕州故城东北
胡	灵宝西	船司空	潼关北
新安	义马千秋新安故城	黾池	渑池西北
宜阳	宜阳西	卢氏	卢氏故城

有关崤函八县的设置,学者已多有考证[①],此不赘述。这里尤可注意的是,这一体系开创了以郡县交通引领崤函古道主线的历史时期。表中可见,秦代崤函八县均位于崤函古道交通冲要之处。陕、焦、胡、船司空位于崤函古道西段,黾池、新安在崤函古道东段崤山北路,宜阳在崤函古道东段崤山南路。卢氏虽不在崤函古道主线路上,但它是崤函古道支线宜卢道、卢武道的重要节点。春秋战国时期,韩、秦

① 参见后晓荣:《秦代政区地理》,社会科学文献出版社,2009,第 145~146、188~190、192~193、197 页;《战国政区地理》,文物出版社,2013,第 48、53~54、77、85~86、253 页;周振鹤、李晓杰:《中国行政区划通史·总论、先秦卷》,复旦大学出版社,2009,第 321~323、365、368、372、401 页。又,秦封泥有“厎柱丞印”,后晓荣认为厎柱或也为秦置县,属河东郡;周晓陆等人认为,以厎柱之险狭,似不能立县(周晓陆、路东之、刘瑞、陈晓捷:《秦封泥再读》,《考古与文物》2002 年第 5 期)。其说当是。

等国多次利用宜卢道、卢武道争雄。崤函县级政区分布格局,契合了秦以崤函古道北路为东西交通主线的交通运输系统,也与秦人以行政机器促成交通建设的传统相一致。说明秦设崤函八县的主要目的,在于控制这条东西交通大动脉。另一方面,亦证明崤函古道交通为秦的行政管理提供了便利而可靠的条件。

崤函八县以函谷关为界,以西的胡、船司空二县归内史管辖,以东六县属三川郡管辖。内史,是秦王朝的核心区域。《汉书·地理志》云:“秦并天下,改立郡县,而京畿所统,特号内史,言其在内,以别于诸郡守也。”[①]《元和郡县图志》:“秦兼天下,置内史以领关中。”[②]秦统一后,为削弱关东力量,防止其据险反抗,曾在关东“堕坏城郭,决通川防,夷去险阻”[③],但对环绕关中的四塞,则“循津关,据险塞,修甲兵而守之”[④],函谷关作为关中的东大门,仍是秦守卫关中最重要的屏障,秦在此驻扎重兵,由关都尉统领,严格控制出入关中人员。船司空县,《汉书》颜师古注云:“本主船之官,遂以为县”[⑤],即此地因作为秦造船基地而设县,治今潼关东北渭水注入黄河地方,控扼河、渭漕运最关键的河道。胡、船司空二县归内史管辖,表明这一带属秦王朝直接控制下的京师之一部分。崤函地区的分界线,并不完全以崤函山地为界,而以函谷关为界,呈现“犬牙交错”的态势,反映出秦力图从行政区划设置上打破崤函地理单元的地理基础,以加强对函谷关控制的意图。秦对崤函地区的掌控和治理策略,后为西汉承继并光大。

秦在崤函古道沿线不断筑城设县,推动了商品经济和商业贩运活动的发展,一些城邑因此成为商业聚散中心。1957年,陕县秦墓出土戳印有“陕亭”“陕市”字样的绳纹陶罐。1979年,上村岭秦墓出土肩部印有“陕市”戳记的3件小口罐。1985

① 〔汉〕班固:《汉书》卷二十八《地理志》,中华书局,1962,第1640页。
② 〔唐〕李吉甫撰,贺次君点校:《元和郡县图志》卷一《关内道一》,中华书局,1983,第1页。
③ 〔汉〕司马迁:《史记》卷六《秦始皇本纪》,中华书局,1982,第252页。
④ 〔汉〕贾谊撰,阎振益、钟夏校注:《新书校注》,中华书局,2000,第15页。
⑤ 〔汉〕班固:《汉书》卷二十八《地理志》,中华书局,1962,第1544页。

年,三门峡刚玉砂厂秦墓出土鼎、釜、罐、壶等一批陶器上,也印有“陕亭”“陕市”“市亭”的戳记,且大都印在肩、腹内壁、底内壁等较为明显的部位。1999 年,灵宝阳平镇王家岭秦墓出土戳印“胡市”陶文的陶釜。2018 年,三门峡黄河嘉园出土一批戳印“陕亭”“陕市”陶文的陶器。此外,秦始皇陵上焦村陪葬墓马厩坑也出土有“焦亭”戳印的陶罐和陶灯。周进《季木藏陶》著录有“曹市”陶文,俞伟超疑“曹”是曹阳省文①。这些陶文戳记不仅是器物产地的标志,说明在此附近有专门生产陶器的陶窑,而且也是此地已有市场的实证。如“陕市”为陕县之市之省文,“陕亭”为陕县市亭省文,“胡市”为胡县之市省文,“焦亭”为焦县市亭省文。陶器上戳印的这类陶文,表明这些陶器分别为陕、焦、胡诸县市场管理机构督造生产。此外,在三里桥秦人墓陶坛和陶罐上还发现朱书的“酒”“沐”“浆”等字,证明这里的陶器生产已经出现专用化。而在秦始皇陵上焦村陪葬墓发现的“焦亭”生产的陶罐、陶灯,确切地反映了这些陶器是作为商品而流通的,并且流通的范围也相当广泛。

由此可见,秦在崤函古道沿线设置的陕、焦、胡等县,在交通上成为控制节点,在商业上发展成为颇为活跃的商品聚散地和生产中心。秦王朝派遣专人监管这里的市场。这无疑改变了春秋战国时期崤函地区城市仅为交通中心的单一格调,显示了这一时期崤函商品经济和商业运输发展的程度,而这与秦的崤函古道经营及其带来的经济统治力的不断加强有密切关系。另一方面,崤函城市经济和商业贩运业的兴起也进一步促进了崤函古道交通事业的发展,秦代崤函古道的建设经营更对后来崤函地区交通发展有深刻的影响。

二、“函谷举”:反秦灭秦的崤函古道

崤函古道作为秦驰道的重要线路,在巩固秦统一,加强关中与关东经济文化的

① 俞伟超:《汉代的“亭”“市”陶文》,《文物》1963 年第 2 期。

联系发挥突出作用之后,在秦末又成为陈胜、吴广掀起的反秦大起义的重要舞台,成就了刘邦、项羽一举灭亡暴秦的历史伟业。杜牧在《阿房宫赋》中描写的那幅惊心动魄的"戍卒叫,函谷举,楚人一炬,可怜焦土"画面,形象地道出了秦末崤函古道作为反秦灭秦之路的历史地位和表现。

秦二世元年(前 209)七月,陈胜、吴广在大泽乡(今安徽宿州埇桥区)起义,攻占陈县(今河南淮阳),建立张楚政权后,即分兵两路,"西进击秦":一路由假王吴广率主力,进攻荥阳,以打通进军咸阳通道;一路由宋留率领,经南阳直趋武关。但两路进展都不顺利。陈胜遂派周文率偏军,绕过秦军重兵设防的荥阳,沿崤函古道长驱西进,连续突破新安、渑池、陕之秦军防线,一举攻破函谷关。此时周文已"车千乘,卒数十万",一路过胡县、潼关、宁秦、郑县,几乎毫无阻拦,于同年冬进抵咸阳附近的戏(今临潼新丰镇)。周文能够顺利突入函谷关,既得力于吴广兵围荥阳,牵制了秦军主力,也是因守关秦军的消极防御和麻痹大意。因此,当章邯率骊山刑徒编成的数十万秦军反攻,周文即"尽败之……走出关,止次曹阳二三月。章邯追败之,复走次渑池十余日。章邯击,大破之。周文自刭,军遂不战"①。

周文何以在崤渑之间两次长时间停留,以致被章邯追击,全军覆没,文献无载。从其撤退情形看,周文军当是出函谷关即将进入崤山时,因崤山道路崎岖和军心涣散已无力继续前行,而不得不停留下来。周文失败成为陈胜、吴广起义军由盛而衰的转折点。章邯乘胜东进,沿崤函古道经新安过洛阳,直趋荥阳,在之后两个月里,逐一消灭了张楚军主力各部。

陈胜、吴广失败后,刘邦、项羽成为反秦的中坚力量。秦二世二年(前 208)九月,义军兵分两路,一路由项羽等率主力北上击秦,一路由刘邦率部乘机西进,直取关中,并相约"先入定关中者王之"②。结果刘邦在洛阳东失利后,及时改变战略,

① 〔汉〕司马迁:《史记》卷四十八《陈涉世家》,中华书局,1982,第 1954 页。

② 〔汉〕司马迁:《史记》卷八《高祖本纪》,中华书局,1982,第 356 页。

绕道南阳，攻破武关，十月进入咸阳，秦王子婴出降，秦朝灭亡。

考察刘邦西征关中的路线，实际上存在由崤函古道向武关道的调整。秦二世三年（前207）夏四月洛阳东战役之前，刘邦西征关中的军事意图是“沿三川东海道西去，重走两年前周文军的进军路线，由陈留、开封、荥阳、洛阳、渑池方向，攻取函谷关进入关中，力求尽快攻取咸阳”[①]。有研究者分析，这是因崤函古道较其他通道更为捷近，有利于刘邦在与项羽竞争中节约时间，实现抢先入关的战略目标，并且刘邦年轻时曾经崤函古道到咸阳服役，地形路况较为熟悉。但洛阳东战役的失利，打破了刘邦既定的作战方针。在经历了周文破关之后，秦王朝也已加强了崤函古道沿线，尤其是函谷关的防御力量，重兵坚城。与秦军相比，刘邦“起纠合之众，收散乱之兵”[②]，不过三万人左右，直接西进，很难顺利通过。即便侥幸拿下洛阳，以一支疲弱之师走险绝难行的崤函古道，迟早也会被项羽赶上。若绕过洛阳，直走渑池攻函谷关，虽然可行，但在洛阳未攻破情况下，洛阳的秦军必将成为刘邦后方大患[③]。对此，顾祖禹亦有分析：“沛公伐秦，不从函谷入，乃引而还，袭攻武关破之，诚畏其险也。”[④]这里的“险”，有两层含义，既有函谷关易守难攻的地险，又有西征军与秦军实力悬殊所带来的军事风险。崤函古道的通行条件，影响着刘邦的战略思维。在此情形下，刘邦断然决定转而南下，长距离战略迂回到秦军守御力量较弱的武关道直趋咸阳[⑤]。此后的战争进程充分证明了这项决策的正确性。刘邦仅用六个月左右的时间，抢先“西入咸阳”，抢得灭秦之头功。

---

① 李开元：《秦崩：从秦始皇到刘邦》，生活·读书·新知三联书店，2015，第294页。

② 〔汉〕司马迁：《史记》卷九十七《郦生陆贾列传》，中华书局，1982，第2693页。

③ 尤佳：《刘邦循武关道入秦原因新解》，《河南大学学报（社会科学版）》2010年第6期；《刘邦西征灭秦前期行兵函谷道探因》，《军事历史研究》2011年第4期。

④ 〔清〕顾祖禹撰，贺次君、施和金点校：《读史方舆纪要》卷五十二《陕西一》，中华书局，2005，第2488页。

⑤ 尤佳：《刘邦循武关道入秦原因新解》，《河南大学学报（社会科学版）》2010年第6期；《刘邦西征灭秦前期行兵函谷道探因》，《军事历史研究》2011年第4期。

项羽入关则是经崤函古道。项羽知刘邦已克关中后,即率大军南渡黄河入洛阳,以秦新降将卒为先锋,沿崤函古道大举西进,十一月行至崤山北路的新安。由于楚军对秦降卒“乘胜多奴虏使之,轻折辱秦吏卒”①,引起秦降卒不满。项羽指使

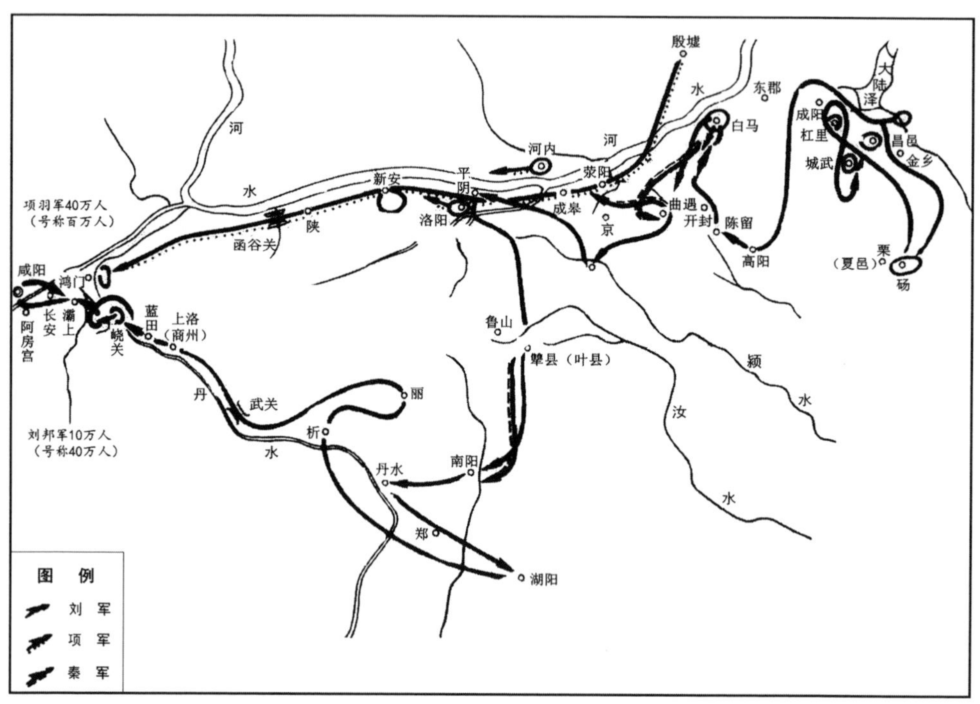

图 5-5　刘邦、项羽分路进关经过示意图

黥布和蒲将军夜袭,坑杀二十万秦军降卒于新安县城南部。《史记·项羽本纪》正义引《括地志》云:“新安故城在洛州渑池县东一十三里,汉新安县城也。即阬秦卒处。”②今义马千秋二十里铺新安故城南有楚坑遗址,东西走向,东西长 500 米,南北宽 300 米,面积约 1.5 万平方米。这是继长平坑杀赵卒后中国历史上又一次大

① 〔汉〕司马迁:《史记》卷七《项羽本纪》,中华书局,1982,第 310 页。

② 〔汉〕司马迁:《史记》卷七《项羽本纪》,中华书局,1982,第 295 页。

规模的杀戮。有学者评价认为“新安坑杀降卒,使项羽失去了秦国,断绝了项羽入关以后在关中立足的可能”,成为“项羽一生中最大的政治失误,是项羽由盛而衰的转折、失败点”①。

刘邦破秦占咸阳后,有据函谷关称王关中的意图。《史记·高祖本纪》:“或说沛公曰:‘秦富十倍天下,地形强。今闻章邯降项羽,项羽乃号为雍王,王关中。今则来,沛公恐不得有此。可急使兵守函谷关,无内诸侯军,稍征关中兵以自益,距之。’沛公然其计,从之。”所以当项羽由新安经渑池、陕一路抵达函谷关时,刘邦已派兵把守函谷关。“项羽……欲入关,关门闭。闻沛公已定关中,大怒,使黥布等攻破函谷关。”②《史记·项羽本纪》亦云:“函谷关有兵守关,不得入。又闻沛公已破咸阳,项羽大怒,使当阳君等击关,项羽遂入。”③同书《黥布列传》:“至关,不得入,又使布等先从间道,破关下军,遂得入。”④《楚汉春秋》说法则不同:“沛公西入武关,居于灞上,遣将军闭函谷关,无内项王,项王大将亚父至关,不得入,怒曰:沛公欲反耶,即令家发薪一束,欲烧关门,关门乃开。”⑤李开元以为后者似乎更合理:如果项羽强行攻破函谷关,则两军之武力冲突已经开始。以项羽之火爆性情以及绝对的军事优势,趁势进攻刘邦是当然的事情,不用等到曹无伤告密后才作出决定。同时,鸿门宴前,刘邦对于项羽即将进攻一事毫无戒备,完全不像两军已经发生军事冲突后的状况⑥。看来,被迫开关说可能较为接近史实。退一步讲,武力破关和被迫开关两说并不矛盾。可能一开始双方都有以武力攻、守之准备,只是“沛公方

---

① 李开元:《秦崩:从秦始皇到刘邦》,生活·读书·新知三联书店,2015,第330~331页。
② 〔汉〕司马迁:《史记》卷八《高祖本纪》,中华书局,1982,第364页。
③ 〔汉〕司马迁:《史记》卷七《项羽本纪》,中华书局,1982,第310~311页。
④ 〔汉〕司马迁:《史记》卷九十一《黥布列传》,中华书局,1959,第2599页。
⑤ 〔唐〕欧阳询撰,王绍楹校:《艺文类聚》卷六《地部·关》,上海古籍出版社,1999,第102页。
⑥ 李开元:《秦崩:从秦始皇到刘邦》,生活·读书·新知三联书店,2015,第332页注【1】。

弱,阴欲贰于羽,而外不能与抗,虽守亦不固也"[①],所以才被迫开关准入。

项羽入关后,经胡、船司空,沿渭水南岸道大举西进,很快进至咸阳。"项羽引兵西屠咸阳,杀秦降王子婴,烧秦宫室,火三月不灭"[②],彻底毁灭了秦王朝经营140多年的咸阳城。汉元年(前206)四月,项羽在封立十八王后,出函谷关,循崤函古道东返。项羽在出入关中的过程中,频繁利用崤函古道交通条件的史实,再次印证了崤函古道在秦末农民大起义中作为反秦、灭秦重要通道的作用。

刘邦、项羽在函谷关一带的争夺,留下了不少传闻和遗迹,灵宝中河霸王城、西水头霸王城、五亩项城、汉王庙、吕家原霸王城、川口霸王城、函谷关汉王台等,相传都是刘邦、项羽留下的遗迹。

中河霸王城在阳店镇中河村南两条小河相汇的三角地带,西、南、北三面临绝岸,现存东、西、南墙数段,东、西墙残长210多米,残高1.9~8米,墙基残宽最大8米,夯土筑成,两墙间距约380米,墙外皆有壕沟。相传项羽曾在此屯兵与刘邦对阵。西水头霸王城在阳店镇西水头村西北霸王沟西丘岭上,现存长1000余米的明清时排水槽城墙,俗称霸王城,传说是项羽屯兵打仗之处。五亩项城在五亩乡项城村东,其西、南、北皆为悬崖峭壁。现存北城墙长约120米,墙基宽约1.5米,夯土筑成。传说楚汉战争中项羽领兵驻此,与对面山上的刘邦兵马相峙,故名项城。乾隆《重修灵宝县志》:"项城在县西南七十里,即项羽与汉持守处。山岩陡峭,上有瀑布,下激石坂,溅如雾雨,亦奇观也。"[③]汉王庙位于项城对面庄里村北。乾隆《重修灵宝县志》:"汉柏在县六十里西山上,有高祖庙,左右柏树数百株,首皆东向,与

① 〔清〕顾祖禹撰,贺次君、施和金点校:《读史方舆纪要》卷五十二《陕西一》,中华书局,2005,第2488页。

② 〔汉〕司马迁:《史记》卷七《项羽本纪》,中华书局,1982,第315页。

③ 〔清〕周庆增修,敖启潜、许宰纂:乾隆《重修灵宝县志》卷二《古迹》,《河南历代方志集成·三门峡卷》(7),大象出版社,2017,第340页。

他树异。”①民国《灵宝县志》:“汉庙古柏在秦山之尾,有汉高祖庙与项城隔弘农涧,项城在涧东,汉王庙在涧西,盖因项羽入关时与汉兵相拒于此,后项羽败,土人于此立汉王庙,中有古柏,年久荫广,故为八景之一也。”②今庙宇及古柏皆毁,仅存遗址。吕家原霸王城在苏村乡吕家原村北东西水沟交汇处的台地上。现存城墙长100米,高约10米。南有一道长500米、宽20米的城壕。该城相传为项羽所筑,城东北射箭村传为项羽练习射箭的地方,周围有演兵场、跑马坪等。函谷关汉王台位于函谷关镇西寨村西南,东距秦函谷关5000米,地处衡岭塬制高点。据说此台因刘邦登临而得名。据现场调查,汉王台为圆形,直径约20米,高出周围地表3.5米,面积约660平方米,夯土筑成。调查时在散存的汉代砖瓦块中发现数块砖雕字样,其中一块较大砖上雕有“关”字,说明它与函谷关密切相关。上述刘邦、项羽留下的遗迹,大体以弘农涧河为界,刘邦留下的遗迹皆在河西,项羽留下的遗迹则在河东,此与刘邦兵守函谷关,与东进项羽形成对峙态势相吻合。

三、楚汉相争中的崤函古道

从前206年到前202年,刘邦和项羽为争夺天下进行了长达五年的战争,最后以项羽乌江自刎,刘邦建立西汉王朝而告终。在这场影响中国历史走向的大战中,主战场多集中于中原地区,崤函虽不是直接军事斗争的平台,但其战略意义仍然突出,其对楚汉战争的影响值得研究者关注。

楚汉之争发生之初,刘邦有从关中而函谷关而陕的政治军事行动。《汉书·高帝纪》记载:汉元年(前206)八月,刘邦自汉中北上击溃项羽分封的关中三王。“二

① 〔清〕周庆增修,敖启潜、许宰纂:乾隆《重修灵宝县志》卷二《古迹》,《河南历代方志集成·三门峡卷》(7),大象出版社,2017,第340~341页。

② 孙椿荣修,张象明纂:民国《灵宝县志》卷十《古迹》,《河南历代方志集成·三门峡卷》(9),大象出版社,2017,第194页。

年冬十月，……汉王如陕，镇抚关外父老。”颜注：“镇，安也。抚，慰也。”[①]《史记·高祖本纪》作“汉王之出关至陕，抚关外父老”[②]。梁玉绳《史记志疑》：“按：至陕在十月，还在十一月。”[③]父老，汉时属于地方基层社会领袖。张大可等认为这是刘邦尽力向中原推进，确保关中，扩大领地的一着妙棋。这一行动在政治和军事上至少有三方面的收获：一是阻断章邯与项羽的交通联系，对章邯形成关门打狗之势，章邯只能坐以待毙；二是汉王大张声势，与诸侯交通，安抚关外父老；三是韩信出关，趁新韩王郑昌立脚未稳，夺取韩地[④]。其实，认识刘邦出关至陕，还应当注意刘邦居陕期间，降服河南王申阳的重大成功。

河南王是项羽封立的十八王之一，统辖秦三川郡故地，崤函古道基本都在河南国境内，从关中循崤函古道穿过河南国就可以进入项羽西楚国境。日本学者泷川资言分析项羽封立申阳的意图：“盖以通三川之险也，通三川盖以救三秦之祸也，以彭城控三川，即以三川控三秦，是故都彭城者，项王不得不然之计也。……三川者，救秦之要道也。以瑕丘申阳据三川，而北函谷南武关，挈其要领矣。”[⑤]可见河南作为项羽的与国，起着在西部屏蔽项羽和控扼崤函古道的作用。刘邦若不首先降服申阳，就无法东进向项羽发起大规模的直接进攻。崤函古道成为刘邦首先必取的战略通道。因此，刘邦居陕期间，以很大精力对付申阳，一方面遣使招抚，另一方面又以兵临之，十一月申阳遂告降服，刘邦改立河南郡，直属于汉。这是刘邦在关外设置的第一个郡级单位。刘邦顺利地打破了项羽在黄河南岸设置的第一道防线，并先发制人地以强大军力控制了关中东出崤函至洛阳和项羽楚国西境的交通道路。随后刘邦又派兵攻取了领有颍川郡的韩国，进一步打开和巩固了东进的通道。

---

① ［汉］班固：《汉书》卷一《高帝纪》，中华书局，1962，第 33 页。

② ［汉］司马迁：《史记》卷八《高祖本纪》，中华书局，1982，第 370 页。

③ ［清］梁玉绳：《史记志疑》卷六，中华书局，1981，第 224 页。

④ 张大可、徐日辉：《张良萧何韩信评传》，南京大学出版社，2002，第 102 页。

⑤ ［日］泷川资言考证：《史记会注考证》卷七《项羽本纪》，文学古籍刊行社，1955，第 42~44 页。

降服申阳、击败韩王昌后，十一月，刘邦经函谷关返回关中。《汉书·高帝纪》记其返回关中后的重大活动："汉王还归，都栎阳，使诸将略地，拔陇西。以万人若一郡降者，封万户。缮治河上塞。故秦苑囿园池，令民得田之。……二月癸未，令民除秦社稷，立汉社稷。施恩德，赐民爵。蜀汉民给军事劳苦，复勿租税二岁。关中卒从军者，复家一岁。举民年五十以上，有修行，能帅众为善，置以为三老，乡一人。择乡三老一人为县三老，与县令丞尉以事相教，复勿徭戍。"[①]刘邦巩固关中国本的工作取得了重大成效。

其实，这些工作本在基本占领关中后即可进行，但刘邦却置之不顾，先行出关，在降服申阳、击败韩王昌后才返回展开。这一看似不合逻辑的举动，恰体现了刘邦将崤函地区打造成保卫关中根据地的有效屏障和东进击楚所必需的军事通道的积极努力。唯此刘邦才可以安心进行关中根据地的巩固和建设，而不至于面临关外诸侯迅速逼近的威胁。可见，刘邦是把控制崤函与建设关中根据地通盘考虑、一体规划的。对崤函古道的争夺，影响着刘邦巩固关中国本、夺取天下的战略进程。在此后的楚汉相争中，崤函古道成为刘邦与项羽决战中原的重要军事交通线，对刘邦最终击败项羽发挥了重要作用。

汉二年（前205）五月，东进的刘邦在彭城大败，退至荥阳，留守关中的萧何"发关中老弱未傅悉诣荥阳"[②]，补员益兵。韩信也从关中驰赴荥阳会师。"是以兵大振荥阳，破楚京、索间"[③]。汉三年（前204）夏，项羽猛攻荥阳，刘邦兵败，退至成皋，后成皋又被攻破，刘邦西返关中。八月，休整后的刘邦又东出函谷关至荥阳前线，在荥阳西北广武山与项羽形成长期对峙。被项羽射中，成皋养病治愈后，刘邦再次"西入关，至栎阳，存问父老，置酒，枭故塞王欣头栎阳市。留四日，复如军，军广武。

① 〔汉〕班固：《汉书》卷一《高帝纪上》，中华书局，1962，第33~34页。
② 〔汉〕司马迁：《史记》卷七《项羽本纪》，中华书局，1982，第324页。
③ 〔汉〕司马迁：《史记》卷八《高祖本纪》，中华书局，1982，第372页。

关中兵益出”[①]。刘邦虽屡遭挫折但始终保有关中及崤函之地,处于进可攻、退可守的有利地位。崤函古道的畅通为刘邦赢得了喘息和调整的机会,也使其能够迅速调集关中后备力量,对最终获胜起到了重要作用。

楚汉战争中,萧何一直坐镇关中,负责刘邦的兵员与粮草供应。汉开国后论功封侯,刘邦坚持认为萧何“镇国家,抚百姓,给馈饷,不绝粮道”[②],功居首位。关内侯鄂君亦说:“夫上与楚相距五岁,常失军亡众,逃身遁者数矣。然萧何常从关中遣军补其处,非上所诏令召,而数万众会上之乏绝者数矣。夫汉与楚相守荥阳数年,军无见粮,萧何转漕关中,给食不乏。陛下虽数亡山东,萧何常全关中以待陛下,此万世之功也。”[③]萧何的“万世之功”,主要是“常从关中遣军”,为前线补充兵源和“转漕关中,给食不乏”,为战胜项羽提供了坚实的基础和稳固的后方。前者当主要是由陆路,从关中经崤函古道而往前线,其数量众多,一次就有数万人。后者则主要是利用汉水、渭水、黄河、鸿沟等,漕运转输关中、巴蜀粮草及兵员至荥阳、成皋前线。有学者推算,楚汉战争期间,关中和巴蜀运往前线的漕粮分别达 4000 万石和 800 万石[④]。刘邦正是依靠萧何源源不断的兵源粮饷补给,虽屡次战败,甚至多次丢失山东,却能迅速得到恢复,最终转败为胜。萧何能有此“万世之功”,实赖于崤函古道和黄河漕运的通畅。刘邦还定三秦后首先控制崤函地区的举措,和楚汉战争中对崤函古道的持续保护和经营,既成就了萧何的“万世之功”,也为自己赢得天下奠定了坚实的基础。

---

① 〔汉〕司马迁:《史记》卷八《高祖本纪》,中华书局,1982,第 377 页。

② 〔汉〕司马迁:《史记》卷八《高祖本纪》,中华书局,1982,第 381 页。

③ 〔汉〕司马迁:《史记》卷五十三《萧相国世家》,中华书局,1982,第 2016 页。

④ 罗安康:《简析刘邦时期的漕运》,《益阳师专学报》1998 年第 3 期。

第二节　西汉时期的崤函古道

西汉建都长安,由于地缘政治的需要,崤函古道的经营与利用更加得到重视,交通道路历经拓修完善,成为汉廷"关中本位"战略的工具,在维护政治安定、国家统一和促进经济文化发展方面发挥着至关重要的作用。

一、汉初"关中本位"战略与崤函古道控制

对西汉前期关东政策,学者多有研究,并概括为"关中本位"战略,这一具有强烈地缘政治和军事地理意义的战略的核心,是区别对待关中和关东地区,依托关中,控御关东,并威慑控制整个国土①。在这一战略形成和实施过程中,崤函古道具有至关重要的地位与作用,影响着汉廷君臣的战略思维和决策。

汉高帝五年(前202)二月,刘邦在定陶称帝,建立西汉。围绕在何处建都,群臣争论不休。时群臣多是关东人,不愿远离家乡,建议刘邦定都洛阳,认为"洛阳东有成皋,西有殽黾,倍河,向伊洛,其固亦足恃"。但娄敬则认为洛阳"形势弱",非长久之地,力劝刘邦迁都关中。关键时刻,张良出面支持娄敬,认为"洛阳虽有此固,

① 辛德勇:《汉武帝"广关"与西汉前期地域控制的变迁》,《中国历史地理论丛》2008年第2辑。

其中小，不过数百里，田地薄，四面受敌，此非用武之国也”。而“关中左殽函，右陇蜀，沃野千里，南有巴蜀之饶，北有胡苑之利，阻三面而守，独以一面东制诸侯。诸侯安定，河渭漕挽天下，西给京师；诸侯有变，顺流而下，足以委输。此所谓金城千里，天府之国”。刘邦最后听从娄敬、张良的建议，“于是高帝即日驾，西都关中”①。

刘邦舍洛阳而都关中，表面上是娄敬、张良劝说的结果，其实是由当时的政治地理形势所决定，并深含着依托关中军事地理优势，控御关东的玄机。楚汉战争中，刘邦出于战胜项羽的策略考虑分封了一批异姓王于关东，由此造成汉与诸侯“共天下”的局面。后来，刘邦虽逐个翦灭了异姓诸王，但又不得不封同姓子弟为王，汉中央控制的关中与同姓诸王控制的关东的东西对立格局并未改变，双方关系依旧处于极为紧张的状态，甚至势如敌国。在此形势下，娄敬、张良建议舍洛阳而都关中，实在是着眼于国都安全与中央对地方的控御，核心是控御关东。“夫与人斗，不搤其亢，拊其背，未能全其胜也。今陛下入关而都，案秦之故地，此亦搤天下之亢而拊其背也。”②张良则说得更为明白：“阻三面而守，独以一面东制诸侯。”这实在是对依托关中、控御关东的“关中本位”战略的形象性表述。

这里我们以为尤当关注的是张良所谓“阻三面而守，独以一面东制诸侯。”很明显，所谓“三面”，即“右陇蜀”“南巴蜀”“北胡苑”，“一面”则指“左殽函”。张良谋划的地缘战略展开态势是“三面”“守”，“一面”“制”。何为守？《说文·宀部》：“守，守官也。从宀，从寸。从宀，寺府之事者。从寸，法度也。”③本义是掌管职守，引申指护卫、把守、防守、守候。《韩非子·五蠹》：“因释其耒而守株，冀复得兔。”④故“守”亦有维持现状之义。何为制？《说文·刀部》：“制，裁也。从刀从未。未，

① 〔汉〕司马迁：《史记》卷五十五《留侯世家》，中华书局，1982，第2043~2044页。

② 〔汉〕司马迁：《史记》卷九十九《刘敬叔孙通列传》，中华书局，1982，第2716页。

③ 〔汉〕许慎撰，〔清〕段玉裁注：《说文解字注》，上海古籍出版社，1981，第340页。

④ 〔清〕王先慎撰，钟哲点校：《韩非子集解》卷十九《五蠹》，中华书局，1998，第443页。

物成有滋味,可裁断。一曰止也。”[①]本义是裁断、制作,引申为限定、约束、掌控、制服。《史记·项羽本纪》:“吾闻先即制人,后则为人所制。”[②]“守”和“制”均具政治军事展开的功能,但展开程度不同,“制”更具有主动控御的意味。可见在汉初“关中本位”战略中,“左殽函”不仅具有独当“一面”的重要地位,而且在关中关东对峙中还有保持主动、积极控御的功能。

关中本是战国秦惠文王建立函谷关后形成的区域地理概念。至汉初,已有广义和狭义之分。最早形成的狭义关中概念,是指函谷关以西的区域[③]。其地理范围,有说它是在两关之间。《读史方舆纪要·陕西一》:“按潘岳《关中记》:‘东自函关,西至陇关,二关之间,谓之关中,东西千余里。’《三辅旧事》云:‘西以散关为限,东以函谷为界。’”[④]也有说是在四关之中。《史记》司马贞《索隐》:“东函谷,南峣、武,西散关,北萧关,在四关之中。”[⑤]《集解》引徐广曰:“东函谷,南武关,西散关,北萧关。”[⑥]还有五关说。《资治通鉴》胡注:“秦地西有陇关,东有函谷关,南有武关,北有临晋关,西南有散关:秦地居其中,故谓之关中。”[⑦]但无论哪种说法,函谷关皆列其中,这是因为,“本来关中的名称只是表示函谷关以西的地方”[⑧]。后来,随着秦国疆域的扩展,关中概念扩大为包括函谷关以西今陇东、汉中、陕北和巴蜀在内的广大区域,并在汉初法律等文献中得到确认。张家山汉简《二年律令·津关令》和司马迁《史记》中的关中即是这一“大关中”概念。汉初在继承秦函谷关、武关、

① 〔汉〕许慎撰,〔清〕段玉裁注:《说文解字注》,上海古籍出版社,1981,第182页。

② 〔汉〕司马迁:《史记》卷七《项羽本纪》,中华书局,1982,第297页。

③ 史念海:《古代的关中》,《河山集》,生活·读书·新知三联书店,1963,第26页。

④ 〔清〕顾祖禹撰,贺次君、施和金点校:《读史方舆纪要》卷五十二《陕西一》,中华书局,2005,第2452页。

⑤ 〔汉〕司马迁:《史记》卷二十二《汉兴以来将相名臣年表》,中华书局,1982,第1120页。

⑥ 〔汉〕司马迁:《史记》卷七《项羽本纪》,中华书局,1982,第315页。

⑦ 〔宋〕司马光编著,〔元〕胡三省音注:《资治通鉴》卷八《秦纪三》,秦二世二年,中华书局,1956,第282页。

⑧ 史念海:《古代的关中》,《河山集》,生活·读书·新知三联书店,1963,第26页。

临晋关基础上，又加入扞关（扜关）、郧关，自南而北大略形成一条南北轴线，构筑起一道区隔关中与关东的“五关”关隘体系①，由此包括巴蜀在内的崤函以西的西部地区，即“大关中”就构成了汉初的中心统治区。

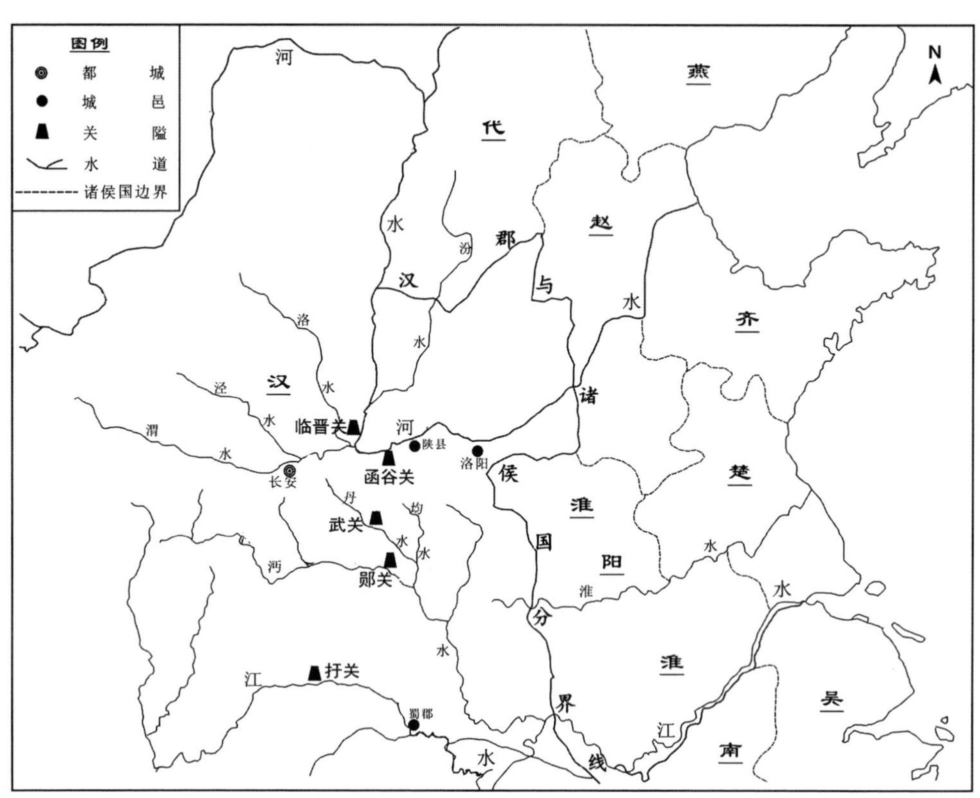

图 5-6　汉初五关形势示意图

由此可见，在汉初“关中本位”战略中，贯通“大关中”东西的道路系统的地位

① 张家山二四七号汉墓竹简整理小组：《张家山汉墓竹简（二四七号）（释文修订本）》，文物出版社，2006，第 83 页；王子今：《秦汉区域地理学的“大关中”概念》，中国秦汉史研究会编：《秦汉史论丛》（第 9 辑），三秦出版社，2004，第 382~395 页；王子今、刘华祝：《说张家山汉简〈二年律令 · 津关令〉所见五关》，《中国历史文物》2003 年第 1 期。

十分重要。如果没有函谷关,就不可能形成“大关中”这种政治区域理念,也不可能形成汉初的中心统治区;如果没有“左殽函”的险要地理及崤函古道交通体系,则“搤天下之亢而拊其背”“独以一面东制诸侯”的“关中本位”战略就很难付诸实施,获得理想的效果。崤函区域在汉初“关中本位”战略形成过程中的作用,由此可以得知。

汉初“关中本位”战略的主要目的是增强汉朝廷所在的王畿之地的力量,以建立和强化关中的政治军事优势①。汉初“五关”体系中,“战国以来设在崤山山间谷道上的函谷关,地位最为重要,因为它控制着关中与关东中原地区往来最重要的一条通道,是出入京师长安的第一门户,时人称之为‘京师之固’”②,其战略地位之重要,几乎无与伦比。函谷关因此成为汉初“关中本位”战略的重要工具。西汉对此格外重视,并对函谷关实行极为严苛的管理制度。

首先,建立完善的行政管理体系,为函谷关防御和交通体系提供强有力的行政支撑。汉初函谷关的行政管理,包括中央和地方两大系统,与其他重要关隘基本相同,但也有独特之处。汉初在中央设备塞都尉和内史,分管关隘申报、防务和出入事宜。函谷关长官仍称关都尉,职掌带兵戍卫关城,缉捕不法之徒。《汉书·百官公卿表》:“关都尉,秦官。农都尉、属国都尉皆武帝初置。”③关都尉虽镇守一关,但因函谷关足以关联京畿甚至影响到政权安危,事关重大,所以函谷关的关都尉多由朝廷直接任命,属秩二千石的中央直属官职。其他关的关都尉则属于地方官制中的郡都尉或相当级别的部都尉。关都尉与备塞都尉、内史均属武职,权限各有侧重,代表汉中央共同管辖函谷关。

函谷关地方职官,鲜见记载。杨建据传世及出土文献,统计汉代关隘地方职

① 杨建:《西汉初期津关制度研究:附〈津关令〉简释》,上海古籍出版社,2010,第180页。

② 辛德勇:《汉武帝“广关”与西汉前期地域控制的变迁》,《中国历史地理论丛》2008年第2辑。

③ 〔汉〕班固:《汉书》卷十九《百官公卿表》,中华书局,1962,第742页。

官:“其一为守备出入者,有关啬夫、关令、关佐等,他们负责值守门关,查验物品,并掌管登记簿等文书,当属文职官员;其二为备塞都尉、关吏之乘塞者、官属、军吏卒等,负责津关巡逻防守,多属武职。”[1]虽然没有直接材料证明函谷关是否亦设此类职官,但鉴于汉关在职能上的高度相似性,函谷关当有完整的地方职官系统。考古材料提供了这方面的信息。《封泥考略》录有“关都尉封泥”[2]。西安汉城遗址出土有“函谷关印”封泥。罗福颐《汉印文字征》收有“函谷关丞”印。安作璋分析说:“关都尉和一般都尉一样,其下也有丞及其属官。”[3]李均明也说:“都尉府为关津之领导机构,日常事务由关啬夫及关佐等操持。”[4]而函谷关附近出土的不同版别的“中侯”瓦当等新的文物资料,更可以充实丰富这一认识。

图 5-7 函谷关出土汉“中侯”瓦当[5]

据《汉书·五行志》:“成帝元延元年正月,长安章城门门牡自亡,函谷关次门牡亦自亡。”“函谷关次门”,韦昭曰:“函谷关边小门也。”颜师古曰:“非行人出入所

① 杨建:《西汉初期津关制度研究:附〈津关令〉简释》,上海古籍出版社,2010,第 80~84 页。
② 〔清〕陈介祺、吴式芬辑:《封泥考略》卷四,中国书店,1990,第 423 页。
③ 安作璋、熊铁基:《秦汉官制史稿》,齐鲁书社,2007,第 581 页。
④ 李均明:《汉简所反映的关津制度》,《历史研究》2002 年第 3 期。
⑤ 采自许雄志、谷松章《新见汉弘农郡封泥初论》,《青少年书法》2012 年第 20 期。

由，盖关司曹府所在之门也。”[①]韦、颜二注的不同说法，反映了函谷关门设置较为复杂的情形。有学者分析：“函谷关‘关法’严峻，管理苛厉，程序紊烦，关门设置不会十分简单。由‘函谷关次门’的有关记载推想，‘中候’或许是函谷关中门的管理者。”从这样的认识出发，“‘中候’可能是函谷关‘关候’职名之一”[②]，关都尉属下可能还设有各有分职的数位关候。这些关候，应看作函谷关职官系统的构成内容。

其次，实行严格的关禁制度，限制关中关东间人员、物资交流，以建立和保障关中的综合优势，“绝臣下之觊欲”[③]。关禁是汉廷控制函谷关的核心制度。函谷关关禁，自秦建关以来实行已久。汉因“关中本位”战略的需要而更为全面和森严。《津关令》是汉初制定的出入关中津关的各项诏令汇编，学者对此已有较多研究[④]，此不赘述。这里仅归纳已知关禁的主要内容：(1)吏民出入关口，皆须用官府发的“传”“符”“致”等通行凭证，经守关吏卒查验、封检、登记后，方可通关。不用符传出入关口，称为“阑”“阑入”，著于汉律，一经发现，必绳之以法。守关吏卒徇私舞弊、失职渎职将被严惩，同僚连坐。(2)严禁关中马匹流出关中。关东吏民因公务需要，也须经官府批准登记，才可在关中购买马匹，违者严罚。相关的守关吏卒也要处罚。(3)严禁关中黄金、铜等贵重金属流出关中，违者依法论处，并追究守关吏卒的法律责任。

《津关令》集中反映了汉初严格的关禁制度和地域控御精神。这里尤可关注的是，《津关令》在汉中央控制的关中地区津关具有普遍意义，但函谷关不止一次地出

---

① 〔汉〕班固：《汉书》卷二十七《五行志》，中华书局，1962，第1401～1402页。

② 王子今：《武关·武候·武关候：论战国秦汉武关位置与武关道走向》，《中国历史地理论丛》2018年第1辑。

③ 〔汉〕班固：《汉书》卷九十四《匈奴传》，中华书局，1962，第3804页。

④ 参见李均明：《汉简所反映的关津制度》，《历史研究》2002年第3期；臧知非：《张家山汉简所见汉初中央与诸侯王国关系论略》，《陕西历史博物馆馆刊》（第10辑），三秦出版社，2003，第308～314页；陈伟：《张家山汉简〈津关令〉“越塞阑关”诸令考释》，卜宪群、杨振红主编：《简帛研究2006》，广西师范大学出版社，2008，第147～154页；董平均：《〈津关令〉与汉初关禁制度论考》，《中华文化论坛》2007年第3期；杨建：《西汉初期津关制度研究：附〈津关令〉简释》，上海古籍出版社，2010，第85～152页。

现在《津关令》中，现存 18 则令文中有些或是针对函谷关，或是因函谷关引起，而后由汉帝颁诏书著为令，并编订为令集，成为专行之法。如：

第二则：

制诏御史，其令扜（扞）关、郧关、武关、函谷（关）、临晋关，及诸其塞之河津，禁毋出黄金、诸奠黄金器及铜，有犯令。

第九则：

相国下（上）内史书言，函谷关上女子廁传，从子虽不封二千石官，内史奏，诏曰：入，令吏以县次送至徙所县。县问：审有引书，毋怪，□等比。·相国、御史复请，制曰：可。

第十一则：

〼议，禁民毋得私买马以出扜（扞）关、郧关、函谷（关）、武关及诸河塞津关。其买骑、轻车马、吏乘、置传马者，县各以所买名匹数告买所内史、郡守，内史、郡守各以马所补名为久久马，为致告津关，津关谨以藉（籍）、久案阅，出。它如律令。御史以阅，请许，及诸乘私马出，马当复入而死亡，自言在县官，县官诊及狱讯审死亡，皆津关，制曰：可。[①]

可见函谷关为《津关令》的形成提供了自己的实践和经验，丰富和完善了《津关令》的立法内容。同时，体现出函谷关在控制人员和物资往来，缉拿阑越关城的亡人，防止走私盗运禁物等方面的重要作用。

函谷关控制人员和物资往来，主要通过用“传”制度。《史记·孝景本纪》集解引张晏曰：“传，信也，若今过所也。”又引如淳曰：“两行书缯帛，分持其一，出入关，合之乃得过，谓之传。”[②]传作为吏民通关的证明文书，分官传和私传两种，前者由

① 张家山二四七号汉墓竹简整理小组：《张家山汉墓竹简（二四七号）》（释文修订本），文物出版社，2006，第 83、85~86 页。

② 〔汉〕司马迁：《史记》卷十一《孝景本纪》，中华书局，1982，第 442 页。

有公差任务的上级官府签发,后者由县级机构(县丞)审办核发,通关时接受检查[①],核对无误后予以放行。前揭《津关令》第九则令文载,女子廁入函谷关时所用"传",因无二千石官的封检而受到质疑,关吏向内史禀报,内史按皇帝诏进行调查,相国、御史将调查结果再次呈报皇帝,最后由皇帝批准该女子入关,并颁诏书著为令,可见出入函谷关的盘查十分严格、细致,疑点处理也颇为周详。不仅人出关用"传",物资往来,尤其是马匹和黄金、铜等贵金属,也须有"传",以防止关中马匹、兵器流入关东。

张家山汉简《奏谳书》是供官吏工作参考,或学吏者阅读的议罪案例的汇集,是当时司法诉讼程序和文书格式的具体记录,其中收录了两则胡县案例。一则是汉高祖十年(前 197)七月辛卯朔癸巳,胡状、丞憙敢谳狱史阑案:战国齐国宗室田氏之后女子南受命迁居长安,临淄狱史阑送行,到关中后,阑娶南为妻,欲偕其回临淄,阑令南冠缴(缟)冠,佯病卧车中,用大夫虞的传,企图混出函谷关,结果被捕。八月,阑被判处黥为城旦。此案涉及狱史阑冒用他人"传"出关,也涉及其私将迁居关中之民带出关外去诸侯国之地,"而实诱汉民之齐国,郡从诸侯来诱也",均属汉廷严厉禁止的犯罪行为,狱史阑因此受到制裁。另一则是汉高祖十年(前 197)胡丞憙敢谳隐官解案:大夫莳的女奴符逃至大夫明处,诈称尚未登记在籍。再次登记后,由明嫁给隐官解为妻,解不知符为逃亡之人。此事被莳告发。此案中解虽未涉及"阑"出入函谷关,但因违反汉初防范人口流往关东政策,解被处斩左止为城旦[②]。胡县即湖县,在今灵宝西,处桃林塞之中,再往东面便是函谷关。两则案例反映了当时函谷关在监控、缉拿利用作伪的"传"阑越出关上的重要作用。

汉文帝即位不久,对关禁制度有所变革。文帝十二年(前 168)三月,下诏"除

---

① 杨建:《西汉初期津关制度研究:附〈津关令〉简释》,上海古籍出版社,2010,第 95~100 页。

② 张家山二四七号汉墓竹简整理小组:《张家山汉墓竹简(二四七号)》(释文修订本),文物出版社,2006,第 93~94 页。

关无用传”[①]。有学者认为这是以外藩入继帝位的文帝为疏缓与关东诸王矛盾、争取支持的特殊举措[②]。因而这一政策仅实行了15年，至景帝时，因中央与王国势力的矛盾急趋尖锐，发生了吴楚七国之乱，为阻止关东诸侯人力、军力的增加，关禁制度重又恢复。《汉书·景帝纪》载：“四年春，复置诸关用传出入。”应劭注曰：“文帝十二年除关无用传，至此复用传。以七国新反，备非常。”[③]中元四年(前146)春三月，又恢复了对壮马出关的限制。“御史大夫绾奏禁马高五尺九寸以上，齿未平，不得出关。”[④]其后，除在某些特定的荒年，在一定条件下暂时地停止过关禁外，关禁制度一直被严格执行。天汉二年(前99)冬十一月，为防备山东“群盗”，汉武帝诏关都尉曰：“今豪杰多远交，依东方群盗。其谨察出入者。”[⑤]

终军、宁成故事可以看作说明西汉函谷关“关法”制度之严格的典型史例。《汉书·终军传》记载：“初，军从济南当诣博士，步入关，关吏予军繻。军问：‘以此何为?’吏曰：‘为复传，还当以合符。’军曰：‘大丈夫西游，终不复传还。’弃繻而去。”后来，“军为谒者，使行郡国，建节东出关，关吏识之，曰：‘此使者乃前弃繻生也。’”繻即过关文书。颜注：“张晏曰：‘繻，符也。书帛裂而分之，若券契矣。’苏林曰：‘繻，帛边也。旧关出入皆以传。传烦，因裂繻头合以为符信也。’”[⑥]宁成以酷吏著称，官至内史，后“抵罪髡钳”，自以为不会再被任用，“乃解脱，诈刻传出关归家”。武帝时，宁成获任关都尉，或许因自身有“诈刻传”的经历，宁成治关，极为严厉。“岁余，关东吏隶郡国出入关者，号曰‘宁见乳虎，无值宁成之怒’。”[⑦]《汉书》

---

① 〔汉〕班固：《汉书》卷五《景帝纪》，中华书局，1962，第138页。
② 杨建：《西汉初期津关制度研究：附〈津关令〉简释》，上海古籍出版社，2010，第173页。
③ 〔汉〕班固：《汉书》卷五《景帝纪》，中华书局，1962，第143页。
④ 〔汉〕班固：《汉书》卷五《景帝纪》，中华书局，1962，第147页。
⑤ 〔汉〕班固：《汉书》卷六《武帝纪》，中华书局，1962，第204页。
⑥ 〔汉〕班固：《汉书》卷六十四《终军传》，中华书局，1962，第2819~2820页。
⑦ 〔汉〕司马迁：《史记》卷一百二十二《酷吏列传》，中华书局，1982，第3135、3145页。

颜注:“猛兽产乳,养护其子,则搏噬过常,故以喻也。”①

严厉的关禁制度,与汉初强化函谷关的关防建设管理紧密联系,分别构成了汉初函谷关的制度基础和关防基础。吴楚七国之乱时,“吴少将桓将军说王曰:‘吴多步兵,步兵利险;汉多车骑,车骑利平地。’”②吴楚叛军几乎没有骑兵部队,说明对马匹流出关中的严格关禁,在限制关东骑兵建设方面发挥了重要作用。

东汉李尤《函谷关赋》追述西汉函谷关的历史功绩说:“命尉臣以执钥,统群类之所从。严固守之猛厉,操戈鏦而普聪。蕃镇造而惕息,侯伯过而震忡。”③西汉凭借函谷天险,戍卒把守,统治天下,威服王侯,以致天下同姓藩国望关而胆怯,异姓侯伯见关而心惧。函谷关被汉廷打造成推行“关中本位”战略的重要工具,考诸文献,主要表现在以下两个方面。

其一,对政治和社会活动的影响力和控制力。函谷关作为关中东出第一门户,是拱卫都城长安头等重要的防卫要地,其所处的地理位置、其空间布局,决定了它与汉初的政治生活、制度运作有着紧密的联系,既是沟通关东关中的通道,又是分割两地区的壁垒和屏蔽彼此联系的防火墙。众多材料证明了函谷关对当时政治、社会活动的深刻影响力和控制力。《史记·荆燕世家》:“琅邪王乃与田生之国。田生劝泽急行,毋留。出关,太后果使人追止之,已出,即还。”④刘泽为避吕后之祸“急行”出函谷关,使者追至关下,发现其已出关,便不再追赶而原路返回,说明汉中央的命令一般以函谷关为限。关禁制度不仅指汉初对关东的防范与歧视,也意味着汉朝在关中和关东实行不同的政策。《史记·梁孝王世家》:“梁孝王入朝。景帝使使持节乘舆驷马,迎梁王于关下。”⑤景帝遣使迎宾,不远迎不近迎,至函谷关

① 〔汉〕班固:《汉书》卷九十《酷吏传》,中华书局,1962,第 3654 页。

② 〔汉〕司马迁:《史记》卷一百六《吴王濞列传》,中华书局,1982,第 2832 页。

③ 〔汉〕李尤:《函谷关赋》,〔清〕严可均校辑:《全上古三代秦汉三国六朝文·全后汉文》卷五十,中华书局,1958,第 746 页。

④ 〔汉〕司马迁:《史记》卷五十一《荆燕世家》,中华书局,1982,第 1996 页。

⑤ 〔汉〕司马迁:《史记》卷五十八《梁孝王世家》,中华书局,1982,第 2084 页。

为止,可见即便在汉帝心目中,函谷关也是一道不宜逾越的界限。梁王派人刺杀袁盎等大臣后,为消除景帝的“怨望”,乃“上书请朝。既至关,茅兰说王,使乘布车,从两骑入,匿于长公主园。汉使使迎王,王已入关,车骑尽居外,不知王处。太后泣曰:‘帝杀吾子!’景帝忧恐。于是梁王伏斧锧于阙下,谢罪,然后太后、景帝大喜,相泣,复如故。悉召王从官入关”①,是说关中即古之王畿,诸侯王入朝须先至关,待关吏告之天子,天子遣使来迎,方可进入②。《汉书·主父偃传》:“偃始为布衣时,尝游燕、赵,及其贵,发燕事。赵王恐其为国患,欲上书言其阴事,为居中,不敢发。及其为齐相,出关,即使人上书,告偃受诸侯金,以故诸侯子多以得封者。”③权臣主父偃出关,赵王才敢上书告发其恶行。凡此,皆证明函谷关作为汉中央与关东诸侯王的地理分界,对当时社会和文化心理的影响之深刻。“出关”“入关”成为时人离开、进入汉中央统治区的象征和重要地理坐标。

其二,对政治军事危局的应对和化解力。函谷关作为控制和管理交通的重要设施,又处在东西对峙与争夺要冲,对保障关中安全,应对和化解政治军事危局具有十分重要的意义。汉初最早的政治军事危局来自刘邦分封的异姓诸王。刘邦持续 7 年剪除异姓王的军事行动,主战场虽不在函谷关,但多方面的军事行动函谷关仍牵涉其中。如汉六年(前 201)十月,刘邦率军出函谷关,至洛阳北上铜鞮(今山西沁县西南),平韩王信之乱;汉九年(前 198)代相陈豨反汉,刘邦兵出函谷关,至洛阳北渡黄河,入河北,击败陈豨。汉十一年(前 196)十一月,黥布以淮南反汉。刘邦用张良计,发关中、巴蜀军队,出函谷关,过洛阳,至蕲西(今安徽宿州西南),大败叛军。刘邦数次出兵、回师,皆经由函谷关,证明函谷关具有藩辅关中屏障、出击关东前哨和快速出军平定叛乱关键通道的重要作用。

① 〔汉〕司马迁:《史记》卷五十八《梁孝王世家》,中华书局,1982,第 2085 页。

② 陈苏镇:《汉代政治与〈春秋〉学》,中国广播电视出版社,2001,第 226 页。

③ 〔汉〕班固:《汉书》卷六十四《主父偃传》,中华书局,1962,第 2804 页。

发生在汉景帝三年(前 154)的吴楚七国之乱是西汉建立以来最大的政治军事危局。《史记·吴王濞列传》记刘濞最初的进军计划是:“吴王率楚王略函谷关,守荥阳敖仓之粟,距汉兵。”按此计划,刘濞首要目标是直略函谷关,守荥阳敖仓之粟,以待各路叛军,合兵攻取关中,“则天下可并”①。起兵后,刘濞率军西进,并派伏兵潜往崤黾一带,试图效法当年晋军潜伏崤黾袭击秦军的做法,击败汉军,困汉军于关内。汉军最初的计划也是兵出函谷关,沿崤函古道至洛阳。但主将周亚夫行至霸上,当地人赵涉拦道献策:“吴王素富,怀辑死士久矣。此知将军且行,必置间人于殽黾陒狭之间。且兵事上神密,将军何不从此右去,走蓝田,出武关,抵雒阳,间不过差一二日,直入武库,击鸣鼓。诸侯闻之,以为将军从天而下也。”②周亚夫遂用赵涉之谋,不走函谷关,而绕道蓝田,出武关,从而避开了“殽黾”之间的吴国伏兵,“抵雒阳”,派兵迂回剿灭吴楚伏兵于“殽黾”间。此举不仅沟通了长安到洛阳的交通,避免被敌军截击于险要之地,也堵住了叛军西进关中的道路,避免其直扑函谷关下威胁关中,为成功平叛奠定了基础。无独有偶,吴楚七国之乱前后,关东诸侯王如齐王刘襄、济北王刘兴居、淮南王刘安等图谋叛乱,欲兵进关中时,也皆是选择崤函古道,而不择他途。

可见在汉初关东关中对峙背景下,函谷关及其控扼的崤函古道既是关东诸侯王攻击关中的捷径,也是关中防御关东的要冲,对它的控制和防范,直接影响当时战局的走向,因而也成为汉中央应对和化解政治军事危局的重要方式。

二、汉武帝“广关”:函谷关东迁和弘农郡的设置

函谷关在汉武帝时发生重大变迁,原因是,元鼎三年(前 114)冬,武帝将函谷

① 〔汉〕司马迁:《史记》卷一百六《吴王濞列传》,中华书局,1982,第 2826 页。

② 〔汉〕班固:《汉书》卷四十《周亚夫传》,中华书局,1962,第 2059 页。

关东移三百里,“徙函谷关于新安”①。东迁后的函谷关,史称汉函谷关、新函谷关、函谷新关,简称汉关或新关。原灵宝故关称秦函谷关、旧函谷关、函谷旧关,简称秦关或旧关。《史记》《汉书》等称武帝此举为“广关”,并将此与“置左右辅”相提并论,足见这是西汉历史上影响深远的重大历史事件,也是崤函古道交通史上引人注目的一件大事。

1. 汉武帝东迁函谷关原因和意义的再讨论

关于武帝“徙函谷关于新安”的原因,最早东汉应劭解释说:“时楼船将军杨仆数有大功,耻为关外民,上书乞徙关东,以家财给其用度。武帝意亦好广阔,于是徙关于新安,去弘农三百里。”②随后郦道元《水经注》又补充了“(杨仆)请以家僮七百人筑塞,徙关于新安”的内容。③ 杨仆家在宜阳(今新安铁门镇玉梅村),徙关后正处秦函谷关之外、汉函谷关之内,可以满足杨仆对作关内民所带来的荣耀及身份象征的痴迷。

但自宋代以来,一些学者对杨仆“数有大功”与“广关”之间的真伪性提出若干质疑:一是,杨仆始拜楼船将军在元鼎五年(前 112)征伐南越之时,时间上较函谷关迁徙晚了两年之久;二是,杨仆在元鼎三年徙关前,并没有立下任何足以令武帝为他移动函谷关的功勋,更谈不上“数有大功”;三是,以武帝之雄,不可能让臣下出家资去完成函谷关迁徙如此重要的国家工程。④ 因此,认为“杨仆怙宠而移关”之说“殆虚妄也”,是“出于流传,非实事也”。

① 〔汉〕班固:《汉书》卷六《武帝纪》,中华书局,1962,第 183 页。

② 〔汉〕班固:《汉书》卷六《武帝纪》,中华书局,1962,第 183 页。

③ 〔北魏〕郦道元著,陈桥驿校证:《水经注校证》卷十六《谷水》,中华书局,2007,第 389 页。

④ 〔宋〕王益之《西汉年纪》:“杨仆以伐南越,方为楼船将军,犹在二年之后,兼是时仆未有大功也。”(中华书局,1985,第 218 页)〔清〕何焯《义门读书记》卷十五《前汉书·纪》:“(元鼎)五年,南越反,杨仆始拜楼船将军,事在徙关之后。以武帝之雄,岂展拓都畿费出臣下之家财乎?应注出于流传,非实事也。”(中华书局,1987,第 248 页)〔清〕沈钦韩:《汉书疏证》卷二“楼船将军杨仆出豫章”条:“按仆于元鼎五年始为将军,是年破南越封侯,而函谷关之徙在三年前,前此未尝有战功。《酷吏传》:‘仆数有大功,耻为关外民,上书乞徙东关者’,殆虚妄也。”(上海古籍出版社,2006,第 34 页)

其实,以为应劭之说“殆虚妄也”而全盘否定,似乎还可以再做斟酌。因为以杨仆元鼎五年(前112)始拜楼船将军证应劭之说“非实事也”,证据并非十分有力,史籍中以后来官职追记当事人生平事迹的例子颇为常见。而说杨仆“以家财给其用度”东移函谷关是“出于流传”,同样也许不符合历史事实。

元狩年间武帝相继推行“算缗”“告缗”,征收富商大贾及豪强大族的资产税,以弥补因对匈奴作战和关东自然灾害引发的财政危机。元鼎三年,更令杨可主其事。《史记·平准书》记载:“杨可告缗遍天下,中家以上大抵皆遇告。杜周治之,狱少反者。乃分遣御史廷尉正监分曹往,即治郡国缗钱,得民财物以亿计,奴婢以千万数,田大县数百顷,小县百余顷,宅亦如之。于是商贾中家以上大率破,民偷甘食好衣,不事畜藏之产业,而县官有盐铁缗钱之故,用益饶矣。益广关,置左右辅。”[①]这里在记杨可告缗之后,紧接着记“益广关”。徐广注云:“元鼎三年,丁卯岁,徙函谷关于新安东界。”这也成为很长时间里,后人以为“益广关”即迁徙函谷关说的主要依据[②]。武帝行“告缗”“广关”都是加强中央集权的重大举措,其相互之间,恐怕不会毫无关联。民国初新安知事葛邦炳曾主持汉函谷关重修,撰有《重修新安县汉函谷关记》,即谓“其以帝好纷更,摧抑强宗兼并之吏,明令有司举奏,郡国豪杰及资三百万,同在迁徙守陵之列。仆起家千夫,治尚严酷,坐拥巨资,宜懔怀壁之惧。毁家移关,所以远祸也。不然民□而已,关外宁足耻乎。”[③]杨仆以权贵富,并喜在乡里夸耀的劣行,汉武帝是有所洞察的。《汉书·酷吏传》杨仆本传载有武帝元鼎六年(前111)敕责杨仆书,列数杨仆五大罪过,第三过即是“士卒暴露连

① 〔汉〕司马迁:《史记》卷三十《平准书》,中华书局,1982,第1435页。

② 邢义田阐释“关东”“关西”概念,认为“广关”乃是将关西、关东的分界由原来的函谷关一线东推至太行山一线(《试释汉代的关东、关西和山东、山西》,《秦汉史论稿》,东大图书公司,1987,第85~114页);日本学者大栉敦弘、韩国学者崔在容皆认为武帝“广关”的目的是拓展京畿范围,其中弘农郡东界充当了京畿新扩的边界(大栉敦弘:《汉代三辅制度的形成》,池田温主编:《中国礼法与日本律令制》,东方书店,1992,第93~116页;崔在容:《西汉京畿制度的特征》,《历史研究》1996年第4期)。

③ 张宗子、赵玉珍:《新安文史丛编》(文苑卷),河南人民出版社,2015,第303~304页。

岁，为朝会不置酒，将军不念其勤劳，而造佞巧，请乘传行塞，因用归家，怀银黄，垂三组，夸乡里。”[①]因此，综合来看，杨仆“以家财给其用度”东移函谷关似乎并非完全无据，不宜全盘否定。杨仆的政治地位，决定着他不可能成为左右函谷关东迁的关键人物。但在迁关的个别具体事情上，杨仆似有角色参与。对应劭之说，宜解为杨仆作为当地官僚大族，又有强烈的喜好夸耀心理，在函谷关东迁一事上，很可能有所提议，并作了一些出资和提供劳力的事情。但这绝非是函谷关东迁的真正原因。

辛德勇详尽梳理元鼎年间汉武帝“广关”的种种举措，认为武帝东迁函谷关，是整个“广关”行动的一个组成部分，“广关”是对汉朝地域政策与大关中布防方略的大调整，即通过“广关”扩大关中的范围以增强对关东的控制。通过“广关”，“大关中区域北部的东界，由以临晋关为标志的黄河一线，向东推进至太行山一线；中部区域的东界，由旧函谷关，向东推进至新函谷关；南部区域的东界，由四川盆地东南缘，向东南推进至杜蒲关、进桑关一线的滇桂、黔桂间山地。通过增大关中区域的范围，特别是函谷关的东移和太行山以东地区被划入关中，大大增强了朝廷依托关中以控制关东这一基本治国方略的效力”[②]。辛德勇的研究，无疑是深刻而正确的。但具体到函谷关东迁，似还可以再从汉武帝时政治地理格局的新变化和武帝“意亦好广阔”的心理与胸怀作进一步的分析。

既有研究表明，汉武帝时汉朝政治地理格局已然发生了根本性转变。汉初以来，始终为汉中央忌惮的关东诸侯王势力，经过文、景、武三朝，在持续推行的众建诸侯、直接削地和普遍推恩的打击下，封域大为缩小，地位和职能如同汉郡。“诸侯惟得衣食税租，不与政事。”[③]而汉中央直接统辖汉郡的数量与领域不断增大，至元鼎三年，汉郡已有 80 余个，诸侯王国仅 19 个，后者再无与中央对抗的实力。这一

---

① 〔汉〕班固：《汉书》卷九十《酷吏传》，中华书局，1962，第 3660 页。

② 辛德勇：《汉武帝“广关”与西汉前期地域控制的变迁》，《中国历史地理论丛》2008 年第 2 辑。

③ 〔汉〕班固：《汉书》卷十四《诸侯王表》，中华书局，1962，第 395 页。

力量对比的巨大变化,使昔日汉初政治地理格局中最大的"诸侯王国区"事实上已不复存在。这也意味着汉中央必须重新设计新的政治地理架构。"关中本位"战略依然继续,但控御关东的重点则由军事震慑转向政治上直接控制。

汉武帝正是顺应了这一历史潮流,大刀阔斧地推行"广关"政策,大幅度扩大作为汉廷立国根基的"关中"地域的范围,新造出一个较汉初"大关中"幅员更加广阔的"新关中"。昔日东西对峙与争夺要冲的函谷关,理所当然地成为汉武帝实施"广关"政策的首要目标。

而同样值得我们注意的,还有应劭"武帝意亦好广阔,于是徙关于新安"之说。以往学者多将此说解读为汉武帝"好大喜功"。其实,东迁函谷关是武帝时期的一个发明,但它并非是一个孤立的事件。函谷关东迁发生在元鼎三年,此时武帝已在政治上以一系列立法削弱诸侯国势力;经济上推行以"盐铁官营"为核心的新经济政策;意识形态上"独尊儒术,罢黜百家",实现了以儒学为主的思想统一;对外也一改汉初对匈奴的和亲政策而北征匈奴,并在元狩四年(前119)取得对匈奴的决定性胜利,河南地、河西走廊皆纳入汉之疆域。著名的丝绸之路也在这一时期由张骞成功开辟。种种新气象显示了汉武帝以制度变革与创新为特点的治国施政①。故班固评价"武帝之雄材大略"②,特别强调"孝武之世,外攘四夷,内改法度"③。东汉后期的历史学家荀悦亦评价说:"孝武皇帝规恢万事之业,安固后嗣之基。……兴事创制,无所不施。"④而"广关"自然也包括在史家所称颂的武帝"内改法度""兴事创制"之列,并且上述一系列新政,也为"广关"政策的推行提供了政治和地理的前提条件。"新关中"的拓展,关中东界由函谷关、临晋关一线整体东移至汉函

① 孙家洲、王文涛:《制度变革与汉武帝盛世的造就》,《河北学刊》2004年第4期。

② 〔汉〕班固:《汉书》卷六《武帝纪》,中华书局,1962,第183页。

③ 〔汉〕班固:《汉书》卷八十九《循吏传》,中华书局,1962,第3623页。

④ 〔东汉〕荀悦撰,张烈点校:《两汉纪上·汉纪》卷二十三《孝元皇帝纪下》,中华书局,2002,第407页。

谷关、太行山一线,确实体现了"广关"后的"新关中"地域之空前辽阔,亦起到了进一步完善关中形势而强化关东控御格局的效果。此外,据辛德勇考证,武帝元鼎三年至六年(前 114—前 111),关中西南、西北地区也都有所扩增。自此,汉中央立足于幅员辽阔且凭据山河形胜之"新关中",在地域格局上占有全面优势,诸侯与天子"分庭抗礼"的地域基础不复存在[①]。从这个意义上说,所谓"武帝意亦好广阔,于是徙关于新安",还是大体接近历史事实的。汉武帝"好广阔"的强烈控制欲和因时改制、"兴事创制"的非凡魄力,也是"广关",东迁函谷关的重要动因。

由此可见,函谷关东迁是汉武帝基于汉中央和关东诸侯力量对比变化,调整汉朝地域政策与大关中布防方略,重构西汉政治地理格局的结果。武帝"广关"并不仅限于函谷关一处。但函谷关东迁无疑是"广关"重点完成的拓展任务,而东迁后的函谷关也是拓展后的"新关中"东界的地理坐标。正是在这种意味上前人从很早起多将函谷关东迁与"益广关"等同为一事。这一认识虽有偏颇,但极具启发性。因为就在函谷关东迁的同一年,武帝又有"广"常山关,徙代王于清河的事情。两相参照,尤能凸显函谷关东迁对拓展和强化"新关中",加强中央集权和进一步削弱关东诸王势力的重要意义。

首先,扩展了关中东部区域范围,增加了关中地理空间。汉初关中的东界在函谷关,即今灵宝弘农涧河一线。函谷关东移新安,"去弘农三百里"。汉里 1 里,合今 0. 69 里,"三百里"即合今 207 里。新安以西,纳入中央直辖,在政治地理上的含义,便是汉中央视作根本之地的关中的空间范围,向东拓展"三百里"至汉函谷关一线。地理空间的另一种变化,是"新关中"区域东部分界的确定。汉函谷关北过黄河,即为山西垣曲、河南济源,亦即太行山起点。与东迁函谷关同年,武帝"广常山,以山为阻"[②],将关中北部的东界,由以临晋关为标志的黄河一线,东推至太行山一

① 马孟龙:《西汉侯国地理》,上海古籍出版社,2013,第 328 页。

② 〔汉〕班固:《汉书》卷四十七《文三王传》,中华书局,1962,第 2211 页。

线。这样,汉函谷关过河就与太行山相接,形成了“新关中”区域东部完整的分界。汉初奉行的“关中本位”战略,以关中制御关东,需要在二者间,划出一条明确的界限。“新关中”东部区域界限的明确以及随之带来的区域空间的大幅扩展,大大增强了以关中制御关东的“关中本位”战略的效力。

其次,实现了对整个崤函地区的有效控制。秦函谷关与汉函谷关之间三百里地带,正是先秦以来素称“崤函之固”“百二重关”的崤函山区,控制着关中关东之间最重要、最近便的东西通道。“春秋时崤函晋有也,故能以制秦;秦得崤函,而六国之亡始此也。”①历史经验证明,崤函地区既是关中安定的屏障,也可以成为关中的地理障碍。吴楚七国之乱时,吴王刘濞仅派出少量伏兵潜往“殽黾阸狭之间”,即迫使周亚夫改变原定兵出函谷关的平乱计划,即是明证。函谷关东迁,使包括“殽黾”之险的整个崤函地区括入关内,汉廷完全掌控了关中通往关东必经的崤函古道,大大增强了汉廷对这一地区的有效控制,也在一定程度上克服了崤函山地的地理障碍,从而增强了以关中控御关东的能力。

其三,促进了长安、洛阳连为一体,有效整合了对关东的控御力。汉初在关中东部的布防,是以函谷关为拱卫都城长安的要地,又在洛阳、荥阳分别布防第二、三道防线,作为防御外延。然而多山的地形使得都城长安与洛阳之间的道路崎岖不平,通行颇为艰难,也增加了交通保障与控制的难度。而历史的经验亦证明,洛阳既是关中控御关东的屏障,也可据以虎视关中,对长安构成严重威胁②。函谷关东迁新安,距洛阳仅 40 余里,“直逼伊洛盆地西缘,由此东去洛阳,路途平易,道无险

① 〔清〕顾祖禹撰,贺次君、施和金点校:《读史方舆纪要》卷五十二《陕西一》,中华书局,2005,第 2488 页。

② 这方面事例较多,可参看孙家洲、贾希良:《不为都畿,亦为重地——论洛阳在战国、秦、西汉时期的特殊地位》,《历史教学》1995 年第 3 期。

阻,足以造成洛阳西面门户洞开,无险可依的形势,有利于加强对洛阳的控制"①,避免洛阳成为异己势力觊觎关中的基地。长安与洛阳的联系因此得以加强,长安、洛阳在防卫上连为一体,在很大程度上弥补了长安因过于偏远而可能会出现的鞭长莫及之弊,这对"关中本位"战略的顺利实施,自然意义非凡。

东迁后的函谷关(汉关)继续实行汉初以来严苛的关禁制度。汉武帝甚至以关禁制裁非法出入的列侯。元封四年(前107),平阳侯杜相夫因"阑出函谷关,国除"②,即一典型史例。若政局稍有动荡,关禁更为严格。天汉二年(前99)冬十一月,"诏关都尉曰:'今豪杰多远交,依东方群盗。其谨察出入者。'"③在当时人看来,"函谷关距山东之险,城门关守国之固"④。因为重要,汉廷多派重臣近戚担任关都尉,其重视程度见于霍光斥责魏相故事。《汉书·魏相丙吉传》记载:丞相田千秋死后,担任洛阳武库令的田千秋之子弃官而走,"西至长安,大将军霍光果以责过相曰:'幼主新立,以为函谷京师之固,武库精兵所聚,故以丞相弟为关都尉,子为武库令。今河南太守不深惟国家大策,苟见丞相不在而斥逐其子,何浅薄也!'"⑤征诸史籍,西汉后期历任汉函谷关关都尉著名者如杜业、辛遵、张敞、何恢、翟宣、黄裳、文忠等皆是名臣,且多人后升至中央为官。由此可证明,东迁后的汉函谷关虽在军事意义上不能和秦函谷关相提并论,但依旧掌控东西交通。武帝以后诸朝,关中再未受到关东势力的威胁,也未发生像汉初那样诸侯对中央的战争,从这一点来

① 胡方:《汉武帝"广关"措置与西汉地缘政策的变化:以长安、洛阳之间地域结构为视角》,《中国历史地理论丛》2015年第3辑。

② 〔汉〕司马迁:《史记》卷十八《高祖功臣侯者年表》,中华书局,1982,第956~957页。

③ 〔汉〕班固:《汉书》卷六《武帝纪》,中华书局,1962,第204页。

④ 〔汉〕班固:《汉书》卷二十七《五行志》,中华书局,1962,第1401页。

⑤ 〔汉〕班固:《汉书》卷七十四《魏相丙吉传》,中华书局,1962,第3133~3134页。

说,汉函谷关对汉廷“关中本位”战略的成功实施,发挥了应有的作用①。

2. 弘农郡设置对强化“新关中”的意义

对汉武帝来说,东迁函谷关,只是调整和建立新的政治地理格局的第一步,武帝还有比这更大的拓展和强化“新关中”的目标和措施。紧继函谷关东迁,“新关中”东部边界确定,武帝又接连打出政策“组合拳”,对“新关中”东部扩展的空间重新进行布局,不仅成功地补苴了罅漏——函谷关东迁造成的关中防卫疏漏形势,更强化了以长安为中心的“新关中”的战略优势地位。

首先,以旧函谷关为郡城,设立弘农郡。《汉书》有两则记载,一则《武帝纪》记载:“元鼎三年冬,徙函谷关于新安,以故关为弘农县。”一则是《地理志》载:“弘农郡,元鼎四年置。”②两说抵牾而令人莫衷一是。清人钱坫认为弘农郡是以弘农县为中心建立起来的,故《汉志》记载有误,郡当为元鼎三年置,即弘农郡与弘农县的设置和函谷关东迁皆在同一年③。杨守敬④、周振鹤⑤均赞同此说。有研究者提出元鼎三年徙关置县,元鼎四年(前 113)郡辖县、郡界完成说⑥。从性质上看,这两则记载分别出自《武帝纪》与《地理志》,且用一定的时间来完成新建郡县繁杂的政区

---

① 以往研究多认为汉函谷关的军事作用不如秦函谷关,对加强关中防卫、增强关中实力也无裨益。史念海在《函谷关和新函谷关》中说:“新关位于涧河河谷……这里虽也是山地,却已不是崤山,更不如崤山的险要。河谷难于防守,山地又不是十分险要,可见新关是不能和旧关相提并论的。”若仅就函谷关东迁事件本身所带来的新旧关之间进行比较,这样的看法自然具有合理因素,但如前所论函谷关东迁并不是完全出于关中军事防御的考虑,而是适应武帝时政治地理格局的变化,着眼于对关东地区的直接控御而采取的举措。考古材料亦证明,汉函谷关是一个由关塞、长墙和烽燧等附属设施组成的防御体系,关城南北两侧连接关塞和烽燧的长墙遗迹,均位于山脊的东侧或南侧,防御重心明显在东侧。这一发现充分反映出汉武帝对东迁后函谷关的职能,有一套系统的预定设计。换言之,不是汉函谷关军事作用“降低”了,而是在这一设计中,汉函谷关被赋予了不同于昔日秦函谷关的新使命。

② 〔汉〕班固:《汉书》卷二十八《地理志》,中华书局,1962,第 1548 页。

③ 钱坫著,徐松集释:《新斠注地理志集释》卷三,《二十五史补编》(第 1 册),中华书局,1956,第 1042 页。

④ 杨守敬:《汉书地理志补校》卷上,《杨守敬集》(第 1 册),湖北人民出版社,1988,第 191 页。

⑤ 周振鹤:《西汉政区地理》,人民出版社,1987,第 132 页。

⑥ 代剑磊:《论两汉弘农郡界调整与区域控制的转变》,《三门峡职业技术学院学报》2016 年第 3 期。

边界划定与调整工作,是有可能的,故新说似有其合理性。

弘农郡以弘农县为治所,领十一县,“分别来自右内史、河南、南阳三郡”。其中,“弘农、上雒、商县等三县在函谷关与武关一线以西,本右内史地”“析县、丹水二县在武关以东南,……秦时应属南阳,汉初因之”“其余陕县、黾池、新安、宜阳、陆浑、卢氏六县地在新旧函谷关之间,属汉初之河南郡”①。空间上,弘农郡东境以新安、宜阳与河南郡接壤;其西以弘农县与右内史(京兆尹)之胡县接壤;其北则以黄河为界,与河东郡接壤;其东南跨丹江以丹水、上洛与南阳郡接壤。弘农郡全郡测算面积4.11万平方公里②,远大于三辅(京兆尹、左冯翊、右扶风)及三河(河南、河东、河内)各郡。人口“户十一万八千九十一,口四十七万五千九百五十四”③。

弘农郡的设置,是汉武帝“广关”的重要内容,也是这一政策的直接产物。汉武帝设置幅员如此广阔的弘农郡,意图有二:

一是补苴罅漏。弘农郡设置前,崤函地区以函谷关划界,以西属右内史管辖,以东为河南郡辖地。随着函谷关东迁,关中防御线整体向东推进,昔日作为拱卫都城长安要地的秦函谷关优势消解,而汉函谷关又地处河南郡辖境,对长安而言难免鞭长莫及,统辖不力,尤其“这里虽也是山地,却已不是崤山,更不如崤山的险要。河谷难于防守,山地又不是十分险要”④。弘农郡设立后,东迁区域不仅整体纳入崤函地区,而且从南面的南阳盆地到北面的伊洛盆地,原作为洛阳西部屏障的崤山、熊耳山、外方山、伏牛山等山川险要也尽归弘农郡,原属右内史、河南、南阳三郡的十一个县在地理上整合成一个以汉函谷关为顶点的三角地带,构成夹在关中、关东之间的战略缓冲地带,统一由弘农郡管辖。如此,汉武帝依靠关城据点推移,结

① 周振鹤:《西汉政区地理》,人民出版社,1987,第132页。

② 肖爱玲:《西汉城市体系的空间演化》,商务印书馆,2012,第163页。

③ 〔汉〕班固:《汉书》卷二十八《地理志》,中华书局,1962,第1548~1549页。

④ 史念海:《函谷关和新函谷关》,《河山集》(四集),陕西师范大学出版社,1991,第398页。

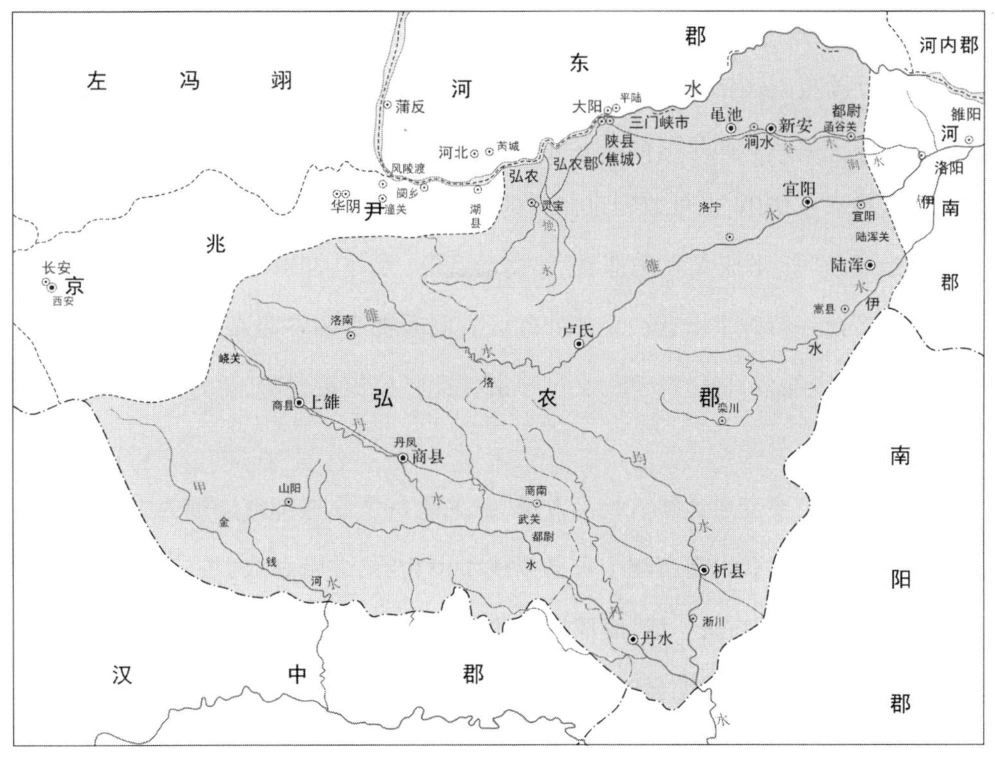

图 5-8　西汉弘农郡示意图①

合“山川形便”原则,以关隘为核心,在弘农郡境内构建了两层防御屏障,外层以新建的汉函谷关——陆浑关为节点,内层以弘农(秦函谷关)——武关为节点,从而增加了关中防御的层次和纵深。这两层防御屏障又与“广关”后形成的“新关中”东界其他关隘结合,形成以弘农为中心的更广大而绵长的“新关中”东界双重防御屏障:第一道为东沿太行山一线,经太行八陉,南循王屋山,越黄河至新安汉函谷关,连接陆浑关、伏牛山,至郧关;第二道北自黄河一线,南经弘农(秦函谷关),连接衡岭——秦岭余脉、峣关一线,至扞关。双重防御屏障的设计,有益于汉武帝在军事

① 据谭其骧《中国历史地图集》第 2 册《司隶部》改绘。

险隘上保障关中对关东地区的政治控御,有效弥补了汉函谷关防御力不足的缺陷。

与弘农置郡相应,“元鼎四年更置二辅都尉、都尉丞各一人”[1]。联系建元六年(前135)分置左、右内史,可知由于关中区域的扩展,新设左、右二辅都尉是便于进一步管理关中地区。而京辅都尉治所设华阴,占据崤函古道西端,既对弘农郡兼具后援与监控双重作用,也可兼顾京兆尹的行政管辖。太初四年(前101),又“徙弘农都尉治武关”[2],形成太守居郡城,都尉治武关,太守、都尉不在同郡首县的罕见局面。武帝此一特殊举措意在妥善处理弘农同时拥有函谷和武关两个战略要地,使太守、都尉既能各自便宜行事,又可形成彼此呼应策援之势,更好地控制这两个关系关中安危的要地。

二是控制主要交通道路。崤函古道、武关道是弘农郡境内连接关中关东的两条主要交通道路。弘农郡所辖十一县以伏牛山为界,北部弘农、陕、渑池、新安、宜阳、陆浑等位于崤函古道一线,南部丹水、商、析、上雒等位于武关道一线,大体呈近似平行的条带状,表现出明显的控制交通道路特征。

弘农郡以弘农县即秦函谷关关城为郡治,管控整个崤函及邻近地区。秦函谷关关城虽改作了郡、县城,但文献中仍被称为“关”。汉末赤眉军与更始军弘农之战,《汉书》《后汉书》均以“出关”“入关”称之,即是明证。汉制,凡郡治所在,均驻有一定数量的常备军,亦可见秦函谷关的军事作用仍不容小觑。值得注意的是,有史料显示,西汉对秦函谷关的关禁制度并未废止。《后汉书·郭丹传》载:“郭丹字少卿,南阳穰人也。……后从师长安,买符入函谷关,乃慨然叹曰:‘丹不乘使者车,终不出关。’既至京师,常为都讲,诸儒咸敬重之。……王莽又征之,遂与诸生逃于北地。更始二年,三公举丹贤能,征为谏议大夫,持节使归南阳,安集受降。丹自去家十有二年,果乘高车出关,如其志焉。”李贤解释“买符入函谷关”:“符即繻也。

---

① 〔汉〕班固:《汉书》卷十九《百官公卿表》,中华书局,1962,第736页。

② 〔汉〕班固:《汉书》卷六《武帝纪》,中华书局,1962,第202页。

前书音义曰：‘旧出入关皆用传。传烦，因裂繻帛分持，后复出，合之以为符信。’买符，非真符也。”①

渑池，在崤山北路。史载“景帝中二年初城，徙万家为县”②。有人解为新置渑池县，史念海《秦县考》已辨其非③。此应是景帝中二年（前8）移县治于秦县治俱利城西3里的中乡（今张村镇寨子村），筑城，“徙万家为县”。筑城、徙民，有利于行政管理，以此控制崤函北路的意图也十分明显。东徙新安后汉函谷关成为一个北起黄河岸边，南至洛河河谷，纵贯南北长60余公里的庞大防御体系，总控崤函南北两道和黄河漕运线路。宜阳在崤山南路，是进出洛阳、关中的交通枢纽。陆浑在今宜阳白杨镇南留古城④，函谷关东迁之际又增设了陆浑关，加强对崤山南路的管控。

弘农郡西南循丹水而下依次为上雒、商、析、丹水，武关正处丹水与商县之间的丹水河谷中，《水经注・丹水》云：“丹水自商县东南流注，历少习，出武关。应劭曰：秦之南关也，通南阳。”⑤《史记・秦始皇本纪》集解引文颖注：“武关在析西百七十里弘农界。”汉析县故址即今西峡东北莲花寺岗古城⑥。这样，弘农郡界延伸至南阳盆地，武关横在郡境之内，不仅可以加强对进出关中的南大门武关的控制，而且可以直接控制南阳与汉水谷地。如此，弘农郡有效地整合了关中东向、东南向及黄河的交通，基本控制了自关东进入三辅地区的所有道路。

其次，提高弘农郡的行政地位，纳入以长安为中心的核心区。弘农郡设置前，其辖境分属右内史、河南、南阳三郡，整体地位并不突出。弘农郡设置后，汉武帝将

---

① 〔南朝宋〕范晔：《后汉书》卷二十七《郭丹传》，中华书局，1962，第940页。

② 〔汉〕班固：《汉书》卷二十八《地理志》，中华书局，1962，第1549页。

③ 史念海：《秦县考》，《史念海全集》（第6卷），人民出版社，2013，第705页。

④ 洛阳市文物考古研究院：《河南省宜阳县南留古城东城墙发掘简报》，《洛阳考古》2017年第4期。

⑤ 〔北魏〕郦道元著，陈桥驿校证：《水经注校证》卷二十《丹水》，中华书局，2007，第486页。

⑥ 徐少华：《〈水经注・丹水篇〉错简考订——兼论古析县、丹水县的地望》，《中国历史地理论丛》1988年第4辑。

其作为地域政策与关中布防方略大调整后防备关东的重点布防区域，大幅提高了弘农郡的行政地位。元封三年（前108），汉武帝又改汉初九州制为十二州，将京畿周围地区，重新组合设为中州，除河南、河内、河东“三河”外，“更为重要的是还包括有京城所在的三辅地区以及与之毗邻的弘农郡在内”①。弘农郡获得了与左右内史同等的京畿地位。征和四年（前89），武帝又设置司隶校尉，负责中州区域内的治安纠察，弘农郡与三辅、三河一道成为维护京畿地区社会秩序的特别治安区，至汉末依然如此。

据考察，弘农郡官署遗址在今秦函谷关城门东南方100余米处，在这里的一道3米高土崖之下出土有几十种数百枚封泥，发现时断层还可见有大量的陶片、砖瓦残片。所出封泥的年代，上限在汉武帝太初元年（前104），下限在光武帝建武十五年（前39）之后②。既有弘农郡及所辖十一县的官印封泥，也有郡外较高级别的官署封泥，皆为弘农郡官吏在日常公务中行政文书往来拆阅后所遗弃或集中填埋之物。其中所见弘农郡所辖十一县与《汉书·地理志》弘农郡所属县相同。值得注意的还有出土封泥所表现的弘农郡、县官职设置的信息。弘农郡有“弘农太守章”“弘农都尉章”“弘农铁丞”“弘农铁长”“弘农郖庾丞”封泥。《汉书·百官公卿表》：“郡守，秦官，掌治其郡，秩二千石。有丞，边郡又有长史，掌兵马，秩皆六百石。景帝中二年更名太守。”又云：“郡尉，秦官，掌佐守典武职甲卒，秩比二千石。有丞，秩皆六百石。景帝中二年更名都尉。”③封泥“弘农太守章”“弘农都尉章”即弘农郡行政长官太守和军事长官之印章。西汉在弘农设有铁官和漕仓，“弘农铁丞”“弘农铁长”“弘农郖庾丞”当为职掌弘农郡铁官和漕仓的官吏。弘农县有“弘农令”“弘农狱丞”“弘农左尉”“弘农右尉”“弘农守丞”封泥。《汉书·百官公卿表》：“县

① 辛德勇：《两汉州制新考》，《文史》2007年第1辑。

② 许雄志、谷松章：《新见汉弘农郡封泥初论》，《青少年书法》2012年第20期。

③ 〔汉〕班固：《汉书》卷十九《百官公卿表》，中华书局，1962，第742页。

令、长，皆秦官，掌治其县。万户以上为令，秩千石至六百石。减万户为长，秩五百石至三百石。皆有丞、尉，秩四百石至二百石，是为长吏。”①封泥“弘农令印”即弘农县最高行政长官之印。“弘农丞印”“弘农狱丞”为弘农郡分掌兵马、狱丞的官职。“弘农左尉”“弘农右尉”“弘农守丞”为县令下职掌兵马的官吏。

表 5-2　灵宝秦函谷关出土汉弘农郡官印封泥简表

郡县	官印封泥	郡县	官印封泥
弘农郡	弘农太守章、弘农都尉章、弘农铁丞、弘农铁长、弘农郖庾丞	弘农县	弘农令印、弘农狱丞、弘农左尉、弘农右尉、弘农守丞
卢氏	卢氏丞印	陕县	陕丞之印、陕令之印、陕右尉印
宜阳	宜阳令印、宜阳丞印、宜阳长印	黾池	黾池厩丞、黾池右尉、黾池令印、黾池丞印
丹水	丹水长印、丹水丞印、丹水尉印	新安	新安令印、新安右尉、新安置丞
商县	商长之印、商丞之印、商左尉印	析县	析长之印、析丞之印
陆浑	陆浑丞印、陆浑长印、陆浑左尉	上雒	上雒长印

资料来源：许雄志、谷松章：《新见汉弘农郡封泥初论》，《青少年书法》2012 年第 20 期；王辉：《秦陵博物院藏汉封泥汇释》，《秦始皇帝陵博物院》，陕西师范大学出版社，2015，第 276～337 页；熊长云：《新见汉代漕仓郖庾考——兼〈说文〉段注辨误一则》，《文史》2016 年第 2 期。

从弘农郡行政文书涉及的地域范围看，除郡属各县外，传递范围东到河南（今洛阳）、东平（今山东东平），东北至广平（今河北广平），西通长安，西南达汝阴（今安徽阜阳）、颍川（今河南禹州），南界江夏（今湖北云梦），可见弘农郡“文书行政”的影响力。因为弘农郡乃京畿要冲之地，观乎严耕望所考弘农郡历任太守②，著名

① 〔汉〕班固：《汉书》卷二十七《五行志》，中华书局，1962，第 1401～1402 页。

② 严耕望：《两汉太守刺史表》，上海古籍出版社，2007，第 19～20 页。

者如萧咸、宋平、逢信、冯鑫、王龚、翟义、枚乘等皆是一代名臣，且多人因治郡有方而升迁或调任三辅、三河。弘农郡与三辅、三河形成了一个以长安为中心的核心区，各郡各守其责，又相互配合，相互制约。弘农郡控制着东向和东南向进出关中的大门，地缘意义非同凡响。

图 5-9　秦函谷关出土汉弘农郡封泥①

上：弘农太守章；弘农令印；弘农右尉；弘农狱丞

下：弘农狱丞；弘农都尉章；弘农铁长；弘农铁丞

由汉武帝东迁函谷关、设置弘农郡的过程，可知汉武帝“广关”，拓展“新关中”，有一套系统的顶层设计。而从前后事态发展看，这一设计显然适应了西汉政治地理变化的新形势，关东地区此后再未出现大规模的叛乱。在汉武帝亲自规划的“新关中”政治地理格局中，如果没有函谷关的东迁，则“新关中”就很难向东拓展。如果没有弘农郡的设置，则关中防卫疏漏的形势就难以补苴罅漏，弘农郡、三辅、三河组成的大京畿地区同样也难以成立。函谷关东迁及弘农郡设置的重要性，于此可知。

① 采自王辉《秦陵博物院藏汉封泥汇释》，《秦始皇帝陵博物院》，陕西师范大学出版社，2015，第 328~329 页。

三、武帝以降崤函古道的道路拓修与管理

汉承秦制,陆路交通以京师长安为中心向四方辐射,“而京师之东则关东道路咸集于洛阳经函谷关以至京师”[①],是西汉最主要的东西交通大道,主要承袭和沿用秦代驰道线路。崤函古道仍是这条大道上东出关中的首段道路,其线路是出华阴后,经河曲,循黄河南岸东行,经胡县阌乡、胡县城,入函谷关,出关至陕县,分为南北二途,北路经渑池,东至洛阳;南路经宜阳东行至洛阳。在秦代基础上,西汉道路交通规划和建设又有所发展,较前更加系统化和规范化。

西汉对崤函古道的大规模整修和维护始于汉武帝元鼎年间。《史记·平准书》记载:“既得宝鼎,立后土、太一祠,公卿议封禅事,而天下郡国皆豫治道桥,缮故宫,及当驰道县,县治官储,设供具,而望以待幸。”《集解》引徐广曰:“元鼎四年立后土,五年立泰畤。”[②]这是一次特殊形式的统一规划,“治道桥”的目的虽是服务武帝封禅,但“治道桥”的范围和动员的民众却相当广泛,实际形成了由朝廷决策的一次规模浩大的全国性道路整修和维护活动。《太平广记》记载有汉武帝东游函谷关遇“患”故事:“汉武帝东游,至函谷关,有物当道。其身长数丈,其状象牛,青眼而曜精,四足入土,动而不徙。百官惊惧。东方朔乃请酒灌之,灌之数十斛而消。帝问其故。答曰:此名忧,患之所生也。此必是秦之狱地。不然,罪人徙作地聚,夫酒忘忧,故能消之也。帝曰:博物之士,至于此乎。”[③]文中“至函谷关”,《搜神记》作“汉武帝东游,未出函谷关”[④]。汉武帝在函谷关遇“患”传说,具有浓厚神秘主义色彩,

① 劳榦:《论汉代之陆运与水运》,台湾《“中央研究院”历史语言研究所集刊》第十六本,1948,第69~70页。

② 〔汉〕司马迁:《史记》卷三十《平准书》,中华书局,1982,第1438页。

③ 〔宋〕李昉:《太平广记》卷三百五十九《东方朔》,中华书局,1961,第2840页。

④ 〔晋〕干宝撰,李剑国辑校:《新辑搜神记》卷二十五《患》,中华书局,2007,第423页。

然而这一传说也可能是函谷关道路通行似有不便的反映。而自汉武帝“治道桥”后，函谷关道路已具备满足皇帝出巡的交通条件。据统计，自元鼎五年（前112）冬十月，汉武帝“始巡郡县”①，第一次走出关中东巡，先后东巡十余次，每次都经由函谷关。

为方便汉帝出巡，“治道桥”同时还要“缮故宫”。所谓“故宫”当指秦代离宫。秦统一后，“治离宫别馆，周遍天下”②。据说秦时“关中计宫三百，关外四百余”③。西汉许多离宫都是修葺秦行宫而成。崤函古道是汉帝东巡的必经之地，据陕西历史博物馆藏弘农宫方炉铭文记载，弘农县有“弘农宫”④；据西安市文物商店藏黾池宫铜升铭文记载，黾池县有“黾池宫”⑤；据后川村M6出土“陕宫鼎”铜甗铭文，陕县有“陕宫”⑥。其中，“黾池宫”或为沿用秦“玤宫”而来。西安相家巷出土秦“琫禁丞印”封泥四枚⑦。“琫”同“玤”，地在今渑池英豪乡王都村与东城角之间。春秋时庄公二十一年（前673）虢公丑在“玤”建“玤宫”作为周惠王行宫。战国末期秦国取渑池后，继续沿用，并设“玤禁”负责“玤宫”和苑囿安全。四枚“琫禁丞印”封泥证实其与秦廷联系频繁。至汉初“玤宫”更名“黾池宫”⑧。行宫的建设，证实汉帝循崤函古道东巡的活动，突显其存在的重要价值和象征意义。

湖县思子宫虽不属行宫，却是汉武帝建在崤函古道上的一座大型纪念性建筑。征和二年（前91）巫蛊之祸中，汉武帝听信江充谗言，派兵捕杀戾太子刘据，“太子之亡也，东至湖，臧匿泉鸠里。主人家贫，常卖屦以给太子。太子有故人在湖，闻其

---

① 〔汉〕司马迁：《史记》卷十二《孝武本纪》，中华书局，1982，第461页。

② 〔汉〕司马迁：《史记》卷八十七《李斯列传》，中华书局，1982，第2547页。

③ 〔汉〕司马迁：《史记》卷六《秦始皇本纪》，中华书局，1982，第256页。

④ 秦波：《西汉皇后玉玺和甘露二年铜方炉的发现》，《文物》1973年第5期。

⑤ 国家计量总局主编：《中国古代度量衡图集》，文物出版社，1984，第73页。

⑥ 河南省文物考古研究院、三门峡市文物考古研究所：《河南三门峡市后川汉墓发掘简报》，《考古与文物》2018年第2期。

⑦ 周晓陆，陈晓捷：《新见秦封泥中的中央职官印》，《秦文化论丛》（第9辑），西北大学出版社，2002年，第267页。

⑧ 李超：《“琫禁丞印”补证》，《文博》2022年第1期。

富赡,使人呼之而发觉。吏围捕太子,太子自度不得脱,即入室距户自经。山阳男子张富昌为卒,足蹋开户,新安令史李寿趋抱解太子,主人公遂格斗死,皇孙二人皆并遇害。”颜注:“泉鸠水今在阌乡县东南十五里,见有戾太子冢,冢在涧东也。”又云:“今太子冢北有二冢相次,则二皇孙也。”泉鸠水即泉鸠涧、全节水、全鸠水,泉鸠里在今灵宝豫灵底董。次年昭雪后,“上怜太子无辜,乃作思子宫,为归来望思之台于湖”。颜注:“言己望而思之,庶太子之魂来归也。其台在今湖城县之西,阌乡之东,基趾犹存。”[①]《元和郡县图志》阌乡条亦载:“思子宫故城,在县东北二十五里。汉武帝为戾太子所筑也。”[②]望思台是以台的形式纪念亡灵的建筑,是见诸文字记载的最早的纪念性建筑,体现出汉武帝对太子特别的深切关爱和悔意。太子遗孙汉宣帝初即位,下诏为祖父追赠谥号,置园邑:“故皇太子在湖,未有号谥,岁时祠,其议谥,置园邑。”有司奏请:“谨行视孝昭帝所为故皇太子起位在湖,史良娣冢在博望苑北,亲史皇孙位在广明郭北。谥法曰‘谥者,行之迹也’,愚以为亲谥宜曰悼,母曰悼后,比诸侯王园,置奉邑三百家。故皇太子谥曰戾,置奉邑二百家。史良娣曰戾夫人,置守冢三十家。园置长丞,周卫奉守如法。”于是,“以湖阌乡邪里聚为戾园,长安白亭东为戾后园,广明成乡为悼园。皆改葬焉”[③]。今底董村东南约 500 米有太子冢,即“戾园”,全鸠水由西向北流过,后人改称失儿河(今十二里河)。附近还有太子山、太子湾、太子河等地名,当与戾太子有关。太子冢高 50 米,周长 480 米,占地 2 公顷。太子冢西北相接处又有皇孙冢两座。巫蛊之祸是西汉中期非常重要的政治事件,在这场标志西汉由盛转衰的大事件中,崤函古道成为戾太子表演的最后舞台。

汉代制度,大规模的交通干线整修改造由皇帝下诏,路段所在地官府具体负责,并可征调与此相关的邻近郡县的人力物力。平时的维修保养则由邮亭传置人员承

① 〔汉〕班固:《汉书》卷六十三《武五子传》,中华书局,1962,第 2746~2747 页。

② 〔唐〕李吉甫撰,贺次君点校:《元和郡县图志》卷六《河南道二》,中华书局,1983,第 163 页。

③ 〔汉〕班固:《汉书》卷六十三《武五子传》,中华书局,1962,第 2747~2748 页。

图 5-10　灵宝豫灵底董村戾太子冢(田永强摄)

担,所需费用由地方官府负责。此类维修保养工作十分频繁,并形成定制。张家山汉简《二年律令》:“九月大除,道□阪险;十月为桥,修波(陂)堤,利津梁。虽非除道之时而有陷败不可行,辄为之。乡部主邑中道,田主田道。道有陷败不可行者,罚其啬夫、吏主者黄金各二两。□□□□□□及□土,罚金二两。”①因为修治有责,地方各级官吏特别是主谋其事的官吏自觉地高度重视道路的修治工作,以致出现“郡县治道共张,吏民困苦,百官烦费”②的现象,可见频繁治道给地方造成了巨大的压力,但同时也说明养护维修道路,保证交通畅通已然成为地方各级政府的重要职责。

在此背景下,汉代的车速明显提高。昭帝崩后,大将军霍光以太后名义征昌邑王刘贺赴长安典丧,其行程路线是昌邑—定陶—济阳—弘农—湖—长安。《汉书·武五子传》载:“玺书曰:‘制诏昌邑王:使行大鸿胪事少府乐成、宗正德、光禄大夫吉、中郎将利汉征王,乘七乘传诣长安邸。’夜漏未尽一刻,以火发。其日中,贺发,

① 张家山汉墓竹简整理小组:《张家山汉墓竹简二四七号墓(释文修订本)》,文物出版社,2006,第42页。

② 〔汉〕班固:《汉书》卷二十五《郊祀志》,中华书局,1962,第1254页。

晡时至定陶，行百三十五里，侍从者马死相望于道。”[①]“乘传”交通是秦汉时一种特殊的交通形式，多见于迅速推行政令之需要。刘贺所乘的传车为汉代通信用高速车，其车驾自日中至晡时行“百三十五里”，约合 56.1 公里，则时速为 18.7 公里或至 28.1 公里[②]，以当时条件来看确实堪称高速。而如果是以“驿骑”的方式传送太后玺书至昌邑国，甚至可以达到惊人的一昼夜一千汉里的速度。《汉旧仪》云：“奉玺书使者乘驰传。其驿骑也，三骑行，昼夜行千里为程。”[③]据说刘贺素有“乐逸游”“驰骋不止”[④]的喜好，这自然是以畅通的交通道路为基础的。

西汉崤函古道建设中，函谷关建设是最具时代特色的成就，也是当时崤函古道交通规划和建设的重大工程。

史载秦末函谷关曾遭到项羽的攻击。西汉建立后，在秦函谷关基础上进行整修。考古勘查发现了城墙、道路、居所、烽燧遗址等重要遗迹。

考古发现的函谷关关城是一座北宽南窄，平面呈楔形的城邑，中部有一条东西向的通关道路。除北部因紧临古道沟边，可能以沟代替城墙外，已发现东、南、西三面夯土城墙，随自然地势走向修筑。城墙由主墙体和附加墙体两部分组成。主墙体筑造年代在西汉早、中期，附加墙体则为东汉晚期所筑。主墙体宽厚，具有浓厚的军事防御意味。东城墙北端残存墙基宽 6 米，夯土层厚 1.5 米。西城墙北段城墙基宽 11 米，夯土总厚度为 0.75 米。东、南、西三面城墙都发现有高土台，表明墙基不是以常见的下挖基槽方式建成的，而是以夯土夯筑高土台作为基础，夯土和生土紧密地连在一起，夯层厚薄均匀，层次分明，坚固结实。

关楼建在关城东边，根据文物出土遗迹和地理形势，其位置当在关城东城墙向北延长线和古道路的交叉点不远处，距今重修新关楼 30～40 米之间，前依弘农涧。

---

① 〔汉〕班固：《汉书》卷六十三《武五子传》，中华书局，1962，第 2764 页。

② 王子今：《刘贺昌邑—长安行程考》，《南都学坛》2018 年第 1 期。

③ 〔清〕孙星衍等辑，周天游点校：《汉官六种 · 汉旧仪卷上》，中华书局，1990，第 63 页。

④ 〔汉〕班固：《汉书》卷七十二《王吉传》，中华书局，1962，第 3059 页。

在此附近发现了大量的可能属于关楼的战国和汉代的板瓦、筒瓦等。现今重建的函谷关楼不在原关楼位置上。关楼既是战时关隘防御的组织核心所在,也是平时盘查行旅、征收关税履行关隘行政职能的门户。可惜关楼基址已被湮埋或破坏无存。迄今未找到其遗迹遗址。

关城东部和中部当为主要的居住或活动区,这一带尤其是靠近关楼附近,地层堆积比较复杂。一般文化层厚为 1~3 米,内含大量砖瓦碎片。关城东南部的鸡鸣、望气二台附近钻探出面积较大的夯土建筑基址,夯土层总厚 1.7 米,地下发现有大量砖瓦住宅和花园基址。东城墙东部,弘农涧河河滩里,发现比较完整的古井十余口,年代最早可追溯到汉代或更早,表明关楼东城墙外的弘农涧河河滩在当时已成为当地及往来通关人群聚集生活与交流的又一主要场所。关城内还出土与排水管道和铸币作坊相关的陶质排水管道残片和铜锭、陶钱范、铜钱等遗物。北部遗址北部 20 米略偏西处发现有古冶场遗址。

秦函谷关附近发现的古道路基遗迹,位于古道沟最西端距西寨村东 170 米的断崖处。考古发现,这一段历史上曾有过多次修路活动。根据路层中出土文物,最下面的一层,即第五层是汉至春秋战国路土层,距地表约 5.4 米,长约 130 米,“路土是由数十层厚薄不等的车轮碾轧层和踩踏面叠压而成,土层总厚度为 1.6 米”。路土上有两条较显著的车辙碾轧轨迹。第五层之上的第四层路土,为汉代修复函谷关路的遗迹,路土厚 0.6~2.8 米,含有筒瓦、板瓦碎块,“背面绳纹,内有布纹,这都是汉代瓦类的主要特征”①。从修筑方法看,当时主要采用的是多层填垫碾轧夯实的方法,以增强道路的抗压性,适应繁忙的道路运输。经钻探发现地下路基一直向西延伸。

汉在函谷道沿线设烽燧,是函谷关军事防御体系的重要组成部分。自函谷关西至稠桑西沙河边,全长 15 里的函谷关古道旁,残存 3 座秦汉时期的烽燧:一是关东烽燧,在关城内古道北侧,东关楼西北 215 米处的高岗上。夯土台底座近似方

① 胡小平、郭九行:《灵宝函谷关发现古道遗迹》,《三门峡职业技术学院学报》2009 年第 3 期。

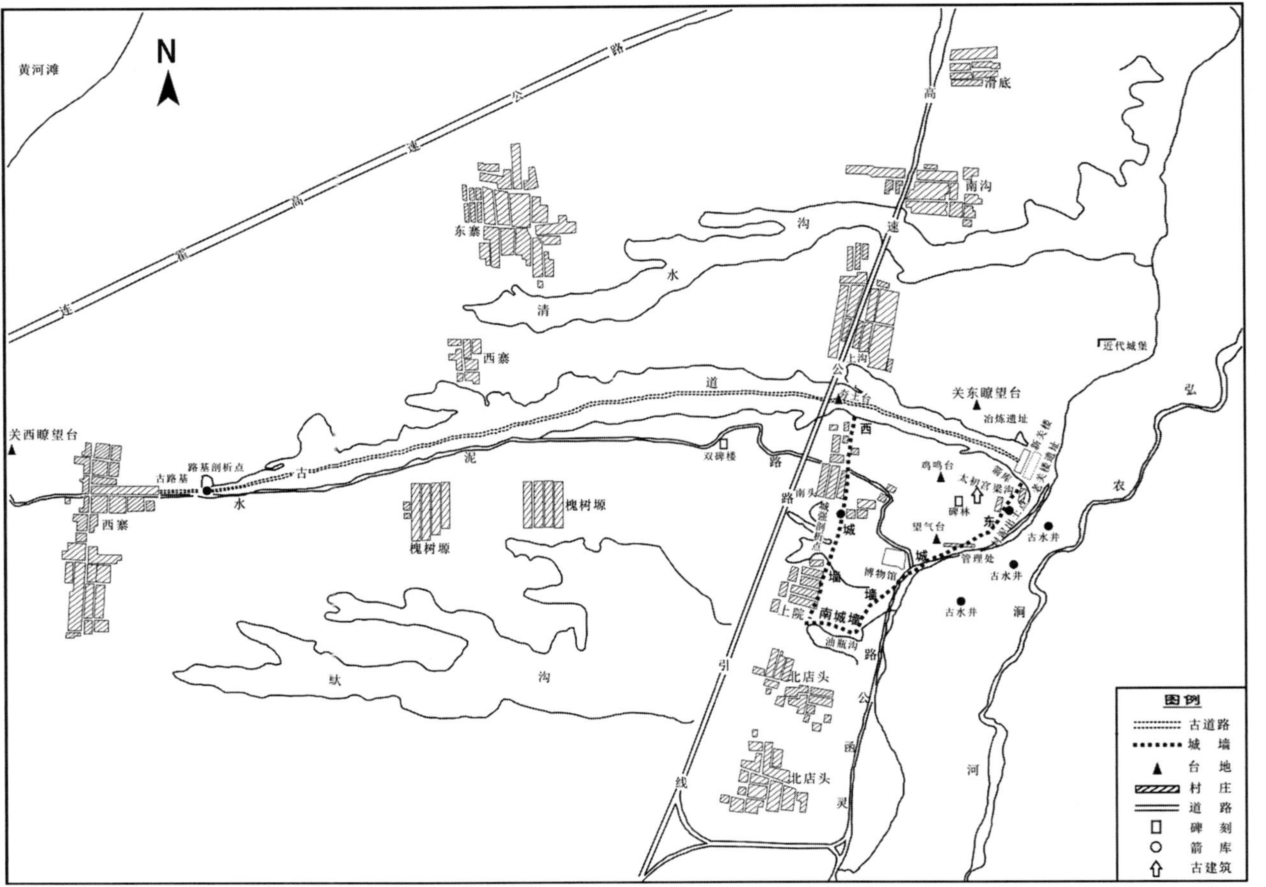

图5-11 秦函谷关遗址遗迹分布示意图

图 5-12 秦函谷关秦汉代路基

形,围长约 30 米,顶部有小平台,台上原有建筑设施已毁。关东烽燧地处附近岭坡制高点,站在台上,弘农涧河东开阔地带一览无余,当是函谷关东关楼的哨所。二是西寨烽燧,在关城西端西寨村西北部 210 米的高地上,台体略呈圆锥状,顶高 5.5 米,底部周长 25 米,夯土筑成,夹杂有战国陶片和汉代瓦片。西寨烽燧地处古道向西出关后的转弯处,也是这里的制高点,视野开阔,应是函谷关西端的前沿哨所。三是新寨烽燧,距西寨烽燧 400 米,新寨村 500 米处的古道旁,高 8 米,周长 21 米,夯土筑成。由此向西下坡,坡底即是著名的稠桑驿,当为稠桑塬的制高点。三座烽燧形制相仿,建筑时代相近,且东西连成一线,遥遥相望,从其建筑和所处位置看,应是古道上用于瞭望警戒、侦察敌情和发布传递军情信号的设施。

汉赋是汉代最为辉煌夺目的文化成就。函谷关建设在汉赋中保留了珍贵记录。东汉李尤《函谷关赋》是最早描写函谷关险要峻雄之势的赋作,并因此开拓了描写雄关险塞的“关塞赋”这一新类型。《函谷关赋》以恢廓气势和华美而奇丽的

图 5-13　函谷关烽燧遗址

（左：关东烽燧；右：西寨烽燧）

词藻描述了函谷关的地理位置及其重要性，穷形极貌地对函谷关的建筑特色进行铺陈叙述："惟夸阔之宏丽兮，羌莫盛于函谷。施雕砻以作好，建峻敞之坚重。殊中外以隔别，翼巍巍之高崇。"在李尤看来，秦函谷关建筑有三大特征：一是"夸阔"，体势壮观，宏阔广大，天下众关无一与之相比；二是"坚重"，地势峻峭，险要坚固，屏障重重，易守难攻，他在《函谷关铭》又有"函谷险要，襟带喉咽"之说；三是"高崇"，雄姿耸立，巍峨庄严，隔绝关内关外，形成两重世界，使之内外有别。[①]《函谷关赋》还对函谷关建筑装饰特色做了细致的描写："施雕砻以作好"，雕砻即刻绘、雕饰或镶嵌在建筑物上的装饰物品，可见函谷关的精致华美。"玉女流眄而下视"，形容栋梁之处刻绘有栩栩如生、精美逼真的玉女临窗图。据《后汉书·文苑列传》记载："李尤字伯仁，广汉雒人也。少以文章显。和帝时，侍中贾逵荐尤有相如、扬雄之风，召诣东观，受诏作赋，拜兰台令史。"[②]汉安帝时升为谏议大夫。作为史官，李尤

① 章沧授：《自古天险函谷关——读李尤〈函谷关赋〉》，《古典文学知识》1998 年第 3 期。

② 〔南朝宋〕范晔：《后汉书》卷八十《文苑列传》，中华书局，1962，第 2616 页。

曾到过不少地方，并专门游历过秦、汉两座函谷关。“乃周览以泛观兮，历众关以游目”①。这对于他认识函谷关历史文化，提供了基本条件。李尤在《函谷关赋》《函谷关铭》中描写的函谷关历史与建筑，体现了函谷关在文学记忆中的鲜明印象。

上述考古调查与文献记载相互印证，证明西汉时秦函谷关是一个由关门、关城和关墙连接，辅以烽燧等附属设施组成的防御体系。关内有若干功能不一的房屋建筑，供守关吏卒及居民和通关人使用。各部分建筑通过协同作用，为秦函谷关有效运转提供了坚实的物质基础，交通控制和交通管理也因此得以强化。

汉武帝元鼎三年（前 114）冬，汉武帝东迁函谷关于新安，兴建了后世所称的汉函谷关。与秦函谷关不同，汉函谷关是一座北起黄河岸边，南至洛河河谷，至宜阳女几山，纵贯南北长 60 余公里，由关塞、长墙和烽燧等附属设施组成的庞大防御体系②。关塞有北端（盐东仓储遗址）、中部（汉函谷关关城）、南端（散关城遗址，又称“八关城”）三座，关塞之间还有障、邬等小型军事要塞，从南到北控制着崤山北路、崤山南路、黄河漕运等三条线路。盐东仓储遗址位于今新安仓头乡盐东村，北距黄河约 600 米。修建年代在汉武帝元鼎三年（前 114）至成帝永始二年（前 15）之间。遗址平面呈长方形，南北长 179 米、东西宽 35 米，由夯土墙垣、通道、柱础石、路面等遗迹组成，出土有大量灰陶板瓦、筒瓦和瓦当，其中有一定数量的“关”字瓦当，证明其是一处与汉函谷关防御体系为一体的仓库建筑，并兼具贮藏、中转漕运物资的功能③。散关城遗址位于洛河北岸的宜阳寻村乡邵窑村，地处古惠水（今郭坪河）

---

① 〔汉〕李尤：《函谷关赋》，〔清〕严可均校辑：《全上古三代秦汉三国六朝文·全后汉文》卷五十，中华书局，1958，第 746 页。

② 有关新安汉函谷关的考古发现，见洛阳市文物考古研究院、新安县文物管理局：《河南新安县汉函谷关遗址 2012—2013 年考古调查与发掘》，《考古》2014 年第 11 期；严辉、王咸秋：《洛阳新安汉函谷关遗址考古工作综述》，《洛阳考古》2014 年第 2 期；王咸秋：《汉函谷关遗址相关问题的初步研究》，《洛阳考古》2016 年第 3 期。

③ 洛阳市第二文物工作队：《黄河小浪底盐东村汉函谷关仓库建筑遗址发掘简报》，《文物》2000 年第 10 期。

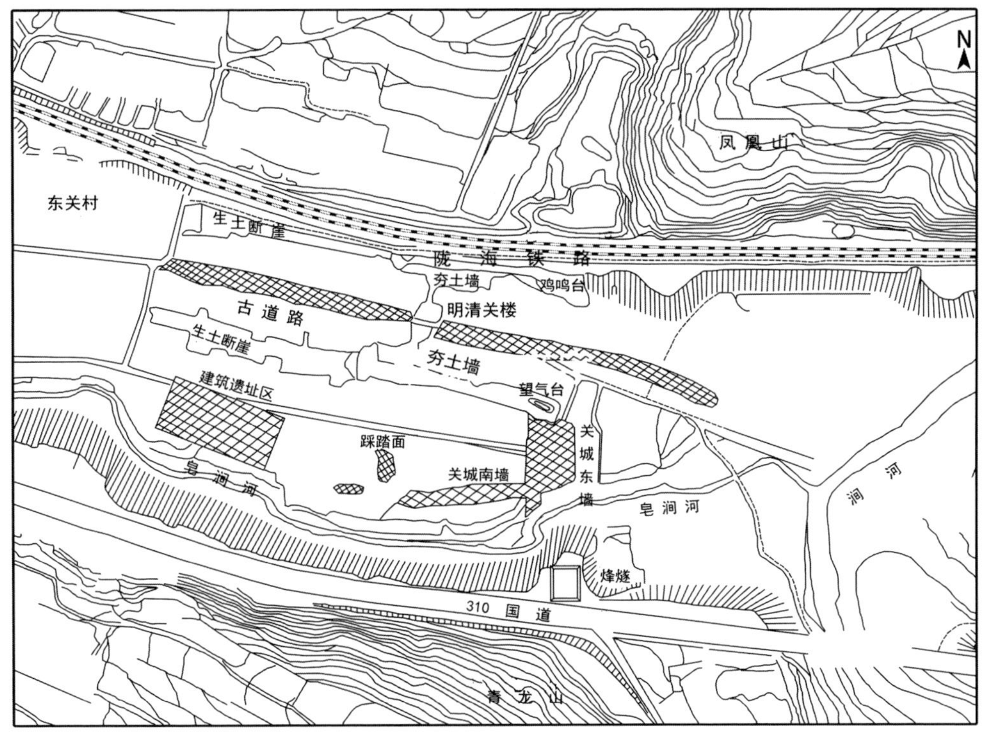

图 5-14　汉函谷关关城遗址遗迹分布示意图①

与洛河交汇的三角地带。

汉函谷关关城是整个防御体系的核心,位于今新安城关镇,地处涧河河谷中,崤山北路由洛阳盆地沿涧河河谷西行,在关城处道路陡然变窄,地形险要,再向东为平原。关城北依凤凰山,南临青龙山,皂涧河自关南绕过,于关前与涧河交汇东流,形成一个天然峡谷。建关之前,这里已是东西交通的要道。汉武帝建关时,先是在这里修建了东西狭长的关城,东西长约 160 米,南北宽约 110 米。在关城东北、东南分别筑“鸡鸣”和“望气”二台,以为关城角楼。又废弃皂涧河北岸的早期

① 采自王咸秋《汉函谷关遗址相关问题的初步研究》,《洛阳考古》2016 年第 3 期。

古道“周道”，改在关城中部开挖出一条贯穿东西的道路，作为唯一的通关道路，设关门查验。关城东墙又分别与南北两侧凤凰山和青龙山上的长墙相连接，构成完整的防线，从而实现对崤函古道交通的完全阻隔。

汉代的邮传建设已经制度化。汉制，驿路开通的同时，沿途置亭、邮、传、驿等，以达王命，方便行旅。《史记》《汉书》等文献中常见的“置传”“置邮”“列亭”的记载，指的即这方面的建设。亭主要为过往官吏商旅提供食宿。《续汉书·百官志》刘昭注引《风俗通》：“汉家因秦，大率十里一亭。亭，留也，盖行旅宿会之所馆。”崤函古道上见于记载的有柏谷亭。《太平寰宇记》虢州恒农县载：“柏谷亭，汉文帝微时常游于此。”[①]班固《汉武故事》记载：建元三年（前138），“上微行至于柏谷，夜投亭长宿，亭长不内，及宿于逆旅”[②]。《水经注》亦载：“河水又东合柏谷水，水出宏农县南石堤山。……其水北流，迳其亭下。晋公子重耳出亡，及柏谷……。汉武帝尝微行此亭，见馈亭长妻。故潘岳《西征赋》曰：‘长征客于柏谷，妻睹貌而献餐’，谓此亭也。”[③]柏谷亭当在今灵宝沙河西岸柏谷岭下东古驿村一带。秦时的曹阳亭在西汉似仍存在使用。西汉时全国有亭29635个[④]，分布相当密集。崤函古道上也当有相当的亭分布，而不仅柏谷、曹阳二亭。

西汉在县级以上城市还设有传舍。《汉书·高帝纪》颜注：“传者，若今之驿，古者以车，谓之传车，其后又单置马，谓之驿骑。”[⑤]按所用传马的数量和马力的高下，分为置传、驰传、乘传、轺传和一乘传五等。传配备有车马厩厨与房间，供过往官吏与使节使用，一般不得留宿平民，普通货物也不能使用传符发驿搬运。《汉书·宣帝纪》：“上书入谷，输长安仓，助贷贫民。民以车船载谷入关者，得毋用

---

① 〔宋〕乐史撰，王文楚等点校：《太平寰宇记》卷六《河南道六》，中华书局，2007，第111页。

② 〔汉〕班固：《汉武故事》，《西京杂记（外五种）》，上海古籍出版社，2012，第95页。

③ 〔北魏〕郦道元著，陈桥驿校证：《水经注校证》卷四《河水》，中华书局，2007，第111页。

④ 〔汉〕班固：《汉书》卷十九《百官公卿表》，中华书局，1962，第743页。

⑤ 〔汉〕班固：《汉书》卷一《高帝纪》，中华书局，1962，第58页。

传。"颜注:"传,传符也。"[①]汉昭帝崩,霍光诏征昌邑王刘贺入京,贺以事出紧急,乘七乘传连夜赴京。然而,其在途中,荒淫无度。《汉书·霍光传》记霍光与群臣联名奏昌邑王刘贺罪过:"居道上不素食,使从官略女子载衣车,内所居传舍。"[②]同书《武五子传·昌邑哀王刘髆》:"过弘农,使大奴善以衣车载女子。至湖,使者以让相安乐。安乐告遂,遂入问贺,贺曰:'无有。'遂曰:'即无有,何爱一善以毁行义!请收属吏,以湔洒大王。'即捽善,属卫士长行法。"[③]刘贺在弘农县城指使随从抢掠民女,强行装载在带帷幔的篷车中,藏在所居住的传舍,则弘农、湖县两地当有传之设施。而刘贺对传的不当使用,甚至成为他仅仅作了27天皇帝即被废黜的理由之一。驿传制度以其极大方便通行的作用,成为西汉政府良好的行政效能和坚强统治力量的交通保障。

官办驿传外,崤函古道上还有私营性质的客店。前揭汉武帝微行,投宿柏谷,遭亭长拒绝后,"乃宿于逆旅",既是这种客店。班固《汉武故事》写道,汉武帝在逆旅"因乞浆饮,翁答曰:'我止有溺无浆也。'"后主人妪归,"时天寒妪酌酒,多与其夫及诸少年,皆醉。妪自缚其夫,诸少年皆走。妪出谢客,杀鸡作食。平明,上去。是日还宫,乃召逆旅夫妻见之,赐妪金千斤,擢其夫为羽林郎。自是惩戒,稀复微行"[④]。所谓汉武帝"宿于逆旅","因乞浆饮",女主人"杀鸡作食"款待,都反映了崤函古道沿线不仅有私人开设的客店逆旅,而且具备一次接待汉武帝及"从者十余人"的条件。其发展之盛,已可与官舍平分秋色,在一定程度上起到了补充官办驿传,方便行旅的作用。

---

① 〔汉〕班固:《汉书》卷八《宣帝纪》,中华书局,1962,第245页。

② 〔汉〕班固:《汉书》卷六十八《霍光传》,中华书局,1962,第2940页。

③ 〔汉〕班固:《汉书》卷六十三《武五子传》,中华书局,1962,第2764页。

④ 〔汉〕班固:《汉武故事》,《西京杂记(外五种)》,上海古籍出版社,2012,第95页。

四、崤函古道的社会经济效应

西汉崤函古道大规模建设,以汉武帝时期成效最为显著。这一时期也是汉武帝“外攘四夷,内改法度”[①]的关键时期。崤函古道畅达的交通条件,为汉武帝施展雄才大略,巩固大一统体制,促进社会经济发展提供了条件,形成《史记·平准书》所谓“农工商交易之路通”[②]的经济形势。

关税是流通领域的通过税,包括内地关税和国境关税两种。内地关税是指对通过主要关口的货物所征收的税。西汉征收关税的记载,最早见于《汉书·武帝纪》,太初四年(前101)冬,汉武帝“徙弘农都尉治武关,税出入者以给关吏卒食”[③]。这是西汉征收关税最早的明确记载。有人据此以为汉代关税开征始于此时。其实西汉征收关税,早已有之。关税征收与关制紧密结合在一起,征收关税是关吏的重要职能之一。《史记》载武帝即位之初的建元年间(前140—前135),“令列侯就国,除关”。《索隐》:“谓除关门之税也。”[④]可知景帝末年已开始征关税。只是因汉代前期关口时紧时松,关税也时征时停,汉武帝太初四年(前101)再次恢复前制,重征关税。此后汉王朝一直沿袭不废,而且税率越来越高。宁成任关都尉,严苛治关,《史记》云:“岁余,关东吏隶郡国出入关者,号曰‘宁见乳虎,无值宁成之怒’。”[⑤]《汉书》作“关吏税肄郡国出入关者”[⑥]。成书于西汉晚期至东汉的《九章算术》中有一算题:“今有人持金出五关,前关二而税一,次关三而税一,次关四而税

① 〔汉〕班固:《汉书》卷八十九《循吏传》,中华书局,1962,第3623页。
② 〔汉〕司马迁:《史记》卷三十《平准书》,中华书局,1982,第1442页。
③ 〔汉〕班固:《汉书》卷六《武帝纪》,中华书局,1962,第202页。
④ 〔汉〕司马迁:《史记》卷一百七《魏其武安侯列传》,中华书局,1982,第2843页。
⑤ 〔汉〕司马迁:《史记》卷一百二十二《酷吏列传》,中华书局,1982,第3145页。
⑥ 〔汉〕班固:《汉书》卷九十《酷吏传》,中华书局,1962,第3653页。

一,次关五而税一,次关六而税一。并五关所税,适重一斤。问:本持金几何?答曰:一斤三两四铢五分铢之四。"[①]五关即函谷关、武关、临晋关、扜关(扞关)、郧关。出函谷关等五关后,纳税金超过本持金的83.3%。此当是非常时期的关税率。一般则为十分之一税率。《九章算术》另一算题:"今有人持金十二斤出关。关税之,十分取一。今关取金二斤,偿钱五千。问:金一斤值几何?答曰:六千二百五十。"[②]汉武帝通过关税分享商运与私营运输业的经济收益。太初四年(前101)的重征关税及由此而带来的关税制度的重新确立,应该说是西汉关隘制度和国家财政体制日渐成熟的一个标志。它便利了国家对商业的控制和管理,同时,也可以实现对与商业相关的运输业、市场等方面的监督。

元封元年(前110),汉武帝以桑弘羊为大农丞,推行体制全新的均输制度,在"郡国置输官以相给运,而便远方之贡",即以均输负责组织运输全国各地贡赋以供中央政府支用,这自然会造成各地向长安经年不断的运输洪流,一时"太仓、甘泉仓满,边余谷诸物均输帛五百万匹。民不益赋而天下用饶","于是天子北至朔方,东到泰山,巡海上,并北边以归。所过赏赐,用帛百余万匹,钱金以巨万计,皆取足大农"。[③] 关东是长安谷帛等贡赋的主要来源,京师长安的富庶,很大程度上是由关东均输支撑起来的。《史记·平准书》记载,汉惠帝和吕后当政时,"漕转山东粟以给中都官,岁不过数十万石",至武帝元鼎中,"下河漕度四百万石,及官自籴乃足"。在桑弘羊主持"均输"时,"山东漕益岁六百万石"。据王子今的计算,这六百万石粟,按汉代运车"一车载二十五斛"载重指标计,陆运则需用车24万辆;以1船承载大约相当于20车左右核算,需用船12000艘[④]。又,汉宣帝本始四年(前70)关中大饥,诏曰:"丞相以下至都官令丞上书入谷,输长安,助贷贫民。民以车船载

---

① 郭书春汇校:《九章算术》卷六《均输》,辽宁教育出版社,2004,第260页。

② 郭书春汇校:《九章算术》卷六《均输》,辽宁教育出版社,2004,第249~250页。

③ 〔汉〕司马迁:《史记》卷三十《平准书》,中华书局,1982,第1441页。

④ 王子今:《秦汉时期的内河航运》,《历史研究》1990年第2期。

谷入关者,得毋用传。"[①]而无论船运或陆运,崤函古道都是必经之处,崤函古道责无旁贷地担负起了转输重任,维持着西汉赖以生存的主动脉。

西汉继承了秦代"迁徙豪富""徙民实边"政策。为充实关中,"强干弱枝",自汉高祖开始,便有组织地将原六国贵族的后代和关东豪富之家,迁徙关中,安置于长安附近的陵县。据葛剑雄的研究,自高祖九年(前198)至汉武帝元朔二年(前127),迁入陵县人口达21.25万人,占西汉一代从关东迁入关中人口总数的三分之二强[②],仅高祖九年就一次迁徙关东六国贵族齐诸田,楚昭、屈、景和燕、赵、魏、韩之后及豪族大家十余万口。汉武帝置茂陵,"徙户一万六千"[③]。由于移民主要来自淮河以北、山陕间黄河以东、燕山以南的关东地区,当时主要迁徙线路有三条,其中最主要一条便是经洛阳循崤函古道,入函谷关,至关中[④]。这可能是函谷关历史上规模最大、历时最久的移民运动。而"徙民实边"同样数量也十分庞大。如汉武帝二年(前127)夏,"募民徙朔方十万口"[⑤]。元狩四年(前119)冬,"关东贫民徙陇西、北地、西河、上郡、会稽凡七十二万五千口"[⑥]。大规模的"迁徙豪富""徙民实边"在客观上促进了关中及边地的经济开发。关东贫民向西北迁移,其中同样也有取道崤函古道向西的。因此,西汉的崤函古道也是西汉朝廷实施"迁徙豪富""徙民实边"政策之路。

西汉交通发展对于经济发展的有力推动,突出体现为商运的空前活跃,极大地促进了物资的交流,使得经济生活表现出前所未有的活力。据《汉书·地理志》记载:弘农郡"有铁官,在渑池"。又云:"宜阳,在渑池有铁官也。"[⑦]西汉在弘农郡渑

① 〔汉〕班固:《汉书》卷八《汉帝纪》,中华书局,1962,第245页。

② 葛剑雄:《中国移民史》(第2卷),福建人民出版社,1997,第121~122页。

③ 何清谷校释:《三辅黄图校释》卷六《陵墓》,中华书局,2005,第368页。

④ 葛剑雄:《中国移民史》(第2卷),福建人民出版社,1997,第146页。

⑤ 〔汉〕班固:《汉书》卷六《武帝纪》,中华书局,1962,第170页。

⑥ 〔汉〕班固:《汉书》卷六《武帝纪》,中华书局,1962,第178页。

⑦ 〔汉〕班固:《汉书》卷二十八《地理志》,中华书局,1962,第1549页。

池、宜阳设有两处铁官,考古也在两地发现了铁官作坊遗址。在新安上孤灯村和北冶村、灵宝函谷关也有汉代冶铁遗址发现。其中新安上孤灯村遗址面积约 6 万平方米,发现窑藏铁范 83 件(块),全是用于制造农具的永久范,5 件范上铸有“弘一”“弘二”铭文。发现者认为可能是弘农郡第一、二大模具作坊的生产工具[①]。此外,灵宝函谷关出土有“弘农铁丞”“弘农铁长”封泥,浙江博物馆藏有“新安铁丞”印。汉武帝实行盐铁专卖,在郡县设盐铁官,铁器产品除满足本郡外,也大量由均输官调往外地,而不拘定于本郡市场。当时“凡是设有铁官的地方,大都是铁矿所在地或距离铁矿不远而又交通便利和商业发达的城市”[②]。弘农郡铁官作坊数量远超官定铁官作坊数一倍多,这一情形,显然与弘农郡有丰富的矿源与燃料,崤函古道横贯全郡,正是商旅贸迁颇频之地有关。

三门峡立交桥西汉墓、刘家渠汉墓等发现数量可观的铜器。出土的铜镜有的带有“尚方”“宋氏”字样。“尚方”是京师尚方工官作坊,原镜可能是作为商品流通到了崤函民间。“宋氏”当为做镜者的名字,说明原镜是作为商品由私营作坊制造的。其他带有铭文的铜镜,刻有“内清质以昭明,光象夫日月,心忽杨忠不”“内清以昭明,光象夫日出不泄”“日有熹,宜酒食,长贵福,乐毋事”“见日之光,长毋相忘”“洁清白而事君,宛欢之明,玄锡之流泽,恐疏远而日亡,外承之可悦灵泉,愿永思,而毋绝”“长生宜子”“君宜高官”“位至三公”[③]等铭文,表达了希望高官厚禄、子孙繁昌、享乐富贵的美好愿望,性质颇像后世广告宣传,表明铜镜作为商品的生产、流通和销售已达到相当的程度。前揭陕西历史博物馆藏弘农宫方炉,铭曰:“上林荣宫初元三年受弘农宫方卢(炉),广尺,长二尺,下有承灰,重卅六斤。甘露三年工常絹造,守属顺临,第二。”西安市文物商店藏黾池宫铜升,铭曰:“黾池宫铜升,重

① 河南省文物研究所:《河南新安县上孤灯汉代铸铁遗址调查简报》,《华夏考古》1988 年第 2 期。

② 傅筑夫:《中国封建社会经济史》(第 2 卷),人民出版社,1982,第 333 页。

③ 河南省文物考古研究院、三门峡市文物考古研究所:《镜鉴陕州——三门峡出土铜镜选》,河南美术出版社,2018,第 19~76 页。

一斤二两，五凤元年工常𦡊造，守属顺临，第六。”“上林共府初元三年受弘农郡。”二器原均为弘农宫、黾池宫所用之物，初元三年（前46），被调运至上林苑，并加刻铭文。此是铜器转输的又一形式。

前述汉武帝柏谷之行，故事的后半部分，《水经注》云：“河水于此，有涅津之名。说者咸云：汉武微行柏谷，遇辱窦门，又感其妻深识之馈，既返玉阶，厚尝赉焉，赐以河津，令其鬻渡，今窦津是也。”[①]所谓“鬻渡”，即以摆渡为业。原来渡口可能无人经营，武帝“赐以河津，令其鬻渡”，当是将渡口经营商业化了。《列子·说符》：“操舟鬻渡，利供百口。”[②]这也从侧面反映了交通道路发展对经济的促进作用。

采煤业的发展是西汉崤函地区一项突出的成就。《史记·外戚世家》记载了西汉文帝时宜阳煤窑的一次冒顶事故：“窦皇后兄窦长君，弟曰窦广国，字少君。少君年四五岁时，家贫，为人所略卖，其家不知其处。传十余家，至宜阳，为其主入山作炭，（暮）卧岸下百余人，岸崩，尽压杀卧者，少君独得脱，不死。”[③]王充《论衡·吉验篇》作：“至宜阳，为其主人入山作炭。暮寒，卧炭下百余人，炭崩尽压死，广国独得脱。”[④]同书《刺孟篇》：“窦广国与百人俱卧积炭之下，炭崩，百人皆死，广国独济。”[⑤]顾炎武《日知录》考证“炭”即石炭，“今人谓石炭为墨”[⑥]，即煤炭。窦广国“入山作炭”事，发生在其姐窦氏被立为皇后不久，即汉文帝元年（前179）左右。可知在此前很长一段时间，宜阳就已开采煤炭。“这是我国文献中关于采煤的最早记

① 〔北魏〕郦道元著，陈桥驿校证：《水经注校证》卷四《河水》，中华书局，2007，第112～113页。

② 〔晋〕张湛注：《列子》，上海古籍出版社，2014，第235页。

③ 〔汉〕司马迁：《史记》卷四十九《外戚世家》，中华书局，1959，第1973页。

④ 〔汉〕王充著，黄晖撰：《论衡校释》卷二《吉验篇》，中华书局，1990，第94页。

⑤ 〔汉〕王充著，黄晖撰：《论衡校释》卷十《刺孟篇》，中华书局，1990，第468页。

⑥ 〔清〕顾炎武著，黄汝成集释，栾保群、吕宗力校点：《日知录集释》卷三十二“石炭”，上海古籍出版社，2006，第1837页。

载,也是关于煤矿坍塌事故的最早记载。”①而一次冒顶事故即压死百余人,足见当时采煤规模之大,估计产量一天能有万余斤。如此之多的煤炭,显然并非仅供自用,应是一种商业行为,其大部产品或用于自办的其他手工业作坊,或者部分作为商品出售于社会。窦广国“其主”应是一位大的煤炭商人。而宜阳地近崤函古道的便利,则有助于商品的外销。

如此看来,西汉崤函地区的交通,大略承继前代开拓之业,通达长安洛阳及崤函各县邑。西汉崤函古道的建设,在促进国家安定和进步的同时,对于促进当时经济的发展,聚敛全国财富,转输粮草等物资都发挥了重要的作用。

① 《中国古代煤炭开发史》编写组:《中国古代煤炭开发史》,煤炭工业出版社,1986,第 21 页;柴国生:《从考古发现看河南汉代煤炭业的发展》,《中原文物》2014 年第 6 期。

第三节　东汉时期的崤函古道

东汉建都洛阳，全国交通网络中心随之发生变化，形成以洛阳为轴心的网络系统。原网络中多条道路的重要性因政治中心的东移而有升有降，崤函古道则因东汉以长安为西都的缘故，继续保持沟通两京的轴心干地道位，交通活动仍然十分频繁。东汉重开沟通西域的丝绸之路，并以洛阳为起点，崤函古道因此成为丝绸之路的重要通道，在促进中外交流方面起了至关重要的作用。

一、崤函古道与更始、赤眉及刘秀争夺帝业的战争

西汉末，政治腐败，经济凋敝，国势日丧。王莽乘机代汉建新，引起社会更大混乱，促发大规模的农民起义。西汉宗室刘秀趁势举兵，逐渐壮大，于 25 年建立东汉，并逐步统一全国。在此过程中，崤函古道反复受到战事的冲击，成为更始、赤眉、刘秀等几大集团共同表演的重要舞台，其结果直接影响到刘秀帝业的创构。崤函古道的军事交通功能也再次显著于史册。

地皇四年(23)八月，更始军攻克南阳后，兵分两路，一路北上攻洛阳，一路西进攻武关。当更始北路军在洛阳激战正酣、西路军尚未接近武关时，析县人邓晔、于匡率百余人起兵响应，攻下兵力空虚的武关，与西路军申屠建、李松会合，北上疾袭

湖县,斩杀右队大夫(即弘农太守)宋纲,西逼华阴。王莽急"拜将军九人,皆以虎为号,号曰'九虎',将北军精兵数万人东……至华阴回溪,距隘,北从河南至山"。回溪在华阴附近,一说即今潼关远望沟。"九虎"在北起风陵渡黄河南岸,南达小秦岭北麓布防,凭险据守,扼制东西交通干线,阻截更始军。邓晔将2万人暗中"从阌乡南出枣街、作姑",绕至敌后,"北出九虎后击之"①。枣街,即枣乡峪,在今灵宝市故乡镇。《大清一统志》云:"在阌乡县南六十里。"②作姑,颜注谓:"邪道所由也"③。"九虎"或逃或亡,溃不成军。"六虎败走。……三虎郭钦、陈翚、成重收散卒,(退)保京师仓"④。此时更始西路军李松亦由武关北上,至湖县与邓晔会合,沿崤函古道推进,攻击华阴京师仓,不下,乃越京师仓而西,兵峰直指长安城,促使长安附近之反王莽势力纷纷"四会城下,……皆争欲先入城"⑤。王莽此时已无力组织军队守卫长安,不出三日,长安城即被攻下,王莽被杀,新莽王朝灭亡。有军事研究者评价更始军攻取长安之役,之所以能迅速取得胜利,"李松邓晔等军,能踏虚击瑕(按即湖县),由'敌不虞之道,攻其所不戒',是为此役速胜之关键。故王莽军所守回溪之隘及崤函之险,均告不战而陷"⑥。在这场推翻新莽政权的最后一战中,崤函古道再次扮演了钳制关中命门的角色。

更始二年(24)二月,更始帝刘玄自洛阳迁都长安,一度归附更始的赤眉军举兵相抗。崤函古道再次经历了重大战事,成为赤眉军进军关中,推翻更始王朝的胜利之路。

---

① 〔汉〕班固:《汉书》卷九十九《王莽传》,中华书局,1962,第4188页。

② 〔清〕穆彰阿、潘锡恩等纂修:《大清一统志》(第5册)卷二百二十《陕州直隶州一》,上海古籍出版社,2008,第441页。

③ 〔汉〕班固:《汉书》卷九十九《王莽传》,中华书局,1962,第4189页。

④ 〔汉〕班固:《汉书》卷九十九《王莽传》,中华书局,1962,第4189页。

⑤ 〔汉〕班固:《汉书》卷九十九《王莽传》,中华书局,1962,第4190页。

⑥ 台湾三军大学:《中国历代战争史》(第3册),中信出版社,2012,第268页。

更始帝定都长安,在军事上造成"国家之守转在函谷"[①]的态势。更始帝曾派遣30万大军,驻守洛阳及其附近地区,以控制汉函谷关,又有"使定国上公王匡、襄邑王成丹、抗威将军刘均及诸将,分据河东、弘农以拒之"[②]的战略部署,以阻止赤眉及新市、平林、下江等农民军沿崤函古道和黄河北岸西进,保障关中安全。赤眉军攻下颍川(今河南禹州)、长社(今河南长葛),逼近洛阳时,侦知更始军部署,为避免攻坚,遂改道迂回。"更始二年冬,(樊)崇、(逄)安自武关,(徐)宣等从陆浑关,两道俱入。"[③]出武关的樊崇部并没有直驱长安,而是折北上,经商县(今陕西丹凤)、芦灵关(今陕西洛南陈耳镇西),沿弘农涧河上源直抵秦函谷关,与入陆浑关,西走宜卢道经洛宁、卢氏,转而北上,循弘农涧河支流断密涧抵秦函谷关的徐宣部会合。这样不仅成功地绕过了更始军的防区,而且切断了长安洛阳间的交通。史载"赤眉入关,东道不通"[④]"时赤眉害更始,三辅道绝"[⑤]"赤眉入关,更始危殆,权臣放纵,矫称诏制,道路阻塞,四方蜂起,群雄竞逐"[⑥],都体现了赤眉军会师函谷关,控制崤函古道函谷段交通对战局的重要性。更始帝急遣苏茂"拒赤眉于弘农,茂军败,死者千余人"[⑦]。赤眉军声威大震,乘胜整顿军队,"众遂大集。乃分万人为一营,凡三十营"[⑧],军队组织更加有序。三月,更始帝又遣丞相"李松会朱鲔与赤眉战于蓩乡,松等大败,弃军走,死者三万余人"。李贤注云:"《续汉志》弘农有蓩乡。……其地盖在今虢州湖城县之闲。"[⑨]乾隆《重修灵宝县志》指蓩乡"即先马

① 〔南朝宋〕范晔:《后汉书》卷三十六《郑兴传》,中华书局,1965,第1218页。
② 〔南朝宋〕范晔:《后汉书》卷十六《邓禹传》,中华书局,1965,第600~601页。
③ 〔南朝宋〕范晔:《后汉书》卷十一《刘盆子传》,中华书局,1965,第479页。
④ 〔南朝宋〕范晔:《后汉书》卷三十六《郑兴传》,中华书局,1965,第1218页。
⑤ 〔南朝宋〕范晔:《后汉书》卷二十九《鲍永传》,中华书局,1965,第1018页。
⑥ 〔南朝宋〕范晔:《后汉书》卷十七《岑彭传》,中华书局,1965,第654页。
⑦ 〔南朝宋〕范晔:《后汉书》卷十一《刘玄传》,中华书局,1965,第473页。
⑧ 〔南朝宋〕范晔:《后汉书》卷十一《刘盆子传》,中华书局,1965,第479页。
⑨ 〔南朝宋〕范晔:《后汉书》卷十一《刘玄传》,中华书局,1965,第473页。

务里”[①],在今灵宝西北黄河岸边。经此一战,关中门户洞开,长安已无险可守。赤眉军于郑北遂拥立西汉景王后代刘盆子为帝。顾祖禹《读史方舆纪要·河南三》引东汉伏无忌《古今注》云:郑北“在桔枞山下”“(灵宝)县西南百里”[②]。桔枞山亦名地肺山,即今千山,在今灵宝东南寺河乡境内。赤眉军经由湖县,循崤函古道西进,迅速迫近长安城下。更始集团内部因“今独有长安,见灭不久”[③]的危境,竟导致发生“三王之乱”的分裂溃乱,互相攻战于长安及宫中,足见赤眉打破崤函古道交通链与王朝控制力的紧密关系。“三王反畔,更始败亡。”[④]九月,赤眉军攻入长安,更始帝单骑逃亡,不久请降。赤眉军在攻占长安的战役中,出其不意,巧妙绕过更始军在洛阳及函谷关前的防区,控制弘农,打开进入关中的道路,这也是赤眉军成功的关键。而弘农一战更直接促成了更始集团内部致命性的瓦解,并最终造成更始政权的彻底失败。

在赤眉军进军关中,更始虽败未亡之时,刘秀曾派邓禹占领河东,沿黄河与赤眉平行西进,“欲乘衅并关中”[⑤]。又乘赤眉军进取长安,更始无暇东顾之机,攻取洛阳,扼住了赤眉军东归的咽喉要道。在刘秀的道路封锁下,建武二年(26)冬,关中饥荒严重,赤眉军食物匮乏,锐减至 20 余万,被迫放弃关中,取崤函古道东归。“光武乃遣破奸将军侯进等屯新安,建威大将军耿弇等屯宜阳,分为二道,以要其还路”,控扼崤函南北两路,切断赤眉东归之路,形成合围态势。光武帝敕令诸将:“贼若东走,可引宜阳兵会新安;贼若南走,可引新安兵会宜阳。”[⑥]同时令冯异率军速

① 〔清〕周庆增修,〔清〕敖启潜、许宰纂:乾隆《重修灵宝县志》卷二《古迹》,《河南历代方志集成·三门峡卷》(7),大象出版社,2017,第 341 页。

② 〔清〕顾祖禹撰,贺次君、施和金点校:《读史方舆纪要》卷四十八《河南三》,中华书局,2005,第 2276 页。

③ 〔南朝宋〕范晔:《后汉书》卷十一《刘玄传》,中华书局,1965,第 474 页。

④ 〔南朝宋〕范晔:《后汉书》卷十七《冯异传》,中华书局,1965,第 644~645 页。

⑤ 〔南朝宋〕范晔:《后汉书》卷十六《邓禹传》,中华书局,1965,第 601 页。

⑥ 〔南朝宋〕范晔:《后汉书》卷十一《刘盆子传》,中华书局,1965,第 485 页。

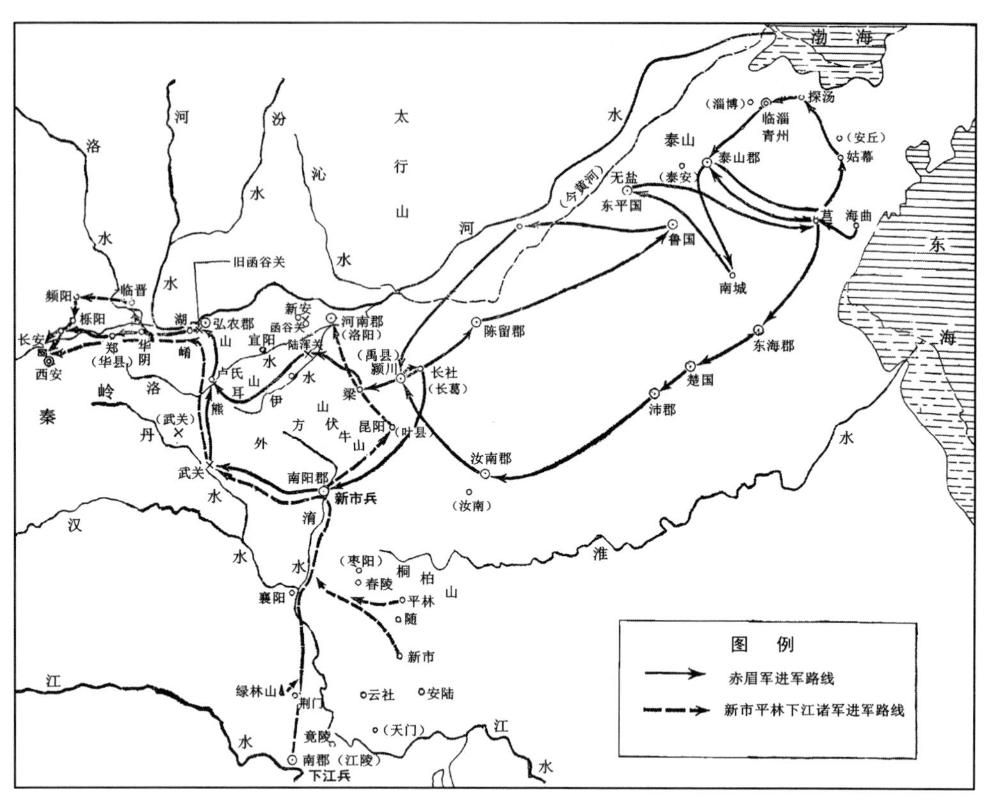

图 5-15　赤眉与新市平林下江诸路军进攻关中图①

沿崤函古道西进关中，引赤眉军入崤山隘道决战。光武帝此番作战方略意在利用崤函古道崎岖难行的特点，屯守大军以饱待饥，以逸待劳，争取东西合围，一举全歼赤眉军。

十一月，冯异自洛阳出师西行，一路招降渑池霍郎、陕县王长、湖县浊惠、华阴阳沈等弘农群盗称将军者十余辈，顺利出函谷关，进抵华阴，在“回溪坂”构筑营垒，与东归的赤眉军“相距六十余日，战数十合，降其将刘始、王宣等五千余人”。冯异

① 采自史念海《关中的历史军事地理》，《河山集》（四集）图袋 24，陕西师范大学出版社，1991，第 180 页。

在使赤眉军陷入被动后,又主动东撤,引赤眉军继续向湖县运动。此时奉命东返的邓禹、邓弘等从河北县(今山西芮城)南渡黄河至湖县,与东撤的冯异相遇。邓禹等不顾冯异劝说,强行出战,“大战移日。赤眉阳败,弃辎重走。车皆载土,以豆覆其上,兵士饥,争取之”,赤眉军乘机反击,邓禹溃乱,又复战于回溪,结果“大为所败,死伤者三千余人”①。邓禹循崤山南路逃走,“独与二十四骑还诣宜阳”②。冯异也被迫“弃马步走上回溪坂,与麾下数人归营”③。李贤注云:“回溪,今俗所谓回坑,在今洛州永宁县东北。其溪长四里,阔二丈,深二丈五尺也。”④即在崤山南路上。其实,此“回溪”即王莽“九虎”拒更始军的“华阴回溪”。辛德勇考证在华阴附近、京师仓与阌乡之间⑤。艾冲更具体指回溪即今潼关远望沟,回溪坂即远望沟西侧的麟趾原⑥。麟趾原位于秦岭山脉北坡蒿岔峪口与麻峪口之间,北临风陵渡段黄河、西临潼洛川河及禁沟,东临远望沟、铁沟,海拔400~700米,长约20公里,地势高亢,塬崖直立,沟谷深险。原上又以回溪坂在军事地位最为重要,虎踞洛阳长安道路咽喉。时冯异大营扎在回溪坂上,故可“归营”。其说可从。

回溪之役后,冯异重整旗鼓,“复坚壁,收其散卒,招集诸营堡数万人,与贼约期会战”。建武三年(27)正月,冯异与赤眉军激战于华阴与湖县交界地带。冯异先期设伏,“贼见埶弱,遂悉众攻异,异乃纵兵大战。日昃,贼气衰,伏兵卒起,衣服相乱,赤眉不复识别,众遂惊溃”,沿崤函古道溃逃。冯异穷追不舍,在崤山北路大破赤眉于崤底,“降男女八万人”⑦。

---

① 〔南朝宋〕范晔:《后汉书》卷十七《冯异传》,中华书局,1965,第646页。
② 〔南朝宋〕范晔:《后汉书》卷十六《邓禹传》,中华书局,1965,第604页。
③ 〔南朝宋〕范晔:《后汉书》卷十七《冯异传》,中华书局,1965,第646页。
④ 〔南朝宋〕范晔:《后汉书》卷十七《冯异传》,中华书局,1965,第647页。
⑤ 辛德勇:《崤山古道琐证》,《中国历史地理论丛》1989年第4辑。
⑥ 艾冲:《潼关创建年代考辨》,《渭南师专学报(社会科学版)》2000年第1期。
⑦ 〔南朝宋〕范晔:《后汉书》卷十七《冯异传》,中华书局,1965,第646页。

崤底,《后汉书·刘盆子传》李贤注云:“即崤坂也,在今洛州永宁县西北。”①有人据此谓崤底在崤山南路,甚或指在雁翎关前。此说不确。在冯异于崤底大破赤眉军后,刘秀曾玺书劳异曰:“始虽垂翅回溪,终能奋翼黾池,可谓失之东隅,收之桑榆。”②《水经注·谷水》:“谷水又东径秦、赵二城南,司马彪《续汉书》曰:赤眉从黾池自利阳南,欲赴宜阳者也。世谓之俱利城。……冯异又破赤眉于是川矣。”③可见,崤底当在近渑池的崤山北路上。渑池是刘秀对付赤眉军的重要军事基地。回溪之战前,冯异曾告知邓禹刘秀灭赤眉军的作战计划曰:“上今使诸将屯黾池要其东,而异击其西,一举取之,此万成计也。”④嘉庆《渑池县志》载:“崤底,治北十里,即崤谷之底也。秦关之东,汉关之西,中有崤底。东汉建武三年冯异大破赤眉于崤底,即此。”⑤治北十里即今仰韶乡阳光村一带。距此3公里余城关镇西北礼庄寨村西回溪河北岸有冯异故城遗址,为冯异在崤底战役中修建。东墙因得胜而未及筑成,现存西、南、北三面城墙,城垣呈“匚”形。由此可以证实崤底战场当在渑池西南一带。

崤底之战,赤眉军主力损失惨重,樊崇率余部十万余人,欲取道宜阳东归。前引《水经注·谷水》云:“谷水又东径秦、赵二王城南,司马彪《续汉书》曰:赤眉从黾池自利阳南,欲赴宜阳者也。世谓之俱利城。”俱利城在今渑池西池底乡朱城村。赤眉军具体东走宜阳路线,辛德勇认为,当是自崤底经崤山北路向西退出隘道后转赴崤山南路趋宜阳⑥。即自崤底向西退至交口,再由交口向东南经雁翎关逃往宜阳。王文楚则认为在今渑池县向南至今洛宁县河底镇一带存在一条道路,是为崤

① 〔南朝宋〕范晔:《后汉书》卷十一《刘盆子传》,中华书局,1965,第485页。

② 〔南朝宋〕范晔:《后汉书》卷十七《冯异传》,中华书局,1965,第646页。

③ 〔北魏〕郦道元著,陈桥驿校证:《水经注校证》卷十六《谷水》,中华书局,2007,第388页。

④ 〔南朝宋〕范晔:《后汉书》卷十七《冯异传》,中华书局,1965,第646页。

⑤ 〔清〕甘扬声修,〔清〕刘文运纂:嘉庆《渑池县志》卷八《古迹》,《河南历代方志集成·三门峡卷》(5),大象出版社,2017,第116页。

⑥ 辛德勇:《崤山古道琐证》,《中国历史地理论丛》1989年第4辑。

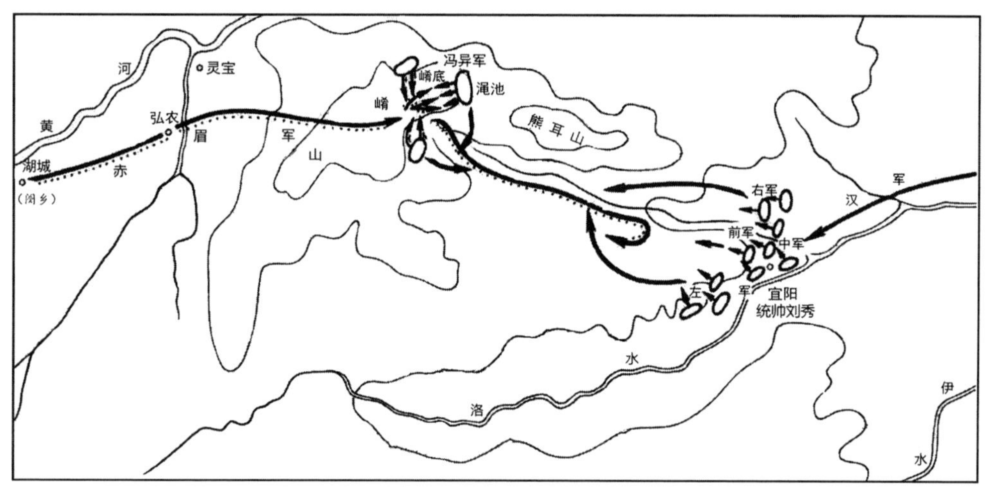

图 5-16　崤底之战示意图

山南北二路之间道，赤眉军当循此间道往宜阳[①]。光武帝闻知亲率大军赶赴宜阳，在城西三乡一带设伏布阵。《后汉书·光武帝纪》记载：建武三年正月，"帝自将征之。己亥，幸宜阳。甲辰，亲勒六军，大陈戎马，大司马吴汉精卒当前，中军次之，骁骑、武卫分陈左右"。疾退中的赤眉军忽然正面遭遇汉军，"望见震怖"，不知所为，"应时崩解"，乃"遣使乞降。丙午，赤眉君臣面缚，奉高皇帝玺绶，……十余万众束手降服"[②]，"樊崇乃将盆子及丞相徐宣以下三十余人肉袒降。上所得传国玺绶，更始七尺宝剑及玉璧各一。积兵甲宜阳城西，与熊耳山齐。……明旦，大陈兵马临洛水，令盆子君臣列而观之"[③]。这可能是崤函古道交通史上规模最大的一次不战而降事件。熊耳山在今陕州区西李村乡洛河北岸，地近三乡，汉时属宜阳县，也是赤眉军南逃宜阳的经由之地。刘秀挫败赤眉军，为开创帝业铺平了道路。刘秀降赤

① 王文楚：《西安洛阳间陆路交通的历史发展》，《古代交通地理丛考》，中华书局，1996，第 92~93 页。

② 〔南朝宋〕范晔：《后汉书》卷一《光武帝纪》，中华书局，1965，第 32~33 页。

③ 〔南朝宋〕范晔：《后汉书》卷十一《刘盆子传》，中华书局，1965，第 485 页。

眉军的地方,即今宜阳三乡的汉山脚下。东汉明帝即位后遂诏在汉山之巅建光武庙,以彰表这一重要事件。今光武庙犹存。

其后,光武帝刘秀利用崤函古道,入关中,战巴蜀,先后平定了天水隗嚣和巴蜀公孙述等割据势力,完成了全国统一。

二、东汉在崤函古道的经营

建武元年(25)十月,刘秀定都洛阳,继东周之后再次实现了都城由关中向洛阳的东移。但随着天下渐趋统一,东汉统治集团内部出现了都洛阳、都长安的激烈争论,其时间之长,从光武之世开始延续至明帝、章帝之世,许多著名学者和文人都投入其中,可谓“东汉前期有着头等重大的意义”[①]的事件。而事件的起因,是光武帝建武十八年(42)西巡长安。

杜笃《论都赋》记述光武帝此次西巡的情形:“皇帝以建武十八年甲辰,升舆洛邑,巡于西岳。推天时,顺斗极,排阊阖,入函谷,观阨于崤、黾,图险于陇、蜀。其三月丁酉,行至长安。经营宫室,伤愍旧京,即诏京兆,乃命扶风,斋肃致敬,告覲园陵。……其岁四月,反于洛阳。明年有诏复函谷关,作大驾宫、六王邸、高车厩于长安,修理东都城门,桥泾、渭。”[②]汉光武帝西巡长安,并非仅此一次,史载建武十八年前有3次,其后又有2次,但这5次西巡皆未在政治上引起巨大波澜,关键是建武十八年刘秀在传统西巡“谒高庙”“事十一陵”外,增加了“经营宫室”“诏复函谷关”等新内容,显示了最高统治者对长安及其与函谷关互动关系的重视,自然给朝廷内外带来思想上的波动与情感上的疑惑。《论都赋》云:“是时山东翕然狐疑,意

---

① 马积高:《赋史》,上海古籍出版社,1987,第101页。

② 〔汉〕杜笃:《论都赋》,〔清〕严可均校辑:《全上古三代秦汉三国六朝文·全后汉文》卷二十八,中华书局,1958,第626页。

圣朝之西都,惧关门之反拒也。”李贤注:“恐西都置关,所以拒外山东也。”[①]关东大族忧心光武帝诏复函谷关,会成为一种迁都长安,改变国策的宣示,深恐前朝“以关中治关东”的“关中本位”战略重演。“山东翕然狐疑”是基于前朝教训和由此对自己切身利益的深切忧虑中生成的,说明函谷关在东汉的区域控制作用依然重要。

虽然都城最终没有迁至长安,但东汉一代,函谷关仍然保持着重要的地位,获得了相应的重视和建设。

先说汉函谷关。西汉末,因朝政混乱,汉函谷关长年疏于管护,损毁崩塌而无人修葺,其情形如李尤《函谷关赋》所谓“季末荒戌,堕阙有年”[②]。东汉建都洛阳后,光武帝即围绕洛阳布局区域控制,委任皇亲国戚镇守函谷关。《后汉书·阴识传》载:“(建武)二年,以征伐军功增封,识叩头让曰:‘天下初定,将帅有功者众,臣托属掖廷,仍加爵邑,不可以示天下。’帝甚美之,以为关都尉,镇函谷。”[③]担任关都尉是升迁、殊荣,是受皇帝重视的体现。其后阴识屡次升迁,官至执金吾。又拜王霸为讨虏将军,“六年,屯田新安。八年,屯田函谷关”[④],拱卫京师。

与西汉形成对比的是,东汉汉函谷关都尉时兴时废,几经反复。先是建武六年(30),光武帝“省关都尉,唯边郡往往置都尉及属国都尉,稍有分县,治民比郡”[⑤]。随后可能又有复设关都尉之举。因为建武九年(33),光武帝复又“省关都尉”,建武十九年(43),“复置函谷关都尉”[⑥]。此后,函谷关几乎是东汉唯一设都尉掌控的关隘。不同的是,汉函谷关在西汉是为防备关东诸侯,而在东汉则为拱卫京师洛阳。因为防御方向的改变,明帝永平初年对汉函谷关进行了较大规模的修缮改建。

---

① 〔南朝宋〕范晔:《后汉书》卷八十《文苑列传》,中华书局,1965,第2598页。

② 〔汉〕李尤:《函谷关赋》,〔清〕严可均校辑:《全上古三代秦汉三国六朝文·全后汉文》卷五十,1958,第746页。

③ 〔南朝宋〕范晔:《后汉书》卷三十二《阴识传》,中华书局,1965,第1130页。

④ 〔南朝宋〕范晔:《后汉书》卷二十《王霸传》,中华书局,1965,第737页。

⑤ 〔南朝宋〕范晔:《后汉书》志二十八《百官五》,中华书局,1965,第3621页。

⑥ 〔南朝宋〕范晔:《后汉书》卷一《光武帝纪》,中华书局,1965,第72页。

李尤《函谷关赋》载："中兴再受，二祖同勋。永平承绪，钦明奉循。上罗三关，下列九门。""二祖"即光武帝和明帝，"永平"是明帝年号。"三关"当指汉函谷关关城、盐东和散关三座关塞。在《函谷关铭》中李尤又写道："长墉重阁，闲固不逾。"[①]汉函谷关城墙很长，关塞为二层以上楼阁式建筑，具有险要高崇的护卫功能。据考古发现，东汉汉函谷关关城最大变化是在西汉基础上，对原东墙进行改建，增建了大城南墙，新建排水渠和马道，使南墙和东墙组成一个更大的空间，同时在关城西南部修建了新的居住建筑，大城西侧、皂涧河北岸成为主要的生活区。[②] 汉函谷关关城狭长的"H"形走廊格局至此形成。另一大变化是约在东汉初，废弃了西汉所建的盐东仓储。考古发掘者认为，上述变化可能与东汉汉函谷关防御方向的改变有关[③]。联系上游的京师仓也大体在同一时期被弃，则此种变化还当与东汉漕运方向改以洛阳为中心有关。

汉函谷关门楼早毁，样式失载。东汉"偃师邢渠孝父画像石"和新莽"函谷关门画像石"为这一著名雄关保留了珍贵的图像资料。

"偃师邢渠孝父画像石"又名"函谷关东门画像石"，出土于光绪末年，后流失海外，现藏于美国波士顿美术馆。函谷关东门关楼刻在画像石右下，为一对建筑形式相同、连体的四阿顶（庑殿顶）四层木结构双楼，一层为关门，双楼各开一门洞，每洞双扇门，门上有铺首。二楼至四楼上小下大，楼壁开小方窗，二楼、三楼环绕有走廊，双楼顶脊上对称雕二只丹凤。双楼画像之间榜题："减（函）谷关东门"。画像石下层左半是一组人物车马出行图。东门大敞，过关的人物、车马鱼贯而出，沿大道左行。出行队伍由二骑吏、一手持便面的伍佰和一辆车组成，车上有二人，前为

① 〔汉〕李尤：《函谷关铭》，〔唐〕欧阳询撰，汪邵楹校：《艺文类聚》卷六《地部·关》，上海古籍出版社，1982，第104页。

② 洛阳市文物考古研究院、新安县文物管理局：《河南新安县汉函谷关遗址2012—2013年考古调查与发掘》，《考古》2014年第11期。

③ 王咸秋：《汉函谷关遗址相关问题的初步研究》，《洛阳考古》2016年第3期。

驭手,后为车主。另有一马、一手持便面扛棍挑包的行人,各走一门,正在出关。画面精美,人物形象生动,充满动感,弥足珍贵。从其画像艺术特征,判断此当属东汉中晚期之作[①],画刻的函谷关为东汉时期的汉函谷关形象。梁思成称其“在中国绘画史中,是我们所知道最古的一幅透视画。在中国建筑史中,是我们所知道最忠实最准确的一幅汉代建筑图,实在是最可贵重的史料”[②]。

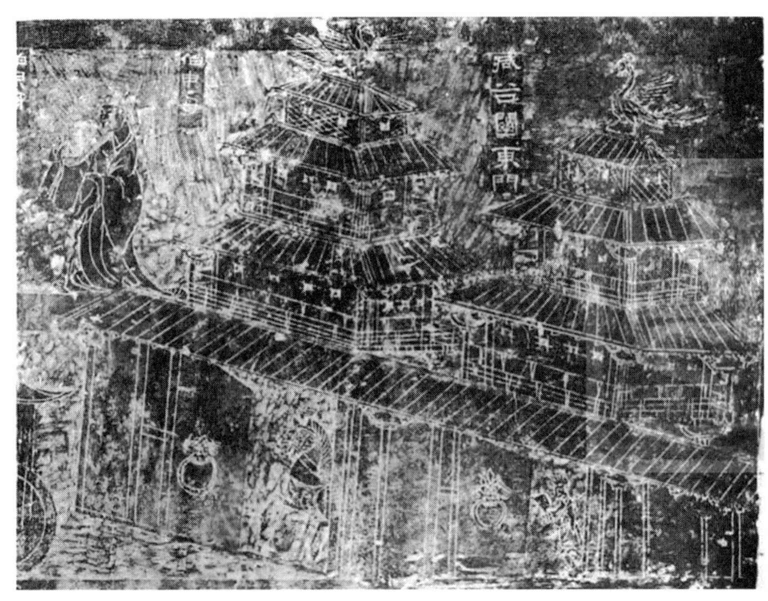

图 5-17　汉石刻函谷关[③]

新莽“函谷关门画像石”为近年新发现。画面分为上中下三个部分,上部依次刻仙鹤、常青树及“函谷关门”“羽人引凤”图案,中部为瑞兽铺首衔环和菱形纹图案,下部为内置“大泉五十”的菱形和璧纹组合图案。“函谷关门”画面长 9.4 厘米,

① 胡海帆:《“偃师邢渠孝父画像石”研究》,《故宫博物院院刊》2012 年第 2 期。

② 梁思成:《梁思成全集》(第 2 卷),中国建筑工业出版社,2001,第 256 页。

③ 采自《中国营造学社汇刊》1935 第 3 期图版叁,梁思成搜集品。

宽5.8厘米。关楼为重檐建筑,正脊中部有一个近圆形的脊刹。两边垂脊上各栖息着一只朱雀。关门两侧分别站立着一个执戟门吏和执盾门吏。右侧上部为隶书“函谷关门”四字,下部为一辆轺车。一马御车,车上一前一后乘坐两人,前为御者,一手握双缰,一手执鞭子;后者为吏,可能是出关的使者。“大泉五十”钱文是王莽当政时的铸币,由此推断这块画像石使用年代当在新莽时期,早于“偃师邢渠孝父画像石”,是目前所见有关函谷关最早的图像资料。由画面来看,“函谷关门”形制为两柱重檐四阿顶式木构建筑,筒板瓦屋面,两侧连接有小板瓦顶围墙,具有从早期城垣门阙演化成城门楼的过渡形式特点。研究者认为,“函谷关门”图案再现的当是秦函谷关或汉函谷关[1]。其实,将“函谷关门”与“偃师邢渠孝父画像石”中的函谷关东门相对照,二者具有相当的相似性,“函谷关门”画像石再现的很可能是汉函谷关。

图5-18　新莽“函谷关门”画像石(李书谦提供)

① 李书谦:《谈〈函谷关门〉画像砖》,上海鲁迅纪念馆等:《鲁迅与汉画像学术研讨会论文集》,上海社会科学院出版社,2019,第22页。

东汉对汉函谷关的大规模修缮改建体现出朝廷的重视。但总体来说,汉函谷关军事防护作用可能相对有限。东汉中期以后,羌患日盛,数次入寇三辅、河东,威胁洛阳。东汉除在关中布重兵备战外,还多次派北军、羽林经崤函古道出征,令羌兵始终不得东进崤函。中平元年(184),黄巾起义爆发,京师震动,汉灵帝情急下置八关都尉,以函谷关为首,建立洛阳防卫体制。《后汉书》:"三月戊申,以河南尹何进为大将军,将兵屯都亭。置八关都尉官。"李贤注:"都亭在洛阳。八关谓函谷、广成、伊阙、大谷、轩辕、旋门、小平津、孟津也。"[①]八关都尉分路据守,以控制洛阳与各地的联系。不过这一临阵设关的举动,更暴露了洛阳附近平日无备、战时临阵防御的窘迫。由于黄巾军主战场在颍川、南阳一带,汉函谷关对洛阳防卫的贡献实在有限。

顺帝以后,汉函谷关见诸史籍,多与皇帝校猎上林苑、整训兵马活动相关联。如顺帝永和四年(139)"冬十月戊午,校猎上林苑,历函谷关而还"[②]。桓帝永兴二年(154)"冬十一月甲辰,校猎上林苑,遂至函谷关,赐所过道旁年九十以上钱,各有差"。延熹六年(163)"冬十月丙辰,校猎广成,遂幸函谷关、上林苑"[③]。灵帝光和五年(182)"冬十月……校猎上林苑,历函谷关,遂巡狩于广成苑"[④]。校猎是由帝王主持、大量士卒参加的大规模狩猎活动,具有训练军队、较量武功的意图。上林苑是东汉校猎的重要场所,其范围自洛阳东的平乐观沿邙山至新安、宜阳境。汉函谷关正处于上林苑与洛阳通道之间,起着控制二者间交通的作用。可见东汉对汉函谷关之重视,主要缘于它是京师洛阳城外与其相互配套最为密切的政治性、交通性设施。

与汉函谷关相比,秦函谷关在东汉初期仍显现出一定的军事和区域控制价值。建武三年正月,陕县人苏况起兵杀弘农太守。光武帝闻之连夜强招卧病在家的将领景丹:"弘农太守无任为贼所害,闻赤眉从西方来,恐苏况举郡以迎之。弘农迫近

① 〔南朝宋〕范晔:《后汉书》卷八《灵帝纪》,中华书局,1965,第 348 页。
② 〔南朝宋〕范晔:《后汉书》卷六《顺帝纪》,中华书局,1965,第 269 页。
③ 〔南朝宋〕范晔:《后汉书》卷七《桓帝纪》,中华书局,1965,第 312 页。
④ 〔南朝宋〕范晔:《后汉书》卷八《灵帝纪》,中华书局,1965,第 347 页。

京师",因令景丹率征虏将军祭遵等二将军至弘农郡,利用秦函谷关置防镇守①。建武五年(29),隗嚣占据陇西,"王元说嚣曰:……今天水完富,士马最强,北收西河、上郡,东收三辅之地,案秦旧迹,表里河山。元请以一丸泥为大王东封函谷关,此万世一时也。若计不及此,且畜养士马,据隘自守,旷日持久,以待四方之变,图王不成,其弊犹足以霸"②。秦函谷关对于关中防守的重要作用,于此可见一斑。

东汉初期秦函谷关建设情况已不可考。考古学者在秦函谷关发现了东汉晚期整修的遗迹。据介绍,秦函谷关城墙分主墙体和附加墙体两部分,主墙体建造年代约在西汉早、中期,附加墙体在主墙体东侧,墙体宽 2.05~2.2 米,残高 1.25~1.45 米,夯土上下 12 层,夯土坚实,夯面平整光洁无夯窝。据附加城墙解剖和出土文物获取的资料判断,附加墙体建造年代是在东汉晚期在西汉诸城墙基础上加宽修建起来的。附加墙体东侧地基旁出土的一件器形特征属东汉晚期的陶罐,罐肩部以下和底部涂有朱砂,并写有墨色文字。因陶罐表面结有土锈,也有部分墨色脱落,许多字迹已模糊不清,无法通畅识读。但根据陶罐所放位置和文字部分字句推测,该陶罐应为修复城墙举行奠基或祭祀典礼所用之物③。由此可见,在东汉晚期社会动荡年代,秦函谷关当进行过较大规模的整修。

东汉初对弘农郡辖县作出重大调整,体现出东汉控制崤函及其交通,进而实现有效控制关中地区的谋划。东汉弘农郡仍以秦函谷关为郡治。建武十五年(39),原属京兆尹的湖县、华阴划入弘农郡,原属弘农郡的丹水、析县划归南阳郡,上雒、商县划属京兆尹④。调整后的弘农郡领弘农、陕、黾池、新安、宜阳、陆浑、湖、华阴共八县⑤,辖今陕西华阴及河南黄河以南,新安、宜阳、嵩县以西,卢氏以北之地,区域

① 〔晋〕袁宏撰,周天游校注:《后汉纪校注》卷四《后汉光武皇帝纪》,天津古籍出版社,1987,第 94 页。

② 〔南朝宋〕范晔:《后汉书》卷十三《隗嚣传》,中华书局,1965,第 524~525 页。

③ 孙辉、郭九行:《灵宝函谷关周边遗迹调查分析》,《三门峡职业技术学院学报》2017 年第 2 期。

④ 李晓杰:《东汉政区地理》,山东教育出版社,1999,第 19 页。

⑤ 汉末,陆浑县划属河南尹,弘农郡领八县之地。

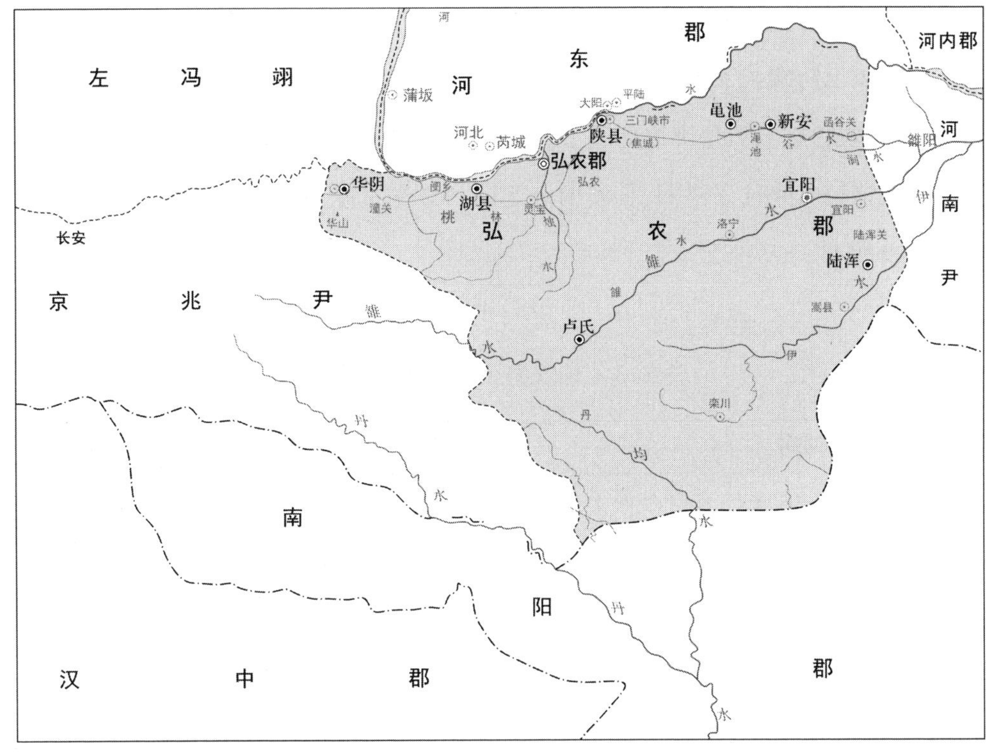

图 5-19　东汉弘农郡示意图①

面积亦有所减小。

东汉弘农郡辖县调整的根本原因是因应都城位置东移，围绕京师洛阳布局新的区域控制。经过调整，原弘农郡所属的伏牛山以南、与郡治过于悬远交通不便的丹水、析县、上雒、商县四县划出，新纳入原属京兆尹的湖县、华阴二县，弘农郡辖区向西延伸至崤函古道西端的渭水、华山之间，崤函地区完全在弘农郡管辖之下，更有利于对洛阳、长安两京之间交通道路的管理与控制。弘农郡政区边界深入关中腹地，斩断了进出关中的通道。自华阴以西至长安，道路平坦，无河山之险，占据弘

① 据谭其骧《中国历史地图集》第 2 册《司隶部》《司隶校尉部》改绘。

农，扼守崤函古道，向西进占关中变得相对容易。而洛阳拱卫防线则形成以黄河、弘农、武关为第一道屏线，太行山、汉函谷关、陆浑关、伏牛山一线为第二道屏线的新的多重拱卫防线。秦汉王朝向来有以区划调整促成区域和交通道路控制的传统，东汉弘农郡辖县调整突出体现了对这一传统的继承和创新。

东汉诸帝常来往于洛阳、长安两京之间。兹据文献将东汉皇帝西幸长安情形整理列表如下。

表 5-3　东汉皇帝西幸长安简表

东汉皇帝	时间	事要	资料来源
光武帝	建武六年(30)	夏四月丙子，幸长安，始谒高庙，遂有事十一陵。五月已未，至自长安	《后汉书·光武帝纪》
	建武十年(34)	秋八月已亥，幸长安，祠高庙，遂有事十一陵。冬十月庚寅，车驾还宫	《后汉书·光武帝纪》
	建武十一年(35)	六月，帝自将征公孙述。秋七月，次长安。八月，至自长安	《后汉书·光武帝纪》
	建武十八年(42)	春二月甲寅，西巡狩，幸长安。三月壬午，祠高庙，遂有事十一陵。历冯翊界，进幸蒲坂，祠后土。夏四月，车驾还宫	《后汉书·光武帝纪》
	建武二十二年(46)	春闰月丙戌，幸长安，祠高庙，遂有事十一陵。二月已巳，至自长安	《后汉书·光武帝纪》
	建武中元元年(56)	夏四月，行幸长安。戊子，祀长陵。五月乙丑，至自长安	《后汉书·光武帝纪》
明帝	永平二年(59)	冬十月甲子，西巡狩，幸长安，祠高庙，遂有事于十一陵。历览馆邑，会郡县吏，劳赐作乐。十一月甲申，遣使者以中牢祠萧何、霍光。帝谒陵园，过式其墓。进幸河东，所过赐二千石、令长已下至于掾史，各有差。癸卯，车驾还宫	《后汉书·明帝纪》

续表

东汉皇帝	时间	事要	资料来源
章帝	建初七年(82)	冬十月癸丑,西巡狩,幸长安。丙辰,祠高庙,遂有事十一陵。遣使者祠太上皇于万年,以中牢祠萧何、霍光。进幸槐里。又幸长平,御池阳宫,东至高陵,造舟于泾而还。每所到幸,辄会郡县吏人,劳赐作乐。十一月,诏劳赐河东守、令、掾以下。十二月丁亥,车驾还宫	《后汉书·章帝纪》
和帝	永元三年(91)	十一月癸卯,祠高庙,遂有事十一陵。遣使者以中牢祠萧何、曹参。命大鸿胪求曹参近亲宜为嗣者,景风绍封,以章厥功。十二月庚辰,至自长安	《后汉书·和帝纪》
安帝	延光三年(124)	冬十月,行幸长安。丁亥,会三辅守、令、掾史于长安,作乐。闰月乙未,祠高庙,遂有事十一陵,历观上林、昆明池。遣使者祠太上皇于万年,以中牢祠萧何、曹参、霍光。十一月乙丑,至自长安	《后汉书·安帝纪》
顺帝	永和二年(137)	冬十月甲申,行幸长安,所过鳏、寡、孤、独、贫不能自存者赐粟,人五斛。庚子,幸未央宫,会三辅郡守、都尉及官属,劳赐作乐。十一月丙午,祠高庙。丁未,遂有事十一陵。丁卯,京师地震。十二月乙亥,至自长安	《后汉书·顺帝纪》
桓帝	延熹元年(158)	冬十月壬申,行幸长安。乙酉,幸未央宫。甲午,祠高庙。十一月庚子,遂有事十一陵。十二月己巳,至自长安,赐长安民粟人十斛,园陵人五斛,行所过县三斛	《后汉书·桓帝纪》

自建武六年光武帝首次西幸长安,至东汉末年汉献帝被胁迫迁都长安,除汉灵帝因战乱未曾西幸外,明帝、章帝、和帝、安帝、顺帝、桓帝均有西幸长安之举。东汉诸帝经常往来于洛阳、长安两京之间,自然需要两京之间交通道路的保障,东汉弘

农郡控制两京之间最便捷的崤函古道,受到朝廷的格外重视也是理所当然之事。

在此影响下,崤函古道沿线地方官吏较为重视整治道路,或主持改造局部危险路段,或倾力改善通行条件,一时蔚为风气。李翕“修崤嵚之道”和刘昆“弘农渡虎”即是其中突出的史例。

李翕,字伯都,生卒年不详,汉阳阿阳(今甘肃静宁南)人。出身官宦世家,少年时荫授郎吏,宿卫京师。灵帝建宁三年(170),李翕任武都太守,筑西狭栈道,沟通陇水与汉水间交通。当地士民在今甘肃成县丰泉峡山崖上勒石记其事,史称《西狭颂》(又称《惠安西表》),属“东汉隶书摩崖三大颂碑”之一。李翕黾池五瑞画像与“修崤嵚之道”题刻,又称《李翕黾池五瑞碑》《五瑞图》,刻于《西狭颂》摩崖之前,长约2.1米,宽约1.1米,图绘黄龙、白鹿、木连理、嘉禾、甘露降等五瑞物象,画面左侧有两行隶刻榜题,曰:“君昔在黾池,修崤嵚之道,德治精通,致黄龙白鹿之瑞,故图画其像。”宋人洪适《隶释》著录此碑,并写道:“右李翕黾池五瑞碑。李君昔治黾池,臻此瑞。及西狭磨崖因刻于前,非碑阴也。黾池有二崤,属洪农郡。”[①]李翕修崤嵚之道,史籍无载,《李翕黾池五瑞碑》及题刻记载了这一崤函古道交通建设史上重大事件。

所谓“崤嵚之道”,即崤函古道“殽黾间”交通线路,向以“陒狭”“绝险”著称。李翕修崤嵚之道可能是在汉桓帝时任黾池县令期间,其修道的具体过程已不可考,但《李翕黾池五瑞碑》特别显现李翕“昔在黾池,修崤嵚之道”之功德,将李翕修崤嵚之道视为其“德治精通”的直接表现,并与“致黄龙白鹿之瑞”相联系,表明在李翕的从政生涯中,修崤嵚之道无疑是具有辉煌影响的政绩。而记颂李翕修崤嵚之道功德的石刻出现在远距黾池数千里之外的武都,“这一宣传形式,自有肯定并宣扬李翕在武都经营交通建设工程之意义的作用,也有鼓动武都吏民积极参与交通

① 〔宋〕洪适:《隶释·隶续》,中华书局,1985,第53页。

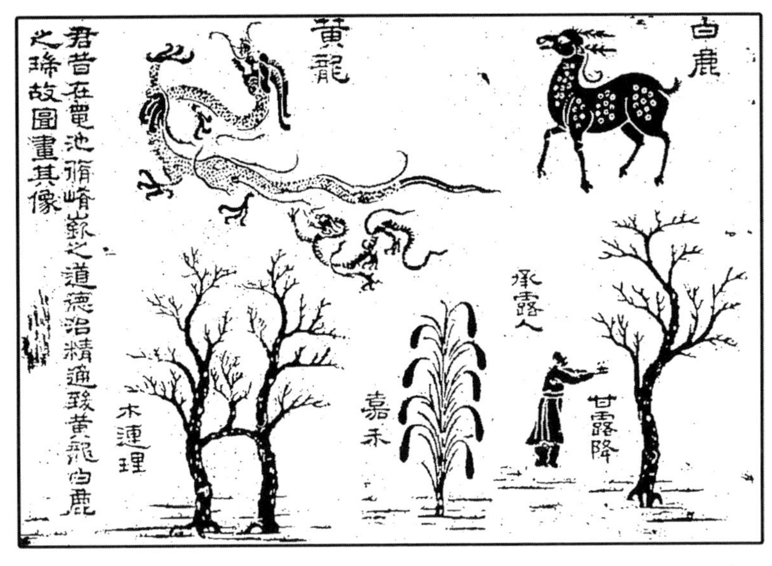

图 5-20　东汉《李翕黾池五瑞碑》拓片①

建设工程的意义”②。即以李翕修崤嵚之道为榜样，更显示了其深远的影响力。

刘昆，字桓公，陈留东昏（今河南兰考北）人。汉光武帝建武年间任弘农太守。《后汉书·儒林列传》记载：“崤、黾驿道多虎灾，行旅不通。昆为政三年，仁化大行，虎皆负子度河。帝闻而异之。二十二年，征代杜林为光禄勋。诏问昆曰：‘前在江陵，反风灭火，后守弘农，虎北度河，行何德政而致是事？’昆对曰：‘偶然耳。’左右皆笑其质讷。帝叹曰：‘此乃长者之言也。’顾命书诸策。”③所谓“崤、黾驿道多虎灾，行旅不通”和“虎皆负子度河”，体现因刘昆“仁化大行”，交通道路通行条件和安全形势大为改善。

东汉是历史上虎患最为严重的时期，史书中多有“虎灾”“虎患”“虎暴”的记

① 采自〔清〕冯云鹏、冯云鹓辑《金石索》（第 3 册），电子科技大学出版社，2017，第 264~265 页。

② 王子今：《论李翕黾池五瑞画象及“修崤嵚之道”题刻》，《文博》2018 年第 1 期。

③ 〔南朝宋〕范晔：《后汉书》卷七十九《儒林列传》，中华书局，1965，第 2550 页。

载。老虎在残害人畜的同时,也往往给交通运输安全带来直接的严重危害,形成当时陆路交通的主要危难之一。所谓“虎狼结谋,相聚为俦。伺啮牛羊,道绝不通,伤我商人”[1],“群队虎狼,啮彼牛羊。道路不通,妨农害商”[2]。而建武年间“崤、黾驿道多虎灾,行旅不通”即是“虎灾”“虎患”“虎暴”阻滞交通最典型的史例。所谓“崤、黾驿道”即崤函古道。“虎灾”“虎患”的产生,与当时的自然灾变和人类活动有关。崤函地区山多林密,自然灾害频发,人口密度不大,驿道上行旅往来者多,易成为虎攻击的对象,形成“虎患”。王子今认为建武年间的“崤、黾驿道”“虎灾”很可能与建武五年“水旱蝗虫为灾”有一定联系[3]。“崤、黾驿道”“虎灾”似形成久已,也是导致交通极不便利的因素。西汉淮南王刘安及其门客集体编写的《淮南子·坠形训》曾以东方“多虎”[4],暗示当时关中与关东间的交通道路“虎灾”较严重。《汉书·扬雄传》亦说弘农所在的秦岭山区有“虎豹”等野生动物:“上将大夸胡人以多禽兽,秋,命右扶风发民入南山,西自褒斜,东至弘农,南驱汉中,张罗罔罝罘,捕熊罴豪猪虎豹狖玃狐菟麋鹿,载以槛车,输长杨射熊馆。”[5]《后汉书·五行志》刘昭注补:“《袁山松书》曰:‘光和三年正月,虎见平乐观,又见宪陵上,啮卫士。’”[6]平乐观在洛阳城西近郊,宪陵即顺帝陵,在洛阳西北十五里。虎患蔓延至崤函古道东端的起点,老虎出没于当时车马会聚、人声喧闹的京城之郊,甚至吃掉卫兵,虎患严重可见一斑。

刘昆任太守的弘农,正是秦函谷关所在。史籍称刘昆任弘农太守三年“仁化大

① 刘黎明:《焦氏易林校注》卷一《比之第八》,巴蜀书社,2011,第177页。

② 刘黎明:《焦氏易林校注》卷四《节之第六〇》,巴蜀书社,2011,第990页。

③ 王子今:《秦汉驿道虎灾——兼质疑几种旧题“田猎”图像的命名》,《中国历史文物》2004年第6期。

④ 〔汉〕刘安编,刘文典撰,冯逸、乔华点校:《淮南鸿烈集解》卷四《坠形训》,中华书局,2013,第504页。

⑤ 〔汉〕班固:《汉书》卷八十七《扬雄传》,中华书局,1962,第3557页。

⑥ 〔南朝宋〕范晔:《后汉书》志十三《五行一》,中华书局,1965,第3286页。

图 5-21　明代朱端《弘农渡虎图》①

① 采自傅红展:《明代宫廷书画珍赏》,紫禁城出版社,2009,第 224 页。

行，虎皆负子度河”。“虎灾”自然不会因“施仁政”而消解。《华阳国志》等记载秦汉时蜀道的某些路段有政府任命的长期负责清除虎患，“专以射(白)虎为事”，以保障交通安全为职的射猎部族①。刘昆很可能也是采取了组织民众射虎、驱虎措施，使“虎皆负子度河”，缓解了“虎灾”对崤函古道交通的阻隔，也稳定了当地社会秩序。刘昆弘农渡虎故事体现出对保障崤函古道交通安全的特别重视。当时社会的普遍意识，是将“虎患”与政风政情相联系，多以为“虎患”与官吏为奸、施行苛政有关。刘昆弘农渡虎之举，使他成为历史上具有传奇色彩的贤臣。《全唐诗》斑寅诗云：“但得居林啸，焉能当路蹲。渡河何所适，终是怯刘琨。”②后世也以“浮虎”来称美地方官尽职尽责，施行仁政。北魏杨衒之《洛阳伽蓝记》：“牧民之官，浮虎慕其清尘；执法之吏，埋轮谢其梗直。”③明人朱端又以这一故事为主题，绘有著名的《弘农渡虎图》轴，足见其历史影响的久远。刘昆和李翕一样，堪称东汉崤函古道建设的功臣。

三、丝路起点东移与崤函古道的国际化

两汉时期是中外文化交流重要的开拓时代。汉武帝时，张骞两度出使西域，开辟了以长安为东方起点，沟通东西方文明的丝绸之路，西汉与西域各国的交通和交流从此大规模地开展起来。东汉建立后，洛阳成为全国政治、经济和文化中心，也是对外交流的中心，丝绸之路东方起点随着都城的东迁从长安移至洛阳。汉明帝永平十六年(73)，班超出使西域，“西域自绝六十五载，乃复通焉”④。班超在西域

① 〔晋〕常璩撰，任乃强校注：《华阳国志校补图注》卷一《巴志》，上海古籍出版社，1987，第14页。

② 〔唐〕无名氏：《二斑与宁茵赋诗》，〔清〕彭定求等编：《全唐诗(增订本)》卷八百六十七，中华书局，1999，第9883页。

③ 〔魏〕杨衒之撰，周祖谟校释：《洛阳伽蓝记校释》卷二《城东》，中华书局，2010，第66页。

④ 〔南朝宋〕范晔：《后汉书》卷八十八《西域传》，中华书局，1965，第2909页。

独立经营30余载,使丝绸之路恢复之前的繁荣兴旺。“西域诸国,自日之所入,莫不向化,大小欣欣,贡奉不绝。”①东西方文化在丝绸之路上不断碰撞、融合、重塑,构成了中国文化的新图景。

随着丝绸之路东方起点东移至洛阳,崤函古道实现了与丝绸之路的连通,也使崤函古道成为贯通东西的国际化交通要道。东汉以洛阳为起点的丝绸之路在两京之间的运行,主要是利用原有崤函古道的交通路线和设施。崤函古道主要通过两条陆上通道与丝绸之路连接起来。一是西域道,自洛阳出发,循崤函古道经长安至敦煌,然后分三道通西域。二是西南掸国道,自洛阳,经崤函古道至长安,南下经汉中、成都、邛都(今云南西昌)、永昌(今云南保山),通掸国(今云南德宏以南、缅甸东部)。随着崤函古道连通丝绸之路,崤函古道交通格局随之发生重大变化。崤函古道由原来的国内交通道路发展为国际丝绸之路的重要路段,承担着由丝绸之路东方起点洛阳往西域、亚欧交往交流的重任。

据《后汉书·西域传》记载,东汉时西域各国使者商贾蜂拥而来,不绝于途,成为丝绸之路沿线一道亮丽的景观:“自兵威之所肃服,财赂之所怀诱,莫不献方奇,纳爱质,露顶肘行,东向而朝天子。故设戊己之官,分任其事;建都护之帅,总领其权……立屯田于膏腴之野,列邮置于要害之路。驰命走驿,不绝于时月;商胡贩客,日款于塞下。”②大量“东向而朝天子”的使者、商贾由西域而至洛阳,按照当时的交通路线,应是自长安经行崤函古道而至。而汉廷往西北出使西域,“驰命走驿”传达王命的使者,如班超、班勇等则皆由洛阳出发,循崤函古道向西至西域。两者都有相当密集的活动频度。李尤在《函谷关赋》中生动地描述了当时汉函谷关作为丝绸之路第一关的喧嚣与繁华:“上罗三关,下列九门,会万国之玉帛,徕百蛮之贡琛。

① 〔南朝宋〕范晔:《后汉书》卷四十七《班超传》,中华书局,1965,第1575~1576页。

② 〔南朝宋〕范晔:《后汉书》卷八十八《西域传》,中华书局,1965,第2931页。

盖纷其云合,车马动而雷奔。”①凡此都体现因丝绸之路的繁盛,汉函谷关不仅是一座重要关隘,同时也是使用最为频繁的东西方交往的主要路径。

《后汉书·梁冀传》载:“(冀)广开园囿,采土筑山,十里九陂,以像二崤……又多拓林苑,禁同王家,西至弘农,东界荥阳,南极鲁阳,北达河、淇……。又起菟苑于河南城西,经亘数十里……尝有西域贾胡,不知禁忌,误杀一兔,转相告言,坐死者十余人。”②“胡人”是汉时对往来内地的西域诸胡的称呼,对参与商业活动的又有“贾胡”“商胡”等称呼。梁冀的“林苑”“西至弘农”,“菟苑”自“河南城西,经亘数十里”,其界已深入崤函界内,西域贾胡因故“坐死者十余人”,说明当时西域胡人在洛阳地区的众多,并已出现在崤函区域。胡人在崤函地区的足迹,也得到文物资料的证明。

1987年,三门峡市房屋开发公司工地出土汉十二地支博局镜,外环一周铭文带,铭作:“尚方作竟真大好,上有山人不知老,渴饮玉泉饥食枣,浮游天下敖四海,寿如金石国中保,胡人贺之,天下力于行。”③铜镜是古人日常使用的照容器具,并作为商品流通于民间。这面做工精巧的铜镜,铭文寓意吉祥,富有广告色彩,并特别以“胡人贺之”作强调语,进一步证实了当时崤函与西域胡人密切往来的社会现象,同时也反映了崤函社会对胡人习俗与商业经营方式的熟稔与欣赏。

正是这种与胡人频繁相仍的交往,使得胡人习俗浸染到崤函地区社会生活的各个角落。1972年至2004年,灵宝张湾、硫酸厂和三门峡刘家渠汉墓等的考古发掘收获,为这一研究提供了新的资料。其中出土的三四十件形制奇特的陶制胡人灯俑,均为深目高鼻的西域胡人相貌,多头戴对缝尖顶胡帽,身穿左衽袍服,灯一般

① 〔汉〕李尤:《函谷关赋》,〔清〕严可均校辑:《全上古三代秦汉三国六朝文·全后汉文》卷五十,中华书局,1958,第746页。

② 〔南朝宋〕范晔:《后汉书》卷三十四《梁冀传》,中华书局,1965,第1182页。

③ 河南省文物考古研究院、三门峡市文物考古研究所:《镜鉴陕州——三门峡出土铜镜选》,河南美术出版社,2018,第56页。

都顶在头上,极少数用左手揽于怀中。怀中所抱小人,分怀抱1人、2人、9人和不抱人几种类型。与胡人灯俑相伴出土的还有陶狗,形成固定的组合关系,起到镇墓的作用,以保护墓主人,抵御恶灵的侵害。研究者将这批胡人灯俑判定为东汉后期之作[①]。

通过对这批胡人灯俑的分类研究,研究者指出,“使用胡人相貌并用灯作为标识或象征物以及将一条陶狗放进墓葬中用来驱除恶灵保护墓主人的做法,是粟特民族文化影响的结果,使用对比的方法突出胡人身躯高大的做法是汉人智慧的表现,胡俑身着汉式袍服以及墓葬中常见的其他随葬品,说明这些墓葬中埋葬的主要是本地的居民”。对这批胡人灯俑的进一步探究,甚至可以“为我们多少找到一些粟特人火袄教在中土活动的蛛丝马迹”[②]。这种胡人灯俑仅见于灵宝及三门峡刘家渠,并且仅存在于东汉晚期一段时间,这似乎传达出此类灯俑在崤函地区的独特存在,是本地居民受西域少数民族特别是粟特民族文化影响之产物的信息。这种影响丰富和改变了当地人的丧葬习俗,进而成为一种独特的文化现象。

关于这一文化现象产生的原因,研究者从交通史的角度进行了合理的解说:“这里曾经是汉唐‘丝绸之路’上的一颗明珠,是东西方交通的咽喉,自古有两京‘锁钥’之称。粟特人要与汉人经商,他们的足迹是肯定踏上这片土地的。”他们的“足迹既然遍布东汉都城洛阳,自然也会在洛阳以西三门峡地区停留”。这样的分析,应当是符合历史事实的。东汉初耿舒曾批评东汉名将马援远征“武陵五溪蛮夷”的行军“类西域贾胡,到一处辄止”,李贤注云:“言似商胡,所至之处辄停留。”[③]数量众多来华的胡人并非都到洛阳,而是随处而停,具有且行且止的生活习性与经

① 河南省博物馆:《灵宝张湾汉墓》,《文物》1975年第11期;三门峡市文物工作队:《三门峡市刘家渠汉墓的发掘》,《华夏考古》1994年第1期;胡国强:《河南三门峡地区胡人灯俑》,《中原文物》2008年第4期。

② 胡国强:《河南三门峡地区胡人灯俑》,《中原文物》2008年第4期;《诸国天神——谈郑振铎先生捐献的一件胡人灯俑》,《紫禁城》2018年第1期。

③ 〔南朝宋〕范晔:《后汉书》卷二十四《马援列传》,中华书局,1965,第844页。

营方式。因此，崤函地区的胡人应是丝绸之路带来的流动人口，是在崤函停留的“与汉人经商”的胡人，并且他们与当地人关系密切，已经被人们接受。“在这里他们的丧葬习俗由于会受到华夏文明的影响和制约，不可能完全照搬进来，但必定又会有所保留，或进行某种变通，在这种保留或变通的过程中也会对开放的汉民族在某些方面产生影响。”受胡人文化影响，崤函本地石工将胡人极富夸张的深目高鼻的容貌、披发以及左衽头戴尖顶胡帽等服饰特征加以归纳和艺术处理，塑成灯俑形象置于墓中，成为崤函汉墓常见而崤函以外墓葬罕见的一种陪葬品。可见，灵宝及三门峡刘家渠出土这批胡人灯俑，一方面说明当时在崤函地区的胡人确实比较常见，已经被人们接受；另一方面反映了崤函地区在继承传统的“事死如事生”丧葬文化的同时，作为东汉丝绸之路重要节点对异域文化的吸收和改造，“是一种外来文化与中国传统文化融合的产物”①。

图 5-22　灵宝市文物保护管理所藏绿釉胡人灯俑

① 胡国强：《河南三门峡地区胡人灯俑》，《中原文物》2008 年第 4 期；《诸国天神——谈郑振铎先生捐献的一件胡人灯俑》，《紫禁城》2018 年第 1 期。

丝绸之路的开通是中外交往中最富有代表性的事件，古代中国与西方各国间的交通也随之形成新的格局。在这一过程中，崤函古道随着洛阳成为丝绸之路的东方起点而发展成为国际丝绸之路的重要路段，一方面，成为一条中外文化交流传播之路，承载着弘扬中华文化的使命；另一方面，通过这条丝绸之路，崤函地区积极汲取异域文化并在此基础上形成自己的风格。这无疑是崤函古道建设史上的重大事件。

四、崤函古道与东汉崤函文化的勃兴

东汉是一个在文化建设上取得辉煌成就的时代。地处文化中心区域的崤函地区，在文化上也一改以往的沉寂，开始快速发展，并达到相当高的水准。而其发展进步的标志，当首推著名的“关西孔子”杨震及其弘农杨氏家族。注意相关现象，可以发现畅达的崤函古道交通，为弘农杨氏的崛起提供了条件。也正是以畅达的崤函古道交通条件为背景，弘农郡文化实现了历史性跨越发展，并形成了文化史上“弘农作风”这一具有鲜明区域特点的文化现象。

据《后汉书·杨震列传》记载，杨震先祖杨喜本籍杜（今陕西鄠邑区），汉初因军功获封赤泉（今鄠邑区与周至交界处）侯。昭帝时杨喜曾孙杨敞举家迁徙到弘农华阴。后世世居弘农华阴、湖县一带，称弘农杨氏。而使弘农杨氏名声大震，成长为全国一流文化士族的是生活于安帝时期有“关西孔子”之称的杨震。这样的声名，是通过崤函古道实现的。

杨震字伯起，少时就有经崤函古道而求学洛阳的经历。史载“震少好学，受欧阳《尚书》于太常桓郁”[①]。桓郁是东汉著名经学大师桓荣之子，“敦厚笃学，传父业，以《尚书》教授，门徒常数百人”，又“经授二帝，恩宠甚笃，赏赐前后数百千万，

① 〔南朝宋〕范晔：《后汉书》卷五十四《杨震传》，中华书局，1965，第1759页。

显于当世"[①]。当时"凡受学者皆赴京师"[②]。京师著名官僚大都招收弟子,而弘农郡近洛阳,交通便利,倍受其惠。杨震作为"弘农华阴人","受欧阳《尚书》于太常桓郁",很可能是自弘农华阴经崤函古道东赴洛阳求学,学成后又由崤函古道西归故乡。

学成返乡后的杨震,创办儒学学馆,"教授二十余年,州请召,数称病不就"[③],"明经博览,无不穷究。诸儒为之语曰'关西孔子杨伯起'"[④]。"关西孔子",既是称颂杨震儒学修养精深,更是称赞其如孔子一样,学生众多。"鸿渐衡门,群英云集,咸共饮酌,其流者有逾三千"[⑤],门生弟子遍布中原和三辅地区。

杨震在弘农先后开设学馆三处:华阴牛心峪、双泉和湖县三鳣书堂。东汉时华阴、湖县均属弘农郡。牛心峪学馆在今华山峪口东侧,最早为杨震父杨宝所开。李榕《华岳志》云:杨震"隐华山牛心峪,教授生读,学者如市。其地多槐,因名槐市"[⑥]。双泉学馆在今华阴卫峪乡东泉店村,西汉京师粮仓北 2 里。三鳣书堂又名"校书堂",故址在今灵宝豫灵镇杨家村泉里村西。三座学馆相距不远,都在函谷关以西,崤函古道西端,交通便利。杨震长期在崤函古道东西转徙,他的讲学授徒表现,也因这条重要道路的作用,形成了历史影响。

有关杨震至湖县开三鳣书堂的原因,流传着杨震寻访先祖所藏经书的故事。明人李中《汉关西夫子杨伯起校书处碑记》:"初鼻祖伯侨,周封杨侯,知六籍将焚,藏书于董社之原,后迷失所。杨震父杨宝尝梦伯侨告曰:'所藏书为某处,今尔子为名儒,启而行之,此其时也。'天明,宝命震如所示处求之,果得一石函之内,藏书简甚多,皆蝌蚪文字,震就地构堂而校之,因名其堂曰'校书堂',遂领众徒隐居教授书

---

① 〔南朝宋〕范晔:《后汉书》卷三十七《桓郁传》,中华书局,1965,第 1254~1256 页。
② 〔清〕赵翼撰,栾保群、吕宗力校点:《陔余丛考》,河北人民出版社,1990,第 281 页。
③ 〔南朝宋〕范晔:《后汉书》卷五十四《杨震传》,中华书局,1965,第 1760 页。
④ 〔南朝宋〕范晔:《后汉书》卷五十四《杨震传》,中华书局,1965,第 1759 页。
⑤ 《太尉杨震碑》,〔宋〕洪适:《隶释·隶续》卷十二,中华书局,1986,第 136 页。
⑥ 〔清〕李榕:《华岳志》卷二《人物》,胡道静、陈耀庭、段文桂等主编:《藏外道书》(第 20 册),巴蜀书社,1994,第 51 页。

成。”[①]杨震在三鳣书堂讲学时间最长,“教授二十余年”。《后汉书·杨震列传》记载:“(震)常客居于湖,不答州郡礼命数十年。”[②]三鳣书堂既是杨震讲学之所,也是其治学之处。《太平御览》引《郡国志》:“虢州杨震宅,西有龙望原,南崖有太尉公藏书窟。太元初,人逐兽入穴,见古书二千余卷。”[③]东晋伏滔《北征记》亦云:“皇天坞北古时陶穴,晋时有人逐狐入穴。行十里许,得书二千余卷。”[④]据《汉书·艺文志》,西汉末年,国家藏书不过 13000 多卷,杨震自己竟家藏 2000 卷,在东汉前期绝对是首屈一指。而杨震在湖县的生活并不富足。李贤注引《续汉书》云:“少孤贫,独与母居,假地种殖,以给供养,诸生尝有助种蓝者,震辄拔,更以距其后,乡里称孝也。”[⑤]《太平御览》引谢承《后汉书》:“杨震客居湖县,立精舍,家贫,常以种蓝自业。”[⑥]可见其对学术和讲学的执着追求。

杨震由华阴经崤函古道定居湖县 20 余年,完成了其学术上的积累,并培养了大批经学门生,成为远近闻名的经学大师和私家教授。我们不知道杨震“逾三千”的学生具体来自何地,学成后又去往何方,但作为杨震最有名学生的虞放,陈留(今开封东南)人,汉桓帝时官至司空。其求学弘农,学成而归,至少两次经行崤函古道。这在杨震“逾三千”的学生中,相信不会是少数。《太尉杨震碑》说杨震“远近由是知为,亦是继明而出者矣”[⑦]。崤函古道作为文化传播的通路,显现出重要的作用。

---

① 〔明〕李中:《汉关西夫子杨伯起校书处碑记》,〔清〕刘思恕、汪鼎臣修,〔清〕王维国、王守恭纂:光绪《阌乡县志》卷十二《艺文》,《河南历代方志集成·三门峡卷》(10),大象出版社,2017,第 238 页。

② 〔南朝宋〕范晔:《后汉书》卷五十四《杨震传》,中华书局,1965,第 1759 页。

③ 〔宋〕李昉编纂,王晓天、钟隆林校点:《太平御览》(第 2 册)卷一百八十《居处部八》,河北教育出版社,1994,第 705 页。

④ 〔宋〕李昉编纂,任明、朱瑞平、李建国校点:《太平御览》(第 5 册)卷六百一十八《学部十二》,河北教育出版社,1994,第 853 页。

⑤ 〔南朝宋〕范晔:《后汉书》卷五十四《杨震传》,中华书局,1965,第 1760 页。

⑥ 〔宋〕李昉编纂,王晓天、钟隆林校点:《太平御览》(第 2 册)卷一百八十一《居处部九》,河北教育出版社,1994,第 715 页。

⑦ 〔宋〕洪适:《隶释·隶续》卷十二,中华书局,1986,第 136 页。

杨震由学而仕，实现他人生的重大转折，也是因崤函古道而完成的。安帝时大将军邓骘自汉阳郡（今甘肃甘谷东北）东返洛阳，路经湖县，“闻其贤而辟之，举茂才”。50岁的杨震“始仕州郡”①，在弘农郡衙、司隶校尉府下任职数年。永初二年（108）入仕朝廷后，升迁迅速，并以自己正直的“清白吏”形象赢得声望。元初四年（117）进入中央，征入太仆，迁太常。永宁元年（120），升司徒，步入三公之列。延光二年（123）为太尉。杨震“立朝正色，恪勤竭忠”②，屡屡上书指陈得失，终为奸恶势力谗毁免职，遣归故里。杨震决心用生命作最后一次抗争。《后汉书·杨震列传》记载：“震行至城西几阳亭，乃慷慨谓其诸子门人曰：‘死者士之常分。吾蒙恩居上司，疾奸臣狡猾而不能诛，恶嬖女倾乱而不能禁，何面目复见日月！身死之日，以杂木为棺，布单被裁足盖形，勿归冢次，勿设祭祠。’因饮鸩而卒，时年七十余。”几阳亭又称夕阳亭，汉时多以此亭为送别之所，亭址在洛阳城西，已入崤函古道。杨震死后，“弘农太守移良承樊丰等旨，遣吏于陕县留停震丧，露棺道侧，谪震诸子代邮行书”③。路过者看到此情此景，无不伤心落泪。有学者分析说，不正常的死亡，使杨震从一个政坛的失意者变成了一位与腐败政治斗争的勇士，原本可能在孤寂中死去从而显得碌碌无为的生命，因其死亡而得到瞬间的升华，“内宠”对死者的侮辱反而强化了杨震在民间刚烈忠贞的形象，“道路皆为陨涕”④。

一年后，顺帝即位，杨震方得昭雪。“朝廷咸称其忠，乃下诏除二子为郎，赠钱百万，以礼改葬于华阴潼亭，远近毕至。”李贤注：“墓在今潼关西大道之北，其碑尚存。”⑤在今潼关高桥乡四知村（原吊桥村）东北。包括杨震墓在内的杨氏冢茔于

---

① 〔南朝宋〕范晔：《后汉书》卷五十四《杨震传》，中华书局，1965，第1760页。

② 《太尉杨震碑》，〔宋〕洪适：《隶释·隶续》卷十二，中华书局，1986，第136页。

③ 〔南朝宋〕范晔：《后汉书》卷五十四《杨震传》，中华书局，1965，第1766～1767页。

④ 何德章、马力群：《两汉时代的弘农杨氏》，《魏晋南北朝隋唐史资料》（第22辑），2005，第14页。

⑤ 〔南朝宋〕范晔：《后汉书》卷五十四《杨震传》，中华书局，1965，第1767～1768页。

1959年被考古发掘清理。[①] 墓前所立之碑,即太尉杨震碑。据洪适考证,此碑“盖建宁以后刻者,去杨公物故时已四十余年”[②]。参与立碑者有河东、汝南、河间、中山、彭城、魏郡、东郡、陈留、勃海、南阳、左冯翊、京兆尹、巨鹿等地190余人。在时隔40余年后,全国各地士人还能为杨震立碑,足见弘农杨氏的文化影响力。后人对杨震家族墓地凭吊不断。《太平御览》引《唐书》曰:“贞观十一年,太宗幸洛阳,遣使祭汉太师杨震墓。”[③]明嘉靖时建置墓祠,万历时拓地环以墙垣,兴建享堂、翼室等。清顺治、康熙、嘉庆年间再修葺、立石,增建四知坊等。阌乡地方官吏士绅则屡修三鳣堂,见于记载者有明正统六年(1441),清乾隆十二年(1747)、道光五年(1825)、道光八年(1828)和光绪年间等。此举如明正统年间进士黄谏《重修校书堂记》所说:“盖欲邦人景仰于此而不忘也。”[④]可见弘农杨氏在地方上的影响贯穿了整个中国古代社会。

杨震由经学兴家,步入仕途,使弘农杨氏步入鼎盛。东汉中后期,杨震子杨秉、孙杨赐、曾孙杨彪皆官至三公。《后汉书》赞云:“自震至彪,四世太尉,德业相继,与袁氏俱为东京名族云。”李贤注引《华峤书》评价同为“东京名族”的杨氏与袁氏:“东京杨氏、袁氏,累世宰相,为汉名族。然袁氏车马衣服极为奢僭;能守家风,为世所贵,不及杨氏也。”[⑤]弘农杨氏因此成为东汉时期的名门望族,显赫一时。

弘农杨氏的显赫,带有浓厚的学术色彩。从杨震开始,弘农杨氏研习经学,“能守家风”,家学传承五代而不衰,蔚为一时之奇观。杨震中子杨秉“少传父业,兼明《京氏易》,博通书传,常隐居教授”。秉子赐“少传家学,笃志博闻”,“常退居隐约,

① 陕西省文物管理委员会:《潼关吊桥汉代杨氏墓群发掘简记》,《文物》1961年第1期。

② 〔宋〕洪适:《隶释·隶续》卷十二,中华书局,1986,第137页。

③ 〔宋〕李昉编纂,任明、朱瑞平、李建国校点:《太平御览》(第5册)卷五百九十一《文部七》,河北教育出版社,1994,第654页。

④ 〔明〕黄谏:《重修校书堂记》,〔清〕刘思恕、汪鼎臣修,〔清〕王维国、王守恭纂:光绪《阌乡县志》卷十二《艺文》,《河南历代方志集成·三门峡卷》(10),大象出版社,2017,第238页。

⑤ 〔南朝宋〕范晔:《后汉书》卷五十四《杨震传》,中华书局,1965,第1790页。

教授门徒,不答州郡礼命”。赐子彪“少传家学”,成长为东汉末年名倾天下的硕儒。彪子修为汉末著名文学家,“所著赋、颂、碑、赞、诗、哀辞、表、记、书凡十五篇”。杨震少子奉,奉子敷也“笃志博闻,议者以为能世其家”。敷“子众,亦传先业”。像这种五世以经学传承,代出大师学者的世家大族,不仅在两汉不多见,在中国古代史上也如凤毛麟角,并且他们立身纯正,操守高洁,具有廉直之誉和谦让之风。史载杨震“性公廉,不受私谒。子孙常蔬食步行”,其暮夜却金“天知、地知、你知、我知”的“四知”名言一直被传为千古佳话。其子杨秉也有“我有三不惑:酒、色、财也”之名言。所以《后汉书》赞曰:“杨氏载德,仍世柱国。震畏四知,秉去三惑。赐亦无讳,彪诚匪武。修虽才子,渝我淳则。”[①]东汉弘农杨氏的崛起构成了崤函地区文化发展的主要特征。他们的学术研究和教学活动,对推广儒学,传播文化作出了重要的贡献。他们的道德言行以及行政风格对崤函文化的进程表现出显著的作用,不仅主导了崤函文化的发展方向,而且影响着全国士林的风尚习俗。

《后汉书·刘宽传》载有“通儒”刘宽事迹。作为“弘农华阴人”,刘宽与杨震一样,早年习学儒学,同为《欧阳尚书》传人。“宽少学欧阳《尚书》、京氏《易》,尤明《韩诗外传》。星官、风角、算历,皆究极师法,称为通儒。未尝与人争埶利之事也。”[②]刘宽在家乡完成了学术积累,游仕于京师和地方之间,施政以“优缓”著称,“海内称为长者”。在担任官职时,仍诲人不倦,将传授经学作为重要事务。“每行县止息亭传,辄引学官祭酒及处士诸生执经对讲。见父老慰以农里之言,少年勉以孝悌之训。人感德兴行,日有所化。”[③]其自身的学术修养和文化底蕴,对当地的文化发展颇有推动。我们不知道他是否有再次返回乡里“执经对讲”的情形,但这位奋力倡行儒教,“仁信笃诚,使人不欺”[④]的学者型官员,到京城洛阳和外郡做官讲

① 〔南朝宋〕范晔:《后汉书》卷五十四《杨震传》,中华书局,1965,第 1791 页。
② 〔南朝宋〕范晔:《后汉书》卷二十五《刘宽传》,中华书局,1965,第 886 页。
③ 〔南朝宋〕范晔:《后汉书》卷二十五《刘宽传》,中华书局,1965,第 887 页。
④ 〔南朝宋〕范晔:《后汉书》卷七十六《循吏传》,中华书局,1965,第 2457 页。

学，对儒家文化的推广和崤函文化的发展有很大促进，体现了崤函文化与其他地方文化的密切联系。刘宽家族后来定居崤函。敦煌残卷《贞观氏族志》列刘氏为弘农郡第二大姓。1956年，考古学者在今三门峡市湖滨区会兴镇发掘清理出刘宽十三世孙刘伟、刘穆弟兄二人墓[①]。

《后汉书》又有东汉著名边将张奂因平定羌乱有功，朝廷恩准徙居弘农的故事，体现了东汉崤函地区已成为吸引外地士人研习经学的重要地区："张奂字然明，敦煌渊泉人也。……永康元年……冬，羌岸尾、摩蟞等胁同种复抄三辅。奂遣司马尹端、董卓并击，大破之，斩其酋豪，首虏万余人，三州清定。论功当封，奂不事宦官，故赏遂不行，唯赐钱二十万，除家一人为郎。并辞不受，而愿徙属弘农华阴。旧制边人不得内移，唯奂因功特听，故始为弘农人焉"[②]。有研究者称张奂之所以徙居弘农，与其早年游学三辅以及对中原文化的向往有关。[③]"奂少游三辅，师事太尉朱宠，学欧阳《尚书》。"[④]朱宠乃东汉大儒，与杨震同为桓郁门生，又同受大将军邓骘举荐，"辟杨震、朱宠、陈禅置之幕府"[⑤]。可见朱宠与杨震关系非同一般。而杨震一门又是弘农影响最大的名门望族，他推行教化，又基于此而促进了崤函文化的发展，对其他地区产生了一定影响，促使一些外地士人来此开馆授徒。《后汉书·张楷传》："楷字公超，通《严氏春秋》《古文尚书》，门徒常百人。宾客慕之，自父党夙儒，偕造门焉。车马填街，徒从无所止，黄门及贵戚之家，皆起舍巷次，以候过客往来之利。楷疾其如此，辄徙避之……隐居弘农山中，学者随之，所居成市，后华阴

---

① 黄河水库考古工作队：《一九五六年河南陕县刘家渠汉唐墓葬发掘简报》，《考古通讯》1957年第4期。

② 〔南朝宋〕范晔：《后汉书》卷六十五《张奂传》，中华书局，1965，第2138、2140页。

③ 丁宏武：《从大漠敦煌到弘农华阴——汉末敦煌张氏的迁徙及其家风家学的演变》，《甘肃社会科学》2011年第4期。

④ 〔南朝宋〕范晔：《后汉书》卷六十五《张奂传》，中华书局，1965，第2138页。

⑤ 〔南朝宋〕范晔：《后汉书》卷十六《邓骘传》，中华书局，1965，第614页。

山南遂有公超市。"[①]因求学者日益增多,以至于"所居成市",这一情形,体现出儒学在弘农取得了新的学术据点。巧合的是,张奂亦与张楷相友善。《太平御览》载有张奂《与公超书》,仅存"下笔怆恨,泣先言流"[②]八字,已可见两人相交之深。在这样的区域文化背景下,早年游学三辅、深受中原文化影响的张奂选择学术氛围浓厚,地理上又与东都洛阳、西都长安相近的弘农作为徙居之地自在情理之中。徙居弘农后的张奂不久即因党锢之祸,被免官"禁锢归田"。张奂因应而变,一改尚武力、重事功的河陇士人风尚,潜心儒学,在弘农"闭门不出,养徒千人,著《尚书记难》三十余万言"[③],成为以著述授徒为业的经师儒生。其子张芝、张昶弃家传经学而精研草书,成为草书名家。尤其"长子芝,字伯英,最知名"[④]。张芝将当时流行的"章草""创为今草","转精其巧,可谓草圣。超前绝后,独步无双矣"[⑤],使书法走进艺术的殿堂,引发汉末士人学习草书的热潮,书法在中国文化传统中的地位,从壮夫不为的"雕虫小技"逐渐演变为士人文化品位和家族文化地位的象征[⑥]。此当是文化史上非常引人注目且影响深远的事件。传陕州州署东花园内紧靠广济渠入口西侧有张芝"临池学书,池水尽墨"的墨池。《太平寰宇记·河南道六》陕州条载:"墨池。《后汉书》云:'张芝,字伯英,少好书,所居池水尽黑,迄今尚有遗迹。'"[⑦]

崤函地区文化面貌和特征上"弘农作风"的形成,是东汉崤函地区文化发展的

---

① 〔南朝宋〕范晔:《后汉书》卷三十六《张楷传》,中华书局,1965,第1242~1243页。

② 〔宋〕李昉编纂,夏剑钦、王巽斋校点:《太平御览》(第4册)卷四百八十八《人事部一二九》,河北教育出版社,1994,第1021页。

③ 〔南朝宋〕范晔:《后汉书》卷六十五《张奂传》,中华书局,1965,第2142页。

④ 〔南朝宋〕范晔:《后汉书》卷六十五《张奂传》,中华书局,1965,第2144页。

⑤ 〔宋〕李昉编纂,孙雍长、熊毓兰校点:《太平御览》(第7册)卷七百四十九《工艺部六》,河北教育出版社,1994,第42页。

⑥ 丁宏武:《从大漠敦煌到弘农华阴——汉末敦煌张氏的迁徙及其家风家学的演变》,《甘肃社会科学》2011年第4期。

⑦ 〔宋〕乐史撰,王文楚等点校:《太平寰宇记》卷六《河南道六》,中华书局,2007,第95页。

重要表征。这一作风的形成,也是通过崤函古道实现的。

所谓“弘农作风”,最早是20世纪50年代考古学者在陕县故城东约3公里的刘家渠汉墓发掘清理中发现的。“刘家渠墓地位于汉陕城东郊,因此墓主人很可能就是住在陕城里的人。从墓葬规模、随葬品的丰富来看,大多数属于中小地主阶级的,其中某些可能还是地方官僚的墓。”发掘报告对“弘农作风”的内容是这样表述的:“陕城地处洛阳和长安之间,近洛阳而远长安。但这批墓葬,在作风上是近西安远洛阳的。它与潼关吊桥杨氏墓的作风基本相同。陕县、潼关汉时同属弘农郡,或许可称之为弘农作风吧。这种弘农作风却是接近长安而不同于洛阳,尤其是在西汉和东汉前期,东汉后期才逐渐与洛阳作风接近,而实际上那时长安和洛阳的风格也逐渐在接近,同异的感觉也就不那么明显了。”在此后的崤函地区汉墓发掘中,考古发现都证实了这一现象在崤函地区的普遍存在。

发掘者“从长安、洛阳两地交迭兴衰的历史”角度对这一“耐人寻味的现象”做出解释:长安曾是西汉国都,全国的政治经济文化中心,也是各地人们向往和慕尚的对象。弘农毗邻畿辅,交通发达,汉武帝元鼎三年东迁函谷关,弘农郡成为关内之地,追随长安、追随关中的思想意识更深,在文化上也近长安而远洛阳,对京城新风气的追随在墓葬中也体现出来。“到了东汉,首都虽东移洛阳,但思想意识的转变比较缓慢,致使这一风尚在弘农还延续了一个相当长的时期,迄至东汉后期以后才逐渐有所转变”①。

长安和洛阳作为古代王朝政治经济文化中心,拥有高于其他地区发展水平的绝对优势,直接影响了两京之间弘农郡文化“弘农作风”的形成,同时文化的传播也必然受到交通条件的影响。秦汉时的关东、关中在文化地理上是两种风格迥异的文化区域,函谷关历来被认为是关东、关中两大文化区域的分界点。但同时函谷关又是连接关东、关中文化区的关联点。连接两京的崤函古道使用最为频繁,成为沟

① 黄河水库考古工作队:《河南陕县刘家渠汉墓》,《考古学报》1965年第1期。

通关东、关中两大文化区的主要路径。崤函古道的交通条件无疑是“弘农作风”形成的重要因素。

其实,“弘农作风”体现的并不仅仅是向慕国都,跟风两京的社会文化现象。最早对刘家渠汉墓进行调查和报道的俞伟超曾分析说:“汉代东、西二京的陶明器的形式,差异很大,各有传统。……陕县的汉墓基本上接近长安系统,亦偶有同洛阳者(如墓102),而碓房、水阁等物又可看作是弘农的特征。这种交错现象正和陕州地处长安与洛阳之间的情况相合。”①这种交错现象既反映了弘农郡对周边地域汉文化的吸收与容纳,亦体现出弘农郡作为交界地区的文化面貌和特征。它的出现,标志着崤函地区文化的发展和成熟。

亦有学者指出,“所谓‘弘农作风’,是指在汉弘农郡范围内发现的一些汉墓,其形制、器物反映出的某些共同特点较为显著,与相邻地区相比有一些差异”②。既与两京地区文化具有“某些共同特点”,又有“一些差异”的分析,应当是符合历史真实的。研究者对陕县、灵宝出土汉墓模型明器的分析,同样证实在西汉中晚期至东汉初,这里受关中地区影响较深,墓葬中出土较多具有西安地区文化特征的典型器物,如肩部装饰浅浮雕的釉陶壶、釉陶罐等。东汉时三门峡地区除吸收周边地区文化影响外,在模型明器组合和类型方面形成了独特的地域文化特色。③ 还有研究者指出,“在河南,汉代建筑明器的发端,是从豫西、豫西北部地区开始的,而后向各地传播、展开,并与当地的丧葬文化相结合,形成了自己的特点”④。这里的“豫西”所指首先便包含崤函地区。在东汉中晚期流行于中上社会阶层的随葬镇墓瓶丧葬习俗中,也可以看到“弘农作风”的表现。有学者在分析随葬镇墓瓶分布地域

① 黄河水库考古工作队:《一九五六年河南陕县刘家渠汉唐墓葬发掘简报》,《考古通讯》1957年第4期。

② 李重蓉:《大英博物馆藏东汉六博釉陶俑考辨》,《中国国家博物馆馆刊》2017年第4期。

③ 武纬:《黄河中下游地区汉至西晋模型明器研究》,郑州大学博士论文,2012,第103页。

④ 河南博物院:《河南出土汉代建筑明器》,大象出版社,2002,第268页。

与传播时写道:“镇墓瓶在东汉早期起源于关中平原,东汉中期传播到洛阳盆地和三门峡谷地,东汉晚期由这三个地区向周围传播。”在传播过程中,三地区“镇墓瓶的形态却表现出较大的差异性,东西两个中心的这种差异性非常明显,处于过渡地带的三门峡谷地也表现出较强的独特性,造成这种差异性的主要原因应该是各地理单元内不同的文化传统”①。东汉时崤函地区文化已有相当的发展,出现了像杨震等具有全国影响的文化人物,显示了该地区的文化自觉。同时在文化的传播过程中,必然受到迁入地的自然和人文环境的制约,因而会在传播过程中产生变异,而不会是简单的重复。东汉建筑明器、镇墓瓶的传播情形,体现出汉代弘农郡的文化创造力和输出能力,形成了文化传播的基本条件。

东汉弘农郡地处文化发展水平很高的洛阳和长安之间,成为两地来往的通道之一,使它有更多的机会吸收周围地区同类文化遗存的先进因素,“弘农作风”在文化上的典型性存在,说明弘农地区文化发展进步已经达到新的历史阶段,并形成自己鲜明的地域特点。通过连接两京的崤函古道,弘农郡居民积极追随、复制两京文化并在此基础上实现了地域文化的个性化创造,并通过崤函古道向相邻地区传播扩散,反映出崤函古道作为文化传播的通路在实现文化互动、整合区域文化方面具有的显著功能和影响力。东汉弘农杨氏家族的崛起和崤函地区文化上“弘农作风”的形成,再次印证了交通建设对区域文化发展的重要推动和促进作用。

五、东汉王朝的崩离与崤函古道

东汉末年,社会陷入激烈动乱。在以董卓为首的关西集团与以袁绍、曹操等为主的关东集团对抗的形势下,崤函古道及邻近地方成为群雄竞逐的舞台和时局演进不可或缺的交通孔道,反复受到战争的冲击。董卓之乱及随后的李傕郭汜之乱

① 贾立宝:《东汉镇墓瓶的考古学研究》,《考古与文物》2017 年第 1 期。

动摇了皇权的根基,最终导致了东汉王朝的崩离,亦启开了三国乱世的序幕。

董卓本是凉州地方豪族,长期在西北边陲,与羌人作战,汉灵帝末年官至并州牧。董卓“于是驻兵河东以观时变”。中平六年(189),灵帝驾崩,大将军何进谋划诛杀宦官,召董卓进京。董卓立刻率军沿崤函古道东进,至渑池,何进反悔,使人持诏书令其还军,董卓根本不听,军至洛阳西。此时何进为宦官所杀,宦官又被袁绍等尽杀。董卓趁乱“将兵入洛阳,陵虐朝庭,遂废少帝为弘农王而立协,是为献帝”[①]。董卓乱中夺权,独揽朝政。

袁绍等关东世家大族纷纷起兵,组成讨董联军。董卓惧洛阳不守,决定迁都长安,以关中的富庶和崤函的险要为后盾,退守长安,以待关东之变。司徒杨彪等反对,董卓曰:“杨公欲沮国家计邪? 关东方乱,所在贼起。崤函险固,国之重防。又陇右取材,功夫不难。杜陵南山下有孝武故陶处,作砖瓦,一朝可办。宫室官府,盖何足言! 百姓小民,何足与议。若有前却,我以大兵驱之,岂得自在。”又云:“关中肥饶,故秦得并吞六国。今徙西京,设令关东豪强敢有动者,以我强兵蹴之,可使诣沧海。”[②]黄门侍郎荀攸则与人密谋诛杀董卓:“今直刺杀之以谢百姓,然后据殽、函,辅王命,以号令天下,此桓文之举也。”虽然“事垂就而觉,收颙、攸系狱”[③],但荀攸、董卓双方对“崤函险固”的重视和强调,显示了“崤函”交通地理对双方政治核心所在的重要地位。初平元年(190),董卓挟汉献帝与群臣仓促西迁。临行前,又发掘帝陵及贵族墓冢,劫取宝物无数,“悉烧宫庙官府居家”,“尽徙洛阳人数百万口于长安,步骑驱蹙,更相蹈藉,饥饿寇掠,积尸盈路”,致使“二百里内无复孑遗”[④]。这可能是崤函古道交通线路历史上规模最大的强制性人口大迁移运动,给洛阳和崤函古道沿线制造了一场空前的浩劫。东汉经营近 200 年的繁华京城,转

① 〔南朝宋〕范晔:《后汉书》卷十《何皇后传》,中华书局,1965,第 450 页。

② 〔晋〕陈寿撰,〔宋〕裴松之注:《三国志》卷六《魏书·董卓传》,中华书局,1959,第 177 页。

③ 〔晋〕陈寿撰,〔宋〕裴松之注:《三国志》卷十《魏书·荀攸传》,中华书局,1959,第 321 页。

④ 〔南朝宋〕范晔:《后汉书》卷七十二《董卓传》,中华书局,1965,第 2327 页。

瞬间成为一片焦土。

长沙太守孙坚乘董卓迁都之机出击，在阳人（今河南汝州西）击溃吕布，“进军大谷，距洛九十里。卓自出与坚战于诸陵墓间，卓败走，却屯黾池，聚兵于陕。坚进洛阳宣阳城门，更击吕布，布复破走。坚……分兵出函谷关，至新安、黾池间，以截卓后”。董卓循崤函古道西撤渑池，收集残军驻屯陕县，随即着手部署新的防线，“使东中郎将董越屯黾池，中郎将段煨屯华阴，中郎将牛辅屯安邑”。诸将分守险要，以崤函古道为轴，在关中以东形成三角防御。“其余中郎将、校尉布在诸县，以御山东”[①]，自己则回到长安。关东联军为卓军所阻，又各自发生利益冲突，不久即自行解散。

退守长安的董卓滥行诛杀，不得人心。王允联合吕布设计杀死董卓。此时董卓女婿牛辅驻屯陕县。“吕布乃使李肃以诏命至陕讨辅等，辅等逆与肃战，肃败走弘农，布诛杀之。其后牛辅营中无故大惊，辅惧，乃赍金宝逾城走。”[②]牛辅部将李傕、郭汜、张济自陕遣使至长安请求得到赦免，遭到拒绝，于是举兵循崤函古道西进，沿途搜罗游兵散勇，聚众十余万人，围攻长安。长安城破，李傕、郭汜等纵兵掳掠，“吏民死者万余人，狼藉满道”[③]。李傕劫持汉献帝，郭汜则将朝臣公卿劫留于营中。李、郭二人相互猜忌，直至引兵相攻，在长安城内争斗厮杀长达数月，死者以万数，以致“人相食啖，白骨委积，臭秽满路”[④]。群雄逐鹿，天子飘零，东汉的交通体系土崩瓦解。“时处处断绝，委输不至”，“道路隔塞，王命竟不得达”。[⑤]《后汉书·刘翊传》记载传主崤函古道行路故事曰：“献帝迁都西京，翊举上计掾。是时寇

---

① 〔南朝宋〕范晔：《后汉书》卷七十二《董卓传》，中华书局，1965，第2328页。

② 〔南朝宋〕范晔：《后汉书》卷七十二《董卓传》，中华书局，1965，第2332页。

③ 〔宋〕司马光编著，〔元〕胡三省音注：《资治通鉴》卷六十《汉纪五十二》，汉献帝初平三年，中华书局，1956，第1938页。

④ 〔南朝宋〕范晔：《后汉书》卷七十二《董卓传》，中华书局，1965，第2336页。

⑤ 〔南朝宋〕范晔：《后汉书》卷七十三《刘虞传》，中华书局，1965，第2354页。

贼兴起，道路隔绝，使驿稀有达者。翊夜行昼伏，乃到长安。诏书嘉其忠勤，特拜议郎，迁陈留太守。翊散所握珍玩，唯余车马，自载东归。出关数百里，见士大夫病亡道次，翊以马易棺，脱衣敛之。又逢知故困馁于路，不忍委去，因杀所驾牛，以救其乏。众人止之，翊曰：'视没不救，非志士也。'遂俱饿死。"[①]大臣尚且若此，遑论他人。

时镇东将军"张济自陕来和解二人，仍欲迁帝权幸弘农。帝亦思旧京，因遣使郭请傕求东归，十反乃许"。在杨奉、董承等护送下，献帝于兴平二年(195)七月离开长安，踏上东归之路。但刚入崤函古道，就遭遇李傕、郭汜"既悔令天子东……因欲劫帝而西"的截击，张济也重与李、郭合作，"共追乘舆"[②]，于是献帝在崤函古道上经历了两次大战，方才脱离险境继续东归。

据《资治通鉴》记载："十二月，帝幸弘农，张济、李傕、郭汜共追乘舆，大战于弘农东涧，承、奉军败，百官士卒死者，不可胜数，弃御物、符策、典籍，略无所遗。"[③]"弘农东涧"即断密涧，今称东涧河，发源于卢氏杜关镇石桥沟，北东流经灵宝苏村，至城关镇涧口、车窑，转西流至尹庄镇北田村注入弘农涧。弘农东涧之战当在今北田村一带。据《大明一统志》记载，这里曾是汉武帝丞相田千秋的庄园。宋范镇诗云："自古桃林汉相园，至今有舍号田村。苍山绿水依然是，不独青编事业存。"[④]献帝逃离东涧，历三日，"壬申，帝露次曹阳"[⑤]。《元和郡县图志·河南道二》陕州陕县："曹阳墟，俗名七里涧，在县西南七里。献帝东迁，李傕、郭泛追战于弘农东涧，

① 〔南朝宋〕范晔：《后汉书》卷八十一《刘翊传》，中华书局，1965，第2696页。

② 〔南朝宋〕范晔：《后汉书》卷七十二《董卓传》，中华书局，1965，第2338~2339页。

③ 〔宋〕司马光编著，〔元〕胡三省音注：《资治通鉴》卷六十一《汉纪五十三》，汉献帝兴平二年，中华书局，1956，第1966~1967页。

④ 〔明〕李贤等：《大明一统志》卷二十九《河南府》，三秦出版社，1990，第504页。

⑤ 〔宋〕司马光编著，〔元〕胡三省音注：《资治通鉴》卷六十一《汉纪五十三》，汉献帝兴平二年，中华书局，1956，第1967页。

天子遂露次于曹阳之墟,谓此地也。"[①]《水经注·河水》载:"河水又东得七里涧,涧在陕城西七里,故因名焉。其水自南山通河,亦谓之曹阳坑。是以潘岳《西征赋》曰:行于漫渎之口,憩于曹阳之墟。"[②]民国《陕县志》载:"七里涧在县西南七里,今名石桥沟。汉献帝东迁,李傕追乘舆战于东涧即此。按石桥沟即石桥镇,俗称桥头沟,在县西南十里许,非止七里也。"[③]曹阳墟在陕县西南七里,即今陕州区张湾乡七里村,西临黄河,北环涧河,西北为涧河与黄河的汇合处。李傕等追至曹阳"复来战,奉等大败,死者甚于东涧"。献帝连经弘农东涧、曹阳两战,"兵相连缀四十里,方得至陕,乃结营自守"。

李傕等紧追不舍,"绕营叫呼"。东归之路自陕向东,即进入崤山,道路更为崎岖。于是,李乐"欲令车驾御船过砥柱,出孟津,杨彪以为河道险难,非万乘所宜乘"。于是已成惊弓之鸟的汉献帝连夜自陕北渡黄河逃大阳(今山西平陆西南)。"上与公卿步出营,皇后兄伏德扶后,一手挟绢十匹。董承使符节令孙徽从人间斫之,杀旁侍者,血溅后衣。河岸高十余丈,不得下,乃以绢为辇,使人居前负帝,余皆匍匐而下,或从上自投,冠帻皆坏。既至河边,士卒争赴舟,董承、李乐以戈击之,手指于舟中可掬。帝乃御船,同济者,皇后及杨彪以下才数十人,其宫女及吏民不得渡者,皆为兵所掠夺,衣服俱尽,发亦被截,冻死不可胜计。"[④]渡河后的汉献帝摆脱了危险,于建安元年(196)七月辗转回到萧条残破的洛阳。曹操立即派兵迎献帝都许(今河南许昌),取得了"挟天子以令诸侯"的政治主动权,开启了三国时代的序幕。

---

① 〔唐〕李吉甫撰,贺次君点校:《元和郡县图志》卷六《河南道二》,中华书局,1983,第156页。

② 〔北魏〕郦道元著,陈桥驿校证:《水经注校证》卷四《河水》,中华书局,2007,第113页。

③ 欧阳珍修,韩嘉会撰:民国《陕县志》卷三《舆地志》,《河南历代方志集成·三门峡卷》(4),大象出版社,2017,第33页。

④ 〔宋〕司马光编著,〔元〕胡三省音注:《资治通鉴》卷六十一《汉纪五十三》,汉献帝兴平二年,中华书局,1956,第1966~1968页。

第四节 秦汉三门峡黄河漕运的兴起

黄河漕运是古代王朝通过黄河水路,并附以陆路,船漕车转,向都城或其他指定地点大规模运输粮食和其他物资的一种重要活动。三门峡黄河漕运是崤函古道交通体系的有机组成部分,在黄河漕运史上长期占有十分突出的地位。从关东、江南各地征收来的漕粮经过若干条运输网络最后都要聚集到三门峡黄河,转运关中。因此,三门峡成为绾毂黄河漕运的必经要道,它的险阻也造成了漕运的困难。三门峡黄河漕运发轫于先秦。秦汉时期的三门峡黄河漕运不仅在稳定京师、巩固统治方面起到了积极作用,而且为后世黄河漕运的发展奠定了基础。

一、先秦三门峡黄河漕运的发轫

漕运是以水运为主要形式的运输活动,以"漕"言水运有久远的历史。被认为是周文王"末年口气"[①]的《逸周书·文传》载文王对太子姬发话曰:"是故土多,发政以漕四方,四方流之;土少,安帑而外其务,方输。"孔晁注:"漕,转;流,归。言移

① 李学勤:《清华简九篇综述》,《文物》2010年第5期。

内入也。外设业而四方民方输谷。”[①]《说文·水部》:“漕,水转谷也。”段玉裁注:“如淳《汉书注》曰:水转曰漕。《百官志》曰:大仓令主受郡国传漕谷。……按《史记索隐》作‘一云车运曰转,水运曰漕’十字,当从之。”[②]李贤注《后汉书》:“漕,水运也。”[③]据此可知,凡水运皆可以“漕”相称。从发展阶段看,漕运最早正是由内河水运而来,以内河水运的畅通为运输基础。

先秦时期,黄河还只称“河”或“大河”,由于自然植被尚好,森林覆盖率尚高,直到西汉前期,一直河水充沛,含沙量低,较少河患,为水运的发展提供了良好的基础和条件。对这一时期三门峡黄河的通航条件,有学者这样表述,“先秦、秦和西汉前期(即距今约3000~2500年间),三门与渭河天然河道是可自由上下通航的。当时并没有任何的人工整理河道与拉纤栈道工程的文献记载与文物反映。当时的政论家谈论黄河航运问题时并没有提及三门峡之险”[④]。此表述虽有绝对之嫌,但大体可以成立。

三门峡黄河是黄河中游最先开发水运的河段之一。据考古发现,仰韶文化和龙山文化时期,三门峡黄河两岸密集分布着众多聚落,从潼关、灵宝、陕州区一直到渑池、新安延绵不断,表现出优先选择依河而居的分布态势。史念海分析认为:“既然在河岸水旁,就可能利用河水来从事互相交往。”[⑤]黄河沿岸新石器时代文化,因交通的便利,可以通过水路实现交流交往,而得到开发乃至繁荣。《周易·系辞下》记载:“黄帝尧舜……刳木为舟,剡木为楫,舟楫之利,以济不通,致远以利天下,盖

① 黄怀信、张懋镕、田旭东:《逸周书汇校集注》卷三《文传解》,上海古籍出版社,1995,第256~257页。

② 〔汉〕许慎撰,〔清〕段玉裁注:《说文解字注》,上海古籍出版社,1981,第566页。

③ 〔南朝宋〕范晔:《后汉书》卷三《章帝纪》,中华书局,1965,第136页。

④ 于希贤、于湧:《沧海桑田——历史时期地理环境的渐变与突变》,广东教育出版社,2002,第160~161页。

⑤ 史念海:《由地理的因素试探远古时期黄河流域文化最为发达的原因》,《河山集》(三集),人民出版社,1988,第35页。

取诸涣。”孔疏:“舟楫以乘水以载运。”崤函地区是黄帝尧舜的主要活动区域之一。由“黄帝制其初,尧舜成其末”[①]的黄河“舟楫之利”,开创了崤函地区黄河水运的先声。

三门峡黄河水路的疏通与大禹开凿砥柱相关联。大禹治水过程中,三门峡曾是其治理的主要工程项目之一,凿砥柱,开三门,构成大禹治水成功的标志性伟绩之一。《水经注·河水》载:“砥柱,山名也。昔禹治洪水,山陵当水者凿之,故破山以通河。河水分流,包山而过,山见水中若柱然,故曰砥柱也。三穿既决,水流疏分,指状表目,亦谓之三门矣。”[②]《墨子》:“古者禹治天下,西为西河、渔窦,以泄渠孙皇之水;北为防原泒,嘑池之窦,洒为底柱,凿为龙门,以利燕、代、胡、貉与西河之民。”孙诒让注:“洒即谓分流也。”[③]墨子以为若非大禹凿开砥柱,使河水分流,人民不仅不能获得水利,还会因砥柱壅塞河道,河壅而溃,人民化为鱼鳖。大禹治水,“陆行乘车,水行乘舟”[④],开辟了“底柱、析城,至于王屋”的陆路交通和黄河、洛河水上交通,形成了崤函地区最早的水陆交通网络,也为后世的黄河水运奠定了基础。

上述文献记载与考古发现相吻合。1957 年,三门峡水库兴建前,考古学家在三门峡砥柱上游河心附近的鬼门岛和张公石岛上发现一批仰韶、龙山和殷商时期的文化堆积物。其中张公石岛上出土的商代夹砂粗灰陶和泥质灰陶,“总的特征与郑州二里岗的殷代遗物很接近,或系殷代早期的遗存”。考古学家根据“现在,这两个石岛都在黄河激流之中,只有在枯水的时期,才能通过干涸的河床,走上河岸,而且面积很小”推断,商代以前,这两个小岛曾与陆地连接,黄河的不断下切侵蚀,使它们与陆地分开,成为孤立于河中的岛屿。从地形上看,当时居住在小岛上如果没

① 〔魏〕王弼注,〔唐〕孔颖达疏:《周易正义》(十三经注疏)卷八《系辞下》,北京大学出版社,2000,第 354 页。

② 〔北魏〕郦道元著,陈桥驿校证:《水经注校证》卷四《河水》,中华书局,2007,第 116 页。

③ 〔清〕孙诒让撰,孙启治点校:《墨子闲诂》卷四《兼爱中》,中华书局,2001,第 106~107 页。

④ 〔汉〕司马迁:《史记》卷二《夏本纪》,中华书局,1959,第 51 页。

有船筏渡河，是不可能有衣食来源的。①

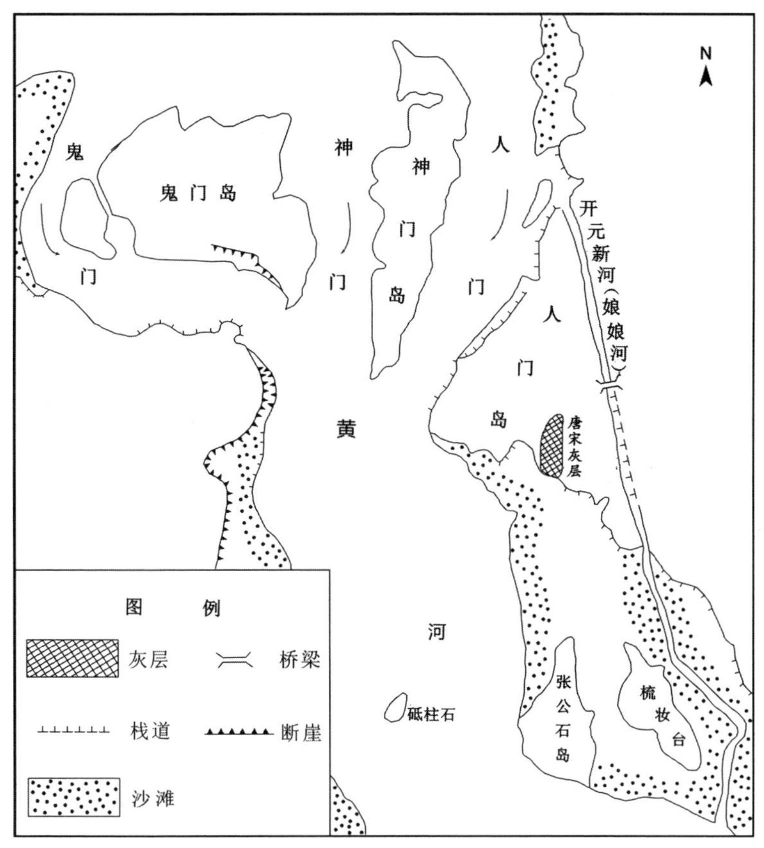

图 5-23　大坝修建前三门峡形势图②

商人与三门峡黄河有着极为密切的关系。商始祖契死后，其子昭明继位，迁都砥石。据考古调查，平陆粮宿商城即昭明之都，遗址位于黄河北岸平陆的二级台地上，地近砥柱，北临黄河。平陆前庄出土的商代早期方鼎、圆鼎、石磬等祭祀礼器，即是粮宿商城主人在三门峡祭祀黄河的遗存。甲骨卜辞中有“取岳于三门”“岳于

① 中国科学院考古研究所：《三门峡漕运遗迹》，科学出版社，1959，第 77 页。

② 采自中国科学院考古研究所《三门峡漕运遗迹》，科学出版社，1959，第 2 页。

三门”的记载,表明“三门”地名的最早出现与商人的黄河祭祀相联系,郭沫若考“三门当即砥柱”①。商人在这里频繁地祭祀黄河,其历史背景应当是商代三门峡黄河水运的常态化,并且其重要的程度足以获得商王的认可。

《史记·殷本纪》记载,商纣王“厚赋税以实鹿台之钱,而盈钜桥之粟”。《集解》引服虔曰:“巨桥,仓名。许慎曰巨鹿水之大桥也,有漕粟也。”《索隐》引邹诞生云:“巨,大;桥,器名也。纣厚赋税,故因器而大其名。”②巨桥仓是商王建立的大型漕仓,拥有丰富的仓储漕粟。周灭商后,武王曾“命南宫括散鹿台之财,发巨桥之粟,以振贫弱萌隶”③。巨桥仓故址,一说在今河北曲周东北古横漳河东岸,一说在今河南鹤壁淇滨区钜桥镇淇河东岸,还有认为巨桥仓是漕仓的统称。不论哪一种说法,都表明巨桥仓位于黄河及其支流附近。有研究者考证,巨桥仓是“中国最早的漕运仓储”④,史念海分析该仓“漕粟”当是假道黄河漕运而得⑤。纣王都殷,以朝歌为陪都,经常利用黄河及其支流,将关中、中原粮粟运至商都。联系前引《逸周书·文传》文王所言“发政以漕四方”,由于《文传》产生的年代正值西周建立前夜即商末之际,实际也可看作对商代漕运情况的经验总结。若此,由国家出面组织的从黄河水路运输粮食的行为,以及相配套的漕仓设施很可能在商代后期已经发轫,而由关中通过黄河转漕,三门峡则是必经河段。

商代经由三门峡黄河漕运的不仅有粮食,制造青铜器所需的铜、铅、锡以及日常生活必需的盐等战略物资也是漕运的重要部分。三门峡黄河北岸的中条山有着丰富的铜、铅、锡和盐等资源,是中原地区最大的铜矿产地和盐产地。垣曲商城位

---

① 郭沫若:《殷契粹编考释》,科学出版社,1965,第 15 页。

② 〔汉〕司马迁:《史记》卷三《殷本纪》,中华书局,1959,第 105~106 页。

③ 〔汉〕司马迁:《史记》卷四《周本纪》,中华书局,1959,第 126 页。

④ 向福贞、郑民德:《中国漕仓源流考——以商代巨桥仓为视角的历史考察》,《农业考古》2015 年第 6 期。

⑤ 史念海:《春秋以前的交通道路》,《河山集》(七集),陕西师范大学出版社,1999,第 114 页。

于黄河与亳清河交汇处，与中条山铜矿集中区的直线距离不过数十公里[1]。已有研究表明，垣曲商城既是商王朝控御黄河的桥头堡，也是取得中条山铜、铅、锡等资源的中转站。中条山矿区生产的铜、铅、锡，顺着发源于中条山的沇河及亳清河水路可直达垣曲商城，并在那里进行冶铸。距垣曲商城数公里有济民渡（阳壶渡）等渡口。其产品及部分矿产资源可以便利地利用黄河运至商都核心区。夏县的东下冯商城，位于涑水支流青龙河上游的河边开阔地带，是商王朝控制运城盆地自然资源的集散地，运城盆地出产的铜、盐等重要物资通过青龙河、涑水、黄河运抵早商都城。平陆粮宿商城也在控制和运输铜、盐资源上担当着重要角色。有研究者认为，"如果将垣曲商城和平陆前庄统一起来观察，可以发现商王朝对黄河西北地带的重视程度，同时又说明早商王朝以控制黄河为政治、军事目的，通过黄河水道向外扩张"[2]。由此可见，大规模、长距离的三门峡黄河水运体系在早商时期已经出现。

西周黄河水运又有新的发展。《艺文类聚》引《太公六略》曰："武王伐殷，先出于河。吕尚为后将，以四十七艘船济于河。"[3]吕尚的船队由渭河入于黄河，东经三门峡，直达商都附近的牧野。周灭商后，以渭河、黄河为水运通道大力向黄河中下游拓展。洛阳因"天下之中，四方入贡道里均"而建为东都，沣水、渭水、黄河、洛河水运连接起来的东西二京，沿着关中盆地、伊洛盆地延伸连接，形成东西经济来往、文化交流的全国经济开发带和政治中心，黄河及其支流通航、行船当十分频繁。这样的一种分布态势，虽未见有"漕运"的历史记载，但与之有相似功能的水路运输体系当比商代又有发展。

文献中屡见三门峡黄河段通航、行船的记载。茅津、郖津、阳壶（济民）是这一

① 佟伟华：《垣曲商城与中条山铜矿资源》，北京大学考古文博学院、北京大学中国考古学研究中心编：《考古学研究》（9），文物出版社，2012，第346~361页。

② 胡建、朗保利、赵曙光：《山西商代考古学文化的若干问题》，山西大学历史文化学院编：《山西大学历史文化学院学术论文集》（历史卷·上），北岳文艺出版社，2008，第73页。

③ 〔唐〕欧阳询撰，汪绍楹校：《艺文类聚》卷七十一《舟车部·舟》，上海古籍出版社，1965，第1230页。

河段上最有名的渡口,可以行船通航。两周之际的虢国地跨三门峡黄河两岸,虢都上阳与下阳隔河相望,两地往来,茅津渡(今太阳渡)是主要渡口。晋假虞灭虢,从虞城到下阳,经茅津渡到黄河南岸,围灭上阳。《左传》:文公三年(前615),“秦伯伐晋,济河焚舟,取王官及郊王官如晋地,晋人不出,遂自茅津济,封殽尸而还”。杜注:“茅津在河东大阳县西。”[①]秦穆公利用的也是茅津渡过黄河,西行至崤。

战国时期,魏国前后所都安邑、大梁之间,“最便利的通路亦为循河上下”[②]。据《史记·孙子吴起列传》:“(魏)武侯浮西河而下,中流,顾而谓吴起曰:‘美哉乎山河之固,此魏国之宝也。’”[③]随侍的王钟也以为“此晋国之所以强也。若善修之,则霸王之业具矣”[④]。魏之西河包括陕西渭北地区、渭南河曲地带和西至华阴,东抵陕州区的崤函地带。所谓“善修之”处,也应包括这一段河道。据《史记·魏世家》,魏文侯二十六年(前420),“虢山崩,壅河”[⑤]。《正义》引《括地志》云:“虢山在陕州陕县西二里,临黄河。今临河有冈阜,似是颓山之余也。”虢山崩塌形成三门峡黄河第一次堵塞灾害。所谓“善修之”自然具有相当的急迫和重要。惜因文献缺载而无法获知更多的信息。《战国策·魏一》记载张仪说魏王时曾说到魏国“卒戍四方,守亭障者参列,粟粮漕庾,不下十万”。鲍彪注:“漕,水运。庾,水漕仓。”[⑥]对魏国所表现出的强大的漕运能力和规模,有学者以为可能并不包括砥柱河段。但也有学者发表有“魏国初都安邑,后都大梁,这段黄河河道漕运的繁忙可见一斑”的意见[⑦]。这样的意见如果成立,说明在虢山崩塌后,魏国采取过减轻河道堰塞的应

① 〔晋〕杜预集解,〔唐〕孔颖达疏:《春秋左传正义》卷十八“文公三年”,北京大学出版社,2000,第575页。

② 王子今:《秦汉交通史稿》(增订版),中国人民大学出版社,2013,第159页。

③ 〔汉〕司马迁:《史记》卷六十五《孙子吴起列传》,中华书局,1959,第2166页。

④ 〔汉〕刘向集录,范祥雍笺证:《战国策笺证》卷二十二《魏一》,上海古籍出版社,2006,第1252页。

⑤ 〔汉〕司马迁:《史记》卷四十四《魏世家》,中华书局,1959,第1841页。

⑥ 〔汉〕刘向集录,范祥雍笺证:《战国策笺证》卷二十二《魏一》,上海古籍出版社,2006,第1275页。

⑦ 薛瑞泽:《先秦至北朝河洛地区的漕运与仓储》,《洛阳工学院学报》(社会科学版)2000年第3期。

对措施,才会有"这段黄河河道漕运的繁忙"景象。战国时期,魏国与秦国围绕河西,曾展开持续 70 余年的争战,战争的主战场即在河南、山西、陕西交界地区的黄河两岸,双方军队跨河作战常有发生。虽不会出现大规模的长途水运行为,但由此而来的次数频繁的渡河及运输是不能排除的,这对水运事业的发展自然会有所影响和促进。

运城池盐外运在三门峡黄河漕运中有着悠久的历史。晋武公三十九年(前677),晋国灭郇国,占有河东盐池。有学者考证,当时每年销往秦国的池盐,当有10 万~12 万斤,约合今 22~27 吨。其销售路线是由苦城(今运城)东郭镇出发,经虞坂青石槽抵茅津渡,过河循崤函古道陆路,运往秦都咸阳。《水经注·河水》引《战国策》曰:"昔骐骥驾盐车上于虞坂,迁延负辕而不能进。"①有学者认为其驾盐车者即《淮南子·道应训》中的秦穆公之臣伯乐②。此外,河东池盐自茅津渡过河后,同时还有南向经汝水进入楚国,东向可达中原各地的销售线路。

有关这一时期黄河水运业的发展,还有一个现象值得注意,即有关三门峡黄河,特别是砥柱的文献记载增多。除前引《禹贡》《墨子》外,最著名的当属《晏子春秋》记载的古冶子与"砥柱之流"战斗的故事:"吾尝从君济于河,鼋衔左骖以入砥柱之中流。逆流百步,顺流九里,得鼋而杀之,左操骖尾,右挈鼋头,鹤跃而出。津人皆曰:'河伯也。'视之则大鼋之首也"③。郦道元《水经注·河水》引述这一故事后说:"考史迁记云:景公十二年,公见晋平公;十八年,复见晋昭公。旌轩所指,路直斯津。从鼋砥柱事或在兹。"④《搜神记》所载略有不同:"齐景公渡于江沈之河,鼋衔左骖没之,众皆惊惕。古冶子于是拔剑从之,邪行五里,逆行三里,至于砥柱之下,乃杀鼋也。左手持鼋头,右手挟左骖,燕跃鹄踊而出,仰天大呼,水为逆流

---

① 〔北魏〕郦道元著,陈桥驿校证:《水经注校证》卷四《河水》,中华书局,2007,第 116 页。
② 山西省史志研究院:《河东盐三千年》,三晋出版社,2008,第 38 页。
③ 张纯一校注,梁运华点校:《晏子春秋校注》卷二《内篇谏下》,中华书局,2014,第 119 页。
④ 〔北魏〕郦道元著,陈桥驿校证:《水经注校证》卷四《河水》,中华书局,2007,第 117 页。

三百步,观者皆以为河伯也。”[①]有学者以为此当系传说,按当时齐国的实力,古冶子不可能与齐景公经过砥柱。但诸书对砥柱的记载,反映出这一时期砥柱凶险已为人认知的情形。这一认知的来源自当是建立在对砥柱河道长时段的观察与利用的基础上的。

二、秦及秦代开创的黄河漕运系统

秦人发展黄河航运有悠久的传统,最早的黄河“船漕”记载即见于秦国历史。《左传·襄公十三年》记载:“冬,晋荐饥,使乞籴于秦。”“秦于是乎输粟于晋,自雍及绛,相继。命之曰泛舟之役。”杜预《集解》:“从渭水运入河、汾。”[②]这是历史上第一次河、渭“船漕”的记录,也是历史上有明确记载的首次由政府组织的漕运活动。《史记·秦本纪》所记同,唯在运输方式上有异:“晋旱,来请粟。”秦穆公“于是用百里傒、公孙支言,卒与之粟。以船漕车转,自雍相望至绛”[③]。所谓“船漕车转”即水陆联运。《说文·水部》载:“漕,一曰人之所乘及船也。”段玉裁注:“乘下疑夺车字。盖车亦得称漕。”[④]秦国粮船从都城雍(今陕西凤翔雍城)附近的渭河东下,至今潼关转入黄河溯水北上,继而于今山西万荣转入汾河,至今新绛,然后转陆运抵晋都绛(今山西翼城东南)。自雍及绛六七百里,船队相继,络绎不绝,史称“泛舟之役”。次年,秦国发生饥荒,晋惠公“令河上输之粟”。韦昭注:“河上,所许秦五城也。”“五城”即晋“河外列城五”,包括位于今陕州区和灵宝的焦、瑕、虢略等。《国语集解》记其事云:“秦饥,公令河上输之粟。虢射曰:‘弗予赂地而予之籴,无

① 〔晋〕干宝撰,李剑国辑校:《新辑搜神记》卷二十四《古冶子》,中华书局,2007,第406页。

② 〔晋〕杜预集解,〔唐〕孔颖达疏:《春秋左传正义》卷十三“襄公十三年”,北京大学出版社,2000,第422页。

③ 〔汉〕司马迁:《史记》卷五《秦本纪》,中华书局,1959,第188页。

④ 〔汉〕许慎撰,〔清〕段玉裁注:《说文解字注》,上海古籍出版社,1981,第566页。

损于怨而厚于寇,不若勿予。'公曰:'然。'庆郑曰:'不可。已赖其地,而又爱其实,忘善而背德,虽我必击之。我当秦处,亦将击晋。弗予,必击我。'公曰:'非郑之所知也。'遂不予。"[①]这次晋输秦粟事,因晋大夫虢射的反对而没有实现,但说明三门峡以西至潼关黄河段是具备大规模通航运粮条件的。

秦史上另一次持续时间更长、规模更大的漕运记载,是长平之战中的"秦以牛田,水通粮"。秦昭襄王四十五年(前262),秦与赵两国爆发长平之战,历时三年,秦全歼赵军主力,确定了统一战争中"唯秦雄天下"[②]的胜局。长平之战是战国规模空前的历史性决战,秦、赵两国投入兵力达百万之众,战后白起坑杀的赵军兵卒即有40余万。秦军远程出击,无疑需要调集转运数量巨大的军需物资来保证。秦军需的转运方式,《战国策·赵一》记长平之战前夕平阳君赵豹劝赵王避免与秦作战时,说到秦国优势,"且秦以牛田,水通粮,其死士皆列之于上地,令严政行,不可与战。王自图之"。鲍注:"因其水为漕。"吴师道云:"牛耕积谷,水漕通粮。秦从渭水漕运入河洛。"[③]《正义》解释"水通粮"亦说:"秦从渭水漕粮东入河、洛,军击韩上党也。"[④]长平在今山西高平西北,上党在今山西长治。可见秦决战长平,是采用了快捷高效的漕运方式,通过河、渭、洛、汾诸河转输粮草,供应军需。故徐中舒曾明确指出:秦"如果没有水通粮(即后来漕运)也就不能把它所能积聚的粮食,输送到远方去征服其他的国家"[⑤]。这也是长平之战秦军胜利、赵军失利的重要原因。

秦国这两次大规模的黄河漕运活动,皆经由三门峡段黄河。泛舟之役经潼关北上,长平之战"水通粮"经三门峡黄河东往。事实上,秦最初开通漕运,即有服务

---

① 〔春秋〕左丘明撰,徐元诰集解,王树民、沈长云点校:《国语集解》卷九《晋语三》,中华书局,2002,第308页。

② 〔汉〕司马迁:《史记》卷八十三《鲁仲连邹阳列传》,中华书局,1959,第2459页。

③ 〔汉〕刘向集录,范祥雍笺证:《战国策笺证》卷十八《赵一》,上海古籍出版社,2006,第994页。

④ 〔汉〕司马迁:《史记》卷四十三《赵世家》,中华书局,1959,第1825页。

⑤ 徐中舒:《论东亚大陆牛耕的起源》,清华大学国学研究院主编,李懿选编:《徐中舒文存》,江苏人民出版社,2016,第144页。

于对关东的统一战争的战略意图。统一六国战争初期,秦大举东进,先取崤函,继进三川,既是要控制东出关东的交通道路,也有利用河、渭水运进军的长远谋划。秦国控制崤函,将三门峡黄河变为秦之内河,为大规模、有组织地开展黄河漕运,支持东进统一提供了基本的条件。

秦惠王二十二年(前316),秦惠王君臣讨论进一步用兵方向,司马错主张先取巴蜀,张仪倡言进军三川。《史记·张仪列传》记张仪的话说:"亲魏善楚,下兵三川,塞什谷之口,当屯留之道,魏绝南阳,楚临南郑,秦攻新城、宜阳,以临二周之郊,诛周王之罪,侵楚、魏之地。周自知不能救,九鼎宝器必出。据九鼎,案图籍,挟天子以令于天下,天下莫敢不听,此王业也。今夫蜀,西僻之国而戎翟之伦也,敝兵劳众不足以成名,得其地不足以为利。臣闻争名者于朝,争利者于市。今三川、周室,天下之朝市也,而王不争焉,顾争于戎翟,去王业远矣。"[①]张仪建议先灭韩魏,在政治上取得"挟天子以令于天下"优势,军事上在崤函及以东地区取得大片根据地,以洛阳为中心,依傍黄河、洛河水运和崤函险要,便于下一步的水运和进军。张仪的建议虽然当时未被秦惠王采纳,但仍对秦统一天下产生过积极的影响。秦在统一六国的战争中,长期依靠以函谷关为主的崤函防御体系,形成以崤函古道陆路和三门峡黄河水路相结合的军事交通网络,构成持续而强大的东进交通基础。就三门峡黄河漕运而言,其军运的对象主要是以粮粟为主的军事物资。

西安相家巷秦"底柱丞印"封泥的出土,进一步证明经由砥柱的黄河漕运路线在秦时已经开通。"底柱"即底柱、砥柱,"底柱丞"是官职名号。有学者认为,以砥柱之险狭,似不能立县,"秦时于底柱设官,是为了祭祀河神,震慑异物,底柱丞殆治水官"[②]。还有学者认为,"底柱丞"是管理底柱山的机构,以适应人们的游览和祀

---

① 〔汉〕司马迁:《史记》卷七十《张仪列传》,中华书局,1959,第2282页。

② 傅嘉仪:《秦封泥汇考》,上海书店出版社,2007,第19页。

礼。[1] 王子今则认为:"'底柱丞'可能是底柱县丞。其职任应当包括主持底柱附近'尚梗湍流,激石云洄,澴波怒溢'之航道的运输管理,可能也要担任克服底柱航段'河阻'的修治工程的指挥。""'底柱丞'的行政职任很可能与'砥柱之漕'直接相关。""所谓'祭祀河神,震慑异物'的目的,也应当是为了'砥柱之漕'的畅通。"[2]此论甚是。同时笔者也认为,撇开秦是否可能在险狭的砥柱立县,这三种意见似可合而为一。砥柱是三门峡黄河的地理标志,秦在此设官,本职是主管运输、修治工程,对于砥柱这样商以来就有祭祀活动的名山来说又显然具有特殊的意义,因此由"底柱丞"来兼管祭祀河神事务,以护佑来往砥柱的船只,可以说是一件很自然的事情,这也从侧面体现了三门峡黄河对漕运畅通的至关重要性。

无论如何,秦设"底柱丞"官职,都说明至迟在秦取得崤函地区以后,经由砥柱的三门峡黄河漕运线路已经开通,并取得了明显的成效,其漕运活动已经常态化。虽然此时的漕运,主要为兼并战争"军政转输"服务,但它的常态化使用,实际上应看作三门峡黄河漕运已经形成。换言之,黄河漕运是伴随着秦东进统一天下的历史进程在三门峡黄河首先发端并形成的。强大的黄河漕运,与陆路运输一起,成为秦军能够常胜,并最终取得一统天下的历史性成功的基本条件。

图 5-24　秦"底柱丞印"封泥及拓片

① 庞任隆:《秦郡县封泥的历史地理学意义》,《文博》2009 年第 3 期。

② 王子今:《说秦"底柱丞印"封泥》,《故宫博物院院刊》2019 年第 3 期。

公元前221年,秦始皇统一全国,建立了大一统的王朝。国家的统一为黄河漕运体系的发展奠定了重要基础。与秦统一关东六国时期不同的是,这时的黄河漕运已由原来的自西向东而转向为自东向西。秦朝在短暂存在的十几年时间里,清除关东水道障碍,整合运道,统筹漕运,开创性地建立了渭河、黄河、鸿沟、济水构成的黄河漕运干道,将渭水岸边的秦都咸阳与关东粮食高产区联系起来。在这个系统中,三门峡黄河漕运有着突出的表现。

秦朝时期,关东租赋是朝廷财政经济的主要来源,大都利用黄河漕运集中到咸阳,以满足浩大的经费开支。由于秦军事重心在西北,漕转关东粮粟以供西北军需,也是当时漕运的重要任务。《汉书·主父偃传》记载,秦始皇"使蒙恬将兵而攻胡,却地千里,以河为境。地固泽卤,不生五谷,然后发天下丁男以守北河。暴兵露师十有余年,死者不可胜数,终不能逾河而北"。秦从山东漕运粮粟供应戍边将士,"又使天下飞刍挽粟,起于黄、腄、琅邪负海之郡,转输北河,率三十钟而致一石"。颜注:"运载刍藁,令其疾至,故曰飞刍也。挽谓引车船也"。[①]《史记·淮南衡山列传》记伍被对淮南王说:秦"转负海之粟致之西河"[②]。黄、腄、琅邪均在今山东半岛濒海地区。秦时黄河不像今由山东半岛入海,而是从今河北地区入海。秦始皇以黄、腄、琅邪为后勤港,征调船只、粮草,从山东渡渤海运输军需,粮船渡海后,自天津入黄河,至敖仓,汇合鸿沟流域漕运,向西过三门峡,转入渭河,运达关中和河套地区。明代丘濬在《大学衍义补·漕挽之宜》中对此评述道:"秦以欲攻匈奴之故,致负海之粟,输北河之仓,盖由海道以入河也。"故他认为漕运始于秦。"此前未有漕运之名也,而飞挽始于秦。"[③]这一评价是公允的。

屯驻西北的几十万秦军的粮饷主要依靠黄河漕运供应,漕运活动最为繁忙。

---

① 〔汉〕班固:《汉书》卷六十四《主父偃传》,中华书局,1962,第2800页。

② 〔汉〕司马迁:《史记》卷一百一十八《淮南衡山列传》,中华书局,1959,第3086页。

③ 〔明〕丘濬撰,金良年整理:《大学衍义补》卷三十三《漕挽之宜》,上海书店出版社,2012,第276页。

前引《汉书·主父偃传》描述当时漕运情景说:“百姓靡敝,孤寡老弱不能相养,道死者相望。”楚汉战争中,刘邦出关与项羽争逐,萧何留守关中,“常从关中遣军补其处,非上所诏令召,而数万众会上之乏绝者数矣。夫汉与楚相守荥阳数年,军无见粮,萧何转漕关中,给食不乏”[①]。《华阳国志·蜀志》:“汉祖自汉中出三秦伐楚,萧何发蜀、汉米万船,南给助军粮。”[②]络绎不绝的关中转漕,为刘邦战胜项羽提供了强有力的后勤支持,形成最终战胜项羽的重要优势。萧何“转漕”利用的正是秦王朝创建的渭河、黄河漕运系统。不同的是,萧何将漕运方向转变为自关中向关东而已。西汉建立后,萧何因此被誉为“万世之功”,功列第一。萧何主持的河渭漕运可称为漕运在改朝换代中负有特殊使命的最早表演。

秦朝每年黄河漕运数量有多少,史无记载。秦在都城建有规模浩大的太仓,存积粮粟。其中“栎阳二万石一积,咸阳十万石一积”[③]。一积乃一库之意,即栎阳太仓以存满二万石为一库,咸阳以十万石为一库,形成较充足的粮食储备。王子今分析,“这种优势的形成,不排除‘漕转山东粟’以充实‘咸阳’‘栎阳’的‘关中’仓储的可能。‘砥柱之漕’的早期开发,可能对于秦关中‘仓粟多’的经济储备优势的形成发挥过积极作用”[④]。秦末,百姓纷纷结盗为乱,丞相李斯等进谏秦二世曰:“盗多,皆以戍漕转作事苦,赋税大也。”[⑤]《盐铁论》也有“戍漕者辇车相望”[⑥]之说。显见,秦时转漕关中已经常态化,运量很大,致使戍漕成为秦代社会的严重问题,最终引发全国性的大起义。秦时漕运,以黄河漕运线路最长,亦最为繁忙,则李斯等所说的“戍漕转作事苦”应主要是黄河漕运造成的。

---

① 〔汉〕司马迁:《史记》卷五十三《萧相国世家》,中华书局,1959,第 2016 页。

② 〔晋〕常璩撰,任乃强校注:《华阳国志校补图注》卷三《蜀志》,上海古籍出版社,1987,第 141 页。

③ 睡虎地秦墓竹简整理小组:《睡虎地秦墓竹简》,文物出版社,1990,第 60、61 页。

④ 王子今:《说秦“厎柱丞印”封泥》,《故宫博物院院刊》2019 年第 3 期。

⑤ 〔汉〕司马迁:《史记》卷六《秦本纪》,中华书局,1959,第 271 页。

⑥ 〔汉〕桓宽撰集,王利器校注:《盐铁论校注》卷七《取下》,中华书局,1992,第 463 页。

漕仓是漕运系统的重要设施，也是漕运活动开展的重要依托。秦在黄河沿线大规模修筑粮仓，以仓储漕运粢粜，形成西向流入关中的漕仓群，如陈留仓、敖仓、龙岩仓、咸阳仓、栎阳仓等。其中，龙岩仓是秦时在三门峡黄河沿岸建造的唯一漕仓，位于平陆三门乡龙岩村，南距黄河北岸 8 公里。20 世纪 50 年代，考古学家实地考察后指出："根据三门以东的黄河北岸的地形观察，在 20 多华里的范围内除上述台地外，别无他处宜于建仓。"[①]显见，秦设龙岩仓是经过一番认真考察规划的。唐代著名的集津仓即是在龙岩仓遗址上建造的。

上述漕仓皆位于秦黄河漕运核心区和交通及军事重心，兼具"转漕"和"粢粜"两种功能[②]，因而储粮规模十分宏大，粮仓管理也十分严格。云梦睡虎地秦墓竹简《秦律十八种》中有专门的"仓律"，对粮仓的收藏、管理、发放、口粮标准等都有明确严格的规定。秦在中央设治粟内史兼治漕运，属官有太仓令等，太仓令"主受郡国转漕谷"[③]，各粮仓设有仓啬夫、仓佐等，负责管理。严格而有效的管理，保证了秦朝政治军事行动时的粮草供应。

在秦朝黄河漕运系统的建立和运行之中，三门峡黄河漕运的地位十分重要，既是由渭入河、由河入渭漕运线的出入口，又是黄河连通鸿沟漕运水道的必经要道和中转站。可以说，如果没有三门峡黄河漕运，就不可能形成秦朝完整的黄河漕运系统。有学者评价说："表面上看，砥柱段只是数千公里黄河的小小一部分，但砥柱段黄河漕运既然在秦统一进程中发端，服务于秦兼天下的大事业，那么，它就天然地具有更大范围、更高层次的历史意义。而这种全局性意义，在秦与西汉时期得到了充分的展现。"[④]三门峡黄河漕运在秦朝创建的黄河漕运系统的通行效率和作用，由此可以得知。

---

① 中国科学院考古研究所：《三门峡漕运遗迹》，科学出版社，1959，第 38 页。

② 吕思勉：《秦汉史》，上海古籍出版社，2005，第 575 页。

③ 〔南朝宋〕范晔：《后汉书》志二十六《百官三》，中华书局，1965，第 3590 页。

④ 崔建华：《战国秦汉时期黄河砥柱段漕运的经营》，《中州大学学报》2020 年第 5 期。

三、两汉时期三门峡黄河漕运的发展

1. 西汉前期的三门峡黄河漕运

西汉最终建都关中，张良强调的“阻三面而守，独以一面东制诸侯。诸侯安定，河渭漕挽天下，西给京师；诸侯有变，顺流而下，足以委输”①，无疑起了关键作用。张良不仅在历史上第一次明确提出了“河渭漕挽”系统，而且还明确提出了“河渭漕挽”系统所具的“无变”“漕挽天下”和“有变”“顺流委输”两种漕运模式在巩固王朝统治中的重大作用。张良的识见得到了刘邦的肯定，由此也确定了“河渭漕挽”在西汉的重要国策地位和作用。

西汉建都长安后，为了解决京师长安及三辅地区的粮食供应，仍像秦代一样从关东地区黄河下游与济、汝、淮、泗间的黄淮平原漕运粮食和生活用品。成书于西汉中期的桓宽《盐铁论》记载：“三辅迫近于山、河，地狭人众，四方并凑，粟米薪菜，不能相赡。”②“河渭漕挽”是当时唯一的漕运运道。三门峡黄河段则是“河渭漕挽”运道的咽喉。《史记·河渠书》载：“漕从山东西。”《索隐》：“谓从山东运漕而西入关也。”③《正义》：“山东，谓河南之东，山南之东及江南、淮南，皆经砥柱（主）上运。”④

西汉十分重视黄河河道管理。津关的设置是西汉管理这段河道的重要措施。张家山汉简《津关令》中有“诸河塞津关”的记载：“禁民毋得私买马以出扜（扞）关、郧关、函谷（关）、武关及诸河塞津关。”陈伟认为，“诸河塞津关”概指黄河和边塞上

---

① 〔汉〕司马迁：《史记》卷五十五《留侯世家》，中华书局，1959，第 2043 页。

② 〔汉〕桓宽撰集，王利器校注：《盐铁论校注》卷三《园池》，中华书局，1992，第 172 页。

③ 〔汉〕司马迁：《史记》卷二十九《河渠书》，中华书局，1959，第 1410 页。

④ 〔汉〕司马迁：《史记》卷二十九《河渠书》，中华书局，1959，第 1411 页。

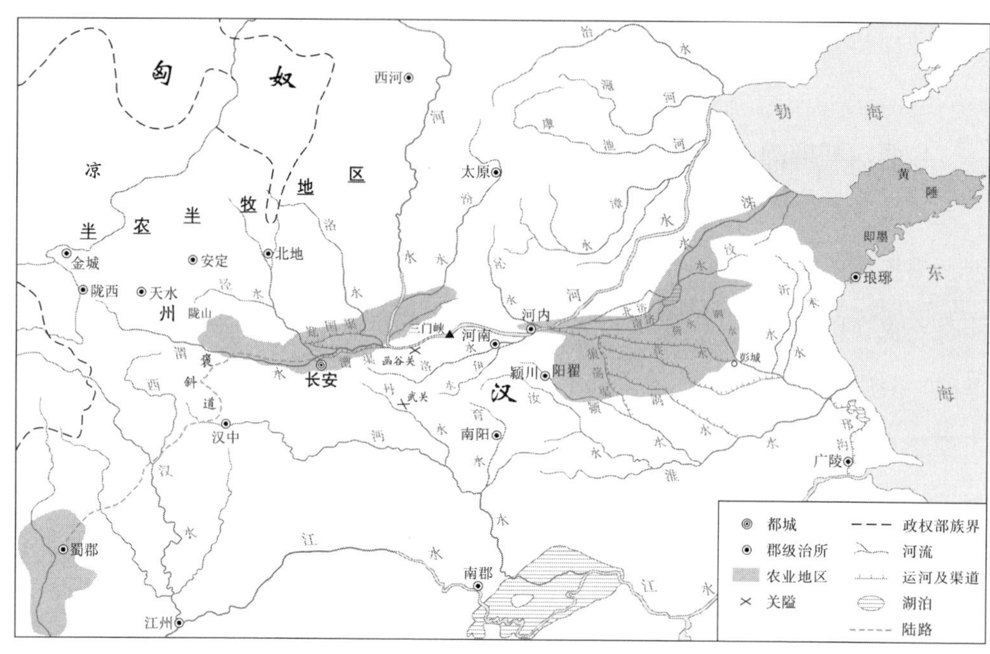

图 5-25　西汉漕运与三门峡图①

的各处津关(包括位于内地的黄河津关)②。也有研究者认为“是指联系五关及关内的大小关塞、渡口”。如“由陕渡黄河为汉河东郡河北县的茅津及茅城,茅津距县西二十里,可攻安邑,茅津与陕隔河相对,形势险要,是重要的津关,虽不在上述五关之内,但必然是‘诸河塞津关’之一”③。“诸河塞津关”与关隘一样,既作为军事治安设施,又作为稽查设施,也要执行《津关令》的相关规定。

西汉在沿河津要驻有守卫兵卒,或设关管理。《津关令》有“丞相上备塞都尉书”记载了在陕县设置夹溪关的情况:“请为夹溪河置关,诸漕上下河中者,皆发传,

① 据史念海《三门峡与古代漕运》改绘,《河山集》,生活·读书·新知三联书店,1963,第 235 页。

② 陈伟:《张家山汉简〈津关令〉“越塞阑关”诸令考释》,《简帛研究》2006 年第 1 期。

③ 黎明钊:《〈津关令〉与江湖盗贼》,黎明钊编:《汉帝国的制度与社会秩序》,牛津出版社,2012,第 385 页。

及令河北县为亭，与夹溪关相直（值）。阑出入、越之，及吏卒主者，皆比越塞阑关令。丞相、御史以闻，制曰：可。"整理者注："夹溪关在今陕县，位于黄河之南，其北为西汉河北县。"[①]廖伯源以为整理者所谓"其北为西汉河北县"，盖是误解简文。陕县在黄河南岸，北岸为河东郡大阳县，故简文"及令河北县为亭，与夹溪关相直（值）""盖谓于黄河北岸之大阳县为亭，与夹溪关隔河相对。陕县地在今日之三门峡市。其地河道险要，汉于其地置夹溪关，以管制河流之交通"[②]。据杨建考"夹"是从两旁相持或相对，谓夹溪河指黄河支流入河口处，夹溪关在支流入黄河之两河相夹处[③]。陕州故城汉代陕县城北对大阳县。青龙、苍龙两条涧河在陕县城南汇入黄河。可见廖氏所说颇有道理。又罗福颐《汉印文字征》录有汉"陕溪关长印"，或与夹溪关有关。备塞都尉请置夹溪关，于北岸置亭，对黄河漕运船只核发官传以作通关凭证，对往来无传者按"越塞阑关令"处置。这些规定显然主要是针对三门峡黄河段的漕运活动而出台的。

由于漕运的基本交通工具是舟船，汉承秦制，仍在河渭交汇之处的潼关设船司空县，加强对漕运船只建造和使用的管理。《水经注·渭水》载：渭水"东入于河，春秋之渭汭也。水会，即船司空所在矣。地理志曰：渭水东至船司空入河"[④]。船司空是西汉较为特殊的行政建制，名为县级行政机构，实为设在渭水和黄河交汇处负责船只建造、维护、调拨与管理的专门机构。船司空扼据"河渭漕挽"最关键的河道，而且制船业颇为发达，是西汉主要造船基地，所造船只在西汉漕运事业中发挥着重要作用。有汉一代，船司空一直受到朝廷的重视。

---

① 张家山汉墓竹简整理小组：《张家山汉墓竹简二四七号墓（释文修订本）》，文物出版社，2006，第88页。

② 廖伯源：《汉初之二千石官》，《简帛》第1辑，上海古籍出版社，2006，第375页注2。

③ 杨建：《西汉初期津关制度研究：附〈津关令〉简释》，上海古籍出版社，2010，第199页。

④ 〔北魏〕郦道元著，陈桥驿校证：《水经注校证》卷十九《渭水》，中华书局，2007，第467页。

汉初“河渭漕挽”运量不大，文帝之前“漕转关东粟以给中都官，岁不过数十万石”[①]。以往论者多把这归于汉初“与民休息”政策的作用，这不够全面。汉初郡国并行，中央仅控制以关中为主的十五郡，经济发达的关东地区几乎都分封给了各诸侯王。诸侯王拥有封国的赋税财权，汉中央受制于此，漕运自然不易，其结果，如七国之乱前夕枚乘对吴王濞所说，汉“转粟西向，陆行不绝，水行满河，不如海陵之仓”[②]。海陵仓即吴国大仓。七国之乱平定后，文、景、武三帝重拳出击，削弱诸侯王，随着侯国问题的彻底解决，阻碍关东漕运的政治环境消除，于是关东运往关中的漕粮数量开始大幅上升。武帝元光年间已增至每年一百余万石[③]。元狩四年(前119)，“下河漕度四百万石，及官自籴乃足”[④]。可见，文、景、武三帝持续解决侯国的种种举措隐伏着消除漕运政治环境阻碍，控扼关东粮源，确保“河渭漕挽”运行，以壮大关中优势的目的。而侯国问题的解决也确实取得了关东漕粮源源不断输入关中支撑京师繁荣的成效。

2. “砥柱之限”与汉武帝整治漕运的努力

武帝时期，西汉进入极盛阶段，汉武帝逐步改变了汉初“无为”的政治理念，在政治、经济和文化方面推行了一系列新措施，“外事四夷，内兴功利，役费并兴”[⑤]。同时从关东地区迁徙大量的人口充实长安地区。这种情况大大增加了中央的物资消耗。如《史记·平准书》记载，汉武帝开辟西北战场打击匈奴，“兴十万余人筑卫朔方，转漕甚辽远，自山东咸被其劳，费数十百巨万，府库益虚”[⑥]。文献中述及卫青、霍去病等征匈奴，所费物资也常云“转漕之费”[⑦]。面对国库空虚、财政危机的

---

① ［汉］班固:《汉书》卷二十四《食货志》，中华书局，1962，第1127页。

② ［汉］班固:《汉书》卷五十一《枚乘传》，中华书局，1962，第2363页。

③ ［汉］司马迁:《史记》卷二十九《河渠书》，中华书局，1959，第1410页。

④ ［汉］班固:《汉书》卷二十四《食货志》，中华书局，1962，第1171页。

⑤ ［汉］班固:《汉书》卷二十四《食货志》，中华书局，1962，第1137页。

⑥ ［汉］司马迁:《史记》卷三十《平准书》，中华书局，1959，第1421~1422页。

⑦ ［汉］司马迁:《史记》卷三十《平准书》，中华书局，1959，第1422页。

形势,汉武帝一方面在关中地区大量兴修水利,大力发展农业;另一方面大力发展漕运,以增加关东漕粮的征调和运输数量,来满足日益庞大的“国用”和军需。然而恰在这一时期,作为关东漕粮入关咽喉的三门峡黄河,出现“砥柱之限”,构成漕运的巨大阻碍。

据《史记·河渠书》记载,汉武帝时河东郡守番系奏言河渭漕运不便说:“漕从山东西,岁百余万石,更砥柱之限,败亡甚多,而亦烦费。”①《汉书·沟洫志》作“更底柱之艰”②。这是史籍中第一次出现砥柱有阻碍与艰险的记录。《说文·阜部》:“限,阻也。”“限”是地形概念,险阻之处称作“限”。《说文》:“艰,土难治也。”段注:“引申之凡难理皆曰艰”③,与“限”义同。成书于西汉中期的《淮南子》亦云:“饮砥柱之湍濑。”高诱注:“湍,涅水,至疾。濑,清。皆激涅急流。”④

关于“砥柱之限”“底柱之艰”,有必要在此作进一步的阐述。

砥柱亦作厎柱、底柱,“厎字本从厂,古文字写法,与砥为同一字”⑤。最早见载于《尚书·禹贡》:“导河……东至于厎柱。”“厎柱析城,至于王屋。”⑥是黄河上著名的地标性景观。

砥柱的位置,古今所指并不相同。现今所指砥柱,位于三门峡大坝下方黄河中,是唐以后的说法,其形成与隋大业七年(611)“砥柱山崩,壅河,逆流数十里”⑦

---

① 〔汉〕司马迁:《史记》卷二十九《河渠书》,中华书局,1959,第1410页。

② 〔汉〕班固:《汉书》卷二十九《沟洫志》,中华书局,1962,第1680页。又王叔岷《史记斠证》云:“施之勉云:汉志作艰。案汉志砥作底,下同。日本京都田香岩藏六朝古写本残卷下文作庢,庢乃底之俗变。底当作厎,砥,或厎字。说文:‘砥,厎或以石。’汉志补注引苏舆曰:‘史艰作限,通典食货志作险。’”(《史记斠证》卷二十九《河渠书第七》,中华书局,2007,第1223~1224页)

③ 〔汉〕许慎撰,〔清〕段玉裁注:《说文解字注》,上海古籍出版社,1981,第732、694页。

④ 〔汉〕刘安编,刘文典撰,冯逸、乔华点校:《淮南鸿烈集解》卷六《览冥训》,中华书局,2013,第202页。

⑤ 李零:《禹迹考》,《中国文化》2014年第1期。

⑥ 〔清〕孙诒让撰,孙启治点校:《墨子闲诂》卷四《兼爱中》,中华书局,2001,第107页。

⑦ 〔唐〕魏征等:《隋书》卷二十三《五行下》,中华书局,1973,第665页。

有关，反映的是隋唐以后对砥柱位置的认识。如唐开元初，赵冬曦游历三门峡，作《三门赋》，称砥柱山自北向南有六峰，横亘在河之中流，砥柱为最北一峰，经凿开而称三门①。而在唐之前，砥柱与三门则是一山二名。郦道元《水经注·河水》载："砥柱，山名也。昔禹治洪水，山陵当水者凿之，故破山以通河。河水分流，包山而过，山见水中若柱然，故曰砥柱也。三穿既决，水流疎分，指状表目，亦谓之三门矣。"②又《括地志》："底柱山俗名三门山，在陕州硖石县东北五十里黄河之中。孔安国云：'底柱，山名。河水分流，包山而过，山见水中如柱然也。'"③按照郦道元等的解释，砥柱本为山名，经大禹治水三凿而成三门。二者是一山二名。胡渭《禹贡锥指》曰："要之诸峰在当时总为一巨石，禹析之以近河，三门亦底柱也。后人强生分别耳。"④

黄河自潼关由南向东转曲，至会兴镇流向东北，至三门峡，受北岸山体阻挡又转为北南流向。河水先是因入口处河中横卧的两大石岛分隔，分为三股，号曰"三门"。从地质角度看，三门砥柱诸岛岩石皆为石英闪长玢岩，属中性火成岩浅成侵入体，比周围岩石硬度高，故能屹立河中而不为河水所冲蚀夷平。⑤

三门各门名称，历代有所不同，明代以后称南为鬼门、中为神门、北为人门。⑥水流通过三门时，流向紊乱，尤以人门、鬼门两股，均为锐角转折，水面坡度在百分

---

① 〔唐〕赵冬曦《三门赋·序》云："砥柱山之六峰者，皆生河之中流，盖夏后之所开凿。其最北有两柱，相对距崖而立，即所谓三门也。次于其南，有孤峰揭起，峰顶平阔，夏禹之庙在焉。西有孤石数丈，圆如削成。复次其南有三峰，东曰金门，中曰三堆，西曰天柱。湍水从黄老祠前东流，湍激蹙于虾石，折流而南，湫于三门，包于庙山，乃分为四流。淙于三峰之下，抵于曲限，会流东注。加以两崖夹水，壁立千仞，盘纡激射，天下罕比。"

② 〔北魏〕郦道元著，陈桥驿校证：《水经注校证》卷四《河水》，中华书局，2007，第116页。

③ 〔唐〕李泰等著，贺次君辑校：《括地志辑校》卷三《陕州·硖石县》，中华书局，1980，第112~113页。

④ 〔清〕胡渭著，邹逸麟整理：《禹贡锥指》卷十三，上海古籍出版社，2006，第446页。

⑤ 李鄂荣：《西汉水利建设中的地质问题》，中国地质学会地质学史委员会编：《地质学史论丛》(二)，地质出版社，1989，第15页。

⑥ 有关三门峡各门名称的变化情况，详参俞伟超：《三门峡漕运简史》，中国科学院考古研究所编著：《三门峡漕运遗迹》，科学出版社，1959，第62~63页。

之一以上,水势湍急,翻滚洄旋,航行极为艰险。民国《陕县志》作者对当地棹工做调查后写道:“按三门,中曰神门,南曰鬼门,北曰人门,水行其间,声激如雷,而鬼门尤为险恶,舟筏一入,鲜有得脱,似矣而未得其详也。查三门三峰,其高出水面皆不过两丈,其上广狭不同,惟北面一峰,其上宽广,可容数百人至舟行之路,则舟师以三门之上游五里河中一大石为识,水涨没石,则舟行人门。水落石出,则舟行鬼门。惟神门窄隘不能容舟,自古无人行舟,此则棹工之经验云。”①

砥柱以下又有一百二十里的“阏流”之梗。阏者,阻塞之意;阏流指河水航行艰险。《水经注·河水》对此有精彩的描述:“自砥柱以下,五户已上,其间百二十里,河中竦石桀出,势连襄陆,盖亦禹凿以通河,疑此阏流也。其山虽辟,尚梗湍流,激石云洄,澴波怒溢,合有十九滩,水流迅急,势同三峡,破害舟船,自古所患。”五户即今垣曲华峰乡五福涧村。砥柱至五福涧一百二十里的阏流,水流湍急,水下暗礁、石碛潜伏,“故有众峡诸滩之言”,船行这里,虽不像三门砥柱那样惊心动魄,却也势同长江三峡险峻,是仅次于三门砥柱的又一漕运天险。

按郦道元的说法,三门为砥柱,五户滩为阏流。东汉经学家郑玄则依《地说》以为“河水东流贯底柱,触阏流,今世所谓砥柱者,益乃阏流也”②。清人汪之昌《凿龙门析底柱说》考证认为郦说“恐非西汉以前之说”③。若此,至少在西汉以前砥柱包括阏流段。砥柱及以下一百二十里的阏流共同构成了“砥柱之限”。胡渭《禹贡锥指》考察历代治理三门之险情况后指出:“三门之险,不专在底柱,其下兼有阏流为之阻。盖自底柱以东,夹河群山之水,并注于河,禹功既远,泥沙日积,河上激六峰,

---

① 欧阳珍修,韩嘉会撰:民国《陕县志》卷三《舆地志》,《河南历代方志集成·三门峡卷》(4),大象出版社,2017,第32页。

② 〔北魏〕郦道元著,陈桥驿校证:《水经注校证》卷四《河水》,中华书局,2007,第116~117页。

③ 〔清〕汪之昌:《青学斋集》卷十五《凿龙门析底柱说》,谭其骧主编:《清人文集地理类汇编》第5册,浙江人民出版社,1988,第574页。

下阻十九滩,湍波倍加汹涌。”[①]这本是这一段河道的常态。但由于秦及西汉前期大力推行移民实边政策,黄河中上游大面积毁林毁草垦荒,加之西汉后期气候由温暖湿润变为寒冷干旱,降水减少,水旱灾害增多,致使植被覆盖减少,土壤侵蚀加剧,黄河及其支流泥沙含量陡增。本已航行不易的三门峡险段因此变得更为艰险。番系所言“砥柱之限”,即是指包括阏流的整个三门峡河段都出现了险情。对于漕运来说,这意味着漕船通行变得艰难,水位平稳季节尚可上航,水浅干枯或洪峰期间上航困难。[②]“败亡甚多”即表明了上航的危险程度。“砥柱之限”已然成为当时“河渭漕挽”的瓶颈。

元光六年(前129)春,武帝接受大司农郑当时的建议,“令齐人水工徐伯表,悉发卒数万人穿漕渠,三岁而通”。漕渠由长安引渭水入渠,沿南山(秦岭)北麓,逶迤东流经临潼、渭南、华县、华阴,至潼关西入黄河,较原来走渭水河道减少六百里航程和一半的行船时间,不仅使漕粮“大便利。其后漕稍多”,而且使“渠下之民颇得以溉田”。[③]

然而,漕渠运力的提高,使“砥柱之限”这一漕运瓶颈问题更加突出。为打破“砥柱之限”困境,汉武帝时期采取了一系列措施试图加以解决,按措施内容大体可分为两个阶段。

第一个阶段为元朔三年(前126)至元狩六年(前117),主要是另开新的漕路,以避“砥柱之限”。

受开凿漕渠成功的影响,河东太守番系于元朔三年向汉武帝言修渠田免漕运事:“穿渠引汾溉皮氏、汾阴下,引河溉汾阴、蒲坂下,度可得五千顷。五千顷故尽河堧弃地,民茭牧其中耳,今溉田之,度可得谷二百万石以上。谷从渭上,与关中无

---

① 〔清〕胡渭著,邹逸麟整理:《禹贡锥指》卷十三,上海古籍出版社,2006,第443~444页。

② 于希贤、于湧:《沧海桑田——历史时期地理环境的渐变与突变》,广东教育出版社,2002,第118页。

③ 〔汉〕司马迁:《史记》卷二十九《河渠书》,中华书局,1959,第1410页。

异，而砥柱之东可无复漕。”汉武帝“以为然，发卒数万人作渠田”。结果是“数岁，河移徙，渠不利，则田者不能偿种。久之，河东渠田废”[①]。其后，元狩年间，又有人“上书欲通褒斜道及漕事”：“抵蜀从故道，故道多阪，回远。今穿褒斜道，少阪，近四百里；而褒水通沔，斜水通渭，皆可以行船漕。漕从南阳上沔入褒，褒之绝水至斜，闲百余里，以车转，从斜下下渭。如此，汉中之谷可致，山东从沔无限，便于砥柱之漕。且褒斜材木竹箭之饶，拟于巴蜀。”上书人提出将关东漕粮从南阳顺沔水到汉中入褒水，至分水岭车转百里入斜水，再入渭水运抵长安。新漕路比故道近四百里，又可以避开砥柱之险。故而得到御史大夫张汤的积极支持。于是，汉武帝“拜汤子卬为汉中守，发数万人作褒斜道五百余里”。修成后，“道果便近”，漕运却因“水湍石，不可漕”[②]，而未实现预定目标。

第二阶段。由于开河东渠田和“通褒斜道及漕”接连失败，使得长安地区的漕粮运输不得不仍然只能依靠渭河与黄河漕运。而此时正是汉武帝大展雄图，内“广关”，外拓边之际，对漕运的需求更加强烈而迫切。于是，自元鼎年间开始，汉武帝吸取上一阶段的教训，不再谋求避开砥柱，而主要通过改变运输方式和政策，来减轻“砥柱之限”。汉武帝整治漕运的努力进入第二个阶段。这一阶段的主要措施亦有二：

其一，在三门峡黄河沿岸修建转运仓。据文献和考古资料，汉武帝在元鼎三年（前114）置弘农郡前后，分别在三门峡及上下游新建京师、郎庾和汉函谷关三座漕仓，改建平陆龙岩仓。

京师仓遗址位于三门峡上游的河渭交汇处，北距渭河3公里，东距潼关今流入河口10公里，由仓城及若干座仓房组成，面积近80万平方米。考古已发现粮仓6座，其中一号仓储最大，占地面积16625平方米，推测其仓容可达上万立方米，总储量当在百万石左右。发掘者认为，“京师仓的储粮容量是根据每年漕运数百万石粮

---

① 〔汉〕司马迁：《史记》卷二十九《河渠书》，中华书局，1959，第1410页。

② 〔汉〕司马迁：《史记》卷二十九《河渠书》，中华书局，1959，第1411页。

食设计的，所以仓房绝不会只有目前发现的六个仓”①，其储粮规模当十分巨大。京师仓建筑年代约与漕渠同期，与关中漕渠是一套配套工程，不仅地处漕渠渠口岸边，这里曾是漕渠连接黄河航道的一处重要码头，而且通往函谷关的崤函古道大路也自仓前经过，无论水路还是陆路，中转、储存漕粮都极其便利。西汉船司空县可能也与京师仓同在一处。

郖庾，文献中缺载，近年，灵宝函谷关汉弘农郡官署出土“弘农郖庾丞印”封泥，证实在秦函谷关附近，临近黄河古渡郖津的地方存在着一座西汉国有漕仓。郖津，又作浢津、窦津，由此北渡黄河至山西芮城。其名称来源，《水经注·河水》云：“河水于此，有浢津之名。说者咸云，汉武微行柏谷，遇辱窦门，又感其妻深识之馈，既返玉阶，厚赏赉焉，赐以河津，令其鬻渡，今窦津是也。故潘岳《西征赋》云：酬匹妇其已泰，胡厥夫之谬官。袁豹之徒，并以为然。余按河之南畔，夹侧水渍有津，谓之浢津。河北县有浢水，南入于河，河水故有浢津之名，不从门始，盖事类名同，故作者疑之。竹书《穆天子传》曰：天子自窴軨，乃次于浢水之阳，丁亥，入于南郑。考其沿历所踵，路直斯津，以是推之，知非因门矣。”②可见浢津的历史最早可追溯到周穆王时期，至迟汉代已形成津渡。《说文·邑部》载：“郖，弘农县庾地。”③《汉书·文帝纪》：“发仓庾以振民。”应劭注曰：“水漕仓曰庾。”④《说文·广部》：“庾，水漕仓也。”段玉裁注：“谓水转谷至而仓之。”⑤郖庾即设于黄河郖津附近之漕仓，主要为满足关东漕粮由黄河运至弘农郡后，继续向关中转运粮食之需要。因其近函谷关，保障函谷关军需供应当也是其重要功能之一。一旦战事爆发，关内将士可就近取郖庾食，既能保障粮草供应，也提高了函谷关乃

---

① 陕西省考古研究所：《西汉京师仓》，文物出版社，1990，第 58 页。

② ［北魏］郦道元著，陈桥驿校证：《水经注校证》卷四《河水》，中华书局，2007，第 112~113 页。

③ ［汉］许慎撰，［清］段玉裁注：《说文解字注》，上海古籍出版社，1981，第 287 页。

④ ［汉］班固：《汉书》卷四《文帝纪》，中华书局，1962，第 131 页。

⑤ ［汉］许慎撰，［清］段玉裁注：《说文解字注》，上海古籍出版社，1981，第 444 页。

至整个关中的守御能力。弘农郡建于元鼎三年,则郖庾的建造不应早于该年,可能是与弘农郡设置同时。

图 5-26　秦函谷关出土汉“弘农郖庾丞印”封泥及拓片

汉函谷关仓,即盐东大型仓储遗址,位于新安仓头乡盐东村黄河南岸的二级台地上,包括主体建筑、附属建筑基址、窑区、墓葬区及其他生活设施等。始建于元鼎三年,与汉函谷关同时,至成帝永始二年(前 15)仍有建造。主体建筑呈规则的长方形,南北长 179 米、东西宽 35 米,面积 6265 平方米。从建筑遗迹来看,函谷关仓与京师仓有相似之处,但由于位于黄河岸边,建筑采用立柱式结构,即大柱础石用于支撑顶棚,小柱础石用于支撑地板,与地面形成隔离层,既可防潮,又可防水患。因此,学者视为与黄河漕运密切相关的西汉重要漕运遗迹①。也有学者认为,它“可能是一处集关防、仓储、武库等多项功能于一体的复合型建筑”②。汉函谷关仓遗址三面环山,一面临河,地处三门峡黄河急流以东第一个平坦的山间小盆地,北距黄河直线距离约 600 米,由此西溯约 13 公里,为险要的黄河八里胡同。考古发

① 段鹏琦:《黄河三门峡邻近地区新发现汉魏漕运遗迹浅议》,《宿白先生八秩华诞纪念文集》编辑委员会编:《宿白先生八秩华诞纪念文集》(上),文物出版社,2002,第 121~134 页。

② 洛阳市第二文物考古队:《黄河小浪底盐东村汉函谷关仓库建筑遗址发掘简报》,《文物》2000 年第 10 期;朱亮:《试论盐东建筑遗址及相关问题》,《文物》2001 年第 6 期。

掘者认为,出八里胡同上行均为峡谷水道,特别是三门峡河段,是黄河中最艰险的河道。漕船由水势较平稳的下游河段进入峡谷河段,必须卸载换船,否则就很可能会在砥柱河道的激流险滩中倾覆。盐东是一个理想的仓储转运之所,在此建立转运仓,既方便囤积转运,又便于管理。①

图 5-27　新安盐东汉函谷关仓基址②

龙岩仓位于今平陆三门乡黄河北岸台地上,南距黄河 8 公里。遗址南北长 60 米,东西宽 40 米。唐开元年间,裴耀建集津仓时曾有"今汉、隋漕路,濒河仓廪,遗

① 朱亮:《试论盐东建筑遗址及相关问题》,《文物》2001 年第 6 期。

② 采自李文儒主编《中国十年百大考古新发现　1990—1999》(上册),文物出版社,2002,第 527 页。

迹可寻”[①]之说。考古调查在这里发现了不少汉代瓦当、灰陶仓、灶、壶等遗存,应是西汉继秦之后改建的遗留物。

上述四仓皆是为“河渭漕挽”服务的转运仓,其中汉函谷关仓和京师仓分据三门峡河道东西两端,龙岩仓、郖庾据其中,以仓布点,沿河延伸,形成“点—线”结构的漕运网络,对调节三门峡险恶河道的漕运,保证“河渭漕挽”贯通、衔接,具有十分重要的作用,也为后世漕仓的重建提供了宝贵的经验。

其二,调整运输政策,激发漕运潜能。元封元年(前110),武帝以桑弘羊为治粟都尉,推行均输平准法。桑弘羊“乃请置大农部丞数十人,分部主郡国,各往往县置均输盐铁官,令远方各以其物贵时商贾所转贩者为赋,而相灌输。置平准于京师,都受天下委输”,“又请令吏得入粟补官,及罪人赎罪。令民能入粟甘泉各有差,以复终身,不告缗。他郡各输急处,而诸农各致粟”。[②] 所谓“均输”,《后汉书》李贤注:“武帝作均输法,谓州郡所出租赋,并雇运之直,官总取之,市其土地所出之物,官自转输于京,谓之均输”[③]。均输的对象不仅有大量的粮粟,还有其他日常生活用品,如盐、特产等。桑弘羊的做法,是通过调整运输政策,贵粟重漕,激发州县和民间漕运潜能,鼓励和组织民间加入官营运输系统,加紧通过黄河漕运关东,即“赋输”“贡输”,而转运与储存仍主要依靠“河渭漕挽”和沿河漕仓。元鼎三年以前,西汉在黄河上的漕仓,主要是敖仓。武帝后期,三门峡沿河漕仓的大规模建设,充实了河渭漕仓系统,漕仓分布趋于稠密和合理,为转漕的组织提供了便利。在三门峡黄河水浅干枯或洪峰不便航行的季节,可以将上游漕粮暂时积存漕仓,待水位平稳的季节,再漕运关中,或者在漕粮卸下后,改用崤函古道陆路西输关中,如此通过水陆交通之间的连接形成互补,储积与运输、水路与陆路有机地结合起来,漕运能力

① 〔宋〕欧阳修等:《新唐书》卷五十三《食货三》,中华书局,1973,第1366页。

② 〔汉〕司马迁:《史记》卷三十《平准书》,中华书局,1959,第1441页。

③ 〔南朝宋〕范晔:《后汉书》卷四十三《朱晖传》,中华书局,1965,第1461页。

因此得到大幅提升。

据文献记载,秦汉时期漕运主要采用的是水陆联运的运输方式,即《史记·秦本纪》所说的“以船漕车转”。漕船普遍使用的是称作“斻”“航”“舫”或“方船”的连体船。《史记·郦生陆贾列传》载:刘邦“起蜀汉之兵击三秦”,“诸侯之兵四面而至,蜀汉之粟方船而下”。《索隐》:“方船谓并舟也。”①方船的特点是舱室较小,有些根本就没有舱室,整船都用于装货。两船相并列,用木板连接起来,用于漕运,不仅载重量增大,而且因为船宽度增加,航行起来比较平稳,便于运载纤挽。“这种浮性与稳性均较优越的船型,曾经成为主要水上运载工具”②,也是漕船的主力。于是出现“转粟西向,陆行不绝,水行满河”③的漕运盛况。

《汉书·食货志》记推行均输法之后,“他郡各输急处,而诸农各致粟,山东漕益岁六百万石。一岁之中,太仓、甘泉仓满。边余谷,诸均输帛五百万匹。民不益赋而天下用饶”④。学者一般认为石和斛相通,汉代一石等于二市斗,一市斗等于十三点五市斤,一石等于二十七市斤⑤。汉武帝时漕粮六百万石,换算下来即为一亿六千二百万斤。汉代运粮车的载重标准一般为二十五斛⑥,则运粮需要二十四万辆辎重车。汉代辎重车载运有三种形式,即人力挽车六人一车,牛力挽车一车一牛,马力挽车一人一马,以牛力挽车为基本形式⑦,而无论是人力或牛力挽车,六百万石漕粮的长途转运,都是一个巨大的工程。而这还不包括每头牛所需的口粮二十斛。六百万石漕粮的长途转运,若换算成船只的话,也是一个相当大的数字。王子今曾有过计算:“西汉时以漕运方式转输关东谷物以保证长安支用,最多时年

① 〔汉〕司马迁:《史记》卷九十七《郦生陆贾列传》,中华书局,1959,第2695页。

② 王子今:《秦汉时期的船舶制造业》,《上海社会科学院学术季刊》1993年第1期。

③ 〔汉〕班固:《汉书》卷五十一《枚乘传》,中华书局,1962,第2363页。

④ 〔汉〕班固:《汉书》卷二十四《食货志》,中华书局,1962,第1175页。

⑤ 林甘泉主编:《中国经济通史·秦汉经济卷》(上),经济日报出版社,1999,第243页。

⑥ 王子今:《秦汉名物丛考》,东方出版社,2016,第180页。

⑦ 宋杰:《〈九章算术〉与汉代社会经济》,首都师范大学出版社,1994,第46页。

600 万石。《释名·释船》列举船型较大者排水量为 500 斛，以此载重标准计，需用船 12000 艘，确实可以形成‘水行满河’‘大船万艘，转漕相过’的壮观场面。”[①]而如果使用二百斛或三百斛的较小船只分批次运输的话，有人测算，则需要 2 万船次或 3 万船次[②]，船队规模会更为庞大。当然，汉武帝时的六百万石漕粮并非一定是使用漕船或车辆，极可能是水运、陆运并举，以水运为主。充裕的漕运物资基本满足了军国需求，支撑起武帝的盛业。

汉武帝时期是否有开凿三门峡黄河栈道，也就是改善河道通行条件的举措，文献无记载。但考古学家通过对三门峡人门及下游垣曲、八里胡同等东汉时期的栈道遗迹的分析，推论这里的栈道始修年代不晚于西汉。如果这一意见可以成立，在大规模发展黄河漕运的汉武帝时期，三门峡一带开凿栈道，以辅助行船是很有可能的事情。当然，就此进行确切的说明，还有待于新的资料的发现。

3. 汉武帝后西汉对三门峡黄河漕运的整治

尽管汉武帝为提升漕运能力，保障军国需用作出了很大的努力，但社会同样也付出了沉重的代价，出现了“甲士死于军旅，中士罢于转漕”[③]的严重情形。南朝宋诗人鲍照《拟古八首》第六首写道：“束薪幽篁里，刈黍寒涧阴。朔风伤我肌，号鸟惊思心。岁暮井赋讫，程课相追寻。田租送函谷，兽藁输上林。河渭冰未开，关陇雪正深。笞击官有罚，呵辱吏见侵。”[④]诗中描述的赋税苛重，农民在黄河渭水冰尚未融化，函谷积雪正深时节，就要把田租送到函谷关内的京城，喂养禽兽的饲料送到上林苑，一路上还不时地受到押运官吏的责罚、笞打和辱骂的情形，文学史研究者普遍认为写的是秦汉史事。诗中“河渭”的描写，或暗示有通过漕运输送田租的

---

① 王子今：《秦汉交通史稿》（增订版），中国人民大学出版社，2013，第 220 页。

② 山西省考古研究所、山西大学考古专业、运城市文物工作站：《黄河漕运遗迹——山西段》，科学技术文献出版社，2004，第 206 页。

③ 〔汉〕桓宽撰集，王利器校注：《盐铁论校注》卷七《击之》，中华书局，1992，第 471~472 页。

④ 〔南朝宋〕鲍照著，丁福林、丛玲玲校注：《鲍照集校注》卷四，中华书局，2012，第 321 页。

情形。在一些儒生的强烈批评下,汉武帝以后,黄河漕运数量有所下降。元凤二年(前79)六月,昭帝下诏减漕:“朕闵百姓未赡,前年减漕三百万石。”元凤三年(前78)春正月,又诏“其止四年毋漕”。[①] 但在关中仍然需要关东漕粮供给不变的形势下,减漕、暂停漕运不可能持久。据《汉书·食货志》,宣帝时,“岁漕关东谷四百万斛以给京师,用卒六万人”[②]。其后的大部分年份都维持在四百万石,也就是十万吨以上的水平上。

在此背景下,一些务实的官员仍在积极地想办法来提升漕运能力,其着力方向有二:

一是继续想方设法避开“砥柱之限”,在黄河以外索解漕运的困境。汉宣帝时,大司农中丞耿寿昌奏言:“宜籴三辅、弘农、河东、上党、太原郡谷足供京师,可以省关东漕卒过半。”三辅、弘农在关中,河东、上党、太原郡在晋南和晋中,由这五郡调粮,不需要经过“砥柱之限”。经批准实施后“漕事果便”。[③] 耿寿昌就近籴粮的建议,与番系开河东渠田有一定相似之处,都是通过改变粮食供给来源,缩短漕运路线,以避开“砥柱之限”。不同的是,耿寿昌此议正逢三辅诸地岁数丰穰之时,因此取得“漕事果便”之效。但这只能满足部分需求,其余仍需通过“河渭漕挽”运至长安。

二是直接凿广砥柱。鸿嘉四年(前17),丞相史杨焉建言:“从河上下,患底柱隘,可镌广之。上从其言,使焉镌之。”[④]以“隘”称砥柱,较之“砥柱之限”更为严重,表明当时砥柱已然成为黄河大患。那么,如何理解杨焉的“镌广”?镌即开凿。有研究者以为是凿除河中岛屿,而非拓宽河道,恐不确切。因为西汉时期的所谓砥柱指的是砥柱山,即三门山,而非后世所指单一石岛。后世所谓砥柱,俞伟超曾辨析

① 〔汉〕班固:《汉书》卷七《昭帝纪》,中华书局,1962,第229页。
② 〔汉〕班固:《汉书》卷二十四《食货志》,中华书局,1962,第1141页。
③ 〔汉〕班固:《汉书》卷二十四《食货志》,中华书局,1962,第1141页。
④ 〔汉〕班固:《汉书》卷二十九《沟洫志》,中华书局,1962,第1690页。

说:“赵冬曦《三门赋·序》,唐代名梳妆台为金门,张公石为三堆,砥柱石为天柱。而至北宋时期,似已不明白古文献中砥柱一名的意义,把梳妆台称作砥柱。这可能是因为砥柱铭镌刻在梳妆台上面的缘故。砥柱与天柱仅一字之差,极易传说,大约在明代以后,由于砥柱铭的毁坏,逐渐不称梳妆台为砥柱而把它挪到天柱的身上了。”[①]因此,杨焉“镌广”砥柱,当是“镌广”砥柱山。其目的有二,一是通过“镌广”砥柱,拓宽漕运通道,使河道深广,便利漕运;二是疏缓水势,使河水平缓地流入下游,缓解因下游时有决堤泛滥所造成的巨大河防压力。这是历史上首次凿砥柱以通漕的建议,也是西汉漕运史上唯一一次修治砥柱河道的工程,堪称创举。但施工时开凿下的碎石沉落水中无法清除,反而阻塞了河道,“镌之裁没水中,不能去,而令水益湍怒,为害甚于故”[②]。

探究其失败原因,胡渭指出杨焉的失败是因仅镌三门未浚阙流造成的,其在《禹贡锥指》中写道:“三门之险,不专在底柱,其下兼有阏流为之阻。盖自底柱以东,夹河群山之水,并注于河。禹功既远,泥沙日积,河上激六峰,下阻十九滩,湍波倍加汹涌。昔人计不及此,但欲镌广三门,一试于杨焉,再试于李齐物,不惟无益,而害且滋甚,则以镌石落水,河身愈浅,三门虽广,不能胜百二十里之阏流之故也。禹治河率自下始。孔传云:或凿山,或穿地,度禹当日必先浚阏流,而后析底柱。析底柱者,凿山也。浚阏流者,穿地也。二险并去,则贡舟直达帝都,不必参用陆运矣。嗟乎!世患无神禹耳,岂患底柱之不可漕哉。”[③]胡渭的见解可以说进一步佐证了西汉时“砥柱之限”包括“阏流”之阻。俞伟超则从施工技术条件角度论述说:“当时不了解三门激流形成的原因,不仅仅是河道狭窄,还在于河床深度悬殊,礁石极多。所以,这种企图凿广三门而使水势平缓的行动,当然失败;况且,以当时的技

① 中国科学院考古研究所:《三门峡漕运遗迹》,科学出版社,1959,第 63 页。

② 〔汉〕班固:《汉书》卷二十九《沟洫志》,中华书局,1962,第 1690 页。

③ 〔清〕胡渭著,邹逸麟整理:《禹贡锥指》卷十三,上海古籍出版社,2006,第 443~444 页。

术能力而言，要真正地加宽河道也是不可能的。”他又说：“尽管如此，这件事实仍反映出西汉晚期由于冶铁技术的进步，大大提高了进行这种巨大工程的能力。因为从几件现存的武帝时期的石雕看（霍去病墓石刻群、昆明湖畔牵牛织女像），大都只是就石材的形态，稍加雕琢而成，对石材的加工上能力还十分有限，所以当时根本不可能在这种坚硬的闪长斑岩上进行巨大的工程。而在宣帝时期，对于熟铁加以热处理的淬铜法已经发明，可以想象，在成帝时期大概就是应用着这种坚硬的工具而开凿岩石的。可惜，在三门峡已经分辨不出这次工程的痕迹了。”[①]杨焉镌广“底柱隘”虽然失败，但它确是历史上第一次疏治三门的工程，由此也揭开了我国古代疏治三门峡漕运航道的序幕。

西汉后期，高昂的漕运费用不时引起朝臣、儒生等的争论，元、成、哀、平四帝时期甚至与当时的“更始革新”、挽救危机的政治思潮交织在一起。汉元帝初元三年（前46），儒生翼奉上疏说：“臣愿陛下徙都于成周，左据成皋，右阻黾池，前乡崧高，后介大河，建荥阳，扶河东，南北千里以为关，而入敖仓；地方百里者八九，足以自娱；东厌诸侯之权，西远羌胡之难，陛下共己亡为，按成周之居，兼盘庚之德，万岁之后，长为高宗。”[②]翼奉的建议，具有浓厚的阴阳五行色彩，但对继续定都长安的质疑，在相当程度上，是考虑了“砥柱之限”所造成的漕运关中的巨大困难和高成本。其后，王莽时期又有人要求迁都洛阳，其理由与翼奉迁都以降低漕运成本的意见如出一辙。通过这一历史过程，可以看到“砥柱之限”在西汉后期与政治危局相互影响的历史事实。即便如此，西汉的漕运也一直不断。

4. 东汉三门峡黄河栈道的修筑

东汉建立后，弃长安而以洛阳为都，史家分析其原因，多以为与避开三门砥柱之险有关。这也成为黄河漕运史上的一大转折点。东汉漕运以洛阳为中心，关东

---

① 中国科学院考古研究所：《三门峡漕运遗迹》，科学出版社，1959，第64~65页。

② 〔汉〕班固：《汉书》卷七十五《翼奉传》，中华书局，1962，第3176页。

漕粮转输洛阳,以黄河下游为干道,无须再经三门峡。因此,西汉建立的汉函谷关仓、京师仓均在东汉初被废弃。龙岩仓、郎庾也可能是在这时被弃,"河渭漕挽"的价值已不能与秦和西汉相比,历史地位有所下降。但三门峡黄河漕运仍然存在,出于平定羌乱、巩固西北边防的需要,关中的粮食仍然需要关东的供应,三门峡黄河漕运的利用价值依然很大。对东汉黄河漕运与秦及西汉的不同,研究者有这样的表述:"在政治中心居于关中的秦与西汉,漕运不仅要服务于北边、西边军事活动,还要供应关中,维持帝国心脏的跳动。而到了东汉,定都洛阳使砥柱段的黄河漕运卸下了维护帝国中枢运转的沉重负担,角色逐步单一化,成为一条主要用来巩固西部边防的物资运输通道。"①东汉不仅曾持续整治三门峡漕运河道,而且有所建树,其突出成就便是创造出修筑栈道,依靠人力克服河道险恶的新方式,有效地维持和促进了黄河漕运的发展。

1955—1957 年,为配合三门峡大坝的修建,中国科学院考古研究所对三门峡黄河栈道遗迹进行实地考察,在三门峡人门左岸和鬼门右岸发现栈道 12 段,长 625 米,主要分布在人门左岸。在三门峡以东发现 7 段栈道遗迹,其中黄河南岸有七里沟东、七里沟西、狮子口 3 段,北岸有七里沟东、七里沟西、狮子口、杜家庄 4 段。1997 年春季至秋季,为配合小浪底水库工程建设,河南、山西考古部门分别对三门峡以东黄河两岸进行考古勘察。河南主要在渑池县与新安县交界处八里胡同,北岸山西是平陆、夏县、垣曲三县。两岸沿河 60 公里地段内,发现黄河栈道 40 多处,累计长达 1 万多米。栈道大多开凿在岸边壁立的山腰,依山傍河,时断时续。考古勘察表明,黄河栈道遗迹集中分布在西起三门峡,东到渑池县与新安县交界处八里胡同的河道两侧。

三门峡及其以东平陆县、夏县、垣曲县和新安县的黄河两岸发现多处东汉栈道的遗存,包括两则栈道题刻。一则是 1956 年三门峡人门栈道发现的人 IX 段 T5 题

① 崔建华:《战国秦汉时期黄河砥柱段漕运的经营》,《中州大学学报》2020 年第 5 期。

图 5-28　三门峡栈道遗迹(陕州区赵里河村,田永强摄)

刻:"和平元年六月十四日,平阴李儿□□造。"①和平为东汉桓帝年号,和平元年即150 年。另一则是 1997 年在垣曲五福涧村第 3 段栈道内侧岩壁上发现的 T2 题刻,分上下两段,各竖刻两行,上段内容为"建武十一年□月□日官造□遣匠师专治□□[积临水]水口"。下段内容为"时遣石匠□赤□知石师千人"。② 建武为汉光武帝年号,建武十一年即 35 年。五福涧村即《水经注》所言"自砥柱以下,五户以上"中的五户。上述两则题刻是迄今所见东汉修筑栈道的确凿物证,其中富含三门峡漕运建设信息:

其一,刘秀更始三年(25)称帝,建都洛阳,至建武十二年(36),平定蜀地,天下始归统一。建武十一年题刻证明,还在建国之初,天下尚未一统之际,东汉即启动

① 中国科学院考古研究所:《三门峡漕运遗迹》,科学出版社,1959,第 43 页。

② 山西省考古研究所、山西大学考古专业、运城市文物工作队:《黄河漕运遗迹——山西段》,科学技术文献出版社,2004,第 177 页。

了整治三门峡，修筑栈道的工程。工程规模和范围颇大。建武十一年一次就集结"石师千人"，而且直到东汉末的桓帝和平元年，工程仍在持续。工程范围遍及三门峡及其以下阏流段。说明东汉相当重视黄河漕运，修筑三门峡栈道工程很可能是东汉常制。

其二，题刻所记栈道施工地点，分别在三门峡西端的人门和东端的五福涧。此外，新安八里胡同栈道虽未发现有东汉题刻，但调查者根据栈道的形制与结构，判断该栈道修建"初创于东汉时期"①。凡此都"说明在西汉以后三门峡一带河道通航的难度增加了，也就是说，可能地质结构、水文状况有了变化，使得河道更不适于航运，因而需要人工改造来开发河道的水运能力"②。这与前文所述"砥柱之险"可相互印证，说明栈道在三门峡的出现与西汉后期以来水情变化导致河道通航难度增加有直接关系，栈道是古人制服自然，利用资源的产物。

其三，栈道主要修筑在黄河北岸，即当时的黄河主河道，修筑难度相当大。建武十一年题刻所在的垣曲五福涧村第3段栈道，修筑在村西山崖底部，南距黄河边约60米，下距沙滩3~4米，高出黄河水面约10米，东西向，长42米，路面凸凹不平，时宽时窄，宽处达1.5米，窄处仅0.4米。③ 栈道就依托在狭窄的路面上。"河岸的石崖如果是陡直的峭壁，路面都是凿成虎口形状，硬是从绝境中开出一条施工的基础路面来，工程量非常之大，施工的难度也非常之大。石崖如果稍有坡度，就略好一些，把有坡度的地方凿直，路面就出来了，工程量就会小一些，危险也小

---

① 陈平、孙红梅：《黄河八里胡同栈道》，河南省文物管理局等：《黄河小浪底水库文物考古报告集》，黄河水利出版社，1998，第76页。

② 段鹏琦：《黄河三门峡邻近地区新发现汉魏漕运遗迹浅议》，《宿白先生八秩华诞纪念文集》编辑委员会编：《宿白先生八秩华诞纪念文集》（上），文物出版社，2002，第121~134页。

③ 山西省考古研究所、山西大学考古专业、运城市文物工作队：《黄河漕运遗迹——山西段》，科学技术文献出版社，2004，第175页。

一些”①。

其四,三门峡人门栈道和垣曲五福涧栈道的修筑方式基本相同,又有所不同,说明在长期的实践中,当时的“石师”不仅掌握了栈道修筑技术,有统一的规制,而且可以根据当地不同的地理条件,因地制宜,以地形走势节省工力和材料为原则择点修建栈道,其栈道修筑技术已具相当水平,并多样化。

图 5-29　垣曲五福涧村栈道建武十一年题刻(左:上段;右:下段)②

① 山西省考古研究所、山西大学考古专业、运城市文物工作队:《黄河漕运遗迹——山西段》,科学技术文献出版社,2004,第 204 页。

② 采自山西省考古研究所、山西大学考古专业、运城市文物工作队:《黄河漕运遗迹——山西段》,科学技术文献出版社,2004,图版贰零。

三门峡黄河栈道的出现,是三门峡黄河漕运建设史上的一项重大进步,也是崤函古道交通史上的特殊筑路工程。《史记》"索隐"曰:"栈道,阁道也。……崔浩云:'险绝之处,傍凿山岩,而施版梁为阁。'"[①]栈道最早出现在战国秦之蜀道上,三门峡栈道是继蜀道栈道之后又一处大型栈道工程。不同的是,三门峡栈道是在黄河沿岸岩壁上开凿架设的供纤夫挽船行舟的专用通道,不走车马。就运输功能而言,三门峡栈道是为黄河上的漕船增添动力的水上交通的辅道,可称之为纤道,三门峡栈道堪称交通史上的一大奇迹。东汉的栈道规划和经营,为后来三门峡栈道的进步奠定了基本的格局。

由栈道遗迹来看,三门峡栈道建设经过了较科学的规划和施工,具有独特之处:

一是栈道构造大体可复原为三种:依崖凹槽式、依崖楔锚梁式和不依崖栈桥式。以第一种最为常见。依崖凹槽式栈道开凿在靠近水面的断崖上,先向内开凿出凹形通道,顶部呈弧形,底面宽 1~2 米,高约 2.5 米。然后在通道凿出壁孔、底孔及桥槽等,再插以木梁,铺上木板,形成凹槽形栈道,宽约 2 米,窄处仅有 20 厘米,可能是后来坍塌崩坏的缘故。由于栈道是为纤夫挽船而特意开凿的纤道,外侧没有栏杆,内侧靠铁链借力前行。依崖楔锚梁式栈道,石宽面近 40 厘米,丝质坚硬,石壁凿有 10 个横排的特殊壁孔,以锚定木梁。根据孔形,推想当年是从孔的前方插入木梁,其一端远伸在外。石壁外侧梁用长木板垫底,后端一方面靠石孔留下的石横梁,另一方面靠梁后与横梁榫合的竖木接合,竖木顶楔紧于孔,可以得到既能抵御弯距,又能防止滑脱的结构细节。[②] 不依崖栈桥式栈道,是在遇到石缝、石涧,人无法跨越处,在岩石两端,开凿出一种近似长条形尺寸也大的槽孔。然后安放纵向木梁,再在梁上铺板,搭成连接两端的栈桥,供纤夫从上面通过。桥槽底部中间,

---

① 〔汉〕司马迁:《史记》卷八《高祖本纪》,中华书局,1959,第 367 页。

② 唐寰澄、唐浩:《中国桥梁技术史》第 1 卷(古代篇上),北京交通大学出版社,2017,第 205 页。

往往套凿一个小底孔,用以安装木楔固定桥梁。①

二是栈道都开辟在河岸,傍水而行,以保持纤绳与船只的联系。同时为使纤绳不受羁绊,临河一侧也不能有大的障碍物。栈道高度不能太低,也不能太高。太低易为洪水摧毁或在水高位时被水淹没,无路可行;太高则不易纤夫拉纤行走。因此,栈道一般都选在最高洪水线上,大致与河流平行,坡度一般很小,产生坡处,也是因地形需要无奈而为之。

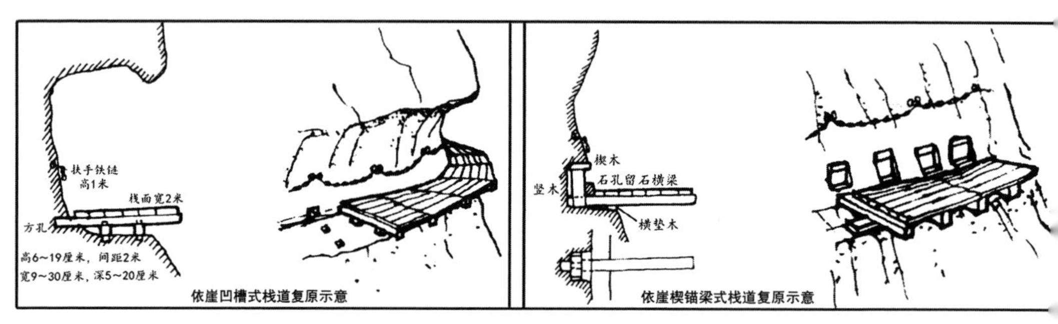

图 5-30　三门峡栈道复原示意图②

三是北岸栈道建设多于南岸。已发现的栈道大部分分布在黄河北岸,南岸仅在渑池与新安间的八里胡同、湖滨区高庙七里沟和陕州区王家后三段有所发现。王家后栈道位于王家后乡安桥岭村北的黄河南北岸边以及赵里河村西的狮子口附近的黄河南北岸,前者栈道长度约 500 米,后者栈道长约 400 米,与平陆杜家庄栈道基本呈对称分布。北岸栈道建设多于南岸,当是因应这一段黄河主河道水流变化和岸边形势变化,同时,也使阴冷季节牵船行进的纤夫能够多得到一些阳光和温暖。赵里河狮子口与平陆杜家庄栈道的对称分布现象,较为少见,当与地处三门峡

① 山西省考古研究所、山西大学考古专业、运城市文物工作队:《黄河漕运遗迹——山西段》,科学技术文献出版社,2004,第 2 页。

② 采自唐寰澄、唐浩《中国桥梁技术史》第 1 卷(古代篇上),北京交通大学出版社,2017,第 205 页。

下游河流拐弯处,为三门峡境内黄河河道最为狭窄的一段有关。

四是无论北岸还是南岸一边栈道的部位,总是出现在对岸部位的前方,且栈道位置多数处在河流自然转弯地段,两岸点位之间呈三角形状。这当是为适应在某些航段行船需采用逆流作斜向过渡方式,来减轻漕船的行驶阻力。

图 5-31　三门峡栈道桥槽孔遗迹①

东汉建设三门峡栈道,不仅常集中征调大批劳动力,而且普遍使用先进工具,采用先进技术。从三门峡栈道的遗迹,可以知道削凿山岩的部分和安插梁柱的壁孔应使用铁制工具方能完成。栈道修建的工程技术形式,史籍未载,但汉代《西狭颂》石刻资料有"鐉烧破析,刻刍磪嵬""鐉山浚渎,路以安直"②之说,即用火烧水激方式摧毁阻隔的山岩。这是一种古老且行之有效的技术。壁孔的开凿则不同,根据遗迹判断,应是采取以"田"字形对角逐层开凿,或"口"字形由下而上逐层开凿

① 采自山西省考古研究所、山西大学考古专业、运城市文物工作队《黄河漕运遗迹——山西段》,科学技术文献出版社,2004,图版壹零。

② 高文:《汉碑集释》(修订本),河南大学出版社,1997,第 356 页。

的施工方式。三门峡栈道的开通及施工技术,可以体现汉代道路交通开拓的技术水平。

随着漕运的发展,东汉后期,三门峡黄河漕运中出现了一种新的水上职业——“河师”。《后汉纪·献帝纪》记载:兴平二年(195)十二月,汉献帝从长安东归洛阳,路经陕县,追兵甚急。李乐“欲令车驾御船过砥柱,出孟津。太尉杨彪曰:‘臣弘农人也。自此东有三十六滩,非万乘所当登也。’宗正刘艾曰:‘臣前为陕令,知其险。旧故有河师,犹有倾危,况今无师。太尉所虑是也。’”[①]关于“河师”,唐人裴耀卿尝云:“又江南百姓不习河水,皆转雇河师水手,更为损费。”[②]可知,“河师”就是熟悉三门峡黄河水情、专事黄河漕运的船夫,但其地位又非一般的船夫,主要为漕船引航,使之安全通过。杨彪是弘农人,刘艾亦曾在当地做官,熟悉情况,从他们的话中,可知东汉末三门峡虽可航行,但行船条件已急剧恶化,不仅需要在峡谷险滩修通栈道,用人工纤挽的办法帮助航行,而且还需要专门的“河师”引航,方可通过。三门峡“河师”是汉代黄河上最早的专业引航船夫,体现出当地漕运业已呈专业化分工发展的态势。

---

① 〔晋〕袁宏撰,张烈点校:《后汉纪》卷二十八《献帝纪》,中华书局,2002,第544页。

② 〔后晋〕刘昫等:《旧唐书》卷四十九《食货下》,中华书局,1975,第2114页。

第六章 魏晋南北朝时期的崤函古道

自东汉末年到隋统一的 360 余年的时间里，除西晋短暂的统一外，其余都是国家分裂、军阀混战的状态。地处中原与关中之间的崤函地区是争夺的重点地区，反复受到战争的冲击。崤函古道及邻近地方成为敌对双方争夺的重要舞台。频繁的战争形势使交通条件显得格外关键，因此，崤函古道交通在这一时期非但未有迟滞或中断，相反因军事斗争、民族融合、人口迁移的需要而有着艰难而辉煌的发展，呈现出独特的发展特点，不仅在各政权间的军事经略中，而且在各民族的融合和中外文化交流中都扮演着十分重要的角色。

第一节 曹魏西晋时期的崤函古道

赤壁之战后,三国鼎立之势形成,曹操占据黄河流域,因为军事、政治的需要,汉末受到破坏的崤函古道得到恢复,新建了北山高道、运粮道等新路,潼关和魏函谷关也在这一时期横空出世,在军事上发挥了重要作用。西晋统一全国后,整修崤函古道,促使崤函古道在曹魏基础上继续得到发展。

一、曹魏时期崤函古道线路的新变化

东汉末年,崤函古道曾遭到董卓及其余党的严重破坏。董卓悉烧洛阳宫庙、官府、居家,驱赶数百万人口西迁长安,致使“二百里内,室屋荡尽,无复鸡犬”①,崤函古道沿线变成了荒无人烟的空旷之区。赤壁之战后,曹操据有黄河流域,但在关陇有马超、韩遂,汉中有张鲁等割据。为安定后方,曹操决计西征马超、韩遂,统一关陇,而后乘机夺取汉中,进规巴蜀。

① 〔宋〕司马光编著,〔元〕胡三省音注:《资治通鉴》卷五十九《汉纪五十一》汉献帝初平元年,中华书局,1956,第1912页。

建安十六年(211)三月,曹操出洛阳西征关中,“盛兵向潼关”①,崤函古道是其主要行军路线。对崤函古道,曹操有“西道之要”的明确认识。《三国志·魏书·贾逵传》记载:建安十六年,“太祖征马超,至弘农,曰‘此西道之要’,以逵领弘农太守”②。因西向进取的需要,崤函古道道路首先受到重视。而西征马超,必须有崤函古道的交通条件为可靠的军事保障。在此背景下,曹操主持开凿了“北山高道”“运粮道”等新路,导致了崤函古道交通线路的改变,促进了其通行条件的改善。

北山高道,首见于《左传》僖公三十二年秦师袭郑经崤山北陵事下杜预注:“此道在二殽之间,南谷中谷深委曲,两山相嵚,故可以避风雨,古道由此,魏武帝西讨巴、汉,恶其险,而更开北山高道。”③稍后《水经注·河水》亦载:“河水又东,千崤之水注焉。水南导于千崤之山,其水北流,缠络二道。汉建安中,曹公西讨巴、汉,恶南路之险,故更开北山高道。自后行旅,率多从之。”④杜预和郦道元分别把曹操“更开北山高道”系于崤山北陵、千崤水下。崤山北陵即文王避雨处,在今陕州区硖石乡硖石村东街北。千崤水源出甘壕东侧的马头山,在今陕州区观音堂镇甘壕村北,两者皆在崤山北路上。可见,所谓曹操“恶南路之险”所指并非通常所说的崤山南路,而是崤山北路。北山高道因位于原崤山北路之北,地势较高而得名。又因是曹操所修,后世亦有“曹魏崤渑北道”⑤之称。北山高道是崤山道一次重要的线路变化,有人把它与崤山北路和南路并列为自古以来崤山的东西三通道⑥,虽不贴切,却足见其重要。

关于北山高道线路的走向,胡德经《两京古道考辨》曾有过这样的复原:北山

① 〔晋〕陈寿撰,〔南朝宋〕裴松之注:《三国志》卷一《魏书·武帝纪》,中华书局,1959,第35页。

② 〔晋〕陈寿撰,〔南朝宋〕裴松之注:《三国志》卷十五《魏书·贾逵传》,中华书局,1959,第481页。

③ 〔晋〕杜预集解,〔唐〕孔颖达疏:《春秋左传正义》卷四十二,北京大学出版社,2000,第542页。

④ 〔北魏〕郦道元著,陈桥驿校证:《水经注校证》卷四《河水》,中华书局,2007,第117页。

⑤ 〔清〕施诚修,〔清〕童钰、裴希纯纂:乾隆《河南府志》卷七十《古迹志》,《河南历代方志集成·洛阳卷》(8),大象出版社,2017,第219页。

⑥ 杨向奎:《宗周社会与礼乐文明》,人民出版社,1992,第70页。

高道自今新安铁门西北，经辞主坡（柿树坡）、坻坞、韶山南坡、大小扣门、大蛇湾、舜王庙、辛家湾（硖石北）、牛坡，然后经张茅北平顶山、大小历山，而进入陕县老城，又经新店、曲沃、灵宝老城，过弘农河，登稠桑原，与秦汉旧路合，全长293里。[①]该说法来源于民国《渑池县志》“崤渑南道北道辩”：“曹公所开北山高道，更在渑北，其道由铁门北上，径辞主坡、坻坞，西过韶山、大口门、大蛇湾，循崤山北麓，至两道合一，今辙迹犹存，父老能言之。盖当汉时，铁门以西，积水成池，渑池古碑多记其事，故曹操更开北山高道。”[②]这一说法影响颇大，至今仍被许多人引用。但这一复原其实疑点颇多，很难成立。

曹操“更开北山高道”原因是“恶南路之险”，而原来道路的险仄，主要在东、西二崤之间的地段，因此，新开北山高道只要避开此段便是。而东、西二崤，按戴延之《西征记》的说法，不过“三十里”，曹操何必要去开凿一条长达293里的新路呢？更何况曹操“更开北山高道”的背景是西征马超、韩遂的军事需要，在战事紧张的环境中，又有多少充裕的时间可以等待甚至今天看来都相当费时的筑路工程贯通呢？在当时的情形下，又有多少人力、物力可以骤然调集到人烟荒芜的崤山北路去筑路呢？可见北山高道只是曹操为避开“南路之险”，而在崤山北道上另开的一段短距离道路。严耕望《唐代交通图考》曾考论北山高道含义：“曹操恶南道之险，更开北山高道，仅指崤坂山区道路而言，非长距离之南北二道也。”[③]辛德勇也有“曹操西征开北山高道，是指在崤山北道之北别开山路，其所谓南道，实指通常所说的北道”观点的发表，并强调“这一点诸位学者都已指明”。[④] 这样的理解显然是合理的。

---

① 胡德经：《两京古道考辨》，《史学月刊》1986年第2期。

② 陆绍治修，李凤祥、上官骏谟纂：民国《渑池县志》卷二《古迹》，《河南历代方志集成·三门峡卷》（10），大象出版社，2017，第274页。

③ 严耕望：《唐代交通图考》第1卷《京都关东区》，上海古籍出版社，2007，第55页。

④ 辛德勇：《崤山古道琐证》，《中国历史地理论丛》1989年第4辑。

考诸文献，较民国《渑池县志》更早的记载，透露出北山高道线路走向的信息。如元泰定二年（1325）和明天启四年（1624），当地民众整治硖、渑道路，地方官员和文人曾勒石记其事。元军百户连伟《创修古崤陵便民路碑记》云：“曹孟德开北山高道石□□，见书于史，即今硖石驿也。”明硖石人王以悟《雁翎关翟马二位修碑记》亦云：“曹孟德开通硖、渑。”[①]这些记载反映了元明时期当地官员、文人对北山高道线路走向的认识。

1989 年，辛德勇对崤山古道（即崤函古道崤山段）进行了深入的考证，其成果是崤函古道交通地理研究的重要收获。“东崤、西崤与北山高道”是这篇长文的第三节。文章据《水经注·河水》“汉建安中，曹公西讨巴、汉，恶南路之险，故更开北山高道，自后行旅，率多从之。今山侧附路有石铭云：‘晋太康三年宏农太守梁柳修复旧道。太崤以东，西崤以西。’明非一崤也”诸语，考订东、西二崤同在崤山北道上，西崤是指石崤山北段的钦吟山，亦即今金银山，东崤则指千崤山。据《水经注》记载，千崤在谷水上源马头山以西。谷水即今洛河支流涧河。涧河一源出于观音堂北约 8 公里的马头山，其西即为陕县涧底河附近注入黄河一水，则千崤山应在此水上源。今本《水经注》“太崤以东，西崤以西”句脱一“东”字，当作“太崤以东，东、西崤以西”。而从梁柳修路碑铭可以看出，“北山高道”开通后荒弃不治的主要是“太崤以东，东、西崤以西”一段。因此，“曹操所开‘北山高道’应从盘崤山西侧即今硖石西开始离开旧路，向东则至千崤水，沿千崤水谷地上溯南行，至千崤山下与旧路合。因为《水经注·河水》千崤水下云‘其水北流，缠络二道’，说明新旧两路都有一段是与千崤河谷并行的”[②]。

辛氏关于“北山高道”的讨论发前人所未发，予研究者以重要启示。笔者曾前

---

① 欧阳珍修，韩嘉会撰：民国《陕县志》卷二十四《掌故》，《河南历代方志集成·三门峡卷》(4)，大象出版社，2017，第 271、272 页。

② 辛德勇：《崤山古道琐证》，《中国历史地理论丛》1989 年第 4 辑。

往实地考察。今石壕村北的观音堂煤矿(矿务局)傍兴隆涧河(清水河)。从观音堂煤矿沿兴隆涧河北上,行十二三里,河面豁然开朗,硖石河(古崤水)自西南而来汇入兴隆涧河,前行,河面开阔,约12里,至弥陀寺,北面便是柏树山、刘家山,山北侧有道路通支建煤矿、庙沟。兴隆涧河至张上村注入黄河。在硖石西一带似只有兴隆涧河一带地理环境与辛德勇复原的北山高道线路地理环境相似。推测当年北山高道当为沿今兴隆涧河河谷北上,在与硖石河交汇处,转西南沿硖石河逆行,在硖石西与旧路合。

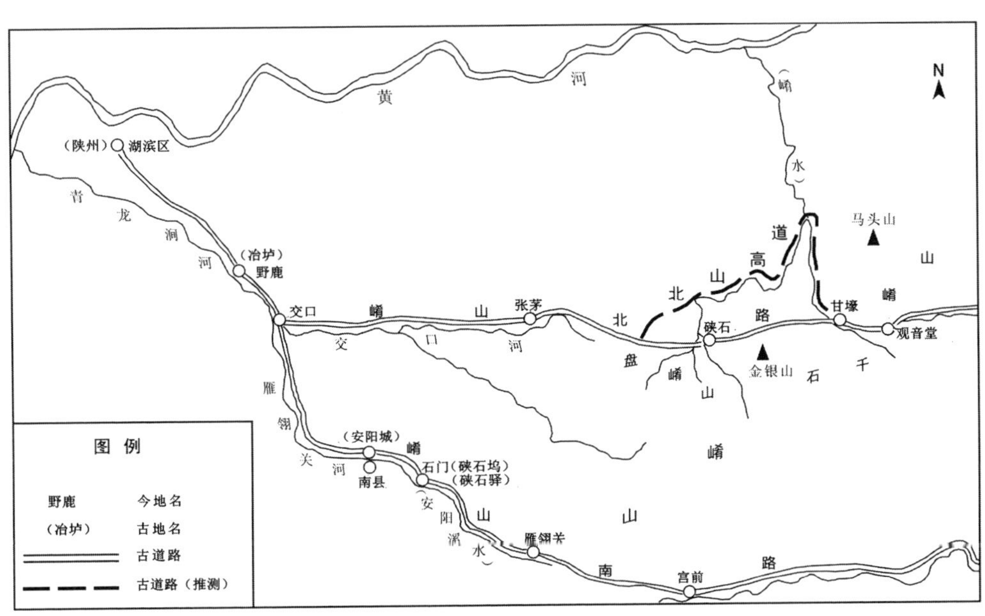

图6-1 曹操北山高道线路走向示意图①

所谓运粮道,是曹操于秦函谷关北十里新开的一条入关中道路,其开通时间也在西征马超、韩遂时。其事见于灵宝清代方志相关记载中。如清杜畇《秦汉函谷关考》载:"……曹操尝以铁骑数十万,西讨马超,命许褚凿道于函谷旧关之北十里,

① 据辛德勇《崤山古道琐证》图绘。

滨大河以转运。”①乾隆《重修灵宝县志·古迹》:“函谷关在邑西南里许。曹操征张鲁时开粮道于此,后遂置关,基址久湮,前令江蘩重建,去周置旧关十有余里。”②此“函谷关”即魏函谷关。“邑西南”即明清灵宝县城西南,在今灵宝大王镇老城村。汉武帝元鼎三年移函谷关于新安县,秦函谷关改为弘农郡县治,经过秦函谷关的道路仍为东西通行大路,称函谷关路。曹操征马超、韩遂,西出洛阳,因函谷关“路在谷中,深险如函”,通行条件较艰难,遂命大将许褚沿黄河南岸另开一条运送兵马粮草的新路,“滨大河以转运”,当地人称“运粮道”,又称“曹操运槽道”。新路由秦函谷关向北迁移十里,从衡岭(稠桑塬)北端孟村北迤逦西上,经七里铺、十里镇、新寨,至塬上西寨村北,与秦汉函谷关路合,继沿黄河南岸西行,至潼关。新路通行条件优于原函谷关路,遂成为新的东西大道。东晋安帝义熙十三年(417),刘裕北伐后秦,克潼关,陷长安,走的便是这条新路。其僚属郭缘生作《述征记》云:“沿路逶迤,入函道六里,有旧城,城周百余步,北临大河,南对高山”③。所谓“北临大河”,表明东晋时大道已在秦函谷关之北。

孟村以东道路也有部分改修。经调查,线路在出陕县城后,自曹阳墟,改经大营、官庄、黄村、小北村,过好阳河,经北村、北营、老城,至孟村西上。

曹操西征过程中的崤函古道修筑,优化了通行条件。其子曹植曾从曹操西征马超,建安二十年(215)又从西征汉中张鲁,其《赠丁仪王粲》诗云:“从军度函谷,驱马过西京。山岑高无极,泾渭扬浊清。”④元刘履分析曹植诗写作背景说:“建安

① 〔清〕周庆增修,〔清〕敖启潜、许宰纂:乾隆《重修灵宝县志》卷五《艺文》,《河南历代方志集成·三门峡卷》(7),大象出版社,2017,第413页。

② 〔清〕周庆增修,〔清〕敖启潜、许宰纂:乾隆《重修灵宝县志》卷二《古迹》,《河南历代方志集成·三门峡卷》(7),大象出版社,2017,第340页。

③ 〔北魏〕郦道元著,陈桥驿校证:《水经注校证》卷四《河水》,中华书局,2007,第109页。

④ 〔三国〕曹植:《赠丁仪王粲》,〔清〕朱绪曾考异,〔清〕丁晏铨评,杨焄点校:《曹植集》卷五,上海古籍出版社,2018,第98页。

二十年，太祖西征张鲁，而子建从之，因历览西都城阙之壮丽，喜见太祖用兵之神速”[①]。显见经过曹操的修筑，崤函古道交通通行条件已有较大改善，自然成为曹操“用兵之神速”的交通基础。

二、潼关、魏函谷关的兴起

潼关、魏函谷关的兴起，是曹魏西晋时期崤函古道建设史上十分突出的成就，它们的建设对当时及后世军事史、经济史和交通史都具有十分重要的意义。

据《三国志·魏书·武帝纪》记载：建安十六年，“（马）超等屯潼关”。这是潼关最早见载于史籍的记录，则其始建时间必早于此。潼关始建年代主要有两说：一说约在东汉末年，即献帝初平二年至建安十六年之间（191—211）。《通典·州郡三》华阴郡：“秦函谷关在汉弘农郡弘农县，即今陕郡灵宝县界。武帝元鼎三年，徙于新安县界。至后汉献帝初平二年，董卓胁帝西幸，出函谷关。自此以前，其关并在新安。其后二十年，至建安十六年，曹公破马超于潼关，即是中闲徙于今所。国之巨防，不为细事，史官阙载，斯亦失之。”[②]《元和郡县图志》所记与此相同[③]。另一说在安帝永初三年（109），是大将军邓骘为防止羌民叛乱，控制东西交通要隘，屏护京师洛阳的西翼而创建的[④]。此意见虽然具体，但距潼关见载于史籍的时间相隔太远，若以永初三年建关，其后一百余年，至建安十六年前，潼关一直未有活动见载

① 〔元〕刘履：《选诗补注》，〔清〕朱绪曾考异，〔清〕丁晏铨评，杨焄点校：《曹植集》卷五，上海古籍出版社，2018，第99页。

② 〔唐〕杜佑撰，王文锦等点校：《通典》卷一百七十三《州郡三》，中华书局，1988，第4513页。

③ 《元和郡县图志》卷二《关内道二》华州“潼关”条：“汉武帝元鼎三年……徙关于新安……即今新安县东一里函谷故关是也。……至后汉献帝初平二年，董卓胁帝西幸长安，出函谷关，自此已前，其关并在新安。其后二十年，至建安十六年，曹公破马超于潼关，则是中间徙于今所。”（中华书局，1983，第35页）

④ 艾冲：《潼关创建年代考辨》，《渭南师专学报（社会科学版）》2000年第1期。

于史册，似也有不通之处。因此，两相比较还是东汉末年的说法较为妥帖。而具体创建时间，则还需要作进一步的分析。

关隘的出现，必定以特殊的军事需要和活动为背景。东汉中期以后，面对的主要是西方来敌，羌患成为国之大患。朝廷启用凉州武力应对，致使关西地区形成较大的军事集团，在汉末向东汉统治者发起挑战。董卓拥凉州兵马，入主洛阳，控制朝政，废立皇帝，迁都长安，给摇摇欲坠的东汉王朝以致命的一击。董卓之后，李傕、郭汜等人重新控制长安朝廷，挟持天子朝臣，屠戮长安。而后马腾、韩遂割据关陇，张鲁“雄于巴汉”[①]。关西军阀相继盘踞关陇，称霸一方，这对以北方为根据地，“挟天子以令诸侯”的曹操，构成严重威胁。《资治通鉴》记载：建安十年(205)“冬，十月，高干闻操讨乌桓，复以并州叛，执上党太守，举兵守壶关口。操遣其将乐进、李典击之。河内张晟，众万余人，寇崤、渑间，弘农张琰起兵以应之”。曹操深以为患。“曹操谓荀彧曰：‘关西诸将，外服内贰，张晟寇乱殽、渑，南通刘表，固等因之，将为深害。’”[②]曹操当然不能不有所防备，而这种防备事实上早在建安初年即已萌生。

《三国志·魏书·荀彧传》记载：官渡之战前，曹操恐袁绍侵扰关中，乱羌胡，南诱蜀汉。彧曰：“关中将帅以十数，莫能相一，唯韩遂、马超最强。彼见山东方争，必各拥众自保。今若抚以恩德，遣使连和，相持虽不能久安，比公安定山东，足以不动。钟繇可属以西事。则公无忧矣。”[③]同书《钟繇传》亦载：“时关中诸将马腾、韩遂等，各拥强兵相与争。太祖方有事山东，以关右为忧。乃表繇以侍中守司隶校尉，持节督关中诸军，委之以后事，特使不拘科制。”《资治通鉴》系之于建安二年(197)。钟繇督军关中，很有成效。“繇至长安，移书腾、遂等，为陈祸福，腾、遂各

---

① 〔南朝宋〕范晔：《后汉书》卷七十五《刘焉传》，中华书局，1965，第2433页。

② 〔宋〕司马光编著，〔元〕胡三省音注：《资治通鉴》卷六十四《汉纪五十六》汉献帝建安十年，中华书局，1956，第2061～2062页。

③ 〔晋〕陈寿撰，〔南朝宋〕裴松之注：《三国志》卷十《魏书·荀彧传》，中华书局，1959，第313～314页。

遣子入侍。太祖在官渡,与袁绍相持,繇送马二千余匹给军。太祖与繇书曰:'得所送马,甚应其急。关右平定,朝廷无西顾之忧,足下之勋也。昔萧何镇守关中,足食成军,亦适当尔。'"①曹操把钟繇比作萧何,给予高度赞扬,可见其经略关中,相当成功。而在经略关中,防备关西势力的诸多措施中,利用有利地势设城把关,自然成为当下的必然措施。故潼关的兴起,很可能就是在这一时期,即钟繇"持节督关中诸军"期间(建安二年至十六年,197—211)。

一般认为,潼关是继函谷关而起并且用来代替函谷关的。但何以用潼关替代函谷关,而不是重新加强久已有之的秦函谷关的防御建设呢?这与汉武帝"广关"后的军事防御形势变化有密切关系。武帝元鼎三年东迁函谷关,秦函谷关改为弘农郡县治后,东向防御的重点移至汉函谷关,原由秦函谷关承担的关中防卫和交通控制改由弘农郡负责。弘农郡城所依即秦函谷关城,地形形势亦与秦时无异,但其对汉王朝的意义毕竟已有所不同。因"广关"的原因,朝廷更加重视的是弘农郡的整体防御能力。随着秦函谷关军事防御核心功能被剥离,其军事地位及防御能力不可避免地有所下降,由此也带来了函谷关以西至华阴一带防御的困难,容易被突破。这在汉末战乱中体现得颇为充分。地皇四年(23),析县邓晔、于匡从武关北上,在弘农县与更始军申屠建、李松会合,疾袭湖县,斩杀弘农太守宋纲,进逼华阴,西趋长安。更始三年(25),赤眉军樊崇也是出武关沿弘农涧河上源北上,徐宣部出陆浑关,经卢氏循弘农涧河支流断密涧北上,两军顺利会合在秦函谷关,合兵向西攻进。尽管王莽、更始帝都曾派重兵在弘农、华阴一带拼命阻截,结果都很快被击败,长安随之被占领。钟繇在建安二年"持节督关中诸军"前曾任司隶校尉。据《三国志·魏书·卫觊传》,时司隶校尉府暂治于弘农。钟繇既有弘农工作之阅历,又有关中督军之经历,对两地形势及历史自然会有较深的认识,进而认识到潼

---

① 〔晋〕陈寿撰,〔南朝宋〕裴松之注:《三国志》卷十三《魏书·钟繇传》,中华书局,1959,第392~393页。

关一带的军事重要性，而最终选择在潼关建关，并完备防御设施。

然而，既然事情是因东迁函谷关引起，那么为什么不在秦函谷关重建，而是以潼关替代函谷关呢？很显然，潼关所具有的独特优势是重要的原因。首先，东汉中期以来，洛阳的威胁主要来自西方。这时从汉函谷关向西，河山之险，迤逦相接，险狭蹊径有百里之遥。潼关往西进入渭水流域，就是秦川八百里，平原广漠，无险可据，所以在关中平原进入豫西山地的险要位置设置潼关，以为关中新的东大门，可以有效地扩大防御范围，增加防御纵深，使敌人不能轻易抵达洛阳，进入中原。其次，潼关在函谷关之西，崤函古道最西端。“自函谷至斯，高出云表，幽谷秘邃，深林茂木，白日成昏”[①]。自陕县西至长安，只有经由潼关这一条道路，可以进出关中。这一点颇与秦函谷关相似，能够以一关而扼关中之口，对从武关、陆浑关北上，循弘农涧河上源或弘农涧河支流断密涧北上的道路，也实现了控制。从这两条道路而来者，即便过了秦函谷关，也会在潼关遭到阻击。再次，险要的潼关地理形势适宜建关。潼关与函谷关历史上同为桃林塞，构成一个险要共同体，所谓“桃林塞，自县（灵宝县）以西至潼关，皆是也”[②]。潼关之名，一说“河在关内南流，潼激关山，因谓之潼关”。一说因潼水以名地也。[③]《元和郡县图志》称潼关形势“上跻高隅，俯视洪流，盘迂峻极，实为天险。河之北岸则风陵津，北之蒲关六十余里”[④]，控扼着河山之间的黄河长廊谷地通道。潼关东有黄巷坂关前险阻，南有流水深切的禁沟天堑横断东西，再南有秦岭雄峙，北有黄河抱关而下，中有关城，正所谓“岩险周固，襟带易守”[⑤]。最后是这一时期战争形态变化。有学者将秦函谷关称为车战时代的

---

① 〔清〕顾祖禹撰，贺次君、施和金点校：《读史方舆纪要》卷五十二《陕西一》，中华书局，2005，第2487页。

② 〔唐〕李吉甫撰，贺次君点校：《元和郡县图志》卷六《河南道二》，中华书局，1983，第159页。

③ 〔北魏〕郦道元著，陈桥驿校证：《水经注校证》卷四《河水》，中华书局，2007，第108页。

④ 〔唐〕李吉甫撰，贺次君点校：《元和郡县图志》卷二《关内道二》，中华书局，1983，第35页。

⑤ 〔清〕顾祖禹撰，贺次君、施和金点校：《读史方舆纪要》卷五十二《陕西一》，中华书局，2005，第2491页。

"天险",潼关是步、骑战时代的"雄关",讲的正是这个关系。春秋战国时期盛行车战,四匹马的战车是当时的主要作战工具,战车驾四匹马后,其长、宽皆在3米左右,对道路要求相对较高,须从相对平坦、宽阔且又树木相对较少的谷沟之处通过。崤函古道曲折狭窄,车不方轨,函谷关附近山岭崎岖、森林茂密,弥漫无边,所以函谷关中的谷道便成为这一地带唯一可行、易行的交通线路,函谷关成为扼守崤函古道的咽喉所在。秦汉以后,战争以步、骑战为主要形态。相对于车兵,步兵和骑兵机动性更强,灵活性更好,不仅可以在平坦之处穿插行军,还可以翻越山岭,在密林中行进。随着函谷关周围森林覆盖减少,原以防御战车和车兵称雄的函谷关,险要程度逐步下降,防御步、骑兵的难度增加。函谷关对步、骑兵来说已经不是不可逾越的天险。而潼关南原狭窄,两侧沟涧深切,坡短且陡,路悬崖曲,关城依山傍河,虎踞冲要,不论是阻绝车辆通行,还是遏制步、骑兵攻击,潼关地形的战术性能,皆胜过函谷关。①

因此,尽管钟繇建设潼关的初衷是以防备和控制关西势力窜入洛阳为目的,但它一经建立,即开始表现出其独特的优势,最终取代函谷关,成为崤函古道西端控扼要地和关中新的东大门,在其后的历史进程中发挥了重大的作用。

东汉潼关城在今潼关秦东镇杨家庄村北,城址呈长方形,东西宽约1000米,南北长约15000米。东临远望沟,西临禁沟及潼谷,由于两沟深堑壁立,成为天然屏障,所以只在南、北两侧修筑了城墙。《水经注·河水》:"河水自潼关东北流,水侧有长坂,谓之黄巷坂。坂傍绝涧,陟此坂以升潼关,所谓泝黄巷以济潼矣。"②自函谷关东来的大道到潼关东,由于黄河紧切塬下,河边无路可走,只能沿着黄河岸边的黄巷坂,上行到远望沟口,再傍着沟涧登上南塬,才能到达潼关,然后下到关西的

① 关于军队结构变化与潼关兴起关系的讨论,可参穆渭生:《车战时代的天险——函谷关》(《西安教育学院学报》2001年第4期)和《森林、道路与关隘——试说函谷关与潼关兴替》(《黄土高原地区历史环境与治理对策会议文集》,《中国历史地理论丛》增刊,2001)。

② 〔北魏〕郦道元著,陈桥驿校证:《水经注校证》卷四《河水》,中华书局,2007,第109页。

禁沟北行，出沟后循渭河南岸的大道西去长安。汉潼关城一直使用了近400年，至隋代始移至禁谷中。

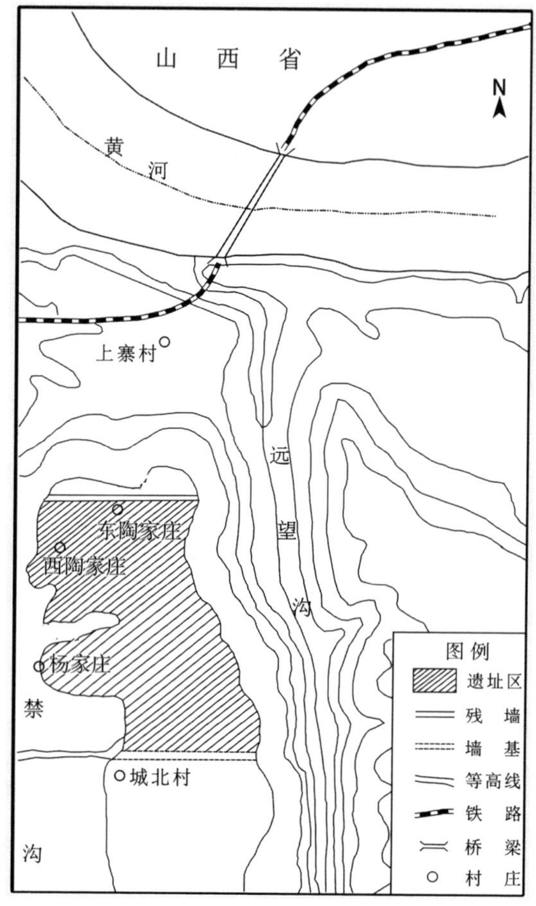

图6-2　东汉潼关遗址示意图①

魏函谷关是继秦函谷关、汉函谷关后的第三座函谷关。其始置年代，旧说皆指在东汉建安中。揆度史实，魏函谷关当筑于建安十六年曹操开辟“运粮道”后，即

① 据姚允文、胡长坤《千古潼关》(三秦出版社，2005)第11页图绘。

先有道路北移,后有关塞之建。

《通典·州郡七》河南府新安条载:“魏明帝景初元年,河南尹卢延上言,成皋函谷二里六十步,宜却函谷关于崤下。弘农太守杜恕议,以东徙潼关著郡下,省函谷关,徙蒯关卢氏县下。”[①]“崤下”即秦函谷关所在,“郡下”即弘农郡。魏明帝景初元年(237),朝臣们还在为汉函谷关迁往何处而争论,可见建安中断无徙关之事。

自景初元年,杜恕一直任弘农太守,至正始元年(240),“及迁,以孟康代恕为弘农。……正始中,出为弘农,领典农校尉。康到官,清己奉职,嘉善而矜不能,省息狱讼,缘民所欲,因而利之。郡领吏二百余人,涉春遣休,常四分遣一。事无宿诺,时出案行,皆豫敕督邮平水,不得令属官遣人探候,修设曲敬。又不欲烦损吏民,常豫敕吏卒,行各持镰,所在自刈马草,不止亭传,露宿树下,又所从常不过十余人。郡带道路,其诸过宾客,自非公法无所出给;若知旧造之,自出于家。……吏民称歌焉”[②]。这段文字,一说明孟康为弘农太守,做了许多好事。二说明孟康工作作风扎实,“时出案行”,巡行调查,故对当地交通形势具有相当的了解。曹操命大将许褚别开新路,道路既改,故关即非钤束之要地,于是孟康始将函谷关向北移十余里至东原的西崖下,即曹操“别开新路”的入口处。《通典·州郡七》又载:“正始元年,弘农太守孟康上言,移函谷关,更号大崤关,又为金关。地理志云,今按此关,正始元年废也。”[③]顾祖禹解释说:“魏正始初弘农太守孟康言移函谷关更号大崤关,又为金关。此以关城既移,欲更定新关之名耳。新关,谓在新安者。”[④]“大崤关”“金关”即后世所称魏函谷关。“此关”“新关”指汉函谷关。孟康建魏函谷关,正是因应秦函谷关道路北移和新东西大道的形成,关随路移,以新建魏函谷关最大

① 〔唐〕杜佑撰,王文锦等点校:《通典》卷一百七十七《州郡七》,中华书局,1988,第4655~4656页。

② 〔晋〕陈寿撰,〔南朝宋〕裴松之注:《三国志》卷十六《魏书·杜恕传》,中华书局,1959,第506页。

③ 〔唐〕杜佑撰,王文锦等点校:《通典》卷一百七十七《州郡七》,中华书局,1988,第4655~4656页。

④ 〔清〕顾祖禹撰,贺次君、施和金点校:《读史方舆纪要》卷五十二《陕西一》,中华书局,2005,第2489页。

限度地控制崤函古道，扩大京畿地区（洛阳）的控制范围。随着魏函谷关的建立，汉函谷关作为关塞的历史随即结束。考古发现也证明，"汉函谷关关城的南墙叠压在魏晋地层下，说明魏晋时期关城南墙已经废弃。也就是说在魏晋时期，汉函谷关已经不再是一个完整的防御体系了，这与文献中曹魏正始元年移函谷关于弘农郡的历史记载也是相符的"①。

不过，所谓"地理志云，今按此关，正始元年废也"，似有不妥。因为，正始六年（245），弘农太守何桢曾经上"表省函关"②。《晋书・地理上》亦有"新安函谷关所居"③之说。可见所谓正始元年废汉函谷关之说并不能成立。汉函谷关之名，直到北周武帝保定五年（565）冬十月辛亥，"改函谷关城为通洛防"④，始废弃不用。

魏函谷关位于今灵宝函谷关镇孟村北，原陇海铁路隧道南侧，北距黄河1里，南距秦函谷关12里，东南距灵宝老城4里，西距函谷关镇西寨村14里，东临弘农涧，北临滔滔黄河，南依衡岭，古道从关城门楼通过，其险要之势与秦函谷关相仿。《元和郡县图志》有"今历二处而至河潼"⑤之说，言自东而来经秦函谷关和魏函谷关两条路均可达于潼关。但秦函谷关路已非驿路所经，魏函谷关取而代之，成为东西交通之大道。直到20世纪50年代末，建三门峡大坝，魏函谷关被黄河淹没。

曹操西征韩遂、马超又有筑曹公垒事。《水经注》引郭缘生《述征记》曰："汉末之乱，魏武征韩遂、马超，连兵此地。今际河之西，有曹公垒。道东原上，云李典营。"⑥曹公垒所在，《元和郡县图志》虢州阌乡县载："曹公故垒，在县西二十五里。

① 王咸秋：《汉函谷关遗址相关问题的初步研究》，《洛阳考古》2016年第3期。

② 〔晋〕何桢：《表省函关》，〔清〕严可均校辑：《全上古三代秦汉三国六朝文・全晋文》卷三十二，中华书局，1958，第1640页。

③ 〔唐〕房玄龄等：《晋书》卷十四《地理上》，中华书局，1974，第415页。

④ 〔唐〕令狐德棻等：《周书》卷五《武帝纪》，中华书局，1971，第72页。

⑤ 〔唐〕李吉甫撰，贺次君点校：《元和郡县图志》卷二《关内道二》，中华书局，1983，第35页。

⑥ 〔北魏〕郦道元著，陈桥驿校证：《水经注校证》卷四《河水》，中华书局，2007，第109页。

图 6-3 魏函谷关遗址(田永强摄)

魏武征韩遂、马超,此地置垒。”[①]《大明一统志》载:“曹公垒,在阌乡县西二十里。魏曹操征韩遂所筑。”[②]顾祖禹《读史方舆纪要》:“曹公垒,在县西二十里。”[③]据此,曹公垒当在今灵宝故县镇西北神树村附近,此地正处崤函古道,向西十余里,即为著名的“鸡叫一声听三省”的金鸡岭,又称鸡子山。垒是军队驻扎之处的防御设施。《左传》文公十二年孔疏:“垒,壁也。军营所处,筑土自卫,谓之垒。……高其垒以为军之阻固。”[④]《周礼》郑注:“军壁曰垒。”贾疏:“军行之所,拟停之处,皆为

① 〔唐〕李吉甫撰,贺次君点校:《元和郡县图志》卷六《河南道二》,中华书局,1983,第 164 页。

② 〔明〕李贤等撰:《大明一统志》卷二十九《河南府》,三秦出版社,1990,第 504 页。

③ 〔清〕顾祖禹撰,贺次君、施和金点校:《读史方舆纪要》卷四十八《河南三》,中华书局,2005,第 2280 页。

④ 〔晋〕杜预集解,〔唐〕孔颖达疏:《春秋左传正义》卷十九“文公十二年”,北京大学出版社,2000,第 622 页。

垒壁，恐有非常，故曰军壁、曰垒也。”①孙诒让《正义》：“军所止之处，则外周匝为壁垒，又于垒中为馆舍。”②曹操所筑曹公垒的形制规模及作用，文献缺载，但由后世利用的记载看，当是一城堡式建筑，具有相当的规模和重要的军事防御功能。据《元和郡县图志》《宋书》等记载，义熙十三年，刘裕北伐曾据曹公垒。“檀道济、王镇恶滨河带险，大小七营，皆此处。”③次年，赫连勃勃取长安，攻潼关。晋“龙骧将军王敬先戍曹公垒”，雍州刺史朱龄石“自潼关率余众就敬先”，企图据垒以守，结果，“虏断其水道，众渴不能战，城陷”④。赫连勃勃在曹公垒附近筑平吴台。《元和郡县图志》虢州阌乡县载：“赫连氏京观，俗号平吴台，在县西二十二里。赫连勃勃使太原公昌攻刘裕将朱龄石于潼关，克之，筑台以表武功。”⑤顾祖禹《读史方舆纪要》载：“平吴台，在县西北二十三里。晋末赫连勃勃取关中，攻克朱龄石之兵于此，筑京观以表武功，名曰平吴台。”⑥可见平吴台亦在神树村一带。而据洪亮吉《十六国疆域志》所记，曹公垒和潼关后都成为夏国的军镇化政区，具有以军统民、政军合一的性质。垒与坞、壁都很相似。有学者认为，曹公垒也是一种坞堡经济形式，是兼具军事防御性和生产自给性的耕战结合型组织。⑦ 这些都表明曹操所筑的曹公垒确是一个控扼潼关阌乡地域的重要设置，抑或是控制崤函古道的特殊设置，作为交通结构，值得研究者关注。

曹操在新辟道路和兴建关隘前后，又在弘农大力屯田，在阳市邑（今宜阳西

① 〔汉〕郑玄注，〔唐〕贾公彦疏：《周礼注疏》（十三经注疏）卷三十《夏官·量人》，北京大学出版社，2000，第930页。

② 〔清〕孙诒让撰，王文锦、陈玉霞点校：《周礼正义》卷五十七《夏官·量人》，中华书局，2013，第2866页。

③ 〔唐〕李吉甫撰，贺次君点校：《元和郡县图志》卷六《河南道二》，中华书局，1983，第164页。

④ 〔梁〕沈约：《宋书》卷四十八《朱龄石传》，中华书局，1974，第1426页。

⑤ 〔唐〕李吉甫撰，贺次君点校：《元和郡县图志》卷六《河南道二》，中华书局，1983，第164页。

⑥ 〔清〕顾祖禹撰，贺次君、施和金点校：《读史方舆纪要》卷四十八《河南三》，中华书局，2005，第2280页。

⑦ 高德步：《中国经济简史》，首都经济贸易大学出版社，2013，第79页。

北）设洛阳典农部，整治交通环境。《三国志·魏书·贾逵传》载：建安十六年，“太祖……以逵领弘农太守。召见计事，大悦之，谓左右曰：‘使天下二千石悉如贾逵，吾何忧？’其后发兵，逵疑屯田都尉藏亡民。都尉自以不属郡，言语不顺。逵怒，收之，数以罪，挝折脚，坐免”。裴注引《魏略》云：“逵前在弘农，与典农校尉争公事，不得理，乃发愤生瘿。”[①]曹操在控制弘农后即在此屯田，并已具相当规模。弘农的屯田，因贾逵的经营，受到曹操的赞许。而贾逵与典农校尉的争执，反映了当时地方行政系统与军事屯田系统分属于中央政府不同官府管辖。一般来说，军屯是在战事相对缓和或输送军粮不便的情况下实施的。此后，军事屯田系统与地方行政融合，弘农太守开始同时兼任屯田校尉。前引孟康“出为弘农，领典农校尉”，即是一典型史例。曹魏末年，傅玄亦曾以弘农太守身份“领典农校尉”[②]。曹魏在此屯田，可谓一箭双雕，既是为恢复和发展崤函地区经济，建立有效的后勤补给，解决重要的军粮问题，也在客观上改善了崤函古道交通状况，对保障这条沟通洛阳与关中之间“西道之要”的通畅具有重要的意义。

太康元年（280），晋武帝结束了三国鼎立局面，统一全国。《水经注》提供的梁柳修复旧道信息，说明崤函古道建设在西晋仍然得到重视，因此出现了崤函古道交通史上又一次重要改道。

《水经注·河水》载：“今山侧附路有石铭云：晋太康三年，弘农太守梁柳修复旧道。太崤以东，西崤以西，明非一崤也。”[③]严可均《全晋文》称之为“崤山路石铭”[④]。依郦道元所记石铭立于千崤山侧道路旁，千崤山即“东崤”，在今陕州区观音堂甘壕一带，崤山北路上，可证太康三年（282）弘农太守梁柳修复的“旧路”即原

---

① 〔晋〕陈寿撰，〔南朝宋〕裴松之注：《三国志》卷十五《魏书·贾逵传》，中华书局，1959，第481页。

② 〔唐〕房玄龄等：《晋书》卷四十七《石季龙载记》，中华书局，1974，第1317页。

③ 〔北魏〕郦道元著，陈桥驿校证：《水经注校证》卷四《河水》，中华书局，2007，第117页。

④ 〔晋〕梁柳：《崤山路石铭》，〔清〕严可均校辑：《全上古三代秦汉三国六朝文·全晋文》卷八十四，中华书局，1958，第1945页。

崤山北路。杨守敬疏《水经注》:“晋及后魏皆由北道,郦氏称路旁之石铭,记柳修复旧道,盖北道或渐荒废,而柳尝修之耳。”[①]而“太崤以东,西崤以西”,辛德勇考订即梁柳修复“旧道”的起讫地段。太崤即盘崤山,西侧即今硖石,东崤指千崤山,西崤指石崤钦吟山,东崤与西崤相隔三十五里。因此,梁柳修复的“旧道”,应该就是崤山北路自硖石东的太崤以东,经西崤,至东崤(千崤山)段。[②] 这一路段本在崤山北路上,因“北山高道”开通改道而荒弃不治。

梁柳,正史无传,据《晋书·皇甫谧传》,梁柳为魏晋名医皇甫谧之从姑子,出生寒苦,为人忠贞清正,后官至城阳太守、弘农太守、太子太保、镇西将军等。任弘农太守时,见曹操所修“北山高道”日渐荒废,为方便来往交通,故组织修复旧路,并于道旁勒碑石记其事。因交通较前便利,此后行旅往返复取原崤山北路。此当是崤山北路交通史上又一个重大变化。梁柳修路十年后,潘岳西赴长安,走的即是梁柳修复的崤山北路。可见前引《水经注》云建安十六年曹操开“北山高道”,“自后行旅,率多从之”,当只是一段时间的事情。随着战事的结束,行旅弃用“北山高道”,重回崤山北路,这也说明崤山北路的选线具有较多的优势,因而能很快得到恢复利用。

三、潘岳《西征赋》笔下的崤函古道

纪行赋又称行旅赋,是一种以记叙作者行程经过为内容的文体。自西汉刘歆《遂初赋》卓成一体后,降至两晋,纪行赋创作臻于繁盛,赋家众多,名作迭出。其中最为著名的是西晋潘岳的《西征赋》。《文心雕龙·才略》评价“潘岳敏给,辞自

① 杨守敬、熊会贞疏,杨苏宏、杨世灿、杨未冬补:《水经注疏补》卷四《河水》,中华书局,2016,第346页。

② 辛德勇:《崤山古道琐证》,《中国历史地理论丛》1989年第4辑。

和畅，钟美于《西征》”[①]。清人孙琮分析说：“因地怀古，随所历而出之，自无纪律可寻，其间或写形胜，或写景物，杂议论于叙事，寓慷慨于悲歌，品骘既当，不嫌采摭之繁，谓之游记可，谓之史断亦可。”[②]作为历代纪行赋中的顶峰之作，《西征赋》记述洛阳至长安行程途中的所见所感，是最早也是最详尽记录这条著名古道行程的珍贵文献，在中国古代和崤函古道交通史上具有重要价值。

潘岳，字安仁，荥阳中牟（今河南中牟东）人，“少以才颖见称”，“才名冠世”。元康二年（292）五月，潘岳出为长安令，举家由京城洛阳迁往长安。《晋书》本传说：“选为长安令，作《西征赋》，述所经人物山水，文清旨诣。”[③]《文选》李善注：“晋惠元康二年，岳为长安令，因行役之感而作此赋。岳家在巩县东，故言西征。”[④]作为一种纪实性的行旅书写，《西征赋》以所经历的地域为先后顺序，详述横贯洛阳至长安的行程，涉及历史事件数十起，历史人物140多位，引用典故200多例。对此已有学者做过考订，但主要注重文本的校勘、解释。本节则对《西征赋》所记潘岳经行崤函古道的交通线路，所经历各城镇、驿亭、关津、古迹和山形水文按行程重为考订如下，以反映西晋时期崤函古道交通线路在复杂历史情境下的建设和使用情况。

1.“澡孝水而濯缨，嘉美名之在兹”[⑤]

据《西征赋》，潘岳于元康二年五月十八日携家老幼乘车自洛阳启程，“岁次玄枵，月旅蕤宾，丙丁统日，乙未御辰。潘子凭轼西征，自京徂秦”。西晋时，从洛阳到长安的交通道路以先走崤山北路为常规，潘岳赴任长安令，行走路线走的也是崤山

① 〔梁〕刘勰著，黄叔琳注，李详补注，杨明照校注拾遗：《增订文心雕龙校注》卷十《才略》，中华书局，2012，第573页。

② 刘志伟主编：《文选资料汇编（赋类卷）》，中华书局，2013，第335页。

③ 〔唐〕房玄龄等：《晋书》卷五十五《潘岳传》，中华书局，1974，第1500、1502、1504页。

④ 〔梁〕萧统编，〔唐〕李善注：《文选》卷十《纪行下·西征赋》，上海古籍出版社，1986，第439页。

⑤ 本节所引《西征赋》，均见〔清〕严可均校辑：《全上古三代秦汉三国六朝文·全晋文》卷九十，中华书局，1958，第1981~1984页。

北路，孝水是其进入崤函古道的第一程。孝水是涧河的一条南北向支流，今名王祥河，《水经注》称俞随水。《文选》李善注："郦元曰'在河南城西十余里'。"[①]即今新安磁涧镇东。二十四孝故事之一的王祥卧冰为继母求鱼的传说就发生在这里。

图 6-4　三门峡博物馆藏西晋陶牛车

2."夭赤子于新安，坎路侧而瘗之。亭有千秋之号，子无七旬之期"

此述潘岳崤函古道第二程，潘岳在此遭遇丧子之殇。其《伤弱子序》云："惟元康二年春三月壬寅，弱子生。夏五月，余之长安。壬寅，次于新安之千秋亭。甲辰而弱子夭。越翼日乙巳，瘗于亭东。"[②]五月壬寅即五月二十六日。新安即汉晋新安县，故址在今义马千秋二十里铺村下石河一带，距洛阳一百二十余里，按此计算，自洛阳启程，潘岳至此已逾八天，日均行十六里左右，可见其行进速度较缓。新安

① 〔南朝梁〕萧统编，〔唐〕李善注：《文选》卷十《纪行下・西征赋》，上海古籍出版社，1986，第 446 页。

② 〔晋〕潘岳：《伤弱子序》，〔清〕严可均校辑：《全上古三代秦汉三国六朝文・全晋文》卷九十三，中华书局，1958，第 1997 页。

自战国以来就是进出洛阳的东西交通襟要,也是项羽坑杀秦降卒的地方。潘岳在此“眄山川以怀古,怅揽辔于中涂”,吊古斥暴。千秋即千秋亭,又称千秋城,在汉晋新安县附近。《水经注·谷水》:“谷水又东径千秋亭南,其亭累石为垣,世谓之千秋城也。”[①]《太平寰宇记·河南道五》渑池县:“千秋亭,在县东二十里。潘岳丧子之处。”[②]《西征赋》是最早记录这座汉晋时期崤函古道上著名邮驿信息的作品。

3. “经渑池而长想,停余车而不进”

渑池,即晋弘农郡渑池县,汉景帝时,渑池县治迁至秦俱利城西三里处,即今张村镇寨子村。渑池向是东西交通要冲,战国时著名的秦赵会盟和东汉初刘秀部将冯异挫败赤眉军皆发生于此。潘岳在此徘徊凭吊,追思蔺相如、冯异的卓越功勋,“停余车而不进”,心之向往之情溢于言表。

4. “登崤坂之威夷,抑崇岭之嵯峨”

崤阪,也称殽阪,即崤山,《淮南子》高诱注:“殽阪,弘农郡渑池也。殽,嵚吟是也。”[③]应劭《风俗通义》:“殽在弘农渑池县。其语曰:‘东殽西殽,渑池所高。’”[④]稍晚于潘岳的东晋戴延之经行此地,写有《西征记》,极言崤山之险:“崤山上不得鸣鼓角,鸣则风雨总至。自东崤至西崤三十里,东崤长坂数里,峻阜绝涧,车不得方轨。西崤全是石坂,十二里,险绝不异东崤。”[⑤]与潘岳所说“威夷”“嵯峨”意同。《文选》注引“韩诗曰:周道威夷。薛君曰:威夷,险也。”故潘岳有“登”“仰”之说。崤山中有夏后皋墓、文王避雨处等著名古迹,秦晋崤之战也发生在这里,向为崤山道路最为险绝之处,也是古今交通、军事要地。潘岳在《西征赋》中皆有反映。

---

① 〔北魏〕郦道元著,陈桥驿校证:《水经注校证》卷十六《谷水》,中华书局,2007,第388~389页。

② 〔宋〕乐史撰,王文楚等点校:《太平寰宇记》卷五《河南道五》,中华书局,2007,第71页。

③ 〔汉〕刘安编,刘文典撰,冯逸、乔华点校:《淮南鸿烈集解》卷四《坠形训》,中华书局,2013,第131页。

④ 〔汉〕应劭撰,王利器校注:《风俗通义校注》,中华书局,1981,第467页。

⑤ 〔宋〕李昉编纂,夏剑钦、王巽斋点校:《太平御览》(第1册)卷四十二《地部七》“崤山”条引,河北教育出版社,1994,第365页。

5. “降曲崤而怜虢，托与国于亡虞”

曲崤，《文选》引刘澄之《地理书》曰：“肴有纯石，或谓石肴。”①辛德勇考石肴即西崤，指石崤钦吟山②，为崤山主峰，在今陕州区硖石乡。由东西行，过了这里，山路开始迂曲下降，故潘岳对这段艰险道路的形容是“降曲崤”。曲崤本为春秋虢国地，后虞国不听宫之奇谏，“贪诱赂以买邻”，晋国终“假虞灭虢”，故潘岳有“怜虢”之慨。

6. “我徂安阳，言陟陕郛”

此行自曲崤至安阳。《水经注·河水》载：“橐水出橐山……北流出谷，谓之漫涧矣。与安阳溪水合，水出石崤南，西迳安阳城南，汉昭帝封上官桀为侯国，潘岳所谓我徂安阳也。”③安阳，因傍安阳溪水得名，始建年代不详。西汉武帝时为安阳侯上官桀侯封之地。《太平寰宇记·河南道六》陕州硖石县：“安阳城，在县西四十里。《汉书》：‘上官桀，侯封之国。’”④安阳城在今陕州区菜园乡南县村，崤山南路上。故王文楚认为潘岳是由渑池离开崤山北路，南趋间道至河底，再绕崤山南路西经安阳至陕县⑤。如此行程既险仄而又迂远。以《西征赋》记“登崤坂”之下即叙崤山北陵及秦晋之战参证潘岳行程，显然潘岳并未从渑池附近南下“间道”，而是径直西行入钦吟山道⑥。再参以下一程“行乎漫渎之口”，这里的“安阳”非实指“安阳城”，而应指安阳附近或安阳溪水。潘岳赴任长安县令本为一次极其正常的旅行，以常理推之，自洛阳至渑池走崤山北路，到渑池后，既无理由也没必要再穿过人迹罕至的“间道”绕到崤山南路上。故潘岳离开渑池后的行程，仍应是走崤山北路，经崤坂西行，渡过安阳溪水，进入陕县，登上陕县城郭“陕郛”，并未绕道崤山南路。

---

① 〔南朝梁〕萧统编，〔唐〕李善注：《文选》卷十《纪行下》，上海古籍出版社，1986，第449页。

② 辛德勇：《崤山古道琐证》，《中国历史地理论丛》1989年第4辑。

③ 〔北魏〕郦道元著，陈桥驿校证：《水经注校证》卷四《河水》，中华书局，2007，第114页。

④ 〔宋〕乐史撰，王文楚点校：《太平寰宇记》卷六《河南道六》，中华书局，2007，第104页。

⑤ 王文楚：《西安洛阳间陆路交通的历史发展》，《古代交通地理丛考》，中华书局，1996，第82~103页。

⑥ 辛德勇：《崤山古道琐证》，《中国历史地理论丛》1989年第4辑。

潘岳之所以在这一段经由崤山北路西行，而不是绕道南路，与梁柳修复崤山北路“旧道”有关。前已说明，建安十六年，曹操“更开北山高道”，避开东、西二崤路段，“自后行旅，率多从之”。太康三年，因“北山高道”多年失修，日渐荒废，为方便来往交通，弘农太守梁柳遂组织修复东、西二崤旧路。因交通较前便利，此后行旅往返复取原崤山北路。十年后，潘岳西赴长安，走的即是梁柳修复的崤山北路。而在此前的太康六年（285，一说三年），张载奉使入蜀，出洛阳后走的也是这条道路。他在《叙行赋》中写道：“岁大荒之孟夏，余将往乎蜀都。脂轻车而秣马，循路轨以西徂。朝发轫于京宇兮，夕予宿于谷洛。践有周之旧墟，块丘荒以寥廓。赞王孙于北门，问九鼎于东郭。实公目之所卜，曷斯土之渍薄。入函谷而长驱，历新安之卤阜。行逶迤以登降，涉二崤之重阻。经嵚岑之险巇，想姬文之避雨。出潼关以回逝，仰华岳之崔嵬。”①永嘉元年（307），郭璞避乱江东，自闻喜，经盐池，在陕县渡过黄河后，东入洛阳，走的也是这条道路。其《流寓赋》载：“诘朝发于解池，辰中暨乎河北。……望陕城于南涯，存虢氏之疆埸。实我姓之攸出，邈有怀乎乃迹。陟函谷之高关，壮斯势之险固。过王城之丘墉，想谷洛之合斗。”②可见，无论去东往西，当时的行旅都以取道崤山北路为常态。

7. “行乎漫渎之口”

“漫渎之口”即《水经注・河水》所谓“漫口客舍”（逆旅亭）：“橐水出橐山……北流出谷，谓之漫涧矣。与安阳溪水合，水出石崤南，西径安阳城南……东合漫涧水，水北有逆旅亭，谓之漫口客舍也。”橐水即今青龙涧河，发源于陕州区店子乡盘陀山。其上源有四支，一支源于西张乡摩云岭，即《水经注》之崖水，今香油河；一支源于西张村窑店，即《水经注》之干山水；一支源于雁翎关，即《水经注》之安阳溪

① 〔晋〕张载：《叙行赋》，〔清〕严可均校辑：《全上古三代秦汉三国六朝文・全晋文》卷八十五，中华书局，1958，第1949页。

② 〔晋〕郭璞：《流寓赋》，〔清〕严可均校辑：《全上古三代秦汉三国六朝文・全晋文》卷一百二十，中华书局，1958，第2149页。

水，今雁翎关河；一支源于张茅乡庙坡，即《水经注》之渎谷水，今交口河。四水西至交口汇为一水，水流变缓，称为漫涧。民国《陕县志》云：漫涧“即今之过村涧，在县城东南六十里。橐水至此下伏流迟缓如不能进然，故谓之漫涧”。又云“潘安仁《西征赋》‘行乎漫渎之口’，漫口即漫涧水之口，今之菜园镇渎口即渎谷水之口，今之交口村也”①。据此，潘岳所经“漫渎之口”当在漫涧水下游，即今湖滨区交口乡交口村。

西晋统一以后，各地交通阻隔被打破，商业贩运活动颇为频繁，客商往来流量增多，交通线上私家开设的客舍（逆旅）业发展迅速，大有与公办的驿站和馆舍展开竞争之态势。“漫口客舍”（逆旅亭）即是这种性质的私家客舍。这类客舍在崤函古道当非仅此一家。史称：“方今四海会同，九服纳贡，八方翼翼，公私满路。近畿辐辏，客舍亦稠。”因而引发朝中关注。“时以逆旅逐末废农，奸淫亡命，多所依凑，败乱法度，敕当除之。十里一官欙，使老小贫户守之，又差吏掌主，依客舍收钱。”潘岳为此作《上客舍议》，认为私家所开逆旅“冬有温庐，夏有凉荫，刍秣成行，器用取给。疲牛必投，乘凉近进，发槅写鞍，皆有所憩”，还可在维护社会治安上发挥作用。“又诸劫盗皆起于迥绝，止乎人众。十里萧条，则奸轨生心。”而在交通干线两侧，逆旅连绵，一呼百应，劫盗奸贼有所顾忌，不敢贸然蠢动。“凡此皆客舍之益，而官欙之所乏也。”故设立私家逆旅，“客舍洒扫以待，征旅择家而息”，可谓众望所归，是“行者赖以顿止，居者薄收其直”，“交易贸迁，各得其所”，两全其美的事。潘岳的主张得到当朝认可，“诸曹列上，朝廷从之”②。朝纲的支持使私家客舍经营环境在西晋后期又柳暗花明。交口是崤山北路与南路的交会点，东西往来行旅多。潘岳西行所经“漫口客舍”（逆旅亭）当是这场争论之后得以继续存在发展

① 欧阳珍修，韩嘉会撰：民国《陕县志》卷三《河川》，《河南历代方志集成·三门峡卷》（4），大象出版社，2017，第33页。

② 〔唐〕房玄龄等：《晋书》卷五十五《潘岳传》，中华书局，1974，第1502~1503页。

的私家客舍。

8. “憩乎曹阳之墟”

曹阳之墟在陕县以西。由前句“言陟陕郛”,可知潘岳离开“漫口客舍”后,便进入陕县城。陕县城即今三门峡陕州故城,向为崤函古道交通枢纽。过陕县,崤函古道进入西段函谷道。曹阳之墟即曹阳墟,俗名七里涧,在陕县西南七里,即今陕州区张湾乡七里村。《水经注·河水》:“河水又东得七里涧,涧在陕城西七里,故因名焉。其水自南山通河,亦谓之曹阳坑。”[①]此地为崤函古道西段交通重地。《太平寰宇记·河南道六》陕县:“曹阳墟,俗名七里涧,在县西四十五里。《后汉书》:‘献帝东迁,李傕、郭汜等追乘舆,战于弘农东涧,天子幸曹阳墟,次田中。’是此地也。今涧谓曹阳涧,魏武改为好阳涧。”[②]

按曹阳墟与曹阳亭,非在一地,曹阳亭在今灵宝大王镇五帝村西北的神窝村附近,是秦汉所建邮亭。《文选》李善注引《弘农郡图经》载:“曹杨,桃林县东十二里也。”[③]《元和郡县图志·河南道二》灵宝县:“曹阳亭,在县东南十四里。陈涉使周文西入秦,秦使章邯击破之,杀文于曹阳,即此地也。后曹公改为好阳。”[④]曹阳墟与曹阳亭列《元和郡县图志》同卷中,足见曹阳墟与曹阳亭并非一地。曹阳亭在今灵宝大王镇西五帝村附近,好阳河东。《史记·陈涉世家》正义引《括地志》云:“曹阳故亭亦名好阳亭,在陕州桃林县东南十四里。崔浩云‘曹阳,坑名,自南出,北通于河’。按:魏武帝改曰好阳也。”[⑤]索隐引凿灼云:“亭名也,在弘农东十二里。”

9. “升曲沃而惆怅,惜兆乱而兄替”

曲沃,旧说因《西征赋》于此叙晋国曲沃小宗取代大宗史事,而解此曲沃在今

① 〔北魏〕郦道元著,陈桥驿校证:《水经注校证》卷四《河水》,中华书局,2007,第114页。

② 〔宋〕乐史撰,王文楚等点校:《太平寰宇记》卷六《河南道六》,中华书局,2007,第94页。

③ 〔南朝梁〕萧统编,〔唐〕李善等注,〔元〕方回撰:《六臣注文选》卷十,上海古籍出版社,1993,第224页。

④ 〔唐〕李吉甫撰,贺次君点校:《元和郡县图志》卷六《河南道二》,中华书局,1983,第159页。

⑤ 〔汉〕司马迁:《史记》卷四十八《陈涉世家》,中华书局,1959,第1954~1955页。

山西闻喜，谬也。潘岳此行“曲沃”为南曲沃，在今陕州区大营镇菑阳河东岸黄村和南曲村一带，战国魏时所建，至今遗迹犹存。《水经注·河水》解曲沃之得名：“余按春秋文公十三年，晋侯使詹嘉守桃林之塞，处此以备秦。时以曲沃之官守之故，曲沃之名，遂为积古之传矣。”①清梁章钜《文选旁证》载：“此以詹嘉所守桃林之塞言之，为入关之路。”②战国时为争夺陕县，秦与魏在此多次交兵。最终此地为秦所占，至此秦国完全控制崤函古道西段，此地也成为崤函古道西段要镇。出陕县向西，地势微高，故潘岳对这段路程形容是“升曲沃”。

10. “蹑函谷之重阻，看天险之衿带”

函谷即著名的函谷关。西晋前函谷关三迁，有秦函谷关、汉函谷关、魏函谷关三关。由《西征赋》所记函谷关史事“迹诸侯之勇怯，算嬴氏之利害。或开关以延敌，竞遁逃以奔窜。有噤门而莫启，不窥兵于山外。连鸡互而不栖，小国合而成大”，“汉六叶而拓畿，县弘农而远关”来看，潘岳登上的应是秦函谷关，看到重关峻阻，天险环绕如襟似带，是战略要害之地。追想昔日诸侯攻秦事迹，思索秦国应对策略利弊，得出“岂地势之安危，信人事之否泰”的结论，堪称精当。

11. “长傲宾于柏谷，妻睹貌而献餐”

柏谷即柏谷亭，在今灵宝沙河西岸柏谷岭下东古驿村一带。“长傲宾于柏谷”云云，是指汉武帝建元三年（前138）汉武帝微行柏谷亭之事。晋献公二十二年（前655），晋公子重耳出亡，逃至柏谷，放弃逃难于齐、楚的打算，转而西折入陕，经渭汭沿黄河西岸北上。可证柏谷亦为崤函古道西段的交通要地，西汉于此置有柏谷亭。

12. “吊戾园于湖邑，谅遭世之巫蛊”

湖邑即晋湖县，在今灵宝阳平南寨子。戾园在今灵宝豫灵镇底董村。征和二

---

① 〔北魏〕郦道元著，陈桥驿校证：《水经注校证》卷四《河水》，中华书局，2007，第113页。

② 〔清〕梁章钜撰，穆克宏点校：《文选旁证》卷十二《潘安仁西征赋》，福建人民出版社，2000，第310页。

年(前91),汉武帝太子刘据因巫蛊之乱“东至湖,臧匿泉鸠里”被害。《汉书·武五子传》颜注:“泉鸠水今在阌乡县东南十五里,见有戾太子冢,冢在涧东也。”①汉武帝念太子之冤,于太子冢北筑思子宫和归来望思台。汉宣帝时又追谥刘据曰“戾”,置奉祀园邑为“戾园”。今底董村南太子冢、皇孙冢犹存。

13.“纷吾既迈此全节,又继之以盘桓。问休牛之故林,感征名于桃园”

全节即泉鸠里,是戾太子逃亡死难的地方。《读史方舆纪要》载:“泉鸠里。在县东南十里,汉戾太子亡匿处。有泉鸠涧,一名全节水,亦曰全鸠水,北流入河。戾太子冢在涧东,又有归来望思台址,皆汉武所作。《一统志》:‘今县东北二十里有汉武思子宫城。’”②《元和郡县图志》虢州阌乡县条:“全鸠水,一名全节水,汉戾太子亡匿之处。思子宫故城,在县东北二十五里。汉武帝为戾太子所筑也。”③桃园即桃林,在全节西,曾为周武王克殷放牛休马的桃林之地。《水经注·河水》引《述征记》曰:“全节,地名也。其西名桃原,古之桃林,周武王克殷,休牛之地矣。”④这一带古属桃林塞,历史典故和名胜颇多,故潘岳在此“盘桓”良久,游观访古。

14.“发阌乡而警策,愬黄巷以济潼”

阌乡属晋湖县之地,《郡国志》弘农郡湖县有“闅乡”,建安中改作“阌”,在今灵宝市豫灵镇文底南原村。黄巷坂在潼关之东,阌乡之西,即今潼关东、风陵渡与灵宝豫灵镇交界一带,坂长十余里,南依潼关南塬,旁临绝涧,北临黄河,地处崖塬之间,车不方轨,是东西往来必经之路。《文选》李善注引《献帝春秋》曰:“兴平二年十一月丙寅,车驾东行,到黄巷亭。庚午,到弘农。”《水经注·河水》载:“河水自潼关东北流,水侧有长坂,谓之黄巷坂。坂傍绝涧,陟此坂以升潼关,所谓溯黄巷以济

---

① 〔汉〕班固:《汉书》卷六十三《武五子传》,中华书局,1962,第2746~2747页。

② 〔清〕顾祖禹撰,贺次君、施和金点校:《读史方舆纪要》卷四十八《河南三》,中华书局,2005,第2281页。

③ 〔唐〕李吉甫撰,贺次君点校:《元和郡县图志》卷六《河南道二》,中华书局,1983,第163页。

④ 〔北魏〕郦道元著,陈桥驿校证:《水经注校证》卷四《河水》,中华书局,2007,第109页。

潼矣。历北出东崤,通谓之函谷关也。邃岸天高,空谷幽深,涧道之峡,车不方轨,号曰天险。”①颜师古《匡谬正俗》:“黄巷者,盖谓潼关之外深道如巷,以其土色正黄,故谓之‘黄巷’尔。过此长巷,即至潼关。此巷是古昔以来东西大道,年代经久,车徒辐凑,飞尘飘散,所以极深。”②《太平寰宇记·河南道六》阌乡县:“黄巷坂,即潼关路。《述征记》云:‘河自关东北流,水侧有长坂,谓之黄巷坂’是也。按坂在县西北二十五里。潘岳《西征赋》云‘溯黄巷以济潼’,谓此古道为车辙所碾成。”③潘岳离开阌乡,扬鞭纵马,上黄巷坂,渡过潼水至汉潼关城,崤函古道行程就此结束。出潼关,就进入了关中平原。

考上述《西征赋》所记潘岳崤函古道之行,自洛阳途经孝水、新安、千秋、渑池、崤坂、曲崤、安阳、陕郛、漫渎之口、曹阳、曲沃、函谷关、柏谷、湖县、戾园、阌乡、潼关,进入关中,历历清楚。作者运用因地及史、史地结合的手法,在描写所经的同时,记叙与之有关的典故、传说,提供了西晋及其以前崤函古道使用情况的宝贵资料,不仅反映了崤函古道沿线文化积淀的深厚,而且反映了西晋时期崤函古道交通线路在复杂历史情境下的建设和使用情况。有研究者评论说:“汉魏六朝纪行赋中历史内容最繁复的是潘岳《西征赋》,全赋共4000余字,涉及的历史人物、历史事件之多,达到历代纪行赋的巅峰,这虽然与作者聪颖渊博的才学和被迁外任悲苦易感的写作背景有关,但其中的另一个重要原因更不能忽视,即由洛阳至长安这一区域中悠久丰富的人文掌故,为作者提供了其他地域不可比拟的创作素材……因而形成这一篇空前绝后的纪行杰作。”④从潘岳的记述中,可以看出,这条道路虽然艰险,但西晋时期一路上有城镇,有邮驿,车马俱可共行,交通状况是良好的。

1955年,灵宝坡头村发现一座晋代壁画墓,以车马为题材,在前室券门上残存

① 〔北魏〕郦道元著,陈桥驿校证:《水经注校证》卷四《河水》,中华书局,2007,第109页。

② 〔唐〕颜师古撰,严旭疏证:《匡谬正俗疏证》卷七《黄巷》,中华书局,2019,第334页。

③ 〔宋〕乐史撰,王文楚等点校:《太平寰宇记》卷六《河南道六》,中华书局,2007,第106页。

④ 王琳:《简论汉魏六朝的纪行赋》,《文史哲》1990年第5期。

车马出行壁画多幅,其中有 5 幅画一马驾单擎车,车上坐 2 人。另有 2 人骑马飞驰画 1 幅,2 人骑马缓行画 2 幅。画面高约 45 厘米,上有“部郎”“世奇绥将军”“方玉珍笔陈留公”“南部常(尚)书”“北地”“龙凤建义将军司□□妻庞”等榜题[1]。坡头壁画印证了潘岳对西晋崤函古道使用车马等交通方式的记载。

① 俞剑华:《中国的壁画》,中国古典艺术出版社,1958,第 77 页。

第二节　十六国北朝时期的峭函古道

西晋后期,爆发“八王之乱”,局势动荡,出现十六国竞相建立的局面,并形成南北朝对立,分裂状态长达300余年。长期的战乱,对交通虽有所影响,但长期的分裂割据和军事争夺,也促进了峭函古道沿线州、郡、县建置增多,官府所需、军粮运转、商品货物贩运,促使交通道路和运输继续发展。战乱造成的大规模的人口流动和民族迁徙,促进了文化的交流与民族的融合。在此背景下,十六国北朝时期的峭函古道呈现出纵深发展的态势。

一、十六国北朝时期峭函政区设置与交通格局

十六国北朝时期,来自不同民族、不同地域的政治、军事集团为争夺中原统治权,干戈相见,纷攘不休。贯通峭函地区的峭函古道交通体系对于战争双方的胜负、疆域的盈缩有重要的意义,其建设成为各政权充分重视的行政内容,并在政区设置上有突出的表现。为便于讨论,兹将这一时期峭函地区州级政区设置情况列表如下。

表 6-1 十六国北朝时期崤函地区州级政区设置简表

朝代	州名	治所	设置及撤并时间	领郡(县)	备注
前赵	豫州	陕城	前赵光初三年至十二年(320—329)	弘农(领弘农、湖、陕、渑池、华阴、宜阳六县)、上洛、顺阳	新安隶河南郡
前秦	洛州	宜阳	前秦皇始元年至建元元年(351—365)	弘农郡(领弘农、湖、陕、渑池、华阴、宜阳六县)	新安隶豫州河南郡
	豫州	陕城	前秦寿光元年至建元元年(355—365)	弘农郡(领陕、湖、弘农、华阴四县)	寿光元年,分洛州置豫州,洛州领宜阳、渑池二县
	洛州	陕城	前秦建元元年至建元十六年(365—380)	弘农郡(领弘农、湖、陕、渑池、华阴、宜阳、敷西七县)、上洛	建元元年,改豫州为洛州。十六年,洛州改治丰阳(今陕西山阳)
后秦	豫州	陕城	后秦皇初四年至弘始元年(397—399),后秦永和元年至二年(416—417)	弘农(领弘农、陕、渑池、卢氏、朱阳六县)、华山(湖、华阴二县)、上洛	弘始元年,豫州改治洛阳。永和元年,豫州治陕城。新安隶河南郡
夏	荆州	陕城	夏真兴元年至承光二年(419—426)	弘农(领弘农、陕、渑池、卢氏、朱阳六县)、华山(湖、华阴二县)	
北魏	陕州	陕城	北魏太和十一年至十八年(487—494),永熙年间(532—534)重置;西魏大统三年(537)罢	恒农(领陕中、北陕、崤三县)、西恒农(领恒农一县)、渑池(领俱利、北渑池二县)、石城(领同堤一县)、河北(领北安邑、南安邑、河北、太阳四县)	①《魏书》卷一百一十《食货志》等载,北魏陕州至迟在太和八年(484)即已设置。②据《北齐书》卷二十《薛修义传》等载,陕州当在北魏东海王建明年间(530—531)重置

续表

朝代	州名	治所	设置及撤并时间	领郡(县)	备注
					③太和十一年,恒农郡移理陕城。④据《元和郡县图志》卷六《河南道二》,石城郡或领有石城、同堤二县。⑤新安隶司州河南尹,宜阳隶司州宜阳郡
东魏、北齐	陕州	陕城	东魏天平元年至四年(534—537)	恒农(领陕中、北陕、崤三县)、西恒农(领恒农一县)、渑池(领俱利、北渑池二县)、石城(领同堤一县)、河北(领北安邑、南安邑、河北、太阳四县)	新安隶洛州新安郡(领新安、东亭、河南三县)
	阳州	宜阳	东魏天平元年至天平四年(534—537),武定元年至北齐天保元年(543—550)	宜阳(领宜阳、西新安、东亭三县)、金门(领金门、南渑池、南陕、卢氏四县)	
西魏、北周	义州、陕州	陕城	义州始置时间不详;北周明帝二年(558)	崤(陕、崤二县)、弘农(领弘农一县)、阌乡(领阌乡、湖城二县)	据《北齐地理志》,大统三年,西魏罢陕州后不久,置义州,领恒农、新安、渑池、宜阳、金门等郡
	中州	东垣	北周保定三年至建德六年(563—577)	新安(领新安一县)	

续表

朝代	州名	治所	设置及撤并时间	领郡(县)	备注
西魏、北周	熊州	宜阳	北周明帝二年(558)	宜阳(宜阳、昌洛、甘棠、东亭四县)、同轨(领熊耳、渑池二县)、新安(领新安、东垣二县)	
	东义州	卢氏	西魏大统元年至十七年(535—551)	义川(领卢氏、长渊、朱阳三县)	

注:本表据周振鹤主编《中国行政区划通史·三国两晋南朝卷》《中国行政区划通史·十六国北朝卷》、王仲荦《北周地理志》、施和金《北齐地理志》等整理。

自战国时期秦国在崤函古道沿线始置县级政区,至魏晋,崤函的郡级设置只有弘农郡1个,县级建置基本稳定在7个左右。十六国北朝时期,崤函地区先后为曹魏、西晋、东晋、汉、前赵、后赵、冉魏、前秦、前燕、后秦、北魏、夏、宋、东魏、西魏、北齐、北周等统治。各政权在政区层级上总体来说基本沿袭了魏晋以来的州、郡、县三级制,但在数量上则大幅增加,不仅首次有了州级建置,而且出现多个州级政区单位,郡县设置也成倍增加。这其中虽有滥置之嫌,但从政区及其治所的位置看,其分布有明显的规律,即大都分布在崤函古道关键交通节点上。原来政区设置较多的崤函古道函谷段和崤山北路,基本保持延续并有所增加,崤山南路则增设明显,并扩展到宜卢道等支线上。这一变化固然有巩固疆域、发展经济等多方面的因素,但其巩固交通的作用也不容忽视,可以看作是以区划调整促成区域和交通道路控制成功的又一典型史例。

1. 以陕州、宜阳为中心和重心的州级政区建设与交通格局

据上表,十六国北朝时期,各政权在崤函地区先后置有豫州、洛州、荆州、陕州、阳州、熊州、中州、东义州等13个州,其中除中州、东义州分别短暂设置于东垣(今

新安)、卢氏外,其余诸州都以陕州或宜阳为州治,尤以陕城作州治次数最多,时间最长。这一情形体现出陕州依然保持着先秦以来的区域领导地位,受到各政权的高度重视。宜阳继战国韩国之后,其军事、交通方面的优势再次获得特殊重视。

陕城是崤函地区第一个州级政区单位的治所,十六国北朝时期,这里的州级政区建置经历了几次置废:

一是光初三年(320),前赵洛阳守将降后赵,刘曜派军前往平叛,遭后赵援军,被迫“班师,镇于陕城”①,洛阳丢失,东部防线回缩至陕城一线。前赵遂将豫州由洛阳移至陕城,领弘农(治今灵宝秦函谷关)、上洛(治今陕西商洛商州区)、顺阳(治今湖北均县东南)三郡。豫州是崤函地区首次设置的州级政区。

二是寿光元年(355),前燕攻占前秦汲、河内、黎阳三郡,开始向河南扩张。前秦置豫州,治陕城,领弘农郡陕、湖、弘农、华阴四县。前秦建元元年,前燕慕容恪攻拔洛阳,“略地至崤、渑。关中大震,秦王坚自将屯陕城以备之”②。改豫州为洛州,仍治陕城,领弘农、上洛二郡。

三是夏真兴元年(419),赫连勃勃乘东晋刘义真溃败之机,夺取陕城,置荆州。研究者认为此时的陕城属军镇性质。军镇是十六国北朝时期的一项重要制度创设,其地位大体与州相当,以镇将统领,负责镇区的军事和行政。

四是北魏据夏荆州后,置军镇性质的陕城镇③,后改镇为陕州。这是历史上第一个以“陕州”命名的地区正式建置,有必要稍作说明。其一关于建立时间。《魏书·地形志》云:陕州“太和十一年置。治陕城”④。太和十一年即487年。《元和

---

① 〔唐〕房玄龄等:《晋书》卷一百三《刘曜载记》,中华书局,1974,第2686页。

② 〔宋〕司马光编著,〔元〕胡三省音注:《资治通鉴》卷一百一《晋纪二十三》,晋哀帝兴宁三年,中华书局,1956,第3199页。

③ 北魏陕城镇始置时间不详,据《魏书》卷二十四《崔宽传》载,太武帝拓跋焘时,崔宽初为弘农太守,后为“陕城镇将”。崔宽于孝文帝初“解镇还京”,延兴二年(472)卒,则陕城镇当置于太武帝后期。

④ 〔北齐〕魏收:《魏书》卷一百六《地形志》,中华书局,1974,第2631页。

郡县图志·河南道二》:“后魏孝文帝太和十一年,置陕州,以显祖献文皇帝讳‘弘’,改为恒农郡。”[①]但检核文献,《魏书·食货志》载:“太和八年,始准古班百官之禄,以品第各有差……至是,户增帛三匹,粟二石九斗,以为官司之禄。后增调外帛满二匹。所调各随其土所出。其司、冀、雍、华、定、相、泰、洛、豫、怀、兖、陕、徐、青、齐、济、南豫、东兖、东徐十九州,贡绵绢及丝。”[②]可证北魏陕州至迟在太和八年即已出现,所谓太和十一年置有误。太和十七年(493),孝文帝迁都洛阳,着手建立新的京畿区域,次年,罢陕州,其辖区并入司州,成为以洛阳为中心的新京畿地域的一部分。但不久又恢复了陕州建置。《元和郡县图志·河南道二》云:“孝武帝永熙中重置”陕州。但据《北齐书·薛修义传》:“及尔朱兆立魏长广王为主,除修义右将军、陕州刺史,假安南将军。”[③]长广王即北魏东海王元晔,建明元年至二年(530—531)在位。以此推之,陕州当在此间重置,而非孝武帝永熙年间(532—534)[④]。其二关于陕州跨河而治的辖境形势。北魏陕州统领恒农等五郡十一县,除黄河南岸的恒农、西恒农、渑池、石城四郡外,黄河北岸原属河东郡的河北郡四县也划入陕州,辖境分跨黄河两岸,形成跨河而治的行政区域设置方式,体现出陕州建置的独有特色。显然,北魏陕州建置及其上述特点,是以黄河两岸便利的南北交通为条件的。黄河南岸有虞坂巅軨道、洹津道通向陕州,自西向东排列有风陵、洹津、陕津(大阳)等渡口。北魏定都洛阳后,曾置四方中郎将以御四方来寇。西中郎将治在陕城,担负防卫西方的重任。将河北郡归入陕州,有利于统筹黄河两岸防务,布达统一政令,施行政治控制,及时封锁西来之敌的任何一条道路。

五是北魏分裂成东魏、西魏后,陕城成为东西对峙交争之地。天平元年,东魏追击西逃关中的魏孝武帝,占领崤函,置陕州,以李徽伯为陕州刺史,防备西魏。大

① 〔唐〕李吉甫撰,贺次君点校:《元和郡县图志》卷六《河南道二》,中华书局,1983,第155页。

② 〔北齐〕魏收:《魏书》卷一百一十《食货志》,中华书局,1974,第2852页。

③ 〔唐〕李百药:《北齐书》卷二十《薛修义传》,中华书局,1972,第276页。

④ 乔凤岐、肖守库:《〈元和郡县图志〉勘误一则》,《中国历史地理论丛》2006年第2辑。

统三年,宇文泰东出潼关,克弘农,斩李徽伯后,罢陕州。但不久即以陕州人归属西魏为义举,于此地置义州,以为抗衡东魏之军事重镇。《魏书·孝静纪》载,兴和二年(540),“夏五月己酉,西魏行台宫延和、陕州刺史宫元庆率户内属,置之河北”[①]。施和金分析,此当是西魏得陕州后曾以宫元庆为刺史,但不久即于此地置义州,此乃以其旧称为名[②]。至北周明帝初,复称陕州。《周书·明帝纪》载:“二年春正月……弘农置陕州。”[③]《元和郡县图志·河南道二》解释说:“周明帝复置,屯兵于此以备齐。”[④]不同的是,西魏置义州后,黄河南岸的河北郡四县不再归属陕州,分郡别州而治,这主要是因宇文泰调整战略部署,义州(陕州)与河北郡分别担负了不同方向的守御任务,各有不同的防区。

北周时期还可见陕州总管府设置。据《周书·尉迟纲传》载:“(保定)二年,出为陕州总管、七州十三防诸军事、陕州刺史。”[⑤]北周与北齐在河南长期形成对峙,连年征战,军事活动往往跨州连郡,北周创置区域性军事管理机构总管府,作为州级政区之上的政治建制,既管军事,又管民政。文献中或言陕州总管府管七州军民之政,或管八州。如庾信《周大将军赵公墓志铭》载:“天和三年,授都督陕虞等八州廿防诸军事、陕州刺史。”[⑥]建德五年(576),宜阳总管府移镇陕州。《周书·于翼传》载:“五年,转陕熊等七州十六防诸军事、宜阳总管。翼以宜阳地非襟带,请移镇于陕。诏从之,仍除陕州刺史,总管如旧。”[⑦]《周书·宇文纯传》载:“转陕州总管,督雁门公田弘拔齐宜阳等九城。”[⑧]由于当时北周仅管辖崤函、南阳等地,河南

---

① 〔北齐〕魏收:《魏书》卷十二《孝静纪》,中华书局,1974,第304页。

② 施和金:《北齐地理志》,中华书局,2008,第140页。

③ 〔唐〕令狐德棻等:《周书》卷四《明帝纪》,中华书局,1971,第54页。

④ 〔唐〕李吉甫撰,贺次君点校:《元和郡县图志》卷六《河南道二》,中华书局,1983,第155页。

⑤ 〔唐〕令狐德棻等:《周书》卷二十《尉迟纲传》,中华书局,1971,第340页。

⑥ 〔北周〕庾信撰,〔清〕倪璠注:《庾子山集注》,中华书局,1980,第1018页。

⑦ 〔唐〕令狐德棻等:《周书》卷三十《于翼传》,中华书局,1971,第525页。

⑧ 〔唐〕令狐德棻等:《周书》卷十三《宇文纯传》,中华书局,1971,第204页。

其他地区全为北齐辖境,陕州总管府实际所管范围大体为北周所占河南之地,崤函古道沿线区域均归陕州总管府管辖。陕州总管府成为北周掌控河南地区的指挥中枢。

尽管十六国北朝时期陕城的州级政区设置各阶段多有变异,置废变化达 5 次之多,但由于每次置废都与当时政权间实力强弱变化和都城核心区建设密切相关,因此其变化总体趋向稳定。陕城无论是在豫州、荆州时期,还是陕州时期,始终都是所在区域的行政中心。这当然主要还是因为陕城"屡经攻守,皆中夏之要"①。陕城既是崤函古道交通的枢纽,也是十六国北朝争夺的战略要地。加强陕州及所在区域的政区设置,强化陕城在政治上的地位,有助于保证崤函古道交通的安全与建设,顺利实现东进西出北上的军事运动和目标。

宜阳也是这一时期置州较多的地方。宜阳地处崤山南路枢要之地,控制着东进西出洛阳盆地的水陆要道。由宜阳沿洛水可直达洛阳。宜阳若失,洛阳便十分危险。前秦皇始元年,苻健置洛州,治今宜阳韩城镇,此是宜阳也是崤山南路上第一个州级政区单位。北魏分裂为东西魏之后,宜阳处于东西交界地带,"盖渑池、二崤实皆在宜阳境内,为控扼之要地"②。天平初年,东魏置阳州(治今宜阳韩城镇),领宜阳、金门二郡。天和四年至六年(569—571),为争夺宜阳,北周与北齐爆发长达三年的争夺战,史称"宜阳小城,久劳战争"③。北周占据宜阳后,明帝二年(558),改阳州为熊州,仍治宜阳,领宜阳、同轨、新安三郡。十六国北朝时期,以宜阳为枢纽的崤山南路明显重要起来,成为战争双方,尤其是南北争夺中常常使用的一条交通线路,也是各政权州级政区建设的重点所在,形成这一时期崤函古道交通的一大特点。

---

① 〔唐〕李吉甫撰,贺次君点校:《元和郡县图志》卷六《河南道二》,中华书局,1983,第 156 页。

② 〔清〕顾祖禹撰,贺次君、施和金点校:《读史方舆纪要》卷四十八《河南三》,中华书局,2005,第 2253 页。

③ 〔唐〕令狐德棻等:《周书》卷三十一《韦孝宽传》,中华书局,1971,第 540 页。

西魏北周所置中州、东义州,存在时间不长,但所以能够置州,也与交通地位有关。两魏周齐东西对峙时,新安是进出洛阳的门户、崤山北路上的重要交通节点。北周占据新安后,于明帝初年置中州。《隋书·梁睿传》载:"周闵帝受禅,征为御伯。未几,出为中州刺史,镇新安,以备齐。齐人来寇,睿辄挫之,帝甚嘉叹。"[①]东义州治今卢氏城关镇,虽不在崤函古道干线上,但位于洛水上游,随着崤山南路支线宜卢道、卢武道在这一时期的频繁使用,卢氏的战略地位提升,故西魏在此置东义州。《周书·史宁传》载:"转通直散骑常侍、东义州刺史。东魏亦以故胡梨苟为东义州刺史。宁仅得入州,梨苟亦至,宁迎击,破之,斩其洛安郡守冯善道。州既邻接疆埸,百姓流移,宁留心抚慰,咸来复业。"[②]史宁从商州到东义州走的是卢武道。又《宋书·柳元景传》载,宋文帝元嘉二十七年(450)北伐,"后军外兵参军庞季明年已七十三,秦之冠族,羌人多附之,求入长安,招怀关、陕。乃自赀谷入卢氏,卢氏人赵难纳之,弘农强门先有内附意,故委季明投之……季明进达高门木城,值永昌王入弘农,乃回,还卢氏,据险自固"。赀谷在今卢氏南山中。高门木城即高门关,《水经注》作"高门城",在今洛宁故县镇南,旧址已为故县水库淹没。高门关控制循洛水西上的道路。庞季明进驻高门木城,走的即宜卢道。"倾之,招卢氏少年进入宜阳苟公谷,以扇动义心",支援北伐,走的也是宜卢道。苟公谷即《水经注》苟公谷,在今洛宁西南六十里兴华河(旧称孙洪涧)上游。经高门关在卢氏转而北行,循断密涧可直抵秦函谷关下。其后"季明出自木城,与法起相会"[③]于灵宝开方口(今河南灵宝尹庄镇开方口村东北),前段走的仍是宜卢道,后段则为卢灵道线路。

此外,在北朝末期,卢氏还出现一条被称为"鹿卢道"的交通线路。《周书·魏

① 〔唐〕魏征等:《隋书》卷三十七《梁睿传》,中华书局,1973,第1125页。

② 〔唐〕令狐德棻等:《周书》卷二十八《史宁传》,中华书局,1971,第466页。

③ 〔南朝梁〕沈约:《宋书》卷七十七《柳元景传》,中华书局,1974,第1982页。

玄传》载："天和元年，陕州总管尉迟纲遣玄率仪同宇文能、赵乾等步骑五百于鹿卢交南，邀击东魏洛州刺史独孤永业。"[①]《北齐书·耶律光传》载："十二月，周遣将围洛阳，壅绝粮道。武平元年正月，诏光率步骑三万讨之。军次定陇，周将张掖公宇文桀、中州刺史梁士彦、开府司水大夫梁景兴等又屯鹿卢交道，光擐甲执锐，身先士卒，锋刃才交，桀众大溃，斩首二千余级。直到宜阳，与周齐国公宇文宪、申国公擒跋显敬相对十旬。光置筑统关、丰化二城，以通宜阳之路。"统关、丰化二城皆在今宜阳县西。耶律光军还，行次安邺，宇文宪率"众号五万，仍蹑军后……令桀及其大将军中部公梁洛都与景兴、士彦等步骑三万于鹿卢交塞断要路。光与韩贵孙、呼延族、王显等合击，大破之，斩景兴，获马千匹"[②]。"鹿卢交"即"鹿卢交道"，所在不详。今灵宝市朱阳镇老虎沟村西陕豫交界处大关岭上有芦灵关，亦称辘轳关、辘岭关，疑即"鹿卢"。这是一条从洛南翻越芦灵关入灵宝，通往卢氏、宜阳的道路。可以看到，卢氏在这一时期交通道路建设又有了新的进展。

2. 以郡县设置铺就崤函行政与交通网络

十六国北朝时期，崤函地区郡县建置同样增设很快，并且同样引人注目地密集分布在崤山南北两路的重要交通节点上。

北魏太和年间在置陕州同时，析今陕州区东境和今洛宁北部置崤县。《太平寰宇记·河南道六》引《周地图记》云："后魏太和十一年分陕县东界于治卢置崤县，在治之郊，属弘农郡，取崤山为名。"中华书局"校勘记"云："'卢'，万本、库本作'垆'。按'垆'、卢字同。"[③]崤县治所以往多指在今陕州区菜园乡南县村，即古安阳城。然《太平寰宇记》强调崤县"在治之郊"，即在陕州治所之郊，或可说崤县当紧挨着陕州治所，而古安阳城所在的今南县村距陕州有50里左右，显然不宜称为陕

① ［唐］令狐德棻等：《周书》卷四十三《魏玄传》，中华书局，1971，第780页。

② ［唐］李百药：《北齐书》卷十七《斛律光传》，中华书局，1972，第224页。

③ ［宋］乐史撰，王文楚等点校：《太平寰宇记》卷六《河南道六》，中华书局，2007，第103页。

州之“郊”。清张穆《魏延昌地形志》存稿记载:“崤,太和十一年,分陕县东界置。治冶垆。”[①]则前揭《太平寰宇记》标点或有误,当为“后魏太和十一年分陕县东界,于冶卢置崤县”。辛德勇认为,陕州城东南、交口以西的“野鹿”,傍古之橐水,与“冶垆”音似,地望与《太平寰宇记》陕州之“郊”亦合,当即北魏崤县所治[②]。据该村出土清同治九年(1870)墓志载,此地古为冶炼场地,故名“冶垆”。后冶炼业渐衰,而村外常有野鹿出没,遂易名野鹿。崤山南北两路在交口交会,进入陕州城之前,必经冶垆,表明其治所的选择,显然与强化对崤函古道枢纽陕州和崤山南北两路分合点交口的控制有一定关系。北周明帝时设崤郡,治陕城,领陕、崤二县。

崤山北路在西晋前,只有渑池、新安二县。东晋占据新安后,置新安郡,领东垣、西垣、新安三县。北魏迁都洛阳后,置渑池郡(治今渑池池底乡朱城村),领俱利(治今渑池朱城村一带)、北渑池(与郡同治)二县,渑池南界向北移至熊耳山东西一线。太和十二年(488),升新安为郡,领新安(与郡同理)、东亭(治今河南嵩县旧县乡)、河南(治今洛阳东)三县。孝昌三年(527),再析新安东境置西新安(治今义马千秋镇石河村),割属渑池郡。东魏亦然,置新安郡,领新安、东亭、河南三县。北周保定三年,改新安郡为中州,领新安郡。这些新增设的州、郡、县,除东亭外,空间位置正当崤山北路的主要干道上,其地理坐标所体现的州、郡、县治所与交通道路相互结合、相互依存的形势,与北魏在崤山南北两路交会点左近置崤县是一致的。

以上情形在崤山南路亦然。南北朝以前,今洛宁尚属荒山野水,云坞烟渚。西魏大统三年,在今洛宁东部、洛河北岸置北宜阳县,治黄栌(今洛宁河底镇大明村)。北周置同轨郡(治同轨城,今洛宁河底镇城头村),改北宜阳为熊耳县。北宜阳县、同轨郡选址与当时崤山南路主要大道连昌河线有密切关系。这条大道从雁

① 〔清〕张穆原著,安介生辑校:《〈魏延昌地形志〉存稿辑校》卷三,齐鲁书社,2011,第280页。
② 辛德勇:《崤山古道琐证》,《中国历史地理论丛》1989年第4辑。

翎关东出,过宫前,沿连昌河谷,入洛宁,南下至宜阳三乡,是隋初莎栅道开通前崤山南路的主道。同轨郡正处于宫前与三乡之间,应看作是与崤山南路连昌河线交通系统相互存在联系,并控制这一路段的交通枢纽。这样的一种设置契合了这一时期以崤山南路为东西交通主线的交通运输系统。

今洛宁洛河以北的西部山区,北魏之前大体属卢氏东境。延昌二年(513),北魏析卢氏东境置南陕县,治长水(今河南洛宁长水镇)。东魏天平初年所置金门郡(治金门,今河南洛宁陈吴乡金山下大原村附近)及所领金门(与郡同理)、南渑池(治螽城,今河南洛宁王范镇坞东村)、南陕(治长水,今河南洛宁长水镇)、卢氏(治卢氏,今河南卢氏城关镇)四县,亦均在今洛宁西部山区。西魏改南陕为长渊,又于卢氏置东义州,领卢氏、长渊、朱阳三县,北周改南渑池为昌洛县,移朱阳县“于今卢氏县西南鄢渠谷中”[①]。有学者分析说:“北魏朱阳郡县治今卢氏县朱阳关镇,由于地形所限,其时卢氏至朱阳驿路当与后世相同,沿卜象河—衡涧河—老灌河河谷而行,北周朱阳县迁于隝渠谷中,应是顺道北迁之举。”[②]这些郡县的位置均分布在自宜阳沿洛河通往卢氏的崤函古道支线宜卢道、卢武道上。宜卢道、卢武道在这一时期日显重要,多次成为东西交兵的进军路线,其郡县建置与交通道路的关系显而易见。

道路交通对沿线政区建置的发展具有重要的支撑作用。交通运输与政区及其治所的选址、空间变迁、职能结构和持续发展等方面关系密切。十六国北朝时期,崤函古道沿线州、郡、县建置的增多,虽也有滥置之处,但不可否认也是当时政权审时度势之战略举措。有研究者指出,魏晋南北朝时期的州,既是朝廷下属的最高地方行政机构,又是朝廷派出的,以防守和作战为目的而驻扎在某州的军事机构[③],

① 〔宋〕乐史撰,王文楚等点校:《太平寰宇记》卷六《河南道六》,中华书局,2007,第111页。

② 李晓杰、杨智宇等:《〈水经·洛水注〉校笺及水道与政区复原(上)》,《历史地理研究》2020年第3期。

③ 王谨:《魏晋南北朝州制度研究》,天津古籍出版社,2012,第270~271页。

军事色彩十分浓厚。其实郡县建置又何尝不是如此。考察这一时期崤函地区的政区建置,控制军事交通,并以行政机器促成交通建设的成功应是其中主要的因素。而崤函古道沿线政区建置大多占据着重要交通节点地位,便于依托便利的交通条件开展军事、政治和经济活动。较为发达的交通是崤函古道沿线政区增置及发展的必备要素。连接和通过这些州郡县治所和防戍军事要地的交通路线,自然是当时军事交通之要道,是政府人员往还、政令文书递送之通道,无疑也是崤函古道在这一时期纵深发展的重要标志。

3. 以防戍为节点的行政辅助与交通控制

十六国北朝时期,各政权大量修筑防戍,以为州郡的攻守辅助设施。王仲荦《北周地理志》统计崤函地区防戍有 30 余座,其中尤以东魏北齐、西魏北周数量最多。揆诸文献,崤函地区防戍数量当远不止此,如庾信《周大将军崔说神道碑》:"除使持节、大将军、大都督崇德、安义、建忠、九曲、安乐、三泉、伏流、周张、平泉、固安、蛮、通、谷凡十三防御、熊和忠三州,黄栌、起谷、王宴、供超、牵羊、温狐、交河、大岭、避雨、木栅寺十一戍诸军事、崇德防主。宜阳上地,更有秦兵;熊耳山前,还逢积仗。"①其中,"十三防"皆与熊、和、忠三州相关,"十一戍"则并属宜阳崇德防主,当在宜阳及附近,但除崇德、安义等少数几座外,其他已不可确指。又《周书·李贤传》亦有"寻授都督义州弘农等二十一防诸军事"②的记载,除义州、弘农二防外,其余十九防名已不详,推测当亦在灵宝与卢氏之间。由此可见,十六国北朝,尤其是两魏周齐在崤函地区广泛设置了大量防戍,数量至少当在 50 座以上,从而在崤函地区形成了一道道屏障。这与该地区长期处于两魏周齐对峙交争的前线,西魏北周军事上攻守的重点一直放在崤函—河阳一线有关。

防戍是具有军事防戍性质的城,其分布往往围绕着州郡要枢,具有准政区的性

---

① 〔北周〕庾信撰,〔清〕倪璠注,许逸民点校:《庾子山集注》,中华书局,1980,第 780 页。

② 〔唐〕令狐德棻等:《周书》卷二十五《李贤传》,中华书局,1971,第 420 页。

质。有的防戍即以州治或郡治为防,如东义州有义州防,弘农郡有弘农防,北周同轨郡则是由防升格为郡。防戍内有居民,有自己的军队,随时可出征配合朝廷军队协同作战。《周书·魏玄传》载:"洛安民雍方隽据郡外叛,率步骑一千,自号行台,攻破郡县,囚执守令。玄率弘农、九曲、孔城、伏流四城士马讨平之。"[①]此处提到的四城皆为防城。

防戍的军事功能决定其建造地点往往依崤函古道交通要道或险要之处而设置。先说崤山南路。

宜阳、洛宁是两魏周齐争夺的要冲之一,双方围绕此地的争夺往往伴随以修筑防戍,控制交通为重要手段,修筑的防戍也最为集中。今名称可考者有 29 座。其中,宜阳有 21 座,分别是伐恶城、崇德防、安义防、三泉防(又名石泉)、仁寿防、鹿卢镇城、建安戍、张白坞、一合坞(又名一泉坞、一泉戍、一全坞)、定陇城、统关城(又名通关城)、丰化城、威敌城、安郸城(又名安业城)、平寇城、善渚谷(又名善渚镇、善渚栅)、宜阳镇、九曲城(又名九曲镇、九曲戍)、柳泉城、黑涧戍、造涧城;洛宁有 8 座,分别是石勒城、高门木城、龙骧城、黄栌防(又名黄栌戍)、同轨防(又名同轨戍、同轨城)、永昌城、永固城(又名永固镇)、莎栅城。著名的一合坞,在今宜阳县韩城镇福昌村北原上。《水经注·洛水》述其形势:"洛水又东径一合坞南,城在川北原上,高二十丈,南、北、东三箱,天险峭绝,惟筑西面即为固,一合之名,起于是矣。"[②]魏晋时,杜恕、杜预两代开始在此经营,形成规模可观、能耕能战的坞壁。由于地势险峻,又靠近洛水,北周占领宜阳后,"置重兵于此,以备高齐"[③],是控制洛水河谷交通之战略据点。由早年的坞壁改置为防戍的,还有张白坞、金门坞等。除这样历史悠久的防戍外,大量的还是两魏周齐时新建。天和四年(569),周齐开始在宜阳

---

① 〔唐〕令狐德棻等:《周书》卷四十三《魏玄传》,中华书局,1971,第 780 页。

② 〔北魏〕郦道元著,陈桥驿校证:《水经注校证》卷十五《洛水》,中华书局,2007,第 366 页。

③ 〔唐〕李吉甫撰,贺次君点校:《元和郡县图志》卷五《河南道一》,中华书局,1983,第 140 页。

展开激烈争夺,防戍建设随之进入高潮。九月,北周柱国李穆东下,围攻宜阳,筑武申、旦郭、慈涧、崇德、安民、交城、鹿卢交诸城,刘雄筑安义等城,切断北齐粮道。天和五年(570)初,北齐斛律光率步骑兵 3 万救援宜阳,屡破周军,并筑统关、丰化二城,打通通往宜阳之粮道。天和六年(571)春,北周宇文纯再次增兵进攻宜阳,一举夺回北齐 9 座城池。斛律光率 5 万步骑兵前来救援,夺取北周建安等 4 戍而还。北周占领洛宁后,升同轨防为同轨郡,成为控制崤山南路连昌河线的交通枢纽。《通典·州郡七》永宁条:"后周置黄栌、同轨、永昌三城以备齐也。"①《读史方舆纪要·河南三》永宁县:"同轨城,在县东。西魏置同轨防于此。"②遗址在今洛宁河底镇城头村。《资治通鉴》胡注:"《五代志》:河南宜阳县,后周分置熊耳县、同轨郡。周、齐以宜阳为界;以同轨名郡者,言将自此出兵混一东西,使天下车同轨也。"③其与交通道路的关系是显而易见的。

再看崤函古道函谷段及崤山北路,防戍可考者有 15 座,其中函谷段有弘农防、方伯堆城、盘豆城(栅)、蓼坞、大谷镇、皇天坞 6 座。崤山北路上有 9 座,其中,渑池有大坞镇(又名大坞城)、阎韩防(又名阎韩镇)、安乐防 3 座,新安有通洛防、白超防、洪超防(又名洪超戍)、慈涧防、谷城戍、孝水戍 6 座。与崤山南路相较,崤函古道函谷段及崤山北路防戍的数量相对少些,但同样是依交通要道或险要之处而建。如皇天坞,《水经注·河水》载:"河水又东北,玉涧水注之,水南出玉溪,北流径皇天原西。周固记:开山东首上平博,方可里余,三面壁立,高千许仞,汉世祭天于其上,名之为皇天原。上有汉武帝思子台。"④《匡谬正俗》引郭缘生《述征记》曰:"皇

---

① 〔唐〕杜佑撰,王文锦等点校:《通典》卷一百七十七《州郡七》,中华书局,1988,第 4655 页。

② 〔清〕顾祖禹撰,贺次君、施和金点校:《读史方舆纪要》卷四十八《河南三》,中华书局,2005,第 2256 页。

③ 〔宋〕司马光编著,〔元〕胡三省音注:《资治通鉴》卷一百六十《梁纪十六》梁武帝太清元年,中华书局,1956,第 4954 页。

④ 〔北魏〕郦道元著,陈桥驿校证:《水经注校证》卷四《河水》,中华书局,2007,第 109 页。

天坞在阌乡东南。或云:卫太子始奔,挥涕仰呼皇天。百姓怜之,因以名坞。”又引戴延之《西征记》曰:“皇天固去九泉十五里。”[①]据此皇天原本以坞、固得名,在今灵宝豫灵东北安头村附近,今称董社塬,南依秦岭,北瞰黄河,为进出潼关必经之地。《晋书·郗鉴传》载:后秦将窦冲“徙屯华阴。河南太守杨佺期遣上党太守荀静戍皇天坞以距之。冲数来攻”[②]。同书《杨佺期传》:“苻坚将窦冲率众攻平阳太守张元熙于皇天坞,佺期击走之。佺期自湖城入潼关,累战皆捷。”[③]又如新安通洛防,设在汉函谷关故城。《元和郡县图志·河南道一》新安县条载:“县城本名通洛城,周武帝将东讨,令陕州总管尉迟纲筑此城,以临齐境。”白超城在今新安县铁门镇下羊义村涧水边。“白超故城,一名白超垒,一名白超坞,在县西北十五里。垒当大道,左右有山,道从中出。汉末黄巾贼起,白超筑此垒以自固,东魏修筑为城,因名白超城。”[④]这些位于崤函古道交通线左近、分布广泛的防戍应看作同一交通系统中相互存在联系的建置。

十六国北朝时期,崤函地区长期处于战争状态,民族矛盾复杂。崤函古道沿线的行政建设,在一定程度上有利于地方控制,稳定当地形势。史称“二崤地峻,民多寇劫”。北魏献文帝时期,武陵公崔宽出任镇西将军、陕城镇将,由于治理有方,当地社会生活一度出现较为安定繁荣的局面。《魏书·崔宽传》载:“宽性滑稽,诱接豪右、宿盗魁帅,与相交结,倾衿待遇,不逆微细。是以能得民庶忻心,莫不感其意气。时官无禄力,唯取给于民。宽善抚纳,招致礼遗,大有受取,而与之者无恨。又弘农出漆蜡竹木之饶,路与南通,贩贸来往。家产丰富,而百姓乐之。诸镇之中,号为能政。及解镇还京,民多追恋,诣阙上章者三百余人。书奏,高祖嘉之。”[⑤]崔宽

① 〔唐〕颜师古撰,严旭疏证:《匡谬正俗疏证》卷七《黄巷》,中华书局,2019,第334页。

② 〔唐〕房玄龄等:《晋书》卷六十七《郗鉴传》,中华书局,1974,第1806页。

③ 〔唐〕房玄龄等:《晋书》卷八十四《杨佺期传》,中华书局,1974,第2200页。

④ 〔唐〕李吉甫撰,贺次君点校:《元和郡县图志》卷五《河南道一》,中华书局,1983,第142~143页。

⑤ 〔北齐〕魏收:《魏书》卷二十四《崔宽传》,中华书局,1974,第625页。

在陕城镇的统治,消除了当地的寇劫之风,百姓得以安居乐业。又利用据守崤函古道的便利,一面向南朝贩运本地产品,一面又向北魏境内贩卖南货,通过来回买卖,从中赢取厚利。崔宽的行为,不仅有利于北魏对崤函的控制,客观上也增加了百姓的收入,因而能够得到上到朝廷下至百姓的称赞。而他本人也通过与南朝的贸易获得了巨大的经济利益。

4. 崤函古道东段交通线路的变化与邮驿建设

十六国北朝时期以政区设置为中心的崤函交通格局,对崤函古道交通线路发展产生了重要影响,在行政设置的推动下,一方面,崤函古道交通呈现纵深发展的态势,尤其是在以往发展较慢的崤山南路,数个州郡县的设置,在当时主要是因军事斗争和政治控制的需要,却因此使崤函南路交通枢纽和重要节点增多,控制和利用能力增强,交通发展的通达性大为提高,由此带来的直接和间接辐射的腹地更为宽广,襟带整个崤函南部地区,而成为崤山南路交通从沿河谷向山地纵深发展的标志。另一方面也使崤函古道东段,即崤山道主线路发生变化。

杜佑《通典·州郡七》河南府永宁县下记载崤山南北二道变迁曰:“永宁有三崤山……自汉以前,春秋时,道皆由此县。郦道元注《水经》云:‘汉建安闲,曹公西讨巴汉,恶南路之险,更开北道,自后行旅,率多从之。附侧路有石铭云:晋太康三年,弘农太守梁柳修复旧路。’《括地志》云:‘按文王所避风雨,即东垣山也,俗亦号为文王山,有夏后皋墓,北可十里许。其山南临河阴。汉末以来,移道更于岭岑山南,其山在夏后墓正南可五里。’公更开北道,即复春秋时路。后周之初,更复南移。隋炀帝大业三年废。武德初,又通此道,贞观十四年又废。其道西入县界,又东分为二道,东南入福昌县界,北道东入渑池县界。又有熊耳山,刘盆子积甲之所,又谷水所出。后周置黄栌、同轨、永昌三城以备齐也。”①杜佑的这段文字,有关隋唐时

① 〔唐〕杜佑撰,王文锦等点校:《通典》卷一百七十七《州郡七》,中华书局,1988,第4654~4655页。

崤山段主线路的变化,“文字颇多讹误,不能通解,且似有矛盾处”[①],但对魏晋南北朝以来变化的记述是基本可信的。总体来说,汉末崤山道主线在崤山北路,直到十六国至北魏,主线一直在崤山北路。两魏周齐时,崤山南路变得重要,北路使用相对较少,至北周初,“更复南移”,崤山道主线移至南路。崤山道南北主线路的变化,显然与这一时期各方的军事战略和交通格局有关,崤山南路交通的纵深发展构成崤山道南北主线路变化的条件之一。

与州郡县行政设置增多相对应的是崤函古道沿线邮驿设施的设置。汉末战乱中,汉王朝苦心经营的邮传设施遭到破坏,崤函古道尤其严重。《后汉书·刘翊传》载,“献帝迁都西京,翊举上计掾。是时寇贼兴起,道路隔绝,使驿稀有达者。翊夜行昼伏,乃到长安……迁陈留太守。翊……唯余车马,自载东归。出关数百里,见士大夫病亡道次,翊以马易棺,脱衣敛之。又逢知故困馁于路”,为救其乏,刘翊“杀所驾牛”,结果“俱饿死”在路上[②]。曹魏建立后,力图恢复和重建战争中破坏的邮传。曹丕时制定了专门的《邮驿令》,在秦汉原有“厩置、乘传、副车、食厨”的基础上,“取其可用合科者,以为《邮驿令》”[③]。西晋邮驿主要是在魏之基础上发展而来。据《晋书·齐王冏传》:“翊军校尉李含奔于长安,诈云受密诏,使河间王颙诛冏,因导以利谋。颙从之,上表曰:……即日翊军校尉李含乘驿密至,宣腾诏旨。”[④]李含“乘驿”奔于长安和河间王司马颙上表都需要经由崤函古道邮驿,可见西晋邮驿设施已较为健全。至十六国北朝时,因应军事活动频繁,资讯传递必须及时、迅捷的要求,更形成了以驿为主体,由行动快捷的马匹来承担资讯传递任务的邮驿系统。驿成为这一时期主要的交通和通信机构。

前秦苻坚占据关中后,整治道路,以路程为准设邮驿。“自长安至于诸州,皆夹

① 严耕望:《唐代交通图考》第1卷《京都关内区》,上海古籍出版社,2007,第56页。

② 〔南朝宋〕范晔:《后汉书》卷八十一《刘翊传》,中华书局,1965,第2696页。

③ 〔唐〕房玄龄等:《晋书》卷三十《刑法志》,中华书局,1974,第925页。

④ 〔唐〕房玄龄等:《晋书》卷五十九《齐王冏传》,中华书局,1974,第1608~1609页。

路树槐柳，二十里一亭，四十里一驿，旅行者取给于途，工商贸贩于道。”①弘农是前秦最早据有之郡，史言“诸州”者自然包括了弘农郡所在的洛州。《晋书·张忠传》记载：“张忠字巨和，中山人也。永嘉之乱，隐于泰山……苻坚遣使征之……及至长安……年衰志谢，不堪展效……坚以安车送之。行达华山，叹曰：‘我东岳道士，没于西岳，命也，奈何！’行五十里，及关而死。使者驰驿白之，坚遣黄门郎韦华持节策吊，祀以太牢。”②文中“关”当即潼关。因为邮驿建设富有成效，既具规模，又成制度，因而前秦朝野甚至可以通过邮驿及时商讨朝政。“苻融，字博休，坚之季弟也”，深受苻坚信任，任司隶校尉，“虽镇关东，朝之大事靡不驰驿与融议之”③。北魏定都洛阳后，建立以洛阳为中心的四通八达的交通网络，崤函古道是洛阳通往关中乃至西域的交通大道。永平二年（509），宣武帝下诏统一各地道路宽度，“江海方同，车书宜一，诸州轨辙南北不等。今可申敕四方，使远近无二”④。史称北魏“传驿相属于路”⑤，往来不绝。官员上任、贤士被征召，往往“乘官驿……往还有费于邮亭”⑥。驿在此时也开始有了专门的驿名。《魏聘使行记》记载宜阳有高棠驿⑦，这也是迄今所见仅存的北魏有明确驿名的少数几个邮驿设施之一。

突出的军事职能是这一时期邮驿系统的一大特点。据《资治通鉴》：丁零翟斌在新安“起兵叛秦，谋攻豫州牧平原公晖于洛阳，秦王坚驿书使垂将兵讨之”⑧，是为前秦利用崤函古道之驿，迅速传递军政情报，平息叛乱之明证。西魏北周也有高效、快捷的邮驿系统来传达军政要事。《周书·苏椿传》：“（椿）行弘农郡事。椿当

---

① 〔唐〕房玄龄等：《晋书》卷一百十三《苻坚载记》，中华书局，1974，第2895页。

② 〔唐〕房玄龄等：《晋书》卷九十四《张忠传》，中华书局，1974，第2451～2452页。

③ 〔唐〕房玄龄等：《晋书》卷一百十四《苻融载记》，中华书局，1974，第2933～2935页。

④ 〔北齐〕魏收：《魏书》卷八《世宗纪》，中华书局，1974，第208页。

⑤ 〔北齐〕魏收：《魏书》卷三十四《卢鲁元传》，中华书局，1974，第801页。

⑥ 〔北齐〕魏收：《魏书》卷七十七《辛雄传》，中华书局，1974，第1697页。

⑦ 刘广生、赵梅庄：《中国古代邮驿史》（修订版），人民邮电出版社，1999，第212页。

⑧ 〔宋〕司马光编著，〔元〕胡三省音注：《资治通鉴》卷一百五《晋纪二十七》，晋孝武帝太元八年，中华书局，1956，第3317页。

官强济，特为太祖所知。十四年，置当州乡帅，自非乡望允当众心，不得预焉。乃令驿追椿领乡兵。”[①]天和四年，围绕“盗杀孔城防主，以其地入齐”[②]事件，庾信先后两次代北周陕州总管府移书北齐河阳执事。文中说“始奉朝旨，获彼移书”[③]，可知此前北齐亦曾“移书”至长安。这类外交文书按规定是通过邮驿系统传递的。河阳在今河南孟县。由陕州至河阳，当是利用了沿线邮驿。这是邮驿参与外交事务之明证。

为计驿使行程，北周仿效古制，于驿路立堠子（土堆），后又发明了“列树以表道”之法。《周书·韦孝宽传》记载：“废帝二年，为雍州刺史。先是，路侧一里置一土候，经雨颓毁，每须修之。自孝宽临州，乃勒部内当候处植槐树代之。既免修复，行旅又得庇荫。周文后见，怪问知之，曰：‘岂得一州独尔，当令天下同之。’于是令诸州夹道一里种一树，十里种三树，百里种五树焉。”[④]交通条件大为改观，邮驿速度明显提高。《周书·宣帝纪》有一条材料从侧面反映了崤函古道行驿的速度。大象元年（579）十二月，“乙丑，行幸洛阳。帝亲御驿马，日行三百里。四皇后及文武侍卫数百人，并乘驿以从。仍令四后方驾齐驱，或有先后，便加谴责，人马顿仆相属。己卯，还宫”[⑤]。若无便捷的交通条件和数量众多的驿马，在崤函古道上要达到“日行三百里”的速度和伴以大规模的侍从同行，显然是不可能的。

二、民族迁徙、人口迁移与崤函古道交通

魏晋南北朝时期是中国历史上第二次空前的民族大迁徙、大融合时期。在北

① 〔唐〕令狐德棻等：《周书》卷二十三《苏椿传》，中华书局，1971，第 395～396 页。

② 〔唐〕令狐德棻等：《周书》卷五《武帝纪》，中华书局，1971，第 77 页。

③ 〔北周〕庾信撰，〔清〕倪璠注：《庾子山集注》，中华书局，1980，第 651 页。

④ 〔唐〕令狐德棻等：《周书》卷三十一《韦孝宽传》，中华书局，1971，第 538 页。

⑤ 〔唐〕令狐德棻等：《周书》卷七《宣帝纪》，中华书局，1971，第 122 页。

方,匈奴、鲜卑、羯、氐、羌等塞外民族纷至沓来,在黄河流域建立了许多政权。其中,羯族石虎建立的后赵、氐族苻氏建立的前秦都是经由崤函古道入主长安后建立的。前秦东出潼关,陷洛阳,北上克邺城,灭前燕慕容氏建立的前燕。东晋刘裕北伐,陷洛阳,占潼关,入长安,灭羌族姚氏建立的后秦。这两次亡他国之战也都是经由崤函古道实现的。

崤函古道还是这一时期民族迁徙的重要通道。建安二十年,曹操进兵汉中,张鲁投降。巴西安汉(今四川南充北)阎缵,"祖圃,为张鲁功曹,劝鲁降魏,封平乐乡侯。父璞,嗣爵,仕吴至牂柯太守。缵侨居河南新安"①。阎氏家族由巴西先迁汉中,再由汉中迁至新安。1982 年,洛阳博物馆征集到一方出土于义马北郊的"魏匈奴率善仟长"铜印②。据《三国志 · 魏书》记载,曹魏时曾分匈奴为左右前后中五部,各部立贵族一人为帅,居于并州(今)同汉族杂处。此印的发现证明在曹魏统治的腹地豫西地区也有相当数量的匈奴人,从中不难想象到当时匈奴人沿崤函古道络绎往来于中原的景况。

永嘉之乱后,北方人口更是大规模外逃,躲避战乱。进入中原的少数民族政权也凭借武力,强迫徙民,以补充兵源和劳力。仅以石虎后赵一国而言,迁徙至其统治区的人户,据《晋书》所记即有百万之多。其中,建平四年(333)一次"徙秦、雍民及氐、羌十余万户于关东"③。按每户 5 人计,此次迁徙当有 50 万人左右。这显然是一次较大规模的人口迁徙,安置地为函谷关以东地区。永和六年(350),苻健乘后赵混乱之机,又率徙户回迁关中。《晋书 · 苻健载记》:"尽众西行,起浮桥于盟津以济。遣其弟雄率步骑五千入潼关,兄子菁自轵关入河东……既济,焚桥,自统大众继雄而进。杜洪遣其将张先要健于潼关,健逆击破之……三辅略定。健引兵

① 〔唐〕房玄龄等:《晋书》卷四十八《阎缵传》,中华书局,1974,第 1349 页。

② 苏健:《洛阳博物馆藏印拾零》,《中原文物》1993 年第 4 期。

③ 〔宋〕司马光编著,〔元〕胡三省音注:《资治通鉴》卷九十五《晋纪十七》,晋成帝咸和八年,中华书局,1956,第 2989 页。

至长安……入而都之。”[①]根据石虎徙民对象和苻健的回迁路线来看，崤函古道都是必经的线路。次年(351 年)，后赵大乱，“青、雍、幽、荆州徙户及诸氐、羌、胡、蛮数百余万，各还本土”。其中有不少是经由崤函古道回迁的。由于回迁者众多，甚至出现了“道路交错，互相杀掠，且饥疫死亡，其能达者十有二三”[②]的惨景。

前秦建立后，徙民活动同样是大规模进行。建元六年(370)，前秦军队攻陷邺城后，苻坚“赦慕容暐及其王公已下，皆徙于长安，封授有差”，又“徙关东豪杰及诸杂夷十万户于关中，处乌丸杂类于冯翊、北地，丁零翟斌于新安……诸因乱流移，避仇远徙，欲还旧业者，悉听之”。[③]《资治通鉴》作“秦王坚徙关东豪杰及杂夷十五万户于关中，处乌桓于冯翊、北地，丁零翟斌于新安、渑池”[④]。无论是十万户还是十五万户，数量都是巨大的，其中包括进入中原的慕容鲜卑和劫后羯族的遗民。随着苻坚征服地域的扩大，为有效地控制局面，苻坚又将大批氐人迁往关东地区。“坚以关东地广人殷，思所以镇静之，引其群臣于东堂议曰：‘凡我族类，支胤弥繁，今欲分三原、九嵕、武都、汧、雍十五万户于诸方要镇，不忘旧德，为磐石之宗。’”其中，以“苻晖为镇东大将军、豫州牧，镇洛阳”[⑤]。后秦灭亡后，也有大批原居关中的氐人和羌人经由崤函古道迁往河洛一带。泰常二年(417)，“氐豪徐駭奴、齐元子等，拥部落三万于雍，遣使内附，诏将军王洛生及河内太守杨声等西行以应之”[⑥]。“姚泓灭，秦雍人千有余家推赞为主，归顺。拜绥远将军、魏郡太守。其后，秦雍之民来奔河南、荥阳、河内者户至万数，拜赞安远将军、南雍州刺史、轵县侯，治于洛阳，立

① 〔唐〕房玄龄等：《晋书》卷一百十二《苻健载记》，中华书局，1974，第 2869 页。

② 〔唐〕房玄龄等：《晋书》卷一百七《石季龙载记》，中华书局，1974，第 2795 页。

③ 〔唐〕房玄龄等：《晋书》卷一百十三《苻坚载记》，中华书局，1974，第 2893 页。

④ 〔宋〕司马光编著，〔元〕胡三省音注：《资治通鉴》卷一百三《晋纪二十五》，晋成帝咸和元年，中华书局，1956，第 3242 页。

⑤ 〔唐〕房玄龄等：《晋书》卷一百十三《苻坚载记》，中华书局，1974，第 2903 页。

⑥ 〔北齐〕魏收：《魏书》卷三《太宗纪》，中华书局，1974，第 58 页。

雍州之郡县以抚之。由是流民襁负自远而至,叁倍于前。”①可见经由崤函古道迁徙的各地、各族人户之众。

崤函古道沿线地区,不仅是移民经由地,也是当时移民的徙居地之一。十六国北朝,崤函地区多次被以匈奴、鲜卑、羯、氐、羌等为主的少数民族部分或全部控制,这些政权对崤函地区的控制过程,也是少数民族不断迁往崤函地区的过程。如后赵石勒进攻平阳靳准,“巴帅及诸羌羯降者十余万落,徙之司州诸县”②。此时弘农郡隶属司州。咸安元年(371),前秦苻坚将原居北地郡(今陕西耀县东)的丁零翟氏部族迁居新安、渑池一带。淝水之战后,翟斌乘苻坚战败之机在新安首举反秦旗帜,得到各族响应,后来在黎阳(今河南浚县东)建立翟魏政权。留居新安、渑池一带的丁零族逐渐融入到当地汉族之中。

北魏迁都洛阳后,少数民族向洛阳为中心的京畿地区的内迁形成高潮。其中,原居汉中的巴人有相当数量内迁崤函地区,并成为当地具有较大影响的一支力量。《太平御览》引《十六国春秋·蜀录》:“及魏武克汉中,(李)特祖父虎归魏,魏武嘉之,迁略阳,拜虎等为将军。内徙者亦万余家,散居陇右诸郡及三辅、弘农。所在号为巴人。”③大兴三年(320),“长水校尉尹车谋反,潜结巴酋徐库彭,(刘)曜乃诛车……尽杀库彭等……于是巴氐尽叛”④。可见巴人在弘农等地分布广泛,并形成较大势力。北魏太和十四年(490)置朱阳郡,治在今灵宝市朱阳镇西北。《元和郡县图志·河南道二》:“本汉卢氏县,属弘农郡。后魏太和十四年,蛮人樊磨背梁归魏,立朱阳郡并朱阳县,令樊磨为太守。”⑤是说北魏为安置蛮人樊磨而新置朱阳郡、县。同属廪君蛮的上洛阳氏也于其时北移至朱阳郡,势力逐渐做大,成为当地

① 〔北齐〕魏收:《魏书》卷四十二《寇赞传》,中华书局,1974,第946~947页。

② 〔唐〕房玄龄等:《晋书》卷一百四《石勒载记》,中华书局,1974,第2728页。

③ 〔宋〕李昉编纂,王晓天、钟隆林校点:《太平御览》(第2册)卷一百二十三《儒霸部七》,河北教育出版社,1994,第197页。

④ 〔唐〕房玄龄等:《晋书》卷一百三《刘曜载记》,中华书局,1974,第2686页。

⑤ 〔唐〕李吉甫撰,贺次君点校:《元和郡县图志》卷六《河南道二》,中华书局,1983,第164页。

名震一时的豪族。西魏孝昌三年,阳猛任大谷镇将、带胡城令,率乡兵屯驻于胡城一带,"以御丑奴"。大谷,又作太谷,在今灵宝市西南秦山中。胡城即汉之胡县,北魏改称湖城县,在今灵宝市阳平镇一带,向为崤函古道上的交通重地。阳猛得居此一要地,遂得于魏末乱局中发挥独特作用:"及元颢入洛,魏孝庄帝度河,范阳王诲脱身投猛,猛保藏之。及孝庄反正,由是知名。俄而广陵王恭伪瘖疾,复来归猛,猛亦深相保护。"故太昌元年(532)魏孝武帝即位后,阳猛遂得行河北郡守(治大阳,今山西平陆),复转华山郡守(治郑县,今陕西华县),"频典二郡,颇有声绩。及孝武西迁,猛率所领,移镇潼关"。潼关弃守后,"猛于善渚谷立栅,收集义徒"。善渚当在朱阳县境内。直至大统三年受窦泰袭击,残部并入西魏军系统,阳猛一直据守在崤函古道交通要道上,未曾远离其朱阳、胡城间的根据地。其子阳雄以所部乡兵从宇文泰东征,数立战功,西魏因立邑阳县处之,县治在今灵宝市函谷关镇西留村一带。因阳氏本居上洛,邑阳为其新居,故《周书》本传合称阳雄为"上洛邑阳人"。阳雄因功"前后增邑四百五十户,世袭邑阳郡守"①,成为西魏北周控制崤函西部的重要力量。迁入崤函的巴人等与汉人杂居相处或通婚,与汉族在经济、文化、语言、服饰、姓氏、习俗乃至宗教信仰上的差异逐渐缩小,南北朝以后逐渐融于汉族之中。

史籍中又可见汉人迁居崤函的史例。如魏晋时期的著名学者皇甫谧,本为"安定朝那人,汉太尉嵩之曾孙也。出后叔父,徙居新安"。安定朝那在今宁夏固原附近,西晋新安在今义马千秋。皇甫谧"年二十,不好学,游荡无度,或以为痴"。后在叔母任氏教诲下,彻然悔悟,"就乡人席坦受书,勤力不怠。居贫,躬自稼穑,带经而农,遂博综典籍百家之言",终于成为名扬天下的集文史哲医于一身的著名学者。《晋书》本传又载"谧年四十丧所生后母,遂还本宗"②。有研究者以为即是还回故

① 〔唐〕令狐德棻等:《周书》卷四十四《阳雄传》,中华书局,1971,第796~797页。

② 〔唐〕房玄龄等:《晋书》卷五十一《皇甫谧传》,中华书局,1974,第1409~1410页。

里朝那。也有研究者以为是四十岁以后“还本宗”，即来到宜阳父兄所在地，隐居于女几山，读书写作，招收门徒，培养后进，终身不仕，直至逝世。[1] 西晋名臣挚虞、张轨、牛综、席纯等均处于其门下。弟子张轨本为安定乌氏（今宁夏固原东南）人，“汉常山景王耳十七代孙也。家世孝廉，以儒学显。父温，为太官令。轨少明敏好学，有器望，姿仪典则，与同郡皇甫谧善，隐于宜阳女几山”[2]，师从皇甫谧，后赴京任官，成为西晋名臣。晋宋名将王镇恶，北海剧（今山东昌乐西）人，前秦宰相王猛之孙，“年十三而苻氏败亡，关中扰乱，流寓崤、渑之间。尝寄食渑池人李方家，方善遇之。谓方曰：‘若遭遇英雄主，要取万户侯，当厚相报。’方答曰：‘君丞相孙，人才如此，何患不富贵。至时愿见用为本县令足矣。’后随叔父曜归晋，客居荆州”，得刘裕赏识，成为晋宋之际屡建战功的一代骁将。义熙十二年（416），刘裕北伐后秦，王镇恶为前锋，过关斩将，战无不捷。“进次渑池，造故人李方家，升堂见母，厚加酬赉，即版授方为渑池令。”[3]清人方中德《古事比》将其列入“报德”的著名故事[4]。

在社会大规模动乱的背景下，崤函地区也有大量原居民为躲避战乱而迁徙到外地。客家人是历史上中原汉民族逐渐南下，最终在南方形成的新兴汉族支系。朱阳郡邑阳县（今灵宝市朱阳镇）人程旼被尊奉为客家的人文始祖。据学者研究，程旼生于东晋末或刘宋初，为避中原之乱，率家人及部分族人等几百人，沿洛水东向南下，辗转多地定居南海义安郡海阳县坝头村（今广东梅州平远县坝头镇振东村）。程旼是由中原南迁至梅州定居并有确切记载的第一人。程旼开设私学，教化乡民，传播中原文化和耕作技术，促进了粤东山区的农耕与文明开化，也为客家

① 赵以武：《皇甫谧生平新探》，《西北师大学报》（社会科学版），1993 年第 1 期。

② 〔唐〕房玄龄等：《晋书》卷八十六《张轨传》，中华书局，1974，第 2221 页。

③ 〔南朝梁〕沈约：《宋书》卷四十五《王镇恶传》，中华书局，1974，第 1365~1369 页。

④ 〔清〕方中德撰，徐学林校点：《古事比》卷四十《恩怨·报德》，黄山书社，1998，第 941 页。

文化发展奠定了基础,因此被后人列为客家先贤第一人①。史籍中侨州郡县的设置也反映了弘农人大量南迁的信息。如《晋书·地理上》记载,永嘉之乱,晋元帝渡江后,建立东晋,次年"以弘农人流寓寻阳者侨立为弘农郡"②。寻阳在今江西九江西。为安置流寓到寻阳的弘农人,元帝专门在寻阳侨设弘农郡,可知流寓寻阳的弘农人数量很多。晋孝武帝时,又于上明(今湖北松滋西北)侨置弘农县,隶南河东郡。刘宋明帝末年(473)在五垄(今河南邓州)侨立弘农郡,后改为县。北齐因之。在北方,东魏时,"分汲郡、河内二界挟河之地以立义州,安置关西归款之户"③。"兴和二年,恒农人率户归国,仍置义州于城中"④。此城即汲郡陈城,在今河南卫辉。义州领有侨郡新安、渑池、恒农、宜阳、金门等及所属各县。可见义州安置的主要是来自恒农等郡的逃难之民。侨州郡县,是相对于原州郡县而言的。原州郡县沦陷后,其地人民迁寓他处,"并谓之侨人。皆取旧壤之名,侨立郡县"⑤安置之。这些原居崤函的居民,无论是流徙南方,还是北方,都需要经由崤函古道而往。在新的环境下,一些侨寓流人逐渐发展起来。著名的弘农杨氏杨亮一支,约在后赵灭亡时南渡沔、汉,后就仕于东晋。淝水之战后,东晋侨置雍州于今湖北襄阳,即以杨亮为刺史,其子杨佺期因功拜广威将军、河南太守,戍洛阳,都督梁、雍、秦三州。经杨亮父子两代努力,弘农杨氏成为在晋末最先崛起的地方豪族势力。

---

① 余蔚文:《世界客属名贤程旼》,花城出版社,2013 年;张英明:《粤东客家先贤程旼事迹考论》,《客家研究辑刊》,2009 第 2 期。黄杰明:《世界客都人文始祖程旼生卒年研究》,《嘉应学院学报》,2012 年第 4 期。

② 〔唐〕房玄龄等:《晋书》卷十四《地理上》,中华书局,1974,第 418 页。

③ 〔北齐〕魏收:《魏书》卷七十二《朱元旭传》,中华书局,1974,第 1625 页。

④ 〔北齐〕魏收:《魏书》卷一百六《地形志》,中华书局,1974,第 2458 页。

⑤ 〔唐〕魏征等:《隋书》卷二十四《食货志》,中华书局,1973,第 673 页。

第三节　魏晋南北朝争战中的崤函古道

魏晋南北朝时期是中国古代史上以政权更迭频繁、战争集中频发、社会剧烈动荡为鲜明特点的时代。来自不同民族、不同地域的政治、军事集团在这一时期为争夺中原统治权,干戈相见,纷攘不休。崤函地区由于地势险要,交通便利,又地处中原与关中之间,是各政权争夺的战略要地。崤函古道作为东进洛阳西进关中的交通大动脉,具有军事进攻与防守上的重要性,再次成为重要的通道,军事交通构成这一时期交通的主要内容和特色,也在很大程度上促进了崤函古道的畅通。

一、崤函地区主要战事及特点

魏晋南北朝时期,崤函古道是各国争夺的军事要道,发生在这里的军事行动,大大小小不下数十起。战争频繁成为这一时期崤函古道交通态势的显著特点。为便于讨论,兹按时间顺序,将这一时期发生在崤函地区的重要战争及其简况,列表如下。

表6-2 魏晋南北朝崤函地区重要战事简表

战事	时间	简况	资料来源
曹操、马超潼关之战	汉献帝建安十六年(211)	马超、韩遂率十万军队屯据潼关。曹操率大军由邺(今河北临漳南)经洛阳西进至潼关,与超等夹关而军,既而自潼关北渡河,绕至潼关背后,大败马、韩主力,进占关中	《三国志·魏书·武帝纪》《资治通鉴·汉纪五八》
司马颙、司马乂宜阳之战	晋惠帝太安二年(303)	河间王司马颙等举兵长安,东讨长沙王司马乂,遣其将张方自函谷关东趋洛阳,破晋将皇甫商于宜阳,引兵入洛阳	《晋书·惠帝纪》《晋书·张方传》《资治通鉴·晋纪七》
司马越、司马颙湖城之战	晋惠帝永兴三年(306)	东海王司马越命祁弘自洛阳至长安迎晋惠帝还都,在湖城大败弘农太守彭随,西入潼关,攻占长安,挟晋惠帝东还洛阳。司马颙应诏赴洛至新安被杀,八王之乱结束	《晋书·惠帝纪》《资治通鉴·晋纪八》
汉国、晋宜阳之战	晋怀帝永嘉三年、汉刘渊河瑞元年(309)	汉楚王刘聪经大阳(今山西平陆)南下进攻洛阳,长驱至宜阳。晋将淳于定自长安讨之,战于宜阳,定等败绩。弘农太守垣延夜袭刘聪,聪军败还。既而刘聪复自宜阳攻洛阳,不克,撤军还平阳(今山西临汾)	《晋书·刘元海传》《资治通鉴·晋纪九》
汉国、晋渑池、洛阳之战	晋怀帝永嘉四年至五年、汉刘渊河瑞二年至光兴元年(310—311)	汉河内王刘粲攻洛阳,石勒自河内帅骑会粲于大阳(今三门峡湖滨区太阳渡),击晋将裴邈于渑池,长驱入洛川,陷洛阳,俘晋怀帝还平阳	《资治通鉴·晋纪九》

续表

战事	时间	简况	资料来源
汉国、晋潼关之战	晋怀帝永嘉五年、汉刘聪光兴元年(311)	汉国将赵染自蒲坂、刘粲自洛阳西进攻长安,染等克潼关,斩晋将吕毅,长驱至下邽(今陕西渭南临渭区北),南阳王司马模举城降,汉占长安	《晋书·刘聪载记》《资治通鉴·晋纪九》
后赵、前赵新安八特坂之战	后赵石勒七年、前赵刘曜光初八年(325)	后赵石生攻杀前赵河南太守于新安,掠五千余户而归。前赵刘岳自孟津、呼延谟自崤、渑东进洛阳,围金墉。刘曜自长安增援,破赵将石聪于新安八特坂(今新安八陡山),进驻金谷园,军夜惊,退屯渑池,夜又惊,士卒奔溃,刘曜遂归长安。石虎复占新安	《晋书·刘曜载记》《资治通鉴·晋纪十五》
石虎击石生潼关之战	后赵石弘延熹元年(333)	后赵石生、石朗叛,石虎征讨,破洛阳,至潼关,为守将郭权所败。虎奔还渑池,后收买守城官兵取潼关,攻入长安。次年石虎称帝	《资治通鉴·晋纪十七》
梁犊起义出潼关、战新安洛阳	后赵太宁元年(349)	后赵将梁犊在雍城(今陕西凤翔南)率戍卒起义,聚众十万,东出潼关,在新安大败后赵李农,再战洛阳,李农又败,犊遂东掠荥阳、陈留诸郡	《晋书·石季龙载记》《资治通鉴·晋纪二十》
苻健攻潼关取长安之战	后赵石祗永宁元年(350)	苻健自枋头(今河南浚县西南)起兵,至孟津渡河西进,占弘农,克潼关,遂入长安。次年,苻健称帝,史称前秦	《晋书·苻健载记》《资治通鉴·晋纪二十》
桓温北伐潼关之战	晋穆帝永和十年、前秦苻健皇始四年(354)	东晋桓温北伐关中,取道武关,进据霸上。因缺粮撤军东还,退至潼关,为前秦苻苌所败,经宜阳还襄阳	《资治通鉴·晋纪二十一》

续表

战事	时间	简况	资料来源
前燕略地至崤、渑	前秦苻坚建元元年、前燕慕容暐建熙六年(365)	前燕慕容恪攻占洛阳,略地至崤、渑,关中大震。苻坚率军屯陕城以备之。前燕退兵回邺。前秦苻双等反,苻庾据陕城呼应。苻坚遣杨安、张蚝攻陕城,不克。又遣邓羌、王鉴等攻克陕城,俘苻庾送于长安杀之	《晋书·苻坚载记》《资治通鉴·晋纪二十三》
前秦、前燕洛阳之战	前秦苻坚建元六年、前燕慕容暐建熙十一年(370)	前秦王猛自长安东出函谷关,攻洛阳,前燕守将举城投降,王猛以司马恒寅镇守陕城,以邓羌防守金墉,西返长安。六月,秦军再出,克邺城,前燕亡	《晋书·苻坚载记》《资治通鉴·晋纪二十四》
翟斌新安、渑池起兵反前秦	前秦苻坚建元十九年(383)	丁零人翟斌在新安、渑池起兵反秦,东进攻占洛阳凌云台戍,与荥阳太守慕容垂合军而东,转攻邺城	《资治通鉴·晋纪二十七》
东晋冯该截杀前秦苻丕	晋武帝太元十一年、西燕慕容永中兴元年(386)	前秦哀平帝苻丕自襄陵(今山西襄陵)南奔东垣(今新安),谋袭洛阳,东晋冯该自陕城要击,截杀苻丕	《晋书·苻丕载记》《资治通鉴·晋纪二十八》
杨佺期、窦冲潼关之战	晋武帝太元十七年、前秦苻登太初七年(392)	前秦窦冲攻晋张元熙于皇天坞(今灵宝皇天原),河南太守杨佺期自洛阳西进至湖城,克潼关,斩获千计,降九百余家,归于洛阳	《晋书·杨佺期传》《资治通鉴·晋纪三十》
杨佺期潼关截击杨佛嵩	晋武帝太元十八年、后秦姚苌建初八年(393)	东晋氐帅杨佛嵩叛晋,自洛阳西奔后秦。杨佺期追之,败佛嵩于潼关。后秦将姚崇趣救,佺期引却洛阳	《资治通鉴·晋纪三十》

续表

战事	时间	简况	资料来源
后秦、东晋洛阳之战	晋安帝隆安元年、后秦姚兴皇初四年(397)	后秦姚兴自长安东进,克湖城、陕城、上洛(今陕西商县),攻洛阳不下,还至陕城。复遣姚崇攻洛阳不克,徙流民二万余户而还	《资治通鉴·晋纪三十一》
东晋灭后秦之战	晋安帝义熙十二年至十三年、后秦姚弘永和元年至二年(416—417)	东晋刘裕北伐后秦,攻陷洛阳。前锋王镇恶自洛阳西进,克宜阳、渑池、弘农,进至潼关。檀道济等自陕北渡河攻蒲阪。后秦守将姚绍出战而败退屯定城(今陕西华阴)。既而刘裕率主力经陕城、阌乡至潼关。王镇恶率水军溯黄河、渭水,突入关中,大破秦军,攻入长安,后秦亡	《资治通鉴·晋纪四十》
夏、东晋潼关之战	晋安帝义熙十四年、夏赫连勃勃昌武元年(418)	夏赫连勃勃遣军自安定(今宁夏泾川北)东取长安,赫连昌克潼关。东晋朱龄石逃至曹公垒(今灵宝故县镇西北神树村一带)。赫连昌攻垒,擒朱龄石,占陕城。关中遂入于夏	《宋书·朱龄石传》《资治通鉴·晋纪四十》
北魏袭占夏陕城、蒲阪	魏太武帝始光三年、夏赫连昌承光二年(426)	魏将司空奚斤、周几分袭蒲阪、陕城,夏弘农太守和蒲阪守将不战而走,魏军入长安	《魏书·世祖纪上》《资治通鉴·宋纪二》
宋文帝北伐陕城、潼关之战	宋文帝元嘉二十七年、北魏太武帝太平真君十一年(450)	宋文帝遣兵北伐,西路军柳元景自南阳北出,入卢氏,拔弘农,围陕城。魏洛州刺史自洛阳度崤山赴救,战于城南。宋将鲁元保自函谷关驰赴陕,魏军大溃,遂克陕城,进向潼关,遂攻之,魏守将娄须弃城走	《宋书·柳元景传》《资治通鉴·宋纪七》

续表

战事	时间	简况	资料来源
关陇义军克潼关	北魏孝明帝孝昌三年、梁武帝普通七年(526)	关陇义军莫折念生遣宿勤乌过仁部进占潼关,魏孝明帝派将西讨,关中及恒农戒严。义军遂撤离	《资治通鉴·梁纪七》
长孙稚克潼关之战	北魏孝明帝武泰元年、梁武帝大通二年(528)	北魏萧宝夤以关中叛,遣兵守潼关,围华州(今陕西大荔)。长孙稚自洛阳率军西讨,于陕城北渡黄河,越中条山,自蒲阪津西渡黄河,克潼关,遂入河东	《魏书·萧宝夤传》《资治通鉴·梁纪八》
高欢、宇文泰潼关之战	北魏孝武帝永熙三年、东魏孝静帝天平元年(534)	高欢入洛,北魏孝武帝西出洛阳,经陕城、湖城、稠桑,入关至长安。高欢追至弘农,攻陷潼关,进屯华阴。寻退屯河东,引兵还洛,迁都邺城,建立东魏。宇文泰复进攻潼关,斩潼关守将薛瑜	《北齐书·神武纪》《周书·文帝纪》《资治通鉴·梁纪十二》
司马子如攻潼关	东魏孝静帝天平二年、西魏文帝大统元年(535)	东魏司马子如等攻潼关,宇文泰率军屯霸上以备之。司马子如攻关不克,回军自蒲阪津夜渡黄河,攻华州,被刺史王罴击退	《资治通鉴·梁纪十三》
东、西魏小关之战	西魏文帝大统三年、东魏孝静帝天平四年(537)	高欢遣高敖曹趣上洛,窦泰入自潼关。欢军蒲阪,造三桥欲渡河。宇文泰自长安潜军东出,至小关(今潼关南禁谷),窦泰急自风陵渡南渡迎击,宇文泰出马牧泽(今河南灵宝西南)大败窦泰,窦泰自杀,欢军乃退	《周书·文帝纪》《资治通鉴·梁纪十三》

续表

战事	时间	简况	资料来源
东、西魏弘农之战	西魏文帝大统三年、东魏孝静帝天平四年(537)	宇文泰率十二将出潼关伐东魏,拔盘豆,克弘农,斩陕州刺史李徽伯,虏其将士八千,宜阳、河北郡(今山西平陆)、邵郡(今山西垣曲)皆来归附。高欢率军反攻,宇文泰自弘农回师于沙苑(今陕西大荔南)设伏,大破高欢,虏其卒七万。东魏高敖曹弃弘农,退守洛阳。西魏独孤信取新安,占洛阳,克阳州(今河南宜阳)等	《周书·文帝纪》《资治通鉴·梁纪十三》
东、西魏河桥之战	西魏文帝大统四年、东魏孝静帝元象元年(538)	东魏侯景、高敖曹围独孤信于金墉,宇文泰率军自长安东出赴援,于新安孝水击杀东魏别将莫多娄贷文,兵进瀍东,侯景等夜解围去。再战河桥(今河南孟州西南),宇文泰先胜后败,退守弘农,主力撤回关中。高欢遣别将追魏军至崤,不及而还。既而韦孝宽袭破东魏段琛等于宜阳,崤、渑遂清	《周书·文帝纪》《资治通鉴·梁纪十四》
东、西魏第一次邙山之战	西魏文帝大统九年、东魏孝静帝武定元年(543)	东魏高仲密据虎牢(今河南汜水)降西魏,长驱至潼关。宇文泰率军东出潼关,在邙山与高欢军相遇,交战失利,撤军入关。高欢追至陕,魏将达奚武御之,乃退	《周书·文帝纪》《资治通鉴·梁纪十四》
东、西魏九曲城之战	西魏文帝大统十年、东魏孝静帝武定二年(544)	东魏侯景犯宜阳,筑九曲城,西魏陈忻率军截击,俘其宜阳郡守等	《周书·陈忻传》
东、西魏宜阳之战	西魏文帝大统十三年、东魏孝静帝武定六年(547)	宇文泰克弘农,东魏段琛拔城遁走。西魏陈忻平九曲城。东魏尔朱浑愿攻宜阳,陈忻将轻兵邀之,愿遂退走	《周书·陈忻传》

续表

战事	时间	简况	资料来源
西魏、北齐弘农北济之役	西魏文帝大统十六年、北齐文宣帝天保元年(550)	宇文泰率军自陕城北渡黄河,至建州(今山西晋城泽州),高洋领军出,宇文泰无功而返	《北齐书·文宣纪》
北周、北齐第二次邙山之战	北周武帝保定四年、北齐武成帝太宁三年(564)	北周分三路攻北齐,宇文护出潼关进屯弘农,遣尉迟迥为前锋趣洛阳。齐援军在邙山大败周军,攻城,周军解围,败退渑池谷水	《资治通鉴·陈纪三》《北齐书·段韶传》
北齐、北周宜阳之战	北周武帝天和四年至六年、北齐后主天统五年至武平二年(569—571)	因北周孔城(今河南伊川西南)举城降齐。宇文宪等将兵趣宜阳,筑崇德五城后围攻之,断粮道。北齐斛律光率军相救,屡破周军,筑统关、丰化二城而还。既而宇文纯等攻拔宜阳等九城。斛律光引兵再援,与周军战于宜阳城下,取建安等四城而还	《北齐书·斛律光传》《资治通鉴·陈纪四》
北周伐北齐河阴之战	北周武帝建德四年、北齐后主武平六年(575)	北周十八万大军水陆并进伐齐,周武帝率主力东出崤函,陕州刺史于翼自陕入九曲,攻拔造涧等城,径到洛阳,齐守将出降。周军克河阴(今河南孟津南)大城,围中潬城不下,退军还关中	《资治通鉴·陈纪六》《周书·于翼传》

上表所列这一时期发生在崤函古道沿线的重大战争,虽为不完全统计,但已可见战争活动之频繁,重大战争达36次之多。从战场的分布范围看,以崤函古道为轴线,几乎遍布整个沿线地区。从战争情况看,大致有四种类型:一是少数民族利用崤函古道对长安、洛阳的进攻,如十六国北朝时期汉国与西晋的渑池、洛阳之战及潼关之战,前赵、后赵的新安八特坂之战,前秦苻健攻潼关取长安之战,前秦、前燕洛阳之战,后秦、东晋洛阳之战,夏、东晋潼关之战,北魏袭占夏陕城、蒲坂等,都

属于这一类战争;二是不同政权为扩张领土或企图重新一统天下对崤函及邻近地区的争夺,如曹操与马超、韩遂潼关之战,宋文帝北伐陕城、潼关之战,东、西魏潼关之战、弘农之战、河桥之战、邙山之战、宜阳之战,北周伐北齐河阴之战等即是;三是统治集团内部各派政治力量之间的内战或内乱,以西晋八王之乱中的司马颙、司马乂宜阳之战,司马越、司马颙湖城之战等为典型;四是被统治阶级反抗统治阶级的战争,包括少数民族起义、农民起义等,主要有梁犊起义出潼关、战新安洛阳,翟斌新安、渑池起兵反前秦,关陇义军克潼关等。崤函古道沿线战争的分布范围和战争类型情况,充分证明崤函古道是这一时期最重要的军事交通线之一。

二、围绕崤函要地争夺形成的军事交通

从表 6-2 可以看出,魏晋南北朝时期各政权对崤函地区的战争,其主要目标是夺取在政治上和军事上都具有重要意义的洛阳或长安。因而,建都或控制洛阳、长安的政权都十分重视对洛阳与长安之间的崤函古道的控制和争夺。频繁发生在崤函古道沿线地区的战争,主要是争夺这一时期新起的关中东部门户潼关天险,其次是对具有战略意义的崤函古道交通枢纽陕城和控扼崤山南路的宜阳两处的争夺。这一时期,发生在这三座重镇要地的战争次数最多,其攻守得失往往影响整个战争的结局,其作战过程体现着这一时期以军事交通为核心的崤函古道交通状况。

潼关是建安年间新起的关中东部的天险门户,扼锁崤函古道西端之口。汉献帝建安十六年曹操与马超潼关之战,是发生在潼关的第一场战争。此年三月,曹操以进攻汉中张鲁为名,命钟繇由洛阳西击关中。马超、韩遂迅速集结 10 余万军队,屯据潼关,截断曹军进入关中的通道。沿崤函古道西进的曹军受阻。“秋七月,公西征,与超等夹关而军。公急持之,而潜遣徐晃、朱灵等夜渡蒲坂津,据河西为营。公自潼关北渡”,与徐晃会合,沿黄河西岸南下,绕至潼关之后,直抵渭口(今陕西华阴东北三十里三河口附近)北岸,迫使马超等离开天险潼关,撤至渭口南岸布防。九月,曹操全军渡

渭,“先以轻兵挑之,战良久,乃纵虎骑夹击,大破之,斩成宜、李堪等。遂、超等走凉州,杨秋奔安定,关中平。”①潼关之战是曹操统一西部地区的重要战役。战后,曹操占领长安,夺取关中,随后又控制了整个关陇地区,实现了北方的完全统一。

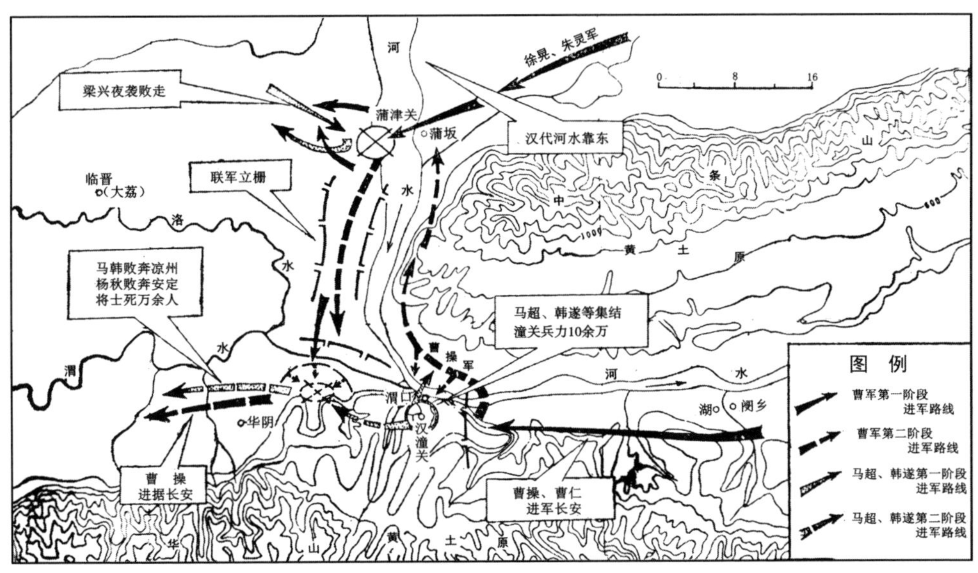

图 6-5　曹操与马超潼关之战图②

曹操与马超潼关之战使潼关一战成名,自此成为魏晋南北朝时期不同政权和军事集团经常争夺的焦点。有统计说,这一时期潼关附近重要的战争有 16 次之多。史念海按进攻方向将这些战争分为由东向西和由西向东及南北迂回、绕道进攻三类。其中由东向西进攻潼关的作战行动较多,如东晋十六国时,后赵石虎讨伐据有长安的叛将石生,先败后胜,取潼关,入长安。苻健自中原西归,击败潼关守将,进入长安,建立前秦。刘裕伐后秦,前锋王镇恶自渑池径抵潼关,刘裕继至,大

① 〔晋〕陈寿撰,〔南朝宋〕裴松之注:《三国志》卷一《魏书 · 武帝纪》,中华书局,1959,第 34~35 页。
② 采自史念海《关中的历史军事地理》,《河山集》(四集),陕西师范大学出版社,1991,第 177 页。

败秦军,攻入长安,灭掉后秦。北朝时,东魏高欢进讨据有关中的西魏宇文泰,亦多次攻潼关。由西向东攻取潼关的较少,较有名的是赫连勃勃自安定西进,夺取潼关,大败东晋守将于潼关附近的曹公垒,赫连勃勃入长安。宇文泰反击高欢,兵发长安,夺回潼关,初步打破东魏对西魏东出关中的封锁。曹操与马超潼关之战则是绕道黄河北岸夺取潼关的典型战例。北魏长孙稚克潼关之战,大致是沿用曹操的战法,不同的是后者改由陕城北渡黄河。攻破潼关的原因诸多:或由于守关部队或兵力单薄,或没有准备,或战略错误,或战术运用不当,遂使进攻者有机可乘,攻破关城[①]。潼关一失,关中失去屏障,往往不保。曹操取潼关,遂占关中;刘聪克潼关,直取长安;石虎取潼关,称帝长安。刘裕攻下潼关,入长安,灭后秦。可见,潼关在这一时期已成为关中东部的门户。"凡欲守关中者,必先守潼关。"[②]守住潼关,就可保障进出关中道路的畅通。

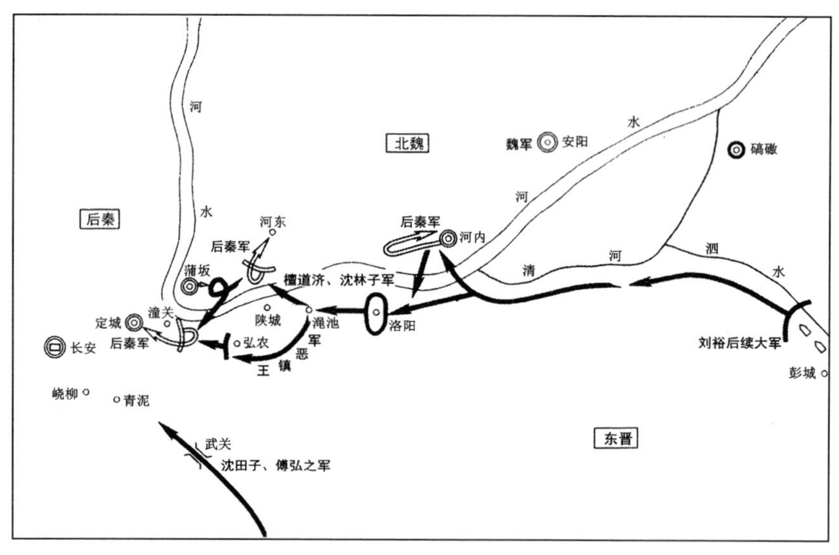

图 6-6　东晋刘裕与后秦潼关之战示意图

① 史念海:《关中的历史军事地理》,《河山集》(四集),陕西师范大学出版社,1991,第 171~183 页。

② 〔清〕魏源:《关中形势论》,《魏源集》(上),中华书局,1976,第 211 页。

陕城作为崤函古道交通枢纽,“内屏关中,外维河、洛,履崤坂而戴华山,负大河而肘函谷”①。随着陕州的设立,这里既为崤函古道交通枢纽,同时也是崤函地区的行政中心,非普通城池可比拟。特别是对由关中出潼关向东进攻来说,陕城又是必须占领的桥头堡。取潼关而不能据有陕城,潼关也难以控制住,更不能向东进一步拓展疆域。宜阳位于洛阳西南,控制着崤山南路西至洛阳的通道,十六国北朝在此设州置郡,宜阳成为洛阳西部的重镇,也是由西面进攻洛阳的前进基地,所以同样为攻防双方必争之地。南北朝后期的东西魏、北齐北周东西之争,就是明显的例证。

两魏周齐东西之争时间长达40余年,大体以大统三年(537)弘农、沙苑之战为界分为两个阶段。

第一个阶段,是西魏夺取以陕州为中心的崤函地区,以打破东魏封锁的时期。永熙三年,北魏分裂为东、西两魏,魏孝武帝西逃关中,东魏高欢追“寻至恒农,遂西克潼关”,占领崤函及河东地区,“命行台尚书长史薛瑜守潼关”②,封锁关中东出的崤函古道。为突破封锁,宇文泰率军反攻,收复潼关及龙门两岸。大统二年(536),高欢兵分三路西侵,中路主力窦泰直趋潼关。宇文泰潜师东出,至潼关左边的小关(今潼关南禁谷),窦泰急自风陵渡南渡迎击,宇文泰出马牧泽(今灵宝西南)纵兵击之,尽俘其众万余人,窦泰突围无望,自刎而死,高欢撤军而去。此战历史上称为小关之战。此后东魏再未能占据潼关。

小关之战后,宇文泰即接受宇文深“进取弘农”③的建议,率十二将万余众出潼关,直扑弘农。“东魏将高干、陕州刺史李徽伯拒守。于时连雨,太祖乃命诸军冒雨攻之。庚寅,城溃,斩徽伯,虏其战士八千。高干走度河,令贺拔胜追擒之,并送长

① 〔清〕顾祖禹撰,贺次君、施和金点校:《读史方舆纪要》卷四十八《河南三》,中华书局,2005,第2270页。

② 〔唐〕李百药:《北齐书》卷二《神武帝纪》,中华书局,1972,第17页。

③ 〔唐〕令狐德棻等:《周书》卷二十七《宇文深传》,中华书局,1971,第456页。

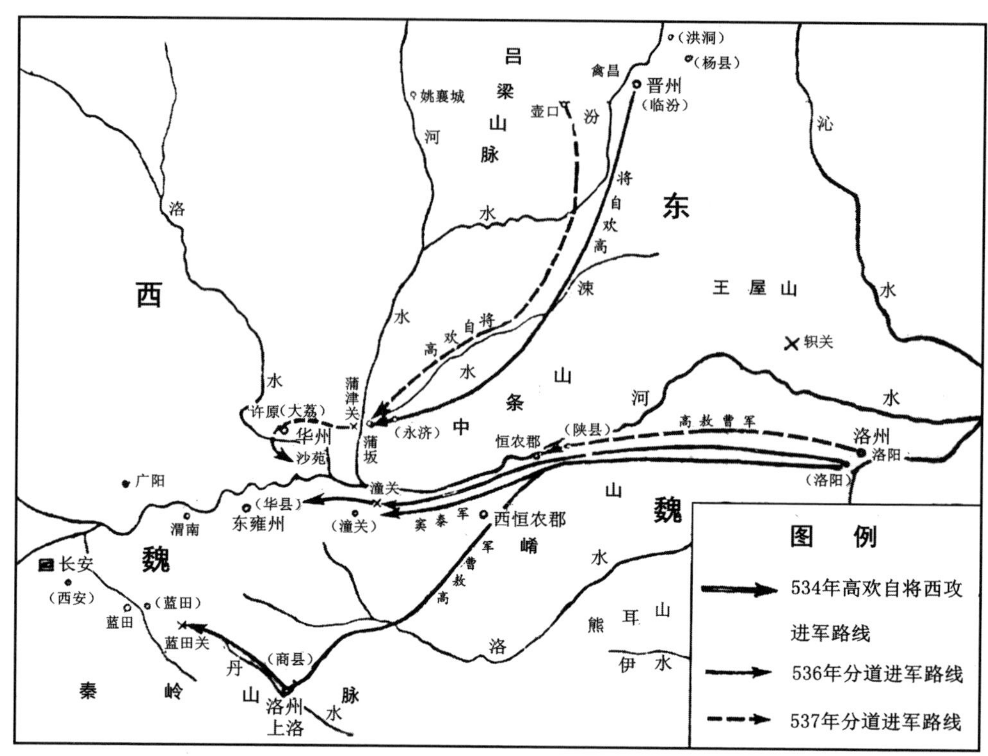

图 6-7 东魏高欢进攻关中图

安。于是宜阳、邵郡皆来归附。先是河南豪杰多聚兵应东魏，至是各率所部来降。”①此“弘农”即弘农郡治陕城。弘农之战是西魏摆脱被动局面的关键战役，不仅使西魏拓地至宜阳以西的崤函地区及三门至风陵渡的黄河两岸，而且也使西魏控制了崤函古道及黄河北岸的晋南通道，大幅扩展了防御纵深地带，关中防务得以巩固。力劝宇文泰“进取弘农”的宇文深因而被宇文泰称为“吾家之陈平也”②。弘农失守给东魏很大压力。“齐神武惧，率众十万出壶口，趋蒲坂，将自后土济。又遣其将高敖曹以三万人出河南”，自洛阳沿崤函古道西进，围攻弘农。宇文泰主动西

① 〔唐〕令狐德棻等：《周书》卷二《文帝纪》，中华书局，1971，第 23 页。
② 〔唐〕令狐德棻等：《周书》卷二十七《宇文深传》，中华书局，1971，第 456 页。

撤，北渡渭水，在沙苑（今陕西大荔南）与之决战，高欢战败，被俘八万余众，高敖曹闻讯，自弘农撤回洛阳。西魏乘胜追击，“独孤信至新安，敖曹复走度河，信遂入洛阳”①。

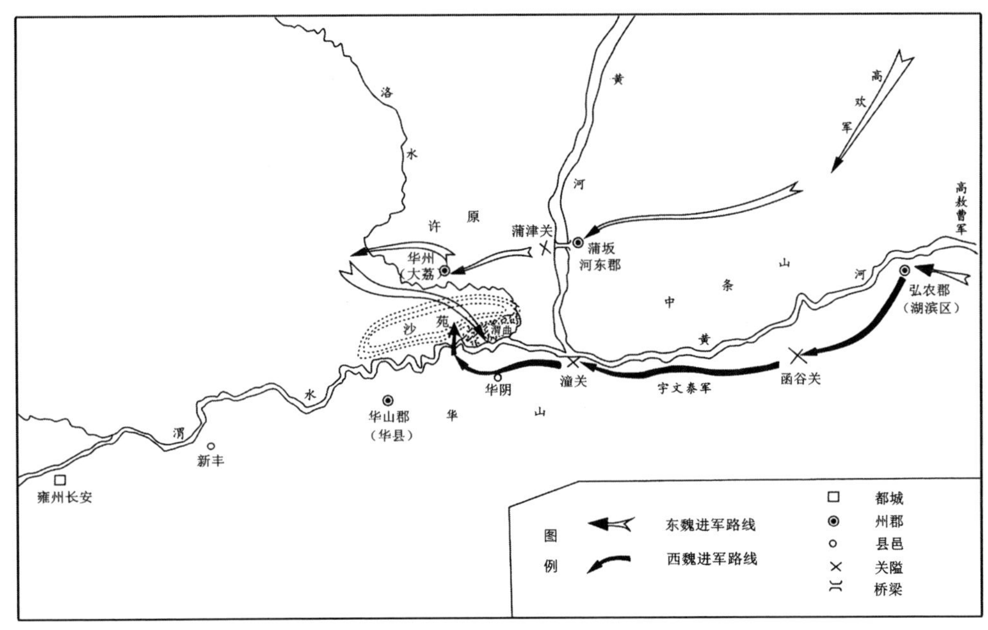

图 6-8　东、西魏沙苑之战示意图

沙苑之战，西魏不仅再取弘农、蒲坂，更向东占领洛阳及以西的整个崤函地区和河东腹地，东魏西、南防线完全被封锁，无法再直接威胁关中。从此双方势力互转，西魏改守为攻，开始频频以崤函为主阵地，进攻东魏。

东、西魏之争转入第二阶段，至建德五年灭齐前，西魏、北周先后发动 6 次大规模的东征战役：大统四年河桥之战、大统九年第一次邙山之战、大统十六年弘农北济之役、保定四年第二次邙山之战、天和四年至六年宜阳之战、建德四年河阴之战。

① 〔唐〕令狐德棻等：《周书》卷二《文帝纪》，中华书局，1971，第 23~24 页。

这6次战役前后历时37年,其主要目标是夺取洛阳及其黄河以南之地,战争发生地也主要在洛阳附近,但用兵路线仍以崤函古道为主,弘农(即陕城)既是西魏、北周东进用兵的前进基地,也是西魏、北周的后勤保障基地。如大统四年河桥之战宇文泰先胜后败,被迫放弃洛阳,退至弘农。据《周书·蔡祐传》记载:"太祖已还。祐至弘农,夜中与太祖相会。太祖见祐至,字之曰:'承先,尔来,吾无忧矣。'太祖心惊,不得寝,枕祐股上,乃安。"①宇文泰撤回长安,留大将王思政镇守弘农。

大统九年第一次邙山之战,宇文泰损失惨重,撤退入关。东魏刘丰生率数千骑追至陕城。守将王思政以空城计吓退东魏军:"思政入城,令开门解衣而卧,慰勉将士,示不足畏。后数日,刘丰生至城下,惮之,不敢进,引军还。思政乃修城郭,起楼橹,营农田,积刍粟,由是恒农始有守御之备。"②此后30余年,东魏、北齐军队再也没有踏过弘农城池一步。大统十六年五月,高洋取代东魏建立北齐,七月,宇文泰率诸军10多万人东伐。《周书·文帝纪》载:"九月丁巳,军出长安。时连雨,自秋及冬,诸军马驴多死。遂于弘农北造桥济河,自蒲坂还。"③宇文泰为避免无谓损耗,及时"于弘农北造桥济河"回军,说明弘农基地建设已见成效。

保定四年第二次邙山战役,宇文护率中路主力"出军至潼关,乃遣柱国尉迟迥率精兵十万为前锋,大将军权景宣率山南之兵出豫州,少师杨㯹出轵关。护连营渐进,屯军弘农。迥攻围洛阳。柱国齐公宪、郑国公达奚武等营于邙山。"战役失利后,宇文护也是从弘农"班师"回长安④。可见弘农对西魏东进的重要性,拥有弘农是向东进一步拓展疆域的保障,所以在控制潼关之后紧接着要占领弘农。东进洛阳,又以弘农为桥头堡,即使失利撤退,也要以弘农为喘息休整之地。

---

① 〔唐〕令狐德棻等:《周书》卷二十七《蔡祐传》,中华书局,1971,第444页。

② 〔宋〕司马光编著,〔元〕胡三省音注:《资治通鉴》卷一百五十八《梁纪十四》,梁武帝大同九年,中华书局,1956,第4917~4918页。

③ 〔唐〕令狐德棻等:《周书》卷二《文帝纪》,中华书局,1971,第32~33页。

④ 〔唐〕令狐德棻等:《周书》卷十一《晋荡公护传》,中华书局,1971,第174~175页。

据史念海研究，西魏、北周之所以重视弘农，还有粮食需求等经济上的因素①。东魏在陕城建有屯储漕粮的巨仓。西魏建国后，"关中大饥，人相食，死者什七八"②，引发社会动荡。宇文泰东出，取弘农，获取粮食，缓解饥荒也是重点之一。据《周书·文帝纪》：大统三年，"太祖既平弘农，因馆谷五十余日"③，通过崤函古道将仓粟西运关中。《北齐书·薛琡传》亦载："西贼连年饥馑，无可食啖，故冒死来入陕州，欲取仓粟。今高司徒已围陕城，粟不得出。但置兵诸道，勿与野战，比及来年麦秋，人民尽应饿死，宝炬、黑獭，自然归降。愿王无渡河也。"④宇文泰夺取弘农，西运仓粟，迅速缓解了关中饥荒引起的国家危机。

从这六次战役的结果看，整体上说双方基本战成平手。但东魏国力本强于西魏，西魏接连主动进攻，一直处于主动进攻的有利战略态势，与此前被动挨打局面明显不同。究其原因，有军事研究者指出，这得益于西魏、北周对崤函、河东战略要地的占领和控制。"因为有这两块缓冲地带阻隔，敌人无法直接威胁关中。西魏只要搞好这两地的防卫，就可以御敌于国门之外，确保首都与根据地的平安。"而西魏由于占有了崤函、河东两地，"可以朝东、北、南等几个战略方向用兵，这使西魏在进攻上占据了有利地位。沙苑之战后，宇文泰及其后继者多次从两地发动攻击，基本上处于主动态势。在国势弱于对手的情况下，取得交战的主动权，这与河东、崤函两处要枢的易手有着密切的关系"⑤。这一意见是中肯的。需稍作补充的是，自弘农、沙苑之战至建德五年灭齐之战发起，西魏、北周对东魏、北齐的六次大规模进攻，进军路线基本上是选择崤函古道东进。而在河东发动的进攻仅有保定三年达

① 史念海、马驰：《关陇地区的生态环境与关陇集团的建立和巩固》，《中国历史地理论丛》增刊《汉唐长安与黄土高原》，1998，第242~257页。

② ［宋］司马光编著，［元］胡三省音注：《资治通鉴》卷一百五十七《梁纪十三》，梁武帝大同二年，中华书局，1956，第4875页。

③ ［唐］令狐德棻等：《周书》卷二《文帝纪》，中华书局，1971，第23页。

④ ［唐］李百药：《北齐书》卷二十六《薛琡传》，中华书局，1972，第370页。

⑤ 宋杰：《两魏周齐战争中的河东》，中国社会科学出版社，2006，第66页。

奚武攻平阳、四年杨檦攻轵关、天和五年至六年宇文护战龙门等几次规模中等的战役,河东方向主要被作为防御的重点,未被作为主要进攻方向。这说明在西魏、北周时期,崤函、河东这两块战略要地中,崤函的作用在一定时期当更大些。

魏晋南北朝时期,崤函地区战火不断,就军事交通地理而言也呈现一些新特点。

一是在这一阶段,崤函古道既是敌对双方重要的作战区域,也是大规模运送兵力,进攻对方最频繁的交通线。据表 6-2 统计,这一阶段从崤函古道东段向西发动的较大规模的战争有 12 次,而且有 7 次自洛阳至潼关,贯通了崤函古道全程。而由西向东发动的战争有 15 次,贯通崤函古道全程的有 8 次,高于由东向西的战争。东西双方相继出兵交战于崤函古道上的也有 5 次,贯通崤函古道全程的有 3 次。这一方面反映了崤函古道在这一时期重要的军事交通线地位,另一方面频繁的大规模的战争也证明了崤函古道已经相当成熟,能够支撑频繁而大规模的军事调动和军用物资运输。

二是上述战争既有发生在崤山北路的,如三国伊始,曹操西征马超,即是取崤山北路西进,并新筑了“北山高道”,也有取崤山南路的,如西晋八王之乱,河间王司马颙在长安起兵东进,破晋将于宜阳,引兵入洛阳。永嘉三年,刘聪攻洛阳,也是经崤山南路取宜阳往洛阳。天和四年至六年的宜阳之战,更是兵锋相争于崤山南路的典型史例。东晋末,刘裕北伐,前锋王镇恶从洛阳出发,循洛水西上宜阳,迂回占领渑池,然后向潼关进发,则属于同时使用崤山南路和北路的例子。今洛宁县景阳镇南洞村附近洛水南岸有龙骧城。《水经注 · 洛水》:“洛水又东径龙骧城北,龙骧将军王镇恶,从刘公西入长安,陆行所由,故城得其名。”①檀道济、沈林子也率部西进,至陕县北渡黄河,进攻蒲阪。秦武卫将军姚鸾等步骑五万守潼关,又遣别将姚驴救蒲阪。沈林子谓檀道济曰:“蒲阪城坚兵多,不可猝拔,攻之伤众,守之引日。

① 〔北魏〕郦道元著,陈桥驿校证:《水经注校证》卷十五《洛水》,中华书局,2007,第 365 页。

王镇恶在潼关,势孤力弱,不如与镇恶合势并力以争潼关;若得之,尹昭不攻自溃矣。”①于是,檀道济、沈林子乃转而渡河与王镇恶合兵,一起进攻潼关,秦军大败。可见这两条道路在当时都是较常用的军事交通线。

宜卢道、灵卢道也在这一时期得到较充分利用。元嘉二十七年,宋文帝分兵三路北伐,西路军即是经宜卢道、灵卢道,进至崤函古道函谷段,夺占弘农、陕城、潼关等多处要地。《宋书·柳元景传》记载,柳元景率振威将军尹显祖、奋武将军鲁方平、建武将军薛安都、略阳太守庞法起、广威将军田义仁等众军,自襄阳分头北进。先是后军外兵参军庞季明“自赀谷入卢氏”,又沿洛水东下“进达高门木城,值永昌王入弘农,乃回,还卢氏,据险自固”。法起率方平、安都诸军因之自熊耳山北出,“入卢氏,斩县令李封”。柳元景则“束马悬车,引军上百丈崖,出温谷,以入卢氏”②,与诸军会合。“百丈崖在赀谷南,温谷或曰即赀谷。”③会合后的宋军自卢氏循杜关河谷北上弘农。“法起等度铁岭山,次开方口,季明出自木城,与法起相会。”铁岭山即铁岭,在卢氏县北四十里,山势陡峭,山道崎岖,山中有一径可通往来。“诸军进次方伯堆,去弘农城五里。”④方伯堆在今灵宝市尹庄镇开方口村东北。《水经注·河水》引《开山图》曰:浊水“历涧东北出,谓之开方口,水侧有阜,谓之方伯堆。宋奋武将军鲁方平、建武将军薛安都等,与建威将军柳元景北入,军次方伯堆者也。堆上有城,即方平所筑也”⑤。《元和郡县图志》虢州弘农县:“方伯堆,在县东南五里。宋奋武将军鲁方平所筑。”⑥庞法起等乘势进占弘农,擒魏弘农

① 〔宋〕司马光编著,〔元〕胡三省音注:《资治通鉴》卷一百一十八《晋纪四十》,晋安帝义熙十三年,中华书局,1956,第3700页。

② 〔南朝梁〕沈约:《宋书》卷七十七《柳元景传》,中华书局,1974,第1982~1983页。

③ 〔清〕顾祖禹撰,贺次君、施和金点校:《读史方舆纪要》卷四十八《河南三》,中华书局,2005,第2269页。

④ 〔南朝梁〕沈约:《宋书》卷七十七《柳元景传》,中华书局,1974,第1983页。

⑤ 〔北魏〕郦道元著,陈桥驿校证:《水经注校证》卷四《河水》,中华书局,2007,第112页。

⑥ 〔唐〕李吉甫撰,贺次君点校:《元和郡县图志》卷六《河南道二》,中华书局,1983,第162页。

太守李初古拔。薛安都留屯弘农,法起进据潼关。柳元景率众至弘农后即命薛安都、尹显祖、鲁方平等人沿崤函古道长驱东进,攻陕城。陕城险固,诸军攻之不拔。北魏洛州刺史张是连提率步骑二万,度崤山赴援,与宋军在城南展开激战,薛安都阵杀张是连提,又斩三千余级,俘两千余人,攻克陕城。西路军另一路庞法起军则由弘农向西,一举攻克潼关。殿中将军邓盛等则“招宜阳人刘宽虬率合义徒二千余人,共攻金门坞,屠之”。金门坞在今洛宁县陈吴乡大原村附近。这时“关中诸义徒并处处锋起,四山羌、胡咸皆请奋”。但因“时北讨诸军王玄谟等败退,虏遂深入。太祖以元景不宜独进,且命班师。”[①]《宋书·竟陵王诞传》亦曰:“及大举北伐,命诸蕃并出师,莫不奔败,唯诞中兵参军柳元景先克弘农、关、陕三城,多获首级,关、洛震动,事在元景传。会诸方并败退,故元景引还。”[②]刘宋北伐大军中,以西路宋军的进展最为顺利,成效最大,与其利用这一带交通地理条件有关。这也是继刘裕北伐之后,南朝政权又一次占领崤函地区,此后南朝政权的军队再也没能踏上崤函区域。

值得注意的是,刘裕在陕城,曾派水军统领沈林子从阌乡向西南越秦岭开路,支援由顺阳(今河南淅川)向武关的沈田子部。《晋书·姚泓载记》云:“刘裕次于陕城,遣沈林子率精兵万余,越山开道,会沈田子等于青泥,将攻尧柳。”[③]青泥在今陕西蓝田,尧柳在蓝田蓝关镇附近。这也是继曹操开北山高道、粮道之后,这一时期探查、整修崤函地区道路罕见的珍贵资料。军事斗争的需要有力促进了崤函地区交通的新发展。

三是上述战争除单纯的陆路进兵外,还出现了水陆兼进的新特点。前秦建元十九年,苻坚自长安出发,东出攻晋,号称八十万人马,“水陆齐进。运漕万艘,自河

---

① 〔南朝梁〕沈约:《宋书》卷七十七《柳元景传》,中华书局,1974,第 1986 页。

② 〔南朝梁〕沈约:《宋书》卷七十九《文五王·竟陵王诞传》,中华书局,1974,第 2025~2026 页。

③ 〔唐〕房玄龄等:《晋书》卷一百十九《姚泓载记》,中华书局,1974,第 3016 页。

入石门，达于汝颍”[①]，与东晋会战于淝水之滨。东晋末，刘裕北伐，水陆并进，以水军为主，克洛阳后，由黄入渭，攻克长安。在洛期间，刘裕派戴延之溯洛水而上，探查洛水上游可否通入关中。《水经注·洛水》：“洛水又东径檀山南，其山四绝孤峙，山上有坞聚，俗谓之檀山坞。义熙中，刘公西入长安，舟师所届，次于洛阳，命参军戴延之与府舍人虞道元即舟溯流，穷览洛川，欲知水军可至之处。延之届此而返，竟不达其源也。”[②]《太平御览》引戴延之《西征记》：“檀山，凡去洛城水道五百三十里，由新安、渑池、宜阳、三乐。三乐男女老幼，未尝见船，既闻晋使溯流，皆相引蚁聚川侧，俯仰倾笑。”[③]檀山即今龙头山，又名坛屋山，在今洛宁县长水镇长水村西。戴延之等在深山中穿行数百里，最终无功而返。但从这次探路，可以看出人们对水路交通及其水陆并进在军事上运用的重要认识。为阻止宋军进攻，据守潼关的姚绍，亦是水陆并防，“遣姚鸾屯大路以绝”宋军粮道，“遣东平公赞屯河上以断水道”[④]，结果均为宋军所败。“大路”即三崤路，亦即崤山北路。“赞屯河上”，嘉庆《续修潼关厅志》：“姚氏屯在金陡关东……《西征记》：入函道六里，有旧城，周百余步，北临大河，南对高山。姚氏置关以守险。旧志城东有金陡城，或云即姚赞河上之屯。”[⑤]刘裕至陕城后，“王镇恶伐木为舟，自河浮渭”[⑥]，泝渭而上，突入关中，占领长安。建德四年，周武帝伐齐，亦是水陆并进，沿黄河两岸东进。可见，水陆兼进，相互配合已成为这一时期一种较常见的用兵之道。

---

① 〔唐〕房玄龄等：《晋书》卷一百一十四《苻坚载记》，中华书局，1974，第2917页。

② 〔北魏〕郦道元著，陈桥驿校证：《水经注校证》卷十五《洛水》，中华书局，2007，第365页。

③ 〔宋〕李昉编纂，任明、朱瑞平、聂鸿音校点：《太平御览》（第6册）卷七百七十《舟部三》，河北教育出版社，1994，第202页。

④ 〔宋〕司马光编著，〔元〕胡三省音注：《资治通鉴》卷一百一十八《晋纪四十》，晋安帝义熙十三年，中华书局，1956，第3701页。

⑤ 〔清〕向淮修，〔清〕王森文纂：嘉庆《续修潼关厅志》卷上《地理一》，《中国地方志集成·陕西府县志辑》（29），凤凰出版社，2007，第105页。

⑥ 〔南朝梁〕沈约：《宋书》卷二《武帝纪中》，中华书局，1974，第42页。

第四节　佛教文化在崤函地区的传播

两汉之际，佛教传入中原，历经魏晋十六国的发展，南北朝时期形成第一个高峰，成为民众和统治阶层普遍的宗教信仰。崤函地区也不例外。佛教传入中原经历了通过西域陆路从西向东以及经过海路、陆路从南向北，继而传播到其他地区的过程。崤函古道正是佛教从西域经长安向东进入洛阳的主要路径。在佛教传播过程中，不仅崤函古道成为丝绸之路上传播和吸收佛教文化的重要节点，而且沿线地区较早受到佛教的影响，十六国北朝时期更成为佛教文化传播和发展的重要区域。由此，崤函古道也是一条佛教文化传播之路。往来于崤函古道上的佛教僧侣，对于崤函古道交通的拓展和繁荣具有推波助澜之益。

一、崤函古道与佛教东传中原线路

佛教起源于古印度，最早于公元前后传入中原。佛教东传中原的路线，一般认为有西域传入和南方海路传入两条通道。汤用彤《汉魏两晋南北朝佛教史》考证佛教传播线路和汉代佛教地理分布，认为“佛教入华，主要者为陆路”，“佛教东渐，首由西域之大月支、康居、安息诸国。其交通多有陆路，似无可疑”。又说“佛法来华，先经西域。在汉代，我国佛教渊源，首称大月氏、安息与康居三国。安息虽闻善海上贸易,……则其通中国,非全由海道。至若月氏、康居,则自常经陆路来华。凉州、长安,故为佛法传来之所必经。但史书阙载,其地教法流行状况不可得言。至若东京,则为汉代译经唯一之地点。”因为“东汉洛阳为首都,西通西域,遂为佛教重镇。”[①]这条佛教东传中原的路径,日本学者中村元曾做过复原:“佛教先传至帕米尔高原以西的大月氏、安息、罽宾,次及丝绸之路沿线的疏勒、龟兹、于阗、高昌诸国,最后始逐步传入中国。”又说佛教在经天山南北两路在楼兰会合之后,“续经敦煌、酒泉、张掖、武威终至长安、洛阳。”[②]可见这条佛教东传中原的路径,正是陆上丝绸之路。

佛教正式传入中原一般以汉明帝“永平求法”为标志。据《魏书·释老志》,汉明帝永平十年(67),“孝明帝夜梦金人,项有日光,飞行殿庭,乃访群臣,傅毅始以佛对”之后,便遣“郎中蔡愔、博士弟子秦景等使于天竺,写浮屠遗范”。其时,天竺北部隶属大月氏。蔡愔一行至大月氏境内,恰遇天竺高僧摄摩腾、竺法兰,“又得佛经四十二章及释迦立像”[③]。次年,蔡愔等与二高僧一道,用白马驮载佛像和佛经返回洛阳。永平十二年(69),明帝诏令在洛阳城西西雍门外三里御道之北修建译经之所,称为“白马寺”,这是中国第一座佛教寺院,被誉为中国佛教“祖庭”。西域安息国高僧安世高、安玄,大月氏国支娄迦谶、支曜,天竺国竺佛朔、竺大力、昙果,康居国康巨、康孟详等众多僧人也纷纷循丝绸之路东行来到洛阳弘扬佛法,并从事汉译佛经的活动,为佛教向全国其他地区的传播提供了基础。今江苏西部和山东东南部是佛教经洛阳最早传入的地区。《后汉书·西域传》记载:明帝“遣使天竺问佛道法,遂于中国图画形像焉。楚王英始信其术,中国因此颇有奉其道者。”[④]永平十三年(70),随着楚王刘英废徙至丹阳泾县(今安徽泾县西),佛教也随之传播

① 汤用彤:《汉魏两晋南北朝佛教史》,上海人民出版社,2015,第56~59页。

② [日]中村元等著,余万居译:《中国佛教发展史》,天华出版事业股份有限公司,1984,第11~12页。

③ [北齐]魏收:《魏书》卷一百一十四《释老志》,中华书局,1974,第3025~3026页。

④ [南朝宋]范晔:《后汉书》卷八十八《西域传》,中华书局,1965,第2922页。

到彭城(今徐州)、广陵(今扬州)至丹阳一线,此为江南地区佛教传播的开端。汉末,中原动荡,战乱迭起,中原士民及部分寓居洛阳的高僧纷纷避难江东,这其中就有被称为"一代大师"的安世高,"值灵帝之末,关洛扰乱,乃振锡江南。"①佛教迅速向各地人口较集中的城市扩散。"若丹阳、下邳、彭城、广陵,若苍梧、交趾诸地,或已早闻佛法,然就佛教传布之主流言之,仍为自西域,至洛阳,而武昌,而建业。其发展形式为一线上之数点,而此点又必为国之都城。"②

曹魏和西晋时期,洛阳作为京师,依然是佛教译经中心和传播中心,此时的佛教东传中国,仍多取西域陆路,并伴随着西域商人的经商贸易一起进行。因为对西域交通发达,天竺昙柯迦罗、竺法护、耆域,康居康僧会、康僧铠、康那律,安息昙谛、白延(帛延)、安法贤、安法钦,大月氏支谦、支亮、支法度等高僧纷纷来到洛阳,大规模地翻译佛经,其数量远超东汉。据统计,曹魏诸僧约译出 99 种经共 280 卷,西晋约译出 331 种经共 584 卷,而这些经卷又绝大部分都是在洛阳译出的③。受此影响,民间出现了最早的僧人颍川禹县人朱士行,魏甘露五年(260),他从长安西行出关,跋涉万余里,赴于阗求法,开创了内地僧人西行求法的先河。晋太康三年,他把所抄梵本佛经派弗如檀等弟子送回洛阳。另一位高僧竺法护,《出三藏记集》载:"其先月支国人也,世居燉煌郡。年八岁出家……是时晋武帝之世,寺庙图像,虽崇京邑;而方等深经,蕴在西域。护乃慨然发愤,志弘大道。遂随师至西域,游历诸国……遂大赍胡本,还归中夏。自燉煌至长安,沿路传译,写为晋文。"④竺法护往来于长安、洛阳,沿路传译,最终在渑池遘疾而卒。"太始中,有月支沙门竺法护,西游

① 〔南朝梁〕释慧皎撰,汤用彤校注:《高僧传》卷一《译经上·汉雒阳安清》,中华书局,1992,第 5 页。

② 何启民:《佛教入华初期传布地理考》,张曼涛:《中国佛教史学论集·汉魏两晋南北朝篇》(上),大乘文化出版社,1978,第 101 页。

③ 童纬:《汉魏两晋南北朝出经籍表》,《佛学研究》,2004,第 86~90 页。

④ 〔南朝梁〕释僧祐撰,苏晋仁、萧錬子点校:《出三藏记集》卷十三《竺法护传》,中华书局,1995,第 518 页。

诸国，大得佛经，至洛翻译，部数甚多。佛教东流，自此而盛。”[①]“及晋惠西奔，关中扰乱，百姓流移，护与门徒避地东下，至渑池，遘疾而卒，春秋七十有八。”[②]渑池成为竺法护在中原弘扬佛法的最后之地。朱士行在于阗求法，将所获佛经送回洛阳，竺法护在西域求学，然后学成佛法，又以沿路传译的方式在敦煌、酒泉、天水、长安、洛阳、渑池传法，很明显其佛法是从西域传承而来。可见魏晋时期洛阳佛教传自西域，高僧大都从西域或长安循崤函古道而来。

东晋十六国时期，佛教传播不仅未停滞，反而因战乱不息，由于中原残破和统治者的推崇而得到更广泛的接受。北魏迁都后，洛阳重新成为丝绸之路的东端起点，陆上丝绸之路成为中西陆路交通的主渠道。《洛阳伽蓝记》载：“自葱岭已西，至于大秦，百国千城，莫不款附。商胡贩客，日奔塞下。所谓尽天地之区已。乐中国土风因而宅者，不可胜数。是以附化之民，万有余家。”[③]大批西域僧侣亦循着丝绸之路来到洛阳。“时佛法经像盛于洛阳，异国沙门，咸来辐辏，负锡持经，锡即锡杖。适兹乐土。”[④]洛阳成为北方佛教中心。北印度佛陀扇多、天竺菩提流支、勒那摩提、瞿昙般若流支等都是当时居洛译经的西域高僧，所译经典相较于前代更加丰富。神龟元年（518），北魏首次派出具有官方性质的使者沿丝绸之路西行，出使西域，拜取佛经。“魏宋云与惠生自洛阳西行四千里，至赤岭，乃出魏境，又西行，再期，至干罗国而还。”正光三年（522），“二月，达洛阳，得佛经一百七十部”[⑤]。宋云西行从洛阳出发，入吐谷浑，取道青海道到达西域以及今阿富汗、印度等地的线路，是魏晋南北朝时期新开辟的一条陆上丝绸之路。宋云在沿途宣扬华夏文明，传播

---

① 〔唐〕魏征等：《隋书》卷三十五《经籍志》，中华书局，1973，第1097页。

② 〔南朝梁〕释慧皎撰，汤用彤校注：《高僧传》卷一《译经上·晋长安竺昙摩罗刹（竺法护）》，中华书局，1992，第24页。

③ 〔魏〕杨衒之撰，周祖谟校释：《洛阳伽蓝记校释》卷三《城南》，中华书局，2010，第117页。

④ 〔魏〕杨衒之撰，周祖谟校释：《洛阳伽蓝记校释》卷四《城西》，中华书局，2010，第157页。

⑤ 〔宋〕司马光编著，〔元〕胡三省音注：《资治通鉴》卷一百四十九《梁纪五》，梁武帝普通三年，中华书局，1956，第4670页。

佛法，并建造浮屠。有学者评价，“这是中国传统的宗教和文化通过求法路线，自觉向西方传播的最明确的记录”①。可以看出，北魏时期佛教之传播亦是从陆上丝绸之路由西向东，并且开始沿这条道路“逆向”向西域输出。这也是丝绸之路交通大动脉昌盛的写照。

北魏洛阳作为北方佛教信仰中心，集佛教理论研究和行为实践于一城。作为佛教信仰的重要载体，洛阳城内有永宁寺等数以千计的佛寺，伊河两岸峭壁上则开凿有规模宏大的龙门石窟，在洛阳周边出现了许多中小型石窟，如洛阳吉利万佛山石窟、偃师水泉石窟、孟津谢庄石窟、巩县石窟、伊川鸦岭石窟、吕寨石窟、嵩县铺沟石窟等，崤函地区有新安西沃石窟、义马鸿庆寺石窟、渑池石佛寺石窟、宜阳虎头寺石窟等。在西域文明与中国少数民族艺术与汉民族传统文化的激荡下，龙门石窟的佛教造像艺术形成自己独特的风格，即“龙门样式”，这种独特的风格不仅影响到这一时期洛阳周边的许多中小型石窟，而且直到东魏、西魏时仍流行于北方。北魏分裂后，菩提流支、毗目智仙、佛陀扇多、慧光等高僧及洛阳僧尼大多随东魏迁都而至邺都，邺都成为继洛阳之后的北方佛教中心，直至北齐依然。

综上，自汉末佛教传入中原，洛阳成为佛教文化和传播中心，并在魏晋南北朝长期保持这一地位，与其长期的京师地位及发达的丝绸之路交通密切相关。有研究者这样表述这一关系：“洛阳之为汉末中国唯一佛教重镇，或由于为京师故，西域诸国之贡献者来之，安息、康居之游贾者亦往往至之，遂为西域人聚居之地。自是以迄曹魏，西域僧伽至者不绝，宣佛法，译佛经。……至三国，洛阳犹为中国佛教之中心，其意不仅在佛经之传译，亦在以其为中国境内佛教开展之起点。”②佛教就这样以洛阳为中心，向四处传播扩展，渐渐在神州大地扎根、发展。

① 杜继文：《佛教史》，中国社会科学出版社，1991，第194页。

② 何启民：《佛教入华初期传布地理考》，张曼涛：《中国佛教史学论集汉魏两晋南北朝篇》（上），大乘文化出版社，1978，第91、96页。

魏晋南北朝时期洛阳的都城地位和丝绸之路的交通走向影响了佛教东传,而崤函古道是自长安至洛阳陆上丝绸之路必经的交通孔道。根据1972年至2004年的考古发掘,早在东汉后期今灵宝及三门峡地区已经出现具有明显胡人特征的数十件灯俑,证明东汉崤函古道已成为通往西域的陆上丝绸之路重要的交通节点。北魏盛行一时的单尊佛像及造像碑,其中讲究的佛像石料,即取自灵宝荆山。《魏书·释老志》载:"先是,于恒农荆山造珉玉丈六像一。三年冬,迎置于洛滨之报德寺,世宗躬观致敬。"①原在洛阳现藏日本的《报德寺七佛碑像》亦云:"宣武皇帝,剖玉荆山,贾重连城,雕镂莹饰。模一佛菩萨,石基砖宫,树于寺庭。"②北齐天统三年(567),大都邑主宋买廿二人等造天宫石像碑,石料也来自荆山,其发愿文称:"其像也。乃运玉石于荆山。"③可见灵宝荆山是北魏乃至北齐佛像石料的来源地之一,而由灵宝至洛阳、至邺城,必经由崤函古道。从洛阳佛教的传入和传播路线来看,崤函古道也是一条佛教文化交流之路,自两汉之际循着丝绸之路逐渐传入中原,佛教就与崤函古道结下了不解之缘。来往于崤函古道上的中外僧侣推动了佛教的传播,反之往来于东西之间的求法僧侣也推动了崤函古道的拓展和繁荣。

二、崤函古道沿线的佛教史迹

日本学者中村元尝言:丝绸之路畅通,"各国商队也先后携带无数奇珍异宝赴京都洛阳。商队的组成分子极其复杂,除了佛教徒并间有佛教僧侣,他们在旅途中充当咒术师,保护行者避凶趋吉。黄河流域正当商队东行的中途,当地居民于送往

---

① 〔北齐〕魏收:《魏书》卷一百一十四《释老志》,中华书局,1974,第3041页。

② 金申:《中国历代纪年佛像图典》,文物出版社,1994,第495页。

③ 〔清〕严可均校辑:《全上古三代秦汉三国六朝文·全北齐文》卷十《宋买等造天宫石像碑》,中华书局,1958,第3880页。

迎来之际,首开风气而与佛教结缘,也就成为势所必至的现象了”。① 崤函地区也是如此。得益于崤函古道畅达的交通条件,在佛教传入中原的过程中,崤函古道地区得风气之先,较早受到佛教的影响,使之迅速发展成为普遍的宗教信仰。

佛教对崤函地区的影响大体自佛教最早传入中原即已形成。《三国志》注引鱼豢《魏略》记汉末隐士焦先的材料提供了珍贵的信息:“中平末,白波贼起。时先年二十余,与同郡侯武阳相随。武阳年小,有母,先与相扶接,避白波,东客扬州取妇。建安初来西还,武阳诣大阳占户,先留陕界。至十六年,关中乱。先失家属,独窜于河渚间,食草饮水,无衣履……然其行不践邪径,必循阡陌;及其捃拾,不取大穗;饥不苟食,寒不苟衣,结草以为裳,科头徒跣。每出,见妇人则隐翳,须去乃出。自作一瓜牛庐,净扫其中。营木为床,布草蓐其上。至天寒时,构火以自炙,呻吟独语。饥则出为人客作,饱食而已,不取其直。又出于道中,邂逅与人相遇,辄下道藏匿。或问其故,常言‘草茅之人,与狐兔同群’。不肯妄语。”同卷复引《高士传》曰:“世莫知先所出。或言生乎汉末,自陕居大阳,无父母兄弟妻子。见汉室衰,乃自绝不言。及魏受禅,常结草为庐于河之湄,独止其中。冬夏恒不着衣,卧不设席,又无草蓐,以身亲土,其体垢污皆如泥漆,五形尽露,不行人间。或数日一食,欲食则为人赁作,人以衣衣之,乃使限功受直,足得一食辄去,人欲多与,终不肯取,亦有数日不食时。行不由邪径,目不与女子逆视。口未尝言,虽有惊急,不与人语。遗以食物皆不受。”②

焦先“先留陕界”,后“自陕居大阳”,活动于黄河两岸,说明其原居陕县。从文章描述的焦先怪异的生活方式,如“饥不苟食,寒不苟衣”“自作一瓜牛庐”“饥则出为人客作,饱食而已”“不肯妄语”“欲食则为人赁作”“不与人语”等,“与中国传统

① [日]中村元等著,余万居译:《中国佛教发展史》,天华出版事业股份有限公司,1984,第26页。

② 〔晋〕陈寿撰,〔南朝宋〕裴松之注:《三国志》卷十一《魏书·胡昭传》,中华书局,1959,第363~364页。

的伦理道德均有不符,而与佛教徒的某些生活方式暗合”[①]。这则材料说明,在东汉晚期,崤函地区的佛教传播已取得了初步成效。它所体现出的这种若隐若现、模糊朦胧的信息现象,恰反映了佛教在崤函地区早期传播的真实状态。

魏晋南北朝时期,崤函地区佛教得到迅猛发展,开始出现佛教寺院、石窟寺等佛教建筑,且具有相当数量和规模。目前所能见到的文献、碑铭及地方史志中,记载这一时期的崤函佛寺有陕州定林(熊耳)寺、温汤寺,灵宝五张寺、昆罗寺、禅林寺,义马鸿庆寺,渑池石佛寺、香山寺,新安华严寺,宜阳蓋云寺、虎头寺(千佛寺)、大定寺,洛宁洪福寺、圣水寺、普通寺,卢氏兴国寺等十余座。部分佛寺已具相当规模,僧徒云集,信徒众多,并形成了以修建佛教造像为目的,兼顾修建寺院、建义井、栽树等的民间佛社“邑”“义邑”。北周武帝保定三年至四年(563—564),著名文学家庾信任弘农郡太守,作《陕州弘农郡五张寺经藏碑》,记述该寺本为南阳张元高寓居此地,其五子共舍为寺,因而被命名为五张寺,“寺主三藏大法师法映、邑主洛州刺史张隆等,财行法檀,身心罄竭。兼化乡邑道俗数千,敬造一切德轮,见成三百余部”。又称该寺“僧徒云集,不远燉煌之城;学侣相奔,更合华阴之市”[②]。“华阴之市”典出《后汉书·张楷传》:“楷字公超,通《严氏春秋》《古文尚书》……隐居弘农山中,学者随之,所居成市,后华阴山南遂有公超市。”[③]庾信把五张寺佛事兴隆与敦煌相比,又以“华阴之市”喻之,可见五张寺寺门如市,僧徒之多,不异西域,甚至远在万里之外的敦煌也有僧人来此交流学习。这一方面说明当时的崤函地区已有浓厚的佛教气息,涵盖各社会阶层的佛教徒已经非常众多。另一方面说明当时崤函地区与西域等地之间的佛教文化联系十分紧密。前述西域高僧竺法护,往来于洛阳、长安,沿路传译,至渑池遘疾而卒,即是崤函古道上西域高僧活动的典型史

① 吴焯:《关中早期佛教传播史料钩稽》,《中国史研究》1994 年第 4 期。

② 〔北周〕庾信撰,〔清〕倪璠注:《庾子山集注》,中华书局,1980,第 715~716 页。

③ 〔南朝宋〕范晔:《后汉书》卷三十六《张楷传》,中华书局,1965,第 1243 页。

例。来自外地的高僧也开始常驻崤函地区传教。如河东虞乡人释慧海居于弘农之伏读山专崇禅业。本地高僧也层出不穷,讲法论道,名震南北。如北齐时弘农释昙询在怀州,刘宋时弘农释道光、梁时释慧弥等则赴江南传教。形成上述现象的原因显然与崤函古道是魏晋南北朝时期丝绸之路的重要路段密切相关。

北魏迁都洛阳后,以龙门石窟为中心在洛阳周围开凿许多中小石窟。崤函地区是当时石窟开凿较多的区域,自东向西有新安西沃石窟、石寺镇石窟、义马鸿庆寺石窟、渑池石佛寺石窟、宜阳虎头寺石窟等。石窟寺是重要的佛教遗存,凡石窟寺密布处,多为佛教传播繁盛之地。形式各异、艺术精美的崤函佛教石窟,数量几占洛阳周围同期中小型石窟的三分之一。与龙门石窟由皇家主持修建不同,崤函地区开凿的这些石窟皆为民间行为。如西沃石窟各窟龛由以邑主王进达、杜显宗等为首领的几个义邑先后组织修建。虎头寺摩崖石刻由邑主程伯起发起。鸿庆寺石窟则系高僧、豪族大姓或当地官吏所为。从时间上看,最早开凿的鸿庆寺石窟,当在北魏宣武帝之前后的景明年间(500—503)[①],最晚的石佛寺石窟,开凿于北周武成元年(559),是目前所知河南境内唯一一处北周时期开凿的石窟[②]。艺术风格上,这些石窟在窟龛形制、造像题材、雕刻技法和雕像风格、服饰、装饰等方面明显延续了云冈石窟与龙门石窟的特点,并受到南朝的深刻影响,有的还和麦积山石窟、敦煌石窟、庆阳北石窟等西部石窟有许多联系,同时也形成了具有本地特点的风格。如鸿庆寺石窟在造像组合上继承了北魏早期一铺三尊和中期一铺五尊的形式,但其代表作降魔变、犍陟吻别和出城娱乐图等浮雕佛传故事中,早期习见的荒诞离奇的魔怪形象已变成人间的强盗。装饰图案也以中国传统建筑式样为主,外来佛教艺术中已融入了浓厚的民族化特色。可见随着石窟艺术东渐至龙门之后,崤函地区具有本地色彩的佛教造像艺术已经发展起来。

---

① 河南省古代建筑保护研究所:《鸿庆寺石窟》,中州古籍出版社,2008,第77页。

② 杨超杰:《河南渑池石佛寺石窟调查》,《中原文物》2010年第5期。

从上述石窟分布看，主要集中在崤函古道沿线。鸿庆寺石窟位于义马东区街道石佛村，处于渑池盆地东沿，北依韶山支脉白鹿山，南临涧河，东距新安故城7公里，距汉函谷关约15公里，距北魏洛阳城约59公里，横贯东西的崤函古道历石窟北侧而过。石寺镇石窟位于新安石寺镇西沙村西，南为畛河，东距北魏洛阳城约49公里。虎头寺石窟位于宜阳南10公里的洛河南岸锦屏镇苗村，东北距北魏洛阳城约38公里，傍虎头山崖开凿，北眺洛河，其位置明确位于崤山南路旁，石窟开凿与交通道路的关系显而易见。

西沃石窟位于新安西沃乡黄河南岸青要山的峭壁上，高出今黄河水面约10米，东南距北魏洛阳城约50公里。石窟共有两处，分为东西两区。根据洞窟的造像题刻，西区一号窟建造最早，窟门侧题刻有云："……邑主王进达、维那廿七人都合二百人等……异人同心，敦崇法义，简就神山，将招名匠，造石窟一□。建功孝昌之始、郊就建义之初。"即开凿于北魏孝明帝孝昌年间(525—528)。窟外雕二金刚力士，壁内正两旁侍立二弟子、二菩萨。二号窟稍晚，建窟碑记完工日期为"唯大魏普泰元年岁次辛亥四月庚子朔廿九日□邑老韩法胜、邑老杨众兴、邑正王进达都合三十四人等造石窟像一区"①。普泰元年即531年。窟内雕一佛，旁侍立二弟子、四菩萨。东区仅有一摩崖佛像龛，在两洞窟的左下方，系与二号窟同时开凿。西沃石窟建造时正值洛阳地区开凿中小型洞窟和小龛的最盛期，也是龙门风格的繁荣时期。北魏孝明帝时期在龙门出现风行的三种新形制的方形殿堂窟，有两种在这里得到了继承和发展，具有极高的艺术价值。不过与龙门石窟不同，西沃石窟是由民间成立的义邑组织开凿的。在石窟铭记中，刻有窟主203名，名衔除比丘、比丘尼外，还有邑主、邑正、檀越主、都维那、维那、邑老、邑母、邑子等称谓，王进达作为邑主、邑正，是西沃石窟工程的组织者。比丘尼法香和都邑主杜显宗，则是主要的

① 陈进良、牛宁：《新安县西沃石窟的勘测》，河南省文物管理局等：《黄河小浪底水库文物考古报告集》，黄河水利出版社，1998，第54~64页。

功德者。为建造西沃石窟，王进达不仅通过成立义邑劝募筹资，而且还劝导来往这里及附近的人参加造像，甚至有驻扎在西沃渡口担负守卫要津任务的军人如“邑子军主孙慕仁”等也临时参加进来①，留下题名。西沃石窟是黄河中游唯一紧临河水的一处北魏石窟，其位置正当黄河漕运河道，石窟东西两侧，漕运遗迹连绵延续。毫无疑问，西沃石窟的开凿与使用与黄河漕运及古栈道紧密关联。

同样的例子还见于平陆老鸦石第二段栈道岩壁上的北魏孝明帝熙平元年(516)小型佛教造像题刻，文曰：“□宋清□□军主熙平元年正月十一日赵金龙佛弟子公阿黑□主婆阿弟□□□□□”②。佛教东渐，弘法宣教，往往有“起浮图于中街，有石像在焉”③的传统，希图以此便于行旅往来休憩时受到佛力的感化，并更大范围地扩展影响，征服人心。

上述石窟所在距离洛阳、三门峡都很近。如此交通便利之地，引来众多官民客商频频穿梭来往，佛教僧侣亦频繁活动于此，为就食和信仰方便，信众和僧侣在交通要道处适时建立寺院，开窟造像，便是极为自然的事情。它所折射出的北魏晚期石窟艺术风格更加趋于中国化和民族化，对周边地区及后世的佛教造像艺术风格都产生了影响。

南北朝时期，佛教中国化已经达到了相当高的水准，其一大特点就是众多学派的出现。崤函地区是被誉为中国禅宗初祖的菩提达摩最早弘传禅宗的地方。

菩提达摩为南天竺国高僧，南朝梁普通七年(526年，一说梁普通八年)从南印度沿海上丝绸之路，抵广州，先至梁都建业活动，与梁武帝见面后言而不契，遂渡江北上洛阳，游化嵩洛，后驻锡嵩山少林寺，面壁九年。创立禅宗之后，寻以“游化为

---

① 贺玉萍：《北魏洛阳石窟文化研究》，河南大学出版社，2010，第100页。

② 山西省考古研究所、山西大学考古专业、运城市文物工作站：《黄河漕运遗迹——山西段》，科学技术文献出版社，2004，第150页。

③ 〔宋〕李昉编纂，王晓天、钟隆林校点：《太平御览》(第2册)卷一百二十四《儒霸部八》，河北教育出版社，1994，第209页。

务”，开始“随其所止，诲以禅教”①的弘法。据《五灯会元·东土祖师》记载，西魏大统二年（536）十月五日，达摩“端居而逝”，“其年十二月二十八日，葬熊耳山。起塔于定林寺”②。《佛祖统纪》亦载：“（达摩）乃往禹门千圣寺端坐示寂，即大统元年十月五日也，门人奉全身葬熊耳山定林寺。”③前揭《五灯会元》又云：“后三岁，魏宋云奉使西域回，遇祖于葱岭，见手携只履，翩翩独逝。云问：‘师何往？’祖曰：‘西天去！’云归，具说其事，及门人启圹，唯空棺，一只革履存焉。举朝为之惊叹”，方知大师已脱化成佛。传笃信佛教的梁武帝获知达摩圆寂后，于梁大同二年（536）亲撰《菩提达摩大师颂并序》，碑尚存于今寺内。东魏元象元年（538），积庵法师于寺内建“圆觉空塔”（俗称达摩塔）和达摩造像碑，碑侧刻“航海西来意，金陵语不契，少林面壁功，熊耳留只履”四句偈语，精确概括了达摩的一生。

图6-9　陕州区空相寺达摩塔（尚继汉摄）

① 〔魏〕杨衒之撰，周祖谟校释：《洛阳伽蓝记校释》卷一《城内》，中华书局，2010，第12页。

② 〔宋〕普济著，苏渊雷点校：《五灯会元》卷一《东土祖师·初祖菩提达磨大师》，中华书局，1984，第46页。

③ 〔宋〕志盘撰，释道法校注：《佛祖统纪校注》，上海古籍出版社，2012，第647页。

达摩所葬熊耳山定林寺(唐改称空相寺),位于今陕州区西李村乡支沟村熊耳山西侧。《水经注·洛水》:“洛水之北有熊耳山,双峦竞举,状同熊耳,此自别山,不与禹贡导洛自熊耳同也。昔汉光武破赤眉樊崇,积甲仗与熊耳平,即是山也。”① 定林寺始建年代不详,旧志称建于东汉永平年间,缺乏可信的实证。但达摩葬于定林寺,其生前曾在此弘扬佛法当无疑问。定林寺地处崤山南路上,介陕州、宜阳、洛宁、渑池之间,交通便利。达摩创建禅宗后,以“游化为务”,“随其所止,诲以禅教”。《续高僧传·僧可传》云“达磨灭化洛滨,可亦埋形河涘”②,洛滨即洛河附近地区,达摩圆寂后又葬于定林寺,这一事件足以说明崤山南路是达摩弘扬禅宗的主要线路。

---

① 〔北魏〕郦道元著,陈桥驿校证:《水经注校证》卷十五《洛水》,中华书局,2007,第367页。

② 〔唐〕道宣撰,郭绍林点校:《续高僧传》卷十六《僧可传》,中华书局,2014,第567页。

第五节　魏晋南北朝时期的三门峡黄河漕运

魏晋南北朝时期是三门峡黄河漕运发展的一个承上启下的重要时期。虽然分裂割据与长期战争严重制约了三门峡黄河漕运的发展,但各个政权出于军事和政治的需要,在前代基础上,对三门峡漕运河道屡有整治,栈道又有新的修建和延展,不但适应了当时的需要,而且对后世三门峡黄河漕运的发展也产生了积极影响。

一、魏晋时期三门峡黄河漕运的整治

曹魏、西晋建都洛阳,其漕运网皆以洛阳为中心,重点在洛阳以东的黄河中下游地区。但鉴于关中既是屏障洛阳的战略要地,又是控制巴蜀,进取河西,进而开通西域的始发站,其与洛阳交通的畅通,关系着王朝政治、经济、军事之运转。因此,魏晋两代都曾下力改善三门峡黄河漕运河道,重建中原与西北的漕运联系。现将魏晋时期整治三门峡漕运情况列表如下。

表 6-3 魏晋三门峡漕运整治情况简表

朝代	年份	地点	记事	出处
曹魏	黄初二年（221）	人Ⅵ段 T9	都匠药世以□□初……□□禹□□□□治……□□前后七支□□七十克……立石①	（1）
	景初二年（238）		魏景初二年二月，帝遣都督沙丘部、监运谏议大夫寇慈，帅工五千人，岁常修治，以平河阻	（2）
	政（正）始元年（240）	人Ⅱ段 T2	石师政始元年作	（1）
	正始九年（248）	八里胡同北岸东Ⅱ段	正始　贺晃领帅五千人修治此道。天大雨。正始九年正月造	（3）
	甘露五年（260）	人Ⅵ段 T3	甘露五年二月十六日，治河都匠左贡、□□、石师江洛善、许是□	（1）
西晋	泰始三年（267）	五户	晋泰始三年正月，武帝遣监运大中大夫赵国、都匠中郎将河东乐世，帅众五千余人，修治河滩，事见五户祠铭	（2）
	泰始四年（268）	人Ⅻ段 T1	泰始四……	（1）
		人Ⅻ段 T3	泰始	（1）
	太康二年（281）	人Ⅵ段 T1	太康二年，木匠□伦、石工孙同造	（1）
		人Ⅸ段 T1	太康……都匠张□梁□……□□作人见之□□如□	（1）
	太康二年（281）	人Ⅸ段 T2	太康二年	（1）
	太康二年（281）	人Ⅴ段 T2	太康二年	（1）

注：（1）为《三门峡漕运遗迹》；（2）为《水经注 · 河水》；（3）为《黄河小浪底水库文

① 邵友诚释为："都匠药世以魏黄初二年□修禹王庙河床，治□定弥□急滩，前后七支呈年七十克□。□立石"（《三门峡漕运遗迹》，第 44 页）。黄初二年即 221 年，禹王庙在三门峡西的黄河北岸台地上。

物考古报告集》。

由上表可见,魏晋时期的三门峡黄河漕运呈现出一种经常修凿的积极态势。具体有如下四个特点:

其一,修凿工程常年进行。从施工次数看,曹魏有5次,西晋至少有3次(同年题刻视为一次),时间间隔在十年左右,施工时间均选择在枯水季节的正月至三月。可知曹魏、西晋两代持续相继,已形成常年修凿的制度。

其二,施工由中央决策和组织。这几次修凿领官明确记载的有"监运谏议大夫""监运大中大夫"和"都匠中郎将""都匠"等。前二官是曹魏始设的监督、巡查漕务的职官,后二官为治水职官。《历代职官表》载:"魏时漕事盖亦郡国自遣官输送,而朝廷遣大夫监之,此即后世巡漕御史之任也。"①说明修凿三门峡漕运是由朝廷决策并组织施工的国家行为,并已形成中央派官居前指挥和管理的制度。由此亦可推知,工程所需费用当是由国家承担。

其三,施工人数众多,或已形成定数。景初二年、正始九年、泰始三年的三次修治明确记载每次参加"石师"数都达5000人②,较之东汉建武十一年的"石师千人"增加4倍,工程规模十分巨大,而从景初二年到正始九年以迄晋世,施工人数一直维持在5000人水平,政策保持了连续性,或许证明5000人是魏晋修凿三门峡漕运工程的常数。

其四,从施工地点来看,从最西端的人门,到中间的五户阙流段,再到最东端的八里胡同,三门峡黄河漕运的三大险处都有修凿,施工内容既有平治河道,也有修凿栈道。人门左岸是当时黄河的主河道,也是东汉以来修治的重点。经过长时间修治,南端起自梳妆台附近,向北经人门全岛,长达600多米的人门左岸栈道基本

① 〔清〕纪昀等:《历代职官表》卷六十《漕运各官表》,上海古籍出版社,1989,第1154页。

② 八里胡同北岸东Ⅱ段正始九年题刻中的"帅"字当为"师"字之误。

完成。五户即《水经注·河水》所说阙流段“众峡诸滩”之一,在今垣曲县城南黄河北岸的五福涧村山下,地处阙流段的东端。黄河流至五福涧,因山体后移,河道变宽,河边形成宽阔的河滩。春冬季黄河雨少水落,河滩暴露在外。夏秋季雨多水涨时河滩则被淹没。据五福涧万历《创建回龙宫记》:“垣之西南距四十里曰五虎涧,间三里曰莺嘴窝,乃大河之险要处。……泛航者抵则坠浆失柁,胆落神泣,皆谓冥冥中有飞挽云。”①”泰始三年正月,晋武帝遣赵国、乐世,“帅众五千余人”,修治五户河滩。是否同时还有修凿栈道,史无记载。但建武十一年东汉曾在此修凿栈道,其后唐贞观十六年(642)也有在此修栈道之举,则赵国、乐世修治河滩的同时,很可能也整修了五户栈道,或郦道元所说“修治河滩”即包括栈道项目。

值得注意的是首次出现的八里胡同栈道修凿记载。八里胡同为黄河进入华北平原的最后一道峡谷,南岸为新安紫金山脉,北岸为济源王屋山余脉,两岸夹峙,峰峦高耸,形成峡谷。八里胡同全长约 6 公里,西自南岸新安西沃莲花寨与北岸济源下冶乡东沟村,东至南岸新安西沃荒坡村大禹滩和北岸济源下冶乡牛湾村,入口谷宽约 200 米,出口谷宽增至 400 米以上。水流湍急,潜漩暗礁,自古行船者视之为畏途。西汉盐东遗址即在八里胡同西 13 公里处。栈道开凿在峡谷南北两岸悬崖峭壁上,自东向西依次分为四段,其中北岸多悬崖峭壁,现存有三段,南岸存有一段。因长期的自然营力及人为破坏,各段均崩塌脱落,不相连属,又可分为若干自然段。栈道在侧壁凿有牛鼻形孔,侧壁底部有方形壁孔,路上凿有地孔,地孔和壁孔对正使用,用于横插方木,架设木构,铺设栈桥,构成凌空飞架的栈道。正始九年题刻刻在北岸钓鱼台东段栈道东端的绝壁上。八里胡同所发现勘测的栈道与 20 世纪 50 年代黄河水库考古队在三门峡发现的人门栈道形制相同,主要是为了漕船

① 山西省考古研究所、山西大学考古专业、运城市文物工作站:《黄河漕运遗迹——山西段》,科学技术文献出版社,2004,第 178 页;渑池县水务志编纂领导小组:《渑池县水务志》,陕西人民出版社,2008,第 378~379 页。

通过。调查者推断，八里胡同栈道可能初创于东汉，题刻所记是曹魏正始年间一次较大规模的修治①。此后这里也未见有后世题刻，这意味着正始九年的修治较为成功，八里胡同河道通行条件有较大改善。

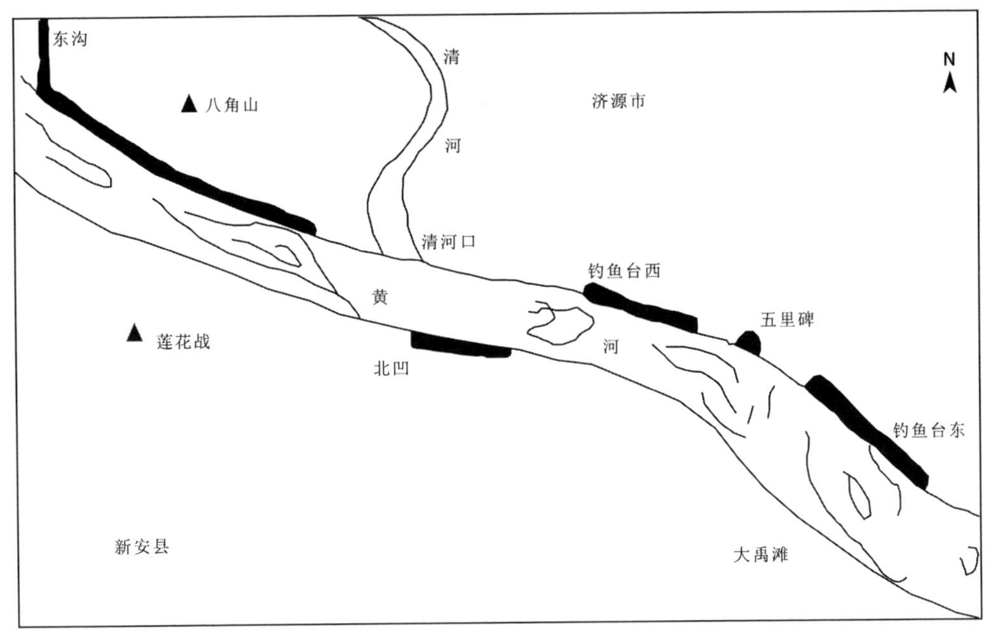

图 6-10 黄河八里胡同栈道分段示意图②

汉末战乱中，曹操曾利用漕运推进北方的统一。建安十六年，马超、韩遂据潼关反叛，曹操率军征讨，沿崤函古道陆路"盛兵向潼关"③，屯兵于渭河北岸，两军隔渭口相拒。曹操"以舟载兵入渭"④，大败马超。平叛中，曹军"军食一仰河东。及

① 陈平、孙红梅：《黄河八里胡同峡栈道》，河南省文物管理局等编：《黄河小浪底水库文物考古报告集》，黄河水利出版社，1998，第 65~78 页；洛阳市第二文物工作队：《黄河八里胡同栈道的勘测》，《文物》2002 年第 11 期；孙丽娟：《豫晋峡谷黄河漕运遗迹》，《文物建筑》，2009 年第 3 辑。

② 采自洛阳市第二文物工作队《黄河八里胡同栈道的勘测》，《文物》2002 年第 11 期。

③ ［晋］陈寿撰，［南朝宋］裴松之注：《三国志》卷一《魏书·武帝纪》，中华书局，1959，第 35 页。

④ ［晋］陈寿撰，［南朝宋］裴松之注：《三国志》卷一《魏书·武帝纪》，中华书局，1959，第 34 页。

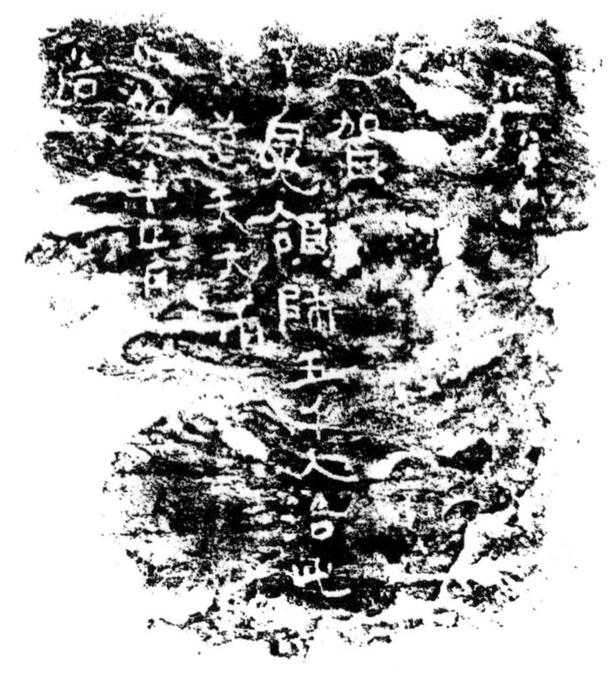

图 6-11　新安八里胡同正始九年题刻拓片①

超等破,余畜尚二十余万斛"②。军粮漕运保障了曹操西征的胜利。有学者指出,"史言马超拒渭口,即阻塞黄河与渭河的连接处,则曹操不能借黄河水运直入渭河,可能从黄河运至三门峡一带,然后上岸进入河东陆运到西河,再渡河",转入陆运运往前方③。曹魏政权初期,还需要从关中转漕粮食供给洛阳。《晋书·宣帝纪》载:青龙三年(235),"关东饥,帝运长安粟五百万斛输于京师"④。所以曹魏一面积极恢复关东经济,一面从黄初二年(221)开始有组织地大规模整治三门峡漕运,修凿栈道,取得较好成效。"至迟在正始五年,从关中向关东漕运的情况发生了根本性

① 采自洛阳市第二文物工作队《黄河八里胡同栈道的勘测》,《文物》2002 年第 11 期。

② 〔宋〕司马光编著,〔元〕胡三省音注:《资治通鉴》卷六十六《汉纪五十八》,汉献帝建安十六年,中华书局,1956,第 2109 页。

③ 张晓东:《汉唐漕运与军事》,上海书店出版社,2010,第 56 页注【2】。

④ 〔唐〕房玄龄等:《晋书》卷一《宣帝纪》,中华书局,1974,第 9 页。

变化。关东经过多年的休养生息,屯田积累,转漕关中已成为可能。……因此,正始九年正月5000人修治栈道题刻的发现,正是转漕关中的实证。”[①]咸熙元年(264),钟会平蜀后勾结蜀将姜维意图谋反,密谋“至长安,令骑士从陆道,步兵从水道顺流浮渭入河,以为五日可到孟津,与骑会洛阳,一旦天下可定也”[②]。虽然这一计划未等实施,钟会即死于兵变,但也反映出关中至洛阳的黄河水路是通航的,这可能也得益于三门峡黄河栈道的修建。

泰始元年(265),司马炎代魏开晋,建都洛阳,史称晋武帝。在度过稳定内部,巩固政权的阶段后,晋武帝开始谋划灭吴,统一天下。而在西北方面,两汉以来民族问题引起的战乱时有发生,蕴藏着巨大危机。整治黄河漕运,恢复关中和关东之间的漕运联系,成为晋武帝加强统一和安定边疆的重要措施。泰始三年(267)开始,晋武帝连续遣工匠修凿三门峡栈道,但仍不能尽去其害,所谓“虽世代加功,水流漰渀,涛波尚屯”[③]。于是,泰始十年(274),晋武帝决定开凿陕县运河。据《晋书·武帝纪》:“是岁,凿陕南山,决河,东注洛,以通运漕。”[④]这是历史上于黄河中游引黄注洛通漕最早的一条山区运河。工程主要是开凿陕县南橐水与洛河之间的崤山。橐水,今名青龙涧河,源于崤山北麓,支流发育,水量丰沛,西北流经菜园、交口等地到陕县城西注入黄河。上源隔崤山就是洛水最大的支流涧水,河道较宽,流量亦大。两河源头直线距离15公里,凿山开渠,把橐水上游与涧水连接起来,从关中到洛阳的漕船就可以自陕县城西取道橐水入涧河,再入洛水抵洛阳,既可以避开砥柱之险,运道也便捷得多。

① 陈平、孙红梅:《黄河八里胡同峡栈道》,河南省文物管理局等:《黄河小浪底水库文物考古报告集》,黄河水利出版社,1998,第76页。

② 〔晋〕陈寿撰,〔南朝宋〕裴松之注:《三国志》卷二十八《魏书·钟会传》,中华书局,1959,第791~792页。

③ 〔北魏〕郦道元著,陈桥驿校证:《水经注校证》卷四《河水》,中华书局,2007,第118页。

④ 〔唐〕房玄龄等:《晋书》卷三《武帝纪》,中华书局,1974,第64页。

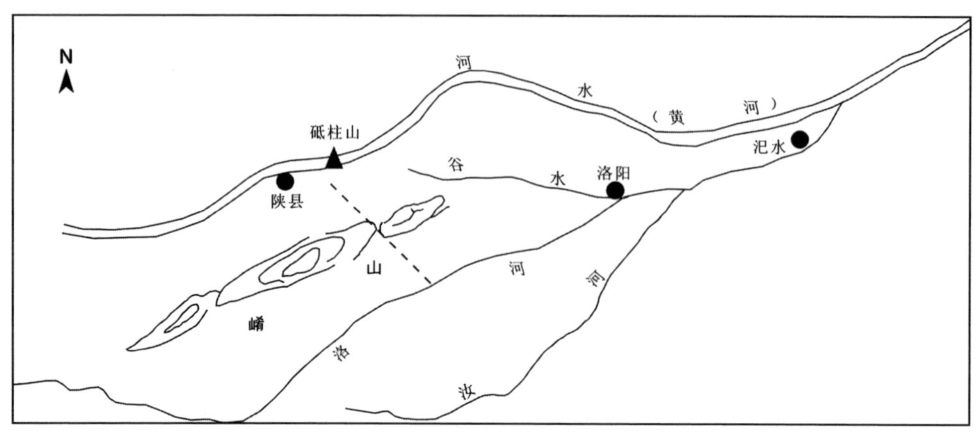

图 6-12　晋武帝开凿陕县运河示意图①

依据《晋书》的记载，这条陕县运河是开凿完成的。但史家多以为“虽有此诏，竟未成功”②。对这一点需要稍加辨析。据《读史方舆纪要·河南三》“陕州”条记载：“利人渠，有南北二渠：北渠在州北，隋开皇六年苏成引橐水西北入城，民赖其利；南渠在州东南，自硖石界流入，与北渠同时疏导。唐贞观十一年命丘行恭开南渠是也。又有广济渠，唐武德元年陕东道行台长孙操所开，引水入城以代井汲。傅畅晋书云：‘武帝泰始五年凿陕南山决河东注洛，以通漕。’此即利人等渠之创始矣。”③据其说，隋唐陕州北、南利人渠是在晋武帝“凿陕南山决河东注洛”基础上修筑的，则晋武帝开凿陕县运河已付诸实施，只是没能开凿完成整条运河，但完成了橐水的整治，对其后隋唐陕州利人渠、广济渠的开通产生了积极影响。

① 采自水利部黄河水利委员会《黄河水利史述要》编写组《黄河水利史述要》，水利出版社，1982，第111页。

② 〔唐〕杜佑撰，王文锦等点校：《通典》卷十《食货十》，中华书局，1988，第217页。

③ 〔清〕顾祖禹撰，贺次君、施和金点校：《读史方舆纪要》卷四十八《河南三》，中华书局，2005，第2273页。

二、十六国北朝时期的三门峡黄河漕运经营

十六国北朝早期,中原板荡,战乱频仍,崤函地区是东西逐鹿的要冲,三门峡黄河漕运只能在战火中延续,文献和栈道题刻资料均未见维修整治三门峡河道的记载,对原有河道的军事利用成为这一时期的主要特点。其具体形式,一种是对重要津渡的利用。十六国北朝时期,三门峡黄河沿岸自西向东分布着风陵、洹津、大阳津、济民等津渡,是这一时期黄河津渡较为集中的河段之一,联系着关中、河东、弘农,具有码头和渡运的作用。

大阳津又名茅津,南岸为陕县,北岸为大阳,因临近陕城又称陕津。《水经注·河水》:河水"又东过陕县北……河北对茅城……津亦取名焉"①。永嘉三年(309),因汉(前赵)刘渊据有河东,晋"平北将军曹武屯大阳以备蒲子"②,为刘渊所败,刘渊长驱宜阳。此后汉(前赵)南攻洛阳,多由大阳出入。义熙十二年(416),刘裕北伐,进逼洛阳,后秦主姚泓"遣征东、并州牧姚懿南屯陕津"③,阻晋军渡河。由于屡为南北军队往来所涉渡,北周大象元年于此设大阳关,以守护津要。《元和郡县图志》陕州陕县:"太阳故关,在县西北四里,后周大象元年置,即茅津也。"④

洹津一作郖津,在今灵宝西北,南岸为芮城。建安十年,河东郡椽卫固等反,"使兵数千人绝陕津",杜畿前往镇抚,"不得渡","遂诡道从郖津度"⑤。正平元年(451),南朝宋文帝遣兵北伐,柳元景自卢氏取弘农,北魏"冠军将军封礼率骑二千

① 〔北魏〕郦道元著,陈桥驿校证:《水经注校证》卷四《河水》,中华书局,2007,第114页。

② 〔宋〕司马光编著,〔元〕胡三省音注:《资治通鉴》卷八十六《晋纪八》,晋怀帝永嘉二年,中华书局,1956,第2738页。

③ 〔唐〕房玄龄等撰:《晋书》卷一百一十九《姚泓载记》,中华书局,1974,第3011页。

④ 〔唐〕李吉甫撰,贺次君点校:《元和郡县图志》卷六《河南道二》,中华书局,1983,第157页。

⑤ 〔晋〕陈寿撰,〔南朝宋〕裴松之注:《三国志》卷十六《魏书·杜畿传》,中华书局,1959,第494~495页。

从洹津南渡赴弘农"①,阻击宋军。大宝元年(550),"魏丞相泰自弘农为桥,济河,至建州。丙寅,齐主自将出顿东城。泰闻其军容严盛,叹曰:'高欢不死矣!'会久雨,自秋及冬,魏军畜产多死,乃自蒲阪还"②。宇文泰自长安出潼关,东至洹津造浮桥过河,由蒲津返回。风陵渡在潼关北。《水经注·河水》:"关之直北,隔河有层阜,巍然独秀,孤峙河阳,世谓之风陵。"③大统三年,宇文泰潜军东出,至小关,东魏"窦泰猝闻军至,自风陵渡"④,兵败自杀。

另一种军事利用是大规模的水运。建元十九年,前秦苻坚倾全国兵力大举伐晋。"坚发长安,戎卒六十余万,骑二十七万,前后千里,旗鼓相望。坚至项城,凉州之兵始达咸阳,蜀汉之军顺流而下,幽冀之众至于彭城,东西万里,水陆齐进。运漕万艘,自河入石门,达于汝颍"⑤,与东晋会战于淝水。前秦军队由长安出发,水路是由渭水入黄河,出三门峡,沿河东下,直达今荥阳西北的石门,"运漕万艘",兵力和物资转输十分浩大。义熙十三年,刘裕北伐后秦,过洛阳至陕城后,命"龙骧将军王镇恶伐木为舟,自河浮渭"⑥。《宋书·王镇恶传》记载:"大军次潼关,谋进取之计,镇恶请率水军自河入渭……所乘皆蒙冲小舰,行船者悉在舰内,羌见舰溯渭而进,舰外不见有乘行船人,北土素无舟楫,莫不惊惋,咸谓为神。"⑦王镇恶水军入渭,虽逆流而上,但一路顺利,很快进抵长安郊外,弃舟登岸,击败秦军,攻克长安,生擒后秦皇帝姚弘。刘裕则循陆路攻克潼关,进入长安。值得注意的是,刘裕进

① 〔北齐〕魏收:《魏书》卷四《世祖纪》,中华书局,1974,第106页。

② 〔宋〕司马光编著,〔元〕胡三省音注:《资治通鉴》卷一百六十三《梁纪十九》,梁简文帝大宝元年,中华书局,1956,第5056页。

③ 〔北魏〕郦道元著,陈桥驿校证:《水经注校证》卷四《河水》,中华书局,2007,第109页。

④ 〔宋〕司马光编著,〔元〕胡三省音注:《资治通鉴》卷一百五十七《梁纪十三》,梁武帝大同三年,中华书局,1956,第4876页。

⑤ 〔唐〕房玄龄等:《晋书》卷一百一十四《苻坚载记》,中华书局,1974,第2917页。

⑥ 〔南朝梁〕沈约:《宋书》卷二《武帝纪》,中华书局,1974,第42页。

⑦ 〔南朝梁〕沈约:《宋书》卷四十五《王镇恶传》,中华书局,1974,第1369页。

军,由洛阳至潼关走陆路,班师南返时则“自洛入河,开汴渠以归”①,往返两次皆避开三门砥柱。王镇恶也是出潼关后以舟舰航行溯渭水而上。联系刘裕在洛阳时,令戴延之溯洛水而上探寻西通关中航行通道,可见这时三门砥柱河道因长期疏于整治,航行已十分困难,唯有过三门砥柱才可航行。

三门峡黄河漕运在北魏迁都洛阳后始有较大发展。孝文帝自平城迁都洛阳,本就有利用洛阳水运漕运优势统一天下的意图。迁都后积极谋划以洛阳为中心重建漕运系统,黄河、渭河漕运线建设提上日程。太和二十一年(497)五月,孝文帝巡幸长安,“车驾东旋,泛渭入河”②,返回洛阳。这是见于史载的帝王第一次在渭水、黄河中长距离航行。此前孝文帝在洛阳以东已有过巡幸徐州,“泛泗入河,泝流还洛”③的经历。黄盛璋认为,孝文帝此次“泛渭入河”,与上次“泛泗入河”一样,目的也是考察渭水、黄河河道,寓意鼓励水运,试图开发和恢复河、渭漕运。当然,漕粮的运输方向与西汉相反,是想把关中的粮食东运到都城洛阳④。孝文帝经三门之险,大胆探索重建黄河漕运线,促进了三门峡漕运的发展。

孝文帝之后,北魏修筑三门峡栈道相当频繁,在三门峡人门左岸留下了多处题刻:人Ⅵ段T7:“景明四年三月十六日”;人Ⅵ段T8:“景明……”;人Ⅵ段T10:“景□四年三月廿六日”⑤。景明为宣武帝第一个年号,四年即503年。在人Ⅰ段还有似北朝笔迹的“任龙”题刻。平陆曹川镇老鸦石第二段栈道岩壁上有北魏孝明帝熙平元年小型佛教造像题刻,造像已毁,文曰:“□宋清□□军主熙平元年正月十一日赵金龙佛弟子公阿黑□主婆阿弟□□□□□”。三门峡以下黄河北岸的平陆、夏县、垣曲一带栈道内侧岩壁上凿有大量的方形壁孔。调查者根据方形壁孔大、中、

① 〔南朝梁〕沈约:《宋书》卷二《武帝纪》,中华书局,1974,第44页。

② 〔北齐〕魏收:《魏书》卷七《高祖纪》,中华书局,1974,第181页。

③ 〔北齐〕魏收:《魏书》卷七十九,中华书局,1974,第1754页。

④ 黄盛璋:《历史上的渭河水运》,《历史地理论集》,人民出版社,1982,第152页。

⑤ 中国科学院考古研究所:《三门峡漕运遗迹》,科学出版社,1959,第44页。

小三种类型的位置，认为大孔和中孔的时代早于小孔，其开凿年代当在魏晋北朝或更早的两汉。这样的大、中型壁孔在已发现的多数栈道上都有大量的存在，说明三门峡以下黄河北岸的栈道大多修筑于北魏或北魏之前①。经过北魏时期的开凿，三门峡至新安八里胡同的黄河栈道基本形成。

图 6-13　平陆老鸦石栈道北魏熙平元年题刻

北魏是佛教在中国最盛行的时代，与黄河漕运相关的北魏佛教造像，除上面述及的平陆老鸦石佛教造像题刻外，新安西沃石窟是最重要的发现。如前所说，西沃石窟开凿于新安黄河八里胡同南岸一片陡直的峭壁上，是黄河中游唯一紧临河水的一处北魏石窟，其位置正当黄河漕运河道，石窟西侧清晰地留存数处栈道顶部及壁孔遗迹，是该石窟曾系船、承担过漕运功能的直接证据。“虽然栈道的路基都已

① 山西省考古研究所、山西大学考古专业、运城市文物工作站：《黄河漕运遗迹——山西段》，科学技术文献出版社，2004，第 18～19 页。

不存,但残存的栈道顶部痕迹在石窟区窟完下方可以连成一线,今在对岸或立于船上清晰可见。"北魏动用国家力量大修栈道,王进达等组织民间力量在此开凿石窟祈求神灵助佑,都是为了利用黄河河道的水运资源,漕运东西。西沃石窟离八里胡同不过几公里远,河水在穿越八里胡同之后,在这里突遇青要山悬崖横阻,形成90°转弯东去,河面宽在这里狂扩到250多米,水深流急,河北岸则是回水沉积沙滩和连绵的王屋山,极易造成船只覆没和洪水灾害,淹没附近村庄、田舍。故当地人为镇水患,造就此窟。来往船只亦可在此方便,进洞拜佛以求平安。因此,"毫无疑问,西沃石窟的开凿与使用与黄河漕运及古栈道紧密关联",是黄河漕运与民间佛教信仰相连接的典型史例,"西沃石窟在古代黄河漕运史中有着重要的地位。"①透过这一现象,可以体会到当年黄河漕运上的漕工船夫与大自然搏斗的艰苦努力。

图6-14 从黄河上远眺西沃石窟全景②

① 陈进良、牛宁:《新安县西沃石窟的勘测》,河南省文物管理局等:《黄河小浪底水库文物考古报告集》,黄河水利出版社,1998,第63~64页。

② 采自河南省文物管理局等《黄河小浪底水库文物考古报告集》,黄河水利出版社,1998,彩版四二。

北魏孝明帝之前,受长期生活传统的影响,关中及河东的租调采取车牛陆运到洛阳的方式,不仅转输周期长,而且成本很高。“京西水次汾、华二州,恒农、河北、河东、正平、平阳五郡年常绵绢及赀麻皆折公物,雇车牛送京。道险人弊,费公损私。”孝明帝时,三门都将薛钦奏言改陆运为漕运,指出“汾州有租调之处,去汾不过百里,华州去河不满六十,并令计程依旧酬价,车送船所。船之所运,唯达溼陂”①。他提出将官雇牛车车运成本的官酬绢拿出一部分来造船运输,不仅可以大大降低成本,而且“则于公私为便”。尚书度支郎朱元旭赞同此议,并提出了造船、押送、损耗的处理以及监督的方案,其立论同样关注的是三门峡漕运的成本:“今校薛钦之说,虽迹验未彰,而指况甚善。所云以船代车,是其策之长者……计底柱之难,号为天险,迅惊千里,未易其功。然既陈便利,无容辄抑。”尚书崔休也“以为刳木为舟,用兴上代;凿渠通运,利尽中古……诸通水运之处,皆宜率同此式……钦所列州郡,如请兴造。东路诸州皆先通水运,今年租调,悉用舟楫”。录尚书、高阳王元雍和尚书仆射李崇等也主张即刻实施,疏浚河渠,沟洫通流:“运漕之利,今古攸同,舟车息耗,实相殊绝。钦之所列,关西而已,若域内同行,足为公私巨益。谨辄参量,备如前计,庶征召有减,劳止小康。若此请蒙遂,必须沟洫通流,即求开兴修筑。或先以开治,或古迹仍在,旧事可因,用功差易。”所谓“古迹仍在”,当包括三门峡栈道等。上述诸臣对薛钦以船代车建议的赞同,显示了对改陆运为漕运的认可和积极态度。于是孝明帝“诏从之”。然而史籍接着又载:“而未能尽行也。”②研究者也多认为是仅有此议,并未付诸实施。关于这一点也还需要辨析。

薛钦上书发生在孝明帝时(516—528),当时三门峡漕运河道已在施工整治。有学者指出:“经过汉魏人们的长期努力,到北魏时期,五福涧也即五户以东河道,可能已经不是十分险恶,故而郦道元在注《水经》时仅把黄河水运险段局限在砥柱

① 〔北齐〕魏收:《魏书》卷一百一十《食货志》,中华书局,1974,第2858~2859页。

② 〔北齐〕魏收:《魏书》卷一百一十《食货志》,中华书局,1974,第2859~2860页。

与五户之间,而未将包括八里胡同在内的五户以东河段列入其中。"①这当是整治三门峡险道的重大成果。郦道元生于470年,卒于527年,而《水经注》的写作年代,一般认为是在其晚年,即延昌四年(515)后。郦道元实地考察三门峡后,评论"虽世代加功,水流湍湍,涛波尚屯",航运困难,但紧接前文,又有"商舟是次,鲜不踟蹰难济。"说明尽管三门峡航行艰难,但不乏船只甚至商船出现。北魏整治三门峡险道,为关中租调改陆运为水运提供了交通基础和条件。史言"未能尽行",意味是未能全部实行,但在部分州郡尤其是薛钦所说的二州五郡当有实行,说明北魏整治三门峡漕运交通还是大有成效的。

北魏分裂后,东魏、北齐漕运保持一定发展,三门峡河道仍然保持通航。北齐文宣帝七年(556),时在弘农郡任职的颜之推从弘农乘夜船投奔北齐。"值河水暴长,具船将妻子来奔,经砥柱之险,时人称其勇决。"颜之推《从周入齐夜度砥柱》诗云:"侠客重艰辛,夜出小平津。马色迷关吏,鸡鸣起戍人。露鲜华剑影,月照宝刀新。问我将何去,北海就孙宾。"又在《观我生赋》写道:"譬欲秦而更楚,假南路于东寻,乘龙门之一曲,历砥柱之双岑。冰夷风薄而雷响,阳侯山载而谷沉,侔挈龟以凭浚,类斩蛟而赴深,昏扬舲于分陕,曙结缆于河阴。追风飙之逸气,从忠信以行吟。"自注:"水路七百里一夜而至。"②从中可以看出,尽管当时三门峡航行艰险,但和郦道元所记述的"商舟是次"情形一样,人们出于各种原因,还是要利用其快捷的特点乘船航行。

这一时期,东魏北齐与西魏北周争夺的军事重心在河南、河东。为解决军需和救灾,高欢在东魏水利便利之地组建漕仓网。《资治通鉴》有"欢命诸州滨河及津、

① 段鹏琦:《黄河三门峡邻近地区新发现汉魏漕运遗迹浅议》,《宿白先生八秩华诞纪念文集》编辑委员会编:《宿白先生八秩华诞纪念文集》(上),文物出版社,2002,第134页。

② 〔唐〕李百药:《北齐书》卷四十五《文苑列传》,中华书局,1972,第617、623页。

梁皆置仓积谷以相转漕,供军旅,备饥馑”[①]之说。《北齐书·神武帝纪》载:天平四年四月,高欢“以并、肆、汾、建、晋、东雍、南汾、秦、陕九州霜旱,人饥流散,请所在开仓赈给”[②]。这说明陕州建有仓储并在东魏漕仓网之中。

陕州仓又称弘农仓,地处东魏边境,濒临黄河,便于漕运,其仓粮应主要来自三门峡以东的黄河漕运。据《周书·文帝纪》,大统三年,宇文泰率万余人出潼关,攻取弘农。因时关中大饥,宇文泰和部下“因馆谷五十余日”[③],并将仓粮大量西运关中,以缓解关中饥荒。高欢派兵反攻。《北齐书·薛琡传》亦载:“西贼连年饥馑,无可食啖,故冒死来入陕州,欲取仓粟。今高司徒已围陕城,粟不得出。”[④]其后的沙苑之战,西魏军粮也取自弘农仓。弘农仓一直沿用到隋朝,隋末,杨玄感起兵,进军长安,至弘农,为“宫城空虚,又多积粟”[⑤]吸引,转攻弘农,说明弘农仓当有相当规模。

北朝时期,有两次经三门峡黄河的军事行动颇为引人注意。一次在大宝元年,宇文泰在洹津造浮桥过河。《资治通鉴》记载:“魏丞相泰自弘农为桥,济河,至建州。丙寅,齐主自将出顿东城。泰闻其军容严盛,叹曰:‘高欢不死矣!’会久雨,自秋及冬,魏军畜产多死,乃自蒲阪还。”[⑥]宇文泰自长安出潼关,东至洹津造临时性浮桥过河,由蒲津返回。这是文献记载的洹津架设浮桥的唯一史例,也是交通建设作为军事进攻的准备的典型史料。另一次在周武帝第一次北伐,形成经由三门峡黄河的最大的一次水运军事行动。建德四年(575)七月,周武帝伐齐,进攻洛阳,十

① 〔宋〕司马光编著,〔元〕胡三省音注:《资治通鉴》卷一百五十八《梁纪十四》,梁武帝大同七年,中华书局,1956,第4909页。

② 〔唐〕李百药:《北齐书》卷二《神武帝纪》,中华书局,1972,第20页。

③ 〔唐〕令狐德棻等:《周书》卷二《文帝纪》,中华书局,1971,第23页。

④ 〔唐〕李百药:《北齐书》卷二十六《薛琡传》,中华书局,1972,第370页。

⑤ 〔唐〕魏征等:《隋书》卷七十《杨玄感传》,中华书局,1973,第1118页。

⑥ 〔宋〕司马光编著,〔元〕胡三省音注:《资治通鉴》卷一百六十三《梁纪十九·梁简文帝大宝元年》,中华书局,1956,第5056页。

八万大军沿黄河两岸，数道并进，“齐王宪率众二万趣黎阳，随国公杨坚、广宁侯薛回舟师三万自渭入河，柱国梁国公侯莫陈芮率众一万守太行道，申国公李穆帅众三万守河阳道，常山公于翼帅众二万出陈、汝。壬午，上亲率六军，众六万，直指河阴”①。所谓“舟师三万”自渭河入黄河，通过三门砥柱，直达洛阳，其水军规模之大、船只之多是不难想象的。可见当时由关中经渭水下黄河、由三门砥柱达洛阳的运道畅通，并且通航能力相当可观。

但是逆水上行就没有那么顺利了。《周书·武帝纪》又载：八月“丁未，上亲率诸军攻河阴大城，拔之。进攻子城，未克。上有疾。九月辛酉夜，班师，水军焚舟而退”②。三万“水军焚舟而退”固然有“上有疾”急需返京治疗等方面的因素。但据同书《姚僧垣传》记载，周武帝患疾后，姚僧垣及时“处方进药，帝遂得言。次又治目，目疾便愈。末乃治足，足疾亦瘳。比至华州，帝已痊复”③。自患疾到痊复，不过八九天时间。显然，导致“水军焚舟而退”的重要因素之一，是周武帝北伐的时间正值黄河汛期，河水流量大，水势汹涌，三门峡黄河上行运道不畅，难以逆水行船。因此，在“上有疾”的情形下，“舟师三万”的庞大船队短时间逆水通过非常困难，而不得不“焚舟而退”，自陆路奔还。

与东魏、北齐相比，西魏、北周漕运并不发达，但引人注目的是其利用黄河运销河东盐的突出表现。早在北魏时期，对河东盐池采取征收盐税的盐政，盐池周边地区与销售线路上的河东大族趁机控制盐业的生产与销售，大获其利。《魏书·长孙稚传》记载：“盐池天资贿货，密迩京畿，唯须宝而护之，均赡以理……略论盐税，一年之中，准绢而言，犹不应减三十万匹也……蒲坂一陷，没失盐池，三军口命，济赡理绝。”④可见其对北魏国家财政的重要性。因此，控制运城盐池的运盐路线就能

① ［唐］令狐德棻等：《周书》卷六《武帝纪》，中华书局，1971，第93页。

② 同上。

③ ［唐］令狐德棻等：《周书》卷四十七《姚僧垣传》，中华书局，1971，第843页。

④ ［北齐］魏收：《魏书》卷二十五《长孙稚传》，中华书局，1974，第648页。

获得巨大利益。北魏分裂后,东、西二魏分别控制河东盐的销售区域。起初不少河东大族支持军事力量较为强大的东魏政权。大统三年,宇文泰占领弘农地区,控制风陵渡到三门峡黄河两岸,河东盐的销售通道完全为西魏所控制。于是河东大族纷纷投靠西魏,以保既得盐利①。据《水经注·涑水》等记载,北朝时期河东盐主要销售至今河南、陕西和山西等地。在河东盐外销诸路线中,尤以南下河南最为重要。这是因为当时陕西部分地区运销的食盐也要经过此路线转输而来。南下的线路有二:第一条,南逾今山西永济境内的坛道山(又名百梯山、盐道山)至灵宝洹津,再由此渡河南下。第二条,自盐池东南行,出白径岭,经平陆茅津渡河南下。两条线路都需通过黄河水运或崤函古道陆路转运。但这两条盐运线路,在黄河北岸的交通条件都颇有困难。前者比较狭窄险峻,后者虽然平坦,但有石门之险。于是,大象二年(580),皇甫绩等奉诏开通盐池至陕州三门山道,漕运池盐,并勒石记之。

刻于运城盐湖区东郭镇刘范窑村南五里中条山悬崖上的《北周开山道记摩崖石刻》曰:“大周大象二年岁次庚子二月丁巳朔□酉丙寅,诏遣御正中大夫、义阳公皇甫绩,司仓下长夫北平子□罗兴,开两谷古路,通陕州三门后盐池东通海门向陕州直于□坂,道四□里,向三门,直二十里一百步。绥西夫一千二百人十日功。息治道监,盐池总副监田□,副监□□郡丞宇文□,盐池南面监□盛等三十人。”②石刻中的“陕州三门”,有学者以为是指茅津渡,即两谷古路通达的是陕州茅津渡。但亦有学者认为,大象二年所谓“开修”的道路,其实就是久已湮没的车辋路。其最早形成年代不迟于三国时期,平陆人周仓、解州常平人关云长(关羽)早年贩盐都走过这条路。大象二年的所谓“开修”,只是将年久的废道重新修补拓宽,再次

① 李文涛:《东西魏时期河东大族的政治选择——以盐利为中心的讨论》,《盐业史研究》2015年第4期。

② 韩理洲等:《全北齐北周文补遗》,三秦出版社,2008,第117~118页。

启用。这条线路由东郭镇起,经刘家坡谷地进入中条山峰,经红凸(红崖)风口,向偏东南转往海门(今八政),由八政向东至三门,由三门至今三门峡大坝处的杜棠渡口渡过黄河,进入河南,然后经陆路至洛阳。[①] 俞伟超则认为,“陕州三门”只能是指茅津渡和太阳渡以东的三门峡。其实,不论是哪种说法,都说明河东池盐的运输,除了依靠陆运,还要走一段黄河水运,即“河东池盐运至三门峡后,先沿北岸走山路至新安盐东一带,随即走上黄河河道;而更可能是在三门峡东端就运上木船,依靠栈道拉纤渡过一段比较艰难的航程后,至新安盐东就进入了平安的航道。所以大象二年所开盐道通向‘陕州三门’的目的,看来就是准备在其东端就把陆运改为河运”[②]。大象二年,正值北周风雨飘摇、奄奄一息之际,宣帝病榻在卧,重病缠身,仍亲自决策,下诏遣御正中长夫、司仓下长夫两官征调民夫1200人,整修“两谷古路”,以为池盐运输,体现了朝廷对河东盐运及其盐税的重视,表明北朝时期的三门峡黄河漕运除输送漕粮外,盐运也是一项重要内容。三门峡一头连着河东盐池,一头与黄河相连,为盐运提供了便利的水道。

① 卫斯:《关于山西运城发现的北周刻石题记》,《文物》2002年第6期;李三谋、李竹林:《北魏至北周时期的河东盐业经济活动》,《盐业史研究》2007年第2期。

② 俞伟超:《也谈山西运城发现的北周刻石题记》,《文物》2002年第9期。

崤函古道史（下）

李久昌　著

大象出版社
·郑州·
中原出版传媒集团
中原传媒股份公司

第七章　隋唐时期崤函古道的繁荣

隋唐是继秦汉之后中国文明进程中的又一个大统一、大发展时期。隋唐以长安、洛阳为两京，交通干线亦以两京为中轴，以长安、洛阳为轴心，向四面八方辐射。崤函古道是连接东西两京的枢纽大道，也是全国最重要的交通线，在全国驿路中居于核心地位。随着国家强盛，社会生产、社会生活和社会交往的活跃，崤函古道交通有显著的发展。唐人诗句“崤函称地险，襟带壮两京”“冠盖往来合，风尘朝夕惊”“来去腾腾两京路，闲行除我更无人”“长安城东洛阳道，车轮不息尘浩浩”即是当时崤函古道空前繁荣景象的生动写照。崤函古道为隋唐王朝的发展发挥过关键性的作用。

第一节　隋唐两京与崤函古道驿路建设

隋唐两朝皆以长安为京师,洛阳为东都(京),形成长安洛阳两京制。因应两京交通的需要,隋唐崤函古道驿路建设获得了较大的发展,不仅有西段晋王斜路、湖虢"邮传剧道"的修治和潼关的调整建设,还有东段莎栅道(蓑栅道)的开通,并发生了东段以崤山南路为主线路的移换。崤函古道的便利,奠定了隋唐两京制度运作的交通基础,促进了两京的繁荣。

一、隋唐两京制的建立及特点

长安洛阳两京制度①是隋唐两朝重要的政治设计,隋唐通过长安洛阳两京实现对整个疆域的有效统治。以安史之乱为界,隋唐两京制的发展大体分为两个阶段。

第一个阶段是隋至初盛唐时的两京制建立和兴盛期。隋初承袭了北周长安洛阳两京制。但开皇元年(581)八月,隋文帝废除东京官,以长安为单一都城。究其

① 据新旧《唐书》,武则天、唐玄宗曾先后以太原为北都(京)。唐肃宗以蜀郡为南京,凤翔府为西京,长安为中京。上元元年(760)省蜀郡陪都,以江陵为南京。宝应元年(762),以京兆府为上都,河南府为东都,凤翔府为西都,江陵府为南都,太原府为北都。有唐一代,陪都虽不止洛阳一地,但其他陪都旋置旋废,变化较大,长期存在的仅有洛阳,与长安并称两京。

缘由,其子隋炀帝后来在《营东都诏》中说,洛阳"自古皇王,何尝不留意,所不都者盖有由焉。或以九州未一,或以困其府库,作洛之制所以未暇也"。而以洛阳为东方基地,与长安互为犄角来控制全国,是隋建国之始就有的设想。"我有隋之始,便欲创兹怀、洛,日复一日,越暨于今。"[①]故仁寿四年(604)十一月,隋炀帝继位甫尔,即以洛阳为东都,征发全国200万民工,不到一年时间营建了一座全新的洛阳城。其在位十五年,在洛阳近五年,在长安仅一年多,隋朝的政治中心实际移到了东都。

唐高祖时期,朝廷一方面以李世民为陕东道大行台尚书令,镇守洛阳,以洛阳为统治陕州以东的中心;另一方面又顾忌李世民借以威胁东宫,因此对洛阳东京地位时而保留时而撤除,几经反复,终在武德六年(623)九月降洛阳为洛州。唐太宗即位后,多次动议修建洛阳宫室,重建长安洛阳两京体制,只是因担心营建洛阳的巨大费用会动摇刚兴起的王朝基础,贞观初年未能实施。但唐太宗本人对洛阳的价值和作用,一直有清醒认识。玄武门之变后几天,唐太宗即派大将屈突通为检校行台仆射,"驰镇洛阳"[②]。贞观十一年(637),随着国力渐复,唐太宗首次行幸洛阳,诏改洛阳为洛阳宫,在洛阳分置中央机构,洛阳实际成为两京之一。故贞观十二年(638)太宗入潼关西还长安,作《入潼关》,表露心迹:"崤函称地险,襟带壮两京。"显庆二年(658),唐高宗首次行幸洛阳,"手诏改洛阳宫为东都,洛州官员阶品并准雍州"[③],正式确立了唐长安、洛阳两京制度。高宗视两京为皇家"东西二宅,来去不恒"[④],七幸洛阳,长期驻跸,时间达11年多,占其在位时间的三分之一,两京制趋于兴盛。光宅元年(684),武则天改东都为神都,洛阳地位超越长安。神龙元年(705),中宗即位,改神都为东都,朝廷返回长安,本人也不再东幸。唐玄宗即

---

① 〔唐〕魏征等:《隋书》卷三《炀帝纪》,中华书局,1973,第61页。

② 〔后晋〕刘昫等:《旧唐书》卷五十九《屈突通传》,中华书局,1975,第2322页。

③ 〔后晋〕刘昫等:《旧唐书》卷四《高宗纪》,中华书局,1975,第77页。

④ 〔宋〕李昉编纂,王晓天,钟隆林校点:《太平御览》(第2册)卷一百五十六《州郡二》,河北教育出版社,1994,第485页。

位后，重新调整平衡长安、洛阳两京关系，像高宗那样视长安、洛阳为东、西两宫。随着开元时玄宗五次行幸东都，两京制走上兴盛，国力也达到极盛，史称开元盛世。这一阶段唐诸帝驻跸东都洛阳情况见下表。

表 7-1　唐帝驻跸东都洛阳简表

帝号	次数	往返时间与线路	驻跸时间	资料来源
太宗	1	贞观十一年(637)二月甲子，上行幸洛阳宫。三月丁亥，车驾至洛阳。十二年(638)二月乙卯，车驾西还。癸亥，幸河北，观砥柱。乙丑，次陕州，自新桥幸河北县，上祀禹庙。丁卯，至柳谷，观盐池。庚午，至蒲州。乙亥，猎于河滨。甲戌，幸长春宫。丁未，车驾至京师	一年	《资治通鉴》唐纪十、十一；《旧唐书·太宗纪》；《新唐书·太宗本纪》
	2	贞观十五年(641)正月辛巳，幸洛阳宫，十一月壬申，车驾西归长安，十二月戊子，车驾至京师	十个月	《资治通鉴》唐纪十二；《旧唐书·太宗纪》
	3	贞观十八年(644)十月甲寅，车驾行幸洛阳。己巳，畋于渑池之天池。十一月壬申，至洛阳。十九年(645)二月庚戌，上自将诸军发洛阳，征高丽	四个月	《资治通鉴》唐纪十三
高宗	1	显庆二年(657)闰正月壬寅，上行幸洛阳。二月，辛酉，车驾至洛阳宫。三年(658)二月丁巳，上发东都。甲戌，至京师	一年又一月	《资治通鉴》唐纪十六
	2	显庆四年(659)闰十月戊寅，上发京师，戊戌，车驾至东都。龙朔二年(662)三月甲午，车驾发东都。辛亥，幸蒲州。四月庚申朔，至京师	二年又五月	《资治通鉴》唐纪十六
	3	麟德二年(665)二月壬午，车驾发京师，丁酉，至合璧宫。闰三月壬申朔，车驾至东都。十月丙寅，上发东都，往祀泰山	十个月	《资治通鉴》唐纪十七

续表

帝号	次数	往返时间与线路	驻跸时间	资料来源
高宗	4	咸亨二年(671)正月甲子,上幸东都。三年(672)十月壬戌,车驾发东都。十一月,甲辰,车驾至京师	一年又十月	《资治通鉴》唐纪十八
	5	上元元年(674)十一月丙午朔,车驾发京师。己酉,校猎华山之曲武原。戊辰,至东都。仪凤元年(676)三月庚寅,车驾西还。戊午,车驾至九成宫。十月,车驾还京师	一年又四月	《资治通鉴》唐纪十八
	6	调露元年(679)正月己酉,上幸东都。永隆元年(680)十月己酉,车驾西还	一年又九月	《资治通鉴》唐纪十八
	7	永淳元年(682)四月丙寅,幸东都,乙酉,车驾至东都。弘道元年(683)十二月己酉,崩于东都贞观殿	一年又八月	《资治通鉴》唐纪十九
武后		大足元年(701)十月壬寅,太后西入关,辛酉,至京师。长安三年(703)十月丙寅,车驾发西京。乙酉,至神都。除此两年居长安外,余均在东都洛阳		《资治通鉴》唐纪二十三
玄宗	1	开元五年(717)正月辛亥,行幸东都。达崤谷,道隘不治。上欲免河南尹及知顿使官,宋璟谏,上命释之。二月甲戌,至东都。六年(718)十月丙申,车驾还京师。十一月辛卯,车驾至西京	一年又九月	《资治通鉴》唐纪二十七、二十八;《旧唐书·玄宗纪》
	2	开元十年(722)正月丁巳,上行幸东都。二月戊寅,上至东都。十一年(723)正月己巳,车驾自东都北巡。庚辰,至潞州。辛卯,至并州。二月戊申,还至晋州。壬子,祭后土于汾阴。三月庚午,车驾至京师	一年又二月	《资治通鉴》唐纪二十八
	3	开元十二年(724)十一月庚午,上幸东都。戊寅,至东都。十五年(727)闰九月庚申,车驾发东都,己卯,至西京	二年又十一月	《资治通鉴》唐纪二十八、二十九

续表

帝号	次数	往返时间与线路	驻跸时间	资料来源
玄宗	4	开元十九年(731)十月丙申,上幸东都。二十年(732)十月,壬午,上发东都。辛卯,幸潞州。辛丑,至北都。十一月,庚申,祀后土于汾阴。十二月,辛未,还西京	一年	《资治通鉴》唐纪二十九
	5	开元二十二年(734)正月己巳,上发西京。己丑,至东都。二十四年(736)十月戊申,车驾发东都。过陕州。甲子,至华州。丁卯,至西京	二年又十月	《资治通鉴》唐纪三十;《旧唐书·玄宗纪》

第二个阶段是安史之乱至唐末两京制的衰弱期。天宝十四年(755),安史之乱的爆发,打破了两京之间的平衡,唐王朝苦心经营的东都政治优势地位显著减弱,在此之后的唐朝诸帝,除唐灭亡前夕唐昭宗被挟持至洛阳外,再未行幸驻跸东都,洛阳逐渐从两京政治轴心体系中走向边缘。但洛阳地处天下之中,又当西进关中的重要门户,其在唐财赋转输体系和军事战略安全中的重要性并未因战乱和动荡而减弱,洛阳仍保有陪都之名、都城之尊,是仅次于长安的核心城市,唐在此长期设有东都留守。唐肃宗、唐代宗、唐敬宗都曾有行幸或迁都洛阳的打算。因此,直至唐末,两京制一直存在,并在新的政治形势下持续运行。

陈寅恪分析隋唐两京制建立的原因指出,除别有政治及娱乐等原因外,其主因在于“经济供给”①。长安作为隋唐两代都城,固然有山河之险的长处,但地理位置偏西,交通和运输颇有不便。古代都城既是政治中心,也是最大的消费中心。隋至唐前期全国经济重心已经转移到黄河下游和江南地区,政治中心与经济重心的分离越来越远,关中供给严重仰仗这两大经济区的财赋。《新唐书·食货三》载:“唐

① 陈寅恪:《隋唐制度渊源略论稿》,生活·读书·新知三联书店,2001,第162页。

都长安,而关中号称沃野,然其土地狭,所出不足以给京师,备水旱,故常转漕东南之粟。”[①]而洛阳不仅地理上靠近经济重心,又是东西交通的要冲,便利“常转漕东南之粟”,恰可弥补长安作为政治中心远离全国经济重心的不足。这一点与西周丰镐洛邑两京制在结构上相似,不同的是,隋炀帝开凿的大运河,南至余杭,北抵涿郡,与黄河十字交叉,连接江、淮、河等水系,构成以洛阳为中心的水路交通网,洛阳交通枢纽作用更加凸显出来。隋炀帝说洛阳“控以三河,固以四塞,水陆通,贡赋等”[②],故建为东都。唐太宗营建洛阳宫时也认为“洛阳土中,朝贡道均”[③]。唐高宗以洛阳为东都,《建东都诏》强调的也是洛阳“中兹宇宙,通赋贡于四方。交乎风雨,均朝宗于万国”[④]的重要地理位置。唐玄宗多次行幸洛阳,其理由在《幸东都诏》中阐明的同样也是洛阳“舟车之所会,流通江汴之漕,控引河淇之运,利俗阜财,于是乎在”[⑤]。洛阳通过运河和黄河通道与经济文化最发达的黄河下游和江南地区的联系更为紧密,发挥出比以往任一朝代陪都都更加重要的作用。一方面,政治中心需要的大量财赋,从黄河下游和江南通过漕运等方式源源不断地汇入洛阳,转输长安,所谓“长安府库及仓,庶事空缺,皆藉洛京转输”[⑥]。而从长安出发,无论到汴州,还是到河北以至江淮的驿路,都要经过洛阳。全国最重要的运输路线呈东西向,漕运和两京驿路成为全国最繁忙的运输线路。另一方面,由于大运河贯通江、淮、黄三大水系,东西南北的行旅更加便利、频繁地汇至于两京驿路,齐集于两京,其情形如柳宗元《馆驿使壁记》所云:“由四海之内,总而合之,以至于关。由关之内,束而会之,以至于王都。”[⑦]

---

① 〔宋〕欧阳修等:《新唐书》卷五十三《食货三》,中华书局,1975,第 1365 页。

② 〔唐〕魏征等:《隋书》卷三《炀帝纪》,中华书局,1973,第 61 页。

③ 〔后晋〕刘昫等:《旧唐书》卷七十五《张玄素传》,中华书局,1975,第 2641 页。

④ 〔唐〕高宗皇帝:《建东都诏》,〔清〕董诰等编:《全唐文》卷十二,中华书局,1983,第 147 页。

⑤ 〔唐〕玄宗皇帝:《幸东都诏》,〔清〕董诰等编:《全唐文》卷二十八,中华书局,1983,第 323 页。

⑥ 〔唐〕杨齐哲:《谏幸西京疏》,〔清〕董诰等编:《全唐文》卷二百六十,中华书局,1983,第 2636 页。

⑦ 〔唐〕柳宗元:《馆驿使壁记》,〔清〕董诰等编:《全唐文》卷五百八十,中华书局,1983,第 5858 页。

安史之乱虽使唐王朝濒临瓦解，但两京的重要性却与日俱增，朝廷对东南的依赖日益明显，江南多数的漕粮、人员，通过两京驿路输送到长安。为了应付乱局，巩固政权，不仅入京离京远行的官员、使者与日俱增，而且大量的文人举子也被调动起来，加入到两京行旅之中，各种入京办事和离京远行的人员有增无减。两京驿路在乱世、末世的作用甚至比唐盛世时还要大。《唐国史补》描绘贞元、元和年间两京路行旅之盛："渑池道中，有车载瓦瓮塞于隘路，属天寒，冰雪峻滑，进退不得。日向暮，官私客旅群队，铃铎数千，罗拥在后，无可奈何。"①贞元二年(786)，唐德宗敕"从上都至汴州为大路驿"②，从法律上确定了长安至汴州唐代第一驿路的地位。大路驿的西段即两京驿路，东段则为洛阳至汴州驿路。其中最繁华的莫过于两京驿路。"长安与洛阳这两个大都会，恰像一个大舞台，唐代的历史、文化中最大的最主要的场面，都在这上边一幕一幕地演出了。"③

崤函古道在两京驿路交通中具有十分重要的地位，不仅里程占一半以上，而且交通便捷。从皇帝百官到庶民百姓的往来，商贸物资的运输以及使者和僧侣的旅行，都经行于此。所谓"当万国朝天之路，为四方辐辏之邦，宾使川流，驲骑云至"④，长安与洛阳是相互依存的全国政治、文化两大中心，而崤函古道则是两大中心运作的中轴。故唐太宗十分形象地概括说："崤函称地险，襟带壮两京。"

二、崤函古道西段驿路建设与线路变化

隋唐对崤函古道西段较大规模的建设与拓展，主要集中在两处，一是湖城至桃

---

① ［唐］李肇：《唐国史补》卷上，陶敏主编：《全唐五代笔记》第1册，三秦出版社，2012，第811页。

② ［宋］王溥：《唐会要》卷六十一《馆驿》，中华书局，1960，第1061页。

③ ［日］平冈武夫著，杨励三译：《长安与洛阳》，陕西人民出版社，1957，第5页。

④ ［唐］李胤之：《唐故陕州大都督府右司马李公(范)墓志铭并序》，杨作龙、赵水森等：《洛阳新出土墓志释录》，北京图书馆出版社，2004，第316页。

林(灵宝)段,二是湖城至弘农郡(虢州)段。由此也导致了西段线路走向的某些变化。

开皇九年(589)二月,晋王杨广灭南陈后自扬州班师回长安,途经灵宝稠桑塬,因滨河道路年久失修坍塌受阻,遂开修"晋王斜路"。《太平寰宇记·河南道六》陕州灵宝县记载:"晋王斜路,即汉书地理志函谷关路也,西接湖城县,东至此县界六十一里,已废。开皇九年,晋王自扬州回,复此路,因名晋王斜路。"①《太平寰宇记》称晋王斜路即秦汉函谷关路并不十分确切。秦汉函谷关路是从函谷关往西,过稠桑塬沿黄河南侧西至湖城县(今灵宝阳平镇南寨村)。晋王斜路则是自桃林县西六十一里处,即桃林与湖城县交界处始,自稠桑西斜向而去,经西坡、二里半、肖家湾、桃花营、杨家槽、呼沱营、大字营、杨家湾,在雷家营双坟(阌乡东十里)与秦汉函谷关路合,斜插入湖城县,不再从河滩拐弯,全长约三十里,较秦汉函谷关路南移五至十里,里程也缩短近三四里。因斜向湖城,故称"斜路"。此路开通后,稠桑东至桃林的驿路改经稠桑塬下黄河岸边,原来的道路则沦为一般性道路。《元和郡县图志·关内道二》记载说:"秦函谷关在汉弘农县,即今灵宝县西南十一里故关是也。今大路在北,本非钤束之要。"②唐开元二十三年(735),岑参在秦函谷关与刘评事相遇,其《函谷关歌送刘评事使关西》诗云:"君不见函谷关,崩城毁壁至今在。树根草蔓遮古道,空谷千年长不改。寂寞无人空旧山,圣朝无外不须关。"③

晋王斜路开通后,开皇十六年(596),隋文帝废弃了自西汉以来一直未变的弘农县城,由秦函谷关北移十四里至弘农涧河入黄河口的东侧,即今灵宝大王镇老城村西北黄河南岸灵宝老城,东南距函谷关12公里,取古桃林塞之名,改称桃林县。《元和郡县图志·河南道二》陕州灵宝县记载:"东北至州七十五里。本汉弘农县,

① 〔宋〕乐史撰,王文楚等点校:《太平寰宇记》卷六《河南道六》,中华书局,2007,第101页。

② 〔唐〕李吉甫撰,贺次君点校:《元和郡县图志》卷二《关内道二》,中华书局,1983,第35页。

③ 〔唐〕岑参:《函谷关歌送刘评事使关西》,〔清〕彭定求等编:《全唐诗(增订本)》卷一百九十九,中华书局,1999,第2059页。

自汉至后魏不改。隋开皇十六年,于今县置桃林县,属陕州。”[①]桃林(灵宝)县城“面山背河,右控函,左控崤,为河南一府之锁钥,而实中州一省之藩垣”[②]。

桃林县治改移的原因,主要是由于黄河下切导致的交通道路变动。据史念海的研究,“由桃林县经稠桑塬下黄河岸边西到稠桑的道路,是隋时才形成的”。秦“函谷关设置时,它所倚靠的稠桑塬向北一直伸延到黄河岸边,黄河由原畔流过,两相连接,无有若何隙地。所以东西大道只能横过稠桑塬,别无其他选择”。隋时,由于“黄河的下切,稠桑塬北端近河处已有滩地露出,逐渐成为行人往来的大道,这样,桃林县就不得不向北移动,新址也就只能在稠桑塬尽头处的黄河涯畔”[③]。作为佐证,隋修“晋王斜”和唐宋浑开新路均未涉及稠桑东到桃林县10多里道路,而另从稠桑西开始,也证明由桃林县经稠桑塬下黄河岸边西到稠桑的道路,是隋时才形成的。另一方面,桃林县治在弘农涧河东侧,与西侧的魏函谷关隔河相望。正是由于魏函谷关的设置,并逐步取代了秦关,成为东西交通的孔道,其关前地面也逐渐繁荣,为后来在关前设县奠定了基础。灵宝老城至今还流传着一句俗谚:“先有三清殿,后有灵宝县。”意思是说有了魏函谷关,关前地面较开阔,邻近水陆码头,交通便利,久而久之,这里就有了居民商旅,发展为居民镇点,并建有祭祀老子的三清殿。后在建桃林县城时,即将原三清殿圈入城内,置于重要位置,其殿后即北城墙,殿门直对南城门。隋在此置桃林县,显然是通过县治的改易来实现对新形成的东西大道的控制和利用。

唐代隋后,继承了隋桃林县建置。天宝元载(742),因函谷关尹喜故宅掘得天宝灵符,玄宗改元天宝,改桃林为灵宝县。灵宝县因玄宗改元而引人注目。《新唐书·地理二》虢州湖城县载:“县东故道滨河,不井汲,马多渴死。天宝八载,馆驿

① 〔唐〕李吉甫撰,贺次君点校:《元和郡县图志》卷六《河南道二》,中华书局,1983,第158页。

② 〔清〕江繁:《创立西关集市序》,〔清〕周庆增修,〔清〕敖启潜、许宰纂:乾隆《重修灵宝县志》卷四《艺文志》,《河南历代方志集成·三门峡卷》(7),大象出版社,2017,第227页。

③ 史念海:《函谷关和新函谷关》,《河山集》(四集),陕西师范大学出版社,1991,第394页。

使、御史中丞宋浑开新路,自稠桑西由晋王斜。"①《南部新书》:"天宝八年,馆驿使宋緷奏移稠桑路向晋王斜。王斜者,隋炀帝在藩邸,扬州往来经此路,盖避沙路费马力也。"②光绪《灵宝县志》:"晋王斜,在稠桑西原,先是行旅遇暑,人畜多渴死。馆驿使中丞宋緷开新路,自稠桑西由晋王斜,人皆便之。"③上述记载说明,隋初修成的晋王斜路,在通行一段时间后,在唐初被废弃,仍取秦汉函谷关旧路西去。旧路通行最大的问题是人马饮水困难。稠桑塬虽塬面平坦,但地下水埋藏深,一般在60~100米以上,掘井汲水困难。靠近河岸的地方又十分高陡,一般高出黄河30~50米,引河水同样困难。随着两京交通的繁忙,来往此地的人吃马喂用水十分不便,以致出现"马多渴死""人畜多渴死"的情况。于是,天宝八载(749),专司两京馆驿监督事务的馆驿使、御史中丞宋緷上书朝廷,"奏移稠桑路向晋王斜",也就是重修晋王斜路。由于通行条件较好,"人皆便之",这条道路从此便固定下来,成为崤函古道西段主道,直至民国3年(1914)陇海铁路通车后始废。晋王斜路部分路段遗迹尚存。20世纪80年代时,"自稠桑西至阌乡东的双坟三十华里,现有二十五华里仍然存在,道槽平均高5米左右,最高达30余米,底宽4~10米不等,槽下仍可行人"④。双坟以西杨家湾老村至梁贞庙间也有一段路槽遗迹,深2米、宽8米。梁贞庙即唐代孝子梁文贞祠庙,在杨家湾村东北不远处。现今该段路槽有所破坏,但基本面貌未改。

湖城至弘农郡(虢州)驿路的形成则与隋唐弘农郡(虢州)移治有关。据《太平寰宇记·河南道六》:"隋开皇三年废(弘农)郡,以所领县并属陕。大业二年废陕州,又以弘农县复立郡,即理于今州西古城;其年冬又移郡于鸿胪川,即今郡理也。

---

① 〔宋〕欧阳修等:《新唐书》卷三十八《地理二》,中华书局,1975,第986页。

② 〔宋〕钱易撰,黄寿成点校:《南部新书》,中华书局,2002,第70页。

③ 〔清〕周淦、方胙勋修,〔清〕高锦荣、李镜江纂:光绪《重修灵宝县志》卷三《古迹》,《河南历代方志集成·三门峡卷》(8),大象出版社,2017,第90页。

④ 胡德经:《两京古道考辨》,《史学月刊》1986年第2期。

义宁元年改为凤林郡;其年又于卢氏县置虢郡。唐武德元年改虢郡为虢州,仍改凤林郡为鼎州,乃自弘农移理阌乡县。贞观八年废鼎州,自卢氏县移虢州于今理,属河南道。”①《元和郡县图志·河南道二》:“弘农县……本汉旧县,隋大业二年省,三年复于今湖城县西南一里置,寻移就郡理。其年,移郡于鸿胪川,县亦随徙,即今县是也。”②上述文献记载了隋唐弘农郡(虢州)县沿革和治所的重要变化。大业三年(607),隋炀帝移弘农县治于鸿胪川,即今灵宝市城关镇,并设弘农郡于此。贞观八年(634),唐又由卢氏移虢州治至弘农,领弘农、阌乡、湖城、卢氏、玉城、朱阳 6 县。虢州“去西京四百十里,去东京四百六十五里”③,与两京距离大致相当,它的设置在于平衡两京形势、拓展关中防御纵深。但就交通而言,它的设置直接促成了湖城至弘农郡(虢州)驿路的形成。《元和郡县图志·河南道二》:“湖城县……东南至州五十二里。”④驿路自湖城(今灵宝阳平镇文乡)向东南,经今阌东、西闫、焦村,抵虢州,大体在晋王斜路南 5~10 里。唐在湖城设湖城驿,虢州有柏仁驿,两地间则有荆山馆。虢州向北,沿弘农涧河去约 30 里可至桃林县,有桃林驿。此外,虢州还有西南通往卢氏、商州和东南通向洛宁的道路。

湖城至虢州驿路的形成,使湖城至桃林之间拥有南、北两条驿路,行旅可以根据需要,选择行进路线。虽然如此,经行虢州的行旅却来往十分频繁。白居易《东归》诗云:“前夕宿三堂,今旦游申湖;残春三百里,送我归东都。”⑤“三堂”在虢州,是当地著名的园林。“申湖”在陕州。《永乐大典》引《洛阳志》:“在城南关。中有亭曰瑞莲,为常有双头莲生,因名焉。”⑥韩愈《赠张童子序》:“岁八月,自京师道陕,

① 〔宋〕乐史撰,王文楚等点校:《太平寰宇记》卷六《河南道六》,中华书局,2007,第 109 页。

② 〔唐〕李吉甫撰,贺次君点校:《元和郡县图志》卷六《河南道二》,中华书局,1983,第 162 页。

③ 〔唐〕杜佑撰,王文锦等点校:《通典》卷一百七十七《州郡七》,中华书局,1988,第 4659 页。

④ 〔唐〕李吉甫撰,贺次君点校:《元和郡县图志》卷六《河南道二》,中华书局,1983,第 164 页。

⑤ 〔唐〕白居易:《东归》,〔清〕彭定求等编:《全唐诗(增订本)》卷四百五十三,中华书局,1999,第 5148 页。

⑥ 马蓉等点校:《永乐大典方志辑佚》,中华书局,2004,第 2080 页。

南至虢，东及洛师。”[①]乾符七年(879)卢携入朝，“路由陕、虢”[②]。安史之乱史思明陷洛阳后，河南尹寄治长水(今洛宁长水镇)，自长安至长水，也改经虢州南下，越崤山东行即至，一度十分繁忙。岑参任虢州长史，曾多次接待路过的宾客好友。其《使君席夜送严河南赴长水》《九日使君席奉饯卫中丞赴长水》《卫节度赤骠马歌》等诗，描叙的便是迎送途经虢州赴长水的将军、官员的情景。因来往过客多，以致繁重的接待和供应竟成为当地财政负担。早在开元年间，韩休出为虢州刺史，曾上奏请求唐玄宗“均赋它郡”。《新唐书·韩休传》载：“虢于东、西京为近州，乘舆所至，常税厩刍。休请均赋它郡。”[③]贞元十二年(796)，虢州刺史崔衍又上奏“州部多岩田，又邮传剧道，属岁无秋，民举流亡，不蠲减租额，人无生理”[④]，请求唐德宗减赋。所谓“邮传剧道”，宋代类书《书叙指南》释曰：“当驿路，曰驿道所出，又曰邮传剧道。”[⑤]这一情形的出现，显然说明湖城至虢州驿路的便利与繁荣。

三、莎栅道开通与崤函古道东段主线路的移换

《大业杂记》记载：“大业元年，敕有司于洛阳故王城东营建东京，以越国公杨素为营东京大监，安德公宇文恺为副，废三崤旧道，令开葼栅道。”[⑥]《资治通鉴》炀帝大业元年(605)：“三月，丁未，诏杨素与纳言杨达、将作大匠宇文恺营建东京，后周并齐，以洛阳为东京。每月役丁二百万人，徙洛州郭内居民及诸州富商大贾数万

① 〔唐〕韩愈：《赠张童子序》，〔清〕董诰等编：《全唐文》卷五百五十五，中华书局，1983，第5617页。
② 〔后晋〕刘昫等：《旧唐书》卷一百九十《司空图传》，中华书局，1975，第5082页。
③ 〔宋〕欧阳修等：《新唐书》卷一百二十六《韩休传》，中华书局，1975，第4432页。
④ 〔宋〕欧阳修等：《新唐书》卷一百六十四《崔衍传》，中华书局，1975，第5042页。
⑤ 〔宋〕任广：《书叙指南》卷十五《邮舍邸店》，丛书集成初编本，商务印书馆，1937，第184页。
⑥ 〔唐〕杜宝撰，辛德勇辑校：《两京新记辑校　大业杂记辑校》，中华书局，2020，第190页。

户以实之。废二崤道，开葼册道。"[①]上述记载说明，隋炀帝营建东都，建立长安洛阳两京体系，有经营崤函古道的交通准备。开葼栅道（葼册道）位列隋炀帝规划营建东都的三件大事，是营建东都，提高新都建设和效能的基础性工程。

入唐后，唐太宗几经徘徊，最终决定以洛阳为洛阳宫，随着两京体制的确立，唐交通战略也有了新的思路。隋炀帝所开葼栅道（葼册道）重新得到重视。《唐会要·道路》载："贞观十四年七月三十日，移五崤道于莎栅，复旧路。"[②]《通典·州郡七》永宁县载："隋炀帝大业三年废，武德初，又通此道，贞观十四年又废。"[③]莎栅道即隋葼栅道（葼册道）。"按'莎'与'葼'字形近，葼册或即莎册，栅或省作册。"[④]据考证，隋时称崤山北路为三崤道，文献中"二崤""五崤"当为"三崤"之讹。故上述文献所言"三崤道""二崤道""五崤道"皆指的是崤山北路。[⑤] 因此，隋唐开莎栅道即是废崤山北路，辟用崤山南路新路。莎栅道即拓展改线的崤山南路东段。

莎栅道是崤山南路交通线路的一次重大变迁。但史籍记载语焉不详，历来对其线路起止及经点等说法不一。如宋人韩醇以为莎栅道在东都洛阳。韩醇注解韩愈《莎栅联句》曰："按《河南志》：'莎栅：谷水在永宁县西三十里出莎岭，东流入昌谷。'莎栅盖在东都也。"[⑥]胡三省指潼关东至灵宝西一段黄河南侧古桃林塞路为葼册道："洛州永宁县，本熊耳，西五里有崎岫宫，南三十三里有兰峰宫。此皆东、西二京往来缘道离宫，杂出于隋、唐所置，不载所谓葼册道，不知此道起于何所，入于何所。山海经曰：夸父之山，在湖县西九里，其山多椶枬，其北曰桃林，或者'椶枬'字

---

① 〔宋〕司马光编著，〔元〕胡三省音注：《资治通鉴》卷一百八十《隋纪四》，隋炀帝大业元年，中华书局，1956，第5617页。

② 〔宋〕王溥：《唐会要》卷八十六《道路》，中华书局，1960，第1573页。

③ 〔唐〕杜佑撰，王文锦等点校：《通典》卷一百七十七《州郡七》，中华书局，1988，第4655页。

④ 王文楚：《唐代两京驿路考》，《历史研究》1983年第6期。

⑤ 辛德勇：《崤山古道琐证》，《中国历史地理论丛》1989年第4辑。

⑥ 〔唐〕韩愈撰，〔宋〕魏仲举集注，郝润华、王东峰整理：《五百家注韩昌黎集》卷八《联句·莎栅联句》，中华书局，2019，第529页。

后讹为‘蓌册’,遂为蓌册道欤?”[①]顾祖禹《读史方舆纪要》、顾栋高《春秋大事表》皆以为“此仍废南道开北道也”[②]“蓌册道,即北道也”[③]。乾隆《河南府志》作者不同意胡氏、二顾之说,主张蓌册道在崤渑分合之间:“按《纪要》以蓌册道为北道,即曹公所开之北道也。北道在渑池,南道在永宁,至陕州已合为一,则所谓开蓌册道者,自据渑池北道为言。胡氏不详蓌册之义,乃牵合湖县有夸父椶枏地为解。湖县今阌乡也。废道开道总在崤渑分合之间,何得西越陕州行百余里至阌乡,乃开道也。”[④]民国《陕县志》则或说蓌册道为陕原东南行至莎栅谷达永宁宜阳之路,或说是湖城卢氏达永宁之道:“《河南志》:莎栅谷水在永宁县西三十里,出莎岭入昌谷。按莎与蓌字相类,栅或省作册。然则蓌册道或为今自陕原东南干山东橐山西之斜庙幽谷而东南行至莎栅谷达永宁宜阳之路,以避二崤之险?抑为湖城(即阌乡,有隋上阳宫)卢氏直达永宁之道,今洛潼汽车路线欤?但此说亦无证然,然较胡注为近是。”[⑤]可见自宋以来对莎栅道走向已是说法纷纭,莫衷一是。

要搞清莎栅道走向,必先清楚莎栅城所在。据《大清一统志》:“莎栅谷在永宁县县西三十里,唐有莎栅城,韩愈、孟郊有莎栅联句诗。”[⑥]权德舆《发硖石路上却寄

① 〔宋〕司马光编著,〔元〕胡三省音注:《资治通鉴》卷一百八十《隋纪四》,隋炀帝大业元年,中华书局,1956,第5617页。

② 〔清〕顾祖禹撰,贺次君、施和金点校:《读史方舆纪要》卷四十六《河南一》,中华书局,2005,第2099页。

③ 〔清〕顾栋高辑,吴树平、李解民点校:《春秋大事表》卷八《春秋列国山川表》,中华书局,1993,第915页。

④ 〔清〕施诚修,〔清〕童钰、裴希纯纂:乾隆《河南府志》卷七十《古迹志》,《河南历代方志集成·洛阳卷》(8),大象出版社,2017,第219页。

⑤ 欧阳珍修,韩嘉会撰:民国《陕县志》卷十九《古迹》,《河南历代方志集成·三门峡卷》(4),大象出版社,2017,第211页。

⑥ 〔清〕穆彰阿、潘锡恩等纂修:《大清一统志》(第5册)卷二百五《河南府一》,上海古籍出版社,2008,第238页。

内》:"莎栅东行五谷深,千峰万壑雨沉沉。"[①]《资治通鉴》肃宗乾元二年(759),李忠臣追击史思明叛军"战于永宁、莎栅之间,屡破之",胡注:"永宁县……武德三年,移理同轨,贞观十四年移理莎栅,十七年又移理鹿桥。"[②]《旧唐书·地理一》:"永宁,隋熊耳县所治。义宁二年,置永宁县,治永固城……(武德)三年,移治同轨城……(贞观)十四年,移于今所。十七年,移治鹿桥。"[③]据此,贞观十四年(640)复开莎栅道时,唐曾移永宁县治于莎栅。同轨在今洛宁县河底镇城头村,鹿桥在今洛宁东宋镇南、北旧县村。莎栅所在,王文楚等指在今洛宁县河底村[④],恐不确。据《新唐书·地理二》永宁县:"西五里有崎岫宫,西三十三里有兰峰宫,皆显庆三年置。"[⑤]兰峰宫在永宁县西三十三里,即今陕州区宫前乡宫前村北,莎栅城在永宁县西三十里,则莎栅城应在兰峰宫东三里处。

崤山南路线路历来是从陕州向东南沿青龙河谷,过交口,经南县村(唐硖石县),溯雁翎关水越雁翎关,沿源于雁翎关的连昌河(永昌河)南下,过宫前、安国寺、城头村(同轨店),至宜阳三乡,再循洛河东去直达洛阳,此即连昌河线。连昌河从兰峰宫向东约四十里至龙脖水库(在今陕州区西李村乡),又东南沿连昌河至宜阳三乡入洛河,流向大体是西北东南向弯曲的"弓背形",其间,从柳树沟至龙脖水库间曲流发育,弯道颇多。新开莎栅道东起永宁县城西三十里莎栅城,即兰峰宫东二里,东南经陕州区宫前乡池头、头峪入洛宁,至南北旧县村(唐永宁县),又东南经照册村,沿渡洋河北岸,东经今大宋村抵宜阳三乡,里程约为四十里。可以看

---

① 〔唐〕权德舆:《发硖石路上却寄内》,〔清〕彭定求等编:《全唐诗》卷三百二十九,中华书局,1960,第3683页。

② 〔宋〕司马光编著,〔元〕胡三省音注:《资治通鉴》卷二百二十一《唐纪三十七》,唐肃宗乾元二年,中华书局,1956,第7089页。

③ 〔后晋〕刘昫等:《旧唐书》卷三十八《地理一》,中华书局,1975,第1425页。

④ 王文楚:《西安洛阳间陆路交通的历史发展》,《历史地理研究》(第1辑),复旦大学出版社,1986年;胡德经:《两京古道考辩》,《史学月刊》1986年第2期。

⑤ 〔宋〕欧阳修等:《新唐书》卷三十八《地理二》,中华书局,1975,第983页。

到,莎栅道线路是循杜阳河谷而行。杜阳河发源于陕州区店子乡宽坪村,东南穿行于崤山,经店子、宫前、洛宁中河、东宋,入宜阳,在三乡可乐湾村南入洛河,长 52 公里。新开莎栅道不再绕行连昌河谷,而改行杜阳河谷,由宫前、头峪、旧县、照册、大宋下三乡,大体是沿黄土丘陵塬面或小分水岭,向东南斜行近乎直线走向为“弓弦”,高差不大,又避免曲流,道路比较平直、便捷。其长度约为七十里,量算比崤山南路(莎栅至三乡段)节约二十余里。由此可见,莎栅道的开辟,从交通地理上讲,是为了解决崤山南路“弓背形”线路,避免曲流,节约里程,优化线路的有益尝试。因此,自贞观十七年(643)之后,崤山南路东段便改走莎栅道。显庆三年(658),唐高宗又于莎栅城西三里置兰峰宫,鹿桥驿西五里置绮岫宫。两宫距离约为三十里,即当时在山区行走的一日里程①。原连昌河线则沦为一般线路。

据上,可以将隋唐崤山南路线路走向总结为:陕州—交口—南县村、寺坡村(唐南硖石县)—雁翎关—宫前村(唐莎栅城)—头峪—旧县村(唐永宁县)—照册村—大宋村—三乡—韩城(唐福昌县)—柳泉—宜阳(唐寿安县)—三泉—洛阳。

随着莎栅道的开辟和复通,崤函古道东段主线路由崤山北路逐渐向崤山南路转换。

大业元年莎栅道开辟后,崤山南北二路在相当一段时间,呈现互为更替的现象。概括起来,便是大业三年(607)废莎栅道后,复走崤山北路。唐武德初又复莎栅道,以经行崤山南路为主线。贞观十四年(640)又废,复以北路为主线路,七月又改移南路,此后至唐后期再未有转换,崤山南路一直是其时崤函古道东段的主线路。

隋唐时期崤山南北二路互为转换的历史,推其原因,王文楚、胡德经认为,与唐

① 李健超:《崤山南道考察记》,《三门峡职业技术学院学报》2008 年第 4 期。

永宁县、崤县、硖石县的置废和迁徙有关。[①] 辛德勇则认为,县的置废及县治的选定会受到诸多因素的影响,往往并不呈现机械的对应关系。但他同时认为,贞观十四年以后硖石县一直设在南道上的硖石坞(今石门),迄唐末再未曾移徙,与贞观十四年以后一直以南路为主道有所关联。[②] 硖石坞在今陕州区菜园乡北石门村东,1960年修石门水库时,没于水库下。一般来说,政区建置的变化,往往反映了朝廷对该地区行政控制力的变化,也反映出区域交通和经济开发的拓展与深入。按照中国封建社会的传统,中央与地方之间、各政区治地城市之间都有驿路相通。隋炀帝时曾经规定"郡县城去道过五里已上者,徙就之"[③],即把郡县治所迁至交通干道附近,便于交通往来。

综合分析,莎栅道开辟最初当是隋炀帝新都宏大规划建设的一部分,此后,沿线永宁、崤、硖石等县的置废迁徙,也在很大程度上影响了交通线路的走向,致使崤山南北二路呈现互为更替的复杂现象。随着贞观十四年硖石县稳定在崤山南路上,南路取代北路成为崤函古道东段的主线路。就道路交通状况而言,如严耕望所说:"自陕而东,经硖石、崤坂,取北道经渑池、新安至东都共约三百里;经硖石、崤坂,取南道经永宁、福昌、寿安至东都,共约三百五十里。"[④]崤山北路距离稍短、便捷,但山峦逶迤,沟壑曲回,道路狭窄;南路迂远,但青山碧水,景色宜人。隋及唐前期,皇帝频繁来往于洛阳长安两京之间,每次行幸规模都十分庞大,随行人数众多,在道路选择上更倾向于较宽阔的南路,也构成南路成为崤函古道东段主线路的优越条件之一。

隋唐以崤山南路为主线,但崤山北路因较为便捷,有时唐帝行幸东都也取此道。《资治通鉴》记载,贞观十八年(644)十月,唐太宗东幸洛阳,"己巳,畋于渑池

① 王文楚:《唐代两京驿路考》,《历史研究》1983年第6期;胡德经:《两京古道考辨》,《史学月刊》1986年第2期。

② 辛德勇:《崤山古道琐证》,《中国历史地理论丛》1989年第4辑。

③ 〔唐〕魏征等:《隋书》卷四《炀帝纪》,中华书局,1973,第85页。

④ 严耕望:《唐代交通图考》第1卷《京都关内区》,上海古籍出版社,2007,第88页。

之天池。十一月,壬申,至洛阳”[①],久视元年(700)十一月丁卯,武则天“幸新安;壬申,还宫”[②]。《旧唐书·高宗纪》载,永淳元年(682)四月,“丙寅,幸东都……戊寅,次渑池之紫桂宫。乙酉,至东都”[③]。遇战争行军有时亦取北路。《旧唐书·五行志》载:“(开元)八年夏,契丹寇营州,发关中卒援之。军次渑池县之阙门,野营谷水上。夜半,山水暴至,二万余人皆溺死,唯行网役夫樗蒲,觉水至,获免逆旅之家。”[④]阙门即今新安铁门。所谓“逆旅之家”当为附近崤山北路上的客店。《唐国史补》卷上载:“渑池道中,有车载瓦瓮塞于隘路。属天寒,进退不得。日向暮,官私旅群队,铃铎数千,罗拥在后”,及将瓮推于崖下,“车轻得进,群噪而前”[⑤],可见因崤山北路径捷,商贾行旅亦多有取北路者。

四、道路整修与维护

隋唐对驿路的修治已经形成完善的制度。唐代有将道路划分等级的规定:“从上都至汴州为大路驿。从上都至荆南为次路驿。”[⑥]东向的“从上都至汴州”道路等级最高。崤函古道作为东向道路的关键线路,隋唐时期皇帝又经常性行幸往返而备受重视。

1. 驿路整治

隋炀帝即位伊始曾大规模整修长安至洛阳道路,“自西京至东都……驰道皆广

① 〔宋〕司马光编著,〔元〕胡三省音注:《资治通鉴》卷一百九十七《唐纪十三》,唐太宗贞观十八年,中华书局,1956,第6213页。

② 〔宋〕司马光编著,〔元〕胡三省音注:《资治通鉴》卷二百七《唐纪十三》,武则天久视元年,中华书局,1956,第6553页。

③ 〔后晋〕刘昫等:《旧唐书》卷五《高宗纪》,中华书局,1975,第109页。

④ 〔后晋〕刘昫等:《旧唐书》卷三十七《五行志》,中华书局,1975,第1357页。

⑤ 〔唐〕李肇:《唐国史补》卷上,陶敏主编:《全唐五代笔记》第1册,三秦出版社,2012,第811页。

⑥ 〔宋〕王溥:《唐会要》卷六十一《馆驿》,中华书局,1960,第1061页。

数百步,种树以饰其傍”[①]。又《太平御览》引《两京记》曰:“隋炀帝从东都至西京御道并作长廊。”[②]用长廊分出皇帝专用的御道。纵横其间的驰道宽度有数百步,唐百步约合今150米。不仅驰道整修,前面述及的莎栅道、湖城至桃林段,湖城至弘农郡(虢州)段等线路的优化、调整,本身即包括优化调整过程中对道路的兴筑与维修。显庆二年(657)闰正月,唐高宗东幸洛阳,“敕每事俭约,道路不许修理”[③]。咸亨元年(670)九月,高宗诏“来年正月幸东都……所经道路修理开拓,水可涉渡不烦造桥、筑宫。又拟置御营之驿并不敢擅加修补,在路不得妄有进献”[④]。高宗不厌其烦地多次声明提倡简约,“道路不许修理”,正说明存在着为便利皇帝行幸而大肆铺张修路的事实。王建《行宫词》:“上阳宫到蓬莱殿,行宫岩岩遥相见。向前天子行幸多,马蹄车辙山川遍。当时州县每年修,皆留内人看玉案。”[⑤]说的正是两京路沿线州县因皇帝行幸而年年修路的情形。而做得好坏,往往直接关系到官员的升降。《旧唐书·崔日用传》载,大足元年(701),“则天幸长安,路次陕州。宗楚客时为刺史,日用支供顿事,广求珍味,称楚客之命,遍馈从官。楚客知而大加赏叹,盛称荐之,由是擢为新丰尉。无几,拜监察御史”[⑥]。开元二十四年(736)十月,唐玄宗由洛阳返回长安,至陕州敕令“缘路供顿刺史县令及专知官各赐一中上考”,“缘近顿所损麦苗,宜令州县即简括,量酬价直”。[⑦] 卢怀慎子奂“历

---

① 〔唐〕吴兢撰,谢保成集校:《贞观政要集校》卷十《论行幸》,中华书局,2009,第511页。

② 〔宋〕李昉编纂,王晓天、钟隆林校点:《太平御览》(第2卷)卷一百八十五《居处部十三》,河北教育出版社,1994,第747页。

③ 〔宋〕王溥:《唐会要》卷二十七《行幸》,中华书局,1960,第515页。

④ 〔宋〕王钦若等编纂,周勋初等校订:《册府元龟》卷一百一十三《帝王部·巡幸二》,凤凰出版社,2006,第1235页。

⑤ 〔唐〕王建:《行宫词》,〔清〕彭定求等编:《全唐诗(增订本)》卷二百九十八,中华书局,1999,第3380页。

⑥ 〔后晋〕刘昫等:《旧唐书》卷九十九《崔日用传》,中华书局,1975,第3087页。

⑦ 〔唐〕玄宗皇帝:《自东都还至陕州推恩敕》,〔清〕董诰等编:《全唐文》卷三十五,中华书局,1983,第389~390页。

任以清白闻，为陕郡太守。开元二十四年，玄宗还京师，次陕城顿，赏其政能，题赞于其厅事曰：'专城之重，分陕之雄。人多惠爱，性实谦冲。亦既利物，存乎匪躬。为国之宝，不坠家风。'"[①]相反做得不好，则会遭贬斥。《资治通鉴》开元五年(717)载，正月辛亥唐玄宗"过崤谷，道隘不治；上欲免河南尹及知顿使官，宋璟谏曰：'陛下方事巡幸，今以此罪二臣，臣恐将来民受其弊。'上遽命释之。璟曰：'陛下罪之，以臣言而免之，是臣代陛下受德也；请令待罪朝堂而后赦之。'上从之"，胡注："崤谷在陕州硖石县。"[②]《旧唐书·宋璟传》所记略同，云"驾幸东都，次永宁之崤谷，驰道隘狭"。只是将时间误作"秋"，"河南尹"误指为"李朝隐"[③]。

由于皇帝重视，地方官员不敢轻怠，一般都十分重视驿路交通的正常运行。开元年间，河南府尹刘彤《河南府奏论驿马表》写道："臣伏以当府重务，无过驿马。臣到官之日，惟此是图。"因崤山南路驿马使用频繁，加之"府界阔远，山谷重深，自春多雨，马蹄又软，驱驰石路"，驿马"死损相继""毙踣实多"，而"日夜倍忧"，"蹐地局天"，惶恐不安，上奏玄宗，"分遣官吏，稍加价钱，兼令外求，冀免有阙"[④]。有鉴于此，玄宗"开元十六年七月十九日敕，巡传驿，宜因御史出使，便令校察。至二十五年五月，监察御史郑审，检校两京馆驿"[⑤]，由中央直接对两京驿路和馆驿进行整治和修建。唐代宗广德元年(763)八月敕："如闻诸军及诸府，皆于道路开凿营种，衢路隘窄，行李有妨……宜令诸道诸使，及州府长吏，即差官巡检，各依旧路，不得辄有耕种。并所在桥路，亦令随要修葺。"[⑥]崤函古道在历次修筑和行宫兴建中不断完善。

---

① 〔唐〕刘肃：《大唐新语》卷三，陶敏主编：《全唐五代笔记》第1册，三秦出版社，2012，第685页。

② 〔宋〕司马光编著，〔元〕胡三省音注：《资治通鉴》卷二百一十一《唐纪二十七》，唐玄宗开元五年，中华书局，1956，第6726页。

③ 〔后晋〕刘昫等：《旧唐书》卷九十六《宋璟传》，中华书局，1975，第3032页。

④ 〔唐〕刘彤：《河南府奏论驿马表》，〔清〕董诰等编：《全唐文》卷三百一，中华书局，1983，第3053～3054页。

⑤ 〔宋〕王溥：《唐会要》卷六十一《馆驿》，中华书局，1955，第1059页。

⑥ 〔宋〕王溥：《唐会要》卷八十六《道路》，中华书局，1960，第1573～1574页。

考古学者曾对崤函古道石壕段进行考古调查与试掘，发现了古道路遗迹分布，其东起观音堂镇西街口，西至硖石乡硖石驿，全长约6公里，其年代大致可以断定为战国时期至民国时期。分为东、中、西三段。东段，长约3公里，由观音堂镇西街口向西，经石壕村中道路，过村西清水河向西。西段，由中段石壕段遗址北坡下西端起，沿嵚崟山北坡依自然山势逐渐绕向西，至硖石乡东北的"文王避雨台"，上坡沿南坡再向西，过清水河至硖石乡硖石驿，全长2.8公里。中段，是这段古道所处地势最高的一段，位于石壕村东南嵚崟山北坡下，西距硖石村2.5公里，东北距石壕村2公里。现存古道遗迹位于山坡中部，大致呈西北—东南走向，南部高北部低，中部偏南最高，地表遗迹长约230米，宽窄不等，最宽8.8米，最窄5.2米，呈现出自然的形态。古道北端与1920年前后修筑的洛潼公路相重合，一部分被洛潼公路或破坏或叠压。因古道借助山坡中部自然形成岩石修筑，路面为石灰岩质，经车轮长期辗轧，路面上形成两条较深的车辙壕沟，最深达0.41米，最浅处仅有数厘米，两道车辙印迹外沿相距一般在1.32米，最宽达1.56米，两道车辙间距1.15米。由车辙印痕可见有三种车道类型：坡底缓处即古道北段是两条辙痕的一车道，为行车道，较为平坦；上坡处有四条辙痕的二车道，其中，一条是行车道，一条是会车道。坡顶处即古道南段，有六条辙痕的三车道，其中，一条是行车道，另两条是会车辅道和休息车道。道路两侧发现有人工使用刻凿的痕迹，西侧有不同时期刻凿的台阶形断壁，以求道路两边与中间相平，每个台阶高0.50米。车辙中间石板上，残留有因马蹄或牛蹄等多次踏踩而形成的蹄形石印。此外，在古道北坡下和坡顶路两侧发现有两处蓄水池（坡池），系利用自然形成的坑凹地形略加整修而成，以供来往行人以及驾车、驮货的牲畜饮水之用[①]。

---

① 三门峡市文物考古研究所：《崤函古道石壕段遗址考古调查述略》，《洛阳考古》2014年第2期；洛阳市文物考古研究院、陕县崤函古道文物保护管理所：《陕县崤函古道遗址考古调查与试掘的初步收获》，《洛阳考古》2016年第1期。

图 7-1　崤函古道石壕段遗迹(张儒雷摄)

石壕段遗址是崤函古道上的一段险要路段,其走向的选择具有较高的科学性。嵚崟山是崤山主峰,地处硖石乡东南,该山北坡向北逐渐延伸,自然山体阻断了东西向通道。而嵚崟山的北坡向北延伸,在坡顶自然形成了中部高,并由此向东、向西逐渐缓坡至东西清水河。古人即利用这一自然山势,借助山坡自然形成的东西向浅壕沟,修筑了翻越嵚崟山北坡的道路。2014 年 6 月,“丝绸之路:长安和天山廊道的路网”成功入选《世界遗产名录》,而崤函古道石壕段遗迹则是 33 个申遗遗产点中唯一的有大规模道路及支撑体系的遗产。

石壕段作为崤函古道东段崤山北路的一段,自形成后在不同时期一直被使用。虽然不能明确判定这段古道隋唐时期的遗迹,然而在石壕附近的歇车坪,发现了石质和土质两种道路遗迹。土质道路经钻探,保存较好的一段长度约 150 米,位于石质道路之西并与石质道路相连。道路堆积可分二层,每层厚约 10 厘米,在上层堆积表面,清理出了几道车辙痕迹。根据道路内出土的遗物,基本上可以把道路分为唐、宋两期[①]。而在崤函古道西段的灵宝函谷关内的西寨村东，也发现了年代明确为唐代的道路遗迹。其地层共分五层，唐宋路土层位于第三层，叠压在下层汉代至春秋战国路土层上。在唐宋路土层清理出了保存完好的路面和车轮碾压轨迹，有两条东西向车辙，两辙间距为 1.6 米，车轮碾压轨迹厚约 0.25～0.3 米。[②] 此外，在宜阳县韩城镇西关村南、秦王寨村西和聂沟岭村南，都发现了长度不一的唐代道路遗址。石壕段古道及函谷关、宜阳韩城唐代道路遗址遗迹的调查发现，为我们认识隋唐时期崤函古道的道路状况提供了珍贵的资料，展现了珍稀的道路遗存，显现出可以满足车辆通行必要宽度的道路形制。

图 7-2　崤函古道石壕段蓄水池遗迹（田永强摄）

① 洛阳市文物考古研究院、陕县崤函古道文物保护管理所：《陕县崤函古道遗址考古调查与试掘的初步收获》，《洛阳考古》2016 年第 1 期。

② 胡小平、郭九行：《灵宝函谷关发现古道遗迹》，《三门峡职业技术学院学报》2009 年第 3 期。

2. 驿路绿化

在驿路两旁种植行道树以保护驿路和挡阳遮阴，是周秦以来的传统，与道路一样不可或缺，具有道路建设和管理的双重属性。隋唐将此发扬光大，获得了空前的进步。隋炀帝整修两京驿路，“自西京至东都……驰道皆广数百步，种树以饰其傍”①。入唐后，州县每年在修路的同时，都要种植行道树。所用树种前后也有变化，早期树种以槐树、柳树为主，玄宗时一改之前做法，始在两京驿路种植果树。《唐会要·道路》载：“开元二十八年正月十三日，令两京道路，并种果树。令殿中侍御史郑审充使。”②《旧唐书·玄宗纪》：“二十九年春正月，两京路及城中苑内种果树。”主持其事的郑审有《奉使巡检两京路种果树事毕入秦因咏》：“圣德周天壤，韶华满帝畿。九重承涣汗，千里树芳菲……春露条应弱，秋霜果定肥。影移行子盖，香扑使臣衣。入径迷驰道，分行接禁闱。”③储光羲《过新丰道中》称当时种植的果树有桃、李。宝历年间，朱庆馀在《种花》中追忆两京道上桃李成林，绚烂可爱：“忆昔两京官道上，可怜桃李昼阴垂。不知谁作巡花使，空记玄宗遣种时。”④

唐对行道树栽植和维护十分重视，有专使检校两京路种树。大历八年（773）七月，唐代宗敕：“诸道官路，不得令有耕种，及斫伐树木，其有官处，勾当填补。”⑤“填补”即补种驿路两边枯死的树木。经过百余年的生长发育，至玄宗时，两京驿路行道树已颇具规模，成为最醒目的植物景观。《唐国史补》记载，贞元年间，两京路上的槐树“东西列植，南北成行，辉映秦中，光临关外”，形成了优越的交通生态。“贞元中，度支欲砍取两京道中槐树造车，更栽小树。”渭南县尉张造上疏反对伐树，认

① 〔唐〕吴兢撰，谢保成集校：《贞观政要集校》卷十《论行幸》，中华书局，2009，第511页。

② 〔宋〕王溥：《唐会要》卷八十六《道路》，中华书局，1960，第1573页。

③ 〔唐〕郑审：《奉使巡检两京路种果树事毕入秦因咏》，〔清〕彭定求等编：《全唐诗（增订本）》卷三百十一，中华书局，1999，第3515页。

④ 〔唐〕朱庆馀：《种花》，〔清〕彭定求等编：《全唐诗（增订本）》卷五百十四，中华书局，1999，第5918页。

⑤ 〔宋〕王溥：《唐会要》卷八十六《道路》，中华书局，1960，第1574页。

为两京路树木为“先王旧游，宁宜翦伐？思人爱树，诗有薄言；运斧操斤，情所未忍”。最终阻止了伐树行为，张造本人也因此晋升，“造寻入台”[①]。

正是在唐代朝廷和地方官吏的努力下，唐代两京路绿化益盛，气势壮观。崤函古道西段槐树栽种最多。白居易《赠皇甫宾客》径称其为“槐阴路”：“轻衣稳马槐阴路，渐近东来渐少尘。”[②]罗邺《入关》：“古道槐花满树开。”[③]顾非眠《秋日陕州道中作》：“树势标秦远，天形到岳低。”[④]崤函古道西段函谷路上还出现了著名的大槐。阌乡盘豆馆东驿路上的槐树，高大茂密，耸入云天，权德舆《盘豆驿》诗云，“盘豆绿云上古驿”[⑤]，人称“两京道上槐王”[⑥]。湖城荆山馆槐树，“庭槐森耸，枝干扶疏，近欲十围”，称“荆山槐”[⑦]，树势堪与盘豆驿“槐王”匹敌。崤山南路行道树则以槐柳相间为盛。白居易《西还寿安路西歇马》：“槐阴歇鞍马，柳絮惹衣巾。”[⑧]《西行》：“寿安流水馆，硖石青山郭。官道柳阴阴，行宫花漠漠。”[⑨]王涤《和三乡诗》：“槐陌柳亭何限事，年年回首向春风。”[⑩]崤函古道行道树起到了护路、路标、纳凉等

① 〔唐〕李肇：《唐国史补》卷上，陶敏主编：《全唐五代笔记》第1册，三秦出版社，2012，第817页。

② 〔唐〕白居易：《赠皇甫宾客》，〔清〕彭定求等编：《全唐诗（增订本）》卷四百五十，中华书局，1999，第5099页。

③ 〔唐〕罗邺：《入关》，〔清〕彭定求等编：《全唐诗（增订本）》卷六百五十四，中华书局，1999，第7519页。

④ 〔唐〕顾非眠：《秋日陕州道中作》，〔清〕彭定求等编：《全唐诗（增订本）》卷五百九，中华书局，1999，第5822页。

⑤ 〔唐〕权德舆：《盘豆驿》，〔清〕彭定求等编：《全唐诗（增订本）》卷三百二十五，中华书局，1999，第3655页。

⑥ 〔宋〕李昉等编：《太平广记》卷四百一十六《江叟》，中华书局，1961，第3389页。

⑦ 〔宋〕李昉等编：《太平广记》卷四百一十六《江叟》中华书局，1961，第3389~3390页。

⑧ 〔唐〕白居易：《西还寿安路西歇马》，〔清〕彭定求等编：《全唐诗（增订本）》卷四百六十二，中华书局，1999，第5286页。

⑨ 〔唐〕白居易：《西行》，〔清〕彭定求等编：《全唐诗（增订本）》卷四百五十三，中华书局，1999，第5148页。

⑩ 〔唐〕王涤：《和三乡诗》，〔清〕彭定求等编：《全唐诗（增订本）》卷七百二十六，中华书局，1999，第8399页。

多重作用。

3. 关隘建设

关隘建设是道路交通建设和管理的重要内容。唐代是全国性的关隘体系全面建成或初见规模的时代①。唐以行政手段大力推进关隘建设。圣历元年(698),武则天《却置潼关制》阐明了设置关隘的重要意义及相应措施:"朕情存太朴,志在无外,成皋姬陕,勿用咽喉。函谷秦封,解其衿带。欲使雁行靡拾,鹑居不扰。而氓俗浇弊,浮惰者多,非所以禁绝末游,作限中外。事资权变,理贵从宜,便可率由旧章安置。应须修补,及官典兵防,一事已上,所司速准例处分。其神都四面应须置关之处。宜令检校文昌虞部郎中王元珪即往检行,详择要害,务在省功。斟酌古今,必令折衷。还日具图样奏闻。"②宋代学者王应麟根据两《唐书·地理志》考订唐代有关隘 143 处,其中设在崤函地区的有 10 处:陕州陕县大阳故关(即茅津,一曰陕津)、灵宝县古函谷关、洹津关;虢州阌乡县潼关、大谷关(阌乡西南秦山谷中)、凤陵关(今山西芮城凤陵渡),卢氏县朱阳关;河南府长水县高门关(今洛宁故县镇南,旧址已为故县水库所淹没)、松阳故关(松阳即崇阳,在今洛宁西南下峪镇崇阳街)、鹈鹕故关(今洛宁鹈鹕山山谷中)。上述崤函地区关隘,在武德、贞观中曾一度废弃,如虢州朱阳关,武德八年(625)废。凤陵关,贞观元年(627)废。灵宝洹津,原称关,贞观元年废关,置津。不过有学者指出,不能排除史籍中仅载其废止,而未载其重新启用的情形③。就地理分布而言,上述 10 处关隘主要集中分布在崤函古道函谷段、崤山南路及支线和黄河上,是作为交通系统的必要管理约束方式出现的,交通控制的格局十分明显。关口也由此成为交通路线节点与路标。诚如有

① 安介生:《略论先秦至唐代关塞格局构建的时空进程》,《历史地理》(第 22 辑),上海人民出版社,2007,第 145~163 页。

② 〔唐〕高宗武皇后:《却置潼关制》,〔清〕董诰等编:《全唐文》卷九十五,中华书局,1983,第 984 页。

③ 牛来颖:《武则天时期的洛阳关津建设——兼论(天圣令·关市令关津制度)》,王双怀、梁咏涛编:《武则天与广元》,文物出版社,2014,第 186~193 页。

学者所说:“交通建设与关隘建置之间既相互制约又相辅相成的问题唐代交通建设中也有突出的反映。”“推动关塞建设最重要的动力之一,是唐朝地理认知与交通建设事业的非凡成就。”[①]

据《旧唐书·职官二》,唐代关隘的主要职能是“关所以限中外,隔华夷,设险作固,闲邪正禁者也。凡关呵而不征,司货贿之出入,其犯禁者,举其货,罚其人。凡度关者,先经本部本司请过所,在京则省给之,在外则州给之。而虽非所部,有来文者,所在亦给”[②]。《新唐书·百官四》亦载,关令“掌禁末游,察奸慝。凡行人车马出入,据过所为往来之节”[③]。唐制,公务人员持专门的公文度关,一般行旅持过所度关。私度、越度、冒度关者,依法视其情节量刑处罚。层层关隘成为控制天下吏民以及维护王朝内部安全的网络。

在崤函地区众多的关隘中,潼关无疑具有特殊的重要地位。唐代关隘分“为上中下之差”,“京城四面关有驿道者,为上关。余关有驿道及四面无驿道者,为中关。他皆为下关”。[④] 潼关是当时长安周边所设六大“上关”之一,也是关中东面唯一的屏障。崔颢《题潼关楼》诗云:“山势雄三辅,关门扼九州。”[⑤]所谓“上关”“关门扼九州”,都说明潼关对驿路的控扼相当完美。唐在此屡设节镇,华州刺史例带潼关防御使,皆因潼关为长安东道之要隘,国防之根本。

隋唐时期曾两次调整潼关关址,营建新关城。《通典·州郡三》记载:“隋大业七年,移于南北镇城间坑兽槛谷置,去旧关四里余。”[⑥]隋潼关城位于今潼关秦东镇

① 安介生:《略论先秦至唐代关塞格局构建的时空进程》,《历史地理》(第22辑),上海人民出版社,2007,第145~163页。

② 〔后晋〕刘昫等:《旧唐书》卷四十三《职官二》,中华书局,1975,第1839~1840页。

③ 〔宋〕欧阳修等:《新唐书》卷四十九《百官四》,中华书局,1975,第1321页。

④ 〔后晋〕刘昫等:《旧唐书》卷四十三《职官二》,中华书局,1975,第1839页。

⑤ 〔唐〕崔颢:《题潼关楼》,〔清〕彭定求等编:《全唐诗(增订本)》卷一百三十,中华书局,1999,第1328页。

⑥ 〔唐〕杜佑撰,王文锦等点校:《通典》卷一百七十三《州郡三》,中华书局,1988,第4513页。

杨家庄城北村附近,汉潼关城南城墙的西南坡下,距汉潼关2公里处。置关官和京辅都尉。《隋书·地理志》华阴县载:"有关官。有京辅都尉。"[①]同书《百官志》载,大业三年,"又置京辅都尉,从三品,立府于潼关,主兵领遏。并置副都尉,从四品"[②]。京辅都尉品秩高于其他诸郡,与上等郡太守相侔,可知隋对潼关防务的重视。隋之所以南移潼关城,主要是因其时在汉潼关道路以南数里处,因雨水长期冲蚀,麟趾原西原今城北村、杨家村南一带出现了一条被称为"坑兽槛谷"的沟道,上达原面,下抵禁谷口。为控制这条新越塬通道,隋在"坑兽槛谷"北侧新建了潼关城[③]。可见潼关城的南迁,与交通线路的变迁直接相关。南迁后的隋潼关城"既可以有效地控制长洛大道,又可控制禁沟和通洛谷(潼水)南北通道,避免了汉潼关城不能控制南北的弊病"[④]。

隋亡后,唐朝仍在此设防约80年,至武则天天授二年(691)始将关城北移至沿河大路上,新筑关城。唐迁建潼关城的原因与隋相同,亦是因交通线路的变更。自汉末置潼关以来,黄河都在紧靠潼关南原的脚下流过,"浩淼弥漫,根本没有道路。一直到了隋末,隋唐两军还是在原上争夺潼关古城"[⑤]。隋唐之际,由于黄河不断下切,水位降落,导致潼关城所在的南原北畔原体崩裂和滑坡,形成了黄河河谷南侧滩地,过往行旅可由较为平坦的缓滩地行走,而不必再跋涉长途翻越南原,久而久之踩出通道。交通线路的变更,促使唐朝放弃原上的隋潼关城,改在晚近形成的傍河低台地上另建新城,所谓"近河为路"则是[⑥]。

迁建后的唐潼关城在南原北畔的低台地上,即今秦东镇的旧城址,南距汉潼关

① 〔唐〕魏征等:《隋书》卷二十九《地理志》,中华书局,1973,第809页。

② 〔唐〕魏征等:《隋书》卷二十八《百官志》,中华书局,1973,第802页。

③ 艾冲:《古代潼关城址的变迁》,《历史地理》(第18辑),上海人民出版社,2002,第124页。

④ 关治中:《潼关天险考证——关中要塞研究之三》,《渭南师专学报》1999年第3期。

⑤ 史念海:《历史时期黄河在中游的下切》,《河山集》(二集),生活·读书·新知三联书店,1981,第178页。

⑥ 〔唐〕杜佑撰,王文锦等点校:《通典》卷一百七十三《州郡三》,中华书局,1988,第4513页。

图 7-3　潼关关址迁徙示意图①

城约 2 公里。直到明洪武九年(1376),潼关城一直矗立在这里,体现了唐代潼关选址的科学性、优越性。实地考察,唐潼关城北临黄河,南依山势而建。西门距潼水 1 里,北墙紧挨黄河岸边,南墙当在南塬半坡,东门即远望沟口东侧黄巷坡内的金陡关②。城内包括麒麟、凤凰、砚台、象山等四山,形势险要,易守难攻。城墙全部由砖石砌成,有城楼(关楼),开两门洞,门四扇。韩愈《次潼关先寄张十二阁老使君》诗云:"荆山已去华山来,日出潼关四扇开。"③城外开挖堑沟。城内建筑也甚是

① 采自向小园、税晓洁:《两京古道:帝国的轴心》,《中华遗产》2010 年第 7 期。

② 关治中:《潼关天险考证——关中要塞研究之三》,《渭南师专学报》1999 年第 3 期。

③ 〔唐〕韩愈:《次潼关先寄张十二阁老使君张贾也》,〔清〕彭定求等编:《全唐诗(增订本)》卷三百四十四,中华书局,1999,第 3864 页。

雄伟。许浑《行次潼关题驿后轩》诗云“飞阁极层台,终南此路回”①,飞阁是古代宫殿楼宇间连接的跨道,可知当时潼关内许多高台由跨道连接,与城池相互呼应。唐潼关城既可居高临下控制崤函古道,又可控制绕道原上的古道,还能扼控黄河风陵渡,控制黄河水道。张说《奉和圣制潼关口号应制》诗云:“天德平无外,关门东复西。不将千里隔,何用一丸泥。”②用简洁的笔法概括了潼关的关防职能。

唐代曾数度大规模加固潼关城及其防务设施。安史之乱中,杜甫路经潼关,适逢加固修缮正在进行,即兴赋诗《潼关吏》云:“士卒何草草,筑城潼关道。大城铁不如,小城万丈余。借问潼关吏,修关还备胡。要我下马行,为我指山隅。连云列战格,飞鸟不能逾。胡来但自守,岂复忧西都。丈人视要处,窄狭容单车。艰难奋长戟,万古用一夫。”③时潼关驻有大批军队戍守。岑参咏潼关诗云:“胡寇尚未尽,大军镇关门。”④平时日常职能则主要是稽查过往行人,勘验过所。日本僧人圆珍从越州往长安,过潼关时,关丞验其过所,在上判“勘入”,准其度关。可见管理之严格。

4. 桥梁建设

隋唐时代崤函古道桥梁建设,突出史例是永济桥和大阳桥的建设,位列唐代全国十一座大型桥梁之列。两桥的修建,改善了崤函古道的通行条件,便利了崤函古道的交通。

永济桥位于唐寿安县(今宜阳)洛河上,始建于隋大业三年(607),由其建造时间看,显然为配合隋东都建设而造。因隋末毁于战乱,唐贞观八年(634)在原桥址

---

① 〔唐〕许浑:《行次潼关题驿后轩》,〔清〕彭定求等编:《全唐诗(增订本)》卷五百二十八,中华书局,1999,第6092页。

② 〔唐〕张说:《奉和圣制潼关口号应制》,〔清〕彭定求等编:《全唐诗(增订本)》卷八十九,中华书局,1999,第972页。

③ 〔唐〕杜甫:《潼关吏》,〔清〕彭定求等编:《全唐诗(增订本)》卷二百一十七,中华书局,1999,第2285页。

④ 〔唐〕岑参:《潼关镇国军句覆使院早春寄王同州》,〔清〕彭定求等编:《全唐诗(增订本)》卷一百九十八,中华书局,1999,第2031页。

再次“造舟为梁”，仍作浮桥，“长四十丈三尺，广二丈六尺”[①]，约合今长 132 米，宽 7.6 米。开元四年（716），因交通量增加，浮桥已不相适应，遂改为石柱石梁桥。《南部新书》：“中丞王怡以纠获赃钱，叠石重造永济桥，以代舟船，行人颇济焉。”[②]开元十八年（730），因洛水暴涨，永济桥被冲毁。是否重建，也未可知。但晚唐时，这里已为渡口，人马来往靠扁舟渡河。大和六年（832），许浑《早发寿安次永寿（一作济）渡》诗云：“东西车马尘，巩洛与咸秦。山月夜行客，水烟朝渡人。树凉风皓皓，滩浅石磷磷。会待功名就，扁舟寄此身。”[③]

永济桥遗址，据《元和郡县图志》载在寿安“县西十七里”。《南部新书》亦强调“在寿安之西”。晚出的嘉靖《河南通志》及光绪《宜阳县志》则云在宜阳东十七里，即今香鹿山镇东南李营村东，南通锦屏镇周村，北对八关城。治平四年（1067）仲秋，邵雍自洛阳西游寿安、福昌。据《伊川击壤集》记载，其行程是“六日晚出洛城西门，宿奉亲僧舍”，“七日溯洛，夜宿延秋庄上”，“八日渡洛”赴寿安城，“登南山观喷玉泉”，“九日登寿安县锦屏山，宿邑中”，“十日西过永济桥”，“十一日福昌县会雨”，此后几日均在福昌游览。十五日起经寿安、伊河川、龙门返回。[④] 按其行程，永济桥在寿安城西，而非城东，否则，邵雍八日赴寿安城便不会是“渡洛”，而应是过桥。十日过桥时，又明确说是“西行”。从时间顺序上看，县西说比县东见于史籍要早，且有宋人具体行程记述可证。据此永济桥当在县西十七里处，即今锦屏镇灵山东桥头村与柳泉镇水兑南湾村之间的洛河上。2011 年，锦屏镇灵山东桥头村洛河河床中曾出土一批圆形木桩和青色花岗岩石墩，木桩直径约 40 厘米，一头为圆锥形。石墩厚度约 45 厘米，短者约 90 厘米，最长者约 120 厘米，宽度在 65～95

---

① 〔唐〕李吉甫撰，贺次君点校：《元和郡县图志》卷五《河南道一》，中华书局，1983，第 141 页。

② 〔宋〕钱易撰，黄寿成点校：《南部新书》卷戊，中华书局，2002，第 65 页。

③ 〔唐〕许浑：《早发寿安次永寿渡》，〔清〕彭定求等编：《全唐诗（增订本）》卷五百三十，中华书局，1960，第 6055 页。

④ 〔宋〕邵雍著，郭彧、于天宝点校：《邵雍全集》第 4 册《伊川击壤集》，上海古籍出版社，2016，第 71～76 页。

厘米。这批遗物和桥头村地名本身,当与永济桥有关。

隋唐以崤山南路为主线,永济桥是崤山南路重要的交通咽喉。《唐六典》云:"巨梁十有一,皆国工修之。其余皆所管州县随时营葺。"其中,"石柱之梁四","洛三,灞一。洛则天津、永济、中桥,灞则灞桥也"。[①] 永济桥是唐四大石柱桥之一。由国家财政拨款修建。因皇家禁苑西苑的范围西南已至今宜阳境,崤山南路不可能自城西经西苑入城,而要向南或向北绕道,向北绕道途险路远,只能向南绕道,南渡洛河,由洛北向洛南。永济桥位置正在西苑东南,由此过河,即可沿洛河南岸向东,绕过西苑,越龙门西山,由龙门北上进入洛阳。因永济桥是崤山南路绕行西苑的必经之桥,故被列为唐代四大石柱梁桥之一,立法纳入国家交通管理体系。《开元水部式》残卷:"京兆府灞桥、河南府永济桥,差应上勋官并兵部散官,季别一人,折番检校。仍取当县残疾及中男,分番守当。灞桥番别五人,永济桥番别二人。"[②]可见永济桥在两京交通上的重要地位。

大阳桥,又名太阳桥,位于陕州城东北茅津渡黄河上。贞观十一年(637),丘行恭奉旨建造。《元和郡县图志·河南道二》陕州陕县云:"太阳故关,在县西北四里,后周大象元年置,即茅津也……太阳桥,长七十六丈,广二丈,架黄河为之,在县东北三里。贞观十一年,太宗东巡,遣武侯将军丘行恭营造。"[③]《唐六典》《通典》称作"大阳桥"。又《新唐书·地理二》陕州陕郡载:"有大阳故关,即茅津,一曰陕津。贞观十一年造浮梁。"[④]"浮梁"即"大阳桥"。因是连舟为梁的浮桥,又称"大阳津桥"。长约230米,宽约6米。建成后,遂成为南北通要,过桥北可达平陆、安邑,经晋州(今山西临汾)、绛州(今山西新绛)至太原府。贞观十二年(638),唐太宗自洛阳西还长安,取道陕州,渡大阳桥,至河北县(今平陆)。《旧唐书·太宗纪》载:"二

① 〔唐〕李林甫等撰,陈仲夫点校:《唐六典》卷七《尚书工部》,中华书局,1992,第226页。
② 刘俊文:《敦煌吐鲁番唐代法制文书考释》,中华书局,1989,第333页。
③ 〔唐〕李吉甫:《元和郡县图志》卷六《河南道二》,中华书局,1983,第157页。
④ 〔宋〕欧阳修等:《新唐书》卷三十八《地理二》,中华书局,1975,第985页。

月乙卯,车驾还京。癸亥,观砥柱,勒铭以纪功德……乙丑,次陕州,自新桥幸河北县,祀夏禹庙。丁卯,次柳谷顿,观盐池。”①“新桥”即大阳桥。柳谷在安邑南,严耕望考证,柳谷西经解县至蒲州入潼关,东南通虞坂。“故此道可视为陕州西入关中之北道。”②唐太宗对自己修建大阳桥的决策相当满意,作《赋得浮桥》诗,生动地写出了大阳桥的特色:“岸曲非千里,桥斜异七星。暂低逢辇度,还高值浪惊。水摇文鹢动,缆转锦花萦。远近随轮影,轻重应人行。”③大阳桥桥面不甚直,但不如北斗七星之曲折。有车辆通过时,桥面被压而暂时低垂;遇浪涛拍打时则桥面升高;御辇车队过桥时,船头随黄河波涛摇曳;桥面随人流之脚步而摇动。

大阳桥是唐代著名的国家级黄河三桥之一。《唐六典》云:“凡天下造舟之梁四,河三,洛一。河则蒲津;大阳;盟津,一名河阳。洛则孝义也。……皆国工修之。”所谓“国工修之”,即由国家拨款,使用手艺最精湛的工匠建造的国家级桥梁。浮桥建造需要大量木材或竹材。据《开元水部式》残卷,大阳桥所用桥木,皆出自黄河中游风、石、隰、胜、慈等州,通过黄河浮运而来。连接脚船的竹索等物料则由司竹监供给,每三年更换一次。《唐六典》:“大阳、蒲津竹索,每年令司竹监给竹。”《开元水部式》残卷所记略详:“大阳、蒲津桥竹索,每三年一度,令司竹监给竹,役津家水手造充。其旧索每委所由检覆,如斟量牢好,即且用,不得浪有毁换。”人员配给上,《开元水部式》残卷:“陕州大阳桥置水手二百人,仍各置竹木匠十人,在水手数内。”水手来源全部在陕州招募,即“其大阳桥水手出当州”。这些被征为水手的“白丁”,“一补以后,非身死遭忧不得辄替”。对巡检、维护工作不为的官员和水手定有惩罚。“如不存在检校,致有损坏,所由官与下考,水手决卅。”此外,又“配守桥丁卅人,于白丁、中男内取灼然便水者充,分为四番上下,仍不在简点及杂徭之

---

① 〔后晋〕刘昫等:《旧唐书》卷三《太宗纪》,中华书局,1975,第 49 页。

② 严耕望:《唐代交通图考》第 1 卷《京都关内区》,上海古籍出版社,2007,第 166 页。

③ 〔唐〕李世民:《赋得浮桥》,〔清〕彭定求等编:《全唐诗(增订本)》卷一,中华书局,1999,第 12 页。

图 7-4 陕州故城唐大阳桥遗址(田永强摄)

限。五月一日以后,九月半以前,不得去家十里。每水大涨,即追赴桥"①。其规定详细具体,具有较强的可操作性。这些相关人员对大阳桥定期整修,并根据毁坏情况随时修葺。吐鲁番阿斯塔纳 206 号墓出土残存唐事目历,记载了唐咸亨至光宅间尚书都省对皇帝下敕了解大阳桥木事的处理经过:"事为报大阳津桥木敕事。杨璞。七月廿二日受,廿三日判,廿四日□,仓史□"②大阳桥直属都水监,所需木材通常由都水监行文至尚书都省,都省判下送相关部门处理。然而此事是皇帝下敕要了解大阳桥木事,所以都省便直接由仓史办理了③。

有唐一代,由于建造坚固,维修管理周密严格,大阳桥一直正常使用,对畅通黄河南北交通发挥了重要作用。

① 刘俊文:《敦煌吐鲁番唐代法制文书考释》,中华书局,1989,第 330~332 页。

② 唐长孺主编:《吐鲁番出土文书》第 5 册,文物出版社,1983,第 267 页。

③ 陈国灿:《陈国灿吐鲁番敦煌出土文献史事论集》,上海古籍出版社,2012,第 152 页。

第二节　崤函古道上的隋唐行宫与馆驿

隋唐时期，随着崤函古道驿路的建设，沿路馆驿迅速发展起来。这些馆驿又称“邮驿”“馆递”，融通信、交通、馆舍为一体，通过接力传递，逐程更替，形成有效的交通信息网络，成为两京驿运的重要支点。依托驿路馆驿，崤函古道沿途又兴建了许多行宫，既是皇帝行幸的重要设施，也是连接两京的一条纽带，从而也带动了崤函古道交通的繁荣。

一、行宫

隋唐长安洛阳两京被时人称为皇帝的“东西二宅”[①]“东西两宫”[②]。自开皇四年（584）隋文帝携百官到东都就食，至安史之乱前的170余年里，隋文帝、隋炀帝、唐太宗、唐高宗、武则天、唐中宗、唐玄宗常携百官往来于两京，每次行幸规模都十分庞大。隋炀帝“从行宫掖，常十万人，所有供须，皆仰州县”[③]。唐玄宗行幸队伍

---

① 〔北宋〕王钦若等编纂，周勋初等校：《册府元龟》卷十四《帝王部·都邑二》，凤凰出版社，2006，第145页。

② 〔后晋〕刘昫等：《旧唐书》卷六十四《隐太子建成传》，中华书局，1975，第2417页。

③ 〔唐〕魏征等：《隋书》卷二十四《食货志》，中华书局，1973，第672页。

也是浩浩荡荡。白居易《骊宫高》诗云:“一人出兮不容易,六宫从兮百司备。八十一车千万骑,朝有宴饮暮有赐。中人之产数百家,未足充君一日费。”[①]长安洛阳相距甚远,皇帝行幸通常首尾耗时需一个月以上。为沿途驻跸和临时理政方便,隋唐在沿途广建行宫。史载隋炀帝时“自西京至东都,离宫别馆,相望道次”[②]。唐时“自长安历华、陕至洛,沿道皆有行宫”[③]。行宫大都建在奇峰绿水之畔,掩映于苍松翠柳之中,规模宏大,气魄雄伟,是两京路上最令人瞩目的特殊建筑景观。

有关两京驿路行宫,学者已多有讨论。严耕望考两京驿路有行宫20座[④],介永强考为15座[⑤],吴宏岐认为有21座[⑥],严辉则云约有17座[⑦]。就崤函古道上而言,各家不仅对行宫数量说法不一,有15、14、7座之说,而且其位置和置废也颇有歧异。上述讨论多是局限于文献资料的考证,缺乏实地考察之印证。本节在前贤基础上,考校史料,辅以实地考察,考得隋唐时崤函古道行宫16座,兹按由西向东考述于下。

轩游宫。《新唐书·地理二》虢州阌乡县载:“有轩游宫,故隋别院宫,咸亨五年更名。”[⑧]咸亨五年即674年。《大清一统志·陕州直隶州一》:“轩游宫,在阌乡县城内。”[⑨]按唐阌乡县在今灵宝市豫灵镇文底南原村附近,轩游宫当在此。唐玄宗《轩游宫十五夜》诗云:“行迈离秦国,巡方赴洛师。路逢三五夜,春色暗中期。

---

① 〔唐〕白居易:《骊宫高》,〔清〕彭定求等编:《全唐诗(增订本)》卷四百二十七,中华书局,1999,第4700页。

② 〔唐〕吴兢撰,谢保成集校:《贞观政要集校》卷十《论巡幸》,中华书局,2003,第511页。

③ 〔宋〕司马光编著,〔元〕胡三省音注:《资治通鉴》卷二百四十三《唐纪五十九》,唐敬宗宝历二年,中华书局,1956,第7849页。

④ 严耕望:《唐代交通图考》第1卷《京都关内区》,上海古籍出版社,2007,第79~81页。

⑤ 介永强:《唐代行宫考逸》,《中国历史地理论丛》2001年第1辑。

⑥ 吴宏岐:《隋唐帝王行宫的地域分布》,《中国历史地理论丛》1994年第2辑。

⑦ 严辉:《洛阳地区隋唐离宫遗址调查与考证》,《河南科技大学学报》(社会科学版)2004年第4期。

⑧ 〔宋〕欧阳修等:《新唐书》卷三十八《地理二》,中华书局,1975,第986页。

⑨ 〔清〕穆彰阿、潘锡恩等纂修:《大清一统志》(第5册)卷二百二十《陕州直隶州一》,上海古籍出版社,2008,第445页。

关外长河转,宫中淑气迟。歌钟对明月,不减旧游时。”[①]诗中说仰看春夜满月的月色如“旧游”,知玄宗“巡方”洛阳,曾多次驻跸轩游宫。入宋后改做道观承天观。《宋史·柴通玄传》:“柴通玄字又玄,陕州阌乡人。为道士于承天观……所居观即唐轩游宫,有明皇诗石及所书道德经二碑。上作二韵诗赐之,并赉以茶、药、束帛。诏为修道院。”[②]此“明皇诗石”当即《轩游宫十五夜》。

轩游宫或又称阌乡别馆。常衮《赠婕妤董氏墓志铭》云:“惟唐至德元年岁在癸卯十二月二日,美人河内董氏终于阌乡县之别馆。”[③]至德为唐肃宗年号,元年即756年。《全唐文新编》则作“惟唐广德元年”[④]。广德为唐代宗年号,元年即763年。常衮天宝十四年(755)方状元及第,至德元年不大可能受命撰写墓志铭,“纪于贞石”。又至德元年十二月,肃宗尚在彭原(今甘肃庆阳西峰区)。安史之乱叛军占据洛阳,势头正炙。按《资治通鉴》记载,广德元年十月,吐蕃进犯长安,唐代宗出幸陕州。乱后,“十二月,丁亥,车驾发陕州”返回长安[⑤]。故“至德”当为“广德”之讹。墓志铭又云,董氏“属彩仗巡游,花钿侍从。方执巾于上陌,忽蒙被于离宫。天道如何,泉扃已矣”。据此,董婕妤当是随唐代宗返长安途中病逝于阌乡行宫中。轩游宫,又称别院宫,故所谓“阌乡别馆”即指轩游宫。

上阳宫。《新唐书·地理二》虢州湖城县载:“有故隋上阳宫,贞观初置,咸亨元年废。”[⑥]咸亨元年即670年。《读史方舆纪要·河南三》:“上阳宫,隋初置于桃

① 〔唐〕李隆基:《轩游宫十五夜》,〔清〕彭定求等编:《全唐诗(增订本)》卷三,中华书局,1999,第31页。

② 〔元〕脱脱等:《宋史》卷四百六十二《柴通玄传》,中华书局,1985,第13516页。

③ 〔唐〕常衮:《赠婕妤董氏墓志铭》,〔清〕董诰等编:《全唐文》卷四百二十,中华书局,1983,第4295页。

④ 〔唐〕常衮:《赠婕妤董氏墓志铭》,周绍良主编:《全唐文新编》卷四百二十,吉林文史出版社,2000,第4915页。

⑤ 〔宋〕司马光编著,〔元〕胡三省音注:《资治通鉴》卷二百二十三《唐纪三十九》,唐代宗广德元年,中华书局,1956,第7157页。

⑥ 〔宋〕欧阳修等:《新唐书》卷三十八《地理二》,中华书局,1975,第986页。

林县。唐贞观中,移置于湖城县。高宗又改置于东都禁苑。《一统志》云:‘上阳宫,在废湖城县西北一里。’”[①]《大清一统志·陕州直隶州一》:“上阳盖沿虢都旧名。”[②]按隋唐湖城县治在今灵宝市阳平镇文乡村一带,上阳宫亦当在此。前揭《新唐书》云上阳宫“咸亨元年废”,有误。《太平寰宇记·河南道六》陕州湖城县载:“义宁元年于古上阳宫再立。乾元三年二月改为天平县,八年移于上阳宫东南一里,即今理。大历四年复为湖城县。”[③]乾元三年即760年,大历四年为769年。唐肃宗乾元年号仅用三年四个月,并无八年,所谓“八年”,“恐误,或脱文也”[④]。但云湖城县“移于上阳宫东南一里”,则在乾元“八年”时,上阳宫似仍存在。

桃源宫。《新唐书·地理二》陕州灵宝县载:“有桃源宫,武德元年置。”[⑤]武德元年即618年。《大清一统志·陕州直隶州一》:“桃源宫,在灵宝县城内。”[⑥]桃源宫名与桃林县名有关。唐灵宝县原称桃林县,在今灵宝市大王镇老城村西北黄河南岸。《肇域志》河南府灵宝:“沙城,在县西北五里许,三面距河,南有深堑,乃唐武后东幸洛阳而渠也。其内有翠微宫。”又云:“翠微宫,在县北黄河南岸店,则天东幸驻跸之所,今城址犹存,俗为沙城。”[⑦]乾隆《重修灵宝县志》所记同。据调查,今灵宝市大王镇后地村西南有一城址遗迹,尚存南城墙长约300米,中部已被居民建房破坏,西段保存基本完好,高1~3米,多为风沙掩埋。城墙墙基呈梯形,上宽7米,下宽10米,黄土夯筑,夯层6~8厘米,夯窝明显。当地人称为武则天行宫,亦称

---

① 〔清〕顾祖禹撰,贺次君、施和金点校:《读史方舆纪要》卷四十八《河南三》,中华书局,2005,第2277~2278页。

② 〔清〕穆彰阿、潘锡恩等纂修:《大清一统志》(第5册)卷二百二十《陕州直隶州一》,上海古籍出版社,2008,第445页。

③ 〔宋〕乐史撰,王文楚点校:《太平寰宇记》卷六《河南道六》,中华书局,2007,第107页。

④ 〔宋〕乐史撰,王文楚点校:《太平寰宇记》卷六《河南道六》,中华书局,2007,第121页。

⑤ 〔宋〕欧阳修等:《新唐书》卷三十八《地理二》,中华书局,1975,第985页。

⑥ 〔清〕穆彰阿、潘锡恩等纂修:《大清一统志》(第5册)卷二百二十《陕州直隶州一》,上海古籍出版社,2008,第445页。

⑦ 〔清〕顾炎武撰,谭其骧、王文楚等点校:《肇域志》(第2册),上海古籍出版社,2004,第1179页。

翠微宫,言该宫仅修建了一半便中途而废。揆度形势,所谓“翠微宫”“武则天行宫”当为武德元年所置桃源宫。

陕城宫。《隋书·地理中》陕县载:“大业初(陕)州废,置弘农宫。”[①]《太平寰宇记》载,陕州“隋初郡废而州存,大业初又废州,以其地并入河南郡,仍置弘农宫于此,以备巡幸”[②]。又《隋书·杨玄感传》载,隋末杨玄感围东都,不克,乃西图关中,“至弘农宫,父老遮说玄感曰:‘宫城空虚,又多积粟,攻之易下。进可绝敌人之食,退可割宜阳之地。’玄感以为然,留攻之,三日城不下,追兵遂至”[③]。是则隋弘农宫在陕州城内。因宫中储有大量粮食,有学者称之为弘农宫仓,可见此宫规模颇大,仓储设施完整。入唐后,改名陕城宫。《新唐书·地理二》陕州陕县载:“有陕城宫。”[④]开成五年(840),时任陕虢观察使的陕州籍诗人姚合《酬光禄田卿六韵见寄》诗云:“雪晴嵩岳顶,树老陕城宫。”[⑤]《大清一统志·陕州直隶州一》:“宏农宫,在州城内,隋建,唐改为陕城宫。”[⑥]州城即今陕州故城。顾祖禹《读史方舆纪要·河南三》以为陕城宫“调露二年改曰避暑宫,永淳元年曰芳桂宫,弘道元年废”[⑦],是将渑池紫桂宫之事误指为陕城宫。

绣岭宫。《新唐书·地理二》陕州硖石县载:“有绣岭宫,显庆三年置。”[⑧]《南部新书》卷庚:“绣岭宫,显庆三年置。在硖石县西三里。”[⑨]“硖石县”指南硖石,在今

---

① 〔唐〕魏征等:《隋书》卷三十《地理志》,中华书局,1973,第834页。

② 〔宋〕乐史撰,王文楚等点校:《太平寰宇记》卷六《河南道六》,中华书局,2007,第91~92页。

③ 〔唐〕魏征等:《隋书》卷七十《杨玄感传》,中华书局,1973,第1618~1619页。

④ 〔宋〕欧阳修等:《新唐书》卷三十八《地理二》,中华书局,1975,第985页。

⑤ 〔唐〕姚合:《酬光禄田卿六韵见寄》,〔清〕彭定求等编:《全唐诗(增订本)》卷五百一,中华书局,1999,第5742页。

⑥ 〔清〕穆彰阿、潘锡恩等纂修:《大清一统志》(第5册)卷二百二十《陕州直隶州一》,上海古籍出版社,2008,第445页。

⑦ 〔清〕顾祖禹撰,贺次君、施和金点校:《读史方舆纪要》卷四十八《河南三》,中华书局,2005,第2274页。

⑧ 〔宋〕欧阳修等:《新唐书》卷三十八《地理二》,中华书局,1975,第985页。

⑨ 〔宋〕钱易撰,黄寿成点校:《南部新书》卷庚,中华书局,2002,第104页。

陕州区菜园乡南县村东石门。民国《陕县志》云:“绣岭宫在陕州城东南六十五里,安阳东南之高阜上,为唐帝如洛道间之行宫。其地广平,旁无峰障,前临山涧,与莘原南北对峙。莘原之南半岭有广平处,冈陵环亘,与行宫正对为唐大通寺。”①大通寺遗址在今陕州区菜园乡寺坡村北部山顶平地。金泰和七年(1207),关昭素撰《重修陕州故硖石县大通寺碑记》云:“此寺者,按古记是唐公主自后周圣历年至唐开元岁,三生之神化所修也。是年二月,内敕赐‘大通寺’额。”当时建筑颇具规模,蔚为壮观。“始就环长廊于四注,敞正殿于中央,危楼耸拔而凌云,大像光明而灿日,过客疑化成净土,游僧想悟至只园。”“寺之四隅,而多嘉致,名峰若画。南金鞍而北大通,古迹可称。西安昌而东绣岭,川若含珠而迥媚,山如蕴玉而遍滋。”②今寺院已毁,仅残存部分墙垣和地基,地表残有大量建筑构件、瓦砾和瓷片。2008年,笔者实地调查时,发现遗址上躺有一通新修大通寺阁下故硖石县令敬公真形之碣并叙碑,通高 1.5 米,宽约 0.45 米,厚 0.2 米,螭首,龟趺,碑阳额刻一座佛,下部雕刻一供养人夫妻像,文 13 行,行 20 字,文刻《般若波罗蜜多心经》,楷书,字体清晰规整,疏朗大气,为唐散大夫行陕州县令上柱国敬仁玄及其妻樊氏“大周长寿元年(692)九月廿三日”造立。碑阴为“新修大通寺阁下故硖石县令敬公真形之碣并叙”,立碑时间“大唐开元元年(713)七月廿三日”。碑额双龙缠绕,碑文 16 行,行约 40 字,“长城陈用海字明道撰”。字稍有漫溢,但仍可达句不失其意,记述了县副郭堪等感念敬仁玄“慈为爱人”而修大通寺事③。碑文与文献互证,大通寺即在寺坡村。据此,绣岭宫地处崤山南路,以方向道里考之,绣岭宫当在今绣岭坡。三门峡市文物考古研究所在绣岭坡下的高家庄村南部田地发现唐代灰坑,内有唐代遗

① 欧阳珍修,韩嘉会撰:民国《陕县志》卷十九《古迹》,《河南历代方志集成·三门峡卷》(4),大象出版社,2017,第 208 页。

② 〔金〕关昭素:《重修陕州故硖石县大通寺碑记》,欧阳珍修,韩嘉会撰:民国《陕县志》卷二十一《金石》,《河南历代方志集成·三门峡卷》(4),大象出版社,2017,第 223 页。

③ 此碑被列入陕县县级文物保护单位,今已不知所向。

留的板瓦残片,附近也有较为集中的灰坑分布①。高家庄村位于南县村东南部,与南县村直线距离约 1 公里,东距石门村直线距离亦 1 公里左右,正处在雁翎关西出山口。高家庄村南地势较平缓,为绣岭坡丘陵;北部 200 米为原橐水河道;西部紧邻自然沟壑,沟底仍有少量山涧。其位置和地理环境与史志记载相吻合,则绣岭宫当在今陕州区菜园乡高家庄村南部。

图 7-5　唐新修大通寺阁下故硖石县令敬公真形之碣并叙碑拓片

① 燕飞、郑立超、杨海青:《唐代绣岭宫遗址考古调查记》,《大众考古》2019 年第 3 期。

绣岭宫行宫狭隘,规模不大。但宫临大道,南有橐山,北有橐水,居高临下,依山傍水,草木苍翠,环境幽邃。"绣岭云横"是古"陕州八景"之一。据《南部新书》载,绣岭宫有温泉"御汤"。因此,深得唐皇青睐,多有维建。前揭《新唐书》云,宫"东有神雀台,天宝二年以赤雀见置",即是一例。唐玄宗东巡洛阳,曾驻跸于此。《明皇杂录》载:"上幸东都,至绣岭宫。当时炎酷,上以行宫狭隘,谓左右曰:'此有佛寺乎?吾将避暑于广厦。'或云:'六军填委于其中,不可速行。'上谓高力士曰:'姚崇多计,第往觇之。'力士回奏云:'姚崇方纱絺纷乘小驷按辔于木阴下。'上悦曰:'吾得之矣。'遽命小驷,而顿消暑溽。乃叹曰:'小事尚如此,触类而长之,天下固受其惠矣。'"①玄宗幼女三生公主病死后,亦葬于附近。前揭民国《陕县志》:"(大通)寺内有三生公主祠,其阶下有金大定年间碑,且载公主为玄宗幼女,其生也口喑,左手拳而不能开,洎帝驻跸绣岭宫,谒大通寺,公主遂能言,左手亦能开,内有三生字,旋即夭殂,遂葬东凡社宫地,今名绣岭坡。"②杨贵妃驻跸时,尝令侍女张云容独舞《霓裳羽衣舞》,并作《赠张云容舞》,给予很高的评价。诗题解写道:"云容,妃侍儿,善为《霓裳》舞,妃从幸绣岭宫时,赠此诗。"③"诗成,明皇咏吟久之,亦有继和,但不记耳。遂赐双金扼臂,因此宠幸愈于群辈。"④可见绣岭宫曾盛极一时,极尽天子风流。安史之乱后,绣岭宫衰落残败。

兰峰宫。陕州区宫前乡宫前村北有一建筑遗址,《中国文物地图集·河南分册》标记为"武则天行宫"⑤。民国《陕县志》指为武则天"避暑宫",并云:"今陕县宫前镇北岭内有小平原,即唐避暑宫旧址。唐以后名为朱家原。……入清,朱家原

---

① 〔唐〕郑处诲:《明皇杂录》,陶敏主编:《全唐五代笔记》第2册,三秦出版社,2012,第1036页。

② 欧阳珍修,韩嘉会撰:民国《陕县志》卷十九《古迹》,《河南历代方志集成·三门峡卷》(4),大象出版社,2017,第208页。

③ 〔唐〕杨贵妃:《赠张云容舞》,〔清〕彭定求等编:《全唐诗(增订本)》卷五,中华书局,1999,第65页。

④ 〔唐〕李昉等:《太平广记》卷六十九《张云容》,中华书局,1961,第429页。

⑤ 国家文物局:《中国文物地图集·河南分册》,中国地图出版社,1998,第346页。

旧宫址遂垦成平地,无复人烟。今之宫前镇即以斯宫得名。居民尚不断从该处掘得砖石,以砌墙壁。"[①]"武则天行宫""避暑宫"皆非该宫专有宫名。亦有研究者认为它是兰昌宫,后称绮岫宫。宫前村街上一清乾隆年间残碑则称之为"紫薇宫"。据《新唐书·地理二》载,兰昌宫在唐福昌县,即今宜阳县境,绮岫宫在唐永宁县西五里,在今洛宁县境。而所谓"紫薇宫",史无记载,清乾隆年间的残碑不足为据。根据史籍记载与实地考察,宫前村北的"武则天行宫"应是唐兰峰宫。

据《新唐书·地理二》,永宁县"西三十三里有兰峰宫,皆显庆三年置"[②]。唐永宁县城在今洛宁县中河乡旧县村。旧县村西三十三里正是今宫前村所在。从地理位置及其环境观察,旧县村西或西北三十余里为崤山山区,沟壑纵横,唯连昌河谷地形平坦、开阔,又系崤山南路必经途,因此兰峰宫非此地莫属。今宫前村海拔高约 360 米,高差 500 余米,南有南唐山,海拔 948.9 米。兰峰宫一名,依文意,含有林木茂密、青翠如黛的山峰之义。从宫前村抬头南望,山巅如锥,直插云端,加以植被茂密,青翠如黛绿复兰,这一枝独秀的特有景色是沿路的绣岭宫、绮岫宫景观所不具备的。兰峰宫地处雁翎关东出山口,东去三十三里,是永宁县城鹿桥驿,县西五里有绮岫宫。兰峰宫西北穿过雁翎关即绣岭宫。据当地老人说,崤山南路从南县村中穿过,即向东南沿绣岭坡而上,越过山涧至高家庄村,再沿向南上山至绣岭坡下,向东至宫前,两地相间约三十里,与《新唐书·地理二》所载唐代崤山南道上行宫布局相吻合。

兰峰宫遗址位于宫前村北高岗上,面积约 3 万平方米,今为耕地,地势较为平坦,呈北高南低的缓坡。宫室坐北面南,北依万寿山,南对南唐山,东西两侧各为一条南北向沟壑所限。遗址下曾出土有圆形、方形的石柱础、布纹板瓦、铺地素面方

---

① 欧阳珍修,韩嘉会撰:民国《陕县志》卷十九《古迹》,《河南历代方志集成·三门峡卷》(4),大象出版社,2017,第 212 页。

② 〔宋〕欧阳修等:《新唐书》卷三十八《地理二》,中华书局,1975,第 983 页。

图 7-6　兰峰宫遗址

砖等,方砖边长 50 厘米,厚 2 厘米。这些柱础石及方砖分散存放在宫前村村民家中,是他们在遗址上耕作时采集到的。遗址地表上至今残留的唐代筒瓦残片、长砖等在田间地头仍俯拾皆是。据村民反映,每年初夏小麦将要成熟时,站在万寿山上,俯瞰小麦长势和颜色不一:长在宫殿室宇地基上的小麦因地下基础土质坚硬,水分少,长势浅而瘦;宫殿室宇之外地方,土层深厚,含水量充足,小麦长势好,颜色浓绿。由此大体能辨识出当年宫室的建筑轮廓,依稀可见兰峰宫之规模宏大,结构复杂,错落有致,能够遐想到兰峰宫巍峨壮观的形势。宫前村也因此而得名。《南部新书》载,开元六年(718),唐玄宗“西幸至兰峰顿。乘舆每出,所宿侍臣皆从。既而驰逐原野,然从官分散,宰相即先于前顿朝堂列位,乘舆至,必鞭揖之方入。是日,上垂鞭盛气不顾而入,苏、宋惧。盖怒河南尹李朝隐桥顿不备也,解之方息”。①

莎册宫。莎册宫不见于史册,唯见许敬宗《侍宴莎册宫应制得情字》:“三星希曙景,万骑翊天行。葆羽翻风队,腾吹掩山楹。暖日晨光浅,飞烟旦彩轻。塞寒桃

① 〔宋〕钱易撰,黄寿成点校:《南部新书》卷戊,中华书局,2002,第 70 页。

变色,冰断箭流声。渐奏长安道,神皋动睿情。”①此诗当为贞观十五年(641)十一月随幸洛阳返回长安途中,于莎册宫宴饮时的应制之作。所谓“万骑”“葆羽”“腾吹”,形容天子侍卫和仪仗威武的情形颇为贴切,不是亲身经历,恐怕很难想象这种具体的感觉。而“渐奏长安道”说莎册宫在京畿之内两京路上。有学者认为,唐永宁县洛水上游有“莎栅”,疑是莎册宫所在②。前已说明,莎栅道起自永宁县城西三十里莎栅城,莎栅城在永宁县西三十里,那么莎栅城应在兰峰宫东三里,即当在莎栅城附近。莎册宫或作莎栅宫。

绮岫宫。《新唐书·地理二》永宁县载,“西五里有绮岫宫”,与绣岭宫、兰峰宫一起,“皆显庆三年置”③。王建《过绮岫宫》本注:“东都永宁县西五里。”④唐永宁县治自贞观十七年(643)移治鹿桥后,至宋咸平四年(1001),一直在鹿桥,即今洛宁县东宋镇南、北旧县村。显庆三年(658)置绮岫宫时,永宁县治正在此地。经调查,旧县村西5里屹塔庙有一处唐代建筑遗址,地面上至今还存留有大量的唐代板瓦、筒瓦、绳文砖、石块等遗物,其地望与文献记载的绮岫宫相同,当为绮岫宫遗址⑤。安史之乱后,绮岫宫陷入衰败。建中四年(783),王建途经绮岫宫,所见已是“玉楼倾倒粉墙空,重叠青山绕故宫”的景象。

兰昌宫。顾祖禹《读史方舆纪要·河南三》指兰昌宫与福昌宫同属一宫,后改名兰昌宫⑥。杨鸿年也疑兰昌、福昌同指一宫⑦。但据《新唐书·地理二》载,福昌

---

① 〔唐〕许敬宗:《侍宴莎册宫应制得情字》,〔清〕彭定求等编:《全唐诗(增订本)》卷三十五,中华书局,1999,第468页。

② 介永强:《唐代行宫考逸》,《中国历史地理论丛》2001年第1辑。

③ 〔宋〕欧阳修等:《新唐书》卷三十八《地理二》,中华书局,1975,第983页。

④ 〔唐〕王建:《过绮岫宫》,〔清〕彭定求等编:《全唐诗(增订本)》卷三百一,中华书局,1999,第3417页。

⑤ 严辉:《洛阳地区隋唐离宫遗址调查与考证》,《河南科技大学学报》(社会科学版)2004年第4期。

⑥ 〔清〕顾祖禹撰,贺次君、施和金点校:《读史方舆纪要》卷四十八《河南三》,中华书局,2005,第2255页。

⑦ 杨鸿年:《隋唐宫廷建筑考》,陕西人民出版社,1992,第24页。

县“西十七里有兰昌宫;有故隋福昌宫,显庆三年复置”①。二宫并列于《新唐书》所记福昌县行宫中,足见兰昌宫与福昌宫并非一宫。兰昌宫所在,《古今图书集成·职方典》河南府“古迹考”条载:“兰昌宫,在(宜阳)县西上庄保。”②“上庄”即今宜阳县三乡镇东上庄村。宜阳县三乡镇南寨村西出土有元至元二十二年(1285)玉阳宫铭并序碑。据碑文载,玉阳宫占地40余亩,“西邻竹阁(寺),东有凤翼(山),南挹女几(山),北倚连昌(河)”。严辉据此推定唐兰昌宫当在此地③。实际上两种说法并不矛盾,一个是讲唐兰昌宫在清代的位置,一个是讲唐兰昌宫现时位置。南寨村上庄、下庄在明代以前同属一村,后逐渐形成三个村落,同处连昌河和洛河夹角上,呈三角之势。南寨村在上庄南一里,因处上庄村南而得名。南寨村与唐福昌县治,今韩城镇福昌村直线距离十五里,与唐十七里基本相符。惜南寨村近距洛河,河水淤积严重,兰昌宫遗址已无迹可寻。

唐玄宗曾驻跸兰昌宫。杨贵妃侍女张云容在兰昌宫死而复生的传说也被演绎成神异的爱情传奇。《全唐诗》张云容小传云:“张云容,杨贵妃侍儿也。申天师与绛雪丹服之,教其死后为大棺通穴,百年后,遇生人交精气,再生,可为地仙。后死,如法葬兰昌宫。至元和末,有平陆尉金陵薛昭,以义气逸县囚,谪赴海东。至三乡,夜遁去,匿兰昌宫古殿傍。”④开元后,兰昌宫衰落,孟迟《兰昌宫》:“宫门两片掩埃尘,墙上无花草不春。”⑤刘驾同题诗:“回首春又归,翠华不能待。悲风生辇路,山

① 〔宋〕欧阳修等:《新唐书》卷三十八《地理二》,中华书局,1975,第983页。

② 〔清〕陈梦雷原著,杨家骆主编:《古今图书集成》卷四百三十六《职方典·河南府部汇考十》,鼎文书局,1977,第3986页。

③ 严辉:《洛阳地区隋唐离宫遗址调查与考证》,《河南科技大学学报》(社会科学版)2004年第4期。

④ 〔唐〕张云容:《与薛昭合婚诗》,〔清〕彭定求等编:《全唐诗(增订本)》卷八百六十三,中华书局,1999,第9817页。

⑤ 〔唐〕孟迟:《兰昌宫》,〔清〕彭定求等编:《全唐诗(增订本)》卷五百五十七,中华书局,1999,第6516页。

川寂已晦。”[①]兰昌宫的衰败情形由此得以真切地体现。

有学者认为，兰昌宫又名玉阳宫。乾隆《宜阳县志》亦云：“玉阳宫在上庄保，又名兰昌宫。”[②]民国《宜阳县志》曾辩之曰：“按福昌、玉阳、连昌三宫名，旧志皆以为显庆初置。福昌，隋故宫也，唐因之为县城，别建宫于今之上庄保，名之曰兰昌宫，一名玉阳宫，亦曰连昌宫，皆当时名称之异其词耳。据云县西十七里指福昌宫而言，县西二十九里至寿安而言，以今考之俱在上庄保，亦非异地也。若旧志所列叙谓是一宫而两地并建，谓是两地同一时并起，当日情事应不若此，姑为之说以备考。”[③]据玉阳宫铭并序碑记述，玉阳宫原名奉真观，元太宗十一年（1239）建，次年改名“玉阳观”，至元二十二年（1285），全真教掌门大宗师洞明真人祁志诚撰玉阳宫铭并序碑时，观前匾额改称“玉阳宫”。秦志安《重修玉阳道院记》云，金末著名道士于道显最初在上庄南寨建庵修道[④]。可见玉阳宫是元代一道观名，绝非唐兰昌宫的又名。盖因后来的玉阳宫址建在唐兰昌宫遗址上，二者在位置上具有承袭关系，后人误以为玉阳宫又名兰昌宫，致以讹传讹。

连昌宫。《新唐书·地理二》“寿安县”载：“西二十九里有连昌宫，显庆三年置。”[⑤]连昌宫或又称寿安宫。宋之问有《寿安宫西山龙泓》诗，为作者在长安停官后返洛阳经寿安所作。[⑥] 连昌宫所在，张耒《福昌书事言怀一百韵上运判唐通直》

① 〔唐〕刘驾：《兰昌宫》，〔清〕彭定求等编：《全唐诗（增订本）》卷五百八十五，中华书局，1999，第6839页。

② 〔清〕王道成、周洵修，〔清〕汪坚纂：乾隆《宜阳县志》卷二《古迹》，《河南历代方志集成·洛阳卷》（28），大象出版社，2017，第113页。

③ 张浩源、林裕焘修，王凤祥纂：民国《宜阳县志》卷二《古迹》，《河南历代方志集成·洛阳卷》（29），大象出版社，2017，第58页。

④ 王宗昱：《金元全真教石刻新编》，北京大学出版社，2005，第149页。

⑤ 〔宋〕欧阳修等：《新唐书》卷三十八《地理二》，中华书局，1975，第983页。

⑥ 〔唐〕宋之问撰，陶敏、易淑琼校注：《宋之问集校注》卷四，中华书局，2001，第622~623页。

“昌水行宫废”句原注：“连昌宫，三乡东，昌水阳。”①《肇域志》河南府宜阳县：“连昌宫在三乡。”②乾隆《宜阳县志》：“考昌水在三乡镇东、柏坡村西，其宫在三乡之滨，故曰连昌。邵雍《连昌故宫》：‘昌水来西北’，又曰‘正对三乡驿’，则三乡寺为连昌宫无疑也。”③三乡寺当指五花寺，遗址在今宜阳县三乡镇三乡村北，连昌河西岸汉山脚下。光绪《宜阳县志》：“五花寺，三乡镇北，后有塔，相传为唐连昌宫故址。”④民国《宜阳县志》：“唐塔，在三乡五花寺，共起九级，高十丈，相传唐时建。”⑤五花寺早已夷为耕地，旧址仅存宋代密檐式砖塔一座，俗称五花寺塔。五花寺遗址内历年发现有唐代板瓦、筒瓦、条形砖、砖雕等遗物，残有大量砖瓦堆积。唐寿安县治即今宜阳县城，与今三乡镇相距约40公里。三乡于唐时属福昌县，距唐福昌县(今韩城镇福昌村)约8.2公里，大体与唐十九里相符。前揭《新唐书》云连昌宫在寿安西二十九里，当为福昌县西十九里之误。据此，五花寺所在当即唐连昌宫遗址。

连昌宫是崤函古道上唐代最大的行宫之一，地处连昌河入洛河夹角地带，三川环绕，有南北二园，桑竹丛生，景色优美，以“唐宫烟水”入列宜阳八景。八景中的汉光武庙“汉山云刹”，女几山(今花果山)“女几化石”皆在附近。唐高宗、武则天、唐玄宗等都曾慕名来此巡游。连昌宫更因元稹的《连昌宫词》闻名，诗中描述的连昌宫“连昌宫竹”、“墙头千叶桃花”、宫中的“临砌花”和“舞榭台基”、“文窗”上覆的碧窗纱、“粉壁”、檐下垂玉、“菌生香案”、帘下“珊瑚钩”等细节元素，连同张祜《连昌宫》、陆龟蒙《连昌宫词二首》中描述的“红树满园”环境，“金铺”、“兽环”、美如青玉，

① 〔宋〕张耒：《福昌书事言怀一百韵上运判唐通直》，李逸安、孙通海、傅信点校：《张耒集》卷十九，中华书局，1990，第334页。

② 〔清〕顾炎武撰，谭其骧、王文楚等点校：《肇域志》第2册，上海古籍出版社，2004，第1101页。

③ 〔清〕王道成、周洵修，〔清〕汪坚纂：乾隆《宜阳县志》卷四《艺文》，《河南历代方志集成·洛阳卷》(28)，大象出版社，2017，第165页。

④ 〔清〕谢应起修，〔清〕刘占卿、龚文明纂：光绪《宜阳县志》卷五《建置》，《河南历代方志集成·洛阳卷》(28)，大象出版社，2017，第296页。

⑤ 张浩源、林裕焘修，王凤祥纂：民国《宜阳县志》卷二《古迹》，《河南历代方志集成·洛阳卷》(29)，大象出版社，2017，第73页。

水滴生纹的台阶，为我们认识这座著名行宫的环境及建筑装饰提供了难得的材料。

福昌宫。《隋书·地理中》“宜阳县”载：“有福昌宫。”①唐武德二年(619)，宜阳县治由今韩城镇东关村移至今镇西8里的福昌村北塬上，城址平面呈不规则形状，面积约30万平方米。《新唐书·地理二》：“(武德)二年，更宜阳曰福昌，因隋宫为名……有故隋福昌宫。”②《资治通鉴》胡注：“福昌县属东都，本宜阳县，武德二年更名，因隋福昌宫以名县也。”③福昌宫一度废置，至显庆三年(658)，在“故隋福昌宫”上，“复置”福昌宫④。开元末再次重修。《南部新书》卷己：“福昌宫，隋置，开元末重修。其中什物毕备，驾幸供顿。”⑤福昌宫所在，《大清一统志·河南府二》云：“福昌宫在宜阳县西”⑥。李贺《昌谷诗》自注“福昌宫在谷之东”⑦。“谷”即昌谷，为李贺故里。连昌河源于今陕州区崤山山脉，经洛宁东北入宜阳三乡，穿过宜阳北山和三乡西南汉山之间，东南向注入洛河，形成天然河谷。昌谷即因连昌河谷而得名，其东西长约30公里，东谷口和谷中分别在宜阳和洛宁，西谷口在陕州区。据此，今三乡镇在连昌河之西，福昌宫在连昌河之东。今福昌村北唐福昌县城西南角有明代道观福昌阁，坐北朝南。有当地人谓此即隋福昌宫旧址，但不知所据。

福昌宫也是唐帝常去的行宫。《新唐书·高宗纪》载，麟德二年(665)二月，唐高宗与武则天“如福昌宫”⑧。圣历二年(699)冬十月，武则天再幸福昌县，亦当驻

---

① 〔唐〕魏征等：《隋书》卷三十《地理中》，中华书局，1973，第835页。

② 〔宋〕欧阳修等：《新唐书》卷三十八《地理二》，中华书局，1975，第983页。

③ 〔宋〕司马光编著，〔元〕胡三省音注：《资治通鉴》卷二百六《唐纪二十二》，则天后圣历二年，中华书局，1956，第6542页。

④ 〔宋〕欧阳修等：《新唐书》卷三十八《地理二》，中华书局，1975，第983页。

⑤ 〔宋〕钱易撰，黄寿成点校：《南部新书》卷己，中华书局，2002，第82页。

⑥ 〔清〕穆彰阿、潘锡恩等纂修：《大清一统志》(第5册)卷二百六《河南府二》，上海古籍出版社，2008，第252页。

⑦ 〔唐〕李贺：《昌谷诗》，〔清〕彭定求等编：《全唐诗(增订本)》卷三百九十二，中华书局，1999，第4434页。

⑧ 〔宋〕欧阳修等：《新唐书》卷三《高宗纪》，中华书局，1975，第63页。

福昌宫。李贺《昌谷诗》“纡缓玉真路”句自注“近武后行幸路”。[①]《南部新书》记载福昌宫“内人”曾发明一种“斗瓮”杂技游艺,以为笑乐:“以百余瓮贮水。驾将起,所宿内人尽倾出水,以空瓮两两相比,数人共推一瓮,初且摇之,然后齐呼扣击,谓之‘斗瓮’。”斗瓮当是以大力为表演特色的一种力伎。数人一瓮,共有百余瓮,则福昌宫平时的宫女至少有数百人之多。可见崤函古道行宫虽距两京远近有所不同,都需留宫人备幸和置内宫监守。《南部新书》又云:“又宫人浓注口,以口印幕竿上。发后,好事者乃敛唇正口印而取之。”[②]斗瓮和口脂取乐的记述,为我们提供了唐代宫人生活的重要信息,对认识唐代娱乐文化,也是有益的。

兴泰宫。《新唐书·地理二》寿安县载:“西南四十里万安山有兴泰宫,长安四年置,并析置兴泰县,神龙元年省。”[③]长安四年即704年。兴泰宫建造经过,据《旧唐书·武三思传》载:“三思又以则天厌居深宫,又欲与张易之、昌宗等扈从驰骋,以弄其权。乃请创造三阳宫于嵩高山,兴泰宫于万寿山,请则天每岁临幸,前后工役甚众,百姓怨之。”[④]兴泰宫建材取自三阳宫。《资治通鉴》长安四年(704)正月条载:“丁未,毁三阳宫,以其材作兴泰宫于万安山。二宫皆武三思建议为之。”[⑤]三阳宫在今登封市大冶镇西刘碑村西南石淙河畔,建于久视元年(700),“造设奇巧,诱掖上心,凿山疏观,竭流涨海,俯穷地脉,仰出云端……御苑东西二十里所”[⑥]。以三阳宫之材,再造兴泰宫,足见兴泰宫亦当是一座规模宏大,建筑精巧的行宫。据宋之问《三月三日奉使凉宫雨中禊饮序》,兴泰宫因“境连伊塞,岸隔河都。清暑必

① 〔唐〕李贺:《昌谷诗》,〔清〕彭定求等编:《全唐诗(增订本)》卷三百九十二,中华书局,1999,第4434页。

② 〔宋〕钱易撰,黄寿成点校:《南部新书》卷己,中华书局,2002,第82页。

③ 〔宋〕欧阳修等:《新唐书》卷三十八《地理二》,中华书局,1975,第983页。

④ 〔后晋〕刘昫等:《旧唐书》卷一百八十三《武三思传》,中华书局,1975,第4735页。

⑤ 〔宋〕司马光编著,〔元〕胡三省音注:《资治通鉴》卷二百七《唐纪二十三》,武则天长安四年,中华书局,1956,第6569页。

⑥ 〔唐〕张说:《谏避暑三阳宫疏》,〔清〕董诰等编:《全唐文》卷二百二十三,中华书局,1983,第2256页。

在于三伏,殊寒不逾于十里”,又称“凉宫”,[①]是风光秀丽,布宴欢聚之所。兴泰宫建成当年,夏四月丙子,武则天即幸兴泰宫,居三月,至秋七月甲午还洛阳。神龙元年(705),武则天退位,兴泰宫被弃。开元十年(722)冬十月甲寅,唐玄宗“幸寿安之故兴泰宫。畋猎于上宜川。庚申,至自兴泰宫”[②]。

兴泰宫位置,光绪《宜阳县志》云:“万安山在赵保南,山下有唐武后兴泰宫故址。”[③]据考古调查,兴泰宫遗址在今宜阳县赵保乡西赵保村的上沟村与下沟村之间的山凹里,坐北面南,平面呈长方形。地表现存宫城南门,夯土门阙残高2米,南垣西段、东垣地面上可见残垣遗迹。其中,东垣筑在岭脊上,依山势而修,略显曲折,随山势呈高低起伏状。行宫正中为一处水池,尚有泉水涌出。南北两侧各有一处宫殿基址,面积50~1000平方米,夯土筑成,断崖处可见夯层。遗址内发现板瓦、筒瓦、陶水管、莲花纹方砖等唐建筑材料。遗址南后宫村名,当与兴泰宫有关。

图7-7　兴泰宫遗址

① 〔唐〕宋之问:《三月三日奉使凉宫雨中禊饮序》,〔清〕董诰等编:《全唐文》卷二百四十一,中华书局,1983,第2435页。

② 〔后晋〕刘昫等:《旧唐书》卷八《玄宗纪》,中华书局,1975,第184页。

③ 〔清〕谢应起修,〔清〕刘占卿、龚文明纂:光绪《宜阳县志》卷三《舆地》,《河南历代方志集成·洛阳卷》(28),大象出版社,2017,第251页。

显仁宫。《隋书·炀帝纪》载，大业元年“三月丁未，诏尚书令杨素、纳言杨达、将作大匠宇文恺营建东京……又于阜涧营显仁宫，采海内奇禽异兽草木之类，以实园苑”[①]。《资治通鉴》大业元年三月载，隋炀帝“敕宇文恺与内史舍人封德彝等营显仁宫，南接阜涧，北跨洛滨”，胡注：“隋志：河南郡寿安县有显仁宫。”[②]又云“隋志：河南寿安县有显仁宫，炀帝大业元年所起”[③]。由此则知，显仁宫在洛阳营建前即已进行，是隋炀帝营建东都时建造的首座行宫，并由负责东都营建的宇文恺和封德彝主持监造，可见其是作为东都营建整体工程的一部分，其建造速度也十分惊人。八月，东京城尚未建成，显仁宫已在使用，隋炀帝第一次行幸江都，即由此乘船出发。

显仁宫位置，一说在西苑内。《隋书·食货志》：“又于皂涧营显仁宫，苑囿连接，北至新安，南及飞山，西至渑池，周围数百里。”[④]此“周围数百里”非单指显仁宫，而是指代包含显仁宫在内的整个西苑。《河南志》《唐两京城坊考》采其说。另一说法，如前揭《资治通鉴》认为营显仁宫和筑西苑是两个不同的事件。从时间上看，西苑营建于大业元年夏五月，略晚于显仁宫。建筑顺序上，是先建显仁宫，而后构筑了西苑。空间上，显仁宫在西苑南面，“南逼南山，北临洛水”[⑤]，不在西苑苑内。《资治通鉴》胡注：“显仁宫在河南寿安县，幸东都则为中顿。”[⑥]《读史方舆纪

① 〔唐〕魏征等：《隋书》卷三《炀帝纪》，中华书局，1973，第63页。

② 〔宋〕司马光编著，〔元〕胡三省音注：《资治通鉴》卷一百八十《隋纪四》，隋炀帝大业元年，中华书局，1956，第5618页。

③ 〔宋〕司马光编著，〔元〕胡三省音注：《资治通鉴》卷一百九十四《唐纪十》，唐太宗贞观十一年，中华书局，1956，第6127页。

④ 〔唐〕魏征等：《隋书》卷二十四《食货志》，中华书局，1973，第686页。

⑤ 〔清〕徐松辑，高敏点校：《河南志》，中华书局，1994，第138页。

⑥ 〔宋〕司马光编著，〔元〕胡三省音注：《资治通鉴》卷一百九十七《隋纪四》，隋炀帝大业元年，中华书局，1956，第6209页。

要·河南三》亦谓显仁宫"隋置。自西京幸东都以此为中顿"①。可见显仁宫属于两京路上一座独立的行宫。

唐时沿用隋显仁宫,更名明德宫,又名昭仁宫。《新唐书·魏征传》载,唐太宗"幸洛阳,次昭仁宫,多所谴责"②。《资治通鉴》载,贞观十一年(637)二月甲子,太宗之京"行幸洛阳宫","上至显仁宫,官吏以缺储偫,有被谴者"。③《贞观政要》则作"贞观十二年,太宗东巡狩,将入洛,次于显仁宫,宫苑官司多被责罚"④。杨鸿年分析,盖因显、昭义皆为明,故通用。⑤《唐两京城坊考》"明德宫"条徐松自注:"按《唐书·魏征传》:太宗幸洛次昭仁宫。《贞观政要》及《魏郑公谏录》皆作显仁宫,是昭仁宫即明德宫矣。"⑥贞观十一年(637)六月,唐太宗自长安至洛阳,避暑明德宫。七月,暴雨致谷水、洛水泛滥,毁坏洛阳城内宫寺民居,太宗自明德宫还洛阳,诏废明德宫及飞山宫之玄圃院,用其材木救济城中遭灾百姓。唐高宗时,随着洛阳成为唐实际都城,明德宫盖又得到修缮。显庆二年(657)夏五月丙申,高宗"幸明德宫"避暑,至"秋七月丁亥,还洛阳宫"⑦。

据《隋书·地理中》,显仁宫在河南寿安县,"南接皁(皂)涧,北跨洛滨"。《河南志》谓明德宫在唐西苑中心离宫合璧宫的东南,"南逼南山,北临洛水"。合璧宫遗址业已发现,在今洛阳市高新区辛店镇龙池沟村东北⑧。考明德宫地望,当在今

---

① 〔清〕顾祖禹撰,贺次君、施和金点校:《读史方舆纪要》卷四十八《河南三》,中华书局,2005,第2255页。

② 〔宋〕欧阳修等:《新唐书》卷九十七《魏征传》,中华书局,1975,第3871页。

③ 〔宋〕司马光编著,〔元〕胡三省音注:《资治通鉴》卷一百九十四《唐纪十》,唐太宗贞观十一年,中华书局,1956,第6127页。

④ 〔唐〕吴兢撰,谢保成集校:《贞观政要集校》卷二《纳谏》,中华书局,2009,第145页。

⑤ 杨鸿年:《隋唐宫廷建筑考》,陕西人民出版社,1992,第68页。

⑥ 〔清〕徐松撰,〔清〕张穆校补:《唐两京城坊考》卷五,中华书局,1985,第144页。

⑦ 〔后晋〕刘昫等:《旧唐书》卷四《高宗纪》,中华书局,1975,第77页。

⑧ 严辉:《洛阳西郊龙池沟唐代西苑宫殿遗址调查》,《文物》2000年第10期。

宜阳县周村、苗村一带。光绪《宜阳县志》谓“今县治即显仁宫也”[①],即今宜阳县城解放中路,误。

甘泉宫。《大业杂记》载:“甘泉宫,一名皂涧宫。”“大业元年春,迁都未成,敕内史舍人封德彝于此置宫。”[②]《河南志》采其说,云“阜(皂)涧宫,别名甘泉宫”[③]。辛德勇认为,封德彝营显仁宫与置甘泉(皂涧)宫为一事。甘泉宫和皂涧宫、显仁宫都是隋炀帝建造较早的行宫,皆在西苑南侧、洛水南岸,相互间距离较近,但三者当非一宫。前揭《隋书》云隋炀帝“又于皂涧营显仁宫”,《河南志》将皂涧宫和显仁宫同时并列于隋西苑离宫中,显见是两处不同的行宫。皂涧宫和甘泉宫当是分别以皂涧、甘水命名,位置分别近皂涧或甘水。皂涧,《资治通鉴》胡注谓即《水经注》黑涧水。《读史方舆纪要·河南三》云:“黑涧,在寿安废县南。《水经注》:‘黑涧水出陆浑县西山,历黑涧西北入洛。洛水迳宜阳故城南,又东与黑涧水合,亦曰皂涧。’”[④]黑涧水即今陈宅河,源自赵保南墨山之麓,于城关镇灵山、陈宅间,北注入洛。甘水,《水经注·甘水》云:“甘水出弘农宜阳县鹿蹏山,山在河南陆浑县故城西北,俗谓之纵山。”[⑤]甘水即今宜阳东甘水河,源自宜阳县樊村乡西杨家岭附近鹿蹄山(一名纵山),于洛阳市洛龙区丰李镇小作村附近北入洛河。皂涧、甘水都是洛河南岸的支流,皂涧在上游,甘水在下游,两水相距有一段距离,可证甘泉宫与皂涧宫绝非一宫。

甘泉宫规模颇大,环境秀美,号称游赏之最。《大业杂记》载,甘泉宫“周十余里。宫北通西苑,其内多山阜,崇峰曲涧,秀丽标奇。其中有阆风亭、丽日亭、栖霞

---

① 〔清〕谢应起修,〔清〕刘占卿、龚文明纂:光绪《宜阳县志》卷六《古迹》,《河南历代方志集成·洛阳卷》(28),大象出版社,2017,第326页。

② 〔唐〕杜宝撰,辛德勇辑校:《两京新记辑校　大业杂记辑校》,中华书局,2020,第206页。

③ 〔清〕徐松辑,高敏点校:《河南志》,中华书局,2012,第115页。

④ 〔清〕顾祖禹撰,贺次君、施和金点校:《读史方舆纪要》卷四十八《河南三》,中华书局,2005,第2255页。

⑤ 〔北魏〕郦道元著,陈桥驿校证:《水经注校证》卷十六《甘水》,中华书局,2007,第404页。

观、行雨台、清暑殿,南有通仙飞桥、百尺涧、青莲峰,峰上有翠微亭,游赏之美,于斯为最”。甘泉宫位置,史无明载。但《大业杂记》记载:“建国门西南十二里,有景华宫……十余里有甘泉宫。”①是甘泉宫与景华宫紧邻。建国门为隋东都外郭城正南门,亦即唐定鼎门,由此向西南 12 里,即今洛阳李屯一带。又“十余里”,则甘泉宫当在今宜阳甘水上游一带,具体位置待考。

连曜宫。《南部新书》卷戊记载,开元二十五年(718),玄宗西幸,“驻跸寿安连曜宫。宫侧有精舍,庭内刹柱高五丈。有立于承露鉴者,上望见之,初谓奸盗觇视宫掖,使中官就竿下诘之。人曰:‘吾欲舍身。本是知汤前官,被知汤中使邀钱物,已输十缣,索仍不已。每进汤水,辄投土其中,事若阙供,责怒必死,宁死于舍身尔。’具以闻,诏高力士召知汤中使赍绢于竿下谢之,仍命彻尚舍卫尉幕,委积于竿下。其人礼十方毕,以身投地,坠于幕外。举体深红色,初尚微动,须臾绝。诏集文武从官于朝堂,杖杀中使,敕府县厚葬殒者”②。连曜宫仅见该书,他书无载。《南部新书》作者钱易生活的年代,主要在北宋真宗朝,所撰《南部新书》,依据的是前人或时人的现成著作,故连曜宫记载,虽为孤载,亦应有所本。据此,连曜宫乃崤函古道上一行宫,在今宜阳县,具体位置待考。

紫桂宫是唐在崤函古道北路上修建的唯一行宫。其建造年代,诸书记载不一。《唐会要·诸宫》:“仪凤四年五月十九日,造紫桂宫于渑池县西。”③《资治通鉴》调露元年五月载:“戊戌,作紫桂宫于渑池之西。”④按唐高宗仪凤四年(679)六月改元调露元年,故二者为一年,即 679 年。而《新唐书·地理二》渑池县则云:“西五里

---

① 〔唐〕杜宝撰,辛德勇辑校:《两京新记辑校　大业杂记辑校》,中华书局,2020,第 205 页。

② 〔宋〕钱易撰,黄寿成点校:《南部新书》卷戊,中华书局,2002,第 64 页。

③ 〔宋〕王溥:《唐会要》卷三十《诸宫》,中华书局,1960,第 560 页。

④ 〔宋〕司马光编著,〔元〕胡三省音注:《资治通鉴》卷二百二《唐纪十八》,唐高宗调露元年,中华书局,1956,第 6390 页。

有紫桂宫,仪凤二年置。"[①]仪凤二年即677年。如此一来,紫桂宫建造时间就出现了两年的差距。那么,到底哪一个记载是真实情况的反映呢?《旧唐书·高宗纪》载,上元四年五月戊戌"造紫桂宫于渑池之西"[②]。按唐高宗上元三年(676)十一月改曰仪凤元年,这里的四年实为仪凤二年。两唐书关于此事的记载完全一致,足证紫桂宫建造时间在仪凤二年。另《资治通鉴》弘道元年五月载,"庚寅,上幸芳桂宫",胡注:"仪凤二年,营紫桂宫于渑池县西五里。"[③]可见《唐会要》关于紫桂宫建造时间的记载有误。紫桂宫成后,宫名屡改。"调露二年曰避暑宫,永淳元年曰芳桂宫。"[④]至弘道元年(683),高宗卒,遗诏废芳桂宫。文明元年(684),武则天临朝称制,诏芳桂宫"置僧寺,以旧宫为名"[⑤]。唐武宗会昌年间(840—846),打击佛教,芳桂宫被毁。

关于紫桂宫的建造,洛阳龙门北市丝行像龛北侧造像题记留下了珍贵的史料:"李君瓒修紫桂宫□□,平安至家,敬造观音菩萨。调露二年六月卅日。"[⑥]李君瓒曾参加奉先寺大卢舍那像龛雕凿,竣工后,又至渑池参加紫桂宫修建。调露二年(680)回家后,在大像龛南约20米处造观世音菩萨像一躯,并留下题记。李君瓒参加大像龛工程后又被选去修建紫桂宫,说明他当时已是杰出的雕塑艺人和精明的施工管理人员(支料匠),而他参与建造的紫桂宫想必也有相当之规模和水准。唐在此又设芳桂宫驿。唐制三十里一驿。芳桂宫驿与渑池在城驿南馆相距仅五里,当为特设之驿,唐高宗在紫桂宫下达的政令,通过附近的芳桂宫驿驿骑传达到全国

① 〔宋〕欧阳修等:《新唐书》卷三十八《地理二》,中华书局,1975,第983页。

② 〔后晋〕刘昫等:《旧唐书》卷五《高宗纪》,中华书局,1975,第104页。

③ 〔宋〕司马光编著,〔元〕胡三省音注:《资治通鉴》卷二百三《唐纪十九》,唐高宗调露元年,中华书局,1956,第6414页。

④ 〔宋〕欧阳修等:《新唐书》卷三十八《地理二》,中华书局,1975,第983页。

⑤ 〔宋〕宋敏求,〔元〕李好文撰,辛德勇、郎洁点校:《长安志　长安志图》,三秦出版社,2013,第489页。

⑥ 刘景龙、李玉昆:《龙门石窟碑刻题记汇录》,中国大百科全书出版社,1998,第549页。

各地,这也从侧面证明了紫桂宫对于唐廷的重要性,紫桂宫往日的繁荣景象自不必说。据明《河南府志》载,紫桂宫"有九玄殿"。调露二年(680)四月乙丑,唐高宗自东都幸紫桂宫,癸酉又"广招百官"至紫桂宫,在九玄殿大会文武百僚,庆贺裴行俭讨伐突厥大捷。《册府元龟》记有唐高宗《九玄殿会文武百僚口谕》:"故广召百官以申谳喜,王公卿士想同兹庆。"[①]至"八月丁未,自紫桂宫还东都"[②]。永淳元年(682)四月丙寅,高宗自长安幸洛阳,"戊寅,次渑池之紫桂宫。乙酉,至东都"[③]。其间在芳桂宫驿召见被免职的韦机,令其以平民身份管理园林园囿。二年(即弘道元年),高宗欲第三次行幸紫桂宫,行至合璧宫,因大雨返回。

紫桂宫所在,前揭《资治通鉴》胡注:"紫桂宫在渑池之西五里。"嘉庆《渑池县志》:"紫桂宫遗址在治西五里许黄花村。"[④]即今渑池陈村乡黄花村(原名紫桂村),现遗址无存。当地人谓紫桂宫或芳桂宫宫名,是因当时这里桂树较多,缘"桂花味芳香""桂花色紫墨"得名,意谓此地环境馨香美丽。黄花村名亦因"桂花色黄"而来。

综上所述,隋唐时崤函古道史籍可考的行宫有16座。有关这些行宫的名称位置、建宫和使用年代归纳于下表。

① 〔宋〕王钦若等编纂,周勋初等校订:《册府元龟》卷一百《帝王部·宴享二》,凤凰出版社,2006,第1196页。

② 〔后晋〕刘昫等:《旧唐书》卷五《高宗纪》,中华书局,1975,第106页。

③ 〔后晋〕刘昫等:《旧唐书》卷五《高宗纪》,中华书局,1975,第109页。

④ 〔清〕甘扬声修,〔清〕刘文运纂:嘉庆《渑池县志》卷八《古迹》,《河南历代方志集成·三门峡卷》(5),大象出版社,2017,第114页。

表 7-2　隋唐崤函古道行宫设置表

行宫名称	行宫位置	建宫年代	使用年代
轩游宫(别院宫、阌乡别馆)	虢州阌乡县(今灵宝市豫灵镇文底南原村附近)	隋	隋—唐
上阳宫	虢州湖城县(今灵宝市阳平镇文乡村附近)	隋初	隋—唐
桃源宫	陕州灵宝县(今灵宝市大王镇后地村西南)	唐武德元年	唐
陕城宫(弘农宫)	陕州陕县(今湖滨区陕州故城)	隋大业初	隋—唐
绣岭宫	陕州硖石县(今陕州区菜园乡高家庄村南)	唐显庆三年	唐
兰峰宫	河南府永宁县(今陕州区宫前乡宫前村北)	唐显庆三年	唐
莎册宫	河南府永宁县莎栅城(今陕州区宫前乡宫前村兰峰宫东三里)	唐	唐
绮岫宫	河南府永宁县西(今洛宁县东宋镇南、北旧县村)	唐显庆三年	唐
福昌宫	河南府福昌县(今宜阳县三乡镇连昌河之东)	隋	隋—唐
兰昌宫	河南府福昌县西(今宜阳县三乡镇南寨村)	唐	唐
连昌宫	河南府寿安县西(今宜阳县三乡镇三乡村北)	唐显庆三年	唐
兴泰宫(凉宫)	河南府寿安县西南(今宜阳县赵保乡赵保村)	唐长安四年	唐
显仁宫(明德宫、昭仁宫)	河南府寿安县(今宜阳县周村、苗村一带)	隋大业元年	隋—唐
甘泉宫	河南府寿安县东(今宜阳甘水上游一带)	隋大业元年	隋—唐
连曜宫	河南府寿安县(今河南宜阳)	唐	唐
紫桂宫(避暑宫、芳桂宫)	河南府渑池县(今渑池县陈村乡黄花村)	唐仪凤二年	唐

上述16座行宫,轩游宫(别院宫)、上阳宫、陕城宫(弘农宫)、福昌宫、显仁宫(明德宫、昭仁宫)、甘泉宫6座绍继隋代,唐代另新建了10座。根据其空间位置分布和功能,这16座行宫皆属于两京路行宫,其中,兴泰宫、紫桂宫属于两京路上的避暑宫类型,绣岭宫、兰峰宫也具有避暑宫的性质。

有学者考证,唐代关中建有行宫约19座,关中之外约有27座①。隋唐崤函古道行宫史籍可考者有16座,仅比关中少3座,占关中之外行宫数的59%,说明崤函地区是隋唐行宫分布最密集的地区,崤函古道是隋唐行宫数量最多的交通线路。这是由崤函古道"襟带两京"的交通轴心地位所决定的。

隋唐崤函古道行宫是隋唐两京制度的产物,在行宫修建的时间和空间选择上,都进行了精心布置,体现出鲜明的阶段性和地域性特征,其时空分布主要依据两京制尤其是东都洛阳运作的阶段性变化而变化,反映了隋唐时期两京关系、崤函古道交通及其演变过程中的诸多重要问题。

其一,兴衰变化与两京关系。隋唐崤函古道行宫的兴建大体集中在两个时期,每个时期都与两京制建立和发展密切相关。隋炀帝即位伊始,营建东都洛阳,建立长安洛阳东西两京体系,两京路行宫建设随之进入第一个高峰期。唐太宗称"隋炀帝广造宫室,以肆行幸,自西京至东都,离宫别馆,相望道次"②。《大业杂记》记隋炀帝在大业元年,"自豫州至京师八百余里,置一十四顿。顿别有宫,宫有正殿"③。崤函古道上的轩游宫、上阳宫、陕城宫(弘农宫)、福昌宫、显仁宫、甘泉宫皆建于此时。唐高宗时是崤函古道行宫建设的第二个高峰期,尤以显庆年间为最,武则天时也有兴作。除在隋朝行宫基础上加以改建扩建外,又重新建造了一批新的行宫。唐代新建的崤函古道行宫,除桃源宫外,其余9座均建于此际。这一时期正是唐高

① 介永强:《关中唐代行宫考》,《中国历史地理论丛》2000年第3辑;《唐代行宫考逸》,《中国历史地理论丛》2001年第2辑。

② 〔唐〕吴兢撰,谢保成集校:《贞观政要集校》卷十《论巡幸》,中华书局,2003,第511页。

③ 〔唐〕杜宝撰,辛德勇辑校:《两京新记辑校 大业杂记辑校》,中华书局,2020,第190页。

宗改洛阳为东都,正式建立东西两京制度,唐皇往来于两京之间最频繁的年代。史载唐高宗行幸洛阳7次,与武则天在洛阳期间也常常行幸宜阳、福昌和渑池等地行宫。唐玄宗登基后,5次行幸洛阳,在洛时间长达9年10个月。由于此时两京路行宫格局已经成型臻于完善,玄宗主要是对此进行整修、扩建。《资治通鉴》载,开元二十六年(738),“于西京、东都往来之路,作行宫千余间”[①]。《唐会要》则作“两京路行宫,各造殿宇,及屋千间”[②]。《南部新书》所云福昌宫“开元末重修”,当皆指此。

安史之乱后,情况大不一样,不仅再没有新建行宫,而且直到唐灭亡前夕唐昭宗被挟持到洛阳,唐朝诸帝迄未行幸洛阳之迹。东都洛阳虽有东都之制,但地位已远不如唐前期。崤函古道上行宫大门紧锁,渐渐凋圮、荒残。《读史方舆纪要·河南三》谓:“及天宝倦勤,渔阳作乱,车驾不复东巡,宫室渐废。”[③]宝历二年(826),唐敬宗欲东巡洛阳,最终被山南西道节度使裴度陈述的洛阳宫殿、行宫“荒圮弗治”,需“假岁月完新”而打消。《新唐书·裴度传》载其事:“先是,帝将幸东都,大臣切谏,不纳,帝恚曰:‘朕意决矣!虽从官宫人自挟糗,无扰百姓。’趣有司检料行宫,中外莫敢言。度从容奏:‘国家建别都,本备巡幸。自艰难以来,宫阙、署屯、百司之区,荒圮弗治,假岁月完新,然后可行。仓卒无备,有司且得罪。’帝悦曰:‘群臣谏朕不及此。如卿言,诚有未便,安用往邪?’因止行。”[④]曾经的喧嚣浮华与满目的荒圮废垣行宫成为唐人感受盛世变迁的标志和咏史抒怀的建筑景观。洪迈《容斋随笔》云:“白乐天《长恨歌》《上阳人歌》,元微之《连昌宫词》,道开、天间宫禁事,最

---

① 〔宋〕司马光编著,〔元〕胡三省音注:《资治通鉴》卷二百一十四《唐纪三十》,唐玄宗开元二十六年,中华书局,1956,第6836页。

② 〔宋〕王溥:《唐会要》卷三十《杂记》,中华书局,1960,第561页。

③ 〔清〕顾祖禹撰,贺次君、施和金点校:《读史方舆纪要》卷四十八《河南三》,中华书局,2005,第2235页。

④ 〔宋〕欧阳修等:《新唐书》卷一百七十三《裴度传》,中华书局,1975,第5216页。

为深切矣。然微之有《行宫》一绝句云:‘寥落古行宫,宫花寂寞红。白头宫女在,闲坐说玄宗。’语少意足,有无穷之味。”[①]诗人在残破的行宫之外看着大唐的光辉渐渐黯淡下去,追忆的是在当下大唐没落之时对盛世不再的委婉怅然。可见崤函古道行宫的兴衰与长安洛阳两京体制的运作、唐王朝的盛衰同起同落。

崤函古道行宫的“荒圮弗治”与安史之乱后驿路萧条冷落具有同步性。天复三年(903)二月,韩偓初贬濮州,途经硖石县,作《出官经硖石县》诗云:“逆旅讶簪裾,野老悲陵谷。”自注:“南路以久无儒服经过,皆相聚悲喜。”[②]因此地久无朝官经过,所以山村野老看到穿着官服的行人皆惊讶而兴悲喜之情,这与开元天宝之时,“两京大道多游客”[③],一路馆驿旅店林立,行人车马不绝的场面已不可同日而语了。

其二,空间分布与交通线路选择。行宫离不开驿路,行宫依赖馆驿,隋唐崤函古道每座行宫附近皆有馆驿,其分布也与馆驿分布一样,呈南(路)多北(路)寡的特点。16 座行宫除轩游宫、上阳宫、桃源宫、陕城宫在崤函古道西段外,崤山北路仅有一座紫桂宫,其余 11 座行宫皆在南路。一般认为,这是隋唐时行旅以南路为主,北路为辅,帝王行幸两京多走南路状况的真实反映。这自然不错。但另一方面,它同南路交通特色也有直接关系。

隋唐崤函古道南路行宫分布以永宁至寿安段最为密集,南路 11 座行宫中有 8 座分布于此。行宫营建离不开适宜的地理条件,往往需要借助当地优美自然景色,因山借水,因地制宜,营造出草木苍翠、山清水秀的幽邃、雅逸的环境。崤山南路自永宁越过崤山,经洛水与昌水交汇处三乡东北折,进入寿安、福昌,道路便沿洛水东

① 〔宋〕洪迈撰,孔凡礼点校:《容斋随笔》卷二《古行宫诗》,中华书局,2005,第 19 页。

② 〔唐〕韩偓:《出官经硖石县》,〔清〕彭定求等编:《全唐诗(增订本)》卷六百八十,中华书局,1999,第 7854 页。

③ 〔唐〕刘禹锡:《送王司马之陕州》,〔清〕彭定求等编:《全唐诗(增订本)》卷三百五十九,中华书局,1999,第 4052 页。

行,一路坦途,水木清华的景致迥异于险峻难行的往途,给人以耳目一新的感觉。这在唐诗中多有反映。如刘禹锡《题寿安甘棠馆二首》:"门前洛阳道,门里桃花路。尘土与烟霞,其间十余步。"许浑《早发寿安次永寿渡》:"东西车马尘,巩洛与咸秦。山月夜行客,水烟朝渡人。树凉风皓皓,滩浅石磷磷。"①白居易《西还寿安路西歇马》:"槐阴歇鞍马,柳絮惹衣巾。日晚独归路,春深多思人。去家才百里,为客只三旬。已念纱窗下,应生宝瑟尘。"②古代交通条件落后,受其影响,行宫距离都城不能太远。寿安、福昌是崤函古道洛阳西行的第一、二县,距离东都不远,历来属于洛阳都畿之地。行宫密集于此,既可享受这一带水木清华的景致,又可避免因行宫距离过远,而可能生出的不测。此外,隋唐时,崤山北路渑池新安到洛阳的道路,由于东都洛阳建有东都苑(隋会通苑,武则天改名神都苑),周一百二十六里,西至孝水,东抵宫城,谷洛二水会于苑内,除行军外不得通行。因此,行宫也只能多选建在崤山南路上。

二、馆驿

隋唐时期的馆驿建设取得了空前的成就。馆驿系统的经营,成为隋唐成就盛世的重要条件之一。唐代称驿站为馆驿,包括驿和馆两类,二者既有区别又有相同之处。

驿置于通途大路旁,数量最多,根据交通道路性质分为陆驿、水驿和水陆相兼驿三种。《唐六典》载玄宗时驿之数量曰:"凡三十里一驿,天下凡一千六百三十有九所。二百六十所水驿,一千二百九十七所陆驿,八十六所水陆相兼。若地势险阻

① 〔唐〕许浑:《早发寿安次永寿渡》,〔清〕彭定求等编:《全唐诗(增订本)》卷五百三十,中华书局,1999,第6103页。

② 〔唐〕白居易:《西还寿安路西歇马》,〔清〕彭定求等编:《全唐诗(增订本)》卷四百六十二,中华书局,1999,第5286页。

及须依水草,不必三十里。”中唐以后驿数虽有所递减,但始终维持在一千三百所以上。“每驿皆置驿长一人”,统管驿站的各项工作,受兵部指挥,下设负责管理驿站具体事务的驿吏及承担驿中差役的驿子(驿丁)等。朝廷根据馆驿的闲要,将全国陆驿分为六等,并按此配备驿马:最高等为两京都亭驿,配马七十五匹,“诸道之第一等减都亭之十五,第二、第三皆以十五为差,第四减十二,第五减六,第六减四,其马官给”。驿丁则依配马标准按比例配置,“凡马三名给丁一人”。驿站专门用于官方传递公文和军情、官员出使和赴任、追捕和押送犯人、运送贡物等方面的需要。唐初对乘驿有非常严格的规定,“凡乘驿者,在京于门下给券,在外于留守及诸军、州给券”①。驿卷上写明行程,即走哪些驿,要走多少天,违程者要受到惩罚。如《唐六典》规定:“凡陆行之程:马日七十里,步及驴五十里,车三十里。”②驿站依凭官府的铜符和驿券,提供食宿、车马、草料、舟船、人夫等。无论何种官客,无铜符、驿券,都不能擅自入驿居止。武后末期,这种限制开始有所放宽,至中唐以后,入驿的权限已经扩大到没有公事的各级过往官员、举子及及第进士,也可在驿中住宿,不再被视为不合入驿者。驿的功能同时具有通信、待客食宿和提供交通工具三种功能。“由唐以前的专用于军政目的、传递军情、政令变为广纳社会各阶层人士的公共场所,兼具娱乐文化传播等社会文化功能。”③形成唐代驿站及其制度最为显著的变化。

馆的设立,没有驿那么严格。《通典》云:“三十里置一驿,其非通途大路则曰馆。”④是说在大路建的称驿,偏僻处建的称馆。但实际上,馆并非只设在僻陋小道,一些通途大路的驿,也称馆,并且有公私之分。据黄正建考证,公办的馆有三种:一种是驿中的馆舍,有时也称馆,叫馆驿;另一种是州县建立的招待宾客的宾

① 〔唐〕李林甫等撰,陈仲夫点校:《唐六典》卷五《尚书兵部》,中华书局,1992,第163页。

② 〔唐〕李林甫等撰,陈仲夫点校:《唐六典》卷三《尚书户部》,中华书局,1992,第80页。

③ 李德辉:《唐宋时期馆驿制度及其与文学之关系研究》,人民文学出版社,2008,第111页。

④ 〔唐〕杜佑撰,王文锦等点校:《通典》卷三十三《州郡下》,中华书局,1988,第924页。

馆,称州馆、县馆;第三种是官办的和驿平行、设置于驿路上用以接待官客的宾馆、旅店[1]。唐代馆的数量上远少于驿。主要负责提供往来官客的食宿,一般不提供交通工具,住馆官客可以是官员,也可以是科举士子,甚至是官方的客僧。

驿和馆的相同之处在于,都具有食宿功能,专供往来官客使用。无论是驿,还是馆,大多建有楼、厩、厅、库等,备有酒、茶、菜等,可供小型聚会饮乐。正因为此,唐玄宗开元年间开始设立"检校两京馆驿使"官员。唐人诗文中也经常将驿、馆混同或连称,馆驿并称取代以往的驿传合称。

崤函古道沟通两京,行旅往来,尤为繁多,是馆驿设置最密集,驿运最繁忙的地区之一。韩愈《酬裴十六功曹巡府西驿途中见寄》诗云:"府西三百里,候馆同鱼鳞。"[2]府西即河南府西,崤函古道馆驿如鱼鳞般密集分布,因在交通要道、来往者众多,馆驿等级也高,被称为"大路驿"。严耕望、王文楚曾对两京路馆驿进行考证[3],但涉及崤函古道的一些地方,如馆驿数量、分布及性质等仍有值得进一步研讨的余地。本节即在前贤基础上,考校史料,辅以实地考察,进一步梳理隋唐崤函古道馆驿。

潼关是长安的东大门,也是崤函古道西端的起点,关设二驿。一曰潼关驿。许浑有《行次潼关题驿后轩》《秋日赴阙题潼关驿楼》《秋霁潼关驿亭》,薛逢有《潼关驿亭》。诗中"驿后轩""驿楼""驿亭"皆指潼关驿。潼关驿在潼关城,故址在今潼关秦东镇黄河边。《旧唐书·封常清传》:"(边)令诚至潼关,引常清于驿南西街,宣敕示之。"[4]二曰关西驿,又称关西客舍。岑参有《宿关西客舍寄东山严许二山人

① 李斌城等:《隋唐五代社会生活史》,中国社会科学出版社,1988,第 125 页。

② 〔唐〕韩愈:《酬裴十六功曹巡府西驿途中见寄》,〔清〕彭定求等编:《全唐诗(增订本)》卷三百三十九,中华书局,1999,第 3811 页。

③ 严耕望:《唐代交通图考》第 1 卷《京都关内区》,上海古籍出版社,2007,第 17~89 页;王文楚:《唐代两京驿路考》,《历史研究》1983 年第 6 期。

④ 〔后晋〕刘昫等:《旧唐书》卷一百四《封常清传》,中华书局,1975,第 3210 页。

时天宝初七月初三日在内学见有高道举征》。许浑有《秋日行次关西》,吴融有《关西驿亭即事》。严耕望谓潼关驿又名关西驿[①]。王文楚认为,关西驿在潼关之西,与潼关驿是两个不同的馆驿[②],其说当是。《资治通鉴》唐肃宗至德元年云:"(崔)乾佑进攻潼关,克之。(哥舒)翰至关西驿,揭榜收散卒,欲复守潼关。蕃将火拔归仁等以百余骑围驿……翰上马出驿。"[③]由此则知关西驿在潼关城西。《元丰九域志·陕西路》华阴县同列有潼关、关西镇两地。《大清一统志·同州府二》:"关西镇在华阴东,以在潼关之西,故名。"[④]绍兴九年(1139),郑刚中出使长安,途经关东店、潼关、关西店,亦证潼关、关西并非一地。据艾冲考证,天授二年(691),武则天迁建潼关城的同时,曾在城西二里许、潼水西侧的居民点置潼津县,长安二年(702)撤置,于旧县址置关西驿。唐潼津县和关西驿故址均位于今潼河西侧、明清潼关城内西半部。而唐潼关城则在明清潼关城的东南部[⑤]。严耕望谓潼关驿又名关西驿,可能是误将明清潼关城等同于唐潼关城所致。

潼关驿东行约三十里至阌乡县,有阌乡驿。阌乡是崤函古道进入河南第一县,北邻黄河,县当驿路。阌乡驿素有"邮亭之甲"[⑥]的盛名,馆驿发达,规制甚壮,官员多经此处停留。虢州的迎来送往告别也常在这里进行。宝应元年(762),岑参送上官秀才至阌乡告别,作《阌乡送上官秀才归关西别业》:"相去关城近,何时更肯过。"《大清一统志·陕州直隶州一》云:"阌乡故城在今阌乡县西。……县志:故城在县西四十

① 严耕望:《唐代交通图考》第1卷《京都关内区》,上海古籍出版社,2007,第37页。

② 王文楚:《唐代两京驿路考》,《历史研究》1983年第6期。

③ 〔宋〕司马光编著,〔元〕胡三省音注:《资治通鉴》卷二百一十八《唐纪三十四》,唐肃宗至德元年,中华书局,1956,第6969页。

④ 〔清〕穆彰阿、潘锡恩等纂修:《大清一统志》(第5册)卷二百四十四《同州府二》,上海古籍出版社,2008,第89~90页。

⑤ 艾冲:《古代潼关城址的变迁》,《历史地理》(第18辑),上海人民出版社,2002,第124页。

⑥ 〔唐〕崔祐甫:《滑亭新驿碑阴记》,〔清〕董浩等编:《全唐文》卷四百九,中华书局,1983,第419页。

里。”[①]民国《新修阌乡县志·建置志》:“旧治在县西阌底镇,明洪武初移今治。”[②]则唐阌乡县在今灵宝市豫灵镇文底南原村,阌乡驿属在城驿,其地自当在此。

阌乡东行约二十五里,有盘豆驿。武元衡有《使次盘豆驿望永乐县》,权德舆有《盘豆驿》,韦庄有《题盘豆驿水馆后轩》。又称盘豆馆,李商隐有《出关宿盘豆馆对丛芦有感》,佚名《夭桃诗》序云:“太和中,处士姚坤居东洛万安山。有女子自称夭桃,诣坤云……后坤应制。挈入京,至盘豆馆。”[③]盘豆历史悠久,素有声名。光绪《阌乡县志》:“世传汉孝光微时经过湖城,遇仙翁以盘飧豆,羹而进之。后因名其地为盘豆,今盘豆镇是也。”[④]《资治通鉴》梁武帝大同三年(537)载:“魏宇文深劝丞相泰取恒农,八月,丁丑,泰帅李弼等十二将伐东魏,以北雍州刺史于谨为前锋,攻盘豆,拔之。”胡注:“恒农湖城、阌乡之西有皇天原,原西有盘豆城。”[⑤]《读史方舆纪要·河南三》阌乡县:“盘豆城,在县西南二十里。”[⑥]《甘棠志》:“盘豆馆在湖城县西二十里。”[⑦]由此则知盘豆驿故址在今灵宝市故县镇娄店下黄河滩地。1959年因三门峡大坝蓄水,盘豆镇东半部居民迁于娄店之东,称盘东村,镇西半部居民迁于娄店之西,称盘西村。盘豆镇虽未淹没,但已沦为农田,一无所存。

盘豆驿是崤函古道上少有的水陆相兼之驿,临玉涧水(即阌乡水,今双桥河),

① 〔清〕穆彰阿、潘锡恩等纂修:《大清一统志》(第5册)卷二百二十《陕州直隶州一》,上海古籍出版社,2008,第444页。

② 黄觉修,韩嘉会纂:民国《新修阌乡县志》卷二《建置志》,《河南历代方志集成·三门峡》(10),大象出版社,2017,第323页。

③ 〔唐〕佚名:《夭桃诗》,〔清〕彭定求等编:《全唐诗(增订本)》卷八百六十七,中华书局,1999,第9889页。

④ 〔清〕刘思恕、汪鼎臣修,〔清〕王维国、王守恭纂:光绪《阌乡县志》卷一《疆域·古迹》,《河南历代方志集成·三门峡卷》(10),大象出版社,2017,第40页。

⑤ 〔宋〕司马光编著,〔元〕胡三省音注:《资治通鉴》卷一百五十七《梁纪十三》,梁武帝大同三年,中华书局,1956,第4879页。

⑥ 〔清〕顾祖禹撰,贺次君、施和金点校:《读史方舆纪要》卷四十八《河南三》,中华书局,2005,第2279页。

⑦ 刘学锴、余恕诚:《李商隐诗歌集解》,中华书局,2004,第363页。

景色尤佳,有"楚水吴山"之胜。韦庄《题盘豆驿水馆后轩》:"极目晴川展画屏,地从桃塞接蒲城。滩头鹭占清波立,原上人侵落照耕。去雁数行天际没,孤云一点净中生。凭轩尽日不回首,楚水吴山无限情。"[①]驿东的大槐树,人称"两京道上槐王",高大茂密,耸入云天。文人举子往来,多有诗文描述,是崤函古道上唐人最常吟唱的馆驿之一。

盘豆驿向东约二十五里至湖城县,县当驿路,有湖城驿。刘禹锡《秋晚题湖城驿池上亭》诗云:"秋次池上馆,林塘照南荣。尘衣纷未解,幽思浩已盈。风莲坠故萼,露菊含晚英。"[②]可见湖城驿是一座有亭子、池塘、竹林,又有佳胜景致的馆驿。据考唐湖城即秦汉之胡(湖)县,故址在今灵宝市阳平镇文乡村附近,湖城驿为在城驿,其地亦当在此。

由湖城向东,驿路分为南北两路,南路沿小秦岭北麓至虢州,所置馆驿有荆山馆、柏人(仁)驿。

荆山馆,又称荆馆,见载于《太平广记》江叟夜见阌乡荆山馆树神故事:"开成中,有江叟者多读道书,广寻方术,善吹笛,往来多在永乐县灵仙阁。时沈饮酒,适阌乡,至盘豆馆东官道大槐树下醉寝。及夜艾稍醒,闻一巨物行声,举步甚重。叟暗窥之,见一人崔嵬高数丈,至槐侧坐,而以毛手扪叟曰:'我意是树畔锄儿,乃瓮边毕卓耳。'遂敲大树数声曰:'可报荆馆中二郎来省大兄。'大槐乃语云:'劳弟相访。'似闻槐树上有人下来与语。须臾,饮酌之声交作。'"[③]唐代馆驿有馆、驿之分。荆山馆当为地方政府在驿路上设置的和驿平行的宾馆,用于接待官方客人以及举子、进士等,一般不提供交通工具,只提供食宿。这种馆主要是因为驿道上官客较

① 〔唐〕韦庄:《题盘豆驿水馆后轩》,〔清〕彭定求等编:《全唐诗(增订本)》卷六百九十五,中华书局,1999,第8069页。

② 〔唐〕刘禹锡:《秋晚题湖城驿池上亭》,〔清〕彭定求等编:《全唐诗(增订本)》卷三百五十四,中华书局,1999,第3985页。

③ 〔宋〕李昉等:《太平广记》卷四百一十六《木怪下》,中华书局,1961,第3389~3390页。

多，而驿站容量有限而置。荆山馆以有大槐树著名，人称荆山槐。《太平广记》云，江叟"至阌乡荆山中，见庭槐森耸，枝干扶疏，近欲十围"①，树势堪与盘豆驿"槐王"匹敌。荆山馆位于湖城至虢州驿路上，一说在今灵宝市阳平镇张村。张村距湖城故址不足5里，准此，则荆山馆当为湖城县所置，为去往虢州行旅服务的交通设施。

柏人驿。《太平寰宇记》记虢州弘农县有柏仁驿，"校勘记"疑此"仁"为"人"字之误，其说甚是。柏人驿为虢州州城驿，又称虢州公馆。《北梦琐言》载："唐监察李航，……黄巢后，扶持圣善，归东都别墅。与御史穆延晦同行，宿于虢州公馆。"②又称别馆。李商隐《戏赠张书记》："别馆君孤枕，空庭我闭关。"③岑参有《虢州郡斋南池幽兴因与阎二侍御道别》，其中写道"夜眠驿楼月，晓发关城鸡"④，说明柏人驿与虢州城鸡犬相闻。唐虢州与弘农县同治，故址在今灵宝市涧西区城关镇，则柏人驿亦当在此。自柏人驿向东北，沿弘农涧河三十里至桃林，与北驿路合。向南过崤山，可达卢氏、洛宁。

岑参虢州诗中屡见红亭，以"西原驿路挂城头，客散红亭雨未收"诗句最为著名。有人以为虢州有红亭驿。此说概源于乾隆《重修灵宝县志》收录的清灵宝知县卯显极《西楼考》"虢州故城西出不半里许，即西原，即西坡，坡半置红亭驿"⑤。然红亭驿不见唐宋史籍。红亭故址在今灵宝市城关镇西华村九柏台附近，即今新华西路正对土原半崖处。明灵宝籍进士贺贲《九柏台碑记》云："九柏台者以九柏而名者。台在邑南四十里虢略镇。……西山之原有红亭，山之半乃九柏台。摩崖

① ［宋］李昉等：《太平广记》卷四百一十六《木怪下》，中华书局，1961，第3390页。

② ［五代］孙光宪撰，贾二强校点：《北梦琐言》卷第九，中华书局，2002，第199页。

③ ［唐］李商隐：《戏赠张书记》，［清］彭定求等编：《全唐诗（增订本）》卷五百四十一，中华书局，1999，第6227页。

④ ［唐］岑参：《虢州郡斋南池幽兴因与阎二侍御道别》，［清］彭定求等编：《全唐诗（增订本）》卷一百九十八，中华书局，1999，第2039页。

⑤ ［清］卯显极：《西楼考》，［清］周庆增修，［清］敖启潜、许宰纂：乾隆《重修灵宝县志》卷五《艺文上》，《河南历代方志集成·三门峡卷》（7），大象出版社，2017，第414页。

遗记创于唐之王维,岑嘉州客散红亭之句,盖其时也。”[①]李春荣《九柏台碑文》:“虢之西,耸然高峙者为塬,塬埠东豁,其上宽平,盘曲可登眺。故老相传为九柏台,在李唐盛时为郡刺史宾客往来游寓饮饯之所。客散红亭之诗盖谓此也。”[②]其实,红亭是虢州官舍南池一个用红色漆饰的亭子,又称水亭、后亭等。岑参《水亭送刘颙使还归节度》诗云:“红亭莫惜醉,白日眼看低。”题称水亭,句中称红亭,说明二者为一处。《虢州后亭送李判官使赴晋绛》诗题称后亭,句则以“红亭”相称,说明红亭、水亭、后亭皆应为一地。虢州地处两京之间,为“邮传剧道”,交通便利,公私来往多,请宴之事自然也多。《新唐书·韩休传》:“虢于东、西京为近州,乘舆所至,常税厩刍。”[③]岑参任虢州长史三年,参与公私宴请尤多,其虢州诗中有据可查的有10首之多[④],还不包括未标明的,内容涉及送人、游赏、聚会等。地点除红亭外,还有“东亭”“西亭”“西山亭子”等,此类“亭”皆为游人请谶之所。

北路自湖城(阌乡)继续向东北,沿黄河南岸行约三十里至稠桑,有稠桑驿。隋末,唐高祖诏李密经略东都,“驰驲东至稠桑驿,有诏复召密”[⑤]。岑参有《稠桑驿喜逢严河南中丞便别(得时字)》。《元和郡县图志·河南道二》灵宝县载:“稠桑泽,在县南十里。虢公败戎于桑田,即是也。”[⑥]顺治《灵宝县志》:“稠桑在县西二十里。”又云:“稠桑驿在县西二十五里,今其地犹呼东西古驿。”[⑦]则稠桑驿在今距灵宝市函谷关镇稠桑村1公里的沙河口西侧,1959年,稠桑村被三门峡水库淹没,村

① 〔明〕贺贲:《九柏台碑记》,〔清〕周庆增修,〔清〕敖启潜、许宰纂:乾隆《重修灵宝县志》卷五《艺文上》,《河南历代方志集成·三门峡卷》(7),大象出版社,2017,第437页。

② 〔清〕李春荣:《九柏台碑文》,〔清〕周庆增修,〔清〕敖启潜、许宰纂:乾隆《重修灵宝县志》卷五《艺文上》,《河南历代方志集成·三门峡卷》(7),大象出版社,2017,第438页。

③ 〔宋〕欧阳修等:《新唐书》卷一百二十六《韩休传》,中华书局,1975,第4432页。

④ 〔唐〕岑参撰,廖立笺注:《岑嘉州诗笺注》,中华书局,2004,第922~925页。

⑤ 〔宋〕欧阳修等:《新唐书》卷八十四《李密传》,中华书局,1975,第3385页。

⑥ 〔唐〕李吉甫撰,贺次君点校:《元和郡县图志》卷六《河南道二》,中华书局,1983,第158页。

⑦ 〔清〕梁儒修,〔清〕李林茂、宋腾鲤纂:顺治《灵宝县志》卷一《古迹》,《河南历代方志集成·三门峡卷》(7),大象出版社,2017,第19、20页。

庄移至沙河东岸 1 公里的台地斜坡上,仍称稠桑。

稠桑驿东北行约二十里至灵宝(桃林)县城,有桃林驿。韩愈《桃林夜贺晋公》诗云:“西来骑火照山红,夜宿桃林腊月中。”[①]又称桃林传舍。隋末,李密“驰驲东至稠桑驿,有诏复召密,密大惧……入桃林传舍,须臾变服出,据其城”[②]。桃林县置于隋开皇十六年(596),唐天宝元年(742)改称灵宝,县治皆在今灵宝市大王镇老城村一带,桃林驿属在城驿,故桃林驿亦在此。

桃林驿东行约七十里至陕州,州设甘棠驿。刘禹锡《送王司马之陕州》诗云:“暂辍清斋出太常,空携诗卷赴甘棠。”[③]又《北梦琐言》载,唐王祝,“黄寇前尝典常州,京国乱离……急诏征回,归装极厚,水陆分载。行至甘棠”[④]。《唐摭言》:“许昼者,睢阳人也,薄攻五字诗。天复四年,大驾东幸,驻跸甘棠,昼于此际及第。”[⑤]陕州东通洛阳,西达长安,渡河入河东,“当东西南北水路交通漕挽之枢纽”[⑥]。张说《奉和圣制途次陕州应制》:“郡带洪河侧,宫临大道边。”[⑦]张九龄《奉和圣制途次陕州作》:“驰道当河陕,陈诗问国风。川原三晋别,襟带两京同。后殿函关尽,前旌阙塞通。”[⑧]孟郊《寄陕府邓给事》:“陕城临大道,馆宇屹几鲜。”[⑨]陕州治在今湖滨

① 〔唐〕韩愈:《桃林夜贺晋公》,〔清〕彭定求等编:《全唐诗(增订本)》卷三百四十四,中华书局,1999,第 3864 页。

② 〔宋〕欧阳修等:《新唐书》卷八十四《李密传》,中华书局,1975,第 3385~3386 页。

③ 〔唐〕刘禹锡:《送王司马之陕州》,〔清〕彭定求等编:《全唐诗(增订本)》卷三百五十九,中华书局,1999,第 4052 页。

④ 〔五代〕孙光宪:《北梦琐言》卷九,中华书局,2002,第 200 页。

⑤ 〔宋〕王定保:《唐摭言》卷三,陶敏主编:《全唐五代笔记》第 4 册,三秦出版社,2012,第 2829 页。

⑥ 严耕望:《唐代交通图考》第 1 卷《京都关内区》,上海古籍出版社,2007,第 50 页。

⑦ 〔唐〕张说:《奉和圣制途次陕州应制》,〔清〕彭定求等编:《全唐诗(增订本)》卷八十七,中华书局,1999,第 940 页。

⑧ 〔唐〕张九龄:《奉和圣制途次陕州作》,〔清〕彭定求等编:《全唐诗(增订本)》卷四十八,中华书局,1999,第 584 页。

⑨ 〔唐〕孟郊:《寄陕府邓给事》,〔清〕彭定求等编:《全唐诗(增订本)》卷三百七十八,中华书局,1999,第 4253 页。

区陕州故城,甘棠驿亦在此,严耕望考证,驿在州治所之南[①]。

甘棠驿东去约三十里至交口,崤函古道自此分为南北两路。南路向东南,溯雁翎关河,约二十里至唐硖石县,有硖石驿。唐《傅公(良弼)神道碑》载,大和三年(829),"旌旗及于陕而得疾,疾愈即路,以十月晦薨于硖石驿"[②]。大中八年(854),有中使路过硖石驿,怒饼黑,鞭驿吏见血,为陕虢观察使高少逸所奏,宣宗将其谪配恭陵[③]。唐硖石县源于崤县,隋唐时县治迁徙变化较大。北魏所置崤县在冶垆,即今湖滨区交口西的野鹿村,隋恭帝义宁元年(617)移治于硖石坞,即今南县村东南六七里的北石门村东,其地在1960年修建石门水库时,已没入水库之中。唐武德元年(618)复置崤县,三年(620)东北移治鸭桥,即今陇海铁路硖石站西西侧一带,俗称北硖石,当崤山北路。贞观八年(624)复向西南移至今南县村之古安阳城,十四年(640)又东南移至安阳城东南的硖石坞,并改名硖石县,俗称南硖石,当崤山南路。刘长卿《硖石遇雨宴前主簿从兄子英宅》:"县城苍翠里,客路两崖开。硖石云漠漠,东风吹雨来。"[④]崤函古道从县城穿过,城分南北两部分。硖石驿为在城驿,当在此,即今陕州区菜园乡北石门村东。

硖石驿向东,有嘉祥驿。嘉祥驿是两京路上唐人题诗最多的馆驿之一。晚唐诗人孟迟和卢渥均写有《题嘉祥驿》同名诗。但嘉祥驿在何处,史载不详。胡德经以为在同轨城,即今洛宁县河底镇城头村[⑤]。严耕望考在陕州以南、三乡之北[⑥]。

---

① 严耕望:《唐代交通图考》第1卷《京都关内区》,上海古籍出版社,2007,第51页。

② 〔唐〕李翱:《李文公集》卷十三《傅公神道碑》,上海古籍出版社,1993,第67页。

③ 〔宋〕司马光编著,〔元〕胡三省音注:《资治通鉴》卷一百八十《唐纪六十五》,唐宣宗大中八年,中华书局,1956,第8054页。

④ 〔唐〕刘长卿:《硖石遇雨宴前主簿从兄子英宅》,〔清〕彭定求等编:《全唐诗(增订本)》卷一百四十九,中华书局,1999,第1536页。

⑤ 胡德经:《两京古道考辨》,《史学月刊》1986年第2期。

⑥ 严耕望:《唐代交通图考》第1卷《京都关内区》,上海古籍出版社,2007,第71页。

刘广生等云在今宜阳县三乡镇西北[①]。王文楚谓在近河南界，北接陕州界，确址难考[②]。史载唐武德三年(620)曾移永宁县于同轨城，贞观十四年(640)又移莎栅城。随着莎栅道的开辟，崤山南路东段改行莎栅道，同轨城所在的连昌河线已非主线，唐在此设同轨店，元稹有《雪后宿同轨店上法护寺钟楼望月》可证。故胡德经云嘉祥驿在同轨城，难以成立。刘广生、王文楚等所云主要依据卢言《卢氏杂说》和《唐诗纪事》相关记载作出，虽大致正确，但不具体。

据《唐阙史》记载，唐僖宗乾符初，卢渥出为陕虢观察使，赴任之日，百官饯送，洛阳城为之一空。卢渥至嘉祥驿，作《题嘉祥驿》记其盛况，史称"卢左丞赴陕郊诗"。《唐诗纪事》云，会昌时，若耶溪女子出长安，"光景东迈，涉浐水，历渭川，背终南，陟太华，经虢略，抵陕郊，揖嘉祥之清流，面女儿之苍翠。凡经过之所，皆曩昔燕笑之地，绸缪之所"[③]。两载皆云"赴陕郊诗""抵陕郊"，则嘉祥驿当距陕州并非十分悬远，否则不宜称为陕州之"郊"。严耕望指出："按玄宗西幸，置顿兰峰宫，在永宁西三十里，莎栅即在宫东三里，东去永宁为一驿之地，且曾为县治，料必置驿，惟不见于史耳。"[④]三乡驿西北三十里为鹿桥驿，鹿桥驿西北三十里为莎栅城，莎栅城西北三十里为硖石驿，又西北五十里至陕州。唐制三十里一驿，按此则嘉祥驿似当在莎栅城，为莎栅在城驿。莎栅城已考在唐兰峰宫东三里之处，即今陕州区宫前乡宫前村东。从唐诗描写的嘉祥驿风光看，嘉祥驿泉清木茂，风景怡人。孟迟《题嘉祥驿》："树顶烟微绿，山根菊暗香。"[⑤]卢渥同名诗："马嘶静谷声偏响，旆映晴山

① 刘广生、赵梅庄:《中国古代邮驿史》(修订版),人民邮电出版社,1999,第281页。

② 王文楚:《唐代两京驿路考》,《历史研究》1983年第6期。

③ 〔宋〕计有功:《唐诗纪事》卷六十七《王祝》,上海古籍出版社,2013,第1006页。

④ 严耕望:《唐代交通图考》第1卷《京都关内区》,上海古籍出版社,2007,第72页。

⑤ 〔唐〕孟迟:《题嘉祥驿》,〔清〕彭定求等编:《全唐诗(增订本)》卷五百五十七,中华书局,1999,第6514页。

色更红。到后定知人易化，满街棠树有遗风。”[①]薛能《符亭二首》：“山如巫峡烟云好，路似嘉祥水木清。”[②]如此景致，在三乡驿西北至陕州间，似只有今宫前一带地理环境相似，是则嘉祥驿当在莎栅城，即今陕州区宫前乡宫前村东附近。

嘉祥驿东行约三十里至唐永宁县城，有鹿桥驿。《资治通鉴》记载，唐肃宗上元二年(675)，史思明“既破李光弼，欲乘胜西入关，使朝义将兵为前锋，自北道袭陕城，思明自南道将大军继之……朝义数进兵，皆为陕兵所败。思明退屯永宁……思明在鹿桥驿”，胡注：“鹿桥驿，永宁传舍也。”[③]唐武德元年(618)，在永固城(今洛宁县城)置永宁县后，曾先后移治同轨、莎栅，贞观十七年(643)迁至鹿桥，至唐末再无变动。鹿桥在今洛宁西北50里，即今东宋镇旧县村，则鹿桥驿亦在此。鹿桥驿因史朝义部将擒捉史思明而闻名。前揭《资治通鉴》又载：“思明在鹿桥驿，令腹心曹将军将兵宿卫；朝义宿于逆旅。”在今陕州区交口村。“是夕，悦等以朝义部兵三百被甲诣驿……引兵入至思明寝所，值思明如厕……思明闻有变，逾垣至厩中自鞴马乘之，悦傔人周子俊射之，中臂，坠马，遂擒之。”

鹿桥驿东去三十里有临泉驿。以往研究者皆指鹿桥驿下接馆驿为三乡驿。2010年9月，洛宁县东宋镇官庄村西气东输工程洛宁气站施工现场唐临泉驿碑刻的发现，填补了史籍对临泉驿记载的缺失，证明鹿桥驿与三乡驿间有临泉驿。碑文曰：“赴东都知选，睹裴阁老曹长旧题，率然纪列：寥落御亭秋树中，晓霜寒吹转朦胧。前山灵药讵可问，马迹悠悠西复东。元和五年九月二十七日，吏部侍郎杨。”“先祖司空元和中题诗，在临泉驿梁上。岁月浸远，文字湮暗，难于披寻。乾符五年(879)十月三日赴镇平卢，命仲弟河南尹授刻石，致于垣墙，传于永久。平卢军节度

① 〔唐〕卢渥：《题嘉祥驿》，〔清〕彭定求等编：《全唐诗(增订本)》卷五百五十六，中华书局，1999，第6616页。

② 〔唐〕薛能：《符亭二首》，〔清〕彭定求等编：《全唐诗(增订本)》卷五百六十一，中华书局，1999，第6566页。

③ 〔宋〕司马光编著，〔元〕胡三省音注：《资治通鉴》卷二百二十二《唐纪三十八》，唐肃宗上元二年，中华书局，1956，第7106~7107页。

使检校左散骑常侍御史大夫赐紫金鱼袋杨损记。"碑中"裴阁老曹长"即元和宰相裴垍,"先祖司空"即杨於陵。碑文记载了唐僖宗乾符五年,平卢节度使杨损赴洛阳,途经临泉驿,见裴垍与祖父杨於陵元和五年(810)题写于临泉驿梁上的诗作。因岁月久远,诗文湮暗,难于辨认,杨损到洛阳后,命二弟河南尹杨授,刻石置于临泉驿垣墙上。裴垍的原诗今已不存,杨於陵的诗亦未收入《全唐诗》。

唐制三十里置一驿,由鹿桥驿向东南沿岭脊行约三十里即今洛宁县东宋镇官庄所在,这里应当是置驿的理想地点。唐临泉驿碑刻的发现证明此地正是临泉驿旧址。裴垍、杨於陵都曾停宿临泉驿,杨损亦在此经过,可证该驿是崤山南路必经之驿。《资治通鉴》记载史思明在鹿桥驿被擒后,史朝义"军至柳泉,悦等恐众心未壹,遂缢杀思明,以毡裹其尸,橐驼负归洛阳",胡注谓"柳泉驿又当在鹿桥驿东三十里"[①],是误将临泉驿作"柳泉驿"。柳泉驿在今宜阳县柳桥镇,与鹿桥驿距离超过百里之遥,中间又隔着史思明部大军驻地福昌县城,史朝义部将在鹿桥驿活捉史思明后,很难一夜之间越过史部大营囚送史思明到柳泉驿,故史思明被杀地不在柳泉驿而在临泉驿[②]。

临泉驿东南行约二十五里至三乡,有三乡驿。张九龄有《奉和圣制早发三乡山行》、羊士谔有《过三乡望女几山早岁有卜筑之志》、刘禹锡有《三乡驿楼伏睹玄宗望女几山诗小臣斐然有感》、白居易有《和微之任校书郎日过三乡》、若耶溪女子有《题三乡诗》等。曾作诗咏,然诗已不存者,据考知还有唐玄宗、元稹等。唐时三乡属福昌县,在今宜阳县三乡镇。三乡既是永宁至福昌的中点,又是崤山南路由东北转向西北的拐点,还是洛水与其支流连昌河的交汇点。崤山南路自陕州东来,基本穿行在百里山路之中,抵三乡,进入洛河川,道路豁然开朗,直达洛阳。洛河两岸水

① 〔宋〕司马光编著,〔元〕胡三省音注:《资治通鉴》卷二百二十二《唐纪三十八》,唐肃宗上元二年,中华书局,1956,第7108页。

② 参李健超《唐代交通史研究的重要发现:崤山南道临泉驿》,《三门峡职业技术学院学报》2012年第3期。

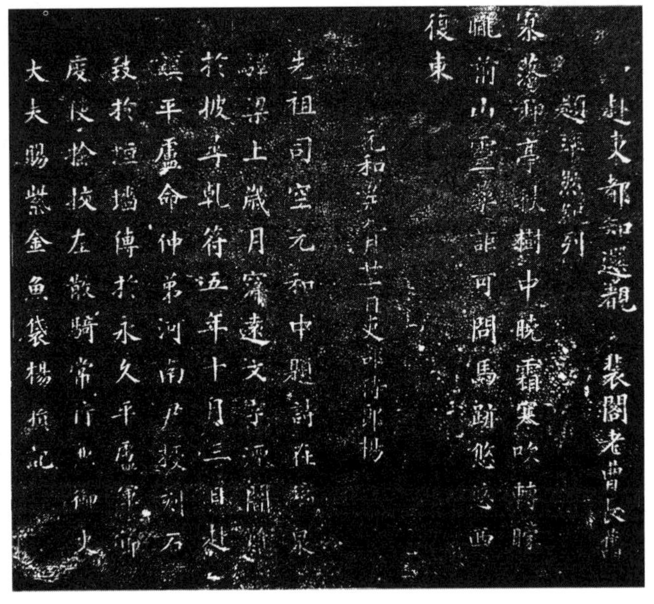

图 7-8　临泉驿诗碑拓片

草丰茂,杨柳婆娑。西岸的汉山在"三乡寨北,古柏郁然"[①],规模宏大的光武庙矗立在汉山之巅。对面的女几山即《山海经》"中次八经"之"女几之山"[②],今称花果山,离三乡约15公里,北宋邵雍说:"空余女几山,正对三乡驿。"[③]山上有兰香女神庙,流传着"女几化石"的神话传说。李贺《昌谷诗》:"高眠服玉容,烧桂祀天几。"自注:"谷与女山岭阪相承,山即兰香神女上天处也,遗几在焉。"[④]女几山也是道教名山,最早被东晋葛洪奉为二十七座仙山之一,唐时又被杜光庭称作以女性形象出现的西岳金天王的佐命神。刘谷《和三乡诗》描述三乡环境:"兰蕙芬香见玉姿,路

① ［清］王道成、周洵修,［清］汪坚纂:乾隆《宜阳县志》卷二《山川》,《河南历代方志集成·洛阳卷》(28),大象出版社,2017,第110页。

② 袁珂校注:《山海经校注》,上海古籍出版社,1980,第152页。

③ ［宋］邵雍:《女几祠》,郭彧、于天宝点校:《邵雍全集》第4册《伊川击壤集》,上海古籍出版社,2016,第38页。

④ ［唐］李贺:《昌谷诗》,［清］彭定求等编:《全唐诗(增订本)》卷三百九十二,中华书局,1999,第4434页。

傍花笑景迟迟。”[①]三乡驿的地理空间定位，交通位置的“中点”“拐点”，山川河谷的变化和环境的“兰蕙芬香”，当是择定馆驿的重要条件。由此可见，三乡驿的设立既考虑到行程里距，又充分利用了自然环境，与交通枢纽和背山面水的环境条件直接相关，是唐于山川交汇的交通枢纽地设置馆驿的典型。开元年间，唐玄宗登三乡驿，眺望女儿山，受女儿山美景和神话传说的感染，触动创作灵感，创作出千古名曲《霓裳羽衣曲》。刘禹锡《三乡驿楼伏睹玄宗望女几山诗小臣斐然有感》诗云：“开元天子万事足，唯惜当时光景促。三乡陌上望仙山，归作霓裳羽衣曲。仙心从此在瑶池，三清八景相追随。天上忽乘白云去，世间空有秋风词。”[②]乐史《杨太真外传》亦载：“《霓裳羽衣曲》者，是玄宗登三乡驿，望女几山所作也。”[③]邵雍《女几祠》诗：“西南有高山，山在杳冥间。神仙不可见，满目空云烟。千年女几祠，门临洛水边。但闻霓裳曲，世人犹或传。”[④]可知唐玄宗“三乡陌上望仙山”后得到灵感而作《霓裳羽衣曲》的说法到北宋年间仍在流传。

三乡驿东去约二十五里至福昌县，有福昌馆。绍伯《题福昌馆》诗云：“远声历历风和水，近色青青竹映松。”[⑤]福昌县治在今宜阳韩城镇福昌村北土原上，福昌馆为在城驿，其地当在此。

福昌馆东去约十四里至韩都宜阳城，有宜阳馆。李约《病中宿宜阳馆闻雨》诗

① 〔唐〕刘谷：《和三乡诗》，〔清〕彭定求等编：《全唐诗（增订本）》卷七百二十六，中华书局，1999，第8398页。

② 〔唐〕刘禹锡：《三乡驿楼伏睹玄宗望女几山诗小臣斐然有感》，〔清〕彭定求等编：《全唐诗（增订本）》卷三百五十六，中华书局，1999，第4010页。

③ 〔宋〕乐史：《杨太真外传》，程国斌注评：《唐宋传奇》，凤凰出版社，2011，第224页。

④ 〔宋〕邵雍：《女几祠》，郭彧、于天宝点校：《邵雍全集》第4册《伊川击壤集》，上海古籍出版社，2016，第38页。

⑤ 〔日〕河世宁纂辑：《全唐诗逸》卷中，〔清〕彭定求等编：《全唐诗（增订本）》卷七百二十六，中华书局，1999，第10277页。

云:“难眠夏夜抵秋赊,帘幔深垂窗烛斜。风吹桐竹更无雨,白发病人心到家。”[1]宜阳本秦汉县名,治在今宜阳县韩城镇东关村韩都宜阳城。唐武德元年(618),改宜阳县为福昌县,县治西迁至今韩城镇福昌村,与旧治相距 14 里。严耕望推测宜阳馆盖在韩都宜阳城[2],当是。

宜阳馆东去约二十五里至柳泉,有柳泉驿。《南部新书》载:“郑滑卢弘正尚书题柳泉驿,云:‘余自歙州刺史除度支郎中,八月十七日午时过永济渡。却自度支郎中除郑州刺史,亦以八月十七日午时过永济渡……事虽偶然,亦冥数也。’”[3]按永济渡在寿安县西十七里,即今宜阳县锦屏镇灵山东桥头村与柳泉镇水兑南湾村间洛河处。行旅自洛河北过永济桥,便沿着洛河南岸东行。据《元丰九域志》,柳泉是寿安县三大镇之一,即今宜阳县西北柳泉镇。柳泉驿当在此。

柳泉驿东去约三十里至寿安县,有甘棠馆。刘禹锡《题寿安甘棠馆二首》诗云:“公馆似仙家,池清竹迳斜。”“门前洛阳道,门里桃花路。尘土与烟霞,其间十余步。”[4]甘棠馆紧临驿路,背山面水,环境幽雅,来往官员在此留下不少诗歌。《太平广记》引《纂异录》记有许生遇鬼官员在甘棠馆内吟诗的奇事。甘棠馆占地甚大,寿安南馆、寿安水馆都是其一部分,风景幽胜。王建《题寿安南馆》:“明蒙竹间亭,天暖幽桂碧。云生四面山,水接当阶石。湿树浴鸟痕,破苔卧鹿迹。”[5]薛能《寿安水馆》:“地接山林兼有石,天悬星月更无云。惊鸥上树满池水,瀺灂一声中夜

---

① 〔唐〕李约:《病中宿宜阳馆闻雨》,〔清〕彭定求等编:《全唐诗(增订本)》卷三百九,中华书局,1999,第 3497 页。

② 严耕望:《唐代交通图考》第 1 卷《京都关内区》,上海古籍出版社,2007,第 74 页。

③ 〔宋〕钱易撰,黄寿成点校:《南部新书》卷乙,中华书局,2002,第 20 页。

④ 〔唐〕刘禹锡:《题寿安甘棠馆二首》,〔清〕彭定求等编:《全唐诗(增订本)》卷三百六十四,中华书局,1999,第 4114 页。

⑤ 〔唐〕王建:《题寿安南馆》,〔清〕彭定求等编:《全唐诗(增订本)》卷二百九十七,中华书局,1999,第 3360 页。

闻。”[①]由此可知,甘棠馆是崤函古道上又一个水陆相兼之驿,山水林石构成该馆景致的主要元素。过甘棠馆东去,东都洛阳指日可待,所以,甘棠馆又是洗尘整装之地。司马扎《宿寿安甘棠馆》诗云:“行人方倦役,到此似还乡。流水来关外,青山近洛阳。”[②]宜阳传为召公听政之所。《大清一统志·河南府二》:“寿安故城,今宜阳县治。相传为周时召伯听政之所。《水经注》:甘水发于鹿蹄山山曲中,世人目其所为甘棠。”[③]光绪《宜阳县志》:“胜因寺在城内,即甘棠驿故址。”[④]明王邦瑞《题甘棠驿》:“旧驿今为寺,红尘已入空。甘棠思召伯,双树定禅宗。”[⑤]胜因寺建于宋大中祥符二年(1009),故址在今河南省宜阳县建筑总公司院内。甘棠馆属寿安县在城驿,故址当在此。

据罗邺《春日过寿安山馆》、崔橹《宿寿安山阴馆闻泉》,寿安县又有寿安山馆、寿安山阴馆。《大清一统志·河南府一》载:“寿安山在宜阳县东十三里,隋置寿安县以此。”[⑥]寿安山馆、寿安山阴馆当为一馆,在寿安山北,今宜阳城东5公里锦屏镇河下村一带。严耕望谓在三泉至甘水驿之间[⑦],误。

寿安山馆东去约十二里,有三泉驿。元和五年(810),元稹自洛阳赴长安,经此作《三泉驿》诗。《太平广记》记载,李全质“开成初,衔命入关,回宿寿安县,夜未央

---

① 〔唐〕薛能:《寿安水馆》,〔清〕彭定求等编:《全唐诗(增订本)》卷五百六十一,中华书局,1999,第6566页。

② 〔唐〕司马扎:《宿寿安甘棠馆》,〔清〕彭定求等编:《全唐诗(增订本)》卷五百九十六,中华书局,1999,第6958页。

③ 〔清〕穆彰阿、潘锡恩等纂修:《大清一统志》(第5册)卷二百六《河南府二》,上海古籍出版社,2008,第246页。

④ 〔清〕谢应起修,〔清〕刘占卿、龚文明纂:光绪《宜阳县志》卷五《建置》,《河南历代方志集成·洛阳卷》(28),大象出版社,2017,第296页。

⑤ 〔明〕王邦瑞:《题甘棠驿》,〔清〕王道成、周洵修,〔清〕汪坚纂:乾隆《宜阳县志》卷四《艺文》,《河南历代方志集成·洛阳卷》(28),大象出版社,2017,第169页。

⑥ 〔清〕穆彰阿、潘锡恩等纂修:《大清一统志》(第5册)卷二百五《河南府一》,上海古籍出版社,2008,第234页。

⑦ 严耕望:《唐代交通图考》第1卷《京都关内区》,上海古籍出版社,2007,第78页。

而情迫,时复昏晦,不得已而出逆旅……久而至三泉驿,憩焉”[①]。寿安为西出洛阳第一县,三泉在北朝已当十三防御要冲之一,地居要冲。康熙《宜阳县志》云:“三泉在苑里,一曰大龙泉,一曰龙尾泉,一曰虎乳泉。东有三泉寺。”[②]康熙《宜阳县志》:“千佛寺,城东二十五里,其地为苑里,即今苗马村南。”“三泉寺,千佛寺东。”[③]王文楚据此考三泉驿在寿安县东苗马村,即今宜阳县城关镇苗村[④],当是。

三泉驿东去约十八里至甘水口,有甘水驿。《旧唐书·吕元膺传》载,贞元十年(794),郓州李师道留邸伏甲谋乱,“留守防御将二人,都亭驿卒五人,甘水驿卒三人,皆潜受其职署而为之耳目”[⑤]。按甘水即今宜阳东甘水河,源自今宜阳县樊村乡西杨家岭附近鹿蹄山,于今洛阳市洛龙区丰李镇小作村附近北入洛河,甘水驿当设在甘水与洛河会合处,即今丰李镇小作村附近。

甘水驿东北去约二十里,有临都驿。临都驿为西出洛阳第一驿,亦为洛阳百官迎来送往饮宴之地。最著名的临都驿饯送,发生在唐僖宗乾符初,卢渥拜陕府观察使,“及赴任陕郊,洛城自保厘、尹正已下,更设祖筵,以鲜华相尚。分秩故相,及朝容恶日、两邑县官,卑秩麻衣,倾都出郭,洛城为之一空。食器酒具,罗列道路,盛于清明簪洁松槚之日,填咽临都驿前后十五里,车马不绝。……有白髯驿吏声指曰:‘某自拥篲清邮五十载,未尝睹祖送之盛有如此者。’”[⑥]洛阳城外的这次饯送活动,参与人数之多,场面之大,有唐一代,罕有其比,显示出临都驿的特殊地位。临都驿在今洛阳城西五里处。

---

① 〔宋〕李昉等:《太平广记》卷三百四十八《李全质》,中华书局,1961,第2756~2757页。

② 〔清〕申明伦纂修:康熙《宜阳县志》卷二《山川》,《河南历代方志集成·洛阳卷》(28),大象出版社,2017,第32页。

③ 〔清〕谢应起修,〔清〕刘占卿、龚文明纂:光绪《宜阳县志》卷五《建置》,《河南历代方志集成·洛阳卷》(28),大象出版社,2017,第296页。

④ 王文楚:《唐代两京驿路考》,《历史研究》1983年第6期。

⑤ 〔后晋〕刘昫等:《旧唐书》卷一百五十四《吕元膺传》,中华书局,1975,第4105页。

⑥ 〔唐〕高彦休:《唐阙史》卷下,陶敏主编:《全唐五代笔记》第3册,三秦出版社,2012,第2359页。

以上为隋唐崤函古道西段函谷道和东段崤山南路上的馆驿。崤山北路沿涧河河谷东至洛阳，沿途所设馆驿可考者有芳桂宫驿、渑池南馆和新安驿。

芳桂宫驿，见载于《旧唐书·韦机传》："永淳中，高宗幸东都，至芳桂宫驿，召机，令白衣检校园苑。"①芳桂宫一名紫桂宫，仪凤二年（677）建造，故址在今渑池县陈村乡黄花村，是唐在崤山北路上建造的唯一行宫，唐高宗曾三次莅临。武则天临朝称制后，废宫为寺。嘉庆《渑池县志》："紫桂宫遗址在治西五里许黄花村。"②芳桂宫驿既以宫名命名，驿址亦当在芳桂宫附近，即今渑池陈村乡黄花村。

渑池南馆，元纳新《河朔访古记》卷下录有唐卢元卿八分书《渑池县南馆记碑》。韦应物《送渑池崔主簿》："邑带洛阳道，年年应此行。"③渑池自秦设县以来，县治多次迁徙，唐贞观三年（629），县治移至双桥，即今城关镇，一直沿用至今。渑池南馆亦当在此，因在城南而得名。渑池南馆既称"馆"，且距芳桂宫驿仅五里左右，当是因崤函古道官方客人多而芳桂宫驿容量有限，官府又开办的接待官方客人及举子、进士的馆驿。

渑池南馆西行六十里至新安，有新安驿。《太平寰宇记·河南道五》渑池县载："隋大业元年又移于今县东二十五里新安驿置。"④严耕望考新安驿在渑池县东十二三里的秦汉新安故城⑤，王文楚谓在今渑池县东塔泥街⑥，二说并不矛盾。前者是指向一个具体地点，后者是说一个大体范围。《大清一统志·河南府二》载：

---

① 〔后晋〕刘昫等：《旧唐书》卷一百八十五《韦机传》，中华书局，1975，第4796页。

② 〔清〕甘扬声修，〔清〕刘文运纂：嘉庆《渑池县志》卷八《古迹》，《河南历代方志集成·三门峡卷》（5），大象出版社，2017，第114页。

③ 〔唐〕韦应物：《送渑池崔主簿》，〔清〕彭定求等编：《全唐诗（增订本）》卷一百八十九，中华书局，1999，第1939页。

④ 〔宋〕乐史撰，王文楚等点校：《太平寰宇记》卷五《河南道五》，中华书局，2007，第70页。

⑤ 严耕望：《唐代交通图考》第1卷《京都关内区》，上海古籍出版社，2007，第78页。

⑥ 王文楚：《唐代两京驿路考》，《历史研究》1983年第6期。

"新安故城，在渑池县东，今改为塔泥镇。"[①]乾隆《渑池县志·建置志》载，塔泥镇在"治东十五里"[②]，即今渑池县城关镇塔泥村，与秦汉新安故城直线距离约8里。由此可知《大清一统志》是以主要聚落为指标而言。但唐渑池县治并不在秦汉新安故城，而在双桥即今渑池县城关镇。《太平寰宇记·河南道五》渑池县载："唐贞观三年自大坞城移于今理，兼立谷州。"[③]而在此前，"贞观元年，移谷州治渑池，新安移入废州城，改属洛州"[④]。前揭《大清一统志》"新安故城"条："隋仁寿四年，废入东垣，其后改东垣为新安，故城遂废。"又"东垣故城"条："在新安县东。……《宋书》州郡志……河南郡有东垣西东垣二县。《魏书》地形志，惟东垣县属新安郡。隋大业初，改东垣为新安。唐贞观初，移县入谷州故城，而此城废。"[⑤]据此，唐贞观元年，移谷州治于渑池，将原渑池境内的新安县治（城），移入废谷州治所，即今新安县城。新安驿为在城驿，故亦当在此。

综上所述，隋唐崤函古道可考馆驿计26座，其中，沿袭隋的2座，唐设24座。有关这些馆驿的位置、建驿年代及间距归纳于下表。

表7-3　隋唐崤函古道馆驿设置表

馆驿名称	馆驿位置	建驿年代	间距/里
关西驿	今潼关秦东镇黄河边	唐	
潼关驿	今潼关秦东镇黄河边	唐	2

① 〔清〕穆彰阿、潘锡恩等纂修：《大清一统志》（第5册）卷二百六《河南府二》，上海古籍出版社，2008，第248页。

② 〔清〕梁易简修，〔清〕刘元善纂：乾隆《渑池县志》卷上《建置志》，《河南历代方志集成·三门峡卷》（4），大象出版社，2017，第305页。

③ 〔宋〕乐史撰，王文楚等点校：《太平寰宇记》卷五《河南道五》，中华书局，2007，第70页。

④ 〔后晋〕刘昫等：《旧唐书》卷三十八《地理一》，中华书局，1975，第1424页。

⑤ 〔清〕穆彰阿、潘锡恩等纂修：《大清一统志》（第5册）卷二百六《河南府二》，上海古籍出版社，2008，第247页。

续表

馆驿名称	馆驿位置	建驿年代	间距/里
阌乡驿	今灵宝豫灵镇文底南原村	唐	30
盘豆驿(盘豆馆)	今灵宝故县镇娄店下黄河滩地	唐	25
湖城驿	今灵宝阳平镇文乡村附近	唐	28
荆山馆(荆馆)	今灵宝阳平镇张村	唐	
柏人(仁)驿(虢州公馆)	今灵宝城关镇	唐	52
稠桑驿	今灵宝函谷关镇稠桑村沙河口西侧	隋	30(1)
桃林驿	今灵宝大王镇老城村	隋	20(2)
甘棠驿	今三门峡市区陕州故城	唐	70
硖石驿	今陕州区菜园乡北石门村东	唐	50
嘉祥驿	今陕州区官前乡官前村东	唐	30
鹿桥驿	今洛宁中河乡旧县村	唐	30
临泉驿	今洛宁东宋镇官庄村	唐	30
三乡驿	今宜阳三乡镇	唐	25
福昌馆	今宜阳韩城镇福昌村北	唐	25
宜阳馆	今宜阳韩城镇东关村韩都宜阳城	唐	14
柳泉驿	今宜阳柳泉镇	唐	25
甘棠馆(寿安南馆、寿安水馆)	今宜阳县城内	唐	30
寿安山馆(寿安山阴馆)	今宜阳寿安山北、锦屏镇河下村附近	唐	13
三泉驿	今宜阳城关镇苗村	唐	12
甘水驿	今洛阳洛龙区丰李镇小作村附近,甘水与洛河汇合处	唐	18
临都驿	今洛阳城西五里处	唐	20
芳桂宫驿	今渑池陈村乡黄花村	唐	

续表

馆驿名称	馆驿位置	建驿年代	间距/里
渑池南馆	今渑池城关镇	唐	5
新安驿	今新安县城关镇	唐	60

注:(1)此为湖城驿至稠桑驿里距。(2)自柏人(仁)驿(虢州公馆)至桃林驿(桃林传舍)约为30里。

隋唐崤函古道馆驿实际上应不止26座。如桃林(灵宝)至陕州七十里之间,馆驿无考。《括地志》载:“曲沃故城在陕县西三十二里。”[①]郭子仪大战安史乱军的新店更稍西些。联系秦汉时曾在曹阳设亭,亭在隋唐桃林县东南十四里,且具有相当规模,则严耕望认为“就地望言之,曲沃、新店必有置驿者”[②],是可信的。

唐代法定驿程“凡三十里一驿”。由表7-3可见,崤函古道馆驿间距,既有三十里一驿,多数则少于三十里,甚至仅五里、二里。这是因崤函古道连接两京,任务繁重,为保障驿传的高效率,朝廷有意缩短驿程,加大馆驿设置密度,所以驿程相应有所缩短,馆驿数量随之增多,体现了唐“馆驿之制,于千里之内尤重”[③]的特点。也有超过三十里者,如湖城驿至稠桑驿里程五十里,渑池南馆至新安驿里程约六十里。还有陕州硖石之间五十里,严耕望曾推测此间当有一驿,不确。《太平广记》载:“陕州东三十里,本无旅舍,行客或薄暮至此,即有人远迎安泊。及晓前进,往往有死者。”[④]陕州硖石间,甚至连旅店亦难觅,遑论驿站设置。陕州硖石间未设馆驿,应是山区自然环境艰苦、居民点稀少所致。由此可见,崤函古道馆驿在山区路段规模形制各有不同。馆驿设置需要考虑多种因素,馆驿间里程难以一致,根据当

① 〔唐〕李泰等著,贺次君辑校:《括地志辑校》卷三《陕州》,中华书局,1980,第112页。

② 严耕望:《唐代交通图考》第1卷《京都关内区》,上海古籍出版社,2007,第49页。

③ 〔唐〕柳宗元:《馆驿使壁记》,〔清〕董诰等编:《全唐文》卷五百八十,中华书局,1983,第5858页。

④ 〔宋〕李昉等编:《太平广记》卷三百五十《欧阳敏》,中华书局,1961,第2776页。

地实际因地制宜,是必然的。

这 26 座馆驿分布有以下两个特点,一是沿线诸州县均设驿,是馆驿设置的首选,但关隘津梁和山川交汇的交通要冲也是馆驿设置的合适理想之地,不必拘泥三十里一驿的规定,即“若地势险阻及须依水草,不必三十里”[①]。前者如潼关驿、关西驿,后者如稠桑驿、三乡驿、柳泉驿等。二是崤函南路馆驿分布最为密集。崤山南路馆驿可考者有 12 座,北路三百里,按制至少当有 10 驿,而今能考者仅有 3 驿。南(路)多北(路)寡的分布,无疑是这一时期崤函道交通“邮传所驰,出于南路”[②]运营状况的真实反映。

馆驿构成了崤函古道完备的交通保障体系。白居易诗云:“从陕至东京,山低路渐平。风光四百里,车马十三程。”[③]一程即一驿,陕州与洛阳相距五百八十三里(以南路计),则日行四十四里。若遇军情,驿马急递,日行可达三百里。韩愈《镇州路上谨酬裴司空相公重见寄》诗:“衔命山东抚乱师,日驰三百自嫌迟。”[④]《容斋随笔》载:“唐开元十年八月己卯夜,权楚璧等作乱,时明皇幸洛阳,相去八百余里。壬午遣河南尹王怡如京师按问、宣慰,首尾才三日。置邮传命,既如此其速。”[⑤]崤函古道馆驿发挥了“邮星整俗,驿传宣威”[⑥]的作用,其交通的高效率,是以馆驿设置的合理和经营的认真为基本条件的。

除官方举办的馆驿外,崤函古道沿线还开设了许多私人旅店,如逆旅、客舍、邸店、村店等。这些旅店有些直接开在城里。如《三梦记》记载:“贞元中,扶风窦质

---

① 〔唐〕李林甫等撰,陈仲夫点校:《唐六典》卷五《兵部尚书》,中华书局,1992,第 163 页。

② 〔唐〕李吉甫撰,贺次君点校:《元和郡县图志》卷二《关内道二》,中华书局,1983,第 35 页。

③ 〔唐〕白居易:《从陕至东京》,〔清〕彭定求等编:《全唐诗(增订本)》卷四百四十八,中华书局,1999,第 5074 页。

④ 〔唐〕韩愈:《镇州路上谨酬裴司空相公重见寄》,〔清〕彭定求等编:《全唐诗(增订本)》卷三百四十四,中华书局,1999,第 3873 页。

⑤ 〔宋〕洪迈撰,孔凡礼点校:《容斋随笔》续笔卷二《汉唐置邮》,中华书局,2005,第 236 页。

⑥ 〔唐〕阙名:《对著服六年判》,〔清〕董诰等编:《全唐文》卷九百八十三,中华书局,1983,第 10171 页。

为京兆,韦荀同自亳入秦,宿潼关逆旅。"[①]《唐摭言》:"熊执易赴举,行次潼关,秋霖月余,滞于逆旅。"[②]《酉阳杂俎》:"工部员外郎张周封言:'今年春,拜扫假回,至湖城逆旅。'"[③]潼关逆旅、湖城逆旅都是开在城内的旅店。《太平广记》亦有较多记载。如李义琛家境贫穷时,"至潼关,遇大雪,逆旅不容,有咸阳商人见而怜之,延与同寝处。居数日,雪霁而去"[④],"韦浦者,自寿州士曹赴选,至阌乡逆旅"[⑤]。"阌乡县主簿沈恭礼,太和中摄湖城尉。离阌乡日,小疾,暮至湖城,堂前卧。忽有人绕床数匝,意谓从行厅吏雷忠顺,恭礼问之,对曰:'非雷忠顺,李忠义也。'问曰:'何得来此?'对曰:'某本江淮人,因饥寒,佣于人。前月至此县,卒于逆旅。然饥寒甚,今投君,祈一食,兼丐一小帽,可乎?'恭礼许之,曰:'遣我何处送与汝?'对曰:'来暮,遣驿中厅子张朝来取。'语毕,立于堂之西楹。"[⑥]李全质"开成初,衔命入关,回宿寿安县,夜未央而情迫,时复昏晦,不得已而出逆旅"[⑦]。除城内旅店外,有的旅店与馆驿设在同一地,店名亦与驿名相同。如《太平广记》载,元和中,李行修为东台御史,"是岁,汴人李介逐其帅,诏征徐泗兵讨之,道路使者星驰,又大掠焉。行修缓辔出关,程次稠桑驿。已闻敕使数人先至,遂取稠桑店宿"[⑧]。又"会昌元年春,孝廉许生,下第东归,次寿安,将宿于甘泉店。甘棠馆西一里已来,逢白衣叟,跃青骢,自西而来,徒从极盛……"[⑨]还有的则设在驿路旁。《旧唐书·史思明》载,史思明在陕州,"思明居驿,朝义在店中"[⑩]。《资治通鉴》上元二年作:"思明在鹿桥驿

① 〔唐〕白行简:《三梦记》,〔清〕董诰等:《全唐文》卷六百九十二,中华书局,1983,第7102页。

② 〔宋〕王定保:《唐摭言》卷四,陶敏:《全唐五代笔记》第4册,三秦出版社,2012,第2838页。

③ 〔唐〕段成式:《酉阳杂俎校笺》卷十五《诺皋记下》,中华书局,2015,第1091页。

④ 〔宋〕李昉等:《太平广记》卷一百七十九《李义琛》,中华书局,1961,第1330页。

⑤ 〔宋〕李昉等:《太平广记》卷三百四十一《韦浦》,中华书局,1961,第2704页。

⑥ 〔宋〕李昉等:《太平广记》卷三百四十八《沈恭礼》,中华书局,1961,第2757页。

⑦ 〔宋〕李昉等:《太平广记》卷三百四十八《李全质》,中华书局,1961,第2756~2757页。

⑧ 〔宋〕李昉等:《太平广记》卷一百六十《李行修》,中华书局,1961,第1150页。

⑨ 〔宋〕李昉等:《太平广记》卷三百五十《许生》,中华书局,1961,第2769页。

⑩ 〔后晋〕刘昫等:《旧唐书》卷二百《史思明传》,中华书局,1975,第5381页。

……朝义宿于逆旅。”胡注:“水经注:陕城东有漫涧,涧北有逆旅亭,谓之漫口客舍。此郦道元以一时经由所见者言之耳。自元魏至唐乾元、上元间,三百许年矣,漫口客舍必不复存。此逆旅特泛言旅舍耳。”[①]可见史朝义所居逆旅在崤函古道东段分叉口,即今湖滨区交口乡交口村。乡村中同样设置有旅店。《南阳孝子传》载:“贞元九年,某旅行虢州,税于村店。有一党先止焉,老翁一人,丈夫一人,妇人一人,孩幼两三人。”[②]如果没有旅店或旅店客满,还有投住民舍的。《太平广记》载:“李业举进士,因下第,过陕虢山路,值暴雷雨,投村舍避之……左军李生与行官杨镇亦投舍中。”[③]安史之乱中,杜甫夜宿石壕村可能也是因为当地没有旅店。前揭《太平广记》卷350《欧阳敏》云“陕州东三十里,本无旅舍,行客或薄暮至此,即有人远迎安泊。”所谓“远迎安泊”,反映了当地因无馆驿或旅店,民间抓住商机,开展民宿经营活动。

私人旅店较官方的馆驿接待较为宽泛、随便,不需要提供任何证明文件。无论官客私客、使者举子、商旅僧人,都可以居住。有些官客不愿住驿,而甘于投宿旅店,前面提到的李行修即是一例。开设旅店者有些是官府或馆驿官吏,有些则是附近的乡民。除住宿和饮食两大业务外,为方便旅客出行,旅店还提供喂马和租赁交通工具的服务。《因话录·商部下》载:“相国令狐公楚自河阳征入,至阌乡,暴风,有裨将饲官马在逆旅,屋毁马毙。”[④]《通典》:“(自长安)东至宋、汴,西至岐州,夹路列店肆待客,酒馔丰溢。每店皆有驴赁客乘,倏忽数十里,谓之驿驴。”[⑤]崤函古道上私人旅店的兴盛,在一定程度上弥补了官办馆驿服务对象单一、接待能力不足的缺陷,极大地方便了来往行旅。

---

① 〔宋〕司马光编著,〔元〕胡三省音注:《资治通鉴》卷二百二十二《唐纪三十八》,唐肃宗上元二年,中华书局,1956,第7107页。

② 〔唐〕欧阳詹:《南阳孝子传》,〔清〕董诰等编:《全唐文》卷五百九十八,中华书局,1983,第6050页。

③ 〔宋〕李昉等:《太平广记》卷八十四《李业》,中华书局,1961,第544页。

④ 〔唐〕赵璘:《因话录》卷三《商部下》,陶敏:《全唐五代笔记》(第3册),三秦出版社,2012,第1914页。

⑤ 〔唐〕杜佑撰,王文锦等点校:《通典》卷七《食货七》,中华书局,1988,第152页。

第三节　崤函古道与隋唐两京军事经略

在隋唐规划的两京军事安全版图中，地处两京之间的崤函地区无疑居于战略核心区域。隋末唐初，群雄兼并和唐安史之乱、黄巢起义都曾经因崤函古道发生过激烈的军事争夺，其胜败得失不仅对战局有重大影响，也往往成为两京得失的风向标。崤函“襟带二京”“藩垣二京”[①]“控二京舟车之会”[②]的作用和价值，在这些特殊时段，得到淋漓尽致的体现。

一、隋末唐初李渊父子控制崤函古道与平定中原

隋末唐初，李渊父子起兵反隋，因控制崤函古道得以攻取洛阳，平定中原，是崤函古道史上著名的事件。而在此前，则有杨玄感和李密举兵反隋，深陷洛阳鏖战，失于经营关中，终在崤函兵败身亡的故事。

隋大业九年(613)，杨玄感趁隋炀帝东征高丽，在黎阳(今河南浚县)举兵反

① 〔唐〕穆员:《陕虢观察使卢公墓志铭》,〔清〕董诰等编:《全唐文》卷七百八十四,中华书局,1983,第8197页。

② 〔唐〕李商隐:《上河中郑尚书状》,〔清〕董诰等编:《全唐文》卷七百七十五,中华书局,1983,第8080页。

隋,一时声势浩大。李密及时献上富有远见的战略三策:长驱入蓟,扼其咽喉,断炀帝后路,“高丽抗其前,我乘其后,不旬月赍粮竭,举麾召之,众可尽取,然后传檄而南,天下定矣”,为上策;轻装西行,经城不攻,直取长安,“据函、崤,东制诸夏,是隋亡襟带,我势万全”,为中策;就近攻东都洛阳,顿兵坚城下,隋军“理当固守。引兵攻战,必延岁月,胜负殊未可知”,为下策。然而,杨玄感竟以“今百官家属皆在洛,当先取之,以摇其心。且经城不拔,何以示武”①,而取李密下策,引兵围攻洛阳。结果围攻四五十日不下,隋援军四面而至,杨玄感只得放弃洛阳,转向关中。此时,杨玄感有华阴诸杨的向导,若能听从李子雄等人不与守敌纠缠,直入关中的建议,抢占潼关,“开永丰仓以赈贫乏,三辅可指麾而定。据有府库,东面而争天下”,与隋军鹿死谁手也未可知。然而,循崤函古道西进的杨玄感途经陕县,却因贪图弘农宫“多积粟”,而“留攻”陕城,错失机遇,以致“三日城不下,追兵遂至”②。杨玄感引兵向西,“至阌乡,宇文述、卫文升、来护儿、屈突通等军追及于皇天原”,封锁了西进潼关据险固守的道路。杨玄感被迫“上盘豆,布陈亘五十里,且战且行”,一日三败。再战董杜原,“诸军击之,玄感大败,独与十余骑奔上洛”③,至卢氏葭芦戍自杀。皇天原在今灵宝西北,董社原在潼关东南。乾隆《阌乡县志》云:“皇天原,在县西南四十五里,即董社原也。”④《水经注·河水》:“玉涧水南出玉溪,北流径皇天原西。周固记,开山东首,上平博,方可里余,三面壁立,高千许仞,汉世祭天于其上,名之为皇天原。上有汉武帝思子台。又北径阌乡城西。”⑤声势浩大的杨玄感反隋,仅历三个月便败于崤函古道。

---

① 〔宋〕欧阳修等:《新唐书》卷八十四《李密传》,中华书局,1973,第3678页。

② 〔唐〕魏征等:《隋书》卷七十《杨玄感传》,中华书局,1973,第1618~1619页。

③ 〔宋〕司马光编著,〔元〕胡三省音注:《资治通鉴》卷一百八十二《隋纪六》,隋炀帝大业九年,中华书局,1956,第5681页。

④ 〔清〕梁溥纂修:乾隆《阌乡县志》卷二《古迹》,《河南历代方志集成·三门峡卷》(9),大象出版社,2017,第496页。

⑤ 〔北魏〕郦道元著,陈桥驿校证:《水经注校证》卷四《河水》,中华书局,2007,第109页。

四年后，已成为瓦岗军领袖的李密也深陷自己的下策，坚持围攻东都，而重蹈杨玄感覆辙，兵困洛阳城下，消耗了大量实力，错失了占据长安一争天下的有利战机。李密何以放弃自己早先的主张，不肯西取长安，李世民一针见血地指出是“李密顾恋仓粟，未遑远略”[①]。胡如雷分析李密占领洛口、回洛及黎阳三仓后，以巨仓为凭籍建立了百万大军，也因此局限了他的战略眼光，固守三仓，不肯领兵入长安，成为最先走向失败的起义军[②]。武德元年（618）十月，穷途末路的李密只得主动至长安降唐。不及二月，李密希图东山再起，于是提出赴黎阳安辑山东旧部。得到唐高祖同意后，便沿崤函古道一路向东，“出鸡鸣之关，次休牛之塞”[③]，行至桃林稠桑驿，“高祖复征之，密大惧”，遂在桃林举兵反叛。“自率之入桃林县舍。须臾，变服突出，因据县城，驱掠畜产，直趣南山，乘险而东”[④]，欲往伊州（治今嵩县东北）投奔旧部张善相，但被镇守宜阳的唐行军总管盛彦师伏兵截杀于今卢氏官道口镇三官庙附近。李密逃亡路线，是由桃林县南下，沿弘农涧河，至虢州（今灵宝）附近转循东涧河（古称断密涧），入卢氏，意沿宜卢道经洛宁逃伊州。对隋末双雄杨玄感、李密的失败，顾祖禹曾有所讨论，认为“玄感、李密，一朝创起，既不敢用长驱入蓟及直指江都之谋，又不能先据上游之势然后争衡天下，宜其败也”[⑤]。而两人皆败亡于崤函古道，或许也是因两人疏于崤函古道交通的经营。《旧唐书·盛彦师传》云：“李密既度陕州，以为余不足虑，遂拥众徐行，果逾山南渡。彦师击之，密众首尾断绝，不得相救，遂斩李密，追擒伯当。”[⑥]

---

① 〔宋〕司马光编著，〔元〕胡三省音注：《资治通鉴》卷一百八十四《隋纪八》，隋恭帝义宁元年，中华书局，1956，第5744页。

② 胡如雷：《关于隋末农民起义的若干问题》，《隋唐五代社会经济史论稿》，中国社会科学出版社，1996，第201页。

③ 任思义：《〈李密墓志铭〉及其历史价值》，《中原文物》1986年第1期。

④ 〔后晋〕刘昫等：《旧唐书》卷五十三《李密传》，中华书局，1975，第2224页。

⑤ 〔清〕顾祖禹撰，贺次君、施和金点校：《读史方舆纪要·河南方舆纪要序》，中华书局，2005，第2084页。

⑥ 〔后晋〕刘昫等：《旧唐书》卷六十九《盛彦师传》，中华书局，1975，第2520页。

李渊父子起兵，表现出远超杨玄感、李密等人的智慧和军事战略。李渊夺取关中，有经营崤函古道的军事交通准备。唐克洛阳，定中原，依靠崤函古道交通完成灭亡王世充、窦建德的战争，为统一全国奠定了基础。

大业十三年(617)七月，李渊于晋阳起兵，挥师关中，曾有“据蒲津而屯永丰，阻崤函而临伊、洛”①的战略，而取永丰仓是实现这一战略的关键一步。永丰仓初名广通仓，开皇三年(583)隋文帝置，大业初年(605)改名永丰仓。据考证，永丰仓故址“在今潼关县北境吊桥村与潼关故城间的古驿道之侧，略当今西村和废五里铺村一带”②。该仓位于渭水运河和黄河的交汇处，担负着转运关东漕粮西入关中的重要职责，也是长安粮食安全的战略储备仓。凡从关东运往关中的漕粮均须经此入仓或再度起运，其地位重要，是隋末关中第一大漕仓。开皇五年(585)，隋文帝曾一次出永丰仓米三百余万石，以解决关中地区由于严重旱灾所造成的朝廷和驻军缺粮问题。永丰仓与潼关仅相距四里，地理位置颇像西汉时的京师仓，与潼关互为犄角，军事价值亦很突出。诚如汪篯所说：“永丰仓是河渭转漕、米粮屯聚之中心，尤具军事、经济两方面之价值，是皆兵家之所必争。”③

李渊起事正值隋末饥荒关中尤甚之时，百姓严重缺粮，加之隋军在河东坚壁清野，李渊军粮供给也深受其困，以致在八月癸巳(十五日)进抵龙门黄河边后迟迟不能渡河入关，逗留长达27天。李世民、薛大鼎、任瑰等纷纷建议李渊速入关夺取永丰仓。《旧唐书·太宗本纪》载：“太宗请进师入关，取永丰仓以赈穷乏，收群盗以图京师。”④《旧唐书·薛大鼎传》记薛大鼎亦于龙门谒高祖进言：“请勿攻河东，从龙门直渡，据永丰仓，传檄远近，则足食足兵。既总天府，据百二之所，斯亦拊背

① 〔后晋〕刘昫等：《旧唐书》卷五十三《李密传》，中华书局，1975，第2221页。

② 艾冲：《隋唐永丰仓考论》，《陕西师范大学学报(哲学社会科学版)》1997年第2期。

③ 汪篯：《唐室之克定关中》，汪篯著，唐长孺等编：《汪篯隋唐史论稿》，中国社会科学出版社，1981，第220页。

④ 〔后晋〕刘昫等：《旧唐书》卷二《太宗本纪》，中华书局，1975，第23页。

扼喉之计。”[①]《旧唐书·任瑰传》:“义师起,瑰至龙门谒见,……瑰曰:‘鼓行整众,入据永丰,虽未得京城,关中固已定矣。’”[②]由李世民等建言可以得知,因永丰仓地处崤函古道西端入口,夺取永丰仓,不仅可以“足食足兵”,而且可以“据百二之所”,控扼东西交通,取得“拊背扼喉”的战略地位。

恰在此时,九月丙辰,“华阴县令李孝常据永丰仓,遣子弟妹夫窦轨等送款,仍便应接河西关上兵马”。李孝常以华阴叛永丰为唐所有,保证了李渊军粮供应及赈济饥荒稳定民心的军事及政治需要,使其在关中争夺中占了上风。汪篯曾指出:“唐能取得天下的重要原因之一,是手里掌握了粮食,而李孝常就是华阴令,掌握永丰仓,唐高祖兵临黄河,李孝常降了唐。他的投降,使唐得到永丰仓的大批存粮。”[③]李渊“据蒲津而屯永丰”,以定关中的战略得以迅速实现。《大唐创业起居注》载:“帝曰:‘吾未济者,正须此耳,今既事办,可以济乎?’乃命所司以少牢祀河。庚申,率诸军以次而渡。”李渊渡河后亲至永丰仓,“至仓所劳军,见籍廪填实,铭题数多,喜谓从者曰:‘千里远来,急于此耳。此既入手,余复何论。食之与兵,今时且足,信出于己,久行诸将,俱谨备守,无为他虑。’”李渊得到永丰仓的喜悦及“正须此耳”“急于此耳”诸语,说明永丰仓战略意义的重要。于是,李渊一面遣长子李建成“将司马刘文静、统军王长谐、姜宝谊、宝综诸军数万人屯永丰仓,守潼关,备他盗”,控制进出崤函古道的西入口,防御可能由洛阳或河东西援关中的隋军,一面立即“开仓大赈饥民”。“旬日间,京兆诸贼,四面而至,相继归义,罔有所遗。商农工贾,各安其业。京城留守代王、及尚书卫文升、将军阴世师、京兆丞骨仪等,以帝威德遐振,民愿所从,恐京邑之人一旦去尽,乃闭门拒守。”[④]李渊得永丰仓供应军食,

① 〔后晋〕刘昫等:《旧唐书》卷一百八十五《薛大鼎传》,中华书局,1975,第4787页。

② 〔后晋〕刘昫等:《旧唐书》卷五十九《任瑰传》,中华书局,1975,第2329页。

③ 汪篯:《唐室之克定关中》,汪篯著,唐长孺等编:《汪篯隋唐史论稿》,中国社会科学出版社,1981,第220页。

④ 〔唐〕温大雅撰,李季平、李锡厚点校:《大唐创业起居注》卷二,上海古籍出版社,1983,第33~35页。

开仓赈济饥民的义举,树立了唐军"军令严整,秋毫不犯"的"义军"形象。李渊乘势迅速向长安推进,"命建成选仓上精兵自新丰趋长乐宫,世民帅新附诸军北屯长安故城,至并听教。延安、上郡、雕阴皆请降于渊"①。十一月李渊攻入长安,立代王杨侑为帝,挟幼主以总朝政,关中大局初定。屯驻河东的隋将屈突通在潼关附近渡河,企图抢占潼关,争夺永丰仓,相持一月余,为刘文静所败,乃率兵东撤洛阳,至稠桑被俘降唐。

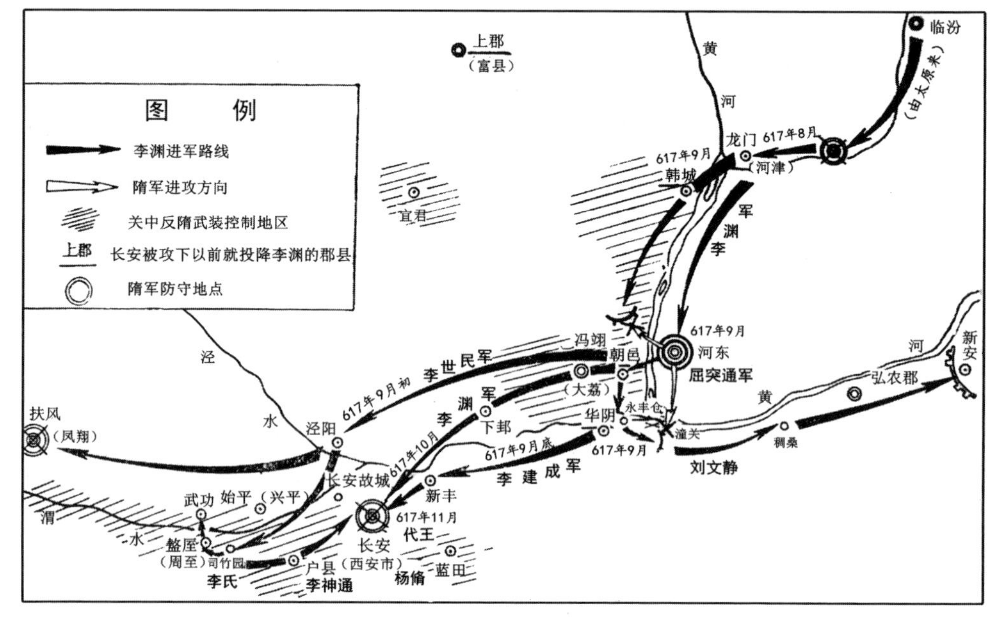

图 7-9　李渊起兵克潼关取长安之战图

在取潼关,控制崤函古道西入口前后,李渊对潼关以东崤函古道交通控制亦有提前布局,其关键是对张士贵的招降和使用。

① 〔宋〕司马光编著,〔元〕胡三省音注:《资治通鉴》卷一百八十四《隋纪八》,隋恭帝义宁元年,中华书局,1956,第 5759~5760 页。

据《旧唐书·张士贵传》:"张士贵者,虢州卢氏人也。本名忽峍,善骑射,膂力过人。大业末,聚众为盗,攻剽城邑,远近患之,号为'忽峍贼'。"[①]忽峍即鳄鱼,意其凶猛。张士贵聚崤函之兵卒,攻城略地,成为隋末崤函地区最大的反隋武装。陕西礼泉出土《张士贵墓志》云:"率闾左而完聚,候霸上之祯祥。乃于枌闬之间,崤陵之地,因称大总管、怀义公。于是襁负波属,接淅云归。"[②]李渊西进至绛水(今山西绛县)时,慕其声名,遣使持书前往招降张士贵,利用张士贵熟悉崤函的地形及军情的优势,令其剿服崤函割据势力,平定崤函。张士贵果然不负君望,"肃清崤渑,繄赖攸归。因统所部,镇于陕服",迅速掌控了潼关以东陕、虢等数州之地和崤函古道西段,对李渊西取长安,入定关中起到了重要的作用。

占领长安后,唐于关中东部和崤函西部置华山郡(治郑县)、弘农郡(治陕县)、凤林郡(治弘农县)、虢郡(治卢氏县),以加强对这一地区的统治。十二月,又遣刘文静向崤函东部地区进发,"进兵东略,下陕县,拔太原仓"[③]。张士贵受其"节度,每陈东略之计,益见嗟赏"。刘文静以其为先导,用其计,"遂进下同轨,以置函州。又进击伪熊州刺史郑仲达,大败之。所在城聚,相继投款。高祖称善,赍缯彩千有余段,名马五匹并金装鞍勒"[④]。张士贵据有洛宁、宜阳和新安,基本控制了崤函古道东段,实现了李渊"阻崤函而临伊、洛"的战略。《新唐书》和《旧唐书》皆记刘文静与隋将屈突通战于潼关后,引兵东略地,略定新安以西之地。而李渊入关前招降并重用张士贵,控制崤函古道,为后来东进洛阳扫清了道路,所体现的战略眼光和全局意识尤为值得称道。

---

① 〔后晋〕刘昫等:《旧唐书》卷八十三《张士贵传》,中华书局,1975,第2786页。

② 〔唐〕上官仪:《大唐故辅国大将军荆州都督虢国公张公(士贵)墓志铭并序》,吴钢主编:《全唐文补遗》(第1辑),三秦出版社,1994,第40页。

③ 〔后晋〕刘昫等:《旧唐书》卷六十一《窦琮传》,中华书局,1975,第2367页。

④ 〔唐〕上官仪:《大唐故辅国大将军荆州都督虢国公张公(士贵)墓志铭并序》,吴钢主编:《全唐文补遗》(第1辑),三秦出版社,1994,第41页。

在立足关中，控制崤函古道后，李渊遣李世民兄弟出兵关东逐个剿灭各地的割据势力。义宁二年(618)正月，李渊以李建成为主帅，李世民副之，将兵七万，循崤函古道东略洛阳。张士贵“以公材光晋用，誉重汉飞，战有必胜之资，威有儋邻之锐，授第一军总管先锋”①。因“新定关中，根本未固”，不久撤军。唐“遂置新安、宜阳二郡，使行军总管史万宝、盛彦师镇宜阳，吕绍宗、任瑰将兵镇新安”②，以控扼洛阳西面门户。五月，李渊在长安称帝，指名要张士贵进京奉见，拜通州刺史。六月，李渊置陕州总管府，治陕县。《旧唐书·地理一》云，唐高祖以“其缘边镇守及襟带之地，置总管府，以统军戎”③。陕州因地处长安、洛阳之间，襟带两京，而置陕州总管府，统领陕、鼎、熊、谷诸州，控制长安、洛阳间的崤函之地和险关要隘，尤其是长安通往洛阳的崤函古道东段南北两路及黄河漕运线路，并以陕州为基点，以新安、宜阳为触角，形成对洛阳的三角形控防体系，掌握了日后东略洛阳的主动权。

九月，唐高祖欲图洛阳，克定三川，“遣琮留守陕城以督粮运。王世充遣其骁将罗士信来断粮道，琮潜使人说以利害，士信遂帅众降”④。又命张士贵负责后勤供给，转输漕粮。《张士贵墓志》载：“敕还陕郛，转漕飞刍所寄，允兹简在，授上柱国。”“武德元年，转运粮偫至于渑池，王充将郭世衡等潜兵而至，公掩击，大破之。”而一旦崤函地区有事，高祖往往以张士贵为用，力保崤函地区不乱。武德二年(619)，苏经率寇反唐，劫掠陕州，“州将濒战不利”。高祖闻之曰，“此贼非猛士无以殄灭”，令张士贵前往讨伐，“顾眄之顷，噍类靡遗”，高祖又降书褒美。不久，张士贵获授马军总管，“经略熊州之地”。熊州治今宜阳韩城镇。王世充将兵五万进

---

① 〔唐〕上官仪：《大唐故辅国大将军荆州都督虢国公张公(士贵)墓志铭并序》，吴钢主编：《全唐文补遗》(第1辑)，三秦出版社，1994，第41页。

② 〔宋〕司马光编著，〔元〕胡三省音注：《资治通鉴》卷一百八十五《唐纪一》，唐高祖武德元年，中华书局，1956，第5786页。

③ 〔后晋〕刘昫等：《旧唐书》卷三十八《地理一》，中华书局，1975，第1384页。

④ 〔后晋〕刘昫等：《旧唐书》卷六十一《窦琮传》，中华书局，1975，第2367页。

攻熊州,"虽众寡不侔,主客异势",张士贵沉着应战,最终以少胜多,使得"饮淇之众,反接辕门;倒戈之旅,泥首请命",故而高祖"赐爵新野县开国公,杂彩上驷并金鞍宝勒"①。凡此皆可见高祖在夺取和控制崤函古道上煞费苦心,对张士贵的重用卓有成效,既控制了崤函古道沟通的两京交通,阻遏了王世充的西进,又保障了关中根据地的安全,为后来出潼关、克洛阳,进而统一天下奠定了坚实的基础。

武德三年(620)七月,在完全巩固了对关中的统治和对崤函古道的控制之后,李世民率军出潼关,沿崤函古道东进,总攻洛阳,又以党仁弘为陕州总管,组织从黄河转输漕粮,保障军饷。《资治通鉴》记载:"高祖之入关也,隋武勇郎将冯翊党仁弘将兵二千余人归高祖于蒲阪,从平京城,寻除陕州总管,大军东讨,仁弘转饷不绝。"胡注:"谓讨王世充时也。"②《册府元龟》谓:"党仁弘,高祖起义兵,为左武侯将军,检校陕州总管,镇守陕城。及大军东讨王世充,仁弘转饷不绝。"③有学者分析指出:"陕州恰恰挡在三门峡以东,党仁弘在这里可以掩护三门峡以西运来的永丰仓漕粮平稳登陆,沿黄河和谷水运往前方。"④

李世民以崤山北路为主攻路线,以新安为前进方向,"遣罗士信为前锋,直驱慈涧。王世充使太子玄应救之,士信刺玄应坠马,人救之,得免"⑤。慈涧即今新安磁涧,东距洛阳仅三四十里。双方再战。"罗士信将前军围慈涧,世充自将兵三万救之。己丑,秦王将轻骑前觇世充,猝与之遇,众寡不敌,道路险厄,为世充所围。世

① 〔唐〕上官仪:《大唐故辅国大将军荆州都督虢国公张公(士贵)墓志铭并序》,吴钢主编:《全唐文补遗》(第1辑),三秦出版社,1994,第41页。

② 〔宋〕司马光编著,〔元〕胡三省音注:《资治通鉴》卷一百九十六《唐纪十二》,唐太宗贞观十六年,中华书局,1956,第6182页。

③ 〔宋〕王钦若等编纂,周勋初等校订:《册府元龟》卷四百九十八《邦计部·漕运》,凤凰出版社,2006,第5659页。

④ 张晓东:《汉唐漕运与军事》,上海书店出版社,2010,第77页。

⑤ 〔宋〕司马光编著,〔元〕胡三省音注:《资治通鉴》卷一百八十八《唐纪三》,唐高祖武德三年,中华书局,1956,第5880页。

民左右驰射"①,方得脱险。这是一段珍贵的史料,李世民可能是史籍记载明确的因"道路险厄"在崤山北路遇险突围的最高统帅。次日,李世民亲率步骑五万攻克慈涧。十月,"行军总管罗士信袭王世充硖石堡,拔之"②,硖石堡在今新安铁门西十里。《水经注·谷水》:"谷水又东径千秋亭南,……又东径雍谷溪,回岫萦纡,石路阻峡,故亦有峡石之称矣。"③王世充在洛阳以西已无险可守,只得退守洛阳城内。李世民又遣行军总管史万宝为南路,由宜阳沿崤山南路东进,控制洛阳南面要冲龙门,从侧翼包围洛阳,切断王世充与南部诸州的联系。武德四年(621),河北夏政权首领窦建德率军南下援救王世充,在虎牢关被李世民击败,窦建德被俘,王世充被迫向唐军投降,王世充、窦建德在大河南北的割据局面结束,唐王朝统一全国的大势奠定。

二、崤函古道与平定安史之乱

天宝十四载(755)十一月,安禄山在范阳起兵,率部南下横扫中原。长达八年的安史之乱,不仅使唐王朝由盛转衰,也使崤函古道及其邻近地区再次陷入战祸。叛军占领洛阳后,一路长蛇般沿崤函古道向西推进,直指长安。朝廷的平叛也往往自长安由西向东展开。彼此的进攻和反击,多通过崤函古道交通条件实现。唐与叛军在崤函古道上多次展开激烈争战,其胜败不仅对双方乃至全国战局都产生了重大影响,崤函古道的军事交通功能也再次显示于史册。

唐与安史叛军在崤函古道及其邻近地区的争夺大致分为两个阶段。

① 〔宋〕司马光编著,〔元〕胡三省音注:《资治通鉴》卷一百八十八《唐纪三》,唐高祖武德三年,中华书局,1956,第5886~5887页。

② 〔宋〕司马光编著,〔元〕胡三省音注:《资治通鉴》卷一百八十八《唐纪四》,唐高祖武德三年,中华书局,1956,第5892页。

③ 〔北魏〕郦道元著,陈桥驿校证:《水经注校证》卷十六《谷水》,中华书局,2007,第388~389页。

第一个阶段是从天宝十四载安史叛军南下攻洛阳至次年六月长安第一次沦陷。这一时期朝廷与将领们在防御重点上存在分歧,前者要求将唐军推进到陕州布防,而谙熟军情的将领们则倾向以潼关防御为重点。防御战略的严重分歧最终导致唐军溃败,长安沦陷。

据《资治通鉴》记载,平叛之初,天宝十四年十二月,唐玄宗遣封常清往洛阳募兵守城,高仙芝"将飞骑、彍骑及新募兵、边兵在京师者合五万人,发长安",进屯陕州。十二月十三日,叛军攻陷洛阳。"封常清帅余众至陕……谓高仙芝曰:'常清连日血战,贼锋不可当。且潼关无兵,若贼豕突入关,则长安危矣。陕不可守,不如引兵先据潼关以拒之。'仙芝乃帅见兵西趣潼关。贼寻至,官军狼狈走,无复部伍,士马相腾践,死者甚众。至潼关,修完守备,贼至,不得入而去。禄山使其将崔乾佑屯陕。"[①]唐军退守潼关,据险抗击,为朝廷集聚兵力赢得了时间,"朝廷得为之备,兵亦稍集"[②],关中形势至此稍安。但玄宗的要求是唐军能够推进到陕州,以会攻洛阳,迅速平叛。于是以"常清以贼摇众,而仙芝弃陕地数百里"[③],有"桡败"之嫌,斩杀封、高二将。

新任兵马副元帅哥舒翰统兵二十万,"悉河、陇兵东守潼关"[④],依旧采用封、高二人战略,加固城防,深沟高垒,闭关固守,以待时机。安庆绪率叛军攻潼关,旋被击退。叛军主力被阻于潼关数月,难以向西推进,以致安禄山"议弃洛阳,走归范阳"。然而,"计未决","会有告崔乾佑在陕,兵不满四千,皆羸弱无备,此禄山之用

---

① 〔宋〕司马光编著,〔元〕胡三省音注:《资治通鉴》卷二百一十七《唐纪三十三》,唐玄宗天宝十四年,中华书局,1956,第 6937、6939~6940 页。

② 〔宋〕司马光编著,〔元〕胡三省音注:《资治通鉴》卷二百一十七《唐纪三十三》,唐玄宗天宝十四年,中华书局,1956,第 6940 页。

③ 〔宋〕司马光编著,〔元〕胡三省音注:《资治通鉴》卷二百一十七《唐纪三十三》,唐玄宗天宝十四年,中华书局,1956,第 6942 页。

④ 〔宋〕欧阳修等:《新唐书》卷二百一十六《吐蕃传》,中华书局,1973,第 6087 页。

间也。上遣使趣哥舒翰进兵复陕、洛”①。尽管哥舒翰、郭子仪、李光弼等相继上书,言潼关大军利在据险坚守,不可轻出,但玄宗最终还是听信杨国忠,以将失战机为名,遣使趣之。哥舒翰抚膺恸哭,至德元年(756)六月四日被迫率兵出关。

六月八日,唐军进至灵宝西原。叛军陕郡守将崔乾佑先以精兵伏于南山,出万余兵马作诱饵,“什什伍伍,散如列星,或前或却,或疏或密”,引诱唐军冒进。“(哥舒)翰与田良丘浮舟中流以观军势,见乾佑兵少,趣诸军使进。王思礼等将精兵五万居前,庞忠等将余兵十万继之,翰以兵三万登河北阜望之,鸣鼓以助其势。”唐军稍与叛军接触,“兵既交,贼偃旗如欲遁者,官军懈,不为备。须臾,伏兵发,贼乘高下木石,击杀士卒甚众”,尔后又阻塞道路。唐军继之以毡车驾马前驱,至午后,“东风暴急”,叛军以草车数十乘塞毡车之前,纵火熏烟,“烟焰所被,官军不能开目,妄自相杀,谓贼在烟中,聚弓弩而射之。日暮,矢尽,乃知无贼”。伏于南山的叛军同罗精骑趁势杀出,拦腰截断唐军,“官军首尾骇乱,不知所备,于是大败”。“或弃甲窜匿山谷,或相挤排入河溺死,嚣声振天地,贼乘胜蹙之。后军见前军败,皆自溃。河北军望之亦溃。”唐军在潼关东门前曾挖有三道堑沟,“皆广二丈,深丈”。慌忙败退的唐军“人马坠其中,须臾而满;余众践之以度”。唐20万大军损失殆尽,哥舒翰仅“自变量百骑绝河还营,羸兵裁八千”②,逃回潼关。

西原之战,唐军大败,学者曾从玄宗强令出击,主帅措制失误,士兵缺乏战斗力等方面多有分析。其实从军事地理上讲,战前唐军放弃陕州,战中交战双方对西原地形的不同利用,也是值得注意的。

封常清、高仙芝弃陕守潼关,通常多肯定其积极意义,而对其消极之处鲜有认识。从整个战局来看,陕州是潼关防御的前哨和战略支点,城池易守难攻,潼关也

① 〔宋〕司马光编著,〔元〕胡三省音注:《资治通鉴》卷二百一十八《唐纪三十四》,唐肃宗至德元年,中华书局,1956,第6965~6966页。

② 〔宋〕司马光编著,〔元〕胡三省音注:《资治通鉴》卷二百一十八《唐纪三十四》,唐肃宗至德元年,中华书局,1956,第6968~6969页。

是利于守而不利于攻。二者一前一后,相互绵连,形成节节防御体系。放弃陕州,拱手相让崤函,潼关失去崤函西部防御,随时处于兵临城下的险境,极易导致挫败乃至溃败。同时关中东出通道也有被封之虞,势同春秋晋国占崤函,封堵秦东出之路,不利日后唐军的反攻。《旧唐书·杨国忠传》写道:“是时,禄山虽据河洛,其兵锋东止于梁、宋,南不过许、邓。李光弼、郭子仪统河朔劲卒,连收恒、定,若崤、函固守,兵不妄动,则凶逆之势,不讨自弊。及哥舒翰出师,凡不数日,乘舆迁幸,朝廷陷没,百僚系颈,妃主被戮,兵满天下,毒流四海。”①

再从交战双方对西原地形的利用来看。西原在衡岭塬南部,今称焦村塬。乾隆《重修灵宝县志》云:“牧犪岭,在县西南十五里,即桃林之野也。犪牛名出岷山,肉重千筋。武王克殷归放牛于此,故名。”②光绪《重修灵宝县志》云:“西原在城西南五十里。”③民国《灵宝县志》云:“西原即秦岭,南接女郎山北麓,北抵黄河南岸,南北四十里,东西十余里,高五里。秦函谷关、汉函谷关皆在此岭东麓。旧志所谓衡岭、牧犪岭均指西原而言。”④这里左右有山、河屏障,中间为狭长隘道。《资治通鉴》云,西原“南薄山,北阻河,隘道七十里”⑤。所谓“隘道七十里”,《新唐书·哥舒翰传》云,“由关门七十里,道险隘”⑥,即自潼关关门七十里。按,潼关至阌乡县城三十里,阌乡至盘豆驿二十五里,后者距湖城县二十五里,湖城县在今灵宝阳平镇文乡村附近。以此观之,则西原之战当发生在阌乡与湖城之间的隘道上。这里

① 〔后晋〕刘昫等:《旧唐书》卷一百六《杨国忠传》,中华书局,1975,第3247页。

② 〔清〕周庆增修,〔清〕敖启潜、许宰纂:乾隆《重修灵宝县志》卷一《山川志》,《河南历代方志集成·三门峡卷》(7),大象出版社,2017,第296页。

③ 〔清〕周淦、方胙勋修,〔清〕高锦荣、李镜江纂:光绪《重修灵宝县志》卷三《古迹》,《河南历代方志集成·三门峡卷》(8),大象出版社,2017,第90页。

④ 张椿荣修,张象明等纂:民国《灵宝县志》卷一《疆域》,《河南历代方志集成·三门峡卷》(9),大象出版社,2017,第16页。

⑤ 〔宋〕司马光编著,〔元〕胡三省音注:《资治通鉴》卷二百一十八《唐纪三十四》,唐肃宗至德元年,中华书局,1956,第6968页。

⑥ 〔宋〕欧阳修等:《新唐书》卷一百三十五《哥舒翰传》,中华书局,1973,第4573页。

正是古桃林塞所在,素为崤函古道上的交通要道和兵争要地。崔乾佑利用有利地势,抢先占据地势高平的南边"山原"设伏兵,据险以待,诱骗唐军,将其迫压到以北原、河之间的东西狭长的隘道中,《旧唐书》用"争路拥塞,无复队伍"①《新唐书》用"道岨无行列"②来形容唐军的局促和密集布阵。《安禄山事迹》曰:"我众,从关门六七十里,路狭,北拒黄河,南抵石岸,排蹴前进不得。"战争打响,又因"道隘,士卒如束,枪槊不得用"。而"贼抽军从南山设疑,曳柴扬尘,以同罗习险之骑,直透黄河横截,我军败绩,沈河死者十有二三"。③ 战争的发展有诸多原因,但交战双方尤其是崔乾佑对西原"南薄山,北阻河,隘道七十里"形势的有效利用,以诱敌深入、打埋伏战、巧借东风、阵后反击等战略战术的综合运用,最终影响了战局的结果。

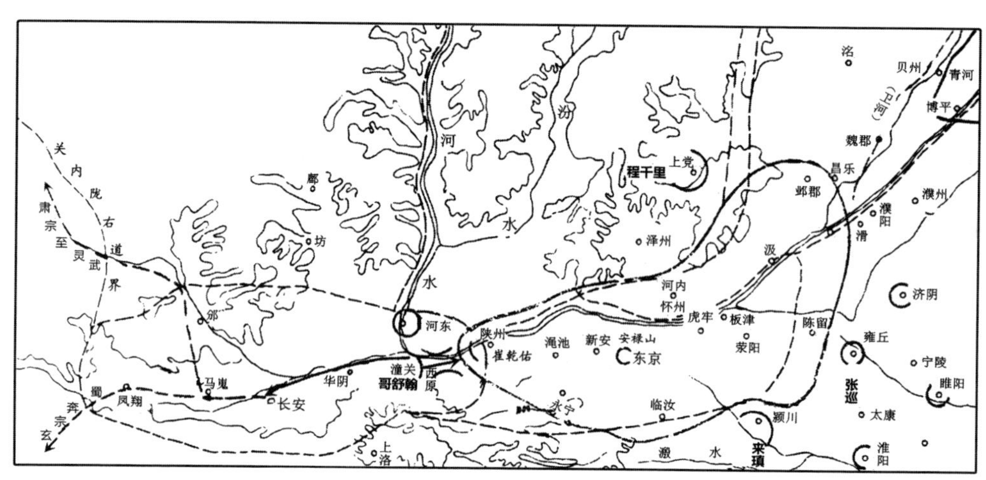

图 7-10 西原之战示意图

西原之战是唐平定安史之乱中关系极为重大的一场战役。杜甫《潼关吏》记

① 〔后晋〕刘昫等:《旧唐书》卷一百四《哥舒翰传》,中华书局,1975,第 3215 页。

② 〔宋〕欧阳修等:《新唐书》卷一百三十五《哥舒翰传》,中华书局,1973,第 4573 页。

③ 〔唐〕姚汝能:《安禄山事迹》卷下,中华书局,2006,第 103 页。

载:“哀哉桃林战。百万化为鱼。”[①]由于唐军投入的是仅有的兵力,战争的失败意味着朝廷失去了抵抗叛军的能力。战后第二天,叛军便克潼关,长安东大门洞开。“潼关既败,于是河东、华阴、冯翊、上洛防御使皆弃郡走,所在守兵皆散。”[②]唐军全线溃败,战局直转急下。十三日凌晨,唐玄宗仓皇逃离长安入蜀。不日,叛军占领长安。

第二个阶段是从肃宗继位至宝应元年(762)唐军总反攻,克复洛阳。其时唐军吸取了天宝十四载潼关失守的教训,以“益兵屯陕州”[③]“镇陕以守关”[④]为防御策略,控制崤函古道西段,不再轻易退守潼关。陕州在这一时期作为反击基地发挥着“俾遏东寇”[⑤],控遏叛军西进和收复洛阳的作用。郭子仪等几位优秀将领在崤函古道上的作战,对夺取两京,平定叛乱具有至关重要的意义。

至德二载(757)六月,镇守陕州的安庆绪将杨务钦反正,杀城中叛将,坚守太仓,州中金帛器械山积。七月,安武臣领兵攻陕郡,“杨务钦战死,贼遂屠陕”[⑥],“民无遗类”[⑦],陕州遭受空前劫难。九月,广平王李俶与郭子仪率朔方等军,联合回纥、西域之兵,从凤翔再次反攻,在长安香积寺大败叛军,叛军西京留守张通儒等乘夜从长安东逃。郭子仪追至潼关,歼敌 5000 人,占领潼关,并沿崤函古道迅速推进,攻克弘农,控制崤函古道西段。张通儒收余众走保陕州。安庆绪“悉发洛阳兵,使其御史大夫严庄将之”,赶赴陕州,阻挡唐军东进,以保洛阳。

---

① 〔唐〕杜甫:《潼关吏》,〔清〕彭定求等编:《全唐诗(增订本)》卷二百一十七,中华书局,1999,第 2285 页。

② 〔宋〕司马光编著,〔元〕胡三省音注:《资治通鉴》卷二百一十八《唐纪三十四》,唐肃宗至德元年,中华书局,1956,第 6969~6970 页。

③ 〔宋〕欧阳修等:《新唐书》卷二百二十五《史思明传》,中华书局,1975,第 6431 页。

④ 〔宋〕司马光编著,〔元〕胡三省音注:《资治通鉴》卷二百二十一《唐纪三十七》,唐肃宗乾元二年,中华书局,1956,第 7073 页。

⑤ 〔宋〕王钦若等编纂,周勋初等校订:《册府元龟》卷一百一十九《帝王部 · 选将》,凤凰出版社,2006,第 1305 页。

⑥ 〔宋〕司马光编著,〔元〕胡三省音注:《资治通鉴》卷二百一十九《唐纪三十五》,唐肃宗乾元二年,中华书局,1956,第 7028 页。

⑦ 〔后晋〕刘昫等:《旧唐书》卷十《肃宗纪》,中华书局,1975,第 246 页。

《资治通鉴》记载,至德元年十月己未(十五日),李俶、郭子仪进抵陕州西南曲沃,随即发起新店战役:“回纥叶护使其将军鼻施吐拨裴罗等引军旁南山搜伏,因驻军岭北。郭子仪等与贼遇于新店,贼依山而陈,子仪等初与之战,不利,贼逐之下山。回纥自南山袭其背,于黄埃中发十余矢。贼惊顾曰:‘回纥至矣!’遂溃。官军与回纥夹击之,贼大败,僵尸蔽野。严庄、张通儒等弃陕东走,广平王俶、郭子仪入陕城,仆固怀恩等分道追之。”①是役官军歼叛军 10 余万人。新店所在,《资治通鉴》胡注:“据旧书,新店在陕城西。”陕城西新店有二,一在今陕州区大营镇,今称辛店村,一为灵宝大王镇新店村。民国《陕县志 · 古迹》载:“新店在陕城西二十里。……广平王至曲沃,即曲沃镇也。回纥兵旁南山搜伏,即由原店镇谷中绕出张汴村或五佰梨村之东也。因驻军岭北,即驻军西川或五佰梨山内也。贼依山而陈,即依温塘村之山或石桥镇高阜,比新店为得形胜也。回纥自南山袭其背,即绕出南山之东,由土桥罐煮等村袭击其后也。”②据此,新店在陕州西南二十里,即今陕州区大营镇曲沃、辛店一带,是通往陕州的必经之路。

新店之战是唐平定安史之乱的第二大战役,影响极大。战后官军乘胜收复东京,大大震慑了叛军。《资治通鉴》记载:“严庄先入洛阳告安庆绪。庚申夜,庆绪帅其党自苑门出,走河北。……壬戌,广平王俶入东京。”③《新唐书 · 郭子仪传》记载:“严庄等走洛阳,挟庆绪度河保相州,遂收东都。于是河东、河西、河南州县悉平。”④《旧唐书 · 代宗纪》记载:“新店之役,一战大捷,庆绪之党,十歼七八。数旬

① 〔宋〕司马光编著,〔元〕胡三省音注:《资治通鉴》卷二百二十《唐纪三十六》,唐肃宗至德二年,中华书局,1956,第 7040 页。

② 欧阳珍修,韩嘉会撰:民国《陕县志》卷十九《古迹》,《河南历代方志集成 · 三门峡卷》(4),大象出版社,2017,第 208 页。

③ 〔宋〕司马光编著,〔元〕胡三省音注:《资治通鉴》卷二百二十《唐纪三十六》,唐肃宗至德二年,中华书局,1956,第 7040 页。

④ 〔宋〕欧阳修等:《新唐书》卷一百三十七《郭子仪传》,中华书局,1973,第 4601 页。

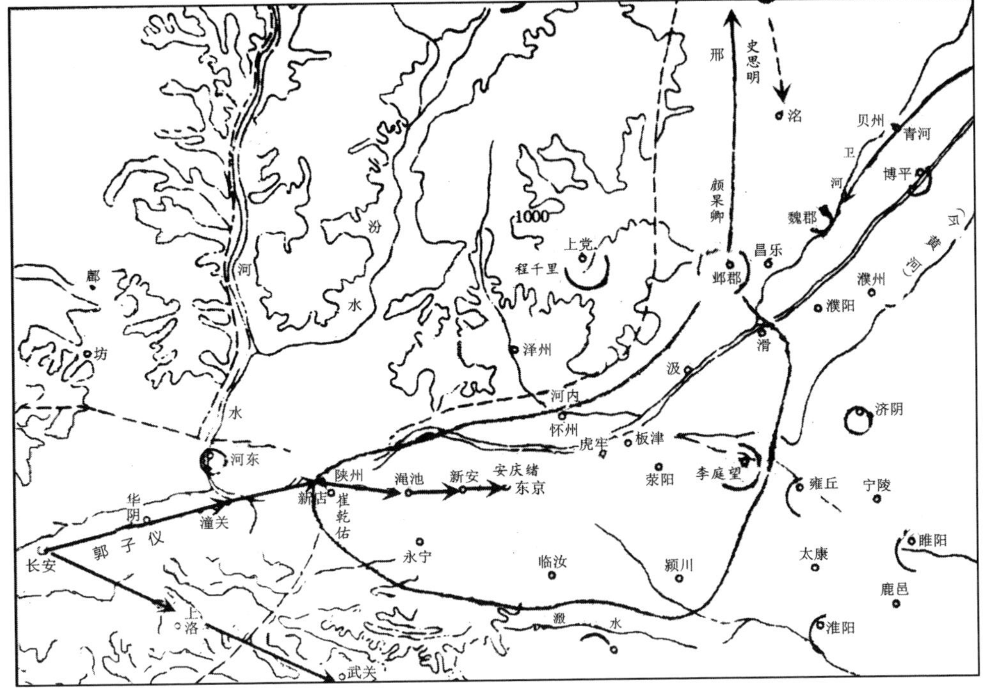

图 7-11　新店之战示意图

之间，河南底定，两都恢复，二圣回銮。”[①]而安史叛军精锐尽失，被迫退至河北。

唐收复洛阳后，调整崤函地区防御，设陕虢华节度使，兼领潼关防御团练镇守使，治陕州，辖陕、虢、华三州，在长安洛阳之间构建了一个统一的军事防区，东向可支持洛阳，西向可屏防关中，所谓“抚宁西河，镇静东道”[②]。

乾元二年（759），史思明诱杀安庆绪后，大举南下，再陷洛阳，在北攻河阳失败后，转而西攻陕州，企图打开通往长安的道路。唐及时加强陕州防御，“以河西节度副使来瑱为陕州刺史，充虢华节度、潼关防御团练等使”[③]，镇守陕州，戍卫潼关，以

① ［后晋］刘昫等：《旧唐书》卷十一《代宗纪》，中华书局，1975，第 268 页。

② ［唐］司空图：《故盐州防御使王纵追述碑》，［清］董诰等编：《全唐文》卷八百十，中华书局，1983，第 8518 页。

③ ［后晋］刘昫等：《旧唐书》卷十《肃宗纪》，中华书局，1975，第 255 页。

保关中不失。十一月，又遣李忠臣“发安西、北庭兵屯陕，以备史思明”。著名的神策军也在这一时期调驻陕州。十二月，“史思明遣其将李归仁将铁骑五千寇陕州，神策兵马使卫伯玉以数百骑击破之于礓子坂，得马六百匹，归仁走”。李忠臣乘势追击叛军，“与归仁等战于永宁、莎栅之间，屡破之”①。礓子坂即今陕州区菜园乡杠子树村，旧称礓子岭村，距雁翎关口约5公里，傍安阳溪水（今雁翎关河），沿河是崤山南路。永宁、莎栅亦在崤山南路上。唐军在崤山南路屡败叛军，将战线始终巩固在陕州以东的永宁、莎栅一线，叛军沿崤山南路的西进受到阻碍。

上元二年（761），唐军仓促反攻，在邙山大败，李光弼等退兵闻喜，鱼朝恩、卫伯玉等退保陕州。史思明利用对崤函古道东段的控制，“欲乘胜西入关，使朝义将兵为前锋，自北道袭陕城，思明自南道将大军继之”。南道即崤山南路，北道即崤山北路。史思明是欲利用北路便捷，使史朝义为前锋快速推进。唐再次调整崤函地区防御，将华州由陕西节度使（上元元年改陕虢华节度使为陕西节度使，兼神策军节度使）辖区析出，另组镇国军节度使，镇守潼关，形成以崤函古道为纵深，陕虢军在前，镇国军在后，层层设防的梯级防御体系。唐廷又及时调拨兵力，“益兵屯陕”，从而避免了全线溃败。“三月，甲午，朝义兵至礓子岭，卫伯玉逆击，破之。朝义数进兵，皆为陕兵所败。”②礓子岭即礓子坂，又作疆子坂。

礓子岭之战规模不大，但却直接引发了叛军内部火并，从而改变了整个战局。《资治通鉴》记载，“思明退屯永宁，以朝义为怯”，声称“俟克陕州，终斩此贼”，时“思明在鹿桥驿，令腹心曹将军将兵宿卫；朝义宿于逆旅”。逆旅在今湖滨区交口村一带。史朝义收买史思明心腹曹将军，与骆悦、蔡文景等发动兵变，“以朝义部兵三百被甲诣”鹿桥驿，将史思明连夜绑至临泉驿缢杀。弑父后的史朝义即帝位，因

① 〔宋〕司马光编著，〔元〕胡三省音注：《资治通鉴》卷二百二十一《唐纪三十七》，唐肃宗乾元二年，中华书局，1956，第7089页。

② 〔宋〕司马光编著，〔元〕胡三省音注：《资治通鉴》卷二百二十二《唐纪三十八》，唐肃宗上元二年，中华书局，1956，第7106页。

担心史思明部将不服,“密使人至范阳,敕散骑常侍张通儒等,杀朝清及朝清母辛氏并不附己者数十人。其党自相攻击,战城中数月,死者数千人,范阳乃定”①。叛军内部四分五裂,形如一盘散沙,从此停止了沿崤函古道西进的军事行动。这为唐军在陕州集结反击力量提供了时间。

这年十一月,神策军节度使卫伯玉首先发起进攻,攻占永宁、福昌、长水、渑池等县,控制了崤山南北两路交通,并将战场推进到洛阳附近。宝应元年十月,唐军以雍王李适及仆固怀恩为正副元帅,又联合回纥,在陕州会合,作为反击起点,与叛军决战。《资治通鉴》记其战略部署:“戊辰,诸军发陕州,仆固怀恩与回纥左杀为前锋,陕西节度使郭英乂、神策观军容使鱼朝恩为殿,自渑池入;潞泽节度使李抱玉自河阳入;河南等道副元帅李光弼自陈留入;分道并入以攻洛阳。雍王留陕州。”②仆固怀恩率主力西路军,出陕州,经渑池,东进至洛阳北,首战告胜,再次收复洛阳。史朝义逃往河北,至广德元年(763)正月被唐军追及,穷蹙自缢,安史之乱平息。

安史之乱中崤函地区作为主战场,受到大肆破坏。“函、陕凋残,东周尤甚。过宜阳、熊耳,至武牢、成皋,五百里中,编户千余而已。居无尺椽,人无烟爨,萧条凄惨,兽游鬼哭。”崤函古道交通也因此受到影响,出现“牛必羸角,舆必说輹,栈车挽漕,亦不易求”③的萧条景象。直至安史之乱平息后,刘晏改革漕运,崤函古道交通才逐步得以恢复。

① 〔宋〕司马光编著,〔元〕胡三省音注:《资治通鉴》卷二百二十二《唐纪三十八》,唐肃宗上元二年,中华书局,1956,第 7106~7108 页。

② 〔宋〕司马光编著,〔元〕胡三省音注:《资治通鉴》卷二百二十二《唐纪三十八》,唐肃宗宝应元年,中华书局,1956,第 7133 页。

③ 〔后晋〕刘昫等:《旧唐书》卷一百二十三《刘晏传》,中华书局,1975,第 3513 页。

三、唐代宗幸陕与神策军的崛起

神策军是唐代中后期北衙禁军的主要组成部分,也是朝廷直接控制的一支主要武装力量,在中晚唐政治、军事斗争中曾扮演过重要的角色,“影响中晚唐政局甚巨”[①]。日本僧人圆仁在《入唐求法巡礼行纪》中写道:“左、右神策军者,天子护军也。每年有十万军。自古君王频有臣叛之难,仍置此军以来,无人敢夺国位。”[②]神策军为维护唐王朝的长期存续起到了无可替代的作用,但其在后期的蜕化及为宦官控制利用的表现,也导致唐王朝迅速衰落。在神策军崛起的过程中,陕州和崤函古道为神策军由边军转变为天子禁军提供了历史机遇和表演舞台,扮演了神策军军兴地的作用。

神策军最早是天宝十三年(754)陇右节度使哥舒翰为防遏吐蕃在临洮以西磨环川建立的一支边防军。《唐会要·节度使》记载:“天宝十三载七月十七日,陇右节度哥舒翰,以前年收黄河九曲,请分其地置洮阳郡,内置军焉,以成如璆为太守,充神策军使。去临洮军二百余里。”[③]一年后,安史之乱爆发,唐军全线溃败,随高仙芝等出征的禁军羽林飞骑也在潼关覆灭。朝廷将镇守西北边疆的精锐部队悉数抽调至中原,以靖国难。“边兵精锐者皆征发入援,谓之行营。”[④]神策军亦在征发之列,并参加了乾元二年的相州之战。《唐会要·京城诸军》记载:“及安禄山反,如璆使其将卫伯玉领神策军千余人,赴难于相州城下。”[⑤]相州之战,唐几十万大军

① 何永成:《唐代神策军研究》,台湾商务印书馆,1990,第 11 页。

② [日]圆仁撰,顾承甫、何泉达点校:《入唐求法巡礼行纪》卷四“会昌五年四月”,上海古籍出版社,1986,第 183 页。

③ 〔宋〕王溥:《唐会要》卷七十八《节度使》,中华书局,1960,第 1427 页。

④ 〔宋〕司马光编著,〔元〕胡三省音注:《资治通鉴》卷二百二十三《唐纪三十九》,唐代宗广德元年,中华书局,1956,第 7146 页。

⑤ 〔宋〕王溥:《唐会要》卷七十二《京城诸军》,中华书局,1960,第 1294 页。

不立统帅,互不统属,由宦官鱼朝恩为观军容宣慰处置使,监理军事。结果大溃,参战诸军各回本道。叛军前锋直逼洛阳。朝廷重新部署崤函防务,以来瑱为陕州刺史、陕虢华节度、潼关防御使,“镇陕以守关”[①]。调安西、北庭边兵增援陕州防御。卫伯玉率领的神策军在相州之战中,曾作为鱼朝恩的直属部队,因“时边土陷蹙,神策故地沦没”[②],无地可驻,便随鱼朝恩一起退到陕州。“遂语伯玉所领军号神策军,以伯玉为军使,与陕州节度使郭英乂同镇于陕。观军容使鱼朝恩亦在焉。”[③]神策军正式获得肃宗的认可,由原来西北边军之一“行营”,升格为中原之军级单位,获得了新的生存和发展条件。

神策军驻防陕州,处于抵抗史思明的最前线。在卫伯玉的率领下,神策军在礓子坂、永宁、莎栅多次击败西进叛军,屡立战功,成为“俾遏东寇”的有生力量和长安东面的屏障。岑参有《九日使君席奉饯卫中丞赴长水》描写卫伯玉治军有方,军容整齐,其中写道:“节使横行西出师,鸣弓擐甲羽林儿。台上霜风凌草木,军中杀气傍旌旗。预知汉将宣威日,正是胡尘欲灭时。”[④]神策军成为维护皇权的一支有生力量。而神策军的第二次跃升,由军级单位升为节度使级,与监军鱼朝恩的运作有重大关系。

《旧唐书·鱼朝恩传》云,鱼朝恩“性黠惠,善宣答,通书计”,“自相州之败,史思明再陷河洛,朝恩常统禁军镇陕,以殿东夏”[⑤],深受肃宗宠信。在鱼朝恩的保荐卵翼下,乾元二年十月,唐肃宗“敕伯玉以其兵东讨有功,遂加号神策军节度使”[⑥]。

---

① 〔宋〕司马光编著,〔元〕胡三省音注:《资治通鉴》卷二百二十一《唐纪三十七》,唐肃宗乾元二年,中华书局,1956,第 7073 页。

② 〔宋〕欧阳修等:《新唐书》卷五十《兵志》,中华书局,1973,第 1332 页。

③ 〔宋〕王溥:《唐会要》卷七十二《京城诸军》,中华书局,1960,第 1294 页。

④ 〔唐〕岑参:《九日使君席奉饯卫中丞赴长水》,〔清〕彭定求等编:《全唐诗(增订本)》卷二百一,中华书局,1999,第 2099 页。

⑤ 〔后晋〕刘昫等:《旧唐书》卷一百八十四《鱼朝恩传》,中华书局,1975,第 4763 页。

⑥ 〔宋〕王溥:《唐会要》卷七十二《京城诸军》,中华书局,1960,第 1294 页。

《旧唐书·卫伯玉传》记载更详:“乾元二年十月,逆贼史思明遣伪将李归仁铁骑三千来犯,伯玉以数百骑于疆子坂击破之,积尸满野,虏马六百匹,归仁与其党东走。以功迁右羽林军大将军,知军事。转四镇、北庭行营节度使。献俘百余人至阙下,诏解缚而赦之,迁伯玉神策军节度。”[①]神策军由军级单位升为节度使级,与陕州节度使郭英乂同镇于陕。神策军由西北边军一变为中原军级单位,再变为中原藩镇,其发展之迅速,令人惊叹。而这一切的幕后推手自然是鱼朝恩,这时神策军的军权实际已开始为鱼朝恩掌握。广德元年,卫伯玉和继任神策军节度使郭英乂相继入朝后,神策军“其军遂统于观军容使属”[②],不再另设节度使。原陕州节度使的军队也归其统属。鱼朝恩成为神策军及陕州节度使所辖军队的实际控制者。鱼朝恩乘机扩军,收编陕州节镇军及在陕州的部分河西、陇右、安西、北庭等内调中原的军队,使神策军很快发展成为一支拥有万人规模、训练有素的部队。

神策军由地方镇军发展为中央禁军,因随后的唐代宗幸陕演成定局。

广德元年十月,吐蕃入寇关陇,直驱长安。边将告急,权宦程元振隐匿不报,待代宗知之,吐蕃军已过邠州。代宗急召郭子仪为关内副帅御敌,但为时已晚。“上方治兵,而吐蕃已度便桥,仓猝不知所为。”[③]代宗急忙逃离长安,东出潼关,沿崤函古道出奔陕州,史称“代宗幸陕”。

“代宗幸陕”是唐中期一次影响重大的政治事件,也是继玄宗入蜀之后唐代又一场政治中心的重大变故。《资治通鉴》记载代宗幸陕经历崤函古道的情形:“丙子,出幸陕州,官吏藏窜,六军逃散。”“丁丑,车驾至华州,官吏奔散,无复供拟,扈

① 〔后晋〕刘昫等:《旧唐书》卷一百一十五《卫伯玉传》,中华书局,1975,第3378页。

② 〔宋〕王溥:《唐会要》卷七十二《京城诸军》,中华书局,1960,第1294页。

③ 〔宋〕司马光编著,〔元〕胡三省音注:《资治通鉴》卷二百二十三《唐纪三十九》,唐代宗广德元年,中华书局,1956,第7151页。

从将士不免冻馁。"[①]华州即今渭南华州区。《旧唐书·代宗纪》:"丙子,驾幸陕州。上出苑门,射生将王献忠率四百骑叛,胁丰王已下十王归京。从官多由南山诸谷赴行在。郭子仪收合散卒,屯于商州。丁丑,次华州,官吏藏窜,无复储拟。"[②]《新唐书·程元振传》:"广德初,吐蕃、党项内侵,诏集天下兵,无一士奔命者。虏扣便桥,帝仓黄出居陕,京师陷,贼剽府库,焚闾巷,萧然为空。"[③]代宗幸陕,遭遇文武大臣多未随行,扈从禁军四处逃散,甚至举兵反叛的情形,反映出唐代宗因缺少可信赖、有战斗力的中央直属嫡系军事力量保护而危殆不断的现实。

《资治通鉴》接着写道:"丁丑,车驾至华州……会观军容使鱼朝恩将神策军自陕来迎,上乃幸朝恩营。""辛巳,上至陕,百官稍有至者。"《旧唐书·鱼朝恩传》:"广德元年,西蕃入犯京畿,代宗幸陕。时禁军不集,征召离散,比至华阴,朝恩大军遽至迎奉,六师方振。"[④]情势始转危为安。

吐蕃攻入长安是有唐一代受到外族的最大打击。受此打击,唐代宗出逃时甚至接受权宦程元振的劝谏,下诏同意迁都洛阳,以避吐蕃入寇。鱼朝恩率神策军迎代宗于陕州,对唐代宗来说可谓是久旱逢甘霖,更是保住了唐代宗岌岌可危的皇位。

关于鱼朝恩率神策军自陕到华州迎驾,黄永年认为是代宗对出逃方向早有设计,其出奔行程本即以陕州为目标。"因为在唐代每逢长安受威胁时皇帝通常南幸,如前此玄宗就南幸成都,就算成都也易受吐蕃威胁不宜南幸,也何必一定东幸陕州,可见在代宗心目中已将鱼朝恩所统神策军视为嫡系武力,投奔其所在地陕州比投奔其他非嫡系地方武力更放心。"[⑤]此论甚是。在"吐蕃、党项内侵,诏集天下

① 〔宋〕司马光编著,〔元〕胡三省音注:《资治通鉴》卷二百二十三《唐纪三十九》,唐代宗广德元年,中华书局,1956,第7151~7152页。

② 〔后晋〕刘昫等:《旧唐书》卷十一《代宗纪》,中华书局,1975,第273页。

③ 〔宋〕欧阳修等:《新唐书》卷二百七《程元振传》,中华书局,1973,第5861页。

④ 〔后晋〕刘昫等:《旧唐书》卷一百八十四《鱼朝恩传》,中华书局,1975,第4763页。

⑤ 黄永年:《"泾师之变"发微》,《唐史论丛》第2辑,陕西人民出版社,1987,第188页。

兵,无一士奔命者”的危急情况下,代宗决策“出幸陕州”绝非偶然。陕州不仅有唐代宗所亟需的精锐之师,更重要的是这支有生力量掌握在所信任的宦官鱼朝恩手中。需要补充的是,陕州地当两京交通枢纽,物资集散方便,有利于兵力与财富的调拨,也便于指挥关中大军反击吐蕃。这也应是代宗幸陕的又一原因。因此,唐代宗幸陕对唐王朝反击吐蕃,恢复正常统治秩序意义重大。然而,如柳伉在上疏中所言:“内外离叛,虽一鱼朝恩以陕郡勠力,陛下独能以此守社稷乎?”[①]故对唐代宗来说,建立一支完全效忠自己的可靠禁军是十分紧迫的。

《旧唐书·吐蕃传》记载,吐蕃进据长安后,拥立广武王李承宏为帝,改元大赦,设置百官。停留十五日后,即撤出长安回军。郭子仪遂即收复长安。而代宗幸陕,前后停留达两个多月[②]。其间除指挥反击吐蕃外,主要做的事情就是组建新的禁军部队。一方面,在郭子仪支持下,否定了掌管禁军的权宦程元振迁都洛阳,以避吐蕃的建议,十一月下诏削程元振官爵,勒归田里,清除了新禁军组建的最大障碍;另一方面,将在迎驾、护驾过程中表现出忠心及战斗力的神策军纳入禁军体系。黄永年指出:“为中央计,成立直属部队的最理想办法是找一支建制完整具有战斗力的地方部队排除原有将帅,由既与此部队有渊源又忠于李唐皇室者来统带,从而化此地方武力为中央嫡系,适当为其选的便是原属陇右地方武力的神策军。”而此时长安原有的禁军早已“离散”,于是,“鱼朝恩统率的神策军实际上已成为天子行在的禁军”[③]。

在唐代宗的支持默许下,鱼朝恩大肆扩张神策军势力,将扈从代宗幸陕时的部分射生军及六军将卒纳入神策军,又任用部分久经沙场的安史降将及朔方军将为神策军大将,吸收、收编其他方镇精锐兵将。其部将皇甫温、周智光则分别担任陕

① 〔宋〕欧阳修等:《新唐书》卷二百七《程元振传》,中华书局,1975,第5862页。

② 据《资治通鉴》记载,唐代宗十月丙子(初七)出长安,辛巳(十二日)至陕州,十二月丁亥(十九日),车驾发陕郡还京,甲午(二十六)至。

③ 黄永年:《“泾师之变”发微》,《唐史论丛》第2辑,陕西人民出版社,1987,第185、188页。

州刺史和华州刺史，皇甫温同时还以“陕西观察使增领虢州”[①]，成为首任陕虢节度使，从而控制了长安以东进出关中的关键地区，基本形成了从长安到京畿地区的布防格局。及至广德元年十二月，吐蕃退军，长安收复，鱼朝恩统领神策军护卫唐代宗回到长安，《旧唐书·鱼朝恩传》云：“时四方未宁，万务事殷，上方注意勋臣，朝恩专典神策军，出入禁中，赏赐无算。”[②]神策军屯军禁中，顺理成章地升格为正式的禁军，完成了身份的转变，成为朝廷依靠的绝对军事力量，开启了叱咤于中晚唐历史中心舞台的风雨历程。

四、唐末黄巢攻取长安之路

唐僖宗乾符元年(874)，爆发了王仙芝领导的农民起义。乾符五年(878)，王仙芝战死，黄巢被将士拥戴为王，号“冲天大将军”。黄巢长驱南下，进行大规模的南征，在席卷唐王朝东半部之后，于广明元年(880)十一月，率60万大军，越过淮河，大举北伐，十七日，不战而下东都洛阳。

黄巢北上震动朝廷，急忧之下，唐僖宗以张承范为兵马先锋使兼把截潼关制置使，“以强弩三千”[③]，赴潼关防御。汝郑把截使齐克让也在黄巢入洛阳前，收军万余人，“退保潼关，于关外置寨”[④]，意图与长安援军合力固守潼关。黄巢进占洛阳后几无停顿，就转旗西进，二十二日，夺取陕、虢二州，控制崤函古道西段和关外战略支点，逼近潼关。双方在潼关展开了激烈的攻守战。

黄巢的攻击遭到了唐军的抵抗。《资治通鉴》记载：“辛巳，贼急攻潼关，承范

① 〔宋〕欧阳修等：《新唐书》卷六十四《方镇表一》，中华书局，1975，第1768页。

② 〔后晋〕刘昫等：《旧唐书》卷一百八十四《鱼朝恩传》，中华书局，1975，第4763页。

③ 〔宋〕欧阳修等：《新唐书》卷二百二十五《黄巢传》，中华书局，1975，第6457页。

④ 〔宋〕司马光编著，〔元〕胡三省音注：《资治通鉴》卷二百五十四《唐纪七十》，唐僖宗广明元年，中华书局，1956，第8236页。

悉力拒之，自寅及申，关上矢尽，投石以击之。”[①]《新唐书·黄巢传》记载：“十二月，巢攻关，齐克让以其军战关外，贼少却。”“贼见师不继，急攻关，王师矢尽，飞石以射。”[②]其时，黄巢众60万，而潼关守兵不过万余人。义军“甲骑如流，辎重塞涂，千里络绎不绝”，供给充足，士气高昂，“举军大呼，声振河、华”[③]。而守关唐军既无粮饷，又缺矢矛，运石至城楼代之，但竟然能使义军出现攻而不下，“少却”的情形，可以看出潼关易守难攻的特点。

但唐军对禁沟防守的疏忽，给黄巢以可乘之机，致使潼关城被轻而易举攻破。《旧唐书·黄巢传》云：“关之左有谷，可通行人，平时捉税，禁人出入，谓之禁谷。及贼至，官军但守潼关，不防禁谷，以为谷既官禁，贼无得而逾也。尚让、林言率前锋由禁谷而入，夹攻潼关，官军大溃。”[④]《资治通鉴》亦载：“关左有谷，平日禁人往来，以榷征税，谓之‘禁坑’。贼至仓猝，官军忘守之，溃兵自谷而入，谷中灌木寿藤茂密如织，一夕践为坦涂。……承范分兵八百人，使王师会守禁坑，贼已入矣。壬午旦，贼夹攻潼关，关上兵皆溃，师会自杀，承范变服帅余众脱走。”[⑤]义军乘胜追击，次日(初三)克华州，五日凌晨，唐僖宗自长安仓皇出逃，晡晚，义军进入长安，建立了“大齐”政权。

大齐政权仅在长安维持了两年四个月，至中和三年(883)四月，在唐军的攻击下，由武关退出关中。黄巢败退关中的主因，有研究者以为是一系列的叛降招安事件所致。最先出现叛降的是潼关留守成令瑰。中和元年(881)四月，唐军在龙尾坡

---

① 〔宋〕司马光编著，〔元〕胡三省音注：《资治通鉴》卷二百五十四《唐纪七十》，唐僖宗广明元年，中华书局，1956，第8239页。

② 〔宋〕欧阳修等：《新唐书》卷二百二十五《黄巢传》，中华书局，1975，第6457页。

③ 〔宋〕司马光编著，〔元〕胡三省音注：《资治通鉴》卷二百五十四《唐纪七十》，唐僖宗广明元年，中华书局，1956，第8240、8238页。

④ 〔后晋〕刘昫等：《旧唐书》卷二百《黄巢传》，中华书局，1975，第5393页。

⑤ 〔宋〕司马光编著，〔元〕胡三省音注：《资治通鉴》卷二百五十四《唐纪七十》，唐僖宗广明元年，中华书局，1956，第8240、8238~8239页。

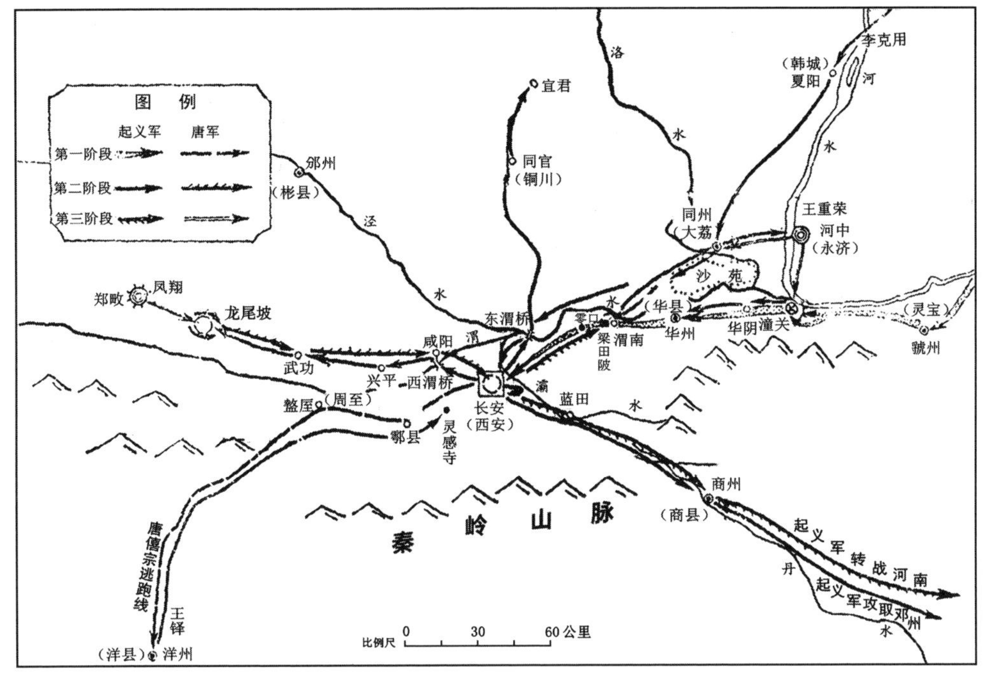

图 7-12 黄巢起义军攻潼关取长安之战图①

(今陕西岐山东)大败黄巢军,乘势围逼长安,黄巢第一次撤出长安。原奉黄巢之命镇守潼关的成令瑰率部四万人、骑七千人弃潼关东逃,随后降唐。不久同州刺史大将朱温、华州守将王遇相继投降唐朝。成、朱等叛降,不仅削弱了义军的军事力量,而且使义军失去了潼关和同华二州,东方门户洞开。唐军完成了对长安的四面合围。四月八日,唐军自光泰门攻入长安,黄巢被迫于当天夜里撤出长安。

黄巢起义攻克潼关,成为义军攻克长安,走上鼎盛的关键。而因守将降唐,失去对潼关和崤函古道的控制权,则成为黄巢反唐军事斗争走向失败的重要转折点。两相对照,可知潼关得失意义之重要。

① 采自史念海《关中的历史军事地理》,《河山集》(四集),陕西师范大学出版社,1991,第 178 页。

第四节　崤函唐诗之路

崤函古道不仅是一条繁忙的交通道路，也是一条唐诗创作和传播之路。有唐一代，众多诗人漫游行旅，穿梭其间。他们击节高歌，吟咏不绝，在这条五百里的道路上留下了1300多首诗篇，用诗性语言形象生动地记录了崤函古道在唐文明变迁中的千姿百态，使其形成了融交通、风景、文化与诗歌于一体，极具人文景观特色、深含历史文化意义的地理空间。

一、崤函唐诗之路的形成

“唐诗之路”最早是由浙江新昌的竺岳兵于1991年创建的学术概念，用于指称唐代诗人穿越浙东的一段山水人文行程。沿着这一学术理路，近些年又有两京唐诗之路、关陇唐诗之路、西蜀唐诗之路、浙西唐诗之路等概念的提出和研究。与其他唐诗之路相比，有学者指出：“唐代联通长安、洛阳两京的驿道是全国最重要的一条通路，沿线的交通量大，景观密集，经行的文人众多，产生的唐诗也多，其与唐诗发展的关系是很密切的。无论从文学创作功能上看还是从实际效果上看，较之于人们所熟知的浙东那条‘唐诗之路’,它都堪称一条更典型的真正的唐诗之路。”[①]而两京唐诗之路与崤函古道的关系,学者认为:“历史上著名的崤函古道,本为汉唐两京驿道的一段,对于文学研究的意义有限。然而,因为崤山和函谷关是这条路上最著名的、具有代表性的古迹景观,故文化史意义上的崤函古道,实乃汉唐两京驿道的代名词。”[②]唐代穿梭往来于崤函古道的诗人数倍于其他唐诗之路,唐代崤函古道诗作的繁荣程度、相对数量以及参与创作人群的层次、广度都十分惊人,从这个意义上可以说,由此形成的崤函唐诗之路是两京唐诗之路的典型体现。

崤函唐诗之路的形成深切地反映出崤函古道在唐代政治、文化中的地位,这是崤函古道产生量大质优唐诗的根本前提。崤函古道是唐王朝最为核心的一条交通要道,在唐代交通地理上独具连接唐两大都城西京长安和东京洛阳的地位,这使它在唐王朝政治运作中获得了其他任何道路都无可比拟的价值和作用。反映在交通上,概括起来具有以下三大特点:

一是皇帝行幸多。唐帝视长安、洛阳为东西二宫,开元以前频频行幸洛阳。每次行幸从驾文官众多,首尾一般耗时二十天,多者三十天,“盖沿途行宫多,籍可优游也”[③]。既是“优游”,免不了作歌唱和,直接催生和带动了唐诗的创作。初、盛唐时期,皇帝行幸多,途中唱和最盛,其中虽不乏歌功颂德、粉饰太平之语,但是从奉和应制诗所反映的内容来看,还是很丰富的,代表着当时主流的文化和审美,推进了诗歌美感形式建设,为唐诗的全面发展打下了坚实的基础。如唐太宗自洛阳返长安,作《入潼关》,许敬宗应制赋诗《奉和入潼关》。玄宗有《途次陕州》,张九龄、张说应制赋《奉和圣制途次陕州作》《奉和圣制途次陕州应制》。玄宗作《潼关口

① 李德辉:《唐代两京驿道——真正的“唐诗之路”》,《山西大学学报(哲学社会科学版)》2007 年第 1 期。

② 张清俐:《崤函古道文学景观形成与发展——访湖南科技大学人文学院教授李德辉》,《中国社会科学报》2017 年 10 月 13 日第 6 版。

③ 严耕望:《唐代交通图考》第 1 卷《京都关内区》,上海古籍出版社,2007,第 88 页。

号》，二张又有《奉和圣制度潼关口号》和《奉和圣制潼关口号应制》。除途中唱和之外，崤函古道沿途古迹名胜和风光，颇受君臣和诗人喜爱，往往形诸篇咏，留下诗作，借此或言志，或抒情达意。如唐太宗《春日登陕州城楼俯眺原野回丹碧缀烟霞密翠斑红芳菲花柳即目川岫聊以命篇》等。

二是官员使者多。崤函古道沟通两京，官员出使、巡抚、赴任、离任、游历、流贬、避乱都集中于此，一些入幕府任幕僚者也经这里来去，其数量以及层次、广度都十分惊人。用唐玄宗《简察驿路妄索供给诏》的话说，便是“两京闲驿家，缘使命极繁”[①]。白居易、张籍、刘长卿以诗描述说：“驿骑星轺尽疾驱。……日驰一驿向东都。”[②]“百官月月拜章表。驿使相续长安道。”[③]“憧憧洛阳道。日夕皇华使。”[④]唐代官员、使者大都能诗会文，在匆匆的旅途中也往往将见闻用诗歌这种自由方便、灵巧精致的文体形式表达。这是崤函古道诗歌产生的重要原因。如骆宾王《至分陕》、宋之问《过函谷关》、白居易《西还寿安路西歇马》、韩愈《次硖石》等。诗人们一旦聚在一起，吟诗唱和往往是最为重要的活动内容。王建《崔少玄传》记载了元和十一年(816)东至陕州，与殿中侍御史郭固、左拾遗齐推、右司马韦宗卿及九疑道士王方古等人“诗酒夜话”事：“崔少玄者，唐汾州刺史崔恭小女也。……至景申年中，九疑道士王方古，道次于陕郊，时(卢)陲亦客于其郡。因诗酒夜话，论及神仙之事。时会中皆贵道尚德，各征其异。殿中侍御史郭固、左拾遗齐推、右司马韦宗卿、王建皆与崔恭有旧，因审少玄之事于陲。”[⑤]据说卢陲妻崔少玄是仙人玉华君贬

① 〔唐〕玄宗皇帝：《简察驿路妄索供给诏》，〔清〕董诰等编：《全唐文》卷二十七，中华书局，1983，第309页。

② 〔唐〕白居易：《奉使途中戏赠张常侍》，〔清〕彭定求等编：《全唐诗(增订本)》卷四百四十八，中华书局，1999，第5074页。

③ 〔唐〕张籍：《洛阳行》，〔清〕彭定求等编：《全唐诗(增订本)》卷三百八十二，中华书局，1999，第4297页。

④ 〔唐〕刘长卿：《洛阳主簿叔知和驿承恩赴选伏辞一首》，〔清〕彭定求等编：《全唐诗(增订本)》卷一百五十，中华书局，1999，第1550页。

⑤ 〔宋〕李昉等：《太平广记》卷六十七《崔少玄》，中华书局，1961，第414~416页。

在人间，临上天时曾以“云龙之篆”留诗一首，王建与卢陲等人聚会，围绕崔少玄之事既觞且吟，所作诗虽今已无存，但所记陕州“诗酒夜话”却是唐代诗人聚会吟咏唱和的投影。此外，官员使者间相互酬唱、赋和、送别，亦是崤函古道诗歌产生的重要途径。如岑参《陕州月城楼送辛判官入奏》、刘禹锡《送王司马之陕州》、卢纶《奉和陕州十四翁中丞寄雷州二十翁司户》、白居易《奉使途中戏赠张常侍》、杜牧《陕州醉赠裴四同年》等，促使崤函古道唐诗的创作和影响范围不断扩大。

三是求进举子多。两京既是皇帝居住的地方，也是科举选拔人才的中心。为了实现人生理想，文人们寒窗攻读，夤夜用心，然后赴长安、洛阳赶考，连接两京的崤函古道成为他们入京赴考的必经之路。其情形如《卢倚马寄同侣》所描述：“长安城东洛阳道，车轮不息尘浩浩。争利贪前竞着鞭，相逢尽是尘中老。”晚唐诗人薛能亦有诗云：“汲汲复营营，东西连两京。关繻古若在，山岳累应成。各自有身事，不相知姓名。交驰兼众类，分散入重城。此去应无尽，万方人旋生。空余片言苦，来往觅刘桢。”[①]唐代文人大多都有这样穿梭两京的经历，有的甚至多次经由崤函古道来往两京。岑参《感旧赋》记述自己的科举经历：“我从东山，献书西周，出入二郡，蹉跎十秋。”[②]吕温《及第后答潼关主人》：“一沾太常第，十过潼关门。”[③]于邺《春过函谷关》：“几度作游客，客行长苦辛。愁看函谷路，老尽布衣人。”[④]《岁暮还家》：“回首长安道，十年空苦辛。”[⑤]“十秋”“十过”“几度”“十年”都极言多次往返，真切地记述了唐代文人频频经行崤函古道与之结缘深厚。唐代举子本身通常

---

① 〔唐〕薛能：《长安道》，〔清〕彭定求等编：《全唐诗（增订本）》卷五百六十，中华书局，1999，第6507页。

② 〔唐〕岑参：《感旧赋》，〔清〕董诰等编：《全唐文》卷三百五十八，中华书局，1983，第3635页。

③ 〔唐〕吕温：《及第后答潼关主人》，〔清〕彭定求等编：《全唐诗（增订本）》卷三百七十，中华书局，1999，第4174页。

④ 〔唐〕于邺：《春过函谷关》，〔清〕彭定求等编：《全唐诗（增订本）》卷七百二十五，中华书局，1999，第8392页。

⑤ 〔唐〕于邺：《岁暮还家》，〔清〕彭定求等编：《全唐诗（增订本）》卷七百二十五，中华书局，1999，第8393页。

就是诗人,他们用诗的形式记述行旅感受。举凡沿途风物、社会生活,乃至个人心灵,都在他们笔下得到充分的表现。

此外,唐代文人来崤函地区做官或寓居,也留下了不少诗作。如诗人岑参任虢州刺史三年,创作了40余首诗歌,占其全部作品的四分之一。王勃任虢州参军,元稹任虢州长史,王建任陕州司马,李商隐任弘农尉,卢纶任阌乡尉期间,都作有不少脍炙人口的诗篇。唐末韦庄尝居虢州十载,吴融流寓阌乡一年多,也都留下大量诗作。唐代诗人为宦崤函,隐居崤函,使得这一区域文化发达,诗歌繁盛。

发达的交通条件,为崤函唐诗之路的形成提供了坚实的交通支撑和物质保障。唐代交通取得了远迈前朝的进步,崤函古道作为唐代法定的"大路驿",其交通建设也颇具典型意义。白居易《西行》描述了崤函古道风景宜人、行旅愉悦的情形:"寿安流水馆,硖石青山郭。官道柳阴阴,行宫花漠漠。"行在驿路,宿在馆驿,成为唐代文人的一种重要的生存状态。沿途爱好文化的地方官,专注于馆驿及其配套设施建设,"开合以接名流,置驿以招英彦"[①]。著名的虢州三堂即是在这样一种大背景下建成的。有学者考察,盛唐以后唐馆驿的功能已由早期主要用于军队传驿转变为各阶层交际的公共场所,见证了无数送往迎来的宴会、官员文士的聚会。爱诗的唐代文人不管相识与否,只要驿路相逢、馆驿相对,诗歌都是他们以文会友,发挥才能的重要内容。许浑《秋日赴阙题潼关驿楼》《行次潼关题驿后轩》、岑参《稠桑驿喜逢严河南中丞便别》、刘禹锡《题寿安甘棠馆二首》、杜牧《题寿安县甘棠馆御沟》、元稹《三泉驿》、李商隐《出关宿盘豆驿对丛芦有感》、韦庄《题盘豆驿水馆后轩》等名诗都创作于崤函古道馆驿、驿路上。刘禹锡《送王司马之陕州》"两京大道多游客,每遇词人战一场"[②],十分形象地概括了两京路唐人交往酬唱的盛况。

① 〔唐〕阙名:《唐越州都督于德芳碑》,〔清〕董诰等编:《全唐文》卷六十二,中华书局,1983,第11072页。

② 〔唐〕刘禹锡:《送王司马之陕州》,〔清〕彭定求等编:《全唐诗(增订本)》卷三百五十九,中华书局,1999,第4052页。

独特的地域文化,浓厚的历史人文积淀,给崤函山水注入了内蕴,助力了崤函唐诗之路的形成。先秦以来,崤函古道便是古代东西交通大道,崤函地区在中国历史发展的长河中扮演着重要角色,历史人物经历多,历史事件发生多,历史名胜和历史传说多,形成密集而厚重的文化景观和独特的地域文化优势,这是崤函地区最为鲜明、最引人瞩目的景观所在,足以引发行走在崤函古道上诗人的嗟叹咏歌,而在沿途留下不少优美动人的诗篇。其题材有咏史怀古,有交游送别,有羁旅思乡,有山水田园,还有长篇叙事。其年代,有初唐、盛唐、中唐、晚唐,涉及唐朝的各个时期。其作者,有唐帝、官员、举子、僧人等,其中几乎包括唐代所有著名诗人,如李白、杜甫、白居易、李商隐、李贺、王维、张九龄、宋之问、韦应物、刘长卿、杜牧、岑参、刘禹锡、韩愈、元稹、罗隐、姚合、韦庄等都有崤函诗作传世。有的还成了诗人的代表作品而千秋传诵,如杜甫的“三吏”“三别”、许浑的《秋日赴阙题潼关驿楼》、元稹的《连昌宫词》、韦庄的《秦妇吟》等都堪称唐诗名篇。崤函古道厚重的文化积淀与山水形胜交融在一起,成为唐代诗人取之不竭的诗材,促成了崤函唐诗之路的形成。

概之,作为唐王朝最重要的东西交通线的崤函古道,西连着长安,东连着洛阳,中间又密集地分布着众多人文与自然景观。特殊的地理空间与频繁的人员往来,使得这一道路成为一个诗歌创作活动非常活跃的区域,造就了一条名副其实的唐诗之路。

二、唐人笔下的崤函古道景观

唐代诗人在崤函古道上的诗歌创作,题材和内容都十分丰富。按照他们所描写景观的性质和特征,大体可归纳为馆驿驿路、雄关胜景、行宫殇情和崤函风物四种不同的景观空间类型。每一类型都有大量的诗作、佳作,在文学的动态创作中具体反映了崤函古道交通线路的条件、运作和多姿多彩的自然与人文风景。

1. 馆驿驿路

崤函古道上可考馆驿有26座，是馆驿设置最密集，驿运最繁忙的交通线之一。白居易《从陕至东京》诗云："从陕至东京，山低路渐平。风光四百里，车马十三程。花共垂鞭看，杯多并辔倾。笙歌与谈笑，随分自将行。"[①]韩愈《酬裴十六功曹巡府西驿途中见寄》诗云："四海日富庶，道途隘蹄轮。府西三百里，候馆同鱼鳞。"[②]都体现了崤函古道馆驿体系建设的成功，说明崤函古道驿路的交通管理比较规范，馆驿如鱼鳞般密集分布。

唐代崤函古道馆驿大多修建得十分精致，有驿楼、驿亭、驿厅，还有池台轩庭，其内栽植有花草树木，环境幽雅。许浑《秋日赴阙题潼关驿楼》诗云："红叶晚萧萧，长亭酒一瓢。残云归太华，疏雨过中条。树色随山迥，河声入海遥。帝乡明日到，犹自梦渔樵。"[③]登上潼关驿楼纵目四望，可见潼关形胜和四周"残云""疏雨""树色""河声"景物，气势壮阔。岑参《虢州郡斋南池幽兴因与阎二侍御道别》诗云："夜眠驿楼月，晓发关城鸡。"[④]同样说到驿楼这种建制的，还有刘禹锡的《三乡驿楼伏睹玄宗望女几山诗小臣斐然有感》。刘禹锡《秋晚题湖城驿池上亭》、许浑《行次潼关题驿后轩》、杜牧《咏歌圣德远怀天宝因题关亭长句四韵》、薛逢《潼关驿亭》、韦庄《题盘豆驿水馆后轩》等，则说到湖城驿、潼关驿有池、有亭、有轩。有的馆驿善于经营，服务很到位。司马扎《宿寿安甘棠馆》诗云："行人方倦役，到此似

① 〔唐〕白居易：《从陕至东京》，〔清〕彭定求等编：《全唐诗（增订本）》卷四百四十八，中华书局，1999，第5074页。

② 〔唐〕韩愈：《酬裴十六功曹巡府西驿途中见寄》，〔清〕彭定求等编：《全唐诗（增订本）》卷三百三十九，中华书局，1999，第3811页。

③ 〔唐〕许浑：《秋日赴阙题潼关驿楼》，〔清〕彭定求等编：《全唐诗（增订本）》卷五百二十九，中华书局，1999，第6101页。

④ 〔唐〕岑参：《虢州郡斋南池幽兴因与阎二侍御道别》，〔清〕彭定求等编：《全唐诗（增订本）》卷一百九十八，中华书局，1999，第2039页。

还乡。”[①]若不是亲身经历，恐怕很难有这种宾至如归的感觉。

诗人在馆驿生活和交际的状况，岑参《稠桑驿喜逢严河南中丞便别》有所描述：“驷马映花枝，人人夹路窥。离心且莫问，春草自应知。不谓青云客，犹思紫禁时。别君能几日，看取鬓成丝。”[②]此诗作于上元二年春，严中丞即严武，天宝年间两人同为朝官，出入宫禁。乱离之际，一对故人在稠桑驿不期而遇总是令人兴奋不已，不禁感慨系之，展开唱和，可惜严诗不存。陆畅《陕州逢窦巩同宿寄江陵韦协律》：“共出丘门岁九霜，相逢凄怆对离觞。荆南为报韦从事，一宿同眠御史床。”[③]描述的也是故友相逢的类似情景。元稹《三泉驿》中则述说的是与友人分别后的孤苦：“三泉驿内逢上巳，新叶趋尘花落地。劝君满盏君莫辞，别后无人共君醉。”[④]刘禹锡《酬仆射牛相公晋国池上别后至甘棠馆忽梦同游因成口号见寄》云：“已嗟池上别魂惊，忽报梦中携手行。此夜独归还乞梦，老人无睡到天明。”[⑤]用梦境来反衬挥之不去的落寞。孟迟《题嘉祥驿》云：“树顶烟微绿，山根菊暗香。何人独鞭马，落日上嘉祥。”[⑥]诗写行人暮归，把夕阳西下，骑马独归馆驿的情形写得活灵活现，意境孤寂凄凉。

最能触动诗情的莫过于馆驿及周边的景物风光。许浑《行次潼关题驿后轩》诗云：“飞阁极层台，终南此路回。山形朝阙去，河势抱关来。雁过秋风急，蝉鸣宿

---

① 〔唐〕司马扎：《宿寿安甘棠馆》，〔清〕彭定求等编：《全唐诗（增订本）》卷五百六十六，中华书局，1999，第6958页。

② 〔唐〕岑参：《稠桑驿喜逢严河南中丞便别》，〔清〕彭定求等编：《全唐诗（增订本）》卷二百，中华书局，1999，第2079页。

③ 〔唐〕陆畅：《陕州逢窦巩同宿寄江陵韦协律》，〔清〕彭定求等编：《全唐诗（增订本）》卷四百七十八，中华书局，1999，第5480页。

④ 〔唐〕元稹：《三泉驿》，〔清〕彭定求等编：《全唐诗（增订本）》卷四百二十一，中华书局，1999，第4643页。

⑤ 〔唐〕刘禹锡：《酬仆射牛相公晋国池上别后至甘棠馆忽梦同游因成口号见寄》，〔清〕彭定求等编：《全唐诗（增订本）》卷三百六十五，中华书局，1999，第4138页。

⑥ 〔唐〕孟迟：《题嘉祥驿》，〔清〕彭定求等编：《全唐诗（增订本）》卷五百五十七，中华书局，1999，第6514页。

雾开。平生无限意,驱马任尘埃。”①“飞阁”“山形”“河流”“大雁”“秋风”“蝉鸣”“宿雾”等细腻地刻画了这座山驿的险峻地势和晚秋的风物景象。韦庄《题盘豆驿水馆后轩》:“极目晴川展画屏,地从桃塞接蒲城。滩头鹭占清波立,原上人侵落照耕。去雁数行天际没,孤云一点净中生。冯轩尽日不回首,楚水吴山无限情。”②诗人凭靠在盘豆驿后轩所见,由滩头原上而及天际,鹭立、人耕、雁行、云生等动静结合的景象,清幽婉丽,极具特色,宛如一幅淡墨画屏。类似盘豆驿这样风景优美的馆驿,在崤函古道上多有存在。如嘉祥驿,前引孟迟《题嘉祥驿》:“树顶烟微绿,山根菊暗香。”卢渥同题诗:“马嘶静谷声偏响,旆映晴山色更红。到后定知人易化,满街棠树有遗风。”薛能《符亭二首》:“山如巫峡烟云好,路似嘉祥水木清。”诗中描写的嘉祥驿水木清华的景致,别有特色。又如甘棠馆,刘禹锡《题寿安甘棠馆二首》:“公馆似仙家,池清竹径斜。山禽忽惊起,冲落半岩花。”“门前洛阳道,门里桃源客。尘土无烟霞,其间十余步。”储嗣宗《宿甘棠馆》:“尘迹入门尽,悄然江海心。水声巫峡远,山色洞庭深。风桂落寒子,岚烟凝夕阴。前轩鹤归处,萝月思沉沉。”③王建《题寿安南馆》:“明蒙竹间亭,天暖幽桂碧。云生四面山,水接当阶石。湿树浴鸟痕,破苔卧鹿迹。不缘尘驾触,堪作商皓宅。”④薛能《寿安水馆》:“地接山林兼有石,天悬星月更无云。惊鸥上树满池水,瀺灂一声中夜闻。”杜牧《题寿安县甘棠馆御沟》:“一渠东注芳华苑,苑锁池塘百岁空。水殿半倾蟾口涩,为谁流下蓼

① 〔唐〕许浑:《行次潼关题驿后轩》,〔清〕彭定求等编:《全唐诗(增订本)》卷五百二十八,中华书局,1999,第6092页。

② 〔唐〕韦庄:《题盘豆驿水馆后轩》,〔清〕彭定求等编:《全唐诗(增订本)》卷六百九十五,中华书局,1999,第8069页。

③ 〔唐〕储嗣宗:《宿甘棠馆》,〔清〕彭定求等编:《全唐诗(增订本)》卷五百九十四,中华书局,1999,第6939页。

④ 〔唐〕王建:《题寿安南馆》,〔清〕彭定求等编:《全唐诗(增订本)》卷二百九十七,中华书局,1999,第3360页。

花中。"[①]山林、林石、云山、岚烟、池塘、水殿、水阶、庭深、竹亭、风桂、山禽、惊鸥、鹤归、鹿迹,一系列的景物,把一个依山临水的馆驿写得美丽清幽、庭深林茂,充满野趣,仙道气象,绮皓清风,油然而生。甘棠馆附近还有官方开发的景点——喷玉泉。《大唐传载》记载:"寿安县有喷玉泉、石溪,皆山水之胜绝也。贞元中,李宾客词为县令,乃划翳荟,开径隧,人方闻而异焉。太和初,博陵崔蒙为主薄,标堠于道周,人方造而游焉。"[②]所谓"标堠于道周",即将堠作为分界标志,将驿路和景点道路表示出来,方便游人辨认,显示了地方官员对馆驿附近景点开发的用心。白居易游后作《题喷玉泉》:"泉喷声如玉,潭澄色似空。练垂青障上,珠写绿盆中。溜滴三秋雨,寒生六月风。何时此岩下,来作灌缨翁。"本注:"泉在寿安山下,高百余尺,直泻潭中。"[③]赵嘏有《过喷玉泉》,李玫有《喷玉泉冥会诗八首》,又有写实性传奇《喷玉泉幽魂》,以真实的喷玉泉环境为背景,为"甘露之变"中的李训等四位宰相鸣冤叫屈。

馆驿的繁多和诗人频繁奔波促使馆驿题壁诗的盛行,像前引许浑《秋日赴阙题潼关驿楼》、刘禹锡《题寿安甘棠馆二首》、孟迟《题嘉祥驿》等,仅从题目就可知是直接题写在驿壁之上的。大和元年(827),白居易自长安奉使洛阳,行至稠桑驿,所乘马死,白居易感伤不已,写下《有小白马乘驭多时奉使东行至稠桑驿溘然而毙足可惊伤不能忌情题二十韵》,题于驿壁。大和九年(835),白居易从洛阳赴下邽,再次途经稠桑驿,看到自己前次题诗尚存,心生感慨,又作《往年稠桑曾丧白马题诗厅壁今来尚存又复感怀更题绝句》:"路傍埋骨蒿草合。壁上题诗尘藓生。马死七年

① 〔唐〕杜牧:《题寿安县甘棠馆御沟》,〔清〕彭定求等编:《全唐诗(增订本)》卷五百二十三,中华书局,1999,第6029页。

② 〔唐〕阙名:《大唐传载》,陶敏主编:《全唐五代笔记》第三册,三秦出版社,2012,第1847~1848页。

③ 〔唐〕白居易:《题喷玉泉》,〔清〕彭定求等编:《全唐诗(增订本)》卷四百四十八,中华书局,1999,第5066页。

犹怅望。自知无乃太多情。”[①]“壁上题诗”真切地反映了唐代馆驿的题壁文化,诗人驿路行程中的身心感受也由“壁上题诗”得以表达。元和年间,杨於陵在临泉驿作诗唱和,题于驿梁。七十年后,后人杨损行经该驿,睹前人题壁,因“岁月浸远,文字湮暗,难于披寻”,为“传于永久”,刻石致于馆驿垣墙。三乡驿是崤函古道题壁最多的馆驿。今存三乡驿题壁诗的有羊士谔《过三乡望女几山早岁有卜筑之志》、白居易《和微之任校书郎日过三乡》、刘禹锡《三乡驿楼伏睹玄宗望女几山诗小臣斐然有感》。诗亡可考者有唐玄宗、元稹等。其中知名度最高的当是若耶溪女子。女子早年随夫西入长安应考,因夫君不意身亡,孤身一人辗转东归,会昌二年(842)经过三乡驿时,无限伤心,不能自已,在驿壁上题诗:“昔逐良人西入关,良人身殁妾空还。谢娘卫女不相待,为雨为云归此山。”[②]辞情悲切,哀感动人。晚唐往来文人睹之,纷纷追和,竟相续作。范摅《云溪友议》记载,“是诗继和者多,不能遍录”[③],略举一二,即得陆贞洞、王祝、刘谷年等人和诗10首。一首诗作竟能引来如此之多的和诗,可见馆驿对题壁诗的巨大促进作用。甘棠馆是崤函古道,也是整个两京驿路上题名最多的馆驿。据唐寿安尉萧昕《甘棠馆记》和欧阳修《唐甘棠馆题名》记载,自贞元至大中年间,出入甘棠馆题名者,“自司勋员外郎薛存诚至东都留守韦夏卿凡数十人”[④]。其原因,欧阳修曾分析说:“自唐德宗贞元以来,止于会昌,文字多已摩灭,惟高元裕、韦夏卿闻所书尚可读。甚矣,人之好名也!其功德之盛,固已书竹帛、刻金石,以垂不朽矣。至于登高远望,行旅往来,慨然寓兴于一时,亦必勒其

---

① 〔唐〕白居易:《往年稠桑曾丧白马题诗厅壁今来尚存又复感怀更题绝句》,〔清〕彭定求等编:《全唐诗(增订本)》卷四百五十五,中华书局,1999,第5182页。

② 〔唐〕若耶溪女子:《题三乡诗》,〔清〕彭定求等编:《全唐诗(增订本)》卷八百一,中华书局,1999,第9116页。

③ 〔唐〕范摅:《云溪友议》卷中《三乡略》,陶敏主编:《全唐五代笔记》第二册,三秦出版社,2012,第1487页。

④ 〔南宋〕陈思:《宝刻丛编》,浙江古籍出版社,2012,第228页。

姓名,留于山石,非徒徘徊俯仰以自悲其身世,亦欲来者想见其风流。”①

宿在馆驿,行在驿路。唐诗中有相当多记述崤函古道驿路风物和行旅感受的诗作。不同身份、心境的行旅,行走在崤函古道上会有不同的感受,在行歌咏叹中逐渐生成了具有独特风貌的崤函古道不同路段、不同心境的书写。张九龄《奉和圣制途次陕州作》诗云:“驰道当河陕,陈诗问国风。川原三晋别,襟带两京同。后殿函关尽,前旌阙塞通。行看洛阳陌,光景丽天中。”②许敬宗《奉和入潼关》:“曦驭循黄道,星陈引翠旗。济潼纡万乘,临河耀六师。前旌弥陆海,后骑发通伊。势逾回地轴,威盛转天机。是节岁穷纪,关树荡凉飔。仙露含灵掌,瑞鼎照川湄。冲襟赏临睨,高咏入京畿。”③两诗都生动记述了皇帝行幸队伍的浩浩荡荡,其中“循黄道”“引翠旗”“万乘”体现了皇帝出行的礼制规定。白居易《京路》诗通言两京路行旅感受:“西来为看秦山雪,东去缘寻洛苑春。来去腾腾两京路,闲行除我更无人。”④一个“闲”字,勾画出诗人心情悠然,陶醉两京路美景,边行边玩的行旅状态。韩翃《赠别王侍御赴上都》将从洛阳西向长安的两京路沿途风景以及边走边赏的愉悦情形叙写而出:“翩翩马上郎,执简佩银章。西向洛阳归鄠杜,回头结念莲花府。朝辞芳草万岁街,暮宿春山一泉坞。青青树色傍行衣,乳燕流莺相间飞。远过三峰临八水,幽寻佳赏偏如此。残花片片细柳风,落日疏钟小槐雨。”⑤刘禹锡《同乐天送令狐相公赴东都留守》则写两京驿路上广泛种植甘棠树,春风吹拂的景况:“尚书剑履出明光,居守旌旗赴洛阳。世上功名兼将相,人间声价是文章。衙门晓辟分天

---

① ［宋］欧阳修等著,邓宝剑、王怡琳注释:《集古录跋尾》,人民美术出版社,2010,第 179 页。

② ［唐］张九龄:《奉和圣制途次陕州作》,［清］彭定求等编:《全唐诗(增订本)》卷四十八,中华书局,1999,第 584 页。

③ ［唐］许敬宗:《奉和入潼关》,［清］彭定求等编:《全唐诗(增订本)》卷三十五,中华书局,1999,第 465 页。

④ ［唐］白居易:《京路》,［清］彭定求等编:《全唐诗(增订本)》卷四百四十八,中华书局,1999,第 5074 页。

⑤ ［唐］韩翃:《赠别王侍御赴上都》,［清］彭定求等编:《全唐诗(增订本)》卷二百四十三,中华书局,1999,第 2726 页。

仗，宾幕初开辟省郎。从发坡头向东望，春风处处有甘棠。”诗尾注：“自华(陕)(陵)至河南，皆故林也。”[①]李端《送客东归》写两京驿路梅花盛开的景色：“昨夜东风吹尽雪，两京路上梅花发。行人相见便东西，日暮溪头饮马别。把君衫袖望垂杨，两行泪下思故乡。”[②]一夜东风吹过，两京路上梅花次第绽开，相惜的友人在此送别各奔东西，手把垂柳，遥望故乡，不禁泪湿衣衫。

写述崤函古道东西不同路段风物和感受的诗作也相当多。崤山南路的寿安福昌段，邻近东都洛阳，景色最为宜人。白居易有《西还寿安路西歇马》《寿安歇马重吟》《西行》，其中《寿安歇马重吟》云：“春衫细薄马蹄轻，一日迟迟进一程。野枣花含新蜜气，山禽语带破匏声。垂鞭晚就槐阴歇，低倡闲冲柳絮行。忽忆家园须速去，樱桃欲熟笋应生。”[③]诗中描写了这条道路水木清华的景致带给行人轻快愉悦的心情，洋溢着一种志满意得的惬意。诗僧齐己《宜阳道中作》“宜阳南面路，下岳又经过。枫叶红遮店，芒花白满坡。猿无山渐薄，雁众水还多。日落犹前去，诸村牧竖歌。”[④]宜阳道即洛阳宜阳间驿路。诗人深秋迎着落日西行，宜阳道山水田园风光，尽入行人视野。而任蕃《洛阳道》描写的则是这条道路的人文生态：“憧憧洛阳道，尘下生春草。行者岂无家，无人在家老。鸡鸣前结束，争去恐不早。百年路旁尽，白日车中晓。求富江海狭，取贵山岳小。二端立在途，奔走无由了。”[⑤]连接两京的洛阳道上，充斥着汲汲营营为功名行走的奔竞人群。顾非熊《秋日陕州道中

① 〔唐〕刘禹锡：《同乐天送令狐相公赴东都留守》，〔清〕彭定求等编：《全唐诗(增订本)》卷三百六十，中华书局，1999，第4071页。

② 〔唐〕李端：《送客东归》，〔清〕彭定求等编：《全唐诗(增订本)》卷二百八十四，中华书局，1999，第3237页。

③ 〔唐〕白居易：《寿安歇马重吟》，〔清〕彭定求等编：《全唐诗(增订本)》卷四百六十二，中华书局，1999，第5285页。

④ 〔唐〕齐己：《宜阳道中作》，〔清〕彭定求等编：《全唐诗(增订本)》卷八百四十，中华书局，1999，第9546页。

⑤ 〔唐〕任蕃：《洛阳道》，〔清〕彭定求等编：《全唐诗(增订本)》卷七百二十七，中华书局，1999，第8411页。

作》记述的是崤函古道西段上秋风孤旅的悲壮酸楚感受:“孤客秋风里,驱车入陕西。关河午时路,村落一声鸡。树势标秦远,天形到岳低。谁知我名姓,来往自栖栖。”[①]薛稷《秋日还京陕西十里作》:“驱车越陕郊,北顾临大河。隔河望乡邑,秋风水增波。西登咸阳途,日暮忧思多。傅岩既纡郁,首山亦嵯峨。操筑无昔老,采薇有遗歌。客游节回换,人生知几何。”[②]杜甫称此诗为“陕郊篇”,描写驱车穿越陕州郊外,沿河西行长安,诗中充满了对家乡的忧思。郑谷《潼关道中》:“白道晓霜迷,离灯照马嘶。秋风满关树,残月隔河鸡。来往非无倦,穷通岂易齐。何年归故社,披雨剪春畦。”[③]写潼关道秋天朦胧淡远的优美意境,也透露了“来往非无倦,穷通岂易齐”的前途压力。罗邺《入关》描写的是槐花时节举子们忙于入关应举的情景:“古道槐花满树开,入关时节一蝉催。出门唯恐不先到,当路有谁长待来。似箭年光还可惜,如蓬生计更堪哀。故园若有渔舟在,应挂云帆早个回。”[④]槐树花开,蝉鸣花间,似在催促举子赶快行动,于是举子们便应花开蝉鸣而动,争先恐后地离家赴举,奔走在入潼关的路上。

唐代诗人在崤函古道馆驿驿路的诗作,绘馆驿之景,寓驿路之辛,寄家国之思,题材丰富,情感浓烈,富于交通史和文学史的价值。

2. 雄关胜景

潼关、函谷关、崤山是崤函古道上最为著名,也是最为醒目、鲜明的独特景象,唐代文人行经其间,往往感慨万千。

---

① 〔唐〕顾非熊:《秋日陕州道中作》,〔清〕彭定求等编:《全唐诗(增订本)》卷五百九,中华书局,1999,第5822页。

② 〔唐〕薛稷:《秋日还京陕西十里作》,〔清〕彭定求等编:《全唐诗(增订本)》卷九十三,中华书局,1999,第1002页。

③ 〔唐〕郑谷:《潼关道中》,〔清〕彭定求等编:《全唐诗(增订本)》卷六百七十四,中华书局,1999,第7779页。

④ 〔唐〕罗邺:《入关》,〔清〕彭定求等编:《全唐诗(增订本)》卷六百五十四,中华书局,1999,第7574页。

潼关是崤函古道进出长安第一关,唐代属“上关”。唐太宗《入潼关》:“崤函称地险,襟带壮两京。霜峰直临道,冰河曲绕城。古木参差影,寒猿断续声。冠盖往来合,风尘朝夕惊。”①形象而凝练地概括出崤函古道的战略地位和冠盖往来、朝夕风尘的交通形势。唐玄宗《潼关口号》:“河曲回千里,关门限两京”②,极言潼关壮美的地理形势和险要。崔颢《题潼关楼》:“客行逢雨霁,歇马上津楼。山势雄三辅,关门扼九州。川从陕路去,河绕华阴流。向晚登临处,风烟万里愁。”③张祜《入潼关》:“都城三百里,雄险此回环。地势遥尊岳,河流侧让关。秦皇曾虎视,汉祖昔龙颜。何处枭凶辈,干戈自不闲。”④薛逢《潼关河亭》:“重冈如抱岳如蹲,屈曲秦川势自尊。天地并功开帝宅,山河相凑束龙门。橹声呕轧中流渡,柳色微茫远岸村。满眼波涛终古事,年来惆怅与谁论。”⑤诗以景起,以情结,写出了关、路、河三位一体的潼关雄壮峻阔、惊险壮丽的形象,流露出诗人面对天险形胜的无穷感慨。

薛逢的另一首《潼关驿亭》则以之为古今名利之关,遂不提潼关险要之地形,仅描写其社会人文生态:“河上关门日日开,古今名利旋堪哀。终军壮节埋黄土,杨震丰碑翳绿苔。寸禄应知沾有分,一官常惧处非才。犹惊往岁战友者,尚逐江东计吏来。”⑥鲍溶《夏日华山别韩博士愈》描写潼关内外身与名的相守与分裂:“故乡此关外,身与名相守。迹比断根蓬,忧如长饮酒。生离抱多恨,方寸安可受。咫尺岐

---

① 〔唐〕太宗:《入潼关》,〔清〕彭定求等编:《全唐诗(增订本)》卷一,中华书局,1999,第5页。

② 〔唐〕玄宗:《潼关口号》,〔清〕彭定求等编:《全唐诗(增订本)》卷三,中华书局,1999,第40页。

③ 〔唐〕崔颢:《题潼关楼》,〔清〕彭定求等编:《全唐诗(增订本)》卷一百三十,中华书局,1999,第1328页。

④ 〔唐〕张祜:《入潼关》,〔清〕彭定求等编:《全唐诗(增订本)》卷五百一十,中华书局,1999,第5853页。

⑤ 〔唐〕薛逢:《潼关河亭》,〔清〕彭定求等编:《全唐诗(增订本)》卷五百四十八,中华书局,1999,第6377页。

⑥ 〔唐〕薛逢:《潼关驿亭》,〔清〕彭定求等编:《全唐诗(增订本)》卷五百四十八,中华书局,1999,第6378页。

路分，苍烟蔽回首。”①岑参多次应举不第，以《戏题关门》自嘲：“来亦一布衣，去亦一布衣。羞见关城吏，还从旧路归。”②陈季卿《题潼关普通院门》：“度关悲失志，万绪乱心机。下坂马无力，扫门尘满衣。计谋多不就，心口自相违。已作羞归计，还胜羞不归。”③曹邺《出关》：“我独南征恨此身，更有无成出关者。”④韦庄《关河道中》：“往来千里路长在，聚散十年人不同。”⑤吴融《出潼关》：“飞轩何满路，丹陛正求才。独我疏慵质，飘然又此回。”⑥诗中充盈了落第者度潼关时的失志、忧愁、愧疚和憾恨之情。魏征的《述怀》则别有成功者出关的踌躇意味：“中原初逐鹿，投笔事戎轩。纵横计不就，慷慨志犹存。杖策谒天子，驱马出关门。请缨系南粤，凭轼下东藩。”⑦描写出潼关入中原旅途的艰辛，表达为国建功的壮志。韩愈淮西平叛凯旋途中所作《次潼关先寄张十二阁老使君贾》：“荆山已去华山来，日出潼关四扇开。刺史莫辞迎候远，相公亲破蔡州回。”⑧则是抒发胜利者豪情万丈的激情的佳作。

安史之乱中潼关失守，唐王朝遭遇空前劫难。对潼关战争的书写及对国运的忧思，成为唐代潼关诗的又一主题。杜甫有《述怀一首》《青丝》《秋日经潼关感寓》

---

① 〔唐〕鲍溶：《夏日华山别韩博士愈》，〔清〕彭定求等编：《全唐诗（增订本）》卷四百八十六，中华书局，1999，第 5560 页。

② 〔唐〕岑参：《戏题关门》，〔清〕彭定求等编：《全唐诗（增订本）》卷二百一，中华书局，1999，第 2105 页。

③ 〔唐〕陈季卿：《题潼关普通院门》，〔清〕彭定求等编：《全唐诗（增订本）》卷八百六十八，中华书局，1999，第 9902 页。

④ 〔唐〕曹邺：《出关》，〔清〕彭定求等编：《全唐诗（增订本）》卷五百九十二，中华书局，1999，第 6923 页。

⑤ 〔唐〕韦庄：《关河道中》，〔清〕彭定求等编：《全唐诗（增订本）》卷六百九十五，中华书局，1999，第 8069 页。

⑥ 〔唐〕吴融：《出潼关》，〔清〕彭定求等编：《全唐诗（增订本）》卷六百九十四，中华书局，1999，第 7927 页。

⑦ 〔唐〕魏征：《述怀》，〔清〕彭定求等编：《全唐诗（增订本）》卷三十一，中华书局，1999，第 441 页。

⑧ 〔唐〕韩愈：《次潼关先寄张十二阁老使君贾》，〔清〕彭定求等编：《全唐诗（增订本）》卷三百四十四，中华书局，1999，第 3864 页。

等诗，其中最著名的是《潼关吏》，一方面写出了潼关的地势险要，另一方面写出了战争给百姓戍卒带来的无边灾难和痛苦。岑参《潼关镇国军句覆使院早春寄王同州》、刘长卿《吴中闻潼关失守因奉寄淮南萧判官》、李商隐《行次西郊作一百韵》、徐夤《开元即事》，这些诗作展现了诗人行次或记忆潼关时忧思国运的情怀。

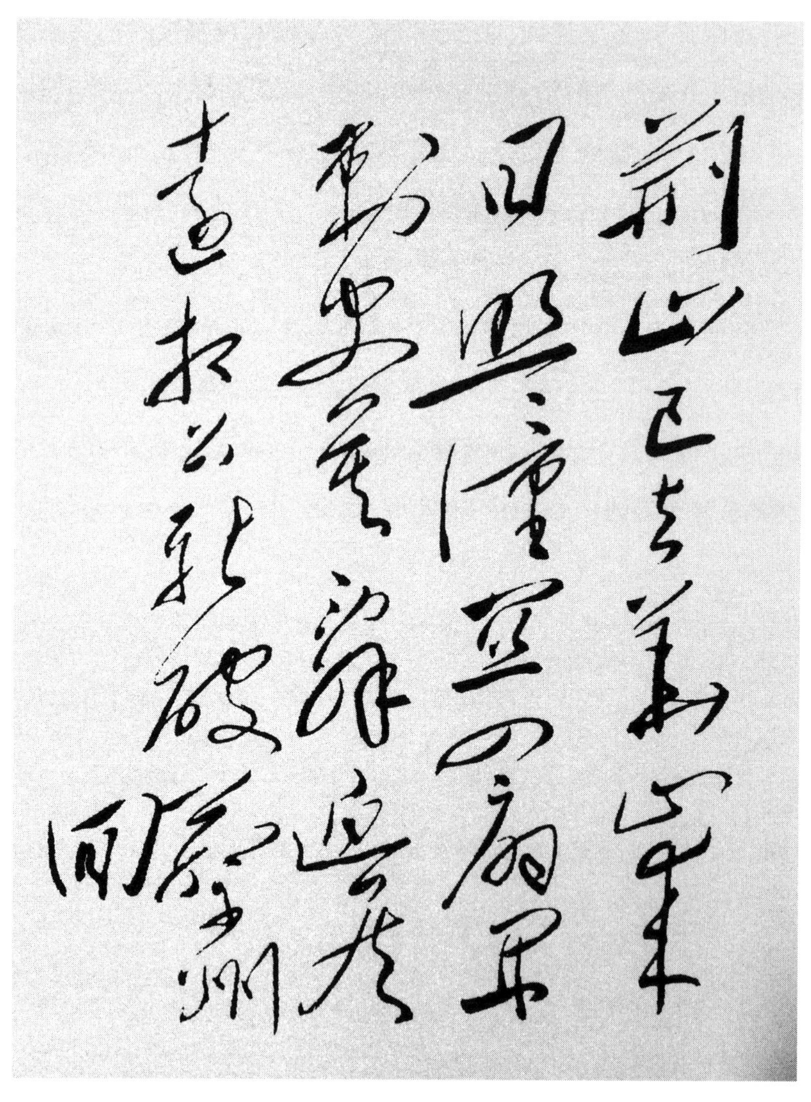

图 7-13　毛泽东书韩愈《次潼关先寄张十二阁老使君》

秦函谷关在唐代已非钤束之地，军事和交通地位远非昔日那样重要。岑参《函谷关歌送刘评事使关西》诗云："君不见函谷关，崩城毁壁至今在。树根草蔓遮古道，空谷千年长不改。寂寞无人空旧山，圣朝无外不须关。白马公孙何处去，青牛老人更不还。苍苔白骨空满地，月与古时长相似。野花不省见行人，山鸟何曾识关吏。"[①]关城"崩城毁壁"，古道"树根草蔓"，昔日的金戈铁马、滚滚狼烟都已不见，但空谷古道千年要塞的幽险依旧"千年长不改"。张九龄《奉和圣制经函谷关作》："函谷虽云险，黄河已复清。圣心无所隔，空此置关城。"[②]杨齐哲《过函谷关》："地险崤函北，途经分陕东。逶迤众山尽，荒凉古塞空。河光流晓日，树影散朝风。圣德今无外，何处是关中。"[③]诗中记录唐代函谷关空置荒凉的状况，重申"圣德今无外"的古代开明政治理念。

秦函谷关在唐代的通行状况也在诸多唐诗中得以体现。皮日休《古函关》："破落古关城，犹能扼帝京。今朝行客过，不待晓鸡鸣。"[④]经行函谷关的道路，唐诗中称为函谷路、函关路、函关道等。白居易《出关路》："山川函谷路，尘土游子颜。"[⑤]另一首《社日关路作》："晚景函关路，凉风社日天。"[⑥]吴融《阌乡寓居十首》：

---

① 〔唐〕岑参：《函谷关歌送刘评事使关西》，〔清〕彭定求等编：《全唐诗（增订本）》卷一百九十九，中华书局，1999，第2059页。

② 〔唐〕张九龄：《奉和圣制经函谷关作》，〔清〕彭定求等编：《全唐诗（增订本）》卷四十九，中华书局，1999，第611页。

③ 〔唐〕杨齐哲：《过函谷关》，〔清〕彭定求等编：《全唐诗（增订本）》卷七百六十九，中华书局，1999，第8814页。

④ 〔唐〕皮日休：《古函关》，〔清〕彭定求等编：《全唐诗（增订本）》卷六百一十五，中华书局，1999，第7143页。

⑤ 〔唐〕白居易：《出关路》，〔清〕彭定求等编：《全唐诗（增订本）》卷四百三十二，中华书局，1999，第4781页。

⑥ 〔唐〕白居易：《社日关路作》，〔清〕彭定求等编：《全唐诗（增订本）》卷四百三十六，中华书局，1999，第4844页。

"犹嫌未远函关道，正睡刚闻报晓鸡。"①刘长卿《送张七判官还京觐省》："春兰方可采，此去叶初齐。函谷莺声里，秦山马首西。庭闱新柏署，门馆旧桃蹊。春色长安道，相随入禁闱。"②宋之问《送永昌萧赞府》："柳变曲江头，送君函谷游。弄琴宽别意，酌醴醉春愁。"③韦应物《西楼》："烟尘拥函谷，秋雁过来稀。"④刘禹锡《送卢处士归嵩山别业》："晚日华阴雾，秋风函谷尘。送君从此去，铃阁少谈宾。"⑤沈佺期《送卢管记仙客北伐》："雁行度函谷，马首向金微。湛湛山川暮，萧萧凉气稀。"⑥苏颋《景龙观送裴士曹》："雨雪长疑向函谷，山泉直似到流沙。"⑦这些诗生动描绘了函谷(关)路春、秋、冬不同季节的风光，移动的视角下，函谷关的生态美景与行人相依相伴，可见唐代经行函谷关的文人相当多。于邺《春过函谷关》则写出了奔波在函谷路上落第文人的苦辛和不甘："几度作游客，客行长苦辛。愁看函谷路，老尽布衣人。岁远关犹固，时移草亦春。何当名利息，遣此绝征轮。"⑧

对唐代诗人而言，函谷关是历史上久负盛名的雄关要塞，咏史怀古是唐代多数题写函谷关诗的共同主题。宋之问《过函谷关》："二百四十载，海内何纷纷。六国

① 〔唐〕吴融：《阌乡寓居十首》，〔清〕彭定求等编：《全唐诗(增订本)》卷六百八十六，中华书局，1999，第7947页。

② 〔唐〕刘长卿：《送张七判官还京觐省》，〔清〕彭定求等编：《全唐诗(增订本)》卷一百四十八，中华书局，1999，第1513页。

③ 〔唐〕宋之问：《送永昌萧赞府》，〔清〕彭定求等编：《全唐诗(增订本)》卷五十二，中华书局，1999，第640页。

④ 〔唐〕韦应物：《西楼》，〔清〕彭定求等编：《全唐诗(增订本)》卷一百九十二，中华书局，1999，第1977页。

⑤ 〔唐〕刘禹锡：《送卢处士归嵩山别业》，〔清〕彭定求等编：《全唐诗(增订本)》卷三百五十七，中华书局，1999，第4024页。

⑥ 〔唐〕沈佺期：《送卢管记仙客北伐》，〔清〕彭定求等编：《全唐诗(增订本)》卷九十七，中华书局，1999，第1045页。

⑦ 〔唐〕苏颋：《景龙观送裴士曹》，〔清〕彭定求等编：《全唐诗(增订本)》卷七十三，中华书局，1999，第804页。

⑧ 〔唐〕于邺：《春过函谷关》，〔清〕彭定求等编：《全唐诗(增订本)》卷七百二十五，中华书局，1999，第8392页。

兵同合,七雄势未分。纵成拒秦帝,策决问苏君。鸡鸣将狗盗,论德不论勋。"①用战国诸雄争霸言函谷关政治军事史实,"论德不论勋",重申"在德不在险"的观点,继承了古来开明的政治理念。韦应物《经函谷关》:"洪河绝山根,单轨出其侧。万古为要枢,往来何时息。秦皇既恃险,海内被吞食。及嗣同覆颠,咽喉莫能塞。炎灵讵西驾,娄子非经国。徒欲扼诸侯,不知恢至德。圣朝及天宝,豺虎起东北。下沉战死魂,上结穷冤色。古今虽共守,成败良可识。藩屏无俊贤,金汤独何力。驰车一登眺,感慨中自恻。"秦皇恃险,汉室守兵,刘敬上书,诗人在历史回顾中得出认识,"至德"可恃,"俊贤"作藩,而"驰车一登眺,感慨中自恻",则是说安史之乱后,雄关依旧,盛唐不在,诗人感慨沧桑。胡曾《函谷关》描写的即是著名的孟尝君鸡鸣狗盗出关的故事:"寂寂函关锁未开,田文车马出秦来。朱门不养三千客,谁为鸡鸣得放回。"②汪遵亦有《函谷关》:"脱祸东奔壮气摧,马如飞电毂如雷。当时若不听弹铗,那得关门半夜开。"③另一首《鸡鸣曲》说的也是孟尝君善于收纳和使用天下能人和异士,成就了一番事业。李涉《晓过函谷关》则因此而赋予函谷关重视人才象征的意象:"因韩为赵两游秦,十月冰霜渡孟津。纵使鸡鸣遇关吏,不知余也是何人。"④

函谷关又是老子著写《道德经》的地方,是道家和道教文化的发祥地,吸引了众多求仙问道之士,形成了独特的宗教文化。唐玄宗《过老子庙》:"流沙丹灶没,关路紫烟沉。独伤千载后,空余松柏林。"⑤表达了对老子的尊重与对圣人不在的

① 〔唐〕宋之问:《过函谷关》,〔清〕彭定求等编:《全唐诗(增订本)》卷五十二,中华书局,1999,第639页。

② 〔唐〕胡曾:《函谷关》,〔清〕彭定求等编:《全唐诗(增订本)》卷六百四十七,中华书局,1999,第7475页。

③ 〔唐〕汪遵:《函谷关》,〔清〕彭定求等编:《全唐诗(增订本)》卷六百二,中华书局,1999,第7019页。

④ 〔唐〕李涉:《晓过函谷关》,〔清〕彭定求等编:《全唐诗(增订本)》卷四百七十七,中华书局,1999,第5474页。

⑤ 〔唐〕玄宗:《过老子庙》,〔清〕彭定求等编:《全唐诗(增订本)》卷三,中华书局,1999,第31页。

伤怀。徐贤妃《秋风函谷应诏》:“秋风起函谷,劲气动河山。偃松千岭上,杂雨二陵间。低云愁广隰,落日惨重关。此时飘紫气,应验真人还。”①韦庄《尹喜宅》:“荒原秋殿柏萧萧,何代风烟占寂寥。紫气已随仙仗去,白云空向帝乡消。”②杜甫《秋兴八首》:“西望瑶池降王母,东来紫气满函关。”③诗人们用紫气、重关、松柏等意象,营造出特定的道家和道教氛围,表达了对老子及其道家和道教的某种宗教情感。宗教尤其是道教与唐诗的交融,构成了崤函唐诗之路的又一重要内容。

位于新安的汉函谷关也是诸多唐代诗人行吟的又一座关隘,主题同样具有咏古抒怀意味。如孟迟《新安故关》:“汉帝英雄重武材,崇山险处凿门开。如今更有将军否,移取潼关向北来。”④写汉武帝与新安函谷关的故事,感慨汉武帝胸怀之伟岸。罗隐《早登新安县楼》:“关城树色齐,往事未全迷。塞路真人气,封门壮士泥。草浓延蝶舞,花密教莺啼。若以鸣为德,鸾皇不及鸡。”⑤诗中以汉关为秦关而凭吊怀古,借鸡鸣狗盗之事讥刺重末技而轻贤能之世风。罗邺《新安城》:“若算防边久远名,新安岂更胜长城。谩兴他役悲荒垒,何似从今实取兵。圣德便应同险固,人心自不向忠贞。但将死节酬尧禹,版筑无劳寇已平。”⑥诗人以项羽坑杀秦军降卒于新安城南事,强调治国在“圣德”,而非“版筑”。

唐人诗作中常见“崤函”“函谷”与帝京、皇居构成对应的关系。唐太宗《入潼

---

① 〔唐〕徐贤妃:《秋风函谷应诏》,〔清〕彭定求等编:《全唐诗(增订本)》卷五,中华书局,1999,第61页。

② 〔唐〕韦庄:《尹喜宅》,〔清〕彭定求等编:《全唐诗(增订本)》卷六百九十五,中华书局,1999,第8067页。

③ 〔唐〕杜甫:《秋兴八首》,〔清〕彭定求等编:《全唐诗(增订本)》卷二百三十,中华书局,1999,第2510页。

④ 〔唐〕孟迟:《新安故关》,〔清〕彭定求等编:《全唐诗(增订本)》卷五百五十七,中华书局,1999,第6515页。

⑤ 〔唐〕罗隐:《早登新安县楼》,〔清〕彭定求等编:《全唐诗(增订本)》卷六百六十五,中华书局,1999,第7674页。

⑥ 〔唐〕罗邺:《新安城》,〔清〕彭定求等编:《全唐诗(增订本)》卷六百五十四,中华书局,1999,第7564页。

关》“崤函称地险，襟带壮两京”，以宏阔的全局视野写明了崤函与长安的地理襟带关系。唐太宗又有《帝京篇十首》云：“秦川雄帝宅，函谷壮皇居。”[①]骆宾王《帝京篇》写道：“皇居帝里崤函谷，鹑野龙山侯甸服。”[②]郑世翼《登北邙还望京洛》：“步登北邙坂，踟蹰聊写望。宛洛盛皇居，规模穷大壮。三河分设险，两崤资巨防。”[③]其中“两崤资巨防”道出了崤山与洛阳的关系。唐诗很少将崤山作为诗歌主题来直接描写，多是在诗中提及其名。骆宾王《秋日饯陆道士陈文林》：“日霁崤陵雨，尘起洛阳风。”[④]白居易《和梦游春诗一百韵》：“怀策入崤函，驱车辞郑鄘。”[⑤]刘禹锡《同乐天送河南冯尹学士》：“崤陵路静寒无雨，洛水桥长昼起雷。”[⑥]韩愈《送侯参谋赴河中幕》：“别袖拂洛水，征车转崤陵。”[⑦]元稹《江边四十韵》：“辱泥疑在绛，避雨想经崤。”[⑧]孔绍安《伤顾学士》：“迢递双崤道，超忽三川湄。”[⑨]由诗题和内容看，“崤陵”“崤陵路”“双崤道”大体指的是崤函古道东段，而“驱车”“征车”“经崤”“迢递”则真切地反映了当时的交通形势。

① 〔唐〕太宗：《帝京篇十首》，〔清〕彭定求等编：《全唐诗（增订本）》卷一，中华书局，1999，第2页。

② 〔唐〕骆宾王：《帝京篇》，〔清〕彭定求等编：《全唐诗（增订本）》卷七十七，中华书局，1999，第833页。

③ 〔唐〕郑世翼：《登北邙还望京洛》，〔清〕彭定求等编：《全唐诗（增订本）》卷三十八，中华书局，1999，第492页。

④ 〔唐〕骆宾王：《秋日饯陆道士陈文林》，〔清〕彭定求等编：《全唐诗（增订本）》卷七十八，中华书局，1999，第842页。

⑤ 〔唐〕白居易：《和梦游春诗一百韵》，〔清〕彭定求等编：《全唐诗（增订本）》卷四百三十七，中华书局，1999，第4869页。

⑥ 〔唐〕刘禹锡：《同乐天送河南冯尹学士》，〔清〕彭定求等编：《全唐诗（增订本）》卷三百六十，中华书局，1999，第4070页。

⑦ 〔唐〕韩愈：《送侯参谋赴河中幕》，〔清〕彭定求等编：《全唐诗（增订本）》卷三百三十九，中华书局，1999，第3809页。

⑧ 〔唐〕元稹：《江边四十韵》，〔清〕彭定求等编：《全唐诗（增订本）》卷四百八，中华书局，1999，第4548页。

⑨ 〔唐〕孔绍安：《伤顾学士》，〔清〕彭定求等编：《全唐诗（增订本）》卷三十八，中华书局，1999，第494页。

3. 行宫殇情

行宫是崤函古道上又一令人瞩目的景象,也是唐代崤函古道诗作中诗人们最乐于描写的风物,不同于长安附近两京驿路上的华清宫、骊山等行宫,在唐代各个时期都有诗人书写,初、盛唐时期唐帝也经常行幸驻跸,而崤函古道行宫兴盛之际诗人的记述并不多见。可见的仅有唐玄宗《轩游宫十五夜》和杨贵妃《赠张云容舞》两首,前者记述开元二十二年(734)东幸洛阳在虢州轩游宫赏月的情形:“行迈离秦国,巡方赴洛师。路逢三五夜,春色暗中期。关外长河转,宫中淑气迟。歌钟对明月,不减旧游时。”后者是杨贵妃与玄宗在陕州绣岭宫观赏随驾侍女张云容舞蹈后的赠诗:“罗袖动香香不已,红蕖袅袅秋烟里。轻云岭上乍摇风,嫩柳池边初拂水。”“红蕖袅烟”“轻云摇风”“嫩柳拂水”,贴切生动地描绘了张云容婀娜多姿的舞姿。张九龄《奉和圣制早发三乡山行》:“羽卫森森西向秦,山川历历在清晨。晴云稍卷寒岩树,宿雨能销御路尘。圣德由来合天道,灵符即此应时巡。遣贤一一皆羁致,犹欲高深访隐沦。”[①]诗中描写的是随驾观览唐玄宗在清晨离开三乡行宫时的盛况。

安史之乱后,唐朝衰落,唐帝不再行幸东都,行宫先后荒废,对崤函古道行宫的书写却成批涌现,文人经行崤函古道,睹其荒凉,赋诗感怀。冷落残破的行宫成为盛与乱世道变迁的双重象征,承载的是对历史的追忆与思索。王建《过绮岫宫》:“玉楼倾倒粉墙空,重叠青山绕故宫。武帝去来罗袖尽,野花黄蝶领春风。”[②]青山依旧重重叠叠,绮岫宫却殿宇歪斜楼阁倾侧,玄宗、贵妃早已人去楼空,只有野花黄蝶独领春风。江山依旧,人事已非。李贺家近福昌宫,其《昌谷诗》中写道:“待驾栖鸾老,故宫椒壁圮。鸿珑数铃响,羁臣发凉思。阴藤束朱键,龙帐着魈魅。碧锦

① 〔唐〕张九龄:《奉和圣制早发三乡山行》,〔清〕彭定求等编:《全唐诗(增订本)》卷四十八,中华书局,1999,第 596 页。

② 〔唐〕王建:《过绮岫宫》,〔清〕彭定求等编:《全唐诗(增订本)》卷三百一,中华书局,1999,第 3417 页。

帖花柽，香衾事残贵。歌尘蠹木在，舞彩长云似。”①诗人铺写福昌宫的萧条破败：宫门久锁，宫墙坍塌，铜鸾生锈，龙帐藏魅，歌声久歇，舞衣闲置，福昌宫只留下蛀蚀的屋梁。而在此诗里，诗人对福昌宫废弃后的用途作了这样的描绘："珍壤割绣段"，人们在废弃的福昌宫土地上耕种，块块田地像是裁割出的幅幅锦缎。

对唐代诗人而言，面对行宫更多的是深深的追忆。李洞《绣岭宫词》："春日迟迟春水绿，野棠开尽飘香玉。绣岭宫前鹤发人，犹唱开元太平曲。"②前两句写阳春绣岭宫前满眼新绿的景致和野棠花开时的芳香，后两句通过鹤发老人对开元盛世的缅怀，寄寓了对昔日盛世的深深依恋与追忆之情。陆龟蒙《开元杂题七首·绣岭宫》："绣岭花残翠倚空，碧窗瑶砌旧行宫。闲乘小驷浓阴下，时举金鞭半袖风。"③写绣岭宫人去物非，满目荒芜，只有花木依旧，全诗浸透着不尽的追思。崔涂《过绣岭宫》也大体是同样的思路，诗中包含一种更为深远深厚的感伤情绪："古殿春残绿野阴，上皇曾此驻泥金。三城帐属升平梦，一曲铃关怅望心。苑路暗迷香辇绝，缭垣秋断草烟深。前朝旧物东流在，犹为年年下翠岑。"④孟迟写的是《兰昌宫》："宫门两片掩埃尘，墙上无花草不春。谁见当时禁中事，阿娇解佩与何人。"⑤刘驾亦有同题诗："宫兰非瑶草，安得春长在。回首春又归，翠华不能待。悲风生辇路，山川寂已晦。边恨在行人，行人无尽岁。"两诗与写绮岫宫、绣岭宫的诗题旨相近，寄托着对如梦往事的追忆，在昔日繁华与如今衰败的交错中，透露出不尽的哀思。

---

① 〔唐〕李贺：《昌谷诗》，〔清〕彭定求等编：《全唐诗（增订本）》卷三百九十二，中华书局，1999，第4434页。

② 〔唐〕李洞：《绣岭宫词》，〔清〕彭定求等编：《全唐诗（增订本）》卷七百二十三，中华书局，1999，第8382页。

③ 〔唐〕陆龟蒙：《开元杂题七首·绣岭宫》，〔清〕彭定求等编：《全唐诗（增订本）》卷六百二十九，中华书局，1999，第7276页。

④ 〔唐〕崔涂：《过绣岭宫》，〔清〕彭定求等编：《全唐诗（增订本）》卷六百七十九，中华书局，1999，第7848页。

⑤ 〔唐〕孟迟：《兰昌宫》，〔清〕彭定求等编：《全唐诗（增订本）》卷五百五十七，中华书局，1999，第6516页。

连昌宫是唐代崤函古道最大行宫之一，写连昌宫的唐代诗人和诗作最多。如张祜《连昌宫》："龙虎旌旗雨露飘，玉楼歌断碧山遥。玄宗上马太真去，红树满园香自销。"[①]陆龟蒙《连昌宫词二首》其一咏"门"："金铺零落兽镮空，斜掩双扉细草中。日暮鸟归宫树绿，不闻鸦轧闭春风。"其二咏"阶"："草没苔封叠翠斜，坠红千叶拥残霞。年年直为秋霖苦，滴陷青珉隐起花。"[②]通过刻画连昌宫的寥落寂寞景象，感伤今日的冷落。韩愈《和李司勋过连昌宫》则另有意味："夹道疏槐出老根，高甍巨桷压山原。宫前遗老来相问，今是开元几叶孙。"[③]"疏槐""老根""高甍""巨桷"写出了连昌宫磅礴的气势及衰败景象，意象或苍凉，或磅礴。而后两句借连昌宫前开元遗老的问语，表现对元和中兴、媲美开元的希望。由诗题可知，韩诗是和作李司勋（李正封）《过连昌宫》，后者今已佚。

唐连昌宫诗尤以元稹《连昌宫词》最为著名。诗人先以宫边老人之口，描述唐玄宗、杨贵妃欢度寒食、通宵达旦的宫中行乐，铺写连昌宫昔日的繁华盛况："上皇正在望仙楼，太真同凭阑干立。楼上楼前尽珠翠，炫转荧煌照天地。归来如梦复如痴，何暇备言宫里事。"接着描写安史之乱后连昌宫遭废弃，一派荒凉衰败景象："庄园烧尽有枯井，行宫门闭树宛然。尔后相传六皇帝，不到离宫门久闭。""荆榛栉比塞池塘，狐兔骄痴缘树木。"连昌宫昔日繁华与如今衰颓形成强烈而又鲜明的对比。作者不禁提问："太平谁致乱者谁?"通过遗老回答："姚崇宋璟作相公，劝谏上皇言语切。燮理阴阳禾黍丰，调和中外无兵戎。""禄山宫里养作儿，虢国门前闹如市。弄权宰相不记名，依稀忆得杨与李。"说明造成开元盛世及衰败动乱的原因，

① 〔唐〕张祜：《连昌宫》，〔清〕彭定求等编：《全唐诗（增订本）》卷五百一十一，中华书局，1999，第5876页。

② 〔唐〕陆龟蒙：《连昌宫词二首》，〔清〕彭定求等编：《全唐诗（增订本）》卷六百二十九，中华书局，1999，第7272页。

③ 〔唐〕韩愈：《和李司勋过连昌宫》，〔清〕彭定求等编：《全唐诗（增订本）》卷三百四十四，中华书局，1999，第3864页。

希望今皇用贤臣致太平。“老翁此意深望幸，努力庙谋休用兵。”[①]元稹年轻时曾经由崤函古道，后又曾多年在洛阳任职及居留，对连昌宫的实际情况以及各种史实都很清楚，作《连昌宫词》时将艺术真实与历史真实巧妙结合，从而使该诗成为与白居易《长恨歌》齐名的长篇巨作。洪迈《容斋随笔》评价说：“元微之、白乐天在唐元和长庆间齐名，其赋咏天宝时事《连昌宫词》《长恨歌》，皆脍炙人口，使读之者情性荡摇，如身生其时，亲见其事，殆未易以优劣论也。然《长恨歌》不过述明皇追怆贵妃始末，无他激扬，不若《连昌词》有监戒规讽之意。……殊得风人之旨，非《长恨》比云。”[②]或许因为“殊得风人之旨”，作者也因此被称为人才，被超擢祠部郎中、知制诰，以至升为宰相。《旧唐书·元稹传》：“长庆初，潭峻归朝，出稹《连昌宫辞》等百余篇奏御。穆宗大悦，问稹安在。对曰：‘今为南宫散郎。’即日转祠部郎中、知制诰。”[③]

4. 崤函风物

陕州是崤函古道交通的枢纽，无论东去洛阳，西至长安，陕州都是必经之路。唐人咏唱陕州的诗作相当多，其主题一是咏唱陕州风光和交通形势。贞观十二年（638），唐太宗行幸登陕州城楼，赋诗《春日登陕州城楼俯眺原野回舟碧缀烟霞密翠斑红芳菲花柳即目川岫聊以命篇》，由诗题即可见春天陕州之美景。开元十二年（724），唐玄宗东幸洛阳有《途次陕州》：“境出三秦外，途分二陕中。山川入虞虢，风俗限西东。树古棠阴在，耕余让畔空。鸣笳从此去，行见洛阳宫。”[④]描写陕州襟带两京的交通形势和古风浓郁依旧的人文景象。其中“树古棠阴在”，用周召二公分陕之意，以陕州为甘棠。孟郊《寄陕府邓给事》：“陕城临大道，馆宇屹几鲜。”刘

① 〔唐〕元稹：《连昌宫词》，〔清〕彭定求等编：《全唐诗（增订本）》卷四百一十九，中华书局，1999，第4624页。

② 〔宋〕洪迈撰，孔凡礼点校：《容斋随笔》续笔卷二《汉唐置邮》，中华书局，2005，第236页。

③ 〔后晋〕刘昫等：《旧唐书》卷一百六十六《元稹传》，中华书局，1975，第4333页。

④ 〔唐〕玄宗：《途次陕州》，〔清〕彭定求等编：《全唐诗（增订本）》卷三，中华书局，1999，第31页。

禹锡《寄陕州姚中丞》:“徘徊襟带地,左右帝王州。”[①]描写陕州城临大道,襟带两京的重要地理形势。唐诗中描述陕州襟带两京的交通形势和甘棠古风可能是多数题写陕州诗的共同主题。如张说《奉和圣制途次陕州应制》:“周召尝分陕,诗书空复传。何如万乘眷,追赏二南篇。郡带洪河侧,宫临大道边。洛城将日近,佳气满山川。”[②]张九龄《奉和圣制途次陕州作》:“驰道当河陕,陈诗问国风。川原三晋别,襟带两京同。后殿函关尽,前旌阙塞通。行看洛阳陌,光景丽天中。”骆宾王《至分陕》:“陕西开胜壤,召南分沃畴。……至今王化美,非独在隆周。”[③]蔡希寂《陕中作》:“西别秦关近,东行陕服长。川原余让畔,歌吹忆遗棠。河水流城下,山云起路傍。”[④]白居易《从陕至东京》描述陕州至洛阳良好的驿路交通状况:“从陕至东京,山低路渐平。风光四百里,车马十三程。”韩翃《送客水路归陕》则吟咏了长安至陕州水路交通的便利:“相风竿影晓来斜,渭水东流去不赊。枕上未醒秦地酒,舟前已见陕人家。”[⑤]

陕州诗的另一个主题是赠别咏叹。陕州作为交通枢纽,经常出现送别的场景,使得这里送别、留别、异地唱和的诗作甚多。如刘禹锡《陕州河亭陪韦五大夫雪后眺望因以留别与韦有布衣之旧一别二纪经迁贬而归》:“雪霁太阳津,城池表里春。河流添马颊,原色动龙鳞。万里独归客,一杯逢故人。登高向西望,关路正飞

---

① 〔唐〕刘禹锡:《寄陕州姚中丞》,〔清〕彭定求等编:《全唐诗(增订本)》卷三百五十四,中华书局,1999,第3984页。

② 〔唐〕张说:《奉和圣制途次陕州应制》,〔清〕彭定求等编:《全唐诗(增订本)》卷八十七,中华书局,1999,第940页。

③ 〔唐〕骆宾王:《至分陕》,〔清〕彭定求等编:《全唐诗(增订本)》卷七十七,中华书局,1999,第830页。

④ 〔唐〕蔡希寂:《陕中作》,〔清〕彭定求等编:《全唐诗(增订本)》卷一百一十四,中华书局,1999,第1160页。

⑤ 〔唐〕韩翃:《送客水路归陕》,〔清〕彭定求等编:《全唐诗(增订本)》卷二百四十五,中华书局,1999,第2740页。

尘。”[①]杜牧《陕州醉赠裴四同年》：“凄风洛下同羁思，迟日棠阴得醉歌。自笑与君三岁别，头衔依旧鬓丝多。”[②]宝应元年，唐军会师陕州东讨史朝义，岑参被委以书奏之任，来到陕州，作《陕州月城楼送辛判官入奏》：“送客飞鸟外，城头楼最高。樽前遇风雨，窗里动波涛。”[③]其中“窗里动波涛”所描绘的高楼眺望窗外黄河波涛汹涌的视觉冲击十分真切。大和二年(828)，王建出为陕州司马，诗友们表示了特别的关注，纷纷作诗送行。如白居易《送陕州王司马建赴任》、张籍《赠别王侍御赴任陕州司马》、贾岛《送陕府王建司马》、姚合《寄陕州王司马》《赠王建司马》，诗中对陕州的山水交通充满了诗意的赞美和讴歌。刘禹锡《送王司马之陕州》写道：“暂辍清斋出太常，空携诗卷赴甘棠。府公既有朝中旧，司马应容酒后狂。案牍来时唯署字，风烟入兴便成章。两京大道多游客，每遇词人战一场。”[④]诗人借称赞王建的诗才，咏叹总结了崤函古道上诗歌的生产方式和繁荣景象。

虢州是崤函古道西段唯一的州级建置，初为望州，会昌四年(814)升为雄州。岑参、元稹、李商隐等都曾在此任官。韦庄、吴融也曾在此寓居多年。乾元二年，岑参出任虢州长史，三年多先后赋诗40余首，对虢州山水名胜进行了诗意描写，从全新的角度引导人们认识虢州，形成对虢州山水形胜的审美体悟和文化提升。如“素

---

① 〔唐〕刘禹锡：《陕州河亭陪韦五大夫雪后眺望因以留别与韦有布衣之旧一别二纪经迁贬而归》，〔清〕彭定求等编：《全唐诗(增订本)》卷三百五十七，中华书局，1999，第4029页。

② 〔唐〕杜牧：《陕州醉赠裴四同年》，〔清〕彭定求等编：《全唐诗(增订本)》卷五百二十四，中华书局，1999，第6052页。

③ 〔唐〕岑参：《陕州月城楼送辛判官入奏》，〔清〕彭定求等编：《全唐诗(增订本)》卷二百，中华书局，1999，第2082页。

④ 〔唐〕刘禹锡：《送王司马之陕州》，〔清〕彭定求等编：《全唐诗(增订本)》卷三百五十九，中华书局，1999，第4052页。

多江湖意，偶佐山水乡”①，“州县非宿心，云山忻满目”②，“树点千家小，天围万岭低”③，“莺声随坐啸，柳色唤行春。谷口云迎马，溪边水照人”④，“远峰带雨色，落日摇川光。臼中西山药，袖里淮南方”⑤。与今天灵宝的实地状况相比，虢州自有别样风景。在虢州期间，岑参写的最多的是迎来送往的酬赠、饯别诗。有学者指出：“岑参在京期间交游较多，在外地交游就很少了，如在蜀中四年，可以说没有真正的知心朋友。但在虢州，却有大量的酬赠、饯别诗，有的是新交，也有多年的故友。”⑥岑参交友数量大增，与达官贵人往来虢州较多有直接关系。如“忽闻骢马至，喜见故人来”⑦，“西亭系五马，为送故人归”⑧，“柳亸莺娇花复殷，红亭绿酒送君还”⑨，“有客至铃下，自言身姓梅”⑩，“亭晚人将别，池凉酒未酣”⑪，“百尺红亭对

---

① 〔唐〕岑参：《初至西虢官舍南池呈左右省及南宫诸故人》，〔清〕彭定求等编：《全唐诗（增订本）》卷一百九十八，中华书局，1999，第 2029 页。

② 〔唐〕岑参：《郡斋闲坐》，〔清〕彭定求等编：《全唐诗（增订本）》卷一百九十八，中华书局，1999，第 2053 页。

③ 〔唐〕岑参：《早秋与诸子登虢州西亭观眺》，〔清〕彭定求等编：《全唐诗（增订本）》卷二百一，中华书局，1999，第 2103 页。

④ 〔唐〕岑参：《陪使君早春东郊游眺》，〔清〕彭定求等编：《全唐诗（增订本）》卷二百，中华书局，1999，第 2087 页。

⑤ 〔唐〕岑参：《林卧》，〔清〕彭定求等编：《全唐诗（增订本）》卷一百九十八，中华书局，1999，第 2048 页。

⑥ 廖立：《岑参评传》，人民文学出版社，1990，第 228 页。

⑦ 〔唐〕岑参：《西亭送蒋侍御还京》，〔清〕彭定求等编：《全唐诗（增订本）》卷二百，中华书局，1999，第 2074 页。

⑧ 〔唐〕岑参：《陪使君早春西亭送王赞府赴选》，〔清〕彭定求等编：《全唐诗（增订本）》卷二百，中华书局，1999，第 2073 页。

⑨ 〔唐〕岑参：《暮春虢州东亭送李司马归扶风别庐》，〔清〕彭定求等编：《全唐诗（增订本）》卷二百一，中华书局，1999，第 2099 页。

⑩ 〔唐〕岑参：《喜华阴王少府使到南池宴集》，〔清〕彭定求等编：《全唐诗（增订本）》卷二百，中华书局，1999，第 2086 页。

⑪ 〔唐〕岑参：《六月三十日水亭送华阴王少府还县》，〔清〕彭定求等编：《全唐诗（增订本）》卷二百一，中华书局，1999，第 2101 页。

万峰,平明相送到斋钟”[①],“无计留君在,应须绊马蹄”[②],“使君地主能相送,河尹天明坐莫辞”[③],表达了岑参对故友新交的真挚情谊。最为人称道的是《虢州后亭送李判官使赴晋绛》:“西原驿路挂城头,客散红亭雨未收。”[④]西原高出虢州城,驿路仿佛挂在虢州城头蜿蜒伸向远方。红亭饯别宴会已散而雨还下个不停,雨中送客更添惜别担忧。岑参又有《虢州酬辛侍御见赠》“前者驿使来,忽枉行军诗”[⑤],写收到友人通过驿使送来的赠诗,喜出望外的心情。

唐代虢州有著名的园林虢州三堂,是有名的宴饮饯别之地。它的闻名缘于来往文人的雅集题咏。虢州三堂由唐睿宗次子时任虢州刺史的申王李扮在开元初营建。吕温《虢州三堂记》记载,“虢州三堂者,君子宴息之境也。开元初,天子思二南之风,并选宗英,共持理柄,虢大而近,匪亲不居。时惟五王,出入相授。承平易理,逸政多暇,考卜惟胜,作为三堂。三者明臣子在三之节,堂者励宗室克构之义。”后“因其颓陊”,“栋宇制度,非诸侯居”,贞元中经刺史马锡“始革基构”,使其“丰而不侈。约而不陋。以琴竹诗书之幽素。易绮纨钟鼓之繁喧。惟林池烟景,不让他日”[⑥]。《大明一统志》记载,“三堂在灵宝县旧虢州治内”[⑦],即今灵宝市西区、弘农涧河西岸。三堂“广逾百亩。深入重扃。回塘屈盘。沓岛交映。溟渤转于环堵。

① 〔唐〕岑参:《虢州西山亭子送范端公》,〔清〕彭定求等编:《全唐诗(增订本)》卷二百一,中华书局,1999,第2107页。

② 〔唐〕岑参:《水亭送刘颙使还归节度》,〔清〕彭定求等编:《全唐诗(增订本)》卷二百,中华书局,1999,第2074页。

③ 〔唐〕岑参:《使君席夜送严河南赴长水》,〔清〕彭定求等编:《全唐诗(增订本)》卷二百一,中华书局,1999,第2099页。

④ 〔唐〕岑参:《虢州后亭送李判官使赴晋绛》,〔清〕彭定求等编:《全唐诗(增订本)》卷二百一,中华书局,1999,第2107页。

⑤ 〔唐〕岑参:《虢州酬辛侍御见赠》,〔清〕彭定求等编:《全唐诗(增订本)》卷二百,中华书局,1999,第2072页。

⑥ 〔唐〕吕温:《虢州三堂记》,〔清〕董诰等编:《全唐文》卷六百二十八,中华书局,1983,第6341页。

⑦ 〔明〕李贤等撰:《大明一统志》卷二十九《河南府》,三秦出版社,1990,第500页。

蓬壶起于中庭。浩然天成。孰曰智及"①。引得众多路经虢州的文人在三堂欢宴栖聚,一时间声名远播,朝野闻名。韩愈《奉和虢州刘给事使君三堂新题二十一咏》序云:"虢州刺史宅连水池竹林,往往为亭台岛渚,目其处为三堂。刘兄自给事中出刺此州,在任逾岁,职修人治,州中称无事。颇复增饰,从子弟而游其间,又作二十一诗以咏其事,流行京师,文人争和之。余与刘善,故亦同作。"②刘给事即刘伯刍,元和七年(812)任虢州刺史,次年修三堂,作诗二十一首,传入京师,韩愈便有是和作。组诗以游览三堂的主要景点为线索,通过对新亭、竹洞、月台、北湖、花岛、柳溪、荷池、稻畦、月池等二十一个景致的刻画描写,表现了三堂的美轮美奂。朱彝尊评价:"首首出新意,与王、裴《辋川》诸绝颇相似,音调却不及彼之高雅。"③记述三堂风景和欢宴栖聚情形的唐诗相当多。如白居易《钱虢州以三堂绝句见寄因以本韵和之》、贾岛《题虢州三堂赠吴郎中》、李洞《吊侯圭常侍》。韦庄寓居虢州,家居城东南郊外涧东,多次至三堂活动,有《三堂东湖作》《三堂早春》《宿泊孟津寄三堂友人》,三堂池林湖岛之美,宾主娱游之乐,毕现诗中,说明至唐末三堂仍是一处遐迩闻名的欢宴栖聚好去处。白居易《东归》写道:"前夕宿三堂,今旦游申湖。残春三百里,送我归东都。"④可见便利的交通当是文人欢宴栖聚三堂的重要原因。

另有一些寄赠酬答诗则记述的是虢州驿路上发生的相见相别情形。杜甫《阌乡姜七少府设脍戏赠长歌》《戏赠阌乡秦少府短歌》写由华州赴洛阳,途经阌乡与新朋旧友的欢聚。其中记述了当地以鱼脍款待的宴饮习俗:"姜侯设脍当严冬,昨日今日皆天风。河东未渔不宜得,凿冰恐侵河伯宫。饔人受鱼鲛人手,洗鱼磨刀鱼眼红。无声细下飞碎雪,有骨已剁嘴春葱。偏劝腹腴愧年少,软炊香饭缘老翁。落

① 〔唐〕吕温:《虢州三堂记》,〔清〕董诰等编:《全唐文》卷六百二十八,中华书局,1983,第6341页。

② 〔唐〕韩愈:《奉和虢州刘给事使君三堂新题二十一咏》,〔清〕彭定求等编:《全唐诗(增订本)》卷三百四十三,中华书局,1999,第3855页。

③ 钱仲联:《韩昌黎诗系年集释》,上海古籍出版社,1984,第898页。

④ 〔唐〕白居易:《东归》,〔清〕彭定求等编:《全唐诗(增订本)》卷四百五十三,中华书局,1999,第5148页。

砧何曾白纸湿,放箸未觉金盘空。"[①]主人的真诚,客人的豪爽,都在诗人笔下得以体现。杜甫《湖城东遇孟云卿复归刘颢宅宿宴饮散因为醉歌》写在湖城友人刘颢家中宴毕小憩,出门至城东,在疾风暗尘中忽见好友孟云卿,喜出望外,遂携手再至刘颢家:"刘侯欢我携客来,置酒张灯促华馔。"又一次通宵达旦的畅饮叙旧。其中"疾风吹尘暗河县,行子隔手不相见"[②]是对湖城驿路风沙弥天的交通情形生动真切的描述。

三、杜甫、韦庄的崤函古道经历与两部诗史的诞生

"三吏""三别"是"诗圣"杜甫最精彩的杰作,由此确立了杜诗"诗史"的地位。而杜甫之所以能写出如此惊天地动、光照千古的作品,仇兆鳌《杜诗详注》引王嗣奭曰:"上数章诗,非亲见不能作,他人虽亲见亦不能作。公往来东都,目击成诗,若有神使之,遂下千年之泪。"[③]晚唐孟棨《本事诗》写道:"杜逢禄山之难,流离陇蜀,毕陈于诗,推见至隐,殆无遗事,故当时号为'诗史'。"[④]所谓"非亲见不能作""杜逢禄山之难",都说明"三吏""三别"的创作,与安史之乱中杜甫乾元二年的崤函古道行旅经历有关。

乾元元年(758)九月,郭子仪、李光弼等九节度使率六十万大军合兵围攻据守邺城的安史叛军。"上(肃宗)以子仪光弼皆元勋,难相统属,故不置元帅,但以宦官开府仪同三司鱼朝恩为观军容宣慰处置使。"结果"诸军并行,步骑数十万……

① 〔唐〕杜甫:《阌乡姜七少府设脍戏赠长歌》,〔清〕彭定求等编:《全唐诗(增订本)》卷二百一十七,中华书局,1999,第2283页。

② 〔唐〕杜甫:《湖城东遇孟云卿复归刘颢宅宿宴饮散因为醉歌》,〔清〕彭定求等编:《全唐诗(增订本)》卷二百一十七,中华书局,1999,第2282页。

③ 〔唐〕杜甫著,〔清〕仇兆鳌注:《杜诗详注》,中华书局,1979,第539页。

④ 〔唐〕孟棨:《本事诗》卷三《高逸》,陶敏主编:《全唐五代笔记》第三册,三秦出版社,2012,第2386页。

号令不一”[①],以致“城久不下,上下解体”[②]。次年三月,史思明自魏州引兵南下解邺城之围,唐军大败,损失惨重,退守河阳(今河南孟县)。

邺城溃败是安史之乱中唐军的又一次大溃败。洛阳面临再度失陷的危险。洛阳留守崔园等南逃,士民惊骇,散奔山谷。为阻止史思明西进,朝廷急向洛阳以西新安、陕县至潼关一带征兵抓丁,以补充兵员。同时加紧修筑潼关城防,以便固守御敌。就在这兵荒马乱之际,杜甫由洛阳匆匆返回华州任所。或许是形势危急,杜甫没有选择相对好走的崤山南路,而是取道较近捷的崤山北路,先至新安,继至石壕村,后至潼关。一路上亲睹了半夜抓丁、老妪服役、垂老从戎、新婚离别的悲惨活剧,遂将这亲身闻见写成具有报告文学性质的“三吏”“三别”,即《新安吏》《石壕吏》《潼关吏》和《新婚别》《垂老别》《无家别》。

“三吏”各本次序或有不同。最早编辑《杜工部集》的北宋王洙,首以《新安吏》《潼关吏》《石壕吏》编次,其后诸家多沿袭未改。今人如陈贻焮《杜甫评传》亦用此说。其实这一说法与实际行程并不相合。“三吏”既是由洛返陕之作,新安是洛阳西入崤山北路第一县,潼关在崤函古道西端,是西出崤函古道的最后一关。石壕则在新安、潼关之间的陕县境内。日本三善清行《天台宗延历寺座主圆珍传》记载,大中九年(855)五月七日,圆珍“自(洛阳)徽安之门出,至磁涧宿。次过新安,至缺门。缘雨止住。十日,过三壕、五谷等难处,至陕府宿。二十一日,遂达上都长安城”[③]。三壕,即土壕、乾壕和石壕,由东向西依次排列。郑刚中《西征道里记》载其由洛入陕之行程云:“十一日,榆林铺、磁涧,宿新安县。……十三日,东西土壕、乾壕,宿石壕镇。杜甫作《石壕》《新安吏》二诗,即其地。……十九日,关东店、潼关、

① 〔宋〕司马光编著,〔元〕胡三省音注:《资治通鉴》卷二百二十《唐纪三十六》,唐肃宗乾元元年,中华书局,1956,第7061页。

② 〔宋〕司马光编著,〔元〕胡三省音注:《资治通鉴》卷二百二十七《唐纪三十七》,唐肃宗乾元二年,中华书局,1956,第7068页。

③ 〔日〕三善清行撰,白化文、李鼎霞校注:《〈天台宗延历寺座主圆珍传〉校注》,《行历抄校注》,花山文艺出版社,2004,第142页。

关西店、西岳庙,行府官谒于祠下。”[①]杜甫之所以“暮投石壕村”,与石壕的交通位置有密切关系。新安以西,渑池至陕县间是崤山北路最为险仄的地段。顾祖禹《读史方舆纪要·河南二》记载:“自新安西至潼关,殆四百里,重冈叠阜,连绵不绝,终日走硖中,无方轨列骑处,其间硖石及灵宝、阌乡,尤为险要。古之崤函在此,真所谓百二重关也。”[②]石壕地当渑池至陕县之间,恰为东来西往一日的行程。而石壕一带山路多为“峻阜绝涧”,险隘异常。在这样的山间谷道上,必然稀有人烟,更无馆驿之类的设施。《太平广记》记载说:“陕州东三十里,本无旅舍,行客或薄暮至此,即有人远迎安泊。及晓前进,往往有死者。”[③]杜甫行至这一带时日色已暮,只能投宿石壕[④]。

不过,杜甫“暮投”的这个石壕村,并非今之陕州区观音堂镇石壕村。今石壕村本称甘壕,因千崤得名,即《西征道里记》中的乾壕,西距今硖石村约 7 公里。石壕所在,南宋王应麟《困学纪闻》:“《石壕吏》,盖陕州陕县石壕镇也。见《九域志》《舆地广记》。”[⑤]《大清一统志·陕州直隶州》:“石壕镇在州东南七十里。唐杜甫有《石壕吏》诗。”[⑥]乔松年《萝藦亭札记》:“杜诗《石壕吏》石壕,即硖石驿。”[⑦]宋时的石壕镇即今陕州区硖石乡的硖石村,在新安、潼关之间,地处崤山北路上,宋设有硖石驿,故后又有石壕即硖石驿之说。石壕设镇,据《宋史·地理三》是在熙宁六

① 〔宋〕郑刚中:《西征道里记》,朱易安等主编:《全宋笔记》第三编七册,大象出版社,2008,第 104 页。

② 〔清〕顾祖禹撰,贺次君、施和金点校:《读史方舆纪要》卷四十六《河南二》,中华书局,2006,第 2091 页。

③ 〔宋〕李昉等编:《太平广记》卷三百五十《欧阳敏》,中华书局,1961,第 2276 页。

④ 说详辛德勇:《崤山古道琐证》,《中国历史地理论丛》1989 年第 4 辑。

⑤ 〔宋〕王应麟:《困学纪闻》卷十八,朱易安等主编:《全宋笔记》第七编九册,大象出版社,2008,第 440 页。

⑥ 〔清〕穆彰阿、潘锡恩等纂修:《大清一统志》(第 5 册)卷二百二十《陕州直隶州》,上海古籍出版社,2008,第 445 页。

⑦ 〔清〕乔松年:《萝藦亭札记》卷三,山右历史文化研究院编:《山右丛书》初编第 5 册,上海古籍出版社,2014,第 581 页。

年(1073),“省硖石县为石壕镇入焉”[①]。文献中亦称为硖石镇。因唐代石壕尚未设镇,故只单称石壕,或称石壕村。

综上,“三吏”既是由洛阳返陕之作,则实地行程为新安—石壕—潼关,所以,“三吏”的顺序应为《新安吏》《石壕吏》《潼关吏》,比较符合杜甫沿崤函古道由东向西的行程。

“三吏”以客观叙事夹带问答的方式写征丁戍守。《新安吏》写新安没有成丁的中男被迫从军的凄惨。《石壕吏》写石壕吏深夜捉人应征的故事。《潼关吏》写士卒修建潼关城墙的艰辛和关吏对守关御敌的信心。“三吏”是唐诗中最早的叙事诗,每首诗各写一个故事,有完整的情节和不同的人物,写法也各有不同。《新安吏》以在新安路途所闻提笔,“客行新安道,喧呼闻点兵”[②]。《石壕吏》以石壕路途所行起笔,“暮投石壕村,有吏夜捉人”[③]。《潼关吏》以潼关路途所见起笔,“士卒何草草,筑城潼关道”[④]。既使三诗一开头就显得别有风致不落俗套,也交代了诗人“闻”“行”“见”三种不同的主体动作和经历。通过“闻”“行”“见”的不同描写,使特定场面的氛围,不同人物各自的神情面貌一一跃然纸上。如果不是亲眼所见,恐怕很难写出这种具体生动的感觉。“三别”则以代言体记征行者言辞写生离死别,也记述了三个感人的故事。《新婚别》写一对“暮婚晨告别”的新婚夫妇离别的情形。《垂老别》写一位“子孙阵亡尽”的老翁被征入伍和老伴告别的悲壮场面。《无家别》写邺城战败后逃回家园的老兵再次被征服役的故事。“三吏”“三别”虽一诗一事,独立成篇,但内容又相互联系,意脉相连,从东到西完整如实记录了安史之乱

① 〔元〕脱脱等:《宋史》卷八十七《地理三》,中华书局,1985年,第2145页。

② 〔唐〕杜甫:《新安吏》,〔清〕彭定求等编:《全唐诗(增订本)》卷二百一十七,中华书局,1999,第2285页。

③ 〔唐〕杜甫:《石壕吏》,〔清〕彭定求等编:《全唐诗(增订本)》卷二百一十七,中华书局,1999,第2286页。

④ 〔唐〕杜甫:《潼关吏》,〔清〕彭定求等编:《全唐诗(增订本)》卷二百一十七,中华书局,1999,第2285页。

中杜甫在崤函古道的所见所闻所想,描绘了盛唐王朝由盛转衰的历史画卷。

吟读杜甫诗句,可以体会安史之乱给崤函古道沿线地区带来的无穷灾难。无论是"老妻卧路啼,岁暮衣裳单"的送别场面,还是"积尸草木腥,流血川原丹"的战场惨状,或是"弃绝蓬室居,塌然摧肺肝"的老人形象,无不悲凉凄绝。宋人刘克庄《后村诗话》说:"《新安吏》《潼关吏》《石壕吏》《新婚别》《垂老别》《无家别》诸篇,其述男女怨旷、室家离别、父子夫妇不相保之意,与《东山》《采薇》《出车》《杕杜》数诗相为表里。唐自中叶以徭役调发为常,至于亡国;肃、代而后,非复贞观、开元之唐矣。新旧唐史不载者,略见杜诗。"①杜甫像走上战区的新闻记者,给安史之乱中崤函古道沿线社会状况做了最真实的"图解"与评说,使我们更真切地认识安史之乱的历史意义。同时,其诗中描写的急应河阳役的老妪、新婚离别的征夫、慷慨为国的新婚女子、垂老从戎的老人,揄扬了崤函人民在特殊时期忍受一切痛苦而勇于承担国难,坚毅地参加平叛战争的爱国热忱,诗人也从中看到了国家的希望。

文学史学者多认为"三吏""三别"象征着杜甫的诗歌创作进入一个新的阶段,即由盛唐的理想主义情绪过渡到对社会现实的关注,情感已完全融入下层民众当中。明代胡震亨《唐音癸签》:"以时事入诗,自杜少陵始。"②清代杨伦《杜诗镜铨》:"自六朝以来,乐府题率多摹拟剽窃,陈陈相因,最为可厌。子美出而独就当时所感触,上悯国难,下痛民穷,随意立题,尽脱去前人窠臼。"③萧涤非《杜甫诗选注》评价说:"从文学源流来说,它们是《诗经》、汉乐府的苗裔,是白居易诸人的新乐府的祖师。从杜甫本人创作过程来说,则是他的现实主义的一个光辉的顶点,是他那种'穷年忧黎元,叹息肠内热'的进步思想和'毫发无遗憾'的艺术要求的高度结合的典范。'惊心动魄,一字千金',不是《古诗十九首》,而是'三吏''三别'。"④

---

① 陈伯海主编:《唐诗汇评》(增订本)第3册,上海古籍出版社,2015,第1482页。

② 〔明〕胡震亨:《唐音癸签》卷二十六《谈丛二》,上海古籍出版社,1981,第275页。

③ 陈伯海:《唐诗汇评》(增订本)第3册,上海古籍出版社,2015,第1483页。

④ 萧涤非:《杜甫诗选注》,人民文学出版社,1979,第112页。

说明无论在杜甫的诗歌创作中，还是在中国古代诗史上，“三吏”“三别”都已具有里程碑的影响。

“三吏”“三别”伟大的文化贡献，源自作者杜甫卓越的文化资质，而杜甫乾元二年的崤函古道之行无疑是成就这一里程碑作品的基石。

唐末诗人韦庄的《秦妇吟》是又一部因作者的崤函古道经历而成名的唐代“诗史”。

韦庄，字端己，长安杜陵（今西安东南）人，出身于世家大族，至韦庄时已家道中落。宣宗大中六年（852）迫于生计，挈家移居虢州[①]，筑房置田于城东南郊外涧东村，十年后重返故乡杜陵。广明元年，黄巢起义军攻破长安，僖宗逃往成都。唐王朝再次陷入巨大的战乱与动荡。正在长安参加科举考试的韦庄未及逃出，而身陷重围，经历了一段惊心动魄的生活。两年后，韦庄逃离长安，经陕州，东奔洛阳，躲避战火，写下长篇叙事诗《秦妇吟》。

《秦妇吟》长达238句，共1666字，是现存唐诗中篇幅最长的诗篇。全诗通过一个从长安逃出的“秦妇”之口，叙写黄巢攻占长安后与官军反复争夺这座京城的战况和京洛一带战乱中百姓的苦难。全诗场面宏大，地域广阔，空间兼及东西两京，时间横跨三年之久，反映了战争给社会秩序带来的巨大破坏和唐室将倾之际的沧桑巨变。作品一经问世，便迅速传播，流传甚广，风行一时，且因为“人人喜诵之”，以致家家“制为幛子”[②]，悬于厅堂，连远离中原的敦煌僧侣寺庙中也有多种写抄本。诗人也凭借这一作品而名扬天下，一举赢得“秦妇吟秀才”的美名，与白居

① 有关韦庄尝居虢州十年的时间，学者考论意见不一。夏承焘《韦端己年谱》定迁居虢州在乾符四年（877）。齐涛《韦庄生平新考》则认为876年前，韦庄已尝居虢州十载。任海天《韦庄寓居虢州考论》指韦庄迁居虢州最迟当在咸通元年（860）。曹丽芳《韦庄移居虢州时间再考辨》考韦庄居住虢州的十年在咸通四年（863）到乾符四年（877）之间。聂安福《韦庄集笺注》考定韦庄迁居虢州在大中六年（852）左右。此从聂说。

② 王国维：《敦煌发现唐朝之通俗诗及通俗小说》，颜廷亮、赵以武辑：《〈秦妇吟〉研究汇录》，上海古籍出版社，1990，第7页。

易的"长恨歌主"并称佳话,《秦妇吟》与《孔雀东南飞》《木兰诗》并称"乐府三绝"。

《秦妇吟》之所以能够取得巨大成功,除诗歌本身的艺术魅力外,还因为这首诗并非"向壁虚造,无病呻吟"之作,而是韦庄借秦妇的口吻,道出自身经历黄巢起义所见所闻的事情,所以能"对于军中状况,民间疾苦,写得纤毫毕现,使人如临其境"①,简直可以说是对黄巢起义军攻占长安这一重大历史事件的现场摄制资料。"语极沉痛详尽,其词复明浅易解"②,读之深为百姓的苦难而惊心。罗振玉在《〈秦妇吟〉校本及跋》中述及读后感受:"今读此篇,于寇盗之残暴,生民之水火,军人之畏葸肆虐,千载而下,犹惊心骇目。"③还有研究者这样表述说:"秦妇吟者,唐韦庄以诗记黄巢寇乱之实录也。黄巢犯阙,秦妇陷寇三年,目睹屠掠之惨,忍辱事贼,视息人间,及巢寇败窜,秦妇得脱走洛阳,道遇韦庄,述及经历。庄发为诗歌,万人传诵。"④据陈寅恪、徐嘉瑞⑤等的研究,《秦妇吟》中所叙写的各种景象,皆有所本,都是真实的景象,都可以从史籍中查出事实加以证明。作为资料,亦可补史籍之不足。故施蛰存评价:"它是反映唐代政治现实的最后一首史诗。正如杜甫的《北征》是盛唐的最后一首史诗。"⑥韦庄继承和发扬了杜甫"诗史"精神,用1666字,在详陈自身经历的基础上,展现了时代的广阔画卷,表达了诗人感时忧世之情怀,以"一人之诗"表现出"一代之史"。

---

① 周千蕊:《评〈秦妇吟〉》,颜廷亮、赵以武辑:《〈秦妇吟〉研究汇录》,上海古籍出版社,1990,第184页。

② 王国维:《敦煌发现唐朝之通俗诗及通俗小说》,颜廷亮、赵以武辑:《〈秦妇吟〉研究汇录》,上海古籍出版社,1990,第7页。

③ 罗振玉:《〈秦妇吟〉校本及跋》,颜廷亮、赵以武辑:《〈秦妇吟〉研究汇录》,上海古籍出版社,1990,第22页。

④ 潘重规:《〈秦妇吟〉新书序》,郑炳林、郑阿财主编:《港台敦煌学文库》第63册,甘肃人民出版社,2016,第108页。

⑤ 徐嘉瑞:《〈秦妇吟〉本事》,颜廷亮、赵以武辑:《〈秦妇吟〉研究汇录》,上海古籍出版社,1990,第103~122页。

⑥ 施蛰存:《唐诗百话》,华东师范大学出版社,1996,第726页。

据《秦妇吟》,秦妇自长安至洛阳经行路线为:长安("来时晓出城东陌")—霸陵("霸陵东望人烟绝")—华阴("明朝晓至三峰路")—潼关("前年又出杨震关"[①])—荆山("举头云际见荆山"[②])—陕州("陕州主帅忠且贞,不动干戈唯守城"[③])—新安("明朝又过新安东")—洛阳。

秦妇自长安至洛阳的后半段路程即崤函古道线路,而这也恰是韦庄自长安东逃洛阳的道路。如陈寅恪所言:"《秦妇吟》中述一妇人从长安奔往洛阳,其行程即端己所亲历也。依《秦妇吟》所述,此妇之出长安,约在中和二年二月,所谓'黄巢洗(长安)城'之后。盖长安经此役后,凡非巢党,殊难苟存。端己之出长安,亦当在此相距不久之时。但即在此前或此后,大多数之避难者,其从长安东奔之路线,应与诗中所言者不殊。此观于平时交通之情况,可以推知者也。……由是言之,《秦妇吟》之秦妇,无论其是否为端己本身之假托,抑或实有其人,所经行之路线,则非有二。"他又考证史料,指出:"端己此诗所述从长安至洛阳及从洛阳东奔之路程,本写当日人民避难之惨状,而其晚年所以讳言此诗之由,实系于诗中所述从长安达洛阳一段经过。"[④]可知,"从长安达洛阳一段经过"是全诗精彩而关键的部分。

韦庄尝居虢州长达十年之久,其间多次前往长安应举,往返崤函古道。自长安逃出后,又再次循崤函古道东奔洛阳,途中曾在陕州停留,与史馆李学士相遇。其

① 陈寅恪《韦庄〈秦妇吟〉校笺》释"前年又出杨震关"句,"颇疑'杨震关'乃'杨仆关'之讹写"。徐嘉瑞《〈秦妇吟〉本事》以为杨震关即潼关,因东汉杨震葬于附近,故又称杨震关。这种解释与诗中所言行程地望正相吻合,即出杨震关(潼关)后见荆山,又至陕州,又至新安东。而"前年"的"年"当为"月",时间才不致前后矛盾。此说可从。

② 荆山,亦名覆釜山,在今灵宝南。传黄帝采首山铜铸鼎于此。

③ 此句下又有"蒲津主帅能戢兵,千里晏然无犬声"句,有人据此以为秦妇自陕州经行蒲州至新安。此说误也。以当时情形论,秦妇逃难,东奔洛阳,既已过陕州,无必要离开主路拐弯渡河北上,再渡河南下到新安。而且绕道蒲州也不符合当时东西交通之走向。

④ 陈寅恪:《韦庄〈秦妇吟〉校笺》,颜廷亮、赵以武辑:《〈秦妇吟〉研究汇录》,上海古籍出版社,1990,第88、78页。

《江上逢史馆李学士》诗云:“前年分袂陕城西,醉凭征轩日欲低。”[①]对崤函古道,韦庄是相当熟悉的。《秦妇吟》前半部分重点凸显黄巢摧残长安城的悲惨景象,而后半部分,韦庄即借秦妇的行踪,将空间从长安城内切换到城外,切换到崤函古道上,重点叙写官军趁火打劫给人民造成雪上加霜的深重灾难。如写华山一带的三峰路:“明朝晓至三峰路,百万人家无一户。破落田园但有蒿,摧残竹树皆无主。”写潼关经行陕州地界:“前年(日)又出杨震关,举头云际见荆山。如从地府到人间,顿觉时清天地闲。陕州主帅忠且贞,不动干戈惟守城。蒲津主帅能戢兵,千里晏然无戈声。朝携宝货无人问,暮插金钗惟独行。”其中“百万人家无一户”,“朝携宝货无人问,暮插金钗惟独行”,也是对当时崤函古道行途状况的生动表现。最为精彩的片段当是对新安老翁的描写:“明朝又过新安东,路上乞浆逢一翁。”这位“苍苍面带苔藓色,隐隐身藏蓬荻中”的老翁,又向秦妇控诉了官军抢掠难民的暴行:“千间仓兮万斯箱,黄巢过后犹残半。自从洛下屯师旅,日夜巡兵入村坞。匣中秋水拔青蛇,旗下高风吹白虎。入门下马若旋风,罄室倾囊如卷土。家财既尽骨肉离,今日垂年一身苦。一身苦兮何足嗟,山中更有千万家。朝饥山草寻篷子,夜宿霜中卧荻花。”诗人直斥官军罪恶甚于“贼寇”。加之其他描写公卿等各种场面的触目惊心,成为后来韦庄忌讳公卿、将帅们的“垂讶”[②],而“讳言此诗之由”[③],致使《秦妇吟》在宋代以后失传千载,直到清末敦煌藏经洞文献问世之后才再次为世人所见。

安史之乱和唐末黄巢起义是唐代最大的两次战乱。处于两京之间的崤函古道

① 〔唐〕韦庄:《江上逢史馆李学士》,〔清〕彭定求等编:《全唐诗(增订本)》卷六百九十七,中华书局,1999,第8089页。

② 〔五代〕孙光宪:《北梦琐言》卷六,陶敏主编:《全唐五代笔记》第四册,三秦出版社,2012,第3302页。

③ 陈寅恪:《韦庄〈秦妇吟〉校笺》,颜廷亮、赵以武辑:《〈秦妇吟〉研究汇录》,上海古籍出版社,1990,第78页。

深受这两次战乱之祸。“国家不幸诗家幸,赋到沧桑句便工。”[①]安史之乱中杜甫经行崤函古道,成就了“三吏”“三别”。唐末韦庄饱经战乱,身陷长安,东奔洛阳的经历,造就了《秦妇吟》这部“生平之杰构,古今之至文”[②]。他们的诗歌都是唐王朝某一特定时期的产物,都具有“诗史”的特征。而崤函古道也因为他们的经行和不朽的诗歌创作,具有了唐代两部伟大“诗史”成就地的荣光。

四、唐代崤函本土诗人与文学世家

唐代崤函地区文化已然表现出成熟和繁荣的风貌。据不完全统计,唐代崤函籍作家约有 40 人,其创作活动贯穿唐代各个时期,并涌现出上官仪、宋之问、上官婉儿、姚崇、姚合、李贺等一批著名诗人和弘农杨氏、陕州姚氏这样的文学世家。他们的诗歌创作和文学活动促进了崤函地区文化的进步与发展,进而为唐代文化尤其是诗歌的繁荣做出了贡献。

表 7-4　唐代崤函籍作家简表

时　期	籍　贯	作　家
初唐	陕州	上官仪、上官婉儿、张齐贤
	虢州弘农	杨齐哲、宋令文、宋之问、宋之悫
	虢州阌乡	释万回

① 〔清〕赵翼:《题元遗山集》,赵翼著,李学颖、曹光甫校点:《瓯北集》,上海古籍出版社,1997,第 772 页。

② 陈寅恪:《韦庄〈秦妇吟〉校笺》,颜廷亮、赵以武辑:《〈秦妇吟〉研究汇录》,上海古籍出版社,1990,第 89 页。

续表

时　期	籍　贯	作　家
盛唐	陕州	姚崇
	虢州阌乡	杨元琰、杨仲昌
	洛州长水	程洛宾
中唐	陕州	姚系、姚伦、姚合、姚勖、贾彦璋
	虢州弘农	杨凭、杨凝、杨凌、杨敬之、杨汝士、杨虞卿、杨汉公、杨知至、杨玢、杨于陵、杨嗣复、杨损、杨德邻(麟)、杨牢
	虢州湖城	杨敬真、杨监真(吴清妻)
	洛州福昌	李贺
晚唐	陕州	姚岩杰、卢诰、陆扆
	虢州弘农	杨夔、陶晟、杨氏

论及初唐诗坛,有文学史家这样表述:"唐诗之所以成为唐诗,其主要特点是因为近体诗的出现,从而与唐以前的古体诗有了重大区别。近体诗的出现与创作,则与初唐高宗和武则天时期的洛阳宫廷诗人集团有着重要关系。"①崤函籍诗人上官仪、上官婉儿、宋之问是这一集团的重要成员,对唐代律诗的形成和定型有着重要的贡献。

上官仪(608—664),字游韶,陕州陕人。贞观元年(627)举进士。"太宗闻其名,召授弘文馆直学士,累迁秘书郎。时太宗雅好属文,每遣仪视草,又多令继和,凡有宴集,仪尝预焉。"高宗时,"加银青光禄大夫、西台侍郎、同东西台三品,兼弘文馆学士如故"②。是初唐最具代表性的宫廷诗人,有《上官仪集》30 卷,已佚。《全唐诗》存诗 1 卷 20 首。陈尚君《全唐诗补编》补入 11 题 12 首。上官仪对唐诗

① 葛景春:《杜甫与洛阳京城文化》,《中原文化研究》2013 年第 1 期。

② 〔后晋〕刘昫等:《旧唐书》卷八十《上官仪传》,中华书局,1975,第 2743 页。

的最大贡献是总结格律诗规则，创立了“六对”“八对”之说，简化了作诗的声律规则，使其在创作中有了可操作性，成为近体诗形成最关键的一步，具有明显的开创性[①]。其诗虽多为应制奉命之作，但已表现出圆融流畅的作风，并形成了绮错婉媚、格律工整的“上官体”。新出《上官婉儿墓志》评价说：“错综极于烟霞，载使文章全盛。”[②]《旧唐书》本传载：“本以词彩自达，工于五言诗，好以绮错婉媚为本。仪既贵显，故当时多有效其体者，时人谓为上官体。”[③]《新唐书》本传：“仪工诗，其词绮错婉媚。及贵显，人多効之，谓为‘上官体’。”[④]这是唐代第一个以个人命名的风格称号，奠定了上官仪初唐诗坛宗主的地位。有文学研究者指出，上官体上承齐梁诗艺，下开唐初四友、沈宋诸家，实为初、盛唐诗史进程中的重要一环。尽管它有着本身固有的弱点，但若“没有上官体的成就及其后继者的开拓，盛唐诗恐怕至多只是对汉魏诗的简单回归而已”[⑤]。

上官婉儿(664—710)，上官仪孙女。幼年随母没入宫掖。“年十四，武后召见，有所制作，若素构”[⑥]，受命掌文牍，拜为昭容，执掌朝纲，左右朝政。新出《上官婉儿墓志》评价她的文学素养和成就：“婕妤懿淑天资，贤明神助。诗书为苑囿，捃拾得其菁华；翰墨为机杼，组织成其锦绣。”[⑦]其对唐代诗坛、文坛的贡献，一是称量文士的宫廷文学活动。《旧唐书·上官昭容传》记载：“婉儿常劝广置昭文学士，盛引当朝词学之臣，数赐游宴，赋诗唱和。婉儿每代帝及后、长宁安乐二公主，数首并

① 葛景春：《杜甫与洛阳京城文化》，《中原文化研究》2013 年第 1 期。

② 李明、耿庆刚：《〈唐昭容上官氏〉墓志笺释——兼谈上官婉儿墓相关问题》，《考古与文物》2013 年第 6 期。

③ 〔后晋〕刘昫等：《旧唐书》卷八十《上官仪传》，中华书局，1975，第 2743 页。

④ 〔宋〕欧阳修等：《新唐书》卷一百五《上官仪传》，中华书局，1975，第 4035 页。

⑤ 赵昌平：《上官体及其历史承担》，《赵昌平自选集》，广西师范大学出版社，1997，第 45 页。

⑥ 〔后晋〕刘昫等：《旧唐书》卷八十《上官仪传》，中华书局，1975，第 2743 页。

⑦ 李明、耿庆刚：《〈唐昭容上官氏〉墓志笺释——兼谈上官婉儿墓相关问题》，《考古与文物》2013 年第 6 期。

作,辞甚绮丽,时人咸讽诵之。”[①]上官婉儿热心组织宫廷诗会,搜英猎俊选用人才,“当时文坛因她的努力而大为热闹”[②],“右职以精学为先。大臣以无文为耻”[③]。她又以自己的品鉴才能和“词气”的品评标准引领初唐一批文人走出狭隘的宫廷局限,形成清新自然、刚健舒爽的新一代文风。二是对“上官体”的继承和发展。上官婉儿留存诗歌 32 首,或应制奉和,或出游纪胜,或抒情寄怀,尤以《彩书怨》“露浓香被冷,月落锦屏虚”脍炙人口。其诗作既在艺术方面继承了“上官体”的精美雅致,也在内容上进一步弥补了“上官体”的空虚和风骨上的缺憾。郑振铎说:“律诗时代的成立,她是很有力于其间的。”[④]还有学者说:“在初唐诗坛上,上官仪和上官婉儿是前后相继的两位领袖人物,影响着整个唐诗发展的进程。”[⑤]这都是很中肯的评价。

宋之问(656—713),子延清,虢州弘农人[⑥]。历经高宗、武则天、中宗和玄宗诸朝,一生宦海浮沉,饱经忧患,这使他接触社会,历练生活,诗歌创作也逐步脱离了浮靡柔弱之风,转而刚健清新,内容更为丰富,形成其独特诗风。如《过函谷关》:“二百四十岁,海内何纷纷。六国兵同合,七雄势未分。纵成拒秦帝,策决问苏君。鸡鸣将狗盗,论德不论勋。”在对战国七雄争霸函谷关的咏叹中体现出一种生逢盛世、成就功名的刚健峭拔、恢宏壮阔的气势。宋之问创作了大量格律精严、可为典范的五、七言诗,在五、七言诗的体制建设上发挥了规范和统领风气的作用,形成了

① 〔后晋〕刘昫等:《旧唐书》卷五十一《上官昭容传》,中华书局,1975,第 2175 页。

② 郑振铎:《中国文学史》,江西教育出版社,2018,第 223 页。

③ 〔唐〕张说:《唐昭容上官氏文集序》,〔清〕董诰等编:《全唐文》卷二百二十五,中华书局,1983,第 2275 页。

④ 郑振铎:《中国文学史》,江西教育出版社,2018,第 223 页。

⑤ 胡可先:《上官氏家族与初唐文学——兼论新出土〈上官婉儿墓志〉的文学价值》,《求是学刊》2014 年第 5 期。

⑥ 《旧唐书》本传载:“宋之问,虢州弘农人。”《资治通鉴》卷二百八十称“弘农宋之问”。《新唐书》本传则云其为汾州西河(今山西汾阳)人。据陶敏等考证,“之问为弘农人,西河为其祖籍郡望”。陶敏、易淑琼:《沈佺期宋之问集校注》,中华书局,2001,第 778 页。

以他和沈佺期姓氏命名的"沈宋体",以讲究声韵对仗为特征的五、七言律诗至此定型。《新唐书·宋之问传》评价说:"魏建安后迄江左,诗律屡变,至沈约、庾信,以音韵相婉附,属对精密。及之问、沈佺期,又加靡丽,回忌声病,约句准篇,如锦绣成文。学者宗之,号为'沈、宋'。"①清人钱良择《唐音审体》更明确说:"律诗始于初唐,至沈、宋而其格始备。"②律诗定型后,唐人称之为"近体诗",亦称"今体诗",遂成为我国古代最为广泛采用的诗体。

盛唐诗坛因万紫千红、群星灿烂的蓬勃繁荣而有"盛唐气象"之誉。这一中国古典诗歌全盛时期的促进者,还有著名的开元贤相姚崇。

姚崇(650—721),字符之,陕州硖石人,故里在今陕州区张茅乡西崖村,尚有故居遗址、姚公祠遗址、姚崇父姚懿墓遗址、旌贤寺(唐姚懿墓守坟寺)遗址等。《大唐新语》记载:"姚崇初不悦学,年逾弱冠,常过所亲,见《修文殿御览》,阅之喜,遂耽玩坟史,以文华著名。"③张说也称姚崇"黼藻弥焕"④,"黼藻"即华美的辞藻。姚崇有《姚崇集》十卷,已佚。《全唐诗》存其诗 6 首,《全唐诗续拾》存诗 2 首。数量虽不多,但不乏名作。明人周珽《唐诗选脉会通评林》评价:"元崇性体廉静,心镜光明,故其为诗亦多净洁高华,如《望月思家》《夜渡江》,极静、极细、极响,宜当时以文章著名、德业钦世也。"⑤姚崇在武则天、中宗、睿宗、玄宗朝四任宰相,玄宗时更是位居首辅,独当重任,他为政以公,刚正不阿,革除旧弊。"崇善应变以成天下之务"⑥,"首佐玄宗起中兴业"⑦,为开元盛世奠定了基础。司马光《资治通鉴》评

---

① 〔宋〕欧阳修等:《新唐书》卷一百二十七《宋之问传》,中华书局,1975,第 5751 页。

② 陈伯海、李定广:《唐诗总集纂要》,上海古籍出版社,2016,第 692 页。

③ 〔唐〕刘肃:《大唐新语》卷六,陶敏主编:《全唐五代笔记》第一册,三秦出版社,2012,第 711 页。

④ 〔唐〕张说:《故开府仪同三司上柱国赠扬州刺史大都督梁国公姚文贞公神道缺奉勅撰》,〔清〕董诰等编:《全唐文》卷二百三十,中华书局,1983,第 2328 页。

⑤ 陈伯海:《唐诗汇评》(增订本)第 1 册,上海古籍出版社,2015,第 190 页。

⑥ 〔宋〕欧阳修等:《新唐书》卷一百二十四《宋浑传》,中华书局,1975,第 4395 页。

⑦ 〔唐〕杜牧撰,何锡光校注:《樊川文集校注》,巴蜀书社,2007,第 819 页。

论说："姚、宋相继为相，崇善应变成务，璟善守法持正；二人志操不同，然协心辅佐，使赋役宽平，刑罚清省，百姓富庶。唐世贤相，前称房、杜，后称姚、宋，他人莫得比焉。"[1]作为当时国家机器运转的实际操纵者，宰相姚崇可以左右诗人的仕途，影响诗风的走向。有学者考证，围绕着姚崇，当时形成了一个兼融政治与文学的交友圈。著名的石淙宴集、温汤唱和等活动，姚崇都有参加并作诗，对盛唐诗坛格局的演变和兴盛颇有影响[2]。开元盛世为诗人提供了良好的生活与创作环境，对盛唐诗人胸襟之开阔、意气之风发颇有影响[3]。这当是姚崇对唐诗发展做出的最突出的贡献。

图 7-14　陕州区张茅姚崇故里遗址纪念碑

中唐时期崤函籍诗人甚多，以李贺、姚合最为著名，他们以自己的诗歌创作开辟了唐诗的新诗境。

李贺（780—816），字长吉，福昌（今宜阳）人，家居福昌昌谷，后世因之称其为李昌谷。李贺仕途失意，一生郁郁不得志，主要在家乡生活，宅第"昌谷山居"坐落在昌河西侧两个锐峭长圆形山体中间的一条大涧沟的出口处，即《南园十三首》十一首所云"长峦谷口"附近的坡地上[4]。这里北依群山，南滨涧流，地势稍高，东南与三乡驿相对，东与福昌宫相望。李贺许多著名的诗篇便是在这里创作的。他经常白天骑马外出闲逛，家奴身背锦囊随行在旁，偶得佳句，随即笔录，投入囊中，晚上在家修补扩充成完整的篇章。在李贺的笔下，昌谷是一个安静祥和的田园："芒

① 〔宋〕司马光编著，〔元〕胡三省音注：《资治通鉴》卷二百一十一《唐纪二十七》，唐玄宗开元四年，中华书局，1956，第 74 页。

② 胡可先：《新出石刻与唐代文学家族研究》，北京大学出版社，2017，第 599~601 页。

③ 丁放、袁行霈：《姚崇、宋璟与盛唐诗坛》，《文学遗产》2007 年第 3 期。

④ 杨其群：《李贺咏昌谷诸诗中专名考》，《山西大学学报（哲学社会科学版）》1989 年第 2 期。

麦平百井,闲乘列千肆。"民风质朴:"邻凶不相杵,疫病无邪祀。鲐皮识仁惠,丱角知腼耻。县省司刑官,户乏诟租吏。"还是一个精神隐逸之地:"刺促成纪人,好学鸱夷子。"①

图 7-15　宜阳三乡李贺塑像

李贺的诗歌极具个性特征和创造力。他继承了楚辞和李白诗歌的浪漫主义传统,也受到乐府民歌的影响,开创了一片神奇怪异的艺术境地。现存李贺诗歌200余首,多为乐府体裁,想象丰富奇特,风格幽峭冷艳,奇诡怪诞,后人称为"长吉体"。晚唐杜牧《李贺集序》评论说:"时花美女,不足为其色也;荒国陊殿,梗莽邱垄,不足为其怨恨悲愁也;鲸吸鳌掷,牛鬼蛇神,不足为其虚荒诞幻也。盖骚之苗裔,理虽不及,辞或过之。"②宋人称之为"诗鬼""鬼才""鬼仙",推许其成就为他人无法企及。严羽《沧浪诗话》:"人言太白仙才,长吉鬼才,不然。太白天仙之词,长吉鬼仙之词耳。……长吉之瑰诡,天地间自欠此体不得。"③

姚合(777—842),陕州硖石人,姚崇曾侄孙。元和十一年进士,初授武功主簿,世称"姚武功"。历官县尉、监察御史,直至给事中。文宗开成四年(839)八月回故乡,任陕虢观察使兼御史中丞。新出姚勖《姚合墓志》援引召公甘棠树下听讼故

① 〔唐〕李贺:《昌谷诗》,〔清〕彭定求等编:《全唐诗(增订本)》卷三百九十二,中华书局,1999,第4434~4435页。

② 陈伯海:《唐诗汇评》(增订本)第4册,上海古籍出版社,2015,第2934页。

③ 〔清〕何文焕辑:《历代诗话》,中华书局,2004,第698页。

事,以“甘棠之化再兴焉”[1],赞颂姚合任职陕虢施行的德政教化。一年后再入为给事中,后任秘书监,后人故称其“姚少监”。其为官恪守道家清静无为之训,一生官运人缘都很好,仕途通达,这在唐代诗人中是少有的[2]。有《姚少监诗集》行世。《全唐诗》录其诗 7 卷,500 余首。他还编有唐诗选本《极玄集》。姚合诗以五律见长,多写日常生活中的琐事和平淡无奇的景物,体现流连风物的闲适情怀。姚合在当时诗名很盛,“时称诗颖”[3],交友甚广,与白居易、刘禹锡、韩愈、贾岛、裴度、张籍、王建、李频、雍陶等都有往来酬唱。世称姚合与贾岛为“姚贾诗派”。但姚合诗风以清浅自然、平淡闲适为主,于朴拙中寓工巧,别具一格,自成一家,世称“武功体”,影响很大。宋初的“晚唐体”,南宋的“四灵诗派”“江湖诗派”和明代“竟陵诗派”都是在学习模拟“武功体”基础上形成的。

以家学渊源为特征的文学世家的涌现,是唐代崤函文化成熟和繁荣的重要标志。崤函地区是唐代文学家族较集中的地区。由于崤函地区与两京联系紧密,是两京交通的枢纽,也是家族迁居的主要干道,崤函地区的文学世家呈现本土文学世家与迁居文学世家交错杂居,以迁居文学世家居多的特色,其家族文学呈现明显的政治与文学交融的色彩,具有尚古尚实,文质并重,兼蓄多种风格的特色。

陕州上官仪家族是唐代崤函地区最早的文学世家。除上官婉儿外,成员还有上官仪子、上官婉儿之父上官庭芝。虢州宋氏是崤函地区又一著名文学世家。宋之问之父宋令文起自乡闾,矢志于学,富文辞,且工书,有力绝人,世称“三绝”,高宗时官至左校尉郎将、东台详正学士,饶著声誉。宋之问之弟宋之悌、宋之逊自幼好学,各得父之一绝,之悌骁勇过人,之逊精于草隶,之问专工文辞。陕州姚氏自姚崇之祖父姚祥始定居陕州以来,家业兴盛,文化发达,代不乏人,成为在盛唐和中唐

① 〔唐〕姚勖:《姚合墓志》,赵君平、赵文成编:《秦晋豫新出墓志搜佚》(第 4 册),北京图书馆出版社,2012,第 765 页。

② 施蛰存:《唐诗百话》,上海古籍出版社,1987,第 547 页。

③ 〔元〕辛文房,周绍良笺证:《唐才子传笺证》卷七《李频》,中华书局,2010,第 1793 页。

时期集政治与文学于一体的颇具影响力的家族。如前所说,姚崇是盛唐引领文学风尚的代表人物。曾孙姚系、姚伦清尘远播,骚雅接响,皆有诗名。曾侄孙姚合为中唐诗坛一代宗师,奖掖后学,其门生李频勤奋好学,诗名早发,姚合以女妻之。《全唐诗》存李频诗 3 卷。

崤函地区文学世家传承世代,人数多的当推弘农杨氏。敦煌残卷《贞观氏族志》:"弘农郡四姓:杨、刘、张、晋。"①列杨氏为第一大姓。李肇《唐国史补》卷上:"杨氏居阌乡。杨氏自杨震号为关西孔子,葬于潼亭。至今七百年,子孙犹在阌乡故宅,天下一家而已。"②唐代弘农杨氏出自越公房,有靖恭、修行、新昌、履道(永宁)四支。其中除修行外,皆与虢州弘农有关。早在汉代弘农杨氏便以经学显赫。唐代弘农杨氏凭借科举重振族望,融政治与文学于一体,既是繁荣昌盛的政治家族,也是颇富声望的文学家族。政治上弘农杨氏的重要成员,出入于朝行方镇,以至内为宰辅,外历藩帅。新昌杨於陵十九岁科举入仕,历任要职,官至吏部侍郎。其四子,景复任同州刺史,绍复任中书舍人,师复任大理卿,嗣复为宰相,成为弘农杨氏在唐代中后期最早崛起的一支。靖恭"杨氏自汝士后,贵赫为冠族。所居静恭里,兄弟并列门戟。咸通后,在台省方镇率十余人"③。文学上弘农杨氏代有名人,许多人诗文兼擅。杨敬之撰《华山赋》,轰动文坛。姚鹄《虢州献杨抑卿二首》诗云:"盖世英华更有谁,赋成传写遍坤维。"④《新唐书·杨敬之传》载:"敬之尝为华山赋示韩愈,愈称之,士林一时传布,李德裕尤咨赏。"⑤《北梦琐言》:"弘农杨敬之

---

① 岑仲勉:《重校〈贞观氏族志〉敦煌残卷》,《岑仲勉史学论文集》,中华书局,1990,第 633 页。

② 〔唐〕李肇:《唐国史补》卷上,陶敏主编:《全唐五代笔记》第一册,三秦出版社,2012,第 807 页。

③ 〔宋〕欧阳修等:《新唐书》卷一百七十五《杨汝士传》,中华书局,1975,第 5250 页。

④ 〔唐〕姚鹄:《虢州献杨抑卿二首》,〔清〕彭定求等编:《全唐诗(增订本)》卷五百五十三,中华书局,1999,第 6461 页。

⑤ 〔宋〕欧阳修等:《新唐书》卷一百六十《杨敬之传》,中华书局,1975,第 4972 页。

撰《华山赋》，朱崖李太尉每置座右，行坐讽之。”[①]李太尉即李德裕。《新唐书·杨敬之传》又云，杨敬之“文宗尚儒术，以宰相郑覃兼国子祭酒，俄以敬之代。未几，兼太常少卿。是日，二子戎、戴登科，时号‘杨家三喜’。”[②]杨汝士在中唐诗坛颇为活跃，富有盛名，甚或压倒元、白[③]。杨嗣复七八岁时已能秉笔为文，二十岁便进士擢第。履道（永宁）杨凭、杨凝、杨凌兄弟三人皆以文学知名，人称“三杨”。杨氏交游与联姻对象也多为当时名门望族与才学之士。杨汝士从父妹嫁于白居易，杨凭之女嫁于柳宗元。杨嗣复妻为李翱之妹，杨凌娶韦应物之女为妻。刘禹锡、李商隐、许浑等皆与杨氏有密切往来。很显然，这样的一种仕宦联姻以及交往，对于文学世家自身的发展延续、提升和扩大文学影响都具有重要意义，并对时代文化的发展产生积极的影响。

综上，唐代崤函古道特殊的地理位置与发达的交通，使众多的文学精英纷至沓来，用他们的双脚把崤函古道沿线分散的山水胜地连成一线，和崤函本地文人一起，共同促进了诗歌创作的繁荣，走出了一条名副其实的“唐诗之路”。他们诗意的发现和唱和，无疑对崤函山水和人文景观起到了画龙点睛的作用，由此构建起的崤函古道人文景观、自然景观与唐诗整体性的关系，是有唐一代崤函地域文化极具特色的典型体现。

---

① 〔五代〕孙光宪：《北梦琐言》卷七，陶敏主编：《全唐五代笔记》第四册，三秦出版社，2012，第 3307 页。

② 〔宋〕欧阳修等：《新唐书》卷一百六十《杨敬之传》，中华书局，1975，第 4972 页。

③ 〔宋〕王定保：《唐摭言》卷三，陶敏主编：《全唐五代笔记》第 4 册，三秦出版社，2012，第 2822 页。

第五节　隋唐崤函古道与丝绸之路

丝绸之路发展到隋唐达到繁荣昌盛的高峰。隋唐对丝绸之路的经营，成为隋唐成就盛世的重要条件之一，也是隋唐盛世的重要表征。长安和洛阳东西辉映，既是隋唐的两大都城，也是丝绸之路的东方起点，中外经济文化交流的中心。崤函古道因其特殊的位置和发达的交通在隋唐丝绸之路中承担着交通要道和重要节点的重任而充满巨大的活力。崤函地区中外文化内在的交流与交融，使崤函地区民俗生态色彩斑斓，也促进了崤函地区经济文化的发展。

一、隋唐丝绸之路交通与崤函古道

隋唐丝绸之路以长安、洛阳为东起点，自洛阳、长安到敦煌为东段，主要利用当时业已存在的崤函古道等交通路线和设施。这里是隋唐统治的直辖地区，也是丝绸之路比较畅通的路段。而敦煌以西到中亚葱岭（今帕米尔高原）的中段，即西域道，由于突厥的强大，吐谷浑和吐蕃的崛起，时通时断，因而成为隋及唐前期经营丝绸之路的重点，隋唐两代付出了远超前代的军事和政治努力，控制了河西走廊和天山南北，实现了对西域的有效管理，也沟通了中国通往中亚的交通要道，使丝绸之路迎来了繁荣时期。

与前代相比，隋唐丝绸之路不仅呈现空前繁荣的景象，在道路交通开拓上也有空前的成就。

首先，陆上丝绸之路方面，据裴矩《西域图记》记载，隋时通往西方的道路“发自敦煌，至于西海，凡为三道”。其中中道和南道是过玉门关沿塔克拉玛干沙漠南北缘绿洲西进，翻越帕米尔高原的两条绿洲路，即汉代以来有名的丝绸之路。北道则是越过戈壁沙漠，沿天山北麓西行的道路，即贯通蒙古高原地带的草原丝绸之路，是史籍首次记载。三条道路，最终都到达波斯、东罗马，其间经过中亚阿姆河、锡尔河流域诸国。草原丝绸之路的贯通，增加一种新的选择，反映了丝绸之路的新发展①。唐代丝绸之路大都沿袭隋之三道，但总体上又有很大的发展。贞元时宰相贾耽《皇华四达记》记载唐代对外交通线路：“一曰营州入安东道，二曰登州海行入高丽渤海道，三曰夏州塞外通大同云中道，四曰中受降城入回鹘道，五曰安西入西域道，六曰安南通天竺道，七曰广州通海夷道。”②七条道路中四条属于陆上丝绸之路，都可以通达长安和洛阳。

其次，海上丝绸之路在隋唐也进入新的发展阶段。前揭《皇华四达记》的唐代七条道路有三条为海上丝绸之路，分为南海、东海两个方向。海上丝绸之路由来已久。隋炀帝开凿大运河，贯通海河、黄河、淮河、长江、钱塘江五大水系。隋开皇年间又于潼关以西开凿广通渠三百里，由洛阳西上长安的水运，可以西溯黄河，经三门峡至渭口，转入广通渠直达大兴城中。大运河水系交通贯通南北，不仅使南北物资得以漕运交流，而且使陆上丝绸之路由洛阳向东南、东北两方向延伸到了富饶的华北平原和长江中下游平原，实现了与海上丝绸之路的连接，从而使丝绸之路形成了一个完整的交通体系，极大方便了中外经济文化的交流。本来就交通便利的东都洛阳，因此变得更加四通八达，一跃成为全国的水陆交通枢纽，也成为陆上丝绸

① 齐东方：《隋唐考古》，文物出版社，2002，第207页。
② ［宋］欧阳修等：《新唐书》卷四十三《地理七》，中华书局，1975，第1146页。

之路、海上丝绸之路和草原丝绸之路的交会处。唐后期,由于战乱和经济重心南移,陆上丝绸之路"蕃戎乘衅,侵败封略,道路梗绝,往来不通"①。唐廷采取海上贸易开放政策,作为突破陆地交通的新举措,海上丝绸之路逐渐成为中外经济文化交流的主要通道。

1985 年,在三门峡粮食局唐张弘庆墓出土一件青釉瓷扁壶,通高 19 厘米,口径 3.5~4.7 厘米,上扁下圆,口呈盅形,上置伞状盖,弧肩起凸棱,作皮囊缝合状,左右两肩下各贴塑两个穿鼻,用以贯穿革带,携带背负。器身饰刻划暗纹花卉。通体饰淡青色釉,清釉莹莹,釉质细润,青翠欲滴。② 2002 年,庙底沟 M198 唐墓又出土 1 件绿釉背壶,半圆形直口,宽平折沿,方圆唇,直颈,圆肩,瓜棱状鼓腹,肩及下腹有对称的四个桥型钮,通高 19.2 厘米,饰绿釉,杂有白釉和黄彩③。陕县唐墓亦出土有青釉穿带壶,高 22 厘米,唇口,高直领,圆肩,扁腹,两侧内凹,肩及下腹部饰有对称的四个桥型系,器身施青绿色,匀净光润④。扁壶又被称为背壶、穿带壶和携壶,盛唐开始出现在唐代瓷器中,具有明显的异域风格,表明它的出现是外来文化传播的结果。有研究者指出,张弘庆墓青釉瓷扁壶的盖子和杯口的整个形式与埃及出土的一件扁壶非常相似,而盖子的莲蓬式造型已非常中国化⑤。还有学者认为:"这件扁壶是模仿西亚的皮囊制作成的。其原型皮囊,在唐代由长安通向里海之滨的安都奥克的丝绸古道上,是商队和旅行家必备的饮器。没有这种耐损的容器,奔驰在丝路上的人们就有丧生的危险。当然,也不排除这种皮囊有可能贮存吐鲁番和波斯的葡萄美酒,行者用以解除旅途的疲惫之苦。"⑥据鉴定,这件瓷扁壶为唐代

① 〔唐〕陆贽:《慰问四镇北庭将吏敕书》,〔清〕董诰等编:《全唐文》卷四百六十四,中华书局,1983,第 4738 页。

② 三门峡市文物工作队:《三门峡市两座唐墓发掘简报》,《华夏考古》1989 年第 3 期。

③ 河南省文物考古研究所:《三门峡庙底沟唐宋墓葬》,大象出版社,2006,第 126 页。

④ 孙新民:《中国出土瓷器全集》第 12 卷《河南》,科学出版社,2008,第 55 页。

⑤ 胡听汀:《唐代穿带壶浅议》,《文化遗产研究集刊》第 5 集,复旦大学出版社,2012,第 113 页。

⑥ 贾峨:《陶瓷之路与丝绸古道的连接点》,《江西文物》1991 年第 4 期。

前期越窑产品,窑口在今宁波西边上林湖一带。除扁壶外,张弘庆墓出土的还有1件青瓷碟。1994年,在三门峡印染厂唐墓出土有1件青釉唾盂。2001年,三门峡电业局住宅唐墓出土1件青釉花口碗。崤函地区是河南出土越窑产品较为集中的地区,反映了越窑瓷器在崤函地区的运输及传播。而明显含有西亚风尚的越窑扁壶的出土,证明位于丝绸之路西端的西亚游牧民族使用的皮囊壶曾在宁绍平原流播,其形制风尚为当地窑工熟稔而巧妙利用,制成瓷质的扁壶,或随着旅行者,或通过大运河,被带到陕州,引起崤函吏民的赏怡。这无疑从一个侧面透露了崤函古道连通陆上丝绸之路与海上丝绸之路的真实史态。

图7-16 三门峡张弘庆墓出土唐越窑青釉瓷四系刻花扁壶①

① 采自孙新民《中国出土瓷器全集》第12卷《河南》,科学出版社,2008,第54页。

图 7-17　三门峡庙底沟唐墓出土绿釉背壶[①]

由此可见，在隋唐丝绸之路交通格局下，崤函古道无疑是洛阳与长安之间一个特殊的交通地理单元，承担着丝绸之路由长安向洛阳及其以东地区和由洛阳往西域、亚欧的经贸文化交流的重任，成为当时各国之间的交通桥梁和纽带。杜牧评价说："万国西走，陕实其冲。"[②]王筠《新安令元瓘颂德碑记》记载出入新安汉函谷关的车辆众多，百姓应接不暇，谓："此邦也，郭抱连麓，门开故关，当洛阳西偏之境，接长安东狩之区，日候万乘，岁供百役。"[③]崤函地区与西域交通的畅达，还见于《太平广记》记载的阌乡万回故事："万回师，阌乡人也。俗姓张氏。初母祈于观音像而因娠回。……回兄戍役于安西，音问隔绝，父母谓其死矣，日夕涕泣而忧思焉。回顾父母感念之甚，忽跪而言曰：'涕泣岂非忧兄耶？'父母且疑且信，曰：'然。'回曰：'详思我兄所要者，衣裘糗粮巾履之属，请悉备焉，某将往之。'忽一日，朝赍所备而

① 采自河南省文物考古研究所《三门峡庙底沟唐宋墓葬》，大象出版社，2006，彩版三一。

② 〔唐〕杜牧：《唐故银青光禄大夫检校礼部尚书御史大夫充浙江西道都团练观察处置等使上柱国清河郡开国公食邑二千户赠吏部尚书崔公行状》，〔清〕董诰等编：《全唐文》卷七百五十六，中华书局，1983，第 7841 页。

③ 〔唐〕王筠：《新安令元瓘颂德碑记》，〔清〕董诰等编：《全唐文》卷九百五十二，中华书局，1983，第 9892 页。

往，夕返其家。告父母曰：'兄平善矣！'视之乃兄迹也，一家异之。弘农抵安西，盖万余里，以其万里回，故号曰'万回'也。先是玄奘法师向佛国取经，见佛龛题柱曰：'菩萨万回，谪向阌乡地教化。'奘师驰驿至阌乡县。问此有万回师无。令呼之。万回至，奘师礼之，施三衣瓶钵而去。"[①]明代释宝成《释氏源流》将此故事起名"万里日回"[②]。万里日回自然不可能，但崤函古道与西域间道路的畅达是事实。东西方的许多国家和地区沿着这条古道进行着丝绸和其他多种商品的贸易，也进行着频繁的文化交流。崤函古道在促进东西方文化交流的同时自身也得以发展和繁荣。可以说，如果没有崤函古道，就不可能形成洛阳这一丝绸之路东端的起点，也难于实现海上丝绸之路与陆上丝绸之路的连通。崤函古道在隋唐丝绸之路交通体系中的通行效率和文化作用，由此可以得知。

二、崤函古道沿线的蚕桑丝织业及其西输

丝绸之路是以丝绸为媒介的中外交通线路，丝绸是中外贸易和交流的大宗商品。崤函地区蚕桑丝织业具有悠久的传统。春秋战国时的虢国就已相当发达。据考古资料，虢国墓地两座女性贵族墓中出土有十多件雕刻精美、逼真如生的玉蚕、蚕形玉腕饰等。M2001 号墓中发现有丝织品遗物遗痕。内棺上铺有一层红色丝织物。棺内随葬器物下，铺有红色和黄色丝织物数十层，厚 3～5 厘米，色泽鲜艳，富有弹性。器物的背面一般都有丝织物的纹理印迹，可能是死者入葬的敛服。死者身下也铺有六七厘米的黄色粉末状物，触之富有弹性，疑是丝织物腐朽而成[③]。足证当时丝织品不但用于衣着，甚至还用于包扎器物。虢国还有以"桑"命名的地名

① 〔宋〕李昉等编：《太平广记》卷九十二《万回》，中华书局，1961，第 607 页。

② 〔明〕释宝成编撰，王孺童点校：《释氏源流》卷下《万里日回》，中华书局，2019，第 299 页。

③ 李久昌：《论虢国社会经济的发展》，《河南科技大学学报（社会科学版）》2004 年第 3 期。

"桑田",是虢国西南重镇。隋唐时称稠桑。《元和郡县图志·河南道二》灵宝县:"稠桑泽,在县西十里。虢公败戎于桑田,即是也。"[①]新安有纻麻涧。《水经注·谷水》记载:"谷水又东北迳函谷关城东,右合爽水。山海经曰:'白石山西五十里曰谷山,其上多谷,其下多桑,爽水出焉。世谓之纻麻涧,北流注于谷。其中多碧绿。'"[②]这些地名、水名都是因产桑多而命名。可见先秦时期崤函地区已形成早期的蚕桑丝织业。虢国墓地中的丝织物遗迹可能就是崤函丝织品所遗。其后,崤函地区的蚕桑丝织业虽有曲折,但一直保持发展的态势。北魏太和八年(484),孝文帝按汉魏旧制颁定官员俸禄,以绢帛充户调,规定陕州、洛州等十九州"贡绵绢及丝。……户增帛三匹,粟二石九斗,以为官司之禄。后增调外帛满二匹。所调各随其土所出"[③]。及至北齐时,仍以绢定官员俸禄,陕州要交纳绵和丝绸。可见,北魏时期陕州仍是蚕桑和丝绸重要的产区。

隋唐时,河南、河北两道是北方蚕桑丝织业最发达的地方,崤函地区是其重要产地。这可以从唐代诗文和贡赋等中窥见一斑。

先看唐代诗文记载。晚唐时韦庄曾长居于虢州涧东村,其《虢州涧东村居作》写弘农涧河东岸"绿桑疏处哺牛鸣"[④]。罗邺《过王濬墓》写道:"埋骨千年近路尘,路傍碑号晋将军。当时若使无功业,早个耕桑到此坟。"[⑤]王濬,西晋龙骧将军,弘农湖县人,墓在今灵宝西闫乡大字营村。三门峡上村佳苑出土吴傅氏墓志铭,记墓主"巧于剪制,妙于丝竹"[⑥]。三门峡印染厂韩忠节墓出土的一件铜蚕,体形细长,

① 〔唐〕李吉甫撰,贺次君点校:《元和郡县图志》卷六《河南道二》,中华书局,1983,第158页。

② 〔北魏〕郦道元著,陈桥驿校证:《水经注校证》卷十六《谷水》,中华书局,2007,第389页。

③ 〔北齐〕魏收:《魏书》卷一百一十《食货志》,中华书局,1974,第2852页。

④ 〔唐〕韦庄:《虢州涧东村居作》,〔清〕彭定求等编:《全唐诗(增订本)》卷六百九十五,中华书局,1999,第8067页。

⑤ 〔唐〕罗邺:《过王濬墓》,〔清〕彭定求等编:《全唐诗(增订本)》卷六百五十四,中华书局,1999,第7583页。

⑥ 河南省文物考古研究院、三门峡市文物考古研究所:《河南三门峡唐代清河夫人吴傅氏墓发掘简报》,《黄河·黄土·黄种人》2019年第24期。

身体微微弯曲，好似在蠕动前行①，造型精致逼真。崤函古道东段蚕桑丝织业，开元时人张鷟指出："寿安永宁，旧是离宫之地，眷兹谷水，俯瞰神州，斜连四会之郊，迴控两京之路，都人接畛，桑枣成林。"②李贺《南园十三首》其二写家乡昌谷晨间风光："宫北田塍晓气酣，黄桑饮露牢宫帘。长腰健妇偷攀折，将喂吴王八茧蚕。"③诗人描绘了一幅生机勃勃的春日田园采桑图画：清晨，福昌宫北的农田露气弥漫，晨露在嫩黄色的桑叶上滚动而下，发出窸窣的响声。雾霭掩映中，腰肢细长而健壮的农妇攀上桑树，静静地采摘娇嫩的桑叶，去喂养从吴地引进的八茧蚕。《新夏歌》则写昌谷初夏之景："野家麦畦上新垄，长畛徘徊桑柘重。"④王琦注："桑柘之叶，纷披垂倚，所谓重也，人行其下，徘徊不进也。"⑤元和年间，卢坦为寿安令，"时河南尹征赋限穷，而县人诉以机织未就，坦请延十日，府不许。坦令户人但织而输，勿顾限也，违之不过罚令俸耳。既成而输，坦亦坐罚，由是知名"⑥。可见当地丝织业规模较大，百姓上缴纺织品绢的情况。咸通十一年(870)，洛阳一带饥荒严重，除粮食外几乎绝收，"至蚕月而桑多为虫食，叶一斤值一镮"。新安县慈涧店北村民王公直"有桑数十株，特茂盛阴翳"。于是，"与妻谋曰：'歉俭若此，家无见粮。徒极力于此蚕，尚未知其得失。以我计者，莫若弃蚕，乘贵货叶，可获钱千万。蓄一月之粮，则接麦矣。岂不胜为馁死乎？'妻曰：'善。'乃携锸坎地，卷蚕数箔瘗焉。明日凌晨，荷桑叶诣都市鬻之，得三千文"⑦。数十株桑树之叶可值"钱千万"，这虽是灾荒

---

① 三门峡市文物工作队：《三门峡市两座唐墓发掘简报》，《华夏考古》1989年第3期。

② 〔唐〕张鷟：《秦新安谷水社旧是苑内地近被百姓并吞将作数请收入苑百姓不伏》，〔清〕董诰等编：《全唐文》卷一百七十三，中华书局，1983，第1762页。

③ 〔唐〕李贺：《南园十三首》，〔清〕彭定求等编：《全唐诗(增订本)》卷三百九十，中华书局，1999，第4414页。

④ 〔唐〕李贺：《新夏歌》，〔清〕彭定求等编：《全唐诗(增订本)》卷三百九十三，中华书局，1999，第4448页。

⑤ 〔唐〕李贺著，吴企明笺注：《李长吉歌诗编年笺注》卷六《新夏歌》，中华书局，2012，第707页。

⑥ 〔后晋〕刘昫等：《旧唐书》卷一百五十三《卢坦传》，中华书局，1975，第4092页。

⑦ 〔唐〕皇甫牧：《三水小牍》，陶敏主编：《全唐五代笔记》第四册，三秦出版社，2012，第2757页。

年景的特殊情况,却反映出新安一带平常年景桑蚕业的繁荣。

再看崤函地区赋税缴纳和土贡进献情况。隋唐按照各地所出特产优势,以赋、贡的形式,向各地征收丝织品,因此,贡献丝织品的情况大体反映了当地蚕桑丝织业生产发展的状况及水平。隋时规定崤函地区以绢、绵为百姓户调。据《隋书·地理志》记载,弘农郡有户27466,有学者测算,开皇二年(582)应缴纳绢27466匹,绵82398两,开皇三年后调整为纳绢54983丈[①]。这些绢、绵除本郡仓库留存外,其余都运往长安。故《隋书·食货志》云:"诸州调物,每岁河南自潼关,河北自蒲坂,达于京师,相属于路,昼夜不绝者数月。"[②]

唐时崤函地区仍以各种丝织品作为贡赋。景龙二年(708)三月中宗敕曰:"河南北桑蚕倍多。风土异宜。租庸须别。自今以后。河南、河北蚕熟,依限即输庸调。秋苗若损,唯令折租,乃为例程者。"[③]正常年景"依限即输庸调",即输丝织品,遇到灾年,两地农民要将应缴丝织品折粮粟缴纳。开元二十五年(737)又进一步规定:"以关辅寡蚕,诏纳米粟,其河南、河北非通漕州,皆调绢,以便关中。"[④]因关中寡蚕,其应缴纳的丝织品折米粟缴纳,河南、河北非通漕州,除应缴纳庸调即丝织品外,本应缴纳的米粟也改缴丝织品。由此可知唐代河南道蚕桑丝织业的发达,这自然也包括崤函地区。

现据《唐六典》《元和郡县图志》《新唐书》等文献所记,列唐代陕州虢州丝织品贡赋情况于表7-5。

---

① 薛瑞泽:《汉唐间河洛地区经济研究》,陕西人民出版社,2001,第223页。

② 〔唐〕魏征等:《隋书》卷二十四《食货志》,中华书局,1973,第681~682页。

③ 〔唐〕张廷珪:《请河北遭旱涝州准式折免表》,〔清〕董诰等编:《全唐文》卷二百六十九,中华书局,1983,第2733页。

④ 〔宋〕欧阳修等:《新唐书》卷三十七《地理一》,中华书局,1975,第961页。

表 7-5　唐代陕州虢州丝织品贡赋表

州名	《唐六典》(开元贡赋)	《元和郡县图志》(开元贡)	《元和郡县图志》(开元赋)	《通典》(天宝贡)	《新唐书》(长庆贡)	《太平寰宇记》(土贡)
陕州	絁、绢		绵、绢、丝、絁			絁、绢
虢州	绸、絁		绢、絁、绵		絁	方纹绫、花纱、绢

表 7-5 较真实客观地反映了唐代崤函地区蚕丝织业发展的状况。首先从生产范围看,唐代河南各州纺织品贡赋品种共计 25 个[①],陕州虢州有絁、绢、绸、绵、丝、方纹绫、花纱,凡 7 个品种,占 28%。这 7 种纺织品中,絁、绢、绸、绵、丝、方纹绫都是丝织品,其中绢是一种用生丝织成的质地很薄的平纹丝织品,在唐代也是与钱并行的具有特殊作用的货币。絁是一种粗绸子。绸是一种薄而软的丝织品。绵即蚕丝结成的片或团,供絮衣被、装墨盒等用。方纹绫是一种既轻又薄,以四角均为 90°直角的四边形为骨架纹样的丝织品,其丝纤细光润,花纹精致优美,在丝织品中品格极高。再从年代变化看,除天宝年间外,陕州、虢州无丝织品贡赋记载,其余所记年份基本都有。《元和郡县图志》开元贡没有陕、虢二州的记载,但在最能反映当地丝织业发展水平的赋中则有陕州、虢州,并且该书记载的陕州比《唐六典》还多出绢、絁,说明中唐时陕、虢二州蚕桑丝织业已有一定发展。《通典》所记天宝贡中未见陕州、虢州,这或系缺载,因为在敦煌文书中可见朝廷运来用于和籴的陕州絁的记载,并且还有生熟之分。《新唐书》长庆贡中陕州未见贡赋,虢州有絁。《太平寰宇记》中多了陕州絁、绢贡赋,说明陕州在元和时丝织业有了进步,恢复了长庆年间中断了的絁、绢贡赋。虢州也在长庆基础上又生产出了绢及特种丝织品方纹绫。这种发展态势至五代时期依然保持。《册府元龟·纳贡献》载,后晋出帝开运三年

① 程民生、程峰、马玉臣:《古代河南经济史》(下),河南大学出版社,2012,第 79 页。

(946)九月,“陕府焦继勋进马四十匹,绢一千匹”[①]。由此可见,唐开元以来,崤函地区蚕桑丝织业的发展虽有一些曲折,但总体向前发展,保持着相当的水平,是当时重要的蚕桑丝织品产地。

崤函地区所产丝织品除作为贡赋运至两京外,还通过丝绸之路源源运至丝绸之路上的重要枢纽和丝织品贸易中心,如西州(交河郡,今新疆吐鲁番)等地,然后销往西域以至国外,出土文书中多有反映。如吐鲁番所出《唐天宝二年(743)交河郡市估案》是西州交河郡市司根据市场实际价格制订的物价表,其中“帛练行”下载有“河南府生绝”“蒲陕州绝”“缦紫”“缦绯”“生绢”等品种,每个品种还按质地分为上、中、下三种价格。如“河南府生绝壹匹,上直钱陆佰伍拾文,次陆佰肆拾文,下陆佰叁拾文。蒲陕州绝壹匹,上直钱陆佰叁拾文,次陆佰贰拾文,下陆佰壹拾文”“河南府生绝壹匹,上直钱陆佰叁拾文,次陆佰贰拾文,下陆佰壹拾文。蒲陕州绝壹匹,上直钱陆佰壹拾文,次陆佰文,下伍佰玖拾文”[②]。河南府即洛州,包括崤函古道沿线的新安、寿安等县。蒲陕州指蒲州、陕州。敦煌文书《唐天宝四载(745)河西豆卢军和籴会计牒》是豆卢军从武威支领物品的清单,其中有“伍佰伍拾匹河南府绝,匹估六百廿文,计叁佰肆拾壹贯文”“壹仟柒佰匹陕郡绝,匹估六百文,计壹仟陆拾贯文”。[③] 由此可见陕州丝织品由于质量上乘,在武威也获得较高认可度。这些丝织品有的是通过胡、汉商人贩运而来,有的则由朝廷运来用于和籴。由于长途交通运输的缘故,丝织品运费再加脚值,其价格自然陡增,陕州熟绝每匹估价到六百文铜钱,比原产地价格高出近三倍。有学者指出:“西州是唐代纺织品的一个重要集散地,是丝绸之路上的重要枢纽和丝织品贸易中心,这里集中了许多中外商人,买卖丝织品,购方主要为进行外贸的商胡或外国商人,销售量大,供不应求,从

① 〔宋〕王钦若等编纂,周勋初等校订:《册府元龟》卷一百六十九《帝王部·纳贡献》,凤凰出版社,2006,第1883页。

② 〔日〕池田温著,龚泽铣译:《中国古代籍帐研究》,中华书局,2007,第304、320、322页。

③ 唐耕耦、陆宏基编:《敦煌社会经济文献真迹释录》第1辑,书目文献出版社,1986,第430、433页。

而丝织品的价格较高。”[①]这自当是客观中肯的分析。陕州絁既然得到西州、敦煌民众及商胡的青睐，因而必然有力推动了丝绸之路贸易的进行。

崤函地区既是输往西域的丝织品的重要产地，也是崤函以东地区丝绸西输的必经之地。隋唐时期丝绸之路贸易的突出特点是官方控制和垄断，所有西去的丝绸都要经朝廷批准，朝廷通过朝贡、互市、和亲等方式，牢牢掌握着丝绸贸易的控制权。在这种政策下，崤函以东地区的丝绸主要是通过崤函古道走向西方，这在史书中也有反映。《全唐文》记载了神龙年间一例违禁丝织品携带出关的案例：“安息国莫贺远来入朝，频蒙赐绫锦等，还将自随，关司以物皆违样，不放过莫贺就日输琛，占风削衽。既逾葱岭，便集藁街。频承湛露之恩，几荷油云之施。至若绫开翥鹤，映滩浦以成文。锦缛翔鸳，艳江波而濯色。近九重之厚锡，充万里之轻赍。关司寄重咽喉，任光襟带。物皆违样，既生非马之疑。事乃出蕃，须既鸣鸡之失。既缘恩赐，有异常途，勘责不虚，固难留滞。”[②]安息国又称帕提亚国，在伊朗高原东北。安息国使莫贺带着宝玉，冒着风霜之苦越葱岭来到京城晋谒皇帝，得到飞鹤和翔鸳图案绫锦的赏赐后回国，出关时因属于违禁品而被扣留。判词认为，对于恩赐的锦、绫、罗、縠、绵、绢、丝、布等，不同于一般的夹带出关，所以应予放行。判词未言莫贺被查之关名，有研究者指为汉函谷关。此案发生在神龙年间(705—707)，武则天和唐中宗皆在洛阳，莫贺“远来入朝”自当也在洛阳，其离洛阳后被查，应距洛阳不甚遥远。唐以潼关为上关，初为长安四面关的东面关。武德九年(626)八月唐太宗即位当月，颁《废潼关以东缘河诸关不禁金银绫绮诏》，宣布“其金银绫绮等杂物，依格不得出关者，并不须禁”[③]。载初元年(689)，武则天以洛阳为神都，潼关成

① 陈良文：《吐鲁番文书中所见的高昌唐西州的蚕桑丝织业》，《敦煌学辑刊》1987年第1期。

② 〔唐〕刘穆之：《对恩赐绫锦出关判》，〔清〕董诰等编：《全唐文》卷二百七十，中华书局，1983，第2746页。

③ 〔宋〕宋敏求编：《唐大诏令集》卷第一百八《废潼关以东缘河诸关不禁金银绫绮诏》，中华书局，2008，第562页。

为神都四面关的西面关。就方向而言，经行汉函谷关和潼关都是合理的。但就唐代关津制度来说，似乎莫贺被查之关，以潼关较为合理。但无论如何，此案说明崤函古道上的关隘对丝绸之路商贸交流起着保障作用。

三、考古遗迹所见崤函古道沿线的中外文化交流

由于崤函古道是丝绸之路重要的交通节点，进出口货物在此经行，往来中原的胡人在此驻留，使崤函古道上的中外文化交流十分频繁，崤函地区考古发现的相关遗迹及遗物中有叠叠实例蔚为可观。

1956 年秋，考古学家在原陕县会兴镇刘家渠开皇三年刘伟夫妇墓中，出土两枚波斯萨珊王朝库思老一世(531—579)的银币。银币呈不规则圆形，其中一号银币正面中央为库思老一世戴冠半身侧面像，冠缨上仰，珠圈外右下月纹，左三月套纹。背面中央为一祭坛，左右各站立一头戴椭圆顶高冠的祭司。银币单位是“德拉克麦”，直径 3 厘米，重 4 克。币上左缘有铭文 PNIST，即铸造于 555 年。右缘铭文模糊不识。据墓志记载，刘伟是弘农人，北周时曾以元帅府中郎从征吐谷浑，因军功迁内史中大夫，官至昌州(今湖北枣阳)刺史。保定四年(564)去世。夫人陇西李氏，开皇三年去世①。因而很可能是刘伟在从征吐谷浑时从当地人或中亚粟特商人手中得到了这些珍贵的萨珊银币，并一直珍藏。开皇三年夫人去世后又将其作为宝物随葬。由此可见，这些银币应是沿丝绸之路被带到陕县的。

有唐一代，崤函地区往来胡人众多。据《新唐书·突厥传》记载，唐初东突厥颉利可汗归降后居长安，一直郁郁不乐，唐太宗甚为怜悯，“以虢州负山多麋麈，有

① 黄河水库考古工作队:《一九五六年河南陕县刘家渠汉唐墓葬发掘简报》,《考古通讯》1957 年第 4 期;夏鼐:《中国最近发现的波斯萨珊朝银币》,《考古学报》1957 年第 2 期。

图 7-18　陕县刘家渠隋刘伟墓出土波斯萨珊王朝库思老一世银币①

射猎之娱,乃拜为刺史"②。颉利可汗后虽辞谢未就,但此事透露出崤函地区与西域之间人事交往的信息。突厥处罗可汗入唐后,其子孙在唐朝为官。西安东郊出土《大唐故右屯卫翊府右郎将阿史那勿施墓志》载:"(勿施)以神功元年八月十七日,寝疾薨于河南府新安里之官舍。"③河南府即唐东都洛阳,新安里则为新安县之误,说明阿史那勿施在新安县拥有官舍。安氏为著名的粟特昭武九姓之一,出自安国。洛阳出土《唐安神俨墓志》云:"君讳神俨,河南新安人也。原夫吹律命系,肇迹姑臧。因土分枝,建旗强魏。"④安神俨家族原居武威,北魏时因任武职分支到河南新安,后人遂称贯认籍于新安。

开元、天宝年间,崤函地区出现一特殊群体,称为"山棚"。《新唐书·吕元膺传》记载:"东畿西南通邓、虢,川谷旷深,多麋鹿,人业射猎而不事农,迁徙无常,皆趫悍善斗,号曰'山棚'。"⑤《唐会要·留守》:"东都西南联邓虢,山谷旷远,多麋鹿猛兽,人习射猎,不务耕稼,春夏以其族党迁徙无常,俗呼为山棚。"⑥又宋人赵彦卫《云麓漫钞》亦曰:"唐之东都,连虢州,多猛兽,人习射猎而不畊蚕,迁徙无常,俗呼

① 采自夏鼐《中国最近发现的波斯萨珊朝银币》,《考古学报》1957 年第 2 期。
② 〔宋〕欧阳修等:《新唐书》卷二百一十五《突厥传》,中华书局,1975,第 6036 页。
③ 吴钢:《全唐文补遗》(第 2 辑),三秦出版社,1995,第 455 页。
④ 吴钢:《全唐文补遗》(第 2 辑),三秦出版社,1995,第 449 页。
⑤ 〔宋〕欧阳修等:《新唐书》卷一百六十二《吕元膺传》,中华书局,1975,第 4999 页。
⑥ 〔宋〕王溥:《唐会要》卷六十七《留守》,中华书局,1960,第 1185 页。

为山棚。"[①]至唐末,山棚因受官府镇压,群体活动才告终结。山棚具有以射猎为生、不务耕稼、剽悍善斗、迁徙无常等特点,与以耕地为生的农业汉民族习性明显不同,行为具有极强的"胡性"特征。因此,陈寅恪曾推测其来源很可能是开元十年(722)内迁至河南、江淮一带的河曲六州残胡[②]。日本学者日野开三郎则认为他们是在发源于黄河流域的汉民族不断扩张挤压的情况下逃到山区生活的先住异民族后裔[③]。还有学者推测是高宗朝大量内迁入河南道的高句丽人后裔[④]。也许山棚的来源还可以继续讨论,但根据他们带有明显"胡性"的行为特点,可以肯定的是山棚不属于汉族群。

除胡人外,还有一类特殊人群即域外僧人,大量来到唐朝,其中有不少经由崤函古道前往长安、洛阳,为中外佛教文化交流做出了重要的贡献。僧人圆珍是日本佛教史上著名的"入唐八家"之一,随新罗商人王超等人的商船渡海入唐求法巡礼,于大中九年(855)往长安、洛阳参学问道,两次经行崤函古道,留下一系列文化痕迹。据三善清行《天台宗延历寺座主圆珍传》记载,圆珍"五月六日得到东都洛阳之城,从上东门入,一日停住。七日,自徽安之门出,至磁涧宿。次过新安,至缺门。缘雨止住。十日,过三壕、五谷等难处,至陕府宿。二十一日入,遂达上都长安城"。缺门即今新安铁门镇,三壕即石壕、乾壕和土壕,俱在崤山北路硖石一带。同年十一月"二十七日,圆珍共圆载拜辞本师,出长安城,从春明之门指东渭桥行。二十八日,过桥渐行,从栎阳县至同州城。次渡蒲关,即到舜城,此河中府矣。……出府门,傍中条山向东而行。……又看解县盐池。从于柳谷,至陕府背后,方过黄河。宿府城内甘棠驿边,逦迤行……自硖石官路而登土岭,入洛州界"[⑤]。"土岭"即崤

① 〔宋〕赵彦卫撰,傅根清点校:《云麓漫钞》卷三,中华书局,1996,第 50 页。

② 陈寅恪:《读书札记一集》,生活·读书·新知三联书店,2001,第 177 页。

③ ［日］日野开三郎:《唐代的战乱与山棚》,《东洋史学论集》第 1 卷,三一书房,1980,第 498 页。

④ 王红星:《唐代山棚与明清山棚的比较研究》,《平顶山学院学报》2016 年第 1 期。

⑤ ［日］三善清行:《天台宗延历寺座主圆珍传》,白化文、李鼎霞校注:《行历抄校注》,花山文艺出版社,2004,第 149 页。

坂。唐末韦庄在虢州村居时也与域外僧人多有交往。他在《渔塘十六韵》中写道:“路熟云中客,名留域外僧。”本注:“在朱阳县石岩下。古老云:‘洛水一派,流出此山。’”[①]日本僧人敬龙学成回国,韦庄写诗送行:“扶桑已在渺茫中,家在扶桑东更东。此去与师谁共到,一船明月一帆风。”[②]韦庄诗多是悲苦哀伤之作,像这样明快的作品,并不多见,字里行间透露的浓浓真情,反映了与敬龙的诚挚友情,亦足证像敬龙这样的域外僧人在崤函地区活动的深入和广泛。

崤函地区唐墓中出土的骆驼俑、胡人俑等,形象地再现了域外胡人和边地少数族群在崤函古道沿线活动的情形。根据公开发表的唐墓资料,崤函地区出土骆驼俑、胡人俑的唐墓有10余座,30余件。

表7-6　崤函古道沿线出土唐代骆驼俑、胡人俑简表

名称	出土地点	时代	数量	材料出处
釉陶骆驼俑	三门峡市印染厂	初唐	1	《华夏考古》2016年第2期
三彩骆驼俑	三门峡三里桥	唐代早期	2	《中原文物》2003年第3期
彩绘泥骆驼	三门峡庙底沟	盛末至中唐初唐	1	《三门峡庙底沟唐宋墓》,大象出版社,2006年
泥骆驼	三门峡庙底沟	中唐末至晚唐初	1	《三门峡庙底沟唐宋墓》,大象出版社,2006年
三彩骆驼俑	新安磁涧	盛唐	2	《考古》1987年第9期
三彩骆驼俑	新安十里村	盛唐	1	《文物》1976年第10期

① 〔唐〕韦庄:《渔塘十六韵》,〔清〕彭定求等编:《全唐诗(增订本)》卷六百九十五,中华书局,1999,第8072页。

② 〔唐〕韦庄:《送日本国僧敬龙归》,〔清〕彭定求等编:《全唐诗(增订本)》卷六百九十五,中华书局,1999,第8067页。

续表

名称	出土地点	时代	数量	材料出处
三彩骆驼佣	新安产业集聚区	盛唐	1	《文物鉴定与鉴赏》2019 年第 10 期
彩绘陶骆驼	宜阳石陵乡	唐	1	《宜阳文物志》,中州古籍出版社,2001 年
三彩幞头胡俑	三门峡市印染厂	初唐	1	《华夏考古》2016 年第 2 期
三彩男侏儒俑	三门峡三里桥	唐代早期	2	《中原文物》2003 年第 3 期
三彩男侍俑	三门峡三里桥	唐代早期	1	《中原文物》2003 年第 3 期
三彩人面埙	三门峡庙底沟	中唐	1	《三门峡庙底沟唐宋墓》,大象出版社,2006 年
三彩胡人俑	三门峡开发区	盛唐	2	《三门峡唐代纪年墓》,中国图书出版社,2013 年
三彩胡立俑	新安磁涧	盛唐	2	《考古》1987 年第 9 期
三彩胡人俑	新安城东关征集	盛唐	1	《文物鉴定与鉴赏》2019 年第 10 期
三彩胡人俑	新安博物馆藏	盛唐	1	《文物鉴定与鉴赏》2019 年第 10 期

注:灵宝秦函谷关附近曾出土有唐三彩骆驼俑,新安县文物局 1984 年在函谷关附近征集到唐代黄釉男胡俑 3 尊,三彩男胡俑、彩绘牵马男胡俑各 1 件。1984 年在仓头乡盐东村,1989 年在汉函谷关北侧烟叶复烤厂,2004 年在新城惠安小区等地唐墓中,都有三彩骆驼出土,因考古资料未刊布而未统计于表中。

由表 7-6 可见,崤函地区出土的唐驼骆俑、胡人俑时代涉及初唐、盛唐、中唐及晚唐,以盛唐居多。出土的三彩或彩绘骆驼俑塑像刻画得真实生动,或举颈昂首,或引颈嘶鸣,各具神态。三门峡三里桥 11 号唐墓骆驼俑高 46 厘米,双峰间驮着两大行囊,昂首嘶鸣,俨然一副迎沙嚎月、长途跋涉之状。这表明作为丝绸之路象征的骆驼形象在崤函社会影响很大。

出土的各类深目高鼻、虬发髯须的胡人俑,生动地再现了活跃在崤函地区的中亚、西亚商人的形象。三门峡开发区山富果业出土的一件唐三彩胡人俑,头戴尖顶毡帽,身穿红色圆领窄袖长袍,脚穿长靴,双手紧握,作控缰状,传达出中亚粟特人牵驼(马)行进在中原的人文风貌。由于受中原文化的影响,胡人也开始戴隋唐流行的幞头帽。三门峡市印染厂 130 号唐墓出土的一件胡人俑,头戴幞头,下巴微翘,拢手置于胸前,腰微微弯曲,腆肚撅臀侍立,小眼微眯,抿嘴含笑,一副神态谦恭的模样。这当是胡人充任达官贵人侍从的形象。侏儒在世界文化交融中曾是一个特殊的阶层或种群。三门峡三里桥 11 号唐墓出土的两件男侏儒俑,正体现了这一背景。这两件男侏儒俑,通高 10 厘米,除着色不同外,均头戴幞头,颧骨突出,下颌前突,宽鼻阔嘴,身躯矮胖,右臂短,着红色左衽交右衽服①。三门峡庙底沟唐墓出土的三彩人面埙,造型相当巧妙别致,整体为胡人头形,头顶有三撮头发,眉毛粗浓,高鼻梁,阔嘴,下颚布满胡须。两个空洞的眼睛作为埙的出气口,头顶中部圆孔作为进气口。三彩人面埙将中国古老吹奏乐器埙与胡人形象巧妙地结合,胡人表情夸张,轮廓粗狂,传达出胡人形象落植于崤函社会的精彩细节。1982 年,宜阳韩城镇冯庄村出土的一方唐散乐雕砖,同样体现了中外音乐文化的交流融合。雕砖为刻模印制,高 27.5 厘米,砖面雕刻手执乐器的仕女八人,分前后两排站立,每排各为四人,均头梳高髻,髻前插牡丹花簪,高鼻小口,身着高领宽袖曳地长裙,腰系瓔珞花带,盛装艳服,姿态各异,脚下和头顶有连绵的流云,仿佛站立在云间演奏般。八仕女所持乐器有箫 2、笙 1、笛 1、琵琶 1、铜钹 1、拍板 1 和手鼓 1,形象地再现了唐代小型宴乐上乐队的乐器组合配置情况。有音乐史学者分析,这“八位仕女所持乐器——曲项琵琶、箫、笙、笛、铜钹、拍板和手鼓,当为龟兹乐器与汉族传统乐器相融合的管弦乐合奏的乐队”②。

---

① 三门峡市文物考古研究所:《三门峡三里桥村 11 号唐墓》,《中原文物》2003 年第 3 期。

② 孙敏、王丽芬:《洛阳古代音乐文化史迹》,文物出版社,2004,第 170~171 页。

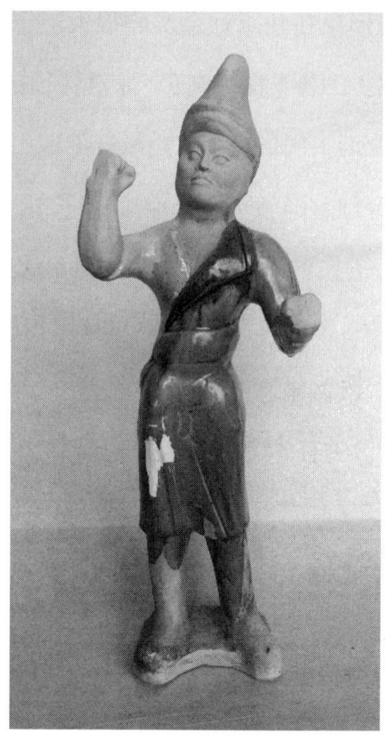

图 7-19　三门峡开发区山富果业出土唐三彩胡人俑(三门峡博物馆藏)

图 7-20　三门峡庙底沟出土唐三彩胡人面埙①

① 采自张得水《中原文化大典·文物典·陶塑》,中州古籍出版社,2008,第 459 页。

陕州是隋和唐前期官营冶铜的主要基地,铜冶数量占当时全国官营铜矿场的二分之一[①]。丰富的铜矿资源和冶炼技术促进了当时铸镜业的发展,一些制品深受外来文化的影响。瑞兽葡萄镜是唐代首创的镜种。崤函地区是瑞兽葡萄镜出土较多的地区之一,灵宝、陕县、湖滨区、新安、宜阳等地均有发现,样式有圆形、方形,图案有葡萄花枝镜、瑞兽葡萄镜、瑞兽莺凤葡萄镜、瑞兽孔雀葡萄镜四种,瑞兽有四、六等多种。灵宝尹庄镇张湾唐墓出土的一面海兽葡萄镜,饰瑞兽达 20 只[②]。三门峡人行工地出土的一面瑞兽葡萄镜,直径 17.2 厘米,缘厚 1.7 厘米,重 1555 克。一周联珠纹高凸棱将镜背分为内外两区。内区由四只狻猊和两只孔雀组成,间以葡萄枝蔓。外区十只姿态各异的鹊鸟,间以葡萄枝蔓、蝴蝶、蜻蜓等,纹饰形象生动,错落有致。三门峡市三门西路工地 M13 出土的另一件唐瑞兽葡萄镜,直径 10.6 厘米,缘厚 1.2 厘米,重 430 克。布局分为内外两区。内区葡萄四枝蔓与四瑞兽相间环绕。每个瑞兽外有葡萄两串,藤叶茂盛,翠绿可人,果实如串串珍珠。瑞兽昂首作咆哮状,下身卧倒。外区八只姿态各异的禽鸟掩映在茂密的葡萄枝叶果实中,或飞翔,或栖息,或叨啄葡萄。整个布局错落有致,动物形态各异,栩栩如生。瑞兽葡萄镜因其背面装饰有经丝绸之路传入的西方狮子和西域葡萄纹样而得名。因葡萄枝叶蔓延,硕果累累,象征多子多福,瑞兽具有仙气,能带来祥瑞,而深受唐人喜爱,在唐高宗、武则天时期最为流行。还有研究者认为,瑞兽葡萄镜的出现与佛教在唐代的发展有密切联系,镜中的葡萄纹饰是西域佛教艺术中常见的纹饰,形似狮子的瑞兽则象征着佛法的威力无穷。由此可见,瑞兽葡萄镜在崤函地区的出土体现了唐代中外文化的多元交流与融合。

唐代是古代金银器发展较为兴盛的时代,崤函地区出土有较多的金银器,并明

① 〔宋〕欧阳修等:《新唐书》卷五十四《食货四》,中华书局,1975,第 1383 页。

② 胡小平:《灵宝市文物管理所藏部分铜镜》,《中原文物》2009 年第 3 期。

图 7-21　三门峡人行工地出土唐瑞兽葡萄镜①

显体现出对外来文化的吸取和融合。例如 1987 年三门峡市区唐墓出土的鎏金婆难陀龙王铜像,高 7.6 厘米,面目清秀,长发披肩,项饰串珠,袒胸露腹,双手持带弄蛇,下着宽松软裤,赤足站立于莲花宝座上,用铜或青铜铸造,表面鎏金②。婆难陀龙王是佛的守护者,行大乘佛法。崤函地区在汉魏时佛教已经相当兴盛,隋唐时更以丝绸之路交通要会承化着佛教文化的涤荡,成为隋唐时佛教广泛传播的地区。这尊鎏金婆难陀龙王铜像是墓主人随身携带的供奉之物,它的出土正是隋唐佛教在崤函传播的结果。高足杯最早出现于古罗马统治下的地中海地区,流行于 4~5 世纪拜占庭时期,其后经中亚传入唐朝。宜阳张坞乡出土的八棱银杯,高 4.1 厘米,口沿外侈呈花瓣形,高圈足,内壁有八条竖凸棱形纹,外壁以鱼子纹为底,上饰

① 采自河南省文物考古研究院、三门峡市文物考古研究所《镜鉴陕州——三门峡出土铜镜选》,河南美术出版社,2018,第 89 页。

② 三门峡市文物考古研究所:《三门峡文物精粹》,北京燕山出版社,2004,第 190 页。

图 7-22 三门峡市区张弘庆墓出土唐银耳杯[①]

莲瓣纹和葡萄纹。纹饰典雅，刻工精致[②]。三门峡市区张弘庆墓出土的银耳杯，高 3.7 厘米，花瓣状椭圆形口，浅腹，圈足，内壁满布精细錾刻的图案，底部为莲蓬居中，双鱼环游戏莲，衬以旋涡水纹。两侧壁饰对飞羽鸟，在缠枝花间飞翔鸣叫。整个画面构图匀称，生动活泼，制作水平也十分高超，堪称唐代银制工艺品的代表作[③]。出土于三门峡唐墓的唐银碗，同样也是唐代银器艺术的精品。高 3.8 厘米，口径 13.2 厘米，重 120 克，捶摸成型，足内刻“四两一致政”楷体文字，碗内底与外壁四瓣体上各饰一组錾刻的花卉纹，外壁图案镏金[④]。

陕州是隋及唐前期主要的银冶基地之一。前引《新唐书·食货志》云，全国“凡银、铜、铁、锡之冶一百六十八，陕……五州，银冶五十八”。《新唐书·地理二》载，陕州平陆县有“有银穴三十四，铜穴四十八，在覆釜、三锥、五冈、分云等山”[⑤]。

---

① 采自陈晏堂《中原文化大典·文物典·漆木器金银器杂项》，中州古籍出版社，2008，第 213 页。

② 陈晏堂：《中原文化大典·文物典·漆木器金银器杂项》，中州古籍出版社，2008，第 215 页。

③ 三门峡市文物工作队：《三门峡市两座唐墓发掘简报》，《华夏考古》1989 年第 3 期。

④ 陈晏堂：《中原文化大典·文物典·漆木器金银器杂项》，中州古籍出版社，2008，第 213 页。

⑤ 〔宋〕欧阳修等：《新唐书》卷三十八《地理二》，中华书局，1975，第 985~986 页。

崤函地区出土的异域风格的金银器，真实地透露出崤函古道与丝绸之路的内在联系，足以反映出唐代崤函社会对异域文化的赏怡。

图 7-23　三门峡市印染厂出土唐黑釉白斑花口执壶①

崤函地区出土的唐代仿金银器物也有相当数量带有异域风格，其中数量最多的是胡瓶。胡瓶是波斯等地区日常使用的一类生活用器，主要用作盛酒器。十六国时期传入中国，在唐代最为流行，唐代人们把它们与传统陶瓷艺术结合做出仿制品。1956年，陕县刘家渠唐墓出土的蓝灰釉霜斑壶，高 30.9 厘米，颈部细长，腹部长圆欠饱满，口沿作花瓣式，且无短流，与唐代典型壶式有明显差异。1990 年，三门峡市印染厂唐墓出土的黑釉白斑花口执壶，高 27.5 厘米，圆唇，喇叭形口被捏成不规则花瓣状，形状略大的一个花瓣被巧妙地当作壶流，口肩部有一曲柄，细长颈，浑圆腹，矮饼足。通体施黑褐釉，釉上有蓝灰或灰白色彩斑。据学者研究，以上两件都属于胡瓶，造型均源于波斯萨珊王朝的金银器和玻璃器。三门峡市印染厂唐墓出土的三彩凤首壶，曲柄，长颈，壶口装饰一凤首，双眼圆睁，也是在波斯鸟首壶基础上创新发展而来的，在体现对传统凤鸟文化的喜爱和追求的同时，传达出对波斯萨珊文化的吸收和借鉴。

此外，三门峡市印染厂唐墓还出土了一些被称为“注子”的瓷器，如瓷欢耳注

① 采自孙新民、杨爱玲：《中原文化大典 · 文物典 · 瓷器》，中州古籍出版社，2008，第 122 页。

图 7-24　三门峡市区唐墓出土绿釉瓷注子①

子、白瓷注子、白瓷鸟首注子、酱釉瓷注子、花釉瓷注子、三彩注子、瓷注子等。注子又称执壶,为胡瓶之一种,主要作为饮茶器具。由器物的外观形制考察,三门峡市印染厂唐墓出土的注子,明显含有波斯同类银器制品的风格,既反映了唐代崤函人的生活意趣,也浸透着外来文化的养分,折射出东西方多元文化相互交织的光谱。

① 采自三门峡市文物考古研究所《三门峡文物精粹》,北京燕山出版社,2004,第 49 页。

第六节　隋唐三门峡黄河漕运的繁荣

隋唐时期,在崤函古道陆路交通繁荣的同时,三门峡黄河漕运也进入了空前的繁盛阶段,成为国家最主要的交通运输线和经济的大动脉之一。隋唐两朝整治三门峡河道,改进漕运方式,改革漕运制度,不断开拓、多策并举、综合施策的漕运治理新格局开创了漕运的辉煌业绩。三门峡黄河漕运为开创隋唐盛世,维护王朝统治发挥了显著的作用,堪称帝国的生命线。

一、隋朝的三门峡黄河漕运

隋文帝代周建隋后,即着手开拓黄河、渭水漕运。这不仅是缘于政治地理的需要,也是因将西北作为军事重心和统一国家的需要。

开皇二年六月,隋文帝在汉长安城东南龙首原一带营造新都,历时十个月,一座占地 84 平方千米的巨大城市拔地而起。次年三月隋文帝迁入新都宫城,定名大兴城。此时江南陈朝尚未平定,而西北因“是时突厥犯塞,吐谷浑寇边”[①]对隋统治

① 〔唐〕魏征等:《隋书》卷二十四《食货志》,中华书局,1973,第 683 页。

中心产生巨大威胁。隋文帝以“隋太子勇屯兵咸阳以备突厥”[①],以卫王杨爽为行军元帅,将出朔州道,兵分八路出塞讨伐突厥,使“军旅数起,转输劳敝”。西北军需来源和补给主要依靠朝廷的调拨。而此时本已“地少而人众,衣食不给”的关中恰遇严重干旱,隋文帝营建大兴和迁都,更造成都城人口聚集,“户口岁增”。其时关东漕运关中,主要使用的是北周开辟的河南、河北两条漕运线路,前者即传统的黄河漕运线,后者则以汾水为航道,以河东为节点。据《隋书·食货志》记载:“诸州调物,每岁河南自潼关,河北自蒲坂,达于京师,相属于路,昼夜不绝者数月”[②],仍不能摆脱“衣食不给”的困境,主要是因这两条漕路都存在运输成本高昂的问题。在此背景下,隋文帝决心加强黄河漕运,建立关中与关东一体的漕运系统,以保障关中粮食安全,实现以关中控制关东,进而达到社会稳定、经济发展的战略宏图。

1. 隋初的水次仓建设与分节接运

开皇三年,隋文帝首先在漕运航段节点或河口建造水次仓作为漕运中转仓,分节接运。《隋书·食货志》记载:“朝廷以京师仓廪尚虚,议为水旱之备,于是诏于蒲、陕、虢、熊、伊、洛、郑、怀、邵、卫、汴、许、汝等水次十三州,置募运米丁。又于卫州置黎阳仓,洛州置河阳仓,陕州置常平仓,华州置广通仓,转相灌注。漕关东及汾、晋之粟,以给京师。又遣仓部侍郎韦瓒,向蒲、陕以东,募人能于洛阳运米四十石,经砥柱之险,达于常平者,免其征戍。”[③]这段记载含义十分丰富。其一,诏书所言“水次十三州”,洛、郑、怀、邵、卫五州在三门峡下游濒于黄河。陕、虢二州在三门峡上游。伊、汝、许三州在颍、汝二水流域,蒲州在汾水之南。从中可知,隋文帝兴建的水次仓系统,除个别外,大部分都建在黄河沿岸或黄河与其支流交汇的河口

① 〔宋〕司马光编著,〔元〕胡三省音注:《资治通鉴》卷一百七十五《陈纪九》,陈宣帝太建十四年,中华书局,1956,第5458页。

② 〔唐〕魏征等:《隋书》卷二十四《食货志》,中华书局,1973,第681~682页。

③ 〔唐〕魏征等:《隋书》卷二十四《食货志》,中华书局,1973,第683页。

上，说明隋初的漕运系统仍是秦汉的传统，仍以黄河、渭水为主要运道，黄河是漕运关中的关键性航道。其二，卫、洛、陕、华四州水次仓中，除卫州黎阳仓在今河南浚县城关镇东关村外，其余三仓均在洛阳大兴之间的河渭漕运线上。这一情形说明，卫、洛、陕、华四州水次仓是隋文帝建设的重点。隋文帝通过加强这四大水次仓建设，改变了以往单纯依靠黄河进行漕运的单一格局。其三，水次仓建设与转运方式改革相结合，以水次仓为节点，先将转运来的漕粮集中到相应的水次仓，随后走水路分节接运储存在仓里的漕粮，"转相灌注"，达于京师。这种将水次仓与"转相灌注"相结合的变革，使漕运突破以往通航时间受水文、航道等因素影响与限制的局面，漕运可以根据水文情况选择适当的时间或入仓或起运，破解漕路不畅导致漕运受阻的难题。其四，隋初漕运包括以水运为主的水陆联运。当时漕运的瓶颈仍在传统的三门砥柱。为此，隋文帝一方面"遣仓部侍郎韦瓒，向蒲、陕以东，募人能于洛阳运米四十石，经砥柱之险，达于常平者，免其征戍"①。《唐六典》记载："又募人能于洛阳运米四十石，经砥柱达于常平仓者，免其征戍，以此通转运，亦非枭粲。"②这是以重赏募人冒险从水路冲过砥柱。另一方面在漕粮水运至小平（即小平津，在今孟津北）后，陆运至陕州，避开砥柱之险，随后从陕州常平仓走水路，入黄河，经渭水，达长安。这两条漕运线路的交汇点都在陕州。开皇四年（584）文帝诏曰："虽三门之下，或有危虑，但发自小平，陆运至陕，还从河水，入于渭川，兼及上流，控引汾、晋，舟车来去，为益殊广。"③崤函古道陆路系统是黄河漕运系统的重要组成部分，弥补了水运走三门砥柱受阻的不利影响。由此可见，隋文帝创立的以水次仓为节点的分节接运漕运制度，堪称漕运史上开创性的变革，对后来唐代重建转运仓系统乃至转运治法也产生了直接的影响。

---

① 〔唐〕魏征等：《隋书》卷二十四《食货志》，中华书局，1973，第683页。

② 〔唐〕李林甫等撰，陈仲夫点校：《唐六典》卷二十《太府寺》，中华书局，1992，第547页。

③ 〔唐〕魏征等：《隋书》卷二十四《食货志》，中华书局，1973，第683页。

隋文帝发展漕运，具有整体性的通盘谋划。历史上关中的漕运一直受制于渭水。在重建黄河漕运系统后的第二年，即开皇四年，隋文帝针对关中“渭川水力，大小无常，流浅沙深，即成阻阂”，“漕者苦之”的形势，乃“命宇文恺率水工凿渠，引渭水，自大兴城东至潼关，三百余里，名曰广通渠。”从而建立了一条从关中到关东的畅达的漕运通道，大大提升了关中的漕运能力，也为战略储备、赈灾救荒及应对突发事件提供了强有力的保障。“转运通利，关内赖之。诸州水旱凶饥之处，亦便开仓赈给。”[①]《隋书·郭衍传》亦载：“征为开漕渠大监。部率水工，凿渠引渭水，经大兴城北，东至于潼关，漕运四百余里。关内赖之，名之曰富民渠。”[②]可知广通渠是在西汉漕渠基础上重开的，因而前后仅用三个月即大功告成，因下游径流华州广通仓下而命名为“广通渠”。仁寿四年(604)，隋炀帝登基后避其名讳改称“永通渠”。

广通渠的开通标志着隋初以黄河、渭水为主干运道，以黎阳仓、河阳仓、常平仓和广通仓为节点，以大兴为目的地的漕运系统的形成。这一系统的最大特点是逐级转运，储与运有机结合，即将原来关东各地漕粮直接运往国都，改为水路分段转运或水陆分段交替联运，“转相灌注”漕运至大兴。具体分为两段，第一段是水陆转运，隋在卫州置黎阳仓，依靠河北运河吸收仓粮，由黄河漕运至洛阳东的河阳仓，然后再沿黄河南岸，经崤函古道陆运至陕州常平仓收贮。常平仓在今陕州故城西南四里，地临焦水，西俯黄河，在三门峡出峡口处，东魏北齐曾在此设仓储粮。第二段是河渭转运，将陕州常平仓收贮的漕粮装船溯黄河西上，转运至华州广通仓，一部分继续沿广通渠运至大兴，一部分则储于仓内备用。此即前引《隋书·食货志》所谓“发自小平，陆运至陕，还从河水，入于渭川”。对这一漕运系统，明人丘濬曾给予较高评价：“隋于蒲、陕等十三州募运米丁，又于卫、陕等州置仓，转相灌注，漕粟以给京师，盖于凡经过之处以丁夫递运，要害之处置仓场收贮，次第运之以至京师。

① 〔唐〕魏征等：《隋书》卷二十四《食货志》，中华书局，1973，第683~684页。

② 〔唐〕魏征等：《隋书》卷六十一《郭衍传》，中华书局，1973，第1469页。

运丁得以番休而不久劳，漕船得以回转而不长运，而所漕之粟亦得以随宜措注，而或发或留也。"[①]陕州常平仓在这一漕运系统中隔三门砥柱以水陆运相传递，陕州实具有连接两段的枢纽作用。此外，隋文帝在陕州建有陕州仓(弘农仓)，限于资料，虽不清楚它与常平仓之间的关系，但同样储有大量粮食，这些粮食也来自关东漕粮。

隋初河渭漕运系统的形成，收到显著功效。隋初每年运进关中的漕粮数量史籍无载，但开皇四年九月隋文帝视察刚刚竣工的广通渠后仅九天，即因"关内饥"而被迫"驾幸洛阳"就食[②]。而第二年，关中大旱，文帝"命司农丞王亶，发广通之粟三百余万石，以拯关中"[③]。从这两件史实来看，广通仓储粮相当充足，这当然是隋初河渭漕运系统形成后的功效。所谓"转运通利，关内赖之""名之曰富民渠"，绝非虚言。也正是获益于关中储粮充实，隋对西北战备实力大为增强。在强大军事力量的震慑下，开皇五年七月，突厥沙钵略被迫上表称臣；开皇六年(586)正月，又有党项羌内附。由于西北边境趋于安定，隋文帝才得以从容发动灭陈战役，并于开皇九年(589)攻克建邺(今南京)，完成统一大业。

2. 隋文帝"诏凿砥柱"

隋文帝虽竭力开拓漕运，但对漕运瓶颈砥柱之险却一直采取回避的做法。灭陈后，陈主陈叔宝和百官及家属被迁往大兴，其迁徙队伍"大小在路，五百里累累不绝"，不得不"权分长安士民宅以俟之"。此外，还有很多平民相随北迁，《资治通鉴》称为"陈人至者如归"。[④] 其人数之多，可以想见。这对大兴城粮食供应自当产生影响。开皇十四年(594)，关中大旱，更加剧了关中粮食供应危机，隋文帝不得不再次率长安百姓和官吏、军队逃荒于洛阳。《隋书·食货志》记载："关中大旱，人

① 〔明〕丘濬撰，金良年整理：《大学衍义补》卷三十三《漕挽之宜》，上海书店出版社，2012，第278页。

② 〔唐〕魏征等：《隋书》卷一《高祖纪》，中华书局，1973，第22页。

③ 〔唐〕魏征等：《隋书》卷二十四《食货志》，中华书局，1973，第684页。

④ 〔宋〕司马光编著，〔元〕胡三省音注：《资治通鉴》卷一百七十七《隋纪一》，隋文帝开皇九年，中华书局，1956，第5516页。

饥。上幸洛阳，因令百姓就食。从官并准见口赈给，不以官位为限。”[①]其时“关中户口就食洛阳者，道路相属。上勅斥候，不得辄有驱逼，男女参厕于仗卫之间。逢扶老携幼者，辄引马避之，慰勉而去。至艰险之处，见负担者，遽令左右扶助之”[②]。可知隋文帝是沿着崤函古道东去洛阳，随行百姓扶老携幼，数量众多，就食道路困难重重。此前循崤函古道陆运漕粮的艰险也由此可以想象。

于是，隋文帝决定改变以陆运避开砥柱之险的做法，开皇十五年(595)，“六月戊子，诏凿砥柱”[③]，整治三门砥柱河道，以利漕运。惜因史文简略，未见有具体施工及效果的记载。但史载“开皇十七年，户口滋盛，中外仓库，无不盈积。所有赉给，不逾经费，京司帑屋既充，积于廊庑之下，高祖遂停此年正赋，以赐黎元”[④]。可知“诏凿砥柱”，当使漕运条件有所改善，因此才有海内钱粮充盈的局面。

3. 南北大运河开通后的漕运新形势

隋炀帝继承了隋文帝的事业，凭借隋文帝集聚下的强大国力，继续大力整治漕运，其最具代表性、影响深远的工程便是开凿南北大运河。

大业元年(605)三月，隋炀帝为改变长安“关河重阻，无由自达”[⑤]问题，以洛阳“控以三河，固以四塞，水陆通，贡赋等”[⑥]而将其营建为东都。此为继周、汉后又一因河运、漕运之利而另建新都(陪都)的典型史例。隋炀帝又于当月即“发河南诸郡男女百余万，开通济渠，自西苑引谷、洛水达于河，自板渚引河通于淮”[⑦]。此后在短短的五六年内，又相继开凿了山阳渎、永济渠和江南河，形成以洛阳为中心，西通关中，北抵涿郡(今北京西南)，南至余杭(今杭州)，长达2500多千米的大运河，

---

① 〔唐〕魏征等:《隋书》卷二十四《食货志》，中华书局，1973，第685页。

② 〔唐〕魏征等:《隋书》卷二《高祖纪》，中华书局，1973，第54页。

③ 〔唐〕魏征等:《隋书》卷二《高祖纪》，中华书局，1973，第40页。

④ 〔唐〕魏征等:《隋书》卷二十四《食货志》，中华书局，1973，第672页。

⑤ 〔唐〕魏征等:《隋书》卷三《炀帝纪》，中华书局，1973，第63页。

⑥ 〔唐〕魏征等:《隋书》卷三《炀帝纪》，中华书局，1973，第61页。

⑦ 〔唐〕魏征等:《隋书》卷三《炀帝纪》，中华书局，1973，第63页。

将黄河、长江、淮河、海河、钱塘江五大水系沟通，形成以黄河为中心和主干道的运河网络。

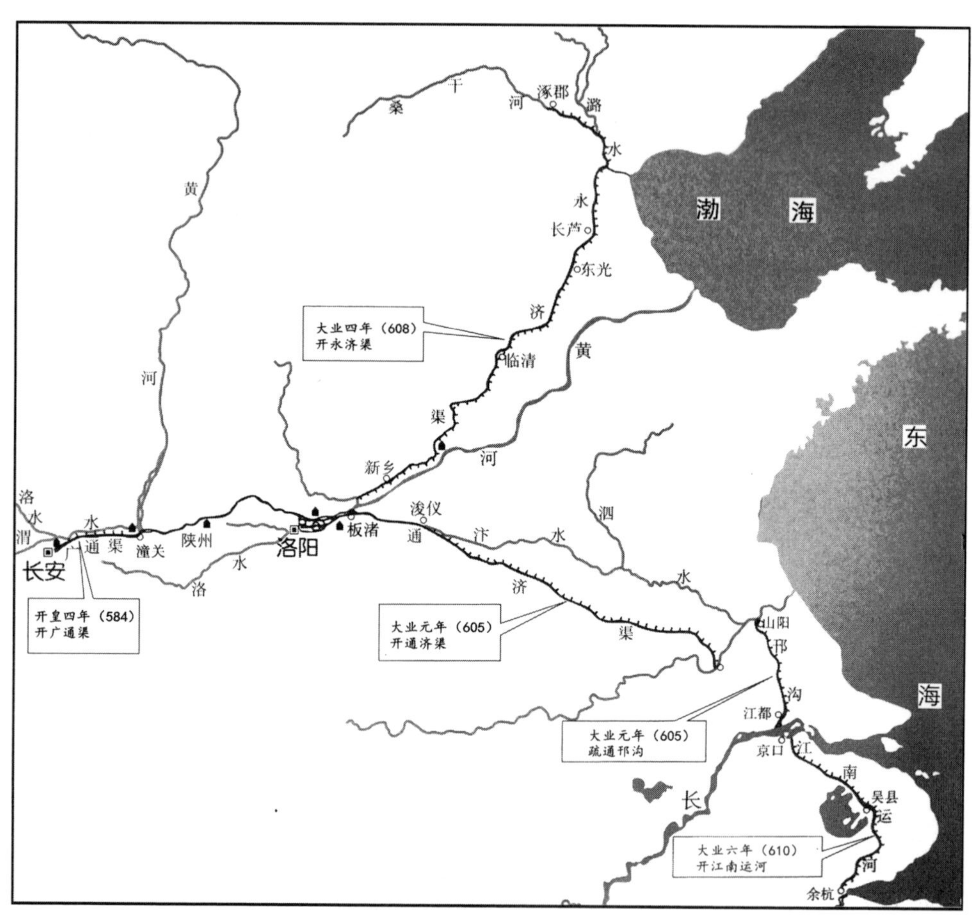

图 7-25　隋代南北大运河分布示意图

南北大运河的开通客观上改变了传统河渭漕运的格局。

其一，延伸和扩大了漕运的线路和范围。秦汉时期以当时经济发达的关东地区为漕粮来源，做东西向漕运，尚未涉及江淮地区。隋代大运河以黄河为主干，与黄河相通的通济渠、永济渠分向南北，通往江淮和河北两大经济区域，弥补了中国水系东西横贯而无南北纵贯的先天不足,使传统河渭漕运的通航范围和运输体系大为扩展,漕运线路从东西两京一直伸向了经济日益发达的长江中下游地区,形成东西、南北彼此贯通的运河漕运新格局。这一改变既是六朝以来长江中下游地区经济发展的结果,也适应了中国古代经济重心逐渐南移的历史趋势。

其二,首次将都城与江淮财赋地区通过水道漕运联系起来,进一步完善了河渭漕运系统。隋炀帝营建东都,大运河也以洛阳为中心向东北、东南呈扇形辐射,通向东北的永济渠,通向东南的通济渠,通向大兴的河渭漕运,都在这里交汇。同时,隋炀帝又在洛水入河处置洛口仓,洛阳北置回洛仓,通济渠口置虎牢仓,东都置含嘉仓,形成以洛阳为重心的漕仓布局和设置。洛阳在全国漕运系统中的地位得以强化。

洛阳是漕运中心,却非漕运终点。当时漕运线路明显分为两段,首段江淮至洛阳,二段洛阳至长安。有学者指出:"陕西的关中平原,隋初就开凿了与渭河平行的广通渠,东出黄河与隋唐大运河沟通,都城长安实际上是隋唐大运河的终点,理应是大运河的重要组成部分,加上这一段,大运河长度延展到 3200 公里。"①此论甚是。隋炀帝开凿大运河的主要目的是联系关中与江淮,加强对东南地区的控制,把关中政治军事重心与江淮财富重心联系起来,以江淮财富补充关中、关东对京师大兴供应之不足。由大运河入洛的粮食、物资大部分还要西漕大兴。通济渠与广通渠(永济渠)以黄河为中间航线实现互通后,长江以南和黄河以北地区连成一片,形成"若渭、洛、汾、济、漳、淇、淮、汉,皆亘达方域,通济舳舻"②的运河交通网络。《通典》在叙述隋炀帝开凿大运河后,紧接着评价说:"自是天下利于转输。"③又云:"及隋亦在京师,缘河皆有旧仓,所以国用常赡。""隋氏西京太仓,东京含嘉仓、洛

① 王健、金华:《没有大运河,就没有"北京城",可能还不仅于此……》,上观新闻 2019-05-14。

② 〔后晋〕刘昫等:《旧唐书》卷四十三《职官二》,中华书局,1975,第 1841 页。

③ 〔唐〕杜佑撰,王文锦等点校:《通典》卷十《食货十》,中华书局,1988,第 220、223 页。

口仓,华州永丰仓,陕州太原仓,储米粟多者千万石,少者不减数百万石。"[①]《资治通鉴》:大业八年"八月,敕运黎阳、洛阳、洛口、太原等仓谷,向望海登。"[②]隋末唐初,李密、李渊等都曾利用黎阳、洛口、太原、永丰诸仓的丰富储粮争夺天下。甚至到唐贞观年间,隋"西京府库,亦为国家之用,至今未尽"[③]。凡此皆说明有隋一代,洛阳以西河渭漕运线上的陕州太原仓、华州永丰仓以及京师太仓都在发挥重要作用,储粮也愈积愈多。因此,河渭漕运仍是隋代漕运最为重要的运道。隋炀帝开凿大运河,建立以洛阳为重心的漕仓布局,使河渭漕运系统更加完善,对漕运物资以济关中起到了重要作用。

4.大业七年"砥柱山崩"的影响

大业七年(611)的"砥柱山崩"打破了这一来之不易的局面,也在相当程度上改变了三门砥柱段河道的形态。《隋书·炀帝纪》记载:"冬十月乙卯,底柱山崩,偃河逆流数十里。"[④]顾炎武《肇域志》河南府陕州条:"隋炀帝大业七年,底柱山崩,壅水不流,河道至孟津遂涸。"[⑤]康基田《晋乘搜略》:"大业七年,冬十月,底柱山崩,偃河逆流三十里。隋都长安,底柱镇河中流,山崩偃河水逆上,震动不宁,阴阳失所,所谓'山冢崒崩,百川沸腾'也。"[⑥]可知此次"砥柱山崩"规模很大,影响遍及三门上下游河道。《隋书》等文献甚至将此与隋灭亡相联系:"时帝兴辽东之役,四海怨叛,卒以灭亡。"[⑦]"砥柱山崩"原因,有研究者推测系地震所致,但史籍并无当时地震或洪水之记载。还有学者认为所谓"砥柱山崩"当是包括砥柱黄河段两岸(或

---

① 〔唐〕杜佑撰,王文锦等点校:《通典》卷七《食货七》,中华书局,1988,第157页。

② 〔宋〕司马光编著,〔元〕胡三省音注:《资治通鉴》卷一百八十一《隋纪五》,隋炀帝大业八年,中华书局,1956,第5666页。

③ 〔唐〕吴兢撰,谢保成集校:《贞观政要集校》卷六《论奢纵》,中华书局,2009,第359页。

④ 〔唐〕魏征等:《隋书》卷三《炀帝纪》,中华书局,1973,第76页。

⑤ 〔清〕顾炎武撰,谭其骧、王文楚等点校:《肇域志》第2册,上海古籍出版社,2004,第1178页。

⑥ 〔清〕康基田编著,杜士铎等点校:《晋乘搜略》卷十四,三晋出版社,2015,第747页。

⑦ 〔唐〕魏征等:《隋书》卷二十三《五行下》,中华书局,1973,第665页。

一侧）的山崩，而不仅是砥柱山[1]。坍塌的山体体积，有人测算约在6万至9万立方米甚至更多[2]。大量的碎石坠落入黄河，形成堰塞湖，河水受阻，倒流有三十里之距，下游至孟津河道也因此断流。三门峡黄河河道的巨大变化进一步增加了三门峡漕运的困难，致使隋代三门峡黄河漕运被迫中断，而不得不又改行崤函古道陆运。

二、唐朝前期三门峡漕运的整治与开元盛世

唐朝建立后，承继隋朝运河遗产，漕运线路基本未变，财政上则更加依赖漕运。唐朝对漕运的改建、疏浚和补苴罅漏，尤其是在管理使用方面，付出了远超前朝的努力，有着突出的成就。以安史之乱为界，唐代漕运大体分为前后两个时期。

唐朝前期是漕运发展兴盛期。其特点是，国家统一，朝廷强势，漕路四通八达，漕运量随着社会经济的发展而不断上升。其时漕运最大的问题是时人所称的"陕洛漕运""陕运"[3]，即洛阳至陕县的三百里崤函古道和黄河三门峡险阻，与它的斗争构成唐朝前期漕运的主要内容和特点。

唐朝对三门峡漕运的依赖，缘于政治地理的需要。《新唐书·食货三》记载唐初漕运情形："唐都长安，而关中号称沃野，然其土地狭，所出不足以给京师，备水旱，故常转漕东南之粟。高祖、太宗之时，用物有节而易赡，水陆漕运，岁不过二十万石，故漕事简。"[4]此段记载，一是说明唐都所在的关中地少人多，生产遽减，经常需从关东地区漕运接济。二是说唐初漕粮年运量仅为20万石，尚处于"漕事简"阶

---

① 高文学：《中国自然灾害史　总论》，地震出版社，1997，第98页。

② 朱鉴远：《中流砥柱考》，陈五一等主编：《水文泥沙研究新进展——2012年中国水力发电工程学会水文泥沙专业委员会第九届学术讨论会论文集》，中国水利水电出版社，2012，第378页。

③ 〔唐〕杜佑撰，王文锦等点校：《通典》卷十《食货十》，中华书局，1988，第222页。

④ 〔宋〕欧阳修等：《新唐书》卷五十三《食货三》，中华书局，1975，第1365页。

段。类似记载又见于开元二十一年(733)裴耀卿奏言:“臣闻贞观、永徽之际,禄廪不多,岁漕关东一二十万石,足以周赡,乘舆得以安居。”[①]所谓“漕事简”,论者皆以为是因此时朝廷“禄廪不多”“用物有节而易赡”,这颇有道理。但这并不能说明朝廷不需要粮食,何况当时每年 20 万石的漕粮,也仅是勉强满足必需,基本没有剩余。所以“漕事简”并非朝廷不想为,而是与漕事必经的崤函古道,尤其是三门砥柱段艰险难行,漕粮无法顺利运抵关中有直接关系。《三门峡漕运遗迹》作者曾论述道:“唐代初年,三门峡的栈道大约已被损坏,不通舟船。”[②]故而整治三门峡黄河漕运,谋改革可行之道,就成为唐朝前期漕运亟待解决的最大问题。其解决过程又可分为高祖至太宗时期、高宗至玄宗开元初期、开元后期至安史之乱前三个阶段,最终促成了盛唐的繁荣。

1. 高祖—太宗时期:三门峡漕运的初步开通期

唐朝有重视黄河漕运的传统。隋末唐初,李渊、李世民争夺天下时,即有派张士贵、窦琮、党仁弘等组织黄河漕运的举措。《隋书·经籍志一》记载:“大唐武德五年,克平伪郑,尽收其图书及古迹焉。命司农少卿宋遵贵载之以船,泝河西上,将致京师。行经砥柱,多被漂没,其所存者,十不一二。”[③]张彦远《历代名画记》亦载:“圣唐武德五年,克平僭逆,擒二伪主,两都秘藏之迹,维扬扈从之珍,归我国家焉。乃命司农少卿宋遵贵载之以船,溯河西上,将致京师。行经砥柱,忽遭漂没,所存十亡一二。”[④]唐灭王世充,得珍贵书画、图书 88000 余卷,由洛阳溯河西运长安。这是唐初利用三门峡黄河进行漕运的最早尝试。结果在砥柱覆没,损失惨重。此距隋大业七年砥柱山崩不过 11 年,其间亦未见有疏浚之事,可知“砥柱山崩”影响尚在,

① 〔宋〕司马光编著,〔元〕胡三省音注:《资治通鉴》卷二百一十三《唐纪二十九》,唐玄宗开元二十一年,中华书局,1956,第 6802 页。

② 中国科学院考古研究所:《三门峡漕运遗迹》,科学出版社,1959,第 44 页。

③ 〔唐〕魏征等:《隋书》卷三十二《经籍志一》,中华书局,1973,第 908 页。

④ 〔唐〕张彦远:《历代名画记》卷一《叙画之兴废》,浙江人民美术出版社,2019,第 6 页。

砥柱之险依旧，仍难以通航。

唐太宗继位后，以古为镜，着力恢复漕运通道。在贞观八年(634)，重新开通黄河渭河间漕路后，于贞观十二年(638)巡幸洛阳西归途中亲赴砥柱视察。“二月乙卯，车驾还京。癸亥，观砥柱，勒铭以纪功德。”[①]铭曰：“仰临砥柱，北望龙门，茫茫禹迹，浩浩长春。”[②]魏征《砥柱铭》作：“傍临砥柱，北眺龙门，茫茫旧迹，浩浩长源。”又云：“砥柱之峰桀立，大禹之庙斯在。”[③]这是史载皇帝视察砥柱的最早记录。唐太宗视察砥柱，绝非一时游兴，联系其此前重建两京体制，改洛阳为洛阳宫，观砥柱前的贞观十一年(637)，于陕州黄河上造大阳桥(太阳桥)，观砥柱后，“乙丑，次陕州，自新桥幸河北县，祀夏禹庙”[④]。其目的显然是借考察砥柱河道，缅怀大禹治水功绩，宣示疏浚和恢复三门峡黄河漕运之志。

从另一个层面看，唐太宗下决心疏浚和恢复三门峡黄河漕运，还与隋大业七年“砥柱山崩”后三门峡黄河形态发生了巨大变化有关。开元初，赵冬曦游历三门峡，所作《三门赋》清晰地描述了唐初三门峡黄河的形态：“砥柱山之六峰者，皆生河之中流，盖夏后之所开凿。其最北有两柱，相对距崖而立，即所谓三门也。次于其南，有孤峰揭起，峰顶平阔，夏禹之庙在焉。西有孤石数丈，圆如削成。复次其南有三峰，东曰金门，中曰三堆，西曰天柱。湍水从黄老祠前东流，湍激蹙于虾石，折流而南，漱于三门。包于庙山，乃分为四流，淙于三峰之下，抵于曲限，会流东注。加以两崖夹水，壁立千仞，盘纡激射，天下罕比。”[⑤]所谓“砥柱山之六峰者”，是指砥柱山由六座山峰组成，分为南北两组，北面一组从西向东一字排开，分别是鬼门岛、

---

① 〔后晋〕刘昫等：《旧唐书》卷三《太宗纪下》，中华书局，1975，第 49 页。

② 《全唐文》卷一百四十一作魏征《砥柱山铭》，中华书局，1983，第 1433 页。

③ 文师华：《黄庭坚〈砥柱铭〉》，江西美术出版社，2011，第 17 页。

④ 〔后晋〕刘昫等：《旧唐书》卷三《太宗纪》，中华书局，1975，第 49 页。

⑤ 〔唐〕赵冬曦：《三门赋》，〔清〕董诰等编：《全唐文》卷二百九十六《三门赋》，中华书局，1983，第 3002 页。

神门岛和人门半岛。南面一组从西向东一字排开，分别是砥柱石、张公石和梳妆台。柳公权亦有《砥柱》诗云："禹凿锋铓后，巍峨直至今。孤峰浮水面，一柱钉波心。顶压三门险，根随九曲深。拄天形突兀，逐浪势浮沉。"[①]唐太宗、魏征和柳公权都到过现场，使用"仰临""桀立""孤峰"等词语描写砥柱。

由上述可见，大业七年"砥柱山崩"后，三门峡黄河形态已经发生了巨大变化，人们已开始指砥柱为一山（岛），将三门、砥柱并列为上下游关系，并描述为"河有三门、底柱之险"[②]。这一形势与三门峡大坝建设前的三门峡黄河形态大体相似。20 世纪 50 年代，考古学家曾对这里进行过科学的勘察和考古，据此撰成的《三门峡漕运遗迹》论述说："在开元新河没有开凿以前，鬼、神二岛并列河心，恰似山岭给黄河开了三座大门，所以人们称此地为三门，又分别把东边的河道叫做人门，中间的叫神门，西边的叫鬼门（黄河碰到这里坚硬的岩石，没有笔直冲出河槽，微折向南，出三门峡后始复东流，故黄河两岸在此为东、西岸，人们又往往把东岸称作左岸）。人门以东的开元新河又名娘娘河。在其南口外耸立一岛，名梳妆台；梳妆台西边还有张公石、砥柱石二座小岛。北起神门、鬼门、人门三岛，南迄梳妆台等三岛，这就是三门峡的区域。"[③]有关砥柱位置的变化，有作者查勘后写道：三门峡"各岛岩石均属闪绿斑岩，其露出水面高度：口门石岛约 20～30 公尺，梳妆台约 35 公尺；炼丹炉约 20 公尺，砥柱则仅约为七八之礁石，峡谷宽度，约 300～400 公尺，以口门处为最宽约 400 公尺。但除去石岛以外的水流宽度，不过 170 公尺左右"。自三门石岛至梳妆台，河道长仅 800 米，宽约 300～400 米[④]。河水冲出三门后，又重新汇为一股奔向下游，但却被并列河中迎面而来的砥柱石、张公石、梳妆台三石岛挡

① 〔唐〕柳公权：《砥柱》，〔清〕彭定求等编：《全唐诗（增订本）》《全唐诗续补遗》卷五，中华书局，1999，第 10660 页。

② 〔宋〕欧阳修等：《新唐书》卷五十三《食货三》，中华书局，1975，第 1365 页。

③ 中国科学院考古研究所：《三门峡漕运遗迹》，科学出版社，1959，第 1 页。

④ 《黄河水利委员会黄河龙门孟津段查勘报告》，《新黄河》1951 年第 1 期。

住去路，一番水石相搏后，复又折而向东。隋大业七年“砥柱山崩”导致的三门砥柱段河道形态的变化，进一步增加了三门峡漕运的困难，航行格外艰险。

图 7-26　大坝修建前三门峡黄河原貌①

为恢复黄河漕运，唐太宗重点整治三门峡航道。考古学者在山西垣曲县五福涧和三门峡栈道岩壁上发现了多处施工的石刻及题记。垣曲五福涧第三段栈道 T1 题刻记载：“大唐贞观十六年二月十日，前岐州郿县令侯懿、陕州河北县尉古城师、三门府折冲都尉北武、将军林阳县开国男侯宗等奉敕适此导河之碛从河阳武□。”②相似记载又见三门峡人Ⅵ段 T6 题刻：“大唐贞观十六年四月三日，岐州郿县令侯懿、河北县尉古城师、前三门府折冲侯宗等奉敕造船两艘，各六百石，试上三门，记之耳。”研究者认为：“这是唐代帝国欲重通漕运，在此试航后的题刻。”③侯懿等人二月先在五福涧查修栈道和水道，四月又到三门峡造船试航，说明在唐太宗视

---

① 采自中国科学院考古研究所《三门峡漕运遗迹》，科学出版社，1959，图版贰。

② 山西省考古研究所、山西大学考古专业、运城市文物工作队：《黄河漕运遗迹——山西段》，科学技术文献出版社，2004，第 176 页。

③ 中国科学院考古研究所：《三门峡漕运遗迹》，科学出版社，1959，第 44 页。

图 7-27　三门峡砥柱今貌(田永强摄)

察砥柱后,政府官员已奉敕在三门至五福涧段修凿栈道,而且工程规模较大,涉及三门峡及下游一百二十里阏流段,工程内容包括查修栈道、清除河碛等,并在很短时间即取得成效。侯懿等押运两艘载重六百石的船只成功通过三门,可以说是唐代三门峡通漕的信号。因"砥柱山崩"导致的通航困难得到改善,初步具备了通航条件。

史籍未见这一时期经三门峡西运的漕粮数量,但言高祖太宗时漕粮年运量在二十万石,且明言是"水陆漕运",可知是包括陕洛陆运和三门水运的。唐初社会经济的快速恢复和发展,乃至形成后世所称羡的"贞观之治",三门峡黄河漕运的作用是值得唐史研究者关注的。

图 7-28 垣曲五福涧贞观十六年题刻①

2. 高宗—玄宗开元初期：三门峡漕运的发展期

《新唐书·食货三》记述高宗时漕运状况："自高宗已后，岁益增多，而功利繁兴，民亦罹其弊矣。"②高宗以降，唐社会开始发生重大变化。国家机构日益臃肿，官员数额与日俱增。据杜佑《通典》记载："初，武德中，天下兵革方息，万姓安业，士不求禄，官不充员，吏曹乃移牒州府，课人应集，至则授官，无所退遣。四五年闲，求者渐多，方稍有沙汰。贞观时，京师谷贵，始分人于洛州选集，参选者七千人，而得官者六千人。"③急剧膨胀的官员队伍，造成"奉廪之费，岁巨亿万"。④ 而其时关中自然灾害频发，扩大了粮食缺口。唐高宗以后，因吐蕃、突厥等一再入侵，唐廷调集大量军队涌入关中及长安，进一步增大了漕粮及物资供应的缺口。在诸多变化

① 采自山西省考古研究所、山西大学考古专业、运城市文物工作队《黄河漕运遗迹——山西段》，科学技术文献出版社，2004，图版壹玖。

② 〔宋〕欧阳修等：《新唐书》卷五十三《食货三》，中华书局，1975，第 1365 页。

③ 〔唐〕杜佑撰，王文锦等点校：《通典》卷十五《选举三》，中华书局，1988，第 362~363 页。

④ 〔宋〕欧阳修等：《新唐书》卷五十三《食货三》，中华书局，1975，第 1365 页。

中，尤以唐玄宗改革兵制，变府兵制为募兵，对漕运影响最巨。宋人吕祖谦曾分析说："唐太宗以前，府兵之制未坏，有征行便出兵，兵不征行，各自归散于田野，未尽仰给大农，所以唐高祖、太宗运粟于关中不过十万。后来，明皇府兵之法渐坏，兵渐多，所以漕粟自此多。……大抵这两事常相为消长，兵与漕运常相关。所谓宗庙、社飨之类，十分不费一分，所费广者，全在用兵，所谓漕运，全视兵多少。"[①]在吕祖谦看来，府兵制遭受破坏是唐代漕运需求大增的关键原因。上述情形叠加在一起，导致京师消费激增，朝廷财政支出"给用不充"。

此时因三门之险未除，漕运主要采取水陆联运方式。因漕运经三门峡西入关中，航路在陆运的北面，时称"北运"，运输成本十分高昂。"水行来远，多风波覆溺之患，其失尝十七八，故其率一斛得八斗为成劳。"[②]故陕洛之间主要采取陆运方式，自洛阳"以车或驮陆运至陕"[③]，或"载以大舆而西，至于陕"[④]。以运输工具划分，有车辆运载和牲畜驮运两种运输形式。用于驮运的牲畜主要是牛、驴、骡等。车辆运输的纤挽也须用畜力。因线路主要经行黄河南岸的崤函古道，时称"南路陆运"[⑤]。但问题是崤函古道向以陡险著称，南路陆运同样转运困难，耗费极大。"运山东、江、淮谷输京师，牛死什八九。"[⑥]"陆运至陕，才三百里，率两斛计佣钱千。"据杜佑等的记载，贞观八年间，米价一般为每斗四五文。杜佑《通典·食货七》载："初，自贞观以后，太宗励精为理，至八年、九年，频至丰稔，米斗四五钱，马牛布野，外户动则数月不闭。至十五年米每斗值两钱。麟德三年，米每斗直五文。"[⑦]吴兢

---

① 〔元〕马端临撰，上海师范大学古籍研究所等点校：《文献通考》卷二十五《国用考三》，中华书局，2011，第 753 页。

② 〔宋〕欧阳修等：《新唐书》卷五十三《食货三》，中华书局，1975，第 1365 页。

③ 〔宋〕欧阳修等：《新唐书》卷五十三《食货三》，中华书局，1975，第 1365 页。

④ 〔后晋〕刘昫等：《旧唐书》卷四十九《食货下》，中华书局，1975，第 2116 页。

⑤ 〔宋〕欧阳修等：《新唐书》卷五十三《食货三》，中华书局，1975，第 1370 页。

⑥ 〔宋〕司马光编著，〔元〕胡三省音注：《资治通鉴》卷二百九《唐纪二十五》，唐中宗景龙三年，中华书局，1956，第 6639 页。

⑦ 〔唐〕杜佑：《通典》卷七《食货七》，中华书局，1988，第 149 页。

《贞观政要》亦载:“贞观十六年,太宗以天下粟价率计斗直五钱,其尤贱处计斗直三钱。”[①]依此计算,从洛阳至陕州陆运,三百里山路运粮成本高达一斛五百文,是粮价成本的十倍。若将运输过程中的损耗加上,则成本会更高。朝廷将高昂的运费和仓储费转嫁给百姓承担。“民送租者,皆有水陆之直。”[②]裴耀卿称:“今天下输丁约有四百万人,每丁支出钱百文,五十文充营窖等用,贮纳司农及河南府、陕州以充其费。租米则各随远近,任自出脚送纳东都。从都至陕,河路艰险,既用陆脚,无由广致。”[③]致使百姓叫苦不迭。“水漕陆挽,方春不息,劳人夺农,卒岁何望,关东嗟怨。”[④]一些官员因此顿生“不能卒岁”[⑤]之忧,甚至发出“今民力敝极,河、渭广漕,不给京师,公私耗损,边隅未静。傥炎暵成沴,租税减入,疆埸有警,赈救无年,何以济之”[⑥]的忧叹。

巨大的粮食危机,迫使朝廷必须亟谋漕运改革之道,解决三门峡漕运险阻。解决的方式有二,一是东都逐粮,二是整治三门峡漕运。

显庆二年(657),高宗先以洛阳为东都,建为漕运转运集散中心,此后先后七次率后宫百官往东都洛阳“就食”,以减少对关中仓储的消耗,最后病死东都。武则天称帝后,直至其去世皆在洛阳。中宗复位后,不愿做“逐粮天子”,自洛阳返回长安,使漕粮不足问题再度激化。玄宗四次赴洛阳“就食”。尽管天子逐粮,跋山涉水非常辛苦,甚至狼狈不堪。永淳元年(682),高宗“就食”东都,“时出幸仓猝,扈从之士有饿死于中道者。上虑道路多草窃,命监察御史魏元忠检校车驾前后”[⑦]。

---

① 〔唐〕吴兢撰,谢保成集校:《贞观政要》卷八《务农》,中华书局,2009,第 426 页。

② 〔宋〕欧阳修等:《新唐书》卷五十三《食货三》,中华书局,1975,第 1365 页。

③ 〔后晋〕刘昫等:《旧唐书》卷九十八《裴耀卿传》,中华书局,1975,第 3081 页。

④ 〔宋〕宋敏求编:《唐大诏令集》卷七十九《行幸东都诏》,中华书局,2008,第 451 页。

⑤ 〔宋〕欧阳修等:《新唐书》卷一百一十八《辛替否传》,中华书局,1975,第 4279 页。

⑥ 〔宋〕欧阳修等:《新唐书》卷一百二十六《卢怀慎传》,中华书局,1975,第 4416 页。

⑦ 〔宋〕司马光编著,〔元〕胡三省音注:《资治通鉴》卷二百三《唐纪十九》,唐高宗永淳元年,中华书局,1956,第 6407 页。

玄宗亦尝言："朕亲主六合二十余年，两都往来，甚觉劳弊。"[①]但这种消极的"就食"办法并不能从根本上解决日益尖锐的漕粮问题，而且对唐的统治不利。因此，自高宗起，开始主动设法整治三门峡漕运，其主要措施大致有以下四个方面：

其一，疏河道修栈道，以通漕船。据文献和考古调查，其时较大规模的河道和栈道修治计有五次：

第一次，高宗显庆元年（656）。《唐会要·漕运》载："十月，苑面西监褚朗，请开底柱三门，凿山架险，拟通陆运。于是发卒六千人凿之，一月而功毕。后水涨引舟，竟不能进。"[②]褚朗的方案是在人门左岸山梁上凿山架栈梁，将漕粮转运到三门以上，再装船漕运，将水运与陆运结合起来。这与以往单纯为避开三门之险而陆运的思路不同。所以褚朗虽未成功，但其思路则为后人继承。

第二次，高宗总章三年（670）。三门峡人Ⅵ段T4题刻："总章三年正月廿一日，儒林郎守司马表当开三门河道。"[③]平陆五一石膏厂第三段题刻："大唐总章三年正月十五日，太子供奉人刘君琮奉敕开凿三门河道，用功不可记。典令史丁道树。"[④]据题刻位置，文中"开三门河道"，无疑是指修治栈道和疏浚河道，时间为冬季，正是黄河上施工的最好季节。而两处题刻相距2000米，可知朝廷同时派出许多官员率人大修栈道。"用功不可记"真实地反映了当时工程的难度和工程量。

第三次，高宗上元三年（676）。新安八里胡同东沟至清河段题刻："上元三年。"[⑤]题刻仅一年号，但由此题刻位置判断，显然与修栈道有关。

第四次，武则天垂拱元年（685）和四年（688）。垣曲安窝第三段栈道题刻："垂

① 〔唐〕郭湜：《高力士外传》，王汝涛编校：《全唐小说》第1卷，中华书局，1993，第31页。

② 〔宋〕王溥：《唐会要》卷八十七《漕运》，中华书局，1960，第1598页。

③ 中国科学院考古研究所：《三门峡漕运遗迹》，科学出版社，1959，第43页。

④ 山西省考古研究所、山西大学考古专业、运城市文物工作队：《黄河漕运遗迹——山西段》，科学技术文献出版社，2004，第18页。

⑤ 洛阳市第二文物工作队：《黄河八里胡同栈道的勘测》，《文物》2002年第11期。

拱元年七月，曲沃县朱大惠。”[1]朱大惠名前未冠有官职，应是来此服徭役修栈道的曲沃普通百姓。三门峡人Ⅶ段 T3 题刻：“大唐垂拱四年正月十六日，上柱国马大谅当开三门河道。”[2]

第五次，中宗神龙年间(705—707)。《新唐书·食货三》记载：“将作大匠杨务廉又凿为栈，以挽漕舟。挽夫系二鈲于胸，而绳多绝，挽夫辄坠死，则以逃亡报，因系其父母妻子，人以为苦。”[3]杨务廉的办法是在三门山岩临河侧用烧石碎岩技术开凿一条栈道，使纤夫挽引漕船通过三门河道。唐代人门栈道当在此时修成，漕船在纤夫牵挽下已可以通过三门。但因河流湍急，栈道过于艰险，常发生绳断栈绝、纤夫坠死的惨剧。张鷟《朝野佥载》中又可以看到这样的记载：“唐杨务廉……特授将作大匠。……奏开陕州三门，凿山烧石，岩侧施栈道牵船。河流湍急，所顾夫并未与价直。苟牵绳一断，栈梁一绝，则扑杀数十人，取顾夫钱，籴米充数。即注夫逃走，下本贯，禁父母妻子。其牵船夫，皆令系二鈲于胸背，落栈著石，百无一存。道路悲号，声动山谷。皆称杨务廉‘人妖’。天生此妖，以破残百姓。”[4]贪婪残暴，骇人听闻。

由上述工程可见，自唐高宗以降，历武则天、中宗，唐朝对三门峡河道和栈道持续整治，施工范围遍及三门峡及其下游一百二十里阏流段，工程规模相当庞大，表明唐朝已将修凿栈道作为开通三门峡漕运的基础性工程，并与河道整治有机地结合起来。经过修凿，三门峡栈道在汉魏栈道基础上得到恢复和完善。经历险恶山路的异常艰巨的栈道工程，在当时的漕运交通体系中表现出重要的作用。通过纤夫挽舟的方式，三门峡包括阏流段基本可以通航。

---

① 山西省考古研究所、山西大学考古专业、运城市文物工作队：《黄河漕运遗迹——山西段》，科学技术文献出版社，2004，第 187 页。

② 中国科学院考古研究所：《三门峡漕运遗迹》，科学出版社，1959，第 45 页。

③ 〔宋〕欧阳修等：《新唐书》卷五十三《食货三》，中华书局，1975，第 1365 页。

④ 〔唐〕张鷟：《朝野佥载》卷二，陶敏主编：《全唐五代笔记》第一册，三秦出版社，2012，第 160 页。

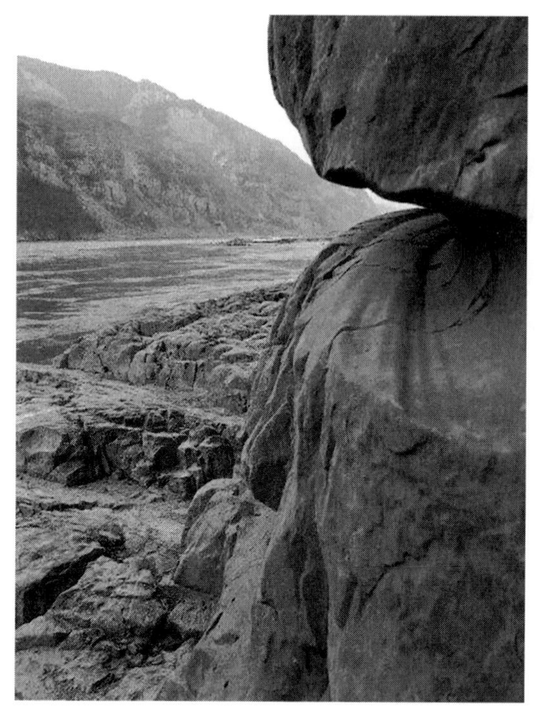

图 7-29　栈道侧壁被纤绳磨沏的痕迹

与运河等河流航行多使用篙、桨、橹和风帆作为推进工具不同，黄河漕船在三门峡段航行，拉纤是最常用和最有效的推进方式，特别是在逆行和枯水时，拉纤成为最有效的动力。但由于三门峡水势特急，下游阕流段礁石险滩丛生，给顺流而下的船只在控制船速和把握船向上造成极大困难。因此，黄河漕运顺水行船时也需要拉纤，尤其是在峡谷与险滩交错的河段，需要纤夫用拉纤的方式，依靠人力调整船速、把握船向，避免船只在急流的摧动下成为脱缰野马，冲向河滩。至今在三门峡栈道遗迹上可以看到许多清晰的绳槽，便是纤夫长期使用纤绳挽船在岩壁上磨沏出的痕迹。有学者这样描述说："绳槽在每处都呈密集分布的状态，在高度 1 米左右的岩壁上有将近 10 道绳槽，深浅不等，最深处接近 1 米（这是估算结果，因为原岩壁表面已被磨损，实测则不足此数）。观察这些绳槽，可以想象古代船工拉纤的劳动的强度,年深日久,绳索硬是把石头一丝一丝地吃下去,最后形成深深的痕迹。"①纤夫们面临的不仅是高强度的辛苦劳作,而且"所顾夫并未与价直",甚至还要面临生命的危险。在河岸上拉纤,"绳多绝,挽夫辄坠死",甚至"苟牵绳一断,栈梁一绝,则扑杀数十人"。"道路悲号,声动山谷。"②

唐代三门峡栈道交通条件的改进特别表现于牛鼻形壁孔和立式转筒两种独特的栈道设施及安装技术的创新发明和大面积推广上,体现出唐代栈道施工和利用技术的进步。

牛鼻形壁孔凿在黄河岸边侧壁上,高出地面 1 米左右,间距 2.4~13 米。"从正面看,是一个椭圆形孔穴在中间被一根竖梁隔成两半,实际上两孔在内部穿通,好似可以穿环的牛鼻。"③主要用于横系绳索,悬于侧壁上,使纤夫在拉纤时抓持而上,也兼可系船,供纤夫稍作歇息之用。牛鼻形壁孔最早出现在东汉,唐代时被大量推广使用。考古调查发现的牛鼻形壁孔遗存有 675 个,不仅形制较初期大,而且为适应不同地形,在类型上也有创新,有学者统计,其形式至少有 5 种之多:两孔呈左右排列;两孔上下排列;鼻梁为横形,鼻梁左右排列三孔;两牛鼻孔左右排列紧紧相连;两牛鼻孔上下排列紧紧相连。尤以第一种最常见、数量最多,是三门峡黄河栈道的标志性设施。

立式转筒主要分布在山崖凸出部分的栈道转弯处,考古调查已发现 20 余处。功能相当于后世旋转式机械装置,由上、中、下三部分组成,其施工过程是:先在路面以上约 1.5 米的石壁上开凿出一个方形壁孔,形成上部。然后再在与壁孔相垂直的地面岩石上凿一个圆形的底盘,并在底盘中部凿一个浅圆窝,在圆形底盘与方形壁孔之间的岩壁上,再开凿一个半圆柱形壁槽,形成下部。最后在壁孔、底盘和

① 山西省考古研究所、山西大学考古专业、运城市文物工作队:《黄河漕运遗迹——山西段》,科学技术文献出版社,2004,第 201 页。

② 〔唐〕张鷟:《朝野佥载》卷二,陶敏主编:《全唐五代笔记》第一册,三秦出版社,2012,第 160 页。

③ 中国科学院考古研究所:《三门峡漕运遗迹》,科学出版社,1959,第 4 页。

半圆柱壁槽之间，放置一个立式转筒状的机械装置①。立式转筒最早可能出现在隋代，至唐代被政府组织大规模推广。其作用一是使纤绳避免与岩壁摩擦，降低纤绳的磨损程度；二是减轻纤夫挽船的劳动强度，提高挽船和漕运效率；三是增大纤夫挽船的安全系数，减少纤夫因“绳多绝，挽夫辄坠死”的危险②。立式转筒是一种特殊的工程技术，体现了唐时交通工程技术的进步，使黄河栈道设施因此更加完善。

图 7-30　栈道上的牛鼻形壁孔遗迹(田永强摄)

① 山西省考古研究所、山西大学考古专业、运城市文物工作队：《黄河漕运遗迹——山西段》，科学技术文献出版社，2004，第 2~3 页。

② 山西省考古研究所、山西大学考古专业、运城市文物工作队：《黄河漕运遗迹——山西段》，科学技术文献出版社，2004，第 7 页。

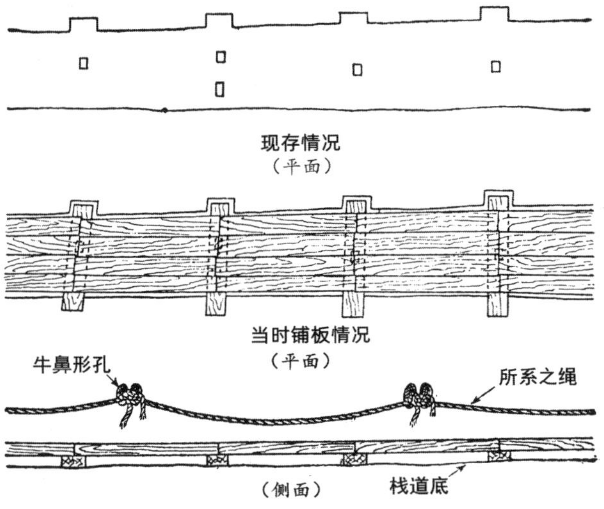

图 7-31　牛鼻形壁孔使用复原图①

图 7-32　栈道上的立式转筒遗迹

图 7-33　立式转筒复原示意图②

① 采自中国科学院考古研究所《三门峡漕运遗迹》，科学出版社，1959，第 6 页。

② 采自山西省考古研究所、山西大学考古专业、运城市文物工作队《黄河漕运遗迹——山西段》，科学技术文献出版社，2004 年，图版贰零、第 6 页。

其二，新建漕仓系统，以转漕粮。高宗时，唐在洛阳城内修建了含嘉仓，在长安附近新置了渭南仓，重修了隋代的虎牢仓、洛口仓、太原仓和永丰仓，东都外围重建了河阳仓，新置柏崖仓[①]，形成以东都洛阳为中心的河渭转运仓系统。洛阳含嘉仓和陕州太原仓构成该系统的主体。其时江淮漕船实行“旷年长运”法，由江淮直入洛阳，输纳含嘉仓。含嘉仓是由水运转陆运的中转仓，并具太仓职能。太原仓是由陆运（包括部分水运）转水运的中转仓，因“控两京水陆二运”，具有转输关中枢纽的地位。太原仓即隋常平仓，仓址在陕县西南四里，“以其北临焦水，西俯大河，地势高平，故谓之太原”[②]。唐时仓城六里，乃“蓄巨万之仓”[③]，规模巨大。因仓址距黄河岸稍远，地势又高，以往漕粮运此，需“自仓车载米至河际，然后登舟”，费时费工，极劳民力。开元初，姜师度迁陕州刺史，改进装卸方式，于仓前凿地道运米上船：“师度遂凿地道，自上注之，便至水次，所省万计。”[④]“太原仓水陆运所凑，转属诸河，师度使依高为廥，而注米于舟，以故人不劳。”[⑤]姜师度的方法，约当于后世的管道运输。他利用太原仓和河岸之间的地势落差，修建一条地道，将漕粮“自上注之”顺地道下河船，省时又省人工和运费，成为当时河渭漕运线上的一件大事。但张鷟《朝野佥载》对此评价不高：姜师度“一夕忽云得计，立注楼，从仓建槽，直至于河，长数千丈，而令放米。其不快处，具大把推之。米皆损耗，多为粉末，兼风激扬，凡一函，失米百石，而动即千万数。遣典庾者偿之，家产皆竭。复遣输户自量，至有偿数十料者，甚害人，方停之”[⑥]。按张鷟说法，姜师度建造的不是地道，而是一条很长的槽子，连接粮仓与河边，米从仓库倒出，在数千丈长的槽中流动至河边然后

① 张弓：《唐代仓廪制度初探》，中华书局，1986，第 28 页。

② 〔唐〕李吉甫撰，贺次君点校：《元和郡县图志》卷六《河南道二》，中华书局，1983，第 157 页。

③ 〔后晋〕刘昫等：《旧唐书》卷一百八十五《陈子昂传》，中华书局，1975，第 5021 页。

④ 〔后晋〕刘昫等：《旧唐书》卷一百八十五《姜师度传》，中华书局，1975，第 4816 页。

⑤ 〔宋〕欧阳修等：《新唐书》卷一百《姜师度传》，中华书局，1975，第 3946 页。

⑥ 〔唐〕张鷟：《朝野佥载》卷二，陶敏主编：《全唐五代笔记》第一册，三秦出版社，2012，第 167 页。

装船运走。有研究者认为,此说依据的是传闻,而非作者亲眼所见。米不是液体,在数千丈长的横槽中不能流动。工程方面颇有造诣的姜师度不至于犯这类常识性错误①。

其三,行八递制,以运漕粮。在改进水运的同时,陕洛陆运也在改进之中。黄河漕运历来离不开转输,即陆运的参与。如丘濬所说:“自古漕运,所从之道有三,曰陆、曰河、曰海。”②对三门峡漕运而言,漕运的过程实际上就是水陆联运的过程。为了解决崤函古道陆运困难,开元初李杰任陆运使后推行八递制改革措施。《通典·食货十》记载:“旧于河南路运至陕郡太原仓,又运至永丰仓及京太仓。开元初,河南尹李杰始为陆运使,从含嘉仓至太原仓,置八递场,相去每长四十里。每岁冬初起,运八十万石,后至一百万石。每递用车八百乘,分为前后,交两月而毕。”③李杰改进陕洛陆运的措施主要有三:一是在洛阳含嘉仓至陕州太原仓间的崤函古道上设置八个递场。“场”即输场,指有临时储存和验收功能的货场。唐代时在各地本有输场之设,主要负责接纳相应区域的租税、赋税及户调等。《唐六典》记载:“凡天下赋调,先于输场简其合尺度斤两者,卿及御史监阅,然后纳于库藏,皆题以州县、年月,所以别麄良,辨新旧也。凡出给,先勘木契,然后录其名数及请人姓名,署印送监门,乃听出。若外给者,以墨印印之。”④李杰所设“八递场”则是专为漕运而设,“八递”即八个转运站,同时也具验收等功能。据清木场东的研究,八个递场分别设在含嘉仓、慈涧、白超垒、峡石堡、渑池、乾豪、硖石和太原仓,除洛阳和慈涧相隔五十里外,其余各递皆相距四十里⑤。二是每递之间采用牛车运粮,每完成一

① 魏露苓:《〈朝野佥载〉中有关姜师度的材料辨析》,《农业考古》2000年第3期。

② 〔明〕丘濬撰,金良年整理:《大学衍义补》卷三十三《漕挽之宜》,上海书店出版社,2012,第276页。

③ 〔唐〕杜佑撰,王文锦等点校:《通典》卷十《食货十》,中华书局,1988,第224页。又《新唐书·食货三》云:“自景云中,陆运北路分八递,雇民车牛以载。”此说恐不确,杜佑已说之。

④ 〔唐〕李林甫等撰,陈仲夫点校:《唐六典》卷二十《太府寺》,中华书局,1992,第545页。

⑤ 〔日〕清木场东:《唐代财政史研究·运输篇》,九州大学出版会,1996,第63页。

递，即调换牛和车，使牛得到休息，车得到检修。以往运粮，所需车牛，皆就地征发，“雇民牛车以载”[①]。车牛数量“任使司量运多少召雇情愿者充”[②]。李杰明确规定每递用车八百乘，编为前后两个车队，前后相继运输，减少了以往征用车牛缺乏定制给农户带来的困扰。针对漕运过程的损耗，李杰又奏请玄宗作出明确规定：“九年五月二十五日敕，水运米扬掷，四、五、六、七月，米一斟欠五合。三、八月，米一斟欠四合。二、九月，米一斟欠三合。正十、十一月、十二月，米一斟欠二合，并与纳。”[③]这是唐代最早对漕运损耗的规定。三是规定陆运时间为入冬十月至十一月底的农闲时间，在两个月内完成。这样的时间规定错开了农忙季节，也不会误农时。由此可见，八递制实际上是一种接力运输方式，特点是合理组织车辆和人力，将三百里陆运线路分为八段，有起有落，使运输困难减轻，堪称划时期的改革。八递制施行后，漕运量显著增加，取得了年运“八十万石，后至一百万石”的成果。此后开元、天宝四十余年间，洛阳至陕州之间的转运，多数时间实行的都是李杰开创的八递陆运。

其四，置运使，以管漕事。随着漕事益繁，先天二年（713），唐玄宗将原由户部度支职掌的漕运分离出来，设使职差遣官来经管，并首先在陕州置水陆运使。史载：“明皇先天二年，始以陕州刺史李杰充陕州水陆运使，漕运之有使，自此始也。”其后陕州刺史兼水陆运使成为一种惯例。开元二年（714）又设河南运使，李杰以河南尹再任水运使。开元后期运使一职又扩大到江淮等地。我国古代漕运开始甚早，但唯到陕州运使的设置，才使“领漕始有专职”[④]，表明漕运成为国之大计。这一变化适应了大兴漕事，加强管理的需要，体现了唐代漕运治理体系和治理能力的提高。

---

① 〔宋〕欧阳修等：《新唐书》卷五十三《食货三》，中华书局，1975，第 1367 页。

② 〔唐〕李林甫等撰，陈仲夫点校：《唐六典》卷三《户部尚书》，中华书局，1992，第 84 页。

③ 〔宋〕王溥：《唐会要》卷八十七《漕运》，中华书局，1960，第 1596 页。

④ 〔清〕纪昀等：《历代职官表》，上海古籍出版社，1989，第 1152 页。

总之，自高宗至玄宗前期的八十余年间，唐王朝以积极的态度，持续整治和改善三门峡漕运，取得“每年陕洛漕运数倍于前”[①]的成效，漕粮西运长安年运量增至八十万石到一百万石，对缓解关中粮食供应困难，保障京师供给，支持西北军事都起到重要作用，有利于社会经济发展和国家强盛，也为随后开元天宝年间的漕运改革奠定了坚实的基础。

3. 唐玄宗开元后期至安史之乱前：三门峡漕运的兴盛期

经过前期的整治和改进，黄河漕运年运量大有增加，但仍不能满足京师日益增长的需求，关中粮食供应矛盾依然突出。开元二十一年(733)秋，关中“霖雨害稼，京城谷贵”，引发长安粮食危机，玄宗欲再赴洛阳“就食”，行前独召京兆尹裴耀卿复问漕事。开元十八年(730)，裴耀卿朝集京师时曾上表条陈漕运改革，未被采纳。此次“复问”，玄宗将漕事提到“救人之术”的层次，可见漕事问题的严重性和迫切性，亦显示玄宗对漕事改革已有新的认识。许孟容《裴公神道碑》称：“上征救人之术。公述陈王者损上益下，宅土关内之利，因奏鼎新漕运以广储廪。”[②]裴耀卿经过从地方到中央的多年历练，较之前站位更高，认识也更深刻，所提改革方略也更成熟：“臣以国家帝业，本在京师，万国朝宗，百代不易之所。但为秦中地狭，收粟不多，倘遇水旱，便即匮乏。往者贞观、永徽之际，禄廪数少，每年转运不过一二十万石，所用便足，以此车驾久得安居。今国用渐广，漕运数倍于前，支犹不给。陛下数幸东都，以就贮积，为国大计，不惮劬劳，祇为忧人而行，岂是故欲来往。若能更广陕运，支粟入京，仓廪常有三二年粮，即无忧水旱。今天下输丁约有四百万人，每丁支出钱百文，五十文充营窖等用，贮纳司农及河南府、陕州以充其费。租米则各随远近，任自出脚送纳东都。从都至陕，河路艰险，既用陆脚，无由广致。若能开通河

① 〔唐〕杜佑撰，王文锦等点校：《通典》卷十《食货十》，中华书局，1988，第222页。

② 〔唐〕许孟容：《唐故侍中尚书右仆射赠司空文献公裴公神道碑铭》，〔清〕董诰等编：《全唐文》卷四百七十九，中华书局，1983，第4899页。

漕,变陆为水,则所支有余,动盈万计。”可知裴耀卿的漕运改革主题是“开通河漕,变陆为水”,关键是“更广陕运,支粟入京”,使京师“仓廪常有三二年粮”,而“无忧水旱”,以巩固关中,稳定唐王朝统治的根基。这正是玄宗所关切的漕粮入长安的问题,故“深然其言”[①],升裴耀卿为黄门侍郎、同中书门下平章事,充江淮、河南转运使,总揽漕运事务,开始“鼎新漕运”的改革。其主要措施有以下三个方面:

第一,加强漕仓和输场建设,组建新的转运仓系统。裴耀卿根据漕运形势和需要,一方面在黄河沿岸新建一批转运仓,“至二十二年八月,置河阴县及河阴仓、河西柏崖仓、三门东集津仓、三门西盐仓”[②]。另一方面又有选择性地改造隋唐旧有水次仓,如洛阳含嘉仓、陕州太原仓、华州永丰仓、河中府龙门仓等,从而形成了由上述九仓组成的新的黄河转运仓系统,漕船可以根据水文变化等情况适时选择起运或入仓,提高航行安全,增强漕船通过黄河的能力。与此同时,又依转运仓建设输场,作为接运验收和转输漕粮的临时性储存场所。如《元和郡县图志·河南道一》记载,裴耀卿因河阴仓设河阴县时,于“开元二十二年以地当汴河口,分汜水、荥泽、武陟三县地于输场东置,以便运漕”[③]。输场是转运仓的配套工程,可以最大限度地减少转运过程中的损耗和舞弊行为,是裴耀卿改革漕运加强过程管理的有机组成部分。

第二,实行分段转运,变长运为短运。唐初漕运主要采用长运和自洛阳转漕的方式。“凡都之东租纳于都之含嘉仓,自含嘉仓转运以实京之太仓。自洛至陕运于陆,自陕至京运于水,量其递运节制,置使以监统之。”[④]裴耀卿改革后,采取江不入河、河不入洛、河不入渭的短运措施,“自江淮而溯鸿沟,悉纳河阴仓。自河阴送纳

① 〔后晋〕刘昫等:《旧唐书》卷九十八《裴耀卿传》,中华书局,1975,第 3081 页。

② 〔后晋〕刘昫等:《旧唐书》卷四十九《食货下》,中华书局,1975,第 2115 页。

③ 〔唐〕李吉甫,贺次君点校:《元和郡县图志》卷五《河南道一》,中华书局,1983,第 136 页。

④ 〔唐〕李林甫等撰,陈仲夫点校:《唐六典》卷三《户部尚书》,中华书局,1992,第 84 页。

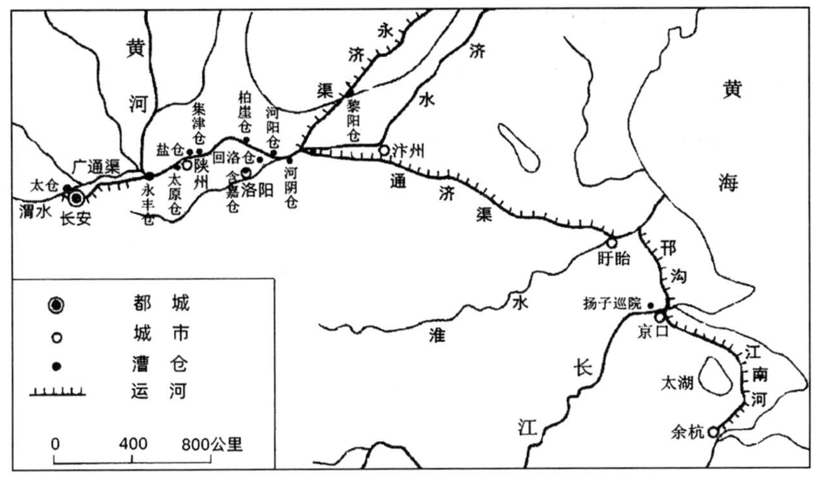

图 7-34 隋唐运河主要转运仓分布示意图

含嘉仓,又送纳太原仓,谓之北运。自太原仓浮于渭,以实关中"①。裴耀卿将河渭漕路分为五段,如图 7-35 所示:第一段自江淮至河阴,漕船不须入黄河。第二段自河阴至含嘉仓,由洛水漕运含嘉仓,或沿黄河直抵三门集津仓。第三段自集津仓陆运至三门仓。第四段自三门仓水运至太原仓。第五段自太原仓泝河至永丰仓和太仓。各段漕运分别由熟悉相关航段水文的船夫负责,运粮入仓后即返,而且"从河口即分入河、洛,官自雇船载运"。分段转运并不始于裴耀卿,此前李杰行八递制,即有分段转运之举,但其主要行于陆运。裴耀卿则将之运用于水运之中,明确规定了漕船行运范围、仓储地点及分段转运的起止地,成为裴耀卿改革漕运的最重要措施。"节级转运""节级贮纳""节级取便"有机地结合在一起,适时起运,就近入仓,最大限度地消除黄河漕运中的障碍,大大提高了漕运效率和安全。史称"每运至仓,即般下贮纳。水通即运,水细便止"。"水通则随近运转,不通即且纳在仓,不滞远船,不忧久耗,比于旷年长运,利便一倍有余。"②"水通则舟行,水浅则寓于仓

① 〔后晋〕刘昫等:《旧唐书》卷九十八《裴耀卿传》,中华书局,1975,第 3081 页。

② 〔后晋〕刘昫等:《旧唐书》卷二十九《食货下》,中华书局,1975,第 2114~2115 页。

以待，则舟无停留，而物不耗失。”①对于克服原来漕船长驱直达，“漕路多梗，船樯阻隘。江南之人，不习河事，转雇河师水手，重为劳费。其得行日少，阻滞日多”②等弊端，加速漕船周转，提高运输整体效益，起了很大作用。

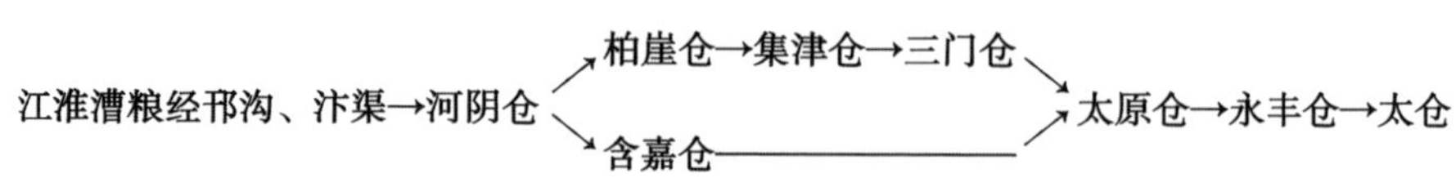

图 7-35　裴耀卿分段转运航线示意图

第三，开辟三门山路，避三门之险。经过多年的整治，至迟至唐开元初，三门峡以下河道包括阌流段众峡诸滩困难已被克服，通航再无大碍，只有三门砥柱险处难以行船，成为漕运梗阻。如何突破三门之险，“更广陕运”，是裴耀卿“开通河漕，变陆为水”改革成败的关键。裴耀卿创行“北运”之法，在三门东置集津仓，西置三门仓以两仓为接运点，两仓之间沿三门北岸即今平陆龙岩至仓里的山崖上开凿陆道“十八里以陆运”，史称“北运”。漕船不再驶入三门，而是在三门前龙岩附近登岸，将漕粮先输入集津仓，然后车载陆运输入三门仓，从而避开了三门之险，再重新装船水运至太原仓。“自太原仓泝河，更无停留”③，转输长安。陆运全程由 300 里缩短为 18 里。这段漕路除了三门峡附近的一段长约 18 里的陆运，其余全是水路。通过这种方式，陆运虽仍不可避免，但较之前从洛阳到陕州的 300 里陆运，已是大大缩短。唐代的 1 里合今 540 米，18 里陆路合今约 19.5 里。这样既利用黄河河

① 〔宋〕欧阳修等：《新唐书》卷五十三《食货三》，中华书局，1975，第 1366 页。

② 〔宋〕欧阳修等：《新唐书》卷五十三《食货三》，中华书局，1975，第 1366 页。

③ 〔后晋〕刘昫等：《旧唐书》卷二十九《食货下》，中华书局，1975，第 2115 页。

道，又避免了三门峡之险，人"无车挽之勤。辕下之牛，尽得归农耕"[①]。"所省巨万"[②]。裴耀卿将三门险道视为一个整体，通过在北岸设东西两仓，开三门山路相连接，基本解决了汉唐漕运史上一直没有攻克的难关，改变了唐前期长期陆运的被动局面。

裴耀卿所建集津仓即东仓，位于平陆三门镇龙岩村（又名鳌盖村）西南一块台地上，三面环山，南面临水。该地原有秦汉龙岩仓。裴耀卿建集津仓时曾说："今汉、隋漕路，濒河仓廪遗迹可寻。"[③]可见裴耀卿是利用秦、汉、隋旧仓加以重建。集津仓南距黄河约 200 余米，东西长 120 米，南北宽 70 米，面积约 8400 平方米。三门仓即西仓，为裴耀卿新建，位于平陆三门镇下仓村东南靠沙滩的第一阶台地上，靠近河滩，南北长 60 米，东西宽 40 米，面积 2400 平方米。三门仓又称盐仓，说明其除转运、储存漕粮外，还有转储河东盐的功能。东西两仓之间有 18 里陆路相通。1957 年考古调查时，在两仓之间曾发现一段宽 1～2 米的唐代路基[④]。

集津仓和三门仓都是为避三门砥柱之险东西对置，二者邻近太原仓，故两仓主要任务是粮食转运，储粮方式是临时性的，不用长期储存。1956 年，俞伟超调查两仓遗址时未发现两仓的建造形式，既无仓窖遗存，也无筑墙围护痕迹。但裴耀卿建仓时曾奏称："今天下输丁约有四百万人，每丁支出钱百文，五十文充营窖等用，贮纳司农及河南府、陕州以充其费。"[⑤]可见当时是有一笔建造仓窖开支的，故两仓也采取了地窖储粮的形式。1997 年山西省考古研究所经调查和发掘，在集津仓遗址

① ［宋］王钦若等编纂，周勋初等校订：《册府元龟》卷四百九十八《邦计部·漕运》，凤凰出版社，2006，第 5664 页。

② ［后晋］刘昫等：《旧唐书》卷二十九《食货下》，中华书局，1975，第 2115 页。

③ ［宋］欧阳修等：《新唐书》卷九十八《裴耀卿传》，中华书局，1973，第 3081 页。

④ 中国科学院考古研究所：《三门峡漕运遗迹》，科学出版社，1959，第 38～40 页；山西省考古研究所、山西大学考古专业、运城市文物工作队：《黄河漕运遗迹——山西段》，科学技术文献出版社，2004，第 189～194 页。

⑤ ［后晋］刘昫等：《旧唐书》卷二十九《食货下》，中华书局，1975，第 2115 页。

发现唐代残房址一座,以及带有“上仓”印记的长方形砖一块。据《新唐书·五行一》记载:“光启元年十二月,陕州平陆集津山有雉二首向背而连颈者,栖集津仓庑后,数月,群雉数百来斗杀之。”[①]庑,为堂下四周的屋子。《说文》:“庑,堂下周屋。”集津仓被明确记载有地面建筑庑。集津仓遗址上发现的唐代残房址,考古调查者推测,或为管理人员的办公之处,或可直接用于储藏粮食[②]。可见两仓的平面布局并非像有学者推测的那样,仅为开阔场地,而是建造有房屋或地窖,以满足临时储粮的需要。

图7-36　集津仓遗址[③]

三门峡黄河沿岸考古调查还发现了渔淋城、堆台及栈道题刻等与漕运相关的遗迹,体现出裴耀卿“鼎新漕运”综合施策的特点。

① 〔宋〕欧阳修等:《新唐书》卷三十四《五行一》,中华书局,1975,第892页。

② 张童心、宁立新:《平陆县龙岩遗址的发掘及考证》,山西省考古学会等编:《山西省考古学会论文集》(3),山西古籍出版社,2000,第117页。

③ 采自中国科学院考古研究所《三门峡漕运遗迹》,科学出版社,1959,图版叁柒。

图 7-37 盐仓遗址[①]

渔淋城遗址在今陕州区柴洼乡鱼里村西一块台地上，南依庙崖山，北临黄河边。因山坡滑塌城址大部分被埋，现存面积约 6000 平方米，分为东西两部分，东城面积约 2000 平方米，西城约 4000 平方米，中间是滑坡的山石堆积。考古试掘出土的遗物以瓷、陶器为主，另有铁箭头、唐开元通宝和宋天圣元宝等遗物。[②] 在鱼里村至天治河村之间的台地边沿河还随处可见隋唐瓦片、瓷片、烧土坑等。据说在黄河北岸平陆也曾有一渔淋城，与南岸硖石渔淋城大致相对，顾炎武《肇域志》记载“陕州硖石夹岸”有“北岸城和南岸城”[③]。准此，则陕州渔淋城当为南岸城，当地人称之为运粮城。从出土遗物看，渔淋城从唐代一直延续到宋代，或更长一段时间。从其位置看，应与裴耀卿漕运改革开凿十八里陆道有关，当是黄河漕运线路上一个

① 采自中国科学院考古研究所《三门峡漕运遗迹》，科学出版社，1959，图版叁捌。

② 任留政等：《陕县渔淋城遗址考古调查与试掘》，李久昌主编：《三门峡地区考古集成》，大象出版社，2011，第 586~590 页。

③ 〔清〕顾炎武撰，谭其骧、王文楚等点校：《肇域志》第 2 册，上海古籍出版社，2004，第 1107 页。

中转停留之处，为漕运的船只、人员提供便利。

堆台分布在三门峡以下约 60 千米的渑池与平陆之间的峡谷段，即古之阌流。堆台是用夯土筑成的柱状土台（墩台），据上个世纪末调查，两岸尚存 10 余处。位于北岸渑池的有老鸦石堆、白浪堆、任家堆、大堆、小堆等 5 座，南岸平陆有 5 座。此外，在陕州区柴洼乡天治河村东北，清水河入黄河岸边也有 1 座。其建筑分布特点是都在突向河湾的山嘴处，下距河面约 30 米，两堆之间视线无阻，可以互见。原堆台可能为方形，经长时间风雨剥蚀，如今近乎圆柱状。保存最为完整的任家堆，台残高 10 米，底部直径约 6 米，顶部直径 3 米左右。据姚汉源考证，堆台当建于唐代，是当时漕运导航设备的遗迹。三门峡下游暗礁险滩密布，行船艰险，唐建堆台，作为指挥或引导漕船的导航设施[①]。阌流段堆台的建设，可以体现出唐代黄河漕运技术建设受到充分重视并且取得了显著成功。

图 7-38　渑池黄河阌流小堆堆台（杨栓朝摄）

① 姚汉源：《黄河三门峡以下峡谷段两岸的堆台》，《人民黄河》1982 年第 4 期。

这一时期的栈道题刻，有三门峡人Ⅵ段 T2 题刻："开元廿二年□供主……□□□。"[①]神门岛岩壁上有"开三门使杨岌"题刻[②]。千唐志斋藏石拓本有崔潜撰《唐天宝六年河内郡武德县令杨岌墓志》，载杨岌为弘农华阴人，任职于开元、天宝年间。有研究者分析认为"墓志虽未提及开三门使，但唐代开元、天宝之间，屡次开凿三门河道。杨岌一生正当唐代三门漕运紧张时期，奉使开凿河道，自有机会。墓志所以漏记，或因临时差遣，并非本职，故从省略。姓名既与题名相合，时代又极相近，极有可能同为一人"[③]。若此，则该题刻当刻在开元、天宝年间杨岌任三门使，负责开凿三门河道期间。上述题刻的发现，体现出唐人对作为漕运基本设施的栈道建设的重视，证明开元、天宝年间仍在持续修凿栈道。

裴耀卿"鼎新漕运"，彻底解决了漕运不畅的局面，并取得了显著的成绩，"凡三年，运七百万石，省陆运之佣四十万贯。旧制，东都含嘉仓积江淮之米，载以大舆而西，至于陕三百里，率两斛计佣钱千，此耀卿所省之数也"[④]。杜佑《通典》记载："凡三年，运七百万石，省脚三十万贯。"[⑤]《唐六典》《新唐书·食货志》亦持此说。诸书都认可"凡三年，运七百万石"，也就是说年均运漕粮二百五十万石。"自是关中蓄积羡溢"，长安甚至出现粮食价格下跌的现象。《资治通鉴》记载：开元二十五年十一月，"戊子，敕以岁稔谷贱伤农，命增时价什二三，和籴东、西畿粟各数百万斛，停今年江、淮所运租。……癸巳，敕河南、北租应输含嘉、太原仓者，皆留输本州"[⑥]。由于"漕运复多"[⑦]，开元二十四年（736），玄宗自洛阳返回长安，从此结束

① 中国科学院考古研究所：《三门峡漕运遗迹》，科学出版社，1959，第 43 页。

② 中国科学院考古研究所：《三门峡漕运遗迹》，科学出版社，1959，第 53 页。

③ 邵友诚：《关于三门峡石刻的几点补充》，《考古》1961 年第 10 期。

④ ［后晋］刘昫等：《旧唐书》卷四十九《食货下》，中华书局，1975，第 2116 页。

⑤ ［唐］杜佑撰，王文锦等点校：《通典》卷十《食货十》，中华书局，1988，第 223 页。

⑥ ［宋］司马光编著，［元］胡三省音注：《资治通鉴》卷二百一十四《唐纪三十》，玄宗开元二十五年，中华书局，1956，第 6830 页。

⑦ ［唐］玄宗皇帝：《幸西京敕》，［清］董诰等编：《全唐文》卷三十五，中华书局，1983，第 389 页。

了唐帝逐粮东都的历史,“车驾不复幸东都矣”[①]。统治的稳定,促进了唐鼎盛期的到来。

然而,裴耀卿的“鼎新漕运”也加重了百姓的负担。据《新唐书·食货三》记载:“是时,民久不罹兵革,物力丰富,朝廷用度亦广,不计道里之费,而民之输送所出水陆之直,增以‘函脚’‘营窖’之名,民间传言用斗钱运斗米,其糜耗如此。”[②]“函脚”即运输脚力费,又称“脚直”“脚钱”“租脚”“脚价”。“营窖”即营建仓窖费。二者皆为裴耀卿向玄宗建议加收:“今天下输丁约有四百万人,每丁支出钱百文,五十文充营窖等用,贮纳司农及河南府、陕州以充其费。租米则各随远近,任自出脚送纳东都。”[③]“函脚”“营窖”都是在传统收脚钱、营窖费基础上加征的,加征对象涉及全国,要求每丁出钱一百文,作为由洛至陕的脚钱,另收五十文贮纳司农府、河南府及陕州,作营窖建仓费用[④]。百姓为裴耀卿“鼎新漕运”付出了巨大的代价。

开元二十五年,裴耀卿罢相,北运因政治等因素停废,陕洛漕运重行陆运,自洛阳仍取崤函古道陆运至太原仓的漕运路线。《新唐书·食货三》记载:“及耀卿罢相,北运颇艰,米岁至京师才百万石。二十五年,遂罢北运。而崔希逸为河南陕运使,岁运百八十万石。其后以太仓积粟有余,岁减漕数十万石。”[⑤]《元和郡县图志·河南道一》:“及耀卿罢相后,缘北路险涩,颇为隐欺,议者言其不便,事又停。”[⑥]《通典·食货十》所记同。此时正值唐朝强盛时期,天下承平,国力日强,租调倍增,对漕运的要求越发迫切。李齐物、韦坚、裴迥等人相继主持漕运,继续推进

① 〔宋〕司马光编著,〔元〕胡三省音注:《资治通鉴》卷二百一十四《唐纪三十》,玄宗开元二十五年,中华书局,1956,第6830页。

② 〔宋〕欧阳修等:《新唐书》卷五十三《食货三》,中华书局,1975,第1366~1367页。

③ 〔后晋〕刘昫等:《旧唐书》卷九十八《裴耀卿传》,中华书局,1975,第3081页。

④ 陈国灿:《莫高窟北区新出唐开元廿三年后沙州检勘丁租并脚及营窖钱粮牒的复原与研究》,《陈国灿吐鲁番敦煌出土文献史事论集》,上海古籍出版社,2012,第541~560页。

⑤ 〔宋〕欧阳修等:《新唐书》卷五十三《食货三》,中华书局,1975,第1367页。

⑥ 〔唐〕李吉甫撰,贺次君点校:《元和郡县图志》卷五《河南道一》,中华书局,1983,第137页。

漕运改革,三门峡漕运持续发展。

开元二十九年(741),陕郡太守李齐物主持整治三门峡漕运。《旧唐书·食货下》记载:“二十九年,陕郡太守李齐物,凿三门山以通运,辟三门巅,逾岩险之地,俾负索引舰,升于安流,自齐物始也。”①《新唐书·食货三》:“二十九年,陕郡太守李齐物凿砥柱为门以通漕,开其山巅为挽路,烧石沃酰而凿之。然弃石入河,激水益湍怒,舟不能入新门,候其水涨,以人挽舟而上。”②可知李齐物整治三门峡漕运的施工内容,一是“凿砥柱为门以通漕”,即凿砥柱平缓河道;二是“开其山巅为挽路”,即在人门东岸山顶开凿出一条栈道,以应纤夫挽船之需;三是开凿“新门”,即开元新河。

据《通典·食货十》:“二十九年,陕州刺史李齐物避三门河路急峻,于其北凿石渠通运船,为漫流。”③唐人郑綮《开天传信记》的记载较为详尽:“天宝中,上以三河道险束,漕运艰难,乃令旁北山凿石为月河,以避湍急,名曰天宝河。岁省运夫五十万,又无覆溺淹滞之患,天下称之。其河东西径直长五里余,阔四五丈,深三四丈,皆凿坚石。匠人于坚石之下得古铁鏶,长三尺余,上有‘平陆’二字,皆篆文也。上异之,藏于内库。遂命改河北县为平陆县,旌其事也。”④这段文字传达了新河开工的时间和施工内容,明言施工内容是“旁北山凿石为月河”,即在三门东岸岩崖上开凿绕过三门之险的新河。郑綮称之为“天宝河”,取义天宝元年完成。但其实当时并无定名。如《旧唐书·玄宗本纪》《唐会要·漕运》称“渠”,《通典·食货十》《册府元龟·漕运》称“石渠”,《资治通鉴·唐纪》《玉海·地理》称“三门运渠”,《新唐书·食货三》称“新门”,北宋以后始称“开元新河”并流传至今。民间则以“娘娘河”“公主河”称之。这一情形指示了传统所谓“开元新河”的特征,其中尤

① 〔后晋〕刘昫等:《旧唐书》卷四十九《食货下》,中华书局,1975,第 2116 页。

② 〔宋〕欧阳修:《新唐书》卷五十三《食货三》,中华书局,1975,第 1367 页。

③ 〔唐〕杜佑撰,王文锦等点校:《通典》卷十《食货十》,中华书局,1988,第 223 页。

④ 〔唐〕郑綮:《开天传信记》卷二,陶敏主编:《全唐五代笔记》第三册,三秦出版社,2012,第 2249 页。

以“新门”最为贴切而形象。诚如俞伟超所说:“所谓‘新门’当为三门以外新凿一个‘门’的含义。”①新门开凿后,三门峡形态也随之改变,人门岛不再是半岛,而成为河心岛,河水经此自北向南流过。

开元新河于开元二十九年十一月开工,至天宝元年(742)正月二十五日即“渠成放流”②。这可能是要赶在冬季黄河施工最佳季节完工,体现出非常高的工程效率。有学者测算,新河的石方开采量大约在一万立方米以上③。工期却只有两个多月的时间,应当说已经达到了很高的工程管理水准。施工普遍采取了“烧石沃酰而凿之”,即“烧石沃酰”技术。此前杨务廉“开陕州三门”时使用的还是“凿山烧石”方法,李齐物开凿新门则首先采用了“烧石沃酰”技术,施工进度因此大为提高。

图 7-39 开元新河全景④

李齐物主持的凿砥柱、开开元新河是两项内容不同又相互联系的工程,也是史上难度和规模最大的三门峡改造工程。两项工程都得到了考古调查的印证。据

① 中国科学院考古研究所:《三门峡漕运遗迹》,科学出版社,1959,第 69 页。

② 〔宋〕王溥:《唐会要》卷八十七《漕运》,中华书局,1960,第 1598 页。

③ 水利部黄河水利委员会《黄河水利史述要》编写组:《黄河水利史述要》,水利出版社,1982,第 147 页。

④ 采自中国科学院考古研究所《三门峡漕运遗迹》,图版贰拾捌,科学出版社,1959。

1959 年出版的《三门峡漕运遗迹》报告，开元新河开凿在人门北面的山岩中，“河的南端插入人Ⅱ、人Ⅲ段之间，正当人门的入口；北端在人Ⅺ、人Ⅻ之间，其东岸与人Ⅱ段相连而西岸与人Ⅹ段末尾相接触，正当人门的出口。航船从此通过，正好避开了人门。河身南北向，很直，仅北端微向西弯曲，全部河身的大略成北头向西、南头向东的 11°左右的偏方向。全长 280 米。河身宽度为 6～8 米，河底高程在 278 米左右。河身高度（即河底与河岸的距离）为 5～10 米。它的两壁陡立，上口比河底稍宽（一般宽 60～80 厘米）。两壁表面错落不平，在凿出后未经修饰”①。在新河北半部发现有疑似桥梁的遗迹，《三门峡漕运遗迹》标注为“竹桥”。新河东壁上发现有开凿“挽路”的遗迹，实测长 70 余米。考古调查还在开元新河西岸（即人门岛）发现一题刻：“寓。天宝二年三月十日记。”②说明新河开通后，栈道修凿工作仍在继续。

开元新河的开凿，与李齐物新建及已有的人门栈道相结合，使漕船可以绕开三门之险，上下直通，不再停舟转运，一举解决了裴耀卿所开十八里山路山高地峻，“北运险涩”③的弊病，三门峡漕运风险大为降低，效率大为提高，“岁省运夫五十万，又无覆溺淹滞之患，天下称之”④。俞伟超曾论述道：“根据《新唐书·食货志》的记载，由于韦坚开通了长安至潼关的漕渠，漕运额在天宝三年达到最高峰，每年四百万石。当时运送这些租粟的途程，在陕州一段只有三门水运和南路陆运两路。而南路陆运的数量，在开元初每年为八十万石，以后逐渐增加，至天宝七年岁运二百五十万石是最高的数额，那么在天宝三年时，还不到此额。所以这一年在新门中通过的漕粮，应在一百五十万石以上。水运的数量，差不多相当过去水陆运输的

① 中国科学院考古研究所：《三门峡漕运遗迹》，科学出版社，1959，第 33 页。

② 中国科学院考古研究所：《三门峡漕运遗迹》，科学出版社，1959，第 47 页。

③ 〔唐〕杜佑撰，王文锦等点校：《通典》卷十《食货十》，中华书局，1988，第 223 页。

④ 〔唐〕郑綮：《开天传信记》卷二，陶敏主编：《全唐五代笔记》第三册，三秦出版社，2012，第 2249 页。

总量。”[①]

不过，开元新河工程本身也存在严重的缺陷。据《通典·食货十》：“二十九年，陕州刺史李齐物避三门河路急峻，于其北凿石渠通运船，为漫流，河泥旋填淤塞，不可漕而止。”[②]《新唐书·食货三》：“二十九年，陕郡太守李齐物凿砥柱为门以通漕，开其山颠为挽路，烧石沃酰而凿之。然弃石入河，激水益湍怒，舟不能入新门，候其水涨，以人挽舟而上。天子疑之，遣宦者按视，齐物厚赂使者，还言便。”[③]上述表明，开元新河工程，一是因黄河泥沙大，泥沙不断冲入新门，造成“河泥旋填淤塞”。二是凿砥柱开山路时遗留的碎石不断滚入新门，给纤夫拉挽行舟增加了难度。有论者以为开元新河作用不彰，又以“齐物厚赂使者”，指新门开通仍不成功。其实开元新河存在从“通运船”到“河泥旋填淤塞”的变化过程，其作用也随之出现起伏，并非一开始就“舟不能入新门”“不可漕”。退一步讲，若新河当时即无作用，即便是李齐物厚赂奉旨巡视的宦者，宦者似也不敢冒欺君之罪而撒谎“言便”，因为这很容易被戳穿。史念海《三门峡与古代漕运》论述道：“最大一次整理河道的工程，是在唐朝开元二十九年(741)。当时想彻底解除三门峡运输的困难，就在人门以北的岸上，另外开凿了一条新河，使漕舟避开黄河的正流，由新河上行，这就是所谓的开元新河。按道理说来，新河应该比黄河正流便于漕运。实际上新河的作用并不能尽满人意，因为开河时，岸上凿下的石块坠入河道中，河水一样湍急，漕舟不能够顺利进入新河，仍然要由船夫牵挽。不过究竟比较从黄河正流直上要好一点。因为在新河开凿后的几年中，运入关中的粮食确实是比以前增多了。由于新河本身的缺陷，也由于河水夹杂泥沙太多，所以不到几年，新河也就淤塞不能通行了。西上的漕舟还必须艰难地由三门峡通过。”[④]这是很中肯的意见。

① 中国科学院考古研究所：《三门峡漕运遗迹》，科学出版社，1959，第69页。

② 〔唐〕杜佑撰，王文锦等点校：《通典》卷十《食货十》，中华书局，1988，第223~224页。

③ 〔宋〕欧阳修等：《新唐书》卷五十三《食货三》，中华书局，1975，第1367页。

④ 史念海：《三门峡与古代漕运》，《河山集》，生活·读书·新知三联书店，1963，第232~252页。

天宝元年,李齐物入朝后,韦坚接任陕州刺史兼水陆转运使,负责黄河漕运。《新唐书·食货三》记载:"齐物入为鸿胪卿,以长安令韦坚代之,兼水陆运使。坚治汉、隋运渠,起关门,抵长安,通山东租赋。乃绝灞、浐,并渭而东,至永丰仓与渭合。又于长乐坡濒苑墙凿潭于望春楼下,以聚漕舟。"①韦坚负责黄河漕运后,将工作重点放在关中东部漕运条件的改善方面,一是复开漕渠,于今咸阳西南壅渭水为堰,引渭水东流,又截引浐、灞二河之水,循汉漕渠和隋广通渠故道而东,至永丰仓以东汇入渭河,时称兴成渠。二是建造长安漕运码头广运潭。《元和郡县图志·关内道二》:"左常侍兼陕州刺史韦坚开漕河,自苑西引渭水,因古渠至华阴入渭,运永丰仓及三门仓米,以给京师,名曰广运潭。"②韦坚在长安城东望春楼下开挖人工湖,与漕河相通,将河水引入湖中,以通舟楫,"聚漕舟"。据调查,广运潭遗址在今西安光大庙西北(唐长安城北光泰门处)、雩沱寨北、帽饵家东南、南赵村西一带,面积约2平方千米③。

韦坚复修漕渠和建长安漕运码头广运潭,其实是相互紧密联系的一项工程,从功能上看,复修漕渠是为解决旧有关中漕渠的难题,畅通关中与关东的漕运通道,建广运潭则是为解决漕船上岸问题。两项工程历时两年,至天宝三年(744)完工,投入使用。从时间上看,李齐物凿开元新河与韦坚修漕渠、建广运潭具有相继进行的特点。开元新河开凿于开元二十九年十一月,完工于天宝元年一月辛未。稍后李齐物入朝,韦坚于三月接手黄河漕运事务。在黄河漕运得到基本恢复、漕运量增加的前提下,旧有关中漕渠淤塞、决堤的问题给关中漕运带来的困难更加突出,整顿关中漕运秩序及疏浚旧有漕渠已成为刻不容缓的大事。换言之,韦坚接手黄河漕运事务后,开元新河仍在继续发挥作用,有了这样的前提,韦坚才需要也有可能

① 〔宋〕欧阳修等:《新唐书》卷五十三《食货三》,中华书局,1975,第1367页。

② 〔唐〕李吉甫撰,贺次君点校:《元和郡县图志》卷二《关内道二》,中华书局,1983,第35页。

③ 李久昌:《现代城市中的古代城市遗痕——记西安市区内唐代几条街道与池潭》,《考古与文物》2006年第1期。

将工作重点转移到改善关中东部漕运条件，实施复修漕渠、建设码头两大工程，以保障关中与关东漕运畅通。从这样的角度看，漕渠与开元新河实际上是两个连续性的漕运工程，韦坚修漕渠实际上是李齐物凿开元新河的延续。漕渠的开通，沟通黄河与渭河，与三门开元新河相得益彰，产生合力效应，使转输关中的漕粮大增。“是岁，漕山东粟四百万石”[①]，创造了唐代年漕运量的最高纪录。

值得注意的是，无论是裴耀卿“鼎新漕运”，力促“开通河漕，变陆为水”，还是李齐物凿开元新河，推动北运，在实际上都未完全取消李杰的八递陆运，至少至天宝年间，陕洛漕运实际实行的还是水陆并运[②]。也就是说，水运（北运）和陆运（南运）两条漕运线路同时运转，共同维护和保障着唐王朝的漕运生命线，只是各自所占运输比重在不同时期有所不同而已。这一情况，一方面表明自洛阳含嘉仓取崤函古道陆运转漕至陕州太原仓是当时三门峡漕运不可或缺的线路；另一方面，亦说明黄河漕运继续受到三门峡的制约，漕船通过三门峡仍然艰难。天宝三载以后，开元新河因“河泥旋填淤塞”而不能畅通，陕洛漕运的陆运比重增加，车队规模更大。“至天宝七载，满二百五十万石。每递用车千八百乘，自九月至正月毕。”[③]这比李杰创制时，每递多用车一千乘，时间也多三个月。可知岁运二百五十万石的纪录主要是因增加牛车数量和延长运时取得的，由此也给百姓再次增加负担。

于是，天宝九年（750），河南尹裴迥“以八递伤牛，乃为交场两递，滨水处为宿场，分官总之，自龙门东山抵天津桥为石堰以遏水”[④]。《通典·食货十》亦载：“天宝九载九月，河南尹裴迥以递重恐伤牛，于是以递场为交场，两递简择近水处为宿场，分官押之，兼防其盗窃。”[⑤]全汉昇以为这是裴迥改李杰八递为两递，而于陕洛

① 〔宋〕欧阳修等：《新唐书》卷五十三《食货三》，中华书局，1975，第1367页。

② 张弓：《唐代仓廪制度初探》，中华书局，1986，第33页。

③ 〔唐〕杜佑撰，王文锦等点校：《通典》卷十《食货十》，中华书局，1988，第224页。

④ 〔宋〕欧阳修等：《新唐书》卷五十三《食货三》，中华书局，1975，第1368页。

⑤ 〔唐〕杜佑撰，王文锦等点校：《通典》卷十《食货十》，中华书局，1988，第224页。

间黄河沿岸多置宿场,用水运来互相传递[①]。但审读上文,皆云“伤牛”,可知裴迥改革的仍是陆运,而非弃陆就水。那么裴迥又何以“八递伤牛”为由改变李杰八递制呢?八递行程三百里,除洛阳和慈涧相隔五十里外,其余各递皆相隔四十里,虽山路艰辛,但递程殊近,当不致“递重伤牛”。有学者解释说:“盖因相递以车载,后一次承担运输的牛力,未必与前一次牛力恰相称。如有车载重,后一次牛力不能胜任,而勉强完成任务,便致伤牛,故天宝九载,裴迥改递为交,改递场为交场。递与交的区别是:递者相递以车载,而交则牛车运到后交官,故云‘设官总之’。由官家再发一定的运输量给下一递的牛车,下一递承担官家运输任务的牛车,可量力而行,故不致伤牛;且逐递交官验收,可防中间盗窃。但交接手续繁多,稽留时日,故简择近水处为宿场,便于人畜之用水也。”[②]此说颇有道理。而所谓“滨水处为宿场”中的“水”,也非黄河,而是距离黄河较近的谷水。裴迥的改革主要是改变了部分陆运线路,沿着谷水设立宿场,便利驾牛饮水,又可稍作歇息,以降低成本,提高运输效率。

史籍提供的广运潭竣工庆典活动的珍贵信息,反映了这一时期克服三门峡漕运阻障的历史性成功。

《旧唐书·韦坚传》记载:广运潭建成后,“坚预于东京、汴、宋取小斛底船三二百只置于潭侧,其船皆署牌表之。若广陵郡船,即于栿背上堆积广陵所出锦、镜、铜器、海味;丹阳郡船,即京口绫衫段;晋陵郡船,即折造官端绫绣;会稽郡船,即铜器、罗、吴绫、绛纱;南海郡船,即玳瑁、真珠、象牙、沉香;豫章郡船,即名瓷、酒器、茶椀、茶铛、茶椀;宣城郡船,即空青石、纸笔、黄连;始安郡船,即蕉葛、蚺虵胆、翡翠。船中皆有米,吴郡即三破糯米、方文绫。凡数十郡。驾船人皆大笠子、宽袖衫、芒屦,如吴、楚之制”。聚集在广运潭的漕船来自全国各地,有广陵郡(今浙江扬州)、丹

① 全汉昇:《唐宋帝国与运河》,《中国经济史研究》(一),中华书局,2011,第240页。
② 杨钧:《隋唐时期黄河的河运》,《杭州师范学院学报(社会科学版)》1982年第1期。

阳郡(今江苏镇江)、晋陵郡(今江苏常州)、会稽郡(今浙江绍兴)、吴郡(今江苏苏州)、南海郡(今广东广州)、宣城郡(今安徽宣州)、始安郡(今广西桂林)等数十郡的船,自望春楼下,“连樯弥亘数里”。漕船上展示的各地特产,琳琅满目,有锦、镜、铜器、海味、绫衫缎、折造官端绫绣、铜器、罗、吴绫、绛纱、三破糯米、方文绫、玳瑁、珍珠、象牙、沉香、名瓷、酒器、茶椀、茶铛、茶碗、空青石、纸笔、黄连、蕉葛、蚺蛇胆、翡翠等,涉及生活多个方面,其中还有海上丝路的外国商品。玄宗望见大悦,下诏敕曰:“朕关辅之间,尤资殷赡,比来转输,未免艰辛,故置此潭,以通漕运。万代之利,一朝而成,将允叶于永图,岂苟求于纵观。”[①]遂赐其潭名曰“广运潭”,意即“漕通四方”。广运潭庆典活动体现了韦坚重修关中漕渠,再度沟通了关中与关东及江淮的漕运,也反映了这一时期唐王朝持续推进漕运改革的巨大成功。黄河漕运在实现漕粮快捷运达、足赡长安的同时,还实现了江南土特产即“轻货”快速转运长安,漕运范围大为扩大。黄河漕运不仅具有漕运功能,而且还具有商贸功能,促进了不同区域的商贸往来和商品流通速度的加快。

《旧唐书·韦坚传》又说到陕县尉崔成甫使妇人唱《得宝歌》:“先是,人间戏唱歌词云:‘得丁纥反体都董反纥那也,纥囊得体耶?潭里船车闹,扬州铜器多。三郎当殿坐,看唱得体歌。’至开元二十九年,田同秀上言‘见玄元皇帝,云有宝符在陕州桃林县古关令尹喜宅’,发中使求而得之,以为殊祥,改桃林为灵宝县。及此潭成,陕县尉崔成甫以坚为陕郡太守凿成新潭,又致扬州铜器,翻出此词,广集两县官,使妇人唱之,言:‘得宝弘农野,弘农得宝耶!潭里船车闹,扬州铜器多。三郎当殿坐,看唱得宝歌。’成甫又作歌词十首,自衣缺胯绿衫,锦半臂,偏袒膊,红罗抹额,于第一船作号头唱之。和者妇人一百人,皆鲜服靓妆,齐声接影,鼓笛胡部以应之。”[②]陕县尉崔成甫领妇人传唱《得宝歌》,虽属献媚,却留下了重要的历史痕迹。

① 〔后晋〕刘昫等:《旧唐书》卷一百五《韦坚传》,中华书局,1975,第3223页。

② 〔后晋〕刘昫等:《旧唐书》卷一百五《韦坚传》,中华书局,1975,第3223页。

韦坚在广运潭聚漕舟欢歌，主要是为了炫耀自己在漕运上的功劳。而陕县尉崔成甫之所以能够在这场广受瞩目的"博览会"上领唱，除了上级韦坚的关系，还因歌中所唱"得宝"故事的舞台皆与陕州有关。其本人也颇有文采。"得宝"之"宝"，既指桃林"宝符"，又指广运潭宝物。"三郎"指唐玄宗，言唐玄宗通过漕运得到了宝物。这反映了陕州的漕运保障得力，才使得"宝物"大量输入京师。从这个意义上来说，崔成甫领唱《得宝歌》是具有象征意义的。

总之，唐王朝在开元、天宝年间几乎调用了整个国家系统中可用于漕粮周转的所有手段，从漕运制度、漕运条件、漕运手段等诸方面综合改革，多策并举，使漕运事业得到蓬勃的发展，改变了江淮漕粮多半集中于洛阳，而难于大量运至关中的局面。漕运数量和种类大大增加，年运量保持在二百数十万石，达到唐年漕运量的顶点。全国政治军事重心与经济重心因此而更紧密地连通为一个实力雄厚的整体，唐王朝的统治基础随之得到巩固，出现了繁荣的景象，史称"开元之治""开元盛世"。而三门峡漕运的成就对于出现"开元盛世"的特殊作用，值得我们认真理解。

三、唐朝后期的三门峡漕运与王朝兴衰

天宝十四年(755)发生的安史之乱是唐王朝由盛转衰的转折点，漕运形势也随之巨变。一方面，安史之乱摧毁了唐王朝在北方统治的人力和物资基础，加之全国经济重心南移江淮，"天下以江淮为国命"①，"赋取所资，漕挽所出，军国大计，仰于

① 〔唐〕杜牧：《上宰相求杭州启》，〔清〕董诰等编：《全唐文》卷七百五十三，中华书局，1983，第7806页。

江淮”①。而“东南馈饷稍不至,则上下皇皇,立有菜色之忧”②。于是江淮漕运成了唐王朝财赋的主要来源,唐王朝赖此依然维持了一百多年。另一方面,因藩镇林立,割据自肥,唐廷保护漕运生命线的努力又和对藩镇的斗争交织在一起,争夺的对象主要是黄河与汴渠。在复杂和艰难的形势下,三门峡黄河漕运与唐王朝财赋命脉的联系更为紧密,漕运整治与改革仍持续进行,其作为主要的漕运线路,一直勉力维持至唐末。唐朝后期的三门峡漕运又大致可分为安史之乱后—代宗时期、德宗—宪宗时期、穆宗—唐末三个阶段。

1. 安史之乱后—代宗时期:三门峡漕运改革与复兴期

安史之乱期间,中原作为主战场,受到大肆破坏,漕运也因此受到影响。战争双方都把争夺漕路控制权作为制胜战略。叛乱当年,安禄山长驱南下攻克洛阳,又在灵宝西原击败哥舒翰率领的二十万唐军,攻陷长安,致使“漕运路绝”③。在军事紧急状态下,唐军曾利用陕州太原仓、永丰仓展开军事斗争。《新唐书·高仙芝传》记载,封常清率唐军从洛阳撤退,“次陕郡……仙芝急,乃开太原仓,悉以所有赐士卒,焚其余,引兵趋潼关”④。后来郭子仪追击叛军崔乾佑,“子仪遂收陕郡永丰仓。自是潼、陕之间无复寇钞”⑤。这为接下来收复长安打下了良好基础。至德二载九月,回纥助唐讨史朝义,也曾食用太原仓漕粮。当时唐军为回纥规划了几条进军路线,皆被否定,直到许以“取陕州太阳津路,食太原仓粟而东”⑥,回纥始同意出兵,由太阳津渡河攻洛阳。太原仓、永丰仓为唐军平定叛乱提供了粮食补给。至

① 〔唐〕权德舆:《论江淮水灾上疏》,〔清〕董诰等编:《全唐文》卷四百八十六,中华书局,1983,第 4962 页。

② 〔元〕马端临撰,上海师范大学古籍研究所等点校:《文献通考》卷二十一《市籴考二》,中华书局,2011,第 611 页。

③ 〔后晋〕刘昫等:《旧唐书》卷一百三十八《韦伦传》,中华书局,1975,第 3781 页。

④ 〔宋〕欧阳修等:《新唐书》卷一百三十五《高仙芝传》,中华书局,1975,第 4578~4579 页。

⑤ 〔后晋〕刘昫等:《旧唐书》卷一百二十《郭子仪传》,中华书局,1975,第 3451 页。

⑥ 〔后晋〕刘昫等:《旧唐书》卷一百九十五《回纥传》,中华书局,1975,第 5203 页。

唐军与回纥收复洛阳，三门峡漕运始得复通。肃宗末年，史朝义出兵宋州，再陷洛阳，漕运再次受阻。关中漕运只得仰仗长江、汉水运道，经襄阳、汉中等地漕运关中。

不过，江汉漕路并未维持很久。《新唐书 · 食货三》记载："河南尹刘晏为户部侍郎，兼句当度支、转运、盐铁、铸钱使，江淮粟帛，繇襄、汉越商于以输京师。及代宗出陕州，关中空窘，于是盛转输以给用。"[①]同书《萧颖士传》："官兵守潼关，财用急，必待江、淮转饷乃足，饷道由汉、沔。"[②]《资治通鉴》胡注："自安禄山作乱，关、洛路阻，漕运泝江入汉，抵梁、洋。"然后还要翻越秦岭大山，才能运至关中。运路迂远艰辛，运费贵，运量小，"迂险劳费"[③]，远不足以满足长安供给。"自兵兴以来，凶荒相属，京师米斛万钱，官厨无兼时之食，百姓在畿甸者，拔谷挼穗，以供禁军。"[④]长此以往，后果不堪设想。因此，安史之乱甫一平息，广德二年(764)三月，唐代宗即以刘晏"为河南及江淮已来转运使"[⑤]，着力恢复漕运，由此开始了唐代第二次也是唐后期最大的一次漕运改革。

刘晏进行漕运改革，事先有沿河实地勘察调研的准备，他也因此成为史籍明确记载的因漕运建设，沿河长途实地勘察的高级官员。《新唐书 · 刘晏传》记载：晏"乃自按行，浮淮、泗，达于汴，入于河。右循底柱、硖石，观三门遗迹；至河阴、巩、洛"[⑥]。行程长达三千余里。也正是因他注重调查研究，"步步探讨"[⑦]，故能获得"尽得其病利"[⑧]的调研效果，最终制定出一套较完整的漕运改革方案。

---

① 〔宋〕欧阳修等：《新唐书》卷五十三《食货三》，中华书局，1975，第1368页。

② 〔宋〕欧阳修等：《新唐书》卷二百二《萧颖士传》，中华书局，1975，第5769页。

③ 〔宋〕司马光编著，〔元〕胡三省音注：《资治通鉴》卷二百二十三《唐纪三十九》，唐代宗广德二年，中华书局，1956，第7164页。

④ 〔后晋〕刘昫等：《旧唐书》卷四十九《食货下》，中华书局，1975，第2118页。

⑤ 〔后晋〕刘昫等：《旧唐书》卷四十九《食货下》，中华书局，1975，第2117页。

⑥ 〔宋〕欧阳修等：《新唐书》卷一百四十九《刘晏传》，中华书局，1975，第4794页。

⑦ 〔后晋〕刘昫等：《旧唐书》卷一百二十三《刘晏传》，中华书局，1975，第3512页。

⑧ 〔宋〕欧阳修等：《新唐书》卷一百四十九《刘晏传》，中华书局，1975，第4794页。

在刘晏看来，要想挽救唐王朝的中衰局面，打通运河漕运，转运江淮漕粮是“此今之切务，不可失也”。而恢复漕运也有四大困难即“四病”：“起宜阳、熊耳，虎牢、成皋五百里，见户才千余，居无尺椽……而使转车挽漕，功且难就，为一病；河、汴自寇难以来，不复穿治……涉泗千里，如罔水行舟，为二病；东垣、底柱，渑池、北河之间六百里，戍逻久绝，夺攘奸宄，夹河为薮，为三病；淮阴去蒲坂，亘三千里，屯壁相望……挽漕所至，辄留以馈军，非单车使者折简书所能制，为四病。”[①]“四病”中一、三项专指长安、洛阳间漕路。在他所讲恢复漕运的“四利”即四大益处中，也有两项专指这条漕路。可知刘晏漕运改革一如裴耀卿，仍是以畅通长安、洛阳间漕路，恢复汴河及黄河漕运为首要目标，以破解三门之险为关键，因而改革的诸多措施也针对三门之险，并直接在三门峡漕运中推行。

有关刘晏改革的具体内容，学界已有较深入研究。就其特点看，既取法于裴耀卿，又有所创新，重在漕路和管理适时而变。

刘晏对漕路的改进与调整是在裴耀卿的基础上进行的。依《新唐书·食货三》的记载，他将运河漕运“随江、汴、河、渭所宜”划分为四段，原则上是“江船不入汴，汴船不入河，河船不入渭；江南之运积扬州，汴河之运积河阴，河船之运积渭口，渭船之运入太仓”[②]。漕船在各自特定较短的河道上径直往返，不停滞，不久等，节省时间、人力，提高效率。四段中除第一段将原来的江汴直运改为分节转运，即“江船不入汴”外，改进最大的是第三段，即“河船不入渭”。裴耀卿时这一段不但一分为四，而且包括一段十八里的三门陆运，虽组织较为成功，但水陆转搬四次方可抵达渭水，费事费力，且有损耗。刘晏根据当时开元新河凿通和栈道修复等情况，不再于集津仓卸转陆运，而从河阴仓直达渭口永丰仓，不仅省却了三道中转环节，而且完全用水运取代传统陆运。这是此前从未做到过的事情，故而历来评价第三段

① ［宋］欧阳修等：《新唐书》卷一百四十九《刘晏传》，中华书局，1975，第4794~4795页。

② ［宋］欧阳修等：《新唐书》卷五十三《食货三》，中华书局，1975，第1368页。

是刘晏调整漕路最为成功的一段。

对漕运管理的改进与调整，刘晏更是殚精竭虑，多有创新。归纳起来，大体有以下四个方面：

一是采用雇佣制，建立一支新的专业漕运队伍。“初，州县取富人督漕挽，谓之‘船头’”，既不专业，也使百姓痛苦。“人不堪命，皆去为盗贼。”刘晏改民运为官运，减去中间环节，“始以官船漕，而吏主驿事，罢无名之敛”①。“晏始以盐利为漕佣，自江淮至渭桥，率十万斛佣七千缗，补纲吏督之。不发丁男，不劳郡县”，建立起一支新的专业漕运队伍，解脱了百姓无偿漕运的负担，“盖自古未之有也”②。针对以往“运关东谷入长安者，以河流湍悍，率一斛得八斗至者，则为成劳，受优赏”的弊端，刘晏“以为江、汴、河、渭，水力不同，各随便宜，造运船，教漕卒”③。对所雇漕工分立江漕、汴漕、河漕、渭漕等进行专业训练，并长期固定在某一河道，使之掌握和熟悉该河道行船技术，“人人习河险”④，减少漕运事故。

二是改民船为官船，统一制造和开发新型漕船。漕运所用船只以往都由州郡征自民间，规格不一，质量参差不等。刘晏在扬子设置十个船厂，统一制造漕船，并开发出两种特殊构造的新型漕船：“歇艎支江船”和“上门填阙船”。前者适于在水流平缓的汴河上航行，后者则适于在黄河三门险滩上行驶。所谓“上门”指具有驶上三门峡的能力，“填阙”言船配备齐整。两种船都建造数千艘以应需要。“每造一船，破钱一千贯，而实费不及五百贯。或讥其枉费，晏曰：‘大国不可以小道理，凡所创置，须谋经久。’……凡五十余年，船场既无破败，馈运亦不阙绝。”⑤为减轻转

① 〔宋〕欧阳修等：《新唐书》卷一百四十九《刘晏传》，中华书局，1975，第 4798 页。

② 〔后晋〕刘昫等：《旧唐书》卷四十九《食货下》，中华书局，1975，第 2117 页。

③ 〔宋〕司马光编著，〔元〕胡三省音注：《资治通鉴》卷二百二十六《唐纪四十二》，唐德宗建中元年，中华书局，1956，第 7286 页。

④ 〔宋〕欧阳修等：《新唐书》卷五十三《食货三》，中华书局，1975，第 1368 页。

⑤ 〔元〕马端临撰，上海师范大学古籍研究所等点校：《文献通考》卷二十五《国用考三》，中华书局，2011，第 739 页。

运损耗，刘晏“命囊米而载以舟”，即改用麻袋或蒲包盛装船载转运。这是我国较早的包装装卸制。漕费因此节省，且装卸方便，速度快。上三门，“斗米减钱九十”。船行三门峡，离不开纤夫挽船和船队组织。以往因牵挽绳索力度不够，常发生“绳多绝，挽夫辄坠死”的惨剧。刘晏特“调巴、蜀、襄、汉麻枲竹筱为绹挽舟”。指用南方坚韧的麻枲、竹筱制成纤绳，供纤夫挽船之用，并定期更换废坏的纤绳，“以朽索腐材代薪，物无弃者”，减少运输成本。

三是创行“纲运”制度，以十船为一纲（即一个船队），分批运送，编队航行，军将监押保护。《新唐书·食货三》记载：“每船受千斛，十船为纲，每纲三百人，篙工五十，自扬州遣将部送至河阴，上三门。”[①]这一改革使漕粮定量装载，分纲承运，秩序分明，固定了篙工、纤夫和押运人员的责任范围，也减少了途中损耗、偷盗等弊端。在三门峡险要地段，牵挽也不再是以船只为单位各行其是，而是以一纲漕船统一调度篙工与纤夫，船上力量与牵挽相配合，群策群力勇闯三门。如李繁《邺侯家书》所说：“唐时运漕，自集津上至三门，皆一纲船夫并牵一船，仍和雇侧近数百人挽之。”[②]成功者明赏奖励，绩效考核，十次运输无失者得奖，并可授予官职。

四是优化分级接运制度。刘晏在裴耀卿分级接运的基础上进一步优化，发展为“江船不入汴，汴船不入河，河船不入渭；江南之运积扬州，汴河之运积河阴，河船之运积渭口，渭船之运入太仓”制度[③]，严格分航段接运，严格各航段转运漕粮入漕仓的地点，根据不同季节、天气和水文情况，或分段运输就地仓储，或适时起运，充分发挥沿河漕仓的作用。这与其将漕运队伍分为江漕、汴漕、河漕、渭漕，进行专业训练是一致的。宋人吕祖谦对此评价甚高：“议论漕运，其大略自江入淮，自淮入汴，自洛入河，自河入渭，各自征输，水次各自置仓。如集津仓、洛口仓、含嘉仓、河

① 〔宋〕欧阳修等：《新唐书》卷五十三《食货三》，中华书局，1975，第 1368 页。

② 〔宋〕曾慥编纂，王汝涛校注：《类说校注》（上），福建人民出版社，1996，第 46 页。

③ 〔宋〕欧阳修等：《新唐书》卷五十三《食货三》，中华书局，1975，第 1368 页。

阴仓，渭桥转相般运，道途之远，此法遂坏。自当时刘晏再整顿运漕之法，江淮之道，各自置船，淮船不入汴，汴船不入河，河船不入渭，水之曲折，各自便习，其操舟者所以无倾覆之患，国计于是足。”①

刘晏通过优化漕路，制定严格的制度和严密的管理办法，解决了唐王朝漕运过程中的难题。由上述刘晏改革漕运的措施看，其在黄河漕运上的成功主要是因其采取了多种措施，较好地解决了三门一段的漕路设计和转运的问题，降低了漕船过三门峡时的风险。因安史之乱而中衰的黄河漕运重新焕发活力。原来江淮漕粮运到关中，一般费时 9 个月，改革后只需 40 天。每年由江淮漕运至关中的漕粮，多时“岁转粟百一十万石，无升斗溺者”②，少时也有五十万石。“自是关中虽水旱，物不翔贵矣”③。除漕粮外，还有“轻货自扬子至汴州，每驮费钱二千二百，减九百，岁省十余万缗”④。以此测算，“轻货”年运量达十一余万驮。虽然漕运量远低于裴耀卿、韦坚改革后的水平，但在当时形势下，已然成为唐王朝保持其统治至关重要的物质基础。当刘晏组织的第一批漕粮运达长安时，“天子大悦，遣卫士以鼓吹迓东渭桥，驰使劳曰：‘卿，朕酂侯也。’”⑤唐代宗把刘晏比作西汉萧何，可见倚重至深。《资治通鉴》记载：“晏始为转运使，时天下见户不过二百万，其季年乃三百余万……其初财赋岁入不过四百万缗，季年乃千余万缗。”⑥

“晏始以盐利为漕佣”，一直被视为刘晏漕运改革的重大创举和成功的关键。刘晏利用身兼盐铁使的权力，以榷盐破解漕运中的难题，以盐利保漕运，用盐税补

① 〔元〕马端临撰，上海师范大学古籍研究所等点校：《文献通考》卷二十五《国用考三》，中华书局，2011，第 753 页。

② 〔宋〕欧阳修等：《新唐书》卷五十三《食货三》，中华书局，1975，第 1368 页。

③ 〔宋〕欧阳修等：《新唐书》卷一百四十九《刘晏传》，中华书局，1975，第 4795 页。

④ 〔宋〕欧阳修等：《新唐书》卷五十三《食货三》，中华书局，1975，第 1368 页。

⑤ 〔宋〕欧阳修等：《新唐书》卷一百四十九《刘晏传》，中华书局，1975，第 4795 页。

⑥ 〔宋〕司马光编著，〔元〕胡三省音注：《资治通鉴》卷二百二十六《唐纪四十二》，唐德宗建中元年，中华书局，1956，第 7286 页。

贴漕运费用,漕运与盐政关系因是更加紧密。玄宗初期漕运物品已呈漕粮为主,兼运“轻货”特产的多样化模式。刘晏主持盐政改革,推行民产、官收、商运、商销,以河南、陕西为河东池盐销售区,运销线路有经黄河漕运者。裴耀卿时在三门西置仓,《通典》《唐会要》称“三门仓”,《旧唐书》则称“盐仓”,《新唐书》和《元和郡县图志》称“盐仓”或“三门仓”。这种记载的差异,或许说明三门仓是本名,盐仓是后起名。可能是在裴耀卿北运废罢后,又将三门仓专作运盐仓使用,即将河东池盐,先输纳入盐仓,再由黄河漕运关中或下游洛阳等地。这样的变革当与刘晏盐政改革相关。盐仓的出现意味着河东池盐被官方正式明确纳入漕运物品。盐仓(三门仓)成为唐代河渭转运仓中唯一的漕盐专用仓。可知唐代三门峡漕运不仅是从下往上转漕江淮漕粮、轻货以给关中,而且也是自上而下,转漕河东盐以销往外地。三门峡漕运物品的多样化反映了唐代漕运的新发展。

刘晏漕运改革的巨大成功,对恢复被战争动摇了的唐王朝统治的经济基础,挽救唐王朝中衰的局面起到了积极作用。正如刘晏所言:“今舟车既通,商贾往来,百货杂集,航海梯山,圣神辉光,渐近贞观、永徽之盛。”①有学者评价:“如果说,中唐曾出现了复兴,那么,这与刘晏所实行的改革,也是有一定关系的。”②唐代后期漕运“凡所制置,皆自晏始”③。司马光评价说:“唐世推漕运之能者,推晏为首,后来者皆遵其法度云。”④

2.德宗—宪宗时期:三门峡黄河漕运中兴期

刘晏的漕运改革虽比较完备,其实行编纲督运,用军将护漕,也有防范藩镇劫

---

① 〔后晋〕刘昫等:《旧唐书》卷一百二十三《刘晏传》,中华书局,1975,第3513页。

② 潘镛、王永谦:《隋唐运河与中晚唐漕运》,唐宋运河考察队:《运河访古》,上海人民出版社,1986,第58页。

③ 〔后晋〕刘昫等:《旧唐书》卷四十九《食货下》,中华书局,1975,第2117页。

④ 〔宋〕司马光编著,〔元〕胡三省音注:《资治通鉴》卷二百二十三《唐纪三十九》,唐代宗广德二年,中华书局,1956,第7164页。

掠的意图,但唐代后期藩镇割据活动是朝廷无法抑制的。从大历年间开始,黄河漕运就受到阻扰。

大历元年(766)十二月,同、华二州节度使及潼关防御使周智光在潼关附近"聚亡命不逞之徒,众至数万,纵其剽掠"过境漕运物资。"时淮南节度使、检校右仆射崔圆入觐,方物百万,智光强留其半。举选之士竦骇,或窃同州路以过,智光使部将邀斩于乾坑店,横死者众。"路过此地的虢州刺史庞充及陕州监军张志斌也遭杀害。周智光多次劫留漕粮,"劫诸节度使进奉货物及转运米二万石",乃"据州反",直接阻断进出长安的东西交通,"同、华路绝"。唐代宗遣使走间道传诏郭子仪派军镇反。周智光被部将斩首。"时淮西节度使李忠臣入觐,次潼关,闻智光阻兵,驻所部将往御之。及智光死,忠臣进兵入华州大掠,自赤水至潼关二百里间,畜产财物殆尽,官吏至有著纸衣或数日不食者。"[①]华州再遭蹂躏,东西交通又受破坏。平定周智光之乱后,代宗将同、华降格并拆分为只领有一州的非完全节镇,又诏神策军于"潼关置兵三千"[②],加强对潼关的控制。潼关一度受阻的漕路得以恢复。

鉴于周智光之乱隔断交通的教训,代宗着手调整陕虢镇,恢复陕州运使设置,强化其转漕和护漕能力。

陕虢镇设于乾元二年,其时正值安史之乱,唐军兵溃相州,叛军前锋直逼洛阳之际。唐于陕州设陕虢华节度使,将分隶都畿的陕州、河东道的虢州和京畿的华州结成藩镇。上元二年,华州析出,另置镇国军节度,以陕、虢二州为陕虢镇。这一系列操作,主要是为发挥陕虢"藩垣两京"[③]的政治军事战略价值。广德二年,刘晏改革运河漕运,陕虢控扼河渭漕路及漕运转运中心地位随之恢复。《旧唐书·德宗

---

① 〔后晋〕刘昫等:《旧唐书》卷一百一十四《周智光传》,中华书局,1975,第 3369 页。

② 〔后晋〕刘昫等:《旧唐书》卷十一《代宗纪》,中华书局,1975,第 285 页。

③ 〔唐〕穆员:《陕虢观察使卢公墓志铭》,〔清〕董诰等编:《全唐文》卷七百八十四,中华书局,1983,第 8197 页。

纪》记载,大历十四年(779),“以江西观察使杜亚为陕州长史,充转运使”①。有论者将此作为安史之乱后陕州运使复置的时间,恐不确。三门峡温塘石窟原名“温塘古寺”,建于武周长安二年(702),大历九年(774)扩建。在中洞观音立像下有题记曰:“唐大历九年陕州督府长史兼御史大夫陕虢观察防御转运等使皇甫温敬造。”皇甫温为宦官鱼朝恩的亲信将领。显见至迟在大历九年陕州运使已重设,并由藩帅兼任。这一举措凸显了朝廷调整陕虢功能,以转漕和护漕的经济价值取代其军政价值的意图。这一意图最明显地体现在德宗处理贞元元年(785)陕虢都兵马使达奚抱晖动乱及随后的李泌整治三门峡漕路事件中。

建中二年(781),唐德宗一改代宗对藩镇的姑息态度,全面发动削平藩镇割据势力的战争。拥兵自重的藩镇割据跋扈,或切断运河漕运,或拦阻、截留漕运物资,运河漕路时断时续,致使朝廷出现空前财政困难和粮食恐慌,直接引发“泾师之乱”,德宗被迫逃往奉天、梁州。至兴元元年(784)七月平乱后,始返驾京师。其时关中又遇连年灾害,致使农业歉收,粮荒异常严重。《资治通鉴》记载兴元元年十一月李泌上言:“今天下旱、蝗,关中米斗千钱,仓廪耗竭。”②贞元元年七月,“大旱,灞、浐将竭,长安井皆无水。度支奏中外经费才支七旬”③,甚至天子六宫及禁军亦受到粮荒的威胁。《新唐书·食货三》称:“贞元初,关辅宿兵,米斗千钱,太仓供天子六宫之膳不及十日,禁中不能酿酒,以飞龙驼负永丰仓米给禁军,陆运牛死殆尽。”④国用不足,军饷无着,引发兵变。贞元二年(786)三月,“关中仓廪竭,禁军或

① 〔后晋〕刘昫等:《旧唐书》卷十二《德宗纪》,中华书局,1975,第321页。

② 〔宋〕司马光编著,〔元〕胡三省音注:《资治通鉴》卷二百三十一《唐纪四十七》,唐德宗兴元元年,中华书局,1956,第7448页。

③ 〔宋〕司马光编著,〔元〕胡三省音注:《资治通鉴》卷二百三十一《唐纪四十七》,唐德宗贞元元年,中华书局,1956,第7459页。

④ 〔宋〕欧阳修等:《新唐书》卷五十三《食货三》,中华书局,1975,第1369页。

自脱巾呼于道曰:‘拘吾于军而不给粮,吾罪人也!’上忧之甚”①。

面对仓廪空虚、国用不足,已严重威胁到朝廷生存的形势,唐王朝只得一方面加强东南运河线和江汉线漕转京师;另一方面在陕洛间采取北路水运和南路陆运同步进行,以北运为主的措施,以保障关中供给。其时,刘晏开创的漕运大好局面,在刘晏罢相后,由于朝廷内部理财政策及转运思路的变化,制度屡遭破坏。三门峡漕运更是困难重重,危机四伏。《新唐书·食货三》记载:“岁漕经底柱,覆者几半。河中有山号‘米堆’,运舟入三门,雇平陆人为门匠,执标指麾,一舟百日乃能上。谚曰:‘古无门匠墓。’谓皆溺死也。”②李繁《邺侯家书》记之更详:“唐时运漕,自集津上至三门,皆一纲船夫并牵一船,仍和雇侧相近数百人挽之。河流如激箭,又三门常有波浪,每日不能进一二百船。触一暗石,即船碎如末,流入漩涡中,更不复见。上三门篙工,谓之门匠,悉平陆人为之。执一标指麾,以风水之声,人语不相闻。陕人云:‘自古无门匠墓。’言皆沉死也。故三门之下,河中有山名米堆谷堆。每纲上三门,无损伤,亦近百日方毕,所以漕运艰阻。”③唐廷采取雇用熟悉三门峡黄河水情的平陆人“执标指麾”办法,引导漕船通过三门天险,但损失巨大。

就在此时,贞元元年七月又发生了陕州达奚抱晖之乱。《资治通鉴》记载:“陕虢都兵马使达奚抱晖鸩杀节度使张劝,代总军务,邀求旌节,且阴召李怀光将达奚小俊为援。”其时,德宗平泾原兵变方从梁州(今陕西汉中)返驾长安,李怀光盘踞晋南,威胁京师。而事件的严重性不仅在军事上,更可在经济上给朝廷以致命一击。“上谓李泌曰:‘若蒲、陕连衡,则猝不可制。且抱晖据陕,则水陆之运皆绝矣。’”李泌临危受命,被任命为陕虢都防御观察水陆运使。他根据对达奚抱晖当时还不想马上公开对抗朝廷等情况的分析,只身前往。经过周密安排和部署,不费

---

① 〔宋〕司马光编著,〔元〕胡三省音注:《资治通鉴》卷二百三十二《唐纪四十八》,唐德宗贞元二年,中华书局,1956,第7469页。

② 〔宋〕欧阳修等:《新唐书》卷五十三《食货三》,中华书局,1975,第1370页。

③ 〔宋〕曾慥编纂,王汝涛校注:《类说校注》(上),福建人民出版社,1996,第46页。

一兵一卒,成功弭乱。蠢蠢欲动的“达奚小俊引兵至境,闻泌已入陕而还”①。这一事件被后世总结为“李泌单骑抚陕虢”“李泌单骑入陕”,而成为三门峡漕运史上最能体现智谋、勇气和责任担当的典型事件。贞元三年(787)正月,李泌又成功地平定了淮西兵马使吴少诚的叛乱,在太原仓隘道伏击淮西兵,歼敌死千余人,追斩吴法超,进一步稳定了陕州局势。

李泌受命后最重要的贡献还不在于他成功消弭陕州之乱,而在于他在稳定局面后对三门峡漕运系统的成功整治。《资治通鉴》记载:贞元二年二月,“陕州水陆运使李泌奏:‘自三门至集津仓,凿山开车道十八里,以避底柱之险。’是月道成”。胡注:“车道者,陆运之道,舍舟而车运也。”②《新唐书·食货三》:“陕虢观察使李泌益凿集津仓山西径为运道,属于三门仓,治上路以回空车,费钱五万缗,下路减半;又为入渭船,方五板,输东渭桥太仓米至凡百三十万石,遂罢南路陆运。”③

李泌整治三门峡漕运的工程有两个,一是开拓陆路,在陕州集津仓与三门仓之间,凿山新修一条十八里车道,即“上路”。同时拓宽加固裴耀卿所开旧道,即“下路”,两道大致平行,形成复线。上路用来返回空车,下路用来运行粮车。这就使重、空车各有所行,避免上下狭路回车危险,提高运输效率。二是针对渭水流浅沙深的特点新造适宜渭水行船的“方五板”漕船,缓解漕运关中的航运困难,提高西输太仓的效率。工程二月完工。“三月,入河运第一纲米三万石,自集津车般至三门,十日而毕,造入渭船亦成,米至陕。”④三门峡漕运复通,遂罢南路陆运。此后,

---

① 〔宋〕司马光编著,〔元〕胡三省音注:《资治通鉴》卷二百三十一《唐纪四十七》,唐德宗贞元二年,中华书局,1956,第 7457 页。

② 〔宋〕司马光编著,〔元〕胡三省音注:《资治通鉴》卷二百三十二《唐纪四十八》,唐德宗贞元二年,中华书局,1956,第 7468 页。

③ 〔宋〕欧阳修等:《新唐书》卷五十三《食货三》,中华书局,1975,第 1370 页。

④ 〔宋〕司马光编著,〔元〕胡三省音注:《资治通鉴》卷二百三十二《唐纪四十八》,唐德宗贞元二年,中华书局,1956,第 7476 页。

“漕米无砥柱之患，大济京师”[1]。岁漕一度达到一百三十万石，此后基本保持在四十万石水平。《资治通鉴》记述唐德宗闻知首批漕粮至陕州情形：“会韩滉运米三万斛至陕，李泌即奏之。上喜，遽至东宫，谓太子曰：‘米已至陕，吾父子得生矣！’时禁中不酿，命于坊市取酒为乐。又遣中使谕神策六军，军士皆呼万岁。”[2]可见李泌整治三门峡漕运成功，在经济上支持了摇摇欲坠的唐朝统治，缓解了因经济危机引发的政局动荡。

所谓“会韩滉运米三万斛至陕”，与李泌此前成功解消德宗与韩滉间的猜疑，稳定南方有关。兴元元年，唐德宗因润州刺史、镇海军节度使韩滉修石头城而疑之。韩滉控扼漕运咽喉京口（即今镇江），李泌认识最为深切，故力排众议，最终说服德宗。“滉感悦流涕，即日自临水滨，发米百万斛。”[3]顾况《韩公（滉）行状》云：“自公当漕运，初年四十七万，二年七十万，末年一百万。”[4]朝廷与韩滉间摩擦扫除，李泌又打通三门漕路，二者相得益彰，长安与江淮间漕运线得以重新贯通。而“韩滉运米三万斛至陕”，唐德宗即有“吾父子得生矣”之慨，前揭《韩公（滉）行状》也有“船至垣曲，王师大振”的记载，说明当时江淮漕粮只要运至陕州，就可安全运进长安，可见李泌整治三门峡漕运对畅通运河漕运线之功效是明显而又重大的。诗人孟郊《赠转运陆中丞》诗形象地描述了这一史实：“楚仓倾向西，吴米发自东。帆影咽河口，车声聋关中。尧知才策高，人喜道路通。”[5]诗的前两句概指漕粮的东吴西楚两个来源。中间两句中的“河口”，指关中漕渠汇合黄河的入口。河口船只

① ［宋］李昉等：《太平广记》卷三十八《李泌》，中华书局，1961，第241页。

② ［宋］司马光编著，［元］胡三省音注：《资治通鉴》卷二百三十二《唐纪四十八》，唐德宗贞元二年，中华书局，1956，第7469页。

③ ［宋］司马光编著，［元］胡三省音注：《资治通鉴》卷二百三十一《唐纪四十七》，唐德宗兴元元年，中华书局，1956，第7449页。

④ ［唐］顾况：《检校尚书左仆射同中书门下平章事上柱国晋国公赠太傅韩公行状》，［清］董诰等编：《全唐文》卷五百三十，中华书局，1983，第5383页。

⑤ ［唐］孟郊：《赠转运陆中丞》，［清］彭定求等编：《全唐诗（增订本）》卷三百七十七，中华书局，2008，第4246页。

糜集，帆影遮日，从三门峡而来的陆路上，车队络绎不绝，声振关中，一片漕运繁忙景象。而“人喜道路通”句则代表着当时上自皇帝、下至百姓因漕路复通而发自肺腑的喜悦。

值得注意的是，陕州弭乱后，德宗“加泌陕虢观察使”，而不赐旌节、加节度使之号。一般而言，节度使号侧重军事意义，观察使号侧重民政意义。李泌为德宗心腹。此一做法透露出德宗既崇厚其关守，又抑制其兵马的审慎考虑，特别值得研究者注意。

李泌之后，朝廷更加重视对陕虢的控制，屡屡刻意淡化陕虢的军事色彩，慎择德行持重的大员，从而维系两京之间的交通与安定。文献中多有“陕服居函关砥柱之冲焉，于二千石元侯之选，斯近而重”①。“上以陕郊之守，藩垣二京，冠冕诸夏，非沃心之臣勿授。”②“今自关东由洛而右，数百里之地，尽置为轺车臣所理。盖有以表率方夏，张皇京洛，聿求其良，用副优寄”③的记载。贞元三年以后，黄河北岸的垣县（治今垣曲东南）一度划归陕州统辖，也是为了巩固黄河漕运而采取的强化措施。与其他藩镇多有武将担任不同，有学者统计，陕虢藩帅来源于“文职”的比例高达90%，“朝官化”即来自中央官员直接出镇者比例也在60%以上④。著名者如杜佑、于頔、令狐楚、杜审权、夏侯孜等都是或满腹经纶，或富有韬略的政治家，对朝廷极为恭顺。由于朝廷重视，藩帅选用得当，唐后期绝大部分时间内，朝廷对陕虢的控制稳固。陕虢镇在继续保有“藩垣两京”政治军事战略价值的同时，其“控二京舟车之会”的漕运枢纽地位凸显，在保证漕粮西入关中上发挥了独特而重要的

① 〔唐〕权德舆：《故中散大夫守尚书右仆射上柱国赐紫金鱼袋赠太子太保姚公神道碑铭》，〔清〕董诰等编：《全唐文》卷五百，中华书局，1983，第5095页。

② 〔唐〕穆员：《陕虢观察使卢公墓志铭》，〔清〕董诰等编：《全唐文》卷七百八十四，中华书局，1983，第8197页。

③ 〔唐〕元稹：《授卫中行陕州观察使制》，〔清〕董诰等编：《全唐文》卷六百四十八，中华书局，1983，第6563页。

④ 朱德军：《唐代中原藩镇研究》，陕西师范大学博士论文，2009，第66页。

作用。

唐宪宗时，积极改革内政，对藩镇采取强硬的抑制政策，同时整顿、改善漕运，漕运和削藩互为依托，取得重大成果，出现了“元和中兴”的盛况。

元和元年(806)，唐宪宗以李巽为度支转运使，主持漕运及盐铁等事宜。《旧唐书·食货下》载：“自榷筦之兴，惟刘晏得其术，而巽次之。然初年之利，类晏之季年，季年之利，则三倍于晏矣。旧制，每岁运江淮米五十万斛，至河阴留十万，四十万送渭仓。晏殁，久不登其数，惟巽秉使三载，无升斗之阙焉。”[①]

李巽的改革既势在必行又效果良好。其一，改革切中漕运时弊。唐宪宗即位后采取的强硬削藩政策，亟需运河漕运充裕物资来支撑。而德宗以降，漕吏徇私，“部吏舟人相挟为奸”[②]，导致漕法荡然，已成为漕运的一大痼疾，致使“漕益少，江淮米至渭桥者才二十万斛”[③]。史籍未载李巽改革的具体办法，但权德舆作《遗爱碑》谈到李巽在江西时就曾谋求漕路统一管理，“以封内馈饷，道路风波，转漕沿洄，僦载烦苦，僝功度木，为之舟楫。程其远迩，而师以足食”[④]。《旧唐书》本传亦称李巽“锐于为理”，“精于吏职”，“持下以法，吏不敢欺，而动必察之”，“人吏有过，丝毫无所贷，虽在千里外，其恐栗如在巽前”[⑤]。可知李巽主要通过严治漕吏，抑制贪墨渎职，来整顿业遭破坏的漕运系统，恢复“刘晏之法”，从而重新激发了漕运组织的权能。值得注意的是，李巽改革漕运时，曾有对三门峡漕运整顿的措施。元和三年(808)四月，唐扩建河阴仓，“增置河阴仓屋一百五十间”[⑥]，成为唐后期最大的

---

① 〔后晋〕刘昫等：《旧唐书》卷四十九《食货下》，中华书局，1975，第2120页。

② 〔宋〕欧阳修等：《新唐书》卷五十三《食货三》，中华书局，1975，第1371页。

③ 〔宋〕欧阳修等：《新唐书》卷五十三《食货三》，中华书局，1975，第1370页。

④ 〔唐〕权德舆：《大唐湖南都团练观察处置等使朝散大夫检校左散骑常侍持节都督潭州诸军事兼潭州刺史御史中丞云骑尉赐紫金鱼袋李公遗爱碑铭》，〔清〕董诰等编：《全唐文》卷四百九十六，中华书局，1983，第5054页。

⑤ 〔后晋〕刘昫等：《旧唐书》卷一百二十三《李巽传》，中华书局，1975，第3521~3522页。

⑥ 〔宋〕王溥：《唐会要》卷八十七《漕运》，中华书局，1960，第1598页。

转运仓，同时停止在陕州太原仓留贮漕粮，陕州漕政事务由中央运使直接管理。此外，在平陆老鸦石第二段栈道还新发现编号 T8 题刻："元和元年□士元""□□石匠□□耳"[①]。这些特殊的措施体现了李巽对刘晏贯通河阴至关中漕路改革的理解和继承。此与严治漕吏相得益彰，同为李巽恢复"刘晏之法"的重要举措。

其二，改革效果突出。《新唐书·食货三》记载："自刘晏后，江淮米至渭桥浸减矣，至巽乃复如晏之多。"[②]李巽的改革使漕运"中兴"，年漕量回升，达到中唐水平。《旧唐书·食货下》："旧制，每岁运江淮米五十万斛，至河阴留十万，四十万送渭仓。晏殁，久不登其数，惟巽秉使三载，无升斗之阙焉。"[③]有力地支持和推动了宪宗朝的"中兴"事业。

李巽主持盐铁漕运三年便因病逝世。元和六年(811)，王播任盐铁转运使，继续致力于漕运改革。

一是严刑治漕。《新唐书·食货三》记载："自江以南，补署皆剸属院监，而漕米亡耗于路颇多。刑部侍郎王播代坦，建议米至渭桥五百石亡五十石者死。其后判度支皇甫镈议万斛亡三百斛者偿之，千七百斛者流塞下，过者死；盗十斛者流，三十斛者死。而覆船败挽，至者不得十之四五。部吏舟人相挟为奸，榜笞号苦之声闻于道路，禁锢连岁，赦下而狱死者不可胜数。其后贷死刑，流天德五城，人不畏法，运米至者十亡七八。盐铁、转运使柳公绰请如王播议加重刑。大和初，岁旱河涸，掊沙而进，米多耗，抵死甚众，不待覆奏。"[④]王播以严刑峻法来保障漕运，开创了通过引入刑罚制度来惩治漕吏贪污以及不作为现象的先河。在当时中央无力彻底解决藩镇阻断运河形势下，对漕运中吏卒侵盗等问题加以重刑，体现出在一定范围内

① 山西省考古研究所、山西大学考古专业、运城市文物工作队：《黄河漕运遗迹——山西段》，科学技术文献出版社，2004，第 147 页。

② 〔宋〕欧阳修等：《新唐书》卷五十三《食货三》，中华书局，1975，第 1370 页。

③ 〔后晋〕刘昫等：《旧唐书》卷四十九《食货下》，中华书局，1975，第 2120 页。

④ 〔宋〕欧阳修等：《新唐书》卷五十三《食货三》，中华书局，1975，第 1370~1371 页。

维持漕运的努力。这种“严刑治漕”的理念也为后任盐铁使所继承发展。

二是疏整三门河道。李宗闵《王公神道碑》记载，王播任盐铁转运使，“疏三门，挽沉石，以济巨舻，关中遂忘其饥”[①]。“疏三门”，即清除历次开凿人门北岸栈道而沉入河中的“沉石”，扫除漕船通行障碍。以往杨焉、李齐物等凿三门砥柱，镌石落入河中，令水势更激喘，舟不能入河。王播“疏三门，挽沉石”，这是三门峡漕运史上的一个创举，成效也十分显著，三门峡可通“济巨舻”，漕粮运量增加，足使“关中遂忘其饥”。王播之后，史籍中再也见不到疏浚三门峡漕路的记载。究其原因，很可能是王播“疏三门，挽沉石”较为成功，一直为后人所沿用。

元和年间是唐后期漕运整顿较为密集的一个时期。李巽、王播的改革都发生在值得注意的“元和中兴”期间，元和中兴是唐后期唯一的一次复兴，这个局面是多种因素共同作用的结果，其中三门峡漕运起到了重要的经济支持作用。

3. 穆宗—唐末：三门峡漕运的衰落期

宪宗元和以后，穆宗长庆至宣宗大中约三十多年中，皇权衰微，藩镇跋扈，吏治腐败，政治动乱，导致漕运萎缩，运量锐减。为解决日益困窘的财政状况，延长国命，仍有一些忠臣循吏在稍微清明的君主支持下力挺漕运，竭力而为。

唐文宗大和四年(830)，陕虢观察使崔郾在陕州设置地方性转运仓[②]，即临河仓，锐意减轻漕工输仓的劳动强度。杜牧《崔公行状》记载：“复有诏旨支税粟输大仓者，岁数万斛，始敛民也。远远近近，就积佛寺，终输于河，复籍民而载之，民之巨牛大车，半顿于路，前政咸知之，计不能出。……公乃大索有无，亲执筹而计之。北临黄河，树仓四十间，穴仓为漕，下注于舟。因隙赏直，不败时务。自此壮者斛，幼

① 〔唐〕李宗闵：《故丞相尚书左仆射赠太尉太原王公神道碑铭》，〔清〕董诰等编：《全唐文》卷七百一十四，中华书局，1983，第7337页。

② 崔郾任陕虢观察使的时间有唐敬宗初和唐文宗大和四年至五年两说，据郁贤皓考，当以后一种说法为是。说详《唐刺史考全编》卷五十一《陕州刺史》(安徽大学出版社，2000，第646页)。

者斗，负挈橐裹，委仓而去，不知有输。他境之民，越逸奔走，骈轸争斗，愿为陕民。"[①]"大仓"即长安太仓。陕州税谷本是集中在某佛寺中。官府按籍向丁户征发车牛徭役，再从佛寺输纳黄河岸边，装船西输太仓。因佛寺距河较远，转输不便，崔郾遂在岸边新建转运仓，百姓可轻易把税粟倒入输仓槽道，灌进漕船。崔郾的岸边建仓木槽输粮思路取法于姜师度，又有所创新进步，既减轻了输仓的劳动强度，又提高了漕粮入仓效率，赢得了百姓的衷心拥戴。"政成化行，上国下国，更口赞颂。"[②]还有学者指出，崔郾设置地方性转运仓，反映了唐后期可能在国家转运仓系统之间又建设了一些地方转运小仓，结成唐代国家转运网上更为细密的网节，以便更快地转输江淮漕粮入长安太仓[③]。类似的地方转运小仓，亦见于崤函古道其他地方。据《旧唐书·唐扶传》等记载，至迟在贞元二年，阌乡县即建有行市、黄涧(润)两场仓[④]。这是唐代黄河漕运网络建设细密化的表现，有利于提高转漕效率。

唐宣宗大中五年(851)二月，裴休任盐铁转运使，翌年八月，又以本官加平章事，主持漕政。其时，漕运领域违法乱纪猖獗，职务犯罪触目惊心。《旧唐书·裴休传》记载："自大和已来重臣领使者，岁漕江、淮米不过四十万石，能至渭河仓者十不三四。漕吏狡蠹，败溺百端。官舟沉溺者岁七十余只。缘河奸吏，大紊刘晏之法。"[⑤]《新唐书·裴休传》："大和后，岁漕江、淮米四十万斛，至渭河仓者才十三，舟楫偾败，吏乘为奸，冒没百端，刘晏之法尽废。"[⑥]江淮漕粮十分之六以上都被漕吏

---

① 〔唐〕杜牧：《唐故银青光禄大夫检校礼部尚书御史大夫充浙江西道都团练观察处置等使上柱国清河郡开国公食邑二千户赠吏部尚书崔公行状》，〔清〕董诰等编：《全唐文》卷七百五十六，中华书局，1983，第7841页。

② 〔唐〕杜牧：《唐故银青光禄大夫检校礼部尚书御史大夫充浙江西道都团练观察处置等使上柱国清河郡开国公食邑二千户赠吏部尚书崔公行状》，〔清〕董诰等编：《全唐文》卷七百五十六，中华书局，1983，第7841页。

③ 张弓：《唐代仓廪制度初探》，中华书局，1986，第42页。

④ 〔后晋〕刘昫等：《旧唐书》卷一百九十《唐扶传》，中华书局，1975，第5062页。

⑤ 〔后晋〕刘昫等：《旧唐书》卷一百七十七《裴休传》，中华书局，1975，第4593页。

⑥ 〔宋〕欧阳修等：《新唐书》卷一百八十二《裴休传》，中华书局，1975，第5371~5372页。

犯罪败溺在途中。

裴休针对“漕吏狡蠹，败溺百端”的局面，加强漕运的过程管理，“举新法凡十条，奏行之”，其要点有三个方面：一是严治漕吏，“分命僚佐深按其弊”。这大体还是循李巽、王播整治漕吏，从严从紧执法的路子。二是强化沿河州县长官的漕运责任。“因是所过地里，悉令县令兼董漕事。”将漕运责任逐一压实到沿河各县令身上，并派出强干僚属逐县督查，“能者奖之”[①]。《新唐书·食货三》记载此项改革由来说：“故事，州县官充纲，送轻货四万，书上考。开成初，为长定纲，州择清强官送两税，至十万迁一官，往来十年者授县令。江淮钱积河阴，转输岁费十七万余缗，行纲多以盗抵死。判度支王彦威置县递群畜万三千三百乘，使路傍民养以取佣，日役一驿，省费甚博。而宰相亦以长定纲命官不以材，江淮大州，岁授官者十余人，乃罢长定纲，送五万者书上考，七万者减一选，五十万减三选而已。及户部侍郎裴休为使，以河濒县令董漕事，自江达渭，运米四十万石。居三岁，米至渭桥百二十万石。凡漕达于京师而足国用者，大略如此。其他州、县、方镇，漕以自资，或兵所征行，转运以给一时之用者，皆不足纪。”[②]裴休通过“县令兼董漕事”，基本消解了长定纲实行以来带来的后遗症。三是采取类似近世承包方法，“自江津达渭口，以四十万之佣，岁计缗钱二十八万贯”承包给漕吏，“巡院无得侵牟”，既使漕吏合法利益得到保障，同时也承担相应的承包责任。这是裴休改革的亮点。经此改革，稍见成效。“初休典使三岁，漕米至渭、河仓者一百二十万斛，更无沉舟之弊。”[③]这一数字虽远不及此前刘晏、李巽主持漕运时期的漕运量，但已是唐末的最高水平。此后直至唐亡再未达到每年四十万石。

此期，还有一则值得注意的石刻史料，即新安八里胡同大峪滩东段发现的大中

① 〔后晋〕刘昫等：《旧唐书》卷一百七十七《裴休传》，中华书局，1975，第4594页。

② 〔宋〕欧阳修等：《新唐书》卷五十三《食货三》，中华书局，1975，第1371~1372页。

③ 〔后晋〕刘昫等：《旧唐书》卷一百七十七《裴休传》，中华书局，1975，第4594页。

十三年(859)题刻:"王屋县长泉村客户石匠朱难见大中十三年二月十五日过到赵家镌磨直得十年□。"[①]这段题刻保存了大中年间修治八里胡同栈道的交通史信息,映射出唐末整治三门峡漕运的景象,也提示我们应当注意这一时期三门峡栈道修治与裴休漕运改革的联系。大中十三年八里胡同栈道题刻是迄今所见唐朝修治三门峡黄河栈道的最晚记载。此后史籍中再也见不到整治三门峡漕路的记录。

懿宗咸通年间(860—874),漕政废弛,漕运凋敝。"国家兵役屡兴,漕挽已绝。故自淮汴至于河潼之交,百敖皆刳,人无所仰视之者。"[②]漕船也因腐败而难以为继。"及咸通中,有司计费以给之,无复羡余,船益脆薄易坏,漕运遂废矣。"[③]苏轼在《论纲梢欠折利害状》中也回顾说:"至咸通末,有杜侍御者,始以一千石船,分造五百石船二只,船始败坏。而吴尧卿者,为扬子院官,始勘会每船合用物料,实数估给,其钱无复宽剩,专知官十家实时冻馁,而船场遂破,馈运不继,不久遂有黄巢之乱。"[④]漕运失去正常进行条件,栈道失修,行船困难,三门峡漕路与漕运整体一起停废。运转多年的三门、集津、太原、永丰等黄河漕运诸仓,大约也在这一时期废闭。当黄巢起义失败,僖宗复辟时,朝廷更是风雨飘摇,政令不出关中。"江淮转运路绝,两河、江淮赋不上供,但岁时献奉而已。国命所能制者,河西、山南、剑南、岭南西道数十州。大约郡将自擅,常赋殆绝,藩侯废置,不自朝廷,王业于是荡然。"[⑤]

① 洛阳市第二文物工作队《黄河八里胡同栈道的勘测》录文为"磨直得十年殓五日过到赵家镌见大中十三年二月十容户石近朱难王屋县长泉村"。陈晓捷《黄河八里胡同找道两则题记录文勘误》(《文物》2003年第12期)认为录文将题记的行次起始搞错了,原刻是从左向右读,而录文却为从右至左读,导致语句不通,内容也难以理解。此依陈说。

② 〔唐〕司空图:《太原王公同州修堰记》,〔清〕董诰等编:《全唐文》卷八百七,中华书局,1983,第8491页。

③ 〔宋〕司马光编著,〔元〕胡三省音注:《资治通鉴》卷二百二十六《唐纪四十二》,唐德宗建中元年,中华书局,1956,第7287页。

④ 〔宋〕李焘:《续资治通鉴长编》卷四百七十五,宋哲宗元祐七年,中华书局,2004,第11325~11326页。

⑤ 〔后晋〕刘昫等:《旧唐书》卷十九《僖宗纪》,中华书局,1975,第720页。

唐亡国的丧钟已然敲响。

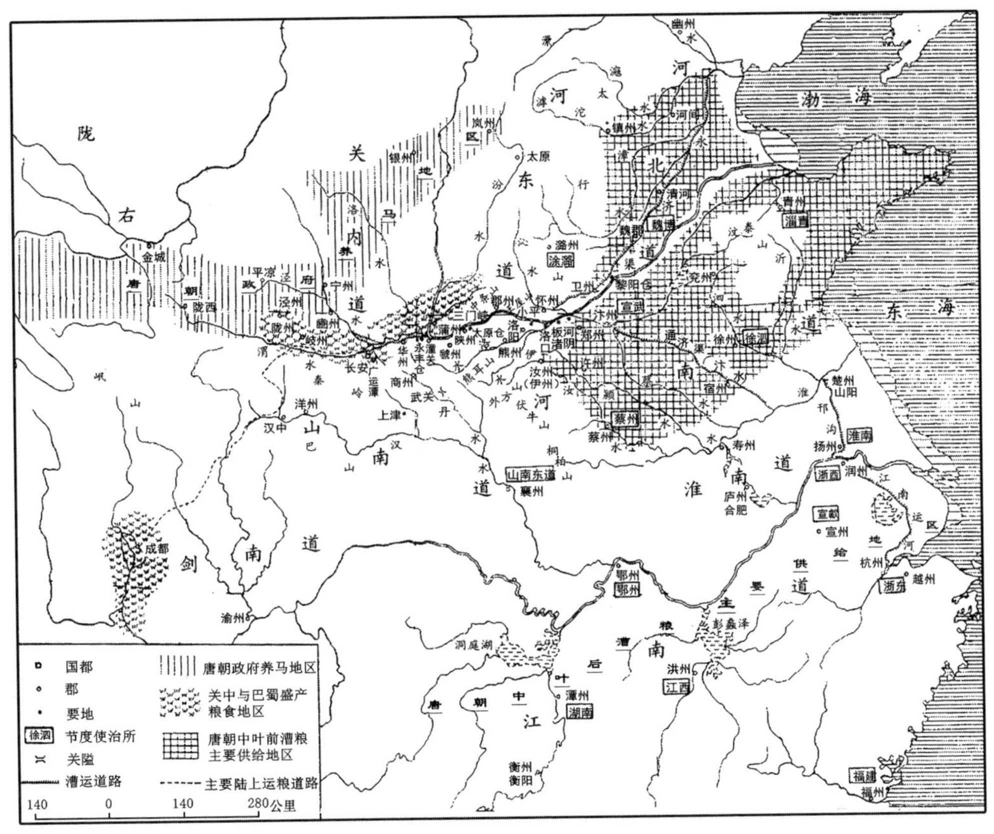

图 7-40　唐代漕运与三门峡图①

综观唐代三门峡漕运整治与利用，可以明显看出，在唐代运河漕运交通线上，三门峡是绾毂东西的要道，这一地位的确立既是自然地理形势所致，也缘于政治地理的需要，因此，其漕运的通塞必然受政治因素的制约。安史之乱前，国家统一，社会安定，朝廷能够集中国家力量，调集大量人力物力，持续地整治三门峡漕运，使漕运基本畅通，漕粮及其他物资源源不断地运进关中，促成了后世称赞的“贞观之

① 采自史念海《三门峡与古代漕运》，《河山集》，生活·读书·新知三联书店，1963，第 236 页。

治”和“开元盛世”。安史之乱爆发后,三门峡漕运失去通行条件,国家陷入中衰。其乱平息之后,经刘晏、李泌、李巽等人奋力整治,才得以逐渐恢复,促成“元和中兴”,唐王朝生命得以延续。懿宗以后,藩镇割据,政治混乱,吏治腐败,虽有裴休等能臣循吏力挺漕运,但也不能挽救漕运废弛之局面,而后随唐王朝一起日薄西山。

四、黄河漕运枢纽陕州

有唐一代,陕州政区变化脉络较为清晰。武德元年,置陕州总管府,改弘农郡为陕州,治陕县,居唐前期六大“雄州”之首。贞观元年,罢都督府。武周天授二年(691),列陕州入畿内州,地位提高。天宝元年,改为陕郡,置军。乾元元年,复为陕州。广德元年十月,吐蕃犯京师,车驾幸陕州,仍以陕州为大都督府。天祐元年(904),唐昭宗迁都洛阳,驻跸陕州,升陕州为兴唐府,其辖县也升为畿县。哀帝即位,复为大都督府。其下辖陕、峡(硖)石县、灵宝、芮城、平陆、夏等县,辖境横跨黄河南北。

唐时陕州漕运有两条线路,一是陆路崤函古道,二是水路三门峡黄河。从东而来的漕粮等物资经过若干条运输网路,最后都聚集在三门峡以下的黄河岸边,通过陕州,运至长安及西北边地。优越的交通区位条件,使陕州的建设受到特殊重视,取得了显著的成就,一跃成为唐朝黄河漕运框纽和物资转运中心,在唐代城市史和漕运史上都有重要的地位。

1. 陕州黄河漕运枢纽和物资转运中心的形成

陕州是唐朝黄河漕运的枢纽和物资转运中心,主要体现在以下三个方面:

其一,唐代黄河治漕通运的主阵地和中心。陕州是黄河漕运转输必经的要道,但它的险阻也造成了漕运的困难。“水运有三门之险,陆运有崤陵之艰。”三门砥柱是黄河漕运的最大自然阻障。关东、江淮漕粮能否充分地转运到长安,克服三门之险是关键。历代王朝为此曾做过各种努力。唐代是漕运的鼎盛期,也是整治三门之险的鼎盛期。有唐一代,为整治三门峡,克服漕运梗阻,进行了长期不懈的艰辛努力和多种尝试。所采用的办法或工程措施,归纳起来大体有五种:一是凿山开栈道,使纤夫挽舟过三门。杨务廉、李齐物是这种方式的代表。唐把栈道修凿作为黄河漕运的基础性工作,其修凿栈道的次数、规模都是史无前例的,并且还创新发明、推广了牛鼻形壁孔、立式转筒等独特的栈道设施和安装技术,体现出栈道设计与施工人员的非凡巧思。二是开凿砥柱,以平缓河道险阻。李齐物、王播是这一方式的尝试者。三是开凿山道,以通陆运。此项措施始于褚朗,成于裴耀卿,完善于李泌。四是新开河道,以避砥柱之险。开凿开元新河的李齐物是这一方式的典型代表。五是建造特种船只,组建训练有素的专业漕卒队伍,编队勇闯三门。刘晏是这种方式的开创者。上述几种方式或措施,各有特点,有成有败,成者可赞,败者亦为他人提供了借鉴,也当尊重。除整治水运外,陆运改革也大有成就。李杰开创八递陆运,裴迥继而改进完善,与水运相得益彰,成为相当长时间行之有效的陆运方式。

唐代两次成功的漕运改革,构成陕州漕运枢纽和转运中心的重要推力。开元时裴耀卿进行漕运改革,为“开通河漕,变陆为水”,将整治三门峡黄河放到恢复黄河漕运方面,改直运为分段转般,用陆运绕过三门之险,形成盛唐漕运机制。中唐刘晏改民运为官运,解脱百姓无偿漕运负担,水运编队勇闯三门。通过这一历史过程,我们可以看到唐时对三门峡漕运的整治活动已不只局限在单纯的工程措施方面,而是从解决关乎国家命脉的漕运整体问题出发,广泛地进行了漕运河道的整治、漕运转运方式的变革、漕运运输装备和技术的创新、转运仓的置建和漕粮存贮,以及抑制贪墨渎职等方面的工作,体现了综合治理、多方施策、统筹协调,兼顾政治与技术两个方面的综合改革特点。唐代对三门峡漕运整治的次数、规模、措施及效果远迈前朝。从这个意义上看,陕州是唐代治黄治漕通运的主阵地和中心。

其二,唐代转运仓和转运法建设改革的中心。为畅通三门峡漕运交通,唐朝曾做出了多种制度安排。武德元年,李渊建唐称帝后,在陕州设立总管府,管辖陕、鼎、函、熊、谷、嵩六州，洛阳以西及以南区域都曾划归这个总管府的掌控范围。武德二年，置长泉县，隶怀州。南长泉故址在今新安仓头乡狂口村西村，与黄河北岸济源长泉古城隔河相望。研究者认为，长泉县“当为保障黄河漕运入关中水道畅通而设置”[①]。贞观元年，撤销总管府，但同时又将黄河北岸的芮城（今山西芮城）、河北（今山西平陆）二县划属陕州，领陕、崤、桃林、芮城、河北五县。从此陕州辖境跨越黄河，夹河而治。贞元三年（629）以后，黄河北岸的垣县（治今垣曲东南）也一度划归陕州统辖。原本分隶不同地区的黄河南北两岸漕运事务划归陕州统一管理，有利于加强黄河北岸转运仓、栈道等漕运设施的管理，提高漕运效率。

唐代转运仓沿漕路而建，随漕运而运营，其兴废与漕运息息相关，其建设及相应的转运法设计直接关乎漕运中心的形成。唐代对转运仓和转运法进行过三次重大建设调整，每次都对陕州漕运转运中心的确立和巩固产生了深远影响。

唐初，漕运事简，转运仓布局和转运法沿袭隋代。高宗时，漕事渐繁，咸亨年间，在洛阳城内修建含嘉仓，长安附近新置渭南仓，重修隋虎牢仓、洛口仓、太原仓和永丰仓，东都外围重建河阳仓，新置柏崖仓，形成第一个设仓高潮。此一转运仓布局虽以东都为中心，但终点在长安，故当时漕运线路明显分为三段。首段关东江淮漕粮水运至洛阳含嘉仓，中段由含嘉仓“以车或驮陆运至”[②]陕州太原仓。随着三门峡栈道的修复，也有部分漕粮通过黄河水运太原仓。尾段由太原仓装船，由河入渭，转运长安。太原仓扼“控两京水陆二运”，是水运与陆运的汇合点。从洛阳含嘉仓西运的漕粮，无论是陆运还是水运，都需在太原仓中转，这也就奠定了陕州在黄河漕运中的枢纽和转运中心地位。

开元二十一年（733），裴耀卿主持漕运改革，形成设仓的第二个高潮。“至二

① 赵清：《新安县西村遗址》，河南省文物管理局等编：《黄河小浪底水库文物考古报告集》，黄河水利出版社，1998，第38~39页。

② 〔宋〕欧阳修等：《新唐书》卷五十三《食货三》，中华书局，1975，第1365页。

十二年八月，置河阴县及河阴仓、河西柏崖仓、三门东集津仓、三门西盐仓。开三门山十八里，以避湍险。”裴耀卿新建以河阴、太原、永丰三仓为枢纽的转运仓系统，河渭并重，分段转运。原先江淮漕粮皆先运至洛阳含嘉仓，再出仓西运长安的旧机制被抛弃，河阴仓取代含嘉仓成为第一大仓，太原仓则一跃成为第二大仓。同时陕州又新增集津、三门二仓。“自江淮而泝鸿沟，悉纳河阴仓。自河阴送纳含嘉仓，又送纳太原仓，谓之北运。自太原仓浮于渭，以实关中。”①改革取得了空前的成效，凡三岁转运漕粮七百万斛，年均漕量二百五十万石，最高达到四百万石。唐代一石为一百二十斤，一斤为 680 克，合 1.36 市斤②。依此换算下来，二百五十万石即 3 亿斤，四百万石即 4.8 亿斤，两项都远超汉武帝时最高六百万石的漕运量。据《通典》记载，天宝中，京师长安粮仓年入总粮数为七百万石，而经黄河漕转长安的就有四百万石，占京师年入总粮数的 57.1%。黄河漕运对唐王朝的重要性由此可见。此外，据陈鸿祖《东城老父传》记载，开元年间，太原仓不仅接纳储存黄河漕粮，而且还有来自敦煌地区的漕粮。“河州敦煌道，岁屯田，实边食，余粟转输灵州，漕下黄河，入太原仓，备关中凶年。”③漕船从灵州（今宁夏灵武）入黄河顺流而下，将漕粮直接运到太原仓。裴耀卿的改革提高了太原仓的地位，对促进开元盛世发挥了重要作用，也进一步巩固了陕州漕运枢纽和转运中心的地位。

安史之乱期间，黄河漕运遭到严重破坏，朝廷不得不另辟蹊径，开通江汉漕路。由于这条不经由三门峡的漕路“迂险劳费”④。广德二年，安史之乱平定后，刘晏主持恢复运河漕运，再次调整转运仓布局和转运之法。刘晏负重创新，以扬州为起

---

① 〔后晋〕刘昫等：《旧唐书》卷四十九《食货下》，中华书局，1975，第 2115 页。

② 胡戟：《唐代度量衡与亩里制度》，《西北大学学报（哲学社会科学版）》1980 年第 4 期。又，吴承洛《中国度量衡史》定唐 1 斤为 596.82 克，胡文认为其比已出土唐代记重物的测算数小，不足为据。

③ 〔宋〕李昉等：《太平广记》卷四百八十五《东城老父传》，中华书局，1961，第 3994 页。

④ 〔宋〕司马光编著，〔元〕胡三省音注：《资治通鉴》卷二百二十三《唐纪三十九》，唐代宗广德二年，中华书局，1956，第 7164 页。

点,“江船不入汴,汴船不入河,河船不入渭;江南之运积扬州,汴河之运积河阴,河船之运积渭口,渭船之运入太仓”①。漕粮虽不再在太原仓留贮,但漕船仍要经过三门峡。漕船过三门峡需要陕州提供专业的纤夫和引水“门匠”,过三门峡后漕船需要在此休整,修复损坏,补充给养等。若要陆运避险,则需要陕州供应人力、畜力和车辆等,尤其是刘晏改革源于裴耀卿之法,以保障长安漕运供给为本,三门漕路仍是关键地带,一些关键性的改革措施也因此而实施,针对性强,陕州因是恢复了安史之乱期间失去的转运中心地位,其漕运色彩更为浓重。这从这一时期陕州运使之职的迅速恢复可以得到证明。据三门峡温塘石窟题刻和文献记载,至迟在大历九年,皇甫温观察陕虢,陕州水陆运使一职即已重设,并由陕虢镇藩帅兼任,体现出朝廷调整强化陕虢转漕和护漕功能的意图。

太原仓在这一时期继续发挥着重要作用,并恢复了留贮制度。贞元八年(792),陆贽奏称:“顷者,每年从江西湖南浙东浙西淮南等道,都运米一百一十万石送至河阴,其中减四十万石留贮河阴仓,余七十万石送至陕州,又减三十万石留贮太原仓,唯余四十万石送赴渭桥输纳。臣详问河阴、太原等仓留贮之意,盖因往年虫旱,关辅荐饥。”又云:“臣近勘河阴太原等仓。见米犹有三百二十余万石。”②可知恢复太原仓留贮制的目的,是为来年黄河春水初通而江淮漕粮未到达时诸节运往关中,解决春粮短缺问题,同时也有在保证长安需要前提下,兼顾其他地区需要,促进地方发展的意图。陕州太原仓不仅是漕运中转仓,同时也是战略储备仓,这是陕州作为漕运转运中心的另一个作用。

唐后期藩镇林立,中原扰攘不断,黄河漕路时被阻隔,经由陕州转运意义更为重要。建中三年(782)十二月,淮西节度使李希烈叛乱,阻断河汴漕路。朝廷重启

---

① 〔宋〕欧阳修等:《新唐书》卷五十三《食货三》,中华书局,1975,第1368页。

② 〔唐〕陆贽:《请减京东水运收脚价于缘边州镇储蓄军粮事宜状》,〔清〕董诰等编:《全唐文》卷四百七十三,中华书局,1983,第4833页。

江汉漕路,由襄阳溯汉水而上,取道上津,漕运关中。因这条漕路需经行陕虢西南,故朝廷便依靠陕虢开凿道路,协助转漕。《资治通鉴》记载:"初,希烈自襄阳还,留姚憺戍邓州,贼又得汝,则武关梗绝。帝使陕虢观察使姚明扬治上津道,置馆通南方贡货。"①兴元元年,朔方节度使李怀光叛乱,河汴漕路再度受阻。"是时怀光、朱泚连兵,声势甚盛,车驾南幸,人情扰扰。"②在太仓将罄、漕粮不继的危急时刻,太原仓的作用尤其显著。齐映《出官后自序表》云:"臣昨东都主运之日,是上都阙粮之时。贼寇未平,蝗虫方甚,臣于河阴领米,分付陕州,务相催驱,不敢回避。其时王事至切。"③有学者分析说,由于当时河汴漕路已阻绝,齐映所领河阴仓米当是叛乱发生以前收贮的税米。"分付陕州,务相催驱",可知河汴漕路虽被阻绝,太原仓却仍在发挥转运作用④。建中年间,杜佑掌管转运,统筹全国漕运,把黔中、蜀汉等地粮食向东运输,顺长江而下,"繇白沙趣东关,历颍、蔡,涉汴抵东都"⑤,然后经三门峡漕运关中。史念海分析说:"这样看来,通过三门峡的漕粮,不仅来自黄河中下游的南北地区,不仅来自东南八道,而且也来自巴蜀了。正如千壑万江汇在一起,要通过尾闾,才能流入海中一样,三门峡正是关东来的漕舟不能不通过的地方。"⑥

论及唐后期陕州的漕运中心地位,还要注意这一时期陕虢镇的作用。据有学者研究,在林立的藩镇中,陕虢镇是朝廷控制较为稳固,始终坚定地履行向中央缴纳两税义务,包括以两税附加税面目出现的"青苗钱""苗子"、税草、车运甚至防秋兵供顿等的少数几个藩镇之一。每年上供给朝廷的两税高达 80 万贯,远超富庶的

① 〔宋〕欧阳修等:《新唐书》卷二百二十五《李希烈传》,中华书局,1975,第 6438 页。

② 〔宋〕司马光编著,〔元〕胡三省音注:《资治通鉴》卷二百三十《唐纪四十六》,唐德宗兴元元年,中华书局,1956,第 7412 页。

③ 〔唐〕齐映:《出官后自序表》,〔清〕董诰等编:《全唐文》卷四百五十,中华书局,1983,第 4606 页。

④ 张弓:《唐代仓廪制度初探》,中华书局,1986,第 38 页。

⑤ 〔宋〕欧阳修等:《新唐书》卷五十三《食货三》,中华书局,1975,第 1369 页。

⑥ 史念海:《三门峡与古代漕运》,《河山集》,生活·读书·新知三联书店,1963,第 249 页。

南方一些藩镇上供数。[①] 朝廷对陕虢镇的稳固控制和陕州转运中心地位的保持,使陕州在漕运系统持续发挥重要而独特的作用,适应并满足了中晚唐时期政治统治的需要。这是陕州漕运枢纽和转运中心地位的又一体现。

其三,唐代漕运行政管理体制改革的发端地。自秦汉黄河漕运兴起,便有管理漕运的官吏。如汉有护漕都尉,西晋有督运御史,唐代前期则是户部度支。但这些职官都不是一种常设的制度。开元年间,“国用渐广,每年陕洛漕运,数倍于前,支犹不给”[②]。解决财政困窘需要加强漕运,更需要在朝廷与地方之间进行协调,原有的职官系统已不足以应付愈益增加的漕运事务。因此,唐玄宗即位之初,即着手改革漕运管理体制。改革最早始于陕州。《新唐书·李杰传》记载:“先天中,进陕州刺史、水陆发运使。置使自杰始。”[③]《唐会要》:“先天二年十月,李杰为刺史,充水陆运使。自此始也,已后刺史常带使。”[④]“领漕始有专职。”[⑤]由陕州开始的漕运管理体制改革被迅速推广到河南、江淮等地。运使一职,也由初期的刺史兼任发展到宰相充任。安史之乱后,漕运与盐铁合一,设盐铁转运使,集盐铁与漕运权利于一身,权势重大,自成系统。这是唐代漕运管理体制的一大变化。马端临论述道:“唐先天二年,李杰始为水陆发运使,盖使名之起。开元二十二年,裴耀卿以侍中充江淮、河南转运使,而崔希逸、萧炅为副,盖副使始此。天宝以韦坚充勾当转运使,第五琦充诸色转运使,刘晏充诸路转运使。其后韩滉、杜悰、杜让能、崔昭纬皆以宰相充使,而诸道分置巡院,皆统于此。”[⑥]其后,五代、宋、辽、金等朝皆沿袭设置转运使。陕州运使之设,开天下之先,成为以后古代中国独立漕官制度的滥觞,影响深

① 朱德军:《唐代中原藩镇研究》,陕西师范大学博士论文,2009,第66~68页。

② 〔唐〕杜佑撰,王文锦等点校:《通典》卷十《食货十》,中华书局,1988,第222页。

③ 〔宋〕欧阳修等:《新唐书》卷一百二十八《李杰传》,中华书局,1975,第4461页。

④ 〔宋〕王溥:《唐会要》卷八十七《陕州水陆运使》,中华书局,1960,第1602页。

⑤ 〔清〕纪昀等:《历代职官表》,上海古籍出版社,1989,第1152页。

⑥ 〔元〕马端临撰,上海师范大学古籍研究所等点校:《文献通考》卷六十一《职官考十五》,中华书局,2011,第1846页。

远,在中国漕运史上有着特殊的地位。

唐代漕运管理体制改革之所以首先在陕州发端,何汝泉认为正是因为陕州是黄河漕运转运中心的缘故,构成转运中心的因素重点有两个方面:一是太原仓的存在。陕州城西南太原仓,“控两京水陆二运”,东西两京之间漕粮转运离不开太原仓;二是由于三门之险在陕州,克服三门之险要依靠陕州。因此,在关注三门之险对实现两京间漕运的影响时,自然就必须关注陕州。两京之间漕运的重要性,大大提升了陕州的地位,促成陕州成为唐朝运使的最早设置地[①]。此论甚是。

需要补充的是,历代尤其是唐代在陕州长期探索积累的漕运丰富经验与教训,也给朝廷改革漕运管理以灵感。而唐代漕运行政管理体制改革之所以能从陕州推广到全国,则与陕州首设运使的成功经验密不可分。首任陕州运使李杰开创八递陆运,接力运输,使漕运量大增。陕州运使的设置,有维系国家命运之重责。正是运使的设置走向专职化、固定化以及君臣的努力,使漕运事业得以快速发展。李杰之后,开元时的姜师度、李齐物,天宝时的韦坚,贞元时的李泌等,也因漕政事迹而留名史籍。

李杰之后,陕州刺史兼水陆运使成为一种固定的官职。史籍中又有水陆转运使、陆运使、水陆漕运使等称谓,而以水陆运使或运使为常,这是因陕州漕运有水运也有陆运的缘故。陕州运使管辖的范围是太原仓到永丰仓的水陆转运。因三门之险是水运的最大障碍,故疏治三门之险也是其重要职责。陕州运使的性质,有论者以为其由州官兼任,属地方运使。其实,陕州运使由朝廷委任,代表朝廷行使权力,行使“漕达于京师而足国用”的职能,具有全局意义。这是陕州运使的特殊之处。韦坚、李泌任陕州运使时,还曾经管潼关永丰仓至长安东渭桥太仓段的漕运。姜师度任陕州运使,也曾在华州郑县、华阴等地修利俗渠、罗文渠和敷水渠,改善其间行船。因为陕州刺史常带运使,权势炽重,天宝十载(751),权臣杨国忠欲遥兼领之,

① 何汝泉:《唐财政三司使研究》,中华书局,2013,第446页。

"奏请自勾当,遂加国忠陕郡水陆运使"①。足见陕州运使在漕运上的重要性和特殊性。故而《唐会要》专设"陕州水陆运使"条目,将曾任该职的官员单列条记载。元和六年(811),唐宪宗因力行节约开支,诏罢陕州水陆运使。但正如学者分析的那样,"陕州漕政权力大小和陕州在漕运上的作用,是两个不同范畴的问题。因此,停罢运使,也并不表示陕州失去漕运的重要性"②。故唐末文宗时,李商隐在《上河中郑尚书状》中仍用"控二京舟车之会"来形容陕州转运的中心地位。这也成为一个醒目的文化符号记存在于大唐波澜壮阔的漕运史之中。

2. 唐代陕州人口增长与黄河漕运

唐代陕州黄河漕运枢纽和转运中心地位的确立和巩固,对陕州社会经济和文化产生了巨大的引领和助推效应,唐代陕州成为陕州城市发展史上的一个重要繁荣期。

唐代陕州政治地位的提升以及社会经济走向繁荣与黄河漕运有密切的关系。唐代将天下州郡分为"府、辅、雄、望、紧"五个等级进行治理,划分标准主要根据州郡所处位置及在屏障两京上的作用,同时也有人口和户数的多寡及经济水平上的考虑。《唐六典》记载:"陕、怀、郑、汴、魏、绛为六雄州,绛新升入。"③陕州居六雄之首。所谓雄州,即"大凡环天子之居为雄州"④。陕州地迩两京,是长安的东部屏障,又是洛阳的西部屏障。唐代陕州漕运枢纽和转运中心地位,一方面强化了唐王朝对漕运的管理;另一方面也提高了陕州在全国的政治、经济和文化地位,客观上促进了陕州经济的发展与人口增长。据《新唐书》和《旧唐书》等记载,唐代陕州人口基本情况如表7-7:

---

① 〔宋〕王溥:《唐会要》卷八十七《陕州水陆运使》,中华书局,1960,第1602页。

② 何汝泉:《唐财政三司使研究》,中华书局,2013,第449页。

③ 〔唐〕李林甫等撰,陈仲夫点校:《唐六典》卷三《户部尚书》,中华书局,1992,第72页。

④ 〔唐〕刘禹锡:《郑州刺史东厅壁记》,〔清〕董诰等编:《全唐文》卷六百六,中华书局,1983,第6121页。

表 7-7　唐代陕州人口简表

贞观十三年 (1)		开元十七、十八年 (2)		天宝元年 (3)		天宝十一载 (1)		元和四、五年 (2)	
户数	口数	户数	口数	户数	口数	户数	口数	户数	口数
21171	81919	47322	—	30680	168180	30950	170238	8720	—

资料来源:(1)《旧唐书·地理一》;(2)《元和郡县图志·河南道二》;(3)《通典·州郡七》。其具体户口系年界定参照冻国栋《唐代人口问题研究》,武汉大学出版社,1993 年,第 1~25 页。

由表 7-7 可见,唐代陕州人口具有低—高—低的曲折发展特点。唐前期摆脱了隋唐之际人口锐减的颓势,人口直线上升,开元、天宝之世,达到人口数值巅峰。天宝十一载较贞观十三年户数增长 46.2%,口数增长 107.8%,人口密度平均每平方千米 51.45 人,较贞观十三年增长 26.69%①。此期正是唐代经济发达、漕运鼎盛时期。人口数量的增加在很大程度上可以体现经济发展水平,人口密度则体现地区劳动力充足与否。唐玄宗尝言:“陕洛之交,稼穑亦盛。”②“大河南北,人户殷繁,衣食之原,租赋尤广。”③表明此期陕州经济发展与人口增长同步推进,人口数量和经济发展水平较高。

除已入州县户籍的编户外,在漕运及商品经济的刺激下,陕州的外来人口呈不断上升的态势。其外来人口主要有四类人士构成:一是官员。陕州作为黄河漕运枢纽和转运中心,唐太祖、太宗时曾在此设陕州总管府(后改称都督府),玄宗时设陕虢观察使、陕州水陆发运使,唐代后期设陕虢都防御观察使等,因有中央派出机

① 翁俊雄:《唐朝鼎盛时期政区与人口》,首都师范大学出版社,1995,第 197、223 页。

② 〔唐〕玄宗皇帝:《幸东都制》,〔清〕董诰等编:《全唐文》卷二十三,中华书局,1983,第 269~270 页。

③ 〔唐〕玄宗皇帝:《谕河南河北租米折留本州诏》,〔清〕董诰等编:《全唐文》卷三十一,中华书局,1983,第 346 页。

构入驻,这使陕州出现一支数量较为庞大的官僚队伍。二是行旅使商。陕州作为两京之间最重要的政治、经济、军事和交通中心,“万国西走,陕实其冲”[①]。“陕当两京之路,宾客无时”[②],行旅常年络绎不绝,包括官僚贵族、文人学士、僧侣道士和外国使商各色人等。洛阳古代艺术馆藏唐硖石县令《侯绩墓志》记载:“(大和)五年,敕授陕州硖石县令。县当大路,公以清白守官,俭恪克厉,政尚宽简,人用宁息。应奉亲朋,往来公子,未尝不竭其所有以充其欲。虽冠盖憧憧,星使络绎,公处之有术,人忘其劳,此亦公之若政也。”[③]行旅使商往来之多,以致县令都要将此作为重要工作,须“处之有术”。三是船夫官兵。无论是北路水运、南路陆运,还是仓储设置,陕州都扮演着重要的角色。漕运和漕粮中转势必要涌入大量的船夫和押运官兵,他们需要上岸吃、住。四是军人将士。唐代后期陕州作为陕虢镇治所在,不仅自身拥有万人左右的藩镇兵,还是神策军十二镇之一,约有 1~1.5 万神策军将士长期驻扎[④],其军费开支主要在当地解决。大量非编户流动人口的存在是陕州极具特色的社会现象,亦形成一个巨大的商品消费市场。

3. 唐代陕州商品经济发展与黄河漕运

陕州作为黄河漕运枢纽和转运中心的地位,为其迅速发展成为区域政治经济中心提供了动力。黄河漕运串联起南北不同的区域,加强了南北经济交流,加快了商品流通的速度,带动和促进了陕州的物资流通、商旅往来、商业繁荣。一方面,通过漕运,陕州与全国许多地方联结起来,“控引河洛,兼包淮海。弘舸巨舰,千轴万

① 〔唐〕杜牧:《唐故银青光禄大夫检校礼部尚书御史大夫充浙江西道都团练观察处置等使上柱国清河郡开国公食邑二千户赠吏部尚书崔公行状》,〔清〕董诰等编:《全唐文》卷七百五十六,中华书局,1983,第 7841 页。

② 〔宋〕李昉等:《太平广记》卷二百五十《姚岘》,中华书局,1961,第 1944 页。

③ 陈长安主编,洛阳古代艺术馆编:《隋唐五代墓志汇编 · 洛阳卷》第 13 册,天津古籍出版社,1991,第 139 页。

④ 朱德军:《唐代中原藩镇研究》,陕西师范大学博士论文,2009,第 148 页。

艘,交贸往还,昧旦永日”[①]。经由陕州的“粮船商舶,前后相望,帆扬无阻”[②],快捷便利。另一方面,日趋发达的漕运以及它所带来的大量商品和贸易机会,极大地吸引了各地商人、小贩及其他各类“趁食”者会集,加速了陕州的商品流通,活跃了市场,漕运业成了陕州商业繁荣的重要支柱。

《旧唐书·五行志》记载:天宝十年“正月,大风,陕州运船失火,烧二百一十五只,损米一百万石,舟人死者六百人,又烧商人船一百只”[③]。“运船”即官府的漕船。依此说法,停留在陕州的商船几达官府漕船之半。《唐会要》则云:“十年正月,陕州运船火,烧船二百一十五只,损米一百万石,舟人死者六百人。商人船数百只。”[④]按此说法,则陕州的商船比官船还多。两段文字都印证了云集在陕州的商船、商人之多。由失火一次烧掉一百多只商船看,这些商船很可能采用的是结纲编队形式从事贸易活动,其船队已具有相当的规模,运载量也会更大。还有的商人到陕州后,改水运为陆运。《唐国史补》记载:“渑池道中,有车载瓦瓮塞于隘路,属天寒,冰雪峻滑,进退不得。日向暮,官私客旅群队,铃铎数千,罗拥在后,无可奈何。有客刘颇者,扬鞭而至,问曰:‘车中瓮值,几钱?’答曰:‘七八千。’颇遂开囊取缣,立偿之,命僮仆登车,断其结络,悉推瓮于崖下。须臾,车轻得进,群噪而前。”[⑤]冰雪天气,地滑难行,渑池道上仍旧商旅成群,车马相继,马铃声脆。“塞于隘路”“铃铎数千”,真实再现了商人运输车队规模的庞大和运输的繁忙。

长期的大规模漕运促使陕州出现大批以专门为漕船、商队服务的纤夫、篙工(门匠)等雇佣劳动者。纤夫是牵挽漕船的拉纤者,篙工是负责为漕船引航导航的船夫。李繁《邺侯家传》记载:“唐时运漕,自集津上至三门,皆一纲船夫并牵一船,

① 〔后晋〕刘昫等:《旧唐书》卷九十四《崔融传》,中华书局,1975,第 2998 页。

② 〔唐〕杜佑撰,王文锦等点校:《通典》卷第一百七十七《州郡七》,中华书局,1988,第 223 页。

③ 〔后晋〕刘昫等:《旧唐书》卷三十七《五行志》,中华书局,1975,第 1366 页。

④ 〔宋〕王溥:《唐会要》卷四十四《火》,中华书局,1960,第 787 页。

⑤ 〔唐〕李肇:《唐国史补》卷上,陶敏主编:《全唐五代笔记》第一册,三秦出版社,2012,第 811 页。

仍和雇侧相近数百人挽之。河流如激箭,又三门常有波浪,每日不能进一二百船。触一暗石,即船碎如末,流入漩涡中,更不复见。上三门篙工,谓之门匠,悉平陆人为之。执一标指麾,以风水之声,人语不相闻。陕人云:'自古无门匠墓。'言皆沉死也。"[①]漕运为劳动密集型行业,需要的人手多。唐制漕船以十船为一纲。按每日进一百船十纲计,每纲需要雇当地纤夫数百人,十纲便需要雇数千纤夫。上三门的篙工,按每纲雇一名计,十纲至少也需十人。若以每船雇一个篙工计,数量多达百人。足见其雇佣劳动者规模相当庞大。由于需求量大,三门"门匠"也不再专以平陆人为限,而是扩至"陕之三门"。王谠《唐语林》云:"转运使岁运米二百万石以输关中,皆自通济渠入河也。淮南篙工不能入黄河。蜀之三峡,陕之三门,闽越之恶溪,南康赣石,皆绝险之处,自有本土人为工。"[②]平陆及"陕之三门"人家熟悉水情,以船为家、以篙工为生者已然形成了一支数量庞大的漕运专业队伍。

随着漕运业的发达,还出现了文案、记账等脑力雇佣劳动者。《太平广记》引《报应记》记载江淮人宋衎:"元和初,至河阴县,因疾病废业,为盐铁院书手,月钱两千,娶妻安居,不议他业。年余,有为米纲过三门者,因不识字,请衎同去,通管簿书,月给钱八千文。衎谓妻曰:'今数月不得八千,苟一月而致,极为利也。'妻杨氏甚贤,劝不令往,曰:'三门舟路,颇为险恶,身或惊危,利亦何救。'衎不纳,遂去。"[③]这虽然说的是河阴宋衎的事情,但却也颇能说明问题。表明漕船需要"通管簿书"的人员,并且因三门危险而月钱很高。这样出脑力的佣人在陕州也是存在的。

在陆路,则有专门提供能够承担运输任务的牲口及其他运输工具的服务机构。

---

① 〔宋〕曾慥编纂,王汝涛校注:《类说校注》(上),福建人民出版社,1996,第46页。

② 〔宋〕王谠:《唐语林》卷八《补遗》,朱易安等主编:《全宋笔记》第一编第二册,大象出版社,2003,第289页。

③ 〔宋〕李昉等:《太平广记》卷一百六《宋衎》,中华书局,1961,第719页。

开元二十九年，京兆府奏："两京之间多有百姓僦驴，俗谓之驿驴，往来甚速，有同驿骑。"①《通典》亦记从长安"东至宋、汴，西至岐州，夹路列店肆待客，酒馔丰溢。每店皆有驴赁客乘，倏忽数十里，谓之驿驴。"②漕运和商人物流规模的扩大带动了雇佣劳动力市场和交通工具租赁业市场的繁荣，从而进一步推动了漕运的发展和商流因素的增加。

陕州是河东池盐传统的主要转运销售地。随着垦畦浇晒法的广泛采用，唐代河东池盐产量大增，一举成为唐王朝最重要的食盐生产地。《新唐书·食货四》记载："蒲州安邑、解县有池五，总曰'两池'，岁得盐万斛，以供京师。"③大历年间"两池盐利，岁收百五十余万缗"④，约占全国盐利收入的四分之一，占全国财政收入的12.5%。唐前期，朝廷允许自由开采经营盐业。安史之乱后，刘晏改革盐政，确立了民制官收、商运商销的专卖体制，扶植了一批以销售官盐为业的盐商。"四方豪商猾贾，杂处解县。"⑤"自关以东，上农大贾，易其资产，入为盐商。"⑥由于地近两京，交通便利，两京及京畿地区食盐主要依靠河东池盐供应。《旧唐书·食货上》记载：元和"六年闰十二月，度支卢坦奏：'河中两池颗盐，敕文只许于京畿、凤翔、陕、虢、河中泽潞、河南许汝等十五州界内粜货'"⑦。

当时河东池盐南向运销的线路主要有四条：一是安邑东南上虞坂，顺山道达虞城，向南即巅坂（桥），顺沙涧水谷，经河北（平陆）县西南古茅津渡，过大阳桥到陕州，《元和郡县图志》记载安邑南至陕州一百一十里。二是解县东南越中条山，再

① 〔宋〕王钦若等编纂，周勋初等校订：《册府元龟》卷一百五十九《帝王部·革弊》，凤凰出版社，2006，第1776页。

② 〔唐〕杜佑撰，王文锦等点校：《通典》卷十七《食货七》，中华书局，1988，第152页。

③ 〔宋〕欧阳修等：《新唐书》卷五十四《食货四》，中华书局，1975，第1377页。

④ 〔宋〕欧阳修等：《新唐书》卷五十四《食货四》，中华书局，1975，第1379页。

⑤ 〔宋〕欧阳修等：《新唐书》卷五十四《食货四》，中华书局，1975，第1379页。

⑥ 〔唐〕白居易：《议盐法之弊》，〔清〕董诰等编：《全唐文》卷六百七十，中华书局，1983，第6826页。

⑦ 〔后晋〕刘昫等：《旧唐书》卷四十八《食货上》，中华书局，1975，第2107~2108页。

过白径岭，达大阳桥，《太平寰宇记》载此道凡七十里。《水经注·涑水》亦云："泽南面层山，天岩云秀，地谷渊深，左右壁立，间不容轨，谓之石门，路出其中，名之曰径，南通上阳，北暨盐泽。"[①]三是虞乡县越中条山达芮城，再折东到洹津，过黄河灵宝(桃林)县。四是利用巫咸河直达蒲津关(蒲坂)南下凤陵渡后，过黄河达潼关[②]。上述四条池盐南向运销线路，其中有两条汇于陕州，然后再转运至河南、陕西等地，或顺黄河而下将盐转运至洛阳、开封等地，再分销于河南、河北、湖北、安徽的部分地区。陕州是河东池盐南下的主要出口和枢纽。崔敖《大唐河东盐池灵庆公神祠碑》载：河东池盐"其漕砥柱，其关巅軨。……度土定食，止于中州。济于横汾，爰距陇阪。东下京郑，而抵于宛。艘连其樯，犨击其毂。终岁所入，二百千万"[③]。在盐商的推动下，池盐销售范围逐步扩大。贞元年间，池盐越界销入陕南、川北及甘肃一带的"兴、凤、文、成等六州"，朝廷遂正式将上述地区划入池盐销售区。[④]

唐代饮茶之风盛行。由于漕运畅通，北方茶叶多自江淮而来，南茶北运，亦多在陕州中转。"自邹、齐、沧、棣，渐至京邑，城市多开店铺煎茶卖之，不问道俗，投钱取饮。"[⑤]《河东记》提到韦浦自寿州士曹赴选，在阌乡驿道旁的"茶肆"休息品茗[⑥]。前揭《太平广记》引《报应记》记载江淮人宋衎的故事，他在三门遇难自救上岸后，"疾行数里"，见到"孤姥鬻茶之所"，有"茅舍两间"。在孤姥的指引和资助下，得返河阴家中后，乃"遣使"感谢，谢礼是"茶及绢"[⑦]。又《因话录》载：兵部员外郎李约"天性唯嗜茶，能自煎。……客至不限瓯数，竟日执持茶器不倦。曾奉使行至陕州

---

① 〔北魏〕郦道元著，陈桥驿校证：《水经注校证》卷六《涑水》，中华书局，2007，第170页。

② 李青淼：《唐代盐业地理》，北京大学博士论文，2008，第122页。

③ 〔唐〕崔敖：《大唐河东盐池灵庆公神祠碑》，〔清〕董诰等编：《全唐文》卷六百一十四，中华书局，1983，第6201~6202页。

④ 〔后晋〕刘昫等：《旧唐书》卷四十八《食货上》，中华书局，1975，第2107~2108页。

⑤ 〔唐〕封演：《封氏闻见记》卷六，陶敏主编：《全唐五代笔记》第一册，三秦出版社，2012，第625页。

⑥ 〔宋〕李昉等：《太平广记》卷三百四十一《韦浦》，中华书局，1961，第2704页。

⑦ 〔宋〕李昉等：《太平广记》卷一百六《宋衎》，中华书局，1961，第719~720页。

硖石县东，爱渠水清流，旬日忘发”[①]。因为硖石山涧泉水是饮茶的上等水，天性嗜茶的李约在此流连忘返。这也从侧面反映了茶叶在陕州的运销情况。

4. 唐代陕州手工业发展与黄河漕运

因交通便利，漕运繁荣，陕州的手工业十分发达，其中尤以采矿冶炼最为著名。《新唐书·食货四》记载当时全国矿冶情况：“凡银、铜、铁、锡之冶一百六十八。陕、宣、润、饶、衢、信五州，银冶五十八，铜冶九十六，铁山五，锡山二，铅山四。”九十六座铜冶中除陕州外，其余五州全都在长江以南。高宗麟德二年（665），曾一次就“废陕州铜冶四十八”[②]处，数量占当时全国铜冶的一半，足见陕州冶铜业规模之大及在全国冶铜业地位之重要。陕州还是当时重要的银产区，有不少产银地点。《新唐书·地理二》记载：陕州平陆“有银穴三十四，铜穴四十八，在覆釜、三锥、五冈、分云等山”[③]。《元和郡县图志·河南道二》载：陕州安邑县“雷首山，一名中条山，在县南二十里。其山有银谷，在县西南三十五里，隋及武德初并置银冶监，今废”[④]。又苏敬《唐本草》：“银所在皆有，而以虢州者为胜，此外多锡秽为劣。”[⑤]苏敬虽从药用角度立论，但反映出虢州也是唐代重要的银产区。唐代矿冶所出原料和产品，规定由官府收买，但也有一定量的铜、银变成商品流通。唐太宗继位之初下诏曰：“其潼关以东，缘河诸关，悉宜停废，其金银绫绢等杂物，依格不得出关者，不得须禁。”[⑥]贞元九年（793）德宗诏曰：“天下有铜山，任人采取，其铜官买，除铸镜外，不得铸造。”[⑦]三门峡考古发现唐代的铜镜很多，冶铸技术已很高超，出土铜镜

---

① 〔唐〕赵璘：《因话录》卷二《商部上》，陶敏主编：《全唐五代笔记》第三册，三秦出版社，2012，第1910页。

② 〔宋〕欧阳修等：《新唐书》卷五十四《食货四》，中华书局，1975，第1383页。

③ 〔宋〕欧阳修等：《新唐书》卷三十八《地理二》，中华书局，1975，第985~986页。

④ 〔唐〕李吉甫撰，贺次君点校：《元和郡县图志》卷六《河南道二》，中华书局，1983，第160页。

⑤ 〔唐〕苏敬等撰，尚志钧辑校：《新修本草辑复本》，安徽科学技术出版社，2004，第58页。

⑥ 〔宋〕王溥：《唐会要》卷八十六《关市》，中华书局，1960，第1578页。

⑦ 〔后晋〕刘昫等：《旧唐书》卷十三《德宗纪下》，中华书局，1975，第376页。

中有 12 面采用了金银平脱的特殊工艺,体现出工匠的非凡智能和高超技艺①。三门峡唐代张弘庆墓出土的银耳杯、银盒制作水平亦十分高超。银耳杯作花瓣状椭圆形,花口为椭圆形,内壁及底部都錾刻飞鸟、缠枝及双鱼双莲等精美图案,堪称唐代银器的代表作。银盒作菱花形椭圆盒,器壁很薄,厚仅 0.5 毫米,也是唐代银器中的精品。

5. 唐代陕州城市建设与黄河漕运

陕州黄河漕运枢纽和转运中心的地位,促使陕州城市建设得到进一步发展和兴盛,给城市面貌带来巨大的变化。陕州城在唐代曾进行了多次维修,城址也有所西移。据《元和郡县图志·河南道二》"陕州条"记载:"故焦城,在县东北百步。"②《史记·魏世家》正义引《括地志》:"故焦城在陕县东北百步古虢城中东北隅。"③北魏太和中,陕州城已由秦汉时陕县故城向西移动。《元和郡县图志》成书于唐宪宗元和八年(813),《括地志》是据太宗贞观十三年(639)大簿论述。据此可以看出,陕州城当在唐初又较南北朝后期西移,更靠近黄河。贞观年间,唐太宗下诏加高了城东、南二墙,加固增修了东西南北四座城门的二道门。经过建设,陕州城"周围十三里一百二十步,东南有城壕,深五丈,城高十数丈"④。唐太宗次陕州,有《春日登陕州城楼俯眺原野回舟碧缀烟霞密翠斑红芳菲花柳即目川岫聊以命篇》诗赞美陕城春景:"碧原开雾隰,绮岭峻霞城。烟峰高下翠,日浪浅深明。斑红妆蕊树,圆青压溜荆。迹岩劳傅想,窥野访莘情。巨川何以济,舟楫伫时英。"⑤许敬宗《奉

---

① 李书谦:《浅谈三门峡唐代特殊工艺镜》,《中原文物》1999 年第 3 期。

② 〔唐〕李吉甫撰,贺次君点校:《元和郡县图志》卷六《河南道二》,中华书局,1983,第 157 页。

③ 〔汉〕司马迁:《史记》卷四十四《魏世家》,中华书局,1959,第 1848 页。

④ 欧阳珍修,韩嘉会撰:民国《陕县志》卷四《城池》,《河南历代方志集成·三门峡卷》(4),大象出版社,2017,第 53 页。

⑤ 〔唐〕李世民:《春日登陕州城楼俯眺原野回舟碧缀烟霞密翠斑红芳菲花柳即目川岫聊以命篇》,〔清〕彭定求等编:《全唐诗(增订本)》卷一,中华书局,2008,第 6 页。

和登陕州城楼应制》有“挹河澄绿宇，御沟映朱宫”①句，描写陕州城“绿宇”“朱宫”建筑一派富丽堂皇，护城河“挹河”“御沟”连绵不绝，河水清洌可鉴。孟郊《寄陕府邓给事》诗极言陕州城楼高耸几乎是罕见的：“陕城临大道，馆宇屹几鲜。”②

陕州城东北有著名的茅津渡，是黄河上沟通河南、山西的重要渡口。贞观十一年(637)，丘行恭奉旨架设大阳桥，过桥可北达平陆、安邑，经晋州、绛州至太原府。贞观十二年(638)，唐太宗自洛阳西还长安，取道陕州，渡大阳桥，至河北县(今平陆)，又北至安邑。严耕望考证论述说：“此道可视为陕州西入关中之北道。”③大阳桥作为唐代著名的国家级黄河三桥之一，既是南北通要，也是陕州城的标志性建筑。有唐一代，大阳桥一直正常使用，对畅通黄河南北交通，繁荣陕州商业发挥了重要作用。

陕州城因建在黄河高岸上，地势高亢，取水困难，又因地下水位深，且水质苦卤，凿井汲水同样不易。随着陕州城的兴盛发展，城市供水和粮食问题日益严重。隋开皇六年，邳国公苏威开凿北利人渠，沿橐水(今青龙涧河)上行至交口，开出长15千米的渠道，引水入城，开启了陕州城市供水史。《元和郡县图志·河南道二》：“北利人渠，隋开皇六年，文帝遣邳国公苏威引橐水西北入城，百姓赖其利，故以为名。”④唐武德元年，陕州刺史长孙操又从渠首交口筑起石坝，爬崖越涧，逶迤西行入陕城。渠道道尾相对高差70~80米，渠水扩大许多倍，因此称“广济渠”。广济渠解决了陕州城因缺水制约城市发展的问题，也使沿渠部分农田得以灌溉，奠定了后世广济渠引水工程的基础。《太平寰宇记·河南道六》记两事云：“隋文帝遣苏威引橐水西北入城，百姓至今赖之，呼为利人渠。又按唐史云：‘武德元年，陕东道

① 〔唐〕许敬宗：《奉和登陕州城楼应制》，〔清〕彭定求等编：《全唐诗(增订本)》卷三十五，中华书局，2008，第467页。

② 〔唐〕孟郊：《寄陕府邓给事》，〔清〕彭定求等编：《全唐诗(增订本)》卷三百七十八，中华书局，2008，第4253页。

③ 严耕望：《唐代交通图考》第1卷《京都关内区》，上海古籍出版社，2007，第166页。

④ 〔唐〕李吉甫撰，贺次君点校：《元和郡县图志》卷六《河南道二》，中华书局，1983，第157页。

行台、金部郎中长孙操自郡东又引水入城，以代井汲，百姓赖之。'与上渠俱利于民。"[①]《新唐书·地理二》云又有开南利人渠事："南、北利人渠。南渠，贞观十一年太宗东幸，使武候将军丘行恭开。"[②]《元和郡县图志》记载则不同："南利人渠，东南自硖石界流入。与北渠同时疏导。"[③]据此南、北利人渠当是同时开凿，至丘行恭时又作修复。贞观时的硖石即南硖石，在今陕州区南县村一带，距陕州城东南约50里。南利人渠后渐致淤废。长孙操兴修的广济渠直到明清还在发挥作用。利人渠及广济渠的修建体现出陕州城生态和人居环境改善的成功。

体现唐陕州城市兴盛繁荣的不仅是城市建设的发展，还有陕州城市人文环境的塑造和文化遗产的传承。

陕州孔庙始建于北魏孝明帝正光年间，是有确切记载的最早的古代地方城市的孔庙，开北方地方学校建设孔庙之先河。至唐已"楹宇雕毁"。开元四年(716)，姜师度任陕州刺史，重修孔庙。三门峡市车马坑陈列馆藏《大唐陕州孔子庙之碑》详细记述了姜师度这一功绩，《全唐文》收录作《先圣庙堂碑》。文曰：姜师度"爰初下车，顾谓儒林郎守博士甯修本曰：'夫化人成俗者，其必由学乎。若函丈之义不崇，则子衿之咏攸作。彼楹宇之雕毁，当修葺之'"。修葺后的文庙十分壮观。"藻贲坛亭，周列槐杏。绘图孔子像，双童夹侍，宛然叔仲之容。十哲旁罗，莞尔言游之对。"[④]姜师度是一位"勤于为政""好沟洫"的良吏。在陕州刺史任上，曾改进太原仓装卸方式，"所省万计"[⑤]。而在施工前，先修文庙，兴办学校，体现出以提升城市人文内涵和百姓素养为首务的施政考虑。

中唐姚南仲重修召伯祠，则是为此做出努力的又一典型史例。召伯即召公。

---

① 〔宋〕乐史撰，王文楚等点校：《太平寰宇记》卷六《河南道六》，中华书局，2007，第94页。

② 〔宋〕欧阳修等：《新唐书》卷三十八《地理二》，中华书局，1975，第985页。

③ 〔唐〕李吉甫撰，贺次君点校：《元和郡县图志》卷六《河南道二》，中华书局，1983，第157页。

④ 〔唐〕田义晊：《先圣庙堂碑》，〔清〕董诰等编：《全唐文》卷三百二十九，中华书局，1983，第3332页。

⑤ 〔后晋〕刘昫等：《旧唐书》卷一百八十五《姜师度传》，中华书局，1975，第4817页。

史载周公召公分陕而治,《诗经》有《甘棠》一篇,颂美召公勤政爱民,后世遂以甘棠称陕州,很早就在此立有召公祠庙。崔敖《邵伯祠碑记》记载:"陕野莓莓,燕郊浩浩,二千余载,管磬在庙。"贞元年间,姚南仲迁陕州大都督府长史,陕虢观察使,重修召伯祠。"贞元九年,龙集癸酉,连率姚公南仲宣风于陕,戒丰宫而新乎茇舍,慎听讼而树彼甘棠。……陕县令李晋肃,虔奉新政,恭惟昔贤,请刻石书,以慰余俗。"姚南仲重修召伯祠意在推行"新政","惟德牧人,在周其召"[①]。这在政局动荡多事的贞元年间无疑具有特殊的象征意义。此后又屡有修缮。《太平寰宇记》:"邵伯祠,在县东三里。唐大历七年重置。"[②]不过,我们以为更值得注意的是陕州屡修召伯祠的事实,体现了召公甘棠文化对陕州城市文化的影响。《全唐诗》中收录不少帝王官宦文人经由陕州创作的颂扬甘棠和怀念召公的诗作,体现着"召公""甘棠"已然成为唐代陕州的典型城市意象。

6.唐代陕州旅游业发展与黄河漕运

漕运带来的交通便利与商品流动,促使陕州旅游业的进一步兴盛。据学者统计,唐代陕州有旅游资源计19处[③]。其中最具吸引力的旅游资源是三门砥柱。三门砥柱既是黄河漕运的必经之地,也是极具特色的旅游景观,其独特的山水景观和人文魅力深受唐代旅游者喜爱。前揭唐太宗巡游砥柱,作《砥柱铭》诗,即是一典型史例。官员游砥柱也屡见不鲜。《太平广记》引《启颜录》记载一件趣事:"唐赵元楷与令狐德棻从驾至陕。元楷召德棻河边观砥柱,德棻不去,遂独行。及还,德棻曰:'砥柱共公作何语。'答曰:'砥柱附参承公。'德棻应声曰:'石不能言,物或凭焉。'时群公以为佳对。"[④]看来砥柱名声赫赫,故赵元楷才邀令狐德棻同游砥柱。

---

① 〔唐〕崔敖:《邵伯祠碑记》,〔清〕董诰等编:《全唐文》卷五百四十六,中华书局,1983,第5540~5541页。

② 〔宋〕乐史撰,王文楚等点校:《太平寰宇记》卷六《河南道六》,中华书局,2007,第95页。

③ 刘勋:《唐代旅游地理研究》,华中师范大学博士论文,2011年,第144页。

④ 〔宋〕李昉等:《太平广记》卷二百四十九《诙谐五》,中华书局,1961,第1926页。

旅游文学既是旅游的产物，也是旅游繁荣的表现。唐人咏砥柱的诗作以柳公权《砥柱》为最："禹凿锋铓后，巍峨直至今。孤峰浮水面，一柱钉波心。顶压三门险，根随九曲深。拄天形突兀，逐浪势浮沉。岸向秋涛射，祠斑夜涨侵。喷香龙上下，刷羽鸟登临。只有尖迎日，曾无柱影阴。旧碑文字在，遗事可追寻。"①极言砥柱宛若定海神针，顶压三门，根植九曲，搏击中流，力挽狂澜的气势，结尾是对大禹治水、太宗作铭往事的追寻与向往。唐人咏砥柱的铭体作品则以魏征《砥柱山铭》最为著名，秘书正字薛纯书后，勒铭于梳妆台之上，至南宋时尚可读。柳公权所说"旧碑文字在"即指此。叙写游览三门峡的游记文学也大有人在。如唐太子李亨《三门纪功颂》、唐雍王李贤《游三门记》等。赵冬曦《三门赋》是其中的传世名作。其序称："时以内兄牛氏，壮而游焉，相顾赋之，以纪奇迹。"可证是赵冬曦游三门砥柱之作。《三门赋》的最大特色是极力描写三门山水的磅礴、凶险，黄河壮阔、强劲、飞腾的气势，整个画面浑然一体，洋溢着一股勃勃生机和奔腾爆发的力量，体现出作者所追求的"大河弥漫，上应天汉""两崖夹水，壁立千仞，盘纡激射，天下罕比"②的崇高美。此外，三门的大禹庙，陕州城旁的河上亭、鸡足岛等也是当时游者较多的景点，有不少相关作品记述。唐代三门诗歌、游记文学的盛行，体现出唐代陕州旅游文化的兴盛。

唐代陕州是古代中国黄河城市中的典型，陕州城市的兴衰与黄河的流畅与否、漕运的正常与否紧密关联。漕运盛，则陕州旺。漕运带来的交通便利与人流、物流的频繁流动，促成了唐代陕州城市的繁荣。唐末以后，黄河漕运逐渐衰败，黄河运输功能日渐减弱，陕州也随之衰落。

7. 唐代陕州民众的漕运之累

唐代陕州的繁荣，可用"盛况空前"四字形容。如此繁荣的陕州社会经济与文

① 〔唐〕柳公权：《砥柱》，〔清〕彭定求等编：《全唐诗（增订本）》《全唐诗续补遗》卷五，中华书局，1999，第10660~10661页。

② 〔唐〕赵冬曦：《三门赋》，〔清〕董诰等编：《全唐文》卷二百九十六，中华书局，1983，第3002页。

化，当然得益于统治者苦心经营的发达的漕运业，但在漕运体系的建设与运行过程中，也融注着劳动者的辛苦与血泪，漕运繁荣背后的另一面所存在现象也应当引起关注。

黄河漕运所需的大量撑船拉纤的篙工、纤夫主要来自陕州，工作环境和工作条件极其辛苦危险。其时陕人说："自古无门匠墓，言皆沉死也。"杨务廉修栈道使纤夫挽船，"绳多绝，挽夫辄坠死，则以逃亡报，因系其父母妻子，人以为苦"①。纤夫遭难，反"以逃亡报"，且复"系其父母妻子"，以治其罪。为陆路转输的递车提供耕牛是陕州百姓又一巨大负担。元和年间，元稹上《为河南百姓诉车》云："况河南府耕牛素少，昨因军过宰杀及充递车，已无大半。今若更发四千余车，约计用牛一万二千头。假令估价并得实钱，百姓悉皆愿去，亦须草木尽化为牛，方能充给头数。今假令府司排户差遣，十分发得一二，即来岁春农必当尽废，百姓见坐流亡。……伏恐饥荒荐至。"②此处虽以河南府为说，但陕州无疑也是如此。大量的耕牛被夺，给陕州农业带来了极大破坏。

大和年间，崔郾为陕虢观察使。"先是陕之官人，人必月克俸钱五千助输贡于京师者，岁至八十万。""复有江、淮、梁、徐、许、蔡之戍兵，北出朔方、上郡、回中、汧陇间，践更往来，不虚一时。民之供亿，吏须必应。生活之具，至于瓶缶匕匙，常碎于四方之手。公曰：'此犹束炬以焚民也。'……复有诏旨支税粟输大仓者，岁数万斛。始敛民也。"③文中"先是""复有"的用语，反映了朝廷频繁的横征暴敛。"焚民""敛民"体现了惨烈程度。而一旦未完成赋税和徭役，则有牢狱之灾。元和年

① 〔宋〕欧阳修等：《新唐书》卷五十三《食货三》，中华书局，1975，第1365页。

② 〔唐〕元稹：《为河南百姓诉车》，〔清〕董诰等编：《全唐文》卷六百五十一，中华书局，1983，第6618页。

③ 〔唐〕杜牧：《唐故银青光禄大夫检校礼部尚书御史大夫充浙江西道都团练观察处置等使上柱国清河郡开国公食邑二千户赠吏部尚书崔公行状》，〔清〕董诰等编：《全唐文》卷七百五十六，中华书局，1983，第7841页。

间,阌乡县行市、黄涧(润)两场仓督邓琬等四人漕运糙米过程中,于荒野中临时造囤贮藏,致六千九百四十五石坏烂,事发后因不能填补亏空而被度支使“积年禁系”阌乡监狱。邓死狱中后,移罪其子孙,“禁系三代”,前后“囚数十人”。至大和五年(831)尚有孙及元孙等四人仍在枷禁之中。“其妻儿皆乞于道路,以供狱粮。其中有身禁多年,妻已改嫁者。身死狱中,取其男收禁者。……一禁其身,虽死不放。……至使夫见在而妻嫁,父已亡而子囚。自古罪人,未闻此苦。行路见者,皆为痛伤。”①白居易为此上《奏阌乡县禁囚状》,详述“阌乡狱”中无辜妻儿惨遭迫害的真相,又赋诗一首《歌舞》(一作《伤阌乡县囚》),以官员生活之腐化反衬囚犯在监狱的状况之凄惨。诗曰:“秦中岁云暮,大雪满皇州。雪中退朝者,朱紫尽公侯。贵有风雪兴,富无饥寒忧。所营唯第宅,所务在追游。朱门车马客,红烛歌舞楼。欢酣促密坐,醉暖脱重裘。秋官为主人,廷尉居上头。日中为一乐,夜半不能休。岂知阌乡狱,中有冻死囚。”②邓琬等四人及其后代被关押时间达28年,前后有9人死于狱中。直到大和五年唐文宗发布《释邓晟等禁系敕》,邓晟等四人始得“勒责保放出”③。

漕运作为唐代的一项大政国策,大规模强制性征收财赋的工具,在促进陕州经济发展的同时,又造成了一定程度的破坏。因而特别值得关心漕运史的人们注意。

① 〔唐〕白居易:《奏阌乡县禁囚状》,〔清〕董诰等编:《全唐文》卷六百六十八,中华书局,1983,第6790~6791页。

② 〔唐〕白居易:《歌舞》,〔清〕彭定求等编:《全唐诗(增订本)》卷四百二十五,中华书局,1999,第4688页。

③ 〔唐〕文宗:《释邓晟等禁系敕》,〔清〕董诰等编:《全唐文》卷七十四,中华书局,1983,第775页。

第八章　五代宋金时期的崤函古道

五代宋金时期是中国古代的重要发展阶段。自五代开始，国家政治中心东移洛阳、开封，与汉唐建都长安、洛阳形势大异，各主要道路和全国交通网也随之发生重要变化。崤函古道失去了往日两京主驿路的重要地位，但仍占有东西通衢大道的优势，交通建设有新的进步，交通作用有新的体现。

第一节 五代宋金时期崤函古道的演变

五代宋金时期都城东移开封，以都城开封为中心的道路布局，其西路仍是沿用隋唐的“大路驿”，崤函古道仍是都城开封通往西部的最为繁忙的交通要道。同时由于都城东移，崤函地区与东部的交通联系加强。北宋时期多次维修整治崤函古道，加强了中原与西北、西南及晋南地区的交通联系。崤函古道的交通状况处在不断的改善发展过程中，较之前代有较大发展变化。

一、五代时期崤函古道线路走向与运行状况

五代时期在黄河流域相继出现和频繁更替的后梁、后唐、后晋、后汉和后周五个朝代，其统治中心仍在中原。五代之中，除后唐建都洛阳，又以长安为陪都外，其余四朝皆以开封为都，同时又以洛阳为陪都，形成“汴洛一体”“东西双都”的多元性都城格局。五代是我国封建社会中最后一次大规模分裂割据时期，其政权多由唐末藩镇发展而来，其建国道路与其他王朝明显不同，故有学者称之为“方镇为国”。其间“势均者交斗，力败者先亡”[①]，“置君犹易吏，

① 〔宋〕薛居正等：《旧五代史》卷十三《张万进传》，中华书局，1976，第184页。

变国若传舍”[①],频繁的朝代更迭和争夺帝位的战争形成这一时期历史动态的常象。连接东西的崤函古道在这个特殊的时代,成为唐朝灭亡和五代后梁、后唐、后汉诸政权改朝换代的见证者。

黄巢起义失败后,唐王朝完全失去了对地方藩镇的控制,除都城长安周围州县以外,“皆分裂于方镇矣”[②],“大约郡将自擅,常赋殆绝,藩侯废置,不自朝廷,王业于是荡然。”[③]唐昭宗为凤翔节度使李茂贞所控制,并被挟持至凤翔。这引起了占据河南的另一强大藩镇朱全忠的不满,于是以“清君侧”之名率军攻进关中,经三年激战,李茂贞大败,献出皇帝及百官。昭宗重新回到长安,却又沦为朱全忠的傀儡,史称“全忠既破李茂贞,并吞关中,威震天下,遂有篡夺之志”[④]。天祐元年,朱全忠胁迫唐昭宗东迁洛阳,令东都留守佑国军节度使张全义缮修宫室。昭宗被迫踏上了亡国之路。《资治通鉴》详细记载了昭宗的这段屈辱行程:

天祐元年春正月……壬戌,车驾发长安……甲子,车驾至华州,民夹道呼万岁,上泣谓曰:“勿呼万岁,朕不复为汝主矣!”馆于兴德宫。谓侍臣曰:“鄙语云:‘纥干山头冻杀雀,何不飞去生处乐。’朕今漂泊,不知竟落何所!”因泣下沾襟,左右莫能仰视。二月,乙亥,车驾至陕。以东都宫室未成,驻留于陕。丙子,全忠自河中来朝。……夏,四月,辛巳,朱全忠奏洛阳宫室已成,请车驾早发,表章相继。上屡遣宫人谕以皇后新产,未任进路,请俟十月东行。全忠疑上徘徊俟变,疑上徘徊以待诸道勤王之师。怒甚,谓牙将寇彦卿曰:“汝速至陕,即日促官家发来!”闰月,丁酉,车驾发陕;壬寅,全忠逆于新安。……癸卯,

① 〔宋〕陈师锡:《五代史记序》,曾枣庄、刘琳主编:《全宋文》(第93册)卷二〇三一,上海辞书出版社、安徽教育出版社,2006年,第260页。

② 〔宋〕欧阳修等:《新唐书》卷五十《兵制》,中华书局,1975,第1330页。

③ 〔后晋〕刘昫等:《旧唐书》卷十九《僖宗本纪》,中华书局,1975,第720页。

④ 〔宋〕司马光编著,〔元〕胡三省音注:《资治通鉴》卷二百六十四《唐纪八十》,唐昭宗天复三年,中华书局,1956,第8623~8624页。

上憩于谷水。……甲辰,车驾发谷水,入宫,御正殿,受朝贺,乙巳,御光政门,赦天下,改元。[①]

唐昭宗的这条亡国之路入潼关后即取道崤函古道。行至陕州,昭宗以"东都宫室未成"为由,"驻留于陕"长达83天。昭宗利用陕州交通的畅通,曾有"遣间使以绢诏告急于王建、杨行密、李克用等,令纠帅藩镇以图匡复"[②]的举动。《旧五代史》引《十国春秋·吴世家》:"二月丁酉,唐帝遣间使以绢诏告难于我及西川、河东等,令纠率藩镇,以图匡复。诏有云:'朕至洛阳,则为全忠所幽闭,诏敕皆出其手,朕意不得复通矣。'"[③]这是昭宗被迫东迁中少有的一次企图翻盘的行动,结果均未获得实质性的响应。朱全忠也对昭宗徘徊陕州迟迟不前心生疑虑,"疑上徘徊俟变,疑上徘徊以待诸道勤王之师"。为断绝昭宗与外界的联系,尽杀其周围亲信200余人。"时崔胤所募六军兵士,胤死后亡散并尽,从上东迁者,唯诸王、小黄门十数,打球供奉内园小儿共二百余人。全忠在陕,仍虑此辈为变,欲尽去之,以汴卒为侍卫。至谷水顿,全忠令医官许昭远告内园等谋变,因会设幄,酒食次并坑之,乃以谋逆闻。由是帝左右前后侍卫职掌,皆汴人也。"[④]尽管屈辱如此,入洛阳后,昭宗还不得不下诏表彰陕州节度使朱谦"仲春迎跸,西自于阌乡,闰夏撰行,东及于都界,馈献有丰于国制,赡济尽费其家财,卓立茂功"。并循兴元例,将"陕州都督府改为兴唐府,其都督府长史宜改为尹,左右司马为少尹,录事为司录,陕县为次赤,余为次畿"[⑤]。昭宗《改元天祐赦文》:"宜改陕州为兴唐府,长史为尹,其所置官属,一准兴

① 〔宋〕司马光编著,〔元〕胡三省音注:《资治通鉴》卷二百六十四《唐纪八十》,唐昭宗天祐元年,中华书局,1956,第8626~8631页。

② 〔宋〕司马光编著,〔元〕胡三省音注:《资治通鉴》卷二百六十四《唐纪八十》,唐昭宗天祐元年,中华书局,1956,第8626~8631页。

③ 〔宋〕薛居正等:《旧五代史》卷二《太祖纪二》,中华书局,1976,第53页。

④ 〔后晋〕刘昫等:《旧唐书》卷二十《昭宗纪》,中华书局,1975,第779页。

⑤ 〔后晋〕刘昫等:《旧唐书》卷二十《昭宗纪》,中华书局,1975,第781页。

元等例。”[①]在动乱的背景下，陕州行政地位获得提高。

昭宗迁都洛阳，长安遭受空前劫难。朱全忠“令长安居人按籍迁居，彻屋木，自渭浮河而下，连甍号哭，月余不息”[②]。长安百姓被逼东徙，崤函古道上士民“号哭满路……老幼襁属，月余不绝”。胡注：“言老幼相随而东，若襁之贯钱，相属不绝也。”宫室和百官衙署被全部拆毁，“取其材，浮渭沿河而下，长安自此遂丘墟矣”[③]。这是继东汉末董卓挟汉献帝西迁后经由崤函古道的又一次全都城居民大迁徙。从此长安不复为都，关中作为全国政治重心的地位也一去不复返。

同年八月，朱温派兵入宫弑杀昭宗，立哀帝。天祐四年(907)三月，哀帝禅位，唐亡。朱温即帝位，建立后梁，定都汴梁，以洛阳为西都。早在唐末，秦宗权曾攻占陕、虢等地，百姓“咸弃之而遁。帝(朱全忠)乃慎选将佐，俾完葺壁垒，为战守之备，于是远近流亡复归者众矣”[④]。陕、虢社会经济有所恢复。朱全忠称帝后，凤翔李茂贞、河东李克用、淮南杨渥、西川王建拒绝承认。各方争夺中原，陕、虢居其要冲，有举足轻重之势。此时后梁内部也有反对定都开封的声音，以为开封无险可守，不如迁都长安。在此背景下，开平元年(907)七月，朱全忠敕令以潼关隶陕州：“建国迁都，俾新其制，况山河之险，表里为防。今二京俱在关东以内，仍以潼关隶陕州，复置河潼军使，命虢州刺史兼领之。”[⑤]随着诏书的下达，唐代以来，以华州刺史兼领潼关的传统被打破，潼关被陕州节度使属下的虢州刺史兼领，迁都之议也偃旗息鼓。有研究者分析，朱全忠以潼关隶陕州是以其作为对付凤翔李茂贞势力的一道防线，在双方争夺中，即使雍、同、华州落入敌手，仍能坚守潼关而不致敌人长

① 〔宋〕王钦若等编纂，周勋初等校订：《册府元龟》卷九十一《帝王部·赦宥第十》，凤凰出版社，2006，第1010页。

② 〔后晋〕刘昫等：《旧唐书》卷二十《昭宗纪》，中华书局，1975，第778页。

③ 〔宋〕司马光编著，〔元〕胡三省音注：《资治通鉴》卷二百六十四《唐纪八十》，唐昭宗天祐元年，中华书局，1956，第8626页。

④ 〔宋〕薛居正等：《旧五代史》卷一《太祖纪一》，中华书局，1976，第8页。

⑤ 〔宋〕薛居正等：《旧五代史》卷三《太祖纪三》，中华书局，1976，第53页。

驱直入关东。潼关无虞，则能放心地以河南为基地，向河北、河东乃至淮南地区展开扩张[①]。其实，这一举措应当还有将潼关与陕州连为一体，组成大的防御区，利用崤函有利地形控制整个崤函和这一带的黄河，以加强京畿周边防卫的意图。从后来的发展看，这一变革取得了巨大成效，终朱温之世雍、同、华州未出现大的波动，后梁刘知俊反叛一度占领潼关，也随即被收复。后梁得以将重兵用于河北、河东地区，对付李克用等势力。

后唐建都洛阳，以长安为陪都。陕州的行政地位也明显提高。长兴三年(932)四月，复位诸道州府地望次第，设十都督府，以陕州为首[②]。天成二年(927)三月，因庄宗李存勖葬于新安雍陵，新安县因此升为次赤[③]。后唐闵帝继位后，潞王李从珂据凤翔反，得到禁军的归顺，于应顺元年(934)三月自凤翔率兵经长安入洛阳，推翻闵帝，即帝位，是为后唐末帝。《资治通鉴》详细记载了其率兵夺取帝位的行程路线：

> 庚申，潞王至长安……壬戌，潞王至昭应……甲子，潞王至华州……乙丑，至阌乡。……丙寅……潞王至灵宝……丁卯，潞王至陕……戊辰……潞王……遂自陕而东。夏，四月，庚午朔……太后令内诸司至乾壕迎潞王……(孟)汉琼自谓于王有旧恩，至渑池西……王即命斩于路隅。……壬申，潞王至蒋桥，百官班迎于路。[④]

《旧五代史·末帝纪》所记略同。两文相互印证，末帝即位线路相当清楚：长

① 伍纯初：《朱梁集团研究》，上海师范大学博士论文，2017，第112页。

② 〔宋〕薛居正等：《旧五代史》卷四十三《明宗纪九》，中华书局，1976，第590页。

③ 〔宋〕薛居正等：《旧五代史》卷三十八《明宗纪四》，中华书局，1976，第520页。

④ 〔宋〕司马光编著，〔元〕胡三省音注：《资治通鉴》卷二百七十九《后唐纪八》，唐末帝清泰元年，中华书局，1956，第9110~9115页。

安—昭应(今陕西临潼华清池西北)—华州(今陕西华县)—阌乡(今灵宝阌乡)—灵宝(今灵宝大王灵宝故城)—陕州(今陕州故城)—乾壕(今陕州区观音堂镇甘壕)—渑池(今渑池)—新安(今洛阳新安)—蒋桥(今洛阳西)—洛阳。这条线路仍是隋唐以来沟通长安、洛阳两京的传统道路,其中陕州以东路段走的是崤山北路。

后唐末帝李从珂从凤翔出发,进入洛阳仅用了一个月的时间,进军如此迅速,全赖禁军的归顺。有学者这样表述说:“李从珂之立,先赖禁军归顺,得免凤翔城破;继率禁军东下,一路又得禁军归顺,又有禁军将领安从进在洛阳为内应,禁军统帅康义诚投降于阵前,从而得登上帝位。从珂之立,全赖禁军拥截。”①所谓“一路又得禁军归顺”指的是发生在崤函古道上的事情。前揭《资治通鉴》记载:“乙丑,(潞王)至阌乡。朝廷前后所发诸军,遇西军皆迎降,无一人战者。……潞王至灵宝,护国节度使安彦威、匡国节度使安重霸皆降,惟保义节度使康思立谋固守陕城以俟康义诚。”潞王前锋捧圣五百骑“至城下,呼城上人曰:‘禁军十万已奉新帝,尔辈数人奚为!徒累一城人涂地耳。’于是捧圣卒争出迎,思立不能禁,不得已亦出迎”。闵帝诏以侍卫马军都指挥使安从进为京城巡检,而“从进已得潞王书檄,潜布腹心矣”。禁兵统帅侍卫马步军都指挥使康义诚率军发洛阳,“军至新安,所部将士自相结,百什为群,弃甲兵,争先诣陕降,累累不绝。义诚至乾壕,麾下才数十人……义诚军溃,忧骇不知所为……至陕待罪。马步都虞候苌从简、左龙武统军王景戡皆为部下所执,降于潞王,东军尽降”②。京师大乱,闵帝只得与帐下亲骑百余人出洛阳去投石敬塘,石敬塘尽杀闵帝左右,将闵帝送至洛阳献于潞王处死。

沙陀部人刘知远建后汉入主汴梁同样也是利用了崤函古道线路。先是天福六年(941)刘知远以河东节度使,出镇太原,着意经营,由是河东富强冠诸镇,步骑至

① 张其凡:《五代政权递嬗之考察——兼评周世宗的整军》,《华南师范大学学报(社会科学版)》1985年第1期。

② 〔宋〕司马光编著,〔元〕胡三省音注:《资治通鉴》卷二百七十九《后唐纪八》,唐末帝清泰元年,中华书局,1956,第9110~9113页。

五万人，遂有乘乱夺权之心。天福十二年(947)二月，刘知远乘契丹耶律德光南下灭后晋，中原军民奋起抵抗之际，在太原称帝。屯驻陕府的禁军将校赵晖等人杀死契丹监军，上表归诚。《旧五代史·赵晖传》记载："开运末，以部兵屯于陕，属契丹入汴，慨然有愤激之意。及闻汉祖建义于并门，乃与部将王晏、侯章戮力叶谋，逐契丹所命官属，据有陕州，即时驰骑闻于汉祖。汉祖乃命晖为保义军节度、陕虢等州观察处置等使。"[①]张齐贤《洛阳搢绅旧闻记》记之较详："陶晟，虢州人。少读书业文，尤长于诗。五十余，耻无成，遂求隶虢之右职，相次为步使。虢，陕之属郡，使府借其才干，召置陕城。久之，会晋末戎虏犯中夏，侯章、赵晖俱为匡国指挥使在陕，王晏为都头。戎将令至陕驿，侯章等随虏帅就驿候之，虏命蕃将镇陕。……是夜，独王晏、赵晖率死士数十人，入驿斩戎使，尽取财物以归。乃逾垣入衙杀蕃酋，遂据其城。……推赵晖为首，侯章、王晏为都监巡检，差陶公与赵晖之子延进，同赍表奏汉祖劝进焉。汉祖大喜，因次第酬之。后汉祖知晏功，三人皆节使，备在正史。陶公遂委质事汉祖，及王师南举，命为开道使。"[②]"陕驿"即陕州通津驿，唐称甘棠驿。赵晖等人在陕驿的"入驿斩戎使""即时驰骑闻于汉祖"，使刘知远顺利控制南下进入中原的黄河渡口，得到通向洛阳的咽喉要地陕州。刘知远大喜过望，随即召集诸将商议进入中原的作战方案。《资治通鉴》记载："诸将咸请出师井陉，攻取镇、魏，先定河北，则河南拱手自服。帝欲自石会趋上党。郭威曰：'虏主虽死，党众犹盛，各据坚城。我出河北，兵少路迂，旁无应援，若群虏合势，共击我军，进则遮前，退则邀后，粮饷路绝，此危道也。上党山路险涩，粟少民残，无以供亿，亦不可由。近者陕、晋二镇，相继款附，引兵从之，万无一失，不出两旬，洛、汴定矣。'帝曰：'卿言是

① ［宋］薛居正等：《旧五代史》卷一百二十五《赵晖传》，中华书局，1976，第1639页。

② ［宋］张齐贤：《洛阳搢绅旧闻记》卷一《陶副车求荐见忌》，朱易安等主编：《全宋笔记》第1编第2册，大象出版社，2003，第154~155页。

也。'"①由晋、绛抵陕入汴的作战计划果然进展十分顺利。五月"辛亥,帝至陕州,赵晖自御帝马而入。壬子,至石壕,汴人有来迎者。……(六月)乙卯,帝至新安,西京留司官悉来迎。……丙辰,帝至洛阳,入居宫中;汴州百官奉表来迎。……戊午,帝发洛阳。枢密院吏魏仁浦自契丹逃归,见于巩……辛酉,汴州百官窦贞固等迎于荥阳。甲子,帝至大梁"②,改国号汉,史称后汉。刘知远由晋、绛抵陕入汴的行动,一路顺遂,完全是一次兵不血刃的和平进军。崤函古道为刘知远南下后快速推进,入主大梁,建立后汉提供了条件。

五代时期,频繁的战争和政权更迭也影响了崤函古道的畅通。天成元年(926),刘知远进入洛阳时下诏说:"朕昨夙驾河汾,薄狩陕虢,洎及京邑,周览神皋,禾黍废为闲田,墙屋毁为平地,凄伤满目,指顾伤心。"③社会满目疮痍,交通自然也会随之受到阻碍。反映这一情形的典型史例就是崤函古道上盗匪猖獗,他们利用险峻地形出没其间,"剽劫行旅",对崤函古道交通安全构成严重影响。一些盗匪甚至与官府军队有千丝万缕的联系。《新五代史·朱友谦传》记载:"朱友谦,字德光,许州人也。初名简,以卒隶渑池镇,有罪亡去,为盗石濠、三乡之间,商旅行路皆苦之。久之,去为陕州军校。"④《旧五代史》本传记之更详:"朱友谦,字德光,许州人,本名简。……广明之乱,简去乡里,事渑池镇将柏夔为部隶,尝为盗于石壕、三乡之间,剽劫行旅。后事陕州节度使王珙,积劳至军校。"⑤

总体来说,五代时期由于各政权都有沟通中原与关中交通的客观需求,因此,

① 〔宋〕司马光编著,〔元〕胡三省音注:《资治通鉴》卷二百八十七《后汉纪二》,后汉高祖天福十二年,中华书局,1956,第9359页。

② 〔宋〕司马光编著,〔元〕胡三省音注:《资治通鉴》卷二百八十七《后汉纪二》,后汉高祖天福十二年,中华书局,1956,第9365~9366页。

③ 〔宋〕王钦若等编纂,周勋初等校订:《册府元龟》卷九十五《帝王部·赦宥第十四》,凤凰出版社,2006,第1040页。

④ 〔宋〕欧阳修等:《新五代史》卷四十五《朱友谦传》,中华书局,1974,第492页。

⑤ 〔宋〕薛居正等:《旧五代史》卷六十三《朱友谦传》,中华书局,1976,第844页。

纵然是在分裂割据的政治条件下，这条道路仍然没有中断，道路走向和所经地基本没有变化。由《旧五代史·晋少帝纪二》所载，后晋天福七年（942），“改陕州甘棠驿为通津驿，避庙讳也”[①]，这一时期崤函古道沿线驿站也得到了保留和使用。

五代时期，尽管中原王朝在西域及中亚地区的政治与军事影响已不复存在，但陆上丝绸之路并未完全中断，中西贸易仍在继续进行之中。活跃在西北的敦煌归义军政权不仅与中原王朝关系密切，在引领、帮助西域入贡中也起到了“达外国之梯航”的积极作用[②]。敦煌书仪 P.2539V《灵武节度使书状集》为此提供了丰富的史例[③]。据学者研究，该书仪是后唐明宗时代灵武节度使联络达官“朝要”以及藩镇长官的书信贺启，致书对象除京城“四相、河南元帅、太尉令公”的最高长官以及“沙州令公”外，还有西京、泾州、魏博、青州等关内诸州的留守、节度使等。引人注目的是，至少有两件与陕州的官员有关，即第13通《延州汝州凤翔陕府侍卫左卫月旦书》和第22通《新除西京留守安司徒、陕府张太保同》，前者内容反映的是灵武节度使与陕府等官员的应酬往来，后者是祝贺索自通和张延朗分别出任西京留守和陕州节度使的贺官仪。时间大体在天成四年（929）五月至长兴元年（930）三月。灵武节度使与远隔数千里的陕州官员保持应酬往来，对新任陕州节度使致信祝贺，反映了双方的交往程度已相当密切。这些书仪先是从数千里之外寄出，后又在后唐明宗时期被人抄写带入敦煌，个中原因，有学者指出：“一个客观条件自然是敦煌

① ［宋］薛居正等：《旧五代史》卷八十二《晋少帝纪二》，中华书局，1976，第1081页。

② 杨宝玉：《达外国之梯航——曹氏归义军与五代时于阗首次入贡中原之关系再议》，《敦煌研究》2019年第1期。

③ P.2539V《灵武节度使书状集》，见赵和平辑校：《敦煌表状笺启书仪辑校》，江苏古籍出版社，1997，第266~283页。相关研究参见杨宝玉、吴丽娱：《法藏敦煌文书P.2539V校注与研究》，《敦煌吐鲁番研究》2019年第1期；吴丽娱：《关于唐五代书仪传播的一些思考——以中原书仪的西行及传播为中心》，《敦煌学辑刊》2018年第2期；吴丽娱：《关于敦煌P.2539V书状主人公的再辨证》，《民族史研究》（2），民族出版社，2001年；吴丽娱、杨宝玉：《后唐明宗时代的国家政局与归义军及甘州回鹘的入贡中原》，《敦煌吐鲁番研究》（第十二卷），上海古籍出版社，2011年。

与内地道路的打通。”[1]既有研究表明，后唐建国初期，庄宗就已派遣使者奔赴河西，打通了中原王朝与甘州回鹘等少数部族政权及归义军等西北地区政权的联系通道。“从后唐同光二年起，中原与沙州归义军保持着密切的关系。”[2]明宗长兴以后河陇、西域至中原的道路更为顺畅，甚至形成了四方来朝的胜景。据统计，五代时期向中原朝贡最多的是甘州回鹘，共 35 次；其次是吐蕃诸部，共 14 次；凉州共 8 次；瓜、沙二周曹氏共 6 次；最少的于阗，共 3 次，西州回鹘 1 次。他们朝贡的物品除了当地的良马、骆驼、牦牛尾、野马等特产，还有一些来自中亚甚至欧洲的特产，如白氎（棉布）、波斯锦、波斯宝蝶、金钢钻、珊瑚、香药和各种玉器等[3]。这些商品充分反映了这一时期的陆上丝绸之路仍然是中外进行贸易的重要通道，具有国际贸易的性质。由河陇、西域至当时中原王朝的都城洛阳或开封必经陕州，这表明崤函古道不仅在政权太平一统的丝路繁盛时期发挥过重要作用，即使在割据政权林立的丝路萧条时期也同样具有突出的作用。

二、北宋崤函古道线路变化与驿递设置

建隆元年（960），赵匡胤代周建宋，以开封为东京，洛阳为西京。鉴于五代时期政权更替频繁、地方建置混乱的状况，遂按照路、州（府、军、监）、县三级政区制，对全国各地行政区划重新调整。太宗淳化四年（993），因袭唐制分天下为 10 道，至道三年（997），废除道名，确立路制，分天下为 15 路。仁宗初年（1022）析分为 18 路，神宗年间又析分为 23 路，徽宗时再分为 24 路。

宋代崤函地区县级区划在承袭前代基础上进行了调整变革。至熙宁六年

① 吴丽娱：《关于唐五代书仪传播的一些思考——以中原书仪的西行及传播为中心》，《敦煌学辑刊》2018 年第 2 期。

② 赵和平：《〈新集杂别纸〉的初步研究》，中国社会科学出版社，1995，第 263 页。

③ 周伟洲：《五代时期的丝绸之路》，《文博》1991 年第 1 期。

(1073)，有1府2州21县，分属京西路和永兴军路。具体来说，东部的新安、渑池、寿安、福昌、永宁、长水6县属京西路，隶西京河南府。西部的陕州、虢州则属永兴军路(陕西路)，隶京兆府(治今西安)。陕州辖陕县、灵宝、阌乡、湖城、平陆、夏县、芮城7县。虢州辖虢略、朱阳、卢氏、栾川4县。与唐代相比，陕州的管理范围扩大，虢州的管理范围则有所缩小。崤函古道交通线以陕州为界，分属京西、永兴军两路。陕州辖境跨黄河南北两岸，掌控西至潼关的黄河航线。

1. 线路变化

北宋交通网络以京师开封为中心，向四方辐射，沟通全国，主要陆路分为东路、西路、南路和北路。西路是开封通往西北、西南各路首府和西域诸国的主要陆路交通干线。自开封西行，经郑州、洛阳、陕州、虢州，出潼关，至永兴军路首府长安。再西北行，经河西走廊，进入宁夏、新疆。西南行可至四川、贵州。宋与西域诸地交往也主要经由这条通道，至长安，沿唐代丝绸之路西行。与宋并存的西夏、高昌、于阗、大理、吐蕃等西北、西南地区的几个相对独立的政权，也经由这条通道至宋京师。所谓“秦蜀行旅、戎夷入贡，悉由于此”①。蔡襄《通远桥记》亦详细描述了这条道路交通的情形：“盖西属于陕，达于秦雍，尽关中，地方数千里。又西南，逾襄汉，通巴蜀。其王官之奔职，邦士之修贡，传邮之将命，商旅之迁货，若方外羌夷荒忽之域涵泽而内附，凡东走京师以往来者，车蓄辇负，蹄轨相轧，莫不出此。”②崤函古道是这条东西路上的必经之途。

北宋崤函古道线路基本沿用隋唐“大路驿”，并在此基础上有所调整和发展，最显著的变化是宋初崤函古道东段主线路由崤山南路改移为崤山北路。改移时间以往论者多指发生在宋仁宗明道二年(1033)富弼作《燕堂记》前不久。其实这一

---

① 〔清〕徐松辑，刘琳、刁忠民、舒大刚等校点：《宋会要辑稿》方域十，上海古籍出版社，2014，第9463页。

② 〔宋〕蔡襄：《通远桥记》，曾枣庄、刘琳主编：《全宋文》(第47册)卷一〇一七，上海辞书出版社、安徽教育出版社，2006，第260页。

看法还可以再讨论。因为自宋初开始,这一改移过程即已开始。

据《宋会要辑稿》记载,建隆三年(962)正月九日,宋太祖"诏西京修古道险隘处,东自洛之巩,西抵陕之湖城,悉命治之,以为坦路"①。"古道"即前代道路。洛阳西至湖城之"古道",即隋唐崤函古道东段的崤山北路和西段陕州至湖城黄河南侧的稠桑路,依《太平寰宇记》记载,西京洛阳至陕州 350 里,陕州至湖城 90 里②,则此次修路里程达 440 里。这是史载北宋对崤函古道最早的一次整修,也是最早的比较明确的以崤山北路为洛阳西抵湖城"坦路"的记录。乾德五年(967),又将原设在南县村的硖石县迁至石壕镇,即今陕州区硖石乡硖石村。县治由崤山南路迁至崤山北路,透露了以北路为重的信息。熙宁元年(1068),硖石县省入陕县,称石壕镇。

大中祥符四年(1011),宋真宗经行崤函古道,至山西宝鼎(今山西万荣)祭祀汾阴后土,是历代帝王祀汾阴后土规模最大的一次,也是最后一次。在宋真宗确定西祀后,朝臣曾就西祀的路线做过相关讨论,主要涉及崤函古道线路问题。

《续资治通鉴长编》真宗大中祥符三年(1010)记载:"自京师往河中府有二路,一由陕州浮梁历白径岭,一由三亭渡渡河。司天保章正贾周,言二路岩险湍迅,不若出潼关,过渭、洛二水趋蒲津,地颇平坦,虽兴工,不过数十里。事下陈尧叟等,请如周所议。而渭水当同州新市镇,多滩碛,自此稍南而西,纡行十数里,狭处可连舟为桥。又洛河上亦为浮梁直抵河中。"③《宋会要辑稿》所记略同。自开封前往汾阴,有两条道路,最近的线路是至陕州,经大阳浮桥渡黄河入河中府,但贾周认为河中府一带地形复杂,"岩险湍迅",不如至陕州后向西出潼关,向北至同州,过渭洛,这一带地形平坦,道路仅需稍加整修,便可由南绕行至河中府。贾周的意见得到陈

① 〔清〕徐松辑,刘琳、刁忠民、舒大刚等校点:《宋会要辑稿》方域十,上海古籍出版社,2014,第 9463 页。

② 〔宋〕乐史撰,王文楚等点校:《太平寰宇记》卷六《河南道六》,中华书局,2007,第 92、107 页。

③ 〔宋〕李焘:《续资治通鉴长编》卷七十四,宋真宗大中祥符三年,中华书局,2004,第 1688 页。

尧叟等的支持，自开封经洛阳，循崤函古道出潼关，再北折入河中的西祀线路得以确定。可以看到，朝臣最终放弃最近的“陕州浮梁历白径岭”“三亭渡渡河”入河中线路，而确定循崤函古道出潼关，主要是依据路况、安全性、便利性等因素，讨论未涉及一向被认为道路较为平坦的崤山南路。

西祀线路确定后，沿途交通建设如期展开。真宗命龙图阁待制王曙、西京左藏库使张景宗及供备库使蓝继宗修治行宫、道路，陈尧叟为桥道顿递使前往考察路况，以保证西祀交通的顺畅。《宋会要辑稿》礼二八记载：大中祥符三年八月，陈尧叟至硖石县（今陕州区硖石乡硖石村），发现“陕州硖石县湫隘，不足以驻銮驾，兼卫兵无停止之处”，于是请求“其行宫望特遣使臣检视”。真宗诏以近硖石宽平之地建行宫[①]。又因“硖石程路多山险，少居舍”，真宗同意修改计划，“诏俟至新安日，驾前军先赴张茅，驾后军马上石壕，令御前卑斧鹿信、韩琼于驾前”[②]。陈尧叟又至虢州，“二十六日，陈尧叟等言：‘相度洪流涧移，稠桑道路自高原经过，初上处斗峻，寻命工开修。今自灵宝县由虢州路至函谷关，却合汉武帝庙前，道路宽平，已行修治。’从之”。又记载：“复以稠桑旧路缘崖而行，南有峭壁，霖泞多摧圮，乃请徙路自灵宝县南入虢州路，至函谷关口，复合汉武庙前旧路，甚平坦。”[③]《续资治通鉴长编》记载略同[④]。稠桑旧路南临峭壁，道路坎坷，再加上连日阴雨，导致沟谷洪流冲击道路，路面泥泞。陈尧叟实地考察后奏请“徙路”，改从灵宝（今灵宝老城）向南沿弘农涧河经秦函谷关至虢州，并“命工开修”了这段道路。整修后“道路宽平”。不过，后来宋真宗西祀时，往返都未经行虢州，走的仍然是灵宝湖城间的稠桑

① 〔清〕徐松辑，刘琳、刁忠民、舒大刚等校点：《宋会要辑稿》礼二八，上海古籍出版社，2014，第 1289 页。

② 〔清〕徐松辑，刘琳、刁忠民、舒大刚等校点：《宋会要辑稿》礼二，上海古籍出版社，2014，第 532 页。

③ 〔清〕徐松辑，刘琳、刁忠民、舒大刚等校点：《宋会要辑稿》礼二八，上海古籍出版社，2014，第 1289 页。

④ 〔宋〕李焘：《续资治通鉴长编》卷七十四，宋真宗大中祥符三年，中华书局，2004，第 1688 页。

路。北宋时，灵宝湖城间的道路一仍隋唐，有南北两条道路，都可通行。

《续资治通鉴长编》精确记载了宋真宗西祀的线路和日程：大中祥符四年正月丁酉（二十三日），真宗一行从东京出发，二十八日抵西京，稍作停留后，“甲辰（三十日），发西京，至慈涧顿……夕次新安县”，“二月乙巳朔（初一），次渑池县。……丙午（初二），次硖石县。丁未（初三），入陕州。……己酉（初五），次灵宝县。……庚戌（初六），次湖城县。辛亥（初七），次阌乡县。壬子（初八），出潼关，渡渭河”，往河中府（今山西永济西永济老城），丁巳（十三日）到达宝鼎县（今山西省万荣县宝鼎）。在完成西祀后，二月癸亥（十九日）返程，经河中府渡黄河，绕道华州，“己巳（二十五日），次华阴县……辛未（二十七日），次阌乡县。……壬申（二十八日），次湖城县。……癸酉（二十九日），次灵宝县。……三月甲戌朔（初一），次陕州。……丙子（初三），次硖石县。丁丑（初四），次渑池县。戊寅（初五），次新安县。……己卯（初六），车驾入西京”①。最后于四月初一回到东京。

真宗西祀前后用时一个多月，其中去程在崤函古道用时 8 天，返程在崤函古道用时 9 天，除往返经陕州时停留了一两天外，其余都是在第二天到达下一个城镇，平均每天走 30 公里左右，可以看到，崤函古道交通的畅通及馆驿制度的发达。

真宗西祀，队伍十分庞大，盛况空前绝后，仅随行的嫔妃宫娥、官员眷属即有数千人之多，这给沿途人民带来了沉重的负担，但同时通过修缮道路等，也在一定程度上促进了崤函古道交通的发展，进一步提升和巩固了崤山北路的主线路地位。真宗去程进入新安县境时，见“民有耕道旁者，召问慰抚，赐以茶荈”。至渑池县，因太仆寺府吏霍鼎违背“仪仗中悉以军士给役”规定，“擅集贫民挽轭”，而杖责之。“时山路泉深，负汲者劳”，真宗“悯焉”，“命知河南府薛映造辇水小车十乘，付行在三司……俾运载以代其役”。返程中再次经过阌乡县，“召承天观道士柴通玄，赐坐，问以无为之要。赐诗、茶药、束帛，除其观田租”。“次湖城县。宴虢州父老于

① 〔宋〕李焘：《续资治通鉴长编》卷七十四，宋真宗大中祥符四年，中华书局，2004，第 1709~1715 页。

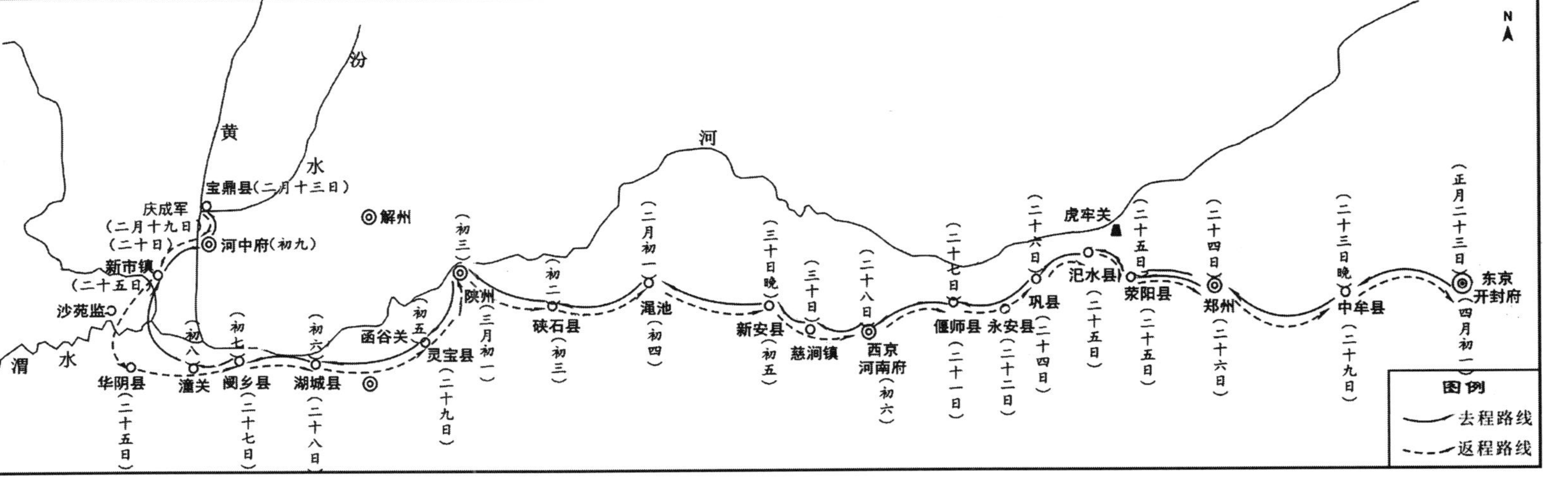

图 8-1　宋真宗西祀汾阴线路示意图

行宫门。”至函谷关，作《老子度关铭》，勒石刊立。铭序云：“函谷关者，老君西升之途也。……践华之郊，疏河之境，仙驭所历，车辙如存。揭以关梁，见崤函之阻；纪斯县邑，彰灵宝之休。所谓人往而教存，世殊而地久。朕恭祠坤载，因举时巡。渊默之风，永怀于瞻望；清静之治，靡舍于宗师。”①经过陕州，“召草泽魏野，辞疾不至。……即遣使图上其所居，令长吏常加存抚”。又“幸顺正王庙，作铁牛诗，宴从官、父老于霈泽惠民楼。又登北楼，望大河，观山川形胜，赐运船卒时服，作诗题栋间。是日雨，石普请驻跸城中，勿涉泥泞，上作诗赐普，因令扈从至西京”②。

宋初两次整修崤函古道，东段的崤山北路均是主要对象。这一情形反映了北宋崤函古道东段线路的一大变化，即东段崤山段主道由崤山南路移向崤山北路。富弼最早明确记载了这一变化：“福昌古宜阳地，战国韩所都，西压秦境。二国争胜相攻取，此为兵冲。西南有山，极高，似熊耳，汉樊贼委甲齐之，是则古鲑壤也。二京往来，南路近出县侧，人甚嚣坌。世以迥，故径取崤渑为东西道，由是此路遂僻。”③乾隆《河南府志》对此曾解释说：“福昌故道即过永宁崤底之南道也。汉以前皆由此道。曹魏改道后兴废不常。《燕堂记》据近者为言，遂以为唐二京往来故道耳。”④富弼是宋代名相，曾做过福昌县令，对福昌风土民情十分了解。明道二年十一月，福昌县令乐辅国在福昌阁前兴建“燕堂”书斋，富弼应邀作《燕堂记》。燕堂遗址在今宜阳韩城镇福昌村，今福昌颐真观即其旧址。所谓“世以迥”，据文意盖指唐宋变换。有学者解释为“据近者为言”，“崤山道改走北路，当在此前不久”，即在富弼作《燕堂记》前不久，恐与富弼文意和史实皆有不符之处。而富弼《燕堂记》

① 〔宋〕宋真宗：《老子度关铭》，曾枣庄、刘琳主编：《全宋文》（第13册）卷二六三，上海辞书出版社、安徽教育出版社，2006，第157~158页。

② 〔宋〕李焘：《续资治通鉴长编》卷七十五，宋真宗大中祥符四年，中华书局，2004，第1709~1714页。

③ 〔宋〕富弼：《燕堂记》，曾枣庄、刘琳主编：《全宋文》（第29册）卷六〇八，上海辞书出版社、安徽教育出版社，2006，第32~33页。

④ 〔清〕施诚修，〔清〕童钰、裴希纯纂：乾隆《河南府志》卷七十《古迹志》，《河南历代方志集成·洛阳卷》（8），大象出版社，2017，第219页。

中透露的相关信息,更可以通过宋人诗作中的描述充实这一认识。

宋人诗作中常见崤山南路交通荒凉、冷落的咏叹。元丰二年至六年(1079—1083),张耒任寿安尉,其《三乡道中遇雨》诗云:“萧萧古道西风雨,惨惨黄昏匹马行。”[①]黄昏、古道、西风、匹马,全是落寞、衰煞、凄凉、孤独的景象。唐在崤山南路所设馆驿尽废。张耒《福昌书事言怀一百韵上运判唐通直》诗“路失三乡驿”句原注:“唐有三乡驿,今废。”[②]崤山南路“汉唐繁华已丘墟”[③]的景象,成为张耒任寿安尉期间经常感叹的话题。例如:“地偏佳客断,官冷酒钱贫。”[④]“官舍题诗壁,如今经几人?”[⑤]“经年门巷无车马,只有清风伴此君。”[⑥]“人稀鸡犬闲,古道转城脚。”[⑦]崤山南路的交通咽喉永济桥,入宋后一度曾得到复建。治平四年(1067)仲秋,邵雍自洛阳西游寿安、福昌,从永济桥过洛河,作《十日西过永济桥》,诗题原注:“唐桥名。”[⑧]但仅十多年,张耒任寿安尉时,永济桥已坍塌消失。其《永济桥》诗云:“墟庙无人吊毁垣,故桥遗址至今存。侵波野岸生新草,啮石老沙留旧痕。金殿有基藏兔穴,玉舆无路半樵村。甘棠古道轮蹄断,落日空山暮雨昏。”[⑨]崇宁四年(1105),李

---

① 〔宋〕张耒:《三乡道中遇雨》,李逸安、孙通海、傅信点校:《张耒集》卷二十七,中华书局,1990,第482页。

② 〔宋〕张耒:《福昌书事言怀一百韵上运判唐通直》,李逸安、孙通海、傅信点校:《张耒集》卷十九,中华书局,1990,第344页。

③ 〔宋〕张耒:《福昌杂咏五首》,李逸安、孙通海、傅信点校:《张耒集》卷二十三,中华书局,1990,第416页。

④ 〔宋〕张耒:《伤春》,李逸安、孙通海、傅信点校:《张耒集》卷十九,中华书局,1990,第318页。

⑤ 〔宋〕张耒:《十二月二十六日旦闻东堂啄木声忽记作福昌尉时在山间环舍多老木腊后春初此鸟尤多声态不一今琵琶筝中所效既不类又百不得一二云》,李逸安、孙通海、傅信点校:《张耒集》卷十七,中华书局,1990,第291页。

⑥ 〔宋〕张耒:《官舍岁暮感怀书事五首》,李逸安、孙通海、傅信点校:《张耒集》卷二十三,中华书局,1990,第417页。

⑦ 〔宋〕张耒:《秋兴三首》,李逸安、孙通海、傅信点校:《张耒集》卷十,中华书局,1990,第144页。

⑧ 〔宋〕邵雍:《十日西过永济桥》,郭彧、于天宝点校:《邵雍全集》第4册《伊川击壤集》,上海古籍出版社,2016,第74页。

⑨ 〔宋〕张耒:《过永济桥》,李逸安、孙通海、傅信点校:《张耒集》卷二十三,中华书局,1990,第418页。

复知郑州期间，曾往寿安、长水，《自寿安之长水》诗云："女几仙风断，连昌辇路荒。"①

与崤山南路形成强烈对比的是崤山北路的日趋繁盛。淳化二年(991)，王禹偁谪宦商州，携全家离京前往贬所，取崤山北路，并留下了《屡次新安》《硖石县旅舍》《稠桑坂车覆》《阌乡旅夜》等诗作。景祐元年(1034)，苏舜钦自长安赴西京，在《寄王几道同年》诗中极赞："新安道中物色佳，山昏云澹晚雨斜。"②元丰二年(1079)，李复登进士第，自汴归雍(今陕西凤翔)，作《华阴遇雨记》云："元丰二年夏五月，予自汴归雍，时旱久极暑，度崤陵，过稠桑，重坂隘谷，烈日铄石，尘沙蔽天，昼息夕行，凡二十日方次潼关。"③司马光为陕州夏县(今山西夏县)人。"熙宁、元丰间，尝往来于陕、洛之间，从者才三两人，跨驴道上，人不知其温公也。每过州县，不使仍知。一日，自洛趋陕时，陕守刘仲通讳航元，城先生之父也。知之来，使人迓之，公已从城外过天阳津矣。"④天阳津即大阳津。皇祐二年(1050)，司马光自夏县西返京师，再次经行崤山北路，途中作《陕城桃李零落已尽硖石山中今方盛开马上口占》《自渑至洛循谷水行百余里》等诗。嘉祐元年(1056)，苏轼与兄苏澈出川应试，过陕州，取崤山北路，经渑池赴京，住宿县中僧舍。嘉祐六年(1061)，苏轼赴任凤翔，再经渑池，作《和子由渑池怀旧》诗。熙宁元年(1068)，韩琦自长安还判相州，经行崤山北路，作《硖石道中》《渑池道中》诗。强至任韩琦幕府期间也常走崤山北路，《早行渑池道中》诗云："二年别咸

① 〔宋〕李复:《自寿安之长水》，北京大学古文献研究所编:《全宋诗》(第19册)卷一〇九八，北京大学出版社，1998，第12451页。

② 〔宋〕苏舜钦:《寄王几道同年》，北京大学古文献研究所编:《全宋诗》(第6册)卷三一三，北京大学出版社，1998，第3926页。

③ 〔宋〕李复:《华阴遇雨记》，曾枣庄、刘琳主编:《全宋文》(第122册)卷二六二九，上海辞书出版社、安徽教育出版社，2006，第91页。

④ 〔宋〕马永卿:《懒真子》卷二，朱易安等主编:《全宋笔记》第3编6册，大象出版社，2019，第165页。

秦，八月过崤渑。”[①]七言律诗《渑池》：“古邑人烟陕雒间，马蹄车辙许谁闲。不堪晓雨妨行兴，犹喜秋风慰客颜。老去稍知筋力倦，年来祗益鬓毛斑。”[②]熙宁初，邵必不疑“以龙图阁学士知成都府，过洛……中途寄康节先生诗云：‘我乘孤传经崤渑，君拥群书卧洛城’”。[③] 建中靖国元年（1101），晁补之出知河中府，作《守蒲次新安西寄府教授之道弟》《渑池道中寄福昌令张景良通直》诗。崇宁元年（1102）春，罢河中府任，移知湖州，途经乾壕，作有《罢蒲乾濠道中寄府教授之道弟》诗。政和四年（1114），晁说之通判鄜州，走的还是崤山北路，《缺门遇王三兄师文》诗云：“风雨崤渑道，离别秋冬交。忽复有好怀，故人道旁招。”[④]由京赴任陕州的官员更是取北路。宋庠《送资政侍读侍郎西赴陕郊》：“洛浦神仙观送客，崤陵风雨避传驺。”[⑤]刘攽《送直史馆孙兵部知陕府》：“十里九坂二殽道，驷马高盖朱轮车。”[⑥]范祖禹《送文周翰出守陕郊》诗云：“彩衣照洛水，红旆驱崤谷。”[⑦]

朝廷用兵也取北路。庆历三年（1043），泾原副都部署葛怀敏与西夏战败，“关中震惊，兵少不足自守，朝议不暇远徙，诏中使即崤、渑之间，遮四路归师悉还，补其阙”。但“士卒久出塞，自以得生归，复驱之就死地，人人以言相激，拔刀弰弩，且欲

① 〔宋〕强至：《早行渑池道中》，北京大学古文献研究所编：《全宋诗》（第10册）卷五八八，北京大学出版社，1998，第6910页。

② 〔宋〕强至：《渑池》，北京大学古文献研究所编：《全宋诗》（第10册）卷五九四，北京大学出版社，1998，第7010页。

③ 〔宋〕邵伯温：《邵氏闻见后录》卷二十，朱易安等主编：《全宋笔记》第2编第7册，大象出版社，2006，第258页。

④ 〔宋〕晁说之：《缺门遇王三兄师文》，北京大学古文献研究所编：《全宋诗》（第21册）卷一二〇七，北京大学出版社，1998，第13690页。

⑤ 〔宋〕宋庠：《送资政侍读侍郎西赴陕郊》，北京大学古文献研究所编：《全宋诗》（第4册）卷九八，北京大学出版社，1998，第2270页。

⑥ 〔宋〕刘攽：《送直史馆孙兵部知陕府》，北京大学古文献研究所编：《全宋诗》（第11册）卷六〇四，北京大学出版社，1998，第7144页。

⑦ 〔宋〕范祖禹：《送文周翰出守陕郊》，北京大学古文献研究所编：《全宋诗》（第15册）卷八八八，北京大学出版社，1998，第10374页。

绝河桥为变”,引发骚乱。“中使无如之何,驰入陕,以诏书属沔而去。吏民大骇,将奔逃。”陕州知州张沔“骑出郊,矫诏谕之,云贼已出境,有诏令诸军趋还营,毋得差池。众见沔之易也,皆帖然就道,莫敢喧哗。范仲淹经略陕西,梁适奉使延州,皆奏沔权宜合变,消乱止祸,当厚其赏”①。

综合上述记载,可以看到,北宋时崤函古道东段主线的改移有一个过程。宋初崤山北路经过整修,交通较之前便利,呈现取代崤山南路为东段主线的趋势。乾德五年硖石县治由崤山南路迁至崤山北路,即这一趋势在行政区划上的反映。真宗西祀进一步提升了崤山北路的交通地位,促进了这一变换的步伐,至迟在真宗、仁宗之际崤山北路最终成为崤函古道东段的主道。

崤函古道东段崤山道主道历史上曾多次发生南北路移换之事,但真宗、仁宗之际,崤山道全走北路渐呈固定化,这种情况的出现,有学者认为是因原本就是北路近捷,南路迂回,且入宋后崤山北路经过两次大规模整治,交通条件较之前更便利。这自然有道理。舍远求近历来是道路选线的原则,交通便利也是重要条件。但两道早已是客观存在,并非北宋才有,因此,起重要促进作用的还是北宋西北边患的形成以及由此带来的对西夏政权的军事行动。

北宋西北边患发端于太宗时期。太平兴国七年(982),党项拓跋部首领李继迁叛宋,重建夏州政权。咸平五年(1002),攻陷北宋西北重镇灵州,改称西平府,走上了割据自雄、抗衡宋廷的道路,北宋的银、夏、绥、宥等18州之地相继沦落。宝元元年(1038),李继迁之孙元昊称帝,建国号夏,定都兴庆府(今宁夏银川),史称西夏,统治范围包括今宁夏、河西走廊全部及陕北、内蒙、青海一部分地区,成为影响北宋西北安全的最大威胁。北宋西北局势的巨大变化,使陕西路军事战略地位凸显,北

① 〔宋〕李焘:《续资治通鉴长编》卷一百四十二,宋仁宗庆历三年,中华书局,2004,第3407页。

宋编纂的中国第一部新型兵书《武经总要》称之为“朝廷之西屏”①,既可对夏纵深防御,又可屏蔽王畿侧翼安全。北宋在此常年驻军在80万人左右,超过其他任何地区,也超过以往任何朝代②。同时,陕西经济实力雄厚,是对朝廷物资供应的主要基地。关陕诸州每年向京师开封的漕运,仅太平兴国六年(981)就达80万石,在当时全国四大漕运地区居第二位。熙宁二年(1069),北宋两税收入中,陕西占第二位,其上供的钱物对中央财政和京师供应有重要作用。崤函古道作为连接中原与关中的主要通道,地位也随之突出。《宋会要辑稿》方域十记载,天禧三年(1019)八月,“遣使西京至陕府修葺道路,以霖雨坏道故也”③。是为北宋第三次大规模整修崤函古道。揆度情形,这次整修亦仍是崤山北路。崤山道主道由南路变换到近捷便利的北路,体现了北宋对崤函古道东段线路的逐步优选,这是北宋时期崤函古道交通发展的一个重要特征。选择崤山北路并对其整修,更加便利了洛阳与长安之间以及中原和西部地区之间的交通,加强了相互间的联系。此后,历元明清,崤函古道东段主线路一直稳定在崤山北路。

崤函古道东段主道改移崤山北路,当然并不意味着崤山南路废弃不用。张耒《东方》诗云:“铛铛鸣铎谁家车,陌上驱牛辗霜去。……年年输税洛阳城,慎莫后期官有刑。”④真实展现了农民天未亮即顶霜冒寒驱车到洛阳交租的情景。张耒与永宁县令陈器之交往甚多,《寄陈器之》诗云:“昨者见君才顷刻,满马尘埃面黧黑。自言别家春欲阑,归意如飞留不得。玉鞭挥折手成胝,一日到家驰四驿。”⑤此外还有《和陈器之谢王渑池牡丹》《冬日自福昌之渑池》等诗。蔡襄也有《登三乡寺阁》:

① 〔宋〕曾公亮等著,陈建中、黄明珍点校:《武经总要》前集卷十八《边防·陕西路》,商务印书馆,2017,第285页。

② 程民生:《简论北宋西北地区的历史地位》,《史学月刊》1995年第2期。

③ 〔清〕徐松辑,刘琳、刁忠民、舒大刚等校点:《宋会要辑稿》方域十,上海古籍出版社,2014,第9463页。

④ 〔宋〕张耒:《东方》,李逸安、孙通海、傅信点校:《张耒集》卷十二,中华书局,1990,第215页。

⑤ 〔宋〕张耒:《寄陈器之》,李逸安、孙通海、傅信点校:《张耒集》卷十四,中华书局,1990,第245页。

"历览宜阳道,披轩临朔风。"[①]从中可窥崤山南路交通使用情况之一斑。

这里有必要谈一下所谓吕蒙正重修阳壶道(洋湖古道)一事。新近出版的渑池、新安县志都有此类记载。如1991年版《渑池县志》云:"洋湖古道从洋湖逆关底河南行,经关底村斜向东南,经东关、金灯河、山窝隘入新安县的石井关抵洛阳共90公里。东关至山窝隘间15公里路面皆片石、卵石铺砌、宽3米左右。此路最早为春秋时晋侯东下王畿及郑地之要道。北宋初年吕蒙正'参领'土木工匠重修,今废。"[②]2006年版《渑池县志》(1986—2000)在"《渑池县志》(1991年版)拾遗补阙"一节写道:"阳壶(今名洋湖)古道,在今县境黄河南侧沿河东西行,北连晋境,又名太原古道、吕蒙正道。春秋已有,经县北阳壶、南村关(即今南村乡治所),北渡黄河通今山西省垣曲县。后渐废,北宋建隆三年(962年),吕蒙正监修恢复,西北至太原,东通洛阳,路宽3米,青石铺砌,今废。"[③]1989年的《新安县志》亦称:"自洛阳、孟津西界元庄入境,经无梁店、云坡、仓头、刘村沟、丹墀坡、石井、粟园、胡庄、山窝出县境,至渑池南村利津渡过黄河至太原,过本县境内长35公里,为北宋初吕蒙正任匠作监时督修,原为片石铺砌,今山窝一带尚有完好的遗迹,但已不能行车。"[④]其实,上述记载均不见于史籍,也不见于明清方志,而且上述记载的内容颇有错讹之处。

"匠作监"又作"将作监"。据《宋史·吕蒙正传》记载:"蒙正,太平兴国二年擢进士第一,授将作监丞,通判升州。"[⑤]也就是说吕蒙正进入仕途,在宋太宗太平兴国二年(977)31岁时授将作监丞并升州(金陵)通判,旋离京赴任。在此之前,吕蒙正作为一介平民,在龙门一带居住、游学,生活颇为辛苦,自然是不可能在建隆三年

① 〔宋〕宋襄:《登三乡寺阁》,〔宋〕蔡襄著,〔明〕徐𤊹等编,吴以宁点校:《蔡襄集》卷四,上海古籍出版社,1996,第72页。

② 渑池县志编纂委员会:《渑池县志》,汉语大词典出版社,1991,第348页。

③ 渑池县地方史志编纂委员会:《渑池县志(1986—2000)》,方志出版社,2006,第757页。

④ 新安县地方史志编纂委员会:《新安县志》,河南人民出版社,1989,第315页。

⑤ 〔元〕脱脱等:《宋史》卷二百六十五《吕蒙正传》,中华书局,1985,第9145页。

主持"监修"洋湖道。有研究者引用《新安县志》时改作"宋太宗时期,张齐贤曾受命对西京通往晋绛方向的道路加以营修"[①]。或即注意到了这一点。但不知其所据为何。揆度情形,洛阳作为北宋西京,"当西郊走集之会"[②],加上宋初对北汉作战,是有可能整修久已存在的洋湖道的,但应与吕蒙正无涉,也不可能是在北宋建隆三年。

2. 驿递设置

北宋的邮驿建设,在继承隋唐五代的基础上,又有新的创新和变革,建立了以驿为主、以递铺为补充的邮驿系统,其突出特点是驿、递分立,迎送功能和通信功能由驿、递两个系统分别来完成。

先说驿。驿又称馆驿、驿馆,设在驿路干线上,专门接待以官员为主的公差人员并提供食宿。王应麟《玉海》说:"郡国朝宿之舍,在京者谓之邸。邮骑传递之馆,在四方者谓之驿。"[③]也就是说,宋代将驿与馆舍合并,使之成为负责接待来往官员和使臣的机构,类似官府的招待所。由于北宋以崤山北路为东段主道,因此,驿传仅设在崤山北路和西段函谷道上。史籍中保留了一些北宋在崤函古道设驿的信息。

阌乡驿。文同《题邵竦篆归去来辞》记载:"篆籀之法,难于华褊,而又难于小字。邵公此作,远过岳阳题署,岂其妙龄精力至到者耶?治平甲辰,子玉见赠阌乡驿,同书。"[④]治平甲辰即宋英宗治平元年(1064)。范纯仁《侍卫亲军马军都虞候林侯墓志铭》记载:"侯讳广,字公远……行至阌乡,以疾终于驿舍,享年四十八。"[⑤]可

---

① 张祥云:《北宋西京河南府研究》,河南大学出版社,2012,第 306 页。

② 〔宋〕苏颂:《辞免西京表》,曾枣庄、刘琳主编:《全宋文》(第 61 册)卷一三二六,上海辞书出版社、安徽教育出版社,2006,第 148 页。

③ 〔宋〕王应麟:《玉海》卷一百七十二《邸驿》,广陵书社,2007,第 3159 页。

④ 〔宋〕文同:《题邵竦篆归去来辞》,曾枣庄、刘琳主编:《全宋文》(第 51 册)卷一一〇四,上海辞书出版社、安徽教育出版社,2006,第 114 页。

⑤ 〔宋〕范纯仁:《侍卫亲军马军都虞候林侯墓志铭》,曾枣庄、刘琳主编:《全宋文》(第 71 册)卷一五五八,上海辞书出版社、安徽教育出版社,2006,第 344 页。

知阌乡县有驿。阌乡驿又称阌乡传舍。秦观《李公行状》记载:“李常,字公择,年六十四。……徙成都府,所及陕府阌乡县,暴卒于传舍,实元祐五年二月二日也。”[①]苏颂《李公墓志铭》记载:“徙成都府,行次陕郊,暴疾卒于阌乡县传舍。”[②]

灵宝县驿。《宋史·薛向传》记载,英宗时薛向“尝夜至灵宝县,先驱入驿,与客崔令孙争舍。令孙正病卧,惊而死,罢知汝州”[③]。可见灵宝县有驿,在县城内。

虢州驿。《续资治通鉴长编》记载,康定元年(1040),司马池知虢州,“性质易,不饰厨传,剸剧非所长,又不习知吴俗,以是谤讥闻朝廷”[④]。程大昌《演繁露》卷九释“厨传”曰:“按厨传,两事也。厨,庖也,以好饮食供过客,则为饰厨也。传者,驿也,具车马,资行役,则为饰传也。今人合厨传为一,概谓丰馔为厨传,非也。”[⑤]可知虢州城内有驿。

陕府驿(甘棠驿)。曾巩《孙公行状》称,孙甫“知陕府,简厨传之费,陕人安之”[⑥]。司马光《书孙之翰墓志后》亦称孙甫“在陕不饰厨传”[⑦]。吴曾《能改斋漫录》记述了宣和年间女子幼卿题作陕府驿壁的故事:“宣和间,有题于陕府驿壁者云:‘幼卿少与表兄同砚席,雅有文字之好。未笄,兄欲缔姻。父母以兄未禄,难其请,遂适武弁公。明年,兄登甲科,职教洮房,而良人统兵陕右,相与邂逅于此。兄

① 〔宋〕秦观:《故龙图阁直学士中大夫知成都军府事管内劝农使充成都府利州路兵马钤辖上护军陇西郡开国侯食邑一千一百户食实封三百户赐紫金鱼袋李公行状》,曾枣庄、刘琳主编:《全宋文》(第71册)卷二五八八,上海辞书出版社、安徽教育出版社,2006,第168页。

② 〔宋〕苏颂:《龙图阁直学士知成都府李公墓志铭》,曾枣庄、刘琳主编:《全宋文》(第62册)卷一三四五,上海辞书出版社、安徽教育出版社,2006,第79页。

③ 〔元〕脱脱等:《宋史》卷三百二十八《薛向传》,中华书局,1985,第10586页。

④ 〔宋〕李焘:《续资治通鉴长编》卷一百二十八,宋仁宗康定元年,中华书局,2004,第3040页。

⑤ 〔宋〕程大昌:《演繁露》卷九,朱易安等主编:《全宋笔记》第4编第9册,大象出版社,2008,第41页。

⑥ 〔宋〕曾巩:《故朝散大夫尚书刑部郎中充天章阁待制兼侍读上轻车都尉赐紫金鱼袋孙公行状》,陈杏珍等点校:《曾巩集》第四十七,中华书局,1984,第647页。

⑦ 〔宋〕司马光:《书孙之翰墓志后》,李之亮笺注:《司马温公集编年笺注》(1)卷七九,巴蜀书社,2009,第15页。

鞭马，略不相顾，岂前憾未平耶？因作浪淘沙以寄情云：‘目送楚云空，前事无踪，漫留遗恨锁眉峰。自是荷花开较晚，孤负东风。客馆叹飘蓬，聚散匆匆。扬鞭那忍骤花骢。望断斜阳人不见，满袖啼红。’”[①]此诗被评为宋代崤函古道题壁诗中的上品。又《建炎以来系年要录》载：建炎元年金军陷陕州，“成忠郎监甘棠驿孙旦悉遇害”[②]。则陕州城内有驿，名“甘棠驿”。

硖石驿。《续资治通鉴长编》记载，哲宗元祐六年（1091），尚书省言“陕州并硖石镇两驿东去官员合支券料钱”事[③]，则硖石镇设有驿。硖石镇即石壕镇。《宋会要辑稿》方域五记载：“陕州硖石县，乾德五年移治石壕镇。”[④]《元丰九域志》又载：熙宁六年“省硖石县为镇入陕”[⑤]。《宋史·地理三》亦载：“陕，中。熙宁六年，省硖石县为石壕镇入焉。”[⑥]据此，乾德五年，宋太祖移硖石县治于石壕镇。熙宁六年神宗又省县为石壕镇。文献中亦称为硖石镇，盖“因宋置硖石县故，后世仅以硖石名显”[⑦]的缘故。硖石驿在石壕镇，即今陕州区硖石乡硖石村。

渑池县驿。司马光《涑水记闻》记载，宋仁宗时，种世衡“知渑池县，葺馆舍，设什器，乃至砧臼匕箸，无不毕备，客至如归，由是声誉大振”[⑧]。晁补之《渑池道中寄福昌令张景良通直》诗云：“愁作驿亭寒不寐，怀人思古九回肠。”[⑨]李复《题沔池驿壁》记载：“南连荆山之麓，地寒多雨，泥垩泞滑，土冈百重，登陟险阻，驿舍相远，行者过此，

---

① ［宋］吴曾：《能改斋漫录》卷十六《幼卿浪淘沙词》，上海古籍出版社，1960，第478~479页。

② ［宋］李心传：《建炎以来系年要录》卷四，中华书局，1988，第108页。

③ ［宋］李焘：《续资治通鉴长编》卷四百五十七，宋哲宗元祐六年，中华书局，2004，第10938页。

④ ［清］徐松辑，刘琳、刁忠民、舒大刚等校点：《宋会要辑稿》方域五，上海古籍出版社，2014，第9375页。

⑤ ［宋］王存撰，王文楚、魏嵩山点校：《元丰九域志》卷三《永兴军路》，中华书局，1984，第107页。

⑥ ［元］脱脱等：《宋史》卷八十七《地理三》，中华书局，1985，第2145页。

⑦ 辛德勇：《崤山古道锁证》，《中国历史地理论丛》1989年第4辑。

⑧ ［宋］司马光：《涑水记闻》卷九，朱易安等主编：《全宋笔记》第1编第7册，大象出版社，2008，第112页。

⑨ ［宋］晁补之：《渑池道中寄福昌令张景良通直》，北京大学古文献研究所编：《全宋诗》（第19册）卷一一三五，北京大学出版社，1998，第12853页。

无不起滞留之叹焉。”[①]又有《过沔池驿》诗云：“客心苦厌孤程晚，驿舍频来旧吏亲。明日问途知更远，又须呼仆待初晨。”[②]“沔池”即渑池，可知渑池县城内设有驿。

上述记载自然不能说是北宋在崤函古道设驿的全部。宋制一县至少设有一驿。湖城县、新安县在驿路上，按制也是应当设驿的。依此推算，北宋崤函古道驿路上至少设有8驿。但总的来说，北宋设驿密度远不及唐代，其两驿之间的距离大体如《事物纪原》所载：“（宋）六十里有驿，驿有饩给，即候馆之遗事也。”[③]值得提出的是，唐代陕州东至硖石之间五十里无馆驿，北宋则在石壕镇新增硖石驿，影响深远，为后来元明清三代承袭，可见北宋硖石镇驿设置的精审，这是北宋崤函古道馆驿设置的显著进步。

对不临驿路的州县，宋太祖时令“置公使库使，遇过客，必馆置供馈，欲使人无旅寓之叹”[④]。至徽宗宣和年间，“州府县镇驿舍亭铺相望于道，以待宾客”[⑤]。官吏使臣往来住宿方便。在路远驿疏之地，则以附近庙宇部分房舍为驿，接待行旅。嘉祐年间，苏轼两次经行渑池，都寄宿在寺舍。苏辙《怀渑池寄子瞻兄》诗原注：“辙昔与子瞻应举，过宿县中寺舍，题其老僧奉闲之壁。”[⑥]驿路上还有私营旅舍，作为馆驿的补充。王禹偁《硖石县旅舍》就反映出这类私营旅舍在硖石镇的存在，诗云：“霜干红叶飞，迁客思凄凄。处险人垂瘿，登山马跙蹄。篱荒蛩韵苦，云冻雁行

---

① 〔宋〕李复：《题沔池驿壁》，曾枣庄、刘琳主编：《全宋文》（第122册）卷二六二九，上海辞书出版社、安徽教育出版社，2006，第91页。

② 〔宋〕李复：《过沔池驿》，北京大学古文献研究所编：《全宋诗》（第19册）卷一〇九九，北京大学出版社，1998，第12467页。

③ 〔宋〕高承撰，〔明〕李果订，金圆、许沛藻点校：《事物纪原》卷七《州郡方域部》，中华书局，1989，第359页。

④ 〔宋〕王明清：《挥麈后录》卷一，朱易安等主编：《全宋笔记》第6编第1册，大象出版社，2013，第72页。

⑤ 〔清〕徐松辑，刘琳、刁忠民、舒大刚等校点：《宋会要辑稿》方域十，上海古籍出版社，2014，第9480页。

⑥ 〔宋〕苏辙著，陈宏天、高秀芳点校：《苏辙集》卷一《怀渑池寄子瞻兄》，中华书局，1990，第12页。

低。此夕应无寐,何烦报晓鸡。"①一些旅舍还提供车轿、驴马等交通工具的租赁。魏野《送长安赵侍郎赴阙》诗云:"先牌唯选寺,递铺只担书。古道禾残后,长亭木落初。朝官逢下马,野客送驴骑。"②

再说递铺。递铺又称省铺,是北宋通信组织的总称,专门负责传递政府公文和书信,承担官物运输和为过往官员提供相应服务等任务。通常每二十五里设一递,道路艰涩之处,也有十里设一铺的情况。铺内设铺兵 10 名到 12 名不等,备有马匹,供传送公文和往来行人换乘。一般是每隔几个递铺就有一个驿站,行旅可在馆驿食宿,附近的递铺则提供马匹换乘服务。北宋创设这一机构,一方面是因其实行高度集中的中央集权,地方政治、军事及财政权力集中于皇帝,遂造成中央与地方联系的事务增多。另一方面,北宋民族矛盾严重,沿边地区政情、军情传递和财赋、军需物资运输紧迫。严峻的形势迫使宋朝统治者高度重视公文通信,从而在馆驿之外新设一个专门相对独立的通信机构,来及时传递公文。

递铺设置以州县为中心,向四面八方辐射,不仅设置在驿路上,而且还延伸设置在没有驿路的县道、村镇道路。传递方式依文书缓急及传递工具的不同,分为三等。《宋会要辑稿》记载:"递铺旧法三等,曰急脚,曰马递,曰步递……今总谓之省铺。"③《梦溪笔谈》亦载:"驿传旧有三等,曰步递、马递、急脚递。"④据曹家齐考证:"此三等并非三种递铺,而是按照公文性质、紧要程度、传递速度不同划分的三个等级,而且宋代递铺多是两种或三种功能兼具者。"⑤

步递即步行传递,主要适用于传递"常程文字",即普通文书。除此之外,还要

① 〔宋〕王禹偁:《硖石县旅舍》,北京大学古文献研究所编:《全宋诗》(第 2 册)卷六十四,北京大学出版社,1998,第 708 页。

② 〔宋〕魏野:《送长安赵侍郎赴阙》,《钜鹿东观集》卷二,中华书局,1987,第 30 页。

③ 〔清〕徐松辑,刘琳、刁忠民、舒大刚等校点:《宋会要辑稿》方域十一,上海古籍出版社,2014,第 9506 页。

④ 〔宋〕沈括撰,金良年点校:《梦溪笔谈》卷十一《官政一》,中华书局,2015,第 113 页。

⑤ 曹家齐:《宋代交通管理制度研究》,河南大学出版社,2002,第 96 页。

承运中央拨付地方之兵器、军饷、绢绸等,以及地方缴付朝廷的货币、香料、茶盐等物件。在速度上,诸递铺传送人者,日行不得过六十里,仍宿于递铺。延误时限者依律治罪。马递即利用马匹传递,日行三百里,主要适用于传递重要文书,如有关官员升降、边防、军机、漕运、刑狱等紧切文书。

急脚递是北宋新创的一种邮驿制度。急脚递速于步递,日行四百里,昼夜500里,以骑马疾驰为主,有时也以步行传递,主要负责中央和地方紧急公文情报、军机文件的传送。《续资治通鉴长编》记载:“事干外界或军机,及非常盗贼文书入急脚递,日行四百里。”[①]据曹家齐的研究,宋代急递之所以马递、步递并存,是受当时交通条件的限制,“其原因有三:一是山势险要或平陆但有河渠,二是掩人耳目,三是马匹短缺”[②]。由于急脚递专司急要通信,北宋对此极为重视。大中祥符元年(1008)十月,宋真宗诏曰:“沿路所置急脚递铺,盖令传送文书如闻有近上臣僚并往来中使,多令斋持物色,负重奔驰,咸不堪命。自今非宣敕,并不得应付。”[③]神宗也多次颁布诏令曰:“方军兴,飞书遣使,此最先务。”[④]“非紧切边事,毋得擅发急递。”[⑤]神宗时,因应军事斗争的需要,急脚递中又分化出金字牌急脚递。元丰六年(1083),西夏进兵绥德,围攻兰州。宋神宗以金字牌急脚递向陕西发布旨令,“如古之羽檄也,以木牌朱漆黄金字,光明眩目,过如飞电,望之者无不避路,日行五百余里。有军前机速处分,则自御前发下,三省、枢密院莫得与也”[⑥]。金字牌急脚递不入递铺交接,沿途接力传送,昼夜不停,以减少公文在递铺的停留时间,提高公文传递效率。从京师开封到陕西,崤函古道是必经之道,崤函古道也

① 〔宋〕李焘:《续资治通鉴长编》卷四百五十七,宋哲宗元祐六年,中华书局,1980,第10939页。

② 曹家齐:《宋代交通管理制度研究》,河南大学出版社,2002,第120页。

③ 〔清〕徐松辑,刘琳、刁忠民、舒大刚等校点:《宋会要辑稿》方域十,上海古籍出版社,2014,第9472页。

④ 〔宋〕李焘:《续资治通鉴长编》卷三百十四,宋神宗元丰四年,中华书局,1980,第7599页。

⑤ 〔宋〕李焘:《续资治通鉴长编》卷二百八十九,宋神宗元丰元年,中华书局,1980,第7081页。

⑥ 〔宋〕沈括撰,金良年点校:《梦溪笔谈》卷十一《官政一》,中华书局,2015,第113页。

是最早拥有金字牌急脚递的交通线。

随着驿、递分立，两大系统的承担者也随之变革，即馆驿的接待任务由百姓承担，而递夫则由职业军人，即地方厢军的递铺兵充任，称为“递卒”“铺兵”。《宋史·太祖本纪》记载，建隆二年(961)五月庚寅，“诏诸道邮传以军卒递”①。《宋会要辑稿》：“太祖建隆二年五月十七日，诏诸道州府以军卒代百姓为递夫。先是，天下邮传率役平民，至是帝知其弊，始尽易之。三年正月二十三日，诏郡县起今不得差道路居人充递运脚力。”②王栐《燕翼诒谋录》：“前代邮置，皆役民为之。自兵农既分，军制大异于古，而邮亭役民如故。太祖即位之始，即革此弊，建隆二年五月，诏诸道州府以军卒代百姓为递夫。其后特置递卒，优其廪给，遂为主制。”③“诸路往来递角，全藉铺兵依限传送。”④“以军卒代百姓为递夫”，堪称宋代邮驿制度的一大变革。“以有组织、有纪律的厢军士兵担任全国的公文传递，建立一支‘专业化’的通信队伍，无论在提高通信效率，还是在相对地减轻劳动人民的负担上，都有一定的进步意义。”⑤北宋这一变革成为以后各代定制。

崤函古道上递铺设有多少，史无明文。康定元年正月，仁宗曾诏令“增自京至陕府马递四十四铺驿马”⑥。据《太平寰宇记》记载，陕州“东至东京七百二里”⑦，则平均约十六里有一铺，置递密度不仅远高于同时期的馆驿，也远高于唐代。而崤函古道递铺的设置，更可以通过北宋陕州漏泽园出土文物资料来充实。

---

① 〔元〕脱脱等：《宋史》卷一《太祖本纪》，中华书局，1985，第9页。

② 〔清〕徐松辑，刘琳、刁忠民、舒大刚等校点：《宋会要辑稿》方域十一，上海古籍出版社，2014，第9505页。

③ 〔宋〕王栐：《燕翼诒谋录》卷一，朱易安等主编：《全宋笔记》第7编第1册，大象出版社，2016，第243页。

④ 〔清〕徐松辑，刘琳、刁忠民、舒大刚等校点：《宋会要辑稿》方域十一，上海古籍出版社，2014，第9505页。

⑤ 叶美兰：《中国邮政通史》，商务印书馆，2017年，第114页。

⑥ 〔宋〕李焘：《续资治通鉴长编》卷一百二十六，宋仁宗康定元年，中华书局，1980，第2971页。

⑦ 〔宋〕乐史撰，王文楚等点校：《太平寰宇记》卷六《河南道六》，中华书局，2007，第92页。

北宋陕州漏泽园位于三门峡湖滨区向阳村东，是宋代官办用以集中埋葬贫苦人民、军士、囚犯及无主尸骨的义冢地。初设于宋神宗元丰年间。墓地至少有上千座墓葬，现已发掘849座墓。其中出土递铺兵墓志砖22块，剔除重复者，有15块涉及崤函古道递铺，兹整理列表如下。

表8-1　北宋陕州漏泽园递铺兵墓志砖情况表

递铺		今地	墓葬编号	墓志内容
步递铺	南新店递铺	陕州区大营镇辛店村	M0150	本府南新店递铺兵士张文
			M0350	南新店递铺军人庚昌
			M0434	南新店递铺兵士张速
	东门递铺	三门峡陕州故城东门	M0165	东门递铺身死兵士杨和
			M0349	东门递铺军贼人赵吉
			M0549	东门递铺兵士张亨
步递铺	磁钟递铺	湖滨区磁钟乡	M0144	磁钟递铺兵士李莱
			M0145	磁钟递铺兵士张进
			M0175	磁钟递兵士李青
			M0248	磁钟铺身死兵士马定
	牛张递铺	新安县磁涧乡牛张村	M0567	新安县牛张递铺兵士孟进
	崛山递铺	新安县城关乡崛山村	M0355	军人何贵，系新安县崛山递铺
马铺	南新店马铺	陕州区大营镇辛店村	M0135	本府南新店马铺兵士大张进
	横渠马铺	湖滨区崖底乡上、下横渠村	M0169	本府横渠马铺兵士王进
急脚铺	横渠急脚铺	湖滨区崖底乡上、下横渠村	M0181	横渠急脚铺兵士刘德

资料来源：三门峡市文物工作队：《北宋陕州漏泽园》，文物出版社，1999年。

宋代文献中所载“递铺”一般指步递。据表8-1可知，陕州漏泽园递铺兵墓志中出现的涉及崤函古道的递铺，有步递12个，马铺2个，急脚铺1个，涵盖了北宋三大递铺种类。就数量而言,步递数量多于马递和急脚递,体现了步递设置的普遍性。值得注意的是,墓志显示,南新店一地设有步递铺、马铺两类递铺,横渠有马铺、急脚铺两种类型,说明崤函古道上的三种递铺类型都是分设的。就间距而言,南新店、陕州东门、磁钟相邻,新安县牛张与崛山相邻,相互间距大体在二十里左右。据《太平寰宇记》记载,陕州"东至西京三百五十里","西至华州华阴县界二百二十五里"①。由此推算,北宋崤函古道东段递铺总数不会少于18个,西段应在11个以上。又据方志记载,明代陕州有"横渠铺""磁钟铺""辛店铺",新安有"牛章铺""厥山铺"②。清时,陕州有"磁钟铺""横渠铺""新店铺"③,新安有"牛章铺""嶡山铺"④。明清时的这几个递铺所在地点与名称都与北宋基本一致,具有明显的承袭关系,表现了北宋递铺设置选址的精审及对后世影响的深远。

北宋铺兵编制,一般每铺10名到12名不等,僻路置4名或5名,繁忙干道置15名或20名。铺兵五人为一保,不满五人者附保。铺兵的招填,实行先本地人后他处人的制度,即"诸招急脚马递铺兵,先本处人,无,即招邻乡村人,又无,本县镇若邻县人年十六以上无疾病人充"⑤。为了保障文书传递的运转,防止出现延误,朝廷比较注意对铺兵的安抚。熙宁七年(1074)五月,"大雨水,漂溺陕、平陆二县",神宗"诏被水灾民给口食三月,递铺兵级人给般移钱千"⑥。但因工作繁重,衣粮支给不继等原因,北宋后期,铺兵逃窜缺员严重。宣和七年(1125)五月,有臣僚奏言:"契勘递铺衣粮,往往不依时支给,是致铺兵逃窜。乞特降睿旨,令授铺兵衣

---

① 〔宋〕乐史撰,王文楚等点校:《太平寰宇记》卷六《河南道六》,中华书局,2007,第92页。

② 〔明〕孙洪修,〔明〕胡谧纂:成化《河南总志》卷七《河南府·急递铺》,《河南历代方志集成·省志卷》(1),大象出版社,2017,第289页。

③ 〔清〕吴世英修,王用肃纂:顺治《陕州志》卷二《建置志·驿所》,《河南历代方志集成·三门峡卷》(9),大象出版社,2017,第85页。

④ 〔清〕韩佑唐修,雷声纂:康熙《新安县志》卷十二《赋税志·邮传》,《河南历代方志集成·洛阳卷》(23),大象出版社,2017,第384页。

⑤ 〔宋〕谢绪等辑:《永乐大典》卷一四五七五,中华书局,1986,第6450页。

⑥ 〔宋〕李焘:《续资治通鉴长编》卷二百五十四,宋神宗熙宁七年,中华书局,2004,第6212页。

粮,预于诸军支给,如有逃亡人数,并依条限招差填阙。”[①]为应对逃亡,宋廷一方面“招刺”即招纳流民逃兵入伍填补阙额,另一方面“改刺”即允许士兵投换去其他部队。入葬陕州漏泽园的,既有陕府递铺兵,也有西京牛张递铺兵,有些兵士即属改刺到铺,如磁钟递铺兵士李菜,系青州人事(氏),改刺到铺;磁钟递铺兵士张进,系商州牢城□□□□到铺。

总体来看,北宋馆驿设置密度虽不及唐代,但递铺与馆驿并行,递、驿相间,互为补充,在很大程度上弥补了馆驿设置过稀的不足,提高了驿传的效率,实际较唐代更加便利。

3. 驿路设施建设

北宋对崤函古道常规化、正规化的整修和驿路附属设施的建设十分重视。乾德五年,宋太祖诏“命川、陕诸州长吏、通判并兼桥道事”[②],将修桥铺路事务交由地方长官负责,从此形成了日常、定期和临时等多种修路形式。修路主体由原来的抽调百姓服役,改由地方厢军承担。宋朝兵制中因而增添了一个新兵种——桥道军,即专职的道路工程兵。这一改革免除了百姓的劳役负担,又便于组织管理,标志着北宋道路修建进入常规化和正规化阶段[③]。据考古发现,陕州驻有桥道军。北宋陕州漏泽园出土有“桥道”番号的成吉砖墓志(M0148)一块:“师字号。壕寨司寄役,陈留县桥道第六指挥兵士成吉,年约三十一二,十二月十七日检验了当,十二月十八日依条立峰,葬埋记识讫。”[④]铭文中的“指挥”是从事相关劳役的厢军组织,一般300~500人或更多组成一个“指挥”。此外,这里还出土了4块“壮城”番号的砖墓志。因M0153墓主王德有2块砖墓志,故实际涉及墓主3人。壮城是厢军中专

① 〔清〕徐松辑,刘琳、刁忠民、舒大刚等校点:《宋会要辑稿》方域十,上海古籍出版社,2014,第9483页。

② 〔宋〕李焘:《续资治通鉴长编》卷八,宋太祖乾德五年,中华书局,2004,第197页。

③ 程民生:《略述宋代陆路交通——纪念先师90诞辰》,《暨南学报(人文科学与社会科学版)》1992年第3期。

④ 三门峡市文物工作队:《北宋陕州漏泽园》,文物出版社,1999,第128页。

事城垣建设的专业兵。据《宋史·兵志》记载,北宋时,陕州一直驻扎有壮城兵。虽然他们的主要任务是“专治城隍,不给他役,别为一军”[①],但在需要时,壮城兵也要承担职任以外的差使,如治河、运粮、守城等[②],其中承担道路修缮也是可能的。

驿路沿线两旁植树,起源甚早,北宋又有新的发展。大中祥符九年(1016)六月辛丑,太常博士范应辰上奏说:“诸路多阙系官材木,望令马递铺卒夹官道植榆柳,或随地土所宜种杂木,五、七年可致茂盛,供费之外,炎暑之月,亦足荫及路人。”[③]“官道”即驿路。在驿路旁栽植各种树木,既可养护道路、荫庇路人,又可增补官用木材。真宗准其所请,诏令推行。递铺士卒负责栽植驿路树木,成为宋时绿化道路的定制,大大促进了交通面貌的改观。崤函古道一些路段林草茂盛,景色甚佳。苏舜钦《寄王几道同年》诗云:“新安道中物色佳,山昏云淡晚雨斜。……步头浴凫暖山没,石侧老松寒交加。怀君览古意万状,独转涧口吟幽花。”[④]司马光《陕城桃李零落已尽硖石山中今方盛开马上口占》:“西望飞花千树暗,东来芳蕊一番新。行人不惜泥途倦,喜见年光两处春。”[⑤]韩琦《渑池道中》:“野花红紫连官道,露浥清香散晓风。”[⑥]吕颐浩《行次渑池道中》:“十年两度到秦川,每亿东归意浩然。何况驱车度崤渑,眼前都是好风堙。”[⑦]

出于国防和治安的需要,北宋非常重视关津的设置与管理。潼关是北宋崤函

① 〔元〕脱脱等:《宋史》卷一百八十九《兵志三》,中华书局,1985,第 4644 页。

② 淮建利:《论宋代的壮城兵》,《中国史研究》2007 年第 1 期。

③ 〔宋〕李焘:《续资治通鉴长编》卷八十七,宋真宗大中祥符九年,中华书局,1980,第 1997 页。

④ 〔宋〕苏舜钦:《寄王几道同年》,〔宋〕苏舜钦著,沈文倬校点:《苏舜钦集》,上海古籍出版社,1981,第 52 页。

⑤ 〔宋〕司马光著,李之亮笺注:《司马温公集编年笺注》(1)卷七《陕城桃李零落已尽硖石山中今方盛开马上口占》,巴蜀书社,2009,第 526 页。

⑥ 〔宋〕韩琦:《渑池道中》,韩琦撰,李之亮、徐正英笺注:《安阳集编年笺注》,巴蜀书社,2000,第 452 页。

⑦ 〔南宋〕吕颐浩:《行次渑池道中》,吕颐浩著,徐三见等点校:《吕颐浩集》卷七,浙江古籍出版社,2012,第 103 页。

古道上最重要的关隘。由于陕西长期处于对西夏战争的前沿，潼关又是防止西夏内侵的重要屏障。仁宗天圣二年(1024)，"以夏守赟经略安抚使设备潼关，为镇潼军节度地"①。宝元元年，元昊称帝建立西夏后，仁宗发兵讨伐，屡遭失利，损失严重。"将校士卒死者万三百人，关右震动，军须日广，三司告不足，仁宗为之旰食，宋庠请修潼关以备冲突。"②熙宁年间(1068—1077)，神宗又"诏遣侍御史陈洎往陕西督修城，且城潼关"③。通过两次修筑，潼关城更加坚固和完备。

为防止奸诈，稽查军兵、维护统治的稳定，北宋对潼关实行严格的关禁管理，行人来往，皆须有官发公凭。"讥察甚严，既抄录官员职位，又联券牒逐一检认军兵。"为防止和杜绝松懈，北宋政府多次申严关禁、立定关制。政和元年(1111)四月，有臣僚上言："关防之禁，昔年经由汜水、潼关，讥察甚严，既抄录官员职位，又联券牒逐一检认军兵。今缘干关陕，所至关津未有过而问者。昔者以关禁之严，戍兵无逃窜之路，今则相携而去，略无留碍，故诸兵卒皆动归心。伏望申严关防之禁，汜水、潼关两处关津，咸阳、河中、陕府三处浮桥，检察之法，并遵元丰旧制。仍责委提刑司及知、通点检，违慢之人按劾，庶几不生戍卒逃窜之心，又可断绝奸细度越之弊。尚书省言检会熙宁、元符敕令：'诸关门并黄河桥渡常切辨察奸诈及禁物。军人、公人经过，取索公文券历验认，即官员涉疑虑者，亦许取索文字看验。其夜过州县镇寨并关门、桥渡者，如已锁门，唯军期及事干急速，即随处那官审问，听开。'元丰令：'诸关门并黄河桥渡常切辨察奸诈及禁物，若诸军或公人经过，并取索公文券历验认。官员或疑虑者，亦许随身文书看验。'仰京西、陕西提刑司严切约束。诏从

① ［清］唐咨伯修，［清］杨端本纂：康熙《潼关卫志》卷上《地理志》，《中国地方志集成·陕西府县志辑》(29)，凤凰出版社，2007，第25页。

② ［元］脱脱等：《宋史》卷四百八十五《夏国传》，中华书局，1985，第13997页。

③ ［宋］苏轼：《富郑公神道碑》，曾枣庄、刘琳主编：《全宋文》(第92册)卷一九九四，上海辞书出版社、安徽教育出版社，2006，第31页。

之。”[①]可以看到，熙宁、元符、元丰年间朝廷曾三次下诏申禁立制，严格潼关等关津的关禁，政和元年因关禁有所松懈，又再次重申历年关津之禁，严令执行。

上述记载还表明，陕府浮桥即大阳桥也是北宋依关津之制，“严切约束”管理的重要关津之一，对潼关申禁立制的同时，往往同时也对大阳桥申明关禁。大阳桥始建于唐代，是陕州连通黄河南北的重要桥梁，过桥入陕州，即可入崤函古道，对崤函古道的运行畅达有重要影响。由于距辽、夏较近，同时这里又是河东池盐进入中原的重要通道，为防止运载违禁之物和将情报泄露给奸细，开宝五年(972)二月，太祖诏令“禁黄河私渡，民素具舟济行人者，籍其数毁之”。同月，又明确诏令“自潼关至无棣，沿河民置船私渡者，禁止之”[②]。据《宋会要辑稿》记载，宋初陕州有豆津、三门等津渡。由于北宋严禁黄河私渡而实行官营方式，陕州一带过黄河，皆需经由大阳桥。陕州驻扎有厢军水军。北宋陕州漏泽园出土 M0148 侯进墓志，所云“三门水军”，即驻扎在平陆三门镇的一支陕州厢军水军，负有治安维护的功能。

大阳桥在北宋多次毁坏，但旋即修复。具体来说，大体可分为三种情形：一是因河水上涨冲毁后的复建。太平兴国二年六月，“陕州坏浮梁，失舟十五”[③]。太平兴国八年(983)六月，“陕州河水涨，坏浮梁”[④]。至道二年(996)闰七月，“陕州河涨，漂大树，坏浮梁，失连舰”[⑤]。这三次河水上涨一次比一次严重，大阳桥三遭破坏，但都很快得到修复。二是因军事防备主动撤桥后又复建。如景德二年(1005)

① 〔清〕徐松辑，刘琳、刁忠民、舒大刚等校点：《宋会要辑稿》方域十二，上海古籍出版社，2014，第9513页。

② 〔清〕徐松辑，刘琳、刁忠民、舒大刚等校点：《宋会要辑稿》方域三，上海古籍出版社，2014，第9534页。

③ 〔元〕马端临撰，上海师范大学古籍研究所等点校：《文献通考》卷二百九十六《物异考二》，中华书局，2011，第8078页。

④ 〔元〕马端临撰，上海师范大学古籍研究所等点校：《文献通考》卷二百九十六《物异考二》，中华书局，2011，第8079页。

⑤ 〔元〕马端临撰，上海师范大学古籍研究所等点校：《文献通考》卷二百九十六《物异考二》，中华书局，2011，第8081页。

八月庚寅，“上之驻跸澶渊也，枢密使陈尧叟虑敌骑侵轶，建议令缘河悉撤桥梁，毁船舫，稽缓者论以军法。河阳、河中、陕府皆被诏”。但“陕州通判张绩，时以公事在外，州中已撤浮桥，绩闻河中不撤，乃复修之”①。三是为保证黄河通航即拆即复。大中祥符八年(1015)，河西节度使知河阳石普奏言：“陕府、澶州浮桥，每有纲船往来，逐便拆桥放过，甚有阻滞。”大阳桥虽然便利了两岸交通，但因系浮桥，横截黄河，阻碍了上下游船只的航行。因此“每有纲船往来”，“拆桥放过”便成为常事。这种拆桥并非全拆，而是部分拆，船过之后即予修复。拆与建都十分麻烦，故石普建议用高脚船造成虹桥形浮桥：“今造到小样脚船八只，若逐处有岸，即将高脚船从岸铺使渐次将低脚船排使。如无岸处，即两边用低桥脚以次铺排，中间使高脚船八只作虹桥，其过往舟船于水深洪内透放。”于是“帝令三司定夺闻奏”②。是否实行，却不可得知。大阳桥屡毁屡建，既是该桥重要交通地位的体现，也是北宋崤函古道交通发展的表现。

北宋积极维护崤函古道交通安全。总体来看，北宋崤函古道交通治安还算稳定，但时有盗贼出没，拦截抢劫过往行旅，甚至堵塞道路。官府常常予以捉拿剿灭，坚决打击。太宗淳化中，“群盗阻殽以略行人，朝廷出中贵人传捕”，县尉李陟“率其属捕杀之尽”③。卞日华“除陕州平陆主簿。惟陕郊虽名近辅，而介在崤渑之间，被山带河，盗贼据为囊橐，负甲持矛以剽掠为业者，岁常有之。公到官，权总尉事，境上强寇，朝廷以名捕者十三辈，于是训练爪牙，多设筹略，悉擒之亡噍类。府以状闻，太宗览奏大怿”④。至道三年十一月七日陕府又奏：“集津镇群贼六十余人，并

① 〔宋〕李焘：《续资治通鉴长编》卷六十一，宋真宗景德二年，中华书局，2004，第1358~1359页。

② 〔清〕徐松辑，刘琳、刁忠民、舒大刚等校点：《宋会要辑稿》方域十三，上海古籍出版社，2014，第9543页。

③ 〔宋〕王安石：《尚书屯田员外郎赠刑部尚书李公神道碑》，曾枣庄、刘琳主编：《全宋文》(第65册)卷一四一一，上海辞书出版社、安徽教育出版社，2006，第111~112页。

④ 〔宋〕余靖：《宋故礼宾副使知邵州卞府君墓志铭》，曾枣庄、刘琳主编：《全宋文》(第27册)卷五七五，上海辞书出版社、安徽教育出版社，2006，第143~144页。

惊劫人户,至午时乘船下去峡石县,群贼自河北渡过河南;八日西京奏,草贼见把截土壕镇,官私往来不得。”①真宗天禧初年,有盗贼啸聚渑池青灰山。陕州知州李若谷奉旨剿匪。“盗聚青灰山久不散,遣牙吏持榜招谕之,盗杀其党与自归。”②不久,因“崤,古险地,多涂山,而青灰山尤阻险”,仁宗天圣年间,又“为盗所恃。恶盗王伯者,藏此山,时出为近县害”③。“群盗保青灰山,时出剽攘,道路患之。”④朝廷多年不能彻底肃清,最后派捕盗名手桑怿出任县尉,才将其捉拿归案。路过的军卒也时有在此作乱的。太常博士张大有知渑池县,“有龙骑卒自边戍还,过县以事逗留不去,民不知所为,颇相惊扰。君密画计白府请捕治之,卒伏辜,而一道帖然”⑤。寿安、福昌、永宁、长水诸县也时有盗贼出没。张耒《八盗》诗即描述了神宗元丰三年至五年张晏在永宁、福昌等县聚党抄掠及被剿灭的情形。北宋对盗贼的捉拿剿灭,自然也有保障崤函古道交通安全的意图,而表现出非同寻常的重视。

三、郑刚中《西征道里记》所记崤函古道交通地理

靖康二年(1127),金攻破开封,俘获徽、钦二宗,北宋灭亡。赵构于南京应天府(今商丘)称帝,重建宋朝,放弃中原,逃亡江南。绍兴八年(1138)定临安(今杭州)为行在所,史称南宋。此年正月,宋金第一次议和成功,金人将所占河南、陕西之地归还南宋,换取南宋向金称臣纳贡。绍兴九年(1139)三月,双方完成交割地界事项。南宋派签书枢密楼照一行宣抚陕西,“谕以朝廷安辑混贷之意”,以“审择将

---

① 〔宋〕李焘:《续资治通鉴长编》卷四十二,宋太宗至道三年,中华书局,2004,第890页。

② 〔元〕脱脱等:《宋史》卷二百九十一《李若谷传》,中华书局,1985,第9739页。

③ 〔宋〕欧阳修:《桑怿传》,曾枣庄、刘琳主编:《全宋文》(第35册)卷七四五,上海辞书出版社、安徽教育出版社,2006,第207页。

④ 〔宋〕李焘:《续资治通鉴长编》卷一百十六,宋仁宗景祐二年,中华书局,2004,第2731页。

⑤ 〔宋〕苏颂:《太常博士张君墓志铭》,曾枣庄、刘琳主编:《全宋文》(第62册)卷一三四七,上海辞书出版社、安徽教育出版社,2006,第96页。

帅,屯隶军马,经画用度,询访疾苦,振恤隐孤,表扬忠义”。郑刚中以秘书少监随行,同行者还有右通直郎尚书员外李若虚等15人。这是陕西初复后南宋派出的唯一一个奉诏安抚复地军民的使团。

郑刚中一行自四月二十二日从临安启程,七月十三日抵秦风路治所凤翔(今陕西凤翔),八月二十日返回。全程“水陆凡六十驿,往来七千二百里。本计七千一百九十里,汜水以未至县十里,河水南侵,自婴子坡移路旁山,回程衍十里”。回程在泗州以前“遵旧路归,次舍道里如故”①。郑刚中撰《西征道里记》,以日记的形式记述了沿途的道里交通、山川河流、名胜古迹、风土人情。郑刚中称:“自吴逾淮,道京入洛,至关陕,其所经历得于闻见者靡不具载。”“所过道里,则集而记之。虽搜览不能周尽,而耳目所际,亦可以验遗踪而知往古。与夫兵火凋落之后,人事兴衰,物情向背,时有可得而窥者。”

据《西征道里记》记载,郑刚中自六月十一日离开洛阳,进入崤函地区,行程和经行路线如下:

> 十一日,榆林铺、磁涧,宿新安县。未至新安十里许,道旁山石一柱裂,势欲倾危,过者畏仰视,父老与县令皆言,章圣封永定将军。半山有庙,月尝赐钱三十千,然无文识可考。
>
> 十二日,缺门镇、千秋店,宿渑池县。行十里,过会盟台。渑池、新安之间,溪山人家如东浙,用溪石垒墙。
>
> 十三日,东西土壕、乾壕,宿石壕镇。杜甫作《石壕》《新安吏》二诗,即其地。是日,陕府安抚吴琦甲马来迎。他郡守迎送不录者,行府专为陕西出也。
>
> 十四日,魏店、横渠,宿陕府。

① 〔宋〕郑刚中:《西征道里记》,朱易安等主编:《全宋笔记》第3编第7册,大象出版社,2008,第102~104页。本节《西征道里记》引文俱据此,不再另注。

十五日，望拜召公甘棠木，旧在府署西南隅，今亡矣。郡有召公原，原尽处，置府县七，而夏县、平陆、汭城今皆隅河。夏距城九十八里，即温公涑水也。虏濒河筑二小城，时一二骑揭小旗值逻，或放牧堤上。马鬃渠在城之东南，敌人破陕所自入。初陕之围也，郡将李彦仙固守。彦仙遇士卒有恩，方城中食尽，煮豆以啖其下，而自饮其汁。雪寒单露，将校反加以衣，彦仙复持以予寒者。城破，巷战而死，覆其家。郡之妇人女子，犹升屋以瓦擿贼，哭李观察不辍，故陕无噍类。父老谓虏久不得城，无食欲去，适有人告以马鬃渠可入，城遂陷，虏始敢西，而全陕没矣。

十六日，新店、曲屋，宿灵宝县。县南五里，即函谷。

十七日，黑曲、稠桑、静远镇，宿胡城县。

十八日，乾伯铺、盘豆、攒节店，宿阌乡县。阌乡、胡城二县，元属虢州，太平兴国三年隶陕府。自府界至虢，三十里。是日，虢守窦玶、父老迎于胡城之东。胡城之南桃林塞，即武王放牛之地。阌乡县治对荆山，一山自秦川起至阌乡，荆山之西，皆为秦岭。退之赴潮阳，度此岭也。中条在大河北，与潼关相对，又东，则首山也。伯夷居水北山南，故谓首山为首阳。

十九日，关东店、潼关、关西店、西岳庙，行府官谒于祠下。至华阴县，出南门，朝谒云台观，然后还宿潼关。或谓是古桃林塞，河山之壮，俯视他关，独城内芜废，华州差使臣番休守关。关门北向，入逾半里，大河汹涌，乃泾、渭、洛三水会处，号三河口。洛水有二，一水自蓝田，由商入西京，所谓伊洛者；一水自西夏，由韦盐之间出保安、同州，至陕华，与泾渭合，所谓三水之洛。潼关三，独河口下无屏障，道上人马，河北皆见之。若稍加营治，戍兵其间，未易逾也。关以西渐与河远。是日，知华州、武功大夫庞迪甲士迎于关西店。

根据记载，郑刚中一行自西京洛阳出发，沿途历经榆林铺、磁涧（今新安磁涧镇）、新安县（今新安城关镇）、缺门镇（今新安铁门镇）、千秋店（今义马千秋）、沔池县(今渑池城关镇)、东西土壕(今渑池英豪镇)、乾壕(今陕州区观音堂镇甘壕村)、石壕镇(今陕州区硖石乡硖石村)、魏店(今陕州区张茅乡位店岭)、横渠(今三门峡湖滨区希望巷附近)、陕府(今陕州故城)、新店(今陕州区大营镇新店村)、曲屋(即曲沃,今陕州区大营镇南曲沃村一带)、灵宝县(今灵宝大王镇老城村灵宝故城)、黑曲、稠桑(今灵宝函谷关镇稠桑村一带)、静远镇(金置,今灵宝西 30 里)、胡城县(即湖城县,今灵宝阳平镇南寨村)、乾伯铺、盘豆(今灵宝故县镇娄店)、攒节店、阌乡县(今灵宝豫灵镇文底南原村)、关东店(明清阌乡县城西 50 里)、潼关(今潼关秦东镇港口社区),凡 25 处,历时 8 日。所记不仅有详细的日程经历,而且有对沿途景观描述及地理知识介绍,堪称一部记述南宋初期崤函古道交通线路并涉沿途地情、民情的珍贵文献。

日记提到的 25 处经行地点,俱在崤函古道上,许多地名如磁涧、缺门镇、千秋店、土壕、乾壕、石壕镇、新店、曲屋(沃)、稠桑、盘豆等,在唐时已有,唯少量地名如魏店、横渠、黑曲、静远镇、乾伯铺、攒节店等为宋金时新出。可见当时崤函古道线路走向和经地仍和北宋一样。

日记内没有明确提到沿途馆驿的情况,但郑刚中一行全程历“水陆凡六十驿”,在崤函古道沿途相继住宿于新安县、沔池县、石壕镇、陕府、灵宝县、湖城县、阌乡县、潼关。按当时的驿制规定,这八处住宿地当都有馆驿设置。可以看到,这八个馆驿应是沿袭利用了北宋的馆驿。

值得提出的是,郑刚中“西征”是在南宋刚刚收复河南、陕西地之际的一次官方旅行,是时距离北宋灭亡不过区区十余年,距金归还陕西河南失地不过一个月,崤函古道驿路不会发生太大的改变,因而《西征道里记》所记不仅是南宋初期,也在一定程度上反映了金代初期崤函古道的交通地理状况。

金人诗文也证明金在绍兴十年(1140)重新占领河南、陕西地区后,仍以崤函古道为中原与关中联系的主道,在驿递制度上,基本承继宋制,在崤函古道设置驿馆、递铺。如贞祐中,刘铎《渑池驿舍用苑极之郎中韵》诗云:“惯从鞍马作生涯,宿处依依认是家。炉火相看衣袖暖,盘餐未办驿厨哗。淹留岁月头如雪,汩没风烛眼更花。永夜如何得消遣,新诗吟罢自煎茶。”①则金代渑池驿有驿,盖沿宋之旧。正大二年(1225),赵秉文奉命出使西夏,有《新安道中》《渑池行》《稠桑谷遇雨》《过湖城》《过阌乡》等诗,载一路行程,清晰地画出作者从南京(今开封)经崤函古道去往西夏的路线图。其《早出新安》诗,集成本作《早出新安驿》,诗云:“夜宿新安驿,平明雪塞蹊。马头迷旧路,虎迹印新蹄。冰冻寒流狭,天衔远路低。人稀山店远,茅屋只闻鸡。”②是金新安驿仍沿宋之旧。金代的急递铺置于金章宗泰和六年(1206)。《金史·章宗纪》记载:“初置急递铺,腰铃转递,日行三百里,非军期、河防不许起马。”③急递铺由兵部管理。《金史·百官一》记载:“泰和六年置递铺,其制,该军马路十里一铺,铺设四人,内铺头一人,铺兵三人,以所辖军射粮军内差充,腰铃日行三百里。凡元帅府、六部文移,以敕递、省递牌子,入铺转送。”④

尽管如此,就通行条件而言,金代的崤函古道似仍艰辛。赵秉文《稠桑谷遇雨》诗云:“穷秋两渡稠桑谷,马滑还经险路过。骑上下山三十里,天教冲雨看黄河。”⑤杨宏道《稠桑道》:“悲台号长风,惊沙暗浊水。枝股百道流,刮削两崖起。南卧稠桑道,天阱二十里。黄尘深没胫,游子心欲死。”⑥《题老子庙》:“乾壕石壕过峻阪,骨烦筋殆思宽平。”⑦所谓“险路”“天阱”“黄尘”“峻阪”都反映了经行崤函古道

① 〔金〕刘铎:《渑池驿舍用苑极之郎中韵》,薛瑞兆、郭明志编:《全金诗》(第3册)卷八十五,南开大学出版社,1995,第132页。

② 〔金〕赵秉文:《早出新安》,薛瑞兆、郭明志编:《全金诗》(第2册)卷七十,南开大学出版社,1995,第456页。

③ 〔元〕脱脱等:《金史》卷十二《章宗纪》,中华书局,1975,第276页。

④ 〔元〕脱脱等:《金史》卷五十五《百官一》,中华书局,1975,第1236页。

⑤ 〔金〕赵秉文:《稠桑谷遇雨》,薛瑞兆、郭明志编:《全金诗》(第2册)卷七十三,南开大学出版社,1995,第494页。

⑥ 〔金〕杨宏道:《稠桑道》,薛瑞兆、郭明志编:《全金诗》(第3册)卷一百六,南开大学出版社,1995,第466页。

⑦ 〔金〕杨宏道:《题老子庙》,薛瑞兆、郭明志编:《全金诗》(第3册)卷一百七,南开大学出版社,1995,第476页。

的艰辛。社会环境动乱不宁的种种混乱，在崤函古道道路上也多有所表现。

大致在金代，“虎暴”“虎害”是相当严重的。《金史·宣宗纪》：“开封县境有虎咥人，诏亲军百人射杀之。”[①]说的是平原地区的虎患。元好问《虎害》诗则记述了中原山区的虎患：“北山虎有穴，南山虎为群。目光如电声如雷，倚荡起伏山之垠。百人一饱不留骨，败衣坠絮徒纷纷。空谷绝樵声，长路无行尘。呀呀垂涎口，眈眈瞰城闉。天地岂不仁，社公岂不神。哀哀太山妇，叫断秋空云。可怜封使君，生不治民死食民。世上无复裴将军，北平太守今何人。”[②]元诗一说作于元光二年(1223)，一说在兴定四年(1220)[③]。金初，朱自牧从鄜州(今陕西富平)罢任归乡，经行崤函古道，写有《趁鄜州过湖城县武帝望思台在焉》等诗。其中《从鄜州罢任归宿渑池道中有虎为暴》诗云：“崤山之阿渑之浒，行路萧条正艰阻。日落山空涧水哀，市门静闭防饥虎。前年张茅杀饷妇，今岁食驴断行旅。我来万里逐一官，安可不戒为汝脯。昼持弓矢夜枕戈，静匿儿童防笑语。白额将军莫笑人，世无刘琨当畏汝。”[④]受战乱之影响，当时崤函古道“行路萧条”，渑池一带经常有老虎出没。朱诗作于金初，而前引赵秉文《早出新安》则作于金后期正大二年冬，诗中有“虎迹印新蹄”句，可知崤函古道渑池新安段长期“有虎为暴”，威胁交通安全。

① 〔元〕脱脱等：《金史》卷十六《宣宗纪》，中华书局，1975，第368页。

② 〔金〕元好问：《虎害》，姚奠中主编，《元好问全集》卷五，三晋出版社，2015，第86页。

③ 〔金〕元好问著，狄宝心校注：《元好问诗编年校注》卷二，中华书局，2011，第147页。

④ 〔金〕朱自牧：《从鄜州罢任归宿渑池道中有虎为暴》，薛瑞兆、郭明志编：《全金诗》(第1册)卷二十九，南开大学出版社，1995，第366页。

第二节　崤函古道与区域经济文化的发展

交通是社会经济发展的基础。北宋时期,崤函古道交通建设的进步不仅为国家公文传递和财赋运输带来了极大便利,而且在客观上也大大促进了崤函地区农业、手工业以及市镇的发展和商业繁荣。崤函地域文化亦表现了独异风格的亮点。

一、城镇经济的兴起

城镇经济的兴起和发展是宋代崤函地区经济发展的重要表征。这里的城镇既包括县级行政机构的治所县城,也包括北宋政府直接以“镇”命名的建制镇和农村定期集市所在的集镇。总体来看,北宋市场的类型划分与其行政建置相一致,由此形成了以城市为中心的城市(州县)市场—镇市—草市三级市场交易网络。

1. 县城数量的基本稳定与经济职能的加强

县城既是县域的行政中心,也是县域的经济中心。与隋唐时期相比,北宋时期崤函地区县城经济有所发展,主要表现在县级行政机构数量的基本稳定和经济职能的日趋增强等方面。

北宋时期,实行路、州(军、监)、县三级行政区的管理体制。崤函地区在行政区划上分属西京河南府和永兴军路京兆府。经过汉唐时代的长期发展,北宋时期崤函地区县级行政机构的数量上已经基本稳定。其情况如下表所示。

表 8-2　北宋崤函地区县级行政机构表

建隆元年（960）		太平兴国四年（979）		咸平二年（999）		天禧四年（1020）		元丰八年（1085）		宣和五年（1123）	
陕州	陕县	陕州	陕县	陕州	陕县	陕州	陕县	陕州	陕县	陕州	陕县
	硖石		硖石		硖石		硖石		灵宝		灵宝
	灵宝		灵宝		灵宝		灵宝		平陆		平陆
	平陆		平陆		平陆		平陆		芮城		芮城
	芮城		芮城		芮城		芮城		夏县		夏县
	夏县		夏县		夏县		夏县		阌乡		阌乡
					阌乡		阌乡		湖城		湖城
					湖城		湖城				
虢州	弘农	虢州	恒农	虢州	虢略	虢州	虢略	虢州	虢略	虢州	虢略
	朱阳		卢氏		卢氏		卢氏		卢氏		卢氏
	卢氏		玉城		玉城		玉城		朱阳		朱阳
	玉城				朱阳		朱阳				栾川
	阌乡										
	湖城										
河南府	新安	河南府	新安	河南府	新安	河南府	新安	河南府	新安	河南府	新安
	渑池		渑池		渑池		渑池		渑池		渑池
	寿安		寿安		寿安		寿安		寿安		寿安
	福昌		福昌		福昌		福昌		福昌		福昌
	永宁		永宁		永宁		永宁		永宁		永宁
	长水		长水		长水		长水		长水		长水

资料来源：据周振鹤《中国行政区划通史·宋西夏卷》整理，复旦大学出版社，2007 年。

由上表可见,崤函地区县级行政机构的数量与唐朝中期崤函同类城市数量大致相同。以宋徽宗时为准,崤函地区东部归西京河南府管辖,涉及新安、渑池、寿安、福昌、永宁、长水6个县,西部归永兴军路管辖,涉及二州11个县,除夏县、芮城、栾川已逸出崤函地区范围外,其余8个县,即陕县、灵宝、阌乡、湖城、平陆、虢略、朱阳、卢氏全部或大部都属于崤函地区范围,崤函地区在北宋徽宗时共有14个县级城市。县治所在的县城位置也随之稳定下来。

崤函地区县城数量和位置的稳定为县城经济的发展奠定了基础。这些县城除继续作为县级政治文化中心外,其最大的改变是商业较之前代有所发展,经济功能日益加强。《宋会要辑稿·食货》记载,北宋在各县城基本上都设立了收取商税的场务,还有酒经销的酒务,并在历史上第一次有了商税和酒税收入的具体记载。

表8-3　北宋熙宁十年崤函地区县城商税、酒税表

府州别	县别	商税额(贯,文)	有酒税者	府州别	县别	商税额(贯,文)	有酒税者
陕州	在城	30635,736	✓	虢州	卢氏	4189,702	✓
	灵宝	1587,312	✓		玉城		✓
	阌乡	4775,102	✓	河南府	寿安	952,483	✓
	湖城		✓		新安	552,971	✓
	硖石		✓		永宁	1078,502	✓
	陕县		✓		渑池	4629,988	✓
	平陆		✓		长水	766,198	✓
虢州	在城	3427,298	✓		福昌		✓
	虢略		✓				

资料来源:《宋会要辑稿》食货十五《商税杂录》、食货十九《酒曲杂录》。

分析上表,至少可以说明以下四个问题:

其一,表中崤函地区14个县中有10个县熙宁十年(1077)以后有商税征收,占71.4%,酒税则各县均有征收。陕县、湖城、硖石、平陆、虢略、玉城、福昌7个县没有商税数据,各有其原因。《宋史·食货下》记载:商税,"凡州县皆置务,关镇亦或有之,大则专置官监临,小则令、佐兼领,诸州仍令都监、监押同掌。行者赍货,谓之'过税',每千钱算二十;居者市鬻,谓之'住税',每千钱算三十"①。可知北宋的州县城大多是设有商税务或商税场的。陕县、虢略两县皆为州治所在,上表中所谓"在城"均指州城所在地城区的商税额,即陕县、虢略县城所收商税。据《元丰九域志》记载:"熙宁四年省湖城县为镇入灵宝,六年省硖石县为镇入陕。元丰六年复置湖城县。""熙宁二年以西京伊阳县栾川冶镇隶卢氏,四年省玉城县为镇入虢略。"②"熙宁三年……福昌县为镇入寿安。"③故熙宁十年无湖城、硖石、玉城、福昌4个县的商税收入也不为怪。即便不设县城税务的,如平陆,也会在它所管辖的三门镇、集津镇设有征收商税的专门机构,并有较可观的商税收入。所以,陕县、湖城、硖石、平陆、虢略、玉城、福昌7个县没有商税数据,并不意味着这几个县没有征收商税。

其二,崤函地区商税上升明显。《宋会要辑稿》记载,陕州旧有在城、湖城、芮城县、三门镇、曹张镇、银冶6个商税务,每年征收商税30006贯。这个数字即"旧额",一般认为是指仁宗康定元年(1040)的商税额④。熙宁十年有在城、芮城县、夏县、灵宝县、阌乡县、三门镇、集津镇、曹张镇8个商税务,年征商税42509.634贯。除去逸出崤函地区的芮城县、夏县及曹张镇,商税额为38094.602贯,较仁宗康定

① 〔元〕脱脱等:《宋史》卷一百八十六《食货下》,中华书局,1985,第4541页。

② 〔宋〕王存撰,王文楚、魏嵩山点校:《元丰九域志》卷三《永兴军路》,中华书局,1984,第107、116页。

③ 〔宋〕王存撰,王文楚、魏嵩山点校:《元丰九域志》卷一《西京》,中华书局,1984,第4页。

④ 魏嵩山:《北宋商、酒税旧额所属年代考》,复旦大学中国历史地理研究所:《历史地理研究》(2),复旦大学出版社,1990,第228~233页;李景寿:《宋代商税问题研究》,云南大学出版社,2005,第103页。

元年增加了 8080.602 贯。虢州旧有在城、玉城镇、卢氏、朱阳县 4 个商税务，年征商税 7242 贯。熙宁十年有在城、朱阳县、卢氏县、玉城镇、栾川冶 5 个商税务，年征商税 12183.724 贯。除去逸出崤函地区的栾川冶，商税额为 9943.802 贯，较仁宗康定元年增加了 2701.802 贯。说明随着地区之间、城乡之间商品流通量的激增，所征商税额明显上升。

其三，崤函地区商税的内部差异较大。除陕县超过 3 万贯外，其余皆在 1 万贯以下。商税 4000～5000 贯的县城有阌乡、虢略、卢氏、渑池 4 个，商税 1000～2000 贯的县城有灵宝、永宁 2 个，其余 3 个县皆低于 1000 贯。最少的长水县城仅有 766 贯。再从县城所处位置看，位于函谷道和崤山北路上的县城除新安不足 1000 贯外，陕县、阌乡、虢略、朱阳、渑池等都在 1500 贯以上。位于崤山南路上的县城，除永宁稍稍超过 1000 贯外，寿安、长水两县皆不足 1000 贯。不过寿安的情况也有特殊之处，即三乡镇商税数额奇高，高达 2163 贯，远超寿安县城商税收入。但总体来看，函谷道和崤山北路上的各县城商税收入合计有 49797 贯之多，崤山南路各县城合计仅有 2797 贯，崤山北路诸县的商税收入要比南路诸县高出不少。这与入宋后崤函古道东段以北路为主线，南路交通萧条有直接关系。说明交通要道的商品交换和商品流通要比非要道地区发达，交通条件是影响商税收入的重要因素。

其四，陕县税额高达 30635 贯，占崤函地区县城商税总额的 67.7%。有学者统计，全国 1 万贯以上商税的城市 126 处，河南包括东京在内有 14 处①，陕县居其一。商税的征收是建立在商品交换基础上的，商税额的多少在一定程度上体现着商业发展的情况。熙宁十年陕县商税收入高达 30635 贯，不仅高居崤函地区各县之首，而且以今河南范围来说，仅次于西京洛阳的 37943 贯，居万贯以上县城第二位。即便在关中元丰时 47 个县级城市中，也仅次于京兆府长安、万年两县城的 38445

① 程民生：《河南经济简史》，中国社会科学出版社，2005，第 178 页。

贯[①],同样居第二位。可见陕县不愧是崤函地区商业的中心。范仲淹称赞陕州“当四达之会”[②],水陆交通方便,人流、物流畅达,商品贸易繁荣。刘斧《青琐高议·温婉》亦称陕州“郡邑关蜀秦晋之地,舟车商贾之辐辏,金玉锦绣之所积,肩摩车击,人物最盛于他州。而督师官属往来不断”[③]。优越的交通位置和繁盛的商贸运输,不仅带动当地日间市场、商业的兴盛,更促进陕州夜市的兴起与发展。魏野《三门与臧奎推官联句题东楼》中写道:“早衙连庙鼓,夜市杂船灯。”[④]陕州夜市设在城西黄河岸边,因而夜市灯火中也杂着河中船灯,其形成可能与当时陕州繁荣的行旅停船和物资集散转运有关。城市娱乐消费活动也颇为活跃。魏野诗云:“闲想春堤游赏处,桃花浪照舞筵红。”“依依永巷闻村笛,隐隐长河认客舟。”[⑤]“阁道寻僧同鹫领,楼船载妓胜仙槎。”[⑥]“柳藏衙树侵堤绿,旗插楼船照岸红。”[⑦]“城里闲棠树,船中舞柘枝。”[⑧]“楼船”即船舱内有特殊的亭台楼阁建筑和装饰的游船。“柘枝”即柘枝舞,源于西域,流行于唐宋,主要用于宴会行乐,宋时发展为多人舞,并融合了歌、舞、乐、对白等多种表现形式[⑨]。妓院作为一种病态消费文化在陕州也十分猖獗,产生了著名的娼女温婉。前引《青琐高议·温婉》云:温婉本在家中侍母,“琬见群妓丽服靓妆,以市廛内为荒秽之态,旦暮出则倚门,皆有所待”,遂“自流为娼”,成为名妓。“所与合者皆当世豪迈之士。”“太守熟琬名,会有名公贤士则召之。”甚至

① 李令福:《北宋关中小城镇的发展及其类型与分布》,《中国历史地理论丛》2004年第4辑。

② 〔宋〕范仲淹:《尚书度支郎中充天阁待制知陕州军府事王公墓志铭》,曾枣庄、刘琳主编:《全宋文》(第10册)卷三百八十九,巴蜀书社,1990,第47页。

③ 〔宋〕刘斧撰,施林良校点:《青琐高议》后集卷七《温婉》,上海古籍出版社,2012,第108页。

④ 〔宋〕魏野:《三门与臧奎推官联句题东楼》,《钜鹿东观集》卷五,中华书局,1987,第87页。

⑤ 〔宋〕魏野:《秋霁草堂闲望》,《钜鹿东观集》卷五,中华书局,1987,第53页。

⑥ 〔宋〕魏野:《寄赠三门漕运卞寺丞二首》,《钜鹿东观集》卷二,中华书局,1987,第34~35页。

⑦ 〔宋〕魏野:《和三门窦寺丞见寄》,《钜鹿东观集》卷二,中华书局,1987,第27页。

⑧ 〔宋〕魏野:《陪乔职方泛舟之三门谒禹祠》,《钜鹿东观集》卷二,中华书局,1987,第27页。

⑨ 向达:《柘枝舞小考》,《唐代长安与西域文明》附录一,河北教育出版社,2007,第98~105页;贾利亚:《浅谈唐诗中的柘枝舞》,《商丘师范学院学报》1994年第3期;盛夏:《柘枝舞之“源”“形”“流”考述》,中国艺术研究院硕士论文,2020年。

司马光亦闻婉名，路经陕州时，“郡将以宴，命琬侍”[①]。消费夜市与娱乐活动共同支撑着陕州城市经济的繁荣，成为人们日常生活的有机构成，也给陕州城带来无穷的魅力。

2. 市镇的广泛兴起与发展

镇作为一种特殊的行政建制，最早出现在北魏，但直至唐代，其职能仍以军事为主，通常被称作“军镇”。进入北宋，随着商品经济的不断发展和镇将兵权的剥夺，镇所具有的军事职能不断退化，经济功能不断发展。高承《事物纪原》记载：“宋朝之制，地要不成州而当津会者，则为军，以县兼军使；民聚不成县而有课税者，则为镇，或以官监之。”[②]《宋会要辑稿》：“诸镇监官掌警逻盗窃及烟火之禁，兼征税榷酤则掌其出纳会计。”[③]《宋史·职官七》：“诸镇置于管下人烟繁盛处，设监官，管火禁或兼酒税之事。”[④]《续资治通鉴长编》：熙宁三年（1070）十一月“宣抚司言：‘近废陕西路湖城县为镇，缘人户繁多处，若止令使臣等管勾，恐不晓民事。乞勘会更有似此镇分，并依京东路条例，委监司举亲民京朝官管勾，许断城内杖以下公事。’从之，仍令诸路勘会合差京朝官监镇处以闻”[⑤]。北宋的镇已是具有一定规模并列入地方行政序列的建制镇，由于镇具有商品生产与交换场所的特殊性质，官方对镇采取了既有别于县城又有别于农村的管理方式，一般称之为“市镇”。商业性市镇在乡村和城郊地带的广泛兴起和发展，是宋代社会经济发展的一个显著特点[⑥]。

据宋代史籍不完全记载，除去逸出崤函地区的芮城、夏县，北宋时崤函地区有

---

① 〔宋〕刘斧撰，施林良校点：《青琐高议》后集卷七《温婉》，上海古籍出版社，2012年，第108~109页。

② 〔宋〕高承撰，〔明〕李果订，金圆、许沛藻点校：《事物纪原》卷七《州郡方域部》，中华书局，1989，第358页。

③ 〔清〕徐松辑，刘琳、刁忠民、舒大刚等校点：《宋会要辑稿》职官四八，上海古籍出版社，2014，第4371~4372页。

④ 〔元〕脱脱等：《宋史》卷一百六十七《职官七》，中华书局，1985，第3979页。

⑤ 〔宋〕李焘：《续资治通鉴长编》卷二百十七，宋神宗熙宁三年，中华书局，2004，第5277~5278页。

⑥ 陈国灿：《宋代两浙路的市镇与农村市场》，《浙江师大学报（社会科学版）》2001年第2期。

市镇34处,现列于表8-4。

表8-4　崤函地区北宋市镇表

府州别	县别	市镇数	市镇名
陕州	陕县	5	石壕镇(硖石镇)、乾壕镇、故县镇、魏店、曲沃
	灵宝	3	新店、稠桑店、湖城镇
	湖城	3	静远镇、乾伯铺、盘豆
	阌乡	3	歇马镇、关东(店)镇、攒节店
	—	2	平时、银冶
	平陆	3	张店镇、三门镇、集津镇
虢州	虢略	1	玉城镇
	—	1	锅冶
河南府	新安	2	延禧镇(铁门镇)、慈涧镇
	渑池	2	土壕镇、千秋店
	永宁	1	府店镇
	寿安	4	八关镇、三乡镇、柳泉镇、福昌镇
	福昌	1	韩城镇
	长水	1	上洛镇
	—	2	大张小张店、田户店
合计		34	

资料来源:据傅宗文《宋代草市镇研究》下编《宋代草市镇名录》整理,福建人民出版社,1988年版。该名录主要依据《宋会要辑稿》《元丰九域志》《西征道里记》等文献。其中《西征道里记》虽作于南宋初,但考虑市镇设置的连续性,其所记录崤函古道沿线市镇,在一定程度上也反映了北宋末年的情况。表中"曲沃"原书未注明县别,今据《水经注·河水》等当在陕县;表中"乾伯铺"原书作"盘伯铺",今据《西征道里记》等当作"乾伯铺"。

上述34个市镇既有建制镇,也有乡集镇和交通要道店,即所谓"乡村道店"

“冲要道店”[①],是相当于草市的镇。还有某些聚落发展起来的固定的商品交易场所或手工业坊场。就数量增长而言,据《宋会要辑稿》记载,仁宗康定元年(1040)崤函地区有商税市镇 5 个,酒税市镇 9 个,除去重复者外,合计 11 个。至宋神宗元丰三年(1080),据《元丰九域志》记载,崤函地区有镇 16 个,镇数增加 5 个。但《元丰九域志》所记仅为建制镇,不包含当时有商税、酒税的场务,若将此也看作市镇的话,则崤函地区市镇远超过仁宗时。就发展水平而言,各市镇的商品经济发展水平虽然参差不齐,且整体的平均水平仍较县城低,但作为联系城市与乡村的初级市场,这些市镇都具有一定的商业规模,商业交易较为活跃。《宋会要辑稿》记载了熙宁十年崤函地区 4 个镇的商税额,其中寿安三乡镇的商税达到 2163.148 贯,远超寿安县城的 952.483 贯,成为商业巨镇。其余三镇,虢略玉城镇有 884.975 贯,平陆三门镇有 609.851 贯,集津镇有 486.591 贯[②]。与崤函地区较小规模的县城的商税额基本持平。这充分反映了崤函地区市镇的经济活力。

3. 城镇的分布特征及其影响因素

北宋崤函地区市镇的兴起和发展体现出崤函古道交通与市镇发展之间的密切关系。上述 34 个市镇中位于崤函地区西部的陕州、虢州地区有 21 个,位于东部的新安、渑池、永宁、寿安、福昌、长水诸县的有 13 个。西部的陕州地区数量较多,其中尤以陕县数量为甚,有 5 个,其次,灵宝、湖城、阌乡各有 3 个。东部地区市镇除寿安有 4 个外,新安、渑池各有 2 个,福昌、永宁、长水 3 县各有 1 个。市镇分布呈现西多东少、北密南疏的特点,恰与交通道路要道分布成正比。西部的陕州地区因地处崤函古道交通要道,拥有水陆交通之便,极大地刺激了这一地区商品经济的发展,市镇的分布也最为密集。因北宋以崤山北路为主线路,东部的新安、渑池市镇

① 〔清〕徐松辑,刘琳、刁忠民、舒大刚等校点:《宋会要辑稿》食货二〇,上海古籍出版社,2014,第6417、6424 页。

② 〔清〕徐松辑,刘琳、刁忠民、舒大刚等校点:《宋会要辑稿》食货一五,上海古籍出版社,2014,第6309、6312 页。

也有一定发展。而东部的寿安、福昌、长水诸县和西部的虢州地区市镇分布密度远低于地处崤函古道驿路的诸县。

再从北宋崤函地区市镇分布的地域特点看,也与崤函古道交通的活跃度正相关。崤函古道贯穿崤函地区,是连接北宋两京与关中西北地区的主要交通线。北宋崤函地区市镇大多兴起在这条交通线上。如新安县的延禧镇(铁门镇)、慈涧镇,渑池县的土壕镇、千秋店,陕县的石壕镇、乾壕镇、故县镇、魏店、曲沃,灵宝县的新店、稠桑店、湖城镇,湖城县的静远镇、乾伯铺、盘豆,阌乡的歇马镇、关东(店)镇、攒节店等。其中有些市镇就是由店、驿等交通节点发展而来的。如陕县乾壕镇,五代时还称乾坑店。唐僖宗中和三年(883),李克用讨黄巢,“以兵自夏阳济河……营于乾坑店”①,至北宋已发展成镇。永宁县府店镇,神宗熙宁十年还是店,至元丰三年也发展成镇,其间不过仅仅三年。而新安的延禧镇、慈涧镇,渑池的土壕镇,陕县的石壕镇、魏店、曲沃,灵宝的新店,湖城县的盘豆等都是史籍有明确记载的崤函古道上的交通节点,北宋时纷纷发展成建制镇或乡集镇。

尤其引人注目的是,崤函古道上已形成了三个相对聚集的市镇群。一个是在崤山北路陕、渑交界处。崤函古道东段主线崤山北路横穿陕县与渑池交界处,北宋是陕、渑两县,也是永兴军路与西京河南府的交界地带。因交通发达,渑池土壕镇、陕县石壕镇、乾壕镇毗邻而居,形成了一个颇具规模的市镇群。石壕镇在唐代杜甫笔下还是一个小山村,单称石壕,或称石壕村。乾德五年(967),北宋将硖石县治由崤山南路,今陕州区茶园乡北石门迁至石壕。熙宁六年(1073)省县为镇,又称硖石镇,成为崤山北路陕渑交界处的一个著名市镇。

硖石镇与陕州还是北宋铜铁钱的换易中心。北宋铜钱、铁钱并行,并有各自的使用范围。“陕西行铁钱,至陕府以东即铜钱地,民以铁钱换易。”②“陕府系铜铁钱

① 〔宋〕薛居正等:《旧五代史》卷二十五《武皇纪》,中华书局,1976,第336页。
② 〔元〕脱脱等:《宋史》卷一百八十《食货下》,中华书局,1985,第4384页。

交界之处,西人之来,必须换易铜钱,方能东去。即今民间以铁钱千七百,始能换铜钱一千,遂致铁钱愈轻,铜钱愈重,百物随贵,为害最深。”为便利铜铁钱换易及解决兑换比例问题,哲宗元祐六年(1091),尚书省奏言:“今欲陕州并硖石镇东去人,有税物愿于本处换易铜钱者,并以所纳税钱为限,十分许换易二分。税钱一千已下,全许换钱。虽多,每名不得换过五千。陕州并硖石镇两驿东去官员合支券料钱,及东去过军合支券料等钱,如愿于陕州并硖石镇换铜钱者听,其换钱每铁钱一千支铜钱八百;愿于陕州并硖石镇出交子于西京请领者听。”①元符二年(1099),陕西境内禁用铜钱,并制定严刑。“诸色人欲入铜钱地分,许于陕府近便处官中兑换。换到铜钱并官库铜钱,除量留换钱支用外,并津置三门,般运赴元丰库纳。”②1972 年,石壕村两次出土窖藏古钱币约 1150 公斤,根据出土钱币铸造的年代,学者推断这批窖藏钱币入藏时间在隆兴议和签订后的十年至十七年间,即 1174 至 1190 年间。“另从窖藏出土地点看,无论所处的位置或调查发现,石壕村早在唐宋时期就已经形成一处人口较为集中、商品贸易繁荣的集市之地。故可认定这批钱币窖藏当与商贾富豪入藏有一定的关系。”③

另一个市镇群在崤山南路寿安与福昌毗邻处。这里是崤山南路由东北走向转入西北走向的拐角点,也是洛水与其支流昌河的交汇点。隋唐时期驿站、行宫最为密集。北宋时虽然主线路移至崤山北路,但这里属于西京洛阳政治、经济的直接辐射区,与洛阳往来密切,所谓“年年输税洛阳城”④。由于地处洛河河谷地带,农林业生产也有所发展。寿安、福昌两县毗邻之地沿洛水 50 多里有三乡、福昌、韩城、柳泉 4 镇。这些市镇都因路因河而兴,具有较浓厚的商业色彩。如前所说,由于商业发达,三乡镇的商税竟超过寿安县城 44%。仁宗庆历四年(1044),依范仲淹奏

① ［宋］李焘:《续资治通鉴长编》卷四百五十七,宋哲宗元祐六年,中华书局,2004,第 10938 页。

② ［宋］李焘:《续资治通鉴长编》卷五百十六,宋哲宗元符二年,中华书局,2004,第 12269 页。

③ 张怀银等:《三门峡焦作钱币发现与研究》,中华书局,2006,第 163~164 页。

④ ［宋］张耒:《东方》,李逸安、孙通海、傅信点校:《张耒集》卷十二,中华书局,1990,第 215 页。

请,省寿安等河南府五县为镇,“逐镇令转运司举幕职、州县官使臣两员监酒税,仍管勾烟火公事”①。当时的理由是减徭役,但不能排除商税偏少等经济因素。未几新政失败,恢复设县。

此外,黄河是北宋四大漕路之一,漕运量一度位居全国四大漕路第二位。曾巩谈漕运时说:“宋兴,承周制,置集津之运,转关中之粟,以给大梁。”②平陆的集津镇、三门镇、张店镇都因处于漕运要道而发展为有名的市镇。《宋会要辑稿》记载,熙宁十年三门镇商税收入达609.851贯,集津镇也有486.591贯,商税收入相当可观。集津等三镇相距也很近,实际上也可视为黄河北岸因河而兴的一个市镇群。

可以说,与崤函古道交通极为密切,是北宋崤函地区市镇兴起和发展的最大特征。北宋崤函地区市镇大多兴起在这条交通线上,构成崤函地区市镇体系的主体。

二、农林牧产品商品化的发展

交通和商业的发展是农业商品化的推动力量。北宋崤函地区农林牧产品商品化发展的情况,清楚地反映了这一时期交通的促进作用。

崤函地区地处豫西山地,农业生产条件并不优越。但山区丘陵地带资源丰富,如苏轼《上虢州太守启》称虢州:“弘农故地,虢国旧邦。周分同姓之亲,唐以本支为尹。富庶雅高于二陕,莺花不谢于三川。……有洪淄灌溉之饶,被女郎云雨之施。四时无旱,百物常丰。宝产金铜,充切诸邑;良材松柏,赡给中都。……鱼肥鹤浴,依稀同泽国之风。”③丰富的资源为农业、林业、畜牧业、手工业、矿业的发展提

---

① 〔宋〕李焘:《续资治通鉴长编》卷一百四十九,宋仁宗庆历四年,中华书局,2004,第3617页。

② 〔宋〕曾巩:《本朝政要策下·漕运》,曾枣庄、刘琳主编:《全宋文》(第58册)卷一二五八,上海辞书出版社、安徽教育出版社,2006,第90页。

③ 〔宋〕苏轼:《上虢州太守启》,曾枣庄、刘琳主编:《全宋文》(第87册)卷一八八八,上海辞书出版社、安徽教育出版社,2006,第267页。

供了良好的条件。

首先直接与交通运输相关的崤函农林牧产品流通和商品化在北宋时有了较大发展。当地一些农民开始放弃单一的粮食种植业,从事粮食之外的林果、花卉、畜牧等生产,促进了商品经济的活跃。

林木方面,崤函地区地处豫西山地,林业资源丰富。《宋史·李继宣传》记载,太祖乾德年间,李继宣“尝命往陕州捕虎,杀二十余,生致二虎、一豹以献”[①]。据说,一只雄虎的生存领地范围,大约是40~50平方千米森林。由此可知,陕州地区有足以养活众多猛兽的大面积的原始森林和次生林。虢州也“多系山林”,以致成为“素来逃军盗贼聚集作过去处”[②]。在崤函西部的福昌、永宁等地则以竹林最为突出。福昌县竹林茂盛。张耒诗云:“洛川北岸锦屏西,竹树萧萧面翠微。”[③]“萧萧九月草木变,独有修竹犹禁寒。”[④]张耒所住官舍也是“修竹高槐交映门”[⑤],官舍周围更是被竹林和树木包围:“官舍依山,为地十余亩,其竹与木居十六。……其大者皆百余年,根干蔽覆,若幄若屋,交罗笼络,萦以茑蔓。凡日将旦,夕将晦,鸟鸣兽号,声音百千,终日间然,不闻人声。”[⑥]徽宗崇宁五年(1106),华镇“知河南府新安县……兼管勾竹园司”[⑦],掌竹林养殖,则新安亦产竹无疑。陕州也多有竹子。“魏

---

① 〔元〕脱脱等:《宋史》卷三百八《李继宣传》,中华书局,1985,第10144页。

② 〔清〕徐松辑,刘琳、刁忠民、舒大刚等校点:《宋会要辑稿》刑法四,上海古籍出版社,2014,第8465页。

③ 〔宋〕张耒:《寄蔡彦规兼谢惠酥梨二首》,李逸安、孙通海、傅信点校:《张耒集》卷二十三,中华书局,1990,第414页。

④ 〔宋〕张耒:《北原》,李逸安、孙通海、傅信点校:《张耒集》卷十四,中华书局,1990,第244页。

⑤ 〔宋〕张耒:《官舍岁暮感怀书事三首》,李逸安、孙通海、傅信点校:《张耒集》卷二十三,中华书局,1990,第417页。

⑥ 〔宋〕张耒:《伐木记》,李逸安、孙通海、傅信点校:《张耒集》卷五十,中华书局,1990,第770~771页。

⑦ 〔宋〕华镇:《新安县威显灵霈公受命庙记》,曾枣庄、刘琳主编:《全宋文》(第123册)卷二六五七,上海辞书出版社、安徽教育出版社,2006,第145页。

野居于陕郊,其地颇有水竹之胜。”[①]林木、竹子是当地百姓补贴家用的重要经济来源,有很好的经济效益。张耒《感春》诗云:“山民为生最易足,一身生计资山木。负薪入市得百钱,归守妻儿蒸斗粟。山林未尽终不忧,衣食自乐他无欲。”[②]但由于无节制地砍伐,“坡头伐木欲成梁,落日樵苏下山去。山头九月雪一尺,山民燃薪当襦袴”[③]。崤函地区林业资源也逐步衰退下去。

崤函地区是传统的桑蚕区,北宋时桑树栽种仍较为突出。张耒曾用众多的诗篇来描述福昌一带桑柘之林遍布田野,如“秋风萧萧吹野桑,田家黍稷初登场”。“秋声索索起桑麻,古道人归烟火静”[④]。陕州、虢州也拥有较大规模的桑树栽种。桑树栽种为蚕桑养殖和纺织业的发展提供了大量的原材料。药材也有一些出名的品种。《太平寰宇记》记载,陕州上贡的土特产中就有陕州的柏子仁、瓜蒌根、麝香、蕤仁、石胆,虢州的麝香、黄丹等药材。

果品方面,北宋崤函地区发展较快。张耒《官舍岁暮感怀书事三首》云:“山树叶稀晴摘果”[⑤],形象地描述了福昌一带果农摘果的情景。在市场效益的引导下,果品生产的视角逐渐移到名品上,并出现了一批水果名品。陕州盛产凤栖梨。程大昌《演繁露》记载:“陕州有梨树,贞观中,有凤止其上。结实香脆,其色赤黄,号‘凤栖梨’。”[⑥]唐五代时曾作为贡品上贡朝廷。北宋前期,凤栖梨除继续作为贡品每年上贡1000颗外,还销往东京市场,在酒楼饭店销售,深受消费者欢迎。《东京梦华录》《渊鉴类函》《东坡志林》等均有记载。治平四年(1067),宋神宗“言念道

---

① 〔宋〕宋敏求:《春明退朝录》卷中,朱易安等主编:《全宋笔记》第1编第6册,大象出版社,2003,第279页。

② 〔宋〕张耒:《感春》,李逸安、孙通海、傅信点校:《张耒集》卷十三,中华书局,1990,第230页。

③ 〔宋〕张耒:《秋风三首》,李逸安、孙通海、傅信点校:《张耒集》卷十三,中华书局,1990,第229页。

④ 〔宋〕张耒:《秋风三首》,李逸安、孙通海、傅信点校:《张耒集》卷十四,中华书局,1990,第229页。

⑤ 〔宋〕张耒:《官舍岁暮感怀书事三首》,李逸安、孙通海、傅信点校:《张耒集》卷二十三,中华书局,1990,第230页。

⑥ 〔宋〕程大昌:《演繁露》卷十,朱易安等主编:《全宋笔记》第4编第9册,大象出版社,2008,第63页。

路之勤,疲瘵亦多矣"[①],诏罢诸道入贡之物,陕州凤栖梨才停止上贡。由于品种优良,陕州凤栖梨还输种到山西新绛。民国《新绛县志·物产略》记载,新绛有一种金梨较大且味甜,"疑即凤栖梨也","则凤栖梨种出自陕州无疑"。[②] 由此可推知,在陕州有人专事凤栖梨树苗的培植,当地可能有此种果树苗的市场。陕州、虢州还盛产胡桃,即核桃。宋人唐慎微《重修政和经史证类备用本草》记载:"胡桃,生北土,今陕、洛间多有之。大株,厚叶多阴。实亦有房,秋冬熟时采之。"[③]虢州所产梨、枣[④],品质优良,作为贡品,每年上贡朝廷。清袁守定《国民录》记述了北宋查道"枣树挂钱"的故事:"查道知虢州,尝出按部,路侧有佳枣,从者摘以献,道计值挂钱于树而去。"[⑤]也证明虢州"有佳枣"。因植物花卉非常茂盛,当地还盛行养蜜蜂,虢州每年要向朝廷上贡蜂蜜。

花卉方面,由于宋人喜好游玩赏花,花卉成为市场的热门货,花卉种植"成为了独立的商业性的农业"[⑥]。崤函地区地近西京,花卉生产发展迅速,并深受西京市场的影响。西京洛阳盛行牡丹,为了满足其需求,寿安、永宁等地也盛产牡丹,其中不乏名贵品种。如寿安的"寿安红"为珍稀品种,名冠西京。宋代赵孟坚诗云:"忆昔洛阳花,寿安红为冠。要其所从出,亦自薪櫄伴。伊维花卉流,第以色媚眼。"[⑦]欧阳修《洛阳牡丹记》中记载了 24 个牡丹品种及其来历,其中出自寿安的就有"粗叶寿安""细叶寿安"两种,"皆千叶肉红花。出寿安县锦屏山中,细叶者尤佳"。而

---

① 〔清〕徐松辑,刘琳、刁忠民、舒大刚等校点:《宋会要辑稿》崇儒七,上海古籍出版社,2014,第 2915 页。

② 徐昭俭修,杨兆泰纂:民国《新绛县志》卷三《物产略》,成文出版社,1976,第 260 页。

③ 〔宋〕唐慎微等撰,陆拯、郑苏、傅睿等校注:《重修政和经史证类备用本草》卷二十三,中国中医药出版社,2013,第 1330 页。

④ 〔宋〕乐史撰,王文楚等点校:《太平寰宇记》卷六《河南道六》,中华书局,2007,第 110 页。

⑤ 〔清〕袁守定:《国民录》卷一,光绪江苏书局重刊本,官箴书集成编纂委员会编:《官箴书集成》第 5 册,黄山书社,1997,第 188 页。

⑥ 漆侠:《中国经济通史·宋代经济卷》,经济日报出版社,1999,第 184 页。

⑦ 〔宋〕赵孟坚:《彝斋文编》卷一,文物出版社,1982,第 12 页。

被称为牡丹翘楚“今流传特盛”[1]的魏家花，也是“始樵者于寿安山中见之，斫以卖魏氏”。同书“风俗记”条又记：“春初时，洛人于寿安山中斫小栽子卖城中，谓之山篦子，人家治地为畦塍种之，至秋乃接。”[2]因珍贵稀有，魏家向每位观赏者收取十余文赏花费用，“日收十数缗”[3]。永宁县出产一种“大宋紫”，“千叶紫花也。本出于永宁县大宋川豪民李氏之圃，因谓大宋紫。开头极盛，径尺余，众花无比其大者”[4]，也是不可多得的名花，在洛阳广受赏花者喜爱。由“永宁县大宋川豪民李氏之圃”，可知当地已经出现了专以花卉生产的苗圃及花农，体现出花卉生产的专业化、商品化程度。“洛阳卖牡丹”[5]，以花卉销售获利，成为寿安、永宁等地部分农民赖以为生的手段。花卉种植成为当地“独立的商业性的农业”[6]。

畜牧业方面，北宋崤函地区以养羊业最为突出，民间养羊十分普遍。“今河东、陕西及近都州郡皆有之。”[7]晁说之看到在永宁、长水这一带几乎家家养羊：“饶须羌鼻似羌浑，人在山头羊在门。”[8]福昌县也是“人家岁熟妇子乐，村巷日暖牛羊闲”[9]，养羊业兴旺。这些民间养的羊，除供当地百姓食用外，还由官府收购后运往

① 〔宋〕周师厚：《洛阳花木记》，王云校，王云整理：《宋元谱录丛编：洛阳牡丹记（外十三种）》，上海书店，2017，第 119 页。

② 〔宋〕欧阳修等：《洛阳牡丹记》，王云校，王云整理：《宋元谱录丛编：洛阳牡丹记（外十三种）》，上海书店，2017，第 7 页。

③ 〔宋〕欧阳修等：《洛阳牡丹记》，王云校，王云整理：《宋元谱录丛编：洛阳牡丹记（外十三种）》，上海书店，2017，第 4 页。

④ 〔宋〕周师厚：《洛阳花木记》，王云校，王云整理：《宋元谱录丛编：洛阳牡丹记（外十三种）》，上海书店，2017，第 124 页。

⑤ 〔宋〕梅尧臣：《杨乐道留饮席上客置黄红丝头芍药》，朱东润编年校注：《梅尧臣集编年校注》卷二十八，上海古籍出版社，2006，第 1011 页。

⑥ 漆侠：《中国经济通史·宋代经济卷》，经济日报出版社，1999，第 184 页。

⑦ 〔宋〕唐慎微等撰，陆拯、郑苏、傅睿等校注：《重修政和经史证类备用本草》卷十三，中国中医药出版社，2013，第 1035 页。

⑧ 〔宋〕晁说之：《景迂生集》卷七《三川直罗之间作》，《四库全书荟要·集部·别集类》第 40 册，世界书局，1986，第 136 页。

⑨ 〔宋〕张耒：《北原》，李逸安、孙通海、傅信点校：《张耒集》卷十四，中华书局，1990，第 244 页。

京城。由于需求量大,此时官府收购的陕西等地的羊也多经由崤函古道和黄河运往京师。真宗时,御厨岁费羊数万口即“市于陕西”[①],其采购量几与御厨消费量相当。“陕西旧科吏人采木送京师,度三门之险,破散者太半,又每岁市羊,亦遣吏送,而羊多毙于道,二者吏皆破产以偿,西人苦兹五十年矣。”陕西运木及羊至京师,路上的木、羊损失,皆有负责运送官吏赔偿,致使许多人因此破产。真宗天禧年间,李士衡掌三使司,“请募商旅送木于京师,如入粟法,售以池盐。又请许其吏私市羊以副之,免关征算,得补其亡失。自是西人鲜复破产”[②]。方法虽改,但取道崤函,并无变化。官府又通过陕西榷场从西夏购羊。庆历六年(1046)以后,宋夏正常贸易年份,西夏每年大致向宋输出羊 20000 只,还不包括走私贸易。其运输道路大体也是经由崤函古道运至京师。在京师以大量羊肉作为主要肉食的背景下,崤函古道和黄河承担了满足京师等地消费用羊的特殊运输任务。

总体上看,北宋崤函地区农产品商品化程度虽然不如南方等一些发达地区,但是水平仍有很大提高,为手工业和商业提供了大量原料和流通对象,从而促进了商品经济的活跃。

三、手工业的进步

北宋时期是崤函地区手工业发展的重要阶段,不仅一些传统的手工业如矿冶、丝织、制砚等进一步繁荣,还新兴起了一些行业,如酿酒、铸钱等。

1. 矿冶

矿业开采和冶炼是崤函地区的传统产业,北宋时不仅规模扩大,产量提高,一

① 〔宋〕李焘:《续资治通鉴长编》卷五十三,宋真宗咸平五年,中华书局,2004,第 1171 页。

② 〔宋〕范仲淹:《宋故同州观察使李公神道碑铭》,曾枣庄、刘琳主编:《全宋文》(第 10 册)卷三八八,巴蜀书社,1990,第 27 页。

些矿产和冶炼产品也在全国具有重要地位，成为当地手工业发展的一大亮点。

陕州、虢州是北宋铁的重要产区。据《宋会要辑稿》记载，北宋初至熙宁十年，陕州有集律冶务，虢州有卢氏县冯谷冶、麻壮冶。元丰元年（1078）有虢州清水、猯猴冶、上簪槽冶。合计 1 务 5 冶[①]。铁的产量较大，岁课额即每年应向国家缴纳的产量为："虢州：清水、猯猴冶、上簪槽冶，元额一十三万九千五十斤，元年收一十五万五千八百五十斤；陕州：元额一万三千斤，元年收同。"[②]陕州、虢州铁冶累计元额为 152050 斤，元丰元年累计收 168850 斤，按当时官府收税制度"二八抽分"，即官收税率二分，其余八分由开采者自由货卖计算，陕州、虢州年生产铁约 79 万斤。据记载，全国的铁累计元额 548277 斤，元丰元年累计 5501097 斤，则陕州、虢州的铁分别占全国元额的 2.7%，占元丰元年额的 3%。可见陕州、虢州铁的资源相对丰富，岁课额数也比较可观。

冶铁业的发展促进了陕州、虢州铸钱业的兴盛。宋代铜钱和铁钱并用。熙宁八年（1075），北宋在虢州设置在城监、朱阳监，陕州设陕州监，铸造铁钱。《续资治通鉴长编》载其事："欲除永兴、华、河中、陕铜钱监添匠鼓铸外，更于商、虢、洛南增置三监，耀、鄜权置两监，共九监改铸。永兴、鄜、耀、河中、陕去铁冶远，第改铸伪钱一年可毕；商州、洛南、华、虢最近铁冶，可以久行。"[③]据此记载，虢州、陕州三监原来皆是铜钱监，此时改铸铁钱。而据《元丰九域志》记载，陕州铁钱监在"州西五十步"，铜钱监在"州东一百步"[④]。陕州铁钱监与铜钱监并不在一处，应视为两个不同的钱监。不过，虢州铸造铁钱似时间更早。《宋会要辑稿》记载，康定元年

① 〔清〕徐松辑，刘琳、刁忠民、舒大刚等校点：《宋会要辑稿》食货三三，上海古籍出版社，2014，第 6719 页。

② 〔清〕徐松辑，刘琳、刁忠民、舒大刚等校点：《宋会要辑稿》食货三三，上海古籍出版社，2014，第 6723 页。

③ 〔宋〕李焘：《续资治通鉴长编》卷二百六十，宋真宗熙宁八年，中华书局，2004，第 6330 页。

④ 〔宋〕王存撰，王文楚、魏嵩山点校：《元丰九域志》卷三《永兴军路》，中华书局，1984，第 107 页。

(1040)，宋与西夏交战，“因陕西移用不足，屯田员外郎皮仲容建议增监冶铸，因敕江南铸大钱，而江、池、虢、饶州又铸小铁钱，悉辇致关中”[①]。其中提及虢州铸小铁钱事，是虢州也是永兴军路铸铁钱的最早记载。由前引“虢最近铁冶”，可知丰富的币材铁是虢州设置钱监的重要原因。或许是因“陕去铁冶远”，陕州铁钱监鼓铸时间较短，至元丰三年可能已经停废。

崤函地区考古已发现多处宋代铸铁钱遗址。如渑池秦赵会盟台东侧宋代铸铁钱遗址，面积达2000多平方米，出土有坩埚、铁锭、铁钱、瓷片和大量的矿石、铁块等。铁钱皆为圆形，中呈方孔。矿石为褐铁矿，经化验，这种矿石恰与距此遗址西北约20千米高桥村的矿石含铁量相同，发现者认为该铸铁钱遗址很可能与高桥村铁矿区有密切的关系[②]。在会盟台东侧还有一座被称为“城关铸钱遗址”的宋代遗址，采集有铁钱陶范和政和通宝铁钱[③]。1987年，三门峡市区崤山路、文明路出土北宋铁钱230公斤，出土地点很可能就是铁钱铸地，其中出土有背铸铸地标记“陕”字的“宣和通宝”和背铸“虢”字的“至和通宝”铁钱[④]。2012年，三门峡市区传媒大厦工地发现一处较为完整的北宋铁器作坊遗迹。遗迹自南向北由前庭、中庭及后室组成，中间墙体以石块和泥巴垒成。前庭为一开放式建筑，中庭宽3米、深1.9米，后室宽3米、深3.85米，中间隔墙厚0.5米。发现者认为，前庭为火炉及锻造场所，中庭和后室为会客及临时休息所在地。在前庭不仅发现有铁砧、扁担铁钩、铁刀、瓷片和多处烧火遗迹，而且还发现了宋徽宗时期的“崇宁通宝”铜钱[⑤]，说明此作坊最迟到北宋末还在使用。新安、宜阳、洛宁、陕州等地也发现有宋代窑藏铁

① ［清］徐松辑，刘琳、刁忠民、舒大刚等校点：《宋会要辑稿》食货十一，上海古籍出版社，2014，第6621页。

② 赵青云：《河南渑池县发现宋代铸铁钱遗址》，《考古》1960年第6期。

③ 河南省文物局编：《河南文物》（中），文心出版社，2008，第1522页。

④ 冯春法：《三门峡市出土宋铁钱考》，车迎新主编：《宋代货币研究》，中国金融出版社，1995，第138～144页。

⑤ 李宪增：《我市考古首次发现北宋铁器作坊》，西部在线，2004-06-01。http://www.xb01.cn/html/smxrb/2012/6/1/201206015873.html。

钱,埋藏地点都在崤函古道道路附近。

史籍对陕州监铸铁钱数额缺载。虢州在城、朱阳二监在熙宁末年和元丰三年,岁铸铁钱皆为各 12.5 万贯。而当时全国铁钱总铸额分别为 98.6486 万贯和 88.9234 万贯,则虢州在城、朱阳二监岁铸铁钱分别占全国的 12.7%和 14.1%,足见虢州在全国铁钱铸造业的地位。

陕州、虢州钱监的设置和铸铁钱的生产,刺激了当地冶铁业的发展,对地方财政和区域经济的发展都有影响。元丰七年(1084),陕西转运副使范纯粹奏言:"契勘本路沿边诸处,久来难得见钱。逐处岁计,除以本路课利所入应副支费外,其所少之数,并是于永兴商、虢、华、陕等州钱监收积,及于近里诸处雇脚般运前去。其所用脚钱,靡费极多。且如自陕府般铁钱一万贯至秦州,计用脚钱二千六百九十余贯。"①虢州等钱监直接支撑了地方财政的需要,在一定程度上也保证了北宋对西夏战争的军费需求。

陕州、虢州铁钱被大量输送到四川、陕西、河东一带使用,在当地经济活动中占居重要地位。陕州铸造的背铸"陕"字的"宣和通宝"小铁钱,因制作精良,流通数量大,被学者视为陕西路铁钱的标志②。其品种繁多,目前已发现的有 10 种版式,制作精美程度堪称北宋铁钱之最。1985 年,甘肃庄浪韩店出土 100 公斤北宋铁钱,其中 50%是背铸"陕"字的"宣和通宝"③;同年,江苏高邮出土大批两宋铁钱,也有背铸"陕"字的"宣和通宝"④,这说明陕州在北宋时所铸铁钱流通范围较广,甚至到南宋末年江南地区仍在使用。

北宋四川地区是世界最早的纸币交子的诞生地,陕州、虢州铁钱大量流入四川,为交子的产生和流通创造了条件,提供了大批的本钱。熙宁八年(1075),权永

---

① 〔宋〕李焘:《续资治通鉴长编》卷三百四十四,宋神宗元丰七年,中华书局,2004,第 8258 页。

② 阎福善:《陕西北宋铁钱》,《考古与文物》1994 年第 5 期。

③ 程晓钟:《甘肃庄浪县出土北宋铁钱》,《中国钱币》1991 年第 1 期。

④ 周健:《高邮出土铁钱的北宋部分》,《中国钱币》1988 年第 2 期。

兴军等路转运使皮公弼言:“交子之法,以方寸之纸飞钱致远,然不积钱为本,亦不能以空文行。今商、虢、鄜、耀、红崖、清远铁冶所收极广苟即冶更铸折二钱,岁除工费外,可得百万缗为交子本。”①

虢州还是北宋铜冶的重要产区。《宋会要辑稿》记载的铜冶有百家川、栾川二冶,岁课额“元额七千四百一十七斤,元年收六千三百九十二斤”②。北宋对铜冶同样实行“二八抽分”制。元祐元年(1086),陕西转运兼提举铜坑冶铸钱司言:“虢州界坑冶户所得铜货,除抽分外,余数并和买入官。费用不足,乞依旧抽纳二分外,只和买四分,余尽给冶户货卖。”③从之。按此推算,虢州铜冶的年产量大体有 31960 斤。元祐七年(1092),虢州发现新的铜矿。陕西转运司言:“商、虢州有人户告发铜窟,见今差官检踏烹烧,亦有旧铜。今相度欲将虢州新兴铜窟烧到铜货并旧铜,就便般赴陕西应副铸钱外。”④不过,虢州虽然不乏铜矿资源,但是因缺乏冶铜技术而发展一时受限。于是,朝廷招募南方优秀工匠前来规划指导,以重建或扩大虢州铜冶规模。《宋史·食货下七》载其事,哲宗绍圣元年户部尚书蔡京言:“商、虢间苗脉多,陕民不习烹采,久废不发。请募南方善工诣陕西经画,择地兴冶。⑤”《宋会要辑稿》记作:“绍圣元年,诏令户部选官一员,募南方谙晓烹铜工匠往陕西,同转运官差官于商、虢界踏逐铜矿,措置烹炼,候见次第,即置炉冶。”⑥哲宗同意蔡京所奏,调集南方一批工匠到虢州寻找矿苗,开采铜矿。其中即有广东韶关岑水场铜矿的工匠。此举有力地促进了虢州等地铜矿的开采和冶炼技术的提高。

---

① 〔宋〕李焘:《续资治通鉴长编》卷二百五十九,宋神宗熙宁八年,中华书局,2004,第 6323 页。

② 〔清〕徐松辑,刘琳、刁忠民、舒大刚等校点:《宋会要辑稿》食货三三,上海古籍出版社,2014,第 6722 页。

③ 〔清〕徐松辑,刘琳、刁忠民、舒大刚等校点:《宋会要辑稿》食货三三,上海古籍出版社,2014,第 6719 页。

④ 〔宋〕李焘:《续资治通鉴长编》卷四百七十二,宋哲宗元祐七年,中华书局,2004,第 11274 页。

⑤ 〔元〕脱脱等:《宋史》卷一百八十五《食货下七》,中华书局,1985,第 4526 页。

⑥ 〔清〕徐松辑,刘琳、刁忠民、舒大刚等校点:《宋会要辑稿》食货三四,上海古籍出版社,2014,第 6748 页。

北宋在虢州、陕州设置有铸铜钱监。庆历元年(1041),因宋夏交战,军费支出猛增,根据商州知州皮仲容的建议,“采洛南县红崖山、虢州青水冶青铜,置阜民、朱阳二监铸钱。……助关中军费”①。采虢州青水铜矿和洛南红崖山铜矿冶青铜,在虢州置朱阳、洛南置阜民二监以铸钱。这是北宋在北方设置最早的铸造铜钱的钱监。熙宁四年(1071),在陕县置陕州监,又作陕府监。由于虢州钱监是因应一时的财政危机而增置,其存在时间不长,皇祐二年(1050)前后即被罢废,其铸铜钱额史籍缺载。《宋史·食货下二》记载陕州监岁铸额:熙宁七年(1074),“陕西三铜钱监各岁增五万缗”②。“三铜钱监”即华、陕、永兴军三监,三监铸铜钱数量较之前岁增 5 万贯。以后又有所提高。熙宁末年,陕州监岁铸额 10 万贯③。元丰三年(1080),又增至 20 万贯④,全国铜钱铸额总额 506 万贯,陕州占 3.9%。熙宁末年,全国共有 17 个铜钱监,铜钱铸额总额 373 万贯,陕州占 2.6%。

值得注意的是,神宗、哲宗时还出现了外地原铜运到陕州监铸钱的情况。神宗元丰七年(1084),神宗诏付陕西转运副使范纯粹曰:“本路自用师以来,岁费浩大,朝廷前后应副虽已不赀,而边籴杂须尚未充羡。近擘画令于京东徐州铸到折二大钱二十万缗,计为四十万贯之用,欲岁运致往陕府下卸,以佐经费。未知有无钱币轻多之弊,可速具奏。”⑤此事因范纯粹具陈不便,而不知是否落实。但哲宗时却得到实施。元祐七年(1092),权陕西转运使李南公言:“铜钱、铁钱,界首轻重不同。欲乞以兴州铜,商、虢州黑锡,运至陕州铸钱监,每年铸钱且以二万贯为额,应副陕州及陕右两驿支

① 〔元〕脱脱等:《宋史》卷一百八十《食货下二》,中华书局,1985,第 4381 页。

② 〔元〕脱脱等:《宋史》卷一百八十《食货下二》,中华书局,1985,第 4383 页。

③ 〔清〕徐松辑,刘琳、刁忠民、舒大刚等校点:《宋会要辑稿》食货十一,上海古籍出版社,2014,第 6212 页。

④ 〔元〕马端临撰,上海师范大学古籍研究所等点校:《文献通考》卷九《钱币考二》,中华书局,2011,第 237 页。

⑤ 〔宋〕李焘:《续资治通鉴长编》卷三百四十四,宋神宗元丰七年,中华书局,2004,第 8528 页。

遣,及换易铁钱使用,兼销减得商、虢州积下黑锡。”①从之。又陕西转运司言:“商、虢州有人户告发铜窟,见今差官检踏烹烧,亦有旧铜。今相度欲将虢州新兴铜窟烧到铜货并旧铜,就便般赴陕西应副铸钱外;有兴州铜,若般赴陕府地里遥远,枉费脚乘,欲将兴州铜只就近般赴永兴军钱监鼓铸钱宝。”②从之。文中“陕西”当为“陕府”之讹。外地原铜运到陕州监铸钱,说明陕府监铸铜钱量大,自然用铜量也大,也说明陕府监生产规模大。

虢州唐时即产银,北宋时更发展为全国主要的银冶之地。《宋会要辑稿》记载:“虢州:冶务旧置。”③此外,宜阳也设有宜阳场。虢州银冶有银煎冶、百家川、栾川、蜜崖冶、姚谷冶、石瓮冶、朱阳县 7 场,岁课额“元额三万四千五百七十三两,元年收二万五千六百四十二两”④。元丰元年(1078),北宋收入银课总数为 215385 两,其中虢州占到 11.9%,仅次于陇州,高居全国第二位。按当时规定,银冶产品以二分输官为税,再和买即买给官府三分,其余五分归开采者所有。以此推算,虢州银冶的年产量当有 128210 两。可见其地位举足轻重。

虢州铅的产量也十分丰富。《宋会要辑稿》记载:“虢州元额一百七十六万一千八百六十八斤,元年收一百六十二万四百三十二斤。”⑤当时北宋全国的铅冶元额为 8326737 斤,元丰元年总计收 9197335 斤,则虢州的铅岁课额分别占 21%和 17.6%。其地位举足轻重。此外,虢州还有锡冶。《宋会要辑稿》记载,虢州有白家川、栾川冶、

① 〔宋〕李焘:《续资治通鉴长编》卷四百七十,宋神宗元丰七年,中华书局,2004,第 11219 页。

② 〔宋〕李焘:《续资治通鉴长编》卷四百七十二,宋神宗元丰七年,中华书局,2004,第 11724 页。

③ 〔清〕徐松辑,刘琳、刁忠民、舒大刚等校点:《宋会要辑稿》食货三三,上海古籍出版社,2014,第 6717 页。

④ 〔清〕徐松辑,刘琳、刁忠民、舒大刚等校点:《宋会要辑稿》食货三三,上海古籍出版社,2014,第 6721 页。

⑤ 〔清〕徐松辑,刘琳、刁忠民、舒大刚等校点:《宋会要辑稿》食货三三,上海古籍出版社,2014,第 6724 页。

姚谷冶、石瓮冶,卢氏县、虢略县,凡 6 处。可惜缺载具体的岁课额[①]。

2. 陶瓷业

陶瓷业是崤函地区又一重要手工业部门,瓷器产区主要分布在新安、宜阳等地,瓷窑遗址主要有新安城关、北冶、庙后、好瓷沟、滩子沟、柿树岭、李元沟、甘泉,宜阳城关(西街)、锦屏山、二里庙、二里庙南、红窑、马庄等。

宜阳是北宋崤函地区,也是西京洛阳著名的陶瓷产区,《元丰九域志》记有元丰年间西京河南府土贡"瓷器二百事"[②],其产地主要在宜阳县。邵伯温《闻见录》记载:"司马温公既居洛时,往夏院展墓,省其兄郎中公,为其群从乡人说书讲学。或乘兴游荆、华诸山以归。多游寿安山,买屋瓷窑畔,为休息之地。"[③]可知宜阳寿安山一带瓷窑分布广,是一个非常有名的地方。宜阳窑为宋代官窑,产品以青瓷为主,兼烧白瓷、白底黑花瓷、黑瓷、黄瓷等,以构图优美的花卉装饰最具特色,属于汝瓷系窑址,兼有耀州瓷特点。其中"宜阳窑青釉印花在河南诸窑中的质量是最好的,它的釉面气泡比较多"[④]。1985 年,宜阳考古发掘一处大型宋瓷生产场地,"厚达四米以上的文化层,多为煤渣及瓷片堆积而成","作坊中,次序井然地排列着工作面、工作台和胸径 100 厘米、高 80 厘米左右的三十六口较完整的大型陶瓮"。可见该作坊在选料、粉碎、打浆、沉淀、过滤、成型、着釉等方面的一系列精细的工艺序列。"像这样大规模的古窑遗址的发现,在全国实属罕见,将对研究宋瓷窑口的发展、比较、鉴定提供一个重要依据。"[⑤]

新安从五代开始在城关设窑,至北宋城关窑发展成一处规模较大的瓷器产地,不

---

① 〔清〕徐松辑,刘琳、刁忠民、舒大刚等校点:《宋会要辑稿》食货三三,上海古籍出版社,2014,第 6725 页。

② 〔宋〕王存撰,王文楚、魏嵩山点校:《元丰九域志》卷一《西京》,中华书局,1984,第 4 页。

③ 〔宋〕邵伯温:《闻见录》卷十一,朱易安等主编:《全宋笔记》第 2 编第 7 册,大象出版社,2006,第 182~183 页。

④ 宋建文、沈泓、谢宇:《古玩收藏鉴赏全集　瓷器》,湖南美术出版社,2014,第 209 页。

⑤ 惠民、马全:《宜阳发现宋瓷窑作坊遗址》,《河南日报》1985 年 7 月 1 日。

仅烧制汝瓷,还烧制影青、天目、白底黑花、珍珠地划花、刻花、剔花、绞釉和宋三彩等瓷器,产品丰富,品种俱全。其烧造的汝青釉瓷,工艺水平相当先进,具有“胎质细腻致密,施釉薄而匀净,花纹布局严谨,注重装饰效果”①的特点。在此推动和影响下,北冶、庙后、滩子沟、柿树岭、李元沟、甘泉等瓷窑迅速发展起来,并在县城北畛河两岸形成相当规模的密集区。其中有些瓷窑又构成一个瓷窑遗址群,如北冶瓷窑遗址群上下延续2千米,遗址总面积超过1万平方米。2004年,这里发现的横橄榄形窑炉,是国内陶瓷考古史上的首次发现,“这种窑形是当时的烧窑者在以煤为燃料、火焰较短的情况下为充分利用热能、增加瓷器装烧量而设计的,具有相当的科学性”②。新安窑产品“主要供豫西地区民间用瓷,造型比较朴实,其中滩子沟、北冶窑的产品花卉大方,釉质浑厚,色泽光亮,以玫瑰紫窑变者为新安窑最佳的作品。盆、钵、碗、盘、器盖、盏为最常见的器形”③。

新安、宜阳窑产品既有自己独有的特点,又与邻近各窑保持相当密切的交流。著名的汝瓷、钧瓷与新安、宜阳相距不远,其烧瓷技术精良,易于传播各地。宜阳、新安地近西京洛阳,有崤函古道联系沟通,陆路行程一日即可抵达,又有洛河、黄河相通,不仅易于吸取邻近临汝、禹州、宝丰、内乡等地各窑的先进工艺技术,而且向西与陕西铜川耀州窑也有较密切的联系。因此,新安、宜阳窑在瓷器品种、烧造工艺、装饰特点及艺术风格方面,与上述窑口都有诸多相似或类同之处④。这是新安、宜阳陶瓷业在北宋异军突起的重要原因。

3. 丝织业

丝织业方面,崤函地区本就是传统纺织业较为发达的地区,北宋时继续得到发

① 河南省文物局编:《河南文物》(上),文心出版社,2008,第200页。

② 张亚武:《新安发现宋元瓷窑遗址群》,新闻中心_洛阳网,2004-06-14。http://news.lyd.com.cn/system/2004/06/14/000105854.shtml。

③ 赵青云、王典章:《河南省新安县古瓷窑遗址调查》,《文物》1974年第12期。

④ 河南省文物研究所:《河南宜阳窑调查简报》,河南省文物研究所、新安县文化馆:《河南新安城关窑址的新发现》,《中国古窑址调查发掘报告集》,文物出版社,1984,第318~325、339~351页。

展。《太平寰宇记》记载，北宋时陕州、虢州以绝、绢和方纹绫、花纱、绢作为土贡[①]，上贡朝廷，其中主要是丝织品，富有特色和实力，体现出当地纺织业的高端水平。

4. 酿酒业

酿酒业是北宋崤函地区一新兴的手工业。北宋实行专利榷酒政策，在各州县设酒场务，负责酒的酿造和销售等。作为补充，又有买扑制，即私人租赁官府酒坊场产销，承交酒课的承包制。据《宋史·食货志》记载："宋榷酤之法：诸州城内皆置务酿酒，县、镇、乡、闾或许民酿而定其岁课，若有遗利，所在多请官酤。三京官造曲，听民纳直以取。"[②]《宋会要辑稿》记载了熙宁十年陕州、虢州两地的酒务设置和榷酒收入状况：陕州"旧在城及阌乡、芮城、湖城、灵宝、夏、峡石、陕县、曹张、银冶、集津、三门、歇马、曲沃、平时十五务，岁七万五千五百九十五贯，米八百八十七硕。熙宁十年，祖额四万一千八百二贯一百七十文，买扑一万五千五百九贯三十九文，白米七百二十三硕五斗五胜二合，粟二十六硕一斗六胜"[③]。虢州："旧在城及虢略、卢氏、朱阳、玉城县、锅冶六务，岁三万六千三百八十文。熙宁十年，祖额三万九千五百一十八贯一十六文，买扑三千三百一十五贯一百三十五文。"[④]可知宋朝在陕州设有酒务15处，虢州6处，酒课祖额分别达41802.17贯和39518.16贯，合计81320.33贯。此外，渑池县、新安县、寿安县、福昌镇、三乡镇、永宁县、府店镇、长水县等8处也设有酒务。1985年，宜阳城关(西街)窑出土白瓷碗，底部印有"酒"字，黑瓷瓶腹部刻有"京西转运判官、贡奉酒□□□"铭款，均与酒有关。可见北宋崤函地区酿酒业已具有相当规模。酿酒质量也较优良，张能臣《酒名录》列北宋天下名酒凡203种，陕府酿造的"蒙泉"

---

① 〔宋〕乐史撰，王文楚等点校：《太平寰宇记》卷六《河南道六》，中华书局，2007，第93、110页。

② 〔元〕脱脱等：《宋史》卷一百七十五《食货下七》，中华书局，1985，第4513页。

③ 〔清〕徐松辑，刘琳、刁忠民、舒大刚等校点：《宋会要辑稿》食货三三，上海古籍出版社，2014，第6717页。

④ 〔清〕徐松辑，刘琳、刁忠民、舒大刚等校点：《宋会要辑稿》食货十九，上海古籍出版社，2014，第6399、6340页。

酒，即是其中一种①。酿酒工艺也多有创新。虢州工匠常镇发明了连二灶酿酒法，并献给朝廷。随后，三司军将王靖"法虢州民常震"改进为连三灶法，在开封府酒坊推广，"岁省柴四十余万斤，推之府界陈留一县，省三十二万斤，约诸州岁省柴钱十六万缗"。熙宁五年(1072)，朝廷对常镇等进行奖励，提拔升官，"试国子四门助教"②。

5. 造纸业

虢州造纸业兴于唐代，唐张彦远《法书要录》曾记载唐玄宗时，肖诚用西山野麻、虢州土谷制成斑石纹纸，五色光滑，质量上乘③。至北宋，虢州仍是北方重要的造纸产地，而且是河南境内唯一的造纸基地。其所造钞纸，"上色甚好"，"自来解盐钞用商、虢州、河中府等处一钞纸印造"④。是北宋印制解盐钞引的指定用纸之一，每年从虢州、河中府、商州造买解盐钞纸达200多万张。因钞引印制数量增加，虢州等地纸张一时供应不上，元丰五年(1082)，"三司言：'朝旨给盐钞二百万贯与泾原路、陕西转运司。勘会印钞纸见阙四十八万张，若伺候商、虢等州科买起发，显见住滞，欲用杂物库襄州夹表纸印造。'上批：'纸色不依自来所用，非便。宜止令依久例所用上色甚好纸印造'"⑤。宋神宗坚持用虢州等地所产"上色甚好"纸张来印造钞引，足证这些地方造纸质量上乘，为神宗所信任。

6. 制砚业

崤函地区制砚业富有实力和特色，虢州石砚、澄泥砚和渑池天坛山石砚，自唐代以来就享有盛誉。北宋时期，渑池天坛山石砚衰落，虢州制砚业继续发展，仍是重要的制砚中心，所出石砚、澄泥砚颇受读书人喜爱，是宋代崤函地区的重要手工业部门。

虢州石砚，又称稠桑砚、钟馗砚、紫石砚，以紫色为主，也有黄、绿等色，具有石质

① 〔宋〕朱弁：《曲洧旧闻》卷七，朱易安等主编：《全宋笔记》第3编第7册，大象出版社，2003，第60页。

② 〔宋〕李焘：《续资治通鉴长编》卷二百三十三，宋神宗熙宁五年，中华书局，2004，第5663页。

③ 〔唐〕张彦远辑录：《法书要录》卷六《述书赋下》，上海古籍出版社，2013，第146页。

④ 〔清〕徐松辑，刘琳、刁忠民、舒大刚等校点：《宋会要辑稿》食货二四，上海古籍出版社，2014，第6531页。

⑤ 〔宋〕李焘：《续资治通鉴长编》卷三百二十五，宋神宗元丰五年，中华书局，2004，第7824页。

细腻、软而无声、柔滑如肤、温润发墨的特点。灵宝朱阳镇紫石沟，南北走向，长约 10 千米，东西山崖及沟底遍布紫红色石层，是虢州石砚的主要原料产地。

虢州石砚最早被发现纯属偶然，它在唐代的初盛是一则利用交通优势成功发展产业、推销商品的典型史例。据虢州刺史李勉之孙李匡文《资暇集》记载："稠桑砚，始因元和初，愚之叔翁宰虢之朱阳邑，诸季父温清之际，必访山水以游。一日于涧侧见一紫石，憩息于上，佳其色，且欲纪其憩山之游，即常携镌具随至，自勒姓氏年月，遂刻成文，复无剜缺，乃曰：'不顽不麸，可琢为砚矣。'即就琢一砚而过，但惜其重大，无山出之，更行百步许，往往有焉。又行乃多，至有如拳者，不可胜纪。遂与从僮挈数拳而出，就县第制斫。"从原料到制作成砚，发展成为一个特色产业，胥姓县吏和稠桑驿的交通优势起了重要作用。《资暇集》又写道："时有胥性巧，请斫之。形出，甚妙。季父每与俱之涧所。胥父兄，稠桑逆肆人也。因季父请解胥藉而归父兄之业。于是来斫，开席于大路，厥利骤肥。土客竞效，各新其意，爰臻诸器焉。"稠桑逆肆即稠桑驿，是崤函古道上的著名驿站，商贸繁盛，也是官员商贾往来聚集之地。胥姓县吏在稠桑驿开店制作、销售，故名"稠桑砚"。当地人及外来客纷纷效仿开店制砚，成为当地一大特色产业，并借助崤函古道交通运输，在崤山南路的福昌开设专卖店，迅速扬名两京。"季父大中壬申岁授陕令。自元和后，往还京洛。每至稠桑，镌者相率辄有所献，以报其本，迄今不怠。季父别业在河南福昌邑，下至于弟侄，市其器，称'福李家'，则价不我贱。"①不久，又传至宫廷，被列为贡砚，风行中唐百余年。至今不少博物馆和私人收藏有唐代虢州石砚，如三门峡市博物馆藏唐虢州紫石带盖风字砚瓦、上海松江区博物馆藏唐虢州绿石凤头砚瓦、上海博物馆藏虢州紫石风字砚瓦等都是中晚唐的代表作。晚唐五代时期，虢州石砚受战乱影响而萧条。

① 〔唐〕李匡文：《资暇集》卷下，陶敏主编：《全唐五代笔记》第三册，三秦出版社，2012，第 1892 页。

图 8-2 唐紫石带盖风字砚瓦(三门峡市博物馆藏)

随着宋初社会的稳定,虢州石砚再次得到显著发展,进入繁荣期。其一是制作水平位居当时制砚业的前列,深受皇室贵族、文人墨客青睐。宋初虢州石砚被列为全国三大贡砚之一,贡砚数量也最多。苏易简《文房四谱》记载:“今睹岁贡方物中,虢州钟馗石砚二十枚。”①而同期的端州、宁州各贡砚 10 枚,虢州是端、宁二州贡砚数量的总和。钟馗石砚即虢州石砚。因紫石沟所采砚石多为紫红色,古人有用研朱砂点钟馗作镇宅之宝习俗,故称“钟馗砚”。米芾《砚史》称虢州石“理细如泥,色紫可爱,发墨不渗,久之石渐损回硬,墨磨之则有泥香”②。其二是推动了虢石砚屏制作的兴起和普及。此与欧阳修等人庆历八年(1048)围绕月石砚屏的酬唱称颂有直接关系。

庆历八年,欧阳修知滁州时从虢州刺史张景山处获赠一块虢州石,他在《月石砚

① 〔宋〕苏易简:《文房四谱》卷三《砚谱》,朱学博等整理校点:《宋元谱录丛编:文房四谱(外十七种)》,上海书店,2015,第 44 页。

② 〔宋〕米芾:《砚史》,朱学博等整理校点:《宋元谱录丛编:文房四谱(外十七种)》,上海书店,2015,第 187~188 页。

屏歌序》描述:“小版一石,中有月形,石色紫而月白,月中有树森森然,其文黑而枝叶老劲,虽世之工画者不能为,盖奇物也。……其月满,西旁微有不满处,正如十三四时,其树横生,一枝外出。皆其实如此,不敢增损,贵可信也。”①欧阳修得石后大喜,不仅请当时著名画家来松为其画图,而且请人制成一个“方广盈尺间”②的砚傍物——砚屏,起名“月石屏”,置于砚旁障尘,并为之作《紫石屏歌》《月石砚屏歌序》。据研究者考订,欧阳修用虢州紫石制作的“月石屏”,是中国第一块砚屏③。欧阳修对他的首块月石砚屏特别珍爱,请苏舜卿、梅尧臣为它写诗,苏舜钦写有《永叔月石屏图》,梅尧臣则写有《咏欧阳永叔文石砚屏二首》,形成欧、梅、苏一派三家最后一次合咏一物的精彩局面。此后,欧阳修对虢石和砚屏兴趣更加浓厚,又收集、制作了其他样式的虢石砚屏。

熙宁四年(1071),苏轼路经颍州,看到欧阳修的一块产自虢州的水墨孤松石屏,赋《欧阳少师令赋所蓄石屏》诗,并因此产生浓厚兴趣,开始收藏虢石砚屏,并作礼物相赠友人。其中元祐七年(1092)苏轼在诗中写道:“久知世界一泡影,大小真伪何足评。”④可知元祐年间虢石砚屏使用、流传已经十分广泛,以至于真假难辨。苏轼专门写有《书月石砚屏》,谈如何辨别虢石砚屏的真伪:“月石屏,扪之,月微凸,乃伪也。真者必平,然多不圆。圆而平,桂满而不出,此至难得,可宝。”⑤

① 曾枣庄、刘琳:《全宋文》(第34册)卷七一七《月石砚屏歌序》,上海辞书出版社、安徽教育出版社,2006,第72页。

② 〔宋〕梅尧臣:《咏欧阳永叔文石砚屏二首》,朱东润编年校注:《梅尧臣集编年校注》卷十八,上海古籍出版社,2006,第457页。

③ 吕肖奂:《砚屏始作考兼及几首砚屏诗》,四川大学古籍整理研究所等编著:《宋代文化研究》第16辑,四川大学出版社,2009,第752~767页;吕肖奂:《创新与引领:宋代诗人对器物文化的贡献——以砚屏的产生及风行为例》,《四川大学学报(哲学社会科学版)》2009年第3期。

④ 〔宋〕苏轼:《轼近以月石砚屏献子功中书公,复以涵星砚献纯父侍讲,子功有诗,纯父未也,复以月石风林屏赠之,谨和子功诗,并求纯父数句》,〔清〕王文诰辑注,孔凡礼点校:《苏轼诗集》卷三十六,中华书局,1982,第1925页。

⑤ 〔宋〕苏轼:《书月石砚屏》,曾枣庄、刘琳主编:《全宋文》(第91册)卷一九七四,上海辞书出版社、安徽教育出版社,2006,第44页。

虢石砚屏是北宋文人互赠的重要礼物,宋诗中保留了不少诗人互赠虢石砚屏的诗歌。写诗最多的是苏轼和梅尧臣,各有6首,欧阳修有3首,王安石、王令、苏辙、司马光、苏舜卿、范百禄、范祖禹、吴充、文同、刘敞等也皆有唱和。观石、品石、咏石、画石、记文、绘谱,一时蔚然成风。从庆历八年(1048)到元祐七年(1092),不过40余年,虢石与砚屏的命运发生了巨大的变化,"可以说完全由欧、苏、梅等人的酬唱称颂而引起"。"这个变化让人们感受到北宋诗人(文人)引领时代风尚、物质文化、审美潮流的魅力,是那个时代引领风尚的人物,是那个时代士大夫物质和精神文化的创造者和倡导者。"①而尤为值得注意的是,这一新时代风尚是沿着当时主要交通线逐步推进的,诚如欧阳修所说:"虢工刳山取山骨……藏在虢山深处石。……乃传张生自西来,吴家学士见且饴。"②张景山由虢州西来汴京,带来的虢州石既赠欧阳修,又赠吴充,而后通过他们之手流传至各地。生活在江淮一带的宋代诗人王令在《寒林石屏》中写道:"虢山之远数千里,虢石之重难将持,舟车虢来每苦重,釜盎尚弃不肯携,苟非世尚且奇怪,孰肯甚远载以来。何况虢人自珍秘,得一不换千琼瑰,流传中州盛称赏,主以诧客客见祈,世人贱真珍贵假,见者喜色留肤皮。"③没有张景山的带出,没有欧阳修在庆历八年围绕虢石砚屏的酬唱称颂,砚屏在北宋中期不可能很快成为文人案头必备的文玩清供之一,不可能很快成为士大夫文化的一部分。

砚屏在北宋中期的骤然流行,客观上也促进了虢州石及虢州石砚的生产。"欧阳修等诗人对月石砚屏的创造和夸扬,推动了各种砚屏的生产与流行,诗人的好尚与创

① 吕肖奂:《砚屏始作考兼及几首砚屏诗》,四川大学古籍整理研究所等编著:《宋代文化研究》第16辑,四川大学出版社,2009,第752~767页;吕肖奂:《创新与引领:宋代诗人对器物文化的贡献——以砚屏的产生及风行为例》,《四川大学学报(哲学社会科学版)》2009年第3期。

② 〔宋〕欧阳修等撰,刘德清、顾宝林、欧阳明亮笺注:《欧阳修诗编年笺注》卷十一《吴学士石屏歌》,中华书局,2012,第1285页。

③ 〔宋〕王令著,沈文倬校点:《王令集》卷二,上海古籍出版社,1980,第23页。

造力、想象力直接拉动了商业的繁荣。”①因应市场的变化,从北宋开始,虢州石砚制作逐渐稀少,新的砚屏制作兴起。两宋之际的杜绾《云林石谱》介绍说:“虢石,虢州朱阳县石,产土中,或在高山。其质甚软,无声。一种色深紫,中有白石如圆月,或如龟蟾吐云气之状,两两相对。土人就石段揭取,用药点化,镌治而成。间有天生如圆月形者,极少。昔欧阳永叔赋月石屏诗,特为奇异。又有一种,色黄白,中有石纹如山峰,罗列远近,涧壑相通,亦是成片修治镌削,度其巧趣,乃成物像。以手拢之,石面高低。多作砚屏,置几案间,全如图画。询之工人,石因积水浸渍,遂多斑斓。”②文同《寄题杭州通判胡学士官居四首·月岩斋》诗云:“日须天上生,月必地中产。君不见虢州朱阳县之山谷间,才成未就知何限。石有不才者,往往其卵毈。灵媪弃置不复惜,任人取去为珍玩。佳者留之待天取,藏满库楼千万许。”③可知朱阳一带人以开采加工虢石砚屏为业,砚屏远销许多地方,成为当地人致富的一条途径。直到南宋时虢石砚屏仍很流行。黄庭坚、杨万里、张镃等人曾为之赋诗,陆游还曾赠送张镃一虢州月石砚屏。

澄泥砚,又称澄泥砚瓦,是中国古代名砚中唯一一种不以天然石材为原料,完全由人工烧制而成的研墨工具,它的出现改变了以往陶砚原料单一化的状况,因而名噪一时,位列古代四大名砚之一。

虢州是唐代澄泥砚的最初发源地,也是当时主要的澄泥砚制作中心之一。虢州澄泥砚利用黄河特有的细泥,经采泥、过滤、制坯、雕刻、煅烧等十余道工序制成。具有泽美如玉、击若钟磬、坚而不燥、抚之若童肤、储墨不耗的特点,形制多变,有辟雍、凤池、风字、龟形、鹅形等,色彩缤纷,尤以鳝鱼黄、绿豆沙、玫瑰紫、朱砂红等品种最为

① 吕肖奂:《创新与引领:宋代诗人对器物文化的贡献——以砚屏的产生及风行为例》,《四川大学学报(哲学社会科学版)》2009年第3期。

② 〔宋〕杜绾:《云林石谱》卷中《虢石》,王云等整理校点:《宋元谱录丛编:云林石谱(外七种)》,上海书店,2015,第17页。

③ 〔宋〕文同:《寄题杭州通判胡学士官居四首·月岩斋》,文同著,胡问涛、罗琴校注:《文同全集编年校注》卷二,巴蜀书社,1999,第83页。

珍贵。虢州澄泥砚在唐初即已知名，中唐时又取得了贡砚的地位。《新唐书》《唐六典》都有虢州土贡“瓦砚”“砚瓦”的记载，《通典·食货六》则具体记载虢州岁贡“砚瓦十具”[①]。这里的“瓦砚”“砚瓦”皆指澄泥砚。唐代虢州的贡砚多出自一个叫“开方”的地方。上海博物馆所藏一唐虢州龟形澄泥砚，砚背刻有“开方”二字。陕州澄泥砚博物馆所藏一唐虢州凤池澄泥砚，背有墨书“开方砚瓦”四字。刘禹锡《唐秀才赠端州紫石砚以诗答之》诗有“阙里庙堂空旧物，开方灶下岂天然”[②]句，以“开方”喻指人工烧制的陶砚，显见虢州“开方”澄泥砚之闻名。《水经注·河水》载：烛水（今西涧水）“历涧东北出，谓之开方口，水侧有阜，谓之方伯堆”[③]。《宋书·柳元景传》记载：元嘉二十七年（450）北伐，庞法起等度铁岭山，“次开方口……进次方伯堆，去弘农城五里”[④]。据此开方当在今灵宝市城东南五里的尹庄镇开方口村，地处交通要道，这是它发展成为澄泥砚贡砚主要产地的交通基础。唐代文人十分喜爱、推崇虢州澄泥砚。欧阳修《砚谱》云：“虢州澄泥，唐人品砚以为第一。”[⑤]韩愈作《毛颖传》，将砚拟称“弘农陶泓”[⑥]，喻指虢州砚。清朱栋《砚小史》中也讲到唐代澄泥砚使用的情况：“唐初书家林立，大概多用陶砚，而其特珍。”[⑦]

入宋后，澄泥砚制作兴盛，技艺臻于完善，“澄泥砚”之名首见于宋代文献中。虢州仍是澄泥砚主要的产地，并在声名上逐渐超过了唐时独领风骚的山西绛州。“唐人

---

① 〔唐〕杜佑撰，王文锦等点校：《通典》卷六《食货六》，中华书局，1988，第 114 页。

② 〔唐〕刘禹锡：《唐秀才赠端州紫石砚以诗答之》，〔清〕彭定求等编：《全唐诗（增订本）》卷三百五十九，中华书局，1999，第 4057 页。

③ 〔北魏〕郦道元著，陈桥驿校证：《水经注校证》卷四《河水》，中华书局，2007，第 112 页。

④ 〔梁〕沈约：《宋书》卷七十七《柳元景传》，中华书局，1974，第 1982～1983 页。

⑤ 〔宋〕欧阳修等：《砚谱》，朱学博等整理校点：《宋元谱录丛编：文房四谱（外十七种）》，上海书店，2015，第 172 页。

⑥ 〔唐〕韩愈：《毛颖传》，〔清〕董诰等编：《全唐文》卷五百六十七，中华书局，1983，第 5738 页。

⑦ 〔清〕朱栋：《砚小史》卷二，桑行之等编：《说砚》，上海科技教育出版社，1994，第 203 页。

重陶砚,宋人亦珍之。”[①]《太平寰宇记》记载虢州土产“砚瓦”[②]。《元丰九域志》载:虢州土贡砚“二十枚”[③],《宋史》也有虢州“贡砚”的记载。虢州与端州、宁州并为宋代三大贡砚地,贡砚数量仍是最多的,与端宁二州贡砚总和持平。这些都是宋初至宋中期虢州澄泥砚至高地位的体现。随着制作工艺的成熟和产销量的扩大,澄泥砚已然成为虢州一种具有地方特色及特殊原料制作的文化产业。当时的人还据此总结出一套澄泥砚制作工艺,见著于苏易简的《文房四谱》及米芾《砚史》,有工序十余道。

图 8-3　宋虢州法造澄泥抄手砚

虢州澄泥砚在考古中也多有发现,且砚底常带铭文。天津博物馆藏虢州裴氏澄泥抄手砚,砚色灰黑,砚底有“虢州裴第第三箩(罗)土澄泥造”11 字印记,而有同样印记的澄泥砚在《砚史资料》(八)中也有收录。《砚史资料》(七)中还收录了一款宋虢州法造澄泥抄手砚,砚底有“虢州法造闰金砚子”8 字印记[④]。1981 年出土于灵宝市豫灵镇杜家村的宋代澄泥抄手砚,色如熟粟,造型大方简洁,线条流畅,具有典雅秀

① 〔清〕朱栋:《砚小史》卷二,桑行之等编:《说砚》,上海科技教育出版社,1994,第 205 页。

② 〔宋〕乐史撰,王文楚等点校:《太平寰宇记》卷六《河南道六》,中华书局,2007,第 110 页。

③ 〔宋〕王存撰,王文楚、魏嵩山点校:《元丰九域志》卷三《永兴军路》,中华书局,1984,第 116 页。

④ 冶秋:《砚史资料》(七)(八),《文物》1964 年第 7、8 期。

美、轻盈洒脱的风格。砚底有活字模印的“三堂”二字印记。目前,发现最早年代可考的虢州澄泥砚亦是宋代时期。出土于洛阳白居易故居中的宋代地层,砚呈长圆形,陶色灰,质地细腻,砚底印有“魏家虢州澄泥砚瓦”8字,字体雄浑苍劲①。从这些印记铭文中可以看到,虢州澄泥砚制作已很有规模,并已经出现了裴氏、魏家等专业工匠。而“三堂”则代表了虢州澄泥砚匠人标明产地的商标意识。这些不同澄泥砚制作者留下的印记同样印证着宋代虢州澄泥砚的辉煌。

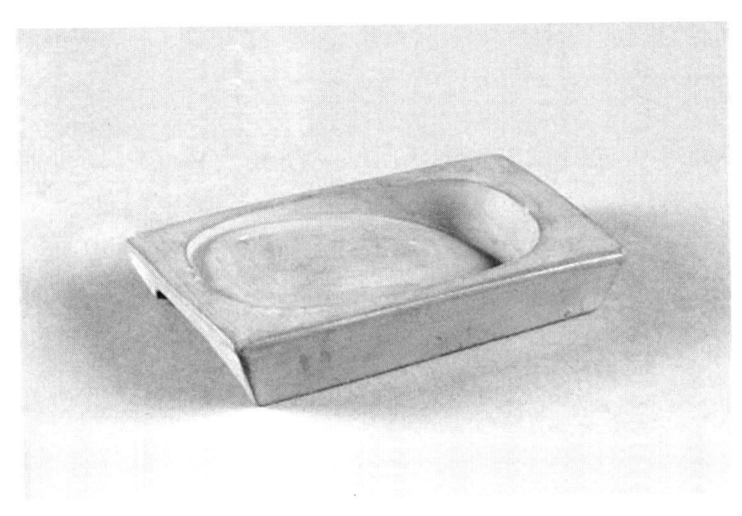

图 8-4　宋“三堂”澄泥抄手砚

手工业产品作为消费品,是商品交流的重要内容。北宋崤函地区手工业产品并非自产自用,而是主要用于外运外销,其发展有两个方向:一是作为贡品或国家重要物资上输朝廷官府,二是沿崤函古道和黄河向四方流通销售。崤函地区便利的水陆交通在扩大商品流通范围、传播技术、开拓市场等方面具有十分积极的作用。

---

① 中国社会科学院考古研究所洛阳唐城队:《洛阳唐东都履道坊白居易故居发掘简报》,《考古》1994年第8期。

四、地域文化的新发展

北宋文化繁荣,在中国古代是继唐代之后又一个文化高峰。崤函地域文化在当时的文化中有出彩的表现,与崤函地区特殊的交通条件是密不可分的。

1. 隐士诗人魏野与隐逸文化

宋代隐逸文化盛行,隐士众多,陕州人魏野无疑是具有标杆意义的代表性人物。《宋史·魏野传》记载:"魏野字仲先,陕州陕人也。世为农。母尝梦引袂于月中承兔得之,因有娠,遂生野。及长,嗜吟咏,不求闻达。居州之东郊,手植竹树,清泉环绕,旁对云山,景趣幽绝。凿土袤丈,曰乐天洞,前为草堂,弹琴其中,好事者多载酒肴从之游,啸咏终日。"纯然一派隐逸风范。魏野所建草堂,遗址在今湖滨区三里桥上官村。"野不喜巾帻,无贵贱,皆纱帽白衣以见,山则跨白驴。过客名士往来留题会话,累宿而去。"①魏野自号草堂居士,"隐居不乐仕宦"②,"秉心孤高,植性冲淡,视浮荣如脱屣,轻宠利为鸿毛"③。作为隐士,魏野最为人称道的是"逾垣避诏"。司马光《温公续诗话》记载,大中祥符四年(1011),"真宗西祀,闻其名,遣中使招之,野闭户逾垣而遁"④。《续资治通鉴》记之更详:"帝巡幸之暇,回望林岭间,亭槛幽绝,意非民俗所居。时野方教鹤舞,俄报有中使至,抱琴逾垣而走。帝乃遣使图上其所居,令长吏常加存抚。"⑤上官村东的甘棠路原有一道山沟,当地人称为"跑驾沟",即由此得名。魏野不应征召,一生隐居,无怨无悔,矢志不渝,圆满地塑造了"貌寝性敏,志节高尚"⑥

---

① 〔元〕脱脱等:《宋史》卷四百五十七《魏野传》,中华书局,1985,第13430页。

② 〔宋〕沈括撰,金良年点校:《梦溪笔谈》卷十六《艺文三》,中华书局,2015,第157页。

③ 〔宋〕薛田:《钜鹿东观集序》,魏野:《钜鹿东观集》,中华书局,1987,第1页。

④ 〔宋〕司马光著:《温公续诗话》,李之亮笺注:《司马温公集编年笺注》(一)附录卷四,巴蜀书社,2009,第200页。

⑤ 〔清〕毕沅:《续资治通鉴》卷二十九《宋纪二十九》,中华书局,1957,第656页。

⑥ 〔宋〕释文莹:《续湘山野录》,朱易安等主编:《全宋笔记》第1编第6册,大象出版社,2003,第75页。

的名隐形象,“逾垣避诏”也成为北宋隐逸文化的一个象征符号。王夫之在《宋论》中首推陈抟、种放、魏野、林逋为宋代四大名隐,而以魏野、林逋为纯粹隐士的代表,称赞二人“名已达于明主,而交游不结轸于公卿;迹已远于市朝,而讽咏且不忘于规谏。贫其义也,而安以无求;乐其情也,而顺以自适。教不欲施,非吝于正人也,以求己也。书不欲著,非怠于考道也,以避名也。若是者,以隐始,以隐终。志之所存,行则赴之,而隐以成。与抟异尚,而非放之所可颉颃久矣”。陈抟避世自守,种放徘徊于赴阙与还山之间,唯“魏野、林逋之视此,则超然矣”①,不仅隐志弥坚,隐德高尚,而且在其身上有着自觉的道义担当与文化使命。

图 8-5　陕州“草堂春晓”图②

---

① 〔清〕王夫之著,舒士彦点校:《宋论》卷三《真宗》,中华书局,1964,第 67 页。

② 采自〔清〕赵光曾等纂修的光绪《陕州直隶州志》图考。

魏野是著名的隐逸诗人,“为诗精苦,有唐人风格,多警策句。所有草堂集十卷”。在宋初诗名极盛,很受敬重。“好事者多载酒肴从之游,啸咏终日。”[①]“当世显人多与之游。”[②]社会名流、官吏、文人都乐于与他唱和,他的诗流传很广。长安名姬添苏得魏野一诗,求善笔札者大署于堂壁,炫鬻于人。“一夕之内,长安为之传诵。”[③]《宋史·魏野传》记载:“所有《草堂集》十卷,大中祥符初契丹使至,尝言本国得其上帙,愿求全部,诏与之。”[④]吴处厚《青箱杂记》记载:魏野“又有《赠寇莱公》云:‘有官居鼎鼐,无地起楼台。’而其诗传播漠北,故真宗末年,尝有北使诣阙,询于译者,曰:‘那个是无地起楼台的宰相?’时莱公方居散地,真宗即召还,授以北门管钥”[⑤]。可见魏野诗在当时的地位与价值,亦可见其诗在当时流行的盛况。文莹《玉壶清话》如此评价:“其诗固无飘逸俊迈之气,但平朴而常,不事虚语尔。……中的易晓,故虏俗爱之。”[⑥]魏野之诗明白晓畅,平实易懂,贴近生活,不事虚语,从而独具艺术个性,为人喜爱。有文学史研究者这样表述魏野的文学史地位:“从诗歌发展的历程来看,魏野正处在五代诗风向宋代诗风转变的时期。他正是这转变时期的一位重要的代表诗人。”“魏野是晚唐体的继承者,也是宋代诗风的探索与开拓者。”“真正具有宋代特色的宋代诗文是欧阳修诗文革新运动后才完全确立的,而魏野无疑是宋代诗风创建的优秀先行者。”[⑦]

魏野诗作中,有大量描写陕州山川风物的田园诗。如《秋霁草堂闲望》:“草堂高迥胜危楼,时节残阳向晚秋。野色青黄禾半熟,云容黑白雨初收。依依末巷闻村

① 〔元〕脱脱等:《宋史》卷四百五十七《魏野传》,中华书局,1985,第13430页。

② 〔宋〕沈括撰,金良年点校:《梦溪笔谈》卷十六《艺文三》,中华书局,2015,第158页。

③ 〔宋〕释文莹:《续湘山野录》,朱易安等主编:《全宋笔记》第1编第6册,大象出版社,2003,第75页。

④ 〔元〕脱脱等:《宋史》卷四百五十七《魏野传》,中华书局,1985,第13430页。

⑤ 〔宋〕吴处厚:《青箱杂记》卷六,朱易安等主编:《全宋笔记》第1编第10册,大象出版社,2003,第226页。

⑥ 〔宋〕释文莹:《玉壶清话》卷七,朱易安等主编:《全宋笔记》第1编第6册,大象出版社,2003,第146~147页。

⑦ 刘文刚:《论魏野的诗》,四川大学古籍整理研究所、四川大学宋代文化研究中心编:《宋代文化研究》第8辑,巴蜀书社,1999,第76~77页。

笛，隐隐长河认客舟。正是诗家好风景，懒随前辈却悲愁。”[①]诗歌风貌整体上呈现出闲雅飘逸的特点，格调清新，引人入胜，清逸飘然，无市侩气。这些诗作既是北宋陕州风土人情和文化氛围的反映，同时也为陕州民风民俗增添了新的内容。

宋代四大名隐中，陈抟、种放、林逋皆隐于山林，唯魏野隐居城郊。北宋陕州“州当四达之会”[②]，“郡邑关蜀秦晋之地，舟车商贾之辐辏，金玉锦绣之所积，肩摩车击，人物最盛于他州。而督师官属往来不断”[③]。魏野隐居之地与州城的距离不过1000米左右，他又是一个乐于交朋友的人，虽穷居幽处，却又广涉交游，“友义朋仁，世稀与比”[④]。虽不以仕禄为念，但不排拒与仕途中人的交往。借助便利的交通，魏野以陕州为中心，建立了一个巨大的交游圈。前任后继的郡守州府，虽然是武人旧相，对魏野皆以礼遇。中书侍郎兼工部尚书寇准被罢京官后，谪陕州任知州时，亲涉草堂造访魏野。据统计，魏野有诗391首，其中交游诗有329首，约占其诗歌总数的84%，交游的对象达150余人，既有陕州地方官吏，也有朝中高官显贵，还有僧道隐士和寒居平民之士，涉及社会各个阶层。除第一类陕州地方官吏外，后两类大多是仰慕魏野的诗名而前来拜访，或者邀请魏野前去做客的。魏野还时以竹筒贮诗，交由驿站传递给外地友人。薛田《钜鹿东观集序》记载魏野与他“凡遇景遣兴，迭为酬唱。每筒递往还，则驰无远迩”[⑤]。三门峡三里桥出土的一方宋诗碑记，记载兵部尚书薛奎出知延州，欲路经陕州时拜访魏野，闻知其去世作《途次陕服感事怀故隐君大著》七言诗事[⑥]。如果魏野也像陈抟等选择人迹罕至的山谷丘陵，恐怕与他交游的人就不会有那么多了。有研究者评价，以魏野为代表的北宋隐士，

① 〔宋〕魏野：《秋霁草堂闲望》，《钜鹿东观集》卷三，中华书局，1987，第47页。

② 〔宋〕范仲淹：《尚书度支郎中充天阁待制知陕州军府事王公墓志铭》，曾枣庄、刘琳主编：《全宋文》（第十册）卷三百八十九，巴蜀书社，1990，第47页。

③ 〔宋〕刘斧撰，施林良校点：《青琐高议》后集卷七《温婉》，上海古籍出版社，2012，第108页。

④ 〔宋〕薛田：《钜鹿东观集序》，魏野：《钜鹿东观集》，中华书局，1987，第1页。

⑤ 〔宋〕薛田：《钜鹿东观集序》，魏野：《钜鹿东观集》，中华书局，1987，第1页。

⑥ 史智敏、胡小龙、宋怀义：《河南三门峡市发现一方宋诗碑记》，《考古》2002年第10期。

具有明显避仕不避世的特征,代表了宋初士人独特的隐逸生态,在保持传统隐逸特色、避宦自守的同时,主动寻求与现实间的调谐,体现出与现实社会的沟通与对话,引导了其后隐逸文化的发展路径。①

魏野诗中常可见友人骑驴远行和他策蹇相送的内容。如《送高生归青社》:"蹇驴看上处,拄杖出柴关。"②《送王迁归青社》:"弟分微禄送,儿逐蹇驴行。"③《送薛奎殿院赴阙》:"秋霁山川行色好,乘骢策蹇恨难陪。"④《送长安赵侍郎赴阙》:"朝官逢下马,野客送骑驴。"⑤《送萧咨下第西归》:"驴瘦懒加鞭,迟迟念独还。"⑥频频出现的策蹇相送、骑驴出行,在真实再现魏野生活的同时,对于崤函古道民间行旅的方式也是生动的表现。广泛的交游催生了魏野的诗歌创作,大量的交游酬唱扩大了魏野在宋初诗坛中的影响,而崤函古道作为魏野诗作传播的通路,亦显现出重要的作用。

2. 苏轼的崤函古道体验与"雪泥鸿爪"意象的创造

在宋代文人中,有些人虽非崤函人士,但经行崤函古道时留下了传世佳作,其中王禹偁、梅尧臣、司马光、欧阳修、苏澈、邵雍、晁补之、张耒、蔡襄等诗文大家多有名篇,成为崤函文化史上的瑰宝。人们所熟知的苏轼的名作《和子由渑池怀旧》是最为典型的实例。诗人深切的人生感叹是在崤函古道交通实践的体验中产生的。

嘉祐元年(1056)四月,苏轼与弟苏澈在父亲苏洵的带领下,第一次出川赴汴京应试,出潼关踏上崤函古道,在过崤山北路"二陵"时,正逢春寒料峭,白雪遮道,泥泞难行,坐骑累死,只得骑驴勉强到渑池,夜宿渑池城北苏门村寺舍,得到奉闲和尚

① 袁辉:《从绝意禄仕到仕隐之间——宋初隐逸文化视野下的士人心态嬗变及文学风貌》,《理论月刊》2017年第4期。

② 〔宋〕魏野:《送高生归青社》,《钜鹿东观集》卷四,中华书局,1987,第66页。

③ 〔宋〕魏野:《送王迁归青社》,《钜鹿东观集》卷三,中华书局,1987,第56页。

④ 〔宋〕魏野:《送薛奎殿院赴阙》,《钜鹿东观集》卷五,中华书局,1987,第86页。

⑤ 〔宋〕魏野:《送长安赵侍郎赴阙》,《钜鹿东观集》卷三,中华书局,1987,第45页。

⑥ 〔宋〕魏野:《送萧咨下第西归》,《钜鹿东观集》卷八,中华书局,1987,第121页。

款待，情发之中，苏轼、苏澈兄弟二人并在寺中之壁共同题诗。这段经历令苏轼兄弟二人非常难忘。

五年后，即嘉祐六年(1061)十一月，苏轼出为凤翔签判，苏澈送行到郑州西门外。分手后，苏轼再次沿崤山北路西行，行经渑池，收到苏澈回京后寄来的七律诗《怀渑池寄子瞻兄》："相携话别郑原上，共道长途怕雪泥。归骑还寻大梁陌，行人已渡古崤西。曾为县吏民知否，旧宿僧房壁共题。遥想独游佳味少，无言骓马但鸣嘶。"自注："辙尝为此县簿，未赴而中第。""昔辙昔与子瞻应举，过宿县中寺舍，题其老僧奉闲之壁。"回忆旧事，颇多感慨。于是，苏轼写下《和子由渑池怀旧》："人生到处知何似，应似飞鸿踏雪泥。泥上偶然留指爪，鸿飞那复计东西。老僧已死成新塔，坏壁无由见旧题。往日崎岖还记否，路长人困蹇驴嘶。"[①]

苏氏兄弟的崤函古道经历给他们以深刻的影响。苏澈诗句写离别情事，体悟的是对人生无法把握的无奈与悲戚。苏轼则从交通表象的背后发现人生的哲理，诗的前四联创造性地用"雪泥鸿爪"意象对人生历程进行哲理性概括，"一方面表现了他初入仕途时的人生迷惘，体验到人生的偶然和无常，对前途的不可把握；另一方面却透露出把人生看作悠悠长途，所经所历不过是鸿飞千里行程中的暂时歇脚，不是重点和目的地，总有未来和希望"[②]。表现了一种积极乐观的精神状态。后四联扣住"渑池怀旧"题意，通过"老僧""坏壁""旧题""蹇驴"等所见所闻所忆来印证与深化"雪泥鸿爪"的喻义。"往日崎岖还记否，路长人困蹇驴嘶"句，先以真率的口吻深情呼唤并提醒苏澈记住往日赴京应举在崤函古道山路上的艰难跋涉，接着用"二二三"句式，连续叠现艰难跋涉的情景，用自然道路之崎岖暗喻人生道路之不平，与子由共勉昂起头来向前看。《和子由渑池怀旧》是苏轼写的人生第

---

① 〔宋〕苏轼：《和子由渑池怀旧》，〔清〕王文诰辑注，孔凡礼点校：《苏轼诗集》卷三，中华书局，1982，第 97 页。

② 王水照：《苏轼的人生思考和文化性格》，《文学遗产》1989 年第 5 期。

一首脍炙人口的名诗，受到人们的赞赏。苏轼对人生的独到见解，与崤函古道提供给他的历史经验与文化滋养有着密切关系。

3. 金代文坛大家元好问的三乡寓居与创作成就

至金统治时期，金代杰出诗人、“一代宗工”①元好问的成名也是从踏上崤函古道西段的宜阳三乡开始的。

据《金史·元好问传》记载，元好问字裕之，号遗山，祖先系鲜卑拓跋氏，北魏孝文帝推行汉化政策时改姓元，后迁居太原秀容(今山西忻州)。元好问7岁能诗，号称“神童”，喜好读书，淹贯经史百家。贞祐四年(1216)，蒙古军侵占秀容，元好问奉母举家经太原，取道虞坂(今山西平陆)，涉三门渡过黄河，行经崤函古道，流落到福昌三乡镇。元好问《故物谱》记述说：“贞祐丙子之兵，藏书壁间，得存。兵退，予将奉先夫人南渡河，举而付之太原亲旧家。自余杂书及先人手写《春秋》三史、《庄子》、《文选》之等，尚千余册，并画百轴，载二鹿车自随。三砚则瘞之郑村别墅。是岁寓居三乡。”②著名的《水调歌头·赋三门津》就是元好问此次逃难渡黄河三门时的作品：“黄河九天上，人鬼瞰重关。长风怒卷高浪，飞洒日光寒。峻似吕梁千仞，壮似钱塘八月，直下洗尘寰。万象入横溃，依旧一峰闲。仰危巢，双鹄过，杳难攀。人间此险何用？万古秘神奸。不用燃犀下照，未必佽飞强射，有力障狂澜。唤取骑鲸客，挝鼓过银山。”③所写黄河三门峡景象雄奇险峻，被认为“崎崛排奡，坡公之所不可及者”④，堪称“元好问豪放词的杰出代表，直可与苏辛匹敌，而其气势甚或过之”⑤。还有人评价说，元好问的这首词是唐宋金元词史上第一次发现并描

① 〔元〕脱脱等：《金史》卷一百二十六《元好问传》，中华书局，1975，第2742页。

② 〔金〕元好问：《故物谱》，姚奠中主编，李正民增订：《元好问全集》卷三十九，三晋出版社，2015，第701页。

③ 〔金〕元好问：《水调歌头·赋三门津》，姚奠中主编，李正民增订：《元好问全集》卷四十二，三晋出版社，2015，第827页。

④ 〔清〕况周颐：《蕙风词话》卷三《元遗山鹧鸪天》，唐圭璋编：《词话丛编》，中华书局，2005，第4464页。

⑤ 姚奠中：《元好问词评析》，商务印书馆，2016，第218页。

绘三门峡奇观的词作，境界雄壮宏阔，意象雄奇飞动，洋溢着乐观进取的豪迈气概①。

三乡是唐代诗人李贺的家乡，毗邻洛阳、长安等地，与汴京亦不算很远，交通便利，风景优美。当时有许多山西、河北文人学士因避乱而南下中原寓居三乡。“洛西山水佳胜，衣冠之士多寓于此。”②其中有赵元、刘昂霄、雷渊、李献能、杜仁杰、王渥、麻九畴、麻革、陈赓、陈庾、孙邦杰、张澄、薛继先、性英和尚、杨奂、魏璠、马伯善、李俊民等。与三乡毗邻的福昌、永宁、长水、卢氏等地也是金末文人避乱的聚集之地。如居于卢氏的申万全、房皞、许至公等。如此众多的名人文士荟萃洛西，形成文学史上罕见的一大盛观。故元好问感慨“洛西盛集，此一时也”③。此外，还有本土诗人辛愿。辛愿，字敬之，自号女几野人，他倡导现实主义诗风，是金末诗风转向的先行者。荟萃于洛西的文人各有往来交游，他们在一起登临游冶，诗词唱和，谈艺论文，“徜徉山水间，日有诗酒之乐”④，形成了以三乡为中心的“洛西诗人群体”。

元好问在三乡寓居两年多，文学史研究者指出，元好问“从家乡南下，到了洛阳一带，实际上进入了中原文化核心区域”，“三乡众多诗人的活动，点燃了他的创作热情”⑤。三乡优美的自然风光、良好的人文环境，促进了元好问的诗歌创作与理论思考，是他“真正进入诗坛”成为“一代文宗”的开始⑥。元好问在这里广交文友、评作论道，切磋诗艺，以崤函古道为轴线，来往于宜阳、永宁、洛阳之间，写下了大量

---

① 王兆鹏、刘尊明：《神通之笔绘神奇之景——元好问〈水调歌头·赋三门津〉赏析》，《古典文学知识》1998年第2期。

② ［金］元好问：《费县令郭明府墓碑》，姚奠中主编，李正民增订：《元好问全集》卷二十八，三晋出版社，2015，第513页。

③ ［金］元好问：《故规措使陈君墓志铭》，姚奠中主编，李正民增订：《元好问全集》卷三十一，三晋出版社，2015，第562页。

④ ［金］元好问：《费县令郭明府墓碑》，姚奠中主编，李正民增订：《元好问全集》卷二十八，三晋出版社，2015，第513页。

⑤ 胡传志：《元好问的三乡诗思》，《名作欣赏》2019年第28期。

⑥ 胡传志：《元好问诗论的阶段性特征》，《晋阳学刊》1999年第6期。

反映社会动乱、抒发忧国思乡情怀的丧乱诗以及描绘三乡等地风光的诗作。元好问在《答聪上人书》中写道："所与交如辛敬之、雷希颜、王仲泽、李钦叔、麻知几诸人，其材量文雅皆天下之选。……如辛敬之、李钦用、李长源辈数人，每示之一篇，便能得人致力处。自诸贤凋丧，将谓无复真赏。"[①]在与文友交往中元好问"诗道益进"[②]，成为洛西诗人群体的中心人物。兴定元年(1217)，元好问携《箕山》《琴台》《三乡杂诗》等诗作前往汴京，拜见当时的诗坛领袖、礼部尚书赵秉文。元好问此次经崤函古道前往汴京，实现了他人生的重大转折。《金史·元好问传》记载："礼部赵秉文见之，以为近代无此作也，于是名震京师。"[③]也在这一年，元好问在三乡完成了著名的文学理论著作《论诗三十首》，对汉魏至北宋的主要诗人进行了系统的概括评述，推崇刚健豪放、自然清新的诗风，反对烦冗夸张，对后世文学产生了深远影响，为不少诗人和诗论家奉为圭臬。其门人郝经在为他写的墓志铭中称："方吾道坏烂，文曜曀昧，先生独能振而鼓之，揭光于天，俾学者归仰，识诗文之正而传其命脉，系而不绝，其有功于世又大也。"[④]

4. 崤函戏曲文化的繁盛

文化的普及和平民化、世俗化是宋金中原文化的重要特色。作为这一特色的重要表现，宋金时期戏曲文化活动的繁荣远超此前的任何朝代。在城乡戏曲文化活动十分活跃的时代，崤函地区有表现丰富的戏曲文化发育，戏曲文物有较

---

① 〔金〕元好问：《答聪上人书》，姚奠中主编，李正民增订：《元好问全集》卷三十九，三晋出版社，2015，第689页。

② 〔金〕元好问：《木庵诗集序》，姚奠中主编，李正民增订：《元好问全集》卷三十七，三晋出版社，2015，第660页。

③ 〔元〕脱脱等：《金史》卷一百二十六《元好问传》，中华书局，1975，第2742页。

④ 〔元〕郝经：《大德碑本遗山先生墓铭》，姚奠中主编，李正民增订：《元好问全集》卷五十三，三晋出版社，2015，第1064页。

多的出土，如洛宁小界乡介村宋墓社火杂剧砖雕[①]、新安石寺镇北李村宋墓杂剧壁画[②]、洛宁小界乡介村金墓散乐杂剧砖雕[③]、洛宁东宋镇大宋村北宋乐重进散乐图石棺[④]、义马狂口村金墓杂剧砖雕[⑤]、义马矿务局机修厂金代杂剧砖雕[⑥]、陕州区张村镇石原村金墓散曲壁画[⑦]等。洛宁介村宋墓出土的社火杂剧雕砖将杂剧表演与社火节目混合一起，汇集了民间流行的诸多杂剧、歌舞、杂要、伎乐等表演图像，上雕演员达32人，其中包括女演员和女扮男装演员。陕州区石原村金墓出土散曲壁画中，东西两壁绘有两组12人的说唱图：各有两人持节板、吹箫、吹笙、吹笛、击鼓和演唱，展现了当时“褚宫调”“散曲”的演唱形态。义马机修厂金墓出土两组4人杂剧“艳段”人物砖雕，其中2人为民间散乐人串演形态。这几个杂剧砖雕、壁画都出土于偏远乡村的民间墓葬中，显见这类杂剧戏曲艺术已在崤函一带广泛流布。丰富的戏曲文物遗存，说明杂剧演出已经与崤函当地民众的文化生活发生了极其密切的关系，以至于形成了以杂剧作为墓葬装饰的习俗，成为宋金杂剧砖雕墓葬较为密集的地区。这一习俗的形成，崤函古道交通的作用是重要因素。

根据廖奔、刘彦君在《中国戏曲发展史》中的表述，宋仁宗末期杂剧在汴京勾栏兴盛后，即顺着水陆通道以汴京为中心向外辐射。洛阳作为北宋西京，与东京汴

---

① 廖奔、杨健民：《河南洛宁上村宋金社火杂剧砖雕叙考》，《文物》1989年第2期；李献奇、王兴起：《洛宁县宋代杂剧雕砖试析》，《中原文物》1988年第4期；杨健民：《中州戏曲历史文物考》，文物出版社，1992，第54~57页。

② 杨健民：《中州戏曲历史文物考》，文物出版社，1992，第57~58页；叶万松、余扶危：《新安县石寺李村的两座宋墓》，中国考古学会：《中国考古学年鉴 1985》，文物出版社，1985，第173页。

③ 廖奔、杨健民：《河南洛宁上村宋金社火杂剧砖雕叙考》，《文物》1989年第2期；杨健民：《中州戏曲历史文物考》，文物出版社，1992，第57~58页。

④ 李献奇、王丽玲：《河南洛宁北宋乐重进画像石棺》，《文物》1993年第5期。

⑤ 三门峡市文物考古研究所：《河南义马狂口村金代砖雕壁画墓发掘简报》，《文物》2017年第6期。

⑥ 三门峡市文物工作队、义马市文物管理委员会：《义马市金代砖雕墓发掘简报》，《华夏考古》1993年第4期。

⑦ 三门峡市文化局：《三门峡市曲艺志》，河南人民出版社，1993，第238页。

京被宋人视为“帝王东西宅”①,是汴京杂剧流播的主要方向,并浸润到邻近地区。洛宁介村宋墓社火杂剧砖雕、新安北李村宋墓杂剧壁画从一个侧面体现了杂剧在这一地区的兴盛以及所产生的深刻社会影响。据考证,“将汴京杂剧普及到各地的主要是民间路歧艺人的活动”②。所谓“路歧”,即徘徊道路的意思,艺人流动演出,当时被称作“路歧人”③。他们没有固定的演出场所,只能边走边演,随地作场,奔波于城乡之间。也就是说,把这种深受民众欢迎和喜爱的民间艺术带到洛宁、新安的,主要是经由洛阳深入崤函古道沿线卖艺的路歧艺人。洛宁介村宋墓社火杂剧砖雕表现的就是这样一个杂剧班子的演出情况。“这批杂剧雕砖所雕宋代形象化戏剧人物,是目前发现的‘百戏杂陈’数量、种类最多而较全面的地方杂剧团。”④这

图 8-6 义马矿务局机修厂金墓出土杂剧人物砖雕

① 〔宋〕张琰:《洛阳名园记序》,曾枣庄、刘琳主编:《全宋文》(第 181 册)卷三九七一,上海辞书出版社、安徽教育出版社,2006,第 173 页。

② 廖奔、刘彦君:《中国戏曲发展史》第 1 卷,山西教育出版社,2000,第 209~214 页。

③ 黄竹三:《试论宋金城乡戏曲的演出》,《黄竹三学术论文自选集》,三晋出版社,2015,第 456 页。

④ 李献奇、王兴起:《洛宁县宋代杂剧雕砖试析》,《中原文物》1988 年第 4 期。

一情形,体现了当地杂剧演出及戏曲文化的繁盛。

值得注意的是,汴京杂剧的西进传播,并未停止在崤函西部的洛宁、新安一带。根据学者的研究,当北宋后期汴京杂剧在河南一带传播时,其中一支由汴京经洛阳,沿崤函古道达关中地区,进而与自唐以来戏曲艺术就很发达的蜀地文化发生交流,形成当时以成都为中心的经济文化繁盛地。四川广元发现的杂剧、大曲石刻证明了这一条传播途径的存在①。另一支则越河进入河内的温县、焦作一带,继而到河东的一带,与当地优戏发生融合交流,成为河东(晋南)杂剧的先驱。新安石寺镇北李村宋墓杂剧壁画呈现的小型散乐表演形式,在隔河相望的温县宋墓砖雕中有相似的画面。洛宁介村宋墓社火杂剧砖雕中的正杂剧与乡社百戏结合的表演形式,在焦作宋墓砖雕中也有同类表演。说明崤函地区可能也是北宋杂剧越河北传的途径之一。

图 8-7　洛宁介村金墓出土散乐杂剧人物砖雕

① 廖奔:《广元南宋墓杂剧、大曲石刻考》,《文物》1986 年第 12 期;郭建设:《宋元戏曲若干问题试论》,《中原文物》1990 年第 4 期。

宋金之交杂剧中心由汴京地区向晋南地区北移，崤函古道同样起到了举足轻重的作用。据戏曲史学者的研究，靖康二年，金攻灭北宋，撤离时掳掠大批伎艺人北上燕京，途中部分被掳伎艺人逃逸散落到晋南一带，成为这一地区杂剧艺术的主要力量，促成了临汾、运城地区杂剧的兴盛[①]。也就是说，在北宋京城汴京兴起并大盛的杂剧，在宋金之交越过黄河，北移到了晋南地区。宋金河南与晋南之间本就有着密切的经济交往和商业联系，崤函地区恰好处于这条路线的中间，这为宋金之交杂剧中心北移提供了交通基础。

通过出土的宋金戏曲文物分析可以知道，宋金之交杂剧中心由汴京向晋南的北移有两条通道，一条是由汴、洛越黄河到温县、修武、焦作一带，至王屋山折而入晋南，向垣曲、侯马、稷山、曲沃一带推进。这条通道在北宋时既已存在，金时更加兴盛。温县、修武、焦作以及晋南垣曲、侯马、稷山、曲沃等地众多的金墓杂剧砖雕，反映了这条传播路线的存在。另一条通道是由汴、洛，经洛宁、义马越黄河到山西闻喜、稷山、新绛、曲沃、侯马、临汾一带[②]。洛宁、义马、陕州区以及闻喜、新绛、襄汾等出土的杂剧砖雕都体现了这一通道的传播痕迹。如义马狂口村金墓杂剧砖雕中副净色的形态与稷山马村 2 号金墓中的副净形象相似，双脚分开呈趋跄之势，又与稷山化峪 3 号金墓、稷山马村段氏 8 号金墓中的副净动作相类。末泥色的着装、扮相、姿势与新绛北王马村金墓，稷山马村段氏 4 号、5 号、8 号金墓，稷山化峪 2 号、3 号金墓，稷山苗圃 1 号金墓中的末泥形象如出一辙，均为神情肃穆的净面，双手交叉置于胸前。装孤色的情态动作与稷山马村段氏 8 号金墓、襄汾荆沟村金墓、侯马董氏金墓中的装孤色大体一致[③]。义马狂口村金墓杂剧砖雕形成宋金杂剧北

① 廖奔：《宋元北方杂剧发展序列的历史沉积——从河南山西古代戏曲文物考察宋元杂剧的流播》，《戏曲研究》1986 年第 19 辑。

② 王俊婷：《晋南豫西北地区宋金墓葬音乐砖雕研究》，西安音乐学院硕士论文，2019，第 122~123 页。

③ 三门峡市文物考古研究所：《河南义马狂口村金代砖雕壁画墓发掘简报》，《文物》2017 年第 6 期；张裕涵、曹飞：《河南义马狂口村金墓杂剧砖雕考》，《励耘学刊》2019 年第 2 期。

移的重要链条和证据。

宋金时期崤函古道的重要交通地位,是该地区杂剧兴盛以及汴京杂剧得以向西、向北传播发展的重要条件。而崤函地区较多的杂剧砖雕、壁画文物遗存,正是在传播必经之道上的历史沉积。

第三节 宋金、金蒙时期的崤函古道战事

在12世纪初至13世纪30年代长达一个多世纪的宋、金、蒙角逐时代，宋与金，金与蒙古，都曾经因崤函古道发生激烈的军事争夺。战争双方在这里的攻防活动，对战局有着举足轻重的作用，也使得崤函古道史的这一阶段呈现异常辉煌的光彩。

一、宋金时期的崤函古道战事

靖康元年(1126)八月，金军分东西两路，第二次进攻汴京，志在灭亡北宋。完颜宗翰(粘罕)率西路军攻占西京洛阳后，一面以主力东进，直扑汴京，一面分兵五万进克潼关，扼守关隘，以阻隔宋西北军增援通道。李心传《建炎以来系年要录》载其事："时敌以兵五万守潼关，扼西兵来路。"在汴京被围的危急形势下，宋廷急檄各地勤王，然"自金再围城，四方师帅，望风不进"。甚至宋此前专门设置的"俾召天下兵勤王"的四道都总管，"惟南道张叔夜以三万人援京师"①。汴京危在旦

① 〔宋〕李心传:《建炎以来系年要录》卷一，中华书局，1988，第26页。

夕。其时宋军在陕西拥有全国40%以上兵力,“兵力雄劲”[①]“骁勇异于它卒”[②],甚至“女真等军皆畏服西兵劲锐善战”[③]。在北宋危亡之际,被宋廷寄以厚望,但这一希望却因陕西宣抚使范致虚在崤函古道的失败而破灭。

汴京被包围时,范致虚倾全陕宋军主力,号称二十万,企图通过崤函古道东进勤王,但刚进到潼关,就遭遇了金军据险抗拒的顽强阻截。陈均《皇朝编年纲目备要》写道:“陕西宣抚使范致虚自长安领兵十万勤王,日与虏战,攻夺潼关。”[④]金军居高临下,拼死守关。数万金军也从阌乡东进潼关守城。宋军攻势凶猛,“大战十数”[⑤],勇克潼关。宋军乘胜出关追击金军十余里,与前来接应的完颜希尹万余骑兵战于董社原下,金军被迫东撤。范致虚“既得关,乃引兵东去,遂至陕府”[⑥]。然此时汴京已陷。范致虚在陕州逡巡月余,进退失据。金军不断派兵马攻打陕州,宋军“与敌遇,战十数,杀伤相当。复得潼关参议官赵宗印以舟师至三门集津,亦屡得小捷”。范致虚因小胜而喜,于是决定“整军出潼关”[⑦]。“致虚以大军遵陆,宗印以舟师趋西京。”[⑧]陆军沿崤函古道出潼关,水师沿黄河出三门峡,水陆并进,浩浩荡荡。

正当范致虚“整军出潼关”之时,驻守崤、渑之间的陕州裨将李彦仙意识到“群聚而出崤、渑”存在的严重问题,以为如此“一蹶于险”,势必导致“皆溃”危险。《宋史·范致虚传》写道:“方致虚之鼓行出关也,裨将李彦仙曰:‘行者利速,多为支

① 〔元〕脱脱等:《金史》卷十九《睿宗纪》,中华书局,1975,第409页。

② 〔宋〕李心传:《建炎以来系年要录》卷七,中华书局,1988,第188页。

③ 〔元〕脱脱等:《宋史》卷三百七十九《韩肖胄传》,中华书局,1985,第11691页。

④ 〔宋〕陈均编,许沛藻、金圆、顾吉辰、孙菊园点校:《皇朝编年纲目备要》卷三十,宋钦宗靖康二年,中华书局,2006,第816页。

⑤ 〔宋〕李心传:《建炎以来系年要录》卷三,中华书局,1988,第71页。

⑥ 〔宋〕陈均编,许沛藻、金圆、顾吉辰、孙菊园点校:《皇朝编年纲目备要》卷三十,宋钦宗靖康二年,中华书局,2006,第816页。

⑦ 〔宋〕李心传:《建炎以来系年要录》卷三,中华书局,1988,第70页。

⑧ 〔元〕脱脱等:《宋史》卷三百六十二《范致虚传》,中华书局,1985,第11328页。

军，则舍不至淹，败不至覆。若众群聚而出殽、渑，一蹴于险，则皆溃矣。”[①]范致虚刚愎自用，因这一警告而“怒彦仙沮解，罢不用”[②]。洪迈《容斋随笔》记之更详：李彦仙“扼殽、渑间。金人再围汴，陕西范致虚总六路兵进援，仙请曰：‘殽、渑险隘，难于立军，前却即众溃矣。宜分道并进，伺空以出。且留半军于陕，为善后计。’致虚曰：‘如子言，乃逗挠也。’仙曰：‘兵轻而分，正可速达。’不从，争益牢，致虚怒，罢其职”[③]。果然，范致虚进至千秋镇，遭到金将娄室骑兵的冲击，死伤过半，全线溃败。《建炎以来系年要录》评论说：“其(彦仙)说致虚不见听，至是果败。”[④]

关于范致虚兵溃千秋镇，《宋史》等云在邓州。据《宋史 · 范致虚传》：“致虚军出武关，至邓州千秋镇，金将娄宿以精骑冲之，不战而溃，死者过半。”[⑤]《建炎以来系年要录》：“致虚前军出武关，由邓州、渑池之闲，屯于千秋镇。宗维遣贝勒洛索将精骑自伊阳直冲之。王师不备，遂弃辎重而奔，死者几半。”[⑥]洛索即娄室。《续资治通鉴长编拾补》引《中兴遗史》：“范致虚在陕州也，前军出武关由邓州新兴、渑池之间，屯于千秋地场。伪河南尹高世由告急于粘罕，亦会金人将欲回军。娄宿孛堇自伊阳直冲之，王师不备，遂弃辎重而奔，死者几半。致虚恐惧而遁。”[⑦]以上材料所云邓州千秋镇，在今河南邓州市西。《完颜娄室神道碑》记载则不同：“既克宋，帅府俾王统诸军西趣陕津，讨河东未附郡县。至渑池，大破宋师范致虚勤王之师三十万，僵尸盈沟，致虚仅以数十骑遁去。”[⑧]娄室西趋陕津事，亦见于《金史 · 完

① ［元］脱脱等：《宋史》卷三百六十二《范致虚传》，中华书局，1985，第 11328 页。

② ［宋］李心传：《建炎以来系年要录》卷三，中华书局，1988，第 71 页。

③ ［宋］洪迈撰，孔凡礼点校：《容斋随笔》卷六《李彦仙守陕》，中华书局，2005，第 896 页。

④ ［宋］李心传：《建炎以来系年要录》卷三，中华书局，1988，第 71 页。

⑤ ［元］脱脱等：《宋史》卷三百六十二《范致虚传》，中华书局，1985，第 11328 页。

⑥ ［宋］李心传：《建炎以来系年要录》卷三，中华书局，1988，第 71 页。

⑦ ［清］黄以周等辑注，顾吉辰点校：《续资治通鉴长编拾补》卷六十，宋钦宗靖康二年，中华书局，2004，第 1900 页。

⑧ ［金］王彦潜：《完颜娄室神道碑》，王新英辑校：《全金石刻文辑校》，吉林文史出版社，2012，第 222 页。

颜娄室传》:“宗翰已与宗望会军于汴,使娄室率师趋陕津,攻河东郡县之未下者。”[①]是娄室在灭北宋后,率军西进陕州。渑池有千秋店,即潘岳《西征赋》“亭有千秋之号”,向是崤函古道上重要的交通馆驿。联系范致虚“整军出潼关”的行军路线和李彦仙“殽、渑险隘”的警告,颇疑范致虚兵败当在渑池千秋。前引《建炎以来系年要录》,“其(彦仙)说致虚不见听,至是果败”,也证明了这一点。

范致虚的东进勤王,终以狼狈败退结束。范致虚留军将守陕州,自己收拾残兵退据潼关。导致范致虚勤王兵败的主要原因,首先在于范致虚“勇而无谋”“儒者,不知兵”[②],对李彦仙事先早已明确警示的交通条件方面的劣势,即“殽、渑险隘,难于立军”“若众群聚而出殽、渑,一蹶于险,则皆溃矣”,没有预案,不能夺得道路控制方面的主动权,即所谓“宜分道并进,伺空以出”。“行者利速,多为支军,则舍不至淹,败不至覆”,确实难以逃避“皆溃”的危险。

范致虚兵败丧师,致使陕西军力损失殆尽,关中大门实际已向金人打开。金军乘虚快速西进,天会五年(1127)“四月乙酉,克陕府,取虢州”[③],夺取豫晋陕黄河两岸,不仅控制了关中通往中原的崤函古道交通线,而且控制了黄河南北交通要地。《金史·完颜娄室传》记载:“敌并兵攻陕,诸师皆遁去,敌围城九日而陷。武经郎监在城酒务统领军马刘逵战死。敦武郎兵马都监朱弁、成忠郎监甘棠驿孙旦悉遇害。”[④]随后“习古乃、桑衮破陕之散卒于平陆西北。活女别破敌于平陆。娄室破蒲、解之军二万,尽覆之,安邑、解州皆降,遂克河中府,降绛、慈、隰、石等州”[⑤]。对范致虚勤王兵败的深远影响,南宋谢采伯曾有一段发人深思的评论:“关中,中原一大形胜之地。范致虚以三十万勤王,关中失守,遂分南北,可恨也。”[⑥]

---

① 〔元〕脱脱等:《金史》卷七十二《完颜娄室传》,中华书局,1975,第1651页。

② 〔元〕脱脱等:《宋史》卷三百六十二《范致虚传》,中华书局,1985,第11328页。

③ 〔元〕脱脱等:《金史》卷三《太宗本纪》,中华书局,1975,第57页。

④ 〔宋〕李心传:《建炎以来系年要录》卷四,中华书局,1988,第108页。

⑤ 〔元〕脱脱等:《金史》卷七十二《完颜娄室传》,中华书局,1975,第1651页。

⑥ 〔宋〕谢采伯:《密斋笔记》,朱易安等主编:《全宋笔记》第7编第8册,大象出版社,2016,第169页。

北宋灭亡后,康王赵构在应天府(今河南商丘)即位,史称南宋。建炎元年(1127,天会五年)十二月,金军发动第一次攻势,南下侵宋。娄室率西路军由韩城踏冰渡黄河,攻入关中。此时,经过范致虚等人屡次勤王,陕西几乎已无兵可守。娄室接连攻下同州、华州,在切断潼关后路之后,挥军向东攻潼关,并很快攻下。陕州也在天会六年二月被金军攻下。关中门户再次洞开。金军自潼关长驱西进,攻陷京兆府(长安),守将唐重血战至死。金军沿渭河河谷继续分掠关中,仅一个多月时间就占领了东起陕州,西至巩州(今甘肃陇西)的广大地区。

在官军一再溃败不能成军形势下,各地涌现出多支民众及散卒组成的"义军",坚持开展抗金斗争。崤函地区义军声势最盛者,应当首推著名的抗金英雄李彦仙。

李彦仙,字少严,宁州彭原(今甘肃西峰彭原)人。"幼有大志,喜谈兵,习骑射,所历山川形势必识之。尚气,谨然诺,非豪侠不交。金人南侵,郡县募勤王军,彦仙散家赀,得三千人,入援京师。"[①]不久因得罪官府,改名逃亡至陕州,被收为裨将,驻守崤、渑,这使他十分熟悉崤函地理形势。建炎元年四月,金军攻陕州,陕西经制使王庶"度不能支,引部曲去,官吏逃逸",陕州沦陷。其时,李彦仙为石壕尉,组织民众和散兵万人,在硖石、张茅以北土花砦、三觜、石柱、大通诸山,修筑山寨,依山据守。"虏数万围三觜,仙邀战,伏精兵后崦,掩杀万计,夺马三百,虏解去。京、洛间多争附者,势益雄张。"李彦仙乘势拔除陕州外围的金军据点,"未阅月,破虏五十余壁"。建炎二年(1128)三月,李彦仙"引兵直州南,城中火起,虏方备南壁,而水军自新店,夜顺流薄城东北蒙泉坡、龙堂沟以入,表里夹攻"[②],里应外合,一举收复陕州。所谓"破虏五十余壁""引兵直州南",都体现了崤函古道当时被李彦仙频繁利用。

---

① 〔宋〕洪迈撰,孔凡礼点校:《容斋随笔》卷六《李彦仙守陕》,中华书局,2005,第896页。

② 〔宋〕洪迈撰,孔凡礼点校:《容斋随笔》卷六《李彦仙守陕》,中华书局,2005,第896~897页。

李彦仙克复陕州以后，“以信义治陕，不营毫发之私，与其下同甘苦，故得军民之心，皆尽其死力。于是，诸州人多往依之”。从此，李彦仙威名大震，成为崤函地区抗金的一面耀眼的旗帜。黄河对岸解州安邑人邵兴自为李彦仙所感，率五千余众与之会合。“彦仙辟兴为统领河北忠义军马，率兵渡河，收平陆县界三门、集津、洄山、张店四镇；又辟兴加统制。”①三门、集津、洄山、张店四镇皆在黄河以北，与陕州隔河相望。金军进攻陕州，首先就要渡过黄河。李彦仙遣邵兴“率兵渡河”屯驻于此，应有控制金军渡河南下进入崤函古道的考虑。于是，邵兴、邵云等率众列栅于中条山中，“取安邑、虞乡、芮城、正平、解，皆下之”②。李彦仙占有黄河南北的有利地势，形成夹河而阵的抗金局面。

建炎二年八月，金军再次南下攻宋，意图消灭南宋。娄室率西路军首先进攻陕西，连陷同州、华州，再次攻入长安。“当是时，同、华、长安尽为敌薮，陕斗绝一隅”，处在金军的三面包围之中。面对危局，李彦仙乃“益增陴、疏堑、搜军、缮铠，广屯田，训农耕作”，积极进行军事和经济上的准备，并将家属迁至城内，对众誓曰：“吾父母妻子同城存亡矣。”陕州就像一根插在豫晋陕之间的铁钉，威胁到西路军与中原金朝的联络通道，也使东西两方面的金军不能利用崤函古道相互连通配合。于是，娄室乃移兵东出潼关围攻陕州。“十二月，金酋乌鲁撤拔围陕，仙背城鏖斗，七日，虏伤甚跳奔。”③为打破金军在东西两面对陕州的夹击之势，建炎三年（1129）正月，李彦仙主动出击，遣邵兴攻克潼关，随后回师，克虢州，打通了崤函古道西段交通，李彦仙“即以兴知虢州”④。这样陕州与虢州可以互为掎角，防御能力加强。

这时，娄室率军从绛州移屯蒲、解，企图渡河攻陕州。李彦仙伏兵中条山中，大败金兵，娄室仅以身免。金军又攻陕西，制置使王庶要求李彦仙出兵以为掎角，李

① 〔宋〕徐梦莘：《三朝北盟会编》卷一百一十五，上海古籍出版社，1987，第845页。
② 〔宋〕洪迈撰，孔凡礼点校：《容斋随笔》卷六《李彦仙守陕》，中华书局，2005，第897页。
③ 〔宋〕洪迈撰，孔凡礼点校：《容斋随笔》卷六《李彦仙守陕》，中华书局，2005，第897页。
④ 〔宋〕李心传：《建炎以来系年要录》卷十九，中华书局，1988，第380~381页。

彦仙军次解州虞乡(治今山西永济虞乡镇西北),败金兵万骑于石钟谷口,斩敌二千级。这些军事斗争虽已超出崤函区域范围,但其胜利不仅支援了陕西的抗金斗争,同时也保卫了陕州的安全。一连串的胜利,大大鼓舞了人民的抗金情绪,也引起满朝轰动。宋高宗谓辅臣曰:“近知彦仙与金人战,再三获捷,朕喜而不寐。”①于是授李彦仙知陕州兼安抚使。

建炎三年冬,金军第三次南犯,决计一举灭亡南宋。金兀术率中路军渡江,十二月,陷临安,并直追宋高宗至明州。西路军在娄室率领下包围陕州,企图陷陕后直扑川陕。

对金军进取陕州的意图,李彦仙有清醒的认识,深知在“关以东皆下,陕独存”的形势下,金军“必欲下陕,然后并力西向”。就对金战争攻略,李彦仙提出“空城度河北趋晋、绛、并、汾”,插入敌后,“捣其心腹”,迫使金兵回救,然后由岚石西渡黄河再南下回归陕州②的建议。但却遭到张浚否决。十二月,娄室以十万之众围攻陕州。金军分作十队,以鹅车、天桥、火车、冲车等军械,日夜轮番攻城。城中军民齐力奋战,顽强守城,击退金军一次次进攻,使金军伤亡甚众。城内储粮断绝,将士煮豆充饥,李彦仙只饮豆汁。建炎四年(1130)正月,经历大小二百余战后,陕州城终遭陷落,李彦仙身负重伤壮烈殉国。城中百姓仍以巷战与敌搏斗,“群民无贰心,虽妇女亦升屋以瓦掷金人,哭李观察不绝。金人怒,屠其城,全陕遂没。裨将邵云、吕圆登、宋炎、贾何、阎平、赵成皆死”③。陕州既失,金军围攻卢氏,李彦仙部将耿嗣宗出兵与战,“金人大败,死者满野”④。邵兴闻李彦仙死,乃退兵卢氏,与嗣宗会合坚持抗金。金军陷陕后,又一次长驱西进潼关,攻陷三原、敦化等关中多地。富平一战,大败宋军,宋秦岭以北的国土全部丧失,从此形成长达一个多世纪的宋

① 〔元〕脱脱等:《宋史》卷四百四十八《李彦仙传》,中华书局,1985,第 13210 页。

② 〔元〕脱脱等:《宋史》卷四百四十八《李彦仙传》,中华书局,1985,第 13211 页。

③ 〔元〕脱脱等:《宋史》卷四百四十八《李彦仙传》,中华书局,1985,第 13212 页。

④ 〔宋〕徐梦莘:《三朝北盟会编》卷一百三十六,上海古籍出版社,1987,第 987 页。

金隔秦岭对峙局面。

建炎四年的陕州保卫战,可以说是整个南宋时期崤函地区发生的规模最大也最惨烈的一次战役,对宋金双方都有重大的影响。其一,它阻滞了西路金军对关中的攻势。陕州是关中东面的门户,战略地位十分突出。无论是金军从汴、洛西进关中,还是从河东南下关中,都难以避开陕州。"彦仙以孤城扼其冲再逾年,大小二百战",对西路金军造成巨大威胁,使"金人不得西"入关中①。直到金军陷陕州,消除了西进关中的后顾之忧,"金人始西,而全陕没矣"②,"既陷陕,遂与其副萨里干长驱入关"③。其二,它打乱了金军整个灭亡南宋的进攻计划。陕州保卫战拖住了企图攻入川陕,配合进攻东南的十万金军。是时,金兀术已渡长江,陷建康,占临安,兵锋直犯宋高宗所在的明州,而娄室却被拖在陕州城下无力西侵。等到陕州失守娄室进犯陕西时,金兀术已被韩世忠困于黄天荡。两路金军始终未能如期配合行动,金灭亡南宋的企图失败④。其三,它提振了南宋军民的抗金士气。建炎三年八月,身在建康的宋高宗闻金军来袭,与诸将商议避难之所,参知政事周望曰:"臣观翟兴、李彦仙辈,以溃卒群盗,犹能与金兵对垒,拒守陕、洛。臣等备位宰执,若不能死战以守,异日何颜见彦仙辈。臣实耻之。"⑤可知李彦仙以陕州为中心的抗金斗争确实起到了重要的激励作用。

除李彦仙外,活跃在崤函地区及附近的义军,还有伊阳(今河南汝阳)翟兴、翟进兄弟,渑池张玘等。

翟氏兄弟以伊阳为基地开展抗金斗争。在西京屡被金军侵占的情况下,翟氏兄弟曾经利用崤函古道交通,收复西京。靖康初年,范致虚以翟进统河南民兵,进

① 〔元〕脱脱等:《宋史》卷四百四十八《李彦仙传》,中华书局,1985,第13212页。

② 〔宋〕宇文懋昭撰,崔文印校证:《大金国志校证》卷六《太宗文烈皇帝四》,中华书局,1986,第97页。

③ 〔宋〕李心传:《建炎以来系年要录》卷三十二,中华书局,1988,第620页。

④ 周宝珠:《豫西人民的抗金斗争》,《开封师院学报》1964年第1期。

⑤ 〔宋〕李心传:《建炎以来系年要录》卷二十七,中华书局,1988,第532页。

至福昌。范致虚兵败退至潼关。翟氏兄弟则从福昌率乡兵卒七百人,"夜行昼伏",仅用五天时间,达于洛阳城下,夜半破城而入,活捉金西京留守高世由,收复洛阳。此后,宋金围绕西京展开激烈争夺并持续数年。建炎二年(天会六年)三月,金帅完颜宗翰强迁洛阳之民北去。翟氏兄弟冲下山寨,在福昌、三乡间,与金人相遇,"苦战终日,金人败北"。翟氏兄弟乘胜"进取龙门路"①,再次收复洛阳。此时也正是李彦仙收复陕州之时,二者自然形成东西呼应的局面。宋廷以翟进为京西北路制置使兼知河南府,戍渑池界。"金人犯白浪隘,将渡河,进破之。"②白浪隘即白浪渡,在渑池西北45里陈村乡白浪村,对岸为平陆下坪乡南沟村南沟渡。

宋金反复举兵争夺西京,与其"当西郊走集之会"③的交通枢纽地位有密切关系。翟氏兄弟占据西京,控扼崤函古道交通,阻断金军在河南与陕西间的联系。《大金国志》记载:伪齐主刘豫"以翟兴大军见屯西京伊阳山寨,相去不远,又陕西道久为兴所断,豫深恶之,时陕西五路,尽为大金所破,割属刘豫。豫居东平,以翟兴屯西京,东西路阻。豫每遣人之陕西,则假道于金,由怀卫越太行,取蒲解渡河以往。故力请于粘罕,期必破兴"。天会十年(1132,绍兴二年)春,伪齐会合金军,合攻翟兴伊阳山寨,"兴兵既出,众寡不敌,遂力战而死,兴之余军无复能振。时三月也"④。至此伪齐始打通河南、陕西的交通线。

渑池阳壶(今南村乡洋湖村)人张玘,"建炎中,以家财募兵讨金人,从者数千人"。翟兴制置京西时,张玘加入翟氏兄弟抗金队伍。"金兵长驱渡河,玘御之白浪口,金人不得渡。"⑤绍兴二年,伪齐招抚张玘失败,伪齐河南尹孟邦雄联合金兵,

---

① 〔宋〕李心传:《建炎以来系年要录》卷十四,中华书局,1988,第303页。

② 〔元〕脱脱等:《宋史》卷四百五十二《翟进传》,中华书局,1985,第13303页。

③ 〔宋〕苏颂:《辞免西京表》,曾枣庄、刘琳主编:《全宋文》(第61册)卷一三二六,上海辞书出版社、安徽教育出版社,2006,第148页。

④ 〔宋〕宇文懋昭撰,崔文印校证:《大金国志校证》卷七《太宗文烈皇帝五》,中华书局,1986,第115页。

⑤ 〔元〕脱脱等:《宋史》卷四百五十三《张玘传》,中华书局,1985,第13327页。

统兵十万,从洛阳直抵长水,企图进攻张玘。“玘遣将陈俊守白马山,谢皋守船板山,梁进守锦屏山,尽匿精锐。金兵深入,玘战东关,三砦响应,金兵溃。玘率精骑三千,一日夜驰三百里,黎明抵河南,邦雄就擒。”①白马山在今洛阳东北邙山北麓。船板山即今崤山主峰全宝山,在今洛宁西南。锦屏山在宜阳城南。谢皋等匿兵地点和张玘战长水东关与“率精骑三千”“夜驰三百里”取洛阳,都体现了这一交通线对战事的重要。白浪之战后,张玘率部众加入宋河南制置使董先的部队,屯驻卢氏,从此成为一代抗金名将。

绍兴六年(1136)七月,岳飞二次北伐中原,其主攻方向选在虢州、商州,并利用崤函古道向东推进。这年七八月间,岳家军兵分两路,以牛皋等偏师攻克镇汝军,东向扫荡颍昌府和蔡州,岳家军主力则往西北方向进击,沿汉水、淅水北上,穿过熊耳山,进入卢氏。“八月,遣王贵、郝政、董先攻虢州寄治卢氏县,下之,歼其守兵,获粮十五万石,降其众数万。”②接着,又分兵夺取了虢略、朱阳和栾川三县。王贵继续统军西向,克复商州全境。副将杨再兴率军由卢氏东向,循洛水,“进兵至西京长水县之业阳,伪顺州安抚张宣赞(失其名)命孙都统(失其名)及其后军统制满在,以兵数千拒官军。再兴出战,斩孙都统,擒满在,杀五百余人,俘将吏百余人,余党奔溃。明日,再战于孙洪涧,破其众二千。复长水县,得粮二万余石,以给百姓、官兵”。“又得伪齐所留马万匹,刍粟数十万。”伊阳、永宁和福昌三县也相继攻克。于是,“西京险要之地尽复”③。岳家军控制了通向洛阳的崤山南路交通,距洛阳城已近在咫尺。

① 〔元〕脱脱等:《宋史》卷四百五十三《张玘传》,中华书局,1985,第13328页。

② 〔宋〕岳珂编,王曾瑜校注:《鄂国金佗稡编续编校注》卷七,绍兴六年,中华书局,1989,第375页。

③ 〔宋〕岳珂编,王曾瑜校注:《鄂国金佗稡编续编校注》卷七,绍兴六年,中华书局,1989,第376页。

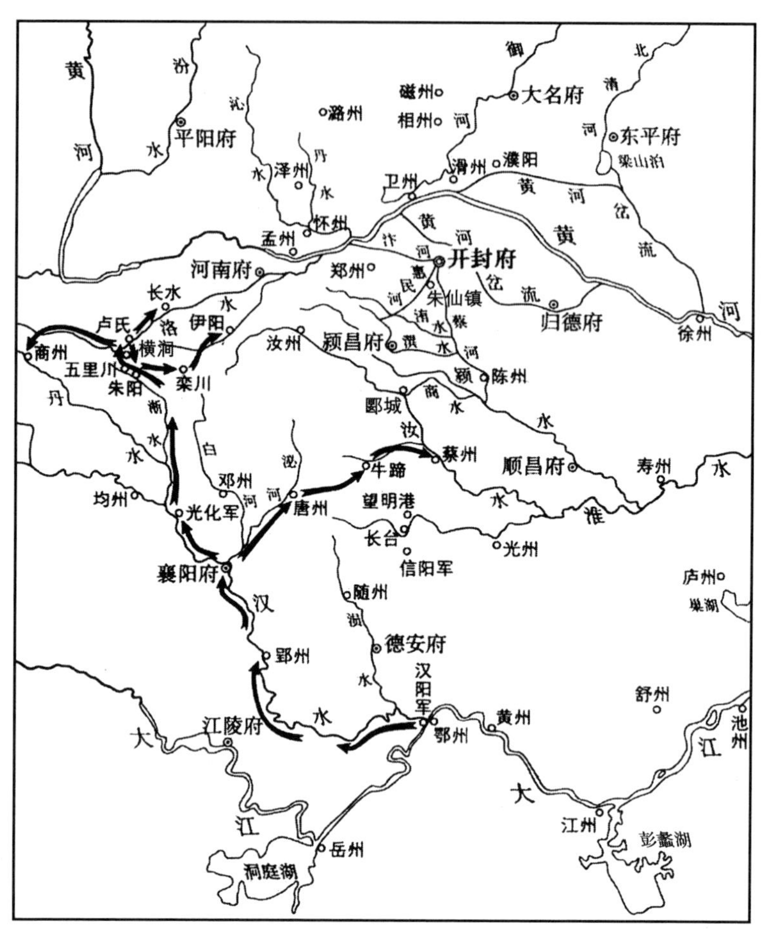

图 8-8　绍兴六年岳飞第二次北伐进军路线图①

商、虢及卢氏、长水、永宁和福昌，皆在洛阳西面，洛水之间，本非岳家军战区。岳飞二次北伐以此为主攻方向，自然是看重了它北可控扼黄河，西可进攻关中，东可入洛阳、开封的重要战略地位。而岳家军屡战屡胜，打到福昌，距洛阳近在咫尺，亦足以证明岳飞此次北伐战略的正确。只是因当地凋敝，后勤粮草供应不继，岳家

① 采自邓广铭《岳飞传》，生活·读书·新知三联书店，2017，第 190 页。

军最终没能继续扩大战果,而被迫班师。但此次北伐所夺回的虢州部分地区和商州全境,从此归于南宋管辖。

岳飞二次北伐,是宋金开战以来第一次正规的大规模的战略反攻,“岳飞先已荡平汝、颍,既而连破商、虢,又取伊阳、长水”[①],“声震河、洛之郊”[②],为“十余年来所未曾有”[③],极大地鼓舞了人民继续抗金的信心。宋高宗下诏嘉奖说:“遂复商于之地,尽收虢略之城”,“长驱将入于三川,震响傍惊于五路。握兵之要,坐图累捷之功;夺人之心,已慑群凶之气”[④]。充分肯定了此次战役在战略上的重大意义。

此后,宋金围绕陕州曾反复争夺。先是天眷二年(1139,绍兴九年),宋金议和,金将河南、陕西归南宋。次年又反悔背约,分四路入侵,企图收回河南、陕西两地。宋军异常顽强地守御陕州,两次击退金军的进攻。据《宋史·高宗纪》记载,绍兴十年十月,“辛卯,金人犯陕州,吴琦率兵迎击败之”。“十一月丁未,金将合喜复犯陕州,吴琦击却之。”[⑤]《建炎以来系年要录》记载:“戊申,金将喀齐喀自潼关出犯陕州,守臣吴锜击却之。”[⑥]宋金之反复争夺陕州,皆因其负有守御潼关以东崤函古道的重任。

南宋绍兴十一年(1141),金海陵王完颜亮发动“辛巳之役”,妄图吞并南宋。完颜亮以徒单合喜为西路军统帅以重兵扼大散关,进攻黄牛堡。四川宣抚使吴璘部署宋军四路反击,以任天锡等向北作敌后远距离穿插,以取得潼关东西各地,切

---

① 〔宋〕陈公辅:《论已破汝颍商虢伊阳长水乞豫防虏叛会合之计奏札》,〔宋〕岳珂编,王曾瑜校注:《鄂国金佗稡编续编校注》续编卷三十,绍兴六年,中华书局,1989,第1654页。

② 《辞免起复太尉仍加食邑不允诏(二月)》,〔宋〕岳珂编,王曾瑜校注:《鄂国金佗稡编续编校注》续编卷三,绍兴七年,中华书局,1989,第1185页。

③ 〔宋〕韩宗武:《与岳少保第二书》,曾枣庄、刘琳主编:《全宋文》(第104册)卷二二七六,上海辞书出版社、安徽教育出版社,2006,第209页。

④ 《复商虢二州及伪镇汝军抚问诏》,〔宋〕岳珂编,王曾瑜校注:《鄂国金佗稡编续编校注》续编卷三,绍兴六年,中华书局,1989,第1183页。

⑤ 〔元〕脱脱等:《宋史》卷二十九《高宗纪》,中华书局,1985,第547页。

⑥ 〔宋〕李心传:《建炎以来系年要录》卷一百三十八,中华书局,1988,第2219页。

断金的河南与关中的联系，阻挡金军进攻。这年九月，任天锡率小股精兵，沿着历来军旅罕经的小道，由金州攻入商州地区，攻克丰阳、商洛等重镇，直趋商州城，与在商州一带经营十多年的邵隆（即邵兴）一起收复商州。随后由商州越卢灵关进入河南，一举攻克朱阳、虢州，从而出人意料地出现在远离其他战区数百上千里的崤函古道上，切断了金朝控制下的中原与陕西两大地区的交通。

在以后的两个月内，任天锡等以虢州为中心分兵四出，向北攻取陕州。《宋史·高宗纪》记载：绍兴十一年九月，宋将郭浩自金州（今陕西安康）北上，越秦岭，先下华州，再入陕州。旋于“癸亥，璘自腊家城受诏班师，杨政、郭浩皆引军还”。十月，“邵隆复陕州”[①]。向西攻入潼关，连下华阴、华州和渭南，直逼金朝在西北的统治中心京兆府（长安）。向东沿洛水而下，连取长水、永宁、寿安、嵩州，威胁洛阳。于是，任天锡以不多的兵力控制了潼关东西的大片地区，金朝关河失险，东西道梗，长安、洛阳两座古城同时告警，凤翔以西与宋军争雄的西线金军主力腹背受敌。任天锡的北伐出乎金人的预料，猝不及防，在蒙头转向好久以后才反应过来，调兵沿崤函古道向陕、虢、华诸州反扑。《金史·蒲察世杰传》记载：“大定初，世杰复取陕州，败宋兵石壕镇，复败宋援兵三千人，遂围陕州。宋兵二千自潼关来，世杰以兵二百四十迎击之，射杀十余人，宋兵败走。复败之于土壕山，生擒一将。复以兵三百至斗门城，遇宋兵万余，宋将三人挺枪来刺世杰，世杰以刀断其枪，宋兵乃退。复以四谋克军败宋兵于土华，复围陕州。世杰尝擐甲佩刀，腰箭百只，持枪跃马，往来军中。……亲率选卒二百余人穴地以入，城遂拔。再破宋军三万人，复虢州。”[②]

任天锡的北伐，在军事上堪称杰作[③]，有力地配合了宋军主力占领大散关、和

① 〔元〕脱脱等：《宋史》卷二十九《高宗纪》，中华书局，1985，第550~551页。

② 〔元〕脱脱等：《金史》卷九十一《蒲察世杰传》，中华书局，1975，第2021~2022页。

③ 史念海：《秦岭巴山间在历史上的军事活动及其战地》，《河山集》（四集），陕西师范大学出版社，1991，第324~326页；秦晖：《陕西通史·宋元卷》，陕西师范大学出版社，1997，第244~246页。

尚原等的行动。然而这却是宋军最后一次利用崤函古道这条战略通道进行的北伐。次年,宋金再次议和,陕州、虢州及商州等再次被割让给金朝。

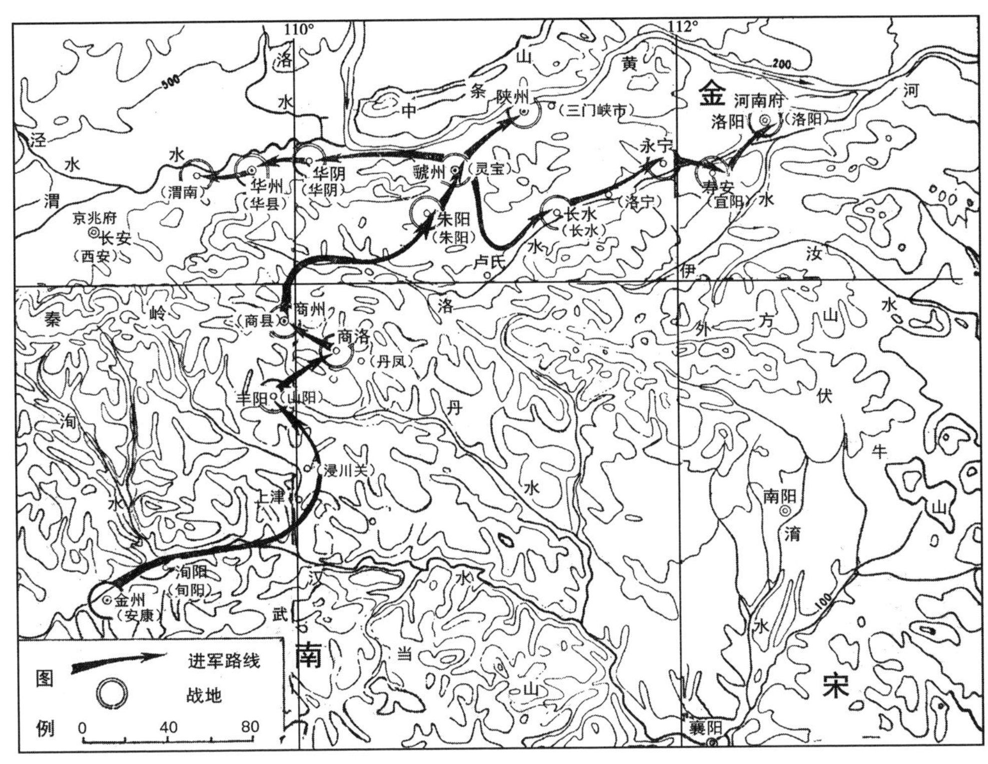

图 8-9　绍兴十一年任天锡北伐路线图①

在南宋波澜壮阔的抗金斗争中,著名爱国诗人陆游曾有崤函古道军事侦察的经历。其中透露的交通史信息,可以帮助我们进一步察知宋金崤函古道的军事意义和交通作用。

乾道八年(1172),四川宣抚使王炎由四川广元进驻汉中,筹划发动北征,直捣

① 采自史念海《秦岭巴山间在历史上的军事活动及其战地》,《河山集》(四集),陕西师范大学出版社,1991,第 330 页。

河潼，夺取两京，光复中原。时任王炎幕僚的陆游奉命化装深入金人军事腹心的河潼一带进行军事侦察活动。据李淡虹考证，陆游经蜀道翻越秦岭进入长安南的鄠县和杜陵，然后经临潼、华州、同州来到潼关，其《癸丑七月二十七夜梦游华岳庙》写道："驿树秋风急，关城暮角悲。"[①]潼关驿楼四周的白杨枯柳，被秋风吹得哗哗响，叶落满地。城头上，夕阳残照下，金军吹鸣的号角声象征金人走向衰亡的悲凉音调。而后他又自潼关渡黄河，进入中条山，至蒲州，过黄河，到陕县，探查黄河砥柱，发出"砥柱河流仙掌日，死前恨不见中原"[②]的感叹。最后到函谷关和崤山一带侦察。《休日登千峰榭遇大风雨气象甚伟》诗云："西征忽在眼，河势抱函关。"[③]《感愤》云："形胜崤潼在。"[④]陆游侦察任务胜利完成并凯旋。但这年九月，南宋朝廷突然把王炎调还临安，由右丞相虞允文来接替了他的职务，王炎苦心孤诣制定妥当的大军出击方略，胎死腹中。这也彻底摧毁了陆游最引以为荣的功名事业，使他无比地失望和懊丧[⑤]。陆游乾道八年的军事侦察活动体现了这位诗人在救亡战争中的竭诚奋争，由此也可以察知河潼一带在当时军事争战中的意义，以及崤函古道在当时军事争夺中的重要作用。

二、金蒙之间的崤函古道战事

金宣宗贞祐二年（1214），蒙古大军包围金中都（今北京），金朝被迫签订城下

---

① 〔宋〕陆游：《癸丑七月二十七夜梦游华岳庙》，钱忠联校注：《剑南诗稿校注》（第4册）卷二十七，浙江教育出版社，2011，第108页。

② 〔宋〕陆游：《太息》，钱忠联校注：《剑南诗稿校注》（第5册）卷三十七，浙江教育出版社，2011，第38页。

③ 〔宋〕陆游：《休日登千峰榭遇大风雨气象甚伟》，钱忠联校注：《剑南诗稿校注》（第3册）卷二十，浙江教育出版社，2011，第288页。

④ 〔宋〕陆游：《感愤》，钱忠联校注：《剑南诗稿校注》（第6册）卷五十五，浙江教育出版社，2011，第288页。

⑤ 李淡虹：《陆游梦游黄河、潼关、太华诗初探》，《文史》1963年第1辑，第193~207页。

之盟,并于五月迁都汴梁。至天兴三年(1234),金朝灭亡,蒙古与金展开了近二十年激烈的军事争夺。“金主迁汴,所恃者黄河、潼关之险尔。”[①]于是,防御与突破(潼)关(黄)河防线便成为金朝与蒙古战争的关键之所在。在这期间,蒙古对金的攻略大体经历了两个阶段。而每个阶段都与(潼)关(黄)河防线有重要关系,崤函古道及邻近地区也反复受到战争的冲击。

第一个阶段是蒙古欲从正面强攻突破金关河防线。金南迁后,开始经营河南以求生存、图中兴,组建潼关、陕州黄河防线,“并力守黄河,保潼关”[②],“阻长淮,拒大河,扼潼关以自固”[③]。其措施包括军事部署和行政调整两个方面。

在军事部署方面,一是“凡精兵皆置河南”[④],依靠潼关、陕州黄河一线布防。据学者研究,当时仅南京路即有约四十万金军主力,部署在潼关及其以东地区,以此来保障潼关、函谷关和潼关到洛阳、开封的交通走廊以及黄河防线[⑤]。二是沿黄河造船建水军。金南渡后,在河平军(今河南卫辉)设都水监,归德(今河南商丘)设都水东外监,河阴设都水西外监,制造战船,以装备水军防御河道。西外监主要针对蒙古,除黄河河防外,其活动还包括了经黄河运粮。天兴元年(1232),徒单兀典率军东下救援汴京,一次即准备关船二百余艘,运送华州、阌乡一带数十万斛军粮。

在行政调整方面,一是调整陕州地位及其隶属关系。陕州本为防御州,泰和八年(1208)又降为下等防御州。随着金都南迁汴京,陕州护潼关保黄河,守御崤函古道通道的地位突出,于是,贞祐二年升陕州为西安军节镇,改京兆府下辖的虢州为

① 〔明〕宋濂等:《元史》卷一百一十五《睿宗传》,中华书局,1976,第2886页。

② 〔宋〕宇文懋昭撰,崔文印校证:《大金国志校证》卷二十六《义宗皇帝》,中华书局,1986,第360~361页。

③ 〔元〕脱脱等:《金史》卷一百二《完颜弼传》,中华书局,1975,第2253~2254页。

④ 〔元〕脱脱等:《金史》卷一百六《术虎高琪传》,中华书局,1975,第2346页。

⑤ 达林太:《蒙古兵学研究　兼论成吉思汗用兵之谜》,军事科学出版社,1990,第151页。

陕州支郡,“以备潼关”①。驻扎在同州、华西的九千步骑亦同时划归陕州宣抚司指挥。贞祐三年(1215)八月,又调抗蒙名将河北西路宣抚副使田琢驻屯陕州以备援军。二是加强潼关守备。兴定元年(1217)六月,金宣宗组织修缮潼关,设置潼关正副使和三门、析津提举官。哀宗时又提高潼关守将地位,设“宣权潼关都尉”,授予他们代表朝廷权宜行事的权力。“必以先尝秉帅权者居是职,虽帅府行院亦不敢以贵重临之。”②三是升渑池为韶州,加强陕州以西渑池县的防务。贞祐三年升渑池为韶州,仍为河南府支郡,辖渑池一县③。又据元郑谧《济民渡河神祠记》记载:“夫济民古渡,肇自前金。……为秦晋之喉衿,通往来之津要,凡遇巡捕边防,无不经由乎此。兵革之后,南村设立渡口,末颜相公南村置司分治,中京行院事内族都统蒲察副统提调此渡。”④守御黄河要冲。四是置陕西、阌乡、陕州行省。贞祐三年八月,“置行省于陕西”⑤,作为南京路的西面藩篱,除防御西夏、南宋外,主要是保障河南路西侧的安全。正大七年(1230)十月,置阌乡行省。“移剌蒲阿权参知政事,同合达行省事于阌乡,以备潼关”⑥,经略潼关及其以西地区。天兴元年,潼关失守,蒙古继续东进,为扼其兵峰,又置陕州行省。《金史·完颜仲德传》记载:“天兴元年九月,拜工部尚书、参知政事,行尚书省事于陕州。时兀典新败,陕州残破,仲德复立山寨,安抚军民。”⑦这也是金后期设置的最后一个行省。金代后期的行省以调集和指挥军队,动员民力、物力阻击蒙古为任务。首脑多由朝官充任,直接听

---

① 〔元〕脱脱等:《金史》卷二十六《地理下》,中华书局,1975,第642页。

② 〔元〕脱脱等:《金史》卷四十四《兵志》,中华书局,1975,第999~1000页。

③ 此事《金史》无载。《元史·地理志》载:渑池“金升为韶州,置黾池、司候司”。《读史方舆纪要·河南三》:“其或与贞祐三年与延州、陶州同时升置。”

④ 〔元〕郑谧:《济民渡河神祠记》,〔清〕甘扬声修,〔清〕刘文运纂:嘉庆《渑池县志》卷十一《艺文志》,《河南历代方志集成·三门峡卷》(5),大象出版社,2017,第151页。

⑤ 〔元〕脱脱等:《金史》卷十四《宣宗纪》,中华书局,1975,第311页。

⑥ 〔元〕脱脱等:《金史》卷十七《哀宗纪》,中华书局,1975,第383页。

⑦ 〔元〕脱脱等:《金史》卷一百十九《完颜仲德传》,中华书局,1975,第2606页。

命于朝廷,处理军国大事,具有军政合一性质[①]。此制度对后世地方行政建制产生了深远的影响。

经过此番努力,金从潼关南依秦岭,东沿黄河,直到邳州(今江苏邳州),设置了数千里长的防线,分段拒守。《大金国志》记载:"自宣宗时,凡大河以北,东至于山东,西至于关陕,不一二年,陷没几尽,而凤翔最后下,国兵于是并力守黄河,保潼关。自黄河洛阳、三门、析津,东至邳州之源雀镇,东西长二千余里,差四行院(守御),每院各分地界五百里,统以总率,精兵不下二十万,民兵不在其数。夜则传令坐守,冬则燃草敲冰,率以为常。潼关一带,边山一千余里,大小关口三十六处,亦差四行省分地界而守,统以总率,精兵不下十万,民兵不在其数。布满周密,如是者十有五年。"[②]金军的守河之策颇见成效。这从蒙军攻克河北、山东后,渡河攻汴京屡遭失利,于是改变战略,逐渐加强对陕西的攻势,试图从潼关冲击河南的过程,可以得到证明。

贞祐四年(1216)秋,成吉思汗欲乘金南迁未稳直捣汴京,派三木合拔都"帅万骑自西夏趋京兆,以攻金潼关"[③]。一支蒙军由禁谷绕至潼关之东,与潼关之西的另一支蒙军东西夹击潼关,金西安军节度使泥厖古蒲鲁虎战没。蒙军攻破潼关后,大举东进。金军设在崤函古道上的防御全线溃破。《金史·完颜伯嘉传》云:"贞祐四年十月,诏以兵部尚书、签枢密院事蒲察阿里不孙为右副元帅,备御潼关、陕州。次渑池土濠村,兵不战而溃。阿里不孙逸去,亡所佩虎符,变易姓名,匿柘城县。"[④]元好问《故金漆水郡侯耶律公墓志铭》记载:"贞祐丙子,奉旨分领关陕军。朔方兵猝破潼关,主帅讹可力不支,失利于乾石壕之间,将卒多被俘执。公义不受

---

① 景爱:《金代行省考》,《历史地理》第9辑,上海人民出版社,2007,第237页。

② 〔宋〕宇文懋昭撰,崔文印校证:《大金国志校证》卷二十六《义宗皇帝》,中华书局,1986,第360~361页。

③ 〔清〕毕沅:《续资治通鉴》卷一百六十《宋纪一百六十》,宋宁宗嘉定八年,中华书局,1957,第4349页。

④ 〔元〕脱脱等:《金史》卷一百《完颜伯嘉传》,中华书局,1975,第2210页。

辱，引佩刀自刺，且投大涧中。刺不殊，下涧数丈，碍大树而止。明日朔方兵退，左右求公，得之，扶舁归洛阳。”①于是，蒙古“兵逾潼关、崤、渑，深入重地”②，至十一月打到距汴京城仅20里的杏花营。金援军赶来，重创蒙军。蒙军被迫西撤，“大军复取潼关，自三门、析津乘河冰合，布灰，引兵而渡，自是不复出”③。此次蒙军东进崤函，深入汴京城郊，使金廷大为惊恐，遂大兴土木整修潼关防御体系，在陕州、灵宝皆置总帅，又置阌乡、陕州行省，尽布精锐于潼关、阌乡、陕州一带。《金史·宣宗纪》记载：“冬十月己未……招射生猎户练习武艺知山径者分屯陕、虢要地。命元帅左监军必兰阿鲁带守潼关，遥授知归德府事完颜仲元军卢氏。……乙丑……命参知政事徒单思忠提控镇抚京师，移刺周刺阿不屯关、陕。”④

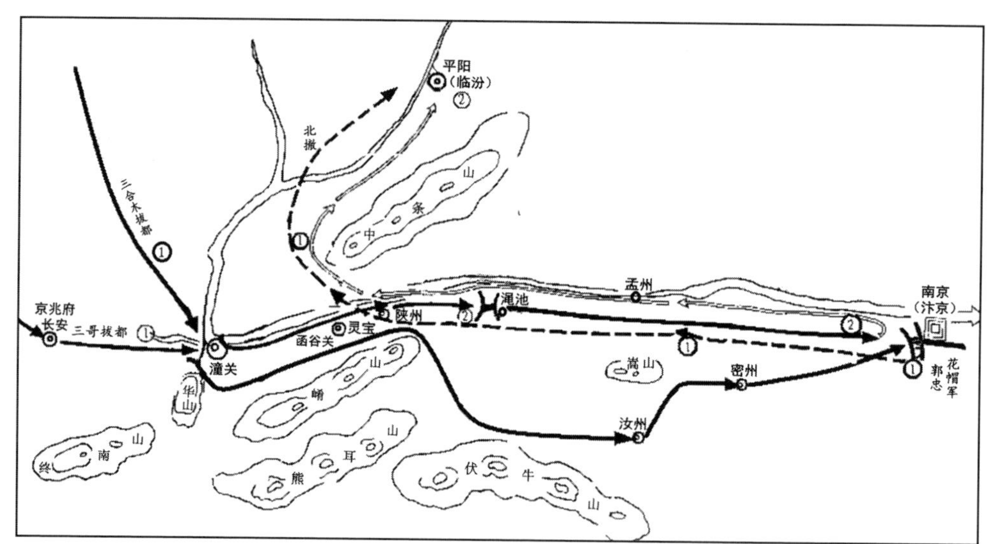

图8-10　贞祐四年蒙金之战图

① 〔金〕元好问：《漆水郡侯耶律公墓志铭》，姚奠中主编，李正民增订：《元好问全集》卷二十七，三晋出版社，2015，第498页。

② 〔元〕脱脱等：《金史》卷一百六《术虎高琪传》，中华书局，1975，第2343页。

③ 〔宋〕宇文懋昭撰，崔文印校证：《大金国志校证》卷二十五《宣宗皇帝》，中华书局，1986，第344页。

④ 〔元〕脱脱等：《金史》卷十四《宣宗纪》，中华书局，1975，第320页。

此后，蒙军加强对潼关的攻势，多次入陕攻潼关，以突破关河防线，开辟自潼关或蓝关直接东进中原的进军路线。如元光元年(1222)，木华黎率十多万大军侵陕，主力西进攻凤翔，分派按赤率三千铁骑东进攻陷潼关，切断关中与中原的联系。至木华黎西攻凤翔不下，撤兵回师，金军遂复潼关。正大四年(1227)，蒙军灭亡西夏后，相继占领了黄河、秦岭以北绝大部分地区，遂加紧争夺潼关。正大五年(1228)，蒙军将领郭德海以五百骁骑斩关而入，杀守关金军数百，直捣风陵渡，因后兵不至，蒙军被迫退兵，金军寻复夺之。正大七年，蒙军在庆阳、卫州接连失利后，窝阔台"不胜其忿，亲领精锐四十余万直攻潼关，数月不克"。于是，"选四万人刊石伐木，凿商淤之山，斡腹入蓝关之内"，结果为从阌乡赶来的金将完颜合达所败，"丧万余人及马数万匹"①。此是蒙金开战以来蒙军最大的败仗。战后金廷进一步加强潼关防卫，"以蒲阿权参知政事，同合达行省事于阌乡，以备潼关"。正大八年(1231)正月，速不台再次进攻潼关，攻破潼关西南的小关，因阌乡驻有金朝精兵猛将，于是速不台破小关后绕开阌乡而向东南进攻卢氏、朱阳。金将完颜陈和尚带忠孝军、夹谷泽军万余人往援，将蒙军逐出，追至倒回谷(今蓝田东南)大败蒙军。速不台因此受到窝阔台斥责。"从攻潼关，军失利，帝责之。"②

第二个阶段是蒙古避开金关河防线，绕潼关之背入河南灭金。

自1216年至1231年的15年间，"金人东阻河，西阻潼关"③，依凭关河防线，卓有成效地同蒙古对抗。蒙军始终未能攻破潼关天险。"大军渡河不能，入关不可"④，对金战争遂在关陕陷入僵局。成吉思汗多次尝试失败，临终总结教训，谓左右曰："金精兵在潼关，南据连山，北限大河，难以遽破。若假道于宋，宋、金世雠，必

① ［宋］宇文懋昭撰，崔文印校证：《大金国志校证》卷二十六《义宗皇帝》，中华书局，1986，第362页。

② ［明］宋濂等：《元史》卷一百二十一《速不台传》，中华书局，1976，第2977页。

③ ［宋］李心传撰，徐规点校：《建炎以来朝野杂记》乙集卷十九《边防二》，中华书局，2000，第845页。

④ ［宋］宇文懋昭撰，崔文印校证：《大金国志校证》卷二十六《义宗皇帝》，中华书局，1986，第362页。

能许我，则下兵唐、邓，直捣大梁。金急，必征兵潼关。然以数万之众，千里赴援，人马疲弊，虽至弗能战，破之必矣。"[①]继任汗位的窝阔台也意识到金军关河防线难以遽破，面对接二连三打败仗的教训，遂改变攻金战略，避开金人的关河防线，迂回陕西，绕潼关之背进入河南，攻击金都汴京。蒙金战争由此进入第二个阶段。

正大八年五月，窝阔台于官山大会诸王百官，商议作战方略。拖雷转述金降将李国昌的计策："金主迁汴，所恃者黄河、潼关之险尔。若出宝鸡，入汉中，不一月可达唐、邓。金人闻之，宁不谓我师从天而下乎。"窝阔台大喜，语诸王大臣曰："昔太祖尝有志此举，今拖雷能言之，真赛因也。"[②]会议遂议定分三路攻金：窝阔台以中路军先拔河中，强渡孟津，由洛阳进。斡陈那颜以左路军由济南进，再向西同窝阔台会合；自凤翔经宝鸡，绕过关河防线，假道南宋，沿汉水而下，迂回唐、邓二州，完成对汴京的战略包围。拖雷率三万骑兵从宝鸡越大散关，进入汉中，于天兴元年正月渡过汉水，直指邓州。金廷急忙抽调布防在潼关的完颜合达、移剌蒲阿之军由阌乡经洛南、商州、顺阳移防邓州。不久留守阌乡的杨沃衍、完颜陈和尚和守御黄河防线的武仙部也被调集邓州。金军先后抽调关河防御精锐兵力15万南下与蒙古决战，从而削弱了关河的守备力量。金朝苦心经营的关河防御体系至此彻底瓦解。蒙金在钧州（今河南禹州）三峰山大会战，金军15万精锐几乎全军覆没。

三峰山战役中，金军主要将领大部分牺牲，金军主力彻底崩溃。唯留守潼关而行省阌乡的徒单兀典尚拥兵十多万。金哀宗急召徒单兀典援汴。徒单兀典与潼关总帅纳合合闰、秦蓝总帅都点检完颜重喜等率军11万，骑兵5000，由虢州入陕。徒单兀典"尽撤秦蓝诸隘之备"，又从"同、华、阌乡一带军粮数十万斛，备关船二百余艘，皆顺流东下。俄闻大兵近，粮皆不及载，船悉空下。复尽起州民，运灵宝、硖石仓粟，游骑至，杀掠不胜计。又遣陕州观察副使兼规措转运副使抹捻速也以船八十

① 〔明〕宋濂等：《元史》卷一《太祖纪》，中华书局，1976，第25页。

② 〔明〕宋濂等：《元史》卷一百一十五《睿宗传》，中华书局，1976，第2886页。

往运潼关、阌乡粮，行及灵宝北河夹滩。义军张信、侯三集壮士三百余，保老幼，立水栅。北将忽鲁罕只乘浅攻之不能克，遇速也船至即降，大兵得此船遂破侯、张，杀戮殆尽”。北河即灵宝县城以北的黄河，夹滩当在今灵宝故城黄河南岸东基建村一带。“自此潼关诸渡船筏俱尽。”金潼关守将李平降蒙，于是蒙军出潼关，长驱入陕。徒单兀典等自阌乡出发，“不遵洛阳路，乃由州西南径入大山冰雪中。……山路积雪，昼日冻释，泥淖及胫，随军妇女弃掷幼稚，哀号盈路”。蒙军自卢氏以数百骑追赶，又“潜召洛阳大军从西三县过卢氏”[①]，追至铁岭（今卢氏西南），完颜重喜先降，被蒙古军斩于马前。“于是士卒大溃”，徒单兀典、纳合合闰领数十骑逃到山中，被蒙兵追及杀死。徒单兀典率领的关陕兵十余万，是金朝另一支重兵。经铁岭会战，全军覆没。1233 年春，蒙军攻克久围的汴京城。1234 年正月，蒙、宋军联合攻克蔡州，金哀宗自缢，金国灭亡。

① 〔元〕脱脱等：《金史》卷一百十六《徒单兀典传》，中华书局，1975，第 2538 页。

第四节　宋金时期的三门峡黄河漕运

北宋漕运业以开封为中心,呈现盛极一时的繁荣景象。黄河漕运在这种背景下也有历史性的表现,一度出现“万里通槎汉,千帆下漕舟”①的景象,漕运流向及货物构成呈现出不同于前代的特点,对保障京师供应,支持西北边防,发挥了重要作用。北宋中后期,随着经济、军事形势的变化,黄河漕运渐趋衰弱。金廷黄河漕运虽远逊北宋,但在南渡后也有一定恢复。

一、北宋的三门峡黄河漕运

北宋定都开封,吸取唐末和五代十国藩镇割据叛乱的教训,致力加强中央集权,“天下甲卒数十万众,战马数十万匹,并萃京师……比汉、唐京邑,民庶十倍”②。京师所需粮食及物资供应,大都要通过内河水路运输,故宋廷特别重视漕运建设。如张方平所言:“今日之势,国依兵而立,兵以食为命,食以漕运为本,漕运以河渠为

① 〔宋〕欧阳修撰,刘德清、顾宝林、欧阳明亮笺注:《欧阳修诗编年笺注》卷二《黄河八韵寄呈圣俞》,中华书局,2012,第263页。

② 〔元〕脱脱等:《宋史》卷九十三《河渠三》,中华书局,1985,第2321页。

主。"①北宋漕运以都城汴京为中心，分为四路，"宋都大梁，有四河以通漕运：曰汴河，曰黄河，曰惠民河，曰广济河"②。四条漕河呈放射状向四方伸展，构成一个错综密集的漕运网。

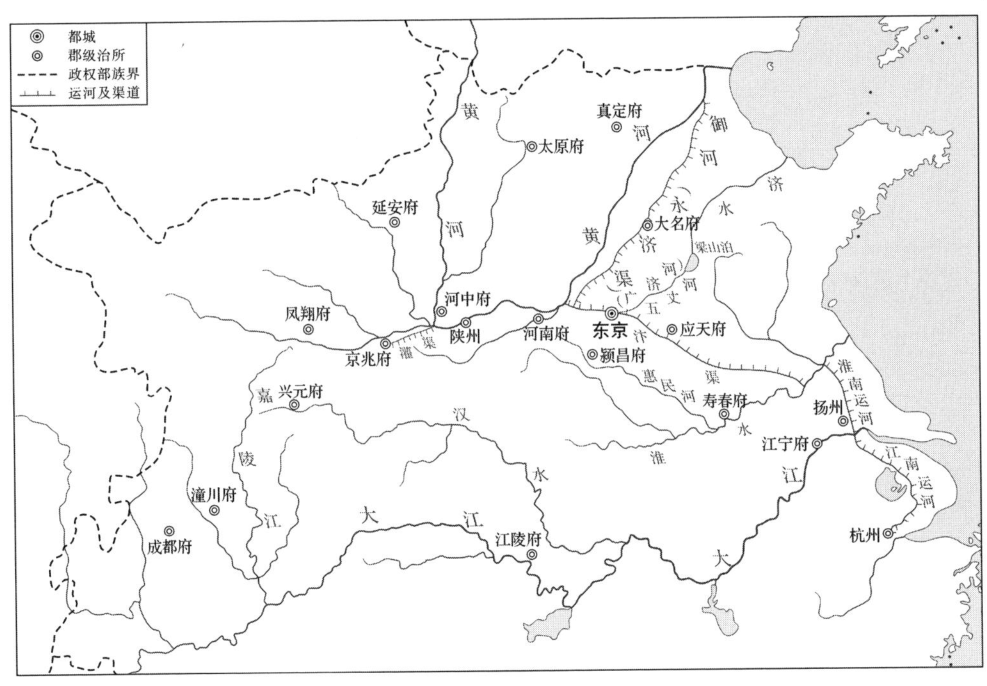

图 8-11　北宋漕运四河图③

黄河在北宋四河漕运网中仅次于汴河，地位重要。因当时黄河漕粮主要来自关中，故作为漕运通道的只是黄河中游的一段河道，自开封北起，溯黄河西行，经三门峡，转渭水，达长安。这段河道即传统的黄河渭水运道，自汉唐以来就已在发挥作用。入宋后又被开发为关中通往京师汴京的漕运运道，北宋陕西诸州乃至西北

① 〔宋〕李焘：《续资治通鉴长编》卷二百六十九，宋神宗熙宁八年，中华书局，2004，第 6592 页。

② 〔元〕脱脱等：《宋史》卷一百七十五《食货上三》，中华书局，1985，第 4250 页。

③ 采自包伟民、吴铮强《宋朝简史》，福建人民出版社，2006，第 235 页。

和京、洛地区的漕粮及其他物资的往来无不依赖这条运道。如马端临《文献通考》所说："宋朝定都于汴，是时，漕运之法分为四路：东南之粟自淮入汴至京师；若是陕西之粟，便自三门、白波转黄河入汴至京师；若是陈、蔡一路粟，自惠民河至京师。京东粟自广济河至京师。"而"最重者惟是汴河……其次北方之粟，自三门、白波入关，自河入汴入京师"①。

三门峡是北宋黄河漕运的必经之地，因地险位重，曾巩甚至以"集津之运"②指代北宋的黄河漕运。它也是北宋黄河漕运上"山河"与"平河"的分界。所谓"山河""平河"，是宋初依河势的峻急、平缓等水文因素，对漕运通道的一种划分。"山河"指"黄河自河阳已上至三门，并峡路河江水峻急"河段。"平河"指"黄河自河阳已下，并三门已上至渭桥仓，并诸江、湖、淮、汴、蔡、广济、御河及应是运河，水势调匀"的河段③。朝廷据此来制定漕运政策及漕运失职等行为的相应罚则，可见三门峡在北宋黄河漕运中的指标性意义。

1. 北宋三门峡黄河漕运的发展

北宋三门峡黄河漕运大体经历了两个发展阶段。第一个阶段，自太祖建隆年间至仁宗庆历中，是三门峡黄河漕运发展、兴盛时期。这一时期三门峡黄河漕运线形成并快速发展，漕额增多，漕运稳健，走向兴盛。

北宋建立之初，因南方地区尚未统一，供应京师汴京的漕粮主要仰仗北方诸路。"国初，方隅未一，京师储廪仰给，惟京西、京东数路而已，河渠转漕，最为急务。"④来自关中的漕粮通过黄河三门峡送抵京师汴京，发挥了相当关键的作用。

① 〔元〕马端临撰，上海师范大学古籍研究所等点校：《文献通考》卷二十五《国用考三》，中华书局，2011，第754页。

② 〔宋〕曾巩：《本朝政要策·漕运》，《曾巩集》卷四十九，中华书局，1984，第675页。

③ 〔清〕徐松辑，刘琳、刁忠民、舒大刚等校点：《宋会要辑稿》食货四二，上海古籍出版社，2014，第6941页。

④ 〔明〕李濂撰，周宝珠、程民生点校：《汴京遗迹志》卷七《河渠三》，中华书局，1999，第95页。

《宋史·侯赟传》记载："先是,朝廷岁仰关中谷麦以给用,赟掌其事历三十年,国用无阙。"[①]曾巩《本朝政要策·漕运》亦载："宋兴,承周制,置集津之运,转关中之粟,以给大梁。故用侯赟典其任,而三十年间,县官之用无不足,及收东南之地。"[②]大中祥符六年(1013)三月,宋真宗诏曰："黄河自河阳已上至三门,并峡路河江水峻急,系山河,并依旧条外,有黄河自河阳已下,并三门已上至渭桥仓,并诸江、湖、淮、汴、蔡、广济、御河及应是运河,水势调匀,本纲抛失重舡一只,依旧条徒二年,二只递加一等,并罪止十一只。空船各减一等。押载、押运节级降充长行,纲副勒充梢工,使臣、人员并替,梢工、棹手罪各有差。如收救得粮斛,即以分数定刑。"[③]可见通过黄河三门峡送抵京师的漕粮是很多的,在北宋漕运中占据着重要地位,否则,这些规定就没有任何实际意义。

据《宋会要辑稿》记载："四河所运,国初未有定数。"太平兴国六年(981),北宋始立漕额定制："汴河岁运江淮粳米三百万石、豆百万石,黄河粟五十万石、豆三十万石,惠民河粟四十万石,豆二十万石,广济河粟十二万石,凡五百五十万石。或水旱,蠲放民租,随减其数。"[④]黄河漕运定额在八十万石,在北宋漕运四河中,仅次于汴河而居第二。北宋中期以前黄河漕运一直保持着这一规模,"非水旱蠲放民租,未尝不及其数"[⑤]。除定额向京师提供漕粮外,关中每年还上供京师马料。仁宗嘉祐二年(1057),张方平称"检会景德二年敕,陕西转运司每年认定马料三十万石上京,所有细色斛㪷如有剩数,即行般运。又检会三门、白波发运司编敕,黄河年额上供粮斛,委陕西转运司并支新好斛㪷赴缘河仓送纳,仍常预报三门白波发运司计度

① 〔元〕脱脱等:《宋史》卷二百七十四《侯赟传》,中华书局,1985,第 9360 页。
② 〔宋〕曾巩:《本朝政要策》,《曾巩集》卷四十九,中华书局,1984,第 675 页。
③ 〔清〕徐松辑,刘琳、刁忠民、舒大刚等校点:《宋会要辑稿》食货四二,上海古籍出版社,2014,第 6941 页。
④ 〔清〕徐松辑,刘琳、刁忠民、舒大刚等校点:《宋会要辑稿》食货四六,上海古籍出版社,2014,第 7029 页。
⑤ 〔元〕脱脱等:《宋史》卷一百七十五《食货上三》,中华书局,1985,第 4251 页。

人船般运"[①]。遇到粮荒,朝廷还调运关中粮食通过黄河漕运支援。真宗时,西京洛阳军队乏食,陕西转运使张傅言:"冯翊、华阴积粟多,可运二十万石,繇三门下济之。"[②]由此可见黄河漕运规模浩大,数量相当可观,也足以证明这一时期黄河漕运发展良好,形成欧阳修所称道的"万里通槎汉,千帆下漕舟"的漕运盛况。

从漕运流向上看,这一时期的黄河漕运主要是将"关中之粟"自渭入河,顺流东下,经三门峡,转入汴河,运抵京师。如前引《文献通考》所言:"陕西之粟,便自三门、白波转黄河入汴至京师","北方之粟,自三门、白波入关,自河入汴入京师"。《宋史·食货上三》亦载:"陕西诸州菽粟,自黄河三门沿流入汴,以达京师。"[③]这一流向改变了前代漕运溯河西上的传统,成为北宋黄河漕运发展的一大特色。

为运作好黄河漕运,顺利通过三门峡险阻,北宋在河道整治和组织管理上下了很大的功夫。早在建隆四年(963)四月,北宋建国不久,太祖即下诏"重疏凿三门"[④]。这是一次包括疏凿人门航道、维修栈道的较大规模工程。为了有效地组织管理漕运,北宋吸取唐代的经验,宋初设三门发运一职。《宋史·毕士安传》载传主于太平兴国初以大理寺丞兼三门发运事。太平兴国五年(980)正月,始设三门白波发运使,具体负责黄河漕运的管理和实施,漕运陕西诸州粮谷供输汴京事宜。《宋史·食货上三》记载,"陕西诸州菽粟,自黄河三门沿流入汴,以达京师,亦置发运司领之"[⑤],即三门白波发运司。三门白波发运使亦称三门白波黄渭汴河水路发运使、三门发运使,其机构最初为发运务,后改为发运司,又称三门白波提举辇运

① 〔宋〕张方平:《论京师军储事奏》,曾枣庄、刘琳主编:《全宋文》(第37册)卷七九〇,上海辞书出版社、安徽教育出版社,2006,第124~125页。

② 〔元〕脱脱等:《宋史》卷三百《张傅传》,中华书局,1985,第9975页。

③ 〔元〕脱脱等:《宋史》卷一百七十五《食货上三》,中华书局,1985,第4251页。

④ 〔清〕徐松辑,刘琳、刁忠民、舒大刚等校点:《宋会要辑稿》方域十,上海古籍出版社,2014,第9463页。

⑤ 〔元〕脱脱等:《宋史》卷一百七十五《食货上三》,中华书局,1985,第4251页。

司，治所在三门[①]。下设发运判官、催促装纲、催纲、发勾（勾当公事官）等职。《宋会要辑稿》记载："三门白波发运司，有催促装纲二人，以京朝官、三班充。河阴至陕州、自京至汴口，催纲各一人，并以三班以上充。"[②]发运判官多由朝官来担任，"三门判官、白波判官各以朝官一人充使，迭入奏事，各置吏属"[③]。三门白波发运司拥有自己的造船场。元丰六年（1083），"三门、白波提举辇运司乞借本司所辖阜财监上供钱万缗，遣官于邻州市木，于本司造船场造六百料运船，下陕西转运使依数拨还。从之"[④]。造船场一次可造六百料运船，可见其规模和生产能力相当大。

三门白波发运使是北宋两处发运使之一，在北宋漕运中地位重要。蔡襄《白波发运使厅壁记》写道："自天子居其大梁，南方之饶萃而不西，乃取关中地水以东下，而三门、白波、河阴咸设官莅治发运之职。其治白波者，增使名而重之。"[⑤]吕祖谦《历代制度详说》："到得宋朝定都于汴，是时，漕运之法分为四路：东南之粟自淮入汴至京师；若是陕西之粟，便自三门、白波转黄河入汴至京师；若是陈、蔡一路粟，自惠民河至京师。京东粟自广济河至京师。四方之粟有四路，四条河至京师。当时最重者惟是汴河最重，何故？河西之粟，江无阻，及入汴，大计皆在汴；其次北方之粟，自三门、白波入关，自河入汴入京师，虽惠民、广济来处不多，其势也轻。"[⑥]大中祥符九年（1016），宋真宗规范发运判官上京入奏制度，"诏黄、汴、广济、石塘河催纲巡河京朝官、使臣，自今每岁许一次入奏"，三门白波发运判官则被给予特殊待

---

① ［宋］王应麟：《玉海》卷一百八十二《建隆发运使》，广陵书社，2007，第 3350 页。

② ［清］徐松辑，刘琳、刁忠民、舒大刚等校点：《宋会要辑稿》食货四五，上海古籍出版社，2014，第 7009 页。

③ ［宋］孙逢吉：《职官分纪》卷四十七《三门白波黄河汴河水路发运使判官》，上海古籍出版社，1992，第 848 页。

④ ［宋］李焘：《续资治通鉴长编》卷三百三十九，宋神宗元丰六年，中华书局，2004，第 8162 页。

⑤ ［宋］蔡襄：《白波发运使厅壁记》，曾枣庄、刘琳主编：《全宋文》（第 47 册）卷一〇一七，上海辞书出版社、安徽教育出版社，2006，第 185 页。

⑥ ［元］马端临撰，上海师范大学古籍研究所等点校：《文献通考》卷二十五《国用考三》，中华书局，2011，第 754 页。

遇,“每岁许二人更番入奏”[①]。由于地位重要,三门白波发运判官也成为一般官员希求的官职。《续资治通鉴长编》记载,宝元元年(1038),“翰林侍读学士梅询知审官院,虞部员外郎潘若冲求为白波发运判官,询怒其求不已,因忿詈之,若冲亦出不逊语,询即以其事闻。乃降若冲小处差遣,而询亦代去”[②]。三门白波发运使的设置为这一时期黄河漕运的发展、兴盛提供了制度保障。

唐代的集津仓在北宋仍在用于漕运。解盐也通过陆运至集津仓,然后再入河东运。1997 年,在平陆三门乡龙岩村集津仓遗址,考古发现了宋代房屋基址 2 座,宋代残墙 1 段,宋代火坑 4 个。其中一座房屋基址,据已发掘出的 2 块石柱础的间距约 3 米来推算,它应共有 5 间房。更重要的是,在这座房址出土的建筑用砖上有“官”字印,说明宋时这里有一个常设的官方机构。[③]

陕州诗人魏野与三门发运等当朝官员多有交往,有《赠三门漕运钱舍人》《送三门发运辛寺丞赴阙》《别后却寄三门发运卞寺丞兼简臧推官》《寄赠三门漕运卞寺丞二首》《和三门窦寺丞见寄》等诗作,对这一时期三门漕运及三门发运官员的工作和生活状况多有反映。如:“唱酬思搁笔,迎送愧楼船。”[④]“白浪为行路,红旗认坐船。”[⑤]“威权自与转输同,仆从衙庭事事雄。十郡山河关职务,一门忠孝是家风。”[⑥]其《三门留题》写三门险峻和漕运繁忙:“涡恐和山漩,涛疑若石奔。势愁舂地轴,声想震开阍。寺庙中流耸,烟云两岸屯。楼台疑蜃吐,舟楫畏鲸吞。游客虽惊险,居僧不厌喧。如潮无振鹭,似峡欠啼猿。孤店经商少,雄司漕运繁。”[⑦]司马

① 〔宋〕李焘:《续资治通鉴长编》卷八十七,宋真宗大中祥符九年,中华书局,2004,第 1997 页。

② 〔宋〕李焘:《续资治通鉴长编》卷一百二十二,宋仁宗宝元元年,中华书局,2004,第 2873 页。

③ 张童心、宁立新:《平陆县龙岩遗址的发掘及考证》,山西省考古学会等:《山西省考古学会论文集》(3),山西古籍出版社,2000,第 117 页。

④ 〔宋〕魏野:《赠三门漕运钱舍人》,《钜鹿东观集》卷二,中华书局,1987,第 25 页。

⑤ 〔宋〕魏野:《送三门发运辛寺丞赴阙》,《钜鹿东观集》卷四,中华书局,1987,第 67 页。

⑥ 〔宋〕魏野:《寄赠三门漕运卞寺丞二首》,《钜鹿东观集》卷二,中华书局,1987,第 34~35 页。

⑦ 〔宋〕魏野:《三门留题》,《钜鹿东观集》卷七,中华书局,1987,第 104 页。

光亦有《游三门开化寺》诗云:“山石古来色,河流无尽声。行船自往返,群木几枯荣。狂象调难伏,空华灭复生。”[①]《三门禹祠二首》其二写道:“赑屃青崖裂,喧豗白浪豪。客舟浮木叶,生理脱鸿毛。柏映孤峰短,铭书绝壁高。河师不耕织,容易戏风涛。”[②]所谓“转输”“漕运繁”“行船”“河师”都反映了三门峡黄河漕运的情形。

第二个阶段,自仁宗庆历中到北宋末年,是北宋黄河漕运的衰落期。这一时期的特点是漕额锐减,漕粮运输日益萎缩,漕运在艰难中延续、发展。

仁宗庆历中以来黄河漕运的衰落主要来自两方面的压力。首先是“夏戎叛命,遂不暇给”。自真宗以来,西夏在西北逐渐崛起,不断进扰北宋边域。宝元元年,李元昊称帝,建立西夏。宋夏矛盾激化,陕西沿边成为对西夏战争的前沿,屯驻数十万军队,军费浩大。“陕西用兵,调度百出,县官之费益广。……江、淮岁运粮六百余万石,以一岁之入,仅能充期月之用。”[③]“自熙宁以来,王韶开熙河,章惇营溪洞,沈起、刘彝启交址之隙,韩存宝、林广穷乞弟之役,费用科调益繁。陕西宿兵既多,元丰四年,六路大举西讨,军费最甚于他路。”[④]庞大的军饷开支非陕西一路所能承担,加上此时关中迭遭自然灾害,致使仓廪空虚,财用匮乏。陕西诸州粟菽非但不能转漕京师,有时甚至还需自京师漕运军粮以作补充。其次,三门峡河段槽窄、滩陡、水流急,历来是制约黄河漕运的险阻。北宋黄河漕运一如前代,在三门峡采用水运陆转的方式,漕运的艰难和损耗问题仍然严重。北宋屡作改革,但收效不大。至道三年(997),太宗因“西鄙运粮,烝庶劳弊”,改“遣诸军转送,所以息民”[⑤]。宋

① 〔宋〕司马光著,李之亮笺注:《司马温公集编年笺注》(1)卷十一《游三门开化寺》,巴蜀书社,2009,第248页。

② 〔宋〕司马光著,李之亮笺注:《司马温公集编年笺注》(1)卷十一《三门禹祠二首》,巴蜀书社,2009,第247页。

③ 〔元〕脱脱等:《宋史》卷一百七十九《食货下一》,中华书局,1985,第4351页。

④ 〔元〕脱脱等:《宋史》卷一百七十五《食货上三》,中华书局,1985,第4246页。

⑤ 〔清〕徐松辑,刘琳、刁忠民、舒大刚等校点:《宋会要辑稿》食货四二,上海古籍出版社,2014,第6939页。

初十船编为一纲,由使臣或军大将一员押运。大中祥符九年,为防官物侵盗,又把三纲合成一纲,管理漕船三十只,由三人共同押运。仁宗时,“河东、陕西船运至河阳,措置陆运,或用铺兵厢军,或发义勇保甲,或差雇夫力,车载驮行,随道路所宜”①。但陆运所费不亚于水运。沈括在《梦溪笔谈》中写道:“若以畜乘运之,则驼负三石,马、骡一石五斗,驴一石。比之人运,虽负多而费寡,然刍牧不时,畜多瘦死,一畜死则并所负弃之,较之人负,利害相半。”②到北宋中期,问题更为突出,以致一度出现了“黄河挽舟卒不习湍险,多溺死”③,“京师在汴,漕运不西,而人之习见者遂以谓不能西”的现象。对此,康定元年(1040),欧阳修给仁宗上书,明确指出“其患者三门阻其中尔”。他建议“今宜浚治汴渠,使岁运不阻,然后按求耀卿之迹,不惮十许里陆运之劳,则河运通而物可致,且纾关西之困”④。欧阳修设想用裴耀卿的办法,以“北运”来避开三门峡险阻,使河漕通至关西,最终未得以实现。胡渭论述道:“庆历中,陕西用兵,欧阳修请案裴耀卿旧迹以通漕运,而不果行。自是之后,无复以砥柱为言者矣。”⑤

黄河漕运的困难与宋夏关系的紧张交织在一起,直接导致关中没有能力较为稳定地维系漕粮的正常供应,“黄河岁漕益减耗”。庆历时,“才运菽三十万石”,而且代价很大,“岁创漕船,市材木,役牙前,劳费甚广”。在此情形下,嘉祐四年(1059),仁宗决定“罢所运菽,减漕船三百艘。自是岁漕三河而已”⑥。这一变化使黄河漕运退出了北宋官定的四河漕运网络,不再作为主要的漕运线路。黄河漕运的发展自然受到影响,但以为北宋从此停止黄河漕运的说法,似是误解。

---

① [元]脱脱等:《宋史》卷一百七十五《食货上三》,中华书局,1985,第4256页。
② [宋]沈括撰,金良年点校:《梦溪笔谈》卷十一《官政一》,中华书局,2015,第115页。
③ [宋]李焘:《续资治通鉴长编》卷一百二十九,宋仁宗天圣七年,中华书局,2004,第2505页。
④ [宋]李焘:《续资治通鉴长编》卷一百二十九,宋仁宗康定元年,中华书局,2004,第3065~3066页。
⑤ [清]胡渭著,邹逸麟整理:《禹贡锥指》卷十三,上海古籍出版社,2006,第446页。
⑥ [元]脱脱等:《宋史》卷一百七十五《食货上三》,中华书局,1985,第4252页。

审读上文，仁宗“罢所运菽”，并非至此即戛然而止，只是“减漕船三百艘”，漕运规模较之此前大为缩小。文献记载显示嘉祐四年以后黄河漕运仍在继续运行，三门漕运机构也在行使其职能。《续资治通鉴长编》记载，熙宁三年（1070）八月丙子，提举陕西常平等事苏涓等奏言：“鄜延、秦凤、泾原、环庆等四路并边州军常阙军食，不免支移内地民赋，百姓苦于陆运。”为此请求将内地向陕西沿边的军粮运输由陆运改为水运，“今欲自河、洛运入鄜延路至延州，自渭运入秦凤路至秦州，自泾运入泾原、环庆路至渭、庆州”①。神宗诏前知华阴县宁麟、前凤翔府普润县令梁仲堪乘驿行视以闻。后来虽然未采纳实行，却说明黄河漕运并未停止。王安石变法期间，又有实现西晋凿通陕县南山引黄注洛通漕的计划：“介甫秉政，凤翔民献策云：‘陕州南有涧水，西流入河，若疏导使深，又凿硖石山使通谷水，因导大河东流入谷水，自谷入洛，至巩复会于河，以通漕运，可以免砥柱之险。’介甫以为然，敕下京西、陕西转运司差官相度。京西差河南府户曹王泰。王泰欲言不便，则恐忤朝廷获罪；欲言便，又恐为人笑，乃申牒言：‘今至谷水上流相度，若疏引大河水，得至渑池县境，导之入谷水，委实利便可行。’盖出渑池县境则硖石大山，属陕西路故也。陕西言不可行，乃止。”②《续资治通鉴长编》系之于熙宁四年（1071）冬十月③。苏辙《龙川略志》记述元祐三年（1088）春纲运转漕关东粟赈济关中旱灾事：“元祐三年春，关中小旱……有吴革者，自白波辇运罢还，欲求堂除，因议水陆运米，以济关中之饥。……革言陆运以车营务车、驼坊驼骡运至陕，水运以东南纲船般至洛口，以白波纲船自洛口般入黄河。”于是，苏辙“为刷汴岸浅底船，量载米以往”。后因运输

① 〔宋〕李焘：《续资治通鉴长编》卷二百十四，宋神宗熙宁三年，中华书局，2004，第 5210 页。

② 〔宋〕司马光：《涑水记闻》卷十五，朱易安等主编：《全宋笔记》第 1 编第 7 册，大象出版社，2008，第 195 页。

③ 〔宋〕李焘：《续资治通鉴长编》卷二百二十七，宋神宗熙宁四年，中华书局，2004，第 5525 页。

困难,“所运米中路留滞,虽有至洛口,散失败坏不可计”[①]。上述几事,虽未尽成,但在一定程度上可以说明,经由三门峡的黄河漕粮运输并未因嘉祐四年的诏令而完全废止,只是运输相当困难,漕运量大幅减少,而且出现了汴河输送京师的部分漕粮转输关中的现象。苏颂《朝请郎致仕李君墓志铭》记载了当时漕运运行的一些情况:元祐年间,墓主李况“同提举三门辇运,以广济十军岁挽漕舟,最号重役,至冬当休,而白波常托河堤备虞,及期不遣,毙于冻馁者十六七。于是为坐放冻令,签白波放还,得稍憩”[②]。

仁宗庆历以来,随着黄河漕运的变化,创于宋初的三门漕运机构的设置变动较大。庆历三年(1043),因“议者以置使烦,而比岁漕益耗”,废除了三门白波发运使,由陕西和京西转运使分领其事,但三门发运判官一职则被保留。《续资治通鉴长编》记载:“庆历三年罢发运使,其发运使事分隶陕西、京西两路转运使,犹存三门发运判官一员。”[③]五年后,庆历八年(1048)又“复置三门白波发运使”,后改称三门白波提举辇运司,设都大提举一人、同提举二人,其中河阴一人、三门一人,均以朝官充掌,“掌辖三门、河阴、汾洛人般(船)以备辇运之事,勾押、押司、勾计、知印各一人,前后行一十一人”。至宋末,因陕西地处前线,加之三门峡险阻,三门漕运机构仍在行使其职能。三门峡开元新河西岸摩崖题刻T2:“提举三门辇运王昭侍板舆来游,宣和辛丑上元后六日。”[④]宣和为徽宗年号,宣和辛丑即1121年。宣和年间的“提举三门辇运”又见于河北大学宋史研究中心资料室藏《刘唐工墓志铭》拓片,墓主逝于宣和二年(1120),徽宗即位后,曾“进朝散大夫、加柱国,同提举三

---

① 〔宋〕苏辙:《龙川略志》卷五《言水陆运米难易》,朱易安等主编:《全宋笔记》第1编第9册,大象出版社,2008,第278~279页。

② 〔宋〕苏颂:《朝请郎致仕李君墓志铭》,曾枣庄、刘琳主编:《全宋文》(第62册)卷一三五一,上海辞书出版社、安徽教育出版社,2006,第166页。

③ 〔宋〕李焘:《续资治通鉴长编》卷一百四十二,宋仁宗庆历三年,中华书局,2004,第3423页。

④ 中国科学院考古研究所:《三门峡漕运遗迹》,科学出版社,1959,第46页。

门辇运”[①]。《靖康要录》亦载有靖康元年(五月五日有臣僚上言罢免王安中之婿“三门辇运赵奇”等事[②]。《宋史》记载有赵子淔徽宗朝“提举三门、白波辇运事”[③],靖康初薛弼“改三门、白波辇运”[④]。可见创于宋初的提举三门白波漕运官,在宋末徽宗、钦宗朝仍行使其职能。同样,黄河漕运也未停止。如治平二年(1065),“繇京西、陕西、河东运薪炭至京师,薪以斤计一千七百一十三万,炭以秤计一百万”[⑤]。靖康元年,钦宗诏书亦称:“一方用师,数路调发,军功未成,民力先困。京西运粮,每名六斗,用钱四十贯;陕西运粮,民间倍费百余万缗,闻之骇异。”[⑥]

反映嘉祐四年后北黄河漕运仍在持续运行的资料还有三门峡黄河栈道题刻。如神门岛 T1:“李昌言、范百朋,治平元年正月弍十弍日同观禹门。杨炳奉陪,山僧熙嶼刻石。”[⑦]治平为英宗年号,元年即 1064 年。李昌言曾官至太子中舍,此题刻当为其治平元年考察三门(曾称禹门)河道时所留。三门峡下游杜家庄栈道 T1:“治平三年十月,内山河都头毛顺重别开凿啮道记。”[⑧]此为治平三年即 1066 年,内山河都头毛顺重开凿杜家庄栈道的题记。平陆老鸦石栈道 T1:“绍圣元年九月二十五日押茶纲大将王佐刊。”[⑨]为绍圣元年(1094)押茶纲大将王佐进行漕运时的题记。开元新河东岸 T13:“夷门宋孝先子中、甘棠宋滂泽民、平原王石吉老、张荛恭、

① 张春兰、祁玉勇:《北宋中下层官员恩荫入仕个案考释——以〈刘唐工墓志铭〉为例》,《保定学院学报》2019 年第 1 期。

② 《靖康要录》卷六,万卷楼丛书本,中华书局,1985,第 116 页。又余嘉锡考证作者为宋翰林学士汪藻(1079—1160)。说详颜培建《〈靖康要录〉版本流传及整理略谈》,《古籍研究》总第 57~58 卷,安徽大学出版社,2013 年,第 286 页。

③ 〔元〕脱脱等:《宋史》卷二百四十七《赵子淔传》,中华书局,1985,第 8471 页。

④ 〔元〕脱脱等:《宋史》卷三百八十《薛弼传》,中华书局,1985,第 11721 页。

⑤ 〔元〕脱脱等:《宋史》卷一百七十五《食货上三》,中华书局,1985,第 4253 页。

⑥ 〔元〕脱脱等:《宋史》卷一百七十五《食货上三》,中华书局,1985,第 4257 页。

⑦ 中国科学院考古研究所:《三门峡漕运遗迹》,科学出版社,1959,第 53 页。

⑧ 中国科学院考古研究所:《三门峡漕运遗迹》,科学出版社,1959,第 55 页。

⑨ 山西省考古研究所、山西大学考古专业、运城市文物工作队:《黄河漕运遗迹——山西段》,科学技术文献出版社,2004,第 147 页。

箕山张宝源澄之,政和壬辰中秋后十日同视。张洙、师圣来,御前筏木澄之题。"①政和壬辰即政和二年(1112),张宝源曾名列元祐党籍,其在开元新河东岸还留有"凿开山骨过长河,水土方平叙九歌。举世但传神禹力,谁人知是帝功多。政和壬辰岁,张宝源重题"题记。可知上述两侧题记当为其受官府派遣考察开元新河漕运时所留。

值得注意的是,三门峡黄河栈道还可见崇宁年间个人出资修治栈道的记录,这是与由政府组织进行大规模修治明显不同的新现象。

八里胡同北岸西Ⅰ段栈道上有一尊宋代线刻观音菩萨像及徽宗崇宁四年(1105)的题刻。其中观音菩萨像左侧有题刻三则。其一,"救苦救难观世音";其二,"下东阳段大□哥为觅此路竣险□于断头台□君记口死崇宁四年□酉七月二十日";其三,"施主段恭丙辰三十岁,石匠秦琨丙午四十岁,石匠马友学□□二十二岁"。观世音像之下题记一则:"人父母,自备钱修不是痴,经营数载谢神祇,喜舍资财修险路,愿天爰察此言题。修时修了五年□□□造□□□石□□□□□□□□。"另观世音像西侧有题记:"长年三十早觉悟,发心便修前逞路。劝君险路好修持,天佛必定暗相助。"在观世音菩萨像和题记对岸的清水河南岸崖壁上有观世音菩萨及供养人线刻画像与题刻,也为段恭修凿。观世音菩萨居中,圆形头光和背光外两侧分刻正书"救苦救难观世音菩萨"。供养人线画像居左,后侧上方正书"修道人段恭"。观世音菩萨右侧有题刻二则。其一,"有山路□□□□";其二,"崇宁五年十一月二十一日丙戌修"②。上述造像和题刻都发现于栈道侧壁上或山岩间,附近地方皆有栈道及方形或牛鼻形孔遗迹,足以说明三门峡黄河漕运在嘉祐四年以后并未中断,不仅官方在持续地修凿栈道,以改善漕运条

① 中国科学院考古研究所:《三门峡漕运遗迹》,科学出版社,1959,第49页。

② 陈平、孙红梅:《黄河八里胡同峡栈道》,河南省文物管理局等:《黄河小浪底水库文物考古报告集》,黄河水利出版社,1998,第70~73页。

件,而且还出现了像段恭这样的个人出资修治栈道的新现象。三门峡黄河漕运依然在艰难地延续、发展着。

图 8-12　八里胡同段恭题刻[①]

上述表明,三门峡黄河漕运在北宋时期经历了由北宋前期的发展兴盛到北宋中后期的逐渐衰落的曲折过程,但终北宋一代,三门峡黄河漕运一直在持续,并未出现停止的局面。其间,因宋夏间兵衅再起,宋神宗对西夏大规模用兵,陕西军需倍于往常以及徽宗时宋金间烽烟重燃,"蔡京用事,复务拓土,劝徽宗招纳青唐,用王厚经置,费钱亿万","自夏人叛命,诸路皆谋进筑,陕以西保甲皆运粮"。"后童贯又自将兵筑靖夏、制戎、伏羌等城,穷讨深入,凡六七年"[②],在仁宗、神宗及徽宗朝黄河漕运曾一度出现较大发展。

① 采自秦文生《启封中原文明　20 世纪河南考古大发现》,河南人民出版社,2002,第 176 页。

② 〔元〕脱脱等:《宋史》卷一百七十五《食货上三》,中华书局,1985,第 4247~4248 页。

2. 北宋三门峡黄河漕运物资种类

就漕运物资种类而言,北宋三门峡黄河漕运呈现出多元化的特点。漕粮运输历来是黄河漕运的主要大宗物资,居于重要地位,北宋同样如此。不同的有二个方面,一是漕运流向,前期主要是由陕西等地向下游的汴京等地漕运粮食。北宋中后期,自宋仁宗时有了改变。因西北边事渐趋紧张,陕西军备骤增,陕西之粟、菽非但不能转漕京师,反过来陕西军需还需中央补给。二是漕运物资种类,除漕粮外,北宋材木、薪炭、食盐等的漕运规模也相当庞大,并贯穿于北宋始终,从而构成北宋三门峡黄河漕运的一大特色。与前代相比,一些官吏、商人为谋商利而参与经营这些货物运输,乃至形成商业漕运船队,也是北宋黄河漕运值得关注的一个重要特点。

北宋京师驻军庞大,官员臃肿,人口众多,用于营缮京师、治理黄汴二河的修河物料和居民生活所需的薪炭消耗巨大。北宋陕西地区有着大面积的森林资源,盛产优质木料和竹子,是京师汴京所需材木、薪炭的主要来源地,向汴京漕运材木、薪炭一度相当鼎盛,运输规模十分庞大。

漕运汴京的材木大体分为营缮京师的建筑用材及治理黄汴二河的修河物料两部分。营缮京师的材木方面,太祖建隆二年(961),高防知秦州时,即"建采造务,辟地数百里",募兵三百"岁获木万章""以给京师"[①]。淳化二年(991),温仲舒知秦州,每年"岁调卒采伐给京师"[②]。庆历六年(1046)、七年(1047)因汴京营造宫室宅第,采伐、转运陕西路所产材木共 32 万根。庆历八年(1048),"又准三司牒,采买上件材木九万三千条有零,亦是分配永兴等十四州收买。缘并系大料木植,只是秦州出产。又闻深入番界,采斫至难。其余不产州军,须至差衙前分买"[③]。大体说来,北宋对陕西材木的需求,有"有常"和"无常"之分。所谓"有常",即朝廷每年

① 〔元〕脱脱等:《宋史》卷二百七十《高防传》,中华书局,1985,第 9261 页。

② 〔元〕脱脱等:《宋史》卷二百六十六《温仲舒传》,中华书局,1985,第 9182 页。

③ 〔宋〕包拯:《请权罢陕西州军科率奏》,曾枣庄、刘琳主编:《全宋文》(第 26 册)卷五四四,上海辞书出版社、安徽教育出版社,2006,第 14 页。

制订计划向陕西摊派。如庆历三年(1043),三司言"在京营缮,岁用材木凡三十万,请下陕西转运司收市之"。最终朝廷将规模核减为二十万[①]。明道元年(1032),"三司请下陕西市材木二十九万,诏减其半"[②]。至和二年(1054),欧阳修在《论罢修奉先寺等状》写道:"开先殿初因两条柱损,今所用材植物料共一万七千五百有零,睦亲宅神御殿所用物料又八十四万七千,又有醴泉、福胜等处物料,不可悉数。"加之修缮军营务等耗材,又有百余处,"使厚地不生他物,惟产木材,亦不能供此广费"[③]。类似这样大规模的材木征敛,"陕西州军一年之内三五次,各是大段科配"[④]。据苏轼说,虢州也是材木征敛的地区之一,以"良材松柏,赡给中都"[⑤]。"无常"则是京师遇有大的工程用木,随时下地方官府科买。如天圣八年(1030),"三司言方建太一宫及洪福等院,计须材木九万四千余条,乞下陕西市之。诏可"[⑥]。元丰三年(1080),为修京师尚书省的官署,宋神宗下诏在今甘肃西南一带伐木运汴京:"非久修建尚书省等,方今天下,独熙河山林久在羌中,养成巨材,最为浩瀚,可以取足即今合用之数。宜专差都大经制熙河路边防财用事李宪兼专切提举本路采买木植。其合置官属并创立约束,并仰画一条具闻奏。其本路以东涉历路分,应缘今来职事,他司不得辄干预。"[⑦]

在治理黄、汴二河所需修河物料上,"有司常以孟秋预调塞治之物,梢芟、薪柴、

① 〔宋〕李焘:《续资治通鉴长编》卷一百三十九,宋仁宗庆历三年,中华书局,2004,第 3337 页。

② 〔宋〕李焘:《续资治通鉴长编》卷一百十一,宋仁宗明道元年,中华书局,2004,第 2579 页。

③ 〔宋〕欧阳修等:《论罢修奉先寺等状》,曾枣庄、刘琳主编:《全宋文》(第 32 册)卷六八六,上海辞书出版社、安徽教育出版社,2006,第 229 页。

④ 〔宋〕包拯:《请权罢陕西州军科率奏》,曾枣庄、刘琳主编:《全宋文》(第 26 册)卷五四四,上海辞书出版社、安徽教育出版社,2006,第 14 页。

⑤ 〔宋〕苏轼:《上虢州太守启》,曾枣庄、刘琳主编:《全宋文》(第 87 册)卷一八八八,上海辞书出版社、安徽教育出版社,2006,第 267 页。

⑥ 〔宋〕李焘:《续资治通鉴长编》卷一百九,宋仁宗天圣八年,中华书局,2004,第 2538 页。

⑦ 〔宋〕李焘:《续资治通鉴长编》卷三百十,宋神宗元丰三年,中华书局,2004,第 7528~7529 页。

楗橛、竹石、茭索、竹索凡千余万,谓之'春料'"[①]。天禧三年(1019)八月,白波发运司采伐梢木三百万,需用船三千只,三司"望遣内官一员于泗州已来拨借公私船供应,诏止以官船充用"[②]。景祐元年(1034),三门白波发运使文洎言:"诸埽须薪刍竹索,岁给有常数,费以巨万计。"[③]庆历八年,包拯奏称:"时准三司牒,买修河桩橛四十三万余条,亦于永兴等七州军配买,比之常岁,多两倍已上。并河中府澶州要缆索竹一百五十万竿,见差人司竹监斫次。"[④]仁宗嘉祐四年后,这种治河木料的采伐和运输继续呈大规模态势。熙宁二年(1069),范纯仁上《条列陕西利害》说:"陕、府、虢、解等州与绛州,每年差夫共约二万人,至西京等处采黄河稍木,令人夫于山中寻逐采斫。多为本处居民于人夫未到之前,收采已尽,却致人夫贵价于居民处买纳。及纳处邀难,所费至厚,每一夫计七八贯文,贫民有卖产以供夫者。"[⑤]治河木料的采伐和运输给当地百姓带来了相当沉重的负担。

薪炭是指薪材和木炭,皆为日常生活生产所用。漕运汴京的薪炭数量同样十分巨大,仅治平二年一年,即"繇京西、陕西、河东运薪炭至京师,薪以斤计一千七百一十三万,炭以秤计一百万"[⑥]。

此外,陕西还是京师煤炭的主要供应地之一。朱翌《猗觉寮杂记》卷上记载:"石炭,自本朝河北、山东、陕西方出,遂及京师。"[⑦]陕西煤炭运至京师也是借助于黄河漕运完成的。

---

① 〔元〕脱脱等:《宋史》卷九十一《河渠一》,中华书局,1985,第2265页。

② 〔宋〕李焘:《续资治通鉴长编》卷九十四,宋真宗天禧三年,中华书局,2004,第2164页。

③ 〔宋〕李焘:《续资治通鉴长编》卷一百一十五,宋仁宗景祐元年,中华书局,2004,第2709页。

④ 〔宋〕包拯:《请权罢陕西州军科率奏》,曾枣庄、刘琳主编:《全宋文》(第26册)卷五四四,上海辞书出版社、安徽教育出版社,2006,第13~14页。

⑤ 〔宋〕范纯仁:《条列陕西利害》,曾枣庄、刘琳主编:《全宋文》(第71册)卷一五四八,上海辞书出版社、安徽教育出版社,2006,第171页。

⑥ 〔元〕脱脱等:《宋史》卷一百七十五《食货上三》,中华书局,1985,第4253页。

⑦ 〔宋〕朱翌:《猗觉寮杂记》卷上,朱易安等主编:《全宋笔记》第3编第10册,大象出版社,2008,第26页。

京师对材木、薪炭等的巨大需求,促使一些朝廷权贵不顾朝廷禁令,纷纷从事黄河材木等运输,从中牟取暴利。开宝年间,"时权要多冒禁市巨木秦、陇间,以营私宅"①。宰相赵普也公然冒禁"市屋材"。《续资治通鉴长编》记载:开宝四年(971),"官禁私贩秦、陇大木,普尝遣亲吏往市屋材,联巨筏至京师治第,吏因之窃于都下贸易,故玭以为言。上怒,促合门集百官,将下制逐普"②。赖王溥奏解之。然而,在巨大利益吸引下,朝廷权贵冒禁市木愈演愈烈。太平兴国五年(980),宣徽北院使、判三司王仁赡奏言:"近臣、戚里多遣亲信市竹木秦、陇间,联巨筏至京师,所过关渡称制免算。既至,厚结执事者,悉官市之,多取其直。"③三司副使范旻、户部判官杜载、开封府判官吕端、判四方馆事程德玄、武德使刘知信、翰林使杜彦珪、内侍武德副使窦仁宝、日骑天武四厢都指挥使赵延溥、左卫上将军祁廷训及驸马都尉王承衍、石保吉、魏咸信等一批高官皆因买卖运输秦陇材木而获罪贬官。但因需量大,获利多,此后仍有文武官员违禁染指薪炭等采买运输。大中祥符八年(1015)闰六月,宋真宗诏曰:"皇族及文武臣僚、僧道诸河般载薪炭刍粟舟船,止准宣敕及中书、枢密院所降圣旨札子内只数与免差遣。"④但实际上并未得到执行。天圣十年(1032)三月,"上封者言:'诸州知州、总管、钤辖、都监,多遣军卒入山伐薪烧炭,以故贫不胜役,亡命为盗。'诏申条约,自今犯者严断,仍委转运使察之"⑤。

北宋时期大规模的材木、薪炭及煤炭漕运,贯穿于北宋王朝始终,构成黄河漕运的重要内容,这是此前历代所未见的新现象,体现出北宋三门峡黄河漕运的新特点,对维系北宋王朝的正常运行和北宋开封的京城建设和繁荣都发挥了重要作用。

---

① 〔元〕脱脱等:《宋史》卷二百六十四《沈伦传》,中华书局,1985,第 9113 页。

② 〔宋〕李焘:《续资治通鉴长编》卷十二,宋太祖开宝四年,中华书局,2004,第 262 页。

③ 〔宋〕李焘:《续资治通鉴长编》卷二十一,宋太宗太平兴国五年,中华书局,2004,第 478 页。

④ 〔清〕徐松辑,刘琳、刁忠民、舒大刚等校点:《宋会要辑稿》食货五〇,上海古籍出版社,2014,第 7121 页。

⑤ 〔清〕徐松辑,刘琳、刁忠民、舒大刚等校点:《宋会要辑稿》刑法二,上海古籍出版社,2014,第 8292 页。

但大肆采伐也使得陕西地区的森林资源遭到巨大破坏。

陕西地区材木、薪炭、煤炭转输京师，同漕粮一样，主要依靠渭水、黄河漕运。据《宋史·张平传》记载，太宗时张平"建都务，计水陆之费，以春秋二时联巨筏，自渭达河，历砥柱以集于京。期岁之间，良材山积。太宗嘉其功，迁供奉官、监阳平都木务兼造船场"[①]。《宋史·苏轼传》亦载苏轼嘉祐年间签书凤翔府节度判官时，"岐下岁输南山木筏，自渭入河，经砥柱之险，衙吏踵破家"[②]。据此可知，陕西地区材木、薪炭转输京师的路线是：从南山采伐巨木后，集于渭河沿岸各采木场，然后结成木筏，放入渭水。东流出潼关入黄河，历砥柱，运抵京师。因渭河冬天结冰水浅，无法运行，夏季河水暴涨，时深时浅，急流浑浊，亦不便流运，因而流筏只能利用水量充足，水势平稳的春、秋二季转输。由张平"期岁之间，良材山积"，足供京师建筑使用情况看，经过三门峡黄河漕运的陕西材木等的数量确实是相当可观的。因此，运输陕西木材至京师，也是三门白波发运使的重要职责之一。天禧三年四月，白波发运司判官王真言："上供材植及诸埽岸桩橛，欲望来年下陕西州军和市，编排为筏，候春水或霜降水落之际，由三门入汴。"[③]这年八月，白波发运司一次即组织三百万棵林木运往京师。范仲淹为三司使时，"陕西旧科吏人采木送京师，度三门之险"[④]。由于运输材木任务量大，元祐年间，苏辙甚至说："白波纲运，昔但闻有竹木，不闻有粮食。"[⑤]

北宋时期为保障京师对材木的需求，运输方式除以官方运输为主外，也发生了

① 〔元〕脱脱等：《宋史》卷二百七十六《张平传》，中华书局，1985，第9405页。

② 〔元〕脱脱等：《宋史》卷三百三十八《苏轼传》，中华书局，1985，第10802页。

③ 〔清〕徐松辑，刘琳、刁忠民、舒大刚等校点：《宋会要辑稿》食货三七，上海古籍出版社，2014，第6809页。

④ 〔宋〕范仲淹：《宋故同州观察使李公神道碑铭》，曾枣庄、刘琳主编：《全宋文》（第10册）卷三八八，巴蜀书社，1990，第27页。

⑤ 〔宋〕苏辙撰，俞宗宪点校：《龙川略志》卷五《言水陆运米难易》，朱易安等主编：《全宋笔记》第1编第9册，大象出版社，2008，第278页。

些许变化,出现了雇土户运输材木的新方式。《续资治通鉴长编》记载:“熙宁初,凤翔府宝鸡县木务,元系举人姚舜贤愿将家产抵当,独押修河桩木上京,罢军将十五人廪秩之费。”这一新的陕西材木运输方式取得了良好的效果。“舜贤所押筏木船只增羡,官私利之。”于是元祐七年(1092)五月,哲宗下诏规定:“凤翔府竹木筏,应募土人以家产抵当,及八千贯以上者管押上京。”①雇土户运输材木方式的出现,是商品经济更加发展的结果,也表明当时朝廷认识到了市场规律的存在,并力求按这一规律办事。而此类带有商运性质的运输方式也反映在黄河漕粮、解盐等物类的运输上,成为北宋商品经济中富有特色的重要组成部分,是北宋黄河漕运发展的又一大特点。

八里胡同北岸西Ⅰ段栈道的题刻是一处罕见的私家捐资维修栈道的资料,有研究者分析,题刻者段恭作为一个富有资财的地主或商人,其个人出巨资修治栈道,很可能与当时为解决陕西驻军粮草的“入中”方式有关。北宋时宋夏战争频仍,陕西重兵驻戍,由于道路险阻遥远,军需运输困难,自太宗雍熙年间开始,朝廷乃招募商人运送粮草,偿以茶盐等榷货或现钱。据《宋史·食货上三》记载:“河北又募商人输刍粟于边,以要券取盐及缗钱、香药、宝货于京师或东南州军,陕西则受盐于两池,谓之入中。”陕西驻军所需粮草,相当部分是由各地商人用“入中”方式运往关中的。商人依此方式,即可获得官府付给转卖当时禁榷的盐茶等凭券,转而谋取暴利。“大抵入中利厚而商贾趋之。”②在此背景下,三门峡“这里的黄河漕运更多地可能由官方行为转变为个人行为,故与运输密切相关的栈道修治,很可能亦采取了出资的形式,对所需修治的地段分区承包,转而从官方获取一定的利益”③。段恭个人出资修治栈道,由题刻所在位置看,很可能与漕运粮草或解盐有关。

---

① 〔宋〕李焘:《续资治通鉴长编》卷四百七十三,宋哲宗元祐七年,中华书局,2004,第11288页。

② 〔元〕脱脱等:《宋史》卷一百七十五《食货上三》,中华书局,1985,第4241页。

③ 陈平、孙红梅:《黄河八里胡同峡栈道》,河南省文物管理局等:《黄河小浪底水库文物考古报告集》,黄河水利出版社,1998,第78页。

河东盐历来是三门峡黄河漕运的一大物类。北宋河东盐产销在国家财政收入中居于重要地位,如王景所说:河东盐之利“几半天下之赋”①。北宋河东盐销售区域已经固定化,主要分为三个区域:运往三京(西京、东京、南京)及京东的济、兖州和河东的晋、绛等州县者称为东盐;运往陕西路诸州县者称为西盐;运往京西等路者称为南盐。崤函地区由于接近河东盐池,并地接陕西关中,又有黄河和崤函古道陆路之利,在营销河东盐方面获得了更好的发展条件。设于三门的三门白波发运司同时负责三门到河阳段的盐运。至道二年(996)二月,太宗诏曰:“自三门垛盐务装发至白波务,每席支沿路抛撒耗盐一斤,白波务支堆垛销折盐半斤。自白波务装发至东京,又支沿路抛撒盐一斤。”②天圣二年(1024),三门白波发运使文洎奏“般盐条件,白家场去河中府五七里,三门集津垛盐务去陕府四十五里,乞委两处同判依例充季点纳下盐货,及乞许三门发运使、判官提举点检。每年上供盐,欲乞钤辖支装堪好明白盐席,分明定样,两平交装上船……到京,于都监院交纳”③。北宋一仍唐代在三门设转般盐仓,又在三门东的集津镇,另设“垛盐务”,负责盐船的停泊、装卸等,大大便利了解盐的对外漕运。元丰六年(1083),三门白波辇运司奏言:“乞权借发运司四百料平底船三百只,运榷场盐货、赏茶等至泛水,以本司船运赴河北。”④

北宋初期,对河东盐实行官产、官运、官销的禁榷制度。官府征调民夫、车船、骡马服役,为官府运盐,卸车装船。如《宋史·食货下三》所说:“禁榷之地,皆官役乡户衙前及民夫,谓之帖头,水陆漕运。”⑤从河东盐池南下到黄河渡口的陆路要翻

① 〔宋〕李焘:《续资治通鉴长编》卷一百九,宋仁宗天圣八年,中华书局,2004,第2546页。

② 〔清〕徐松辑,刘琳、刁忠民、舒大刚等校点:《宋会要辑稿》食货四六,上海古籍出版社,2014,第7031页。

③ 〔清〕徐松辑,刘琳、刁忠民、舒大刚等校点:《宋会要辑稿》食货四二,上海古籍出版社,2014,第6953页。

④ 〔宋〕李焘:《续资治通鉴长编》卷三百三十三,宋神宗元丰六年,中华书局,2004,第8016页。

⑤ 〔元〕脱脱等:《宋史》卷一百八十一《食货下三》,中华书局,1985,第4416页。

越中条山,“路迂且恶”[①],致使“百姓困于转输,颇受其弊”。“县官榷盐,得利微而为害博。”[②]既影响国家盐税的增收,又增加了百姓负担。于是,仁宗天圣八年,“诏罢三京、二十八州军榷法,听商人入钱若金银京师榷货务,受盐两池。行之一年,视天圣七年,增缗钱十五万”[③]。庆历八年,负责解河东盐务的范祥对河东盐运销办法进行重大变革,推行商人凭钞运销食盐的“盐钞法”,以通商为本,以商运商销取代官运官销,直接推动了河东盐的生产和运销。元祐二年(1087),朝廷又开放部分河东盐东运的商人运销,商人从河东盐池到垣曲可“结揽般运”[④],垣曲到孟州河阳一段,仍有三门辇运司接续经管。元祐六年(1091),进一步扩大到垣曲到河阳段,“召人自备赀本,入中解盐”[⑤],实现了河东盐东运全线的商运商销,从而促进了河东商盐贸易的兴旺。

出土于山西垣曲东滩村的“垣曲县店下样”,是宋代运输解盐标准石衡器。用大盐青石刻凿而成,重140公斤。上部顶端阴刻“盐样”两字,下部周围镌刻铭文,内容是关于盐运途中损耗标准的约定。研究者认为店下样是元祐七年七月当地盐商自行制造的私秤石砣,存放于运盐途中的垣曲、含口、安邑三地,用来称量解盐重量,防止运盐途中的人为侵损。其铭文属民运私约[⑥]。在交通史上,这又可以看作一个著名的有助于考察河东商盐贸易的兴旺的史例。

一是河东池盐东运新线路的开通。北宋前期河东盐东运洛阳的线路,据庞籍

① 〔宋〕庞籍:《天章阁待制司马府君碑铭》,曾枣庄、刘琳主编:《全宋文》(第17册)卷三六六,上海辞书出版社、安徽教育出版社,2006,第422页。

② 〔宋〕李焘:《续资治通鉴长编》卷一百九,宋仁宗天圣八年,中华书局,2004,第2545页。

③ 〔元〕脱脱等:《宋史》卷一百八十一《食货下三》,中华书局,1985,第4416页。

④ 〔宋〕李焘:《续资治通鉴长编》卷四百一,宋哲宗元祐二年,中华书局,2004,第9760页。

⑤ 〔宋〕李焘:《续资治通鉴长编》卷三百九十六,宋哲宗元祐二年,中华书局,2004,第9665页。

⑥ 垣曲县店下样铭文,见王泽庆、吕辑书:《“垣曲县店下样”简述》,《文物》1986年第1期;郭正忠:《宋代黄河中游的商人运输队——略论“垣曲县店下样”的社会经济意义》,《中州学刊》1987年第3期;柴继光:《宋代“垣曲县店下样”初识》,《盐业史研究》1989年第2期。

《司马池碑铭》记载:“率由蒲坂乱窦津,截太阳经底柱之险。”[①]即盐路有二,一条是由盐池经虞坂至平陆,或经解州二郎山至窦(浢)津。装船之后,或顺黄河而下,越砥柱之险,运至洛阳、开封等地,再分销于河南、河北、湖北、安徽等地的部分地区。或横渡黄河运到对岸的陕州、灵宝、阌乡等地,再陆路转运河南各县。这是一条先秦以来便开通使用的传统盐路。另一条是从盐池沿姚暹渠,入涑水,于蒲坂处再入黄河,运至蒲津渡,入黄河,水运到潼关,转渭水,运到长安集散。或由蒲津渡顺河而下,“自黄河三门沿流入汴,以达京师”[②]。但这两条道路在山西段“路迂且恶”。因此,在范祥改革,尤其元祐初全面开放河东盐东运政策的推动,盐商们雇募人工,凿穿山石,开通了含口通道。自含口(今绛县冷口)至垣曲,或由此沿河东下至孟州河阳,辗转至京师。或装船经济民渡过黄河至渑池,再转销洛阳等地。盐商们不仅可以雇人运到垣曲,而且垣曲至河阳一段,也可由商人包运,卖给官仓。由此大大调动了盐商的积极性,扩大了他们运盐的范围。

但有学者以为此条线路在“后来不仅被较大规模地予以另辟,而且逐渐取代了蒲坂、三门等传统水运,成为商运解盐往河阳一带的主要交通线”的见解[③],似有不妥。据庞籍《司马池碑铭》记载,元祐七年修通的这条道路,其实在太宗至道二年就曾一度被开发使用,后因“其夏,山水溃出,运车汩,人、牛漂流,不可胜计,道遂废”[④]。元祐七年重新修通后,原有的经由蒲坂,尤其是茅津的传统水陆道路并未停运,且垣曲至孟州河阳达汴京的新线路,与自盐池入经蒲坂至汴京的线路的后半段,是重叠的。只是前半段远近不同,山岭障碍与河沟危险程度各不相同而已。司

① 〔宋〕庞籍:《天章阁待制司马府君碑铭》,曾枣庄、刘琳主编:《全宋文》(第17册)卷三六六,上海辞书出版社、安徽教育出版社,2006,第422页。

② 〔元〕脱脱等:《宋史》卷一百七十五《食货上三》,中华书局,1985,第4251页。

③ 郭正忠:《宋代黄河中游的商人运输队——略论“垣曲县店下样”的社会经济意义》,《中州学刊》1987年第3期。

④ 〔宋〕庞籍:《天章阁待制司马府君碑铭》,曾枣庄、刘琳主编:《全宋文》(第17册)卷三六六,上海辞书出版社、安徽教育出版社,2006,第422页。

马光是夏县人，他曾多次经车辋路至茅津渡到河南。其《重经车辋谷》诗写道："昔年道经车辋谷，直上七里盐南坡。今年行役复到此，方春流汗如翻波。"①可见宋代车辋路还是河东盐南下运盐的通道。元祐七年，盐商们是在原传统的运盐商道外开通了东运洛阳的盐运新线路，从而大大丰富了河东盐转运的交通道路，盐商们因此有了更多的交通选择，反映了当时河东盐东运商贸的兴盛。

二是盐运商队的出现。置立"垣曲县店下样"的盐商，是"自来雇发含口、垣曲两处盐货"。参与商量置立石样的有运盐商人、辇户、勾当人等。他们"与众同共商议"后，"起立私约石样叁个，于安邑、含口、垣曲等处，各留壹个"。研究者认为，这是一支以盐商为核心，包括辇户、勾当人等在内的商人运输队伍。而由铭文规定"不得借与别客使用，切虑斤两不同，恐惹争讼"看，这条盐运线上的商队绝非一家，而是常年活跃着多支合法的商人运输队，所以才有"不得借与别客使用"，以避免"惹争讼"的规定。这些商人运输盐队已经具有一定的规模和较明确的分工，内部已形成了"本客"（盐商）与辇户（运户）、辇户与勾当人（盐商代理人）、主事人（码头盐商代理人）与本客之间的多层次的错综关系，并以契约、标准权衡及赏罚等社会经济手段，维持和调节运盐队伍内部的关系，维系着整个运输商队。这表明当时河东盐的贩运贸易在组织和经营方面已经达到了相

图 8-13　北宋元祐七年垣曲县店下样

① 〔宋〕司马光：《重经车辋谷》，李之亮笺注：《司马温公集编年笺注》(1)卷二，巴蜀书社，2009，第106页。

当高的水平。有学者表述:“十一世纪后期,在山西南部和河南北部,活跃着几支合法的商人运输队。他们雇工运盐,并以契约、标准权衡及赏罚等社会经济手段,维持和调节着自己与雇员、雇工间的关系。正是这种不断调节的流通关系,维系着整个运输商队,调动着其中每个成员的积极性,抑制着某些有害于商队的消极因素。”“这些商人所组织的运输队,虽不曾像麦哲伦、哥伦布那样开辟世界性的新航线,创造国际交通史上的奇迹,却也在被允许活动的地域间,为国内交通线路的更新和交换关系的发展,作出了自己的贡献。”①

二、金代的三门峡黄河漕运

金朝建立后,前期建都上京会宁府(今黑龙江阿城南),海陵王完颜亮继位后,于贞元元年(1153)迁都中都大兴府(今北京)。这一时期,金朝漕运的重点是保障为中都服务的御河。直到海陵王后期,才逐步将漕运重点转移至河南、陕西等地区的黄河上。

正隆四年(1159),海陵王欲迁都南京(今开封),下令营建南京宫室,所需木料皆出自关中深山,经黄河漕运到南京。《金史·郑建充传》记载:天眷年间,“是时营建南京宫室,大发河东、陕西材木,浮河而下,经砥柱之险,筏工多沉溺,有司不敢以闻,乃诬以逃亡,锢其家”。时任平凉尹郑建充“白其事,请至砥柱解筏,顺流散下,令善游者下流接出之”②,然后再结筏下运,解决了三门峡毁筏溺人的难题。《金史·李晏传》亦载:“会海陵方营汴京,运木于河,晏领之。晏以经三门之险,前后失败者众,乃驰白行台,以其木散投之水,使工取于下流,人皆便之。”③

① 郭正忠:《宋代黄河中游的商人运输队——略论“垣曲县店下样”的社会经济意义》,《中州学刊》1987年第3期。

② 〔元〕脱脱等:《金史》卷八十二《郑建充传》,中华书局,1975,第1846页。

③ 〔元〕脱脱等:《金史》卷九十六《李晏传》,中华书局,1975,第2125页。

贞祐二年，金宣宗为避蒙古军队的锋芒，将都城南迁开封。由于大量人口集中到河南，粮食短缺严重，需要陕西等地转输。为解燃眉之急，金朝努力修复黄河漕运线，三门峡黄河漕运因之获得了进一步的恢复和发展。《金史·把胡鲁传》记载：兴定四年(1220)，“时陕西岁运粮以助关东，民力浸困，胡鲁上言：‘若以舟楫自渭入河，顺流而下，庶可少纾民力。’从之。时以为便”[①]。为防止蒙古军截袭，宣宗又“命严其侦候，如有警，则皆维于南岸”[②]。为加强三门峡漕运，次年，金在潼关设置漕仓，“创置潼关仓监支纳一员，兼枢密院弹压”[③]。灵宝、硖石之仓大体也置于这一时期[④]。然而因船只缺少，关中漕粮仍多靠车运，“车运之费先去其半”，成本大增，“民何以堪”。为此，兴定六年(1222)，定国军节度使李复亨建议：“宜造大船二十，由大庆关渡入河，东抵湖城，往还不过数日，篙工不过百人，使舟皆容三百五十斛，则是百人以数日运七千斛矣。自夏抵秋可漕三千余万斛，且无稽滞之患。”[⑤]这一方案很快得到宣宗的批准并付诸实施。大庆关渡(即蒲津关)聚集了相当多的漕船，漕运能力大增。天兴元年(1232)，三峰山战役后，金军计划放弃陕西，金将徒单兀典曾“备关船二百余艘”，欲将同、华、阌乡一带军粮数十万斛，顺河东运。但因蒙军逼近，“粮皆不及载，船悉空下”。于是又“复尽起州民，运灵宝、硖石仓粟”，“又遣陕州观察副使兼规措转运副使抹捻速也以船八十往运潼关、阌乡粮”[⑥]，结果都被蒙军截击。蒙军利用这批缴获的舟船攻破了当地义军坚守的水栅。

有学者据此以为金朝只开通了大庆关渡至湖城间的黄河漕运，恐缺乏说服力。三门峡黄河栈道有金兴定年间的多则题刻，如开元新河西岸 T4：“大金兴定三年正

① 〔元〕脱脱等：《金史》卷一百八《把胡鲁传》，中华书局，1975，第 2390 页。
② 〔元〕脱脱等：《金史》卷八《河渠志》，中华书局，1975，第 685 页。
③ 〔元〕脱脱等：《金史》卷五十六《百官二》，中华书局，1975，第 1289 页。
④ 〔元〕脱脱等：《金史》卷一百十六《徒单兀典》，中华书局，1975，第 2538 页。
⑤ 〔元〕脱脱等：《金史》卷八《河渠志》，中华书局，1975，第 685 页。
⑥ 〔元〕脱脱等：《金史》卷一百十六《徒单兀典》，中华书局，1975，第 2538 页。

月初七日甘棠席禄製。"[1]开元新河东岸 T3:"□南路□踏木押运粘钵毛克监造。□广威将军□乡县令大虎山□忠孝副统。□定二年"。东岸 T3 纪年,发现者判断"必为大定或兴定"[2]。大定为金世宗年号,二年即 1162 年,时金尚都中都,并无经营黄河漕运之事,则"□定二年"以兴定二年为是。另外二则题刻也与黄河漕运有关。开元新河东岸 T9:"时大金兴定二年十月,奉峡州元帅完颜崇进差充三门北岸副提控防冬。安贤系辽东盖州人氏,本朝太祖皇帝之兄太师吴克尼七代之孙。完颜安贤谨题。"开元新河东岸 T35:"……□营……□□将军……□□□□校尉……武□将军前解州平陆□□将军前解州义军。"[3]金代诗歌对此也有所记载与描述。如周昂《砥柱图》:"鬼门幽险深百篙,人门逼窄逾两牢。舟人叫渡口流血,性命咫尺轻鸿毛。开图顿觉风雷怒,素发飘萧激衰腐。河来天上石不移,安得此心如底柱。"[4]王渥《三门津》:"层崖摩苍穹,四月号阴风。大河三门险,神禹万世功。他山亦崔嵬,砥柱独尊雄。雷霆日斗击,悍暴愁天公。刘侯智有余,始令舟楫通。仍余石上穴,飞栈曾连空。遥瞻白玉枝,挺直丹灶中。仙公去不返,此事真冥蒙。夫人与鼓崖,怪幻尤难穷。独喜兵火余,岿然出新宫。当时疏凿意,四海要会同。谁知千岁后,筑垒防啸凶。诗成一大笑,浩浩洪波东。"校记"夫人与鼓崖"句,清康熙年间郭元釪编《全金诗》作"沿崖访古迹"[5]。可见这一时期的三门峡黄河砥柱段虽然通航条件艰险,但也是可以通过漕舟的。

上述表明,金室南渡后,对三门峡黄河漕运的利用还是积极有为的,并取得了一定的成效,值得研究者重视。

---

① 中国科学院考古研究所:《三门峡漕运遗迹》,科学出版社,1959,第 47 页。

② 中国科学院考古研究所:《三门峡漕运遗迹》,科学出版社,1959,第 48 页。

③ 中国科学院考古研究所:《三门峡漕运遗迹》,科学出版社,1959,第 49、52 页。

④ 〔金〕周昂:《砥柱图》,薛瑞兆、郭明志编纂:《全金诗》(第 2 册)卷五十七,南开大学出版社,1995,第 238 页。

⑤ 〔金〕王渥:《三门津》,薛瑞兆、郭明志编纂:《全金诗》(第 3 册)卷九十九,南开大学出版社,1995,第 396 页。

金代三门峡黄河漕运除漕粮外,经黄河的河东池盐贩运贸易也有一定程度的恢复和发展,出现了以解盐"易陕、虢之粟"的交易形式。

靖康二年(1127),金军南下占领河东后,解州盐池为金朝控制,产销完全被官府垄断。贞元二年(1154),蔡松年任户部尚书时恢复了北宋时的钞引法,改官运官销为商运商销,调动了民间商贾运销的积极性。当时解盐除行销河东南北路、陕西东及南京河南府、陕、郑、唐、邓、嵩、汝诸州等地外,也通过走私贩卖形式向南宋境内输送。前引元人郑谧《济民渡河神祠记》载,渑池济民渡"肇自前金,前临翠岳,后枕黄流,东连黛媚之峰,西踞金陵之涧,中有神妃圣后护国夫人之祠,为秦晋之喉衿,通往来之津要,凡遇巡捕边防,无不经由乎此。兵革之后,南村设立渡口,末颜相公南村置司分治,中京行院事内族都统蒲察副统提调此渡"[①]。济民渡对岸即垣曲东滩,解盐由此渡河,经渑池转运洛阳等地销售。

由于食盐管理政策的变动,河东盐池附近出现了一批专业的运盐商队。他们除渡河经崤函古道贩盐到解盐行销区或走私南宋外,还以解盐"易陕、虢之粟",经大阳关(陕津)运回河东。如贞祐三年十二月,河东南路权宣抚副使乌古伦庆寿说:"绛、解民多业贩盐,由大阳关以易陕、虢之粟……而河南行部复自运以易粟于陕。"[②]完颜从坦也曾在贞祐二年上书曰:绛、解二州"连岁不登,人多艰食,皆恃盐布易米"。因当时"大阳等渡乃不许粟麦过河",完颜从坦建议"愿罢其禁,官税十三",得到朝廷允准,一时"公私皆济矣"[③]。但这一政策实行时间不长。贞祐四年(1216),"时河南粟麦不令兴贩渡河",平阳知府胥鼎上言曰:"河东多山险,平时地利不遗,夏秋荐熟,犹常藉陕西、河南通贩物斛。况今累值兵戎,农民浸少,且无雨雪,阙食为甚。又解州屯兵数多,粮储仅及一月。伏见陕州大阳渡、河中大庆渡皆

① 〔元〕郑谧:《济民渡河神祠记》,〔清〕甘扬声修,〔清〕刘文运纂:嘉庆《渑池县志》卷十一《艺文志》,《河南历代方志集成·三门峡卷》(5),大象出版社,2017,第151页。

② 〔元〕脱脱等:《金史》卷四十九《食货志四》,中华书局,1975,第1104页。

③ 〔元〕脱脱等:《金史》卷一百二十二《完颜从坦传》,中华书局,1975,第2661页。

邀阻粟麦,不令过河,臣恐军民不安,或生内患。伏望朝廷听其输贩,以纾解州之急。"①从之。

河南也有大批商人到河东做生意。靖康二年金人占领河东地区时,许多河南商人被阻不得渡河南归。聂昌《说谕河东士民》记载:"守土之臣,自合遵奉朝命,令守则守,令守则守。今既有敕书令割与大金,何必区区坚守!即今若坚守,则必招大兵攻打残破。应河南官员军人、百姓商旅,既不得南还,而土人又不免屠戮之祸,何可遂复旧业耶?"②金室南迁后,商人仍从河南贩运粮食到河北牟利,金在黄河沿岸各渡口设卡。《金史·食货五》记载尚书省拟定的办法是:"于诸渡口南岸,选通练财货官,先以金银丝绢等博易商贩之粮,转之北岸,以回易籴本,兼收见钱。"即从商人手中强行低价籴取其十分之八的粮食。尽管河北行省侯挚等上奏请罢此法,但金廷不予采纳。"又制凡军民客旅粟不于官籴处粜,而私贩渡河者,杖百。"③看来,从河南贩粮到河北的商人数量不少,所以金廷也设法从中渔利。元光元年,蒙古军以三路军马南下伐宋,河东盐池受到威胁。五月,完颜合达称:"河南、陕西调度仰给解盐,今正漉盐之时,而敌扰之,将失其利。""今方敌兵迫境,不厚以分人,孰肯冒险而取之。若自输运者十与其八,则人争赴以济国用。"④即让有力之家运盐和粮,得到朝廷允许。但不久,金河解元帅、权兴宝军节度使赵伟叛乱,解池失守,金朝灭亡了。

---

① 〔元〕脱脱等:《金史》卷一百八《胥鼎传》,中华书局,1975,第2375~2376页。

② 〔宋〕聂昌:《说谕河东士民》,曾枣庄、刘琳主编:《全宋文》(第154册)卷三三二一,上海辞书出版社、安徽教育出版社,2006,第298页。

③ 〔元〕脱脱等:《金史》卷五十《食货志五》,中华书局,1975,第1119页。

④ 〔元〕脱脱等:《金史》卷一百十二《完颜合达传》,中华书局,1975,第2465页。

第九章　元明清时期的崤函古道

元明清三朝，皆以北京为都城。在政治中心北移经济重心南移的大潮流下，崤函地区的衰落已无可避免，崤函古道亦沦为区域性交通大道。但作为中原与西北、西南地区相互联系的重要纽带和桥梁，崤函古道在元明清时期仍然取得了较大发展，交通建设更为完备，驿站、铺递较之唐宋在规模和数量上都有所提升，道路和桥梁建设也有了新的发展。崤函古道交通在以官方驿传制度为主要形式的同时，商路商运亦有较大的发展，对本区域经济社会的促进作用愈加显著，对中原与西北、西南地区的政治、经济与文化交流发挥出新的作用。

第一节 元代的崤函古道

国家统一、疆域辽阔的元朝,为加强中央对地方的控制,建立了规模庞大、四通八达的驿传系统,便利各地的经济文化交流。崤函古道是中原与西北、西南地区的往来驿路,驿站建设较之唐宋时期有了较大的发展,对维持元朝统治,增进各地区、各民族之间的经济文化交流,发挥着重要的作用。

一、崤函古道驿路走向与站赤设置

元朝在平宋前后,改革地方行政体制,设立"行省"一级行政机构,地方事务俱归行省总管,行省成为代表中央在地方行使职权的机关。河南行省设置于至元五年(1268),至元二十八年(1291)改为河南江北行省,以汴梁为行省治所,辖区范围包括今河南黄河以南和安徽长江以北地区。《元史·百官志七》解释说:"二十八年,以河南、江北系要冲之地,又新入版图,宜于汴梁立省以控治之,遂署其地,统有河南十二路、七府。"①

崤函地区行政区划亦有所调整。北宋时崤函东部的新安、渑池、寿安3县隶属

① 〔明〕宋濂等:《元史》卷九十一《百官志七》,中华书局,1976,第2306页。

京西北路河南府,西部的陕州、虢州及所辖各县属永兴军路京兆府。金时将崤函地区各州县统归于南京路,东部的新安、渑池、宜阳属河南府,西部的陕县、灵宝、湖城、阌乡4县属陕州,西南部的永宁、福昌、长水3县归嵩州。黄河以北原隶属于陕州的平陆、夏县、芮城3县划归解州(治今山西运城),陕州辖境自此不再拥有黄河以北地区。元代则将陕州划为河南府路属州,辖陕县、灵宝、阌乡、渑池4县,这样连同东部的新安、宜阳、永宁3县,崤函地区1州7县全部归河南府统辖。元代以路为中心设置和管理驿站,路既是地方行政中心,也是交通和通信的枢纽。崤函地区从东到西作为一个整体全部囊括在河南府路中,有利于加强对崤函古道的控制。这是元代崤函地区行政区划的重要变化,体现出元朝对加强洛阳、长安两地联系与制衡关系的空间布局。

元代疆域辽阔,出于“通达边情,布宣号令”①的需要,大力推进水陆交通建设,建立了以大都(今北京)为中心的通往各行省和边远地区的水陆交通网和比较发达的驿站制度。元代官修政书《经世大典》说其“疆理之大,东渐西被,暨于朔南,凡在属国,皆置驿传,星罗棋布,脉络相通,朝令夕至,声闻毕达”②。在河南,元代形成以省会开封为中心通往各路府的水陆交通网络的基本格局。崤函古道既是崤函地区通往开封的主要驿路,也是大都通往陕西驿路的重要干线,经由崤函古道进入陕西的有两条交通线。

一条是从大都出发向西南行,沿太行山东麓,经保定路(治今河北保定)、真定路(治今河北正定),至卫辉路(治今河南卫辉)分为二支:一路向南,经延津至汴梁,转西行,经河南府路,入崤函古道,西行过潼关,往陕西行省;一路向西南,至怀孟路(后改称怀庆路,治今河南沁阳),由孟州(治今河南孟州城关镇)渡黄河亦至

① 〔明〕宋濂等:《元史》卷一百一《兵志四》,中华书局,1976,第2583页。

② 〔元〕赵世延、虞集等撰,周少川、魏训田、谢辉辑校:《经世大典辑校》卷八《政典》驿传一,中华书局,2020,第440页。

河南府,東而会之,西行循崤函古道,进入陕西。元人熊梦祥在《析津志》中记载这条驿路上崤函古道走向和沿线所经为:“河南　正西七十新安　九十沔(渑)池　七十硖石　七十陕州　九十灵宝　七十湖城　五十阌乡　七十华阴。西(东)北即河中府。”①由此可见,元代崤函古道线路和沿途所经,主要利用了宋金崤函古道东段的崤山北路及西段函谷段线路,具有浓厚的继承性和连续性。

另一条是从大都西南行,经保定路、真定路、冀宁路(治今太原)、河中府(治今山西永济),渡河至潼关,转西行进入陕西。

有元一代,陕西一直处于兼绾西北、西南两大地区的重要地位。陕西行省治所初称京兆府(今西安),后改称“安西府城”“奉元路城”,体现出元代以此作为控扼西北乃至整个西部的意图。由陕西行省向西可达西藏;向西南可通过川陕驿路到达四川、云南行省;向西北行则可达甘肃行省,并通过丝绸之路与中亚、西亚、东欧地区相通。由大都到西北、西南,无论是取道河南,还是经由山西,都要经行崤函古道。故而经崤函古道入陕西的驿路,联系着西半个中国,是元代政治中心、经济重心与西北、西南联系的纽带,可称是元代最重要的交通线路之一,其联系距离之远,范围之广,都远超前代。

元代的驿传体系以站赤为主,辅以急递铺作为站赤系统的补充。《元史·兵志四》云:“元制站赤者,驿传之译名也。盖以通达边情,布宣号令,古人所谓置邮而传命,未有重于此者焉。”站赤设置始于成吉思汗、窝阔台时期。元世祖忽必烈统一中原后,制定《站赤条例》,以其为基本管理条令,从而建成了以元大都为中心,通向全国的站赤交通网络。站赤分为陆站和水站,所用的交通工具各不相同:“凡站,陆则以马以牛,或以驴,或以车,而水则以舟。”各站赤“官有驿令,有提领,又置脱脱禾孙于关会之地,以司辨诘,皆总之于通政院及中书兵部”。使臣或王公贵族驰驿,悉凭金银圆牌、铺马圣旨、铺马札子三种节符(根据事务紧急、官员等级不同而

① 〔元〕熊梦祥著,李之勤校释:《〈析津志·天下站名〉校释》,三秦出版社,2018,第134页。

分别颁授),方可在驿站换乘铺马,并享用驿站提供的"首思"(按例分到的食物,汉译"祗应")。"于是四方往来之使,止则有馆舍,顿则有供帐,饥渴则有饮食,而梯航毕达,海宇会同,元之天下,视前代所以为极盛也。"①

崤函古道上的站赤设置时间较早。在征服和占领中原的过程中,蒙元即恢复和建立了崤函古道沿线的站赤,并随着忽必烈时的整顿而日趋完善。据《经世大典》《析津志》等文献记载,元代崤函古道设有站赤 7 处,其情况整理如表 9-1 所示。

表 9-1　元代崤函古道站赤及站马数额表

站赤名称	今地	站赤间距离(里)	站马数(匹)
新安站	新安城关镇西		40
渑池站	渑池城关镇	90	40
硖石站	陕州区硖石乡	70	30
陕州站	湖滨区陕州故城	70	40
灵宝站	灵宝大王镇老城村	90	30
湖城站	灵宝阳平镇南寨村	70	30
阌乡站	灵宝豫灵镇文底南原村	50	30

资料来源:〔元〕赵世延、虞集等撰,周少川、魏训田、谢辉辑校:《经世大典辑校》;〔元〕熊梦祥著,李之勤校释:《〈析津志·天下站名〉校释》;〔元〕熊梦祥著,北京图书馆善本组辑:《析津志辑佚》。

由表 9-1 可见,元代的崤函古道站赤如同驿路一样,基本上以宋金驿站为基础,具有浓厚的继承性和延续性。但驿站的数量和密度较之唐代大为稀疏。唐代驿站一般是每隔 30 里一驿,崤函古道可考驿站达 25 个。元代基本上是在沿线州

① 〔明〕宋濂等:《元史》卷一百一《兵志四》,中华书局,1976,第 2583 页。

县治所附近置驿，驿距多在 70 里上下，也有 50 里和百里左右的，相隔距离大为延长，在数量和密度上远逊唐代，大体与宋时相当。但就驿站规模和应役站户数量而言，则远胜前代。唐代大驿配马 75 匹，驿夫 25 人，小驿配马 8 匹，驿夫 2~3 人。元代崤函古道站赤皆为马站，即以马匹为主要交通工具的驿站。表 9-1 中各站站马配置数量均为正马，即当役之马。此外，各站还有与正马数量相等的"贴马"，以备正马死亡，不能应差时及时补换。因此元代站马的数量，实际是额定的两倍，远超前代。

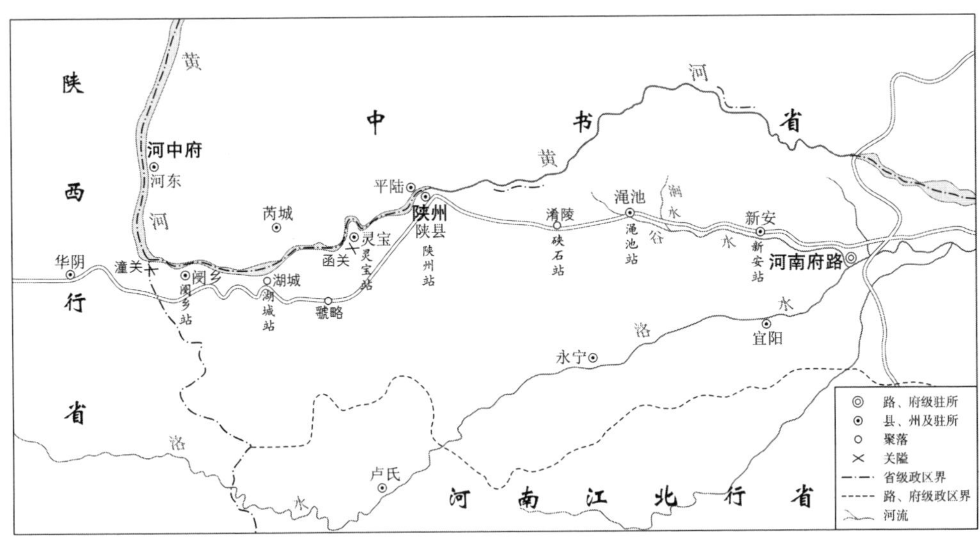

图 9-1　元代崤函古道驿路站赤图①

站户是专门承担站赤差役的专业户，一般从民间中等户里签发，与民户异籍，世代相袭。站户不仅要充任马夫、车夫、搬运夫等，并负责供应来往使臣饮食住宿，还要提供站马等交通工具，因而养马成为站户的重要职责。《元典章 · 兵部三》"立站赤条画"云："各站户人等将所养马匹依时饮喂，须要肥壮，无令瘦弱。若是

① 据谭其骧《中国历史地图集》第 7 册《河南行省》绘。

不禁走递，频频倒死，验数补买。”[①]元初，马站户户供马1匹，10户供车1辆。至元十九年(1282)改为“随路站赤三五户，共当正马一匹，十三户供车一辆，自备一切什物公用”[②]。崤函古道各站额定站马合计245匹。按5户出正马一匹推算，则元时崤函古道站户正户当在1225户，每站平均户数为175。若按每户5口计算，加上差不多相同数量的贴户，元代崤函古道上至少有1.2万人服役于站赤。足见当时崤函古道交通的发达。庞大的站户队伍，对于站赤的运转，交通的发展固然有利，但这种发达是以规模和数量众多的站户长年累月的辛勤付出为代价的。

元代急递铺是驿传体系的重要组成部分。急递铺首创于宋代，不同的是，宋代急递铺“唯军兴则用之”[③]，元代则是一种固定机构，与站赤并行；宋代急递铺还兼有传送官物及招待过往官员的职责，元代则开物资传输与文件递送相分离的先例，专司官方文书的传送。《元史・兵志四》记载：“元制，设急递铺，以达四方文书之往来，其所系至重。”[④]《经世大典》记载：急递铺“转送朝廷及方面及郡邑文书往来”。“所传文字，多系边关紧急，或课程差发造作刑名等事”[⑤]。

为保证文书正常并快速地交互传输，元代急递铺设置远较站赤稠密。据《元史・兵志四》记载，急递铺依“地里远近，人数多寡”“每十里或十五里、二十五里，则设一铺”，每铺置铺丁5人，“于各州县所管民户及漏籍户内，签起铺兵”，也就是由贫困的百姓充役。“铺兵须壮健善走者，不堪之人，随即易换。”[⑥]用作急递铺的房屋都有统一的特殊标志，每铺配置作为标志的十二时轮一枚，红色门楼一座，牌

① 陈高华等点校：《元典章》兵部三，天津古籍出版社、中华书局，2011，第1237页。

② ［明］宋濂等：《元史》卷一百一《兵志四》，中华书局，1976，第2586页。

③ ［宋］沈括撰，金良年点校：《梦溪笔谈》卷十一《官政一》，中华书局，2015，第113页。

④ ［明］宋濂等：《元史》卷一百一《兵志四》，中华书局，1976，第2596页。

⑤ ［元］赵世延、虞集等撰，周少川、魏训田、谢辉辑校：《经世大典辑校》卷八《政典》急递铺，中华书局，2020，第715、722页。

⑥ ［明］宋濂等：《元史》卷一百一《兵志四》，中华书局，1976，第2596页。

额一枚。铺兵传送公文,规定一日传出三百里,“一昼夜走四百里”①。走递时,铺兵“皆腰革带,悬铃,持枪,挟雨衣,赍文书以行。夜则持炬火,道狭则车马者、负荷者,闻铃避诸旁,夜亦以惊虎狼也。响及所之铺,则铺人出以俟其至”②。元时,全国大大小小的急递铺有2万多处,形成了密集的急递铺交通网络。铺与铺之间的道路称为铺路。铺路将省内各县相连,构成了省内陆路交通网。铺路有的利用原有驿路,与驿路重合,有的则利用或开辟州县道路。这在客观上促进了城乡道路的发展。急递铺和站赤两大网络互为补充,相互衔接,构成了元代完整的驿传系统。

元代驿传本是为强化政治统治而建立起来的,但元中后期,站赤乘驿滥用、给驿泛滥,各级官吏和使臣、僧侣等千方百计地谋求乘驿牌符,享受免费的驿站待遇,仗势多索乘马,夹带人货,甚至强行勒索,给驿站带来过重负担,致使“站赤困乏”。崤函古道沿线站赤亦深受其害。据《经世大典》记载:至元三十年(1293)四月,“监察御史言,河南府湖城站驮运葡萄酒,实为正马六十二匹,押运官及行李、兀剌赤等,复乘马四十九匹,通计一百一十一匹”③。兀剌赤,蒙古语意为“马夫”,指站赤马夫及掌管铺马事务者。湖城站驮运萄葡酒,以每匹马百斤计,实需马62匹,而押运官多索49匹,其动用马匹总数是该站30匹定额的三倍多,这种以公夹私之事,使本已重荷的驿站负担更重,严重影响站赤的正常运转。

天历元年(1328),元明宗与元文宗争夺帝位引发战争,史称“天历之变”,河南、陕西是重要战场。忠于元文宗的陕西军队“突出潼关,东掠阌乡,披灵宝,荡陕州、新安诸郡邑,放兵四劫,迤逦前进”④,当地驿站受到很大破坏。《经世大典》驿传七记载:河南府“所辖州城,连年不收,西军劫讨站户,比之陕西尤甚”。“河南府

① 〔元〕赵世延、虞集等撰,周少川、魏训田、谢辉辑校:《经世大典辑校》卷八《政典》急递铺,中华书局,2020,第715页。

② 〔明〕宋濂等:《元史》卷一百一《兵志四》,中华书局,1976,第2598页。

③ 〔元〕赵世延、虞集等撰,周少川、魏训田、谢辉辑校:《经世大典辑校》卷八《政典》驿传四,中华书局,2020,第541~542页。

④ 〔明〕宋濂等:《元史》卷一百三十七《阿礼海牙传》,中华书局,1976,第3315页。

路车马站一十五处,西军劫掠,又值天旱,人民阙食,马无草料。”“本路迤西七站”即洛阳以西的崤函古道7处站赤,“阙少马料”情况更为严重,“切恐因而断绝驿道,失悮走递,利害非轻”①。元文宗再度即位后,对河南府路进行救济,拨给各站马料、脚价。《元史·文宗纪三》载:至顺元年(1330)八月,“河南府路新安、沔池等十五驿饥疫,人给米、马给刍粟各一月”②。这些措施虽是临时性的,数额有限,但对帮助站户暂渡灾荒,维护驿路正常运转,具有一定作用。

二、崤函古道的整修与运营状况

元代十分重视驿路、驿站的建设与维护。日常维护工作主要由府州县官员负责,并有一系列明确的制度规定:“随路驿舍……各路州县长官,不妨本职,专一提调”③;“人马、船车、铺陈什物、馆舍,须令一一如法”④;“河渠、堤岸、道路、桥梁,每岁修理……九月间平治道路,合监督附近居民修理,十月一日修毕。其要路陷坏、停水,阻碍行旅,不拘时月,量差本地分人夫修理。仍委按察司以时检察”;“津梁、道路,仰当该官司常切修完,不致陷坏、停水,阻碍宣使车马客旅经行。如违,仰提刑按察司究治”。⑤ 受此影响,崤函古道沿线官员对驿路、驿站修葺维护比较关注,或维修驿站设施,或征调民力整修道路,并勒石记其事。

天历二年(1329),祖籍高丽的韩永出任河南总管,整修包括崤函古道在内的驿

① 〔元〕赵世延、虞集等撰,周少川、魏训田、谢辉辑校:《经世大典辑校》卷八《政典》驿传七,中华书局,2020,第642页。

② 〔明〕宋濂等:《元史》卷三十四《文宗纪三》,中华书局,1976,第764页。

③ 〔元〕赵世延、虞集等撰,周少川、魏训田、谢辉辑校:《经世大典辑校》卷八《政典》驿传二,中华书局,2020,第490页。

④ 〔元〕赵世延、虞集等撰,周少川、魏训田、谢辉辑校:《经世大典辑校》卷八《政典》驿传五,中华书局,2020,第585页。

⑤ 方龄贵校注:《通制条格校注》卷三十《营缮》,中华书局,2011,第740~741页。

舍、整顿驿户。苏天爵《韩公神道碑》记载："公下车，访求民瘼，度其缓急而施行之。郡当西南孔道，使者交驰，驿骑多死。公核实驿户，得富实者若干，皆奸民久避役者，即日趋事，贫穷者悉听免归，而驿传始不乏矣。肇新驿舍及帏帐、衾褥、器皿，使者之至，如其家然。"韩永整修驿舍、整顿驿户，在当时并非小事。"盖河南昔经兵，难民多徙死，公私庐舍、圣贤祠庙，尽皆毁坏。公到官未久，百废俱兴，大则出官帑，小则割俸以倡，富者乐于输财，贫者皆愿雇役，故人不扰而事集，盖深得古人救荒恤民之意焉。"①故苏天爵在撰写《韩公神道碑》时浓墨重彩地记其事。

泰定二年(1325)，陕县主簿李与忠主持整修了硖石至交口的"崤陵北路"，使这一有名的险路变为"平坦之途"。蒙古军百户连伟在《创修古崤陵便民路碑记》中详细记载了李与忠的修路过程：

陕之崤陵，乃古甘棠郡，周召公听政之所。州之东牧，仅半舍，甫路东南，东者有巨山焉，志之所载□□橐山水者。□□□□□□秦□□□被擒于二崤，北有文王避风雨之陵，南有夏后皋之墓。车不并辕，马不并列，至险也，惟武是用所，以曹孟德开北山高道，石□□见书于史，今即硖石驿也。致千百载，兹道废圮，人罕由之，以故林木莽然愈盛，涧河□然愈深，山径纤微亟绝而殆阻。适有李公，名与忠，字季昌，世洛阳人，幼业于儒，以德才补国子正。初仕兴文，署丞历阳县主簿，兼除主陕县簿，通掌一县之政，善无不为也。自泰定二年闰正月，而公分职是役，公乃躬部匠夫，寻于崤陵故道，相度厥境，如五峪坡、八停坡、分水岭、寨沟口、大石碥、交口涧，凡二十节。所□□序次，略举大概而言之。东彻永宁县界旧县者□九十里，山□崔巍，怪石横突，犹虎踞豹蹲之猛，细路萦纡，或蟠峻阪，或逗幽谷，若修虺长蛇之状，崎岖艰险，未易以形。后有涧

① 〔元〕苏天爵：《元故亚中大夫河南府总管韩公神道碑铭》，李修生主编：《全元文》卷一二六五，凤凰出版社，1998，第340~341页。

河水乱流,时或湍悍湫底,如怒蛇之奔走,其孰敢凭而往涉之,如是岩峭极多。公不避雪霜之烈,唯力事事循物制宜,即山僦功,运转巨石,仆大木,摧其坚刚,化为灰烬,乃辟乃阔,乃宣乃理,随山夷险,以休人力,则陟骑无登山之劳,车舆免摧残之苦,顺涧之曲直,以为之望,则揭厉之劳,啮足之患,庶亦鲜耳。以日月者,凡四十有几,公之从事,可谓能矣。向也山夫无督责之盛,今也商旅喜得平坦之途,奚翅行人往还之便,抑且盐□为重运转之道,知无滞碍,讵非公私得其所哉?[①]

李与忠整修崤陵故道,是元代对崤函古道最大的一次修凿。从连伟的记述中可知,李与忠修凿的是五峪坡、八停坡、分水岭、寨沟口、大石碥、交口涧等二十余节道路。八停坡即八亭坡。弘治《河南郡志》记载:"八亭坡在陕州东一百里,其处道路崎岖,人居稠密,林木阴森,望之若八亭然。"分水岭"在今陕州东六十里,山泉流溢,分为两支,一流至于陕州,一流至于沔池"[②],即今陕州区张茅草地十里铺。交口涧即今交口。可见李与忠所修崤陵故道,是东自硖石,西至交口路段。此路段为崤山北路故道,山径峻险,历来是崎岖难行之处。李与忠带领匠夫"不避雪霜之烈","循物制宜,即山僦功,运转巨石,仆大木,摧其坚刚,化为灰烬,乃辟乃阔,乃宣乃理,随山夷险",经四十多天施工,即告完工,结果"商旅喜得平坦之途,奚翅行人往还之便,抑且盐□为重运转之道,知无滞碍",效果非常明显。连伟不由得发出赞叹"讵非公私得其所哉",这难道不是公私都受益而称心满意的结果吗?故因称其为"便民路",勒石记其事。元代崤函古道交通建设所取得的成就,为加强中央与西部地区之间的政治、经济联系提供了交通保障。交通服务于国家的行政运转

① 欧阳珍修,韩嘉会撰:民国《陕县志》卷二十四《掌故》,《河南历代方志集成·三门峡卷》(4),大象出版社,2017,第271~272页。

② 〔明〕陈宣修,〔明〕乔缙纂:弘治《河南郡志》卷三《山》,《河南历代方志集成·洛阳卷》(2),大象出版社,2017,第64~65页。

与资源运输的职能愈益丰富。

元代，由大都往陕西，可取道河南、山西两路。为平衡两路运力，朝廷曾规定河南府路和山西平阳（今临汾）、太原一线应平均分担使臣驿传。大德八年（1304），平阳、太原地区发生地震，“站赤被灾困乏。朝议出使人员，十分为率，六分经过河南，四分经由平阳、太原”。河南府路颇感压力。大德十年（1306）十一月，“地震已宁”，河南府路“乞依旧例给驿”，“中半应付”，“都省准拟，依上施行”。[①] 但实际上，官员、使臣等似乎更倾向经行河南府路，由崤函古道驰驿出使。西藏及西域前往大都的使臣、喇嘛也多取此道。因而，这条大道驿运任务相当繁重，官员、使臣、商贩不绝于路。如《经世大典》记载，至元二十五年（1288）二月，“陕西行省言，所属道通哈喇章、缅国、亦奚不薛之地，诸王、公主、驸马、使臣经过频数，马多劳瘠”[②]。大德九年（1305）至大德十年正月，又有“西蕃节续差来西僧八百五十余人，计乘铺马一千五百四十七匹”[③]。元代这条驿路的繁忙，还见于宜阳县的元顺帝至正十四年（1354）碑。据碑记记载：新安“路当冲要，诸王经过，夫马浩大”。因新安当时只有三百户，故朝廷令“宜阳僻县，协济新安”[④]。宜阳受累，多有不甘。官司一直打到朝廷。双方各执一词，至元朝灭亡，也未得到解决。这可能是最早的有关崤函古道上因驿运繁重、负担不均而大打官司的记载，由此亦反映出当时崤函古道交通之繁忙。

与唐宋驿站仅承担贡品等少量官物运输不同，元代站赤除“通达边情，布宣号

---

① ［元］赵世延、虞集等撰，周少川、魏训田、谢辉辑校：《经世大典辑校》卷八《政典》驿传五，中华书局，2020，第576~577页。

② ［元］赵世延、虞集等撰，周少川、魏训田、谢辉辑校：《经世大典辑校》卷八《政典》驿传三，中华书局，2020，第512页。

③ ［元］赵世延、虞集等撰，周少川、魏训田、谢辉辑校：《经世大典辑校》卷八《政典》驿传五，中华书局，2020，第575页。

④ ［明］郭仪：《分豁协济驿站奏疏》，［清］申明伦纂修康熙《宜阳县志》卷二《建置志》，《河南历代方志集成·洛阳卷》(28)，大象出版社，2017，第45页。

令”和受“四方往来之使”外,“纲运辎重物货”也是其主要的任务。战时要承担运送军需给养的任务,并且平时统治集团所需的日用生活物品等,也由站赤传输。大德年间,保定府庆都站“每岁葡萄酒、酥油、水银、西天布、硫黄、西番僧皮搉、驮子、青麦、盐货等类,每运马八九十匹,岁计千余匹”①,这些货物都是自西安经行崤函古道运往大都的贡物。经行崤函古道前往大都朝贡的,主要是西北、西南地区的土司及臣属的各汉国、蒙古诸王,他们与元政府保持着较为密切的贡赐贸易关系,定期赴大都朝贡,其入贡队伍之大、入贡之频、贡物之多,以及元廷回赐之丰厚,都是以往各朝代所无法比拟的。这自然大大增加了崤函古道货物运输的任务和负担。

“站马配置数量上的差异,是运输量差异的反映。”②据《经世大典》记载,河南府共辖站赤 11 个,马 361 匹③。而崤函古道就有站赤 7 个,马 245 匹,是河南府路站赤最多,站马最多,驿路和站赤使用率也较高的地区。大德年间朝廷在崤函古道沿线增置专门运输物资的车站,即为应对当时崤函古道货运的繁忙。值得注意的是,当时这些增设车站所需的应役民户,并非像马站户那样从当地签发,而是从汴梁经汝宁府往湖广、江西行省和经南阳、襄阳、江陵往云南行省这两条南行站道上裁撤的车站户中签发的。据《经世大典》记载:“照得汴梁南至黄州、襄阳两道站车,除先拨付河南府管下站赤安置外,其余车数已尽革罢,人户未曾收差。咨河南行省依例佥拨安置。”④有学者分析认为,这一事件反映了“经过河南府路的这条站道,客货运输量应该很大。将从汴梁出发南行的两条站道的站车裁撤,转而安置到

① 〔元〕赵世延、虞集等撰,周少川、魏训田、谢辉辑校:《经世大典辑校》卷八《政典》驿传四,中华书局,2020,第 545 页。

② 默书民、阎秀萍:《元代湖广行省的站道研究》,刘迎胜:《元史及民族与边疆研究集刊》第 22 辑,上海古籍出版社,2010,第 99 页。

③ 〔元〕赵世延、虞集等撰,周少川、魏训田、谢辉辑校:《经世大典辑校》卷八《政典》驿传七,中华书局,2020,第 657 页。

④ 〔元〕赵世延、虞集等撰,周少川、魏训田、谢辉辑校:《经世大典辑校》卷八《政典》驿传四,中华书局,2020,第 564~565 页。

经过河南府的站道上来,这一事实说明了这三条虽然都是干线,但在交通网络中的地位也有差异,经过河南府的站道在整个交通网络中,尤其是在物资运输方面发挥着更大的作用”①。崤函古道自然包括在“经过河南府路的这条站道”之中,并且此次增设的车站也主要在洛阳以西的崤函古道上。这固然与崤函古道一些路段险峻有关,但也说明当时崤函古道物资运输在“经过河南府路的这条站道”上的重要作用。

经由崤函古道运输的货物种类多,数量大。这些货物都是自西安经行崤函古道运往大都的,货物有9类,按每匹马驮百斤计,岁计10万斤以上。元时宫廷贵族大臣盛行饮用葡萄酒。当时葡萄酒的主要产地,“有西番者,有哈剌火者,有平阳、太原者,其味都不及哈剌火者,田地酒最佳”②。哈剌火在今新疆吐鲁番东南。包括今新疆地区的元代西域是葡萄、葡萄酒的最大产地,葡萄酒是一种重要贡品。《元史》对此载述颇多,如泰定元年(1324)二月,“高昌王亦都护帖木儿补化遣使进蒲萄酒”③。泰定四年(1327)十月,“诸王脱别帖木儿、哈儿蛮等献玉及蒲萄酒”④。至顺元年三月,“木八剌沙来贡蒲萄酒”。同月,“西番哈剌火州来贡蒲萄酒”。又“诸王哈儿蛮遣使来贡蒲萄酒”⑤。除西域诸王外,朝贡葡萄酒的还有在西域的官员和民户。因为运送葡萄酒的人员众多,往来频繁,沿途驿站劳费,负担很重。至元三十年四月,湖城站一次驮运葡萄酒,即需正马62匹,按每匹马驮百斤计,当有6200斤,湖城站不堪其扰。《经世大典》记载的一件文书中亦说:“哈儿班达、也先

① 默书民:《元代河南行省的站道研究》,中国地理学会历史地理专业委员会《历史地理》编辑委员会:《历史地理》(第24辑),上海人民出版社,2010,第271~272页。

② 〔元〕忽思慧:《饮膳正要》卷三,中国医药科技出版社,2018,第69页。

③ 〔明〕宋濂等:《元史》卷二十九《泰定帝纪一》,中华书局,1976,第644页。

④ 〔明〕宋濂等:《元史》卷三十《泰定帝纪二》,中华书局,1976,第682页。

⑤ 〔明〕宋濂等:《元史》卷三十四《文宗纪三》,中华书局,1976,第754~755页。

不花等使臣进送葡萄酒,来者实频,驿传劳费。”①武宗时,因西域进贡葡萄酒频繁动用驿站,朝廷不得不对此作出限制,规定运送葡萄酒不得使用马匹,改用骆驼接递运赴大都。但事实上,这一规定并未得到很好执行,向元廷进贡葡萄酒的惯例一直持续到元末。

河东解盐是崤函古道货物运输的重要传统品类。元代解盐的行销范围遍于“梁、雍、陕、洛、河东河内之境,数千里皆食其利”②。在河南行省的行销范围主要包括河南府路和南阳路及襄阳路。行销路线大体上是由河东渡河经崤函古道至洛阳南下。行销方式主要有官运官销和商运商销两种,通常采用马匹、大车等运输工具,运销活动相当繁忙。连伟《创修古崤陵便民路碑记》载“盐□为重运转之道”云云,即反映了盐商利用崤函古道交通转运行销解盐的情形。

元朝与西域关系极为密切,东西交通发达畅通,“适千里者如在户庭,之万里者如出邻家”③。元代空前广袤的疆域和发达的交通,使丝绸之路再次繁荣。法国学者莱麦撒评论说:“蒙古人西征,将以前闭塞之路途,完全洞开。将各民族集聚一处。西征最大结果,即将全体民族,使之互换迁徙。不独堂皇命使东西往来如织。其不知名之商贾教士,以及随从军队者,尚不知凡几也。”④由西域而来的商贾僧人,数量众多,往来频繁,甚至给沿途驿站造成困扰。大德六年(1302)正月,陕西行省言:“诸官府及西僧给驿频数,驮物太重。今后请禁止滥给铺马,及长行刍粟。”⑤

元代陆上丝绸之路有北、中、南三道。南道是由大都至奉元,继而西行通往中

---

① 〔元〕赵世延、虞集等撰,周少川、魏训田、谢辉辑校:《经世大典辑校》卷八《政典》驿传六,中华书局,2020,第605页。

② 〔元〕王纬:《大元敕赐重修盐池神庙碑记》,南风化工集团股份有限公司编:《河东盐池碑汇》,山西古籍出版社,2000,第53页。

③ 〔元〕王礼:《义冢记》,李修生主编:《全元文》卷一八五五,凤凰出版社,1998,第655页。

④ 张星烺:《中西交通史料汇篇》第2册,上海书店出版社,1996,第2页。

⑤ 〔元〕赵世延、虞集等撰,周少川、魏训田、谢辉辑校:《经世大典辑校》卷八《政典》驿传四,中华书局,2020,第562页。

亚、西亚和欧洲。崤函古道是南道系统的重要组成部分。当时东西方之间使节、商旅、僧徒、旅行者的双向流动络绎不绝,交往之频繁,商贸之兴盛,都达到了空前的规模。空前活跃的丝绸之路推动了规模空前的民族迁徙。大量外域人群通过陆上丝绸之路以前所未有的规模涌入中国,定居下来,形成了元朝境内广泛的民族杂居局面。永乐十五年(1417)的渑池《刘氏祖茔记》碑刻记载了畏兀氏入迁渑池发展的情况:

刘氏之先,本自西域,系出畏兀氏。自鼻祖以降,世代绵远,弗可考证,今姑自五世按谱牒而志之。一世而高祖父讳剌真海牙,在元初为永宁、灵宝、陕县、渑池、宜阳五县达鲁花赤,慈祥恺悌,民咸慕之,遂世居永宁。生子一,讳脱列海牙,授思南宣尉,蛮夷酋长,莫不詟服。生子三:长讳阿的迷失海牙,历任阌乡、渑池、新安、茶陵州三县一州达鲁花赤。当时政声著闻邻邑,此由初居渑池祖也。二讳孛罗都海牙、三讳小云失海牙,皆英迈秀爽,迥出人表,家居弗仕。惟茶陵郡公生一子以承宗祀,为三世祖。厥子讳忽都海牙,初授江西知印,次偃师县达鲁花赤,终判河中府。洪武改元初,从祖母刘为姓,更讳仲琛。为人有丰度,有器识,谦和勤俭,见人之善扬之,闻人之恶掩之,积德累仁,克绍前志,而树其丕基焉。生子一讳瑾,自幼卓荦,游艺学宫,经史子氏,罔不研究。仲琛享年八十一岁,生于元之延祐庚申十二月,卒于洪武庚辰九月十五日巳时。惟存母刘氏在堂,称未亡人。厥子瑾,克承父志,用拓先业,事母孝,永乐三年宾于成均,寻试政秋官,以勤敏称事。由是天官拔其尤者,始授湖广长沙湘潭知县,调除北京顺天府霸州文安知县,甫考,永乐十一年特蒙钦选,升授广东右布政使,居藩垣之职,为郡邑之表,非常遇也,皆由先祖积德累仁所致。永乐十二年春,母夫人刘氏以疾终于家,讣闻广东,中奉公即解印就道,奔临于数千里之外,抵家睹音容之莫接,惟灵柩之在堂,号泣吁天,欲求无地,哀恸惨怛之心使人莫不垂泣,笃孝天至,尤有过于人者,家食三载,服阕,遂葬母榇以同父窆，乃请相者，因祖茔之旧，卜兆于宅第之西，韶山峙其北，渑水绕其南，厥土燥刚，厥面惟阳，而刘氏新茔附焉。刘母生于前元已卯年八月十八日亥时，卒于永乐十二年三月十三日午时。窃尝观刘母生于富贵之乡，老于雍熙之世，人所不克全者，刘母克全之，非其幸也。矧子瑾为中奉大夫，蒙特进之升、不次之除，位卒至布政大藩，俾厥父厥母之心欢喜于九京之下，虽死犹弗死也，而中奉公不惟有光于前之乃祖乃父，抑且有光于后之乃子乃孙，俾后之人亦不坠中奉公之志，有以继其志而述其事焉。则刘氏之勋名闻望，世济其美矣。复铭之曰：

刘氏之系　肇自西域　宋元迄今　世修厥德　上自高祖
永宁府君　敷政以德　民敬如亲　曾祖大夫　思南宣尉
蛮夷思之　甘棠蔽芾　至于乃祖　治郡茶陵　政声洋溢
四里载宁　降及厥父　通判河中　美俭以节　剖决惟明
笃生令子　人中之英　历任二邑　政理讼平　特升布政
已极显荣　竭力而孝　尽命而忠　夙夜匪懈　适立懋功
为厥父母　勒此立石　子孙继之　永永无斁①

《刘氏祖茔记》碑为广东右布政使刘瑾为其母刘氏所立墓志铭，立于永乐十五年十二月二十七日，渑池儒学训导李纬撰文。光绪三十年(1904)九月，族人重刻。原立于渑池东南老火车站东闸口处刘氏旧茔。宣统三年(1911)八月，因修洛潼铁路迁至新茔。刘氏族系碑计有三通，《刘氏祖茔记》为第一通。

畏兀氏即维吾尔族人。由碑文可知，渑池刘姓维吾尔族人来自西域，约在至元年间，受高昌战乱影响，随元高昌畏兀儿亦都护火赤哈儿的斤之子纽林的斤迁居甘肃永昌。由于畏兀儿人最早归附蒙元，实力很强，文化又高，所以得到蒙元统治者

① 碑文由渑池县地方志办公室杜建成主任整理提供。

的赏识与信任，分别被任命为各种官职。刘氏一世祖剌真海牙约在忽必烈统治时调往中原，先后担任永宁（今洛宁）、灵宝、陕县、渑池、宜阳五县达鲁花赤。达鲁花赤，蒙古语意为“镇守者”。元代在中原各主要地区、城镇及非蒙古军队皆置此官监治，掌实权。各路达鲁花赤按制均须由蒙古人或个别出身高贵的色目人充任，汉人、南人一律不得任此职。而刘氏为畏兀儿人，该族被列入“色目人”，故能充任达鲁花赤要职。剌真海牙因“慈祥恺悌，民咸慕之，遂世居永宁”。第三代阿的迷失海牙历任阌乡、渑池、新安、茶陵州三县一州达鲁花赤，离职后定居在渑池。他的孙子忽都海牙担任过偃师县达鲁花赤、河中府判。经过长期在渑池与汉族杂居，其家族最晚在阿的迷失海牙之时已开始与汉族人通婚，文化上相互渗透。明朝初年因怕受歧视，隐族名，从汉俗，随祖母之姓为刘，繁衍生息下来，发展成为一支中原地区的维吾尔族人①。时至今日，渑池尚有剌真海牙的后裔数百人，分布在城关、池底、仁村、西阳、仰韶等乡镇。

畏兀儿人迁居渑池，是元代西域少数族入迁中原的典型史例，反映了元代的大一统政治形势和“四方往来之便”的驿路网的作用。据学者研究，元代内迁畏兀儿人总户数约 1.5 万，多分布于交通要冲及行政中心②。渑池刘姓畏兀儿人由西域而来，长期供职、生活于崤函古道上的永宁、渑池、宜阳、新安、陕县、灵宝、阌乡等地，并最终定居渑池，与元代崤函古道交通是分不开的。崤函古道便利的交通，为畏兀儿人入迁内地，并与汉族共生交融提供了基础。因此，可以说这条驿路也是元代中外文化交流和民族融合之路。

① 王泽：《碑铭所见宋元以来中原地区的民族融合》，郑州大学博士论文，2013，第 55~64 页；任崇岳：《中原移民简史》，河南人民出版社，2018，第 140~141 页；渑池县志编纂委员会：《渑池县志》，汉语大词典出版社，1991，第 768~769 页。

② 贾丛江：《关于元朝内迁畏兀儿人的几个问题》，《内蒙古社会科学》2003 年第 6 期。

三、崤函古道与红巾军北伐和朱元璋灭元

元顺帝至正十一年(1351),刘福通等率白莲教徒在颍州(今安徽阜阳)发动起义,掀起了声势浩大的元末农民起义,部众以红巾为号,称红巾军。至正十五年(1355),刘福通在亳州建立大宋政权,至正十六年(1356)即向元朝发起声势浩大的北伐,关中则是北伐西路军进攻的目标。

这年秋天,李武、崔德率领西路军自安丰(今安徽寿县)长驱西进,穿过河南,向潼关发起猛攻。元廷调陕西参政述律杰出镇潼关,以陕州知州张傚守潼关东门。新近披露的《张傚墓志》载:"时太子陕西行中书省参知政事述律杰镇潼关,河南行省命公守关之东门。……潼关去州二百余里,持牒诉不平者悉诣公所,必得一言决可否然后去。"[①]可见元廷在陕州的统治,在西路军打击下已处于风雨飘摇之中。这为西路军进攻潼关解除了后顾之忧。九月三日,西路军攻克关城,杀述律杰,乘胜攻入华阴,元同州守将弃城而逃。次日,豫王阿剌忒纳失里、同知枢密院事定住率领元军反扑,经五天激战夺回潼关。红巾军东出潼关后稍作休整又发动猛攻,十九日再次攻克潼关,元河南行省平章政事伯家奴溃不成军。两天后,阿剌忒纳失里率军再作反扑,夺回潼关。此次潼关战役,二十天内关城四次易手,战斗非常激烈。元末诗人张翥在他的《潼关失守哭参政述律杰存道》描绘说:"十月三日天地昏,将军拒贼死辕门。火飞华岳三关破,血浸秦川万马奔。"[②]据《元史》和《张傚墓志》,此"十月"为"九月"之误。元朝集中在西北的驻军拼命堵截,在损兵折将后,暂时守住潼关,保住了关中。

---

① 〔元〕刘杰:《大元故奉政大夫河南府路陕州知州兼管本州诸军奥鲁劝农事知河防事张公墓志铭》,王晓欣:《元〈张傚墓志〉及相关问题考述》,《元史及民族与边疆研究集刊》2019 年第 1 期。

② 〔元〕张翥:《潼关失守哭参政述律杰存道》,杨镰主编:《全元诗》(第 34 册),中华书局,2013,第 99 页。

李武、崔德率西路军自潼关退出，回师东进，克陕州，“断殽、函，势欲趋秦、晋”。元廷急调河南军阀察罕帖木儿与李思齐率部西援。《元史·察罕帖木儿传》写道：“察罕帖木儿即鼓行而西，夜拔殽陵，立栅交口。陕为城，阻山带河，险且固，而贼转南山粟给食以坚守，攻之猝不可拔。察罕帖木儿乃焚马矢营中，如炊烟状以疑贼，而夜提兵拔灵宝城。守既备，贼始觉，不敢动，即渡河陷平陆，掠安邑，蹂晋南鄙。”①察罕帖木儿以骑兵追至安邑，西路军回师下阳津（今山西平陆东北），欲渡河而南，与元军相持数月，终因不支而退。

至正十七年（1357），西路军重整旗鼓，绕过潼关，从南面进占商州，突入武关，兵临奉元城下，三辅震恐。陕西行台急请察罕帖木儿“越境”支援陕西。早就想扩充地盘的察罕帖木儿“即领大众入潼关，长驱而前”②，与奉元城内的阿剌忒纳失里东西夹攻，西路军苦战数月，终于不支，退入秦岭山区。察罕帖木儿乘势成为西北的土皇帝。陕西自此陷入长达十年的军阀混战。

至正二十七年（1367）十月，朱元璋在完成平定江南大部后，以“驱除鞑虏，恢复中华”为号召，令徐达、常遇春率25万大军北伐。据《明史·太祖本纪一》，在北伐之前，朱元璋曾召集部将商议作战方略，他力排众议，亲自制定了进军战略：“吾欲先取山东，撤彼屏蔽，移兵两河，破其籓篱，拔潼关而守之，扼其户槛。天下形胜入我掌握，然后进兵，元都势孤援绝，不战自克。鼓行而西，云中、九原、关、陇可席卷也。”③朱元璋北伐战略的核心是由南而北，层层推进，最后将元廷逐出中原。而在北上河南之后，“拔潼关而守之，扼其户槛”，堵住关中元军东出西援的门户，是其中足以影响战役全局的关键环节。对此朱元璋曾有论说：“所以先山东、次河洛，止潼关之兵不遽取秦、陇者，盖扩廓帖木儿、李思齐、张思道皆百战之余，未肯遽下，

① 〔明〕宋濂等：《元史》卷一百四十一《察罕帖木儿传》，中华书局，1976，第3385页。

② 〔明〕宋濂等：《元史》卷一百四十一《察罕帖木儿传》，中华书局，1976，第3385页。

③ 〔清〕张廷玉等：《明史》卷一《太祖本纪一》，中华书局，1976，第16页。

急之则并力一隅,猝未易定,故出其不意,反旆而北。燕都既举,然后西征。张、李望绝势穷,不战而克,然扩廓犹力抗不屈。向令未下燕都,骤与角力,胜负未可知也。"[①]可见潼关及其所控扼的崤函古道对北伐全局战略态势及随后平定西北具有极其重要的作用。此后明军的北伐作战即按照朱元璋的战略方针展开。

根据这一方针,至正二十七年十二月,徐达占领山东。朱元璋于次年正月初四,在南京称帝,建立明朝,改元洪武。三月,军心大振的明军乘势按计划移师河南,不战而下汴梁,折而西进,出虎牢关,进攻洛阳,与元军战于洛水之北,击溃元军河南主力,元梁王阿鲁温开门迎降,守将脱因帖木儿循崤函古道向西败退,过磁涧,越新安,一路狂奔至陕州。明军都督同知冯宗异率军一路追击,脱因帖木儿弃城逃走,明军兵不血刃占领陕州。

明军北伐时,元廷令陕西行省左丞相图鲁总统张良弼、脱列伯等各支兵马,以李思齐为副总统,率诸将守御关中。"元将李思齐、张良弼闻王师下河南,即驻兵潼关以拒。"四月下旬,冯宗异发起潼关战役,他利用元军将领相互猜疑不能齐心合力的弱点,设计火攻先破张良弼军营,李思齐不仅不全力救援,反而"移军退守葫芦滩,遣其部将张德钦、穆薛飞守关。五月,都督同知冯宗异抵潼关,思齐弃辎重走凤翔,良弼奔麟城。丙寅,宗异遂入潼关,引兵西至华州,元守将望风奔溃"。至此明军完全控制了由东至西的黄河沿线,堵住了关中元军西援的出路。这时,朱元璋由南京赶赴汴京,亲自主持北伐。他派人驰书谕令冯宗异按原定战略行事:"若克潼关,勿遽乘胜而西。今大将军方有事北方,宜选将守关,以遏其援兵。"于是,冯宗异"回军至陕州,与徐达俱还河南"[②],而由郭兴率部镇守潼关,康茂才留守陕州,规运粮饷,阻止李思齐等向山西、河南蠢动。《明史·康茂才传》载:"留守

① 〔清〕张廷玉等:《明史》卷三《太祖本纪三》,中华书局,1976,第56页。

② 〔清〕谷应泰等:《明史纪事本末》卷之九《略定秦晋》,中华书局,2015,第115页。

陕州。规运馈饷,造浮桥渡师,招徕绛、解诸州,扼潼关,秦兵不敢东向。”①元顺帝诏令“少保、陕西行省左丞相秃鲁统率关陕诸军,东出潼关,攻取河洛”②。已成瓮中之鳖的关中元军企图夺回潼关西援。《明史·郭兴传》写道:“潼关,三秦门户,时哈麻图据奉元,李思齐、张思道等与为掎角,日窥伺欲东向,兴悉力捍御。王左丞来攻,大败之。”③

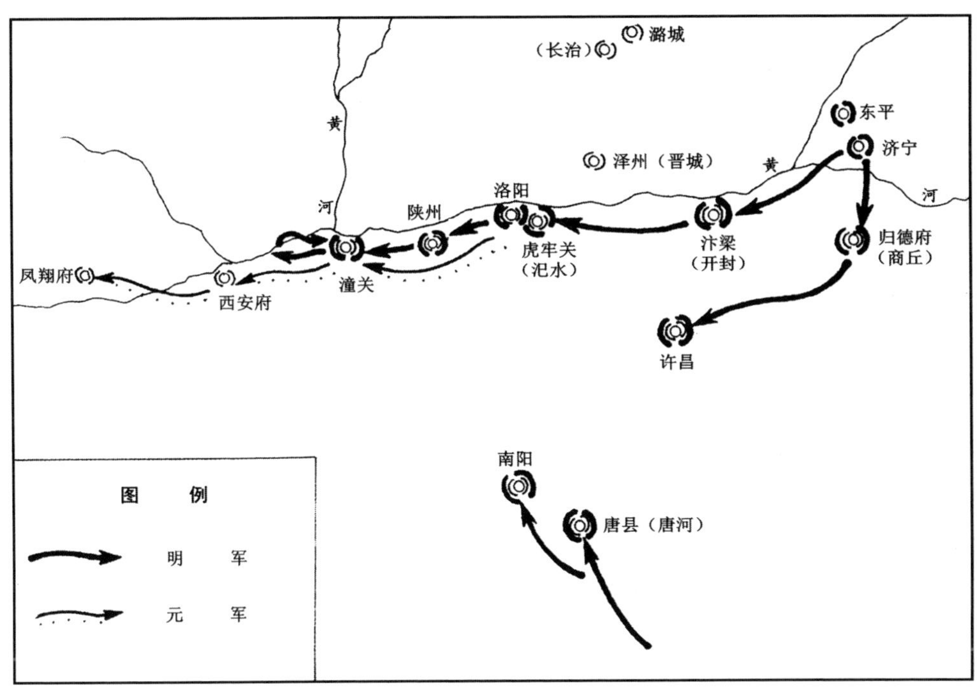

图 9-2　明军北伐克陕州潼关之战示意图

由于明军扼守潼关、陕州,堵住了关中元军出关西援的出路,明军得以顺利直取大都,迫使元廷逃往漠北。洪武二年(1369)四月,明军攻克大都后,徐达、常遇春

① 〔清〕张廷玉等:《明史》卷一百三十《康茂才传》,中华书局,1974,第 3817 页。
② 〔明〕宋濂等:《元史》卷四十七《顺帝纪十》,中华书局,1976,第 985 页。
③ 〔清〕张廷玉等:《明史》卷一百三十一《郭兴传》,中华书局,1974,第 3844 页。

率军至河中(今山西永济),会合由河南西进的冯宗异部,从黄河大庆关过浮桥进入关中,沿渭北一线长驱西进。驻守潼关的明军郭兴部则从渭河以南以轻骑直捣奉元,很快占领关中全部,继而收复西北,占领四川。朱元璋“扼其户槛”,确保了北伐灭元战略成功实现,崤函古道的军事交通功能再次显示于史册。

第二节　明代的崤函古道

明朝建立后,初都南京,永乐年间迁都北京,而以南京为陪都。崤函古道是两京通往陕西、四川行省的重要驿道。明统治者十分重视对这段道路的维护和管理,驿站建设在元代基础上有所改革和创新,驿递组织更加系统完备。畅达的驿路交通,不仅便利了明政府对地方的管理,也促进了崤函地区商品经济的发展。明末李自成等在崤函地区密集活动,崤函古道成为明末农民战争生动活剧的表演舞台。

一、崤函古道驿路走向与驿站设置

明初承元末动乱,交通系统破败不堪。朱元璋称帝后,视交通建设为开拓疆土、巩固统治的重要措施,在政权初定、百废待兴的情况下优先建设交通系统。至迟在洪武二十七年(1394)《寰宇通衢》修成之时,已形成了以南京为中心四通八达的全国驿路交通网。永乐十九年(1421),明成祖朱棣迁都北京,随之形成以北京为中心的全国驿路交通网。

1. 驿路与驿程

时局的变化对全国交通格局产生了巨大影响。但就崤函地区而言,其交通体系历来以东西向为主,因而并未受到大的影响。因此,无论是都南京还是都北京,崤函古道都是京师通往陕西、四川行省的必经之道。史载“两京至陕西，由河南而上者，潼关必有之道”①。“夫阌乡……东行于京邑，西行于关陕、榆夏、甘肃之地，又西行于巴蜀、云贵之间。”②从北京和南京出发至西北和西南，有两条干线驿路经行崤函古道：

(1)北京至陕西、四川路

北京至陕西、四川路有两条交通线，一经河南，一经山西。前者自北京出发，经保定府(今河北保定)、真定府(今河北正定)、顺德府(今河北邢台)、广平府(今河北永年)，入河南境，经彰德府(今河南安阳)至卫辉府(今河南卫辉)分为两道：西南入怀庆府(今河南沁阳)，至孟县河阳驿，渡黄河，入河南府，沿崤函古道入陕西至潼关驿，然后到达西北内陆和西南地区；东南经延津、孟津渡黄河至开封府，继续西行，经崤函古道至潼关驿入陕西。有明一代，北京至西安的驿路，多自卫辉府西南渡黄河入河南府进崤函古道。

正德八年(1513)，都穆奉命作为副使前往宁夏册封寿阳王妃的庆藩之行，走的便是这条驿路。其《使西日记》详细记载了每日所处辖境、行进里程，完整勾勒出北京至宁夏的西行路线。都穆于四月二十七日(5月31日)出北京，入河北后，沿太行山前平原西行，五月二十一日(6月23日)至孟县河阳驿，渡黄河，至孟津，二十三日(25日)至河南府。书中所记录的崤函古道行程为：二十四日(26日)，出河南府西关，三里二程先生祠。二里洛阳故城。五里度石梁。二十里孝水。十五里磁涧。廿五里甘罗墓。三里太公钓台。渡涧水，经函谷关故址，至新安县。二十五日(27日)，发新安，西二十里王乔洞。八里青龙山。二十里义昌驿。四十里渑池县。二十六日(28日)发渑池，一里秦赵会盟台，五十里上金银山，二十里下山，至

① 〔明〕黄汴撰，杨正泰点校：《一统路程图记》卷二，杨正泰：《明代驿站考(增订本)》“附录二”，上海古籍出版社，2006，第211页。

② 〔明〕康海著，贾三强、余春柯点校：《康对山先生集》卷三十《送王阌乡序》，三秦出版社，2015，第537页。

硖石驿。二十七日(29日),发硖石,五里老子祠。西五十二里魏野草堂,三里陕州。西门三里鸡足山、河上公祠。二十八日(30日),出陕州西门,虾蟆泉。六十里灵宝县。西二里渡弘农涧。十里关龙逢墓。四十三里黄帝铸鼎原。五里阌乡县。二十九日(7月1日)发阌乡,六十里至潼关。继续西行[①]。都穆出使宁夏是一次十分正常的官方旅行,其《使西日记》真实反映了明迁都北京后崤函古道交通路线的景况。

隆庆年间刊印的徽商黄汴所撰《一统路程图记》,又名《新刻水陆路程便览》《图注水陆路程图》,是参照当时各种路程图引,结合自己商贸经历编撰的一部全国交通指南,在明代商人所纂各类路程图引中最具代表性。其卷一"北京至陕西、四川路"具体记录了崤函古道路线的行程:出河南府,"西七十里新安县。五十里义昌驿。四十里渑池县。七十里硖石。六十里陕州。六十里灵宝县。五十里阌乡县。六十里陕西、河南界潼关"[②]。同书卷六"北京至陕西宁夏镇路"记之更详:出河南府,"西五里旧洛阳城。廿里孝水。王祥剖冰处。十五里磁涧。廿五里甘罗墓。三里钓台。渡涧水。经旧函谷关,至新安。廿里王乔洞。洞上二木,化成石身木枝。八里青龙山。廿里义昌驿。四十里渑池县。会盟台。秦昭王、起惠王会盟于此。五十里上金银山,廿里下金银山。至硖石驿。五里老子祠。五十里陕州。三里虾蟆泉。六十里灵宝县。渡弘农涧。五十里阌乡县。六十里潼关"[③]。两路所记崤函古道驿站顺序、里程基本相同。与都穆撰的《使西日记》对比,二书所载洛阳至潼关驿路基本一致,仅在所经地区、行进里程上略有差异。可见这条驿路属

① 〔明〕都穆:《使西日记》卷上,《四库全书存目丛书·史部》第127册,齐鲁书社,1996,第644~646页。

② 〔明〕黄汴撰,杨正泰点校:《一统路程图记》卷一,杨正泰:《明代驿站考(增订本)》"附录二",上海古籍出版社,2006,第211页。

③ 〔明〕黄汴撰,杨正泰点校:《一统路程图记》卷六,杨正泰:《明代驿站考(增订本)》"附录二",上海古籍出版社,2006,第251页。

于明代重要的国家级干线道路,它不仅是京师通往中原和西北、西南的主要干线驿路,也是连接河南省境的东西大干线。

另一条自北京经山西入陕西的驿路,是自北京经南行至正定府,转而西行,经井径横穿太行山至太原府,继而南下,经平阳抵蒲州河东驿后,沿黄河西岸南行至风陵渡,渡黄河至潼关,进入关中。天启年间,由徽商程春宇撰写的著名商书指南《士商类要》卷二所记载的“潼关由蒲州至山西省城路”即为该驿路:出潼关,“渡黄河,六十里蒲州”①。又有文题为“北京由河南府至陕西陆路”的内容:出潼关,“北渡黄河,六十里至蒲州”②。《一统路程图记》载“北京至陕西、四川路”,在潼关之后亦记为:“东渡黄河,至蒲州六十里。”③自北京往陕西、四川,无论是经河南还是经山西,潼关都是这两条道路的会合点。不过明代自北京至陕西、四川的驿路虽有经山西一线,但因山西在明代一直处于明蒙对峙的前缘地带,社会环境动荡不安,驿路通行不能得到保障,因此自北京至陕西、四川以经行河南一线为正途。

(2)南京至陕西、四川路

自南京过长江后北行,经凤阳、亳州后进入河南境,经开封府、郑州入河南府治洛阳,再由洛阳沿崤函古道继续西行,经新安、渑池、陕州、灵宝、阌乡,出潼关入陕西境,至西安府,继续西行,经宝鸡折西南进入四川。由西安府西北行,逆邠水河谷,经邠州(今陕西彬县)可至甘肃、新疆。

《寰宇通衢》是朱元璋下令修撰的明代第一部记载全国驿程的典籍,其中“京城至陕西布政司并所属各府各卫”记载了这条驿路上的崤函古道驿程:出河南府周

---

① 〔明〕程春宇辑,杨正泰点校:《士商类要》卷二,杨正泰:《明代驿站考(增订本)》“附录三”,上海古籍出版社,2006,第 345 页。

② 〔明〕程春宇辑,杨正泰点校:《士商类要》卷二,杨正泰:《明代驿站考(增订本)》“附录三”,上海古籍出版社,2006,第 349 页。

③ 〔明〕黄汴撰,杨正泰点校:《一统路程图记》卷二,杨正泰:《明代驿站考(增订本)》“附录二”,上海古籍出版社,2006,第 210 页。

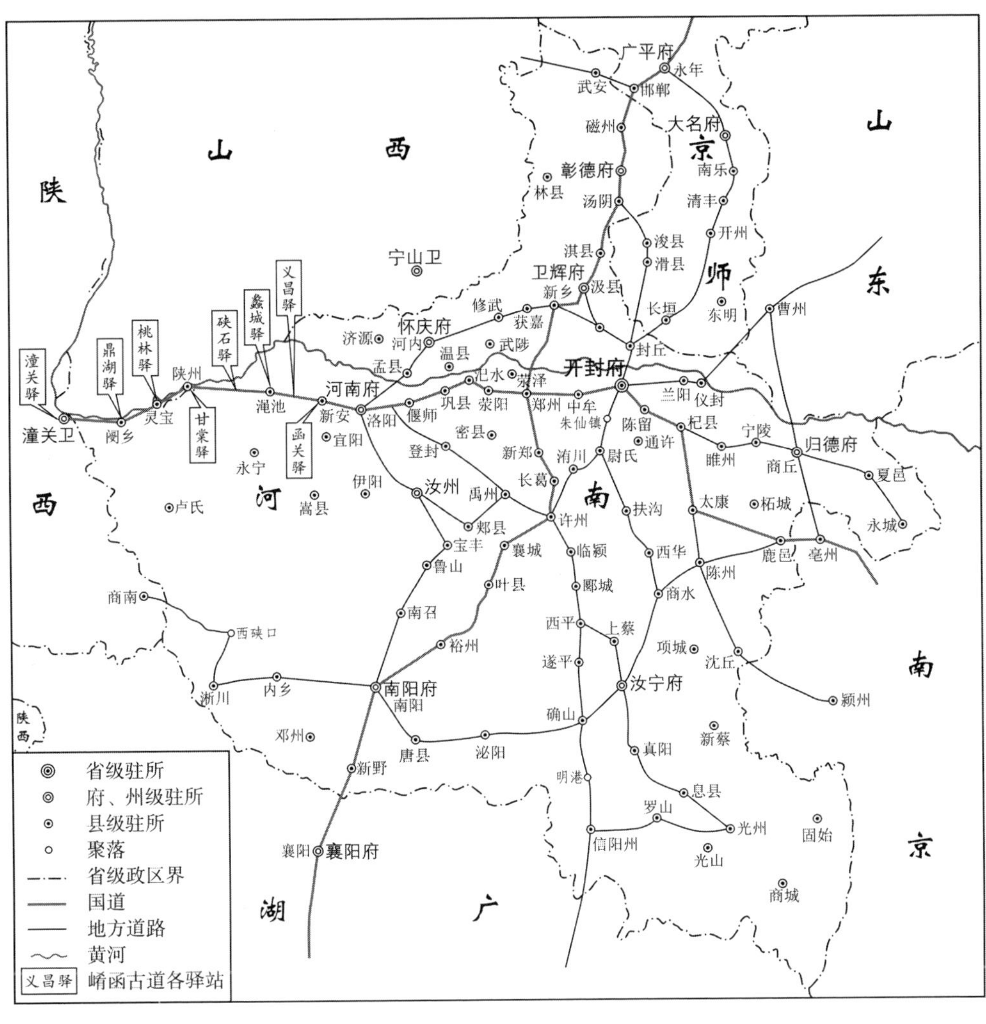

图 9-3　明代河南驿路示意图①

南驿，“七十里至函关驿，五十里至义昌驿，四十里至蠡城驿，七十里至硖石驿，七十里至甘棠驿，六十里至桃林驿，七十里至鼎湖驿，七十五里至潼关驿”②。《一统路

① 据河南省交通史志编纂委员会《河南公路史》第1册绘，人民交通出版社，1992，第138页。

② 明官撰，杨正泰点校：《寰宇通衢》，杨正泰：《明代驿站考（增订本）》“附录一”，上海古籍出版社，2006，第149页。

程图记》卷二"南京至陕西、四川路"记载的崤函古道驿程是：出河南府周南驿，"七十里函关驿。新安县。五十里义昌驿，渑池县。四十里蠡城驿。属渑池。七十里硖石驿。属陕州。七十里陕州甘棠驿。六十里桃林驿。灵宝县。七十里鼎湖驿。阌乡县。七十里潼关驿。属陕西华阴县"①。两相对比，两书所载明初和明中期的崤函古道道路的走向和驿程完全一致，仅有个别里数的差异，仍然是传统的交通路线，但其联系的驿路起点则是当时经济发达的江南地区。

由上可见，明代崤函古道驿路基本沿用元代旧有路线。但与元代相比，明代崤函古道驿路大为拓展，在元代自大都经河南府入陕西和经河中府至潼关入陕西两条驿路之外，又新增一条南京经河南府入陕西驿路。这对加强与江南经济发达地区的交通往来和经济联系，活跃中原和西北商品市场，具有十分重要的意义。

2. 驿站设置

古代驿路的交通功能主要通过沿线的驿传组织来实现。朱元璋对此有深刻的认知，其对明代交通体系的重建，最早也是从置驿开始的。洪武元年(1368)正月庚子，诏："置各处水马驿站、递运所、急递铺。"②九月正驿名，改元代"站"为"驿"，以树立明代驿传新形象。

明代驿传系统由水马驿、递运所、急递铺构成。"在京曰会同馆，在外曰水马驿，并递运所，以便公差人员往来。其间有军情重务，必给符验，以防诈伪。至于公文递送，又置铺舍，以免稽迟，及应役人等，各有事例。"③驿、递、铺三大机构紧密结合，互为补充，日夜不停地为王朝的政治、军事、经济及文化服务，为巩固明朝统治发挥着巨大作用。明人余子俊曾评价说："宣上德，达下情，防奸宄，诛暴乱，驭边疆

① 〔明〕黄汴撰，杨正泰点校：《一统路程图记》卷二，杨正泰：《明代驿站考(增订本)》"附录二"，上海古籍出版社，2006，第216页。

② 《明太祖实录》卷二十九，台湾"中央研究院"历史语言研究所校印本，1962，第500页。

③ 〔明〕李东阳等撰，〔明〕申时行等修：《大明会典》卷一百四十五《兵部二十八》，广陵书社，2007，第2017页。

等项机宜，不过旬月之间遍及天下，可以立待无或后期者，实于驿传是赖。"①

驿站是明代驿传系统的主干，分马驿、水驿和水马驿三种，"专一递运使客，飞报军情，转运军需等项"②。大率"六十里或八十里"置一驿。"凡马驿，设置马驴不等。如冲要去处，或设马八十匹、六十匹、三十匹，其余虽非冲要，亦系经行道路，或设马二十匹、十匹、五匹。大率上马一匹该粮一百石，中马一匹该粮八十石，下马一匹该粮六十石。"驿夫主要是从民户中进行佥点。"其佥点人户，先尽各驿附近去处佥点，如果不敷，许于相邻府县点差。如一户粮数不及百石者，许众户辏数共当一夫。其收买马匹、鞍辔、毡衫什物，驿夫各照田粮验数出备。"③驿设驿丞，无品级，属不入流的杂职官。"驿丞典邮传迎送之事。凡舟车、夫马、廪糗、庖馔、裯帐，视使客之品秩，仆夫之多寡，而谨供应之。支直于府若州县，而籍其出入。"④

据文献记载，明代崤函古道上共设驿站8个，皆为马驿。由东向西依次为函关驿、义昌驿、蠡城驿、硖石驿、甘棠驿、桃林驿、鼎湖驿、潼关驿。杨正泰《明代驿站考》(以下简称杨著)一书是迄今考订明代驿站最为全面的研究成果，其中对这8个驿站均有所考证，但也存在一些或建置年代失考，或地点考述失当之处。苏同炳《明代驿递制度》(以下简称苏著)同样也存在类似缺憾。因此也有再行置喙，略加补正的必要，以更全面地反映明代崤函古道驿站设置与运作情况。

函关驿，又称函关马驿⑤、函谷关驿，属河南府新安县驿，东距河南府周南驿七

---

① 〔明〕余子俊：《申明旧例事》，〔明〕黄训辑：《皇明名臣经济录》卷三十四《兵部》，明嘉靖三十年汪云程刻本。

② 〔明〕李东阳等撰，〔明〕申时行等修：《大明会典》卷一百四十五《兵部二十八》，广陵书社，2007，第2017页。

③ 〔明〕李东阳等撰，〔明〕申时行等修：《大明会典》卷一百四十五《兵部二十八》，广陵书社，2007，第2019页。

④ 〔清〕张廷玉等：《明史》卷七十五《职官四》，中华书局，1974，第1852页。

⑤ 〔明〕李东阳等撰，〔明〕申时行等修：《大明会典》卷一百四十五《兵部二十八》，广陵书社，2007，第2034页。

十里。其建置时间，杨著、苏著无考，驿址皆云在今新安县城内[①]，所说合理但不具体。成化《河南总志》记载："函关驿属新安县，在本县治西。洪武三年知县丁廷举建，永乐十三年知县许泰修。"[②]弘治《河南郡志》所载略同[③]。据此，函关驿置于洪武三年(1370)，在新安县治西。成书于永乐年间的《永乐大典》卷九五六一中所辑河南府《新安县之图》将函关驿标注在新安县治西侧，即今新安县老县城西大街路北县三高处。又康熙《新安县志》载："函关驿，县治西。又浴涧门西有函关驿小厅，即驿丞廨，今废。"[④]乾隆《新安县志》亦说："驿丞廨二。一在县治西，一在旧浴涧门内。宜阳马厂中有小厅。"[⑤]浴涧门即明新安县城正南门。据此，函关驿丞廨分两处，一在县治西，一在县南门内西偏后抵南城，管理宜阳马场。函关驿"原以备西来供献及驻陕大兵家口往来之需，所关亦綦重矣"。因新安经济落后，"土田几何，钱粮几何"，"供应不敷"，难以维持驿站正常运转。于是明廷规定宜阳县协济函关驿马、驴及馆夫应役当差，并对协济数额作出详细规定。"原额粮佥马二十四匹。本县六匹，外县协济一十八匹即宜阳。驴五十头，本县七头，县四十三头即宜阳。"[⑥]类似驿传协济情况，在崤函古道驿站中较为普遍，反映出当地经济欠发达，却因地处交通要道，承担的交通运输任务又十分繁重的史实。崇祯十三年(1640)，"流寇破城。十四年流寇复至，平其城，砖基仅存其半。又嵩县土寇于大中复破之，

① 杨正泰：《明代驿站考(增订本)》，上海古籍出版社，2006，第39页；苏同炳：《明代驿递制度》，中华丛书编审委员会，1969，第88页。

② 〔明〕孙洪修，〔明〕胡谧纂：成化《河南总志》卷七《河南府・关隘》。《河南历代方志集成・省志卷》(1)，大象出版社，2017，第288页。

③ 〔明〕陈宣修，〔明〕乔缙纂：弘治《河南郡志》卷六《官治》，《河南历代方志集成・洛阳卷》(2)，大象出版社，2017，第109页。

④ 〔清〕韩佑唐修，〔清〕雷声纂：康熙《新安县志》卷五《建置志》，《河南历代方志集成・洛阳卷》(23)，大象出版社，2017，第364页。

⑤ 〔清〕邱峨修，〔清〕吕宣纂：乾隆《新安县志》卷五《武备志》，《河南历代方志集成・洛阳卷》(24)，大象出版社，2017，第80页。

⑥ 〔清〕邱峨修，〔清〕吕宣纂：乾隆《新安县志》卷五《武备志》，《河南历代方志集成・洛阳卷》(24)，大象出版社，2017，第80页。

十月有平其城”[①]。函关驿连同新安县城“尽成荒址”[②]。

义昌驿，又称义昌马驿[③]，为明代在新安与渑池之间新增驿站，属河南府渑池县，东距函关驿五十里。义昌驿建置时间，杨著、苏著无考。成化《河南总志》记载：“义昌驿属渑池县，在县治东。洪武元年知县林人创建，景泰二年驿丞安谧修。”[④]据此，义昌驿建于洪武元年。杨著又云义昌驿在今义马市[⑤]，苏著指在渑池县东四十里，皆无具体位置。弘治《河南郡志》记载：“义昌驿在县治东四十里。”[⑥]乾隆《渑池县志》：“义昌驿，治东驿(义)昌镇。”[⑦]嘉庆《渑池县志》则记载最详：“义昌驿，在治东四十里义昌镇。”[⑧]据此，义昌驿在今渑池洪阳镇义昌村。义昌驿规模不大，明兵部侍郎郑岳《过义昌驿》诗云：“义昌小驿舍。”[⑨]但驿内君子亭颇为有名。“周围植竹，垒石为山，鲜妍清雅。行人驻节，多题咏焉。”[⑩]如游朴《义昌驿舍见竹》

---

① 〔清〕陈梦雷原著，杨家骆主编：《古今图书集成》卷四三〇《职方典·河南府部汇考四》，鼎文书局，1977，第3927页。

② 〔清〕邱峨修，〔清〕吕宣纂：乾隆《新安县志》卷二《营建志》，《河南历代方志集成·洛阳卷》(24)，大象出版社，2017，第46页。

③ 〔明〕李东阳等撰，〔明〕申时行等修：《大明会典》卷一百四十五《兵部二十八》，广陵书社，2007，第2034页。

④ 〔明〕孙洪修，〔明〕胡谧纂：成化《河南总志》卷七《河南府·关隘》，《河南历代方志集成·省志卷》(1)，大象出版社，2017，第288页。

⑤ 杨正泰：《明代驿站考(增订本)》，上海古籍出版社，2006，第39页。

⑥ 〔明〕陈宣修，〔明〕乔缙纂：弘治《河南郡志》卷六《官治》，《河南历代方志集成·洛阳卷》(2)，大象出版社，2017，第110页。

⑦ 〔清〕梁易简修，〔清〕刘元善纂：乾隆《渑池县志》卷上《地理志》，《河南历代方志集成·三门峡卷》(4)，大象出版社，2017，第303页。

⑧ 〔清〕甘扬声修，〔清〕刘文运纂：嘉庆《渑池县志》卷二《建置志》，《河南历代方志集成·三门峡卷》(5)，大象出版社，2017，第27页。

⑨ 〔清〕梁易简修，〔清〕刘元善纂：乾隆《渑池县志》卷下《艺文志》，《河南历代方志集成·三门峡卷》(4)，大象出版社，2017，第344页。

⑩ 〔清〕梁易简修，〔清〕刘元善纂：乾隆《渑池县志》卷上《地理志》，《河南历代方志集成·三门峡卷》(4)，大象出版社，2017，第299页。

诗云:“两年不见此君清,驿舍惊看眼忽明。为忆故园千树在,含风能影不胜情。”①关于驿马配置,乾隆《渑池县志》记载:“义昌驿原额马二十一匹……驴二十七头。”汝州、宜阳和孟津县分别协济驴十一头、四头和二头。又汝州和偃师两县协济馆夫若干②。明末义昌驿毁于战火。

蠡城驿,又称蠡城马驿③,属河南府渑池县驿,东距义昌驿四十里。其建置时间,杨著、苏著无考。成化《河南总志》记载:“蠡城驿属渑池县,在本城内县治西。洪武元年知县林人建。”④据此,蠡城驿建于洪武元年。顾祖禹谓蠡城在“县西四十里……今为蠡城驿”⑤。这是不正确的。渑池旧理蠡城,即魏蠡城,在今洛宁西北王范镇中原村。杨著、苏著云蠡城驿在今渑池县城内⑥,则不甚具体。《永乐大典》卷九五六一载有河南府州县图 14 幅,据考皆为明初河南府政区建置⑦。《渑池县之图》上可见蠡城驿标注在县治之西,三圣庙与城隍庙之间的位置。成化《河南总志》亦云“在本城内县治西”。弘治《河南郡志》:“蠡城驿在县治西。”⑧景德年间官

① 〔明〕游朴:《义昌驿舍见竹》,魏高鹏、魏定榔、游再生点校:《游朴诗文集》,福建人民出版社,2015,第 368 页。

② 〔清〕梁易简修,〔清〕刘元善纂:乾隆《渑池县志》卷中《贡赋志》,《河南历代方志集成 · 三门峡卷》(4),大象出版社,2017,第 339 页。

③ 〔明〕李东阳等撰,〔明〕申时行等修:《大明会典》卷一百四十五《兵部二十八》,广陵书社,2007,第 2034 页。

④ 〔明〕孙洪修,〔明〕胡谧纂:成化《河南总志》卷七《河南府 · 关隘》,《河南历代方志集成 · 省志卷》(1),大象出版社,2017,第 288 页。

⑤ 〔清〕顾祖禹撰,贺次君、施和金点校:《读史方舆纪要》卷四十八《河南三》,中华书局,2005,第 2261 页。

⑥ 杨正泰:《明代驿站考(增订本)》,上海古籍出版社,2006,第 39 页;苏同炳:《明代驿递制度》,中华丛书编审委员会,1969,第 88 页。

⑦ 黄燕生:《〈永乐大典〉地图考录》,《文献》1988 年第 4 期。

⑧ 〔明〕陈宣修,〔明〕乔缙纂:弘治《河南郡志》卷六《官治》,《河南历代方志集成 · 洛阳卷》(2),大象出版社,2017,第 108 页。

修地理总志《寰宇通志》:"在渑池县治西。"[①]上述图文的"县治"皆指崇祯十年(1637)李自成农民军焚毁渑池县城前的县治。崇祯十一年(1638)重建县城时,因"地阔人寡",截去西城三分之二,另筑新城,县治遂移新城中。乾隆《渑池县志》记载:"县治旧建邑中,寇毁,遗址筑为西城。明崇祯十一年知县牛藩以东布政司行台改为县治。"[②]据此,蠡城驿初在渑池旧城治西。崇祯十一年县城重建后,迁至新城县署东。驿马配置,乾隆《渑池县志》记载:"蠡城驿原额马二十一匹,驴二十六头。"其中"汝州原额协济马二十一匹……郏县原额协济驴十一头"。此外,汝州、郏县、永宁三县协济馆夫银若干[③]。崇祯十年,李自成陷渑池,十三年再陷,县城折毁殆尽,蠡城驿毁。

硖石驿,又称硖石马驿[④],属河南府陕州辖驿,东距蠡城驿七十里。其建置时间,杨著、苏著无考。杨著云驿址在今陕州区硖石乡西,苏著云驿址在陕州城东七十里[⑤]。成化《河南总志》记载:"硖石驿属陕州,在州东七十里。洪武二年知州闻人桂建。"[⑥]弘治《河南郡志》、万历《陕州志》所载时间与之同[⑦]。据此,硖石驿置于洪武二年,驿址在今陕州区硖石乡硖石村。洪武十年(1377),硖石置巡检司戍守,

---

① 〔明〕陈循等撰:《寰宇通志》卷八十五《河南府》,《玄览堂丛书续集》(16),正中书局,1984,第322页。

② 〔清〕梁易简修,〔清〕刘元善纂:乾隆《渑池县志》卷上《地理志》,《河南历代方志集成·三门峡卷》(4),大象出版社,2017,第302页。

③ 〔清〕梁易简修,〔清〕刘元善纂:乾隆《渑池县志》卷中《贡赋志》,《河南历代方志集成·三门峡卷》(4),大象出版社,2017,第338~339页。

④ 〔明〕李东阳等撰,〔明〕申时行等修:《大明会典》卷一百四十五《兵部二十八》,广陵书社,2007,第2034页。

⑤ 杨正泰:《明代驿站考(增订本)》,上海古籍出版社,2006,第39页;苏同炳:《明代驿递制度》,中华丛书编审委员会,1969,第88页。

⑥ 〔明〕孙洪修,〔明〕胡谧纂:成化《河南总志》卷七《河南府·关隘》,《河南历代方志集成·省志卷》(1),大象出版社,2017,第288页。

⑦ 〔明〕陈宣修,〔明〕乔缙纂:弘治《河南郡志》卷六《官治》,《河南历代方志集成·洛阳卷》(2),大象出版社,2017,第111页;〔明〕赵恒修修,〔明〕王承蕙撰:万历《陕州志》卷二《建置志》,《河南历代方志集成·三门峡卷》(1),大象出版社,2017,第14页。

“盘诘往来及贩卖私盐、犯人、逃军、逃囚”[①]。硖石驿丞兼管巡检司务。《永乐大典》河南府《陕州之图》中在陕州城东标注有硖石巡检司和硖石车驿。关于驿马配置，顺治《陕州志》记载：明代硖石驿“原额马二十三匹……原设驴二十五头。……万历二十九年因矿税加马半匹、驴四头。内本州马二十三匹半、驴四头”，另有郏县协济驴二十五头[②]。明末战乱，硖石驿“寇毁址存”[③]。

甘棠驿，又称甘棠马驿[④]，属河南府陕州驿，东距硖石驿六十里。建驿时间，杨著、苏著无考。成化《河南总志》记载：“甘棠驿属陕州，在本城内州治南街东。洪武二年知州闻人桂始建。”[⑤]弘治《河南郡志》、万历《陕州志》亦载甘棠驿“洪武二年建”[⑥]。据此，甘棠驿建于洪武二年。其位置，杨著云在今三门峡市[⑦]，所说颇为宽泛。《永乐大典》河南府《陕州之图》在城东门外标注有“馆驿”和“车驿”。而前揭成化《河南总志》、弘治《河南郡志》和万历《陕州志》皆云甘棠驿在州治南。可见，甘棠驿本置于陕州城东门外，至迟在弘治十年（1497）纂修《河南郡志》时已移至州治南，在今陕州故城内，即三门峡经济开发区陕州公园内。关于驿马配置，据顺治《陕州志》记载，明代甘棠驿原额马、驴数量与硖石驿相同，至万历二十九年（1601）因矿税而增加“马一匹、驴三头半。内本州马十五匹、驴三头半。宜阳马六

① 〔清〕龙文彬：《明会要》卷七十五《关津》，中华书局，1956，第1458页。

② 〔清〕吴世英修，〔清〕王用肃纂：顺治《陕州志》卷四《贡赋志》，《河南历代方志集成·三门峡卷》（1），大象出版社，2017，第92页。

③ 〔清〕吴世英修，〔清〕王用肃纂：顺治《陕州志》卷二《建置志》，《河南历代方志集成·三门峡卷》（1），大象出版社，2017，第85页。

④ 〔明〕李东阳等撰，〔明〕申时行等修：《大明会典》卷一百四十五《兵部二十八》，广陵书社，2007，第2034页。

⑤ 〔明〕孙洪修，〔明〕胡谧纂：成化《河南总志》卷七《河南府·关隘》，《河南历代方志集成·省志卷》（1），大象出版社，2017，第288页。

⑥ 〔明〕陈宣修，〔明〕乔缙纂：弘治《河南郡志》卷六《官治》，《河南历代方志集成·洛阳卷》（2），大象出版社，2017，第111页；〔明〕赵恒修修，〔明〕王承蕙撰：万历《陕州志》卷二《建置志》，《河南历代方志集成·三门峡卷》（1），大象出版社，2017，第14页。

⑦ 杨正泰：《明代驿站考（增订本）》，上海古籍出版社，2006，第39页。

匹,鲁山马二匹,驴二十五头,宝丰马一匹”①。崇祯年间,高迎祥、李自成等率众屡陷陕州,甘棠驿“寇毁址存”②。

桃林驿,又称桃林马驿③,属河南府陕州灵宝县驿,东距甘棠驿六十里。其建置时间,杨著、苏著无考。成化《河南总志》记载:“桃林驿属灵宝县,在本城内县治西。洪武元年县丞王珪建。”④弘治《河南郡志》则云桃林驿“洪武二年知县熊飞建”⑤。洪武元年王珪尚在阌乡县丞任上,不可能跨县建驿。据此,桃林驿建于洪武二年。驿址所在,杨著云:“在今河南灵宝县虢略镇,一说在今灵宝县东北枣灵镇。”⑥两说均不妥当。《永乐大典》河南府灵宝县之图在县城西门外标注有“车驿”。成化《河南总志》、弘治《河南郡志》及《寰宇通志》皆载桃林驿在县治西。顺治《灵宝县志》亦云:“桃林驿在西城门外。”⑦卷一“县城图”,在西门外方向标注有桃林驿。据此,桃林驿在灵宝县城西门拱华门外,即今灵宝大王镇老城村灵宝老城西。又杨著以为桃林驿在今灵宝虢略镇,错误。虢略镇即今城关镇,唐时为虢州治,宋至道三年改为虢略县,元至元十年(1273)废为镇。自唐天宝元年(742)桃林县改为灵宝县后,历宋、元、明、清及民国,灵宝县治一直在老城村。1959年因修建三门峡水库,始迁至虢略镇今址。原灵宝县城部分居民移至基建村,后名枣灵镇,

① 〔清〕吴世英修,〔清〕王用肃纂:顺治《陕州志》卷四《贡赋志》,《河南历代方志集成·三门峡卷》(1),大象出版社,2017,第92页。

② 〔清〕吴世英修,〔清〕王用肃纂:顺治《陕州志》卷二《建置志》,《河南历代方志集成·三门峡卷》(1),大象出版社,2017,第85页。

③ 〔明〕李东阳等撰,〔明〕申时行等修:《大明会典》卷一百四十五《兵部二十八》,广陵书社,2007,第2034页。

④ 〔明〕孙洪修,〔明〕胡谧纂:成化《河南总志》卷七《河南府·关隘》,《河南历代方志集成·省志卷》(1),大象出版社,2017,第288页。

⑤ 〔明〕陈宣修,〔清〕乔缙纂:弘治《河南郡志》卷六《官治》,《河南历代方志集成·洛阳卷》(2),大象出版社,2017,第112页。

⑥ 杨正泰:《明代驿站考(增订本)》,上海古籍出版社,2006,第39页。

⑦ 〔清〕梁儒修,〔清〕李林茂、宋腾鲤纂:顺治《灵宝县志》卷三《城池》,《河南历代方志集成·三门峡卷》(7),大象出版社,2017,第27页。

1963年改名老城村。关于驿马配置，顺治《灵宝县志》记载：“桃林驿原额马二十匹半，原额驴二十八头，折马一十四匹，共马三十四匹半。”①“原额”即明代定额。明末张献忠、李自成多次攻陷灵宝，桃林驿“迤南房毁址存”②。

鼎湖驿，又称鼎湖马驿③，属河南府陕州阌乡县驿，东距桃林驿六十里。其建置时间，杨著、苏著无考。成化《河南总志》记载：“鼎湖驿属阌乡县，在本城内东街北。洪武元年县丞王珪建。永乐十三年知县陈琏重建。”④弘治《河南郡志》：“洪武元年县丞王珪建。”⑤据此，鼎湖驿建于洪武元年。杨著又云鼎湖驿“在今河南灵宝县西故县镇，一说在灵宝县内”。⑥ 前者错误，后者过于宽泛。《永乐大典》卷九五六一河南府《阌乡县之图》标注鼎湖驿在县治西侧，西门外有车驿。此后又有移置。《寰宇通志》记载：“鼎湖驿在阌乡县治东。”⑦弘治《河南郡志》记载：“鼎湖驿在县治之东。”⑧顺治《阌乡县志》亦云在“县治东”⑨。卷首“县城图”中于县衙东侧标注有鼎湖驿。据此，鼎湖驿明初置于县治西侧，至迟成化二十二年(1486)纂修

① 〔清〕梁儒修，〔清〕李林茂、宋腾鲤纂：顺治《灵宝县志》卷二《驿站》，《河南历代方志集成·三门峡卷》(7)，大象出版社，2017，第24页。

② 〔清〕梁儒修，〔清〕李林茂、宋腾鲤纂：顺治《灵宝县志》卷三《城池》，《河南历代方志集成·三门峡卷》(7)，大象出版社，2017，第27页。

③ 〔明〕李东阳等撰，〔明〕申时行等修：《大明会典》卷一百四十五《兵部二十八》，广陵书社，2007，第2034页。

④ 〔明〕孙洪修，〔明〕胡谧纂：成化《河南总志》卷七《河南府·关隘》，《河南历代方志集成·省志卷》(1)，大象出版社，2017，第288页。

⑤ 〔明〕陈宣修，〔明〕乔缙纂：弘治《河南郡志》卷六《官治》，《河南历代方志集成·洛阳卷》(2)，大象出版社，2017，第112页。

⑥ 杨正泰：《明代驿站考(增订本)》，上海古籍出版社，2006，第39页。

⑦ 〔明〕陈循等撰：《寰宇通志》卷八十五《河南府》，《玄览堂丛书续集》(16)，正中书局，1984，第322页。

⑧ 〔明〕陈宣修，〔明〕乔缙纂：弘治《河南郡志》卷六《官治》，《河南历代方志集成·洛阳卷》(2)，大象出版社，2017，第112页。

⑨ 〔清〕梁儒修，〔清〕李林茂、宋腾鲤纂：顺治《灵宝县志》卷三《县治》，《河南历代方志集成·三门峡卷》(7)，大象出版社，2017，第371页。

《河南总志》时已移至县治东，至明亡未改。阌乡县治旧在阌底镇，今灵宝豫灵镇文底南原村以北黄河滩。民国《新修阌乡县志》记载：“元省湖城入阌乡县，治在阌底镇，明初县治移今所。”[①]《大清一统志》：“（阌乡）故城在县西四十里。又有故县乡在县西南三十里。”[②]洪武元年，县治移至唐湖城县旧址，即今灵宝阳平镇阌西村东北约3里的黄河南岸，历清代、民国不改。1954年，阌乡县与灵宝县合并，原阌乡县城改置阌底镇。1959年，因修建三门峡水库，阌乡故县城被废弃。因此，鼎湖驿在今灵宝阳平镇阌西村东北阌乡故城，而不在阌乡故城西南三十里的故县镇。关于驿马配置，康熙《阌乡县志》卷二记载：“鼎湖驿传马，按旧志，原额二十一匹……原额驴四十五头。”[③]负协济之责的有卢氏、永宁、杞县、伊阳等县。明末鼎湖驿毁于战火。

潼关驿，属西安府华州华阴县，东距鼎湖驿70里。其建置时间，杨著、苏著无考。乾隆《华阴县志》记载：“潼津驿，旧志，在潼关城内，与递运所俱洪武二年县丞黄文明建，马厩牛车房颇为宏整。”[④]此“潼津驿”为“潼关驿”之讹。据此，潼关驿置于洪武二年。杨著又云潼关驿址“在今陕西潼关城内”[⑤]，错误。《寰宇通志》记载：“潼关驿在华阴县东四十里。”[⑥]嘉靖《陕西通志》潼关卫图将其标注在潼关城内兵备道东侧。乾隆《华阴县志》亦载：潼关驿“在县城内”。嘉庆《续修潼关厅志》：“潼

① 黄觉修，韩嘉会纂：民国《新修阌乡县志》卷二《建置》，《河南历代方志集成·三门峡卷》（10），大象出版社，2017，第323页。

② 〔清〕穆彰阿、潘锡恩等纂修：《大清一统志》（五）卷二百二十《陕州直隶州一》，上海古籍出版社，2008，第444页。

③ 〔清〕张三省、杨遵修，〔清〕杜允中纂：顺治《阌乡县志》卷二《邮传》，《河南历代方志集成·三门峡卷》（9），大象出版社，2017，第358页。

④ 〔清〕陆维垣、许光基修，〔清〕李天秀等纂：乾隆《华阴县志》卷四《建置》，《中国地方志集成·陕西府县志辑》（24），凤凰出版社，2007，第109页。

⑤ 杨正泰：《明代驿站考（增订本）》，上海古籍出版社，2006，第40页。

⑥ 〔明〕陈循等：《寰宇通志》卷九十二《西安府上》，《玄览堂续集》，正中书局，1984，第25页。

关驿旧在县治东，驿丞管理。”①明代潼关卫城沿用唐潼关城址，清代民国时期一直为潼关厅(县)治所在地。1960年，三门峡水库建成蓄水，回水威胁潼关城，遂将县城南迁至吴村，即今潼关县城所在地。原潼关县城于1984年改设港口镇，2002年改称秦东镇，故明代潼关驿在今潼关县秦东镇港口社区明清潼关城内。关于驿马配置，隆庆《华州志》记载：“潼关驿额编中下马驴六十二匹头，中马十一匹……下马十一匹，……驴四十头。”②明末潼关驿毁于战火。

表9-2 明代崤函古道驿站设置表

州县	驿名	今地	驿站间距/里	建置时间	额马/匹	额驴/头	备注
新安县	函关驿	新安县老县城西大街路北		洪武三年	24	50	东距周南驿70里
渑池县	义昌驿	渑池洪阳镇义昌村	50	洪武元年	21	27	
	蠡城驿	渑池县城关镇	40	洪武元年	21	26	
陕州	硖石驿	陕州区硖石乡硖石村	70	洪武二年	23.5	29	原额马23匹，驴25头。万历二十九年因矿税加马半匹，驴4头
	甘棠驿	三门峡陕州故城	60	洪武二年	24	28.5	原额马23匹，驴25头。万历二十九年因矿税加马1匹，驴3头半

① 〔清〕向淮修，〔清〕王森文纂：嘉庆《续修潼关厅志》卷上《建置·城池》，成文出版社，1969，第19~20页。

② 〔明〕李可久修，〔明〕张光孝纂：隆庆《华州志》卷八《田赋志》，《中国地方志集成·陕西府县志辑》(23)，凤凰出版社，2007，第41页。

续表

州县	驿名	今地	驿站间距/里	建置时间	额马/匹	额驴/头	备注
灵宝县	桃林驿	灵宝大王镇老城村灵宝老城西	60	洪武二年	30.5		原额马20匹半,原额驴28头,折马14匹,共马30匹半
阌乡县	鼎湖驿	灵宝阳平镇阌西村东北	60	洪武元年	21	45	
华阴县	潼关驿	潼关县秦东镇	75	洪武二年	22	40	西距潼津驿40里

从目前的史料记载来看,明代崤函古道驿站在设置、分布和运行上有如下几个特点:

一是驿站设置时间较早。在明军平定河南、陕西的过程中,随着军事战争的节节推进而迅速跟进至洪武初年已臻完备。此后,嘉靖、万历和崇祯年间在全国范围内数次大幅裁减驿站,整治驿传,但直到明末,崤函古道驿站未见增损裁革,保持了相当的稳定性。明代崤函古道驿站设置和分布也成为继明而起的清代崤函古道驿站的既定模式。

二是驿站设置基本沿袭元代站赤,又根据实际情况在新安与渑池之间添设了义昌驿,使崤函古道驿站达到8座,驿站设置更为合理。

三是驿站分布,除义昌、硖石两驿设在两县治之间的村镇外,其他驿站均根据驿路沿途州县治所距离,设在沿途州县(卫)治。驿站间的距离,一般在六十里,最短者四十里,最长者七十里。新增义昌驿是为缓解新安渑池两驿压力而采取的变通举措。硖石驿既是对元代站赤的继承,也是为了应对渑池、陕州之间驿路崎岖难行,体现了明代"因地理量宜设置"[①]驿站的原则。

① 《明太祖实录》卷二十九,台湾"中央研究院"历史语言研究所校印本,1962,第500页。

四是驿马配置在21匹至24匹之间，驴的配置普遍比驿马多，最少者26头，最多者50头。与元代相比，作为交通工具的马、驴数量有所扩大。函关驿、鼎湖驿、潼关驿所配马、驴的定额较高，反映了其日常驿传任务相对繁重。

五是崤函古道沿线州县经济普遍困顿，财政不足以维持驿站的正常运转，需要附近州县协济。明代驿递差役佥点原则是“其佥点人户，先尽各驿附近去处佥点，如果不敷，许于相邻府县点差”①，即协济。傅维麟《明书·戎马志三》记载：“其钱粮皆出于随处丁亩，而冲繁则以附近州县协济之。”②明初主要是佥点附近州县人夫赴崤函古道驿站应役当差，万历二十六年（1598）改为协济银两，雇当地人任差。顺治《陕州志》记载说：“查明初陕郡驿所之马出自鲁、郏、宝、伊、偃、嵩等县者俱正身来驿所行差。迨万历二十六年间各县始解协济银两，而觅州民代当。”③协济制度由此崩坏。

二、递运所和急递铺交通线路

除上述驿路和驿站外，明代在崤函地区还设有递运所和急递铺两种交通机构，与驿站机构并行。

1. 递运所

递运所是明朝专门运送军需物资和上贡物品的运输机构，分陆运和水运两种，有专门负责的官员，每递“设大使、副使各一人，验夫多寡，设百夫长以领之。后汰

---

① 〔明〕李东阳等撰，〔明〕申时行等修：《大明会典》卷一百四十五《兵部二十八》，广陵书社，2007，第2019页。

② 〔明〕傅维麟：《明书》卷七十二《戎马志三》，丛书集成初编，商务印书馆，1936，第1464页。

③ 〔清〕吴世英修，〔清〕王用肃纂：顺治《陕州志》卷四《贡赋志》，《河南历代方志集成·三门峡卷》（1），大象出版社，2017，第93页。

副使,革百夫长"[①]。水运有各地船户负责,陆运则由递运夫、防夫承担,均从民户或军户中佥点,归入州县的驿传徭役之中。递运方法与驿站类似,也采用定点、定线,接递运输。根据运输任务的不同,递运所"每所设置车辆不等,大车一辆,载米十石者,人夫三名,牛三头,布袋十条。小车一辆,载米三石者,人夫一名,牛一头,办牛一头。于十五石粮户内点充,如无相应人户,许众户凑粮共当"[②]。车辆运能不够时,往往抽调附近民车充任。如宣德六年(1431)五月,河南府知府李骥奏称:"本府路当冲要,旧设递运所一十一处。正当耕种之时,使客频繁,则令傍近有司各以民车协助,妨误农功。今自祥符县以西苏村递运所至偃师县凡七所,每所有车五六十辆,递送稀少,尽有余闲。乞命所司斟酌添拨为便。"[③]递运所的设置,使驿、递、铺三个组织各司其职,各负其责,交通运输的社会分工向前跨越了一大步,是明代官方货物运输的一大进步。

据方志等文献记载,明代在崤函古道上有递运所 11 个,其设置和配置情况如表 9-3。

表 9-3　明代崤函古道递运所设置表

州县	递运所名称	递运所位置	递运所间距/里	设置时间	额牛、车	备注
新安县	磁涧递运所	县治东赵峪保	38	洪武十年	牛车 47 辆	(1)康熙《新安县志》作"石斧涧递运所";(2)东距洛阳递运所 38 里;(3)额牛按一大车配牛 3 头计,折牛 141 头

① 〔清〕张廷玉等:《明史》卷七十五《职官四》,中华书局,1974,第 1853 页。

② 〔明〕李东阳等撰,〔明〕申时行等修:《大明会典》卷一百四十九《兵部三十一》,广陵书社,2007,第 2064 页。

③ 《明宣宗实录》卷七十九,台湾"中央研究院"历史语言研究所校印本,1962,第 1846 页。

续表

州县	递运所名称	递运所位置	递运所间距/里	设置时间	额牛、车	备注
新安县	新安递运所	县西羊义保	38	洪武四年	牛车47辆	(1)成化《河南总志》云"洪武五年知县吴清建";(2)额牛按一大车配牛3头计,折牛141头
渑池县	义昌递运所	县治东40里义昌镇	43	洪武十年	牛127头	成化《河南总志》云"洪武八年县丞潘惟谅建"
	渑池递运所	县治东	40	洪武八年	牛130头	
陕州	七里递运所	州东100里七里社	40	洪武八年	牛126头	(1)《明会典》作"七里店递运所""七星店递运所";(2)原额牛122头,万历二十九年因矿税加牛4头
	硖石递运所	州东70里七里社	20	洪武元年	牛126头	原额牛122头,万历二十九年因矿税加牛4头
	张茅递运所	州东50里	20	洪武八年	牛126头	原额牛122头,万历二十九年因矿税加牛4头
	横渠递运所	州东10里卫村社	40	洪武元年	牛131.5头	(1)横渠递运所旧在横渠,成化二十一年(1485)知州宋宾改置于此;(2)原额牛124头,万历二十九年因矿税加牛7头半
灵宝县	灵宝递运所	县西门外南1里	60	洪武二年	牛128头	原额牛128头,折车32辆,因道险,每车折役夫4名,共夫128名

续表

州县	递运所名称	递运所位置	递运所间距/里	设置时间	额牛、车	备注
阌乡县	阌乡递运所	县城外西关	70	洪武元年	牛 188 头	
华阴县	潼关递运所	县治西关	40	洪武二年	牛 200 头	距华阴递运所 40 里

资料来源:成化《河南总志》;弘治《河南郡志》;顺治《河南府志》;康熙《新安县志》;乾隆《新安县志》;乾隆《渑池县志》;顺治《陕州志》;乾隆《直隶陕州志》;顺治《灵宝县志》;顺治《阌乡县志》;隆庆《华州志》;乾隆《华阴县志》。

从表 9-3 来看,明代崤函古道递运所的设置已趋完善,并呈现出以下特点:

其一,递运所设置时间较早。与驿站设置一样是随着明军的大举西进而迅速建立起来的。洪武元年,首建的硖石、横渠、阌乡 3 个递运所,正值明军西进关中,军运繁忙之际。洪武二年,灵宝、潼关 2 个递运所的建立,也与当时明军进军西南的军事需求有关。其后不断增建完善,洪武十年,“因地里窎远”,于新安递运所“东复置磁涧,西增义昌”①,至此形成了由 11 个递运所组成的崤函古道递运网络。

其二,递运线路与驿路交通线路一致。11 个递运所皆设于崤函古道驿路上,新安、义昌、渑池、硖石、灵宝、阌乡、潼关等地既设有驿站也设有递运所。磁涧、七里、张茅、横渠等递运所距离附近驿站,远者七十里,近者不过二十里。由于递运所

① 〔明〕陈宣修,〔明〕乔缙纂:弘治《河南郡志》卷六《官治》,《河南历代方志集成·洛阳卷》(2),大象出版社,2017,第 110 页。

的运转主要依靠驿站,所利用的交通路线也主要是驿路,且递运所运输路线与驿路保持一致,因此,递运所实际可以看作是一种主要承担运输任务的特殊驿站。

其三,递运所数量较多,分布较密。明代递运所具有驿站辅助机构的性质,两者往往同处一地,许多地方递运所的数量与驿站数量相同。而崤函古道连通京师与西北和西南,运输任务繁重,因此递运所数量远多于驿站,达 11 个之多,这在全国是较为特殊的。最引人注目的是陕州一地即拥有 4 个递运所。递运所分布也远较驿站密集,除横渠、灵宝、阌乡 3 个递运所之间相距六七十里外,递运所之间的距离均在四十里及其以下,最近的七里、硖石、张茅 3 个递运所之间的距离仅有二十里。

其四,规模较大,设置稳定。各递运所额牛的数量都在 120 头以上,按一大车配牛 3 头计,各有牛车 40~50 辆,合计牛车 520 余辆。最多的潼关递运所额牛 200 头,折牛车 60 余辆。文献未记载崤函古道 11 个递运所役夫的数量,但可据额牛、车辆数折算。11 个递运所合计额牛约 1564 头,按一大车配牛 3 头,一车折役夫 4 名计,合计有役夫约 2085 名,数量相当庞大。明中后期裁革递运所,许多原本属递运所的运输任务逐渐改由驿站承担。但崤函古道 11 个递运所却得到了完整保留。据正德《明会典》统计,当时河南有递运所 45 个,到万历《明会典》统计,河南有 37 个,数量最多。陕西其次,有 35 个,其余各省均不超过 15 个。而崤函古道递运所数量占河南的 29.7%,设置最为密集,且直到明末仍在运转,说明崤函古道递运所承担的运输任务最为繁重,责任重要,是不可以被驿站“兼任”的。凡此都凸显了崤函古道递运所在全国物资运输网络中的重要地位。

其五,与驿站类似,因崤函古道沿线州县经济困顿,为维持递运系统的正常运行,各递运所都有数量不等的外县协济,包括牛车和工食银等。协济数量甚至比本县承担还多。如横渠递运所“原额牛一百二十四只……万历二十九年因矿税加牛七只半，内本州七只半，宝丰牛九十只，郏县牛三十四只”[①]。阌乡递运所“按旧志牛原额一百八十八只……本县粮佥三十八只，新安卢氏光州永宁伊阳宝丰各有协济，万历以来增减不同”[②]。渑池递运所“原额牛一百三十只……卢氏县协济牛七十五只……登封县协济三十四只……宜阳县协济十三只”[③]。“新安递运所旧志原佥牛车四十七辆，本县车十辆，外县三十七辆。磁涧递运所原佥牛车四十七辆，俱外县协济。”[④]这对维护整个递运系统的正常运行有重要作用，但在实际运行中也生出许多弊端。

2. 急递铺

急递铺是明代“专一递送公文，以通上下之政”[⑤]的机构，其设置大体与元制相同，又有所发展。“急递铺凡十里设一铺，每铺设铺司一人，铺兵，要路十人，僻路或五人或四人，于附近民有丁力田粮一石五斗之上，二石之下者充之。必少壮正身”来充任铺兵，由铺司管理。铺司从附近州县司吏选任。“每铺设十二时日晷，以验时刻，铺门置绰楔一座，长明灯烛一副，簿历二本。铺兵各置夹板一副，铃攀一副，缨枪一把，棍一条，回历一本。”铺兵递送公文，依古法，一昼夜通一百刻，每三刻行一铺，昼夜行三百里。凡遇公文至铺，随即递送，无分昼夜。鸣铃走递，前铺闻铃，铺司预先出铺交收，随即于封皮格眼内填写时刻、该递铺兵姓名，连令铺兵用袱及夹板裹系持小回历一本急递至前铺交收，于回历上附写到铺时

---

① 〔明〕赵恒修修，〔明〕王承蕙撰：万历《陕州志》卷四《贡赋志》，《河南历代方志集成·三门峡卷》(1)，大象出版社，2017，第92页。

② 〔清〕张三省、杨遵修，〔清〕杜允中纂：顺治《阌乡县志》卷二《邮传》，《河南历代方志集成·三门峡卷》(9)，大象出版社，2017，第358页。

③ 〔清〕梁易简修，〔清〕刘元善纂：乾隆《渑池县志》卷中《贡赋志》，《河南历代方志集成·三门峡卷》(4)，大象出版社，2017，第338页。

④ 〔清〕韩佑唐修，〔清〕雷声纂：康熙《新安县志》卷十二《赋税志》，《河南历代方志集成·洛阳卷》(23)，大象出版社，2017，第382页。

⑤ 〔明〕应槚：《大明律释义》卷十七《邮驿》，《续修四库全书》第863册《史部·杂史类》，上海古籍出版社，1996，第122页。

刻。毋致迷失停滞。若公文不即递送,因而失误事机及拆动损坏者罪如律。各州县于司吏内选充铺长一人,巡视监督,每月官置文簿一本给各铺,附写所递公文时刻、件数、官稽考之。其无印信文字,并不许入递。"①明代急递铺遍布各府州县,州县治前设置总铺或在城铺,府、州、县之间,铺铺相连,交织成一张巨大的以当地府城(县城)总铺为中心,向周边地区辐射发散,连接周边邻县的快速邮递交通网络,其数量之庞大,分布之广泛,远超驿站和递运所,在宣达王命和公文递送等方面起着重要作用。

崤函地区各州县皆设有急递铺。这在成化《河南总志》、弘治《河南郡志》和万历《陕州志》等文献中多有记载。成化《河南总志》不仅记录了崤函地区急递铺的名称,还记录了铺递路线,兹整理列表如表 9-4 所示。

表 9-4 明代崤函地区急递铺设置表

州县	急递铺名称	数量
新安县	总铺。东路:渡北铺、牛章铺、磁涧铺、孝水铺(接洛阳县谷水铺);西路:厥山铺、新庄铺、铁门铺(接渑池县姚店铺)	8
渑池县	总铺。东路:搭泥铺、千秋铺、和村铺、义昌铺、姚店铺(接新安县铁门铺);西路:新埠头铺、土壕铺(接陕州望县铺)	8
陕州	总铺。东路:横渠铺、磁钟铺、卫村铺、张茅铺、分水岭铺、硖石铺、店儿岭铺、乾濠铺、七里店铺、广积铺、望县铺(接渑池县土壕铺);西路:七里铺、新店铺、城村铺(接灵宝县曲沃铺)	15
灵宝县	总铺。东路:好羊铺、曲沃铺(接陕州城村铺);南路:王垂铺、东流铺、牛庄铺、虢略铺、涧口铺、官庄铺、幡底铺、窖店铺、圣女湾铺、顾水铺(接卢氏县泓头铺);西路:望河铺、稠桑铺、静远铺(接阌乡县东王铺)	16

① 《明太祖实录》卷二十九,台湾"中央研究院"历史语言所校印本,1962,第 500~502 页。

续表

州县	急递铺名称	数量
阌乡县	总铺。东路:水泉铺、东王铺(接灵宝县静远铺);西路:高柏铺、盘豆铺、泉井铺、阌底铺、七里铺(接陕西华阴县铺)	8
宜阳县	总铺。东路:石村铺、闲厩铺(接洛阳县沙河铺);西路:城子铺、沟头铺、花庄铺、高灵店铺、官庄铺、韩城铺、福昌铺、流渠铺、三乡铺(接永宁县崛山铺)	12
永宁县	总铺。东路:吴村铺、崛山铺(接宜阳县三乡铺);西路:水南铺、崇阳铺、故野铺(三十里接卢氏县范蠡铺)	6
卢氏县	总铺。东路:范蠡铺(三十里接永宁县故野铺);北路:金虾蟆铺、柳换铺、梁家铺、杜馆铺、泓头铺(接灵宝县顾水铺)	7

资料来源:成化《河南总志》卷七《河南府·急递铺》。

表9-4所列急递铺计80个,这样连同潼关所设的总铺,明代崤函地区急递铺合计有81个。将表9-4与稍晚成书的弘治《河南郡志》、万历《陕州志》相较,最显著的区别有二:一是个别铺名不同,但实为一地。如渑池县新埠头铺,弘治《河南郡志》作埠头铺。陕州店儿岭铺,万历《陕州志》作店岭铺。灵宝县东流铺、虢略铺、皤底铺、圣女湾铺、顾水铺,弘治《河南郡志》分别作东留铺、虢州铺、畓底铺、圣女铺、故水铺。阌乡县泉井铺、阌底铺、七里铺,弘治《河南郡志》分别作井泉铺、阌广铺、五里铺。二是部分急递铺有所调整。如陕州,成化《河南总志》记有15铺,弘治《河南郡志》则记有13铺,无广积铺、望县铺。万历《陕州志》记有14铺,无望县铺。说明弘治至万历年间陕州急递铺设置可能略有调整。但三书所记急递铺数量、铺路走向基本无大的变化,具有相当的稳定性。

从表9-4可以看出,崤函地区急递铺的设置和分布有如下特点:

其一,崤函地区急递铺东西向数量居多,呈以东西向为主的分布态势,数量约占崤函地区急递铺数量的60.8%。急递铺以传递普通公文为主,崤函地区的州县多沿崤函古道分布,这就决定了急递铺的分布必然以东西向为基本延伸方向,由此也奠定了以东西向为主的急递铺线路。

其二,主要铺路与驿路相重合。明代的急递铺是与驿站平行的驿传机构。作为东西交通要道的崤函古道驿路沟通了沿线的主要州县,这些州县之间的公文来往主要依靠急递铺,因此,位于崤函古道驿路上的陕州、灵宝、阌乡、潼关、新安、渑池诸州县的主要铺路与驿路是重合的,这样一种重合的道路格局,使急递铺可以较为充分地利用崤函古道驿路,从而保证急递铺递送公文的时效性。

其三,宜阳、永宁等无驿之县的铺路主要利用了境内原有的崤山南路。吕坤《实政录》云:明代"道路有二,有官道,有古道。官道天下经行,古道民间共便,此可修而不可塞者"①。"官道"即驿路,"古道"即驿路之外民间往来经行的道路。自北宋以来,昔日喧嚣的崤山南路已非驿路,不再设驿,成为一般道路。宜阳、永宁等县属河南府辖,其公文递送主要是东西方向,为保证公文传递的时效性,选择路况最好、路途最短的既有"古道"崤山南路,形成铺路交通线,自然也是合理的。这样的铺路是对已有民间道路的选择和利用,也是对驿路的扩展和延伸。它使久已退出国家驿路序列的崤山南路重新焕发生机,在一定程度上重归国家驿路网络。

其四,南部地区急递铺线路形成。灵宝急递铺南路有铺 10 个,约占该县急递铺总数的 62.5%,最南端的顾水铺(故水铺)接卢氏县北路的泓头铺,卢氏县东路经范蠡铺,行三十里接永宁县故野铺。这样形成了一条经灵宝、卢氏连通洛宁、宜阳的崤函地区南部急递铺线路。它是县与县之间沟通的孔道,同时又与崤函古道驿路和铺路衔接相通。明代中后期大量北方流民涌入河南,聚集在河南、陕西、湖北交界地区,垦荒开矿,形成了严重的流民问题。明政府或抚治或镇压,始终未能解决。灵宝、卢氏和永宁急递铺线路的发展,与此有一定程度的关联,反映了明代

① 〔明〕吕坤:《实政录》卷四《修理桥道守路附》,《北京图书馆古籍珍本丛刊》(48)《史部·政书类》,书目文献出版社,1998,第 150 页。

这一带的开发已经有了较大起色。

其五，各急递铺的距离基本依据实际情况而设，既有相当部分遵循了明廷规定的十里，也有在此基础上的变化。如阌乡县皆以十里为一铺："水泉铺县东十里，东王铺县东二十里，高柏铺县西十里，盘豆铺县西二十里，泉井铺县西三十里，文底铺县西四十里，七里铺县西五十里。"①渑池县则是五里、十里的均有。"东十里搭泥铺，二十五里千秋铺，三十里和村铺，四十里义昌铺，五十里崤店铺。"②这主要是由崤函地区山河相间的地形所决定的。这样一种根据情况的求实安排，不仅有效规范了各急递铺的位置，而且有助于形成一个较为完整、有序的铺路网络。既满足了当时朝廷公务信息邮传需求，也有效地促进了崤函地区的经济交往与文化交流。

三、崤函古道的控制与整修

随着明代崤函古道驿路的建立，对崤函古道驿路通行条件的要求也不断提高。明代崤函古道的道路建设，除驿站、递运所和急递铺建设外，还包括对交通枢纽和要冲的控制、道路桥梁的整修与维护等内容。

1. 对交通枢纽和要冲的控制趋于完善

明初沿袭元代行省制度，洪武九年(1376)改行省为承宣布政司，下设府和直隶州，府下设县和属州。崤函地区的陕州、灵宝、阌乡、渑池、新安、宜阳、永宁及卢氏一州七县统归河南府管辖。而在潼关则推行一种集军事与地方行政管理于一体的特殊制度——卫所。

据康熙《潼关卫志》记载，洪武七年(1374)置潼关守御千户所，隶陕西都司。

① 〔清〕张三省、杨遵修，〔清〕杜允中纂：顺治《阌乡县志》卷一《沿革》，《河南历代方志集成·三门峡卷》(9)，大象出版社，2017，第350页。

② 〔清〕甘扬声修，〔清〕刘文运纂：嘉庆《渑池县志》卷二《建置》，《河南历代方志集成·三门峡卷》(5)，大象出版社，2017，第28页。

自此潼关有了长期驻军,而与前朝只是战事紧张时才驻守完全不同。洪武九年改设潼关卫,隶河南都司。永乐六年(1408)改隶中军都督府[①]。卫所职能包括守关、操练、屯田、出哨、巡捕和入戍京城等。潼关卫下辖5个千户所,在周边阌乡、灵宝、华阴等州县还设有108个由军人解甲务农或军人后裔组成的军屯,屯田数达三千余顷,直接向卫所交纳军粮,同时承担军事联防任务。潼关向来是兵家必争的战略要地,但明以前,潼关一直作为一座军事性质的关隘存在,而非行政区划意义上的地理单元。潼关卫的设置,使潼关置于朝廷的直接军事管辖之下,其层级相当于管理民户的府州,周振鹤称之为"军管型政区"[②]。有学者认为它"是明朝中央为牢控交通孔道而采取的特殊措施"[③],凸显出明政府鲜明的以管理体制变革来控扼东出中原、西入关中的崤函古道要道的特点。

作为崤函古道西端起点的潼关既是军事重地又是交通枢纽。史载:"今天下择形胜便利地设关,不在穷边绝徼,而在域中孔道者有三:曰潼关、居庸关、山海关。"[④]丘濬《大学衍义补》亦说:"古者列国,其山川、丘陵各有险阻之处,往往据之以为守……我国家分天下为两畿十三藩,于凡交界之处祖宗各设卫以城守焉,如潼关乃河南、陕西交界也,则设潼关卫以守焉,然卫城介华、陕之间,去京畿且远,顾不以属河、陕二都司而直隶京师,圣祖之意深矣。"[⑤]也就是说,在省际交界处设卫城,是明卫所设置的一般原则,而潼关卫的特殊之处,在于卫城在河南、陕西之间,距京

---

① 〔清〕唐咨伯修,〔清〕杨端本纂:康熙《潼关卫志》卷上《地理志一》,《中国地方志集成·陕西府县志辑》(29),凤凰出版社,2007,第25页。其中,有关潼关卫设立初期的隶属关系,郭红、靳润成《中国行政区划通史·明代卷》认为永乐六年潼关卫改为中军都督府的在外卫所。而于志嘉《犬牙相制——以明清时代的潼关卫为例》认为永乐六年潼关卫先改隶北京行后军都督府,后又改隶后军都督府,至迟到弘治年间直隶中军都督府,其间经历了曲折的过程。

② 周振鹤:《中国地方行政制度史》,上海人民出版社,2005,第333页。

③ 郭红、靳润成:《中国行政区划通史·明代卷》,复旦大学出版社,2007,第541页。

④ 〔明〕詹荣纂修:嘉靖《山海关志》卷四《官师四》,时晓峰主编:《山海关历代旧志校注》,天津人民出版社,1999,第73~74页。

⑤ 〔明〕丘濬撰,金良年整理:《大学衍义补》,上海书店出版社,2012,第50页。

师北京遥远,却直隶于京师,而不受河南或陕西都司的管辖。这样的安排,正是朝廷以直控潼关来控扼崤函古道的一种未雨绸缪的战略谋划的体现。这一战略谋划的成功,又见于张萱《西园闻见录》记载的姚镇守关的故事:“姚镇字公哲……永乐元年以指挥使守潼关。秦王入朝,夜至关,左右呼门甚急。镇曰:‘朝廷禁门,夜深不得启也。’王怒止关外。至京面上垂泣曰:‘潼关姚指挥慢朝廷,夜不容入关。’上但微笑。旬日正旦,镇来朝,上问秦王不得入关事,奏曰:‘潼关,国家重地也,臣止知陛下,不知秦王。’上顾左右曰:‘如姚指挥真锁钥之臣。’赐宝钞。”①

为充分发挥潼关军事重地和交通枢纽的作用,明代十分重视潼关城的维修和拓建。洪武五年(1372),关卫千户刘通在唐宋潼关城基础上修缮关城。洪武九年,随着潼关卫的成立,卫指挥佥事马骙开始大规模拓建关城。这次拓建以麒麟山巅唐关城为依托向东、西、北三方扩张,东临远望沟,西逾潼水而远达凤凰山巅,北及黄河之滨,东西长近 5 里,南北宽近 1 里,形成一个据山依河东西向不规则的长方形城圈,面积约是唐关城的三倍。康熙《潼关卫志》记载:关城“依山势曲折,周一十一里七十二步,高五丈,南倍之。其北下临洪河,巨涛环带。东南则夸麒麟山,西南夸象、凤二山,嵯峨耸峻,天然形势之雄。门有六:东曰‘金陡’,西曰‘怀远’,南曰‘上南’、曰‘下南’,北曰‘大北’、曰‘小北’”②。东、西、大北三座城门上各有门楼。由此奠定了明清潼关关城的平面布局。在此后的维修中,又重点增加了一些城防大型建筑。正德七年(1512),兵宪张龢重修潼关城,于东、西两正门之外再建重门二,即瓮城门。隆庆四年(1570),兵备副使范懋和改建关城,城墙顶面砌筑青砖,添建城上更铺即层楼卫兵值勤哨所 72 所。万历二十九年(1601),陕西兵备副使张维新维修关城,重点整治 8 座城门,并重新命名。

---

① 〔明〕张萱撰,吴丰培整理:《西园闻见录》卷十,全国图书馆文献缩微复制中心,1996,第 248 页。

② 〔清〕唐咨伯修,〔清〕杨端本纂:康熙《潼关卫志》卷上《建置志三》,《中国地方志集成·陕西府县志辑》(29),凤凰出版社,2007,第 28 页。

关城之外，明廷还在潼关城南面禁沟西沿，建设完善了十二连城军事联防体系。十二连城最早建于汉魏时期，又称烽火台，俗称墩台，因与潼关城基本相连，所以俗称十二连城。经过明代进一步维修，臻于完善。康熙《潼关卫志》记载："古设十二连城于禁沟之西，由南郊以抵山麓设三十里，而十二连城是三里一城也。每城设兵百人，而于中城益其兵，多设火器矢石，联络呼应，疾若风雨，即有百人之众，岂能超越而飞渡耶？"①关城、十二连城、禁沟相互依存，共同组成潼关严密的防御体系，为控制和保护崤函古道交通奠定了基础。

图 9-4　潼关禁沟十二连城②

明朝廷对地方和交通要冲的控制，可谓是不遗余力，颇多创造。就崤函古道而言，除设潼关卫外，举其大者，还有二端。

一是设置弘农卫。洪武二年(1369)，朝廷设陕州守御千户所，洪武十一年

① 〔清〕唐咨伯修，〔清〕杨端本纂：康熙《潼关卫志》卷下《兵略》，《中国地方志集成·陕西府县志辑》(29)，凤凰出版社，2007，第 63 页。

② 采自潼关县委、县政府《千古雄关魂》，2013，第 53 页。

(1378)改为弘农卫指挥使司,领左右中前四所[①],卫治与陕州治同城,同在今陕州故城。洪武三十年(1397),设永宁、卢氏守御百户所,统属弘农卫。明代卫所有"在外卫所""在内卫所"之分。前者属在京(北京、南京)卫所,如潼关卫。后者统指各省卫所,如弘农卫。"在内卫所"一般设于军事要冲,其职责主要是维护地方社会治安。如夏良生所说:"祖宗设官,所谓卫者,护守城池之意;所谓守御千户所者,备御盗贼之意也。"[②]可见弘农卫的设置,虽然主要目的是维护地方治安,但很大程度上也与崤函古道有关,有助于对崤函古道枢纽陕州进行军事控制。

二是设置巡检司。明朝全面继承了宋元以来的巡检司制度,在全国范围内普遍设立巡检司机构。"凡天下冲要处,设立巡检司,盘诘往来及贩卖私盐、犯人、逃军、逃囚。凡运粮马快、商贾等船,经由津渡,巡检司照验文引。若豪势之人不服盘诘,听所司拿送巡河御史郎中处究治。"[③]崤函地区设置巡检司较早。洪武二年建立的永宁河底关是崤函也是河南地区设置最早的巡检司。至成化年间,共设有陕州硖石,灵宝虢略镇,渑池南村、济民渡,卢氏朱阳、杜馆镇、栾川镇,永宁高门、崇阳镇,宜阳穆册等10个巡检司,主要分布在崤函古道驿路及其他关津险要和水陆要冲附近,军事和交通的色彩较为浓厚。如硖石关"在陕州东七里社。山岭危峻,道路崎岖,即古崤陵地,东接渑池,西连函谷,路当冲要,洪武十年置巡检司"。朱阳关"在卢氏县南朱阳社,路通襄阳,成化六年设置巡检司"[④]。硖石巡检司还与驿站形成难以剥离的密切关系,驿丞兼管巡检司务。巡检司作为明代维护社会治安的基

---

① 有关弘农卫设置时间的讨论,可参郭红、靳润成:《中国行政区划通史·明代卷》,复旦大学出版社,2007,第534页;郑晓文《明代河南地方军事制度研究》,新华出版社,2017,第42~43页。

② 〔明〕夏良生:《论用兵十二策便宜状》,〔明〕黄训:《皇明名臣经济录》(二),文海出版社,1984,第1185页。

③ 〔清〕龙文彬:《明会要》卷七十五《关津》,中华书局,1956,第1458~1459页。

④ 〔明〕孙洪修,〔明〕胡谧纂:成化《河南总志》卷七《河南府·关隘》,《河南历代方志集成·省志卷》(1),大象出版社,2017,第290页。

层机构,除监视、盘查固定人口外,在“扼要道,验关津”①,对流动人口进行全面防控方面具有不可替代的作用。崤函地区巡检司在空间上,从崤函古道驿路延伸与其连通的南部地区,承担着保障行旅安全,维护国家对于基层社会管控的任务。

2. 道路的平治整修和服务设施的改善

史载明代崤函古道较大规模的道路整修有两次。其一在洪武十七年(1384),明太祖“命天下府州县修治桥梁道路”②。崤函古道驿路也在这时得到修葺和完善。其二在宣德十年(1435),于谦巡抚河南,“以河南中州四方孔道,行人苦渴”,“奏于所在官道中筑高阜,旁开壕堑,多植槐柳以荫行人,十里则穿一井,虽盛暑无病渴者”③。“官道”,于冕《行状》中作“急递大路”④。这种“复植柳于道以荫行旅,凿井以济道渴”⑤的修路方式,和现代修筑道路颇为类似,道路、树木和水井构成明代官道的有机要素。

崤函古道历来最艰险的路程是硖石路段,明代仍然如此。游朴《硖石道中》诗云:“硖石崚崚万壑间,行人一步九盘桓。”⑥邓云霄《渡崤》:“诘曲云生石,崚嶒磴叠冰。往来车互击,人马气如蒸。”自注:“在陕州,叠嶂千盘,车徒甚苦。”⑦薛瑄《峡石山行》:“古道黄泥没车毂,峻坂迢迢客行苦。别寻细路出山椒,俯瞰群峰如累土。山椒怪石何巉岩!小大累累儿逐母。忽惊耳畔过狂飙,老木如人自掀舞。阴阴空

① 〔明〕朱元璋撰,胡士萼点校:《明太祖集》卷七《谕各处巡检》,黄山书社,1991,第140页。

② 《明太祖实录》卷一百六十二,台湾“中央研究院”历史语言研究所校印本,1962,第2518页。

③ 〔明〕于继先:《先忠肃公年谱》,〔明〕于谦著,魏得良点校:《于谦集》附录二,浙江古籍出版社,2013,第701页。

④ 〔明〕于冕:《先肃愍公行状》,〔明〕于谦著,魏得良点校:《于谦集》附录二,浙江古籍出版社,2013年,第672页。

⑤ 〔明〕倪岳:《太傅忠肃于公神道碑》,〔明〕于谦著,魏得良点校:《于谦集》附录二,浙江古籍出版社,2013,第688页。

⑥ 〔明〕游朴撰,魏高鹏、魏定榔、游再生点校:《游朴诗文集》,福建人民出版社,2015年,第369页。

⑦ 〔明〕邓云霄:《度崤》,中山大学中国古文献研究所编:《全粤诗》(第15册)卷五一九,岭南美术出版社,2013年,第326页。

谷啼饥猿，惨惨深林啸猛虎。”①诗人异口同声极言硖(峡)石旅途之苦。陕州知州张天德亦著文说：“自硖石抵乾壕往东来者称苦，不啻走孟门、太行间，盖其山尽石，崄巇巉岩，峣嵣崎岖。居平风日，晴明望之，且魂摇而目悸，值阴雨则益甚。且其地北达燕赵，东通齐鲁，南下郧襄，西则走秦陇滇蜀，称苦者宁一二已也。不佞关中人，往偕计北上，历此辄为蹙额。”万历年间，张天德出任陕州知州后，“常思垦夷，以便行人”，却因政府无专项建设资金，“计无所出”，而无法付诸实施，“时扼腕焉”。下属有“守官者”被其感动，“以君侯念在济人，是东西南北之休也，是百世之利也，窃愿效犬马，以舒君之忧”，主动提出“小人以岁月之赢，有薄积，患未得所用之”，愿“捐私以急公”，于是修路计划得以实施。因这段道路“石未易治”，张天德采取“伐山取薪火灼之后，继以椎凿”的办法，用一年时间，开通了“自硖石抵乾壕计二十里”道路，“又以山高无水，行者焦唇，复结草庐于东阜，凿井烹茶，以饮道渴”②。凿井烹茶之事，又见光绪《陕州直隶州志》：“孙家宁，家小康，创建东三里铺及老君庙，补葺古桥甚多。蒙守官好义急公修硖石山路二十余里，出己资无吝色，以山高无水，始结草庐于东，凿井烹茶以饮，需者行人至今赖之。”③整个工程所费“工以万计，糈以千计，薪木畚锸之费亦且不赀”。于是，“平步者、骑者、舆者、负载者、推挽者，无复往日之苦矣”，大大便利了人们的行旅生活。张天德盛赞此“盖皆守官一人之力”，可惜未留下这位“守官”姓名。但历史不会忘记这位“守官者”“捐私以急公”的功绩。“诸父老请文勒石，因书之，以彰守官之义。”④

天启年间，又有陕州知州方扬和旌贤寺僧人等为解行旅炎蒸极渴，建硖石茶庵

① 〔明〕薛瑄撰，孙玄常等点校：《薛瑄全集》(上)，山西人民出版社，1990年，第204~205页。

② 〔明〕张天德：《硖石山修路记》，〔清〕吴世英修，〔清〕王用肃纂：顺治《陕州志》卷八《艺文志》，《河南历代方志集成·三门峡卷》(1)，大象出版社，2017，第126页。

③ 〔清〕赵希曾等纂修：光绪《陕州直隶州志》卷九《人物》，《河南历代方志集成·三门峡卷》(3)，大象出版社，2017，第211页。

④ 〔明〕张天德：《硖石山修路记》，〔清〕吴世英修，〔清〕王用肃纂：顺治《陕州志》卷八《艺文志》，《河南历代方志集成·三门峡卷》(1)，大象出版社，2017，第126页。

施茶事。旌贤寺遗址在今陕州区张茅镇西崖村西南。王以悟《重修茶庵记》云："茶庵在陕之张茅镇西，斗折而上，其巅高燥而无泉，每遇暑月，行道之人苦焉。岭南下三里许，有旌贤禅林，其住持金山，盖衲子中之好施者，介徒抱瓮而济之。"方扬经过此地，赞赏金山善行："因助之赀，掘地数仞而及泉，且也傍为之庐，命僧居之，以司茶事。行旅啧啧称快。"庵成六七年，"风雨倾坏其庐"，"金山悯焉，乃同宝轮住持瑞峰，暨郡中义老王君廷弼、张君国辅、司君邦仙辈，捐分而一新之"。① 建茶庵事虽小，但折射出当时上至知州，下到僧人、义老积极参与崤函古道交通建设的情形。

崇祯六年(1633)，高迎祥等农民军自山西渡黄河，攻占渑池、新安。硖石"为贼骑屯营，土寇窟穴矣。于是驿路不通，行人中断，截劫时闻，杀伤日报，落晖与阴风同惨，青磷共白骨相侵。当事者忧之，行道之人忧之，有识之仁人君子忧之，皆未有处也"。陕州刺史陈公动用驿糈银，并带头捐银，在硖石山巅兴建驿寨，"周广计一百六十余丈，其半用砖，其半用大方，即山所出"，"又虑此地逼近观音堂，为土寇出没处，别筑寨一区，以衙兵五十人守之……以犄角驿寨"。整个工程由张驿丞董其事，历时近一年，"凡费银一千八百三十两有奇"，"自此崤陵风雨之间险隘为我所踞，驿使行人皆可往来，劫杀阴磷皆可永靖，绝壑流云空山晚照依然，人物在云雾中也"。② 有效地维护了崤函古道驿路的安全与地方社会的稳定。

3. 崤山南路线路的整治与恢复

崤山南路线路的整治与恢复是明代崤函古道道路整修的又一成就。北宋以降，崤山南路退出了国家驿路的序列，至明代仍然是一般通道。随着明中期以来商品经济的发展，经商客旅往来洛阳、西安之间，亦常取道崤山南路，形成"经商客旅

---

① 〔明〕王以悟：《重修茶庵记》，《王惺所先生文集》卷二，沈乃文主编：《明别集丛刊》第5辑第7册，黄山书社，2015，第78页。

② 〔明〕吕维祺：《创建硖石镇驿寨记》，《明德先生文集》卷十一，《四库全书存目丛书·集部》第185册，齐鲁书社，1997，第173~174页。

毂击肩摩”,与崤山北路“渑硖并隆”的情形,这引起了明政府的关注和重视。明政府随即在崤山南路必经隘口雁翎关设戍,派兵扼守。

雁翎关位于陕州区菜园乡雁翎关村东约1公里处。关北有响屏山,即《水经注》所云石崤的南段,海拔1309米,为附近诸山之首。南为橐山,即《山海经》所云“橐山”。雁翎关正当两山交错的山脊垭口。安阳溪水(今雁翎关河)源于雁翎关,西南恰与连昌河相对应,山地受二河的侵蚀,形成谷道,沿雁翎关河、连昌河谷南下至洛阳,构成崤山南路。雁翎关地处崤山南路最高处,关口海拔851米,最宽处200米,最窄处仅30米,状如马鞍,两旁危岩险壁,灌木丛生,风动林喧,崎岖难行。关口东西两侧均为陡坡,长约19公里。东坡,自宫前至雁翎关东,约9公里,十分陡峻,自关顶到关底不足300米,高度下降约60米。西坡,自雁翎关西至石门,约10公里,坡度较缓。东出石门,或西出宫前,当地人即谓出山,意即进入平川。可见雁翎关是崤山南路上一座具有控制性的关隘。

雁翎关之名最早见诸于明代史籍。成化《河南总志》:雁翎关“在陕州东南朱家原,僻居万山中,人烟稀少。路通永宁县。今置戍,隶弘农卫”①。《大明一统志》:“雁翎关,在陕州城东南,路通永宁。今置戍,隶弘农卫。”②《明史·地理三》河南陕州“又有雁翎关”③。其始辟于何时,史籍缺载。据《左传》《水经注》,雁翎关所处山岭,春秋时称为南陵,即夏后皋墓,墓正东朝向雁翎关,俯瞰关口,则开辟时间应是比较早的,初步推断当在夏初,与启征有扈氏和征西河有关。雁翎关一经开辟,便成为崤山南路的必经之地。最初的开辟并无后世关隘之类的建筑,当是以范围而论,指可据守的险要之处。北魏隋唐时这里亦只称西崤,显见也未建立关隘之类的建筑,但这并不一定意味这一时期没有戍守。

---

① ［明］孙洪修,［明］胡谧纂:成化《河南总志》卷七《河南府·关隘》,《河南历代方志集成·省志卷》(1),大象出版社,2017,第290页。

② ［明］李贤等:《大明一统志》卷二十九《河南府》,三秦出版社,1990,第501页。

③ ［清］张廷玉等:《明史》卷四十二《地理三》,中华书局,1974,第984页。

雁翎关名由来，有说雁翎关本名崤陵关，因当地口音，讹传而改其为雁翎关。然《大明一统志》明确记载硖石关即古崤陵关，所谓讹化说显然不能成立。据当地村民传说，雁翎关地处崤山垭口，山高风大，大雁飞经此处，往往盘旋不过，风摧毛落，故而俗称雁翎关。或可备为一说。2000 年，三洛公路（即 249 省道）修建时改道，绕过雁翎关，施工时在关口处发现关城墙基遗迹，东南距关口三四十米处发现有建筑基址，疑为兵营建筑，有大量砖瓦遗存，初步判定为汉唐及以后的遗存。明代在雁翎关置戍驻军，可以有效地控制崤山南路，是明代崤山南路建设的重大措施。

图 9-5　雁翎关东关口（田永强摄）

天启四年（1624），翟尧翼、马进库等整治雁翎关东西道路，构成明代对崤山南路最大的一次整修工程。

据王以悟《雁翎关翟马二位修路碑记》记载："分陕扼秦属之咽喉，探山河之衿带，诚京坻通衢崤函重地也。故路经东南七十里有古雁翎关，巉岩险阻，盖以先崤函而称重者，后因曹孟德开通硖渑，则此关遂废，此路遂轻矣。虽然经商客旅毂击肩摩，则亦与渑硖并隆矣。独关东关西山峪峻阻，尝见有若跋涉而不胜其能望者。"天启初，"山西平阳府灵石县尧翼翟公，有荡平天下之志，弃家云游，慨然以修理道途为己任……阅历至此"，亲历其险，决心整治雁翎关东西山路，以便往来。"翟公家世，系灵石县名宦公子也。父仕曜州，勋名赫赫。公辞荣贵而甘清苦。"这位云游的僧人"发心苦修，极寒不火，盛暑不阴，胼手胝足，骨立血汗，道途作总，真与木石鹿豕相偃仰者"，感动了当地民众及来往行旅，于是积极参与修建。"真诚所感，若马君进库等亦与协力共襄其事"，历经三年，至天启四年圆满完工，从此"山径蹊间皆转而为康庄大路矣"。修路过程中，"时有善士信女游客过商感其功德，怜其苦楚，愿出钱帛，以为饥寒资者，公尤固辞不授，即有授之不能却者，公即施茶济众。迨一年，终或有余资，尽用之修醮祀神，以了此心"[①]。这是以民间之力修凿崤函古道的典型史例，参与修建者包括僧人、当地民众、往来游客和过商等多个群体，充分体现了中华民族济人利世的传统美德。

4. 桥梁修建

崤函古道沿线河流多，谷断水横所在亦多。随着道路桥梁建筑技术的长足进步，沿线地方官员和乡绅积极兴建桥梁，数量较前代有明显的增多，史料记录更为丰富。如陕州，万历《陕州志》记载古道上的桥梁有5座："橐水桥，在西樊社。焦水桥，在崔村社。张茅桥，在本镇。硖石桥，在七里社。乾壕桥，在本镇。"[②]这还不

---

① 〔明〕王以悟：《雁翎关翟马二位修路碑记》，欧阳珍修，韩嘉会撰：民国《陕县志》卷二十四《掌故》，《河南历代方志集成·三门峡卷》(4)，大象出版社，2017，第271~272页。

② 〔明〕赵恒修修，〔明〕王承蕙撰：万历《陕州志》卷二《建置志》，《河南历代方志集成·三门峡卷》(1)，大象出版社，2017，第15页。

是全部，如民国《陕县志》记载："陈彦忠，隆庆朝议官，尝捐百余金修新店石桥。"① 在阌乡，县西门外湖水滨建有湖阳桥。县西底董里有泉景桥，盘豆里有盘豆桥。在渑池，县西一里秦赵会盟台处建有双津桥。县东三十里铺有头峪沟桥，初为"方伯、赵公命建。后横潦冲毁。崇祯十二年，邑庠生方鼎彝复建"②。县东义昌村，万历十六年（1588），毛万朋捐银七十二两修建双济桥，单孔石拱，桥面用条石铺砌，石柱石栏板，下为条石拱券，桥高 4.3 米，长 9.4 米，宽 5.7 米。后又用修桥余金兴建了驻节桥，义昌驿东兴建了迎恩桥。嘉靖年间，义昌村又建有单孔石拱桥，称董公桥，长 16 米，宽 6.2 米。青石板铺面，桥身两侧设石望柱、石栏板，望柱雕石兽。桥身至今仍很坚固③。在新安，弘治十年，知县马贤在县东六里创修通济桥，万历二十六年（1598），知县焦希光重修。县东二十里铺的博济桥为福王府承奉王某建。县西三里的通涧桥为嘉靖二十八年（1549）兴建。西门外的石桥为嘉靖四十四年（1565）知县王训兴建④。县西芦院保建有铁门桥。县南刘邦沟南石桥为万历年间重建。县北东白墙村长善桥为正德七年（1512）刘原居兴建。新安吕孔学、吕维祺父子的建桥义举更为突出。天启四年（1624），吕孔学捐钱雇夫修广仁桥。其子吕维祺《建广仁石桥状》云："新安东十五里曰牛彰铺者，盖午道也……是为往来官舆、车辆、人马所必经之处。""天启癸亥夏秋山水泛涨，此道尽为涧水吞噬矣。"行旅经此，"有乘马而坠者，有步行而闪错折者，有小车大车错落前后而倾倒者，有推曳不得力而翻者，有人与牛俱伤者，有伤而死者。自秋徂冬，无二三日不闻人之伤而异回死而哭者也"。吕孔学父子"经其地，闻其事，不胜悲焉。初以数百钱雇夫

① 欧阳珍修，韩嘉会撰：民国《陕县志》卷十七《人物》，《河南历代方志集成·三门峡卷》（4），大象出版社，2017，第 176 页。

② ［清］梁易简修，［清］刘元善纂：乾隆《渑池县志》卷上《建置志》，《河南历代方志集成·三门峡卷》（4），大象出版社，2017，第 304 页。

③ 河南省文物局：《河南文物》（中），文心出版社，2008，第 1523 页。

④ ［清］邱峨修，［清］吕宣纂：乾隆《新安县志》卷二《营建志》，《河南历代方志集成·洛阳卷》（24），大象出版社，2017，第 57 页。

推挽之，平其故道，死伤弗已也”。于是，吕孔学“发愿力创为石梁一座”，“费银钱约二百五十千有奇，费粮约二百三十五石有奇，费人工约八千八百有奇，费灰约七万八千有奇，皆家君自为之，并不募人一钱一米。工始于癸亥冬十月，落成于甲子夏四月。大尹解公题其桥曰‘吕公广仁桥’”。桥“约长五丈五尺，约宽三丈六尺，周垣以石，其为足为券为面为翼皆石也”。桥两侧还建有护栏，“以防错趾者”①。牛彰段驿路因此成为坦途。天启六年(1626)，吕孔学又联合庠生张文明、义士郭路等十余人捐建县北门外尚义桥，“富者出财，贫者出力，农出车，工出艺……不逾月而桥落成”②。此外，县西北二十里外薛村的利涉桥亦为吕孔学兴建。地方官员和乡绅积极修建桥梁，无疑促进了崤函古道交通的进步。

5. 虎患与官方的应对

在多山和丘陵的崤函古道上，虎患对交通运输造成了严重的危害。这一危害由来已久，东汉时即见载于史册，此后时常出现在史籍和诗文中，有时甚至较为严重，危害社会交通和民众生命。如唐末硖石一带猛虎出入驿路，危害附近山庄，伤人伤畜，使得百姓无法劳作与生活。南阳小将张彦奉命射虎，拯救民众于苦难祸乱之中。韦庄《南阳小将张彦硖口镇税人场射虎歌》云：“海内昔年狎太平，横目穰穰何峥嵘。天生天杀岂天怒，忍使朝朝喂猛虎。关东驿路多丘荒，行人最忌税人场。张彦雄特制残暴，见之叱起如叱羊。鸣弦霹雳越幽阻，往往依林犹旅拒。草际旋看委锦茵，腰间不更抽白羽。老饕已毙众雏恐，童稚揶揄皆自勇。忠良效顺势亦然，一剑猜狂敢轻动。有文有武方为国，不是英雄伏不得。试征张彦作将军，几个将军

① 〔明〕吕维祺：《建广仁石桥状》，《明德先生文集》卷十一，《四库全书存目丛书・集部》第185册，齐鲁书社，1997，第178页。

② 〔明〕吕维祺：《创建尚义桥记》，《明德先生文集》卷十一，《四库全书存目丛书・集部》第185册，齐鲁书社，1997，第177页。

愿策勋?”[①]硖口镇即今陕州区硖石镇,有硖石驿。税人场,谓伤人害命之所。入宋后,《宋史·李继宣传》记载:“乾德中,补右班殿直,令与御带更直,裁十七岁。尝命往陕州捕虎,杀二十余,生致二虎、一豹以献。”[②]

明代崤函古道虎患再次出现。万历《陕州志》记载:正德元年(1506),李纯任陕州知州时,“猛虎为灾,公作文祷之,虎患遂息”[③]。类似“作文”驱虎的特殊方式,还见于明初王廉(熙阳)的渑池驱虎故事。据《明太祖实录》:洪武四年,“上以王廉为渑池县丞。渑池之境,旧有虎害,耕夫行旅甚苦之。廉至为文告城隍至神,词甚激切,已而虎遂绝迹。廉处州人明经有治才,后累官至陕西布政使司”[④]。被朱元璋称为“浙东二儒”的王祎专作《渑池县丞王侯驱虎歌》颂之。其序曰:“洪武四年四月,括苍王侯熙阳为丞于渑池。先是,境内虎害人者无虚月,民以为患。侯至,则为文与城隍神,约自今以往虎尽去,即不去,责且有所归。言甚激切。已而果绝迹。民以为王侯德化之所致也。余道经渑池,目击其事,因为作歌。”歌曰:“渑池之境最多虎,道路行人共愁苦。狂风吼怒振尘沙,落日惊魂惨烟雨。王侯承诏来作丞,民有创痍手摩抚。下车走谒城隍神,亲写文移对神语。为言幽显虽有分,我与尔神均守土。猛虎今兹实害人,责不在予还在汝。早遣恶类离境中,尔神无愧为民主。精诚一念既感孚,阴逐潜驱固其所。驿使邮夫中夜驰,耕农贾客凌晨聚。前时出户即畏涂,今日连村皆按堵。童谣籍籍相谓言,孰使吾人乐居处。我侯之德与神通,故令孽沴成销沮。岂不见古来循吏美迹多,虎有渡江及渡河。渑池之事同不磨,王

① 〔唐〕韦庄:《南阳小将张彦硖口镇税人场射虎歌》,〔清〕彭定求等编:《全唐诗(增订本)》卷七百,中华书局,1999,第8131页。

② 〔元〕脱脱等:《宋史》卷三百八《李继宣传》,中华书局,1985,第10144页。

③ 〔明〕赵恒修修,王承蕙撰:万历《陕州志》卷二《建置志》,《河南历代方志集成·三门峡卷》(1),大象出版社,2017,第23页。

④ 《明太祖实录》卷六十四,台湾“中央研究院”历史语言研究所校印本,1962,第1223页。

侯王侯奈尔何。”[①]“城隍神”是民间广受信仰的地方保护神，渑池县丞王廉投词城隍庙，作文驱虎，反映了当时人们在虎患面前力所不及而又需要“英雄”挺身驱虎的美好愿望。而真正起作用的还是歌中所说的“阴逐潜驱”的驱虎方法。随着“恶类离境”“虎患遂绝”[②]，百姓“乐居”，“连村皆按堵”，崤函古道驿路交通恢复了“驿使邮夫中夜驰，耕农贾客凌晨聚”的繁忙景象。王廉本人也因其渑池驱虎的功绩，而累官至陕西布政使司。

四、崤函古道的运行及驿递的败坏

1. 崤函古道的运行及重要作用

明代崤函古道交通建设取得了巨大成就，不仅反映在驿路的持续整修，服务设施的不断完善，更重要的是，崤函古道所承担的各项功能也较前代更为丰富与完善。明代崤函古道交通建设所取得的重要成就与进展，有效地保障了崤函古道驿路及驿递系统功能的发挥，成为中原与西部乃至西域之间政治、军事、经济交往的重要通道。

其一，西北边镇军饷转运的重要通道。明代西北形势类似北宋，在明与漠北蒙古的长期对抗中，陕西一直处于前沿，“九边”之中有延绥、宁夏、固原、甘肃四镇，属于陕西布政使司，所需粮草布棉和兵器供应主要由河南等省提供。成化八年(1472)，陕西巡抚都御史余子俊上疏说：“虏寇自成化五年以来相继犯边，累次调兵战守，陕西、山西、河南供馈浩繁。”[③]王越《御寇方略疏》记载：“陕西、河南、山西三省人民，连年转输。”[④]河南的军粮沿崤函古道经陕州、潼关西运西安，再转输边

① 〔明〕王祎著，颜庆余点校：《王祎集》，浙江古籍出版社，2016，第 94 页。此歌又载乾隆《渑池县志》卷下《艺文志》，个别文字有所不同。

② 〔清〕梁易简修，〔清〕刘元善纂：乾隆《渑池县志》卷中《秩官志》，《河南历代方志集成・三门峡卷》(4)，大象出版社，2017，第 311 页。

③ 《明宪宗实录》卷一百八，台湾“中央研究院”历史语言所校印本，1962，第 2109 页。

④ 〔明〕王越：《御寇方略疏》，〔明〕陈子龙等选辑：《明经世文编》卷六十九，中华书局，1962，第 587 页。

地，时称“汴粮”。据嘉靖初年户部尚书梁材《会议王禄军粮及内府收纳疏》记载，每年民运延绥镇（今陕西榆林）的军粮高达二十八万九千六百七十三石，马草五十六万六千四百七十束[①]。洪武十七年（1384）六月，户部报告潼关卫见储军饷可给三年，其余米五十二万四千二百二十七石。洪熙元年（1425），新安大灾，知县陶镕借函关驿粮赈济灾民，“秋成还官”[②]。这些储粮、驿粮都是暂存在此以待转运的军粮。粮草之外还有税粮折布。正统二年（1437）五月，行在户部奏：“河南布政司每年于夏税内折征布一十万匹，运赴陕西给军。后又增一万匹。今巡抚侍郎于谦奏河南连岁荒旱，殚民之力，止可输纳十万匹。”[③]正统六年（1441）十月，朝廷“令山东明年夏税折布十万匹、河南折布十万匹，俱运赴陕西布政司收贮，以备籴粮接济。”[④]以后又有增加。景泰六年（1455）二月，户部尚书张凤等奏：陕西都司、行都司属卫所所需棉布、棉花，“仍于河南布政司今年税粮内折布二十万匹攒运赴彼，收贮备给。”[⑤]崤函地区各州县不仅要承担上述军需的转运任务，还要按规定每年分摊一定数量的各种本色、折色钱粮，谷草以及税粮折布输往陕西给军。如正统四年（1439）二月宜阳县奏：“洛水流经本县，每年霖潦泛涨，至是尤甚，渰没禾稼，人民艰食。该征秋粮三万三千九百九十余石，乞以三分之一如永乐中例折收阔白绵布，运赴陕西布政司备边。”[⑥]

西北边镇所需粮饷皆通过沿途递运所转运，崤函古道递运线路发挥着重要的功效，“汴粮”得以源源不断地转运西北。而一旦这条线路上的粮运减少，或不能按时送达，边镇即告粮荒。景泰时，河南、陕西因“连年遭凶”，粮食歉收，陕西边镇

---

① 〔明〕梁材：《会议王禄军粮及内府收纳疏》，〔明〕陈子龙等选辑：《明经世文编》卷一百三，中华书局，1962，第923页。

② 〔明〕余继登：《皇明典故纪闻》卷九，书目文献出版社，1995，第473页。

③ 《明英宗实录》卷三十，台湾“中央研究院”历史语言研究所校印本，1962，第603页。

④ 《明英宗实录》卷八十四，台湾“中央研究院”历史语言研究所校印本，1962，第1677页。

⑤ 《明英宗实录》卷二百五十，台湾“中央研究院”历史语言研究所校印本，1962，第5401页。

⑥ 《明英宗实录》卷五十一，台湾“中央研究院”历史语言研究所校印本，1962，第979页。

军粮供应告急,“军民皇皇,如在汤火”。于谦上《急处粮运以实重边以保盛业疏》,奏请“急将河南运道照旧修复”,以增加从河南府陕州等处输粮,“查照先年例,将附近河南湖广原派临德二仓京运粮米,扣该数十万石,各运至陕州、金州等处接济应用,此一时之权也。若其永久之利,乞将附近河南一府陕州等处每岁夏秋折色京边粮米内折二十八万石,改纳本色,坐派陕西。将户部原补陕西岁用不足粮银抵补前项河南折色之数,以后再不解银,著为定例,听从水陆之便运至陕西渭南草店子等处,立仓收贮,照数放支。……再将弘农、潼关等卫班军改为运军,其运粮船只,亦听该部从长计处。其河南西安府一带递运所,仍议添设牛夫、车辆、脚费,以免重

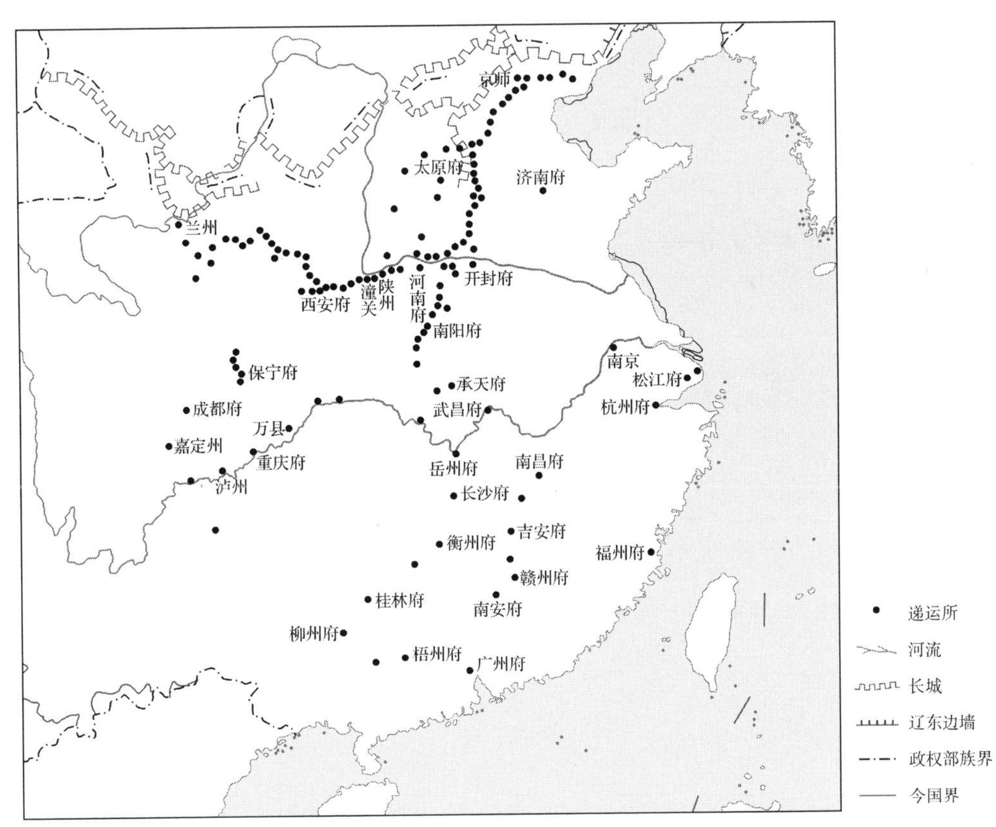

图 9-6　明万历年间以河南为中心的递运线路示意图

累。俱各差部运,仍于陕州建立户部分司",调粮供运①。嘉靖以后,朝廷出于节约财政的考虑,开始大量裁并递运所,至万历初年,明初建立的全国性的递运网络,调整为以河南为中心,以北方为主的"两横五纵"递运网络。"两横"中的一横,即北方陆路递运线,东起河南,经潼关入陕西,由西安府向西北经泾州、固原,直至兰州②。这条递运线送输的正是边镇需要的粮饷等紧要物资。因此,在嘉靖以来的递运所调整中,崤函古道递运所不仅得到了完整保留,而且数量几乎占调整后的河南递运所总数的三分之一,设置最为密集,在新递运网络中的地位和作用得到进一步强化,直至明末仍发挥着重要的作用。

其二,西域和中亚诸国进贡和贸易的主要通道。明代与西域之间的朝贡贸易往来仍较频繁。通过陆上丝绸之路与明朝进行贸易的有意大利、西班牙、波斯、土耳其、撒马尔罕、塔什干等。《明史·西域四》载:"西域之使岁岁不绝。诸蕃贪中国财帛,且利市易,络绎道途。"③

明代陆上丝绸之路的终点是京师北京,时称"西道"。自西域西行,穿越河西走廊入关中,经西安过函谷关、潼关,再过洛阳、彰德、保定至北京。这条线路,在进入洛阳后,还可继续东行,经汴梁进入经济发达的江浙闽赣地区。这是明代丝绸之路的一大进步。

西域和中亚诸国通过进贡和贸易,将马匹、骆驼、貂鼠皮、玉石及其他特产运至内地,又将内地的绸缎、茶叶、瓷器、铁器、药材以及其他生活用品输入西域。其人员和物资运输均通过递运所进行。如《大明会典》记载:"四夷番使各处土官来朝

---

① 〔明〕于谦:《急处粮运以实重边以保盛业疏》,〔明〕陈子龙等选辑:《明经世文编》卷三十三,中华书局,1962,第244~245页。

② 郑宁:《明代递运所考论》,《中国历史地理论丛》2017年第1辑。

③ 〔清〕张廷玉等:《明史》卷三百三十二《西域四》,中华书局,1974,第8614页。

并回还,水路递运船,陆路脚力。"[①]"有贡物者,递运夫护送。其寻常奏事,与驴匹红船。"[②]而无论是北上北京,还是东至江南,崤函古道驿路都是西域和中亚诸国进贡和贸易的主要通道。朝贡使节经过崤函古道,路途所需生活物品及贡物递运均仰仗崤函古道驿递。所谓"一切舟车水陆、晨昏饮馔之费,悉取之有司"。如《明史·西域四》记载:纳失者罕王"永乐中遣使朝贡。使臣还,历河北,转关中,抵甘肃,有司皆置宴"[③]。《大明会典》的记载更为详尽:"纳失者罕王永乐间筵宴一次,使臣回,至保定、真定、彰德、卫辉、怀庆、河南各府,潼关卫、陕西布政司、平凉府、甘肃茶饭管待。"又载:"黑娄筵宴二次,宣德七年,使臣朝贡,至潼关、陕西、甘肃管待。"[④]朝贡使团的规模也比较大,有的竟达百余人,携带贡物颇多。如景泰四年(1453),黑娄"偕邻境三十一部男妇百余人,贡马二百四十有七,骡十二,驴十,驼七,及玉石、硇砂、镔铁刀诸物"[⑤]。嘉靖十二年(1533)五月,"西域吐鲁番、天方、撒马尔罕入贡,称王者百余人……今吐鲁番十五王,天方二十王,撒马尔罕五十三王,实此前所未有"[⑥]。西域民间商人也纷至沓来,涌入丝路,接踵叩关。正统二年三月,"直隶潼关卫奏:盘获出关甘州寄住回回千户火者马黑蛮及土哈三等私贩纻丝文锦四十余段,应入官。黑蛮等宜究问如律"。明英宗"以番人不知法,宜从宽贷所盘获者,令还之,予以放行。"[⑦]由于朝贡使团和商人等频繁入贡,接待任务繁重,明中期以来,甚至出现了"邮传困供亿,军民疲转输。……东西数千里间,骚然繁

① 〔明〕李东阳等撰,〔明〕申时行等修:《大明会典》卷一百四十八《兵部三十一》,广陵书社,2007,第2065页。

② 〔明〕李东阳等撰,〔明〕申时行等修:《大明会典》卷一百四十八《兵部三十一》,广陵书社,2007,第2072页。

③ 〔清〕张廷玉等:《明史》卷三百三十二《西域四》,中华书局,1974,第8618页。

④ 〔明〕李东阳等撰,〔明〕申时行等修:《大明会典》卷一百十四《礼部七十二》,广陵书社,2007,第1674~1676页。

⑤ 〔清〕张廷玉等:《明史》卷三百三十二《西域四》,中华书局,1974,第8619~8620页。

⑥ 〔清〕陈鹤著,〔清〕陈克家参订:《明纪》卷三十《世宗纪三》,国学整理社,1935,第315页。

⑦ 《明英宗实录》卷二十八,台湾"中央研究院"历史语言研究所校印本,1962,第561页。

费，公私上下罔不怨咨”[①]的情形。河南左布政使李昌琪《新安谣》诗云：“昨日迤西蕃使过，尽驱妇女赶牛羊。”[②]形象地描述了西域“蕃使”频繁经行崤函古道，给沿线百姓带来的苦辛。总体来说明代崤函古道保障了西域和中亚诸国贡使和商人顺利通行，从而有利于维护和宣扬明朝廷的政治威信，加强了明朝与西域各国的和平友好交流和经济贸易往来。但频繁的朝贡贸易，也给沿线百姓的生活带来骚扰和负担。

其三，明初大移民的重要通道。经过元末战乱和连年灾害，明初河南一带人口稀少，“多是无人之地”[③]。元时陕州辖有四县之地。由于人口锐减，洪武元年，明太祖裁撤陕州附郭陕县。洪武三年（1370），又将渑池县改隶河南府，割南阳府之卢氏县隶陕州[④]。明太祖意图通过减少陕州属县，缩小统辖地域，来加快经济恢复和发展，从中亦可见明初陕州地区荒凉破败之状。

在此背景下，从洪武到永乐初的50多年间，朝廷几乎每年都从地窄人多的山西组织移民分批迁往河南。移民主要来自山西南部的平阳、潞州、泽州、汾州等地，以平阳府及所属洪洞县移民数量最多。移民在洪洞大槐树处集中办理迁徙手续后陆续启程[⑤]。而之所以洪洞移民较多，皆因平阳及洪洞一带既是人口稠密之乡，又是交通要道，易于聚散。清人徐继畬论及平阳的交通形势，指出：“其陆路则方轨并通，南下风、陆，渡河即中州之陕、洛，关中之三辅。四通八达，无往不宜。”[⑥]“风、陆”即风陵渡、平陆，“陕、洛”即陕州、洛阳。山西移民迁入河南大体分东、中、西三个方向。河南府西部和北部地区是西路方向山西移民重要的迁居地之一，据估计

① 〔清〕张廷玉等：《明史》卷三百三十二《西域四》，中华书局，1974，第8614页。

② 〔明〕李昌琪：《新安谣》，潘超、丘良任等编：《中华竹枝词全编》（5），北京出版社，2007，第488页。

③ 〔清〕顾炎武著，黄汝成集释，栾保群、吕宗力校点：《日知录集释》卷十“开垦荒地”，上海古籍出版社，2006，第591页。

④ 弘治四年（1491），因县民之请，卢氏县改隶河南府。

⑤ 安介生：《山西移民史》，三晋出版社，2013，第307~308页。

⑥ 〔清〕徐继畬：《尧都辩》，《松龛先生全集》，朝华出版社，2019，第188页。

外来移民约占该地区人口的三分之一。与其相邻的南阳府也有不少,陕西关中也接纳了一定数量的山西移民。由于崤函地区与晋南隔河相望,且两地之间交通久已存在,循西路迁往河南府、南阳府及陕西关中等地的山西移民,南下渡河后,经由崤函古道前往迁居地,是一种很自然的行为。也有研究者指出,明代以洪洞为主要集散地的迁民路线有 9 条,其中至少有 2 条经由崤函古道。一条是出天井关、茅津渡接南京至陕甘路,以开封、郑州、荥阳、巩县、偃师、洛阳、新安、渑池、陕州、灵宝向南呈扇形展开,迁入河南境 90 个县,为迁往河南的主要迁移路线;另一条是出天井关、轵关、茅津渡,沿北京至湘广路,迁入湖北勋阳、太和、十埝、宜城、随县、枣阳、大悟、钟祥、保康、襄樊等县①。

部分移民则选择在崤函地区州县定居。修于康熙二十四年(1685)的《会兴镇张氏族谱序》记载:"吾张氏系山西洪洞县东关人也。由红军之变,移居河南陕县会兴镇居住。始祖讳曰继周,厥后子孙星错,子孙繁衍。"《皇明古洛地弘农郡柳巷黄门张氏家谱序》:"元祖百川,世居山西,张虞好施济,故元加以义官。适逢明太祖讨不轨,干戈载道,亿姓流离,遂率其家属至河南府古弘农郡治南有近城关,名曰柳巷,见其俗美人醇而遂家焉。"②又如陕州区菜园乡东寨村赵氏族谱记载,洪武年间,始祖赵泗自洪洞大槐树移民至陕县,初居夏庄村,后创东寨村。东凡乡崔氏家谱亦载,其始祖洪武年间从洪洞迁移而来③。又如灵宝城关镇小岭村贾氏家谱记载:"贾姓于洪武之世随徙民自洪洞县小兴庄大槐树下东南移。"城关镇涧东村张氏家谱:"明初从洪洞县葫芦滩迁来张如山、张如林。"长子张如甘、次子如棠迁居会兴镇。1944 年张家祠堂还贴有"山西省河南省三代祖宗甘棠下,会兴镇虢略镇

① 刘建华:《山西交通史话》,山西春秋电子音像出版社,2005,第 111~112 页。

② 欧阳珍修,韩嘉会撰:民国《陕县志》卷五《族姓》,《河南历代方志集成·三门峡卷》(4),大象出版社,2017,第 68 页。

③ 陕县地方史志编纂委员会:《陕县志》(1986—2000),中州古籍出版社,2005,第 119~120 页。

始祖原郡葫芦滩"的门联。[1] 又如著名的新安吕氏家族,其先人也是来自山西的移民。据吕履恒《先府君行状》记载:"按家乘吕氏系出宋文穆公后,明初始祖讳俊自洪洞迁河南之新安,遂家焉。"[2]民国《新安县志》所载该县47个氏族中,宋金土著仅有4姓,不到十分之一,其余43姓中,元末明初自山西迁来者占34姓,从山东、陕西迁来6姓[3]。曹树基据此推算,新安县当有民籍移民近0.9万人[4]。凡此种种,不乏备举。据家谱资料统计,崤函古道沿线今灵宝、陕州区、湖滨区、渑池、义马、新安及南路的洛宁、宜阳等地都有山西移民的后裔。可见崤函古道不仅是明政府大规模强制山西移民的交通中转线,其沿线州县还是山西移民的迁徙目的地之一。

明初大移民是朝廷恢复和发展经济的重要"国策",也是明政府组织的规模空前的迁徙交通大行动,崤函古道为此提供了重要的通道,对恢复和发展中原地区社会经济起到了重要作用,对中原地区的政治、文化和风俗习惯等也产生了一定的影响。

2. 明代中后期崤函古道驿递的败坏

畅通的驿路和发达的驿递系统虽然在明初发挥了重要的作用,但至明中后期,随着政治的日益腐败,驿递制度弊端丛生,驿传滥用、驿务繁重、贪吏盘剥等问题逐渐显现,包括崤函古道在内,驿递制度急剧废弛和败坏。就崤函地区而言,驿递弊端除了上述问题,还集中表现在以下几个方面。

首先是"驿递萧然繁费"。明代驿传之役本就繁重,崤函古道为东西通衢大道,使客往来,殆无虚日,加之沿线田土贫瘠,经济落后,致使负担极为繁重。如阕

---

① 灵宝县地方史志编委会:《灵宝县志》,中州古籍出版社,1992,第877~878页。

② 〔清〕吕履恒:《先府君行状》,《冶古堂文集》卷五,《四库全书存目丛书·集部》第261册,齐鲁书社,1997,第421页。

③ 李庚白修,李希白纂:民国《新安县志》卷九《民族》,《河南历代方志集成·洛阳卷》(25),大象出版社,2017,第152页。

④ 曹树基:《中国移民史》第5卷,福建人民出版社,1997,第256页。

乡县,“邑当秦晋豫楚之冲,邮传车马奔命”,“驿递冲繁,衢通四省,轮蹄络绎,兵马騈接,夫役不充,支持掣肘”。陕州“地当要冲,而交通阻塞天下”,故设驿递较多,有两驿四所,“每岁达万两以上,以供运输之役”,“有事,陕民更日不暇给”①。陕州人王以悟著文将之统称为“驿累”:“邮政在今日疲累极矣。上下玩愒、情伪百出、假借行私已属非法,而况逞威势肆,需索在在。”他以硖石驿“驿累”为例,直斥其已然演变为陕州之“大害”:“递萧然繁费不独一硖石为然而,顾谓为吾州大害,何也?盖硖石去州治辽远,其使客厮役罔有顾忌,凡所谓威势需索视他驿既倍,而且地介崤陵岩险崎岖,阴雨一集,马毙夫逃十常八九。迨至于逃而募,募而逃,当事者计无所出。额金之外不得不议及私帮,浸淫既久,里甲大小不齐,每岁会计大约费至七千余金,中间种种情窦又非一言可尽者。”而陕州一年驿递费用不过一万有余,硖石驿一年支出即高达七千多两。“此之多,日复一日年复一年蕞尔剂蔽之区,其何能堪?是不独困在驿而实困于民,害讵小小也乎。”②

明中后期,驿递滥用本已是常态,而陕州、渑池、新安三地又因地近运城盐池,福王“运盐一事,犹独累新、渑、陕,三州县代人受害二十余年”③,更使百姓苦不堪言,成为加重崤函地区“驿累”的又一渊薮。万历四十二年(1614),福王朱常洵就藩洛阳后,“河东盐司岁支盐至千百引”运往洛阳,年需运盐车九百一十余辆,耗银万两,全由陕州、渑池、新安三州县负担,加之“路途赔补及收官勒索”,成为当时最苦累之役。王以悟描述说:“一经转运,飞挽络绎,雷动风驰,邮人惴惴,既不能逃又

① 欧阳珍修,韩嘉会撰:民国《陕县志》卷十二《交通》,《河南历代方志集成·三门峡卷》(4),大象出版社,2017,第112页。

② 〔明〕王以悟:《少府王公惠政感人记》,《王惺所先生文集》卷二,沈乃文主编:《明别集丛刊》第5辑第7册,黄山书社,2015,第79页。

③ 〔明〕吕维祺:《藩运条议》,《明德先生文集》卷七,《四库全书存目丛书·集部》第185册,齐鲁书社,1997,第116页。

不能支，疾首蹙额，张皇莫措。”①崇祯七年（1634），吕维祺在给河南按台的信中亦说：“盐车在昔之苦极也，而在今日为尤甚。其中收卸之苦，道途雨雪阻滞之苦，流寇擒杀之苦，土贼劫夺之苦，与夫赔累之苦，交收之苦，铺垫之苦，需索之苦，催押之苦，吊挞拷禁之苦，俱日费一日，日难一日，昔犹苦身家，今苦性命矣，昔犹苦雇牛车，今无车牛可雇矣，昔犹苦倾家产鬻妻子，今几无家产可倾，无妻子可鬻矣。”②他在《藩运条议》中描述“新、渑、陕，三州县代人受害二十余年，若焬鸡在汤镬之中，牂羊在饿虎之吻，仰高天而无路呼厚地而莫由”，力请公派。河南知府也认同陕、渑、新“二十余年雇运索费流土截劫，岁费万余金，尚有倾家赔赇锢追毕命者，以致所夫尽逃，鞭笞妇女，累及途人。”③但因牵涉利益太多，最终只能维持原状。其结果如宣宗时曾任河南左布政使的李昌琪的《新安谣》诗云：“垂老频逢岁薄收，秋租多欠卖耕牛。县官不暇怜饥馁，唤拽官车上陕州。”“当夫当匠子孙亡，田地荒芜户无粮。”④作者以一新安老翁的口吻，道出了赋税驿役的繁苛和朝廷及地方官的不仁。

其次是驿传协济拖欠导致驿政危机更为突出。明初建立的驿传协济制度，本为纾解冲繁之地驿传困境，维持驿传正常运转。但在实际执行中协济银两拖欠递多，致使驿递重为困累。如陕州驿递费用，按制由宜阳、鲁山、宝丰、郏县、孟津、偃师、伊阳、嵩县等处协济。但这些县本非富饶之地，明初崤函各县尚能执行，万历二十六年改为各县以支付银两雇佣陕州当地人当差后，拖欠常常发生，百姓雪上加霜，受害更烈。如陕州，“额解之协济不来，陕人卖儿贴妇，赔累不前。乡愚因而散

① 〔明〕王以悟：《少府王公惠政感人记》，《王惺所先生文集》卷二，沈乃文主编：《明别集丛刊》第5辑第7册，黄山书社，2015，第79页。

② 〔明〕吕维祺：《与本省按台》，《明德先生文集》卷十五，《四库全书存目丛书·集部》第185册，齐鲁书社，1997，第237页。

③ 〔明〕吕维祺：《藩运条议》，《明德先生文集》卷七，《四库全书存目丛书·集部》第185册，齐鲁书社，1997，第116、118页。

④ 〔明〕李昌琪：《新安谣》，潘超、丘良任等编：《中华竹枝词全编》（5），北京出版社，2007，第488页。

四方,走险径者,盖不知凡几矣”①。“虽有宜阳……等处之协济,而痛痒不关,旋即停止。卖儿贴女为之赔累者,皆吾陕民。”②渑池也是“差役繁重,呼正身而正身甫至,讨协济而协济不前,致使渑民之逃亡者不可胜记”③。新安县的嵩县、卢氏协济之银“呼之不应,致本县百姓卖儿鬻女,贷产揭债至于逃而殆尽也”④。

至明末,驿递制度弊病百出,激化成为严重的社会问题。天启六年(1626),致仕在家的吕维祺以其亲身观察,写下《新安驿累条议六款》,上书朝廷,较全面、深刻地反映了新安驿的六大“驿累”弊病:一曰应役不均。粮多地多的大户千方百计规避驿递佥派。“新安代当佥派大抵以地粮为率。但粮多而滑者善为躲避,或诡寄于有力之家,或洒派作零星之户,止靠中人应役。又有富而止帮人银一二两,此借口应役者。大户既不应,小户又不应,中人几何况就中,卖放仇扳之毙又种种矣。”二曰驿官贪暴。“从来马户止管走差,支销皆系驿官为政。”但“驿官辄推之马户,在官则止有支销之费而无杂项之櫌”。于是,“过客之管家长随视如几上肉,百般需索,而门厨皂夫等役有从中而利之,甚且驿官之跟官亦以为奇货可居也。驿官所费十之一,马户所费十之四矣”。三曰过客勒索。“过客夫马之外,又有旗鼓中火之外又索廪给,或家人指名敛钱……或以少南菜为名而索银……稍不遂意,则借口马疲,将马夫鞭打凌虐,或将马匹中途打伤,或索酒席吃一二日方行……”四曰驿棍肆凶。驿棍是盘踞驿递,把持驿务,包揽驿事,剥削驿夫的棍徒。其中有的是充当马头、车户的市井无赖,有的就是驿站的官吏⑤。新安马户至洛阳周南驿,“该驿棍

---

① 〔清〕吴世英修,王用肃纂:顺治《陕州志》卷四《贡赋志》,《河南历代方志集成·三门峡卷》(1),大象出版社,2017,第93页。

② 欧阳珍修,韩嘉会撰:民国《陕县志》卷十二《交通》,《河南历代方志集成·三门峡卷》(4),大象出版社,2017,第112页。

③ 〔清〕梁易简修,刘元善纂:乾隆《渑池县志》卷上《秩官志》,《河南历代方志集成·三门峡卷》(4),大象出版社,2017,第340页。

④ 〔明〕吕维祺:《新安驿累条议六款》,《明德先生文集》卷七,《四库全书存目丛书·集部》第185册,齐鲁书社,1997,第113页。

⑤ 刘广生、赵梅庄:《中国古代邮驿史(修订版)》,人民邮电出版社,1999,第489页。

徒径将马强拉去,置之空房不与草料,或迟一日或迟三日或六七日,甚或顺至孟津河北者。其马有病瘦者,有倒死者,且有因而马户打伤及至告理未必得直,即得直而所费已不赀矣”。五曰协济拖欠。“新安驿马本县止一半,其余皆嵩县、卢氏协济。”但两县“有数月不解者,有半年不解者,彼以出纳之吝,置之度外”。“协济之银呼之不应,致本县百姓卖儿鬻女,贷产揭债至于逃而殆尽也。”六曰乱征费用。“其中与夫坐索长例,种种无名之费科敛不赀。如遇有使用,约费一两,而揭债至十余两,使用之余一二,驿棍从中瓜分工食。”甚至将私债逼迫马户代偿。[①] 为此,吕维祺提出了“急均富贵”“急议官支”“急禁需索”“急禁顺马”“急催协济”“急革杂费”等六条整顿措施。结果,虽然“抚按行各属刻石遵行”[②],但实际收效不大,有些根本没有实行。“惟时驿政疲累,邑人重苦之,富者贫,贫者逃……”[③]。驿政腐败之风愈演愈烈,屡禁不止,终于成为激化明末农民起义葬送明王朝二百七十多年基业的诸因素之一。

五、崤函古道商路的形成与商品经济的活跃

商路兴起,并与驿路整合交织在一起,是明中后期交通及商品经济发展的重要特征。随着经济的恢复和发展,明中期以后利用驿路运输商品已是普遍现象,官用驿路的作用不仅仅是传送官方的文书、粮饷,也是商人行旅往返及各地商贸往来的重要通道。一些商人还陆续出版了一批交通指南性质的商书,其中重点描绘了各

---

① 〔明〕吕维祺:《新安驿累条议六款》,《明德先生文集》卷七,《四库全书存目丛书·集部》第185册,齐鲁书社,1997,第111~113页。

② 〔明〕施化远等:《吕明德先生年谱》,《四库全书存目丛书·集部》第185册,齐鲁书社,1997,第407页。

③ 〔明〕吕维祺:《王公创修新安砖城记》,《明德先生文集》卷十一,《四库全书存目丛书·集部》第185册,齐鲁书社,1997,第175~176页。

地的商贸交通线路,这进一步推动了驿路的商用化。

崤函古道驿路地处中原与关中之间,交通道路便利,是商贾负贩东去西来的重要途径,商书中多有记载。如前揭徽商黄汴所撰《一统路程图记》,刻于隆庆四年,是现存最早的明代商书,所记“北京至陕西四川路”“南京至陕西、四川路”“北京至陕西宁夏镇路”都是商贾负贩的实用商路指南,而非一般的驿路交通线路。另一部著名商书《士商类要》刻于天启六年,包括路程与经商两部分内容,作者程春宇也是徽商。该书卷二《北京由河南府至陕西陆路》对于崤函古道商路也有如下介绍:出河南府洛阳县周南驿,“二十里至谷水。出手巾。十里至孝水铺。十里慈涧。二十五里有甘罗墓。五里渡涧水,过函谷关至新安县。昔老子骑青牛过函谷关,县令尹喜知其贤,留注道德经一篇,有讲经台在焉。十里过涧水,至墹山铺。出绵带。二十里铁门。二十里义昌。驿。四十里渑池县。昔秦昭王、赵惠文王会盟处。二十里鬼豪。二十里甘豪。二十里至硖石。驿。二十里张茅所。三十里磁钟铺。驿。二十里陕州。三十里至曲沃。二十里灵宝县。二十里稠桑。二十里至云底头。二十里阌乡县。二十里盘豆。二十里旧阌乡。二十里潼关”①。内容既有交通里程、驿递分布,还有沿途物产、风光等与商业行旅有密切关系的信息。通过这些记载,可以清楚地知道当时崤函古道驿路已与商路紧密地整合在一起。

值得注意的是,《一统路程图记》还记载了另外两条经由崤函古道至西安的商路。一条是“淮安由北河至陕西潼关水、陆路”。“北河”即黄河。这条商路自淮安由徐州水路至韩家口,经黄河至汴梁。由于黄河变迁不定,起车地点时有变化。大致在汴梁陆家楼或王家楼、孙家湾起车,“陆路四百里至河南府。又二百六十里至三门、集津,又五十里至陕州。小船止于集津”。之后或继续陆行经潼关至西安,

① 〔明〕程春宇辑,杨正泰点校:《士商类要》卷二,杨正泰:《明代驿站考(增订本)》“附录三”,上海古籍出版社,2006,第348~349页。

“或换小船,一百七十里至于潼关”①,然后至西安。这是一条水陆交替的商路。另一条是“扬州府至陕西西安府路”,自扬州府出发,经泗州、灵璧、南宿州,向西,经永城、汴梁、郑州,过河南府,“四十里磁涧。三十里新安县。三十里青龙山。廿里义昌驿。四十里渑池县。五十里金银山。廿里下金银山。至硖石驿。六十里陕州。六十里灵宝县。五十里阌乡县。六十里潼关”,再至西安府②。这两条商路东起当时经济最发达的东南地区,西接广阔的中原和西北地区,串联主要的商业城市与城镇,是当时最重要的一条东西商贸交通线路,而沿途皆为驿路。此外,《一统路程图记》在介绍“南京至四川”商路时,又将“云贵二省至成都”列入“南京至四川”路程之中。其中“由潼关、陕西连云栈四千三百二十里至成都”,较“由荆门州、黄州府四千五百八十里至成都”还要便捷。王子今认为这是“值得重视的交通史信息”③。因为这不仅说明了崤函古道远通四川、云南、贵州的交通史实,而且反映了当时崤函古道经陕西连通四川有宜于商运的交通条件。以《一统路程图记》《士商类要》为代表的明代商书记载的崤函古道商路,表明崤函地区城乡商业交通体系业已形成。

崤函古道驿路商用及崤函地区城乡商业交通体系的形成,对崤函地区商品经济的发展起了重要的促进作用。其具体表现为以下几点:

1. 转运贸易的兴盛

崤函古道驿路连接东西,明代又新增两条连接东南与中原和关中的商路,这使得崤函古道转运贸易占据优势。崤函古道转运贸易由来已久,但在明中后期明显超过前期,特别表现在东南货物更多地转运西北,这与专为明政府转运军饷、朝贡有很大的区别。

---

① 〔明〕黄汴撰,杨正泰点校:《一统路程图记》卷五,杨正泰:《明代驿站考(增订本)》“附录二”,上海古籍出版社,2006,第246页。

② 〔明〕黄汴撰,杨正泰点校:《一统路程图记》卷二,杨正泰:《明代驿站考(增订本)》“附录二”,上海古籍出版社,2006,第257~258页。

③ 王子今:《中国蜀道》第2卷《历史沿革》,三秦出版社,2015,第355页。

明代陕西手工业落后，大部分手工产品，如棉布、丝绸、瓷器等均需由外地运入，进而运送至西北各地。棉布为最大宗贸易需求。明中叶以前，西北所需棉布大多来自棉纺织业发达的东南各省。陕西、山西商人纷纷到东南长途贩运。松江人叶梦珠的《阅世编》记载："棉花布，吾邑所产……上阔尖细者曰标布……俱走秦、晋、京边诸路。"①万历《嘉定县志》亦载，嘉定布"商贾贩鬻，远至蓟、辽、山、陕"②。杭州盛产丝绸，"四方咸取给焉。虽秦、晋、燕、周大贾，不远数千里而求罗绮缯币者，必走浙之东也"③。秦晋"富商巨贾，操重资而来市者，白银动以数万计，多或数十万两，少亦以万计"④。所购棉布经南北大运河入汴梁，出洛阳入陕州，然后或陆路或水路，入潼关，再沿西北商路经西安至甘州，或经三原建忠驿北上达陕北延安、榆林二府。《一统路程图记》云："陕西、河南二省，大同、宁夏等边，苏、杭客货，皆由南、北二河而上，至汴城王家楼或孙家湾起车至陕西省。"⑤万历年间，王尧封在《急缺粮运以实重边奏》中也着重谈到这条线路："臣今年二月渡黄河，见客商舟船鱼贯而上，或自汴城，由古北嘴入洛河，至孙家湾起载，陆路四百里，至陕州而止。或由孟津直抵陕州三门而止。各自陕州，越三门老君滩数十里即下船，复由经潼关入渭河，过渭南至草店子，不四十里可以抵陕城。"又举成化二十年(1484)陕西大饥荒的例子，说明这条线路其实久已存在。"河南漕运临德二仓粮米由黄河运至陕州三门地方，潼关、华阴、朝邑等州县贫民就支。又运至渭南县地名柳林等处放支。"⑥

上述表明，东南客货走运河至汴城，起旱入陕，过潼关入西安是陕西最重要的

① 〔清〕叶梦珠撰，来新夏点校：《阅世编》卷五《食货五》，上海古籍出版社，1981，第157页。

② 〔明〕韩浚等：万历《嘉定县志》卷六《物产》，台湾学生书局，1987，第83~84页。

③ 〔明〕张瀚撰，盛冬铃点校：《松窗梦语》卷四《商贾记》，中华书局，1985，第83~84页。

④ 〔清〕叶梦珠撰，来新夏点校：《阅世编》卷五《食货五》，上海古籍出版社，1981，第158页。

⑤ 〔明〕黄汴撰，杨正泰点校：《一统路程图记》卷五，杨正泰：《明代驿站考(增订本)》"附录二"，上海古籍出版社，2006，第246页。

⑥ 〔明〕王尧封：《急缺粮运以实重边奏》，〔明〕万表：《皇明经济文录》卷二十四，全国图书馆文献缩微复制中心，1994，第593页。

商贸路线,这条商贸路线在明前中期起到了主导作用。如张萍所说:“明前中期,陕西与东南省区的商贸联系主要依靠出潼关入洛阳的东路干线实现商贸往来。”①潼关因此成为这条商路上的重要商业转运中心。明在潼关设有税务机构,盘查货物和征税,“客货纳过税”②。汤斌亦说:“照得潼关为全秦门户,三省通衢,设立税务原以接济军需,疏通商旅,所系甚重。”③即便在明中后期,丹江水运兴起后,崤函古道商路的作用仍不容小觑。南来北往的商品,经武关龙驹寨弃舟起旱,分两路运往关中,其中北路经商洛入潼关再转运西安。徐霞客在其游记中说:“龙驹寨……西向商州,即陕省间道。马骡商货,不让潼关道中。”④所谓“不让潼关道”,即是说潼关道与明中期兴盛起来的商州武关道具有同等重要的商贸经济地位。因潼关重要的商贸交通地位,万历四十七年(1619)朝廷将西安府抚民同知派驻潼关,“专司盐茶马政”。康熙《潼关卫志》记载:“万历间,分署西安府抚民同知,驻关门,抚治军民,专司盐茶马政,为督抚盐茶、各院及兵宪理刑。”⑤

随着转运贸易的发达,崤函古道沿线聚集了大批“更易走递”者,专业从事货物运输和搬运装卸。这些“更易走递”者大都是破产的农民,或利用农闲打工的农民,他们以出卖劳动力为生,受雇于转运业。倪岳《青溪漫稿》记载,天顺六年(1462),河南“邓州及所属内乡、新野二县之人,往与本省阌乡及陕西一带驿夫,更易走递”,运输粮食。阌乡人则利用本土优势,与外来者展开了激烈竞争。“彼土著之人素号贪狼,故至者辄被抑勒,捶辱并施,财力俱困,岁以为常,无所于诉。”以

---

① 张萍:《区域历史商业地理学的理论与实践——明清陕西的个案考察》,三秦出版社,2014,第121~123页。

② 〔明〕程春宇辑,杨正泰点校:《士商类要》卷二,杨正泰:《明代驿站考(增订本)》“附录三”,上海古籍出版社,2006,第349页。

③ 〔清〕汤斌著,范志亭、范哲辑校:《汤斌集》,中州古籍出版社,2003,第355页。

④ 〔明〕徐弘祖著,褚绍唐、吴应寿整理:《徐霞客游记》卷一上《游太华山日记》,上海古籍出版社,2010,第17页。

⑤ 〔清〕唐咨伯修,〔清〕杨端本纂:康熙《潼关卫志》卷中《职官志》,《中国地方志集成·陕西府县志辑》(29),凤凰出版社,2007,第38页。

致最后惊动官府出面调停,使邓州及所属内乡、新野二县之人返回故乡,“各于本土应役,庶免斯患”,“自是民享其便”①。这则记载至少说明两个问题:一是崤函古道货物转运十分兴盛,因此才吸引了不少外地农民跑到阌乡一带,从事运输,谋求出路;二是阌乡人在崤函古道运输市场的势力十分强大,似已形成了某种专门运输共同体,故才有实力“挤走”外来者,保护自身的利益。

在东南棉布丝绸等商品大量输入西北的同时,西北地区也有一些商品,主要是牲畜产品,如皮革、毛皮、毛织品、羊毛、驼毛以及药材、水烟等进入东南,其中许多是经由崤函古道转运的。凡此都显示崤函古道中转外地产品的交通优势,同时说明各地特色经济的发展和彼此之间联系的加强。在这样的贸易中,崤函地区各州销往外地的货物虽然不占主要地位,但是崤函古道商路沟通东南、中原和西北各方经济的纽带作用则是显而易见的。可以说,明代转运贸易的兴盛是崤函地区商品经济繁荣的具体表现之一。

2. 农产品和手工业品商品化程度的提高

崤函古道在明中后期新的经济和交通格局中的连接作用,为崤函地区商品经济开发带来了新的机遇。在这样的大背景下,崤函地区农产品和手工业产品商品化程度都得到了提高。

农产品方面,崤函地区是河南较早普遍种植棉花的地区。弘治《河南郡志》记载,崤函地区的所有州县皆种植棉花。棉花在中原得到大力推广,成为输入东南地区的重要商品。钟化民《救荒图说》称:“中州沃壤,半植木棉,乃棉花尽归商贩,民间衣服,率从贸易。”②这是说棉花全部投入了市场,崤函地区所产棉花自当也是如此。除棉花外,据万历《陕州志》记载,草类有竹、萱、莱、芦、苇、莳萝等,木类有松、

---

① 〔明〕倪岳撰,黄山松点校:《青溪漫稿》卷二十三《故朝列大夫四川等处承宣布政使司右参议致仕朱公墓志铭》,杭州古籍出版社,2019,第445页。

② 〔明〕钟化民:《赈豫记略》,李文海、夏明方、朱浒主编:《中国荒政书集成》第1册,天津古籍出版社,2010,第162页。

柏、椿、槐、榆、杨、柳、桐、楸、桑等，陕州□类有□花、红花、丝、靛等，花类有莲、菊、葵、芍药、牡丹、蔷薇、石竹、地棠、海棠、金盏、玉簪、金钱、迎春、月季等，果类有桃、杏、李、梅、瓜、枣、梨、石榴、核桃、葡萄、栗、柿等，蔬类有葱、韭、芥、蒜、莙莲、菘、芹、茄、瓠、萝葡等，药类有麝香、百合、地骨皮、山查子、香附子、藁本、木瓜、车前子等，另外还有各类家禽和水产品①。这些经济作物和产品，一部分在当地进行加工销售，另一部分则通过崤函古道输往其他府州县和外省。

手工业方面，唐宋闻名的澄泥砚在明代恢复烧制，生产中心则从虢州转移到陕州。《大明一统志》云："澄泥砚，俱陕州出。"②万历《陕州志》也将澄泥砚列为本州物产。制作和工艺装饰则发生了较大变化，功能由实用为主变为以艺术为主，出现以人物故事、动物、花卉为主题的多种式样，并利用窑变技术烧制鳝鱼黄、绿豆沙、朱砂红等名贵品种③，这表明澄泥砚已从较单纯的文具进入更为广大的艺术品市场。陕州城南三十里卢村人"卢景日牧羊手制泥砚，烧成陶器藏于山岭之洞中，采薪掘土者每得之，较澄泥砚更佳"④。陶瓷业也有一定发展。陕州、新安、宜阳均建有窑场，出产民间瓷器。著名的有陕州窑、宜阳窑等，产品林林总总。《大明一统志》载："瓷，陕州及登封、宜阳二县出。"⑤郭仪《分豁协济驿站疏》称"新安县……窑冶大兴，金火炉铸造铁器并瓷器。窑厂日出万贯，系有名窑厂"⑥。

崤函地区矿产资源丰富，采矿业也是手工业的一大门类。陕州、渑池、新安、灵宝、阌乡、宜阳、永宁、卢氏等州县均生产煤炭，其中以宜阳、新安最为兴盛。两县还

① 〔明〕赵恒修修，〔明〕王承蕙纂：万历《陕州志》卷一《舆地志》，《河南历代方志集成·三门峡卷》(1)，大象出版社，2017，第9~10页。

② 〔明〕李贤等：《大明一统志》卷二十九《河南府》，三秦出版社，1990，第500页。

③ 崔松林、许海星：《虢州澄泥砚试探》，《三门峡职业技术学院学报》2003年第3期。

④ 欧阳珍修，韩嘉会撰：民国《陕县志》卷十三《实业》，《河南历代方志集成·三门峡卷》(4)，大象出版社，2017，第115页。

⑤ 〔明〕李贤等：《大明一统志》卷二十九《河南府》，三秦出版社，1990，第500页。

⑥ 〔明〕郭仪：《分豁协济驿站疏》，〔清〕申明伦纂修：康熙《宜阳县志》卷二《建置志》，《河南历代方志集成·洛阳卷》(28)，大象出版社，2017，第45页。

有铁矿，明政府在新安设铁冶所，管理炼铁。宜阳、永宁、卢氏、陕州有银矿。“宜阳赵保山、永宁秋树坡、卢氏高嘴儿”，“皆称美矿”[①]。弘治元年(1488)，何乔新奏：“河南永宁、卢氏等县一带山场，各有封闭矿洞，往往各处人民聚众盗取……即今前项山洞矿贼又复滋蔓。”“往往聚集凶徒少者二三百人，多者七八百人强采银矿。”[②]陕州有上绞、下绞、上黄塘、下典塘四银场，元时曾行开采，后锢闭。洪武二十年(1387)正月，有人奏请重采，遭朱元璋反对，斥之为“戕民之贼”[③]，至明中后期得到开发。灵宝、宜阳、永宁三县还有锡矿。《大明一统志》云：“锡，永宁、嵩、灵宝三县出。”[④]灵宝、永宁、卢氏有金矿。20 世纪 50 年代以来，灵宝小秦岭山区查出明代金矿洞 800 多个，其中属景泰三年(1452)以前开采的有 300 个，景泰三年以后开采的有 500 多个。矿洞分大、中、小三种，采用火爆法、火药爆炸法开采，矿多者开大洞、矿少者开小洞。开矿工匠，除本地人外，还有外地人。如西路将 156 号洞口题记：“有居□邑□/朝邑县山高李洋、王福造/字双泉爰者采之。”[⑤]可见灵宝金矿在明代已大规模地开采。

明代矿冶分官矿和民矿。崤函北部山区是当时开矿最多的地区之一。明中后期，随着流民的大量涌入，一些流入矿区的流民也纷纷聚众开掘，从事矿冶生产。此在《皇明条法事类纂》中多有记载，如成化六年(1470)，“河南府所属卢氏、嵩县等地方，山势峻，出产银砂，各处军民往来聚众偷采，互相抢夺”。“河南卢氏、永宁等县地方，俱有银矿，常被本处豪民纠合各处逃军、逃民、舍余、旗校人等开掘。”典

① 〔明〕宋应星著，钟广言注释：《天工开物》，广东人民出版社，1976，第 305 页。

② 〔明〕何乔新：《覆禅补治道事疏》，〔明〕陈子龙等选辑：《明经世文编》卷六十七，中华书局，1962，第 570 页。

③ 〔明〕薛应旗撰，展龙、耿勇校注：《宪章录校注》卷九“洪武二十年春正月”，凤凰出版社，2014，第 108 页；〔清〕张廷玉等：《明史》卷八十一《食货五》，中华书局，1974，第 1970 页。

④ 〔明〕李贤等：《大明一统志》卷二十九《河南府》，三秦出版社，1990，第 500 页。

⑤ 河南省文物研究所、灵宝县文物保管所：《河南省灵宝秦岭古金矿遗址调查》，《华夏考古》1994 年第 1 期。

型者如成化五年(1469)四月,潼关卫舍余贲圮等“偷银,涉事发问拟枷号,满日解发宣府嘹哨,未到配所,又复逃回,聚众偷窃及有等近山无籍之徒,结交贼徒,平时则资粮饭器具,事发则走报事情。”[①]巡抚陕西右都副御史项忠《善后十事疏》称:“河南之卢、嵩、永宁、内乡……诸境,山多矿,故流民以窃矿聚,巡矿官吏,莫敢谁何,至交通以分利。”[②]这些从事矿冶生产的流民被称为“矿盗”。张大复《皇明昆山人物传》载:“虢山伊水间多矿盗。”[③]吴伟业《绥寇纪略》载:崇祯六年,高迎祥“窜入卢氏山中。卢氏崇山造天,牙踞趾错,矿盗盘阻,鸣吠相呼,贼因其向导,循山间走,直抵内乡”[④]。万历时,王士性游历豫西时发现“南召、卢氏之间多有矿徒,长枪大矢,裹足缠头,专以凿山为业,杀人为生,号毛葫芦。其技最悍,其人千百为群,以角脑束之,角脑即头目之谓也。其开采在深山大谷之中,人迹不到,即今之官采亦不敢及。今所采者,咸近市井道路处也”[⑤]。陕县、灵宝、宜阳也有毛葫芦存在[⑥]。上述流民“窃矿”“矿盗”和武装“矿徒”的出现,从一个侧面反映了明代这一带私人开矿较为盛行的局面。有研究者分析认为,在这些“窃矿”流民和“矿徒”中,一定存在雇主与佣工的关系,已出现了资本主义的萌芽[⑦]。其实,这种新型的经营方式,或许在其他矿冶业,如较大规模的采金、银业中也是存在的,只是因记载疏略,详情无法推知罢了。

尽管如此,与江南乃至河南一些地区相比,崤函地区农业和手工业生产力水平仍然较低,处于相对落后的状态。但若无崤函古道商路,农产品和手工业产品的运输、销售就难以有规模地进行,崤函地区农产品和手工业产品商品化程度的提高也

---

① 〔明〕戴金编次:《皇明条法事类纂》卷三十三《盗掘银矿枷号充军》,刘海年、杨一凡总主编:《中国珍稀法律典籍集成》乙编第5册,科学出版社,1994,第297~298页。

② 〔明〕项忠:《善后十事疏》,〔明〕陈子龙等选辑:《明经世文编》卷四十六,中华书局,1962,第359页。

③ 〔明〕张大复:《皇明昆山人物传》卷十《顾天宠》,《四库全书存目丛书·史部》第95册,齐鲁书社,1996,第797页。

④ 〔清〕吴伟业撰,李学颖点校:《绥寇纪略》卷二《车厢困》,上海古籍出版社,1992,第53页。

⑤ 〔明〕王士性撰,吕景琳点校:《广志绎》卷三《江北四省》,中华书局,1981,第41页。

⑥ 〔明〕方以智:《通雅》卷二十五《兵变》,中国书店,1990,第315页。

⑦ 李瑚:《明代后期的资本主义萌芽问题》,《中国经济史丛稿》,湖南人民出版社,1986,第74页。

就无从谈起。所以从这个角度来说,崤函古道商路的兴起,使沿线农产品和手工业产品能够及时地运输出去,促进了产品向商品的转化,进而促进了崤函地区农产品和手工业产品的发展和商品化程度的提高。

3. 中小城镇的崛起

崤函古道商品经济的发展和商路的兴旺,带动了沿线各州县商品市场和商业经济的繁荣,推动了一批中小市镇的兴起。弘治《河南郡志》记载崤函地区有市镇35 个,列表如下。

表 9-5　弘治年间崤函地区市镇统计表

州县	镇名	位置
陕州	硖石镇	在州东七十里
	张茅镇	在州东十里
	乾壕镇	在州东九十里
	李村镇	在州东一百三十里
阌乡县	盘豆镇	在县西二十里
	双桥镇	在县西南四十里
	关东店镇	在县西六十里
	阌底镇	在县西四十里
	麻庄镇	在县西南五十里
灵宝县	川口镇	在县南川口里
	稠桑镇	在县治西破胡里
	王垤镇	在县治南王垤里
	虢略镇	在县治南虢略西里
	涧口镇	在县治南涧口里
	静远镇	在县治西破湖里

续表

州县	镇名	位置
渑池县	塔泥镇	在县东十里
	千秋镇	在县东二十五里
	义昌镇	在县西四十里
	姚店镇	在县东五十里
	土壕镇	在县西三十里
新安县	铁门镇	在县治西三十里,一名延禧
	磁涧镇	在县东三十里
	北冶镇	在县北四十里
宜阳县	韩城镇	在县北三十里
	白羊镇	在县东二十五里
永宁县	王范镇	在县西三里
	㠠山镇	在县东二十里
	长渊镇	在县西四十里
	小讬镇	在县西三十里
	故县镇	在县西南一百里
	节妇镇	在县西二十里
	孝子镇	在县东南十五里
	南河镇	在县东北七十里
卢氏县	栾川镇	在县东南栾川社
	杜馆镇	在县北六十里

资料来源:弘治《河南郡志》卷八《镇》。

表9-5中既有宋元时期旧有的市镇,更有新崛起的市镇,其共同特点是绝大多数都位于崤函古道交通线及其周围。其中有些镇,如陕州硖石镇、张茅镇,渑池县义昌镇等,同时也是驿站或递运所所在。明代驿站和递运所本身就拥有一定数量

的消费群体。驿递工作人员的日常生活所需,如粮食、果蔬等需要就近采买,来往商人的饮食、住宿、雇募交通工具等,也多依赖附近市场提供。于是以驿递为圆心,形成了一定的消费市场,消费规模也较一般地方更大,较易形成市镇。如硖石驿本为驿站,洪武十年,又置巡检司,硖石驿丞兼管巡检司务,巡检地方,成为市镇一级的行政机构。硖石镇等无疑是由驿递发展而来的中小商业市镇。此外,就分布看,不仅属于驿路的崤山北路上有镇,作为一般交通线路的崤山南路上的宜阳、洛宁也有一定数量的镇,这体现出崤函古道交通线对沿线地区镇及其市场发展具有较大的带动作用。这种带动作用持续性地推动着崤函地区市镇化的进程。陕州是崤函古道交通的枢纽。据表 9-5,弘治年间有镇 4 个,而到万历年间,又形成上村、磁钟、七里、宫前、赵原、新店、曲沃等 7 镇,境内合计有镇 11 个①,发展非常迅速。阌乡县弘治年间有镇 5 个,明后期又新增十二河、马店、阳平集、张村 4 镇,境内合计有镇 9 个②。由此可见陕州、阌乡县市镇的进一步发展,得益于崤函古道商路的兴旺。

上述市镇与原有的州县行政中心构成崤函地区不同等级的城镇中心,各镇成为沟通城乡市场的重要商品集散地,农产品和手工业产品通过这里进入洛阳、开封及西安等城市,而供县镇居民和农户消费的物品也由此向各集市、村落扩散,有力促进了崤函地区商业经济的发展。

商税征收是商业经济发展的反映。明在陕州城内设有税课局。据万历《陕州志》记载,陕州税课计有酒课钞、醋课钞、鱼课钞、房赁钞、文磨课钞、菜价钞、商税钞、门摊钞、文契本钞等,所征数额有 1815 多锭,其中征之于商品流通领域的商税

---

① 〔明〕赵恒修修,〔明〕王承蕙纂:万历《陕州志》卷二《建置志》,《河南历代方志集成·三门峡卷》(1),大象出版社,2017,第 15 页。

② 〔清〕张三省、杨遵修,〔清〕杜允中纂:顺治《阌乡县志》卷二《邮传》,《河南历代方志集成·三门峡卷》(9),大象出版社,2017,第 349 页。

钞有 1085 锭，数量最多。其次是征之于店肆、铺家的门摊钞，计 429 锭[①]。当时活跃在崤函地区的主要是陕西、山西商人。如临汾人宋大可“幼业儒，以贫窭贸易陕州”[②]。陕西华州人张三重以织冠为业，后至渑池，在马岭景行堂旁开店，售于前来参加讲会的士子[③]。成化年间，“米商多从河南贩往陕西。”[④]在天启初山西灵石人翟尧翼修凿雁翎关东西山路中，也可以看到“愿出钱帛”助其修路的所谓“过商”的信息。他们因经常经由此路，“经商客旅毂击肩摩”，苦于道路艰险，有碍经商，“有若跋涉而不胜其能望”，故而积极参与道路整修。这也从侧面反映了外地商人在崤函地区社会生活中的活跃程度。

六、崤函古道与阳明心学的传播和兴盛

明代崤函地区思想文化方面的进步，当首推明中后期阳明心学在洛阳、崤函地区的传播发展，这也促成了阳明心学在北方兴盛的局面。[⑤] 在这一过程中，崤函古道发挥着特殊的文化作用。

---

① 〔明〕赵恒修修，〔明〕王承蕙纂：万历《陕州志》卷四《贡赋志》，《河南历代方志集成・三门峡卷》(1)，大象出版社，2017，第 18 页。

② 〔清〕王轩等纂修：光绪《山西通志》卷一百五十三《儒行录・明》，三晋出版社，2015，第 6662 页。

③ 〔明〕冯奋庸编，〔清〕张弘文续编：《理学张抱初先生年谱》，于浩辑：《宋明理学家年谱》(12)，北京图书馆出版社，2005，第 232 页。

④ 〔明〕史鉴：《故奉训大夫工部营缮清吏司员外郎吴君行状》，《西村集》卷八，《景印文渊阁四库全书》第 1259 册，台湾商务印书馆，1986，第 0874 页。

⑤ 有关洛阳和崤函地区阳明心学传播发展的研究，可参龚柏崴：《明代中晚期河南阳明学讲会研究》，台湾清华大学历史研究所硕士论文，2012；陈冠华：《明代中后期河南及陕西的地方理学发展及其叙述》，香港理工大学中国文化学系博士学位论文，2015；戴霖：《明代洛阳地区讲会论略》，《河南科技大学学报(社会科学版)》2003 年第 4 期；扈耕田：《尤时熙与明代洛阳的学术转型》，《河南科技大学学报(社会科学版)》2009 年第 3 期；郑旭东：《明代北方王门之洛阳王学综述》，《长江师范学院学报》2009 年第 1 期；翟爱玲：《明代洛阳地区文化发展研究》，郑州大学出版社，2018，第 78~89 页；杨朝亮：《“洛阳王学”尤时熙学术思想述论》，《孔子学刊》2020 年第 11 辑。

阳明心学是明代大儒王阳明革新传统程朱理学，补偏救弊而创立的一个著名的儒家新学派，又称王学、心学。因其顺应了当时经济发展、社会活跃的时代要求，而在明中后期快速发展为极具影响力的思想流派。心学之所以能够快速地传播发展，与其创新传播方式，大兴“讲会”密切相关。研究者指出：“阳明学话语的建立、扩展及在明中后期对整个社会文化的笼罩，正是通过推行会讲、讲会的形式得以实现的。”①“学者在各地组成地讲会活动是最关键的机制。”②讲会活动为心学思想风动天下提供了最有效的途径。因此，“在某种意义上可以说，阳明学的思想展开过程，就是一步讲学运动史”③。讲会并不始自明代，但明中后期的心学讲会具有其鲜明的特点和内涵。它“是指一种始于明代中期，由乡绅士子们集结组成，以阳明学为主导且兼具学术与道德修养目的的定期聚会”④。讲会的举办往往具有地域特征，但参加者往往是跨地域的，各地心学学者频繁地跨县、府、省到其他地区传播、交流和学习，促进了阳明心学的传播和深入。自然，这些活动的实现需要以便利的交通及联络为基础。如果不是明代中后期交通业的发展，这样大规模范围内的定期讲会以及学者们大跨度地频繁参与活动都是不可能的。

最早将心学传入洛阳地区并创建讲会的是洛阳县人尤时熙。嘉靖初，尤时熙以举子入京，得到王阳明《传习录》，极为崇奉，潜心研究。嘉靖二十六年（1547），他辞官后回洛阳传播心学，创立讲会，收徒讲学，河洛之间拜其为师者不下数百人，“陕洛闻其风，担簦而至者百数十人”⑤开启了明中期洛阳心学的初兴之势。其弟子新安人孟化鲤接过衣钵，将心学传入崤函地区，于家乡首创兴学会，其所著《兴学

① 陈来：《中国近世思想史研究（增订版）》，生活·读书·新知三联书店，2010，第374~375页。

② 吕妙芬：《阳明学士人社群：历史、思想与实践》，新星出版社，2006，第63页。

③ 吴震：《阳明后学研究（增订本）》，上海人民出版社，2016，第417页。

④ 吕妙芬：《阳明学士人社群：历史、思想与实践》，新星出版社，2006，第18页。

⑤ 〔清〕孙奇逢：《中州人物考》卷一《尤时熙》，广文书局，1977，第60页。

会约序》云:“予新安旧无会。嘉靖乙丑,予获谒西川先生,归始创立以讲学。”①兴学会是崤函地区的第一个讲会,由此开创了崤函地区新的学术传播形式。因新安在洛阳西邻,尤时熙称赞:“吾道西矣。”②“吾道大明于西矣。”③“圣学盛行于西矣。”④

尤时熙弟子渑池张信民、陕州王以悟继往开来,将心学引入渑池和陕州,他们和新安吕维祺等分别在家乡大兴讲会,有相关资料可考者就有文峰会、分陕龙兴寺大会、正学会、鼎新会、甘棠会、脱粟会、真率会、洛社会、芝泉会、伊洛会等 16 个。其他弟子如洛宁陈汝时、洛阳张孔训、孟津杨德润等也分别在家乡办学。心学传播源源西向。《理学张抱初先生年谱》记载说:孟化鲤闻张信民渑池“大开讲筵,德望日隆”,专程“跨蹇执马诣马岭观学,留宿数日,讲语盈帙”。因渑池在新安西邻,孟化鲤高兴地说:“吾道西矣。”⑤

渑池是明初理学之冠曹端的家乡。曹端,字正夫,号月川,永乐六年(1408)进士,一生任地方教官,官至霍州、蒲州学正。曹端学宗程朱,为学讲求亲身实践,以静存为要,推崇儒家学说,主张治世以教化为先,被公认为开启明代讲学先河之人。《明史·曹端传》称:“洎明兴三十余载,而端起崤、渑间,倡明绝学,论者推为明初理学之冠。”⑥张信民、王以悟、吕维祺等以曹端及孟化鲤为仪型,结合洛阳、崤函地

① 〔明〕孟化鲤:《兴学会约序》,《孟云浦先生集》卷四,《四库全书存目丛书·集部》第 167 册,齐鲁书社,1997,第 545 页。

② 〔明〕吕维祺:《孟先生传》,《明德先生文集》卷十一,《四库全书存目丛书·集部》第 185 册,齐鲁书社,1997,第 179 页。

③ 〔明〕吕维祺:《理学二先生谥议》,《明德先生文集》卷六,《四库全书存目丛书·集部》第 185 册,齐鲁书社,1997,第 110 页。

④ 〔明〕邹元标:《奉正大夫吏部文选郎中云浦孟公墓碑》,《愿学集》卷五,上海古籍出版社,1993,第 225 页。

⑤ 〔明〕冯奋庸编,〔清〕张弘文续编:《理学张抱初先生年谱》,于浩辑:《宋明理学家年谱》(12),北京图书馆出版社,2005,第 229 页。

⑥ 〔清〕张廷玉等:《明史》卷二百八十二《曹端传》,中华书局,1974,第 7239 页。

区特有的理学背景创造性地给心学注入鲜活的内容，讲会模式也呈现多中心的新样貌，缔造了洛阳、崤函地区讲会的兴盛，从而推动了两地乃至整个河南心学的兴盛发展，进而影响陕西、山西。洛阳、崤函地区学术文化在经历长期沉寂之后，终在明中后期以新的风貌迎来又一次繁荣。

洛阳、崤函地区的讲会规模庞大，学子众多。孟化鲤创办讲会，“四方从游者恒数百人”[①]，“远近趋门墙受业者甚众”[②]。“四方之士闻风负笈，若陕、渑、嵩、永、洛、孟、汝、罗、秦、晋，联翩而至，无虑数百人。”[③]“每值会期，聚讲宗贤楼下，从游者日众。陕、渑、永、卢、汝州、光州等地士人翕然风动，至寓所不能容。”[④]“县治狭小，除亲友塾馆及寺庙等寓不能容，至远出三五里道观居之，昕夕讲习不辍。”[⑤]吕维祺的新安芝泉会，每每有“百余人来学，布衣儒童咸与焉”[⑥]。伊洛会成立伊始有 50 多人，后“从游渐众，至二百余人”[⑦]。而规模最大的当数张信民的渑池正学会，从学者多达数千人。“秦晋之间以及汝、颍、睢阳之士云拥川至，相继而来”，以致最初的“暗修堂隘，几不能容”，于是又新建“正学会所五楹”。但不过几年，因“观环门墙观听者数千人”[⑧]，又新建绿野堂三楹。不久又因“会友商学者众，绿野堂隘”，再于村西建同乐堂三楹。其担任主讲的洛社会，甚至出现了观者万人的壮观场面。

① 〔清〕张廷玉等：《明史》卷二百八十三《孟化鲤传》，中华书局，1974，第 7290 页。

② 〔明〕杨东明：《明理学云浦孟公墓志铭》，《孟云浦先生集》附，《四库全书存目丛书·集部》第 167 册，齐鲁书社，1997，第 616 页。

③ 〔明〕吕维祺：《孟先生传》，《明德先生文集》卷十一，《四库全书存目丛书·集部》第 185 册，齐鲁书社，1997，第 179 页。

④ 〔明〕王以悟：《云浦孟先生年谱》，孟昭德主编：《孟云浦集》，中国文联出版社，2007，第 14~15 页。

⑤ 〔明〕王以悟：《云浦孟先生年谱》，孟昭德主编：《孟云浦集》，中国文联出版社，2007，第 12 页。

⑥ 〔明〕施化远等：《吕明德先生年谱》卷一，《四库全书存目丛书·集部》第 185 册，齐鲁书社，1997，第 397 页。

⑦ 〔明〕施化远等：《吕明德先生年谱》卷四，《四库全书存目丛书·集部》第 185 册，齐鲁书社，1997，第 467 页。

⑧ 〔明〕吕维祺：《张抱初传》，《明德先生文集》卷十一，《四库全书存目丛书·集部》第 185 册，齐鲁书社，1997，第 183 页。

这样的办学规模是前所未有的。从学者来自各地,既有附近洛阳、崤函地区的求学者,也有远路秦、晋等地的求学者。所谓"陕、渑、嵩、永、洛、孟、汝、罗、秦、晋,联翩而至","秦晋之间以及汝、颖、睢阳之士云拥川至"即是这一情形的写照。据《理学张抱初先生年谱》等资料统计,秦晋之士前来向张抱初问学或商讨者有山西蔡继、王永锡、鲁廷试、姜栻、王昱、鲁乐尹、鲁氏、李多闻、刘怿常、王世封、辛全、程君爱、石抱晶、加真儒、刘澄远、薛选,陕西张三重、孙绳祖、石之岱、张太宇、李昌龄、史义伯、郭光复、张绍光、高位、张霄等人。至于洛阳、崤函地区的从学者数量更多,见于资料的常聚会友名单达百余人。这些从学者多是经崤函古道自各地远行到洛阳、新安、渑池、陕州等地的讲会那里求教。"各依期赴会,往来就正,祁寒炎暑不辍。"①从学者学成后回乡,也要再次经历崤函古道才能返回。

借助崤函古道畅达而便利的交通条件,洛阳、崤函地区各讲会之间的相互交流十分频繁,形成密切往来的讲会新模式。吕维祺《张抱初传》记载:"创正学会所五楹,登坛明学……先生犹以学之不讲为忧,西与惺所讲会甘棠,东与予订会芝泉,与张见室联会洛城。"②孙奇逢《中州人物考》亦载王以悟致仕归乡后,"尝与张信民、吕维祺诸人倡明师说于正学书院,嗣会于分陕龙兴寺,又会于甘棠,学者如归。"③畅达便利的崤函古道交通使这几位理学名儒一年内总能联会数次。与外地学者的交流也十分频繁,除书信往来或参加其他地方的讲会外,张信民、王以悟、吕维祺常常邀请外地学者前来参与讲会。如关中冯从吾,虞城杨东明,江西李日宣、邹元标,江苏顾宪成等著名学者,都曾专程来此升坛讲学,或因路过登门论学。天启二年(1622),冯从吾自京携家返回故里,道经新安,他在《答辛复元茂才》信中介绍说:"近伊、洛之间,学会复兴,王惺所讲于陕州,吕豫石讲于新安,张抱石讲于渑池。不

① 〔明〕王以悟:《云浦孟先生年谱》,孟昭德主编:《孟云浦集》,中国文联出版社,2007,第12页。

② 〔明〕吕维祺:《张抱初传》,《明德先生文集》卷十一,《四库全书存目丛书·集部》第185册,齐鲁书社,1997,第183页。

③ 〔清〕孙奇逢:《中州人物考》卷一《王以情》,广文书局,1977,第96页。

侒昨过其地，俱赴会大讲，二程之风再振，殊可喜也。”①正是通过讲会这一平台及其频繁的学术交流，心学思想得以在洛阳、崤函地区广泛传播，并实现和保持着与北方其他地区以及南方心学学者频繁的学术互动，丰富和活跃着洛阳、崤函地区的学术和文化生活，从根本上改变了两地的学术生态，并逐渐形成了颇具地方特色的阳明心学流派。

以孟化鲤为代表的洛阳、崤函地区阳明心学流派对阳明心学不仅有继承，而且有发展，其重要特点就是经世思想的显露，他们通过重新阐发曹端的学术文化遗产，重视学问的救世作用，一扫后期心学虚妄空谈之弊。他们以自身道德感召乡里，以讲会和会约表率群伦，以传播良知移风易俗。或许与他们大兴讲会，频繁使用崤函古道有关，在经世致用方面，王以悟、吕维祺都不约而同地对崤函古道“驿累”进行了较深刻、系统的揭陈，企望以此改进驿递运作，减轻当地百姓负担。如前节所述，因崤函古道驿递负担极为繁重，王以悟多次著文或写信给官员揭陈陕州驿递的弊病，以及福王藩府盐运对陕州、渑池、新安三县民生的影响，劝诫地方官员体恤下民，担当表率，降低驿递及藩运负担。吕维祺更直接上疏朝廷，反映新安驿的六大弊端，提出相应的补救办法。对藩运、漕运也多有批评和改进的建议。这与王以悟的“为政先利民，利民急除害”②心学主张一脉相承。王以悟、吕维祺等对崤函古道沿线“驿累”的揭露，体现出他们作为心学践行者内则自修，外则济民，积极参与地方社会治理，努力维护崤函古道交通稳定运行的良苦用心。

综观心学在洛阳、崤函地区的传播发展，前后经历了三代学者近百年的经营，由最初尤时熙的洛阳讲会，到孟化鲤的新安讲会，再到张信民、王以悟的渑池、陕州讲会，最后到吕维祺的新安、洛阳讲会，呈现出由单一讲会核心向多中心发展，最后

---

① 〔明〕冯从吾：《答辛复元茂才》，〔明〕冯从吾著，刘学智、孙学功点校整理：《冯从吾集》续集卷三，西北大学出版社，2015，第 521 页。

② 〔明〕王以悟：《少府王公惠政感人记》，《王惺所先生文集》卷二，沈乃文主编：《明别集丛刊》第 5 辑第 7 册，黄山书社，2015，第 79 页。

又复归于洛阳的过程。在这近百年的发展过程中，三代学者经过崤函古道而成为理学名儒，心学经过崤函古道而达到成熟与兴盛，而崤函古道也因为他们艰苦的交通实践、学术实践和教育实践，再次具有了传播文化、磨砺人才的荣光。

七、明末李自成农民军在崤函古道的活动

明末农民战争是中国古代农民战争中规模最大的一次。李自成带领的农民军曾多次转战崤函古道及邻近地区，崤函古道成为明末农民军频繁作战的战场和调兵遣将的战略通道，见证了李自成其兴也忽，其亡也速的过程。

1. 明末农民军的新生之路

明末农民战争首发于陕北。天启七年(1627)，陕西白水县王二(王子顺)等聚饥民起义，揭开了明末农民大起义的序幕。高迎祥、张献忠、李自成等十几支农民军随之先后奋起。在官军强大的压力下，自崇祯四年(1631)农民军纷纷渡河流入山西。明政府调重兵追剿，将农民军压缩在太行山东南与黄河以北的狭窄地带。“时贼屡败，不得掠食，困甚。”[①]农民军粮草断绝，处境艰难，随时有被围歼的危险。崇祯六年(1633)，高迎祥、李自成、张献忠诸路农民军在济源合营，决定实施北渡黄河南进中原的战略转移。《绥寇纪略》记载：“十一月……贼张妙手、贺双全等三十六家诡词乞抚，道臣常道立信之，因太监杨进朝以请。会天寒，河冰合，廿四日，贼从毛家寨策马径渡，是为渑池县之马蹄窝。防河中军袁大权遇敌战死。”[②]《怀陵流寇始终录》亦载：“垣曲、济源之间，河身最狭，水澌先合成桥，狡贼乘间掠门扇，铺水上，覆以土。壬子，三道驰马过河而南，登渑池之马蹄窝、野猪鼻，防河中军官袁

① 〔清〕戴笠、吴殳：《怀陵流寇始终录》卷六，《续修四库全书》第441册《史部·杂史类》，上海古籍出版社，1996，第237页。

② 〔清〕吴伟业撰，李学颖点校：《绥寇纪略》卷一《渑池渡》，上海古籍出版社，1992，第35~36页。

大权仓卒战死。”高迎祥、李自成、张献忠率十几万农民军就这样乘黄河冰封成桥，自垣曲毛家寨驰马踏冰过河，攻克黄河南岸渑池县的马蹄窝、野猪鼻，把明政府调来的重兵甩在后面，这就是著名的“渑池渡”。次日，农民军攻克渑池，随即向新安进发。“贼入渑池，逾时即出。旋掠新安、伊阳、永宁、陕州，而伏牛、商于诸山延袤数百里，皆为贼巢。”“贼渡河后，势甚猖獗……贼党甚繁，凡洛阳、新安、陕州、灵宝、阌乡、卢氏、永宁、汝州、鲁山、叶县、舞阳、遂平、确山、信阳、南阳、裕州、泌阳、桐柏、淅川、新野、内乡等州县无不焚掠。”[①]《怀陵流寇始终录》的这两条记载，反映了农民军首先在河南西部、中部活动，势如破竹的情形。所谓“登渑池之马蹄窝、野猪鼻”，“贼入渑池”，“旋掠新安、伊阳、永宁、陕州”，“凡洛阳、新安、陕州、灵宝、阌乡、卢氏、永宁……无不焚掠”都指穿越了崤函古道路段。

农民军“渑池渡”是明末农民战争发展的重要转折点。始发于陕北的农民大起义，自此发展成全国农民战争。李自成也在“渑池渡”后“自为一军”，势力渐大。《明史·李自成传》载：“始，贼自渑池渡河，高迎祥最强，自成属焉。及入河南，自成与兄子过结李牟、俞彬、白广恩、李双喜、顾君恩、高杰等自为一军。过、杰善战，君恩善谋。”[②]清初吴伟业曾敏锐地注意到“渑池渡”的意义，视之为农民军解困转盛和明朝走向灭亡的标志性大事件，其记述明末大起义的《绥寇纪略》一书即以“渑池渡”开卷，其写道：“君子于六年十一月渑池之事，未尝不抚卷太息，以为此中原之所以溃，国家之所以亡也。”[③]这一评价无疑是正确的。顾城《明末农民战争史》指出：“崇祯六年十一月二十四日，农民军飞越黄河天险，进入中原大地，在明末农民战争史上是一件划时期的大事。……起义军过河之后，以高屋建瓴之势迅速摆脱了官军的追击，实现了千里跃进。仅仅在一个月之内，起义军的足迹几乎遍

① 〔清〕戴笠、吴殳：《怀陵流寇始终录》卷六，《续修四库全书》第441册《史部·杂史类》，上海古籍出版社，1996，第239~240、242~243页。

② 〔清〕张廷玉等：《明史》卷三百九《高迎祥传》，中华书局，1974，第7952页。

③ 〔清〕吴伟业撰，李学颖点校：《绥寇纪略》卷一《渑池渡》，上海古籍出版社，1992，第38页。

及河南西部各县，接着又冲向接境的湖广、安徽和四川。对明廷来说，原先的局部问题从此变成了腹心大患。”①还有学者评价说：“渑池渡是明末农民战争史上具有重要意义的事件，此后，农民军摆脱了被局限于山西、豫北、畿南地区的不利环境，广泛地活动在河南、湖广、南直隶、四川、陕西等许多省区之内。明政府彻底剿杀起农民军的企图更加难以实现。明末农民战争步入了一个崭新的阶段。”②崤函古道由于其特殊的交通地理位置，见证了明末农民军由濒临失败至获得新生的重要转折历程。

2. 明末农民军的东进之路

“渑池渡”后，明政府改变策略，特设山西、陕西、河南、湖广、四川五省军务总督，统一调度指挥各省军力协力征剿。农民军则采用运动战，转战于陕、豫、川、楚诸省界上。自崇祯七年(1634)至崇祯十一年(1638)，农民军先后进行了三次较大规模的东进，出潼关进崤函入河南，在崤函古道及其邻近地区与拦截的官军频繁交战，崤函古道成为双方调兵遣将的战略通道和农民军运动歼敌的舞台。

第一次东进。崇祯七年正月，首任五省总督陈奇瑜檄调各路官军集中陕州，然后移师南下。农民军避其锋芒，自河南、湖广、四川辗转回陕西，主力重集于陕西。明政府调楚、蜀、晋诸省兵马分路入陕，“豫兵从潼、华入”，以“尽天下之力输之秦合剿”③。农民军多次从潼关突围，屡遭失利。直到这年十月，张献忠等始东出潼关，进入灵宝附近。张献忠屯于朱阳万川口，混世王驻涧口，整齐王驻水头，各拥众数万。张献忠攻灵宝，不克，南下克卢氏。十一月，高迎祥、李自成等也东出潼关，与张献忠合兵，声势浩大。康熙《嵩县志》记载：“七年冬，贼骑千余西来，立马西郭麦田中。已而大旗飘扬，遥望崖口而南，旌旗蔽空，甲光耀日，南尽南山，北尽河曲，波压云涌而至，惟闻马嘶之声。自朝至夜，连营数十里。……贼过人畜践踏，路阔五六里许，

① 顾城：《明末农民战争史》，光明日报出版社，2012，第 65 页。

② 南炳文、汤纲：《明史》下，上海人民出版社，2003，第 1104 页。

③ 〔清〕吴伟业撰，李学颖点校：《绥寇纪略》卷二《车厢困》，上海古籍出版社，1992，第 59 页。

不知其众之几何也。”[①]农民军破阌乡、陕州、渑池，进逼洛阳。后兵分三路：一路从陕州渡河北进山西平阳；一路由卢氏东攻河南各郡县；一路由武关经南阳进湖广。农民军主力大踏步东进，跳出了官军的战略包围圈，挺进河南、湖广、皖北。

第二次东进。崇祯八年（1635）正月，新任五省总督洪承畴调诸省十余万官军入河南，自己则率陕军自西安出潼关赴往河南，企图聚歼农民军于河南。农民军避实就虚，重又由东向西向陕西开去。《明史·尤世威传》载：“时贼见河南兵盛，悉奔入关中。”[②]农民军返秦，崤函古道是主要路线。《怀陵流寇始终录》载：“（义军）嵩县、卢氏、灵宝、陕州近潼关者，又入陕西。”又载：“承畴既出关，阌乡、灵宝、卢氏贼乘虚西向。……六七万人安行入（潼）关，遂掠西安州县。”[③]郧抚卢象升亦云：“近自四月下旬，大督洪公合师夹剿，群寇遂由潼关、内、淅诸路尽数归秦。比来日聚日多，其数已至二百万矣。”[④]洪承畴调整部署，率军一路兼程自汝州经灵宝、阌乡出潼关入陕，同时派兵封堵豫陕边界各险要位置，企图于关中剿灭农民军。《明史·尤世威传》记载说：“承畴将入关征讨，乃大会诸将，令分防汝、雒诸要害。以世威部下皆劲旅，令与参将徐来朝分驻永宁、卢氏山中，以扼雒南兰草川、朱阳关之险。戒之曰：‘灵、陕，贼所出入，汝勿懈！’”[⑤]兰草川在今卢氏官坡镇兰草村一带，邻近铁锁关。翻过铁锁关所在的兰草箭杆岭即入陕西洛南。朱阳关在今卢氏西南朱阳雅关岭，北通灵陕，南通襄郧，形势险要。这年七月，马守应农民军首先突破朱阳关，打开由陕西进入灵宝、陕州的通道。接着兰草川也被攻破。十月中旬，张献忠亦出朱阳关，屯于灵宝、新安一带。在当地义军配合下，张献忠克卢氏。马守应

① 〔清〕卢志逊修，〔清〕李滋纂：康熙《嵩县志》卷十《杂志》附录，《河南历代方志集成·洛阳卷》(26)，大象出版社，2017，第117页。

② 〔清〕张廷玉等：《明史》卷二百六十九《尤世威传》，中华书局，1974，第6925页。

③ 〔清〕戴笠、吴殳：《怀陵流寇始终录》卷八，《续修四库全书》第441册《史部·杂史类》，上海古籍出版社，1996，第318、337页。

④ 〔明〕卢象升：《与蒋泽垒先生五首》，《卢象升疏牍》卷十二，浙江古籍出版社，1985，第320页。

⑤ 〔清〕张廷玉等：《明史》卷二百六十九《尤世威传》，中华书局，1974，第6925页。

智取陕州。《平寇志》载其事说："贼令其党饰为公徒捧檄者，换马于陕州，突入南关，遂陷。"十一月，高迎祥自华阴南原绝大岭夜出朱阳关，九条龙出潼关入阌乡，与在灵宝的张献忠等会合。《平寇志》记述农民军进军崤函的浩大场面说："陕贼一字王、八大王即张献忠拥众二十万，撞天王众十七万，出潼关，犯阌乡、灵宝，大队东行，尘横四十里，老弱居中，精骑居外，络绎百里。"明总兵左良玉、祖宽两军进至灵宝，"遥望山头，不敢邀击"。农民军会合后分道东进，张献忠进至嵩县、汝州一带，高迎祥沿崤函古道从渑池趋洛阳，并派兵"从张茅、硖石、乾壕诸路烧截"官军粮草，使明"诸军乏食"而不能追击①。洪承畴关中剿灭农民军计划彻底破产。

第三次东进。崇祯九年(1636)，高迎祥、张献忠陆续返回陕南。马守应、罗汝才等退入永宁、卢氏山中，屡攻陕州、灵宝、卢氏、永宁，欲夺潼关。崇祯帝起用杨嗣昌为兵部尚书，张起巨大的"十面网"合围农民军，给农民军以重创。高迎祥被俘遇害，李自成也损失惨重，转入川陕交界深山。明军严守朱阳关，又在潼关南原修筑大堡小墩，布下三重伏击圈，严阵以待。崇祯十一年十月，李自成欲出潼关入河南发展，行至潼关南原，遭洪承畴、孙传庭伏击，伤亡惨重。《绥寇纪略》载："十月，自成食且尽，总督洪承畴偕传庭共击自成于潼关原，大破之，自成尽亡其卒，以十八骑溃围走。……窜伏崤、函山中，为小盗，不复出。"②《怀陵流寇始终录》："闯贼……与刘宗敏等十八骑，逃伏崤函山中。"③《明史·张献忠传》："陕西总督洪承畴、巡抚孙传庭复大破李自成，自成窜崤、函山中。"④诸书皆说李自成逃伏到崤函山中，只是偶然出来活动，但一直不曾离开。然《明史·刘宗敏传》则言："自成尽

① 〔清〕彭孙贻辑，陈协琹、刘益安点校：《平寇志》卷二，上海古籍出版社，1984，第39页。

② 〔清〕吴伟业撰，李学颖点校：《绥寇纪略》卷九《通城击》，上海古籍出版社，1992，第230页。

③ 〔清〕戴笠、吴殳：《怀陵流寇始终录》卷十一，《续修四库全书》第441册《史部·杂史类》，上海古籍出版社，1996，第538页。

④ 〔清〕张廷玉等：《明史》卷三百九《张献忠传》，中华书局，1974，第7971页。

亡其卒,独与刘宗敏、田见秀等十八骑溃围,窜伏商、洛山中。"①毛奇龄《后鉴录》卷五亦云:"自成乃以十八骑走……跣双足走商洛山中。"②还有的说在郧阳或淅川深山中。揆度情形,当是南原败后先入崤函山,后又入商洛山。而崤函山与商洛山毗邻,同属秦岭东侧,翻过崤函山便是商洛。由于人数不多,为避免被歼,在此后的两年中,李自成长期隐蔽休整,往来于豫、陕、川、鄂交界的崤函、商洛、郧阳等地。明末农民战争至此陷入低潮。

崇祯七年至崇祯十一年农民军三次出潼关东进河南,对当时战局产生了重大影响。农民军以潼关、朱阳关为突破口,或在此合众聚兵,经此迂回出入,或隐蔽深山休整,都和崤函地区有十分密切的关系。对此史家早有评论,如《怀陵流寇始终录》作者指出:"时灵宝、陕州、永宁、卢氏之贼东去,秦贼从雒南来据之。此四县地,北近秦山,南通南阳、汝州,贼每于此避兵合党。"③

3. 明末李自成农民军的胜利之路

崇祯十三年十一月,李自成"出商洛,入豫,哨至淅川",由此北上进入崤函,相继攻克宜阳、永宁、卢氏、灵宝、新安等县,尽扫渑池熊耳山以西土豪地主四十八寨。大批饥民前来投奔,农民军骤增至十余万,兵势大震。李自成重入崤函,进军河南,成为明末农民战争发展的又一重要转折点,揭开了明末农民战争史上中原大战的序幕。

崇祯十四年(1641)正月,李自成由宜阳、永宁直薄洛阳城下,占领洛阳,处决福王和贪官污吏。在挥师东进围攻开封不克之后,李自成又折返崤函,率部走灵宝、陕州,破卢氏、灵宝两县城,屯于卢氏、永宁。五月,张献忠率部自南阳直上永宁,与李自成等农民军领袖举行了著名的"永宁大会",商讨作战方针,决定分兵南北,李

---

① 〔清〕张廷玉等:《明史》卷三百九《刘宗敏传》,中华书局,1974,第7955页。

② 〔清〕毛奇龄:《后鉴录》卷五,《中国野史集成》第37册,巴蜀书社,1993,第737页。

③ 〔清〕戴笠、吴殳:《怀陵流寇始终录》卷九,《续修四库全书》第441册《史部·杂史类》,上海古籍出版社,1996,第402页。

自成取开封,张献忠则攻夺郧阳。会后"李自成、张献忠、罗汝才三营巨寇"入卢氏,"集卢避暑"[①]。可见会议开得十分成功。有学者指出,永宁大会是明末农民起义后期各路领袖云集永宁研究对明王朝作战方略的一次规模很大的军事会议,其重要性不亚于荥阳大会,标志着明末农民战争自此由防卫转入进攻[②]。会后,李自成与张献忠即按照会议决定,分兵向明王朝发动进攻。

面对李自成农民军在河南的空前活跃,明政府先后调陕督傅宗龙、汪乔年、孙传庭率军出潼关入河南围剿。崇祯十六年(1643)九月的汝州之战,孙传庭十万大军东出潼关。李自成派出小股部队前往阌乡迎敌,且战且退,诱敌远离潼关,寻机歼敌。孙传庭"先以总兵牛成虎、副将卢光祖由灵、陕入洛,而亲至渑池会下池。贼与前驱相遇,御之,贼却,乃檄(白)广恩从新安来会。河将陈永福守新滩,川将秦翼明出商洛为犄角,中军高杰帅降将杨承祖等招抚诸贼。贼尽奔宝丰,豫设伏磁涧,破其伏"[③]。农民军又由磁涧拔营往洛阳南的龙门,官军追至龙门,农民军又拔营趋汝州。孙传庭就这样一步步被引进农民军设在汝州的包围圈,明军损失过半。李自成"五覆明军",摧垮明军主力,占领河南大部,并在襄阳建立新顺政权。

孙传庭汝州大败后,率残部狂奔,渡河走垣曲,复经阌乡退回陕西,据守潼关,企图以关中为基地,重新组织力量,伺机与李自成再战。李自成按照事先制定的先取关中、平定西北以为根本,然后东取山西、进攻北京的战略计划,亲率大军自洛阳西进。十月,前锋攻破阌乡,直迫潼关。李自成则率主力从南山迂回潼关背后,两面夹击,攻破潼关,孙传庭所率的最后明军精锐全军覆没,孙传庭本人也战死沙场。

---

① 〔清〕韩炬、郭光树修,〔清〕李旭春纂:光绪《重修卢氏县志》卷十二《附事变》,《河南历代方志集成·三门峡卷》(6),大象出版社,2017,第178页。

② 李光璧:《明末农民战争由防卫转入进攻的一次重要军事会议——永宁大会》,《历史教学》1981年第6期;方福仁:《李自成张献忠永宁会师考实》,《中州学刊》1983年第3期。王兴亚持有异议,说见《明末农民起义军永宁大会考辨》,《河南师大学报(社会科学版)》1983年第1期。

③ 〔清〕毛奇龄:《后鉴录》卷五,《中国野史集成》第37册,巴蜀书社,1993,第740页。

潼关一战敲响了明王朝灭亡的丧钟。“潼关失守，关西州县望风披靡。”[①]李自成统率大军，乘胜进入西安，分兵四出，所向克捷。李自成在西安建立大顺政权，第二年东出山西，势如破竹，三月攻克北京，灭亡了明朝。

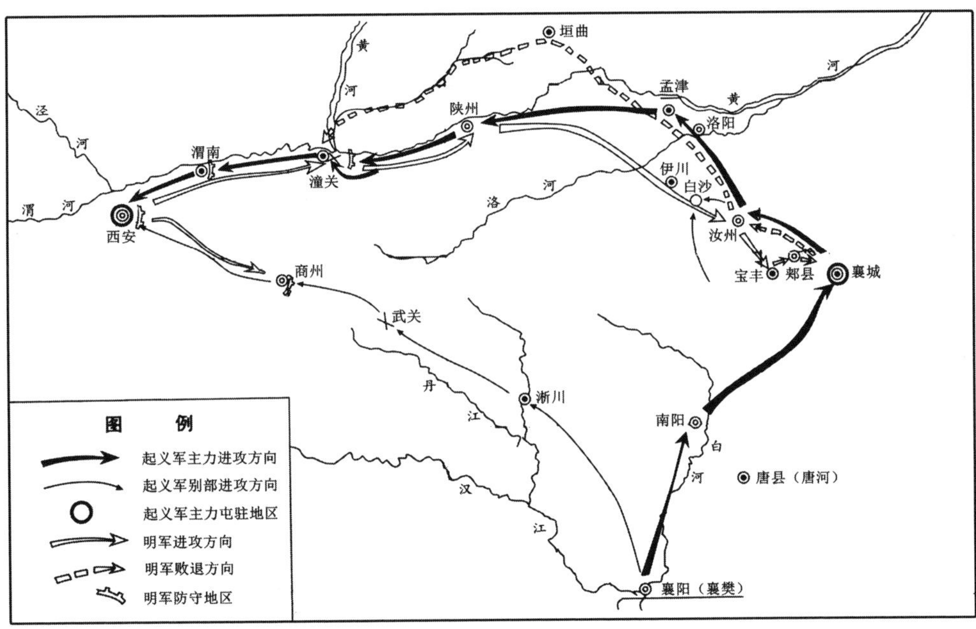

图 9-7　明末李自成克潼关取西安之战示意图[②]

4. 明末李自成农民军溃败覆亡之路

李自成农民军在达到最高潮的同时，也迅速走向了失败。清顺治元年（1644）四月，李自成于山海关被清军击败，率部撤离北京，经山西退守西安，于潼关设防，以阻止清军西进。十月，清廷迁都北京，派阿济格、多铎两路夹攻西安。十二月，多铎至孟津渡过黄河，随后沿崤函古道西进，“十五日追流贼李自成兵至陕州，先遣前

① 《兵部为塘报“入陕”贼情事》，郑天挺、孙钺等编辑：《明末农民起义史料》，中华书局，1954，第 417 页。

② 采自李之勤《陕西历代战争通览》，三秦出版社，2014，第 185 页。

锋参领索浑、拜尹代等,率二十骑前往捉生。有贼将张有曾,屯兵灵宝县城外,索浑等乘夜袭击败之"①。清军攻占陕州、灵宝后,快速推进,于二十二日进抵潼关二十里外立营。李自成率兵增援潼关,与清军展开激烈交战,虽顽强拼搏,仍屡屡失利,死伤十余万。次年,即顺治二年(1645)正月十二日,清军占领潼关。次日,李自成放弃西安,出蓝田,走商州转入湖广,五月在湖北通山被杀。李自成在潼关的失败,成为大顺政权覆亡的重要标志和明末农民军从胜利到彻底失败的转折点。

① 《清世祖实录》卷十四,谢国桢:《清初农民起义资料辑录》,上海人民出版社,1957,第 156 页。

第三节 清代的崤函古道

清朝在继承明代交通遗产的基础上,根据本朝特点和需求加以“损益”,驿路布局更趋合理,铺递网络更加密集,管理体系更趋简便,在联络幅面和通行效率等方面,都体现出超过前代的优势。清代的崤函古道一如明代,既是沟通京师北京与西北、西南的重要驿路,也是重要的通商路线,而其建设比明代更加完善,在服务国家政治和军事活动,增强各地区之间经济文化联系,以及促进崤函地区经济文化发展等方面,都发挥了重要的作用。

一、官路系统中的崤函古道驿路与驿站

明清鼎革,战争连绵,致使社会经济凋零残破,驿政废弛,驿路多有梗塞。清政府建立后,大力恢复交通,经过顺治、康熙、雍正、乾隆朝的持续建设整治,发展到顶峰,在联络幅面和通行效率等方面,都体现出超过前代的优势。

1. 驿路

清代驿路交通网络分为“三等四系”。“三等”即三个等级:一是以北京为中心通达各省省城的“官马大路”,简称官路;二是以省城为中心通达省内重要城市或连接相邻省的“官路支路”,简称大路;三是通往各村镇铺递的“小路”。官路和大

路构成清代驿路主要交通干线。清代官马大路以北京为中心，在京城东华门外设皇华驿，作为全国交通的总枢纽，向全国各省区辐射，按方位分为北路、东路、南路和西路“四系”。官马北路包括奉天官路、龙江官路、吉林官路、呼伦官路和恰克图官路，通往东北、华北和内蒙古。官马东路主要是福建官路，从北京出发沿途经过天津、济南、徐州、南京、苏州、上海、杭州、福州等地。官马南路包括云南官路、桂林官路和广东官路。其中，云南官路、桂林官路从太原南下过黄河到洛阳往南，经河南、湖北、湖南，然后分道到昆明或桂林，并延伸到中南半岛。官马西路包括兰州官路和四川官路，通往西北和西南，覆盖整个西部地区。清政府通过“三等四系”这样的交通系统，中央政令能够及时下达地方，各地的行政、经济、文化信息也可以迅速为最高统治者所掌握，保证高度集权的大一统国家机器能够正常运转。

根据《河南通志》和崤函方志等记载，途经崤函地区的官路主要有三条：

一是官马南路系统中的亢村驿至潼关厅官路支线，亦称官马南路西线。官马南路自北京经直隶南下至河南获嘉亢村驿分道，向西过黄河，到洛阳西折，入崤函古道，西经新安、渑池、陕州、灵宝、阌乡，至潼关，与官马西路相接，进入陕西，进而通往广阔的西部地区。

二是开封通往邻省陕西潼关厅的驿路，亦称西驿路或西方大道。自开封大梁驿西行，经中牟、郑州、荥阳、汜水、巩县、偃师等6驿，到洛阳周南驿，再由周南驿西行，沿崤函古道，西行至潼关，进入陕西，全长九百里。这条驿路是横贯河南东西的一大干路，其中的崤函古道驿路与亢村驿至潼关厅驿官路支线共道，并在潼关厅与官马西路相接。

三是官马西路。这条驿路自北京经太原南下，至蒲州，沿黄河东岸南行至风陵渡，过黄河至潼关厅，折西入陕西。

可以看到，崤函古道在清代仍是承继前代线路，基本没有变化。与明代相比显著不同的是，清代联系北京与西北、西南的驿路改变了元明时期由北京南过直隶、河南，经崤函古道，西入潼关的旧道，而以经过山西的官马西路为“官马大路”。光绪《钦定大清会典事例》记载，顺治十五年（1658）题准：“公务差往……陕西、甘肃、四川省者,由山西路。均于勘合火牌内明白填注,不得枉道。”①光绪《山西通志》载:“陕、甘诸省,取道山西以达京师,由南路者自陕西潼关驿入境。”②崤函古道在

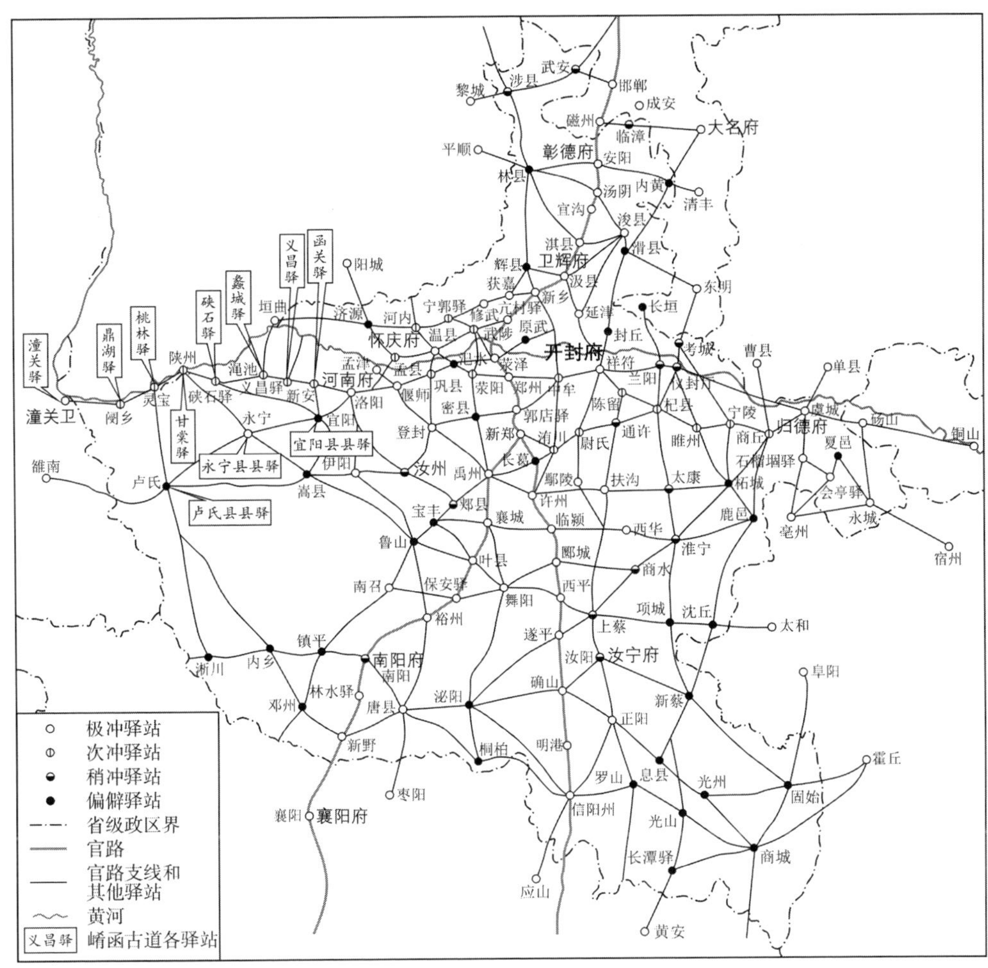

图 9-8　清代河南驿路交通图③

① 〔清〕昆冈等:光绪《钦定大清会典事例》卷六九六《兵部》,《续修四库全书》第 808 册《史部·政书类》,上海古籍出版社,1996,第 669 页。

② 〔清〕王轩等:光绪《山西通志》卷八十《公署略下·驿传》,三晋出版社,2015,第 3737 页。

③ 据河南省交通史志编纂委员会编《河南公路史》第 1 册插图绘,人民交通出版社,1992。

清代“三等四系”交通网中未发展成为国家级的“官马大路”，地位有所下降。但由于崤函古道自身的便捷性和传统性，道路发育比较成熟，它仍然是“准国家级”的官马支路，既是中原入关中的通衢，也是官马西路出入陕西的枢纽。从北京去西北、西南，常有南下郑州、洛阳，再折入崤函古道之例。由于官马南路的亢村驿至潼关厅官路支线与官马西路在潼关交会，潼关为两条官路所共用，因此，崤函古道无疑也是连接官马南路、官马西路干线交通网的重要纽带，在国家驿路交通中扮演着重要角色。

清代官路网络的形成与地方行政区划有直接的关系。崤函地区行政区划在清前期发生诸多变化。其一，升陕州为直隶州。这是清代崤函地区政区最大的变化和特色。清初行政建置沿袭明制，崤函地区各州县皆隶河南府，陕州只是河南府下的一个属州。雍正二年(1724)八月，陕州升格为直隶州，行政职位与河南府平级，辖灵宝、阌乡二县。雍正十二年(1734)，卢氏县由河南府改隶陕州。新安、渑池、宜阳、永宁四县仍隶河南府。其二，设河陕汝道，驻陕州。清代的道是介于省、府之间的一级行政机构，综理辖区内的日常事务。清初河南府、陕州等同属开归道。雍正十三年(1735)五月，清廷批准设立河陕汝道，又称分巡河陕汝道，驻陕州，管辖河南府、陕州、汝州。其三，潼关撤卫设县(厅)。由于卫所军事功能减弱，顺治十年(1653)，驻扎潼关卫城的潼关兵备道改称分守潼商道，开始向地方政区过渡。雍正二年十一月，在全国撤卫的大背景下，潼关正式撤卫，关城划入华阴。雍正五年(1727)，复设潼关县。至乾隆十二年(1747)，改县为厅，隶同州府。

清前期对崤函地区行政区划的调整，自然首先考虑的是行政管理和控制，但崤函古道的交通作用，也是影响统治集团决策的重要因素，并在政区调整中屡屡被提及。如雍正二年河南巡抚石文焯奏请升陕州为直隶州，重点陈述的理由便是“河南府辖一州十三县……地方辽阔，请改设直隶州分辖”①。八月二十三日奉旨依议。

① 《清实录》第7册《世宗宪皇帝实录》卷二十三，中华书局，1985，第373页。

户部题议引石文焯之奏，作“河南府辖一州十三县……道里遥隔，均有鞭长不及之虞”，请“照晋省分隶之制”①。“地方辽阔”“道里遥隔”说的都是交通问题，它既关系到行政管理与控制，也关系到赋税征集与运输。又如雍正十三年二月，河东总督王士俊奏设河陕汝道，其理由主要有二：一是原有的开归道职掌浩繁。“河南一府距省四百余里，陕州则七百余里，相去尤为寫远，以之兼辖更为非宜。”此与石文焯请设陕州直隶州理由如出一辙。二是陕州地理和交通形势重要。陕州“咫尺潼关，击柝秦晋。西至陕西华阴县界一百八十里，北至山西平陆县界仅二百许，洵为豫省极西之藩篱”。“历年办理军需接济米谷，皆道员前往暂住河陕调度督理。”若“分巡道一员驻劄陕州，庶几南连江楚，西接秦晋，均有道员谨守销钥”②。因此，在陕州新设河陕汝道势在必行。欧阳永裿《重修河陕汝道公署记》亦说：“国初沿明制，设守巡道二员，监司河汝，一驻河郡，一驻汝州。唯时陕在河郡，所辖中旋两缺，就裁。雍正二年，改陕为直隶州，并分灵宝、阌乡、卢氏三县以隶之。至十三年，河东制府王公士俊，以陕距省七百余里，南通江、楚，西接秦、晋，为咽喉重地，不可无大员以镇，因题请复设河陕汝道，备西面之屏翰。”③与河南其他分巡道稍有不同的是，河陕汝道是河南全省唯一兼管驿传的道。《清史稿》载：“河南河陕汝道，兼水利、驿传，驻陕州。”④体现出交通与行政的重要关系。又如潼关撤卫的原因，嘉庆《续修潼关厅志》直接简言云：“以输纳不便裁卫改隶州县。”⑤川陕总督庆复等的奏

① 中国第一历史档案馆藏：《户部尚书张廷玉等题议豫省开汝河三府照晋省分辖之制准其分隶管辖并调补官员本》（雍正二年八月二十三日），中国第一历史档案馆编：《雍正朝内阁六科史书·户科》第13册，广西师范大学出版社，2007，第298页。

② 〔清〕王士俊：《请设河陕汝道改管河道为分巡开归陈许四府兼营河务兵备道》，《清代吏治史料·吏制改革史料》第6册，线装书局，2004，第2832页。

③ 〔清〕欧阳永裿：《重修河陕汝道公署记》，〔清〕龚松林修，〔清〕杨建章纂：乾隆《重修直隶陕州志》卷十五《艺文》，《河南历代方志集成·三门峡卷》（2），大象出版社，2017，第294页。

④ 〔清〕赵尔巽等：《清史稿》卷一百十六《职官三》，中华书局，1977，第3353页。

⑤ 〔清〕向淮修，〔清〕王森文纂：嘉庆《续修潼关厅志》卷上《建置志》，《中国地方志集成·陕西府县志辑》（29），凤凰出版社，2007，第108页。

折所言较详,但理由基本相同:“(潼关)原系卫所管辖,七十二屯寨散处豫省之阌乡、灵宝及本省之华阴、华州、大荔、朝邑、郃阳、澄城、渭南、临潼等共十州县地方,相距潼关县城或数十里及二三百里不等,刑名则掌于州县,钱粮又隶于卫所,军民争讼,彼此抗玩,不服拘唤,而盗匪、奸匪等事尤觉难于巡查缉捕。至于屯户之完粮输贡,道路遥远,挽运维艰,包揽收纳,在所不免,官民均有未便。是以雍正二年题请裁卫,归并坐落之州县就近管理。”[①]但潼关地处交通要道,“关绾全秦之口”[②],撤卫后,属地过于分散,管理不易,于是旋又设县,改县为厅。上述调整,在加强清政府管控的同时,促进了崤函地区的稳定与发展,对清代崤函古道交通的发展和完善产生了重要影响。

2. 驿站

崤函古道沿线驿站经明末战火均遭毁坏。清定鼎中原后,视驿传为“国家之血脉”,作为拨乱反正的“第一紧要急务”[③],致力于驿传组织的设立和完善。清代邮驿机构主要分成六种:“凡置邮,曰驿,曰站,曰塘,曰台,曰所,曰铺。各量其途之冲僻而置焉。”[④]名称的不同,代表了驿传设置地点及主要功能的不同。就崤函地区而言,主要有驿、铺两种形式。

驿是清代驿传的主干和基本形式。清代在崤函古道上一如明代,设有函关驿、义昌驿、蠡城驿、硖石驿、甘棠驿、桃林驿、鼎湖驿、潼关驿 8 个驿站。另又新设宜阳县县驿、永宁县县驿、卢氏县县驿 3 个县驿,合计 11 个。各驿设置、等级、配置、开

---

① 中国第一历史档案馆藏:《川陕总督庆复等为复西安布政使慧中请裁潼关县事奏折》(乾隆十一年十一月初二日),王澈编选:《雍乾时期地方改制史料》,《历史档案》1992 年第 3 期。

② 〔清〕唐咨伯修,〔清〕杨端本纂:康熙《潼关卫志》高梦说序,《中国地方志集成·陕西府县志辑》(29),凤凰出版社,2007,第 1 页。

③ 〔清〕罗国士:《急复驿递原额疏》,罗振玉辑,张小也、苏亦工等点校:《皇清奏议》(上),凤凰出版社,2018,第 53 页。

④ 〔清〕昆冈等:光绪《钦定大清会典》卷五十一《兵部》,《续修四库全书》第 794 册《史部·政书类》,上海古籍出版社,1996,第 484 页。

支及变化情况等如下。

函关驿：属河南府新安县驿，东距洛阳县周南驿七十里。顺治时修建，康熙《新安县志》载其在“县治西”①，即今新安县城关镇。额设“驿马五十二匹，杠轿马夫九十九名，夫马工料等项支解共银三千五百五两八钱”②。初设驿丞一员，“浴涧门西有函关驿小厅，即驿丞廨”③。康熙十六年(1677)裁驿丞，归县管。雍正时，几无变化，“设驿塘马五十二匹，现设驿塘等夫九十六名，岁支夫马工料等银三千二百四两六钱，遇闰加银二百四十八两五钱五分”④。乾隆时，略有调整，“现驿塘马四十九匹，现设驿塘杠等夫九十四名，岁支工料等银二千五百四十六两八钱三分四厘，遇闰照例加增”⑤。至光绪，额设“马五十六匹，马夫二十三名，杠递等夫四十三名”⑥。驿舍“在县治仪门内东偏，俗名马号”。有马王庙三间，拜殿三间，舞楼三间，马厩三十间，马夫房三间，兽医房一间，麸料房三间，盛草房三间，流差房四间，西大门一间，东大门一间⑦。

义昌驿：属河南府渑池县辖腰站，东距函关驿五十里。康熙《河南通志》载其

---

① 〔清〕韩佑唐修，〔清〕雷声纂：康熙《新安县志》卷五《建置志》，《河南历代方志集成·洛阳卷》(23)，大象出版社，2017，第364页。

② 〔清〕陈梦雷原著，杨家骆主编：《古今图书集成》卷四三二《职方典·河南府部汇考六》，鼎文书局，1977，第3947页。

③ 〔清〕韩佑唐修，〔清〕雷声纂：康熙《新安县志》卷五《建置志》，《河南历代方志集成·洛阳卷》(23)，大象出版社，2017，第364页。

④ 〔清〕田文镜等修，〔清〕孙灏等纂：雍正《河南通志》卷二十七《邮传》，《河南历代方志集成·省志卷》(14)，大象出版社，2017，第324页。

⑤ 〔清〕阿思哈、嵩贵：乾隆《续河南通志》卷四十二《武备志·邮传一》，《河南历代方志集成·省志卷》(23)，大象出版社，2017，第481页。

⑥ 〔清〕昆冈等：光绪《钦定大清会典事例》卷六五六《兵部》，《续修四库全书》第808册《史部·政书类》，上海古籍出版社，1996，第213页。

⑦ 〔清〕邱峨修，〔清〕吕宣纂：乾隆《新安县志》卷五《武备志》，《河南历代方志集成·洛阳卷》(24)，大象出版社，2017，第80页。

"在县东四十里"①。嘉庆《渑池县志》载:"义昌驿在治东四十里义昌镇。"②即今渑池洪阳镇义昌村。康熙时,额设"驿马五十二匹,各色夫役九十四名,夫马工料支解等项银三千三百四十四两七钱,除支解留用不敷外银一千六百两,内受洛阳县拨协银四百二十七两五钱,受阌乡县拨协银一千一百七十二两五钱"③。初设驿丞一员。乾隆十九年(1754)"裁驿丞,夫马县管"④,"现设驿塘马四十九匹,现设驿塘杠递等夫八十九名,岁支工料等银二千四百六十二两三分二厘,遇闰照例加增"⑤。嘉庆时,"额设驿马四十七匹,塘马二匹。滑县拨增马六匹,驿马夫二十三名,塘马夫二名,递送公文夫一名,探马夫一名,马牌子一名,驿夫一名"⑥。至光绪,额设"马五十三匹,马夫二十三名,杠递等夫四十名"⑦。驿舍"建有马王庙三楹,差房三楹,卷棚舞楼各三楹,大门一楹,草房、厨房共十余楹"⑧。

蠡城驿:属河南府渑池县驿,东距义昌驿四十里。康熙《河南通志》载其"在县

① 〔清〕贾汉复修,〔清〕徐化成增修:康熙《河南通志》卷十五《公署》,《河南历代方志集成·省志卷》(6),大象出版社,2017,第290页。

② 〔清〕甘扬声修,〔清〕刘文运纂:嘉庆《渑池县志》卷二《建置志》,《河南历代方志集成·三门峡卷》(5),大象出版社,2017,第27页。

③ 〔清〕陈梦雷原著,杨家骆主编:《古今图书集成》卷四三二《职方典·河南府部汇考六》,鼎文书局,1977,第3948页。

④ 〔清〕阿思哈、嵩贵:乾隆《续河南通志》卷四十二《武备志·邮传一》,《河南历代方志集成·省志卷》(23),大象出版社,2017,第481页。

⑤ 〔清〕施诚修,〔清〕童钰、裴希纯纂:乾隆《河南府志》卷六《建置志》,《河南历代方志集成·洛阳卷》(7),大象出版社,2017,第104页。

⑥ 〔清〕甘扬声修,〔清〕刘文运纂:嘉庆《渑池县志》卷二《建置志》,《河南历代方志集成·三门峡卷》(5),大象出版社,2017,第27页。

⑦ 〔清〕昆冈等:光绪《钦定大清会典事例》卷六五六《兵部》,《续修四库全书》第808册《史部·政书类》,上海古籍出版社,1996,第213页。

⑧ 〔清〕甘扬声修,〔清〕刘文运纂:嘉庆《渑池县志》卷二《建置志》,《河南历代方志集成·三门峡卷》(5),大象出版社,2017,第27页。

治西"[①],嘉庆《渑池县志》载在"县署东"[②],即今渑池县城关镇。康熙时,额设"驿马五十二匹,杠轿马夫九十三名,夫马工料等项支解银三千五百五两八钱,除留正项不敷外受洛阳县拨协银七百四十三两三钱一分一厘一毫"[③]。初设驿丞一员,康熙十六年裁,归县管。雍正时,"现设驿塘马五十二匹,现设驿塘等夫九十名,岁支夫马工料等银三千一十九两六钱,遇闰加银二百三十三两五钱五分"[④]。嘉庆时调整为"额设驿马四十八匹,塘马二匹。浚县拨增椟马五匹,驿马夫二十三名,塘马夫二名,递送公文夫一名,探马夫一名,马牌子一名"。"建有马王庙三楹,差房三楹,前后过厅各三楹,舞楼三楹,大门一楹,书役房、厨房、草房、马棚共十余楹。"[⑤]至光绪,额设"马五十三匹,马夫二十三名,杠递等夫三十九名"[⑥]。

硖石驿:属陕州辖腰站,东距蠡城驿七十里。康熙《河南通志》等载其"在州东七十里"[⑦],即今陕州区硖石乡硖石村。康熙时,额设"驿马五十五匹,各夫九十三名,夫马工料支解等项三千四百五十两七钱五分。"[⑧]初有驿丞一员,康熙十六年被裁,雍正时恢复。乾隆《续河南通志》:"硖石驿,系陕州腰站,驿丞未裁,驿务州

① 〔清〕贾汉复修,〔清〕徐化成增修:康熙《河南通志》卷十五《公署》,《河南历代方志集成·省志卷》(6),大象出版社,2017,第290页。

② 〔清〕甘扬声修,〔清〕刘文运纂:嘉庆《渑池县志》卷二《建置志》,《河南历代方志集成·三门峡卷》(5),大象出版社,2017,第27页。

③ 〔清〕陈梦雷原著,杨家骆主编:《古今图书集成》卷四三二《职方典·河南府部汇考六》,鼎文书局,1977年,第3948页。

④ 〔清〕田文镜等修,〔清〕孙灏等纂:雍正《河南通志》卷二十七《邮传》,《河南历代方志集成·省志卷》(14),大象出版社,2017,第325页。

⑤ 〔清〕甘扬声修,〔清〕刘文运纂:嘉庆《渑池县志》卷二《建置志》,《河南历代方志集成·三门峡卷》(5),大象出版社,2017,第27页。

⑥ 〔清〕昆冈等:光绪《钦定大清会典事例》卷六五六《兵部》,《续修四库全书》第808册《史部·政书类》,上海古籍出版社,1996,第213页。

⑦ 〔清〕贾汉复修,〔清〕徐化成增修:康熙《河南通志》卷十五《公署》,《河南历代方志集成·省志卷》(6),大象出版社,2017,第290页。

⑧ 〔清〕陈梦雷原著,杨家骆主编:《古今图书集成》卷四三二《职方典·河南府部汇考六》,鼎文书局,1977,第3950页。

管。"为有清一代为数不多的由专职驿丞管理的驿站。"现设驿塘马五十一匹,现设驿塘杠递等夫八十八名,岁支工料等银二千四百六十五两二钱六分四厘。遇闰照例加增。"①至光绪,额设"马四十九匹,马夫二十二名,杠递等夫四十七名"②。

甘棠驿:属陕州州驿,东距硖石驿七十里。康熙《河南通志》载其"在州治南"③。乾隆《重修直隶陕州志》和光绪《陕州直隶州志》则载其"在州治东"④,即今三门峡经济开发区陕州公园内。康熙时,额设"驿马五十五匹,各夫一百七名,马夫工料支解等项三千八百三十六两二钱"⑤。初由驿丞管理,雍正七年(1729)"九月奉文将甘棠驿丞改为硖石驿丞",甘棠驿归州管⑥。驿站规模大体保持如前。"现设驿塘马五十五匹,现设驿塘等夫一百四名,岁支夫马工料等银三千五百八两,遇闰加银二百七十五两五钱五分。"⑦乾隆时,"现设驿塘马五十一匹,现设驿塘杠递等夫一百二名,岁支工料等银二千六百九十两二分四厘,遇闰照例加增"⑧。乾隆《重修直隶陕州志》记之更详:"驿马五十三名……驿马夫二十六名……塘马二

① 〔清〕阿思哈、嵩贵:乾隆《续河南通志》卷四十三《武备志·邮传二》,《河南历代方志集成·省志卷》(23),大象出版社,2017,第487页。

② 〔清〕昆冈等:光绪《钦定大清会典事例》卷六五六《兵部》,《续修四库全书》第808册《史部·政书类》,上海古籍出版社,1996,第213页。

③ 〔清〕贾汉复修,〔清〕徐化成增修:康熙《河南通志》卷十五《公署》,《河南历代方志集成·省志卷》(6),大象出版社,2017,第290页。

④ 〔清〕龚松林修,〔清〕杨建章纂:乾隆《重修直隶陕州志》卷二《建置·驿站》,《河南历代方志集成·三门峡卷》(1),大象出版社,2017,第199页;〔清〕赵希曾等纂修:光绪《陕州直隶州志》卷二《建置》,《河南历代方志集成·三门峡卷》(3),大象出版社,2017,第74页。

⑤ 〔清〕陈梦雷原著,杨家骆主编:《古今图书集成》卷四三二《职方典·河南府部汇考六》,鼎文书局,1977,第3950页。

⑥ 〔清〕龚松林修,〔清〕杨建章纂:乾隆《重修直隶陕州志》卷二《建置·驿站》,《河南历代方志集成·三门峡卷》(1),大象出版社,2017,第200页。

⑦ 〔清〕田文镜等修,〔清〕孙灏等撰:雍正《河南通志》卷二十七《邮传》,《河南历代方志集成·省志卷》(14),大象出版社,2017,第341页。

⑧ 〔清〕阿思哈、嵩贵:乾隆《续河南通志》卷四十三《武备志·邮传二》,《河南历代方志集成·省志卷》(23),大象出版社,2017,第487页。

匹……塘马夫二名……杠轿夫七十三名，于雍正三年十月二十五日奉文裁四存六，内分长养杠轿夫四十四名……住在横渠所夫二十四名，张茅所夫二十名，裁四杠轿夫二十九名……递送公文马夫一名……探马夫一名……马牌子一名……馆夫三名。"[①]至光绪，额设"马四十九匹，马夫二十四名，杠递等夫四十七名"[②]。

桃林驿：属陕州灵宝县驿，东距甘棠驿六十里。顺治时建，初在灵宝县治西门外，康熙时移至城内县治东。康熙《灵宝县志》载："桃林驿在西门外，今移城内。"[③]即今灵宝大王镇老城村灵宝老城西。乾隆《重修灵宝县志》所记同，卷一《公署图》标注桃林驿在图东位置[④]。康熙时，额设"驿马五十五匹，各色夫役九十八名，夫马工料支解等项四千三百八十五两一钱"[⑤]。初由驿丞管理，康熙十六年裁驿丞。雍正时，"现设驿塘马五十五匹，现设驿塘等夫九十四名，岁支夫马工料等银三千九百九十八两七钱，遇闰加银三百一十六两二钱"[⑥]。乾隆时，"现设驿塘马五十一匹，现设驿塘杠递等夫九十二名，岁支工料等银二千五百三十两四钱八厘，遇闰照例加增"[⑦]。至光绪，额设"马四十九匹，马夫二十二名，杠递等夫四十二名"[⑧]。驿舍

① 〔清〕龚松林修，〔清〕杨建章纂：乾隆《重修直隶陕州志》卷二《建置·驿站》，《河南历代方志集成·三门峡卷》(1)，大象出版社，2017，第199页。

② 〔清〕昆冈等：光绪《钦定大清会典事例》卷六五六《兵部》，《续修四库全书》第808册《史部·政书类》，上海古籍出版社，1996，第213页。

③ 〔清〕霍濬远修，〔清〕卯显极纂：康熙《灵宝县志》卷二《建置志》，《河南历代方志集成·省志卷》(7)，大象出版社，2017，第146页。

④ 〔清〕周庆增修，〔清〕敖启潜、许宰纂：乾隆《重修灵宝县志》卷二《建置志·公署》，《河南历代方志集成·三门峡卷》(7)，大象出版社，2017，第279、304页。

⑤ 〔清〕陈梦雷原著，杨家骆主编：《古今图书集成》卷四三二《职方典·河南府部汇考六》，鼎文书局，1977，第3951页。

⑥ 〔清〕田文镜等修，〔清〕孙灏等纂：雍正《河南通志》卷二十七《邮传》，《河南历代方志集成·省志卷》(14)，大象出版社，2017，第342页。

⑦ 〔清〕阿思哈、嵩贵：乾隆《续河南通志》卷四十三《武备志·邮传二》，《河南历代方志集成·省志卷》(23)，大象出版社，2017，第487页。

⑧ 〔清〕昆冈等：光绪《钦定大清会典事例》卷六五六《兵部》，《续修四库全书》第808册《史部·政书类》，上海古籍出版社，1996，第213页。

“原建差厅三间，左右麸料房各一，上房三间，东马号七间，西马号六间，驿夫房五间”，光绪年间圮毁①。

鼎湖驿：属陕州阌乡县驿，东距桃林驿六十里。顺治《阌乡县志》载：鼎湖驿在“县治东，遭乱毁废，驿马皆寓民房”。顺治十年，张三省任阌乡知县，“始盖堂宇三楹，马房三十间”②。驿址在今灵宝豫灵镇文底南原村以北黄河滩。初设驿丞管理，康熙十六年被裁。雍正时，“现设驿塘马六十七匹，现设驿塘等夫九十五名，岁支夫马工料等银三千三百七十八两九钱，遇闰加银二百六十四两七钱五分”③。乾隆时略有调整，“现设驿塘马六十一匹，现设驿塘杠递等夫一百二名，岁支工料等银二千七百一十两四钱九分三厘，遇闰照例加增”④。乾隆《阌乡县志》记之更详：“本朝额存驿马六十五匹……马夫三十五名……马牌子一名，探马夫二名，走递公文马夫一名……塘马二匹，马夫二名……额设杠桥夫三十六名……留杠桥夫二十四名……额设倒马 18 匹。”⑤至光绪，额设“马五十九匹，马夫二十七名，杠递等夫三十九名”⑥。有“庙三楹，祀马王。两厢马棚二十八间，麸料房两间，磨房两间，乐楼一座，大门一座”⑦。

---

① 〔清〕周淦、方胙勋修，〔清〕高锦荣、李镜江纂：光绪《重修灵宝县志》卷二《建置志·公廨》，《河南历代方志集成·三门峡卷》（8），大象出版社，2017，第 39 页。

② 〔清〕张三省、杨遵修，〔清〕杜允中纂：顺治《阌乡县志》卷三《公署》，《河南历代方志集成·三门峡卷》（9），大象出版社，2017，第 371 页。

③ 〔清〕田文镜等修，〔清〕孙灏等纂：雍正《河南通志》卷二十七《邮传》，《河南历代方志集成·省志卷》（14），大象出版社，2017，第 342 页。

④ 〔清〕阿思哈、嵩贵：乾隆《续河南通志》卷四十三《武备志·邮传二》，《河南历代方志集成·省志卷》（23），大象出版社，2017，第 487 页。

⑤ 〔清〕梁溥：乾隆《阌乡县志》卷一《建置·驿铺》，《河南历代方志集成·三门峡卷》（9），大象出版社，2017，第 486 页。

⑥ 〔清〕昆冈等：光绪《钦定大清会典事例》卷六五六《兵部》，《续修四库全书》第 808 册《史部·政书类》，上海古籍出版社，1996，第 213 页。

⑦ 黄觉修，韩嘉会纂：民国《新修阌乡县志》卷五《交通》，《河南历代方志集成·三门峡卷》（10），大象出版社，2017，第 333 页。

潼关驿:初属华阴县,雍正五年撤卫设县后属潼关县,乾隆十二年改厅后属潼关厅,东距鼎湖驿七十五里。驿址同明代,在潼关厅治西南,即今潼关县秦东镇港口社区明清潼关城内。雍正时,额设"马一百八匹,马夫五十七名,岁支银四千七百八十两八钱。雍正七年裁解甘马十匹,九年买铺马十匹,又十年拨边塘马八匹"①。至"乾隆元年撤回本站。二年新增闰月银三百六十两九钱"②。初有驿丞管理,乾隆十三年(1748)被裁,归厅管理。至光绪,额设"马一百八匹,马夫五十七名"③。

宜阳县县驿:在宜阳县城内,即今宜阳城关镇寿安故城内。康熙时,额设"驿站驿马二匹,马夫一名,夫马工料并支解等项共银七十四两二钱一分"④。雍正时,"现设递马一匹,现设马夫一名,岁支夫马工料等银四十两五钱八分,遇闰加银三两三分"⑤。乾隆时,"现设驿马一匹,现设驿夫一名,岁支工料等银二十五两一钱八分,遇闰照例加增"⑥。至光绪,额设"马一匹,马夫一名"⑦。

永宁县县驿:在永宁县城内,即今洛宁老城内。康熙时,额设"驿马一匹,马夫一名,夫马工料等项并支解银四十三两八钱八分"⑧。雍正时,"现设递马二匹……

---

① 〔清〕刘于义修,〔清〕沈青崖纂:雍正《陕西通志》卷三十六《驿传》,《中国地方志集成·省志辑·陕西》(29),凤凰出版社,2011,第286页。

② 〔清〕李恩继、文廉修,〔清〕蒋湘南纂:咸丰《同州府志》卷十六《兵防志·驿传》,《中国地方志集成·陕西府县志辑》(18),凤凰出版社,2007,第425页。

③ 〔清〕昆冈等:光绪《钦定大清会典事例》卷六五七《兵部》,《续修四库全书》第808册《史部·政书类》,上海古籍出版社,1996,第222页。

④ 〔清〕陈梦雷原著,杨家骆主编:《古今图书集成》卷四三二《职方典·河南府部汇考六》,鼎文书局,1977,第3945页。

⑤ 〔清〕田文镜等修,〔清〕孙灏等纂:雍正《河南通志》卷二十七《邮传》,《河南历代方志集成·省志卷》(14),大象出版社,2017,第324页。

⑥ 〔清〕阿思哈、嵩贵:乾隆《续河南通志》卷四十二《武备志·邮传一》,《河南历代方志集成·省志卷》(23),大象出版社,2017,第480页。

⑦ 〔清〕昆冈等:光绪《钦定大清会典事例》卷六五六《兵部》,《续修四库全书》编纂委员会:《续修四库全书》第808册《史部·政书类》,上海古籍出版社,1996,第213页。

⑧ 〔清〕陈梦雷原著,杨家骆主编:《古今图书集成》卷四三二《职方典·河南府部汇考六》,鼎文书局,1977,第3946页。

现设马夫一名,岁支夫马工料等银六十九两一钱一分,遇闰加银五两一钱"[①]。乾隆时,"现设驿马二匹,现设马夫一名,岁支工料等银六十三两三钱七分六厘,遇闰照例加增"[②]。至光绪,额设"马二匹,马夫一名"[③]。

卢氏县县驿:在卢氏县城内,即今卢氏县城关东南隅卢氏故城内。康熙时,"本县驿马一匹,马夫一名,夫马工料支解等项共银八十三两五钱五分六厘"[④]。雍正时,"现设递马一匹,现设递夫一名,岁支夫马工料等银七十七两二钱五分六厘,遇闰加银六两三钱"[⑤]。乾隆时,"现设驿马一匹……现设马递夫二名,岁支工料等银五十二两五分六厘,遇闰照例加增"。至光绪,额设"马一匹,马夫一名,递夫一名"[⑥]。光绪《重修卢氏县志》载:"卢处偏隅,不通孔道,旧无驿站,颇设驿马一匹,马夫二名,为递送公文之用。马日支草料银五分,夫日支工食银四分五厘。"[⑦]

清代驿站制度是在明代基础上,结合清代实际需求加以改革形成的。清代崤函古道驿站的设置,比较典型地反映了清代驿站制度的主要特征,同时也有其明显的地域性特征。

其一,驿站布局基本承自明代,除新设的 3 个县驿在县城之外,其他 8 个驿站

---

① 〔清〕田文镜等修,〔清〕孙灏等纂:雍正《河南通志》卷二十七《邮传》,《河南历代方志集成·省志卷》(14),大象出版社,2017,第 324 页。

② 〔清〕阿思哈、嵩贵:乾隆《续河南通志》卷四十二《武备志·邮传一》,《河南历代方志集成·省志卷》(23),大象出版社,2017,第 480 页。

③ 〔清〕昆冈等:光绪《钦定大清会典事例》卷六五六《兵部》,《续修四库全书》第 808 册《史部·政书类》,上海古籍出版社,1996,第 213 页。

④ 〔清〕陈梦雷原著,杨家骆主编:《古今图书集成》卷四三二《职方典·河南府部汇考六》,鼎文书局,1977,第 3949 页。

⑤ 〔清〕田文镜等修,〔清〕孙灏等纂:雍正《河南通志》卷二十七《邮传》,《河南历代方志集成·省志卷》(14),大象出版社,2017,第 325 页。

⑥ 〔清〕昆冈等:光绪《钦定大清会典事例》卷六五六《兵部》,《续修四库全书》第 808 册《史部·政书类》,上海古籍出版社,1996,第 213 页。

⑦ 〔清〕韩炬、郭光树修,〔清〕李旭春纂:光绪《重修卢氏县志》卷二《驿铺》,《河南历代方志集成·三门峡卷》(6),大象出版社,2017,第 42 页。

集中分布在崤函古道上，不仅数量与明代相同，而且驿址也多与明代相同，仅灵宝桃林驿在顺治时从明址改移城内。与前代相比，清代驿站在组织形式上多有革新。一是驿站之中有腰站。所谓腰站，即两个驿站之间所设的中间站。崤函古道沿线州县陕州以东距离大体相等，以西则相距甚大，陕州至渑池一百二十里，渑池至新安也有九十里。明时在新安与渑池之间新增义昌驿，在渑池与陕州之间设硖石驿，本有调解两端驿距过远，减轻其负担的考虑，但在实际运作中也有诸多问题，以致明时既有裁撤两驿之议。《吕明德先生年谱》记载：天启六年（1626），"渑池欲裁义昌驿"。吕维祺"自便直陈五不可二大害，力止之"[1]。万历《陕州志》也说："今者建议，以硖石离州七十余里，古昔石壕镇也，革去巡司，创立县治，名以陕县，仍以驿所属以东十二里隶之。俾地迩易治，国用无逋赋，送往迎来途无遥费，民安生业，矿无窃发，则弭盗安民，省财节力，莫此为便矣。"[2]清代矫正明之弊端，明确将两驿定为腰站，规定其主要任务是换马。腰站内备有马房和牧晾马匹之处，安置槽枥、锅口、草料等物，一有紧急公文到站，弃疲马，换劲马，换马不换夫，日夜兼程，飞驰传递信息。这是清代在驿站组织形式上的一大创举。二是无驿之县设县递。县递即县驿。黄六鸿《论驿政》说："夫驿传之设，有冲有僻。冲则谓之驿站，所以供皇华之使臣、朝贡之方国与赍奏之员役也；僻则谓之里甲马，仅以供本州邑之驰递，故又谓之递马。"[3]《清史稿》亦载："驿传在僻地者，仅供本州县所需，亦曰递马，额不过数匹。"[4]县递不是正规的驿站，但同样备有专用的递马，承担县际通信任务，起着驿站的作用，具有人马不多、开支较少、因地制宜、灵活方便的特点，有效弥补了干

① 〔明〕施化远等：《吕明德先生年谱》，《四库全书存目丛书·集部》第185册，齐鲁书社，1997，第407页。

② 〔明〕赵恒修修，王承蕙纂：万历《陕州志》卷二《建置志》，《河南历代方志集成·三门峡卷》(1)，大象出版社，2017，第13页。

③ 〔清〕黄六鸿：《论驿政》，〔清〕魏源：《魏源全集》第17册《皇朝经世文编》卷七十三《兵政四·马政》，岳麓书社，2004，第115页。

④ 〔清〕赵尔巽等：《清史稿》卷一百四十一《兵十二》，中华书局，1977，第4176~4177页。

线驿站的不足,解决了通信任务广泛性与驿站设置局限性之间的矛盾。崤函南路上的宜阳、永宁以及卢氏县都普遍设有这种县递。

其二,递运所有裁有留,驿、递合而为一。清代继承明代递运制度,一度恢复保留了明代崤函古道沿线的递运所。如顺治《陕州志》记载:"旧置两驿四所,明末悉为兵寇残毁,改置兴复端在国朝。"①但不久即逐步裁减递运所。与明代不同的是,清只裁减递运所大使,递运所额设车辆及牛驴则并入当地驿站,军需物品和贡品均通过驿站转运。崤函古道递运所裁减始于顺治十六年(1659)十一月,新安、渑池、义昌、阌乡四递运所大使首先被裁②,余下也在其后陆续裁减,至康熙二十四年(1685),仅潼关递运所保留③。究其原因,主要是为保障京师至西北的物资及军需品的运送,这与清政府保留陕西、山西、甘肃等地递运所政策相一致。雍正七年(1729),潼关递运所大使亦被裁④,"潼关递运所归潼关驿管理"⑤。咸丰《同州府志》记载:"潼关驿递运所所夫一百八十名,岁支银二千九百八十两八钱。雍正十年裁夫二十名,裁银三百三十一两二钱。又十一年新增闰月银二百二十两八钱。《厅册》:现所役夫一百六十名,岁支银二千六百四十九两六钱。"⑥崤函古道递运所有裁有留,体现了清廷因时制宜、因地制宜、区别对待的革新思路。递运所并入驿站,驿、递合而为一,驿站集文报传送、官员接送和物质转运三种功能于一体,这是清代驿站功能进一步发展的重要标志。

其三,驿站实行州县管理和驿丞专司两种形式。清初驿站一如明代,设驿丞专

① 〔清〕吴世英修,〔清〕王用肃纂:顺治《陕州志》卷二《建置志·驿所》,《河南历代方志集成·三门峡卷》(1),大象出版社,2017,第 85 页。

② 《清实录》第 4 册《世祖章皇帝实录》卷一三〇,中华书局,1985,第 1007 页。

③ 〔清〕伊桑阿:《大清会典》(康熙朝)卷一百二《兵部二十二》,文海出版社,1992,第 5120 页。

④ 《清实录》第 8 册《世宗宪皇帝实录》卷八十二,中华书局,1985,第 96 页。

⑤ 〔清〕刘于义修,〔清〕沈青崖纂:雍正《陕西通志》卷三十六《驿传》,《中国地方志集成·省志辑·陕西》(29),凤凰出版社,2011,第 304 页。

⑥ 〔清〕李恩继、文廉修,〔清〕蒋湘南纂:咸丰《同州府志》卷十六《兵防志·递运》,《中国地方志集成·陕西府县志辑》(18),凤凰出版社,2007,第 426 页。

管。因驿丞管驿,弊多利少。自顺治开始推行裁撤驿丞,由附近州县管理。原来独立运作的驿站,被纳入州县官员的日常政务之中,驿站成为州县的派出机构。至乾隆二十五年(1760),全国专职驿丞仅剩 83 人。崤函古道驿丞裁撤最早在顺治十六年十一月,新安函关驿、渑池蠡城驿、陕州硖石驿、灵宝桃林驿、阌乡鼎湖驿等五驿丞同时奉旨裁革,改由州县兼管①。但硖石驿丞裁撤后,因距陕州城较远,却又路当冲衢要道,差使络绎,驿务繁忙,陕州主管难以远涉分神照料管理,故雍正七年九月,“裁河南陕州甘棠驿驿丞缺,添设硖石驿驿丞一员”②。乾隆《重修直隶陕州志》亦载:“雍正七年九月奉文将甘棠驿丞改为硖石驿丞,其硖石驿夫马钱粮经驿丞管理。”③甘棠驿撤驿丞归州管。乾隆十三年、十九年又分别裁撤了潼关④、义昌两驿丞⑤。同时又再次确认保留硖石驿丞的政策,明确划清了驿丞与州县之间的关系。乾隆朝的一份档案对此有明确记载。乾隆十九年(1754)十二月二十日,河南巡抚蒋炳奏称:“豫省各驿,原设驿丞管理共十一处,会亭、宁郭、义昌三驿已奏准,裁汰归并该县管理。尚有郭店等八驿,因距州县城治较远,虽钱粮可以经管,而应差秣马势难兼顾,所设驿丞未经议裁。现将郭店、保安、亢村、博望、林水、宜沟、明港、硖石八处驿站钱粮及买马办料一切事宜,统归各该州县自行经理,其各驿丞仍请照旧存留,即令在驿承差使,照料喂养。”⑥硖石驿丞专以“在驿承差使,照料喂养”驿马为职,州县负责驿站钱粮的奏销核算。崤函古道驿丞有裁有留,同样体现了清廷因

① 《清实录》第 4 册《世祖章皇帝实录》卷一三〇,中华书局,1985,第 1007 页。

② 《清实录》第 8 册《世宗宪皇帝实录》卷八十六,中华书局,1985,第 156 页。

③ 〔清〕龚松林修,杨建章纂:乾隆《重修直隶陕州志》卷二《建置·驿站》,《河南历代方志集成·三门峡卷》(1),大象出版社,2017,第 200 页。

④ 〔清〕向淮修,〔清〕王森文纂:嘉庆《续修潼关厅志》卷上《建置志》,《中国地方志集成·陕西府县志辑》(29),凤凰出版社,2007,第 108 页。又《大清一统志》卷二四四《同州府二》云:“乾隆四年裁。”

⑤ 〔清〕阿思哈、嵩贵:乾隆《续河南通志》卷四十二《武备志·邮传一》,《河南历代方志集成·省志卷》(23),大象出版社,2017,第 481 页。

⑥ 乾隆十九年十二月二十日河南巡抚蒋炳奏折,台湾“故宫博物院”编委会:《宫中档乾隆朝奏折》(第 10 辑),台北“故宫博物院”,1982,第 374 页。

时制宜、因地制宜、区别对待的革新思路,并由此形成了崤函古道驿站州县管理和驿丞专司两种形式,有效地提高了驿站的效率。

其四,驿马、驿塘等夫配置变化较大。清代驿站按所处位置的冲僻、差使繁简等划分等级。潼关驿为"极冲",属于第一等级的极冲大驿。新安函关驿、渑池蠡城驿和义昌驿、陕州硖石驿和甘棠驿、灵宝桃林驿、阌乡鼎湖驿为第二等级"次冲",仅设县驿的宜阳、永宁及卢氏为第三等级"僻递"。这一划分体现了该地区以崤函古道为主道的交通特点。驿马、驿塘等夫集中配置在这条"冲途"上。以雍正朝为例,崤函古道沿线 8 驿额配驿马 495 匹,驿塘等夫 717 名,驿马数仅低于卫辉府(791 匹)、南阳府(556 匹),驿塘等夫数仅次于开封府(730 名)。各驿站驿马及驿塘等夫的数量也按大路、小路而定。"若经由大路,或设一二百名、七八十名。偏僻小路亦设二三十名。各按冲僻,多寡不一。"[①]潼关驿地处"极冲"位置,配备驿马最多,达 108 匹,仅低一个级别的"次冲"配马为 52~55 匹,两者差距较大。但各"次冲"所配驿塘等夫又远超潼关驿的 57 名,都在 90 名以上,最多的甘棠驿有 104 名。就夫役设置而言,主要有杠轿夫、驿马夫及少量的塘马夫、递送公文马夫、探马夫、马牌子等,其中尤以杠轿夫数量最多,驿马夫次之。驿舍内部还有驿卒、馆夫等。驿塘等夫人数虽有具体定额,但随形势及需求的变化常有增减。如"乾隆二十八年巡抚叶存仁咨准兵部抽拨尉氏、洧川、虞城、临漳、商水、郏县、通许、阳武、上蔡、太康、汝州、汝阳、淮宁、鹿邑、夏邑各州县驿马二十九匹、夫十二名,增补渑池、洛阳、新安、陕州、灵宝、阌乡及义昌、硖石等七驿"[②]。凡此都凸显了崤函古道作为京师通往陕西、四川、甘肃的主要驿道的地位和作用。有清一代,驿马、驿塘等夫数量在不同时期多有变化,增减不一。如函关驿,康熙时额马 52 匹、马夫 99 名,至雍

① 〔清〕伊桑阿:《大清会典(康熙朝)》卷一百三《兵部二十三》,文海出版社,1992,第 5127 页。

② 〔清〕阿思哈、嵩贵:乾隆《续河南通志》卷四十二《武备志·邮传一》,《河南历代方志集成·省志卷》(23),大象出版社,2017,第 472 页。

正时马数相同但马夫减3名,乾隆时则减为马49匹、夫94名,光绪时又变为马56匹、夫66名。硖石驿,康熙时额马55匹、夫93名,雍正时马数相同但马夫减3名,乾隆时又分别减为马51匹、夫88名,至光绪时再减至马49匹、夫69名。甘棠驿,康熙时额马55匹、夫107名,雍正时马数相同但马夫减3名,至乾隆时又减为马51匹、夫102名,光绪时仅有马49匹、夫71名。桃林驿,康熙时额马55匹、夫98名,雍正时马数相同,马夫减4名,乾隆时再减为马51匹、夫92名,至光绪时又减至马49匹、夫64名。可见崤函古道驿马、驿塘等夫数量,在清前期变化幅度较小,趋于稳定,光绪时变化最大,反映出清末驿站走向衰落废弛的样态。

其五,驿站经费的供给。清代吸取明末驿银累民的教训,改民养马、民应差为官养官应,驿站费用全部由官府供给,按定例在地丁留支项下支领。有清一代,驿站经费的数额多有调整变化,但总体以缩减为主。崤函古道驿站经费亦大致经历了由多到少的态势,但在前期一直保持在每驿2400两以上,远高于全国每驿1250两的平均水平,这也可从侧面反映出崤函古道驿务比较繁忙。由于崤函地区州县经济普遍落后,为维护驿站正常运转,清初承明代协济之制,指拨邻近州县或他省分编协济。但实际往往拖欠,不能按期足额协济。如顺治《阌乡县志》记载:“宝丰县原派协济驴十头,原额银五百两。今止协银一十二两三钱三分四厘三毫。原派协济馆夫银三百五十八两六钱四分五厘,今止协银八两八钱四分六厘七毫。伊阳县原派协济牛二十只,原额银四百两,今止协银一十六两九钱七分六厘三毫。永宁县原派协济牛七十只,原额银一千四百两,今止协银六十六两三钱八分八厘。巩县原派牛三十二只,原额银六百四十两,今止协银四十一两三钱二分。”①新安县亦是如此。乾隆《新安县志》云:汝州、嵩县、卢氏、洛阳及浙江省“共协济马八匹零,合本邑实银共九百七十六两零,尚不敷十匹之数。共协济驴十三头,实银一百五十四

① 〔清〕张三省、杨遵修,〔清〕杜允中纂:顺治《阌乡县志》卷二《邮传》,《河南历代方志集成·三门峡卷》(9),大象出版社,2017,第358~359页。

两零,合本邑实银共二百一十两零,尚不敷定额五头之数。其走递马匹驴骡亦不敷定额十分之四”①。协济银两不能如期足额解送,不仅使驿站运转陷入困累难支的境地,也给当地百姓增加了沉重的负担。顺治《陕州志》写道:“驿站夫额协济不来,以一州之夫马而代数县之赔累,是赋虽有减,而有未之减也。以故女荷锸,士秉耒,终岁拮据,养赡不给。”“陕人赔累更有甚于明季之末年矣。”②顺治《阌乡县志》亦云:“今之邮驿困惫极矣。……外县借口除荒,协济止存二十之一,凡有供应取之本县,阌民苏生何时也。”③顺治年间开始改革协济驿银制度。崤函地区驿站协济银两,在康熙时期改为驿费全取本地,在本地存留钱粮内动支,不敷之数由省拨补。渊源于明代的协济制度至此废除。

综上,清代崤函古道驿站的发展呈现出“继承”和“变革”两种趋势。继承主要在驿路走向、驿站设置等方面,变革主要在驿递合一、驿站组织和管理形式、驿费官当、驿马官养官应等方面。清代在驿站管理方面的变革特色明显,为崤函古道驿路、驿站的发展提供了重要的制度保障。

二、铺递线路的变化

清代崤函地区除驿路外,还有连接各府州县和重要村镇的铺递路,即急递铺。清代沿袭明制,“各省腹地厅州县皆设铺司,由京至各省者亦曰京塘。各以铺夫、铺

① 〔清〕邱峨修,〔清〕吕宣纂:乾隆《新安县志》卷五《武备志》,《河南历代方志集成·洛阳卷》(24),大象出版社,2017,第80页。

② 〔清〕吴世英修,〔清〕王用肃纂:顺治《陕州志》卷四《贡赋志》,《河南历代方志集成·三门峡卷》(9),大象出版社,2017,第91、93页。

③ 〔清〕张三省、杨遵修,〔清〕杜允中纂:顺治《阌乡县志》卷二《邮传》,《河南历代方志集成·三门峡卷》(9),大象出版社,2017,第359页。

兵走遁公文,工食入户部钱粮奏销”①。与驿站主要传递紧急公文不同,清代铺递作为专门的文报递送机构,传递的是日常公文,以地方性公务为主,即所谓“各省行文各府州县及各府州县公文到省,并各省、各府州县互相往来,均发铺司传递”②。故其设置比驿站更为广阔,更加深入地方。

《钦定大清律例·兵律·邮驿》云:“急递铺,每一十五里设置一所,每铺设铺兵四名,铺司一名,于附近有丁力,粮近一石之上、二石以下者点充,须要少壮正身,与免杂繁差役。”铺递设施及配备与元明时基本相同。“每铺置备各项什物:十二时轮日晷牌子一个,红绰屑一座,并牌额铺册二本。上司行下一本,各府申上一本。遇夜常明灯烛。铺兵每名合备什物:夹板一副,铃桦一副,缨枪一副,油绢三尺,软绢包袱一条,箬帽、蓑衣各一件,红闷棍一条,回册一本。”铺兵递送公文,全赖步行。“凡铺兵递送公文,昼夜须行三百里”,不能怠慢,“稽留三刻笞二十,每三刻加一等,罪止笞五十”③。乾隆《新安县志》曾解释说:铺递“此即古所谓邮也。其事贵速而晷刻难爽,翼飞星驰,昼夜不分,按里代更,风雨无阻,斯役亦孔瘁哉。新邑周秦孔道,文移更烦,计程克日,诚有不得不严为督稽者。况铺司亦有兵之名,兵贵神速,尤当顾名而思义”④。铺递线路大抵是以每一府州县的行政衙门所在地为起点,即以“州前铺”“县前铺”为中心,呈四向散射状与周围毗邻州县的铺递线路相连接,再与驿站系统的官路相互贯通,由此构成的铺递交通线路是与驿路系统相衔接的官路交通系统。作为国家信息传递的重要载体,清代铺递承担着不亚于驿站

① 〔清〕昆冈等:光绪《钦定大清会典》卷五十一《兵部》,《续修四库全书》第794册《史部·政书类》,上海古籍出版社,1996,第484页。

② 〔清〕昆冈等:光绪《钦定大清会典》卷五十一《兵部》,《续修四库全书》第794册《史部·政书类》,上海古籍出版社,1996,第490页。

③ 故宫博物院:《钦定大清律例》(第1册)卷二十二《兵律·邮驿》,海南出版社,2000,第299~300页。

④ 〔清〕邱峨修,〔清〕吕宣纂:乾隆《新安县志》卷五《武备志·铺司》,《河南历代方志集成·洛阳卷》(24),大象出版社,2017,第82页。

的功能。

由于明末战乱，清初崤函地区驿传体系遭到严重破坏。史载陕州急递铺直到康熙十五年（1676）仍是“俱寇毁址存”的状态。[①] 大体在康熙中后期崤函地区铺递才逐步建立并确定下来，其后铺递、铺司和铺路数量虽有增有减，但总体上变化不大。

至清末，崤函地区共有铺递 78 个，铺司 274 名。以州县治为中心的铺路共 21 条，其中新安县境有东路、西路 2 条，渑池县境有东路、西路 2 条，陕州境内铺路有东路、西路 2 条，灵宝县境有东路、西路、南路 3 条，阌乡县境有东路、西路 2 条，宜阳县境有东路、西路 2 条，洛宁县境有东路 1 条，卢氏县境有东路、西路、北路 3 条，潼关厅有东路、西路、南路、北路 4 条。[②] 据此制表 9-6。

表 9-6　清代崤函地区递铺设置表

州县	递铺名	铺数	铺司
新安县	县前铺。东路：东十里至东十里铺，十里至东二十里铺，十里至三十里铺，十里至孝水铺，十里至洛阳县谷水铺；西路：西十里至西十里铺，十里至西二十里铺，十里至铁门铺，十里至渑池县五十里铺	8	40
渑池县	县前铺。东路：东十里至东十里铺，十里至东二十里铺，十里至东三十里铺，十里至东四十里铺，十里至五十里铺，十里至新安县铁门铺；西路：西十里至西十里铺，十里至西二十里铺，十里至三十里铺，十里至陕州一百里铺	9	46

① 〔清〕吴世英修，〔清〕王用肃纂：顺治《陕州志》卷二《建置志·驿所》，《河南历代方志集成·三门峡卷》（9），大象出版社，2017，第 85 页。

② 〔清〕昆冈等：光绪《钦定大清会典事例》卷六七六《兵部》，《续修四库全书》第 806 册《史部·政书类》，上海古籍出版社，1996，第 312~313、443~444 页。

续表

州县	递铺名	铺数	铺司
陕州	州前铺。东路:东十里至东十里铺,二十里至磁钟铺,十里至卫店岭铺,十里至张茅铺,十里至分水岭铺,十里至硖石铺,十里至驾车岭铺,十里至乾壕铺,十里至一百里铺,十里至渑池县西三十里铺;西路:西十里至西十里铺,十里至二十里铺,十里至三十里铺,十里至灵宝县曲沃铺	13	29
灵宝县	县前铺。东路:东十里至东十里铺,十里至曲沃铺,十里至陕州三十里铺;西路:西十里至西十里铺,十里至稠桑铺,十里至波户铺,十里至阌乡县常言铺;南路:南二十五里至布张铺,二十五里至南朝铺,二十五里至瑶店铺,二十里至魏家磨铺,二十里至卢氏县官道口铺	10	34
阌乡县	县前铺。东路:东十里至十里铺,十里至常言铺,十里至灵宝县波户铺;西路:西十里至高柏铺,十里至盘豆镇铺,十里至十二河铺,十里至文底镇铺,十三里至关东店铺,七里至陕西省潼关城	8	20
潼关厅	在城铺。东路:东十里至河南阌乡县七里店铺;西路:西十里至华阴县吊桥铺;南路:南二十里至洛南县太峪口铺;北路:北十里至山西省永济县田村铺	1	7
永宁县	县前铺。东路:东十里至在礼铺,十里至崛山铺,十里至宜阳县三乡铺	3	10
宜阳县	县前铺。东路:东十里至石村铺,十里至闲厩铺,十里至洛阳县沙河铺;西路:西十里至段村铺,十里至沟头铺,十里至花庄铺,十里至樊店铺,十里至高美铺,十里至官庄铺,十里至韩城铺,十里至福昌铺,十里至流渠铺,十里至三乡铺,十里至永宁县崛山铺	13	30
卢氏县	县前铺。东路:东一里至范里镇铺,四十里至黄花庙铺,四十里至三川镇铺,四十里至郭家店铺,四十里至栾川镇铺;西路:西一里至桐树铺,三十里至汤河店铺,四十里至朱阳关铺;北路:北一里至白石峪铺,二十里至柳关铺,二十里至杜关铺,二十里至官道口铺,二十里至灵宝县魏家磨铺	13	58

资料来源:〔清〕昆冈等:光绪《钦定大清会典事例》卷六七六《兵部》。

由表 9-6 知，清代铺递制度，包括铺递的安排、铺路的走向和分布等细节，大部是承继明代而来的。如铺路分布仍以东西方向为主，沿崤函古道驿路设置，数量大，设置率高；铺递的分布与主要的交通路线及驿路的方向基本一致；等等。但也有明显不同于明代的特色。

1. 以陕州为中心的铺路交通网的形成

崤函古道清代铺递最大最显著的变化莫过于以陕州为中心的铺路交通网络的形成。这一过程是伴随着雍正时陕州直隶州的设立，尤其是卢氏改隶陕州的区划调整过程而完成的，其主要措施有二：

一是新增灵宝至卢氏之间的铺路。灵宝在明代曾有南通卢氏的一条铺路，康熙时这条线路上的东留铺、牛庄铺、涧口铺、官庄铺、窖店铺、圣女湾铺"六铺俱裁"[①]。"雍正十三年奉准部覆卢氏改为陕州管辖，灵宝县以县城至卢氏县官道口交界一百二十里，应于布张村等四处各设一铺，每铺设铺兵二名，共需八名，除旧有三名外，其余五名将原设北路三名再于在城等铺酌拨，以足八名之数，毋庸另募。其工食亦毋庸加增。又卢氏县以县城至官道口交界计程八十里，应于县前并白石峪等五处各设一铺，每铺设铺兵五名，即将从前所设四处之铺兵移拨各铺，俱足数敷用，亦毋庸另募。所需铺房已据各县动用工费银两捐造，其铺兵工食银照旧支给，毋庸加增置议。"[②]灵宝县新开南路一条，增布张铺、南朝铺、瑶店铺、魏家磨铺 4 铺，卢氏县新开北路一条，亦增白石峪铺、柳关铺、杜关铺、官道口铺 4 铺，以陕州为中心，陕州经灵宝至卢氏的铺路由此贯通。崤山北路上的新安、渑池二县和崤山南路上的宜阳、永宁二县的铺路则仍以河南府为中心。

---

① 〔清〕陈梦雷原著，杨家骆主编：《古今图书集成》卷四三二《职方典 · 河南府部汇考六》，鼎文书局，1977，第 3972 页。

② 〔清〕龚松林修，〔清〕杨建章纂：乾隆《重修直隶陕州志》卷二《建置 · 铺司》，《河南历代方志集成 · 三门峡卷》(1)，大象出版社，2017，第 203 页。

二是调整优化卢氏县境内铺路线路。这一过程则是伴随着乾隆五年(1740)陕州通判移驻朱阳关的过程而展开的。朱阳关位于卢氏县城南六十里朱阳关乡,“乃西入陕西商南之门户”,“虽属崎岖,犹为人所常行之”①。唐武德元年(618)已置关。据《清实录》记载:乾隆五年七月己卯,“兵部等部议准河南巡抚雅尔图奏……陕州所属卢氏县之朱阳关,亦系要区,请将陕州州判移驻朱阳关”②,以弥补陕州距离卢氏较远的问题。光绪《重修卢氏县志》记载陕州通判署衙署的修建情况:“陕州通判署,乾隆八年奉文在朱阳关旧巡检署址创建,外屏、大门、仪门、角门、大堂、东西厢房、宅门、二堂、书房、厨房、内宅住房、厢房、四围更道,式同县署。”③遗址在今卢氏朱阳镇朱阳关中学处。通判为府佐官,地位在县级政府之上,直接管理派驻辖区内的村庄百姓和治安等,故有学者称之为“次县级行政机构”④。雍正时,朱阳关还设有巡检司。卢氏旧有县前铺和“白石峪铺、柳关铺、杜关铺、官道口铺,共设五铺共铺司二十八名”,全部集中在北路上。由于陕州通判移驻朱阳关,“乾隆九年添设朱阳关铺司,城西铺、桐树铺、汤河店铺、朱阳关铺、城东铺、范里镇铺、黄花庙铺、三川店铺、郭家店铺、栾川镇铺,共设十铺共铺司三十名”⑤。新增的东(实为东南)、西(实为南)两条新铺路,分别通往栾川巡检司和朱阳关通判署。卢氏县由此形成了完整的县域铺路交通网,铺递最多时有15个。但城西、城东两铺后又被裁撤,嘉庆《大清会典》中已不见两

① 〔清〕龚松林修,〔清〕杨建章纂:乾隆《重修直隶陕州志》卷一《地理·山川》,《河南历代方志集成·三门峡卷》(1),大象出版社,2017,第174、172页。

② 《清实录》第10册《高宗纯皇帝实录》卷一二二,中华书局,1985,第797页。

③ 〔清〕韩炬、郭光澍修,〔清〕李旭春纂:光绪《重修卢氏县志》卷二《地理·署廨》,《河南历代方志集成·三门峡卷》(6),大象出版社,2017,第39页。

④ 傅林祥:《清雍正年间的次县级行政机构及其职能探析》,《清史研究》2011年第2期。

⑤ 〔清〕龚松林修,〔清〕杨建章纂:乾隆《重修直隶陕州志》卷二《建置·铺司》,《河南历代方志集成·三门峡卷》(1),大象出版社,2017,第203页。

铺,此后铺递数量一直稳定在 13 个[①]。

2. 永宁西通卢氏铺路的调整

这是清代崤函地区铺路交通网络的又一个显著特点。铺路是以省府州治为中心的交通体系,主要承担府州与所属县之间上令下达、下情上达的双向信息流通功能,不同行政隶属关系的县域之间公文往来比较少,因此在卢氏改隶陕州、永宁县仍归属河南府的状况下,原来永宁县西通卢氏县的铺路失去存在价值而被裁撤。从目前史料的记载看,这条铺路应是在乾隆十二年后的某个时间裁撤的。因为乾隆十二年的《永宁县志》还记载:"坞西铺西十里,张村铺西二十里,小仇铺西三十里,寨里铺西四十里,长水铺西五十里,桑树岭铺西七十里,崇阳铺西八十里,下峪铺西九十里,故县铺西一百里。"[②]而在乾隆五十五年(1790)的《永宁县志》中已明确记载:"西路旧铺司坞西铺、张村铺、小仇铺、寨里铺、长水铺、桑树岭铺、崇阳铺、下峪铺、故县铺,旧通卢氏县,今卢氏隶陕州,铺司奉裁。"[③]但这仅表明这条道路失去传递官方公文信息的功能,并不妨碍它作为官方运送钱、粮、物资以及民间往来的通道继续发挥作用。前揭乾隆《重修直隶陕州志》又载:"卢氏县至灵宝县俱系山径,并无营汛。该县解省饷鞘,应令仍从永宁县营汛大路护送,以免疏虞。"[④]营汛是绿营兵在重要地区或交通要点、山险冲要之处设立的协防单位[⑤],以防"小寇"劫伤官民,维护道路安全。清代在永宁官庄、涧口、孙洪峪、上戈设有分防营汛。将这几个营汛所连接起来的交通道路,与原有的永宁县西通卢氏县的铺路大部分路

① 〔清〕托津等:《钦定大清会典事例(嘉庆朝)》卷五三八《兵部·邮政》,文海出版社,1992,第 5051 页。

② 〔清〕单履咸:乾隆《永宁县志》卷八《驿铺》,《河南历代方志集成·洛阳卷》(30),大象出版社,2017,第 24 页。

③ 〔清〕张楷:乾隆《永宁县志》卷八《驿铺》,《河南历代方志集成·洛阳卷》(30),大象出版社,2017,第 357 页。

④ 〔清〕龚松林修,〔清〕杨建章纂:乾隆《重修直隶陕州志》卷二《建置·铺司》,《河南历代方志集成·三门峡卷》(1),大象出版社,2017,第 203 页。

⑤ 杜家骥:《杜家骥讲清代制度》,天津古籍出版社,2014,第 373 页。

段是重合的。

需要稍作补充的是,清代对卢氏山区交通的控制颇为严密。严如熤《三省边防备览》写道:“河南卢氏县,豫东入秦,取道新安、陕州潼关,项羽由之;豫东南入秦,取道武关、商州、蓝关,汉高祖由之。皆古大道也。而由豫之汝州、嵩山西达秦之商雒;由豫之陕、灵南达豫之南阳,楚之樊、襄捷径必由卢氏。卢,环境皆山,幽邃深阻。明季流贼伏窜其间者数载,养成锋锐,四出滋扰。嘉庆间,教匪亦往来县境,实秦豫之要隘,顾其地险,足以凭守,如得其人,则盛彦师能覆李密矣。”①清代吸取卢氏山区在“前明之末为逋逃渊薮,外间竟罔闻知,后一横逸四出,遂至蔓延而不可制”②的教训,加强对这一带的控制和联防,建立了道、州、县、统辖官四级定期会巡制度,“其于防缉之道,更为严密”③。根据不同地势和交通,在紧要地点、交通要地,如朱阳关、荆子关、华阳关、孙家店,或增设,或调整营汛,以控扼交通,用资弹压。其情形如张学林《会查伏牛山详文》中所说:“其在卢氏添汛者二:一曰朱阳关,乃西入陕西商南之门户。虽有朱阳巡检一员,实居县东之栾川镇,亦系要路,但离朱阳关一百七八十里;一曰三川店,在朱阳、栾川之中。二处设汛,则声气可通。至华阳关入豫之路有二条,兵驻关口,二路俱可并查。后汛兵移至西坪,以图人多聚居,虽相去止五六里许,然止能查路一条,似应复驻关口。鲁山赵家村新设之巡检,尚未建署,今暂居宽布口,村中俱非四通之衢,或移之下汤,或于下汤添汛,庶为妥协。就山之全形论之,西南通湖广者,曰荆子关,系淅川地,正西通陕西曰华阳关,亦系淅川地,现有汛兵。西北通陕西者曰朱阳关,系卢氏县地。今设汛兵,则三

---

① 〔清〕严如熤:《三省边防备览》卷二《道路考上》,贾三强主编:《陕西古代文献集成》(第四辑),陕西人民出版社,2017,第 46 页。

② 〔清〕张学林:《会查伏牛山详文》,〔清〕龚松林修,〔清〕杨建章纂:乾隆《重修直隶陕州志》卷一《地理·山川》,《河南历代方志集成·三门峡卷》(1),大象出版社,2017,第 174 页。

③ 〔清〕张学林:《本道张详秦豫两省道员等官会巡连界山场文》,〔清〕龚松林修,〔清〕杨建章纂:乾隆《重修直隶陕州志》卷一《地理·山川》,《河南历代方志集成·三门峡卷》(1),大象出版社,2017,第 173 页。

关并列，相去俱一百二十里。孙家店之南，老君、伏牛二山重隔于前，以分南北，高峰插天，实为诸山之祖。山南之巡检在西曰硖口司，属内乡；在东曰李青店，属南召。山北之巡司在西曰朱阳司，属卢氏；在东曰赵家村，属鲁山。今若于孙家店添设大员，与淅川之通知分统各属于南北，使其每月会哨：西会哨于内、卢连界之处，东会哨于南、鲁接壤之区。二大员复每季一巡一会，操演民壮，练习弓兵，以表率之。汛兵之会亦仿诸此。夫三关立，则外匪无由而入；稽察勤，则内匪不致久藏。大小相维，文武协力，其于稽防奸宄之法，实有裨益。"①

3. 铺递名称的变化

明代铺递命名的通则基本上是以各铺递所在地名命名，偏向于习惯和实用方便。入清后，尤其是乾隆以来，以从距离州县总铺算起的铺距命名方式逐渐增多，出现了十里铺、二十里铺、三十里铺、四十里铺、五十里铺、一百里铺等铺名，甚至一个县还有以方向区分的十里铺、二十里铺等，如东十里铺、西十里铺。这一现象在新安、渑池、陕州等地表现尤为突出。如新安县的东十里铺，明代称渡北铺，乾隆《新安县志》称火虫驿铺，嘉庆以后《大清会典事例》改称东十里铺。三十里铺即原慈涧铺，西十里铺即原巘山铺，西二十里铺即原克昌铺。陕州的东十里铺，《古今图书集成》称横渠铺，乾隆《重修直隶陕州志》改称东十里铺。灵宝县的东十里铺，成化《河南总志》和《古今图书集成》皆称好羊铺，乾隆《重修灵宝县志》称好阳铺，乾隆《重修直隶陕州志》和嘉庆《大清会典事例》改称东十里铺，铺名虽几变，实为一个。灵宝县西十里铺，明代称望河铺，《古今图书集成》和乾隆《重修灵宝县志》仍称望河铺，乾隆《重修直隶陕州志》和嘉庆《大清会典事例》改称西十里铺，实为一地。以铺距命名铺递，强调了州县治的中心地位，突出了铺路交通的特色，但也带来了铺名的泛化，许多地方都出现了相同的十里铺、二十里铺之类的铺名，并且这

① 〔清〕张学林：《会查伏牛山详文》，〔清〕龚松林修，〔清〕杨建章纂：乾隆《重修直隶陕州志》卷一《地理·山川》，《河南历代方志集成·三门峡卷》(1)，大象出版社，2017，第174页。

些“十里”“二十里”“三十里”的铺递并非都是严格按照清制规定的铺距而设，而是根据实际情形而定，实际距离往往大于或小于清制规定的铺距。如陕州西十里铺，原称七里铺，距县治就不是十里。西二十里铺，原称新店铺，距县治已超过二十里。清乾嘉时期铺距命名方式的大量出现，或许透露出当时发生了一场全国性的铺递地名标准化运动。这一现象主要出现在靠近州县治的地方，而距州县治较远，以及山区县的铺递则较少涉及。

4.“汛”、墩台营房的设置

屯戍崤函的绿营兵还在驿路或要冲之处设“汛”、墩台营房等，兼职防守地方、维护治安和文书传递。康熙七年（1668），谕令“各省孔道均设墩台营房，拨兵把守，如有紧急军机，接递传报”①。墩台营房数量的设置无定数。如乾隆时，渑池县“东西大路墩台营房五处”②。同期的陕州设立“各路官墩六座”，灵宝县设立官墩二座③。阌乡县设立官墩四座，“正东路大字营镇墩台营房一座，正西路盘豆镇墩台营房一座，文底镇墩台营房一座，西南路太峪口营房一座。每处营房十一间，大门一座，周围墙垣三十四丈，墩台高一丈七尺，基阔一丈五尺，顶宽一丈一尺，上建望楼，台傍告示房一间，烟墩五座，木坊一座”④。各墩兵员配备不一，平均在五名左右，兵种有马兵、步兵之分。

由上可见，经清前期多次调整，至雍正、乾隆时期，崤函古道东段及其邻近地区形成了以陕州为中心的完整的铺路交通网络，并与崤函古道西段以河南府为中心的铺路，以及潼关铺路相互贯通。铺路分布较明代更加密集，规模更大，体系更加完备，甚

---

① ［清］三轩等：光绪《山西通志》卷七七《绿营》，三晋出版社，2015，第 3622 页。

② ［清］梁易简修，［清］刘元善纂：乾隆《渑池县志》卷上《营置》，《河南历代方志集成 · 三门峡卷》（4），大象出版社，2017，第 302 页。

③ ［清］龚松林修，［清］杨建章纂：乾隆《重修直隶陕州志》卷二《建置 · 国朝兵防》，《河南历代方志集成 · 三门峡卷》（1），大象出版社，2017，第 197 页。

④ ［清］梁溥：乾隆《阌乡县志》卷一《建置 · 戍堠》，《河南历代方志集成 · 三门峡卷》（9），大象出版社，2017，第 487 页。

至连部分铺名也作了标准化处理,体现出清代对铺递建设的重视与深入。就交通发展而言,铺路遍及各州县,也在一定程度上促进了本地交通的发展,便利了乡镇百姓。

由崤函地区铺递的设置特点可以看出,清代的通信联系主要通过以驿站为主体的马递驿路网和以急递铺为主体的步班递铺网两条渠道进行[①]。铺递与驿站建设皆经过了较为严密的规划设计,相辅相成。清政府通过铺路和驿路的双线运作,使主脉干道驿路和地方性道路相互衔接,纵横交织,形成了完密的交通巨网,有效地促进了信息的流通,对清政府巩固国家的统一起到了重要作用。从路线走向和分布情况看,这一交通网络已基本上奠定了现代道路网的基础。

三、崤函古道的整修

如前所述,清代崤函古道驿路基本承袭了明代已经形成的交通网络,并没有出现大的变化和调整。但受地理形势等的影响,崤函古道线路一直“逶迤屈曲”[②],通行条件比较艰难,为了保证驿传的畅通无阻,清政府将重点放在整修道路和在局部地区新辟道路以解决旧有道路难行之弊上,并取得了大超前代的成就。

1. 道路整修

清代对崤函古道的整修分为全段整修和局部整修。先说全段整修,根据目前的史料记载,主要有道光年间和光绪二十七年(1901)两次。绘制于清代不同时期的两幅同题《陕州属东至渑池西至潼关路图》提供了相关珍贵信息。

北京大学图书馆藏《陕州属东至渑池西至潼关路图》,纵 21 厘米,横 150 厘米,未注绘者,纸本彩绘,经折装,计里画方,每方 5 里,上北下南,左西右东,图右上角红纸题记:“此图谨按五里开方,东自渑池界,西至潼关第一关门,长二百八十里,实

① 刘广生、赵梅庄:《中国古代邮驿史》(修订版),人民邮电出版社,1999,第 578 页。
② 中国史学会:中国近代史资料丛刊《义和团》(3),上海人民出版社,1957,第 446 页。

有三百三十余里。”著录者根据图尾钤“吴式芬珍藏印”等信息，判断该图绘制年代在道光元年至咸丰六年(1821—1856)[①]。也有学者认为它绘于道光六年至二十九年(1826—1849)，为道光年间从东部诸省调兵、运粮，平定南疆战乱而整修该段道路时绘制，吴式芬在河南任职期间收集收藏的[②]。吴式芬任河南按察使的时间在道光二十七年至二十九年(1847—1849)，道光三十年(1850)调任贵州布政使，咸丰二年(1852)改任陕西布政使，咸丰五年(1855)以病辞归故里，次年病逝。道光帝平定南疆张格尔叛乱主要在道光六年(1826)，史载用兵三万六千名，除新疆伊犁、乌鲁木齐兵外，主要来自陕甘、宁夏、四川、西宁、吉林、黑龙江等处[③]。以此而论，该图绘制年代似应在道光前期。

道光《陕州属东至渑池西至潼关路图》(以下简称道光图)采用形象画法与画方网格结合的方式，用黄色粗线绘出交通大路；用蓝色象形符号绘出山脉，但均未标注名称；用绿色双曲线表现河流，绘出小河(8 条)、涧河(4 条)、好阳河(2 条)、青龙涧河、沙河等河流 16 条；用城墙、房屋等象形符号表现城关镇村，从东至西依次绘出观音堂、缸壕镇、硖石驿、庙沟、张茅镇、杨家窑、磁钟镇、唐家店、横渠、十里铺、陕州城、南关、十里铺、桥头沟、二十里铺、温泉村、大营、曲沃、灵宝县、函谷关、稠桑村、东古驿村、大字营、杨家湾、阌乡县、高柏村、盘豆镇、阌底镇、七里铺、潼关等 30 处。蒋湘《后西征述》一书曾详细记载了其于道光十九年(1839)客陕西布政使时自大梁至西安沿途的所见所闻。据书中所记，蒋湘自洛阳至潼关所走的道路为洛阳县西关、新安县、铁门、千秋亭故址、渑池县、土(英)豪镇、观音堂、石崤、磁

① 北京大学图书馆:《皇舆遐览:北京大学图书馆藏清代彩绘地图》，中国人民大学出版社，2008，第 124～128 页。

② 席会东:《中国古代地图文化史》，中国地图出版社，2013，第 360 页。

③ 《那文毅公办理善后奏议》跋，马大正、吴丰培主编:《清代新疆稀见奏牍汇编》(道光朝卷)，新疆人民出版社，1996，第 47 页。

钟镇、陕州、灵宝县、函谷关、阌乡县、盘豆镇、黄巷坂、潼关，之后进入陕西①。其所走道路与图中所绘制道路几乎一致，因此可以确定，图中所绘制的陕州属东至渑池、西至潼关路即道光前期的官方驿道。同时，与史籍相关记载相比，图中线路的记载更加详细，尤其是对道路整修情况的记载更加翔实。

图中以红条贴签分别注明“新开平路”“石路开凿”等不同类型的道路整修情况，其中标记“新开平路”的贴签最多计 14 处。“新开平路”是在旧路附近新开辟的宽平道路，主要集中在硖石以东，陕州境内 8 处，灵宝、阌乡境内 6 处。标记“石路开凿”贴签的 1 处，在观音堂与乾壕镇之间。卷首红纸贴签题云：“观音堂至张茅东四十五里，山路崎岖，已将石矶凿打，搬移两旁。石土窄路、壕路，一律开宽，均容两车。其中有万不能开者，百之一二，已开交让路，便于避车也。”②说明最为艰险的观音堂至张茅段“石土窄路、壕路”经过整修，已有双车道，能够两车并行。少数不能并行的，也开有可以会车的“交让路”。这与崤函古道石壕段考古调查中在此路段有双车道、三车道的发现相吻合。也就是说，该图反映了道光年间沿途路况的整修情形，整修范围涉及东至渑池、西至潼关的崤函古道东段崤山北路和西段函谷段。

另一幅《陕州属东至渑池西至潼关路图》绘于光绪二十七年（1901），表现了慈禧和光绪帝“两宫回銮”时修整崤函古道“跸路”的情形。

光绪二十七年九月，慈禧和光绪帝自西安经河南回銮北京，陕州是进入河南的必经之地，道路“逶迤屈曲”，因通行条件较差，这年一月清政府命黄履中以委办修

① 〔清〕蒋湘：《后西征述》，《小方壶斋舆地丛钞》第六帙，《西北稀见丛书文献》第 4 卷，兰州古籍书店，1990，第 330~332 页。

② 北京大学图书馆：《皇舆遐览：北京大学图书馆藏清代彩绘地图》，中国人民大学出版社，2008，第 124~128 页。

路委员三品衔候补知府奉旨“赴潼关外修道”①,“自渑池交界起至潼关止挨处修治”②。黄履中“修理陕州一带运道,阅时五六月之久,工坚费省,尤著勤劳。异常出力”③。完工后,黄履中上折“谨将遵修运道自渑池交界起至潼关止挨处修治情形,详细缮具清折绘图贴说,恭呈宪核”。中国社科院近代史所藏河南巡抚锡良档案存有黄履中清折和附图《陕州属东至渑池西至潼关路图》各一份④,清折前有锡良手书“此系光绪二十七年修理跸路情形”。图右上角题记云:“此图谨按五里开方,东自渑池交界起,西至潼关止,长二百八十里,实有三百三十余里。黄色为路,绿色为水,蓝色为山,单点系绕道。由观音堂至张茅东计四十五里,均系山路,迤西半是沟壕,其修治详细情形,另缮清折。”与道光图对比,同样是未注绘者,经折装,采用形象画法与画方网格结合的方式,用黄色粗线绘出交通大路,用蓝色象形符号绘出山脉,用绿色双曲线表现河流,用城墙、房屋等象形符号表现城关镇村,计里画方,每方 5 里,上北下南,左西右东,以贴签注明道路整修情况,图中文字字体也基本相同,因此可以确定黄履中所呈《陕州属东至渑池西至潼关路图》(以下简称光绪图),当是在道光图基础上改绘的道路工程修治图,反映了光绪二十七年崤函古道修治后的道路交通状况。其走向和地理特征在图中体现得比较清楚,具有重要的实用和史料价值。

与道光图相对照,主要不同之处有二:一是用“单点”虚线表现“绕路”。图首

---

① 〔清〕王文韶著,袁英光、胡逢祥整理:《王文韶日记》,中华书局,1989,第 1013 页。

② 中国社科院近代史所编,虞和平主编:《近代史所藏清代名人稿本抄本》第 3 辑第 133 册《锡良档一六六》,大象出版社,2017,第 434 页。

③ 〔清〕锡良:《保奖办理粮运出力人员折》,沈文海主编:《近代中国史料丛刊续编》第 11 辑《锡清弼制军奏稿》卷三,文海出版社,1974,第 249 页。

④ 《锡良档存委办招商修路委员黄履中呈遵修运道自渑池交界起至潼关止清折图》,虞和平主编:《近代史所藏清代名人稿本抄本》第 3 辑第 133 册《锡良档一六六》,大象出版社,2017,第 433~453 页。本节所引该图文,俱据此,不另注。

有文字标注“大路旁单点者均系绕道”,明确区分了“大路”和“绕路”两种不同的道路等级。图中共绘“绕路”15 处,“新开绕路”3 处。对比道光图可以看出,光绪图中的“绕路”多系道光图中的“新开平路”,仅有 1 处为道光图所未有,即在缸壕(道光图的乾壕镇)与关帝庙(道光图无)间的南坡上。“新开绕路”2 处,皆在阌底镇与七里店之间,道光图则注为“新开平路”。当是在“新开平路”上重修的。由此获得的重要信息是,在道光图绘制之后的 70 多年里,道光图中的“新开平路”并未发展成为“大路”,而是逐渐沦为“绕路”。以往研究者认为过稠桑后,循东古驿村、杨家湾,进入阌乡县城,为清代崤函古道的大路,是不确切的。由光绪图可证,“自稠桑起二十里至大字营,又二十里至阌乡县共计四十里”的这条道路仍是大路。光绪十七年(1891),陶保廉走的即是这段大路:“出阌乡东门,九里雷家营。六里杨家湾。五里大字营。二十里食于稠桑镇。”①此外,图中还有注明道路情况的“石路”“石矶”各 1 处,“石匣”路 2 处,一正西、一绕西南,均在缸壕与硖石驿之间。二是图中用城墙、房屋等象形符号表现的城关镇村数目大幅增加,从东至西依次绘出观音堂、缸壕、关帝庙、硖石驿、庙沟、张茅镇、麻糖湾、八里店、位店岭、杨家窑、磁钟镇、唐家店、横渠、十里堡、五里堡、三里桥、陕州城、南关、七里店、七里街□、桥头沟、辛店、温塘、魏村壕、大营、曲沃、灵宝县、函谷关、长坂坡、五里坪、十里铺、兰披沟、苜蓿岭、龚家沟、马鞍桥梁、稠桑、东古驿村、大字营、杨家湾、七里铺、阌乡县、高柏村、盘豆镇、十二河、坡底村、文底镇、铺头村、七里店、第一关、潼关等 50 处,其中以函谷关与稠桑之间增加最多,道光图仅以“土山深沟”标注,光绪图增绘 7 处。城关镇村标注数目的大幅增加使道路走向、所经地名更加具体、详细,亦直观展示了崤函地区城关镇村沿交通线分布的特点。

① 〔清〕陶保廉著,刘满点校:《辛卯侍行记》卷一,甘肃人民出版社,2002,第 15 页。

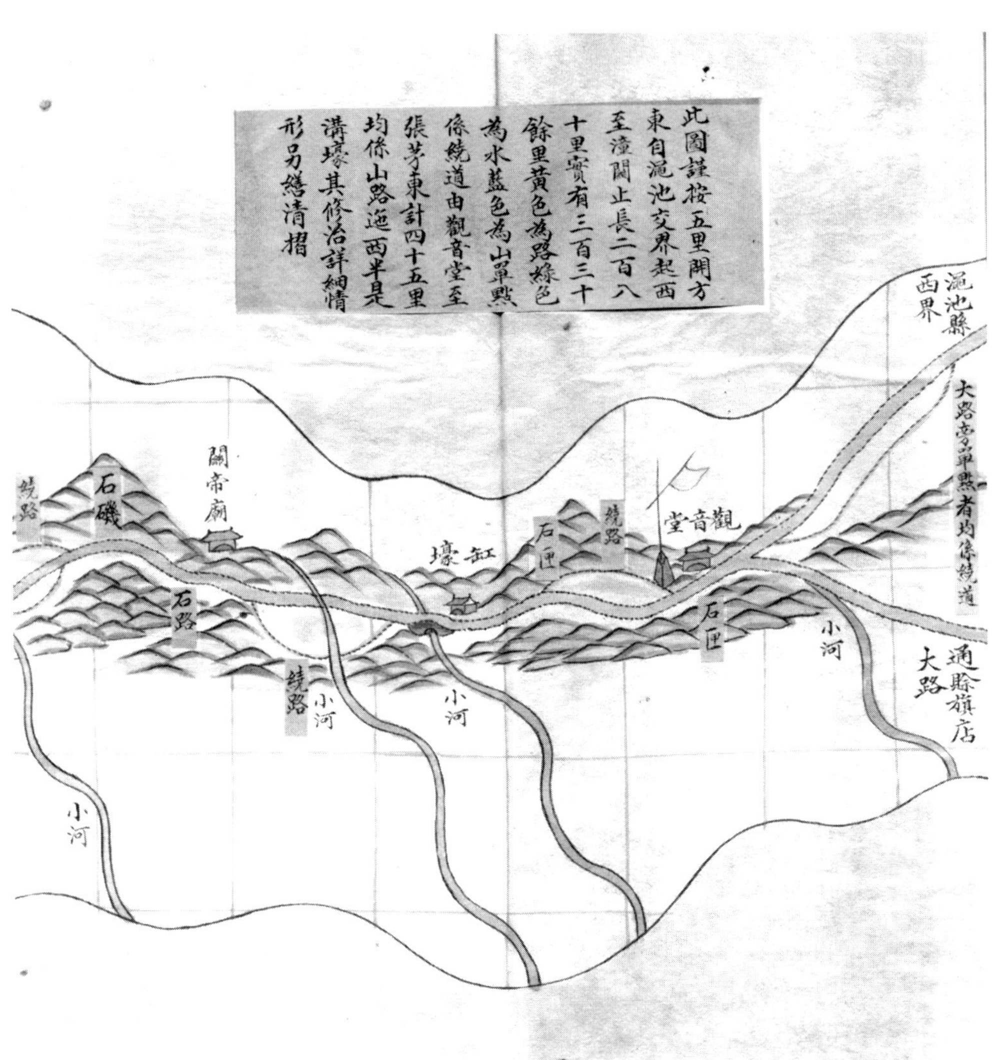
此圖謹按五里開方
東自澠池交界起西
至潼關止長二百八
十里實有三百三十
餘里黃色為路綠色
為水藍色為山單點
係繞道由觀音堂至
張芳東計四十五里
均係山路迤西半是
溝壕其修治詳細情
形另繕清摺
澠池縣西界
大路旁單點者均係繞道
觀音堂
石匣
繞路
缸壕
關帝廟
石磯
繞路
石路
繞路
小河
小河
小河
石匣
小河
小河

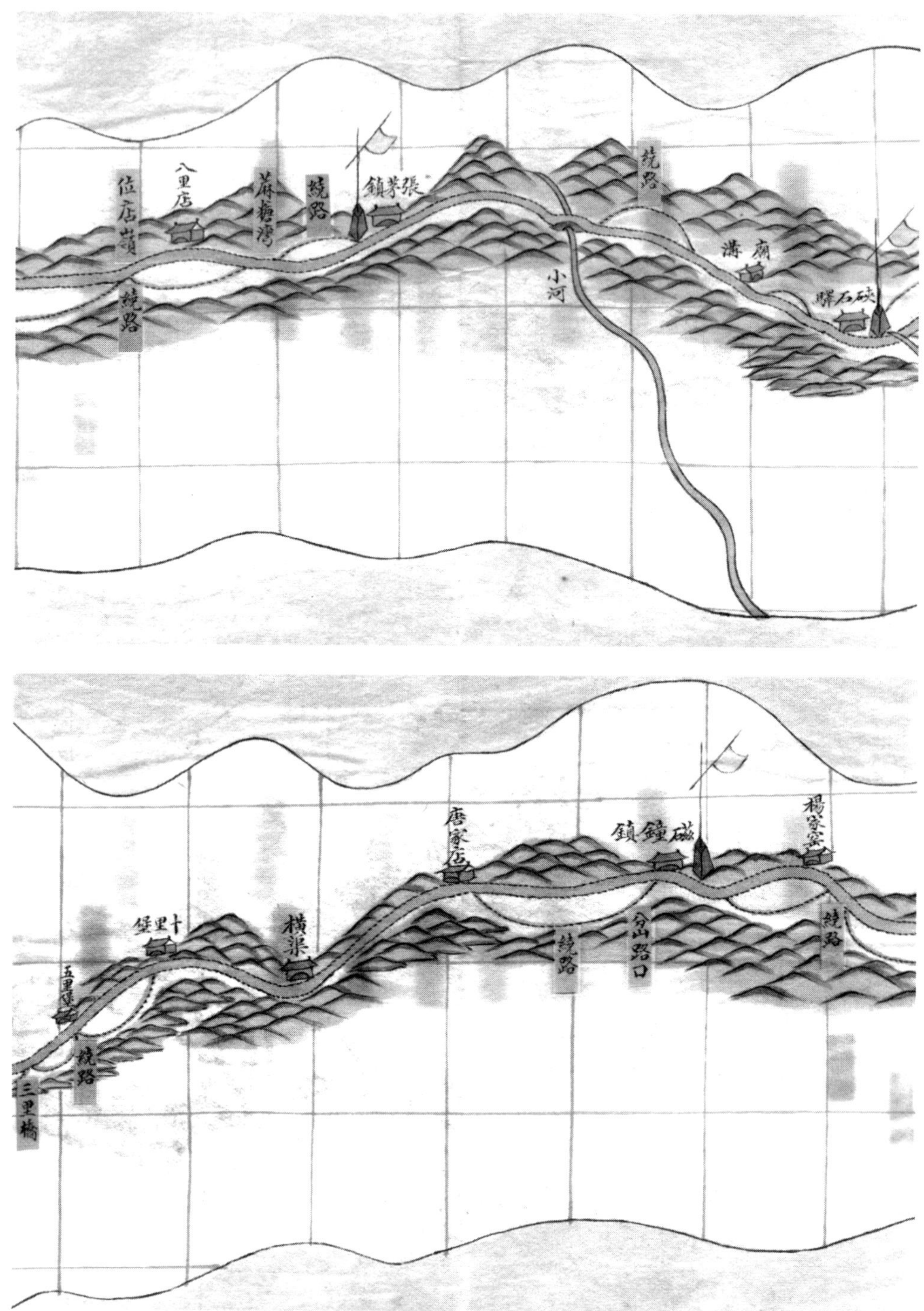
位店嶺
八里店
蔴䕺灣
繞路
張茅鎮
繞路
小河
廟溝
硤石驛
繞路
三里橋
五里堡
繞路
十里堡
横渠
唐家店
繞路
分山路口
磁鍾鎮
楊家窑
繞路

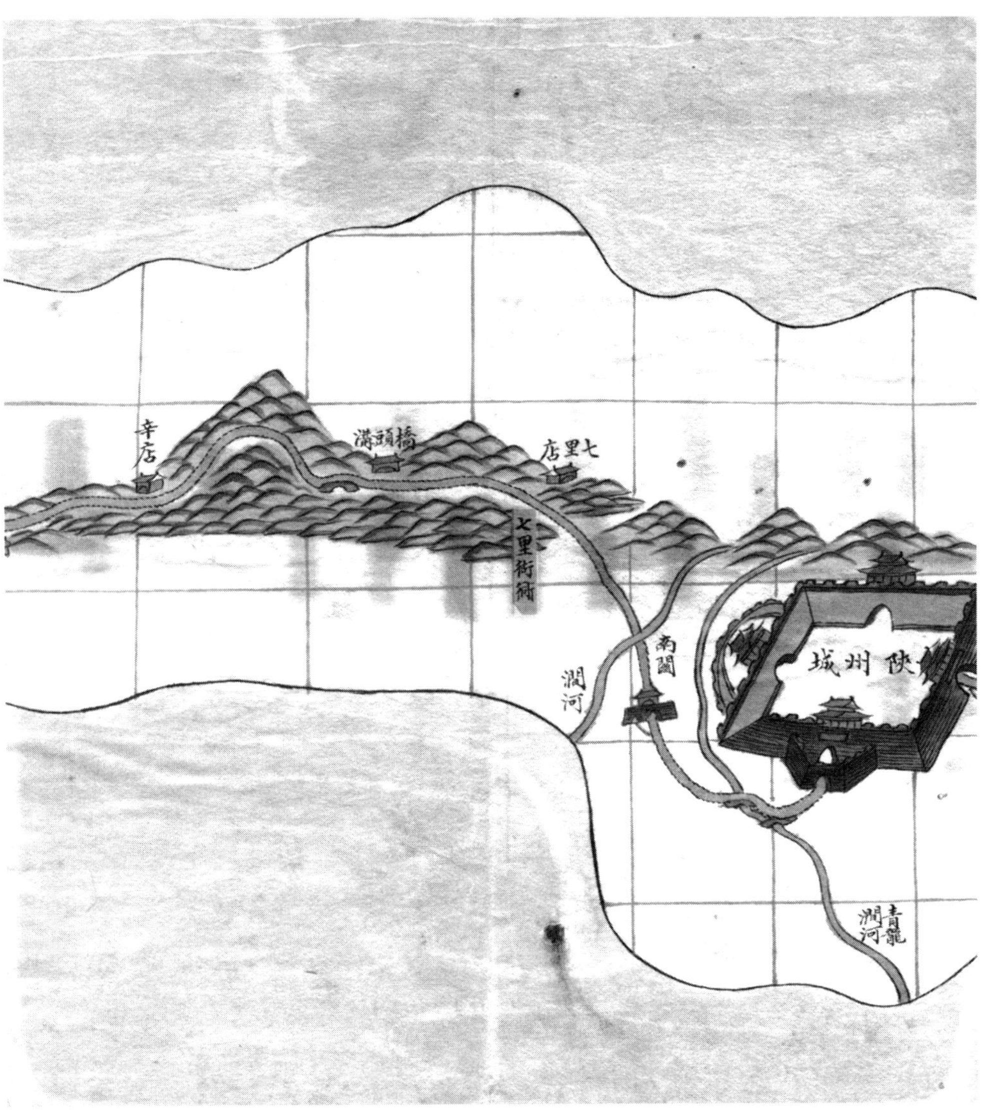
辛店
滿頭橋
七里店
七里街衕
澗河
南關
陜州城
青龍澗河

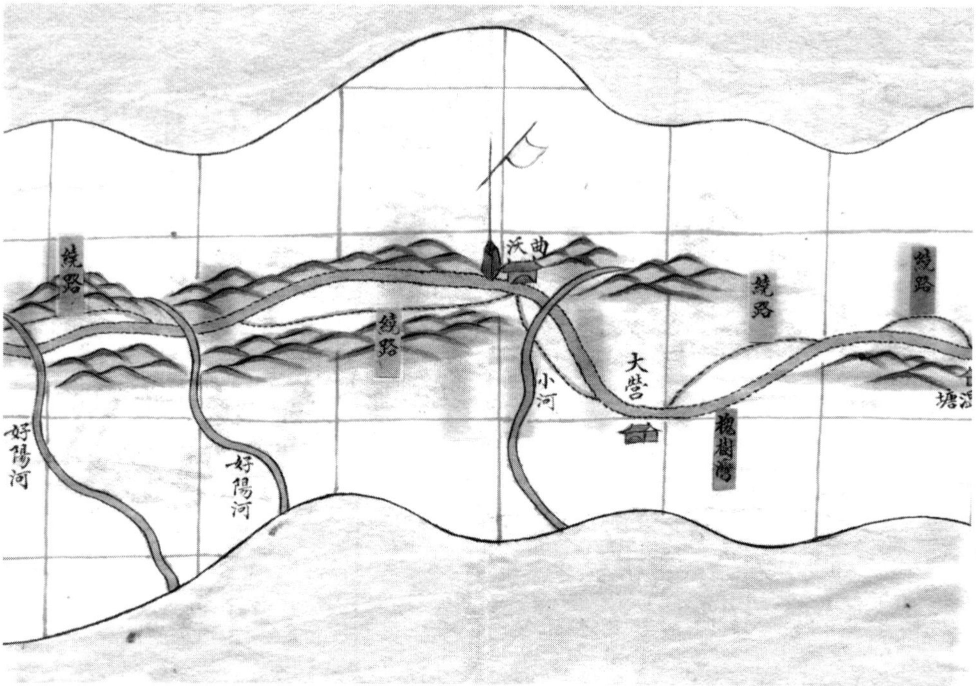

繞路
曲沃
繞路
小河
大營
繞路
繞路
槐樹灣
好陽河
好陽河

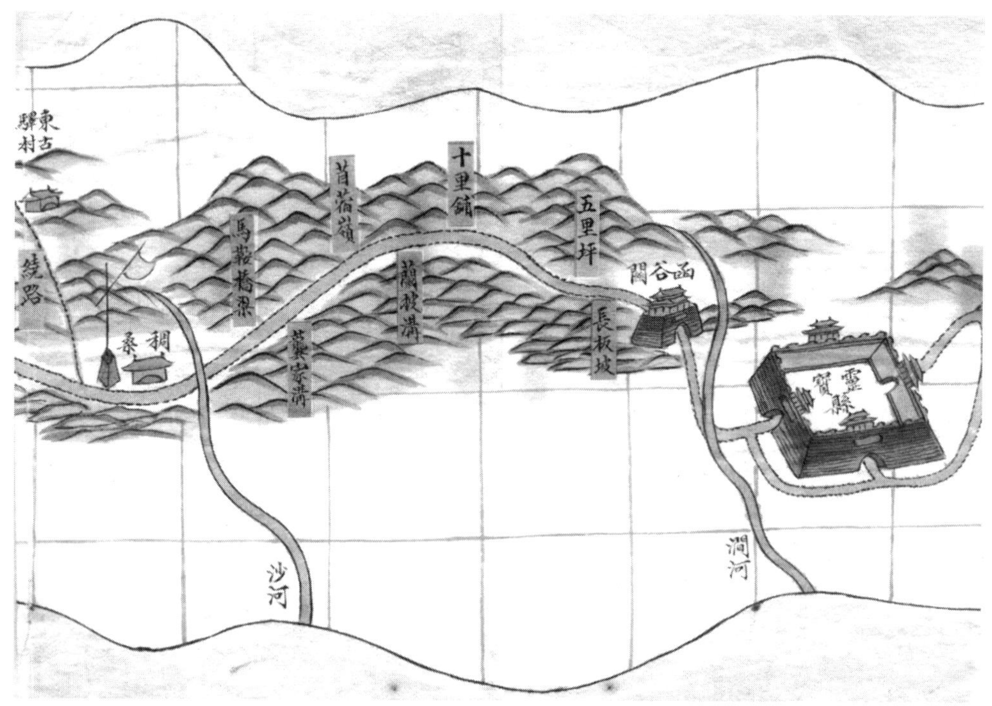

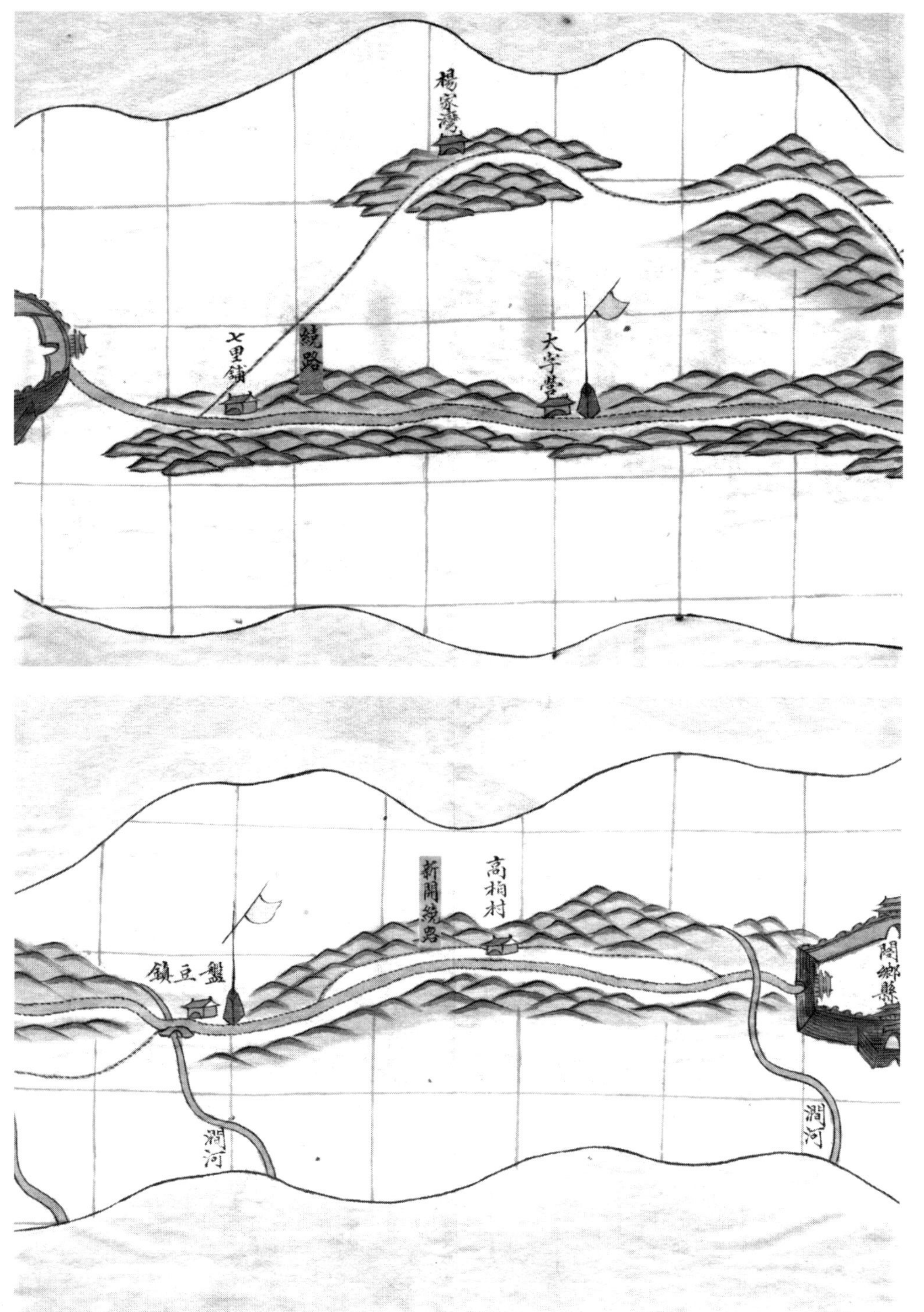

楊家灣
七里鋪
繞路
大字營
新開繞路
高柏村
鎮豆盤
閿鄉縣
潤河
潤河

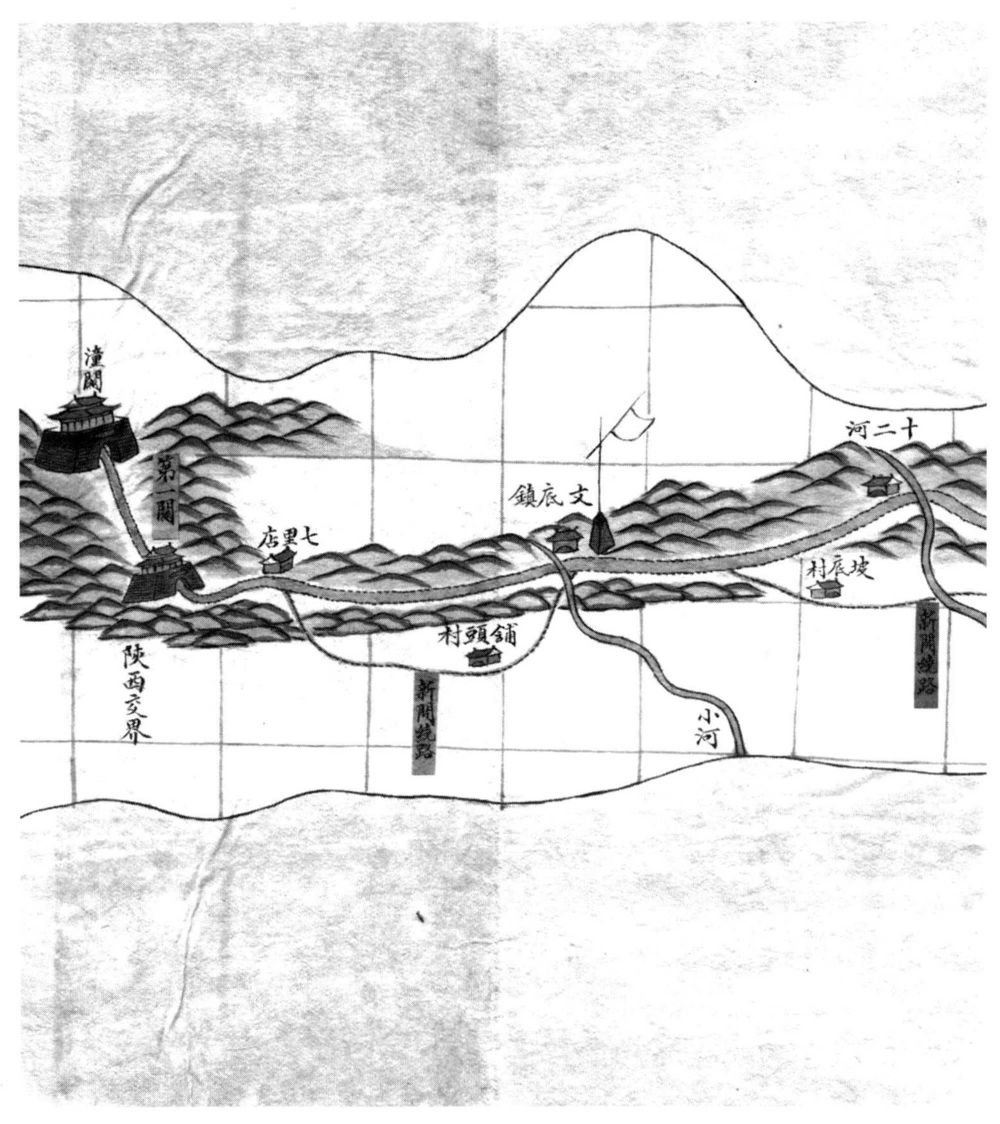

图 9-9　锡良档存《陕州属东至渑池西至潼关路图》①

① 采自虞和平《近代史所藏清代名人稿本抄本》第 3 辑第 133 册《锡良档一六六》,大象出版社,2017,第 433~453 页。

与图对应的清折报告了“自渑池交界起至潼关止挨处修治情形”，呈文较长，但对沿途的道路里程及路况整修情形记载详细，故移录如下：

自渑池交界至观音堂计七里，沟虽不大，却不甚宽，均开两辙三辙不等。

自观音堂至缸壕计五里，其中有石匣两道，一正西一绕西南路，极险峻，均招匠凿宽，坡陡处修铲稍平，其土路以及碎石路，亦皆修治坦平。

自缸壕至关帝庙计十里，南北有坡，两道极陡，均开宽，其南坡另开一路，较旧路其宽加倍，并为衬平。

自关帝庙至硖石计十里，其中石路石矾更甚，当将山顶凸石凿平，乱石剖开，分堆道旁，俾车行无覆折之苦，其石坡陡处石路窄处一律凿宽，并将沿路辙中大小石块或挖出或剖开，以期平坦。

自硖石至庙沟计五里，沟中或土路或料礓石，均为开凿，硖石西沟上旧有一路，约一二里亦为修平，沟中一带石块或挖或凿，亦皆坦平。

自张茅至麻糖湾计五里，张茅街西大坡甚陡，当即卸崖开宽垫成漫坡，两辙三辙不等。麻糖湾大路临沟深约四丈有奇，长约八丈有余，路仅一辙，北系窑店，旁有一井，询之土人，合村皆用此井之水，万难开宽，惟有他处取土填沟帮崖并为筑墙，以保车行无虞。

自麻糖湾至磁钟计二十里，其中八里店道北系车店，道南即系深沟，深约四丈余，长约三丈余，中仅一辙，车马至此，时常失事，无法开宽，只得由旁处取土填沟帮埝筑墙，以便车马坦行无忌，其位店岭、杨家窑土路一律开修。磁钟迤东大坡上下均开宽垫成漫坡。

自磁钟至横渠计五里。磁钟、西谢、牛坪岔路口沿路沟壕均为开宽。唐家店西大路临沟仅容一车，一面放崖，一面筑墙。迤西至横渠坡，既陡且长，南系悬崖，北系深沟，路窄处卸崖开宽，临壑处一律筑墙沟中垫土，一路修成漫坡不陡。

自横渠至陕州城五里，其中十里堡、五里堡、三里桥均系沟壕，节节开修一路二路不等，其所以有开两路者均系因其地势而为之也。

自陕州至桥头沟计十五里，州南门外有涧河两道，皆大石块。南关外以及七里胡同沿路多小石块，均已捡移道旁，以便车行无颠播之苦，然发大水仍不能免，非随时挑拣再无良法。七里胡同至桥头沟俱是深沟，大为修理，均开宽并行两车。

自桥头沟至温塘计十里，桥头沟南坡甚陡，开宽垫土稍平，临壑筑墙可行两车无虞，迤南大路东则悬崖西则深沟，中仅一辙，车马至此向称险阻，因即放崖填沟筑墙，南行至辛店，路向西南放崖填沟，其宽两辙有余，直至温塘平坦。

自温塘至曲沃计十五里。其中大营东以及东坡并槐树湾直至曲沃，除数里平原毋庸修理外，余俱开修宽敞。

自曲沃至灵宝县计二十里。曲沃西坡开宽垫平，临沟筑墙，其西南好阳河、五里铺、南社营大半沟壕，均一律开宽两辙三辙不等，灵宝东门外南北坡亦开宽两道垫成漫坡。

自灵宝县至稠桑计二十里。县城西南大路开修垫土，过涧河进函谷关，峭壁深沟，路仅一线，陡坡上下直至稠桑，覆辕折轴不一而足，每遇暴雨，崖塌水冲，车行其间，失事不少，应极力开修，以便行旅。入关之陡坡，节节相度地势，开宽三里许，至长坂坡路仅一辙，悬崖壁立数十丈，卸崖填沟修宽三辙两辙，直至五里坪。该处东倚峭壁西临深渊，开放崖土移垫深渊，路宽两辙三辙不一，临渊筑墙，另开水道，使水有归宿之所，再修漫坡至十里铺平路半里许，西南至兰披沟，道窄仅容一车，车旁无立足之处，两崖土裂矗立，大雨土塌，不惟将路阻隔，人马行至此间实深畏惧。因由崖上卸土并将分裂特立之土齐填沟，路宽有三四辙者，纵或雨大土裂塌在路旁，总不致有阻隔之虞。此路二里转向西行里许，道南悬崖高三四十丈，北临深渊亦五六十丈，路只一辙，往往失事，只得将临渊处筑墙放崖开宽三辙四辙，至苜蓿岭，沿路开宽至龚家沟。此处亦称险要，沟壑凸凹，道路极窄，行人苦之，即将曲折转弯之处开修宽敞，险处筑墙。再行三里，土崖塌塞路心数处，又有马鞍桥梁塞路中心，以致水无出处，上下极陡，开土用掀转移势难为力，因招汴省小车二十余辆将土推垫洼处，不但梁去路平，且水流亦有出处，并为开宽，可容两车有余，下坡开宽垫土过涧河即至稠桑。

自稠桑起二十里至大字营，又二十里至阌乡县共计四十里，除平路十五里，余俱深沟，均酌开宽敞，并行两车三车不等。

自阌乡起十里至高柏村又十里至盘豆镇共计二十里，沟壕最深，车路甚窄，均开宽两辙三辙不等。

自盘豆镇起十里至十二河又十里至阌底镇共计二十里，均系深沟，窄路一律开修宽敞。

自阌底镇至潼关计二十里，其中由阌底镇西过涧河，走七里店至第一关，均系沟深路窄，亦皆一律开宽。第一门口向东中心高梁系用三合土所筑，甚于石，两旁水冲日久，土随水去，致将所筑齐止之处渐渐露出，竟成高梁丈余，如若铲平，不但太难且实可惜，有碍关门。因放崖壁将两旁垫土丈余与梁相平，作成漫坡。第一关门迤西悬崖极高，车路极窄，该处虽属潼关，究系通衢，且是粮运要路，一面移知该厅，一面派人前往放崖开宽直至潼关。

以上各路无论大车小车骆驼骡驮肩背挑担彼此相遇不致阻滞，其中坡上坡下有开三四辙者，以便推车有歇足之处，合并声明。

以上所记自渑池交界西至潼关的崤函古道线路合计长 252 里，较图题记所说“长二百八十里，实有三百三十余里”为短。这可能是因为部分“绕路”未统计在内的缘故。黄履中将全路分成 18 段，主要出于修路工程的考虑，并非当时人的习惯划分，但却客观地反映了这一段道路的不同路况。黄履中根据各段具体路况，分别采取了开宽道路、另修绕路、垫土填沟、另开水道、险处筑防护墙等措施，工程规模颇大。“土路之逼仄者酌量开宽,石路之阻碍者划除平坦,凡遇沟路有道可绕,即另于高原修路,如无绕道加修宽阔,可利遄行。”①新开线路仅有缸壕与关帝庙间南坡一段,长十里。以前的道路因“南北有坡,两道极陡”。这时“均开宽”,并在“其南坡另开一路,较旧路其宽加倍,并为衬平”。此次整修崤函古道,虽是因慈禧和光绪帝两宫回銮,但客观上改善了崤函古道的通行条件。黄履中因“承修河陕路工”,“精勤明干”,“实事求是,款不虚糜”,河南巡抚锡良赞其“洵属有为有守之员”,奏请朝廷“保奖”②。

至于对部分路段的整修,有清一代,次数更多。顺治元年(1644)十二月,豫亲王多铎率清军渡过黄河,沿崤函古道西进,很快占领陕州、灵宝,进抵潼关,击败李自成。顺治二年(1645)六月,陕西布政使司参议兼管潼关监军道史应聘奏说:“督率有司分信开路关东七百余里,尽成坦途,以故大军东行,士马腾饱,如履康庄。”③乾隆《阌乡县志》亦载:“种士秀,邑人,大兵灭贼,秀督修官道有功”,获任阌乡县令④。种士秀所修官道当在阌乡潼关间。史载多铎在推进距潼关二十里的阌乡一带,即扎营休整达二十余天,等候红衣大炮的运来。红衣大炮威力巨大,但非常笨重,长二丈余,重者至三千斤,需车载运输。种士秀整修官道当在多铎扎营阌乡这一时间。这是清代最早为军事行动整修崤函古道的史例。

康熙四十二年(1703)十一月,康熙帝巡幸西安后经河南北还京,“至灵宝西三十里铺,忽白兔起田间,圣祖挽强跃马应弦而得,遂由东古驿过沙河桥,出函关”。

① 《革职留任河南巡抚松寿奏报遵旨查勘豫省各站行宫及渡口情形折》(光绪二十七年四月二十一日),中国第一历史档案馆编:《庚子事变清宫档案汇编》第8册《慈禧光绪西行卷二》,中国人民大学出版社,2003,第413页。

② 〔清〕锡良:《保奖办理粮运出力人员折》,沈文海主编:《近代中国史料丛刊续编》第11辑《锡清弼制军奏稿》卷三,文海出版社,1974,第248页。

③ 〔清〕史应聘:《原委户科给事中史应聘揭帖》,〔民国〕“中央研究院”历史语言研究所编:《明清史料·甲编》(上),国家图书馆出版社,2008,第289页。

④ 〔清〕梁溥:乾隆《阌乡县志》卷五《职官·县丞》,《河南历代方志集成·三门峡卷》(9),大象出版社,2017,第552页。

这条新路,在“晋王斜路”和秦汉函谷关路之间,自阌乡杨家湾起,向东经北营村,南至东、西古驿村之间的古驿岭斜入黄河岸边,再沿函谷关路至稠桑,全长15里,后世称之为“康熙路”,“土人呼其为‘龙路’”。[①] 西闫乡大字营村南有一门洞,是灵宝与阌乡必经的唯一道洞,其始建年代不详,东西走向,洞长12米,宽5米,高5米。南北两端有高10米的寨墙。洞为砖石建筑,拱券顶,下为石头垒砌,中上部为大砖券砌。东西两端门洞上部各镶嵌一石匾,东门石匾上刻“中土首镇”,下有“天启四年冬季立”;西门上刻“三藩要地”。门洞上原有重檐悬山顶楼阁,已毁。门洞上北侧原有一座关帝庙,亦毁,仅存崇祯七年《重修关圣帝庙落成碑记》等石碑两通,记载关帝护佑村民以及李自成在此活动的情况。大字营原名“达紫营”,“谓老子入关,紫气由此而达”[②]。康熙西巡回銮经过,敕改大字营。

雍正时期,河东总督王公士俊整修硖石驿路,往来者便之,当地人为其镌石立碑。惜碑今已无存。

道光十一年(1831),陕州知州周际华捐银别开硖石新道,展宽旧路。缪荃孙《续碑传集》记载:周际华“擢知陕州直隶州。有硖石驿,古崤陵地也。石道崎岖,长五六十里,偾车伤人日不绝。君率一州三县民,买地别修官道,遂易为坦途”[③]。光绪《陕州直隶州志》亦载:“陕州之硖石驿一带为东西大路,山径崎岖向多奇险。升任广西思恩府知府、前任陕州知州王文凤并署任知州周际华率同属县捐廉倡劝凿石,新开改道七段,修整展宽旧路四十余段。道光十四年经巡抚杨奏请议叙。”[④] 邹汉勋《学艺斋文存·江都县知县周君传》记之更详:“(道光)十一年,调署陕州知

---

① 张椿荣修,张象明等纂:民国《灵宝县志》卷十《古迹》,《河南历代方志集成·三门峡卷》(9),大象出版社,2017,第194页。

② 〔清〕刘思恕、汪鼎臣修,〔清〕王维国、王守恭纂:光绪《阌乡县志》卷四《田赋》,《中国地方志集成·河南府县志辑》(66),上海书店,2013,第37页。

③ 〔清〕缪荃孙编,王兴康等整理:《续碑传集》卷四十二《周际华》,上海人民出版社,2019,第1661页。

④ 〔清〕赵希曾等:光绪《陕州直隶州志》卷二《建置·驿站》,《河南历代方志集成·三门峡卷》(3),大象出版社,2017,第74页。

州。自渑池入陕州有峡石驿，石道崚嶒，将四十里，覆车折轴踵相接，赁负者因缘挟取行旅之重利，或有借为攘窃者。君倡率州民输银八千余两，雇千人修之。凿险平崎，兼购地以益之，二月而涂成。方涂之初修也，奸僧鸣钟召群不逞之徒以阻之。君闻之，使干役出其不意，缚至州庭笞之，群奸咸散，功始就。”①有的文献，如吴永《庚子西狩丛谈》将此次修路记在道光十四年(1834)②，这是将道光十四年河南巡抚杨国桢奏请议叙时间误为修路所致。蒋湘《后西征述》则将修路记为道光十一年杨国桢“更辟新路于崤北”，亦误。但他讲经过整修后的道路，“虽有起伏，而无荦确，过者欢呼，比与歌蜀道易矣”③。比较客观地反映了新开硖石路的成效。

同治六年(1867)，左宗棠经营西北，率湖湘子弟兵由潼关入陕西，对潼关至西安官路进行了大规模整修，拓宽路基大抵三丈至十丈宽，并在路侧各栽杨柳一至二行，绿如帷幄，时人称之“左公柳”。

光绪七年(1881)，陕州知州严作霖等修凿观音堂至张茅段路。民国《陕县志》记载：“陕观路自张茅至观音堂一段中，更北陵修筑最难。光绪七年，知州严作霖、郡绅张照聂曾凿修，较为平坦。”④

光绪九年(1883)，知州赵希曾开凿硖石路。光绪《陕州直隶州志》记载：“知州赵希曾因硖石驿仍多险峻，查得山根迤东向系乡人耕种山地，颇为平坦，购买此处民田。由西北半里许开平垫坡，并将上崖巨石划平，转折正东，直达山巅大路，再由路北间断购买民地，绕往东北，均系土路，一律修垫平坦，绕道不及三里，可以易险

---

① 〔清〕邹汉勋撰，蔡梦麒校点：《邹叔子遗书七种·学艺斋文存》卷七《江都县知县周君传》，岳麓书社，2011，第582页。

② 〔清〕吴永：《庚子西狩丛谈》卷四，中国史学会主编：中国近代史资料丛刊《义和团》(3)，上海人民出版社，1957，第446页。

③ 〔清〕蒋湘：《后西征述》，《小方壶斋舆地丛钞》第六帙，《西北稀见丛书文献》第4卷，兰州古籍书店，1990，第331页。

④ 欧阳珍修，韩嘉会撰：民国《陕县志》卷十二《交通》，《河南历代方志集成·三门峡卷》(4)，大象出版社，2017，第11页。

阻为康庄。款系首先倡捐,共需制钱一千五百余串。”[①]《新修硖石山土路碑记》记之更详:“陕郡据豫西鄙,为川陕新疆之冲。治七十五里有硖石山焉,其路古号天险。晋败秦师于崤,即其地也。高数十百丈,岩石崭崭,虎豹蹲踌,步趋间皆坎窞。雪雨后结冰流膏坡陡,崖峻上下如沿墙壁,车骑至,则跌宕冲击,滑滞颠仆,因而倾覆折毂伤牛马驼只者,何可胜数。且潞盐行豫引路所必经,贩夫背挑推挽,商贾驮负,运载雍塞错杂,遇严寒,则山头守候,冻馁交乘,恒有僵毙于风雪中者。”赵希曾上任后,即有修路之夙愿。实地调查后,发现“欲为一劳永逸之计,非傍旧路两畔,避石就土不为功也”。于是决定局部改道。“自旧坂根锄石,东辟数十丈外,向西版筑长坡,上接小崖头跨旧路而过西畔,下砌石水道,更西斜而东走,凿石累土,盘旋上至山顶及宋家厂北岭畔浸水湖负石叠长堰一道,穿田叕垄,直达驾车岭东庙外而止。逹接阔筑一丈五尺及二丈不等,尽成坦荡。众谓山路既平,尚有乾壕之浸水湖庙沟至张茅东十里铺各险阻,何不一律修改以快行人。当带人工至乾壕镇东泥水停蓄之处傍南田,路一辙仅数十武,顺修折而东入土田,绕出堂镇西坡根,坎陷顿除,至庙沟关里,石山拱峙,一经中通水流当辙,及命工靠北凿山通道,复于庙外砌石桥一座,以避水患。出街西二里,即乳牛鼻、蜗牛石等险,改逾南河沟,仍架石梁,转过南岭腰,西至旧路浸水湖,越北登堰,迤西里许即东十里铺矣。延广三十里内,欹侧断陷易阔狭均为宽平土道。”此次修路,“计占民田二十六亩,零统共用工料出价等费制钱一千五百缗有奇。经始于光绪九年癸未仲秋,至十一月而路成。凡四方之出于其途者,众口称便”。赵希曾还“犹恐难久,因请别置田六十亩,觅修路夫三名,分段住守勿迁,以专责成,令之耕种,以赡其家,名曰护路田,与前新占民田粮赋差徭复们恩慨予,捐完且禁□□□,倘与霖潦冲啮,则各家父兄子弟随时协助补葺,路可无虞矣”。当地绅商百姓也积极参与,赵希曾开凿硖石路的经费即有“原

① 〔清〕赵希曾等:光绪《陕州直隶州志》卷二《建置·驿站》,《河南历代方志集成·三门峡卷》(3),大象出版社,2017,第74页。

商之车骡骆客等分项捐助"①。

地方民众在道路修治中,不仅有捐资出力之举,还根据行旅需要,在沿线设亭施茶,一些人因此善举被载于州县志之中。如光绪《陕州直隶州志》:"赵海涵,增生,咸丰二年佐州牧邱君创修七里涧源桥,并堂镇东瓦瑶沟桥、石堆西桥,具有条理。"②乾隆《重修灵宝县志》:"闫振京,稠桑镇人,居临驿路,每夏亲提水浆饮行人,数十年无倦设。凡庙宇、桥梁宜修者,力任之人。""按察使照磨樊文区,道光十八年驿路为喝水齿,几断,出钱七十余千,修广之。咸丰四年路又断,遂施地别开大路于村东,行人便之。""呼延守中,县丞衔,凡村中庙宇倾圮、驿路坍塌,自出赀财缮治之。"③乾隆《新安县志》:"邵自昌,施茶克昌铺历二十两不懈。"④嘉庆《渑池县志》:"茹济生,家贫好善。坡头镇有要路被水冲破,率二子担土砌石补修,易日为人佣工以糊口。竭蹶三年,遂成坦途。行人便之,刻石路旁志其德。""陈应霖,慷慨好施……于治东要道,设亭施茶,行旅称便。""向云程,性乐施……于治东十里铺设亭施茶,行之三十余年。""陈应环,赋性慷慨……千秋镇路旁韩姓有大杨树一株,卖去,韩赎回,留为行旅乘凉之便。镇人为立陈氏善树碑。"⑤

崤山南路的修治也颇有成绩。清末,陕州人水振经以雁翎关西至石门路狭,开平峻坡为坦途。光绪《陕州直隶州志》记载:"水振经,急公好义。地名石门者为行旅所必径,路极狭,崎岖险阻,盖难言状,下临深潭,时虞颠坠。值风雨骤至,进退维

① 〔清〕赵希曾等:光绪《陕州直隶州志》卷十四《金石》,《河南历代方志集成·三门峡卷》(3),大象出版社,2017,第378页。

② 〔清〕赵希曾等:光绪《陕州直隶州志》卷九《人物》,《河南历代方志集成·三门峡卷》(3),大象出版社,2017,第214页。

③ 〔清〕周庆增修,〔清〕敖启潜、许宰纂:乾隆《重修灵宝县志》卷五《忠义孝第志》,《河南历代方志集成·三门峡卷》(7),大象出版社,2017,第150、148页。

④ 〔清〕邱峨修,〔清〕吕宣纂:乾隆《新安县志》卷十一《人物》,《河南历代方志集成·洛阳卷》(24),大象出版社,2017,第169页。

⑤ 〔清〕甘扬声修,〔清〕刘文运纂:嘉庆《渑池县志》卷五《人物》,《河南历代方志集成·三门峡卷》(5),大象出版社,2017,第71~72页。

谷，行人苦之。振经出财觅工，通幽凿险至雁翎关二十余里，转陂为平。时有潘、杨二姓，欲助钱。振经谢之曰：家产虽费尽，不惜也。越数年，工得告竣。”①

上述记载反映了清代崤函古道整修具有以下几个特点：一是大规模的全段性整修主要在清政府的重大政治、军事行动之时，也就是崤函地区在全国的地缘政治格局地位上升之际。但一旦事过境迁，崤函古道又会失去关注，回落到地缘政治结构中的边缘地位，道路的整修便主要是局部的整修和改道。二是局部的整修和改道多由地方官员主导。一些修路工程为陕州知州亲自主持，并带头捐资修建。当地士绅、过往商人等也积极参与，捐资出力。如赵希曾开凿硖石路时，其经费即有“原商之车骡骆客等分项捐助”②。三是道路整修的重点主要在硖石驿一带。因这一带山石高峻，道曲而狭，元明以来虽多次修治，仍崎岖难行，故也是元明以来修治崤函古道最多的路段。四是道路整修的频率高于前代。根据目前的史料记载，已有 6 次之多，且工程规模较大，局部地区新辟道路以解决旧有道路难行之弊成为常用的措施。若加上一些整修改道尚不能确定时间和施工者的，次数会更多。如道光九年(1829)，蒋湘离盘豆趋潼关，发现“灵宝以西之路，旧时本在河滨，其南山之水之北注于河者不下数十，河水啮其汭口，浸淫弥广，路为河夺，行旅必迁道驱车以避之”，因而“余去年出关时所行之路，已非前年入关时所行之路，今日入关时所行之路，又非去年出关时所行之路”③。可见，这一带的道路并非如有些研究者所说“阌乡以西至潼关自先秦至清代均走在一条线上，没有任何变迁”④。又如，清代崤函地区自然灾害严重，地震时有发生，对道路破坏严重。嘉庆二十年(1815)九月二

① 〔清〕赵希曾等：光绪《陕州直隶州志》卷九《人物》，《河南历代方志集成·三门峡卷》(3)，大象出版社，2017，第 216 页。

② 〔清〕赵希曾等：光绪《陕州直隶州志》卷十四《金石》，《河南历代方志集成·三门峡卷》(3)，大象出版社，2017，第 378 页。

③ 〔清〕蒋湘：《后西征述》，《小方壶斋舆地丛钞》第六帙，《西北稀见丛书文献》第 4 卷，兰州古籍书店，1990，第 332 页。

④ 胡德经：《两京古道考辨》，《史学月刊》1986 年第 2 期。

十一日，平陆发生 6 级地震，波及灵宝、阌乡、陕州，灾情惨重。“民间瓦草房屋土窑多有倒塌，并压毙压伤男妇大小人口，城垣、庙工（宇）、考棚、仓厂、监狱，皆有坍损，驿路并被土山卸下填塞。”[①]官府立刻应急救灾，除救死扶伤，安抚灾民外，还抓紧整修填塞道路。“函谷关一带驿路前因坡土下卸，间段壅塞，并经雇募人夫挑挖，一律通坦，递犯解饷，一切照常，行旅络绎无阻。”[②]这奠定了救灾及灾后重建的交通基础，亦说明清代对崤函古道整修已达到了随坏随修、随堵随通的程度。

2. 函谷关和潼关的修缮

新安汉函谷关、灵宝魏函谷关和潼关是崤函古道上久负盛名的关隘，清政府十分重视对它们的维修或重建。

新安汉函谷关曾在万历四十三年（1615）由新安知县邵纯谦“因其基而兴建之”，明末战乱，“台榭倾颓，唯四柱支撑于风雨飘摇中，关之存者无几矣”。顺治十五年，新安知县俞逊“措捐薄俸，庀材鸠工”，重修汉函谷关，“巍巍壮峙”，“堪以振古”[③]。乾隆二十六年（1761），新安知县邱峨再次维修。周埙《新安度函谷关有作》诗云：“移剧冲，下车修，废堕盘错游其锋。是关将毁乃重缮，自出俸钱匠作便。岁舍甲申初落成，眼前气象维新遍。……粉垛烟楼苍翠环。慕容山头锁钥键，汉关今此胜秦关。”[④]往来行旅进出新安县城均需由此而过。

灵宝魏函谷关的维修有三次，一是在康熙十八年（1679）九月，灵宝知县江蘩因魏函谷关基址久湮，乃“捐金庀材，鸠工重建”，历两月而落成。重修后的魏函谷关

---

① 《河南巡抚方受畴奏报陕州及所属灵宝阌乡县地震灾情并饬令查勘抚恤折》（嘉庆二十年十月初八日），中国地震局、中国历史第一档案馆编：《明清宫藏地震档案》（上卷贰），地震出版社，2005，第 747 页。

② 《河南巡抚方受畴奏报陕州灵宝县地震被灾藩司前往查勘抚恤事竣折》（嘉庆二十年十一月初三日），中国地震局、中国历史第一档案馆编：《明清宫藏地震档案》（上卷贰），地震出版社，2005，第 762 页。

③ 〔清〕俞逊：《重修函谷关记》，王兴亚编：《清代河南碑刻资料》第 3 册，商务印书馆，2016，第 95 页。

④ 〔清〕周埙：《新安度函谷关有作》，〔清〕邱峨修，〔清〕吕宣纂：乾隆《新安县志》卷十三《艺文五》，《河南历代方志集成·洛阳卷》（24），大象出版社，2017，第 260 页。

“崇宏壮丽，巍然竦立于两崖之中者。……涧水潜其下，城廓在几案间，洪河绕流于外。左之有翠微之色者，中条也。右之苍茫出于云霞之表者，其嵩高乎。背负太华，面拱神京，为秦豫扼要之地。洵堪舆之伟观”。江蘩重修魏函谷关的意图，与俞逊维修新安汉函谷关大略相同，即“特以复古之迹焉，使君子之至于斯者凭而吊之”[①]。二是在同治十二年（1862），灵宝知县周淦兴建魏函谷关门卡。与江蘩维修意图不同，此次维修是“为兵役驻防之所”[②]，以控制交通，维护地方治安。周淦在《创建函谷关门卡记》中写道：“逮我朝定鼎燕京，以德化民，此关不过豫西门户，于天下大势无与焉。咸丰间。粤逆倡乱。天下骚然。同治初，是邦两经匪扰。未闻有议守此闸者。今皇上亲政伊始，海内荡平，惟西陲余孽未清，游勇充斥，行旅病焉。”故而周淦决定兴建门卡，“设关以稽。计捐银二百二十两，鸠工庀材，添置关门一重。关东北关地三弓，建官厅三楹，兵房两间。关上旧有犹龙阁奉老子像，阁前雉堞残缺不齐，旁则废窑数孔，渐就坍塌，慨命修理完善，缭以墙垣。工始于本年三月初十日，阅两月告竣，即于五月初十日选派丁壮，随同营兵驻关稽查。规模宏整，防范谨严，自西来者始难飞渡”[③]。三是在光绪十八年（1892）知县舒树基重修[④]。因记载简略，重修内容已不可知。

清代崤函古道上具有交通管理和内部治理功能的关隘主要是潼关。其形势如时人所述：“潼关扼塞三秦，控制四省，其地极重。”[⑤]“环条华而带河渭，控崤渑而朝

① 〔清〕王宏：《重修函谷关记》，〔清〕周庆增修，〔清〕敖启潜、许宰纂：乾隆《重修灵宝县志》卷五《艺文上》，《河南历代方志集成·三门峡卷》（7），大象出版社，2017，第431页。

② 〔清〕黄璟修，〔清〕庆增、李本龢纂：光绪《陕州直隶州续志》卷二《地舆志》，《河南历代方志集成·三门峡卷》（3），大象出版社，2017，第426页。

③ 〔清〕周淦、方胙勋修，〔清〕高锦荣、李镜江纂：光绪《重修灵宝县志》卷七《艺文中》，《河南历代方志集成·三门峡卷》（8），大象出版社，2017，第253~254页。

④ 〔清〕黄璟修，〔清〕庆增、李本龢纂：光绪《陕州直隶州续志》卷二《地舆志》，《河南历代方志集成·三门峡卷》（3），大象出版社，2017，第427页。

⑤ 〔清〕史应聘：《原委户科给事中史应聘揭帖》，〔民国〕“中央研究院”历史语言研究所编：《明清史料·甲编》（上），国家图书馆出版社，2008，第289页。

商洛,实数省之枢纽,三秦之门户。”①康熙《潼关卫志》云:“秦为四塞之国,举其全体而论之,河西四郡通西域诸国,犹尾闾也;上郡以北,其背脊也;度栈阁则入巴蜀,出商洛则走襄邓,皆枝蔓;唯潼关披山带河,东面而临韩魏郑宋齐鲁诸国,唐人谓其雄三辅而扼九州,良非夸语。秦之咽吻其在是乎!在昔建置不同,称名亦异,而总以一关绾全秦之口,莫不遣重臣设重兵以守之。”②清在潼关一直设防并驻扎军队。雍正二年,又在关城西三里兴建满城,由八旗兵屯守,至乾隆三年(1738)撤废。清代潼关城池循明朝,但对城防建筑进行了多次维修。如康熙二十四年、雍正五年和七年、乾隆九年(1744)和三十四年(1769)、嘉庆二十年等。规模最大者是乾隆五十二年(1787)至五十六年(1791),历时三年三个月,工费高达135万余两。工程项目包括重筑关城南墙(土墙),以青砖包砌北城,东西两面城墙亦然,改建关城六座城门与门楼,改造南、北水关,增建闸门、闸楼和闸板,砖砌上城马道10条,修复城上更铺房72所等。经过这次大的维修,潼关城及其附属设施焕然一新,大大提升了潼关城在政治、军事、交通以及防御自然灾害等方面的功能。有学者指出:“封建时代后期潼关城垣建修史上最大的维修工程,乾隆五十二至五十六年的潼关城工堪称清代厅县级城垣维修耗资最巨的一次建设活动。”究其动因,陕西巡抚巴延三曾表述说:“潼关为全秦屏障,东联晋豫,朝拱神京,西南接壤陇蜀,为新疆伯克、川省土司率班瞻仰天颜经行大路。”“非大加兴作,不足以壮观瞻而垂久远。”③可以看到,大修潼关城,是从其作为绾系西南、西北、华北和中原的重要交通枢纽并在国家战略格局中扮演着重要角色来考量的,这也成为乾隆和陕西官员维修潼关城的共识。工程竣工后,因“潼关为秦中锁钥……新疆卫藏及川省土司朝觐人等,皆从

① 〔清〕汤斌:《请修关城,以重岩疆事》,〔清〕汤斌著,范志亭、范哲辑校:《汤斌集》,中州古籍出版社,2003,第321页。

② 〔清〕唐咨伯修,〔清〕杨端本纂:康熙《潼关卫志》卷上《地理志》,《中国地方志集成·陕西府县志辑》(29),凤凰出版社,2007,第1页。

③ 史红帅:《清乾隆五十二~五十六年潼关城工考论——基于奏折档案的探讨》,《中国历史地理论丛》2016年第2辑。

西门入”①，乾隆又为潼关西门御题匾额“怀远”，同样彰显了清廷对潼关在政治怀柔、军事震慑等方面独特作用的重视。

潼关城的附属城防设施建设在清代也有新的变化。一是乾隆年间，在潼关城东门外约3里的今秦东镇凹里村创建了“第一关”。第一关北临黄河，南依牛头原，为镇守潼关的第一道关口。筑有砖城，设有关门。东侧门额大书“第一关”，西侧门额镌刻着乾隆亲书“金陡关”三个大字。关门两侧高原夹道，仅容单车通行，行走五里，视力所及，仅为一线青天，俗称“五里暗门”。行人西来，过第一关，经第一寨，出远望沟，转趋西北，始见潼关东城门楼。二是咸丰年间十二连城改建为十二连寨。咸丰三年(1853)，张祥河《潼关十二连寨记》碑记载：“陕西潼关禁沟亘三十里，旧设十二连城，今废。以工浩繁，改为十二连寨。建望楼十二，墩楼十二，兵房二十四。縻库银三千五百两。其地东联阌乡，西接华阴，南指洛南，北距潼关五里。寨各安兵勇、火器、矢砮，连络呼应，虽万众莫能超越。咸丰三年六月末，汴城有警，防贼匹窜，扼险在潼关。于是，巡抚华亭张祥河奏请兴复，得旨谕允。随饬盐道文海、署潼商道蔡宗茂、绥德州知州江士松、潼关厅同知孙治，职其事，以九月壬戌告成。居高眺远，山河了然，盖秦中保障也。”②

3. 桥梁修建

清代以来商品经济有了较大发展，为便利商品流通，崤函地区大量新修桥梁。据乾隆《新安县志》记载该县：“虽无广川大河，然谷断水横所在多有桥梁，或旧设而今废，或在此而移彼。守斯土者既期无病涉之民，即不敢忘杠梁之政。”乾隆时，

① 〔清〕秦承恩：《奏请钦颁潼关城门匾字事》，乾隆五十六年五月二十九日具文，乾隆五十六年六月十八日朱批，录副，档案号03-1141-017，引自史红帅《清乾隆五十二~五十六年潼关城工考论——基于奏折档案的探讨》。

② 〔清〕张祥河：《潼关十二连寨记》，赵平编辑：《中国西北地区历代石刻汇编》第10册，天津古籍出版社，2000，第44页。

该县桥梁“凡二十有三”,其中“石桥凡十七”,木桥“在大路者凡六”①。其他州县的情况也大体相同。如方志记载,渑池县建有桥梁15座②,陕州有12座,灵宝县有20座,阌乡县和卢氏县分别有5座③。而方志无载的还有不少。2011年第三次全国文物普查,渑池、陕县尚存清代石桥8座④,多数不见清代方志记载。这些桥梁既有清代新建,也有对前代桥梁的重建或修缮,类型包括石桥、木桥等多种。

尤其值得一记的是清代重修的陕州张茅镇东香油河(即《水经注》之崖水)上的董达桥。此桥是崤函古道上的重要桥梁,康熙四十二年康熙西巡返京即经过该桥。史载该桥最早“为五代董达所建之石桥,其下为香油河,殊饶风景,宋元明清历代有修筑”。该桥为南北向弧形单孔石桥,石拱高,排水流畅。桥主体长3丈余,宽丈余。建材取自当地白山、黑羊山的优质青石料,按规格打凿成整齐的青石条作桥基、桥体,桥面由青石板铺就,桥中间略显弧度,两侧有20根石柱作栏杆,上端刻有石狮、石猴、石桃等造型,每根栏杆上刻三字,内容为“恒农郡、董达桥、东距硖、西邻焦、南排漫、北距茅、连二陕、数三崤、韩魏境、豫冀交、仙话李、相传姚、神门著、客舍标、道转峡、水如膏、藩篱固、锁钥昭”⑤,既传递了董达桥所在位置及其交通的重要性,也概括了附近发生的历史事件和典故。每两根栏杆中镶嵌长方形石板一块,上刻王体仁等当地名人诗作,“均为附近名胜,而于桥更增价值”。至20世纪60年代公路改建时董达桥被毁,前后使用1000余年。上述诸工程事例,说明清代桥梁建

① 〔清〕邱峨修,〔清〕吕宣纂:乾隆《新安县志》卷二《营建·桥梁》,《河南历代方志集成·洛阳卷》(24),大象出版社,2017,第57页。

② 〔清〕甘扬声修,〔清〕刘文运纂:嘉庆《渑池县志》卷二《建置志·津梁》,《河南历代方志集成·三门峡卷》(5),大象出版社,2017,第28页。

③ 〔清〕龚松林修,〔清〕杨建章纂:乾隆《重修直隶陕州志》卷一《地理·关梁》,《河南历代方志集成·三门峡卷》(1),大象出版社,2017,第175~176页。

④ 河南省第三次全国文物普查领导小组办公室:《河南省第三次全国文物普查不可移动文物名录·三门峡卷》,2012。

⑤ 欧阳珍修,韩嘉会撰:民国《陕县志》卷二十一《金石》,《河南历代方志集成·三门峡卷》(4),大象出版社,2017,第228页。

设的规模和工程技术的水平都大超前代。

图 9-10 张茅董达桥[①]

清代崤函古道桥梁修建,多为官民合修和民修。所谓官民合修,是指官府出资先修,后又倡议士民捐资合修。如潼关城的潼河石桥,又名潼津桥,“为川陕晋豫四省通达九边要路”。最初由明潼关兵备道张问行兴建,后屡遭水患,“桥础漂沉”。康熙十九年(1680),潼商道参议孔兴釪“白之中丞,爰檄卫守,会集绅衿,次及耆老贾客,俾共商之。随分乐输,以襄义举。更择勤谨急公之人以董其事”,重建潼河石桥[②]。由官员捐俸倡议与士民合修的桥梁也不少。如渑池三十里铺的头峪沟桥,始建于明代,乾隆十五年(1750),邑贡方政通、平如准等重修,后因山水大涨,桥石倾圮无存。嘉庆十三年(1808),知县甘扬声“捐俸钱十万,并属义民王言等募东九

① 采自欧阳珍修,韩嘉会撰民国《陕县志》卷四《桥梁》,《河南历代方志集成·三门峡卷》(4),大象出版社,2017,第 36 页。

② 〔清〕孔兴釪:《重修潼河石桥序》,〔清〕唐咨伯修,〔清〕杨端本纂:《潼关卫志》补录,《中国地方志集成·陕西府县志辑》(29),凤凰出版社,2007,第 96 页。

里绅民及往来过客，乃购美材，择善工"，"费金钱百二十余万"，历时一月修成，易名万寿桥①。

民修一般分两种情况。一是士民捐资合修。如陕州区宫前乡头峪村东的头峪桥。据乾隆二十三年(1758)《重修桥路碑记》记载："镇之东有石桥，昔人创建，规模颇狭，往来者苦其不便，道人程永慧西坞成孔功多，徙居此镇，慨然曰：吾其济之。乃邀功德主六人人募化本镇之齐民商人协成厥功，而受募者各效周制，输赀财捐功为之，叠石架木以利行人，由是桥之西南隅宽于旧者丈余，东南隅阔于昔者过半，执鞚此乐荡荡，行迈至是喜平平。"②头峪桥由砖、木、石筑成，长 10 米，宽 4.75 米，单孔平梁，孔宽 8.83 米，桥体基础为巨石，北段用条石砌成，南段为大型青砖砌成，中段为周长近 2 米的 5 根大圆木铺垫。至今仍在使用。又如渑池城关镇十里堡村东的十里堡石桥，又名观音桥。乾隆《渑池县志》记载："范剧发，邑庠生。好善乐施。治东十里有观音桥，系木料，不时损坏。康熙五十五年，剧发捐资三十两，并劝众倡修，经营三载，以石易之，至今行人永赖。""韩冰铉，邑民。……生员范剧发慕其好善乐施，清至治东十里铺，重修观音桥。铉慨然任其事，除劝捐外，助资二十两，亲督其工，越半载而成。"③观音桥今尚存，单孔石拱，长 17.1 米，宽 6.65 米，两侧设望柱、栏板。桥西部稍有破坏，至今仍可通行。二是士民个人捐修。乾隆《渑池县志》记载："李士林，通医卜……捐修治南谷水桥，里人为立善教碑。倡修治东第一桥。"嘉庆《渑池县志》："张乔林，县庠生……村临谷水，林独立修桥。"④正是当地官员和民众的共同努力，促进了崤函古道通行条件的改善，为崤函古道交通的发展和

① 〔清〕甘扬声修，〔清〕刘文运纂：嘉庆《渑池县志》卷二《建置志·津梁》，《河南历代方志集成·三门峡卷》(5)，大象出版社，2017，第 28 页。

② 《重修桥路碑记》乾隆二十三年立，现存陕州区宫前乡头峪村奶奶庙侧。

③ 〔清〕梁易简修，〔清〕刘元善纂：乾隆《渑池县志》卷中《人物志》，《河南历代方志集成·三门峡卷》(4)，大象出版社，2017，第 328 页。

④ 〔清〕甘扬声修，〔清〕刘文运纂：嘉庆《渑池县志》卷五《人物》，《河南历代方志集成·三门峡卷》(5)，大象出版社，2017，第 68、70、72、73 页。

畅通作出了重要贡献。

图 9-11　陕州区宫前乡头峪村头峪桥(田永强摄)

四、康熙西巡长安和慈禧、光绪西狩及回銮中的崤函古道

康熙四十二年十月十一日,康熙在皇太子允礽、皇三子多罗贝勒允祉、皇十三子胤祥陪从下,离京西巡。经保定、太原,南下蒲州,渡黄河,入潼关,然后溯渭而上,抵达西安,停留七天后离开西安,出潼关经河南返京。十一月二十五日至十二月初一经行崤函古道。

《康熙起居注》详细记载了康熙在崤函古道上的行程和路线:"二十五日丙寅,上驻跸潼关城内。""二十六日丁卯,上驻跸河南府属阌乡十五里铺。河南坤衿士庶星罗云集,瞻仰天颜,欢呼跪迎者,与秦晋无异。"[①]乾隆《阌乡县志》则载:"驻跸亭,县城东三里许,南负鼎原,北面大河。岁癸未仲冬,清圣祖皇帝西巡雍州,自华而东历金陡,经湖城驻跸此地。"[②]按此,驻跸亭当在阌乡故城东三里,即今灵宝阳平镇阌西村东北阌乡故城附近。"二十七日戊辰,上驻跸灵宝县属摩云寺南。"[③]摩云寺或即天云寺,在今陕州区大营镇黄村附近。齐周华《陕游随笔》记载:"由(陕)州西行十五里,至桥头沟……二十五里有天云寺……寺外东侧有慕云台故址……寺西里许,即曲沃镇。"[④]民国《灵宝县志》又载:"圣祖西巡回銮,至灵宝西三十里铺,忽白兔起田间,圣祖挽强跃马应弦而得,遂由东古驿过沙河桥,出函关。土人呼其路为龙路。"[⑤]"二十八日己巳,上驻跸陕州属张茅镇村北。"[⑥]张茅镇街南新寨现存一座明房暗窑院落,即康熙行宫的一部分。北边是正房,上下两层,一层为砖箍窑洞,西侧窑内有楼梯直通二楼。二层为瓦房。院落东、西、南面各有 3 间单层灰瓦房。"二十九日庚午,上驻跸渑池县城南。""三十日辛未,上驻跸新安县城内。"[⑦]十二月初一日,离开新安,经洛阳、郑州北上还京。

康熙西巡是这位喜欢巡幸的皇帝一生中唯一一次西巡,历来被看作康熙经营和抚定蒙藏边疆的重要活动。西巡过程中,康熙观览民情、询察吏治、简阅禁旅、整饬军营,政务活动十分频繁。崤函古道虽是康熙返京回程交通线路,但康熙仍始终围绕西巡目的做了大量工作。如西巡中康熙欲亲往阅视三门水路,以将河南等处米谷由黄河转运山陕,救济秦晋。因陕州知州回奏无路径断难行走,遂未成行,而

① 徐尚定:《康熙起居注》第 7 册,东方出版社,2014,第 168 页。

② 〔清〕梁溥:乾隆《阌乡县志》卷二《古迹》,《河南历代方志集成·三门峡卷》(9),大象出版社,2017,第 497 页。

③ 徐尚定:《康熙起居注》第 7 册,东方出版社,2014,第 169 页。

④ 〔清〕齐周华:《陕游随笔》,《名山藏副本》卷上《游记》,上海古籍出版社,1987,第 103 页。

⑤ 张椿荣修,张象明等纂:民国《灵宝县志》卷十《古迹》,《河南历代方志集成·三门峡卷》(9),大象出版社,2017,第 194 页。

⑥ 徐尚定:《康熙起居注》第 7 册,东方出版社,2014,第 169 页。

⑦ 徐尚定:《康熙起居注》第 7 册,东方出版社,2014,第 169 页。

命皇三子允祉及侍卫等往视之。康熙回京后，又告谕大学士："河南府居各省之中，水路四达，最为紧要之地。应于此处储积米谷。倘山陕等省间或收成歉薄，即可将此积贮米谷，由黄河挽运。若到三门砥柱船不能上，亦可于三门砥柱造船剥运，以至山陕。诚使河路疏通，则商贾人民大有裨益所宜于无事之时，预为筹划者也。"①可以看到，康熙是将恢复三门峡漕运作为救济秦晋，经营蒙藏的一部分来考虑谋划的。对河南地方的民生利弊，康熙也非常关心，途中对河南巡抚徐潮说："朕念西土兵民生计，乘冬令农隙之时特事西巡，返辔京师，道由豫省。自入潼关，见阌乡以及河南府民生甚艰。"②他要求地方官予以重视。西巡过程中，康熙还赏赐大量御书笔墨。据统计仅十一月二十六日在阌乡一地，康熙御赐给前来觐见的山陕等地各级官员的御书诗句即有22件之多。有研究者分析，康熙此举是勉励各级官员，用温和的方式整饬吏治，提高行政运作效率③。

光绪二十六年（1900）七月，八国联军大举入侵北京，慈禧太后和光绪帝在北京城陷前仓皇离京，一路向西，途经山西，八月二十六日从风陵渡过黄河抵达潼关，又继续西行，九月四日抵达西安。直至翌年九月回銮返京，前后在西安停留十个多月，史称"庚子西狩"。慈禧和光绪在西安组建了行在朝廷，以剿匪、惩凶、议和、新政等为施政要项，重建摇摇欲坠的统治秩序，使得国内政治关系略趋明朗。时人有云："两宫出走，全国仍奉中枢，奏章、贡物、简放内外官缺，与在京时无异。"④尤其是十二月初十颁行的新政上谕，把一个油干灯枯的颟顸王朝推上了改革之路，标志着清末新政的肇始，客观上推动了国家向近代化转变的趋势。

由于朝廷流亡西安，河南成为拱卫西安行在的第一线，在全国地缘政治结构中

---

① 《清实录》第6册《圣祖仁皇帝实录》卷二一四，中华书局，1985，第175页。

② 《清实录》第6册《圣祖仁皇帝实录》卷二一四，中华书局，1985，第174页。

③ 李文君：《康熙帝西巡与笔墨赏赐活动述论》，《明清论丛》2018年第2期。

④ 〔清〕龙顾山人：《庚子诗鉴》，中国社会科学院近代史研究所编：《义和团史料》上册，中国社会科学出版社，1982，第86页。

的地位陡然上升。慈禧谕令各省调兵入豫，分驻潼关、洛南及黄河北岸严防，在崤关、函谷关等要隘加派三营驻扎防御。同时从京城逃出的官员也纷纷涌入西安效力，“臣仆侍从人数已巨，加以诸军扈跸千乘万骑……食用浩繁”①。但其时“陕省灾歉异常”，行在开支“全赖豫省及东南各省粮运，取道河陕西行，以资接济”②。慈禧甫到西安，即令河南巡抚裕长“于购存大米内，先行起运京斗米五百石，交候补知府黄履中管解，由陆路运往陕西省城”。“复在购存项下解兑京斗大米二千石，作为水运头批……由黄河溯流而上，至西安交由粮道兑收”。③ 三天后，又令裕长“无论何款，速提银十万两，购买米麦，由陆路迅即运陕。……河南现存赈余粮三四万石，并著裕长派员先行运赴行在，毋稍迟延”④。

崤函古道是当时调拨转运的主要通道之一，运输线路有两条：一是自洛阳经新安、渑池、陕州、灵宝、阌乡、潼关陆路解往西安；一是由黄河驶运至孟津，车运至会兴镇，雇佣回空盐车转运。河南在“会兴镇专设一局，招集盐车骆驼接送各路官运及湖北粮运迅速西行”⑤。河南巡抚于荫霖在这一时期的奏折中多次论及这一情况：“本年各省援军人员入卫、呈进方物，以及东南粮饷运道皆由豫境陆路西上，纷至沓来，接应不暇。”⑥“豫以疲弊之一省，当东南十数省之要冲，常差既数倍往年，

① 《陕西巡抚岑春煊为改南漕由河南卫辉府道口镇陆运事奏》(光绪二十六年闰八月初九日)，中国历史第一档案馆：《慈禧西逃时漕粮京饷转输史料》，《历史档案》1986年第3期。

② ［清］于荫霖：《修治运道挪用铁路经费银一万两片》，于翰笃编：《于中丞(荫霖)奏议》卷九，沈文海主编：《近代中国史料丛刊》第23辑，文海出版社，1973，第345页。

③ 《河南巡抚裕长为筹款购粮以济赴陕兵响事奏片》(光绪二十六年九月初十日)，中国历史第一档案馆：《慈禧西逃时漕粮京饷转输史料》，《历史档案》1986年第3期。

④ 《河南巡抚裕长为遵旨截留湖南京响购粮运陕事察片》(光绪二十六年九月十三日)，中国历史第一档案馆：《慈禧西逃时漕粮京饷转输史料》，《历史档案》1986年第3期。

⑤ ［清］于荫霖：《起解备荒米麦并查明遏粜截粮拏车各节暨运道为难情形折》，于翰笃编：《于中丞(荫霖)奏议》卷八，沈文海主编：《近代中国史料丛刊》第23辑，文海出版社，1973，第320页。

⑥ ［清］于荫霖：《过境差车请由各省发价折》，于翰笃编：《于中丞(荫霖)奏议》卷七，沈文海主编：《近代中国史料丛刊》第23辑，文海出版社，1973，第285页。

运费复兼供各省,无论州县,力不能支,恐罄司库。”①“陕州及渑池、灵宝、阌乡各县均为关陇要冲,近因转运粮饷、贡献方物,并秋冬间兵事驰驱,沿途各驿差使烦要,实倍于常。”②“西至崤函,万峰重叠,古人所谓一夫当关,丸泥可封之地,平时已为畏途。现值叠次积雪,危坡峻坂一望无际,洼下之处不见底,轮蹄所经折轴脱辐,殆有复辙灭顶之虞。况当残腊严冬,集霰连绵应候而来,愈积愈厚,即瞬交春节东风解冻消融之后,积淖埋轮,车行尤为滞重,加以阴崖幽壑雪消冰渗滂沛下注潴为溪涧,漂没车辆,并忧复溺。两三月内,但恐未能干涸通行,运道之艰阻如此,……而东南十数省转输之途,莫不取道于此。”③

为转运调拨钱粮,车户克服运输的困难,付出了巨大努力。于荫霖奏称:“由豫西行入陕,路最崎岖,往往危岩峭壁中仅有一线行径。当此冰雪填拥,路狭泥深,人畜均难跋涉,粮运艰阻。”④“自闰八月以后,东南各省方物、粮饷、军械络绎而来,冲要处所动辄需车数百辆不等。河南府陕州一带,向非商贾辐辏之区,原备之车不敷,势必四处招雇,以济急需。”⑤而“旬余以来,连番大雪,西路既多深沟,并多山险,由铁谢运至会兴镇三百数十里,泥淖股胫,日行十余里,沿途骡马倒毙,车夫多弃车而逃。现自陕州之会兴镇运至西安,车脚每石加至银三两,驼价每石加至银三两五钱,尚皆裹足不前”,但因“随扈军云集待哺殷繁万分紧急”,仍“设法趱进,不

① 〔清〕于荫霖:《过境差车请由各省发价折》,于翰笃编:《于中丞(荫霖)奏议》卷七,沈文海主编:《近代中国史料丛刊》第 23 辑,文海出版社,1973,第 288 页。

② 〔清〕于荫霖:《查明州县被忝按站扰累各节据实复陈分别拟办并拟妥定章程以善其后折》,于翰笃编:《于中丞(荫霖)奏议》卷八,沈文海主编:《近代中国史料丛刊》第 23 辑,文海出版社,1973,第 299 页。

③ 〔清〕于荫霖:《起解备荒米麦并查明遏籴截粮拏车各节暨运道为难情形折》,于翰笃编:《于中丞(荫霖)奏议》卷八,沈文海主编:《近代中国史料丛刊》第 23 辑,文海出版社,1973,第 321~322 页。

④ 〔清〕于荫霖:《过境差车请由各省发价折》,于翰笃编:《于中丞(荫霖)奏议》卷七,沈文海主编:《近代中国史料丛刊》第 23 辑,文海出版社,1973,第 288 页。

⑤ 〔清〕于荫霖:《起解备荒米麦并查明遏籴截粮拏车各节暨运道为难情形折》,于翰笃编:《于中丞(荫霖)奏议》卷八,沈文海主编:《近代中国史料丛刊》第 23 辑,文海出版社,1973,第 319 页。

得稍涉畏难”[1]。

崤函古道究竟转运多少银两粮食，史无明载。但有统计说，到光绪二十七年二月初，各省解往行在的银两即“已有五百万之多”[2]，粮七十一万九千多石[3]。可见在庚子国变的特殊历史时期，崤函古道为维护行在朝廷的运转，重建国内秩序，提供了重要的交通保障。

另一方面，慈禧与光绪留居西安，历时十多个月，崤函古道沿线百姓支应转运、兵差不断，负担也十分沉重。于荫霖作为河南的父母官曾多次谈及：“陕州及渑池、灵宝、阌乡各县均为关陇要冲，近因转运粮饷、贡献方物，并秋冬间兵事驰驱，沿途各驿差使烦要，实倍于常，而各驿支应，除本号所需麸料、草束外，尤以车马骡驼籍资民力为大宗。”[4]滋扰不堪。“豫省频年荒歉，民困未纾，加以本省兵车粮械等差及过境之例差，较常年顿增数倍，疲累已不可胜言。”[5]他在一份奏折中详细记述了崤函古道沿线百姓遭受兵差滋扰、胥吏搜刮的情形：

渑邑东西两关共有客店四家，小店名曰“厂棚”共五六家。本年兵差过境，人多势众，良莠不齐，到店滋扰，固不待言。各店户畏其扰累，半皆关闭。大兵过竣，各店无以为业，勉强复开，自尔荒凉。……马号号夫按节向大小客店索大钱二百文，麸料系粮房与饭店支应，按节各索大钱三百文，闸刻下麸料照常催取，自屡过兵差，所需草束遂藉端加倍，仍复出自民间。……查陕州大

---

① 〔清〕于荫霖：《请将存拨甘军米石先行运陕片》，于翰笃编：《于中丞（荫霖）奏议》卷七，沈文海主编：《近代中国史料丛刊》第23辑，文海出版社，1973，第281~282页。

② 中国历史研究社：《两宫驻跸西安记》，《民国丛书》第5编第68册，上海书店，1996，第189页。

③ 叶秀云、叶志如：《慈禧西逃后的腐朽生活》，《历史档案》1982年第1期。

④ 〔清〕于荫霖：《查明州县被忝按站扰累各节据实复陈分别拟办并拟妥定章程以善其后折》，于翰笃编：《于中丞（荫霖）奏议》卷八，沈文海主编：《近代中国史料丛刊》第23辑，文海出版社，1973，第299页。

⑤ 〔清〕于荫霖：《过境差车请由各省发价折》，于翰笃编：《于中丞（荫霖）奏议》卷七，沈文海主编：《近代中国史料丛刊》第23辑，文海出版社，1973，第287页。

小客店共六家,兵差滋扰不堪。店户衣服被兵抢掠,控州代为要回。……至马号应用麸料、草束,经管号家人段姓以过兵为名,多索麸料,折价勒交,其草先以三斤为一斤,后乃以十二斤为一斤。民不堪苦,咸为切齿,至聚众数百,将期寻杀,该家人逃至灵宝藏匿。……旋据该州境五路小饭店公同呈诉,内称各饭店常被州号勒索,支应麸差,向交湿麸,照京斗每斗约重六斤,每日交麸八斗九升四合,共重五十余斤。交麸一石,向发价银一两,立有碑记可查。近来麸差加重,复勒交干麸,甚又每斗改为四十斤,日交斗数如前,净重三百五十余斤,应得麸价分文不发。……本年公差需用车马自多于常时。闻该州车马等费,向由盐斤加价局拨给商捐车柜,大钱一万千为该州支应流差之需。流差者,即沿驿饷鞘、人犯、因公官员往来索支之车马也。此外,旧章尚有摊自民间者,每亩捐钱三十文,每年约共收钱六千六百余千。本年该州商同局绅,两次每亩地复加派四十文,民已交怨。嗣又藉办兵差,每亩又添派二十文,百姓哗然,遂有先缴农器,而后来州算账之举。……灵宝县……兵差过境,有先兵而逃者,有后兵而归者,询其情形只为避兵。……麸料、草束向系民间支应,尚未格外加增,但催取时,差役轮流下乡,需索饭钱数十文或一二百文,为数无几,而催索频烦,乡民未免恶其滋累。阌乡县……共有客店四家,内有两家兼开饭店者。……该县马号草料取之民间,号麸征之饭店。本年兵差,马号即藉此为词,多加数目。草料由乡间加摊,系属众力,惟麸片只有饭店两家,未免苦累,致有怨声。且催取时系差役经手,每遇下乡,动辄需索饮食,或数十文至百余文不等,名曰“催费”。①

① 〔清〕于荫霖:《查明州县被忝按站扰累各节据实复陈分别拟办并拟妥定章程以善其后折》,于翰笃编:《于中丞(荫霖)奏议》卷八,沈文海主编:《近代中国史料丛刊》第23辑,文海出版社,1973,第293页。

百姓支应转运、兵差本已困苦，而地方官借端苛派，更使百姓雪上加霜。署渑池县知县顾守埙纵容“号夫向大小客店以及粮饭各店按节需索麸料小费，兵差复加派草束”。灵宝县知县徐冏钊、阌乡县知县欧鼎臣纵容“差役下乡催取麸料、草束，需索饮食”，欧鼎臣还“任听号役借兵添派”。陕州知州黄璟于亩捐津贴定章外，“复屡次加派，其管号家丁段姓复借端勒加麸料、草束，均多至数倍，几激事端”①。这些官员经御史管廷献奏参，分别受到撤任留省察看、即行革职等处分。

光绪二十七年七月，《辛丑条约》签订，八国联军相继退出北京。八月，慈禧太后与光绪帝取道河南、直隶（河北），回銮京师。这标志着清政府“临时迁都”结束，国家政局重新回归稳定状态。

为了保证回銮交通的顺利，早在这年一月，朝廷即派出专员组织民众沿途整修道路。黄履中以委办修路委员三品衔候补知府“赴潼关外修道”②。黄履中“修理陕州一带运道，阅时五六月之久，至七月才基本竣工”③。民国《新修阌乡县志》载：“二十七年秋，慈禧太后及德宗由长安回銮，道经阌乡。前数月即命跸路大臣黄履中来阌相度驿路，修理行宫。阌境内官路均系胡同，曲折不平，须有高原另开御道。时值饥馑之后，秋禾甚茂，尚未收获。县令邓华立言于黄公，谓计圣驾九月至，禾稼可以成熟，请勿先时划除，斯可济民命。黄公元其请，以是乡民感其德，临期筑路颇踊跃。”④民国《陕县志》的记载略同：“先数月，即命跸路大臣黄履中相度驿路，修理行宫，于是征集民夫，凡境内东西孔道尽平治成坦途。时值饥馑之后，民不堪命，黄

---

① 〔清〕于荫霖：《查明州县被参按站扰累各节据实复陈分别拟办并拟妥定章程以善其后折》，于翰笃编：《于中丞（荫霖）奏议》卷八，沈文海主编：《近代中国史料丛刊》第 23 辑，文海出版社，1973，第 302~303 页。

② 〔清〕王文韶著，袁英光、胡逢祥整理：《王文韶日记》，中华书局，1989，第 1013 页。

③ 〔清〕锡良：《保奖办理粮运出力人员折》，沈文海主编：《近代中国史料丛刊续编》第 11 辑《锡清弼制军奏稿》卷三，文海出版社，1974，第 249 页。

④ 黄觉修，韩嘉会纂：民国《新修阌乡县志》卷一《通纪》，《河南历代方志集成 · 三门峡卷》（10），大象出版社，2017，第 312 页。

履中禀请豫抚拨款发给工赀,应工始形踊跃。”[①]但因当地“夏令积雨连旬,河水骤发”,已整修的“跸路多被冲毁,灵宝、阌乡等处深沟一线之路,山水暴注,尤属危险,泥深数尺,节节阻滞”[②]。于是又将被毁道路重新整修一番。慈禧也因此将原定七月十九日回銮的时间向后推迟月余。

八月二十四日(10月6日),两宫从西安起驾回京。军机大臣王文韶是主要随从人员,每日都要面见两宫,奉旨办差。他在日记中详细记载了两宫回銮的日程和路线,可以弥补已有史料之不足,或者更正已有记载的错误。据此整理崤函古道部分的日程和路线如下:

九月朔日(10月12日)抵潼关,驻跸三天。九月初五日(10月16日),二里过第一关入河南界,二十里阌底镇宿。初六日(10月17日),二十里盘头镇,二十里阌乡县城宿[③]。初七日(10月18日),二十里杨家湾,二十里古驿村,茶尖,二十五里灵宝县城宿。初八日(10月19日),仍宿灵宝县城。重阳节(10月20日),二十里曲沃镇。二十五里桥头沟,茶尖,十五里陕州城宿。初十日(10月21日),三十里磁钟镇,二十五里张茅宿。十一日(10月22日),二十里硖石,二十五里观音堂宿。十二日(10月23日),仍宿观音堂。十三日(10月24日),二十里英豪镇,二十五里渑池县城宿。十四日(10月25日),二十五里石河镇,十五里义昌驿,茶尖,二十里铁门镇宿。十五日(10月26日),起行三十里,不过二十四五里。辰正抵新安县城宿。十六日(10月27日),三十里磁涧镇,茶尖,十五里谷水铺。二十五里河南府城宿。[④]

从九月朔日抵达潼关,到十六日离开新安,两宫在崤函古道沿途行宫驻跸合计

① 欧阳珍修,韩嘉会撰:民国《陕县志》卷一《大事记》,《河南历代方志集成·三门峡卷》(4),大象出版社,2017,第18页。

② 《清实录》第58册《德宗景皇帝实录》卷四八五,中华书局,1985,第402页。

③ 吴永《庚子西狩丛谈》云:“初五日,自潼关启銮,至阌乡县驻跸。”“初六日,辰刻自阌乡启銮,申刻至灵宝县驻跸。”“初七日,仍驻灵宝”,有误,当以王文韶所记为正。

④ 〔清〕王文韶著,袁英光、胡逢祥整理:《王文韶日记》,中华书局,1989,第1040~1043页。

15晚。与庚子西狩时不同的是,两宫回銮队伍浩浩荡荡。有记载说,仅慈禧的行李辎重车即有三千多辆。加之朝臣官员、两宫后宫、血亲与内侍,以及随扈保卫、货物搬运等人员,其规模之庞大可想而知。

为讨慈禧太后的欢心,河南巡抚及当地官员在沿途修建了一批行宫。据上谕档《陕西至河南陈设驻跸行宫等处清单》记载,自潼关至河南府沿途备设行宫10处、尖营11处、茶尖2处[①]。张茅、义昌行宫遗址今尚存[②]。行宫设施奢华,供张甚丰。如在阌乡,"设两宿站,一在阌底镇,一在城内县署。阌底镇为陕西入河南首站,县令办差预买民房一座,改建行宫。门屏格扇都令雕刻,极其精致。御榻以黄缎绣龙堆,厕房用红毡叠铺,御膳房所需一切器皿皆须新置"[③]。"河南省供支局承办点心委员,特地到山东招募会做点心的人,制成各样玲斑细巧好吃好看稀奇的点心。有看见的人说,那点心的模样,同京城里卖的八大件差不多。"承办花草的委员,还购办贵重菊花一千多盆,放于地窖,供两宫欣赏,"好叫两宫看了花花世界,心花儿朵朵开"[④]。九月初五,两宫出潼关入阌乡,"豫抚松涛先半月而至迎供。河南各司道大员除藩司外皆预至迎候,其各部扈从公馆将该镇附近村庄尽行占用,车马招自邻境,拥排数里……两宫一至,从官山积马如云屯,一宿即过,而物品抛弃狼藉。次日宿城内县署,供张尤为周备。一宿即东赴灵宝,沿途有父老跪道瞻谒者,随颁以御赐耆民之银牌。……是役也,费用耗滥,虽正款由上发给,而地方亦不堪

① 中国第一历史档案馆:《庚子事变清宫档案汇编》第8册《慈禧光绪西行》卷二,中国人民大学出版社,2003,第437~439页。

② 张茅行宫遗址在陕州区张茅镇街北,俗称大殿院,原有上殿3间,偏殿各2间,殿前有一排房舍6间,殿后有土窑9孔。光绪二十八年(1902)州牧松序捐银改建为棠荫书院。义昌行宫遗址位于义马二十铺社区下石河村,原为两进四合院建筑,现存上房5间,东西厢房各3间。

③ 黄觉修,韩嘉会纂:民国《新修阌乡县志》卷一《通纪》,《河南历代方志集成·三门峡卷》(10),大象出版社,2017,第313页。

④ 优钵罗斋:《回銮纪事》,中国社会科学院近代史研究所编:《义和团史料》,中国社会科学出版社,1982,第735页。

其累云"[①]。陕州情况也是如此,"境内设行宫四处,一石桥镇,一城内道署,一磁钟镇,一张茅镇,各镇行宫墙壁以红黄色涂之,辉煌耀目,门屏格扇,都令雕刻极其精致,御榻用黄缎绣龙墩,厕所皆以红毡叠铺,御膳房所需一切器皿皆新置,大厨房山珍海错,每味各归一处专司"。初九日,"两宫至,从官山积,马如云屯,沿途人民跪道左瞻谒,有贡献石榴、梨、果者。帝赏给银两以银牌颁赐耆老,午间至石桥镇,稍憩,即东行,宿城内,次日东下,夜宿张茅镇,至观音堂,宿周氏民宅。是役也,所过之处供张甚丰,而余物抛弃狼藉,虽开支正款,地方已不堪其扰。某生有咏行宫七绝,末二句云:无限苍生膏与血,可怜祇博片时欢"[②]。

随行的官员亲随、太监借机扰害当地百姓。如在潼关时,喀尔喀亲王那彦图之亲随在潼关卷取铺垫等物,委员候补巡检李赞元向前阻止,该亲随竟缚而挞之于市,经升中丞据实奏参,奉旨:"那彦图着交理藩院照例议处,其滋事亲随,着升允严讯惩办。"[③]阌乡甚至发生太监殴打县令之事。"行在太监百余辈,由陕入都,过阌乡县,争车夺马,县令几被殴辱,松帅尚以为支应不善,记大过一次,委办车马委员,更记大过二次。闻陕州会兴镇厘局总办黄守,为内监殴辱伤臂。"[④]虽然慈禧"饬各州县官不得妄事供张,一切务从简约"[⑤]。"启銮回京,一切用费,均开正款"[⑥],强调不得扰民,不得恃强攫食,但两宫回銮给崤函古道沿线州县人民带来的负担和扰累

① 黄觉修,韩嘉会纂:民国《新修阌乡县志》卷一《通纪》,《河南历代方志集成·三门峡卷》(10),大象出版社,2017,第313页。

② 欧阳珍修,韩嘉会撰:民国《陕县志》卷一《大事记》,《河南历代方志集成·三门峡卷》(4),大象出版社,2017,第18页。

③ 〔清〕吴永:《庚子西狩丛谈》卷四,中国史学会主编:中国近代史资料丛刊《义和团》(3),上海人民出版社,1957,第446页。

④ 〔日〕长谷川雄太郎:《回銮日记及杂记》,中国史学会主编:中国近代史资料丛刊《义和团》(3),上海人民出版社,1957,第493页。

⑤ 徐珂:《清稗类钞》第一册《巡幸类》,中华书局,2010,第351页。

⑥ 〔清〕锡良:《豁免跸路经过地方钱粮折》,沈文海主编:《近代中国史料丛刊续编》第11辑《锡清弼制军奏稿》卷三,文海出版社,1974,第158页。

不容忽视。故方志记载此事,纷纷以“不堪其扰”“不堪其累”记之。

五、崤函古道的兵差运输

清代崤函古道驿传体系的建设,驿路的不断整修,改善了崤函古道的通行条件,提升了交通运输效率。崤函古道不但承担着政令舆情的传递任务,也具有商贸往来、军事运输等功能,尤其在西部边疆地区发生叛乱时,便利的崤函古道交通线路为清政府对西部用兵提供了保障。

崤函古道驿路驿传在清初统一国家的进程中承担了大量的兵差运输任务,为清廷统一全国,稳定政治统治、实施军事行动作出了贡献。顺治二年(1645),清军占领潼关后,大军西进关中、宁夏和甘肃,所需兵员辎重都要经由崤函古道。据潼关监军道史应聘奏言:“时大兵驻(潼)关,军需不赀,而州县百姓存者无几。职飞檄督催,计完粮数十万,刍草数百万,又催大牛一万余只,大车一百余两。”①康熙时,潼关兵备道汤斌亦说:“迩来征调殷繁,戎马旁午。换班家口,络绎不绝。催提牛车,动盈千百。小民竭力供应,日不暇给。耕耘之期,半为所误。”②“年来征调频繁。大兵时集满洲换班,家口及吐蕃喇嘛入贡,必由关门,用车多至八九百辆。至于寻常,一二百辆则络绎不绝也。”③其时,南明仍在南方苟延残喘,清大军南下,同样经过潼关及崤函古道。“秦兵之楚,京兵之秦,往来梭织,罔不于关门为邮传地。

---

① 〔清〕史应聘:《原委户科给事中史应聘揭帖》,〔民国〕“中央研究院”历史语言研究所编:《明清史料·甲编》(上),国家图书馆出版社,2008,第289页。

② 〔清〕汤斌:《严革提车夙弊,以苏民困事》,〔清〕汤斌著,范志亭、范哲辑校:《汤斌集》,中州古籍出版社,2003,第361页。

③ 〔清〕汤斌:《呈酌定牛车等事》,〔清〕汤斌著,范志亭、范哲辑校:《汤斌集》,中州古籍出版社,2003,第365页。

渡河需船，登陆需车，凡十数州县之协济。”[①]南明灭亡后不久，“又有滇蜀逆藩之乱，加以西土反复，边陲不宁，络绎西征，潼独当其冲”[②]。三藩之乱和准噶尔部战事使崤函古道仍承担着繁重的兵差及军运任务。可以看到，在清初的四五十年间，崤函古道为清政府频繁的西南和西北用兵提供了交通保障。

清代前期，西北、西南地区不断发生外国入侵、唆使引起的民族叛乱。康熙、雍正、乾隆、嘉庆、道光各朝不断调兵遣将，前往四川、云南、西藏、青海、新疆平叛，多次经行崤函古道。乾隆十二年(1747)，四川西部爆发大小金川之乱，清廷两次平叛，历时三十余年，动用了大量人力、物力和财力。崤函古道成为清军入川平叛的重要通道，承担了大量的官兵递送工作。乾隆十三年(1748)十月，河南巡抚硕色奏言“豫省于淇县淇门驿、荥阳县索亭驿、渑池县义昌驿、阌乡县鼎湖驿，共计四站，每站备马八百匹，车三百辆，共计需马三千二百匹”，来转运军粮、军装、军火等物资，确保军队过境。但整个“豫省驿马共四千五百余匹”，因此“令邻近州县协雇”完成。由于所设四台站“各站程途每隔三百余里，官兵五日一次，接踵而至，所设车马，须更番递送”，于是，“每站另备余车余马，沿途米面、薪蒭、草料俱豫备”[③]，保证了平叛大军的粮饷军火供给和运输。不久，准噶尔贵族在南疆发动叛乱。乾隆二十年(1755)，乾隆帝遣军进击准噶尔。“西路兵由河南赴陕……自安阳至阌乡分十五台，每台车马，令其一日负载，一日空返。”在西征清军驻扎的台站附近，还招募和组织商贩搭棚场、设店铺、做生意。“择平敞地设营，募商为市食。”[④]这种允许商贩随军做生意的做法，被称作“赶大营”，是崤函古道沿线道路运输管理的独特形式。

---

① ［清］高辛印：《抚民唐乐亭公祖政略》，［清］唐咨伯修，［清］杨端本纂：康熙《潼关卫志》卷下《艺文志九》，《中国地方志集成·陕西府县志辑》(29)，凤凰出版社，2007，第79页。

② ［清］唐咨伯：《潼关卫志序》，［清］唐咨伯修，［清］杨端本纂：康熙《潼关卫志》，《中国地方志集成·陕西府县志辑》(29)，凤凰出版社，2007，第6页。

③ 《清实录》第10册《高宗纯皇帝实录》卷三二七，中华书局，1985，第403页。

④ ［清］钱仪吉纂，靳斯校点：《碑传集》卷三十一《资政大夫总督仓场户部右侍郎蒋公炳墓志铭》，中华书局，1993，第992页。

当平叛大军完成任务后，也是依循着来时的路线凯旋撤归。乾隆二十五年（1760），平定大小和卓之乱的清军“照例取道河南”凯旋。河南巡抚胡宝瑔在《豫省奏明预备凯兵过境事宜》中说河南：“向例系于阌乡、陕州、英豪镇、铁门镇、洛阳、孟津、清化镇、获嘉、淇县、安阳，安设十站。今应照例办理。”每站设车辆二百辆，令各州县分雇；每站设马一百匹，令各驿分调。还有廪给口粮、营盘需用账房、解官人员和牵夫等，一应齐备，保证递送万无一失。因凯旋清军“经由道路，惟洛阳以西至函谷关等处，山径崎岖，屡经修凿。新路均可行车，但遇泥泞，车辆难行，仍照例另备鞍架，临时即用，套车骡马，即改驮骑均足，应用无误”①。随着乾隆二十七年（1762）清缅战争的爆发，崤函古道再次承担了繁重的军运任务。“连年西路官兵往还，现今云南官兵进发，皆由豫省行走，所需应差车辆，悉从沿途各属派自民间，多则通省协济。”②乾隆二十八年（1763），河南巡抚叶存仁“咨准兵部抽拨尉氏、洧川、虞城、临漳、商水、郏县、通许、阳武、上蔡、太康、汝州、汝阳、淮宁、鹿邑、夏邑各州县驿马二十九匹、夫十二名，增补渑池、洛阳、新安、陕州、灵宝、阌乡及义昌、硖石等七驿”③，即是因应清缅战争军运需要，增强崤函古道递送运力的一项措施。可以看到，崤函古道驿路驿传为乾隆时期频繁的西南和西北用兵提供了途径和后勤保障。

同治五年（1866），清政府任命左宗棠为陕甘总督，负责“剿办”陕甘回民起义，收复新疆失地。左宗棠出师陕甘、出兵新疆，也是取道崤函古道出潼关入陕西。《湘军记》记载：同治六年（1867）“六月丙申，左军度函谷关。或白宗棠：函谷神为李左车，必祀而后度。宗棠笑曰：‘李左车岂足当吾哉！’向晚，军甫出谷，忽雷雹交

---

① 〔清〕佚名：乾隆《河南省例》，清抄本，上海图书馆藏，杨露：《清抄本乾隆〈河南省例〉整理与研究》，暨南大学2019年硕士论文，第16页。

② 〔清〕佚名：乾隆《河南省例》，清抄本，上海图书馆藏，杨露：《清抄本乾隆〈河南省例〉整理与研究》，暨南大学2019年硕士论文，第15~16页。

③ 〔清〕阿思哈、嵩贵：乾隆《续河南通志》卷四十二《武备志·邮传一》，《河南历代方志集成·省志卷》（23），大象出版社，2017，第472页。

作,山溜暴涨,车骡弁勇漂入大河,失辎重以数万计,死者百余人。庚子,左宗棠抵潼关”[①]。左宗棠《分道入秦妥筹办理折》亦有详细记述:“臣率各营于五月十三日由樊城启行后”,经宛、洛,取道新安、义昌、渑池、硖石,达陕州。“六月十三日,始抵陕州属灵宝县。次日向稠桑驿以指阌乡。师行函谷之间,两面峭壁矗立,一径萦纡。午后,臣率各军甫出谷口,待后起辎重军火未至。申酉之交,忽黑云西起,雷雹交作,顷刻大雨倾盆,山溜暴发,平地水深数尺。后起车辆,前者甫近谷口,后者方自坂上迤逦而下,适山巷逼束,水势冲激,车马撞击,破裂至多。押解之弁勇,长顾、短顾之车夫数十名及车骡,均随流漂出大河,其中遇各营搭救得免者亦多被伤损,而军火辎重则十不存一矣。幸各军队伍均携军械随行在前,炮车所载子药毫无损失。仓卒之际,得以从容镇定,差免惊扰。经理一日,仍率所部次第启行。十八日行抵潼关,驻营西关外。”[②]为使西征大军顺利过境,沿途州县极力保障,据左宗棠说,大军所需米盐柴草皆由“地方官于尖宿各处代为购买”,“所需军火子药”也由地方“运解阌乡军营,庶便提用。”[③]车马、夫役无不由地方协济承担。可以看到,崤函古道不仅是左宗棠西征的中转站,还担负着重要的后勤运输保障任务。

随着左宗棠西征的深入,充足的军粮和其他军需品补给成为平叛成功的关键。左宗棠西征基本是“用东南之财赋,赡西北之甲兵”[④]。所部每年军费 1200 万两之巨,全靠驿递运解,大量的军火物资也要靠他处协济。当时,运往陕甘、新疆的军用物资,大部分来自东南各省。这条运输线起自上海,经长江、汉水至樊城(今湖北襄阳)后,分为两路,一路继续沿汉水而上,折入丹江,至河南淅川紫荆关起岸,经龙驹寨(今陕西丹凤县)陆运到西安府;另一路是自襄阳起岸陆运,经南阳、洛阳、陕州、潼关等地到西安。这条运输线虽比紫荆关一路多绕道 450 里,但运输的物资主要

① 〔清〕王定安撰,朱纯点校:《湘军记》卷十七《平回上篇》,岳麓书社,2008,第 618 页。
② 〔清〕左宗棠著,刘泱泱等点校:《左宗棠全集·奏稿三》,岳麓书社,2009,第 375~376 页。
③ 〔清〕左宗棠著,刘泱泱等点校:《左宗棠全集·书信二》,岳麓书社,2009,第 23 页。
④ 〔清〕左宗棠著,刘泱泱等点校:《左宗棠全集·奏稿三》,岳麓书社,2009,第 684 页。

是饷银、军火和军装，而且如左宗棠所说“潼关为东路入陕首站，粮饷军火均须由此转运”①。为组织运输工具，加强运输物资调配，左宗棠在潼关设有“转运局”，筹办雇车、驮或人夫转运事宜。为保证大军和军需物资的畅行无阻，左宗棠又从潼关开始，不遗余力地修治道路，由东而西横贯陕甘乃至新疆。毫无疑问，崤函古道对左宗棠经营和治理西北边疆、维护国家统一功不可没。

然而，频繁的兵差运输给崤函地区百姓带来了沉重负担。顺治《灵宝县志》记载：“驿传为郡县累，其来远矣。灵以弹丸黑子咽三省之冲。旧年牌符往来不过官舍承差应付，犹以为艰。今川湖用兵，征调期会兼进奉，杠抬家口车脚所需夫马车牛，动以千百计，虽奉旨严禁苛索，而督邮之鞭捶如故。嗟乎以有限之马供无穷之差，以岁征之银，应加添之役，非司戎马者力清其源，将来尚不知所底止也。”②咸同年间，太平军、捻军在河南境内频繁起义，陕州、灵宝、阌乡及潼关是西捻军进入陕西与回民起义军联合作战的通道。曾国藩等指挥清军在这一带重点防御，堵截围剿。“一切过往差使应需车马皆里民支应。”“连年兵差络绎，需用车马并计盈千累万，除车马里民支应外，又别派供鸡、鸭、鹅、蛋、麸、草、料豆以及碗、盏、锅、瓮、板片、绳、席等项差徭。”③沿线人民负担沉重，加之“奸胥蠹役，盘据成窟，种种毙窦，莫可穷诘”④。为了减少吏胥、乡役人员利用职权营私舞弊、滥派公费、贪污中饱的恶行劣迹，阌乡、新安、渑池等县士绅纷纷成立急公局、兵差局，改胥办为绅办。

民国《新修阌乡县志》载：“咸丰初年，军需繁浩，兵丁勒索，书役浮派，逐年每石钱粮费银十两有奇，支差之苦，里民难堪。”咸丰五年（1855），阌乡士绅禀准河陕

---

① 〔清〕左宗棠著，刘泱泱等点校：《左宗棠全集·札件》，岳麓书社，2009，第 85 页。

② 〔清〕梁儒修，〔清〕李林茂、宋腾鲤纂：顺治《灵宝县志》卷二《驿站》，《河南历代地方志集成·三门峡卷》(7)，大象出版社，2017，第 24 页。

③ 《道宪冯革书役浮派勒折示》，黄觉修，韩嘉会纂：民国《新修阌乡县志》卷二十二《掌故》，《河南历代方志集成·三门峡卷》(10)，大象出版社，2017，第 537 页。

④ 〔清〕熊祖诒：《上当事书》，〔清〕葛士浚：《皇朝经世文续编》卷三十二《户政九·赋役下》，沈文海主编：《近代中国史料丛刊》第 75 辑，文海出版社，1973，第 853 页。

汝道设立急公局。“合邑绅民公同商议，拣选公正绅士，干练乡总数名在县城南关帝庙常川伺候，专办粮差，支应车马，不假书役之手，亦省县主劳心，勉力急公，省厥糜费。”①“凡兵差、贡差过境车马、酒席及草豆款子器具，公局支给。此外，一切流差，公局只给车马，以外酒席草豆及所用器具，署内支给。同治年间……因差多事繁，分为三局。至光绪六年，县主刘见大差日少，复合三局为一。”②新安县“地当古汉函谷之首，为秦晋豫三省要冲，徭役浩繁，倍于他邑，相沿成习。又无善章，遂使奸胥蠹役，盘据成窟。种种毙窦，莫可穷诘”。为减轻负担，同治十二年(1873)，新安士绅成立兵差局，“改胥办为绅办”③。渑池县“地当秦晋之冲，差徭络绎，瘠苦又與新安同”。光绪四年(1878)河南太守朱寿镛“遂集官绅，酌定包差法，每年每斗粮出钱四百文，一切号草之摊自民同者，悉免焉。包费由肇善堂绅耆总辨，一切浮收科派之獘，悉除焉。又虑车马不敷支应也，江浙义绅檇李金苕人观察，议由协赈局办骡马大车十二辆，并捐款存当生息银一千两，为每年修补经费。再由民间按粮摊捐骡车十八辆、马十二匹，统交附郭农民承领。给印牒三十张，若符节然，轮流均派，由县照章发价。他若兵贡差车，逾三十辆者，议由外办。其按粮均摊，则仍由肇善堂董知照各里，樽节核辨”④。

急公局、兵差局、包差局名目不一，但实质都是当地士绅为应对日趋繁重的差役和不法官吏营私舞弊的双重盘剥而设置的组织，也是士绅积极参与社会事务、提高话语权和治理权的新举措。它在一定程度上减少了吏胥、乡役人员在办理往来

① 《道宪冯革书役浮派勒折示》，黄觉修，韩嘉会纂：民国《新修阌乡县志》卷二十二《掌故》，《河南历代方志集成·三门峡卷》(10)，大象出版社，2017，第538页。

② 《创建急公局碑记》，黄觉修，韩嘉会纂：民国《新修阌乡县志》卷二十二《掌故》，《河南历代方志集成·三门峡卷》(10)，大象出版社，2017，第537页。

③ ［清］熊祖诒：《上当事书》，［清］葛士浚：《皇朝经世文续编》卷三十二《户政九·赋役下》，沈文海主编：《近代中国史料丛刊》第75辑，文海出版社，1973，第853页。

④ 陆昭治修，李凤翔、上官骏谟纂：民国《渑池县志》卷十三《艺文志》，《河南历代方志集成·三门峡卷》(5)，大象出版社，2017，第411页。

之役中的贪财勒索、欺压普通百姓的行为,保证了兵差运输等的进行,是崤函古道沿线道路运输管理的又一创新。但支应兵差过境的标准却无改变。阌乡仍按"每兵四名连军装器械给骡马车一辆并捐给每兵每名过境口粮银八分"①捐支,负担还是比较沉重的。新安兵差局的情况大体也是一样:"同治十二年,兵差局改胥办为绅办,按季开具清单,张贴示众,似乎民困可以苏矣,而积习难返,陋习依然。"②

六、崤函古道商路的拓展

明清易代之际,崤函古道沿线地区社会经济都遭受了严重的摧残。清初,采取了一系列恢复经济、发展生产的措施,崤函古道沿线社会经济得以复苏,到康熙中期,崤函古道沿线城镇、集市和商品经济已有了初步的发展,至乾隆时期达到鼎盛。这其中,商路的畅通发挥了重要作用。清代崤函地区商路除一条主干商路外,还有两条商业支路,这些构成了崤函古道商业交通网。

1. 主干商路:崤函古道驿路

由驿路和铺路组成的清代崤函古道官路网的建设,为崤函地区商业的发展提供了重要的交通条件。由于官路网络密集,也比较安全,商贾运输货物,一般都会利用官路,沿驿路、铺路流通③。这是清代商人货运对道路选择的一个共同特点,对崤函古道同样如此。这从被誉为"明清时期商业文化的代表作"④的商书《商贾便览》中可见一斑。

① 《道宪冯革书役浮派勒折示》,黄觉修,韩嘉会纂:民国《新修阌乡县志》卷二十二《掌故》,《河南历代方志集成·三门峡卷》(10),大象出版社,2017,第538页。

② 〔清〕熊祖诒:《上当事书》,〔清〕葛士浚:《皇朝经世文续编》卷三十二《户政九·赋役下》,沈文海主编:《近代中国史料丛刊》第75辑,文海出版社,1973,第853页。

③ 邓亦兵:《清代前期商品流通的运道》,《历史档案》2000年第1期。

④ 陈学文:《明清时期商业文化的代表作〈商贾便览〉》,《杭州师范学院学报》(社会科学版)1996年第2期。

《商贾便览》是清代江西商人吴中孚根据几十年的经商体验编撰的,成书于乾隆五十七年(1792)。书中涉及崤函古道的商路有三条:一条是“陕西省城进京至河南卫辉府合路程”,自西安经华阴“杨桥铺(十里至)潼关(昔年客货过税,一路向北,渡黄河六十里至蒲州)(二十里至)旧阌乡(二十里至)盘豆(二十里至)阌乡县(二十里至)云底头(二十里至)稠桑(二十里至)灵宝县(二十里至)曲沃(三十里至)陕州(二十里至)磁钟铺(三十里至)张茅所(二十里至)硖石驿(二十里至)甘壕(四十里至)渑池县(四十里至)义昌驿(二十里至)铁门(二十里至)岩山铺(出绵)(十里至)新安县(四十里至)孝水铺(先数里过函谷关)(十里至)澄水(出手巾)(二十里至)河南府周南驿”,继续向东经孟津渡黄河,经怀庆府至卫辉府。再向前三百二十里至京。

另一条是“北京至甘肃宁夏镇陆路程”,自北京至孟县渡黄河,经河南府,“嵩县、旧洛阳城、孝水、磁涧、甘罗基、钓台渡、涧水、青龙山,(共一百廿十里至)义昌驿。渑池县、会盟台、上金银山、下金银山、硖山驿、孝子祠,(共一百六十里至)陕州。虾蟆泉、灵宝县、宏农涧、阌乡县,(共一百七十里至)潼关。”继续西去,经华州、西安、庆阳,至宁夏镇城。

第三条是“山西省城由蒲州至河南省城路程”,自太原经霍州、平阳、蒲州,“(六十里至)潼关(渡黄河),(一百七十里至)陕州,(二百九十里至)河南府,”继续向东至开封。①

后两条道路,在进入崤函地区后,所行线路与“陕西省城进京至河南卫辉府合路程”基本相同。

由这些路程记载可以看出,这三条线路与明代商书《一统路程图记》《士商类要》所载经行崤函古道的商路大致相同,说明自明代以来,商人以崤函古道为经商道路已是常态。这种状况,甚至一直延续到清朝。另一方面它也反映了崤函古道

① 〔清〕吴中孚编,杨正泰校注:《商贾便览》,凤凰出版社,2019,第204、211、218页。

作为商路交通的持续发展。正是因为商人们长期利用崤函古道经营商业，才出现明清两代商人都将这一商路作为陕西省城至京城、北京至甘肃宁夏镇和山西省城至河南省城的必经交通线。

清代崤函古道的商况，可以从税课关卡地点的设置来考察，因为清代的税收活动和驿路关系密切，税课关卡地点的设置最能反映清代崤函地区的商业情况、它与外界贸易往来的点和线的关系以及大宗货物流通路径的状况。

清初承继明代税课司制度，在潼关设立常关，常年征收过往客商货物税。康熙年间潼关兵备道汤斌称："照得潼关为全秦门户，三省通衢，设立税务原以接济军需，疏通商旅，所系甚重。"①作为税关，潼关创设之初为中央关，雍正十年（1732）之后降为地方关，光绪时又升为中央关。

咸丰八年（1858），负责镇压河南捻军和太平天国起义的胜保为筹措军费，开始在河南设置厘局，抽取商捐，统称厘金税。陕州是河南首批开征厘金税的地方。河南厘金总局最早设于陕州南关，隶属于户部，"会兴镇为分局，并于硖石驿、大阳渡两地各设一卡，专司巡查"②。至咸丰十一年（1861）河南厘金总局改设在开封，陕州改设为分局。"陕州厘税局在城内东街，分卡五所，设州属南关及会兴镇、灵宝之南关及虢略镇、阌乡之阌底镇。各处省城委员经理。"③陕州之所以最早设局征厘，宣统《河南财政说明书》有过这样的解说：陕州"西至潼关，东至硖石二百余里，东西孔道为秦、陇百货出关经过之要路，北滨黄河船运易于偷渡，南暨卢氏山路，又防绕越，故分卡最多"④。显然清政府看重的是陕州的交通地位，而非经济实力。

① 〔清〕汤斌：《禁约事》，〔清〕汤斌著，范志亭、范哲辑校：《汤斌集》，中州古籍出版社，2003，第355页。

② 罗玉东：《中国厘金史》，商务印书馆，2017，第381页。

③ 〔清〕黄璟修，〔清〕庆增、李本稣纂：光绪《陕州直隶州续志》卷二《建置》，《河南历代方志集成·三门峡卷》（3），大象出版社，2017，第430页。

④ 江苏省中华民国工商税收史编写组、中国第二历史档案馆：《中华民国工商税收史料选编》第3辑《货物税》（上），南京大学出版社，1996，第1125页。

厘金局创设之初,以上市或运销途中的盐、药材、烟、茶、皮货、毡货、棉花、绸缎、布匹九种货物为抽征对象。但同年又奉上谕,着专收水烟、药材、茶叶三大宗。但事实上,上谕所言之事并未得到完全执行,厘捐抽取种类和额度逐渐增加。同治元年(1862),陕州设立药材厘金分局。同治七年(1868),朝廷裁撤各省厘金局,陕州是当时全省保留的8个厘金局之一,并取得了经常正税的地位。光绪三十二年(1906),陕州厘金局又添抽棉花、百货。在新安县,光绪二十一年(1895),匡口镇(今新安狂口镇)设新渑陕煤厘金局,负责这一地区的煤厘,渑池、陕州设分卡。光绪三十年(1904)又在匡口设立分局,抽取山货厘金,由新渑陕煤厘委员兼办。潼关是陕西首批开征厘金的地区,咸丰八年(1858)设局抽厘,下设三卡,课征货类以布匹为大宗,杂货药材次之。山西厘金局设置晚于河南、陕西,茅津渡是山西最早设置厘金局的地区之一,设于咸丰九年(1859),以百货类为抽取对象。可以看出,崤函地区厘金局分卡设置,大体沿崤函古道驿路和黄河沿线走向,全部设置在各主要货物进出的口岸与关口城镇。由于来往黄河的货物都要经由崤函古道驿路向其他地区转运,过黄路线是山陕商人货运的重要输出线,所以崤函古道驿路是崤函地区商品流通的重要关口,也是中原地区向西北陆路运输的重要载体。

沿着这条道路运往西北的货物,有崤函地区所产的棉花等。美国人威廉逊1866年的《华北游记》记载:“离开河南阌乡县城后,我们进入广大的棉田区,整个下午,极目四忘,尽是棉花,并且有许多装运棉花的大车运往西安府。第二天,道跻仍然很坏,我们遇到更多的大车装满了棉花运往西安府,每个大车由六头至八头牛拉着。”①但最重要的还是商业转运。根据学者的研究,当时转运的货物以本省杂货、药材、粮食、棉布以及南方的瓷器、茶叶、绸缎、糖、纸张、杂货为主,不仅种类多,而且数量相当庞大。乾隆朝工部尚书陈宏谋称:陕西一省“绸帛资于江浙,花布来

① [美]威廉逊:《华北游记》,李文治:《中国近代农业史资料》第一辑(1840—1911),生活·读书·新知三联书店,1957,第426页。

自楚豫"①。同治九年(1870)陕西巡抚蒋志章也说:"潼关冲要,行旅必经……东来皖豫各贩,以绸缎、南杂各货为大宗。川甘东去之商,以水烟、药材为巨贾。"②表明河南、山西以及南方各省商品多由崤函古道入潼关运销陕甘等省。陕甘和四川的水烟、药材、皮货等大部分也由崤函古道转出,运销河南和南方,数量也很庞大,从而构成崤函古道沿线关口最重要的收厘项目,且数额巨大。宣统年间,陕州厘金局年实收银数17108余两,在河南33个厘金分局中仅次于清代河南商业名镇周口,高于另一个商业名镇赊旗店及禹州分局,位居全省第二位。而潼关厘金局的通年额银数高达44336两,在陕西省各厘金局中排名第四③。由此可以看出,崤函古道驿路的商业交通地位不可小觑。

2. 主要商业支路之一:盐道

河南向来是河东盐(潞盐)的传统销售区,清代有32个州县销售河东盐,涉及今三门峡、洛阳、平顶山、南阳及郑州部分地区。通往河南地区的盐道,以陆路为主,兼有水路。具体而言,可分为东、西、中三条路线:

东路:茅津—会兴道,计程三百九十里。"自运城二十里至圣惠镇,十里至东郭,二十里至张店,三十里至八政,二十里至茅津渡,过河五里至会兴镇,十五里至磁钟,二十五里至张茅,二十里至硖石驿,二十里至观音堂,二十里至英豪镇,二十五里至渑池县,四十里至义昌驿,二十里至铁门镇,三十里至新安县,三十里至磁涧,二十里至谷水村,二十里至洛阳县。"④然后向东往偃师、巩义等县,向南经汝州、郏县、襄城、叶县、裕州至南阳,继而由南阳转运新野、镇平、内乡、邓州、唐县、桐

① 〔清〕陈宏谋:《巡历乡村兴除事宜檄》,〔清〕魏源:《魏源全集》第14册《皇朝经世文编》卷二十八《户政三·养民》,岳麓书社,2004,第605页。

② 《同治九年十一月一十五日陕西巡抚蒋志章奏折》,彭泽益:《中国近代手工业史资料(1840—1949)》第1卷,生活·读书·新知三联书店,1957,第600页。

③ 罗玉东:《中国厘金史》,商务印书馆,2017,第386、411页。

④ 〔清〕蒋兆奎:《河东盐法备览》卷六《运商》,咸增强、杨强校注:《河东盐法备览合集简注》(上),中州古籍出版社,2020,第205页。

柏等县。东路茅津—会兴道是河东盐入豫的最主要通道，顺治至雍正时，经此路运往河南20州县，乾隆时又增至27个。茅津渡是这条盐道上的必经渡口。“盐之运赴河南者，向自茅津渡河，汇集于会兴镇，即以会兴镇为总岸。”[①]茅津渡位于今平陆县城南4公里处。洪武三年（1370），明在此设沙涧茅津巡检司，先为沙涧渡，后更名沙涧茅津渡[②]。清袭明制，在茅津渡“设巡检一员，稽查盐引过河”[③]。乾隆二十八年（1763），为加强管理，以县丞驻茅津镇。与茅津渡相对的南岸是会兴渡，位于今三门峡市湖滨区会兴村北约1公里处。因平陆古属陕州，故会兴渡和茅津渡统称为茅津渡。会兴镇“平挹中条，俯临茅津”[④]，是这条盐道的转运和贸易中心，每年运送的河东盐价值40多万银两。这条商路虽以盐道著称，但并不局限于盐运，它还是山西与河南之间人员和货物往来的通道。因此，清代这条商路是沟通豫晋商品流通的一条重要的商业道路。

中路：陌底—灵宝道，计程一百里。“自运城四十里至解州，四十里至陌底，十里至曲里，过河十里至灵宝县。”[⑤]此路在乾隆十年（1745）前，主要往灵宝、卢氏、淅川等县供应河东盐，乾隆十年据运商葛文生禀请，淅川改走东路。乾隆十二年（1747）据运商卫天泰禀请，内乡由东路改走此路。陌底即今山西芮城陌南，陌底渡即古之洹（窦）津渡，今称沙窝渡，先秦以来就是晋豫之间往来的著名要津。民国《芮城县志》记载：陌底渡“在县治东南四十里，有堡有镇，又名洹津渡，土人又名王村曲里渡，通河南灵宝县。……明洪武四年设巡检司，九年徙南七里又置批验所，

---

① ［清］王守基：《河东盐法议略》，沈文海主编：《近代中国史料丛刊》第84辑《皇朝经世文续编》卷五十三《户政二十五·盐课四》，文海出版社，1973，第6066页。

② ［清］张廷玉等：《明史》卷四十一《地理二》，中华书局，1976，第963页。

③ ［清］言如泗修，［清］韩夔典纂：乾隆《解州平陆县志》卷一《疆域》，《中国地方志集成·山西府县志辑》（64），凤凰出版社，2005，第332页。

④ ［清］徐坊：《会兴镇河干悬崖数百尺平挹中条俯临茅津乔生建飞阁三楹于其上置酒高会以落其成即席赋此》，徐世昌编，闻石点校：《晚晴簃诗汇》卷一百八十，中华书局，2018，第7871页。

⑤ ［清］蒋兆奎：《河东盐法备览》卷六《运商》，咸增强、杨强校注：《河东盐法备览合集简注》（上），中州古籍出版社，2020，第208页。

后裁。天启以后福藩分封河南府，食河东池盐，岁用船二十艘运载。清仍明旧，设巡检司一员，稽查盐引过河。乾隆五十八年缺裁。咸同间湘军起筹集兵饷，设厘金局，征收往来货税”①。咸丰五年（1855），经户部议准，灵宝增设销盐口岸，此条盐道正式成为河东盐的又一路线。据河东道黄经的禀报：“查得河南灵宝县地当东西往来要路，县城南面靠山，北临黄河，其南山一带紧接卢氏、商南，且路通秦楚，地境辽阔。向来居民食盐例须赴会兴镇运买，惟相距百余里之遥，山径崎岖，小民惮于远涉，往往私就大河西岸偷买私盐。此积习相沿，未能禁绝之实在情形也。现议添设口岸，试办盐票，移官就私。”②有研究者据此认为，“添加灵宝票盐的目的是将潞盐销区扩大至湖北省，这是宋代以来几百年间河东从未有过的‘壮举’，河东盐商的天地因此变得更加广阔”③。

西路：潼关—阌乡道。“自运城四十里至赤社，二十五里至客头，四十里至东张，十里至夹马口，五里至黄河口，上船一百三十里至潼关厅，五里至文底镇，三十里至盘豆镇，三十里至大河南岸，卸船起旱十里至阌乡县。”④这是一条水路、陆路交替的盐道，其中水路自今临猗黄河口起船，顺流运至潼关，继而由潼关起航，沿黄河南岸运至阌乡，计程三百七十里。乾隆十年，据运商葛文生禀请，淅川改由此路运输。乾隆十二年又据运商卫天泰禀请，内乡也改由此路。此路至淅川全程九百五十里，至内乡七百六十里。

此外，在乾隆二年（1737）以前，还有一条太阳渡—陕州道，新安、偃师、宜阳、永

---

① 张亘、萧光汉等：民国《芮城县志》卷一《舆地志·关津》，《中国地方志集成·山西府县志辑》（64），凤凰出版社，2005，第25页。

② 〔清〕江人镜、张元鼎：《增修河东盐法备览》卷七《奏疏》，咸增强、杨强校注：《河东盐法备览合集简注》（下），中州古籍出版社，2020，第379页。

③ 孙丽萍：《晚清民国的河东盐业》，山西人民出版社，1993，第62页。

④ 〔清〕蒋兆奎：《河东盐法备览》卷六《运商》，咸增强、杨强校注：《河东盐法备览合集简注》（上），中州古籍出版社，2020，第208页。

图 9-12　清《河南省行盐三十二厅府州县图》①

宁、汝州、宝丰、伊阳等州县“旧由西路太阳渡过河”②。然后由陕州沿崤函古道东运至新安、偃师、洛阳，再由洛阳向南转运至汝州、宝丰、伊阳等地。乾隆二年，根据运商许洪太、张源、郭封四、路复新、朱光先、刘禄、郭钰禀请，改由茅津渡过河，即改走东路茅津—会兴道。改后至汝州计程五百五十里，宝丰六百二十里，伊阳五百四十里。

上述几条路线的共同特点是在进入黄河北岸后，部分路段与崤函古道重合。

① 采自咸增强、杨强校注《河东盐法备览合集简注》(下)，中州古籍出版社，2020，第 12 页。

② 〔清〕蒋兆奎：《河东盐法备览》卷六《运商》，咸增强、杨强校注：《河东盐法备览合集简注》(上)，中州古籍出版社，2020，第 212 页。

3. 主要商业支路之一：万里茶道之“大西路”

万里茶道是继“丝绸之路”后于清代中后期兴起的又一条联通欧亚大陆的国际商道，初以福建武夷山茶产区为起点，咸丰年间受太平天国起义影响，福建和江西段受阻，改以湖南安化、临湘及湖北蒲圻茶产区为起点，途经中原、华北，穿越蒙古高原，到达当时中俄边界口岸恰克图（今俄罗斯布里亚特自治共和国南部城市），进入俄国，并且延伸到中亚和其他欧洲国家，全长13000多公里。山西商人是万里茶道的主要开拓者。祁县晋商文化博物馆藏民国抄本《行商遗要》记载了晋商去湖南安化收茶、制茶、运茶的线路与流程，堪称万里茶道重要的史料。据该书的记述，茶叶自安化产地经汉口运至赊旗镇（今河南社旗县城）后往北的茶叶贸易线路有西路、大西路、东路（陆路）、东路（水路）四条，其中被称为“赊发货走大西路底”的“大西路”是经赊旗镇，沿陆路经汝州至洛阳，在洛阳一小部分茶叶沿崤函古道运往西北，大部分则运至会兴镇，下黄河坐船到对岸茅津渡上岸，再沿汾河谷地，经夏县、高显（曲沃），至祁县，全程约2730里，车运需34天，驮运需46天。然后在祁县鲁口换装骡马车，由祁县经太原至东口（张家口）和西口（杀虎口或归化城），换骆驼运往恰克图。[①] 所运茶叶有西箱和花茶（花套茶）两种。书中还记录了每只西箱在会兴镇和茅津渡的厘金，运费，店佣钱，上、下坡钱，乡长钱，南北看堆钱及货物计重行规等情况。[②] 为确保按期到货，晋商还与当地运商建立了以“回票”为形式的分期付款制度。光绪二十三年（1897）赊旗合行公议发货限期新定章程，其中规定“会镇马车限十六天送到，三十天见票，误期每车罚银八两”[③]。会镇即会兴镇。《行商遗要》对“大西路”的记载，表明晋商在万里茶道长途贸易的实践中已经完成了群体性的知识积累，并通过《行商遗要》之类的文书在商人群体内实现了相关信息和知

---

① 张亚兰：《〈行商遗要〉释读与研究》，山西经济出版社，2018，第115～117、292～302页。

② 张亚兰：《〈行商遗要〉释读与研究》，山西经济出版社，2018，第115～117、292～302页；史若民、牛白琳编著：《平、祁、太经济社会史料与研究》，山西古籍出版社，2002，第523～524页。

③ 史若民、牛白琳：《平、祁、太经济社会史料与研究》，山西古籍出版社，2002，第502页。

识的共享以及代际传承，相对规范化的路程和规程类的记载证明“大西路”已经形成了成熟的货运市场，它虽然不是万里茶道的主线路，却是万里茶道的重要组成部分。

赊旗镇位于伏牛山南麓，南阳盆地东缘，又称赊店、赊旗店，清代属南阳府南阳县，是清初崛起的河南四大商业名镇之一。赊旗镇不但是晋商对俄茶叶贸易的重要转运中心，也是河南中西部及山陕地区与南方数省商品流通的重要枢纽①，“全国最富有的商业贸易中心之一”②，因此被称为“地濒赭水，北走汴洛，南船北马，总集百货，尤多秦晋盐茶大贾”③。山陕商人采买的湖广、江西等省份的货物，如绸帛、花布、纸、糖、瓷器、杂货等，大都由汉口搭船沿汉水、唐河经襄樊、南阳到赊旗镇，陆路转运至洛阳，再转运到山陕各地。而经周口的江淮省份的货物，也有部分经水运至舞阳县北舞渡，再陆运至赊旗，转运至洛阳，最终转往山陕。至于山陕等省份南下的商品，如皮毛、药材、水烟等，则经由相反的路线，从崤函古道东至洛阳，折而南下到赊旗镇，经南阳、襄樊沿唐河、汉水到汉口，运往湖广、江西等省销售；或由赊旗陆运至北舞渡，再水运至周口，由淮河水系东下达江淮各地。

4. 其他商业支路

清代崤函地区和赊旗所在的南阳府的经济联系十分紧密，连接两者的商路不止“大西路”一条。前揭道光和光绪年间的两幅《陕州属东至渑池西至潼关路图》，在陕州观音堂附近绘有两条道路：一为东北方向通渑池县的大路和小路（绕道）；一为东南方向大路，标注有“通赊旗店大路”字样。光绪年间的图更是直接将这条大路从观音堂向东南方向伸出。限于体例，图中未绘这条大路经过何地。但它显然不是由观音堂向东至洛阳的崤函古道驿路，而是由观音堂东出，经硖石驿南下，至韩城达赊旗的又一条交通线，观音堂至韩城段可称为“观韩线”。这条道路在江

---

① 许檀：《代河南赊旗镇的商业：基于山陕会馆碑刻资料的考察》，《历史研究》2004 年第 2 期。

② ［英］贝思飞著，徐有威等译：《民国时期的土匪》，上海人民出版社，2010，第 58 页。

③ ［清］潘守廉修，［清］张嘉谋、张凤冈纂：光绪《南阳县志》卷三《建置志・集镇》，《河南历代方志集成・南阳卷》（5），大象出版社，2017，第 300 页。

人镜《增修河东盐法备览》所载的《河南省行盐三十二厅府州县图》上也有所反映。图中绘制了自观音堂东南而下，经河底镇、韩城镇、赵堡、白杨镇、临汝，通达南阳府的道路。乾隆三十年（1765）河南巡抚阿思哈亦称："西自陕州硖石驿，东至汝州，经由道路绵长三百五十余里"，中经宜阳韩城镇，"为山陕江楚商贾要道，行旅络绎"。[①] 这条路线到汝州临汝镇后，分为两道：一道渡汝河，沿南岸东下叶县、南阳。一道沿汝河北岸，到禹州、陈州（今睢阳）。

在南阳与洛阳间还有一条"三鸦路"，辟于西周时期，秦汉时成为南阳与洛阳间最为近捷的军事、商贸交通要道。至清代这条道路仍很繁盛，其路线也从洛阳延伸至观音堂，与崤函古道联运。乾隆《续河南通志》记载："自南阳石桥以北至陕州双观音堂，凡数百里，皆鸦路也。"[②]其时三鸦路的交通，是从南阳溯白河而上，至石桥镇（今南阳市北），舍舟登陆，经南召、鲁山、宝丰、汝州，至洛阳，折西经新安、渑池至观音堂，统称"鸦路"。

又有西鸦路，在硖石驿东二十里，东南行渡洛、伊，可至（汝州）临汝县境。康熙十八年（1679）顾炎武出潼关，拟循此路赴临汝，因故折而东行直达洛阳。其纪行诗题曰"硖石驿东二十里有西鸦路，繇赵保白杨树二百五十里至临汝，以讥察之严，筑垣封闭，过此有题"[③]。赵保白杨树即白杨关，在嵩县境东。

除此之外，还有黄河、洛河商业水路。清初，康熙曾一度想再次恢复黄河三门峡通漕，但因黄河滩多流急，有砥柱之险，最终无果。清代崤函地区黄河商业航道主要是茅津渡至潼关和垣曲至新安、孟津航段。黄河南侧支流洛河，上游自卢氏以下，水旺时可以通行小船。洛宁长水和宜阳韩城至洛阳，是洛河的主要航道，可常年

① 乾隆三十年八月二十八日河南巡抚阿思哈奏折，台湾"故宫博物院"编辑委员会：《宫中档乾隆朝奏折》（第25辑），台湾"故宫博物院"，1982，第832页。

② 〔清〕阿思哈、嵩贵：乾隆《续河南通志》卷二十《舆地志·古迹三》，《河南历代方志集成·省志卷》（23），大象出版社，2017，第236页。

③ 〔清〕顾炎武撰，王冀民笺释：《顾亭林诗笺释》卷五，中华书局，1998，第949页。

通行木帆船。洛河水运直接联系洛河两岸各县,各县货物通过洛河转运至洛阳集散。

由上所述,可以看出清代崤函地区商路的发展表现出两个特征:其一,崤函古道官路网在崤函地区商路系统中仍居于主干地位,是崤函地区的交通枢纽和转输中心。这一点与明代并无二致,不同的是由于清代铺路向无驿州县深入,崤函古道官路网覆盖了整个地区各个县城及主要城镇,还有众多小路、山路和能通舟行船的河流,也与驿路、铺路相连接。这样以崤函古道驿路为中心,形成了纵横勾连、内外辐射的诸多商路,商路与官路在实际上是相互交叉、相互连通的,这使得崤函地区商路系统变得更加庞大、完善,最终形成了以崤函古道驿路为主干,以盐道、茶道为支路的纵横勾连的商路网络新格局。其二,商路的南向发展趋势。清代,全国的政治中心在北方,而经济重心在南方,因此南北交流频繁。除了传统的经洛阳南下转运的道路,清代崤函地区又有了连接河南中南部的盐道和连接南方的万里茶道,以及观韩线南下等多条商路,后者实际可视为崤山南路的新复兴。这几条南北向道路与东西向崤函古道驿路沟通,扩大了东西向崤函古道上的商品流通范围,使山陕等西部省份通过崤函地区与经济发达的江南地区进行更便捷的商业往来,对南北物流产生了重要影响。

七、城镇和集市的发展与分布

清代崤函古道商路的发展,不仅加强了崤函地区与外界的联系,而且刺激了崤函地区商品经济的成长,使得崤函地区经济作物和手工业生产得到了发展。

1. 经济作物与药材的广泛种植

崤函地区是河南最早种植棉花的地方,清中期以来以陕州为基点向四周扩散,发展迅速。除卢氏外,其他各县都种植有棉花。陕州“向来为产棉地,种之者倍于五谷”。清末引进德、美棉之后,产量增加,“其收更丰,故栽植者尤多”,“为出产之一大宗”。“今民赖之,以输差税者尤多”。此外,陕州还少量种植一种“红花”,为“木棉之红色者,可织画布，仅居少数”[①]；灵宝物产“棉花尤为大宗”，有长绒、短绒两种[②]。新安县也是“棉为大宗”[③]。阌乡县棉花种植更为普遍。“此产独多，沿官路一带市谷仅居平数。近来德美各绵盛行，为利尤厚。”[④]“土砂相间之地种棉为宜，岁可得首万斤。”[⑤]陕州、灵宝、阌乡等地出产的棉花大量运往陕西。美国人威廉逊 1866 年的《华北游记》记载：“离开河南阌乡县城后，我们进入广大的棉田区，整个下午，极目四望，尽是棉花，并且有许多装运棉花的大车运往西安府。第二天，道路仍然很坏，我们遇到更多的大车装满了棉花运往西安府，每个大车由六头至八头牛拉着。”[⑥]棉花的广泛种植提高了崤函地区农民的经济收益，促进了农作物种植结构的调整。

崤函地区是药材资源较为丰富的区域，种植历史悠久。清代，药材在崤函地区得到广泛种植，并享有一定声誉。根据清代方志的记载，药材资源主要分布在三个地区。一是陕州以西的灵宝、阌乡两县黄土丘陵区。乾隆《重修灵宝县志》记载当地出产药材有 23 种：贝母、荆芥、半夏、紫苏、地膏皮、柴胡、苍术、沙参、远志、芍药、牡丹皮、黄芩、防风、瓜蒌、山楂、香附、天花粉、蕤仁、车前子、谷精草、益母草、金银花、蜜蜂。[⑦] 乾隆《阌乡县志》中记载当地药材有 29 种：木通、菖蒲、远志、甘草、茱萸、防风、荆芥、薄荷、黄芩、黄柏、大黄、米壳、茴香、艾叶、藿香、紫苏、车前、升麻、柴

① 欧阳珍修，韩嘉会撰：民国《陕县志》卷十三《实业》，《河南历代方志集成·三门峡卷》(4)，大象出版社，2017，第 117 页。

② 林传甲：《大中华河南省地理志》，武学书馆，1920，第 251 页。

③ 李庚白修，李希白纂：民国《新安县志》卷七《物产》，《河南历代方志集成·洛阳卷》(25)，大象出版社，2017，第 127 页。

④ 黄觉修，韩嘉会纂：民国《新修阌乡县志》卷九《物产》，《河南历代方志集成·三门峡》(10)，大象出版社，2017，第 353 页。

⑤ 时经训：民国《河南地志》卷，《河南历代方志集成·省志卷》(272)，大象出版社，2017，第 162 页。

⑥ ［美］威廉逊：《华北游记》，李文治：《中国近代农业史资料》第一辑(1840—1911)，生活·读书·新知三联书店，1957 年，第 426 页。

⑦ ［清］周庆增修，［清］敖启潜、许宰纂：乾隆《重修灵宝县志》卷二《土产》，《河南历代方志集成·三门峡卷》(7)，大象出版社，2017，第 332 页。

胡、牵牛、桔梗、细辛、瓜蒌、黄耆、香附、甘遂、天冬、麦冬、射干。[①] 保守估算阌乡县药材种类最少应在40种以上。二是陕州以东的渑池、新安两县。乾隆《新安县志》记载当地出产药材有30种:艾、山药、百合、苍术、柴胡、茵陈、薄荷、黄芩、黄精、防风、连翘、地黄、草乌、荆芥、蝉蜕、皂角、木瓜、香附、白头翁、天花粉、地锦草、地骨皮、何首乌、山菊花、益母草、金银花、苍耳子、枸杞子、郁李仁、麦门冬。[②] 渑池县出产药材更多,嘉庆《渑池县志》记载当地出产药材有75种:丹参、芍药、山楂、荆芥、防风、草乌、香附、南星、半夏、薄荷、苍术、细辛、升麻、葛根、前胡、黄精、苦参、元参、苍耳、栝蒌、车前、连翘、泽泻、莞花、柴胡、茵陈、瞿麦、天麻、黄芩、旱莲、藿香、紫苏、生地、桔梗、天门冬、麦冬、芡实、茜草、地丁、地锦、蒺藜、射干、蝉蜕、当归、远志、沙参、谷精、藜芦、五味、通草、葶苈、王不留行、何首乌、牡丹皮、柏子仁、金银花、酸枣仁、小茴香、蓖麻子、花椒、益母草、大力子、天花粉、无名异、枸杞、薏苡仁、地骨皮、菟丝子、蒲公英、夜明砂、款冬花、旋覆花、地肤子、莱菔子、艾。[③] 三是洛河中游的卢氏、洛宁、宜阳三县。光绪《重修卢氏县志》记载当地药材有白芨、细辛、苍术、黄芩、柴胡、赤芍、葛根、木通、连翘、丹皮、杜仲、远志、金银花、何首乌等14种[④]。乾隆《永宁县志》记载当地药材有43种:黄岑、知母、半夏、桔梗、连翘、藁本、荆芥、柴胡、车前子、益母草、金银花、细辛、葛根、丹参、山查(楂)、防风、香附、天南星、前胡、黄精、寄生、瞿麦、旱莲、何首乌、薄荷、茯苓、贝母、款冬、杏仁、桃仁、苍术、艾、酸枣仁、

① 〔清〕梁溥:乾隆《阌乡县志》卷二《土产》,《河南历代方志集成·三门峡卷》(9),大象出版社,2017,第502页。

② 〔清〕邱峨修,〔清〕吕宣纂:乾隆《新安县志》卷六《风土志·物产》,《河南历代方志集成·洛阳卷》(24),大象出版社,2017,第374页。

③ 〔清〕甘扬声修,〔清〕刘文运纂:嘉庆《渑池县志》卷七《土产》,《河南历代方志集成·三门峡卷》(5),大象出版社,2017,第95页。

④ 〔清〕韩炬、郭光树修,〔清〕李旭春纂:光绪《重修卢氏县志》卷二《物产》,《河南历代方志集成·三门峡卷》(6),大象出版社,2017,第45页。

茵陈、地骨皮、紫苏、沙参、知母、贯众、杜仲、紫草、王不留行、猪苓。① 宜阳的药材资源最为丰富，乾隆《宜阳县志》记载有药材54种：甘草、黄芩、芍药、羌活、知母、甘松、半夏、桔梗、枸杞、山药、麝香、萱草、百合、木通、杏仁、甘菊、瓜蒌、紫苏、薄荷、连翘、藁本、商陆、地榆、升麻、茅香、麻黄、荆芥、柴胡、罂粟、秦椒、茵陈、土茜、莳萝、白芨、狼毒、贯众、黄精、车前子、郁李仁、牡丹皮、小茴香、凤眼草、益母草、天南星、豨莶草、密陀僧、蓖麻子、天仙子、云母石、地骨皮、何首乌、金银花、王不留行、木瓜。② 上述记载表明，清代崤函地区广泛出产中药材，其中，渑池、新安、宜阳和阌乡四县是枸杞的道地产区。黄精的道地产地也主要分布在永宁、渑池、新安、宜阳等县。尤其可贵的是，当时人利用药材优势资源，广泛发展中药材种植产业的认识。光绪《阌乡县志》云："阌地硗瘠，非衍沃比，而食货之资亦所不乏。惟能樽节爱养之，则上供征输，下实盔藏，无忧匮竭尔。"③

2. 手工业生产的发展

手工业方面，清代崤函地区煤矿开采发展较快。乾隆十年（1745）十月，河南巡抚硕色奏报河南府的"巩县、宜阳、登封、新安、渑池、孟津等六县，有产煤区，均系民业，现在开采"。陕州"州境煤窑十处，亦俱开采"。"州所属之灵宝县煤洞十处，亦俱开采。"④这一统计并不完全。如渑池县，煤炭储量丰富，煤质坚硬，民间采煤成风，规模也较大，收益颇丰。史载，乾隆年间，渑池人赵乙祥在家乡开采煤窑"三十

① 〔清〕张楷纂修：乾隆《永宁县志》卷四《土产志》，《河南历代方志集成·洛阳卷》(30)，大象出版社，2017，第222页。

② 〔清〕王道成、周洵修，〔清〕汪坚纂：乾隆《宜阳县志》卷二《土产》，《河南历代方志集成·洛阳卷》(28)，大象出版社，2017，第116页。

③ 〔清〕梁溥：乾隆《阌乡县志》卷二《土产》，《河南历代方志集成·三门峡卷》(9)，大象出版社，2017，第502页。

④ 《军机处录副奏折》，中国人民大学清史研究所、中国人民大学档案系中国政治制度史教研室合编：《清代的矿业》(上)，中华书局，1983，第13页。

余年,赔而复立,不易其志,卒能开创基业,田及八顷,房修数图”①。道光年间,渑池县民米振世、李如秀亦等合伙在董村(今耿村煤矿)租地开窑,“用价一百千,典到为业,计地六十亩,契载三年为满,自窑底横穿取煤”。县民董秉礼“涎其得利”②,在米振世典地上另开窑口,相争成讼。咸丰年间,渑池张承礼“开山行窑”,有窑主、窑头、窑师、管账先生及“苦工”等,分工明确。“不数月而宝藏兴焉,煤厚丈余,坚能克金。”③

澄泥砚制作在清中期后发展迅速,人马寨是当时最有名的生产基地。民国《陕县志》记载:“此砚今产于人马寨,王玉瑞制造有年。实取土于土门村,土质如红石,碾碎成粉,掺和为料甚佳。”④人马寨即今陕州区西张村镇人马寨村。清末有生产澄泥砚的作坊二三十家,出现了王玉瑞、王士瑞、王治瑞、王福堂、王玉堂等一批制砚能手。制砚业的发展,促进了行业的壮大与联合。光绪二十八年(1902),陕州成立工艺局,又称“陕州澄泥砚工艺局”,聘请王玉瑞等人为官督商办性的手工业工场生产澄泥砚。

皮货业是清代崤函地区新发展的一个行业,其集中在陕州、灵宝。皮货加工主要用硝。光绪《富平县志》记载:该县卤泊滩产硝,“硝之售路十倍于盐,陕之同州、泾原,豫之灵宝,凡产皮之地,非此不成”。“附滩一带贫民常年捞取收储,以待河南陕州、灵宝,并本省同郡等处皮货作房不时来此采买,每斤价值七八文。”⑤

---

① 《户掾赵公墓碑》乾隆五十七年立,王兴亚编:《清代河南碑刻资料》第3册,商务印书馆,2016,第485页。

② 〔清〕李钧:《判语录存》卷四《争窑地事》,杨一凡、徐立志主编:《历代判例判牍》(第10册),中国社会科学出版社,2005,第113页。

③ 《创修老君殿碑记》咸丰元年立,王兴亚编:《清代河南碑刻资料》第3册,商务印书馆,2016,第498页。

④ 欧阳珍修,韩嘉会撰:民国《陕县志》卷十三《实业》,《河南历代方志集成·三门峡卷》(4),大象出版社,2017,第115页。

⑤ 〔清〕樊增祥、刘锟修,〔清〕谭麟纂:光绪《富平县志稿》卷四《盐法》,《中国地方志集成·陕西府县志辑》(14),凤凰出版社,2007,第320、323页。

3. 城镇的发展与分布

清代崤函古道商路带动崤函地区商品经济较快发展的最明显标志还数各类城镇的兴起与繁荣。有关清代崤函地区城镇多载于各县志《建置志》中，个别也见于卷首《图考》中，这里主要以有镇名为原则，统计制表如表9-7。

表9-7　清代崤函地区城镇统计表

州县	清前期	清中期	清后期
陕州	上村镇、磁钟镇、张茅镇、乾壕镇、李村镇、官前镇、新店镇、曲沃镇	上村镇、磁钟镇、张茅镇、乾壕镇、李村镇、官前镇、新店镇、曲沃镇	上村镇、磁钟镇、张茅镇、乾壕镇、李村镇、官前镇、新店镇、曲沃镇、会兴镇、头峪镇
灵宝县	曲沃镇、稠桑镇、虢略镇、南村镇、朱阳镇、下硙镇、涧口镇、川口镇、故水镇	曲沃镇、稠桑镇、虢略镇、南村镇、朱阳镇、下硙镇、涧口镇、川口镇、故水镇	曲沃镇、稠桑镇、虢略镇、南村镇、朱阳镇、下硙镇、涧口镇、川口镇、故水镇
阌乡县	盘豆镇、十二河镇、文底镇、双桥镇、关东店镇、麻庄镇、马店镇、阳平集镇、张村镇		盘豆镇、十二河镇、文底镇、双桥镇、关东店镇、麻庄镇、马店镇、阳平集镇（阳平镇）、张村镇、大字营镇
渑池县		千秋镇、白阜镇、义昌镇、石泉镇、土壕镇（英豪镇）、杨村镇、桃村镇、南村镇	
新安县	磁涧镇、阙门镇、阳寺镇、石寺镇、仓头镇、北冶镇、石井镇、狂口镇、杨镇	慈涧镇、阙门镇、石寺镇、北冶镇、仓头镇、匡口镇、石井镇、阳寺镇	

续表

州县	清前期	清中期	清后期
宜阳县	柳泉镇、韩城镇、三乡镇、白杨镇	柳泉镇、韩城镇、三乡镇、白杨镇	柳泉镇、韩城镇、三乡镇、白杨镇
永宁县	余庄镇、崛山镇、河底镇、王范镇、长水镇、故县镇、崇阳镇	余庄镇、崛山镇、河底镇、王范镇、长水镇、故县镇、崇阳镇	
卢氏县			龙驹镇、范里镇、青山镇、渡镇

资料来源:顺治《陕州志》卷二《街巷七》;乾隆《直隶陕州志》卷二《建置·乡镇市集附》;光绪《陕州直隶州志》卷首图、卷二《建置·乡镇市集附》;康熙《灵宝县志》卷二《建置·乡镇》;乾隆《重修灵宝县志》卷二《建置·镇集》;顺治《阌乡县志》卷一《乡镇》;光绪《阌乡县志》卷首《图考》、卷二《建置》;乾隆《渑池县志》卷上《建置志》;嘉庆《渑池县志》卷一《疆域·集市》;康熙《新安县志》卷五《建置志》;乾隆《新安县志》卷一《封域六》;康熙《宜阳县志》卷二《建置志·乡镇》;乾隆《宜阳县志》卷三《建置·乡镇》;光绪《宜阳县志》卷三《舆地·城镇》;康熙《永宁县志》卷一《舆地志》;乾隆《永宁县志》卷一《舆地志》;光绪《重修卢氏县志》卷二《地理·驿铺》。

据表9-7统计,清代崤函地区城镇数量有61个,较明代有了大量的增加,其成长具有两个特点:

一是城镇数量出现了大规模的增长。明代弘治年间崤函地区有城镇35个,清前期增至58个,增长了65.7%。具体到每个州县,除永宁县由明代弘治年间的8个减至清前期的7个外,其他各县都有较大幅度的增长。其中新安县城镇增长最多,弘治时有城镇3个,清前期增至9个。其次是陕州、宜阳和卢氏,城镇数量较明代弘治年间翻了一番。陕州明代弘治年间有4个城镇,清前期增至8个。宜阳和卢氏弘治时各有2个城镇,至清前期增至各4个。灵宝、阌乡、渑池的增长也很明显。明代弘治年间灵宝有城镇6个,至清前期增至9个;弘治年间阌乡有城镇5

个，清前期增至9个；弘治时渑池有城镇5个，清中期增至8个。二是清前期恢复快，中后期发展趋于稳定。明清之际受农民起义及自然灾害的影响，崤函地区各县遭受破坏严重，城镇一片衰蔽。新安县城镇“自明季罹兵燹，毁败者十之六七”①。其他各县也多见“寇毁址存”的记载。顺治、康熙、雍正时期，崤函地区经济开始逐渐恢复与发展，城镇建设也得以恢复和发展，陕州、灵宝、阌乡、新安、宜阳、永宁各县城镇都是在这一时期发展起来的。渑池、卢氏这一时期城镇数据缺载，但根据情形，也应当恢复到一定水平。此后，在清中后期，崤函地区城镇进入一个较长的平稳发展时期。个别州县城镇数量有所增减。如陕州在清后期，新增了会兴、头峪二镇。② 新安在清中期则减少了杨镇。其他各县记载的城镇数量未有变化。诚然，从乾隆到光绪的一个半世纪里，随着经济的发展，崤函地区城镇的增减是肯定的。也不排除方志记载大量引用旧志造成了缺失。参照民国初期纂修、刊刻的方志记载，可以说明这样一个基本事实：在清代中后期，崤函地区城镇数量虽然有所变化，但在总体上并没有出现像其他地区那样的大幅度增长的情况。这是清代崤函地区城镇成长的重要特点。在一定程度上也是这一地区在清代中后期社会经济发展乏力和相对落后的反映。

清代崤函地区城镇的发展，和水陆交通的发达与畅通是分不开的。从空间分布上看，这些城镇一般都位于水陆交通线上，它们的兴起得益于优越的交通地理位置。具体来说，可分为沿崤函古道和沿河两类。

崤函古道是贯穿崤函地区全境的东西交通和商业要道，直接联系中原、西北数省区，以此为依托和纽带形成的城镇数量最多，恢复和发展也较快。沿线既有较大村落发展起来的商业城镇，还有一些历史上就是当地重要商业中心的城镇。入清

① 〔清〕邱峨修，〔清〕吕宣纂：乾隆《新安县志》卷一《封域志·街市》，《河南历代方志集成·洛阳卷》(24)，大象出版社，2017，第37页。

② 〔清〕龚松林修，〔清〕杨建章纂：光绪《陕州直隶州志》卷首《陕州舆地全图》，《河南历代方志集成·三门峡卷》(1)，大象出版社，2017，第18页。

后,随着生产力的提高和商品经济的繁荣,沿线城镇进一步发展。据表9-7统计,崤函地区有28个城镇处在这条道路沿线。其中陕州6个,灵宝5个,阌乡9个,渑池和新安各4个,总数占崤函地区城镇数的46%,而且还出现了不少较大的商业城镇。如陕州张茅镇,位于州治东五十里,西四十里为硖石驿,地处崤函古道交通要冲。至迟在北宋已形成集镇。明清在此设递运所、铺递,促使其成为崤函古道上的重要交通节点和市镇。清时此地商业繁盛,形成一条西自清溪桥,东至董达桥,长约五里的商贸街,是陕州东部土产山货、盐、粮食、棉花、牲畜、煤炭的主要交易市场。有山陕商人数十家店铺,并在街上修建了山陕会馆,雕梁画栋,颇具规模,当地人称为"会馆庙"。再如渑池千秋镇,位于县治东二十五里,崤函古道穿镇而过。清时的千秋镇以东西街为主街道,两侧店铺林立,以药铺、粮行最多,分布最广,是周围方圆数十里的商业中心。在此经商的山陕商人集资在镇东头兴建山陕会馆,亦称"山陕庙",占地40亩,有殿堂9间,戏楼一座3间。本地商人则在镇北修建关爷庙,也建有戏楼。二月十九的千秋庙会是该镇每年最大的商贸活动,届时各路客商云集。东头山陕会馆是山陕、洛阳等外地客商聚集活动的场所,北头的关爷庙则是本地客商聚集活动的地方。其他如灵宝稠桑镇、阌乡盘豆镇、新安磁涧镇等也都是利用崤函古道交通优势发展起来的较大商业城镇。

州县城中,陕州和所属灵宝、阌乡及河南府的渑池、新安等州县城都在崤函古道上,占崤函地区州县数量的60%。它们既是本地政治中心,还承担着经济中心的作用,因此,州县城市商业也是崤函城镇经济的重要组成部分。如陕州"东临郑、洛,西接灵潼,为豫西一大重镇。在昔轮轨未通之际,商旅交通,悉赖舟楫。上河头一地(即太阳渡),最称繁盛。该地为豫、晋两省界流,举凡由陕州输出之煤油、杂货、面粉,及由晋输入本地之棉花等,均必经此口。兼以西至潼关、渭南,东至洛阳、汜水、洋桥,往来货运,亦均以此为交流点。仅船家一项,统计约有两千余人之众,其盛况概可想见"[①]。

崤函古道沿线州县城市商业发展景象还可以从牙税收入的增长得到证实。清初，陕州商品经济较为落后，原额牙贴只有10张，纳税银3两。随着社会经济的恢复，尤其是商品经济的发展，康熙四十九年（1701），新增牙贴56张，纳税银52两，内分活税、房地契税、牙贴等。雍正五年（1727），陕州有牙户154名，征银127两5钱，另有盈余牙贴86张，纳税银73两5钱。两三年后又新增牙贴22张，纳税银18两9钱。牙人与牙行是买卖双方的中介，也是沟通地域商业往来的纽带。商人开办牙行要向官府领取凭证，即牙贴，每年交纳贴费，即牙税。牙税收数多，商铺数量自然也较多。雍正时陕州牙行设置多达154个，其商铺也当有较大的数量。由此可以看到清代陕州城市商业经济发展已颇具规模。其他沿崤函古道的县城情况也大体如此。如阌乡，据乾隆《重修直隶陕州志》载："牙税原额银壹拾贰两，新增银贰拾伍两捌钱贰分叁厘壹毫，盈余银柒拾陆两叁钱陆分。"灵宝"牙税原额银两壹钱柒分，新增银玖两捌钱玖毫，盈余银壹佰肆拾陆两肆钱。新认银陆拾柒两肆钱"[②]。乾隆《重修灵宝县志》载灵宝商税课征："行贴共三百二十九张，共征银五百七两四钱一分四厘三毫，四季征解。"[③]

崤函地区地处黄河中游，境内有黄河和洛河两大河流，沿河分布的城镇也主要集中在这两条通航河流及其支流的两岸。这些沿河分布的城镇大多具有一个共同特点，即除拥有较为便利的水路交通外，同时还具有较为通畅的陆路交通。因此沿河分布的城镇，在空间上最重要的表现便是多出现在水运码头地区及水陆要道交汇点。

---

① 刘平编：《稀见民国银行史料四编》（上），上海书店出版社，2017，第369页。

② 〔清〕龚松林修，〔清〕杨建章纂，〔清〕张学林修订：乾隆《重修直隶陕州志》卷六《税务》，《河南历代地方志集成·三门峡卷》（2），大象出版社，2017，第112~114页。

③ 〔清〕周庆增修，〔清〕敖启潜、许宰纂：乾隆《重修灵宝县志》卷二《建置·镇集》，《河南历代方志集成·三门峡卷》（7），大象出版社，2017，第308页。

沿黄河分布。崤函北部紧邻黄河干流，自三门天险东下，可达渑池、新安、孟津、开封，直下山东。茅津渡逆水西上，可达灵宝、阌乡、潼关。沿岸有茅津、太阳、佰底、盘豆、西阌、济民(利津)、西沃、狂口、塔地、石渠等渡口，沟通黄河南北，形成支脉纵横的商业路径，是山西货物南运中原和南方地区，以及中原和南方地区货物北运山西的重要通道。因此，在黄河及其支流沿岸兴起了不少城镇。如新安 9 个城镇中有 6 个分布在黄河及其支流畛河、青河两岸。如匡口镇位于县城北 60 里的黄河南岸畛河入黄处，是黄河沿线运输山西煤炭、山货入豫的一个主要运输码头，有诗曰“河南河北硖岿山，匡口一津通往还”[①]。明嘉靖年间，在此驻兵设防，修建城垣。清设匡口镇，“每单日集，有盐埠”[②]，客商往来络绎不绝。匡口镇上的黄大王庙，出现了“商贾随时随事酬献者，几无虚日”[③]的景象。清政府分别在光绪二十一年(1895)和光绪三十年(1904)在匡口新渑陕煤厘局和厘税分局，抽取煤厘和山货厘，匡口镇成为一个有名的水陆兼备型商业城镇。再如渑池南村镇，位于渑池最北部的黄河南岸，北隔黄河与山西垣曲东滩相望。镇北的济民渡(即利津渡、阳壶渡)为“秦晋之喉衿，通来往之要津”[④]，与孟津、茅津渡并称为黄河中游三大古渡。金设利津县，元、明、清三朝皆设巡检衙署。垣曲山货，晋南小麦、棉花及解盐等货物由此过河运往中原地区。洛阳丝绸、禹州药材也经此渡河运往垣曲等地区。从垣曲渡河入渑池，陆路有阳壶古道通达洛阳。其路线是自阳壶(今南村乡洋湖村)入山南行，在关底村斜向东南，经东关、金灯河(屹塔店)入新安，经石井镇、仓头，

---

① 〔明〕王训：《匡口行》，〔清〕邱峨修，〔清〕吕宣纂：乾隆《新安县志》卷十三《艺文五》，《河南历代方志集成·洛阳卷》(24)，大象出版社，2017，第 535 页。

② 〔清〕邱峨修，〔清〕吕宣纂：乾隆《新安县志》卷一《封域志·街市》，《河南历代方志集成·洛阳卷》(24)，大象出版社，2017，第 37 页。

③ 〔清〕邱峨修，〔清〕吕宣纂：乾隆《新安县志》卷八《祀典》，《河南历代方志集成·洛阳卷》(24)，大象出版社，2017，第 137 页。

④ 〔元〕郑谧：《济民渡河神祠记》，〔清〕甘扬声修，〔清〕刘文运纂：嘉庆《渑池县志》卷十一《艺文志》，《河南历代方志集成·三门峡卷》(5)，大象出版社，2017，第 151 页。

抵洛阳。或从石井镇南下新安县城,循崤函古道东至洛阳。康熙五十二年(1713),因洋湖至丹石(今新安横水)段“山涧环绕崎岖甚,林木障蔽险阻甚。车骑担负者辄心焉伤之”,“洋浒、东滩两村人等奋思筹治”,集资二百数十两,“以修数年,而崎岖平、险阻除”,“履道坦坦”,商旅摩肩。[①] 嘉庆年间又有监生张春全主持整修洋湖狮子山阁道,“险仄者宽焉,石齿者平焉”[②]。

沿洛河分布。洛河是纵贯崤函地区南部卢氏、洛宁、宜阳的最大河流,主要支流有连昌河、韩城河、渡洋河等。清代洛河通航条件虽不如唐宋,但常年仍可通行木帆船、竹木筏等,通航长度达四百余里。洛宁竹材、卢氏木材及沿线的山杂货,大都通过洛河运销洛阳及秦晋等地。乾隆《永宁县志》载:永宁“地宜竹,原野溪涧大半皆竹园,园广或数千亩,引渠灌溉,干霄如翠屏,制为器用,粥于秦晋及本省,邑人倚此为生”。又云:“村民斧斤以时入伐之缚为筏,春涨浮洛而下郡城及偃、巩诸邑,营造者资焉。”[③]洛阳等地的京广杂货等日用品也通过洛河运往沿河各县。因此,洛河及其支流两岸密集兴起了一批城镇。如卢氏范里镇,洛宁王范镇、长水镇等。

据民国《宜阳县志》记载,清代宜阳境内洛河上下有北门、莲庄、张坞、柳泉、程子、桥头、寻村、官庄、李营、锁营、沙坡头、三乡、龙窝等13个渡口。县城北门和韩城是主要的商埠码头。宜阳四大名镇中有三个分布在洛河沿岸。其中宜阳韩城镇位于县城西约25公里的洛河北岸,由黄河入洛河可直达韩城镇。韩城渡口是洛河上主要的水旱码头,洛河支流连昌河在此注入洛河,崤山南路也由此经过,因此,韩

① 《平治道途碑》康熙五十二年立,原存渑池县南村乡洋湖村,今已不知所踪。碑文内容由渑池县史志办杜建成主任提供。

② 〔清〕戴藻:《重修狮子山阁道》,陆昭治修,李凤翔、上官骏谟纂:民国《渑池县志》卷十三《艺文志》,《河南历代方志集成·三门峡卷》(5),大象出版社,2017,第402页。

③ 〔清〕单履咸纂修:乾隆《永宁县志》卷四《土产》,《河南历代方志集成·洛阳卷》(30),大象出版社,2017,第223页。

城镇是南北往来的要路。“西通山陕，南达吴楚，客商往来不绝。”[①]“韩城地处城西，乃为四方辐辏之所，虽无异产珍奇，而百货尚称咸集，其富庶较甲一邑也。”[②]韩城“东西二寨相对，为商贩辐转之所，市集甲于一县”[③]，是清代宜阳县的商业中心。在韩城镇经营的多为山陕商人，晋商主要经营盐行、钱庄、当铺、茶庄等，陕商以药材、皮货为主。当地人则经营骆驼店、车马店、粮行、染坊、杂货行等。咸丰年间，山陕商人在韩城镇西关的韩城河西侧兴建山陕会馆，北临大街，南抵城墙，规模颇大。

再如洛宁，境内主要城镇均分布于洛水沿岸，县城“距洛阳一百九十里，水程经午门屯、七里河、苗湾、新店、延秋镇、闲街、寻村镇、宜阳县、水雒镇、柳泉镇、鱼泉镇、韩城镇、水沟镇、三乡镇、余庄镇至县城”，“上溯王范镇、崖底、马店、东西长水镇、双窑、董寺、下山谷、故县、高门关、闽底、观音阁、范里至卢氏县”[④]，基本包含了洛宁、卢氏两县的重要城镇。洛宁王范镇位于洛宁城西5里洛河北畔，王范渡口是洛河上一个重要的水旱码头。陆路东通宜阳、洛阳，西连卢氏，北接陕州、渑池，南抵嵩县、栾川。由于地处水陆交通要冲，早在明代即已形成以王范为中心的商业网络。明末因战争毁坏，“烟火萧条”。康熙年间重建而复兴，“自是瓦砾弥望之地，商民辐辏矣”[⑤]。同治元年（1862），为避捻军扰境，王范修建寨墙，外环护城河，设东西南北四座城门，因东有渐盘桥，西有登云桥，合称“云盘寨”。镇内东西商街长1公里，每逢“二七日”有市集。[⑥] 山陕等地商人纷至沓来，开店设铺，经营“牲畜、

① ［清］申明伦纂修：康熙《宜阳县志》卷二《建置志·乡镇》，《河南历代方志集成·洛阳卷》（28），大象出版社，2017，第28页。

② ［清］谢应起修，［清］刘占卿、龚文明纂：光绪《宜阳县志》卷六《风俗·商贾》，《河南历代方志集成·洛阳卷》（28），大象出版社，2017，第313页。

③ 吴世勋：《分省地志·河南》，中华书局，1927，第109页。

④ 林传甲：《大中华河南省地理志》，武学书馆，1920，第244页。

⑤ ［清］程万善修，［清］张鼎延纂：康熙《永宁县志》卷一《舆地志·集市》，《河南历代方志集成·洛阳卷》（29），大象出版社，2017，第422页。

⑥ ［清］邱峨修，［清］吕宣纂：乾隆《新安县志》卷一《封域六·街市》，《河南历代方志集成·洛阳卷》（24），大象出版社，2017，第37页。

布帛、菽粟、织皮、漆蜡、药饵、农器”[①]等。“永宁王范之市，远近莫不闻。盖山右、关中、两河商民走集之地也。其他村镇之小于王范者，复有市数区，而城以内独无，寥寥百余家，散处于瓦砾弥望之间，数日一赴王范市而已。”[②]至清末仅药店和药材行栈即有17家，从业人员80余人。经营竹、木、山货等的商人也较多。山陕商人在东门外兴建山陕会馆，占地七八亩。王范镇商业活跃，“繁盛过于县城”[③]，是地区商业贸易的中心，因之有“只听王范镇，不知永宁城”之说。

此外，随着清代陕州南下商路的活跃，从韩城、三乡北上，沿洛河支流韩城河、连昌河，至观音堂、宫前，继而进入崤函古道东西路径，成为一条南北重要商路，带动了陕州南部山区头峪、宫前、李村和洛宁河底等城镇的兴起，与洛河沿岸城镇形成一个县际市场联系整体。如头峪镇位于洛河支流连昌河畔，西北距陕州城一百二十里，是洛宁向北进入陕州地界的第一个山峪沟口，向南循崤山南路连昌河线，经洛宁旧县村，抵宜阳三乡镇，故“此镇虽系山峪，东通永、宜，西达山陕”[④]，是陕州南部与永宁交界地区重要的货物集散地和往来商品转运地。周边的洛阳、陕州、永宁、宜阳等地商人和山陕商人纷至沓来，进行交易，或开店设铺。头峪镇东下庙河上的石桥为道人程永慧于乾隆二十三年(1758)募捐重修，其中“本镇之齐民商人协成厥功”。乾隆十六年(1751)，山西商人与当地人集资重建关帝庙，两年而成。《重建关壮缪庙碑》碑阳称：“本朝来册礼有加，自都会以及乡井无不筑宫而奉，而商贾贸易之区又各创立会馆，以致处之成猗欤盛哉。……陕之头峪镇西通秦晋，在李唐时銮舆幸东京道必经此。今非属驿站而接壤宜、永，四方多服贾，兹土兴建关帝祠。”撰文者是山西闻喜县令李子里。碑阴刻列“各商捐姓名及捐金数目”，计有

① 〔清〕单履咸：乾隆《永宁县志》卷一《土地部·风俗志》，《河南历代方志集成·洛阳卷》(30)，大象出版社，2017，第161页。

② 〔清〕程万善修，〔清〕张鼎延纂：康熙《永宁县志》卷一《舆地志·集市》，《河南历代方志集成·洛阳卷》(29)，大象出版社，2017，第422页。

③ 吴世勋：《分省地志·河南》，中华书局，1927，第109页。

④ 《创建奶奶庙记》乾隆三十七年立，现存陕州区宫前乡头峪村奶奶庙。

捐款40人,捐银二千一百两[①]。

4. 区域性商业贸易中心会兴镇的兴起

在清代崤函地区兴起的城镇中,以陕州会兴镇最为著名,它也是当时有名的区域性商业贸易中心。它的兴起和繁荣同样是和水陆交通的发达分不开的。

会兴镇位于州东北十五里,面积31平方公里,北滨黄河,与北岸平陆茅津渡隔岸相望,会兴渡与茅津渡统称茅津渡,为古代黄河三大渡口之一。由茅津顺流南渡五里即至会兴镇,东南行十五里至磁钟镇即入崤函古道。盐道、万里茶道之“大西路”皆从会兴镇而过。正是得益于黄河与陆路交通交叉形成的便利交通网,会兴镇才成为清代河南盐业贸易中心和商业名镇。其发展大致分为两个阶段:

第一,康熙至嘉庆中期,河南盐业转运中心阶段。会兴镇“元末尚属于一片荒土”,至明初有张姓因避乱由山西洪洞迁居来此,“名永东庄,始为一村”[②]。地近渡口,来往客商较多,村里常举办庙会,逐步形成市集。至迟在万历年间已改称“会兴头”。官方在此建有“会兴头公馆”[③]。康熙四年(1665)一说同治四年,改称“会兴街”。清前中期,河南盐业运销施行专商引岸制度和官督商销制度,盐商凭盐引(票)购盐,按政府划定的食盐运输线路,在相应区域划界行销。豫西及豫西南32个县为解盐行销区。会兴镇距运城盐池仅80余里,行销河南32个县的解盐多在会兴镇转运。乾隆五十七年(1792),河东盐区改行课归地丁,停用盐引,任民贩运,在原引地销售。一时“或殷实大户分起合伙赴池运盐,或小户贫民肩挑车载,随处贩卖”[④]。“贩运者获利甚厚,故趋之若鹜,愈久愈

---

① 《重建关壮缪庙碑》乾隆十八年立,现存陕州区宫前乡头峪村奶奶庙。

② 陇海铁路车务处商务课:《陇海全线调查》,殷梦霞、李强选编:《民国铁路沿线经济调查报告汇编》第7册,国家图书馆出版社,2009,第300页。

③ 〔明〕赵恒修修,王承蕙撰:万历《陕州志》卷二《建置志》,《河南历代方志集成·三门峡卷》(1),大象出版社,2017,第12页。

④ 〔清〕穆和蔺:《为豫省盐课改归地丁后民贩流通、盐价平减事》,郭正忠:《中国盐业史(古代编)》,人民出版社,1997,第810页。

多。”[①]会兴盐商云集,生聚日繁,成为解盐入豫的转运中心。

第二,嘉庆后期至清末,河南盐业贸易中心阶段。乾隆末年以来,河南年岁歉收,商力疲乏;为镇压白莲教、天理教起义,政府加征盐商税捐。双重压力下,盐商不堪重负。为改变盐不畅销局面,嘉庆二十五年(1820),户部会准山西巡抚兼河东盐政成格建议,“河东盐行河南引地……改为商运民销”[②],并规定:以会兴镇为商运盐货的总口岸,并发榜出示,招徕民贩来此接买转售;凡在河南解盐行销区,民贩可不受限制,自由推销。无论员弁、幕丁、兵役人等,均不准需索留难;酌减盐货例价,使民贩低价接买,以便继续转贩,有利可图;设立监盐委员,常驻会兴镇,稽察盐务,维持秩序。新运销政策反映强烈,“商民称便”[③],各地客商纷至会兴镇,“踊跃经营”[④]。“盐到口岸,然后发贩,随地销售。”[⑤]“各州、县均系商人运至会兴镇,听民贩自行买销。”[⑥]“其盛时,运盐车驮不绝于途。”[⑦]河南最后一次农民起义的领袖白朗,青年时即曾在宝丰至会兴镇间运盐。[⑧] 每年由运城盐池运至会兴镇的解盐有 71940 引,按每引 240 斤计,高达 17265600 斤,盐业交易量大约在 40 万两白银左右。[⑨] 会兴镇盐业经济发展进入快车道,由盐业转运中心发展转变为河南唯一的盐业贸易中心,即它不仅是重要的转运中心,还是重要的盐业交易市场。至迟道光

---

① 〔清〕佶山:《筹杜邻私以卫淮纲疏》,《增修河东盐法备览》卷五《奏疏》,咸增强、杨强校注:《河东盐法备览合集简注》(下),中州古籍出版社,2020,第 277 页。

② 〔清〕赵尔巽等:《清史稿》卷四百二十六《王庆云传》,中华书局,1977,第 12237 页。

③ 〔清〕赵尔巽等:《清史稿》卷四百二十六《王庆云传》,中华书局,1977,第 12237 页。

④ 〔清〕衡龄:《看陕酌加耗盐豫省商运民销部议》,《增修河东盐法备览》卷五《奏疏》,咸增强、杨强校注:《河东盐法备览合集简注》(下),中州古籍出版社,2020,第 305 页。

⑤ 〔清〕王轩等:光绪《山西通志》卷七一《盐法略下·商运》,三晋出版社,2015,第 3369 页。

⑥ 〔清〕祁寯藻:《为酌议河东盐池官运官销及官运民销章程事清单》,任国维主编:《祁寯藻集·奏议》,三晋出版社,2015,第 430 页。

⑦ 吴世勋:《分省地志·河南》,中华书局,1927,第 104 页。

⑧ 开封师范学院历史系、河南科学分院历史研究所、白朗起义调查组:《白朗起义调查报告》,《开封师范学院学报》1960 年第 1 期。

⑨ 郑伟斌:《清代河南的盐业市场》,《盐业史研究》2013 年第 4 期。

时已建镇，称“会兴镇”①。咸丰年间，山西盐商集资在镇西头兴建山西会馆，“馆宇宏敞，雕梁画栋，极美轮美奂之观”②。同治四年（1865），纷乱迭起，张氏乃聚族集议筑寨自卫，墙高8丈，宽2丈，东、南、北各建高大门楼1座，城外有防敌用的壕沟，主街道南北长达1公里多。“墙垣坚固，顿成金汤，自此遂跃为全县首镇。”③至光绪时，“镇内多晋商，建关庙，甚庄严，街长数里，寨垣甚为整齐，房屋商务俱较县城为佳。”④

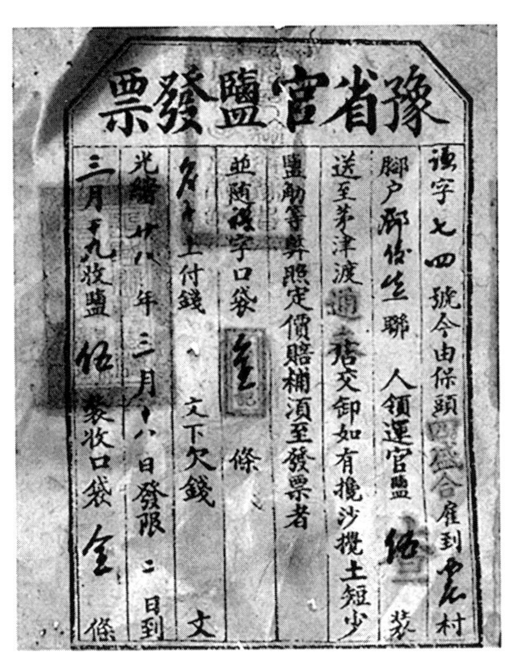
豫省官鹽發票
議字七四號令由保頭四盛合雇到　村
腳戶　聯　人領運官鹽　袋
送至茅津渡　交卸如有攙沙攪土短少
鹽觔等弊照定價賠補須至發票者
並隨　字口袋　條
名　上付錢　文下欠錢　文
光緒廿八年三月十八日發限二日到
三月十九收鹽　袋收口袋　條

图9-13　光绪二十八年四盛合豫省官盐发票⑤

① 道光二十五年《敕授文林郎归绥府儒学教授前河阴县儒学教喻华青张公（际华）暨继配成孺人合葬墓志铭》，王兴亚编：《清代河南碑刻资料》第3册，商务印书馆，2016，第328页。

② 陇海铁路管理局总务处编译课：《陇海铁路旅行指南》第2期，陇海铁路管理局总务处编译课，1932，第138页。

③ 陇海铁路车务处商务课：《陇海全线调查》，殷梦霞，李强选编：《民国铁路沿线经济调查报告汇编》第7册，国家图书馆出版社，2009，第300页。

④ 白眉初：《中华民国省区全志·河南省志》，北京师范大学史地系，1925，第82页。

⑤ 采自王旭《中国会计博物馆藏品集萃　契据卷》，立信会计出版社，2016，第55页。

会兴镇还是豫晋陕三省交界地区的商品集散地,便捷的水陆交通造就了它以解盐为基础的商品贸易的发展,货物流转,百业俱兴。如光绪年间曾国荃称:“缘南来粮贩挽运粮食前往河南会兴镇售卖之后带银而往。”[①]据测算,会兴镇一年的商品总交易额约为七八十万两[②],也就是说,会兴镇每年的盐业交易额大约在 40 万两白银,这多出来的交易额应是盐业以外的商品交易所贡献的。咸丰八年(1858)清政府在会兴镇设厘税局抽厘,亦证明了这一点。其时会兴镇的繁盛程度已经超过了管辖它的陕州城,一般县城更无法与之相比。

前来会兴镇经商的商人来自全国各地,而以山陕商人数量最多,实力亦最强。镇上南大街最大的中药铺“长寿堂”(福庆东)为陕西商人车永寿于道光十年(1830)开设。会兴镇上有多少商号,虽史无记载,但从会兴镇所铸银锭中可窥见一斑。传世会兴镇银锭主要有商号铸造银锭、银匠铸造银锭、银局所铸造银锭等。后者为镇名加银匠名组合银锭,出自特定银匠之手,如“会镇王成”,可证当地开有银店。但传世更多的是钤有“会镇”地名加商号的银锭,多为 5 两,是一种市面上流通的商用称量货币。如“会镇泰兴”“会镇泰源”“会镇祥盛”“会镇忠兴真”“会镇永盛”“会镇祥顺”“会镇用和”“会镇泰和”“会镇永兴”“会镇永泰”“会镇和顺”“会镇永记”“会镇永庆”“会镇万兴”“会镇复兴”“会镇顺盛”“会镇天顺”“会镇永和”“会镇恒泰真”“会镇永兴真”“会镇万泰真”“会镇和顺真”“会镇永昌真”“会镇祥发真”“会镇永聚真”“会镇德盛真”“会镇宝兴真”“会镇宝顺真”“会镇永和真”“会镇兴盛真”“会镇泰顺真”“会镇万顺真”等。还有“会兴镇”加年月戳记组合的银锭,如“光绪年月会兴镇必智”等。[③] 上述银锭涉及商号 30 多个,虽然无法判定其

---

① 〔清〕曾国荃:《请分年带征盐额疏》(光绪三年),梁小进主编:《曾国荃集》,岳麓书社,2008,第 254 页。

② 郑伟斌:《清代河南的盐业市场》,《盐业史研究》2013 年第 4 期。

③ 李炯:《陕西银锭》,三秦出版社,2015,第 232~239 页;孙永亮、崔国平:《陕槽志》,山东大学出版社,2017,第 221~222 页;文四立:《中国银锭图录》,中国金融出版社,2013,第 362 页。

经营何种商业，但它们能够铸造商用银锭，足以证明其是实力较强的商号。此外，还有银局所铸银锭，如“会镇银局”。清代银局除具有来料加工、改铸、新铸银锭的职能外，也兼具银庄、银号、汇号和银行的部分职能，多为官办或与商家合营。银局出现在会兴镇，表明随着商品经济的发展，已经附带产生了资本市场，并成为该镇商业的支持力量。上述会兴镇所铸银锭，都取形于偏椭圆形的陕槽，而非河南腰锭，亦可说明陕商对会兴镇商业交易的影响。

图 9-14　会兴镇商铸银锭①

上述表明，崤函地区发达与畅通的水陆交通，不仅促进了沿线商业城镇的兴起，而且进一步促进了城镇的繁华，催生出一批商业重镇，有的商业重镇，其繁盛程度甚至超过县城，成为当地的商贸中心，在当地经济发展中起到十分重要的作用。崤函地区城镇大都具有沿崤函古道和河流分布的特点，在很大程度上影响和规定着这些商业城镇的规模和性质。具体而言，可分为三类：一是区域性的商业贸易中心，如会兴镇，凭借崤函古道陆路和黄河水运的交通优势，吸引各种物资在当地集散。货物流通量大，与外界联系广泛，使其逐渐成为辐射豫西和豫西南，以及豫晋陕交界地区的区域性商业贸易中心。二是地方性的货物集散和商品往来转运中心，如渑池千秋镇、新安匡口镇、灵宝虢略镇、宜阳韩城镇、洛宁王范镇、卢氏范里镇

① 采自李炯《陕西银锭》，三秦出版社，2015，第 236 页。

等。它们利用自身便利的陆路或水路交通条件，转运和集散货物获利，山陕等地商贾也多聚于此，成为较大的地方性商业转运和贸易中心，在辐射地区范围内具有较大的经济影响力。三是小城镇。清代崤函地区城镇大多属于这一类，城镇中的商品基本上都是附近农民的农副产品及日常用品。由于分布在商路上，有一定的交通优势，外地客商也将商品转运而来，将本地产品转输出去，但交易量和商品种类相对来说都较少。无论何种类型的城镇，其兴起和繁荣，都与这一时期崤函古道、黄河、洛河水陆交通的发达密不可分，而与当地生产力的发展水平并没有太大的关系。

5. 集市的发展与地域分布

集市是一种定期开放的贸易场所，分为城集和乡集两大类，主要为民众的日常生活生产服务。清代崤函地区集市的发展与这一时期的城镇发展基本相似，同样经历了恢复—发展—进步的过程。

清初，受明末的战争和灾荒的影响，崤函地区在明代已有较大发展的集市受到严重破坏。如前揭乾隆《新安县志》所说新安集镇“自明季罹兵燹，毁败者十之六七”[①]。灵宝“及至明季叠遭兵燹，部屋变为瓦砾，阛阓化为蓁莽矣”[②]。西关集市“道通晋省。先是人民辐辏，明季遭兵火尽成瓦砾”[③]，仅留遗址。直到康熙中期，随着崤函地区商品经济的恢复和发展，人们迫切需要商品交易场所，一些地方官府恢复或重建了一批市场，各地的集市才逐渐恢复和发展起来。康熙二十二年(1683)，灵宝知县江繁“捐资解俸，巷房数十间”，重建了西关集市。随后，康熙二

① 〔清〕邱峨修，〔清〕吕宣纂：乾隆《新安县志》卷一《封域志·街市》，《河南历代方志集成·洛阳卷》(24)，大象出版社，2017，第 37 页。

② 〔清〕江繁：《创立西关集市序》，〔清〕周庆增修，〔清〕敖启潜、许宰纂：乾隆《重修灵宝县志》卷四《艺文志》，《河南历代方志集成·三门峡卷》(7)，大象出版社，2017，第 227 页。

③ 〔清〕霍浚远修，〔清〕卯显极纂：康熙《灵宝县志》卷二《建置·乡镇》，《河南历代方志集成·三门峡卷》(7)，大象出版社，2017，第 151 页。

十九年(1690),县令霍浚远又创设了曲沃镇、稠桑镇、虢略镇、南村镇、朱阳镇、下硙镇、涧口镇、川口镇、故水镇等9个在乡集市,灵宝集市网络规模初具。其他如洛宁王范镇集也在康熙十四年(1675)由县令重建开设。

在清前期恢复成长的基础上,清中期崤函地区集市快速发展,集市数量全面增长。方志中有记载的集市有100个之多。其中陕州25个,灵宝10个,阌乡9个,渑池16个[①],新安28个,永宁5个,宜阳7个。尽管这些集镇不可能全是这一时期新增的,但可以肯定新增数量是不少的。不少集市规模很大,赶集的、交易的人数众多。宜阳韩城镇每月逢五逢十为大集,十月举办大规模的"棚会",参加者有数万之众,山西、陕西、河南各路客商车拉、肩挑络绎不绝,云集于此进行货物交流,时间长达一个月,贸易的商品有京广杂货、日用百货、粮油布匹、山杂木材、牲畜农具等。[②] 开市时间也有明显增加。宜阳在清前中期"县内集,在官衙后,半月东关、西关、北关,各轮集五日"[③]。也就是前半月官衙后集每日开市,后半月在东关、西关、北关三处五日轮集。到了清后期光绪时则"县前街、城隍庙、街西、街后,暨东关共五处,按月每轮六日"[④]。这样各集开市的时间相互交叉、前后轮换,5个在城集中每天都有一处开市交易。新安县北部的几个相邻集市在集期安排上也均衡错开,正村集是双日集,与之相邻的石寺镇集则为单日集,和石寺镇集相邻的北冶镇集又是双日集,与之相邻的匡口镇集又是单日集。新安北部由此形成了由正村、石寺、北冶、匡口组成的集市网,既方便了周围农民参与交易,又增加了他们参与交易的机会。清代崤函地区集市数量、规模和开市时间的增加,反映了这一地区集市经济

---

① 乾隆《渑池县志》卷上《建置志》记载集市11个,嘉庆《渑池县志》卷一《疆域·集市》记载集市12个,除去相同者,综合统计集市数量有16个。

② 政协宜阳文史委员会:《宜阳文史资料》第3辑,1987,第62页。

③ 〔清〕申明伦:康熙《宜阳县志》卷二《建置志·乡镇》,《河南历代方志集成·洛阳卷》(28),大象出版社,2017,第28页。乾隆《宜阳县志》卷三《建置·乡镇》记载相同。

④ 〔清〕谢应起修,〔清〕刘占卿、龚文明纂:光绪《宜阳县志》卷三《舆地·城镇》,《河南历代方志集成·洛阳卷》(28),大象出版社,2017,第246页。

的活跃和各种商品流通频率及交易程度的提高。

崤函地区集市发展趋势一直持续到清末,中间虽经咸丰、同治年间太平天国与捻军起义,以及光绪丁戊奇荒的打击等,使崤函地区的经济受到一定程度的冲击,集市经济受到一定程度的破坏,但除阌乡、灵宝集市有所减少,陕州集市仍保持稳定的数量,而宜阳县则由7个,大幅增至27个①,卢氏集市记载亦有19个。渑池、新安、永宁三县虽然缺载,但不可能无集市。由此可以看到,清后期崤函地区集市总体结构改变不大,集市经济发展趋势仍在进步。兹据清代崤函各州县方志,统计集市状况如表9-8所示。

表9-8 清代崤函地区集市统计表

州县	清前期	清中期	清后期
陕州		北路:在城集、会兴镇集、上村集。东路:磁钟集、张茅集、硖石集、观音堂集、李村集、杜家庄集、卢草集、斜桥集、横渠集、卢家渠集、李家窑集。南路:大南关村、水淆集、张村集。西路:桥头沟集、曲沃集、大营集、元店集。东南路:菜园集、头峪集、宫前集、池头集	北路:在城集、会兴镇集、上村集。东路:磁钟集、张茅集、硖石集、观音堂集、李村集、杜家庄集、卢草集、斜桥集、横渠集、卢家渠集、李家窑集。南路:大南关村、水淆集、张村集。西路:桥头沟集、曲沃集、大营集、元店集。东南路:菜园集、头峪集、宫前集、池头集
灵宝县	西关、曲沃镇、稠桑镇、虢略镇、南村镇、朱阳镇、下硙镇、涧口镇、川口镇、故水镇	西关、曲沃镇、稠桑镇、虢略镇、南村镇、朱阳镇、下硙镇、涧口镇、川口镇、故水镇	曲沃镇、稠桑镇、虢略镇、南村镇、朱阳镇、下硙镇、涧口镇、川口镇、故水镇

① 光绪《宜阳县志》卷三《城镇》记载集市9个,卷六《风俗》则记载集市22个,除去相同者,综合统计集市数量有27个。

续表

州县	清前期	清中期	清后期
阌乡县		盘豆镇、十二河镇、文底镇、双桥镇、关东店镇、麻庄镇、马店镇、阳平集镇、张村镇	西街集、东街集、阳平镇集、盘豆镇集、文底镇集
渑池县		坊东(东关)、坊中(城内)、坊西(西关)、千秋、石泉、义昌、土壕、南村、桃村、杨村、白阜、英豪镇、坡头镇、藕池镇、坻坞、任村	
新安县		城内:东西大街、丁字街(新街)、城隍庙东街、水道胡同、学道街、学宫胡同、十字街、里仁巷、寺巷、厂胡同;四关:小河街、函关街、西关街、南关;六乡:慈涧镇、阙门镇、沿溪街、李村、郁山屯、正村、石寺镇、北冶镇、仓头镇、匡口镇、石井镇、五头、阳寺镇、庙头	
永宁县	城内集、王范集、长水集、余庄集、河底集	城内集、王范集、长水集、余庄集、河底集	
宜阳县	县内集:东关、西关、北关;柳泉镇集、韩城镇集、三乡镇集、白杨镇集	县内集:东关、西关、北关;柳泉镇集、韩城镇集、三乡镇集、白杨镇集	县前街、城隍庙、街西、街后、东关;韩城镇、白杨镇、三乡镇、柳泉镇、东西赵保、宋店、樊店、连庄、凹裹、苏羊、穆册、关水、沟庙、水兑、段村、寻村、李家河、刘村、石家陵、盐坡头、藕池、祁家庄

续表

州县	清前期	清中期	清后期
卢氏县			苏村集、范里集、沙窝街集、裹脚村集、龙驹镇集、黑沟店集、官坡集、文峪集、南苏村集、朱阳关集、汤河店集、五里川集、毛坪集、栾川集、牛乐集、教河集、庙子村集、官道口集、杜关集

资料来源：乾隆《直隶陕州志》卷二《建置·乡镇市集附》；光绪《陕州直隶州志》卷二《建置·乡镇市集附》；康熙《灵宝县志》卷二《建置·乡镇》；乾隆《重修灵宝县志》卷二《建置·镇集》；顺治《阌乡县志》卷一《乡镇》；光绪《阌乡县志》卷二《建置》；乾隆《渑池县志》卷上《建置志》；嘉庆《渑池县志》卷一《疆域·集市》；康熙《新安县志》卷五《建置志》；乾隆《新安县志》卷一《封域六》；康熙《宜阳县志》卷二《建置志·乡镇》；乾隆《宜阳县志》卷三《建置·乡镇》；光绪《宜阳县志》卷三《舆地·城镇》、卷六《风俗》；康熙《永宁县志》卷一《舆地志》；乾隆《永宁县志》卷一《舆地志》；光绪《重修卢氏县志》卷二《地理·驿铺》。

清代崤函地区集市的发展同样与良好的交通条件密不可分。

其一，处于交通要道和沿河两岸的集市数量较多，规模较大。如灵宝西关集市“尤当西北之孔道，西出阌境，直达秦关，北渡黄河，即通晋省”。建集市后，很快就兴盛起来。“雍、冀二州之商贾，拥车牛而迈征者，莫不辐辏于此焉。”[①]商民感其德，专为县令立石碑。据加藤繁研究，清代北方“村镇的定期市都是在道路上或者

① 〔清〕江繁：《创立西关集市序》，〔清〕周庆增修，〔清〕敖启潜、许宰纂：乾隆《重修灵宝县志》卷四《艺文志》，《河南历代方志集成·三门峡卷》(7)，大象出版社，2017，第227页。

和道路相连的广场上举行”①。体现了交通道路与集市的关系。从表9-8可以看出，清代崤函地区集市分布与同时期城镇分布特点基本相似，即多分布在崤函古道沿线和黄河、洛河沿岸。尤其是在一些交通优势比较突出的节点城镇，如陕州的州城、张茅镇、头峪镇，灵宝的稠桑镇、虢略镇，渑池的千秋镇、南村镇，新安的慈涧镇、匡口镇，宜阳的韩城镇、三乡镇，洛宁的王范镇、长水镇，卢氏的范里镇等，商品交易更加活跃，集市规模更大，从而促使其成为崤函地区的商业重镇。

其二，集市发展受到外来商人，尤其是山陕商人的推动。崤函地区经济基础薄弱，当地人经商意识较差，不善货殖。史载，陕州“民淳俗朴……轻商贾而勤稼穑。……民务耕桑，拙于商工”②。灵宝“民尚豪侠力田者众，逐末者寡”③。“百姓安贫乐贱，终年作苦不以为劳。若令其营商作宦，则群视为畏途，盖有视离乡为莫大之苦，视宦商如登天之难，是以中人之家有三五十辈足迹不出村者。”④阌乡“民务耕桑，厌商贾”⑤。渑池“渑俗重农轻商，人性憨直，拙于营业，加以民贫资少，向无富商大贾贸易外方”⑥。卢氏“民醇俗朴……轻商贾，专务稼穑”⑦。外地商人趁机拥入，占据了市场主导地位。如渑池“阛阓坐贾，半属洛孟侨户”⑧。新安“地瘠

① ［日］加藤繁著，吴杰译：《中国经济史考证》第1册，商务印书馆，1959，第96页。

② ［清］龚松林修，［清］杨建章纂：乾隆《重修直隶陕州志》卷二《风俗》，《河南历代方志集成·三门峡卷》(1)，大象出版社，2017，第200页。

③ ［清］周庆增修，［清］敖启潜、许宰纂：乾隆《重修灵宝县志》卷二《风俗》，《河南历代方志集成·三门峡卷》(7)，大象出版社，2017，第330页。

④ 孙椿荣修，张象明纂：民国《灵宝县志》卷二《人民》，《河南历代方志集成·三门峡卷》(9)，大象出版社，2017，第29、32页。

⑤ ［清］梁溥：乾隆《阌乡县志》卷二《风俗》，《河南历代方志集成·三门峡卷》(9)，大象出版社，2017，第502页。

⑥ 陆昭治修，李凤翔、上官骏谟纂：民国《渑池县志》卷七《实业·商业》，《河南历代方志集成·三门峡卷》(5)，大象出版社，2017，第338页。

⑦ ［清］韩炬、郭光树修，［清］李旭春纂：光绪《重修卢氏县志》卷二《地理志·风俗》，《河南历代方志集成·三门峡卷》(6)，大象出版社，2017，第44页。

⑧ 陆昭治修，李凤翔、上官骏谟纂：民国《渑池县志》卷七《实业商业》，《河南历代方志集成·三门峡卷》(5)，大象出版社，2017，第338页。

民贫,又无异产名货可以居奇,故富商大贾多不至。惟以地通渑洛,往来经过,间有受廛于此者”①。洛宁“环水绕地,宜竹……制为器用,粥于秦晋及本省,邑人倚以为生”②。卢氏“至林麓川泽之产,一任渔于远来旅贩而不知取。家居器用徒资粟易赊诸坐商,商亦利积粟,往往倍值以待偿。及至夏麦秋禾之交,索偿者遍满四乡,是以筑场甫毕而家已悬罄矣”③。

“远来旅贩”的商人以山陕商人数量最多,实力最雄厚。究其原因,是这一带与山陕两省毗连接壤,晋商越中条山,过黄河,进入陕州,由此可东达洛阳,南下吴楚。陕西商人由关中出潼关,即入河南,由此向东易于扩展。执北方商业牛耳的山陕商人利用与崤函地区毗邻且水陆交通便利的优势,以其雄厚的财力和卓越的商业才干,迅速占领这片市场,其活动遍及崤函地区各州县及其主要城镇、集市,市场几乎为其垄断,影响巨大。就连崤函南部深山区也有山陕商人活动的踪迹。许多乡村集市的兴起,与山陕商人的活动有直接联系。如卢氏南部深山的双槐树村,据道光八年(1828)《创建关帝众神庙宇碑》记载:“盖闻地不自兴因人而兴,双槲树镇自立集以来,陕之西山之东富商大贾云集响应,斯诚一大都会也。”因村上关帝庙多年失修,“合街商民公议募化银两”,在此经营的“万兴春”“通兴盛”“同顺源”“云峰生”“中和堂”“魁盛玉”“同兴店”“仁义号”“同协公”“义盛祥”等十余家商号,各捐资不等。重修后的关帝庙,“庙貌巍然,神彩焕发,街房市廛气象一新”④。

6. 会馆的分布与发展

崤函地区是山陕商人南下和北上经商的必经之地,有清一代,崤函地区的商业

---

① 〔清〕邱峨修,〔清〕吕宣纂:乾隆《新安县志》卷六《风土 · 商贾》,《河南历代方志集成 · 洛阳卷》(24),大象出版社,2017,第 85 页。

② 〔清〕单履咸纂修:乾隆《永宁县志》卷四《土产》,《河南历代方志集成 · 洛阳卷》(30),大象出版社,2017,第 223 页。

③ 〔清〕韩炬、郭光树修,〔清〕李旭春纂:光绪《重修卢氏县志》卷二《地理志 · 风俗》,《河南历代方志集成 · 三门峡卷》(6),大象出版社,2017,第 44 页。

④ 《创建关帝众神庙宇碑》道光八年立,现存卢氏双槐树乡双槐树人民剧院后墙。

基本为山陕商人所垄断。拥有很多财富的山陕商人为了彰显自己、提高自己的地位，自筹资金兴建了一批同乡行帮会馆，作为在崤函地区常驻的办事机构，来确保自身的利益和商贸活动的顺利开展，同时也作为叙乡情、话桑麻、寄托故乡幽思的场所。据文献记载和田野调查，有清一代崤函地区建有会馆 19 座，兹列表如下（见表 9-9）。

表 9-9　崤函地区明清会馆统计表

会馆名	别名	建设年代	原地址	今地址
山西会馆		咸丰年间	陕州会兴镇	湖滨区会兴镇街道
山陕会馆			陕州城南关	湖滨区陕州故城
山西会馆	会馆庙		陕州张茅镇中街	陕州区张茅乡街上
关帝庙		乾隆十六年	陕州头峪镇	陕州区宫前乡头峪村
山陕会馆			灵宝县城	灵宝大王镇老县城
山陕会馆	山陕庙、关帝庙		渑池千秋镇东	义马千秋街
山陕会馆	关帝庙		渑池县东城外	渑池城关镇
山陕会馆	关帝庙		渑池白阜镇	陕州区西李乡白阜村
山西会馆	马王庙		新安北冶镇	新安县北冶镇西滩子沟村
山陕会馆	南会馆、山陕二西会馆	乾隆年间	永宁老城东南隅	洛宁城关镇西街村
山陕会馆			永宁王范东门外	洛宁王范镇
山陕会馆		乾隆二十五年	永宁河底镇	洛宁河底镇中学院内
山陕会馆	山陕庙	乾隆年间	永宁长水东门外	洛宁长水镇长水村
山陕会馆	关爷庙	乾隆年间		洛宁上戈镇上戈村
山陕会馆	西关山陕会馆	乾隆三十年	宜阳韩城镇	宜阳韩城镇西关村
山陕会馆	关帝庙、山西夫子	乾隆九年	宜阳白杨镇	宜阳白杨镇白杨村

续表

会馆名	别名	建设年代	原地址	今地址
山陕会馆	西关关帝庙		卢氏县西关	卢氏县城关镇
山西会馆	北关关帝庙	光绪年间	卢氏县北关	卢氏县北关城关镇
山西会馆	蛮子庙		卢氏县城	卢氏县城烈士陵园后

资料来源:嘉庆《渑池县志》卷四《庙祀》;河南省文物局:《河南文物》(上);政协三门峡市文史委:《三门峡文史资料》第4、10、14辑;政协陕州区学习文史委:《陕州古村落》;政协卢氏县文史委:《卢氏文史资料》第6、7辑;政协宜阳文史委:《宜阳文史资料》第3辑;王星荣:《蒲剧散论》;王兴亚:《明清河南集市庙会会馆》;王日根:《中国会馆史》。

据表9-9可见,崤函地区会馆所在多为县治或集市贸易繁荣的市镇,尤其是水陆交通要冲之地,也就是多分布于在崤函古道沿线和洛河沿岸。如会兴镇山陕会馆建在靠近会兴渡口、商业十分繁荣的会兴镇街西头。渑池千秋镇山陕会馆建于镇东头,地处最繁华的商业大街东西街上。渑池位于山西和河南交界地,邻涧水,涧水经新安东入洛阳,与洛水合二为一,渑池东城外建有山陕会馆(山陕庙)。永宁地处洛水之畔,是陕西洛南和陕州卢氏、永宁、宜阳、洛阳一线的重要商埠码头。永宁长水镇建有关帝庙,为山西商人所建。永宁王范镇、宜阳韩城镇等地的山陕会馆也无不在商业发达、交通便利之地,占据城镇的商业中心地带。这些县治和集市贸易繁荣的市镇具有较大的经济腹地,作为层级不同的区域性的经济中心,对周边地区具较强的的辐射力和影响力,因而会馆的分布也最多。会馆的建设使这些地方成为南北货物流通的中转站与物质交流地。此外,会馆在偏远山区,如卢氏也有分布,说明在有清一代,商品经济触角已深入山区腹地。山陕商人深入山区,设网布点,将城镇和广大乡村连为一体,或车载马拉,或肩挑背扛,形成庞大的商品运输和购销网络。

崤函地区会馆创建年代多在乾隆年间,这一时期是历史上有名的盛世,会馆是这一时期商品经济发展的产物。会馆将祭祀神灵与行业聚会融为一体,山陕商人普遍崇拜关帝,山陕会馆的祭祀的神主要是关公,通过关帝祭祀活动,既祈求神灵对身处异地的经商活动的保佑,同时以关帝精神的感召建立“诚信忠义”的行业规范。因此,一些会馆径以关帝庙相称,还有的会馆是在关帝庙宇的基础上发展起来的。一般建设规模较大,建筑恢宏壮丽。像会兴镇山西会馆坐北向南,东西宽 800 米,南北长 20 米,占地约 20 余亩,有正殿、戏楼、后庙、钟楼、鼓楼、八卦楼等建筑,正殿、偏院有房舍百余间。除用于僧、道住宿外,大部分用于商人住宿、存货等。韩城山陕会馆于乾隆三十年(1765)兴建,嘉庆二十二年(1817)扩建,占地面积 1183 平方米,临街为面阔七间的两层楼,院落中央为一平面呈凹字的转角楼,其后是宽阔的庭院,院内有东、西厢房 26 间,还有东、西跨院 2 所,建有砖瓦结构房屋 12 间,专为僧侣及过往客商食宿之用。庭院外建有花戏楼。其他如千秋镇山陕会馆也占地 40 亩,王范镇山陕会馆占地七八亩。会馆数量和规模的大小,一定程度上反映了当地工商业的发达程度。会馆体现着山陕商人雄厚的经济实力。会馆所在的城镇因为会馆的建设而更具活力。“一般而言,修建一座会馆至少会有数十家乃至上百家商人商号参与集资。换言之,会馆的修建本身即显示出该城镇的贸易量已达到一定规模。”①会馆的建立和运作加强了商人与商人、官府与商人、本地人与客商之间的联系,有利于改善经商环境,进一步促进了崤函地区经济的发展,加快了当地城镇化进程,同时也是山陕商人兴衰成败的晴雨表。一旦这些山陕等外地商人不能在此进行贸易,集市就会受到很大的影响。康熙《永宁县志》记载,王范集“自李自成焚毁杀戮以后,遗民之避乱而去者,率家于他所居者,力复不能任营建,而市始废。更历四十年无复其旧者,不惟居民失僦赁之利,有往来之烦,而城池府库之

① 许檀:《明清华北的商业城镇与市场层级》,科学出版社,2021,第 372 页。

所在烟火萧条脱猝,有意外之虞"[①]。一直到康熙中期王范镇重建后,山陕等地商人云集,王范集才得以复兴。

清代崤函地区发达的交通和众多的商路虽然带来了商品经济的较大发展,甚至出现了像会兴镇那样的区域商业中心,像韩城镇、王范镇那样的经济发展水平超过县城的商业名镇,但与较为发达的江南地区和河南其他地区相比较,还是滞后的。据测算,陕州面积为9554平方公里,平均每百平方公里有人口47.2人,城镇密度每百平方公里0.5个,在全省属于最低的。[②] 就发展模式而言,崤函地区商业城镇主要建立在优越的交通位置及由此带来的转运贸易基础上,其最主要的功能就是在商品流通中的转运作用。崤函地区既缺乏像江南地区那样商业与生产兼而有之的专业化城镇,也缺乏强大的本地商业力量即商帮的支撑,在此经营的主要是山陕等外地商人,市场多为他们把持。因此,尽管优越的交通和转运贸易沟通了产品和消费者,对城镇和集市尤其是较大规模的集市经济的发展有促进和推动作用,但过度依靠交通位置,缺乏可持续发展的物质基础,是很难长久繁荣的。一旦失去交通运输的优势,转运贸易也随即消失,其经济也就很快陷入衰落。清末民初,陇海铁路、洛潼公路相继建设,铁路、公路新运输形式兴起,替代了传统的水陆交通,崤函地区以崤函古道和沿河水运为依托的多数城镇商业规模便一落千丈了。

① 〔清〕佟赋伟:康熙《永宁县志》卷一《集市》,《河南历代方志集成·洛阳卷》(29),大象出版社,2017,第422页。

② 邓玉娜:《清代河南的城镇化发展》,《中国经济史研究》2005年第3期。

第四节 元明清时期的三门峡黄河漕运和水运

元明清三朝相继定都北京,构建了为京师服务的京杭大运河漕运通道。由于全国政治中心移出黄河流域,黄河不再是漕运的主干河道。但出于加强西北防务与稳定政治秩序的需要,元明清三代并未完全放弃三门峡黄河漕运,而是继续加以利用,承担运送军粮和赈灾漕粮等任务。元、明、清三代多次议定治理三门峡险阻,以便利漕运。三门峡黄河商运、民运在明清时期也有所发展。

一、元代三门峡黄河漕运的开发

元朝实行两都制,上都、大都皆在北方,政治中心远离当时的经济重心江南地区。为应对南北差异,保障京师供给,元政府重新探索漕运之路,开通了海运和大运河漕运两条纵贯南北的水运干线,朝廷所需的江南财物,主要通过海运和河运输送至京师。对建设横贯东西的黄河漕运线路,元朝也曾做过不懈的努力。早在元世祖中统年间(1260—1263),忽必烈即开通了应理州(今宁夏中卫)至东胜(今内蒙古托克托)的西北黄河漕运线路,沿途设水驿十站,将宁夏地区的粮食大量地输

送到京师，即忽必烈所说的“物贡水行达京师”[①]。终元一代，这条西北黄河漕运线路都发挥着重要作用，

有资料表明，元朝对三门峡黄河漕运曾有利用。据元人郑谧《济民渡河神祠记》记载，渑池济民渡“肇自前金”，为“秦晋之喉衿，通来往之要津”。元初“遣达鲁花赤察罕、县尹赵亨管领济民渡口”。“自后，复遣南京蔡把总本渡监造战船七十余只，放运供给。至元五年攻击襄樊，遣前南京刘治中、周宣使、贾宣使起运造船棹杆木植四万三千余数。前韶州达鲁花赤暗普依奉上司文字，令本路人户俱人南村山林，采斫造船木植，彬等放运。至元七年，接运陕州造船松木。至元十一年，放运回回炮梢。”[②]文中所说至元七年(1270)事，元代著名书法家鲜于枢书《张彦享行状稿卷》亦有记载：至元二年(1265)元“自潼关东至亳之武津关，沿河设八提举司”，以扼河北之马渡南，张彦享“受奉政大夫、大阳津河渡提举”。“七年，王师问罪江淮，行省议造大舰于汴。取材西山，由大河筏而下。三门津天下至险，稍失律，筏碎人溺，前后死者不可胜数。行省以公有干局，且筏由公治，檄公董其事，公命筏人，解散而枚放之，使善游者接于下流。木既足用，人无覆溺之患。”[③]至元十四年(1277)江南平，张彦享因功升太中夫、南京路总管兼开封府尹、本路诸军奥鲁总管。致和元年(1328)，泰定帝死后，统治集团内部发生“天历之变”，陕西军队兵出潼关，东逼汴京，河南行省平章阿礼海牙调“安丰等郡之粟，遡黄河运至于陕”[④]，供给军队。安丰郡在今安徽寿县西南。如果黄河不通漕，自然难以做到。

元顺帝至正二年(1342)，陕西行省试图整修开通黄河三门峡漕路。据《元

① 〔元〕潘昂霄：《河源志》，李修生主编：《全元文》卷九一七，凤凰出版社，1998，第294页。

② 〔元〕郑谧：《济民渡河神祠记》，〔清〕甘扬声修，〔清〕刘文运纂：嘉庆《渑池县志》卷十一《艺文志》，《河南历代方志集成·三门峡卷》(5)，大象出版社，2017，第151页。

③ 戴立强：《中国书法家全集 鲜于枢》，河北教育出版社，2003，第199页；又见徐炽编：《中国古代书法经典 行书卷》，春风文艺出版社，1996，第369~381页。

④ 〔明〕宋濂等：《元史》卷一百三十七《阿礼海牙传》，中华书局，1976，第3315页。

史·王思诚传》载："陕西行台言：'欲疏凿黄河三门，立水陆站以达于关陕。'移牍思诚，会陕西、河南省宪臣及郡县长吏视之，皆畏险阻，欲以虚辞复命，思诚怒曰：'吾属自欺，何以责人！何以待朝廷！诸君少留，吾当躬诣其地。'众惶恐从之。"王思诚会同陕西、河南省宪臣及郡县长吏实地考察三门峡河情地势，见"河中滩碛百有余里，巉石错出，路穷，舍骑徒行，攀藤葛以进，众惫喘汗弗敢言，凡三十里，度其不可，乃作诗历叙其险，执政采之，遂寝其议"①。王思诚的考察是极为认真的，考察地点包括了三门砥柱及下游五户滩等险峻河道，其历叙其险的《砥柱峰》诗曰："鬼凿神剜砥柱开，黄流滚滚自天来。三门浪卷千堆雪，五户滩砯万壑雷。漕转多虞舟楫败，疏排几使石根摧。唐虞平治功归禹，庙下丰碑满绿苔。"②说明当时是三门峡段浪涌凶险，疏浚工程浩巨，只好作罢。

二、明代三门峡黄河漕运的发展

与元朝相比，明代对三门峡黄河漕运的建设和应用程度都更广泛。早在明初北伐过程中，明太祖朱元璋即建立了运江南钱粮北至开封转输陕西、宁夏的黄河漕运通道。《明史·食货三》记载："洪武元年北伐，命浙江、江西及苏州等九府，运粮三百万石于汴梁。……其西北边则浚开封漕河饷陕西，自陕西转饷宁夏、河州。……得利便矣。"③同书《河渠三》："太祖初起大军北伐……尝由开封运粟，泝河达渭，以给陕西。"④即由开封起，西行越三门峡，进入渭河而到西安等地。由此也开启了明代三门峡黄河漕运的历史。

明都南京期间的黄河漕运大势，有漕运史学者指出："明建国初，漕运与元代不

① 〔明〕宋濂等：《元史》卷一百八十三《王思诚》，中华书局，1976，第4213页。

② 〔元〕王思诚：《砥柱峰》，杨镰主编：《全元诗》第36册，中华书局，2013，第212页。

③ 〔清〕张廷玉等：《明史》卷七十九《食货三》，中华书局，1974，第1915页。

④ 〔清〕张廷玉等：《明史》卷八十五《河渠三》，中华书局，1974，第2079~2080页。

同的是,长江、黄河、渭河、运河都很重要。特别是黄河与渭河在元代几无应用价值,至明初,则被利用,同运河共同发挥作用。”①撇开“黄河与渭河在元代几无应用价值”不尽合理的表述,学者的分析是比较客观的。具体而言,当时三门峡黄河漕运曾被较广泛地应用于西北军粮的运输上。

元朝灭亡后,元顺帝逃亡漠北,伺机而动,朱元璋被迫派重兵驻防西北,所需粮饷从江淮通过运河经淮安中转汴京,溯黄河西上,入渭水,至西安,再车传边塞。为此,洪武六年(1373)冬十二月,首先“浚开封漕河,明年春转粟于陕西”②。因这条运道的险阻在三门峡砥柱段。洪武十年(1377)二月,明政府将整治重点移此,先后两次派官员实地考察,并在开元新河岩壁上镌刻题记。如开西 T11 题刻:“大明洪武十年二月初八日,奉中书省差署令郭佑、承宣使江岷同河南通判相视河……”③开东 T27 题刻:“大明洪武十年二月十二日,中奉大夫河南等处承宣布政司左参政马亮、同中书省宣使李傅记相视三门河道记。石匠赵贵、周成、孙成、房宣、董告刻沿路运。”④两则题记时间仅相差四天,明政府短时间派出两组官员考察,可以看出其对整修三门峡黄河漕运相当重视且非常急迫。由题记中“刻沿路运”看,考察与栈路整修施工似在同时展开,石匠赵贵、周成、孙成、房宣、董告等都是参与修筑栈道的工匠。由于上下重视,施工进展顺利。三月,即在三门峡北岸修建粮仓 12 间,以转运漕粮。开东 T16 题刻:“河南府陕州杲(灵)宝县公差工房司何鹏监修上仓一十二间。洪武十年三月日记。”⑤

明政府这番操作,考察—修栈路—建仓房,整个流程一气呵成,三门峡黄河漕

① 李治亭:《中国漕运史》,文津出版社,1997,第 216 页。

② 〔清〕刘于义修,〔清〕沈青崖纂:雍正《陕西通志》卷三十八《屯运二·漕运》,《中国地方志集成·省志辑·陕西》(2),凤凰出版社,2011,第 357 页。

③ 中国科学院考古研究所:《三门峡漕运遗迹》,科学出版社,1959,第 47 页。

④ 中国科学院考古研究所:《三门峡漕运遗迹》,科学出版社,1959,第 51 页。

⑤ 中国科学院考古研究所:《三门峡漕运遗迹》,科学出版社,1959,第 51 页。

运经过整修，运力增加，其成效见于雍正《陕西通志》的记载：洪武十七年（1384），户部言“潼关卫见储军饷可给三年，其余米五十二万四千二百七十二石，宜运贮西安府仓。凤翔卫见储军饷可给三年，其余米十四万六千零四石，宜运贮巩昌府仓”。又洪武二十九年（1396）“以陕西各府州县民转运边饷道远，于驿道有军民处置仓，各就近地计程接递”①。上述记载，表明运往陕西的漕粮是常态化的，且规模颇大，

图 9–15 明洪武十年三门峡北岸建上仓题刻（开东 T16）②

① 〔清〕刘于义修，〔清〕沈青崖纂：雍正《陕西通志》卷三十八《屯运二·漕运》，《中国地方志集成·省志辑·陕西》（2），凤凰出版社，2011，第 357 页。

② 采自中国科学院考古研究所《三门峡漕运遗迹》，科学出版社，1959，第 70 页。

数量甚巨。虽未详细说明是否利用了三门峡黄河漕运,但却明确记载在《陕西通志》漕运篇中。明陈仁锡的《皇明世注录》和清康基田的《河渠纪闻》也有类似记载。可见当时是利用了三门峡黄河漕运运道的。明初,正是通过整修后的这一漕运运道,有力地支持和促进了国家统一及社会经济的恢复发展。

明成祖迁都北京后,永乐十三年(1415)决策放弃海运,专事京杭运河漕运,洪武时期的江、河、运、渭俱见重要的漕运格局为之一变。三门峡黄河漕运地位大不如前,但仍在运行之中。明英宗正统五年(1440)三月,“镇守陕西都督同知郑铭奏西安府仓贮粮二十二万四千九百六十石有奇,河南等府又输绵布二十五万,而仓庾不足,露积于外”①。这一数字已比洪武年间大为减少。然而即便这一数字也未长久保持,至迟在英宗天顺前漕运可能还出现了中断。

三门峡黄河漕运的减少以致中断,加剧了西北军饷供给的困难。英宗以来西北军事形势趋于紧张,军饷供给矛盾严重。天顺五年(1461),蒙古阿罗进入河套住牧,明军大举讨伐,用兵多年,费用浩繁。政府采用银两引盐、牧马征运及预征关中租赋等多种办法,仍不能满足军需,而陷入“民困财竭”的境地。为此,户部尚书杨鼎上言用唐代分段转运的“倒仓”之法增加漕运量。“惟黄河乃汉唐漕运河,即今盐船、木筏往来不绝。其间虽有三门、析津之险,而古人倒仓之法为当。三门之上有小河,径通延绥。如以所运粮草各贮水次,溯流攒运,庶几运饷可足,而民力可苏。”②杨鼎建议循汉唐旧例,或漕沿河州县之谷,或引江南漕粮,至三门峡东卸船入仓,陆转三门峡西侧诸仓,然后重新装船,溯河西上,辗转运抵陕北。杨鼎的建议颇为可行,英宗“诏悉从之”,却遭他人沮议而未实行。

由于西北军饷一直未能彻底解决,孝宗弘治中,吏部尚书倪岳上《论西北备边

① 〔清〕刘于义修,〔清〕沈青崖纂:雍正《陕西通志》卷三十八《屯运二·漕运》,《中国地方志集成·省志辑·陕西》(2),凤凰出版社,2011,第357页。

② 〔明〕赵廷瑞修,〔明〕马理、吕柟纂,董健桥等校注:嘉靖《陕西通志》卷三十八《政事二·水利》,三秦出版社,2006,第1977页。

事宜》,再提恢复黄河漕运:“今关陕所需皆山西、河南所给,而三方之地俱近黄河,其间虽有三门、析津、龙门之险,然昔汉唐粮饷由此而通,即今盐船、木筏往来无滞。且以今户部所计,山西米豆必令运贮榆林及保德州县诸仓,河南米豆必令运贮潼关卫及陕州诸仓。……此宜简命水部之臣示以必行之意,相度地形,按求古迹,某处无险可以水运,某处避险可以陆运,某处可以立仓以备倒运,某处可以造船以备装运。淤塞悉加导涤,漕河务在疏通,无惮一时之劳,而失永久之利。如是,则不但三方之困有可纾,虽四方之物,无不可致矣。”①倪岳的建议与杨鼎有相同之处,都是要修复三门峡险阻,复通漕运,以足兵食,而纾民力。但这一建议同样因遭到沮议而未能实行。

成化二十一年(1485),陕西大饥,人相食。政府欲移灾民至河南偃师东隋唐洛口仓故地就食,户部侍郎李衍以为不妥,奏言:“秦汉都关中,自河入渭并通舟。但三门集津水悍急,请差官相度,疏凿以通转运。”工部营缮司员外吴璠奉旨前往考察。“璠浮汴入河,循砥柱,观三门,考隋唐转运遗迹”后奏称:三门鬼、神二门水势最险恶,“人门稍通木筏,人从筏上,与涡俱入,与波俱出,一遇崖石,立为齑粉,故隋唐以来皆不能通……今乃欲创行之,其亦难矣。且今关陕千里萧条,河南凋瘵未起,驱之赴役又势所难也。望陛下毋兴役,以重其困”②。宪宗准奏。嘉靖中,灵宝人许论任兵部职方主事,熟知边境地理兵要,著《九边图论》上献嘉靖帝,提出“今三边刍粮至难处矣。愚谓黄河自陕州而上,至绥德近境,春初皆可舟行。若计沿河郡县,改征本色,水陆接运而上,榆林可以少苏”③。直到崇祯年间,吴甡在《预陈善后十策疏》时,还说他的“通粜贩”之策,源于许论。“乃先臣许论谓黄河自陕州而

① 〔明〕倪岳:《论西北备边事宜二》,〔明〕黄训:《皇明名臣经济录》(2)卷十六,文海出版社,1984,第225~1126页。

② 〔清〕陈梦雷原著,杨家骆主编:《古今图书集成》卷一百八十二《食货典·漕运部纪事三》,鼎文书局,1977,第1763页。

③ 〔明〕许论:《九边图论》,《四库禁毁书丛刊·史部》(21),北京出版社,2000,第100页。

上，至绥德近境，春初时皆可舟行，计沿河郡县改征本色，水陆转运，亦是一策。臣述之以当事者采择焉，则百年之计也。”①

上述表明，明代中期，人们对三门峡黄河漕运始终没有放弃充分利用的想法，并把它视作解决西北军饷补给的关键。三门峡黄河栈道上有多处弘治、正德、嘉靖年间监察御史、御史、巡按、山西巡抚、山西副使等高官巡游的题名②，恐与此不无关系。在此大背景下，嘉靖十四年（1535），明政府终于对三门峡栈道进行了治理。朱国桢《涌幢小品》记载：“嘉靖乙未，御史余光、河津知县樊得仁凿石崖为窟，植以柏木桩，炼铁为索，横系桩上，凡四十余丈。往者以铁钩挽索而上，颇易为力。”③御史余光等人整修的栈道在人门北岸，并在最艰险的四十余丈石崖上凿石为窟，插入柏木桩，用铁索横系桩上，纤夫以铁钩挽索而上，“颇易为力”，漕船可以上航通过三门。但它也只是明代有记载的最后一次整修，此后明代文献鲜有三门峡官船漕运的记录。万历年间（1577—1598），王士性到此游览，著《广志绎》说：“三门而下，石碛如山，连延百里，河过砥柱，响声如雷。汉时转漕关中，皆繇此路，不知何以挽舟而上。或谓古有月河，今石碛中皆无形影可求。”④

在明代三门峡黄河漕运河道的利用中，商人是一支重要的力量。随着商品经济的活跃，明代三门峡黄河已发展成为一条重要的水上商路。黄汴《一统路程图记》记载有“淮安由北河至陕西潼关水、陆路”。“北河”即黄河。这条商路自淮安由徐州水路至韩家口，经黄河至汴城，因黄河变迁不定，“今至陆家楼起车，陆路四百里至河南府。又二百六十里至三门、集津，又五十里至陕州。小船止于集津。三门在集津之西，神门、鬼门、人门，以缓急而名也。三门广仅二十丈，水声如雷，门之东百五十步，河中孤石如柱，即砥柱，禹凿为三，以疏黄河水也。汉时运船由此入

① 〔明〕吴甡著，秦晖点校：《柴庵疏集　忆记》，浙江古籍出版社，1989，第 222 页。

② 中国科学院考古研究所：《三门峡漕运遗迹》，科学出版社，1959，第 48～51 页。

③ 〔明〕朱国桢：《涌幢小品》卷二十六《河》，上海古籍出版社，2012，第 522 页。

④ 〔明〕王士性撰，吕景琳点校：《广志绎》卷三《江北四省》，中华书局，1981，第 36 页。

关,石上缆痕尚存,今不能上矣。车至陕州,或换小船,一百七十里至于潼关。……陕西、河南二省,大同、宁夏等边,苏、杭客货,皆由南、北二河而上,至汴城王家楼或孙家湾起车”。① 可以看到,这条商路在陕州采用的是水陆联运的方式,水运和陆运紧密联结在一起,这与汉唐时期水路交替并无二致。水运与陆运本来就是崤函古道交通网络的不同环节和不同表现形式,二者之间的相互支撑和促进,为黄河商运开辟了更加广阔的发展空间。《一统路程图记》作于隆庆年间,是我国现存最早的商旅交通指南,上述记载真实体现了明代中期这条商路上的繁忙情形。

由于商运不断,三门峡黄河沿岸出现了不少专业从事航运的“操舟浮桴者”,即船户。平陆五福涧即《水经注》之“五户”,地处三门峡以下险峻的阏流段东端。万历二十五年(1597)渑池县令王之都与垣曲县令仝梧等合立的《创建回龙宫碑记》记载:“垣之西南距四十里曰五虎涧,间三里曰莺嘴窝,乃大河之险要处□□,起吞天沃曰之涛,排山倒海之状。……泛航者抵则坠桨失柁,胆落神泣,皆谓冥冥中有飞挽云。”万历五年(1577)有赵姓道士为此作法,“操舟浮桴者感”,乃“靡不弘施金帛,多赠钱谷”,兴建一座回龙宫。从此“居者介以百福,即行者舳舻千里,顺流而下,岂复有溃败决裂之虞哉”②。可以看到,在五福涧有不少从事航运的船户,其最主要的业务当然是从事商运。这些船户,当然可能还有其他地方的“操舟浮桴者”共同集资修建回龙宫,祈求神灵保佑他们能够平安地利用黄河水道开展商业运输活动。

明代商人利用三门峡黄河水道,除转输粮食及苏、杭客货外,还转运盐和木筏等重要的大宗货物。前引倪岳《论西北备边事宜》即有三门河段“今盐船、木筏往

① 〔明〕黄汴撰,杨正泰点校:《一统路程图记》卷五,杨正泰:《明代驿站考(增订本)》“附录二”,上海古籍出版社,2006,第246页。

② 山西省考古研究所、山西大学考古专业、运城市文物工作站:《黄河漕运遗迹——山西段》,科学技术文献出版社,2004,第178页;渑池县水务志编纂领导小组:《渑池县水务志》,陕西人民出版社,2008,第378~379页。

来无滞”的记载，这样的船筏自当是商人经营。明代河南大部分地区属解盐行销区。解盐由运城盐池运至河南，除怀庆府走陆路翻越太行山外，归德、怀庆、河南、汝宁、南阳五府及汝州皆通过茅津、大阳、陌底、白浪、济民等渡过河由崤函古道驿路东去南下，或者自黄河顺流而下水运销售。明时在这些渡口设有巡检司，稽查解盐过河。位于今平陆县城南5公里的茅津渡是当时最主要的解盐入豫渡口，明初设渡，洪武三年（1370）设沙涧茅津巡检司。经茅津渡入豫的解盐数量，史无明载。天启年间（1621—1627），福藩分封河南府，所用食盐在陌底渡“岁用船二十只”运载。[①] 茅津渡入豫解盐船只数量自当更多。明末茅津渡有客运、盐运、货运三种运输形式，拥有盐店、货栈、饭店、车马店等百余家商贾。薛瑄《陕州抵沙涧渡》诗云：“远岸疾风吹大舫，今人却忆济川功。”沙涧渡即茅津渡。又《黄河阻风遣闷》诗云：“远岸沙飞风浪浑，流澌不断下三门。蛟龙冻蛰波心水，舟楫寒依渡口村。”[②]描写的都是茅津渡的交通情形。

除固定销区外，洪武三年（1370）对解盐、淮盐实行“食盐开中”政策，鼓励商人运输粮食到边塞或内地重要的城镇，换取盐引，然后由商人运至指定地区发售。河南府、陕州是首批开中的府州。《续文献通考》记载：“三年九月始募商纳米中盐。中书省言陕西、河南军储请募商人输粮而于之盐。凡河南府一石五斗，开封府及陈桥仓二石五斗，西安府一石三斗者并给淮浙盐一引。河东解盐储积甚多，亦宜募商中纳。凡输米西安、凤翔二府二石，河南、平阳、怀庆三府二石五斗，蒲、解、陕州三石者，并给解盐一引。……诏悉从之，凡召商输粮给以盐引，谓之开中。”[③]因地近运城盐池，河南府、陕州多开中解盐（注：明代每引二百斤）。不久为鼓励商人中盐，河南府、陕州等地每引盐的纳粮额减为一石六斗或一石二斗不等。河南府、陕

① 张亘、萧光汉等：民国《芮城县志》卷一《舆地志·关津》，《中国地方志集成·山西府县志辑》（64），凤凰出版社，2005，第25页。

② 〔明〕薛瑄撰，孙玄常等点校：《薛瑄全集》（上），山西人民出版社，1990，第439~440页。

③ 〔明〕王圻：《续文献通考》卷二十《政榷三》，浙江古籍出版社，1988，第2956页。

州成为边关储粮和纳粮中盐的基地。为了方便开中商人，政府还积极为商人开路修路。如《明太祖实录》记载：洪武二十五年(1392)正月“置山西解州运盐站，命户部遣官相治道路，设法转运，以便商贾，乃遣主事蔚绥、刘匀诣盐池，量度水路之程。绥等言，河路必经三门碛津，水势险恶，舟楫难通，若渡河以就驿路，挽运尤难。今河北原有输运故道，自盐池至白浪渡登舟约二百四十里，但历年既久，草木丛塞，若开此路，每三十里置用车辆，趱运甚便，诏从之。”[①]白浪渡又称南沟渡，在今平陆县曹川镇南沟村，洪武四年(1371)设巡检司，对岸为渑池陈村乡白浪村，渡口亦称白浪渡。开中政策极大地激发了商人的积极性，促进了市场的活跃。大批山西、陕西商人因盐获利，进而发展成为一个实力雄厚的商帮群体。

三、清代三门峡黄河漕运的兴衰

清代定都北京后，沿用明代漕运政策，以运河为经济大动脉。不同的是，清代对黄河的重视远迈前代，视作关涉甚重的国家政治工程。虽然这主要体现在对黄河中下游的治河通漕方面，但在这一过程中又将三门峡黄河漕运纳入重要的民生工程进行建设和利用，其突出表现便是赈灾漕运，不仅次数多，运量大，而且贯穿于整个清代，直至漕运制度废除。这是清代三门峡黄河漕运的明显特点。与此相伴随的是利用黄河漕运和水运的民间商业活动或地方经济活动明显增多。

清代山西、陕西地区天灾不断，不仅灾害程度大，而且频度强，往往旧伤未复，新灾又起，给社会造成严重的危害。康熙三十年至康熙三十一年(1691—1692)，陕西西安、凤翔等地大旱，“米价腾贵，百姓流移”，造成严重的社会问题[②]。康熙十分重视，谕令调运陕西邻省粮粟，并割东南漕粮转输陕西，赈济灾民。运输线路主要

① 《明太祖实录》卷二一五，“中央研究院”历史语言研究所校印本，1962，第3173~3174页。

② 《清实录》第5册《圣祖仁皇帝实录》卷一五三，中华书局，1985，第693~694页。

有三条,除湖广襄阳由丹水运至商州,转运西安,漕粮二十万石外,其余两条皆经黄河运输。一条将宁夏、甘肃和山西大同赈粮分别利用黄河顺流漕运至潼关,交陕西总督溯渭水转输西安。前后历时五个多月,用船四十八艘,漕粮十三万石。另一条"割吴、楚漕储,溯黄河,遵伊、洛,船挈入关",漕粮三十万石①,在三条线路中运输任务最重。为此,康熙特委河道总督靳辅担纲,负责雇船由黄河挽运抵山西蒲州,派河南、山西两省官员前往考察"砥柱至蒲州"河道。在给内阁的上谕中,康熙曾谈及之所以派省级官员而非中央或当地官员的原因:"江北漕米,速行截留二十万石,至蒲州等处积贮预备,诚为有益。但自砥柱至蒲州一带地方,可否挽运,若遣部中司官往视,或勘阅草率,借端推诿,称为不可;若交与地方官,则退缩畏事,托辞劳民,或以彼地丰收,无处需米,指称不必挽运,或因循迟缓,以致冰冻,指称不可输挽。如此则特命运米,亦属徒然矣。"因此他严词告诫官员:"凡事身任其责,殚心奉公,竭蹶图之,无有不奏效者。"②晋、豫两省看来较好地落实了康熙的旨意,很快派出官员前往,并在三门峡黄河崖石上留下三则题刻。开东 T20 题刻:"疏凿千秋话禹功,屹然一柱界高空。不因铁骨撑天地,讵障狂流万里中?康熙壬申暮春朔有七日,余奉抚军命,巡视河道,以备转运。时偕署平陆令陈裔振莅止。砥屹然中流,峭不可犯,境耶心耶!何神契之乃尔耶!因口占一绝,以志不朽。知山西潞安府事宪大夫刘□□题并跋。"狮子头 T3 题刻:"天设三门险,波漩万叠流。神工虽已尽,漫道可通舟。大清康熙三十一年岁次壬申季秋,巡抚河南都察院右副都御史宣镇阎兴邦巡察至此题。"狮子头 T5 题刻:"神工辟天险,帝德并河流。今古居平土,乾

① 对康熙三十一年漕运陕西的赈粮数量,史籍有"二十万石""三十万石""数十万石"不同说法。据乾隆《西安府志》引严渭丝《商洛转漕图记》载:"康熙三十一年(1692),关中西、凤二郡洊饥,谷粒翔贵。敕诸邑招商购运,割吴、楚漕储,溯黄河,遵伊、洛,船挈入关者三十万石。"([清]舒其绅等修,[清]严长明等纂,何炳武等校点:乾隆《西安府志》卷十四《食货志中·漕运》,三秦出版社,2011,第256页。)

② [清]陈梦雷原著,杨家骆主编:《古今图书集成》卷一百七十《食货典·漕运纪事三》,鼎文书局,1977,第1654页。

坤一叶舟。壬申秋，州牧三韩甘国璧题。”①此前阎兴邦认为三门峡是不能通船的。《清史列传》记载，靳辅奉诏董理赈济漕事时，阎兴邦曾“牒称水路止可运至孟津，由孟津陆运至蒲州六百三十里，业经山、陕两省议明分运”②。经过实地考察后，阎兴邦转变了看法，题诗云“漫道可通舟”，在随后的漕粮过程中也很负责。《阎兴邦墓志铭》载：“秦中洊饥，诏拨江南、湖广漕米数十万输之秦，车运骡负，昼夜不息，公亲驻洛阳，躬自督率，阅三月事始竣。”③河道总督靳辅更是殚心尽力，不顾年迈羸弱之躯亲自督运，将漕粮运至蒲州。他本人则因劳累过度，不久病卒。《靳文襄公辅墓志铭》载：“三十一年，特旨起公田间，以原官总督河道。以老病辞，不许。会陕西西、凤二府灾，有旨截留南漕二十万石，泝河而上，备贮蒲州，以赈秦民，仍命公董其役。公不敢复辞，力疾就道。……公至，即经画西运，周详曲至，自清河至荥泽，以达三门底柱，安流无恙，始终不役一夫而事集。西运将竣，遂以病状疏闻。特命公长子治豫驰驿省视，而命公归淮上调理。时公病已剧，犹疏陈两河善后之策及河工守成事宜几万言。”④这是史籍记载明确的因“经画西运”病情加重而病逝于治河官舍的最高河官。

康熙三十一年（1692）的赈济之粟是清代首次成功的三门峡黄河漕运记录。此后对漕粮溯河西运活动的探索有所增加。康熙三十二年（1693），又有人提出东西漕粟“以小船载运可抵潼关”。上谕内阁：“闻自黄河逆流而上，船运粟至朱仙镇，自朱仙镇陆挽数里，达于黄河，以小船载运，可抵潼关。若此挽运，可欤否欤。”康熙

① 中国科学院考古研究所：《三门峡漕运遗迹》，科学出版社，1959，第50、54页。

② 〔清〕佚名撰，王钟翰点校：《清史列传》卷八《大臣画一传档正编五·靳辅》，中华书局，1987，第569~570页。

③ 〔清〕王熙：《光禄大夫巡抚贵州都察院右副都御史阎公兴邦墓志铭》，钱仪吉纂，靳斯校点：《碑传集》卷六十六，中华书局，1993，第1866页。

④ 〔清〕王士祯：《光禄大夫总督河道提督军务兵部尚书兼都察院右副都御史靳文襄公辅墓志铭》，钱仪吉纂，靳斯校点：《碑传集》卷七十五，中华书局，1993，第2129页。

谕令河道总督于成龙“择才敏者往审视之，以达内阁卿等以闻”①。此后未见下文。这次直达潼关的探索很可能因三门峡艰险而未成功。

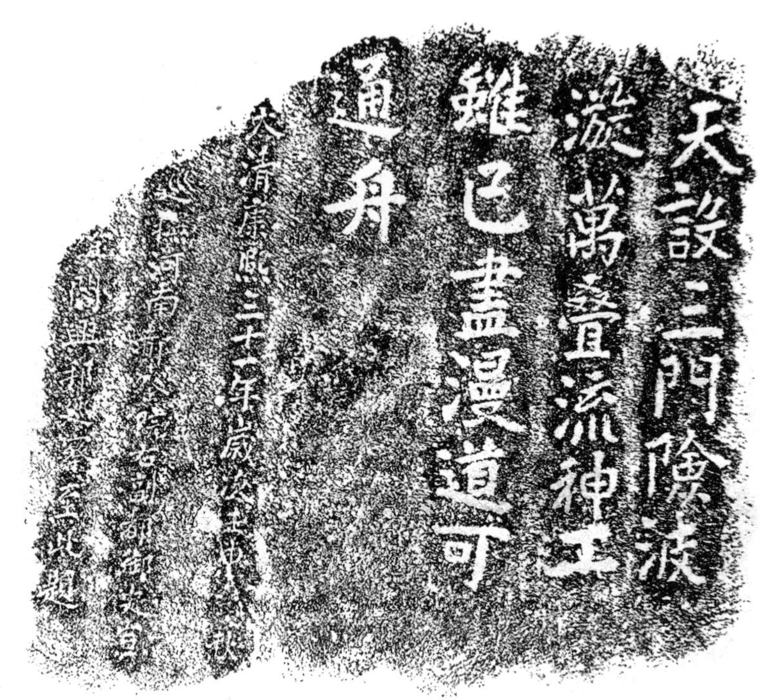

图 9-16　康熙三十一年阎兴邦考察三门峡时的题刻（狮子头 T3）②

三门峡黄河能否通漕，一直是康熙关注的问题。康熙四十二年（1703），康熙西巡西安，“阅视汾、渭，二水俱属大河，直与黄河相通，河南等处米谷似可由黄河转运，但闻三门砥柱水势极溜，船不能上”。途经陕州，康熙曾“欲亲往阅视，因陕州知州奏无路径断难行走，遂未果行”。至陕州张茅镇，“特命三贝勒允祉同近御侍

① 〔清〕陈梦雷原著，杨家骆主编：《古今图书集成》卷一百七十《食货典 · 漕运部纪事三》，鼎文书局，1977，第 1655 页。

② 采自中国科学院考古研究所：《三门峡漕运遗迹》，科学出版社，1959，第 122 页。

卫往视”。但允祉的回奏却未置可否:“伊等遣人乘骑涉河一道,阅有神、人、鬼三门,俱系凿石开通,水从三门流出,其势甚宽,其流甚急,古人于岸上凿有曳船眼孔,但未经以船试验,不知可否行走?”康熙坚持认为“前总河靳辅亦曾奏黄河通于汴河,但淤垫年久,若行疏导,即可运粮”。况且“朕至河南,阅河南府居各省之中,水路四达,最为紧要之地,应于此处储积米谷,每年田亩岂能必皆丰收,倘山陕等省间或收成歉薄,即可将此积贮米谷,修造船只,由黄河挽运。若到三门砥柱船不能上,亦可于三门砥柱造船剥运,以至山陕。诚使河路疏通,则商贾、人民大有裨益”①。次年,川陕总督博济、陕西巡抚鄂海、山西巡抚噶礼、河南巡抚徐潮等奉旨会勘三门峡河道,这是一个高规格的考察团。三月,博济等合疏称:“会勘三门在陕州东北四十里。两岸石山,凿分三涧,中流谓之神门,水势正溜。南岸谓之鬼门,水更汹涌。北岸谓之人门,水略舒缓。三门之下约百余步则有砥柱,再其下二里许则有卧虎滩。臣等用空船从神门顺流下放,颇觉利便。又从卧虎滩下挽舟上行,因系方船,又无篷舵,自辰至申,仅能拽行半里。复以有篷舵空船,从卧虎滩下乘风纤挽逆流而上,方能从人门经过。又以船载粮三十石,用夫三十余名,从下挽行而上,自巳至未,亦从人门过去。虽船只可行,但溜急滩多,水涨则无纤路,今挽空船于二百六十里,足行十有七日,若系重船,必需时日,多费人工。似此水路,不如陆行为便。倘将漕粮贮于河南府,由陆路运至陕州西门外太阳渡上船,计程不过三百余里,驮道不过四五程,车行止需七八日,更比河路费省矣。”②博济等的合疏真实地反映了清代三门峡河道的通行条件,即一方面三门峡河道“溜急滩多”,行船艰难,不如陆运省便。另一方面三门上行虽然十分困难,但仍可利用栈道行载小船通航,其危险覆亡没有唐代中叶那样严重。

---

① 《清实录》第6册《圣祖仁皇帝实录》卷二一五,中华书局,1985,第175页。

② 〔清〕田文镜等修,〔清〕孙灏等纂:雍正《河南通志》卷十五《河防四》,《河南历代方志集成·省志卷》(13),大象出版社,2017,第400页。又,雍正《河南通志》系合疏于八月,据《圣祖仁皇帝实录(三)》卷二一五为三月乙丑。

因此，此后赈粮西漕的运输方式，便循两个方向进行：其一，采用隋唐时期从洛阳陆运至陕转水路的水陆转输方式；其二，利用栈道挽舟行船通过三门峡。如康熙末年，朱轼说："查山陕二省地瘠民稠，即丰年亦不足本省食用。全凭东南各省米艘，由江淮溯河而北，聚集豫省之河南、怀庆二府，由怀庆府之清化镇进太行山口，运入山西；由河南府之三门砥柱运入潼关。秦晋民人藉此糊口，由来已久。"[①]乾隆时，陕西巡抚陈宏谋称："豫省偃师等七州县分贮存仓谷原系河东王督院题明分贮，以备陕省源源之用。而河南府属及陕州属运米接济陕省最为近便，故自康熙四十二年以后，节经著有成例。"又云："从前豫省之米议令陕员于潼关接运，楚省之米议令陕员与龙驹寨接运。豫楚两省一应水路程途运费等项，具有报销成例可循。"陈宏谋又举例说："查雍正十年陕省西凤乾耀等府秋收干薄，粮价昂贵，经史部堂奏请，拨豫楚二省米各十万石运陕接济民食。奉旨准行在案。又于乾隆二年陕省西同乾邠等府州禾麦乏雨，秋收歉薄，经崔署都院奏请，将豫省偃师等七州县分贮谷二十六万四千余石碾米运陕酌拨借粜，俱蒙俞允钦遵。"[②]上述朱轼和陈宏谋二人的奏折，反映了康乾时期三门峡黄河通漕的史实。特别值得注意的是，奏折中提到"康熙四十二年（1703）以后""三门砥柱运入潼关""著有成例""水路程途运费等项，具有报销成例"，说明在博济等会勘后，康熙帝曾对黄河和渭河道进行疏通，通航条件有所改善，因此才收到了实际的效果。

康熙五十九年（1720），清军从四川、青海进入西藏，平定再次叛乱的准噶尔。"时西陲用兵，转输馈运，自河南达陕西。"[③]为此，康熙命漕运总督施世纶赴豫省勘明河南府至西安黄河挽运路径，协同鄂海办理粮饷事务。施世纶溯河西上，旋即上

① 〔清〕朱轼：《朱文端公文集补编》卷四《咨户兵二部河南巡抚禁遏粜》，《清代诗文集汇编》第214册，上海古籍出版社，2010，第629页。

② 〔清〕陈宏谋：《培远堂偶存稿》卷二十六《酌拨西同等府米石谕》，《清代诗文集汇编》第280册，上海古籍出版社，2010，第620～621页。

③ 〔清〕赵尔巽等：《清史稿》卷二百七十七《施世纶传》，中华书局，1977，第10096页。

疏言："河南府孟津县至陕州太阳渡大小数十余滩，虽有纤路，高低不等，或在河之南，或在河之北。惟圪把窝、鱼林漆等处牵路年久，间有坍卸，其渑池以下水道下水之船可载粮三百余石，上水之船载及其半。渑池以上河高汛激，船可挽数十石。由砥柱至三门、神门本无纤路，若小舟乘东南风犹或可上。鬼门水势汹涌，土人从未行舟，惟人门稍缓，石崖凿有纤路，路旁凿有方眼，又有石鼻。臣愚以为石鼻可穿铁索，方眼可装木限，援手助力，亦未可知。观此则从前挽运之遗犹存，诚如圣谕，自陕州至西安府，河水平稳，俱有挽运路径，臣谨将河道、水势并纤路绘图呈览。下部知之。"又奏："河南府至陕州之三门一带，河道挽运米谷，现在无可觅之船，请以河南府至陕州太阳渡三百余里，用车装运，计期五日可到，每车可装谷八石，计谷二十万石，需车价银四万三千七百五十两。自太阳渡至西安府党家马头，河水平稳，船只通行，水运为便，需运费银二万六千两。自党家马头至西安府仓二十里，又需车价银四千两，其贮谷口袋二十万余条，需价银三万两，其计银十万三千七百五十两。总于豫省支销，不令陕西接运，但运谷二十万石，止得十万之米，请令豫省以二谷易一米起运，则运价可省其半，若虑米难久存贮，请照例出陈易新，应如所请。"奏入，旨嘉其详，悉从之。[①] 施世纶圆满完成了粮饷漕运任务。康熙颇受鼓舞，于是谕令今后河南府留漕粮二十万石在陕州、偃师等七州县，若关中灾荒，或溯河西上，或先陆运至陕州太阳渡，再逆流船运陕西。此后，康熙六十年（1721）、雍正十年（1732）、乾隆二年（1737），都曾动用这批贮粮溯河西上运至陕西赈济[②]，每次运量都在十万石以上。

山西与河南毗邻，当山西南部发生粮荒时，也通过黄河漕运河南贮粮赈济。乾隆十七年（1752），山西永济等十一州县大旱，灾民眺望待济。河东兵备道乔光烈

① 《清实录》第6册《圣祖仁皇帝实录》卷二八九，中华书局，1985，第813~814页。

② 〔清〕舒其绅等修，〔清〕严长明等纂，何炳武等校点：乾隆《西安府志》卷十四《食货志　中·漕运》，三秦出版社，2011，第257~259页。

"闻康熙中令河南岁留漕二十余万贮在陕州,倘关中俭荒,则以济之困",乃建议山西巡抚胡公派官员、役夫在黄河解冻时赴陕州,"就雇船艘,自平陆逆流而上,运至大庆关,使永济县岸上结棚舍以收贮之,檄令各州县速相接运"①。胡公采纳建议,于次年运陕州五万石溯河至晋南。拨给荣河、万泉二县(今山西万荣县)的赈粮,则循黄河直泊荣河西城外。乾隆二十四年(1759),晋南再遇灾荒,"豫拯晋灾,运米五万余石,皆自陕州斜趣茅津,顺流二十里",交晋南接运②。这里的陕州是指陕州太阳渡。光绪二年至光绪五年(1876—1879),山西、河南等地发生特大旱灾,史称"丁戊奇荒"。调拨江淮、山东等地漕粮入晋是当时山西赈粮的主要来源之一。因山西东面皆山,不通舟楫,运转困难,由黄河而上,经陕州会兴镇转运,便成为漕粮入晋的主要运输线路之一。如光绪三年(1877),山东调拨八万石漕粮,原定由德州陆路运往山西,然因山路奇险,至次年二月,仅转运七千石。于是,山西巡抚曾国荃奏请朝廷,将剩余七万数千石,"以三成由道口运清化镇,驮运入晋,专为接济潞、泽两府所属;而以七成由道口车运河南孟县,渡黄,经过洛阳各属,以达晋之平陆县对岸会兴镇",拨南路各属州县。派员采买的皖豫之粮"亦皆转运会兴镇,以为总汇",接济蒲、解、绛三州③,对缓解山西南部灾情起到了一定作用。

康乾以来多次出现经陕州水陆两路向山陕地区漕转赈粮的情形,说明当时已经形成了三地应灾机制,这反映出陕州由地缘优势而具备的水陆两路应灾运输能力。而当陕州及以东地区发生灾荒时,这一机制下的赈灾漕运则会发生运输方向的变化,山陕两省自西而东向陕州及以东地区漕运粮食。如乾隆二十六年(1761),河南水灾,山西"以近豫之永济等十九州县,动常平积谷碾米十万石济之,奏委河东

---

① 〔清〕乔光烈:《河东赈灾记》,〔清〕乔光烈、周景柱总修:乾隆《蒲州府志》卷二十一《艺文》,三晋出版社,2016,第1806、1810页。

② 〔清〕沈轼:《督运济豫米石记》,〔清〕言如泗修,〔清〕韩夔典纂:乾隆《解州平陆县志》卷十四《艺文》,《中国地方志集成·山西府县志辑》(64),凤凰出版社,2005,第245页。

③ 〔清〕王轩等纂修:光绪《山西通志》卷八十二《荒政记·赈恤》,三晋出版社,2015,第3789页。

道督运”,“原议各州县运米概自茅津渡,济河至陕州陆运于仓”。河东道沈轼赶至平陆,“查运米各州县,惟平陆、芮城、解州等州县地处上游,余在下游者多。其在上游者则可从太阳渡径过陕州,在下游者若必自茅津济,中有险滩,势必逆流而上。……况以十万石争趣一渡,势必拥挤”。建议改以下游州县米石自茅津顺流五里至会兴镇,上游州县仍运至陕州,十万石赈粮“陕州会兴各贮其半,两分其运”。运船则“雇用灵宝蓬船十二只专渡米石,在太阳渡者五,在茅津者七,每船可容米一百二十石,每日往返两次”。在沈轼精心谋划下,从“十月初七日运到开兑起,至十一月二十日全数运毕兑交讫”,圆满完成了运济豫米任务。沈轼作《督运济豫米石记》详记始末,以“俾后之遇斯役者得以览焉”,“属吏易于从事”①。可知类似这样的运济豫米事件当不会太少。乾隆四十三年(1778)四月,河南因春雨短少,麦收无望,而陕西屡得透雨,丰收在望。陕西巡抚毕沅奉上谕拨常平仓粮十万石运往河南。因常平仓分布各地,陕西采取“派员于渭河水次雇募船只,将各属分拨麦石均匀配载,由渭入河,一水前进”入豫境。因三门砥柱“为舟行最险之地,重运难通”,故粮运至会兴镇,由河南“另派接运之员预备车辆,齐集水次,随到随运”。这年夏季,“京畿麦价渐昂”,朝廷又谕令毕沅“将陕省常平所贮麦石酌拨五万,转运京城”,“发厂平粜”。年底正值青黄不接之际,恐京师粮价再涨,又传谕毕沅拨运五万石至京师。这两次运粮线路也是使用渭河—黄河河道,“雇觅车脚运赴水次,由渭入河,分起押解,衔尾前进,仍在前次交收之陕州会兴头地方,令豫省委员接收,转运赴京”②。

光绪二十六年(1900)义和团运动爆发后,八国联军侵华,占领津京地区,慈禧太后挟光绪帝于九月逃至西安,直至次年八月二十四日回銮返京。陕西“本省之粮

① 〔清〕沈轼:《督运济豫米石记》,〔清〕言如泗修,〔清〕韩夔典纂:乾隆《解州平陆县志》卷十四《艺文》,《中国地方志集成·山西府县志辑》(64),凤凰出版社,2005,第245~427页。

② 〔清〕舒其绅等修,〔清〕严长明等纂,何炳武等校点:《西安府志》卷十四《食货志　中·漕运》,三秦出版社,2011,第259~260页。

已不敷本省之食。今銮舆西幸长安,臣仆侍从人数已巨,加以诸军扈跸,千乘万骑,皆须取给全秦”①,供应更加吃紧。在朝廷要求下,各省将以往例应行解京师的漕粮及京饷改解西安“行在户部”,其转输形式随政治中心的转移而发生很大变化。紧邻陕西的河南首先响应,先行起运京斗米五百石,由陆路运往陕西省城。至十月初,“先后筹解陆运头批,水运头、二、三批,共大米七千五百石”。除两批陆运二千五百石外,其余五千石皆分三批,由官员押解黄河溯流而上,“由黄泝渭运赴陕西省长安县之草滩渡,起旱雇车解至西安”。第四批水运二千五百石,则于十二月二十五日起程,分别解往陕西粮道衙门如数交纳,几项合计“已足一万石之数”②。此外还有数万银两也是通过水陆两路转运西安的。可以看到,这一时期的三门峡黄河是可以通航的,并可满足漕粮及京饷改解西安的运输需求。江苏原打算将五万石漕粮取道汉口,经襄河和樊城至老河口,过河南荆紫关、陕西龙驹寨以达西安。陕西巡抚岑春煊认为荆紫关以上皆系山路,运转困难而且费时,奏请漕粮由运河运至河南卫辉府道口镇,陆运入陕西,并决定在潼关设局,招集车驮,“一俟分运之米石到潼,即行接运”③。御史管廷献也提出建议,称“河南开封以东接连山东兖、曹、泰安沿河一带,秋收最丰,若采买小米,由黄河上驶,运至孟津,车运至陕州会兴镇,雇用回空盐车转运,较为便捷”④。这一建议仍是利用会兴镇茅津渡逆流运漕粮入陕。这样在陕州地区就形成了崤函古道陆路和黄河茅津渡以上水路两条漕粮转运线路。各省漕粮及京饷经由这两条线路源源进入陕西,极大地缓解了陕西的粮食

① 《陕西巡抚岑春煊为改南漕由河南卫辉府道口镇陆运事奏折》(光绪二十六年闰八月初九日),中国第一历史档案馆:《慈禧西逃时漕粮京饷转输史料》,《历史档案》1986年第3期。

② 《河南巡抚裕长为筹款购粮以济赴陕兵响事奏片》(光绪二十六年九月初十日);《河南巡抚于荫霖为豫省报解陕军米日期及扫数解齐事奏折》(光绪二十六年十月初二日),中国历史第一档案馆:《慈禧西逃时漕粮京饷转输史料》,《历史档案》1986年第3期。

③ 《朱批奏折·交通运输·陆运》,光绪二十六年十二月十六日,署刑部左侍郎薛允升等折。倪玉平:《清代漕粮海运与社会变迁》,上海书店出版社,2005,第344页。

④ 故宫博物院明清档案部:《义和团档案史料》光绪二十六年十月《军机处寄两江总督刘坤一等上谕》,中华书局,1959,第829页。

危机。随政治中心转移而发生的漕粮及京饷转输方向的变化,一直维持到清廷废止漕运。三门峡黄河在这个特殊的时期,为维持国家行政中心的运转作出了重要贡献。

光绪二十七年(1901)七月初二日,随着和议的进行,为筹措赔款,早日签订《辛丑条约》,尚在西安的清朝廷发布《漕粮改折诏》,宣布"自本年始,直省河运海运,一律改征折色"①,即漕粮改折银两或其他实物,至此延续了数千年的漕运制度废止。

在清代官方努力使用三门峡黄河漕运赈粮的同时,民间商人也在积极地利用黄河河道开展商业活动,他们的不懈努力,在一定程度上使三门峡黄河演变成了民间的商业活动或地方经济活动的水运线路。

粮食是清前期国内市场中流通数量最大、最重要的商品。由于山西、陕西长期缺粮,需要从东南等地输入,经大运河北上转运山陕是其中一条重要的运粮线路。康熙时,朱轼曾这样表述说:"东南各省米艘,由江淮溯河而北,聚集豫省之河南、怀庆二府,由怀庆府之清化镇进太行山口,运入山西;由河南府之三门砥柱运入潼关。秦晋民人藉此糊口,由来已久。"针对河南有人企图阻拦商贩使用这条线路,他极尽批评之辞:"今风闻河南各州县,因二省旱荒,搬运日多,阻遏商贩,不容西行,以致西延平汾等府米价腾贵,流移载道。不独有乖救灾恤邻之义,亦大负圣天子一体痌瘝之至意矣。况河南现在歉收,正须东南商贾源源而来。若米舡阻滞河干,不能速售,又不获重息,将来势必裹足不前,亦大非豫省之利。"请求朝廷严檄河南文武官弁,"凡遇山陕米商来彼地,任凭贩运,毋得遏抑"②。可知这条线路上除南方诸省的漕粮外,私商贩运粮食数量也很大。长途运输和大量贩运如此,短途贩运也大体

① 〔清〕赵尔巽等:《清史稿》卷一百二十二《食货三》,中华书局,1977,第3602页。

② 〔清〕朱轼:《朱文端公文集补编》卷四《咨户兵二部河南巡抚禁遏籴》,《清代诗文集汇编》第214册,上海古籍出版社,2010,第629页。

相同。如乾隆时河南巡抚叶存仁就曾说:河南与邻省“州县乡民互相贩粜,其有驴驮车运”,“零贩虽络绎不绝,究不如舟运之多”①。

解盐运销由官方主办,商人广泛参与。清代销往河南的解盐以陕州会兴镇为枢纽集散,会兴镇因此成为解盐销额最多之地,也是盐商最为聚集的地方。“各州、县均系商人运至会兴镇,听民贩自行买销。”②咸丰六年(1856)上谕:“惟河南会兴镇一路,销盐较多……倘需索未能尽除,必致商贩裹足。著英桂严饬河陕汝道,及行销潞盐各属,无论文武员弁、幕丁、兵役人等,均不准需索留难……”③对岸茅津渡,为“由晋入豫省者道所必经,故皇华冠盖之络绎,仕官商旅之辐辏,纷至沓来,不胜纪计,而三晋鹾商,辇运盐筋,尤当孔道”④。“挽盐车者、载杂货者、牵马牛者、任负载者以及官商士民遨游于晋豫”⑤间。清代解盐销往河南一般采取两种运输方式:一是大部分通过陆运至茅津,由此横渡黄河至会兴镇集散。二是小部分利用潼关阌乡段黄河水运。光绪《山西通志》载:“河东盐,秦、豫二省水陆兼行。黄河、渭河运发盐船,每有遭风失水之患。乾隆十九年,准……豫省阌乡一县,亦由黄河运发,顺流而下,计程二百四十里,均系水路。”⑥

另外,三门峡黄河还运输山陕的木材。如乾隆时,晋南穆纳山有木材扎筏水运至灵宝,入河南,历经八州县至荥泽县,拆筏起旱,运至新乡,复行扎筏,由运河直达通州。

---

① 乾隆二十八年三月二十六日河南巡抚叶存仁奏,《宫中档乾隆朝奏折》第17辑,第284页,方行等主编:《中国经济通史·清》(中),经济日报出版社,2007,第733页。

② 〔清〕祁寯藻:《为酌议河东盐池官运官销及官运民销章程事清单》,任国维主编:《祁寯藻集·奏议》,三晋出版社,2015,第430页。

③ 《清实录》第43册《文宗显皇帝实录》卷二〇三,中华书局,1985,第201页。

④ 〔清〕余正酉:《重修大禹庙官道记》,〔清〕刘鸿逵修,〔清〕沈承恩纂:光绪《平陆县续志》卷下《艺文》,平陆县志编纂委员会翻印本,1984年。

⑤ 〔清〕刘鸿逵:《修茅津坡路记》,〔清〕刘鸿逵修,〔清〕沈承恩纂:光绪《平陆县续志》卷下《艺文》,平陆县志编纂委员会翻印本,1984年。

⑥ 〔清〕王轩等:光绪《山西通志》卷七一《盐法略下·运程》,三晋出版社,2015,第3383页。

由于陕州以上至潼关二百里黄河河面较为宽阔，水流相对平缓，航运直到清末民国一直为商人利用。“航运三倍于陆运，山西、陕西之棉花、羊毛等多由民船顺流以达于郑州。平常渭水之民船出潼关，下陕州，由此改换黄河民船，下黄河以达于郑州之南岸”，然后销售于郑州市场。也有商人将货物从陕州陆运至观音堂，躲过三门砥柱险阻，但“惟陕州至观音堂陆行百余里，运价较水运为高，故仍多赖水运”①。阌乡境内黄河“有帆船亦可上下游行往来运货，东经灵宝达陕州，西至潼关达渭河草滩，所运之货以盐、棉、粟、煤为大宗”②。

三门峡以下河道也得到开发利用。乾隆五十五年(1790)《创建老鸦石禹王庙献殿碑记》云：“山西平陆县治东百余里有老鸦石，黄河经其地东岸，水中有岩。辛未以来，水势汹涌，直射岩口，舟筏难行，商贾乃敬修禹王及大王、河伯庙三楹，以乞神佑，此创建之由也。”③平陆老鸦石禹王庙位于曹川镇东南10公里的黄河岸边，接近阏流的东端。商贾在此兴修禹王庙，“越数年”又建献殿，显然是为乞求神灵保佑商船的航行安全。

与此前历朝不同的是，清代三门峡以下河道的栈道修治已不见政府的力量，而是由商人及其他民间集资开发。在三门峡栈道一些地段，发现的壁孔边长在15厘米左右的栈道，当为元明清时期的遗凿，同时发现的还有清代修治栈道的题刻。如平陆五福涧第3段T15题刻：“道光元年正。”④道光元年即1821年。发现者认为五福涧段栈道始建于汉，续修于唐，明清还在使用。平陆曹川乡西河头第一段栈道T1题刻：“孙太，宣统三年。”宣统三年即1911年，发现者认为，该题记为修整这段

① 盛叙功编译，刘虎如校订：《交通地理》，商务印书馆，1930，第141页。

② 黄觉修，韩嘉会纂：民国《新修阌乡县志》卷五《交通·航运》，《河南历代方志集成·三门峡卷》(10)，大象出版社，2017，第334页。

③ 《创建老鸦石禹王庙献殿碑记》乾隆五十五年立，张学会主编：《河东水利石刻(石刻精华版)》，山西人民出版社，2004，第22页。

④ 山西省考古研究所、山西大学考古专业、运城市文物工作站：《黄河漕运遗迹——山西段》，科学技术文献出版社，2004，第178页。

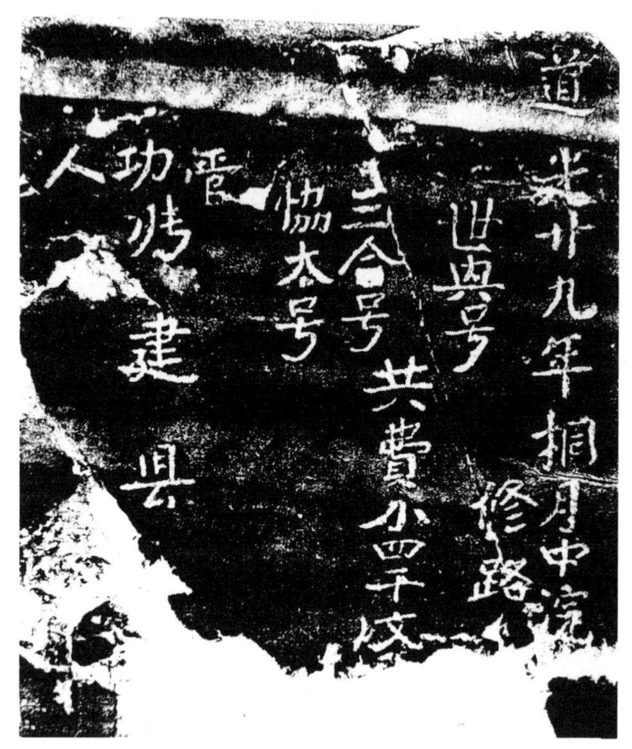

图 9-17　平陆西河头道光廿九年题刻①

栈道时所留。T2 题刻内容字数稍多:“道光廿九年桐月中浣修路,世兴号、三合号、协太号,共费钱四千文。管功人张建县。”②道光廿九年即 1849 年。题记中出资修治栈道的三个商号,有研究者考证后认为,“三合号”“协太号”有可能就是绛州、垣曲道光碑刻中出现的“协泰号”和“三合号”,该商号还参与了垣曲重修关帝殿与舞楼并创建火神祠及东西廊房的集资活动。而“世兴号”则与大运河西岸聊城山陕

① 采自山西省考古研究所、山西大学考古专业、运城市文物工作站《黄河漕运遗迹——山西段》,科学技术文献出版社,2004,第 115 页。

② 山西省考古研究所、山西大学考古专业、运城市文物工作站:《黄河漕运遗迹——山西段》,科学技术文献出版社,2004,第 134 页。

会馆碑刻中的"世兴号""世兴和"及运城盐湖区石刻中的"世兴和"存在某种联系。[①] 若此说不错的话，则出资修治西河头栈道的三个商号，皆来自外地，远者已在鲁西聊城一带。他们集资整修栈道，自当是为利用栈道进行商运。西河头第一段栈道 T2 题刻是目前仅见的清代商号修治三门峡栈道的题记，虽然其修治规模较小，"共费钱四千文"，但足以说明黄河水运及栈道在当时商业中的利用价值。而据西河头第一段栈道 T1 题刻的记载，这一价值直到宣统三年(1911)仍被利用。传统的黄河水运仍在发挥作用，在民间的商业活动中仍占有一席之地，而这已远超出光绪二十七年(1901)朝廷废止漕运的时间。

从上文还可以看出，清代民间对三门峡黄河栈道的开发利用大都是"利用已有的栈道，万不得已时聚资进行小补"[②]。远不能与汉唐时期动用国家力量大修栈道、大搞漕运相比，这反映出当时三门峡黄河船只变小、船次减少、纤夫减少的情形。清代三门峡黄河漕运及栈道发生的这些变化，同样值得研究者关注。

① 丁金龙：《晚清黄河栈道所见三商号的拓展研究》，《史志学刊》2020 年第 6 期。

② 山西省考古研究所、山西大学考古专业、运城市文物工作站：《黄河漕运遗迹——山西段》，科学技术文献出版社，2004，第 198 页。

第十章　崤函古道的近代化变革

清后期，驿传体系开始步入衰败期，大体上与清朝统治的衰败同步。随着近代电报、邮政的兴起和陇海铁路、洛潼公路的兴筑，传统运输方式发生了质的变革，崤函古道走上了近代化的历程，崤函地区交通格局也为之一变。虽然传统崤函古道驿路为近代交通建设提供了多样的建设基础，但大部分最终也为新式道路所替代。在近代化时代浪潮的不断冲击下，曾经繁华数千年的崤函古道开始人烟寥落，湮没于历史之中。

第一节　清末崤函古道近代邮政的兴起

晚清以来,驿传制度弊端丛生,已不能满足社会的需要。电报技术的传播与推广,为清末变革通信方式提供了强大的外力支持,促使清政府走上了“裁驿归邮”的道路。崤函古道地区近代电报与邮局的出现,开启了崤函古道近代化变革的最初历程。

一、清末崤函古道驿传的衰败

在经历了康乾盛世驿传高度发展的鼎盛期后,驿传内部原本就存在的结构性矛盾,随着清后期政治日趋腐败和社会形势的巨大变化而日益严重,弊端丛生。《清史稿》概括有清一代驿传弊端为四句话:“越数诛求,横索滋扰,蠹国病民,势所必至。”[①]道光年间,刑部主事金应麟赴直隶、山西、河南、陕西、四川、湖北等地审案,在《请查禁邮驿弊端疏》中描述这些地方驿站有“五弊”:其一,供支马匹之弊。驿站克扣驿马干草料豆,“其例支马干等项,上下分肥,视为常例”,致使“驿中马匹半皆缺额,其存者亦复疲瘦不堪”,无法使役。其二,预备车辆之弊。州县借口为差

① 〔清〕赵尔巽等:《清史稿》卷一百四十一《兵十二·马政》,中华书局,1977,第4177页。

使预备车辆，将乡民车辆提前多日赶至旷野集中，“令其自行喂养，不准出入。给与银钱，方准放走。稍有不服，鞭笞立下”，甚至“有候至十余日差使已过，而仍复不放走者，民间不堪其苦”。其三，折差经过之弊。“近日折弁被劫，及沈失公文之案不一而足”，皆因折差代人往往“包送银两，图得津贴”，被盗贼拦劫，“地方官惧于处分，代为赔补，以致盗贼肆无顾忌，竟将折奏官文全行掠取”。其四，上差往来之弊。“上司亲友家丁及医卜星士等项，凡有书信，无不借用夫马。州县提其声势，不敢不给，并有馈送银两者，有四四、六六、八八之说。所谓八八者，菜用八色，银用八两，余以次递减，视其人之声气以为增损。”其五，公牍文移之弊。“外间官员私书无不借公济私，交驿投递”，“并有幕友长随，于私书家信亦擅用印封，令其投递。马夫奔走日夜不休，官文较少，私信最多”，致使驿卒“疲于行投，不免逗留，遇有公文反致沉搁”。[①]

金应麟所言“五弊”在崤函古道沿线驿站中也不同程度地存在，并且由于地处中原通西北要冲，来往行旅络绎不绝，其弊端在实际运作中的表现也非同一般。就其严重程度而言，尤以驿差沉重、驿路破落最为典型。

先说驿差沉重。民国《陕县志》记载：陕县“因地当要冲而交通阻塞天下，有事，陕民更日不暇给”。清代虽几经裁革，然甘棠、硖石两驿“最低额马尚有一百零二匹，额夫三百二十九名，岁出六千八百九十八两一钱五分，遇闰加五百四十两九钱。加以铺司二十九名，岁出一百七十四两，遇闰加十四两五钱，岁达七千六百二十余两。此皆因交通不便而使陕民岁糜膏血之资也。至清之季世又按亩摊派草豆草六十八万七千觔，豆二千二百九十石供给驿所，差徭益重，每斗重四十觔，每觔重四十八两三折一。民送役收，更不堪其苦。每值七八月后反将称挂起而故昂其价，以勒折之，至有典衣变产以赏之者。乡民有送草者，身负二十觔，驴驮仅称十八觔，

① 〔清〕金应麟：《清查邮驿弊端疏》，沈文海主编：《近代中国史料丛刊》第85辑《皇朝经世文续编》卷七十九《兵政五·马政》，文海出版社，1973，第2073~2075页。

乡民无奈抽策鞭驴云，我尚负二十觔，这畜生光吃草料，何不出力”①。

光绪五年(1879)，翰林院庶吉士熊祖诒考察新安县，在《上当事书》中记述新安“地瘠民贫”，却因“地当古汉函谷之首，为秦晋豫三省要冲，徭役浩繁，倍于他邑，相沿成习，又无善章，遂使奸胥蠹役，盘据成窟，种种弊窦，莫可穷诘”。熊祖诒具体以“三差”之弊评价彼地驿差情况。一曰兵差。“凡遇客省本省之兵移营换防，及采购军械、装运勇饷车一辆，东至洛阳钱三千五百。西至渑池四千五百，马一匹东去二千，西去二千五百。解回游勇，用护送二名，每名东去四百，西去六百，署解马一匹折钱三百，署解差一名一千二百，此项银两在地丁项下均匀摊派。当同治时，军务繁兴，差役綦重，地丁一两派钱至十千以外。……除舞弊侵渔外，每年定规稿案、签稿、钱粮、杂务诸门曹，各用钱六十六千，用印十七千，执帖十八千，跟班四十八千。去年季冬，正值奇荒之际，尚每季每两派至七百余，一项如是，其他可知。”二曰流差。“凡星使往来，及本省客省官员奉公差遣，及并无公事而持有差信者，支应车马与兵差同，皆由衙役代雇，乡民出钱，五十二牌轮流值差。咸丰二年，冯邑令设局定章，衙役气夺，而人亡则政息，法久则弊生，其为新邑漏卮，仍复如故。”三曰杂差。“驿站马号旧有五十二匹，由五十二牌公同喂养，马匹时有倒毙，而喂养永无裁减，每交草一束(三斤为一束)，折钱二百三百不等，麸一斗折钱五千六千不等，约计大牌每年出钱二百千，小牌九十千，粮行交料每年共三百石，油坊每月共支油四百斤，碗窑每年共支碗千只，肉肆每日出肉百斤，以四十斤为官价，斤四十文，以六十斤为民价，勒令肆中出买，以其赀偿官价外，尚获赢余。城北十牌倚邙山而居，民业烧煤，每年两次各纳窑口钱四百余千，新令莅任加纳一次。五十二牌每年支正票煤车四百八十辆，句票二百四十辆，摊票一百二十辆，每两(辆)折钱二千三千不等，牙行每年出官骡折银二百四十两，新令莅任亦如之。夏季支凉棚杆数百根，冬

① 欧阳珍修，韩嘉会纂：民国《陕县志》卷十二《交通》，《河南历代方志集成·三门峡卷》(4)，大象出版社，2017，第112页。

季支木炭万余斤,句炭、摊炭、年炭无定数。鸡廿只、鸭四只为一票,五日一支,每只折钱七百余文。每逢过差,出木槽、铡子、床椅、器皿各数十。要之,衙署内外起居日用,无一非取之于民,而又实用一分,出票多至四五分。差役下乡,又多逾分诛求,刻下各铺闻风不敢复业,而胥役之敲骨吸髓,仍是愍不畏死。"[①]这样的驿站不仅难以担负起驿传通信的重责,反而沦为压榨百姓的平台。

熊祖诒对"三差"之弊的揭露,并未能减轻新安严重的驿差。随着时间的推移,"三差"之弊反而愈演愈恶。咸丰三年(1853),"河南陕州知州邱文藻办理兵差,浮开滥派,赃逾二十余万。又贡差过境,又苛派里长。并于前任交代赈济捐项及富户捐助军需均未覆实报明"[②]。署陕州知州刘学诚亦有勒派肥己情事。光绪二十六年十二月,陕州、渑池、灵宝、阌乡一带又出现"官差过境,地方官按设驿站借端苛派,扰累民间"之事,引起民间控诉。[③] 此事发生时正值慈禧、光绪"两宫""西狩"西安期间,几位州县长官无一例外涉案其中。可见清末驿差弊坏,已是积重难返,难于革除。

再说驿路破落。受地理形势影响,崤函古道驿路向来崎岖难行,清代虽多次整修,但一些路段不久又遭毁坏。灵宝函谷关等处"每逢山水下注,不啻高屋建瓴。行人猝不及避。其自陕州以下,山原错杂,河汊纷歧。往年夏秋之交,山洪水发,涨则汇为巨浸,退则遍地淤泥……行旅每有阻滞"[④]。光绪二十七年(1901)因慈禧、光绪帝"两宫回銮",户部拨银一万两修缮河陕驿路,虽然工程浩大,但通行条件依然严峻。吴永曾随扈两宫由西安回京,他的《庚子西狩丛谈》记述了崤函古道驿路之所见所闻。如自阌乡至灵宝之驿路,"连日皆行夹沟中。悬崖绝障间,羊肠一线,

---

① 〔清〕熊祖诒:《上当事书》,〔清〕葛士浚:《皇朝经世文续编》卷三十二《户政九·赋役下》,沈文海主编:《近代中国史料丛刊》第75辑,文海出版社,1973,第853~854页。

② 《清实录》第40册《文宗显皇帝实录》卷九十七,中华书局,1985,第386页。

③ 〔清〕于荫霖:《查明州县被参按站扰累各节据实复陈分别拟办并拟妥定章程以善其后折》,于翰笃编:《于中丞(荫霖)奏议》卷八,沈文海主编:《近代中国史料丛刊》第23辑,文海出版社,1973,第293页。

④ 《革职留任河南巡抚松寿奏请暂缓回銮折》(光绪二十七年六月十八日),中国第一历史档案馆编:《庚子事变清宫档案汇编》第8册《慈禧光绪西行卷二》,中国人民大学出版社,2003,第459~460页。

逶迤屈曲，其间仅容一车行，如两车相值，一车必预于空处藏避，俟对行车过，方始就道。沿途车辆，皆须互相呼应。近经特别平治开拓，两车亦可并轨。而随扈诸人，咸喜疾驰争先，乃至数十百辆，衔尾接轴，莫能进退”。陕州以西驿路也是同样交通不畅。“自陕州启銮，出东门，行五十里，至陕州属之张茅镇驻跸。此间地极狭窄，百官多不得栖宿处，皆驱车向前趱行，而晚间雨势复大集，泥中颠播（簸），异常困顿，至有在车中过夜者，冻馁交迫，窘况殊不可堪也。”英豪镇至渑池县“处当峭山分支，沿途皆顽石横梗，极碍车道。清道光十四年光绪九年两次兴工铲削，另辟新路；无如大车所载过重，砰訇磅礚，不久即成磊砢，十九皆震輱脱輻，须待修辑，故大驾不能不因之迟滞也”。“自渑池县启銮，过石河镇义昌驿，至铁门镇驻跸，已入新安县境矣。连日阴雨，泥泞数尺，车行荦确，骡马负重不胜，倒毙途次者，所在皆是。”面对交通如此不堪，吴永感叹：“随扈大驾，乃亦尝此等苦况，行路之难，可为叹息。”②

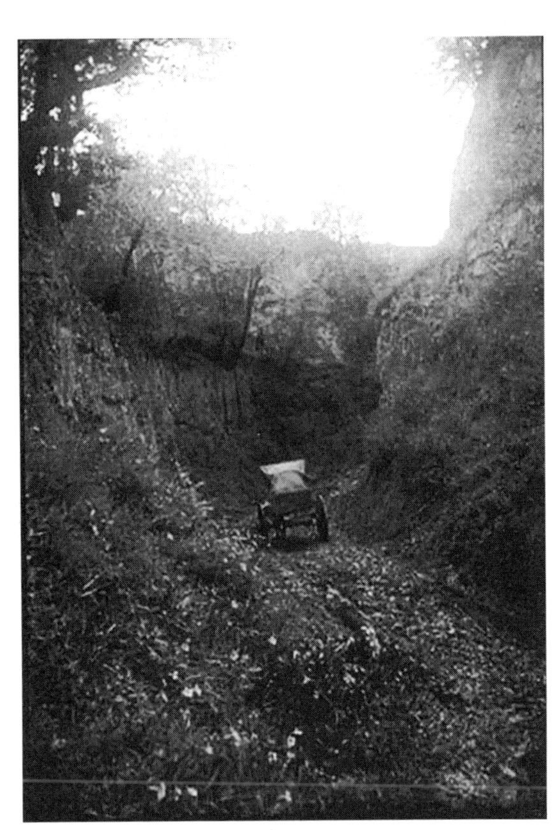

图 10-1　清末灵宝函谷关驿路①

① 采自卞修跃《西方的中国影像（1793—1949）埃玛纽埃尔-爱德华·沙畹卷》（2），黄山书社，2015，第 56 页。

② 〔清〕吴永：《庚子西狩丛谈》卷四，中国史学会主编：中国近代史资料丛刊《义和团》（3），上海人民出版社，1957，第 446~447 页。

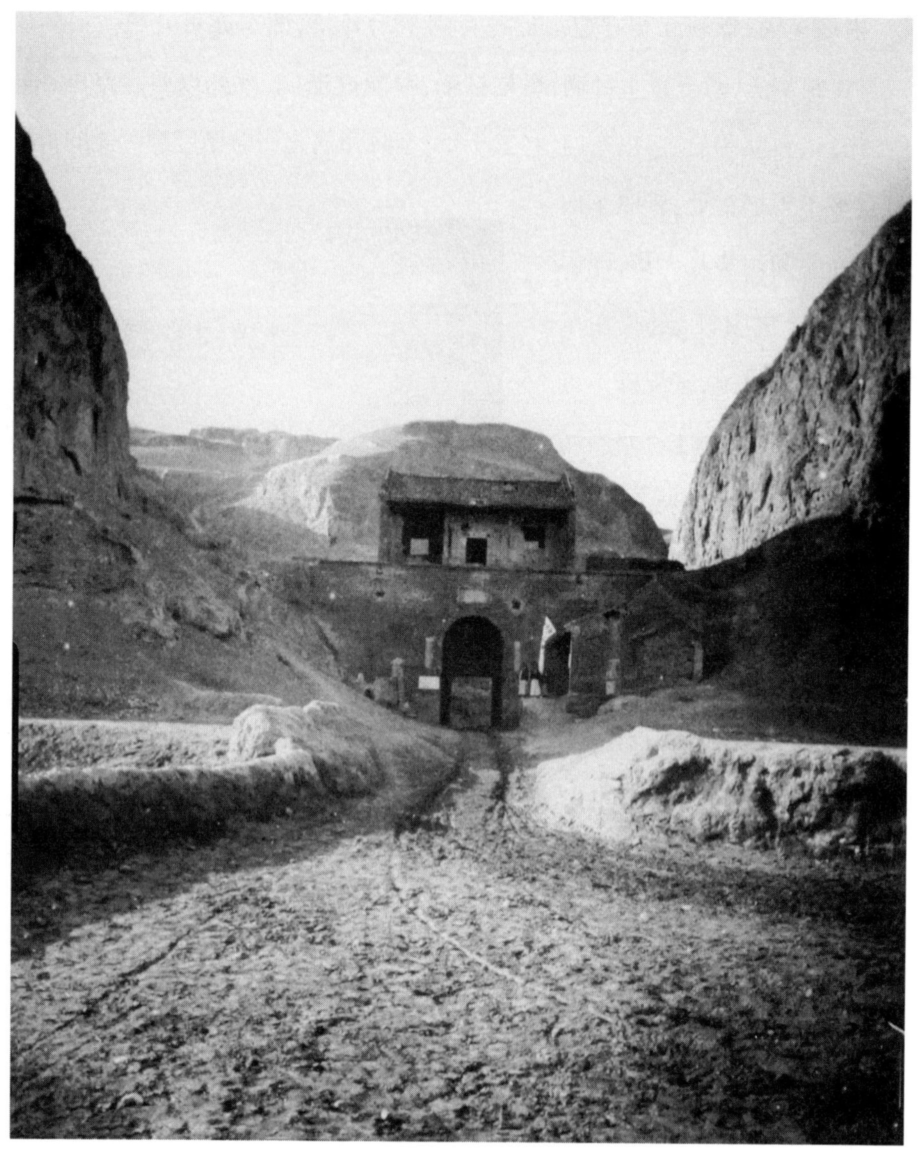

图 10-2　1914 年的函谷关①

① 采自《近代中国分省人文地理摄像采集与研究》编委会《近代中国分省人文地理影像采集与研究 河南》，山西人民出版社，2019，第 65 页。

仅过四年,光绪三十一年(1905)裴景福谪戍新疆,道经崤函古道,所面临的通行条件依旧是"山路崎岖,泥滑难行,夫、马极苦。张毛、磁种,均行深沟,两壁赤立数十仞,仰天仅一席。将至磁种以西十余里,景象萧瑟,俨然边塞,中原之外郛也。……洛阳以西之路,渑池至新安九十里。山路多碎石,溪涧曲折,向称难行,而渑池西至磁种,仅四十五里,若遇久雨,往往迁延负辕,八九日不能进"①。新安人张钫在《豫陕官路上的见闻》中也回忆说:"豫陕官路是土路,下雨则稀泥没胫,刮风则黄沙蔽日,偶遇山洪暴发将路冲断,或雪深三尺车马不前,那就要随地滞留,受尽苦楚。所以不管是乘的高车驷马或坐的暖轿轻驮,在这条古老的官路上作行旅,都是够艰难困苦的。"②

上述表明,崤函古道驿传发展到晚清已是千疮百孔,日益衰败,越来越不能适应时代发展的需要,这也反映出清代驿传体系在机制和管理上的缺陷。造成这些弊端和问题的原因,概括起来,一是内部管理松懈,驿务废弛,贪污勒索现象丛生,严重影响着驿站的正常运行;二是驿路修治经费支绌,致使驿路不畅,通行速度慢,效率低。这样的驿传体系已经难以高效完成"置邮传命"的任务。

二、清末崤函古道近代邮政的发展

关于清代驿传体系的近代转型,一般认为它是按照驿传的不同功能而向两个方向发展转变的,即机要文报的传递逐渐被近代电报取代,普通文报的传递则逐渐为近代邮政承载。③ 清末崤函地区驿传的近代化变革,首先是从创办电报通信开始的。

电报通信技术在第二次鸦片战争后传入中国,并因其快捷、便利的特点,很快

① 裴景福著,杨晓霭点校:《河海昆仑录》卷二,甘肃人民出版社,2002,第64~65页。

② 张钫:《风雨漫漫四十年》,中国文史出版社,1986,第84页。

③ 刘文鹏:《清代驿传体系的近代转型》,《清史研究》2003年第4期。

取代了中国传统的驿传体系。光绪六年(1880),李鸿章首先在天津建立了中国第一家电报局,光绪八年(1882)迁至上海,建立中国电报总局。起初的电报通信主要基于北京和东南通信空间分布。光绪十六年(1890),因陕甘僻在西隅,清政府创建北京经卢沟桥通往保定,再经太原接潼关至西安的电报官线,史称"西线",并与甘肃商线、新疆官线接线,以通边报。这条经过潼关的电报线路,成为崤函地区首条电报线,潼关则是崤函地区第一个电报支店。光绪二十六年(1900),慈禧、光绪"两宫"西狩西安,西安电报局作为临时性的中央通信机关,发挥了电信枢纽的作用。史载:"行在诸人,皆恃庆王、李相为泰山,望电报如饥渴。太后曰:'我一日不见京电,便觉无措。'"①有学者评价说:"此时的国家行政系统已经与电报技术密不可分地交织到一起,形成了一套以通信技术为核心的政治运行模式,在这一模式中,电报通信起到了重要的串联作用,它不仅是政治体系得以顺利运行的重要载体,更是各种政治关系的有效串联者。"②电报在西狩危乱局势中的突出表现,有力地促进了崤函地区电报通信业的发展,很快便随着两宫回銮在崤函地区铺设开来。

光绪二十七年(1901)四月,两宫筹备起銮返京。因"回銮过豫、直各境无线,谕旨、章奏阻搁堪虞",盛宣怀奏请"筹款展造潼关至河南、直隶电线,以备跸路传递要报","总期于谕旨、章奏朝发夕至"。由于"跸路出潼关,约经陕州、河南府至孟津,渡黄过怀庆、卫辉、彰德入直境,由顺德、广平、正定三府以达保定",因此,电报线路即循跸路行进路线修建。工程先由西安官电局拨汇银三万八千两,由上海派员购运外洋材料机器。施工采取分段分别负责的方式。"由潼关开工至孟县"作为重点修建的第一段线路,由候选县丞李铭祥、邓嘉缵等负责。所需电杆,由沿

① 〔清〕柴萼:《庚辛纪事》,中国史学会主编:中国近代史资料丛刊《义和团》(1),上海人民出版社,1957,第328页。

② 史斌:《论电报通讯与庚子"西巡"——近代中国技术影响政治一例》,《科学技术哲学研究》2011年第3期。

线州县帮同委员“照民价代为选购合用杆木”[①]。民国《新修阌乡县志》记载电线在该县境内铺设的情形说：“清光绪二十七年，德宗与慈禧太后西幸时，始安设电线通报，经过阌乡境内，奉派司此工程者，按里排植电杆，每杠距离约十二三丈，以次编记码号。”[②]施工正值夏令发水之时，但参与“运料栽杆该员生等均能不避艰险，勤督工作，蒇事既速，节费较多”[③]。整个工程从五月到十一月仅半年时间即全线告竣，史称“庚乱回銮线”，全长八百多公里。它的建成可谓正逢其用。盛宣怀称：“自庚子七月以后，行在政务烦剧，诏旨频颁，加以东南保护之约、全权议和之役，京师及各行省各使臣往来问答。”电报络绎昼夜不停，“万里瞬息悉惟电局是赖”[④]，成为清廷在政治危机时期不可或缺的统治工具。这年四月，陕州电报局成立，是为崤函地区第一个电报局，由此开启了晚清崤函地区驿传制度转型的进程。

崤函地区近代邮政机构的出现晚于电报业。其发展大体以光绪三十二年(1906)邮传部成立为界分为两个阶段。第一个阶段，光绪三十二年前，沿崤函古道驿路东西设置，以设置邮局为主。光绪二十七年，新安、渑池两县始设邮局。光绪二十八年(1902)，潼关设立邮局。同年，灵宝设立崤函地区第一个邮政代办铺(所)。光绪二十九年(1903)，陕州设立邮政分局，为河南最早的六个分局之一，隶属开封邮政副总局。至光绪三十二年，崤函古道驿路沿线各州县均已设立了邮局或代办所等邮政机构。第二个阶段，沿崤函古道驿路辐射发展，大量设置邮寄代办所。光绪三十二年清政府成立邮传部，统筹全国邮政发展。光绪三十四年(1908)

① 〔清〕盛宣怀：《筹集商本分别展造及修复电线折》(光绪二十七年四月)，《愚斋存稿》卷五，《续修四库全书》第1571册《集部·别集类》，上海古籍出版社，1996，第168页。

② 黄觉修，韩嘉会纂：民国《新修阌乡县志》卷五《交通》，《河南历代方志集成·三门峡卷》(10)，大象出版社，2017，第333页。

③ 〔清〕盛宣怀：《跸路电线工竣援案请奖折》(光绪二十七年十一月)，《愚斋存稿》卷六，《续修四库全书》第1571册《集部·别集类》，上海古籍出版社，1996，第182页。

④ 〔清〕盛宣怀：《请奖电局员生片》(光绪二十八年九月)，《愚斋存稿》卷八，《续修四库全书》第1571册《集部·别集类》，上海古籍出版社，1996，第241页。

汴洛铁路建成并开始运邮，有力地推动了近代邮政业的快速发展。崤函地区邮政代办所数量大增。至宣统二年(1910)，崤函地区计有邮局4处、代办所16处。其机构设置概况如表10-1。

表10-1　清末崤函地区邮政机构设置概况表

州县	邮政机构	开办时间	州县	邮政机构	开办时间
陕州	陕州邮政分局	光绪二十九年(1903)	灵宝	灵宝县邮政代办铺	光绪二十八年(1902)
	会兴镇邮寄代办所	光绪三十二年(1906)		虢略镇邮寄代办所	光绪三十四年(1908)
	硖石镇邮寄代办所	光绪三十四年(1908)	阌乡	阌乡县邮寄代办所	光绪三十年(1904)
	观音堂邮寄代办所	光绪三十四年(1908)		文底镇邮寄代办所	宣统二年(1910)
	张茅镇邮寄代办所	宣统二年(1910)	卢氏	卢氏县邮寄代办所	光绪三十二年(1906)
渑池	渑池县邮局	光绪二十七年(1901)		范蠡镇邮寄代办所	宣统二年(1910)
	英豪镇邮寄代办所	光绪三十四年(1908)	洛宁	永宁县邮寄代办所	宣统二年(1910)
新安	新安县邮局	光绪二十七年(1901)		王范镇邮寄代办所	宣统二年(1910)
	铁门邮寄代办所	宣统二年(1910)	宜阳	宜阳县邮寄代办所	宣统二年(1910)
潼关	潼关厅邮局	光绪二十八年(1902)		韩城镇邮寄代办所	宣统二年(1910)

资料来源:《大清邮政章程通邮局所汇编》(宣统庚戌(二年)季夏订)、民国《陕县志》、民国《新修阌乡县志》、民国《新安县志》、《河南省志》第39卷《邮电志》(河南人民出版社,1993年)、《陕西省志》第28卷《邮电志》(三秦出版社,1998年)、《三门峡市志》第3卷(中州古籍出版社,1995年)、《三门峡邮电志》(方志出版社,1999年)、《渑池县志》(汉语大词典出版社,1991年)、《灵宝县志》(中州古籍出版社,1992年)、《新安县志》(河南人民出版社,1989年)、《潼关县志》(陕西人民出版社,1992年)。

由表10-1可见,清末崤函地区近代邮政业是借助于业已存在的崤函古道驿路网络建设和发展的。邮政机构设置沿崤函古道驿路延展的特征十分明显,崤函古道沿线各州县都设立了近代化的邮局或代办所,邮局均置于州县城,代办所则选定在暂不具备设立正式邮局条件,但又有一定业务量的沿线重要的城镇或个别县城(后者在民国初年都迅速升格为邮局)。

与此相应,串联各邮务节点的邮路也以东西向为轴心快速构建和延伸,联结为邮政网络。光绪三十一年(1905),开办自开封经郑州、洛阳、陕州、潼关至西安的马差邮路。光绪三十四年(1908)开办自洛阳经渑池、陕州、灵宝、阌乡至潼关的快差步班邮路。这条邮路,其通邮条件也与驿路一样,“皆系艰难之路”。造成邮路艰难的不仅有一直存在的崎岖路况,还有因社会形势不稳而愈发增多的盗贼。为了应对此状况,邮局改善运行机制,将这条邮路由快差步班改为昼夜兼程,“用骡载运”的驮班输运,从而大大提高了通邮效率。《光绪三十四年邮政事务情形总论》记载说:“自河南府西至潼关,系该省最要之大路,计长四百八十里,盗贼出没,所过皆系艰难之路,自有昼夜兼程之差,其程期仅需五十点钟。”[1]

对清王朝来讲,洛阳经陕州至潼关的邮路之所以为“最要之大路”,并非是因其“皆系艰难之路”,而在于它连接沟通了中原与西北的广阔地区,因此,邮政部门

---

① 《光绪三十四年邮政事务情形总论》,河南省邮电管理局邮电志编纂室编:《河南邮电历史资料汇编》第2辑,1983,第82页。

也在经营方面颇为着力。《交通史邮政篇》记载说:宣统二年(1910),“河南界内由河南府经潼关至西安府之昼夜兼程邮路,因其为通甘肃、新疆之大道,关系重要。此项联接,久属疑难问题。此路不独山寇危险,且阴雨时至,牲畜行走亦难。所有全体事宜曾经悉心筹划,嗣即订立合同,用骡载运重班邮件。此事开办后,已大有进步”。时通称大批商品包裹为“重件”,函件等为“轻件”。宣统三年(1911),又开办河南府至迪化(乌鲁木齐)马班邮路。“由河南府至迪化府之邮件,虽路隔七千里之遥,其程期仅须二十六日十四小时,以平均速率计之,每日实行二百六十三里里(合八十七英里强),然此旷野艰难之路,全恃步马等矻矻遄征。其用骡驮运寄之邮路,现已实行,有时骡驮五六匹,而所载之包裹全系一家店铺之物。”①可见经营发展成绩相当突出。

由表10-1还可以看出,清末崤函地区近代邮政机构的设置远较电报机构更为普遍,网络更为健全,邮路逐渐覆盖城乡,它的发展改变了早期崤函地区仅有电报的单一局面,二者一起构成崤函地区近代化邮政体系,不仅可满足中央与地方联络之需,亦可使民众获得便捷的邮递服务。传统驿传体系虽还存在,但在近代邮政的冲击下处于明显弱势,且其核心功能正被逐步消解。

因应近代邮政的发展,光绪三十二年(1906),清政府设立邮传部,着手推动裁撤驿站事宜。但由于在管辖权问题上与主管驿事的陆军部发生争论,直到宣统三年八月,邮传部才奉旨接收驿站,主持裁驿归邮事宜,然而尚未来得及执行,清帝便宣告退位。民国元年(1912)5月,北洋政府明令各地裁撤驿站。同月,潼关驿随陕西省驿站一道奉令裁撤。河南省驿站则在民国2年(1913)4月全部裁撤,所有政府公文均交邮局寄递,驿站设施纷纷改作他用。如灵宝“桃林驿在县治东原有房二

① 交通部、铁道部交通史编纂委员会等:《近代交通史全编》第8册《交通史邮政篇》第1册,国家图书馆出版社,2009,第67页。

十六间，自民国初年驿站裁废，房屋残塌，今其地址改为平民运动场矣”①。阌乡鼎湖驿原有“大堂东庙三楹祀马王，两厢马棚二十八间，麸料房两间，磨坊两间，乐楼一座，大门一座。清末自改驿归邮，房舍屡易，庙正屋东楹为党部，西楹为自治事务所，又西为电话局”②。在近代电报和邮政的挤压下，延续两千年的古代驿传制度寿终正寝。

① 张椿荣修，张象明等纂：民国《灵宝县志》附卷前下《古建设》，《河南历代地方志集成·三门峡卷》(9)，大象出版社，2017，第272页。

② 黄觉修，韩嘉会纂：民国《新修阌乡县志》卷三《建置》，《河南历代方志集成·三门峡卷》(10)，大象出版社，2017，第325页。

第二节　清末民国时期近代交通的兴筑

近代电报、邮政的兴起，开启了崤函古道传统驿传的近代化变革。作为驿传体系载体和平台的驿路，则在驿传体系变革之后，随着铁路、公路的兴筑而走上近代化的历程。晚清民国陇海铁路、洛潼公路的兴筑，给传统的崤函古道驿路带来了强劲的冲击，使崤函古道发生了数千年未有的重大变革，区域交通格局遂为之改观，崤函地区近现代交通基础由此奠定。

一、陇海铁路在崤函的修筑

陇海铁路前身是开封府至河南府的汴洛铁路，最初作为卢(沟桥)汉(口)铁路的支线，在光绪二十五年(1899)由铁路督办大臣盛宣怀提出，并向比利时银团借款修建，于光绪三十四年(1908)十二月竣工通车。洛潼铁路作为汴洛铁路西向延展的第一线，东起洛阳，西至潼关，最早筹议于光绪三十一年(1905)，1910年开工，其间时修时停，几经周折，至1931年年底全线贯通，前后历时26年。

当汴洛铁路全面建设时，陕西巡抚曹鸿勋积极运作筹办西安至潼关铁路，光绪三十一年十二月，他致函河南巡抚陈夔龙提议河南先筑洛潼铁路，陕西后筑西潼铁路，西安以西则与甘肃商议修建，从而连成一条东西大干线。次年二月，河南士民景仲升等创办河南铁路研究会，以“保护路权”相号召，联合豫省绅商具禀河南巡抚陈夔龙请求自办洛潼铁路。时正值“挽回路权”“筑路救国”的高潮，陈夔龙亦主张“修筑铁路为自强基础，豫省绾毂中原，毗邻七省，非铁轨交通，不足以资利便而控形势”。在民众的推动下，陈夔龙上奏朝廷请筑洛潼铁路，其计划是“东起洛阳，西接潼关，计长四百八十里，以每里万金估之，约需款五百万两”。他强调兴筑该路“虽道路崎岖，经费浩繁，兴工不易”，但意义重大，“远通关、陇，近达京、津。必须先事绸缪，以杜外人窥伺”。而陕西已“奏筑西潼铁路，期与豫接。若洛不展造至潼，即他日开洛工成，而陕线中断，亦殊不利转输。秦、豫为一直线，自应衔尾相联，以成辅车之势”[①]。陈夔龙着眼于国家安全和铁路衔尾相联，其说对朝廷及河南士绅甚有影响。四月，商部咨商陈夔龙及河南士绅，批准凡一切勘线、集股等事，“悉由河南自为主持”。随后又断然拒绝了比利时的承办要求，扫除了外部干扰。光绪三十三年(1907)五月，邮传部会奏度支部讨论，认为“洛阳至甘肃之路，关系西北大局，非合陕、甘、豫三省之力，不足成此巨工”，赞同“合三省财力，从洛阳入手，展接而西，以收得寸则寸，得尺则尺之效”[②]，敦促从速筹款开工。随后，新任河南巡抚袁大化在河南在籍绅士翰林院编修王安澜等40余人联名请求下，奏请河南自办洛潼铁路，并推荐礼部右丞刘果、农工商部参议袁克定、知府王祖同为总协理，很快得到朝廷允准。同年九月，总协理刘果等成立河南铁路公所(后改称洛潼铁路公司)，并在洛阳设事务所及工程处，北京、天津设立办事处，董事会及驻京议事会也于年底成立。商办洛潼铁路被正式提上日程。

洛潼铁路公司组建后，即于光绪三十四年三月函借京奉副工程司李吉士测勘路线，历时三月，“旋以工事非艰，五百万元足敷布设为报”[③]。邮传部旋派勘路委

① 宓汝成:《中国近代铁路史资料(1863—1911)》第3册，中华书局，1963，第1128~1129页。

② 交通部、铁道部交通史编纂委员会等:《近代交通史全编》第39册《交通史邮政篇》第16册，国家图书馆出版社，2009，第235页。

③ 茶圃:《洛潼铁道调查记》，《国风报》1910年第27期。

员沙海昂、唐乃仓、林兆璠等前往查勘，发现问题，主要有两方面。一是线路。“该公司原勘，拟由涧河以南定线”，但“近南一带多有水患，且横穿涧河，桥梁土工所费甚巨”。因此建议“改由洛阳迤北起，即在涧河以北定线，只循官道修造，由洛阳至新安铁塔上，达铁门镇，虽横穿河岔，须造长桥，向西须缘山径，然其工程尚属平易”。二是工费预算。沙海昂等测算，洛潼铁路线路“长一百三十四英里，约合华里三百六七十里，估费约银一千六百万元”①。沙海昂等的查勘明显与李吉士的测勘不同。于是，洛潼铁路公司遂聘请有“中国铁路之父”之称的詹天佑为工程顾问，徐士远为领袖工程师覆勘路线。

宣统二年(1910)二月春节一过，詹天佑率徐士远等人重新勘测线路，经再三比较论证，勘定了自洛阳至潼关“总计约三百七十里”的线路。其中从洛阳到新安县长70里，因“涧河南部一带河流纵横，架桥之费，颇为不赀”，决定变更李吉士原勘涧河以南线路，改“自洛阳之北方，以走黄河以南”，此段“虽河内以西之地，丘陵起伏，非若洛河以北之平坦，然终岁无洪水之患，一切工程较易为力也”。自新安县经义昌至渑池约60里，“地平河少”。惟自渑池经观音堂、硖石驿、磁钟达陕州70里，“所过之地重山叠岭，开凿山洞，即计以至少之数，亦须五六，其他须挖掘者，尤不知凡几。且附近一带之地质，皆自石质而成，开凿尤非易易”，故“实为该铁道工事中之最困难者”。自陕州过甘棠、曲沃、桃林三镇以至灵宝县长约50里，“所最费力者，只于衢水架一铁桥，其他绝无棘手之处”。自灵宝经稠桑以至阌乡长60里，“地虽多山，然所经之地，皆可绕越。惟于稠桑仍须凿一隧道，且于黄河之支流架桥工事，仍不能少耳”。“自阌乡则沿电杠线路，而经鼎明盘定以至潼关。一切工程，类皆平易，全路中工费最省，竣工较速者，当推此处矣。”②

① 交通部、铁道部交通史编纂委员会等:《近代交通史全编》第39册《交通史邮政篇》第16册，国家图书馆出版社，2009，第265页。

② 茶圃:《洛潼铁道调查记》,《国风报》1910年第27期。

据此，詹天佑将洛潼铁路线路分为三大段：第一段自洛阳至渑池；第二段自渑池至张茅；第三段自张茅至潼关。每一大段内又分为三小段，按段施工，逐步进展。同时，詹天佑还对以往包定之工程追加工款，“凡前包十万者，刻皆增银三万，以图坚牢”。这虽增加了筑路成本，但对保障铁路建设质量是有益的。时人评论说：此“非偏于省钱者可比”①。

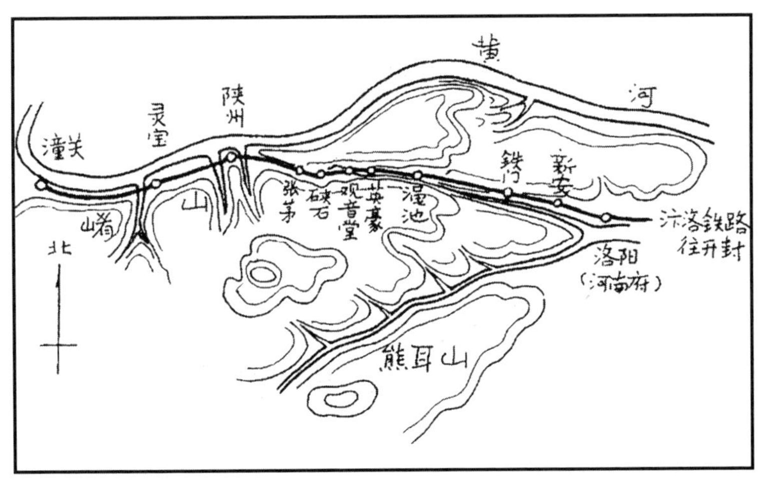

图 10-3　商办河南洛潼铁路示意图②

詹天佑勘定的路线最终得到邮传部同意，但不久再遇波折。按照勘定图线，洛潼铁路拟穿过新安县城东南隅，沿奎楼山麓铺轨，距汉函谷关仅里许。宣统三年(1911)三月工程开工后，新安县绅商提出“穿城究多周折，另筹绕越办法”。公司再次组织专家会勘，打算改由凤嘴山依涧河临流而渡，但“涧河曲折迂回底深流急，于五华里之遥需连建长桥三处，工艰费巨，尤其余事夏秋之交山水涨发，实多危险”，无法定夺。于是，又会商董事局及驻京议事会，经权衡轻重认为，还是按原勘

① 《洛潼线进行之大概》，《江宁实业杂志》1910 年第 6 期。

② 采自詹同济等《詹天佑生平志》，广东人民出版社，1995，第 323 页。

图线由新安县城东南隅穿过为妥。但考虑到新安绅商担心铁路穿城对城镇有不良影响，“拟于东南两面各辟一门，为火车出入之道，再于城内一面筑一高墙，以为屏蔽，既无损于城垣，亦无碍于守御”。不久这一方案得到邮传部批准。洛潼铁路线路勘定终于尘埃落定。

与线路勘定相比，在关键的资金筹集上则更为困难、曲折，加之社会长期动荡不安，导致洛潼铁路的修建一波三折，修修停停，几度下马，又重新恢复。

洛潼铁路公司最初主要采取集股，通过盐斤加价、民间及商人购股等方式筹款。但因河南地瘠民贫，至宣统二年七月，公司开办两年多，实际仅收筹款约150余万元，与兴筑所需款项相差甚远，致使迟迟不能正常开建。无奈之下，公司向北京公益银行商借白银200万两后，始于宣统二年八月动工，自洛阳向西开建。至次年十月，完成了洛阳至铁门约45公里线路(可行驶工程列车)和铁门至渑池约27公里的路基工程。其后，辛亥革命爆发，清政府垮台。“本路适当战线，已成之工损坏及半，十月以兵事愈急，悉将工人遣散”[①]，施工中断。1912年5月始复工兴筑。

北洋政府建立后，赓续前清的铁路国有政策。民国2年(1912)9月，与比利时银团订立《陇秦豫海铁路借款合同》(陇秦豫海铁路简称陇海铁路)，将洛潼商办铁路收归国有，并入陇海铁路修筑计划接续施工。然而次年恢复施工后不久，比利时因在第一次世界大战中被德国占领，无力提供借款，施工陷入困难。为解陇海铁路急需，民国4年(1915)4月，北洋政府交通部核准发行国内短期公债500万银元，施工得以继续。同年10月，洛阳至观音堂约91公里铁路竣工，次年1月投入运营。此后工程停顿长达4年多。这是陇海铁路工程第一次下马。

① 交通部、铁道部交通史编纂委员会等:《近代交通史全编》第39册《交通史邮政篇》第16册，国家图书馆出版社，2009，第268页。

图 10-4 观音堂车站[①]

民国 10 年(1921)11 月,在与比利时、荷兰银团签订新的借款资金后,观音堂至陕州线路开始施工。该段线虽然路长仅 48.4 公里,但却是“该铁道工事中之最困难者”[②]。“观音堂经硖石至张茅,即古崤函之险,山势雄峻,岗峦层裹,碎石削岩,凿洞五座,并架山峡铁桥,工艰费巨,堪称本路第一。”[③]位于观音堂张茅之间的硖石驿四号隧道长 1780 米,为全路最长的隧道,所经大部分为坚硬的石灰岩,工程师李俨采用两头同时往中间开凿的办法,最后在洞中准确接通,这是中国工程师首次主持修筑的长隧道。位于观音堂与硖石驿间的 8 号大桥高 45 米,是其时中国铁

① 采自陇海铁路管理局总务处编译课《陇海铁路旅行指南》第 2 期,陇海铁路管理局总务处编译课,1932,第 133 页。

② 茶圃:《洛潼铁道调查记》,《国风报》1910 年第 27 期。

③ 谢彬:《中国铁道史》,中华书局,1929,第 387 页。

路最高桥。经过近三年的施工,民国13年(1924)5月,观音堂至陕州间线路竣工通车运营。为继续修筑陕州至灵宝段线路,北洋政府再次向比利时及中国银团借款发行陇海铁路债券。时值蒋冯阎在豫西连年混战,11月开工后,施工一再受阻,至民国16年(1927)11月,这段长约25.7公里的线路历时两年始竣工通车。其后,战火不断,灵宝以西工程停工。陇海铁路工程遭遇第二次下马。

图10-5　硖石驿四号隧道①

南京国民政府成立后,确立以铁路建设为重点的经济政策,成立铁道部,陇海铁路被列入建设重点。民国19年(1930)10月,国民政府组建陇海铁路灵潼段工程局,拨款200万美元,加上比利时"庚款退款"等资金,11月灵宝潼关段开工建设,全长约70公里。沿线多为山丘土阜,起伏很大,尤以函谷关一带工程最为艰巨。按原初计划,铁路沿黄河南岸而行,沿河5公里内开凿7座隧道。但隧道建成后,因黄河及山上流水倾泻影响,多座隧道出现裂缝乃至坍塌。灵潼段工程局长凌鸿勋和副工程司李俨决定将灵宝以西线路改道,在黄河岸边修建便线,绕过已坍塌的10号隧道。② 至民国20年(1931)12月,铁路修筑至潼关东门外后沟临时车站。次年八月,打通后沟至潼关西关正式车站之山洞,至此,洛潼铁路东西贯通通车,沿

① 采自陇海铁路管理局总务处编译课《陇海铁路旅行指南》第2期,陇海铁路管理局总务处编译课,1932,第136页。

② 凌鸿勋、李俨:《函谷关山洞及沿黄河路线》,《工程》(中国工程学会会刊)1932年第2期。

途共设洛阳西等车站 24 个,其设置情况如表 10-2。

表 10-2 陇海铁路洛阳潼关段车站设置表

县名	站名	里程	站址	建站时间	备注
洛阳	洛阳西站		县城东北 2 里	1915 年	今名洛阳站
	金谷园站	6 里	距县治 6 里	1915 年	今名洛阳西站
新安	磁涧站	30 里	距县治 30 里临涧河南	1915 年	
	新安县站	28 里	县南门外半里	1915 年	
	铁门站	26 里	铁门镇南 1 里半	1915 年	
渑池	义马站	26 里	义马村西半里	1915 年	
	渑池站	28 里	县东门外 1 里	1915 年	
	英豪站	20 里	渑池英豪镇	1915 年	
陕县	观音堂站	18 里	镇东 2 里	1915 年	
	硖石站	18 里	距镇 2 里	1924 年	今名杨连弟站
	张茅站	22 里	距县治 55 里	1924 年	
	交口站	18 里		1924 年	
	会兴镇站	14 里	距镇 3 里	1924 年	今名三门峡站
	贺家庄站	12 里	站在庄前	1924 年	
	陕州站	12 里	县南 2 里	1924 年	今名三门峡西站
	大营站	26 里	距村 5 里	1926 年	
灵宝	灵宝站	26 里	县城西北 1 里	1931 年	
	常家湾站	30 里	距县治 28 里	1931 年	今名焦村站
阌乡	阌乡站	28 里	县城东南 3 里	1931 年	
	高碑镇站	14 里	距县治 16 里	1931 年	今名高柏站
	盘头站	20 里		1931 年	今名故县站
	文底镇站	24 里		1931 年	今名豫灵站
	七里村站	12 里		1931 年	今名太要站

续表

县名	站名	里程	站址	建站时间	备注
潼关	潼关站	12 里	县东关外后沟	1931 年	次年在西关建正式车站

资料来源:陇海铁路管理局总务处编译课:《陇海铁路旅行指南》第 2 期,陇海铁路管理局总务处编译课,1932 年;中国国民党陇海铁路特别党部编:《陇海铁路调查报告》,中国国民党陇海铁路特别党部,1935 年;民国《陕县志》卷十二《交通》;民国《新修阌乡县志》卷五《交通》;民国《灵宝县志》卷三《建设》;孙本祥主编:《中国铁路站名词典》,中国铁道出版社,2003 年。

其后,陇海铁路继续向西展筑,1934 年年底通车到西安,1936 年 12 月通车到宝鸡,1945 年年底通车至天水。至此,陇海铁路干线自连云港到天水,全线总长 1382 公里。此后建设停滞。直到中华人民共和国成立后的 1952 年年底铺轨至兰州西站,陇海铁路始全线贯通。

洛潼铁路的贯通,使近代以来的崤函地区第一次有了铁路交通,从而改变了原有落后的交通地理面貌。崤函地区自此从落后的驿运交通时代进入先进的铁路运输时代,同时也建立起近代崤函地区铁路交通的基本框架。

民国时期,为了便利煤炭外运,崤函地区还修建了几条运煤转线铁路。1921 年,吴佩孚为解决洛阳西工火力发电厂用煤问题,修建了 33 公里长的从洛阳西工到宜阳下河头的简易铁路,至北伐胜利驱逐吴佩孚后废毁。1940 年,国民党铁道兵又修建金谷园西工岔线处到宜阳的窄轨铁路,长 38 公里,用人力推斗车运煤到金谷园站,再装火车外运。四年后日军侵占洛阳前被拆除。[①] 1939 年,新安铁门人张钫投资修建英豪至黄阋窄轨铁路,全长 14 公里,也是用人力推斗车运煤至车站,

① 宜阳县地方志编纂委员会:《宜阳县志》,生活·读书·新知三联书店,1996,第 421 页。

1944 年日军侵入渑池时线路被破坏①。这几条支线铁路里程很短，存在时间不长，因此其作用和影响都比较有限。

洛潼铁路建设对陇海铁路形成具有重要意义，有学者曾经有这样的表述："洛潼铁路是陇海之'基'，即陇海铁路的基础。洛潼铁路是汴洛铁路开始延展的第一步，有洛潼和汴洛铁路，东西大动脉才有了最初的基础，突破了芦汉支路的线路地位束缚。"②还有人从西部开发的角度指出：洛潼铁路"与汴洛铁道及京汉铁道相联络，西部交通之发达与否，视此路之成否以为断"③。这都是很中肯的评价。

二、洛潼公路建设

崤函地区筹建近代公路晚于铁路。在洛潼铁路修至观音堂，并显现出巨大先进性的背景下，崤函地区开始积极兴筑公路，其建设过程大体可分为北洋政府时期的汽车路和南京国民政府时期的洛潼公路两个阶段。

1. 北洋政府时期的汽车路

北洋政府时期是崤函地区公路起始修建期，其特点是在旧有官路基础上兴筑洛阳至潼关公路，以行驶汽车为主，时称汽车路。

民国元年驿传制度被废除后，物资运输和人员往来仍然依赖旧有的东西驿路，以肩挑、车载、畜驮为基本运输形式。由于相应道路管理和整治制度不能及时跟进，加之社会动荡，经费缺乏，崤函古道长年失修，交通不畅，一些路段毁坏严重。民国 9 年(1920)9 月，实业家穆藕初勘查豫西灾况，在日记中记述说："陕县至潼关

① 三门峡市交通志编纂委员会：《三门峡市交通志》，人民交通出版社，1991，第 116 页。

② 郭少丹：《清末陇海铁路研究(1899—1911)》，苏州大学博士论文，2015 年，第 52 页。

③ 茶圃：《洛潼铁道调查记》，《国风报》1910 年第 27 期。

路一百八十里，为陕陇通豫要道，年久失修，行者苦之。”[①]1919年铁路通车观音堂后，西向筑路工程停顿，东运货物全赖官路车载畜驮运至观音堂，再装火车外运。但“观音堂至潼关之大道，窄狭偏陂，转运维艰”[②]，“大车骡驼，遵陆往来，只以路窄陂偏，常受雍塞之苦，人畜并困”[③]。近代铁路运输的显著优越性使传统驿路车拉驮载的落后性更为突出，也对陆路交通建设提出了新要求。与铁路运输相配合，修筑观音堂至潼关道路的呼声高涨，进而成为一种社会共识。诚如穆藕初所说，观音堂至潼关“仍须以兴修道路为先决办法”。因为“由观音堂至潼关之大道，实为秦晋陇新及蜀北之通衢。数省交通，此路是赖，如果畅行，将来商业发达，岂仅豫西受惠，而西北各省亦共蒙其利矣！此路在陇海路洛潼段未成以前，故有待修之必要。即洛潼段告成，此观潼大道，即属将来之国道，亦当然不能废弃”[④]。

最早筹议这一段公路的是陕西人张丹屏（张藩）等。民国8年（1919），时任潼关卫戍司令的张丹屏等人发起并成立“西堂汽车股份有限公司”，筹划修筑西安至观音堂汽车路，并对线路进行了初步勘绘。自西安经潼关入河南境，经文底、阌乡、灵宝、陕州抵观音堂，全程170公里，在观音堂设立总车站。虽因经费筹措困难，西安至潼关汽车路在民国11年（1922）修通后，潼关至观音堂段未能实施，但这却是崤函地区也是河南省公路采用近代先进技术测量的开端。

民国9年（1920），吴佩孚开府洛阳，左右河南政局。冯玉祥也在第一次直奉战争后出任河南督军。出于畅通军政之目的，两人都对发展汽车路持支持鼓励态度，对沟通豫陕交通联系，尤感迫切。崤函地区公路建设因此得以迅速从民间计划进

---

① 穆藕初：《豫西灾况勘查日记》，穆藕初著，穆家修、柳和城、穆伟杰编：《穆藕初文集》，上海古籍出版社，2011，第435、437、442页。

② 穆藕初：《豫西灾况勘查日记》，穆藕初著，穆家修、柳和城、穆伟杰编：《穆藕初文集》，上海古籍出版社，2011，第448页。

③ 穆家修、柳和城、穆伟杰：《穆藕初年谱长编》（上卷），上海交通大学出版社，2015，第393页。

④ 穆藕初：《豫西灾况勘查日记》，穆藕初著，穆家修、柳和城、穆伟杰编：《穆藕初文集》，上海古籍出版社，2011，第434页。

入政府主导建设阶段。

民国11年5月,奉冯玉祥之命,开封陆军测量局派大队勘测开封至潼关公路,拟修成轻便汽车路。这年10月,阌乡县知事胡蘖阿招集地保民夫分头修建阌潼汽车路,东起阌灵交界的吕店村西(今西阎乡东吕店),途经大字营、高柏、盘豆、十二里河、文底镇西至陕西交界之潼关第一关,全长38.5公里,路基宽4米,中间设置避车所10处。历时5个月,次年(1923)2月完工。陕县至灵宝段也在这年"就原有官道辟为汽车路,宽一丈二尺"①。但因缺乏统一的规划和技术标准,修成后的汽车路"路狭桥缺,高坡不平,不能行驶"汽车,只得返工重修。民国13年(1924)5月,阌乡县招集地方士绅担任监修委员,"仍就原有之旧官道,加修宽平,专供汽车行驶",路基宽度定为10米。此外,沿汽车路旁"另辟马路一条",俗称"大车路",供铁木轮车、重载独轮车行驶,以免压坏汽车路面。重修工程历时大半年,至年冬告竣。② 陕县也在同年组织民工及驻军返工修筑,"就原路辟为马路,宽三丈十七尺"③。汽车路旁另修便路,行驶铁木轮车。阌潼、陕灵公路是崤函地区最早的公路。

陕县以东各县汽车路,大体也在这一时期相继开工。"民国十二年吴佩孚驻洛令修洛陕汽车路",新安县奉令就"旧有官道行绕涧水南北两岸"筑路,"其出入境地点与东西距离与陆路同"④,东接洛阳,西通渑池。"路宽三丈四尺,两旁挖沟种

① 欧阳珍修,韩嘉会纂:民国《陕县志》卷十二《交通》,《河南历代方志集成·三门峡卷》(4),大象出版社,2017,第112页。

② 黄觉修,韩嘉会纂:民国《新修阌乡县志》卷五《交通》,《河南历代方志集成·三门峡卷》(10),大象出版社,2017,第334页。

③ 欧阳珍修,韩嘉会纂:民国《陕县志》卷十二《交通》,《河南历代方志集成·三门峡卷》(4),大象出版社,2017,第112页。

④ 李庚白修,李希白纂:民国《新安县志》卷五《交通》,《河南历代方志集成·洛阳卷》(25),大象出版社,2017,第113页。

树。"[①]民国 13 年,宜阳县开工修筑东至洛阳的洛宜汽车路,长 13 公里,次年修通。民国 14 年(1925),吴佩孚又采用以兵代工的方式,修筑了渑池至陕县段汽车路。

上述几条汽车路,都是沿旧官道即崤函古道驿路简略整修改建而成的,全系土质路面,未尽坦直,而且标准不一,小车、大车混行。民国《河南新志》评价说是"经奉令修筑,只以财政困难,仅派员督催沿途各县长,招集民夫,沿旧官道修筑,桥梁缺乏,每遇山洪暴发,即被冲坏,屡坏屡修,民众苦之"[②]。然而,上述整修改建,却使洛潼公路略具雏形,并能勉通汽车。崤函地区陆路交通开始由传统的驿运时代向先进的汽车运输时代过渡,为公路的进一步发展奠定了基础。

2. 南京国民政府时期的洛潼公路

自民国 16 年(1927)国民政府奠都南京至抗日战争前夕,是崤函地区公路建设全面铺开的时期,其主要特点是洛潼公路分线、分段扩建完成,洛潼公路交通网基本形成。

民国 16 年 6 月,冯玉祥出任河南省主席,随后成立省道办事处,制定了《修治全省道路计划大纲》,对全省公路进行统一规划。洛阳至潼关公路被列入中部横干线。首先开工兴建的是陕县经灵宝、阌乡至潼关段。

民国 17 年(1928)9 月,冯玉祥"自南京前赴西安,经过此路,深感交通不便之苦",遂以第二集团军总司令的名义在陕西新城召集河南、陕西两省主席等开会,"决定另辟五丈宽之新道,精密修筑"[③]。委派河南省道办事处处长吴山为总办,河南省建设厅专员王玉堂和陕县县长刘国祯为会办,分驻灵宝、阌乡、陕县监修。吴山随即在灵宝召集灵宝、阌乡两县县长及建设局局长开会议定开修陕灵潼汽车路

① 李庚白修,李希白纂:民国《新安县志》卷五《交通》,《河南历代方志集成·洛阳卷》(25),大象出版社,2017,第 113 页。

② 刘景向总纂,鲁锦寰、萧鲁阳校勘:民国十八年《河南新志》卷十二《交通》,中州古籍出版社,1990,第 772 页。

③ 刘景向总纂,鲁锦寰、萧鲁阳校勘:民国十八年《河南新志》卷十二《交通》,中州古籍出版社,1990,第 772 页。

兴工方案,“各县旧有大车路速即修好,即令大车仍行此路,新开之路即修改为汽车路。如无旧大车路时,可由平地再辟一路,若系山沟不能另辟时,即就山坡强辟一汽车路,总之大车汽车须分道行车,以免圮坏”①。10 月 10 日勘定路线后,开工修筑,工程用时未及百日,即告完竣。冯玉祥又令吴山“于新大路旁依法种树,每距五里凿一洋井,以资灌溉路树及民田,且可巩固路基,庇荫行人,一举数善”②。吴山等人还在函谷关山谷四围种树万株,创建“黄谷公园”,函谷关垞道两旁峻壁间镌刻国民党要人、海上名宿题词,“以资行旅景仰,以壮中外观瞻”,成为洛潼公路最具特色的景观,这在近代公路修筑史上是比较少见的。

整个工程由省道办事处设置施工事务所组织施工,省库拨款 20 余万元,通过“以工代赈”“化兵为工”形式,组织民工、兵工七千余人参与施工,其中多为民工,他们为公路的修筑,贡献了巨大的力量。“七千兵工、民众不惮风雪严寒,日夜拼命赶筑,斧辟秦关,如五丁之凿蜀,精卫填海,效愚公之移山”,虽“所食粗恶黑面,备受风雪严寒,黎明上工,更深归寝,破窑陋庙或苇棚布帐,精神均异常奋发,毫不畏难倦怠”。“总会办督修员工程师与有兼职之各员纯尽义务毫无津贴。”③阌乡县县长灵庚光则因“开工较迟,路工亦少经验”被就地革职④,成为因交通建设迟误而被现场革职查办的第一位高级官员。通过艰苦施工,“全路二百余里,宽均五十英尺,凿通崇山峻岭百里有奇,新筑桥梁涵洞三十有二”。“未及百日,此数千年之险阻百二秦关,已一变而为五丈余宽之康庄大道矣。”⑤

灵潼公路段开工的同时,陕县至灵宝段也开始动工兴筑,向西延展,“自陕南关

① 《豫省修筑陕灵潼汽车路》,《道路月刊》第 25 卷第 1 号,1928,第 61~62 页。

② 《豫西路工积极进行》,《道路月刊》第 25 卷第 3 号,1928,第 20 页。

③ 学清:《豫陕潼路落成开幕通车纪盛》,《道路月刊》第 26 卷第 2 号,1929,第 64~67 页。

④ 《豫西路工积极进行》,《道路月刊》第 25 卷第 3 号,1928,第 20 页。

⑤ 学清:《豫陕潼路落成开幕通车纪盛》,《道路月刊》第 26 卷第 2 号,1929,第 64~67 页。

至灵宝,长六十里,宽五丈五尺,用民地一顷五十七亩,地价省县各半分摊"①。

民国18年(1929)2月15、16日两日,陕潼公路通车典礼在灵宝函谷关隆重举行,国民政府首要领导人及社会名流纷纷为通车典礼题词。蒋介石题"淆函方轨",冯玉祥题"通欧罗巴",谭延闿题"宏规大起",宋子文题"华夏巨灵"。农工商学各界及中央和豫陕党政军官员等不下4万余人参会,盛况空前,足证陕潼路修成通车对当时军政的重要影响。时有记者这样表述说,该路"凿平数千年函谷之天险,开辟豫陕甘三省之通衢"。通车后,"往日由函之往潼关者,旅艰涉险,许三四日之程途。今则三小时即可达于距二百余里之潼关矣"。"自通车后,行旅多出其途,购票者异常踊跃,营业之发达,可概见矣。"②

图10-6　函谷关附近新落成之陕潼公路(吴山摄)③

① 欧阳珍修,韩嘉会纂:民国《陕县志》卷十二《交通》,《河南历代方志集成·三门峡卷》(4),大象出版社,2017,第112页。

② 学清:《豫陕潼路落成开幕通车纪盛》,《道路月刊》第26卷第2号,1929,第64~67页。

③ 采自《图画时报》1929年第555期。

图 10-7　灵宝新路种树工竣①

陕潼公路通车后，民国 19 年（1930）春，冯玉祥饬陕县警备司令王冠军重修陕县至洛阳段公路，6 月工竣。"由陕南关至观音堂长百里，宽四丈六尺。"新安县境公路也在原路基上"复让宽二尺一"②。至此，自洛阳，中经新安、渑池、陕县、灵宝、阌底镇，东至潼关的公路基本形成，全长 253 公里。民国 21 年（1932）七省公路会议确定将这条公路改称洛阳至潼关公路，简称洛潼公路。后由于洛潼公路南线的兴筑，此线路改称洛潼公路北线，亦称洛潼北路、老洛潼公路，亦有称陕阌路者。

洛潼公路北线基本建成后，至抗日战争全面爆发前夕，北线公路建设重点移向加宽路基、提高质量、改善行车条件等方面。民国 21 年 11 月，豫鄂赣三省"剿匪"总司令部在汉口召开豫鄂皖苏浙湘赣七省公路会议，制定七省构筑联络公路网计划，以分割包围红军根据地。洛潼公路北线被列入支线计划，从而加快了公路整修提高质量的步伐。从七省公路会议召开到抗战全面爆发前夕，洛潼公路北线得到

① 采自《道路月刊》第 26 卷第 1 号，1929。

② 李庚白修，李希白纂：民国《新安县志》卷五《交通》，《河南历代方志集成 · 洛阳卷》（25），大象出版社，2017，第 113 页。

全面整修,工程包括增建与补修公路桥涵,更换全线损坏的旧木质桥梁,修建爬河便道等。沿线各县也根据自身路况,自行护路整修。民国 24 年(1935)6 月,陕县县长欧阳珍组织当地士绅捐款,建成陕县南关涧河桥,桥长 273 米,宽 6 米,为 21 孔钢筋混凝土连续板桥,每孔跨径 13 米,是当时洛潼公路上最大的一座永久性桥梁,这反映了洛潼公路建设进入了一个新的技术阶段。民国 25 年(1936)春,欧阳珍复又整修陕县至观音堂段公路,沿路附加便道,供民车通行,并在路旁植树,路基始固①,通行条件得到较大改善,陕县至潼关段汽车通行无阻。

图 10-8　陕县南关涧河桥②

洛潼公路北线建成后,建设重点转入南线。民国 23 年(1934)6 月,河南省建设厅奉蒋介石之令,在洛阳成立豫西筑路办事处,负责洛潼公路南线等的建设。其兴建理由:一是"豫省之西部交通,因山岭崎岖,向称不便,陇海铁路以南,洛河一带,如洛宁、卢氏等县,均在万山丛中,行旅极苦"③二是这一带"时有股匪窜扰,为

① 欧阳珍修,韩嘉会纂:民国《陕县志》卷十二《交通》,《河南历代方志集成·三门峡卷》(4),大象出版社,2017,第 112 页。

② 采自欧阳珍修,韩嘉会纂民国《陕县志》卷四《桥梁》,《河南历代方志集成·三门峡卷》(4),大象出版社,2017,第 35 页。

③ 《豫省洛潼公路之修筑》,《革新与建设》1937 年第 1 期。

绥靖地方便于剿匪计"[①]。按照规划,南线东起洛阳,经宜阳、洛宁至卢氏后,向北入灵宝,转西抵阌乡,至潼关。工程于当年8月动工,分四段按设计标准施工,逐步推进。第一段洛洛段,东自洛阳,经宜阳、韩城至洛宁,全长88公里,路基宽度为7.5米。该段沿洛河西南行,地势起伏缓和,而且线路系利用旧驿路局部裁弯取直改建而成,施工任务较简,至11月即告完工。第二段宁卢段在民国24年1月开工,起自洛宁,沿洛河两岸陡壁经长水、故县、关帝河、范里三渡洛河,之后沿洛河北岸抵卢氏县城,全长94公里,路基宽度除少数山岭挖方特别困难者为4米或5米外,其余均为6.5米。该段系新建工程,除洛宁至长水关和范里镇至卢氏两段外,均为山路,是整个南线工程最难之处。沿线山岭绵延,向有"九岭十八坡,三关四洛河"之称,"其艰难足与蜀道相比,而十八盘山尤极险要,山之一面上下路线,盘绕即须五次,由山下向上转一筐土,须经百余人传递(送达三百米距离),山势陡峭,福极岭开山工程深达九丈以上,他如铁板沟岭、范地岭等地工程亦极艰巨,据工程家谈,该路工程艰巨,为全国各公路之冠云"[②]。工程历时近一年,同年12月12日完工。第三段卢阌段在洛卢段开工一月后开工,线路自卢氏起,向北翻铁岭,经杜关、官道口入灵宝,经卫家磨、虢略镇、祝家营,转西至阌乡,全长97公里,路基宽度6.5米,仅用四个多月,至6月底完成。因9月间洪水冲毁甚多,复于10月征工修复,至11月15日竣工。第四段阌潼段,东起阌乡,经盘豆镇、文底镇至潼关,长36公里,路基宽度8.5米,民国24年9月动工,12月20日竣工。次年3月,因大雨冲毁路基,复加整修。大体同时,又在洛潼公路南、北两线西端,开工兴建灵虢路,"自灵宝起,至虢略镇止,长30公里,路基宽7公尺"[③],使南、北两线连通。民国24年

① 《洛潼支线洛宁段之修筑》,《中国国民党指导下之政治成绩统计》1935年第12期。

② 《洛潼公路验收竣事》,《中国建设》(上海1930)1937年第4期。

③ 《完成灵虢路》,河南省政府秘书处编:《河南省政府民国二十五年度行政计划》,1936,第216页。

10 月,南线全部土方工程完成后,因“惟无路面,行车未免不甚便利”①,开始进行全线铺筑沙砾路面,宽 3 米,厚 12 厘米,至民国 25 年(1936)2 月全部完成。4 月工程验收通过,7 月开始营运。

洛潼公路南线是河南省在山区修筑的第一条公路。自开工至全线竣工历时两年半,全长 315 公里,西自洛阳,中经段村、韩城、三乡、洛宁、长水、董寺、故县、范蠡、卢氏、虢镇、阌乡、阌底镇,东至潼关。整个工程前后征工四万余人,完成“土方工程四百卅余万公方,石工约四十余万公方,路基土石方用款约六十余万元,桥梁涵洞工费约百余万,路面用款二十七万元左右”②。由于采用了许多先进的技术和经营方式及手段,又有比较严密的科学规划和管理,总体来看,其建设质量、通行条件较北线都有较大幅度的提高。该路建成后,“夙昔号称天险之熊耳山岭,均已辟为坦途,对于交通极为便利”③。

随着南线的建成,崤函地区再次形成了南、北两条干线交通,东西部联系大为加强,崤函古道走上了近代化的历程。

除南、北两条干线公路外,沿线各县境内的县道公路建设也得到了较快进展。国民政府制订国道、省道公路修建计划时,同时制订了县道公路修建计划,规定县道选线应以“县与县之联络;经过水陆交通要点;与国道省道取联络;经过人口繁密,生产丰富,商务发达之重要村镇;在可能范围内沿用旧道,略为取直”④为原则。民国 24 年,陕县沿汽车路旁附修通行民车的县道 9 条,路基宽度统一定为二丈一尺,由陕县各区区长负责征工修筑。“交口东南至菜园曰菜交路,自菜园东至雁翎关而达宫前镇曰菜关路”,此路是“就南陵古道加以修筑”而成。“自硖石东南山峡

① 《铺筑洛潼路沙砾路面》,河南省政府秘书处编:《河南省政府民国二十五年度行政计划》,1936,第 213 页。

② 《洛潼公路验收竣事》,《中国建设》(上海 1930)1937 年第 4 期。

③ 《豫省洛潼公路之修筑》,《革新与建设》1937 年第 1 期。

④ 《河南省各县县道修筑计划及进行情形》,《中国建设》(上海 1930)1937 年第 2 期。

间经十里庙，越石碓、王彦、塔罗等村而达洛宁东境长百里”，则“就北陵古道加以修筑”而成。其中“自观音堂南经大雁窊、芦草等村而达宫前镇曰宫观路，自宫前东南至头峪镇达洛宁曰宫头路”，此为陕县东南部县道，“于是陕县东南交通辟”。陕县西南部县道有3条，“自温塘西南经原店达申家窊入灵宝境为一路，自温塘南行达刘寺、张汴原为一路，由张汴迤东北达卢村为一路，自陕南关至张家湾达卢村东南至人马寨达张村为一路”。由此陕县东南、西南各有县道通向县城，与洛潼公路相互连通，“四通八达称便利焉”[①]。此外，阌乡县建有县道两条，总长20公里。灵宝“由县城至各区之大车路，共长二百余华里，宽度平均为一丈五尺，由各区自行修筑”[②]。新安县建有东路、西路、南路、北路、东南路、西南路、东北路、西北路等8条县道，总长274公里。民国25年(1936)，该县还与宜阳县共同修通了新安至宜阳的公路，全长32公里，路基宽5米。随着县道的不断修建，至抗战全面爆发前夕，以洛潼公路为轴线的崤函地区公路交通网基本形成。

三、近代交通对传统交通的冲击与崤函经济格局的重塑

陇海铁路和洛潼公路两大近代交通线路的修建与营运，给传统的崤函古道驿路交通带来了强劲的冲击，促使崤函地区交通环境发生深刻变革。如郑观应《盛世危言》所言：“盖电报设而驿差轻其半，轮船通而驿差轻其七八，若铁路之干枝渐次告成，而驿传势难再留。”[③]以崤函古道传统的驿路和水路为主体的交通格局逐步为以铁路、公路为中心的新式交通体系所取代。火车和汽车以其强大的运输功能，改变了人员、商货的运输方式，也重塑了崤函地区近代经济格局。

① 欧阳珍修，韩嘉会纂：民国《陕县志》卷十二《交通》，《河南历代方志集成·三门峡卷》(4)，大象出版社，2017，第112页。

② 《各县社会调查(七七)：灵宝》，《河南统计月报》1936年第11期。

③ 〔清〕郑观应：《盛世危言》卷十四《驿站》，上海古籍出版社，2008，第1142页。

陇海铁路、洛潼公路的建设和发展,给民众带来的最直接、最显著的变化,便是出行速度、便捷程度等方面的变化。随着火车、汽车两大近代化交通工具的引进使用,人们的活动范围扩大,出行费用大为降低,出行速度大大加快,这在铁路交通方面表现尤其明显。从当时的列车时刻表来看,1936 年,陇海铁路徐州至潼关到发客货车共有 2 对 4 列,1 对特别快车于潼关和徐州间对开,一对客货车于陕县和潼关间对开。陕县东至洛阳只需 2.4 元,最快 6 个多小时抵达,至郑州 4.4 元,最快 4 个小时抵达。陕县至潼关票价 1.6 元,最快 3 个小时抵达,慢车也仅需 4 个多小时。潼关至西安票价 2 元,最快 4 个小时可抵达。与其他陆路或水路交通工具比较,铁路无论是在票价、速度还是舒适性等方面,优势都非常明显。江亢虎在《秦游杂诗》中对铁路的快捷方便有如下的形象描述:“崤函漫诩泥丸固,百二关河一日程。”①阎重楼也在游记中描述乘坐陇海铁路的感受:“当我看见铁路旁边的小道的时候,我便回忆到十年以前我是曾经乘着迂缓的骡车,从扬尘的途中去。如今我却是坐着时代的快车,由平稳的轨道中来,这我应该感谢交通利器的赐予。”②陇海铁路的快捷方便,使得民众更愿意选择火车出行,陕县及铁路沿线城镇之间的客流量明显增加,到外地谋生、求学的人数逐渐增多。山西、陕西经由陕县乘火车前往东部,以及东部经由陕县前往西北地区游历、考察的人数也骤然上升,人员往来日益频繁。有记载说:陕县“本豫秦通衢,自陇海铁路修至观音堂后,车马络绎不绝”③。“陇海铁路通陕州,三晋之客秦豫而营业东南各省者,率由太阳渡、茅津渡渡河乘车,顿成形势。”④灵宝县“因火车西达潼关,陆路运输,甚为方便”⑤。渑池县“陇海

① 江亢虎:《陇海道中》,《文艺捃华》1936 年第 1 期。

② 阎重楼:《陕行速写》,《旅行杂志》1936 年第 10 期。

③ 林传甲:《大中华河南省地理志》,武学书馆,1920,第 232 页。

④ 欧阳珍修,韩嘉会纂:民国《陕县志》卷十二《交通》,《河南历代方志集成 · 三门峡卷》(4),大象出版社,2017,第 112 页。

⑤ 《各县社会调查(七七):灵宝》,《河南统计月报》1936 年第 11 期。

铁路横贯东西，东则入省入京，西则入陕，往来日渐便利。洛宁县出入必以此车站为门户。英豪镇距观音堂甚近，北有张村南有李村，皆恃为门户”[①]。新安县“自上古时代即有陆路一道，为东西通衢。近来修建陇海铁路，东通郑州，西通观音堂，较前便利，每日与洛阳通车二三回，是以升学谋生者，皆近赴洛阳，而晋省、晋京者亦数倍于昔焉”[②]。

相对于人员运输方式的变化，商货运输方式的变化更为显著。清中期以来，陕县、灵宝、阌乡经济作物以棉花为主，是河南重要的棉产区。民国初年，随着引种优质美棉，取代传统中棉，棉花种植区域和面积不断扩大，形成以灵宝为代表包括陕县、阌乡的灵宝产棉区，市场统称为灵宝棉或陕灵棉。据中华棉产统计会的调查，至1934年，陕县、阌乡、灵宝三县植棉面积已分别占耕地面积的55%、60%和75%[③]，除产量较高外，其质量也在河南各县中最为优秀，无有其匹。“灵宝棉花品质，具有优良之质地，如轻松柔软，棉丝细长，色泽精亮有丝光，棉中所含染污颇少，夹杂物亦不多，棉丝亦颇形整齐。”[④]灵宝棉因此闻名于国内外各大棉市，在上海和大阪市上与美国优质棉 Middling 声价相等，堪称中国第一良品。[⑤]

在陇海铁路开通至观音堂、陕县之前，大量的灵宝棉外销主要依赖驿路和水路先运输至郑州，打包后再转运上海、汉口等地，行缓效低，外销数量有限。陇海铁路通车观音堂后，旧有的棉花运输方式和运路走向开始转变。陕县、灵宝、阌乡等县所产棉花纷纷陆运至观音堂，然后改用铁路外运。铁路通车陕县后，对旧有棉花运路走向的冲击更为剧烈，铁路运输大大缩短了灵宝棉到达各原棉消费市场的时间，从而也彻底改变了旧有棉花的运路及运输方式，陕县很快成为灵宝棉输出的集

① 林传甲：《大中华河南省地理志》，武学书馆，1920，第248页。

② 林传甲：《大中华河南省地理志》，武学书馆，1920，第246页。

③ 严中平：《中国棉纺织史稿》，科学出版社，1955，第424页。

④ 狄福豫：《厘订灵宝长绒美棉品级之初步研究》，《中华农学会报》1932年第105~106期。

⑤ 《天津棉花之产地、种类及特长》，《天津棉鉴》1930年第1期。

散地。

不仅如此,经陕县采用铁路转运的还有晋陕两省产的大量棉花。陇海铁路开通前,关中棉花主要运销甘肃、四川等省。开通后,陕县成为“秦晋两省棉花输出经过之区,逐日经过棉花船只动辄以百数十号计”[①]运往郑州。陇海铁路延至陕县后,关中棉花“水路运输之路程渐次缩短,改由陕州登陆,而将三门之险,完全避免”[②],直到 1933 年火车通至潼关之前,都主要以陕县为中转市场。晋南一带的棉花,在铁路开通至陕县前,如同陕西一样,也主要通过黄河水运至郑州。开通后,则多变为南运陕县附入灵宝棉之列输出,其情形如记载所说:“由陇海路至郑州时,在蒲州六十五里之下游风陵渡过河,出潼关,由此再用马车,至一百二十里之灵宝,或更远六十里之陕州,间由运城越王峪口岭,至茅津渡过河,再用汽车由会兴镇或陕州运送者。此两路,均以运至陕州装火车为便利,因是地为货物集散大市,火车比较容易装运。”[③]与陕县隔河相望的平陆和芮城的棉花则可直接由茅津渡装船渡过黄河集中在陕县。由于灵宝棉质优,影响大,晋南运至陕县的棉花在这里重新打包,印上灵宝棉的标记而继续运销。“晋南产棉各县,所打之松包,多由风陵渡、茅津渡转往河南陕州、灵宝等地,另改换水火机包,再运往上海销售。……在河南改包时,将旧有包布除去,另上麻袋、铁皮……印河南灵宝、陕州等地牌号,毫无山西棉之印记。运至上海后,冒充河南棉销售,故上海棉花市场中,无山西棉之名称。”[④]

通过陕县,灵宝棉不仅可以运往郑州,也可以直接通过铁路运销上海等终端市

---

① 《呈省长仅于陕县、狂口两处继续开办棉花包捐似不至于商情有何室碍请鉴核备案文一月二十二日》,《河南财政月刊》1923 年第 7 期。

② 铁道部业务司商务科:《陇海铁路西兰线陕西段经济调查报告书》,1935,殷梦霞、李强选编:《民国铁路沿线经济调查报告汇编》第 6 册,国家图书馆出版社,2009,第 45 页。

③ 《各主要产地棉花至天津之运输机关与路线》,《天津棉鉴》1930 年第 4 期。

④ 冯希彦:《晋省产棉各县棉花查验王作视察报告及建议改良各点》(续),《全国棉花掺水掺杂取缔所通讯》1937 年第 21 期。

场。河南省棉产改进所编《河南棉业》记载:“在陕灵一带,因产品品质较优,市场统称灵宝棉,各方乐用,除大部运销上海外,他如郑州、天津、青岛等处,亦鲜不有灵宝棉之足迹,计陕州、灵宝、阌乡等县,每年出境皮棉,当在七八万担以上,而晋陕临近陕灵诸县所产皮棉,亦多集中灵宝、陕州两处,换打机包,藉便冒名抬价,故形式上陕县灵宝两处出口皮棉,每年常达三四十万担。”①据统计,1927—1930 年在郑州运销上海、汉口、天津、青岛及日本的棉花数额中,灵宝棉分别占 59%、17%、2.6%、21.4%。② 1931 年 11 月至 1932 年 5 月间,由陕县直接运往上海、汉口的陕西、山西及灵宝棉达 5.2 万担。③ 陕县借助陇海铁路的绵长辐射力,一跃成为“陇海沿线进口货散销八大中心之一,亦为沿线棉花集中之第二大市场”④,集散能力辐射豫西、晋南和关中。

对此,1932 年的一项调查详细描述了铁路通达陕县后,陕县成长为棉运中心的过程:“陕州居于豫省之西,为陇海路之中心,北临黄河,河北即为山西省之平陆、芮城,再北为夏县、解州,西接灵宝、阌乡,直通潼关,为豫、陕两省交通之要道。现陇海铁路已通至灵宝以西,不久可达潼关,故交通便利。出产以棉花为大宗,市面兴盛。又因陕西省及山西之解州、夏县所产之棉,都有水道麇集陕州,转装陇海,每年之数量,恒有数十万担,须取道陕州,故陕州棉业之兴旺,实地势使然也。”⑤至 1933 年火车西通潼关之前,关中棉花皆以陕县为中转市场,而此后的晋南棉花仍以陕县为中转市场。有统计记载:“1933 年,陕州站运出货物 18254 吨,棉花一项占 15799 吨,其中山西棉花占 60%。”⑥1939 年,因灵宝棉减产价格增高,集中于陕

① 全国棉业统制委员会河南省棉产改进所编:《河南棉业》(1936 年 12 月),张研、孙燕京主编:《民国史料丛刊》第 551 册《经济·农业》,大象出版社,2009,第 95 页。

② 陈隽人:《郑州棉花市场概况》,《中行月刊》1931 年第 10 期。

③ 《郑州棉花集散数量统计》,《中行月刊》1932 年第 1 期。

④ 中国第二历史档案馆:《陇海铁路货运调查报告》(1936 年 4 月),全宗号 28,案卷号 13866。

⑤ 狄福豫:《陕州灵宝棉业之调查》,《国际贸易导报》1932 年第 2~4 期。

⑥ 中国第二历史档案馆:《陇海铁路货运调查报告》(1936 年 4 月),全宗号 28,案卷号 13866。

县的晋南棉花竟占到90%以上。为促进更多晋南货物通过陇海铁路运输,铁路方面在运城设立陇海营业所,专以运输货物为宗旨。民国24年(1935),会兴镇成立联运公司,利用黄河船运和陇海铁路运输,与运城实行水陆联运,一时"交通称便"①,进一步促进了晋南商货的运输数量及运输效率。

打包是棉花长途运输的最后一个环节。铁路棉运的发展促进了陕县、灵宝等打包业的兴盛。1931年,陕县成立大型棉花打包厂,聚集陕县的棉花可在本地打包径直外运,一改以往灵宝棉需先运至郑州打包销售的局面,棉花外运销售大增,其发展一时竟有超越郑州之势。1934年,《中行月刊》所刊《郑州棉花中心市场之今昔观》特稿记述说:"现在灵宝及陕西一带棉花,从陇海铁路运往郑州集中,然后向上海移动,比较在陕州或潼关收买,而后送往上海,非但运费负担过重,不甚有利,而且欲希望获优质棉花,非向陕西进出不可,现在英商安利洋行在陕州已设棉花打包工厂,郑州中国商人大多数均派人赴陕州收买棉花,且陕西及山西省当地棉商,直接运往上海者日益增加。"但因受金融等条件的限制,"绝无大量交易,惟在陕州收买者愈益增加,在郑州收买灵宝棉颇为不便,致上海方面,棉行自然而然地自陕州进出,于是引起各地棉行均注意陕州棉花市场,结果金融机关亦将追随各地买手,而移到陕州或潼关,故一般预料郑州之棉花中心市场,于不久的将来,必移到陕州"②。

除棉花外,经由陇海铁路货运的大宗货物还有煤炭、杂粮、药材、解盐及皮毛、山芋、水烟等。其中除煤炭、杂粮产自本地,药材少数为本地所产,其余大部分则来自陕西、山西、甘肃等省。解盐全部产自河东解池,皮毛产于陕西东北部及甘肃,水烟产于甘肃兰州。据陇海铁路车务处商务科的调查,1932年经陕县等10个车站运

① 欧阳珍修,韩嘉会纂:民国《陕县志》卷十二《交通》,《河南历代方志集成·三门峡卷》(4),大象出版社,2017,第111页。

② 《郑州棉花中心市场之今昔观》,《中行月刊》1934年第5期。

出的煤炭、杂粮等大宗货物合计有 58656 吨，棉花 21527 吨，两项合计 80183 吨。其具体情况见表 10-3。

表 10-3　1932 年陇海铁路崤函地区车站货物运输概况表

起运站	物产	年产概数/吨	铁路输出概数/吨	到达站	销售地	出产地	备注
新安	杂粮 山芋 粗瓷 煤	6000 300 9000	1217 588	洛阳、开封、潼关	洛阳、开封及新安以西各站；粗瓷行销黄河两岸各县	山芋一项因磁涧出口多，故列入磁涧站	
磁涧	山芋	4000	1000	洛阳	新安境内及其邻邑，洛阳最多	新安	
渑池	杂粮 棉花 煤	2000 1500 2000	2326 1500 1135	潼关、郑州、洛阳	潼关、郑州、洛阳及洛阳以西各站		
义马	煤	10000	21237	洛阳、郑县、潼关	洛阳、陕县、潼关		
观音堂	煤 杂粮	30000 1500	12413 1117	郑州、潼关	郑州、洛阳、潼关		
会兴镇	潞盐 棉花	10000 556	10004	洛阳、郑州	豫西及襄八区、郑州	河东解池场	自山西翼城、曲沃、绛县、平陆等运来

续表

起运站	物产	年产概数/吨	铁路输出概数/吨	到达站	销售地	出产地	备注
陕县	棉花 药材 其他	15000 1000	6856 664 906	郑州、大浦	郑州、上海		本境内及河东陕西各处均产药材，棉花则本县所产最富
灵宝	棉花 药材 杂粮 皮毛	12000 1500 1000 300	7939 1367 1509 156	郑州、陕县、大浦	郑州、上海		棉花、杂粮皆本县产，药材、皮毛多来自秦晋两省
阌乡	棉花	2500	209	郑州	郑州	本县及山西芮城	
潼关	棉花 药材 水烟 皮毛	20000 2000 3000 500	5023 1845 1021 151	郑州、大浦	郑州、上海		棉花产于陕西渭南、泾阳、三原、咸阳、高陵等十余县，药材则陕西、甘肃皆有，水烟产于甘肃之兰州，皮毛产于陕西东北部及甘肃

资料来源：陇海铁路车务处商务课：《陇海全线调查》，1933 年。

由表 10-3 可见，随着陇海铁路的修通，崤函地区的主要农副产品、矿产品及一些特产已经多由铁路运销外地，甚至出现了“每逢秋季，农产品均已收获，花生、棉花之类，堆积站上待运者，以千万包计，颇壮观瞻”[①]的局面。邻近省份的特产等也纷纷来此聚集外运。此外，大量的近代工业产品、生活消费品也随之输入。据1935年的《河南各县社会调查（十）：陕县》记载，陕县每年输入的大宗商品，主要为布匹、杂货、纸烟和煤油等四类，其中布匹来自河北高阳、山东潍县，丝绸来自浙江杭州、河南鲁山和南阳。杂货来自河南洛阳和山西，茶来自福建福州，以上各项年销售约五六十万元。纸烟来自上海和河南许昌，煤油则来自英国、美国和俄国，全年销售约十五万元[②]。铁路沿线的灵宝、阌乡、渑池、新安诸县输入的工业品类与陕县大体相类。可见，随着铁路的通行，来自上海、浙江以及国外的工业品、生活消费品，大举东输，已经深入百姓生活，且数量相当可观。

在铁路交通的冲击下，黄河航运虽未立即废弃，但已显现滞后的一面。“当民国初年火车尚未至陕州之前，陕西棉花向外输出，皆系由水路运输。及至汜水，必需（须）经下门、三门之险，当时运输棉花，除时间长久之外，其危险非今日所能梦想，偶一不幸，则全舟覆没，生命难保。至民国十年后，铁路西展，水路运输之路程渐次缩程，改由陕州登陆，而将三门之险完全避免。”[③]晋南棉花也是如此，陇海铁路通车陕县以前，主要通过黄河水运至郑州，或驮运至三门峡以下的垣曲装船，由黄河水运至郑州。1921年陕县通火车后，晋南棉花改由风陵渡过河出潼关至灵宝或陕县，或由茅津渡过河至会兴镇或陕县装火车运出，而不再经由黄河水运。因为“此两路，均以运至陕州装火车为便利，因是地为货物集散大市，火车比较容易装运”[④]。潼关在“运输方面，东西两路多用火车，每百里每百斤运价九角。亦有用船

① 刘贻瑜：《陇海铁路现况》，《经济周刊》1931年第47期。

② 《河南各县社会调查（十）：陕县》，《河南统计月报》1935年第4期。

③ 铁道部业务司商务科：《陇海铁路西兰线陕西段经济调查书》，铁道部业务司商务科印行，1935，第58页。

④ 《各主要产地棉花至天津之运输机关与路线》，《天津棉鉴》1930年第4期。

只者，每百里每百斤运价一元，但多系出口货物，入口货因感河水逆流之不便已均用火车输送”①。新安县“近年铁路西通，棉花一项全归火车载运，为其较便河运稳便也”②。在近代铁路交通的挤压下，传统交通的生存越来越困难，空间越来越小。

铁路交通对传统交通生存空间的剂压和变革的过程，也是重塑崤函地区近代经济格局的过程。清中期以来，会兴镇依靠政府盐业政策和便利的水陆交通条件发展迅速，其繁盛超过陕县县城而成为区域商业中心。陇海铁路通车陕县后，会兴镇距车站仅三里，盐商及当地人士又“集资修一便道，自镇达站”，较旧路平正而又缩短三分之一，“运价既减，更属便利，人民称颂。”③会兴镇凭借解盐及晋南棉花铁路运销继续保持了一段兴盛势头，但很快便因“长芦海盐挟火车之利器，长足竞争，销路日广……晋盐销路日衰”，而“日渐萧条”④。而陕县作为崤函地区政治中心，随着陇海铁路次第西延观音堂、陕县后，改变了原有落后的交通地理面貌，凭借着铁路大动脉，以及东西商货交流均需在此周转带来的发展契机和动力，进一步强化了城市原有的优势，迅速兴盛，超越会兴镇，重新夺得区域商业中心的地位，独占近代豫晋陕交界地区交通运输中心、物资集散中转重地以及西北和晋南进入中原的重要门户和必经之地的地位，从而，与洛阳共同成为近代豫西地区两大经济中心城镇，专业化与商业化进程开始起步，呈现出“现代化”的发展态势。对陕县经济格局的变化，民国《陕县志》记载说：“陕县居崤坂，临砥柱，在昔险要故足称，而交通殊感不便。自陇海路过境，陕潼、陕洛汽车路成功，电气事业日益发达，人文改观，

① 《各地商业概况一：潼关》，《陕西省银行汇刊》1935 年第 2 期。

② 李庚白修，李希白纂：民国《新安县志》卷五《交通》，《河南历代方志集成·洛阳卷》(25)，大象出版社，2017，第 112 页。

③ 陇海铁路车务处商务课：《陇海全线调查》，殷梦霞、李强选编：《民国铁路沿线经济调查报告汇编》第 7 册，国家图书馆出版社，2009，第 301 页。

④ 吴世勋：《分省地志河南》，中华书局，1927，第 105 页。

形势丕变。"[①]"自铁路过境,商业渐兴,工业萌芽,农林提倡略见。"[②]

铁路促使陕县商品贸易日益繁荣。陇海铁路通车以前,陕县的商业中心一直在黄河岸边的上河头(太阳渡);通车后,由于陕县火车站在南关附近,亦"为洛潼汽车公路之枢纽,故陕甘之商旅,出关东下与夫三晋之土产运外推销,均以斯地为必经之要冲"[③],城内商号纷纷迁至南关,南关由原来一条通秦街发展到一、二、三、四马路,南关市场日趋繁荣,商铺密集,成为新的商业中心。成立于1913年的陕县商会也迁址南关通秦街,辖棉业、转运业、皮类碎货业、杂货酱馃业、杂货行业、药业、石印书简业、饭馆业、贩售煤业等9个同业公会,很快又增至14个行业[④],商号542家。1937年,商会所属行业发展到36个,总商户增至627家。其中棉业同业公会规模最大,民国20年(1931)成立时有花行40余家,民国24年(1935)改组后仍有36家。依附交通和棉业的转运公司、车场客栈、货栈等也各有10多家。此外,还有贩卖业305家,经纪介绍业76家,饭店71家。[⑤] 依赖铁路生活的脚夫(即起卸货物的搬运工)达700余人,小贩(多系车站附近农民)二三百人,其数量比郑州站、洛阳站、西安站还多,高居陇海铁路各站之榜首。[⑥] 商业的繁盛带来金融业务需求的旺盛。西北银行(后改称河南农工银行)、中国银行、交通银行、上海商业储蓄银行、浙江兴业银行、新大陆水火保险公司等金融机构相继入驻,设立办事处

---

① 欧阳珍修,韩嘉会纂:民国《陕县志》卷十二《交通》,《河南历代方志集成·三门峡卷》(4),大象出版社,2017,第111页。

② 欧阳珍修,韩嘉会纂:民国《陕县志》卷十三《实业》,《河南历代方志集成·三门峡卷》(4),大象出版社,2017,第115页。

③ 欧阳珍修,韩嘉会纂:民国《陕县志》卷二十二《文征》,《河南历代方志集成·三门峡卷》(4),大象出版社,2017,第234页。

④ 《河南各县社会调查(十):陕县》:"分别组织十四个同业公会。计有京货、杂货、碎货、酱菜、银号、石印、纸烟、澡塘、便服、转运、棉业、栈业、药业、饭业等。"《河南统计月报》1935年第4期。

⑤ 欧阳珍修,韩嘉会纂:民国《陕县志》卷十二《交通》,《河南历代方志集成·三门峡卷》(4),大象出版社,2017,第117~118页;陕县史志编纂委员会:《陕县志》,河南人民出版社,1988,第362页。

⑥ 中国国民党陇海铁路特别党部:《陇海铁路调查报告》,中国国民党陇海铁路特别党部,1935,第160页。

或分支机构,“上海各种钞票均能通行”。而同一时期的洛阳只有两家银行办事处,这一情形从侧面反映出陕县的经济地位及其在区域经济体系中的吸引力。得力于铁路交通的促进,“陕西及灵宝诸县之棉花、牛羊皮均集散于此,尤以棉花为甚,税局收入之丰,为全省冠”。陕县在“铁路通后,商务益盛,马路四达,昔日闭塞之邑一变而为繁盛之都矣”①。

铁路促使陕县工业化进程加速。“自陇海路达到后,各手工业颇为发达”,迎来了发展的契机,城市手工业门类有木、泥、石、画、竹、油漆、铁、缝纫、理发、织染、造糖、造鞋等十多个。近代意义上的机器工业也从无到有,逐步得以发展。民国8年(1919),郭芳五、张兰堂等在义马常村联合成立豫庆煤矿公司,取得义马、常村、三十里铺等煤田开采权。次年(1920),张钫在陕县观音堂乾壕村创办民生煤矿公司,“资本约有二十余万元……以机器开采,铁道销售,产煤甚多,销售颇佳”②,“转售于火车、机厂、洛,渑等县”③。民国25年(1936)春,陕县商民集股在南关购地五亩,成立电灯公司,购置英德设备发电营运。基于交通便利和产棉区的考虑,民国19年(1930)冬,江苏江阴人高长利联合陕县王云亭等在陕县南关招股成立大型打包企业——陕州机器打包股份有限公司,注册资本60万元,“面积一百零四亩,内建铁架检花房舍六十二座,安置二百四十匹马力机器两架……日可打包以前六百件,需用男女工人三千余名。开办以来,营业颇见畅旺”④,成为陕县规模最大的机器工业企业。由于规模大,又在棉花主产区就地打包,通过铁路直运上海等地,且费用低,于是公司成立伊始,即“引起各地棉行均注意陕州棉花市”⑤,金融机关等

① 吴世勋:《分省地志河南》,中华书局,1927,第97页。

② 《河南各县社会调查(十):陕县》,《河南统计月报》1935年第4期。

③ 欧阳珍修,韩嘉会纂:民国《陕县志》卷十三《实业》,《河南历代方志集成·三门峡卷》(4),大象出版社,2017,第115页。

④ 欧阳珍修,韩嘉会纂:民国《陕县志》卷十三《实业》,《河南历代方志集成·三门峡卷》(4),大象出版社,2017,第118页。

⑤ 《郑州棉花中心市场之今昔观》,《中行月刊》1934年第5期。

亦随之进驻，使得“郑州棉市稍形减色”①。随后灵宝也成立两个棉花打包厂，促使棉花“交易中心移至豫西陕州、灵宝等处”②，郑州棉市一度因此趋于相对衰落。由此可见陕县机器打包企业在陕县乃至河南棉花产业发展史上的地位和作用不可小觑。

铁路的发展和棉业的兴盛，使近代陕县经济具有浓厚的以转运贸易为主的城市特征。“陕灵各业，其营业方针，均以棉花收成丰歉为转移，每当棉花登场之际，恰是营业活跃之时。”③陕县“农产以棉花为大宗，而商业以棉业为基础，市面之繁荣与萧条全视棉业之发达与否为衡”④。陕县近代经济空间的重塑，进一步加速了其近代交通变革的进程。

铁路交通带来的经济变化在沿线潼关、灵宝、阌乡等地也产生了类似效应。如潼关，铁路修通前，“农产品略有小麦、豆、谷子及日用蔬菜之类，未足与言出口”。当1931年铁路修至潼关后，其经济地位陡然上升。“自陇海路直达潼关，通车至西安咸阳以后，西北货物的输出入，行旅商贾的往来，必需(须)经过此间。今年一月初旬，同成路又通车至潼关对面——黄河北岸的风陵渡了。所以潼关在全国经济和交通的意义上，尤为重要”，是西北陕甘物资东运的集中地。“潼关既为本路之暂时终站，故陕甘土特产之东运者，大多集中于此，其最著者如朝邑、三原、交河、咸阳、草滩、大荔、高陵、泾阳、渭南、华县、富平等县之棉花，虽无精确统计，年产当不下80万担云。药材一项，陕甘两省均有大量产额，惟三原、西安尤为著称，牛羊皮为各县农业副产，以西安为集中地点，运销津沪，年可七八千张。青条烟为兰州特

---

① 陇海铁路车务处商务课：《陇海全线调查》，殷梦霞、李强选编：《民国铁路沿线经济调查报告汇编》第7册，国家图书馆出版社，2009，第194页。

② 实业部中国经济年鉴编撰委员会：《中国经济年鉴续编》，商务印书馆，1935，第506页。

③ 李其鸣：《豫西棉业与运销合作》，《会务旬报》1937年第31期。

④ 欧阳珍修，韩嘉会纂：民国《陕县志》卷十三《实业》，《河南历代方志集成·三门峡卷》(4)，大象出版社，2017，第118页。

产,亦为西北输出之大宗。”[①]潼关经济因铁路运输而迅速呈现繁盛状态。“当陇海路初达潼关时,商业上曾极一时之盛,东大街、三民街、西大街都开设着不少的新商店,而一出西门,直达陇海路车站半里多长的西关,许多商店住宅,都是在那时兴建的。什么旅馆、舞台、妓院,也随着商业发展而产生了。……棉花等生产,潼关境内并不丰富,大多数的棉花,是从关中产棉区域运输至此,销行上海、天津、青岛、郑州等处。”[②]潼关作为陕西棉花东输的集散地和中转枢纽,一直持续到 1934 年陇海铁路延伸到西安。

铁路交通的建设和发展,还减轻了当地民众长期承担的官府运输负担,促进了社会生活的进步。这在民国方志中有清楚的记载。如民国《陕县志》记载:“铁路未过境前与过境后,陕县交通运输亦可得而言焉。盖自民国初,驿所废,秦陇有事,中原多故,军输络绎,车马供应索之县署,少则雇佣,多则征之于里甲,重以兵差,日事浩繁。县署按陕二十二里报派,里总分设东西,概于城内更设兵差局总董其事。观音堂因铁路终点,设兵差分局,以济之,此民国七年以后事也。用是吾陕里民之得免于驿所者,复加之于兵差,虽值麦秋之忙,而车马之征,逐鸡犬不宁,即于闭藏之际,而差徭之罗掘,雀鼠无遗。民国十七八年间,差款预征至二十四年,其繁扰难理,有如治丝愈棼。兵差局长因里总刁难,无术清结而赔累至有自缢以死者,此盖以陇海通车至观音堂而崤陕运输关系綦重。及通车至陕州,而军事又集中,陕民实无法避免也。民国十九年后,内战弭平,陇海通车越陕而西,陕县乒差局废,民力始稍纾焉。”[③]民国《新修阌乡县志》亦载:“阌境北滨黄河,津渡滥漫,南界秦山,石径崎岖,兵差络绎,均无交通之可言。惟东西当秦豫孔道,有牛马车骆驼运输货物。

---

① 陇海铁路车务处商务课:《陇海全线调查》,殷梦霞、李强选编:《民国铁路沿线经济调查报告汇编》第 7 册,国家图书馆出版社,2009,第 302 页。

② 李镜东:《潼关印象记》,《申报周刊》1936 年第 14 期。

③ 欧阳珍修,韩嘉会纂:民国《陕县志》卷十二《交通》,《河南历代方志集成 · 三门峡卷》(4),大象出版社,2017,第 111~112 页。

近十余年来,兵差络绎,城镇纯驻军队,牵拉牲畜,毁坏车辆,差徭之重,甲乎全省。民生凋敝,于兹为甚。顾易穷则变,变则通。自汽车路告竣,前途已抱乐观,至火车轨通行,而全境概成良好现象。”又云:“铁路行驶之便利,实千古奇绝,一切差徭为之顿减,诚幸福之一端也。”①

近代交通强化了陕县在崤函地区的经济中心地位,促进了这一地区近代经济的发展,但同时也使其形成了过度依赖铁路的局面。陇海铁路不仅未能与平行的洛潼公路形成相互促进的关系,甚至在相当程度上冲击了公路运力。因此,导致崤函地区经济的发展及其格局深受铁路运输的限制,一旦铁路交通发生变故,经济就会受到相应的影响。其中尤以陇海铁路次第西延影响最烈。《陇海全线调查》详细记述了铁路运输对陕县经济影响的过程:“(民国)廿一年以前,本路线尚未展达潼关,所有陕甘山西出口货物大抵集中陕州待运,其中尤以棉花为最大之营业,各处厂商花贩群集于此,商业因之颇有繁荣气象。近年内战频仍,民生凋疲,津沪则外棉倾销,土产滞积,种种不景气象,影响市面至重且巨。自本路展达潼关以后,本站陕甘来货当然大减,故最近陕州商业状况已大非昔比矣。”②

铁路运输的发展同样影响着观音堂、灵宝和潼关的经济发展。观音堂距陕县治 95 里,陡山起伏,道路逼仄。1921 年陇海铁路筑至观音堂,至 1924 年,观音堂一直是铁路的西端终点站,“彼时商货云集,数年之间,该镇成为极盛之市集”。随着铁路西延陕县,这里很快“寂寞荒凉,不胜今昔之感矣”。灵宝“商业亦不甚发达,往年花市最甚,花客极多,略见热闹气象。盖彼时本路以此为终点,晋陕来货云集于此故也。近则路线展达潼关,陕州复设有机器棉花打包厂今竣,豫西棉市重心渐

① 黄觉修,韩嘉会纂:民国《新修阌乡县志》卷五《交通》,《河南历代方志集成·三门峡卷》(10),大象出版社,2017,第 332~333 页。

② 陇海铁路车务处商务课:《陇海全线调查》,殷梦霞、李强选编:《民国铁路沿线经济调查报告汇编》第 7 册,国家图书馆出版社,2009,第 296 页。

有移至陕州之趋势,而商市亦日见萧条矣”①。随着 1934 年陇海铁路延至西安,潼关的经济也陷入衰落。“陇海路西展以后,减少了一部分的过客,我们只能看到这个暂时繁荣的过路码头——潼关,一天天地走向衰落的途中了!潼关那些通衢大街上的商店,时常竖着‘大减价’‘大赠品’的旗帜,斗大的字在空中飘舞。好些旅馆客栈都关门大吉。从事商业的人们,见面时总说:‘现在生意难做!’”②

要之,在近代经济转折的关键时刻,陇海铁路的建设,促进了崤函区域经济的发展,重塑了其近代经济格局。但对铁路运输的过度依赖,导致公路、水路无法同铁路交通强力竞争,也使这一地区没能形成以铁路为主干的近代交通网络,从而在一定程度上削弱了崤函区域内部产业与市场的整合。这也是我们在讨论近代交通对崤函地区经济影响时需要加以注意的。

四、血色交通与最后的驿运

崤函地区近代交通体系至抗战全面爆发前夕业已建成。随着抗日战争的全面爆发,这一交通体系一方面经受了战争的巨大威胁、干扰和破坏,另一方面又在全面抗战中发挥了重要的交通运输功能。

抗战全面爆发后,随着中原沦陷区扩大,陇海铁路营运里程大幅缩短。民国 27 年(1938)日军侵占开封,郑州以东沦陷,陇海线营运里程减至 661 公里。民国 28 年,郑州至洛阳段中断。陇海铁路可以通行客货车之路段,仅余“东起洛阳,西迄宝鸡,计程五百四十二公里,惟东段客车,仅以洛阳至灵宝为限,西段客车东泉店至宝鸡为限,灵宝至东泉店间因路线密迩,河防受敌人炮火威胁,时通时阻,常以闯

① 陇海铁路车务处商务课:《陇海全线调查》,殷梦霞、李强选编:《民国铁路沿线经济调查报告汇编》第 7 册,国家图书馆出版社,2009,第 313 页。

② 李镜东:《潼关印象记》,《申报周刊》1936 年第 14 期。

关交通车及汽车接运旅客。货车则东段仅以洛阳大营间为限，大营至东泉店以闯关车或架子车接运”①。洛阳至宝鸡段成为当时联系中国中部与西部后方的纽带和战时物资运输的重要通道。日军自1938年3月占领山西风陵渡后，隔着黄河频频炮击会兴镇至潼关段铁路，持续达三年多之久。会潼段铁路因终年受对岸日军炮火轰击，路轨、机车、站房、隧道、桥梁、电力等重要交通设施均遭受了严重的破坏，给陇海铁路的运营造成了巨大困难。

陇海铁路管理局及广大铁路员工和沿线陕灵潼民众为保障列车的正常运行，同仇敌忾，冒着敌人的炮火，抢修铁道，抢筑便道，修筑护墙，采取多种措施维护和恢复交通，其贡献巨大，流血牺牲也巨大，他们用鲜血和生命铸成了连通豫陕抗战的血色交通线。

钱宗泽在《抗战以来之陇海铁路》中记载：

抗战二年余来，敌寇窜据风陵渡，每日隔河炮轰潼关、阌底镇、七里村各站，不分昼夜，路线迭被破坏，然皆随毁随修，毫无退却。不料二十七年十一月十二日潼河西端桥梁全被击毁，经用道木架垫修，至十八日勉强通车，乃翌日又被击毁，此次损坏益甚，难再修复，不得已决定用土填塞桥孔，利用夜间迅速工作，当时敌炮仍然密集射击，死生呼吸，来工作员工均不顾一切，奋勇从事，经十二夜之努力，卒底于成，停滞东段之车，乃护闯回十一列之多，不料至十六日敌人又将东孔击毁，只得仍用前法抢修，迨至二十四日夜间行将竣工之际，敌炮施放益烈，北面山头被震坍塌，将在当地工作员工二十人悉数被压，除四人因虚土掩埋半截，立时被救外，另有十六名则被塌土深埋，虽经挖出，亦施救无效，均壮烈殉职。然当时桥工竟赖以成，交通得以恢复。

二十八年五月，风陵渡敌寇向东侵扰，北岸沿河各县镇先后沦陷。本路阌

① 沈味之：《豫省战时之交通》，《旅行便览》1943年第4期。

底镇东九〇七公里九八一公尺处大桥，于是月二七日被隔河敌人集中炮火将东端一二两孔之钢梁及墩座均行击毁，交通阻断，是处地位显露，在敌人炮火控制之下，无法修复，乃于正线之南，修筑便道一段，计长一千七百公尺，各员工不避艰险，夤夜抢修，至七月十八日方始修竣通车，当阌底镇大站被击坏时，又六月六日灵宝十二孔三十公尺大站，亦为敌人之猛烈炮火击毁，嗣为恢复连接计，决定另筑便道……于六月下旬开始修筑，开工之际尚属顺利，嗣因接连大雨，山洪暴发，河水猛涨，沿河一段所筑路基，被水冲去者数次，各员工整日夜工作……经最大之努力，始将汹涌之河水，引就新道，方得修竣通车。①

陆福廷《最近三年来之陇海铁路概况》亦载：

又以潼关十七号隧道东口为敌炮集中目标，所有闯关列车迭被击中，伤亡亦重，机车车辆毁坏尤多，乃由隧道中部分岔，向南接筑五百二十余尺之隧道一座，以避炮火，此项艰巨工程，于二十九年十一月完成。三十年九月盘豆镇东八九五公里大桥二座，同时击毁，乃筑修约长二公里之便道。三十一年三月灵宝常家湾间之稠桑大桥击毁，建桥孔填塞，十月该桥又击毁一孔。盘豆镇西九二公里大桥及其东八九五公里便道木桥，均曾被击毁，当经修复。此外陕县西闸口之大桥预修便道，潼河桥与潼关小西门之车站间两处显露地带，加修土墙掩护，以策安全。②

为保证灵宝到潼关铁路的安全，当地群众创造性地“建筑一座硕大无比的土墙”，以遮蔽日军的炮击视线。鲁莽在《潼关来去》中记载说：

① 钱宗泽：《抗战以来之陇海铁路》，《抗战与交通》1940年第33期。

② 陆福廷：《最近三年来之陇海铁路概况》，《交通建设》1943年第3期。

现在，又发现一个伟大的奇迹了，便是从“灵宝”到“常家湾”，在建筑一座硕大无比的土墙，无异是一座百里长城，做什么呢？便是遮蔽这一带的铁道，使火车在墙内通过，对岸的敌人永远看不见，要是敌人发了傻劲，炮打长城，那徒然是浪费炮弹，于事无补。一条沟，一堵墙，围成了潼关内外的交通，保护了潼关内外的安全。自然这功劳多半是应该归于当地的民众的。[①]

在铁路员工和民众的努力和流血牺牲下，陇海铁路得以维持着军运和客货运输。“二十七年西段机煤需要急迫，乃将观音堂各处存煤抢运至潼关时，以人力畜力盘运过关。白昼行车既极危险，只得在夜间开驶闯关列车，所有路煤路料军品，均由闯关列车运输”，给抗战以极大支持，堪称“一艰巨之事迹”[②]。“我们陇海铁路，每天还是照常行车，虽因铁轨、桥梁、山洞、电线，有时被敌轰坏，交通暂受阻滞，亦不过经数小时，或数十小时，最多一百余小时，即行修复，负担西北重要交通使命之陇海铁路，在抗战三年当中，未曾停顿一天。”[③]“在运输上贡献极大，日常军运多零星军品及各项补给运输，间有调防整训或补充部队运输；该路紧急运输如本年豫南大战，原驻咸阳附近之两师，奉命于二十四小时内运抵洛阳，当即星夜备车，赶装赶运，卒能达成任务，造成豫南大捷；重要军品为由西北输入之小炮，经公路运抵宝鸡，再经铁路运至洛阳、咸阳等处，分发各部队。公务运输如平汉之拆轨材料向西输送，以作铺设宝天段之用。重要商运如咸阳一带之食盐，向东运销……此均于国计民生有关者。”[④]据统计，仅 1942 年上半年，在陇海铁路仅有半程有效运输距离的情况下，客货运输仍业绩非凡，其中运送军士 275091 人次，军需品 56464 吨，旅

① 鲁莽：《潼关来去》，《旅行杂志》1946 年第 1 期。

② 金士宣：《铁路与抗战及建设》，商务印书馆，1947，第 81 页。

③ 刘春海：《陇海铁路之三年抗战》，《抗战与交通》1941 年第 55~56 期。

④ 《抗战以来各铁路供应军公商运情形》，全宗号 20(2)，案卷号 474，中国第二历史档案馆藏。

客 1903706 人次，包裹 24411 吨，货物 255078 吨。① 1944 年，日军占领洛阳迫近潼关，陇海铁路仅剩阌底镇至宝鸡段及咸同支线可正常运行，是年发送货物 105.2 万吨，其中商货 42.7 万吨，政府军用物资 19.1 万吨，公务材料 43.4 万吨；货物周转量 132.7 百万吨/公里，平均运程 126 公里。不堪日军欺凌的沦陷区人民也通过陇海铁路大批逃难至后方，仅民国 29 年（1940）一年，陇海铁路即发送旅客 422.2 万人次。② 作为大后方仅存的铁路干线，陇海铁路为全民抗战提供了巨大支持。

在陇海铁路被战争威胁、破坏，交通作用被严重扭曲的形势下，传统的崤函古道交通体系在即将被近代交通挤出历史舞台之际，再次成为豫陕全民抗战的重要通道，铸就了它最后的辉煌。

抗日战争全面爆发后，沿海港口与东南地区铁路相继被日军封锁和占领，汽车及油料来源大减，交通运输十分困难，中国抗战面临极其严峻的形势。民国 29 年 7 月，国民政府在重庆召开全国驿运会议，决定恢复 1913 年已废止的驿运旧制，举办战时驿运。“其要旨就是要运用近代科学管理与技术，实行我国旧有之驿站制，使以后各种运输，以分段接运为主，而以全程直达为辅，尽量节省人力物力和时间，来发挥运输的效能”③，以弥补机械运力的不足，满足西北、西南大后方军事、经济之需要，时称“新驿运运动”。

全国驿运会议后，陕西省驿运处于当年 12 月首先开辟了华阌驿运支线。这是因为自民国 27 年（1938）3 月，日军侵占山西风陵渡后，“会兴镇至潼关一段，计 110 余公里，路滨黄河，均在隔岸敌人炮火威胁之下，桥梁山洞，节节为其破坏，实不啻扼全线之项背，一切运输，备受影响。加以以敌人晋南机场，临近路线，空袭频繁，

① 刘晖：《铁路与郑州城市化进程研究（1904—1954）》，商务印书馆，2018，第 93~94 页。

② 西安市地方志编纂委员会：《西安市志》第 2 卷《城市基础设施》，陕西师范大学出版社，2000，第 530、539 页。

③ 蒋介石：《运输统制与运输运动》，薛光前等：《新驿运运动》，战地图书出版社，1940，第 3 页。

路轨房屋车辆等，历受惨炸，其损失更不可以数计”①。东来火车只能到达英豪，西安东去火车也只能通到华阴东泉店。豫陕之间的军需、民用物资滞积如山，影响到几个战区军民的物资需求，特别是第一战区军需品的供应，解决豫陕军民物资运输成为当务之急。最初开辟的华阌驿运支线西起陕西华阴，东出潼关至阌乡阌底镇，设华阴、东泉店、阌底镇三站，全长 44 公里。“嗣因陇海路由灵宝至高柏间铁路桥被敌炮击坏，交通中断，不能通车，公私物资，均告停滞，不能疏运”②次年 10 月，经河南省驿运处的同意，交通部核准，该线向东伸展 28 公里到达高柏镇，并增设高柏镇驿站。民国 31 年(1942)6 月，应后方勤务部和陇海铁路局要求，又向东延 65 公里，到达陕县大营，全长 137 公里。同时撤销高柏镇站，增设常家湾、灵宝、大营 3 个驿站。同年 10 月，经交通部同意，将延伸的一段常家湾至大营段移交给河南省驿运处接办。至 1943 年 6 月，陇海铁路陕州至潼关段接通，华阌驿运支线驿运业务停办。③

为保障驿运和豫陕交通，国民政府相继修建了张华公路、华阌交通沟。张华公路东起陕县张茅车站，向西经位店岭、磁钟、交口、菜园、张家湾、大营，入灵宝，经虢略镇、阳平至华阴华岳庙，全长 142 公里，路基宽 7 米。民国 28 年(1939)7 月开工，10 月底竣工。民国 30 年(1941)、31 年又两次对路基进行修补，降低坡度。华阌交通沟起自阌底镇，沿西南方向经双桥村、太仓坞、东观镇、溥口至豫陕交界的姚村，往西经金陡关、望远沟、脖子岭、东泉店至华阴，全长 29.76 公里，路堑底部宽 4 至 6 米，民国 29 年(1940)初开工，11 月竣工。这两条公路蜿蜒于豫陕交界的崇山峻岭之中，地势险峻隐蔽，可避开对岸日军的炮火封锁。此外，这一时期还修建了

① 陆福廷：《最近三年来之陇海铁路概况》，《交通建设》1943 年第 3 期。

② 《一年来的陕西驿运与粮政》，《陕行汇刊》1942 年第 2 期。

③ 河南省交通史志编纂委员会：《河南公路运输史》第 1 册《古代道路运输　近代道路运输》，人民交通出版社，1991，第 189 页；陕西省交通史志编写委员会：《陕西公路运输史》第 1 册《近代公路运输》，人民交通出版社，1988，第 118 页。

阌乡大东马至铁沟口长2公里的公路,并对洛潼公路南北两线进行了整修,加固桥涵,以期线路贯通,驿运便利,物资流畅。

图10-9　华阌交通沟

华阌驿运支线是一条军运经济混合线,路线虽短,但因东西两端均与陇海铁路衔接,所以接转的各种物资数量多、运量大、任务急。军运是该线的主要任务,其担负着第一、第二、第五战区的军事运输,军用物资占90%以上。其次是商运,有百货、纸烟、棉花、布匹、食盐、香油、药材、纸张、水烟及土碱等,1941年全年运量达31044.8吨,居陕西全省各驿运线的第二位。民国30年至32年(1941—1943)华阌驿运支线运输量合计达63394吨,周转量达2610649吨/公里。[①] 当时驿运主要使用胶轮车运输货物,也使用架子车、骡驴等民间运输工具。据统计,仅1941年一年,华阌驿运支线即使用大车15488辆,架子车61271辆,手推车562辆,驮兽

① 陕西省地方志编纂委员会:《陕西省志》第26卷《公路志》,陕西人民出版社,2000,第389页。

109513 匹。[①] 在华阌驿运支线三年多的战时驿运中，广大车户、驿夫以简陋落后的运输工具，不畏艰难困苦，克服种种困难，支撑起民族抗战的运输线，完成了驿运任务，为抗战做出了贡献，也铸就了崤函古道驿运的最后辉煌。

血色交通与最后的驿运谱写了陕灵潼民众全民抗战的光辉篇章，值得永远铭刻在历史的丰碑上。

① 《一年来的陕西驿运与粮政》，《陕行汇刊》1942 年第 2 期。

第三节　近代交通对崤函古道的承袭与发展

陇海铁路和洛潼公路的建设，对崤函古道传统运输方式产生了重大冲击，也彻底改变了崤函古道的命运。在向近现代交通的转变过程中，崤函古道不仅为近现代交通所承袭，而且作为一种珍贵的文化遗产，呈现着巨大的价值。

一、近代交通对崤函古道的历史地理承袭

随着崤函古道近代交通的建设与营运，传统交通日渐萎缩，但其生命并没有终结。传统崤函古道为近现代交通道路建设提供了重要的参考和规划依据，突出表现为近现代交通在线路上对崤函古道线路的历史地理承袭。

最早勘定陇海铁路洛潼段时，其规划线路基本上是明清崤函古道驿路走向的翻版。由洛阳至陕县所设的15个车站，都曾为明清崤函古道驿路的重要交通节点。磁涧、铁门、义马、渑池、英豪、硖石、张茅曾是明代或清代铺递所在，新安、义马、渑池、硖石、陕县更是明清驿站所在。光绪二十七年（1901）两宫回銮，即走此线，途经陕州、磁钟、张茅、硖石、观音堂、英豪、渑池、石河、义昌、铁门、新安、磁涧、谷水抵洛阳。洛阳至陕县段铁路基本上是明清崤函古道驿路主线，也就是所谓崤山北路走向，与黄河南岸基本平行，跨涧水、越崤陵而至陕县。宣统三年（1911）三

月，新安县绅商反对原定穿新安县城东南隅，沿奎楼山麓铺轨的方案，他们担心火车行驶带来的震动可能对关楼建筑和城内民众生活有影响，因为铁路与汉函谷关相距仅里许。陕县至潼关段所设 9 座车站，同样也是明清崤函古道驿路重要交通节点。灵宝、阌乡、潼关设有驿站，常家湾即清代常言铺，高碑镇即高柏，清代在这两地及盘头、文底、七里村皆设有铺递。可见，陕县至潼关段铁路同样也基本上是明清崤函古道驿路主线函谷段走向的翻版。不过，由于铁路对弯度和坡度有要求，同时也为回避函谷之险，陕县潼关段铁路选线虽与原函谷段驿路基本平行，但在更靠近黄河南岸处开辟了新线，各车站选址则在靠近黄河与官路之处。如潼关车站选址在西门外西关，即是因其地较平坦，且靠近黄河与通西安的公路，为此还变更了原勘定的沿河两条北线，而改沿城南山脚而行，自西门之南出城而达西关车站。①

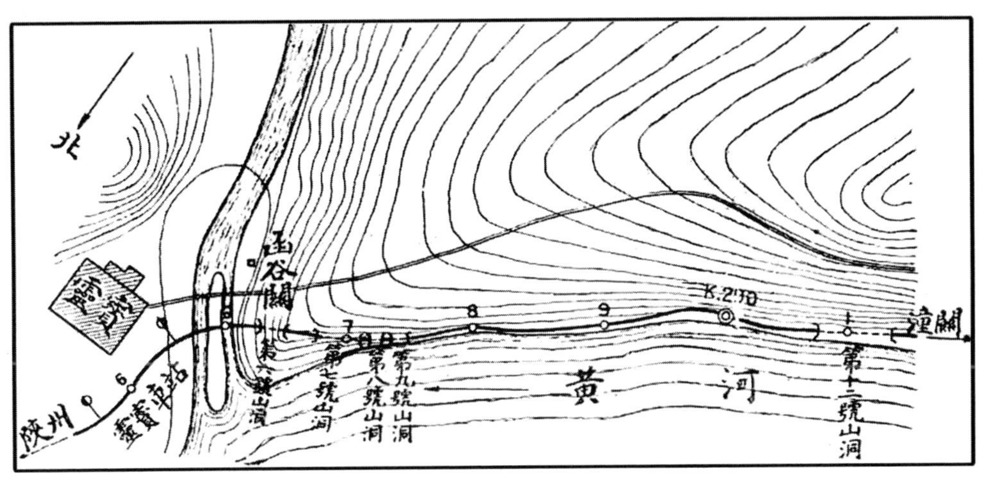

图 10-10　函谷关一带陇海铁路与驿路关系图②

① 凌鸿勋：《陇海铁路潼关穿城山洞》，《工程》（中国工程学会会刊）1932 年第 1 期。

② 采自凌鸿勋《陇海铁路潼关穿城山洞》，《工程》（中国工程学会会刊）1932 年第 1 期。

图 10-11　函谷关弘农涧河铁路桥与魏函谷关①

与铁路相比,公路建设对崤函古道驿路的承袭更为明显。在洛潼公路第一阶段即北洋政府修汽车路时,其线路走向就高度依赖原有的明清崤函古道驿路,在旧有官路基础上兴筑。这在文献中有明确的记载。如民国 11 年(1922)最早兴筑的阌潼汽车路是"就东西旧官道"分段兴修。同年陕县至灵宝段也是"就原有官道辟为汽车路"②,后因质量问题返工。阌乡县"仍就原有之旧官道,加修宽平,专供汽车行驶"。陕县至灵宝段同样是"就原路辟为马路"③,加宽路面。两县所修供铁木

① 采自萧梅性《函谷关考》,《旅行杂志》1933 年第 7 期。

② 欧阳珍修,韩嘉会纂:民国《陕县志》卷十二《交通》,《河南历代方志集成·三门峡卷》(4),大象出版社,2017,第 112 页。

③ 欧阳珍修,韩嘉会纂:民国《陕县志》卷十二《交通》,《河南历代方志集成·三门峡卷》(4),大象出版社,2017,第 112 页。

轮车行驶的大车路，也是沿汽车路旁辟修。陕县以东汽车路，则大抵就崤山北路线路修筑。民国《新安县志》记载：新安县在“旧有官道行绕涧水南北两岸”筑洛陕汽车路，“其出入境地点与东西距离与陆路同”①。这里的“陆路”即原有明清崤函古道驿路。

国民政府时期修筑的洛潼公路，洛阳至陕县段基本上在北洋政府所修汽车路基础上改扩建。如民国《新安县志》记载，新安县境内公路在原汽车路基上“复让宽二尺一”②。《陇海全线调查》云：渑池“旧有驿路一条，东自新安铁门镇入境，西至陕县之七里村出境，共长九十五里”，陇海铁路“筑成，该路无形废弃成为崎岖荒路矣。十八年冯部就原道创修汽车路、马车路各一条，汽车路拓宽至四丈六尺，马车路一丈五尺，盖即陕洛道之一段也”③。建成后的洛潼公路自洛阳向东，经孝水、磁涧、新安县城、铁门、崤店、义昌、二十铺、塔泥、渑池县城、英豪、观音堂、乾壕、硖石、张茅、位店岭、磁钟至陕县县城。陕县至潼关段基本上依循崤函古道函谷段走向，自陕县西行，过桥头镇、大营、灵宝县城、函谷关、阌乡、文底镇入潼关。洛潼公路南线第一段洛阳至洛宁段也是利用旧驿路即崤山南路线路局部裁弯取直改建而成，其余三段即宁卢段、卢阌段、阌潼段虽系新建工程，但大部分路段是明清铺递线路走向，部分路段则与明清铺递线路相重合。就这样，新建的洛潼公路将旧日的崤函古道一段段叠压于下，又因拓宽路基的需要，更换原有的路面，拆除原有桥梁以架设能够承载汽车的新桥，以及砍伐原驿路两旁或一侧的行道树以加宽路基等，与公路重合的崤函古道从此逐步失去了原有的面貌，湮没于历史中。

---

① 李庚白修，李希白纂：民国《新安县志》卷五《交通》，《河南历代方志集成·洛阳卷》(25)，大象出版社，2017，第113页。

② 李庚白修，李希白纂：民国《新安县志》卷五《交通》，《河南历代方志集成·洛阳卷》(25)，大象出版社，2017，第113页。

③ 陇海铁路车务处商务课：《陇海全线调查》，殷梦霞、李强选编：《民国铁路沿线经济调查报告汇编》第7册，国家图书馆出版社，2009，第247页。

这种对传统交通线路的历史地理承袭,在现代国道、高速公路、高铁建设中同样也尤为明显。310 国道(连天公路)自洛阳至潼关,基本是在洛潼公路基础上改建扩建的,改线路段也在原洛潼公路左近。连霍高速和郑西高铁洛阳至潼关路段也基本与 310 国道平行。

近现代交通对传统崤函古道的历史地理承袭,反映了古今选定道路路线有其共同的标准和发展规律。传统崤函古道走向是人们长期实践优选的结果,其科学性、优越性,也在近现代交通建设中得到继承和发展。

二、绚丽多彩的文化线路遗产

传统崤函古道虽早已失去了昔日的地位,但却以文化线路的身份和形式呈现着缤纷多彩、极具特色的巨大价值,长久地提示我们、鼓舞我们、激励我们为交通开发和社会进步努力。

2014 年 6 月,由中国和哈萨克斯坦、吉尔吉斯斯坦三国共同申报的"丝绸之路:长安—天山廊道的路网"项目成功入选联合国教科文组织的"世界遗产名录"。其中包括崤函古道石壕段遗址、新安汉函谷关遗址两个遗产点。《丝绸之路:长安—天山廊道的路网》申报世界遗产文本中文版写道:"崤函古道石壕段遗址以难得存留至今的古代车辙、蹄印、蓄水池等遗迹,以及 20 余个世纪长期持久的沿用时间,并拥有中原地区浅山丘陵的行旅地貌景观,是保障丝绸之路长期、长距离交通和交流的珍稀道路遗存。"新安"汉函谷关遗址以现存的汉代关楼与关墙、阙台、古道遗址、建筑基址、长墙遗址等一系列人工设施遗迹,与南北两山对峙、两河交汇所共同形成的整体格局,揭示出汉代关隘设施控制交通的格局特征。其作为保障丝绸之路长距离交通和交流的典型关隘设施,可为汉帝国大型交通保障体系中的交通管理制度、防御制度提供特殊的见证”①。

崤函古道石壕段遗址、新安汉函谷关遗址体现着崤函古道作为文化线路的巨大价值。自然,这条古道绝不仅仅只有这两处文化遗产。历史时期崤函古道不仅是连接中原与西北、西南的主要交通干线,更是古代一条官马大道,即国家级大道。是周、汉、隋、唐等王朝连接长安、洛阳两京的轴心干道,在王朝对内对外之政治控驭、军事攻防、商贸交易、文化交流等诸多方面都发挥过关键性作用。作为中国古代一条最古老的文明之路、两京襟带之路、经济互通商贸往来之路、文化交流融合之路、战略控御与军事角逐的战争之路和区域成长之路,这条交通大动脉延续运行了四千多年,其文物遗迹无论是道路本体,还是古道沿线的历史文化遗存,都蕴含着丰富的内容、极大的历史价值与声名显赫的历史地位。从文化线路的视角考察崤函古道,其文化遗产类型完整,既有作为道路本体的文物遗产,也有非物质文化遗产;既有沿线的文化遗产,也有古道赖以存在的地貌生态景观。

1. 道路本体遗产

崤函古道是一个由陆路和水路构成的庞大交通体系,道路本体包括道路遗迹、漕运遗迹、关隘遗存、驿站行宫遗迹、交通设施遗迹及关联遗迹等。崤函古道早期开发史,至少可追溯到距今约5000~4000年前的新石器时代中晚期。此后历代官府与沿线民众多次整修,道路建设在时间上几乎纵贯该地区人类的发展史,见证了中国古代交通道路形态从民间小径到官驿大道的历史进程,形成了复杂的道路网和多样性的遗存,清晰构筑了道路的文化脉络和历史景观。崤函古道经过沧桑风雨,许多路段已不存在,仅有少量路段存留,石壕段是其中的一个典型代表,在灵宝函谷关、豫灵一带也有数量不等的路段存留,近年通过考古又发现了硖石至观音堂段路网结构。从遗产分布的角度看,崤函古道路径清晰。组织学术力量通过查阅文献记载和考古调查相结合,可能会有更多的道路遗迹发现。崤函古道水路由黄

① 《丝绸之路:长安—天山廊道的路网》申报世界遗产文本中文版,第285、294页。

河漕运水道和栈道构成。存留在黄河三门峡河段的数十段栈道虽经千年河水与风雨侵蚀，依然不改面目，如同刻在绝壁间的史书，还原着黄河漕运及黄河开发的历史。崤函古道遗产不同于其他古代道路及文化线路的一个显著特点，突出地表现在关隘在其构成中占据非常重要的地位。灵宝秦函谷关是中国历史上最负盛名、建立最早的关隘，继秦函谷关而起的潼关、魏函谷关、新安汉函谷关以及雁翎关等关隘，在历史不同时期都曾强有力地支撑了王朝对这条古道的控制，在实现对广阔国土的政治控御与军事防卫上发挥着重要的作用。崤函古道沿线许多重要的驿站、历代行宫遗迹仍保留至今，如灵宝后地桃源宫、陕县宫前兰峰宫、宜阳赵保兴泰宫，以及义马、观音堂、张茅等地的康熙和慈禧、光绪行宫遗址等。

2. 沿线关联物质遗产

崤函古道不是一条单纯的交通线路，它还是一条经济互通商贸往来之路、文化交流融合之路、区域成长之路，至今沿线还分布着大量能够见证古道历史发展进程、与古道经济和文化发展直接相关的各类不可移动的文物，以及见证古道沿线重大历史事件、重要历史人物活动、重要社会文化发展的历史遗产，遗存类别多样，文化内涵丰富。文物类别包括古遗址、古建筑、古墓葬、石窟及石刻等。每一类别又包含更细致的分类，而文化内涵更是包罗万象。如古城镇，崤函古道沿线现存的古城址以陕州故城遗址、新安故城遗址、宜阳韩都故城、石河故城、灵宝朱阳郡故城、项城城址、中河村城址、陕州区渔琳故城、南硖石县故城、北硖石县故城、渑池冯异故城、明洛宁城址等为典型，是构成崤函古道的重要支撑点，也是古代政治变迁与经济发展的产物。又如古墓葬，沿线分布了为数不少的具有重要影响的族群以及历史人物的墓葬，其中，灵宝黄帝陵、阳平秦人墓、戾太子冢、梁文贞墓、许氏家族墓、孙传庭墓，三门峡虢国墓地，陕州区黄村秦人墓、夏后皋墓，渑池周桓王陵，义马楚坑遗址，宜阳后晋显陵等为较典型的古墓葬，从侧面反映出其所处时代社会、经济的面貌。再如宗教遗存，有三门峡宝轮寺塔，陕州区安国寺、空相寺、温塘石刻，灵宝太初宫，义马鸿庆寺石窟、石佛寺石刻，宜阳灵山寺、五花寺塔等皆为省级或国家级文物保护单位，反映出佛教、道教流传的某些信息，体现出东西方文化的相互影响与融合。

据统计，三门峡地区目前有各级各类文物保护单位680处，其中尤以崤函古道及其沿线分布最为集中，且级别质量较高。三门峡市有“国保单位”12处，其中11处分布在古道沿线。新安县3处“国保单位”也都在崤函古道上。宜阳县6处“国保单位”有4处位于崤函古道。一条古道串联起无数熠熠生辉的历史文化珍珠，珍珠的光华又为古道增添了荣耀。

表10-4　崤函古道沿线全国文物保护单位一览表

名称	时代	地理位置	文物类别	公布批次
新安函谷关	西汉	新安县城关镇东关村	古遗址	第七批
千唐志斋石刻	西晋至民国	新安县铁门镇	石窟寺及石刻	第四批
新安洞真观	明清	新安县城西	古建筑	第八批
仰韶村遗址	新石器时代	渑池县仰韶镇仰韶村南部的缓坡台地上	古遗址	第一批
不召寨遗址	新石器时代	渑池县坡头乡不召寨新村南侧	古遗址	第七批
新安故城遗址	秦汉	义马市二十里铺村下石河一带	古遗址	第八批
鸿庆寺石窟	北魏	义马市常村镇石佛村鸿庆寺(035县道北)	石窟寺及石刻	第五批
庙底沟遗址	新石器时代	湖滨区甘棠路与召公路交会处100米	古遗址	第五批
虢国墓地	周	湖滨区上村岭一带	古墓葬	第四批
宝轮寺塔	金	湖滨区陕州风景区南大街与太阳路交叉口东150米	古建筑	第五批
崤函古道石壕段	唐宋	陕州区G310(连天线)	古遗址	第八批

续表

名称	时代	地理位置	文物类别	公布批次
安国寺	明至清	陕州区西李村乡元上村西	古建筑	第七批
庙上村地坑窑院	清至民国	陕州区西张村镇庙上村	古建筑	第七批
北阳平遗址	新石器时代	灵宝市阳平镇北阳平村	古遗址	第五批
苏羊遗址	新石器时代	宜阳县张坞镇苏羊、下村和留召三自然村	古遗址	第八批
宜阳韩都故城	战国、秦、汉	宜阳县韩城镇东关村	古遗址	第七批
后晋显陵	五代后晋高祖石敬瑭陵墓	宜阳县盐镇乡石陵村	古墓葬	第七批
五花寺塔	宋	宜阳县三乡镇东村	古建筑	第七批
灵山寺	金至清	宜阳县凤凰山北麓	古建筑	第七批
宜阳福昌阁	清	宜阳县韩城镇福昌村	古建筑	第八批

3. 非物质文化遗产

崤函古道在孕育了丰富灿烂的物质文化遗产的同时，也培育了大量非物质文化遗产。作为一定历史时期受地理环境影响的产物，非物质文化遗产根植于滋养其生长的自然地理环境和深厚的人文背景，是在特定的历史时期和地域由民间创作的文化现象。[①] 崤函古道作为先秦以来久负盛名的古代交通大道，地处古代“山东”“山西”“关东”“关中”的分界地带，中原文化与关中文化、晋文化的交会地带，它不仅是连接中原与西部的交通要道，更是文化交流与民族迁徙的场所与通道。这条道路沿线不同文化之间的融合与竞争更为突出，非物质文化遗产的分布特征、交错与过渡特征也十分明显，非物质文化遗产项目分布多、密度大。以三门峡及新

① 柴国珍、孙文学：《山西非物质文化遗产的时空分布与重心移动分析》，《文化遗产》2010年第2期。

安县、潼关县国家和省级“非遗”项目为例,目前三门峡地区有国家级“非遗”项目5项、省级44项,新安县有省级“非遗”项目2项。古道西段的灵宝、潼关因地处三省交界,“非遗”分布较为密集,古道东段的渑池、新安较为稀疏。前者经济发展水平、交通等因素要优于后者。相关神话及民间传说有老子传说(灵宝)、夸父传说(灵宝)、王莽撵刘秀传说(灵宝)、黄帝传说(灵宝);相关传统音乐、戏剧、舞蹈有黄河号子(湖滨区)、蒲剧(灵宝蒲剧、陕州梆子)、皮影戏(灵宝)、扬高戏(灵宝)、锣鼓书(灵宝)、齐天圣鼓(灵宝)、王家热锣鼓(灵宝)、木偶戏(灵宝)、九连灯(新安)、玄天锣鼓(湖滨区)、古战船(潼关)、南街背芯子(潼关)、五虎张踩高跷(潼关)等;相关民间美术、技艺有黄河澄泥砚(陕州区、新安)、虢州石砚(湖滨区)、地坑院营造技艺(陕州区)、民间剪纸(陕州区、灵宝)、传统棚口扎制技艺(渑池)、灵宝刺绣、灵宝布艺、捶草印花技艺(陕州区)、棉布豆花印染技艺(灵宝)、黛眉手织布工艺面塑(新安)、大营麻花制作技艺(陕州区)、陕州糟蛋(陕州区)、十碗席(陕州区)、万盛园酱菜传承技艺(潼关)、潼关肉夹馍(潼关)、鸭片汤(潼关)等;相关民间习俗有地坑院民俗(陕州区)等。这些丰富多彩的非物质文化遗产,或直接反映了崤函古道上发生的人和事,如灵宝的老子传说、夸父传说、王莽撵刘秀传说、黄帝传说,湖滨区的黄河号子,潼关的古战船;或得益于崤函古道所提供的文化沟通、联系、互动的场所与通道而形成和发展起来,如灵宝蒲剧、陕州梆子、皮影戏、扬高戏、锣鼓书、陕州区和灵宝的民间剪纸以及陕州区和新安的黄河澄泥砚等,具有不同地区文化相互融合影响的明显印记。

崤函古道的悠久历史体现出时间上的传承关系及空间上的交流联系,古道之上的文化元素与自然元素所孕育出的文化景观,通过分布其上的各类物质文化遗产,以及神话及民间传说、民间技艺等非物质文化遗产得到了体现,从而构成了内涵超过任何单一类型的文化线路。崤函古道在继承和递变中实现了新生与拓展,并成为一笔无形与有形的、精神与物质的宝贵财富,值得我们去科学地认识、保护和利用,续写崤函古道传奇的唯美乐章。

参考书目

一、文献资料

A

※ 〔唐〕姚汝能:《安禄山事迹》,北京:中华书局,2006 年。

B

※ 〔清〕陈立撰,吴则虞点校:《白虎通疏证》,北京:中华书局,1994 年。

※ 〔唐〕李百药:《北齐书》,北京:中华书局,1972 年。

※ 〔清〕钱仪吉纂,靳斯校点:《碑传集》,北京:中华书局,1993 年。

C

※ 〔汉〕公羊寿传,〔汉〕何休解诂,〔唐〕徐彦疏:《春秋公羊传注疏》(十三经注疏),北京:北京大学出版社,2000 年。

※ 〔周〕左丘明传,〔晋〕杜预注,〔唐〕孔颖达正义:《春秋左传正义》(十三经注疏),北京:北京大学出版社,2000 年。

※ 〔唐〕岑参撰,廖立笺注:《岑嘉州诗笺注》,北京:中华书局,2004 年。

※ 〔唐〕徐坚等:《初学记》,北京:中华书局,1962 年。

※ 〔宋〕唐慎微等撰，陆拯、郑苏、傅睿等校注：《重修政和经史证类备用本草》，北京：中国中医药出版社，2013年。

※ 〔宋〕王钦若等编纂，周勋初等校订：《册府元龟》，南京：凤凰出版社，2006年。

※ 〔清〕顾栋高辑，吴树平、李解民点校：《春秋大事表》，北京：中华书局，1993年。

※ 〔清〕龚松林修，〔清〕杨建章纂：乾隆《重修直隶陕州志》，《河南历代方志集成·三门峡卷》(1)，郑州：大象出版社，2017年。

※ 〔清〕龚松林修，〔清〕杨建章纂，张学林修订：乾隆《重修直隶陕州志》，《河南历代方志集成·三门峡卷》(2)，郑州：大象出版社，2017年。

※ 〔清〕周庆增修，〔清〕敖启潜、许宰纂：乾隆《重修灵宝县志》，《河南历代方志集成·三门峡卷》(7)，郑州：大象出版社，2017年。

※ 〔清〕周淦、方胙勋修，〔清〕高锦荣、李镜江纂：光绪《重修灵宝县志》，《河南历代方志集成·三门峡卷》(8)，郑州：大象出版社，2017年。

※ 〔清〕韩炬、郭光树修，〔清〕李旭春纂：光绪《重修卢氏县志》，《河南历代方志集成·三门峡卷》(6)，郑州：大象出版社，2017年。

※ 陆昭治修，李凤翔、上官骏谟纂：民国《渑池县志》，《河南历代方志集成·三门峡卷》(5)，郑州：大象出版社，2017年。

※ 杨伯峻：《春秋左传注》，北京：中华书局，1990年。

※ 中国历史第一档案馆：《慈禧西逃时漕粮京饷转输史料》，《历史档案》1986年第3期。

D

※ 〔晋〕皇甫谧撰，徐宗元辑：《帝王世纪辑存》，北京：中华书局，1964年。

※ 〔唐〕杜甫著，〔清〕仇兆鳌注：《杜诗详注》，北京：中华书局，1979年。

※ 〔宋〕宇文懋昭撰，崔文印校证：《大金国志校证》，北京：中华书局，1986年。

※ 〔明〕李贤等：《大明一统志》，西安：三秦出版社，1990年。

※ 〔明〕丘濬撰，金良年整理：《大学衍义补》，上海：上海书店出版社，2012年。

※ 〔明〕李东阳等撰，申时行等修：《大明会典》，扬州：广陵书社，2007年。

※　〔明〕应槚:《大明律释义》,《续修四库全书》第 863 册《史部·杂史类》,上海:上海古籍出版社,1996 年。

※　〔清〕顾祖禹撰,贺次君、施和金点校:《读史方舆纪要》,北京:中华书局,2005 年。

※　〔清〕穆彰阿、潘锡恩等纂修:《大清一统志》,上海:上海古籍出版社,2008 年。

※　〔清〕陈梦雷原著,杨家骆主编:《古今图书集成·职方典》,台北:鼎文书局,1977 年。

※　林传甲:《大中华河南省地理志》,北平:武学书馆,1920 年。

E

※　〔宋〕岳珂编,王曾瑜校注:《鄂国金佗稡编续编校注》,北京:中华书局,1989 年。

F

※　〔汉〕应劭撰,王利器校注:《风俗通义校注》,北京:中华书局,1981 年。

※　〔清〕樊增祥、刘锟修,〔清〕谭麟纂:光绪《富平县志稿》,《中国地方志集成·陕西府县志辑》(14),南京:凤凰出版社,2007 年。

※　吴世勋:《分省地志·河南》,上海:中华书局,1927 年。

G

※　〔春秋〕左丘明撰,徐元诰集解,王树民、沈长云点校:《国语集解》,北京:中华书局,2002 年。

※　〔梁〕释慧皎撰,汤用彤校注:《高僧传》,北京:中华书局,1992 年。

※　〔明〕王士性撰,吕景琳点校:《广志绎》,北京:中华书局,1981 年。

※　方诗铭、王修龄:《古本竹书纪年辑证》,上海:上海古籍出版社,1981 年。

※　荆门市博物馆:《郭店楚墓竹简》,北京:文物出版社,1998 年。

※　黎翔凤撰,梁运华整理:《管子校注》,北京:中华书局,2004 年。

※　〔清〕吴永:《庚子西狩丛谈》,中国史学会编:中国近代史资料丛刊《义和团》(3),上海:上海人民出版社,1957 年。

※　中国第一历史档案馆:《庚子事变清宫档案汇编》第 8 册《慈禧光绪西行卷二》,北京:中国人民大学出版社,2003 年。

H

※ 〔汉〕班固:《汉书》,北京:中华书局,1962 年。

※ 刘文典撰,冯逸、乔华点校:《淮南鸿烈集解》,北京:中华书局,2013 年。

※ 〔南朝宋〕范晔:《后汉书》,北京:中华书局,1965 年。

※ 〔明〕孙洪修,〔明〕胡谧纂:成化《河南总志》,《河南历代方志集成 · 省志卷》(1),郑州:大象出版社,2017 年。

※ 〔明〕陈宣修,〔明〕乔缙纂:弘治《河南郡志》,《河南历代方志集成 · 洛阳卷》(2),郑州:大象出版社,2017 年。

※ 〔明〕李可久修,〔明〕张光孝纂:隆庆《华州志》,《中国地方志集成 · 陕西府县志辑》(23),南京:凤凰出版社,2007 年。

※ 〔明〕万表:《皇明经济文录》,北京:全国图书馆文献缩微复制中心,1994 年。

※ 〔明〕陈循等:《寰宇通志》,《玄览堂丛书续集》(16),台北:正中书局,1984 年。

※ 〔清〕贾汉复修,〔清〕徐化成增修:康熙《河南通志》,《河南历代方志集成 · 省志卷》(6),郑州:大象出版社,2017 年。

※ 〔清〕田文镜等修,〔清〕孙灏等纂:雍正《河南通志》,《河南历代方志集成 · 省志卷》(13~14),郑州:大象出版社,2017 年。

※ 〔清〕施诚修,〔清〕童钰、裴希纯纂:乾隆《河南府志》,《河南历代方志集成 · 洛阳卷》(7~8),郑州:大象出版社,2017 年。

※ 〔清〕徐松辑,高敏点校:《河南志》,北京:中华书局,1994 年。

※ 〔清〕陆维垣、许光基修,〔清〕李天秀等纂:乾隆《华阴县志》,《中国地方志集成 · 陕西府县志辑》(24),南京:凤凰出版社,2007 年。

※ 〔清〕王先慎撰,钟哲点校:《韩非子集解》,北京:中华书局,1998 年。

※ 〔清〕王先谦:《汉书补注》,上海:上海古籍出版社,2008 年。

※ 明官撰,杨正泰点校:《寰宇通衢》,杨正泰:《明代驿站考(增订本)》,上海:上海古籍出版社,2006 年。

※ 〔清〕戴笠、吴殳:《怀陵流寇始终录》,《续修四库全书》第 441 册《史部 · 杂史类》,

上海:上海古籍出版社,1996 年。

※ 〔清〕言如泗修,〔清〕韩夔典纂:乾隆《解州平陆县志》,《中国地方志集成·山西府县志辑》(64),南京:凤凰出版社,2005 年。

※ 优钵罗斋:《回銮纪事》,中国社会科学院近代史研究所编:《义和团史料》,北京:中国社会科学出版社,1982 年。

※ 〔日〕长谷川雄太郎:《回銮日记及杂记》,中国史学会主编:中国近代史资料丛刊《义和团》(3),上海:上海人民出版社,1957 年。

※ 时经训:民国《河南地志》,《河南历代方志集成·省志卷》(272),郑州:大象出版社,2017 年,

※ 刘景向总纂,鲁锦寰、萧鲁阳校勘:民国十八年《河南新志》,郑州:中州古籍出版社,1990 年。

※ 裴景福著,杨晓霭点校:《河海昆仑录》,兰州:甘肃人民出版社,2002 年。

※ 咸增强、杨强校注:《河东盐法备览合集简注》,郑州:中州古籍出版社,2020 年。

※ 张学会:《河东水利石刻(石刻精华版)》,太原:山西人民出版社,2004 年。

※ 南风化工集团股份有限公司:《河东盐池碑汇》,太原:山西古籍出版社,2000 年。

※ 钱仲联:《韩昌黎诗系年集释》,上海:上海古籍出版社,1984 年。

J

※ 〔后晋〕刘昫等:《旧唐书》,北京:中华书局,1975 年。

※ 〔宋〕薛居正等:《旧五代史》,北京:中华书局,1976 年。

※ 〔唐〕房玄龄等:《晋书》,北京:中华书局,1974 年。

※ 〔宋〕欧阳修著,邓宝剑、王怡琳注释:《集古录跋尾》,北京:人民美术出版社,2010 年。

※ 〔宋〕李心传:《建炎以来系年要录》,北京:中华书局,1988 年。

※ 〔元〕脱脱等:《金史》,北京:中华书局,1975 年。

※ 〔清〕康基田编著,杜士铎等点校:《晋乘搜略》,太原:三晋出版社,2015 年。

※ 〔元〕赵世延、虞集等撰,周少川、魏训田、谢辉辑校:《经世大典辑校》,北京:中华书

局,2020 年。

※ 中国社科院近代史所编,虞和平主编:《近代史所藏清代名人稿本抄本》第 3 辑第 133 册《锡良档一六六》,郑州:大象出版社,2017 年。

K

※ 〔唐〕李泰等著,贺次君辑校:《括地志辑校》,北京:中华书局,1980 年。

L

※ 〔秦〕许维遹:《吕氏春秋集释》,北京:中华书局,2009 年。

※ 〔汉〕郑玄注,〔唐〕孔颖达疏:《礼记正义》(十三经注疏),北京:北京大学出版社,2000 年。

※ 〔唐〕李贺著,吴企明笺注:《李长吉歌诗编年笺注》,北京:中华书局,2012 年。

※ 〔宋〕洪适:《隶释·隶续》,北京:中华书局,1985 年。

※ 〔宋〕曾慥编纂,王汝涛校注:《类说校注》,福州:福建人民出版社,1996 年。

※ 〔元〕骆天骧撰,黄永年点校:《类编长安志》,北京:中华书局,1990 年。

※ 〔明〕冯奋庸编,〔清〕张弘文续编:《理学张抱初先生年谱》,于浩辑:《宋明理学家年谱》(12),北京:北京图书馆出版社,2005 年。

※ 〔明〕施化远等:《吕明德先生年谱》,四库全书存目丛书编纂委员会:《四库全书存目丛书·集部》第 185 册,济南:齐鲁书社,1997 年。

※ 〔明〕荀汝安纂修:嘉靖《灵宝县志》,《河南历代方志集成·三门峡卷》(1),郑州:大象出版社,2017 年。

※ 〔清〕梁儒修,〔清〕李林茂、宋腾鲤纂:顺治《灵宝县志》,《河南历代方志集成·三门峡卷》(7),郑州:大象出版社,2017 年。

※ 〔清〕霍浚远修,〔清〕卯显极纂:康熙《灵宝县志》,《河南历代方志集成·省志卷》(7),郑州:大象出版社,2017 年。

※ 孙椿荣修,张象明纂:民国《灵宝县志》,《河南历代方志集成·三门峡卷》(9),郑州:大象出版社,2017 年。

※ 〔清〕纪昀等:《历代职官表》,上海:上海古籍出版社,1989 年。

※ 贾毓鹗修,王凤翔纂:民国《洛宁县志》,《河南历代方志集成·洛阳卷》(30),郑州:大象出版社,2017年。

※ 杨作龙、赵水森等:《洛阳新出土墓志释录》,北京:北京图书馆出版社,2004年。

※ 刘景龙、李玉昆:《龙门石窟碑刻题记汇录》,北京:中国大百科全书出版社,1998年。

M

※ 〔汉〕赵岐注,〔宋〕孙奭疏:《孟子注疏》(十三经注疏),北京:北京大学出版社,2000年。

※ 〔宋〕沈括撰,金良年点校:《梦溪笔谈》,北京:中华书局,2015年。

※ 〔明〕吕维祺:《明德先生文集》,四库全书存目丛书编纂委员会:《四库全书存目丛书·集部》第185册,济南:齐鲁书社,1997年。

※ 〔明〕孟化鲤:《孟云浦先生集》,四库全书存目丛书编纂委员会:《四库全书存目丛书·集部》第167册,济南:齐鲁书社,1997年。

※ 孟昭德:《孟云浦集》,北京:中国文联出版社,2007年。

※ 〔清〕龙文彬:《明会要》,北京:中华书局,1956年。

※ 〔清〕张廷玉等:《明史》,北京:中华书局,1976年。

※ 〔清〕梁易简修,〔清〕刘元善纂:乾隆《渑池县志》,《河南历代方志集成·三门峡卷》(4),郑州:大象出版社,2017年。

※ 〔清〕甘扬声修,〔清〕刘文运纂:嘉庆《渑池县志》,《河南历代方志集成·三门峡卷》(5),郑州:大象出版社,2017年。

※ 陆绍治修,李凤祥、上官骏谟纂:民国《渑池县志》,《河南历代方志集成·三门峡卷》(10),郑州:大象出版社,2017年。

O

※ 〔宋〕欧阳修撰,刘德清、顾宝林、欧阳明亮笺注:《欧阳修诗编年笺注》,北京:中华书局,2012年。

P

※ 〔清〕彭孙贻辑,陈协栗、刘益安点校:《平寇志》,上海:上海古籍出版社,1984 年。

※ 〔清〕乔光烈、周景柱:乾隆《蒲州府志》,太原:三晋出版社,2016 年。

※ 〔清〕刘鸿逵修,〔清〕沈承恩纂:光绪《平陆县续志》,平陆县志编纂委员会翻印本,1984 年。

Q

※ 〔宋〕刘斧撰,施林良校点:《青琐高议》,上海:上海古籍出版社,2012 年。

※ 〔清〕彭定求:《全唐诗(增订本)》,北京:中华书局,1999 年。

※ 〔清〕童诰等:《全唐文》,北京:中华书局,1983 年。

※ 〔清〕严可均:《全上古三代秦汉三国六朝文》,北京:中华书局,1958 年。

※ 〔清〕昆冈等:光绪《钦定大清会典事例》,《续修四库全书》第 808 册《史部 · 政书类》,上海:上海古籍出版社,1996 年。

※ 〔清〕托津等:《钦定大清会典事例》(嘉庆朝),台北:文海出版社,1992 年。

※ 〔清〕赵尔巽等:《清史稿》,北京:中华书局,1977 年。

※ 王兴亚:《清代河南碑刻资料》第 3 册,北京:商务印书馆,2016 年。

※ 吴钢:《全唐文补遗》,西安:三秦出版社,1994—1997 年。

※ 陶敏:《全唐五代笔记》,西安:三秦出版社,2012 年。

※ 朱易安等:《全宋笔记》,郑州:大象出版社,2003—2018 年。

※ 王汝涛编校:《全唐小说》第 1 卷,济南:山东文艺出版社,1993 年。

※ 韩理洲等辑校编年:《全北齐北周文补遗》,西安:三秦出版社,2008 年。

R

※ [日]圆仁撰,顾承甫、何泉达点校:《入唐求法巡礼行纪》,上海:上海古籍出版社,1986 年。

※ 〔宋〕洪迈撰,孔凡礼点校:《容斋随笔》,北京:中华书局,2005 年。

※ 张亘、萧光汉等:民国《芮城县志》,《中国地方志集成 · 山西府县志辑》(64),南京:凤凰出版社,2005 年。

S

※ 〔汉〕司马迁:《史记》,北京:中华书局,1959 年。

※ 〔汉〕孔安国传,〔唐〕孔颖达疏:《尚书正义》(十三经注疏),北京:北京大学出版社,2000 年。

※ 〔汉〕许慎撰,〔清〕段玉裁注:《说文解字注》,上海:上海古籍出版社,1981 年。

※ 〔晋〕陈寿撰,〔南朝宋〕裴松之注:《三国志》,北京:中华书局,1959 年。

※ 〔北魏〕郦道元著,陈桥驿校证:《水经注校证》,北京:中华书局,2007 年。

※ 〔梁〕沈约:《宋书》,北京:中华书局,1974 年。

※ 〔宋〕王应麟著,王京州、江合友点校:《诗考　诗地理考》,北京:中华书局,2011 年。

※ 〔宋〕高承撰,〔明〕李果订,金圆、许沛藻点校:《事物纪原》,北京:中华书局,1989 年。

※ 〔宋〕朱熹注,王逸注、洪兴祖补注:《诗集传　楚辞章句》,长沙:岳麓书社,1989 年。

※ 〔清〕王文诰辑注,孔凡礼点校:《苏轼诗集》,北京:中华书局,1982 年。

※ 〔宋〕苏辙著,陈宏天、高秀芳点校:《苏辙集》,北京:中华书局,1990 年。

※ 〔清〕徐松辑,刘琳、刁忠民、舒大刚等校点:《宋会要辑稿》,上海:上海古籍出版社,2014 年。

※ 〔唐〕魏徵等:《隋书》,北京:中华书局,1973 年。

※ 〔元〕脱脱等:《宋史》,北京:中华书局,1985 年。

※ 〔明〕程春宇辑,杨正泰点校:《士商类要》,杨正泰:《明代驿站考(增订本)》,上海:上海古籍出版社,2006 年。

※ 〔明〕赵廷瑞修,〔明〕马理、吕楠纂,董健桥等校注:嘉靖《陕西通志》,西安:三秦出版社,2006 年。

※ 〔明〕赵恒修修,〔明〕王承蕙撰:万历《陕州志》,《河南历代方志集成・三门峡卷》(1),郑州:大象出版社,2017 年。

※ 〔清〕吴世英修,〔明〕王用肃纂:顺治《陕州志》,《河南历代方志集成・三门峡卷》(1),郑州:大象出版社,2017 年。

※ 〔清〕赵希曾等:光绪《陕州直隶州志》,《河南历代方志集成·三门峡卷》(3),郑州:大象出版社,2017 年。

※ 〔清〕黄璟修,〔清〕庆增、李本觥纂:光绪《陕州直隶州续志》,《河南历代方志集成·三门峡卷》(3),郑州:大象出版社,2017 年。

※ 〔清〕刘于义修,〔清〕沈青崖纂:雍正《陕西通志》,《中国地方志集成·省志辑·陕西》(29),南京:凤凰出版社,2011 年。

※ 〔清〕严如熤:《三省边防备览》,贾三强主编:《陕西古代文献集成》(第四辑),西安:陕西人民出版社,2017 年。

※ 〔清〕王轩等:光绪《山西通志》,太原:三晋出版社,2015 年。

※ 〔清〕卢志逊修,〔清〕李滋纂:康熙《嵩县志》,《河南历代方志集成·洛阳卷》(26),郑州:大象出版社,2017 年。

※ 〔清〕吴伟业撰,李学颖点校:《绥寇纪略》,上海:上海古籍出版社,1992 年。

※ 〔清〕吴中孚编,杨正泰校注:《商贾便览》,南京:凤凰出版社,2019 年。

※ 欧阳珍修,韩嘉会撰:民国《陕县志》,《河南历代方志集成·三门峡卷》(4),郑州:大象出版社,2017 年。

※ 杨守敬、熊会贞疏,杨苏宏、杨世灿、杨未冬补:《水经注疏补》,北京:中华书局,2016 年。

※ 袁珂校注:《山海经校注》,上海:上海古籍出版社,1980 年。

※ 睡虎地秦墓竹简整理小组:《睡虎地秦墓竹简》,北京:文物出版社,1990 年。

※ 朱学博等整理校点:《宋元谱录丛编:文房四谱(外十七种)》,上海:上海书店出版社,2015 年。

※ 王云等整理校点:《宋元谱录丛编:云林石谱(外七种)》,上海:上海书店出版社,2015 年。

※ 李之亮笺注:《司马温公集编年笺注》,成都:巴蜀书社,2009 年。

※ 陈长安:《隋唐五代墓志汇编·洛阳卷》第 13 册,天津:天津古籍出版社,1991 年。

T

※ 〔唐〕李林甫等撰,陈仲夫点校:《唐六典》,北京:中华书局,1992 年。

※ 〔唐〕杜佑撰,王文锦等点校:《通典》,北京:中华书局,1988 年。

※ 〔宋〕李昉等:《太平广记》,北京:中华书局,1961 年。

※ 〔宋〕李昉:《太平御览》,石家庄:河北教育出版社,1994 年。

※ 〔宋〕王溥:《唐会要》,北京:中华书局,1960 年。

※ 〔宋〕宋敏求:《唐大诏令集》,北京:中华书局,2008 年。

※ 〔宋〕乐史撰,王文楚等点校:《太平寰宇记》,北京:中华书局,2007 年。

※ 〔宋〕计有功:《唐诗纪事》,上海:上海古籍出版社,2013 年。

※ 〔元〕辛文房著,周绍良笺证:《唐才子传笺证》,北京:中华书局,2010 年。

※ 〔明〕宋应星著,钟广言注释:《天工开物》,广州:广东人民出版社,1976 年。

※ 〔清〕徐松撰,张穆校补:《唐两京城坊考》,北京:中华书局,1985 年。

※ 〔宋〕王应麟著,傅林祥点校:《通鉴地理通释》,北京:中华书局,2013 年。

※ 〔清〕汤斌著,范志亭、范哲辑校:《汤斌集》,郑州:中州古籍出版社,2003 年。

※ 〔清〕唐咨伯修,〔清〕杨端本纂:康熙《潼关卫志》,《中国地方志集成·陕西府县志辑》(29),南京:凤凰出版社,2007 年。

※ 〔清〕李恩继、文廉修,〔清〕蒋湘南纂:咸丰《同州府志》,《中国地方志集成·陕西府县志辑》(18),南京:凤凰出版社,2007 年。

※ 霍存福:《唐式辑佚》,北京:社会科学文献出版社,2009 年。

※ 方龄贵校注:《通制条格校注》,北京:中华书局,2011 年。

W

※ 〔北齐〕魏收:《魏书》,北京:中华书局,1974 年。

※ 〔梁〕萧统编,〔唐〕李善注:《文选》,上海:上海古籍出版社,1986 年。

※ 〔五代〕韦庄著,聂安福笺注:《韦庄集笺注》,上海:上海古籍出版社,2002 年。

※ 〔元〕马端临撰,上海师范大学古籍研究所等点校:《文献通考》,北京:中华书局,2011 年。

※ 〔明〕王以悟:《王惺所先生文集》,沈乃文主编:《明别集丛刊》第5辑第7册,合肥:黄山书社,2015年。

※ 〔清〕张三省、杨遵修,〔清〕杜允中纂:顺治《阌乡县志》,《河南历代方志集成·三门峡卷》(9),郑州:大象出版社,2017年。

※ 〔清〕梁溥:乾隆《阌乡县志》,《河南历代方志集成·三门峡卷》(9),郑州:大象出版社,2017年。

※ 〔清〕刘思恕、汪鼎臣修,〔清〕王维国、王守恭纂:光绪《阌乡县志》,《河南历代方志集成·三门峡卷》(10),郑州:大象出版社,2017年。

※ 〔清〕王文韶著,袁英光、胡逢祥整理:《王文韶日记》,北京:中华书局,1989年。

X

※ 〔汉〕贾谊撰,阎振益、钟夏校注:《新书校注》,北京:中华书局,2000年。

※ 〔汉〕刘向编著,石光瑛校释,陈新整理:《新序校释》,北京:中华书局,2009年。

※ 〔唐〕道宣撰,郭绍林点校:《续高僧传》,北京:中华书局,2014年。

※ 〔唐〕苏敬等撰,尚志钧辑校:《新修本草辑复本》,合肥:安徽科学技术出版社,2004年。

※ 〔宋〕欧阳修等:《新唐书》,北京:中华书局,1975年。

※ 〔宋〕李焘:《续资治通鉴长编》,北京:中华书局,2004年。

※ 〔元〕熊梦祥著,李之勤校释:《〈析津志·天下站名〉校释》,西安:三秦出版社,2018年。

※ 〔元〕熊梦祥著,北京图书馆善本组辑:《析津志辑佚》,北京:北京古籍出版社,1983年。

※ 〔清〕王先谦撰,沈啸寰、王星贤点校:《荀子集解》,北京:中华书局,1988年。

※ 〔清〕黎世序:《续行水金鉴》,《四库未收书辑刊》(柒辑·陆册),北京:北京出版社,2000年。

※ 〔清〕向淮修,〔清〕王森文纂:嘉庆《续修潼关厅志》,《中国地方志集成·陕西府县志辑》(29),南京:凤凰出版社,2007年。

※ 〔清〕韩佑唐修,〔清〕雷声纂:康熙《新安县志》,《河南历代方志集成·洛阳卷》(23),郑州:大象出版社,2017年。

※ 〔清〕邱峨修,〔清〕吕宣纂:乾隆《新安县志》,《河南历代方志集成·洛阳卷》(24),郑州:大象出版社,2017年。

※ 〔清〕阿思哈、嵩贵:乾隆《续河南通志》,《河南历代方志集成·省志卷》(23),郑州:大象出版社,2017年。

※ 〔清〕陶保廉著,刘满点校:《辛卯侍行记》,兰州:甘肃人民出版社,2002年。

※ 〔清〕锡良:《锡清弼制军奏稿》,沈文海主编:《近代中国史料丛刊续编》第11辑,台北:文海出版社,1974年。

※ 〔清〕舒其绅等修,〔清〕严长明等纂,何炳武等校点:乾隆《西安府志》,西安:三秦出版社,2011年。

※ 李庚白修,李希白纂:民国《新安县志》,《河南历代方志集成·洛阳卷》(25),郑州:大象出版社,2017年。

※ 黄觉修,韩嘉会纂:民国《新修阌乡县志》,《河南历代方志集成·三门峡卷》(10),郑州:大象出版社,2017年。

※ 白化文、李鼎霞校注:《行历抄校注》,石家庄:花山文艺出版社,2004年。

Y

※ 〔汉〕桓宽撰集,王利器校注:《盐铁论校注》,北京:中华书局,1992年。

※ 〔唐〕李吉甫撰,贺次君点校:《元和郡县图志》,北京:中华书局,1983年。

※ 〔唐〕欧阳询撰,汪绍楹校:《艺文类聚》,上海:上海古籍出版社,1999年。

※ 〔宋〕王存撰,王文楚、魏嵩山点校:《元丰九域志》,北京:中华书局,1984年。

※ 〔宋〕程大昌撰,黄永年点校:《雍录》,北京:中华书局,2002年。

※ 〔明〕宋濂等:《元史》,北京:中华书局,1976年。

※ 〔明〕黄汴撰,杨正泰点校:《一统路程图记》,杨正泰:《明代驿站考(增订本)》,上海:上海古籍出版社,2006年。

※ 〔清〕胡渭著,邹逸麟整理:《禹贡锥指》,上海:上海古籍出版社,2006年。

※ 〔清〕申明伦纂修:康熙《宜阳县志》,《河南历代方志集成·洛阳卷》(28),郑州:大象出版社,2017年。

※ 〔清〕王道成、周洵修,〔清〕汪坚纂:乾隆《宜阳县志》,《河南历代方志集成·洛阳卷》(28),郑州:大象出版社,2017年。

※ 〔清〕谢应起修,〔清〕刘占卿、龚文明纂:光绪《宜阳县志》,《河南历代方志集成·洛阳卷》(28),郑州:大象出版社,2017年。

※ 〔清〕程万善修,〔清〕张鼎延纂:康熙《永宁县志》,《河南历代方志集成·洛阳卷》(29),郑州:大象出版社,2017年。

※ 〔清〕佟赋伟:康熙《永宁县志》,《河南历代方志集成·洛阳卷》(29),郑州:大象出版社,2017年。

※ 〔清〕张楷:乾隆《永宁县志》,《河南历代方志集成·洛阳卷》(30),郑州:大象出版社,2017年。

※ 〔清〕单履咸:乾隆《永宁县志》,《河南历代方志集成·洛阳卷》(30),郑州:大象出版社,2017年。

※ 〔清〕盛宣怀:《愚斋存稿》,《续修四库全书》第1571册《集部·别集类》,上海:上海古籍出版社,1996年。

※ 于翰笃编:《于中丞(荫霖)奏议》,沈文海主编:《近代中国史料丛刊》第23辑,台北:文海出版社,1973年。徐昭俭修,杨兆泰纂:民国《新绛县志》,台北:成文出版社,1976年。

※ 张浩源、林裕焘修,王凤祥纂:民国《宜阳县志》,《河南历代方志集成·洛阳卷》(29),郑州:大象出版社,2017年。

※ 黄怀信、张懋镕、田旭东:《逸周书汇校集注》,上海:上海古籍出版社,1995年。

※ 姚奠中:《元好问全集》,太原:三晋出版社,2015年。

※ 故宫博物院明清档案部:《义和团档案史料》,北京:中华书局,1959年。

※ 王澈:《雍乾时期地方改制史料》,《历史档案》1992年第3期。

Z

※　〔西汉〕刘向集录，范祥雍笺证：《战国策笺证》，上海：上海古籍出版社，2006 年。

※　〔汉〕郑玄注，〔唐〕贾公彦疏：《周礼注疏》（十三经注疏），北京：北京大学出版社，2000 年。

※　〔魏〕王弼注，〔唐〕孔颖达疏：《周易正义》（十三经注疏），北京：北京大学出版社，2000 年。

※　〔唐〕令狐德棻等：《周书》，北京：中华书局，1971 年。

※　〔唐〕吴兢撰，谢保成集校：《贞观政要集校》，北京：中华书局，2009 年。

※　〔宋〕司马光编著，〔元〕胡三省注：《资治通鉴》，北京：中华书局，1956 年。

※　〔宋〕张耒撰，李逸安、孙通海、傅信点校：《张耒集》，北京：中华书局，1990 年。

※　〔金〕元好问：《中州集》，北京：中华书局，1959 年。

※　〔清〕周仁寿：同治《直隶陕州志》，《河南历代方志集成 · 三门峡卷》（2），郑州：大象出版社，2017 年。

※　〔清〕顾炎武撰，谭其骧、王文楚等点校：《肇域志》，上海：上海古籍出版社，2004 年。

※　〔清〕张琦：《战国策释地》，北京：中华书局，1986 年。

※　〔清〕孙奇逢：《中州人物考》，台北：广文书局，1977 年。

※　张星烺：《中西交通史料汇篇》第 2 册，上海：上海书店出版社，1996 年。

※　张家山汉墓竹简整理小组：《张家山汉墓竹简二四七号墓（释文修订本）》，北京：文物出版社，2006 年。

※　白眉初：《中华民国省区全志 · 河南省志》，北京师范大学史地系，1925 年。

※　江苏省中华民国工商税收史编写组、中国第二历史档案馆：《中华民国工商税收史料选编》第 3 辑《货物税》（上），南京：南京大学出版社，1996 年。

※　彭泽益：《中国近代手工业史资料（1840—1949）》第一卷，北京：生活 · 读书 · 新知三联书店，1957 年。

※　李文治：《中国近代农业史资料》第一辑（1840—1911），北京：生活 · 读书 · 新知三联书店，1957 年。

※ 宓汝成:《中国近代铁路史资料(1863—1911)》第3册,北京:中华书局,1963年。

二、今人论著

A

※ 安介生:《略论先秦至唐代关塞格局构建的时空进程》,《历史地理》(第22辑),上海:上海人民出版社,2007年。

※ 安介生:《山西移民史》,太原:三晋出版社,2013年。

※ 艾冲:《隋唐永丰仓考论》,《陕西师范大学学报(哲学社会科学版)》1997年第2期。

※ 艾冲:《潼关创建年代考辨》,《渭南师专学报》2000年第1期。

※ 艾冲:《古代潼关城址的变迁》,《历史地理》(第18辑),上海:上海人民出版社,2002年。

B

※ 白寿彝:《中国交通史》,北京:团结出版社,2007年。

※ 北京大学图书馆编:《皇舆遐览:北京大学图书馆藏清代彩绘地图》,北京:中国人民大学出版社,2008年。

C

※ 蔡锋:《春秋战国时的秦晋河西之争》,《青海师范大学学报(哲学社会科学版)》1988年第4期。

※ 蔡坤伦:《汉代函谷关研究》,台湾中兴大学硕士论文,2009年。

※ 蔡运章:《甲骨金文与古史研究》,郑州:中州古籍出版社,1993年。

※ 蔡运章、李运兴、赵振华等:《洛阳钱币发现与研究》,北京:中华书局,1998年。

※ 曹家齐:《宋代交通管理制度研究》,开封:河南大学出版社,2002年。

※ 曹锦炎:《秦"函关钱府"封泥小考》,《西泠艺丛》2021年第5期。

※ 曹旅宁:《张家山汉律研究》,北京:中华书局,2005年。

※ 曹尔琴:《中国古都与邮驿》,《中国历史地理论丛》1994年第2辑。

※ 岑仲勉:《隋唐史》,石家庄:河北教育出版社,2000年。

※　茶圃:《洛潼铁道调查记》,《国风报》1910 年第 27 期。

※　柴国生:《从考古发现看河南汉代煤炭业的发展》,《中原文物》2014 年第 6 期。

※　柴继光:《宋代“垣曲县店下样”初识》,《盐业史研究》1989 年第 2 期。

※　晁福林:《五国攻秦与修鱼之战考》,《安徽史学》1996 年第 1 期。

※　晁福林:《孟尝君考》,《学习与探索》1997 年第 4 期。

※　陈伯海:《唐诗汇评》(增订本),上海:上海古籍出版社,2015 年。

※　陈德鹏:《慈禧、光绪“庚子西狩”对河南民间的骚扰》,《天中学刊》2016 年第 1 期。

※　陈冠华:《明代中后期河南及陕西的地方理学发展及其叙述》,香港理工大学中国文化学系博士学位论文,2015 年。

※　陈国灿:《陈国灿吐鲁番敦煌出土文献史事论集》,上海:上海古籍出版社,2012 年。

※　陈来:《中国近世思想史研究》(增订版),北京:生活·读书·新知三联书店,2010 年。

※　陈良文:《吐鲁番文书中所见的高昌唐西州的蚕桑丝织业》,《敦煌学辑刊》1987 年第 1 期。

※　陈伟:《张家山汉简〈津关令〉涉马诸令研究》,《考古学报》2003 年第 1 期。

※　陈文新:《中国文学编年史　隋唐五代卷》,长沙:湖南人民出版社,2006 年。

※　陈梦家:《汉简缀述》,北京:中华书局,1980 年。

※　陈梦家:《殷墟卜辞综述》,北京:中华书局,1988 年。

※　陈梦家:《亩制与里制》,《考古》1966 年第 1 期。

※　陈槃:《春秋列国的交通》,台湾《“中研院”历史语言研究所集刊》第 37 本下册,1967 年 6 月。

※　陈桥驿:《中国运河开发史》,北京:中华书局,2008 年。

※　陈荣庆:《荀子与战国学术思潮》,北京:中国社会科学出版社,2012 年。

※　陈苏镇:《汉代政治与〈春秋〉学》,北京:中国广播电视出版社,2001 年。

※　陈伟:《张家山汉简〈津关令〉“越塞阑关”诸令考释》,《简帛研究》2006 年第 1 期。

※　陈炜湛:《甲骨文田猎刻辞研究》,南宁:广西教育出版社,1995 年。

※ 陈晓捷、周晓陆:《新见秦封泥五十例考略》,《碑林集刊》(十一),西安:陕西人民美术出版社,2005 年。

※ 陈峰:《漕运与古代社会》,西安:陕西人民教育出版社,2000 年。

※ 陈寅恪:《隋唐制度渊源略论稿》,北京:生活·读书·新知三联书店,2001 年。

※ 陈贻焮:《杜甫评传》,上海:上海古籍出版社,1982 年。

※ 程龙:《北宋西北战区粮食补给地理研究》,北京:社会科学文献出版社,2006 年。

※ 程俊英、蒋见元:《诗经注析》,北京:中华书局,1991 年。

※ 程民生:《略述宋代陆路交通——纪念先师 90 诞辰》,《暨南学报(人文科学与社会科学版)》1992 年第 3 期。

※ 程民生:《简论北宋西北地区的历史地位》,《史学月刊》1995 年第 2 期。

※ 程民生:《河南经济简史》,北京:中国社会科学出版社,2005 年。

※ 程民生、程峰、马玉臣:《古代河南经济史》(下),开封:河南大学出版社,2012 年。

※ 程喜霖:《汉唐烽堠制度研究》,西安:三秦出版社,1990 年。

※ 程喜霖:《唐代过所研究》,北京:中华书局,2000 年。

※ 程晓钟:《甘肃庄浪县出土北宋铁钱》,《中国钱币》1991 年第 1 期。

※ [日]池田温著,龚泽铣译:《中国古代籍帐研究》,北京:中华书局,2007 年。

※ 崔建华:《战国秦汉时期黄河砥柱段漕运的经营》,《中州大学学报》2020 年第 5 期。

※ 崔松林、许海星:《虢州澄泥砚试探》,《三门峡职业技术学院学报》2003 年第 3 期。

※ [韩]崔在容:《西汉京畿制度的特征》,《历史研究》1996 年第 4 期。

D

※ 达林太:《蒙古兵学研究　兼论成吉思汗用兵之谜》,北京:军事科学出版社,1990 年。

※ [日]大栉敦弘:《汉代三辅制度的形成》,[日]池田温主编:《中国礼法与日本律令制》,东京:东方书店,1992 年。

※ 党宝海:《蒙元驿站交通研究》,北京:昆仑出版社,2006 年。

※ 党顺民:《陕西出土的北宋小平铁钱》,《中国钱币》1988 年第 2 期。

※ 戴向明:《黄河流域新石器时代文化格局之演变》,《考古学报》1998 年第 4 期。

※ 戴向明:《庙底沟文化的时空结构》,文物研究编辑部编:《文物研究》(第 14 辑),2005 年。

※ 戴向明:《中原地区龙山时代社会复杂化的进程》,北京大学考古文博学院、北京大学中国考古学研究中心编:《考古学研究》(10),北京:科学出版社,2012 年。

※ 戴霖:《明代洛阳地区讲会论略》,《河南科技大学学报(社会科学版)》2003 年第 4 期。

※ 戴扬本:《北宋转运使考述》,上海:上海古籍出版社,2007 年。

※ 代剑磊:《论两汉弘农郡界调整与区域控制的转变》,《三门峡职业技术学院学报》2016 年第 3 期。

※ 德山:《元代交通史》,乌鲁木齐:远方出版社,1995 年。

※ 邓亦兵:《清代前期商品流通的运道》,《历史档案》2000 年第 1 期。

※ 邓玉娜:《清代河南的城镇化发展》,《中国经济史研究》2005 年第 3 期。

※ 邓玉娜:《清代河南集镇的发展特征》,《陕西师范大学学报(哲学社会科学版)》2005 年第 4 期。

※ 狄福豫:《陕州灵宝棉业之调查》,《国际贸易导报》1932 年第 2~4 期。

※ 丁德超:《近代豫西北农村市场与社会转型》,陕西师范大学硕士学位论文,2008 年。

※ 丁放、袁行霈:《姚崇、宋璟与盛唐诗坛》,《文学遗产》2007 年第 3 期。

※ 丁宏武:《从大漠敦煌到弘农华阴——汉末敦煌张氏的迁徙及其家风家学的演变》,《甘肃社会科学》2011 年第 4 期。

※ 丁山:《甲骨文所见氏族及其制度》,北京:中华书局,1988 年。

※ 丁山:《商周史料考证》,北京:中华书局,1988 年。

※ 董平均:《出土秦律汉律所见封君食邑制度研究》,哈尔滨:黑龙江人民出版社,2007 年。

※ 董平均:《〈津关令〉与汉初关禁制度论考》,《中华文化论坛》2007 年第 3 期。

※ 董建波:《机遇与制约——豫西和浙西近代经济比较》,上海:华东师范大学出版社,2018年。

※ 杜继文:《佛教史》,北京:中国社会科学出版社,1991年。

※ [英]杜希德著,丁俊译:《唐代财政》,上海:中西书局,2016年。

※ 段鹏琦:《黄河三门峡邻近地区新发现汉魏漕运遗迹浅议》,《宿白先生八秩华庭纪念文集》编辑委员会编:《宿白先生八秩华诞纪念文集》(上),北京:文物出版社,2002年。

※ 段天璟:《从文化变迁看二里头文化的排他式殖民扩张及影响——以中条山南北和江汉平原地区为例》,吉林大学边疆考古研究中心编:《新果集:庆祝林沄先生七十华诞论文集》,北京:科学出版社,2009年。

F

※ 方福仁:《李自成张献忠永宁会师考实》,《中州学刊》1983年第3期。

※ 方行、经君健、魏金玉:《中国经济通史·清》,北京:经济日报出版社,2007年。

※ 方积六:《黄巢起义考》,北京:中国社会科学出版社,1983年。

※ 冯春法:《三门峡市出土宋铁钱考》,车迎新主编:《宋代货币研究》,北京:中国金融出版社,1995年。

※ 冯时:《古文字所见之商周盐政》,《南方文物》2009年第1期。

※ 冯兴祥、周华山、巴志刚等:《"豫灵人"头骨化石的发现与研究》,《地域研究与开发》1993年增刊。

※ 傅筑夫:《中国封建社会经济史》第2卷,北京:人民出版社,1982年。

※ 傅宗文:《宋代草市镇研究》,福州:福建人民出版社,1989年。

※ [日]冨谷至著,刘恒武、孔李波译:《文书行政的汉帝国》,南京:江苏人民出版社,2013年。

G

※ 高春平:《晋商学》,太原:山西经济出版社,2009年。

※ 高江涛:《洛阳盆地与晋南早期交通道路之"中条洹津道"》,《中原文物》2019年第1期。

※ 高江涛:《洛阳盆地与晋南早期交通道路之“虞坂巅軨道”》,《中原文物》2019 年第 2 期。

※ 高江涛:《洛阳盆地与晋南早期交通道路之“轵关陉道”》,《中原文物》2019 年第 3 期。

※ 高敏:《秦汉邮传制度考略》,《历史研究》1985 年第 3 期。

※ 高敏:《云梦秦简初探》(增订本),郑州:河南人民出版社,1981 年。

※ 高敏:《中国经济通史·魏晋南北朝经济卷》,北京:经济日报出版社,1998 年。

※ 高文学:《中国自然灾害史 总论》,北京:地震出版社,1997 年。

※ 高荣:《秦汉邮驿交通建设与后勤管理》,《中山大学学报(社会科学版)》2004 年第 5 期。

※ 高荣:《秦汉驿的职能考述》,《河西学院学报》2009 年第 4 期。

※ 高荣:《秦汉驿制诸问题考述》,《鲁东大学学报》2011 年第 1 期。

※ 葛剑雄:《中国移民史》(第 2 卷),福州:福建人民出版社,1997 年。

※ 葛景春:《杜甫与洛阳京城文化》,《中原文化研究》2013 年第 1 期。

※ 葛志毅:《周代分封制度研究》(修订本),哈尔滨:黑龙江人民出版社,2005 年。

※ 龚柏崴:《明代中晚期河南阳明学讲会研究》,台湾清华大学历史研究所硕士论文,2012 年。

※ 龚留柱:《论张家山汉简〈津关令〉之“禁马出关”——兼与陈伟先生商榷》,《史学月刊》2004 年第 11 期。

※ 顾颉刚:《“周道”与“周行”》,《史林杂识初编》,北京:中华书局,1963 年。

※ 顾颉刚、刘起釪:《〈尚书·甘誓〉校释译论》,《中国史研究》1979 年第 1 期。

※ 关治中:《论曹操平定关陇的奠基战役——潼关之战》,《西北大学学报(哲学社会科学版)》1992 年第 1 期。

※ 关治中:《函谷关考证——关中要塞研究之二》,《渭南师专学报(社会科学版)》1998 年第 6 期。

※ 关治中:《潼关天险考证——关中要塞考证之三》,《渭南师专学报(社会科学版)》

1999 年第 3 期。

※ 郭宝钧:《殷周车器研究》,北京:文物出版社,1998 年。

※ 郭崇伦:《试论唐朝刘晏的漕运改革》,台湾成功大学硕士论文,2006 年。

※ 郭红、靳润成:《中国行政区划通史·明代卷》,上海:复旦大学出版社,2007 年。

※ 郭建民、郑金亮主编:《伊洛河志》,北京:中国科学技术出版社,1995 年。

※ 郭少丹:《清末陇海铁路研究(1899—1911)》,苏州大学博士论文,2015 年。

※ 郭胜强、李慧芬:《商周关系探微》,王晖主编:《西周金文与西周史研究暨第十届中国先秦史学会年会论文集》,西安:三秦出版社,2018 年。

※ 郭书春汇校:《汇校九章算术》,沈阳:辽宁教育出版社,2004 年。

※ 郭淑珍、王关成:《秦军事史》,西安:陕西人民教育出版社,2000 年。

※ 郭引强:《丝绸之路洛阳考》,郑州:中州古籍出版社,2009 年。

※ 郭正忠:《宋代黄河中游的商人运输队——略论"垣曲县店下样"的社会经济意义》,《中州学刊》1987 年第 3 期。

※ 郭正忠:《中国盐业史(古代编)》,北京:人民出版社,1997 年。

※ 郭志坤:《秦始皇大传》,上海:上海人民出版社,2018 年。

※ 国家计量总局:《中国古代度量衡图集》,北京:文物出版社,1984 年。

※ 国家文物局:《中国文物地图集·河南分册》,北京:中国地图出版社,1991 年。

※ 国家文物局:《中国文物地图集·陕西分册》,西安:西安地图出版社,1998 年。

※ 国家文物局:《中国文物地图集·山西分册》,北京:中国地图出版社,2006 年。

H

※ 韩建业:《"彩陶之路"与早期中西文化交流》,《考古与文物》2013 年第 1 期。

※ 韩建业:《西坡墓葬与"中原模式"》,《先秦考古研究——聚落形态、人地关系与早期中国》,北京:文物出版社,2013 年。

※ 韩建业:《庙底沟时代与"早期中国"》,《考古》2012 年第 3 期。

※ 韩建业:《最早中国:多元一体早期中国的形成》,《中原文物》2019 年第 5 期。

※ 何德章、马力群:《两汉时代的弘农杨氏》,《魏晋南北朝隋唐史资料》第 22 辑,

2005 年。

※ 何启民:《佛教入华初期传布地理考》,张曼涛主编:《中国佛教史学论集 · 汉魏两晋南北朝篇》(上),台北:大乘文化出版社,1978 年。

※ 何清谷校释:《三辅黄图校释》,北京:中华书局,2005 年。

※ 何汝泉:《唐代河南漕路述论》,《运河访古》,上海:上海人民出版社,1986 年。

※ 何汝泉:《唐代转运使初探》,重庆:西南师范大学出版社,1987 年。

※ 何汝泉:《唐代河南漕路续论》,《西南大学学报(社会科学版)》2010 年第 2 期。

※ 何汝泉:《唐财政三司使研究》,北京:中华书局,2013 年。

※ 何永成:《唐代神策军研究》,台北:台湾商务印书馆,1990 年。

※ 河南博物院:《河南出土汉代建筑明器》,郑州:大象出版社,2002 年。

※ 河南省博物馆:《灵宝张湾汉墓》,《文物》1975 年第 11 期。

※ 河南省博物馆、灵宝县文化馆:《河南灵宝出土一批商代青铜器》,《考古》1979 年第 1 期。

※ 河南省第三次全国文物普查领导小组办公室编:《河南省第三次全国文物普查不可移动文物名录 · 三门峡卷》,2012 年。

※ 河南省古代建筑保护研究所:《鸿庆寺石窟》,郑州:中州古籍出版社,2008 年。

※ 河南省交通厅交通史志编审委员会:《河南航运史》,北京:人民交通出版社,1989 年。

※ 河南省交通史志编纂委员会:《河南公路运输史》第 1 册,北京:人民交通出版社,1991 年。

※ 河南省交通史志编纂委员会:《河南公路史》第 1 册,北京:人民交通出版社,1992 年。

※ 河南省文物管理局等:《黄河小浪底水库文物考古报告集》,郑州:黄河水利出版社,1998 年。

※ 河南省文物局:《河南文物》,郑州:文心出版社,2008 年。

※ 河南省文物考古学会:《河南文物考古论集》,郑州:河南人民出版社,1996 年。

※　河南省文物考古研究所、三门峡市文物工作队:《三门峡虢国墓》(第 1 卷),北京:文物出版社,1999 年。

※　河南省文物考古研究所:《三门峡庙底沟唐宋墓葬》,郑州:大象出版社,2006 年。

※　河南省文物考古研究院、三门峡市文物考古研究所:《河南三门峡市后川汉墓发掘简报》,《考古与文物》2018 年第 2 期。

※　河南省文物考古研究院、三门峡市文物考古研究所:《镜鉴陕州——三门峡出土铜镜选》,郑州:河南美术出版社,2018 年。

※　河南省文物考古研究院、三门峡市文物考古研究所:《河南三门峡唐代清河夫人吴傅氏墓发掘简报》,《黄河・黄土・黄种人》2019 年第 24 期。

※　河南省文物研究所、灵宝县文管会:《河南灵宝营里旧石器地点调查简报》,《华夏考古》1990 年第 2 期。

※　河南省文物研究所、渑池县文化馆:《渑池县郑窑遗址发掘报告》,《华夏考古》1987 年第 2 期。

※　河南省文物研究所:《河南新安县上孤灯汉代铸铁遗址调查简报》,《华夏考古》1988 年第 2 期。

※　河南省文物研究所、灵宝县文物保管所:《河南省灵宝秦岭古金矿遗址调查》,《华夏考古》1994 年第 1 期。

※　河南省文物研究所:《中国古代窑址调查发掘报告集》,北京:文物出版社,1984 年。

※　河南省文研所、三门峡文研所、灵宝市文管会、函谷关管理处:《灵宝市函谷关古道遗迹剖析记录》,2007 年。

※　河南省邮电管理局邮电志编纂室:《河南邮电历史资料汇编》第 2 辑,1983 年。

※　贺玉萍:《北魏洛阳石窟文化研究》,开封:河南大学出版社,2010 年。

※　谢彬:《中国铁道史》,上海:中华书局,1929 年。

※　胡传志:《元好问诗论的阶段性特征》,《晋阳学刊》1999 年第 6 期。

※　胡传志:《元好问的三乡诗思》,《名作欣赏》2019 年第 28 期。

※　胡德经:《洛阳—长安两京古道考察》,《中州今古》1986 年第 1 期。

※ 胡德经:《两京古道考辨》,《史学月刊》1986 年第 2 期。

※ 胡方:《汉唐时期长安、洛阳之间地域空间研究》,陕西师范大学博士论文,2012 年。

※ 胡方:《汉武帝“广关”措置与西汉地缘政策的变化:以长安、洛阳之间地域结构为视角》,《中国历史地理论丛》2015 年第 3 辑。

※ 胡国强:《河南三门峡地区胡人灯俑》,《中原文物》2008 年第 4 期。

※ 胡海帆:《“偃师邢渠孝父画像石”研究》,《故宫博物院院刊》2012 年第 2 期。

※ 侯旭东:《西北汉简所见“传信”与“传”——兼论汉代君臣日常政务的分工与诏书、律令的作用》,《文史》2008 年第 3 期。

※ 侯旭东:《汉代律令与传舍管理》,卜宪群、杨振红主编:《简帛研究二〇〇七》,桂林:广西师范大学出版社,2010 年。

※ 胡戟:《唐代度量衡与亩里制度》,《西北大学学报(哲学社会科学版)》1980 年第 4 期。

※ 胡建、朗保利、赵曙光:《山西商代考古学文化的若干问题》,山西大学历史文化学院编:《山西大学历史文化学院学术论文集》(历史卷·上),太原:北岳文艺出版社,2008 年。

※ 胡锦贤:《汉代的通行证——传》,《湖北大学学报(哲学社会科学版)》1987 年第 6 期。

※ 胡可先:《上官氏家族与初唐文学——兼论新出土〈上官婉儿墓志〉的文学价值》,《求是学刊》2014 年第 5 期。

※ 胡可先:《新出石刻与唐代文学家族研究》,北京:北京大学出版社,2017 年。

※ 胡听汀:《唐代穿带壶浅议》,《文化遗产研究集刊》第 5 集,上海:复旦大学出版社,2012 年。

※ 胡小平:《灵宝市文物管理所藏部分铜镜》,《中原文物》2009 年第 3 期。

※ 胡小平、郭九行:《灵宝函谷关发现古道遗迹》,《三门峡职业技术学院学报》2009 年第 3 期。

※ 扈耕田:《尤时熙与明代洛阳的学术转型》,《河南科技大学学报(社会科学版)》2009 年第 3 期。

※ 黄纯艳:《宋代财政史》,昆明:云南大学出版社,2013 年。

※ 《黄河水利委员会黄河龙门孟津段查勘报告》,《新黄河》1951 年第 1 期。

※ 水利部黄河水利委员会《黄河水利史述要》编写组:《黄河水利史述要》,郑州:水利出版社,1982 年。

※ 黄河水库考古工作队:《一九五六年河南陕县刘家渠汉唐墓葬发掘简报》,《考古通讯》1957 年第 4 期。

※ 黄河水库考古工作队:《河南陕县刘家渠汉墓》,《考古学报》1965 年第 1 期。

※ 黄朴民:《兵要地理与春秋列国的战略格局》,罗世烈等主编:《先秦史与巴蜀文化论集》,天津:历史教学社,1995 年。

※ 黄楼:《神策军与中晚唐宦官政治》,北京:中华书局,2019 年。

※ 黄盛璋:《历史地理论集》,北京:人民出版社,1982 年。

※ 黄士斌:《上村岭秦墓和汉墓》,《中原文物》1981 年特刊。

※ 黄慰文:《豫西三门峡地区的旧石器》,《古脊椎动物与古人类》1964 年第 2 期。

※ 黄燕生:《〈永乐大典〉地图考录》,《文献》1988 年第 4 期。

※ 黄永年:《"泾师之变"发微》,《唐史论丛》第 2 辑,西安:陕西人民出版社,1987 年。

※ 黄正建:《隋唐五代社会生活史》,北京:中国社会科学出版社,1988 年。

※ 后晓荣:《秦代政区地理》,北京:社会科学文献出版社,2009 年。

※ 后晓荣:《战国兵器铭文所见魏国置县考》,《首都师范大学学报(社会科学版)》2011 年第 6 期。

※ 后晓荣:《战国政区地理》,北京:文物出版社,2013 年。

※ 淮建利:《论宋代的壮城兵》,《中国史研究》2007 年第 1 期。

J

※ 纪华传:《菩提达摩碑文考释》,《世界宗教研究》2002 年第 4 期。

※ [日]加藤繁著,吴杰译:《中国经济史考证》第 1 册,北京:商务印书馆,1959 年。

※ 郏旭东:《明代北方王门之洛阳王学综述》,《长江师范学院学报》2009 年第 1 期。

※ 贾丛江:《关于元朝内迁畏兀儿人的几个问题》,《内蒙古社会科学》2003 年第 6 期。

※ 贾峨:《陶瓷之路与丝绸古道的连接点》,《江西文物》1991 年第 4 期。

※ 贾洲杰:《河南元代站赤交通及意义》,《郑州大学学报(哲学社会科学版)》1988 年第 5 期。

※ 蒋若是:《春秋"殽之战"战地考实》,《史学月刊》1987 年第 1 期。

※ 蒋若是:《秦汉钱币研究》,北京:中华书局,1997 年。

※ 姜守鹏:《明清北方市场研究》,长春:东北师范大学出版社,1996 年。

※ 姜锡东:《宋代商人和商业资本》,北京:中华书局,2002 年。

※ 交通部、铁道部交通史编纂委员会等:《近代交通史全编》第 8 册《交通史邮政篇》第 1 册,北京:国家图书馆出版社,2009 年。

※ 交通部中国公路交通史编审委员会:《中国丝绸之路交通史》,北京:人民交通出版社,2000 年。

※ 介永强:《关中唐代行宫考》,《中国历史地理论丛》2000 年第 3 辑。

※ 介永强:《唐代行宫考逸》,《中国历史地理论丛》2001 年第 2 辑。

※ 介永强:《唐代行宫文化透视》,《陕西师范大学学报(哲学社会科学版)》2001 年第 1 期。

※ 介永强:《唐代行宫三题》,《唐都学刊》2001 年第 4 期。

※ 金申:《中国历代纪年佛像图典》,北京:文物出版社,1994 年。

※ 金士宣:《铁路与抗战及建设》,上海:商务印书馆,1947 年。

※ 靳生禾、谢鸿喜:《晋"假虞伐虢"古战场考察报告》,《太原大学学报》2007 年第 1 期。

※ 景爱:《中国长城史》,上海:上海人民出版社,2006 年。

※ 景爱:《金代行省考》,《历史地理》第 9 辑,上海:上海人民出版社,2007 年。

L

※ 劳榦:《论汉代之陆运与水运》,台湾《"中央研究院"历史语言研究所集刊》第 16 本,1948 年。

※ [日]砺波护著,胡宝珍译:《唐代的畿内与京城四面关》,《河北师院学报(社会科学

版)》1993 年第 4 期。

※ 黎明钊编:《汉帝国的制度与社会秩序》,香港:牛津出版社,2012 年。

※ 楼祖诒:《中国邮驿发达史》,郑州:河南人民出版社,2017 年。

※ 雷晋豪:《周道:封建时代的官道》,北京:社会科学文献出版社,2011 年。

※ 李伯谦:《东下冯类型的初步分析》,《中原文物》1981 年第 1 期。

※ 李伯谦:《中国古代文明演进的两种模式——红山、良渚、仰韶大墓随葬玉器观察随想》,《文物》2009 年 3 期。

※ 李碧妍:《危机与重构 唐帝国及其地方诸侯》,北京:北京师范大学出版社,2015 年。

※ 李重蓉:《大英博物馆藏东汉六博釉陶俑考辨》,《中国国家博物馆馆刊》2017 年第 4 期。

※ 李淡虹:《陆游梦游黄河、潼关、太华诗初探》,《文史》1963 年第 1 辑。

※ 李德辉:《唐代交通与文学》,长沙:湖南人民出版社,2003 年。

※ 李德辉:《唐宋时期馆驿制度及其与文学之关系研究》,北京:人民文学出版社,2008 年。

※ 李鄂荣:《西汉水利建设中的地质问题》,中国地质学会地质学史委员会编:《地质学史论丛》(二),北京:地质出版社,1989 年。

※ 李峰:《西周的灭亡——中国早期国家的地理和政治危机》,上海:上海古籍出版社,2007 年。

※ 李光璧:《明末农民战争由防卫转入进攻的一次重要军事会议——永宁大会》,《历史教学》1981 年第 6 期。

※ 李瑚:《明代后期的资本主义萌芽问题》,《中国经济史丛稿》,长沙:湖南人民出版社,1986 年。

※ 李健超:《汉唐两京及丝绸之路历史地理论集》,西安:三秦出版社,2007 年。

※ 李健超:《崤山南道考察记》,《三门峡职业技术学院学报》2008 年第 4 期。

※ 李健超:《唐代交通史研究的重要发现——崤山南道临泉驿》,《三门峡职业技术学

院学报》2012 年第 3 期。

※ 李景寿:《宋代商税问题研究》,昆明:云南大学出版社,2005 年。

※ 李久昌、张彦修:《二千年前的神秘古国——虢国的历史与文化》,西安:陕西人民出版社,1995 年。

※ 李久昌主编:《崤函古道研究》,西安:三秦出版社,2009 年。

※ 李久昌主编:《三门峡地区考古集成》,郑州:大象出版社,2011 年。

※ 李久昌主编:《三门峡仰韶文化研究》,郑州:河南科学技术出版社,2011 年。

※ 李久昌主编:《虢史与虢文化研究》,郑州:河南科学技术出版社,2012 年。

※ 李久昌:《两京与两京之间历史地理研究》,北京:科学出版社,2020 年。

※ 李久昌等:《陕州文化》,郑州:河南人民出版社,2020 年。

※ 李久昌:《虢国车马坑葬初探》,《宝鸡文理学院学报(社会科学版)》2003 年第 3 期。

※ 李久昌:《虢国史迹考略》,《三门峡职业技术学院学报》2004 年第 1 期。

※ 李久昌:《论虢国社会经济的发展》,《河南科技大学学报(社会科学版)》2004 年第 3 期。

※ 李久昌:《虢国墓地车马坑出土的车及其相关问题》,《中原文物》2005 年第 4 期。

※ 李久昌:《现代城市中的古代城市遗痕——记西安市区内唐代几条街道与池潭》,《考古与文物》2006 年第 1 期。

※ 李久昌:《周公“天下之中”建都理论研究》,《史学月刊》2007 年第 9 期。

※ 李久昌:《崤函古道历史地理与文化内涵》,《三门峡职业技术学院学报》2008 年第 1 期。

※ 李久昌:《崤函古道研究的回顾与展望》,《三门峡职业技术学院学报》2008 年第 4 期。

※ 李久昌:《崤函古道开通的历史地理基础》,《三门峡职业技术学院学报》2009 年第 3 期。

※ 李久昌:《区域权衡:古都洛阳崛起中的长安、开封因素》,《河南科技大学学报(社会科学版)》2008 年第 4 期。

※　李久昌:《崤函古道交通线路的形成与变迁》,《丝绸之路》2009 年第 6 期。

※　李久昌:《崤函文化的生成与发展——兼及崤函文化与河洛文化的关系》,《三门峡职业技术学院学报》2011 年第 1 期。

※　李久昌:《崤函古道历史地理调查与研究》,周俭主编:《丝绸之路交通线路(中国段)历史地理研究》,南京:江苏人民出版社,2012 年。

※　李久昌:《崤函古道的起源与早期形态研究》,《三门峡职业技术学院学报》2012 年第 1 期。

※　李久昌:《崤函文化初论》,北京大学中国古代史研究中心编:《舆地、考古与史学新说——李孝聪教授荣休纪念论文集》,北京:中华书局,2012 年。

※　李久昌:《春秋秦晋河西之争中的崤函古道战事》,《三门峡职业技术学院学报》2014 年第 4 期。

※　李久昌:《崤函古道与商文化的西渐与北上》,《三门峡职业技术学院学报》2015 年第 1 期。

※　李久昌:《战国诸子名士的求功成名之路与学术传播之路》,《三门峡职业技术学院学报》2015 年第 4 期。

※　李久昌:《西周两京制度与崤函古道交通》,中国古都学会等编:《嵩山文明与中国早期王都:2014 中国古都学会(郑州)年会论文集》,北京:科学出版社,2016 年。

※　李久昌:《战国时期秦国的崤函古道攻略》,《三门峡职业技术学院学报》2016 年第 1 期。

※　李久昌:《古都建构中的空间权衡及其强化——以西汉定都长安为中心》,《三门峡职业技术学院学报》2017 年第 1 期。

※　李久昌:《说“陕”及陕州的建置沿革》,《三门峡职业技术学院学报》2017 年第 2 期。

※　李久昌:《灵宝在中国历史上的重要地位和贡献》,《三门峡职业技术学院学报》2017 年第 4 期。

※　李久昌:《唐长安长乐驿与临皋驿》,中国古都学会编:《中国古都研究(总第 34 辑)》,西安:陕西师范大学出版总社,2018 年。

※　李久昌:《“崤函古道”释名》,《三门峡职业技术学院学报》2018 年第 1 期。

※　李久昌:《夏王朝时期崤函古道交通的初创》,《三门峡职业技术学院学报》2018 年第 2 期。

※　李久昌:《崤函古道隋唐行宫调查与研究》,《三门峡职业技术学院学报》2018 年第 4 期。

※　李久昌:《桃林之野·桃林塞·秦函谷关:秦函谷关创建年代与背景考》,《中国历史地理论丛》2019 年第 1 辑。

※　李久昌:《隋唐崤函古道驿站考略》,《三门峡职业技术学院学报》2019 年第 1 期。

※　李久昌:《虢国的崤函古道经营》,《三门峡职业技术学院学报》2019 年第 2 期。

※　李久昌:《崤函古道与东汉崤函文化的勃兴》,《三门峡职业技术学院学报》2019 年第 6 期。

※　李久昌:《潘岳〈西征赋〉中的崤函古道》,《寻根》2019 年第 6 期。

※　李久昌:《隋唐崤函古道与丝绸之路》,《三门峡职业技术学院学报》2020 年第 2 期。

※　李均明:《汉简所见出入符、传与出入名籍》,《文史》1983 年第 19 辑。

※　李均明:《汉简所反映的关津制度》,《历史研究》2002 年第 3 期。

※　李开元:《汉帝国的建立与刘邦集团:军功受益阶层研究》,北京:生活·读书·新知三联书店,2000 年。

※　李开元:《秦崩:从秦始皇到刘邦》,北京:生活·读书·新知三联书店,2015 年。

※　李零:《〈容成氏〉释文考释》,马承源主编:《上海博物馆藏战国楚竹书》(二),上海:上海古籍出版社,2005 年。

※　李令福:《北宋关中小城镇的发展及其类型与分布》,《中国历史地理论丛》2004 年第 4 辑。

※　李民:《〈尚书〉与古史研究》,郑州:河南人民出版社,1981 年。

※　李民:《试探夏族的起源与播迁》,《郑州大学学报(哲学社会科学版)》1985 年第 2 期。

※　李明、耿庆刚:《〈唐昭容上官氏〉墓志笺释——兼谈上官婉儿墓相关问题》,《考古

与文物》2013 年第 6 期。

※ 李其鸣:《豫西棉业与运销合作》,《会务旬报》1937 年第 31 期。

※ 李三谋、李竹林:《北魏至北周时期的河东盐业经济活动》,《盐业史研究》2007 年第 2 期。

※ 李书谦:《试论三门峡秦人墓》,《中原文物》2013 年第 2 期。

※ 李书谦:《谈〈函谷关门〉画像砖》,上海鲁迅纪念馆等编:《鲁迅与汉画像学术研讨会论文集》,上海:上海社会科学院出版社,2019 年。

※ 李文君:《康熙帝西巡与笔墨赏赐活动述论》,《明清论丛》2018 年第 2 期。

※ 李文涛:《东西魏时期河东大族的政治选择——以盐利为中心的讨论》,《盐业史研究》2015 年第 4 期。

※ 李明伟:《丝绸之路贸易史》,兰州:甘肃人民出版社,1997 年。

※ 李萌昀:《旅行故事:空间经验与文学表达》,北京:人民文学出版社,2015 年。

※ 李献奇、王兴起:《洛宁县宋代杂剧雕砖试析》,《中原文物》1988 年第 4 期。

※ 李献奇、王丽玲:《河南洛宁北宋乐重进画像石棺》,《文物》1993 年第 5 期。

※ 李银良:《传递机构"驿"出现时间考辨》,《殷都学刊》2016 年第 2 期。

※ 李晓杰:《东汉政区地理》,济南:山东教育出版社,1999 年。

※ 李晓杰:《春秋晋县考》,中国地理学会历史地理专业委员会、《历史地理》编辑委员会主编:《历史地理》(第 16 辑),上海:上海人民出版社,2000 年。

※ 李晓杰:《战国秦县新考》,中国地理学会历史地理专业委员会、《历史地理》编辑委员会主编:《历史地理》(第 22 辑),上海:上海人民出版社,2007 年。

※ 李晓杰、杨智宇等:《〈水经·洛水注〉校笺及水道与政区复原(上)》,《历史地理研究》2020 年第 3 期。

※ 李孝聪:《中国区域历史地理》,北京:北京大学出版社,2004 年。

※ 李学勤:《秦简与〈墨子〉城守各篇》,中华书局编辑部编:《云梦秦简研究》,北京:中华书局,1981 年。

※ 李学勤:《东周与秦代文明》,北京:文物出版社,1984 年。

※ 李学勤:《柞伯簋铭考释》,《文物》1998 年第 11 期。

※ 李学勤:《戎生编钟论释》,《文物》1999 年第 9 期。

※ 李学勤:《清华简九篇综述》,《文物》2010 年第 5 期。

※ 李雪山:《卜辞所见商代晚期封国分布考》,郭旭东主编:《殷商文明论集》,北京:中国社会科学出版社,2008 年。

※ 李雪山:《晚商晋南封国、方国地望考》,李雪山等主编:《甲骨学 110 年:回顾与展望——王宇信教授师友国际学术研究会论文集》,北京:中国社会科学出版社,2009 年。

※ 李永文主编:《河南地理》,北京:北京师范大学出版社,2010 年。

※ 李志刚:《论唐代后期藩镇对漕运的保障》,《江南大学学报(人文社会科学版)》2014 年第 5 期。

※ 李志刚:《安史乱后藩镇对漕运交通线路的保障和维护》,《地方文化研究》2014 年第 5 期。

※ 李治亭:《中国漕运史》,台湾:文津出版社,1997 年。

※ 李治安:《元代河南行省研究》,《蒙古史研究》第 6 辑,呼和浩特:内蒙古大学出版社,2000 年。

※ 李文治、江太新:《清代漕运》,北京:中华书局,1995 年。

※ 梁启超:《春秋载记》,《梁启超全集》(第 6 册),北京:北京出版社,1999 年。

※ 梁启超:《战国载记》,《梁启超全集》(第 6 册),北京:北京出版社,1999 年。

※ 梁思成:《梁思成全集》(第 2 卷),北京:中国建筑工业出版社,2001 年。

※ 梁晓景:《西周建都洛邑浅论》,中国古都学会编:《中国古都研究》(第 4 辑),杭州:浙江人民出版社,1989 年。

※ 廖奔:《宋元北方杂剧发展序列的历史沉积——从河南山西古代戏曲文物考察宋元杂剧的流播》,《戏曲研究》1986 年第 19 辑。

※ 廖奔、杨健民:《河南洛宁上村宋金社火杂剧砖雕叙考》,《文物》1989 年第 2 期。

※ 廖奔、刘彦君:《中国戏曲发展史》(第 1 卷),太原:山西教育出版社,2000 年。

※ 廖立:《岑参评传》,北京:人民文学出版社,1990 年。

※ 林甘泉:《中国经济通史·秦汉经济卷》,北京:经济日报出版社,1999年。

※ 林剑鸣:《秦史稿》,上海:上海人民出版社,1981年。

※ 灵宝县地方史志编委会:《灵宝县志》,郑州:中州古籍出版社,1992年。

※ 刘长胜:《灵宝县发现的半两钱》,《陕西金融(钱币专辑)》第10期。

※ 刘广生、赵梅庄:《中国古代邮驿史》(修订版),北京:人民邮电出版社,1999年。

※ 刘晖:《略论铁路与民国时期河南省植棉业的现代转型》,《历史教学》2009年第16期。

※ 刘晖:《铁路与郑州城市化进程研究(1904—1954)》,北京:商务印书馆,2018年。

※ 刘俊文:《敦煌吐鲁番唐代法制文书考释》,北京:中华书局,1989年。

※ 刘莉、陈星灿:《城:夏商时期对自然资源的控制问题》,《东南文化》2000年第3期。

※ 刘莉、陈星灿:《中国早期国家的形成——从二里头和二里岗时期的中心和边缘之间的关系谈起》,北京大学中国考古学研究中心、北京大学古代文明研究中心编:《古代文明》(第1卷),北京:文物出版社,2002年。

※ [澳]刘莉著,陈星灿译:《中国新石器时代:迈向早期国家之路》,北京:文物出版社,2007年。

※ 刘全志:《荀子"居赵入秦"考》,《管子学刊》2014年第1期。

※ 刘曙光:《三门峡上村岭秦人墓的初步研究》,《中原文物》1985年第4期。

※ 刘树友:《"哥舒白谷两英雄,痛哭催军万年泪"——唐军与安史叛军的潼关、灵宝之战探析》,《渭南师专学报(社会科学版)》1997年第1期。

※ 刘天齐:《黄老政治的初次实践——从秦简〈为吏之道〉看秦国的黄老政治》,《唐都学刊》1994年第5期。

※ 刘蔚华、苗润田:《稷下学史》,北京:中国广播电视出版社,1992年。

※ 刘文刚:《论魏野的诗》,四川大学古籍整理研究所、四川大学宋代文化研究中心编:《宋代文化研究》(第8辑),成都:巴蜀书社,1999年。

※ 刘文鹏:《清代驿传体系的近代转型》,《清史研究》2003年第4期。

※ 刘文鹏:《清代驿传及其与疆域形成关系之研究》,北京:中国人民大学出版社,

2004 年。

※　刘文鹏:《清代驿站考》,北京:人民出版社,2017 年。

※　刘勋:《唐代旅游地理研究》,华中师范大学博士论文,2011 年。

※　刘希为:《隋唐交通》,台北:新文丰出版公司,1992 年。

※　刘艳:《明清豫西北小城镇时空特征研究》,陕西师范大学硕士论文,2004 年。

※　陇海铁路管理局总务处编译课:《陇海铁路旅行指南》第 2 期,1932 年。

※　陇海铁路车务处商务课:《陇海全线调查》,段梦霞、李强选编:《民国铁路沿线经济调查报告汇编》(第 7 册),北京:国家图书馆出版社,2009 年。

※　卢云:《战国时期主要陆路交通初探》,复旦大学中国历史地理研究所:《历史地理研究》(1),上海:复旦大学出版社,1986 年。

※　陆福廷:《最近三年来之陇海铁路概况》,《交通建设》1943 年第 3 期。

※　栾秉璈:《三门峡上村岭虢国墓出土玉器玉质问题》,杨伯达主编:《中国玉文化玉学论丛》,北京:紫禁城出版社,2002 年。

※　罗安康:《简析刘邦时期的漕运》,《益阳师专学报》1998 年第 3 期。

※　罗琨、张永山等:《中国军事通史》,北京:军事科学出版社,1998 年。

※　罗玉东:《中国厘金史》,北京:商务印书馆,2017 年。

※　洛宁县志编纂委员会:《洛宁县志》,北京:生活·读书·新知三联书店,1991 年。

※　《洛阳地区交通志》编委会:《洛阳地区交通志》,北京:当代中国出版社,1995 年。

※　洛阳地区文管会:《洛宁故县秦墓发掘简报》,《中原文物》1985 年第 4 期。

※　洛阳铁路分局志编纂委员会:《洛阳铁路分局志:1905—1985》,1992 年。

※　洛阳市第二文物工作队:《黄河小浪底盐东村汉函谷关仓库建筑遗址发掘简报》,《文物》2000 年第 10 期。

※　洛阳市第二文物工作队:《黄河八里胡同栈道的勘测》,《文物》2002 年第 11 期。

※　洛阳市交通志编纂委员会:《洛阳市交通志》,郑州:河南人民出版社,1986 年。

※　洛阳市地方史志编纂委员会办公室:《洛阳——丝绸之路的起点》,郑州:中州古籍出版社,1992 年。

※ 洛阳市文物考古研究院、新安县文物管理局:《河南新安县汉函谷关遗址2012—2013年考古调查与发掘》,《考古》2014年第11期。

※ 洛阳市文物考古研究院、陕县崤函古道文物保护管理所:《陕县崤函古道遗址考古调查与试掘的初步收获》,《洛阳考古》2016年第1期。

※ 洛阳市文物考古研究院:《河南省宜阳县南留古城东城墙发掘简报》,《洛阳考古》2017年第4期。

※ 吕妙芬:《阳明学士人社群:历史、思想与实践》,北京:新星出版社,2006年。

※ 吕荣民:《山西航运史》,北京:人民交通出版社,1998年。

※ 吕思勉:《先秦史》,上海:上海古籍出版社,2005年。

※ 吕思勉:《秦汉史》,上海:上海古籍出版社,2005年。

※ 吕昕:《秦汉时期河南郡军事地理研究》,重庆:重庆出版社,2011年。

※ 吕肖奂:《砚屏始作考兼及几首砚屏诗》,四川大学古籍整理研究所等编著:《宋代文化研究》(第16辑),成都:四川大学出版社,2009年。

※ 吕肖奂:《创新与引领:宋代诗人对器物文化的贡献——以砚屏的产生及风行为例》,《四川大学学报(哲学社会科学版)》2009年第3期。

M

※ 马保春:《由晋南二里岗期早商文化的分布论其进入、传播》,《中原文物》2004年第6期。

※ 马保春:《晋国历史地理研究》,北京:文物出版社,2007年。

※ 马楚坚:《中国古代的邮驿》,北京:商务印书馆国际有限公司,1997年。

※ 马承源:《何尊铭文初释》,《文物》1976年第1期。

※ 马程远:《豫西山地地貌的发育和分区》,《河南师大学报(自然科学版)》1982年第1期。

※ 马非百:《秦集史》,北京:中华书局,1982年。

※ 马非百:《秦始皇帝传》,南京:江苏古籍出版社,1985年。

※ 马强:《出土唐人墓志历史地理研究》,北京:科学出版社,2020年。

※ 马俊才、史智民:《河南三门峡火电厂工地发现大规模秦人墓地》,《中国文物报》2015 年 4 月 24 日。

※ 马孟龙:《西汉侯国地理》,上海:上海古籍出版社,2013 年。

※ 马晓峰:《魏晋南北朝时期的漕运与管理》,《西北师大学报(社会科学版)》2003 年第 5 期。

※ 马晓峰:《魏晋南北朝交通研究》,台北:花木兰文化出版社,2012 年。

※ 马正林:《渭河水运和关中漕渠》,《陕西师大学报(哲学社会科学版)》1983 年第 4 期。

※ 渑池县志编纂委员会:《渑池县志》,上海:汉语大词典出版社,1991 年。

※ 渑池县地方史志编纂委员会:《渑池县志(1986—2000)》,北京:方志出版社,2006 年。

※ 缪文远:《战国史系年辑证》,成都:巴蜀书社,1997 年。

※ 默书民:《蒙元邮驿研究》,暨南大学博士论文,2004 年。

※ 默书民、阎秀萍:《元代湖广行省的站道研究》,刘迎胜主编:《元史及民族与边疆研究集刊》(第 22 辑),上海:上海古籍出版社,2010 年。

※ 默书民:《元代河南行省的站道研究》,中国地理学会历史地理专业委员会、《历史地理》编辑委员会编:《历史地理》(第 24 辑),上海:上海人民出版社,2010 年。

※ 穆渭生、侯养民:《森林、道路与关隘——试说函谷关与潼关兴替》,《黄土高原地区历史环境与治理对策会议文集》,《中国历史地理论丛》增刊,2001 年。

※ 穆渭生:《唐代关内道军事地理研究》,西安:陕西人民出版社,2008 年。

※ 牟发松、毋有江、魏俊杰:《中国行政区划通史·十六国北朝卷》,上海:复旦大学出版社,2016 年。

N

※ 南炳文、汤纲:《明史》,上海:上海人民出版社,2003 年。

※ 倪玉平:《清代漕粮海运与社会变迁》,上海:上海书店出版社,2005 年。

※ 宁可主编:《中国经济通史·隋唐五代经济卷》,北京:经济日报出版社,2000 年。

※ 宁文阁、赵小灿、王光有:《三门峡573干休所秦人墓发掘简报》,许海星、李书谦主编:《三门峡文物考古与研究》,北京:燕山出版社,2003年。

P

※ 潘京京:《略论秦汉时代的运河和漕运》,《云南师范大学学报(哲学社会科学版)》1993年第2期。

※ 潘镛:《中晚唐漕运史略》,《云南师范大学学报(哲学社会科学版)》1986年第1期。

※ 潘镛:《隋唐时期的运河和漕运》,西安:三秦出版社,1987年。

※ 潘重规:《〈秦妇吟〉新书序》,郑炳林、郑阿财主编:《港台敦煌学文库》(第63册),兰州:甘肃人民出版社,2016年。

※ 庞任隆:《秦郡县封泥的历史地理学意义》,《文博》2009年第3期。

※ 彭邦炯:《商史探微》,重庆:重庆出版社,1988年。

※ 彭云鹤:《明清漕运史》,北京:首都师范大学出版社,1995年。

※ 彭年:《汉代的关、关市和关禁制度》,《四川师范大学学报(社会科学版)》1987年第4期。

※ 彭浩、陈伟、[日]工藤元男:《二年律令与奏谳书——张家山二四七号汉墓出土法律文献释读》,上海:上海古籍出版社,2007年。

※ 裴文中:《史前时期之东西交通》,《边政公论》1948年第7卷第4期。

※ [日]平冈武夫著,杨励三译:《长安与洛阳》,西安:陕西人民出版社,1957年。

Q

※ 漆侠:《中国经济通史·宋代经济卷》,北京:经济日报出版社,1999年。

※ 齐东方:《隋唐考古》,北京:文物出版社,2002年。

※ 钱穆:《国史大纲》,北京:商务印书馆,1995年。

※ 钱穆:《古史地理论丛》,北京:生活·读书·新知三联书店,2004年。

※ 钱宗泽:《抗战以来之陇海铁路》,《抗战与交通》1940年第33期。

※ 乔凤岐、肖守库:《〈元和郡县图志〉勘误一则》,《中国历史地理论丛》2006年第2辑。

※ 秦波:《西汉皇后玉玺和甘露二年铜方炉的发现》,《文物》1973 年第 5 期。

※ 秦晖:《陕西通史 · 宋元卷》,西安:陕西师范大学出版社,1997 年。

※ 始皇陵秦俑坑考古发掘队:《秦始皇陵西侧赵背户村秦刑徒墓》,《文物》1982 年第 3 期。

※ 清华大学出土文献研究与保护中心:《清华大学藏战国竹简》(贰),上海:中西书局,2011 年。

※ [日]秋元悦子:《北朝时期洛阳周围的县设置和交通路》,中央大学《亚洲史研究》15,1991 年。

※ [日]秋元悦子:《以洛阳为中心交通路的历史地理》,千叶县立中央博物馆《研究报告》人文科学 3 卷 2 号,1994 年。

※ [日]秋元悦子著,郭引强、乔栋译:《宜阳县与洛阳交通道路的历史地理考察》,《河洛春秋》1995 年第 4 期。

※ [日]清木场东:《唐代财政史研究 · 运输篇》,福冈:九州大学出版会,经济丛书 1,1996 年。

※ [日]青山定雄:《唐宋时代的交通与地志地图研究》,东京:吉川弘文馆,1963 年。

※ 全汉昇:《唐宋帝国与运河》,《中国经济史研究》(1),北京:中华书局,2011 年。

R

※ 任崇岳:《中原移民简史》,郑州:河南人民出版社,2018 年。

※ 任士英:《潼关战局与天宝中枢政局之关系发覆》,《烟台师范学院学报(哲学社会科学版)》1994 年第 4 期。

※ 荣新江:《中古中国与外来文明》(修订本),北京:生活 · 读书 · 新知三联书店,2014 年。

※ [日]日野开三郎:《唐代的战乱与山棚》,《东洋史学论集》第 1 卷,东京:三一书房,1980 年。

S

※ 三门峡市交通志编纂委员会:《三门峡市交通志》,北京:人民交通出版社,1991 年。

※ 三门峡市文物工作队:《三门峡市两座唐墓发掘简报》,《华夏考古》1989年第3期。

※ 三门峡市文物工作队:《三门峡市司法局、刚玉砂厂秦人墓发掘简报》,《华夏考古》1993年第4期。

※ 三门峡市文物工作队:《三门峡市三里桥秦人墓发掘简报》,《华夏考古》1993年第4期。

※ 三门峡市文物工作队:《三门峡市火电厂秦人墓发掘简报》,《华夏考古》1993年第4期。

※ 三门峡市文物工作队、义马市文物管理委员会:《义马市金代砖雕墓发掘简报》,《华夏考古》1993年第4期。

※ 三门峡市文物工作队:《三门峡市刘家渠汉墓的发掘》,《华夏考古》1994年第1期。

※ 三门峡市文物工作队:《北宋陕州漏泽园》,北京:文物出版社,1999年。

※ 三门峡市文物考古研究所:《三门峡三里桥村11号唐墓》,《中原文物》2003年第3期。

※ 三门峡市文物考古研究所:《三门峡文物精粹》,北京:北京燕山出版社,2004年。

※ 三门峡市文物考古研究所:《崤函古道石壕段遗址考古调查述略》,《洛阳考古》2014年第2期。

※ 三门峡市文物考古研究所:《河南义马狂口村金代砖雕壁画墓发掘简报》,《文物》2017年第6期。

※ 桑行之等:《说砚》,上海:上海科技教育出版社,1994年。

※ 山西省地图集编纂委员会:《山西省历史地图集》,北京:中国地图出版社,2000年。

※ 山西省考古学会等:《山西省考古学会论文集》(3),太原:山西古籍出版社,2000年。

※ 山西省考古研究所:《山西旧石器时代考古文集》,太原:山西经济出版社,1993年。

※ 山西省考古研究所、山西大学考古专业、运城市文物工作站:《黄河漕运遗迹——山西段》,北京:科学技术文献出版社,2004年。

※ 山西省史志研究院:《河东盐三千年》,太原:三晋出版社,2008年。

※ 陕西省地方志编纂委员会:《陕西省志》第26卷《公路志》,西安:陕西人民出版社,2000年。

※ 陕西省交通史志编写委员会:《陕西公路运输史》第1册《近代公路运输》,北京:人民交通出版社,1988年。

※ 陕西省交通史志编写委员会:《陕西公路史》第1册《近代公路》,北京:人民交通出版社,1988年。

※ 陕西省考古研究所:《西汉京师仓》,北京:文物出版社,1990年。

※ 陕西省文物管理委员会:《潼关吊桥汉代杨氏墓群发掘简记》,《文物》1961年第1期。

※ 陕西周原考古队:《陕西扶风庄白一号西周青铜器窖藏发掘简报》,《文物》1978年第3期。

※ 陕西周原考古队:《陕西岐山凤雏村发现周初甲骨文》,《文物》1979年第10期。

※ 陕县地方史志编纂委员会:《陕县志》(1986—2000),郑州:中州古籍出版社,2005年。

※ 陕县文物管理局:《丝绸之路遗产崤函古道石壕段遗址考古调查勘探报告》,《河南文物工作》2013年第1期。

※ 沈建华:《甲骨文所见晋南方国考》,张政烺先生九十华诞纪念文集编委会编:《揖芬集——张政烺先生九十华诞纪念文集》,北京:社会科学文献出版社,2002年。

※ 沈颂金:《秦代漕运初探》,《中国经济史研究》2000年第4期。

※ 盛福尧、周克前:《河南历史气候研究》,北京:气象出版社,1990年。

※ 施和金:《北齐地理志》,北京:中华书局,2008年。

※ 施蛰存:《唐诗百话》,上海:华东师范大学出版社,1996年。

※ 石俊志:《半两钱制度研究》,北京:中国金融出版社,2010年。

※ 石云涛:《早期中西交通与交流史稿》,北京:学苑出版社,2003年。

※ 石云涛:《三至六世纪丝绸之路的变迁》,北京:文化艺术出版社,2007年。

※ 石云涛:《丝绸之路与汉唐文史论集》,郑州:大象出版社,2018年。

※ 史斌:《论电报通讯与庚子“西巡”——近代中国技术影响政治一例》,《科学技术哲学研究》2011 年第 3 期。

※ 史道祥:《关于夏文化源的探索——由古本〈竹书纪年〉夏代“西河”地望谈起》,《郑州大学学报(哲学社会科学版)》1989 年第 2 期。

※ 史红帅:《清乾隆五十二~五十六年潼关城工考论——基于奏折档案的探讨》,《中国历史地理论丛》2016 年第 2 辑。

※ 史念海:《河山集》,北京:生活·读书·新知三联书店,1963 年。

※ 史念海:《河山集》(二集),北京:生活·读书·新知三联书店,1981 年。

※ 史念海:《河山集》(三集),北京:人民出版社,1988 年。

※ 史念海:《河山集》(四集),西安:陕西师范大学出版社,1991 年。

※ 史念海:《河山集》(五集),太原:山西人民出版社,1991 年。

※ 史念海:《河山集》(七集),西安:陕西师范大学出版社,1999 年。

※ 史念海:《河山集》(九集),西安:陕西师范大学出版社,2006 年。

※ 史念海:《论我国历史上东西对立的局面和南北对立的局面》,《中国历史地理论丛》1992 年第 1 辑。

※ 史念海:《隋唐时期的交通与都会》,《唐史论丛》(第 6 辑),西安:陕西人民出版社,1995 年。

※ 史念海:《秦县考》,《史念海全集》(第 6 卷),北京:人民出版社,2013 年。

※ 史智敏、胡小龙、宋怀义:《河南三门峡市发现一方宋诗碑记》,《考古》2002 年第 10 期。

※ 四川省博物馆、青川县文化馆:《青川县出土秦更修为田律木牍——四川青川县战国墓发掘简报》,《文物》1982 年第 1 期。

※ 宋杰:《〈九章算术〉与汉代社会经济》,北京:首都师范大学出版社,1994 年。

※ 宋杰:《先秦战略地理研究》,北京:首都师范大学出版社,1999 年。

※ 宋杰:《两魏周齐战争中的河东》,北京:中国社会科学出版社,2006 年。

※ 宋杰:《古代中国战争的地理枢纽》,北京:中国社会科学出版社,2009 年。

※ 宋万忠、陆峰波:《晋国的虞坂古道》,李元庆主编:《三晋文化学术研讨会论文专集》,太原:山西古籍出版社,1999 年。

※ 宋镇豪:《夏商社会生活史》,北京:中国社会科学出版社,1994 年。

※ 宋镇豪、宫长为:《中华傅圣文化研究文集》,北京:文物出版社,2010 年。

※ 苏秉琦:《关于仰韶文化的若干问题》,《苏秉琦考古学论述选集》,北京:文物出版社,1984 年。

※ 苏健:《洛阳博物馆藏印拾零》,《中原文物》1993 年第 4 期。

※ 苏同炳:《明代驿递制度》,中华丛书编审委员会,1969 年。

※ 苏全有、李长印、王守谦:《近代河南经济史》(上),郑州:河南大学出版社,2012 年。

※ 孙锋:《唐两京之间的军事布防与政治关系演变研究》,陕西师范大学硕士论文,2009 年。

※ 孙辉、郭九行:《灵宝函谷关周边遗迹调查分析》,《三门峡职业技术学院学报》2017 年第 2 期。

※ 孙家洲、王文涛:《制度变革与汉武帝盛世的造就》,《河北学刊》2004 年第 4 期。

※ 孙丽娟:《豫晋峡谷黄河漕运遗迹》,《文物建筑》第 3 辑,北京:科学出版社,2009 年。

※ 孙丽萍:《晚清民国的河东盐业》,太原:山西人民出版社,1993 年。

※ 孙淼:《夏商史稿》,北京:文物出版社,1987 年。

※ 孙敏、王丽芬:《洛阳古代音乐文化史迹》,北京:文物出版社,2004 年。

※ 孙毓棠:《汉代的交通》,《孙毓棠学术论文集》,中华书局,1995 年。

※ 孙亚冰、林欢:《商代地理与方国》(商代史 · 卷十),北京:中国社会科学出版社,2010 年。

T

※ 谭其骧:《中国历史地图集》(第 1 册),北京:中国地图出版社,1982 年。

※ 谭宗义:《汉代国内陆路交通考》,香港:新亚研究所,1967 年。

※ 汤用彤:《汉魏两晋南北朝佛教史》,上海:上海人民出版社,2015 年。

※　唐寰澄、唐浩:《中国桥梁技术史》第1卷,北京:北京交通大学出版社,2017年。

※　唐兰:《司马迁所没有见过的珍贵史料》,马王堆汉墓帛书整理小组编:《战国纵横家书》,北京:文物出版社,1976年。

※　唐兰:《西周青铜器铭文分代史征》,北京:中华书局,1986年。

※　唐宋运河考察队:《运河访古》,上海:上海人民出版社,1986年。

※　台湾三军大学:《中国历代战争史》,北京:中信出版社,2012年。

※　陶希圣:《唐代之交通》,台北:食货出版社,1969年。

※　[日]藤田胜久著,李淑萍译:《战国时秦的领域形成和交通路线》,载秦始皇兵马俑博物馆《论丛》编委会:《秦文化论丛》(第6辑),西安:西北大学出版社,1998年。

※　铁道部业务司商务科:《陇海铁路西兰线陕西段经济调查报告书》,铁道部业务司商务科印行,1935年。

※　佟伟华:《二里头文化向晋南的扩张》,杜金鹏、许宏主编:《二里头遗址与二里头文化研究》,北京:科学出版社,2006年。

※　佟伟华:《垣曲商城兴衰始末》,北京大学考古文博学院、北京大学中国考古学研究中心编:《考古学研究》(10),北京:科学出版社,2012年。

※　佟伟华:《垣曲商城与中条山铜矿资源》,《考古学研究》(9),北京:文物出版社,2012年。

※　童书业:《春秋史》,上海:上海古籍出版社,2010年。

※　童纬:《汉魏两晋南北朝出经籍表》,《佛学研究》,2004年。

W

※　汪篯:《唐室之克定关中》,汪篯著,唐长孺等编:《汪篯隋唐史论稿》,北京:中国社会科学出版社,1981年。

※　王晖:《周文王受命称王考》,《陕西师范大学学报(哲学社会科学版)》2002年第4期。

※　王晖:《论文王平虞芮之讼与商周战略形势之遽变》,《社会科学战线》2003年第1期。

※ 王晖:《古文字与商周史新证》,北京:中华书局,2003 年。

※ 王红星:《唐代山棚与明清山棚的比较研究》,《平顶山学院学报》2016 年第 1 期。

※ 王宏治:《关于唐初馆驿制度的几个问题》,北京大学中国中古史研究中心编:《敦煌吐鲁番文献研究论集》(第 3 辑),北京:北京大学出版社,1986 年。

※ 王谨:《魏晋南北朝州制度研究》,天津:天津古籍出版社,2012 年。

※ 王京阳:《关于秦始皇几次出巡路线的探讨》,《人文杂志》1980 年第 3 期。

※ 王开:《陕西古代道路交通史》,北京:人民交通出版社,1989 年。

※ 王开:《陕西航运史》,北京:人民交通出版社,1997 年。

※ 王永宽、白本松主编:《河南文学史》(古代卷),郑州:中州古籍出版社,2002 年。

※ 王仁湘:《庙底沟文化彩陶向南方两湖地区的传播》,《江汉考古》2009 年第 2 期。

※ 王仁湘:《庙底沟文化彩陶向西南的传播》,《四川文物》2011 年第 1 期。

※ 王水照:《苏轼的人生思考和文化性格》,《文学遗产》1989 年第 5 期。

※ 王文楚:《古代交通地理丛考》,北京:中华书局,1996 年。

※ 王巍:《商王朝与方国》,荆志淳、唐际根编:《多维视域:商王朝与中国早期文明研究》,北京:科学出版社,2009 年。

※ 王伟:《秦玺印封泥职官地理研究》,北京:中国社会科学出版社,2014 年。

※ 王福鑫:《宋代旅游研究》,保定:河北大学出版社,2007 年。

※ 王咸秋:《汉函谷关遗址相关问题的初步研究》,《洛阳考古》2016 年第 3 期。

※ 王现国、葛雁、吴东民等:《河南省小秦岭矿区地质灾害研究》,北京:中国地质大学出版社,2010 年。

※ 王晓欣:《元〈张儆墓志〉及相关问题考述》,《元史及民族与边疆研究集刊》2019 年第 1 期。

※ 王兴亚:《明末农民起义军永宁大会考辨》,《河南师大学报(社会科学版)》1983 年第 1 期。

※ 王兴亚:《明清河南集市庙会会馆》,郑州:中州古籍出版社,1998 年。

※ 王毓铨:《汉代“亭”与“乡”“里”不同性质不同行政系统说》,《历史研究》1954 年第

2 期。

※ 王毓铨:《中国经济通史·明代经济卷》,北京:经济日报出版社,2000 年。

※ 王仲荦:《北周地理志》,北京:中华书局,1980 年。

※ 王泽:《碑铭所见宋元以来中原地区的民族融合》,郑州大学博士论文,2013 年。

※ 王泽庆、吕辑书:《“垣曲县店下样”简述》,《文物》1986 年第 1 期。

※ 王兆鹏、刘尊明:《神通之笔绘神奇之景——元好问〈水调歌头·赋三门津〉赏析》,《古典文学知识》1998 年第 2 期。

※ 王震中:《共工氏主要活动地区考辨》,《人文杂志》1985 年第 2 期。

※ 王震中:《商代都邑》(商代史·卷五),北京:中国社会科学出版社,2010 年。

※ 王子今:《秦王朝关东政策的失败与秦的覆亡》,《史林》1986 年第 2 期。

※ 王子今:《秦汉黄河津渡考》,《中国历史地理论丛》1989 年第 3 辑。

※ 王子今:《秦汉时期的内河航运》,《历史研究》1990 年第 2 期。

※ 王子今:《秦汉区域地理学的“大关中”概念》,《人文杂志》2003 年第 1 期。

※ 王子今:《说张家山汉简〈二年律令·津关令〉所见五关》,《中国历史文物》2003 年第 1 期。

※ 王子今:《秦汉驿道虎灾:兼质疑几种旧题“田猎”图像的命名》,《中国历史文物》2004 年第 6 期。

※ 王子今:《秦汉交通史稿》(增订版),北京:中国人民大学出版社,2013 年。

※ 王子今:《秦兼并战争中的“出其人”政策——上古移民史的特例》,《文史哲》2015 年第 4 期。

※ 王子今:《中国古代交通文化论丛》,北京:中国社会科学出版社,2015 年。

※ 王子今:《秦汉交通考古》,北京:中国社会科学出版社,2015 年。

※ 王子今:《秦汉交通史新识》,北京:中国社会科学出版社,2015 年。

※ 王子今:《战国秦汉交通格局与区域行政》,北京:中国社会科学出版社,2015 年。

※ 王子今:《秦汉名物丛考》,北京:东方出版社,2016 年。

※ 王子今:《武关·武侯·武关候:论战国秦汉武关位置与武关道走向》,《中国历史

地理论丛》2018 年第 1 期。

※ 王子今:《论李翕黾池五瑞画象及“修崤嵚之道”题刻》,《文博》2018 年第 1 期。

※ 王子今:《说秦“厎柱丞印”封泥》,《故宫博物院院刊》2019 年第 3 期。

※ 王子今:《芝龙车马 秦汉交通文化考察》,西安:西北大学出版社,2021 年。

※ 文师华:《黄庭坚〈砥柱铭〉》,南昌:江西美术出版社,2011 年。

※ 翁俊雄:《唐朝鼎盛时期政区与人口》,北京:首都师范大学出版社,1995 年。

※ 翁俊雄:《唐后期政区与人口》,北京:首都师范大学出版社,1999 年。

※ 卫斯:《卫斯考古论文集》,太原:山西古籍出版社,1998 年。

※ 卫斯:《关于山西运城发现的北周刻石题记》,《文物》2002 年第 6 期。

※ 卫斯:《山西平陆前庄方鼎的历史归属与年代问题》,《中国历史文物》2007 年第 2 期。

※ 卫斯:《晋“假虞伐虢”的道路和战场问题的再探讨——兼与靳生禾、谢鸿喜二先生商榷》,《中国历史地理论丛》2010 年第 2 辑。

※ 卫文选:《晋国县郡考释》,《山西师大学报(社会科学版)》1991 年第 2 期。

※ 魏强兵等:《三门峡虢国墓地出土青铜器的材质与矿料来源分析》,《有色金属冶炼部分》2019 年第 1 期。

※ 魏嵩山:《北宋商、酒税旧额所属年代考》,复旦大学中国历史地理研究所编:《历史地理研究》(2),上海:复旦大学出版社,1990 年。

※ 魏兴涛:《豫西晋西南地区新石器时代文化与社会》,北京大学博士论文,2010 年。

※ 吴琦:《漕运与中国社会》,武汉:华中师范大学出版社,1999 年。

※ 吴慧主编:《中国商业通史》第 1~5 卷,北京:中国财政经济出版社,2004—2008 年。

※ 吴宏岐:《隋唐帝王行宫的地域分布》,《中国历史地理论丛》1994 年第 2 辑。

※ 吴宏岐:《略论金代的漕运》,《中国历史地理论丛》1994 年第 3 辑。

※ 吴宏岐:《隋唐行宫制度与中央政治空间格局的变化》,《暨南史学》(第 5 辑),2007 年。

※ 吴宏岐:《隋唐行宫制度与宫廷革命——兼论陈寅恪“玄武门学说”之拓展》,《陕西

师范大学学报(哲学社会科学版)》2008年第3期。

※ 吴丽娱:《关于敦煌P.2539V书状主人公的再辨证》,中央民族大学历史系编:《民族史研究》(2),北京:民族出版社,2001年。

※ 吴丽娱、杨宝玉:《后唐明宗时代的国家政局与归义军及甘州回鹘的入贡中原》,《敦煌吐鲁番研究》(第12卷),上海:上海古籍出版社,2011年。

※ 吴丽娱:《关于唐五代书仪传播的一些思考——以中原书仪的西行及传播为中心》,《敦煌学辑刊》2018年第2期。

※ 吴良宝:《战国文字所见三晋置县辑考》,《中国史研究》2002年第4期。

※ 吴良宝:《〈战国时期韩国疆域变迁考〉补正》,《中国史研究》2003年第3期。

※ 吴良宝:《战国时期魏国西河与上郡考》,《中国史研究》2006年第4期。

※ 吴淑玲:《唐代驿传与唐诗发展之关系》,北京:人民出版社,2015年。

※ 吴业恒:《河南伊川徐阳墓地初步研究》,北京大学出土文献研究所编:《青铜器与金文》(第2辑),上海:上海古籍出版社,2018年。

※ 吴震:《阳明后学研究(增订本)》,上海:上海人民出版社,2016年。

※ 吴焯:《关中早期佛教传播史料钩稽》,《中国史研究》1994年第4期。

X

※ 西安市交通局史志编纂委员会:《西安古代交通志》,西安:陕西人民出版社,1997年。

※ 席会东:《中国古代地图文化史》,北京:中国地图出版社,2013年。

※ 夏鼐:《中国最近发现的波斯萨珊朝银币》,《考古学报》1957年第2期。

※ 向福贞、郑民德:《中国漕仓源流考——以商代巨桥仓为视角的历史考察》,《农业考古》2015年第6期。

※ 肖爱玲:《西汉城市体系的空间演化》,北京:商务印书馆,2012年。

※ [日]小岛岱山:《菩提达摩石碑碑文并参考资料》,《世界宗教研究》2001年第1期。

※ 谢成侠:《中国养马史》,北京:科学出版社,1959年。

※ 新安县地方史志编纂委员会:《新安县志》,郑州:河南人民出版社,1989年。

※ 辛德勇:《古代交通与地理文献研究》,北京:中华书局,1996年。

※ 辛德勇:《论刘邦进出汉中的地理意义及其行军路线》,《传统文化与现代化》1997年第4期。

※ 辛德勇:《论魏国西长城的走向》,《历史的空间与空间的历史——中国历史地理与地理学史研究》,北京:北京师范大学出版社,2005年。

※ 辛德勇:《两汉州制新考》,《文史》2007年第1辑。

※ 辛德勇:《汉武帝“广关”与西汉前期地域控制的变迁》,《中国历史地理论丛》2008年第2辑。

※ 邢义田:《秦汉史论稿》,台北:东大图书公司,1987年。

※ 熊长云:《新见汉代漕仓邸庾考——兼〈说文〉段注辨误一则》,《文史》2016年第2期。

※ 熊永:《王国秩序与帝国战略:秦“出其人”问题的历史考察》,《史学月刊》2018年第7期。

※ 徐春燕:《明清时期中原城镇发展研究》,北京:社会科学文献出版社,2017年。

※ 徐天进:《试论关中地区的商文化》,北京大学考古系编:《纪念北大考古专业三十周年论文集(1952—1982)》,北京:文物出版社,1990年。

※ 徐锡台:《周原出土的甲骨文所见人名、官名、方国、地名浅释》,山西省文物局考古研究所编:《古文字研究》(第1辑),北京:中华书局,1979年。

※ 徐锡台:《周原甲骨文综述》,西安:三秦出版社,1987年。

※ 徐旭生:《中国古史的传说时代》,桂林:广西师范大学出版社,2003年。

※ 徐中舒:《西周史论述》(上),《四川大学学报(哲学社会科学版)》1979年第3期。

※ 徐中舒:《论东亚大陆牛耕的起源》,清华大学国学研究院主编,李懿选编:《徐中舒文存》,南京:江苏人民出版社,2016年。

※ 许全胜:《〈容成氏〉篇释地》,上海大学古代文明研究中心、清华大学思想文化研究所编:《上博馆藏战国楚竹书研究续编》,上海:上海书店出版社,2004年。

※ 许顺湛:《豫晋陕史前聚落研究》,郑州:中州古籍出版社,2012年。

※ 许檀:《明清华北的商业城镇与市场层级》,北京:科学出版社,2021年。

※ 许益:《汉唐关津问题研究》,兰州大学硕士论文,2008 年。

※ 许雄志、谷松章:《新见汉弘农郡封泥初论》,《青少年书法》2012 年第 20 期。

※ 许倬云:《西周史(增补本)》,北京:生活·读书·新知三联书店,2001 年。

※ 薛瑞泽、李随森:《简论河洛地区的秦文化》,洛阳市文物局、洛阳博物馆编:《洛阳博物馆建馆四十周年纪念文集(1958—1998)》,北京:科学出版社,1999 年。

※ 薛瑞泽:《先秦至北朝河洛地区的漕运与仓储》,《洛阳工学院学报(社会科学版)》2000 年第 3 期。

※ 薛瑞泽:《汉唐间河洛地区经济研究》,西安:陕西人民出版社,2001 年。

※ 薛瑞泽:《古代河南经济史》(上),开封:河南大学出版社,2012 年。

※ 学清:《豫陕潼路落成开幕通车纪盛》,《道路月刊》第 26 卷第 2 号,1929 年。

Y

※ 严耕望:《唐代交通图考》,上海:上海古籍出版社,2007 年。

※ 严耕望:《严耕望史学论文集》,上海:上海古籍出版社,2009 年。

※ 严辉:《洛阳西郊龙池沟唐代西苑宫殿遗址调查》,《文物》2000 年第 10 期。

※ 严辉:《洛阳地区隋唐离宫遗址调查与考证》,《河南科技大学学报(社会科学版)》2004 年第 4 期。

※ 严辉、王咸秋:《洛阳新安汉函谷关遗址考古工作综述》,《洛阳考古》2014 年第 2 期。

※ 严辉:《陆浑之戎地名地望通考》,《洛阳考古》2015 年第 3 期。

※ 严一萍:《周原甲骨》,《中国文字》(新 1 期),台北:中国文字社,1980 年。

※ 晏星:《中华邮政发展史》,台北:台湾商务印书馆,1994 年。

※ 阎福善:《陕西北宋铁钱》,《考古与文物》1994 年第 5 期。

※ 颜廷亮、赵以武辑:《〈秦妇吟〉研究汇录》,上海:上海古籍出版社,1990 年。

※ 剡建华:《山西交通史话》,太原:山西春秋电子音像出版社,2005 年。

※ 燕飞、郑立超、杨海青:《唐代绣岭宫遗址考古调查记》,《大众考古》2019 年第 3 期。

※ 杨宝玉、吴丽娱:《法藏敦煌文书 P. 2539V 校注与研究》,《敦煌吐鲁番研究》2019

年第 1 期。

※ 杨宝玉:《达外国之梯航——曹氏归义军与五代时于阗首次入贡中原之关系再议》,《敦煌研究》2019 年第 1 期。

※ 杨超杰:《河南渑池石佛寺石窟调查》,《中原文物》2010 年第 5 期。

※ 杨朝亮:《“洛阳王学”尤时熙学术思想述论》,《孔子学刊》2020 年第 11 辑。

※ 杨朝明、宋立林:《孔子家语通解》,济南:齐鲁书社,2009 年。

※ 杨泓:《战车与车战二论》,《故宫博物院院刊》2000 年第 3 期。

※ 杨鸿年:《隋唐宫廷建筑考》,西安:陕西人民出版社,1992 年。

※ 杨建:《西汉初期津关制度研究:附〈津关令〉简释》,上海:上海古籍出版社,2010 年。

※ 杨健民:《中州戏曲历史文物考》,北京:文物出版社,1992 年。

※ 杨钧:《隋唐时期黄河的河运》,《杭州师范学院学报(社会科学版)》1982 年第 1 期。

※ 杨宽:《西周史》,上海:上海人民出版社,1999 年。

※ 杨宽:《战国史料编年辑证》,上海:上海人民出版社,2001 年。

※ 杨宽、吴浩坤:《战国会要》,上海:上海古籍出版社,2005 年。

※ 杨露:《清抄本乾隆〈河南省例〉整理与研究》,暨南大学硕士论文,2019 年。

※ 杨其群:《李贺研究论集》,太原:北岳文艺出版社,1989 年。

※ 杨吾扬、张国伍等:《交通运输地理学》,北京:商务印书馆,1986 年。

※ 杨升南:《说“周行”“周道”——西周时期的交通初探》,《西周史研究》(人文杂志丛刊第 2 辑),1984 年。

※ 杨升南:《从“卤小臣”说武丁对西北征伐的经济目的》,台湾师范大学国文学系、中央研究院历史语言研究所编:《甲骨文发现一百周年学术研讨会论文集》,台北:文史哲出版社,1999 年。

※ 杨寿川:《贝币研究》,昆明:云南大学出版社,1997 年。

※ 杨为刚、吴晓婷:《唐代的小说之路:京洛大道行役小说研究》,《汕头大学学报(人文社会科学版)》2016 年第 9 期。

※ 杨希义:《略论唐代的漕运》,《中国史研究》1984 年第 2 期。

※ 杨向奎:《宗周社会与礼乐文明》,北京:人民出版社,1992 年。

※ 杨英杰:《论车战的兴衰》,《辽宁师院学报(社会科学版)》1983 年第 5 期。

※ 杨英杰:《先秦战车编制探讨》,《辽宁师范大学学报(社会科学版)》1986 年第 3 期。

※ 杨育彬:《灵宝考古的新发现》,《河南文博通讯》1979 年第 1 期。

※ 杨颖:《行行重行行——东汉行旅文化与文学》,北京:中国社会科学出版社,2014 年。

※ 杨正泰:《明代驿站考(增订本)》,上海:上海古籍出版社,2006 年。

※ 姚汉源:《黄河三门峡以下峡谷段两岸的堆台》,《人民黄河》1982 年第 4 期。

※ 姚双年:《秦魏"河西"之争与当地的水陆交通》,《文博》1989 年第 6 期。

※ 叶美兰:《中国邮政通史》,北京:商务印书馆,2017 年。

※ 叶小燕:《秦墓初探》,《考古》1982 年第 1 期。

※ 叶小燕:《中国早期长城的探索与存疑》,《文物》1987 年第 7 期。

※ 叶秀云、叶志如:《慈禧西逃后的腐朽生活》,《历史档案》1982 年第 1 期。

※ 宜阳县地方志编纂委员会:《宜阳县志》,北京:生活·读书·新知三联书店,1996 年。

※ [日]伊藤道治著,江蓝生译:《中国古代王朝的形成——以出土资料为主的殷周史研究》,北京:中华书局,2002 年。

※ 尹盛平主编:《西周微氏家族青铜器群研究》,北京:文物出版社,1992 年。

※ 尤佳:《刘邦循武关道入秦原因新解》,《河南大学学报(社会科学版)》2010 年第 6 期。

※ 尤佳:《刘邦西征灭秦前期行兵函谷道探因》,《军事历史研究》2011 年第 4 期。

※ 余宗发:《先秦诸子学说在秦地之发展》,台北:文津出版社,1998 年。

※ 于希贤、于涌:《沧海桑田——历史时期地理环境的渐变与突变》,广州:广东教育出版社,2002 年。

※ 于志嘉:《犬牙相制——以明清时代的潼关卫为例》,台湾《"中央研究院"历史语言

研究所集刊》第 80 本，第一分册，2009 年。

※　俞剑华：《中国的壁画》，北京：中国古典艺术出版社，1958 年。

※　俞伟超：《汉代的"亭""市"陶文》，《文物》1963 年第 2 期。

※　俞伟超：《也谈山西运城发现的北周刻石题记》，《文物》2002 年第 9 期。

※　[日]羽田亨著，何健民译：《元代驿传杂考》，国立武汉大学《文哲季刊》1937 年第 3、4 期。

※　袁广阔：《关于裴李岗文化一支西迁的几个问题》，《华夏考古》1994 年第 3 期。

※　岳洪彬、岳占伟：《关于商周马车轨距的思考》，《三代考古》(4)，北京：科学出版社，2011 年。

※　运城地区行政公署交通局交通史志编纂委员会：《运城地区交通志》，太原：山西人民出版社，1992 年。

Z

※　臧嵘：《中国古代驿站与邮传》，北京：商务印书馆，1997 年。

※　臧知非：《〈墨子〉、墨家与秦国政治》，《人文杂志》2002 年第 2 期。

※　臧知非：《张家山汉简所见汉初中央与诸侯王国关系论略》，《陕西历史博物馆馆刊》(第 10 辑)，西安：三秦出版社，2003 年。

※　臧知非：《张家山汉简所见汉初马政及相关问题》，《史林》2004 年第 6 期。

※　臧知非：《论汉文帝"除关无用传"：西汉前期中央与诸侯王国关系的演变》，《史学月刊》2010 年第 7 期。

※　曾谦：《论西汉时期的函谷关东迁》，《洛阳师范学院学报》2009 年第 6 期。

※　张秉权：《殷墟文字丙编考释》，台湾"中央研究院"历史语言研究所重印本，1992 年。

※　张大可、徐日辉：《张良萧何韩信评传》，南京：南京大学出版社，2002 年。

※　张德光：《试谈山西省博物馆拣选的几件珍贵铜器》，《考古》1988 年第 7 期。

※　张弓：《唐代仓廪制度初探》，北京：中华书局，1986 年。

※　张光直：《中国相互作用圈与文明的形成》，《中国考古学论文集》，北京：生活·读

书·新知三联书店,2013年。

※ 张国硕:《从夏族北上晋南看夏族的起源》,《郑州大学学报(哲学社会科学版)》1998年第6期。

※ 张国硕:《夏商时代都城制度研究》,郑州:河南人民出版社,2001年。

※ 张国硕:《豫陕晋相邻地区与中国古代文明起源》,中国社会科学院考古研究所、中国社会科学院古代文明研究中心:《古代文明研究》(第1辑),北京:文物出版社,2005年。

※ 张国硕:《先秦人口流动民族迁徙与民族认同研究》,郑州:大象出版社,2011年。

※ 张怀银、何耀鹏:《灵宝王家岭秦汉墓地的发现及其意义》,河南省文物考古学会编:《中原文物考古研究》,郑州:大象出版社,2003年。

※ 张怀银等:《三门峡焦作钱币发现与研究》,北京:中华书局,2006年。

※ 张怀银、贺兰君、王保林:《三门峡史迹》,郑州:中州古籍出版社,1999年。

※ 张剑:《洛阳秦墓的探讨》,《考古与文物》1999年第5期。

※ 张民服:《明代中原商路与商品经济》,《史学月刊》2004年第11期。

※ 张美丽:《韦庄诗研究》,北京:中国社会科学出版社,2010年。

※ 张乃翥、张成渝:《洛阳与丝绸之路》,北京:国家图书馆出版社,2009年。

※ 张鹏伟:《清代中原商路与商品经济的发展》,郑州大学硕士论文,2007年。

※ 张锦鹏:《宋代商品供给研究》,昆明:云南大学出版社,2003年。

※ 张萍:《区域历史商业地理学的理论与实践——明清陕西的个案考察》,西安:三秦出版社,2014年。

※ 张萍、吴孟显、丁德超:《黄土高原村镇市场的发展及近代转型(1860—1949)》,北京:中国社会科学出版社,2013年。

※ 张庆捷、赵瑞民:《黄河古栈道的新发现与初步研究》,《文物》1998年第8期。

※ 张荣芳:《试论隋唐的山东与关东》,中国唐代学会编:《唐代研究论集》(第3辑),台北:新文丰出版公司,1992年。

※ 张玲:《秦汉关隘制度研究》,河南大学博士学位论文,2012年。

※ 张森水、张松林:《河南旧石器考古与第四纪研究论文集》,北京:科学出版社,

2005 年。

※　张素琳、佟伟华:《垣曲古城东关遗址庙底沟二期文化和龙山文化遗存》,山西省考古研究所、山西省考古学会编:《三晋考古》(第 2 辑),太原:山西人民出版社,1996 年。

※　张天恩:《论关中东部的夏代早期文化遗存》,《中国历史文物》2009 年第 1 期。

※　张维华:《中国长城建置考》(上编),北京:中华书局,1979 年。

※　张维慎:《"桃林塞"位置考辨》,《兰州大学学报(社会科学版)》2001 年第 5 期。

※　张祥云:《北宋西京河南府研究》,开封:河南大学出版社,2012 年。

※　张晓东:《汉唐漕运与军事》,上海:上海书店出版社,2010 年。

※　张兴兆:《魏晋南北朝时期黄河津渡考》,《运城学院学报》2008 年第 1 期。

※　张兴照:《商代地理环境研究》,北京:中国社会科学出版社,2018 年。

※　张亚初:《殷墟都城与山西方国考略》,山西省文物局考古研究所编:《古文字研究》(第 10 辑),北京:中华书局,1983 年。

※　张亚兰:《〈行商遗要〉释读与研究》,太原:山西经济出版社,2018 年。

※　张艳芳:《明代交通路设施管理研究》,天津:天津人民出版社,2009 年。

※　张忠慧、张良等:《黄河贯通八里峡的时代研究》,北京:中国大地出版社,2006 年。

※　张忠培、杨晶:《客省庄与三里桥文化的单把鬲及其相关问题》,《宿白先生八秩华诞纪念文集》编辑委员会编:《宿白先生八秩华诞纪念文集》,北京:文物出版社,2002 年。

※　章沧授:《自古天险函谷关——读李尤〈函谷关赋〉》,《古典文学知识》1998 年第 3 期。

※　章巽:《秦帝国的主要交通线》,《学术月刊》1957 年第 2 期。

※　翟爱玲:《明代洛阳地区文化发展研究》,郑州:郑州大学出版社,2018 年。

※　赵鹏璞:《战国政治地理格局研究》,郑州大学博士论文,2018 年。

※　赵昌平:《上官体及其历史承担》,《赵昌平自选集》,桂林:广西师范大学出版社,1997 年。

※ 赵和平:《新集杂别纸的初步研究》,北京:中国社会科学出版社,1995 年。

※ 赵和平:《敦煌表状笺启书仪辑校》,南京:江苏古籍出版社,1997 年。

※ 赵丰:《唐代丝绸与丝绸之路》,西安:三秦出版社,1992 年。

※ 赵君平、赵文成编:《秦晋豫新出墓志搜佚》(第 4 册),北京:北京图书馆出版社,2012 年。

※ 赵青云:《河南渑池县发现宋代铸铁钱遗址》,《考古》1960 年第 6 期。

※ 赵逵夫:《先秦文学编年史》,北京:商务印书馆,2010 年。

※ 赵瑞民、张庆捷:《关于黄河古栈道的若干问题》,《山西省考古学会论文集》(3),太原:山西古籍出版社,2000 年。

※ 赵维平:《中国治水通运史》,北京:中国社会科学出版社,2019 年。

※ 赵炜:《黄河漕运述论》,《黄河文明与可持续发展》2012 年第 1 期。

※ 赵效宣:《宋代驿站制度》,台北:联经出版事业股份有限公司,1983 年。

※ 赵以武:《皇甫谧生平新探》,《西北师大学报(社会科学版)》1993 年第 1 期。

※ 郑昌淦:《明清农村商品经济》,北京:中国人民大学出版社,1989 年。

※ 郑宁:《明代递运所考论》,《中国历史地理论丛》2017 年第 1 辑。

※ 郑杰祥:《夏史初探》,郑州:中州古籍出版社,1988 年。

※ 郑杰祥:《商代地理概论》,郑州:中州古籍出版社,1994 年。

※ 郑杰祥:《商汤伐桀路线新探》,《中原文物》2007 年第 2 期。

※ 郑若葵:《中国古代交通图典》,昆明:云南人民出版社,2007 年。

※ 郑天挺、孙钺等:《明末农民起义史料》,北京:中华书局,1954 年。

※ 郑伟斌:《清代河南的盐业市场》,《盐业史研究》2013 年第 4 期。

※ 郑晓文:《明代河南地方军事制度研究》,北京:新华出版社,2017 年。

※ 郑向敏:《中国古代旅馆流变》,北京:旅游教育出版社,2000 年。

※ 郑振铎:《中国文学史》,南昌:江西教育出版社,2018 年。

※ 钟柏生:《殷商卜辞地理论丛》,台北:艺文印书馆,1989 年。

※ [日]中村元等著,余万居译:《中国佛教发展史》,台北:天华出版事业股份有限公

司,1984年。

※ 《中国古代煤炭开发史》编写组:《中国古代煤炭开发史》,北京:煤炭工业出版社,1986年。

※ 中国国民党陇海铁路特别党部编:《陇海铁路调查报告》,中国国民党陇海铁路特别党部,1935年。

※ 中国公路交通史编审委员会:《中国公路史》(第1册),北京:人民交通出版社,1990年。

※ 中国公路交通史编审委员会:《中国公路运输史》(第1册),北京:人民交通出版社,1990年。

※ 中国公路交通史编审委员会:《中国古代道路交通史》,北京:人民交通出版社,1994年。

※ 中国科学院考古研究所:《三门峡漕运遗迹》,北京:科学出版社,1959年。

※ 中国科学院考古研究所:《上村岭虢国墓地》,北京:科学出版社,1959年。

※ 中国人民大学清史研究所、中国人民大学档案系中国政治制度史教研室合编:《清代的矿业》(上),北京:中华书局,1983年。

※ 中国军事史编写组:《中国历代战争年表》,北京:解放军出版社,2003年。

※ 中国社会科学院考古研究所:《陕县东周秦汉墓》,北京:科学出版社,1994年。

※ 中国社会科学院考古研究所:《中国考古学·夏商卷》,北京:中国社会科学出版社,2003年。

※ 中国社会科学院考古研究所:《中国考古学·两周卷》,北京:中国社会科学出版社,2004年。

※ 中国社会科学院考古研究所:《中国考古学·新石器时代卷》,北京:中国社会科学出版社,2010年。

※ 中国社会科学院考古研究所、河南省文物考古研究所:《灵宝西坡墓地》,北京:文物出版社,2010年。

※ 周宝珠:《豫西人民的抗金斗争》,《开封师院学报》1964年第1期。

※　周健:《高邮出土铁钱的北宋部分》,《中国钱币》1988 年第 2 期。

※　周华山、张光业:《豫西山地北部地貌制图初步研究》,《河南师大学报(自然科学版)》1982 年第 1 期。

※　周华山:《豫西山地 1∶100 万地貌制图初探》,《河南大学学报(自然科学版)》1983 年第 3 期。

※　周伟洲:《五代时期的丝绸之路》,《文博》1991 年第 1 期。

※　周晓陆、路东之、刘瑞、陈晓捷:《秦封泥再读》,《考古与文物》2002 年第 5 期。

※　周晓陆、陈晓捷、汤超、李凯:《于京新见秦封泥中的地理内容》,《西北大学学报(哲学社会科学版)》2005 年第 4 期。

※　周一士:《中华公路史》上部,台北:台湾商务印书馆,1984 年。

※　周振鹤:《西汉政区地理》,北京:人民出版社,1987 年。

※　周振鹤:《中国地方行政制度史》,上海:上海人民出版社,2005 年。

※　周振鹤、李晓杰:《中国行政区划通史·总论·先秦卷》,上海:复旦大学出版社,2009 年。

※　祝昊天:《汉唐时期"河渭漕挽"运输系统研究》,陕西师范大学硕士论文,2018 年。

※　朱德军:《唐代中原藩镇研究》,陕西师范大学博士论文,2009 年。

※　朱恩荣:《西汉初期出入境管理立法研究——以〈津关令〉为分析对象》,西南政法大学硕士论文,2010 年。

※　朱鉴远:《中流砥柱考》,陈五一等主编:《水文泥沙研究新进展——2012 年中国水力发电工程学会水文泥沙专业委员会第九届学术讨论会论文集》,北京:中国水利水电出版社,2012 年。

※　朱军献:《因革之变:中原区域中心城市的近代变迁》,太原:山西人民出版社,2013 年。

※　朱亮:《试论盐东建筑遗址及相关问题》,《文物》2001 年第 6 期。

※　朱叶俊:《两魏周齐河南之争》,南京大学硕士论文,2011 年。

※ [日]竹添光鸿注:《左氏会笺》,成都:巴蜀书社,2010年。

※ 邹衡:《试论夏文化》,《夏商周考古学论文集》,北京:文物出版社,2001年。

※ 邹逸麟:《从含嘉仓的发掘谈隋唐时期的漕运和粮仓》,《文物》1974年第2期。

后　记

2005年5月,我从陕西师范大学西北环发中心博士毕业,即到西北建筑科技大学建筑学院任教。正当我想在自己热爱的专业领域大干一场的时候,我原供职学校的创校老校长樊流梧和三门峡市委主要领导发出邀请,希望我能重返。我虽有不舍,但在他们诚挚而强烈的情理感召下,不久即离开西北建筑科技大学,回到三门峡工作。据说我是市里引进的第一个全日制博士。读博的时候,学习的是历史地理学和古都学,回来后,便想着把这一志趣与地域历史文化研究结合起来。于是,2008年在博士论文基础上修改完成的《国家空间与社会——古代洛阳都城空间研究》出版后,我就转向研究崤函古道,这一选题既与三门峡地域历史文化有关,也与我原本从事的两京古都、历史地理研究关系密切。在省规划办的支持下,选题还被列入了省社科规划项目。正好国家启动了丝绸之路申遗工作,我被地方聘为学术顾问,承担了编写申报资料,以及现场专家解说等任务。最终崤函古道石壕段在2014年6月成功入选世界文化遗产名录,这也是丝绸之路33个申遗项目中唯一的一条道路遗址。我能够参与这一盛大申遗工作,并为此做点事情,内心颇感充实和荣幸,同时也使我对崤函古道的认识更加直观而深刻,愈发感觉到崤函古道的重要和复杂,敦促自己不断探索,重新审视并发现了一个较过去学界所关注的更大、更体系化的崤函古道，一幅崤函古道复杂交通网络承载着的中国古代社会特殊的运行发展轨迹和文化图景也慢慢从模糊到清晰。其直接结果便是研究目标和研究范围进一步的深入与拓展，从最初的崤函古道交通线路复原研究，一变为崤函古道交通史研究，再变为崤函古道史研究。研究范式和观察视角由原来单纯的交通路线复原研究循循深入到“以线带面”，以交通路线的历史发展为骨架，展现不同历史阶段下崤函古道的发展动因、道路体系、交通格局、经济文化交流、社会风物的历史全景，展现崤函古道沿线及其所联系的地域社会和人类文明发展、交流交往、互动互鉴的历史面貌，揭示崤函古道勾连中国古代长安、洛阳两京体系，贯通东西，连通南北的历史进程和作用，揭示中国古代社会发展的一种承载与表现方式。

本书的研究写作持续13年，其间得到诸多师友的帮助和关心。值本书即将付梓之际，感谢所有帮助过我的人。

首先感谢西北大学李健超教授。李老师是我的硕士导师，步入学术殿堂的领路人，一直非常关心我的工作、学业，不断给予指导、督促和激励。2008年本项目甫一确定，李老师便带着我到潼关、灵宝、陕州区、渑池、新安、洛宁、宜阳实地考察崤函古道，连续数天，马不停蹄，风尘仆仆，长驱数百里。也是在这一年，李老师又让我参加一项由他挑头的历时两年的丝绸之路交通线路（中国段）历史地理研究项目，令我真切地体会到丝绸之路经久不衰的魅力，启发我更深入地思考崤函古道与丝绸之路的关系。2012年，我承担了国家“十二五”规划项目及国家出版基金项目《中国蜀道》第一卷《交通线路》的任务，老师又以80岁高龄带我赴汉中、太白、周至、勉县等地实地考察蜀道。很显然，老师这样做是为了奖掖后学，提升我的田野考察能力和研究能力。在我因工作生态萦乱杂芜，变动不居而困惑之时，老师每每给我以开导与宽慰，教导我恪守初衷，摆脱环境内卷和精己者围噬，颓波屹砥柱，踏实做好自己，始终保持心中那一缕阳光，在不确定中，寻找那些可以确定的，持续聚焦和深耕，任劳任怨，负重前行，犹如温润清爽的清泉，总能让我心情平静，在平和宽稳的心境中坚守自己的志趣与初心，并保持旺盛的进取心态。我在学术道路上的蹒跚前行和所取得的点滴成绩，是与老师几十年来的谆谆教诲和关心激励密不可分的。师恩如山，刻骨铭心。

感谢三门峡职业技术学院倪玲玲副教授、樊莉娜副教授、田永强先生长期以来始终如一给予我的极大支持和帮助。十多年来，他们多次和我一起考察崤函古道，畅谈古今，激扬学问，共同推进和深化崤函古道研究。书中的一些照片便是考察过程中由田永强先生拍摄的。如果没有他们的参与，很难想象我能独立完成那一次次并不轻松的实地考察，并始终坚守学术研究的志趣。正是他们的大力支持和无私帮助，令我一直不忘属于读书人的那份责任和清淡恬雅。

感谢我的朋友赵艳军先生。我原供职单位是一所成立时间不长的高职院校。高职不同于高校，思想和学术的传递分享、图书文献资源的建设通常都是短板和弱项。艳军友古道热肠，帮我收集了大量的文献资料。经常是我头天提出，第二天就帮我找到了。这种不辞辛苦、不厌其烦、千方百计、及时迅捷的支持与帮助，因艳军友数年来始终如一、一以贯之的坚持而更彰显其难能可贵的品质。正是艳军友在文献资料上的无私帮助、有力提供，才使我有了更多坚持和完成研究目标的底气和条件。

感谢台湾彰化师范大学陈文豪教授从台湾热忱帮我复印学术资料，馈赠我相关书籍。感谢陕西师范大学肖爱玲教授，龙门石窟研究院史家珍院长，中国社会科学院考古所刘庆柱学部委员，西北大学史党社教授，北京大学韩光辉教授，西南大学马强教授，江苏师范大学赵明奇教授，中国人民大学韩建业教授，河南社会科学院历史所张新斌研究员，河南科技大学薛瑞泽教授，陕西师范大学出版社徐小亮主任，三秦出版社赵建黎总编辑、贾云副总编辑，八路军驻洛办事处纪念馆吕九卿馆长等，他们均有大作及相关书籍见赠，犹如久旱甘霖。作为同门学友，肖爱玲教授一直对我热心相助，评点学问。这次又组织研究生朱亚洁、甄涛、杨河山三同学帮我绘制整理了本书部分插图。同门之情，历久弥笃。

感谢陕西师范大学侯甬坚教授、李令福教授，广州大学王元林教授，暨南大学郭声波教授，西安建筑科技大学任云英教授，西安文理学院贾俊侠教授，安阳师范学院郭胜强教授，洛阳师范学院曾谦博士、赵天改博士，三门峡市昝武健老领导，三门峡职业技术学院樊流梧创校校长、刘廷福书记、齐天峰教授、刘春喜副院长、李翠连总会计师、齐潇晓副教授、陈玮教授、张翼副教授、孟昭阳副教授、张占伟副教授、赵立新副教授、马志强副教授、秦妍副教授、尚继汉老师，三门峡市政协文教委许海星研究员，三门峡虢国博物馆王治国研究馆员，三门峡博物馆李书谦研究馆员，三门峡文物考古所郑立超所长，渑池县志办杜建成主任，灵宝市志办李少茹科长，灵宝文物保护管理所胡小平科长、郭九行先生，陕州区人大财经委陆杰主任，陕州区文化局卫冠军局长、赵毅副局长、刘红涛主任、张辉科长，湖滨区政协潘东生原主席，超星集团张博经理，知网河南分公司杨涛原总经理，郑州博之林教育科技有限公司李大栋总经理，三门峡市政府陈立先生，新安县文物局吕克勇局长，新安县汉函谷关保护管理所王洪超所长，平陆县卫斯研究员，潼关县政府隋晓会副县长等，他们都给予了我很多的帮助和支持。

感谢中原传媒股份公司董中山总编辑、大象出版社宋海波、于德洋、包卉、邓杨、何姗、侯金芳等诸编辑，他们为书稿的出版尽心尽力，付出了巨大的辛劳。感谢大象出版社对本书的担当出版。

特别感谢西北大学王子今教授、首都师范大学张萍教授，他们为本书题写的序言，对本书的评论和对有关问题的研究阐发，为本书增添了光彩。

囿于学力和识见，书中不免会有疵谬与不足，祈望专家、学者不吝批评指教。

李久昌

2021 年 10 月 20 日草就

2022 年 10 月 20 日修订

2023 年 2 月 1 日再订